Kurzlehrbücher
für das juristische Studium

Oppermann/Classen/Nettesheim
Europarecht

Europarecht

Ein Studienbuch

von

Dr. iur. Claus Dieter Classen

o. Professor an der Universität Greifswald
Mitglied des Landesverfassungsgerichts und
Richter am Oberverwaltungsgericht Mecklenburg-Vorpommern

und

Dr. iur. Martin Nettesheim

o. Professor an der Universität Tübingen

9., völlig neu bearbeitete Auflage, 2021
des von Professor Dr. iur. Dres. h. c. Thomas Oppermann begründeten Werkes

C.H.BECK

Zitiervorschlag: Oppermann/Classen/Nettesheim, EuropaR, § … Rn. …

www.beck.de

ISBN Print 978 3 406 75739 6
ISBN E-Book 978 3 406 75971 0

Wilhelmstraße 9, 80801 München
Druck und Bindung: Druckerei C.H. Beck Nördlingen
(Adresse wie Verlag)

Satz: Jung Crossmedia Publishing GmbH
Gewerbestraße 17, 35633 Lahnau

Umschlaggestaltung: Martina Busch, Grafikdesign, Homburg Saar

CO_2 neutral
chbeck.de/nachhaltig

Gedruckt auf säurefreiem, alterungsbeständigem Papier
(hergestellt aus chlorfrei gebleichtem Zellstoff)

Vorwort

Kurz nach Erscheinen der Vorauflage dieses Lehrbuchs ist Herr Prof. Dr. Dr. h. c. *Thomas Oppermann* am 26. Januar 2019 verstorben. Er hat dieses Werk begründet und die ersten drei Auflagen allein verantwortet. Mit seiner spezifischen, die Bedürfnisse der Praxis und jene der Studierenden gleichermaßen berücksichtigenden Herangehensweise ist das Buch schnell zum führenden Lehrbuch des Europarechts geworden. Die Verfasser, denen Herr Oppermann bereits vor vielen Jahren wichtige Teile und zuletzt das ganze Werk anvertraut hatte, werden sich bemühen, das Buch in seinem Geiste – von der Notwendigkeit der europäischen Integration überzeugt, aber mit realistischem Blick auch die Probleme und Grenzen des Projekts erkennend – fortzuführen.

Die Lage der Europäischen Union ist seit etlichen Jahren durch außergewöhnliche Umstände geprägt. Seit 2010 wird die EU durch fiskal- und wirtschaftspolitische Verwerfungen herausgefordert. In den Jahren 2015/2016 folgte der große Zustrom von Flüchtlingen aus Nahost und Afrika, kurz darauf die Entscheidung des Vereinigten Königreichs, die Union zu verlassen. Seit dem Frühjahr 2020 entfaltet die Covid 19-Pandemie ihre dramatischen Auswirkungen. In manchen Kreisen wird das Projekt der europäischen Integration, wie es bislang verstanden wurde, grundsätzlich in Frage gestellt. In einzelnen Mitgliedstaaten, insbesondere Polen und Ungarn, rückt man von Grundannahmen eines liberalen Konstitutionalismus ab, der bislang als Geschäftsgrundlage der europäischen Integrationsbewegung gelten konnte. Vereinzelt zerstören Korruption und Kriminalität die Grundlagen, auf denen die EU aufbaut. Die EU-Organe wirken eher hilflos. Man spricht über Bürgerkonferenzen und legt Weißbücher vor. Überzeugende Antworten wurden bisher noch nicht gefunden. Die Entwicklungen werden im Lehrbuch an verschiedener Stelle aufgenommen und in ihren rechtlichen Kontext gestellt.

Die Entwicklung des sekundären Europarechts, der europäischen Rechtsprechung und der begleitenden Literatur wird in der Neuauflage bis Herbst 2020 berücksichtigt. Der Aufbau des Buches ist grundsätzlich unverändert geblieben. Gleiches gilt für das Konzept, den Studierenden die wichtigen Grundlagen des Europarechts vorzustellen und gleichzeitig auch solche Politikbereiche einzubeziehen, die eher den Praktiker des Europarechts interessieren. So werden dargestellt der „Allgemeine Teil" des Unionsrechts (Institutionen, Quellen, Rechtsschutz, Demokratie, Grundrechte u. a. m.) und ebenso der Kern der meisten materiellen EU-Politiken (Binnenmarkt, Währungsunion, Wettbewerb, Außenbeziehungen u. a. m.). Bei den Grundrechten werden auch die – nicht zuletzt für die EU maßgeblichen – Garantien der EMRK mitbehandelt.

Die Paragraphen wurden unter uns gegengelesen und erörtert, sodass wir für Unvollkommenheiten die Verantwortung gemeinsam tragen. Für wichtige Hilfe gebührt Dank am Lehrstuhl *Classen* Frau *Nadja Reimold* sowie Herrn *Alexander Iben,* am Lehrstuhl *Nettesheim* den Damen und Herren *Daniela Bethäuser, Laura Dias de Almeida, Christoph Fischer, Micha Heinkelein, Sophia Kubo, Anna Marx, Lorenz Moser, Armin Mozaffari, Sabine Schäufler, Leonie Schmitt* und *Tengfei Xu.* Ebenso danken wir unseren Lesern für willkommene Anregungen. Künftige Nachrichten werden an classen@uni-greifswald.de bzw. an mail@nettesheim.org erbeten.

Wir danken ein weiteres Mal Rechtsanwalt *Dr. Johannes Wasmuth* vom Verlag C.H. Beck und seiner Umgebung für die gute Zusammenarbeit. Möge das Buch wie bisher ein nützlicher Beitrag für die Juristenausbildung sein und der juristischen und politischen Praxis dienen.

Greifswald und Tübingen, im November 2020

Claus Dieter Classen – Martin Nettesheim

Inhaltsübersicht

7. Teil. Binnenmarkt II: Personen, Unternehmen und Soziales

8. Teil. Binnenmarkt III: Finanzverkehr

9. Teil. Rechtsharmonisierung und Koordination

10. Teil. Außendimension der Europäischen Union

Inhaltsverzeichnis

3. Teil. Integration durch Recht

Abkürzungsverzeichnis

aaO .... am angeführten Orte
ABl. .... Amtsblatt der EG/EU
Abs. .... Absatz
AcP .... Archiv für civilistische Praxis
AdR .... Ausschuss der Regionen
AEUV .... Vertrag über die Arbeitsweise der Europäischen Union
AffSocInt .... Affari Sociali Internazionali
AfP .... Archiv für Presserecht
AG .... Die Aktiengesellschaft
AgrR .... Agrarrecht
AJIL .... American Journal of International Law
AJP .... Aktuelle Juristische Praxis
AKP .... Afrikanisch/Karibisch/Pazifisch
AnwBl. .... Anwaltsblatt
AöR .... Archiv für öffentliches Recht
APS .... Allgemeines Präferenzsystem für Entwicklungsländer
APUZ .... Aus Politik und Zeitgeschichte = Beilage zu „Das Parlament"
arg. .... Argument
ARG .... Allgemeine Rechtsgrundsätze
ARSP .... Archiv für Rechts- und Sozialphilosophie
ASEAN .... Association of South East Asian Nations
AStV .... Ausschuss der Ständigen Vertreter
AuR .... Arbeit und Recht
AuWi .... Außenwirtschaft
AVR .... Archiv für Völkerrecht
AWD .... Außenwirtschaftsdienst des Betriebsberaters
AzW .... Abgaben zollgleicher Wirkung

B .... Beschluss
BAA .... Bundesanstalt für Arbeit
BArbBl .... Bundesarbeitsblatt
BayVBl. .... Bayerische Verwaltungsblätter
BB .... Betriebsberater
BDA .... Bundesverband Deutscher Arbeitgeber
BDI .... Bundesverband der Deutschen Industrie
BerkJIL .... Berkeley Journal of International Law
Beschl. .... Beschluss
BFH .... Bundesfinanzhof
BGB .... Bürgerliches Gesetzbuch
BGBl. .... Bundesgesetzblatt
BGHZ .... Entscheidungen des Bundesgerichtshofs in Zivilsachen
BIP .... Bruttoinlandsprodukt
BIZ .... Bank für Internationalen Zahlungsausgleich
BMF .... Bundesministerium der Finanzen
BNE .... Bruttonationaleinkommen
BRAK .... Bundesrechtsanwaltskammer
BRD .... Bundesrepublik Deutschland
BSB .... Beschäftigungsbedingungen für die sonstigen Bediensteten
Bsp .... Beispiel
BSP .... Bruttosozialprodukt
BSt .... Beamtenstatut
BVerfGE .... Entscheidungen des Bundesverfassungsgerichts
BVerfG (K) ..... Kammerbeschluss des Bundesverfassungsgerichts

BVerwGE	Entscheidungen des Bundesverwaltungsgerichts
BWVBl	Baden-Württembergisches Verwaltungsblatt
CAP	Centrum für angewandte Politikforschung (oder: Common Agricultural Policy)
CDE	Cahiers de Droit Européen
CE	Communauté(s) Européene(s) (= EG)
CECA	Communauté Européenne du Charbon et de l'Acier (= EGKS)
CEE	Communauté Economique Européenne (= EWG)
CEMT	Conférence Européenne des Ministres de Transport
CEPOL	Collège Européen de Police
CERN	Conseil Européen pour la Recherche Nucléaire (= Europäische Organisation für Kernforschung)
CJEL	The Columbia Journal of European Law
CMLR	Common Market Law Reports
CMLRev	Common Market Law Review
COMECON	Council for Mutual Economic Coopération (= RGW)
Coreper	Comité des Représentants Permanents (= AStV)
DA	Durchführungsabkommen
DAAD	Deutscher Akademischer Austauschdienst
DAG	Deutsche Angestelltengewerkschaft
DAR	Deutsches Autorecht
DB	Der Betrieb
DCFS	Draft Common Frame of Reference
DDR	Deutsche Demokratische Republik
DGB	Deutscher Gewerkschaftsbund
DGV	Deutsche Gesellschaft für Völkerrecht
Dir.Com.	Diritto Comunitario e degli Scambi Internazionali
DLF	Dienstleistungsfreiheit
DÖV	Die Öffentliche Verwaltung
DR	Décisions et Rapports der Europäischen Kommission für Menschenrechte
DRiZ	Deutsche Richterzeitschrift
DStR	Deutsches Steuerrecht
DUZ	Deutsche Universitätszeitung
DVBl.	Deutsches Verwaltungsblatt
DVO	Durchführungsverordnung
DZWiR	Deutsche Zeitschrift für Wirtschaftsrecht
E	Entscheidung
EA	Europa-Archiv
EAD	Europäischer Auswärtiger Dienst
EAG	Europäische Atomgemeinschaft (= EURATOM)
EAGFL	Europäischer Ausrichtungs- und Garantiefonds für die Landwirtschaft
EAGV	Vertrag über die EAG
EBA	Europäische Bankenaufsichtsbehörde
EC	European Community
ECB-LWPS	European Central Bank Legal Working Paper Series
ECE	Economic Commission for Europe
ECJ	Court of Justice of the European Union (= EuGH)
ECLR	European Competition Law Review
ECTaxRev	European Community Tax Review
ECU	European Currency Unit
EDV	Elektronische Datenverarbeitung
EEA	Einheitliche Europäische Akte
EEC	European Economic Community
EEF	Europäischer Entwicklungsfonds
EFRE	Europäischer Fonds für Regionale Entwicklung

EFSF .... European Financial Stability Facility
EFTA .... European Free Trade Association
EG(en) .... Europäische Gemeinschaft(en)
EGFL .... Europäischer Garantiefonds für die Landwirtschaft
EGKS .... Europäische Gemeinschaft für Kohle und Stahl
EGKSV .... Vertrag über die EGKS
EGMR .... Europäischer Gerichtshof für Menschenrechte
EGMRE .... Entscheidungen des Europäischen Gerichtshofes für Menschenrechte
EGMR InfN .... Europäischer Gerichtshof für Menschenrechte Information Note on the Case Law of the Court
EGR .... Europäisches Gemeinschaftsrecht
EHI .... Europäisches Hochschulinstitut
EIB .... Europäische Investitionsbank
EIF .... Europäischer Investitionsfond
EIOPA .... Europäischen Aufsichtsbehörde für das Versicherungswesen und die betriebliche Altersversorgung
EIPASCOPE .... European Institute of Public Administration – SCOPE
EJIL .... European Journal of International Law
ELDR .... Europäische Liberale und Demokratische Reformpartei
ELER .... Europäischer Landwirtschaftsfond für die Entwicklung des ländlichen Raumes
ELJ .... European Law Journal
ELRev .... European Law Review
ELU .... European Lawyers' Union (=UAE)
EMAS .... Eco-Management and Audit Scheme
EMBL .... European Molecular Biology Laboratory
EMRK .... Europäische Menschenrechtskonvention
ENP .... Europäische Nachbarschaftspolitik
Entschl. .... Entschließung
EnzEuR .... Enzyklopädie Europarecht
EP .... Europäisches Parlament
EPA .... Europäische Polizeiakademie
EPG .... Europäische Politische Gemeinschaft
EPIL .... Encyclopedia of Public International Law
EPL .... European Public Law
EPZ .... Europäische Politische Zusammenarbeit
ERPL .... European Review of Public Law (= Europäische Zeitschrift des Öffentlichen Rechts)
ErwGr .... Erwägungsgrund
ESA .... European Supervisory Authorities oder European Space Agency (= Europäische Weltraumorganisation)
ESF .... Europäischer Sozialfonds oder European Science Foundation
ESM .... European Stability Mechanism
ESMA .... Europäische Wertpapieraufsichtsbehörde
ESO .... European Southern Observatory
ESP .... Spanien
ESRB .... Europäischer Ausschuss für Systemrisiken
ESTAL .... European State Aid Law Quarterly
ESVP .... Europäische Sicherheits- und Verteidigungspolitik (= GSVP)
ESZB .... Europäisches System der Zentralbanken
ETL .... European Transport Law
EU .... Europäische Union
EuG .... Europäisches Gericht (= Gericht erster Instanz)
EuGE .... Entscheidungen des Europäischen Gerichts
EuGH .... Europäischer Gerichtshof (= Gerichtshof der Europäischen Gemeinschaften bzw. der Europäischen Union)
EuGHE .... Sammlung der Entscheidungen des Europäischen Gerichtshofes
EuGRZ .... Europäische Grundrechtszeitschrift

EuGVÜ .... Europäisches Gerichtsstands- und Vollstreckungsübereinkommen
EuGVVO ...... VO über die gerichtliche Zuständigkeit und die Anerkennung und Vollstreckung von Entscheidungen in Zivil- und Handelssachen
EUI-WP .... European University Institute Working Papers
EUMC .... EU Military Committee (= EU-Militärausschuss)
EuR .... Europarecht
EuRAG .... Gesetz über die Tätigkeit europäischer Rechtsanwälte in Deutschland
EuRat .... Europäischer Rat
EURATOM ..... = EAG
EurEnvLawRev ... European Environmental Law Review
EurInsO .... Europäische Insolvenzordnung
EurUP .... Zeitschrift für Europäisches Umwelt- und Planungsrecht
EurZÖffR ...... = ERPL
EUV .... Vertrag über die Europäische Union
EuWG .... Europäisches Wahlgesetz
EuZ .... Zeitschrift für Europarecht
EuZA .... Europäische Zeitschrift für Arbeitsrecht
EuZW .... Europäische Zeitschrift für Wirtschaftsrecht
EV .... Europäische Verfassung
EVG .... Europäische Verteidigungsgemeinschaft
EVP .... Europäische Volkspartei
EVÜ .... Europäisches Übereinkommen über das auf vertragliche Schuldverhältnisse anwendbare Recht („Rom I")
EWF .... Europäischer Währungsfonds
EWG .... Europäische Wirtschaftsgemeinschaft
EWGV .... Vertrag über die EWG
EWIV .... Europäische wirtschaftliche Interessenvereinigung
EWR .... Europäischer Wirtschaftsraum
EWS .... Europäisches Wirtschafts- und Steuerrecht (oder: Europäisches Währungssystem)
EWU .... Europäische Währungsunion
E + Z .... Entwicklung und Zusammenarbeit
EZ .... Entwicklungszusammenarbeit
EZB .... Europäische Zentralbank

FamRZ .... Familienrechtszeitschrift
FAO .... Food and Agriculture Organization of the United Nations
FAZ .... Frankfurter Allgemeine Zeitung
FDO .... Freiburger Diskussionspapiere zur Ordnungsökonomik
FFH .... Fauna – Flora – Habitat
FPÖ .... Freiheitliche Partei Österreichs
FPR .... Familie Partnerschaft Recht
FS .... Festschrift
FTE .... Forschung und technologische Entwicklung
FusK .... Fusionskontrolle
FusK-VO ...... Fusionskontrollverordnung

G .... Gesetz
G 20 .... Gruppe der zwanzig wichtigsten Industrie- und Schwellenländer
GA .... Goltdammers Archiv (oder: General Assembly (UNO) oder Generalanwalt)
GAP .... Gemeinsame Agrarpolitik (= CAP)
GASP .... Gemeinsame Außen- und Sicherheitspolitik
GATT .... General Agreement on Tariffs and Trade
GATS .... General Agreement on Trade in Services
GermanLJ ...... German Law Journal
GewArch. ...... Gewerbearchiv
GFP .... Gemeinsame Fischereipolitik

GFS .... Gemeinsame Forschungsstelle
GG .... Grundgesetz
GHN .... Grabitz/Hilf/Nettesheim (Hrsg.), Das Recht der Europäischen Union
GHP .... Gemeinsame Handelspolitik
GK .... Große Kammer
GmbHR .... GmbH-Recht
GMBl .... Gemeinsames Ministerialblatt
GMO .... Gemeinsame Marktordnung
GöD .... Gericht für den öffentlichen Dienst der Europäischen Union
GO .... Geschäftsordnung (= GeschO)
GPR .... Zeitschrift für Gemeinschaftsprivatrecht
GRC .... Grundrechtecharta
GRUR .... Gewerblicher Rechtsschutz und Urheberrecht
GS .... Gedächtnisschrift
GStP .... Gemeinsamer Standpunkt
GSVP .... Gemeinsame Sicherheits- und Verteidigungspolitik (= ESVP)
GVO .... Gruppenfreistellungsverordnung
GVP .... Gemeinsame Verkehrspolitik
GYIL .... German Yearbook of International Law
GZT .... Gemeinsamer Zolltarif (= TARIC)

HABM .... Harmonisierungsamt für den Binnenmarkt (Marken, Muster und Modelle)
HGR .... Handbuch der Grundrechte in Deutschland und Europa
HB EU-WirtschR Handbuch des EU-Wirtschaftsrechts
HBStR .... Handbuch des Staatsrechts
Hrsg. .... Herausgeber
HV .... Hoher Vertreter für die GASP

ICAO .... International Civil Aviation Organization
ICJ .... International Court of Justice (= IGH)
ICLQ .... The International and Comparative Law Quarterly
idR .... in der Regel
IGH .... Internationaler Gerichtshof (= ICJ)
ILM .... International Legal Materials
ILO .... International Labour Organization
IMO .... International Maritime Organization
IMFS-WP .... Institute for Monetary and Financial Stability – Working Paper
InfAuslR .... Informationsbrief Ausländerrecht
Int.Pol .... Internationale Politik
Integr. .... Integration
IP .... Industriepolitik
InVeKoS .... Integriertes Verwaltungs- und Kontrollsystem
IPE .... Handbuch Ius Publicum Europaeum
IPrax .... Praxis des Internationalen Privat- und Verfahrensrechts
IStR .... Internationales Steuerrecht
iVm .... in Verbindung mit
IWF .... Internationaler Währungsfonds

JA .... Juristische Arbeitsblätter
JBl. .... Juristische Blätter
JCMS .... Journal of Common Market Studies
JEEPL .... Journal for European Environmental and Planning Law (= JeurEnvPlLaw)
JEPP .... Journal of European Public Policy
JIEL .... Journal of International Economic Law
JÖR .... Jahrbuch des Öffentlichen Rechts
JRP .... Journal für Rechtspolitik
JURA .... Jura

JuS . . . . Juristische Schulung
JZ . . . . Juristenzeitung

KJ . . . . Kritische Justiz
KMU . . . . Kleine und mittlere Unternehmen
KOM . . . . Europäische Kommission
Komm . . . . Kommentar
K&R . . . . Kommunikation und Recht
KuR . . . . Kultur und Recht

L&CP . . . . Law and Contemporary Problems
LDC . . . . Least Developed Country
LFGB . . . . Lebensmittel-, Bedarfsgegenstände- und Futtermittelgesetzbuch

MDR . . . . Monatsschrift für Deutsches Recht
MedR . . . . Medizinrecht
MfF . . . . Mittelfristige Finanzplanung
MFR . . . . Mehrjähriger Finanzrahmen
MfZ . . . . Mittel für Zahlungen
MgW . . . . Maßnahmen mit gleicher Wirkung wie mengenmäßige Beschränkungen
MJ . . . . Maastricht Journal of European and Comparative Law
MLR . . . . The Modern Law Review
MOES . . . . Mittel und osteuropäische Staaten
MoK . . . . Methode der offenen Koordinierung
MOU . . . . Memorandum of Understanding
MPI . . . . Max-Planck-Institut
MPIFG . . . . Max-Planck-Institut für Gesellschaftsforschung
MS(en) . . . . Mitgliedstaat(en)
mwN. . . . . mit weiteren Nachweisen
MWSt . . . . Mehrwertsteuer

NAFTA . . . . North American Free Trade Area
NATO . . . . North Atlantic Treaty Organization
NdsVBl. . . . . Niedersächsisches Verwaltungsblatt
NJ . . . . Neue Justiz
NJB . . . . Nederlands Juristenblad
NJW . . . . Neue Juristische Wochenschrift
NL-BzAR . . . . . . Neue Landwirtschaft-Briefe zum Agrarrecht
NLF . . . . Niederlassungsfreiheit
NLJ . . . . New Law Journal
NotR . . . . Notarrecht
NStZ . . . . Neue Zeitschrift für Strafrecht
NuR . . . . Natur und Recht
NVwZ . . . . Neue Zeitschrift für Verwaltungsrecht
NWVBl. . . . . Nordrhein-Westfälisches Verwaltungsblatt
NZA . . . . Neue Zeitschrift für Arbeitsrecht
NZB . . . . Nationale Zentralbank
NZBau . . . . Neue Zeitschrift für Baurecht
NZS . . . . Neue Zeitschrift für Sozialrecht
NZVerwR . . . . . . Neue Zeitschrift für Verwaltungsrecht

OAU . . . . Organization of African Unity
OCTI . . . . Office central des transports internationaux par chemins de fer
OECD . . . . Organization for Economic Cooperation and Development
OEEC . . . . Organization for European Economic Cooperation
ÖJZ . . . . Österreichische Juristenzeitung
OLAF . . . . Organisation pour la Lutte Antifraude

ORDO . . . . Jahrbuch für die Ordnung von Wirtschaft und Gesellschaft
Orientierungen . . . Orientierungen zur Wirtschafts- und Gesellschaftspolitik
ÖStZ . . . . Österreichische Steuerrechtszeitschrift
OSZE . . . . Organisation für Sicherheit und Zusammenarbeit in Europa

PA . . . . Planet Aerospace
PJZ . . . . Polizeiliche und justizielle Zusammenarbeit
PL . . . . Public Law
Prot . . . . Protokoll
PSK . . . . Politisches und Sicherheitspolitisches Komitee

RabelsZ . . . . Rabels Zeitschrift
RAE . . . . Revue des Affaires Européennes
RB . . . . Ratsbeschluss, Rahmenbeschluss
RdA . . . . Recht der Arbeit
RdE . . . . Recht der Energiewirtschaft
RdJB . . . . Recht der Jugend und des Bildungswesens
RDP . . . . Revue de Droit Public
Rec. Dalloz . . . . . Recueil Dalloz
REDC . . . . Revista Española de Derecho Constitucional
RevInstEurop . . . . Revista de Instituciones Europeas
RevjurEnv . . . . . . Revue juridique de l'Environnement
RFDA . . . . Revue Française de Droit Administratif oder Revue Française de Droit Aérien
RFSR . . . . Raum der Freiheit, der Sicherheit und des Rechts
RGW . . . . Rat für Gegenseitige Wirtschaftshilfe (= COMECON)
RH . . . . Rechnungshof
RHDI . . . . Revue Hellénique de Droit International
RIDE . . . . Revue Internationale de Droit Economique
RivEurCultScGiur Rivista Europea di Cultura e Scienza Giuridica
RivItalDirPublCom Rivista Italiana di Diritto Pubblico Comunitario
RIW/AWD . . . . . Recht der Internationalen Wirtschaft/Außenwirtschaftsdienst
RL . . . . Richtlinie
RMC . . . . Revue du Marché Commun
RMCUE . . . . Revue du Marché Commun et de l'Union Européenne
RMUE . . . . Revue du Marché Unique Européen
Rn. . . . . Randnummer
Rs. . . . . Rechtssache
Rspr. . . . . Rechtsprechung
RTDE . . . . Revue Trimestrielle de Droit Européen
RuP . . . . Recht und Politik
Rz. . . . . Randziffer

Sart. II . . . . SARTORIUS II. Internationale Verträge – Europarecht (Losebl.)
SCE . . . . Societas Cooperativa Europaea
SchwZStR . . . . . . Schweizerische Zeitschrift für Strafrecht
SDÜ . . . . Schengener Durchführungsübereinkommen
SE . . . . Societas Europaea
SEPA . . . . Singel Euro Payments Area
SEW . . . . Sociaal-Economische Wetgiving
SGb . . . . Sozialgerichtsbarkeit
SIS . . . . Schengener Informationssystem
Slg. . . . . Sammlung des Gerichtshofes der Europäischen Gemeinschaften (= EuGHE)
SPE . . . . Sozialdemokratische Partei Europas oder Societas Privata Europaea
Staat . . . . Der Staat
st. Rspr. . . . . ständige Rechtsprechung
StV . . . . Strafverteidiger
SWP . . . . Stabilitäts- und Wachstumspakt

TARIC . . . . Tarif Intégré Communautaire (= GZT)
TEN . . . . Transeuropäische Netze
ThürVBl . . . . Thüringer Verwaltungsblätter
TR . . . . Transportrecht

UAbs. . . . . Unterabsatz
UAE . . . . Union des Avocats Européens (= ELU)
UCLAF . . . . Unité de Coordination de la Lutte Antifraude
ÜLG . . . . Überseeische Länder und Gebiete
UNCITRAL . . . . United Nations Commission on International Trade Law
UNO . . . . United Nations Organization
UPR . . . . Umwelt- und Planungsrecht
UR . . . . Umsatzsteuerrecht
USA . . . . Vereinigte Staaten von Amerika
USt . . . . Umsatzsteuer
UVP . . . . Umweltverträglichkeitsprüfung
ÜWTO . . . . Übereinkommen zur Errichtung der Welthandelsorganisation (WTO)

VBlBW . . . . Verwaltungsblätter für Baden-Württemberg
Verb. Rs. . . . . Verbundene Rechtssachen
VersR . . . . Versicherungsrecht
Verw . . . . Die Verwaltung
VerwArch . . . . . . Verwaltungsarchiv
VO(en) . . . . Verordnung(en)
VR . . . . Verwaltungsrundschau
VSSR . . . . Vierteljahresschrift für Sozialrecht
VVDStRL . . . . . . Veröffentlichungen der Vereinigung der Deutschen Staatsrechtslehrer
VvL . . . . Vertrag von Lissabon

WBl . . . . Wirtschaftsrechtliche Blätter
WEU . . . . Westeuropäische Union
WHO . . . . World Health Organization
WiD . . . . Wirtschaftsdienst
WIPO . . . . World Intellectual Property Organization
WissR . . . . Wissenschaftsrecht
Wistra . . . . Wirtschafts- und Steuerrecht
WiVerw . . . . Wirtschaft und Verwaltung
WKM II . . . . Europäischer Wechselkursmechanismus II
WM . . . . Wertpapier-Mitteilungen
WRP . . . . Wettbewerb in Recht und Praxis
WSA . . . . Wirtschafts- und Sozialausschuss
WTO . . . . World Trade Organization
WuW . . . . Wirtschaft und Wettbewerb
WVRK . . . . Wiener Vertragsrechtskonvention
WWU . . . . Wirtschafts- und Währungsunion

YB . . . . Yearbook of the European Convention on Human Rights
YEL . . . . Yearbook of European Law
YLJ . . . . Yale Law Journal

ZaöRV . . . . Zeitschrift für ausländisches öffentliches Recht und Völkerrecht
ZAR . . . . Zeitschrift für Ausländerrecht
ZBR . . . . Zeitschrift für Beamtenrecht
ZERP . . . . Zentrum für Europäische Rechtspolitik (Bremen)
ZEuP . . . . Zeitschrift für Europäisches Privatrecht
ZEuS . . . . Zeitschrift für europäische Studien
ZFA . . . . Zeitschrift für Arbeitsrecht

ZfParl	Zeitschrift für Parlamentsfragen
ZfRV	Zeitschrift für Rechtsvergleichung
ZFSH/SGB	Zeitschrift für Sozialhilfe und Sozialgesetzbuch
ZfZ	Zeitschrift für Zölle und Verbrauchssteuern
ZG	Zeitschrift für Gesetzgebung
ZGR	Zeitschrift für Gesellschaftsrecht
ZHR	Zeitschrift für das gesamte Handelsrecht und Wirtschaftsrecht
ZIAS	Zeitschrift für internationales und ausländisches Arbeits- und Sozialrecht
ZIP	Zeitschrift für Wirtschaftsrecht
ZKR	Zentralkommission für die Rheinschiffahrt
ZLR	Zeitschrift für das gesamte Lebensmittelrecht
ZLW	Zeitschrift für Luft- und Weltraumrecht
ZöR	Zeitschrift für öffentliches Recht
ZSE	Zeitschrift für Staats- und Europawissenschaften
ZP	Zusatzprotokoll
ZParl	Zeitschrift für Parlamentsfragen
ZPO	Zivilprozessordnung
ZRP	Zeitschrift für Rechtspolitik
ZRVgl	Zeitschrift für Rechtsvergleichung
ZStW	Zeitschrift für die gesamte Strafrechtswissenschaft
ZtschrEuR	Zeitschrift für Europarecht
ZUM	Zeitschrift für Urheber- und Medienrecht
ZUR	Zeitschrift für Umweltrecht
ZVglRWiss	Zeitschrift für Vergleichende Rechtswissenschaft
ZWeR	Zeitschrift für Wettbewerbsrecht

1. Teil. Geschichtliche Entwicklung

§ 1. Die europäische Idee bis zur Gründung der EGKS 1952

Literatur: *Foerster,* Europa. Geschichte einer politischen Idee mit einer Bibliographie von 182 Einigungsplänen aus den Jahren 1306 bis 1945, 1967; *Stolleis,* Europa – Seine historischen Wurzeln und seine künftige Verfassung, 1997; *Le Goff,* Die Geburt Europas im Mittelalter, 2004; *Schwimmer,* Der Traum Europa. Europa vom 19. Jahrhundert bis ins dritte Jahrtausend, 2004; *Blanning,* Das Alte Europa 1660–1789, 2005; *Rauscher,* Die christlichen Wurzeln der Europäischen Einigung, in: Blumenwitz u. a. (Hrsg.), Die EU als Wertegemeinschaft, 2005, 19; *Grossi,* Das Recht in der europäischen Geschichte, 2010; *Jones,* Das Wunder Europa, 2012; *François,* Die Europäische Idee, Bitburger Gespräche, 2013, 97; *Böttcher* (Hrsg.), Klassiker des europäischen Denkens, 2014; *Kellerhals,* Die Europäische Idee neu denken, 2015. – Seit 1994 erscheint die *Zeitschrift für Geschichte der Europäischen Integration.*

„Der Friede der Welt kann nicht gewahrt werden ohne schöpferische Anstrengungen, 1
die der Größe der Bedrohung entsprechen. Der Beitrag, den ein organisiertes und lebendiges Europa für die Zivilisation leisten kann, ist unerläßlich für die Aufrechterhaltung friedlicher Beziehungen ... Europa läßt sich nicht mit einem Schlage herstellen und auch nicht durch eine einfache Zusammenfassung: Es wird durch konkrete Tatsachen entstehen, die zunächst eine Solidarität der Tat schaffen ..." Mit diesen Worten stellte der damalige **französische Außenminister Robert Schuman** am **9.5.1950** seine Überlegungen für eine Zusammenlegung der deutschen und französischen Kohle- und Stahlproduktion vor, die 1952 im Rahmen der damals gegründeten Europäischen Gemeinschaft für Kohle und Stahl (EGKS, Rz. 2/1) durch sechs Staaten erfolgte und den Beginn der europäischen Integration markiert.

Der damals eingeleitete Prozess hat das Gesicht Europas **entscheidend verändert.** Zur 2
in den fünfziger Jahren des 20. Jahrhunderts eingeleiteten Wirtschaftsintegration mit dem Ziel des „wirtschaftlichen und sozialen Fortschritts" (Präambel des EWGV) kamen bald weitere Ziele hinzu; heute ist die europäische Aktion kaum noch auf bestimmte Felder beschränkt. Als Grundlage der Europäischen Union weist der Vertrag in seiner heutigen Fassung (Rz. 3/11 f.) nicht mehr bestimmte Ziele, sondern **grundlegende Werte** aus: Demokratie, Rechtsstaatlichkeit, Grundrechte (näher Art. 2 EUV). Zugleich wuchs die Zahl der Mitgliedstaaten von 6 auf zwischenzeitlich 28.

Nun ist der **Friede** im Gebiet der heutigen EU **sicher.** Die **weiteren Schritte** der Inte- 3
gration – die Entwicklung eines der größten und leistungsfähigsten Wirtschaftsräume der Welt, die Sicherung von Demokratie und Rechtsstaatlichkeit, die offenen Grenzen, für die junge Menschen nach 1945 noch engagiert gekämpft haben – aber werden **zunehmend hinterfragt.** Will man also verstehen, wie sich die Union zu dem entwickelt hat, was sie heute darstellt, muss man etwas von den geistigen und politischen **Antriebskräften** wissen, die die europäische Integration vorangebracht haben, und die Ziele kennen, die die einzelnen Integrationsschritte motiviert haben.

I. Der europäische Gedanke bis 1919

Literatur: *Bluntschli,* Die Organisation des Europäischen Staatenvereins, 1878; *Renouvin,* Les idées et les projets d'Union europeénne au 19ème siècle, 1931; *Wehberg,* Ideen und Projekte betreffend die Vereinigten Staaten von Europa in den letzten 100 Jahren, Friedenswarte 41 (1941), 49; *Rougemont,* Vingt-huit siècles d'Europe, 1961; *Stüwe,* Europas Einigung als Idee – William Penn und das Projekt der EU, Staat

1999, 359; *Lakatos,* Federation Projects in Central Europe in the Period 1848–1914, The Federalist Debate, 1.2.2007, 13; *Pinheiro* (Hrsg.), Iberische Europa-Konzepte, 2009.

4 Die heutige europäische Zivilisation greift in wichtigen Elementen auf das **Erbe** der **griechisch-römischen** Kultur einschließlich des **Christentums** zurück. Europa als Kontinent aber spielte damals noch keine Rolle: Die Welt der Antike war die des Mittelmeers. Erst zu Beginn der Neuzeit ließen äußere Bedrohungen (Türken) den Gedanken einer gewissen europäischen Einheit aufkommen. Vor allem Großbritannien bemühte sich um die Sicherung eines „Europäischen Gleichgewichts".

5 Im ausgehenden Mittelalter legte König *Georg Podebrad* von Böhmen bereits einen vollständigen Plan für ein europäisches Friedensbündnis vor. Etliche **Pläne und Vorschläge** entstanden im 17.–18. Jahrhundert besonders in Frankreich und England (*Sully,* Minister Heinrich IV. von Frankreich, „Grand dessein", 1617; *William Penn,* An Essay towards the Present and Future Peace of Europe, 1693; *John Bellers,* Some Reasons for a European State, 1710; *Rousseau,* Projet pour la Paix Perpetuelle 1760; *Bentham,* Plan for a Universal und Perpetual Peace, publ. 1843). Im preußischen Königsberg entstand 1795 *Immanuel Kants* Plan vom „Ewigen Frieden", der in weltbürgerlicher Gesinnung auf eine Konföderation der europäischen Staaten unter republikanischer Verfassung zielte. Sie gewannen jedoch kaum Einfluss auf die praktische Politik.

6 Seit dem Wiener Kongress 1814/15 bemühte sich das **„Europäische Konzert"** der fünf Großmächte, zu denen später die Türkei trat, im 19. Jahrhundert um die Sicherung des Friedens durch Abstimmung der einzelstaatlichen Interessen zwecks Erhaltung des europäischen Gleichgewichts. Die Einigung Italiens 1859/70 und vor allem Deutschlands 1871 brachte neuartige Ungleichgewichte in die europäische Kräftebalance. Das europäische Konzert löste sich in die antagonistischen Teilallianzen zwischen England/Frankreich/Russland einerseits und den Mittelmächten Deutschland und Österreich-Ungarn andererseits auf. In den Zerstörungen des Ersten Weltkrieges „gingen in Europa die Lichter aus" *(Lord Grey).* Der Krieg wurde 1917/1918 durch das Eingreifen der USA als außereuropäischer Macht zugunsten der Westalliierten entschieden.

7 Parallel zur Kabinettspolitik der Großmächte im 19. Jahrhundert entstanden **gedankliche** Bemühungen um eine **institutionalisierte** Organisation des europäischen Staatensystems. Gleichzeitig mit dem Wiener Kongress erschien 1814 *Karl Christian Friedrich Krauses* „Entwurf eines europäischen Staatenbundes". Bedeutsam wurde die Schrift „De la réorganisation de la société européenne ou de la nécessité et des moyens de rassembler les peuples de l'Europe en un seul corps politique en conservant à chacun son indépendance nationale" des Grafen *C. H. Saint-Simon* und *A. Thierry.* Hier verband sich der europäische Gedanke erstmals mit der sozialen Idee. Als Endziel stand den Schülern *Saint-Simons* und bald der Sozialistischen Internationale sogar über Europa hinaus der pazifistische, soziale Weltstaat vor Augen. Immer wieder wurden auch Strukturen einer gesamteuropäischen Organisation konzipiert, wie die Organisation eines „europäischen Staatenvereins" durch den Schweizer Staats- und Völkerrechtler *Bluntschli* 1878.

8 Die Gründung etlicher vornehmlich europäisch geprägter internationaler Organisationen (**„Verwaltungsunionen"**) seit dem 19. Jahrhundert belegte die Notwendigkeiten internationaler Kooperation im heraufziehenden industriellen Zeitalter. Die nach 1815 entstandenen Internationalen Flusskommissionen waren die Vorboten. Mit der zweiten Hälfte des 19. Jahrhunderts begann die Gründungszeit der großen, zunächst wesentlich europäischen Internationalen Organisationen (Internationale Fernmeldeunion 1865, Weltpostverein 1874, Interparlamentarische Union 1888 u. a. m.). Ihren Höhepunkt fand diese Ära der klassisch-völkerrechtlichen Staatenzusammenarbeit in den beiden von Zar *Nikolaus II.* einberufenen Haager Friedenskonferenzen (1899/1907), an denen alle europäischen Staaten sich beteiligten. Sie führten zur Institutionalisierung von Verfahren friedlicher Streitbeilegung bis zur Schiedsgerichtsbarkeit, aber auch zur Humanisierung des Kriegsrechts (Haager Landkriegsordnung u. a.). – Weitsichtige Politiker wie der deutsche Industrielle *Walther Rathenau* forderten eine „Verschmelzung der Wirtschaft und Politik Europas zur Gemeinschaft".

II. Vorüberlegungen zur Europäischen Integration 1919–1945

Literatur: *Coudenhove-Kalergi,* Paneuropa, 1923; *Puttkamer,* Der Briand-Plan, Vorbote der europäischen Integration? FS Ophüls, 1965, 143; *Böttcher* (Hrsg.), Britische Europaideen 1940–1970, 1971; *H. Möller,* Europa zwischen den Weltkriegen, 1998; *Zgòrniak,* Der Entwurf der Bildung einer mitteleuropäischen Föderation während des Zweiten Weltkrieges, FS Krause, 2000, 129; *Dreier,* Wirtschaftsraum-Großraum-Lebensraum, FS 600 Jahre Würzburger Juristische Fakultät, 2002, 47; *Karpen* (Hrsg.), Europas Zukunft. Vorstellungen des Kreisauer Kreises um Helmuth James Graf von Moltke, 2005; *Schöberl,* „... es heißt Europa". Die Diskussion um die Paneuropaidee in Deutschland, Frankreich und Großbritannien 1922–1933, 2008; *Stresemann,* Reden und Schriften 1897–1926, 2. Aufl. 2008; *Grunert,* Der Europagedanke westeuropäischer faschistischer Bewegungen 1940–1945, 2012.

Trotz der blutigen Erfahrungen des Ersten Weltkrieges erwies sich die Zeit 1919–39 9
für die Schaffung einer europäischen Friedensordnung nur in Ansätzen als fruchtbar. Das Aufkommen des nationalen Prinzips in Gestalt des von *Woodrow Wilson* auch für Europa proklamierten **Selbstbestimmungsrechts der Völker** verstärkte die zentrifugalen Kräfte. Die Gründung des **Völkerbundes** 1919 als System kollektiver Friedenssicherung stand im Schatten von Entscheidungen des Versailler Friedensvertrages, die eine dauerhafte Aussöhnung der Kriegsgegner eher erschwerten. Zwar hatten die Schrecknisse des Krieges 1914–18 einigen weitsichtigen Denkern und Politikern die Augen dafür geöffnet, dass Europa nur über innere Befriedung und Einigung Wohlfahrt und Bedeutung in der Welt wiedererlangen konnte. Die Kulmination des italienisch/deutschen Faschismus-Nationalsozialismus in den dreißiger Jahren bedeutete aber unter europapolitischem Blickwinkel den Rückfall in einen extremen Nationalismus, der in die Katastrophe des Zweiten Weltkrieges führte.

Unter den politischen Stimmen, die sich nach 1919 für eine europäische Einigung aussprachen, verschaffte 10
sich die 1923 in Wien gegründete **Paneuropäische Bewegung** des Österreichischen Grafen *Coudenhove-Kalergi* die stärkste Resonanz. Sie unterhielt in den einzelnen Staaten „Nationale Gruppen" und setzte sich mit der Schrift „Paneuropa" (1923) ihres Gründers für die Schaffung eines **Bundesstaates** „Vereinigte Staaten von Europa" ein. Ohne Großbritannien und Russland sollte in dieser Konzeption ein „europäisches Kraftfeld" neben das amerikanische, britische, russische und ostasiatische treten. Wie manche kühne Vision ließ sich die Paneuropa-Idee nicht realisieren, beeinflusste aber die Wiedergeburt der Europäischen Bewegung nach 1945. Praktisch wichtig wurde die deutsch-französische Annäherung unter *Briand* und *Stresemann.* Der deutsch-französische Nichtangriffsvertrag von **Locarno** 1925, der Eintritt Deutschlands in den Völkerbund 1926 und die allgemeine Kriegsächtung im *Briand/Kellogg-Pakt* von 1928 waren Schritte, die allgemeine politische Zusammenarbeit in Europa möglich erscheinen ließen. Sie wurde Inhalt eines 1929 dem Völkerbund vorgelegten **Briand-Planes** für eine Europäische Föderation innerhalb des Völkerbundes. 1930 zu einem Memorandum ausgebaut, ging der Plan allerdings nicht über eine staatenbündische Zusammenarbeit hinaus („une sorte de lien fédéral"). Der Tod *Stresemanns* und die Weltwirtschaftskrise ab 1929 verhinderten ein Aufgreifen dieser Idee. Im Rückblick erscheinen die Bemühungen von *Briand* und *Stresemann* in den 1920er Jahren gleichwohl als die Frühzeit einer europäischen Bewegung, die ihre volle Kraft nach 1945 entfalten sollte.

1941 verfassten die auf der italienischen Insel **Ventotene** festgehaltenen antifaschistischen Aktivisten *Erne-* 11
sto Rossi und *Altiero Spinelli* ein Manifest für ein freies und vereinigtes Europa. Die Überlegungen zielten auf die Schaffung eines europäischen Bundesstaats.

III. Die Entwicklung der Europäischen Idee nach 1945

Literatur: *Cornides,* Die Anfänge des europäischen föderalistischen Gedankens in Deutschland 1945–1949, EA 1951, 4243; *Lippgens,* Die Anfänge der europäischen Einigungspolitik 1945–1950, 1977; *Poidevin* (Hrsg.), Histoire des Débuts de la Construction Européenne, 1948–1950, 1986; *Gouzy,* The Saga of the European Federalists during and after the second World War, The Federalist 2004, 12; *Loth,* Vor 60 Jahren: Der Haager Europa-Kongress, Integr. 2008, 179.

1. Züricher Rede Churchills 1946 und Europäische Bewegung

12 Die düsteren Erfahrungen des Zweiten Weltkrieges und der aufziehende „Kalte Krieg" gaben nach 1945 der politischen Bewegung zu einer Einigung Europas den entscheidenden Anstoß. Die USA förderten diesen Prozess in „gütiger Hegemonie" (Marshallplan 1947). *Winston Churchill* brachte die politische Stimmung und die Erwartungen der damaligen Zeit in einer **Rede in Zürich** am 19.9.1946 exemplarisch zum Ausdruck:

13 „In ausgedehnten Gebieten Europas starrt eine Menge gequälter, hungriger, sorgenerfüllter und verwirrter Menschen die Ruinen ihrer Städte und Heime an ... Trotzdem gibt es ein Heilmittel ... Dieses Mittel besteht in der Erneuerung der europäischen Völkerfamilie ... und in ihrem Neuaufbau unter einer Ordnung, unter der sie in Freiheit, Sicherheit und Frieden leben kann. Wir müssen eine Art Vereinigter Staaten von Europa errichten ... Der erste Schritt bei der Neubildung der europäischen Familie muss ein Zusammengehen zwischen Frankreich und Deutschland sein ... Es gibt kein Wiedererstehen Europas ohne ein geistig großes Frankreich und ein geistig großes Deutschland. Die Struktur der Vereinigten Staaten von Europa wird ... so geartet sein müssen, dass die materielle Stärke einzelner Staaten an Bedeutung einbüßt. Kleine Nationen werden so viel wie große gelten und sich durch ihren Beitrag für die gemeinsame Sache Ruhm erringen können."

14 Damit war der Ton für das Einigungswerk nach dem Zweiten Weltkrieg gesetzt. In Deutschland wurde die 1946 gegründete **Europa-Union** wichtiger Träger der Europa-Idee. Ähnliche Verbände entstanden in England, Frankreich und Italien. 1947 koordinierten sich diese Gruppierungen im Internationalen Komitee der Bewegung für die Einheit Europas, welches 1948 unter gewichtiger politischer Beteiligung (u. a. *Churchill, Van Zeeland, Herriot*) den **Europa-Kongress** in **Den Haag** einberief. Dessen Appell zugunsten der Föderierung Europas gab einen wichtigen Anstoß zur Gründung des Europarates 1949. Zugleich gründete sich das Internationale Komitee in die Europäische Bewegung um (*Leon Blum, Winston Churchill, Alcide de Gasperi, Paul Henri Spaak* u. a.). Eine wichtige Rolle spielte später 1955–1975 das von *Jean Monnet* gegründete Aktionskomitee für die Vereinigten Staaten von Europa (u. a. *Fanfani, Kiesinger, Mollet, Pleven, Wehner,* später *Brandt, Heath, Tindemans*).

2. Erste Organisationsgründungen

15 Die kommunistische Machtübernahme in der Tschechoslowakei und die Berliner Blockade veranlassten die westeuropäischen Staaten 1948 zu konkreten Schritten. Die **Organisation für Europäische Wirtschaftliche Zusammenarbeit** (OEEC) in Paris 1948 (17 Gründungsmitglieder) diente der Verteilung der amerikanischen Wirtschaftshilfe über den Marshallplan 1947 und trug in den 1950er Jahren zur handelspolitischen Liberalisierung Westeuropas bei.

16 Die **Gründung des Europarates 1949** mit Sitz in Straßburg bedeutete den Beginn dauerhafter politischer Staatenzusammenarbeit in Westeuropa. Vom „Europa der Zehn" 1949 (Beitritt Deutschlands 1950/51) hat sich der Europarat auf heute 47 Mitglieder erweitert. Seit der Wende 1989/90 wurde er zur gesamteuropäischen Organisation unter Einschluss Südost- und Osteuropas bis Russland. Neben der Herstellung politischer Verbindung bekennen sich die Mitglieder zu den Grundwerten der parlamentarischen Demokratie und des Rechtsstaates, vor allem in Gestalt der **Europäischen Konvention zum Schutz der Menschenrechte von 1950** (EMRK). Über ihre Einhaltung wacht der **Europäische Gerichtshof für Menschenrechte** (Straß-

burg). Da auch Einzelpersonen Menschenrechtsschutz begehren können, wohnt der EMRK ein **überstaatliches Element** inne (näher § 17).

Über unmittelbare **Entscheidungskompetenzen** im Verhältnis zu den Mitgliedstaaten verfügt der Europarat **nicht.** Seine Hauptaufgabe besteht heute in der Erarbeitung von Vertragsentwürfen. Wichtige Abkommen wurden zugunsten des Menschenrechtsschutzes sowie der Zusammenarbeit in den Bereichen Kultur und Strafverfolgung abgeschlossen. Neben der EMRK verdient besondere Hervorhebung die Europäische Sozialcharta (vom 18.10.1961, BGBl. 1964 II 1262, Änderungen). Sie begründet zahlreiche soziale Verpflichtungen, von denen die MSen aber nur einen Teil übernehmen müssen. 17

Organe des Europarats sind das **Ministerkomitee** sowie die **parlamentarische Versammlung,** deren Vertreter von den nationalen Parlamenten bestimmt werden; administrativ werden sie von einem Sekretariat unterstützt. Das Ministerkomitee hat u. a. die Aufgabe, die Urteile des EGMR zu überwachen (Rz. 17/95). Seine parlamentarische Versammlung wählt u. a. die Richter des EGMR. 1990 wurde als informelles Gremium die sog. **„Venedig-Kommission"** gegründet, eine Gruppe von Verfassungsexperten aus allen Mitgliedstaaten mit der Aufgabe, Stellungnahmen zu neuen Verfassungsentwürfen und ähnlichen zu erarbeiten und so vor allem den nach der Wende in Osteuropa sich neu verfassenden Demokratien eine gewisse Hilfestellung zu geben. In letzter Zeit äußert sie sich vor allem kritisch zu manchen Reformen in osteuropäischen Staaten (Polen, Ungarn etc.). 18

Im regionalen Rahmen bauten Belgien, die Niederlande und Luxemburg ab 1944 eine Wirtschaftsunion (Benelux) auf. Dänemark, Finnland, Island, Norwegen und Schweden begründeten 1952/56 mit dem **Nordischen Rat** ihre Zusammenarbeit. – Die Sowjetunion und die von ihr abhängigen Staaten Osteuropas gründeten 1949 den **Rat für gegenseitige Wirtschaftshilfe** (RGW oder COMECON) zur Abstimmung ihrer Planwirtschaften. Er löste sich 1991 mit dem Ende des Kommunismus auf. 19

Der **Verteidigungsbereich** nahm eine Sonderentwicklung. Der britisch-französische Dünkirchen-Pakt 1947, seit 1948 als Brüsseler Vertrag mit den Beneluxstaaten, sollte Sicherheit gegenüber Deutschland garantieren. Zum Schutz vor der sowjetischen Bedrohung wurde 1949 zwischen 10 Staaten Westeuropas, den USA und Kanadas der **Nordatlantikvertrag** (NATO) abgeschlossen. Nachdem der Versuch, die Bundesrepublik Deutschland in eine supranationale Verteidigungsstruktur in Gestalt der Europäischen Verteidigungsgemeinschaft (EVG) einzubinden, 1954 an Frankreich scheiterte (Rz. 2/2), wurden Deutschland und Italien in den Brüsseler Vertrag aufgenommen, der sich 1954 in die **Westeuropäische Union** (WEU) umgründete (und 2010 aufgelöst wurde). Dank der Garantien der USA blieb die NATO für Westeuropa die wichtigste Verteidigungsorganisation, der 1955 auch Deutschland beitrat. Nach 1999 traten auch zahlreiche osteuropäische Staaten bei. Als „Neue NATO" übernimmt sie heute weltweite Aufgaben. Die EU bezieht seit 1992 den Sicherheits- und Verteidigungsbereich fortschreitend in ihre Gemeinsame Außen- und Sicherheitspolitik (GASP) ein (näher § 39). 20

§ 2. Die europäische Wirtschaftsintegration 1952–1992

Literatur: *Spaak,* Memoiren eines Europäers, 1969; *Monnet,* Mémoires, 1976 (dt. 1988); *Jansen/Mahncke* (Hrsg.), Persönlichkeiten der Europäischen Integration, 1981; *Göldner,* Politische Symbole der Europäischen Integration, 1986; *Classen/Nettesheim/Graf Vitzthum* (Hrsg.), Thomas Oppermann, Ius Europaeum. Beiträge zur europäischen Einigung, 2006; *Judt,* Geschichte Europas von 1945 bis zur Gegenwart, 2006; *Oppermann,* Von der Gründungsgemeinschaft zur Mega-Union, DVBl. 2007, 329; *Pescatore,* Die Geschichte der europäischen Einigung zwischen Realität und Utopie, 2007; *Brunn,* Die Europäische Einigung. Von 1945 bis heute, 2009; *Gehler* (Hrsg.), Vom Gemeinsamen Markt zur europäischen Unionsbildung. 50 Jahre Römische Verträge 1957–2007, 2009; *Piela,* Walter Hallstein, 2012; *Wirsching,* Geschichte Europas in unserer Zeit, 2012; *Schorkopf,* Rechtsgeschichte der europäischen Integration, JZ 2014, 421; *Behrens/Kotzur/Lammers* (Hrsg.), Sechs Dekaden europäischer Integration, 2015; *Entel,* 9. Mai 1950 – Die Geburtsstunde Europas, 2016; *Schönwald,* Walter Hallstein, 2017; *Schwabe,* Jean Monnet, 2016; *Thiele,* Motor der Integration, 2019.

I. Entstehung der Europäischen Gemeinschaften: 1950–1958

Literatur: *Carstens,* Die Errichtung des Gemeinsamen Marktes in der EWG, Atomgemeinschaft und Gemeinschaft für Kohle und Stahl, ZaöRV 18 (1958), 459; *Hallstein,* Europäische Reden, 1979; *Schwabe* (Hrsg.), Die Anfänge des Schuman-Plans 1950/51, 1988; *Monnet,* Le Mémorandum du 3 Mai 1950, Text in: Politique Étrangère, 1993, 121; *Mosler,* Die europäische Integration aus der Sicht der Gründungsphase, FS Everling 1995, 911; *Fontaine,* Die Erklärung von Robert Schuman 1950, 2000; *Kilian,* Walter Hallstein, JöR 53 (2005), 369; *Pistone,* The Messina Conference and the Advance of European Unification, The Federalist 2005, 183; *Hobe/Ende,* 50 Jahre Römische Verträge, Integr. 2007, 240; *Loth,* Der Weg nach Rom – Entstehung und Bedeutung der Römischen Verträge, Integr. 2007, 36; *Bossuat* u. a. (Hrsg.), L'expérience européenne. 50 ans de construction de l'Europe 1957–2007, 2009; *Patel,* Europäisierung wider Willen. Die Bundesrepublik Deutschland in der Agrarintegration der EWG 1955–1973, 2009; *Vanke,* Europeanism and European Union. The Early European Economic Community, 2010; *Fassbender,* Der deutsch-französische Elyseevertrag von 1963, DÖV 2013, 125.

1 Es bleibt der historische Verdienst des französischen Außenministers *Robert Schuman,* mit seiner Regierungserklärung vom 9.5.1950 (Rz. 1/1) den Züricher Appell *Churchills* von 1946 aufgegriffen zu haben. Der sog. Schuman-Plan, die deutsche und französische Kohle- und Stahlindustrie in einer neuartigen **Europäischen Gemeinschaft für Kohle und Stahl** (EGKS, „Montanunion") zusammenzufassen, verfolgte wirtschafts- und sicherheitspolitische Interessen. Auch sollte das in Deutschland für die erwähnten Industrien noch bestehende Besatzungsregime durch ein zukunftsträchtiges, Gleichberechtigung der Beteiligten gewährleistendes Modell abgelöst werden. Der Plan verstand sich zugleich als „erste Etappe der Europäischen Föderation". Schnell schlossen sich Deutschland, Italien und die Benelux-Staaten an und gründeten 1952 die auf 50 Jahre befristete Europäischen Gemeinschaft für Kohle und Stahl mit Sitz in Luxemburg. Großbritannien versagte sich.

2 Die erwähnten weiterreichenden politischen Ambitionen des Schuman-Plans führten 1952, als im Zuge des aufkommenden Kalten Krieges die Frage nach einer gemeinsamen Verteidigung aufgekommen war, zur Aushandlung des Vertrages über die **Europäische Verteidigungsgemeinschaft** (EVG); ein Jahr später entstand der Entwurf zu einer **Europäischen Politischen Gemeinschaft** (EPG). Aber offenbar war die Zeit noch nicht reif für so weitreichende Projekte: 1956 lehnte die französische Nationalversammlung den EVG-Vertrag ab; auch die EPG war damit vom Tisch. Die wenig später erfolgende Integration Deutschlands und Italiens in die NATO (Rz. 1/20) verlief demgegenüber reibungslos.

3 Nichtsdestoweniger blieb die Bereitschaft zu weiterer Integration bei den „Sechs" ungebrochen. Die **Außenministerkonferenz von Messina** (1.6.1955) beauftragte einen Ausschuss unter Leitung des belgischen Außenministers *Paul-Henri Spaak* mit der Prüfung weiterer Integration im Bereich der politisch deutlich weniger sensiblen Wirtschaft einschließlich der Atomenergie **(„Relance Européenne").** Der 1956 vorgelegte Spaak-Bericht empfahl eine wirtschaftliche Gesamtintegration mit Sonderregeln für die friedliche Nutzung der Atomenergie. 1957 wurden die Verträge zur Gründung von EWG und EAG in Rom **(„Römische Verträge")** abgeschlossen und traten zum 1.1.1958 in Kraft. Dabei wurde allerdings das supranationale Modell der EGKS einer unabhängigen europäischen Behörde zugunsten der Balance zwischen **Gemeinschaftsinteresse** (Kommission) und **mitgliedstaatlichen Vorstellungen** (Ministerrat) **verändert.**

Zentrales Anliegen der drei Gemeinschaften war es, „durch konkrete Leistungen … eine tatsächliche Verbundenheit (zu) schaffen" (Präambel des EGKS-Vertrages). Daher spricht alles dafür, dass die vom EuGH in den Urteilen van Gend & Loos vom 5.2.1963 (Rs. 26/62) sowie Costa/ENEL vom 15.7.1964 (Rs. 6/64) entwickelten Grundaussagen zur Bedeutung des Gemeinschaftsrechts – dessen **unmittelbare Wirkung** und, als logische Folge, dessen **Vorrang gegenüber nationalem Recht** (Rz. 9/14 ff.) – dem **Willen der Vertragsparteien** entsprachen (ausführlich *Delfs*, Komplementäre Integration, 2015). Für Deutschland belegen dies nicht zuletzt die amtlichen Begründungen zur Ratifikation der Verträge (zum EWGV BT-Drs. 2/3440, S. 108, 150; zum EuGH der EGKS bereits BR-Drs. 470/51, S. 17). Nur soweit in der Begründung auf den autonomen Charakter des neuen Rechts hingewiesen wurde, sind die Entscheidungen als „revolutionär" einzustufen. 4

II. Wandel der „EG-Philosophie" vom Föderalismus zum Pragmatismus: 1958–1969

1. Erfolge bei der Wirtschaftsintegration

Zügig gelang der jungen Gemeinschaft die Verwirklichung der vorgesehenen Wirtschaftsintegration. Angesichts stark unterschiedlicher wirtschaftspolitischer Philosophien der Mitgliedstaaten waren zwar manche Kompromisse zu schließen. Die ersten Regelungen zum von Deutschland gewünschten Wettbewerbsrecht (Rz. 20/7) kamen 1961 nur zeitlich parallel zur Entwicklung der von Frankreich forcierten Gemeinsamen Agrarpolitik (Rz. 24/2 ff.) zustande. Insgesamt aber erwies sich die **Kommission** als „Motor, Wächter und ehrlicher Makler des Vertrages" (so ihr erster Präsident *Walter Hallstein*) in Verbindung mit der Endentscheidung des national verantwortlichen **Ministerrates** als überaus erfolgreich. Bis 1968 und damit früher als geplant konnte der freie Warenverkehr einschließlich der Zollunion und einer Gemeinsamen Agrarpolitik verwirklicht, die Freizügigkeit des Personenverkehrs in der EWG hergestellt und die Gemeinschaft zu geschlossenem Auftreten in ihren Außenbeziehungen (Gemeinsame Handelspolitik, Assoziierung und Beitritt) befähigt werden. 5

2. Probleme auf der politischen Ebene

Der Aufbau der Wirtschaftsgemeinschaft kam nicht auf der Grundlage einer gemeinsamen „europäischen Philosophie" aller Partner zustande. Die mit den Römischen Verträgen vorgezeichnete weitere europäische Einigung als **fortschreitende sektorale Teilintegration** sollte nach Auffassung europäischer Föderalisten über die damit verbundenen wirtschaftlich-sozialen Sachzwänge zu einem „Point of no return" führen, bei dem die Wirtschaftsgemeinschaft zur unauflöslichen (vor)bundesstaatlichen Verbindung mutierte. Dies kollidierte schon früh mit der Sicht des französischen Staatspräsidenten *de Gaulle* von einem **„Europa der Vaterländer"** auf der Grundlage der Zusammenarbeit souveräner Nationalstaaten. 6

Die nach dem französischen Chefdelegierten so genannten **„Fouchet-Pläne"** für eine konföderative Politische Union mit den Mitgliedstaaten als alleinigen Akteuren scheiterten jedoch 1960–1962 an der Sorge anderer EWG-Partner vor einer herabstufenden Eingliederung der drei Integrationsgemeinschaften in eine solche Staatenunion. Als Torso der Fouchet-Pläne kam es 1963 zum Abschluss des deutsch-französischen Freundschaftsvertrages **(„Elysee-Vertrag")**. Er hat seither die zweiseitigen deutsch-französischen Beziehungen nützlich vertieft. 7

8 1965 brachte Frankreich seine Doktrin der Mitgliedstaaten als „Herren" der Gemeinschaft erneut zum Ausdruck. Nach dem EWG-Vertrag hätte der Ministerrat ab **1966** in wichtigen Vertragsbereichen mit qualifizierter Mehrheit zu entscheiden gehabt und so einzelne Mitgliedstaaten überstimmen können. Bevor diese Regelung in Kraft trat, zog sich Frankreich für über ein halbes Jahr von den Arbeiten des Ministerrates zurück („Politik des leeren Stuhles") und löste so eine **Verfassungskrise** der Gemeinschaft aus. In den **Luxemburger Beschlüssen** der EWG-Außenminister vom 29.1.1966, welche die Krise beilegten, wurden kunstvolle Kompromissformeln zwischen den föderalen Vorstellungen und der gaullistischen Doktrin gefunden. In der Praxis setzten sich in wichtigen Punkten die französischen Vorstellungen durch.

9 In der Frage der **Mehrheitsentscheidung** enthielten die Luxemburger Beschlüsse ein „Agreement to disagree" (*Lahr,* EA 1983, S. 223 ff.). Bei Beschlüssen, die vitale Interessen eines Mitgliedstaates berührten, sollten einvernehmliche Regelungen gesucht werden. Offen blieb, was geschehen würde, wenn dies misslang. Praktisch bewirkten die Luxemburger Beschlüsse lange Zeit eine Scheu vor Mehrheitsentscheidungen im Rat. Außerdem wurden die Befugnisse der Kommission restriktiv ausgelegt.

10 Nachdem die EWG eine Realität zu werden begann, suchte Großbritannien nach einem Zugang zum Gemeinsamen Markt. Der Widerstand Frankreichs führte zu weiteren Konflikten. 1958 **scheiterten** Verhandlungen über eine **„Große Freihandelszone"** zwischen der EWG und den übrigen elf OEEC-Staaten an Frankreich. 1961 stellten England, Dänemark und Irland Beitrittsanträge zur EWG. *De Gaulle* ließ diese Verhandlungen jedoch 1963 aus außenpolitischen Gründen ebenso scheitern wie 1967 einen weiteren britischen Anlauf. Erst nach dem Rücktritt *de Gaulles* wurde der Weg für die von *Edward Heath* ausgehandelte Norderweiterung der Gemeinschaft mit Großbritannien, Dänemark und Irland frei.

III. In kleinen Schritten in Richtung Europäischer Union: 1970–1985

Literatur: *Harst* (Hrsg.), Beyond the Customs Union: The EC's Quest for Deepening, Widening and Completion 1969–1975, 2008; *Rosengarten,* Die Genscher-Colombo-Initiative, 2008; *Loth* (Hrsg.), Experiencing Europe. 50 Years of European Construction 1957–2007, 2009; *Ahman/Schulze/Walter* (Hrsg.), Rechtliche und politische Koordinierung der Außenbeziehungen der Europäischen Gemeinschaften 1951–1992, 2010.

11 Der **Stillstand** im europäischen Einigungswerk wurde Ende 1969 nach dem Rücktritt *de Gaulles* in der Haager Gipfelkonferenz der Regierungschefs der EG-Staaten **überwunden.** Die Wiederaufnahme der Integration blieb vorsichtig, doch wurden alle nachfolgend wichtigen europapolitischen Themen angestoßen (Erweiterung, Finanzverfassung der Gemeinschaft mit eigenen Einnahmen, Schaffung einer Wirtschafts- und Währungsunion und einer Europäischen Politischen Zusammenarbeit [EPZ], direkte Wahlen zum Europäischen Parlament). Gesamtziel für die achtziger Jahre war eine „Europäische Union".

12 Im Einzelnen wurde ab 1970 eine neue **Finanzverfassung** entwickelt. Die Gemeinschaft erreichte eine bemerkenswerte finanzielle Unabhängigkeit; das Europäische Parlament erhielt erste Mitentscheidungsrechte (näher Rz. 8/1 ff.). Zum Übergang in eine Wirtschafts- und Währungsunion fand die EG dagegen noch nicht die politische Kraft. Das 1978 von *Giscard d'Estaing* und *Helmut Schmidt* als fester Wechselkursverbund der meisten EG-Staaten gegründete **Europäische Währungssystem** (EWS) erfüllte aber eine wichtige Voraussetzung für binnenmarktähnliche Verhältnisse (näher § 19). Zugleich entschloss man sich, die Einstimmigkeit erfordernde Vertragsabrundungsklausel – damals Art. 235 EWGV, heute Art. 352 AEUV – zu einer Ausweitung der Gemeinschaftsaktion zu nutzen. In diesem Sinne wurde mit der Gründung des Europäischen **Regionalfonds** 1975 ein Stück finanziellen Ausgleichs unterschiedlicher Lebensverhältnisse zwischen den MSen geschaffen. Ebenso wurden Ansätze einer europäischen Forschungs- und Umweltpolitik ausgeformt. Erste Elemente einer europäischen Außenpolitik entwickelten sich informell ab 1970 in der **Europäischen Politischen Zusammenarbeit** (EPZ).

Diese Ansätze folgten ein wenig der Logik der europäischen Föderalisten, durch zunehmende, jeweils mit **Sachlogik** begründeten **einzelnen Schritten** die Integration **voranzutreiben.** In demokratischer Perspektive hatte dieser Ansatz jedoch den Nachteil, dass sich diese Schritte der notwendigen demokratischen Diskussion in den Mitgliedstaaten über das dort jeweils gewollte Integrationsniveau weitgehend entzogen. 13

Auf institutioneller Ebene wurde 1974 der mindestens zweimal jährlich tagende **Europäische Rat** der **Staats- und Regierungschefs** etabliert, der sich im Laufe der Zeit zum politischen Lenkungsorgan der Gemeinschaft und später der Union entwickelt hat. 1976 wurde dort beschlossen, die von Art. 138 Abs. 3 EWGV vorgesehenen **direkten Wahlen** der bisher aus den nationalen Parlamente entsandten Abgeordneten des **Europäischen Parlamentes** 1979 einzuführen. Die seither alle 5 Jahre stattfindenden „Europawahlen“ bilden ein wichtiges Element der „Demokratisierung“ der Union, doch wurden damit zugleich die nationalen Parlamente aus der Europapolitik zunächst herausgehalten. 14

1973 wurden Großbritannien, Dänemark und Irland **neue Mitglieder** der Gemeinschaft; in Norwegen lehnte das Volk einen Beitritt ab. 1981 folgte Griechenland. Die Binnenstruktur der EG hat sich vor allem durch die britische Mitgliedschaft gewandelt. Teilweise erfüllten sich die Hoffnungen auf eine weltweite Inspiration der EWG-Handelspolitik. Europapolitisch erhielten jedoch diejenigen Kräfte in der Gemeinschaft Verstärkung, welche die Zukunft einer Europäischen Union bestenfalls in konföderativer Kooperation sah. Die britische „Europaphilosophie“ fand in der Brügger Rede von *Margaret Thatcher* am 20.9.1988 klassischen Ausdruck. Die Premierministerin begriff Europa als „Family of Nations“, die auf die Wahrung der nationalen Identität innerhalb der Gemeinschaft starken Wert legt. Zum Brexit siehe Rz. 3/20f. 15

Zugleich waren die 1970er Jahre geprägt von einer bemerkenswerten **Dynamik** der Judikatur des **EuGH.** Schon die grundlegenden Urteile zur Natur des Vertragsrechts – van Gend & Loos vom 5.2.1963 (Rs. 26/62) sowie Costa/ENEL vom 15.7.1964 (Rs. 6/64) – waren vielfach als Revolutionen wahrgenommen worden, auch wenn dies im Kern nicht zutrifft (Rz. 2/4). Nunmehr erkannte der Gerichtshof auch Richtlinien unmittelbare Wirkung zu (EuGH, 4.12.1974, Rs. 41/74, „van Dyun“) – in deutscher Begrifflichkeit eine Rechtsfortbildung, die deswegen zum Teil auf heftige Kritik stieß (Französischer Conseil d'Etat, EuR 1979, 292), aber vom BVerfG gebilligt wurde (BVerfGE 75, 223; näher Rz. 9/100ff.) 16

Zugleich wurde das Verständnis der **Grundfreiheiten** des Gemeinsamen, später des Binnenmarktes durch eine großzügige, auch nicht diskriminierende Maßnahmen einschließende Auslegung des Beschränkungsbegriffs **ausgeweitet,** das so bei DLF (Rz. 25/13f.) und NLF (Rz. 28/33f.) im Vertrag gar nicht angelegt war und beim Warenverkehr jedenfalls nicht im Fokus der Gemeinschaftsorgane stand, wie die bis dahin unternommenen Bemühungen um Rechtsangleichung zeigen. Auch bei der Interpretation der Kompetenzen der Gemeinschaft zeigte sich der Gerichtshof eher großzügig. So wird der EuGH seither vielfach als „Motor der Integration“ wahrgenommen, nicht aber, jedenfalls soweit es um das Verhältnis zwischen Union und Mitgliedstaaten geht, als neutraler Richter. 17

Zu leugnen ist allerdings nicht, dass der EuGH mit diesen und anderen, später ergangenen und gleichfalls rechtsfortbildenden Urteilen (etwa zur Haftung der Mitgliedstaaten für eine Verletzung des Unionsrechts, Rz. 14/11ff.) auf nicht selten sogar nach- 18 haltige Vertragsverletzungen der MSen **reagiert** hat, zumindest aber – etwa im Bereich der Grundfreiheiten – auf objektiv kaum plausibel zu begründende Maßnahmen der MSen, wie besonders deutlich der Leitfall „Cassis de Dijon" (dazu Rz. 22/43) zeigt.

IV. Binnenmarktprozess und andere Entwicklungen: 1985–1992

Literatur: *Hrbek/Laufer,* Die Einheitliche Europäische Akte, EA 1986, 173; *Everling,* Unterwegs zur EU. Ausgewählte Aufsätze 1985–2000, 2001; *Brok,* Von der EWG zur EU, WiD 2007, 36.

19 Neue Impulse verdankte die europäische Integration insbesondere dem vor allem von der EU-Kommission unter Führung von *Jacques Delors* angestoßenen **Binnenmarktprozess.** Mit dem Vorschlag von fast 300 Rechtsakten in Bereichen wie Technische Handelshemmnisse, öffentliches Auftragswesen, Telekommunikation, Grenzkontrollen, Kapital- und Dienstleistungsverkehr, Verkehr, Steuern u. a. m. sollten bis Ende 1992 der Wirtschaftsintegration neue Impulse gegeben werden. Der damit einsetzende weitreichende Prozess der Rechtsharmonisierung hat aber auch die bis heute anhaltende Diskussion um das richtige Verständnis von Subsidiarität der Gemeinschaftsaktion befeuert.

20 Eine wichtige Voraussetzung für das Gelingen dieses Prozesses war die im Rahmen der **Einheitlichen Europäischen Akte 1986** (EEA) – einem 1985/86 ausgehandelten Vertragswerk zur Reform der Gemeinschaftsverträge – im Bereich der Rechtsangleichung nunmehr vorgesehene Mehrheitsentscheidung im Ministerrat (vgl. Rz. 32/8). Zugleich wurden für die seit den siebziger Jahren erfolgte Ausweitung der Gemeinschaftsaktion (Regionalpolitik, Umweltschutz, Forschung, Technologie und Bildung usw.) ausdrückliche Rechtsgrundlagen geschaffen. Der Name des Vertrages resultiert daher, dass im gleichen Vertrag außerhalb der Gemeinschaften die Europäische Politische Zusammenarbeit (EPZ) institutionalisiert wurde. Zugleich traten Portugal und Spanien der EG bei, die so zu einer Zwölfergemeinschaft herangewachsen war. Beide Länder erlebten wie früher Irland einen nachhaltigen Aufschwung.

21 In Ergänzung des Binnenmarktes, aber **außerhalb des Gemeinschaftsrahmens,** arbeiteten Deutschland, Frankreich und die Benelux-Staaten mit den „Schengen-Abkommen" 1985 und 1990 auf die schrittweise Abschaffung von Kontrollen der Binnengrenzen und als Ausgleich auf die Zusammenarbeit bei Polizei und Asylrecht sowie die Sicherung der Außengrenzen hin (Rz. 32/21).

§ 3. Die Herausbildung der Politischen Union: 1992 bis heute

I. Gründung der Europäischen Union (Maastricht 1992, Amsterdam 1997, Nizza 2001) und Osterweiterungen

Literatur: *Dehousse* (Hrsg.), Europe after Maastricht – An ever closer Union?, 1994; *Hommelhoff/P. Kirchhof* (Hrsg.), Der Staatenverbund der EU, 1994; *Hahn,* Die Entstehung der Europawährung, JZ 1996, 321; *Issing,* Von der D-Mark zum Euro, 1998; *Streinz,* Der Vertrag von Amsterdam, JURA 1998, 57; *Oppermann,* Der europäische Traum zur Jahrhundertwende, JZ 1999, 317; *Lippert,* Die Osterweiterung der EU, 2000; *Everling,* Von den EGen zur EU, FS Oppermann, 2001, 163; *Wessels,* Die Vertragsreformen von Nizza, Integr. 2001, 8; *Grunewald,* Das Ende einer Epoche – das Erbe der EGKS, EuZW 2003, 193; *Niedobitek,* Völker- und europarechtliche Grundfragen des Beitrittsvertrages, JZ 2004, 369; *Bos/Dieringer,* Die Grenzen einer Union der 27. Die EU nach der Osterweiterung, 2008; *Griller* u. a., 20 Jahre EU-Mitgliedschaft Österreichs, 2016; *Schiffauer,* Die Europäische Union seit 1989, in: Benz u. a. (Hrsg.), Handbuch der Europäischen Verfassungsgeschichte im 20. Jahrhundert, Band 5, 2019, 199.

Die Antwort der Europäischen Gemeinschaft auf den Zusammenbruch des europäischen Kommunismus 1989/1991 war die Gründung – der auf eine Zusammenarbeit auch im politischen Bereich angelegten – **Europäischen Union** im Vertrag von Maastricht vom 7.2.1992. Die Europäische Union (EU) wurde zu einem „Dach" über den Gemeinschaften EG (früher EWG), EGKS (bis 2002) und EAG als erstem, der **Gemeinsamen Außen- und Sicherheitspolitik** (GASP) als zweitem und der in Fortführung der Schengener Abkommen entwickelten **Polizeilichen und Justiziellen Zusammenarbeit** (PJZ) als drittem Pfeiler. Die Politische Union (GASP und PJZ) blieben allerdings intergouvernementales Stückwerk. 1

Der Binnenmarktprozess wurde vor allem durch die Entscheidung zugunsten der auf Währungsstabilität angelegten **Währungsunion** (s. schon Rz. 2/12) vertieft (§ 19); Bemühungen, diese durch eine intensive Kooperation der nationalen Wirtschaftspolitiken zu flankieren, hatten keinen Erfolg. 1997 wurde das vertragliche Konzept durch einen Stabilitäts- und Wachstumspakt ergänzt. Am 1.1.1999 startete die Währungsunion mit 11 von 15 Mitgliedstaaten. Anfang 2002 löste der EURO die nationalen Währungen ab. Die europäisierte Geld- und Währungspolitik liegt seitdem in den Händen der Europäischen Zentralbank (EZB). 2

Das Vertragswerk von Maastricht und die damals beschlossene Vertiefung der Integration sollten nicht zuletzt gewährleisten, dass Deutschland auch nach der Wiedervereinigung uneingeschränkt dem Gedanken europäischer Integration verbunden blieb. Speziell mit der Währungsunion sollte die mit dem EWS (Rz. 2/12) bewirkte faktische Vormachtstellung der Bundesbank gegenüber den anderen nationalen Notenbanken durch eine der gesamten Union verpflichtete europäische Zentralbank abgelöst werden. 3

Das Vertragswerk von Maastricht stellte seit dem EVG-Vertrag (Rz. 2/2) das erste europäische Vertragswerk dar, das auf substantielle **Kritik** in Teilen der **europäischen Öffentlichkeit** stieß. Im Rahmen des Ratifikationsprozesses waren mehrere Volksabstimmungen notwendig, von denen die in Frankreich nur knapp positiv ausging und die in Dänemark erst im zweiten Durchgang ein positives Resultat erzielte; das BVerfG artikulierte erstmalig mit großer Deutlichkeit die Notwendigkeit von Grenzen der Integration (BVerfGE 89, 155). Die Gründe waren vielschichtig: neben der durch die Binnenmarktrechtssetzung (Rz. 2/19) ausgelöste Diskussion um die Subsidiarität ließen die Intensivierung der Integration – Stichwort Währungsunion – und die Ausweitung der Unionsaktion auf Außen- und Innenpolitik in den Teilen der Bevölkerung vieler Staaten eine Europaskepsis entstehen, die bis heute anhält. 4

Damals begann auch die bis heute anhaltende Diskussion um Bürgerferne und demokratisches Defizit der Union (Rz. 15/41 ff.). Mehrere Vertragsreformen **(Amsterdam 1997, Nizza 2001)** konnten dem nicht wirklich abhelfen. Sie brachten zwar manche Veränderungen wie eine weitere Stärkung des EP und einen Ausbau der Sozialpolitik. Vor allem wurde der **„Raum der Freiheit, der Sicherheit und des Rechts"** als übergreifendes Konzept für den damals partiell in die Gemeinschaftsstrukturen überführten dritten Pfeiler (Rz. 3/1) sowie den in das Gemeinschaftsrecht überführten „Schengen-Besitzstand" (Rz. 32/21 f.) entwickelt. Die von einem Konvent aus Vertretern der Regierungen, der Kommission und der Parlamente unter Leitung des deutschen Altbundespräsidenten *Roman Herzog* 1999/2000 erarbeitete Charta der Grundrechte der EU wurde nicht formeller Bestandteil des Gemeinschaftsrechts. 5

6 Die „Wende" in Mittel- und Osteuropa 1989–1991 führte schließlich zu grundlegenden Herausforderungen für die **mitgliedschaftliche Struktur** der Union. Nach einigen Auseinandersetzungen um die Frage „Vertiefung oder Erweiterung" der Integration hatte sich bald durchgesetzt, dass beide Ziele verfolgt werden sollten. Die westlich orientierten, vor 1989 aber politisch durch ihre Neutralität am Beitritt gehinderten EFTA-Staaten Finnland, Österreich und Schweden traten 1995 der EU bei. Die Norweger lehnten 1994 den Beitritt wie 1972 durch ein Referendum ab.

7 Für die gleichfalls beitrittswilligen **mittel- und osteuropäischen Staaten** entwickelte die EU eine „Heranführungsstrategie". Die eigentlichen Verhandlungen wurden 1998 aufgenommen und 2003 abgeschlossen. Am 1.5.2004 traten Estland, Lettland, Litauen, Polen, Slowakei, Slowenien, Tschechien und Ungarn, ferner Malta und Zypern bei. 2007 folgten Bulgarien und Rumänien, 2013 Kroatien. Lange Übergangsfristen sollten diese „Großerweiterung" ermöglichen. Die Union wurde auf diese Weise zu einer gesamteuropäischen Organisation („Vollendung der Idee *Robert Schumans*").

II. EU-Reform 2001–2009 („Post-Nizza-Prozess")

Literatur: *Müller-Graff,* Der Post-Nizza-Prozeß, Integr. 2001, 208; *Loth,* Entwürfe einer europäischen Verfassung, 2002; *R. Wägenbaur,* Die Erklärung von Laeken zur Zukunft der EU, EuZW 2002, 65; *Oppermann,* Eine Verfassung für die EU. Der Entwurf des Europäischen Konvents, DVBl. 2003, 1165, 1234; *K.H. Fischer,* Der Europäische Verfassungsvertrag (Text/Komm.), 2005; *F.C. Mayer,* Wege aus der Verfassungskrise, JZ 2007, 593; *Oppermann,* Die Berliner Erklärung vom 25. März 2007, FS Rengeling, 2008, 609; *Oppermann,* „Konventsmethode" als Instrument europäischer Verfassungsgebung, FS R. Herzog, 2009, 313; *Schwarze/Hatje* (Hrsg.), Der Reformvertrag von Lissabon, EuR 2009, Beiheft 1; *K.H. Fischer,* Der Vertrag von Lissabon (Text/Komm.), 2. Aufl. 2010; *F. Mayer,* Der Vertrag von Lissabon im Überblick, JuS 2010, 189; *Nowak,* Europarecht nach Lissabon, 2011; *Hänsel,* Die Zukunft der Europäischen Union – immer grösser, immer weiter? Symposion Tsatsos, 2013, 77; *Loth,* Europas Einigung – eine unvollendete Geschichte, 2014.

8 Die **Fortentwicklung** der Integrationsverträge im Wege von **Regierungskonferenzen** war mit dem Gipfel von Nizza 2001 an ihre **Grenzen** gestoßen. Nach 50 Jahren konnten selbst Spezialisten das komplizierte Geflecht der Union kaum noch überschauen. Die Vielzahl neuer MSen nach der Osterweiterung verlangte nach einer neuen institutionellen Struktur, um die Handlungsfähigkeit der Union sicherzustellen. Die Reform sollte gleichzeitig das vielbeklagte Demokratiedefizit der Union abbauen.

9 Der Europäische Rat von Laeken setzte Ende 2001 einen parlamentarisch/gouvernemental gemischten „Konvent zur Zukunft Europas" **(„Verfassungskonvent")** unter Leitung des früheren französischen Staatspräsidenten *Giscard d'Estaing* ein und erteilte ihm ein begrenztes Mandat für den Entwurf einer europäischen Vertragsverfassung. Die „Konventsmethode" kam damit zum zweiten Mal (nach dem Grundrechtekonvent, Rz. 3/5; siehe heute Art. 48 Abs. 3 EUV) als demokratienahes Instrument europäischer Verfassunggebung zum Zuge. Der Konvent legte 2003 der anschließenden Regierungskonferenz den Entwurf für einen **„Vertrag über eine Verfassung für Europa"** vor (ABl. 2003, C 169/1). Er wurde zur Grundlage des Verfassungsvertrages 2004 sowie später des Lissabon-Vertrags 2007.

10 Der Konventsentwurf beendete die „Drei-Säulen-Konstruktion" des Maastrichter Vertrages und konzipierte eine **einheitliche EU** einschließlich der Grundrechte-Charta. Der „Raum der Freiheit, der Sicherheit und des Rechts" wurde integriert und das auswärtige Handeln ausgebaut. Neben der EU besteht die EAG weiter. Eine **Regierungskonferenz** übernahm 2004 den Konventsentwurf mit wenigen Änderungen. Ende 2004 wurde der Verfassungsvertrag durch 25 Mitgliedstaaten in Rom unterzeichnet (ABl. 2004, C 310/1). Er scheiterte jedoch 2005 an zwei negativen Referenden in Frankreich und den Niederlanden.

Nach einer „Denkpause" gelang der deutschen Ratspräsidentschaft mit der anlässlich der 50 Jahr-Feier der Römischen Verträge von den Regierungen angenommenen „Berliner Erklärung" Anfang 2007 die Wiederaufnahme des Reformprozesses. Unter der portugiesischen Präsidentschaft gelang der Konsens auf einen **„Reformvertrag"**, der am 13.12.2007 von den Regierungen der damals 27 Mitgliedstaaten in Lissabon unterzeichnet wurde (Lissabon-Vertrag, ABl. 2007, C 306/1). Dieser rasche Erfolg wurde durch weitgehenden Rückgriff auf die inhaltlichen Konzepte des Verfassungsvertrages 2004 möglich. Vermieden wurde hingegen dessen gesamte „staatsnahe" Rhetorik wie die zunächst vorgesehene Einführung von Symbolen der EU (Fahne, Hymne etc.). Dieser Reformvertrag trat trotz Schwierigkeiten bei der Ratifikation (u. a. zwei Referenden in Irland, in Deutschland verfassungsrechtliche Prüfung durch BVerfGE 123, 267; kritisch: *Classen,* JZ 2009, 881; *Nettesheim,* EuR Beiheft 1/2010, 101) am 1.12.2009 in Kraft. Der „Post-Nizza-Prozess" hatte nach 9 Jahren ein positives Ende gefunden. 11

Wesentliche Merkmale der Lissaboner EU sind die Zusammenführung von Gemeinschaften und Pfeilern in einer einheitlichen Europäischen Union mit EUV und AEUV als ihr zugrunde liegenden Verträgen. Die Rolle der nationalen Parlamente wurde aufgewertet. Die verschiedenen Rechtsetzungsverfahren wurden weitgehend standardisiert mit Rat und EP als gleichberechtigten Organen und transparenten Regeln für die Mehrheitsentscheidung im Ministerrat. Der Europäische Rat der Staats- und Regierungschefs wurde institutionalisiert und erhielt einen eigenen Präsidenten. Die Grundrechte-Charta wurde rechtsverbindlich (Rz. 17/8). 12

III. Die Union vor neuen Herausforderungen

Literatur: *Brachthäuser/Haffner,* Gekommen, um zu bleiben, KJ 2017, 19; *Preuß,* Die Krise der Europäischen Union als Ausnahmezustand?, KJ 2017, 51; *Trömmel,* Die politische Krise der Europäischen Union, integr. 2017, 141.

1. Die Schuldenkrise ab 2009

Literatur: *Everling,* Wirtschaftspolitik und Finanzhilfe in der Währungsunion der EU, FS Scheuing, 2011, 526; *Glaser,* Die Neuausrichtung der EU-Finanzverfassung durch den Europäischen Stabilitätsmechanismus, DÖV 2012, 901; *P. Kirchhof,* Stabilität von Recht und Geldwert in der EU, NJW 2013, 1; *Kube,* EU-Rechtswidrigkeit einer Refinanzierung des ESM bei der EZB, WM 2013, 57; *Nettesheim,* Europarechtskonformität des ESM, NJW 2013, 14; *Oppermann,* „Euro-Rettung" und europäisches Recht, NJW 2013, 6; *Blanke/Pilz* (Hrsg.), Die „Fiskalunion", 2014; *Daiber,* Die Mitwirkung des Deutschen Bundestages an den Massnahmen zur Eindämmung der Schuldenkrise im Euroraum, DÖV 2014, 809; *Mansching,* Das Verbot der monetären Haushaltsfinanzierung in Art. 123 Abs. 1 AEUV – eine kritische Bestandsaufnahme, EuR 2014, 333; *Hufeld,* Krisenreaktion als Verfassungsfrage, FS Müller-Graff, 2015, 726; *F.C. Mayer,* Zurück zur Rechtsgemeinschaft – Das OMT-Urteil des EuGH, NJW 2015, 1999; *Nitze,* Finanzhilfen für Euro-Staaten in der Krise, 2015; *Sinn,* Der Euro – von der Friedensidee zum Zankapfel, 2015; *Zivier,* Die OMT-Beschlüsse, der Europäische Gerichtshof und das Bundesverfassungsgericht, RuP 2015, 233; *Pilz,* Der Europäische Stabilitätsmechanismus, 2016.

Die 2008 durch den Zusammenbruch der US-amerikanischen Lehman-Bank ausgelöste Wirtschaftskrise hat in einigen Mitgliedstaaten der EU eine nachhaltige Finanzkrise ausgelöst. Zunächst wurde die 2010 drohende **Insolvenz Griechenlands** durch mehrere „Rettungspakete" **abgewendet.** Parallel wurden zunächst der vorläufige „Rettungsschirm" EFSF (bis 750 Mrd. Euro) und 2013 der **ständige Krisenmechanismus ESM** (zunächst bis 700 Mrd. Euro) gegründet. Er speist sich aus Kreditbürgschaften der Euro-Staaten (Deutschland 27%). Unterstützung erhielten Irland, Portugal und 13

Spanien. Alle Hilfe empfangenden Staaten mussten zudem drastische Sparmaßnahmen beschließen. Die Finanzkrise führt zu einer zunehmenden **Spaltung zwischen Gesamt-EU und Eurozone.**

14 Die **EZB** trat mit Käufen von **Anleihen** bestimmter Euro-Staaten zur Seite. Mit der Ankündigung Präsident *Draghis* 2012, die EZB werde im Rahmen ihres Mandats jederzeit das Nötige tun („whatever it takes"), beruhigten sich die Märkte. Am 2.9.2012 beschloss die EZB, falls erforderlich substantiell auf dem Sekundärmarkt Anleihen von Euro-Staaten aufzukaufen und auf diese Weise Liquidität herzustellen („OMTBeschluss"). Dieser Beschluss wurde nie umgesetzt, doch kauft die EZB seither in anderem Rahmen regelmäßig Anleihen. 2012 schlossen 25 der damals 27 EU-Mitgliedstaaten den sog. Fiskalpakt ab (Verpflichtung zu Haushaltsdisziplin über eine „Schuldenbremse" sowie strukturelle Verbesserungen).

15 Politisch, ökonomisch und juristisch ist die **„Rettungspolitik" umstritten. Politisch** wird die Verpflichtung auf recht strikte Haushaltsdisziplin vor allem von südeuropäischen Staaten mit dem Argument kritisiert, dass so die wirtschaftlich schwierige Situation der angeschlagenen Staaten weiter verschärft werde. In anderen Staaten wurde die Frage nach den Grenzen der Solidarität zwischen den Mitgliedstaaten gestellt. Auch **ökonomisch** wird die dauerhafte Stabilisierung der Eurozone durch die Rettungsmaßnahmen unterschiedlich beurteilt. Während die Politik hofft, die Lage „beherrschen" zu können, ist die Wirtschaftswissenschaft in Deutschland mehrheitlich pessimistisch (*Sinn,* Die Lehren aus der griechischen Tragödie, F. A. Z. v. 3.7.2015).

16 **Rechtlich** wurde die Kritik auf das „Bail-out-Verbot" (Art. 125 AEUV) einerseits, das Verbot der Finanzierung der Staaten durch die EZB (Art. 123 AEUV) und die Grenzen von deren Mandat andererseits gestützt. Demgegenüber hat der EuGH die Finanzhilfen mit Hinweis auf den begrenzten Gehalt von Art. 125 AEUV zu Recht gebilligt (Urt. v. 27.11.2012, Rs. C-370/12 „Pringle"; siehe auch BVerfGE 135, 317), die mittlerweile zudem durch den neuen Art. 136 Abs. 3 AEUV abgesichert sind. Die Ankaufpolitik der EZB wurde vom EuGH gebilligt (EuGH, 16.6.2015, Rs. C-62/14, „Gauweiler"; dazu auch BVerfGE 142, 123; 18.12.2018, Rs. C-493/17, „Weiss"). Demgegenüber hat das BVerfG die unzureichende Kontrolle durch den EuGH als utra vires-Akt bewertet (Rz. 10/21 f.). Durch zusätzliche Informationen der EZB konnte der konkrete Konflikt beigelegt werden. Näher Rz. 18/20 ff., 19/32 ff.

2. Der Flüchtlingszustrom ab 2015

Literatur: *Nettesheim,* Ein Vakuum darf nicht hingenommen werden, FAZ v. 29.10.2015; *Classen,* Rückkehr der Grenzkontrollen in Europa – Sicherung der nationalen Identität oder Zeichen von nationalem Egoismus?, Friedenswarte 2016, 103; *Depenheuer/Grabenwarter* (Hrsg.), Der Staat in der Flüchtlingskrise, 2016; *Hailbronner/Thym,* Die Flüchtlingskrise als Problem europäischer Rechtsintegration, JZ 2016, 753; *Den Heijer/Rijpma/Spiekerboer,* Coercion, prohibition and great expectations: The continuing failure of the Common European asylum System, CMLRev 2016, 607; *Thym,* The „refugee crisis" as a challenge of legal design and institutional legitimacy, CMLRev 2016, 1545; *Wendel,* Asylrechtlicher Selbsteintritt und Flüchtlingskrise, JZ 2016, 332; *Möstl,* Verfassungsfragen der Flüchtlingskrise 2015/16, AöR 2017, 175; *Walter/Burgi* (Hrsg.), Die Flüchtlingspolitik, der Staat und das Recht, 2017.

17 Seit Jahren ist die Union einem erheblichen **Migrationsdruck** ausgesetzt, lange Jahre vor allem aus Afrika, in den letzten Jahren, insbesondere als Folge der kriegerischen Auseinandersetzungen in Syrien und im Irak, auch aus Asien. Auch wenn der Ge-

richtshof ihr formale Geltung bekräftigt hat (EuGH, 26.7.2017, Rs. C-646/16, „Jafari"), waren rein faktisch die einschlägigen **„Dublin-Regeln"** des Unionsrechts, nach denen grundsätzlich der erste Einreisestaat innerhalb der EU für Registrierung und Asylverfahren zuständig ist (Rz. 33/71), angesichts der Migrantenströme nach Griechenland und Italien im Herbst 2015 **nicht** mehr **durchzuhalten.** Insbesondere Deutschland, aber auch Schweden und Österreich haben eine große Zahl von Flüchtlingen aufgenommen. Implizit hat der EuGH auch dies als rechtmäßig qualifiziert. Der Zustrom reduzierte sich erst deutlich, nachdem – nach diskutabler Auffassung des EuG von den MSen, nicht der EU (EuG, 28.2.2017, verb. Rs. T-192/16 u. a., „NF"; zur Kritik *Fastenrath/Schmidt,* EuGRZ 2017, 317) – Absprachen mit der Türkei getroffen und die zuvor von vielen Flüchtlingen genutzte „Balkan-Route" von Mazedonien geschlossen worden war. Zugleich wurden auch im Übrigen zwischen etlichen Staaten Europas die früher aufgegebenen Grenzkontrollen (Rz. 33/67) vorübergehend wieder eingeführt, auch mit Hinweis auf die steigende Gefahr terroristischer Anschläge.

Die EU erwies sich in dieser Krise weitgehend hilflos. Die „Dublin-Regeln" finden 18
zwar im Ausgangspunkt ihre sachliche Rechtfertigung in der Notwendigkeit, dass Staaten an den Außengrenzen eine besondere Verantwortung für deren Sicherung haben. Angesichts der großen Flüchtlingszahlen konnte gerade von den besonders betroffenen Staaten wie Griechenland und Italien deren Einhaltung nicht erwartet werden. Die zum Teil geforderte bessere **Sicherung der Außengrenzen** ist, da es um Seegrenzen geht, ausgesprochen **schwierig.** Die EU-Frontexmission „NavforMed" sucht im Mittelmeer Flüchtlinge aus Seenot zu retten und gegen illegale Schleuser vorzugehen. Die realen Verhältnisse lassen das Gerede von der EU als Werteunion zum Teil nur als zynisch erscheinen. Vor allem die mittelosteuropäischen Staaten lehnen feste Aufnahmequoten ab. Die dringend notwendige Reform des Systems ist bis heute nicht gelungen; ob ein im Herbst 2020 vorgelegter Kompromissvorschlag durchsetzbar ist, bleibt abzuwarten.

Die Flüchtlingskrise offenbart, wie weit die EU im Ernstfall von einer **belastbaren So-** 19
lidargemeinschaft entfernt ist. Sie legt zugleich – wie die Staatsschuldenkrise – offen, dass halbherzige Integrationsschritte, die nur in Schönwetterzeiten funktionieren, im Krisenfall zu einer schwerwiegenden Bedrohung werden. Die grundsätzlich sachgerechte Konstruktion der EU als Konkordanzdemokratie (siehe Rn. 5/19; ferner Konsenserfordernis im Europäischen Rat (Rz. 5/61) und die qualifizierte Mehrheit im Ministerrat (Rz. 5/78)) kommen hier an die Grenzen, weil sachlich notwendige Änderungen des Rechts nicht beschlossen werden.

3. Der Brexit ab 2016

Das **Vereinigte Königreich** hatte immer ein **ambivalentes Verhältnis** zur **europä-** 20
ischen Integration; ein Teil der britischen Öffentlichkeit war traditionell euroskeptisch eingestellt. Bei dem auf Initiative des damaligen britischen Premierministers *D. Cameron* am 23.6.2016 abgehaltenen Referendum stimmten 51,89% der Wähler für den Austritt. Dieser wurde dann nach langen, vor allem wegen der irischen Grenze komplizierten Verhandlungen zum 31.1.2020 vollzogen. Bis Ende 31.12.2020 gilt ein Übergangsabkommen (ABl. 2020 L 29/7). Konflikte um die Frage, welche Standards die britische Wirtschaft beachten soll, sowie um die Fischereipolitik machen ein Folgeabkommen allerdings unwahrscheinlich.

21 In der Folge des Brexit stieg in den anderen Mitgliedstaaten in Umfragen die Quote derjenigen, die eine EU-Mitgliedschaft ihres Staates befürworten. Über die Frage, welche **politischen Konsequenzen** die übrigen Mitgliedstaaten aus der britischen Entscheidung für die Fortführung der Integration ziehen sollten, gab es zwischen ihnen über den Willen, zusammenzubleiben, hinaus lange **keine Einigkeit:** Manche Staaten bevorzugen eine weitere Vertiefung der Integration, andere einen Rückbau im Sinne einer Reduktion auf Kernaufgaben wie den Binnenmarkt. Der vom 2016 neu gewählten US-Präsidenten Trump angekündigte Rückzug aus der Verteidigung Europas wird immerhin möglicherweise dazu beitragen, in diesem Punkt Konsensfindung zu erleichtern.

4. Akzeptanz- und Systemprobleme

22 Schließlich stößt die Union heute in einer ganzen Reihe von Mitgliedstaaten in ihrer aktuellen Struktur bzw. Politik auf **zunehmenden Widerstand.** Protest gegen die EU gibt es in etlichen MSen. Zum Teil wird er von politischen Kräften getragen, die auch im Inneren des jeweiligen Landes dem jeweiligen politischen System ablehnend gegenüberstehen (Frankreich, Italien, Niederlande u. a.). Zum Teil ist die Ursache aber auch darin zu sehen, dass der **Mehrwert der Integration nicht** bei allen Aktivitäten der Union in gleicher Weise **erkennbar** ist – weniger wäre zum Teil auch hier mehr. So stellt sich die europäische Integration für viele Bürger – in gewissem Umfang auch verständlicherweise – derzeit eher als technokratisches Unterfangen denn als Projekt zur Verwirklichung der Ideale von Frieden, Freiheit und Demokratie dar.

23 Insoweit werden zwar **grundlegende Prinzipien** von der EU als Grundwerte qualifiziert (Art. 2 EUV). Beispiele bilden der Grundrechtsschutz – gerade auch für Minderheiten –, demokratischer Pluralismus und Rechtsstaatlichkeit. Schon auf europäischer Ebene verbinden sich mit diesen Prinzipien aber manche Probleme (Rn. 15/41 ff.). Zudem sind sie auch auf nationaler Ebenen elementar für die Funktionsfähigkeit der EU, werden dort jedoch zum Teil substantiell in **Frage gestellt.** Besonders deutlich wird dies in Polen und Ungarn, wo die rechtsstaatlichen Grundprinzipien der Unabhängigkeit der Justiz und der Achtung richterliche Urteile in Frage gestellt werden. Aber auch grassierende Korruption, wie sie etwa in Rumänien zu beobachten ist, untergräbt die Fundamente des demokratischen Rechtsstaates.

24 Auch in diesem Punkt hat die **Union** bislang **keine befriedigende Antwort** gefunden. Die KOM hat mit Blick auf Ungarn und Polen durch Vertragsverletzungsverfahren gewisse Erfolge erzielen können (Rz. 13/3) und zugleich einen Rahmen zur Stärkung des Rechtsstaats vorgelegt (KOM (2014) 158). Dieser Mechanismus wurde von ihr mit Blick auf Polen angewendet. Bislang aber ist nicht erkennbar, dass die eingeleiteten Verfahren zu greifbaren Ergebnissen führen. Zudem hat die Kommission die Venedig-Kommission (Rz. 1/18) befasst, die eine besorgte Stellungnahme abgegeben hat. Und hinsichtlich der Zukunft der Union als solcher besteht zwar Konsens, dass ein „Weiter so" wenig überzeugend wäre. Konsensfähige Alternativkonzepte aber sind bisher kaum in Sicht.

25 Die Herausforderungen, die sich für die Union stellen, sind im Jahre 2020 besonders deutlich geworden. Die **Covid 19-Pandemie** hat in etlichen MSen zunächst Abschottungsreflexe ausgelöst. Ohnehin verfügt die EU in der Gesundheitspolitik kaum über Befugnisse. Die nach dem Ausscheiden des Vereinigten Königreichs ohnehin sehr

schwierigen **Finanzverhandlungen** wurden durch die durch die Pandemie ausgelöste Wirtschaftskrise zusätzlich belastet. Zugleich haben sie eine starke Kluft zwischen den auf Finanzhilfen angewiesenen Staaten des Südens, den auf solide Finanzen Wert legenden Staaten des Nordens sowie den in Fragen von Rechtsstaatlichkeit und Demokratie europäische Kontrollen ablehnenden Staaten des Ostens offenbart. Vor allem aber hat man sich darauf verständigt, dass die Union erstmalig in großem Umfang Schulden aufnehmen soll, um die wirtschaftlichen Folgen der Pandemie abfedern zu können (Rz. 8/9). Welche Auswirkungen diese Entscheidung auf die Struktur der Union haben wird, ist derzeit noch nicht abzusehen.

IV. Ausblick: Die Union vor schweren Herausforderungen

Literatur: *Juncker,* Welche Vision braucht Europa?, 2007; *Oppermann,* Von der Gründungsgemeinschaft zur Mega-Union – Eine europäische Erfolgsgeschichte?, DVBl. 2007, 329; *Mestmäcker/Möschel/Nettesheim* (Hrsg.), Verfassung und Politik im Prozeß der europäischen Integration, 2008; *Piepenschneider,* Die EU nach Lissabon: bürgernah, bürgerfreundlich, bürgertauglich? Integr. 2009, 153; *Calliess/Schoenfleisch,* Auf dem Weg in die europäische „Fiskalunion"? JZ 2012, 477; *Schäuble,* Auf dem Weg zur Politischen Union, Bitburger Gespräche, 2013, 55; *Kadelbach* (Hrsg.), Die Europäische Union am Scheideweg: mehr oder weniger Europa? 2015; *Möschel,* Die Europäische Idee in der Krise?, FS Müller-Graff, 2015, 1044; *Oppermann,* Erosion der Rechtsgemeinschaft? EuZW 2015, 201; *ders.,* Eine Rechtsgemeinschaft in der Krise, FS Garlicki, 2017, 174.

Die Europäische Union steht heute vor großen Herausforderungen. War die Integration **bis in die 1980er Jahre** des letzten Jahrhunderts in nahezu allen Mitgliedstaaten **von einem breiten gesellschaftlichen Konsens** getragen, sieht sie sich **heute** in vielen Mitgliedstaaten **verbreiteten Zweifeln** ausgesetzt. Die zunehmende Erweiterung und Vertiefung der Union löst immer mehr Diskussionen aus. Manche streben an, dass sich die Union ähnlich wie Mitte der 1980er Jahre durch ein **neues größeres Projekt,** damals der Binnenmarkt, aus der derzeitigen Krisensituation befreien sollte. Die KOM hat 2020 einen „green deal" vorgeschlagen, einen großen Schritt im Bereich Klimapolitik" (KOM(2019)640). Ungewiss ist, welche Zukunft dieser trotz der Corona-Belastungen haben wird. Theoretisch ist dies auch etwa mit Blick auf die Außen- und Verteidigungspolitik vorstellbar. Insoweit sind jedoch Integrationsfortschritte deswegen schwer zu realisieren, weil die historischen Erfahrungen der einzelnen Mitgliedstaaten und die daraus resultierende politische Ausrichtung ausgesprochen unterschiedlich ist, zugleich aber hier anders als im Bereich der Innenpolitik das zentrale Handlungsinstrument im überzeugenden Auftreten und nicht in einem ggf. durch Gerichtsentscheid durchsetzbaren Rechtsakt besteht. Anderen geht schon die jetzige Integration eigentlich zu weit. Gemeinsame Interessen an der Integration werden in jedem Fall kaum noch definiert. 26

Als Instrument zur Lösung dieser Krisen bietet sich das Modell einer **weiteren Vertiefung** der Union durch Kompetenzausweitung ohnehin aus heutiger Perspektive **nicht** an. Die Kompetenzfülle der Union würde weiter zunehmen, ohne dass sie über die im Gleichschritt notwendigen staatsnahen institutionellen Strukturen verfügt und auch verfügen könnte, weil insoweit eine hinreichende Akzeptanz in der Union nicht erkennbar ist. Ohnehin ruft schon der Status quo zunehmend Kritiker auf den Plan. Vom in der Präambel des EUV formulierten Ziel einer „immer engeren Union der Völker Europas" scheint sie sich zunehmend zu entfernen, auch wenn man es nicht auf das Ausmaß europäischer Harmonisierung, sondern auf das Verhältnis der Völker 27 zueinander bezieht. Elementare Ziele wie die Offenheit der Binnengrenzen werden immer öfter auch grundsätzlich in Frage gestellt. Die Probleme der **rechtsstaatlichen und demokratischen Grundstrukturen** in einigen MSen stellen ohnehin die Funktionsfähigkeit der Union insgesamt in Frage.

28 Dass sich die vorgenannten Zweifel zum Teil verbinden mit **Grundsatzkritik** am jeweils eigenen **nationalen politischen System,** macht den Umgang mit ihnen nicht einfacher. Schon die Grundlagen, die in Art. 2 EUV verankerten Prinzipien, sind in einigen Mitgliedstaaten substantiellen Belastungen ausgesetzt, und die grundlegenden Prinzipien des Unionsrechts wie dessen Vorrang werden zunehmend in Frage gestellt. Aber auch diejenigen, die eine stärkere Integration wünschen, haben sehr unterschiedliche Vorstellungen, an welchen Stellen und mit welchen Instrumenten diese verwirklicht werden soll. Grundlegende Änderungen aber setzten Vertragsänderungen voraus, und diese fordern einen – kaum erkennbaren – Konsens zwischen den Mitgliedstaaten.

2. Teil. Die Europäische Union – Grundlagen

§ 4. Theoretische Grundlagen der Integration

Literatur: *Oppermann,* Der europäische Traum zur Jahrhundertwende, JZ 1999, 317; *Weiler,* The Constitution of Europe, 1999; *Peters,* Elemente einer Theorie der Verfassung Europas, 2001; *Nettesheim,* Die konsoziative Föderation von EU und Mitgliedstaaten, ZEuS 2002, 507; *Wiener/Diez,* European Integration Theory, 2004; *Ott/Vos* (Hrsg.), Fifty Years of European Integration, 2009; *v. Bogdandy/Bast* (Hrsg.), Europäisches Verfassungsrecht, 2009; *Habermas,* Zur Verfassung Europas. Ein Essay, 2011; *Müller-Graff,* Verfassungsziele der EG/EU, in: Dauses/Ludwigs (Hrsg.), HB EU-WirtschR, A I, 49. Aufl. (Stand: 2020); *Bieling/Lerch,* Theorien der europäischen Integration, 2012; *Schorkopf,* Der Europäische Weg, 3. Aufl. 2020; *Atkinson/Huber/James/Scharpf* (Hrsg.), Nationalstaat und Europäische Union, 2016; *Grimm,* Europa ja – aber welches?, 2016; *van Middelaar,* Vom Kontinent zur Union, 2016; *Kirchhof/Kube/Schmidt* (Hrsg.), Von Ursprung und Ziel der Europäischen Union, 2. Aufl. 2017; *Mayer,* Die Europäische Union als Rechtsgemeinschaft, NJW 2017, 3631; *Rüttgers/Decker* (Hrsg.), Europas Ende, Europas Anfang, 2017; *Hatje/Schwarze,* Der Zusammenhalt der Europäischen Union, EuR 2019, 153; *Kirchhof/Keller/Schmidt* (Hrsg.), Europa: In Vielfalt geeint!, 2020; *Hatje/Schwarze,* Der Zusammenhalt der Europäischen Union, EuR 2019, 153; *Schorkopf,* Der Wertekonstitutionalismus der Europäischen Union, JZ 2020, 477; *Classen,* Finalität, in: Hatje/Müller-Graff (Hrsg.), EnzEuR I, 2. Aufl. 2020, § 53.

I. Überblick

Seit den 1950er Jahren wird über den **theoretischen Hintergrund der Integration** 1
diskutiert. Gibt es Erklärungsmuster, mit denen sich begründen lässt, warum bestimmte Integrationsschritte gemacht werden konnten, und die eine Prognose zulassen, in welche Richtung der Integrationsprozess gehen wird? Gibt es einen Theoriebestand, der Aussagen darüber zulässt, wie sich die Akteure des Integrationsprozesses verhalten werden? Wie ist der Stand des Erreichten begrifflich und konzeptionell einzuordnen? Welchen normativen Mustern muss die Europäische Union entsprechen, um als Träger legitimer Hoheitsgewalt angesehen werden zu können? Diese Fragen weisen über die Darstellung und Dogmatisierung des positiven Unionsrechts hinaus. Sie sind aber für das juridische Verständnis der Union und ihres Rechts von unmittelbarer Bedeutung.

Der Integrationsprozess weist eine Komplexität und Vielschichtigkeit auf, die eine 2
Deutung durch eine einzige „Theorie" ausschließen. Zu unterschiedlich sind die Perspektiven, aus denen man sich der Integration annähern kann, und zu divergent sind die normativen Grundverständnisse der heutigen Zeit, als dass nur ein Zugriff und nur ein Deutungsmuster zur Beschreibung, Analyse und normativen Erfassung ausreichten. Die gesellschaftliche Wirklichkeit Europas lässt sich mit nur einer „Theorie" nicht angemessen erfassen, und der Stand des Erreichten lässt sich so nicht ohne Verkürzungen auf den Begriff bringen. Sicher ist insbesondere, dass sich das Geschehen nicht lediglich als **Verhandlungsprozess rationaler, von ihren Interessen beherrschter Staaten** begreifen lässt. Die beteiligten Akteure sind durch ihre **Geschichte, ihr Umfeld und die Erfahrungen ihrer Mitgliedschaft** in der Europäischen Union in dem Maße geprägt, wie sie ihrerseits durch ihre Entscheidungen den Integrationsprozess vorantreiben *(social constructivism).* Die Krisenjahre (Finanzkrise ab 2008; Migrationskrise ab 2015; Corona-Krise ab 2020) haben zugleich deutlich gemacht, dass die Rolle der MSen und die Bedeutung transnationaler „policy-formation" größer ist, als dies von föderalistischen oder supranationalistischen Theorien angenommen wurde (zur

Theorie etwa: *Wiener/Diez,* European Integration Theory, 2004; *Bieling/Lerch,* Theorien der europäischen Integration, 2012).

II. Das Ziel der Integration: In welche Richtung soll die Integration gehen?

1. Langfristige Perspektiven: Zwischen Kooperationsverbund und Europäischer Föderation

3 Seit ihren Anfängen war europäische Integration immer auch ein **Ringen um Ideen und Visionen.** Ein „Projekt" lässt sich nicht ohne Vorstellung davon betreiben, welches Ziel man anstrebt und welchen Weg man gehen will. Schon am Anfang zeigten sich unterschiedliche Visionen – manche sahen die EWG als Sprungbrett in den Europäischen Bundesstaat (*Ophüls,* NJW 1951, 289: „eine Art partieller Bundesstaat"; *Hallstein,* Der unvollendete Bundesstaat, 1969). In der praktischen Politik dominierte ein (bis in die 1980er Jahre dominierendes) Verständnis der EGen als **Zweckverband** zur Erfüllung bestimmter Aufgaben vornehmlich im Bereich der Wirtschaft (dazu *Ipsen,* Europäisches Gemeinschaftsrecht, 1972, 19b). Institutionell zeigte sich dies – und zeigt sich bis heute – daran, dass die MSen im in fachlichen Formationen arbeitenden Ministerrat vertreten sind und damit eine Struktur gewählt haben, in der bestimmte Fachfragen beantwortet, nicht aber politische Konflikte bewältigt werden können (Rz. 5/66). Zugleich war die Integration, wie besonders die Präambel des EGKSV sehr deutlich auswies (Rz. 1/1), immer auf weitaus ehrgeizigere Ziele ausgelegt.

4 Mit dem Vertrag von Maastricht und der dort vorgenommenen Weichenstellungen – Schaffung der Wirtschafts- und Währungsunion einerseits, der institutionellen Einbeziehung von Außen- und Innenpolitik in die Integration andererseits (Rz. 3/1) – erhielt die Integration einen stärker **politischen** Charakter. Dahinter steht die Vision einer immer weiter sich vertiefenden Integration, die rechtspolitisch dadurch gebremst wird, dass Vertragsänderungen politisch gegenwärtig kaum möglich sind. In manchen positiv-rechtlichen Entwicklungen, wie etwa der Rechtsprechung des EuGH zur Art. 19 Abs. 1 EUV (Rz. 15/46), machen sich diese Anschauungen unmittelbar bemerkbar. Wer zur Schaffung einer europäischen „Republik" aufruft, zielt auch auf die Staatswerdung Europas ab.

5 Es ist jedoch deutlich geworden, dass nicht alle politischen Kräfte, insbesondere auch nicht die Mehrheit der MSen, die Vision einer **„immer engeren Union"** föderalen Charakters mittragen. Das liberal-postnationale Grundverständnis mancher politischer Kräfte wird in Europa **nicht allerorts geteilt.** Jedenfalls in einigen politischen und gesellschaftlichen Kreisen hat sich hiergegen inzwischen offener Widerstand und offene Ablehnung formuliert. Einen Gegenpol zur eben dargestellten Vision bildet ein Integrationsverständnis, das die Union jedenfalls mittelfristig als Mechanismus einer Kooperation souveräner Staaten begreift. Ein früher Anhänger dieser Sichtweise war der französische Präsident *de Gaulle.* In der Formulierung des BVerfG von der EU als „Vertragsunion souveräner Staaten", die miteinander kooperieren (→ Staatenverbund; Rz. 4/24), kommt eine ähnliche Sichtweise zum Ausdruck. Diesem Ansatz zufolge stellen sich europäische Politikprozesse als Mechanismen der Koordination der Interessen der MSen dar. Institutionelle Gestaltungen, die zu einer Souveränitätsübertragung auf die EU führen, werden integrationspolitisch verworfen und verfassungsrecht-

lich abgewehrt. Die politische Macht von Institutionen wie der KOM oder dem EP darf danach ein gewisses – im Einzelnen nicht näher bestimmtes – Maß nicht überschreiten. Eine weitere Parlamentarisierung der EU durch Stärkung des EP ist analytisch danach verfehlt und normativ gerade legitimationsschwächend (BVerfGE 123, 267, „Lissabon-Vertrag" (2009)).

Beide Positionen haben sich in den letzten zwei Jahrzehnten in einem Punkt angenähert. Das EU-Primärrecht wird nicht mehr (nur) als völkerrechtliches Vertragsrecht begriffen, das von den MSen zum Zwecke transnationaler Kooperation geschaffen wurde. An diese Stelle ist ein (auch) **konstitutionelles (Selbst-)Verständnis** getreten. Widerstand gegen die Bezeichnung des Primärrechts als „Verfassung" gibt es kaum noch. Die Wahl dieser Perspektive ermöglicht es, offen normative Arrangements zu diskutieren, mit denen dem Verband mehr Legitimität verschafft und die Effektivität der Herrschaftsausübung gesichert werden können („europäischer Konstitutionalismus"). Aus dieser Warte ergeben sich dann nicht nur die bekannten Defizite (**„Demokratiedefizit";** näher Rz. 15/10ff.). Es erweist sich auch, dass die gesellschaftlich-empirischen Grundlagen für eine konstitutionelle Rekonstruktion des Verbands, etwa ein Selbstverständnis der Bürgerinnen und Bürger als demokratisches Subjekt der Union, weiterhin fehlen. Vielerorts hat man davon gesprochen, dass die EU zwar eine Verfassung habe, sich aber nicht auf konstitutionalistische gesellschaftliche Grundlagen stützen könne. Auf diese Lücke zielt ab, wer von der Existenz eines „europäischen Wertefundaments" spricht, auf die sich die EU stützen soll (analytisch: *Schorkopf,* JZ 2020, 477). Ein kollektivistisches Wertkonzept soll der EU jene Basis verschaffen, die ihr, wie die Diskussion um die „europäische Identität" gezeigt hat, bislang im Selbstverständnis der Bürgerinnen und Bürger fehlt. Begriffe und Formulierungen allein verschaffen allerdings keine Legitimation, und ein technokratischer „Wertekonstitutionalismus", der die Menschen außen vor lässt, wird ins Leere stoßen, wirkt vielleicht gar exkludierend. 6

2. Perspektiven mittlerer Reichweite: „Besseres Regieren"

Die EU bewegt sich gegenwärtig in einem geopolitischen und -strategischen Umfeld, das die Definition eines Wegs in die Zukunft schwierig macht. Die Heterogenität der mitgliedstaatlichen Positionen erschwert die Orientierung weiter. Die EU begreift sich zunehmend als politisch allzuständiger Akteur. Das politische Selbstverständnis der EU-Organe hat sich in den letzten zwei Jahrzehnten deutlich gewandelt. Großthemen wie Wirtschaftswachstum, Arbeitslosigkeit, soziale Integration, Migration etc. werden so zu genuin **europäischen Anliegen.** Damit entsteht allerdings eine politische Argumentationslage, die die vertragliche Zuständigkeitsordnung zu überspielen droht. Politischer Anspruch und rechtliche bzw. finanzielle Möglichkeiten fallen zunehmend auseinander; Überforderungen drohen. Zugleich wird dem **Subsidiaritätsprinzip,** wenn auch graduell unterschiedlich, letztlich von allen politischen Organen der Union, insbesondere aber von der KOM, politisch **kaum noch eine Bedeutung** zugemessen (näher Rz. 11/23ff.). Die Formel des ehemaligen Präsidenten der KOM *Jean-Claude Juncker* **„Big on big things, small on small things"** findet in der Realität nur wenig Widerhall. In der Rechtsharmonisierung wird vielfach (zu) weitgehende Detailarbeit geleistet, und den großen weltpolitischen Herausforderungen wird die Union kaum gerecht. Allen mitgliedstaatlichen Beschwerden zum Trotz liegen die Ursachen hierfür nicht nur in „Brüssel". Vertragsinstrumente, die eine abgestufte Integra- 7 tion und eine **Union unterschiedlicher Geschwindigkeiten** ermöglichen könnten, wie etwa die verstärkte Zusammenarbeit nach Art. 20 EUV, Art. 326–334 AEUV, werden kaum genutzt. Unitarisches Denken steht dem Experimentieren mit verschiedenen Ansätzen entgegen; die föderale Idee des Wettbewerbs kann aufgrund von Sachgegebenheiten vielfach keine Rolle spielen. Teilweise haben die Politiken der EU sozial desintegrierende Wirkung: Die EU löst die Menschen aus ihrer Verbundenheit, ihren Traditionen und Beziehungen heraus, ohne etwas an deren Stelle setzen zu können. „Mehr Europa", mehr supranationale „governance", mehr Transfers werden diese Leerstelle nicht schließen können.

8 In den letzten Jahren haben verschiedene europäische Institutionen immer wieder versucht, die **Diskussion über die Fortentwicklung der Union** anzustoßen. Regelmäßig steht dahinter mehr oder weniger offen eine föderale Vision, der zufolge ein weiterer Ausbau der EU („mehr Europa") notwendig ist. Dies gilt nicht zuletzt für die Weiterentwicklung der WWU. Die Präsidenten von EuRat, KOM, Euro-Gruppe und EZB legten bereits 2012 einen Bericht vor, der von einer föderalen Vision getragen war und konkrete Schritte zur Schaffung einer europäischen Wirtschaftsregierung skizzierte. In einem „Bericht der fünf Präsidenten" wurde 2015 dann allerdings ein wesentlich zurückhaltenderes Szenario entworfen. Die föderale Vision klingt auch in Vorstößen der KOM durch. Während sich die KOM in einem Bericht aus dem Jahr 2017 auf die Formulierung von Szenarien beschränkte, dabei aber so unbestimmt blieb, dass eine sinnvolle Diskussion kaum möglich war, ließ der Präsident der KOM im Herbst 2017 seine Präferenz für einen deutlichen Ausbau der (wirtschafts-)politischen EU-Befugnisse erkennen. Ab 2020 sollte in einer „Konferenz über die Zukunft Europas" ein neuer Versuch unternommen werden. Die Gefahr besteht, dass auch die Ergebnisse dieser Konferenz von interessierten Experten vorbestimmt werden. Praktische Erfahrung zeigt, dass der Weg der europäischen Integration weiterhin von den mitgliedstaatlichen Gubernativen im Wege der Aushandlung festgelegt wird. Gesellschaftliche Befindlichkeiten strahlen dabei ein, sind aber in einem System repräsentativen Regierens nicht bindender Maßstab.

9 Die Schwierigkeiten, Integrationsfortschritte im Wege der ordentlichen Vertragsänderung (Art. 48 Abs. 2 EUV) zu erzielen, bringen es mit sich, dass (gerade in Krisenzeiten) vieles subkutan vorangetrieben wird. In der Finanzkrise ab 2010 änderte man – mit Billigung des EuGH – das Verständnis von Art. 125 AEUV. Im Sommer 2020 hat man sich darauf geeinigt, das bisherige Verständnis von Art. 310 f. AEUV, denen ein Verschuldungsverbot der EU entnommen wurde, aufzugeben. Vielfach hat der **Gerichtshof** den Bestimmungen des EU-Recht eine integrationsfreundliche Bedeutung zugeschrieben und so einen erheblichen Beitrag zur Fortentwicklung der Integration geleistet. Im Spannungsfeld von zT eher restriktivem Wortlaut und auf Weiterentwicklung angelegter Teleologie mancher Normen hat er häufig letzterer den Vorzug gegeben. Zu nennen ist die Judikatur zu den Grundfreiheiten des Binnenmarktes, zunächst zu deren unmittelbarer Wirkung (Rz. 2/4), dann zur Herleitung eines Beschränkungsverbots (Rz. 22/10), die richterrechtliche Begründung nicht nur eines Grundrechtsschutzes (Rz. 17/2 f.), sondern auch einer Staatshaftung für den Fall von Unionsrechtsverstößen durch MSen (Rz. 14/11 ff.). Von überragend wichtiger Bedeutung sind die Bemühungen des EuGH, mitgliedstaatliche Entscheidungen im Kernbereich ihrer Staatsorganisation über Art. 19 Abs. 1 EUV einer supranationalen Kontrolle zu unterwerfen (EuGH, 24.6.2019, Rs. C-619/18, „KOM/Polen" (polnische

Justizreformen); dazu Rz. 13/3); u. a.). Mag es auch in concreto um einen richterlichen Kampf gegen rechtsstaatliche Regressionserscheinungen in einem MS gehen, wird hier über die Zukunft der mitgliedstaatlichen Staatlichkeit entschieden.

Die vom EuGH richterrechtlich entwickelten föderalen Orientierungsmuster und sein 10
freizügiger Interpretationsansatz stoßen jedenfalls bei einzelnen mitgliedstaatlichen Verfassungsgerichten auf **Widerstand.** Ein altes Konfliktfeld ist das **Kompetenzverständnis des EuGH,** das auf Ausweitung und Vertiefung zielt – wie etwa die Judikatur zum Binnenmarktrecht zeigt (Rz. 32/9). Im Mai 2020 hat dies zu einem vielbeachteten Aufstand des BVerfG geführt, das ein Programm der EZB und die diesbezügliche EuGH-Entscheidung für „ultra vires" erklärt hat (BVerfG, 5. 5. 2020, „PSPP"). Weiterhin bestehen offene Konflikte zwischen dem EuGH und mitgliedstaatlichen Höchstgerichten über den **Bedeutungsgehalt der EU-Grundrechte.** Diese Grundrechte sind (ebenso wie jene der EMRK) eben keine universalistisch geltenden, in ihrer Reichweite unkontroversen Fundamentalpositionen. In vielen Bereichen geht es bei ihrer Konkretisierung immer auch um eine Stellungnahme in Fragen des guten Lebens. Über die Rolle, die der EU-Gerichtsbarkeit hier – im Zusammenspiel mit und dem Gegenüber zu den staatlichen Höchstgerichten – zukommen wird, wird gerungen. Der EuGH macht geltend, lediglich Minimalstandards zu formulieren, die gerade in MSen mit unterentwickelter Grundrechtstradition eine unverzichtbare Absicherung bewirken (EuGH, 26. 2. 2013, Rs. C-399/11, „Melloni"). Das Inkrafttreten der GRC gab dem EuGH die Möglichkeit, umfassendere Grundrechtskonzeptionen zu entwickeln, die dann auch in MSen mit ausdifferenzierter Grundrechtsarchitektur Vorrang beanspruchen. Mitgliedstaatliche Verfassungsgerichte befürchten zu Recht, dass die Zentralisierung der Entscheidungsbefugnisse Einbußen an Pluralität und Vielfalt mit sich bringen wird und zugleich ihre Stimmgewalt und Bedeutung im europäischen Gerichtsverbund schmälert. Der Erste Senat des BVerfG hat dadurch reagiert, dass er seine Prüfungskompetenz nunmehr auch auf EU-Grundrechte erstreckt, um sich so Mitspracherechte zu erhalten (BVerfG, 6. 11. 2019, 1 BvR 16/13, 1 BvR 276/17, „Recht auf Vergessenwerden I und II"; Rz. 17/45). Ein drittes Konfliktfeld bildet der grundsätzliche **Schutz mitgliedstaatlicher „Verfassungsidentitäten"** – ein diffuses Konzept, mit dem der legitime Anspruch der MSen auf Selbstbestimmung in konstitutionellen Grundfragen verteidigt werden soll. Kollisionen zwischen EuGH und MSen sind diesbezüglich unvermeidbar, ist es doch ein legitimer Anspruch des EuGH, die vertraglichen Grundlagen und die Funktionalität der EU-Aufgabenwahrnehmung auch in den konstitutionellen Tiefenschichten der MSen durchzusetzen (z. B. Sicherung seiner Stellung in der judiziellen Architektur der EU (EuGH, 6. 3. 2018, Rs. C-284/16, „Achmea"; dazu Rz. 13/5).

Unterhalb der grundsätzlichen Vertragsebene bewegen sich Bemühungen um eine **Rationalisierung des Gebrauchs der vorhandenen Kompetenzen.** In einem sog. 11
„ReFIT"-Prozess soll überprüft werden, ob eine geplante Maßnahme tatsächlich Effizienzgewinne mit sich bringt. Die Definition, was als Effizienz zu gelten hat, behalten sich die politischen Institutionen der EU vor; das „ReFIT"-Programm ist insofern manipulationsanfällig. Noch ist nicht erkennbar, ob diese Schritte dem Eindruck vieler Menschen in der Union entgegenwirken werden, dass sich diese zu sehr mit Unwesentlichem befasst und sich zu stark in die persönlichen Lebensverhältnisse der Menschen einmischt. Vielfach orientiert sich das Handeln zumindest in der Wahrnehmung vieler Menschen nicht am Leitbild effizienter Diversität, sondern am Ziel der Herstellung einer von der EU verwalteten Einheitlichkeit.

III. Der Verlauf der Integration: Wie erklärt sich der Prozess?

12 In den ersten drei Jahrzehnten der Integration drehte sich die Diskussion immer auch um die Frage, welche Faktoren und Umstände den Integrationsprozess erklären und warum es überhaupt zu den beobachtbaren Entwicklungen kam.

1. Funktionalismus, Realismus, Neoliberalismus

13 Nach der **funktionalistischen Integrationstheorie** ist zu erwarten, dass die Integration gleichsam **automatisch** immer weiter ausgreift: Integrationsfortschritte in einem Bereich ziehen aufgrund bestimmter Sachlogiken solche in anderen Bereichen nach (Rz. 2/12f., 2/21, 3/1). Den Rahmenbedingungen kommt wesentliche Bedeutung zu. So wurde der Integrationsprozess etwa dadurch befördert, dass er bis 1989 im Schatten des Ost-West-Konflikts und unter dem Schirm der amerikanischen Präsenz in Europa stattfand. Auch zeichneten sich die damaligen MSen durch erhebliche gesellschaftliche und wirtschaftliche Übereinstimmungen aus, die ihre Wurzel in einem liberalen politischen Grundverständnis hatten.

14 Wie die Entwicklung seit 1952 zeigt, muss das funktionalistische Ausgreifen keinesfalls reibungslos, konfliktfrei und in beständiger Gleichmäßigkeit erfolgen. Über die Faktoren, die beschleunigend und bremsend wirken, weiß man bislang allerdings wenig. Insbesondere die Entwicklungen der letzten zwei Jahrzehnte belegen die weiterhin **starke Prägekraft** der **überkommenen staatszentrierten Orientierungsmuster.** Gerade in **Verteilungskonflikten,** wie sie sich in der Finanz- und Staatsschuldenkrise sowie in der Flüchtlingskrise offenbart haben, orientieren sich die mitgliedstaatlichen Akteure jedenfalls prima facie weiterhin stark an Maßstäben und Mustern, die ihre Wurzel im staatlichen Selbstverständnis haben. Schon in der Finanzkrise 2010ff. zeigte sich aber, dass ein unbedingter Wille besteht, die Integrität der EU zu schützen – auch wenn dies die Einwilligung zur Lastenübernahme im Rahmen von „Hilfsmechanismen" bedeutete. Kein MS hat in dieser Zeit die Zugehörigkeit zur WWU als solche politisch in Frage gestellt – entgegen den Erwartungen mancher Marktteilnehmer (vgl. *Brunnermeier,* The Euro and the Battle of Ideas, 2006; *Piketty,* Die Schlacht um den Euro, 2015). In der Corona-Krise 2020 ging man weiter und stimmte der Lastenübernahme seitens des EU-Haushaltes zu – alles Belege dafür, welches Gewicht die Mitgliedschaft in der EU sowie in der Eurozone im politischen Selbstverständnis der Akteure haben. In den jüngeren Krisenzeiten sind aber auch die Grenzen der Integrationsbereitschaft deutlich geworden: Der Versuch der EU-Organe, auf der Grundlage eines Mehrheitsbeschlusses einzelne MSen gegen ihren Willen zur Aufnahme von Flüchtlingen zu zwingen, ist gescheitert (*Nettesheim,* Jenseits von „Dublin", in: Ludwigs/Schmahl (Hrsg.), Die EU zwischen Niedergang und Neugründung, 2019, 75). Auch wenn der EuGH den Beschluss für rechtmäßig erachtet hat (Rz. 33/71), stellt sich die Frage, ob damit nicht die Tiefenstruktur der Integration überdehnt wurde. Das (neo-)funktionale Argument, dass die Übertragung von Kompetenzen und Loyalitäten auf überstaatliche Einrichtungen vernünftig sei, geht an dem Umstand vorbei, dass die Orientierungsmuster nationaler Politik nicht solche universalistischer Vernunft sein müssen.

2. Konstruktivistische Perspektiven

a) Die Maßgeblichkeit geschichtlicher, kultureller, normativer und sozialer Rahmengegebenheiten

Die Beschreibung und Analyse des Integrationsprozesses kann nicht befriedigend gelingen, wenn nicht die historischen, kulturellen, konventionellen und normativen **Rahmenbedingungen** in Rechnung gestellt werden, in die die jeweiligen Akteure eingebettet sind. Orientierungsmuster sind nicht statisch vorgegeben, sondern entstehen in Prozessen sozialen Handelns. Eine Erklärung des Integrationsverlaufs ist ohne Berücksichtigung dieses Umfelds nicht möglich, und viele Konflikte erklären sich aus der Differenz derartiger Prägungen. Zu den großen Errungenschaften der Integration gehört insbesondere, dass der Einsatz **militärischer Mittel** zur Bewältigung von Konflikten zwischen den MSen heute schlicht **undenkbar** erscheint. Gerade in Bereichen wie der **Binnenmarktpolitik** sind die Akteure (sowohl in den „europäischen Institutionen" KOM und EP als auch im Rat) so in die Routinen europäischer Politikformulierung eingebunden, dass der Prozess zielorientiert, hochgradig geschmeidig und kompromissorientiert abläuft. Mehrheitsentscheidungen sind hier ohne weiteres möglich, werden aber aufgrund dieser Routinen nach Möglichkeit vermieden. Die „Verflechtung" der Ebenen hat zu Verbundstrukturen und zu Praktiken geführt, die im Bereich von Rechtsetzung und Rechtsanwendung beständige und geschäftige Bewegung bewirken. 15

b) Unterschiedliche Rechtskulturen

Die **(rechtskulturellen) Orientierungsmuster** weisen im Übrigen eine erhebliche Heterogenität auf – eine Heterogenität, die durch die letzten Erweiterungsrunden noch gesteigert wurde. So haben die verschiedenen Akteure der Integration sehr unterschiedliche Auffassungen zum Verhältnis von Recht und Politik. Die starke **Regelorientierung,** die das politische Handeln in **Deutschland** bestimmt, ist in vielen anderen MSen **nicht in vergleichbarer Form** vorhanden. Dies zeigt sich etwa beim Umgang mit Kompetenzgrenzen, dem Stabilitätspakt oder den Grenzen des No-Bailout-Prinzips. Auch der Glaube an die Steuerungseffizienz gerichtlicher Entscheidungen fehlt dort. Der Spannungsbogen reicht etwa von der umfassenden Verfassungsgerichtsbarkeit nach deutschem Vorbild über Verfassungsgerichte mit begrenzteren Kompetenzen bis hin zu MSen, die eine gerichtliche Kontrolle von Gesetzen am Maßstab der Verfassung bis heute gar nicht (Niederlande) oder nur mit marginaler Bedeutung (etwa Dänemark, Schweden, Finnland) kennen. Bei der verwaltungsgerichtlichen Kontrolle bestehen ähnliche Divergenzen. Teils äußerst divergente Vorstellungen von Rechtsstaatlichkeit treten in den derzeitigen Verfahren nach Art. 7 EUV sowie den begleitenden Verfahren vor dem EuGH gegen einzelne MS offen zutage (ausführlich Rz. 15/45). Aufgrund dieser rechtskulturellen Unterschiede bestehen Zweifel, ob eine „Verregelung" des Verhaltens der MSen (etwa im Bereich der Fiskal- und Wirtschaftspolitik) tatsächlich die davon erhoffte Disziplinierung bewirken wird. Den Regelungen des Stabilitätspakts oder den Grenzen des No-Bailout-Prinzips werden überaus unterschiedliche Bedeutungen zugeschrieben. Bedeutung erlangen diese Beobachtungen vor allem in Sachbereichen, die eine deutlich höhere Souveränitätssensibilität aufweisen als der Binnenmarkt. 16

c) Institutionelle Veränderungen

17 Die beschriebenen Orientierungsmuster sind nicht statisch. Sie sind nicht nur wandelbar, sondern unterliegen auch einem politischen Zugriff. Noch am schnellsten greifen dabei rechtlich-institutionelle Veränderungen. Die **Stagnation** des Integrationsprozesses in den 1970er und frühen 1980er Jahren war nicht zuletzt auf das Erfordernis der **Einstimmigkeit im Rat** in zentralen Politikbereichen, insbesondere bei der Rechtsangleichung zurückzuführen. Mit dem – im Interesse einer Verbesserung der Handlungsfähigkeit der Union in immer stärkerem Maße **bewusst herbeigeführten** – Übergang zum **Mehrheitsprinzip** (Rz. 2/20) wurde diese Hürde überwunden. Der gegenwärtige Diskussionsrahmen wird wesentlich dadurch eingeschränkt, dass aufgrund der damit verbundenen Unwägbarkeiten auf eine Mitwirkung aller MSen in den vom nationalen Verfassungsrecht zum Teil sehr aufwändig gestalteten Formen erfordernde ordentliche Vertragsänderungen nach Art. 48 Abs. 2–5 EUV verzichtet wird. Stattdessen versucht man, auch größere Reformvorhaben (wie die Gründung eines Europäischen Währungsfonds) über Art. 48 Abs. 6–7 EUV zu verwirklichen.

d) Entwicklung genuin europäischer Ideen, Normen und Konventionen

18 Zugleich haben sich im nunmehr knapp siebzigjährigen Prozess im Integrationsverbund Ideen, Anschauungen über angemessenes Verhalten etc. herausgebildet, die ihrerseits als Verhaltensmuster dienen. Das Bild vom Integrationsverbund wird erst durch die Sprache der Teilnehmer hervorgebracht – und durch diese immer auch verändert. Logik des Argumentierens *(Thomas Risse)* steht an der Stelle purer Machtausübung. Die Äußerungen der nationalistischen Regierungen in Polen und Ungarn der letzten Jahre verstören nicht zuletzt deshalb, weil sie sich außerhalb dieser Orientierungsmuster bewegen.

3. Pfadabhängigkeiten und „lock-ins"

19 Die soeben dargestellten Rahmenbedingungen bewirken Pfadabhängigkeiten und „lock-in"-Strukturen, die eine freie Diskussion darüber, wie die Europäische Union insgesamt besser aufgestellt werden kann, deutlich erschweren. Dies zeigen etwa die schwierigen Bemühungen, **Fehlentwicklungen in der Agrarpolitik** der EU adäquat zu korrigieren (Rz. 24/2 ff.). Zugleich erklären sich nicht zuletzt so die Bemühungen der KOM, den bislang zwischenstaatlich organisierten und damit zum Teil als Anomalie aufgefassten **ESM** in die Unionsstrukturen zu integrieren. Die Grenzen dieser Unionsmethode zeigen sich in letzter Zeit insbesondere bei der offenbar nur schwer durchzusetzenden gemeinsamen Flüchtlingspolitik (vgl. schon Rz. 4/14), vor allem aber bei der anders als weite Teile der sonstigen Unionsaktion letztlich nicht mit zwangsweise durchsetzbarem Recht, sondern mit weicheren Instrumenten operierenden Gemeinsamen **Außen- und Verteidigungspolitik** (Rz. 39/1 ff.). Die Entscheidung des Vereinigten Königreichs, aus der Union auszutreten, stößt nicht zuletzt deshalb auf so großes Unverständnis, weil die Kosten einer Neuaufstellung eines Staats, der für mehr als 40 Jahre in diese Union eingebunden war, enorm sind. So wird man sehen müssen, ob der Unionsmethode eine große Zukunft beschieden ist.

IV. Der Stand des Erreichten: Was ist die Europäische Union?

Vor allem seit den 1980er Jahren beschäftigen sich verschiedene Wissenschaftsrichtungen verstärkt mit der Frage, was die Europäische Union ist. 20

1. Die Art des Verbunds: Zwischen Quasi-Föderation und Staatenclub

Die EU ist **kein Staat** und will auf absehbare Zeit auch keiner sein. Sie stellt aber auch **keinen Staatenbund im traditionellen Sinne** dar. In der Union verbinden sich Elemente herkömmlich völkerrechtlicher Strukturen wie die zentrale Stellung der MSen mit einem herkömmlich allein von Staaten bekannten Anspruch nach Selbststand. Ersteres zeigt sich insbesondere bei der institutionellen Legitimation der Union über die Rolle der MSen als Herren der Verträge und bei der Legitimation der Tätigkeit der Union über ihre Rolle im Europäischen Rat und Ministerrat. Ebenso belegen die – demokratische Egalität übergehende – degressive Proportionalität in der Zusammensetzung des EP (Art. 14 EUV) sowie das Festhalten der Union daran, dass jeder MS einen Kommissar bekommt, die zentrale Rolle der MSen im Integrationsprozess. Die Kompetenzen der Union werden dieser von den MSen übertragen, und auch das personelle und räumliche „Substrat der Union" ist von diesen abgeleitet. 21

„**Unionsbürger** ist, wer die Staatsangehörigkeit eines Mitgliedstaates besitzt" (Art. 9 EUV, Art. 20 Abs. 1 S. 2 AEUV; ausführlich § 16). Der **räumliche Anwendungsbereich** des Unionsrechts leitet sich – modifiziert durch gewisse Besonderheiten – im Grundsatz von dem Staatsgebiet der MSen ab (Art. 52 EUV, Art. 355 AEUV). In der Folge führen Änderungen im territorialen Status eines Gebiets mit Blick auf einen MS zugleich auch dessen unionsrechtlichen Status: Erweitert sich das Staatsgebiet eines MS, gehört dieses Gebiet auch zur Union, wird ein Gebiet von einem Staat abgetrennt, gehört es auch nicht mehr zur Union. 22

Der **Selbststand der Union** artikuliert sich insbesondere in den Postulaten der Eigenständigkeit und des Vorrangs ihrer Rechtsordnung, der institutionellen Verselbständigung, einer eigenständigen Organisation politischer Entscheidungsverfahren sowie in ihrer Justizhoheit nach den Art. 19 EUV, 258ff. AEUV, vom EuGH in letzter Zeit insbesondere im Kontext der Forderung nach faktisch kaum erfüllbaren Bedingungen für den an sich zwingend in Art. 6 EUV verankerten Beitritt der Union zur EMRK (Rz. 17/40) sowie der recht generell formulierten Zurückhaltung gegenüber Investitionsschiedsgerichten (EuGH, 30.4.2019, Gutachten 1/17, „CETA", Rn. 149f. sowie Rz. 13/5) zum Ausdruck gebracht. 23

Das BVerfG hat die besonders enge Verbindung der Staaten in der Union mit dem Begriff **„Staatenverbund"** auf den Punkt zu bringen versucht (BVerfGE 89, 155, „Maastricht" (1993)). Eine zentrale Besonderheit der Union im Vergleich zu herkömmlichen Staatenbünden, nämlich dass in ihrer Rechtsordnung auch die Einzelnen in vollem Umfang Rechtssubjekte sind, wird mit dieser Begriffsbildung allerdings nicht erfasst. 24

Die EU weist damit eine eigenartige und schillernde Vielgestaltigkeit auf – mit quasiföderalen Bereichen, in denen supranational entschieden und in den MSen bloß noch vollzogen wird, und Bereichen, in denen die MSen dominieren und kooperative Entscheidungsmuster gewählt werden. In den konstitutionellen Tiefenschichten ist die EU weiterhin ein Club souveräner Staaten – auch wenn der EuGH hieran rüttelt (*Nettesheim*, „Gegründet auf Werten", in: Franzius u. a. (Hrsg.), Die Neuerfindung Europas, 2017, 67; *von Bogdandy/Hering*, In the Name of the European Club of Liberal 25

Democracies, in: Ruiz Fabri u. a. (Hrsg.), International Judicial Legitimacy, 2020, 271). Die Wissenschaft beschäftigte sich lange mit der Beschreibung des Zusammenwachsens der EU und ihrer MSen zu einem Verbund, der **föderale Züge** aufweist (*Graf Vitzthum* (Hrsg.), Europäischer Föderalismus, 2000; *Fischer,* Vom Staatenverbund zur Föderation, Humboldt-Rede 2000; *Nettesheim,* ZEuS 2002, 507); inzwischen finden die zentrifugalen Bewegungen und die Widerstandskräfte stärkere Beachtung. Sicher ist jedenfalls: Die politischen Prozesse auf EU-Ebene sind in einer Weise mit jenen auf staatlicher Ebene verflochten, dass sich die eine Seite nicht mehr ohne die andere verstehen kann („ex pluribus unum"). Das föderale Selbstverständnis prägt die Reaktionen auf illiberale Tendenzen in den MSen (dazu Rz. 15/44ff.).

2. Die Qualität des Verbunds

a) Rechtsgemeinschaft

26 Bereits 1962 hat *Walter Hallstein* die damalige Europäische Gemeinschaft als Rechtsgemeinschaft qualifiziert. Für ihn verbanden sich damit drei Elemente: sie sei **Schöpfung des Rechts,** sie **handele** allein **durch das Recht** (also nicht wie ein Staat ggf. auch unter Anwendung physischer Gewalt), und sie sorge dafür, dass **Konflikte** zwischen den MSen mit den **Mitteln des Rechts bewältigt** werden.

Alle diese Grundsätze haben heute noch im Grundsatz Geltung, auch wenn die Union mittlerweile im Kontext der Sicherung der Außengrenzen zum Teil auch unmittelbar Zwangsgewalt einsetzen kann (Rz. 33/69) und vor allem neben dem Recht das Geld ein wichtiges Instrument politischer Gestaltung in der Union geworden ist (Rz. 18/60ff.).

27 Der EuGH hat dieses Stichwort ebenfalls aufgegriffen, hat es allerdings bislang deutlich enger konturiert. Für ihn geht es allein darum, zu sichern, dass alles Handeln der Union einer rechtlichen Kontrolle unterworfen ist (EuGH, 23.4.1986, Rs. 294/84, „Les Verts"). Mit diesem Inhalt wird es vom EuGH seit Inkrafttreten des Vertrags von Lissabon mit dem Stichwort „Rechtsunion" verbunden (EuGH, 29.6.2010, Rs. C-550/09, „E und F").

28 Die EU und ihre MSen sind in Form eines Rechtsverbands konsozial verbunden (*Nettesheim,* ZEuS 2002, 507). Sie begegnen sich nicht nur als Vertragspartner, die ihre Interessen über eine Austauschvereinbarung („do ut des") verfolgen. Ihren Binnenbeziehungen liegt vielmehr die **Idee einer Gemeinschaft** zugrunde, in der sich Ansätze einer föderalen Verbundenheit („Einheit in Vielfalt") ausdrücken. Normative Ausprägung dieser Verbindung ist der **Grundsatz gegenseitiger Loyalität,** der die Beteiligten dazu verpflichtet, in ihrem Handeln auf die Belange, Interessen und Werte der jeweils anderen Rücksicht zu nehmen. Der EUV konkretisiert die Teilausprägungen dieses Grundsatzes in **Art. 4 Abs. 3 EUV.** Die sog. „Unionstreue" ist eine echte Rechtspflicht. Bei der Bestimmung der konkreten Bedeutung stellt der EuGH wesentlich auf die konkreten Gegebenheiten des Einzelfalls ab (*Unruh,* EuR 2002, 41; *Klamert,* The Principle of Loyality in EU Law, 2014).

29 Auch wenn dem Recht für eine moderne Herrschaftsordnung eine zentrale Bedeutung zukommt, vermag dieses Konzept die **Union** doch kaum **allgemein zu charakterisieren.** Regelmäßig zieht das Recht dem politischen und administrativen Handeln nicht mehr als einen **Rahmen.** In der EU spielt das Argument der Rechtlichkeit bekanntlich eine andere Rolle als in Deutschland. Bei der Frage, auf der Grundlage welcher Kompetenzen mit welcher Intensität politische und administrative Entscheidungen kon-

trolliert werden, bestehen aber bis heute große Unterschiede zwischen den MSen (Rz. 4/16). Vor allem zeigt sich die praktische Bedeutung der Bindung an das Recht, wenn diese durch die Gerichte durchgesetzt wird. Rechtsgemeinschaft bedeutet zudem, dass die EU das Recht als ein Instrument zur Verwirklichung bestimmter, extern gesetzter Ziele verwendet. Schon lange verfügt sie aber auch über andere **Steuerungsmittel.** Die Union kann und muss also mehr leisten als eine Rechtsgemeinschaft zu sein.

b) Wertegemeinschaft

Nachdem das früher geläufige Zweckverbandsmodell als Erklärungsmuster seit dem 30
Vertrag von Maastricht, spätestens seit dem von Lissabon, nicht mehr taugt, sucht man nunmehr die Finalität und die verbindende politische Klammer der Union teilweise in der Eigenschaft einer **„Werteunion".** Der **Vertragsgeber** verfolgt diesen Ansatz konsequent. Nach Art. 3 Abs. 1 EUV soll die Verwirklichung dieser Werte eine der zentralen Aufgaben der Union darstellen. Art. 2 EUV formuliert bestimmte grundlegende Prinzipien der EU, die vom Vertrag – leicht missverständlich – als „Werte" bezeichnet werden. Sie sollen allen MSen gemein sein und auch die Union bestimmen. Richtig verstanden werden damit die elementaren politischen Grunderwartungen formuliert, die sich mit der Mitgliedschaft in einem Verband wie der EU verbinden. Konkret werden grundlegende Menschenrechte sowie Demokratie und Rechtstaatlichkeit als Grundprinzipien verfassungsstaatlicher Staatsorganisation benannt.

Dabei ist mit Blick auf die Grundrechte die Unterwerfung aller MSen der Union unter die **EMRK** bedeut- 31
sam. Diese Bindung an die Grundrechte ist in besonderem Maße von Bedeutung, wenn und soweit die **MSen einander vertrauen** sollen, wie dies gerade in den maßgeblichen Politikfeldern der EU, dem Binnenmarkt und dem RFSR von zentraler Bedeutung ist (dazu Rz. 32/39ff.). Vor diesem Hintergrund ist es konsequent, dass die Beachtung der Vorgaben des Art. 2 EUV nicht nur mittlerweile explizit für Neuaufnahmen vorgeschrieben wird (Art. 49 EUV), sondern auch mit Blick auf bereits beigetretene Staaten ein Verfahren vorsieht, das bei schwerwiegenden Verstößen am Ende ein Ruhen des Stimmrechts vorsieht (Art. 7 EUV) (ausführlicher hierzu Rz. 15/44ff.).

Die Formulierung in Art. 2 EUV kann als **Projektionsfläche für den politischen** 32
Prozess wichtige Orientierungsfunktion entfalten. Kollektivistische Wertekonzepte münden aber schnell in schlechte Metaphysik und sind in ihrer Unaufgeklärtheit der politischen Diskussion Europas im 21. Jahrhundert unangemessen. Offenkundig tun die Amtswalter der EU gut daran, sich bei der Formulierung ihres Amtsverständnisses an den Wertaussagen des EUV zu orientieren. Damit entfalten die „Werte der EU" vor allem im Binnenbereich der EU Bedeutung. Die EU-Mitgliedstaaten haben eine Selbstverpflichtung abgegeben, sich an den in Art. 2 EUV verankerten Grundprinzipien zu orientieren – die EU ist ein Club von Staaten, die sich einander versprechen, an Mustern zu orientieren, die den liberal-demokratischen Staaten der Welt gemein sind. Über Fehlentwicklungen ist nach der Konzeption des EUV im Kreis der MSen zu entscheiden: In Art. 7 EUV drückt sich die weiterhin konsoziative, auf souveränen MSen aufbauende Club-Struktur der EU aus. Es ist Ausdruck der Effektivität dieser Konstruktion, dass MSen nur durch Super-Majorität sanktioniert werden können (vgl. auch Rz. 15/51). In dieser Konstruktion ist für ein Vorgehen der EU-Organe KOM und EuGH gegen mitgliedstaatliche „Fehlentwicklungen" nur begrenzter Raum. Wer hier entschlossenes Vorgehen fordert, plädiert für eine Umpolung der Grundstruktur der EU. Dies kann nur der Vertragsgeber bewirken.

c) Die Sicherung von Frieden und Wohlstand

33 Schon die Präambel des **EGKS-Vertrag** aus dem Jahre 1952 hat deutlich den Anspruch der europäischen Integration formuliert, über die damals konkret verfolgten Ziele hinaus zu wirken. Die damals errichtete Gemeinschaft wurde in den Kontext der **Sicherung des Weltfriedens** und der **Hebung des Lebensstandards** gestellt. Diese Zielstellungen bestimmen bis heute das Selbstverständnis der Union. Nach Art. 3 Abs. 1 EUV ist es u. a. Ziel der Union, den Frieden und das Wohlergehen ihrer Völker zu sichern. Und in der Tat ist heute ein Krieg zwischen den MSen der Union kaum, überwiegend gar nicht mehr vorstellbar. Die entsprechende Leistung wurde 2012 mit dem Friedensnobelpreis ausgezeichnet. Ebenso war die europäische Integration lange Zeit mit einem steigenden Wohlstand in allen an ihr beteiligten Staaten verbunden.

34 Als **Erklärungsmuster** für die europäische Integration aber taugen diese Ziele dennoch **nicht.** Mit Blick auf die Sicherung des Friedens lassen sich viele Unionsaktionen kaum plausibel erklären – der Bezug zwischen einer binnenmarktlichen Harmonisierungsrichtlinie oder einer agrarrechtlichen Förderbedingung zur Sicherung des Friedens ist schlicht nicht einmal ansatzweise erkennbar. Ebenso erscheint ein Krieg mit europäischen Nachbarstaaten wie der Schweiz oder Norwegen, die der EU nicht angehören, genauso wenig vorstellbar wie innerhalb der Union. Bezogen auf die Sicherung des Wohlstandes ist vor allem mit dem Ausbrechen der Schuldenkrise ab 2009 eine große Ernüchterung eingetreten. In MSen, die damals Hilfsprogramme akzeptiert haben, ist ein ganz erheblicher Wohlstandsverlust eingetreten. Besonders deutlich ist dies in Griechenland zu beobachten (Rz. 3/13ff.). Unabhängig davon, wie man ökonomisch die damals verfolgte Politik, aber auch die Ursachen der Schuldenkrise bewertet, ist hierdurch in weiten Kreisen der Bevölkerung mancher EU-MSen ein Vertrauensverlust eingetreten: Der Zusammenhang zwischen europäischer Integration und Wohlstandsvermehrung ist zerbrochen. Auch in der COVID-19-Pandemie war zunächst ein Rückfall in staatliche Entscheidungsmuster und nationale Egoismen zu beobachten. Inzwischen hat man sich zur Entwicklung einer gesamteuropäischen Perspektive durchgerungen, wie sie sich insbesondere im Programm „Next Generation Europe“ niederschlägt. Die Notwendigkeit einer unionalen Abfederung der großen Wirtschaftskrise durch EU-Fiskalgesetzgebung und EZB ist – ungeachtet des erheblichen Widerstands einiger MSen gegen konkrete Schritte – im Grundsatz unbestritten.

V. Ausblick

35 Insgesamt erweist sich die Europäische Union als **Unikum in der internationalen Politik.** Dies macht ihre analytische Erfassung mit allgemeinen Kategorien des Staats- wie des Völkerrechts beinahe unmöglich; ebenso erschwert es die Anwendung elementarer normativer Grundprinzipien, mit denen „good goverance“ üblicherweise bemessen wird, wie etwa Demokratie und Rechtsstaatlichkeit. Lange Zeit hat dies ihrem Erfolg nicht im Weg gestanden. Vor allem im Bereich der **Marktintegration** konnte sie große Erfolge erzielen; die Effizienz gemeinsamen Handelns war hier unmittelbar einsichtig. Die Erstreckung der Unionsaktion auf Felder, auf denen **Verteilungskonflikte** auftauchen (Bewältigung von Schuldenaltlasten, Verteilung von Migration, Bewälti-

gung der Folgen der COVID-19-Pandemie), hat schwere politische Konflikte zu Tage gefördert. Man hat sich allerdings immer zusammenraufen können. Schwierigere Probleme wirft die Veränderung der sozio-politischen Grundlagen der EU auf, die in einigen MS zu beobachten ist, in denen man sich vom liberal-konstitutionalistischen Paradigma abwendet, populistisch-nativistische Politiken verfolgt und Grundorientierungen aufgibt, die man bislang als europäischen Grundkonsens ansah.

§ 5. Organe der Europäischen Union

Literatur: *Hilf,* Die Organisationsstruktur der Europäischen Gemeinschaften, 1982; *Dahrendorf,* Institutionelle Sorgen in Europa, FS Eschenburg, 2005, 27; *Kohler-Koch/Rittberger* (Hrsg.), Debating the Democratic Legitimacy of the European Union, 2007; *Goeters,* Das institutionelle Gleichgewicht, 2008; *Wessels,* Das politische System der Europäischen Union, 2008; *Isak,* Institutionelle Ausgestaltung der Europäischen Union, in: Hummer/Obwexer (Hrsg.), Der Vertrag von Lissabon, 2009, 133; *Tsatsos* (Hrsg.), Die Unionsgrundordnung, 2010; *Hix,* The Political System of the European Union, 3. Aufl. 2011; *Eilmansberger/Griller/Obwexer* (Hrsg.), Rechtsfragen der Implementierung des Vertrags von Lissabon, 2011; *Driessen,* Transparency in EU Institutional Law, 2. Aufl. 2012; *Weidenfeld,* Die Europäische Union, 2013; *Duff,* Zurück zur Kernfrage: eine föderale Ordnung für Europa, Integr. 2014, 65; *Tömmel,* Das politische System der EU, 4. Aufl. 2014; *Wallace/Pollack/Young,* Policy-Making in the European Union, 7. Aufl. 2015; *Piattoni,* The European Union. Democratic Principles and Institutional Architectures in Times of Crisis, 2015; *Hodson/Peterson,* The Institutions of the European Union, 4. Aufl. 2017; *Giersdorf,* Der informelle Trilog, 2019; Becker/Lippert (Hrsg.), Handbuch Europäische Union, 2020.

Der Charakter der EU als einem besonderen Verband staatsähnlicher, zu den MSen in föderaler Verbindung stehender Hoheitsgewalt, wird vor allem in der **Art der institutionellen Struktur** und **dem Umfang ihres institutionellen Ausbaues** sichtbar. Im grundsätzlichen Aufbau entspricht die EU auch nach dem Inkrafttreten des Lissabon-Vertrags dem, was sich bereits in den Gründungsverträgen von Paris und Rom fand. Im Kern des institutionellen Systems steht ein Viereck (KOM, EP, EuRat und Rat), das unter der Kontrolle des Gerichtshofs tätig wird. Im Laufe der Zeit sind neue Institutionen hinzugetreten; andere sind zu Organen (Art. 13 Abs. 2 EUV) aufgewertet worden. Die nunmehr knapp siebzigjährige Kontinuität darf allerdings nicht darüber hinwegtäuschen, dass sich die Funktion der einzelnen Organe und ihre Stellung im Machtgefüge teilweise erheblich gewandelt haben. Im Laufe der Jahre ist es **rechtlich** zu bedeutsamen **Machtverschiebungen** gekommen. Auch **politisch** kam es immer wieder – nicht zuletzt in Abhängigkeit von den jeweils agierenden Personen – zu Verschiebungen des relativen Einflusses. Insbesondere das Europäische Parlament hat wesentlich an Einfluss gewonnen. Durch „Lissabon" gewann zudem der Europäische Rat weiter an Bedeutung. Demgegenüber verlor die Kommission relativ an Gewicht. Sie sollte sich nach den ursprünglichen Vorstellungen zu einer machtvollen europäischen Gubernative entwickeln. In Zeiten einer „Polykrise" spielen sich allerdings die mitgliedstaatlich dominierten Organe nach vorne. Manche Beobachter verorten das gegenwärtige Machtzentrum auf einer Achse von Europäischem Rat und Parlament und weisen der Kommission nicht mehr als eine unterstützende Rolle zu. Im Zuge der Eurokrise sind weitere Institutionen (auch außerhalb des EU-Verbunds) entstanden (z. B. „Euro-Gipfel"). Die Tendenz, Entscheidungsbefugnisse aus dem EU-Rahmen hinaus zu verlegen (EFSF, ESM), bringt Desintegrationsprozesse mit sich. Der EuGH hat sich dem nicht entgegen gestellt; er lässt es sogar zu, wenn außervertragliche Einrichtungen auf EU-Organe zugreifen (EuGH, 27.11.2012, Rs. C-370/12, 1

„Pringle", Rn. 156ff.). In dieser institutionellen Auffächerung macht sich die Unwilligkeit der MSen bemerkbar, horizontale Hilfe- und Unterstützungssysteme einer supranationalen Steuerung durch die KOM und das EP zu unterwerfen. Die zunehmende institutionelle Pluralität ist zudem der möglicherweise unvermeidliche Preis für die Ausdehnung der EU auf gegenwärtig 27 MS und die damit einhergehende Heterogenität (vgl. *Weidenfeld,* Europa – eine Strategie, 2014; *Fischer,* Scheitert Europa?, 2014).

2 Die Institutionen sind vor allem durch die Erhöhung der Zahl der Amtsträger im Prozess der Aufnahme neuer Mitglieder inzwischen an die **Grenze der Leistungsfähigkeit** gerückt. Dies gilt vor allem für den Rat und das EP. Auch die Kommission ist deutlich überbesetzt. Die **Erweiterung der Zahl der Mitglieder der EU** hat bislang regelmäßig Vergrößerungen der Institutionen unter Erhaltung ihres politischen und sachbedingten inneren Gleichgewichtes verlangt. Der Vertrag von Lissabon versuchte, die innere Leistungsfähigkeit der Institutionen zu steigern. Art. 17 Abs. 5 EUV ermöglicht eine Verkleinerung der Kommission, ohne dass allerdings der politische Wille hierzu vorhanden ist. Im Zuge des Brexits kam es zu einer Verkleinerung des EP von zuvor 751 auf 705 Sitze. Noch immer weist das EP eine Größe auf, die eine **parlamentarisch-deliberative Beratung als Gesamtgremium** kaum möglich macht. Weitergehende Vorschläge, das funktionale Zusammenspiel der Institutionen neu zu ordnen und die Handlungseffizienz zu erhöhen, haben keine Aussicht auf Realisierung.

I. Überblick

1. Die Organe der EU

3 Die EU verfügt über einen „institutionellen Rahmen" (Art. 13 EUV). Die Institutionen agieren auf der Grundlage des EUV, des AEUV und des sonstigen Primärrechts. In diesem Rahmen haben sie das Recht zur Selbstorganisation, das durch den Erlass von Geschäfts- oder Verfahrensordnungen wahrgenommen wird. Als **Organe** handeln für die EU die in Art. 13 Abs. 1 EUV bezeichneten Einrichtungen. Ihre Entscheidungen werden dem Rechtsträger EU zugeschrieben. Eine Benennung und Abgrenzung der funktionalen Zuständigkeiten der einzelnen Institutionen erfolgt in Art. 13 EUV noch nicht; vielmehr lassen sich die Befugnisse der Organe den Kompetenznormen der jeweiligen Sachbereiche entnehmen (vgl. Art. 3 Abs. 6, Art. 5 Abs. 1, 2 EUV). Die positivrechtliche Aufzählung der Organe in Art. 13 EUV ist der Tradition von Gründungsverträgen internationaler Organisationen verhaftet. Sie soll es der Bevölkerung erleichtern, die Struktur der EU zu erschließen.

Die Rolle, die den EU-Organen in den einzelnen Sachbereichen von EUV und AEUV eingeräumt wird, unterscheidet sich deutlich. Im Bereich des AEUV wird genuin überstaatliche Hoheitsgewalt ausgeübt, die gegebenenfalls auch gegen den Willen einzelner MSen und mit Wirkung für Einzelne ausgeübt werden kann. Allerdings lassen sich Abstufungen im Grad rechtlicher Autonomie der EU beobachten. Demgegenüber ist der **Grad der Vergemeinschaftung** (dazu unten Rz. 9/10f.) im Bereich von GASP (Art. 23ff. EUV) und GSVP (Art. 42ff. EUV) bislang eher gering ausgeprägt.

Zum **Kreis der Organe der EU** gehören gegenwärtig das Europäische Parlament, der Europäische Rat, der Rat der EU, die Europäische Kommission, der Gerichtshof der

EU und der Rechnungshof. Der „Gerichtshof der EU" umfasst die Gesamtheit der Rechtsprechungsinstitutionen (Art. 19 EUV).

2. Weitere Einrichtungen

Die Organe der EU werden im Vertrag besonders herausgestellt. An ihre Seite treten heute vielfältige sonstige Einrichtungen, die teils im Primärrecht konstituiert werden, überwiegend jedoch auf einer Entscheidung der EU-Normgeber beruhen (unten § 6). Es ist inzwischen ein unübersichtliches und nicht immer systematisch geschlossenes **Geflecht von derartigen Einrichtungen** entstanden. Teilweise haben sie lediglich **beratende Funktion.** Hierzu gehören der Wirtschafts- und Sozialausschuss und der Ausschuss der Regionen (Art. 13 Abs. 4 EUV). Sonderinstitutionen mit eigener Rechtspersönlichkeit („Glieder") und eigenen Entscheidungsbefugnissen sind die Europäische Zentralbank (Art. 13 Abs. 3 EUV, Art. 282 Abs. 3 AEUV) (unten Rz. 19/15 ff.) und die Europäische Investitionsbank (Art. 308 Abs. 1 AEUV) (unten Rz. 18/48 ff.). Im Rahmen des EAGV ist die Versorgungsagentur von *Euratom* zu erwähnen (Art. 52 EAGV). 4

Aufgrund ihrer **Organisationsgewalt** hat die EU im Organisationsbereich der Organe inzwischen **weitere abhängige Behörden** (z. B. Statistisches Amt, Amt für amtliche Veröffentlichungen) errichtet. Darüber hinaus wurden **selbständige juristische Personen** unter enger Kontrolle eines EU-Organs (u. a. Europäische Stiftung zur Verbesserung von Lebens- und Arbeitsbedingungen, Europäisches Zentrum für die Förderung der Berufsbildung, Amt für geistiges Eigentum, Europäische Umweltagentur) eingerichtet (unten Rz. 6/26). Dabei bedient sich die EU teils der jeweiligen Sachkompetenz, die ihr ein Handeln im jeweiligen Sachbereich ermöglicht, teils auch der Auffangzuständigkeit nach Art. 352 AEUV. Diese institutionelle Auffächerung wird sich im Maße der Aufgabenmehrung der EU fortsetzen: Die EU legt sich einen Verwaltungsunterbau zu (Art. 298 AEUV). Es ist als Defizit anzusehen, dass die Vertragsgeber des Lissabon-Vertrags dem institutionellen Ausbau keinen eindeutigen konstitutionellen Rahmen gesetzt haben. Es obliegt dem EuGH, Kriterien zu entwickeln, welche Befugnisse einer selbstständigen Person übertragen werden dürfen und wie sie ausgeübt werden müssen (vgl. etwa EuGH, 22. 1. 2014, Rs. C-270/12, „UK/EP und Rat" [Regelung von Leerverkäufen durch ESMA]). 5

Damit gibt es innerhalb des EU-Verbands sowohl Institutionen, die mit Rechtspersönlichkeit ausgestattet sind und damit aus eigener Kompetenz handeln („Glieder"), sowie Institutionen, die einem Organ oder einem Glied zugeordnet sind. Die Entscheidung, welcher Typ verwendet wird, folgt regelmäßig politischen Erwägungen. Keine Einrichtungen der EU sind Institutionen, die auf selbständigen völkerrechtlichen Verträgen der Mitgliedstaaten beruhen (z. B. Europäisches Patentamt, Europäisches Hochschulinstitut, Europäische Schulen). 6

3. Standorte der Institutionen

Der Standort der Institutionen (ihr „Sitz") wird vom Vertrag nicht selbst geregelt (Art. 341 AEUV). Es handelt sich um eine politisch heikle und umstrittene Frage. Die Verteilung der Sitzorte für die Institutionen wurde im Wesentlichen durch das Protokoll v. 2. 10. 1997 (ABl. C 340/112) geregelt. Danach gibt es **keine „Hauptstadt Europas",** wenngleich vor allem Brüssel, daneben auch Luxemburg und Straßburg Schwerpunkte (Rat/Kommission/Parlament/Gerichtshof/Rechnungshof) bil- 7 den. Frankfurt a. M. ist als Sitz der Europäischen Zentralbank hinzugetreten. Im Übrigen werden die Sitze der Einrichtungen möglichst ausgewogen über die MSen verteilt (Beschl. 2004/97, ABl. L 29/15). Als zusätzliche Verhandlungsmasse existieren inzwischen die Unionsagenturen und -einrichtungen (unten § 6). Versuche der Organe, an der Zuweisung etwas zu ändern, stoßen auf enge Grenzen (EuGH, 13.12.2012, verb. Rs. C-237/11 u. a., „Frankreich/Parlament"). Im Zuge des „Brexit" wurde die Verlagerung der im UK ansässigen Agenturen EMA (Amsterdam) und EBA (Paris) beschlossen.

4. Sprachenregime der Europäischen Union

Literatur: *Oppermann,* Das Sprachenregime der Europäischen Union – reformbedürftig?, ZEuS 2001, 1; *Creech,* Law and Language in the European Union, 2005; *Mayer,* Europäisches Sprachenverfassungsrecht, Der Staat 2005, 367; *Fischer* (Hrsg.), Herausforderungen der Sprachenvielfalt in der Europäischen Union, 2007; *Jaekel,* Das EU-Sprachenregime – Hemmschuh oder Schlüssel der europäischen Identität?, VBlBW 2009, 445; *Hilpold,* Die Europäische Sprachenpolitik – Babel nach Maß?, EuR 2010, 695; *Hayder,* Das Sprachenregime der Europäischen Union, ZEuS 2011, 343; *Kreße,* Mehrsprachigkeit im Recht der Europäischen Union, ZRP 2014, 11; *Šarčević* (Hrsg.), Language and Culture in EU Law, 2015; *Luttermann/Luttermann,* Sprachenrecht für die Europäische Union, 2020.

8 In der Europäischen Union werden viele Sprachen gesprochen. Nach Art. 22 GRC achtet die Union (auch) die Vielfalt der Sprachen. Der Vertrag von Lissabon betont an prominenter Stelle (Art. 3 Abs. 3 UAbs. 4 EUV) sogar „den Reichtum ihrer … sprachliche(n) Vielfalt". Aus Gründen der Transparenz und Zugänglichkeit müssen die offiziellen Akte der EU in allen in der EU vorgesehenen Amtssprachen formuliert werden; andernfalls litte die Legitimität der EU. Die Entscheidung, in welchen Sprachen die EU operiert, ist von beträchtlicher integrationspolitischer Bedeutung. Zugleich sind die Kosten eines Regimes, das in einer großen Zahl von Sprachen operiert, hoch (mehr als 1 Mrd. Euro jährlich). Das Sprachenregime ist damit (mit der Erweiterung der EU in zunehmendem Umfang) Gegenstand der politischen Diskussion. Es ist nicht abzusehen, dass sich daran grundsätzlich oder mit dem Austritt des UK am Status des Englischen etwas ändern wird (es bedürfte eines Beschlusses nach Art. 342 AEUV).

Zu unterscheiden ist die **sprachliche Geltung der Unionsverträge** von der **Regelung der Amtssprachen und Arbeitssprachen** in der täglichen Praxis.

a) Sprachliche Geltung der Verträge (Vertragssprachen)

9 Der 2002 außer Kraft getretene **EGKSV** wurde 1951 nur in französischer Sprache abgeschlossen (Art. 100 EGKSV). **EWGV** und **EAGV** wurden dagegen 1957 in je einer **deutschen, französischen, italienischen und niederländischen Urschrift** mit gleichermaßen verbindlichem Wortlaut abgeschlossen (Art. 248 EWGV und Art. 225 EAGV). Entsprechendes galt für den EUV 1992 mit Blick auf alle Sprachen der damaligen Mitglieder der Union (Art. 53 EUV 1992). Mit den Beitritten 1973/1981/1986/1995/2004/2007/2013 wurden jeweils auch die in den Amtssprachen der neuen Mitgliedstaaten abgefassten Versionen verbindlich. Heute gelten die Unionsverträge in **vierundzwanzig** gleichermaßen verbindlichen **Sprachfassungen** (Art. 55 Abs. 1 EUV). Jeder Mitgliedstaat kann eine Übersetzung in weitere Sprachen veranlassen, soweit diese bei ihm Amtssprachen sind (Art. 55 Abs. 2 EUV). EU-amtlicher Charakter kommt einem solchen Text nicht zu. Nicht alle Staatssprachen sind zu Vertragssprachen der EU gemacht worden (Luxemburg [Luxemburgisch]; Zypern [Türkisch]).

b) Regelung der Amtssprachen und Arbeitssprachen

In der täglichen Praxis der Union bedarf es aus vielfältigen Gründen einer verbindlichen Regelung darüber, welche Sprachen in welchem Zusammenhang **„Amtssprachen"** sind (Art. 342 AEUV; VO Nr. 1 zur Regelung der Sprachenfrage für die EWG v. 6. 10. 1958, ABl. P 17/385 f. (gleiche Regelung für die EAG, ABl. P 17/401 f.), jeweils mit Änderungen nach den Beitritten 1973, 1981, 1986, 1995, 2004, 2007, 2013). Diese VO wurde nach dem „Brexit" nicht verändert – Englisch ist und bleibt Amtssprache. Diese Bestimmungen gehen grundsätzlich von der **Gleichberechtigung** der 24 Amts- und Arbeitssprachen aus, konkret der bulgarischen, dänischen, deutschen, englischen, estnischen, finnischen, französischen, griechischen, irischen, italienischen, kroatischen, lettischen, litauischen, maltesischen, niederländischen, polnischen, portugiesischen, rumänischen, schwedischen, slowakischen, slowenischen, spanischen, tschechischen und ungarischen Sprache. Die zunächst nach dem Beitritt Irlands aus praktischen Gründen nicht gleichberechtigte irische Sprache hat diesen Status zum 1. 1. 2007 erlangt (VO 920/2005, ABl. L 156/3, mit Einschränkungen gem. Art. 2 und VO 1257/2010, ABl. L 343/5). Regionalsprachen in den MSen sind keine Amtssprachen. Allerdings können die MSen eine Übersetzung amtlicher Dokumente in diese Sprachen veranlassen (Spanien: Baskisch, Katalanisch, Galizisch). Eine Übersetzung aus Regionalsprachen wird gelegentlich in einzelnen Ratsformationen, im AdR und im WSA veranlasst. Die Kosten hierfür trägt der jeweilige MS. 10

Diese Anerkennung aller Sprachen hat zur Folge, dass **allgemeingültige Hoheitsakte** der EU grundsätzlich gleichzeitig in allen Amtssprachen erlassen werden müssen. Daher erscheinen die **offiziellen Publikationen der EU** (z. B. ABl.) in allen Amtssprachen. Der EuGH hat entschieden, dass eine Unionsregelung, die (noch) nicht im Amtsblatt der Europäischen Union in der Sprache eines neu beigetretenen Mitgliedstaats veröffentlicht worden ist, obwohl diese Sprache eine Amtssprache der EU ist, für den Einzelnen in diesem Staat keine Verpflichtungen begründen kann. Dies gilt auch, wenn der Betroffene über andere Medien Kenntnis von dieser Regelung hätte haben können (EuGH, 11. 12. 2007, Rs. C-161/06, „Skoma Lux"). Inzwischen zeichnen sich erste Durchbrechungen ab: So werden unbedeutsamere Entscheidungen des EuGH inzwischen nicht mehr durchgängig in allen Amtssprachen veröffentlicht. Die **Unionsbürger** sind berechtigt, sich im Verkehr mit den Einrichtungen der Union einer Amtssprache ihrer Wahl zu bedienen (idR die Heimatsprache). Sie haben Anspruch auf Antwort in dieser Sprache (Art. 24 S. 4 AEUV, Art. 41 Abs. 4 GRC; vgl. auch Art. 21, 22 GRC). Seit dem Jahr 2013 wird das Amtsblatt nur noch elektronisch veröffentlicht (VO 216/2013, ABl. L 69/1). 11

Nach Art. 36 ff. VerfO EuGH wählt in Prozessen vor dem EuGH grundsätzlich der **Kläger** die **Verfahrenssprache,** soweit nicht Sonderregelungen bestehen (z. B. ist bei Klagen gegen einen MS dessen Amtssprache Verfahrenssprache, bei Vorabentscheidungen nach Art. 267 AEUV die Sprache des vorlegenden Gerichts). Interne Beratungssprache beim **EuGH** ist das Französische. Bei der **EZB** (unten Rz. 19/15 ff.) ist die Arbeitssprache Englisch. Die Sprachregime der Agenturen werden im Gründungsstatut festgelegt. Beim Amt der Europäischen Union für geistiges Eigentum (EUIPO) (unten Rz. 36/27) sind bisher Deutsch, Englisch, Französisch, Italienisch und Spanisch Amtssprachen (Art. 146 Abs. 2 der VO 2017/1001, ABl. L 154/1. Die Verordnung über das Europäische Patent (Art. 2 lit. b), 3 VO 1260/2012, ABl. L 361/89, Art. 14 Europäisches Patentübereinkommen) sieht als Verfahrenssprachen Englisch, Französisch und Deutsch vor; dies führte dazu, dass sich Italien und Spanien nicht beteiligen (dazu auch Rz. 36/26). 12

13 Grundsätzlich sind alle Amtssprachen auch **Verfahrenssprachen.** Ein **Vollsprachenregime** wird in den Organen (EP, Rat, KOM) und in legislativen Ratsarbeitsgruppen gewährleistet. In vielen anderen Einrichtungen und Ausschüssen wird aus praktischen Gründen in einer begrenzten Zahl von Sprachen übersetzt oder auf Dolmetscherleistungen verzichtet. Im inneren Dienstbetrieb der EU-Institutionen gelten die Regelungen der jeweiligen Geschäftsordnung. Aus Gründen der Arbeitsökonomie herrschen *praktisch* wenige **„Arbeitssprachen"** vor, deren Gebrauch dienstintern z. T. vorgeschrieben wird. Als Verfahrenssprachen der KOM-Verwaltung gelten Englisch, Französisch und Deutsch (KOM, Memo vom 26.9.2013, IP/13/875). In der EU-Praxis behauptet mittlerweile Englisch den ersten Platz, mit erheblichem Abstand vor Französisch. In der KOM fällt Deutsch gegenüber dem dominierenden Englisch und Französisch faktisch trotz entgegengesetzten Bemühungen der Bundesregierung weiter zurück (*Kürten,* Die Bedeutung der deutschen Sprache im Recht der Europäischen Union, 2004). Nicht immer wird hinreichend Wert auf einen kontinuierlichen Gebrauch der deutschen Sprache gelegt. Im internen Arbeitsbetrieb ist die Bevorzugung einer oder mehrerer Sprachen zulässig, dies bedarf jedoch sachlicher Rechtfertigung (EuGH, 26.3.2019, Rs. C-621/16 P, „KOM/Italien").

14 Die grundsätzliche **Gleichrangigkeit der EU-Amtssprachen** ist im Verkehr mit den Unionsbürgern, aber auch der nationalen Instanzen mit den Organen der Union trotz aller praktischen und finanziellen Probleme **integrationspolitisch unverzichtbar.** Das EU-Sprachenregime muss den schwierigen Balanceakt zwischen der Achtung der nationalen Identität der MSen (Art. 4 Abs. 2 EUV), zu der die Sprache gehört, und den Bedürfnissen täglicher linguistischer Verständigung in Brüssel bestehen. Immer neue Sprachkompromisse sind unausweichlich (*Luttermann/Luttermann,* JZ 2004, 1002).

II. Gewaltenteilung und Funktionenverschränkung

1. Funktionen und Institutionen

15 Es entspricht einer zweihundertjährigen Tradition, das Handeln staatlicher Organe mit den Begriffen der **Rechtsetzung, Vollziehung und Rechtsprechung** zu klassifizieren. Diesem Vorgehen liegt ein idealtypisches Modell zugrunde, das von einer grundsätzlichen Trennbarkeit der drei Funktionen ausgeht. In dem Modell ist die Annahme angelegt, dass die verschiedenen Organe überschneidungslos jeweils einer Funktion zuzuordnen sind. Es handelt sich um „eine Abstraktion aus dem Vergangenen, ein Ideal für seine Epoche und zugleich ein Programm für die Zukunft" *(L. v. Ranke).* Allerdings wird diese „reine" Zuordnung von Institution und Funktion in keinem der Verfassungsstaaten der Vergangenheit und Gegenwart verwirklicht. Auch in der EU findet sich ein derartiges Modell nicht realisiert. Die EU kennt, wie allgemein festgestellt wird, eine Verwirklichung des **„Gewaltenteilungsprinzips"** in den auf staatlicher Ebene typischen Formen nicht.

16 Gleichwohl ist das Regierungssystem der EU der Idee der Gewaltenteilung und Funktionenverschränkung verpflichtet. Das **Ziel der effektiven Machtverteilung, -beschränkung und -kontrolle** wird in der EU mit einem Organisations- und Zuständigkeitsmodell verwirklicht, das in dieser Form keine Vorläufer kennt. Die institutionelle Struktur der EU beruht auf einer Mischung staatstheoretischer Be-

stände, völkerrechtlicher Erfahrungen und Überlieferungen und politischer Klugheitserwägungen. Wenn der Vertrag an die Seite der – jedenfalls im Ausgangspunkt einem Modell internationaler Organisationen verpflichteten – Organe (Europäischer) Rat und Kommission ein von den Unionsbürgern gewähltes Parlament und einen unabhängigen, der Wahrung des Rechts verpflichteten Gerichtshof (Art. 19 Abs. 1 S. 2 EUV) treten lässt, zeigt sich darin die Ambivalenz, mit der die Gründungsmitglieder der EU als einem politisch handelnden Integrationsverbund (vgl. *Ophüls,* FS Hallstein, 387) zwischen Staat und internationaler Organisation (vgl. Rz. 4/20 ff.) entgegentraten.

Die eigenartige **Kompetenzverteilung** macht sich etwa darin bemerkbar, dass die Kommission im Prozess der Rechtsetzung eine unverzichtbare Rolle spielt: Aufgrund ihres Initiativmonopols wirkt sie **rechtlich gleichberechtigt** mit Parlament und Rat zusammen. Zugleich nimmt die Kommission auch wichtige Regierungs- bzw. Gubernativfunktionen wahr und ist Verwaltungsbehörde. Demgegenüber ist das Parlament – ungeachtet der eindeutig erkennbaren Entwicklung der EU hin zu einem **parlamentarischen System** – weiterhin noch nicht uneingeschränkt in die Stellung gerückt, die ihm in einem staatlichen Regierungssystem regelmäßig zugewiesen wird. Auch die starke Stellung, die die Mitgliedstaaten über den Europäischen Rat und den Rat innehaben, unterscheidet sich deutlich von der Rolle staatlicher Glieder, die über eine „zweite Kammer" meist nur beschränkte Mitspracherechte haben. 17

In dem Organ des **Gerichtshofes** vereinigen sich allerdings in der sonst bekannten Weise Institution und Funktion. Die Rechtskontrolle des Gerichtshofs über die politisch handelnden Organe bleibt das Gegengewicht zu deren Vorhandstellung. Bislang nimmt der Gerichtshof seine Rolle gegenüber den EU-Organen eher vorsichtig und zurückhaltend wahr – ganz anders als gegenüber den Mitgliedstaaten (dazu *Classen,* in: Kischel (Hrsg.), Der Einfluss des deutschen Verfassungsrechtsdenkens in der Welt, 2014, 93). 18

Der eigentliche Sinn des **Gewaltenteilungsgedankens,** durch Funktionen- und Machtverteilung auf unterschiedliche Organe Effektvität zu erzeugen und politische Gewalt zu mäßigen, diese in den Bahnen des Rechts zu halten sowie Freiheit zu stiften *(„checks and balances"),* ist damit (wenn auch in besonderen Formen) auch in der EU verwirklicht. Die besondere institutionelle Ordnung der EU ist **Ausdruck einer spezifischen Aufgabenstellung und Struktur der EU** als Produkt des Integrationswillens weiterhin souveräner Staaten. In ihr spiegelt sich der jeweilige **Stand der Föderalisierung des Gesamtverbunds** wider. Die gewählte Struktur ist auf der einen Seite Ausdruck politischer Gegebenheiten, insbesondere des mitgliedstaatlichen Wunsches nach zentraler Mitsprache und Kontrolle. Die 2009 erfolgte deutliche Aufwertung des EuRat macht etwa deutlich, dass Integrationsfortschritt in hochpolitischen Fragen und in Zeiten der Krise nur auf höchster Ebene bewirkt werden kann. Auf der anderen Seite spielen in der Entwicklung und im Stand der Struktur Ideen „legitimen Regierens" eine herausragend wichtige Rolle; sie waren es vor allem, die den Bedeutungsgewinn des Parlaments bewirkt haben. Die Gefahr besteht, dass in der weiteren Entwicklung der EU unreflektierte Anleihen bei staatlichen Modellen gemacht werden (etwa mit Blick auf die Rolle des EP). Ebenso gilt es, sich davor zu hüten, das je spezifische Funktionsumfeld der EU-Institutionen nicht zu berücksichtigen (z. B. operiert das EP nicht in einem gewachsenen „dichten" politischen Raum). 19

2. Institutionelles Gleichgewicht

20 In der Diskussion um die Organisationsstruktur der EU spielt der **Begriff des „institutionellen Gleichgewichts"** eine wichtige Rolle (kritisch *Rossi,* EuR 2013, 170; *Camon,* EPL 2015, 371). Dieses grundlegende rechtsstaatliche Prinzip gebietet, dass jedes Organ seine Befugnisse unter Beachtung der Befugnisse der anderen Organe ausübt und dass Verstöße hiergegen durch den Gerichtshof geahndet werden können (EuGH, 4.10.1991, Rs. C-70/88, „Parlament/Rat"; EuGH, 30.3.1995, Rs. C-65/93, „Parlament/Rat"; vgl. auch Rz. 11/49 ff. und 13/1). In der Rechtsprechung des EuGH wird der Begriff verwandt, um eine Missachtung der Mitwirkungsrechte eines Organs für rechtswidrig zu erklären (so z. B. die unterlassene Anhörung des Parlaments durch den Rat; vgl. EuGH, 29.10.1980, Rs. 138/79, „Roquette" und EuGH, 29.10.1980, Rs. 139/79, „Maizena") bzw. bestimmte Mitwirkungsrechte eines Organs zu begründen (EuGH, 4.10.1991, Rs. C-70/88, „Parlament/Rat" [aktive Klagebefugnis des Parlaments]).

In dem Begriff kommt zugleich die **institutionelle Höchst- und Gleichrangigkeit** der verschiedenen Organe zum Ausdruck. Allen Organen ist gemeinsam, dass sie für die EU handeln können; sie haben auch die gleiche konstitutionelle „Wichtigkeit". Allerdings besteht in der tatsächlichen Kräfteverteilung zwischen den Organen kein „Machtgleichgewicht". Im Umgang mit dem Prinzip gebietet sich daher Vorsicht (*Bieber,* Das Verfahrensrecht von Verfassungsorganen, 1992, 102 mwN.): Verletzt ein Organ die Mitwirkungsrechte eines anderen Organs, so liegt ein Verstoß gegen diejenige Rechtsvorschrift vor, die diese anordnet (z. B. im Fall „Roquette" Art. 43 Abs. 2 EWGV, der im Kern dem heutigen Art. 43 AEUV entspricht, aber nur ein Anhörungsrecht vorsah). Zur Begründung von im Vertragstext nicht vorgesehenen Mitwirkungsrechten ist ein bloßer Hinweis auf das „institutionelle Gleichgewicht" wertlos, solange nicht teleologisch begründet wird, warum das Mitwirkungsrecht im Lichte der Organisationsstruktur erforderlich ist.

III. Die Organe der Union

1. Das Europäische Parlament (EP)

Literatur: *B. Rittberger,* Building Europés Parliament, 2005; *Maurer,* The European Parliament between Policy-Making and Control, in: Kohler-Koch/Rittberger B. (Hrsg.), Debating the Democratic Legitimacy of the EU, 2007, 75; *Eickhoff,* Das Funktionsrecht des Europäischen Parlaments, 2008; *Thiem,* Nationale Parteien im Europäischen Parlament: Delegation, Kontrolle und politischer Einfluss, 2009; *Waldherr,* Organisation und Arbeitsweise des Europäischen Parlaments, in: Eilmansberger/Griller/Obwexer (Hrsg.), Rechtsfragen der Implementierung des Vertrags von Lissabon, 2011, 231; *Maurer,* Parlamente in der EU, 2012; *Clark/Priestley,* Europe's Parliament, 2012; *Nettesheim,* Demokratische Legitimation und Vertrauenskultur – Zu den Grenzen majoritären Entscheidens in der EU, in: Niedobitek/Sommermann (Hrsg.), Die Europäische Union als Wertegemeinschaft, 2013, 39; *Holzner,* Das Europäische Parlament im Institutionengefüge der EU, EuR 2015, 525; *Schoo,* Das EP im Institutionengefüge der EU, EuR-Beiheft 2/2015, 55; *Nickel,* Wahl- und Kreationsfunktionen des Europäischen Parlaments, EuR 2016, 28; *Jacobs,* Maßnahmen der Sitzungsordnung im Europäischen Parlament nach der Neufassung der Geschäftsordnung – Vorbild für das deutsche Parlamentsrecht?, DÖV 2017, 547; *Costa,* The European Parliament in times of EU crisis, 2019.
Die Entwicklung der Institution wird in „*Weidenfeld/Wessels* (Hrsg.), Jahrbuch der Europäischen Integration" jährlich dargestellt.

21 Nach Art. 14 EUV und Art. 223 ff. AEUV gehört zu den Organen der EU an erster Stelle das **Europäische Parlament (EP).** Ursprünglich „Versammlung" genannt, hat sich das Organ schon früh selbst den Namen „Europäisches Parlament" gegeben. Die Bezeichnung setzte sich in den 1970er Jahren durch und wurde 1993 formell in die Verträge übernommen.

22 Der **Sitz des Europäischen Parlamentes** ist bis heute unbefriedigend geregelt. Die ursprünglichen Vertragsgeber haben **Straßburg** zum Sitz und **Luxemburg** zum Verwaltungssitz (Generalsekretariat) des EP bestimmt. Die Regierungen haben dies 1997 in Amsterdam bestätigt (2. Protokoll zum EUV/EGV). Der EuGH hat mehrfach (EuGH, 28.11.1991, verb. Rs. C-213/88 u. a., „Luxemburg/Parlament";

EuGH, 1.10.1997, Rs. C-345/95, „Frankreich/Parlament") das Bestimmungsrecht der Regierungen nach Art. 341 AEUV gegen Änderungswünsche aus dem EP betont. In Straßburg finden die 12 regulären Plenarsitzungen im Jahr statt. Diese müssen regelmäßig und funktionsgerecht durchgeführt werden. Dem Versuch des EP, eine viertägige Plenarsitzung durch zwei aneinandergereihte zweitägige Plenarsitzungen zu ersetzen, hat der EuGH eine Absage erteilt (EuGH, 13.12.2012, verb. Rs. C-237/11 u. a., „Frankreich/EP"). Zusätzliche Plenartagungen und die Ausschusssitzungen erfolgen in Brüssel. Dort getroffene Beschlüsse sind gültig, wenn dies für den reibungslosen Verlauf des Verfahrens notwendig ist (zu Haushaltsbeschlüssen EuGH, 2.10.2018, Rs. C-73/17, „Frankreich/EP"). Das Generalsekretariat des EP verbleibt in Luxemburg. Auf diese Weise bleibt der kostspielige und dem Ansehen der EU abträgliche **„Wanderzirkus"** zwischen den drei Städten erhalten. Mittlerweile verfügt das EP über nicht weniger als drei Tagungsgebäude in Straßburg, Brüssel und Luxemburg. Praktische Gründe und der Gesichtspunkt einer „Europäischen Hauptstadt" würden für eine Gesamtverlagerung nach Brüssel sprechen, wo Rat und Kommission ihren Sitz haben. Eine Änderung nach Art. 51, 48 EUV bedürfte der Einstimmigkeit, Frankreich stimmt dem aber weiterhin nicht zu.

Das EP sieht sich als „Herz der Demokratie auf Ebene der EU" (Webseite des EP). Es 23
entspricht institutionell weitgehend den parlamentarischen Institutionen in den MSen – mit einer großen Ausnahme: In seiner Zusammensetzung spiegelt sich die Gleichheit der Wähler nur unzureichend wider. Die EU ist keine parlamentarische Demokratie, und die funktionale Stellung des EP damit mit einem Parlament in einem derartigen Regierungssystem nicht vergleichbar. Ungeachtet eines erheblichen Machtzuwachses ist es dem EP noch nicht gelungen, sich zum institutionellen Mittelpunkt des politischen Lebens der EU zu entwickeln. Das rechtliche Initiativmonopol liegt nach Art. 17 Abs. 2 EUV und dem AEUV weiterhin bei der KOM, und die **politische Initiative** wird weiterhin schwerpunktmäßig von der KOM wahrgenommen, teilweise auch beim EuRat und beim Rat. Es ist dem EP immerhin in jahrelanger zäher Kleinarbeit gelungen, an der allgemeinen europapolitischen Initiative und Kontrolle stärker zu partizipieren. Ungeachtet aller Gewinne bildet das EP weiterhin nicht das Zentrum des Legislativprozesses; KOM, EP und Rat bilden vielmehr ein Entscheidungsdreieck **(„Trilog"),** an dem auch eine Vielzahl von Interessenvertretern beteiligt sind.

Auch aus **legitimationstheoretischer Sicht** fällt das EP hinter die im staatlichen Raum zu beobachtende Stellung eines Parlaments zurück. Das EP hat sich zu einem „Arbeitsparlament" entwickelt, das mit erheblicher Sachkunde und großer Effizienz Agenden abarbeitet. Das EP vertritt „die Interessen der Menschen im Hinblick auf die EU-Gesetzgebung und stellt sicher, dass die Arbeitsweise der anderen EU-Organe demokratischen Grundsätzen folgt" (so die Webseite des EP). In der Praxis bildet sich im EP die Vielfalt der politischen Positionen der Bürgerinnen und Bürger der EU aber nur unzureichend ab: Das institutionelle Setting bringt es mit sich, dass eine große Koalition von Integrationsträgern die Schritte zur Vertiefung der EU mitgestaltet, während von den Rändern Fundamentalopposition betrieben wird. Das Geschehen im EP ist jenseits dieser Grunddifferenz kaum in der Weise „politisiert", wie es dies im nationalen Bereich der Fall ist. Die Arbeit des EP ist häufig technizistisch; aus dieser Perspektive ist sie **überaus erfolgreich.** Zu kurz kommt das genuin politische Moment, zudem ein Aufbegehren dagegen, in wichtigen Fragen weiterhin zum EuRat mit vollendeten Tatsachen konfrontiert zu werden (Wiederabschaffung des Spitzenkandidatenprinzips 2019; Verhandlungen über den MFR 2021–2027 oder „Next Generation Europe"). Weiterhin defizitär erscheint auch prozedural und substanziell die **demokratische Rückbindung** in die europäische Bevölkerung hinein. Die Mitglieder sind wenig bekannt, und die Arbeitsagenda des EP ist den Europäern sogar praktisch unbekannt. Für die europäische Öffentlichkeit beschränkt sich die **Opposition im EP** weiterhin auf Randgruppen ohne konstruktives politisches Gegenangebot. Zudem ist die Responsivität der Entscheidungsprozesse gering. Die Erwartung der Bürger, dass im EP ihre Belange Niederschlag finden, ist weiterhin gering; die Hoffnung, durch eine Wahlentscheidung im Rahmen der EP-Wahlen Einfluss auf den Lauf der Entwicklung nehmen zu können, ist klein. Der ohnehin erst im Entstehen begriffenen **europäischen Öffentlichkeit** zu vermitteln, welche Wirkung die vielfältigen Beteiligungs- und Steuerungsrechte haben, fällt schwer – gerade angesichts der starken Stellung von KOM, Rat und bestimmten organisierten Interessensgruppen. Die weiterhin schwache Wahlbeteiligung bei den Direktwahlen, insbesondere seit dem Vertrag von Lissabon (2009: 42,97%, 2014: 42,61%, 2019: 50,66%), ist ein Zeichen hierfür. Es bestehen zwar demokratische Formen, doch fehlt noch viel an der demokratischen Substanz (*Grimm,* Europa ja – aber welches?, 2016). In Europa hat sich bislang kein „dichter" politischer Raum herausgebildet, in dem das EP den Anspruch auf umfassende demokratische Repräsentanz einlösen könnte. Seine Legitimationskraft ist damit noch unterentwickelt (dazu *Nettesheim,* in: Niedobitek/Sommermann (Hrsg.), Die Europäische Union als Wertegemeinschaft, 48f.). Mit verschiedenen Initiativen versucht man, dem Vorwurf des Demokratiedefizits der EU zu begegnen, vor allem durch den Ausbau **plebiszitärer Elemente** (vgl. Art. 11 Abs. 4 EUV, Art. 24 AEUV (europäische Bürgerinitiative)). Darüber hinaus soll die Einrichtung von Bürgerdialogen und -befragungen Bürgernähe schaffen.

24 Die Vertragsgeber des **Vertrags von Lissabon** haben versucht, die legitimationstheoretische Basis des EP umzustellen. Das EP soll sich nicht mehr als Vertretung der „Völker" der Mitgliedstaaten begreifen, sondern als Vertretung der Unionsbürger (Art. 14 Abs. 2 S. 1 EUV). Damit soll die Idee einer einheitlichen europäischen Bürgerschaft gestärkt werden – auch wenn von einem europäischen Volk nicht die Rede ist und die vertragliche angeordnete „degressive Proportionalität" (Art. 14 Abs. 2 S. 3 EUV) in einem gewissen Gegensatz zur demokratischen Gleichheit dieser Bürger steht. Der Vertrag bringt damit zum Ausdruck, dass es bislang keine umfassende politische Vergemeinschaftung gibt, die so tief geht, dass man von einer paneuropäischen Konstituente oder einem europäischen demokratischen Subjekt sprechen könnte. Es entspricht diesem Verständnis, dass den Mitgliedstaaten „Kontingente" zur Besetzung in den Wahlen zum Europäischen Parlament zugewiesen werden. Diese Ambivalenz macht deutlich, dass sich die EU demokratietheoretisch im Übergang von einem Verbund der Staaten zu einem föderalen Gemeinwesen befindet. Die Ambivalenz spiegelt sich im EUV. Der Vertrag sieht ein zweigliedriges Legitimationsmodell vor, dessen eine Seite die Repräsentation der EU-Bürger im EP ist (Art. 10 Abs. 2 S. 1 EUV), während die andere Seite über die nationalen Parlamente vermittelt wird (Art. 12 EUV). Es gilt sich immer vor Augen zu führen, dass sich zwischen dem Anspruch eines Vertragstextes und den realen Gegebenheiten Differenzen auftun können.

a) Die Institution des Europäischen Parlaments

aa) Zusammensetzung des Parlaments

25 Die Gesamtgröße des Parlaments lag ursprünglich bei 751 Abgeordneten (Art. 14 Abs. 2 S. 2 EUV (einschließlich des Präsidenten)). Im Zuge des Austritts des UKs Ende Januar 2020 wurde die Zahl der Abgeordneten pro Land angepasst. Die Gesamtzahl liegt nun bei 705 Abgeordneten (einschließlich des Präsidenten). Von den 73 Sitzen des UK wurden 27 auf andere Mitgliedstaaten aufgeteilt, die übrigen 46 Sitze werden für künftige EU-Erweiterungen in Reserve gestellt. Die Idee, die frei werdenden Sitze als gesamt-europäisch zu vergebende Mandate auszugestalten, wurde nicht realisiert. Ein fester Verteilungsschlüssel für die einzelnen Mitgliedstaaten existiert vertraglich nicht mehr. Als Höchstzahl für einen Mitgliedstaat werden 96 Abgeordnete fest-

gelegt, als Mindestzahl 6 Abgeordnete. Die Verteilung erfolgt **degressiv-proportional.** Das hat zur Folge, dass ein Abgeordneter in Deutschland mehr als 866.000 Bürger vertritt, während es in Malta nur ca. 83.750 Bürger (Stand 2020) sind. Es ist umstritten, ob dies mit dem demokratischen Prinzip der Gleichheit noch vereinbar ist. Jedenfalls schwächt es nach Auffassung des BVerfG (BVerfGE 123, 267, „Lissabon" (2009)) die Legitimität des EP deutlich. Die Sitzverteilung muss durch einstimmigen Beschluss des Rats festgelegt werden; die Zustimmung des EP ist erforderlich (Art. 14 Abs. 2 EUV). Das EP hat die Grenze der **arbeitsfähigen Größe** erreicht, vielleicht sogar schon überschritten.

Die Abgeordneten werden von den **EU-Bürgern** auf 5 Jahre gewählt (Art. 14 Abs. 3 26
EUV).

bb) Wahlverfahren

Die Rechtsgrundlage des Wahlverfahrens findet sich teils im EU-Recht, teils im nationalen Recht. Die 27
Wahlrechtsgrundsätze finden sich in Art. 14 Abs. 3 EUV. Der Grundsatz der Gleichheit wird hier bezeichnender Weise nicht genannt. Der Akt des Rates zur Einführung allgemeiner unmittelbarer Wahlen der Abgeordneten einer Versammlung v. 20.9.1976 (Beschl. 1976/787, ABl. L 278/1; Änderungen), formt diese Grundsätze aus. Seine Fortschreibung ist ratifizierungsbedürftig (Art. 223 Abs. 1 S. 2 AEUV). Der Akt wird als völkerrechtlicher Vertrag im Rahmen des EU-Rechts angesehen (BVerfGE 104, 214 (219), (2001)). Der Akt, zuletzt im Jahr 2018 geändert, sieht eine Verhältniswahl vor und lässt es zu, Mindestschwellen (5%) festzulegen. Auch wer mehrere Staatsangehörigkeiten hat, darf nur einmal wählen. Art. 8 des Direktwahlakts verweist für das **Verfahren** der Direktwahlen im übrigen auf **mitgliedstaatliche Vorschriften.** Trotz verschiedener Anläufe seit den 1980er Jahren hat der Rat noch keinen Entwurf des EP für ein einheitliches Wahlverfahren verabschiedet (*Lenz,* Ein einheitliches Verfahren für die Wahl des EP, 1995). Im Jahr 2015 sowie im Jahr 2018 verabschiedete das EP jeweils eine Resolution über eine Wahlrechtsreform. Bislang ist nicht erkennbar, ob und wann es zu einer vollständigen Europäisierung kommen wird.

Die Auffassungen der MSen über das zu wählende System gehen weiterhin auseinander, auch wenn es zu 28
Annäherungen gekommen ist. Schon seit 1994 wird bei Wahlen zum EP europaweit das Wohnsitzprinzip für Unionsbürger unabhängig von der Staatsangehörigkeit angewandt (Art. 22 AEUV, RL 1993/109, ABl. L 329/34, Änderungen). Den MSen steht es zugleich frei, ihre im Ausland lebenden Bürger wählen zu lassen. Gemeinsame (grenzüberschreitende) Listen der staatlichen Parteien sind bislang nicht vorgesehen. Für **Deutschland** regeln das Europawahlgesetz i. d. F. v. 8.3.1994 (BGBl. I 424, 555, 852, Änderungen) und die Europawahlordnung v. 2.5.1994 (BGBl. I, 957, Änderungen) die Wahl der Abgeordneten (*Schreiber,* NVwZ 2004, 21; *Lenz/Gerhard,* Europawahlgesetz, 2012). Es gilt insoweit die Verhältniswahl mit entweder (verbindbaren) Landeslisten oder einer Bundesliste. Nach § 2 Abs. 7 EuWG galt in der Bundesrepublik (ebenso in Frankreich) auch bei der Europawahl eine 5%-Klausel. Das BVerfG hat diese Klausel unter Berufung auf die Willensbildungsfunktion des EP gegenüber der Wahlgleichheit zunächst gerechtfertigt (BVerfGE 51, 222, „5%-Klausel" (1979)). 2011 vertrat das BVerfG die Auffassung, dass die 5%-Sperrklausel in § 2 Abs. 7 EuWG einen schwerwiegenden Eingriff in die Grundsätze der Wahlrechtsgleichheit und Chancengleichheit der politischen Parteien darstelle und verfassungswidrig sei (BVerfGE 129, 300, „Fünf-Prozent-Sperrklausel EuWG" (2011); sehr kritisch: *Schönberger,* JZ 2012, 80; *Grzeszick,* EuR 2012, 667). Die Entscheidung war auch innerhalb des Senats umstritten (vgl. Sondervotum der Richter *Di Fabio* und *Mellinghoff*). Danach hat der Gesetzgeber eine 3%-Hürde eingeführt, doch wurde auch diese vom BVerfG verworfen (BVerfGE 135, 259, „Drei-Prozent-Sperrklausel" (2014); *Grzeszick,* NVwZ 2014, 537; *Felten,* EuR 2014, 298). Seither erfolgt die Stimmverteilung auch auf Wahlvorschläge, die keine Mindeststimmzahl erlangt haben. Für die EP-Mitgliedschaft gelten zahlreiche Inkompatibilitäten (Art. 7 des Direktwahlakts).

cc) Status der Abgeordneten

Der Status der Abgeordneten ergibt sich teilweise aus dem Vertrag selbst, vor allem 29
aber aus dem Sekundärrecht. Das EP hat nach Art. 223 Abs. 2 AEUV das **Statut sei-**

ner Mitglieder nach Anhörung der Kommission und mit Zustimmung des Rates festzulegen. Ein 2003 vom Parlament beschlossener Entwurf (*Geerlings,* RuP 2004, 38) fand 2004 wegen Differenzen über die Diäten zunächst nicht die Zustimmung des Rates (*v. Arnim,* 9053 Euro Gehalt für Europaabgeordnete?, 2004). Im September 2005 konnte dann allerdings der Beschluss des EP zur Annahme seines Abgeordnetenstatuts (Beschl. 2005/684, ABl. L 262/1) ergehen. Dieses Statut gilt seit Beginn der Wahlperiode 2009 (vgl. hierzu auch Beschl. des Präsidiums des EP, ABl. 2009, C 159/1).

30 Das Statut sichert zunächst die **Freiheit und Unabhängigkeit der Abgeordneten,** indem es etwa Vereinbarungen über die Niederlegung des Mandats vor Ablauf oder zum Ende einer Wahlperiode für nichtig erklärt, ebenso Vereinbarungen über die Art und Weise der Ausübung des Mandats.

Im Abgeordnetenstatut finden sich sodann wesentliche Regelungen über die **Rechte der Abgeordneten** im EP, etwa über das Initiativrecht, den Zugang zu Dokumenten oder das Sprachenregime.

31 Das Statut sieht vor, dass die Abgeordneten eine einheitliche Entschädigung erhalten, die 38,5% der Grundbezüge eines Richters am Gerichtshof der Europäischen Gemeinschaften entspricht (gegenwärtig 8.932,86 Euro monatlich, Stand 2020). Es werden Altersbezüge gewährt, deren Höhe abhängig von der Mandatsdauer ist. Diese können ab dem 63. Lebensjahr in Anspruch genommen werden. Die Finanzierung dieser Lasten wird vom EU-Haushalt (Rz. 8/6ff.) getragen. Das Statut sieht vor, dass die Abgeordneten einer von der EU festgesetzten Einkommenssteuer unterliegen; zudem können die MSen eine nationale Besteuerung vorsehen.

32 Die Abgeordneten genießen die **Vorrechte und Befreiungen,** die sich aus dem Protokoll von 1965 und dem Abgeordnetenstatut ergeben. Artikel 6 der GO EP sieht ein Verfahren zur Aufhebung der Immunität vor. Die Abgeordneten haben Bestimmungen zur Transparenz und zu den finanziellen Interessen zu beachten.

dd) Organisation und Geschäftsgang

33 Die Organisation des EP wird in den Art. 223ff. AEUV geregelt. Dem EP ist nach Art. 232 AEUV in herkömmlicher Weise die **innere Autonomie** eingeräumt worden (Organisationsgewalt, EuGH, 10.7.1986, Rs. 149/85, „Wybot"). Es hat davon besonders durch den Erlass der **Geschäftsordnung** (GO für die 9. Wahlperiode Stand 2019, ABl. L 302/1) Gebrauch gemacht.

(1) Wahl- und Sitzungsperiode

34 Das EP hält eine jährliche Sitzungsperiode jeweils ab März ab (Art. 229 AEUV). Diese umfasst ein **Dutzend öffentlicher Plenartagungen** von jeweils einer Arbeitswoche (Mo-Do). Daneben finden zahlreiche Ausschuss- und Fraktionssitzungen statt. Ferner können außerordentliche Plenarsitzungen einberufen werden (Art. 229 AEUV). Am Ende der fünfjährigen Wahlperiode gelten alle Vorlagen etc. als erledigt („Diskontinuitätsgrundsatz").

(2) Präsidium

35 Das Parlament wählt aus seiner Mitte den **Parlamentspräsidenten** und Vizepräsidenten als **Präsidium** für die Dauer einer halben Legislaturperiode, also 2 ½ Jahre (Art. 14 Abs. 4 EUV, Art. 19 GO des EP). Gegenwärtig gibt es 14 Vizepräsidenten. In der Größe des Präsidiums spiegeln sich Rücksichten auf die nationale und politische Vielfalt des EP. Der Präsident leitet die Arbeit des EP und seiner Organe und verfügt hierfür, z. T. iVm dem erweiterten Präsidium und der Konferenz der Präsidenten (Präsident und Fraktionsvorsitzende), über die nötigen Befugnisse (Entwurf der Tagesordnung, Sitzungsleitung, Hausrecht, Benennungsrechte gegenüber den Ausschüssen und dem Sekretariat, Außenvertretung des EP u. a. m. (Art. 22 GO des EP). Trotz seiner begrenzten Befugnisse ist der **Präsident des EP** neben denjenigen von Rat, KOM und EuGH einer der wichtigsten politischen Repräsentanten der EU. Dem Präsidenten Martin Schulz ist in den Jahren 2012–2017 eine politische Profilierung der Institution gelungen.

(3) Generalsekretariat

Die verwaltungsmäßige Vorbereitung und Durchführung der Parlamentsarbeit (u. a. Sprachendienst) werden von dem Sekretariat des EP getragen. An seiner Spitze steht ein **Generalsekretär** (seit 2009 der Deutsche Klaus Welle). Das Sekretariat wird vom Präsidium eingesetzt. Es umfasst zur Zeit, vor allem wegen der Sprachenarbeit, annähernd 5000 Personen, deren Dienststellen sich größtenteils in Luxemburg befinden. Es gliedert sich in 12 Generaldirektionen und einen Juristischen Dienst. 36

(4) Fraktionen und Ausschüsse

Die Fraktionen des EP werden entsprechend ihrer politischen Zugehörigkeit gebildet. Die GO sieht vor, dass einer Fraktion mindestens 25 Mitglieder angehören müssen, die in mindestens einem Viertel der Mitgliedstaaten gewählt wurden (Art. 30 Abs. 2 GO des EP). Nach der Wahl 2019 wurden 7 Fraktionen gebildet. Die Fraktionen und die fraktionslosen Mitglieder verfügen über ein Sekretariat, über Sach- und technische Leistungen sowie über die im Haushaltsplan des EP vorgesehenen Mittel. Die Fraktionen haben **keine eigene Rechtsfähigkeit** (EuGH, 18.10.1977, Rs. 25/68, „Schertzer/EP"). In den Fraktionen findet die wesentliche politische Willensbildung des EP statt. Der innere Zusammenhalt der Fraktionen ist teilweise locker; es sind Zweckbündnisse, die nicht von einer Partei getragen werden. Die europäischen Parteibünde (unten Rz. 5/56) sind Koordinationsmechanismen ohne politisches Eigenleben. 37

Das EP bildet gemäß der GO derzeit 20 ständige **Ausschüsse** verschiedener Aufgabenstellung. Sie haben 25–76 Mitglieder. Teilweise handelt es sich um die klassischen Aufgaben (konstitutionelle Fragen, auswärtige Angelegenheiten, Haushalt, Haushaltskontrolle, Recht), überwiegend aber werden die Ausschüsse gemäß den Kompetenzen bzw. Politikfeldern in den Verträgen (z. B. Landwirtschaft und ländliche Entwicklung, Kultur und Bildung, Entwicklung, Wirtschaft und Währung, Rechte der Frauen und Gleichstellung der Geschlechter) gebildet. Nach Art. 226 AEUV können nichtständige **Untersuchungsausschüsse** eingerichtet werden (*Beckedorf,* Das Untersuchungsrecht des Europäischen Parlaments, 1995). Das EP kann auch **Sonderausschüsse** einsetzen für Themen, die über den Rahmen eines Untersuchungsausschusses hinausgehen. Die Zusammensetzung der Ausschüsse soll gemäß der GO das politische Spektrum des EP widerspiegeln. Die Ausschüsse tagen grundsätzlich nicht öffentlich.

(5) Bürgerbeauftragter

Nach Art. 228 AEUV wählt das EP für jeweils eine Wahlperiode einen **unabhängigen Bürgerbeauftragten („Ombudsmann" bzw. „Ombudsfrau")** (seit 2013: Emily O'Reilly). Er kann von sich aus oder auf Grund von Beschwerden der Unionsbürger bzw. EU-ansässiger natürlicher und juristischer Personen Missständen bei der Ausübung der Gemeinschaftstätigkeit (mit Ausnahme der europäischen Rechtsprechung) nachgehen. Hiervon wird zunehmend Gebrauch gemacht. Der Bürgerbeauftragte kann die zuständigen EU-Organe befassen und berichtet anschließend dem Organ, dem EP und dem Beschwerdeführer über seine Untersuchungen. Ferner erstattet der Bürgerbeauftragte dem EP einen Jahresbericht (Beschl. 1994/262, ABl. L 113/15; *Guckelberger,* Der Europäische Bürgerbeauftragte und die Petitionen zum Europäischen Parlament, 2004; *Kucsko-Stadlmayer,* Europäische Ombudsman-Institutionen, 2008). Der Bürgerbeauftragte befasste sich inzwischen mit über 50.000 Beschwerden. In ca. 5.000 Fällen leitete er Untersuchungen ein. Ein „Kodex guter Verwaltung" (vgl. Art. 41 GRC) dient dem Bürgerbeauftragten als Maßstab; er hat im Verwaltungsalltag nicht unerhebliche Bedeutung. 38

Gem. Art. 227 AEUV haben alle Unionsbürger, aber auch sonstige EU-ansässige natürliche und juristische Personen im Rahmen der EU-Zuständigkeiten das **Recht der Petition an das EP,** soweit sie unmittelbar betroffen sind (*Guckelberger,* DÖV 2003, 829). 39

(6) Interparlamentarische Zusammenarbeit

Für die demokratische Legitimation des europäischen Einigungsprozesses sind die Verbindungen des EP zu den nationalen Parlamenten der MSen bedeutsam. Deren Funktion wurde bereits in zwei Erklärungen der Maastrichter Schlussakte 1992, in einem Protokoll zum Amsterdamer Vertrag 1997 und in der Nizzaer Erklärung zur Zukunft der Union 2001 betont (*Maurer,* Integr. 2002, 20). Die Rolle der nationalen Parlamente wird nunmehr in Art. 12 EUV und einem Protokoll hervorgehoben (vgl. *Abels/Eppler* (Hrsg.), Auf 40 dem Weg zum Mehrebenenparlamentarismus?, 2011; *Mayer,* Die Europafunktion der nationalen Parlamente in der Europäischen Union, 2012). Das BVerfG fordert die „Integrationsverantwortung" vom Gesetzgeber (insbesondere vom EP) und der Regierung ein (*Nettesheim,* NJW 2010, 177). In Deutschland sind der Europaausschuss des Bundestages und die Europakammer des Bundesrates (Art. 45, 52 Abs. 3a) GG) hiermit besonders befasst.

Auch im Rahmen anderer Vertragssysteme (Europarat, Lomé/Cotonou-Abkommen, vgl. unten Rz. 40/56) arbeitet das EP mit parlamentarischen Organen zusammen. Dies kann in Berichten für diese Organe erfolgen, aber auch durch **interparlamentarische Delegationen,** mit denen das EP von seiner Seite gemeinsam Parlamentsorgane beschickt, wie im Falle der Lomé/Cotonou-Zusammenarbeit.

b) Beschlussverfahren des Europäischen Parlaments

41 Das EP beschließt grundsätzlich mit der **absoluten Mehrheit der abgegebenen Stimmen** (Art. 231 AEUV). Hiervon gibt es allerdings wichtige Abweichungen: So sieht der Vertrag etwa vor, dass die Zustimmung zum Beitritt neuer Mitgliedstaaten (Art. 49 S. 3 EUV) von der absoluten Mehrheit der Mitglieder ausgesprochen werden muss. Im Falle eines Misstrauensvotums (Art. 234 AEUV) gegenüber der Kommission ist die Mehrheit der Mitglieder *und* eine Zweidrittelmehrheit der abgegebenen Stimmen erforderlich. Auch im Haushaltsverfahren (Art. 314 AEUV) gelten besondere Anforderungen.

c) Aufgaben des Europäischen Parlaments

42 Nach Art. 14 Abs. 1 EUV steht im Zentrum der Arbeit des EP inzwischen die Gesetzgebung und die Budgetgewalt. Das EP entscheidet dabei zusammen mit dem Rat. Es hat darüber hinaus wichtige Kreations- und Kontrollbefugnisse. Vergleicht man die heutigen Befugnisse des EP mit den Anfangszeiten der „Versammlung" nach 1958, ist eine **wesentliche Stärkung der parlamentarischen Rechte unter den EU-Institutionen** festzustellen. Der Vertrag von Lissabon hat diese Entwicklung weiter vorangetrieben (unten Rz. 5/44 f.).

43 Allerdings nimmt das EP weiterhin nicht jene „demokratische Gesamtleitung" der EU wahr, die nach verbreiteter Auffassung (klassisch: *Bagehot,* für Deutschland: *Konrad Hesse*) das Kennzeichen der Stellung des Parlaments im parlamentarischen Regierungssystem ist. Teilweise kann man sich eine weitere Parlamentarisierung des EU-Systems nur im Prozess der Entwicklung der EU zum europäischen Bundesstaat vorstellen. Entscheidend ist aber, dass eine weitere Stärkung der Rechtsstellung des EP im EU-Institutionengefüge nur in dem Maße tunlich ist, in dem sich ein europäischer politischer Raum und eine genuin europäische politische Gemeinschaft der Bürger herausbildet, die sich im EP tatsächlich repräsentiert findet. Ein Ausbau supranationaler parlamentarischer „governance" ohne die Schaffung demokratischer Resonanzräume würde die Bürgerdistanz nur noch weiter erhöhen. Die Feststellungen in Art. 10 ff. EUV ändern nichts daran, dass sich die politische Identität der Bürger weiterhin vor allem in der (mitglieds-)staatlichen Gemeinschaft konstituiert und daher dem Legitimationsstrang über den EuRat und den Rat die Hauptlast der demokratischen Rückbindung obliegt. Solange sich hier die Gegebenheiten nicht ändern, muss es bei der **gegenwärtigen „Balance" zwischen Parlament, (Europäischem) Rat** und **nationalen Parlamenten** bleiben (so insbesondere die jüngere Rspr. des BVerfG, etwa BVerfGE 151, 202 (290), „Europäische Bankenunion" (2019)).

aa) Rechtsetzung

Auch wenn dem EP inzwischen eine zentrale Rolle im **Rechtsetzungsprozess** zukommt, weist diese doch Besonderheiten auf. Dem EP fehlt bislang vor allem das **Initiativrecht für die Einleitung eines Rechtsetzungsverfahrens** und die Befugnis zur abschließenden Beschlussfassung über die Rechtsakte – ggf. auch gegen den Willen des Rats **(„Gesetzessanktion").** Das Initiativrecht steht in Gestalt des Vorschlagsrechtes grundsätzlich der KOM zu (Art. 294 Abs. 2 AEUV). Das EP kann nach Art. 225 S. 1 AEUV die KOM zur Unterbreitung von Vorschlägen auffordern. Im Januar 2010 ist eine interinstitutionelle Vereinbarung getroffen worden, wonach die KOM dem innerhalb von 12 Monaten entsprechen *muss,* wenn sie nicht innerhalb von drei Monaten ihre ablehnende Haltung begründet (ABl. 2010, L 304/47, *Dauses,* EuZW 2010, 241). Bei der Vorbereitung der **Direktwahl** als „ureigener" Parlamentsangelegenheit verfügt das EP über ein **Initiativrecht** (Art. 223 Abs. 1 AEUV); gleiches gilt im Übrigen für das Vertragsänderungsverfahren (Art. 48 Abs. 2 S. 1 EUV). Die Weigerung des Vertragsgebers, dem EP ein Initiativrecht einzuräumen, dient einerseits der Sicherung mitgliedstaatlicher Machtpositionen im Rat; man befürchtet aber auch, dass sich die Qualität der Rechtsetzung verschlechtern und ein Rückfall in gemeinwohlabträgliche zwischenstaatliche Kompromissbildungsprozesse erfolgen könnte. 44

Gleichwohl hat das EP inzwischen eine Stellung gewonnen, die sich fundamental von jener der Anfangsjahre der Integration unterscheidet. Zwischenzeitlich bedeutsame Normgebungsverfahren wie jenes der Zusammenarbeit (Art. 252 EGV) sind wieder abgeschafft worden. Das ordentliche Gesetzgebungsverfahren (Art. 294 AEUV), bei dem EP und Rat gleichgewichtig zusammenwirken, bildet heute den Regelfall. Noch immer gibt es allerdings Bereiche, in denen im besonderen Gesetzgebungsverfahren entschieden und das EP lediglich angehört wird (Abgabe einer nichtbindenden Stellungnahme). In einigen wichtigen Bereichen (z. B. Art. 49 EUV: Beitritt, Art. 7 EUV: Vertragsverletzung, Art. 329 AEUV: verstärkte Zusammenarbeit; Art. 19 EUV: Antidiskriminierung; Art. 352 AEUV: Ergänzungskompetenz) verfügt das EP über ein echtes Zustimmungsrecht. Auch beim Abschluss völkerrechtlicher Verträge gibt es Bereiche, in denen eine Zustimmung des EP erforderlich ist (Art. 218 Abs. 6 AEUV). Zur Beratung und Äußerung ist das EP auch dort berechtigt, wo es kein formelles Mitbestimmungsrecht hat. 45

Bei den Mitwirkungsrechten des EP, auch bereits bei der nichtbindenden Anhörung, handelt es sich um wesentliche Formerfordernisse, deren Nichteinhaltung zur **Nichtigkeit des Rechtsaktes** führt (EuGH, 29. 10. 1980, Rs. 138/79, „Roquette"). 46

Das Rechtsetzungsverfahren wird in Rz. 11/43 ff. dargestellt.

bb) Haushaltsrecht

Es ist bezeichnend, dass sich die Rechte des EP, ähnlich wie früher diejenigen nationaler Parlamente, am raschesten bei der **Budgetgewalt** („power of the purse") entwickelt haben. Im Prozess der Ersetzung der Finanzbeiträge der Mitgliedstaaten durch eigene Mittel der Gemeinschaften (Zölle, Abschöpfungen u. a.) entschied man sich in den Jahren 1970 und 1975 dazu, bei der Beschlussfassung über den Haushaltsplan eine **stärkere Beteiligung des EP** bei Haushaltsbeschlüssen vorzusehen. Dies gilt allerdings nicht für die Einnahmeseite (Art. 311 AEUV). Der Lissabon-Vertrag hat dem Haushaltsverfahren eine grundlegend neue Gestalt verliehen (unten Rz. 8/39 ff.). Das EP und der Rat wirken gemeinsam als Haushaltsgesetzgeber der EU (Art. 314 AEUV). Ihnen kommt inzwischen auf der Ausgabenseite grds. Gleichberechtigung zu; das EP ist teilweise sogar in der Vorhand. Sie entscheiden auf der Grundlage des von der KOM vorgelegten Entwurfs eines Haushaltsplans. Die frühere Differenzierung zwischen **obligatorischen und sonstigen Ausgaben der EU** ist aufgehoben worden. Das EP macht seine gewonnene politische Macht inzwischen deutlich, wie sich nicht zuletzt daran zeigte, dass es im März 2013 beschloss, den Vorstellungen der MSen über den mehrjährigen Finanzrahmen (2014–2020) nicht zu folgen. Im Zuge des Pandemie-Aufbauprogramms NGEU kommt es allerdings zu einer bedenklichen Umgehung des EU-Haushaltsgesetzgebers (*Nettesheim,* „Next Generation Europe": Konstruktion, Legitimation, Effizienz, im Erscheinen 2021). Dem EP obliegt die Entscheidung über die Entlastung (Art. 319 AEUV). 47

cc) Kreationsrechte

In einem inzwischen erheblichen Umfang übt das EP die **parlamentarische Investitur** und **parlamentarische Kontrolle** gegenüber anderen EU-Organen aus. In diesen Rechten drückt sich die Grundidee aus, dass die Union eine wesentliche Handlungslegitimation unmittelbar aus dem Willen ihrer im EP repräsen- 48 tierten Bürger herleitet. Am greifbarsten ist dies heute bei der Wahl des Präsidenten der KOM: Laut Art. 17 Abs. 7 EUV hat der EuRat das Recht zur Nominierung des Kommissionspräsidenten, muss aber das Ergebnis der Wahlen zum EP berücksichtigen. Erstmals im Zuge der Europawahlen 2014 traten die Parteiverbünde jeweils mit „Spitzenkandidaten" für das Amt des Kommissionspräsidenten an. Das Parlament erklärte, dass es einer vom EuRat nominierten Person die Zustimmung verweigern würde, wenn es sich nicht um den von einer politischen Mehrheit im Parlament getragenen Kandidaten handeln würde (vgl. Beschl. 2017/2233, ABl. C 463/89). Die großen Parteiverbünde im EP benannten jeweils einen „Spitzenkandidaten". Der EuRat erklärte sich widerstrebend einverstanden. Nach der Europawahl 2019 stellte sich der Rat dem Spitzenkandidaten-Verfahren offen entgegen. Nach längeren Beratungen präsentierte er eine eigene Kandidatin „aus dem Hinterzimmer", die mit knapper Mehrheit vom EP gewählt wurde. Dieses Vorgehen stieß auf teils erhebliche Kritik, entspricht jedoch der in den Verträgen angelegten nachgeordneten Stellung des EP. Von einem Spitzenkandidaten ist in Art. 17 EUV nicht, zumindest nicht ausdrücklich die Rede. Auch das Gesamtkollegium der KOM muss sich dem Zustimmungsvotum des EP stellen. Dem Votum geht eine Einzelvorstellung und -prüfung der benannten Kommissionsmitglieder voraus. In der Vergangenheit kam es vereinzelt zur Ablehnung von Kandidaten, die dann zurückgezogen wurden. Die **abschließende Ernennung der KOM** erfolgt durch den EuRat mit qualifizierter Mehrheit. Keinen Einfluss hat das EP auf die Entsendung von Amtsträgern in den EuRat und den Rat.

49 Im Regierungssystem der EU bilden sich damit einzelne Strukturen des parlamentarischen Regierungssystems ab. Die Entscheidung über die Einsetzung der Amtsträger der Gubernative liegt allerdings weiterhin nur teilweise beim EP. Letztlich werden wichtige Weichen weiter von den Staats- und Regierungschefs gestellt.

Das EP ist ferner vor der Ernennung der Mitglieder des **Rechnungshofes** und des **Direktoriums der Europäischen Zentralbank** anzuhören (Art. 286 Abs. 2 S. 2, 283 Abs. 2 AEUV). Der EZB-Präsident erstattet dem EP jährlich Bericht.

dd) Kontrollrechte

50 Auch **Kontrollbefugnisse** werden dem EP im Sinne klassischer parlamentarischer Tradition eingeräumt (Art. 14 Abs. 1 S. 2 EUV). Im institutionellen System der EU ist primärer Adressat der Kontrolle die **Kommission,** kaum dagegen der (Europäische) Rat. Angesichts der zentralen Entscheidungs- und Regierungsbefugnisse des Rates schwächt dies die Kontrollfunktion des EP deutlich. Dem politischen Willen der Mitgliedstaaten entspräche es aber nicht, sich der Kontrolle durch das EP zu unterwerfen. Für die Fortentwicklung der EU bleibt entscheidend, inwieweit der (Europäische) Rat diese Suprematie gegenüber dem direkt gewählten EP zu behaupten vermag.

(1) Kontrolle gegenüber der Kommission

51 Nach Art. 230 Abs. 2 AEUV beantwortet die KOM mündliche oder schriftliche **Anfragen aus dem EP.** Sie werden im Anhang bzw. in Teil C des ABl. veröffentlicht. Ferner erörtert das EP den **jährlichen Gesamtbericht der KOM** (Art. 233 AEUV) und inzwischen gewohnheitsrechtlich auch das laufende jährliche Tätigkeitsprogramm der KOM. Seit 1973 eingeführte Fragestunden mit der KOM und Einladungen der Parlamentsausschüsse an Kommissionsmitglieder zu bestimmten Fragenkomplexen runden das Bild der **Interpellationsrechte des EP** ab. Mit ihnen korrespondiert das Recht der KOM auf Zutritt und Rederecht in den Sitzungen des EP (Art. 230 Abs. 1 AEUV). Die Interpellation gegenüber der KOM (bis hin zu Resolutionen) wird seit Langem lebhaft genutzt. Dabei erweist sich die KOM regelmäßig als kooperativ zum EP, das seinerseits die KOM als natürlichen Verbündeten in der Auseinandersetzung mit dem Rat um Kompetenzerweiterungen ansieht. Im Lichte des Umstandes, dass sich KOM und EP gemeinsam als Hüter eines Integrationsfortschritts und genuin „europäische Kräfte" begreifen, wird die Kontrollbefugnis heute (anders als noch vor zwei Jahrzehnten) zurückhaltend ausgeübt. So entsteht gelegentlich eine „schiefe Schlachtordnung" EP/KOM vs. (Europäischer) Rat. Einer föderalistisch-bundestaatlichen Konzeption zufolge soll die KOM den Nukleus der künftigen europäischen Regierung bilden, die dann umfassend vom EP kreiert und kontrolliert wird; der Rat würde in den Hintergrund einer zweiten Kammer zurücktreten.

„Fundament der Kontrollrechte" des EP ist das **Misstrauensvotum des EP** an die Adresse der **Kommission,** die bei einer Annahme mit 2/3 der abgegebenen Stimmen und einer Mehrheit der Parlamentsmitglieder zurücktreten muss (Art. 234 AEUV). Es wurde bislang nicht „erfolgreich" eingesetzt.

Ein weiteres Kontrollrecht des EP gegenüber der KOM ist die **Entlastung in der Ausführung des Haushaltsplanes** (Art. 319 AEUV). Es hat seit 1977 durch die Errichtung des unterstützenden Rechnungshofes (unten Rz. 5/152ff.) an Effektivität gewonnen. 1999 führte die Nichtentlastung der KOM *Santer* durch das EP für die Haushaltsführung 1996 und ein anschließendes, knapp gescheitertes Misstrauensvotum erstmals zum **kollektiven Rücktritt einer KOM** (*Seibold,* Die Kontrolle der Europäischen Kommission durch das Europäische Parlament, 2004). 52

(2) Kontrolle gegenüber dem Rat

Während die Verträge eine Parlamentskontrolle über die KOM vorsehen, **fehlen analoge Vorkehrungen im Verhältnis zum Rat.** Das ist – trotz gewisser, z. T. bereits **gewohnheitsrechtlicher Ansätze parlamentarischer Kontrolle des Rats** – folgerichtig. Einer Kontrolle des (Europäischen) Rats durch das EP bedarf es nicht. Auch in einer parlamentarischen Demokratie kontrolliert das Parlament nicht eine „zweite Kammer". Die Kontrolle der Tätigkeit der Ratsmitglieder erfolgt nach dem Modell der Verträge über die nationalen Parlamente. **Interpellationsrechte des EP** gegenüber dem **Rat** sehen die Verträge nicht ausdrücklich vor. Sie betonen umgekehrt das Rederecht des Rates im EP (Art. 230 Abs. 3 AEUV). In einer seit 1958 anhebenden, vor allem durch einen „Ratsvermerk" v. 16. 10. 1973 institutionalisierten Praxis (Bulletin des EP Nr. 34/1973) hat sich jedoch der Rat zur **Beantwortung parlamentarischer Anfragen** verpflichtet. Inzwischen ergehen jährlich Hunderte solcher Anfragen. 53

Bekanntlich hat sich der (Europäische) Rat auf nicht absehbare Zeit zum **eigentlichen Entscheidungszentrum** und zum (Mit-)Inspirator der großen Linien der Unionspolitik entwickelt. Die politische Bedeutung des EP geht zurzeit zurück; europäische „Föderalisten" fordern in dieser Situation die Herstellung einer neuen Balance zwischen dem direkt gewählten EP und dem (Europäischem) Rat. Ob sich die gegenwärtigen großen (Verteilungs-)Konflikte etwa im Bereich der Staatsschulden oder der Flüchtlingsaufnahme durch parlamentarische Behandlung angemessen lösen lassen, ist umstritten.

(3) Klagerechte beim Gerichtshof

Als Mittel der Kontrolle gegenüber KOM und Rat steht dem EP gemäß Art. 263 Abs. 2 AEUV die **Nichtigkeitsklage** beim EuGH zur Verfügung. Das EP hat sich dieses Recht schrittweise erkämpft. Ferner kann das EP nach Art. 265 AEUV **Untätigkeitsfeststellungsklage** beim EuGH dahingehend erheben, dass KOM oder Rat es unter Verletzung des Vertrages unterlassen haben, einen Beschluss zu fassen. Der Nachweis einer solchen Situation ist in der Unionspraxis freilich sehr schwierig. Im Jahr 1985 hat der EuGH einer Untätigkeitsklage des EP wegen bestimmter Aspekte der Verkehrspolitik stattgegeben (EuGH, 22. 5. 1985, Rs. 13/83, „Verkehrspolitik"; *Erdmenger,* EuR 1985, 375). 54

d) Politische Parteien auf europäischer Ebene

Kaum ein Bürger weiß, wer ihn im EP repräsentiert. Noch geringer ist die Kenntnis, worüber gerade im EP verhandelt wird. Hierin manifestiert sich das grundlegende Problem demokratischer Rückbindung des EP. Ein Grund (von mehreren) hierfür liegt in dem Umstand, dass genuin europäische Parteien, die in einer echten Konkurrenzsituation alternative Entwicklungsoptionen der EU skizzieren und so Orientierung über Entscheidungsalternativen ermöglichen, bislang noch nicht existieren. 55

Inzwischen sind **übernationale Parteibünde (Vereinigungen von Parteien)** entstanden (vgl. *Schweitzer,* Die Europäischen Parteien und ihre Finanzierung durch die Europäische Union, 2014; *Hölscheidt,* FS Müller-Graff, 2015, 1275). Es haben sich die Europäische Volkspartei (EVP), Sozialdemokratische Partei Europas (SPE), die Allianz der Liberalen und Demokraten für Europa (ALDE), die Europäische Grüne Partei (EGP), die Allianz der Konservativen und Reformer in Europa (ACRE) und die Europäische Linke (EL) sowie weitere kleinere Parteizusammenschlüsse konstituiert. Art. 10 Abs. 4 EUV erkennt politische Parteien auf europäischer Ebene als „Faktor der 56

Integration in der Union" an. Die **Finanzierung** dieser Parteien regelte zunächst die VO 2003/2004 (ABl. L 297/1). Seit 2014 regelt die VO 1141/2014 (ABl. L 317/1) über das Statut und die Finanzierung europäischer politischer Parteien und europäischer politischer Stiftungen die Grundlagen des Abgeordnetenstatuts. Sie sieht u. a. striktere Voraussetzungen für den Zugang zu Finanzierungen der Parteien sowie ein flexibleres Regelungssystem vor.

2. Der Europäische Rat

Literatur: *Ludlow,* Die Führung der EU durch den Europäischen Rat: Übergang oder Krise?, Integr. 2005, 3; *Werts,* The European Council, 2008; *Schoo,* Das neue institutionelle Gefüge der EU, EuR-Beiheft 1/2009, 51; *Peutl,* Organisation und Arbeitsweise des Europäischen Rats, in: Eilmansberger/Griller/Obwexer (Hrsg.), Rechtsfragen der Implementierung des Vertrags von Lissabon, 2011, 199; *Eggermont,* The Changing Role of the European Council in the Institutional Framework of the European Union, 2012; *Corsepius,* An Institution in the making: the European Council, FS Piris, 2012, 135; *de Waele/Broeksteeg,* The Semi-Permanent European Council Presidency, CMLRev 2012, 1039; *Puetter,* The European Council and the Council, 2014; *Wessels,* The European Council, 2015; *de Schoutheete,* The European Council, in: Hodson/Peterson (Hsrg.), The Institutions of the European Union, 4. Aufl. 2017, 55.
Die Entwicklung der Institution wird in „*Weidenfeld/Wessels* (Hrsg.), Jahrbuch der Europäischen Integration" jährlich dargestellt.

57 Erstmalig im Jahr 1969 sind die Staats- und Regierungschefs der MS zusammengetreten, um der Integration einen Impuls zu verleihen (Den Haag). Im Jahr 1974 erfolgte eine politische Verstetigung der Institution des **Europäischen Rats (EuRat), wenngleich zunächst nicht auf rechtsförmig-vertraglicher Basis.** Das Gremium tritt an die Seite des Rats (unten Rz. 5/64 ff.). Die Einrichtung und Institutionalisierung eines derartigen Gremiums war erforderlich geworden, um dem Integrationsprozess oberhalb der technisch-funktionalen Zusammenarbeit bei der Verwirklichung der Vertragsziele Anstoß und Richtung zu geben. Inzwischen findet die Institution in Art. 13 EUV ausdrückliche Erwähnung im Kreis der Organe. Im EuRat kommen die **Staats- und Regierungschefs** zusammen, zudem der (2009 neu geschaffene) Präsident des EuRat und der Präsident der KOM. Der EuRat hat als politisches Leitgremium in den letzten Jahren beständig an Bedeutung gewonnen. Er soll die umfassende politische Gesamtleitung übernehmen (Art. 15 Abs. 1 S. 1 EUV). Seine Sitzungen werden mit Spannung antizipiert, und in vielen Fällen hat er in der Tat Meinungsverschiedenheiten überwinden oder neue Projekte anstoßen können. Er setzt die politische Agenda. Formal ist er an den Grundsatz der begrenzten Ermächtigung gebunden; politisch finden sich immer wieder Vorstöße, die eine Perspektive jenseits der Verträge eröffnen. Auch wenn eine gerichtliche Kontrolle (Art. 263 AEUV) prinzipiell vorgesehen ist, erscheint eine greifbare Einbindung und Kontrolle des EuRat durch den EuGH ausgeschlossen.

Die **rechtsförmigen Zuständigkeiten** des EuRat sind in den letzten Jahren angewachsen, wenngleich sie deutlich hinter jenen des Rats zurückfallen. Inzwischen ist von der **„Unionsmethode"** die Rede, um politische Gestaltung unter Leitung durch den EuRat zu bezeichnen; mit ihr kontrastiert die traditionelle „Gemeinschaftsmethode" unter Führung der KOM.

58 In der Folge der Verstetigung des EuRats auf einem Gipfel im Dezember 1974 hat ein **Verfassungswandel** innerhalb der EU stattgefunden. Nach der **„Philosophie" der europäischen Föderalisten** der 1950er Jahre (*Monnet, Hallstein, Spaak* u. a. (oben Rz. 1/12 ff.) sollte die KOM als „Motor des Vertrages" allmählich in die Funktion einer Europäischen Regierung hineinwachsen, während der Rat als zweite

Kammer zurücktreten sollte. Ziel dieser Vision war der Europäische Bundesstaat. Die tatsächliche Entwicklung der EU ist seit den 60er Jahren des 20. Jahrhunderts im Sinne des **„Staatenverbundes“** verlaufen. Die KOM bleibt zwar eigenständiges Organ und soll weiterhin Impulse geben (unten Rz. 5/93). Die großen Richtlinien der Politik werden indessen im EuRat formuliert. Dessen Rolle tritt in umso größerem Umfang hervor, je mehr sich die EU in „hochpolitische“ Bereiche (insbesondere auch Verteilungsfragen) hineinbegibt (Finanzkrise und Schuldenbewältigung; Flüchtlingspolitik). Das hauptsächliche Gegengewicht zum EuRat stellt das **direkt gewählte Europäische Parlament** dar. Aus der Rolle des EuRats als politischem Leitorgan erklärt sich auch, dass die KOM zwar an den Sitzungen teilnimmt, der EuRat aber Entscheidungen auf Vorschlag der KOM vermeidet. In dem Bedeutungszuwachs des EuRats sehen europäische Föderalisten eine kritikwürdige Re-Nationalisierung der EU. Zudem wird dem EuRat vorgeworfen, sich bei politischem „Bedarf“ über grundsätzliche Strukturen der EU hinwegzusetzen. Das Wirken des EuRats wirft Fragen demokratischer Kontrolle seitens der MS-Parlamente auf, die bislang nicht befriedigend beantwortet worden sind.

a) Die Institution des Europäischen Rats

Nach unregelmäßigen Treffen ab 1969 und der Formalisierung Ende 1974 kam es in 59
der Folge – nicht zuletzt aufgrund der guten Zusammenarbeit von Helmut Schmidt und Valerie Giscard d’Estaing – zu einem Bedeutungsgewinn des EuRats. Seine Existenz fand zunächst in den Verträgen keinen Niederschlag. Dies änderte sich mit der EEA, später dann im Vertrag von Maastricht. Im EuRat kommen heute die Staats- und Regierungschefs, sein Präsident sowie der Präsident der Kommission zusammen. Der Hohe Vertreter für Außen- und Sicherheitspolitik nimmt an den Beratungen teil (Art. 15 Abs. 2 EUV). Eine Teilnahme der Außenminister und weiterer Kommissionsmitglieder (Art. 4 EUV a. F.) ist nicht mehr vorgesehen. Es obliegt den MSen zu bestimmen, ob sie ihren Staatspräsidenten oder einen Ministerpräsidenten entsenden (Staatschef: Frankreich, Litauen, Rumänien, Zypern; Regierungschef: übrige MSen). Manche bezeichnen den EuRat als „oberstes“ Gremium der EU; seine zentrale Stellung bei der Weiterentwicklung der EU steht außer Frage. Er gibt wichtige Weichenstellungen vor, formuliert Zielsetzungen und setzt Wegmarken, die für die Entwicklung des Verbands von zentraler Bedeutung sind. Nach außen hat der EuRat eine wichtige Funktion im Prozess der Vermittlung des Integrationsprozesses (Öffentlichkeitsfunktion). Er trägt so zur Legitimierung der Ausübung von EU-Hoheitsgewalt bei. Er ist inzwischen so wirkmächtig, dass der Rat in seinen Schatten zu geraten droht (*Oppermann,* DVBl. 2003, 1165 (1175)). Im Zuge der Euro-Krise, aber auch der COVID-19-Pandemie ist dies überdeutlich, nicht zuletzt auf den sog. „Euro-Gipfeln“.

Der EuRat wird seit 2009 nicht mehr von dem Staats- oder Regierungschef geleitet, 60
dessen MS gerade die Präsidentschaft innehat, sondern von einem **gewählten Präsidenten,** der an die Seite der mitgliedstaatlich entsandten Mitglieder tritt (Art. 15 Abs. 5 EUV). Dieser wird mit qualifizierter Mehrheit für zweieinhalb Jahre gewählt. Dies hat eine weitere Stärkung der Stellung des EuRat mit sich gebracht (so schon *Oppermann,* FS Badura, 2004, 1113). Dem Präsidenten kommt bei der Festlegung des Arbeitsprogramms und der Zusammenstellung der Tagesordnung eine zentrale Rolle zu; im Prozess der Vorbereitung der Sitzungen muss er sich auch darum kümmern, die Interessen der MSen zu ermitteln, Entscheidungsoptionen zu entwickeln und Kompromisslösungen zu entwerfen (weitere Aufgaben siehe Art. 15 Abs. 6 EUV).

Seit 2004 tagt der EuRat grds. nur noch in **Brüssel.** Die Durchführung von EuRat-Treffen insbesondere in den kleineren MSen erwies sich aus logistischen und ökonomischen Gründen als zunehmend schwierig. Im Rahmen der Verhandlungen können alle Amtssprachen verwandt werden. Man unterscheidet informelle, formelle und außerordentliche Tagungen des EuRats.

b) Beschlussverfahren des Europäischen Rats

61 Der EuRat entscheidet grds. konsensual (Art. 15 Abs. 4 EUV). Der Vertrag sieht Ausnahmen vor (Art. 17 Abs. 7 UAbs. 1 S. 1, Art. 18 Abs. 1, Art. 48 Abs. 3 EUV). Hiervon wird bislang in der politischen Praxis aber nicht Gebrauch gemacht. Abstimmungen oder gar Mehrheitsentscheidungen erfolgen praktisch nicht.

Die Entscheidungen kommen in einer **„Club"-Atmosphäre** zustande, in der die persönliche Wertschätzung, gemeinsame politische Perspektiven, Kompromissbereitschaft etc. eine wichtige Rolle spielen. Eine wichtige Funktion weisen Abendessen, Spaziergänge und „Kamingespräche" auf, in denen Gespräche in kleinen Gruppen möglich sind. Häufig kommt es zur Vereinbarung von Kompromisspaketen. Der EuRat hat sich inzwischen eine Geschäftsordnung gegeben (GO vom 1.12.2009, Beschl. 2009/882, ABl. L 315/51); hierin drückt sich ein Prozess der Verrechtlichung und Formalisierung des Organs aus. Die Sitzungen sind nicht öffentlich. Die Ergebnisse der Treffen werden in „Schlussfolgerungen des EuRats" u. ä. festgehalten, die keine Rechtsqualität haben. Sie dienen den Mitgliedern des Rats aber als wichtige Orientierung, begründen eine politische Absprache und wirken in die politische Öffentlichkeit hinein.

c) Aufgaben des Europäischen Rates

62 Die Aufgabe des EuRats liegt in der **Führung und Inspiration der Union.** Er gibt der EU die für ihre Entwicklung erforderlichen Impulse und legt dafür die allgemeinen politischen Zielvorstellungen fest (Art. 15 Abs. 1 S. 1 EUV). Der EuRat fällt **wichtige politische Grundsatzentscheidungen** (z. B. Direktwahlen zum EP 1974/75, Errichtung des Europäischen Währungssystems 1978; politische Grundsatzbeschlüsse über die Gestalt des mehrjährigen Finanzrahmens), die vom Rat dann in rechtsverbindliche Akte überführt werden. Eine wichtige Rolle nimmt er inzwischen im ordentlichen Vertragsänderungsverfahren (Art. 48 Abs. 2, 3 EUV), zudem bei dem vereinfachten Verfahren der Vertragsänderung ein (Art. 48 Abs. 6, 7 EUV): In Einzelfällen kann er hier den Vertrag autonom ändern; das BVerfG verlangt hier eine besondere innerstaatliche Rückbindung (BVerfGE 123, 267 (386f.), (2009)). Ferner stellt er allgemeine Leitlinien als richtungsweisende Anstöße auf, oft in feierlicher Form. Der EuRat kann den Rat veranlassen, Aufträge an die KOM im Sinne von Art. 241 AEUV zu erteilen. Gesetzgeberisch wird der EuRat nicht tätig. Wichtige Kreationsbefugnisse weist der EUV dem EuRat mit Blick auf die Nominierung des Kommissionspräsidenten (Art. 17 Abs. 7 UAbs. 1 S. 1 EUV), die Ernennung der Mitglieder des Direktoriums der EZB (Art. 283 Abs. 2 AEUV) sowie die Person des Hohen Vertreters der EU für die Außen- und Sicherheitspolitik (Art. 18 Abs. 1 S. 1 EUV) zu. Beschlüsse des EuRats mit Rechtswirkung gegenüber Dritten sind inzwischen grundsätzlich justitiabel (Art. 263 AEUV). Im Übrigen ist die Jurisdiktionsgewalt des EuGH gegenüber dem EuRat aber eingeschränkt (Art. 269, 275 AEUV). Gelegentlich wird er dem allgemeinen Rat ausdrücklich übergeordnet (Art. 121 Abs. 2 AEUV, Art. 26 EUV). Der EuRat schlichtet öfter Konflikte, die auf niedrigerer Ebene nicht zu überwinden waren. Dem EuRat kommen wichtige institutionelle Entscheidungsbefugnisse zu (Art. 236 AEUV:

Ausgestaltung der Ratsformationen; Art. 17 Abs. 5 UAbs. 1 EUV: Änderung der Zahl der Kommissionsmitglieder; Art. 244 AEUV: Festlegung eines Systems gleichberechtigter Rotation bei der Besetzung der KOM).

Dem EP erstattet der EuRat nach jeder Tagung und einmal jährlich Bericht (Art. 15 Abs. 6d) EUV). Hier wird die **Unabhängigkeit des EP gegenüber dem EuRat** sichtbar. 63

3. Der Rat

Literatur: *Hayes-Renshaw/Wallace,* The Council of Ministers, 2. Aufl. 2006; *Curtin,* The Council of Ministers: The Missing Link?, in: Verhey, Kiiver, Loeffen (Hrsg.), Political Accountability and European Integration, 2009, 125; *Zyczkowski/Cichocki* (Hrsg.), Institutional Design and Voting Power in the European Union, 2010; *Kumin,* Organisation und Arbeitsweise des Rats, in: Eilmansberger/Griller/Obwexer (Hrsg.), Rechtsfragen der Implementierung des Vertrags von Lissabon, 2011, 209; *Cremer,* Grundgesetzliche Bindungen des deutschen Vertreters bei Abstimmungen im Rat, EuR 2014, 195; *Puetter,* The European Council and the Council, 2014; *Umbach,* Rat, in: Weidenfeld/Wessels (Hrsg.), Europa von A bis Z, 14. Aufl. 2016, 372; *Fuchs,* Die rotierende EU-Ratspräsidentschaft, EuR 2020, 431.
Die Entwicklung der Institution wird in „*Weidenfeld/Wessels* (Hrsg.), Jahrbuch der Europäischen Integration" jährlich dargestellt.

Gem. Art. 16 Abs. 1 EUV sind Teile der gesetzgebenden Gewalt und der Haushaltsbefugnisse, aber auch wichtige Regierungs- und Verwaltungsbefugnisse der EU dem Organ **Rat** übertragen. Im Rat kommen Regierungsvertreter der MSen zusammen. Der Rat (teilweise als „Ministerrat" bezeichnet) ist damit (neben dem EuRat) das Organ, in dem die MSen auf die Entscheidungsprozesse in der EU einwirken können. Er dient der Verkopplung des EU-Politikprozess mit den politischen Räumen in den MSen. Die Tätigkeit des Rats ist mit jener des EuRats eng verbunden. Nicht nur bereitet der Rat die Tagungen des EuRats vor. Der Rat erstattet dem EuRat auch Bericht (Art. 121 Abs. 2 AEUV). Das Generalsekretariat des Rats dient auch dem EuRat (Art. 235 Abs. 4 AEUV). 64

Die Sitzungen des Rats sind grundsätzlich **nicht öffentlich.** Öffentlich tagt der Rat, wenn er Entscheidungen im Gesetzgebungsverfahren trifft; dies gilt auch für Verfahrensfragen (Art. 16 Abs. 8 EUV). Erste Beratungen über wichtige Vorschläge für Rechtsakte ohne Gesetzescharakter erfolgen regelmäßig auch öffentlich. Die Öffentlichkeit wird durch audiovisuelle Übertragung in „Mithörsäle" im Ratsgebäude hergestellt. Auch wenn dem Rat weiterhin eine zentrale Stellung im Entscheidungsgefüge eingeräumt ist, muss er sich diese in zunehmendem Maße mit dem EP teilen. Dies gilt insbesondere für die ordentliche Gesetzgebung (Art. 289 AEUV).

Gemäß der Regelung der Sitzfrage 1992 (oben Rz. 5/7) ist der Rat mit dem Ausschuss der Ständigen Vertreter und seinem Generalsekretariat in **Brüssel** ansässig (insgesamt ca. 3200 Bedienstete). Das Generalsekretariat gliedert sich in 7 Generaldirektionen, einen Juristischen Dienst und 5 weitere Dienste. Drei Monate im Jahr tagt er in Luxemburg (Art. 341 AEUV, Protokoll über die Festlegung der Sitze, ABl. 2012, C 326/265).

a) Die Institution des Rats

aa) Zusammensetzung und Leitung

Der Rat ist ein **Organ der EU,** in das jede Regierung der Mitgliedstaaten einen Vertreter auf Ministerebene entsendet (Art. 16 Abs. 2 EUV). Das EU-Recht nimmt insofern auf die Einstufung von Amtsträgern im jeweiligen nationalen Verfassungsrecht Bezug. 65

In Deutschland haben diesen Rang die Minister des Bundes, aber auch die Landesminister, die im Anwendungsbereich von Art. 23 Abs. 6 GG die Bundesrepublik im Rat vertreten. Gewohnheitsrechtlich ist anerkannt, dass sich ein MS auch durch Parlamentarische und beamtete Staatssekretäre vertreten lassen kann. Die Ständigen Vertreter der Mitgliedstaaten bei der EU können ihr Regierungsmitglied vertreten, aber nicht abstimmen. Der Rat weist keine feste personelle Besetzung auf, sondern tagt (ggf. sogar parallel) in unterschiedlicher Zusammensetzung.

66 Der Rat tagt in **Formationen,** in denen jeweils sachnahe mitgliedstaatliche Vertreter zusammenkommen (Art. 16 Abs. 6 EUV, Art. 236 AEUV). Zur Einführung eines echten Ressortprinzips ist es bislang nicht gekommen. Gegenwärtig gibt es den **Rat für Allgemeine Angelegenheiten,** jenen für **Auswärtige Angelegenheiten** sowie **acht besondere Ratsformationen** (Wirtschaft und Finanzen – Justiz und Inneres – Beschäftigung, Sozialpolitik, Gesundheit und Verbraucherschutz – Wettbewerbsfähigkeit (mit Binnenmarkt/Industrie/Forschung/Raumfahrt) – Verkehr, Telekommunikation und Energie – Landwirtschaft und Fischerei – Umwelt – Bildung, Jugend, Kultur und Sport (Beschl. 2009/878, ABl. L 315/46, Änderungen)). Dem Rat für Allgemeine Angelegenheiten kommt eine koordinierende und impulsgebende Rolle im „Ratsgetriebe" zu. Er tagt (wie die Formation „Auswärtige Angelegenheiten") mindestens monatlich; andere Formationen tagen regelmäßig vier Mal im Jahr. Die Verhandlungen im Rat werden in den 24 Amtssprachen geführt; Abweichungen im Dringlichkeitsfall bedürfen der einstimmigen Entscheidung.

Die Verhandlung in Formationen war der ursprünglichen Gestalt der Integration durchaus angemessen. Sie ist aber zunehmend problematisch geworden, weil damit die für ein Gebiet zuständigen Fachminister bestimmten Anliegen, die sie jeder für sich auf nationaler Ebene nicht durchsetzen können, auf europäischer Ebene leichter gegen Widerstände, die mit Blick auf entgegenstehende Interessen artikuliert werden, zum Erfolg verhelfen können („Spiel über die Bande"). Auch die geringe praktische Bedeutung des **Subsidiaritätsprinzips** (Art. 5 EUV; unten Rz. 11/23ff.) dürfte mit dieser Struktur zusammenhängen. Auf der anderen Seite sichert dies die Durchsetzung des Beschlossenen in den Mitgliedstaaten; die Durchsetzung von Beschlüssen mitgliedstaatlicher „Europaminister" wäre deutlich schwieriger.

67 Der **Vorsitz im Rat** und seinen nachgeordneten Gremien (unten Rz. 5/73ff.) wird grundsätzlich halbjährlich gemäß einer vom Rat beschlossenen Reihenfolge weitergegeben (Art. 16 Abs. 9 EUV; Beschl. 2016/1316, ABl. 208/42 zur Festlegung der Rotation bis 2030). Die jeweilige Präsidialmacht arbeitet mit ihrer Vorgängerin und Nachfolgerin eng zusammen („Troika"; Beschl. 2009/881, ABl. L 315/50). Nur im Rat „Auswärtige Angelegenheiten" führt der Hohe Vertreter (Art. 18 Abs. 3 EUV) den Vorsitz. Dem jeweiligen Vorsitz obliegt die Einberufung, Vorbereitung und Leitung der Sitzungen (Art. 1 GO Rat i. d. F. vom 1.12.2009, Beschl. 2009/882, ABl. L 315/51). Er ist der Repräsentant des Rates (Zeichnung der Rechtsakte, Verkehr mit dem EP). Das Nebeneinander des Präsidenten des EuRats, des jeweiligen Ratsvorsitzenden und des Hohen Vertreters kann zu Koordinationsproblemen und Meinungsverschiedenheiten führen. Während dem Ratsvorsitzenden in der Vergangenheit (noch vor den Präsidenten des EP und der KOM) die **Funktion des ersten Repräsentanten der EU** zukam, ist inzwischen der **Präsident des EuRats** in diese Rolle geschlüpft. Der Vorsitz im Rat ist unparteiisch und neutral auszuüben.

68 Nicht mit dem Rat (in der Zusammensetzung der Wirtschafts- und Finanzminister (ECOFIN)) zu verwechseln ist die **„Euro-Gruppe"** (Art. 137 AEUV iVm Protokoll Nr. 14, ABl. 2012, C 326/283), in der die zuständigen Minister der MSen der Euro-Zone und andere Amtsträger (u. a. der Wirtschafts- und

Währungskommissar der KOM und der Präsident der EZB) zusammenkommen. Diese Gruppe hat ebenfalls einen Vorsitzenden benannt. Bislang ist die institutionelle Verfestigung der Euro-Zone aber noch gering; dies führte in der Euro-Krise zu Entscheidungsproblemen. In den Nicht-Euro-MSen besteht inzwischen die Sorge, dass sie von der Euro-Zone überspielt werden könnten.

bb) Status der Vertreter der MS

Die Vertreter der MS im Rat werden von den nationalen Regierungen benannt. Eine 69 gegenseitige Kontrolle erfolgt nicht. Die Vertreter sind **weisungsabhängig;** allerdings sollten die mitgliedstaatlichen Regierungen ihnen Verhandlungsspielräume einräumen. Der Verstoß gegen eine Weisung beeinträchtigt die Geltung einer Ratsentscheidung nicht. Über die Vertretung der MS im Rat erfährt die Tätigkeit der EU in erheblichem Umfang **demokratische Legitimation.** Eine hinreichende Rückbindung der Vertreter an die nationalen Regierungen sowie (indirekt) an die nationalen Parlamente sichert die aus Sicht des Demokratieprinzips notwendige Rückbindung (BVerfGE 89, 155, „Maastricht"; pointierter: BVerfGE 123, 267, „Lissabon" (2009): „Integrationsverantwortung"). Die EU erkennt dies inzwischen ausdrücklich an (Art. 10 Abs. 2 UAbs. 2 sowie Art. 12 EUV). Allerdings bleiben die Einwirkungs- und Kontrollmöglichkeiten eher gering. Dies liegt nicht nur an der „Entfernung", die zwischen den Bürgern und dem Rat besteht, sondern auch an der weiterhin kaum zu bewältigenden Zurechnung von Verantwortlichkeiten.

In **Deutschland** wirken in EU-Angelegenheiten **Bundestag** und durch den **Bundesrat** die Länder mit 70 (Art. 23 Abs. 2, 3 GG; *Classen,* in: v. Mangoldt/Klein/Starck, GG-Kommentar, 7. Aufl. 2018, Bd. 2, Art. 23 Rn. 64ff.). Die Bundesregierung hat eine umfassende **Unterrichtungspflicht** gegenüber BT und BRat. Das BVerfG interpretiert die Unterrichtungspflicht nach Art. 23 Abs. 2 GG weit (BVerfGE 131, 152, „Unterrichtungspflicht" (2012)). Stellungnahmen des BT muss sie bei den Verhandlungen **berücksichtigen.** Andererseits muss dabei die **gesamtstaatliche Verantwortung des Bundes** gewahrt werden. Die Beteiligungsrechte der Länder sind eingehend geregelt, wenn innerstaatliche Länderzuständigkeiten berührt werden (Art. 23 Abs. 2, 4–6 GG; Durchführungsgesetzgebung); die Regierung muss die Stellungnahme des BRats in bestimmten Fällen sogar **„maßgeblich berücksichtigen"** und die Verhandlungsführung im Rat einem Ländervertreter übertragen. Die Brüsseler Entscheidungsfindung wird durch diese „Föderalisierung der Entscheidungsprozesse" nicht erleichtert. In den jeweiligen Formelkompromissen spiegelt sich die Spannungslage, dass der deutsche Vertreter im Rat sowohl seiner unionsrechtlichen Verantwortung (Art. 4 EUV) als auch seinen verfassungsrechtlichen Verpflichtungen gerecht werden soll. Im Konfliktfalle ist die deutsche Stimmabgabe im Rat grundsätzlich rechtsgültig. Sollte darin ein verfassungswidriges Verhalten liegen, bedarf es des Versuches eines anschließenden gütlichen Ausgleiches im Geiste der gegenseitigen Unionstreue (vgl. hierzu BVerfGE 92, 203, „Fernsehrichtlinie" (1995); *Everling,* DVBl. 1993, 936; *Cremer,* EuR 2014, 195). In der Lissabon-Entscheidung (BVerfGE 123, 267 „Lissabon" (2009)) postuliert das BVerfG eine „Integrationsverantwortung", die das Parlament zu einer stetigen Begleitung des Integrationsgeschehens verpflichtet (hierzu *Nettesheim,* NJW 2010, 177; *ders.,* in: Pechstein (Hrsg.), Integrationsverantwortung, 2012, 11).

cc) Organisation und Geschäftsgang

Für die **Arbeitsweise im Rat** ist die Geschäftsordnung vom 22.3.2004 (in der Fas- 71 sung vom 10.12.2013, Beschl. 2013/746, ABl. L 333/77) maßgebend. Sie regelt im Einzelnen den prozeduralen Ablauf der Ratstagungen, aber auch gewisse Förmlichkeiten bei Erlass der Rechtsakte und die Aufgaben des Ausschusses der Ständigen Vertreter der Mitgliedstaaten und des Generalsekretariats des Rates (unten Rz. 5/73ff.). Ferner regelt die GO in Ausführung des Rechtes der Unionsbürger auf **Zugang zu Dokumenten des Rates** (Art. 15 AEUV) die Möglichkeiten und Grenzen dieses Zuganges. Die Rechtsnatur dieses Selbstorganisationsbeschlusses ist umstritten.

72 Die **KOM** ist nach Art. 5 Abs. 2 GO Rat zur Teilnahme an den Ratstagungen eingeladen. Dies entspricht der allgemeinen Kooperationsverpflichtung zwischen Rat und KOM nach Art. 295 AEUV. Der Rat kann auch in Abwesenheit der KOM beraten. Ähnlich kann die **EZB** zum Rat eingeladen werden. Im Verhältnis zum **EP** wird der Rat nach Art. 26 GO Rat durch seinen Präsidenten (oder andere Mitglieder) vertreten.

(1) Generalsekretariat

73 Das **Generalsekretariat des Rates** (Art. 240 Abs. 2 AEUV, Art. 23 GO Rat) unterstützt den Rat einschließlich der Ständigen Vertreter **im verwaltungsmäßigen Sinne** (Vorbereitung der Sitzungen, Protokollführung, Dolmetscherdienste, Veröffentlichung der Ratsbeschlüsse, aber auch Rechtsberatung des Rates, Abfassung der Ratsberichte an das EP, Aufstellung und Verwaltung des Ratshaushaltes). Von der Qualität seiner Vorbereitungstätigkeit hängt die Arbeits- und Kompromissfähigkeit des Rates mit ab. Angesichts der immensen Sitzungstätigkeit der vielen Ratsformationen und der unzähligen Ratsausschüsse ergibt sich beim Generalsekretariat ein sehr großer Geschäftsanfall. Im Entscheidungsprozess der EU stellt das Generalsekretariat des Rates eine Art „Gegenbürokratie" zur KOM dar. Trotz mancherlei Rivalitäten ist die Existenz eines starken Generalsekretariates für eine effektive Willensbildung der EU wesentlich. Als europäische Behörde hilft das Sekretariat mit, die sich im Rat begegnenden nationalen Interessen zu „vergemeinschaften".

Das Generalsekretariat (Sitz Brüssel) gliedert sich in Generaldirektionen und einen Juristischen Dienst; es umfasst ca. 2800 Bedienstete.

(2) Der Ausschuss der Ständigen Vertreter

74 Der **Ausschuss der Ständigen Vertreter der Mitgliedstaaten** (AStV/COREPER – Art. 240 Abs. 1 AEUV, Art. 19 GO Rat) bereitet die Arbeiten des Rates vor und führt ihm vom Rat übertragene Aufträge aus. Der AStV kann gemäß der GO Verfahrensbeschlüsse fassen. Er ist Teil der Ratsorganisation. In der Praxis kommt diesem Gremium infolge seiner ständigen Präsenz in Brüssel und seines hohen fachlichen Standards, vor allem aber weil sich in ihm die offizielle Haltung der MS verkörpert, eine erstrangige Bedeutung bei der Bildung des Unionswillens zu (*de Zwaan,* The Permanent Representatives Committee: Its Role in European Union Decision-Making, 1995).

Der Ausschuss gliedert sich in den Ausschuss der **Stellvertreter** (AStV I: Grundsatzfragen fachspezifischen Inhalts, auch Vorbereitung des EuRats), das **Botschafterkollegium** (AstV II: politische, wirtschaftliche, institutionelle und Handelsfragen) und den **Sonderausschuss Landwirtschaft (SAL).** Die Arbeit der Ständigen Vertreter wird ihrerseits in einer Fülle von (ca. 200) Arbeitsgruppen und Untergruppen vorbereitet, die idR von nationalen Beamten der MSen beschickt werden (Art. 19 Abs. 3 GO Rat). Die KOM nimmt auf allen Ebenen an den Arbeiten des Ausschusses teil. Die Ständigen Vertreter arbeiten nach **Weisungen ihrer MSen.** Hieraus ergibt sich die Notwendigkeit einer laufenden **europapolitischen Koordinierung** in den Hauptstädten.

Die Ständigen Vertreter suchen über einen möglichst großen Teil der anstehenden Entscheidungen unter sich **Konsens** zu erzielen. Soweit das gelingt, wird die Angelegenheit vom Rat im formalen „A-Punkt-Verfahren" (unten Rz. 5/75) verabschiedet. Auch die übrigen Entscheidungen werden so weit als möglich für den Rat aufbereitet. In dem großen Arbeitsvolumen des Ausschusses mischt sich das fachliche, diplomatische und politische Element. Rechtlich sind die Ständigen Vertreter auf die Vorbereitungs- und Ausführungsfunktion im Verhältnis zum Rat beschränkt. Der Rat kann (mit Ausnahme von Verfahrensbeschlüssen) keine Zuständigkeiten auf den Ausschuss **delegieren** (arg. Art. 240 Abs. 1 AEUV). Dennoch kann die europapolitische Bedeutung der Ständigen Vertreter als „Gehilfe, Auge und Ohr der Regierungen" *(Emile Noël)* kaum überschätzt werden.

b) Beschlussverfahren im Rat

75 Die Beschlussfassung im Rat erfolgt durch Stimmabgabe. Daneben gibt es ein schriftliches Verfahren (Art. 12 GO Rat). Unstreitige entscheidungsreife Vorlagen werden als „A-Punkte" zu Beginn der Ratstagung summarisch verabschiedet (Art. 3 Abs. 6 GO Rat). In den jeweiligen Zuständigkeitsbestimmungen des EU-Rechts ist festgelegt, welches Quorum für den Ratsbeschluss gilt.

aa) Einfache Mehrheit

Der Rat kann, wie Art. 238 Abs. 1 AEUV deutlich macht, mit der (einfachen) Mehrheit seiner Mitglieder entscheiden. Dies ist aber (anders als in der Vor-Lissabon-Zeit) nicht mehr der Regelfall (Art. 16 Abs. 3 EUV). In diesem Fall können 14 (von 27) Mitgliedern einen gültigen Mehrheitsbeschluss fassen, falls die übrigen ordnungsgemäß informiert waren. Die Abstimmung mit einfacher Mehrheit spielt vor allem im inneren Organisationsrecht der EU eine große Rolle. 76

bb) Qualifizierte Mehrheit

Im Rechtsetzungsbereich steht heute die Abstimmung mit qualifizierter Mehrheit im Vordergrund. Hier sieht der Lissabon-Vertrag den Übergang von einem System gewichteter Stimmen zu einem System doppelter Mehrheitserfordernisse vor. Die Grundregelung findet sich in Art. 16 Abs. 4 EUV; Spezifikationen werden in Art. 238 Abs. 2, 3 AEUV vorgenommen. 77

Grundsätzlich gilt nach Art. 16 Abs. 4 EUV: Eine qualifizierte Mehrheit liegt vor, wenn mindestens **55% der Ratsmitglieder** zustimmen und diese mindestens **65% der Bevölkerung** der Union vertreten. Damit soll die Legitimation von Ratsbeschlüssen verstärkt werden. Im Falle weiterer Beitritte soll die heikle Notwendigkeit der Zuweisung eines festen Gewichts einzelner MSen entfallen. Der Vertrag sieht vor, dass die Mehrheit aus mindestens 15 Mitgliedern gebildet werden muss; dies erlangt nach einem Austritt von MSen Bedeutung (Art. 50 EUV), weil sich das relative Gewicht von Staatengruppen (Nord-Süd; liberal-etatistisch etc.) verschiebt. Nach Art. 16 Abs. 4 UAbs. 2 EUV bilden vier MSen eine Sperrminorität. Drei große Staaten allein können damit einen Beschluss auch dann nicht verhindern, wenn sie als solche mehr als 35% der Bevölkerung vertreten. Nach dem Austritt des UK aus der EU wird es schwieriger werden, diese Sperrminorität zu erreichen (*Tokarski/Funk*, SWP-Aktuell Nr. 68, Dezember 2018, S. 3). Für den Fall, dass nicht auf Vorschlag der KOM oder des Hohen Vertreters entschieden wird, müssen mindestens 72% der Ratsmitglieder zustimmen; diese müssen 65% der Bevölkerung repräsentieren (Art. 238 Abs. 2 AEUV). Seit dem 1.4.2017 ist damit das frühere System „gewogener" mitgliedstaatlicher Stimmgewichte Geschichte. Danach verfügten die Ratsmitglieder über eine bestimmte Anzahl gewogener Stimmen; für das Zustandekommen bedurfte es eines bestimmten, durch Zusatzregelungen spezifiziertes Quorum. Die heutige **Regelung erleichtert die Entscheidungsfindung** im Vergleich zu „Vor-Lissabon" erheblich; die früher große Blockademacht kleiner MSen wird verringert. Die Transparenz der Regelung ist allerdings weiterhin gering. 78

Sondervereinbarungen zur Mehrheitsabstimmung wie der **„Luxemburger Kompromiss"** 1966 (oben Rz. 2/8ff.) sind hinfällig geworden. Gelegentlich werden allerdings noch immer „wichtige Interessen" angeführt, um eine Verschiebung der Behandlung im Rat zu erzwingen oder auf die Kompromisssuche Einfluss zu nehmen. In der formalen Abstimmungslage hat sich seit 1988 kein MS mehr auf diese Vereinbarung berufen. Die Zusatzerklärung (Erklärung Nr. 7) zum Lissabon-Vertrag sieht einen „Neuverhandlungsmechanismus" vor, der ab dem 1.4.2017 ein besonderes Kompromissfindungsverfahren vorsieht (Art. 4–6 der Erklärung). Schon bisher gab es mit dem 1994 vereinbarten **„Kompromiss von Ioannina"** eine ähnliche Regelung. Sonderregelungen sehen auch die Bestimmungen über den „Notbremsemechanismus" vor (Art. 48 Abs. 2, Art. 82 Abs. 3, Art. 83 Abs. 3 AEUV). Im GASP-Bereich sieht Art. 31 Abs. 2 EUV vor, dass eine Sache dem EuRat übertragen werden kann und dort einstimmig behandelt wird. 79

cc) Einstimmigkeit

Die **einstimmige Beschlussfassung** ist in den Verträgen bei besonders „souveränitätssensiblen" Angelegenheiten vorgesehen (etwa Beitritt von MSen (Art. 49 EUV); Steuerharmonisierung nach Art. 113 AEUV; Teilbereiche der Umweltpolitik (Art. 192 Abs. 2 AEUV; ähnlich: Art. 86 Abs. 1, Art. 87 Abs. 3 AEUV)). Beschlüsse im Rahmen der GASP werden grundsätzlich einstimmig gefasst (Art. 31 Abs. 1 S. 1 EUV). 80

81 Einstimmigkeit bedeutet grundsätzlich die **Zustimmung aller Mitglieder.** Nach Art. 238 Abs. 4 AEUV steht jedoch die Stimmenthaltung anwesender oder vertretener Mitglieder der Beschlussfassung nicht entgegen. Der Rat ist beschlussfähig, wenn die Mehrheit seiner Mitglieder anwesend ist.

c) Aufgaben und Funktionen des Rates

aa) Gubernativfunktionen

82 Dem Rat wird die grundlegende Entscheidungsbefugnis zur „Festlegung der Politik" und zur „Koordinierung" (Art. 16 Abs. 1 S. 2 EUV) zugesprochen. Der Rat ist als Unionsorgan die eigentliche Naht- und Transformationsstelle zwischen dem europäischen und dem mitgliedstaatlichen Gemeinwillen. Aus der Gesamtheit der Aufgaben und Befugnisse des Rates lässt sich ablesen, dass er zu den **primären politischen Steuerungsorganen der EU** gehört – auch wenn er teilweise im Schatten des EuRat wirkt. Diese nach der „Gründungsphilosophie" der Verträge eher zeitweilig gemeinte Rolle hat sich im Verfassungswandel seit Mitte der 1960er Jahre verfestigt. Insbesondere in der Folge der Gründung des EuRats 1974 hat auch die **„Regierung" der Union durch den Rat** an Gewicht gewonnen. Dies gilt nicht zuletzt für den Bereich der Wirtschaftspolitik (Art. 5 Abs. 1 AEUV).

bb) Rechtsetzung

83 Dem Rat kommt bei der Rechtsetzung eine zentrale Bedeutung zu. Im **ordentlichen Gesetzgebungsverfahren** wirken heute EP und Rat gleichberechtigt nebeneinander (Art. 289 Abs. 1 AEUV). In besonderen Gesetzgebungsverfahren (Art. 289 Abs. 2 AEUV) kann dem Rat weiterhin die Präponderanz zukommen. Darüber hinaus wirkt der Rat (wiederum neben dem EP) als Haushaltsbehörde der EU. Wichtige Befugnisse stehen dem Rat bei der Außendarstellung der EU (Art. 16 Abs. 6 EUV), insbesondere im Bereich der GASP (z. B. Art. 26 Abs. 2 EUV), zu.

84 Weiterhin liegt allerdings das Initiativrecht zum Erlass von Rechtsakten regelmäßig nicht beim Rat. Das ordentliche Gesetzgebungsverfahren wird **„auf Vorschlag der Kommission"** betrieben. Diese Vorschläge kann der Rat regelmäßig nur einstimmig abändern (Art. 293 Abs. 1 AEUV). Aus dieser Regelung ergibt sich eine eigene politische Mitgestaltungsrolle der KOM im Spiel der Institutionen. Art. 241 AEUV gibt dem Rat jedoch die Möglichkeit, die KOM zur Wahrnehmung ihres Initiativrechts in einer vom Rat gewünschten Richtung aufzufordern. Zwar besteht keine rechtliche Bindung der KOM an eine solche **„Aufforderung".** Eine politische Abhängigkeit liegt indessen darin, dass der Rat die Kommissionsvorschläge später annehmen soll. Über Art. 241 AEUV und die dort begründeten Befugnisse des Rats vermittelt sich auch die Führungs- und Inspirationsrolle des EuRats gegenüber der KOM. Aus der Entscheidungsbefugnis des Rates ergibt sich andererseits **Verantwortung** (Art. 13 Abs. 2 S. 2 EUV). Blockiert der Rat Kommissionsvorschläge, die ein gemeinschaftliches Vorgehen vorsehen, kann die Pflicht zu einem **Verfahren der Zusammenarbeit zwischen KOM und MSen** entstehen, damit die EU ihre Verantwortlichkeit wahrnehmen kann (EuGH, 15.12.1987, Rs. 332/85, „Seefischereiquoten").

cc) Haushalt

85 Die **Budgetgewalt der EU** lag bis zum Inkrafttreten des Lissabon-Vertrags trotz einer Stärkung der Mitsprache des EP seit 1970/75 wesentlich beim **Rat.** Inzwischen bilden Rat und EP die Haushaltsbehörde. Rat und EP behandeln den von der KOM vorgelegten Entwurf eines Haushaltsplanes in einem besonderen Gesetzgebungsverfahren grundsätzlich gleichberechtigt (Art. 314 AEUV). Der Rat hat seinen Standpunkt zu diesem Entwurf festzulegen. Schlägt das EP Änderungen vor, so kann der Rat diese billigen; andernfalls kommt es zur Einleitung eines Vermittlungsverfahrens. In diesem

Verfahren kommt dem EP heute ein leichtes Übergewicht zu (Art. 314 Abs. 7 lit. d) AEUV). Die Festlegung des Eigenmittelbeschlusses liegt weiterhin in der Hand des Rats (Art. 311 Abs. 3 AEUV). Der mehrjährige Finanzrahmen wird vom Rat mit Zustimmung des EP erlassen (Art. 312 Abs. 2 EUV).

dd) Ernennungen – Kreationsbefugnisse

Während die legislatorischen Befugnisse heute von EP und Rat gemeinsam ausgeübt werden, liegt die **Personalhoheit der EU** weiterhin vor allem (beim EuRat und) beim Rat. Sieht man von dem direkt gewählten EP ab, übt der Rat einen wesentlichen Einfluss auf die Besetzung der Organe und Institutionen der EU – insbesondere mit Blick auf die Zusammensetzung des Leitungspersonals – aus, (teilweise auch im Modus der in ihm vereinigten Regierungsvertretern (unten Rz. 5/92) handelnd). 86

Der Rat ernennt auf Grund von Listen der MSen bzw. der Berufsverbände die **Mitglieder des Wirtschafts- und Sozialausschusses** (Art. 302 AEUV). Das gleiche Verfahren gilt beim **Ausschuss der Regionen** (Art. 305 AEUV). Ferner ernennt der Rat (nach Anhörung des EP) die Mitglieder des **EU-Rechnungshofes** (Art. 286 AEUV) und genehmigt dessen Geschäftsordnung. Auch im Verfahren der Ernennung der KOM wirkt der Rat mit (Art. 17 Abs. 7 UAbs. 2 EUV) – wenngleich der Ernennungsakt selbst vom EuRat erlassen wird. Die **Richter des EuGH und des EuG** sowie die **Generalanwälte** werden von den Regierungen der MSen in gegenseitigem Einvernehmen ernannt (Art. 19 Abs. 2 UAbs. 2 S. 2 EUV). Der Rat ist berufen, die Richter etwaiger Fachgerichte zu ernennen (Art. 257 Abs. 4 AEUV); nach Abschaffung des Fachgerichts für den öffentlichen Dienst 2016 ist dies gegenwärtig nicht zu erwarten. Er kann auf Antrag des Gerichtshofes in autonomer Vertragsänderung die Zahl der Generalanwälte erhöhen (Art. 252 Abs. 1 S. 1 AEUV), wovon er bisher zwei Mal Gebrauch gemacht hat (2013: Erhöhung auf neun, 2015: Erhöhung auf elf Generalanwälte). Auch die Besoldungsbefugnis hinsichtlich KOM und EuGH liegt beim Rat (Art. 243 AEUV). 87

Schließlich wirkt der Rat – im Rahmen seiner gesetzgeberischen Kompetenz – bei der Bestimmung des Status und der sonstigen Beschäftigungsbedingungen für **die Bediensteten der EU** mit. Insgesamt gibt es in der EU kaum eine wichtige Personalentscheidung, die nicht mittelbar oder unmittelbar vom Rat beeinflusst wäre. 88

ee) Rechtskontrolle und sonstige Kontrolle

Der Rat kann im Rahmen einer **Klage beim EuGH** gegen andere EU-Organe nach Art. 263, 265 AEUV eine **Rechtskontrolle** initiieren (unten Rz. 13/41 ff.). Seine eigenen Handlungen können allerdings ebenfalls einer richterlichen Kontrolle unterzogen werden. Bei der **Durchführung** des Unionsrechts, das im Wesentlichen der KOM obliegt (Art. 17 Abs. 1 S. 2 EUV, Art. 291 AEUV), kann der Rat bestimmte Modalitäten festlegen oder sich in spezifischen Fällen die Steuerung der Durchführung selbst vorbehalten (Art. 290 AEUV). Unter engen Voraussetzungen wirkt er auch bei der Durchführung selbst mit (Art. 291 Abs. 2 AEUV). 89

ff) Außenbeziehungen

Die **Außenkompetenz** der EU (unten Rz. 38/1 ff.) liegt in den entscheidenden Akten in der Hand des **Rates.** Der Rat befindet über die grundsätzliche **Konzipierung der Außenpolitik,** insbesondere der **Gemeinsamen Handelspolitik** (Art. 26 Abs. 2 EUV). Er erteilt Verhandlungsmandate an die KOM (Art. 207 Abs. 3, Art. 218 Abs. 2 AEUV) und schließt Abkommen ab (Art. 218 Abs. 6 AEUV). Gleiches gilt für den **Abschluss der Assoziierungsabkommen** (Art. 217 iVm Art. 218 AEUV). Beim **Beitritt** zur Union (unten Rz. 42/4 ff.) beschließt der Rat einstimmig anfangs über die 90

Annahmefähigkeit („recevabilité") des Beitrittsantrages nach Zustimmung des EP; anschließend geht die Verhandlung bei diesem „Grund-Akt" auf eine Staatenkonferenz der EU-Mitglieder über (Art. 49 EUV).

gg) Vertragsergänzungen und -änderungen

91 Das förmliche Vertragsänderungsverfahren (Art. 48 EUV) wird vom EuRat beherrscht. Dem Rat steht allerdings (im Zusammenwirken mit der vorschlagsberechtigten KOM) die Befugnis zu, hart unterhalb der Grenze zur Vertragsänderung als **„vertragsergänzende Legislative"** *(Peter Badura)* zugunsten der Union Lückenfüllungen und Kompetenzabrundungen vorzunehmen (Art. 352 AEUV). Diese Befugnisse des Rates begründen keine Kompetenz-Kompetenz. Ihre Wahrnehmung setzt nach Auffassung des BVerfG (BVerfGE 123, 267, „Lissabon" (2009)) voraus, dass dem deutschen Ratsvertreter eine Ermächtigung in Form eines Gesetzes nach Art. 23 Abs. 1 GG erteilt wird. Ohne diese muss der deutsche Vertreter im Rat den Vorschlag ablehnen (§ 8 S. 2 IntVG).

d) Die im Rat vereinigten Vertreter der Mitgliedstaaten

92 Die **„im Rat vereinigten Vertreter der Mitgliedstaaten"** gehören zur Architektur der EU, ohne ein Organ darzustellen. Der Vertrag sieht an einer Reihe von Stellen Beschlussfassungen vor, bei denen die Ratsmitglieder nicht organschaftlich, sondern als Konferenz von Staatenvertretern (mit „anderem Hut") handeln. Diese **„uneigentlichen Ratsbeschlüsse"** haben etwa die Ernennung der Richter und Generalanwälte des EuGH durch die Regierungen nach Art. 253 Abs. 1 AEUV zum Gegenstand (vgl. auch Art. 254 Abs. 2, Art. 341 AEUV). Es gibt aber auch über die Verträge hinausführende, EU-relevante Beschlüsse, Entschließungen und sonstige Willensbildungen „im Rat". Soweit Rechtsbindungen gewollt sind, sind Beschlüsse der „Vereinigten" intergouvernemental zustande gekommenes EU-Recht. Es stellt sich jeweils die Frage der Ratifikationsbedürftigkeit nach nationalem Recht. Unionsrechtlich dürften die Beschlüsse des Gremiums nicht justiziabel sein.

4. Die Kommission

Literatur: *Schima,* Organisation und Arbeitsweise der Europäischen Kommission, in: Eilmansberger/Griller/Obwexer (Hrsg.), Rechtsfragen der Implementierung des Vertrags von Lissabon, 2011, 251; *Braukmann,* Die EU-Kommissare, Aufgaben und Rechtsstellung, 2015; *Biervert/Jorna,* Die Europäische Kommission: Von der Hüterin der Verträge zur Europäischen Regierung?, EuR-Beiheft 2/2015, 68; *Lehner,* Die Berücksichtigung der Europawahlen bei der Nominierung des Kommissionspräsidenten nach Art. 17 VII UAbs. 1 S. 1 Hs. 2 EUV, NVwZ 2015, 20; *Nugent/Rhinard,* The European Commission, 2. Aufl. 2015; *Thiele,* Motor der Integration: europarechtsgeschichtliche Grundlegung der Europäischen Kommission, 2019; *Brauneck,* Das Spitzenkandidatenprinzip im Spannungsfeld zwischen Europäischem Parlament und Europäischem Rat, DVBl. 2020, 237. Die Entwicklung der Institution wird in „*Weidenfeld/Wessels* (Hrsg.), Jahrbuch der Europäischen Integration" jährlich dargestellt.

93 Nach Art. 17 EUV gehört zu den Organen der EU auch die **Kommission.** Die KOM ist ein Organ der EU, das sich aus einem Kommissar je MS, einschließlich des Präsidenten und des Hohen Vertreters für die GASP der Union, zusammensetzt (Kollegium). Als KOM wird aber auch die Behörde bezeichnet, die unter der Leitung des Organs wirkt, inzwischen ca. 30 000 Bedienstete umfasst und in verschiedene Einheiten gegliedert ist. Nach den Gründungsvorstellungen der 1950er Jahre sollte die KOM **unabhängiger „Motor, Wächter und ehrlicher Makler"** *(Walter Hallstein)* der Gemeinschaft sein und in europaföderalistischer Sicht allmählich in die Aufgaben einer europäischen Regierung hineinwachsen. Ihr sind Teile der normgebenden Gewalt, Ansätze von Regierungs- und ein Großteil der Verwaltungsbefugnisse sowie die kontrollierende Funktion einer „*Hüterin der Verträge*" zugewiesen. Im Verfassungs-

wandel der EU hat die KOM mit der politischen Macht des (Europäischen) Rats zu kämpfen. Die politische Agenda der EU wird inzwischen so sehr vom (Europäischen) Rat dominiert, dass die KOM teilweise als bloßer „Juniorpartner" bezeichnet wird. Ohne dessen Zustimmung kann sie jedenfalls rechtlich in vielen Bereichen wenig erreichen. Bedeutungsverluste hat die KOM auch dadurch erlitten, dass der Hohe Vertreter für die GASP im Auftrag des Rates handelt. In einzelnen Sachgebieten (z. B. Wettbewerb und Subventionskontrolle) übt die KOM unmittelbaren Einfluss auf die nationale Wirtschaftspolitik in den MSen aus. Die KOM ist dem EP verantwortlich und kann von diesem zum Rücktritt gezwungen werden.

Die Mitglieder der KOM und ein Großteil ihrer Dienststellen (insgesamt ca. 24000 Beamte, ca. 1000 Bedienstete auf Zeit, ca. 7000 Vertragsbedienstete) residieren in **Brüssel,** daneben vor allem in Luxemburg (Protokoll 6 zum EUV). Die größte Stelle ist das Amt für amtliche Veröffentlichungen mit ca. 2300 Bediensteten.

Eine große Rolle als „Motor des Vertrages" spielten die ersten Kommissionen unter der **nahezu zehnjährigen Präsidentschaft** *Hallsteins* **1958–1967.** Die KOM leistete damals Entscheidendes für den Aufbau der EWG (Zollunion, Agrarpolitik, Freizügigkeit, Handelspolitik u. a.). Doch führte die Absicht der KOM, ihre vertragsgemäße Rolle voll auszuschöpfen, im Konflikt mit der gaullistischen Europadoktrin zur EG-Krise 1965 (oben Rz. 2/6). Über die Luxemburger Vereinbarung 1966 kam es zur **politischen Zurückstufung der Kommission im Vergleich zum Rat.** Die Gründung des EuRats der Staats- und Regierungschefs als „Leitgremium" verstärkte seit 1974 diese Entwicklung. Erst die **erfolgreiche Amtsführung von** *Delors* 1985–1994 (Ausbau des Binnenmarktes, Erweiterung der EU von 10 auf 15 MSen, Eingliederung der DDR in die Gemeinschaft 1990) verschaffte der KOM neues Ansehen. Mit dem Scheitern der *Santer*-Kommission 1999 ergab sich ein neuer Rückschlag. Präsident *Juncker* versuchte mit verschiedenen Grundlagenpapieren, eine Reform der EU auf den Weg zu bringen (*Calliess/Schorkopf,* NVwZ 2018, 1/9). Noch lässt sich nicht absehen, welche Stellung sich die 2019 ins Amt gekommene KOM erarbeitet. Sie will sich den neuen geopolitischen Herausforderungen besonders annehmen. In der Corona-Krise 2020 hat sich ein Führungs- und Koordinationsanspruch der KOM gezeigt, der in der Praxis nicht eingelöst werden konnte. Besondere Bedeutung haben die Bemühungen der KOM, die EU auf (digital-)technologischem Gebiet zum echten Wettbewerber der USA und Chinas zu machen. Die Herausforderung, hier zwischen Offenheit und einem ineffizienten Techno-Protektionismus eine effektive Mitte zu finden, ist groß. Weiterhin beschäftigt sich die KOM viel zu häufig mit Marginalien. Die große Linie ist nicht immer leicht zu erkennen. 94

a) Die Institution der Kommission

Die KOM ist im Gegensatz zum (Europäischen) Rat, der die mitgliedstaatlichen Interessen in die Union einbringt, das **genuin europäische Organ.** Ihr obliegt es, das **Unionsinteresse** zu definieren. 95

aa) Zusammensetzung der Kommission

Nach Art. 17 Abs. 4, 5 EUV umfasst die KOM eine der **Anzahl der MSen** entsprechende Zahl von Mitgliedern; dies schließt den Präsidenten und den Hohen Vertreter ein. Jeder MS verfügt über ein Kommissionsmitglied. Mit der Zahl von nunmehr 27 Mitgliedern ist die KOM überbesetzt und wenig effizient. Der immer wieder zu beobachtende (subsidiaritätsfeindliche) Ausgriff der KOM in Problembereiche ohne transnationale Dimension hinein ist auch auf die Überbesetzung des Gremiums zurückzuführen. 96

Nach Art. 17 Abs. 5 EUV, Art. 244 AEUV sollte die Größe der KOM ab dem 1.11.2014 reduziert werden. Die Zahl ihrer Mitglieder sollte danach zwei Dritteln der Anzahl der MSen entsprechen. In einem System der **„strikt gleichberechtigten Rotation",** in dem das „demographische und geographische Spektrum der Gesamt- 97 heit der MSen" zum Ausdruck kommen muss, sollte die Verteilung der Sitze auf die MSen erfolgen. Hinter dieser Formulierung steht das Ziel, eine arbeitsfähige Größe des Gremiums herzustellen. Die Bereitschaft der MSen, darauf zu verzichten, einen Staatsangehörigen in die KOM entsenden zu können, war aber erkennbar gering. Der Vertragsgeber sah deshalb in Art. 17 Abs. 5 EUV einen Weg vor, die bisherige Zahl beibehalten zu können. Der EuRat hatte bereits 2008 politisch zu erkennen gegeben, hiervon Gebrauch machen zu wollen und einen entsprechenden Beschluss gefasst (EuRat, 11225/2/09 REV 2, CONCL 2 vom 10.7.2009). Damit kam man Irland vor dem zweiten Referendum zum Lissabon-Vertrag entgegen. Die seit 2014 wirkende KOM umfasste 28 Personen; jene seit November 2019 nunmehr 27. Mit der Unwilligkeit zur Verkleinerung der KOM schaden sich die MSen letztlich selbst: Würde die Zahl der Mitglieder deutlich (auf ca. 8–10) verringert, fände quasi automatisch eine Konzentration der Arbeit auf europäisch wichtige Anliegen statt. Dem Subsidiaritätsprinzip würde so mehr als durch jedes institutionelle Kontrollverfahren gedient.

98 An der Spitze der KOM steht **ein Präsident.** Die **Stellung des Kommissionspräsidenten** ist im Nizza-Vertrag 2001 **gestärkt worden** (Art. 17 Abs. 6 EUV). Er übt die **politische Führung** über die KOM aus, verfügt über die innere Organisationsgewalt und leitet die Mitglieder bei der Ausführung der ihnen übertragenen Aufgaben. Aufgrund seiner Stellung im EuRat ist er besonders politisch „vernetzt". Er hat das Recht, ein Mitglied der KOM zum Rücktritt aufzufordern (Art. 17 Abs. 6 EUV). Er ist damit nicht bloß „primus inter pares". Der Grundsatz, wonach die KOM als Kollegium entscheidet, wird hiervon aber nicht berührt; der Präsident kann immerhin auf Effektivität drängen und auf den Entscheidungsfindungsprozess stark Einfluss nehmen. Nach Billigung durch das Kommissionskollegium ernennt der Präsident aus ihrem Kreise **Vizepräsidenten,** zu denen nach Art. 18 Abs. 4 S. 1 EUV der HV gehört. 2014 erfolgte eine Aufwertung der sechs Vizepräsidenten; in die KOM wurden so Elemente der Hierarchie einbezogen. Fachkommissare benötigen seither die Zustimmung des Vizepräsidenten, um die KOM mit einem Vorschlag zu befassen. Damit gewinnt die Arbeit der KOM eine klarere Struktur. Präsidentin *von der Leyen* hat eine neue Position (Geschäftsführender Vizepräsident/executive vice president) eingeführt, die drei Kommissaren übertragen wurde. Sie haben gegenüber den (fünf) sonstigen Vizepräsidenten eine herausragende Stellung inne.

bb) Ernennung

99 Das Verfahren der Ernennung der KOM ist in Art. 17 Abs. 7 EUV geregelt. Danach wird zunächst der Präsident der KOM **vom EP auf Vorschlag des EuRats** gewählt. Die übrigen Kommissionsmitglieder werden im Einvernehmen mit dem gewählten Präsidenten auf Grund einer von den MSen erstellten Liste vom Rat mit qualifizierter Mehrheit benannt und ernannt. Vor der Ernennung durch den EuRat bedarf das gesamte Kommissionskollegium eines **Zustimmungsvotums des EP** (oben Rz. 5/48f.).

cc) Der Status der Kommissare

100 Die Mitglieder der KOM müssen Staatsangehörige der MSen sein. Die Amtszeit beträgt 5 Jahre, Wiederernennung ist zulässig (Art. 17 Abs. 3 EUV). Die Mitglieder sollen auf Grund ihrer allgemeinen Befähigung ausgewählt werden und volle Gewähr für ihre Unabhängigkeit bieten. Üblicherweise werden als Kommissionsmit-

glieder **politische Persönlichkeiten aus den MSen** (ehemalige Minister, Parlamentarier u. ä.) oder **hohe Beamte** bestellt. Der **Kommissionspräsident** ist regelmäßig ein Politiker von gewichtigem Rang. Bislang sind die MSen allerdings davor zurückgeschreckt, ein politisches Superschwergewicht zu benennen, wohl in der Sorge, dass sich damit die Kräfteverhältnisse zu ihrem Nachteil verändern könnten. In der Geschichte der Integration gab es starke und einflussreiche, aber auch schwächere Präsidenten. Im Amt des Präsidenten hat sich die EU lange am prägnantesten verkörpert. Inzwischen drängt der Präsident des EuRats in den Vordergrund. Infolge der Praxis der MSen, Personen ihrer jeweiligen Regierungsmehrheit oder auch der Opposition zu benennen, ist die KOM **in einem politischen Sinne weit gefächert.** Bei der Auswahl des Kommissionspräsidenten ist auf das Ergebnis der letzten Europawahl Rücksicht zu nehmen (Art. 17 Abs. 7 EUV; zum „Spitzenkandidaten-Verfahren" oben Rz. 5/48).

Art. 17 Abs. 3 UAbs. 3 EUV betont, dass die Mitglieder der KOM ihre Tätigkeit **„in voller Unabhängigkeit"** auszuüben haben (vgl. auch Art. 245 AEUV). Der **unabhängige Status der KOM** wird durch weitere Begleitregelungen, u. a. einen **Verhaltenskodex** (KOM(2011) 2904 endg.), abgesichert (Weisungsunabhängigkeit von den MSen, Offenlegung der Vermögensverhältnisse, Verbot gleichzeitiger Berufstätigkeiten, Nebentätigkeitsregelung, bis hin zu einem „Geschenke-Register"). Wissenschaftliche und gewisse ehrenamtliche Betätigungen sind zulässig. Verbindungen der Kommissionsmitglieder mit dem nationalen politischen Leben (bis zu Wahlkandidaturen für politische Parteien) sind ebenfalls zulässig. Die Grenze zwischen wünschenswerten Kontakten zu den heimischen Regierungen und fragwürdigem „vorauseilendem Gehorsam" lässt sich in der Praxis nicht genau ziehen. Die Kommissionsmitglieder genießen darüber hinaus nach Art. 19, 12–15 und 18 des Protokolls über die Vorrechte und Befreiungen der Europäischen Union (ABl. 2007, C 306/165) gewisse Privilegien und Entlastungen. 101

Das Amt der Kommissionsmitglieder **endet** im Falle eines erfolgreichen Misstrauensvotums des EPs nach Art. 17 Abs. 8 EUV (oben Rz. 5/51). Es kann nur gegen die ganze KOM ausgesprochen werden. Daneben bestehen die normalen Beendigungsgründe wie Zeitablauf, Todesfall und Rücktritt (Art. 246 AEUV). Bei schweren Amtsverfehlungen u. ä. kann der Gerichtshof auf Antrag des Rates oder der KOM ein Mitglied der KOM seines Amtes entheben (Art. 247 AEUV). Der Kommissionspräsident kann ein Mitglied mit Billigung des Kollegiums zum Rücktritt veranlassen (Art. 17 Abs. 6 EUV). Die **Unabhängigkeit des Kommissionsamtes** ist auch dadurch geschützt, dass die nationalen Regierungen oder der Rat ein einmal ernanntes Kommissionsmitglied während seiner Amtszeit nicht aus dem Amt entfernen können. 102

dd) Der Hohe Vertreter für Außen- und Sicherheitspolitik (HV)

Zu den großen Neuerungen des Lissabon-Vertrags gehört das in Art. 18 EUV eingerichtete Amt eines sichtbaren Leiters der GASP und der GSVP, auch wenn der EUV darauf verzichtet, von einem „Außenminister" zu sprechen. Es geht darum, der Außendarstellung Sichtbarkeit und Konstanz zu verleihen. Der Amtsträger (gegenwärtig: *Josep Borrell*) ist zugleich Vizepräsident der KOM und im EuRat vertreten. In der KOM leitet der HV die Dienststellen des Äußeren (sowie die Europäische Verteidigungsagentur u. a.) und ist damit auch für den Auswärtigen Dienst (unten Rz. 5/112) 103 zuständig (Art. 27 Abs. 3 EUV). Dem HV obliegt die Aufgabe, die Union im Bereich der GASP zu vertreten. Die Institution des HV soll die äußere Seite der EU deutlicher machen und für ein geschlossenes Auftreten sorgen. Allerdings bewirkt er eine problematische Verschränkung von EuRat und KOM. Auch der Präsident des EuRat wird sich eines äußeren Auftretens nicht enthalten (Art. 15 Abs. 6 EUV) und so für Konfliktpotential sorgen (*von Ondarza/Scheler,* Integr. 2015, 129).

ee) Organisation und Geschäftsgang

104 Die KOM ist ein unabhängiges Organ und untersteht weder den Weisungen der anderen EU-Organe noch jenen der MSen. Dementsprechend ist ihre **interne Willensbildung und Arbeitsweise** weitgehend autonom ausgestaltet. Die KOM hat sich gemäß Art. 249 Abs. 1 AEUV eine **Geschäftsordnung** gegeben (ABl. 2000, L 308/26, Änderungen).

Die **Permanenz der Arbeit und Willensbildung** (i. d. R. mindestens eine Sitzung in der Woche der KOM (Art. 5 Abs. 2 GO KOM), daneben die schriftlichen und vereinfachten Beschlussverfahren), aber auch das durchgängige Mehrheitsprinzip bei den Entscheidungen, unterscheidet die Tätigkeit der KOM deutlich von der mehr sporadischen des Rates.

105 Im Entscheidungsprozess der KOM dominiert das **Kollegialprinzip.** Grundsätzlich *entscheidet* die KOM als Kollegium (Art. 250 Abs. 1 AEUV). Gleichwohl gibt es rechtlich-politische Unterschiede. Seit 2014 sind die Vizepräsidenten im Binnenrecht der KOM deutlich aufgewertet; inzwischen gibt es weitere hierarchische Abstufungen. Die „Ressortverantwortlichkeiten" der einzelnen Kommissare haben zudem **unterschiedliches politisches Gewicht.** Die mit der Leitung wichtiger Generaldirektionen verbundenen Steuerungsmöglichkeiten und das damit einhergehende politische Ansehen sind von außerordentlicher politischer Bedeutung. Rechtlich kennt das EU-Recht aber ein Ressortprinzip, das dem Leiter einer Generaldirektion die **außenverantwortliche Entscheidung** ermöglichte, grundsätzlich nicht. Vielmehr müssen auch Entscheidungen, die sich in einem Ressort bewegen, vom Kollegium getroffen werden. Das macht die politische Arbeit schwerfällig und ineffizient. Verletzungen des Kollegialprinzips führen zur Rechtswidrigkeit des Beschlusses.

Die **politische Führung der KOM durch ihren Präsidenten** (Art. 248 AEUV) drückt sich in verschiedenen Weisungsrechten gegenüber den Kommissionsmitgliedern sowie in der Außenvertretung der KOM aus (Art. 3 Abs. 3 GO KOM). Allerdings kennt das Organisationsrecht der KOM keine Steuerungsbefugnis des Präsidenten, die so stark ist wie etwa die in Art. 65 GG angelegte Kompetenz des Bundeskanzlers gegenüber den Mitgliedern der Bundesregierung.

106 Der quantitative Umfang der Aufgaben der KOM bedingt einen **großen Verwaltungsapparat** (z. Z. ca. 30 000 Personen). Zu Unrecht spricht man manchmal von „Eurokratie" oder einem „Brüsseler Wasserkopf". Nimmt man die Aufgaben der KOM zum Maßstab, handelt es sich um eine äußerst effiziente und schlagkräftige Verwaltungseinheit. Erst die Existenz dieser kraft der Organisationsgewalt der KOM geschaffenen, hinreichend schwergewichtigen und qualifizierten Behörde gibt der Aktion der EU die nötige Konstanz, Stabilität und Sachautorität (*Sabathil/Dietz/Joos/Keßler* (Hrsg.), Das Räderwerk der Europäischen Kommission, 4. Aufl. 2005). Verglichen mit nationalen Ministerialverwaltungen ist die für ca. 450 Millionen Unionsbürger verantwortliche Kommissionsverwaltung keineswegs zu groß.

Nicht nur im Bereich der KOM besteht ein **europäisches Personalrecht,** das die Rekrutierung geeigneter „Europabeamter" ermöglicht (unten Rz. 7/1 ff.). Neben der fachlichen Qualifikation bedarf es bei den schwierigen Integrationsaufgaben des **persönlichen Engagements der Bediensteten** für das „allgemeine Wohl der Gemeinschaft" (*Hallstein,* Zum Ethos des Europa-Beamten, in: Oppermann (Hrsg.), Europäische Reden, 1979, 441). 107

(1) Generalsekretariat, Generaldirektionen und Dienste

Die Dienststellen der KOM sind zur Vorbereitung ihrer Beschlussfassung **ressortmäßig geordnet.** Der Präsident entscheidet über die interne Organisation (Art. 248 AEUV). Die Dienststellen gliedern sich in die **Generaldirektionen** und in **gleichgestellte Dienste** (Art. 19 Abs. 1 GO KOM). Sie gliedern sich weiter in **Direktionen und Referate.** Zur Beratung und Koordinierung steht jedem Kommissionsmitglied ein **Kabinett** aus einer Gruppe politischer Beamten zur Verfügung. 108

Unter den Allgemeinen und Internen Diensten kommt dem **Generalsekretariat** besondere Bedeutung zu. An der Spitze sitzt seit 2020 die Lettin *Ilze Juhansone.* Es koordiniert die Arbeit der Gesamtkommission und hält die Verbindung zu den anderen EU-Organen. Ferner ist der **Juristische Dienst** für die Tätigkeit der KOM sehr wichtig. Die EU ist „Rechtsgemeinschaft" ohne wesentliche eigene Zwangsgewalt. Daher ist es für die KOM als Initiator der Gemeinschaftsaktion in den Auseinandersetzungen mit den MSen von essentieller Bedeutung, von gesicherter Rechtsgrundlage aus zu operieren. Auch als justizielle „Hüterin der Verträge" im Sinne von Art. 258 AEUV bedarf die KOM qualifizierter Rechtsberatung und Vertretung vor dem Gerichtshof. 109

Vier Behörden, die der KOM – bzw. im vierten Fall: dem HV – zugeordnet sind, seien hier besonders erwähnt:

Der KOM institutionell zugeordnet ist auch das **Statistische Amt (Eurostat).** Es wurde 1958 in Fortführung und Erweiterung des bereits früher bestehenden Statistischen Amtes der EGKS durch internen Organisationsakt von EWG/EAG gegründet (heute: VO 2009/223, ABl. L 87/164). An der Spitze des Statistischen Amtes steht ein Generaldirektor. Das Amt ist dem Kommissar für Beschäftigung und soziale Rechte zugeordnet, sein Sitz liegt in Luxemburg. Es arbeitet mit den nationalen Statistischen Ämtern zusammen und sucht durch Koordinierung die Statistik im EU-Raum vergleichbar zu machen und selbst Unionsstatistiken zu erlassen. Das Statistische Amt der EU hat keine verbindliche Rechtsgewalt nach außen, sondern arbeitet im Wege empfehlender Verwaltungspraxis bzw. freiwilliger Übereinkünfte mit den Partnern. 110

1969 wurde durch eine Entscheidung der EWG-Organe (v. 16. 1. 1969, ABl. L 13/19) das **Amt für amtliche Veröffentlichungen** errichtet (heute: Beschl. 496/2009, ABl. L 168/41, Änderungen). Es hat seinen Sitz in Luxemburg. Das Amt besorgt alle rechtlich erforderlichen Publikationsaufgaben der EU (vgl. insbesondere Art. 297 AEUV hinsichtlich des Amtsblattes der EU [Entsch. 1958/390, ABl. P 17/390]). Daneben werden über das Amt zahlreiche „andere Publikationen" der EU veröffentlicht (vgl. die monatlichen und jährlichen Kataloge des Amtes). Da die offiziellen Publikationen und viele der übrigen in allen Amtssprachen der EU erscheinen, ergeben sich daneben beträchtliche Übersetzungsaufgaben. Inzwischen ist die Internetpräsenz in den Vordergrund gerückt. Das Amt dient allen Organen der EU, die im Leitungsausschuss des Amtes vertreten sind. 111

1999 wurde bei der KOM das **Europäische Amt für Betrugsbekämpfung** (OLAF) eingerichtet (Beschl. 1999/352, ABl. L 136/20). Anlass waren erhebliche Unregelmäßigkeiten in der Kommissionsverwaltung. OLAF ist eine verstärkte und mit größerer Unabhängigkeit ausgestattete Fortsetzung der früheren Direktion UCLAF der KOM, die zur Betrugsbekämpfung nach Art. 325 AEUV eingerichtet worden war. OLAF hat den Sitz in Brüssel (im Einzelnen: Rz. 7/14, 8/59). OLAF hat Untersuchungsbefugnisse gegenüber allen EU-Institutionen (zur EZB: EuGH, 10.7.2003, Rs. C-11/00, „KOM/EZB"). 112

Der **Europäische Auswärtige Dienst (EAD)** unterstützt nach Art. 27 Abs. 3 EUV den HV (*Sydow*, JZ 2011, 6). Er setzt sich zu mindestens 60% aus Beamten der EU (insb. KOM und Rat) und zu mindestens 33% aus von den MSen abgeordneten Diplomaten zusammen. Er hat ca. 3600 Mitarbeiter, davon 1600 in der Zentrale und 2000 in den Delegationen. In den Missionen der EU arbeiten zudem 40000 Angestellte im Bereich ziviles und militärisches Krisenmanagement. Der EAD nahm seine Arbeit Ende 2010 auf. In ihn sind die Delegationen der EU überführt worden (Art. 221 Abs. 2 S. 1 AEUV; gegenwärtig 142 Delegationen in Drittstaaten und internationalen Organisationen). Der EAD ist keine Agentur, zugleich aber auch nicht eine normale Dienststelle der KOM. Die Mitarbeiter sind personalrechtlich EU-Beamte. Haushaltsrechtlich ist der EAD einem Organ gleichgestellt und verfügt über einen eigenen Haushalt (*Sichel*, EuR 2011, 447; *Martenczuk*, EuR-Beiheft 2/2012, 189; *Kruse*, Der Europäische Auswärtige Dienst zwischen intergouvernementaler Koordination und supranationaler Repräsentation, 2014).

(2) Ausschüsse bei der Kommission („Komitologie")

113 Die KOM lässt sich zur **Vorbereitung ihrer Tätigkeit,** insbesondere in der Ausübung ihres Vorschlagsrechtes, häufig durch **Ausschüsse von Sachverständigen oder Bediensteten der MSen** beraten. Diese Einbeziehung der nationalen Regierungs- und Verwaltungserfahrung in die Kommissionsarbeit stärkt die Kommunikation zwischen der KOM und den nationalen Stellen, führt ihr Sachverstand zu und bereitet die spätere Durchführung vor. Sie wird heute als wichtiges Element der Ebenenverflechtung angesehen („Keimzelle der EU-Rechtsakte"). Teilweise wird das Komitologieverfahren wegen mangelnder demokratischer Kontrolle kritisiert („Herrschaft der Beamten"). Der EuGH hat das Komitologieverfahren gebilligt, solange das institutionelle Gleichgewicht gewahrt bleibt, d. h. die Letztdurchführungskompetenz muss entweder bei der KOM oder beim Rat liegen, aber nicht „gemischt" beim Ausschuss (EuGH, 27.9.1988, Rs. 302/87, „Komitologie").

114 Unterstützt wird die Tätigkeit der KOM teilweise von **beratenden Ausschüssen,** die im Vertrag selbst vorgesehen sind (z. B.: Beratender Ausschuss für Verkehrsfragen bei der Kommission (Art. 99 AEUV), Wirtschafts- und Finanzausschuss (Art. 134 AEUV), Ausschuss zur Unterstützung der Kommission bei der Verwaltung des Europäischen Sozialfonds (Art. 163 Abs. 2 AEUV)). Andere Ausschüsse wurden kraft **Organisationsgewalt der EU-Organe** geschaffen. Es bestehen mehrere hundert Komitologie-Ausschüsse, die jährlich mehrere Tausend Rechtsakte vorbereiten oder bei Durchführungsmaßnahmen begleiten.

115 Die Unterstützung bezieht sich nicht nur auf die Wahrnehmung der Vorschlagsrechte, die die KOM im Gesetzgebungsverfahren innehat (Art. 17 Abs. 2 S. 1 EUV; insoweit freiwillige Einbeziehung der Ausschüsse). Sie spielt auch beim Erlass von abgeleiteten Akten eine wichtige Rolle. Der Lissabon-Vertrag brachte hier wesentliche Neuregelungen mit sich (Art. 291 AEUV). Die **Verordnung** zur Konkretisierung von Art. 291 AEUV ist im Frühjahr 2011 in Kraft getreten (unten Rz. 11/34ff.). Sie sieht ein Prüf- und ein Beratungsverfahren vor. Nach den Bestimmungen der VO ist es Sache des Gesetzgebers, im Basisrechtsakt zu entscheiden, ob und welches Verfahren zum Erlass von Durchführungsakten vorgesehen wird. Die Freiheit der KOM wird damit begrenzt (*Daiber*, EuR 2012, 240; *Schlacke*, JÖR n. F. 2013, 293; *Haselmann*, Delegation und Durchführung gemäß Art. 290 und 291 AEUV, 2012).

116 In der Gesamtsicht ergibt sich ein gemischtes Bild. Zwar wird die Rolle der KOM im neuen System der Art. 290ff. AEUV tendenziell gestärkt. Sie spielt weiterhin eine **zentrale Rolle bei der Ausgestaltung und Steuerung der Durchführung des Uni-**

onsrechts durch die MSen (Art. 291 Abs. 1 AEUV). Allerdings gewinnt das EP im Rahmen der delegierten Rechtsetzung an Bedeutung. Der Rat verfügt über erhebliche Mitsprache.

b) Beschlussverfahren der Kommission

aa) Kommissionskollegium

Die KOM arbeitet als **Kollegium** unter der politischen Führung des Präsidenten (Art. 1 GO KOM). Sie fasst ihre Beschlüsse mit der **Mehrheit ihrer Mitglieder** und verantwortet sie gemeinsam (Art. 250 Abs. 1 AEUV; EuGH, 8.6.1999, Rs. C-198/97, „KOM/BRD"). Anderenfalls ist der Beschluss nichtig (EuGH, 15.6.1994, Rs. C-137/92 P, „KOM/BASF u. a."). Zur Beschlussfähigkeit der KOM muss die Mehrheit der Mitglieder anwesend sein. Die KOM tagt grundsätzlich einmal in der Woche (nichtöffentlich) in gemeinschaftlicher Sitzung; Beratungssprachen sind Französisch, Englisch und Deutsch. Bei Verhinderung kann sich ein Mitglied durch den Kabinettschef vertreten lassen, ohne dass dieser ein Stimmrecht hätte. Daneben gibt es die Möglichkeit der Beschlussfassung im schriftlichen Verfahren (Art. 12 GO KOM). Hiervon wird in der Praxis erheblicher Gebrauch gemacht. Der Vorschlag kursiert hier im Regelfall fünf Tage. Erfolgt keine ablehnende Äußerung, so gilt er als angenommen. Jederzeit kann beantragt werden, den Vorschlag in der gemeinschaftlichen Sitzung zu behandeln. 117

bb) Vereinfachtes Beschlussverfahren

Das Art. 250 AEUV innewohnende Kollegialprinzip steht in einem Spannungsverhältnis zur praktischen Notwendigkeit täglicher, ja stündlicher Beschlussfassung der KOM, insbesondere im Agrarbereich (unten Rz. 24/1) und im Wettbewerbs- und im Außenwirtschaftsrecht. Die GO sieht deshalb die Ermächtigung von Mitgliedern vor, im Namen der KOM eindeutig umschriebene Maßnahmen ohne Ermessensausübung zu erlassen (Art. 13 GO KOM). Bei der Beurteilung dieses Verfahrens, das keine Delegation darstellt, sondern lediglich eine Übertragung der Zeichnungsberechtigung bedeutet (EuGH, 23.9.1986, Rs. 5/85, „Akzo"), ist daher Großzügigkeit am Platze. Grenze bleibt jedoch, dass das Kommissionskollegium mindestens virtuell die Beschlussfassung im Einzelfall wieder an sich ziehen kann. Das vertragskräftige Kollegialprinzip **erlaubt keine echte Delegation der Organzuständigkeit** (Kompetenzübertragung) auf nachgeordnete Stellen (EuGH, 13.6.1958, Rs. 9/56, „Meroni I"; EuGH, 14.7.1972, Rs. 52/69, „Geigy"). Die Delegation des Art. 14 GO KOM betrifft dienstinterne Maßnahmen. 118

c) Aufgaben und Funktionen der Kommission

Die KOM nimmt ihre Funktionen und Aufgaben **nach Maßgabe der Verträge** wahr. 119
Art. 17 Abs. 1 EUV gibt einen anschaulichen Überblick. Die Schwerpunkte der Kommissionstätigkeit liegen in ihrem **Initiativmonopol** bei der Rechtsetzung der Gemeinschaft, in der **Außenvertretung** der EU, in der mehr **verwaltenden Durchführung** des Unionsrechts und in einer **Kontrolle der Legalität** der Unionsordnung, hier im Zusammenwirken mit dem EuGH („Hüterin der Verträge").

aa) Gubernativfunktionen

Die KOM nimmt im Rahmen der allgemeinen Vorgaben des (Europäischen) Rates 120
(Art. 15 Abs. 1 S. 1, Art. 16 Abs. 1 S. 2 EUV) politische Führungsfunktionen wahr. In diesem Rahmen ist sie nicht „Befehlsempfänger", sondern ein **unabhängiges Organ,** das eigenständige Initiativen entwickelt und Entscheidungen trifft. Man spricht von der **„Gemeinschaftsmethode"** („Methode Monnet"). Sie charakterisiert sich vor allem bei der Rechtsetzung dadurch, dass die KOM durch ihre Vorschläge das gemeinsame europäische Interesse definiert. Die KOM hat bedeutsamen Anteil an der **„Governance" der Union** (Weißbuch der KOM „Europäisches Regieren", ABl. 2001, C 287/1; *Hayder,* ZG 2002, 49). Allerdings fällt es ihr schwer, eine entsprechende Rolle in der GASP zu spielen. Die KOM betrachtet die Schaffung vertragsfremder Institutionen wie den ESM tendenziell als unzulässige Konkurrenz.

bb) Rechtsetzung – Haushaltsgesetzgebung

(1) Das Vorschlagsrecht zur Rechtsetzung

121 Grundsätzlich werden die Rechtsetzungskompetenzen des AEUV **„auf Vorschlag der Kommission"** wahrgenommen. Rat und EP haben kein Vorschlagsrecht, um eine „Zerfaserung" des Unionsinteresses zu vermeiden (**„Initiativmonopol"** der KOM (*von Buttlar,* Das Initiativrecht der Europäischen Kommission, 2003). Da der Rat Änderungen des Vorschlages nur einstimmig beschließen, die KOM aber ihrerseits bis zur Beschlussfassung seitens des Rates ihren ursprünglichen Vorschlag ändern kann (Art. 293 Abs. 2 AEUV), ergibt sich eine technisch-politische Schlüsselrolle der KOM bei der Rechtsetzung der EU. In der bekannten Formel *Hallsteins* hat sie als **„Motor des Vertrages"** zu dienen. Zur politischen Rolle der KOM gehört, den Vorschlag so zu gestalten – auch in etwaiger Abänderung nach der Mitwirkung des EP, WSA oder des AdR –, dass er vom EP und dem Rat akzeptiert wird. In der Unionswirklichkeit ist die KOM dieser Aufgabe unterschiedlich gerecht geworden.

122 Im Näheren ergeben sich freilich **einige Modifikationen dieses Bildes.** Nicht immer beruht die Gesetzgebung auf einem Vorschlag der KOM (z. B. Art. 75, Art. 76 AEUV). Art. 241 AEUV gibt dem Rat die Befugnis, die KOM zur Vorlage erwünschter Vorschläge aufzufordern; gleiche Rechte haben das EP (Art. 225 AEUV) und (im Ausnahmefall) die Mitgliedstaaten (Art. 135 AEUV). Auch die Bürgerinitiative (Art. 11 Abs. 4 EUV) kann Aufforderungen formulieren. Ferner beachtet die KOM im Wege der Selbstverpflichtung die sog. **„Initiativberichte" des EP.** Schließlich ist die KOM in sehr vielen Fällen darauf angewiesen, vor Abgabe eines Vorschlages in fachliche Beratung mit den Sachverständigen der MSen einzutreten, um einen sowohl qualitativ geeigneten als auch politisch durchsetzbaren Vorschlag zu erstellen. Dennoch kommt es immer wieder vor, dass Kommissionsvorschläge im Rat unerledigt „stecken bleiben" (unten Rz. 11/51 ff.). Eine Erzwingung der Beschlussfassung durch den Rat ist der KOM nicht möglich. Allerdings hat der EuGH der KOM in bestimmten Fällen bei Untätigkeit des Rates die Befugnis zu „ersatzorganschaftlichem Handeln" zusammen mit den MSen zugestanden (EuGH, 15. 12. 1987, Rs. 332/85, „Seefischereiquoten").

(2) Haushaltsverfahren und Vertragsänderung

123 Besondere Beteiligungen an Rechtsetzungsbefugnissen hat die KOM im Haushaltsrecht, wo sie den Entwurf des Haushaltsplanes erstellt und dem EU-Haushaltsgesetzgeber vorlegt (Rz. 8/39 ff.). Ferner hat sie nach Art. 48 Abs. 2 S. 1 EUV neben den Regierungen der MSen ein Initiativrecht zur **Vertragsänderung.**

(3) Selbständige Rechtsetzungsbefugnisse

124 Neben der Beteiligung der KOM an der ordentlichen Gesetzgebung stehen ihr vereinzelt **selbständige Rechtsetzungsbefugnisse** zu. Sie verfügt zum einen über eine Reihe vertraglich begründeter **Kompetenzen** (z. B. Art. 106 Abs. 3 AEUV; Erlass von Finanzmaßnahmen im Haushaltsbereich). Von besonderer Bedeutung sind **Art. 290 AEUV (delegierte Rechtsetzung)** und **Art. 291 AEUV (Durchführungsrechtsetzung).** Ferner hat sie über das **sekundäre EU-Recht** zahllose Befugnisse für den Erlass von **Durchführungsvorschriften** u. ä. erhalten, allerdings regelmäßig unter Mitwirkung des Rates oder beratender Gremien („Komitologie", oben Rz. 5/113).

(4) Empfehlungen und Stellungnahmen

125 Schließlich ist die KOM befugt, nach eigenem Ermessen nicht bindende **Empfehlungen und Stellungnahmen** (Art. 288 Abs. 5 AEUV) auf allen Vertragsgebieten abzugeben. Die KOM pflegt von dieser Befugnis in Gestalt von Plänen, Program-

men, Grün- und Weißbüchern, Memoranden u. a. m. reichhaltigen Gebrauch zu machen. Hiermit werden der Aktion der Gemeinschaft des Öfteren Impulse gegeben.

cc) Außenbeziehungen

Als das permanente und den europäischen Gemeinwillen besonders repräsentierende Organ hat die KOM **wesentlichen Anteil an der EU-Außenkompetenz** (unten § 38). Zwar werden die rechtsförmigen Akte in der Gemeinsamen Handels- und Entwicklungspolitik, bei Assoziierungen und Beitritten regelmäßig im Gesetzgebungsverfahren erlassen. Die KOM hat jedoch durch ihre Vorschläge zur Durchführung der **Handelspolitik** (Art. 207 Abs. 2 AEUV), durch ihre vertragliche Rolle als „geborener" Verhandlungsführer der Union (Art. 207 Abs. 3, 218 AEUV), als Vertreter in Internationalen Organisationen (Art. 220 Abs. 2 AEUV), im Rahmen der Wahrnehmung des Gesandtschaftsrechts und durch eine Kontrollfunktion hinsichtlich der Rechtskonformität der einschlägigen mitgliedstaatlichen Abkommen einen maßgeblichen Anteil an der Außenkompetenz. Das gilt auch für die **Assoziierungen** (Art. 217 AEUV). Im GASP-Bereich tritt allerdings der HV auf (Art. 18 Abs. 2, Art. 24 Abs. 1 EUV). Beim **Beitritt** beschränkt sich die Aufgabe der KOM auf die Abgabe einer Stellungnahme zum Beitrittsantrag (Art. 49 Abs. 1 S. 3 EUV). Faktisch spielt die KOM bei allen **Beitrittsverhandlungen** infolge ihrer Sach- und Verhandlungskompetenz aber eine zentrale (verhandlungsführende) Rolle. In Einzelfällen (Art. 220 Abs. 2 AEUV) kann die KOM – in Abstimmung mit dem HV – für die EU Abkommen mit Drittstaaten und Internationalen Organisationen schließen. Im **Austrittsverfahren** nach Art. 50 EUV wird sie formal **nicht beteiligt.** Beim „Brexit" hat sie aber durchgesetzt, dass sie die Verhandlungsführung bei der Verhandlung des Austrittsvertrags übernimmt; sie hat hier ihre überlegene Sachkenntnis ebenso wie ihre Koordinationsfähigkeiten hervorragend ausspielen können. 126

dd) Verwaltung

Es obliegt der KOM nach besonderer Maßgabe der Verträge, für die **„Anwendung der Verträge Sorge zu tragen"** (Art. 17 Abs. 1 S. 2 EUV). Dabei geht es auf der einen Seite um die Durchführungsrechtsetzung (oben Rz. 5/124). Die Verträge und das Sekundärrecht geben der KOM darüber hinaus aber auch vielfältige Befugnisse zur konkret-individuellen Anwendung des EU-Rechts. Im Rahmen dieser umfänglichen **Verwaltungstätigkeit** der Kommissionsdienststellen ergehen jährlich über 20 000 Beschlüsse (Bewertungen, Feststellungen, Zustimmungen, Genehmigungen, Finanzmaßnahmen, Schutzmaßnahmen u. ä.). Die KOM vertritt die EU vor mitgliedstaatlichen Gerichten. Auch die Vertretung vor dem EuGH obliegt ihr (ggf. iVm dem Rat). Die KOM vertritt die EU im privatrechtlichen Verkehr (Art. 335 S. 2 AEUV). 127

(1) Erlass von Durchführungsrecht

Die Verantwortung, sicherzustellen, dass das EU-Recht von den MSen richtig durchgeführt und die primärrechtlichen Vorgaben beachtet werden, liegt grundsätzlich bei der KOM (Art. 291 Abs. 2 AEUV; Art. 17 Abs. 1 EUV). Sie achtet etwa darauf, dass der **freie Warenverkehr** nach Art. 28, 34 AEUV und das sekundäre Recht im **Agrarbereich,** bei der Freizügigkeit und im sozialen Sektor (Art. 38, 45, 151 AEUV) beachtet werden. Im Verkehrssektor (Art. 90 ff. AEUV) sind der KOM nach dem Vertrag verschiedene Konkretisierungsbefugnisse u. ä. übertragen. Ähnliches gilt für die Steuerangleichung (Art. 110 ff. AEUV) und die **allgemeine Rechtsangleichung** (Art. 114 f. AEUV), wo die KOM u. a. die nationale 128

Rechtsentwicklung fortlaufend beobachtet. Auch im **Beihilfenrecht** hat die KOM Durchführungsverordnungen erlassen (Art. 109 AEUV). Die Möglichkeit, auch in anderen Bereichen Durchführungsbestimmungen zu erlassen (Art. 290, 291 Abs. 2 AEUV), ist bereits angesprochen worden (oben Rz. 5/115).

(2) Einzelfallanwendung

129 Weiterhin sind die außenwirksamen Verwaltungsbefugnisse der KOM vergleichsweise gering: Die Durchführung des Unionsrechts liegt vor allem in den Händen der MSen (Art. 291 Abs. 1 AEUV), zudem mit zunehmender Bedeutsamkeit bei den EU-Agenturen und -Einrichtungen. Gleichwohl gibt es wichtige Bereiche unmittelbarer EU-Verwaltung: Verwaltungsbefugnisse besitzt die KOM etwa als Kontrollinstanz in der **Wettbewerbspolitik** einschließlich der staatlichen Beihilfen (Art. 101f., 108 AEUV, Rz. 20/45ff., 21/27ff.). Ferner ist die **Verwaltung der Gemeinschaftsfonds** (Agrar-, Sozial-, Regional-, Überseefonds u. a.) eine Domäne der KOM. In der **Forschungs- und Bildungspolitik** obliegt der KOM die Verwaltung der Unionsprogramme (unten Rz. 34/7). Eine wichtige Schlüsselrolle spielt die KOM bei der Frage der **Gewährung von handelspolitischen Schutzmaßnahmen in Krisensituationen.** Auch in den **Außenbeziehungen** (Art. 205ff. AEUV) ergeben sich für die KOM neben ihrer verhandlungsführenden Funktion mancherlei Ausführungsaufgaben bei abgeschlossenen Verträgen mit Drittstaaten. Die Beziehungen zu internationalen Organisationen werden demgegenüber vom HV unterhalten (Art. 220 Abs. 2 AEUV). Es zeichnet sich ab, dass unabhängige Behörden (an der Stelle einer kommissionsunmittelbaren Verwaltung) zukünftig weiter Gewicht gewinnen werden.

ee) Kontrollrechte

130 Die KOM trägt für die **Anwendung des EU-Rechts Sorge** (Art. 17 Abs. 1 S. 2 EUV). Die Kommission ist **„Hüterin der Verträge“.** Diese Kontrollfunktion ist für den Bestand der EU ebenso wichtig wie in der Praxis schwer zu erfüllen. Anders als bei der Rechtsdurchsetzung im Bundesstaat, dem Zwangsbefugnisse wie Reichsexekution oder Bundeszwang zur Verfügung stehen, beschränken sich die Befugnisse der KOM in der „Rechtsgemeinschaft“ EU im Wesentlichen auf **justizielle Maßnahmen** wie vor allem auf die **Klagerechte** des Art. 258 AEUV. Der Respekt vor dem EuGH ist die Ultima Ratio des Vertragsschutzes in der Union. Gegen einen MS, der eine Entscheidung des EuGH nicht respektiert, kann die KOM beim EuGH die Verhängung eines **Pauschalbetrages oder Zwangsgeldes** beantragen (Art. 260 AEUV, unten Rz. 13/38ff.).

131 Zur Ausübung ihrer „Hüterfunktion“ verfügt die KOM gegenüber **Individuen** über **zahlreiche Unterrichtungs- und Untersuchungsrechte** in den Verträgen und im Sekundärrecht (z. B. im Kartellbereich, auch Art. 337 AEUV). Auf Wunsch des EP erstattet die KOM Jahresberichte über die Kontrolle der Anwendung des Unionsrechts. In der Wettbewerbs- und Verkehrspolitik und im Montanbereich kann die KOM ausnahmsweise **Sanktionen** gegen Individuen erlassen, die sich vertragswidrig verhalten (*Harding,* Investigations and Sanctions in the European Community, 1992, unten Rz. 12/53).

5. Europäische Gerichtsbarkeit (EuGH und EuG)

Literatur: *Kutscher,* Der Gerichtshof der Europäischen Gemeinschaften 1952–1982: Rückblick – Ausblick, Integr. 1983, 149; *Rasmussen,* On Law and Policy in the European Court of Justice, 1986; *Rodríguez Iglesias,* Der Gerichtshof der Europäischen Gemeinschaften als Verfassungsgericht, 1992; *Oppermann,* Die dritte Gewalt in der Europäischen Union, DVBl. 1994, 901; *Weiler,* The Transformation of Europe, in: ders., The Constitution of Europe, 1999, 10; *Rodríguez Iglesias,* Der EuGH und die Gerichte der Mitgliedstaaten, NJW 2000, 1889; *Hirsch,* Die Rolle des Europäischen Gerichtshofs bei der europäischen Integration, JÖR n. F. 2001, 79; *Everling,* 50 Jahre Gerichtshof der Europäischen Gemeinschaften, DVBl. 2002, 1293; *Skouris,* Demokratie und Verfassungsgerichtsbarkeit aus der Sicht des Europäischen Gerichtshofes, FS Korinek, 2002, 151; *Stone Sweet,* The Judicial Construction of Europe, 2004; *von Danwitz,* Funktionsbedingungen der Rechtsprechung des Europäischen Gerichtshofes, EuR 2008, 769; *Everling,* Zur Gerichtsbarkeit der Europäischen Union, FS Rengeling, 2008, 527; *Pernice,* Die Zukunft der Unionsgerichtsbarkeit, EuR 2011, 151; *Adams/de Waele/Meeusen/Straetmans* (Hrsg.), Judging Europe's Judges,

2013; *Wägenbaur,* Court of Justice of the European Union, 2013; *Court of Justice of the EU* (Hrsg.), The Court of Justice and the Construction of Europe, 2013; *Bobek,* The Court of Justice of the European Union, in: Arnull/Chalmers (Hrsg.), The Oxford Handbook of European Union Law, 2015, 153; *Hakenberg,* Zur Reform am Gerichtshof der Europäischen Union, ERA Forum 2015, 563; *Lock,* The European Court of Justice and International Courts, 2015; *Hoffmann,* Der Gerichtshof der Europäischen Union – re-organisiert, EuR 2016, 197; *Saurugger/Terpan,* The Court of Justice of the European Union and the Politics of Law, 2017; *Hummer/Vedder/Lorenzmeier,* Europarecht in Fällen, 7. Aufl. 2020; *Lenaerts/Guitiérrez Fons,* Les méthodes d'interprétation de la Cour de justice de l'Union européenne, 2020.

Die EU erweist sich als staatsähnliche Institution rechtsstaatlich-gewaltenteilenden Typus auch dadurch, dass in ihr die rechtsprechende („Dritte") Gewalt mit bemerkenswert vielschichtigen Konturen ausgebildet ist. Der Vertrag sieht vor, dass sich der **„Gerichtshof der Europäischen Union"** aus dem Gerichtshof („EuGH"), dem Gericht („EuG") und den Fachgerichten zusammensetzt (Art. 19 Abs. 1 S. 1 EUV). Die Gesamtinstitution bildet ein Organ der EU (Art. 13 Abs. 1 EUV). Der Lissabon-Vertrag brachte insofern eine Neuerung: Der EGV bezeichnete als Organ nur den EuGH (Art. 7 Abs. 1 EGV). Zwischen den vertraglich vorgesehenen drei Gerichtskörpern besteht ein Intraorganverhältnis. 132

In den Jahren von 1952–1957 bildete der EuGH die Gerichtsbarkeit der EGKS. 1958 wurde er zum **gemeinsamen Gerichtshof der Gemeinschaften.** Infolge der Überlastung des EuGH trat 1989 ein **Gericht erster Instanz (EuG)** an seine Seite. Der Vertrag von Nizza 2001 eröffnete die Möglichkeit, dem EuG **gerichtliche Kammern** für Rechtsstreitigkeiten bestimmter Sektoren beizuordnen. Im Dezember 2005 nahm ein **Gericht für den öffentlichen Dienst (GöD)** seine Arbeit auf. Damit war die europäische Gerichtsbarkeit zwischenzeitlich **dreistufig.** Die Zuständigkeitsverteilung zwischen EuGH und EuG war unübersichtlich, die Einheit der Rechtsprechung war nicht immer gesichert. Das EuG erwies sich schnell als überlastet. Die Zusammensetzung des GöD (7 Richter) erwies sich als unbefriedigend. Auf Vorschlag des EuGH wurde daher 2016 eine Auflösung des GöD und die schrittweise Erhöhung der Zahl der EuG-Richter beschlossen. Ab 2019 wirken am EuG zwei Richter je Mitgliedstaat. Die Richter des GöD wurden in das EuG integriert (VO 2015/2422, ABl. L 341/14; vgl. dazu auch *Hakenberg,* ERA Forum 2015, 563). Zusätzlich wurden im Oktober 2019 beim EuGH und beim EuG unabhängige Datenschutz-Kontrollausschüsse eingerichtet (Art. 8 Abs. 3 GRC; ABl. 2019 C 383/2; ABl. 2019 C 383/4). 133

Der Gerichtshof verfügt grundsätzlich über **umfassende Gerichtsbarkeit** über Maßnahmen der EU; seine Gerichtsbarkeit über die Entscheidungen der MSen ist auf den Anwendungsbereich des EU-Rechts begrenzt (insb. Art. 258 AEUV). EU-Maßnahmen im Bereich des Raums der Freiheit, der Sicherheit und des Rechts sind nach dessen Überführung in den AEUV grundsätzlich justiziabel. Demgegenüber schließt Art. 275 AEUV die justizielle Kontrolle im GASP-Bereich aus, gleiches gilt nach Art. 276 AEUV für Maßnahmen der Polizei und der Strafverfolgungsbehörden. Der EuGH geht allerdings davon aus, dass er zur Entscheidung, ob eine im GASP-Bereich erlassene Maßnahme von Rechts wegen auf Kompetenzbestimmungen des AEUV hätte gestützt werden müssen, befugt ist (vgl. Art. 40 EUV) (EuGH, 12.5.1998, Rs. C-170/96, „KOM/Rat"). Entsprechend ist davon auszugehen, dass der EuGH prüfen kann, ob eine Maßnahme überhaupt unter Art. 275 AEUV fällt. Auch die Einhaltung der Anforderungen von Art. 48 Abs. 6 EUV kann der EuGH überwachen (EuGH, 27.11.2012, Rs. C-370/12, „Pringle"). Nicht der Jurisdiktionsgewalt unterfallen Maßnahmen der MSen außerhalb der Reichweite des EU-Rechts (sog. „uneigentliche Ratsbeschlüsse"). 134

Der EuGH hat die Entwicklung der EWG, der EG und der EU durch seine Rechtsprechung nachhaltig beeinflusst. Sie stabilisierte nicht nur den erreichten Integra- 135 tionsstand, sondern hatte des Öfteren vorwärtsweisenden Charakter („in dubio pro communitate"). Dies trug dem Gericht gelegentlich den Vorwurf des „gouvernement des juges" ein.

136 EuGH und EuG haben ihren Sitz in **Luxemburg.** Einschließlich aller Bediensteten sind dort über 2200 Personen tätig, ein großer Teil im Sprachendienst. Der Haushalt betrug 2019 ca. 440 Mio. EUR.

a) Träger der rechtsprechenden Gewalt

137 Die Regelungen über die europäische Gerichtsbarkeit ergeben sich aus dem Vertrag **(Art. 19 EUV, Art. 251 ff. AEUV),** im Übrigen aus der jeweiligen Satzung und der Verfahrensordnung. Die Institutionen der EU-Gerichtsbarkeit erlassen ihre **Verfahrensordnungen,** die vom Rat mit qualifizierter Mehrheit genehmigt werden (Art. 253 Abs. 6 S. 2 AEUV).

aa) Der Gerichtshof (EuGH)

138 Die Konkretisierung der institutionellen Bestimmungen über den EuGH erfolgt vor allem in den Art. 1-18 der Satzung (Protokoll Nr. 3 über die Satzung des Gerichtshofs (ABl. 2012, C 326/210/53); das Verfahren wird teils in der Satzung (Art. 19–46 der Satzung), darüber hinaus in der Verfahrensordnung des Gerichtshofes der Europäischen Gemeinschaften vom 29. 9. 2012 (ABl. L 265/1) geregelt.

(1) Richter und Präsident des Gerichtshofes

139 Die rechtsprechende Gewalt ist vor allem (und in letzter Instanz) den **Richtern des EuGH** anvertraut. Der EuGH besteht aus einem Richter je MS (Art. 19 Abs. 2 UAbs. 2 EUV). Sie werden von den Regierungen der MSen in gegenseitigem Einvernehmen auf sechs Jahre ernannt. Alle drei Jahre findet eine partielle Neubesetzung des EuGH statt (Art. 253 Abs. 2 AEUV). Wiederernennungen sind zulässig. Dieser Mechanismus ist umstritten, weil er politische Einflussnahme ermöglicht. Ernennungsvoraussetzungen sind die Gewähr für richterliche Unabhängigkeit und hervorragende juristische Befähigung. Ein hochrangig besetzter Ausschuss gibt über die Eignung der Bewerber für das Amt eines Richters oder Generalanwalts Stellungnahmen ab (Art. 255 AEUV; *Gundel,* EuR-Beiheft 3/2008, 23). Meist sind die Richter des EuGH hohe Richter, Politiker, Beamte oder Professoren aus den MSen. In Akzentuierung der Unabhängigkeit des Gerichtes wählen die Richter aus ihrer Mitte den **Präsidenten des EuGH** für jeweils drei Jahre (Art. 253 Abs. 3 S. 1 AEUV).

140 Die **Rechtsstellung der Richter** (Immunität, Verbot anderer Berufstätigkeit usw.) ist in Art. 3f. der Satzung geregelt. Zur Unterstützung verfügen die Richter über ein **Kabinett** mit Rechtsreferenten (vgl. auch Art. 17 VerfO EuGH). Die Verwaltung des Gerichtshofs wird vom Kanzler (Art. 20 VerfO EuGH) geleitet.

(2) Plenum, Große Kammer und Kammern des Gerichtshofes

141 Nach der Neuregelung des Nizza-Vertrages 2001 (Art. 251 AEUV) tagt der Gerichtshof nur noch selten als **Plenum** aller Richter. Vom Plenum werden einige wichtige Fragen entschieden (Art. 16 Abs. 4 Satzung: disziplinarische Maßnahmen gegen Mitglieder von Unionsorganen u. ä.); ferner kann eine Rechtssache von außergewöhnlicher Bedeutung an das Plenum verwiesen werden (Art. 16 Abs. 5 der Satzung; Beispiel: EuGH, 27. 11. 2012, Rs. C-370/12, „Pringle"). Andere bedeutsame Rechts-

sachen werden von der **Großen Kammer** mit 15 Richtern (darunter die Präsidenten der Fünfer-Kammern) unter Vorsitz des Präsidenten des Gerichtshofes entschieden (Art. 16 Abs. 3 der Satzung). Im **Regelfall** übt der Gerichtshof die Rechtsprechung durch **Kammern** mit drei oder fünf Richtern aus (Art. 16 Abs. 1 der Satzung). Diese Regelung ergibt sich aus dem großen Geschäftsanfall beim EuGH. Einen Geschäftsverteilungsplan gibt es nicht. Der Berichterstatter einer Rechtssache wird vom Präsidenten bestimmt. Dieser erstellt nach Durchführung des schriftlichen Verfahrens einen Vorbericht und schlägt – nach Anhörung des GA – vor, welcher Spruchkörper die Sache behandeln soll. Die Entscheidung trifft das Gesamtkolleg der Richter. Hiergegen sind in Deutschland Vorbehalte geäußert worden (Verstoß gegen die Idee des „gesetzlichen Richters" (Art. 101 GG)).

(3) Generalanwälte

Der Gerichtshof wird seit dem 7. 10. 2015 von **elf Generalanwälten (GA)** unterstützt (Art. 252 Abs. 1 S. 1 AEUV; *Lenz,* FS Everling, 1995, 719). Sie sind Mitglieder des Gerichtshofs und genießen den gleichen Status wie die Richter. Sie werden wie die Richter von den Regierungen ernannt, ohne aber einem MS zugerechnet zu werden. Im Zuge des „Brexit" schieden zwar die britischen Richter aus EuGH und EuG aus. Die vom UK vorgeschlagene Generalanwältin Sharpston (mit britischer und luxemburgischer Staatsangehörigkeit) verlor mit dem „Brexit" demgegenüber nicht ihr Amt. Sie wehrte sich gerichtlich vor dem EuG gegen Versuche der MSen, ihr Amt wiederzubesetzen (Rs. T-184/20 u. a., zum Zeitpunkt der Drucklegung anhängig). Ein GA wird vom Gerichtshof auf jeweils ein Jahr zum **Ersten GA** gewählt (Art. 14 VerfO EuGH). Er koordiniert die Arbeit der GAe. Das Amt des GA ist den französischen Commissaires du gouvernement/rapporteurs publics beim Conseil d'Etat nachempfunden. 142

Aufgabe der GA ist es, „in völliger Unparteilichkeit und Unabhängigkeit" **begründete Schlussanträge** zu den Rechtssachen vor dem EuGH zu stellen (Art. 252 Abs. 2 AEUV). Es handelt sich um gutachtlich begründete Entscheidungsvorschläge, die in die Materie einführen, den Kontext zur bisherigen Rechtsprechung herstellen und so hohen Informationswert aufweisen. Die GA beurteilen die Rechtslage wie anschließend die Richter aus europäischer Sicht. Die Schlussanträge der GA, die eingehend begründet und von hohem juristischem Rang sind, beeinflussen die Rechtsprechung des Gerichtshofes erheblich. Zwingend ist die Beteiligung der GAe nicht (Art. 252 Abs. 2 AEUV). Seit dem Nizza-Vertrag 2001 kann der Gerichtshof nach Anhörung des GA beschließen, dass auf die Schlussanträge verzichtet wird, wenn die Rechtssache keine neue Rechtsfrage aufwirft (Art. 20 Abs. 5 der Satzung). 143

(4) Kanzler

Der Gerichtshof wird in seiner Verwaltung und im gerichtlichen Verfahren durch einen **Kanzler** unterstützt, dem ein Hilfskanzler zur Seite steht. Der Kanzler wird vom Gerichtshof auf 6 Jahre ernannt und unterliegt seinen Weisungen (Art. 253 Abs. 5 AEUV iVm Art. 18 VerfO EuGH). Das EuG kennt in gleicher Weise einen Kanzler (Art. 20 VerfO EuG). 144

bb) Das Gericht (EuG)

Das 1989 gegründete EuG (Überblick: *Schwarze,* EuR 2009, 717) ist durch den Nizza-Vertrag 2001 stärker verselbstständigt worden (Art. 19 Abs. 2 EUV). Die Konkretisierung der institutionellen Bestimmungen über das EuG erfolgt in den Art. 47–62b der Satzung (Protokoll über die Satzung des Gerichtshofs (ABl. 2012, C 326/220)); das Verfahren wird teils in den genannten Bestimmungen der Satzung, darüber hinaus in der Verfahrensordnung vom 4. März 2015 (ABl. L 105/1) geregelt. Das Gericht gilt als überlastet, möglicherweise auch aufgrund selbst verursachter Organisationsprobleme. Die Zahl der Rechtssachen ist in den letzten Jahren stark angestiegen, gleichwohl ist die Verfahrensdauer gelegentlich immer noch unerträglich lang. 145

146 Das **Gericht** ist ähnlich wie der Gerichtshof aufgebaut (Art. 254 AEUV, Art. 47 Satzung, Art. 2 VerfO EuG). Es besteht derzeit aus zwei Richtern pro MS und umfasst 56 Richter, nach dem Austritt des Vereinigten Königreichs 54 Richter, die in zehn Kammern zu je drei oder fünf Richtern gruppiert sind (Art. 16 der Satzung). Die Beteiligung von Generalanwälten (zu denen gegebenenfalls Richter des EuG bestellt werden), ist fakultativ (Art. 49 der Satzung) und kommt kaum vor. Die Richter werden wie beim EuGH von den Regierungen der MSen für sechs Jahre ernannt und sollen über ähnliche Qualifikationen verfügen. Die Richter wählen den Präsidenten des EuG aus ihrer Mitte für jeweils drei Jahre, Art. 47, 9a der Satzung.

147 Das EuG tagt grundsätzlich in **Kammern mit drei oder fünf Richtern** (Art. 50 Satzung). Nach näherer Regelung in der Verfahrensordnung kann das Gericht in bestimmten Fällen als Plenum, Große Kammer oder als Einzelrichter tagen.

cc) Fachgerichte

148 Der Nizza-Vertrag 2001 eröffnete die Möglichkeit, durch einstimmigen Ratsbeschluss auf Vorschlag der Kommission oder Antrag des Gerichtshofes **Fachgerichte** zu bilden (Art. 257 AEUV). Mit der Gründung des Gerichts für den öffentlichen Dienst der EU (Beschluss des Rats vom 2. November 2004, Beschl. 752/2004, L 333/7) wurde von dieser Möglichkeit Gebrauch gemacht. Das Gericht nahm am 12. Dezember 2005 seine Arbeit auf. Es bestand aus sieben vom Rat auf 6 Jahre ernannten Richtern, welche über die Befähigung zum Richteramt verfügen mussten. Im Herbst 2016 ist es in das EuG integriert worden (oben Rz. 5/133). Zur Einrichtung weiterer spezialisierter Fachgerichtsbarkeiten kam es bislang nicht (diskutiert werden das Recht des geistigen Eigentums oder das Zollrecht).

b) Aufgaben der europäischen Gerichtsbarkeit

149 Der europäischen Gerichtsbarkeit obliegt es, „die **Wahrung des Rechts bei der Auslegung und Anwendung der Verträge**" (Art. 19 Abs. 1 S. 2 EUV; *Schwarze,* FS Hollerbach, 2001, 169) zu gewährleisten. Damit ist zunächst die klassische rechtsprechende Funktion der verbindlichen, streitentscheidenden Feststellung der Rechtslage angesprochen. Das „Recht", welches die Gerichtsbarkeit zu wahren hat, ist das **Unionsrecht in einem weiten Sinne,** also nicht nur die Verträge und das sekundäre Recht, sondern auch ungeschriebene Bestandteile wie z. B. allgemeine Rechtsgrundsätze. EuGH und EuG judizieren nicht über das nationale Recht der Mitgliedstaaten.

150 In der Art seiner Gerichtsbarkeit ist der EuGH zum einen **Verfassungsgericht** zur Erledigung von Streitigkeiten, an denen Mitgliedstaaten und Unionsorgane beteiligt sind. Als **Verwaltungsgericht** entscheidet vor allem das EuG in erster Instanz Streitigkeiten zwischen Einzelpersonen und der EU bzw. ihren Organen. Zunehmend Bedeutung hat die Rechtsprechung des EuGH im Bereich des Zivilrechts, vor allem bei der Interpretation von EU-Rechtsakten bürgerlich-rechtlichen Gehalts (z. B. Verbraucherschutzrecht). Auswirkungen auf **das Zivilprozessrecht** haben die Zuständigkeiten des EuGH nach der Europäischen Gerichtsstands- und Vollstreckungsverordnung in Zivil- und Handelssachen (Rz. 36/35 ff.). Darüber hinaus gibt es spezielle Verfahren meist öffentlich-rechtlicher Natur (Amtshaftungsverfahren, Gutachten u. a.). Institutionell ist von Bedeutung, dass der EuGH viele seiner Entscheidungen im Vorabentscheidungsverfahren trifft – Ausdruck der besonderen Eigenart des europäischen Föderalismus (*Oeter,* ZaöRV 1995, 659).

Der Wille des EuGH, seiner Rechtsprechung eine integrationspolitische Vision zugrunde zu legen, erfuhr teilweise vehemente Kritik und erntete den Vorwurf eines fragwürdigen **„gouvernement des juges“.** Auf der anderen Seite wäre die EU ohne diese Rechtsprechung nie zu dem geworden, was sie heute ist. Immer wieder wurden Entwicklungen, die der EuGH vorangetrieben hat, von den vertragsgebenden Mitgliedstaaten später auch kodifiziert. Vielfach konnte der EuGH die Integrationsentwicklung in Zeiten, in denen politische Blockaden bestanden, vorantreiben. Zu berücksichtigen ist auch, dass der EuGH nicht in der Lage ist, Fälle zurückzuweisen oder unentschieden zu lassen. Die rechtlichen Ausführungen des EuGH fielen lange, entsprechend der Tradition französischer Gerichte, im Vergleich zur deutschen Begründungspraxis der (Verfassungs-)Gerichtsbarkeit eher knapp aus. Inzwischen erhöht sich die Länge der Entscheidungen deutlich. Auf diskursiv-wägende Ausführungen oder eine Auseinandersetzung mit Schrifttum oder nationalen Gerichtsentscheidungen verzichtet der EuGH aber weiterhin. Er bemüht sich, seine Entscheidungsfindung als kontinuierliche Fortführung präjudiziell angelegter Rechtsprechung darzustellen (Berufung auf eigenen Entscheidungen), auch wenn es um Neues geht. 151

6. Der Rechnungshof (RH)

Literatur: *Graf,* Die Finanzkontrolle der Europäischen Gemeinschaft, 1999; *Laffan,* Becoming a ‚Living Institution': The Evolution of the European Court of Auditors, JCMS 1999, 251; *Kurz,* Europäischer Rechnungshof – wirksamer Controller der EG?, 2000; *Harlow,* Accountability in the European Union, 2002; *Isensee,* Außenvertretung der deutschen Rechnungshöfe in der Europäischen Union, 2001; *Freytag,* Der Europäische Rechnungshof, 2005. Der Rechnungshof gibt jährlich einen Tätigkeitsbericht heraus.

Eine Organisation von der Größenordnung der EU bedarf einer Kontrolle ihres Finanzgebarens. 1977 wurde daher ein **Rechnungshof (RH) der Gemeinschaften** errichtet. Seit 1993 ist er ein **Organ** der EU (Art. 13 EUV). Seine **Grundaufgaben** sind gemäß Art. 285ff. AEUV die Prüfung der Rechnung über alle Einnahmen und Ausgaben der EU und die Unterstützung des EP bei der Entlastung der KOM zur Ausführung des Haushaltsplans. Seit dem Amsterdamer Vertrag 1997 hat der RH ein Klagerecht beim EuGH, mit dem der Schutz eigener Rechte eingefordert werden kann (Art. 263 Abs. 3 AEUV; *Friedrich/Inghelram,* DÖV 1999, 669). 152

Der RH hat seinen Sitz in **Luxemburg.** In seiner Verwaltung sind inzwischen rund 760 Bedienstete beschäftigt.

a) Die Institution des Rechnungshofs

Der RH besteht aus **einem Staatsangehörigen je MS.** Die Mitglieder des RH werden aus einer von den MSen vorgeschlagenen Liste vom Rat nach Anhörung des EP mit qualifizierter Mehrheit auf 6 Jahre ernannt (Art. 286 Abs. 2 AEUV). Sie wählen ihren **Präsidenten** auf 3 Jahre. Wiederwahl ist bei den Mitgliedern und dem Präsidenten zulässig. Die Mitglieder müssen „jede Gewähr für Unabhängigkeit“ bieten. Für die Verwaltung des Hofes ernennt der RH einen Generalsekretär (Art. 13 der Geschäftsordnung des Rechnungshofs, [in der Fassung vom 23.4.2010, ABl. L 103/1]). Der RH hat die Form eines **Kollegialorgans** (Art. 1 GO RH). 153

Ähnlich wie bei nationalen Rechnungshöfen ist die Gewährleistung einer **richterähnlichen persönlichen und sachlichen Unabhängigkeit** der Mitglieder des RH im Interesse sachgerechter Aufgabenerfüllung der Leitgedanke der Organisationsregelungen. Dem entsprechen sowohl die allgemeine Pflicht zur unabhängi- 154 gen Amtsführung „zum allgemeinen Wohl der Union" und Weisungsfreiheit, das Verbot anderweitiger Berufstätigkeit und die Anwendbarkeit der für die Richter des EuGH geltenden **Bestimmungen des Protokolls über die Vorrechte und Befreiungen** auf die Mitglieder des RH (Art. 286 Abs. 4–8 AEUV). Ferner wird um der sachverständigen Qualifikation willen für die Mitglieder des RH frühere Tätigkeit bei nationalen Rechnungsprüfungsorganen oder sonstige besondere Eignung gefordert. Eine Amtsenthebung des Mitgliedes kann nur auf Antrag des RH durch den EuGH stattfinden.

Bei seiner Aufgabenerfüllung (Verabschiedung der jährlichen Prüfungsberichte, sonstige Stellungnahmen) entscheidet der RH in der Regel mit **Mehrheitsbeschluss** (Art. 287 Abs. 4 UAbs. 3 AEUV).

b) Aufgaben und Befugnisse

155 Der Auftrag des RH liegt in der **Prüfung des Finanzgebarens der EU** als solcher sowie grundsätzlich aller von der EU geschaffenen Organe (Art. 287 Abs. 1 AEUV). Der RH legt dabei die Maßstäbe der **Rechtmäßigkeit** und **Ordnungsmäßigkeit** beim Aufkommen und bei der Verwendung der Finanzmittel an und prüft in engem Zusammenhang hiermit die **Wirtschaftlichkeit** (und damit die **Sparsamkeit**) der Haushaltsführung. Für die Effektivität der Prüfung ist wesentlich, dass dem RH die Prüfung vor Ort bei den Organen der EU, aber auch in den MSen (dort iVm den nationalen Behörden) ausdrücklich gestattet ist (Art. 287 Abs. 3 AEUV). Die Prüfung mündet in den amtlichen **Jahresbericht** des RH, den er nach Abschluss jedes Haushaltsjahres erstattet und den Organen vorlegt. Der Bericht wird im Amtsblatt publiziert (Art. 287 Abs. 4 UAbs. 1 AEUV). Dem RH ist es im Sinne des Grundsatzes möglichster Zeitnähe der Prüfung neben dem Jahresbericht jederzeit gestattet, **„Bemerkungen zu besonderen Fragen"** vorzulegen und auf Antrag eines Organs **Stellungnahmen** abzugeben. (Art. 287 Abs. 4 UAbs. 2 AEUV). Diese laufende Begleitkontrolle aus eigener oder fremder Initiative gilt als wichtige Intensivierung moderner Finanzkontrolle. Über gerichtliche Kompetenzen zur Durchsetzung seiner Befugnisse verfügt der RH nicht. Ihm steht jedoch nach Art. 263 Abs. 3 AEUV ein Klagerecht vor dem EuGH zu. Stößt der RH auf Unregelmäßigkeiten, kann er OLAF einschalten.

156 Wichtige Funktionen kommen dem RH bei der Kontrolle der Ausführung des Haushaltsplanes zu (Art. 319 AEUV). Das EP erteilt der KOM auf Empfehlung des Rates die **Entlastung** zur Ausführung des Haushaltsplanes. Wesentlichstes Hilfsmittel der parlamentarischen Haushaltskontrolle ist dabei der **Jahresbericht des RH** nebst den Antworten der kontrollierten Organe und den abschließenden Bemerkungen des RH. Da das EP ferner zu den Organen gehört, die jederzeit spezielle Stellungnahmen des RH zu „besonderen Fragen" anfordern können, sind durch die enge Verbindung EP/RH die Voraussetzungen für ein parlamentarisches Haushaltsentlastungsverfahren von vergleichbarer Intensität wie im staatlichen Bereich geschaffen worden. Wie dort besteht allerdings auch im Rahmen der Union kein wirksames Instrumentarium zur Durchsetzung allfälliger Rügen des RH. Immerhin haben die Jahresberichte des RH oftmals erhebliche Schwachstellen bei der Mittelverwendung der EU aufgedeckt.

IV. Ausblick

157 Die institutionelle Ordnung der EU hat sich **grundsätzlich bewährt.** Sie ist in den letzten Jahrzehnten behutsam fortgeschrieben und durch neue Einrichtungen ergänzt worden. Teilweise sind hierfür die Verträge geändert worden; viele Entwicklungen fin-

den aber auch unterhalb der Ebene der Verträge statt. Fehlentwicklungen, wie die Einrichtung des GöD, sind korrigiert worden. Ein echtes Problem ist allerdings dadurch entstanden, dass die für eine kleine Zahl von EWG-Mitgliedern entworfenen Organe inzwischen vielfach personell überbesetzt sind.

Auch die **Entscheidungsverfahren** sind in den letzten Jahren immer wieder fort- 158
geschrieben und angepasst worden. Dadurch ist es zu **erheblichen Kräfteverlagerungen** gekommen. Gleichwohl erweist sich das System in einem Europa der 27 Staaten (nach dem Austritt Großbritanniens 2020) als nicht so geschmeidig und effizient, dass es den gegenwärtigen Herausforderungen wirklich genügt. Zu Recht war es daher eines der großen Anliegen der nicht in Kraft getretenen EU-Verfassung 2004 sowie des 2009 in Kraft getretenen Vertrags von Lissabon, hier weitere Verbesserungen zu erzielen. In Lissabon kam man in dieser machttheoretisch sensiblen Frage nicht wirklich weiter. So ist es etwa nicht wirklich gelungen, die **zahlenmäßige Größe der KOM und des EP** in der „großen" EU zu begrenzen.

Die **Handlungsfähigkeit** der künftigen EU leidet aufgrund der großen Zahl von 159
MSen und der deutlicher zum Ausdruck kommenden Konflikte zunehmend. Der Einbau **präsidialer Elemente** beim EuRat der Staats- und Regierungschefs und bei der KOM sowie eine neue Regelung der **Abstimmung mit qualifizierter Mehrheit im Rat** haben dem bislang nicht grundlegend entgegengewirkt. Das institutionelle Dreieck aus EP, Rat und KOM ist um einen starken EuRat (mit einem sichtbaren Präsidenten) ergänzt worden, in dem sich eine konsensual-verhandlungsorientierte Handlungsrationalität niederschlägt. Im demokratischen Sinne schlägt sich so das Machtelement – die Stärke großer Staaten ebenso wie die Vetoposition kleiner Staaten – stärker durch. Supranationale „governance" verliert, wie insbesondere die Euro-Krise zeigt, an Bedeutung.

Insgesamt weisen die Reformbemühungen Licht und Schatten auf. Die **Stärkung des** 160
Präsidenten des EuRats, die Schaffung des Amtes eines Hohen Vertreters für die GASP und die Stärkung des EP sollten die Aktionsmöglichkeiten, jedenfalls aber die Legitimation der Aktion der Union fördern. Im demokratischen Sinne ist begrüßenswert, dass das **EP** halbwegs auf gleiche Augenhöhe mit dem Rat gebracht worden ist. Dies gilt ungeachtet der Defizite, die das EP weiterhin aufweist. Die KOM verliert so aber an Gewicht; die „Gemeinschaftsmethode" droht von der „Unionsmethode" verdrängt zu werden. Schon heute zeichnet sich auch ab, dass die Konkurrenz zwischen dem Präsidenten des EuRats, dem Vorsitzenden des Rats, dem HV und dem Kommissionspräsidenten nicht nur fruchtbar ist. Der Erfolg des HV **(„EU-Außenminister")** hängt sehr von der Person ab.

Letztlich stellt sich die Frage, ob die hinter dem institutionellen System stehende 161
„Narration" von EU-Institutionen, die sich über das nationale Interesse erheben, weiterhin trägt. Die Streitigkeiten über die Regeln zur Abstimmung **mit qualifizierter Mehrheit im Rat** machen deutlich, dass der Kampf um die Macht stärker wird; das Ausweichen in para-unionale Strukturen machen dies ebenfalls deutlich. Die starke Berücksichtigung der **Interessen der kleineren MSen** bei der Zusammensetzung des EP und der KOM sowie beim Vorsitz der Formationen des Rates könnten die Legitimität und demokratische Rückbindung der Union in manchen Bereichen schwächen.

§ 6. Weitere Institutionen der Europäischen Union

Literatur: *Schmidt-Aßmann/Schöndorf-Haubold* (Hrsg.), Der Europäische Verwaltungsverbund, 2005; *Saurer,* Individualrechtsschutz gegen das Handeln der Europäischen Agenturen, EuR 2010, 51; *Kirste,* Das System der Europäischen Agenturen, VerwArch 2011, 268; *Ruffert,* Die neue Unabhängigkeit: Zur demokratischen Legitimation von Agenturen im europäischen Verwaltungsrecht, FS Scheuing, 2011, 399; *Groß,* Unabhängige EU-Agenturen – eine Gefahr für die Demokratie?, JZ 2012, 1087; *Raschauer* (Hrsg.), Europäische Agenturen, 2011; *Skowron,* Die Zukunft europäischer Agenturen auf dem Prüfstand, EuR 2014, 250; *Steger,* Zur Verselbständigung von Unionsagenturen, 2015; *Michel,* Institutionelles Gleichgewicht und EU-Agenturen, 2015; *Manger-Nestler,* EU-Agenturen als Ausdruck des europäischen Demokratiemangels?, ZEuS 2015, 315; *Priebe,* Agenturen der Europäischen Union, EuZW 2015, 268; *Chamon,* EU Agencies – Legal and Political Limits to the Transformation of the EU Administration, 2016; *Weiß,* Dezentrale Agenturen in der EU-Rechtssetzung, EuR 2016, 631; *Orator,* Möglichkeiten und Grenzen der Einrichtung von Unionsagenturen, 2017; *Lorenzen,* Kontrolle einer sich ausdifferenzierenden EU-Eigenverwaltung, 2019.

1 Neben den EU-Organen sieht das Primärrecht eine Vielzahl weiterer Einrichtungen vor. An erster Stelle stehen Institutionen mit Verfassungsrang (WSA, AdR; zur EZB: unten Rz. 19/10ff.; zur EIB: unten Rz. 18/45ff.). Daneben ist inzwischen ein vielfältiges und differenziertes System **sonstiger Einrichtungen entstanden.** Teilweise haben die Verträge ihre Einsetzung **ausdrücklich angeordnet,** wie bei dem Ausschuss der Ständigen Vertreter (Art. 240 Abs. 1 S. 1 AEUV), dem Wirtschafts- und Finanzausschuss (Art. 134 AEUV), dem Ausschuss des Europäischen Sozialfonds (Art. 163 Abs. 2 AEUV) oder der Gemeinsamen Kernforschungsstelle (Art. 8 Abs. 1 EAGV). In anderen Fällen sehen die Verträge **Errichtungsermächtigungen** vor, wie z. B. bei den kerntechnischen Fachschulen und der „Anstalt im Range einer Universität" gem. Art. 9 EAGV. Viele Einrichtungen sind auf der Basis unspezifischer Kompetenzgrundlagen (Sachkompetenzen, Art. 352 AEUV) entstanden. Leider hat auch der Vertrag von Lissabon kein Organisationsverfassungsrecht für diese Strukturen geschaffen. Art. 298 AEUV spricht nur unspezifische Qualitätsanforderungen an.

2 Soweit die Verträge schweigen, bedarf es einer Bestimmung des Inhalts und der Grenzen der **Organisationsgewalt der EU,** um zu klären, inwieweit sie oder ihre Mitgliedstaaten fähig sind, organisatorische Einrichtungen zu schaffen.

I. Beratende Institutionen mit Verfassungsrang

1. Wirtschafts- und Sozialausschuss (WSA)

Literatur: *Vierlich-Jürcke,* Der Wirtschafts- und Sozialausschuß der Europäischen Gemeinschaften, 1998; *Gündisch/Mathijsen,* Rechtsetzung und Interessenvertretung in der Europäischen Union, 1999; *Ensslen/König/Walz* (Hrsg.), Interessenvertretung durch NGOs auf EU-Ebene, 2004; *Warntjen/Wonka* (Hrsg.), Governance in Europe. The Role of Interest Groups, 2004; *Wiegner,* Die Funktion des Wirtschafts- und Sozialausschusses als demokratisches Element in der EG, 2004; *Hayder,* Der Europäische Wirtschafts- und Sozialausschuss (EWSA) – eine unterschätzte EU-Institution, EuZW 2010, 171; *Dialer/Richter* (Hrsg.), Lobbying in der Europäischen Union, 2014;, *Panke/Hönnige/Gollub,* Consultative Committees in the European Union, 2015.

3 Den nationalen Verfassungstraditionen der meisten Gründerstaaten der EWG (mit Ausnahme Deutschlands) entsprach es, die **„Repräsentation der organisierten Zivilgesellschaft"** in Wirtschaftsräten institutionell abzusichern. In der wirtschaftlich geprägten und parlamentarisch anfänglich schwach entwickelten EWG ergaben sich zu-

sätzliche Argumente, die betroffenen Wirtschaftssubjekte unmittelbar an der Aktion der Gemeinschaft zu beteiligen. Aus solchen Impulsen kam es 1958 zur Gründung eines **Wirtschafts- und Sozialausschusses (WSA)** für EWG und EAG (Art. 13 Abs. 4 EUV, Art. 301 ff. AEUV). Er hat seinen Sitz in **Brüssel.**

Der WSA ist eine **unterstützende Einrichtung,** aber kein Organ der EU (EuGH, 4.2.1982, Rs. 828/79, „Adam/KOM"). Die fehlende Organeigenschaft hat bei den Klagebefugnissen und Haftungsfragen Konsequenzen (Art. 263, 340 Abs. 2 AEUV). Der WSA kann jedoch kraft besonderer Vereinbarung in bestimmten Zusammenhängen „organgleich" gestellt werden. 4

a) Die Institution des WSA

aa) Zusammensetzung

Der WSA setzt sich nach einem **doppelten Proporz der Nationalitäten** und der **„verschiedenen wirtschaftlichen und sozialen Bereiche der organisierten Zivilgesellschaft"** (Art. 300 Abs. 2 AEUV) zusammen. Er umfasste in der Mandatsperiode 2015–2020 zunächst 350 Mitglieder (Art. 301 AEUV); mit dem „Brexit" erfolgte eine Absenkung auf 329 Mitglieder (Beschluss (EU) 2019/853 vom 21.5.2019). Die nationale Quotierung der Mitgliedschaft ist beim WSA besonders disproportional. Die Mitglieder werden vom Rat auf 5 Jahre ernannt, auf der Grundlage mitgliedstaatlicher Vorschlagslisten und nach Anhörung der KOM sowie (fakultativ) der maßgeblichen europäischen Verbände (Art. 301, 302 AEUV). Dabei hat der Rat für eine angemessene Vertretung der verschiedenen Interessengruppen zu sorgen. In der Praxis bedeutete dies bislang **je ein Drittel Vertreter der Arbeitgeber, Arbeitnehmer und „Sonstiger"** (Landwirtschaft, Verkehr, Handel und Handwerk, freie Berufe, Verbraucher). Die Mitglieder des WSA haben ein „freies Mandat" (Art. 300 Abs. 4 AEUV). Diese Weisungsungebundenheit relativiert sich in der Praxis, da die Mitglieder, oftmals Verbandsfunktionäre, im WSA unvermeidlich und meist sogar erwünscht ihre **Verbandsmeinung** vertreten und nicht höchstpersönliche Auffassungen äußern. Der WSA ist Ausdruck eines korporatistischen Denkens, das in einem zunehmend fluiden politischen Umfeld auf politische und strukturelle Grenzen stößt. Eine Abschaffung der Institution steht angesichts der „Pfadabhängigkeiten" nicht zur Diskussion. 5

Die **deutsche WSA-Delegation** umfasst regelmäßig Vertreter des BDI, BDA, DGB, verschiedener großer Industriegewerkschaften, Vertreter von Bauern-, Handels- und Handwerksverbänden, der Versicherungswirtschaft, Kammern der freien Berufe, Banken- und Sparkassenverbände u. a. Es findet ein gewisser Wechsel zwischen den vertretenden Verbänden von Wahlperiode zu Wahlperiode statt. Ihrer Funktion nach sind die deutschen WSA-Mitglieder meist Mitglieder der betreffenden Verbandsvorstände. 6

bb) Organisation

Der WSA wählt aus seiner Mitte einen Präsidenten und ein Präsidium für 2,5 Jahre (Art. 303 Abs. 1 AEUV). Die Stellung des Präsidenten und des Präsidiums, welche im Wesentlichen die üblichen Leitungs- und Außenvertretungsrechte umfasst, ist in Art. 9 der GO WSA (GO vom 10.7.2019, ABl. L 184/23) näher umrissen. Der WSA verfügt über einen Generalsekretär mit Sekretariat zur Führung der laufenden Geschäfte mit ca. 800 Bediensteten. Das WSA-Sekretariat nimmt gleichzeitig die Sekretariatsgeschäfte des Ausschusses der Regionen (unten Rz. 6/14 ff.) wahr. 7

8 Der WSA beschließt mit der einfachen Mehrheit seiner Mitglieder (Art. 61 GO).

b) Aufgaben und Befugnisse

9 Die grundsätzliche Aufgabe des WSA liegt darin, den repräsentierten **Sachverstand** der von der Unionsaktion besonders betroffenen Wirtschaftskreise, aber auch die hier gebildete **Verbandsmeinung** offiziell und unmittelbar in den Willensbildungsprozess (vor allem in die Rechtsetzung) der EU einzubringen. Der WSA ist über die ganze Breite der Vertragskompetenz tätig. Er ist nicht nur Expertengremium, sondern hat ebenso die Funktion, die fachpolitische Auffassung der organisierten Interessen in den Prozess der Bildung des Unionswillens einzubringen (*Morgan,* The Consultative Function of the Economic and Social Committee of the European Community, 1991).

10 Der WSA bildet eine **Brücke zwischen EU und einigen Teilen der Zivilgesellschaft.** Dies gilt allerdings nur **in einem beratenden Sinne** (arg. Art. 300 Abs. 1 AEUV). Der WSA verfügt nicht über ein Mitentscheidungsrecht. Während die Vertragsreform beim EP die Tendenz aufzeigt, allmählich das parlamentarische Prinzip zu verwirklichen (unten Rz. 15/28), ist der beratende Status des WSA offenbar definitiv gedacht.

11 In dieser Begrenzung ist die Rolle des WSA für die EU **von nicht ganz unerheblicher Bedeutung** (*Hayder,* EuZW 2010, 171): Der WSA hat zur Entstehung einer **übernational-europäischen Verbandsebene** beigetragen. Der „Input" in den Prozess der EU-Politikformulierung ist demgegenüber eher gering. Im Vergleich zum informellen Kontakt über organisierte Interessen und zur indirekten Einwirkung über die Mitgliedstaaten ist die **unmittelbare Verbindung zu den organisierten Interessen** mittels des WSA integrationspolitisch von untergeordneter Bedeutung.

12 Der WSA muss von Rat oder KOM in allen im Vertrag vorgesehenen Fällen gehört werden (Art. 304 AEUV). Eine Unterlassung der Anhörung hätte die Nichtigkeit des Rechtsaktes zur Folge. Neben dieser **obligatorischen Anhörung** gibt es auch die Möglichkeit der **fakultativen Konsultation** des WSA. Von dieser Möglichkeit wird in der Praxis häufig Gebrauch gemacht. Der WSA kann vom EP gehört werden und aus **eigener Initiative** Stellungnahmen im Zuständigkeitsbereich der Verträge abgeben.

13 Die Stellungnahmen des WSA binden weder den Rat noch die KOM. Angesichts der repräsentativen Zusammensetzung der beiden Gremien, d. h. des faktischen Gewichtes der dort vertretenen Interessen, **kommt der Stimme des WSA gleichwohl ein gewisses Gewicht zu.** Häufig sind es allerdings weniger die offiziellen Stellungnahmen als mancherlei andere „Lobby-Wege", auf denen die großen Wirtschafts- und Sozialverbände sich auf Unionsebene Gehör verschaffen.

2. Ausschuss der Regionen (AdR)

Literatur: *Wiedmann,* Der Ausschuß der Regionen nach dem Vertrag von Amsterdam, EuR 1999, 49; *Schmitt-Egner,* Handbuch der Europäischen Regionalorganisationen, 2000; *Johne,* Vertretung der Landtage im Ausschuß der Regionen, ZfParl 2001, 103; *Blanke,* Der Ausschuß der Regionen, 2003; *Delebarre,* Der Europäische AdR: Eine Bilanz nach 15 Jahren, in: 60 Jahre Bundesrat, 2009, 95; *Schmuck,* Der Ausschuss der Regionen, in: Jahrbuch des Föderalismus, Bd. 11 (2010), 414; *Thiele,* Der Ausschuss der Regionen, in: Härtel (Hrsg.), Handbuch Föderalismus, Bd. 4 (2012), 543; *Isensee,* Bundesland in Europa,

NdsVBl. 2015, 1; *Panara,* The Sub-national Dimension of the EU, 2015; *Piattoni,* Shaping EU Policy from Below, 2015; *Wassenberg,* The History of the Committee of the Regions, 2020.

Mit dem Maastrichter Vertrag von 1992 kam es – vor dem Hintergrund der Diskussionen um die Stellung der regionalen und lokalen Gemeinschaften im Integrationsprozess – zur Gründung einer Institution, mit der diese Ebenen unterhalb der Zentralebene der MSen in der Architektur der EU repräsentiert werden sollten. Man entschloss sich zur Schaffung eines **Ausschusses der Regionen (AdR),** der ähnlich wie der Wirtschafts- und Sozialausschuss kein Organ der EU ist, sondern eine **unterstützende Einrichtung für Rat und KOM** (Art. 13 Abs. 4 EUV, Art. 305 ff. AEUV). Der AdR ist ein beratender Ausschuss der regionalen und lokalen Gebietskörperschaft (*Wiedmann,* EuR 1999, 49). Der Begriff der **„Region"** umfasst die deutschen Länder, jener der „lokalen Körperschaften" die Gemeinden. In Deutschland haben die Länder die Einrichtung des AdR als „Ende der Länderblindheit" der EU begrüßt. Die EU hat sich allerdings nicht zu einem drei- oder vierstufigen föderalen System entwickelt. Weiterhin (und wohl unvermeidlich) spielen die Glieder der MSen im politischen Prozess der EU eine nachgeordnete Rolle; sie werden institutionell mediatisiert. 14

a) Die Institution des AdR

aa) Zusammensetzung

Der AdR umfasst grds. **bis zu 350 Mitglieder,** die sich nach einem politisch zu beschließenden Schlüssel auf die MSen verteilen (Art. 305 Abs. 2 AEUV). Nach einer Umverteilung in der Folge des Beitritts Kroatiens (Beschluss (EU) 2015/116 vom 26. 1. 2015) kam es Ende Januar 2020 mit dem Brexit zur Absenkung auf 329 Mitglieder (Beschluss (EU) 2019/852 vom 21. 5. 2019). Die Mitglieder und eine gleiche Zahl von Stellvertretern werden auf Vorschlag der MSen vom Rat einstimmig auf fünf Jahre ernannt. Es besteht Inkompatibilität mit einer Mitgliedschaft im EP. 15

Seit dem Nizza-Vertrag 2001 müssen die AdR-Mitglieder ein regionales oder lokales **Wahlmandat** innehaben oder gegenüber einer gewählten Versammlung verantwortlich sein (Art. 300 Abs. 3 AEUV). Mit dieser **„Parlamentarisierung"** ergibt sich allerdings keine echte Konkurrenz zwischen AdR und EP. Das EP ist auf seine parlamentarische Prärogative bedacht; seine Entscheidungsmöglichkeiten gehen über jene des AdR deutlich hinaus. Die GO des EP sieht vor, dass der Ausschuss für regionale Entwicklung (REGI) für die Koordination der Tätigkeit der beiden Gremien zuständig ist. Beide Institutionen haben eine Kooperationsvereinbarung geschlossen (Vereinbarung vom 5. 2. 2014).

Die AdR-Mitglieder sind wie diejenigen des WSA nicht an Weisungen gebunden und handeln „in voller Unabhängigkeit zum allgemeinen Wohl der Gemeinschaft" (Art. 300 Abs. 4 AEUV). Das schließt regionale und parteipolitische Bindungen nicht aus. Gemäß Art. 306 Abs. 2 AEUV hat sich der AdR eine **Geschäfts- und Verfahrensordnung** gegeben (ABl. 2014, L 65/41). Sitz des AdR ist **Brüssel.** 16

bb) Organisation

In seiner **Binnenstruktur** kennt der AdR ein **Präsidium,** dem der Präsident, Vizepräsidenten und insgesamt 60 Mitglieder angehören (Art. 306 Abs. 1 AEUV). Präsident und Präsidium werden auf zweieinhalb Jahre gewählt. Die weiteren Organe des AdR sind die idR 5–6 Mal jährlich tagende **Plenarversammlung** und eine Reihe von **Fachkommissionen** (z. B. Regionalpolitik, Landwirtschaft, Städtefragen, Sozialpolitik, Bildung, Art. 49 ff. GO). Es gibt weitere Untergliederungen. Der AdR hat ein eigenes **Generalsekretariat** mit eigenem **Generalsekretär** (Art. 70 GO). Es ist mit dem Generalsekretariat des WSA personell verzahnt (oben Rz. 6/7). 17

b) Aufgaben und Befugnisse

18 Der AEUV regelt die Aufgaben und Befugnisse des AdR teilweise wortgleich mit denjenigen des WSA. Er nimmt gegenüber Rat und KOM besonders im EU-Rechtsetzungsverfahren in den vertraglich vorgesehenen Fällen (z. B. Art. 177 AEUV) **beratend Stellung.** Obligatorische Konsultationen sind in Art. 165 Abs. 4 AEUV (Bildung und Jugend), Art. 167 Abs. 5 AEUV (Kultur), Art. 168 Abs. 4, 5 AEUV (Gesundheit), Art. 172 Abs. 1 AEUV (transeuropäische Netze) und Art. 175 Abs. 3, 177 Abs. 1 S. 1, 178 Abs. 1 AEUV (Zusammenhalt) vorgesehen. Rat und KOM können ihn von sich aus zu einer Stellungnahme auffordern, oder der AdR kann aus eigener Initiative tätig werden (Art. 307 Abs. 1–4 AEUV), insbesondere bei Fällen grenzüberschreitender Zusammenarbeit. Der AdR kann vom EP gehört werden. Unterbleibt eine obligatorische Anhörung des AdR, wäre dies eine Formverletzung nach Art. 263 Abs. 2 AEUV, die über eine Klage beim EuGH zur Nichtigkeit des Rechtsaktes führt.

19 Leitender Gesichtspunkt für die Stellungnahmen des AdR sind **„spezifische regionale Interessen"** (Art. 307 Abs. 3 S. 2 AEUV), jedoch unter dem Blickwinkel des allgemeinen Wohles der EU. Nicht nur wegen der Begrenzung auf Beratung, sondern vor allem wegen der großen **Unterschiedlichkeit der regionalen und kommunalen Strukturen und Gesichtspunkte** innerhalb der 27 MSen hat es der AdR nicht leicht, zu einer geschlossenen und wirksamen Willensbildung zu finden. Dennoch ist es von großer integrationspolitischer Bedeutung, dass die EU, die **Bürgernähe und Subsidiarität** auf ihre Fahnen geschrieben hat (Art. 1 Abs. 2 EUV), für ihre Gliederungen unterhalb der nationalen Ebene im AdR ein **offizielles Sprachrohr** besitzt. Zahl und Wirksamkeit der Stellungnahmen des AdR gegenüber Rat und KOM nehmen zu. Die großen Erwartungen, die man bei der Einrichtung mit Blick auf Bürgernähe, Subsidiarität und föderaler Sensibilisierung der EU hatte, haben sich allerdings nur teilweise erfüllt. Dies liegt nicht zuletzt an der Heterogenität der Zusammensetzung. In der deutschen Delegation dominieren die Länder; Gemeinden und Kreise sind nur untergeordnet vertreten.

II. Sonstige Einrichtungen

1. Organisationsgewalt der Europäischen Union

20 Es ist seit langem durch die Rechtsprechung (EuGH, 13.6.1958, Rs. 9/56, „Meroni"; EuGH, 26.4.1977, Gutachten 1/76, „Stillegungsfonds Binnenschifffahrt") anerkannt, dass die EU ähnlich wie staatliche Organisationen **über organisatorische Befugnisse verfügt, um für ihre Aufgabenerfüllung funktionsfähig zu sein.** Jedoch ist nach Art und Ausmaß bei der Handhabung der Organisationsgewalt der Union zu differenzieren.

21 Unproblematisch ist die Befähigung der EU-Organe, insbesondere von Rat und KOM, im Rahmen der Wahrnehmung ihrer Aufgaben, z. B. bei der Rechtsetzung, ohne **besondere Formalerfordernisse die erforderlichen vorbereitenden Gremien (Ausschüsse u. ä.)** zu schaffen. Dies ist Ausdruck ihrer Organisationsgewalt; sie dürfen dabei nur nicht gegen rechtliche Bindungen verstoßen. Soweit es sich um ständige Ausschüsse u. ä. handelt, wird üblicherweise die Form eines Rechtsaktes nach Art. 288 AEUV gewählt. Bei den Ausschüssen handelt es sich um nichtselbständige Einrichtungen, die dem Hauptorgan zugeordnet sind. Dessen vom Vertrag vorgesehene Entscheidungskompetenz muss gewahrt bleiben. Es muss ferner das institutionelle Gleichgewicht zwischen den EU-Organen so erhalten bleiben, wie der Vertrag es vorsieht. Es dürfen also nicht neuartige „Mischkompetenzen" z. B. zwischen Rat und KOM über

Beschlussausschüsse entstehen. Dies wurde bei der Schaffung der sog. Verwaltungsausschüsse im Agrarbereich geklärt (EuGH, 17.12.1970, Rs. 25/70, „Köster"; *Meng,* ZaöRV 1988, 208).

Es war lange Zeit im Wesentlichen unklar, inwieweit die Grenzen des Selbstorganisationsrechts, die der EuGH in seiner „Meroni-Doktrin" mit Blick auf die „Schrottausgleichskasse" der Hohen Behörde der EGKS gezogen hat, weiter Geltung beanspruchen und die Freiheit der EU-Organe, Einrichtungen als **nachgeordnete Behörde, als Amt oder als Fonds** zu gründen, zu begrenzen in der Lage sind. Solche Behörden, Ämter u. ä. können, soweit nicht von den Verträgen oder in sekundärem Recht vorgesehen, zwar grundsätzlich durch Rechtsakt des betreffenden Organs (meist des Gesetzgebers oder der KOM) errichtet werden (z. B. das Statistische Amt der EU). Um das vertraglich vorgesehene institutionelle Gleichgewicht der EU nicht zu verfälschen, hat sich ihre Tätigkeit aber auf die **Vorbereitung oder Durchführung von Beschlüssen der eigentlichen Organe der Union** zu beschränken (bestätigt durch EuGH, 5.5.2015, Rs. C-147/13, „Spanien/EuRat"). Die Übertragung muss inhaltlich auf ausdrücklich bezeichnete und genau umgrenzte Bereiche beschränkt sein. Die Übertragung von Befugnissen mit Ermessensspielraum ist grundsätzlich unzulässig. Kontrolle und Verantwortlichkeit des übertragenden Organs müssen sichergestellt sein. Insgesamt kommt den EU-Organen diesbezüglich allerdings ein weiter Spielraum zu. Der EuGH hat diese Kriterien kontinuierlich ausgeweitet (EuGH, 26.5.2005, Rs. C-301/02 P, „Tralli"; 22.1.2014, Rs. C-270/12, „Leerverkäufe"), ohne sich von der Anwendung der „Meroni-Doktrin" auf EU-Agenturen zu verabschieden (zur **Aufweichung ihrer Kriterien** etwa: *Orator,* Möglichkeiten und Grenzen der Einrichtung von Unionsagenturen, 2017, 259 ff.). Der EuGH scheint damit die Übertragung von Befugnissen mit Ermessenspielraum in zunehmend weiten Grenzen zu tolerieren, soweit die Ausübung dieser Befugnisse dringlich ist und sie von technischem Charakter sind. 22

Die Schaffung von Einrichtungen, deren Befugnisse über jene der vorgenannten Stellen hinausgehen, aber noch in starker Anbindung an die zentrale Unionsorganisation verbleiben, war vertraglich ursprünglich nur in Art. 45 EAGV vorgesehen, inzwischen auch nach Art. 187 AEUV bei der EU-Forschungspolitik („andere Strukturen"; bislang: „abhängige juristische Personen" (Art. 171 EGV)). Sie ist zu einer gängigen Praxis geworden. Zunächst hat man sich vor allem der **„Kompetenzabrundungsklausel"** des **Art. 352 AEUV** bedient; inzwischen wird vor allem von jenen Kompetenzen Gebrauch gemacht, die auch die Sachregelungen tragen (gebilligt durch EuGH, 2.5.2006, Rs. C-217/04, „ENISA"; EuGH, 8.6.2010, Rs. C-58/08, „Vodafone u. a."). Dies setzt einen engen Zusammenhang zwischen dem Gegenstand der Sachkompetenz und den Aufgaben der Einrichtung voraus. Die Aufgabenübertragung darf nur „nicht zwingende Begleit- und Rahmenmaßnahmen zur Erleichterung der einheitlichen Durchführung und Anwendung" des EU-Rechts umfassen. Es ist heute auch politisch anerkannt, dass die Gründung verselbständigter, mit Rechtsfähigkeit beliehener Institutionen (wie z. B. die Europäische Umweltagentur) zur vertraglichen Zielverwirklichung erforderlich sein kann. Oft spricht man von „Agenturen", doch variieren die Bezeichnungen (Zentrum, Stiftung u. ä.). Diese Einrichtungen sind **juristische Personen des Unionsrechts.** Sie müssen zur Wahrung der Anforderungen des Demokratieprinzips der Kontrolle durch die EU-Organe unterliegen. Ihre Entscheidungen können, soweit sie rechtliche Gestaltungs- oder Bindungswirkung haben, unmittelbar vor der europäischen Gerichtsbarkeit angegriffen werden (Art. 263 Abs. 1 S. 2 AEUV; *Fischer-Appelt,* Agenturen der Europäischen Gemeinschaft, 1999). 23

Zur Vereinheitlichung der Gründungspraxis haben sich EP, Rat und KOM im Juli 2012 auf gemeinsame Grundsätze („road map") geeinigt. Die Organe reagieren damit auf den inzwischen entstandenen „Wildwuchs".

Von den verselbständigten Einrichtungen, die durch die Verträge selbst (Europäische Zentralbank, Europäische Investitionsbank, EAG-Versorgungsagentur) oder durch Sekundärrecht gegründet worden sind, müssen jene Institutionen unterschieden werden, die durch den **Abschluss besonderer völkerrechtlicher Verträge zwischen den MSen** errichtet worden sind (Europäisches Hochschulinstitut, Europäische Schulen, Europäisches Patentamt etc.). Diese Einrichtungen liegen außerhalb des institutionellen Gefüges der EU. 24

Bei den **Sitzentscheidungen** (insbes. Sitzprotokoll 2.10.1997 und Beschluss der Staats- und Regierungschefs v. 13.12.2003) stand die verständliche Überlegung im Vordergrund, im Interesse der Integration **möglichst alle MSen mit Sitzorten auszustatten.** Kostspieliger Nachteil dieser Dezentralität ist, dass auf diese Weise sachlich 25 zusammengehörige Einrichtungen (z. B. gewerblicher Rechtsschutz in München, Alicante und Angers, Berufsbildung in Saloniki und Turin) geographisch auseinandergerissen werden.

2. Das Spektrum weiterer EU-Einrichtungen

26 Die Vertragsgeber sahen ursprünglich vor, dass die (wenigen) Verwaltungsaufgaben, die EGKS, EWG und EAG selbst ausüben sollten, in den Händen der EU-Organe liegen sollten (unmittelbare EU-Verwaltung); im Übrigen sollte die Durchführung des europäischen Rechts den MSen obliegen. Im Laufe der Entwicklung trat die **Notwendigkeit zur Einrichtung von Verwaltungsinstitutionen auf EU-Ebene** immer stärker hervor. Während man noch darüber diskutieren konnte, ob gemeinsame Institutionen im Bereich der „Berufsbildung“ notwendig sind, liegt die Effektivität einer gemeinsamen Überwachung des Flugverkehrs oder die unionsweite Verwaltung von Marken auf der Hand. So kam es zu einem deutlichen Wachstum der Zahl spezialisierter EU-Agenturen der mittelbaren EU-Verwaltung. Normative Anforderungen finden sich heute in Art. 298 AEUV. Es gibt fünf Kategorien von EU-Agenturen, von denen drei von besonderer Bedeutung sind (*Orator,* Möglichkeiten und Grenzen der Einrichtung von Unionsagenturen, 2017):

a) Dezentrale Unionsagenturen

27 Unionsagenturen haben die Rechtsnatur einer Anstalt des europäischen öffentlichen Rechts. Sie haben damit Rechtspersönlichkeit und sind nicht einem der Organe der EU zugeordnet. Sie gehören der mittelbaren EU-Verwaltung an. Sie beruhen auf einem Akt des Sekundärrechts; es geht um die Wahrnehmung technischer, wissenschaftlicher oder verwaltungstechnischer Aufgaben im Rahmen des AEUV. Im Sommer 2020 existieren die folgenden Unionsagenturen:

Agentur für das Europäische Globales Navigationssatellitensystem (GSA) – Prag; Agentur für die Zusammenarbeit der Energieregulierungsbehörden (ACER) – Ljubljana; Agentur der Europäischen Union für Grundrechte (FRA) – Wien; Agentur der Europäischen Union für Netz- und Informationssicherheit (ENISA) – Heraklion; Agentur der Europäischen Union für die Aus- und Fortbildung auf dem Gebiet der Strafverfolgung (CEPOL) – Budapest; Amt der Europäischen Union für Geistiges Eigentum (EUIPO) – Alicante; Büro des Gremiums Europäischer Regulierungsstellen für elektronische Kommunikation (BEREC-Büro) – Riga; Einheit für justizielle Zusammenarbeit der Europäischen Union (Eurojust, Rz. 37/10) – Den Haag; Einheitlicher Abwicklungsausschuss (SRB) – Brüssel; Eisenbahnagentur der Europäischen Union (ERA) – Valenciennes; Europäische Agentur für die Sicherheit des Seeverkehrs (EMSA) – Lissabon; Europäische Agentur für die Grenz- und Küstenwache (Frontex) – Warschau; Europäische Agentur für Flugsicherheit (EASA) – Köln; Europäische Agentur für Sicherheit und Gesundheitsschutz am Arbeitsplatz (EU-OSHA) – Bilbao; Europäische Arzneimittel-Agentur (EMA) – Amsterdam (früher London); Europäische Aufsichtsbehörde für das Versicherungswesen und die betriebliche Altersversorgung (EIOPA) – Frankfurt a. M.; Europäische Bankenaufsichtsbehörde (EBA) – Paris (früher London); Europäische Behörde für Lebensmittelsicherheit (EFSA) – Parma; Europäische Beobachtungsstelle für Drogen und Drogensucht (EMCDDA) – Lissabon; Europäische Chemikalienagentur (ECHA) – Helsinki; Europäische Fischereiaufsichtsagentur (EFCA) – Vigo; Europäische Agentur für das Betriebsmanagement von IT-Großsystemen im Bereich Freiheit, Sicherheit und Recht (eu-LISA) – Tallinn; Europäisches Institut für Gleichstellungsfragen (EIGE) – Vilnius; Europäisches Polizeiamt (Europol; Rz. 33/77) – Den Haag; Europäische Stiftung für Berufsbildung (ETF) – Turin; Europäische Stiftung zur Verbesserung der Lebens- und Arbeitsbedingungen (EUROFOUND) – Dublin; Europäisches Unterstützungsbüro für Asylfragen (EASO) – Valletta; Europäisches Zentrum für die Förderung der Berufsbildung (Cedefop) – Thessaloniki; Europäisches Zentrum für die Prävention und die Kontrolle von Krankheiten (ECDC) – Stockholm; Europäische Umweltagentur (EEA) – Kopenhagen; Europäische Wertpapier- und Marktaufsichtsbehörde (ESMA) – Paris; Gemeinschaftliches Sortenamt (CPVO) – Angers; Übersetzungszentrum für die Einrichtungen der Europäischen Union (CdT) – Luxemburg; Europäische Arbeitsmarktbehörde (ELA) – Bratislava.

b) Agenturen für die Gemeinsame Außen- und Sicherheitspolitik

Darüber hinaus hat die EU im Rahmen der Gemeinsamen Außen- und Sicherheitspolitik (GASP) Agenturen errichtet, mit der sie die besonderen technischen und wissenschaftlichen Aufgaben in diesem Bereich zu bewältigen versucht: 28

Europäische Verteidigungsagentur (EDA) – Brüssel; Institut der Europäischen Union für Sicherheitsstudien (EUISS/ISS) – Paris; Satellitenzentrum der Europäischen Union (SatCen) – Torrejón de Ardoz.

c) Exekutivagenturen und weitere Typen

Mit den Exekutivagenturen existiert noch ein weiterer Typus mittelbarer EU-Verwaltung. Die Exekutivagenturen sind Einrichtungen, die mit der Verwaltung bestimmter Programme beauftragt werden. Sie sind temporäre Einrichtungen, die nur für die Laufzeit des jeweiligen Programms existieren. Sie werden am Sitz der KOM gegründet und können damit entweder in Brüssel oder Luxemburg angesiedelt sein. Die VO 58/2003 (ABl. L 11/1) regelt die diesbezüglichen Einzelheiten. Gegenwärtig existieren die folgenden Agenturen: 29

Exekutivagentur Bildung, Audiovisuelles und Kultur (EACEA); Exekutivagentur des Europäischen Forschungsrates (ERC); Exekutivagentur für die Forschung (REA); Exekutivagentur für Innovation und Netze (INEA); Exekutivagentur für Verbraucher, Gesundheit, Landwirtschaft und Lebensmittel (CHAFEA); Exekutivagentur für kleinere und mittlere Unternehmen (EASME).

Darüber hinaus gibt es im Bereich von EURATOM Agenturen (Euratom-Versorgungsagentur (ESA); Europäisches Gemeinsames Unternehmen für den ITER und die Entwicklung der Fusionsenergie (F4E)) und seit 2008 das Europäische Innovations- und Technologieinstitut (EIT) (Budapest), das Ressourcen auf dem Gebiet der Wissenschaft, Wirtschaft und Bildung zusammenführen und so die Entwicklung neuer Technologien fördern soll.

In der **Grundstruktur** ähneln sich alle vorgenannten Agenturen. Sie unterstehen einem Verwaltungsrat, in dem Vertreter der KOM und der MSen, teilweise auch des EP oder anderer Institutionen vertreten sind. Er entscheidet über das jährliche Arbeitsprogramm, das Budget und den Jahresbericht. Die Leitung obliegt dem Direktor, der als oberster Repräsentant die Geschäfte führt. Das Amt wird regelmäßig auf Vorschlag der KOM durch den Verwaltungsrat besetzt. Das Personalstatut der EU gilt auch für die Einrichtungen. Die Finanzierung erfolgt aus dem EU-Haushalt; einige Agenturen finanzieren sich über Gebühren überwiegend selbst (z. B. Markenamt, Agentur für Flugsicherung). Es zeigt sich mit Blick auf diese Vielzahl mittelbarer EU-Verwaltungseinrichtungen deutlich, wie sehr das EU-Verwaltungshandeln „in die Breite" wächst. Inzwischen umfasst diese Verwaltung mehr als 5000 Personen. Noch ist nur eine ganz geringe Anzahl von Agenturen befugt, unmittelbar außenwirksam, also mit Rechtsverbindlichkeit für Bürger und Unternehmen zu handeln. Für die Rechtspositionen einzelner können aber auch bloße Informations- und Koordinationstätigkeiten durchaus Bedeutung haben. Die Frage einer **hinreichenden demokratischen Kontrolle** darf insofern nicht aus den Augen verloren werden. 30

III. Ausblick

Das zwischenzeitlich entstandene Gefüge macht eine zunehmende Ausdifferenzierung zwischen Verfassungsinstitutionen mit vertraglicher Verankerung und Verwaltungseinrichtungen deutlich. Die EU hat sich inzwischen eine solche Vielzahl von Verwaltungsaufgaben angenommen, dass es nicht mehr sinnvoll ist, allein die KOM hiermit zu befassen. Der Aufbau von EU-Verwaltungsstrukturen ist unvermeidlich. Dabei be- 31 stehen allerdings nicht nur **integrationspolitische Unklarheiten** – insbesondere mit Blick auf die Zuständigkeitsabgrenzung von EU und MSen. Rechtlich wäre es sinnvoll, die entsprechenden Grundlagen, Absicherungen und Grenzen im Vertrag auszuformulieren. Leider hat sich weder der Verfassungsvertrag noch der Vertrag von Lissabon dieser Aufgabe angenommen. Es ist insofern zu erwarten, dass der Ausbau von EU-Einrichtungen weiterhin ungebremst voranschreiten wird.

§ 7. Personal

Literatur: Ausführliche Literaturliste bei *Eggers/Linder,* in: Grabitz/Hilf/Nettesheim (Hrsg.), Das Recht der EU (Komm.), 60. EL 2016, Art. 336 AEUV.

Weitere Titel: *Kruse,* Der Europäische Auswärtige Dienst zwischen intergouvernementaler Koordination und supranationaler Repräsentation, 2014; *Pilorge-Vrancken,* Le droit de la fonction publique de l'Union européenne, 2017; *Reithmann,* Die dienstrechtliche Fürsorgepflicht in der Rechtsprechung des Gerichts für den öffentlichen Dienst der Europäischen Union, 2019; *Mehde,* Europäisches Dienstrecht, in: Terhechte (Hrsg.), Verwaltungsrecht der EU, 2. Aufl. 2021, § 38.

I. Notwendigkeit eines Europäischen Öffentlichen Dienstes

1 Die europäischen Institutionen (§§ 5f.) bedürfen einer ihren Aufgaben **quantitativ und qualitativ entsprechenden europäischen Verwaltung** (Art. 298 AEUV). Auch wenn das Unionsrecht im Wesentlichen von den nationalen Stellen ausgeführt wird, fordern die Vorbereitung von Rechtsetzungsvorschlägen, die Überwachung der Einhaltung des Unionsrechts sowie die spezifischen Aufgaben vor allem bei der Wettbewerbs- und der Fondsverwaltung einen erheblichen Personalbestand. Zugleich werden Bedienstete für den internen Verwaltungsbetrieb (Personalabteilung usw.) benötigt. Daher wurde bald nach der Gründung der Gemeinschaften **ein europäischer öffentlicher Dienst** mit Schwerpunkt in den Diensten der KOM als dem Verwaltungszentrum der EU errichtet. Inzwischen ist der Personalbestand durch zusätzliche Aufgaben und die Erweiterung der Gemeinschaft von 6 Staaten zur Union von heute 27 Staaten auf über 50 000 Dauer- und Zeitplanstellen angewachsen. Dabei sind die erheblichen personellen Bedürfnisse des **Sprachendienstes in einer Union** mit mittlerweile 24 Amtssprachen zu bedenken (Rz. 5/10f.). Abzuwarten bleibt, wie sich die politisch gewünschte Kürzung der Verwaltungsausgaben auf den Personalbestand auswirkt.

II. Grundlagen des europäischen Dienstrechts

1. Zur Grundstruktur des Europäischen Öffentlichen Dienstes

2 Das Recht des öffentlichen Dienstes der Union ist in Anlehnung an entsprechende Regelungen der MSen entwickelt worden, besonders in Deutschland und Frankreich. Ziel war und ist es, einen unabhängigen, auf Kontinuität angelegten europäischen öffentlichen Dienst zu schaffen, der die besten Bewerber aus allen MSen anzieht und hält (VO 723/2004, ABl. L 124/1, ErwGr 34). Im **Regelfall** beschäftigt er **Beamte auf Lebenszeit** (dazu EuGH, 29.6.1988, Rs. 24/87, „Gritzmann-Martignonif"). Deren Status wird hoheitlich-einseitig von der EU festgesetzt (Rz. 7/4) und ggf. auch geändert (EuGH, 22.12.2008, Rs. C-443/07 P, „Centeno Mediavilla"). Daneben gibt es sonstige Bedienstete, die durch Vertrag auf bestimmte oder unbestimmte Zeit an die EU gebunden sind.

3 Sinn der Entscheidung für den grundsätzlich der Union auf Dauer verbundenen Europabeamten war die Schaffung eines der EU **in Loyalität verbundenen Verwaltungskörpers.** Damit wurde eine **„Rotation"** zwischen nationaler und Brüsseler Verwaltung für den Regelfall abgelehnt. Nur der Europäische Auswär-

tige Dienst (EAD; dazu auch Rz. 5/112 sowie 39/10), der gleichfalls dem Beamtenstatut der EU (Rz. 7/4) unterliegt (Art. 6 des Beschl. 2010/427, ABl. L 201/30 des Rates), folgt stärker diesem Modell (Art. 27 Abs. 3 EUV sowie Art. 98 und Art. 50b BSt) – mit Folgefragen mit Blick auf die Gleichbehandlung zwischen genuin europäischem und aus dem nationalen Bereich kommendem Personal (EuGöD, 18.5.2015, Rs. F-11/14, „Dupré").

2. Rechtsgrundlagen

Rechtsgrundlage für den Erlass des Dienstrechts des Personals der Europäischen Union ist Art. 336 AEUV. Für Beamte gilt das **Statut der Beamten der Europäischen Gemeinschaften (BSt).** Dieses geht im Ursprung auf die VO 31/1962/EWG, 11/1962/EAG (ABl. P 45, 1385) zurück, die nach der Zusammenlegung der damaligen KOMen von EWG und EAG und der Hohen Behörde der EGKS 1967 durch VO 259/1968 (ABl. L 56/1) grundlegend verändert und zu einem einheitlichen Statut für alle Beamten umgestaltet wurde (siehe ferner Fundstellennachweis des EU-Rechts, 01.50; zum EAD noch VO 1080/2010, ABl. L 311/1). Die Einzelverträge der Nicht-Beamten richten sich nach Rahmenbedingungen, die (ebenfalls im BSt) in den **Beschäftigungsbedingungen für die sonstigen Bediensteten (BSB)** niedergelegt sind. Die Europäische Investitionsbank (Art. 13 Abs. 7, 8 Satzung EIB) sowie die Europäische Zentralbank (Art. 36 Prot. ESZB) verfügen jeweils über eigene Personalordnungen. 4

In RLen der Union gegenüber den MSen festgelegte Mindestarbeitsbedingungen sind für die Union selbst nur maßgeblich, soweit dies ausdrücklich vorgesehen ist (Art. 1e Abs. 2 BSt; dazu EuGH, 19.9.2013, Rs. C-579/12 RX-II, „Strack") oder die RLen allgemeine Rechtsgrundsätze des Unionsrechts wiedergeben (EuG, 21.9.2011, Rs. T-325/09, „Adjemian"; weitergehend zuvor das EuGÖD, 30.9.2009, Rs. F-65/07, „Aayhan"). 5

3. Laufbahnprinzip und Beförderungssystem

Der europäische Beamte ist in eine Laufbahn eingegliedert. Seit 2004 bestanden zunächst **2 Funktionsgruppen,** denen 2013 eine dritte hinzugefügt wurde (Art. 5 BSt iVm Anhang I A): 6

- **Administration (AD)** mit 12 Besoldungsgruppen AD 5 (z. B. Verwaltungsräte) bis AD 16 (Generaldirektor). Die Gruppe AD umfasst leitende u. ä. Funktionen und setzt regelmäßig einen Hochschulabschluss voraus.
- **Assistenz (AST)** mit 11 Besoldungsgruppen AST 1 (z. B. Sekretariatsassistent) bis AST 11 (z. B. Verwaltungsamtsrat). Die Gruppe AST fasst ausführende u. ä. Funktionen zusammen und setzt eine abgeschlossene Schulausbildung und ggf. weitere Ausbildungen voraus.
- **Sekretariats- und Bürokräfte (AST/SC)** mit 6 Besoldungsgruppen.

Die einzelnen Funktions- und Besoldungsgruppen sind hierarchisch gegliedert und eröffnen **Beförderungsmöglichkeiten** (Art. 45 BSt). Grundlage sind Beurteilungen (dazu Art. 43 BSt; zur begrenzten gerichtlichen Kontrolle EuGH, 3.4.2003, Rs. C-277/01 P, „Samper"). Fundamental ist der Grundsatz der **Gleichbehandlung** (EuGH, 9.10.1984, verb. Rs. 80/81 u. a., „Adam"). Einen Anspruch auf Beförderung gibt es regelmäßig nicht (EuGH, 9.11.2000, Rs. C-207/99, „Hamptaux"). Grundsätzlich haben Beamte im Dienst der EU Vorrang vor Außenstehenden („Karrierevorbehalt"); bei leitenden Funktionen sind Besetzungen von außen etwas häufiger. 7

4. Auswahlverfahren

Das dem französischen Concours nachgebildete **Auswahlverfahren** stellt das Regelverfahren zur Besetzung freier Beamtenstellen oder zur Bildung einer Einstellungs- 8 reserve der Union dar (Art. 29ff. BSt i.V. m. Anhang III zum Statut). Ausnahmen gelten bei der Besetzung der „politischen“ Beamtenstellen AD 14–16 und von Dienstposten, die besondere Fachkenntnisse erfordern (Art. 29 Abs. 2 BSt, als Ausnahmebestimmung eng auszulegen: EuGH, 16.5.1971, verb. Rs. 45/70 u.a., „Bode“; EuGH, 5.12.1974, Rs. 176/73, „van Belle“). Der **Wettbewerb** soll gewährleisten, dass nur Beamte ernannt werden, „die in Bezug auf Befähigung, Leistung und Integrität höchsten Ansprüchen genügen“ (Art. 27 Abs. 1 S. 1 BSt).

9 Das Auswahlverfahren wird durch die **Veröffentlichung einer Stellenbekanntgabe** bzw. -ausschreibung (regelmäßig im Amtsblatt C der EU und in allen Amtssprachen: EuGH, 27.11.2012, Rs. C-566/10 P, „Italien/KOM“) eingeleitet, in der insbesondere der Auswahlmodus und die erforderlichen Qualifikationen genau umschrieben sein müssen (EuGH, 22.3.1972, Rs. 78/71, „Costacurta“). Das Auswahlverfahren wird seit 2003 vom **Europäischen Amt für Personalauswahl** durchgeführt (Beschl. aller Organe 2002/620, ABl. L 197/53). Es stellt auf der Grundlage von Befähigungsnachweisen oder Prüfungen (zur Chancengleichheit EuGH, 27.10.1976, Rs. 130/75, „Prais“) oder einer Kombination beider ein **Verzeichnis der geeigneten Bewerber** auf. Daraus können die platzierten Bewerber zwar kein Recht auf Ernennung ableiten (EuGH, 24.6.1969, Rs. 26/68, „Fux“). Die Anstellungsbehörde darf jedoch nur aus wichtigen Gründen (EuGH, 15.12.1966, Rs. C-62/65, „Serio“) von der in der Einstellungsliste enthaltenen Rangfolge abweichen. Schwerwiegende Fehler der Einstellungsbehörde können Ansprüche auf Ersatz des – auch immateriellen – Schadens auslösen (beispielhaft EuGH, 4.6.2020, Rs. C-310/19 P, „Schokker“).

10 Vor allem während des Aufbaus der europäischen Verwaltung spielte auch der Nationalitätenproporz eine – zunächst auch von der Rechtsprechung (EuGH, 4.3.1964, Rs. 15/63, „Lassalle“; zurückhaltender aber EuGH, 29.10.1975, verb. Rs. 81/74 u.a., „Marenco“) gebilligte – Rolle. Dies war wichtig, ging es doch ungeachtet des Verbots der Diskriminierung aus Gründen der Staatsangehörigkeit (heute Art. 18 AEUV) um den Aufbau eines in der gesamten Gemeinschaft akzeptierten Apparats. Bei der Reform des Dienstrechts der EU im Jahre 2004 (VO 723/2004, ABl. L 124/1) wurde das zuvor praktizierte Prinzip der geographischen Ausgewogenheit durch die Vorgabe ersetzt, Beamte auf **„möglichst breiter geographischer Grundlage“** auszuwählen (Art. 27 BSt; vgl. auch § 12 Abs. 1 BSB; siehe ferner zum EAD Art. 3 Abs. 6 VO 1080/2010, ABl. L 311/1). Dabei dürfen gemäß den dienstlichen Erfordernissen gewisse praktische Erfahrungen oder Sprachkenntnisse auf dem Gebiet einer staatlichen Rechtsordnung als Einstellungsvoraussetzung verlangt und so mittelbar die Bewerber einer bestimmten Nation bevorzugt werden (EuGH, 28.3.1968, Rs. C-33/67, „Kurrer“; 29.10.1975, verb. Rs. 81/74 u.a., „Marenco“; st. Rspr.). Eine generelle Vorgabe, dass jeder Bewerber als Zweitsprache Englisch, Französisch oder Deutsch können müsse, weil dies die Hauptarbeitssprachen der Organe der EU seien, ist jedoch unzulässig (EuG, 24.9.2015, verb. Rs. T-124/13 u.a., „Italien u.a./KOM“; vgl. auch EuGH, 26.3.2019, Rs. C-621/16 P). Bei der Besetzung höherer Positionen spielt die Staatsangehörigkeit faktisch immer noch eine gewisse Rolle. Personalpolitik sichert hier einen **mittelbaren politischen Einfluss auf die EU-Verwaltung** und muss deswegen eine gewisse Balance aufweisen. Diese zeigte sich deutlich bei der Schaffung des neuen diplomatischen Dienstes der Union (dazu Rz. 39/10).

III. Status der Europabeamten

Literatur: *Specke,* Das Disziplinarrecht der europäischen Gemeinschaftsinstitutionen, ZBR 2002, 259; *v. Arnim/Schurig,* Die Besoldung und Versorgung von Angehörigen des Öffentlichen Dienstes und die Ausgestaltung der Politikfinanzierung in Europa, 2005; *Kraemer,* The European Civil Service Tribunal, CMLRev 2009, 1873; *O'Leary,* Applying Principles of EU Social and Employment Law in EU Staff Cases, ELRev 2011, 769; *Mader,* Der Anspruch auf Entschädigung ex aequo et bono im EU-Dienstrecht, EuR 2012, 355.

11 Mit Blick auf den **Status der Europabeamten** werden unterschieden:
- **Lebenszeitbeamte** (Regeltypus);
- **Beamte auf Probe** (vor Ernennung zum Beamten auf Lebenszeit, mit Ausnahme der Kategorien AD 14–16);

- **Politische Beamte** (ein Begriff der Praxis für die Kategorien AD 14–16; hier gelten erleichterte Regeln für Einstellung und Ausscheiden);
- **„Wahlbeamte“** (Begriff der Praxis für die gewählten obersten Positionen wie Mitglieder der KOM oder des EuGH/EuG); für sie gelten Sonderregelungen;
- **Ehrenbeamte** (sich auf Titelführung beschränkende Ernennung nach Art. 54 BSt für verdiente ausscheidende Beamte, z. B. „Generaldirektor e. h.“).

1. Begründung des Beamtenverhältnisses

Die Beamten der Union werden aufgrund eines Beschlusses der zuständigen Anstellungsbehörde durch **Aushändigung der Ernennungsurkunde** unter Einweisung in eine im Haushaltsplan ausgebrachte freie Planstelle ernannt (Art. 1a BSt) und nach Bewährung innerhalb einer Probezeit auf Lebenszeit angestellt (Art. 34 BSt). Die **einseitig hoheitliche Begründung** des Dienstverhältnisses (Rz. 7/2, im Gegensatz zum vertraglichen Charakter der Beschäftigungsverhältnisse bei anderen internationalen Organisationen) entspricht kontinental-europäischen Ernennungsprinzipien. Auch die aus dem Status resultierenden Rechte und Pflichten der europäischen Beamten (Art. 11 ff. BSt) gleichen weitgehend denjenigen ihrer nationalen Beamtenkollegen. 12

2. Loyalitätspflichten und Disziplinarrecht

Die Beamten der Union stehen zu ihrem Dienstherrn in einem **Dienst- und Treueverhältnis** (EuGH, 1.3.1966, Rs. 3/66, „Alfieri“). Nach Art. 11 Abs. 1 BSt dürfen sich Beamte **ausschließlich von den Interessen der Union leiten lassen.** Sie sind zu unparteiischer Amtsführung verpflichtet und den Weisungen ihrer Vorgesetzten unterworfen, obwohl sie Staatsangehörige ihrer MSen bleiben (zu dieser „doppelten Loyalität“ *Läufer,* EuR 1977, 182). Die Probleme verschärfen sich bei Beamten, die zur EU entsandt und dabei nicht aus ihrem nationalen Dienstverhältnis entlassen worden sind. Deutsche Beamte erhalten i. d. R. für die Zeit der Entsendung Sonderurlaub unter Wegfall der Dienstbezüge. Auch nach Ausscheiden, insbesondere beim Wechsel in eine andere Tätigkeit, sind bestimmte Pflichten zu beachten (Art. 16 BSt). Bei Pflichtverstößen kann die Anstellungsbehörde **Disziplinarmaßnahmen** ergreifen, die vom einfachen Verweis und der Verwarnung bis – nach Durchführung eines förmlichen Disziplinarverfahrens – zur Entfernung aus dem Dienst reichen. 13

3. Statusrechte

Neben Verboten und Kontrollen sichert vor allem die statusmäßige Absicherung die Integrität sowie persönliche und sachliche Unabhängigkeit der Europabeamten. Dazu gehören die grundsätzliche Unkündbarkeit, die Aufstiegschancen sowie die Ansprüche auf Erholungsurlaub (Art. 31 Abs. 2 GRC; dazu EuGH, 8.9.2020, Rs. C-119/19 P, „Carreras Sequeros“), angemessene Besoldung und Versorgung sowie auf sozialen Schutz. Bei der Entwicklung der Besoldung wird im Regelfall auf die Lebenshaltungskosten und die Beamtengehälter in allen MSen abgestellt (Art. 65 BSt n. F.), doch kann in Krisenzeiten auch davon abgewichen werden (EuGH, 19.11.2013, Rs. C-63/12, „KOM/Rat“). Zugleich gibt es in Abhängigkeit vom Dienstort Zu- oder Abschläge. Der Beistands- und Fürsorgepflicht des Dienstherrn entspringt der Anspruch auf Haftungsfreistellung bei Schäden, die ein Beamter in Ausübung seiner Amtstätigkeit einem Dritten zufügt (Art. 340 Abs. 2 AEUV, jedoch mit Regress bei „schwerwiegendem Verschulden“ des Beamten, Art. 340 Abs. 3 AEUV iVm Art. 22 14

BSt). Bei Kenntnis von einem **Betrugs- oder Korruptionsverdacht** muss der Beamte Vorgesetzte oder das OLAF (Rz. 8/44) unterrichten.

Die Besoldung hängt auch vom Dienstalter ab, das jedoch bei jeder Besoldungsstufe neu beginnt (Art. 44 BSt) und damit nicht aus Gründen des Alters diskriminiert. Ihre Höhe hängt auch vom Familienstand ab, was zum Teil schwierige Definitionsfragen auslöst (zur (gleichgeschlechtlichen) Ehe EuG, 28.1.1999, Rs. T-264/97 „D"; zur Besserstellung einer Ehe gegenüber einer nichtehelichen Lebensgemeinschaft EuGH, 19.1.2019, Rs. C-460/18 P, „HK").

Das Protokoll über die **Vorrechte und Befreiungen der Europäischen Union** (ABl. 2004 C 310/261) räumt den europäischen Beamten Vorrechte ein, die im Allgemeinen nur Angehörigen diplomatischer Vertretungen zustehen (*Henrichs,* EuR 1987, 75): Zollbefreiungen und Immunitätsrechte (Art. 11 des Protokolls) sowie die Freiheit der Gehälter, Löhne und Bezüge von innerstaatlichen Steuern und Sozialabgaben (Art. 12 Abs. 2 des Protokolls, hierzu EuGH, 16.12.1960, Rs. 6/60, „Humblet"; 10.5.2017, Rs. C-690/15, „de Lobkowicz"). Stattdessen werden die Gehälter etc. von der **Union besteuert** (VO 260/1968, ABl. L 56/8); der Sozialschutz wurde bereits erwähnt.

Bei beamtenrechtlichen Entscheidungen sind die „Verteidigungsrechte" („droits de la défense") zu beachten, die heute vor allem aus Art. 41 GRC abzuleiten sind (dazu, auch zur Notwendigkeit der Abwägung mit der Vertraulichkeit bestimmter Unterlagen EuGH, 4.4.2019, Rs. C-558/17, „OZ"; ferner EuG, 10.10.2006, Rs. T-182/04, „van der Spree" zur Verpflichtung zur Führung einer einheitlichen, vollständigen Personalakte nach Art. 26 BSt). Das Recht auf Gehör wird aber nur verletzt, wenn der Betroffene nachweist, dass der Bescheid auch anders hätte ausfallen können (EuGH, 18.6.2020, Rs. C-831/18 P, „RQ"). Schließlich müssen die bei personalrelevanten Entscheidungen gewählten Kriterien und Verfahren konsistent angewandt werden (EuG, 22.2.2006, verb. Rs. T-437/04 u. a., „Standertskjöld-Nordenstam").

Die Beamten genießen den **Schutz der europäischen Grundrechte,** etwa auch der Meinungsfreiheit. Deren Ausübung muss jeweils mit den im Allgemeininteresse liegenden Belangen der Unionsorgane abgewogen werden. Veröffentlichungen der Beamten bedürfen daher der Zustimmung ihrer Dienststelle (Art. 17; zur Bedeutung der Meinungsfreiheit der Beamten dabei siehe EuGH, 13.12.2001, Rs. C-340/00 P, „Cwik"). Zum sog. „whistleblowing" bezogen auf rechtswidrige Praktiken siehe Art. 22a ff. BSt

4. Rechtsschutz

15 Beamte der Union können sich mit **Anträgen** und **Beschwerden** an ihre **Anstellungsbehörde** oder an das **Amt für Betrugsbekämpfung OLAF** wenden (Art. 90ff. BSt). Lehnt die Anstellungsbehörde eine Beschwerde ausdrücklich oder stillschweigend ab, so wird Rechtsschutz durch das EuG gewährt (Art. 270 AEUV iVm Art. 91 BSt). Die Beamtenklagen stellen das zahlenmäßig häufigste Verfahren der europäischen Gerichtsbarkeit dar.

16 Vor jeder Klage ist ein Vorverfahren durchzuführen (Art. 90 BSt). Mit der Konkurrentenklage können auch Ernennungen oder Beförderungen anderer Beamter angefochten werden (EuGH, 30.6.1983, Rs. 85/82, „Schloh"). Dabei verfügen die Organe bei der Beurteilung der Kandidaten über einen nur begrenzt überprüfbaren **Ermessensspielraum** (EuGH, 17.1.1992, Rs. C-107/90 P, „Hochbaum"; st. Rspr.). In vermögensrechtlichen Streitigkeiten steht der Gerichtsbarkeit die Befugnis zur unbeschränkten Ermessensnachprüfung zu (Art. 91 BSt; dazu EuGH, 18.12.2007, Rs. C-135/06 P, „Weißenfels"). Bei Schadensersatzklagen wird aber nur geprüft, ob das handelnde Organ seine Ermessensgrenzen überschritten hat. Wegen der durch das Dienstverhältnis bedingten engen Bindung des Beamten an das Organ sei dieses zu besonderer Sorgfalt ihm gegenüber verpflichtet; deswegen wird eine hinreichende Qualifikation des Rechtsverstoßes hier nicht verlangt (EuGH, 21.2.2008, Rs. C-348/06 P, „Girardot"; EuG, 12.7.2012, Rs. T-308/10 P, „Nanopoulos").

5. Beendigung des Beamtenverhältnisses

17 Das Dienstverhältnis der europäischen Beamten **endet** durch Tod, Entlassung auf Antrag, Versetzung in den Ruhestand u. a. (Art. 47ff. BSt, unter engen Voraussetzun-

gen auch durch **Entlassung von Amts wegen;** Art. 40 BSt; EuGH, 6.3.2001, Rs. C-274/99 P, „Connolly"). Besondere Probleme, die i. d. R. auf der Basis der Freiwilligkeit gelöst werden, ergeben sich im Zusammenhang mit Erweiterungen der Union und der dadurch bedingten Notwendigkeit, freie Stellen zu schaffen. Das Ausscheiden des Herkunfts-MS des Beamten ändert an seinem Status hingegen nichts.

IV. Sonstige Europabedienstete

Weiterhin gibt es nicht verbeamtete Vertragsangestellte unterschiedlicher Qualifika- 18
tion und mit verschiedenartigen Betätigungsfeldern, welche entweder nur **vorübergehend** bei der Union beschäftigt sind, oder auf die wegen ihrer **örtlichen Verwurzelung** weitgehend nicht das europäische Beamtenrecht, sondern das am Dienstort geltende Recht zur Anwendung kommt. Für sie stellen die **BSB** (Rz. 7/4) **Rahmenbedingungen** für die Gestaltung der individuellen Dienstverträge auf. Diese unterliegen, sofern sie nicht von vornherein zeitlich befristet sind, Kündigungsmechanismen. Soweit nicht lokales Arbeitsrecht unmittelbar Anwendung findet oder wegen des Charakters der i. d. R. kurzfristigen Arbeitsverhältnisse Sonderregelungen erforderlich sind (Versorgungsansprüche!), entsprechen die Rechte und Pflichten der sonstigen Bediensteten weitgehend denjenigen ihrer beamteten Kollegen. Die Bestimmungen des BSB können sich daher zum großen Teil darauf beschränken, das Beamtenrecht der EU für entsprechend anwendbar zu erklären.

Zu den sonstigen Bediensteten gehören u. a. Bedienstete auf Zeit (unmittelbar der Spitze eines Organs oder einer Einrichtung zugeordnet, Art. 2 BSB), Vertragsbedienstete für Hilfstätigkeiten (Art. 3 lit. a und b BSB) sowie örtliche Bedienstete (in Dienstorten außerhalb der EU, Art. 4 BSB).

V. Kollektives Dienstrecht

Literatur: *Schröder,* Zwischenbilanz zum Streikrecht der Europäischen Beamten, ZBR 1984, 1; *Betten,* Right to strike in community law, 1985; *García-Hirschfeld,* Le rôle des syndicats des fonctionnaires européens dans le contentieux de la fonction publique communautaire, RMCUE 2010, 426.

1. Personalvertretung

Das Dienstrecht der EU räumt den Bediensteten der Union **umfangreiche kollektive** 19
Mitwirkungsrechte ein. Die gewählten **Personalvertretungen** bei den einzelnen Organen der Union (bei der KOM bestehen daneben örtliche Sektionen) sind die **zentralen Vertretungsgremien aller Personalgruppen,** der Beamten ebenso wie der sonstigen Bediensteten (hierzu im Einzelnen Art. 9 BSt, Art. 7 BSB; zu den Wahlgrundsätzen EuGH, 9.3.1977, Rs. 54/75, „de Dapper"). Sie nehmen die Interessen des Personals gegenüber den Organen wahr und sorgen durch die Entsendung von Vertretern in Kontaktausschüsse oder im direkten Gespräch mit dem Dienstherrn für eine ständige Verbindung zwischen dem Organ und seinem Personal (Art. 9 Abs. 3 BSt). Vor allem aber entsenden sie Delegierte **in paritätisch besetzte personalrechtliche Ausschüsse,** die etwa bei der Einstellung und Entlassung von Beamten, der Verhängung schwerer Disziplinarstrafen oder der Erarbeitung von Entscheidungsgrundlagen für fachliche Beurteilungen beratend mitwirken (Art. 9 ff. BSt i. V. m. Anhang II zum Statut).

2. Koalitionsrecht

a) Dialog Berufsverbände – Unionsorgane

20 Das **Koalitionsrecht** der Bediensteten der Europäischen Union ist in Art. 24b BSt und Art. 7a BSB verankert. Organe und gewerkschaftliche Vertreter besprechen **in regelmäßig stattfindenden „Dialogen" oder „Konzertierungen"** alle wichtigen das Personal betreffenden Fragen. Gewerkschaften und Berufsverbände sind rechtlich anerkannt und unter den – engen – Voraussetzungen des Art. 263 Abs. 4 AEUV klagebefugt. Sie können aber weder – gewissermaßen in Prozessstandschaft – die Interessen ihrer Mitglieder gerichtlich geltend machen (EuGH, 18.3.1975, Rs. 72/74, „Union Syndicale"), noch Klage gem. Art. 91 BSt erheben, da dieses Verfahren auf individuelle Streitsachen zugeschnitten ist (EuGH, 8.10.1974, Rs. 175/73, „Gewerkschaftsbund" und EuGH, 18.1.1990, verb. Rs. C-193/87 u. a., „Maurissen"; st. Rspr.). Wegen der einseitigen Festsetzungen des Dienstrechts durch den Rat (Rz. 7/2) ist **kein Raum für tarifvertragliche Vereinbarungen.** Der Dienstherr entscheidet auch allein über die Anpassung der an verschiedene Indices gebundenen **Gehälter der Bediensteten** (Rz. 7/14).

b) Zum Streikrecht

21 Mit der Anerkennung des Koalitionsrechts war nicht automatisch die eines **Streikrechts** verbunden. Beamtenstatut und Beschäftigungsbedingungen der sonstigen Bediensteten lassen diese Frage **ausdrücklich ungeregelt** (*Leister,* DVBl. 1975, 281). Streikaktionen werden i. d. R. **faktisch geduldet;** eine ausdrückliche Legalisierung des Streikrechtes z. B. im Beamtenstatut hat der Rat jedoch abgelehnt. Immerhin ist das Recht zu Arbeitskampfmaßnahmen auch als Grundrecht anerkannt (EuGH, 11.12.2007, Rs. C-438/05, „ITF/Viking"; vgl. auch Art. 28 GRC). Der EGMR betont unter Hinweis auf Art. 11 EMRK sogar, dass auch bei Beamten nicht generell das Streiken verboten werden dürfe (Rz. 17/59). Ähnlich ist in Frankreich der Beamtenstreik – in Grenzen – verfassungsrechtlich anerkannt (*Bauer,* Verfassungsrechtlicher Grundrechtsschutz in Frankreich, 1998, 185 mwN.).

22 1974 hat die **KOM** als die in der Praxis hauptbetroffene Einrichtung mit den europäischen Gewerkschaften und Berufsverbänden ein **Abkommen abgeschlossen,** das u. a. die Modalitäten für die Ausübung gewerkschaftlicher Rechte regelt. Die Ausübung des Streikrechts wird an gewisse prozedurale „Spielregeln" gebunden, und die Aufrechterhaltung eines Notdienstes sichergestellt. Außerdem dürfen die Organe für die Zeit der Arbeitsniederlegung einen entsprechen Teil **der Dienstbezüge abziehen.**

VI. Ausblick: Europäische und internationale Bedienstete

23 Insgesamt erreicht **das Dienstrecht der Europäischen Union** zwar nicht die Intensität und Striktheit nationaler Dienstrechte, hebt sich aber in seinen vielfältigen Anleihen an das mitgliedstaatliche, besonders das deutsche und französische öffentliche Dienstrecht deutlich vom klassischen Dienstrecht internationaler Organisationen ab. So **steht der „europäische Beamte" seinem nationalen Kollegen näher** als einem Angehörigen der „Fonction Publique Internationale".

§ 8. Finanzordnung

Literatur: *Becker,* Eine Finanzverfassung für die EU, in: Kietz u. a. (Hrsg.), Interinstitutionelle Vereinbarungen in der Europäischen Union, 2010, 252; *Glaser,* Die Neuausrichtung der EU-Finanzverfassung durch den Europäischen Stabilitätsmechanismus, DÖV 2012, 901; *Benedetto/Milio,* European Union Budget Reform, 2012; *Europäische Kommission,* Die Finanzverfassung der EU, 5. Aufl. 2014; *Becker,* Das Finanz- und Haushaltssystem der Europäischen Union, 2014; *Enderlein/Funke/Lindner,* The EU budget: Which fiscal capacity at the European level?, in: Richardson/Mazey (Hrsg.), European Union: Power and policy-making, 4. Aufl. 2015, 211; *Holger,* Grundzüge einer europäischen Wirtschafts- und Finanzverfassung, CAP Working-Paper, 2015; *Temming,* Die Einnahmen der Europäischen Union, 2015; *Büttner/Thöne,* The Future of EU-Finances, 2016; *Schorkopf,* Die Europäische Union auf dem Weg zur Fiskalunion, NJW 2020, 3085; *Nettesheim,* „Next Generation Europe": Konstruktion, Legitimation und Effizienz, 2021.

I. Wesen und Dimension der EU-Finanzordnung

Die EU hat das Stadium einer von ihren MSen durch Beiträge finanzierten internationalen Organisation jedenfalls begrifflich schon lange verlassen. Im Zuge der fortschreitenden Integration seit den fünfziger Jahren wurde der Haushalt der EU im Jahr 1970 von der ursprünglichen Beitragsfinanzierung auf eine **vollständige Finanzierung aus Eigenmitteln** (Steueranteile, Zölle und andere Abgaben) umgestellt (Art. 311 AEUV). Die Hauptbedeutung spielt bis heute ein Anteil an den USt-Aufkommen der MSen, der an die EU abgeführt wird. Bis in jüngste Zeit hatte man ihr weder die **Besteuerungshoheit** noch eine **Verschuldensfähigkeit** zugebilligt. Der finanzielle Handlungsrahmen der EU unterschied sich damit sowohl quantitativ als auch qualitativ wesentlich von jenem eines mit eigener Steuerhoheit ausgestatteten Staat. Das EU-Haushaltsvolumen entsprach lediglich ca. 3 % der Summe der nationalen Etats der MSen. Über eine staatsgleiche **Finanzsouveränität,** aufgrund derer sie sich die erforderlichen Finanzmittel über eine Abgabenhoheit verschaffen kann, verfügte sie bislang nicht. Art. 311 Abs. 1 AEUV ist keine Kompetenznorm. 1

Das **Prinzip der begrenzten Einzelzuständigkeit** der Unionsgewalt (unten Rz. 11/3) 2
gilt auch für den Finanzbereich. Die EU-Finanzgewalt, wie sie in Art. 310 ff. AEUV sowie in zahlreichen Rechtsakten des Sekundärrechts ausgestaltet ist, ist damit begrenzt. Unbestritten ist, dass die EU neben den ihr im Eigenmittelbeschluss zugewiesenen Eigenmitteln weitere Einnahmen erzielen kann (Art. 311 Abs. 1 UAbs. 2 AEUV). In der Vergangenheit ging es hierbei nicht zuletzt um Mittel, die die EU auf dem Kapitalmarkt aufnahm und an MSen bzw. Dritte als Kredite weiterreichte (vgl. Grundsatzbeschluss vom 6.12.1977 (Beschl. 1978/870, ABl. L 298/9; unten Rz. 8/49). In der Vergangenheit ging man davon aus, dass es sich um eine untergeordnete Finanzierung handeln müsse. Im Jahr 2020 hat man Schulden in einem Umfang gemacht, die diese Annahme haben hinfällig werden lassen (Europäisches Instrument zur Bekämpfung von Arbeitslosigkeitsrisiken (VO 2020/672 – „SURE"): EUR 100 Mrd.; „Next Generation EU": 750 Mrd. Euro). Nach der Konzeption des EU-Primärrechts sollen die MSen die Entscheidungsgewalt über Veränderungen des EU-Finanzierungssystems tragen. Neue Eigenmittel kann die EU ohne Fortschreibung des Eigenmittelbeschlusses, der von den MSen zu ratifizieren ist (Art. 311 UAbs. 3 AEUV), nicht erschließen. Insofern bleiben die MSen **finanziell Herren der Union** und tragen andererseits finanzielle Verantwortung für sie. Diese grundlegende

Verantwortung der MSen wird anerkannt, wenn Verschuldungskompetenzen der EU im Eigenmittelbeschluss abgesichert werden (COM(2020) 445 final vom 28.5.2020). Auch der (künftige) Gebrauch einer EU-Steuerhoheit müsste hier legitimiert werden (Art. 311 Abs. 1 UAbs. 3 AEUV (str.)). Die **Finanzverwaltungshoheit** liegt teilweise bei der KOM, teilweise bei den nationalen Behörden, welche die der EU zustehenden Abgaben einziehen und nach Brüssel überweisen (EuGH, 5.5.1977, Rs. 110/76, „Di Cento/X“).

3 Im Laufe der Jahrzehnte war eine deutliche **Erhöhung der Finanzkraft von EG bzw. EU zu beobachten** – gerade im Vergleich mit internationalen Organisationen. Während die EWG 1958 mit einem Haushalt von 44 Mio. DM begann, umfasst der Gesamthaushalt der EU für 2020 ein **Zahlungsvolumen** von 155,4 Mrd. Euro; Verpflichtungen können in Höhe von 172,5 Mrd. Euro eingegangen werden. Zum Vergleich: Der Haushalt der UNO beträgt für die Jahre 2018-19 ca. 5,4 Mrd. USD. Im Vergleich zu den mitgliedstaatlichen Kapazitäten handelt es sich aber weiterhin um geringe Summen. Ein Ausbau der EU-Fiskalkapazität ist zur **Sicherung des inneres Zusammenhalts der EU** politisch ohne Zweifel richtig. Eine **vertragliche Verankerung** grundsätzlicher Entscheidungen wäre legitimatorisch unbedingt sinnvoll. Die politischen Schwierigkeiten beim Gebrauch von Art. 48 EUV veranlassen die Politik allerdings dazu, eine Umstellung des EU-Finanzierungssystems im geltenden Vertragssystem zu betreiben. Rechtliche Spannungen sind unvermeidlich.

4 Schon ab der Euro-Krise 2010 war eine Debatte über die **Zukunft der EU als „Fiskalmacht“** entflammt. Die Forderung, dass die EU über deutlich höhere Finanzmittel verfügen müsse, um ihre politischen Aufgaben (Stichworte: „faire Wirtschaftsunion“, „grüne Wende“, „Digitaltransformation“) wahrnehmen zu können, hat seither an Gewicht gewonnen. Man muss es als Erfolg der Integration ansehen, dass an die EU inzwischen staatsähnliche Gestaltungswünsche herangetragen werden. Die Gefahr droht, dass diese Erwartungen die EU (und ihre Finanzmacht) überfordern. Insbesondere die **große Differenz in der Wettbewerbsfähigkeit und Wachstumsperspektive** der Euro-Staaten wird sich mit den Mitteln der EU sicherlich nicht überwinden lassen. Der Wunsch nach mehr Transfers und mehr „Solidarität“ nimmt jedenfalls zu. Nach der Finanzkrise ab 2010 wurde gefordert, dass sich die Euro-Zone einen Haushalt zulegen müsse, um „Schocks“ und Differenzen zwischen den EURO-Staaten aufzufangen. Im Zuge von „Corona“ hat man dieses (wenig ausgegorene) Vorhaben fallenlassen. In einen großen Sprung beschlossen die EU-Staats- und Regierungschefs im Juli 2020 erstens, die **Eigenmittelkategorien** um den Ertrag aus einer mitgliedstaatlichen Steuer auf unverwertete Kunstoffabfälle zu erweitern. Sie beschlossen zweitens, an die Seite des bisherigen Finanzmittelsystems eine Säule treten zu lassen, über die sich die EU im Umfang von 750 Mrd. Euro **verschuldet.** Die aufgenommenen Mittel sollen über Finanzfazilitäten als verlorene Zuschüsse und Kredite an die MSen weitergeleitet werden. Die aufgenommenen Mittel sollen langfristig über mehrere Jahrzehnte über die Beiträge der EU-Mitgliedstaaten zum EU-Haushalt zurückbezahlt werden. Eine Bewirtschaftung der Mittel ist am EU-Haushalt vorbei in speziellen Fonds vorgesehen. Auch wenn das Programm „Next Generation EU“ als außerordentlich und temporär bezeichnet wird (Laufzeit bis längstens 2058), erfolgt damit der **Einstieg in eine Schuldenfinanzierung von EU-Aufgaben** (unten Rz. 8/53). Eine Rückkehr zum Stand „vor Corona“ ist politisch undenkbar. Der **europaweiter Ressourcentransfer,** wie er über gemeinsame Fiskal-, Haftungs- oder Transferregime er-

folgt, wird dauerhaft zunehmen; die Vorstellung, dass er nur krisenbedingt zu rechtfertigen ist und längerfristig wieder abgebaut wird, dürfte eine Illusion sein. In den politischen Beschlüssen des EuRat vom Juli 2020 ist schließlich auch die Entscheidung angelegt, der EU (als Verband) eine **EU-Besteuerungsgewalt** zuzuweisen. Die diesbezüglichen Pläne sind aber noch unscharf, die unionsrechtlichen und verfassungsrechtlichen Fragestellungen noch nicht beantwortet. Der Gebrauch einer derartigen Gewalt wäre jedenfalls nur im Rahmen der nach dem Mehrjährigen Finanzrahmens 2021–2028 (MFR) gesetzten Obergrenzen möglich.

Seit Sommer 2020 steht fest, dass das **EU-Gesamtfinanzierungssystem** in den nächsten Jahren eine **grundsätzliche Umstellung** erfahren wird. Bisher finanziert sich die EU im wesentlichen über Beiträge ihrer MSen. Andere Einnahmen (Zölle etc.; Steuern ihrer Beschäftigten; Bußgelder in Wettbewerbsverfahren etc.) spielen nur eine untergeordnete Bedeutung. Die politische Symbolik dieser Abhängigkeit der EU von den MSen wird seit langem beklagt, vor allem vom EP. Stellung und Aufgaben der EU würden es rechtfertigen, ihr den **fiskalischen Zugriff auf bestimmte Steuergegenstände** mit unionsweiter Bedeutung zu ermöglichen (Erträge aus dem Emissionshandelssystem; Finanztransaktionssteuer oder ähnliches). Ihre demokratische Legitimität ist groß genug, diese Form der indirekten Besteuerung zu tragen. Die mit dem Gebrauch einer EU-Besteuerungsgewalt einhergehenden Koordinationsprobleme sind bislang allerdings nicht gelöst. Die Steuerlast in der EU gehört bereits heute zu den höchsten der Welt; eine weitere Steigerung ist ökonomisch und politisch bedenklich. Über den **Einstieg in die EU-Verschuldung** werden Probleme in die Zukunft verschoben und künftigen Generationen überantwortet. 5

II. Haushalt der Europäischen Union

Literatur: *Raddatz,* Das Eigenmittelsystem der Europäischen Union, 2005; *Becker,* Fortschreibung des Status Quo – Die EU und ihr neuer Finanzrahmen Agenda 2007, Integr. 2006, 106; *Bux,* Was ändert sich im Haushaltsverfahren der EU durch den Vertrag von Lissabon?, ZfRV 2009, 244; *ders.,* Das EU-Haushaltsverfahren nach Lissabon, EuR 2010, 711; *Streinz,* Die Finanzverfassung der Union, in: ders./Ohler/Herrmann, Der Vertrag von Lissabon zur Reform der EU, 3. Aufl. 2010, § 8; *Benedetto/Milio* (Hrsg.), European Union Budget Reform, 2012; *Adam/Mayer,* Der Haushalt der Europäischen Union, VR 2014, 233; *High Level Group on Own Resources,* Future Financing of the EU, 2017; *EU-Kommission,* Der EU-Haushalt auf einen Blick, 2019; *Kaiser/Prange-Gstöhl,* The European Union Budget in Times of Crisis, 2019.

Die Finanzmittel, über die die EU verfügt, müssen ihr finanzverfassungsrechtlich zugewiesen werden (Art. 310f. AEUV). Der Eigenmittelbeschluss enthält die wichtigsten Mittelkategorien. Darüber hinaus gibt es eine Reihe von Sekundärrechtsakten, die der EU Finanzmittel zufließen lassen. Man geht davon aus, dass die EU das Recht hat, im Eigenmittelbeschluss bzw. in Sekundärrechtsakten die Befugnis zur Aufnahme von Mitteln auf dem Kapitalmarkt („Verschuldung") zu begründen. Das EU-Haushaltsrecht dient der Bewirtschaftung der zufließenden Mittel (Art. 312ff. AEUV). 6

1. Entwicklung des Haushaltswesens der EU

Die heutige EU-Finanzverfassung hat eine längere Vorgeschichte. Die 2002 in der EU aufgegangene EGKS hatte sich ab 1953 durch eine steuerähnliche Umlage auf die ihr unterworfenen Unternehmen (**„Montanumlage"**) und Anleihen finanziert. Dagegen alimentierte sich die EWG seit 1958 zunächst wie klassische internationale Organisationen aus **Finanzbeiträgen der MSen** nach einem festen Aufbringungsschlüssel (Bsp. Deutschland 28%). Art. 201 EWGV sah jedoch den Übergang auf eine **Eigenmittelfinanzierung** vor. Seit der Schaffung des Europäischen Agrarfonds 1962, der Milliardenbeträge bewegen sollte, wurde dies unabweisbar. Mit dem Fusionsvertrag von 1965 wurde ein **gemeinsamer Haushalt der drei** 7

Gemeinschaften geschaffen (unter Beibehaltung der EGKS-Besonderheiten). Zum Meilenstein der europäischen Finanzverfassung wurde der aufgrund des Art. 201 EWGV gefasste ersten **Eigenmittelbeschlusses vom 21.4.1970** (ABl. 1970, L 94/19– Änderungen). Er sah die allmähliche Ersetzung der Finanzbeiträge der MSen durch eigene Mittel der Gemeinschaften vor. Mit einem **Vertrag vom 22.7.1975** (ABl. 1977, L 359/1 – Änderungen) wurde der **Europäische Rechnungshof** (oben Rz. 5/152 ff.) und **Ansätze eines parlamentarischen Budgetrechts** geschaffen. Gleichzeitig gab sich die EG 1977 ihre erste **Haushaltsordnung.** Inzwischen finanziert sich die EU **vollständig aus Eigenmitteln.** Um jährlichen Streit zu vermeiden, vereinbart man seit 1988 **Mehrjährige Finanzrahmen** (Delors I [1988–1992, 234 Mrd. ECU Zahlungsermächtigungen]; Delors II [1993–1999, 571 Mrd. Euro Zahlungsermächtigungen]; Agenda 2000 [2000–2006, 727 Mrd. Euro Zahlungsermächtigungen]; Agenda 2007 [2007–2013; 821 Mrd. Euro Zahlungsermächtigungen]; Agenda 2014 [2014–2020; 908 Mrd. Euro Zahlungsermächtigungen]); Mehrjähriger Finanzrahmen und Aufbaupaket 2020 [2021–2027; 1.824,3 Mrd. Euro Zahlungsermächtigungen].

8 Der Streit ums Geld wird in der EU selbstinteressiert und hart geführt. Über den **Finanzrahmen 2014–2020 (MFR)** wurde mehrere Jahre gestritten. Die Eigenmittelobergrenze, die den Umfang der potentiellen Fiskalgewalt der EU bezeichnet, wurde auf 1,23 % des BNE festgelegt. Auch um den MFR 2021–2027 zeichnet sich ein langjähriger Streit ab. Die KOM hatte im Mai 2018 ihren Vorschlag vorgelegt (COM (2018) 321 final). Zu den Herausforderungen gehörte nicht nur, die wegfallenden Nettobeiträge des UK nach dem Brexit aufzufangen; es ging ihr auch darum, finanziellen Raum für moderne und neue Herausforderungen (Grenzsicherung, Innovation etc.) zu schaffen. Die KOM sah vor, der EU neue Eigenmittel zu erschließen (Einnahmen aus dem Emissionshandelssystem; Anteil an der Körperschaftssteuer; etc.). Die Verhandlungen zwischen den MS erwiesen sich zunächst als mühsam; man rechnete damit, eine schnelle Einigung nicht möglich sein würde. In der COVID-19-Pandemie änderte sich das dann aber. Auf der Grundlage geänderter KOM-Vorschläge (Eigenmittelbeschluss: COM(2020) 445; MFR-Verordnung: COM(2020) 443) einigten sich die EU-Staats- und Regierungschefs darauf, die im Mehrjährigen Finanzrahmen 2021–2027 vorgesehene Obergrenze deutlich auszuweiten (1,4 % des BNE aller MS); vorübergehend soll sogar eine Erhöhung auf 2 % erfolgen. Der so eröffnete Spielraum soll einerseits durch Eigenmittel der EU (Art. 311 AEUV), andererseits durch ein außerordentliches Aufbauinstrument („Next Generation EU"/NGEU) in Höhe von 750 Mrd. Euro ausgefüllt werden. Besondere Rabatte für einzelne MS bleiben erhalten. Der politische Streit schwelte im Herbst 2020 weiter. Das EP erhob Forderungen; Polen und Ungarn drohten mit der Gesamtablehnung des Pakets.

9 Der MFR 2021–2027 gliedert sich nach den Vorstellungen des EuRat in **folgende Rubriken:** „Binnenmarkt, Innovation und Digitales"; „Zusammenhalt, Resilienz und Werte"; „natürliche Ressourcen und Umwelt"; „Migration und Grenzmanagement"; „Sicherheit und Verteidigung"; „Nachbarschaft und die Welt"; „Europäische öffentliche Verwaltung" (mit Verwaltungsausgaben der Organe). Wissenschaft, Verteidigung und Entwicklung verlieren an Bedeutung, ebenso die Förderung genuin europäischer Projekte (Erasmus etc.). Zu beobachten ist eine „Renationalisierung" der Mittelverwendung. Auf Einnahmenseite sind die bisherigen Eigenmittel und neue Unionssteuern vorgesehen. Erstmalig soll nach den Vorstellungen des EuRat eine **Verknüpfung von EU-Zuwendungen und mitgliedstaatlicher Rechtsstaatlichkeit** vorgesehen werden.

10 Die **Struktur des EU-Haushaltes,** vor allem seine **„Agrarlastigkeit",** erweist sich weiterhin als problematisch. Über Jahrzehnte floss nahezu die Hälfte aller Ausgaben in die Gemeinsame Landwirtschaftspolitik. Erst die Finanzielle Vorausschau 2007–2013

wirkte hier entgegen. Der Haushalt 2008 legte den Schwerpunkt erstmals nicht mehr auf die unmittelbaren Agrarausgaben. Den größten Block bilden seither Ausgaben, die in der Terminologie der KOM als solche für **nachhaltiges Wachstum** durch Steigerung der Wettbewerbsfähigkeit und Kohäsion (Lissabon-Strategie) bezeichnet werden: Im **Siebenjahreszeitraum 2014–2020** (Mehrjähriger Finanzrahmen – MFR) standen die Strukturpolitik (ca. 34% des Haushalts), die Wettbewerbsfähigkeit, Wachstum und Beschäftigung (ca. 13,5%) und die natürlichen Ressourcen (mit Agrarausgaben (ca. 37%) im Vordergrund. Der im Mai 2018 vorgelegte **Finanzrahmen 2021–2027** zielt auf eine „Modernisierung" des Budgets ab. Wachstumsrelevante Bereiche und die Forschung sollen gestärkt werden; die Lasten, die sich aus der Flüchtlingskrise ergeben, sollen berüchtigt werden; Regional- und Agrarsubventionen sollen leicht zurückgeführt werden. Alles soll im Zeichen einer ökologischen und digitalen „Wende" stehen. Über die Effektivität dieser Transferströme aus den MSen über „Brüssel" wieder in die MSen zurück wird vor allem unter Ökonomen gestritten. Effizienter wäre es, etwaige Transfers unmittelbar vorzunehmen (europäischer Finanzausgleich) und nicht über administrative Steuerungs- und Verwaltungsmaßnahmen (Agrarpolitik, Strukturpolitik, Haftungsregime, etc.) zu verschleiern. Dass über Kleinstprojekte unter Beteiligung von „Brüssel" entschieden wird, ist wenig sinnvoll. Die Verwendung der Mittel erfolgt zudem bislang **viel zu wenig zukunftsorientiert;** es geht vielmehr um den Schutz des Bestehenden. In der Frühzeit der Integration war der Agrarsektor in manchen Mitgliedstaaten noch ein bedeutsamer Wirtschaftszweig; heute spielt er in keinem der MS noch eine wesentliche Rolle (in D 2017: Erwerbstätigenanteil ca. 1,4%). Immerhin: Die Verwaltungsaufwendungen laut MFR 2014–2020 betragen ca. 6% des Haushalts der EU – kein schlechter Wert. Der deutsche Finanzierungsanteil am Haushalt liegt bei ca. 21% (MFR 2014 – 2020).

2. Grundlinien des EU-Haushaltsrechts

11 In der Ausgestaltung des EU-Haushaltsrechts finden sich weithin die aus dem nationalen Budgetrecht bekannten Rechtsinstrumente und Grundsätze wieder.

a) Rechtsgrundlagen

aa) Eigenmittelbeschluss und Haushaltsrecht

12 Der ganz überwiegende Teil der **EU-Haushaltseinnahmen** wird in einem Beschluss des Rats über das Eigenmittelsystem der EU (bislang: Ratsbeschluss vom 26.5.2014, ABl. L 168/105; Änderungsvorschlag der KOM vom 28.5.2020 (COM(2020) 445)) verankert. Der Vorschlag 2020 beinhaltet erstens eine allgemeine Erhöhung der Obergrenze um 0,17 Prozentpunkte, auf 1,4% des BNE der MSen, zweitens eine krisenbedingte „vorübergehende", bis 2058 befristete Erhöhung der Eigenmittelgrenze um weitere 0,6 Prozentpunkte auf 2%, drittens die Ermächtigung zur Mittelaufnahme durch Ausgabe von Anleihen. Dieser Beschluss bedarf der Ratifikation seitens der Mitgliedstaaten. Der Eigenmittelbeschluss ist ein Akt des Sekundärrechts und muss deshalb den primärrechtlichen Vorgaben entsprechen (str.). Ein Akt, der „im besonderen Gesetzgebungsverfahren" erlassen wird (Art. 311 Abs. 3 AEUV), kann nichts als Sekundärrecht sein. Die besondere Zustimmungsnotwendigkeit nach S. 3 ändert an der normhierarchischen Einordnung nichts. In Deutschland ist Art. 23 GG einschlägig; die Zustimmung zur Änderung 2015 wurde auch auf Art. 59 Abs. 2 GG gestützt (BT-Drs. 18/4047). Die Zustimmung kann nach Art. 23 Abs. 1 S. 2 GG mit einfacher

Mehrheit erteilt werden, weil der Beschluss nur Befugnisse wahrnimmt, die in Art. 311 AEUV bereits enthalten sind (str.).

13 Die **vorausschauende Haushaltsdisziplin** wurde lange durch eine interinstitutionelle Vereinbarung zwischen EP, Rat und KOM (vom 17.5.2006, ABl. C 139/1) gewährleistet. Inzwischen sieht Art. 312 AEUV die **Festlegung eines „mehrjährigen Finanzrahmens"** in einem besonderen Gesetzgebungsverfahren durch Verordnung vor. Dieser legt Eckdaten fest, die bei der Aufstellung des jährlichen Haushaltsplans einzuhalten sind.

14 Wesentliches Rechtsinstrument für das Haushaltswesen der EU ist die auf Art. 322 AEUV gestützte **EU-Haushaltsordnung** (VO 2018/1046 vom 18.7.2018, ABl. L 193/1; Anwendungsbestimmungen: Delegierte Verordnung (EU) 2019/715 der KOM vom 18.12.2018, ABl. L 122/1 und Delegierte Verordnung (EU) 2019/887 der KOM vom 13.3.2019, ABl. L142/16). Ihre Grundentscheidungen sind in den Art. 310 AEUV vorstrukturiert. Der Rat beschließt einstimmig; die Verhandlungen sind angesichts gegenläufiger Interessen von Zahler- und Empfängerstaaten konfliktträchtig. Die EU-Haushaltsführung wird im übrigen durch weitere Akte abgesichert. Von Bedeutung ist etwa eine Interinstitutionelle Vereinbarung über die Haushaltsdisziplin, die Zusammenarbeit im Haushaltsbereich und die wirtschaftliche Haushaltsführung (ABl. 2013, C 373/1). Der Gerichtshof hat für das Haushaltsrecht die **Geltung allgemeiner Rechtsgrundsätze** (unten Rz. 9/31) wie des allgemeinen Gleichheitssatzes anerkannt (EuGH, 5.3.1980, Rs. 265/78, „Ferwerda").

bb) Jährlicher EU-Gesamthaushalt

15 Auf diesen Rechtsgrundlagen wird der **jährliche Gesamthaushalt der EU** erstellt; er ist inzwischen im Internet „line by line" abrufbar. Es handelt sich um einen **besonderen Rechtsakt,** der zum einen die Verpflichtung der MSen zur Erbringung finanzieller Leistungen an die EU konkretisiert (Art. 43 HaushO), die voraussichtlichen Einnahmen und Ausgaben der EU für das Haushaltsjahr veranschlagt und im Voraus bewilligt (Art. 39 HaushO). Die Verabschiedung des Haushalts führt nur zu einer Ermächtigung, Mittel zu binden, so dass einzelne Personen hiervon nicht unmittelbar betroffen sind, allenfalls von Durchführungsmaßnahmen (EuGH, 26.9.1984, Rs. 216/83, „Les Verts"). Ausgaben bedürfen der konkreten Ermächtigung in einem verbindlichen Rechtsakt (Art. 310 Abs. 3 AEUV).

cc) Haushaltsjahr

16 Haushaltsjahr ist das **Kalenderjahr** (Art. 313 AEUV, Art. 9 HaushO). Es sind unter besonderen Umständen **Nachtrags- oder Berichtigungshaushaltspläne** denkbar (Art. 44 HaushO). Der Haushaltsplan gliedert sich in den Ausgaben nach Organen, wobei der Einzelplan der KOM wegen der Fülle ihrer operationellen Ausgaben ganz im Vordergrund steht (zur Haushaltsgliederung näher Art. 46ff. HaushO). Der Haushalt wird in Euro aufgestellt (Art. 19 HaushO).

dd) Nothaushalt

17 Infolge der häufig verspäteten Verabschiedung der EU-Haushalte ist die Regelung des Nothaushaltsrechts wichtig (Art. 315 AEUV, Art. 16 HaushO). Nach dieser sog. **„Zwölftelregelung"** können bis zur Verabschiedung des Haushalts im bereits laufenden Haushaltsjahr monatliche Ausgaben zunächst nur in Höhe eines Zwölftels der

entsprechend im abgelaufenen Haushaltsplan bereitgestellten Mittel vorgenommen werden. Gewisse Abweichungen sind möglich.

b) Haushaltsgrundsätze

Gemäß den Verträgen und der Haushaltsordnung gelten für den EU-Haushalt im Wesentlichen dieselben **haushaltsmäßigen („kameralistischen") Grundsätze,** wie sie auch für das öffentliche Finanzgebaren der MSen maßgeblich sind (*Europäische Kommission,* European Union Public Finances, 5. Aufl. 2014). Die Grundsätze sind geltendes, einklagbares Recht (EuGH, 27.9.1988, Rs. 204/86, „Griechenland/Rat"). 18

Jährlichkeit (Art. 310 Abs. 1, 313 AEUV, Art. 9 HaushO): Die Einnahmen und Ausgaben werden grundsätzlich für jedes Haushaltsjahr veranschlagt und in den Plan eingesetzt. Allerdings sind viele Mittel auf das folgende Jahr übertragbar. Dabei ist die Unterscheidung zwischen **Verpflichtungs- und Zahlungsermächtigung** (Art. 7 Abs. 2 – 5 HaushO) wesentlich. Verpflichtungsermächtigungen sind die Gesamtkosten der rechtlichen Verpflichtungen, die über das laufende Haushaltsjahr hinaus verbindlich eingegangen worden sind. Zahlungsermächtigungen sind die Ausgaben, die im Haushaltsjahr aufgrund laufender oder früherer Verbindlichkeiten tatsächlich geleistet werden müssen. Mit dieser Haushaltstechnik können mehrjährige Programme, z. B. bei den Fonds, „gefahren" werden. Andererseits kann sich eine Summierung von Verpflichtungsermächtigungen ergeben, die als **„Altlasten"** den künftigen Haushaltsausgleich (unten Rz. 8/21) gefährden. 19

Vorherigkeit (Art. 314 AEUV, Art. 39 HaushO): Der Haushaltsplan ist grundsätzlich vor Beginn des neuen Haushaltsjahres zu verabschieden, um Ausgabenklarheit zu schaffen. Die Einhaltung dieses Grundsatzes begegnet oft praktischen und politischen Schwierigkeiten. Die „Zwölftelregelung" oder Nachtragshaushalte (Rz. 8/17, 8/21) stellen Aushilfsmaßnahmen dar. 20

Einheit und Vollständigkeit (Art. 310 AEUV, Art. 7, 20 ff. HaushO): Es sind sämtliche Einnahmen und Ausgaben der EU in den Haushalt einzusetzen. In diesen Zusammenhang gehört auch das **Bruttoprinzip,** wonach Einnahmen und Ausgaben in voller Höhe und nicht gegenseitig saldiert aufzuführen sind.

Spezialität (Art. 47 HaushO): Die Ausgaben sind in enger Zweckbestimmung zu veranschlagen und nicht global. Diese Haushaltsansätze sind verbindlich. **Mittelübertragungen** bedürfen einer besonderen Rechtsgrundlage (Art. 317 AEUV).

Haushaltsausgleich (Art. 310 Abs. 1 UAbs. 3 AEUV, Art. 17 f. HausO): Diesem **fundamentalen Prinzip,** wonach der Haushaltsplan in Einnahmen und Ausgaben auszugleichen ist, kommt in der EU besondere Bedeutung zu, da die Eigenmittel rechtlich begrenzt sind und die EU über keine Finanzsouveränität verfügt. Art. 310 Abs. 4 AEUV verpflichtet die KOM, keine Vorschläge zu machen, die nicht durch die vorhandenen EU-Eigenmittel gedeckt sind (**„Haushaltsdisziplin"**, unten Rz. 8/29). Die KOM darf auch nicht zur Deckung eines Haushaltsdefizits **den Kapitalmarkt in Anspruch nehmen** (Verbot der Kreditaufnahme, Art. 17 Abs. 2 HausO). Bei Gefährdungen des Ausgleichs können **Nachtrags- oder Berichtigungshaushalte** eingebracht werden. Eine andere, rechtlich nicht unbedenkliche („vertragsnah": *Magiera,* EuR 1985, 273) Notlösung sind grundsätzlich rückzahlbare **„Vorschüsse"** der MSen zur Überbrückung von Haushaltsdefiziten. Anleihen zur Haushaltsfinanzierungen sind nach Maßgabe des Art. 311 AEUV grundsätzlich zulässig (ausführlich Rz. 8/52). 21

Sparsamkeit und Wirtschaftlichkeit (Art. 33, 56 HaushO): Die EU-Haushaltsmittel sind vergleichbar mit nationalen Haushaltsgrundsätzen nach den Grundsätzen der Sparsamkeit und Wirtschaftlichkeit der Haushaltsführung zu verwenden. 22

3. Haushaltseinnahmen der Europäischen Union

Die EU finanziert sich grundsätzlich **vollständig aus eigenen Einnahmen** (Art. 311 AEUV). Der Begriff ist missverständlich. Es handelt sich um Einnahmequellen, die der EU überwiegend aus den nationalen Haushalten zufließen (ca. 75 %) – auch wenn sie ihr rechtsgültig zustehen. Finanzielle Gestaltungsspielräume besitzt die EU auf der Einnahmeseite kaum; die traditionellen Eigenmittel, auf deren Höhe sie Ein- 23 fluss hat (Zölle, Zuckerabgaben), umfassen nicht mehr als ca. 15% des Haushalts und gehen seit Jahren zurück. Kennzeichen der Eigenmittel ist, dass sie der EU zur freien politischen Verfügung zugeführt werden. Neue Eigenmittelkategorien können eingeführt werden, etwa Einkünfte aus EU-Steuern.

a) Die Eigenmittel

24 Nach Art. 2 Abs. 1 lit. a–c, Abs. 2 des Eigenmittelbeschlusses von 2014 bestanden die eigenen Mittel der EU im Wesentlichen aus:

- den **Zöllen des Gemeinsamen Zolltarifs** der EU und anderen Zöllen und den **Agrarabschöpfungen** und **Abgaben,** die im Rahmen der gemeinsamen Marktorganisation für **Zucker** vorgesehen sind (sog. traditionelle Eigenmittel). Diese Einnahmen machen z. Z. ca. 15% der Gesamteinnahmen aus. Den MSen steht es nicht frei, bestimmte Waren (etwa: militärische Ausrüstungsgüter) einseitig zollfrei zu stellen (EuGH, 15.12.2009, Rs. C-372/05, „KOM/Deutschland“);
- dem **EU-Anteil am Umsatzsteueraufkommen der MSen** (*Hidien,* EuR 1997, 95). Dabei beträgt der Abrufsatz 0,30%. Der Abrufsatz stützt sich auf eine maximale USt-Bemessungsgrundlage, der auf 50% des BNE der MSen festgelegt ist („Kappung“). Allerdings sieht der Beschluss Ausnahmen vor – etwa, dass gegenwärtig der Abrufsatz für die USt-Eigenmittel für Deutschland 0,15% beträgt. Diese Einnahmequelle trägt ca. 13% zum Finanzaufkommen der EU bei.
- Mit der Haushaltsreform 1988 schuf der Rat eine zusätzliche, sog. **dritte Einnahmequelle,** die sich (heute) auf das **BNE** stützt. Dieses errechnet sich aus der Summe des BSP zu Marktpreisen, zuzüglich des Nettoprimäreinkommens aus der übrigen Welt (Art. 1 der „BNE-Verordnung“ VO 2019/516 vom 19.3.2019, ABl. 91/19). Der Grundgedanke ist hierbei, dass die Höhe der BNE-Mittel der tatsächlichen Leistungsfähigkeit der einzelnen MSen Rechnung trägt. Diese Zuweisungen bilden zunehmend die Haupteinnahmequelle der EU (ca. 72%). Auch hier gibt es Korrekturen (z. B. 2014–2020 zugunsten Dänemarks, der Niederlande, Österreichs und Schwedens). Die von Großbritannien an die EU abzuführenden MwSt- und BNE-Eigenmittel werden zu Lasten der anderen MSen gekürzt (sog. „Britenrabatt“). Trotz wachsender Kritik ist der britische „Beitragsrabatt“ bis 2020 verlängert worden und wurde nur der Höhe nach etwas verändert. Die KOM berechnet jährlich die Angleichung der bei den MSen abrufbaren Eigenmittel.
- Im Juli 2020 einigte sich der EuRat darauf, eine neue Eigenmittelkategorie einzuführen: Der EU soll der Ertrag aus einer von den MSen einzuführenden Steuer auf unverwertete Kunststoffabfälle zustehen. Hier geht es nicht um die Einführung einer EU-Steuer.

25 Die Wahl von **Zolleinnahmen und Abschöpfungen** als Eigenmittel entspricht der Logik des Binnenmarktes. Die so erzielten Mittel reichten aber schon bald nicht mehr aus, die Aufgaben der EU zu finanzieren. Der Rückgriff auf **Steuereinnahmen** der MSen war unvermeidlich. Man versuchte, durch die Kombination der Umsatzsteuermittel und der BNE-Einnahmen wohlhabende und weniger wohlhabende MSen einigermaßen „gerecht“ heranzuziehen. Allmählich wurden die USt-Mittel zugunsten der BNE-Mittel verringert. Eigentlich sollte die Generalität der BNE-Mittel Verteilungskonflikte verringern. Das Gegenteil ist eingetreten, weil diese Finanzierungsform Geber und Nehmer besonders leicht identifizierbar macht. In der Folge wurden in teilweise harten Kämpfen (berühmt: Margaret Thatcher) Sonderregelungen erkämpft („Rabatte“). Hieran wird sich auch ab 2021 nichts ändern. Weiterhin tragen einige MSen – gemessen an ihrem relativen Wohlstand – eine zu große Haushaltslast; auch dies hat zur Einführung verschiedener **Korrekturmechanismen** geführt. Diese Korrekturen haben das Eigenmittelsystem der EU stark verkompliziert. Selbst in der KOM ist die Auffassung weit verbreitet, dass das System intransparent und undurchsichtig, aufgrund des fehlenden Zusammenhangs von EU-Aufgaben und Einnahmen inkohärent und in der konkreten Ausgestaltung unfair ist.

An Dynamik gewonnen hat in den letzten Jahren die Diskussion um die Einführung einer originären **EU-Steuer** als zusätzlicher Einnahmequelle. Bisher kommt der EU ein Besteuerungsrecht nur in Bezug auf die Einkünfte ihres Personals zu. Die Vorschläge, wie eine solche EU-Steuer aussehen könnte, sind grundverschieden und reichen von der Einführung einer **EU-Verbrauchsteuer** (z. B. auf Kerosin; „Tobin-Steuer", auf Tabak oder Alkohol) über die Erhebung einer **eigenen Umsatzsteuer** der EU (i. H. v. ca. 1 %) bis hin zu einer **Anbindung der EU-Steuer an die Einkommens- und/oder Körperschaftsteuer.** Die Gegner wenden ein, dass der EU die konstitutionelle Legitimation bislang fehle, die Bürgerinnen und Bürger zu besteuern, dass eine Erhöhung der schon weitweit einzigartigen Gesamtsteuerbelastung nicht vermieden werden kann und das Besteuerungsrecht der EU Umverteilungs- und Lenkungstendenzen noch verstärken würde. Ein Entwurf der KOM zur Einführung einer **Finanztransaktionssteuer** (KOM(2011), 594 endg.) fand keine Zustimmung (siehe ausführlich Rz. 35/52). Zwischenzeitlich hatte man die Idee, im Wege der **verstärkten Zusammenarbeit** nach Art. 20 EUV, Art. 326–334 AEUV vorzugehen (ermächtigender Beschluss des ECOFIN vom 22. 1. 2013, 2013/52, ABl. L 22/11). Doch auch dieser Vorschlag fand keinen Konsens. Die Einführung einer **Digitalsteuer** zur Besteuerung digitaler Dienstleistungen (Vorschlag der KOM vom 21. 3. 2018, COM(2018) 148 final) scheiterte am Widerstand einiger MS (unten Rz. 35/52). Die Covid-19-Pandemie hat die Diskussion um die Einführung unionsweiter Steuern wieder befeuert (COM(2020) 456 final). Im Juli 2020 war im EuRat davon die Rede, dass zum 1. 1. 2023 eine **Digitalsteuer** sowie ein **CO^2-Grenzausgleichssystem** eingeführt werden könnten. 26

b) Sonstige Haushaltstitel

Die EU verfügt darüber hinaus über **weitere Einnahmen,** die als „zweckgebundene Mittel" in besonderen Haushaltslinien geführt werden. Schon seit längerem gibt die EU Anleihen aus, um die aufgenommenen Mittel als Darlehen im Rahmen von Förder- bzw. Hilfsprogrammen an die Mitgliedstaaten weiterzureichen („back-to-back lending"). Im Europäischen Instrument zur Bekämpfung von Arbeitslosigkeitsrisiken (VO 2020/672 – „SURE") stellt die EU den MSen 100 Mrd. Euro als Kredite zur Verfügung; die Kredite werden von den MSen abgesichert (BGBl. 2020 I 1633). Ferner nimmt die EU Kredite auf, um den Erwerb von Gebäuden zu finanzieren. In allen Fällen wird die Operation als haushaltswirtschaftlich „neutral" angesehen (zur Verschuldensfähigkeit unten Rz. 8/48). 27

Neben den Eigenmitteln verfügt die EU zur Haushaltsdeckung noch über einige **Einnahmen geringeren Umfanges.** Hierher gehören Einnahmen aus der Erhebung von Zwangsgeldern, Geldbußen, u. ä., Bankzinsen, Beiträge von Drittländern zu bestimmten Unionsprogrammen, Rückzahlungen nicht in Anspruch genommener Finanzhilfen, Verzugszinsen sowie der Saldo aus dem vorhergehenden Haushaltsjahr. Die sonstigen Haushaltseinnahmen haben einen Anteil am Gesamthaushalt von ca. 2 %. 28

4. Haushaltsausgaben der Europäischen Union

Die Ausgaben der EU haben sich nach dem Grundsatz des Haushaltsausgleichs **(oben Rz. 8/21) im Rahmen der Einnahmen der EU** zu halten. Die EU darf zur Finanzierung ihrer operativen Ausgaben keine Schulden aufnehmen. Mehrausgaben, die beim Haushaltsvollzug entstehen, sind über Nachtrags- und Berichtigungshaushalte auszugleichen. Faktisch wird ein solcher Ausgleich bisweilen über „Vorschüsse" der MSen vorgenommen, deren Rückzahlung nicht in jedem Falle deutlich ist. Haushaltsrechtlich korrekter ist in einer solchen Lage die Einsparung über die Verhängung einer globalen Minderausgabe (Gesamteinsparungen in einer pauschal festgelegten Höhe während des Haushaltsvollzugs). 29

a) Kompetenzielle Begrenzung der Ausgaben

30 Die EU ist kein (virtuell allzuständiges) Staatswesen. Sie kann Ausgaben nur im Rahmen ihrer begrenzten Einzelzuständigkeit (unten Rz. 11/3) tätigen. Die Befugnisse der EU werden allerdings großzügig ausgelegt. In diesem eingegrenzten Rahmen sind gemäß den politischen Entscheidungen innerhalb der KOM, des EP und vor allem des Rats finanzielle Akzentuierungen im EU-Ausgabengebaren möglich. Infolge der Begrenztheit der EU-Finanzgewalt vermag der EU-Haushalt kaum europaweite fiskalpolitische Steuerungsfunktionen (konjunktureller Ausgleich, strukturelle Umverteilung, u. a.) auszuüben. Die im Rahmen des EU-Haushalts bereitgestellten Mittel werden vielfach über Programme und Fonds verwaltet („Basisrechtsakte"). Nach Art. 311 Abs. 2 AEUV dürften derartige Akte nicht erlassen werden, wenn nicht die Gewähr besteht, dass die vorgesehenen Ausgaben im Haushalt finanziert sind (Sicherung der Haushaltsdisziplin).

b) Mehrjähriger Finanzrahmen

31 Seit den 1980er Jahren waren die Gemeinschaftsausgaben erheblich gestiegen, insbesondere im Agrarbereich. Um diese Entwicklung unter Kontrolle zu halten, wurde eine verbindliche mehrjährige **Vorprogrammierung der Ausgaben („Finanzielle Vorausschau", heute: „mehrjähriger Finanzrahmen (MFR)" (Art. 312 AEUV))** eingeführt. Im Finanzrahmen für die Jahre 2014–2020 (VO 1311/2013, ABl. L 347/884) wurde die Ausgabenstruktur der EU den zukünftigen Herausforderungen angepasst. Den Schwerpunkt der Programmierung sollte die **Steigerung der Wettbewerbsfähigkeit** der EU bilden. Im geplanten **Mehrjährigen Finanzrahmen 2021–2027** (COM(2018) 321 final) zeigt sich eine erneute Verschiebung der politischen Prioritäten der EU. Im Fokus stehen nun die Förderung von Zusammenhalt und Werte sowie der Schutz der Natürlichen Ressourcen und Umwelt, während die Investitionen in Binnenmarkt, Innovation und Digitales deutlich zurückgegangen sind. Aufgrund der wirtschaftlichen Folgen der COVID-19-Pandemie wurde dieser Finanzrahmen angepasst und um ein Hilfspaket ergänzt. Der Haushaltsrahmen soll 1074,3 Mrd. Euro umfassen, zzgl. weiterer 750 Mrd. Euro für „Next Generation EU". Die Obergrenze soll, so der Vorschlag, auf **1,40 % des BNE der MSen** bzw. für die Verpflichtungsermächtigung auf 1,46 % des BNE der MSen angehoben werden.

c) Die Ausgabenstruktur

32 Durch die Reform der Ausgabenstruktur sollen die Flexibilität und Sichtbarkeit der Unionsmaßnahmen erhöht werden. Im Zentrum der EU-Ausgaben stehen folgende Bereiche:

aa) Wachstum

33 Den mit über 40 % der **EU-Gesamtausgaben** größten Ausgabenblock bilden die Ausgaben zur Steigerung der Wettbewerbsfähigkeit und Kohäsion. Im Vordergrund stehen hier die Beschleunigung des **Wirtschaftswachstums** und die **Förderung der Beschäftigung.** Dieses Wachstum soll ökologisch verfolgen; geplant ist eine „ökologische Transformation" zur Bekämpfung des Klimawandels. Außerdem sollen benachteiligte Regionen dabei unterstützt werden, ihre Wirtschaft für den weltweiten Wettbewerb zu rüsten.

bb) Natürliche Ressourcen

Den zweiten großen Block bilden die Ausgaben für **Landwirtschaft,** ländliche Entwicklung, Umwelt und Fischerei, die ca. 37% des Haushaltsvolumens ausmachen. Umfasst werden hiervon direkte **Umweltschutzmaßnahmen,** die Neuausrichtung und Diversifizierung der **Agrarwirtschaft** und die Förderung einer **nachhaltigen Fischereitätigkeit.** Im Gegensatz zu den Ausgaben in den übrigen Rubriken sind die **Ausgaben** in diesem Bereich leicht rückläufig. Im Oktober 2020 wird im Rat eine Einigung über künftige Finanzierung der EU-Agrarpolitik erzielt: Weiterhin werden Direktsubventionen an Landwirte im Zentrum stehen, die von der bewirtschafteten Fläche abhängen. Ökologische Aspekte werden nur zu einem geringen Teil berücksichtigt. 34

cc) Sicherheit und Unionsbürgerschaft

Diese Rubrik umfasst verschiedene EU-Politiken wie justizielle Zusammenarbeit (in Strafsachen), Informationsgesellschaft, Medien, Kultur, Gesundheit und Verbraucherschutz, Migration, Asyl, Sicherung der Außengrenzen, innere Sicherheit und Recht. Die Terrorismusbekämpfung und der Kampf gegen illegale Einwanderung gehören hierzu. Weiterhin soll die Bürgerbeteiligung in der EU gefördert werden. Sie macht ca. 3% des Gesamthaushalts aus. 35

dd) Europa in der Welt

Ungefähr 7% des Haushalts werden zur Förderung verschiedener **Maßnahmen im Außenbereich** eingesetzt. Die Maßnahmen umfassen insb. Entwicklungszusammenarbeit, humanitäre Hilfe, Stärkung von Demokratie und Menschenrechten. Auch die **Nahrungsmittelhilfe der EU** für die am wenigsten entwickelten Länder, die einkommensschwachen Länder und die Entwicklungsländer sowie Maßnahmen zugunsten des Mittelmeerraums, Osteuropas und für Länder Asiens und Lateinamerikas fallen hierunter. Schließlich werden Mittel für die **GASP** und andere externe Aspekte einiger Gemeinschaftspolitiken bereitgestellt. Auch die Kosten im Rahmen der **„Heranführungsstrategie"** zur Unterstützung der potentiellen künftigen MSen bei ihrer Annäherung an die EU gehören nunmehr in diese Rubrik. 36

ee) Verwaltungskosten

Die **Verwaltungskosten** der EU sind mit **ca. 6%** des Haushalts, verglichen mit nationalen Budgets, durchaus begrenzt. Dabei ist zu berücksichtigen, dass die großzügige **Sprachenregelung** der EU (oben Rz. 5/8) kostenaufwändig ist (Übersetzungs- und Publikationsaufwand). Dies ist bei der beliebten Kritik an der „Brüsseler Eurokratie" mitzubedenken. Das **EU-Personal** (oben Rz. 7/1) kann in Relation zu ca. 446 Millionen Unionsbürgern in Grenzen gehalten werden, da der Vollzug der Unionsaktion unterhalb der „Brüsseler Ebene" fast ausschließlich durch **Behörden der MSen** erfolgt, deren Verwaltungskosten den nationalen Haushalten zur Last fallen. 37

Der weit überwiegende Anteil des EU-Budgets dient der **Realisierung von Umverteilungseffekten** in Bereichen, in denen ökonomisch und gesellschaftlich nicht immer ein erkennbarer Gesamtnutzen erzielt wird. Gerade die Agrarsubventionierungen, die vorgeblich Preisausschläge auf dem Agrarmarkt ausgleichen sollen, wären weniger kostenintensiv, wenn sie auf mitgliedstaatlicher Ebene durchgeführt würden. Zudem zeigt sich hier eine **systematische Inkonsistenz:** Während die Binnenmarktpolitik der EU marktwirtschaftlich ausgerichtet ist (mit Beihilfeverbot, Wettbewerbskontrolle, etc.), ist ihre budgetäre Realität geprägt von der Subventionierung einer Branche mit rückläufiger gesamtwirtschaftlicher Bedeutung. Die Brüsseler Steuerung mitgliedstaatlicher Projekte im Rahmen der Regional- und Kohäsionspolitik ist ebenfalls **häufig ineffizient** und **mit dem Gedanken der Subsidiarität unvereinbar.** Auch hier steht die Einkommensverteilung zwischen den MSen im Vordergrund, zur Beförderung des unionalen Konvergenzprozesses tragen die gebildeten Fonds jedenfalls nicht merklich bei. Letztendlich bezwecken die Zahlungen eine **Kompensation für potenzielle Verlierer** weiterer Integrationsschritte (*Feld,* Integr. 2005, 55) oder struktureller Verände- 38 rungen. Die Frage ist allerdings, ob die wirklich Bedürftigen erreicht werden. Im Vergleich dazu spielt die Finanzierung eigentlicher europäischer Politikfelder (interne Politiken, Außenpolitik) eine relativ unbedeutende Rolle.

5. Haushaltsverfahren, Haushaltsvollzug und Haushaltsabschluss

39 Bei der **Aufstellung des jährlichen EU-Haushaltsplans** wirken KOM, EP und Rat in einem inzwischen deutlich vereinfachten Verfahren zusammen (Art. 314 AEUV). Dabei bleibt der **Wille des Rats** weithin maßgeblich. Das Haushaltsverfahren spielt sich von vornherein innerhalb der allgemeinen Grenzen der EU-Finanzgewalt ab (oben Rz. 8/11). Im Näheren sind folgende **Etappen des Haushaltsverfahrens** im Vertrag vorgesehen, die teils im Vertrag selbst, teils in der Haushaltsordnung (vgl. Art. 322 AEUV) festgelegt sind. Zu beachten ist, dass der vertraglich vorgesehene Zeitplan durch den sog. „pragmatischen Zeitplan" („pZp") (Ziffer 5 einer Gemeinsamen Erklärung) nach vorne gezogen wird.

a) Entwurf des Haushaltsplanes (Art. 314 Abs. 1 AEUV)

40 Die Organe der EU stellen bis zum 1. Juli **Voranschläge** für ihre Ausgaben auf. Dies geschieht vor dem Hintergrund eines kontinuierlichen „interinstitutionellen Dialogs" (Art. 324 AEUV). Die KOM erstellt hieraus in einem Verhandlungsprozess einen Entwurf für den Haushaltsplan; sie ist frei, abweichende Festsetzungen zu treffen. Bis zum 1. September (pZp: spätestens 18. Kalenderwoche) legt sie dann den **Entwurf** des nächstjährigen Haushaltsplanes vor. Sie hat sich dabei am mehrjährigen Finanzrahmen zu orientieren.

41 Der Rat nimmt einen Standpunkt zu dem **Entwurf des Haushaltsplans** bis zum 1. Oktober an (pZp: 30. Woche). Das EP hat innerhalb von 42 Tagen zu entscheiden, ob es den vom Rat abgeänderten Entwurf billigt oder die vorgenommenen Änderungen annimmt (pZp: bis zur 42. Woche). Im Falle der Billigung oder Untätigkeit des EP gilt der Plan als angenommen. Mit der absoluten Mehrheit seiner Mitglieder kann das EP aber auch Änderungen annehmen; in diesem Fall ist der Vermittlungsausschuss einzuberufen – es sei denn, der Rat billigt die Änderungen innerhalb von zehn Tagen. Auch dann gilt der Plan als angenommen. Im **Vermittlungsverfahren** wird innerhalb von 21 Tagen versucht, einen gemeinsamen Entwurf zu erstellen (pZp: bis zur 45. Woche). Der Vermittlungsausschuss wird vom EP vorzugsweise durch Abgeordnete besetzt, die dem Haushaltsausschuss, o. ä. angehören (Art. 75 d GO EP). Der Vermittlungsausschuss entscheidet mit der qualifizierten Mehrheit der Mitglieder des Rats und der Mehrheit der EP-Mitglieder (Art. 314 Abs. 5 AEUV). Scheitert das Vermittlungsverfahren, so muss die KOM einen neuen Entwurf vorlegen (Art. 314 Abs. 8 AEUV). Andernfalls müssen beide Teile der Haushaltsbehörde innerhalb von 14 Tagen über eine Billigung entscheiden. Das EP stimmt über den Entwurf als Ganzes in einer einzigen Abstimmung ab. Er gilt als angenommen, wenn ihn nicht eine Mehrheit der Mitglieder ablehnt. In diesem Fall ist ein neuer Vorschlag der KOM vorzulegen. Im Falle der Ablehnung durch den Rat hat das EP die Möglichkeit, sich mit einem besonderen Quorum durchzusetzen (Art. 314 Abs. 7 lit. d) AEUV). Das EP bildet damit inzwischen einen gleichberechtigten Teil der EU-Haushaltsbehörde.

b) Feststellung des Haushaltsplanes (Art. 314 Abs. 9 AEUV, Art. 43 HaushO)

42 Die Feststellung, dass der Haushaltsplan endgültig erlassen ist, obliegt dem Präsidenten des EP. Damit ist der Plan **rechtsverbindlich** geworden, d. h. jeder MS ist verpflichtet, der KOM die festgestellten Beträge gemäß den Bedingungen der HaushO zur Verfügung zu stellen.

c) Haushaltsvollzug (Art. 317 AEUV, Art. 56 ff. HaushO)

43 Der Vollzug (Ausführung) des Haushaltes obliegt der **KOM** in Zusammenarbeit mit den MSen (zu den Grenzen der Kommissionsbefugnisse: EuGH, 23.10.2007, Rs. C-403/05, „EP/KOM"). Dabei ist der Rechtscharakter des Haushaltsplans als lediglich einer Ermächtigung zur Mittelausgabe zu beachten. Es bedarf zur effektiven Mittelbindung und -ausgabe einer **gesonderten Rechtsgrundlage** (Art. 310 Abs. 3 AEUV).

d) Rechnungslegung und Rechnungsprüfung (Art. 318 AEUV)

Wie im nationalen Haushaltsrecht unterliegt der vollzogene EU-Haushaltsplan des abgelaufenen Jahres **nachträglichen Kontrollen.** Die KOM legt zunächst Rat und EP jährlich die Rechnung des abgelaufenen Haushaltsjahres für die Rechnungsvorgänge des Haushaltsplans vor **(Rechnungslegung).** Hierzu bedarf es zugleich der Vorlage einer Übersicht über Vermögen und Schulden der EU (näheres in Art. 241 ff. HaushO). – Gleichzeitig prüft der **Rechnungshof** (zu ihm näher oben Rz. 5/152 ff.) die Rechtmäßigkeit und Ordnungsmäßigkeit der Einnahmen und Ausgaben und überzeugt sich von der Wirtschaftlichkeit der Haushaltsführung. Diese Prüfung mündet in den **Jahresbericht des Rechnungshofes** ein, der den Organen der EU vorgelegt und im ABl. veröffentlicht wird. Der Rechnungshof unterstützt so EP und Rat bei der Kontrolle der Ausführung des Haushaltsplans (näher *Graf,* Die Finanzkontrolle der EG, 1999). Seine Prüfungen iVm der Tätigkeit des Haushaltskontrollausschusses des EP sind für die rechtliche Ordnung des EU-Haushaltsgebarens wesentlich. 44

e) Entlastung der Kommission (Art. 319 AEUV, Art. 260 ff. HaushO)

Aufgrund der Rechnungslegung und Rechnungsprüfung obliegt es abschließend dem EP, dem der Rat vorher eine Empfehlung zuleitet, über die **Entlastung der KOM** zur Ausführung des Haushaltsplanes zu beschließen (Art. 319 AEUV; Art. 260 ff. HaushO). In diesem Zusammenhang kann das EP einzelne Haushaltsmaßnahmen beanstanden, d. h. um Nichtwiederholung ersuchen oder sogar um Abänderungen der Maßnahme. In schwerwiegenden Fällen kann die Entlastung verweigert werden. Dies hat das EP 1984 für den Haushalt 1982 und 1987 für den Haushalt 1985 getan und mit einer (erfolglosen) Rücktrittserwartung an die KOM verbunden. Beanstandete Organe haben die Pflicht, den Beanstandungen nachzukommen. Nötigenfalls können Rat und EP bei der Feststellung künftiger Haushaltspläne auf Abstellung von Versäumnissen drängen. 45

Der Lissabon-Vertrag hat das Haushaltsverfahren der EU gestrafft und das EP weiter aufgewertet. Gleichwohl befindet sich die EU-Haushaltsverfassung – mit Blick auf die komplizierte Verteilung der „power of the purse" zwischen Rat und EP – weiterhin **in einer Übergangsphase,** die das labile Kräfteverhältnis innerhalb der EU widerspiegelt. 46

III. Finanzoperationen außerhalb des Haushalts, insbesondere Anleihen und Darlehen

Literatur: *Horn,* Die Finanzierung von Staaten durch externe Anleihen in der künftigen Architektur der Europäischen Währungsunion, FS Hellwig, 2010, 487; *Heun/Thiele,* Verfassungs- und europarechtliche Zulässigkeit von Eurobonds, JZ 2012, 973; *Heidfeld/Mayer,* Verfassungs- und europarechtliche Aspekte der Einführung von Eurobonds, NJW 2012, 422; *Sikora,* Europa- und verfassungsrechtliche Rechtsfragen der Einführung sogenannter Eurobonds, 2014; *Schäfer,* Eurobonds aus rechtsökonomischer Perspektive, FS Köndgen, 2016, 479; *Pröbstl,* Unions- und verfassungsrechtliche Zulässigkeit einer gemeinsamen fiskalischen Antwort der Eurozonen-Mitgliedstaaten auf COVID-19, EuZW 2020, 305.

Nicht alle EU-Finanzierungen werden in den Gesamthaushalt einbezogen. Die EU gibt projektbezogene Wertpapiere aus und nimmt Darlehen auf; diese Operationen sind technisch in den Haushalt einbezogen, nicht aber politisch vom Haushaltsgesetzgeber verantwortet. Darüber hinaus gibt es Sonderhaushalte wie den Europäische Entwicklungsfonds. 47

1. Verschuldungskompetenz der EU

Schon seit langem gibt die EU **Anleihen** aus. Die aufgenommenen Mittel werden einerseits als Darlehen an die MSen weitergegeben, andererseits für den Erwerb von Sachmittel verwandt. Im Zuge von NGEU (Rz. 8/8, 53) ist erstmalig vorgesehen, kredit- 48 finanzierte Mittel für verlorene Zuschüsse zu verwenden („borrowing for spending"). Die Verschuldensfähigkeit der EU steht grundsätzlich außer Frage.

49 In den Verträgen finden sich **spezielle Anleihebefugnisse** (Art. 308 AEUV – Gründung und Anleihebefugnis der Europäischen Investitionsbank; Art. 172 Abs. 4 EAGV – Anleihen zur Finanzierung von Forschung und Investitionen im Euratom-Bereich). Im Zuge der großzügigeren Anwendung des heutigen Art. 352 AEUV seit der Pariser Gipfelkonferenz 1972 und in der Folge eines Beschlusses des Europäischen Rats 1977 wurde ihr eine implizite **Kompetenz zur Aufnahme von Anleihen und zu entsprechender Darlehensgewährung** dann zuerkannt, wenn die Verwirklichung der Ziele im Rahmen des Gemeinsamen Marktes eine solche Finanzierung erforderlich macht (kritisch *Gesmann-Nuissl,* Die Verschuldungsbefugnis der Europäischen Union, 1999). In der Vergangenheit hat man die Verschuldungsbefugnis in Sachrechtsakten begründet – und so auch vom Sachgesetzgeber der EU politisch verantwortet. In der Folge der Corona-Krise soll erstmalig eine Verschuldungskompetenz im Eigenmittelbeschluss verankert werden. Mit Art. 311 Abs. 3 AEUV ist dies grundsätzlich vereinbar (str.).

50 **Finanzverfassungsrechtliche Einwände** lassen sich gegen EU-Verschuldung nicht erheben. Art. 311 Abs. 2 AEUV sieht explizit vor, dass neben den Eigenmitteln weitere Einnahmequellen generiert werden können. Die Anleihemaßnahmen sind auf die Durchführung bestimmter zweckgebundener Maßnahmen beschränkt. Die Anleihetätigkeit der EU wird, soweit es um die Unterstützung für von besonderen Krisen betroffene MS geht, auf Art. 122 Abs. 2 AEUV (VO 407/2010 vom 11.5.2010, ABl. L 118/1), im Übrigen auf Art. 352 AEUV (etwa VO 332/2002 vom 18.2.2002, ABl. L 53/1) gestützt. Allerdings wäre eine allgemeine Haushaltsfinanzierung aus Anleihemitteln auf der Grundlage der geltenden Haushaltsverordnung unzulässig. Inwieweit das EU-Haushaltsrecht einer schuldengetragenen Aufgabenfinanzierung über externe zweckgebundene Mittelverwaltung entgegensteht, ist unklar und strittig.

2. Finanzierungsinstrumente der EU

51 Auf der Grundlage dieser „Finanzierungsdoktrin" hatte schon die EWG seit den siebziger Jahren mit Hilfe der verschiedenen Finanzierungsinstrumente in größerem Umfang Anleihen auf dem Kapitalmarkt aufgenommen und diese Gelder für eine breite Palette von Investitionen darlehensmäßig vergeben. Abzugrenzen sind diese Finanzierungsinstrumente der EU von solchen, die auf völkerrechtlicher Grundlage von den MSen errichtet wurden und neben der EU stehen (etwa ESM und EFSF unten Rz 18/40). Nach den **Finanzierungsinstrumenten** gegliedert, ergibt sich folgendes Bild:

52 Gestützt auf ihre Sachkompetenzen (Art. 122 AEUV, Art. 352 AEUV etc.) hat die EU die Möglichkeit, zweckgebundene **Anleihen** auszugeben, um Darlehen zu vergeben, insbesondere zur Förderung von Investitionen im industriellen Bereich und in den Bereichen Energie, Infrastruktur, Nachhaltigkeit oder Krisenbewältigung, zu finanzieren. Seit den 1990er Jahren nimmt die KOM zudem Anleihen auf dem freien Markt auf, um wirtschaftliche Reformen insbesondere in Osteuropa mit Darlehen zu unterstützen. Die Ausgabe von sog. „Euro-Bonds", also Anleihen, für die die EU-Mitgliedstaaten gesamtschuldnerisch oder *pro rata* haften, ist auf dieser Grundlage nicht zulässig. Ohne eine Vertragsänderung und ohne die nach den jeweiligen verfassungsrechtlichen

Grundlagen erforderliche Zustimmung der MSen ist der EU dieser im Zuge der Euro-Krise sowie auch bei der Bewältigung der sozioökonomischen Folgen der COVID-19-Pandemie vieldiskutierte Weg versperrt.

In dem Finanzierungsinstrument „Next Generation EU" sollen zur Bekämpfung der Folgen von „COVID-19" in den Jahren 2021–2023 auf den Kapitalmärkten insgesamt 750 Mrd. Euro aufgenommen werden. Sie sollen den MSen teils als nicht rückzahlungsbedürftiger Zuschuss (iHv 390 Mrd. Euro), teils als Kredit (iHv 360 Mrd. Euro) zugeführt werden. Der Zuweisungsschlüssel stellt hauptsächlich auf die allgemeine wirtschaftliche Lage der MSen ab; pandemiebedingte Schäden spielen nur eine geringe Rolle. Das Instrument wird hat damit eine erhebliche Umverteilungsdimension. Nach den Plänen von KOM und EuRat sollen die Mittel, die die EU auf dem Kapitalmarkt aufnimmt, als „externe zweckgebundene Mittel" (Art. 22 EU-HaushO) im Haushalt geführt werden: Über sie wird daher nicht vom EU-Haushaltsgesetzgeber politisch entschieden. Über die Verteilung auf verschiedene Fonds und Fazilitäten soll in einer auf Art. 122 AEUV gestützten „EuRI"-VO (COM(2020) 441) entschieden werden. Zu knapp 90% soll die Bewirtschaftung in einem Finanzierungsinstrument (**„Aufbau- und Resilienzfazilität"** (COM(2002) 408)) erfolgen (672,5 Mrd. Euro). Der Rest der Mittel soll in eine Vielzahl **bestehender Programme** fließen. Die MS sind angehalten, sog. „Aufbau- und Resilienzpläne" vorzulegen, um Mittel aus der Fazilität zu erlangen. Sie müssen sich dabei im Einklang mit den Zielen des „Europäischen Semesters" bewegen. Inzwischen wird vermehrt bezweifelt, dass die „Corona"-Aufbaumittel von den MSen wirklich sinnvoller Verwendung zugeführt werden. Ein „Notbremsemechanismus" soll dem Rat das Recht geben, Geldausgaben zu blockieren. Die gewählten Konstruktionen erweisen sich **politisch und rechtlich als nicht unproblematisch.** Die Mittelverwaltung der EURI-Mittel am EU-Haushalt vorbei hat zur Folge, dass das EP keine demokratische Verantwortung übernimmt. Auch an der Errichtung der mittelverwaltenden Fonds ist das EP nicht entscheidend beteiligt (Art. 122 AEUV). 53

Seit 1990 bedient sich die EU vor allem der **Europäischen Investitionsbank (EIB)** zur Anleihenfinanzierung. Auf diese Weise ist die Finanzierungskompetenz der EU **erweitert worden.** Durch die zunehmende Einschaltung der EIB wurde gleichzeitig der **Einfluss der MSen** gewahrt und die **bankmäßige Bonität** der EU als Anleiheschuldnerin sichergestellt. Die EU bietet den Gläubigern ihren Haushalt als Garantie für Anleihen und Darlehen an. Problematisch bleibt, dass die Anleihe- und Darlehenstätigkeit der EU **vom Haushaltsgebaren stark getrennt wird** (Art. 52 HaushO) und eine parlamentarische Kontrolle kaum stattfindet. Die **EIB** ist in ihrer Aufgabenerfüllung innerhalb der EU nach Art. 308–309 AEUV (unten Rz. 18/45ff., insb. 18/52) und durch die Übertragung zusätzlicher Aufgaben außerhalb der EU das **wichtigste Finanzierungsinstrument** außerhalb des Haushaltes. Seit den 1960er Jahren ist die Bank an der Entwicklungsfinanzierung der EU im Mittelmeerraum und in den AKP-Staaten beteiligt. Seit 1989 trat die Förderung von Projekten in Mittel- und Osteuropa im Rahmen der Gemeinschaftsaktionen hinzu. Seit 1990 ist die EIB in die industriepolitischen Finanzierungsfunktionen eingetreten. Aufgrund dieser Anforderungen hat die EIB ihre Kapitalaufnahme ständig gesteigert, ohne an ihren bankmäßigen Standards Abstriche zu machen. Die EIB ist inzwischen neben der Weltbank der weltweit größte institutionelle Anleihenehmer. 54

55 Nach Artikel 143 AEUV gewährt der Rat auf Empfehlung der KOM und nach Anhörung des Wirtschafts- und Finanzausschusses für den Fall, dass ein MS von einer Zahlungsbilanzkrise betroffen ist, gegenseitigen Beistand in Form eines Darlehens. Zu diesem Zweck führt die VO 332/2002, (ABl. L 53/1) eine „Fazilität des mittelfristigen finanziellen Beistands zur Stützung der Zahlungsbilanzen der Mitgliedstaaten" ein. Zur Deckung der Finanzhilfen, die insg. höchstens 12 Mrd. Euro betragen dürfen, kann die KOM Anleihen aufnehmen. Dieses Instrument findet innerhalb der EURO-Zone keine Anwendung (vgl. Art. 122 AEUV).

3. Europäischer Entwicklungsfonds

56 Ein **wichtiger Teil der Entwicklungspolitik der EU** wird außerhalb des normalen EU-Haushaltsverfahrens finanziert, nämlich die finanzielle Zusammenarbeit mit der Gruppe der Staaten Afrikas, des karibischen Raumes und des Pazifischen Ozeans **(„AKP-Staaten")** und den überseeischen Ländern und Gebieten (ÜLG). Die EU hat hierzu einen **Europäischen Entwicklungsfonds** errichtet. Weil diese Sonderfinanzierung dem Grundsatz der Vollständigkeit des EU-Haushalts zuwiderläuft und keine gesicherte parlamentarische Kontrolle stattfindet, soll sie ab 2021 in den EU-Haushalt einbezogen werden.

57 Die Entwicklungsfinanzierung EU-AKP-Staaten regelte sich bisher nach Art. 55 ff. des 5. AKP-EG-Abkommens von Cotonou vom 23.6.2000 (ABl. L 317/3) (iVm mit einem Finanzprotokoll) sowie nach unionsinternen Bestimmungen. Das Cotonou-Abkommen galt bis zum 1.3.2020, seine Laufzeit wurde jedoch aufgrund der noch laufenden Verhandlungen über ein Anschlussabkommen bis zum Dezember 2020 verlängert (siehe auch Rz. 40/56). Der **11. EEF für die Periode 2014–2020** umfasste 30,5 Mrd. Euro. Der Fonds speist sich aus Beiträgen der EU-Staaten. Deutschland und Frankreich sind die größten Beitragszahler. Ferner stellt die EIB Darlehen zur Verfügung (näher unten Rz. 8/54).

IV. Schutz der finanziellen Interessen der EU (Betrugsbekämpfung)

Literatur: *Bernardi/Negri* (Hrsg.), Investigating European Fraud in the EU Member States, 2017; *Partsch,* Europäischer Rechtsschutz gegen externe OLAF-Untersuchungen, EuZW 2017, 878; *Schnichels,* Das Europäische Amt für Betrugsbekämpfung – quo vadis, EuZW 2018, 561; *Weyembergh/Brière,* The future cooperation between OLAF and the European Public Prosecutor's Office, New Journal of European Criminal Law, 2018, 62; *Heger,* Einführung der Europäischen Staatsanwaltschaft in das deutsche Recht, ZRP 2020, 115.

58 Seit längerem entstehen der EU durch **Betrügereien zu Lasten des Unionshaushaltes,** besonders bei Zöllen, Agrarsubventionen und den Strukturfonds, Schäden in jährlicher Milliardenhöhe (im Durchschnitt der letzten Jahre ca. 2% des EU-Haushaltes). Die EU und ihre MSen sind nach Art. 4 Abs. 3 EUV gleichermaßen verpflichtet, solche Betrügereien zu bekämpfen und strafrechtlich zu ahnden (EuGH, 21.9.1989, Rs. 68/88, „KOM/Griechenland"; *Meier/Epiney,* AJP 2004, 457).

59 Nach Art. 325 AEUV bekämpfen EU und MSen **Betrügereien und gegen die finanziellen Interessen der EU gerichtete rechtswidrige Handlungen.** In erster Linie ist das **nationale Strafrecht** gefordert, da die MSen ca. 80% der EU-Gelder verwalten. Auf Unionsebene wurde in Reaktion auf die am Ende der *Santer*-Kommission aufgedeckten Missstände das **Europäische Amt für Betrugsbekämpfung (OLAF)** gegründet (Beschl. der KOM v. 28.4.1999, ABl. L 136/20; VOen 1999/1073–1074, ABl. L 136/1; *Haus,* EuZW 2000, 745). OLAF ist eine Einrichtung innerhalb der KOM, die mit **Autonomie** ausgestattet ist. Sie hat keine polizeilichen und strafrechtlichen Befugnisse, sondern ist eine Untersuchungsbehörde, die innerhalb der EU-Organe (einschl. EIB und EZB) Fakten sammelt. Die von OLAF durchgeführten internen Ermittlungen finden im EU-Beamtenstatut ihre Grundlage. Die Ergebnisse werden den zuständigen Stellen in der EU und in den MSen bekannt gegeben. Aus dieser Organisationsform ergeben sich

Grenzen der Wirkungsmöglichkeiten von OLAF. Die **strafrechtliche Verfolgung** aufgedeckter Missstände obliegt den nationalen Behörden iVm den europäischen Stellen, die im Aufbau des Raumes der Freiheit, der Sicherheit und des Rechts eingerichtet wurden (Europol, Eurojust, evtl. künftig eine Europäische Staatsanwaltschaft, unten Rz. 37/10). OLAF hat einen Haushalt von ca. 60 Mio. EUR und beschäftigt gut 400 Mitarbeiter.

Nach zähen Verhandlungen ab der Jahrtausendwende wurde 2017 auf Grundlage von Art. 86 Abs. 2 60
AEUV im Rahmen der Verstärkten Zusammenarbeit eine **Europäische Staatsanwaltschaft (EUStA)** eingerichtet (zunächst unter Beteiligung von 16, nunmehr von 22 MSen), die Straftaten zum Nachteil der finanziellen Interessen der EU untersuchen, verfolgen und anklagen soll (VO 2017/1939 vom 12.10.2017, ABl. L 283/1 sowie RL 2017/1317 vom 5.7.2017, ABl. L 198/29). Es handelt sich um eine unabhängige unionseigene Behörde, die grenzüberschreitend tätig wird. Als zentrale Behörde auf Unionsebene koordiniert und beaufsichtigt sie die Ermittlungen und Strafverfolgungsmaßnahmen in den teilnehmenden MS. Auf dezentrale Ebene führt sie selbst durch Europäische Delegierte Staatsanwaltschaften, die in den MS angesiedelt sind, Strafverfolgungsmaßnahmen durch und nimmt Anklagen vor den nationalen Gerichten vor. Die Europäischen Delegierten Staatsanwaltschaften haben die gleichen Befugnisse wie die nationalen Staatsanwaltschaften; diese richten sich nach der VO 2017/1939 und ergänzend den nationalen Vorschriften. Nimmt die EUStA Ermittlungen in der Sache auf, haben die Staatsanwaltschaften der MS eigene Maßnahmen zu unterlassen. Die EuStA ist in Luxemburg angesiedelt und kooperiert intensiv mit der OLAF, die weiterhin die administrativen Untersuchungen vornimmt. Im September 2019 wurde die Rumänin *Laura Codruta Kövesi* zur EU-Generalstaatsanwältin ernannt, die ihre Arbeit 2020 aufnehmen sollte. Abstimmungsprobleme zwischen dem MS führten jedoch zu Verzögerungen, sodass mit einer vollständigen Aufnahme ihrer Tätigkeit wohl erst Anfang 2021 zu rechnen ist.

Auf der Grundlage von Art. 325 Abs. 4 AEUV sind verschiedene Regelungen zur **Bekämpfung von Be-** 61
trug, Korruption, Terrorismus und Geldwäsche erlassen worden oder in Vorbereitung (*Hetzer*, APUZ 2004, 28). Es gibt Pläne, sie in einem „Corpus Juris" zusammenzufassen. Ein entsprechender Modellentwurf liegt seit 1997 vor. Die Zusammenarbeit zwischen den EU-Instanzen sowie zwischen den europäischen und nationalen Behörden ist verbesserungsfähig.

V. Ausblick

Seit dem Ende der 1980er Jahre ist die EU-Finanzverfassung in mehrjährigen Abstän- 62
den weiterentwickelt worden (1988/1994 („Delors I und II"); 1999/2006 („Agenda 2000 und 2007"); 2007–2013; 2014–2020; 2021–2027). Hauptsächliche Themen waren und sind teilweise noch heute die **Veränderung der Eigenmittel,** insbesondere der allmähliche Übergang von den Mehrwertsteuer- zu den BNE-Mitteln (oben Rz. 8/25f.), die **Stärkung des wirtschaftlich-sozialen Zusammenhalts** durch die Strukturpolitik (unten Rz. 18/56ff.), eine **Verbesserung der gerechten Lastenverteilung unter den MSen** und die Bewältigung der **Erweiterungen der EU** sowie von **politischen Krisen** (etwa Migration). Als Instrumentarium hierfür dient die zuletzt 2006 fortentwickelte vorausschauende **Haushaltsdisziplin,** die Verbesserung des **Haushaltsverfahrens,** die Reform des **Systems der Eigenmittel** sowie die Reform der Ausgabenstruktur der EU, **weg von ihrer Agrarlastigkeit** und hin zu einer an nachhaltigem Wachstum ausgerichteten Investitionspolitik. Die Verhandlungen über den **Finanzrahmen** sind traditionell schwierig. Ungeachtet des vertraglichen Appells zur Solidarität (Art. 222 AEUV) gibt es gravierende Verteilungskonflikte.

Bislang ist nicht absehbar, wie das Ziel einer umfassenden Reform der EU-Finanzver- 63
fassung erreicht werden kann. Einen Bezugspunkt der Diskussionen bilden Fragen einer möglichen **Umstrukturierung des Eigenmittelsystems,** eine **gerechtere Verteilung der Beitragslast** auf die MSen sowie die **Vereinheitlichung der Korrekturmechanismen.** Zudem soll mit der Reform das komplizierte Haushaltsverfahren

transparenter gestaltet werden. In Kommissionsdokumenten wird konkret vorgeschlagen, sich auf Kernaufgaben zu konzentrieren, mehr auf die Effektivität der Ausgabenverwendung zu achten, ergebnisorientiert vorzugehen und auf der Einnahmenseite Fairness zu erzeugen (vgl. etwa MEMO/10/503 vom 19.10.2010). Teilweise wird auch gefordert, in die Ausgabenstruktur mehr Flexibilität zu bringen und das Programmmanagement zu vereinfachen.

64 Die Bewältigung der sozioökonomischen Folgen nach der COVID-19-Pandemie auf Unionsebene hat eine **beispielslose Investitionsbereitschaft der EU** aufgezeigt, die eine Umstrukturierung des Finanzrahmens besonders dringlich macht. Der Vorschlag der KOM sieht verschiedene Reformen und Instrumente vor, die im Rahmen des Hilfsprogramms getätigten Ausgaben, die vorerst über Darlehen auf den Finanzmärkten finanziert sind, auszugleichen. Der Vorschlag der KOM ist in diesen Punkten recht vage und deutet bereits an, dass die Einführung neuer Eigenmittel in den kommenden Jahren noch für einigen politischen Zündstoff sorgen wird. Die Rückzahlungen der aufgenommenen Mittel werden sich weit über 2027 erstrecken und auch in künftigen Finanzplanungen Berücksichtigung finden müssen.

65 Begreift man die Finanzordnung der EU mit einem in der Finanzwissenschaft beliebten Ausdruck als das **„Lebensbuch der EU“**, erweist sich ihr **budgetärer Status** insgesamt trotz aller Unvollkommenheiten und Entwicklungsbedürftigkeit als **beachtlich.** Mit einem übernational erhobenen und ausgegebenen Haushaltsvolumen von über 172,5 Mrd. Euro (MfV) und mehr als 155,4 Mrd. Euro (MfZ) jährlich (Stand 2020) kann die Union außerhalb des Landwirtschaftsbereiches zwar bisher nur finanzielle **Anstoßfunktionen** übernehmen. Andererseits sind diese Mittel von einer insoweit spürbaren Höhe, dass das finanzielle Engagement der EU in ihren verschiedenen Tätigkeitsbereichen eine **„europäische Dimension“** eröffnet. Sie lässt Europa aus der Sicht der Unionsbürger und ihrer Unternehmen zu einer konkreten Realität werden.

66 Wie in der nationalen Politik treten in der EU-Finanzpolitik die Interessengegensätze zwischen den MSen besonders scharf hervor. In kaum einem anderen Bereich sind gleichzeitig so viele gemeinschaftsweit wirksame Kompromisse gefunden worden. Sie sind nur durch ein Verständnis der EU erklärbar, das deutliche Anklänge an **eine Art vorbundesstaatlicher europäischer Solidarität** und gewisse föderative Strukturelemente enthält. Dabei ist an die deutsche föderale Erfahrung seit dem 19. Jahrhundert zu erinnern, wo es vom Zollverein 1834 bis zur Erzbergerschen Finanzreform 1920 bald eines Jahrhunderts bedurfte, um die Schaffung der Reichsfinanzverfassung abzuschließen. So gesehen wird man die bisherige EU-Finanzordnung zu einem *„acquis communautaire“* rechnen dürfen, auf dem weitergebaut werden kann.

3. Teil. Integration durch Recht

§ 9. Rechtsquellen des Europäischen Unionsrechts

Literatur: *Barents,* The Autonomy of Community Law, 2004; *Bast,* Grundbegriffe der Handlungsformen der EU, 2006; *ders.,* Handlungsformen und Rechtsschutz, in: von Bogdandy/Bast (Hrsg.), Europäisches Verfassungsrecht, 2. Aufl. 2009, 489; *Avbelj,* Supremacy or Primacy of EU Law – (Why) Does it Matter?, ELJ 2011, 744; *Reimer,* Richtlinienkonforme Rechtsanwendung: Spielräume und Bindungen nach mitgliedstaatlichem Recht, JZ 2015, 910; *Latzel,* Die Anwendungsbereiche des Unionsrechts, EuZW 2015, 658; *Halberstam,* „It's the Autonomy, Stupid!" A Modest Defense of Opinion 2/13 on EU Accession to the ECHR, and the Way Forward, GermanLJ 2015, 105; *Schütze/Tridimas* (Hrsg.), Oxford Principles of European Union Law I – The European Union Legal Order, 2018; *Klamert,* Einheit und Fragmentierung im Unionsrecht, EuR-Beiheft 2/2019, 133; *von Bogdandy,* Der europäische Rechtsraum, AöR 2019, 321; *Patel,* Rechtsautonomie in der Geschichte der Europäischen Union, in: Rückert/Raphael (Hrsg.), Autonomie des Rechts nach 1945, 2020, 209.

I. Die autonome und einheitliche Rechtsordnung des EU-Rechts

1. Der Rechtskorpus des „Unionsrechts"

Seit seinen Anfängen – dem Abschluss des EGKS-Vertrags 1951 – war der Prozess der 1
europäischen Einigung institutionell durch **Fragmentiertheit** und **Heterogenität** gekennzeichnet. Die Verträge von Paris (EGKSV) und Rom (EWGV, EAGV) legten die Grundlage für drei (neuartige) internationale Organisationen. Der Maastricht-Vertrag schuf mit der Europäischen Union eine Institution, die sich nach vorherrschender Sichtweise über bzw. um die fortbestehenden Gemeinschaften legte. Der Lissabon-Vertrag konsolidierte die Verbandstrukturen. Die Europäische Union wurde zur Rechtsnachfolgerin der Europäischen Gemeinschaft; allerdings besteht an ihrer Seite die EAG fort.

Die EU ist ein Verband, der seine Grundlagen im EUV und im AEUV findet. Er ist 2
Rechtsnachfolger von EU und EG (Art. 1 Abs. 3 S. 3 EUV; hierzu: *Obwexer,* in: Eilmansberger u. a. (Hrsg.), Rechtsfragen der Implementierung des Vertrags von Lissabon, 2011, 47; *Niedobitek,* in: ders./Ruth, Die Neue Union, 2007, 135). Eine Einbindung des EAGV erfolgte allerdings nicht. Insofern wäre es immerhin denkbar, von einem Nebeneinander zweier internationaler Organisationen EU und EAG auszugehen. Immerhin spricht der EAGV weiterhin von der **„Rechtspersönlichkeit der Gemeinschaft"** (Art. 184 EAGV). In der Praxis kommt es denn auch zum Abschluss völkerrechtlicher Verträge durch EU *und* EAG (z. B. Stabilisierungs- und Assoziierungsabkommen mit Montenegro, ABl. 2010, L 108/1). Überzeugender ist es allerdings, den EAGV nicht mehr als Gründungsvertrag einer eigenständigen Internationalen Organisation anzusehen, sondern als **(teil-)verfassungsrechtliche Grundlage der EU.** Mit dem Inkrafttreten des Lissabon-Vertrags ist die EAG-Bestimmung über die Organe aufgehoben worden (Art. 5 des Protokolls Nr. 2 des Lissabon-Vertrags). Ein gesonderter Beitritt zur EAG ist nicht möglich; die Bestimmungen über die Änderung des Vertrags finden sich in Art. 48 EUV. Eine Organisation mit rechtlichem oder politischem Selbststand begründet der EAGV nicht mehr. Die EU ist heute als alleiniger Träger des Integrationsverbands anzusehen – mit der Besonderheit, dass er sich auf mehrere Gründungsdokumente stützt. Das von diesem Träger erlassene Recht ist als **Unionsrecht** anzusehen, gleichgültig, ob es seine Grundlage im EUV, im AEUV oder im EAGV findet.

3 Ungeachtet dieser Strukturfragen wird der **Rechtskorpus,** der im Prozess der europäischen Einigung seit Abschluss des EGKS-Vertrags entstanden ist, als **Einheit** begriffen (*Nettesheim,* EuR-Beiheft 2/2013, 7). Es handelt sich nach dem Selbstverständnis der EU-Organe um eine **autonome Rechtsordnung.** Schon früh stellte der EuGH fest, dass die von EGKSV, EWGV und EAGV konstituierte Rechtsordnung nicht lediglich als Teilrechtsordnung des Völkerrechts begriffen werden könne, sondern **Eigenständigkeit** und **Autonomie** sowohl gegenüber dem Völkerrecht als auch gegenüber dem staatlichen Recht aufweise (Rz. 4/21 ff.). Dahinter stand die Einschätzung, dass es integrationspolitisch und funktional zweckmäßig ist, das EWG-Recht nicht lediglich als einen unselbstständigen Bestandteil des in seiner Struktur und seinen Zielsetzungen so unterschiedlichen Völkerrechts anzusehen. Auch gegenüber den Rechtsordnungen der MSen konnte der EuGH so Selbststand gewinnen. Zwingend war dies allerdings nicht; wohl aber erwies sich der Ansatz des EuGH als so sinnvoll, dass er schnell von den MSen und in der Europarechtswissenschaft akzeptiert wurde. Der EuGH ist in den letzten Jahren verstärkt dazu übergegangen, mit dem Prinzip der Autonomie des Unionsrechts zu argumentieren.

4 Die vehemente Debatte darum, ob es sich bei den Gründungsverträgen um eine „Verfassung" handelt, hat inzwischen zu einer gewissen Erschöpfung geführt (Überblick bei: *Möllers,* in: von Bogdandy/Bast, Europäisches Verfassungsrecht, 2. Aufl. 2009, 227; *Oppermann,* FS Hirsch 2008, 149). Es ist unvermeidlich, zur Erklärung des Neuen auf bekannte staatstheoretische Begriffe zuzugreifen (*Wahl,* JZ 2005, 916); diese passen sich allerdings dem Neuen ihrerseits an und verändern sich so unter der Hand. Man kann heute mit Blick auf das Primärrecht von „Verfassung" sprechen, ohne wegen der damit transportierten Bedeutungsschichten noch Aufsehen zu erregen (anders in den frühen 1990er Jahren). Mit der freizügigen Verwendung des Begriffs geht eine Entwertung einher.

2. Kennzeichen der Unionsrechtsordnung

a) Der Anspruch auf „Autonomie"

5 Von der Genese her ist das EG-Recht Völkerrecht. Gleichwohl löste es sich konstruktiv schon in den frühen sechziger Jahren des 20. Jahrhunderts von dieser Wurzel und ging dazu über, sich als eine **Rechtsmasse eigener Art „zwischen" dem Völkerrecht und dem staatlichen Recht der MSen** zu begreifen. Dieses Verständnis wird heute auch auf das Unionsrecht angewandt. Der EuGH spricht davon, dass es im Prozess der Übertragung staatlicher Hoheitsrechte auf die EU zur **Entstehung einer autonomen Rechtsordnung** gekommen ist (EuGH, 15.7.1964, Rs. 6/64, „Costa/ENEL"; ähnlich BVerfGE 22, 293 „EWG-Verordnungen" (1967)). Die wesentliche und für die weitere Entwicklung der EU weichenstellende Aussage lautet: „Zum Unterschied von gewöhnlichen internationalen Verträgen hat der EWG-Vertrag eine eigene Rechtsordnung geschaffen, die bei seinem Inkrafttreten in die Rechtsordnungen der MSen aufgenommen worden und von ihren Gerichten anzuwenden ist. Denn durch die Gründung einer Gemeinschaft für unbegrenzte Zeit, die mit eigenen Organen, mit der Rechts- und Geschäftsfähigkeit, mit internationaler Handlungsfähigkeit und insbesondere mit echten, aus der Beschränkung der Zuständigkeit der MSen oder der Übertragung von Hoheitsrechten der MSen auf die Gemeinschaft herrührenden Hoheitsrechten ausgestattet ist, haben die MSen, wenn auch auf einem begrenzten Gebiet, ihre Souveränitätsrechte beschränkt und so einen Rechtskörper geschaffen, der für ihre Angehörigen und sie selbst verbindlich ist."

6 Während man diese Passage teilweise dahingehend versteht, dass das EU-Recht formal als Völkerrecht anzusehen ist, aufgrund der Offenheit der Strukturen des Völkerrechts

aber eine „ungewöhnliche" und „neuartige" Teilordnung darstellt, geht die **„europarechtliche" Sichtweise** dahin, die Betonung auf die Formulierung „eigene Rechtsordnung" zu legen und von einer **Loslösung** des Europarechts aus dem Völkerrecht auszugehen. Letzteres dürfte auch das Grundverständnis des EuGH sein. Damit ist nicht ausgeschlossen, dass sich das EU-Recht völkerrechtlicher Figuren bedient, wenn dies sachangemessen erscheint.

Der EuGH hat mit diesem Schritt einer Entwicklung den Weg geebnet, in deren Folge die Interpretation und Fortbildung des EU-Rechts nicht mehr durch die Interpretationsregeln des Völkerrechts, dessen Funktionsmuster und die Staatenzentriertheit seines Grundverständnisses eingeengt wurden. Die Behauptung einer „Autonomie" bedeutet zunächst einmal **Entwicklungsfreiheit.** Der EuGH hat diese Freiheit zur Entwicklung einer ihm eigenen, ausgreifenden, an Integrationszwecken orientierten Konkretisierungsmethode genutzt (unten Rz. 9/165ff.). Die mitgliedstaatlichen Gerichte haben die Vorgaben aus Luxemburg in der Folge weitgehend nachvollzogen (vgl. *Kruis,* Der Anwendungsvorrang des EU-Rechts, 2013; *Schürnbrand,* JZ 2007, 910). Die Orientierung am Willen der Vertragsgeber konnte entfallen, die Genese der Verträge spielt für ihr Verständnis keine Rolle. Regeln des allgemeinen Völkerrechts finden im Rahmen des Unionsrechts im Wesentlichen nur dann Anwendung, wenn letzteres einen Verweis enthält (unten Rz. 9/152). Im Übrigen ist eine „unionsrechtseigene", funktional und teleologisch sinnvolle Rechtskonkretisierung zu betreiben. 7

Der EuGH besteht beispielsweise darauf, dass die Autonomie – insbesondere bei der Interpretation des EU-Rechts – nicht durch Aufgabenübertragungen auf völkerrechtliche Einrichtungen beeinträchtigt wird (EuGH, 8.3.2011, Gutachten 1/09, „Patentgericht"; ähnlich auch EuGH, 13.12.2014, Gutachten 2/13, „EMRK-Beitritt"; EuGH, 6.3.2018, Rs. C-284/16, „Achmea"). In seinem Gutachten zum „CETA"-Abkommen geht der EuGH davon aus, dass die darin formulierten Kompetenzbeschränkungen der CETA-Gerichte ausreichend sind, um zu verhindern, dass diese verbindliche Auslegungen des Unionsrechts vornehmen, die über das Abkommen selbst hinausgehen (EuGH, 30.4.2019, Gutachten 1/17, Rn. 120ff., insb. 130f.). Beachtenswerterweise bedient sich der EuGH des Gedankens der Autonomie des Unionsrechts auch, um das Funktionieren der Union „in ihrem eigenen verfassungsrechtlichen Rahmen" zu schützen (Rn. 150). Insbesondere darf das durch die Union in einem „demokratischen Verfahren" (Rn. 151) festgelegte Schutzniveau öffentlicher Interessen nicht dadurch in Frage gestellt werden, dass die CETA-Gerichte eine gegenläufige Interessenabwägung vornehmen. Dagegen werden aber im Abkommen ausreichend Vorkehrungen getroffen (Rn. 160) (Siehe hierzu auch *Sauer,* JZ 2019, 925; *Gundel,* EWS 2019, 181).

Das Bestehen auf unionaler Autonomie bedeutet nicht, dass es nicht in institutioneller, prozeduraler und personeller Hinsicht zwischen der EU und ihren MSen, ja auch zwischen den MSen selbst **engste Verbindungen** gäbe. Die Entstehung einer (Quasi-)**Föderation** (*Badura,* FS Heckel 1999, 695; *Nettesheim,* ZEuS 2002, 507) setzt dies geradezu voraus. Wer auf einem Gebiet einen Prozess des Zusammenwachsens beobachtet, bedient sich zur Beschreibung häufig des Begriffs **„Verbund"** („Staatenverbund", „Verwaltungsverbund", „Verfassungsverbund" etc.). Auch die Verfassungsgerichte stehen in einem „Verbund" (*Voßkuhle,* NVwZ 2010, 1). Der Beschreibungswert dieses modischen Begriffs ist allerdings gering, mit Blick auf den Selbststand der Verfassungen sogar problematisch (*Jestaedt,* in: Calliess (Hrsg.), Verfassungswandel im europäischen Staaten- und Verfassungsverbund, 2007, 93; *Nettesheim,* FS Isensee 2007, 733). Im Bereich der Gerichtsbarkeit spricht man auch von der „Kooperation" (*von Danwitz,* ZRP 2010, 143; *Haratsch,* EuR-Beiheft 3/2008, 81). Letztlich lässt sich das Verhältnis von EU-Recht und staatlichem Recht damit nur noch als monistisch begreifen. Dass in letzten **Grenzbereichen** Konflikte über den Primat bestehen, steht dem nicht entgegen. Monistisches Denken impliziert nicht notwendig Konfliktfreiheit.

In dem Autonomieanspruch des EuGH kann man die Behauptung sehen, dass die EU zu einem souveränen Verband geworden ist. Dies ist aber offensichtlich nicht der Fall. Die Souveränität (Letztentscheidungsmacht) der MSen ist unangetastet. Der Verband EU bleibt ein **von den MSen getragener Verband.** Er hat in seinen konstitutionellen Tiefenstrukturen weiterhin „Club-Charakter". Gerade in Zeiten harter Verteilungskämpfe, wie sie sich im Zuge der Finanz- und auch der Flüchtlingskrise herauskristallisieren, wird dies überdeutlich (*Nettesheim,* EuZW 2015, 609). Manche Beobachter 8 versuchen, diese Einsicht durch Redewendungen wie „Teilsouveränität" oder „Souveränitätsteilung" zu überdecken; damit wird allerdings der Begriff der Souveränität in sein Gegenteil verkehrt. Gewiss hat eine Kompetenzteilung stattgefunden; auch die politische Entscheidungsmacht liegt heute eben nur noch zu einem Teil auf mitgliedstaatlicher Ebene. Aber die letzte **Kompetenz-Kompetenz** bleibt bei den MSen, den „Herren der Verträge" (deutlich BVerfGE 89, 155, „Maastricht" (1993); BVerfGE 123, 267, „Lissabon" (2009)). Es ist insofern konsequent, dass die mitgliedstaatlichen Verfassungsgerichte nicht nur die Entscheidung darüber beanspruchen, inwieweit sich die Kompetenzübertragung an die EU im Rahmen des jeweils verfassungsrechtlich Zulässigen bewegt, sondern auch die (allerdings zurückgenommene) Prüfung der **Einhaltung der Kompetenzgrenzen** („ultra-vires"-Prüfung) (BVerfGE 126, 286, „Honeywell" (2010); BVerfG, 5.5.2020, 2 BvR 859/15, „PSPP") sowie die Wahrung der **Verfassungsidentität** der Mitgliedstaaten (BVerfGE 140, 317, „Europäischer Haftbefehl" (2015)) (zu den Grenzen des Vorrangs aus der Sicht der MSen: Rz. 10/14ff.).

9 Im Integrationsprozess besteht damit seit über fünfzig Jahren eine Schwebelage. Der unbegrenzte Autonomieanspruch des EuGH, welcher auch im Verhältnis zu anderen internationalen Organisationen betont wird (EuGH, 13.12.2014, Gutachten 2/13, „EMRK-Beitritt"), erweist sich funktional-praktisch als sinnvoll, aus konstruktiv-theoretischer Perspektive aber als brüchig. Die Rechtspraxis kann grundsätzlich gut damit leben, dass der EuGH über die Inhalte des EU-Rechts und seine Wirkung im nationalen Recht abschließend entscheiden will. Zugleich müssen die MSen an ihrem Anspruch, die Letztentscheidungszuständigkeit zu bewahren, jedenfalls theoretisch festhalten – andernfalls gäben sie ihre Souveränität auf. Eine rechtliche Auflösung der Spannungslage, die durch die kollidierenden Geltungsansprüche erzeugt wird, ist kaum möglich. Lange Jahre schien es, als ob beide Seiten im Umgang mit dieser Spannungslage politische Vernunft und Sensibilität würden walten lassen (BVerfGE 126, 286, „Honeywell" (2010)). Der unübersehbare Dominanzanspruch des EuGH hat dann allerdings beim BVerfG zu einer – in der Form nicht glücklichen – Gegenreaktion geführt (BVerfG, 5.5.2020, 2 BvR 859/15, „PSPP"). Rechtswissenschaftlich wird weiterhin nach (prozeduralen) Entscheidungsregeln gesucht, mit denen sich der Umgang mit der Spannungslage strukturieren lässt (*Classen,* in: von Mangold/Klein/Starck (Hrsg.), GG, 7. Aufl. 2018, Art. 24 Rn. 51ff.; *Kumm,* ELJ 2005, 262; *Maduro,* in: Walker (Hrsg.), Sovereignty in Transition, 2003, 501). Das Grundparadox der herrschenden Sichtweise lässt sich aber nicht beseitigen: Geltungstheoretisch hängt die EU weiter vom Willen der MSen ab und verfügt nur über abgeleitete Hoheitsgewalt. Steuerungstheoretisch beansprucht sie gleichwohl Autonomie und unbegrenzten Vorrang (Rz. 10/1ff.).

b) Vergemeinschaftung des Rechtserzeugungsprozesses

10 Ein zweites, für den Rechtserzeugungsprozess kennzeichnendes Merkmal ist der Grad seiner **„Vergemeinschaftung".** Die Rechtserzeugung erfolgt (in allerdings bereichsspezifisch unterschiedlichem Umfang) nicht mehr in den MSen und auch nicht durch Kooperation der MSen. Es sind vielmehr eigenständige überstaatliche Institutionen, die – unter Mitwirkung mitgliedstaatlicher Amtswalter – auf der Grundlage eigener Kompetenzen und in Entfaltung eigener Macht Hoheitsgewalt der EU wahrnehmen. Von der jeweiligen Art der **Kompetenz,** der **Ausgestaltung der Entscheidungsprozesse** und der verfügbaren **Rechtshandlung** hängt es ab, in welchem Umfang eine

„Vergemeinschaftung" erfolgt ist. Während sie in manchen Kernbereichen des AEUV weitestgehend fortgeschritten ist, fällt der Grad der Vergemeinschaftung im Bereich der GASP noch zurück. Allerdings ist es auch dort nicht adäquat, von reiner „intergouvernementaler Kooperation" zu sprechen. Auch in der GASP spielen sich die Entscheidungsprozesse längst nicht mehr nur horizontal zwischen den MSen ab, sondern sind zu einem guten Stück auf die überstaatliche Ebene gewandert. Die Kräfteverteilung zwischen den EU-Organen weicht allerdings deutlich von dem ab, was im AEUV-Bereich typischerweise zu beobachten ist. Man kann insofern von einer **Teilvergemeinschaftung** sprechen. Dem hier erlassenen Recht fehlt die **supranationale Qualität.**

Die EU wahrt als **unabhängige („Rechts-")Gemeinschaft** ihren Rang gegenüber den MSen durch die **politische Unabhängigkeit ihrer Institutionen** (neue Begrifflichkeit des EuGH: „Rechtsunion"). Die EU-Organe wirken in eigenständigen politischen Räumen, die sich mit jenen der MSen weiterhin nur teilweise überlappen. Den EU-Organen kommt damit politischer Selbststand zu; das sollte rechtlich abgebildet werden (zweifelnd *Haack,* Der Staat mit den geteilten Organen, 2013). Die selbstständigen Handlungsmöglichkeiten der EU-Organe (notfalls über Mehrheitsentscheidungen), die sich besonders im eigenständigen Rechtsschutz vor dem EuGH ausprägende **Rechtsstaatlichkeit der EU** (EuGH, 13.2.1979, Rs. 101/78, „Granaria", Rn. 5) und schließlich die fortschreitende **Finanzautonomie der Union** (oben Rz. 8/1 ff.) weisen in diese Richtung. 11

c) Supranationalität

Ein weiteres wesentliches Kennzeichen des EU-Rechts ist seine **Supranationalität.** 12 Der Begriff wird nicht ganz einheitlich verwendet. Man ist sich allerdings einig, dass damit eine spezifische Form der Wirkung in den mitgliedstaatlichen Rechtsordnungen gemeint ist. Teilweise dient er der Bezeichnung **des Vorrangs von EU-Recht vor nationalem Recht** (dazu unten Rz. 10/1 ff.). Teilweise wird er auch herangezogen, um die Fähigkeit des EU-Rechts zu umschreiben, subjektive Rechte im staatlichen Bereich begründen zu können („unmittelbare Wirksamkeit"). Hier soll der Begriff in umfassender Weise verstanden werden und eine Wirkweise des Rechts bezeichnen, die nicht nur den Durchgriff, sondern auch den Vorrang (Rz. 10/1) zum Gegenstand hat.

Im Wirkbereich der EU wird nur auf der Grundlage des AEUV und des EAGV **supranationales Recht im** 13 **eigentlichen Sinne** gesetzt. In den Politikbereichen des EUV wird Recht gesetzt, das zwar auch in den mitgliedstaatlichen Ordnungen verbindlich ist; es genießt Vorrang. Die Begründung von Rechten und Pflichten für Privatpersonen ist in diesem Bereich bislang aber nicht möglich.

d) Insbesondere: Geltung, unmittelbare Anwendbarkeit und Wirkung des Unionsrechts

Zu den charakterisierenden Merkmalen einer supranationalen Rechtsordnung gehört 14 der Umstand, dass das Unionsrecht nicht nur **für die MSen gilt;** diese Eignung kommt jedem Vertrag zu. Es ist eine besondere, den zwischenstaatlichen Verträgen regelmäßig nicht zukommende Eigenschaft, dass das Unionsrecht **in den MSen unmittelbar anwendbar** ist. Es bindet die jeweiligen Adressaten unmittelbar, ohne dass es einer Durchführung bedürfte; gleiches gilt für die Begründung von Kompetenzen und die Gewährung von Rechten. Diese Rechtswirkung muss dem Unionsrecht zugeschrieben werden, damit die Union die ihr gestellten Aufgaben effektiv und einheitlich erfüllen kann (sog. **„Prinzip der einheitlichen Wirkung"** (*Nettesheim,* GS Grabitz 1995, 447)). Zur Absicherung bedient sich der EuGH des Konzepts der „Autonomie" des Unionsrechts. Dabei kann Art. 288 AEUV mit seinen verschiedenen Aussagen über die Geltung „für jeden" Mitgliedstaat und die „allgemeine Anwendbarkeit unmittelbar in jedem Mitgliedstaat" als positiv-rechtlicher Beleg für solche Qualitäten des Unionsrechts herangezogen werden.

15 Es ist nur eine besondere, begrifflich herausgehobene Form der unmittelbaren Anwendbarkeit, dass das Unionsrecht für die in den MSen adressierten Personen **unmittelbare Wirkung („direct effect")** haben kann. Diese unmittelbare Wirkung des Unionsrechts für die jeweils adressierten Personen, d. h. der unmittelbare **„Durchgriff"** der Unionsrechtsnorm auf Einzelne, stellt dann diejenige Eigenschaft des Unionsrechts dar, mittels derer es seinen Vorrang im nationalen Raum im Wesentlichen zu begründen und zu behaupten vermag (EuGH, 5.2.1963, Rs. 26/62, „Van Gend & Loos"). Normen des Unionsrechts, die der Sache nach abschließend, vollständig und rechtlich perfekt sind, d. h. zu ihrer Anwendbarkeit keiner weiteren Ausführungsakte bedürfen, sind danach für ihre denkbaren Adressaten einschließlich der Einzelpersonen unmittelbar wirksam. Dabei sind teleologische und **funktionale Betrachtungen** (und nicht nur der Wortlaut der Norm) maßgeblich (vgl. EuGH, 22.6.2010, Rs. C-188/10, „Melki", Rn. 63 ff.). Dies gilt für Unterlassungspflichten ebenso wie für positive Handlungspflichten der MSen.

16 Für den Einzelnen bedeutet die unmittelbare Wirksamkeit einer Norm, dass er sich vor den Behörden und Gerichten der MSen und der EU auf sie berufen kann (besonders EuGH, 9.3.1978, Rs. 106/77, „Simmenthal"). Ihm werden so **subjektiv-öffentliche Rechte gewährt,** durch die er persönlich in die unionsrechtliche Rechtsordnung einbezogen wird. Dies erfolgt nicht nur in instrumenteller Absicht, sondern in Anerkennung des Eigenwerts der angesprochenen Individuen (ausführlich: *Nettesheim,* AöR 2007, 333; *Masing,* Die Mobilisierung des Bürgers für die Durchsetzung des Rechts, 1997). Durch den erheblichen Umfang, in dem dies praktisch geschieht, unterscheidet sich die Unionsordnung markant vom „Staatengemeinschaftsrecht" internationaler Organisationen und nähert sich innerstaatlichen („bundesstaatlichen") Verhältnissen an. Die individuelle Berufung auf solche Rechte und Pflichten ist zugleich das wichtigste Vehikel, mittels dessen der Vorrang des Unionsrechtes (unten Rz. 10/1) im nationalen Raum „in kleiner Münze" quantitativ immer mehr ausgedehnt und praktiziert wird.

17 Die **Verordnungen** (Rz. 9/71) sind der Typfall der unmittelbar wirksamen Norm. Die inzwischen umfangreiche Rspr. des Gerichtshofs hat aber klargestellt, dass auch zahlreiche Bestimmungen des **AEUV** im eben umrissenen Sinne unmittelbare Wirkung entfalten. Das gilt insbesondere, aber nicht nur für die Grundfreiheiten des AEUV (Art. 30, 34, 45, 49, 56, 63 AEUV), darüber hinaus auch für das Freizügigkeitsrecht nach Art. 21 AEUV und die Diskriminierungsverbote des Art. 18 AEUV und des Art. 157 AEUV. Richtlinien und Beschlüsse können im Einzelfall (siehe unten Rz. 9/100) bei Vorliegen bestimmter Umstände unmittelbare Wirkung entfalten.

18 Mittels der einheitlichen unmittelbaren Anwendbarkeit und seiner Wirkung für Einzelne, die den Vorrang des europäischen Rechts gegenüber dem Recht der MSen ermöglichen, erhält das EU-Recht seine **besondere Identität und Qualität** gegenüber dem „klassischen" internationalen Raum einerseits und der nationalen Sphäre andererseits. In der Rekonstruktion, wie eine bestimmte Maßnahme diese Wirkung entfaltet, bestehen allerdings teilweise – vor dem Hintergrund unterschiedlicher nationaler Rechtskulturen erklärliche – Zweifel. Vor allem in Deutschland bildet die Gewährung subjektiver Rechte – und deren Durchsetzung gegenüber den MSen – regelmäßig den gedanklichen Ausgangspunkt. In anderen MSen geht man häufig eher von einem weit gefassten Konzept des Vorrangs des EU-Rechts auch gegenüber indirekten oder mit-

telbaren Effektivitätsschmälerungen aus; die Rechtsposition des Einzelnen ist eher zweitrangig. In den Entscheidungen des EuGH fließen beide Positionen gelegentlich ineinander (zu den Unklarheiten von „primacy" und „direct effect" etwa: *Muir,* CMLRev 2011, 39; allgemein zur Rolle subjektiver Rechte: *Hammer,* in: Paulson/ Stolleis (Hrsg.), Hans Kelsen – Staatsrechtslehrer und Rechtstheoretiker des 20. Jahrhunderts, 2005, 176).

Dem Grundsatz nach begreifen sich die mitgliedstaatlichen Rechtsordnungen allerdings weiterhin als geschlossen. Sie behalten sich die Entscheidung darüber vor, welche Rechtssätze und Akte „von außen" im innerstaatlichen Bereich Geltung beanspruchen können. Nach Auffassung des BVerfG ist daher ein (in den jeweiligen Zustimmungsgesetzen zu den Integrationsverträgen nach Art. 23 Abs. 1 S. 2 GG enthaltener) nationaler Rechtsanwendungsbefehl die Grundlage für die Geltung des EU-Rechts in Deutschland (BVerfGE 73, 339 (374ff.), „Solange II" (1986)); ähnlich wird in vielen anderen MSen gedacht. Hier liegt der dogmatische Ansatzpunkt für die Annahme von Grenzen des Vorrangs (dazu unten Rz. 10/16).

II. Primärrecht

Literatur: *Von Arnauld,* Normenhierarchien innerhalb des primären Gemeinschaftsrechts – Gedanken im Prozess der Konstitutionalisierung Europas, EuR 2003, 191; *Bodnar* u. a., The Emerging Constitutional Law of the European Union, 2003; *K.-H. Fischer,* Die Entwicklung des europäischen Vertragsrechts: von den Römischen Verträgen bis zur EU-Verfassung, 2004; *Terhechte,* Der Vertrag von Lissabon: Grundlegende Verfassungsurkunde der europäischen Gemeinschaft oder technischer Änderungsvertrag?, EuR 2008, 143; *Hummer/Obwexer,* Der Vertrag von Lissabon, 2009; *von Bogdandy/Bast* (Hrsg.), Principles of European Constitutional Law, 2009; *Pernice,* Die Normativität der Europäischen Verfassung – Wunschdenken oder Wegweisung der Zukunft? (2019), in: ders., Der Europäische Verfassungsverbund, 2020, 1425.

Das **primäre Unionsrecht** (vor allem der Integrationsverträge, darüber hinaus u. a. der 19
Änderungsverträge und Beitrittsabkommen) wird von dem **sekundären Unionsrecht** (insbesondere der aus der EU-Rechtsetzungsgewalt entspringenden Verordnungen, Richtlinien, Beschlüssen usf.) unterschieden. Völkerrechtlich entspricht dem die Differenzierung zwischen den Gründungsverträgen und dem gemäß ihren Regeln geschaffenen „internen Staatengemeinschaftsrecht". Dem staatsnahen Charakter der EU entspricht es, insoweit die Unterscheidung zwischen der „verfassungsrechtlichen Rolle der Verträge" (EuGH, 14.12.1991, Gutachten 1/91, „EWR") und einer Art einfachen Gesetzesebene des sekundären Unionsrechts zu betonen. Gelegentlich werden Durchführungsakte, die die EU-Organe aufgrund von Sekundärrecht erlassen, als **„Tertiärrecht"** bezeichnet (nunmehr insbesondere: Art. 290 AEUV).

Das primäre Unionsrecht erweist sich nur scheinbar als **einheitliche Ordnung.** Schon 20
der Form nach stellt sich das Primärrecht vielfältig dar: Neben den Verträgen finden sich auch ungeschriebenes Gewohnheitsrecht, allgemeine Rechtsgrundsätze des EU-Rechts u. ä. (vgl. unten Rz. 9/29ff.). Abstufungen gibt es auch im Geltungsanspruch: Zwar bildet das primäre **Vertragsrecht** eine einheitliche Rechtsmasse, die in sich keinen qualitativen Differenzierungen zugänglich ist. Eine Unterscheidung nach Wichtigkeit, Geltung oder Wirkung gegenüber den MSen ist mit Blick auf die Vertragsbestimmungen nicht möglich; es gibt keine Möglichkeit der Differenzierung zwischen grundlegenderem und sonstigem, ranghöherem und rangniedrigerem primärem Vertragsrecht. Gewohnheitsrecht und allgemeine Rechtsgrundsätze können sich auf der Ebene des Primärrechts aber nur insoweit herausbilden, als dies nicht zu einem Konflikt mit dem positivierten Vertragsrecht führt (Ausschließlichkeit von Art. 48 EUV). Man kann insofern etwa formulieren, dass die in Form allgemeiner Rechts-

grundsätze geltenden Grundrechte des EU-Rechts dem Primärrecht zuzurechnen sind, in ihrem Geltungsanspruch aber zwischen dem Vertrags- und dem Sekundärrecht stehen (Rz. 17/4).

21 Dem primären Unionsrecht gebührt der **hierarchische Vorrang** gegenüber dem sekundären Unionsrecht, ähnlich wie im innerstaatlichen Verhältnis die Verfassung im Verhältnis zum einfachen Gesetz vorrangig ist. Dieser innerunionsrechtliche Vorrang ist zu unterscheiden von dem „Vorrang des Unionsrechts" insgesamt gegenüber dem nationalen Recht der MSen (dazu unten Rz. 10/1).

1. Die Verträge

22 Wichtigste Bestandteile des primären Unionsrechts sind der **Vertrag über die Europäische Union** vom 7.2.1992 (BGBl. II 1251), zuletzt geändert durch Art. 1 des Vertrags von Lissabon vom 13.12.2007 (ABl. C 306/1), der **Vertrag über die Arbeitsweise der Europäischen Union** (ursprünglich: Vertrag zur Gründung der Europäischen Wirtschaftsgemeinschaft vom 25.3.1957 (BGBl. II 753); Namensgebung durch Art. 2 des Vertrags von Lissabon vom 13.12.2007) und der **Vertrag zur Gründung der EAG („Euratom") vom 25.3.1957** (BGBl. II 753). Die Gründungsverträge wurden verschiedentlich geändert und ergänzt, insbesondere durch den („Maastrichter") **Vertrag über die EU** vom 7.2.1992 (BGBl. II 1251), den („Amsterdamer") **Änderungsvertrag zum EUV und zu den EG-Verträgen** vom 2.10.1997 (BGBl. 1998 II 386) und den **Vertrag von Nizza** vom 26.2.2001 (BGBl. II 1666). Der EGKS-Vertrag vom 18.4.1951 (BGBl. 1952 II 445) **(„Montanunion")** ist am 24.7.2002 außer Kraft getreten.

23 Um die Gründungs- und Änderungsverträge rankt sich eine **größere Zahl weiterer völkervertraglicher, ratifizierter Rechtsakte,** die man ihrerseits als **Bestandteile der „EU-Verfassung"** begreifen kann. Dazu gehören zum einen die verschiedenen Annexe zu den Verträgen (Protokolle, Abkommen, Übereinkommen, u. ä.), die als Bestandteile der Verträge gelten oder kraft ihres fundamentalen Inhaltes dem primären Unionsrecht zuzuordnen sind (z. B. Abkommen über die gemeinsamen Organe der EG von 1957, Direktwahlbeschluss von 1976 und Einheitliche Europäische Akte von 1986). Auch die Beitrittsverträge von 1972 (UK, Dänemark, Irland), 1979 (Griechenland), 1985 (Portugal, Spanien) 1994 (Finnland, Österreich, Schweden), 2003 (Estland, Lettland, Litauen, Malta, Polen, Slowakei, Slowenien, Tschechien, Ungarn und Zypern), 2005 (Bulgarien, Rumänien) und 2011 (Kroatien) gehören hierher (EuGH, 28.4.1988, verb. Rs. 31/86 u. a. „LAISA"), dagegen nicht jeder beliebige „gemischte" Vertrag in Ausführung der Gründungsverträge, an dem sich neben der EU auch die MSen beteiligen (z. B. AKP-EG-Abkommen von Lomé/Cotonou, vgl. unten Rz. 38/27, 40/56) (zur Rechtsnatur des Abkommens über den Austritt des UK: *Frau,* Das Brexit-Abkommen und Europarecht, 2020, 25ff.).

24 Inhaltlich lassen sich im Primärrecht des EUV, des AEUV und des EAGV Grundsatzvorschriften und sachgebietsbezogene Vertragsvorschriften unterscheiden. Die **Grundsatznormen** benennen die allgemeinen Wertbekenntnisse der Union (z. B. Art. 2 EUV), die grundsätzlichen Ziele und Aufgaben (z. B. Art. 3 EUV, Art. 7ff. AEUV) und setzen grundlegende Gebote und Verbote (z. B. Art. 18 AEUV). Diese Vorschriften beanspruchen Gültigkeit für den gesamten Anwendungsbereich der Verträge. Auch die **institutionellen Regelungen** und Prinzipien wie die Pflicht zur Wahrung der nationalen Identität (Art. 4 Abs. 2 EUV) oder das **Subsidiaritätsgebot** (Art. 5 Abs. 3 EUV) sind grundsätzlicher Natur. Die Grundsatznormen stellen im Sinne materiellen Verfassungsrechts die **eigentliche „EU-Verfassung"** dar (zum Verfas-

sungsbegriff: Rz. 10/4). Die Grundsatznormen sind verbindliches Recht, nicht nur Programmsätze (EuGH, 4.7.1963, Rs. 24/62, „D/KOM").

Die **sachgebietsbezogenen Vertragsvorschriften** regeln in erster Linie die **Politiken der EU** in den einzelnen Bereichen (z. B. Art. 38 AEUV (Agrarmarkt) oder Art. 101 AEUV (Wettbewerbspolitik)). Sie grenzen im Sinne des Prinzips der begrenzten Einzelermächtigungen (unten Rz. 11/3) die Unionskompetenz von den insoweit weiterbestehenden mitgliedstaatlichen Zuständigkeiten ab. Diese Sachregelungen sind als **formelles Verfassungsrecht** auf die Verfassungsebene gehoben worden, weil die MSen ein Interesse daran haben, dass Änderungen der EU-Kompetenzordnung und der inhaltlichen Programmatik in den einzelnen Sachgebieten nur unter den erschwerten Bedingungen einer Vertrags-(„Verfassungs-")Änderung möglich sind. 25

2. Ungeschriebenes primäres Unionsrecht

Literatur: *Tridimas,* General Principles of EU Law, 2. Aufl. 2006; *Dougan,* Judicial Review of Member State Action under the General Principles and the Charter: Defining the „Scope of Union Law", CMLRev 2015, 1201; *Besson,* General Principles and Customary Law in the EU Legal Order, in: Vogenauer/Weatherill (Hrsg.), General Principles of Law, 2017, 105; *Amalfitano,* General Principles of EU Law and the Protection of Fundamental Rights, 2018; *Buckler,* Ein neuer allgemeiner Rechtsgrundsatz: Das unionsrechtliche Missbrauchsverbot, EuR 2018, 371; *Leczykiewicz,* Prohibition of Abusive Practices as a „General Principle" of EU Law, CMLRev 2019, 703; *Englisch,* The Danish Tax Avoiding Cases: New Milestones in the Court's Anti-Abuse Doctrine, CMLRev 2020, 503.

Das Unionsrecht besteht (wie auch das Völkerrecht und die meisten der staatlichen Rechtsordnungen) nicht nur aus ausdrücklich niedergelegten, positivierten Bestimmungen. Es enthält auch Rechtsnormen, die eine derartige Form formaler Niederschrift nicht erlangt haben. In diesem Sinne spricht man von „ungeschriebenem" Unionsrecht. Die beiden Haupttypen dieses Rechts sind das **Gewohnheitsrecht** und die durch Rückgriff auf die Rechtsordnungen der MSen gewonnenen **allgemeinen Rechtsgrundsätze.** 26

Solches **ungeschriebenes Unionsrecht** kann sich sowohl als primäres als auch als sekundäres bilden. In der Praxis zeigte sich die Notwendigkeit der Lückenschließung durch ungeschriebenes Recht lange Zeit vor allem auf der Ebene der Verträge (Grundrechte); durch die Inkraftsetzung der Grundrechtscharta ist diese Bedeutung stark zurückgegangen. Inzwischen geht es eher um verwaltungsrechtliche Lückenschließung. Im Vergleich zum Völkerrecht ist die Bedeutung der Rechtsgrundsätze gering. Die Regelungsdichte sekundären Unionsrechts ist angesichts des „Brüsseler Perfektionismus" meistens hoch; oft besteht aber auch hier noch Raum für eine Überlagerung bzw. Ergänzung durch allgemeine Rechtsgrundsätze. 27

Hier nicht näher zu problematisieren ist die Frage nach der Eigenständigkeit von **Richterrecht** als Rechtsquelle. Daher werden die Judikate der europäischen Gerichtsbarkeit zu positivierten Normen des Unionsrechts, obwohl sie selbst oft rechtsschöpfend wirken, nicht als eigenständige Quelle behandelt. Ein angemessenes Verständnis der Verträge ohne Kenntnis des hierzu ergangenen Richterrechts ist aber schon im Ansatz nicht möglich. 28

a) Gewohnheitsrecht

Im Sinne der allgemeinen Rechtsquellenlehre kann im EU-Recht **durch ständige Übung in Rechtsüberzeugung Gewohnheitsrecht entstehen** (Ansätze in EuGH, 2.2.1978, Rs. 72/77, „Universitätsklinik Utrecht"). Ähnlich wie im Völkerrecht (ICJ Reports 1969, 1, „Nordseefestlandsockel") wird man in unserer schnelllebigen Zeit die Anforderungen an die Dauer der Übung nicht übersteigern dürfen und sich unter Umständen mit einigen Jahren begnügen können, ohne allerdings „instant customary law" anzuerkennen (siehe dazu *Cheng,* ‚Instant' International Customary Law, in: *ders.,* Studies in International Space Law, 1997, 125). Träger der Übung sind in erster Linie die Unionsorgane, wobei der Rspr. des EuGH eine besondere Bedeutsamkeit zu- 29 kommt (EuGH, 17.12.1970, Rs. 30/70, „Scheer"; näher *Ostertun,* Gewohnheitsrecht in der Europäischen Union, 1996). Daneben ist die Praxis der MSen zu beachten. Große Bedeutung kommt dem Gewohnheitsrecht in der EU nicht zu: Anpassungsbedarf wird vor allem durch die Instrumente der Vertragsänderung und der Rechtssetzung befriedigt. Der Schwerpunkt des primären Unionsgewohnheitsrechts liegt im **vertragsergänzenden Bereich.** Vertragsänderndes Gewohnheitsrecht wird gelegentlich für immerhin theoretisch möglich angesehen, auch wenn sich ein entsprechender Konsens in der politischen Praxis höchst selten herausbilden dürfte. Vertretbar ist es aber auch, in Art. 48 EUV eine abschließende Regelung über Vertragsänderungen zu sehen, die nicht durch Gewohnheitsrecht überspielt werden kann. Prinzipiell ist das primäre Gewohnheitsrecht ranggleich mit dem Vertragsrecht.

30 **Beispiele** für die Herausbildung primären Gewohnheitsrechts sind die Möglichkeit der Vertretung der MSen durch Staatssekretäre (und nicht nur durch Minister) im Rat (Erweiterung von Art. 16 Abs. 2 EUV) oder die frühe Anerkennung eines Interpellationsrechtes des EP gegenüber dem Rat. Die Grenzen zwischen Gewohnheitsrecht und richterlicher Konkretisierung der Verträge verschwimmen. So handelt es sich bei den Grundsätzen, die eine unmittelbare Anwendbarkeit von Richtlinien vorsehen, um ein Produkt richterrechtlicher Fortbildung von Art. 288 AEUV.

b) Allgemeine Rechtsgrundsätze des Unionsrechts

31 Eine ungemein wichtige Funktion nehmen die **allgemeinen Rechtsgrundsätze des Unionsrechts** ein. Diese Rechtsgrundsätze sind kennzeichnend für Rechtsordnungen, in denen der für das moderne Recht kennzeichnende Prozess der Positivierung noch nicht zum Abschluss gekommen ist. Eine herausragende Rolle nehmen die allgemeinen Rechtsgrundsätze etwa im Völkerrecht ein; aber auch im deutschen Recht gab es (etwa im Verwaltungsverfahrensrecht) bis vor noch nicht allzu langer Zeit Bereiche, in denen mangels Positivierung der Rückgriff auf allgemeine Rechtsgrundsätze notwendig war (vgl. *Lecheler,* in: Merten/Papier (Hrsg.), HGR VI/1, 2010, § 158).

32 Es ist anerkannt, dass die ausdrückliche Erwähnung der allgemeinen Rechtsgrundsätze (ARG) als Rechtsquelle des EU-Rechts in Art. 340 Abs. 2 AEUV für die außervertragliche Haftung nur **beispielhaften Charakter** hat. Ihre Bedeutung erschöpft sich nicht mit diesem Bereich. Sie können überall im EU-Recht entwickelt werden. Sie verdanken ihre Existenz der Feststellung durch die Europäische Gerichtsbarkeit – insofern sind sie ein **Produkt richterlicher Konkretisierung** bzw. Rechtsfortbildung. Allerdings ist der Kreis der EU-Organe, die sich am Prozess der Entwicklung der ARG beteiligen können, nicht auf die Organe der europäischen Gerichtsbarkeit beschränkt. Auch die anderen Institutionen der EU sind hieran beteiligt – allerdings immer unter dem Vorbehalt einer Korrektur durch den insofern letztverbindlich entscheidenden EuGH. Eine Positivierung der ARG ist jederzeit möglich. So sind etwa die ARG der Subsidiarität und Verhältnismäßigkeit in den EUV aufgenommen worden (Art. 5 Abs. 3, 4 EUV); die Grundrechte finden sich inzwischen in der Grundrechtecharta (näher Rz. 17/6, 41).

aa) Entwicklung der allgemeinen Rechtsgrundsätze

33 Der Vertrag spricht zwar von der Existenz der ARG, überlässt aber deren Entwicklung den EU-Institutionen. Die Vorstellung, dass es sich dabei lediglich um einen hermeneutischen Vorgang der „Entdeckung" oder „Auffindung" handele, ist irreführend. Es geht um eine – allerdings theoretisch und methodisch eingebundene – **Rechtsfortbildung.** Art. 6 Abs. 3 EUV und Art. 340 AEUV sehen in ihrem jeweiligen Kontext vor, dass die Methode der „wertenden Rechtsvergleichung" *(Zweigert)* bei der Entwicklung der grundrechtlichen ARG leitend sein soll. Dieser Ansatz lässt sich generalisieren.

Eine Situation, in der sich die Frage nach der Notwendigkeit der Entwicklung eines ARG stellen kann, ist dadurch gekennzeichnet, dass sich im positiven Recht der EU (sei es auf der Ebene des Primärrechts, sei es auf jener des Sekundärrechts) keine ausdrückliche Regelung für eine Situation findet, in der es aus **funktionalen Gründen** oder aus **Gerechtigkeitserwägungen** aber einer normativen Antwort bedarf. Um funktionale Gründe geht es etwa, wenn sich die Frage nach der Rücknehmbarkeit eines rechtswidrigen Verwaltungsakts stellt. Gerechtigkeitserwägungen geraten in den Blick, wenn es um die Frage geht, inwieweit „höhere Gewalt“, „Entreicherung“ oder „Vertrauensschutz“ als Einwendungen oder Einreden geltend gemacht werden können. Auch im Bereich der Garantie effektiven Rechtsschutzes, des Grundsatzes „ne bis in idem“ oder ähnlicher Rechte Einzelner geht es um Gerechtigkeit. Die Entscheidung, ob überhaupt ein Bedarf für die Entwicklung eines ARG besteht, obliegt den EU-Institutionen, die sich dabei an teleologischen und funktionalen Überlegungen zu orientieren haben, zugleich aber auch die Rechtslage in den MSen berücksichtigen müssen. 34

In einer Situation, in der die grundsätzliche Notwendigkeit einer Fortbildung des EU-Rechts durch ARG anerkannt ist, stellt sich die Frage nach dem **methodischen Vorgehen.** Die notwendigen Wertungen speisen sich zunächst und vor allem aus der EU-Ordnung, ihren Zielen und ihrer Struktur. Allerdings ist wiederum auch auf die in den mitgliedstaatlichen Ordnungen enthaltenen Wertungen zu rekurrieren – nicht in einer schematischen Weise, wohl aber mit dem Ziel, festzustellen, inwieweit die Erwägungen, die die Amtswalter der EU-Organe anstellen, in den mitgliedstaatlichen Rechtsordnungen geteilt werden. 35

Auch die **allgemeinen Rechtsgrundsätze des Völkerrechts** können Inspirationsquelle sein (*Bieber/Kahil-Wolff/Müller,* Cours général de droit communautaire, 1994): Inhaltlich handelt es sich bei diesen grundlegenden Völkerrechtsregeln ausweislich der Rspr. des EuGH vor allem um sozialethisch und rechtslogisch „notwendige“ Prinzipien, wie etwa allgemein anerkannte Vertragsauslegungsregeln (EuGH, 29.11.1955, Rs. 8/55, „Fédération charbonnière de Belgique“) oder das Prinzip der Rechtssicherheit als Vertragsanwendungsprinzip (EuGH, 4.12.1974, Rs. 41/74, „Van Duyn“). 36

bb) Bestand an allgemeinen Rechtsgrundsätzen

In der Sache sind vor allem über die Rspr. des Gerichtshofes eine **Vielzahl von ARG** verfassungs- und verwaltungsrechtlicher Natur herausgearbeitet worden (*Besson,* in: Vogenauer/Weatherill (Hrsg.), General Principles of Law, 2017, 105). Zu den verfassungsrechtlichen Grundsätzen gehören vor allem ARG, die mit den Strukturprinzipien der EU wie Freiheit, Demokratie, Achtung der Menschenrechte und Rechtsstaatlichkeit (Art. 2 S. 1 EUV) eng verbunden sind und sich aus ihnen ableiten lassen. 37

Diese **„Grundsätze“ des Art. 2 S. 1 EUV** stellen besonders fundamentale Prinzipien dar, auf denen die EU ruht. Ihre Verletzung durch einen MS kann den besonderen Sanktionsmechanismus des Art. 7 EUV auslösen, der auf Feststellung des Rates in der Zusammensetzung der Staats- und Regierungschefs schließlich zur Aussetzung von bestimmten Vertragsrechten des Verletzerstaates führen kann (unten Rz. 15/44f.). 38

In diesem Sinne wurden als ARG des Unionsrechts beispielsweise wichtige **rechtsstaatliche Prinzipien** wie das **Verhältnismäßigkeitsprinzip** (Übermaßverbot) (z. B. EuGH, 9.8.1994, Rs. C-359/92, „Deutschland/Rat“ – inzwischen Art. 5 Abs. 4 EUV; *von Danwitz,* EWS 2003, 393), die Rechtsklarheit (EuGH, 10.7.1980, 39

Rs. 32/79, „KOM/Vereinigtes Königreich"), die Rechtssicherheit (EuGH, 5.3.1980, Rs. 265/78, „Ferwerda") oder das Recht des Einzelnen auf **wirksamen gerichtlichen Rechtsschutz** (EuGH, 15.5.1986, Rs. 222/84, „Johnston"; EuG, 6.3.2001, Rs. T-192/99, „Dunnett", inzwischen Art. 47 GRC, Rz. 13/1 ff.) anerkannt. In sozialstaatliche Richtung weist etwa die Anerkennung des Prinzips der **Solidarität** (EuGH, 18.3.1980, verb. Rs. 154/78 u. a., „Valsabbia", *Hieronymi,* Solidarität als Rechtsprinzip in der Europäischen Union, 2003; Kodifizierung u. a. in Art. 222 AEUV).

40 Große Bedeutung haben in der EU auch ARG **mit Bedeutung für den Vollzug** erlangt, weil der Ausbau und der Bedeutungsgewinn des direkten Vollzugs durch EU-Organe (dazu Rz. 12/13) der positivierenden Kodifikation des EU-Verwaltungsrechts voraneilt (nunmehr aber Art. 298 AEUV). Schon in den frühen Jahren erkannte der EuGH etwa den Grundsatz auf **rechtliches Gehör** (EuGH, 4.7.1963, Rs. 32/62, „Alvis") und einen **Anhörungsanspruch bei beeinträchtigenden Maßnahmen** (EuGH, 28.5.1980, verb. Rs. 33/79 u. a., „Kuhner") an. Er postulierte einen **Amtsermittlungsgrundsatz** (EuGH, 21.11.1991, Rs. C-269/90, „TU München") und ließ die Berufung auf **„höhere Gewalt"** zu (EuGH, 14.2.1978, 353, Rs. 68/77, „IFG") (im einzelnen: Rz. 12/13). Teilweise finden sich diese Grundsätze heute in der GRC. Diese ARG erweisen sich so als Fundament eines „Europäischen Verwaltungsrechts im Werden" *(Schwarze).* Für den Bereich der inneren Verwaltung spielt der Grundsatz der **Fürsorge der Behörde** gegenüber ihren Bediensteten (EuGH, 28.5.1980, verb. Rs. 33/79 u. a., „Kuhner") eine wichtige Rolle. Bis in jüngere Zeit werden neue ARG entwickelt. So wurde der **Grundsatz des Verbots missbräuchlicher Praktiken** (vgl. EuGH, 21.2.2006, Rs. C-255/02, „Halifax", Rn. 68 f.) in der Rechtssache „Cussens" in einem (mehrwert-)steuerrechtlichen Kontext als allgemeiner Grundsatz des Unionsrechts anerkannt (EuGH, 22.11.2017, Rs. C-251/16, Rn. 31; hierzu *Buckler,* EuR 2018, 371; Kritik an der Begründung bei *Leczykiewicz,* CMLRev 2019, 703). Kurz darauf wurde dies in einem Fall, welcher die Koordinierung der Systeme der sozialen Sicherheit betraf, bestätigt (EuGH, 6.2.2018, Rs. C-359/16, „Altun", Rn. 49). Diese Rspr. führte der EuGH in zwei Urteilen vom 26.2.2019 fort, welche die Verschiebung von Vermögenswerten in einen anderen MS zur potenziellen Weiterleitung in ein „Steuerparadies" zum Gegenstand hatten. Entgegen der Schlussanträge der Generalanwältin entschied der EuGH, dass ein MS durch unmittelbare Anwendung des allgemeinen Grundsatzes eine Steuerbefreiung nach Sekundärrecht verweigern kann, auch wenn er die hierfür in einer RL eingeräumten Möglichkeiten in seiner innerstaatlichen Rechtsordnung nicht wahrgenommen hat (verb. Rs. C-115/16 u. a., „N Luxembourg 1", Rn. 95 ff.; verb. Rs. C-116/16 u. a., „T Danmark", Rn. 68 ff.; hierzu auch *Englisch,* CMLRev 2020, 503; *Schön,* EuZW 2020, 637 und 685).

41 Es sind aber nicht nur die Beziehungen zwischen der EU (bzw. den MSen) und den Bürgern durch ARG ausgestaltet worden. Oftmals hat der EuGH den Grundsatz der loyalen Zusammenarbeit unter den MSen und zwischen ihnen und der EU betont. Hieraus leitet er konkrete Mitwirkungspflichten im Verhältnis zur EU ab. Unter gleichzeitiger Heranziehung von Art. 4 Abs. 3 EUV haben Gerichtshof und Wissenschaft das Prinzip der **gegenseitigen Treue und Loyalität** entwickelt (EuGH, 5.5.1981, Rs. 804/79, „Seefischerei-Erhaltungsmaßnahmen"; *Hatje,* Loyalität als Rechtsprinzip in der Europäischen Union, 2001). EU und MSen schulden sich über die Buchstaben der Verträge hinaus beiderseitige Loyalität. Teilweise hat man versucht (umfassend *Schilling,* EuGRZ 2000, 3), die ARG des Unionsrechts über die punktuellen Anerkennungen der Rspr. hinaus in systematischen Zusammenhang zu bringen.

cc) Anwendungsbereich und Wirkweise der allgemeinen Rechtsgrundsätze

42 Allgemeine Aussagen über die **Wirkweise allgemeiner Rechtsgrundsätze** fallen weiterhin schwer. Dies liegt zum einen daran, dass sie ihrer Funktion und ihrem Inhalt nach sehr unterschiedlich einzuordnen sind. Es liegt aber auch daran, dass sich in der gegenwärtigen Rechtsprechung des EuGH Tendenzen für eine Neuformulierung der **Dogmatik allgemeiner Rechtsgrundsätze** beobachten lassen. Ging es zunächst um die (rechtsstaatliche und grundrechtliche) Selbstbindung der EU, so werden die Grundsätze heute auch als Mittel zur Steuerung mitgliedstaatlichen Verhaltens verwendet.

(1) Normhierarchischer Rang

Eine erste Differenzierung ist mit Blick auf den normhierarchischen Rang notwendig: Allgemeine Rechtsgrundsätze „verfassungsrechtlicher Natur" stehen auf der Ebene des Primärrechts; sie nehmen damit am **Vorrang des Primärrechts** vor dem Sekundärrecht (Rz. 10/38) teil. Das Gebot effektiven Rechtsschutzes (Art. 47 GRC) steht damit beispielsweise nicht zur Disposition des unionalen Gesetzgebers. Demgegenüber stehen die Grundsätze „verwaltungsrechtlicher Natur" regelmäßig auf der Ebene des Sekundärrechts. Entschließt sich der europäische Gesetzgeber zu einer Kodifikation des entsprechenden Rechtsgebiets, so werden sie verdrängt. Allerdings muss auch der europäische Gesetzgeber bei seiner Kodifikation die (rechtsstaatlichen) Grundsätze verfassungsrechtlicher Art beachten. Dies bedeutet etwa, dass es dem europäischen Gesetzgeber freisteht, Regelungen über die Rücknahme und den Widerruf von Verwaltungsentscheidungen zu treffen; die entsprechenden ARG werden dadurch überspielt. Allerdings muss nach rechtsstaatlichen Grundsätzen legitimes Vertrauen in angemessener Weise geschützt werden. 43

(2) Unmittelbare Anwendbarkeit

Die ARG haben die rechtliche Eignung, **unmittelbar anwendbar** zu sein. Sie können ihrem Inhalt nach darauf abzielen, den Bürgern Ansprüche an die Hand zu geben – sei es gegen die EU, sei es gegen die MSen. Derartige Ansprüche haben unmittelbare Wirkung und begründen subjektive Rechte der Einzelnen; sie gehen nationalem Recht vor und führen zu dessen Unanwendbarkeit. 44

So lässt sich etwa der Anspruch, den der EuGH in seiner „Francovich"-Rechtsprechung entwickelt hat, als Inhalt eines ARG deuten (dazu Rz. 14/11 ff.). Es ist allerdings jeweils sorgfältig zu prüfen, ob das EU-Recht wirklich einen derartigen Anspruch unmittelbar gewähren will. Gerade im Bereich der **Steuerung mitgliedstaatlichen Verhaltens** gegenüber den Bürgern (etwa im indirekten Vollzug (Rz. 12/23) ist es auch denkbar, dass das EU-Recht die mitgliedstaatliche Autonomie anerkennt und lediglich über das Diskriminierungsverbot und das Effizienzgebot begrenzt (so etwa EuGH, 20. 3. 1997, Rs. C-24/95, „Alcan"). 45

Andere ARG beschränken sich ihrem Inhalt nach darauf, **den MSen etwas zu verbieten** (etwa unter Vertrauensschutzgründen die Rücknahme eines Verwaltungsakts, den Behörden der MSen bei der Durchführung von EU-Recht erlassen haben) **oder etwas zu gebieten** (etwa Beachtlichkeit der Einrede der Entreicherung oder der „höheren Gewalt"). An der unmittelbaren Anwendbarkeit dieser allgemeinen Rechtsgrundsätze besteht (auch bei der Steuerung mitgliedstaatlichen Verhaltens) kein Zweifel. 46

(3) Anwendungsbereich

Es steht außer Frage, dass die ARG für die **Träger unionaler Hoheitsgewalt** zu beachten sind. Dies ist die Hauptzielrichtung; in der Einbindung dieser Hoheitsgewalt haben sie auch ihre Wurzeln (Beispiele: EuGH, 9. 10. 2001, Rs. C-377/98, „Niederlande/EP und Rat"; EuGH, 17. 12. 1998, Rs. C-185/95 P, „Baustahlgewerbe"). 47

Man ist sich schon seit geraumer Zeit darin einig, dass es funktional und integrationstheoretisch gerechtfertigt ist, die MSen dort an die ARG zu binden, wo sie EU-Recht „durchführen" (EuGH, 13. 7. 1989, Rs. 5/88, „Wachauf"). Dort besteht eine **„agency situation"**, in der es keinen Anlass gibt, den durchführenden MSen mehr Freiheit einzuräumen als der EU selbst. Dies gilt auch und gerade bei der Umsetzung von Richtlinien (*von Danwitz,* JZ 2007, 697 (704)). Art. 51 der Grundrechtecharta 48

(Rz. 17/13ff.) bestätigt diese Sichtweise nunmehr für die Grundrechte. Allerdings hat der EuGH sich nie auf diese Konstellation beschränkt, sondern spricht allgemeiner davon, die ARG seien im **„Anwendungsbereich" des Vertrags** anzuwenden (EuGH, 18.6.1991, Rs. C-260/89, „ERT"). Mit Blick auf die Frage, wie das Konzept des „Anwendungsbereichs des Vertrags" zu verstehen ist, bestehen allerdings Unsicherheiten. Die EU-Organe wollen die ARG schon dann anzuwenden, wenn sich eine mitgliedstaatliche Maßnahme im sachlichen Anwendungsbereich irgendeiner Norm des EU-Rechts bewegt (GA *Sharpston,* 22.5.2008, Rs. C-427/06, „Bartsch", Rn. 69) (ähnlich für die EU-Grundrechte EuGH, 26.2.2013, Rs. C-617/10, „Åkerberg Fransson").

49 Wo genau die Grenzen liegen, ist letztlich unklar. Dies belegt die Rechtsprechung zum Verbot der Altersdiskriminierung: Der EuGH ging in der **Entscheidung „Mangold"** (EuGH, 22.11.2005, C-144/04; zur Frage der Drittwirkung von RL: unten Rz. 9/112) davon aus, dass mitgliedstaatliche Maßnahmen zur Umsetzung einer RL immer im „Anwendungsbereich des Vertrags" lägen. Er wendete das Verbot der Altersdiskriminierung hierauf ungeachtet des Umstandes an, dass die Umsetzungsfrist einer diesbezüglichen konkretisierenden Gleichbehandlungsrichtlinie (RL 2000/78) jedenfalls für Deutschland noch nicht abgelaufen war und es sich deshalb um einen Drittwirkungsfall handelte. Die Entscheidung ist diesbezüglich **auf schärfste Kritik gestoßen** (*Bauer/Arnold,* NJW 2006, 6; *Böhm,* JZ 2008, 324; verfassungsrechtliche Billigung durch BVerfGE 126, 286 (2010)) (Folgeentscheidungen: EuGH, 23.9.2008, Rs. C-427/06, „Bartsch"; EuGH, 9.1.2010, Rs. C-555/07, „Kücükdeveci" (Besprechung bei *Thüsing/Horler,* CMLRev 2010, 1161; *Editorial,* CMLRev 2010, 1589)). Dogmatisch unklar ist weiterhin, wann der **hinreichende Bezug zum Regelungsbereich** (irgendeiner) Norm des Unionsrechts besteht. Auf das Vorliegen eines Normenkonflikts kann es jedenfalls nicht ankommen.

50 Bislang werden die ARG jenseits von „agency"-Situationen und *außerhalb* des „Anwendungsbereichs des EU-Rechts" gegenüber den MSen bzw. im **horizontalen Verhältnis** zwischen Privaten jedenfalls grundsätzlich (noch) nicht zur Anwendung gebracht (hierzu etwa: *Lenaerts/Gutièrres-Fons,* CMLRev 2010, 1629). Der EuGH ist nicht dem Vorschlag gefolgt, die ARG umfassend gegenüber den MSen – und damit über die gesamte Bandbreite deren Handelns – anzuwenden. Dies würde einen enormen Föderalisierungsschub bewirken, ähnlich dem, den die „Equal Protection Clause" des 14. Verfassungszusatzes (1868) in den USA bewirkt hat (Diskussion dieser Möglichkeit bei GA *Sharpston,* 30.9.2010, Rs. C-34/09, „Ruiz Zambrano").

51 Keine dogmatischen Fragen wirft die Rechtsprechung des EuGH auf, den MSen die Berufungsmöglichkeit auf Schranken der Grundfreiheiten zu versagen, wenn dies einen Rechtszustand bewirkte, der mit den Anliegen eines ARG unvereinbar ist (EuGH, 18.6.1991, Rs. C-260/89, „ERT"; Rz. 22/12). Hierbei handelt es sich nicht um eine Anwendung von ARG auf MSen, sondern um **eine primärrechtskonforme Interpretation** der Schranken von Grundfreiheiten (Herstellung praktischer Konkordanz). Inzwischen geht der EuGH bei den Grundrechten aber von einer unmittelbaren Bindung der MS aus (EuGH, 18.6.2020, Rs. C-78/18, „KOM/Ungarn"; Rz. 17/15).

3. Vertragsänderungen und Vertragsergänzungen

Literatur: *Oppermann,* Europäischer Verfassungskonvent und Regierungskonferenz 2002–2004 – Zur „gemischten" Entstehung der Europäischen Verfassung 2004, DVBl. 2004, 1264; *Klinger,* Der Konvent: Ein neues Institut des europäischen Verfassungsrechts, 2007; *Oppermann,* „Konventsmethode" als Instrument europäischer Verfassungsgebung, FS Herzog 2009, 313; *Suhr,* Die Left-Overs des Lissabon-Vertrags: Anforderungen an die Änderung der vertraglichen Grundlagen der Europäischen Union, FS Fiedler 2011,

715; *Peers,* Amending the EU Treaties, in: Schütze/Tridimas (Hrsg.), Oxford Principles of European Union Law I – The European Union Legal Order, 2018, 423; *Karagiannis,* La révision du Traité sur le fonctionnement de l'Union européenne selon la procédure spéciale de l'article 48, paragraphe 6, TUE, CDE 2019, 375.

Sowohl als völkerrechtliche Verträge, als auch als „Verfassung" der EU bedürfen die Unionsverträge der Möglichkeit von **Änderungen und Ergänzungen.** Neben der förmlichen Anpassung der Verträge ergibt sich in einer dynamischen und zugleich in ihren Zuständigkeiten vielfach begrenzten EU die Notwendigkeit, gewisse **Lücken** bei der Verwirklichung der Ziele der EU **zu schließen** oder die Kompetenzen der Union **abzurunden,** ohne jedes Mal das „schwere Geschütz" der Vertragsänderung bemühen zu müssen. Für solche Fälle haben die Verträge die **„sweeping clause"** *(Louis)* des Art. 352 AEUV vorgesehen (unten Rz. 11/8). Um eine Vertragsänderung oder -ergänzung handelt es sich hierbei nicht. 52

a) Vertragsänderung

Die Bestimmungen von EUV, AEUV und EAGV lassen sich – schon seit dem Maastrichter Vertrag 1992 – nur noch in einem **einheitlichen Verfahren ändern** (Art. 48 EUV). Ein Spezialfall zwangsläufiger Vertragsänderung ist das ebenfalls durch den EUV vereinheitlichte Verfahren beim **Beitritt** neuer Mitglieder (Art. 49 EUV (unten Rz. 42/4)). Der Beitritt ist nur zur Union insgesamt möglich. 53

Mit dem Inkrafttreten des Vertrags von Lissabon gibt es drei Optionen der Vertragsänderung. Das „ordentliche Änderungsverfahren" (Art. 48 Abs. 2–5 EUV) – in wichtigen Elementen seit den 1950er Jahren unverändert – stellt im Kern ein **völkerrechtliches Verfahren** dar, dem inzwischen gewichtige **Elemente vergemeinschafteter Entscheidungsfindung** beigemischt sind (Initiativrechte bzw. Anhörungsrechte der Kommission und des EP, Einschaltung eines Konvents, Anhörungsrechte der EZB). Bislang ist nicht absehbar, wie ein „Konvent" seine Rolle definieren würde. Die Erfahrungen mit dem „Verfassungskonvent" (2002–2004) sind ambivalent: Der Text eines „Vertrags über eine Verfassung" war reich an Symbolik, ohne die EU aber inhaltlich für die sich abzeichnenden Herausforderungen „wetterfest" zu machen. Die Änderungen im ordentlichen Verfahren nach Art. 48 EUV werden auf einer **Regierungskonferenz** vereinbart und bedürfen zu ihrer Wirksamkeit der **Ratifikation durch die MSen.** In diesem Sinne bleiben die MSen die **„Herren der Verträge"** oder, anders ausgedrückt, liegt die „verfassungsgebende Gewalt" bei ihnen (oben Rz. 4/21 ff.). 54

Daneben ist seit 2009 ein **vereinfachtes Änderungsverfahren** vorgesehen (Art. 48 Abs. 6 EUV). Dieses kann zur Anwendung kommen, wenn und soweit es um die Änderung der Bestimmungen des Dritten Teils des AEUV (interne Politikbereiche) geht. Im Zentrum dieses Verfahrens steht der **Beschluss des Europäischen Rats;** er bedarf der Ratifizierung durch die zuständigen mitgliedstaatlichen Organe. Eine Kompetenzausdehnung darf auf diesem Weg nicht erfolgen. Dieses Verfahren wurde erstmalig bei der Schaffung von Art. 136 Abs. 3 n. F. AEUV verwandt. Die Bestimmungen des Integrationsverantwortungsgesetzes vom 22. September 2009 (IntVG; BGBl. I 3022) sehen in Einklang mit Art. 23 GG vor, dass die Wahrnehmung dieser Möglichkeiten in Deutschland einer **Zustimmung durch Gesetz** bedarf. 55

Schließlich gibt es (ebenfalls seit 2009) zur Vertragsänderung von bestimmten Verfahrensvorschriften noch ein besonderes Verfahren (Art. 48 Abs. 7 EUV; „allgemeine Brü- 56 ckenklausel“). In diesem Verfahren kann in Kompetenzbereichen, in denen der Lissabon-Vertrag die Anwendung eines besonderen Gesetzgebungsverfahrens vorsieht, der **Übergang zum ordentlichen Gesetzgebungsverfahren** erfolgen; ebenfalls kann man in Fällen, in denen der AEUV oder Titel V des EUV einstimmige Ratsbeschlüsse vorsieht, zur Mehrheitsentscheidung übergehen. Im Anschluss an das Lissabon-Urteil des BVerfG (BVerfGE 123, 267 (2009)) sieht das IntVG vor, dass der deutsche Vertreter im Rat der Wahrnehmung dieser Klausel widersprechen muss, wenn nicht zuvor eine Zustimmung durch Gesetz erfolgt ist. Gleiches gilt für die „besondere Brückenklausel“ des Art. 81 Abs. 3 UAbs. 2 AEUV. In anderen Fällen bedarf es jedenfalls eines zustimmenden Parlamentsbeschlusses (im Einzelnen: *Nettesheim,* NJW 2010, 177).

57 In der deutschen Verfassungsrechtswissenschaft ging man lange davon aus, dass das Grundgesetz den **Weg in eine europäische Föderation bundesstaatlicher Art** eröffnen würde. Das BVerfG wies noch in der Maastricht-Entscheidung eine Beschäftigung mit der Frage, ob das Grundgesetz diesen Weg in die europäische Staatlichkeit eröffne, ausdrücklich zurück (BVerfGE 89, 155 (1993), Rn. 107). In der Lissabon-Entscheidung hat das Gericht die deutsche Staatlichkeit zu den nach Art. 79 Abs. 3 GG unverfügbaren Elementen gezählt (BVerfGE 123, 267 (2009)). Seither wird über die Grenzen der unter dem Grundgesetz möglichen Integration diskutiert (*Nettesheim,* Der Staat 2012, 313). In den ESM-Entscheidungen (BVerfGE 132, 195 (2012); BVerfGE 135, 317 (2014)) suggeriert das Gericht, dass sich die Euro-Rettungspolitik im unmittelbaren Vorfeld der **Tabu-Grenze des Art. 79 Abs. 3 GG** bewege. Danach war etwa die Ratifikation des ESM-Vertrags nur unter Abgabe zusätzlicher Erklärungen (noch) mit Art. 20 Abs. 2, Art. 79 Abs. 3 GG vereinbar. Damit wird die Aussage und Funktion des Art. 79 Abs. 3 GG wohl **überdehnt** (hierzu auch unten Rz. 10/17).

58 Nach den Absichten der „Vertragsväter“ und den allgemein-völkerrechtlichen Regeln der Wiener Vertragsrechtskonvention vom 23.5.1969 (BGBl. 1985 II 927) (insbesondere Art. 40 WVRK) sind diese Revisionsbestimmungen **abschließend** gemeint. Die EU-MSen haben sich verpflichtet, ihre vertragsändernde („verfassungsgebende“) Gewalt nur in den besonderen Formen des Art. 48 EUV auszuüben. Dies hat auch der Gerichtshof (EuGH, 14.12.1971, Rs. 7/71, „KOM/Frankreich“; EuGH, 8.4.1976, Rs. 43/75, „Defrenne II“) mehrfach betont; die Beachtung von Art. 48 Abs. 6 EUV wird vom EuGH auch kontrolliert (EuGH, 27.11.2012, Rs. C-370/12, „Pringle“). Insoweit ist die „Vertragsherrschaft“ der MSen über die EU nur in den dort vorgesehenen Formen möglich. Die nach allgemeinem Völkerrecht grundsätzlich gegebene Möglichkeit von Vertragsstaaten, auch ad hoc und außerhalb eines vertraglich vorgesehenen Änderungsverfahrens Anpassungen vorzunehmen, ist damit innerhalb des EU-Systems ausgeschlossen.

59 Den MSen steht es frei, außerhalb der EU durch völkerrechtlichen Vertragsschluss zu kooperieren (z. B. ESM-Vertrag, Fiskalvertrag); dabei dürfen die Bestimmungen des EU-Rechts nicht verletzt werden (EuGH, 27.11.2012, Rs. C-370/12, „Pringle“). Dies schließt das Verbot ein, **„elementare Strukturprinzipien“ der EU** faktisch auszuhöhlen (EuGH, 14.12.1991, Gutachten 1/91, „EWR“, Rn. 46, 71; EuGH, 8.3.2011, Gutachten 1/09, „Patentgericht“; EuGH, 13.12.2014, Gutachten 2/13, „EMRK-Beitritt“)(zur Autonomie des Unionsrechts oben Rz. 9/7). Demgegenüber sind dem vertragsändernden Normgeber nach Art. 48 EUV keine Grenzen gesetzt. Im **Range** zählt das geänderte Vertragsrecht ebenso wie der alte Text zum primären Unionsrecht.

b) Sonstige Vertragsergänzungen und -anpassungen

Angesichts des weitgespannten und in ständiger Entwicklung stehenden Tätigkeitsbereiches der EU ergibt sich hier und dort das Bedürfnis nach **einfacheren Verfahren der Vertragsergänzung und -anpassung** ohne die zeitraubende Einschaltung der MSen. Solche internen („autonomen") Vertragsänderungen sind in den Verträgen gelegentlich an „änderungsträchtigen" Stellen vorgesehen. 60

Hierzu zählen Art. 17 Abs. 5 EUV (Änderung der Zahl der Kommissionsmitglieder durch einstimmigen Ratsbeschluss); Art. 6 Maastrichter Protokoll zu den Konvergenzkriterien (Konkretisierungen) sowie Art. 76 EAGV (Änderung Kapitel VI EAGV durch einstimmigen Ratsbeschluss). Leitgedanke dieser gelegentlich praktizierten autonomen Änderungs- und Anpassungsklauseln ist die Verlagerung der Änderungskompetenz auf den **einstimmig entscheidenden Rat, vereinzelt auch auf EP und Rat** (betr. die Satzung des EuGH, Rz. 13/17). So kommt es zu einem Kompromiss zwischen rascher Unionsaktion und Wahrung der nationalen Interessen. 61

Auch die autonom geänderten Vertragsbestimmungen wachsen in den **Rang primären Unionsrechts** hinein. 62

III. Sekundäres Unionsrecht

1. Das Primärrecht als Grundlage und Grenze von sekundärem Unionsrecht

Das Primärrecht ist für das sekundäre EU-Recht nach einer klassischen Formel des Gerichtshofes (z. B. EuGH, 5.10.1978, Rs. 6/78, „Viola") **„Grundlage, Rahmen und Grenze" der Rechtsetzungsgewalt der EU.** Damit klingen Ähnlichkeiten und Unterschiede zu dem staatlichen Verhältnis zwischen Verfassung und einfachem Gesetz an. Wie dort hat sich die **„Gesetzgebungsbefugnis der Gemeinschaft"** (EuGH, 9.3.1978, Rs. 106/77, „Simmenthal") im Rahmen der Vorgaben der Verträge und ihres Vorranges zu halten. Sie hat vor allem das **Prinzip der begrenzten Einzelermächtigungen der EU** („compétences d'attribution") (Art. 4 Abs. 1, Art. 5 Abs. 1 EUV, Art. 2 Abs. 6 AEUV) zu beachten. Jeder verbindliche Akt des Sekundärrechts bedarf einer ausdrücklichen Rechtsgrundlage in den Verträgen (näher Rz. 11/3ff.). 63

In der Rangordnung der Quellen des EU-Recht stehen die aus der vertraglich begründeten EU-Rechtsetzungsgewalt abgeleiteten Rechtsakte (Verordnungen, Richtlinien, Beschlüsse usf.) als **sekundäres Unionsrecht unter dem Primärrecht.** In der jahrzehntelangen Entwicklung der EU ist diese abgeleitete Rechtsmasse ungeheuer angeschwollen und ändert sich täglich. Das sekundäre Unionsrecht ist im – inzwischen allein elektronisch verfügbaren – **Amtsblatt der EU** auffindbar (VO 216/2013, ABl. L 69/1). 64

Der **Vorrang des primären gegenüber dem sekundären Unionsrecht** ist eindeutig (näher Rz. 10/36ff.). Sekundärrecht, das sich auf eine Ermächtigungsnorm (Art. 290 AEUV) stützt, muss deren Festsetzungen beachten. „Grundverordnungen" (z. B. landwirtschaftliche Marktordnungen) sind gegenüber „Durchführungsverordnungen" (z. B. Abschöpfungsregelungen im Rahmen dieser Marktordnung) vorrangig, die aufgrund einer in der Grundverordnung enthaltenen Ermächtigung ergehen. Solche Durchführungsverordnungen dürfen die Grundverordnung weder ändern noch von ihr materiell abweichen (EuGH, 10.3.1971, Rs. 38/70, „Deutsche Tradax GmbH"; EuGH, 10.3.1971, Rs. 58/70, „Compagnie Continentale"). Auch sonst lassen sich innerhalb des Sekundärrechts **gewisse Abstufungen beobachten.** Mangels ausdrück- 65 licher Regelung muss hier im Einzelfall entschieden werden. Grundsätzlich gehen normative Akte (z. B. eine Verordnung) Individualakten (z. B. einem Beschluss) vor. Dagegen sind Rats- und Kommissionsrechtsakte prinzipiell gleichrangig, soweit nicht die Kommission auf der Basis einer Ermächtigung (Art. 290 AEUV) handelt. Es gibt keinen „Institutionenvorrang".

2. Außensteuerung im Bereich des AEUV und des EAGV

Literatur: *von Bogdandy/Arndt/Bast,* Legal Instruments in European Union Law and their Reform: a Systematic Approach on an Empirical Basis, YEL 2004, 91; *Bast,* Grundbegriffe der Handlungsformen der EU, 2006; *Dieckhoff,* Der Vorbehalt des Gesetzes im Europarecht, 2007; *Rösch,* Die Handlungsformen der EU nach dem Vertrag von Lissabon, VR 2008, 361; *Bast,* Handlungsformen und Rechtsschutz, in: von Bogdandy/Bast (Hrsg.), Europäisches Verfassungsrecht, 2. Aufl. 2009, 489; *Kröll,* Rechtsetzungsverfahren und Rechtsakte, in: Eilmansberger u. a. (Hrsg.), Rechtsfragen der Implementierung, 2011, 313; *Best,* Understanding EU Decision-Making, 2016; *Cremona/Kilpatrick* (Hrsg.), EU Legal Acts – Challenges and Transformations, 2018.

a) Rechtsinstrumente – Überblick

66 Das Prinzip der begrenzten Einzelermächtigung, das sämtliches Wirken der EU-Organe beherrscht, ist auch im Bereich der sekundären Rechtsetzung zu beachten: Danach haben sich die Unionsorgane bei gegebener Kompetenz der jeweils vorgesehenen **Formen der Rechtshandlung (Rechtsaktstypen, Rechtsinstrumente etc.)** zu bedienen. Fehlt es an einer Vorgabe, haben die normgebenden Organe Wahlfreiheit (Art. 296 Abs. 1 AEUV). Die KOM hat sich in Nr. 25 der Interinstitutionellen Vereinbarung über bessere Rechtsetzung (ABl. 2016 L 123/1) dazu verpflichtet, die Wahl zu begründen. Das EU-Recht enthält mit Blick auf außenrechtsverbindliche Akte einen *numerus clausus* (insbesondere Art. 288 AEUV). Es gibt insofern kein „Typenerfindungsrecht" der Unionsorgane. Infolge der Besonderheiten des Rechtsetzungsverfahrens entsprechen die Bezeichnungen der EU-Rechtsakte nur begrenzt der national üblichen Terminologie. Die „Verordnung" entspricht beispielsweise weitgehend der im nationalen Bereich geläufigen Handlungsform des „Gesetzes"; sie kann aber auch die Qualität nationaler „Durchführungs(Rechts)verordnungen" aufweisen. Für den EU-internen Bereich sowie das Verhältnis von EU und MSen gilt der *numerus clausus* nicht. Die von den Verträgen vorgesehenen Handlungsformen werden in diesem Bereich durch **„Rechtsakte sui generis" ergänzt.**

67 Der Lissabon-Vertrag hat die Zahl der Typen verfügbarer Rechtsakte von zuvor 15 auf 5 reduziert und so die **Transparenz** deutlich gesteigert: Verordnungen, Richtlinie, Beschluss (statt bisher Entscheidung), Empfehlungen und Stellungnahmen. Die besonderen Rechtsakte, die bislang im Rahmen von GASP und PJZ bestanden, wurden abgeschafft. Aus politischen Gründen wurde auf die in Art. I-33 des Vertrags über eine Verfassung für Europa (2004) vorgesehene Umbenennung der EU-Rechtsakte (Verordnung – Europäisches Gesetz; Richtlinie – Europäisches Rahmengesetz; ferner: Europäische Verordnung, Europäischer Beschluss etc.) verzichtet. Man wollte jeden Anschein von **Staatsnähe der EU** vermeiden.

68 Art. 289, 290 AEUV sehen die Unterscheidung zwischen **Akten mit Gesetzgebungsqualität** und solchen ohne diese Qualität vor. Die Unterscheidung bestimmt sich nach dem anzuwendenden Verfahren, nicht nach dem Typ des Rechtsakts. Im Gesetzgebungsverfahren können danach Verordnungen, Richtlinien und Beschlüsse erlassen werden (unten Rz. 11/44f.). Zwischen dem Verfahren und dem Typ des Rechtaktes besteht damit kein notwendiger Zusammenhang – dies ist zu bedauern. Nach Art. 290 Abs. 1 UAbs. 2 S. 2 AEUV müssen „die wesentlichen Aspekte eines Bereichs" durch den Gesetzgebungsakt geregelt werden.

Nach ständiger Rechtsprechung des Gerichtshofes (EuGH, 29.11.1956, Rs. 8/55, „Fédération charbonnière de Belgique"; ähnlich EuGH, 15.7.1963, Rs. 25/62, „Plaumann"; EuGH, 11.11.1981, Rs. 60/81, „IBM"; EuGH, 11.6.1991, Rs. C-300/89, „Titandioxid") entscheidet im Zweifelsfalle der **objektive Gegenstand und Inhalt des Rechtsaktes,** seine „juristische Substanz", über die Einordnung in die Typen der Handlungsformen und nicht die subjektive Auffassung des erlassenden Organs bzw. die formale Bezeichnung des Rechtsaktes bei der Rechtsetzung. Eine „falsa demonstratio" ist nicht maßgeblich, kann aber zur Nichtigkeit des Aktes führen. 69

Parlament, Rat und Kommission haben sich in einer **interinstitutionellen Vereinbarung** (ABl. 1999, C 73/1) auf Leitlinien über die redaktionelle Qualität der gemeinschaftlichen Rechtsvorschriften verständigt. Danach sollen die Rechtsakte **„klar, einfach und genau"** abgefasst werden. Seit Jahren bemüht man sich, das EU-Recht zu „entschlacken" sowie überflüssige Rechtsetzung zu verhindern (vgl. z. B. KOM, Better regulation: Taking Stock and Sustaining our Commitment, 15.4.2019). Die Zahl der erlassenen Rechtsakte geht in der Tat in den letzten Jahren zurück. 70

b) Verordnung

Literatur: *Arzoz,* Rechtsfolgen der Rechtswidrigkeit von Verordnungen der EGen, JÖR 2001, 299; *Rösch,* Zur Rechtsformenwahl des europäischen Gesetzgebers im Lichte des Verhältnismäßigkeitsgrundsatzes – Von der Richtlinie zur Verordnung, 2013; *Kibler/Sandhu,* Vorwirkung von EU-Verordnungen am Beispiel der Datenschutz-Grundverordnung, NVwZ 2018, 528.

Gem. Art. 288 Abs. 2 AEUV sind Verordnungen Rechtsakte, die dadurch gekennzeichnet sind, dass sie **allgemeine Geltung haben, in allen ihren Teilen verbindlich sind** und **unmittelbar in jedem Mitgliedstaat gelten.** 71

In der Verordnung verkörpert sich wie in keinem anderen Rechtsakt die „wahre europäische Befugnis" *(Savary).* Mittels dieses Rechtsinstruments vermag die EU unmittelbar („supranational") für die MSen und ihre Bürger **verbindliches Recht** zu schaffen, das keiner Umsetzung durch nationale Instanzen bedarf. Infolge der besonderen institutionellen Struktur der EU (oben Rz. 4/21 ff.) kann die Verordnung zwar nicht schlechthin mit dem nationalen Gesetz gleichgesetzt werden. Insbesondere fehlt dem EU-System – trotz der Neuerung in Art. 290 AEUV – die innerstaatliche Unterscheidung zwischen Gesetz und Rechtsverordnung. Es werden aber auf europäischer Ebene durch die Verordnung die gleichen Bedürfnisse nach generell-abstrakter Rechtsetzung gegenüber einem unbestimmten Personenkreis erfüllt wie auf nationaler Ebene durch das Gesetz. In diesem Sinne ist die **Verordnung (auch) das „Europäische Gesetz".** Der Gerichtshof hat anfangs die Verordnung als „Gesetzgebungsakt" bzw. als „quasi-legislatorische Maßnahme" u. ä. (seit EuGH, 29.11.1956, Rs. 8/55, „Fédération charbonnière de Belgique") bezeichnet; heute findet sich diese Gleichstellung nicht mehr. 72

Für die **Praxis** kann die Bedeutung der Verordnung in ihrer Doppelfunktion als grundlegendes europäisches Gesetz, aber auch als kurzlebige „Durchführungsverordnung" (EuGH, 27.9.1979, Rs. 230/78, „Eridania") gar nicht überschätzt werden. Nur mittels dieses Rechtsinstruments konnte die EU in der Praxis als **„Rechtsgemeinschaft"** im Verhältnis zu den MSen einen real respektierten, politischen Status erringen. So sind zum einen grundlegende und langfristig bedeutsame Rechtsakte des sekundären EU-Rechts als Verordnung ergangen, wie z. B. der Gemeinsame Zolltarif, die landwirtschaftlichen Marktordnungen, die Regelung der Freizügigkeit für die Arbeitnehmer, wichtige Bestimmungen des Wettbewerbs(Kartell) rechts, grundlegende Normen der Verkehrs- und der Handelspolitik, die Datenschutz-Grundverordnung. Andererseits besteht die tagtägliche Rechtsetzungspraxis der EU, wie ein beliebiger Blick in das Amtsblatt zeigt, im Erlass einer ununterbrochenen Fülle „kleiner" und kurzlebiger Durchführungsverordnungen vor allem im Agrarbereich (unten Rz. 24/34). 73

aa) Verordnungsgeber

74 **Als Verordnungsgeber** weisen die Kompetenzbestimmungen des AEUV entweder Rat und Parlament gemeinsam oder Rat und Kommission je allein aus. In den Verträgen ist in der jeweils einschlägigen Rechtsgrundlage konkret festgelegt, wer legisferiert. Typischerweise war bis in die frühen 1990er Jahre hinein der auf Vorschlag der Kommission entscheidende Rat der eigentliche „Gesetzgeber" der EU; später gewann die Mitentscheidung von Rat und Parlament an Bedeutung. Inzwischen sind es aufgrund der Bedeutung des ordentlichen Gesetzgebungsverfahrens (Art. 289 AEUV; unten Rz. 11/51 ff.) regelmäßig Parlament und Rat gemeinsam. Demgegenüber nimmt die Kommission nach Art. 290 AEUV die wichtige Funktion wahr, im Rahmen von Grundverordnungen des Rates Verordnungen zur Ergänzung bzw. begrenzten Änderung der Grundverordnung zu erlassen (EuGH, 16.6.1987, Rs. 46/86, „Romkes"). Zudem kann sie nach Art. 291 AEUV Durchführungsregelungen erlassen.

bb) Allgemeine Geltung und Verbindlichkeit

75 Die Verordnungen haben **allgemeine Geltung** und sind **in allen ihren Teilen verbindlich.** Damit wird zum einen gesagt, dass die Verordnung ihre Rechtsverbindlichkeit für eine unbestimmte Zahl objektiv bestimmter Fälle im Gesamtgebiet der EU entfaltet (EuGH, 5.5.1977, Rs. 101/76, „Koniklijke Scholten Honig"; EuGH, 26.2.1981, Rs. 64/80, „Giuffrida"). Die generell-abstrakte, unionsweit geltende Regelung gegenüber einem unbestimmten Personenkreis ist das wesentliche Charakteristikum der Verordnung.

76 Verordnungen, die nur in einem Teil der EU oder in einem einzelnen MS gelten, sind unzulässig bzw. in Beschlüsse umzudeuten (str.). Etwas anderes ist es, wenn unionsweit geltende Verordnungen rein tatsächlich nur regionale Anwendung finden können (z. B. eine Beihilfeverordnung). Es ist möglich, dass eine Verordnung ihren Regelungsanspruch in den verschiedenen Teilen des EU-Gebiets zeitlich abgestuft in Kraft setzt; dabei ist allerdings der Gleichheitssatz zu beachten (EuGH, 17.3.2011, Rs. C-221/09, „AJD Tuna").

77 Mit der Feststellung, dass die Verordnung in allen ihren Teilen verbindlich ist, soll die Verordnung insbesondere von der Richtlinie abgegrenzt werden, die nur „hinsichtlich des zu erreichenden Zieles" zu beachten sein soll.

cc) Unmittelbare Geltung und Anwendungsvorrang

78 Die Verordnungen gelten **unmittelbar in jedem MS.** Es bedarf keiner Umsetzung oder Durchführung von Verordnungen; sie wirken „im" mitgliedstaatlichen Rechtskreis. Mittels dieser Durchgriffswirkung wird klargestellt, dass sie mit ihrer Veröffentlichung im Amtsblatt (unten Rz. 11/89 ff.) automatisch, also ohne Dazwischentreten nationaler Rechtsetzung, ihre Rechtswirkungen entfalten. Die Verordnungen gewähren nicht nur den MSen, sondern auch Rechtssubjekten in den MSen (Privatpersonen, juristische Personen des öffentlichen und des Privatrechts) Rechte und erlegen ihnen Pflichten auf (EuGH, 28.3.1985, Rs. 272/83, „KOM/Italien"). Dies bedeutet, dass Verordnungen von den zur Rechtsanwendung befugten mitgliedstaatlichen Stellen (Behörden, Gerichte usf.) in Situationen, in denen sie räumlich, zeitlich und inhaltlich Anwendung beanspruchen, ohne weiteres **zur Anwendung gebracht** werden müssen. Insbesondere ist es nicht erforderlich, dass sich Berechtigte darauf berufen.

79 Der EuGH hat in ständiger Rechtsprechung diesen von den MSen „unabdingbaren" Rechtscharakter der Verordnung betont und festgestellt, dass nationale Nachformun-

gen des Verordnungsinhalts („Durchführungsgesetze" u. ä.) angesichts der Durchgriffswirkung grundsätzlich überflüssig und wegen der Doppelung des Rechtes unzulässig sind (EuGH, 14.12.1971, Rs. 43/71, „Politi"; EuGH, 7.2.1973, Rs. 39/72, „KOM/Italien").

Das mit EU-Recht kollidierende nationale Recht wird von der EU-Verordnung verdrängt. Es findet keine Anwendung, soweit und solange die Verordnung gilt (**„Anwendungsvorrang"**) (unten Rz. 10/4 ff.). Kollidierendes nationales Recht wird dadurch nicht nichtig, wohl aber **unanwendbar.** Die unmittelbare Geltung der Verordnung schließt auch ein, dass die Anwendung später erlassenen nationalen Rechts unzulässig ist, welches mit dem Inhalt der Verordnung nicht vereinbar ist. Im Regelungsbereich einer Verordnung ist den MSen der Erlass „konkretisierenden" oder „ausfüllenden" Rechts nur erlaubt, wenn dies von der VO vorgesehen ist. Eine ausdrückliche Ermächtigung ist hierfür allerdings nicht erforderlich. Die Einräumung eines Ermessensspielraums kann sich auch durch die Verwendung unklarer Begriffe ergeben, wobei dieser in Einklang mit den Zielen der VO auszufüllen ist (EuGH, 12.4.2018, Rs. C-541/16, „KOM/Dänemark", Rn. 31, 38). Parallelbestimmungen des mitgliedstaatlichen Rechts müssen aufgehoben werden; der Vorrang macht sie nicht unanwendbar. 80

dd) Adressaten der Verordnung

Adressaten der Verordnungen können in Konsequenz ihrer umfassenden Geltungskraft gleichermaßen die **EU und ihre Institutionen, die MSen** einschließlich der Glieder, schließlich die **natürlichen und juristischen Einzelpersonen** innerhalb der EU (z. B. Unionsbürger) sein. Z. B. wirkt das in Verordnungsform ergangene Beamtenstatut der EU nur unionsintern (EuGH, 26.2.1981, Rs. 64/80, „Giuffrida"). Auch „richtliniennahe" Verordnungen, die sich praktisch nur an die MSen richten (z. B. im Agrarbereich), sind zulässig. 81

c) Richtlinie

Literatur: *Prechal,* Directives in EC Law, 2. Aufl. 2006; *von Danwitz,* Rechtswirkungen von Richtlinien in der neueren Rechtsprechung des EuGH, JZ 2007, 697; *Konzen,* Die Wirkung von Richtlinien in der neueren arbeitsrechtlichen Judikatur des EuGH, FS Birk 2008, 439; *Durner,* Verfassungsrechtliche Grenzen richtlinienkonformer Rechtsfortbildung, 2010; *Dickson,* Directives in EU Legal Systems: Whose norms are they anyway?, ELJ 2011, 190; *Perner,* EU-Richtlinien und Privatrecht, 2012; *Graf von Kielmansegg,* Tücken im Dreieck – Die individualbelastende Richtlinienwirkung im Unionsrecht, EuR 2014, 30; *Mittwoch,* Richtlinienkonforme Auslegung bei überschießender Umsetzung, JuS 2017, 296; *Payrhuber/Stelkens,* „1:1-Umsetzung" von EU-Richtlinien: Rechtspflicht, rationales Politikkonzept oder (wirtschafts) politischer Populismus?, EuR 2019, 190; *Möllers,* Richtlinienkonforme Rechtsfortbildung als Teil einer modernen Methodenlehre, FS Siekmann, 2019, 37; *Wietfeld,* Die richtlinienkonforme Auslegung – Auslegungsmethode oder Zielvorgabe?, JZ 2020, 485.

Art. 288 Abs. 3 AEUV charakterisiert die Richtlinie als denjenigen Rechtsakt, der für jeden **MS** an den er gerichtet ist, **hinsichtlich des zu erreichenden Zieles verbindlich ist,** den innerstaatlichen Stellen jedoch die **Wahl der Form und der Mittel überlässt.** 82

aa) Die Richtlinie in der Praxis – Entwicklungen

Die Richtlinie ist ein „eigentümlicher Rechtsakt" des Unionsrechts *(Constantinesco).* Er hat keine Entsprechung im deutschen Recht. Mit der Richtlinie wird der Tatsache Rechnung getragen, dass die EU nicht nur Instrumente zur direkt vereinheitlichenden 83

Rechtsetzung benötigt, sondern auch einen geschmeidigeren Rechtsakt, mit dem **fortbestehendes mitgliedstaatliches Recht harmonisiert** werden kann. Die Richtlinie begnügt sich zwar nicht damit, den angesprochenen MSen lediglich „Zielsetzungen" aufzugeben. In allen anderen Vertragssprachen wird nicht der Begriff „Ziel", sondern der Begriff „Ergebnis" bzw. „Resultat" verwendet. Art. 288 AEUV begründet insofern eine **ergebnisbezogene Verpflichtung.** Es geht um verpflichtende Vorgaben, wie der im mitgliedstaatlichen Recht herzustellende Rechtszustand auszusehen hat. Die deutsche Formulierung des Art. 288 AEUV ist insofern missverständlich und unzutreffend: Die Bestimmungen der Richtlinie machen immer auch mehr oder weniger enge Vorgaben hinsichtlich der Form und der Mittel, die ein MS zu wählen hat, und des zu erreichenden Zustandes. Eine Richtlinie, die sich mit der Formulierung von Zielen begnügt und den MSen bei der Art und Weise der Durchführung wirklich freie Hand lässt, gibt es nicht. Es gibt **keine Grenzen der Regelungsdichte** – oder einen notwendigen Grad der Unbestimmtheit – von Richtlinien (*Herresthal,* in: Gsell/ders. (Hrsg.), Vollharmonisierung im Privatrecht, 2009, 113).

84 Die Richtlinie soll zwar unionsweit materiellrechtlich harmonisieren, sich aber **in das fortbestehende staatliche Recht integrieren.** Man hofft, so die Vielfalt nationaler Rechts- und Handlungsformen, Regelungsansätze und -traditionen möglichst zu respektieren. Daher sind der EU Richtlinienkompetenzen besonders in solchen Sachbereichen wie Rechtsangleichung (Art. 115 AEUV), Herstellung der Freiheiten in Bereichen wie Niederlassung, freier Dienstleistungsverkehr (Art. 50, 52 Abs. 2, 53, 62 AEUV) u. ä. verliehen worden, wo es um **Angleichungen,** aber nicht notwendig um Ersetzung des staatlichen Rechtes geht. Aber auch bei allgemein gehaltenen Kompetenzen wie z. B. in Art. 114 AEUV kann die EU statt Verordnungen Richtlinien erlassen (dazu Rz. 32/33f.).

85 In der Rechtsetzungspraxis tritt die Vorgabe von Zielen teilweise ganz in den Hintergrund; stattdessen enthalten **zahlreiche Richtlinien so präzise Aussagen** über den im staatlichen Recht herzustellenden Rechtszustand, dass eine Durchführungsfreiheit kaum mehr besteht. Richtlinien können, ohne dass dies rechtswidrig wäre, so detailliert formuliert werden, dass sich daraus zwangsläufig gleichförmiges Recht in den MSen ergibt. Überaus konkrete Vorgaben enthält das Richtlinienrecht insbesondere dann, wenn es um technische Standards oder Umweltgrenzwerte (unten Rz. 33/20ff.) geht: Hier hat sich im staatlichen Durchführungsrecht exakt der gleiche Standard oder Grenzwert wiederzufinden; jede Abweichung wäre ein Umsetzungsverstoß. Teilweise wird über diesen hohen Konkretisierungsgrad geklagt; die Technizität vieler Rechtsetzungsbereiche lässt allerdings Vagheiten und Spielräume nicht zu, wenn nicht die Gefahr einer Zielverfehlung und mitgliedstaatlicher Umgehungsversuche bestehen soll.

86 Die politische Praxis ist seit Langem durch die Tendenz gekennzeichnet, bei Formenwahlfreiheit **im Zweifel lieber eine Verordnung als eine Richtlinie zu erlassen** (*Wunderlich/Pickartz,* EuR 2014, 659; Rz. 32/13, 32/34). Freilich entspringt diese problematische „Einebnung" mancher Unterschiede zwischen Verordnung und Richtlinie weniger einer „Unitarisierungssucht" der EU-Organe als vielmehr auch dem **Ziel politischer Effizienz.** In der Vergangenheit gab es immer wieder schlechte Erfahrungen mit überaus schleppender Umsetzung der Richtlinien durch verschiedene MSen. Deutlich ist diese Tendenz gegenwärtig im Datenschutzrecht zu beobachten (Rz. 33/79).

Rechtswirksam werden die Richtlinien mit der **Veröffentlichung im Amtsblatt,** ggf. auch mit der Bekanntgabe an die Adressaten (differenzierend Art. 297 Abs. 2 AEUV). Ebenso ergibt sich der räumliche Geltungsbereich der Richtlinie vom Adressaten her. Da Richtlinien nicht notwendig an alle MSen gerichtet werden müssen, können sie einen begrenzten Geltungsbereich haben. Doch ist dies praktisch selten. 87

bb) Richtliniengeber

Richtliniengeber sind, wie bei der Verordnung, entweder Rat und Parlament gemeinsam oder Rat und Kommission, je nach Regelung der jeweils gewählten Kompetenz. 88

cc) Grundsätzliche Pflicht zur Umsetzung in nationales Recht

Adressat einer Richtlinie ist nach Art. 288 Abs. 3 AEUV **jeder Mitgliedstaat,** an den sie gerichtet wird. In der Praxis sind dies meist **alle** MSen. Der EU-Richtliniengeber legt nicht fest, wen die Umsetzungspflicht im innerstaatlichen Bereich trifft. Dies hängt von der Verfassungslage in den MSen ab; in Deutschland kann die Pflicht auch die Länder bzw. Gemeinden treffen. Verursachen diese – in Ausübung ihrer sich aus dem innerstaatlichen Recht ergebenden Zuständigkeit – ein Umsetzungsdefizit, wird dieses dem Zentralstaat zugerechnet. **Privatpersonen** sind nicht zur Umsetzung von Richtlinien verpflichtet (zur Bindungswirkung: unten Rz. 9/108ff.). Den MSen steht es frei, das Regime einer Richtlinie über deren Anwendungsbereich hinaus auch auf weitere, nicht erfasste Bereiche zu erstrecken („überschießende Umsetzung") (hierzu: *Habersack/Mayer,* in: Riesenhuber (Hrsg.), Europäische Methodenlehre. Handbuch für Ausbildung und Praxis, 3. Aufl. 2015, 297; *Jäger,* Überschießende Richtlinienumsetzung im Privatrecht, 2006). Dies ist zunächst eine Zweckmäßigkeitsfrage nationaler Normgebung. Europarechtlich stellt sich die Frage, inwieweit die Vorlage von Fällen, die sich im überschießenden Bereich bewegen, nach Art. 267 AEUV zulässig ist (hierzu Rz. 13/73). Die Auslegung, die der EuGH in einem derartigen Verfahren der Richtlinie gegeben hat, kann, muss aber nicht vom nationalen Richter im überschießenden Bereich seiner Entscheidung zugrunde gelegt werden. 89

(1) Verbindlichkeit

Die Richtlinien haben **Rechtsverbindlichkeit für ihre Adressaten** in einem doppelten Sinne. Zum einen geben sie das mit ihnen jeweils verfolgte **Ziel** vor: Der Begriff ist weit zu verstehen; alle anderen Sprachfassungen legen ein Verständnis als **Ergebnis** nahe (französisch: „résultat"; vgl. auch Art. 153 Abs. 3 UAbs. 2 AEUV a. E.). Die Ziele einer Richtlinie lassen sich regelmäßig den einleitenden Bestimmungen, zudem auch den Begründungserwägungen entnehmen. In vielen Fällen enthalten auch die operativen Bestimmungen einer Richtlinie teleologische oder ergebnisbezogene Festlegungen. Ein Rückgriff auf die Rechtsetzungsmaterialien ist zulässig und geboten. Der teleologische Hintergrund einer Richtlinie ist vor allem in einer Situation von Bedeutung, in der die Frage besteht, ob ein MS die Richtlinie richtig umgesetzt hat. Zudem kann er im Rahmen einer richtlinienkonformen Interpretation des nationalen Rechts herangezogen werden (*Brechmann,* Die richtlinienkonforme Auslegung, 1994; s. u. Rz. 9/99). 90

Zum anderen geben sie mehr oder weniger konkret (in den „operativen" Bestimmungen) vor, wie die im staatlichen Recht herzustellende Rechtslage auszusehen hat. Die MSen als Adressaten von Richtlinien trifft eine **Umsetzungspflicht,** die sie dadurch einlösen, dass sie die gebotene Rechtslage im nationalen Recht verwirklichen. Dabei kommt es nicht auf die konkrete Wahl eines bestimmten Rechtsaktes an; es ist also 91 nicht notwendig erforderlich, Richtlinien mit einem Gesetz umzusetzen. Vielmehr müssen die vom staatlichen Durchführungsnormgeber gewählten Akte (nach jeweils staatlichem Recht) die Qualität aufweisen, die erforderlich ist, um den von der Richtlinie gebotenen Rechtszustand herzustellen. Regelmäßig bedeutet dies jedoch, dass die Rechtsform zu wählen ist, mit der der Bereich auf nationaler Ebene bisher geregelt wurde. Das EU-Recht lässt es zu, dass in Bundesstaaten die Kompetenz zur Durchführung einer Richtlinie auf der Ebene der Glieder liegt; allerdings ist den unionsrechtlichen Anforderungen nur dann entsprochen, wenn alle Glieder rechtzeitig und vollständig die Vorgaben umsetzen.

92 Es hängt vom **konkreten Inhalt der Richtlinie** ab, wie die **im staatlichen Recht herzustellende Rechtslage** auszusehen hat. Zielt eine Richtlinienbestimmung darauf ab, Privatpersonen zu berechtigen oder zu verpflichten, muss im nationalen Recht eine Umsetzungsnorm mit unbedingter **Außenwirkung** gewählt werden; eine Verwaltungspraxis genügt ebenso wenig wie ein Akt, der lediglich verwaltungsintern oder nur „im Regelfall" gilt (EuGH, 28.2.1991, Rs. C-131/88, „KOM/Deutschland"; vgl. *Classen,* VerwArch 1997, 645). Die Umsetzung von Richtlinien des Umweltrechts, die den Bürgern einen Anspruch auf Durchsetzung verleihen wollen, kann in Deutschland damit nur durch Gesetz oder Rechtsverordnung, nicht aber durch Verwaltungsanweisung geschehen. Erst recht reicht eine schlichte Befolgung durch die Verwaltung (Verwaltungspraxis) nicht aus. Ebenso muss bei der Umsetzung von privatrechtsgestaltenden Richtlinien ein Umsetzungsakt mit Außenwirkung gewählt werden, in Deutschland also regelmäßig das Gesetz.

93 Es gibt allerdings auch vielfältige Richtlinienbestimmungen, die zwar auf Veränderungen der mitgliedstaatlichen Verwaltungsorganisation oder -praxis abzielen, nicht aber die Rechtsposition des Bürgers verändern wollen. Derartige Richtlinienbestimmungen können auch durch **innenwirksame Akte** (Verwaltungsanweisungen etc.) umgesetzt werden. In diesem Bereich ist noch nicht eindeutig klar, inwieweit auch eine schlichte Befolgung seitens der Verwaltung den Anforderungen entsprechen kann – etwa wenn es um Melde- oder Mitteilungspflichten geht (im Einzelnen: *Nettesheim,* Die mitgliedstaatliche Durchführung von EG-Richtlinien: Eine Untersuchung am Beispiel der Luftqualitätsrahmenrichtlinie, 1999).

94 Entspricht der **Rechtszustand in einem MS** den Vorgaben einer Richtlinie, so bedarf es keiner Anpassung oder Durchführung. Seit längerem verpflichten die RLen aber zu einer ausdrücklichen Bezugnahme auf sie im der Umsetzung dienenden nationalen Recht.

Politische Leitlinie der Umsetzung muss das Bemühen sein, den Richtlinieninhalt so zielgetreu wie möglich in das mitgliedstaatliche Recht überzuleiten („effet-utile"-Gedanke, vgl. EuGH, 30.5.1991, Rs. C-361/88, „KOM/Deutschland"); **Umsetzungsspielräume** können die MSen wahrnehmen, müssen dabei allerdings ggf. die Einstrahlung der EU-Grundrechte beachten.

(2) Gebot vollständiger und effektiver Umsetzung

95 Jede Richtlinie sieht eine Frist vor, innerhalb derer sie in das staatliche Recht umzusetzen ist. Diese Frist kann grundsätzlich ausgeschöpft werden. Mit dem Ablauf der Umsetzungsfrist gilt das **Gebot vollständiger Umsetzung der Richtlinie** in das nationale Recht (EuGH, 28.2.1991, Rs. C-360/87, „KOM/Italien"). Die Umsetzungsnorm muss nicht notwendig der vorher geltenden nationalen Rechtsnorm ranggleich sein; es kommt lediglich darauf an, dass dem Ziel der Richtlinie entsprochen wird. Kollisio-

nen mit dem nationalen Recht müssen durch Aufhebung kollidierender Bestimmungen beseitigt werden.

Der EuGH hat schon mehrfach ausgesprochen, dass die Freiheit eines Mitgliedstaats, **vor Ablauf der Umsetzungsfrist** untätig sein zu können, nicht unbegrenzt ist (vgl. EuGH, 18.12.1997, Rs. C-129/96, „Inter-Environnement Wallonie"; *Hakenberg,* ZEuP 1998, 909). Ein MS darf keine Schritte unternehmen, die es ihm unmöglich machen, ab dem Ablauf der Umsetzungsfrist eine ziel- und mittelgerechte Durchführung vorzunehmen. Teilweise ist das Konzept der **„Vorwirkung"** aber auch überdehnt worden (etwa in EuGH, 22.11.2005, Rs. C-144/04, „Mangold"; vgl. *Classen,* JZ 2010, 1177). 96

Das **Umsetzungsverfahren** wird im Interesse zügiger und effektiver Erreichung der Richtlinienziele regelmäßig formalisiert. Die MSen werden verpflichtet, der Kommission zu melden, welche Umsetzungsschritte unternommen wurden. Die KOM überwacht die Richtlinien-Durchführung (Art. 17 Abs. 1 EUV). Im Falle von Verstößen kann die KOM ein Vertragsverletzungsverfahren gemäß Art. 258 AEUV einleiten. Die Liste solcher „Sündenfälle" ist in der EU-Praxis mittlerweile lang, obwohl der EuGH in einer ständigen Rspr. (statt vieler EuGH, 17.11.1992, Rs. C-157/91, „KOM/Niederlande") immer wieder die Unzulässigkeit von Fristüberschreitungen unter Berufung auf angebliche Schwierigkeiten der internen nationalen Rechtsordnung festgestellt hat. Die KOM kann beim Gerichtshof beantragen, gegen den säumigen MS einen Pauschalbetrag oder ein **Zwangsgeld** zu verhängen (Art. 260 AEUV (unten Rz. 13/26)). 97

(3) Sperrwirkung

Ist die Richtlinie erlassen und national umgesetzt, entfaltet sie für ihren Anwendungsbereich eine **„Sperrwirkung".** Solange die Richtlinie gilt, ist es unionsrechtlich unzulässig, mitgliedstaatliches Recht zu erlassen, das dem Richtlinieninhalt widerspricht. Ebenso wäre eine ersatzlose Aufhebung des von der Richtlinie veranlassten Rechts unzulässig. Dies wäre eine Vertragsverletzung, gegen welche die KOM nach Art. 258 AEUV vorgehen könnte. 98

Die Bestimmungen der Richtlinie sind in einem grundsätzlichen Sinne bei der Auslegung und Anwendung des Umsetzungsrechts interpretativ zu berücksichtigen; es besteht die **Notwendigkeit der richtlinienkonformen Auslegung des nationalen Rechts** (*Piekenbrok/Schulze,* WM 2002, 521; *Nettesheim,* AöR 1994, 261; *Wietfeld,* JZ 2020, 485). 99

dd) Unmittelbare Wirkung bestimmter Richtlinien

Der Wortlaut des Art. 288 AEUV legt, insbesondere wenn man die Aussagen über die Richtlinie mit jenen über die Verordnung vergleicht, die folgende Annahme nahe: Während die Verordnung unmittelbar angewandt werden kann, wirkt eine Richtlinie nur über den Umsetzungsakt. Aus Gründen der **Sicherung der einheitlichen und unbedingten Wirksamkeit** des EU-Rechts (*Nettesheim,* GS Grabitz 1995, 447) hat sich der EuGH allerdings dazu entschlossen, das Institut der „unmittelbaren Wirksamkeit" von Richtlinienbestimmungen zu entwickeln. Dieser über den Wortlaut des Vertrags hinausweisende, in den 1970er Jahren entwickelte **Schritt der Rechtsfortbildung** (EuGH, 17.12.1970, Rs. 33/70, „SpA SACE"; EuGH, 19.1.1982, Rs. 8/81, „Becker") stieß im Kreise nationaler Gerichte zunächst auf Ablehnung (französischer Conseil d'État, EuR 1979, 292, „Cohn-Bendit"; durch „Perreux" korrigiert (*Classen,* EuR 2010, 557; *Mehdi,* CMLRev 2011, 439), ferner BFHE 143, 383, „Becker" (1985), durch BVerfGE 75, 223 (1987) aufgehoben); ist inzwischen aber allgemein akzeptiert. 100

Die **unmittelbare Wirkung** einer nicht umgesetzten Richtlinienbestimmung ist von Rechtsprechung und Verwaltung **von Amts wegen zu berücksichtigen** (EuGH, 22.6.1989, Rs. 103/88, „Costanzo"; *E. Klein,* FS Everling 1995, 641 (647)). 101

102 Auch wenn inzwischen viele **Teilbereiche der Dogmatik** unmittelbar wirksamer Richtlinienbestimmungen konsolidiert sind, gibt es **weiterhin beständige Entwicklungen.** Folgende Voraussetzungen sind zu unterscheiden:

(1) Umsetzungsverstoß nach Fristablauf

103 Voraussetzung für die unmittelbare Wirkung (englisch: „direct effect") von Richtlinienbestimmungen ist, dass der zur Umsetzung verpflichtete MS den gebotenen Rechtszustand im staatlichen Recht **nicht bis zum Fristablauf rechtskonform hergestellt hat.** Im Einzelfall kann die Richtlinie allerdings auch schon zuvor Vorwirkung entfalten (oben Rz. 9/96; *Kühling,* DVBl. 2006, 857).

(2) Inhaltliche Voraussetzungen

104 Die Bestimmung einer Richtlinie muss **inhaltlich so konkret,** also so **klar und genau formuliert** und zudem auch **bedingungsunabhängig** sein, dass sie geeignet ist, unmittelbare Wirkungen zu entfalten, ohne dass es zu ihrer Ausführung noch weiterer Rechtsvorschriften bedarf (EuGH, 26.2.1986, 723, Rs. 152/84, „Marshall").

105 Die Richtlinie erfüllt das Kriterium der **Unbedingtheit,** wenn der Mitgliedstaat gegenüber der letztlich begünstigten Person zu einem Tun oder Unterlassen verpflichtet wird, ohne dass ihm die Entscheidungsfreiheit eingeräumt ist, ob er überhaupt handeln will. Ebenso wenig darf vorgesehen sein, dass noch weitere Entscheidungsträger mit einem derartigen Entscheidungsermessen zwischengeschaltet sind.

106 Bei der Beurteilung der **inhaltlichen Bestimmtheit** wird in der Rechtsprechung zwischen den Kriterien der Bestimmtheit von Anspruchsinhaber, von Anspruchsinhalt und von Anspruchsgegner unterschieden. Die Richtlinie muss mit hinreichender Klarheit erkennen lassen, wer von der fraglichen Bestimmung begünstigt sein soll. Sie muss deutlich machen, welche Leistungen geschuldet sind. Schließlich ist erforderlich, dass die Richtlinienbestimmung eindeutig festlegt, wer Schuldner eines Anspruchs sein soll. Hieran fehlt es etwa, wenn die Richtlinie es dem Staat überlässt, ob er selbst eine Entschädigung vornehmen oder eine Fonds- bzw. Versicherungslösung wählen will (anschaulich: EuGH, 19.11.1991, verb. Rs. C-6/90 u. a., „Francovich"). Im Allgemeinen handhabt der EuGH diese Voraussetzungen allerdings eher großzügig.

(3) Strukturelle Voraussetzungen

107 Aus funktionalen und rechtsstaatlichen Gründen unterscheidet der EuGH seit jeher zwischen verschiedenen Konstellationen der unmittelbaren Anwendung von Richtlinien:

108 Eine Richtlinienbestimmung kann **„objektive unmittelbare Wirkung"** in dem Sinne haben, dass sie eine mitgliedstaatliche Behörde oder ein mitgliedstaatliches Gericht zu einer Entscheidung verpflichtet, die so im nationalen Recht nicht vorgesehen ist. Der EuGH hat diese Form unmittelbarer Wirkung in einem Fall entwickelt, in dem es um die Pflicht zur Durchführung einer Umweltverträglichkeitsprüfung (UVP) (unten Rz. 33/27) ging: In einem MS, in dem die in der Richtlinie angelegte Pflicht zur Durchführung einer derartigen Prüfung nicht richtig umgesetzt wurde, ist nunmehr die Behörde qua unmittelbar wirksamen Richtlinienrechts zur Durchführung verpflichtet (EuGH, 11.8.1995, Rs. C-431/92, „Großkrotzenburg"). Ähnliches gilt für den Fall, dass von Seiten des Richtlinienrechts eine Ausschreibung vorzusehen ist,

dies aber im staatlichen Recht nicht richtig umgesetzt wurde. Diese „objektive" Wirkung kommt auch dann zur Anwendung, wenn sie **Privatpersonen mittelbar belastet.** Es liegt auf der Hand, dass der Vorhabenträger, dessen Vorhaben aufgrund der unmittelbaren Wirkung einer Richtlinie nunmehr im Wege der UVP überprüft wird, eine Belastung erfährt (hierzu *Albin,* NuR 1997, 29 (32); *Epiney,* DVBl. 1996, 409 (413)). Es gibt aber keinen Grund, ihn in dem Vertrauen auf eine unrichtige Umsetzungsrechtslage zu schützen. Die Belastungswirkung, die sich für Private ergibt, wird vom EuGH um der Durchsetzung mitgliedstaatlicher Rechtstreue willen hingenommen (EuGH, 7.1.2004, Rs. C-201/02, „Wells").

Die „objektive unmittelbare Wirkung" von Richtlinienbestimmungen kann auch **von** 109
Privatpersonen in entsprechenden Konstellationen **eingefordert** werden. Der EuGH hat etwa schon früh festgestellt, dass technische Vorschriften, die entgegen den Bestimmungen der RL 83/189 nicht der Kommission gemeldet wurden, unangewendet bleiben müssen. In einem wettbewerbsrechtlichen Unterlassungsprozess darf bei der Beurteilung der Frage, ob sich ein Unternehmer wettbewerbs- (und zugleich: rechts-) konform verhalten hat, eine in diesem Sinne unanwendbare technische Norm nicht zugrunde gelegt werden (EuGH, 30.4.1996, Rs. C-194/94, „CIA Security International"). Auch in einem privatrechtlichen Streit darüber, ob eine Ware den rechtlichen Anforderungen entspricht, gilt dieses Verbot zu Lasten eines Privaten (EuGH, 26.9.2000, Rs. C-443/98, „Unilever Italia").

Im Regelfall beruft sich ein **Bürger gegenüber einem MS** auf eine Richtlinien- 110
bestimmung. Hier gibt es keine Schwierigkeiten: Richtlinienbestimmungen, die subjektiv-öffentliche Rechte für Private begründen, nehmen ohne weiteres (bei Vorliegen der oben genannten Voraussetzungen) an der unmittelbaren Wirkung zugunsten des Betroffenen teil. Es besteht für die Verwaltungen und Gerichte der MSen die Pflicht, die entsprechenden Rechte des Einzelnen von Amts wegen zu berücksichtigen und entgegenstehendes nationales Recht – auch wenn es Gesetzesrecht ist – unangewendet zu lassen (z. B. EuGH, 5.4.1979, Rs. 148/78, „Ratti"; EuGH, 22.6.1989, Rs. 103/88, „Costanzo"). Der Begriff des Staats ist in diesem Zusammenhang weit zu verstehen: Er umfasst nicht nur den Staat im engeren Sinne, sondern auch sonstige Träger von öffentlicher Gewalt. Der EuGH geht davon aus, dass selbst Privatgesellschaften, die sich in öffentlicher Kontrolle befinden, Verpflichtete unmittelbar wirksamer Richtlinien sein können (EuGH, 26.2.1986, Rs. 152/84, „Marshall"; EuGH, 12.7.1990, Rs. C-188/89, „Foster").

Demgegenüber kann sich ein **MS gegenüber einem Bürger** nicht unmittelbar auf 111
eine Richtlinienbestimmung berufen. Pflichten vermag eine Richtlinie, die sich auch im Falle eines Umsetzungsverstoßes weiterhin nur gegen den MS richtet, dem Einzelnen nicht aufzuerlegen. Der Staat darf sich nicht zu Lasten seiner Bürger unmittelbar auf Richtlinienbestimmungen berufen (z. B. EuGH, 8.10.1987, Rs. 80/86, „Kolpinghuis Nijmegen"; EuGH, 3.5.2005, verb. Rs. C-387/02 u. a., „Berlusconi"); er muss vielmehr eine richtlinienkonforme Rechtslage im nationalen Recht herstellen.

Sehr umstritten und weiterhin nicht abschließend geklärt ist schließlich die Frage, in- 112
wieweit sich **Bürger untereinander im horizontalen Verhältnis** unmittelbar auf Richtlinienbestimmungen berufen können („horizontale Wirkung von Richtlinien"). Es gibt gewichtige Argumente zugunsten einer horizontalen Wirkung von Richtlinien

(Verbesserung der Rechtslage des Einzelnen; Sicherung der einheitlichen Wirksamkeit (vgl. *Steindorff*, FS Everling 1995, 1455)). Im Kreis der Generalanwälte ist denn auch immer wieder der Übergang zur unmittelbaren horizontalen Wirkung gefordert worden. Dagegen spricht der Umstand, dass dem Einzelnen nicht nur die Last auferlegt würde, beurteilen zu müssen, ob ein MS seine Umsetzungspflicht verletzt hat; er muss auch prüfen, ob eine Richtlinienbestimmung inhaltlich zur Entfaltung unmittelbarer Wirkung in der Lage ist. Dies ist mit rechtsstaatlichen Gesichtspunkten kaum vereinbar. Allerdings verschwimmt die Grenze zur „objektiv-unmittelbaren Wirkung" (oben Rz. 9/108). Der Gerichtshof hat jedenfalls bislang die horizontale Wirkung im Horizontalverhältnis abgelehnt (EuGH, 14.7.1994, Rs. C-91/92; „Faccini Dori"; EuGH, 19.1.2010, Rs. C-555/07, „Kücükdeveci"; *Iglesias/Riechenberg*, FS Everling 1995, 1213; *Mörsdorf*, EuR 2009, 219). Inzwischen sind allerdings erste Entscheidungen nachweisbar, in denen unmittelbare Belastungen Privater aus einer nicht richtig umgesetzten Richtlinie hingenommen werden (EuGH, 19.4.2007, Rs. C-356/05, „Farrell"; EuGH, 24.1.2012, Rs. C-282/10, „Dominguez"). Manches spricht für die Annahme, dass der EuGH diese Rechtsprechungslinie weiter vorantreiben wird. Im übrigen fordert der EuGH zunehmend offensiv eine richtlinienkonforme Auslegung des staatlichen Rechts (z. B. EuGH, 4.7.2006, Rs. C-212/04, „Adeneler", Rn. 110f.) – allerdings nicht *contra legem*. Das hat Gerichte der MSen nicht davon abgehalten, Auslegung gegen den Wortlaut des staatlichen Rechts zu betreiben (z. B. BGHZ 179, 27, „Quelle" (2008)). In der Praxis verschwimmen die – grds. unzulässige – unmittelbare horizontale Anwendung einer RL und die – ohne Probleme mögliche – richtlinienkonforme Auslegung des MS-Rechts.

d) Beschluss

113 **Literatur:** *Röhl*, Die anfechtbare Entscheidung nach Art. 230 Abs. 4 EGV, ZaöRV 2000, 331; *Mager*, Die staatengerichtete Entscheidung als supranationale Handlungsform, EuR 2001, 661; Vogt, Die Entscheidung als Handlungsform des Europäischen Gemeinschaftsrechts, 2005; *Bast*, Grundbegriffe der Handlungsformen der EU entwickelt am Beschluss als praxisgenerierter Handlungsform des Unions- und Gemeinschaftsrechts, 2006; *Magiera*, Rechtsakte und Rechtssetzung in der Union, in: Niedobitek (Hrsg.), Europarecht – Grundlagen und Politiken der Union, 2. Aufl. 2020, § 7.

114 Nach Art. 288 Abs. 4 AEUV stellt der Beschluss (bis 2009: die – enger definierte – Entscheidung) einen Rechtsakt des sekundären Unionsrechts dar, der zur **verbindlichen Einzelfallregelung** dienen kann (*Bockey*, Die Entscheidung der Europäischen Gemeinschaft, 1998). Der Beschluss ist in allen Teilen für diejenigen verbindlich, die er bezeichnet. Dabei kann es sich sowohl um **Einzelpersonen** als auch um **MSen** handeln. In der Praxis geht es bei Beschlüssen vor allem um exekutives Handeln. Zu denken ist etwa an gegen Unternehmen gerichtete Beschlüsse der Kommission zur Feststellung der Nichtigkeit einer Kartellvereinbarung nach Art. 101 AEUV unter Festsetzung von Geldbußen. In der Unionspraxis ist der Beschluss ein außerordentlich wichtiges und häufig verwendetes Rechtsinstrument.

115 Da Beschlüsse nicht nur von MSen, sondern nach Art. 263 Abs. 4 AEUV von den durch sie betroffenen **natürlichen und juristischen Personen vor der europäischen Gerichtsbarkeit angegriffen werden können,** spielt in der Praxis die Frage eine große Rolle, wie ein echter Beschluss von der bloß vorbereitenden Verlautbarung o. ä. abzugrenzen ist: Von **vorbereitenden Verlautbarungen, internen dienstlichen Maßnahmen** u. ä. unterscheidet sich der Beschluss durch seine nach außen gerichtete, abschließend rechtsgestaltende Wirkung (EuGH, 4.2.1959, Rs. 17/57, „De Gezamenlijke Steenkolenmijnen in Limburg"; EuGH, 27.3.1980, Rs. 133/79, „Sucrimex").

Der **Unterschied zur Verordnung** liegt darin, dass der Beschluss sich nicht an eine unbestimmbare Vielzahl von Adressaten richtet, sondern an einen Einzelnen, an Einzelne oder wenigstens an eine zum Erlasszeitpunkt abgeschlossene Gruppe (EuGH, 1.7.1965, verb. Rs. 106/63 u. a., „Toepfer"; EuGH, 13.5.1971, verb. Rs. 41/70 u. a., „International Fruit Company"). Es waltet eine materielle und nicht formale Betrachtungsweise. Es können sich auch förmlich als Verordnungen bezeichnete Rechtsakte in der Sache als (anfechtbare) („Sammel-")Beschlüsse entpuppen (EuGH, 29.3.1979, Rs. 113/77, „NTN Toyo Bearing"). Die Prüfung muss entweder zum Verordnungs- oder zum Beschlusscharakter des Rechtsaktes führen, Akte mit „Doppelwirkung" oder „Hybridstruktur" sind aus Gründen der Formenklarheit abzulehnen (str.). Zu adressatenlosen Beschlüssen als Instrument der Selbststeuerung des Integrationsverbandes siehe unten Rz. 9/143f. 116

Die Frage nach der rechtlichen Qualifizierung eines Rechtsaktes hat ihre Bedeutung dadurch wesentlich verloren, dass der EuGH – im Einklang mit Art. 263 Abs. 4 AEUV – bei der Prüfung der Antragsbefugnis nichtprivilegierter Kläger letztlich nur noch prüfen muss, ob eine Adressatenstellung oder „unmittelbare und individuelle Betroffenheit" vorliegt (im Einzelnen: Rz. 13/56ff.). 117

aa) Beschlussfassendes Organ

Beschlüsse werden vom **Rat,** von der **Kommission** (bei zulässiger Delegation (Rz. 11/34) ausnahmsweise von einem Kommissionsmitglied) oder einer hierzu ermächtigten sonstigen Einrichtung (z. B. EZB) **erlassen.** Das EP kann nach Art. 289 Abs. 1 S. 1 AEUV ggf. beteiligt sein. Das „typische" Organ für den Erlass von Beschlüssen ist die Kommission als die Instanz, in deren Verantwortung der Vollzug des Unionsrechts liegt (Rz. 12/8ff.). 118

bb) Adressaten des Beschlusses

Als Adressaten des Beschlusses kommen **die privaten natürlichen und juristischen Personen,** darüber hinaus aber auch **ein oder mehrere MSen** in Betracht. Bei den Einzelpersonen kann es neben den förmlichen Adressaten indirekt, aber unmittelbar und individuell betroffene Drittpersonen geben („materielle Adressaten"), die ihrerseits über Art. 263 Abs. 4 AEUV rechtsschutzberechtigt sind (EuGH, 2.2.1988, verb. Rs. 67/85 u. a., „Van der Kooy"). Auch ein Beschluss, mit dem ein Verfahren nicht eingeleitet wird, kann ggf. angegriffen werden (Einzelheiten: Rz. 13/44). Als Instrument der Außensteuerung eingesetzt, kann ein Beschluss nicht **adressatenlos** sein (vgl. aber oben Rz. 9/116). Dritte werden durch einen Beschluss regelmäßig nicht gebunden (EuGH, 14.4.2011, Rs. C-327/09, „Mensch und Natur"). 119

cc) Rechtswirkungen des Beschlusses

Für die Rechtswirkung außensteuernder Beschlüsse ist charakteristisch, dass sie **„in allen ihren Teilen"** für ihre Adressaten verbindlich sind (Art. 288 Abs. 4 AEUV). Dem Beschluss fehlt damit jene Dimension der Zielverbindlichkeit, die die Richtlinien kennzeichnet. Eingeschränkter als die Verordnung besitzt die Entscheidung nicht allgemeine und unmittelbare Geltung in jedem Mitgliedstaat, sondern lediglich individualisierte unmittelbare Adressatenverbindlichkeit. Der an **Private gerichtete, für sie verbindliche Beschluss** ist weithin mit dem **Verwaltungsakt des deutschen Rechtes** vergleichbar. An MSen gerichtete Beschlüsse (z. B. bei der Beihilfenaufsicht nach Art. 108 AEUV) betreffen zwar auch konkrete Tatbestände, weisen aber infolge der Notwendigkeit einer Umsetzung **„richtliniennahe"** normative Elemente auf. 120

Darüber hinaus können solche Beschlüsse unter denselben Voraussetzungen wie bei Richtlinien (oben Rz. 9/108) in Ausnahmefällen **unmittelbare Rechtswirkungen für und gegen Einzelpersonen** in den MSen erzeugen (seit EuGH, 6.10.1970, Rs. 9/70, „Leberpfennig"). Die Einzelpersonen können sich hier 121 unmittelbar gegenüber nationalen Behörden und Gerichten auf derartige Beschlüsse berufen (*Mager,* EuR 2001, 661).

dd) Förmlichkeiten

122 Beschlüsse werden wie Richtlinien nach Art. 297 Abs. 2 AEUV durch (schriftliche) **Bekanntgabe** an den Adressaten wirksam. Ihr räumlicher Geltungsbereich ergibt sich von Fall zu Fall aus dem Zuständigkeitsbereich des Adressaten. Beschlüsse, die an Private gerichtet sind und Zahlungsverpflichtungen begründen, sind **vollstreckbare Titel** (näher zur Zwangsvollstreckung Art. 299 AEUV (unten Rz. 12/50 ff.)). **Nebenbestimmungen** (Befristungen, Bedingungen, Auflagen, Widerrufsvorbehalt, u. a.) sind unionsrechtlich zulässig.

e) Empfehlung und Stellungnahme

Literatur: *Morand,* Les recommandations, les résolutions et les avis du droit communautaire, CDE 1970, 623; *Arnull,* The Legal Status of Recommendations, ELRev 1990, 318; *Zahlbruckner,* Die Empfehlung im EWGV, JBl. 1993, 345; *Gundel,* Rechtsschutz gegen Empfehlungen der EU-Kommission?, EuR 2018, 593.

123 Neben den verbindlichen Rechtsakten (Verordnung, Richtlinie, Beschluss) kennt Art. 288 Abs. 5 AEUV die **nicht verbindlichen Rechtsinstrumente der Empfehlungen und Stellungnahmen** (vgl. auch Art. 292 AEUV). Die Unterscheidung zwischen Empfehlung und Stellungnahme ist nicht bedeutsam. Im Allgemeinen ergehen Empfehlungen auf Eigeninitiative des erlassenden Organs, während Stellungnahmen Reaktionen auf das Verhalten eines anderen Unionsorgans oder eines Mitgliedstaates darstellen (näher *Arnull,* ELRev 1990, 318). Empfehlungen und Stellungnahmen sind für die Praxis **häufig gebrauchte** und oftmals gerade infolge ihrer fehlenden rechtlichen Verbindlichkeit gerne benutzte Instrumente.

aa) Erlass von Empfehlungen und Stellungnahmen

124 Empfehlungen und Stellungnahmen werden teilweise **vom Rat und Parlament gemeinsam,** in erster Linie **aber von den EU-Organen und Einrichtungen je eigenständig erlassen.** Die Empfehlungsbefugnisse der Kommission stehen dabei im Vordergrund. Im Sinne ihrer allgemeinen Rolle als „Motor und Hüterin der Verträge" (oben Rz. 5/93 ff.) weist Art. 17 EUV ihr allgemein die Aufgabe zu, Empfehlungen und Stellungnahmen im Rahmen der Verträge nicht nur bei ausdrücklicher Zuweisung abzugeben, sondern auch, soweit sie es für notwendig erachtet (vgl. auch Art. 292 S. 4 AEUV). Die **Kommissionsempfehlungen** sind von dem formalisierten **Vorschlagsrecht** der Kommission im Rechtsetzungsverfahren zu unterscheiden (unten Rz. 11/52).

125 Dem **Rat** ist eine vergleichbar weite Empfehlungsermächtigung inzwischen auch verliehen (Art. 292 S. 1 AEUV; dort auch EZB (S. 4)). Dies entspricht der bisherigen Praxis: Man hält ihn grundsätzlich – über ausdrückliche Empfehlungszuständigkeiten hinaus – für befugt, sich überall dort unverbindlich äußern zu können, wo ihm Handlungszuständigkeiten zugewiesen sind. Gelegentlich weicht der Rat in solchen Fällen auf sonstige Rechtsakte (unten Rz. 9/141 ff.) wie „Entschließungen" o. ä. aus, was in der Sache kaum etwas ändert. Die Abgrenzung zu weichen Steuerungsmitteln ist häufig schwierig.

Art. 288 Abs. 5 AEUV bezieht sich nicht nur auf die Empfehlungen und Stellungnahmen von Rat und Kommission. Bedeutsame Stellungnahmen ergehen auch von Seiten des **Europäischen Parlamentes,** des **Wirtschafts- und Sozialausschusses** und des **Ausschusses der Regionen,** vor allem aufgrund ihrer Anhörung im Rechtsetzungsverfahren. 126

bb) Rechtscharakter

Empfehlungen und Stellungnahmen sind **offizielle Verlautbarungen** der Organe der EU, die **nicht verbindlich sind.** Gleichwohl entfalten sie **Rechtswirkungen.** Die Stellungnahme des Rats, der Kommission, aber auch des EP ist häufig notwendiger Bestandteil eines mehrstufigen Verfahrens. Wird sie nicht abgegeben, ist das betreffende Verfahren rechtsfehlerhaft (Rz. 11/43 ff.). Dies gilt etwa für die begründende Stellungnahme der Kommission nach Art. 258 AEUV als Voraussetzung der Anrufung des EuGH, diejenige des Rates nach Art. 48 Abs. 2 EUV bei der Vertragsänderung und insbesondere diejenige des EP im Rechtsetzungsverfahren. Der Gerichtshof hat letztere in st. Rspr. (EuGH, 4.2.1982, Rs. 828/79, „Adam") zur **wesentlichen Formvoraussetzung** für das rechtsgültige Zustandekommen der betreffenden Rechtsakte erklärt. 127

Ferner können Empfehlungen und Stellungnahmen bestimmte **Beurteilungen von Sachfragen enthalten.** Wenn sich aus solchen amtlichen Beurteilungen die Empfehlung bestimmter wirtschaftlicher Maßnahmen ergibt, kann die EU unter Umständen aus Gesichtspunkten des Vertrauensschutzes als eines allgemeinen Rechtsgrundsatzes des EU-Rechts an solchen Stellungnahmen bis hin zu Schadensersatzpflichten festgehalten werden. Gemäß Art. 263 Abs. 1 S. 1 AEUV sind Empfehlungen und Stellungnahmen als Gegenstände einer Nichtigkeitsklage ausgeschlossen. Dies gilt ausnahmsweise nicht, sofern ein als Empfehlung bezeichneter Rechtsakt seinem Inhalt nach gleichwohl verbindliche Rechtswirkungen erzeugen soll, es sich also um keine echte Empfehlung handelt (EuGH, 20.2.2018, Rs. C-16/16 P, „Belgien/KOM", Rn. 29; hierzu *Gundel,* EuR 2018, 593; siehe auch unten Rz. 13/44 zur Nichtigkeitsklage). 128

cc) Adressaten

Auch im Hinblick auf ihre **Adressaten** erweisen sich die Empfehlungen und Stellungnahmen als flexibel handhabbare Rechtsakte. Häufig richten sie sich an die **MSen,** wie z. B. in der Sozialpolitik nach Art. 156 AEUV. Doch sind Empfehlungen an **Privatpersonen und Unternehmen** denkbar. Die Stellungnahmen des EP und WSA im Rahmen des Rechtsetzungsverfahrens der EU haben **andere Unionsorgane** (Rat, Kommission) als Adressaten. 129

f) Weiche Steuerungsformen

Literatur: *Herten-Koch,* Rechtsetzung und Rechtsbereinigung in Europa: Vorschläge für eine Verbesserung der Vorbereitung von Rechtsnormen der Europäischen Kommission, 2003; *Thomas,* Die Bindungswirkung von Mitteilungen, Bekanntmachungen und Leitlinien der EG-Kommission, EuR 2009, 423; *Schwarze,* Soft Law im Recht der Europäischen Union, EuR 2011, 3; *Knauff,* Europäisches Soft Law als Gegenstand des Vorabentscheidungsverfahrens, EuR 2011, 735; *von Graevenitz,* Mitteilungen, Leitlinien, Stellungnahmen – Soft Law der EU mit Lenkungswirkung, EuZW 2013, 169; *Stefan,* Soft Law and the Enforcement of EU Law, in: Jakab/Kochenov (Hrsg.), The Enforcement of EU Law and Values, 2017, 200; *Armstrong,* The Open Method of Coordination: Obstinate or Obsolete?, in: Schütze/Tridimas (Hrsg.), Oxford Principles of European Union Law I – The European Union Legal Order, 2018, 777; *von Graevenitz,* Wider die Verrechtlichung von soft law der Europäischen Kommission, ZRP 2019, 75; *Rossi,* Soft Law im Europarecht – Auswirkungen auf die vertikale und horizontale Kompetenzverteilung, ZG 2020, 1.

130 Die vorstehend beschriebenen, in Art. 288 AEUV aufgezählten Handlungsarten bewirken rechtliche Steuerung durch Ge- und Verbote, Erlaubnisse und Anspruchsbegründung. Schon seit langem begnügt sich die EU aber nicht mehr mit der für diese Instrumente typischen „harten" Steuerung. **Weiche Formen der Steuerung** haben inzwischen eine **enorm große Bedeutung** erlangt. Für Rechtswissenschaftler, die nur in den Kategorien von „rechtskonform" und „rechtswidrig" denken, sind diese weichen Formen weitgehend irrelevant – eine Nichtbeachtung führt nicht zum Vorwurf des Rechtsverstoßes, eine gerichtsförmige Einforderung des vorgesehenen Verhaltens ist grundsätzlich ausgeschlossen. Wer sich demgegenüber für den politischen Gestaltungsauftrag der EU interessiert, kann diese „weichen" Formen der Steuerung nicht unbeachtet lassen. Dies gilt auch für die Frage, inwieweit Rechtsschutz gegen diese Instrumente erlangt werden kann (EuG, 20.5.2010, Rs. T-258/06 „D/KOM"; *Gundel,* EuR 1998, 90).

131 Es ist im rechtswissenschaftlichen Schrifttum nicht unüblich, die damit angesprochenen Steuerungsmittel pauschal als **„soft law"** zu bezeichnen. Häufig spricht man davon, dass es sich um solche Regelungen handelt, die lediglich eine Art politische („soziale") Verhaltenserwartung begründen (*Senden,* Soft Law in European Community Law, 2004). Damit wird aber die rechts-normative Steuerungsfunktion derartiger Maßnahmen unterbewertet (*Schwarze,* EuR 2011, 3 (17f.)). Die Handlungsformen, die die EU unterhalb der Schwelle formeller Rechtsverbindlichkeit verwendet (etwa: Programm, Aktionsprogramm, Erklärung, Kommuniqué, Weißbuch, Grünbuch, Feststellung, Entschließung, Grundsatzentscheidung, Absprache etc.) bewirken mehr als einen bloß **politischen oder faktischen Konsensus,** sich in bestimmter Weise zu verhalten. Unter Zugrundelegung eines graduellen Verständnisses von rechts-normativer Steuerungswirkung muss man auch diesen Instrumenten **rechtliche** Funktion und Wirkung zuschreiben.

132 Es kann im Folgenden schon aus Platzgründen nicht darum gehen, einen vollständigen Überblick über die „weichen" Formen rechtlicher Steuerung zu geben. Drei Handlungsbereiche seien aber herausgehoben.

aa) Verträge

133 Verträge sind insofern eine „weiche Steuerungsform", als sie nicht einseitig auferlegt werden können. Es ist eine auffällige Lücke im AEUV, dass Verträge, die die EU-Organe mit Rechtssubjekten außerhalb des Integrationsverbands schließen (zu den interinstitutionellen Vereinbarungen: Rz. 9/149), jenseits der impliziten Aussagen zu Haftung (Art. 340 Abs. 1 AEUV; dazu Rz. 14/2) und Schiedsklauseln (Art. 272 AEUV) keine Regelung gefunden haben. Gleichwohl steht außer Frage, dass es den EU-Organen freisteht, im Rahmen ihrer Kompetenzen und unter Beachtung der jeweiligen Vorgaben des Primär- und Sekundärrechts Verträge zu schließen, etwa im Bereich von Anschaffungen (dazu Rz. 21/59). Dies ist Ausdruck der auch im Organisationsrecht der internationalen Organisationen anerkannten Tatsache, dass das Instrument des Vertragsschlusses zu den (implizit gewährten) gängigen Mitteln der Ausübung von unionaler Hoheit gehört. Hierfür hat Art. 335 AEUV die entsprechende Rechtsfähigkeit geschaffen (unten Rz. 38/8ff.). Ein **entwickeltes Vertragsrecht** enthalten die Verträge allerdings nicht. In der Praxis wird daher auf ein staatliches Vertragsstatut zurückgegriffen.

bb) Methode der offenen Koordinierung

134 Die **Methode der offenen Koordinierung** (MoK) gehört seit dem Europäischen Rat von Lissabon 2000 zum Handlungsrepertoire der EU (*Bauer/Knöll*, APuZ 1–2/2003, 33). Es ist eine Form der Koordinierung mitgliedstaatlicher Politik, mit der außerhalb der im AEUV begründeten Bereiche „harter" Steuerung Einfluss genommen werden kann. Bei der MoK geht es um Bereiche, **für die grundsätzlich die MSen zuständig sind.** Es ist anerkannt, dass die MSen ein gemeinsames Vorgehen in den EU-Institutionen auch dann vereinbaren können, **wenn bisher keine Befugnisse der EU vorliegen,** aber „europäischer Handlungsbedarf" besteht. Die Methode wurde im Kontext der Initiativen zur europäischen Beschäftigungsstrategie in den 1990er Jahren entwickelt. Seit 2003 sieht Art. 153 AEUV hierfür auch eine Rechtsgrundlage vor. Inzwischen wird die MoK der Politik der MSen in verschiedenen Bereichen angewandt (Art. 168 AEUV: Gesundheitspolitik; Art. 173 AEUV: Industriepolitik). Als Instrumente der MoK werden unverbindliche Empfehlungen und Leitlinien verwendet, die die Kommission an die MSen richtet.

135 Die MoK beruht auf dem Gedanken eines **„benchmarking"**, also des Vergleichs der Erfahrungen verschiedener Regelungsansätze in den MSen. Die MSen sollen sich an den Handlungsweisen der **Besten des Wettbewerbs** orientieren, um mit diesen gleichzuziehen. Im Falle einer offenen Koordinierung geht es zunächst darum, gemeinsame Ziele zu definieren. In der Folge werden sodann „gemeinsame Indikatoren" definiert, um vergleichen zu können, welches Verfahren sich bewährt, und um feststellen zu können, welche Fortschritte beim Erreichen dieser gemeinsamen Ziele gemacht werden. Es geht also nicht um gemeinsame Politikstrategien, sondern um **vereinheitlichte Vergleichsmaßstäbe.** Dies setzt die Formulierung von Schlüsselprioritäten voraus. Auf dieser Grundlage erfolgt eine gemeinsame Analyse und Bewertung der von den MSen unterbreiteten „nationalen Strategieberichte". Die Analyse wird sowohl von der Kommission als auch vom Rat vorgenommen. Das Ziel besteht darin, Fortschritte, die bei der Umsetzung der MoK erzielt werden, zu erkennen und zu bewerten; dies ermöglicht die Festlegung, welche Vorgehensweise sich unter dem Gesichtspunkt der „guten Praxis" und des „innovativen Konzepts" unter dem Gesichtspunkt des gemeinsamen Interesses der MSen bewährt.

cc) Veranlassung zur Selbstregulierung

136 Eine zunehmend wichtige Rolle im Steuerungsrepertoire der EU spielen die Konzepte der **Selbstregulierung und Koregulierung** (*Güzel/Kredler*, EU-Magazin 5/2001, 18 f.). Bei der **Selbstregulierung** schließt die Kommission mit der Industrie eine **Vereinbarung** ab (ein Verhaltenskodex oder eine sonstige Selbstverpflichtung). Die Vereinbarung ist „freiwillig", d. h. sie hat keinen rechtsverbindlichen Charakter. Die Industrie führt sie jedoch in der Regel durch, um einer „harten" Regulierung zu entgehen. Kommt der Vertragspartner dem Versprechen nicht nach, wird es regelmäßig zum Erlass verpflichtender Steuerungsmittel kommen.

Beispielsweise hat der Dachverband der europäischen Kfz-Industrie ACEA der Europäischen Kommission 1998 zugesagt, den Ausstoß des Gases CO_2 (Kohlendioxid) bei neu zugelassenen Pkws bis Ende 2008 auf durchschnittlich 140 Gramm je Kilometer zu senken. Dieses Ziel wurde allerdings verfehlt. Daraufhin erging eine Verordnung (VO 443/2009, ABl. L 140/1).

137 Bei der **Koregulierung** wird der privaten Seite ein bestimmtes Ziel durch Rechtsetzung vorgeschrieben. Die Durchführung erfolgt dann wiederum durch eine Verständigung der Akteure wie bei der Selbstregulierung. Diese Formen der Regulierung sind vorteilhaft, weil das langwierige EU-Rechtsetzungsverfahren entfällt. Sie geben den Adressaten zudem die Möglichkeit, effiziente Wege zu gehen; dies entspricht der Idee der Subsidiarität. Schon bei der Formulierung der Ziele arbeitet die Industrie sachverständig mit. Kritiker verweisen auf das Demokratiedefizit. Hierdurch werden industriefreundliche Lösungen favorisiert.

3. Außensteuerung im Bereich der GASP

138 In den Politikbereichen des EUV kommen eigenständige Handlungsinstrumente zur Anwendung. Der Entscheidungsprozess, der in ihren Erlass mündet, ist nicht in dem Maße vergemeinschaftet, wie im Bereich des AEUV. Zudem unterscheidet sich die Wirkweise der Instrumente deutlich von jenen nach Art. 288 AEUV.

139 Der **Unionsvertrag (1992, 1997)** hatte im Bereich der **Gemeinsamen Außen- und Sicherheitspolitik (GASP)** und in der **Polizeilich-justiziellen Zusammenarbeit (PJZ)** verbindliche Handlungsformen mit eigenständigen Handlungsformen eingeführt. Die Bestimmungen der PJZ wurden inzwischen in den AEUV überführt und sehen inzwischen supranationale Rechtsetzung vor.

140 Die Rechtsetzungskompetenz der EU zum Erlass von Verordnungen, Richtlinien und Beschlüssen (Art. 288 AEUV) gilt nicht für den GASP-Bereich. Die hier vorgesehenen Rechtsakte **richten sich an die MSen** und entfalten keine unmittelbaren Rechtswirkungen für die Unionsbürger. Dieser Politikbereich spielt insofern weiterhin eine Sonderrolle. Insbesondere die Rolle von Parlament und Kommission unterscheidet sich hier deutlich von den Gegebenheiten im AEUV. Zudem ist der Grad an **Supranationalität des im EU-Bereich gesetzten Rechts** noch gering: Zwar kann dieses Recht auch im innerstaatlichen Rechtskreis Anwendung beanspruchen. Ebenso nimmt es am Vorrang teil. Subjektive Rechte begründet es aber nicht. Immerhin kann auch in diesem Bereich die Pflicht zur unionsrechtskonformen Auslegung nationalen Rechts bestehen (analog EuGH, 16.6.2005, Rs. C-105/03, „Pupino"). Die besonderen **Handlungsformen** im GASP-Bereich werden in Rz. 39/15 ff. beschrieben.

4. Rechtsinstrumente zur Selbstorganisation des Integrationsverbands

Literatur: *Gauweiler,* Die rechtliche Qualifikation innerorganschaftlicher Absprachen im Europarecht, 1988; *Würmeling,* Kooperatives Unionsrecht, 1988; *Pechstein,* Die Bedeutung von Protokollerklärungen zu Rechtsakten der EG, EuR 1990, 249; *Koopmann,* The Practice of Voluntary Agreements under EC-Law, ERPL 2000, 1271; *Gützel/Kredler,* Die Entdeckung der Freiwilligkeit, EU-Magazin 5/2001, 18; *Harnier,* Die Bedeutung von rechtsaktbegleitenden Erklärungen im sekundären Gemeinschaftsrecht, 2001; *von Alemann,* Die Handlungsform der interinstitutionellen Vereinbarung, 2006; *Kietz* u. a. (Hrsg.), Interinstitutionelle Vereinbarungen in der Europäische Union, 2010.

a) Überblick

141 Bei der Erfassung und Beschreibung sekundärrechtlicher Handlungsformen ist zwischen der Selbstorganisation des Integrationsverbands und den außenwirksamen Handlungen gegenüber den MSen und den Menschen zu unterscheiden. Es ist ein Kennzeichen des gegenwärtigen Stands der Integration, dass es zu einer gewissen Fragmentierung des Kanons der Handlungsformen gekommen ist (Rz. 9/66 ff. zum AEUV; Rz. 9/138 zum EUV). Auch mit Blick auf die **Selbstorganisation** und die **Binnensteuerung** findet sich eine Vielzahl von Handlungsformen. Dies liegt nicht zu-

letzt daran, dass die Verträge der Typologie, Ausformung und dem Anwendungsbereich des Binnenrechts wenig Aufmerksamkeit schenken. Der politischen Gestaltungsfreiheit der handelnden Organe ist damit weitgehender Raum geschenkt. Dies führte zur Entwicklung von Rechtsakten, die man gerne **Rechtsakte „sui generis"** nennt. Die Praxis kennt seit Langem einen vielgestaltigen Bestand solcher Rechtsakte, die als „unbenannt", „unspezifisch", „ungekennzeichnet" oder „uneigentlich" bezeichnet werden, weil sie nicht in den Typologien von Art. 288 AEUV und Art. 25 EUV auftauchen.

Es ist das gemeinsame Kennzeichnen der hiermit angesprochenen Rechtsakte, dass sie den EU-Organen dazu dienen, die **„Binnenstrukturen"** (Struktur und Zusammensetzung der Organe, Organisationshandlungen, Inter-Organ-Beziehungen, Verfahrensregeln, sonstige innerdienstliche Handlungen, u. ä.) rechtlich auszugestalten. Diesem Binnenrecht kommt im Regelfall nur interne Bindungswirkung zu. Allerdings können sich mit der internen Regelung eines Sachverhalts weitgehende **faktische Wirkungen nach außen** verbinden. Nach der erlassenden Instanz, dem Grad und der Art der Wirkung und auch nach den Adressaten sind diese sonstigen Rechtsakte dagegen sehr unterschiedlich und nur zu einer begrenzten Systematisierung fähig. 142

Der Vertrag von Lissabon unternimmt nicht den Versuch, eine Konsolidierung der im internen Bereich verwendeten Rechtsakte herbeizuführen.

b) Beschlüsse

Die wohl wichtigste Handlungsform ist in diesem Bereich der **Beschluss.** Er ist mit dem außenwirksamen Beschluss (früher: Entscheidung) namensgleich, dogmatisch damit aber nicht gleichzusetzen. Derartige Beschlüsse werden von allen EU-Organen und Institutionen erlassen (*Bast,* Grundbegriffe der Handlungsformen der EU, 2006). Sie können adressatenlose Organisationsakte sein (vgl. Art. 297 Abs. 2 AEUV), können sich aber auch an ein Organ oder eine Behörde richten. 143

Hierher zählen etwa **Beschlüsse des EuRat** über die Zusammensetzung des EP (Art. 2 des Protokolls über die Übergangsbestimmungen zum Lissabon-Vertrag) oder über die Zahl der Kommissionsmitglieder (Art. 17 Abs. 5 EUV), **Ratsbeschlüsse** zur Änderung der Zahl der Generalanwälte (Art. 252 Abs. 1 AEUV) oder zur Festlegung der Arbeitsweise des Ausschusses nach Art. 255 AEUV. Ebenfalls zählen dazu aber auch Beschlüsse zur **binnenrechtlichen („innerdienstlichen") Gestaltung** von Organisation, Verfahren etc. (Entscheidung über Geschäftsordnungen, Genehmigung der Verfahrensordnungen u. a. m.). Mit einem Beschluss kann auch über die Ausdehnung von Kompetenzen oder die Anpassung vertraglicher Verfahren entschieden werden (z. B. Art. 81 Abs. 3 UAbs. 2; Art. 86 Abs. 4 AEUV). 144

Die **KOM** erlässt ihrerseits u. a. innerdienstliche Richtlinien durch Beschluss. Der EuGH hat sie gelegentlich als „Verhaltensnormen" qualifiziert, die mindestens unter dem Gesichtspunkt nichtdiskriminierender Anwendung Rechtswirkungen entfalten (EuGH, 4. 4. 1974, Rs. 178/73, „Belgien und Luxemburg/Mertens"). Schließlich können auch **EP und EuGH** dieses Instrument zur Binnenorganisation verwenden; es bedarf keiner Betonung, dass sie dabei jeweils an das vorrangige Recht gebunden sind, das sich insbesondere aus dem Vertrag und den dazu ergangenen Rechtsakten ergibt.

c) Entschließungen

Den verbindlichen Beschlüssen stehen flexiblere **Rechtsakte verschiedener Bezeichnung** gegenüber, die sich unter dem Begriff der **„Entschließungen"** zusammenfassen lassen. Sie beanspruchen nicht volle rechtliche Verbindlichkeit, wohl aber – was sie von diffuseren Äußerungen unterscheidet – eine Art **selbstaufgelegte rechtsnormative Selbstverpflichtung.** Eine Außenverpflichtung bewirken diese Entschließungen nicht. 145

146 Autoren solcher „Entschließungen" können die verschiedenen Unionsorgane sein, aber auch die im Rat vereinigten Regierungsvertreter. In der Praxis stehen **Entschließungen des Rates** (öfters im Amtsblatt zur Information veröffentlicht) und solche des **EP** im Vordergrund, mit denen das letztere von seiner „parlamentarischen Souveränität" Gebrauch macht. Ratsentschließungen, die allgemeine Loyalitätspflichten aus Art. 4 Abs. 3 EUV konkretisieren, kommt **normative Kraft** zu (EuGH, 4.10.1979, Rs. 141/78, „Frankreich/Vereinigtes Königreich"). Die Grenzen sind bei den sonstigen Rechtsakten flüssig. Das geltende Unionsrecht ist allerdings eindeutige Grenze für jede Rechtswirkung „sonstiger" Rechtsakte (EuGH, 8.4.1976, Rs. 43/75, „Defrenne II").

d) Beschlüsse der im Rat vereinigten Vertreter der Mitgliedstaaten

147 Neben den genannten Beschlüssen sieht das Primärrecht ferner die Handlungsform eines von den **im Rat vereinigten Vertretern der Regierungen der MSen** verabschiedeten Beschlusses vor (*Mortelmans,* CMLRev 1974, 62). Diese **„uneigentlichen" Ratsbeschlüsse** sind verbindlich gemeinte Rechtsakte, die nicht vom Rat als Organ gefasst werden, sondern von dessen Mitgliedern im zeitlichen Zusammenhang mit einer Ratssitzung. Der Beschluss wird insofern nicht von einem EU-Organ gefasst, sondern von den Regierungsvertretern im Rahmen einer diplomatischen Konferenz. Der Bezug zur Union ist aber institutionell und vom Inhalt der Beschlüsse her so eng, dass diese Beschlüsse Teil des EU-Rechts bilden. Die Beschlüsse der vereinigten Vertreter dürfen nicht gegen die Verträge verstoßen (EuGH, 15.1.1986, 29, Rs. 44/84, „Hurd").

148 Die Beschlüsse der Regierungsvertreter sind zum Teil in den **Verträgen selbst vorgesehen** (z. B. Vereinbarungen der Konferenz nach Art. 48 Abs. 4 EUV). Manche haben **„vertragsabrundenden" Charakter** im Grenzbereich zwischen Primär- und Sekundärrecht. Daher stellt sich je nach Inhalt der Beschlüsse die Frage der Ratifikationsbedürftigkeit nach nationalem Recht. Andererseits sind diese Beschlüsse als Teil des EU-Rechts zum Besitzstand zu rechnen, der von neuen MSen zu übernehmen ist (zuletzt Art. 3 Abs. 2 Beitrittsakte Kroatien, ABl. 2012, L 112/21). Ihr Charakter als **„Mischfiguren"** *(Ipsen)* wird auch dadurch unterstrichen, dass die Kommission öfters bei ihrem Zustandekommen informell mitwirkt. Die Beschlüsse werden im Amtsblatt zur Information veröffentlicht. Jedoch sind die vertraglichen Regeln der Art. 16 EUV, Art. 237 ff. AEUV auf die Beschlüsse der vereinigten Regierungsvertreter wegen ihrer intergouvernementalen Grundstruktur nicht anwendbar. Insbesondere bedarf es **einstimmiger Beschlussfassung.**

e) Interinstitutionelle Vereinbarungen

149 Interinstitutionelle Vereinbarungen spielen als Instrumente zur Regelung des Binnenverhältnisses eine zunehmend wichtige Rolle. Sie dienen der Koordination des Verhaltens der EU-Organe und legen gemeinsame Sichtweisen und Erwartungen nieder. Lange hat man diese Vereinbarungen als bloß politische Absprachen angesehen. Inzwischen ist aber anerkannt, dass es sich um rechtliche Verträge handelt. In einer dem Vertrag von Nizza als Anlage hinzugefügten **Erklärung über die interinstitutionellen Vereinbarungen** (ABl. 2001, C 80/77) wird dies anerkannt; inzwischen finden sie Erwähnung im EUV (Art. 17 Abs. 1 S. 7 EUV, Art. 295 S. 2 AEUV). In der Erklärung wird bekräftigt, dass das Parlament, der Rat und die Kommission interinstitutionelle Vereinbarungen schließen können, wenn es sich als notwendig erweist, die Anwendung der Bestimmungen der Verträge zu erleichtern. Allerdings wird auch betont, dass die Beziehungen zwischen den EU-Organen der Verpflichtung zur loyalen Zusammenarbeit unterliegen: Die Vereinbarungen dürfen die Vertragsbestimmungen weder ändern noch ergänzen. Zugleich dürfen sie nur mit Zustimmung dieser drei Organe geschlossen werden. Damit steht heute außer Frage, dass es sich um eine zulässige und rechtlich bindende Handlungsform der Interorgankooperation handelt (ausführlich: *von Alemann,* Die Handlungsform der interinstitutionellen Vereinbarung, 2006).

Für den Rechtsetzungsprozess bedeutsam ist u. a. eine interinstitutionelle Vereinbarung zwischen EP, KOM und Rat über bessere Rechtsetzung (ABl. 2016, L 123/1). Im Rahmen einer Nichtigkeitsklage wurde gerügt, dass die KOM keine Folgenabschätzung nach Nr. 12ff. der Vereinbarung vorgenommen habe. Der EuGH ging davon aus, dass diese Vorschriften nicht zwingend zu beachten sind (EuGH, 3.12.2019, Rs. C-482/17, „Tschechische Republik/EP und Rat“, Rn. 82; Anm. *Gundel,* EuZW 2020, 119), und nahm nicht zu den Folgen einer Nichtbeachtung Stellung.

f) Sonstige Akte ohne Rechtsverbindlichkeit

In der politischen Praxis werden tagtäglich eine Vielzahl **weiterer Akte sowohl der Organe** als auch der vereinigten Regierungsvertreter unter **wechselnden Bezeichnungen** verabschiedet (Empfehlungen (Art. 292 S. 1 AEUV), Erklärungen, Kommuniqués, Memoranden, (Aktions-)Pläne, Mitteilungen, Programme u. a. m.). Unmittelbare Rechtswirkungen werden mit ihnen nicht angestrebt. Auch ihr politischer Bindungswert ist meist noch geringer zu veranschlagen als bei den Beschlüssen und Entschließungen (zu den Zulässigkeitsvoraussetzungen einer Klage gegen eine Mitteilung: EuG, 20.5.2010, Rs. T-258/06, „D/KOM“). 150

Im politischen Sinne sind die **„Erklärungen“** bedeutsam, die z. B. der Europäische Rat als Leitlinien für weitere Unionsaktionen abgibt oder in denen mehrere Unionsorgane eine gemeinsame politische Selbstbindung eingehen (Erklärung des Europäischen Rates zur Demokratie von 1971, Bull. EG 1978/3, 5; Erklärung des Europäischen Rates zur europäischen Identität von 1973, Bull. EG 1973, 9/13; Gemeinsame Erklärung der Organe über den Schutz der Grundrechte von 1977, ABl. 1977, C 103/1; Politische Erklärung zur Festlegung des Rahmens für die künftigen Beziehungen zwischen der Europäischen Union und dem Vereinigten Königreich, ABl. 2020 C 34/1). 151

IV. Völkerrecht im Unionsrecht

Literatur: *Jackson,* Direct Effect of Treaties in the US and the EU, the Case of the WTO: Some Perceptions and Proposals, FS Jacobs 2008, 361; *Krenzler/Landwehr,* „A New Legal Order of International Law“: On the Relationship between Public International Law and European Union Law after Kadi, FS Simma 2011, 1004; *Eckes,* Protecting Supremacy from External Influences: A Precondition for a European Constitutional Legal Order?, ELJ 2012, 230; *Repasi,* Völkervertragliche Freiräume für EU-Mitgliedstaaten, EuR 2013, 45; *Aust,* Eine völkerrechtsfreundliche Union?, EuR 2017, 106.

Die Regeln des Völkerrechts werden für den Bereich der **Binnenorganisation** des Integrationsverbands sowie für die **Ordnung der Beziehungen** zwischen der EU, ihren MSen und den Personen in der EU durch das EU-Recht verdrängt. Ein Rückgriff kommt hier nur insoweit in Betracht, als es das EU-Recht vorsieht (*Schwarze,* EuR 1983, 1; vgl. auch Rz. 42/39ff.): Die EU weist die Züge eines „self-contained regime“ auf. Dies bedeutet aber nicht, dass Regeln des Völkerrechts in der EU keine Bedeutung hätten. In Art. 3 Abs. 5 EUV und Art. 21 Abs. 1 UAbs. 1 EUV verpflichtet sich die EU auf die **„strikte Einhaltung des Völkerrechts“** bzw. die „Achtung der Grundsätze der Charta der Vereinten Nationen und des Völkerrechts“. Der EuGH hat schon frühzeitig ausgesprochen, dass die völkerrechtlichen Rechte und Pflichten, die die EU erworben bzw. übernommen hat, „integraler Bestandteil“ des EU-Rechts sind (EuGH, 30.4.1974, Rs. 181/73, „Haegemann“; ähnlich EuGH, 26.10.1982, Rs. 104/81, „Kupferberg“; EuGH, 15.11.1994, Gutachten 1/94, „WTO“). 152

In dem „allgemeinen Völkerrechtsraum“, in dem die EU als ein Rechtssubjekt mit anderen Rechtssubjekten des Völkerrechts kooperiert, gelten die Völkerrechtsregeln für die EU wie für ein sonstiges Völker- 153 rechtssubjekt. Insoweit gilt in diesem Raum der grundsatzliche **„Vorrang des Völkerrechts"** als des universalen Rechtes auch gegenüber dem EU-Recht wie gegenüber sonstigem „Landesrecht" (*Hobel/Müller-Sartori,* JuS 2002, 8). Damit gilt insbesondere das **allgemeine Völkerrecht** in den Außenbeziehungen der EU in **vollem Umfang** (EuGH, 12.12.1972, verb. Rs. 21/72 u. a., „International Fruit Company"; EuGH, 14.7.1976, verb. Rs. 3/76 u. a., „Cornelis Kramer"). Das gilt nicht nur für ungeschriebene Regeln des Völkergewohnheitsrechts und der allgemeinen Rechtsgrundsätze, sondern ebenso für die großen **multilateralen Konventionen,** soweit ihnen die EU formell als Vertragspartnerin angehört oder sie funktional in die Verpflichtungen eingetreten ist.

Im Hinblick auf die Rolle, die das Völkerrecht **im innerunionalen Bereich** spielt, ist zwischen der Geltung des Völkergewohnheitsrechts, der allgemeinen Rechtsgrundsätze des Völkerrechts und der völkerrechtlichen Verträge zu unterscheiden.

1. Völkergewohnheitsrecht und allgemeine Rechtsgrundsätze des Völkerrechts

154 Dem sog. allgemeinen Völkerrecht werden regelmäßig (im Sinne der völkerrechtlichen Rechtsquellenordnung in Anlehnung an Art. 38 IGH-Statut) das **Völkergewohnheitsrecht** und die sachnotwendig universell anerkannten **„allgemeinen Rechtsgrundsätze"** zugerechnet. Dabei kann zwischen abdingbarem und zwingendem („ius cogens") allgemeinem Völkerrecht unterschieden werden. Diese Regeln des Völkerrechts finden im **„EU-Binnenraum"** nur insoweit Anwendung, wie das **Unionsrecht** das vorsieht. Die Regeln des Völkerrechts werden insofern also nicht nur vom Unionsrecht überlagert. Das Unionsrecht behält sich vielmehr die Entscheidung über seine Öffnung vor; es verfolgt eine deutlich dualistische Konzeption. Zwar spricht der EuGH immer wieder davon, dass das Völkerrecht **„integrierender" bzw. „integraler" Bestandteil** des Unionsrechts sei (EuGH, 30.4.1974, Rs. 181/73, „Haegeman"; EuGH, 26.10.1982, Rs. 104/81, „Kupferberg"); dies beruht aber auf der in Art. 216 Abs. 2 AEUV enthaltenen Vollzugserklärung (str.).

155 Allerdings verschließt sich das EU-Recht der Einwirkung des Völkerrechts nicht. In vielfältiger Weise dringt Völkerrecht in den EU-Rechtskreis ein. Das EU-Recht soll möglichst **im Lichte des Völkerrechts** ausgelegt werden (EuGH, 14.7.1998, Rs. C-284/95, „Safety Hi-Tech"). Die Bedeutung der völkerrechtlichen Grund- und Menschenrechte bei der Konkretisierung der entsprechenden europarechtlichen Normen (Rz. 17/38ff., 43ff.) ist anerkannt. Im EU-Recht gibt es gelegentlich **„Lücken",** die zwar in erster Linie durch Fortentwicklung des EU-Rechts unter Rückgriff auf seine eigenen Prinzipien, notfalls aber auch durch Inanspruchnahme von Inhalten des allgemeinen Völkerrechts gefüllt werden können (EuGH, 4.12.1974, Rs. 41/74, „Van Duyn"). Insoweit spielt das allgemeine Völkerrecht weiterhin die Rolle eines „Annexrechtes" zum EU-Recht.

156 Im **Rang** gehen diejenigen Regeln des allgemeinen Völkerrechts, denen die EU innerunionale Geltung zuschreibt, kraft der Anordnung des Vollzugsbefehls dem sekundären Unionsrecht vor. Das Primärrecht wiederum bestimmt nicht nur, inwieweit Völkerrecht in den EU-Rechtskreis eindringen kann, sondern geht ihm **im Kollisionsfalle vor.**

157 Völkerrechtswidriges EU-Sekundärrecht ist im Sinne des sog. „gemäßigten Dualismus" nicht automatisch nichtig. Doch ist die EU dazu verpflichtet, einen völkerrechtsgemäßen Zustand ihrer Rechtsordnung herzustellen (*Petersmann,* EuZW 1997, 325).

2. Völkerrechtliche Verträge

Völkerrechtliche Verträge stehen als Rechtsquelle des Völkerrechts inzwischen praktisch im Vordergrund (Art. 38 Abs. 1 lit. a des IGH-Statut). Die Rechtsstellung, die völkerrechtliche Verträge in der EU-Rechtsordnung einnehmen können, unterscheidet sich zunächst danach, ob es sich um ein von der EU selbst oder von ihren MSen abgeschlossenes Abkommen handelt. 158

a) EU-Abkommen

Die EU ist rechtlich befähigt, im Rahmen ihrer Außenkompetenzen (näher: Rz. 38/13) nach dem Verfahren des Art. 218 AEUV mit anderen Völkerrechtssubjekten **Verträge** abzuschließen. Diese sind für sie als Völkerrechtssubjekt verpflichtend, ohne dass dies einer besonderen Feststellung im EU-Recht bedürfte. Die Bindungswirkung wird durch Art. 216 Abs. 2 AEUV in den Binnenbereich der EU verlängert und – zur Sicherung vertragskonformen Verhaltens der MSen – auf die MSen erstreckt. Das Primärrecht enthält allerdings darüber hinaus keine näheren Aussagen über die **innerunionale Geltung** (und insbesondere die **unmittelbare Wirkung**) der Bestimmungen eines derartigen Abkommens (*Oehmichen,* Die unmittelbare Anwendung der völkerrechtlichen Verträge der EG, 1992). Die Rechtsstellung der von der EU abgeschlossenen Verträge wird im Einzelnen in Rz. 38/1 ff. behandelt. 159

b) Abkommen der Mitgliedstaaten

Nationale Abkommen mit Drittstaaten berühren die EU-Ordnung, wenn es sich um alte Verträge handelt, die vor der Gründung der EGen bzw. vor dem Beitritt des betreffenden MS zur EU geschlossen worden sind. Ferner interessiert der Fall nationaler Abkommen, die unter Verstoß gegen unionsrechtliche Pflichten von den MSen geschlossen werden. 160

Die von den MSen vor dem Wirksamwerden der EG-Verträge mit Drittpartnern eingegangenen **völkerrechtlichen Verträge** („Altverträge") gelten gemäß dem fundamentalen Grundsatz „pacta sunt servanda" zunächst weiter (Art. 351 Abs. 1 AEUV). Soweit sie die EU-Kompetenz nicht berühren (z. B. ein Verteidigungspakt), ändert sich daran durch die Mitgliedschaft in der EU nichts. – Im EU-Bereich kann es zur Übernahme der Rechtsstellung, die multilaterale Verträge der MSen begründen, durch die EU kommen (EuGH, 12.12.1972, verb. Rs. 21/72 u. a., „International Fruit Company" (GATT)). Die dritten Vertragspartner müssen mit einer derartigen Übernahme rechnen, sind aber zur Anerkennung nicht verpflichtet (EuGH, 8.12.1981, Rs. 181/80, „Arbelaiz-Emazabel", Fischerei – Rechte der Drittländer). Darüber hinaus erkennt die EU teilweise Verpflichtungen der MSen auch für sich als verpflichtend an (EuGH, 3.9.2008, C-402/05 P u. a., „Kadi" (mit Blick auf die Durchführung von UN-Sicherheitsratsbeschlüssen)). 161

Bei der fortdauernden Anwendung alter Verträge mit Drittstaaten haben die EU-MSen allerdings zu berücksichtigen, dass ihre Rechte und Pflichten **als Mitglieder einer Wirtschaftsunion** nicht unbesehen über Meistbegünstigungsklauseln an Drittstaaten weitergegeben werden dürfen (Art. 351 Abs. 3 AEUV). 162

Soweit die alten Verträge mit dem EG- bzw. Unionsrecht von Anfang an oder mit ihrem fortschreitenden Aufbau **nicht vereinbar waren,** verpflichtet die „Anpassungsklausel" des Art. 351 Abs. 2 AEUV den oder die MSen, das Erforderliche zu unternehmen, um die nationalen Verträge entweder gemeinschaftskonform umzugestalten oder sie nötigenfalls zu beenden.

Schließt ein MS einen völkerrechtlichen Vertrag, obgleich ihm dies nach EU-Recht versagt ist (die dingliche Kompetenz verliert ein MS nicht), stellt sich die Frage nach der völkerrechtlichen Gültigkeit solcher „defekter" Verträge. Sie ist nach den allgemei- 163 nen völkerrechtlichen Regeln über die **Gültigkeit verfassungswidriger Verträge** zu beurteilen. Danach ist im Interesse der Verkehrssicherheit im Zweifel von der Gültigkeit auszugehen, soweit nicht der Mangel der Abschlussbefugnis dem dritten Partner evident einsichtig gewesen sein musste (näher Art. 46 WVRK; *Bernhardt,* EuR 1983, 199).

164 Insgesamt erweist sich die Bedeutung des Völkerrechts für das Europäische Unionsrecht als neuartige Variation des klassischen Themas „Völkerrecht und Landesrecht". Das Verhältnis des Unionsrechts zum Internationalen Recht steht nicht ein für alle Mal fest, sondern hängt vom fortschreitenden Grad der Vergemeinschaftung der jeweiligen Sachbereiche ab (*Hobe/Müller-Sartori,* JuS 2002, 8). Das EU-Sekundärrecht ist im Lichte bindender VR-Verpflichtungen der EU auszulegen (*Rosenkranz,* EuZW 2007, 238).

V. Auslegung des Unionsrechts

Literatur: *Von Danwitz,* Der Einfluss des nationalen Rechts und der Rechtsprechung der Gerichte der Mitgliedstaaten auf die Auslegung des Gemeinschaftsrechts, ZESAR 2008, 57; *Höpfner,* Die systemkonforme Auslegung: Zur Auflösung einfachgesetzlicher, verfassungsrechtlicher und europarechtlicher Widersprüche im Recht, 2008; *Höpfner/Rüthers,* Grundlagen einer europäischen Methodenlehre, AcP 2009, 1; *Paunio,* Legal Certainty in Multilingual EU Law: Language, Discourse and Reasoning at the European Court of Justice, 2013; *Riesenhuber* (Hrsg.), Europäische Methodenlehre, 3. Aufl. 2015; *Langenbucher,* Europarechtliche Methodenlehre, in: dies. (Hrsg.), Europäisches Privat- und Wirtschaftsrecht, 4. Aufl. 2017, § 1; *Reyes y Ráfaeles,* Die integrationsdynamische Auslegungsmethode am Beispiel der europäischen Grundfreiheiten, EuR 2018, 498; *Lenaerts/Gutiérrez-Fons,* Les méthodes d'interprétation de la Cour de justice de l'Union européenne, 2020; *Wendel,* Auf dem Weg zum Präjudizienrecht? Zur Maßstabsetzung durch den Europäischen Gerichtshof, JÖR 2020, 113.

1. Unionsrechtliche Auslegungsmethoden zwischen Völkerrecht und Verfassungsrecht

165 Die EU hat inzwischen staatsähnliche Züge angenommen. Ihre Verwurzelung in völkerrechtlichen Verträgen besteht zwar fort; in ihrer Struktur, ihren Kompetenzen und ihrer Teleologie hat sie aber längst eine **Eigenständigkeit** gewonnen. Dies macht sich in der Auslegung und Konkretisierung des EU-Rechts deutlich bemerkbar. Schon lange kann bei der Auslegung des geltenden Europarechts auf die völkerrechtlichen Auslegungsregeln, wie sie sich insbesondere in Art. 31 der Wiener Vertragsrechtskonvention von 1969 finden, nicht mehr ohne weiteres zurückgegriffen werden. Es hat sich in der **Praxis der Unionsorgane** vielmehr ein Verständnis der (Meta-)Regeln zur Konkretisierung des EU-Rechts herausgebildet, das den Eigenarten des Integrationsverbands und seinen besonderen Zielen entspricht.

166 Dabei sind an dieser Stelle zwei Punkte hervorzuheben: Man würde den Zweck und das Anliegen dieser Regeln missverstehen, wenn man sie als Instrumente begriffe, mit denen ein bereits existierendes Interpretationsergebnis einer Bestimmung des EU-Rechts nur entnommen werden müsste („Auffinden des Rechts"). Diese Vorstellung von Interpretation, hermeneutischen Anschauungen verhaftet, entspricht dem Vorgang juristischer Konkretisierung in keiner Weise. Es geht nicht um Auffindung von Vorfindlichem, sondern darum, in einem jeweils vorfindlichen Entscheidungskontext eine juristische Entscheidung nach vorgegebenen Regeln zu begründen. Juristische Methodenlehre ist **Begründungslehre** (*Koch/Rüßmann,* Juristische Begründungslehre,

1982). Es ist nicht nur zu zeigen, dass eine Entscheidung überhaupt in rationaler Weise unter Anwendung der Auslegungsregeln begründbar ist („vertretbares Ergebnis"), sondern auch, dass es keine besser begründbare andere Entscheidung gibt (im Einzelnen: *Nettesheim,* in: Grabitz/Hilf/Nettesheim (Hrsg.), Das Recht der EU, Art. 1 AEUV (Stand: 2010)).

Wichtig ist auf der anderen Seite, dass zwischen den **(methodischen) Anschauungen** 167
darüber, wie begründende Argumente gewonnen werden, und den primärrechtlichen („verfassungsrechtlichen") **Regeln über deren Zulässigkeit,** deren Gewicht etc. zu unterscheiden ist. Um diese Unterscheidung an einem plastischen Beispiel deutlich zu machen: Es ist eine methodische Frage, inwieweit eine Entscheidung noch vom Wortlaut einer Bestimmung getragen wird oder schon „Rechtsfortbildung" darstellt. Es ist dann eine „verfassungsrechtliche" Frage, ob dies zulässig ist: Während eine Überschreitung des Wortlauts im Bereich unionalen Sanktionsrechts unzulässig ist („nulla poena sine lege"), ist sie in vielen anderen Bereichen ohne Probleme möglich.

Im Lichte der jahrzehntelangen Praxis des Gerichtshofes, der nach Art. 19 Abs. 1 S. 2 168
EUV der autoritative Interpret des EU-Rechts ist, hat sich mittlerweile eine **eigene unionsrechtliche Interpretationslehre** mit selbständigen Grundsätzen entwickelt (*W. Schroeder,* JuS 2004, 180; *Müller/Christensen,* Juristische Methodik, Band II: Europarecht, 3. Aufl. 2012; *Riesenhuber* (Hrsg.), Europäische Methodenlehre, 3. Aufl. 2015). Sie verwendet überwiegend die auch aus dem nationalen Recht bekannten Begründungstopoi („Auslegungsarten"), gewichtet sie jedoch in einer spezifisch unionsrechtlichen Weise. Teilweise werden auch neuartige Begründungselemente verwendet. Es ist insofern Metaregeln des unionalen Verfassungsrechts geschuldet, dass die im Völkerrecht so bedeutsame subjektiv-souveränitätsbezogene Konkretisierungsmethode zugunsten einer an Sinn und Zweck orientierten Betrachtung verdrängt wird (anschaulich etwa EuG, 20. 11. 2002, Rs. T-251/00, „Lagardère", Rn. 72ff.; EuG, 6. 10. 2005, verb. Rs. T-22/02 u. a., „Sumitomo Chemical", Rn. 41 ff.). Der Rechtsvergleichung kommt in einem föderalen Gemeinwesen besondere Bedeutung zu (anschaulich *Mayer,* in: Calliess (Hrsg.), Verfassungswandel im europäischen Staaten- und Verfassungsverbund, 2007, 167; *Jacobs,* in: Reimann/Zimmermann (Hrsg.), The Oxford Handbook of Comparative Law, 2. Aufl. 2019, 524).

Neben der autoritativen Auslegung des EU-Rechts durch die europäische Gerichtsbarkeit (zur Reichweite 169
der Auslegungskompetenz vgl. EuGH, 7. 1. 2003, Rs. C-306/99, „BIAO") gibt es eine **„offizielle Interpretation" durch amtliche Verlautbarungen der Europäischen Kommission** (wie Mitteilungen [hierzu EuGH, 20. 3. 1997, Rs. C-57/95, „Frankreich/KOM"]; Stellungnahmen u. ä.). Obwohl den Äußerungen der Kommission juristisch keine höhere Bedeutung zukommt als Auslegungen anderer Stellen, hat die Rechtsauffassung der Kommission in der Unionspraxis kraft ihrer amtlichen Position („Hüterin der Verträge", oben Rz. 5/130) besonderes Gewicht.

2. Wortlautargumente

Im Unionsrecht gilt (wie im Völker- und innerstaatlichen Recht) der Grundsatz, dass 170
den Ausgangspunkt der Begründung einer Entscheidung der Text des Vertrags oder einschlägiger abgeleiteter Akte bildet. Es bedarf der **Feststellung des normalen und natürlichen Sinns der Worte in ihrem unmittelbaren Zusammenhang des Satzes.** In vielen Bereichen hat sich inzwischen eine Begriffsverwendung herausgebildet, die sich von der normalen Konvention der Sprachgemeinschaft gelöst hat (Bsp.: „öffentliche Verwaltung"). Dabei sind die verschiedenen Vertragssprachen bei der Auslegung

des Primärrechts und die Amtssprachen im Bereich des abgeleiteten Rechts gleichgewichtig zu berücksichtigen. Wer sich für seine Entscheidung auf den so ermittelten Wortlaut berufen kann, unterlegt seine Entscheidung regelmäßig überzeugend. Der Gerichtshof hat sich gelegentlich zu der aus Frankreich kommenden **Doktrin des „acte clair"** in dem Sinne bekannt, dass bei einem eindeutigen („klaren") Wortlaut nicht weiter auf andere Auslegungsprinzipien zurückzugreifen ist (EuGH, 9.3.1978, Rs. 79/77, „Kühlhaus Zentrum"). Hieran hält sich der EuGH aber selbst nicht immer: So wird der eigentlich ziemlich klare Wortlaut des Art. 288 AEUV bei der Zuerkennung unmittelbarer Wirkungen an Richtlinien (oben Rz. 9/100) aus teleologischen Gründen überspielt.

171 Diese Aufgabe wird dadurch ungemein schwierig (und die Wortbedeutung relativiert), dass es nach der Sprachenregelung der EU (oben Rz. 5/8 ff.) mittlerweile **24 gleichberechtigte Texte** gibt. Der häufigen Verwendung einer „Arbeitssprache" (insbes. Englisch und Französisch) bei der Herstellung eines Rechtstextes kann angesichts der Gleichrangigkeit der Sprachen keine Bedeutung zukommen. In Fällen, in denen die sprachlichen Fassungen voneinander abweichen, lässt sich allein mit dem Wortlaut keine eindeutige Entscheidungsbegründung führen (EuGH, 7.7.1988, Rs. 55/87, „Moksel"). Insbesondere ist es nicht möglich, das „Mehrheitsprinzip" anzuwenden, d. h. der Fassung Maßgeblichkeit zuzuerkennen, die in der Mehrheit der Amtssprachen existiert. Es ist dann vielmehr erforderlich, auf Sinn und Zweck der Gesamtregelung zu rekurrieren und so die Entscheidung zu begründen (EuGH, 12.7.1979, Rs. 9/79, „Koschniske"; EuGH, 28.3.1985, Rs. 100/84, „KOM/Vereinigtes Königreich"; EuGH, 20.11.2003, Rs. C-152/01, „Kyocera"; *Luttermann*, EuZW 1999, 401). Das Gewicht, das sich mit einer Entscheidung für die Freiheit und Autonomie eines Adressaten verbindet, spielt dabei eine wichtige Rolle (EuGH, 12.11.1969, Rs. 29/69, „Stauder").

3. Der systematische Kontext

172 Ergibt die Untersuchung des Wortlauts kein zwingendes Ergebnis, so kommen Argumente ins Spiel, die ihren Ursprung in der **Systematik des Vertrages bzw. des abgeleiteten Aktes** haben. Diese auch im Völker- und Verfassungsrecht bekannte Methode wird vom Gerichtshof ständig praktiziert (EuGH, 12.5.1964, Rs. 101/63, „Wagner"). Das „systematische Argument" beruht auf der Darlegung, dass sich eine in Erwägung gezogene Entscheidung mit anderen Bestimmungen in der Unionsrechtsordnung nicht verträgt; sie kann aber auch darauf hinauslaufen, zu verdeutlichen, dass die Entscheidung den Anliegen einer anderen Bestimmung besonders gut gerecht wird. Systematische und teleologische Auslegung verschwimmen in diesen Fällen. Getragen wird die systematische Auslegung von der Vorstellung des Gebots einer **Einheitlichkeit des EU-Rechts** (vgl. EuGH, 9.3.2006, Rs. C-499/04, „Werhof", Rn. 32).

173 Eine wichtige Unterkategorie der systematischen Auslegung bildet die sog. **„primärrechtskonforme Auslegung des Sekundärrechts"**. Aus Ranggründen ist sekundäres EU-Recht so auszulegen, dass es mit dem Primärrecht vereinbar ist (EuGH, 21.3.1991, Rs. C-314/89, „Rauh"; Beispiel bei *Korte*, EWS 2007, 246). Andererseits sind Argumente, die aus Bestimmungen des Sekundärrechts gewonnen werden, auch bei der Konkretisierung des Primärrechts relevant; zwingend ist eine derartige sekundärrechtskonforme Interpretation des Primärrechts aber regelmäßig nicht (zur Wechselwirkung von Primär- und Sekundärrecht vor dem Hintergrund der Entscheidung EuGH, 23.2.2006, Rs. C-471/04, „Keller Holding" etwa *Forsthoff*, IStR 2006, 222).

4. Historische Auslegung

Der Erforschung des Willens des historischen Vertrags- oder Gesetzgebers kommt im EU-Recht im Vergleich zur wörtlichen, systematischen und Sinnauslegung herkömmlich **nur eine sehr begrenzte Rolle zu** (anders *Leisner,* EuR 2007, 689). Zwar ist die Kenntnis dessen, was die Schöpfer der Norm bei ihrer Entstehung wollten, durchaus von Bedeutung (ähnlich EuGH, 1.6.1961, Rs. 15/60, „Simon"; EuGH, 22.6.1972, Rs. 1/72, „Frilli"). Die sog. „historische Auslegung" weist allerdings eine Reihe von **methodischen Problemen** auf, die den Wert der so gewonnenen Argumente inhärent schwächt: Welche Personen sind „die Normgeber", gerade in einem so vielschichtigen Prozess wie dem der Annahme eines völkerrechtlichen Vertrags? Wie ist zu verfahren, wenn keine Einigkeit besteht? Und welchen Wert können die damaligen Anschauungen haben, wenn sicher ist, dass die im Prozess der Vertragsgebung beteiligten Personen keine Anschauung von den heutigen Problemen hatten? Häufig läuft die sog. „historische Auslegung" auf wenig mehr als Spekulation hinaus. 174

Nicht zuletzt diese Überlegungen rechtfertigen es, derartigen Argumenten in der unionalen Begründungslehre nur **geringes Gewicht** zuzuschreiben. Aus „verfassungsrechtlicher" Perspektive kommt hinzu, dass sich die EU-Organe bewusst dazu bekennen, die EU-Ordnung als dynamisch zu verstehendes, im Lichte der heutigen Integrationsziele zu lesendes Gebilde zu verstehen. 175

5. Teleologische Argumente

Überragendes Gewicht hat bei der Begründung von Entscheidungen im EU-Recht die sog. **teleologische, an Sinn und Zweck des EU-Rechts orientierte Methode.** Sie besteht in der Darlegung, dass eine bestimmte Entscheidung förderlich ist, einen normativ gesetzten Zielzustand zu erreichen (vgl. etwa EuGH, 24.2.2000, Rs. C-434/97, „KOM/Frankreich"). Das Gewicht, das der EuGH dieser Methode einräumt, unterstreicht so den Verfassungscharakter der Grundverträge. Sie ermöglicht ein den dynamischen Charakter der Verträge als Rahmen eines fortschreitenden Integrationsprozesses betonendes Verständnis (EuGH, 5.2.1963, Rs. 26/62, „Van Gend & Loos"). Auf der Grundlage teleologischer Argumente hat der EuGH immer wieder kühne Sprünge nach vorn gewagt. Dies gilt insbesondere für die gesamte und inzwischen vielschichtige Rechtsprechung des EuGH zur Sicherung der einheitlichen und gleichen Wirksamkeit des Unionsrechts, die etwa die Entscheidungen zur unmittelbaren Wirkung bestimmter Normen der Verträge, zum unbedingten Vorrang des EU-Rechts oder zum Haftungsanspruch der MSen umfasst (im Einzelnen: *Nettesheim,* GS Grabitz 1995, 447). 176

Häufig ist die Rede davon, dass dem EuGH die Ziele, an denen er seine teleologische Argumentation ausrichtet, vorgegeben sind. Man spricht dann etwa von der Suche nach dem **„Geist der Verträge"**, spricht vom **„Zweck des Gesetzes"** oder von seinem **„objektivierten Willen".** Damit wird unterstellt, dass es bei der Interpretation doch nur um die Auffindung von Vorgegebenem gehe. Der Interpret blendet durch die Verwendung derartiger Redeweisen seine Rolle aus; epistemologisch sind derartige Formulierungen aber sinnlos. Es finden sich im Vertrag in der Tat vielfältige Anhaltspunkte und Indizien, die für die Formulierung von Zielen von Bedeutung sind. Regelmäßig wird das entscheidende Organ (vor allem die europäische Gerichtsbarkeit) selbst aber konkret definieren müssen, welche Ziele im Einzelfall normativ einschlägig sind. 177

178 In diesem Zusammenhang hat der EuGH eine Vielzahl funktionaler und materiellrechtlicher Erwägungen herangezogen. Von funktionalen Anliegen getragen ist etwa sein Bemühen, bei der Auslegung der EU-Kompetenzen Handlungsmöglichkeiten zu schaffen, die eine effektive Verwirklichung unionaler Politiken ermöglichen (hierzu etwa: Rz. 38/16f. (Außenkompetenzen)). In ähnliche Richtung weist das **„Prinzip der Funktionsfähigkeit der Gemeinschaften“** sowie das **„institutionelle Gleichgewicht“** (oben Rz. 5/20). Auch der **Effektivitätsgrundsatz** („effet utile“), wonach die Norm ihre (vom EuGH angenommene) „praktische Wirkung“ auch tatsächlich erreichen soll, ist ein Baustein in der teleologischen Argumentation (EuGH, 29.11.1956, Rs. 8/55, „Fédération charbonnière de Belgique“; *Streinz,* FS Everling 1995, 1491).

179 In materieller Hinsicht haben etwa teleologische Argumente eine große Bedeutung, die auf dem Postulat aufbauen, dass auch in der EU demokratische und rechtsstaatliche Zustände herrschen müssten. Derartige Argumente haben den EuGH nicht nur dazu bewogen, den Normtypus der allgemeinen Rechtsgrundsätze (oben Rz. 9/31 ff.) auszubauen und mit Inhalten wie Gleichheit, Freiheit, Solidarität etc. anzureichern. Sie spielen dann auch bei der konkreten Interpretation von positiven Bestimmungen des EU-Rechts eine erhebliche Rolle.

180 Bei der Formulierung normativ gebotener Zielzustände ebenso wie bei der Abschätzung der Effektivität von möglichen Entscheidungen können Überlegungen **rechtsvergleichender Natur eine wichtige Rolle** spielen. Diese haben ihre Grundlage vor allem im Vergleich der nationalen Rechtsordnungen untereinander, können aber auch darüber hinausreichen.

181 Im Rahmen der teleologischen Argumentation sind auch funktionale Überlegungen zur Verteilung der Zuständigkeiten in der EU von Bedeutung. Hierzu gehört vor allem die (funktionale) Entscheidung, ob es im Lichte des Verhältnisses von Gerichtsbarkeit und demokratischem Gesetzgeber sinnvoll ist, den Wortlaut des positivierten Rechts zu überschreiten und richterliche Rechtsfortbildung zu betreiben.

6. Vertretbare, überzeugende und zwingende Entscheidungen

182 Die vorstehenden Begründungsansätze lassen regelmäßig mehr als eine Entscheidung zu. In Verfahren, die den EuGH beschäftigen, wird es so gut wie nie vorkommen, dass eine bestimmte Entscheidung **wirklich zwingend** ist. Vielmehr ergibt sich regelmäßig, dass sich unter Anwendung der vorstehend beschriebenen Erwägungen mehrere Entscheidungen als vertretbar darstellen. In diesem Fall geht es dann darum darzulegen, welche **der möglichen Entscheidungsoptionen die Überzeugendste** ist. Dabei spielen **Präjudizien** eine wichtige Rolle: Es besteht eine prima-facie-Vermutung, dass eine bereits getroffene Entscheidung diesem Erfordernis entsprochen hat.

183 Hierfür spricht auch der Gedanke der Rechtssicherheit: Rechtsprechung kann ihre Aufgabe sinnvoll nur erfüllen, wenn sie über den Fall hinaus Leitbildfunktion entfaltet. Für ein Gericht wie den EuGH, der nicht jeden Fall mit Bezug zum Unionsrecht selbst entscheiden kann und dessen Urteile daher europaweit Beachtung finden müssen, gilt dies in besonderem Maße.

184 Entweder bedarf es in einer solchen Situation der **„Abgrenzung“**, also der Darlegung, dass es sich bei dem nunmehr zu entscheidenden Fall um einen in wesentlichen Aspekten unterschiedlichen Fall handelt. Oder es bedarf der Darlegung, dass inzwischen

doch bessere Gründe für eine andersartige Entscheidung existieren; hierfür trägt derjenige die Argumentationslast, der die Abweichung einfordert.

Es gibt **keine mechanischen Regeln,** die den Prozess der Abwägung anleiten könnten, der vorgenommen werden muss, um zwischen verschiedenen Entscheidungsoptionen und deren Begründung zu wägen. Gäbe es derartige Regeln, könnte der Richter durch einen Computer ersetzt und juridische Vernunft durch Rechenleistung ausgeglichen werden. Es bedarf vielmehr juristischer Erfahrung, subtiler Kenntnis der bisherigen Rechtsprechung sowie der tatsächlichen Gegebenheiten, schließlich auch ein gehöriges Maß an Urteilsvermögen und Klugheit, um diesen Prozess durchzuführen. 185

Im Rahmen einer sog. ultra-vires Kontrolle (hierzu unten Rz. 10/21 ff.) gewinnt die Frage nach einer methodengerechten Rechtsanwendung durch den EuGH an Bedeutung. Das BVerfG sieht sich nur dann an die Urteile des EuGH gebunden, wenn sich dessen Argumentation auf „anerkannte methodische Grundsätze zurückführen lässt" und nicht „objektiv willkürlich erscheint" (BVerfG, 5.5.2020, 2 BvR 859/15 u.a., „PSPP", Rn. 112). 186

VI. Ausblick

Die vorstehenden Überlegungen haben deutlich gemacht, dass es im Prozess des Ausbaus des Integrationsverbands zwar zu immer neuen Ergänzungen, Anbauten, Erweiterungen etc. kam. Eine grundlegende Vereinheitlichung ist bislang allerdings unterblieben. Dies führt zu einer enormen Fragmentierung des europarechtlichen Rechtskorpus. Ein umfassender und wirklichkeitsgetreuer Überblick ist auch für Experten nur noch mit Mühe zu gewinnen. 187

Ein erheblicher **Grad an Fragmentierung** ist zunächst auf der Ebene des Primärrechts zu beobachten, wo das nicht immer logische Nebeneinander verschiedener Gründungsverträge, begleitet von Änderungsverträgen, Protokollen und sonstigen Akten (bis hin zu einer in die Verträge nicht unmittelbar inkorporierten Grundrechtecharta), einen Zustand der Zersplitterung herbeigeführt hat. Dieser Zustand wird noch dadurch verstärkt, dass die innere Rationalität der Integration in den einzelnen Bereichen voneinander abweicht. Vereinheitlichung tut hier not. Mit dem Vertrag von Lissabon wurde der Versuch unternommen, diesem Anliegen immerhin im Ansatz gerecht zu werden; das Nebeneinander verschiedener Verträge (EUV, AEUV, EAGV) verhindert aber eine wirklich befriedigende Lösung. 188

Ähnliche Probleme bestehen auch auf der Ebene des Sekundärrechts, wo die Vielzahl möglicher Entscheidungsverfahren mit je eigener Wirkung die rechtsstaatliche Legitimität der EU erheblich schwächt. Zwar hat der Lissabon-Vertrag mit der Bezeichnung des ordentlichen Gesetzgebungsverfahrens als „Regelgesetzgebungsverfahren" Fortschritte gebracht. Noch immer ist der Grad der Fragmentiertheit aber hoch. Hervorzuheben ist, dass die **Zahl der verfügbaren Rechtsinstrumente verringert** und so die Rechtsklarheit gesteigert werden konnte. 189

§ 10. Rang des Unionsrechts

Literatur: *Pernice/P. M. Huber/Lübbe-Wolff/Grabenwarter,* Europäisches und nationales Verfassungsrecht, VVDStRL 2001, 148/194/246/290; *Kadelbach,* Vorrang und Verfassung: das Recht der Europäischen Union im innerstaatlichen Bereich, FS Zuleeg, 2005, 219; *Terhechte,* Der Vorrang des Unionsrechts, JuS 2008, 403; *Hummer* (Hrsg.), Neueste Entwicklungen im Zusammenspiel von Europarecht und nationalem Recht der Mitgliedstaaten, 2010; *Posch,* Vorrang des Gemeinschaftsrechts vor Verfassungsrecht, 2010; *Wendel,* Permeabilität im Europäischen Verfassungsrecht, 2011; *Schwarze* (Hrsg.), Das Verhältnis von nationalem Recht und Europarecht im Wandel der Zeit, Bd. I, 2012; *Kruis,* Der Anwendungsvorrang des EU-Rechts in Theorie und Praxis, 2013; *Haratsch* (Hrsg.), Nationale Verfassungen und Europarecht, 2014; *Burchardt,* Die Rangfrage im Europäischen Normenverbund, 2015; *Schwerdtfeger,* Europäisches Unionsrecht in der Rechtsprechung des Bundesverfassungsgerichts – Grundrechts-, ultra vires- und Identitätskontrolle im gewaltenteiligen Mehrebenensystem, EuR 2015, 290; *Hwang,* Anwendungsvorrang statt Geltungsvorrang? Normologische und institutionelle Überlegungen zum Vorrang des Unionsrechts, EuR 2016, 355; *Hofmann/Heger,* Das Selbstverständnis des Bundesverfassungsgerichts als Hüter des Kompetenzverhältnisses zwischen der Europäischen Union und Deutschland, EuGRZ 2020, 176; *Aust,* Zweierlei Integrationsverantwortung, EuGRZ 2020, 410.

1 **Geltungskraft und Rang des Europäischen Unionsrechts** müssen sich gegenüber den Rechtsordnungen der souveränen MSen bewähren. Die EU ist kein Staat, sondern nur „Rechtsgemeinschaft" (neu: „Rechtsunion"). Sie ist darauf angewiesen, dass ihr Recht einen gesicherten Vorrang vor den Rechtsordnungen der MSen einnimmt. Nur so verfügt sie über die politische Autorität und die rechtliche Steuerungskraft, die sie zur Verwirklichung des Auftrags der Verträge benötigt. Vor allem durch die entschlossene Haltung des Europäischen Gerichtshofes seit den frühen sechziger Jahren des 20. Jahrhunderts hat sich der umfassende Vorrang des Unionsrechts im nationalen Raum durchgesetzt (EuGH, 15.7.1964, Rs. 6/64, „Costa/ENEL"; vgl. *Öhlinger/Potacs,* Gemeinschaftsrecht und staatliches Recht, 2001; *Pernice/P. M. Huber/Lübbe-Wolff/Grabenwarter,* VVDStRL 2001, 148/194/246/290; *Alter,* Establishing the Supremacy of European Law, 2003; hierzu unten Rz. 10/3ff.). Eine ausdrückliche Regelung gibt es im EUV oder AEUV weiterhin nicht (siehe unten Rz. 10/48).

2 Innerhalb des Mehrebenenverbunds von EU und MSen besteht eine Pluralität von Institutionen, Normsetzungsaufträgen, Verfahren und Handlungsformen. Regeln der Zuordnung und Konfliktschlichtung sind damit unverzichtbar. Auch innerhalb der EU handelt eine Vielzahl von Institutionen: Hieraus erwachsen Notwendigkeiten einer inneren Hierarchisierung des Unionsrechts (hierzu unten Rz. 10/36ff.).

I. Normenkollisionen zwischen EU-Recht und nationalem Recht

Literatur: *Grabitz,* Gemeinschaftsrecht bricht nationales Recht, 1966; *Nettesheim,* EU-Recht und nationales Verfassungsrecht (Deutscher Bericht XX. FIDE Tagung), 2002; *Niedobitek,* Der Vorrang des Unionsrechts, in: ders./Zemánek (Hrsg.), Continuing the European Constitutional Debate, 2008, 63; *Desens,* Auslegungskonkurrenzen im europäischen Mehrebenensystem, EuGRZ 2011, 211; *Mangold,* Gemeinschaftsrecht und deutsches Recht. Die Europäisierung der deutschen Rechtsordnung in historisch-empirischer Sicht, 2011; *Jarass,* Zum Verhältnis von Grundrechtecharta und sonstigem Recht, EuR 2013, 29; *Proelß,* Bundesverfassungsgericht und überstaatliche Gerichtsbarkeit, 2014; *Safferling,* Der EuGH, die Grundrechtecharta und nationales Recht: Die Fälle Åkerberg Fransson und Melloni, NStZ 2014, 545; *Nettesheim,* Kompetenzdenken als Legitimationsdenken, JZ 2014, 585; *Ludwigs/Sikora,* Der Vorrang des Unionsrechts unter Kontrollvorbehalt des BVerfG, EWS 2016, 121; *Sauer,* „Solange" geht in Altersteilzeit – Der unbedingte Vorrang der Menschenwürde vor dem Unionsrecht, NJW 2016, 1134; *Nettesheim,* Das PSPP-Urteil des BVerfG – ein Angriff auf die EU?, NJW 2020, 1631; *Haltern,* Ultra-vires-Kontrolle im Dienst europäischer Demokratie, NVwZ 2020, 817.

Dem Recht der EU wird grundsätzlich die Fähigkeit zur Entfaltung **supranationaler Wirkung** zugesprochen. Dieser Begriff beinhaltet den Vorrang des überstaatlichen Rechts sowie dessen unmittelbare Anwendbarkeit auf nationaler Ebene (hierzu Rz. 9/14ff.). Soweit eine Bestimmung hierzu inhaltlich und strukturell in der Lage ist, entfaltet sie auch unmittelbare Wirksamkeit (Begründung subjektiver Rechte). Dem Recht, das im Rahmen der GASP-Politik unter dem EU-Vertrag erlassen wird, kommt die letztgenannte Fähigkeit allerdings noch nicht zu (hierzu Rz. 9/140). 3

1. Der Vorranganspruch des Unionsrechts

Normhierarchische bzw. Kollisionsregeln bewirken die funktionale **Zuordnung** von **Entscheidungskompetenzen** (*Nettesheim,* EuR 2006, 737). Sie liegen jenseits der eigentlichen Kompetenzordnung, bilden aber einen unverzichtbaren Bestandteil. Sie ordnen die Entscheidungstätigkeit verschiedener Kompetenzträger zu; Anwendung können sie sowohl innerhalb der Ordnung eines Hoheitsträgers als auch in der föderalen Verspannung mehrerer Hoheitsträger finden. In einem eingespielten bundesstaatlichen System werden Konfliktmöglichkeiten zunächst und vor allem durch eine Kompetenzverteilung vermieden, die den aufeinander zutretenden Ebenen unterschiedliche Befugnisse zuteilt. In einem Mehrebenenverbund, in dem die EU auf Ausweitung ihrer Kompetenzen drängt, ist die **streitvermeidende Wirkung der Kompetenz*verteilung*** viel kleiner. Hieran hat sich auch durch die Einführung der Art. 2ff. AEUV nichts geändert. Reibungen zwischen den Ebenen werden auch in Zukunft unvermeidlich sein. Der Vorrang des Unionsrechts hat sich in Reaktion hierauf als ungeschriebene Kollisionsregel herausgebildet. Ihre Begründung fällt allerdings unterschiedlich aus. 4

a) Verfassungsähnliche Gründung einer autonomen Unionsrechtsordnung

Vor allem die EU-Institutionen vertreten einen „genuin europarechtlichen" Ansatz. Entscheidend für eine „europäisch" inspirierte Lösung der Vorrangfrage ist die Anerkennung des Grundgedankens, dass das Europäische Unionsrecht eine **eigenständige Rechtsordnung mit einer autonomen Unionsgewalt** darstellt. Sie ist von derjenigen der MSen unabhängig. Das Unionsrecht entsteht aus sich selbst heraus gemäß seiner besonderen Grundregeln. Soweit es nicht ausdrücklich anderes vorsieht, bedarf es keiner mitgliedstaatlichen Ratifikation oder Transformation, um gegenüber den jeweiligen Adressaten wirksam zu werden. Die Bestandteile des Primärrechts stellen sich dieser Sichtweise zufolge nicht nur als völkerrechtliche Verträge dar (hierzu *Dörr,* in: Grabitz/Hilf/Nettesheim (Hrsg.), Das Recht der EU, Art. 47 EUV Rn. 1ff. (Stand: 2020)), sondern zugleich auch als **verfassungsrechtliche „Gründungsakte" der Union.** In der parlamentarisch-demokratischen Zustimmung zur Errichtung der EU als einer selbstständigen, mit eigenständig durchsetzbaren Hoheitsrechten und Kompetenzen ausgestatteten Staatengemeinschaft lag nicht nur die übliche Zustimmung zu einem völkerrechtlichen Vertrag (in Deutschland im Sinne des Art. 59 Abs. 2 GG). 5

Vielmehr deutet man den Gründungsakt als eine Art definitiv gemeinte, durch Vertrag bewirkte und sich schrittweise materialisierende „Verfassungsgebung", mittels derer der Integrationsverband (zunächst in seiner Gestalt als EGen, später als EU) mit seinen Hoheitsbefugnissen „errichtet" und die Grundlage für seine Konstitutionalisierung gelegt wurde (entgegen dem Wortlaut von Art. 24 GG geht es danach nicht nur 6 um die „Übertragung“ von Befugnissen; offen jetzt Art. 23 Abs. 1 S. 2 GG). Die Mitwirkung eines parlamentarisierten „Verfassungskonvents“ im Änderungsverfahren nach Art. 48 EUV wird dieser Sichtweise zufolge den konstitutionellen Charakter des EU-Rechts in Zukunft noch stärker akzentuieren. Das Scheitern des Verfassungsvertrags 2005 macht allerdings zugleich deutlich, dass wichtige Teile der Bevölkerung der EU bislang eine **formelle Konstitutionalisierung** nicht hinzunehmen bereit sind.

7 Dieser Sichtweise zufolge ermöglichen die einschlägigen nationalen Verfassungsklauseln (beispielhaft: Abs. 2 der Präambel des GG und Art. 23 GG; Frankreich (Art. 88-1 bis 88-7 der Verfassung von 1958); Belgien (Art. 34); Dänemark (§ 20); Italien (Art. 11); Irland (Art. 29 Abs. 4 Nr. 3–8); Luxemburg (Art. 49bis); Niederlande (Art. 92); Griechenland (Art. 28 Abs. 2–3); Portugal (Art. 7 Abs. 6, Art. 8 Abs. 4), Spanien (Art. 93); Polen (Art. 91 Abs. 3); Ungarn (Art. E); Österreich (Art. 9 Abs. 2); Finnland (Sec. 94, 95); Schweden (Kap. 10 Art. 6); Kroatien (Art. 141 c); Bulgarien (Art. 85 Abs. 1 Nr. 9)) nicht nur die Einsetzung zwischenstaatlicher Rechtspersönlichkeiten, sondern auch die Schaffung einer überstaatlichen Gewalt mit Eigenstand. Es ist dann nur konsequent, dass nach der Gründung des Integrationsverbands das von ihm selbstständig erlassene **sekundäre Recht** an der Eigenständigkeit der Unionsgewalt teilnimmt (zur Rangordnung innerhalb des Unionsrechts unter Rz. 10/37 ff.). In der Funktionsweise des Rechts nimmt die EU so quasi-bundesstaatliche Züge an.

b) Die Rechtsprechung des Europäischen Gerichtshofs

8 Ohne die ständige Rechtsprechung des EuGH hätte sich die Grundidee der europarechtlichen Lösung, dass die Union über eine **eigenständige, in den MSen einheitlich, unmittelbar und vorrangig einwirkende Rechtsordnung** verfügt, kaum Gehör verschaffen können. Von der Frühphase der Integration an (EuGH, 5.2.1963, Rs. 26/62, „Van Gend & Loos“; EuGH, 15.7.1964, Rs. 6/64, „Costa/ENEL“; EuGH, 17.12.1970, Rs. 11/70, „Internationale Handelsgesellschaft“; EuGH, 9.3.1978, Rs. 106/77, „Simmenthal“) bis in die jüngste Zeit hat der EuGH in ständiger Rechtsprechung den **Grundsatz eines Vorrangs des Unionsrechts,** der das nationale Recht im Kollisionsfall ohne Weiteres unanwendbar macht, immer wieder bekräftigt und in immer neuen Konstellationen angewendet. Dabei sind zwei Axiome hervorzuheben: Erstens gilt der Vorrang gegenüber dem nationalen Recht jeder Rangstufe, also einschließlich der Verfassungen der MSen mit ihren Grundrechten. Zweitens setzt sich das EU-Recht auch gegenüber neuen, mit ihm kollidierenden staatliche Akten (insbesondere: Gesetzgebungsakten) durch; dies bedeutet, dass die Lex-posterior-Regel nicht gilt. Vorschriften des nationalen Rechts, die mit EU-Recht unvereinbar sind, sind außer Anwendung zu lassen, auch wenn sie Verfassungsrang haben (EuGH, 8.9.2010, Rs. C-409/06, „Winner Wetten“). Der EuGH zieht allerdings in Erwägung, dass die Rechtsfolge der Nichtanwendung der nationalen Vorschrift aus unionsrechtsinternen Erwägungen (bspw. Rechtssicherheit) vorübergehend ausgesetzt werden kann (analog Art. 264 Abs. 2 AEUV) (ebda, Rn. 67). Art. 53 GRC ist nicht dahingehend zu verstehen, dass sich ein MS unter Berufung auf seine Grundrechte über den Vorrang des EU-Rechts hinwegsetzen könnte (EuGH, 26.2.2013, Rs. C-399/11, „Melloni“). Jüngst hat sich der EuGH in einer Situation, in der nationale Gerichte ihm die Gefolgschaft zu verweigern drohen, **flexibel** gezeigt, ohne den grundsätzlichen Vorranganspruch zurückzunehmen (EuGH, 5.12.2017, Rs. C-42/17, „M.A.S.“).

Der Vorranganspruch erstreckt sich nicht nur auf das **Recht des AEUV,** sondern auch auf **das im Bereich des EUV entstehende Recht.** Zu denken ist an GASP-Akte mit innerstaatlichem Steuerungsanspruch. Denn auch in diesen Bereichen bedarf es der Sicherung der gleichen und einheitlichen Wirkung des überstaatlich gesetzten Rechts. Unter dem EUV-Nizza hat der EuGH dies jedenfalls indirekt bestätigt (EuGH, 16.6.2005, Rs. C-105/03, „Pupino"; *Först,* Die Pflicht zur rahmenbeschlusskonformen Auslegung, 2012). Für den Bereich der früheren PJZ hat der EuGH entschieden, dass ein mit Vorrang ausgestatteter Rahmenbeschluss ohne unmittelbare Wirkung nicht die entgegenstehende nationale Vorschrift verdrängt (EuGH, 24.6.2019, Rs. C-573/17, „Poplawski"). 9

c) Die europarechtliche Theorie in den Mitgliedstaaten

An der Entwicklung dieser entschlossenen und kühnen Rspr. des EuGH und an ihrer Vermittlung in der Praxis hatte die aufgeschlossene **europarechtliche Wissenschaft** in den MSen maßgeblichen Anteil. In **Deutschland** bereiteten *Ipsen* (Das Verhältnis des Rechts der Europäischen Gemeinschaften zum nationalen Recht, Beiheft ZHR 1965, 1) und *Grabitz* (Gemeinschaftsrecht bricht nationales Recht, 1966) der „Costa/ENEL"–Doktrin wesentlich den Boden. Bis zur Debatte um die Ratifikation des EUV 1992 war die Vorrangthese in der deutschen Lehre weithin angenommen (*Ipsen,* FS Börner, 1992, 163). Infolge der – übertriebenen – Sorge, durch die Kompetenzübertragungen des Maastricht-Vertrages werde die in Art. 79 Abs. 3 GG verankerte Staatlichkeit Deutschlands angetastet, wurden gelegentlich die „Grenzen des Vorrangs" betont (*Schilling,* Der Staat 1994, 555). Zu einer „verfassungsrechtlichen Wende" (*Ossenbühl,* DVBl. 1993, 629) kam es indessen erst im Zuge des Ausbaus der EU durch den Vertrag von Maastricht – ohne dass dies allerdings in dem 1992 geschaffenen neuen **Art. 23 GG** zum Ausdruck kommt. Seither werden die „Grenzen der Integration" und die daraus folgenden Grenzen des Vorrangs verstärkt betont. 10

In **Frankreich** fand die den Vorrang akzeptierende nationale Rspr. (unten Rz. 10/28) in der Lehre weithin Unterstützung (etwa *Fromont,* DÖV 1995, 48). Gleiches gilt für **Italien** (u. a. *Capelli,* Die Anwendung des Gemeinschaftsrechts in Italien, 1993; *Chiti,* Der Staat 1994, 1). Auch die **englische Doktrin** akzeptierte den „Auslegungsvorrang" des EuGH (*Lord MacKenzie-Stuart,* The Acceptance of Community Law in the English Legal Order, 1991; *Schmidt-Steinhauser,* Geltung und Anwendung von Europäischem Gemeinschaftsrecht im Vereinigten Königreich, 1994). Maßgebliche Beiträge zur Begründung und Entwicklung der Vorrangthese kamen aus den **Beneluxländern** (*Pescatore,* EuR 1970, 307; *Ganshof van der Mersch,* RTDE 1971, 423; *Wytink,* CMLRev 1993, 981). In anderen MSen sieht man die Sache ähnlich (für **Dänemark** ähnlich *Rasmussen,* EuR 1985, 66; für **Griechenland** *Antoniou,* Europäische Integration und griechische Verfassung, 1985, und für **Spanien** *Sanchez Legido,* REDC 1991, 175 sowie *De Albornoz,* Die Verwaltung 1995, 225). Auch die **österreichische Lehre** übernimmt die Vorrangdoktrin (*Schäffer,* DÖV 1994, 181; *Öhlinger,* FS Rill, 1995, 359; *Merli,* in: Hofmann (Hrsg.), Europarecht und die Gerichte der Transformationsstaaten, 2008, 170); allgemeiner Überblick bei: *Cruz Villalón,* in: von Bogdandy/Cruz Villalón/Huber (Hrsg.), IPE I, 2007, § 13. 11

2. Die Akzeptanz des Vorrangs des Unionsrechts in der Rechtsprechung der Mitgliedstaaten

In der **souveränen Staatlichkeit** der MSen liegt der Anspruch begründet, die Letztentscheidung über den Weg des Gemeinwesens zu treffen. Dies schließt eine grenzenlose und vorbehaltslose Anerkennung des Vorranganspruchs des EU-Rechts aus. Die obersten Gerichte der MSen haben sich vor dem Hintergrund ihrer Aufgabe, die nationalen Verfassungsordnungen zu schützen, daher nicht überall dem unbedingten Vorranganspruch des EuGH unterworfen. Nähme man diesen Anspruch wirklich ernst, könnte man den MSen kaum mehr Souveränität zuschreiben. Insofern verwundert es nicht und ist es im Grundsatz konsequent, wenn die Verfassungsgerichte jedenfalls einiger MSen weiterhin Grenzen ziehen, jenseits derer sie der eigenen Verfassungsordnung Vorrang vor dem EU-Recht einräumen. 12

13 Zwischen der EU-Ordnung und den nationalen Ordnungen besteht insofern eine **politische Schwebelage** (*Wahl,* Der Staat 2009, 587; *Cannizzaro,* Il Diritto dell'Unione Europea 2005, 1); rechtlich ist die Souveränität bei den MSen verblieben. Der Versuch einer Verwischung des Souveränitätsbegriffs („geteilte Souveränität" etc.) ändert daran nichts und ist häufig europa*politischen* Motiven geschuldet. Mit den Konflikten, die zwischen dem unbedingten Vorranganspruch des EuGH und den Vorbehalten nationaler Gerichte entstehen, ist pragmatisch und in gegenseitiger Loyalität umzugehen (*Kumm,* ELJ 2005, 262; *Maduro,* in: Walker (Hrsg.), Sovereignty in Transition, 2003, 501; *Voßkuhle,* NVwZ 2010, 1; *Proelß,* Bundesverfassungsgericht und überstaatliche Gerichtsbarkeit, 2014; *Spieker,* CMLRev 2020, 361).

a) Deutschland

14 Die **Rspr. des BVerfG** schwankte mehrfach zwischen einer weitgehenden Bereitschaft, den eigenständigen Charakter des Gemeinschafts- bzw. Unionsrechts zu respektieren, und dem Rückgriff auf eine Betrachtungsweise, die den MSen die „Herrschaft über die Verträge" sichern sollte (*Giegerich,* Europäische Verfassung und deutsche Verfassung im transnationalen Konstitutionalisierungsprozeß, 2003). Während zunächst Fragen des Grundrechtsschutzes ganz im Vordergrund standen, geht es inzwischen auch um Kompetenzfragen und Strukturfragen. Während das Gericht lange mit **verschiedenen Maßstäben gleichzeitig** operierte (Ultra-vires-Kontrolle, Grundrechtskontrolle, Identitätskontrolle), sieht das Gericht inzwischen die **Identitätskontrolle** als den allgemeinen Maßstab, auf den die ultra-vires-Kontrolle und die Grundrechtskontrolle zurückgeführt werden können (BVerfGE 142, 123, „OMT" (2016); *F. Mayer,* NJW 2015, 1999) (im Einzelnen: *Tischendorf,* Theorie und Wirklichkeit der Integrationsverantwortung deutscher Verfassungsorgane, 2017; *Sauer,* EuR 2017, 186).

15 Der verfassungsrechtliche Rechtsschutz kann einerseits am **Akt der Vertragsgebung** nach Art. 23 Abs. 1 GG ansetzen. In diesem Fall ist der angegriffene Akt ein Zustimmungsgesetz zu einer Vertragsänderung (etwa: BVerfGE 89, 155, „Maastricht" (1993); BVerfGE 123, 267, „Lissabon" (2009)). Prüfungsmaßstab ist dann, ob sich der gesetzliche Zustimmungsakt nach Art. 23 Abs. 1 S. 2 GG in den Grenzen des Art. 23 GG bewegt und sonstige, vom BVerfG entwickelte Anforderungen (BVerfGE 123, 267, „Lissabon" (2009): „Verfassungsidentität"; BVerfGE 129, 124 „Griechenlandhilfe" (2011): „Budgethoheit" des Haushaltsgesetzgebers) respektiert. In seiner Entscheidung zum ESM/Fiskalpakt (BVerfGE 132, 195 (2012)) geht das Gericht davon aus, dass auch völkerrechtliche Verträge im Umfeld des EU-Rechts („para-unionales Recht") überprüft werden können. Das BVerfG entnimmt im Fall einer Verfassungsbeschwerde die Antragsbefugnis Art. 38 GG; damit erlaubt es eine Popularverfassungsbeschwerde. Das BVerfG hat jüngst (BVerfG, 13.2.2020, 2 BvR 739/17, „Einheitliches Patentgericht") den „Anspruch auf Demokratie" erweitert auf die Kontrolle der Einhaltung formell-prozeduraler Anforderungen (hierzu Rn. 95ff.; Kritik im Sondervotum *König/Langenfeld/Maidowski*).

16 Andererseits kann Rechtsschutz gegen die Beachtung und Anwendung von EU-Recht durch deutsche Staatsorgane begehrt werden; Prüfungsmaßstab ist hier die **Einhaltung der Kompetenzgrenzen** seitens der EU, darüber hinaus aber auch die Beachtung der **unverfügbaren Anforderungen,** die das GG an die Ausübung europäischer Hoheitsgewalt in seinem Geltungsbereich stellt (Art. 23 Abs. 1 S. 1 und 3 GG; BVerfGE 134, 366, „OMT-Vorlagebeschluss" (2014)). Der Rechtsschutz kann hier entweder auf individuelle grundrechtliche Beeinträchtigung oder auf Art. 38 Abs. 1 GG gestützt werden (*Sauer,* EuR 2017, 186).

aa) Schutz der Verfassungsidentität

17 Den zentralen Prüfungsmaßstab für die verfassungsgerichtliche Kontrolle der Mitwirkung Deutschlands in der EU bildet inzwischen die „Verfassungsidentität". Das BVerfG hat in der Lissabon-Entscheidung (BVerfGE 123, 267 (2009); s. auch

BVerfGE 134, 366, „OMT-Vorlagebeschluss“ (2014); *Streinz,* FS Müller-Graff, 2015, 1193; *Lopez Castillo,* REDC 2017, 341) postuliert, dass die Teilnahme der Bundesrepublik am Integrationsprozess nicht zu einer Aushöhlung ihrer **„Verfassungsidentität“** führen dürfe. Dieses Konzept schützt einen **Kern deutscher Staatlichkeit** vor dem Integrationsprozess. Nur auf der Grundlage von Art. 146 GG soll eine weitergehende Integration Deutschlands möglich sein (*Nettesheim,* Der Staat 2012, 313). Auch wenn man dem Gericht im Grundansatz folgt, ist doch festzuhalten: Das Konzept bleibt weitgehend konturenlos. Das Gericht betont, dass nicht eine „bestimmte Summe oder bestimmte Arten von Hoheitsrechten in der Hand des Staates bleiben“ müsse. Den souveränen MSen müsse aber „ausreichender Raum zur politischen Gestaltung der wirtschaftlichen, kulturellen und sozialen Lebensverhältnisse“ bleiben. Dies gelte „insbesondere für Sachbereiche, die die Lebensumstände der Bürger, vor allem ihren von den Grundrechten geschützten privaten Raum der Eigenverantwortung und der persönlichen und sozialen Sicherheit prägen, sowie für solche politischen Entscheidungen, die in besonderer Weise auf kulturelle, historische und sprachliche Vorverständnisse angewiesen sind, und die sich im parteipolitisch und parlamentarisch organisierten Raum einer politischen Öffentlichkeit diskursiv entfalten“ (Rn. 248 f.). Zur Rechtfertigung dieses Postulats beruft sich das Gericht auf das **Demokratieprinzip:** Solange sich europäische Hoheitsgewalt ausschließlich über mitgliedstaatliche Akte legitimiere, dürfe sie nicht zu einer „Aushöhlung des demokratischen Herrschaftssystems in Deutschland“ führen. Das Konzept der Verfassungsidentität gibt dem BVerfG die Möglichkeit, in den politisch zu verantwortenden Integrationsprozess in beinahe beliebiger Weise einzugreifen. Denn was zur Verfassungsidentität gehört (oder eben auch nicht), hängt letztlich von der subjektiven Anschauung der Richter ab (zur Konkretisierung: *P. Kirchhof,* in: Isensee/Kirchhof (Hrsg.), HBStR II, 3. Aufl. 2004, § 21; die Literatur ist unübersehbar; vgl. die Beiträge in: GermanLJ 2009, Heft 4; Der Staat 2009, Heft 4; *Hatje/Terhechte* (Hrsg.), EuR-Beiheft 1/2010). In der Rechtsprechung zur „Euro-Rettung“ hat die **Budgetverantwortung des Parlaments** Bedeutung gewonnen. Maßstäbe, anhand derer entschieden werden könnte, welche Beschränkungen des heutigen Haushaltsgesetzgebers zur Erhaltung künftiger Freiheiten gerechtfertigt werden können, sind allerdings kaum zu erkennen. Zur Verfassungsidentität gehört darüber hinaus auch der **Schutz der Menschenwürde.** Das BVerfG hat hieraus Schranken für die Auslieferung im Rahmen des Europäischen Haftbefehlssystems entwickelt (BVerfGE 140, 317, „Europäischer Haftbefehl“ (2015); dazu *Nettesheim,* JZ 2016, 424; *Sauer,* NJW 2016, 1134).

bb) Demokratische Legitimation der EU

Einen ersten wichtigen Untermaßstab bildet das Gebot hinreichender demokratischer Legitimation. 18 Die Zulässigkeit von Verfassungsbeschwerden gegen Zustimmungsgesetze begründet das BVerfG seit der Maastricht-Entscheidung (BVerfGE 89, 155 (1993)) aus dem Wahlrecht der Bundesbürger nach Art. 38 GG. Die Norm begründe nicht lediglich das Recht zur Teilnahme an der Wahl, sondern auch die Garantie demokratischer Regierungsverhältnisse im Mehrebenenverbund. In der Maastricht-Entscheidung skizziert das Gericht vor diesem Hintergrund Anforderungen an die **Strukturen demokratischen Regierens** in der EU, in denen sich die von den MSen vermittelte Legitimation und die unmittelbar von der EU im Kreis der EU-Bürger gewonnene Legitimität ergänzen. Das Gericht fällt in der Lissabon-Entscheidung (BVerfGE 123, 267 (2009)) hinter dieses Konzept zurück und rekonstruiert die

Legitimierung der EU im Wesentlichen unter Rückgriff auf etatistische Grundmuster. Danach legitimiert sich die EU wesentlich über die MSen und deren Mitwirkungen im EuRat und im Rat (zuletzt: BVerfGE 151, 202, „Bankenunion" (2019); *Faraguna/Messineo,* CMLRev 2020, 1629; *Ludwigs/Pascher/Sikora,* EWS 2020, 1 und 85).

19 In den Entscheidungen zur Griechenlandhilfe (BVerfGE 129, 124 (2011)) und zum ESM/Fiskalpakt (BVerfGE 132, 195 (2012)) wird dies mit Blick auf die **Budgetverantwortung des Deutschen Bundestags** spezifiziert. Erst mit dem Übergang zum europäischen Bundesstaat müsse sich die EU unmittelbarer Legitimität versichern. Eine weitere Politisierung des Entscheidungsprozesses der EU (insbesondere durch Aufwertung des EP) gefährdet dieser Sichtweise zufolge die normativen Anforderungen des Demokratieprinzips eher, als dass sie ihnen zuträglich wäre. Die Entscheidung lässt die Frage damit offen, ob und wie eine weitere Demokratisierung der EU im Mehrebenenverbund gelingen kann.

cc) Einhaltung der Kompetenzgrenzen

20 Das BVerfG geht insbesondere davon aus, dass Hoheitsakte der EU, die sich nicht innerhalb der der EU eingeräumten Kompetenzen bewegen (dazu Rz. 11/2ff.), „undemokratisch" sind und deshalb für in Deutschland unanwendbar erklärt werden müssen **(„ultra-vires"-Kontrolle).** Seit dem Maastricht-Urteil vertritt das BVerfG die Auffassung, dass den Anforderungen des GG an eine Kompetenzübertragung nur dann entsprochen wird, wenn das Zustimmungsgesetz ein hinreichend klar umschriebenes „Integrationsprogramm" fixiert. Wesentliche Änderungen dieses Integrationsprogramms sollen danach unzulässig sein (BVerfGE 89, 155 Leitsatz 5 (1993)), ohne dass die diesbezüglichen Maßstäbe allerdings je klar herausgearbeitet worden wären. Keine Anwendbarkeit im Geltungsbereich des GG können zudem konkrete EU-Hoheitsakte beanspruchen, die sich außerhalb der EU-Kompetenzen bewegen und daher nicht vom jeweiligen Zustimmungsgesetz gedeckt sind. Das BVerfG beansprucht damit, prospektiv die **Bestimmtheit des Zustimmungsgesetzes** zu prüfen, *und* retrospektiv sicherzustellen, ob sich Rechtsakte der EU-Organe und EU-Einrichtungen in den Grenzen der ihnen eingeräumten Hoheitsrechte halten (ausführlich: *Mayer,* Kompetenzüberschreitung und Letztentscheidung, 2000). Im Verfahren BVerfGE 97, 350, „EURO" (1998) wurde diese Prüfung etwa mit Blick auf die Einhaltung der Vorgaben unternommen, die für die Einführung der gemeinsamen Währung festgelegt worden waren.

21 In den Entscheidungen „Honeywell" (BVerfGE 126, 286 (2010); zur Problematik: Rz. 9/49, 51, 99) und „PSPP" (BVerfG, 5.5.2020, 2 BvR 859/15) hat das Gericht die Maßstäbe der ultra-vires-Kontrolle präzisiert. Die Erklärung eines EU-Aktes als „ultra vires"-Akt ist danach nur dann möglich, wenn ein Kompetenzverstoß der EU-Institutionen **„hinreichend qualifiziert"** ist. Diese Qualifikation liegt nur dann vor, wenn die Kompetenzüberschreitung „offensichtlich" ist und „der angegriffene Akt im Kompetenzgefüge zu einer **strukturell bedeutsamen Verschiebung** zulasten der Mitgliedstaaten" führt (Leitsatz 1a). In „Honeywell" schien das Gericht – unter Kritik eines Minderheitsvotums – den materiellen Prüfungsanspruch deutlich zurückzunehmen (kritisch zum methodischen Ansatz: *Nettesheim,* JZ 2014, 585). In „PSPP" kam das Gericht dann aber doch zu einer willkürlichen und unvertretbaren Kompetenzüberschreitung sowohl der EZB als auch des (kontrollierenden) EuGH (hierzu:

Haltern, NVwZ 2020, 817; *Schorkopf,* JZ 2020, 734; *Nettesheim,* NJW 2020, 1631). Die Entscheidung ist teils auf Zustimmung, überwiegend aber auf (teils wütende) Kritik gestoßen (Beiträge in EuZW Heft 12/2020; GermanLJ Heft 5/2020).

Das BVerfG muss nach Art. 267 AEUV einen Rechtsakt, der möglicherweise kompetenzwidrig erlassen wurde, erst dem EuGH vorlegen, bevor es selbst seine Unanwendbarkeit erklären kann. Im Januar 2014 hat das BVerfG erstmals den EuGH in einer Vorlage darum gebeten, sich zur Kompetenzkonformität von EU-Handeln (konkret: Maßnahmen der EZB) zu äußern (BVerfGE 134, 366, „OMT-Vorlagebeschluss" (2014); vgl. auch BVerfGE 142, 123, „OMT-Endentscheidung" (2016)). Der Gerichtshof konnte keine Kompetenzüberschreitung erkennen (EuGH, 16.6.2015, Rs. C-62/14, „Gauweiler"; dazu *Classen,* EuR 2015, 477). In dem Folgeverfahren „PSPP" legte das Gericht erneut vor (BVerfGE 146, 216, „PSPP" (2017)). Der EuGH stellte wiederum fest, dass die EZB die Vertragsgrenzen eingehalten habe (EuGH, 11.12.2018, Rs. C-493/17, „Weiss"). Das BVerfG folgte hier erstmalig nicht. 22

dd) Grundrechtsschutz

Rechtsfragen des Grundrechtsschutzes bildeten zwar den Ausgangspunkt der Beschäftigung des BVerfG mit den **Grenzen der Integration.** Lange ging es vor allem darum, vermeintliche Defizite im EU-Grundrechtsschutz auszugleichen; heute geht es mehr darum, dem BVerfG Mitsprachemöglichkeiten zu sichern (sogleich Rz. 10/25). 23

In der Frühzeit der europäischen Integration ging es zunächst darum, ob und wie deutsche Grundrechte gegenüber EU-Recht angewandt werden könnten. Das BVerfG legte früh eine europarechtsfreundliche Sichtweise an den Tag. In BVerfGE 22, 293 (1967) bekannte es sich schon Ende der 1960er Jahre zur **Grundkonzeption der EG als autonomer und grundsätzlich vorrangiger Rechtsordnung.** Seither war auch anerkannt, dass das BVerfG zwar die deutsche Hoheitsgewalt überwacht, nicht aber unmittelbar EU-Akte überprüfen kann. Im Jahr 1974 erklärte das Gericht dann aber, dass die Grundrechte des GG dem Anwendungsanspruch des (damaligen) EG-Rechts Grenzen zögen, „solange" die Organe der EG nicht selbst einen hinreichenden Grundrechtsschutz gewährleisteten (BVerfGE 37, 271, **„Solange I"** (1974)). In diesem Kontext wurde auch der Bedarf für einen eigenen Grundrechtekatalog erwähnt. Nach vehementer Kritik (statt vieler *Ipsen,* EuR 1975, 1) und dem starken Ausbau des EG-Grundrechtsschutzes (Rz. 17/2ff.) erklärte sich das Gericht in BVerfGE 73, 339, **„Solange II"** (1986) zum Verzicht bereit, einem nationalen Durchführungsakt von EG-Recht Grundrechte des GG entgegenzuhalten, „solange die Europäischen Gemeinschaften, insbesondere die Rechtsprechung des EuGH, einen wirksamen Schutz der Grundrechte gegenüber der Hoheitsgewalt der EG generell gewährleisten, der dem vom Grundgesetz als unabdingbar gebotenen Grundrechtsschutz im Wesentlichen gleich zu achten ist, zumal den Wesensgehalt der Grundrechte generell verbürgt." In dieser Entscheidung liegt eine **Zurücknahme des verfassungsgerichtlichen Prüfungsanspruchs,** die vor dem Hintergrund der grundgesetzlichen Rechtsschutzgewähr nicht unproblematisch ist, rechtspolitisch aber eine wesentliche Befriedungsfunktion hatte. In der Entscheidung BVerfGE 102, 147, **„Bananenmarkt"** (2000) hat das Gericht dann wieder Anschluss an die Entscheidung „Solange II" gesucht. Die darauffolgende Rechtsprechung hielt sich an diese Linie (so etwa BVerfGE 118, 79 (2007)). 24

25 Soweit es um die Bestimmung der Grenzen des Vorranganspruchs geht, hat sich das Gericht inzwischen auf eine grundrechtliche Identitätskontrolle am Maßstab der Menschenwürde (Art. 1 Abs. 1 GG) zurückgezogen (BVerfGE 140, 317 „Europäischer Haftbefehl" (2015); Rz. 10/17). In der konkreten Entscheidung sah das Gericht im Schuldgrundsatz als **Ausprägung der Menschenwürde als Bestandteil deutscher Verfassungsidentität** eine absolute Grenze des Vorrangs des Unionsrechts; der Vollstreckung eines europäischen Haftbefehls sind damit verfassungsrechtliche Grenzen gezogen (zur Rolle des BVerfG bei der Anwendung von EU-Grundrechten: Rz. 17/45).

b) Andere Mitgliedstaaten

26 Die Rechtslage in den anderen MSen fällt uneinheitlich aus (*Wendel,* Permeabilität im europäischen Verfassungsrecht, 2011; *Lenaerts,* EuR 2015, 3). Es lassen sich drei Gruppen von MSen unterscheiden (*Kruis,* Der Anwendungsvorrang des EU-Rechts in Theorie und Praxis, 2013, 54–72):

aa) Unbeschränkte Anerkennung des Vorrangs

27 In einigen MSen ist der Vorranganspruch in vollem oder doch weitgehendem Umfang anerkannt. Dies gilt etwa für die **Niederlande** (Raad van State, Entscheidung v. 7.7.1995, NJB-katern 1995, 426) oder – mit äußersten Grenzen – für **Österreich** (Österr. VfGH, VfSlg. 15427/1999; *Griller,* in: Kellermann u. a. (Hrsg.), EU Enlargement, 2001, 147). Der österr. VfGH hat zudem der GRC den Status verfassungsrechtlich gewährleisteter Rechte zugeschrieben und so unmittelbar in die nationale Rechtsordnung integriert (VfGH, Entsch. v. 14.3.2012, U 466/11-18, U-1836/11-13).

bb) Qualifizierte Anerkennung des Vorrangs

28 In einer **zweiten Gruppe** von Staaten wird der Vorrang des EU-Rechts zwar grundsätzlich anerkannt; allerdings werden ihm Grenzen gezogen. Dieser Gruppe gehören – neben Deutschland – insbesondere die nachfolgend genannten Staaten an.

In **Belgien** ist die frühe vorrangfreundliche Rechtsprechung der Cour de Cassation (Entsch. v. 27.5.1971, J. T. 1971, 460) inzwischen von der Cour d'Arbitrage (Entsch. v. 16.10.1991, J. T. 1992, 6670) korrigiert worden; danach kann die materielle Verfassungskonformität von Bestimmungen internationaler Verträge überprüft werden.

In **Dänemark** hat der Oberste Gerichtshof Überprüfungsbefugnisse der nationalen Gerichte postuliert (Højesteret, Entsch. v. 6.4.1998, EuGRZ 1999, 49; *Thomas,* ZaöRV 1998, 879). In einer Entscheidung vom 6.12.2016 (Rs. 15/2014) weigerte sich der Oberste Gerichtshof, dem EuGH in der Interpretation von EU-Sekundärrecht nachzukommen.

Die **irische Verfassung** bestimmt, dass kein Verstoß eines bestehenden oder zukünftigen Bestandteils des Unionsrechts gegen das irische Grundgesetz festgestellt werden darf; das Unionsrecht wird so weitgehend immunisiert. Allerdings entnimmt man der Entscheidung des Supreme Court im Abtreibungsfall (Society for the Protection of Unborn Children/Grogan, (1989) IR 753), dass im Fall des Verstoßes gegen Menschenrechtsgarantien der Verfassung Ausnahmen bestehen können.

In **Italien** wurde in Entscheidungen des Verfassungsgerichtshofes in den 1970er und 1980er Jahren (Entsch. v. 27.12.1973, EuR 1974, 255; Entsch. v. 8.7.1984, Il Foro Italiano 1984 I, 2062) die Vorrangthese grundsätzlich akzeptiert; allerdings werden hier Grenzen des Vorrangs postuliert (*Panara,* in: Bogdandy/Cruz Villalón/Huber

(Hrsg.), IPE I, 2007, § 18). Die Corte costituzionale versucht seit 2017 (Entsch. v. 7.11.2017, 269/2017; zur Entwicklung: *Perlo,* RTDE 2020, 195), die Fachgerichte dazu zu bewegen, ihn bei Überschneidung bzgl. des Grundrechtsschutzes auf nationaler und europäischer Ebene vorrangig anzurufen (vergleichbar mit der Situation in Frankreich).

In **Frankreich** war die Situation über Jahrzehnte dadurch gekennzeichnet, dass der Conseil constitutionnel auf eine „A priori-Kontrolle" (zeitlich vor der Ratifikation von Änderungen der europäischen Verträge) beschränkt war. Konflikte konnten durch rechtzeitige Änderungen der französischen Verfassung im Interesse ihrer EU-Konformität vermieden werden (insb. Entsch. 92-308 DC, „Maastricht" v. 9.4.1992). Inzwischen ist durch die Verfassungsreform 2008 allerdings auch eine nachträgliche Kontrollmöglichkeit eingeführt worden (sog. „question prioritaire de constitutionnalité" (Art. 61 der Verfassung)), nach der der Vorranganspruch zumindest in zeitlicher Hinsicht in Frage gestellt wird, da für den (bestimmten) Fall der Zweifel an Verfassungs- und Vertragskonformität eines nationalen Gesetzes ausdrücklich der verfassungsrechtlichen Klärung dieser Frage durch den Conseil constitutionnel der Vorrang eingeräumt wird (vgl. *Gundel,* EuR 2012, 213; *Mehdi,* CMLRev 2011, 439; zur unionsrechtlichen Seite: EuGH, 22.6.2010, Rs. C-188/10, „Melki"). In der Sache hatte die Cour de Cassation (Entsch. v. 24.5. und 15.12.1975, EuR 1975, 326 bzw. Recueil Dalloz 1976, 33) den Vorrang des EG-Rechts vor dem einfachen Recht aus der Eigenart der Gemeinschaftsordnung erklärt. Dem Unionsrecht wird ein Rang zwischen der Verfassung und dem einfachen Gesetz zuerkannt. Der Conseil d'Etat hat sich angeschlossen (Entsch. v. 20.10.1989, „Nicolo", EuGRZ 1990, 99), allerdings immer wieder Vorbehalte gezeigt (Entsch. v. 8.2.2007 „Arcelor u. a.", EuR 2008, 57 (*Mayer/Lenski/Wendel,* EuR 2008, 63). Immer wieder hat sich auch der Conseil Constitutionnel (im Kontext der Kontrolle von RL-umsetzenden Gesetzen) zu dieser Frage geäußert und formuliert, dass der Kernbestand der franz. Verfassung nicht in Frage gestellt werden dürfe (Entsch. v. 27.7.2006; vgl. auch Conseil d'Etat, Entsch. v. 8.2.2007). Zugleich betont er aber auch die aus Art. 88-1 der Verfassung abgeleitete verfassungsrechtliche Verpflichtung zur Umsetzung des Unionsrechts.

Nachdem man in **Griechenland** zunächst von einem Vorrang der Verfassung ausgegangen war (Art. 28 Abs. 1; *Evrigenis,* CMLRev 1980, 157), ist heute der Vorrang des EU-Rechts grundsätzlich anerkannt.

Die **schwedische Verfassung** sieht – ähnlich wie Art. 23 GG – materielle Anforderungen an die EU vor (Kapitel 10 § 5). In der Folge geht man davon aus, dass der grundsätzlich anerkannte Vorrang (Regeringsrätten, Entsch. v. 25.11.1997, RÅ 1997 ref. 65) auf Grenzen stößt. Größere Konflikte sind allerdings noch nicht aufgetreten.

In **Spanien** hat das Tribunal Constitutional die Prüfung der Verfassungskonformität von EU-Recht schon früh in Anspruch genommen (Entsch. v. 1.7.1992, EuGRZ 1993, 285; *López Castillo/Polakiewicz,* EuGRZ 1993, 277). In einer Entsch. v. 13.12.2004 (EuR 2005, 339) hat das Gericht die Verfassungsbestimmung des Art. 93 als Öffnungsklausel begriffen, die die spanische Rechtsordnung der Einwirkung des EU-Rechts öffne, zugleich aber auch Grenzen ziehe (vgl. *Lopez Castillo* (Hrsg.), Instituciones y Derecho de la Unión Europea, Bd. I, 2015, 22ff.).

Der **tschechische Verfassungsgerichtshof** hat in seiner Entscheidung zum Lissabon-Vertrag verfassungsrechtliche Prüfungsmaßstäbe entwickelt, im Ergebnis aber keine Einwände gegen den Vertrag erhoben (Entsch. v. 26.11.2008) (*Sadurski,* ‚Solange chapter 3‘: Constitutional Courts in Central Europe, ELJ 2006, 1). Inzwischen liegt vom VerfGH eine „ultra-vires"-Entscheidung vor (EuGRZ 2012, 597); sie hat bislang nicht zu Verwerfungen geführt.

cc) Grundsätzlicher Vorrang des Verfassungsrechts

29 Eine dritte Gruppe von Staaten ist dadurch gekennzeichnet, dass sie der Verfassung Vorrang vor dem Unionsrecht zuerkennt. Zu nennen ist hier vor allem Polen. In einem Urteil vom 11.5.2005 hat der **polnische Verfassungsgerichtshof** die polnische Verfassung und das Unionsrecht als gleichwertige Rechtsordnungen verstanden, deren Friktionen durch eine integrationsfreundliche Auslegung vermieden werden sollen (poln. VerfGH, EuR 2006, 236; *Bainczyk/Ernst,* EuR 2006, 247; *Brandt,* EuR 2009, 131). In späteren Entscheidungen hat der VerfGH dann der polnischen Verfassung prinzipiellen Vorrang vor dem EU-Recht gegeben und die Konfliktbewältigung auf prozeduralem Weg gesucht.

30 Insgesamt gesehen erscheint somit die „Rechtsgemeinschaft EU" durch eine mittlerweile **hinreichende Akzeptanz der Vorrangthese** in Praxis und Theorie einigermaßen gesichert. In anderen MSen beobachtet man genau, wie das BVerfG dem Vorranganspruch Grenzen zieht. Es ist nicht ausgeschlossen, dass die Entscheidung des BVerfG vom 5.5.2020 dort Parallelentwicklungen provoziert.

3. Konsequenzen des Vorrangs: Unionsrechtskonforme Auslegung sowie Unanwendbarkeit des nationalen Rechts („Anwendungsvorrang") im Konfliktfall

31 Das **Prinzip der unionsrechtskonformen Auslegung** besagt, dass staatliche Stellen Bestimmungen des staatlichen Rechts „im Lichte des EU-Rechts" auszulegen und fortzubilden haben (*Nettesheim,* AöR 1994, 261; *Schürnbrand,* JZ 2007, 910; *Hecker,* Europäisches Strafrecht, 5. Aufl. 2015, § 10; *Knaupe,* Die unionsrechtskonforme Auslegung des bundesdeutschen Strafrechts, 2020; *Wietfeld,* JZ 2020, 485; *Kamanabrou,* Richtlinienkonforme Auslegung im Rechtsvergleich, 2021). Das Prinzip dient der **Durchsetzung der von Zielvorgaben des EU-Rechts** (z. B. EuGH, 5.10.2004, verb. Rs. C-397/01 u. a., „Pfeiffer", Rn. 103; EuGH, 4.7.2006, Rs. C-212/04, „Adeneler", Rn. 111). Aus der Sicht der Rechtsanwender muss es als (vorrangige) „Auslegungsmethode" zur Anwendung gebracht werden. Ggf. ist der EuGH mit der Ermittlung der Ziele des EU-Rechts zu befassen (Art. 267 AEUV). Der wichtigste Anwendungsfall des Prinzips ist die richtlinienkonforme Auslegung des staatlichen Rechts. Das Prinzip ist darüber hinaus überall dort zu beachten, wo staatliches Recht angewandt wird, das im Anwendungsbereich von EU-Recht liegt. Der EuGH besteht darauf, dass eine gefestigte Rechtsprechung geändert werden muss, um den Anforderungen des Prinzips zu entsprechen (EuGH, 19.4.2016, Rs. C-441/14, „Dansk Industri", Rn. 33). Vertrauensschutz könne dem nicht entgegenstehen (aaO. Rn. 38). Solange sich die Vorgaben des EU-Rechts innerhalb des Wortlauts der anzuwendenden Bestimmung des staatlichen Rechts verarbeiten lassen, ergeben sich aus dem (staatlichen) **Prinzip der Gesetzesbindung** keine Probleme. Beruft sich der Rechtsanwender auf das Prinzip, um Rechtsfortbildung contra legem oder praeter legem zu betreiben, können verfas-

sungsstaatliche Kompetenzgrenzen überschritten werden. In jüngeren Entscheidungen hat der EuGH diese Bedenken aufgegriffen. Er verlangt eine unionsrechtskonforme Auslegung des staatlichen Rechts nur in dem Rahmen, der den staatlichen Rechtsanwendern nach staatlichem Recht (kompetenziell) eröffnet ist (z. B. EuGH, 15. 1. 2014, Rs. C-176/12, „Association de médiation sociale", Rn. 39: Der Grundsatz der unionsrechtskonformen Auslegung dürfe „nicht als Grundlage für eine Auslegung contra legem des nationalen Rechts dienen"). Ggf. ist dann zu prüfen, ob eine unmittelbare Anwendung der in Frage stehenden Bestimmung des EU-Rechts in Betracht kommt.

Bestimmungen des staatlichen Rechts, die mit vorrangigem EU-Recht kollidieren, 32 sind im übrigen unanwendbar. Zwar sind die Rechtsfolgen, die sich aus dem Vorrangprinzip ergeben, im Vertrag nicht festgelegt. Zwei Optionen sind denkbar. Der radikalere Ansatz, der die EU „(vor)bundesstaatlich" deutet, läuft auf einen Geltungsvorrang hinaus. Danach würde EU-Recht nationales Recht im bekannten föderalen Sinne (z. B. des Art. 31 GG) mit der **Konsequenz der Nichtigkeit des nachrangigen Rechtes** brechen (so etwa *Grabitz,* Gemeinschaftsrecht bricht nationales Recht, 1966). Die EG-Praxis, insbesondere die Rspr. des Gerichtshofes (EuGH, 4. 4. 1968, Rs. 34/67, „Lück"; EuGH, 9. 3. 1978, Rs. 106/77, „Simmenthal") ist den **behutsameren Weg** gegangen, die unionsrechtswidrige nationale Norm lediglich für **„ohne weiteres unanwendbar"** zu erklären. Das meint die „Überlagerung" oder „Verdrängung" des mitgliedstaatlichen Rechts in dem Sinne, dass die nationale Norm im Anwendungsbereich des vorrangigen Unionsrechts in jeder Beziehung „automatisch" außer Anwendung und Betracht bleibt. Sie ist aber nicht schlechthin nichtig. Sie kann in dem (praktisch höchst seltenen) Falle eines Außerkrafttretens der Gemeinschaftsbestimmung wieder „aufleben". Zudem kann sie in Sachverhaltskonstellationen, die vom EU-Recht nicht abgedeckt werden (im Hinblick auf Grundfreiheiten: rein innerstaatliche Sachverhalte; Drittstaatskonstellationen), weiterhin angewandt werden.

Das Konzept des Anwendungsvorrangs ist heute unionsweit grundsätzlich unumstrit- 33 ten. Der Unterschied zur radikalen Sicht ist in **der praktischen Anwendung des Unionsrechts** kaum spürbar. Er liegt mehr in der politischen Sphäre, in dem Sinne, dass die noch verhältnismäßig junge und neuartige EU ihre sachnotwendige Suprematie gegenüber den MSen nur in dem strikt gebotenen Umfang ausübt. Andernfalls droht, wie die Geschichte mehrfach gezeigt hat, die Gefahr, dass sich die EU im Verhältnis zu ihren sie weithin tragenden Mitgliedern „überhebt". Rechtstheoretisch beschreibt der Begriff des Anwendungsvorrangs keine Rang-, sondern eine Kollisionsregel (hierzu *Funke,* DÖV 2007, 733). Außerhalb des Anwendungsbereichs des Unionsrechts bleibt europarechtswidriges nationales Recht daher uneingeschränkt anwendbar. Der Vorrang des Unionsrechts muss um der Funktionsfähigkeit der Union willen **rangunabhängig** in dem Sinne gelten, dass EU-Recht jeglicher Stufe nationale Normen jeden Ranges überlagert. So hat im Falle „Tanja Kreil" (EuGH, 11. 1. 2000, Rs. C-285/98) die damalige Anti-Diskriminierungsrichtlinie 76/207 (ABl. 1976, L 39/40) zur Änderung des Art. 12a Abs. 4 S. 2 des deutschen Grundgesetzes genötigt (unten Rz. 17/77). In Deutschland ist dies – vorbehaltlich der beschriebenen Grenzen der Integration – auch anerkannt.

Der Anwendungsvorrang ist **von allen mitgliedstaatlichen Stellen** zu beachten (zur 34 Prüfungskompetenz des Bundespräsidenten: *Neumann,* DVBl. 2007, 1335). Friktionen mit den verfassungsrechtlichen Grundsätzen der Gewaltenteilung und der Rechtssicherheit wirft jedoch die hieraus resultierende „Normverwerfungskompetenz" (i. e. Nichtanwendungskompetenz) nationaler Fachgerichte (hierzu *Hummel,* NVwZ 2008, 36) und Behörden (hierzu *Streinz/Herrmann,* BayVBl. 2008, 1) auf, deren Bindung an den parlamentarischen Gesetzgeber im Falle einer angenommenen Europarechtswidrigkeit relativiert wird. Erklärt ein MS-Gericht einen Akt der EU für unanwendbar, so liegt darin aus Sicht der EU-Organe eine Vertragsverletzung, die nach Art. 258 AEUV angegriffen werden kann. Politische Umsicht ist hier unabdingbar, um Eskalationen zu vermeiden.

35 Hinsichtlich des Anwendungsvorrangs kann zwischen Fällen **direkter und indirekter Kollision** differenziert werden (hierzu statt vieler *Kadelbach,* Allgemeines Verwaltungsrecht unter europäischem Einfluss, 1999). Im Falle der direkten Kollision ordnen Unionsrecht und mitgliedstaatliches Recht einander widersprechende Rechtsfolgen an; Folge ist die Unanwendbarkeit des mitgliedstaatlichen Rechts. Hingegen ist die sog. „indirekte" Kollision dadurch gekennzeichnet, dass mitgliedstaatliches Recht (insbesondere Organisations-, Verfahrens- und Prozessrecht) die wirksame Anwendung von Unionsrecht hindert. Hier hilft der Rückgriff auf das **Äquivalenz- und Effektivitätsprinzip** (hierzu Rz. 12/36ff.) weiter. Modifikationen des nationalen Rechts ergeben sich beispielsweise im Hinblick auf Bestandskraftregelungen (hierzu Rz. 33/10). Im Hinblick auf „indirekte" Kollisionen wird teilweise eine Relativierung des Unanwendbarkeitsparadigmas vorgeschlagen (hierzu *Ehlers/Eggert,* JZ 2008, 585). Daneben wird eine zeitliche Beschränkung des Anwendungsvorrangs (hierzu *Beljin,* NVwZ 2008, 156) – im Sinne der „Unvereinbarkeitserklärung" des BVerfG – erörtert.

II. Normenhierarchie innerhalb des Unionsrechts

Literatur: *Hofmann,* Normenhierarchien im europäischen Gemeinschaftsrecht, 2000; *von Arnauld,* Normenhierarchien innerhalb des primären Gemeinschaftsrechts, EuR 2003, 191; *Groß,* Exekutive Vollzugsprogrammierung durch tertiäres Gemeinschaftsrecht?, DÖV 2004, 20; *Nettesheim,* Normenhierarchien im EU-Recht, EuR 2006, 737; *Wölker,* Die Normenhierarchie im Unionsrecht in der Praxis, EuR 2007, 32; *Höpfner,* Die systemkonforme Auslegung: zur Auflösung einfachgesetzlicher, verfassungsrechtlicher und europarechtlicher Widersprüche im Recht, 2008; *Mitschke,* Plädoyer für eine Renaissance des EU-Sekundärrechts, IStR 2013, 15; *Leible/Domröse,* Die primärrechtskonforme Auslegung, in: Riesenhuber (Hrsg.), Europäische Methodenlehre, 3. Aufl. 2015, 146; *Syrpis,* The Relationship between Primary and Secondary Law in the EU, CMLRev 2015, 461.

1. Rang und Vorrang des Primärrechts

36 Innerhalb des Primärrechts, welches insbesondere die Integrations- und Änderungsverträge, das ungeschriebene Gewohnheitsrecht und die allgemeinen verfassungsrechtlichen Rechtsgrundsätze umfasst (hierzu Rz. 9/19ff.), existieren gewisse **normhierarchische Abstufungen.** Zwar stehen alle Bestimmungen des *geschriebenen Vertragsrechts* auf gleicher Stufe. Am einheitlichen Rang des Vertragsrechts nehmen auch die in den Beitrittsverträgen enthaltenen Bestimmungen sowie die Bestimmungen der Protokolle (vgl. Art. 51 EUV) teil. Gewohnheitsrecht und allgemeine Rechtsgrundsätze stehen allerdings, soweit sie ihrem Gehalt nach dem Primärrecht zuzurechnen sind, im Rang unter dem geschriebenen Vertragsrecht (oben Rz. 9/20); sie werden durch Normen des geschriebenen Rechts derogiert (zum ungeschriebenen Primärrecht: *Knauff,* FS Scheuing, 2011, 127).

Eine Differenzierung zwischen „Verfassungsgebung" und Vertragsänderung, wie sie sich in der verfassungstheoretischen Diskussion der MSen um die Differenzierung zwischen pouvoir constituant und pouvoir constitué spiegelt, kennt die Union nicht, insbesondere da sich Vertragsgeber und vertragsändernder Normgeber entsprechen. Daher kann eine Vertragsänderung grundsätzlich nicht vom EuGH überprüft werden (EuGH, 13.1.1995, Rs. C-253/94 P, „Roujansky"). Auch die Differenz der Änderungsverfahren in Art. 48 EUV führt nicht zu normhierarchischen Unterschieden. Allerdings hat eine Vertragsänderung nach Art. 48 Abs. 6 EUV den dort genannten prozeduralen und substanziellen Voraussetzungen zu entsprechen; dies kann vom EuGH überprüft werden (EuGH, 27.11.2012, Rs. C-370/12, „Pringle", Rn. 31 ff.). Die – verschiedentlich diskutierte (vgl. etwa *Peters,* Elemente einer Theorie der Verfassung Europas, 2001, 341 ff.) – Annahme änderungsfester Bestandteile des EUV (etwa Art. 6 EUV) würde sich über die politisch gewollte und rechtlich zu respektierende Offenheit des Integrationsprozesses hinwegsetzen und die staatliche Souveränität der Vertragsparteien ignorieren. 37

Der **Vorrang des Primärrechts** vor dem Sekundärrecht – im Sinne aller auf das EU-Primärrecht gestützten EU-Rechtsakte – ist anerkannt (vgl. Art. 13 Abs. 2 EUV, Art. 288 Abs. 1 AEUV) und begründet sich aus dem Umstand, dass erst der Vertrag die Organe und Institutionen ermächtigt, Rechtshandlungen vorzunehmen und Sekundärrecht zu schaffen. Ergangenes Sekundärrecht ist demzufolge primärrechtskonform auszulegen (vgl. *Leible/Domröse,* in: Riesenhuber (Hrsg.), Europäische Methodenlehre, 3. Aufl. 2015, 146). Kann allerdings in den Grenzen des methodisch Möglichen eine mit den höherrangigen Normen des Primärrechts übereinstimmende Lesart nicht gefunden werden, ist eine niederrangige Norm ungültig. Der EuGH hat bislang nur in seltenen Ausnahmefällen diese Konsequenz gezogen; er handhabt die Prüfungsmaßstäbe so, dass in der Regel die Gültigkeit des angegriffenen Sekundärrechtsakts festgestellt werden kann. Hierin drückt sich der gerichtliche Respekt vor der politisch zu verantwortenden Entscheidung des Normgebers, aber auch ein gewisser „Corpsgeist" der europäischen Institutionen aus. 38

Einzelnen Normengruppen des Primärrechts kommt jedoch nur eine **beschränkte Derogationskraft** zu. Es handelt sich hierbei etwa um Bestimmungen in Beitrittsverträgen, welche Sekundärgesetzgebung ändern oder anpassen. Obwohl diese Bestimmungen der Natur nach zum Primärrecht zählen, können sie nach st. Rspr. des EuGH ihrerseits wiederum durch Sekundärrecht verändert, überlagert oder aufgehoben werden. 39

Anders verhält es sich bei „verwaltungsrechtlichen" **allgemeinen Rechtsgrundsätzen,** die von vornherein dem Sekundärrecht zuzusprechen sind (vgl. Rz. 9/43), wie etwa die Grundsätze über die Aufhebung von Verwaltungsakten oder verwaltungsrechtliche Rückforderungsansprüche. Diese treten gegebenenfalls hinter dem ranggleichen spezielleren Sekundärrecht zurück. Zum Vorrang des Diskriminierungsverbots als allgemeinem Rechtsgrundsatz vor sekundärrechtlichen Ausgestaltungen vgl. unter Rz. 9/43. Zur Auslegung des Primärrechts: *Pechstein/Drechsler,* in: Riesenhuber (Hrsg.), Europäische Methodenlehre, 3. Aufl. 2015, 125. 40

Entsprechend den Regelungen in Art. 264, 267 AEUV und Art. 277 AEUV bedarf der Eintritt der Derogationsfolgen im Falle der Kollision von höherrangigem mit niederrangigem Recht einer entsprechenden **Feststellung durch den EuGH** (Normverwerfungsmonopol des EuGH). 41

Grundsätzlich tritt die Derogationswirkung höherrangigen Rechts mit **Wirkung ex tunc** ein. Allerdings kommt dem EuGH auch gestaltende Kraft im Hinblick auf die 42

Wirkungen der kollidierenden Norm zu. Die insoweit einschlägige Norm (Art. 264 Abs. 2 AEUV) hat der EuGH in der Rechtssache „Roquette Frères" analog im Vorlageverfahren nach Art. 267 AEUV angewendet (EuGH, 15.10.1980, Rs. 145/79, Rn. 51 ff.); dazu auch Rz. 13/27.

43 Das Verhältnis von europäischem Primär- und Sekundärrecht ist allerdings nicht nur ein Verhältnis der Hierarchisierung, sondern auch ein Verhältnis der Wechselbezüglichkeit, wie es in dem Gedanken der **primärrechtsförderlichen Auslegung des Sekundärrechts** oder **sekundärrechtsrespektierenden Auslegung des Primärrechts** zum Ausdruck kommt (EuGH, 18.11.2008, Rs. C-158/07, „Förster"; zum Gedanken der sekundärrechtsrespektierenden Auslegung *Nettesheim,* EuR 2006, 737; *Lindner,* NJW 2009, 1047). Bedeutsam erscheint in diesem Zusammenhang das Wechselspiel von ausfüllungsfähigem Primärrecht und korrespondierendem Sekundärrecht. Die Öffnung des Primärrechts auf tatbestandlicher Ebene erfolgt explizit etwa in Art. 21 AEUV („vorbehaltlich der in diesem Vertrag und in den Durchführungsvorschriften vorgesehenen Beschränkungen und Bedingungen") und implizit im Rahmen der Grundfreiheiten, deren Vorgaben nur bei Fehlen eines sekundärrechtlichen Harmonisierungsakts eingreifen (vgl. EuGH, 30.11.1983, Rs. 227/82, „van Bennekom"; Rz. 22/6).

2. Rangstufen innerhalb des Sekundärrechts

44 Als Sekundärrecht werden die Akte bezeichnet, die von den EU-Organen und -Institutionen auf der Grundlage primärrechtlicher Kompetenzen erlassen worden sind. Es ist möglich, alle Rechtsakte, die die EU-Institutionen erlassen, als Bestandteil eines einheitlichen Rechtskorpus anzusehen, der selbst keine Differenzierung nach Ranghöhe kennt. Man kann aber auch zwischen **Sekundär-** und **Tertiärrecht** differenzieren. Tertiärrecht sind dann Akte, die nicht auf der Grundlage der Verträge, sondern auf der Grundlage von Sekundärrecht erlassen wurden (insb. nach Art. 290 f. AEUV). Der Begriff des „Tertiärrechts" bezeichnet aber auch dann nicht Normen eines besonderen Rangs, sondern Normen, die aufgrund ihres **Erlassverfahrens** besonderen Anforderungen **(Vereinbarkeit mit der Grundnorm)** entsprechen müssen (oben Rz. 9/19).

45 Den von der EU geschlossenen völkerrechtlichen Abkommen kommt Derogationskraft gegenüber kollidierendem internem Unionsrecht zu. Unter Zugrundelegung einer monistischen Sichtweise bilden sie Sekundärrecht, haben aber im Kollisionsfall vorrangige Wirkung (hierzu GA *Stix-Hackl,* 13.9.2005, Rs. C-220/03, „EZB/Deutschland", Rn. 71 f.).

46 Der Versuch einer Hierarchisierung des übrigen sekundärrechtlichen Rechtskorpus fällt demgegenüber schwer. Denkbare Differenzierungen könnten an **institutionell-funktionalen** oder **prozeduralen** Kriterien oder dem **jeweiligen Rechtsakttyp** ansetzen. Art. 290 AEUV macht deutlich, dass Gesetzgebungsakte den auf sie gestützten Delegationsakten vorgehen. Im Übrigen aber ist eine Hierarchisierung nach Stellung und Legitimität der entscheidenden Organe, nach den Verfahrensarten oder Handlungsformen kaum möglich. Eine im Gesetzgebungsverfahren ergangene Richtlinie geht keinesfalls immer einer später erlassenen Verordnung ohne Gesetzgebungscharakter vor. Eine allgemein gültige Differenzierung des Rangs sekundärrechtlich geschaffener Akte nach Autor oder Verfahren ist nach heutigem Stand der Rechtsentwicklung

nicht möglich. Im Kollisionsfall ist man daher darauf angewiesen, Aussagen über das konkrete Rangverhältnis der beiden in Konflikt stehenden Bestimmungen zu formulieren. Im konkreten Fall kommen damit Regeln zur Anwendung, wie sie auch aus dem nationalen Bereich bekannt sind („lex posterior"; „lex specialis" etc.).

Die **Verordnung** gilt unmittelbar in jedem MS und ist in allen ihren Teilen verbindlich, während die **Richtlinie** die MSen zur Anpassung ihrer Rechtsordnung verpflichtet. Entschließt sich die Union zum Erlass einer Verordnung, so ist darin zugleich eine implizite Aufhebung kollidierender Bestimmungen einer früher erlassenen Richtlinie zu sehen. Entschließt sich die Union dagegen zum Erlass einer Richtlinie, führen die an die MSen gerichteten Richtlinienbestimmungen nicht automatisch zur Aufhebung der in ihrer Rechtswirkung in den mitgliedstaatlichen Raum hineinreichenden Verordnungsbestimmungen. 47

III. Ausblick

Die grundsätzliche Geltung des Vorrangs des EU-Rechts wird heute nicht mehr bezweifelt. Teilweise wird es allerdings als Defizit angesehen, dass dieser Vorrang nicht in den Verträgen niedergeschrieben ist. Die EU-Verfassung 2004 unternahm den Versuch, diesen Mangel zu heilen. Nach Art. I-6 EV sollten die Verfassung und das sekundäre Unionsrecht **Vorrang** vor dem Recht der MSen haben. Der Vertrag von Lissabon hat die Bestätigung des Vorrangs aus politischen Gründen in der Erklärung Nr. 17 zur Schlussakte des Vertrags von Lissabon „versteckt". Hiermit soll die Rechtsprechung der europäischen Gerichtsbarkeit („nur" Anwendungs-, kein Geltungsvorrang) zum Vorrang (oben Rz. 10/9f.) zum Ausdruck gebracht werden. Es kann allerdings mit Fug und Recht bezweifelt werden, **ob eine derartige Regelung wirklich einen großen Gewinn bringt.** Sie ist für nationale Verfassungsgerichte kein Grund, die aus der Perspektive der nationalen Verfassungen entwickelte Rechtsprechung zu den Grenzen des Vorrangs zu modifizieren oder aufzugeben. Denn über diese Grenzen kann auch der nationale Vertragsgeber bei der Schaffung von Primärrecht nicht disponieren. 48

Bislang hat der Integrationsverbund mit den Spannungen, die zwischen dem Vorranganspruch des EuGH und den Grenzziehungen mancher nationaler Verfassungsgerichte bestehen, gut leben können. **Offene Machtfragen** können befruchtend und befriedend wirken. Die jeweilige **Kontrolle, die durch die gegenläufigen Ansprüche stattfindet,** ist aus funktionaler Sicht zu begrüßen. Allerdings müssen die jeweiligen Geltungsansprüche mit Umsicht und politischer Vernunft geltend gemacht werden. Kämpfe auf Gebieten, auf denen es nicht um Kernbereiche der jeweiligen Identität geht, empfehlen sich nicht (zweifelhaft daher BVerfG, 5.5.2020, 2 BvR 859/15, „PSPP"); die Art, wie man Konflikte sucht und austrägt, muss Maß und Respekt erkennen lassen. In einem (quasi-)föderalen Gebilde wäre es aber politisch unklug, endlich eine Lösung des Streits über die Reichweite des Vorranganspruchs entwickeln zu wollen. Schwebelagen sind hier fruchtbar 49

§ 11. Rechtshandeln der EU-Institutionen

Literatur: *Peifer,* Bessere Rechtsetzung als Leitbild europäischer Gesetzgebung, 2011; *Grüner,* Quantität und Qualität der europäischen Rechtsetzung, 2011; *Sydow,* Europäische exekutive Rechtsetzung zwischen KOM, Komitologieausschüssen, EP und Rat, JZ 2012, 157; *Braams,* Koordinierung als Kompetenzkategorie, 2013; *Saurer,* Der Einzelne im europäischen Verwaltungsrecht, 2014; *Idler/Hendler/Martinez* (Hrsg.), Herausforderungen an die Kompetenzordnung der EU, 2015; *Dawson,* Better Regulation and the Future of EU Regulatory Law and Politics, CMLRev 2016, 1209; *Haltern,* Europarecht – Dogmatik im Kontext, Bd. I, 3. Aufl. 2017, 189 ff.; *Hodson/Peterson* (Hrsg.), The Institutions of the European Union, 4. Aufl. 2017; *Jäkel,* Institutionelle Entwicklungen und Tendenzen in den legislativen Prozessen der Europäischen Union, ZG 2020, 38.

1 Die Europäische Union verfügt über die Befugnis, rechtsetzend tätig zu werden. Ihre Organe können **abstrakt-generelle Regelungen** ebenso wie **konkrete Einzelfallentscheidungen** treffen. Die Verträge enthalten vielfältige Vorschriften, die Festlegungen über den Gebrauch der Handlungskompetenzen treffen. Sie betreffen die handelnden Akteure, das Verfahren, auch die Form. Der Normenbestand, den die Verträge für die Wahrnehmung der Handlungsbefugnisse bereitstellen, lässt sich in abstrahierender Weise als „Europäisches Verfahrensrecht" bezeichnen. Hierzu gehören die Regeln, die sich auf die Entstehung, die Art der Geltung und schließlich auf die verschiedenen Möglichkeiten des Außerkrafttretens von EU-Recht beziehen. Solche Regeln sind, soweit sie nicht in den Verträgen ausdrücklich festgelegt wurden, seit geraumer Zeit in der Praxis, über die Rechtsprechung des EuGH und auch mit Hilfe der europarechtlichen Theorie entwickelt worden. Die EU ist **„Rechtsgemeinschaft" (manche sprechen auch von „Rechtsunion"):** Sie ist dem rechtsstaatlichen Gedanken verpflichtet und darf ihre Handlungsbefugnisse nur in legaler Weise wahrnehmen (*Mayer,* NJW 2017, 3631).

I. Kompetenzen

Literatur: *Nettesheim,* Kompetenzen, in: von Bogdandy/Bast (Hrsg.), Europäisches Verfassungsrecht, 2. Aufl. 2009, 389; *Scharf,* Die Kompetenzordnung im Vertrag von Lissabon, 2009; *Winkler,* Vergangenheit und Zukunft der Flexibilitätsklausel im Spannungsfeld von unionalem Integrations- und mitgliedstaatlichem Souveränitätsanspruch, EuR 2011, 384; *Ladenburger,* Anmerkungen zu Kompetenzordnung und Subsidiarität nach dem Vertrag von Lissabon, ZEuS 2011, 389; *Lenaerts/van Nuffel,* European Union Law, 3. Aufl. 2011, 112; *Nettesheim,* Kompetenzdenken als Legitimationsdenken, JZ 2014, 585; *Bast/Wetz,* System of Competences, in: Kuijper u. a. (Hrsg.), The Law of the European Union, 5. Aufl. 2018, 69; *Engel,* The Choice of Legal Basis for Acts of the European Union, 2018.

2 In den Kompetenzen der EU drücken sich ihr Sein und ihr Auftrag, ihr Antrieb und ihre Finalität aus. Die Kompetenz ist der Sitz des Wesens der EU und ihres politischen Charakters. Kompetenz ist eine rechtliche Kategorie, mit der die **Befähigung eines Kompetenzträgers bezeichnet wird, kompetenzgemäße Handlungen vornehmen zu können.** Kompetenz ist nicht Aufgabe oder Ziel; sie ist auch nicht Rechtsmacht. Kompetenz ist vielmehr Grundlage und Voraussetzung von rechtlich begründeter Macht. In der Kompetenz liegt, soweit es um öffentlich-rechtliche Rechtsmacht geht, die Voraussetzung für die Ausübung von legaler Hoheitsgewalt. **Kompetenzloses Handeln** des Hoheitsträgers ist Willkür oder Gewalt. Sie liegt jenseits von Legitimität und Legalität.

Kompetenznormen sind Rechtsnormen, die den Berechtigten in die Lage versetzen, Handlungen einer bestimmten Qualität vornehmen zu können. Vom Inhalt der Kompetenznorm hängt es ab, ob sie zum Erlass von Rechtsnormen, zur Vornahme von Realhandlungen oder zu sonstigen Entscheidungen befähigt. Kompetenznormen berechtigen notwendig einen Rechtsträger und begründen damit eine **Zuständigkeit;** adressatenlose Kompetenznormen sind ebenso wenig denkbar wie Kompetenznormen, die keine Zuständigkeit begründen. Welche Organe einer durch eine (Verbands-)Kompetenz berechtigten juristischen Person zur Wahrnehmung der Kompetenz befugt sind, richtet sich nach den verbandsinternen Zuständigkeits- und Verfahrensbestimmungen.

1. Prinzip der begrenzten Einzelermächtigung

Literatur: *Buschmann/Daiber,* Subsidiaritätsrüge und Grundsatz der begrenzten Einzelermächtigung, DÖV 2011, 504; *Bickenbach,* Das Subsidiaritätsprinzip in Art. 5 EUV und seine Kontrolle, EuR 2013, 523; *Schäfer,* Die Flexibilitätsklausel im europäischen Integrationsprozess, 2013; *Scheidler,* Die Kompetenzen der Europäischen Union in Abgrenzung zu den Kompetenzen ihrer Mitgliedstaaten, VR 2013, 39; *Ludwigs,* Der Ultra-vires-Vorbehalt des BVerfG – Judikative Kompetenzanmaßung oder legitimes Korrektiv?, NVwZ 2015, 537; *Schwerdtfeger,* Grundrechts-, ultra vires- und Identitätskontrolle im gewaltenteiligen Mehrebenensystem, EuR 2015, 290; *Kiekebusch,* Der Grundsatz der begrenzten Einzelermächtigung, 2017.

Die EU leitet ihre Existenz und ihre Befugnisse aus den „verfassungsrechtlichen" Grunddokumenten ab, in denen der Integrationswille ihrer MSen zum Ausdruck kommt. Diese Dokumente begründen und begrenzen ihre Rechtsetzungsbefugnisse. In der EU-Ordnung gibt es damit kein Handeln, das nicht auf eine vorgelagerte Kompetenz zurückgeführt werden kann: Eine Selbstermächtigung ist ebenso ausgeschlossen wie kompetenzloses Rechtshandeln. Hierin drückt sich eine der wichtigsten Funktionen der europäischen Kompetenzordnung aus: jene der Aufgabenzuteilung und der Gewaltenverschränkung. Die Kompetenzordnung bestimmt insofern, welche Entscheidungen die Organe eines Verbands *von Rechts wegen* überhaupt für diesen treffen können. Auch für die Setzung von abgeleitetem Recht gilt das **Prinzip der begrenzten Einzelermächtigung** („principe d'attribution des compétences") (Art. 4 Abs. 1, 5 Abs. 1 S. 1 EUV): Jeder Rechtsakt der EU bedarf einer ausdrücklichen oder impliziten Rechtsgrundlage im Primärrecht. Es hängt von der jeweiligen Kompetenz ab, welche Handlungen vorgenommen werden bzw. welche Rechtsakte erlassen werden können; zudem legt die Kompetenz das Verfahren fest, in dem gehandelt werden kann. Das Prinzip ist justiziabel. Allerdings zeigt sich der EuGH grundsätzlich (Ausnahme: EuGH, 5.10.2000, Rs. C-376/98, „Tabakwerbung") wenig daran interessiert, die Grenzen der Kompetenzen randscharf abzustecken und gegenüber dem EU-Normgeber durchzusetzen (z. B. EuGH, 8.6.2010, Rs. C-58/08, „Vodafone"; kritisch etwa: *Weatherill,* GermanLJ 2011, 827; *Bickenbach,* EuR 2013, 523). 3

Die **„Gesetzgebungsbefugnis der Gemeinschaft"** (EuGH, 9.3.1978, Rs. 106/77, „Simmenthal") hat sich damit im Rahmen der Vorgaben der Verträge zu bewegen und unterliegt dem Vorrang der dort enthaltenen Normen. Das Primärrecht ist damit für das sekundäre EU-Recht nach einer klassischen Formel des Gerichtshofes (z. B. EuGH, 5.10.1978, Rs. 26/78, „Viola") **„Grundlage, Rahmen und Grenze". Es begrenzt die Rechtsetzungsgewalt der EU, richtet diese aber auch inhaltlich aus.** Nur die der EU in den Verträgen als solche verliehenen Zuständigkeiten begründen Rechtsetzungsbefugnisse. Aus den Werten, Zielen und Aufgaben der EU (Art. 2f. EUV) leiten sich keine Kompetenzen ab. Gleiches gilt für die Kompetenztypik der Art. 2ff. AEUV. Das Kompetenzerfordernis gilt für jedwedes Handeln: Auch unverbindliche Stellungnahmen, Empfehlungen oder Rechtsakte, die nur „organisationsspezifisch" wirken, d. h. weder die MSen noch Individuen binden, dürfen nur dort ergehen, wo sich eine Befugnis findet. Allerdings sind insbesondere Selbstorganisationsbefugnisse häufig nicht explizit niedergelegt. Es sei nur am Rande darauf hin- 4 gewiesen, dass das Kompetenzerfordernis heute auch im **verfassungsstaatlichen Kontext** gilt. Zwar ist der Staat virtuell „allmächtig"; seine Organe dürften aber auch nur dort handeln, wo ihnen eine konkrete Handlungsbefugnis zugewiesen ist. Staatstheorie und Verfassungsrecht fallen hier auseinander.

5 Bewegt sich ein Akt im Schnittfeld verschiedener Kompetenznormen, so ist die einschlägige Rechtsgrundlage nach objektiven, justiziablen Kriterien mit Blick auf Ziel und Inhalt des Rechtsaktes auszuwählen und zu benennen (EuGH, 19.7.2012, Rs. C-130/10, „EP/Rat" [zu Art. 75, 215 AEUV]; EuGH, 6.9.2012, Rs. C-490/10, „EP/Rat" [zu Art. 194, 337 AEUV]; allg. *Nettesheim,* EuR 1993, 243; *Breier,* EuR 1995, 46). Doppelabstützungen sind nur ganz ausnahmsweise und nur dann zulässig, wenn die Verfahren „kumuliert" werden können. Verfehlt der Normgeber die **richtige Rechtsgrundlage,** so führt dies zur Nichtigkeit des Aktes (EuGH, 28.6.1994, Rs. C-187/93, „EP/Rat"; *Scheuing,* FS Börner, 1992, 377). Allerdings entschließt sich der EuGH immer wieder dazu, die Wirkungen des Rechtsaktes aufrechtzuerhalten, bis ein Rechtsakt auf der zutreffenden Rechtsgrundlage erlassen wurde.

2. Formen der Kompetenzbegründung

6 Die Grundform der Begründung einer Kompetenz der EU ist die **schriftlich niedergelegte, positive Vertragsnorm.** Einige der Bestimmungen sind eher eng und konkret, andere, wie etwa Art. 352 AEUV (unten Rz. 11/8 ff.), sehr weit gefasst. Darüber hinaus gibt es auch ungeschriebene Kompetenzen der EU (unten Rz. 11/11 f.).

7 Das Prinzip der begrenzten Ermächtigung nimmt der Kompetenzordnung nicht die Fähigkeit zur dynamischen Anpassung. Die Konkretisierung der Kompetenzvorschriften hat mit Blick auf die unionalen Ziele zu erfolgen. Angesichts des raschen Wandels der europäischen Gesellschaften, der Neudefinition von Problemlagen und der Ausdehnung des Marktprinzips auf bislang verschlossene Bereiche ist der EU kompetenziell die Reaktion auf Veränderungen in der Wirklichkeit ermöglicht. Dies gilt insbesondere dort, wo die MSen im Rat einstimmig entscheiden und so ihre Legitimationswirkung zur Geltung bringen. Anerkannt ist der Grundsatz, dass die Vertragskompetenzen **teleologisch auszulegen sind,** d. h. mit dem Ziel voller Sinnentfaltung der Vorschrift. Man spricht von der **Erzielung ihrer „praktischen Wirksamkeit" (effet utile).** Dies bedeutet regelmäßig, dass die Befugnisse im Lichte der politischen Erfordernisse ausgelegt und in umfassendem Sinne verstanden werden (EuGH, 15.7.1960, Rs. 20/59, „Italien/Hohe Behörde"). Der Effet-utile-Gedanke ist eine **instrumentale Auslegungsmaxime,** mittels derer „Abrundungen" der EU-Kompetenzen erfolgen können.

a) Art. 352 AEUV

8 Die Klausel des Art. 352 AEUV ermöglichte eine in der Unionspraxis zeitweilig enorm wichtige **vertragsimmanente Fortentwicklung des Unionsrechts** „unterhalb" der förmlichen Vertragsänderung. Danach kann der Rat einstimmig auf Kommissionsvorschlag und nach Zustimmung des EP „die geeigneten Vorschriften" erlassen, wenn dies zur **Zielverwirklichung** im Rahmen der Politikbereiche erforderlich erscheint und die hierfür erforderlichen Befugnisse nicht vorgesehen sind. Der Pariser Gipfel der Staats- und Regierungschefs Ende 1972 empfahl eine angemessen großzügige Handhabung des damaligen Art. 235 EWGV im Sinne einer „Vertragsabrundungskompetenz" zur Bewältigung von solchen neuen Aufgaben, die so stark mit vorhandenen Gemeinschaftszuständigkeiten verbunden waren, dass eine förmliche Vertragsänderung entbehrlich erschien. Im Zusammenhang mit den Kompetenzerweiterungen des EGV durch den Maastrichter Unionsvertrag 1992 ist dann zu Recht eine **zurückhaltendere Praxis des Art. 352 AEUV** angemahnt worden

(insbesondere BVerfGE 89, 155 (210), „Maastricht" (1993)). Das Vertragsänderungsverfahren des Art. 48 EUV dürfe nicht durch eine ausufernde Anwendung von Art. 352 AEUV unterlaufen werden (zur Abgrenzung *Häde/Puttler,* EuZW 1997, 13). Politischen Forderungen nach der Streichung der Norm ist der Vertragsgeber des Lissabon-Vertrags nicht nachgekommen. In der Lissabon-Entscheidung hat das BVerfG verlangt, dass der Verwendung der Kompetenz eine **Ermächtigung des deutschen Gesetzgebers** vorweg zu gehen habe. Dieses Erfordernis bremst den Gebrauch der Bestimmung deutlich (vertiefend *Winkler,* EuR 2011, 384). Der EuGH hat bei elementaren, von erheblicher politischer Bedeutung getragenen Vorhaben die Anwendbarkeit von Art. 352 AEUV abgelehnt und auf die Vertragsänderung verwiesen (EuGH, 28.3.1996, Gutachten 2/94, „Beitritt EG zur EMRK" [Rz. 38/19]).

Die Anwendung von Art. 352 AEUV setzt die Erfüllung folgender Kriterien voraus: 9

(1) Das Tätigwerden muss der **Verwirklichung eines der Ziele der EU** dienen und sich im Rahmen der in den Verträgen festgelegten Politikbereiche (Art. 3 EUV) bewegen. Sind diese Voraussetzungen nicht gegeben, bedarf es einer Vertragsänderung nach Art. 48 EUV. Art. 352 AEUV enthält keine Kompetenz-Kompetenz zugunsten der EU.

(2) Im Primärrecht müssen die **erforderlichen Befugnisse** zu solcher Zielverwirklichung **fehlen** (EuGH, 26.3.1987, Rs. 45/86, „KOM/Rat"). Der Rückgriff auf Art. 352 AEUV ist subsidiär. Hierin liegt eine heikle, nur in der Einzelfallabwägung auflösbare Begrenzung. Liegt eine erkennbare „Vertragslücke" vor, so stellt Art. 352 AEUV („geeignete Vorschriften") alle Handlungsformen von der Verordnung bis zur Empfehlung zur Verfügung. Andererseits ist es nicht Sinn des Art. 352 AEUV, als jederzeit verfügbarer „Notnagel" das Prinzip der begrenzten Einzelermächtigung (oben Rz. 11/3 ff.) aus den Angeln zu heben, also z. B. Niederlassungsregelungen über Art. 50 AEUV hinaus durch Verordnungen zu ermöglichen.

(3) Die **„Erforderlichkeit"** des Tätigwerdens der EU muss nachweisbar sein. Insoweit handelt es sich um eine flexible Ermessensklausel, die vom EuGH nur in äußersten Grenzen überprüfbar ist. Mit fortschreitendem Ausbau der EU hatten sich diese „Erforderlichkeiten" zwischenzeitlich ungemein vermehrt, z. B. bei der Ermöglichung von Unionsanleihen. Aufgrund des Einstimmigkeitserfordernisses weicht man inzwischen auf andere Kompetenzvorschriften aus (*Ohler,* AöR 2010, 153 (163)). Im Einzelfall kann eine gewisse Abweichung von Vertragsvorschriften „erforderlich" werden (EuGH, 12.7.1973, Rs. 8/73, „Massey-Ferguson").

(4) Selbst wenn diese und die anderen Tatbestandsmerkmale des Art. 352 AEUV vorliegen, muss noch anhand des **Subsidiaritätsprinzips** (unten Rz. 11/23 ff.) geprüft werden, ob die gegebene Zuständigkeit in concreto auch ausgeübt werden darf. Auch hier wird der EuGH kaum je bremsend eingreifen.

(5) Die verschiedenen Harmonisierungsverbote des AEUV wie Art. 165 und 166, jeweils Abs. 4 (vgl. auch Art. 2 Abs. 5 AEUV) werden beachtet.

Insgesamt hatte sich die „Abrundungsklausel" des Art. 352 AEUV zeitweilig zu einem **10** **wichtigen Instrument** sinnvoll abgerundeter Unionsaktion im Sekundärrecht entwickelt. Mit der schnellen Abfolge ausdrücklicher Vertragsänderungen (und den damit einhergehenden Kompetenzerweiterungen) seit Maastricht 1992 ist die Inanspruchnahme der Norm deutlich **zurückgegangen.** Die Abgrenzung zur Vertragsänderung wird sorgfältiger als früher vorgenommen. Die grundlegende Bedeutung der Norm besteht allerdings fort.

b) Implied-Powers-Lehre

Eine gewisse Bedeutung hat im EU-Recht ferner die dem Recht der internationalen Or- **11** ganisationen entlehnte „Implied-Powers-Lehre" (grundlegend IGH, Gutachten v. 11.4.1949, ICJ Reports 1949, 174). Der auch in der Bundesstaatslehre aufzufindende **Gedanke inhärenter Zuständigkeiten („implied powers")** besagt, dass Bestimmungen völkerrechtlicher Verträge wie der Gründungsverträge im Zusammenhang mit den ausdrücklich gegebenen Unionskompetenzen „zugleich diejenigen Vorschriften beinhalten, bei deren Fehlen sie sinnlos wären oder nicht in vernünftiger und zweckmäßiger Weise zur Anwendung gelangen könnten" (EuGH, 29.11.1956, Rs. 8/55, „Fédération charbonnière de Belgique"). Der wohl wichtigste Anwendungsfall lag in der Anerkennung von Außenkompetenzen der EU in den Bereichen, in denen die EU über eine ausdrückliche Binnenkompetenz verfügt (EuGH, 31.3.1971, Rs. 22/70, „AETR"; mit dem Vertrag von Lissabon erfolgte die Kodifikation (ausführlich unten Rz. 38/13ff., 16). Im Unterschied zu Art. 352 AEUV wird die Zusatzkompetenz aus dem engen Sachzusammenhang mit einer bereits vorhandenen EU-Zuständigkeit abgeleitet.

12 Ungeschriebene Kompetenzen lassen sich in drei Kategorien einteilen. Sie begründen (1) als Annexkompetenz eine Zuständigkeit für die Regulierung von Vorbereitungs- und Durchführungsmaßnahmen, (2) als Kompetenz aus dem Sachzusammenhang die Regelung einer benachbarten Materie und (3) als Kompetenz aus der Natur der Sache die Zuständigkeit zur Regelung solcher Fragen, deren Regelung durch die MSen offensichtlich unsinnig wäre.

3. Arten der Kompetenzen

13 Die Kompetenzvorschriften des Unionsrechts lassen sich ferner danach charakterisieren, wie ihre Existenz und ihre Ausübung sich auf die mitgliedstaatlichen Zuständigkeiten auswirken (ausführlich *Nettesheim,* in: von Bogdandy/Bast (Hrsg.), Europäisches Verfassungsrecht, 2. Aufl. 2009, 389). Der AEUV sieht in Art. 2ff. eine Typologie und eine – allerdings nicht abschließende – Zuordnung der Sachbereiche vor, in denen die EU tätig wird.

14 Es kennzeichnet die **ausschließlichen Kompetenzen** der EU (Art. 2 Abs. 1, Art. 3 AEUV), dass sie schon aufgrund ihrer Existenz der Ordnung eines Sachbereichs der EU vorbehalten sind und mitgliedstaatliches Handeln ausschließen. Kompetenzbestimmungen, die ausschließliche Kompetenzen begründen, haben damit einen doppelten Regelungsgehalt: Sie begründen Zuständigkeiten der EU-Organe (positiver Gehalt); zur gleichen Zeit verbieten sie es den MSen, in dem jeweiligen Sachbereich tätig zu werden (Sperrwirkung). Zu diesem Kompetenztypus gehören die interne Selbstorganisation der Organe, der institutionelle Binnenaufbau der Verwaltung eines Organs, die interne Zuständigkeitsverteilung in einem Organ und die Ordnung der Rechtsbeziehungen zu den Bediensteten und zu den Bürgern. Darüber hinaus findet sich in Art. 3 AEUV eine Liste einschlägiger Sachbereiche. Sie sind teilweise durch die Rechtsprechung des EuGH geprägt worden (vgl. etwa EuGH, 27.11.2012, Rs. C-370/12, „Pringle" zum Umfang der EU-Währungshoheit; EuGH, 16.6.2015, Rs. C-62/14, „OMT"; hierzu *F. Mayer,* NJW 2015, 1999). Der EuGH sieht ausschließliche Kompetenzen zudem bei den Außenbeziehungen der EU: im Bereich der Durchführung einer gemeinsamen Handelspolitik (Art. 206f. AEUV) und in Teilbereichen der Durchführung der gemeinsamen Fischereipolitik (Art. 38 AEUV). Hierbei handelt es sich um Sphären, die wesentlich (wenn auch nicht ausschließlich) durch völkerrechtliche Vereinbarungen geprägt werden. Die EU würde große Teile ihrer Handlungsfreiheit einbüßen, wenn den MSen die Befugnis gegeben wäre, sich völkerrechtlich zu binden. Mitgliedstaatliches Handeln ist hier zulässig, soweit sie von der EU hierzu ermächtigt worden sind, oder um Rechtsakte der Union durchzuführen (zur Ermächtigung der MSen im Bereich ausschließlicher Kompetenzen: *Schaefer,* EuR 2008, 721).

15 Der Typus der **geteilten Kompetenzen** (Art. 2 Abs. 2, Art. 4 AEUV) ist dadurch geprägt, dass sie den Rechtsträgern der untergeordneten Ebene so lange das Handeln

freistellen, wie nicht der übergeordnete Kompetenzträger von der Kompetenz Gebrauch gemacht und dadurch ein Handlungsverbot ausgelöst hat. Die Ausübung der Kompetenz löst eine *primärrechtliche Sperrwirkung* aus. In der Sache liegen damit „konkurrierende Kompetenzen" vor. Im internen Bereich besteht hierfür nur geringer Bedarf: Die EU schützt die Wirksamkeit ihrer Entscheidungen über das Vorrangprinzip (oben Rz. 10/3ff.). Demgegenüber käme es zu Verwerfungen, wenn die MSen im auswärtigen Bereich noch Verträge abschließen könnten, nachdem sich die EU (etwa durch interne Maßnahmen) der Regelung eines Sachbereichs angenommen hat. Es ist daher davon auszugehen, dass es zu einer **Sperrwirkung** für das auswärtige Handeln der MSen kommt, wenn und soweit die EU eine Sachmaterie in hinreichendem Maße einer Regelung unterzogen hat (EuGH, 15.11.1994, Gutachten 1/94, „WTO"; EuGH, 24.3.1995, Gutachten 2/92, „OECD-Beschluss") (zu geteilten Kompetenzen im Außenbereich EuGH, 16.5.2017, Gutachten 2/15, „Singapur", Rn. 241ff.; EuGH, 5.12.2017, Rs. C-600/14, „BRD/Rat", Rn. 67f.; *Nettesheim,* Umfassende Freihandelsabkommen und Grundgesetz, 2017).

Parallele Kompetenzen sind schließlich dadurch gekennzeichnet, dass den Organen der EU ein Handeln ermöglicht wird, ohne dass die Inanspruchnahme ein an die MSen gerichtetes Verbot bewirken würde, von ihren im gleichen Sachbereich liegenden Kompetenzen Gebrauch zu machen. Die Verbände beider Ebenen können zeitgleich im gleichen Sachbereich wirken, ohne dass die Wahrnehmung der Kompetenzen der EU Sperrwirkung für die MSen entfaltet. Parallele Kompetenzen liegen vor allem in Bereichen vor, in denen die EU sich darauf beschränkt, mitgliedstaatliche Politik zu ergänzen, zu unterstützen oder zu koordinieren (Art. 2 Abs. 5, Art. 6 AEUV). Eine Harmonisierung ist hier ausgeschlossen. Um einen Spezialfall paralleler Zuständigkeit handelt es sich bei der Koordinierung der Wirtschafts- und Beschäftigungspolitik (Art. 2 Abs. 3 AEUV); hier kommt der EU nur begrenzte Handlungsfähigkeit zu. Keine Verdrängung der MSen erfolgt auch im Bereich der GASP und der GVP (Art. 2 Abs. 4 AEUV). 16

Komplementäre Kompetenzen zeichnen sich schließlich dadurch aus, dass sie ein Zusammenwirken mehrerer Verbände erfordern. Sie haben im AEUV keine Typisierung erfahren. Eine derartige Komplementarität existiert z. B. bei der Verwirklichung der Unionsbürgerschaft. Hier müssen EU und MSen zusammenwirken; die Unionsbürgerschaft baut auf der mitgliedstaatlichen Staatsbürgerschaft auf. Auch die Befugnisse nach Art. 48 EUV, Art. 49 EUV können nur von EU-Organen und MSen gemeinsam wahrgenommen werden. 17

4. Der Sonderfall der verstärkten Zusammenarbeit

Literatur: *Kellerbauer,* Von Maastricht bis Nizza: Neuformen differenzierter Integration in der EU, 2003; *Thym,* Ungleichzeitigkeit und europäisches Verfassungsrecht, 2004; *Holzinger/Schimmelfennig,* Differentiated Integration in the European Union: Many Concepts, Sparse Theory, Few Data, JEPP, 2012, 292; *Hatje* (Hrsg.), Die Einheit des Unionsrechts im Zeichen der Krise, EuR-Beiheft 1/2013; *Streinz,* Die verstärkte Zusammenarbeit: Eine realistische Form abgestufter Integration, JuS 2013, 892; *De Witte/Ott/Vos* (Hrsg.), Between Flexibility and Disintegration – The Trajectory of Differentitation in EU Law, 2017; *De Witte,* An Undivided Union? Differentiated Integration in Post-Brexit Times, CMLRev 2018, 227; *della Cananea,* Differentiated Integration in Europe After Brexit: An Institutional Analysis, in: Pernice/Guerra Martins (Hrsg.), Brexit and the Future of EU Politics, 2019, 45.

18 Im europäischen Einigungsprozess gab es immer wieder Situationen, in denen bestimmte, stärker integrationswillige MSen zu einer weitergehenden Vergemeinschaftung bereit waren, während andere zögerten. Es stellte sich in diesen Situationen die Frage, ob sich Fortschritte des Einigungsprozesses nach der Bereitschaft des zurückhaltendsten MSes richten sollen, oder ob ein engerer Kreis zunächst einmal voranschreiten darf. Lange Zeit war man – schon um der Wahrung der Balance von Vorteilen und Lasten und zur Verhinderung eines „Rosinenpickens" willen – in Bereitschaft der Anerkennung eines **„Europas verschiedener Geschwindigkeiten"** („Europa à la carte") sehr zurückhaltend (vgl. *Grabitz* (Hrsg.), Abgestufte Integration, 1984). Formen differenzierter Integration unterminieren danach die Solidarität der MSen, führen zu Spannungen in der EU und werfen vielfältige praktische Fragen auf (bis hin zur Zusammensetzung der EU-Organe bei der Beschäftigung mit Materien, in denen nicht alle MSen mitwirken). Inzwischen zeichnet sich ab, dass ein Paradigmenwechsel erforderlich sein wird (*Nettesheim,* EuR-Beiheft 2/2013, 7). In zunehmendem Umfang macht man von Möglichkeiten der Differenzierung Gebrauch.

19 So nahm Großbritannien 1992 an der im EU-Vertrag vorgesehenen verstärkten **Sozialintegration** zunächst nicht teil. Die übrigen elf MSen regelten diese Materie daraufhin in einem besonderen Protokoll und schlossen ein Abkommen über die Sozialpolitik. Mit dem Amsterdamer Vertrag 1997 fand Großbritannien den Weg zurück und ließ es zu, die Sozialvorschriften für alle verbindlich zu machen. Bei der Konzipierung der EWU in Maastricht 1992 wurde Großbritannien und Dänemark gestattet, auch bei Erfüllung der Konvergenzkriterien an der EWU nicht teilnehmen zu müssen (Protokolle Nr. 11 und 12 zum EUV. Auch bei der Integration des Schengen-Besitzstandes kam es zu Formen differenzierter Integration (unten Rz. 32/28). In einem Europa der 27 MSen werden sich diese Differenzen weiter verfestigen, auch nach dem Austritt des Vereinigten Königreichs aus der EU im Jahr 2020. In der Vergangenheit bestand der Anspruch, dass es sich nur um ein zeitweiliges Phänomen handele. Inzwischen ist aber klar, dass manche Differenz (insbesondere im Bereich der WWU) mittel- oder auch langfristig bestehen bleiben wird.

20 Seit 1999 finden sich im Vertrag allgemeine Bestimmungen über eine „verstärkte Zusammenarbeit" (Art. 20 EUV, Art. 326–334 AEUV). Dieses komplexe und sperrige Verfahren ermöglicht die **Setzung partiellen Sekundärrechts** unter integrationsfreudigen Mitgliedern. Dabei bleibt die Tür für den späteren Beitritt der übrigen MSen zu diesem „Sonderrecht" offen. Das Regime erweist sich als wenig praktikabel und ist vor allem vom Bemühen getragen, eine Zerfaserung zu verhindern.

21 Die wesentlichen Voraussetzungen einer verstärkten Zusammenarbeit lauten im Rahmen des AEUV: Es muss um Maßnahmen gehen, die nicht in den Bereich ausschließlicher Zuständigkeiten der EU fallen. Die Zusammenarbeit muss auf die Förderung der Ziele, den Schutz der Interessen der EU und die Stärkung des Integrationsprozesses ausgerichtet sein. Es handelt sich um ein Mittel der „ultima ratio". Die Verträge und der acquis communautaire müssen respektiert werden. Es darf nicht zu einer Beeinträchtigung des Binnenmarktes, des Zusammenhalts der EU oder zu einer Wettbewerbsverzerrung kommen. Mindestens neun MSen müssen teilnehmen; die Rechte und Pflichten der Nichtteilnehmer müssen beachtet werden (zu den Anforderungen: EuGH, 16.4.2013, verb. Rs. C-274/11 u. a. „Spanien/Rat" [europäisches Patent]; 5.5.2015, Rs. C-146/13, „Spanien/EP und Rat"). Art. 329 Abs. 1 AEUV sieht vor, dass eine verstärkte Zusammenarbeit vom Rat (auf Vorschlag der KOM und nach Zustimmung des EP) mit qualifizierter Mehrheit (Art. 16 Abs. 3 EUV) begründet werden kann. Ohne den Vorschlag der KOM bedarf es eines einstimmigen Ratsbeschlusses. Im Rahmen der GASP gelten nach Art. 329 Abs. 2 AEUV besondere Anforderungen. Für den Bereich der GSVP gibt es mit der „strukturierten Zusammenarbeit" eine besondere Form flexiblen Handelns (unten Rz. 39/28).

22 Die Bestimmungen über die verstärkte Zusammenarbeit sind **kompliziert geraten** und mit einer Vielzahl von Kautelen versehen worden. Hierin spiegelt sich das ge-

rechtfertigte Misstrauen verschiedener MSen gegen „Alleingänge" einer Mehrheit. Die erste Anwendung der Bestimmungen erfolgte im Juli 2010 mit Blick auf die Einführung einer Verordnung über das auf die Ehescheidung anzuwendende Recht (dazu Rz. 36/42); inzwischen ist auch die Schaffung eines EU-Patents auf diesem Weg beschlossen worden (dazu Rz. 36/26). Ein weiteres Beispiel ist die Finanztransaktionssteuer in Europa. Ein gemeinsames System der Finanztransaktionssteuer mit Zustimmung aller damaligen MSen konnte nicht erreicht werden, sodass zunächst zur verstärkten Zusammenarbeit von elf MSen ermächtigt wurde (zum aktuellen Stand: unten Rz. 35/52). Das Projekt einer Europäischen Staatsanwaltschaft wurde inzwischen durch verstärkte Zusammenarbeit realisiert (VO 2017/1939, ABl. L 283/1); Rz. 37/10) Die **fortschreitende Erweiterung der EU** (unten Rz. 42/32ff.) wird der verstärkten Zusammenarbeit bestimmter MSen künftig eine **neue Bedeutung** geben. Sollte sich herausstellen, dass eine größere Zahl der Beitrittsstaaten nicht fähig ist, die intensive Integration des Binnenmarktes und der Währungsunion dauerhaft zu übernehmen, wäre eine Alternative die Bildung eines fortgeschrittenen **„Kerneuropas"** durch die hierzu fähigen EU-Staaten mittels verstärkter Zusammenarbeit.

5. Kompetenzausübungsregeln

a) Subsidiaritätsprinzip

Literatur: *Lecheler,* Das Subsidiaritätsprinzip, 1993; *von Danwitz,* Subsidiaritätskontrolle in der EU, FS Sellner, 2010, 37; *Pabel,* Die Kontrolle des Subsidiaritätsprinzips durch die Parlamente der Mitgliedstaaten, Journal für Rechtspolitik 2011, 287; *Pechstein,* Die neue Subsidiaritätsklage, in: ders. (Hrsg.), Integrationsverantwortung, 2012, 135; *Biondi,* Subsidiarity in the Courtroom, in: ders. u. a. (Hrsg.), EU Law after Lisbon, 2012, 213; *Bickenbach,* Das Subsidiaritätsprinzip in Art. 5 EUV und seine Kontrolle, EuR 2013, 523; *Haratsch* (Hrsg.), Das Subsidiaritätsprinzip – ein Element des europäischen Verfassungsrechts, 2014; *Priebe,* Rückverlagerung von Aufgaben – ein Beitrag zur besseren Akzeptanz der Europäischen Union?, EuZW 2015, 697; *Nettesheim,* Subsidiarität durch politische Verhandlung – Art. 5 Abs. 3 EUV als Verständigungsauftrag, in: König/Uwer (Hrsg.), Grenzen europäischer Normgebung, 2015, 35; *Panara,* The Enforceability of Subsidiarity in the EU and the Ethos of Cooperative Federalism: A Comparative Law Perspective, EPL 2016, 305; *Fabbrini,* The Principle of Subsidiarity, in: Schütze/Tridimas (Hrsg.), Oxford Principles of European Union Law I – The European Union Legal Order, 2018, 221; *Granat,* The Principle of Subsidiarity and its Enforcement in the EU Legal Order, 2018.

Seit Maastricht 1992 kennt das Primärrecht **zusätzliche Kompetenzausübungsregeln.** Soweit eine nicht ausschließliche EU-Zuständigkeit vorliegt, muss nach Maßgabe des Art. 5 Abs. 3 EUV zunächst geprüft werden, ob die Ziele der betreffenden Maßnahmen nach dem **Subsidiaritätsprinzip** nicht auf der Ebene der MSen ausreichend erreicht werden können. Mit dem Subsidiaritätsprinzip des Art. 5 Abs. 3 EUV (Präambel, Art. 12 lit. b EUV) ist eine deutliche Akzentuierung und **Verschärfung des Einzelermächtigungsprinzips** beabsichtigt. Wenn nicht eine ausschließliche Kompetenz vorliegt, darf die EU der Idee nach nur dann handeln, wenn nicht Maßnahmen der MSen ebenfalls ausreichten (zur Existenz **ausschließlicher Kompetenzen** oben Rz. 11/14). Adressat des Subsidiaritätsprinzips sind nur die EU-Organe. Unionsbürger können aus Art. 5 Abs. 3 EUV **keine unmittelbaren Rechte ableiten.** Die Subsidiaritätsprüfung ist im Zusammenhang mit dem Gebot der **Achtung der nationalen Identität der MSen** (Art. 4 Abs. 2 S. 1 EUV) zu lesen (hierzu *von Bogdandy/Schill,* ZaöRV 2010, 701). 23

Man kann ohne Übertreibung sagen, dass die Schaffung des Art. 5 Abs. 3 EUV im Maastricht-Vertrag zunächst eine **wahre Begeisterungswelle** ausgelöst hat. Viele meinten, dass sich durch diese Vorschrift der 24 grundsätzliche kompetenzielle Terraingewinn der EU zurückdrängen, aufhalten oder jedenfalls rationalisieren lasse. Diese Hoffnungen sind bisher allerdings enttäuscht worden. Die Formulierung von Art. 5 Abs. 3 EUV ist nämlich unglücklich, vielleicht sogar missraten: Die Prüfung der Frage, ob die EU tätig werden darf, weil die Ziele der in Betracht gezogenen Maßnahmen **„nicht ausreichend" auf Ebene der MSen** oder doch jedenfalls **„besser" auf Unionsebene** erreicht werden können, wird weiterhin mit **„Tests"** durchgeführt, die einerseits danach fragen, ob nicht bereits die MSen die Ziele der beabsichtigten Unionsmaßnahmen ausreichend verwirklichen können **(„Effizienztest").** Andererseits muss sich nachweisen lassen, dass sich durch das Unionshandeln ein **„europäischer Mehrwert"** schaffen lässt **(„Mehrwerttest").** Der erstgenannte Test ist absoluter Natur, der zweitgenannte lediglich relativ. Damit werden zwei „Tests" hintereinander gestellt, deren Ergebnis nicht in einem notwendigen Zusammenhang steht, gleichwohl aber mit den Worten „sondern vielmehr" verbunden werden. Das Verhältnis der beiden Tests wird auch nicht geklärt; die EU-Organe begnügen sich daher häufig damit, den ihnen jeweils eher zusagenden Test anzuwenden. Richtig ist eine **kumulative Anwendung.**

25 In der Praxis begnügt sich die KOM häufig mit der Darlegung eines Mehrwerts. Letztlich kommt es zu einer Gesamtabwägung, in welche die vertraglichen Ziele der Gemeinschaft, die Interessen der MSen und diejenigen der Unionsbürger, einfließen. Weiterhin ist die Norm zwar im Rahmen der allgemeinen Zuständigkeiten des EuGH **gerichtlich überprüfbar.** Angesichts der Allgemeinheit und Komplexität der Kriterien zeigt der EuGH keine Bereitschaft, die Konkretisierung durch die EU-Organe einer echten Kontrolle zu unterwerfen. Zwar erklärt er, im (unwahrscheinlichen) Fall offenkundiger Fehleinschätzungen einschreiten zu wollen (EuGH, 10. 12. 2002, Rs. C-491/01, „British American Tobacco"). Eine wirksame Durchsetzung des Prinzips erfolgt aber schon deshalb nicht, weil sich der EuGH hinsichtlich der Folgenbewertung regelmäßig an die Einschätzungen der politischen Organe anlehnt und nicht kritisch prüft (*Ritzer/Ruttloff,* EuR 2006, 116).

26 Einige inhaltliche Leitlinien zum Subsidiaritätsprinzip wurden in einem Protokoll zum Amsterdam-Vertrag definiert. Der Vertrag von Lissabon hat dieses Protokoll ersetzt. Das nunmehr geltende **Protokoll Nr. 2 zum Lissabon-Vertrag** über die Anwendung der Grundsätze der Subsidiarität und der Verhältnismäßigkeit enthält vor allem prozedurale Vorkehrungen (hierzu *Bickenbach,* EuR 2013, 523). Man erhoffte sich, es so operabel zu machen.

27 Kerngedanke des überarbeiteten Systems ist ein **„Frühwarnsystem",** das (vor Verabschiedung eines Kommissionsvorschlags) die Möglichkeit geben soll, etwaige Bedenken unter dem Gesichtspunkt der Subsidiarität zu äußern. Auf diese Weise sollen die praktisch wenig ergiebigen und gerichtlich kaum durchsetzbaren materiellen Kriterien von einer (vielleicht eher sachgerechten) stärker politisch-verfahrensmäßigen Kontrolle überlagert, mit Blick auf die bisherigen Bestimmungen des Protokolls sogar ersetzt werden. Die KOM führt danach vor der Entscheidung über die Einleitung eines Rechtsetzungsvorhabens Anhörungen zur Subsidiarität durch. Sie rechtfertigt ihre Vorschläge (Art. 289 ff. AEUV) in der Begründung im Hinblick auf Art. 5 Abs. 3 EUV. Die Entwürfe eines Rechtsetzungsvorhabens werden von den EU-Organen und den hierzu befugten Gruppen von MSen auch den nationalen Parlamenten zugeleitet.

28 Binnen acht Wochen nach Übermittlung können aus dem Kreis der nationalen Parlamente Einwände vorgebracht werden. Im Regelfall ist ein Einwand von der initiierenden Institution lediglich zu **berücksichtigen** (Art. 7 Abs. 1 UAbs. 1 Protokoll Nr. 2). Bei Erfüllung eines Quorums (Art. 7 Abs. 2, 3 Protokoll Nr. 2) ist eine Überprüfung des Vorschlags notwendig. Das Verfahren wird inzwischen regelmäßig genutzt (so etwa zur Rüge des Kommissionsvorschlags für ein „Gemeinsames Europäisches Kaufrecht" vom 11. 10. 2011; *Ludwigs,* EuZW 2012, 608). Ein Festhalten an dem Vorschlag ist möglich; allerdings greifen dann Begründungsanforderungen. Zudem findet im ordentlichen Gesetzgebungsverfahren eine nochmalige Überprüfung auf der Ebene von Rat und EP statt. In diesem Fall kann eine weitere Behandlung des Vorschlags mit der Mehrheit von 55 % der Mitglieder des Rates oder einer Mehrheit der abgegebenen Stimmen im EP verhindert werden.

29 Zudem ist die gerichtliche Überprüfung gestärkt worden: Sollte der Rechtsakt dennoch verabschiedet werden, können die nationalen Parlamente nach Art. 8 Protokoll Nr. 2 iVm Art. 263 AEUV die sog. Subsidiaritätsklage führen.

30 Die KOM erstellt einen jährlichen Bericht über die Beachtung des Subsidiaritätsprinzips, der im EP erörtert wird (zuletzt: COM(2020) 272 final). 2017 wurde eine Taskforce für Subsidiarität, Verhältnismäßigkeit und „Weniger aber effizienteres Handeln" eingesetzt, deren Abschlussbericht 2018 veröffentlicht

wurde (COM(2018) 793). Der Wille der EU-Organe, sich durch Subsidiaritätserwägungen beschränken zu lassen, ist weiterhin gering.

Fazit: Das Grundproblem der Vorschrift liegt darin, dass alle Bemühungen um eine Formulierung hinreichend tragfähiger materieller Maßstäbe fehlgeschlagen sind (*Moersch,* Leistungsfähigkeit und Grenzen des Subsidiaritätsprinzips, 2001). Die in Art. 5 Abs. 3 EUV formulierten „Tests" bauen auf den „Zielen der in Betracht gezogenen Maßnahme" auf. Wenn die EU-Organe **als Ziel einen einheitlichen Rechtszustand** definieren (so die Regel), werden alle Untersuchungen, ob nicht die MSen dies ebenso gut erreichen können, unterlaufen. Im Herzen der Subsidiaritätsidee steht die Frage, ob nicht vielleicht ein Wettbewerb der Rechtssysteme und Heterogenität sinnvoller wäre (hierzu *Deakin,* ELJ 2006, 440); sie wird vom Subsidiaritätsprinzip in seiner heutigen Formulierung **nicht thematisiert.** Antworten hierauf lassen sich nur im Rahmen einer Suche nach den politischen Zielen der Integration entwickeln; diese Suche hat sich auf rechtlich-ökonomische und kulturelle Überlegungen zu stützen. Insofern ist das Vertrauen in die Möglichkeit einer rechtlichen Stärkung des Subsidiaritätsprinzips wohl schon im Ansatz verfehlt. 31

Die Tendenz der EU, sich (immer in „bester Absicht") der Regelung von Fragen zuzuwenden, in denen Heterogenität erträglich, vielleicht sogar gewinnbringend ist, ist ungebremst (skeptisch schon *Nettesheim,* EuR 2004, 511). Zwar mag es sein, dass die Existenz des Subsidiaritätsprinzips auf politischer Ebene zu einer gewissen Zurückhaltung bei der Regulierung geführt hat; die in einigen Bereichen zu beobachtende Zurückhaltung wird aber eher auf andere – strukturelle und politische – Faktoren zurückzuführen sein. Bislang hat das Prinzip im Binnenmarktbereich die Tendenz einer immer weitergehenden Tiefe und Dichte der Europäisierung nicht aufhalten können; im Bereich des RFSR zeichnet sich Ähnliches ab (*Herlin-Karnell,* ELJ 2009, 351). Subsidiarität ist zunächst und vor allem Ausdruck einer institutionell verankerten politischen Kultur; deren Existenz ist weiterhin nicht zu erkennen. Ohne die Entwicklung einer „Brüsseler Subsidiaritätskultur" werden unbestimmte Rechtsnormen keinen wirklichen Steuerungseffekt entfalten können. Überzeugender scheint es, Art. 5 Abs. 3 EUV als Regel zu begreifen, die prozedurale Anforderungen und Begründungslasten formuliert (neuer Ansatz: *Nettesheim,* in: König/Uwer (Hrsg.), Grenzen europäischer Normgebung, 2015, 35). Hierauf sollte sich die Kontrolle beziehen. 32

b) Verhältnismäßigkeitsprinzip

Eine zweite Kompetenzausübungsschranke ergibt sich aus dem Verhältnismäßigkeitsprinzip des **Art. 5 Abs. 4 EUV** (*Trstenjak/Beysen,* EuR 2012, 265; *Saurer,* JZ 2014, 281). Maßnahmen die nicht geeignet und erforderlich sind, erweisen sich als rechtsstaatswidrig. Nachdem das Verhältnismäßigkeitsprinzip vom EuGH in Anlehnung an deutsche Rechtstraditionen schon länger als allgemeines Rechtsprinzip anerkannt worden war (oben Rz. 9/39), hat es der Vertragsgeber inzwischen zur rechtlichen Voraussetzung des EU-Handelns gemacht. Der Vertrag spricht allerdings nur von der Stufe der Erforderlichkeit; dies impliziert auch die Prüfung der Geeignetheit. Offen ist, inwieweit in Art. 5 Abs. 4 EUV eine volle Prüfung der aus dem deutschen Recht bekannten Unterkriterien **Geeignetheit, Erforderlichkeit und Angemessenheit** verlangt wird. Der EuGH schließt eine Prüfung der Angemessenheit, also eine Bewertung der 33

Ziel-Mittel-Relation, nicht aus, wendet sie aber nur im Einzelfall und mit äußerster Zurückhaltung an. Das Gebot des Art. 5 Abs. 4 EUV ist justiziabel und wurde vom EuGH auch schon früh als Kompetenzausübungsschranke thematisiert (vgl. etwa EuGH, 12.7.2005, verb. Rs. C-154/04 u. a., „Alliance for Natural Health"). In den letzten Jahren hat der EuGH das Prinzip auch bei der Kontrolle von Maßnahmen der EZB angewandt (EuGH, 16.6.2015, Rs. C-62/14, „OMT"; EuGH, 11.12.2018, C-493/17, „Weiss"; siehe auch Rz. 17/23ff. zum Grundrechtsschutz). Die Prüfdichte ist allerdings so gering, dass keine wirkliche Eingrenzung des politischen Handlungsspielraums der EU-Organe erfolgt. Praktiken richterlicher „Kontrolle", denen kein Wille zur Setzung von Grenzen eingeschrieben ist, werden, so ist zu befürchten, zu institutioneller Delegitimation und zu einer Abnützung richterlicher Autorität führen. Überlegungen, bei der Kontrolle der Kompetenzausübung auch danach zu fragen, ob bei der Nutzung bestimmter, weit gefasster Kompetenzen (etwa Art. 114 AEUV) in andere, an sich nationale Kompetenzen übergegriffen wird (unten Rz. 32/10), hat der EuGH bislang nicht aufgegriffen.

II. Delegation von Befugnissen

Literatur: *Haselmann,* Delegation und Durchführung gemäß Art. 290 und 291 AEUV, 2012; *Fabricius,* Das Kontrollrecht von Rat und Parlament nach der Komitologie-Durchführungsverordnung, EuZW 2014, 453; *Kollmeyer,* Delegierte Rechtsetzung in der EU – Eine Analyse der Art. 290 und 291 AEUV, 2015; *Liebmann,* Zulässigkeit und Bedeutung von delegierten Rechtsakten und Durchführungsrechtsakten am Beispiel der Lebensmittelinformationsverordnung (EU) Nr. 1169/2011, 2015; *Ruffert,* Rechtserzeugung und Rechtsdurchsetzung im Europäischen Rechtsraum, in: Schumann (Hrsg.), Hierarchie, Kooperation und Integration im Europäischen Rechtsraum, 2015, 95; *Bergström/Ritleng* (Hrsg.), Rulemaking by the European Commission, 2016; *Tauschinsky/Weiß* (Hrsg.), The Legislative Choice Between Delegated and Implementing Acts in EU Law, 2018; *Král,* On the Practice of Amending or Supplementing EU Directives by EU Delegated Regulations, ELRev 2020, 409.

34 Der Vertrag sieht vor, dass der Gesetzgeber Rechtsetzungsbefugnisse übertragen kann. Während der Vertrag bislang nur vereinzelte Vorschriften zur Frage enthielt, inwieweit es dem Träger einer Kompetenz freisteht, diese zu delegieren, bewirkt der Lissabon-Vertrag eine grundlegende Neuordnung. Inzwischen sind die vertraglichen Regelungen durch eine sekundärrechtliche Konkretisierung (VO 182/2011 (ABl., L 55/13)) ergänzt worden. 2019 wurde zwischen EP, Rat und KOM eine interinstitutionelle Vereinbarung über nicht bindende Kriterien für die Anwendung der Art. 290 und 291 AEUV geschlossen (ABl. C 223/1).

1. Delegierte Rechtsetzung (Art. 290 AEUV)

35 Nach Art. 290 AEUV kann in **Gesetzgebungsakten** (Art. 289 Abs. 3 AEUV) der KOM die Befugnis übertragen werden, Ergänzungen oder Änderungen bestimmter nicht wesentlicher Vorschriften des betreffenden Gesetzgebungsaktes vorzunehmen. Ziele, Inhalt, Geltungsbereich und Dauer der Befugnisübertragung müssen ausdrücklich festgelegt werden; ebenfalls müssen die Bedingungen der Übertragung im Einzelnen festgelegt werden. Die in diesem Verfahren erlassenen Bestimmungen werden als „delegierte" Akte bezeichnet. Sie können allgemeinen Charakter aufweisen. Die KOM wird vom Rat und dem EP kontrolliert. **Wesentliche Entscheidungsbefugnisse** dürfen nicht delegiert werden; dies ist vor allem anzunehmen, wenn es um die Bewältigung von gewichtigen Interessenkonflikten geht oder Grundrechtseingriffe zu bewir-

ken sind (EuGH, 5.9.2012, Rs. C-355/10, „EP/Rat" zu einem delegierenden Ratsbeschluss). Bei der Vorlage von Vorschlägen ist die KOM aber nicht auf das Votum eines „Komitologie"-Ausschusses (oben Rz. 5/113) angewiesen. Die Delegation kann widerrufen werden; die Maßnahmen der KOM können vom Rat mit qualifizierter Mehrheit zurückgewiesen werden (vgl. *Driessen,* ELRev 2010, 837). Im Wege der delegierten Rechtsetzung ist auch eine – allerdings begrenzte – **Änderung des ermächtigenden Aktes** möglich. Damit werden Befugnisse erteilt, die über die nach Art. 80 Abs. 1 GG mögliche Befugnisübertragung hinausgehen. Teilweise wird versucht, über das unionale Demokratieprinzip Vorgaben für das Verhalten des EP in Fällen der Wahrnehmung von Delegationsbefugnissen zu formulieren (*Möllers/von Achenbach,* EuR 2011, 39).

Die Regelung des Art. 290 AEUV ist an die Stelle des „Regelungsverfahrens mit Kontrolle" getreten, das der KOM Durchführungsrechtsetzung unter Beteiligung des EP ermöglichte. Einer besonderen Umsetzung dieser Bestimmung bedarf es nicht. Allerdings bedarf es der Konkretisierung. So müssen etwa die Fristen nach Abs. 2 lit. b konkretisiert werden; ebenfalls muss das Verfahren des Informationsaustausches näher ausgeformt werden. Diese Konkretisierung erfolgt gegenwärtig ad hoc in den einzelnen Rechtsakten; eine Mitteilung der KOM vom 9.12.2009 (KOM (2009) 673 endg.) dient als **Orientierungsrahmen.** In Betracht käme eine allgemeine Konkretisierung – die Festlegung eines horizontalen Rahmens – durch interinstitutionelle Vereinbarung. 36

2. Durchführungsrechtsetzung (Art. 291 AEUV)

In Art. 291 AEUV legt der Vertrag die Grundlagen für die unionale Steuerung der mitgliedstaatlichen Durchführung von EU-Recht. Es geht hier nicht um die exekutive Durchführung (vgl. *Hofmann,* ELJ 2009, 482 (493)). Hervorzuheben ist, dass der Vertrag die diesbezügliche Verantwortung primär den MSen zuweist (Abs. 1). In Fällen, in denen Bedarf für eine Steuerung besteht, kann die KOM – und ausnahmsweise der Rat – **Durchführungsrechtsakte** erlassen. Es geht hier um Befugnisse, die bislang im sog. „Komitologie"-Verfahren ausgeübt wurden. Die für die Umsetzung des Art. 291 AEUV erforderliche Regelung findet sich in der VO 182/2011 (ABl. L 55/13). Danach stehen für den Erlass von Durchführungsrechtsakten zwei Verfahren zur Verfügung. In beiden Fällen wirken Ausschüsse mit, die mit Sachverständigen und Amtsträgern der MSen besetzt werden. 37

Das jeweils einschlägige Verfahren wird im Basisrechtsakt bestimmt. Es ist damit nicht Sache der KOM zu entscheiden, welches Verfahren sie zur Anwendung bringen will. Vielmehr verfügt der Unionsgesetzgeber über einen erheblichen Ermessensspielraum, für welches Verfahren er sich entscheidet (vgl. EuGH, 18.3.2014, Rs. C-427/12, „KOM/EP und Rat"; vgl. auch EuGH, 16.7.2015, Rs. C-88/14, „KOM/EP und Rat"). Die VO legt fest, dass das **„Prüfverfahren"** grundsätzlich zur Anwendung kommen soll, wenn Akte „allgemeiner Tragweite" oder Akte in Bezug auf „Programme mit substantiellen Auswirkungen", wichtige Sektoren wie Agrar- und Fischereipolitik, die Handelspolitik oder die Steuern erlassen werden sollen. Bei der **Durchführung eines Prüfverfahrens** kann die KOM bei Zustimmung des jeweils eingeschalteten Ausschusses die Durchführungsmaßnahmen erlassen. Bei Ablehnung kann die KOM eine geänderte Fassung vorlegen; sie kann aber auch einen Berufungsausschuss anrufen. Sie ist am Erlass des Aktes gehindert, wenn auch dieser Ausschuss negativ votiert. Nimmt der zunächst eingeschaltete Ausschuss nicht Stellung, kann der Akt grundsätzlich ergehen. Für sensible Bereiche ist diese Option ausgeschlossen, vor allem dann, wenn der Akt die Besteuerung, Finanzdienstleistungen, den Schutz der Gesundheit oder der Sicherheit von Menschen, Tieren oder Pflanzen betrifft. 38

Das **„Beratungsverfahren"** soll in den anderen Fällen der Durchführungsrechtsetzung angewandt werden. Im Beratungsverfahren berücksichtigt die KOM die Beratung und das Votum des Ausschusses „so weit wie möglich".

39 Es ist zu begrüßen, dass das vorstehend beschriebene Prüfverfahren zum in wichtigen Fragen anwendbaren Regelverfahren gemacht wurde. Die VO lässt bei der Wahl des Verfahrens allerdings großen Spielraum. In der Praxis hat sich die KOM inzwischen vielfach der Macht eines Ausschusses unterwerfen müssen (vgl. EuGH, 18.3.2014, Rs. C-427/12, „KOM/EP und Rat"). Hinter der scheinbar technischen Fassade der VO geht es um grundlegende Fragen der Machtverteilung zwischen MSen und KOM (zur gerichtlichen Überprüfbarkeit von „post-legislative guidance" allgemein: *Scott,* CMLRev 2011, 329).

3. Sonstige Delegation

40 Art. 290, 291 AEUV regeln die **delegierte Rechtsetzung** abschließend und dürfen nicht umgangen werden. Dies schließt aber nicht aus, Verwaltungs- und sonstige Befugnisse zu delegieren. Diesbezüglich enthält der Vertrag keine ausdrückliche Regelung. Der EuGH geht in ständiger Rechtsprechung davon aus, dass Delegationen nur dann zulässig sind, wenn sie bestimmten **einschränkenden Anforderungen** genügen (zur Verwaltungskommission im Recht der Wanderarbeitnehmer etwa EuGH, 14.5.1981, Rs. 98/80, „Romano"). Die Art und Weise der Ausübung der Delegationsbefugnisse der KOM hat sich grundsätzlich im Rahmen des vom Rat gesetzten Grundaktes, insbesondere der hierin enthaltenen grundsätzlichen Ausrichtung der Unionspolitik, zu bewegen (EuGH, 16.6.1987, Rs. 46/86, „Romkes"; GA *Kokott,* 22.5.2007, Rs. C-403/05, „EP/KOM", Rn. 77). Im Interesse effektiver Durchführung der europäischen Vorschriften wird die Möglichkeit großzügiger Auslegungen der Durchführungsermächtigungen betont (st. Rspr.; EuGH, 30.10.1975, Rs. 23/75, „Rey Soda"; EuG, 15.11.2007, Rs. T-310/06, „Ungarn/KOM", Rn. 122). Die Bestimmtheitsanforderungen entsprechen allerdings nicht der deutschen „Wesentlichkeitstheorie". Insgesamt nimmt der EuGH sich bei der Überprüfung von Delegationen weit zurück. Dies gilt auch für einzelfallbezogene Durchführungsmaßnahmen (hierzu *Riedel,* EuR 2006, 512).

41 Über die erwähnten Delegationsmöglichkeiten hinaus steht das EU-Recht internen Zuständigkeitsverschiebungen (durch Unterermächtigungen u. ä.) **grundsätzlich ablehnend gegenüber.** Sie würden das „institutionelle Gleichgewicht" gefährden (EuGH, 29.10.1980, Rs. 138/79, „Roquettes Frères"; EuGH, 22.5.1990, Rs. C-70/88, „EP/Rat"). Die Rechtsetzungsgewalt der EU ist in ihrem komplizierten Zusammenspiel überstaatlicher und nationaler Interessen in den Verträgen genau definiert. Damit vertragen sich prinzipiell keine Abweichungen aus Gründen der Praktikabilität, zeitlicher Verkürzungen u. ä. zu Lasten der Grundentscheidungen. Dies gilt insbesondere für die **Kollegialentscheidung im Rat und in der KOM.** Weder der Rat noch die KOM können dem Organ insgesamt übertragene Rechtsetzungsbefugnisse, im Sinne einer Selbstermächtigung, auf einzelne Mitglieder des Organs (z. B. auf den Präsidenten) übertragen oder andere Erleichterungen des Rechtsetzungsverfahrens beschließen. Lediglich im Rahmen interner Verwaltung oder zur Vorbereitung späterer Kollegialbeschlüsse können einzelne oder mehrere Kommissionsmitglieder sowie Generaldirektoren und Dienstleiter zu bestimmten Maßnahmen ermächtigt werden (Art. 13–14 der GO der KOM (ABl. 2000, L 308/26)).

Die Unionsrechtsordnung und die nationalen Rechtsordnungen bilden zwei getrennte Kreise. Dies schließt es grundsätzlich aus, dem Unionsnormgeber die Befugnis zu geben, **eine Delegation** von Rechtsetzungsgewalt der EU an die **MSen** zu bewirken. Zwar haben die MSen das Unionsrecht zu vollziehen (unten Rz. 12/1 ff.). Sie haben auch im Rahmen der „Unionstreue" nach Art. 4 Abs. 3 EUV alle geeigneten Maßnahmen zur Erfüllung ihrer unionsrechtlichen Verpflichtungen zu treffen bzw. insoweit gefährdende Maßnahmen zu unterlassen. Besondere Ermächtigungen der EU an MSen zur näheren Durchführung von EU-Recht in Gestalt nationalen Rechts sind dagegen unüblich und wären systemfremd. 42

III. Das Verfahren der Rechtsetzung

Literatur: *Wessels,* Gesetzgebung in der Europäischen Union, in: Ismayr (Hrsg.), Gesetzgebung in Westeuropa, 2008, 653; *Schusterschitz,* Rechtsakte und Rechtsetzungsverfahren, in: Hummer/Obwexer (Hrsg.), Der Vertrag von Lissabon, 2009, 209; *Kröll,* Rechtsetzungsverfahren und Rechtsakte, in: Eilmansberger u. a. (Hrsg.), Rechtsfragen der Implementierung des Vertrags von Lissabon, 2011, 313; *Melin,* Die Rolle der deutschen Bundesländer im europäischen Rechtsetzungsverfahren nach Lissabon, EuR 2011, 655; *von Achenbach,* Verfassungswandel durch Selbstorganisation: Triloge im europäischen Gesetzgebungsverfahren, Der Staat 2016, 1; *Giersdorf,* Der informelle Trilog – Das Schattengesetzgebungsverfahren der Europäischen Union, 2019.

1. Die Wandlungen des Verfahrensrechts

In der Entwicklungsgeschichte des Verfahrensrechts lassen sich klar abgrenzbare Perioden erkennen. In den Anfangsjahren der sog. Gemeinschaftsmethode spielte sich Rechtsetzung zwischen der vorschlagsbefugten KOM und dem in der Praxis durchgehend einstimmig entscheidenden Rat ab; das EP war nicht entscheidend beteiligt. In der zweiten Phase, die Mitte der 1980er Jahre einsetzte, kam es zu einer Ausdifferenzierung des Verfahrensrechts, mit der den Sachgegebenheiten und der politischen Sensibilität der jeweiligen Bereiche Rechnung getragen werden sollte. Der Preis hierfür war eine hochgradige Fragmentierung und Heterogenität des in eine kaum überschaubare Vielzahl von Verfahren zerfaserten Verfahrensrechts. Vor allem mit dem Lissabon-Vertrag ist es dann gelungen, diesen Prozess umzukehren und eine deutliche Entdifferenzierung des Verfahrensrechts zu bewirken. Dies bedeutet allerdings nicht, dass nicht weiterhin eine Mehrzahl von Verfahren in wenig transparenter Weise nebeneinander stehen (zur Qualität der Gesetzgebung *von Danwitz,* JZ 2006, 1). 43

2. Die Verfahrensarten: Überblick und Abgrenzungen

Mit dem Vertrag von Lissabon ist das **„ordentliche Gesetzgebungsverfahren"** (Art. 289 AEUV) zum Regelverfahren gemacht worden. Dahinter steht eine im Wesentlichen formale Konzeption: Der Begriff steht für eine bestimmte Verfahrensform, nicht für ein bestimmtes Ergebnis. Dieses Verfahren endet nicht in dem Erlass eines Gesetzes. In ihm kann jeder außenrechtsverbindliche Akt erlassen werden. Das Verfahren ist anzuwenden, wenn die einschlägige Kompetenznorm darauf verweist: Gesetzgebung kann nur auf der Grundlage vertraglicher Kompetenznormen erfolgen. Bei der Entscheidung, wann dies der Fall ist, ist der Vertragsgeber eher willkürlich verfahren (kritisch *Dougan,* CMLRev 2008, 617 (647)). In manchen wichtigen Bereichen (wie z. B. Art. 74, 83 Abs. 1 UAbs. 3, 103 AEUV) ist der Gebrauch des ordentlichen Gesetzgebungsverfahrens nicht vorgesehen. Besonders auffällig ist, dass 44 der Gebrauch der allgemeinen (Art. 48 Abs. 7 EUV) und der besonderen Brückenklauseln (z. B. Art. 81 Abs. 3 UAbs. 2, 153 Abs. 2 UAbs. 4 AEUV), die eine Änderung der Abstimmungsmodalitäten im Rat oder des anzuwendenden Gesetzgebungsverfahrens zulassen, nicht den Gebrauch des Gesetzgebungsverfahrens voraussetzen. Teilweise stellen gleichartige Verfahren „besondere Gesetzgebungsverfahren" dar, ein anderes Mal aber sonstige Verfahren (Art. 23 Abs. 2, Art. 109 AEUV). Im Bereich der GASP sind Gesetzgebungsakte ausdrücklich ausgeschlossen (Art. 24 Abs. 1 UAbs. 2 S. 3 EUV). Die Konzeption des „Gesetzgebungsverfahrens" gewinnt aber auch **materiale Inhalte:** Einen „Gesetzes"-Vorbehalt begründet Art. 290 Abs. 1 AEUV insofern, als die „wesentlichen Aspekte" eines Bereichs durch den Gesetzgebungsakt selbst – und nicht durch Durchführungsakte – zu regeln sind (vgl. schon EuGH, 6. 12. 2005, Rs. C-66/04, „UK/EP und Rat"; *Ohler,* JZ 2006, 359). Gesetzgebungsakte können auch nicht nach Art. 263 Abs. 4 3. Alt. AEUV angegriffen werden. Für die Zustimmung zu internationalen Abkommen gebietet sich die Wahl des Gesetzgebungsverfahrens ausnahmslos (Art. 3 Abs. 2 AEUV).

45 In förmlicher Hinsicht ist die Tragweite des Konzepts größer. Im ordentlichen Gesetzgebungsverfahren ist die **gleichberechtigte Mitwirkung des EP** zwingend (Art. 289 Abs. 1 AEUV). Nationale Parlamente müssen eingeschaltet werden (Art. 12 lit. a EUV). Das Frühwarnsystem der Subsidiaritäts- und Verhältnismäßigkeitskontrolle ist hier von besonderer Bedeutung; es greift allerdings nicht nur hier (Art. 7 Abs. 3 des Protokolls über die Anwendung des Subsidaritätsprinzips). Im Rat werden diese Akte öffentlich behandelt (Art. 16 Abs. 8 EUV; Art. 15 Abs. 2 AEUV).

46 Aufgrund dieser Gegebenheiten ist in der Verwendung des Begriffs der „Gesetzgebung" nicht lediglich eine – funktionslose – Reminiszenz zu erblicken, die an den (politisch nicht akzeptierten) Versuch des Verfassungsvertrags erinnert, sich einer konstitutionellen Sprache zu bedienen. In Art. 289 Abs. 1 AEUV ist der **Nukleus eines Rechtsetzungsverfahrens** angelegt, dem in besonderer – und über den Bestand im EUV (Nizza) hinausgehender – Weise die Eignung zur Legitimationsstiftung zukommt. In Fällen, in denen der Vertrag dem Normgeber Wahlfreiheit eröffnet, kann dies bei hinreichender Bedeutung der Regelungsangelegenheit zur Wahl des Gesetzgebungsverfahrens zwingen.

47 Darüber hinaus kennt das EU-Recht das **besondere Gesetzgebungsverfahren** (Art. 289 Abs. 2 AEUV) (unten Rz. 11/73ff.). EP und Rat wirken hier nicht gleichberechtigt, sondern je nach Bereich in unterschiedlicher Rolle. Wenn der Rat entscheidet, kann sich die Rolle des EP auf eine Anhörung oder ein Zustimmungsverweigerungsrecht beschränken (vgl. etwa Art. 19 Abs. 1, 25 Abs. 2, 86 Abs. 1 AEUV). Bei der Festlegung der Rechtsstellung der Abgeordneten entscheidet das EP mit Zustimmung des Rats (Art. 223 Abs. 2 AEUV).

48 Der Vertrag sieht darüber hinaus vielfältige Formen der **Rechtsetzung ohne Gesetzgebungsqualität** vor. Dies gilt nicht zuletzt für den Bereich der delegierten und der Durchführungsrechtsetzung (oben Rz. 11/34ff.). Bei dieser Rechtsetzungn entscheiden Rat oder KOM grundsätzlich ohne Mitwirkung des EP. Dies rechtfertigt sich in manchen Bereichen (GASP) dadurch, dass der Vertragsgeber einer vollständigen Vergemeinschaftung weiterhin skeptisch gegenübersteht. In anderen Fällen geht es um Rechtsetzung, die dem Bereich der Gubernativ- oder Exekutivfunktion zugeordnet ist.

Die vertraglich vorgesehenen **Kompetenz-, Beteiligungs- und Mitwirkungsregeln** bezwecken eine genaue und umfassende Vorbereitung des beabsichtigten Rechtsaktes (EuGH, 15.7.1960, Rs. 25/59, „Niederlande/Hohe Behörde"). Hinsichtlich der Beteiligung des EP hat der EuGH entschieden (EuGH, 10.5.1995, Rs. C-417/93, „EP/Rat"), dass es sich um ein wesentliches Formgebot handelt, bei dessen Verletzung der Rechtsakt **nichtig** ist. Dies gilt auch für andere Beteiligungsrechte. 49

3. Ausgewählte Typen des Rechtsetzungsverfahrens

Im Folgenden können nicht alle im EU-Recht nachweisbaren Rechtsetzungsverfahren im Einzelnen behandelt werden, sondern nur die wichtigsten Typen. 50

a) Das ordentliche Gesetzgebungsverfahren (Art. 294 AEUV)

Im **Zentrum der europäischen Rechtsetzung** steht heute politisch und rechtlich das ordentliche Gesetzgebungsverfahren (Dokumentencode: COD). Es hat quantitativ und qualitativ das größte Gewicht. Es findet in 85 Tätigkeitsbereichen Anwendung. Besondere Bedeutung hat die Erstreckung in die Bereiche von Landwirtschaft und Fischerei, der Freiheit, Sicherheit und des Rechts der gemeinsamen Handelspolitik. Sein Wert liegt darin, dass das EP hier ein echtes Mitentscheidungsrecht besitzt. EP und Rat wirken gleichberechtigt zusammen und erlassen – als Gesetzgeber – die Gesetzgebungsakte gemeinsam. Das ordentliche Gesetzgebungsverfahren entspricht in weiten Zügen dem bisherigen Verfahren der Mitentscheidung (Art. 251 EGV). Einzelne Aspekte des Ablaufs des Verfahrens werden in einer „Rahmenvereinbarung über die Beziehungen zwischen dem EP und der KOM" (in der konsolidierten Fassung vom 7.2.2018; ABl. 2010, L 304/47) näher ausgestaltet. Im Übrigen gibt eine – bislang terminologisch noch nicht umgestellte – „Gemeinsame Erklärung zu den praktischen Modalitäten des neuen Mitentscheidungsverfahrens" von EP, Rat und KOM (ABl. 2007, C 145/5) über die politische Praxis Auskunft. Die Grundlage für interinstitutionelle Vereinbarungen findet sich in Art. 295 AEUV. Weitere Vorgaben für das ordentliche Gesetzgebungsverfahren werden durch die Geschäftsordnung des EP formuliert (ABl. 2019, L 302/1). 51

In der **politischen Praxis** gelingt es KOM, EP und Rat inzwischen regelmäßig, in einem **„Trilog"-Verfahren schon in der ersten Lesung einen Kompromiss** zu erzielen. Im Jahr 2019 wurde jedes ordentliche Gesetzgebungsverfahren auf diesem Weg abgeschlossen. Dies fördert die Effizienz, ist aber demokratisch-legitimatorisch nicht unproblematisch (hierzu: *Giersdorf,* Der informelle Trilog – Das Schattengesetzgebungsverfahren der Europäischen Union, 2019). Das „Trilog"-Verfahren ist im AEUV nicht abgebildet. In den Art. 70–74 GO EP finden sich nunmehr Bestimmungen über „Interinstitutionelle Verhandlungen im Rahmen des ordentlichen Gesetzgebungsverfahrens", um zu einer gewissen Formalisierung dieser Praxis beizutragen.

aa) Gesetzgebungsinitiative

Das ordentliche Verfahren wird regelmäßig durch einen **Vorschlag der KOM** eingeleitet. EP und Rat können die KOM zur Initiative auffordern (Art. 225, 241 AEUV). In Einzelfällen kann das Initiativrecht aber auch von einer Gruppe von MSen, der EZB oder dem EuGH ausgeübt werden (vgl. Art. 294 Abs. 15 AEUV). Die KOM greift bei der Ausarbeitung eines Vorschlags auch auf Sachverstand von außen zurück – durch Anhörungen, Einladungen zur Stellungnahme etc. Regelmäßig werden Studien dazu 52 erstellt, welche Folgen ein Rechtsetzungsakt haben wird („impact assessment"). Häufig werden Rechtsetzungsvorhaben langfristig durch die Anfertigung von „Grünbüchern" und „Weißbüchern" vorbereitet. Ein Abstimmungsprozess wird auch innerhalb der KOM durchlaufen, um sicherzustellen, dass die verschiedenen Anschauungen der verschiedenen Generaldirektionen und Dienste Berücksichtigung finden. Der Kommissionsvorschlag muss vom Kollegium „Kommission" verabschiedet werden – sei es im Verfahren mündlicher Beratung, sei es im schriftlichen Umlaufverfahren. Der Vorschlag ist den nationalen Parlamenten zu übermitteln, um ihnen innerhalb einer Frist von acht Wochen die Subsidiaritätsprüfung zu ermöglichen. Er wird gleichzeitig dem EP und dem Rat übermittelt. Soweit dies im Vertrag vorgesehen ist, werden der WSA und der AdR konsultiert. Die KOM veröffentlicht ihren Vorschlag im Amtsblatt Teil C.

bb) Erste Lesung im Parlament

53 Es schließt sich sodann die **erste Lesung im EP** an. Der Vertrag sieht hierfür keinen Zeitrahmen vor. In der Praxis dauert der Prozess der ersten Lesung im Durchschnitt ca. acht Monate. Die parlamentarische Entscheidung wird von einem Berichterstatter vorbereitet, der zu dem Vorschlag Stellung bezieht. Der **Bericht** wird zunächst im zuständigen Parlamentsausschuss diskutiert und sodann im Plenum behandelt. Das EP entscheidet zunächst über Änderungsanträge, die zu dem Bericht des zuständigen Ausschusses gemacht werden, sodann über den gegebenenfalls geänderten Vorschlag selbst. Im Anschluss wird ein legislativer Standpunkt verabschiedet, in dem sich das EP darüber erklärt, ob es den Vorschlag der KOM billigt, ablehnt oder Änderungen dazu vorschlägt, sowie Anträge zum Verfahren stellt. Das EP entscheidet mit **einfacher Mehrheit** (weitere Einzelheiten zur ersten Lesung: Art. 59 ff. GO EP). Wurde der Bericht des Berichterstatters im zuständigen Ausschuss mit einer Mehrheit von über 90 % gebilligt, wird das EP regelmäßig ohne weitere Aussprache und Änderung abstimmen („vereinfachtes Verfahren"; Art. 52 und Art. 159 GO EP).

54 Nach Art. 293 Abs. 2 AEUV kann die KOM ihren Vorschlag im Lichte der politischen Vorstellungen des EP **ändern.** Dabei lässt sich die KOM auf der einen Seite von ihren politischen Vorstellungen leiten, auf der anderen Seite aber auch von dem Ziel der Erleichterung politischer Kompromissbildung.

cc) Behandlung im Rat

55 Der Rat legt seinen Standpunkt in einem Verfahren fest, das **zeitgleich** mit der ersten Lesung im EP und in enger Abstimmung mit dessen Abgeordneten durchlaufen wird. Der Vertrag sieht auch hier **keine zwingenden Fristen** vor; in der Praxis dauert das Gesamtverfahren ebenfalls viele Monate. In politisch schwierigen Fragen können aber auch Jahre vergehen, bis der Rat entscheidet. Gelegentlich bleiben Vorschläge auf dieser Ebene auch stecken.

56 Die **Entscheidung des Rats** wird durch Arbeitsgruppen vorbereitet, in welche die nationalen Verwaltungen eng einbezogen sind. Den Vorsitz führt jeweils der Vertreter des Staats, der gerade die Präsidentschaft innehat; das Generalsekretariat des Rats unterstützt ihn hierbei. Der Rat legt seinen Standpunkt auf der Grundlage der Vorstellungen fest, die das EP in seiner ersten Lesung definiert hat. Allerdings kann es bereits zur Festlegung einer Ratsposition („general approach") kommen, bevor das EP entschieden hat. Der Rat beschließt zunächst politisch („political agreement"); dieser Be-

schluss wird sodann in Arbeitsgruppen ausgearbeitet und rechtlich überprüft. Erst im Anschluss kommt es dann in einer späteren Sitzung des Rats zur förmlichen Entscheidung.

Dabei sind **drei Situationen** denkbar: 57
- Billigen EP und Rat den Vorschlag der KOM, ohne Änderungen vorzunehmen, gilt der Akt als verabschiedet (Art. 294 Abs. 4 AEUV). Er wird von den Generalsekretären und den Präsidenten des EP und des Rats unterzeichnet und im Amtsblatt der Europäischen Union veröffentlicht.
- Stimmt der Rat den Änderungen des EP zu, kann er ihn so, wie ihn das EP geändert hat, erlassen (ebenfalls Art. 294 Abs. 4 AEUV).
- In allen anderen Situationen legt der Rat einen „Standpunkt des Rates" fest. Dieser Standpunkt wird mit einer Begründung dem EP übermittelt. Auch die KOM unterrichtet das EP über ihre Sichtweise.

Der Rat führt seine **Beratungen öffentlich** durch (Art. 16 Abs. 8 EUV). Ist es im 58
Ausschuss der Ständigen Vertreter zu einer Einigung gekommen („A"-Gegenstand), dann wird ohne Aussprache entschieden; andernfalls („B"-Gegenstand) wird beraten. Der Rat entscheidet *grundsätzlich* mit qualifizierter Mehrheit. Für Abweichungen von der Position der KOM bedarf es im Regelfall der Einstimmigkeit (Art. 293 Abs. 1 AEUV).

In den Art. 48 Abs. 2, 82 Abs. 3 und 83 Abs. 3 AEUV wird die Möglichkeit begrün- 59
det, dass ein MS gegenüber einem Vorhaben die „Notbremse" zieht. Wird der Antrag gestellt, den EuRat mit einem Vorschlag zu befassen, wird das ordentliche Gesetzgebungsverfahren bis zu vier Monate ausgesetzt. Der EuRat kann im Fall des Art. 48 Abs. 2 AEUV beschließen, den Entwurf entweder an den Rat zurückzuverweisen, keine Maßnahme zu ergreifen, oder die KOM aufzufordern, einen neuen Vorschlag zu unterbreiten. In den Fällen der Art. 82 Abs. 3 und 83 Abs. 3 AEUV besteht dagegen die Möglichkeit einer Verstärkten Zusammenarbeit, sofern keine Rückverweisung an den Rat aufgrund eines Einvernehmens erfolgt.

dd) Zweite Lesung im Parlament

Das EP hat nunmehr darüber zu entscheiden, wie es sich zum Standpunkt des Rates 60
stellt. Dabei setzt ihm der Vertrag einen Zeitrahmen von drei Monaten (Verlängerungsmöglichkeit: ein Monat, Art. 294 Abs. 14 AEUV).

Das **Verfahren im EP** entspricht weitgehend jenem der ersten Lesung. Die Beratungen beziehen sich nunmehr allerdings auf den Akt in der Form, wie er im Standpunkt des Rates niedergelegt ist. Das EP kann Änderungsvorschläge erneut aufnehmen, die es in der ersten Lesung gemacht hat, die aber in dem Standpunkt des Rats nicht akzeptiert wurden; es kann sich mit Bestandteilen des Standpunkts befassen, die von der Position der KOM abweichen; es kann schließlich den Versuch einer Kompromissbildung unternehmen. Möglich ist es auch, einen neuen Sachverhalt bzw. eine neue Rechtslage zu berücksichtigen, die seit der ersten Lesung eingetreten sind (im Einzelnen: Art. 68 GO EP).

Die Entscheidung des EP wird wiederum zunächst im zuständigen Ausschuss vor- 61
bereitet. Die Entscheidung wird im Plenum mit der absoluten Mehrheit der Mitglieder getroffen. Dabei können sich die **folgenden Situationen** ergeben:

- Findet der Standpunkt des Rats die Billigung des EP, oder gelingt es im EP nicht, eine absolute Mehrheit der Mitglieder für Änderungsvorschläge zu gewinnen, oder entscheidet das EP nicht innerhalb der gesetzten Frist, so erklärt der Präsident des EP den Standpunkt des Rates als gebilligt (Art. 294 Abs. 7 lit. a AEUV). In diesem Fall wird der Akt in der oben beschriebenen Form unterzeichnet und im Amtsblatt veröffentlicht. Es müssen die Art des entsprechenden Rechtsakts, die Ordnungsnummer, der Zeitpunkt seiner Annahme und die Bezeichnung seines Gegenstands angegeben werden (Art. 79 GO EP).
- Lehnt das EP demgegenüber den Standpunkt mit der Mehrheit der Mitglieder ab, so gilt der Akt als nicht angenommen (Art. 294 Abs. 7 lit. b AEUV). Eine Wiederaufnahme wäre nur auf der Grundlage einer neuen Kommissionsinitiative möglich.
- Schließlich ist es dem EP möglich, Änderungen vorzuschlagen (Art. 294 Abs. 7 lit. c AEUV). Diese Änderungen werden der KOM und dem Rat zugeleitet.

62 Die KOM ist aufgefordert, zu den Änderungsvorschlägen des EP Stellung zu nehmen. Diese **Stellungnahme** ist wichtig, weil sie Einfluss darauf hat, welches Quorum bei der abschließenden Entscheidung im Rat erforderlich ist: Äußert sich die KOM zu einem Vorschlag des EP negativ, kann der Rat den Akt nur einstimmig in der vom EP vorgeschlagenen Form annehmen (Art. 294 Abs. 9 AEUV).

ee) Zweite Lesung im Rat

63 Der Vertrag bestimmt, dass der Rat innerhalb eines **Zeitraums von drei Monaten** (Verlängerungsmöglichkeit: ein Monat) über die Änderungsvorschläge des EP zu entscheiden hat (Art. 294 Abs. 8 AEUV). Es geht in diesem Verfahrensabschnitt um die Formulierung eines politischen Kompromisses. Informelle Verfahren der Abstimmung und Entscheidungsfindung sind wichtig (hierauf weist die oben zitierte „Gemeinsame Erklärung" hin). Hierbei kommt es zu Sitzungen, in denen Vertreter von EP und Rat, meistens aber von EP, Rat und KOM vertreten sind. Im Allgemeinen werden jedenfalls der Berichterstatter des EP (und „Schattenberichterstatter" anderer politischer Gruppierungen), fachlich zuständige Beamte aus der KOM und der Vorsitzende der Arbeitsgruppe des Rats, die sich mit dem Vorhaben beschäftigt hat, anwesend sein. Eine Einbeziehung der KOM ist wichtig, weil es ohne die Billigung der KOM zu einer Zustimmung des Rats nur einstimmig kommen kann (oben Rz. 11/58).

64 Bei der Behandlung durch den Rat können **folgende Situationen** auftreten:

- Billigt der Rat die Änderungsvorschläge des EP, dann gilt der Akt in der Form des Standpunkts und der Änderungen als angenommen, Art. 294 Abs. 8 lit. a AEUV.
- Nimmt der Rat die Änderungsvorschläge innerhalb der gesetzten Frist nicht an, so ruft der Präsident des Rats (im Einvernehmen mit dem Präsidenten des EP) binnen sechs Wochen (Verlängerungsmöglichkeit: zwei Wochen) einen Vermittlungsausschuss (Art. 294 Abs. 8 lit. b AEUV) ein.

65 Das im Rat erforderliche **Entscheidungsquorum** richtet sich, wie bereits festgestellt wurde, danach, wie sich die KOM zu den Vorschlägen des EP stellt. Im Regelfall entscheidet der Rat mit qualifizierter Mehrheit; bei ablehnender Äußerung der KOM bedarf es für die Annahme des Aktes der Einstimmigkeit.

ff) Vermittlungsverfahren

Der Vermittlungsausschuss hat einen **Zeitraum von sechs Wochen** (Verlängerungsmöglichkeit: zwei Wochen), um einen Kompromissvorschlag zu erzielen (Art. 294 Abs. 10 AEUV). Die Tagungen finden abwechselnd in Räumen des Rats und des EP statt. Die Vermittlungsverhandlungen werden auf der Basis der jeweiligen Standpunkte des EP und des Rats in zweiter Lesung geführt. Eine Orientierung über Unstrittiges (Teil A) und Strittiges (Teil B) bietet ein gemeinsames Arbeitsdokument der beiden Delegationen. Die Zeit vor dem ersten Zusammentritt wird regelmäßig bereits dazu verwendet, in Arbeitsgruppen, die sich aus Vertretern der drei beteiligten Seiten zusammensetzen (EP, Rat, KOM („Trilogie")), Kompromissmöglichkeiten auszuloten. 66

Der Vermittlungsausschuss setzt sich aus einer gleichen Anzahl von Vertretern des Rats und des EP zusammen. Im Regelfall besteht die **Delegation des Rats** aus den ständigen Vertretern der MSen im AStV („COREPER"); es können aber auch die Ratsmitglieder selbst sein. Den Vorsitz übernimmt der Minister, der dem Rat in der jeweils fachlich zuständigen Zusammensetzung vorsteht. Die **Delegation des EP** setzt sich aus 27 Abgeordneten und 27 Vertretern zusammen (vgl. Art. 77 GO EP). Drei Vizepräsidenten des EP sind dauernde Mitglieder des Vermittlungsausschusses und leiten die Delegation (zusammen mit dem Präsidenten) im Wechsel. Die übrigen Mitglieder werden von den politischen Gruppen im EP je nach Kräfteverhältnis vorgeschlagen. Das zuständige Mitglied der KOM nimmt an den Sitzungen des Vermittlungsausschusses beratend teil (Art. 294 Abs. 11 AEUV). Geleitet werden die Sitzungen gemeinsam von den beiden Delegationsvorsitzenden. 67

Die Verhandlungen werden meist in Form einer **„trilateralen" Abstimmung** in kleinen Arbeitskreisen geführt; deren Ergebnisse werden dann jeweils den Delegationen unterbreitet. Die KOM, die an den Sitzungen der Delegationen von EP und Rat teilnehmen kann, spielt eine wichtige Rolle als Vermittler. Kompromisse werden häufig in Form von „package deals" geformt (vgl. EuGH, 10. 1. 2006, Rs. C-344/04, „IATA"). 68

Der **Entwurf eines Kompromisses** muss von jeder Delegation nach den jeweils eigenen Regeln gebilligt werden. Die Delegation des EP entscheidet mit einfacher Mehrheit der Mitglieder. Die Delegation des Rats entscheidet grundsätzlich mit qualifizierter Mehrheit; in Fällen, in denen der Vertrag Einstimmigkeit vorsieht, bedarf es nach der Praxis auch in der Abstimmung im Vermittlungsausschuss der Einstimmigkeit. Für das Quorum der Entscheidung kommt es nicht mehr darauf an, wie sich die KOM zu dem Kompromiss stellt (anders in der zweiten Lesung (oben Rz. 11/62)). 69

Gelingt es dem Vermittlungsausschuss nicht, einen „Gemeinsamen Entwurf" vorzulegen, ist das Rechtsetzungsverfahren gescheitert (Art. 294 Abs. 12 AEUV). 70

Wird ein **„Gemeinsamer Entwurf"** vorgelegt, müssen EP und Rat darüber in dritter Lesung endgültig abstimmen (Zeitrahmen: sechs Wochen; Verlängerungsmöglichkeit: zwei Wochen). Dabei entscheidet das EP mit der Mehrheit der abgegebenen Stimmen, ohne dass Änderungsvorschläge gemacht werden dürfen. Der Rat entscheidet grundsätzlich mit **qualifizierter Mehrheit.** Während die Entscheidung im Rat keine Schwierigkeiten bereitet (Delegation im Vermittlungsausschuss und Rat sind politisch identisch zusammengesetzt), kann es im EP zu Problemen kommen. Die Position der 27 Vertreter des EP im Vermittlungsausschuss muss nicht jener der Mehrheit der Mitglieder des EP entsprechen. 71

72 Seit Inkrafttreten des Amsterdamer Vertrages ist es vereinzelt dazu gekommen, dass der „Gemeinsame Entwurf" nicht die Billigung des EP fand (Übernahmerichtlinie [1995/0341(COD)] 2001; Hafendienstleistungen [2001/0047(COD)] 2003). Die Anzahl der dritten Lesungen ist stark rückläufig. In der Legislaturperiode 2014–2019 fand eine solche überhaupt nicht statt.

b) Das besondere Gesetzgebungsverfahren

73 Das besondere Gesetzgebungsverfahren (Art. 289 Abs. 2 AEUV) hat im AEUV keine inhaltliche Ausgestaltung in der Tiefe erfahren, wie sie sich in Art. 294 AEUV für das ordentliche Gesetzgebungsverfahren findet. Allerdings macht der AEUV einzelne Vorgaben. Das Verfahren fasst das bisherige Verfahren der Anhörung und jenes der Zustimmung zusammen. Der Grad der Vergemeinschaftung ist insbesondere in Fällen, in denen das EP lediglich angehört wird, deutlich geringer. Es ist dadurch gekennzeichnet, dass EP und Rat nicht gleichberechtigt wirken. Im Folgenden soll das Verfahren in Fällen beschrieben werden, in denen der Rat die Entscheidungsgewalt hat.

aa) Das Konsultationsverfahren

74 Das Konsultationsverfahren (Dokumentencode: CNS) spielt weiterhin eine gewichtige Rolle (z. B. Art. 21 Abs. 3; Art. 22 Abs. 1; Art. 23 Abs. 2; Art. 77 Abs. 3; Art. 81 Abs. 3; Art. 87 Abs. 3; Art. 89; Art. 113; Art. 118 Abs. 2; Art. 126 Abs. 14 UAbs. 2, 3 AEUV). Auch in diesem Fall wird das Verfahren grundsätzlich durch einen Vorschlag der KOM eingeleitet **(Initiativrecht der KOM).** Hiermit soll sichergestellt werden, dass sich die Formulierung eines Rechtsetzungsvorschlags an dem Gedanken eines europäischen Gemeinwohls orientiert. Ein Rückfall in zwischenstaatliche Kompromisslösungen soll jedenfalls der Idee nach verhindert werden. In einzelnen Fällen kann ein Vorschlag auch vom EP, der EZB, dem EuGH oder von einer Gruppe von MSen eingebracht werden.

75 Die **KOM bereitet ihre Vorschläge** auf der Grundlage eines ausführlichen Beratungsprozesses vor (oben Rz. 11/52).

76 Unter Zugrundelegung des Vorschlags der KOM werden sodann die jeweils vertraglich zu beteiligenden Institutionen konsultiert. In einem Fall, in dem der Rat den Akt erlassen kann, gilt dies jedenfalls für das EP, darüber hinaus (bei vertraglicher Anordnung) für den WSA und den AdR. Das **EP** kann den Vorschlag der KOM billigen, ihn ablehnen oder Änderungen beantragen.

77 Entschließt sich das EP dazu, Änderungen vorzuschlagen, so berät die **KOM** darüber, inwieweit sie diese Vorschläge des EP in ihren Rechtsakt einfließen lassen will. Entschließt sich die KOM zur Änderung des Vorschlags, übermittelt sie dem Rat einen geänderten Vorschlag.

78 Der Rat hat die **abschließende Entscheidungsgewalt.** Er kann einen (ggf. geänderten) Vorschlag verabschieden, ihn – ggf. nach erneuter Anhörung des EP – nochmals ändern oder auch verwerfen. Eine Bindung an ein ablehnendes Votum des EP besteht im Fall einer bloßen Anhörung nicht. Der Rat kann – in diesem wie in allen anderen Verfahren – einen Vorschlag der KOM allerdings nur **einstimmig** ändern, Art. 293 Abs. 1 Hs. 1 AEUV. Die Entscheidungsmehrheit im Rat bei Annahme des Vorschlags bestimmt sich nach der jeweiligen Kompetenznorm. Es gibt Bereiche, in denen eine

qualifizierte Mehrheit ausreicht; in anderen Bereichen muss der Rat einstimmig entscheiden.

bb) Das Zustimmungsverfahren

In Fällen, in denen das Zustimmungsverfahren zur Anwendung kommt (Dokumentencode AVD), hat das EP ein Vetorecht. Es kann allerdings seine Zustimmung nur erteilen oder verweigern; eine Änderung des Kommissionsvorschlags ist unzulässig. Beispielsfälle: Art. 19 Abs. 1 (Nichtdiskriminierung) Art. 25 Abs. 2 (Unionsbürgerschaft), Art. 86 Abs. 1 UAbs. 1, Abs. 4 (Europäische Staatsanwaltschaft), Art. 218 Abs. 6 UAbs. 2 lit. a (bestimmte internationale Verträge), Art. 223 Abs. 1 UAbs. 2 (Wahlen zum EP), Art. 312 Abs. 2 UAbs. 1 (Mehrjähriger Finanzrahmen), Art. 352 Abs. 1 AEUV (Auffangkompetenz). 79

c) Sonstige Rechtsetzungsverfahren

Rechtsetzungsverfahren ohne Gesetzgebungsqualität spielen eine große Rolle. Im Bereich der GASP sind ausschließlich sie Mittel der Steuerung. Dies liegt daran, dass sich die MSen weiterhin einer parlamentarischen Mitentscheidung durch das EP in diesem Bereich versperren. In anderen Bereichen sind es funktionale Gründe, die ihre Wahl rechtfertigen (z. B. Erlass von Durchführungsrechtsakten). Eine Replikation des Gesetzgebungsverfahrens wäre hier sinnwidrig. 80

Diese Rechtsetzungsverfahren sind dadurch gekennzeichnet, dass das jeweils berufene Organ (EuRat, Rat, KOM, EZB) den Akt unter Einhaltung der in der jeweiligen Kompetenznorm formulierten Anforderungen erlässt. Im Einzelfall kann eine Anhörung des EP vorgesehen sein (z. B. Art. 74, 78 Abs. 3, 103 Abs. 1, 109 AEUV). Es gibt sogar Fälle, in denen das EP zustimmungsberechtigt ist (z. B. Art. 14 Abs. 2 UAbs. 2 EUV). Das Verfahren kommt gleichwohl in Fällen, in denen der Vertrag einen hohen Grad parlamentarischer Mitwirkung sicherstellen will, regelmäßig nicht zur Anwendung.

IV. Die Form der Rechtsetzung

1. Die Bezeichnung der Rechtsakte

In der Praxis unionaler Rechtsetzung hat sich eine feste äußere Form der Rechtsakte etabliert (vgl. Anhang VI der GO des Rats [ABl. 2009, L 325/35]; Art. 17 der GO der KOM (ABl. 2000, L 308/26)). Die Rechtsakte werden nach **Art, Inhalt und Bezifferung** identifiziert. In der Überschrift wird angegeben, ob es sich um einen gemeinsamen Rechtsakt von Rat und EP oder um einen Akt eines einzelnen Organs handelt. Die Qualität als Gesetzgebungsakt ist ebenso wie jene als Durchführungs- oder delegierter Akt anzugeben. In der Präambel werden die Rechtsgrundlagen benannt, ferner die am Verfahren beteiligten Institutionen, die Gründe für den Erlass des Aktes, sowie Ort und Datum des Erlasses. Ferner wird in Abschlussklauseln bei Verordnungen und Richtlinien deren vertragsmäßige Wirkung angegeben. Schließlich gilt die Verpflichtung, die Rechtsakte in allen Sprachen der EU zu veröffentlichen. 81

Diese verschiedenen **Form- und Bezeichnungsvorschriften und -praktiken** werden von der Rspr. nicht als so wesentlich angesehen, dass ihre Nichtbeachtung notwendig 82 die Nichtigkeit zur Folge hätte (EuGH, 5.12.1963, verb. Rs. 53/63 u. a., „Lemmerz-Werke"). Nichtsdestoweniger kommt einer korrekten Handhabung der Formvorschriften für die tägliche Praxis des Unionsrechts wichtige Bedeutung zu.

2. Begründungspflicht

Literatur: *Grzeszick,* Das Grundrecht auf eine gute Verwaltung – Strukturen und Perspektiven des Charta-Grundrechts auf eine gute Verwaltung, EuR 2006, 161; *Galetta,* Inhalt und Bedeutung des Europäischen Rechts auf eine gute Verwaltung, EuR 2007, 57; *Schwarz/Bravidor,* Kunst der Gesetzgebung und Begründungspflichten des Gesetzgebers, JZ 2011, 653; *Kluth,* Die Begründung von Gesetzen, in: ders./Klings (Hrsg.), Gesetzgebung, 2014, 333; *Saurer,* Der Einzelne im europäischen Verwaltungsrecht, 2014.

83 Ein wichtiges rechtsstaatliches Erfordernis bei der Entstehung von EU-Recht ist die **Begründung der Rechtsakte.** Sie dient zum einen den Interessen der Adressaten des Rechtsaktes im Sinne von Überprüfungsmöglichkeiten. Zum andern soll die Begründung dem EuGH im Streitfall die Kontrolle der Rechtmäßigkeit möglichst umfassend ermöglichen (zu beidem EuGH, 29.4.2004, Rs. C-159/01, „Niederlande/KOM", Rn. 65; EuGH, 14.10.2010, Rs. C-280/08 P, „Deutsche Telekom", Rn. 130ff.).

84 Art. 296 Abs. 2 AEUV statuiert daher (ähnlich für die Verwaltung: Art. 41 Abs. 2 lit. c GRC) beim Erlass von Rechtsakten eine **Begründungspflicht.** Auf die Entscheidungsgrundlagen ist Bezug zu nehmen. Die Begründung hat die wesentlichen rechtlichen und tatsächlichen Erwägungen wiederzugeben, auf denen der betreffende Rechtsakt beruht. Diesen schon früh formulierten (EuGH, 21.3.1955, Rs. 6/54, „Niederlande/Hohe Behörde") Grundsatz legte der EuGH anfänglich verhältnismäßig streng aus. Später (insbesondere seit EuGH, 13.3.1968, Rs. 5/67, „Beus") hat er in plausibler Weise seine Haltung abgemildert und den Umfang der Begründungspflicht nach der Rechtsnatur des einschlägigen Aktes (individuelle Maßnahmen/Normativakte) gestuft. Die Begründung ist dem Betroffenen gleichzeitig mit dem ihn beschwerenden Rechtsakt mitzuteilen; ein Fehlen kann nicht durch eine nachträgliche Begründung während des Verfahrens vor dem Unionsrichter geheilt werden (EuG, 14.10.2009, Rs. T-390/08, „Bank Melli Iran", Rn. 80).

Stärker als bei Individualakten ist insbesondere bei Verordnungen zu berücksichtigen, dass hier eine allgemeine Situation abstrakt zu regeln ist, sodass nicht auf alle Einzelheiten eingegangen zu werden braucht, sondern eine Benennung der Gesamtlage und der allgemeinen Ziele des Rechtsakts in der Regel ausreicht (EuG, 12.12.2007, Rs. T-308/05, „Italien/KOM", Rn. 137f.; insbesondere zu Rechtsakten mit allgemeiner Geltung EuGH, 11.12.2003, Rs. C-127/00, „Hässle", Rn. 44).

85 Die **Begründung eines Einzelakts** muss den (belasteten) Betroffenen so ausreichend unterrichten, dass er erkennen kann, ob die Entscheidung mit einem Mangel behaftet ist, der sie anfechtbar macht; auch das Gericht muss zur Überprüfung des Akts in der Lage sein (EuG, 30.11.2004, Rs. T-168/02, „IFAW", Rn. 70). Darüber hinaus führt die Änderung einer bestehenden Entscheidungspraxis zu erhöhten Anforderungen an die Begründungspflicht (vgl. EuGH, 26.11., Rs. 73/74, „Papiers Peints", Rn. 30/33). Schließlich wächst der Umfang der Begründungspflicht mit der Weite des den Organen eingeräumten Ermessens (EuGH, 7.4.1992, Rs. C-358/90, „Compagnia Italiana Alcool", Rn. 42; EuGH, 7.5.1992, verb. Rs. C-258/90 u. a., „Pesquerias de Bermeo", Rn. 26).

Die **Konsequenzen von Begründungsmängeln** hängen vom Ausmaß des Verstoßes ab. Die Rüge mangelhafter Begründung nach Art. 296 AEUV ist als „Verletzung wesentlicher Formvorschriften" ein Klagegrund nach Art. 263 Abs. 2 AEUV. Die Begründungspflicht ist jedoch ein Formerfordernis, dessen Nichteinhaltung nicht automatisch zur Nichtigkeit des Rechtsaktes, sondern regelmäßig nur zur Rechtswidrigkeit führt. 86

Die europäische Gerichtsbarkeit (EuGH, 5.3.1999, Rs. C-154/98 P, „Guérin automobiles", Rn. 13ff.; bestätigt durch EuGH, 27.11.2007, Rs. C-163/07 P, „Diy-Mar", Rn. 41) geht davon aus, dass EU-Rechtsakte, soweit das Sekundärrecht keine entgegenstehende Anordnung enthält (hierzu EuGH, 26.10.2006, Rs. C-317/05, „Pohl-Boskamp", Rn. 33), **keiner Rechtsbehelfsbelehrung bedürfen.** 87

3. Veröffentlichung, Bekanntgabe und Inkrafttreten

Die **Publizität fertiger Rechtsakte** gehört zu den wichtigen Formerfordernissen bei der Entstehung von Unionsrecht (*Tomuschat,* FS Kutscher, 1981, 461). Diese Anforderungen sind rechtsstaatlich geboten. Die Praxis ist in begrüßenswertem Sinne z. T. über die ausdrücklichen Erfordernisse der Verträge hinausgegangen. 88

a) Veröffentlichung und Bekanntgabe

Gemäß Art. 297 Abs. 1 UAbs. 3 AEUV (vgl. Art. 17 der GO des Rats) werden Gesetzgebungsakte ausnahmslos im **Amtsblatt der EU** veröffentlicht. Abs. 2 UAbs. 2 legt fest, dass Verordnungen, Richtlinien, die an alle MSen gerichtet sind, sowie Beschlüsse, die an keinen bestimmten Adressaten gerichtet sind, ebenfalls dort zu veröffentlichen sind. Keine Veröffentlichungs-, wohl aber eine Bekanntgabepflicht gilt nach Abs. 2 UAbs. 3 für andere Richtlinien sowie für Beschlüsse, die an einen bestimmten Adressaten gerichtet sind. 89

Das ABl. erschien vom 30.12.1952 bis zum 13.5.1958 als Amtsblatt der EGKS. Sodann wurde es zum ABl. der EWG bzw. EAG, mit dem Vertrag von Nizza zum ABl. der EU umgewandelt. Bis zum 31.12.1967 erschien das ABl. einheitlich, seit 1.1.1968 in den beiden Teilen L (Legislatio = Rechtsvorschriften) und C (Communicatio = Mitteilungen und Bekanntmachungen). Das ABl. erscheint parallel in allen Amtssprachen der Union (dazu Rz. 5/8ff.). Seit dem 1.7.2013 ist die elektronische Ausgabe des Amtsblatts (e-ABl.) verbindlich und entfaltet Rechtswirkung. Seit dem 1. Januar 2015 wird ein neues Verfahren der Nummerierung angewandt. Danach folgt auf das Vertragskürzel das Jahr und die Nummer (z. B. „Verordnung (EU) 2015/1 ..."). Internationale Abkommen werden weiterhin nicht nummeriert. 90

Die Veröffentlichung hat **konstitutive Wirkung für die Gültigkeit des Rechtsaktes** (EuGH, 29.5.1974, Rs. 185/73, „Hauptzollamt Bielefeld"; vgl. auch EuGH, 11.12.2007, Rs. C-161/06, „Skoma Lux", Rn. 57ff.: fehlende Übersetzung in die Sprache eines MS hindert nicht die Wirksamkeit, aber die Anwendbarkeit im Einzelfall; vgl. auch Rz. 5/11). Für den Zeitpunkt der Veröffentlichung ist im Zweifel das Datum maßgebend, das auf der betreffenden Nummer des ABl. vermerkt ist (EuGH, 25.1.1979, Rs. 98/78, „Racke"; EuGH, 11.12.2007, Rs. C-161/06, „Skoma Lux", Rn. 32, 37; vgl. auch Rz. 5/11), notfalls das Datum der tatsächlichen Verfügbarkeit der Nummer des ABl., falls dieses mit dem aufgedruckten Datum auseinanderfällt. 91

In der Normgebungspraxis werden auch Rechtsakte, für die keine Veröffentlichungspflicht besteht, regelmäßig **im ABl. veröffentlicht** (Näheres in Art. 17 GO des Rats). Um der Eindeutigkeit der Rechtswirkung willen kann allerdings die Veröffentlichung 92 die gezielte Bekanntgabe an den Adressaten nicht ersetzen (EuGH, 15.7.1970, Rs. 41/69, „Chemiefarma"). Auch sonst sind in **speziellen Vorschriften** gelegentlich Veröffentlichungspflichten festgelegt, z. B. in Art. 249 Abs. 1 S. 2 AEUV hinsichtlich der Geschäftsordnung der KOM.

93 Ferner werden aus Informationsgründen viele *Beschlüsse, Entschließungen u. ä.* von Unionsorganen ohne Rechtspflicht im ABl. veröffentlicht. Dies gilt insbesondere auch für die Rechtsakte, die im Bereich der GASP ergehen. Die EU ist aus integrationspolitischen Gründen **ausgesprochen publikationsfreundlich.**

b) Inkrafttreten

94 Nicht schon mit der Veröffentlichung bzw. Bekanntgabe, sondern erst mit dem Zeitpunkt des **Inkrafttretens** entfalten die EU-Rechtsakte rechtliche Wirkungen. Damit entstehen die in ihnen festgelegten Rechte und Pflichten.

95 Art. 297 Abs. 1 UAbs. 3 S. 2 AEUV regelt für **Gesetzgebungsakte,** dass sie zum **festgelegten Zeitpunkt,** ansonsten am 20. Tag nach der Veröffentlichung **in Kraft treten.** Die sich hierdurch für die Organe ergebende Freiheit, den Zeitpunkt des Inkrafttretens zu bestimmen, wird durch das Verbot echter und unechter Rückwirkung sowie durch das Verhältnismäßigkeitsprinzip eingeschränkt (unten Rz. 17/23ff.; *Ehle,* DVBl. 1970, 600). Der Gerichtshof nimmt insoweit eine Kontrollfunktion wahr (EuGH, 13.12.1967, Rs. 17/67, „Neumann").

96 Für den Normalfall hat eine **angemessene Frist** – wie die o. g. 20 Tage – zwischen Veröffentlichung und Inkrafttreten zu liegen, damit die Rechtsunterworfenen sich auf die Rechtslage einrichten können (EuGH, 25.1.1979, Rs. 99/78, „Decker"). Ein rascheres Inkrafttreten bedarf des Vorliegens zwingender Unionsinteressen.

97 Auch Rechtsakte ohne Gesetzescharakter treten zu dem festgelegten Zeitpunkt, andernfalls am 20. Tag nach der Veröffentlichung in Kraft (Art. 297 Abs. 2 UAbs. 2 S.2 AEUV). Andere Rechtsakte treten mit **Bekanntgabe** in Kraft. Eine Bekanntgabe liegt vor, wenn der Rechtsakt ordnungsgemäß in den Herrschaftsbereich des Empfängers gelangt ist (EuGH, 10.12.1957, Rs. 8/56, „ALMA").

V. Bestandskraft, Änderung und Außerkrafttreten von Unionsrecht

Literatur: *Lübbig,* Die Aufhebung (Rücknahme und Widerruf) von Verwaltungsakten der Gemeinschaftsorgane, EuZW 2003, 233; *Vogt,* „Bestandskraft" von EG-Rechtsakten und Anwendungsbereich des Art. 241 EGV, EuR 2004, 618; *Hill/Pitschas* (Hrsg.), Europäisches Verwaltungsverfahrensrecht, 2004.

1. Gültigkeit

98 Mit der **Bestandskraft unionsrechtlicher Rechtsakte** kann zum einen die **Gültigkeit** der wirksam erlassenen Akte angesprochen sein. Ein Akt, der nicht befristet ist, gilt zeitlich unbegrenzt; er muss durch einen actus contrarius aufgehoben werden. Eine Berufung auf „automatische Erledigung" o. ä. gibt es im Unionsrecht nicht.

99 Einmal entstandenes Unionsrecht verlangt Befolgung. Für Rechtsakte der EU besteht eine **Gültigkeitsvermutung** (EuGH, 15.6.1994, Rs. C-137/92 P, „BASF"). Wenn Bedenken gegen ihre Rechtmäßigkeit bestehen, müssen diese in den vertraglich vorgesehenen Formen verfolgt werden, vor allem durch Inanspruchnahme der europäischen Gerichtsbarkeit (Art. 344 AEUV). Bis zur Aufhebung oder Rücknahme entfalten auch fehlerhafte Rechtsakte Rechtswirkungen. Einseitige Nichtbeachtung aufgrund einer behaupteten „Notsituation" o. ä. ist nicht zulässig.

Die Rechtlichkeit von EU-Handlungen beurteilt sich nach internen, also EU-rechtlichen Maßstäben: Maßstab ist allein das höherrangige EU-Recht, nicht aber nationales Verfassungsrecht. Handelt es sich nach internen Maßstäben um gültiges Recht (dies kann nur der EuGH entscheiden (EuGH, 22.10.1987, Rs. 314/85, „Foto Frost“); eine Vorlage nach Art. 267 AEUV ist jedenfalls geboten), findet dies auch grundsätzlich verfassungsrechtlich Akzeptanz. Allerdings kann sich aus Sicht des staatlichen Verfassungsrechts eine Situation der *Nichtanwendbarkeit* ergeben (Rz. 10/14ff.). Akte, die mit so handgreiflich schweren Fehlern behaftet sind, dass sie noch nicht einmal den Anschein eines Rechtsaktes erwecken, können als **„inexistent“** ohne Weiteres unbeachtet bleiben. 100

2. Berichtigung von Rechtsakten

Berichtigungen, d. h. die Korrektur offensichtlicher, „technischer“ Schreib- oder Rechenfehler oder vergleichbarer Unrichtigkeiten sind auch im EU-Recht ohne Weiteres möglich. Das erlassende Organ kann nach allgemeinen Grundsätzen handeln und die Berichtigung vornehmen, die ex tunc wirkt. Aus rechtsstaatlichen Gründen bedarf es einer Veröffentlichung der Berichtigung analog zum ursprünglichen Rechtsakt, damit der definitive Text bekannt ist. 101

3. Änderung von Rechtsakten

Das erlassene Unionsrecht steht grundsätzlich **zur Disposition** derjenigen Institutionen, die es geschaffen haben. Es liegt in der Befugnis des unionalen Normgebers, den einmal erlassenen Akt zurückzunehmen oder ihn abzuändern. Allerdings unterliegt dieses Prinzip nicht unerheblichen **Einschränkungen.** 102

Insofern kann auch im Unionsrecht, ähnlich wie im nationalen Recht, von „Bestandskraft“ gesprochen werden, wenn festgestellt wird, dass die handelnden Organe **rechtlich daran gehindert sind, die Geltung des Aktes wieder aufzuheben.**

Der **Widerruf** im Sinne der Außerkraftsetzung rechtmäßiger und die **Rücknahme** im Sinne der formalen Beseitigung rechtswidriger Normen sind hinsichtlich allgemeiner Regelungen (Verordnungen etc.) unproblematisch. Grundsätzlich liegen der Widerruf (und *a fortiori* die Rücknahme) in der Kompetenz der erlassenden Organe. 103

Während bei allgemeiner Rechtsetzung aus Gründen der „souveränen“ Äußerung der Unionsgewalt die Kassierung oder Änderung der Erstentscheidung grundsätzlich möglich sein muss, ist insbesondere bei den Einzelakten zu bedenken, dass sie sich in der Regel an durch sie begünstigte oder belastete Adressaten richten. Hier wie dort ist das **Vertrauen des Unionsbürgers** zu beachten, der sich auf den Bestand der Maßnahme eingerichtet hat. Es bedarf daher der Einzelabwägung nach Maßstäben des individuellen Vertrauensschutzes einerseits, des Unionsinteresses andererseits, ob die Bestandskraft des Aktes oder vorrangige Gesichtspunkte zugunsten einer Änderung als maßgeblich erachtet werden (*Lübbig,* EuZW 2003, 233; im Einzelnen: Rz. 12/14f.). Daraus folgt u. a., dass die nicht vorher absehbare Änderung einer allgemeinen Regelung aus Gründen des Vertrauensschutzes des Erlasses von Übergangsvorschriften bedarf, welche die Änderung allseits erträglich gestalten (EuGH, 16.5.1979, Rs. 84/78, „Tomadini“; EuGH, 5.10.1994, Rs. C-133/93, „Crispoltoni“). Die Bestandskraft in diesem engeren Sinne steht so „im Vorfeld“ der formellen bzw. materiellen Rechtskraft, ist aber von ihr zu unterscheiden (näher *Haratsch,* EuR 1998, 387). 104

Ferner sind bei Änderungen die allgemeinen Grundsätze der **Normenhierarchie** zu beachten, hier in den Besonderheiten des Unionsrechts. So müssen Änderungen den Rechtscharakter der ursprünglichen Maßnahmen aufweisen. Ein Gesetzgebungsakt kann nur in den Grenzen des Art. 290 AEUV durch eine Ver- 105 ordnung abgeändert werden (ähnlich schon früh EuGH, 10.3.1971, Rs. 58/70, „Compagnie Continentale").

VI. Ausblick

106 Die Kompetenzordnung der EU bildet, wie manchmal gesagt wird, den Königsweg zum Verständnis der Integration. An keiner anderen Stelle lässt sich der Gestaltwandel des Integrationsprozesses und der Ausgriff auf immer neue Gebiete besser veranschaulichen. Die EU ist inzwischen in hochpolitischen Bereichen tätig, stößt dabei allerdings auf integrationspolitische Gegebenheiten, die ein geschlossenes, einheitliches und solidarisches Handeln nicht immer möglich machen. Das Rechtsetzungsverfahren im Recht der EU hat inzwischen an Kohärenz und Transparenz gewonnen. Der Vertragsgeber hat im Lissabon-Vertrag den Versuch unternommen, es systematisch zu durchdringen. Gleichwohl bestehen weiterhin vielfältige, hier nur in seinen grundsätzlichen Dimensionen darstellbare **Verästelungen.** In der Vielzahl nebeneinander stehender Verfahren spiegeln sich mehr oder weniger nachvollziehbare funktionale Erwartungshaltungen, tagespolitische Notwendigkeiten, politische Kompromisse und (in je unterschiedlichem Umfang) mitgliedstaatliche Traditionen. In einem vom Tätigkeitsbereich und von der Wirkmächtigkeit her begrenzten Verband mag dies hinnehmbar gewesen sein. Mit dem Bedeutungsgewinn der EU-Hoheitsgewalt wirkt sich die **Unübersichtlichkeit** zunehmend legitimitätsschmälernd aus. Eine weitere Vereinfachung wäre erstrebenswert. Vor allem im Bereich der Einzelfallentscheidung wäre es aus rechtsstaatlicher Sicht sicherlich sinnvoll, ebenfalls auf Rechtsvereinheitlichung zu drängen (im Einzelnen unten Rz. 12/1 ff.).

§ 12. Durchführung und Vollzug des Unionsrechts

Literatur: *Zuleeg/Rengeling,* Deutsches und Europäisches Verwaltungsrecht – Wechselseitige Einwirkungen, VVDStRL 1994, 154/202; *Burgi,* Verwaltungsprozeß und Europarecht, 1996; *von Danwitz,* Verwaltungsrechtliches System und Europäische Integration, 1996; *Classen,* Das nationale Verwaltungsverfahren im Kraftfeld des Unionsrechts, DV 1998, 307; *Kadelbach,* Allgemeines Verwaltungsrecht unter europäischem Einfluß, 1998; *Schmidt-Aßmann/Hoffmann-Riem* (Hrsg.), Strukturen des europäischen Verwaltungsrechts, 1999; *Sydow,* Verwaltungskooperation in der EU, 2004; *Schmidt-Aßmann/Schöndorf-Haubold* (Hrsg.), Der Europäische Verwaltungsverbund, 2005; *Craig,* EU Administrative Law, 3. Aufl. 2018; *Terhechte* (Hrsg.), Verwaltungsrecht der Europäischen Union, 2. Aufl. 2021; *Kahl/Ludwigs* (Hrsg.), Handbuch des Verwaltungsrecht, Bd 2: Grundstrukturen des europäischen und internationalen Verwaltungsrechts, 2021.

I. Rahmenbedingungen des Vollzugs von Unionsrecht

1. Allgemeines

1 Das Europäische Unionsrecht, das vorrangig, einheitlich und unmittelbar anwendbar ist und (im AEUV-Bereich) unmittelbare Wirkungen haben kann (oben Rz. 9/71 ff.), muss vollzogen und durchgeführt werden. Dies wird in Art. 197 Abs. 1, 291 Abs. 1 AEUV hervorgehoben. Während sich etwa im Grundgesetz (Art. 83 ff. GG) ausführliche Bestimmungen über den administrativen „Vollzug der Bundesgesetze" finden, enthält das Primärrecht derartige Regelungen nur unsystematisch und ohne umfassenden Anspruch. Die Strukturen, in deren Rahmen der **Vollzug des EU-Rechts** erfolgt,

werden ganz überwiegend von rechtssystematischen, teleologischen und politischen Erwägungen getragen. Die diesbezüglichen rechtlichen Vorgaben sind eher vage und weitgesteckt: Mehr als in anderen Bereichen des EU-Rechts bestimmt sich die Durchführung des EU-Rechts nach politischen Zweckmäßigkeitskriterien. Der Vertrag von Lissabon ändert hieran im Grundsatz nichts. Es ist insbesondere zu bedauern, dass der sich rapide verändernde direkte Vollzug des Unionsrechts durch EU-Behörden nicht einer ausführlichen Vertragsregelung unterzogen wurde. Wissenschaftlich und politisch wird seit langem daran gearbeitet, die Durchführungsstrukturen zu systematisieren und rechtlich zu unterlegen (vgl. etwa: ReNEUAL-Musterentwurf für ein EU-Verwaltungsverfahrensrecht (2014); hierzu *Schneider/Hofmann/Ziller,* JZ 2015, 265; Entschließung des EP vom 9.6.2016 zu einer offenen, effizienten und unabhängigen Verwaltung, ABl. C 86/126). Heute erschiene es ohne Zweifel als rechtlich zulässig, wenn die EU eine Kodifizierung des allgemeinen Verwaltungsrechts vornähme, das bei der Durchführung ihres Rechts anzuwenden ist (hierzu *Kahl,* NVwZ 1996, 865).

Der Vollzug des EU-Rechts kann in der Hand von **EU-Institutionen** liegen; er kann 2
auch **mitgliedstaatlichen Einrichtungen** oder **Privaten** übertragen werden. In den frühen Jahren der Integrationsentwicklung dominierte ganz der sog. „indirekte Vollzug" durch mitgliedstaatliche Stellen. In den letzten Jahrzehnten war nicht nur ein Bedeutungszuwachs des direkten Vollzugs durch die in Art. 13 EUV genannten Organe zu beobachten. In vielen Bereichen wurde die Durchführung des EU-Rechts auf nachgeordnete, **im Vertrag vorgesehene oder sonstige sekundärrechtlich geschaffene Einrichtungen übertragen.** Rechtliche Grenzen sind hier nicht zu erkennen. Dies führt zu einer Aushöhlung mitgliedstaatlicher Prärogativen (Rz. 12/23ff.). Zwar mag der unmittelbare Vollzug des Unionsrechts **durch Stellen der EU noch immer die Ausnahme darstellen, seine Durchführung durch die Stellen der MSen dagegen die Regel.** Es kann schon lange nicht mehr als gesichert gelten, dass es sich hierbei um mehr als eine Beschreibung des gegenwärtigen Zustands (in anderen Worten: um einen Grundsatz ohne normativen Anspruch) handelt (*Classen,* NJW 1995, 2457; *Kokott,* DVBl. 1993, 1235). Ebenso wenig lässt sich die Zuständigkeit der EU zum Erlass der für die Durchführung maßgeblichen allgemeinen Regeln heute noch grundsätzlich bestreiten.

Die Durchführung des EU-Rechts hat dort, wo sie den MS übertragen ist, **in den be-** 3
stehenden Strukturen zu erfolgen. Ggf. müssen diese ergänzt oder fortgeschrieben werden. Eine parallele „EU-Durchführungsverwaltung" ist nicht zu schaffen. Soweit das EU-Recht die **Rechtsbeziehungen zwischen den Bürgern** ausgestaltet, sind die daraus erwachsenden Rechte im Streitfall vor den **nationalen Gerichten** geltend zu machen (Rz. 13/3ff.). Soweit es um die **Steuerung der Verwaltungstätigkeit mitgliedstaatlicher Behörden** geht, haben diese das (vorrangige) EU-Recht in ihrer Praxis zu berücksichtigen. Wo das EU-Recht hier Spielräume lässt, kann weiter mitgliedstaatliches Recht zur Anwendung kommen. Auch die Sanktionierung von Verstößen gegen EU-Recht ist grundsätzlich mitgliedstaatlichen Stellen übertragen. Inzwischen hat die EU hier allerdings Aufgaben übernommen: Die europäische Antikorruptionsbehörde OLAF (Rz. 5/112) kann im Zusammenhang mit der Schädigung finanzieller Interessen der Union Fakten sammeln und sich damit dann an die nationalen Staatsanwaltschaften wenden. Eine Europäische Staatsanwaltschaft, die vor nationalen Gerichten Anklage erheben kann, ist errichtet worden (VO 2017/1939, ABl. L 283/1)

(Rz. 37/10). In vielen Fällen ist den MS die Entscheidungsfreiheit gelassen, wie sie Verstöße gegen EU-Recht ahnden wollen. Sie können, müssen aber nicht das Strafrecht einsetzen, solange die Sanktion nur effektiv ist. Wenn sie es tun, unterliegen sie aber insoweit auch den allgemeinen Anforderungen an die Durchführung des Unionsrechts, etwa dem Äquivalenz- und dem Effektivitätsprinzip (Rz. 12/36). Gerade letzteres bleibt nicht immer konfliktfrei (zum italienischen Verjährungsrecht etwa EuGH, 8.9.2015, Rs. C-105/14, „Tarrico" und 5.12.2017, Rs. C-42/17, „M.A.S.", und zum Ganzen *Perlo,* RTDE 2017, 739).

2. Die Entstehung eines europäischen Verwaltungsrechts

Literatur: *Ruffert,* Von der Europäisierung des Verwaltungsrechts zum Europäischen Verwaltungsverbund, DÖV 2007, 761; *Classen/Biaggini,* Die Entwicklung eines internationalen Verwaltungsrechts als Aufgabe der Rechtswissenschaft, VVDStRL 2008, 365/413; *Axer* u. a. (Hrsg.), Das Europäische Verwaltungsrecht in der Konsolidierungsphase, DV-Beiheft 10/2010; *Hofmann/Rowe/Türk,* Administrative Law and Policy of the European Union, 2011; *Glaser,* Die Entwicklung des Europäischen Verwaltungsrechts aus der Perspektive der Handlungsformenlehre, 2013; *Saurer,* Der Einzelne im europäischen Verwaltungsrecht, 2014; *Priebe,* Agenturen der Europäischen Union – Europäische Verwaltung durch eigenständige Behörden, EuZW 2015, 268; *Frenz,* Vollzugsföderalismus für Unionsrecht – Fortentwicklung durch die OMT- und EU-Haftbefehl-Judikatur, DVBl. 2016, 1485; *Ludwigs,* Die Verfahrensautonomie der Mitgliedstaaten – Euphemismus oder Identitätsfaktor?, NVwZ 2018, 1417; *Hartmann,* Die Kodifikation des Europäischen Verwaltungsrechts – Theoretische und dogmatische Grundlagen, 2020.

4 Die vorstehenden Gegebenheiten haben dazu beigetragen, dass sich ein „Verfassungsrecht des Vollzugs" des EU-Rechts bislang kaum herausgebildet hat. Während die spezifischen Eigenheiten von Privat- und Strafrecht (Rz. 12/3) dazu führten, dass sich Diskussionen um die Harmonisierungsprozesse lange Zeit auf das materielle Recht konzentrieren konnten, gab es beim Verwaltungsrecht schon früh die Einsicht, dass hier auch enge Verbindungen zum Verfahrensrecht bestehen. Den Schwerpunkt der wissenschaftlichen Beschäftigung mit dem entstehenden europäischen Verwaltungsrecht bilden deskriptiv-analytische Studien zu den konkreten Regeln und Praktiken der Durchführung. Dabei hat sich in den letzten Jahren die Perspektive deutlich gewandelt. Während es bis in die frühen 1980er Jahre hinein zwar vielfältige Studien zum besonderen Verwaltungsrecht der Sachbereiche gab, die vom EWGV erfasst wurden (z. B. Zollrecht, Agrarrecht etc.), spielte die **Beschäftigung mit einem allgemeinen Verwaltungsrecht** kaum eine Rolle. Der zunehmende Ausgriff des EG-Rechts in immer neue Bereiche des mitgliedstaatlichen Verwaltungsrechts, seine Verdichtung und die Entstehung allgemeiner Regelungsansätze machten es dann in den 1980er Jahren möglich, nach übergreifenden Strukturen eines europäischen Verwaltungsrechts zu fragen (z. B. *Schwarze* (Hrsg.), Europäisches Verwaltungsrecht im Werden, 1982; *ders.,* Europäisches Verwaltungsrecht, 2. Aufl. 2005). Die Beobachtung konzentrierte sich zunächst darauf, wie das EWG-Recht in das nationale Recht „eindrang". Frühe Entscheidungen des EuGH zu den mitgliedstaatlichen Pflichten bei der Durchführung gaben hierfür Anschauungsmaterial (EuGH, 16.12.1976, Rs. 33/76, „Rewe"; EuGH, 16.12.1976, Rs. 45/76, „Comet"; EuGH, 5.3.1980, Rs. 265/78, „Ferwerda"; EuGH, 21.9.1983, verb. Rs. 205/82 u. a., „Deutsche Milchkontor"). Man konnte hier von der **„Europäisierung des nationalen Verwaltungsrechts"** sprechen. Noch in den 1990er Jahren gab es Stimmen, die die Veränderungen, die sich durch das europäische Recht für die gewachsenen mitgliedstaatlichen Strukturen des Verwaltungsrechts ergaben, als „Intervention" und als „Zumutung" ansahen.

Zu dieser Zeit hatte das Zusammenspiel von EU-Verwaltungsrecht und nationalen Verwaltungsrechtsordnungen allerdings schon eine Intensität gewonnen, die dazu Anlass gab, die beiden Ordnungen als Komplementärordnungen zu begreifen, die miteinander in enger und fruchtbarer Wechselwirkung stehen (vgl. *von Danwitz,* Verwaltungsrechtliches System und Europäische Integration, 1996; *Kadelbach,* Allgemeines Verwaltungsrecht unter europäischem Einfluss, 1999; zur Gerichtsbarkeit: *Classen,* Die Europäisierung der Verwaltungsgerichtsbarkeit, 1996). Es ging nicht mehr um Abwehr und Abgrenzung, sondern um die Erforschung der Veränderungen, die das durchzuführende europäische Recht in den Verwaltungsrechtsordnungen der MSen bewirkte. Zunehmendes Interesse fand auch die horizontale („transnationale") Kooperation, die zwischen den Behörden der MSen untereinander erfolgte. Das Zusammenspiel der am Vollzug beteiligten Institutionen ist inzwischen so eng geworden, dass auch der (aus der Verfassungsdiskussion übernommene) Begriff des **„Europäischen Verwaltungsraums" bzw. „Europäischen Verwaltungsverbunds"** Verwendung findet (vgl. *Siedentopf* (Hrsg.), Europäischer Verwaltungsraum, 2004; *Schmidt-Aßmann,* in: ders./Schöndorf-Haubold (Hrsg.), Der Europäische Verwaltungsverbund, 2005, 1; *Cassese,* L&CP 2004, 21; *Hofmann/Türk,* ELJ 2007, 253; *Ruffert,* DÖV 2007, 761; *Terhechte* (Hrsg.), Verwaltungsrecht der Europäischen Union, 2. Aufl. 2021). Mit diesen Begriffen soll der Grad der Vernetzung von unionaler und mitgliedstaatlicher Ebene beschrieben werden (Überblick bei *Auby/Dutheil de la Rochère* (Hrsg.), Traité de droit administratif européen, 2. Aufl. 2014, 3 ff.; *von Danwitz,* Europäisches Verwaltungsrecht, 2008, 4 ff.; *Craig,* EU Administrative Law, 3. Aufl. 2018, 3 ff.). 5

Heute steht außer Frage, dass sich auf EU-Ebene ein eigenständiger **Verwaltungsstil** 6 und ein Verständnis von **effektiver Verwaltung** herausbilden, die sich so nicht in den MSen finden. So hat die EU etwa innovative Verwaltungsverfahren eingeführt, die sich von den entscheidungsorientierten Richtigkeits- und Gerechtigkeitsvorstellungen des deutschen Verwaltungsrechts unterscheiden (z. B. Umweltverträglichkeitsprüfung). Sie sorgt für eine Transparenz, die dem traditionellen Konzept der im Verschlossenen wirkenden Verwaltung fremd ist (z. B. Umweltinformationsrichtlinie); sie gewährt subjektive Rechte zur Durchsetzung ihres Rechts, wo dies das für das deutsche Verwaltungsrecht prägende Konzept der Schutznormtheorie so nicht täte (*Nettesheim,* AöR 2007, 333; BVerwGE 147, 312 (2013); *Schlacke,* NVwZ 2014, 11). Sie hat ein „Recht auf gute Verwaltung" eingeführt (*K.-D. Classen,* Gute Verwaltung im Recht der Europäischen Union – Eine Untersuchung zu Herkunft, Entstehung und Bedeutung des Art. 41 Abs. 1 und 2 der Europäischen Grundrechtecharta, 2008; *Saurer,* Der Einzelne im europäischen Verwaltungsrecht, 2014, 135 ff.). Noch verändert sich das EU-Verwaltungsrecht allerdings so schnell, dass es bislang nicht möglich ist, ein System eines „europäischen Verwaltungsrechts" zu erarbeiten, das Anspruch auf längerfristige normative Leitfunktion haben könnte (*Sommermann,* DVBl. 1996, 889). Insofern erscheint auch der Vorschlag einer **allgemeinen Kodifikation** (über die auf dem Gebiet des Zollkodex geleistete Arbeit hinaus) noch zu früh (allgemein *Axer* u. a. (Hrsg.), Das Europäische Verwaltungsrecht in der Konsolidierungsphase, DV-Beiheft 10/2010). – Über diese Entwicklungen legt sich inzwischen die Herausbildung von verwaltungsrechtlichen Strukturen in anderen internationalen Organisationen; man spricht von der Entstehung von **„global administrative law"** (*Classen/Biaggini,* VVDStRL 2008, 365/413; grundlegend *Kingsbury/Krisch/Stewart,* L&CP 2005, 15).

II. Direkte und indirekte Durchführung des Unionsrechts

7 Die Ausgangsfrage bei der Beschäftigung mit der Durchführung des EU-Rechts hat die Zuständigkeit zum Gegenstand. Im Bereich des Verwaltungsrechts unterscheidet man bislang den **„direkten Vollzug"** des Unionsrechts (durch die EU-Organe sowie die EU-Behörden) und den **„indirekten Vollzug"** (durch die Behörden und Gerichte der MSen). Neuartige Formen, wie z. B. Verwaltungsregime (hierzu: *Nettesheim,* Verwaltungsregime des EU-Rechts, in: Kahl/Ludwigs (Hrsg.), Handbuch des Verwaltungsrecht, Bd. 2, 2021), legen sich über diese Differenz. Gemäß dem Prinzip der begrenzten Einzelermächtigung (Rz. 11/3) ist die EU zur unmittelbaren Ausführung des von ihr gesetzten Rechts nur insoweit zuständig, wie sie hierfür (mit Blick auf die Errichtung der behördlichen Stellen und den Zugriff auf die zu vollziehende Materie) die Kompetenz hat (EuGH, 24.10.1989, Rs. 16/88, „KOM/Rat"). Soweit das nicht der Fall ist, obliegt den MSen gemäß ihren grundlegenden Kooperationspflichten (Art. 4 Abs. 3 EUV, gegenseitige Loyalitätspflicht) die Anwendung des Unionsrechts über den nationalen Behördenapparat.

1. Vollzug durch EU-Behörden (EU-Eigenverwaltung)

8 Die Aufgabe der **EU-Institutionen** besteht in weitem Umfang darin, europäische Politik zu betreiben und in deren Konsequenz Unionsrecht zu erlassen. Die zentralen Unionsorgane (EP, Rat und auch KOM) sind auf diese **„regierende" Tätigkeit** ausgerichtet, für die ihr Apparat (Parlamentsverwaltung, Generalsekretariat des Rats, Dienststellen der KOM) die nötige Vorbereitung zu leisten hat. In begrenztem, inzwischen aber immer weiter zunehmendem Umfang sind **EU-Institutionen** aber auch am Vollzug des Unionsrechts beteiligt (zur „Durchführungsbefugnis" der KOM auch Rz. 9/74). Dabei ist das in Art. 41 GRC normierte, inhaltlich bislang allerdings noch kaum konkretisierte **Recht auf eine gute Verwaltung** zu beachten. In Art. 298 AEUV bringt der Vertragsgeber zum Ausdruck, dass die EU-Eigenverwaltung den Maßstäben der Offenheit, Effizienz und Unabhängigkeit zu entsprechen hat.

9 Im Kreis der EU-Organe sind vor allem die KOM, die EZB und der Rechnungshof, darüber hinaus in engen Grenzen auch der Rat, verwaltend mit dem Vollzug von Unionsrecht befasst (zur KOM: Art. 17 Abs. 1 EUV; *v. Borries,* FS Everling, 1995, 127). Schwerpunkte des unmittelbaren Gemeinschaftsvollzugs durch die KOM liegen in der Wettbewerbspolitik (Art. 101 ff., 105 AEUV (unten Rz. 20/45 ff.)), in der Beihilfenkontrolle (Art. 107 f. AEUV (unten Rz. 21/5, 17 ff.)), in der Anwendung der außenhandelspolitischen Schutzinstrumente (unten Rz. 40/28 ff.) und in der Verwaltung der verschiedenen Fonds (Art. 175 AEUV). Der Haushaltsvollzug gehört, soweit er die Vergabe von Mitteln an Bürger oder MSen betrifft, ebenso zu diesem Bereich (Art. 317 AEUV). Von der externen Durchführung des EU-Rechts gegenüber Bürgern, Unternehmen und mitgliedstaatlichen Stellen ist der interne Vollzug zu unterscheiden (z. B. Personalsachen). Art. 298 Abs. 1 AEUV betont die Notwendigkeit eines offenen, effizienten und unabhängigen europäischen Verwaltungsunterbaus (hierzu *Ladenburger,* in: Trute/Groß/Röhl/Möllers (Hrsg.), Allgemeines Verwaltungsrecht – zur Tragfähigkeit eines Konzepts, 2008, 107 (118); *Ruffert,* in: Bauer/Calliess (Hrsg.), Verfassungsprinzipien in Europa, 2008, 273).

a) Organisationsgewalt

10 Von der Möglichkeit, kraft ihrer **Organisationsgewalt** durch die Errichtung weiterer Einrichtungen (nachgeordnete Behörden, abhängige und unabhängige Personen des Unionsrechts) Verwaltungsbefugnisse auszuüben, hat die EU inzwischen in erheblichem Umfang Gebrauch gemacht (im Einzelnen: Rz. 6/1). Hierzu lassen sich die Sachkompetenzen der EU heranziehen; eine Unterscheidung zwischen Rechtsetzungs- und Vollzugskompetenzen kennt die EU nicht (*Sydow,* VerwArch 2006, 1 (12 f.)). Vor allem im Bereich der Regulierung und der Zulassung von Produkten sowie im Dienstleistungssektor spielen

diese Behörden inzwischen eine sehr wichtige Rolle. Die rechtlichen Grenzen, die der EU dabei gezogen sind, sind zunehmend unklar geworden. Die „Meroni-Doktrin" des Gerichtshofs (EuGH, 13.6.1958, Rs. 9/56) setzte insoweit relativ enge Grenzen; in der politischen Praxis, die vom EuGH hingenommen wird (vgl. EuGH, 22.1.2014, Rs. C-270/12, „Leerverkäufe"), werden diese zunehmend „aufgeweicht" (oben Rz. 6/22; im Einzelnen dazu *Orator,* Möglichkeiten und Grenzen der Einrichtung von Unionsagenturen, 2017, 259ff.). Verfassungsrechtliche Probleme ergeben sich vor allem im Hinblick auf die demokratische Kontrolle dieser teilweise mit erheblicher Unabhängigkeit ausgestatteten „Trabanten" sowie bei der Gewährleistung effektiven Rechtsschutzes (nunmehr aber Art. 263 AEUV). Integrationspolitisch wird durch den Ausbau der EU-Verwaltung die Balance zwischen EU und MSen verschoben (vgl. *Ludwigs/Pascher/Sikora,* EWS 2020, 1 (zur Bankenunion)).

Ein Verbot der **„Mischverwaltung"** kennt das EU-Recht nicht. Es ist eine geläufige Erscheinung, dass 11
mitgliedstaatliche Amtswalter in EU-Gremien wirken, ebenso, dass in einem Verwaltungsverfahren EU-Stellen und mitgliedstaatliche Stellen zusammenwirken. Institutionen, die zugleich der EU und den MSen zuzuordnen sind, darf es demgegenüber nicht geben (*Classen,* in: Grabitz/Hilf/Nettesheim (Hrsg.), Das Recht der EU, Art. 197 AEUV Rn. 6 (Stand: 2015)), ebenso wenig wie Entscheidungen, die nicht einem der Verbände (EU oder MS) zuzurechnen sind. Die eindeutige Zurechnung ist aus Gründen des Rechtschutzes, der Haftung und der Verantwortung notwendig; sie wird durch „Verbundstrukturen" auf praktischer Ebene beeinträchtigt. In der Praxis ist es auch denkbar, dass die MSen mit privaten Unternehmern im Namen und für Rechnung des Rats und der KOM Verträge über die Durchführung von EU-Recht (und die Entschädigung) schließen (EuGH, 9.10.2001, verb. Rs. C-80/99 u. a., „Flemmer", mit Anm. *Streinz,* JZ 2002, 240).

b) Vorgaben für Verwaltungsorganisation, -verfahren und anwendbares Recht

In den Bereichen des direkten Vollzugs kommt regelmäßig allein unionsrechtliches 12
Verwaltungsorganisations-, Verwaltungsverfahrens- und materielles Verwaltungsrecht zur Anwendung. Das EU-Sekundärrecht kann EU-Einrichtungen allerdings dazu ermächtigen, auch MS-Recht anzuwenden. Teilweise finden sich einschlägige Verfahrensvorschriften im Primärrecht (z. B. Art. 108 AEUV). In vielen Bereichen hat die EU sich inzwischen einen positiven Rahmen gesetzt (zum Agrarverwaltungsrecht: Rz. 24/34; zum Außenwirtschaftsrecht: Rz. 40/1). Einige Akte sind von übergreifender Bedeutung (z. B. VO 1 v. 15.4.1958 zur Regelung der Sprachenfrage für die Europäische Wirtschaftsgemeinschaft, ABl. L 17/385 (oben Rz. 5/8)); andere konkretisieren Primärrecht (vgl. VO 1/2003 zur Durchführung der in den Artikeln 101 und 102 des AEUV niedergelegten Wettbewerbsregeln, ABl. L 1/1 (Rz. 20/45)). Im Übrigen kommen **ungeschriebene allgemeine Rechtsgrundsätze** zur Anwendung (Rz. 9/40); sie sind teilweise heute in der GRC kodifiziert.

Anerkannt sind etwa: Recht auf eine geordnete Verwaltung (EuG, 30.1.2002, 13
Rs. T-54/99, „max.mobil") (vgl. Art. 41 GRC); Grundsatz der Gesetzmäßigkeit der Verwaltung (EuGH, 22.3.1961, verb. Rs. 42/59 u. a., „SNUPAT"); Grundsatz der Rechtssicherheit (EuGH, 18.3.1975, Rs. 78/74, „Deuka"); Grundsatz der Untersuchung durch die EU-Behörde (EuGH, 14.2.1978, Rs. 27/76, „United Brands"); Anspruch auf rechtliches Gehör (EuGH, 13.2.1979, Rs. 85/76, „Hoffmann-La Roche"); Recht auf Akteneinsicht (EuGH, 13.2.1979, Rs. 85/76, „Hoffmann-La Roche") (vgl. Art. 42 GRC); Gebot der Wahrung der Vertraulichkeit des Schriftverkehrs zwischen Anwalt und Mandanten (EuGH, 18.5.1982, Rs. 155/79, „AM & S"); verwaltungsrechtliche Grundsätze für den Widerruf (EuGH, 12.7.1957, verb. Rs. 7/56 u. a., „Algera") und für die Rücknahme von Verwaltungsakten (EuGH, 13.7.1965, Rs. 111/63, „Lemmerz"); Grundsatz des Vertrauensschutzes (EuGH, 4.7.1973, Rs. 1/73, „Westzucker"); Gebot des Schutzes guten Glaubens (EuGH, 20.2.1975, Rs. 21/74, „Airola"); Gebot des Schutzes wohlerworbener Rechte

(EuGH, 19.3.1975, Rs. 28/74, „Gillet"); Gebot verhältnismäßigen Handelns (EuGH, 11.7.1989, Rs. C-265/87, „Schräder") (Art. 5 Abs. 4 EUV; Art. 52 Abs. 1 GRC); Grundsatz des „ne bis in idem" (EuGH, 15.3.1967, verb. Rs. 18/65 u. a., „Gutmann") (Art. 50 GRC).

14 Besondere Bedeutung spielt im Verwaltungsvollzug die Frage der **Widerrufbarkeit** und **Rücknahme** von adressatenbezogenen Beschlüssen. Der Gerichtshof unterscheidet terminologisch nicht immer streng zwischen „Widerruf" (bei rechtmäßiger Maßnahme) und „Rücknahme" (bei rechtswidriger Maßnahme) (EuGH, 31.3.1977, verb. Rs. 54/76 u. a., „Société industrielle de sucrerie"). Doch macht er in der Sache Unterschiede hinsichtlich der Aufhebung rechtmäßiger und rechtswidriger Individualrechtsakte, die jener Terminologie entsprechen, wie sie sich etwa im deutschen Verwaltungsverfahrensrecht herausgebildet hat. Beim **Widerruf** rechtmäßiger individueller Rechtsakte ist ähnlich wie im nationalen Recht zu differenzieren, ob die Maßnahme **belastend** oder **begünstigend** war. Im ersten Falle ist der Widerruf grundsätzlich zulässig, da die Aufhebung in solchen Fällen regelmäßig im Interesse des Betroffenen liegt. Anderes gilt nur, wenn eine Verpflichtung zum Erlass des Aktes bestand. Dagegen gilt der **Widerruf begünstigender Akte** wegen des Vertrauensschutzes des Begünstigten und der Rechtssicherheit in der Regel als **rechtswidrig.** Dies ist insbesondere der Fall, wenn dem Begünstigten subjektive Rechte eingeräumt wurden oder er im Vertrauen auf die Dauerhaftigkeit des Rechtsaktes Vermögensdispositionen getroffen hat (EuGH, 12.7.1957, verb. Rs. 7/56 u. a., „Algera").

15 Bei fehlerhaften Rechtsakten ist das öffentliche Interesse an ihrer Aufhebung stark. So sind solche Rechtsakte mit **belastender Wirkung unbedingt aufzuheben,** da hier der Grundsatz der Rechtmäßigkeit des Handelns und das Individualinteresse parallel laufen (näher *Haratsch,* EuR 1998, 387). Auch bei der Rücknahme fehlerhafter **begünstigender** Rechtsakte ist dem Prinzip der Rechtmäßigkeit des Unionshandelns gebührend Rechnung zu tragen. Daher sind solche Akte jedenfalls ex nunc für die Zukunft **frei rücknehmbar** und in der Regel auch zurückzunehmen (EuGH, 9.3.1978, Rs. 54/77, „Herpels"). Bei der Rücknahme für die Vergangenheit (ex tunc) bedarf es allerdings auch hier einer Abwägung mit dem Individualinteresse im Sinne des Vertrauens auf die scheinbare Gültigkeit des Rechtsaktes (EuGH, 13.7.1965, Rs. 111/63, „Lemmerz"). Dabei ist zu prüfen, in welcher Sphäre der Fehler entstanden ist bzw. welcher Seite er zuzurechnen ist (Bsp. des „Erschleichens"). Auch eine Gewichtung der beiderseitigen Interessen unter Berücksichtigung der Umstände des Einzelfalles kann vorgenommen werden.

16 Die zu Widerruf und Rücknahme dargelegten Grundsätze beziehen sich auf individuelle Rechtsakte mit Einzelpersonen als Adressaten. Sie sind *mutatis mutandis* auch auf **Beschlüsse der EU gegenüber MSen** anwendbar. In aller Regel ergeben sich kaum praktische Probleme. In einzelnen Fällen sehen die Verträge den Rat ausdrücklich als zum Widerruf oder zur Abänderung von durch die KOM getroffenen Maßnahmen ermächtigt an.

17 Zu beobachten ist insofern die Entstehung eines **„Eigenverwaltungsrechts"** (*Grzeszick,* EuR 2006, 161) auf Unionsebene. Im Zusammenspiel von primärrechtlich normierten Verwaltungsgrundsätzen im AEUV (vgl. Art. 18, 296, 297, 307 AEUV), der Verankerung eines „Rechts auf gute Verwaltung" in der Europäischen Grundrechtecharta (Rz. 17/11), dem bereichsspezifischen Verwaltungssekundärrecht und allgemeinen Rechtsgrundsätzen ist inzwischen ein unübersichtliches Nebeneinander entstanden, dessen Komplexität durch die zum Verwaltungsrecht ergangenen Entscheidungen des EuGH noch gesteigert wird. Über eine Kodifikation wird daher diskutiert (oben Rz. 12/1).

c) Zugang zu Dokumenten

Literatur: *Sanner,* Der Schutz personenbezogener Daten beim Zugang zu Dokumenten der Unionsorgane, EuZW 2010, 774; *Schoch,* Der Zugang zu amtlichen Dokumenten nach Europarecht, in: Dix u. a. (Hrsg.), Informationsfreiheit und Informationsrecht – Jahrbuch 2011, 2012, 23; *Augsberg,* Informationsverwaltungsrecht: Zur kognitiven Dimension der rechtlichen Steuerung von Verwaltungsentscheidungen, 2014; *Schoch,* Informationszugang im parlamentarischen Bereich, NVwZ 2015, 1; *Brauneck,* Kein Zugang zu Dokumenten: Politischer Handlungsspielraum der EU-Kommission in Gefahr?, NVwZ 2016, 489; *Rossi/Vinagre e Silva,* Public Access to Documents in the EU, 2017; *Ritter,* Die Akteneinsicht im Eigenverwaltungsverfahrensrecht der Europäischen Union, 2020.

Zur Rechtsstaatlichkeit und Bürgernähe des Handelns der EU gehört die **Durchschaubarkeit („Transparenz") für den Unionsbürger** (Art. 15 AEUV). Es ist mittlerweile durch ein **Recht** der Unionsbürger sowie natürlicher und juristischer Personen mit Wohnsitz/Sitz in einem MS **auf Zugang zu Dokumenten der Organe, Einrichtungen und sonstigen Stellen der Union** konkretisiert worden (Art. 15 Abs. 3 AEUV; Art. 42 GRC; Anhang II zur GO des Rates, ABl. 2004, L 106/22; Dokumente des Rates, der KOM und des EP: VO 1049/2001, ABl. L 145/43, *Nowak,* DVBl. 2004, 272; *Marsch,* DÖV 2005, 639). 18

Die Rspr. hat sich verschiedentlich mit diesen Zugangsrechten beschäftigt (vgl. insbesondere die Auslegung der VO 1049/2001). Dabei wird das Auskunftsinteresse der Presse besonders betont (EuG, 19.10.1995, Rs. T-194/94, „Guardian Newspapers", dazu *Kugelmann,* EuR 1996, 207). Der Zugang zu Dokumenten der EZB ist demgegenüber erschwert (EuG, 29.11.2012, Rs. T-590/10, „Thesing"). 19

Die in Umsetzung des Art. 15 AEUV ergangene **VO 1049/2001** (ABl. L 145/43) regelt die näheren **Voraussetzungen des Dokumentenzugangs,** insbesondere den Kreis der Zugangsberechtigten (Art. 2 Abs. 1, 2), die Gründe der zulässigen Verweigerung des Zugangs (Art. 4) sowie das Antragsverfahren (Art. 6ff.). Als Ausnahmegründe gelten insbesondere der Schutz des öffentlichen Interesses (im Hinblick auf die öffentliche Sicherheit, die Verteidigung und militärische Belange, die internationalen Beziehungen sowie die Finanz-, Währungs- oder Wirtschaftspolitik) sowie der Privatsphäre und der Integrität des Einzelnen. Die Rechtsprechung hat sich vielfach mit der Auslegung der einzelnen Ausnahmetatbestände beschäftigt (vgl. nur zum Begriff der „Rechtsberatung" EuG, 23.11.2004, Rs. T-84/03, „Turco", Rn. 61 ff.; zum Begriff der „internationalen Beziehungen" EuGH, 1.2.2007, Rs. C-266/05 P, „Sison", Rn. 67). Der Begriff der „Privatsphäre" ist grundrechtskonform – insbesondere im Einklang mit Art. 7, 8 GRC und Art. 8 EMRK – auszulegen; eine Beeinträchtigung der Privatsphäre ist jedoch nur anzunehmen, wenn besonders sensible personenbezogene Daten (etwa über die rassische oder ethnische Herkunft, religiöse Überzeugungen, Gesundheit oder Sexualleben) weitergegeben werden sollen (EuGH, 29.6.2010, Rs. C-28/08 P, „Bavarian Lager"). Mitgliedstaatliche Dokumente dürfen, soweit von dem betroffenen MS gefordert, nicht ohne vorherige Zustimmung des Staates verbreitet werden (Art. 4 Abs. 5 VO). Diese Zustimmung ist allerdings nicht als allgemeines und unbedingtes Vetorecht, sondern lediglich als Verfahrensbeteiligung zu verstehen, in deren Rahmen der MS das Vorliegen eines Ausnahmetatbestands nach Art. 4 VO begründen kann (EuGH, 18.12.2007, Rs. C-64/05 P, „Schweden/KOM.", Rn. 58, 81, insbes. 86; EuGH, 26.1.2010, Rs. C-362/08 P, „Internationaler Hilfsfonds"). Mit der Bedeutung der Transparenz auch für das weitgehend informell ablaufende sog. „Trilog"-Verfahren während der ersten Lesung des ordentlichen Gesetzgebungsverfahrens (oben Rz. 11/51) setzte sich das EuG in der Rs. „De Capitani" auseinander (22.3.2018, Rs. T-540/15; dazu *Pauling,* EuZW 2018, 530; *Jäkel,* ZG 2020, 38 (60ff.)). Demnach bestehen erhöhte Darlegungsanforderungen an eine Verweigerung des Zugangs zu vorläufigen Kompromisstexten aus Gründen der Beeinträchtigung des Entscheidungsprozesses nach Art. 4 Abs. 4 VO 1049/2001. 20

Anhang II der GO des Rates (ABl. 2004, L 106/22) betrifft den umfassenden Zugang zu Dokumenten, die mit der gesetzgeberischen Tätigkeit des Rates zusammenhängen. Die Kehrseite der Zugangsrechte sind **legitime Sicherheitsinteressen der Organe,** hierzu Ratsbeschl. 2013/488, ABl. L 274/1. 21

22 Insgesamt erweist sich die EU mit diesen Zugangsregelungen als eine bemerkenswert offene Organisation, die bereit ist, dem Unionsbürger ihr „Innenleben" weithin zugänglich zu machen. Die Transparenz geht weit über das hinaus, was traditionell in den MSen zu beobachten ist. In diesen Zusammenhang gehören auch **Rechte auf Akteneinsicht,** die u. a. im EU-Kartell- und Antidumpingverfahren bedeutsam sind (bspw. EuGH, 14.6.2011, Rs. C-360/09, „Pfleiderer"; unten Rz. 20/51), sowie der „Kodex für gute Verwaltungspraxis in den Beziehungen der Bediensteten der Europäischen Kommission zur Öffentlichkeit" (Anhang zur GO der KOM, ABl. 2000, L 308/26). Gemäß Art. 17 Abs. 1 der VO wird ein jährlicher Bericht (Statistik) über die Inanspruchnahme des Rechts auf Zugang zu Dokumenten der KOM veröffentlicht, welcher darüber hinaus Auskunft über anhängige/abgeschlossene Verfahren vor den Europäischen Gerichten für den Berichtszeitraum gibt (zuletzt: COM(2020) 561 final). Die Möglichkeit, Zugang zu KOM-Dokumenten zu beantragen, wird in beachtlichem Maße genutzt: Nachdem die Zahlen im Jahr 2014 im Vergleich zu 2012 leicht rückläufig waren, stiegen die Erstanträge auf Dokumentenzugang im Jahr 2019 um über 7% gegenüber 2018 und um 11% gegenüber dem Jahr 2014 an (zu Anträgen auf Akteneinsicht im Zusammenhang der Verhandlungen von Freihandelsabkommen siehe *Brauneck,* NVwZ 2016, 489).

2. Durchführung durch mitgliedstaatliche Behörden

23 Die **Zuständigkeit und die Verantwortlichkeit für die Durchführung des Unionsrechts liegen praktisch noch immer vorwiegend bei den MSen.** Dies ist nicht nur eine empirische Beobachtung, sondern auch eine Vermutungsregel: Der Vollzug des Unionsrechts obliegt den MSen, soweit die Union nicht unmittelbar tätig wird, als Konsequenz ihrer Mitgliedschaft (Art. 197 AEUV). Art. 4 Abs. 3 EUV und Art. 291 AEUV sprechen diese sich bereits aus dem Wesen der Union ergebende Kooperationspflicht an. Der mitgliedstaatliche Vollzug liegt in Bereichen, in denen die EU rechtsangleichend tätig wird, auf der Hand: Hier steuert die EU nur mittelbar über das angeglichene Recht, will aber die mitgliedstaatliche Zuständigkeit nicht verdrängen. Aber auch in Bereichen, in denen die EU direkt vollziehbares Recht setzt (wie etwa im Zollrecht: VO 952/2013, ABl. L 269/1 zur Festlegung des Zollkodex), überlässt sie regelmäßig die Durchführung den mitgliedstaatlichen Behörden.

a) Rechtsprinzip der Durchführungszuständigkeit der Mitgliedstaaten?

24 Lange Zeit konnte man hierin einen **Ausdruck einer bewussten Systementscheidung** sehen: Während sich die EU vor allem der **Rechtsetzung** widmet, obliegt die **Durchsetzung** jedenfalls dort, wo nicht genuine Eigeninteressen der MSen berührt sind (etwa im Wettbewerbsrecht), den mitgliedstaatlichen Behörden. Inzwischen hat sich die supranationale Ebene – jeweils mit dem Argument der Verwaltungseffektivität – in so großem Umfang an die **Gründung eigener Behörden** gemacht, dass für derartige Überlegungen kein Raum mehr ist. Auch sind die Eingriffe in die Durchführungszuständigkeit der MSen inzwischen so vielfältig, dass von einer – normativ verstandenen – „prozeduralen Autonomie" nur noch im Grundansatz die Rede sein kann (vgl. *Krönke,* Die Verfahrensautonomie der Mitgliedstaaten der EU, 2013; differenzierend: *Ludwigs,* NVwZ 2018, 147). Daran ändert Art. 291 Abs. 1 AEUV nichts. Einer besonderen Rechtfertigung bedarf es nicht, wenn die EU den mitgliedstaatlichen Verwaltungsvollzug steuern will (so *von Danwitz,* DVBl. 2008, 537 (539); *Becker,* CMLRev 2007, 1035ff.; wie hier: *Iglesias,* EuGRZ 1997, 289; *Kakouris,*

CMLRev 1997, 1389ff.; *Kugelmann,* VerwArch 2007, 78 (82f.); unklar EuGH, 7.1.2004, Rs. C-201/02, „Wells"). Die Verteilung der Zuständigkeiten lässt sich heute nur noch als Ausdruck der jeweiligen politischen Interessenkonstellation deuten. Ein normatives Prinzip steht nicht dahinter und lässt sich auch nicht in Art. 197 AEUV verorten (anders wohl BVerfGE 151, 202, „Bankenunion" (2019), Rn. 243). Es liegt auf der Hand, dass insbesondere die KOM ein hervorragendes institutionelles Eigeninteresse hat, weitere Durchführungsbefugnisse auf EU-Ebene zu verlagern bzw. Instrumente zur Steuerung des indirekten Vollzugs in der Hand zu halten. In sog. Verwaltungsregimen des EU-Rechts (vgl. *Nettesheim,* Verwaltungsregime des EU-Rechts, in: Kahl/Ludwigs (Hrsg.), Handbuch des Verwaltungsrechts, Bd. 2, 2021) ist für eine normative Differenzierung zwischen verschiedenen Ebenen schon im Ansatz kein Raum.

In den Bereichen, in denen es zum indirekten Vollzug des Unionsrechts kommt, ist es 25 grundsätzlich, d. h. vorbehaltlich besonderer Vorgaben des Unionsrechts, Angelegenheit der jeweiligen nationalen Rechtsordnung zu bestimmen, welche nationalen Behörden und Gerichte das Unionsrecht vollziehen (EuGH, 11.2.1971, Rs. 39/70, „Fleischkontor"). Der EuGH hat allerdings ausgesprochen, dass ein MS seine unionsrechtlichen Pflichten verletzt, wenn er Organisationsformen wählt, die die Wirksamkeit des Unionsrechts gefährden (EuGH, 21.9.1989, Rs. 68/88, „Griechenland/KOM"). In einer jüngeren Entscheidung hat der EuGH erstmals eine mitgliedstaatliche Organisationsmaßnahme aufgehoben (EuGH, 26.2.2019, verb. Rs. C-202/18 u. a., „Rimšēvičs"; *Hinarejos,* CMLRev 2019, 1629); ein derartiges Gestaltungsurteil greift tief in die mitgliedstaatliche Autonomie ein.

aa) Die Mitgliedstaaten zwischen Freiheit und Bindung

Für das Verständnis des Zusammenwirkens von EU-Institutionen und staatlichen 26 Stellen beim indirekten Vollzug ist der Umstand von zentraler Bedeutung, dass EU-Institutionen und staatliche Vollzugsbehörden und Gerichte **keinen hierarchisch aufgebauten Verwaltungskörper** bilden, sondern einander in ihrer Zugehörigkeit zu den Verbänden EU und Staat begegnen. Im Verwaltungsvollzug durch die MSen besitzen die EU-Institutionen keine allgemeine Möglichkeit, per Einzelweisung das Verhalten der durchführenden mitgliedstaatlichen Stellen zu steuern. Ebenso wenig können sie einen Verwaltungsvorgang an sich ziehen oder eine staatliche Vollzugsentscheidung aufheben. Zunehmend werden derartige Befugnisse allerdings speziell vorgesehen. So können die seit Januar 2011 operierenden Finanzzentren ESMA, EIOPA und EBA im Krisen- oder Streitfall nationalen Finanzaufsichtsbehörden Einzelweisungen aussprechen bzw. das gesamte Verfahren komplett an sich ziehen (siehe *Kämmerer,* NVwZ 2011, 1281; zur ESMA *Hitzer/Hauser,* BKR 2015, 52; zur EIOPA *Goldmann/Purnhagen,* VersR 2012, 29).

Es bleibt den EU-Institutionen ferner die Möglichkeit, durch allgemeine „Mitteilungen" und ähnliche 27 Kommunikationen ihr Verständnis von der **Auslegung und Anwendung des Unionsrechts** kundzutun. Ebenso können sie mit Mitteilungen, Stellungnahmen und Empfehlungen (also „weichen Formen" der Steuerung) auf die staatlichen Behörden und Gerichte einwirken. Nicht zuletzt im Falle eines gerichtlichen Streits haben diese Mitteilungen erhebliche Bedeutung.

Im Übrigen sind **vielfältige Formen der vertikalen und horizontalen Zusammenarbeit** vorgesehen, um so im konkreten Verwaltungsverfahren die Durchsetzung der EU-Interessen zu ermöglichen (z. B. Art. 33, 46 lit. a, 50 Abs. 2 lit. b AEUV zum Binnenmarkt; Art. 67 Abs. 3, 73f., 82, 87 AEUV für den RFSR). Man spricht inzwischen modisch von der Entstehung von „Netzwerken", in denen Vertreter der MS-Behörden

Informationen austauschen. In vielen Bereichen sind die MSen zur Anerkennung oder Berücksichtigung der Entscheidungen der Verwaltungen anderer MSen verpflichtet (*Classen,* in: Grabitz/Hilf/Nettesheim (Hrsg.), Das Recht der EU, Art. 197 AEUV Rn. 4, 52 (Stand: 2015)). Zudem verpflichtet das EU-Recht an vielen Stellen zur Einrichtung von **Kontrollmechanismen** (zu Inspektionen der KOM: Art. 337 AEUV).

28 Die horizontalen Verordnungen 2185/96 (ABl. L 292/2) sowie 883/2013 (ABl., L 248/1) ermöglichen es heute den OLAF-Kontrolleuren (Rz. 5/112), innerhalb der mitgliedstaatlichen Behörden sowohl umfassende externe als auch interne Kontrollen durchzuführen (vgl. *Kratsas,* EPL 2012, 65). Auch die EuStA wird nach Art. 30ff. VO 2017/1939 ermitteln können.

29 Das EU-Recht nimmt in vielfältiger Weise auf die Struktur und die Zusammenarbeit von Behörden, zum Teil der Gerichte Einfluss. Teilweise beschränkt sich dies auf die Pflicht zur **Anerkennung** ausländischer Verwaltungsentscheidungen (z. B. wechselseitige Anerkennung von Fahrerlaubnissen, (Rz. 26/17)) oder auch Gerichtsentscheidungen (Rz. 36/36ff. zum Privatrecht, Rz. 37/8f. zum Strafrecht). Im administrativen Bereich bilden sich darüber hinaus engere Formen der vertikalen Kooperation von EU und MSen und der horizontalen Zusammenarbeit von MSen heraus. Inzwischen lässt sich so die Entstehung eines **Verwaltungskooperationsrechts** beobachten (*Schmidt-Aßmann/Schöndorf-Haubold* (Hrsg.), Der Europäische Verwaltungsverbund, 2005; *Möstl,* CMLRev 2010, 405; *Glaser,* Die Entwicklung des Europäischen Verwaltungsrechts aus der Perspektive der Handlungsformenlehre, 2013, 47ff.). Neben das herkömmliche Einzelvollzugsmodell, welches durch weitgehende mitgliedstaatliche Autarkie beim Verwaltungsvollzug gekennzeichnet ist, tritt das Transnationalitätsmodell, welches eine Zentralisierung von Vollzugskompetenzen herbeiführt, sowie das Referenzentscheidungsmodell, welches transnational wirkende Entscheidungsbefugnisse mit Einzelentscheidungsbefugnissen der MSen verbindet (hierzu *Sydow,* Verwaltungskooperation, 2004, 122f.). Eines der Referenzgebiete dieser Entwicklung ist das Produktzulassungsrecht. Daneben treten Netzwerke nationaler und supranationaler Behörden etwa im Anwendungsbereich der Dienstleistungsrichtlinie (RL 2006/123; ABl. L 376/36). Als weiteres Beispiel der Verwaltungskooperation sind die Regulierungsverbünde in den Netzwirtschaften zu nennen (*Kühling,* Sektorspezifische Regulierung in den Netzwirtschaften, 2004).

30 Zur Durchführung des Unionsrechts gehört auch der **Rechtsschutz,** den die an das Unionsrecht gebundenen **nationalen Gerichte** „unterhalb“ des EuGH gemäß der mitgliedstaatlichen Ausformung der dritten Gewalt zu gewährleisten haben. Dabei haben sie „effektiven Rechtsschutz“ zu gewähren (Art. 19 Abs. 1 UAbs. 2 EUV; Rz. 13/3f.; *Baumeister,* EuR 2005, 1; ggf. auch durch Fortbildung ihrer nationalen Prozessordnungen (EuGH, 25.7.2002, Rs. C-50/00 P, „Unión de Pequeños Agricultores“) (allgemein *Classen,* Die Europäisierung der Verwaltungsgerichtsbarkeit, 1996).

bb) Vollzug von Unionsrecht durch Bundesländer und Gemeinden

Literatur: *Classen,* Wirtschaftliche Betätigung der Gemeinden und EU-Recht, in: Wallerath (Hrsg.), Kommunen im Wettbewerb, 2001, 85; *Haslach,* Die Umsetzung von EG-Richtlinien durch die Länder, 2001; *Koenig/Braun,* Rückgriffsansprüche des Bundes bei einer Haftung für Verstöße der Bundesländer gegen Gemeinschaftsrecht, NJ 2004, 97; *Lohse,* Durchsetzung von Unionsrecht durch Kommunalaufsichtsbehörden, NVwZ 2016, 102.

31 Das Prinzip der institutionellen Eigenständigkeit hat für Bundesstaaten wie Deutschland die Konsequenz, dass es **der nationalen Verfassungsordnung überlassen bleibt,** ob Unionsrecht durch Bundes- oder Landesstellen umzusetzen bzw. durch Bundes-, Landes- oder kommunale Behörden auszuführen ist. Von der EU gesehen ist ein Bun-

desstaat ein einheitliches Staatswesen. Die deutschen Länder- und Kommunalbehörden unterliegen nach Maßgabe der Art. 83 ff. GG genauso der Kooperationspflicht wie der Bund. Ähnliches gilt für **Österreich** (*Staudigl/Fischler,* Die Teilnahme der Bundesländer am europäischen Einigungsprozess, 1996). Im Bundesstaat ergeben sich bei der Durchführung des EU-Rechts spezifische Probleme:

Die **gesetzgeberische** Umsetzung europäischen Unionsrechts durch die Länder erfolgt vielfach verspätet. Hieraus können diesen staatshaftungsrechtliche Verpflichtungen erwachsen. Nach der Rechtsprechung „Konle" (EuGH, 1.6.1999, Rs. C-302/97 [Rz. 14/18]) richtet sich die Frage, welche Körperschaft im Ergebnis haftet – insb. die Bundesrepublik Deutschland oder ein Land – nach innerstaatlichem Recht (*Burger,* KommJur 2013, 41; *ders.,* DVBl. 2012, 207). 32

Die **Ausführung** europäischer Rechtsakte bestimmt sich prinzipiell nach Art. 30, 83, 92 GG. Die Verwaltungskompetenz richtet sich dementsprechend nach der Zuordnung der Gesetzgebungskompetenz im föderalen Staatsgefüge. Im Falle unmittelbar vollziehbaren EU-Rechts wird nach überwiegender Auffassung eine Anknüpfung an die innerstaatliche Regelzuständigkeit nach Art. 83 ff. GG vorgenommen (vgl. *Suerbaum,* Kompetenzverteilung beim Verwaltungsvollzug, 1998, 237). Zur Möglichkeit des Bundes, über Art. 87 Abs. 3 GG Vollzugskompetenzen an sich zu ziehen: *Pache,* VVDStRL 2007, 106 (124). 33

Verfassungsrechtlich ergibt sich die Pflicht der deutschen Länder gegenüber dem Bund zum loyalen Vollzug des Unionsrecht aus Art. 23 GG iVm der **Bundestreue** (BVerfGE 92, 203, „EG-Fernsehrichtlinie" (1995)), unionsrechtlich zugleich aus Art. 4 Abs. 3 EUV **(„gegenseitige Loyalitätspflicht").** Umgekehrt hat die EU die Verfassungsordnung der MSen zu respektieren, sofern der Vollzug des Unionsrechts gewährleistet ist. Das Grundgesetz sieht inzwischen eine Regelung vor, die einen Ausgleich zwischen Bund und Ländern für den Fall vorsieht, dass die Bundesrepublik zur Zahlung von Zwangsgeldern verurteilt wird (unten Rz. 14/18), die ihre Ursache in einem Verstoß eines Landes beim Vollzug des EU-Rechts haben (Art. 104 a Abs. 6 GG). 34

b) Vorgaben für die mitgliedstaatliche Durchführung des Unionsrechts

In den Bereichen, in denen die MSen das Unionsrecht durchführen, sind sie zunächst und vor allem zur Anwendung des einschlägigen EU-Rechts verpflichtet. Dieses Gebot umfasst insbesondere das Sach-, das Organisations- und das Verfahrensrecht. Allerdings gibt es nur wenige Bereiche, in denen die EU die Durchführung durch nationale Stellen umfassend geregelt hat. Häufig besteht die Notwendigkeit, mitgliedstaatliches Recht zur **Vervollständigung des Durchführungsrahmens** heranzuziehen. Die Heranziehung des nationalen Rechts im indirekten Vorgang des indirekten Vollzugs kann die einheitliche Wirksamkeit des EU-Rechts beeinträchtigen (*Nettesheim,* GS Grabitz, 1995, 447). Die nationalen Stellen haben zu beachten, dass die Durchführung so sichergestellt wird, dass keine ungleiche Behandlung der EU-Bürger in den verschiedenen MSen eintritt (EuGH, 11.2.1971, Rs. 39/70, „Fleischkontor") und die Effektivität des EU-Rechts nicht leidet (*Kulms,* Der Effektivitätsgrundsatz, 2013). 35

Der EuGH begann daher schon früh mit der Formulierung von Regeln, denen mitgliedstaatliches Verwaltungsrecht zu genügen hatte, um bei der Durchführung von EU-Recht zur Anwendung kommen zu können. Er stellte fest, dass die anzuwendenden nationalen Vorschriften einen Sachverhalt mit EU-Bezug nicht nachteiliger behandeln dürfen als rein nationale Sachverhalte **(Äquivalenzgebot).** Zudem darf deren Anwendung die Verwirklichung des Ziels der durchführenden Bestimmungen **nicht praktisch unmöglich** machen **(Effektivitätsgebot)** (im Einzelnen: EuGH, 21.9.1983, verb. Rs. 205/82 u. a., „Deutsche Milchkontor"; EuGH, 20.3.1997, 36

Rs. C-24/95, „Alcan"; EuGH, 16.3.2006, Rs. C-234/04, „Kapferer", Rn. 22; EuGH, 13.7.2006, verb. Rs. C-295/04 u. a., „Manfredi", Rn. 64; im Einzelnen *Classen,* in: Grabitz/Hilf/Nettesheim (Hrsg.), Das Recht der EU, Art. 197 AEUV Rn. 23ff. (Stand: 2015)).

37 Dem **Effektivitätsgebot** entsprechen Vorschriften nur, wenn sie das Interesse der EU an der wirksamen Vollziehung ihrer Normen hinreichend berücksichtigen. In der genannten Entscheidung „Alcan" hat der EuGH etwa entschieden, dass sich ein Unternehmen, das eine nicht angemeldete Beihilfe unter Verstoß gegen Art. 108 AEUV erhalten hat, gegenüber dem Rückforderungsverlangen des MS nicht auf Vertrauensschutz berufen kann; auch eine strikte Jahresfrist kann der Rücknahmeentscheidung nicht entgegengehalten werden (unten Rz. 21/35).

38 In einer anderen Entscheidung wurde Deutschland deshalb verurteilt, weil die Behörden es unterließen, die Verpflichtung zur Destillation überschüssigen Weins mit der Anordnung der sofortigen Vollziehung (§ 80 Abs. 2 S. 1 Nr. 4 VwGO) zu verbinden; die betroffenen Weinbauern legten Widerspruch ein, unterbanden so die Vollziehbarkeit (§ 80 Abs. 1 VwGO) und konnten durch den Verkauf des Weins die praktische Wirksamkeit des Unionsrechts unterlaufen (EuGH, 10.7.1990, Rs. C-217/88, „KOM/Deutschland"; unten Rz. 13/4ff.). Diese Pflicht kann auch positive Handlungen umfassen, etwa den Erlass einer einstweiligen Anordnung gegen ein nationales Gesetz, das mit Unionsrecht unvereinbar ist (EuGH, 19.6.1990, Rs. C-213/89, „Factortame"; vgl. dazu auch Rz. 33/12). Die Rechtsprechung des EuGH zu den diesbezüglichen Einwirkungen ist kasuistisch und nicht leicht zu überschauen (zu Verjährungsfristen etwa: EuGH, 15.4.2010, Rs. C-542/08, „Barth"; EuGH, 8.7.2010, Rs. C-246/09, „Bulicke").

39 Weitere Beispiele liefert das **Prozessrecht.** So sehen sich die Reichweite sowohl der Bestandskraft von Verwaltungsakten als auch der Rechtskraft gerichtlicher Urteile unionsrechtlichen Grenzen ausgesetzt (Rz. 33/10, 33/12, 36/38); im Strafrecht haben sich schwierige Fragen bezüglich des Verjährungsrechts ergeben, die den italienischen Verfassungsgerichtshof sogar veranlasst haben, in einem Vorlagebeschluss die eigene Verfassungsidentität zu mobilisieren (Rz. 37/2).

40 Die genannte Rechtsprechung lässt den MSen innerhalb des gesetzten Rahmens nur noch begrenzte Freiheiten zur Ausgestaltung des jeweils anzuwendenden Verfahrensrechts. Dies läuft dem Subsidiaritätsprinzip zuwider. Mehr und mehr ist die Tendenz zu beobachten, dass die europäische Gerichtsbarkeit vermittels der **Anwendung der Grundrechte bzw. allgemeiner Rechtsgrundsätze** (oben Rz. 12/36) unmittelbar in die Durchführung des Unionsrechts durch die MSen einwirkt. Bei diesem Vorgehen ist die anzuwendende Norm nicht mehr eine Bestimmung des nationalen Rechts, die den unionalen Anforderungen zu entsprechen hat; vielmehr kommt unmittelbar eine Norm des Unionsrechts zur Anwendung. Dies hat einen erheblichen **Verdrängungseffekt** zur Folge.

41 Deutlich manifestiert sich die Entwicklung etwa im Streit um die Rechtsgrundlagen der unionsrechtlich gebotenen Staatshaftung (Rz. 14/13): Hier geht etwa der BGH inzwischen davon aus, dass dem Institut ein unionsrechtlicher Anspruch zugrunde liegt, der eigenständig neben die nationalen Staatshaftungsansprüche tritt (vgl. nur BGHZ 146, 153 (2000); krit. *Schoch,* Jura 2002, 837); allerdings soll dieser Staatshaftungsanspruch nach den Kriterien des nationalen Rechts (vgl. § 839 BGB) vollzogen werden. Damit schieben sich unionsrechtliche Rechtsinstitute über das staatliche, wenngleich EU-rechtlich eingerahmte Recht. Bislang lässt sich nur schwer absehen, wie weit der EuGH diesen Prozess einer Überlagerung und Verdrängung vorantreiben wird. Die Frage, in welchen Fällen unmittelbare Grundsätze des Unionsrechts zur Anwendung kommen und wann die „Milchkontor"- bzw. „Alcan"-Rechtsprechung einschlägig ist, gehört zu wichtigen und noch immer nicht ganz geklärten Fragen des indirekten Verwaltungsvollzugs.

Zusammenfassend lässt sich festhalten, dass die Grundsätze der Durchführung des Unionsrechts, ähnlich wie diejenigen zu seinem Vorrang gegenüber dem nationalen Recht, unter dem Leitgedanken stehen, die reale Verwirklichung der Rechtsgemeinschaft EU so leicht, vollständig und dauerhaft wie möglich zu machen. 42

c) Vollzugsdefizite

Vollzugsdefizite können von der KOM im Verfahren nach Art. 258 AEUV angegriffen werden. Dies erweist sich allerdings als häufig wenig effektiv – trotz des durch die Verträge von Maastricht und Lissabon wesentlich verbesserten Sanktionsinstrumentariums (Art. 260 Abs. 2, 3 AEUV). Der EuGH hat inzwischen von Art. 260 Abs. 3 AEUV Gebrauch gemacht (EuGH, 8.7.2019, Rs. C-543/17, „KOM/Belgien"; *Gundel,* EuR 2020, 332; unten Rz. 13/38). Aus diesem Grund beschäftigen sich die Unionsorgane schon seit langem damit, wie sich mitgliedstaatliche Vollzugsdefizite, also die verspätete oder fehlerhafte Umsetzung oder Anwendung europäischen Rechts durch die nationalen Gewalten, innerhalb der mitgliedstaatlichen Ordnung effektiv bekämpfen lassen. 43

aa) Sanktionen gegenüber Mitgliedstaaten

Literatur: *Härtel,* Durchsetzbarkeit von Zwangsgeld-Urteilen des EuGH gegen Mitgliedstaaten, EuR 2001, 617; *C. Thiele,* Sanktionen gegen EG-Mitgliedstaaten zur Durchsetzung von Europäischem Gemeinschaftsrecht – Das Sanktionsverfahren nach Art. 228 Abs. 2 EG, EuR 2008, 320; *A. Thiele,* Rechtschutzsystem nach dem Vertrag von Lissabon – (K)ein Schritt nach vorn?, EuR 2010, 30; *Klamert,* Die Durchsetzung finanzieller Sanktionen gegenüber Mitgliedstaaten, EuR 2018, 159.

Die Frage, mit welchen **Sanktionen** die Beachtung und der Vollzug des EU-Rechts durchgesetzt werden können, rührt an die Grundfrage nach der Rechtsnatur der EU (unten Rz. 12/55). Die Union ist weiterhin nur „Rechtsgemeinschaft" in dem Sinne eines zwar in manchem staatsähnlichen, keinesfalls aber schon staatsgleichen Gebildes. Ihr fehlen weiterhin wesentliche Attribute der Staatlichkeit – insbesondere die Macht, nötigenfalls den Respekt der Unionsrechtsordnung **selbst zu erzwingen.** Sie bleibt insoweit auf den Willen der MSen angewiesen, den Normen der (von ihnen geschaffenen und getragenen) Union zu entsprechen bzw. ihnen gegenüber den ihrer Hoheitsgewalt unterstehenden Personen zur Durchsetzung zu verhelfen. Die Verträge setzen diesen „guten Willen" der MSen voraus, indem in Art. 344 AEUV die **Streitregelungsmechanismen der Verträge,** also insbesondere das Rechtsschutzsystem des EuGH (unten Rz. 13/1 ff.) bis hin zur Vollstreckung, für **ausschließlich anwendbar** erklärt werden. Damit werden „urtümliche" Durchsetzungsmechanismen wie das Repressalienrecht des Völkerrechts, aber auch die Bundesexekution im Bundesstaat ausgeschlossen. Im Dunkeln bleibt dabei, was geschehen soll, wenn ein MS im konkreten Fall jenen „aufgeklärten Rechtsbefolgungswillen" – beispielsweise gegenüber einem Urteil des EuGH – nicht an den Tag legt. Solche betrüblichen Perspektiven können nicht a priori ausgeschlossen werden. Es ist in einem solchen Fall Aufgabe sowohl der EU-Organe als auch der übrigen MSen, die Respektierung des EU-Rechts auf dem **Verhandlungswege** sicherzustellen. Als ultima ratio können repressionsartige völkerrechtliche Reaktionen der Betroffenen und ein Ausschluss aus der EU nicht ausgeschlossen werden (unten Rz. 42/41). 44

Es ist Ausdruck dieser Lage, dass das Unionsrecht weiterhin nur ein **begrenztes System von Sanktionsmöglichkeiten** kennt. Es ist seit dem Maastrichter Unionsvertrag 45 allerdings ausgebaut worden. Die EU-Organe zielen darauf ab, in das allgemeine EU-Haushaltsrecht Mechanismen einzubauen, vermittels derer Durchführungsdefizite finanziell sanktioniert werden können (zur Haltung der KOM: Verordnungsvorschlag COM(2018) 324).

46 Soweit es um die Vergabe von Unionsmitteln durch mitgliedstaatliche Behörden geht, kann die KOM schon seit längerem fehlerhafte Ausgaben dadurch sanktionieren, dass sie sie bei künftigen Mittelzuweisungen verrechnet (zur Landwirtschaftspolitik Rz. 24/1).

Eine Sonderrolle spielt das weiterhin politisch geprägte Sanktionensystem, über das Rat und KOM gegenüber den MSen bei der **Kontrolle der nationalen Haushaltspolitiken mit Blick auf die Währungsunion** nach Art. 123ff. AEUV verfügen (unten Rz. 18/25).

47 Im Zentrum der Möglichkeiten, die die KOM gegenüber den staatlichen Behörden hat, steht weiterhin das Vertragsverletzungsverfahren des Art. 258 AEUV. Hierin drückt sich der Umstand aus, dass EU-Institutionen und staatliche Vollzugsbehörden keinen hierarchisch aufgebauten Verwaltungskörper bilden, sondern einander in ihrer Zugehörigkeit zu den Verbänden EU und Staat begegnen. Im Regelfall wird die KOM daher bei Vollzugsdefiziten von dem Instrument nach Art. 258 AEUV Gebrauch machen.

48 Nach Art. 260 AEUV haben die MSen die Maßnahmen zu ergreifen, die sich aus einem Urteil des EuGH ergeben, in dem eine Vertragsverletzung festgestellt worden ist (EuGH, 19.1.1993, Rs. C-101/91, „KOM/Italien“). Dabei spielt für den MS die Erwägung eine wichtige Rolle, dass die Nichtbefolgung eines Urteils leicht „Kettenreaktionen“ anderer MSen zur Folge haben könnte, die das Unionsrechtssystem insgesamt beschädigen müssten (zur Möglichkeit der Verhängung eines Zwangsgelds: Rz. 13/38).

bb) Der Staatshaftungsanspruch

49 Der EuGH verfolgt seit nunmehr geraumer Zeit das Anliegen, Bürgern und Unternehmen, die durch unionsrechtswidriges Verhalten der MSen zu Schaden gekommen sind, durch **Schadensersatzansprüche** einen Ausgleich zu verschaffen. Die Haftung eines MS für Schäden, die dem Einzelnen durch einen Verstoß gegen das Unionsrecht entstanden sind, ist prinzipiell anerkannt. Sie setzt voraus, dass die verletzte Rechtsnorm bezweckt, dem Einzelnen Rechte zu verleihen, dass der Verstoß hinreichend qualifiziert ist und dass zwischen dem Verstoß gegen die dem Staat obliegende Verpflichtung und dem den geschädigten Personen entstandenen Schaden ein unmittelbarer Kausalzusammenhang besteht. Ein hinreichend qualifizierter Verstoß gegen das Unionsrecht setzt voraus, dass der MS die Grenzen, die seinem Ermessen gesetzt sind, offenkundig und erheblich überschritten hat (zusammenfassend EuGH, 25.1.2007, Rs. C-278/05, „Robins“, Rn. 69f.) (im Einzelnen unten Rz. 14/20).

III. Vollstreckung des Unionsrechts

50 Bei der Zwangsvollstreckung i. e. S., also der effektiven Durchsetzung und Eintreibung vollstreckbarer Titel (vor allem Zahlungstitel), **liegt die Zwangsgewalt bei den MSen. Die EU hat bislang keine Vollstreckungsgewalt.** Zwangsvollstreckung findet nur gegenüber Individuen statt, nicht im Verhältnis zu MSen (Art. 299 AEUV).

51 Die EU erlässt zwar die Entscheidung über den Vollstreckungstitel als solchen, beispielsweise in Gestalt einer Entscheidung des Rates oder der KOM, die eine Zahlung

auferlegt, oder eines entsprechenden Urteils des Gerichtshofes. Die hoheitliche Zwangsgewalt, mittels derer die Vollstreckung effektuiert werden kann, ist dagegen bei den MSen verblieben. Gemäß Art. 299 Abs. 2–4 AEUV wird auf das nationale Prozessrecht der MSen verwiesen. So wird die Vollstreckungsklausel von einer staatlichen Behörde erteilt, die den EU-Instanzen von den MSen benannt wird. In der Bundesrepublik ist dies der Bundesminister der Justiz, vgl. Bekanntmachung v. 3.2.1961 (BGBl. II 50).

Die nationale Prüfung beschränkt sich auf die Echtheit des Titels. Wird der Bestand des Titels aus anderen Gründen in Zweifel gezogen, berührt das die Grundentscheidung über den Vollstreckungstitel, die bei der EU liegt und von dieser zu entscheiden ist. Abgesehen vom „schieren Zwang“ gilt der unionale und nicht der nationale Ordre Public (zu Fragen des Vollstreckungsschutzes aus der EMRK: EGMR (GK), 10.3.2004, 56672/00, „Senator Lines GmbH/A“). 52

IV. Sanktionen gegenüber Privatpersonen

Literatur: *Werner,* Grenzen und Möglichkeiten europäischer Strafrechtspflege, 2002; *El-Shabassy,* Die Durchsetzung finanzieller Sanktionen der Europäischen Gemeinschaften gegen ihre Mitgliedstaaten, 2008; *Prieto,* Die juristische Natur der Sanktionen der Europäischen Union, ZStW 2008, 403; *Zeder,* Europastrafrecht, Vertrag von Lissabon und Stockholmer Programm: Mehr Grundrechtsschutz, EuR 2012, 34; *Saurer,* Der Einzelne im europäischen Verwaltungsrecht, 2014; *Brauneck,* Zu enthaltsam? Das Primat der Wettbewerbspolitik in der Unionsrechtsprechung, EuR 2016, 724.

Eine vergleichsweise effektive Sanktionsgewalt kommt der EU gegenüber **Einzelnen und Unternehmen** zu. Art. 261 AEUV setzt grundsätzlich voraus, dass in einer Verordnung Zwangsmaßnahmen zur Durchsetzung ihrer Gebote vorgesehen werden können; dort finden sich Kontrollbefugnisse des EuGH. In einem Spezialfall sieht Art. 103 Abs. 2 lit. a AEUV die Verhängung von Geldbußen und Zwangsgeldern zur Durchsetzung der wettbewerbsrechtlichen Grundsätze der Art. 101 f. AEUV (unten Rz. 20/45 f.) vor. Sanktionsmittel sind **Geldbußen** (bei Verstoß gegen primäres oder sekundäres Gemeinschaftsrecht), **Zwangsgelder** (zur Erzwingung eines vertragskonformen Verhaltens) oder **Verzugszuschläge** (bei Nichterfüllung finanzieller Verpflichtungen) (*Terhechte,* EuZW 2004, 235). 53

Im AEUV-Bereich ist vielfach von der Möglichkeit Gebrauch gemacht worden, bei Erlass sekundären Gemeinschaftsrechts (VOen) Zwangsmaßnahmen vorzusehen. Wichtigstes Beispiel hierfür ist die Kartellverordnung 1/2003 (unten Rz. 20/45). Die KOM hat Leitlinien für das Verfahren zur Festsetzung von Geldbußen gem. Art. 23 Abs. 2 lit. a der VO 1/2003 (ABl. L 1/1) erlassen (ABl. 2006, C 210/2). Auch im Agrarsektor finden sich zahlreiche Regelungen, die die Nichterfüllung von unionsrechtlichen Vorgaben sanktionieren. So wird z. B. in den Marktordnungen häufig vorgesehen, dass Kautionen, die im Voraus zu entrichten sind, bei Nichtbeachtung unionsrechtlicher Verpflichtungen durch Individuen verfallen können. Ähnlichen Zwecken dienen Wiedereinziehungszuschläge zu Unrecht erlangter Beiträge, Kürzungen/Verlust von Zahlungsansprüchen, Leistungssperren u. a. m. (*Heitzer,* Punitive Sanktionen im Europäischen Gemeinschaftsrecht, 1997). Erlassen wurde beispielsweise eine Richtlinie betreffend Sanktionen gegen Arbeitgeber, die Drittstaatsangehörige ohne Aufenthaltsgenehmigung beschäftigen (RL 2009/52, ABl. L 168/24). 54

Der EU **ist bisher keine Strafgewalt anvertraut worden** (*Eisele,* JA 2000, 896; vgl. auch Rz. 37/1). Dies hat integrationspolitische, staatsrechtliche, vor allem aber funktional-rechtsstaatliche Gründe. Eine „personalisierte“ Strafgewalt muss einem unmit- 55 telbar vom Volk legitimierten Gesetzgeber und unabhängigen Strafrichtern überantwortet sein, wie sie in parlamentarischen Demokratien existieren. Bislang hat der unionale Normgeber diese demokratische Dignität nicht erlangt (Rz. 15/1 ff.). Teilweise will man der Lissabon-Entscheidung des BVerfG (BVerfGE 123, 267, „Lissabon" (2009)) die Aussage entnehmen, dass es mit Art. 79 Abs. 3 GG unvereinbar sei, der EU Strafgewalt zu übertragen; das ist so nicht überzeugend. Bislang besteht jedenfalls kein Bedarf dafür, der EU die Kompetenz zur Setzung von unmittelbar wirksamen Straftatbeständen einzuräumen (vgl. allgemein: *Hecker,* Europäisches Strafrecht, 5. Aufl. 2015). Bislang wird den Zielen der EU dadurch entsprochen, dass die MSen durch Primärrecht oder harmonisierendes Sekundärrecht zur Begründung von Straftatbeständen veranlasst werden. Dies ist mit zunehmender Häufigkeit zu beobachten. In der Tendenz ergeben sich hieraus Spannungen mit der Idee der Subsidiarität und dem Demokratieprinzip.

56 Zu Recht sorgt sich die EU allerdings um die Sanktionierung ihrer Interessen: Eine Pflicht zur Pönalisierung findet sich etwa in Art. 325 Abs. 2 AEUV zum Schutz der finanziellen Interessen der EU. An anderer Stelle verweist das EU-Recht ausdrücklich auf die Anwendbarkeit nationalen Strafrechts (Art. 194 Abs. 1 UAbs. 2 EAGV – Geheimhaltungsvorschriften; Art. 30 Protokoll Satzung Gerichtshof – Eidesleistung).

57 Vielfach gehen die Normen mit strafrechtlichem Gehalt aber hierüber hinaus. Der Lissabon-Vertrag legt den Grund für einen deutlichen Ausbau dieser Steuerung (Art. 83 AEUV). In den Bestimmungen über die **polizeilich-justizielle Zusammenarbeit in Strafsachen** (unten Rz. 37/3 ff.) finden sich Ermächtigungen, die eine Angleichung des MS-Strafrechts ermöglichen. Teilweise werden Verpflichtungen der EU-Staaten zur strafrechtlichen Sanktionierung des EU-Rechts auch durch **Übereinkommen der MSen** begründet. Man spricht von einer „Europäisierung" des nationalen Strafrechts (*Diekmann,* NStZ 2001, 617; *Hecker,* JA 2007, 561).

58 Der EuGH hat ausgesprochen, dass die sachlichen EU-Kompetenzen grundsätzlich auch Regelungen tragen, die den MSen ein Gebot zur Pönalisierung individuellen Verhaltens auferlegen (EuGH, 13.9.2005, Rs. C-176/03, „KOM/Rat"). Die Rechtsprechung ist jetzt in Art. 83 Abs. 2 AEUV kodifiziert worden (Rz. 37/6) mit der Folge, dass strafrechtliche Regelungen nicht mehr unter den jeweiligen Sachkompetenzen des AEUV erlassen werden können.

V. Ausblick

59 Man geht häufig davon aus, dass sich das Wesen und die Eigenart eines Staates am ehesten in seinem Verwaltungsrecht ausdrücken. Hier spiegele sich das **Selbstverständnis der Träger der Hoheitsgewalt** am reinsten und direktesten wider. Anders als im Verfassungsrecht, das sich von außen um die Hoheitsträger legt, ist das Verwaltungsrecht das Ausdrucksmittel, mit dem sich eine zentrale Staatsfunktion, die Exekutive, selbst darstellt. Insofern ist es von großem Interesse und für die Deutung des Integrationsprozesses von hohem Erkenntniswert, die Herausbildung eines europäischen Verwaltungsrechts zu beobachten. Man kann dabei nicht erwarten, dass sich die Organe der EU einfach der Traditionen eines MS bedienen. Schon um der Sicherung der Akzeptanz willen muss es darum gehen, einen Weg im Schnittfeld der verschiedenen Ansätze und Anschauungen in den MSen zu gehen. Hinzu kommt: Die **Geschwindigkeit der Rechtsentwicklung** ist so hoch (und die funktionalen Anforderungen an das zu schaffende Verwaltungsrecht so spezifisch), dass sich die schlichte Anlehnung an staatliche Traditionsbestände verbietet. Es geht vielmehr darum, eigene

Wege zu gehen, wesentlich von teleologischen Überlegungen und Effizienzbetrachtungen angeleitet. Eine „Dogmatik des Verwaltungsrechts", wie sie sich in Deutschland herausbilden konnte, wird sich angesichts dessen auf EU-Ebene nur schrittweise und nach einer Konsolidierungsphase entwickeln lassen.

Auch Kritiker der EU räumen regelmäßig ein, dass sich deren Organe bei der Entwicklung ihres Verwaltungsrechts als **modern und zweckgerichtet,** zugleich aber auch mit Blick auf rechtsstaatliche Anforderungen als **sensibel und bürgernah** erweisen. Der Respekt, der den rechtsstaatlichen Anforderungen an Verwaltungstransparenz, an Grundrechtsschutz und Freiheitssicherung gezollt wird, entspricht ganz überwiegend dem, was auch im nationalstaatlichen Kontext bekannt ist. Insofern muss man die Entwicklung, die die EU hin zu einem „Europäischen Verwaltungsrecht" beschreitet, als Erfolgsgeschichte ansehen. Für eine Kodifikation ist die Zeit allerdings noch nicht reif. 60

§ 13. Rechtsschutz

Literatur (vgl. auch die Literaturangaben oben § 5 III 5. – Gerichtshof): Ausführliche Literaturliste bei *Klinke,* in: Dauses/Ludwigs (Hrsg.) HB EU-WirtschR, P, 2017.

Gesamtdarstellungen: *Frenz,* Rechtsschutz, in: Handbuch Europarecht 5, 2010; *Pechstein,* EU-Prozessrecht, 4. Aufl. 2011; *Molinier/Lotarski,* Droit du contentieux de l'Union européenne, 4. Aufl. 2012; *Wägenbaur,* EU Court of Justice – Statute and Rules of Procedure, 2013; *Lenaerts/Maselis/Gutman,* EU Procedural Law, 2014; *Rengeling/Middeke/Gellermann* (Hrsg.), Handbuch des Rechtsschutzes in der Europäischen Union, 3. Aufl. 2014; *Thiele,* Europäisches Prozessrecht, 2. Aufl. 2014; *Wägenbaur,* EuGH-VerfO, 2. Aufl. 2017; *Herrmann/Rosenfeldt,* Europäisches Prozessrecht, 2019.

Eine **Studienauswahl zur Rechtsprechung des Gerichtshofes** bieten: *Hummer/Vedder/Lorenzmeier,* Europarecht in Fällen, 7. Aufl. 2020; *Pechstein,* Entscheidungen des EuGH, 11. Aufl. 2020. – Über das Internet ist die gesamte Judikatur von EuGH und EuG sowie des früheren GöD erschlossen. Der EuGH gibt regelmäßig einen **Jahresbericht** heraus.

Weitere Grundsatzliteratur: *v. Danwitz,* Funktionsbedingungen der Rechtsprechung des Europäischen Gerichtshofes, EuR 2008, 769; *Picheral* (Hrsg.), Le droit à un procès équitable au sens du droit de l'Union européenne, 2012; *de Witte/Muir/Dawson* (Hrsg.), Judicial Activism an the European Court of Justice, 2013; *Grabenwarter/Vranes* (Hrsg.), Kooperation der Gerichte im europäischen Verfassungsverbund, 2013; *Horsyley,* Reflections on the role of the Court as the „motor" of European integration, CMLRev 2013, 931; *Rosas/Levits/Bot,* The Court of Justice and the Constitution of Europe, 2013; *v. Danwitz,* Rechtsschutz in der Europäischen Union, in: Hatje/Müller-Graff (Hrsg.), EnzEuR I, 2014, § 13; *Schwarze,* Die Wahrung des Rechts durch den Gerichtshof der Europäischen Union, DVBl 2014, 537; *Lukanko/Thiele* (Hrsg.), Reformprozesse der Europäischen Gerichtsbarkeit, 2019; *Clément-Witz* (Hrsg.), Le rôle politique de la Cour de justice de l'Union européenne, 2019; *Classen,* Rechtsschutz, in: Schulze u. a. (Hrsg.), Europarecht, 4. Aufl. 2020, § 4; *Leible/Terhechte* (Hrsg.), Europäisches Rechtsschutz- und Verfahrensrecht, EnzEuR III, 2. Aufl. 2021.

Nach Art. 19 EUV sichert die europäische Gerichtsbarkeit „die Wahrung des Rechts bei der Auslegung und Anwendung der Verträge". Sie hat zunächst das **objektive Recht** zu gewährleisten und so den Charakter der **Union als Rechtsgemeinschaft** zu sichern. Dabei gewährleistet der vom EuGH früher unter Hinweis auf Art. 6 und 13 EMRK sowie die nationalen Verfassungstraditionen postulierte, jetzt in Art. 47 GRC verankerte **individuelle Justizgewährleistungsanspruch** dem Bürger **effektiven Rechtsschutz** (EuGH, 15.5.1986, Rs. 222/84, „Johnston" zu Maßnahmen der MSen; EuGH, 3.9.2008, Rs. C-402/05 P, „Kadi" zu Maßnahmen der Unionsorgane; 1

Rz. 17/83ff.). Im Verhältnis zwischen den Organen geht es vor allem um die **Wahrung** des **institutionellen Gleichgewichts** (EuGH, 22.5.1990, Rs. C-70/88, „Parlament/Rat"; Rz. 5/20ff.). Gewisse Schranken erkennt der EuGH im Kontext der Wahrung der öffentlichen Sicherheit an (EuGH, 4.6.2013, Rs. C-300/11, „ZZ").

Regelmäßig nimmt der EuGH eine Befugnis zur Rechtsfortbildung in Anspruch, wie man sie im Ansatz der in Art. 19 EUV enthaltenen Unterscheidungen zwischen Verträgen und Recht entnehmen kann. Deren Legitimität ist grundsätzlich anerkannt (BVerfGE 75, 223, „Kloppenburg" (1987); *Schulze/Seif* (Hrsg.), Richterrecht und Rechtsfortbildung in der EG, 2003), doch ist ihr Ausmaß umstritten (vgl. auch Rz. 5/152ff.).

Seit Inkrafttreten der Grundrechtecharta hat der EuGH zu Art. 47 GRC eine umfangreiche Judikatur entfaltet (Rz. 17/82ff.).

I. Grundlagen der Rechtsschutzgewährung

Literatur: *Nettesheim,* Effektive Rechtsschutzgewährleistung im arbeitsteiligen System europäischen Rechtsschutzes, JZ 2002, 928; *Classen,* Effektive und kohärente Justizgewährleistung im europäischen Rechtsschutzverbund, JZ 2006, 157; *Lenaerts,* The rule of law and the coherence of the judicial system of the European Union, CMLRev 2007, 1625; *Bonichot,* Loin des théories: le refus de la Cour de justice d'imposer un modèle juridicionnel européen, RDP 2008, 75; *Conway,* The Limits of Legal Reasoning and the European Court of Justice, 2011; *Nowak,* Rechtsschutz im europäischen Verwaltungsrecht, in: Terhechte (Hrsg.), Verwaltungsrecht der Europäischen Union, 2011, § 13; *Pernice,* Die Zukunft der Unionsgerichtsbarkeit, EuR 2011, 151; *Gsell/Hau* (Hrsg.), Zivilgerichtsbarkeit und Europäisches Justizsystem, 2012; *Rösler,* Europäische Gerichtsbarkeit auf dem Gebiet des Zivilrechts, 2012; *Anderson,* Contrasting models of EU administration in judicial review regulation, CMLRev 2014, 425; *Hatje,* Europäische Rechtsgemeinschaft und staatliche Gerichte, FS Müller-Graff, 2015, 1229; *Silva de Lapuerta,* La décentraliation du système juridictionnel de l'union européenne, FS Skouris, 2015, 591; *Widmann,* Private enforcement of EU Law before national courts, 2015; *Classen,* Verwaltungsgerichtsverbund, in: Kahl/Ludwigs (Hrsg.), HVwR II, § 38, 2021.

2 Nationale und europäische Gerichtsbarkeit stehen institutionell nebeneinander; der Rechtsschutz in der Union wird durch eine **kooperative Arbeitsteilung von nationalen und europäischen Gerichten** gewährleistet. Entsprechend dem Prinzip der begrenzten Einzelermächtigung (Rz. 12/3ff.) besitzt die **europäische Gerichtsbarkeit** Zuständigkeiten nur nach dem **Enumerationsprinzip** (Rz. 13/7). Soweit nicht eine Zuständigkeit der europäischen Gerichtsbarkeit begründet ist, müssen die MSen im Anwendungsbereich des Unionsrechts die für einen wirksamen Rechtsschutz erforderlichen Rechtsbehelfe bereitstellen (EuGH, 25.7.2002, Rs. C-50/00 P, „UPA"; BVerfGE 118, 79, „Treibhausgas-Emissionen" (2007) und jetzt Art. 19 Abs. 1 UAbs. 2 EUV; vgl. auch Art. 274 AEUV). Dies gilt insbesondere, wenn die Justizgewährleistungspflicht Rechtsschutz verlangt, die nationale Prozessordnung diesen aber zumindest nicht explizit vorsieht.

Für die Effektivität des Rechtsschutzes sind eine sachgerechte Abgrenzung der Zuständigkeiten von nationalen und europäischen Gerichten und zugleich deren adäquates Zusammenwirken von großer Bedeutung. Die Grundlinien der Kompetenzverteilung lassen sich so beschreiben, dass „verfassungsrechtliche Streitigkeiten" (zwischen Organen und MSen) unmittelbar der europäischen Gerichtsbarkeit zugewiesen sind. Demgegenüber sind individualbezogene Streitigkeiten im Regelfall vor nationalen Gerichten auszutragen. Der Zugang zur europäischen Gerichtsbarkeit wird in diesen Fällen über das Vorabentscheidungsverfahren nach Art. 267 AEUV (Rz. 13/68) gewährleistet. Nur die Kontrolle von unmittelbar von der Union erlassenen Einzelentscheidungen ist grundsätzlich allein Sache der europäischen Gerichtsbarkeit. Zugleich hat der EuGH durch seine Rspr. viel zur Schaffung eines **kohärenten Rechtsschutzverbundes** beigetragen, indem er wegen des für die europäische Gerichtsbarkeit geltenden Enumerationsprinzips entstandene Lücken rechtsfortbildend auf europäischer Ebene oder durch Inpflichtnahme der nationalen Gerichte geschlossen hat (siehe die in Rz. 13/1 erwähnten Urteile). Neben dem Primärrechtsschutz steht der staatshaftungsrechtliche Sekundärrechtsschutz (§ 14).

1. Zur Gewährleistung effektiven Rechtsschutzes durch nationale Gerichte

Im Alltag erfüllen die **Gerichte** der Mitgliedstaaten den Justizgewährleistungsanspruch nach Art. 47 GRC, und zwar in Rechtsstreitigkeiten zwischen den Bürgern ebenso wie in solchen mit der Staatsgewalt. Ihnen kommt daher, vor allem wegen des ihnen zustehenden Vorlagerechts an den EuGH nach Art. 267 AEUV (Rz. 13/71) für die Verwirklichung des Unionsrechts eine zentrale Rolle zu. Deswegen müssen sie auch kraft Unionsrechts die Gewähr der Unabhängigkeit bieten (EuGH, 27.2.2018, Rs. C-64/16, „Associação Sindical dos Juízes Portugueses“; dazu *Pech/Platon,* CMLRev 2018, 1827 sowie Rz. 17/84). Daher sind Eingriffe in die richterliche Unabhängigkeit (zu Ungarn EuGH, 6.12.2012, Rs. C-286/12 „KOM/Ungarn“; zu Polen EuGH, 24.6.2019, Rs. C-619/18, „KOM/Polen“; 19.11.2019, verb. Rs. C-585/18 u. a., „AK“; 8.4.2020, Rs. C-791/19 R, KOM/Polen“; vgl. auch 15.7.2018, Rs. C-216/18 PPU, „LM“) für die Funktionsfähigkeit der Union von gravierender Bedeutung und zu Recht vom EuGH als unionsrechtswidrig beanstandet worden. 3

Das Gebot der Gewährleistung effektiven Rechtsschutzes durch nationale Gerichte nach Art. 19 Abs. 1 UAbs. 2 EUV (Rz. 13/2) ist konkret etwa zum Tragen gekommen bei Verstößen gegen das Unionsrecht durch unmittelbar wirkende nationale Normativakte, bei denen – etwa durch eine Feststellungsklage – Rechtsschutz zu gewährleisten ist (EuGH, 13.3.2007, Rs. C-432/05, „Unibet“; Rz. 13/65), aber auch beim früher im englischen Recht nicht vorgesehenen einstweiligen Rechtsschutz gegen die Krone (EuGH, 19.6.1990, Rs. C-213/89, „Factortame“; Rz. 33/12). Selbständige nationale Durchführungsmaßnahmen unterliegen in vollem Umfang der Prüfungs- und Verwerfungskompetenz der nationalen Gerichte (EuGH, 27.1.1976, Rs. 46/75, „IBC“; st. Rspr.). Zunehmend enthält das Unionsrecht auch spezifische Vorschriften, die die Rechtsdurchsetzung durch Private erleichtern und so zum besseren Vollzug des Unionsrechts beitragen (Rz. 20/51 zum Wettbewerbsrecht; Rz. 21/71 f. zu den öffentlichen Aufträgen; Rz. 33/28 zum Umweltrecht; Rz. 36/18 und 36/30 zum Verbraucherrecht und zum geistigen Eigentum).

Die Verfahren vor den nationalen Gerichten werden nach nationalem Recht unter Beachtung der Vorgaben des Unionsrechts durchgeführt. Hier gehören neben eben erwähnten bereichsspezifischen Regelungen (siehe zudem Rz. 37/1 f. für das Strafrecht) vor allem die Grundrechte, insbesondere Art. 47 GRC (Rz. 17/82 ff.). So darf das nationale Recht einem Richter nicht zu knappe Prüfungsfristen setzen (EuGH, 19.12.2019, Rs. C-564/18, „LH“, zum Asylrecht). Die Anwendung des nationalen Prozessrechts steht zudem unter dem Vorbehalt, dass es zum einen das Unionsrecht **hinreichend wirksam durchsetzt** und zum anderen das **Unionsrecht nicht** im Ver- 4 gleich zum nationalen Recht **benachteiligt** (EuGH, 19.12.1976, Rs. 33/76, „Rewe"; st. Rspr.; vgl. auch Rz. 12/36f.). In diesem Licht sind vor allem solche Regelungen problematisch, die im Rechtsvergleich den Konflikt zwischen effektivem Rechtsschutz und effektiver Rechtsdurchsetzung in eher außergewöhnlicher Form bewältigen oder die in der Union zu Wettbewerbsverzerrungen führen können (zu beiden Punkten Beispiele in Rz. 33/12 und 36/38).

5 Auch im Verhältnis zur Unionsgewalt kommt nationalem Rechtsschutz eine wichtige, **Lücken füllende Funktion** zu, und zwar im Zusammenhang mit dem Rechtsschutz gegen **unmittelbar anwendbare Normen des Unionsrechts,** den die europäische Gerichtsbarkeit nur in Grenzen gewährleistet (Rz. 13/63ff.). Soweit auf nationaler Ebene Ausführungsakte ergehen, können diese vor nationalen Gerichten angegriffen werden. Inzident kann dann die Gültigkeit der unionsrechtlichen Ermächtigungsgrundlage geprüft und ggf. zum Gegenstand einer Vorlage nach Art. 267 AEUV gemacht werden. Gibt es keinen Ausführungsakt, weil der Rechtsakt unmittelbar anwendbar ist, etwa ein Verbot begründet, müssen die nationalen Gerichte dennoch – zumindest inzident – Rechtsschutz gewährleisten, soweit nicht eine Klage vor dem EuG nach Art. 263 Abs. 4 AEUV möglich ist (Art. 19 Abs. 1 UAbs. 2 EUV; dazu schon Rz. 13/2f. sowie 64f.). Da mit der Zuständigkeit nationaler Gerichte auch die des EuGH im Vorabentscheidungsverfahren verbunden ist (Rz. 13/68ff.), darf diese zudem nicht ohne weiteres zugunsten anderer, nicht vorlageberechtigter Gerichte eingeschränkt werden (EuGH, 8.3.2011, Gutachten 1/09 zu einer internationalen Patentgerichtsbarkeit; dazu noch Rz. 36/26; zu Konsequenzen für die Schiedsgerichtsbarkeit in Investitionsstreitigkeiten allgemein *Ahner,* Investor-Staat-Schiedsverfahren nach Europäischem Unionsrecht, 2015; *Jaeger,* EuR 2016, 203; für deren Unzulässigkeit zumindest im Verhältnis zwischen EU-MSen EuGH, 6.3.2018, Rs. C-284/16 „Achmea" (zu deren Aufhebung siehe das entsprechende Übereinkommen der EU-MS, ABl. 2020 L 169/1); kritisch zu einer möglichen Verallgemeinerung *Classen,* EuR 2018, 360; zur Zulässigkeit einer entsprechenden Schiedsklausel in einem Unionsvertrag EuGH, 30.4.2019, Gutachten 1/17, „CETA").

2. Zum Zuständigkeitskatalog der europäischen Gerichtsbarkeit

a) Die Zuständigkeiten der europäischen Gerichtsbarkeit

6 Die entsprechend dem Grundsatz der begrenzten Einzelermächtigung nach dem **Enumerationsprinzip** definierten Zuständigkeiten der europäischen Gerichtsbarkeit (Rz. 17/1) umfassen letztinstanzliche **Zuständigkeiten** aller wesentlichen Rechtszweige („Supreme Court-Modell"). Diese haben **obligatorischen** und **ausschließlichen** Charakter. Mit der Aufgabe des Gerichtshofes, wie jedes Gericht Rechtsstreitigkeiten letztverbindlich zu entscheiden, wäre es nicht vereinbar, wenn sich die MSen als solche seiner Jurisdiktion entziehen oder mitgliedstaatliche Gerichte über seine Urteile hinwegsetzen dürften. Materiell bildet dabei das Vertragsrecht für den EuGH, sieht man von der Verfahrensvorschrift des Art. 48 EUV einmal ab, nur Maßstab, nicht Gegenstand seiner Rspr. (EuGH, 27.11.2012, Rs. C-370/12, „Pringle"). Insgesamt obliegt der Unionsgerichtsbarkeit die letztverbindliche Entscheidung von unionsrechtlichen Streitigkeiten und, in Kooperation mit der nationalen Gerichtsbarkeit, die letztverbindliche Auslegung des Unionsrechts.

7 Neben den nachfolgend (Rz. 13/29ff.) dargestellten wichtigsten Verfahren stehen **weitere Verfahrensarten** im jeweiligen Sachzusammenhang: die Beamtenklagen (Art. 270 AEUV, Rz. 7/15f.), das Gutachten-

verfahren zur Vereinbarkeit noch nicht abgeschlossener völkerrechtlicher Verträge der Union mit dem Primärrecht der Union (Art. 218 AEUV, Rz. 38/20) sowie das Sanktionsverfahren gegenüber aktiven und ehemaligen Mitgliedern der KOM (Art. 245 Abs. 2, 247 AEUV, Rz. 5/102); siehe ferner zu Streitigkeiten über Titel des geistigen Eigentums Art. 262 AEUV und dazu Rz. 36/25f.

Das europäische Gerichtsverfahren kennt zudem nicht nur die normale Intervention (**Streithilfe** durch MSen und Unionsorgane, Art. 40 Satzung, Art. 129ff. VerfO; *Dauses/Henkel,* EuZW 2000, 581), sondern sieht mit der **Drittwiderspruchsklage** („tierce opposition") von MSen, Unionsorganen und natürlichen/juristischen Personen nach Art. 42 Satzung und Art. 157 VerfO bei Rechtsbeeinträchtigung auch eine „nachgeholte Intervention" vor. Ggf. führt sie zur Wiederaufnahme des Verfahrens (EuGH, 12.7.1962, verb. Rs. 42/59 u. a., „Breedband"; *Nissen,* Die Intervention Dritter im Verfahren vor dem Gerichtshof der Europäischen Gemeinschaften, 2001). Bei „Zweifeln über Sinn und Tragweite eines Urteils" des EuGH kann **das Urteil** nach Art. 43 Satzung, Art. 158 VerfO bei Darlegung eines berechtigten Interesses dem **Gerichtshof zur Auslegung vorgelegt** werden (dazu EuGH, 27.6.1955, Rs. 5/55, „Assider"). Schließlich kann bei nachträglichem Bekanntwerden entscheidungserheblicher neuer Tatsachen ein Verfahren nach Art. 159 VerfO **wieder aufgenommen** werden (EuGH, 10.5.1960, Rs. 1/60, „FERAM"; EuGH, 25.2.1992, Rs. C-185/90 P-Rev., „Gill"). 8

Zu den europäischen Gerichten als Institutionen (Gerichtsorganisation, Status der Richter, Generalanwälte, grundsätzliche Aufgaben und ihre Erfüllung) siehe oben in § 5 III 5. = Rz. 5/132ff.

b) Zu den Funktionen der europäischen Gerichtsbarkeit

Die europäische Gerichtsbarkeit erfüllt mehrere Funktionen. Das wegen Verstößen gegen Unionsrecht durch MSen einzuleitende Vertragsverletzungsverfahren (Art. 259f. AEUV, Rz. 13/29ff.) sowie die Klagen von Organen und MSen gegen andere Organe (Nichtigkeits-, Untätigkeitsklage nach Art. 263, 265 AEUV, Rz. 13/41ff.) haben **verfassungsrechtlichen** Charakter. Gleiches gilt für die Amtsenthebungsklagen z. B. aufgrund von Art. 245 Abs. 2 AEUV und die Möglichkeit zur Erstattung eines Gutachtens zu völkerrechtlichen Verträgen nach Art. 218 Abs. 11 AEUV (Rz. 38/20). Das Vorabentscheidungsverfahren nach Art. 267 AEUV (Rz. 13/68ff.) ermöglicht unter anderem eine Normenkontrolle. Insgesamt ist der EuGH über der KOM („Hüterin der Verträge") der eigentliche „Hüter der europäischen (Vertrags)verfassung" (kritisch *F. C. Mayer,* AöR 2004, 411). 9

Über Rechtsschutzansprüche des Bürgers entscheidet die europäische Gerichtsbarkeit nur im Ausnahmefall, nämlich im Wesentlichen allein bei Anfechtungsklagen der von **„Verwaltungsakten"** europäischer Stellen **unmittelbar betroffenen Personen** (Art. 263 Abs. 4 AEUV, Rz. 13/56ff.) sowie bei **Schadensersatzklagen** (Art. 268 AEUV, Rz. 13/67). Erstinstanzlich entscheidungsbefugt ist das EuG. Im Übrigen sind entsprechende Streitigkeiten vor den nationalen Gerichten auszutragen, mit Beteiligung des EuGH über das Vorabentscheidungsverfahren (Art. 267 AEUV, Rz. 13/68ff.). Weiterhin erfüllt die europäische Gerichtsbarkeit die Funktion eines **Dienst- und Disziplinargerichtes** (Rz. 7/15). Fachgerichtliche Funktion bekäme die europäische Gerichtsbarkeit auch durch Schaffung der in Art. 262 AEUV vorgesehenen Gerichtsbarkeit für Streitigkeiten über europäische Titel des geistigen Eigentums (Rz. 36/25). 10

Dem EuGH können schiedsgerichtliche Aufgaben durch **Schiedsklauseln** zugewiesen werden, und zwar in Verträgen der Union (Art. 272 AEUV, dazu EuGH, 27.4.1999, Rs. C-69/97, „KOM/SNUA") oder auch nach Maßgabe von Art. 273 AEUV in Verträgen zwischen den MSen. 11

3. Verhältnis europäischer und nationaler (deutscher) Gerichtszuständigkeit

Literatur: *Nettesheim,* Kompetenzdenken als Legitimationsdenken, JZ 2014, 585; *Pauly/Beutel,* Der EuGH als sechstes Fachgericht – Der Status des Europäischen Gerichtshofes in der Rechtsprechung des Bundesverfassungsgerichts, DÖV 2014, 160; *Seidel,* Das Bundesverfassungsgericht im System des Europäischen Unionsrechts, FS Dauses, 2014, 365; *Calliess,* Die europarechtliche Ultra-Vires-Kontrolle, FS T. Stein, 2015, 446; *Lenaerts,* Kooperation und Spannung im Verhältnis von EuGH und nationalen Verfassungsgerichten, EuR 2015, 3; *Simon,* Grenzen des Bundesverfassungsgerichts im europäischen Integrationsprozess, 2016.

Die der europäischen Gerichtsbarkeit durch die Verträge zugewiesenen Einzelzuständigkeiten vermitteln wegen ihres ausschließlichen Charakters (Rz. 13/6) dem EuGH 12 die (alleinige) Befugnis zur letztverbindlichen Auslegung des Unionsrechts (zu den Methoden Rz. 9/165ff.). Daher können **allein Unionsgerichte einen Unionsrechtsakt für ungültig** erklären (EuGH, 22.10.1987, Rs. 314/85, „Foto-Frost"; dazu Rz. 13/79). Umgekehrt ist der EuGH nicht zur eigenständigen Urteilsfindung zu (Vor-)Fragen aus dem nationalen Recht berufen. Vielmehr orientiert er sich an der Rspr. der nationalen Gerichte (EuGH, 25.1.2007, Rs. C-407/04 P, „Dalmine") und legt im Übrigen seine Zuständigkeiten zugunsten der nationalen Gerichte eng aus (EuGH, 3.12.1992, Rs. C-97/91, „Borelli"). Insbesondere kann er wegen der Trennung der Hoheitsgewalten (wie jedes andere Unionsorgan) keinen nationalen Rechtsakt unmittelbar aufheben, weswegen es auch keinen Rechtsschutz zum EuGH gegen nationale Urteile geben kann.

13 Das vorstehend erwähnte Letztentscheidungsrecht des EuGH ist zwar im Grundsatz in der Union weitgehend akzeptiert, jedoch vielfach, auch vom BVerfG, nur mit verfassungsrechtlich fundierten Vorbehalten (näher Rz. 10/15ff.). Konkrete Konfliktfelder sind vor allem einerseits der Schutz der **nationalen Verfassungsordnung,** traditionell insbesondere der **Grundrechtsschutz,** und andererseits die **Zuständigkeitsordnung,** in der vom BVerfG im Lissabon-Urteil entwickelten Terminologie: „Identitäts-" bzw. „ultra-vires-Kontrolle" (BVerfGE 123, 267, „Lissabon" (2009); dazu *Michels,* JA 2012, 515). Die Entwicklung des europäischen Grundrechtsschutzes (§ 17) und der Ausbau der Beteiligungsrechte der nationalen Parlamente im europäischen Rechtsetzungsprozess (Rz. 10/45), aber auch die Verankerung der Pflicht der Union zur Achtung der grundlegenden verfassungsmäßigen Strukturen der MSen (Art. 4 Abs. 2 EUV) haben dabei das Konfliktpotential um die nationale Verfassungsordnung verringert. Auch kann das Drohpotential nationaler Vorbehalte den EuGH in erkennbar sensiblen Bereichen zu einer besonderen Sorgfalt veranlassen (*Oeter/Merli,* VVDStRL 66 (2007), 361/392).

14 Die Inanspruchnahme der grundrechtlichen **„Reservebefugnis",** die sich das **BVerfG** (wie die meisten anderen nationalen Verfassungsgerichte) vorbehalten hat, wurde allerdings in der Entscheidung zur Bananenmarktordnung (BVerfGE 102, 147 (2000)) mit Blick auf die Grundrechte an Anforderungen geknüpft, die diese Befugnis weitgehend theoretisch haben werden lassen. Praktisch ist allein die Identitätskontrolle am Maßstab der Menschenwürde von Bedeutung (dazu BVerfGE 140, 317, Europäischer Haftbefehl II (2015); vgl. auch Rz. 10/23). Die ultra-vires-Kontrolle hat das BVerfG im PPSP-Urteil vom 5.5.2020 (2 BvR 859/15 u. a.) aktiviert und so erstmalig einen unmittelbaren Konflikt mit dem EuGH in Kauf genommen.

15 Weiterhin wird dem EuGH in vielen MSen bis heute immer wieder, zum Teil von durchaus prominenter Stelle (und auf bemerkenswert unterschiedlichem Niveau), der Vorwurf einer **zu weiten Interpretation** der **Unionskompetenzen** oder auch des **materiellen Unionsrechts** gemacht, soweit dies (etwa im Bereich der Grundfreiheiten) zu Lasten mitgliedstaatlicher Kompetenzen geht. Soll Rspr. ihre streitentscheidende Funktion erfüllen, kann es aber nur ein Gericht mit der Befugnis zur Letztentscheidung geben. Nach der Logik der Verträge ist dies der EuGH (*Hirsch,* NJW 1996, 2457). Verschiedene Verfassungsgerichte lehnen dies mit Hinweis auf die nationale Souveränität ab (Rz. 10/15ff.). Immerhin will das BVerfG seine Letztkontrolle nur nach Vorliegen einer einschlägigen EuGH-Entscheidung und nur europafreundlich wahrnehmen, nämlich allein bei (äußerst unwahrscheinlichen) strukturell bedeutsamen (vermeintlichen) Kompetenzübergriffen (BVerfGE 126, 286, „Honeywell" (2010); 134, 366, OMT (2014)).

16 Die vorgenannten Besorgnisse haben zum Vorschlag der Einrichtung eines **„Europäischen Kompetenzgerichts"** geführt, welches in gemischter Besetzung aus nationalen und europäischen Richtern dem EuGH in diesen Fragen übergeordnet wäre (*Goll/Kenntner,* EuZW 2002, 101). Nun sind die Ursachen für den kontinuierlichen Verlust mitgliedstaatlicher Kompetenzen komplex. Aber selbst dort, wo unmittelbar ein Urteil des Gerichtshofes Auslöser für eine solche Klage ist, liegt die Verantwortung vielfach doch im Bereich (unklarer) Rechtsetzung; zumindest können die MSen als Herren der Verträge durch Vertragsänderung korrigierend tätig werden (wie dies zum Teil durchaus geschieht). Nicht selten aber wurde in der Vergangenheit auch umgekehrt durch Vertragsänderung eine ausdrückliche Grundlage für zuvor umstrittene Urteile geschaffen. Dies belegt, dass das jeweilige Urteil zumindest im Ergebnis durchaus auf Akzeptanz gestoßen ist. Unabhängig davon gibt es sicher beim EuGH – wie bei jedem Gericht – Urteile, über deren Überzeugungskraft man streiten kann. Wegen der fehlenden Trennbarkeit von Kompetenzfragen und materiellem Recht (*Everling,* EuZW 2002, 357) müsste dieses aber umfassend zuständig sein. Wie die Richter so ausgewählt werden sollen, dass ein funktionsfähiges Gericht entsteht, ist offen.

II. Allgemeine Prinzipien der Rechtsschutzgewährung durch die europäische Gerichtsbarkeit

Literatur: *Everling,* Mündliche Verhandlungen vor den Gerichten der Europäischen Union, FS Dauses, 2014, 113; *Germelmann,* Das rechtliche Gehör vor Gericht im europäischen Recht, 2014; *Lenz,* Allein verantwortlich – Erfahrungen eines Generalanwalts, FS Dauses, 2014, 217; *Voet van Vormizeele,* Die Kontrolldichte bei der Würdigung komplexer wirtschaftlicher Sachverhalte durch die europäischen Gerichte, FS Schwarze, 2014, 771; *B. Wägenbaur,* Die EU-Gerichtsbarkeit – Fasse Dich kurz?!, FS Dauses, 2014, 461; *Zapka,* Der Europäische Gerichtshof: zur Ökonomik judizieller Governance, 2014; *Grupp,* Zum Recht auf den gesetzlichen Richter in der Europäischen Union, FS T. Stein, 2015, 560; *Rosenkranz,* Die Beschränkung der Rückwirkung von Entscheidungen des Europäischen Gerichtshofs, 2015; *Zierke,* Die Steuerungswirkung der Darlegungs- und Beweislast im Verfahren vor dem Gerichtshof der Europäischen Union, 2015; *Kalbheim,* Der Einfluss der Richter des Europäischen Gerichtshofs auf dessen Rechtsprechung, ZVglRWiss 2016, 431; *Martin,* Le relevé d'office par le juge européen, CDE 2016, 523; *Prek/Lefèvre,* The EU Courts as „national" courts: National law in the EU judicial process, CMLRev 2017, 369; *Wohlfahrt,* in: Dauses/Ludwigs (Hrsg.), HB EU-WirtschR, P IV, 2017; *Hakenberg/Seyr,* Verfahren vor dem Gerichtshof der EU, 4. Aufl. 2020.

– Vgl. auch zur Verfassung der europäischen Gerichtsbarkeit die Literaturangaben oben in Rz. 5/132.

1. Rechtsgrundlagen

17 In Anlehnung an nationale Prozessrechte, insbesondere das französische Recht (dazu Rz. 13/20, 25, 41, 45), wurde ein **europäisches Gerichtsverfassungs-** (Rz. 5/143) und **Verfahrensrecht** herausgebildet. Grundlage bilden Art. 19 EUV sowie Art. 251 ff. AEUV. Die Regelungen sind in der von den MSen als gesondertem Vertrag abgeschlossenen, mit Ausnahme ihres Titels I und Art. 64 a aber im ordentlichen Gesetzgebungsverfahren (auf Antrag des Gerichtshofes nach Anhörung der KOM oder auf Antrag der KOM nach Anhörung des Gerichtshofs) änderbaren **Satzung des Gerichtshofes der Europäischen Union** enthalten (Protokoll über die Satzung des Gerichtshofes v. 26. 2. 2001, BGBl. 2001 II 1687; dazu Art. 281 AEUV). Die Einzelheiten des Prozessrechts finden sich in den von den europäischen Gerichten jeweils mit Zustimmung des Rates, beim EuG auch mit Zustimmung des EuGH beschlossenen **Verfahrensordnungen.**

Siehe im Einzelnen die Verfahrensordnung des **Gerichtshofes** i. d. F. v. 29. 9. 2012 (ABl. L 265/1, zusätzliche Verfahrensordnung v. 14. 1. 2014 (ABl. L 32/37) und dazu ergänzend als Hilfe für Prozessparteien die „Praktischen Anweisungen" (ABl. 2020, LI 42/1) sowie zum Vorabentscheidungsverfahren die „Hinweise zur Vorlage von Vorabentscheidungsersuchen durch nationale Gerichte" (ABl. 2019, C 380/1), ferner die Verfahrensordnung des **Gerichtes** i. d. F. v. 4. 3. 2015 (ABl. L 105/1) mit Durchführungsbestimmungen (ABl. 2015, L 152/1).

2. Verteilung der Zuständigkeiten innerhalb der europäischen Gerichtsbarkeit

18 Die Verteilung der Zuständigkeiten zwischen **EuGH** und **EuG** richten sich nach Art. 256 AEUV und der Satzung. Danach liegt die **Regelzuständigkeit** für erstinstanzliche Klagen beim **EuG.** Erstinstanzlich ist der EuGH zuständig für Vorlageverfahren (Art. 267 AEUV), Vertragsverletzungsverfahren (Art. 259f. AEUV) sowie grundsätzlich für die von einem MS oder einem Organ der EU gegen Rat und/oder EP erhobenen Klagen; nur bestimmte, in Art. 51 Satzung aufgeführte Verfahren sind dem EuG zugewiesen.

Die **Verteilung** der Verfahren auf die verschiedenen **Spruchkörper** (Kammern, Plenum und ggf. Einzelrichter) ist zum Teil geregelt (Art. 251 AEUV; Art. 16 der Satzung [Rz. 5/14; siehe ferner für das Gericht den Beschluss ABl. 2013, C 313/4]; im Übrigen, also insbesondere beim EuGH, gibt es keine klaren Regeln [vgl. auch Art. 60 VerfO]). Das im deutschen Recht bekannte Recht auf den gesetzlichen Richter (Art. 101 GG; vgl. im Ansatz auch Art. 6 EMRK) wird – in Übereinstimmung mit der Tradition in zahlreichen anderen MSen – auf europäischer Ebene nicht als maßgeblich für die durch die europäische Gerichtsbarkeit selbst vorzunehmende interne Geschäftsverteilung angesehen (EuGH, 6.5.1995, Rs. C-7/94, „Gaal“).

3. Zu Umfang und Intensität der gerichtlichen Prüfung

19 Im Rahmen der Verträge sind die europäischen Gerichte grundsätzlich für die Beantwortung **aller Rechtsfragen** zuständig, die ihnen im Rahmen einer vorgesehenen Verfahrensart unterbreitet werden. Grenzen des Rechtsprechungsauftrages bestehen nur mit Blick auf das Sanktionsverfahren nach Art. 7 EUV (Art. 269 AEUV) und bei der Überwachung der nationalen Verschuldung (Art. 126 Abs. 10 AEUV), ferner bei bestimmten Fragen, die bis zum Vertrag von Lissabon außerhalb der Gemeinschaftsmethode und ohne supranationale Rechtssetzungsgewalt geregelt wurden: die GASP (Art. 275 AEUV; zur engen Auslegung dieser Ausnahme EuGH, 12.11.2015, Rs. C-439/13 P, „Elitaliana SpA“) und im Bereich des RFSR die nationalen Maßnahmen zur Aufrechterhaltung von Sicherheit und Ordnung (Art. 276 AEUV, in prozessualer Verlängerung von Art. 72 AEUV; dazu Rz. 32/20). Zugleich sind die Kompetenzen des Gerichtshofes im Interesse der Sicherung des **institutionellen Gleichgewichts** (Rz. 5/20) durch seinen **Auftrag** auch **begrenzt:** Er ist ein Organ spezifisch rechtlicher Kontrolle, das dementsprechend bei der Definition seiner Kontrolldichte in nichtjuristischen Fragen die Zuständigkeiten der anderen Organe zu achten hat (Rz. 13/52; vgl. auch 17/25), und das auf eine nachkontrollierende Funktion beschränkt ist (zum Fehlen einer echten Verpflichtungsklage Rz. 13/41; zur Beschränkung auch einstweiligen Rechtsschutzes auf die Zeit nach Einleitung des Hauptsacheverfahrens Rz. 13/87).

20 Zudem sind Nichtigkeits- und Untätigkeitsklagen an die Geltendmachung bestimmter **Klagegründe** geknüpft (Rz. 13/45) mit der Folge, dass die europäischen Gerichte grundsätzlich nur diese prüfen. Aber auch in allen anderen Verfahren werden regelmäßig nur die **von den Beteiligten vorgebrachten Argumente** erörtert. Von Amts wegen werden allein bestimmte formelle Fragen aufgeworfen, nämlich soweit es um die Entscheidungsbefugnis eines Organs geht, also die nach der Zulässigkeit einer Klage oder eines Rechtsmittels oder nach der Zuständigkeit eines Organs etc. (näher *Götz*, FS Brohm, 2002, 69). Materiellrechtliche Probleme dürfen dagegen nur auf eine entsprechende Rüge hin behandelt werden (EuGH, 10.12.2013, Rs. C-272/12 P, „KOM/Irland“). Das gilt auch für die Grundrechte (EuGH, 10.2.2009, Rs. C-301/06, „Irland/Rat und Parlament“ zur Vorratsdatenspeicherung). Die Urteile (Rz. 13/25) sind dementsprechend nach den vom Kläger vorgebrachten Argumenten (und damit in der Sache nicht immer sehr überzeugend) gegliedert. So soll französischer Tradition entsprechend dem Grundsatz „ne ultra petita“ Rechnung getragen werden. Eine umfassende rechtliche Würdigung des Streitgegenstandes, wie sie etwa der deutschen Tradition entspricht, findet vor der europäischen Gerichtsbarkeit nicht statt. Schließlich wird die Aufgabenteilung zwischen der europäischen und der nationalen Gerichtsbarkeit beim Vorlageverfahren flexibel gehandhabt (Rz. 13/83).

4. Prozessverfahren

21 Für die Verfahren vor den europäischen Gerichten gelten die klassischen prozessrechtlichen Grundsätze der **Öffentlichkeit, Schriftlichkeit und Unmittelbarkeit,** ebenso

die sonstigen, in Art. 47 GRC verankerten Vorgaben (Rz. 17/82ff.) wie das Recht auf faires Verfahren und auf Entscheidung in angemessener Frist (zum Schadensersatzanspruch bei Missachtung Rz. 14/5). Die Parteien **müssen** sich durch Anwälte **vertreten lassen** (Art. 19 Satzung). Das Verfahren beginnt mit einem schriftlichen Teil, dem sich traditionell eine mündliche Verhandlung anschließt (Art. 20 Satzung, Art. 57ff. und 76ff. VerfO). Grundsätzlich entspricht das Verfahren des EuG dem des Gerichtshofes.

a) Schriftliches Verfahren

Die Verfahren werden durch **schriftliche Klage oder Antrag** (im Vorabentscheidungsverfahren durch Vorlageersuchen des nationalen Gerichts) eingeleitet (zum elektronischen Verkehr mit den europäischen Gerichten siehe ABl. 2018, L 293/26). Die **Verfahrenssprache** wird grundsätzlich vom Kläger bestimmt. Bei Vertragsverletzungsverfahren ist es die Sprache des beklagten MS, in Vorabentscheidungsverfahren die Sprache des vorlegenden Gerichtes. Das schriftliche Verfahren dient der intensiven Aufbereitung des Prozessstoffes durch den **Austausch der innerhalb fester Fristen einzureichenden Schriftsätze,** ggf. die Benennung von Beweismitteln, Einholung von Auskünften usw. Angriffs- und Verteidigungsmittel, die nicht bei frühestmöglicher Gelegenheit vorgebracht werden, sind präkludiert (näher Art. 127 VerfO). Im Vorabentscheidungsverfahren holt der Gerichtshof (einmalig) **schriftliche Erklärungen der Beteiligten** (Parteien des Ausgangsverfahrens, aber auch MSen, KOM und Rat; siehe Art. 23, 40 Satzung) zur Vorlage ein. Der Berichterstatter des Gerichtes legt den Parteien zur Vorbereitung der mündlichen Verhandlung einen **Sitzungsbericht** über den Stand des Verfahrens vor. Für eilbedürftige Sachen stehen **beschleunigte Verfahren** zur Verfügung (für Klageverfahren Art. 133 VerfO; zum Vorabentscheidungsverfahren Art. 23a Satzung, Art. 105f., 107ff. VerfO und unten Rz. 13/82). 22

b) Mündliches Verfahren

Die grundsätzlich öffentliche mündliche Verhandlung ist nicht mehr obligatorisch (Art. 53, 76 Abs. 2 VerfO); in der Praxis wird immer häufiger auf sie verzichtet. Sie umfasst (selten) eine Beweisaufnahme (Art. 63ff. VerfO), die **Plädoyers der Parteien** und erforderlichenfalls Rückfragen des Gerichts und des Generalanwalts. Der Rechtsstreit soll möglichst in **einer** mündlichen Verhandlung abgeschlossen werden. Die **Schlussanträge des Generalanwalts,** auf die in einfacheren Fällen ganz verzichtet wird (Art. 20 Abs. 5 Satzung; rund 60% der Verfahren), werden seit Jahren nur schriftlich vorgebracht. Die Parteien dürfen auf diese nicht mehr reagieren; bei Bedarf wird jedoch die mündliche Verhandlung neu eröffnet (EuGH, 2.10.2001, Rs. C-172/97 OP, „SIVU"; dazu [mit Blick auf ein Vorlageverfahren nach Art. 267 AEUV] auch EGMR, 20.1.2009, 13645/05, „CPNK/NL"). 23

c) Verfahrensdauer

Die Dauer der Verfahren vor der europäischen Gerichtsbarkeit liegt (nach nicht unerheblichen Reduktionen in den vergangenen Jahren) im Schnitt beim EuGH bei Direktklagen bei 20, bei Vorabersuchen bei 16 Monaten; beim EuG ist sie etwa länger, hat allerdings in letzter Zeit erkennbar abgenommen (2019 insgesamt knapp 20 Monate, in Wettbewerbssachen knapp 35 statt früher fast 50 Monate). Die personelle Aufstockung des EuG (Rz. 5/146) hat die Lage verbessert. Soweit sich alle MSen an einem Verfahren beteiligen dürfen (Rz. 13/22), müssen **Übersetzungen** aller für das Verfahren wichtigen Dokumente erstellt werden. Dies nimmt insbesondere wegen des unvermeidlich gewordenen Rückgriffs auf Relaissprachen so viel Zeit in Anspruch, dass eine signifikante Beschleunigung der Verfahren beim EuGH kaum möglich ist. 24

5. Urteile und ihre Wirkungen

Die Entscheidungen, regelmäßig Urteile, werden unter maßgeblicher Vorbereitung durch den Berichterstatter in geheimer, zumeist auf französisch geführter Beratung abgefasst. Sie werden mit **einfacher Mehrheit** beschlossen. Der traditionell eher **apodiktische** und im Aufbau an den Klagegründen ausgerichtete **Urteilsstil** des EuGH entspricht französischer Tradition. Begründungslücken kaschieren ggf. Meinungsverschiedenheiten unter den Richtern, schaffen aber auch Spielräume für künftige Entwicklungen. Das EuG begründet seine Urteile zumeist deutlich ausführlicher. Die Veröffentlichung von „dissenting opinions" oder Abstimmungsergebnissen ist um der Unabhängigkeit und Geschlossenheit der europä- 25 ischen Gerichtsbarkeit willen nicht vorgesehen (*Everling*, EuR 1994, 127). Die Urteile werden in einem öffentlichen Termin verkündet, überwiegend in allen Amtssprachen zugänglich gemacht und zumeist – ggf. mit den Schlussanträgen der GAe – in der seit Ende 2012 nur noch elektronisch verfügbaren **amtlichen Sammlung** der Rspr. veröffentlicht.

Die Urteile des EuGH sind als Endentscheidungen **sofort rechtskräftig** (zu den EuG-Entscheidungen Art. 83 VerfO EuG). Endentscheidungen enthalten eine **Kostenentscheidung** (Art. 137 ff. VerfO). Da die Verfahren in Luxemburg grundsätzlich kostenfrei sind, bezieht sich diese Entscheidung im Wesentlichen auf die Auslagen der Parteien (näher *Wägenbaur*, EuZW 1997, 197).

26 Rechtskräftige Urteile sind entsprechend dem Wesen von Rspr. als verbindlicher Streitentscheidung **für die Beteiligten verbindlich.** Auch soweit sie als solche nur Feststellungsurteile sind, verpflichten sie die Streitparteien, die sich aus dem Urteil ergebenden Konsequenzen zu ziehen (Art. 260, 266 AEUV). Grundsätzlich bilden sie zugleich vollstreckbare Titel. Die **Zwangsvollstreckung** erfolgt nach den Vorschriften des Zivilprozessrechts des Staates, in dessen Hoheitsgebiet sie stattfindet (Art. 280, 299 AEUV, näher *Kennet*, The Enforcement of Judgments in Europe, 2001). **Die Zwangsgewalt verbleibt bei den MSen.** Der EuGH kann die Zwangsvollstreckung durch eine Entscheidung aussetzen. Urteile gegen **MSen** können nicht vollstreckt werden (Art. 260 AEUV); im Rahmen der Vertragsverletzungsverfahren können aber Geldbußen und Zwangsgelder verhängt werden (Rz. 13/38). Aus einem rechtskräftigen Urteil ergibt sich das Verbot, vertragswidrige nationale Vorschriften weiter anzuwenden bzw. die Pflicht, das Urteil auf nationaler Ebene durchzusetzen (EuGH, 27.4.1988, Rs. 225/86, „KOM/Italien"; st. Rspr.).

27 Die **Wirkungen** eines Urteils treten grundsätzlich **sofort** ein. Wird eine Verordnung für nichtig erklärt, gibt Art. 264 Abs. 2 AEUV dem Gerichtshof aber die Möglichkeit, aus Gründen der Rechtssicherheit den Zeitpunkt ihrer Unanwendbarkeit **hinauszuschieben** (EuGH, 5.6.1973, Rs. 81/72, „KOM/Rat", zur Wahrung der Kontinuität einer Besoldungsregelung). Entsprechendes ist in anderen Fällen ebenfalls möglich (z. B. EuGH, 5.7.1995, Rs. C-21/94, „Parlament/Rat"). Auch im Übrigen ordnet der EuGH gelegentlich zur Wahrung des **Vertrauensschutzes** an, dass die Wirkungen seines Urteils auf die Zeit nach seinem Urteilsspruch beschränkt werden; dies gilt auch für Auslegungsentscheidungen in Vorabentscheidungsverfahren. Dabei wird regelmäßig eine Ausnahme zugunsten des Klägers im Ausgangsverfahren gemacht, der nicht um die Früchte seines Prozesssieges gebracht werden soll (zu beidem EuGH, 17.5.1990, Rs. C-262/88, „Barber"). Eine solche Beschränkung der zeitlichen Wirkungen eines Urteils muss aber in diesem selbst angeordnet werden; später kann dies nicht geschehen (EuGH, 2.2.1988, Rs. 24/86, „Blaizot").

6. Rechtsmittel

28 Gegen abschließende Entscheidungen des Gerichts (EuG) kann ein **auf Rechtsfragen beschränktes Rechtsmittel** beim EuGH eingelegt werden (Art. 256 Abs. 1 AEUV, Art. 56–62b Satzung, Art. 167 ff. VerfO; *Langner*, Der EuGH als Rechtsmittelgericht, 2003). Einer besonderen Zulassung bedarf das Rechtsmittel, wenn dem erstinstanzlichen Gerichtsverfahren ein Verfahren vor einer unabhängigen Beschwerdekammer des Klagegegners vorangegangen ist (Art. 58a Satzung). Das Rechtsmittel hat grundsätzlich **keine aufschiebende Wirkung** (Art. 60 Satzung, Ausnahmen). Zur Ein-

legung sind unterlegene Prozessparteien, MSen, Unionsorgane und unmittelbar betroffene Streithelfer befugt (Art. 56 Satzung). Die **Einlegungsfrist** beträgt grundsätzlich zwei Monate nach Zustellung der angefochtenen Entscheidung (Art. 56 Satzung).

Rechtsmittelgründe sind ausschließlich die Unzuständigkeit des Gerichts, Verfahrensfehler und die Verletzung des Unionsrechts (Art. 58 Satzung). Eine Überprüfung der Tatsachenwürdigung ist ausgeschlossen (EuGH, 17.9.1996, Rs. C-19/95 P, „San Marco"; st. Rspr.). Die Rechtsmittelsachen werden mit **„P"** gekennzeichnet. In der Praxis wird gegen etwa ein Viertel der EuG-Entscheidungen ein Rechtsmittel eingelegt, das allerdings nur selten (ganz oder teilweise) Erfolg hat.

Gegen Urteile eines (derzeit nicht bestehenden) **Fachgerichts** (Art. 257 AEUV) könnte nach den gleichen Grundsätzen ein **Rechtsmittel zum EuG** eingelegt werden; gegen daraufhin ergangene Urteile des EuG kann der Generalanwalt zur „Wahrung der Einheit oder Kohärenz des Unionsrechts" ein **Rechtsmittel zum EuGH** einlegen (Art. 256 Abs. 2 AEUV; zu letzterem Art. 62 Satzung; zu den Kriterien der Kohärenz EuGH, 28.2.2013, Rs. C-334/12 RX-II, „Arango Jaramillo").

Ist das **Rechtsmittel zulässig und begründet,** wird das angegriffene Urteil aufgehoben. Bei Entscheidungsreife urteilt das Rechtsmittelgericht selbst endgültig; anderenfalls weist es den Fall zurück an das Gericht, dessen Urteil angefochten wurde. Wird das Rechtsmittel zurückgewiesen, wird das angefochtene Urteil rechtskräftig. Bei offensichtlicher Unzulässigkeit/Unbegründetheit kann die Zurückweisung durch begründeten Beschluss geschehen (Art. 181 VerfO).

III. Vertragsverletzungsverfahren gegen Mitgliedstaaten (Art. 258f. AEUV)

Literatur: *Tabarowski,* Infringement procedures and non-compliant courts, CMLRev 2012, 1881; *Wannerås,* Sanctions against Member States under Article 260 TFEU, CMLRev 2012, 145; *Wunderlich,* Das Verhältnis von Union und Mitgliedstaaten am Beispiel des Vertragsverletzungsverfahrens, in: Schwarze (Hrsg.), Der Rechtsschutz vor dem Gerichtshof nach dem Vertrag von Lissabon, 2012, 49; *Wahl/Prete,* Between Certainty, Severity and Proportionality: Some Reflections on the Nature and Functioning of Article 260 (3) TFEU, ELRev 2014, 170; *Gurreck/Otto,* Das Vertragsverletzungsverfahren, JuS 2015, 1079; *Várnay,* Discretion in the articles 258 and 260 (2) TFEU procedures, MJ 2015, 836; *Ionescu,* Innerstaatliche Wirkungen des Vertragsverletzungsverfahrens, 2016; *Borchardt,* in: Dauses/Ludwigs (Hrsg.), HB EU-WirtschR, P I 1, 2017; *Wendenburg/Reichert,* EU-Kommission verschärft Vertragsverletzungsverfahren erheblich, NVwZ 2017, 1338; *Klamert,* Die Durchsetzung finanzieller Sanktionen gegenüber den Mitgliedstaaten, EuR 2018, 159; *Wendenburg,* Neues zum einstufigen Vertragsverletzungsverfahren, EuR 2019, 637; *Gundel,* Die Reichweite des abgekürzten Sanktionsverfahrens nach Art. 260 Abs. 3 AEUV, EuR 2020, 332; *Hering,* Das Vertragsverletzungsverfahren als Instrument zum Schutz der Unionswerte, DÖV 2020, 293; *Pingel,* „Confiance, méfiance défiance" ou la passionante évolution de l'article 260 du TFUE, RTDE 2020, 73.

1. Wesen des Verfahrens

Verletzt ein MS Unionsrecht, können die **KOM** (Art. 258 AEUV, **„Aufsichtsklage"**) 29
und ein **MS** (Art. 259 AEUV) ein Vertragsverletzungsverfahren in Gang bringen. Wegen der Ausschließlichkeit der Zuständigkeit dürfen die MSen im Anwendungsbereich des Unionsrechts auch keine anderen (internationalen) Gerichte anrufen (EuGH, 30.5.2006, Rs. C-459/03, „KOM/Irland"); das Unionsrecht begründet insofern ein geschlossenes Regime.

Ähnlich wie beim EGMR (Rz. 17/94) vermeiden die MSen direkte Klagen untereinander. Zumeist übermitteln sie ihre entsprechenden Vorwürfe der KOM, die dann die Einleitung eines Verfahrens prüft. Direkte Klagen kommen zumeist nur in politischen Sondersituationen vor (siehe z. B. EuGH, 12.9.2006, Rs. C-145/04, „Spanien/Vereinigtes Königreich" zum Wahlrecht der Bürger von Gibraltar zum Europäischen Parlament).

30 Die im Ermessen der KOM liegende Aufsichtsklage spielt eine wichtige Rolle bei der Aufrechterhaltung und Durchsetzung der Rechtsordnung der Union. Ein subjektives Recht des Einzelnen auf Einschreiten besteht nicht (EuGH, 14.2.1989, Rs. 247/87, „Star Fruit"; st. Rspr.). Hinsichtlich der Klageerhebung geht dies aus Abs. 2 hervor („kann"). Viele Verfahren beruhen aber auf Informationen, die die KOM von anderer Seite erlangt hat, schriftliche **Beschwerden** seitens der (anderen) MSen sowie von Privaten, Unternehmen und Verbänden (zu einem **Formblatt** siehe ABl. 1989, C 26/6). Seit 1983 erstattet die KOM jährlich dem EP einen Bericht über die Kontrolle der Anwendung des Unionsrechts. Er wird im ABl. Teil C veröffentlicht.

31 Häufig leitet die KOM nicht sofort das Verfahren nach Art. 258 AEUV ein, sondern versucht zunächst, auf dem Verhandlungsweg eine **„gütliche Einigung"** zu erzielen. So wird ein Großteil der Streitigkeiten erledigt. Da die KOM oft schon vor Erlass einer nationalen Norm von den einzelstaatlichen Behörden unterrichtet wird – z. T. bestehen ausdrückliche Informations- und Konsultationspflichten –, hat sie die Möglichkeit, rechtzeitig, also im Stadium des nationalen Gesetzgebungsverfahrens, ihre Rechtsansicht zu äußern und auf mögliche Vertragsverstöße hinzuweisen.

2. Zulässigkeitsvoraussetzungen

a) Beteiligte und Streitgegenstand

32 Als **Klägerin** nach Art. 258 AEUV kommt allein die KOM in Betracht; in den seltenen Verfahren des Art. 259 AEUV tritt als Kläger ein anderer MS auf. **Beklagter** ist der betreffende MS. Ein besonderes Interesse an der Klageerhebung muss nicht dargelegt werden (EuGH, 4.4.1974, Rs. 167/73, „KOM/Frankreich").

33 **Streitgegenstand** ist eine Vertragsverletzung, die dem betreffenden MS zuzurechnen ist. In Betracht kommen **Verstöße gegen das Primär- und Sekundärrecht** einschließlich der allgemeinen Rechtsgrundsätze der Union durch Handlungen **aller nationalen Instanzen.** Dazu zählen neben der Regierung und der Verwaltung auch unabhängige Institutionen wie die Parlamente und Gerichte der MSen (EuGH, 9.12.2003, Rs. C-129/00, „KOM/Italien"; *M. Breuer,* EuZW 2004, 199). Dabei muss sich die Klage auf den Sachverhalt sowie auf die Gründe und Angriffsmittel stützen, die schon im Mahnschreiben (Rz. 13/35) vorgebracht wurden (EuGH, 20.3.1997, Rs. C-96/95, „KOM/Deutschland"; st. Rspr.); spätere Erweiterungen sind unzulässig.

b) Verfahrensrechtliche Voraussetzungen

34 Die Klageerhebung nach Art. 258 und 259 AEUV setzt zunächst ein **außergerichtliches Vorverfahren** voraus; abschließende Ausnahmen sehen Art. 108, 114 Abs. 9 und 348 AEUV vor. Es dient der weiteren Aufklärung, aber auch der **klaren Umreißung des Streitgegenstandes** (Rz. 13/33) und der förmlichen **Anhörung des MS.** Das Vorverfahren besteht aus zwei Abschnitten, dem Mahnschreiben und der mit Gründen versehenen Stellungnahme der KOM. Will ein anderer MS den Gerichtshof anrufen (Art. 259 AEUV), muss er zunächst die KOM befassen. Diese verfährt dann entweder wie nachfolgend beschrieben, oder sie führt das Verfahren nicht fort mit der Folge, dass der andere MS nunmehr direkt beim EuGH klagen kann.

aa) Mahnschreiben

Die KOM übermittelt dem MS zunächst ein **Mahnschreiben,** in dem sie den bisherigen Sachstand einschließlich des Vorwurfes der Vertragsverletzung schildert. Der MS kann in einer festgelegten Frist (i. d. R. zwei Monate) dem Ansinnen der KOM nachkommen oder seine eigene abweichende Rechtsauffassung noch einmal bekräftigen. Die Möglichkeit hierzu ist eine notwendige Verfahrensgarantie (EuGH, 17.11.1992, Rs. C-157/91, „KOM/Niederlande"; st. Rspr.). Anschließend beschließt die KOM über die Fortsetzung bzw. Aussetzung oder Einstellung des Verfahrens. 35

bb) Mit Gründen versehene Stellungnahme

Im Fall der Fortsetzung des Verfahrens gibt die KOM eine **mit Gründen versehene Stellungnahme ab.** Diese den Verfahrensstand noch einmal formell zusammenfassende Äußerung ist mit der Aufforderung an den MS verbunden, den nach Auffassung der KOM vertragswidrigen Zustand in einer festgelegten Frist (i. d. R. nochmals zwei Monate) zu beenden. Geschieht dies nicht, **kann** die KOM den Gerichtshof anrufen. 36

Leitet die KOM einen Verfahrensschritt vor Ablauf einer von ihr gesetzten Frist ein, ist die Klage unzulässig (EuGH, 5.12.2018, Rs. C-642/18, „KOM/Spanien"). Kurze Frist werfen nur mit Blick auf die Verteidigungsmöglichkeiten ein Problem auf (dazu EuGH, 18.6.2020, Rs. C-78/18, „KOM/Ungarn"). Wird ein Vertragsverstoß nach Ablauf der Frist, aber vor Klageerhebung abgestellt, kann die Klage trotzdem zulässig sein, wenn die Feststellung des Vertragsverstoßes für die Geltendmachung von Haftungsansprüchen von Bedeutung ist (EuGH, 25.7.1991, Rs. C-353/89, „KOM/Niederlande"). Zu Veränderungen nach Klageerhebung siehe Rz. 13/37.

Die Beweislast für die Vertragsverletzung liegt regelmäßig bei der Kommission, doch dürfen die Mitgliedstaaten diese gemäß der Unionstreue (Art. 4 Abs. 3 EUV) nicht erst im Rahmen der Klagebeantwortung über ihre Einschätzung des nationalen Rechts informieren (EuGH, 24.10.2013, Rs. C-151/12, „KOM/Spanien").

3. Urteil

Für das gerichtliche Urteil maßgeblich ist die Sach- und Rechtslage zum **Zeitpunkt** der **Einreichung der Klage** (EuGH, 22.9.1976, Rs. 10/76, „KOM/Italien"); eine Korrektur des mitgliedstaatlichen Verhaltens während des Prozesses ist ohne Bedeutung. Damit wird insbesondere die sachaufklärerische Funktion des Vorverfahrens geschützt (kritisch aber *Everling,* FS Rodríguez Iglesias, 2003, 537). 37

Im Falle der **Verurteilung des MS** stellt der Gerichtshof in seiner Entscheidung die Nichtvereinbarkeit des inkriminierten nationalen Aktes mit dem Unionsrecht fest (Feststellungsurteil); die vertragswidrige Maßnahme kann er nicht selbst aufheben. Die **Verpflichtung des verurteilten Staates zur Abhilfe** folgt aus Art. 260 AEUV. Ein rechtswidriger Akt ist rückgängig zu machen, ein rechtswidrig geschlossener Vertrag also z. B., wenn er nicht schon nichtig ist, zu kündigen etc. (dazu EuGH, 18.7.2007, Rs. C-503/04, „KOM/Deutschland"). Rechtswidrige Folgen sind zu beheben, ggf. ist Schadensersatz zu leisten. Im Fall eines Unterlassens ist der geforderte Rechtsakt unverzüglich zu erlassen.

Da die rein feststellende Wirkung von Urteilen deren Durchsetzung nicht immer ausreichend gewährleistet hat und die Nichtbefolgung eines Urteils „Kettenreaktionen" anderer MSen mit schädlichen Konsequenzen für das Unionsrechtssystem insgesamt zur Folge haben könnte, hat der Vertrag von Maastricht **Sanktionsmöglichkeiten** ge- 38 schaffen. Bei einer Nichtbefolgung eines Urteils kann ein MS zur Zahlung eines **Pauschalbetrages** bzw. eines **Zwangsgeldes** (Art. 260 Abs. 2 AEUV) verurteilt werden. Im Regelfall setzt dies eine erneute Klage (nach einem Mahnschreiben der KOM an den Staat, aber ohne begründete Stellungnahme) voraus. Wird die Mitteilung der ergriffenen Maßnahmen zur Umsetzung von im ordentlichen Gesetzgebungsverfahren erlassenen RLen unterlassen (zum Vorliegen dieser Voraussetzungen EuGH, 8.7.2019, Rs. C-543/17, „KOM/Belgien"; Hintergrund ist im Regelfall die vollständige Unterlassung der Umsetzung), können seit dem Vertrag von Lissabon die genannten Maßnahmen bereits im ersten Verfahren verhängt werden (Art. 260 Abs. 3 AEUV). Die Bezugnahme auf das als solches erst mit diesem Vertrag eingeführte Gesetzgebungsverfahren legt nahe, dass das nur für nach dessen Inkrafttreten beschlossene RLen gilt.

39 Die **Höhe des Geldbetrages** wird vom Zweck bestimmt, die wirksame Anwendung des Unionsrechts sicherzustellen. Daher werden die Schwere des Verstoßes, die Dauer des Verstoßes sowie die erforderliche Abschreckungswirkung berücksichtigt. Der **Pauschalbetrag ahndet** die Fortsetzung des Verstoßes für den Zeitraum nach dem ersten Urteil, in dem der Verstoß festgestellt wurde, bis zum neuen Urteil, während das **Zwangsgeld** zwecks **Rechtsdurchsetzung in der Zukunft** für jeden weiteren Tag (oder einen anderen Zeitraum) festgesetzt wird, an dem der Staat auch dem neuen Urteil nicht nachkommt. Der Tagessatz für das Zwangsgeld wird durch Multiplikation eines einheitlichen Grundbetrags (gegenwärtig: 690 Euro pro Tag) mit einem Schwerekoeffizienten sowie einem Länderfaktor, des sich maßgeblich am BIP und daneben an der Sitzzahl im EP des betreffenden MS orientiert (zur Rechtswidrigkeit des Vorgängermodells EuGH, 14.11.2018, Rs. C-93/17, „KOM/GR") und einem Koeffizienten für die Dauer berechnet. Wegen ihrer unterschiedlichen Zielsetzungen können beide Instrumente miteinander kombiniert werden (EuGH, 12.7.2005, Rs. C-304/02, „KOM/Frankreich").

40 Die KOM hat ihre Vorstellungen zur Berechnung des Zwangsgeldes publiziert (zuletzt ABl. 2019 C 70/1). Der EuGH sieht sich allerdings weder an die generellen Leitlinien noch an die Einzelanträge der KOM gebunden, sondern versteht diese (lediglich) als „nützliche Bezugspunkte" (EuGH, 4.7.2000, Rs. C-387/97, „KOM/Griechenland"; hierzu *Karpenstein,* EuZW 2000, 537; *Streinz,* JuS 2000, 1216). In der Praxis folgt der EuGH aber häufig den Anträgen der KOM.

IV. Nichtigkeitsklage und Untätigkeitsklage (Art. 263, 265 AEUV)

Literatur: *Schwensfeier,* The TWD-Principle post-Lisbon, ELRev 2012, 156; *Rademacher,* Realakte im Rechtsschutzsystem der EU, 2014; *Kleider,* Rechtsschutz in der Komitologie, 2015; *Stotz,* in: Dauses/Ludwigs (Hrsg.), HB EU-WirtschR, E I 2 und 3, 2017; *Eichfuss,* Die Effizienz verwaltungsinterner Rechtsbehelfe im Unionsrecht, 2020.

1. Wesen der Verfahren

41 **Verletzt** eine Stelle **der Union Unionsrecht,** sind **Nichtigkeits- bzw. Untätigkeitsklage** zu erheben. Mit ersterer werden Gesetzgebungsakte der EU sowie aller weiteren Rechtsakte von Organen und sonstigen Stellen der EU, zumindest, soweit diese Rechtswirkung gegenüber Dritten entfalten, auf ihre Rechtsmäßigkeit überprüft. Mit letzterer wird eine vertragswidrige Untätigkeit der Organe und sonstigen Stellen der Union gerügt. Während beim Vertragsverletzungsverfahren nach Art. 258 AEUV die KOM als „Hüterin der Verträge" das Handeln der MSen überwacht, haben hier umgekehrt die MSen, aber auch Unionsorgane untereinander und in Grenzen Individuen die Möglichkeit, eine gerichtliche Kontrolle der Tätigkeit der Union herbeizuführen. Die Nichtigkeitsklage stellt eine **Anfechtungsklage** dar, die aber – im Sinne einer abstrakten Normenkontrolle – eine **Gültigkeitskontrolle auch von Normativakten der**

EU erlaubt. Eine aufschiebende Wirkung entfaltet die Nichtigkeitsklage ebenso wenig wie die anderen Klagearten (Art. 278 AEUV; zum einstweiligen Rechtsschutz unten Rz. 13/87). Eine Verpflichtungsklage gibt es nicht. Wird ein Antrag abgelehnt, ist gegen diese Entscheidung Nichtigkeitsklage zu erheben, und das betreffende Organ muss im Erfolgsfalle „die sich aus dem Urteil" (Art. 266 AEUV) – aber nicht aus dem Tenor, sondern eben aus der Begründung – ergebenden Maßnahmen ergreifen (Rz. 13/53). Bei Untätigkeit ist die erwähnte Untätigkeitsklage zu erheben. In etlichen Punkten ist das Verfahren dem französischen „recours pour excès de pouvoir" nachgebildet.

2. Nichtigkeitsklage (Art. 263 AEUV)

a) Klagevoraussetzungen

aa) Kläger und Beklagte

Die Nichtigkeitsklage eröffnet den **Klageberechtigten** (MSen, EP, Rat, KOM, in Grenzen Rechnungshof, EZB, AdR sowie Individuen) die Möglichkeit, Unionsrechtsakte (näher Rz. 17/44) anzugreifen. Die Klage ist **gegen die Stelle** zu richten, die den Akt erlassen hat. Für Klagen gegen durch besonderen Rechtsakt geschaffene Stellen der Union, also Agenturen, können besondere Bedingungen und Einzelheiten vorgesehen werden (Art. 263 Abs. 5 AEUV); häufiger wird insbesondere ein administratives Vorverfahren vorgeschrieben. 42

bb) Klagebefugnis

Das Schutzziel dieser Klage ist die Einhaltung der objektiven Unionsrechtsordnung. Daher müssen **Parlament, Rat und KOM** sowie die **MSen** für eine Klage kein besonderes Rechtsschutzinteresse geltend machen („privilegierte Kläger"; Art. 263 Abs. 2 AEUV; dazu EuGH, 20.3.1985, Rs. 41/83, „Italien/KOM"; st. Rspr.). Nach Art. 8 des Subsidiaritätsprotokolls kann ein MS nach Maßgabe des nationalen Rechts (zu D siehe Art. 23 Abs. 1a GG) auch auf Initiative seines nationalen Parlaments klagen, doch kann eine solche – bislang noch nie erhobene – Klage nur auf die Verletzung des Subsidiaritätsprinzips gestützt werden (zu den Konsequenzen vgl. Rz. 13/20). EZB, Rechnungshof und AdR müssen die Verletzung eigener Rechte rügen (Art. 263 Abs. 3 AEUV). Individualklagen sind nur unter engen Voraussetzungen zulässig (Abs. 4; Rz. 13/56ff.). 43

cc) Klagegegenstand: Anfechtbare Handlungen

Anfechtbar sind **Gesetzgebungsakte** (Rz. 11/44) sowie Rechtsakte von **Rat, KOM** und **EZB.** Gleiches gilt für Rechtsakte des EP, des Europäischen Rates sowie der Agenturen und anderer, den Unionsorganen nachgeordneter Stellen, soweit sich die **Rechtswirkungen gegen Dritte** richten. Rechtsakte müssen auf rechtliche Wirkung angelegt sein. Dabei muss es sich nicht unbedingt um einen Rechtsakt im Sinne von Art. 288 AEUV handeln (EuGH, 2.3.1994, Rs. C-316/91, „Parlament/Rat"). Auch „einfache" Beschlüsse des Rates, die z. B. eine Kompetenzfestlegung gegenüber der KOM beinhalten oder eine Präjudizierung späterer Normsetzung zur Folge haben, können mit der Nichtigkeitsklage angefochten werden (vgl. EuGH, 31.3.1971, Rs. 22/70, „AETR"), ebenso fingierte Entscheidungen (= Untätigkeit nach Ablauf einer bestimmten Frist, soweit dies wie etwa in Art. 10 Abs. 6 FusK-VO [dazu Rz. 20/38] ausdrücklich vorgesehen ist). Nicht angefochten werden können die nicht 44 verbindlichen Empfehlungen und Stellungnahmen der EU, rein innerdienstliche oder vorbereitende Akte sowie bestätigende Zweitbescheide, die keine neue Beschwer enthalten (EuGH, 5.5.1998, Rs. C-180/96, „BSE"; st. Rspr.). Auch rein faktisches Handeln kann als solches keinen Verfahrensgegenstand bilden, doch kann ggf. gegen die diesem zugrunde liegende (zumindest implizit ergangene) Entscheidung oder auf Schadensersatz geklagt werden (Rz. 14/5). Keiner Anfechtung bedürfen offenkundig mit einem schweren Fehler behaftete und damit nichtige „Nicht-Akte"; die Nichtexistenz kann auch nach Ablauf der Klagefristen geltend gemacht werden und führt zur entsprechenden Feststellung (EuGH, 26.2.1987, Rs. 15/85, „Consorzio Cooperative d'Abruzzo").

dd) Klagegründe

45 Nach französischem Vorbild kann eine Klage nur auf **bestimmte, abschließend aufgezählte Klagegründe** gestützt werden (Art. 263 Abs. 2 AEUV; vgl. schon Rz. 13/20): Unzuständigkeit, Verletzung wesentlicher Formvorschriften, Verletzung des Vertrags (einschließlich sonstiger Rechtsquellen der Union) und Ermessensmissbrauch. Die Klageschrift muss zwar nicht ausdrücklich einen dieser Klagegründe benennen, ihn aber in der Sache konkret „erkennen lassen" und mit Tatsachen belegen (EuGH, 15.12.1961, verb. Rs. 19/60 u. a., „Société Fives Lille Cail"). Im Regelfall prüft der Gerichtshof dann auch nur die von den Parteien vorgebrachten Argumente (Rz. 13/20). Insgesamt erfassen die einzelnen Klagegründe aber alle denkbaren Aspekte der Rechtmäßigkeit eines Hoheitsaktes der EU.

(1) Unzuständigkeit

46 Die Rspr. des Gerichtshofes unterscheidet verschiedene Arten der Unzuständigkeit (U.). Bei **absoluter** U. liegt der angegriffene Rechtsakt außerhalb der EU-Zuständigkeit. Bei **relativer** U. handelt ein Organ im Bereich eines anderen (z. B. der Rat anstelle der KOM). Das wird z. B. auch angenommen, wenn eine delegierte VO die Vorgaben der GrundVO missachtet (EuGH, 11.5.2017, Rs. C-44/16 P „Dyson"). Bei **räumlicher** U. bezieht sich das EU-Handeln rechtswidrig auf ein Gebiet außerhalb der Union. Im Falle **sachlicher** U. verletzt ein Organ seine internen Zuständigkeitsregelungen (z. B. ein Kommissionsmitglied handelt anstelle der gesamten KOM).

(2) Verletzung wesentlicher Formvorschriften

47 Wesentlich ist die Verletzung einer Formvorschrift insbesondere, wenn dadurch das Ergebnis eines Verfahrens beeinflusst sein kann und dementsprechend die Verteidigungsrechte des Betroffenen beeinträchtigt werden (EuGH, 1.10.2009, Rs. C-141/08 P, „Foshan Shunde Yongjian Housewares & Hardware"). Konkret sind die Beteiligung oder Anhörung Betroffener oder Dritter sowie die Begründung nach Art. 296 AEUV zu nennen. Ersteres setzt allerdings den Nachweis voraus, dass der angegriffene Rechtsakt theoretisch auch anders hätte ausfallen können. Die Verletzung einer wesentlichen Formvorschrift führt zur **Nichtigkeit** des Rechtsaktes (EuGH, 25.5.1993, Rs. C-199/91, „Sart-Tilman"). Anders als im deutschen Recht ist eine nachträgliche Heilung grundsätzlich ausgeschlossen (EuGH, 26.11.1981, Rs. 195/80, „Michel").

(3) Verletzung des Vertrages oder einer bei seiner Durchführung anzuwendenden Rechtsnorm

48 Dies ist die in der Praxis am häufigsten erhobene Rüge. Es kann jede Verletzung höherrangiger Normen durch den angegriffenen Rechtsakt gerügt werden. In Abgrenzung zu den anderen Klagegründen kommen hier nur **objektive materiellrechtliche Verstöße** in Betracht. Konkret ist vor allem an eine **Verletzung des Vertragsrechtes, der allgemeinen Rechtsgrundsätze** durch Sekundärrecht (VOen, RLen, Beschl.) oder auch die Missachtung von **unterschiedlichen Rangstufen des Sekundärrechts,** soweit dies nicht zur Unzuständigkeit führt (Rz. 13/46), z. B. einer VO durch einen diese durchführenden Beschl. zu denken (dazu

Rz. 10/44ff.). Ebenso können **völkerrechtliche Verträge der Union** durch EU-Rechtsakte verletzt werden (EuGH, 12.12.1972, verb. Rs. 21/72 u. a., „International Fruit Company"; st. Rspr.). Voraussetzung ist, dass diese in der Unionsrechtsordnung unmittelbare Wirkung entfalten. Zu den sich daraus ergebenden Grenzen der Anfechtbarkeit von Rechtsakten, insbesondere hinsichtlich der GATT/WTO-Verträge, siehe unten Rz. 38/36f.

(4) Ermessensmissbrauch

Dieser Anfechtungsgrund wird nach französischem Vorbild („détournement de pouvoir") wesentlich **enger** verstanden als z. B. im deutschen Verwaltungsrecht. Ein Ermessensmissbrauch setzt die **bewusste Verfolgung** eines durch die jeweilige Ermächtigungsnorm **nicht abgedeckten Ziels** voraus (EuGH, 13.7.1995, Rs. C-156/93, „Parlament/KOM"; st. Rspr.). Hier geht es also um **„subjektive"** Fehler. Eine solche Rüge ist höchst selten denkbar und verspricht wegen Beweisproblemen kaum Erfolg. 49

ee) Klagefrist

Die Nichtigkeitsklage muss innerhalb von **zwei Monaten** erhoben werden (Art. 263 Abs. 6 AEUV, auch zum Fristbeginn; dazu EuGH, 17.5.2002, Rs. C-406/01, „Deutschland/Parlament und Rat"). Anschließend ist der betreffende Rechtsakt bestandskräftig. Wer „zweifelsfrei" eine Nichtigkeitsklage hätte erheben können, kann daher eine Nichtigkeit auch später nicht indirekt geltend machen, etwa über ein Vorlageverfahren nach Art. 267 AEUV (EuGH, 9.3.1994, Rs. C-188/92, „TWD"; 28.4.2016, verb. Rs. C-191/14 u. a., „Borealis Polyolefine GmbH") oder als Einrede in einem Vertragsverletzungsverfahren nach Art. 258 AEUV (EuGH, 15.1.1986, Rs. 52/84, „KOM/Belgien"). 50

ff) Ordnungsgemäße Klageerhebung

Die Nichtigkeitsklage wird durch **Einreichung einer an den Kanzler des Gerichtshofs zu richtenden Klageschrift** erhoben (Art. 21 Satzung, Art. 120ff. VerfO). 51

b) Begründetheitsprüfung und Urteil

Die Klage ist begründet, wenn die Voraussetzungen eines geltend gemachten oder von Amts wegen geprüften Klagegrundes (Rz. 13/45ff.) erfüllt sind. Maßgeblich ist die Sach- und Rechtslage zum Zeitpunkt des Erlasses der angefochtenen Entscheidung (EuGH, 17.10.2013, Rs. C-101/12, „Herbert Schaible"). Streng funktional geht der EuGH davon aus, dass Ermessensentscheidungen nur in Grenzen am Maßstab des Rechts überprüft werden können. Häufig betont er, dass „dem Gemeinschaftsgesetzgeber (heute: Unionsgesetzgeber) ein **weites Ermessen** in einem Bereich wie dem in Rede stehenden zuzuerkennen (ist), in dem von ihm politische, wirtschaftliche und soziale Entscheidungen verlangt werden und in dem er komplexe Beurteilungen vorzunehmen hat. Eine in diesem Bereich erlassene Maßnahme kann nur dann rechtswidrig sein, wenn sie zur Erreichung des von den zuständigen Organen verfolgten Zieles offensichtlich ungeeignet ist" (EuGH, 12.12.2006, Rs. C-380/03, „Deutschland/Parlament und Rat – Tabakwerbung II"; siehe ferner etwa Rz. 13/19 sowie 17/23ff.; 20/49; 21/18; 24/7). Anders als in der deutschen Tradition bezieht sich der Begriff des Ermessens dabei auch auf die Tatbestandsseite von Normen, schließt also die Beurteilungsspielräume des deutschen Verwaltungsrechts ein. Als Organ einer **spezifisch rechtlichen Kontrolle** darf sich der EuGH nicht an die Stelle der an sich zuständigen politischen Organe setzen, weil er dann das **institutionelle Gleichgewicht** zwischen den Organen (allgemein dazu Rz. 5/20) beeinträchtigen würde (EuGH, 4.10.1983, Rs. 191/82, „FEDIOL"). 52

Auf der Grundlage von Art. 261 AEUV kann dem EuGH die Befugnis zu einer **umfassenden** (und damit auch Zweckmäßigkeitsgesichtspunkte umfassenden) **Nachprüfung** eingeräumt werden (siehe zum Beamtenrecht Rz. 7/16, zu kartellrechtlichen Sanktionen Rz. 20/49).

53 Hat die Anfechtungsklage **Erfolg,** erklärt der EuGH – grundsätzlich – die angefochtene Maßnahme für von Anfang an (ex tunc) – mit allgemeiner Wirkung – nichtig (Art. 264 Abs. 1 AEUV; zu Ausnahmen Rz. 13/27). Wird die Ablehnung eines Antrages aufgehoben, muss das beklagte Organ – im Lichte der Gründe des gerichtlichen Urteils – den Antrag erneut bescheiden (Art. 266 AEUV; oben Rz. 13/41).

3. Untätigkeitsklage (Art. 265 AEUV)

54 Art. 265 AEUV regelt einen Sonderfall der Vertragsverletzung durch **Unionsorgane,** nämlich die **vertragswidrige Untätigkeit** von Parlament, Europäischem Rat, Rat, KOM und EZB sowie der sonstigen Einrichtungen und Stellen der Union. Sie stellt gewissermaßen ein „Spiegelbild" zur Nichtigkeitsklage dar (EuGH, 26.11.1996, Rs. C-68/95, „T. Port") und unterliegt dementsprechend vergleichbaren Zulässigkeitsvoraussetzungen. **Untätigkeit** bedeutet die vollständige Unterlassung einer (ggf. sekundär-)rechtlich geforderten Entscheidung. Ergeht auf Antrag eines Berechtigten ein ablehnender oder sonst ein anderer als der gewünschte Beschluss, muss dagegen Nichtigkeitsklage erhoben werden (EuGH, 13.7.1971, Rs. 8/71, „Deutscher Komponistenverband"; Rz. 13/41). Der bloße Hinweis, dass ein bestimmter Antrag geprüft werde, stellt jedoch keine ausreichende Reaktion der Unionsbehörden dar. Eine Frist besteht nicht, doch kann das Klagerecht ggf. verwirkt werden (siehe zum Wettbewerbsrecht EuGH, 25.9.2003, Rs. C-170/02 P, „Schlüsselverlag J.S. Moser").

55 **Klageberechtigt** sind, nach erfolglosem Abschluss eines Vorverfahrens, alle Organe der Union, mit Ausnahme des Gerichtshofes selbst, weiterhin die MSen. Ferner können Individuen Untätigkeitsklage wegen Nichterlass eines gegen sie, ggf. auch an einen Dritten, zu richtenden Rechtsaktes erheben (Art. 265 Abs. 3 AEUV, Rz. 13/62 a. E.). – In der Praxis werden nur wenige Untätigkeitsklagen erhoben.

Im Falle einer Verurteilung **stellt** der EuGH die Vertragsverletzung **fest.** Die Handlungspflicht des verurteilten Unionsorgans folgt dann aus Art. 266 AEUV iVm der speziellen Handlungspflicht des Vertrages; ihr konkreter Inhalt ergibt sich regelmäßig nicht aus dem Tenor, sondern erst aus den Gründen des Urteils.

4. Besonderheiten der Nichtigkeits- und der Untätigkeitsklage natürlicher und juristischer Personen (Art. 263 Abs. 4 und 5, 265 Abs. 3 AEUV)

Literatur: *Balthasar,* Locus Standi Rules for Challenges to Regulatory Acts by Private Applicants: The New Article 263 (4) TFEU, ELRev 2010, 542; *Herrmann,* Individualrechtsschutz gegen Rechtsakte der EU „mit Verordnungscharakter" nach dem Vertrag von Lissabon, NVwZ 2011, 1352; *Everling,* Klagerecht Privater gegen Rechtsakte der EU mit allgemeiner Geltung, EuZW 2012, 376; *Gundel,* Die neue Gestalt der Nichtigkeitsklage nach dem Vertrag von Lissabon, EWS 2012, 165; *Petzold,* Was sind „Rechtsakte mit Verordnungscharakter"?, EuR 2012, 432; *Cremer,* Der EuGH bleibt sich treu – die Nichtigkeitsklage Privater 50 Jahre nach Plaumann, ZG 2014, 82; *Kornezov,* Shaping the New Architecture of the EU System of Judicial Remedies, ELRev 2014, 251; *Rosenfeldt,* Das Erfordernis fehlender Durchführungsmaßnahmen, EuZW 2015, 174; *Wathelet,* L'article 263, alinea 4, du Traité sur le fonctionnement de l'Union européenne, FS Skouris, 2015, 741.

a) Klageberechtigter Personenkreis

56 Nach Art. 263 Abs. 4 AEUV ist **jede natürliche und juristische Person** zur Erhebung einer Nichtigkeitsklage berechtigt, unabhängig von Unionszugehörigkeit und Wohnsitz. Entsprechendes gilt nach Art. 265

Abs. 3 AEUV für Untätigkeitsklagen. **Natürliche** Personen sind alle rechtsfähigen Unionsbürger und Angehörige von Drittstaaten. Der Begriff der **juristischen** Personen wird von der Rspr. in diesem Kontext **weit** verstanden. Hierunter fallen zunächst die **Gesellschaften des privaten Rechts** (Aktiengesellschaften usw.), wobei sich die Rechts- und Prozessfähigkeit nach dem jeweiligen nationalen Recht richtet. **Juristische Personen des öffentlichen Rechts** (Körperschaften, Verbände u. ä.) können nach den gleichen Grundsätzen Nichtigkeitsklage erheben (EuG, 15.12.1999, verb. Rs. T-132/96, „Freistaat Sachsen"). Sie alle müssen zumindest ein **Rechtsschutzbedürfnis** geltend machen, das voraussetzt, dass die Nichtigerklärung der angefochtenen Handlung Rechtswirkungen hat und dem Kläger einen Vorteil verschafft (EuGH, 27.2.2014, Rs. C-133/12 P, „Stichting Woonline").

b) Anfechtbare Rechtsakte/angreifbare Untätigkeit

aa) An den Kläger gerichtete bzw. zu richtende Entscheidungen (Art. 263 Abs. 4, 1. Var. AEUV)

Der Adressat einer Entscheidung ist „automatisch" ausreichend betroffen und kann klagen. Im Fall der Untätigkeit muss es „spiegelbildlich" (vgl. Rz. 13/54) um unterlassene – verbindliche – Rechtsakte gehen, die an den Kläger zu richten wären. 57

bb) Den Kläger unmittelbar und individuell betreffende Handlungen (Art. 263 Abs. 4, 2. Var. AEUV)

Weiterhin kann eine Person gegen (sonstige) Handlungen klagen, „die sie unmittelbar und individuell betreffen." Konkret geht es um Normativakte sowie an Dritte adressierte Akte. Dabei ist die Rspr. eher großzügig, soweit es um die **Unmittelbarkeit** geht. Sie stellt nicht formal darauf ab, ob noch ein weiterer Rechtsakt erforderlich ist, damit rechtliche Wirkungen erzielt werden, sondern fragt, ob eine ausführende Stelle noch einen inhaltlichen Entscheidungsspielraum hat oder nicht (EuGH, 13.5.1971, verb. Rs. 41/70 u. a., „International Fruit Company"). Eine **individuelle** Betroffenheit nimmt der EuGH hingegen nur in engen Grenzen an, nämlich nur dann, wenn der individuelle Wirtschaftsteilnehmer durch den Rechtsakt **aufgrund bestimmter persönlicher Eigenschaften oder ihn aus dem Kreis der übrigen Personen heraushebender Umstände berührt wird** (EuGH, 15.7.1963, Rs. 25/62, „Plaumann"; st. Rspr.). 58

Individuelle Betroffenheit bewirken zunächst sog. „Schein-VOen", also Rechtsakte, die den Adressatenkreis abschließend so definieren, dass er auch später nicht mehr erweitert werden kann, etwa durch Stichtagsregelungen (EuGH, 6.11.1990, Rs. C-354/87, „Weddel").

Darüber hinaus hat die Rspr. für bestimmte **Fallgruppen** die vorgenannte „Plaumann-Formel" **konkretisiert.** Nach der Änderung von Art. 263 Abs. 4 AEUV durch den Vertrag von Lissabon (Rz. 13/63) werden zwar in Zukunft in etlichen Fällen Klagen unabhängig von den nachfolgenden fünf Fallgruppen möglich sein; wegen der begrenzten Reichweite der Neuerung sind diese aber auch noch nach der neuen Rechtslage von Bedeutung. 59

(1) Der Rechtsakt wurde in einem **Verfahren** erlassen, an dem der Kläger zu beteiligen war (EuGH, 4.10.1983, Rs. 191/82, „FEDIOL" zu einer VO über Ausfuhrbeihilfen; EuGH, 22.10.1986, Rs. 75/84, „Metro" zu einer kartellrechtlichen Freistellung; EuGH, 11.9.2008, verb. Rs. C-75/05 P u. a., „Glunz" u. a. zum Beihilferecht). In diesem Fall kann aber nur die **Verletzung von Verfahrensrecht** gerügt werden (dazu EuGH, aaO, Rs. „Glunz" u. a.). Daraus ergibt sich zugleich, dass insoweit auch durch die sekundärrechtliche Schaffung von Verfahrensrechten Klagerechte geschaffen werden können. Dies ist etwa im Zusammenhang mit der Umsetzung der Aarhus-Konvention (Rz. 33/44) in das Eigenverwaltungsrecht der Union geschehen (Art. 10, 12 VO 1367/2006, ABl. L 264/13). 60

(2) Bei Erlass des Rechtsakts hat der Kläger in anderer Weise eine **besondere Rolle** gespielt, bildete etwa Gegenstand von Untersuchungen (EuGH, 14.3.1990, Rs. C-156/87, „Gestetner", zum Antidumping-

recht). Aus diesem Grund ist im Beihilferecht auch eine Untereinheit des Staates klagebefugt, etwa eine Gebietskörperschaft, wenn sie die fragliche Beihilfe gewähren wollte (EuG, 15.12.1999, verb. Rs. T-132/96 u. a., „Freistaat Sachsen") und ebenso das von der vorgesehenen Beihilfe begünstigte Unternehmen; hier steht auch die geforderte Unmittelbarkeit der Betroffenheit einer Klage nicht im Wege (EuGH, 9.3.1994, Rs. C-188/92, „TWD"; siehe auch Rz. 21/36).

61 (3) Weiterhin sind **Konkurrentenklagen** gegen Entscheidungen möglich, die sich auf ein anderes Unternehmen beziehen. Allerdings muss der Rechtsakt in diesem Fall die Marktstellung eines Unternehmens wesentlich beeinträchtigen; siehe zur Fusionskontrolle EuG, 4.7.2006, Rs. T-177/04, „easyjet Airline", sowie Rz. 20/49 und zum Beihilferecht EuGH, 11.9.2008, verb. Rs. C-75/05 P u. a., „Glunz" sowie unten Rz. 21/38. Die Anforderungen an diesen materiellen „Konkurrentenstatus" sind deutlich höher, als wenn es nur um die unter (1) erwähnte Verfahrensbeteiligung geht (EuGH, aaO, Rs. „Glunz").

(4) In einzelnen Fällen hat der EuGH auch in anderen Fällen eine Klagebefugnis angenommen, in denen in besonderer Weise in eine **spezifische Rechtsposition** eines bestimmten Klägers eingegriffen wurde (EuGH, 18.3.1994, Rs. C-309/89, „Codorniu" zu einer VO, die die Benutzung eines seit 1924 benutzten Warenzeichens verbot; EuGH, 17.1.1985, Rs. 11/82, „Piraiki-Patraiki" zu einer Entscheidung der KOM, die faktisch die Erfüllung von bereits abgeschlossenen Verträgen eines Unternehmens unmöglich machte). Insoweit ist die Rspr. allerdings ausgesprochen restriktiv. So hat der EuGH etwa die Überprüfung einer atomrechtlichen Entscheidung abgelehnt, die angeblich bestimmte Sicherheitsstandards missachtete, weil davon der Gesundheitsschutz eines ganzen Bevölkerungsteils betroffen sei (EuGH, 2.4.1998, Rs. C-321/95 P, „Greenpeace" u. a.).

(5) Ein **Verband** ist (auch) klagebefugt, wenn eines seiner Mitglieder hätte klagen dürfen (EuGH, 13.12.2005, Rs. C-78/03 P, „Aktionsgemeinschaft Recht und Eigentum").

62 Müsste eine Entscheidung an Dritte gerichtet werden, lässt die Rspr. (ohne ausdrückliche Basis im Text) eine **Untätigkeitsklage** zu, wenn der Kläger im dargestellten Sinne unmittelbar und individuell betroffen ist (EuGH, 26.11.1996, Rs. C-68/95, „T. Port").

cc) Rechtsakte mit Verordnungscharakter, die keine Durchführungsmaßnahmen nach sich ziehen (Art. 263 Abs. 4, 3. Var. AEUV)

63 Um den Rechtsschutz gegen Normativakte zu verbessern, in denen der Rechtsakt **keine** nationale oder europäische, für den Kläger klagefähige **Durchführungsmaßnahme** nach sich zieht, also unmittelbar Rechtsfolgen zeitigt, hat der Vertrag von Lissabon eine weitere Klagemöglichkeit geschaffen, soweit es um Rechtsakte mit **Verordnungscharakter geht.** Diesen umstrittenen Begriff hat der EuGH im Lichte der Entstehungsgeschichte (dazu Art. I-33 Abs. 1 UAbs. 4 Verfassungsentwurf) zu Recht als Gegensatz zum Gesetzgebungsakt im Sinne von Art. 289 AEUV verstanden (3.10.2013, Rs. C-583/11 P, „Inuit Tapiriit Kanatami"; zum im gleichen Fall trotzdem möglichen Rechtsschutz siehe EuGH, 3.9.2015, Rs. C-298/13 P, „Inuit Tapiriit Kanatami"). Erfasst werden also insbesondere Akte im Sinne von Art. 290 oder 291 Abs. 2 AEUV, aber auch alle sonstigen, allein von KOM oder Rat zu erlassenden Rechtsakte mit allgemeiner Geltung (zu dieser EuGH, 6.11.2018, verb. Rs. C-622/16 u. a., „Scuola Elementare Maria Montessori Srl"). Anderenfalls, bei einer (weitgehenden) Gleichsetzung mit der Verordnung, hätten – wenig naheliegend – bestimmte Rechtsakte sowohl Gesetzgebungs- als auch Verordnungscharakter. Für die Notwendigkeit einer Durchführungsmaßnahme kommt es nicht darauf an, ob und inwieweit die erlassende Stelle Spielräume besitzt; entscheidend ist allein, ob mit Blick auf den Kläger eine solche Maßnahme formal erforderlich ist (EuGH, 28.4.2015, Rs. C-456/13 P, „T & L Sugars Ltd"). Die **unmittelbare** Betroffenheit ist wie bisher zu verstehen (Rz. 13/58; dazu beispielhaft EuG,

25.10.2011, Rs. T-262/10, „Microban"; zur Beschränkung (umweltrechtlicher) Regelungsbefugnisse von Gemeinden EuG, 13.12.2018, verb. Rs. T-339/16 u. a., „Ville de Paris"). Mit dieser Neuerung des Vertrages von Lissabon ist eine Direktklage vor allem im Bereich der praktisch wichtigen normativen Ausführungsakte des Agrarrechts möglich.

dd) Sonstige Normativakte

Die vorstehend geschilderten Grundsätze haben zur Konsequenz, dass insbesondere Rechtsakte mit **generellem (normativem) Charakter** von Einzelnen **vor der europäischen Gerichtsbarkeit** als solche vielfach **nicht unmittelbar anfechtbar** sind: Maßnahmen, die auf den Kläger „aufgrund eines durch sie bestimmten objektiven Tatbestandes rechtlich oder tatsächlich anwendbar sind" (EuGH, 15.2.1996, Rs. C-209/94 P, „Buralux"), betreffen ihn selbst dann nicht im Sinne der 2. Variante individuell, wenn der Kreis der Adressaten konkret feststellbar ist (EuGH, 24.4.1996, Rs. C-87/95 P, „CNPAAP"); eine Anfechtbarkeit nach der 3. Variante setzt kumulativ Verordnungscharakter, allgemeine Wirkung und nicht erforderliche Durchführungsmaßnahmen voraus. Dabei ist die Rechtsschutzgewähr unproblematisch, wenn der Rechtsakt eine **Durchführungsmaßnahme** voraussetzt, weil gegen **diese geklagt** werden kann. Wurde diese Maßnahme von einer europäischen Stelle erlassen, kann die Rechtmäßigkeit des Normativaktes inzident von der europäischen Gerichtsbarkeit überprüft werden; bei einer nationalen Durchführungsmaßnahme ist vor dem dafür zuständigen nationalen Gericht zu klagen, das über eine Vorlage nach Art. 267 AEUV die Gültigkeit des Normativaktes durch den EuGH überprüfen lassen kann (EuGH, 25.7.2002, Rs. C-50/00 P, „UPA"). 64

Bei **Gesetzgebungsakten** ohne nachfolgende Durchführungsmaßnahme steht dieser Weg nicht offen. Eine unmittelbar gegen diesen Akt gerichtete Klage vor der europäischen Gerichtsbarkeit ist daher nur zulässig, wenn ausnahmsweise die Voraussetzungen von Art. 263 Abs. 4, 2. Var. AEUV eröffnet sind (Rz. 13/58ff.). Im Übrigen ist Rechtsschutz durch die **nationalen Gerichte** zu gewähren (Art. 19 EUV; Rz. 13/5; vgl. auch EuGH, 25.7.2002, Rs. C-50/00 P, „UPA"; *Nettesheim,* JZ 2002, 928; sowie für das deutsche Recht BVerfGE 118, 79, „Treibhausgas-Emissionen" (2007)), die dann nach Art. 267 AEUV die Gültigkeitsfrage dem EuGH vorzulegen haben. Gleiches gilt, wenn der Kläger von rechtswidriger Untätigkeit eines Unionsorgans betroffen ist (EuGH, 20.10.2005, Rs. C-511/03, „Ten Kate"). In Deutschland ist dies in allen Konstellationen, soweit keine entsprechende Leistungsklage möglich ist, im Verhältnis zur Verwaltung zumindest über die in solchen Fällen durchweg zulässige **Feststellungsklage** (§§ 256 ZPO, 43 VwGO; dazu *Gundel,* VerwArch 2001, 81) möglich und geboten. 65

Die vorstehend dargestellte Rspr. war wegen der in ihr enthaltenen Restriktionen nicht nur in der Literatur, sondern auch **im Gerichtshof umstritten** (siehe etwa Schlussantrag Jacobs im erwähnten UPA-Fall [Rz. 13/64]; großzügiger auch EuG, 3.5.2002, Rs. T-177/01, „Jégo-Quéré"). Der Gerichtshof hatte darauf abgestellt, dass er seine Kompetenzen nicht eigenmächtig ausweiten dürfe; dies führte zur – begrenzten – Erweiterung der Klagemöglichkeit im Vertrag von Lissabon. 66

V. Amtshaftungsklage (Art. 268 AEUV)

67 Wer durch das Handeln einer Stelle der Union Schaden erlitten hat, kann, soweit es nicht um vertragliche Ansprüche geht, gemäß Art. 268 AEUV einen entsprechenden **Ersatzanspruch** nach Art. 340 AEUV (Rz. 14/3) vor dem EuG geltend machen, und zwar innerhalb von fünf Jahren (Art. 46 Satzung; die Frist beginnt mit Kenntnis des Geschädigten von allen relevanten Umständen: EuGH, 27.1.1982, Rs. 51/81, „De Franceschi"). Vor einer solchen Amtshaftungsklage braucht nicht eine **Nichtigkeitsklage** gemäß Art. 263 Abs. 4 AEUV erhoben werden; beide Rechtsbehelfe stehen selbständig nebeneinander (EuGH, 28.4.1971, Rs. 4/69, „Lütticke"; st. Rspr.). Die Nichtigkeitsklage hat die Beseitigung einer bestimmten rechtswidrigen Maßnahme zum Ziel, die Schadensersatzklage ist dagegen auf den Ausgleich des durch ein Unionsorgan in Ausübung seiner Amtstätigkeit verursachten Schadens gerichtet. Anderes gilt nur, wenn der Schaden mit der Nichtigkeitserklärung des angegriffenen Rechtsaktes beseitigt ist; in diesem Fall kann nur die Nichtigkeitsklage erhoben werden.

VI. Vorabentscheidungsverfahren (Art. 267 AEUV)

Literatur: *Knauff,* Auslegung oder Anwendung des Europarechts, DÖV 2013, 375; *Latzel/Streinz,* Das richtige Vorabentscheidungsersuchen, NJW 2013, 271; *Broberg/Fenger,* Das Vorabentscheidungsverfahren vor dem Gerichtshof der Europäischen Union, 2014; *v. Danwitz,* Der richterliche Dialog in der Gerichtspraxis des Vorabentscheidungsverfahrens, FS Schwarze, 2014, 661; *Galetta,* European Court of Justice and preliminary reference procedure today, FS Schwarze, 2014, 680; *Mächtle,* Das Vorabentscheidungsverfahren, JuS 2015, 314; *Schima,* Das Vorabentscheidungsverfahren vor dem EuGH, 3. Aufl. 2015; *Guiot,* Les responsabilité des juridictions suprêmes dans le renvoi préjudiciel, CDE 2016, 575; *Kornezov,* The new format of the *acte clair* doctrine and its consequences, CMLRev 2016, 1317; *Lacchi,* Multilevel judicial protection in the EU and preliminary references, CMLRev 2016, 679; *Kaufmann,* in: Dauses/Ludwigs (Hrsg.), HB EU-WirtschR, P II, 2017; *Butler/Šadl,* The Preliminaries of a Reference, ELRev 2018, 120; *Wahl/Prete,* The gatekeepers of Article 267 TFEU, CMLRev 2018, 511; *Rauber,* Vorlagepflicht und Rechtsmittelzulassung, EuR 2020, 22.

1. Funktion des Vorabentscheidungsverfahrens

a) Verzahnung nationaler und europäischer Gerichtsbarkeit

68 Der Gerichtshof entscheidet nach Art. 267 AEUV im Wege der **Vorabentscheidung** auf Vorlage von Gerichten der MSen über **Fragen der Auslegung und Gültigkeit von Unionsrecht.** Das Vorabentscheidungsverfahren ermöglicht eine **Kooperation** zwischen nationaler und europäischer Gerichtsbarkeit (Rz. 13/2), die „von entscheidender Bedeutung dafür (ist), dass das vom Vertrag geschaffene Recht wirklich **gemeinsames Recht** bleibt". Es soll gewährleisten, dass „dieses Recht in allen MSen der Union immer die gleiche Wirkung hat" (EuGH, 16.1.1974, Rs. 166/73, „Rheinmühlen"). Es stellt daher das **„Schlüsselelement"** des durch die Verträge geschaffenen Rechtsschutzsystems dar (EuGH, 18.12.2014, Gutachten 2/13, „EMRK-Beitritt"). Entscheidende Funktionsbedingung ist, dass es von den Gerichten aller Instanzen der MSen angewendet wird und die Urteile des EuGH anschließend respektiert werden. Rein tatsächlich hat der Gerichtshof mittels dieses Verfahrens einen **großen Beitrag zur Durchsetzung und einheitlichen Geltung des Unionsrechts** geleistet und dessen Verzahnung mit dem nationalen Recht entscheidend gefördert.

69 Für die europaweit einheitliche Geltung des Unionsrechts ist es von großer Bedeutung, dass die nationalen Gerichte aller MSen dem EuGH hinreichend Gelegenheit zu dessen verbindlicher Auslegung geben.

Heute macht das Vorabentscheidungsverfahren rund zwei Drittel der Verfahren am EuGH aus. Dabei bestehen allerdings nationale Unterschiede, und es wird nicht immer, wenn es vorgeschrieben ist (Rz. 13/76ff.), auch tatsächlich vorgelegt. Umgekehrt können sich untere Instanzen durch eine Vorlage in Luxemburg, zu der sie nicht verpflichtet sind, der zumindest faktischen Bindung an die Rspr. der nationalen Obergerichte entziehen.

Von der Möglichkeit, für besondere Sachgebiete **das Gericht** für zuständig zu erklären, wurde bisher kein Gebrauch gemacht. Geschähe dies, wäre, wenn die Einheit oder Kohärenz des Unionsrechts berührt sind, die Sache an den EuGH zu verweisen (Art. 256 Abs. 3 AEUV).

b) Autoritative Auslegung und Gültigkeitskontrolle

Art. 267 AEUV überträgt dem EuGH die Zuständigkeit zur **letztverbindlichen Auslegung des gesamten primären und sekundären Unionsrechts** sowie zur **Entscheidung über die Gültigkeit** von Handlungen der Unionsorgane. So erlaubt Art. 267 AEUV zum einen – aus Anlass konkreter Rechtsstreitigkeiten vor nationalen Gerichten – eine **volle Rechtmäßigkeitskontrolle** aller entscheidungserheblichen Rechtsakte der Union (nicht nur der unmittelbar geltenden, vgl. EuGH, 20.5.1976, Rs. 111/75, „Mazzalai") am Maßstab des Vertragsrechts, der allgemeinen Rechtsgrundsätze sowie der die Union bindenden Völkerrechtssätze, allerdings nur, soweit diese auch innerhalb der Unionsrechtsordnung gelten (EuGH, 30.4.1974, Rs. 181/73, „Haegemann"; Rz. 38/37), und ggf. auch von vorrangigem Sekundärrecht. Zum anderen begründet er die Zuständigkeit des EuGH zu **autoritativer Entscheidung von Auslegungsfragen des EU-Rechts.** Dies schließt die Befugnis zur Rechtsfortbildung ein (Rz. 13/1). In diesem Verfahren ist es hingegen **nicht** seine **Aufgabe,** über die Vereinbarkeit innerstaatlicher Maßnahmen mit Unionsrecht zu befinden oder **innerstaatliches Recht auszulegen** (EuGH, 15.12.1993, Rs. C-292/92, „Hünermund" u. a.). 70

2. Voraussetzungen einer Vorlage

a) Vorlageberechtigte Stelle: „Gericht"

Vorlageberechtigt sind gemäß Art. 267 Abs. 2 AEUV **alle Gerichte der MSen.** Gerichte in diesem Sinne sind alle unabhängigen Organe, die in einem rechtsstaatlich geordneten Verfahren Rechtsstreitigkeiten mit Rechtskraftwirkung zu entscheiden haben (EuGH, 6.7.2000, Rs. C-407/98, „Abrahamsson"; st. Rspr.). Kann die Stelle auf eigene Initiative hin tätig werden, handelt es sich nicht um ein Gericht (EuGH, 31.1.2013, Rs. C-394/11, „Belov"). 71

Im Sinne der weiten Rspr. des EuGH sind auch Stellen, die wie der (frühere) Vergabeüberwachungsausschuss des Bundes nicht in das nationale Gerichtssystem integriert sind, als „Gericht" anerkannt worden (EuGH, 17.9.1997, Rs. C-54/96, „Dorsch Consult"). Die **Verfassungsgerichte** der MSen werden ebenfalls erfasst. Mangels Zuordnung zum Staat werden **Schiedsgerichte** nur unter engen Voraussetzungen (u. a. gesetzliches Schiedsverfahren und Dauerhaftigkeit des Schiedsgerichts; zu auf völkervertraglicher Basis beruhenden investitionsschutzrechtlichen Schiedsgerichten siehe Rz. 13/5) als vorlageberechtigt eingestuft; allerdings kann bzw. muss ggf. das staatliche Gericht vorlegen, das zwecks Erklärung der Vollstreckbarkeit eines Schiedsspruchs angerufen werden muss (EuGH, 27.4.1994, Rs. C-393/92, „Almelo"; dazu *Funck-Brentano,* EuZW 1995, 65). Ein Gericht muss schließlich auch im konkreten Verfahren funktional als solches tätig werden; wird es in einem Verwaltungsverfahren tätig (etwa: als Registergericht), ist eine Vorlage unzulässig (EuGH, 10.7.2001, Rs. C-86/00, „Wohnbau").

Vorlegen kann ein Gericht in **jedem Stadium** eines schwebenden Prozesses, wenn es selbst die Vorlage für erforderlich hält; nationale Regeln, die dem entgegenstehen, sind nicht anwendbar. Wird also etwa die Entscheidungsrelevanz einer Auslegungs- oder Gültigkeitsfrage erst in der Rechtsmittelinstanz erkannt und die Rechtssache zur erneuten Entscheidung an ein Untergericht zurückverwiesen, so ist dieses Gericht 72 nach Auffassung des EuGH nicht an die Auslegung des einschlägigen EU-Rechts durch das Obergericht gebunden; Vorrang soll die in Art. 267 AEUV verankerte Befugnis des Gerichts haben, in jedem Stadium eines Verfahrens den EuGH anrufen zu können (EuGH, 16.1.1974, Rs. 166/73, „Rheinmühlen"; 20.10.2011, Rs. C-396/09, „Interedil"; kritisch dazu *Classen,* JZ 2001, 458).

b) Zulässige Frage: Auslegung von Unionsrecht, Gültigkeit von Sekundärrecht

73 Das vorlegende Gericht muss in seinem Verfahren die zur Anwendung kommende Bestimmung des Unionsrechts für **auslegungsbedürftig** halten bzw. **berechtigte Zweifel an der Gültigkeit** einer einschlägigen Bestimmung des sekundären Unionsrechts haben.

Werden Zweifel an der **Gültigkeit** eines Rechtsakts vorgebracht, prüft der EuGH insbesondere zum Schutz der Rechte der Äußerungsberechtigten nur die vom vorlegenden Gericht vorgebrachten Gründe (EuGH, 4.5.2016, Rs. C-547/14, „Philipp Morris Brands"). Bei der Annahme einer fehlenden **Auslegungsbedürftigkeit** einer Bestimmung ist Zurückhaltung geboten. Da die Auslegung des Unionsrechts oft nicht nationalen Auslegungskriterien folgt, kann eine schlichte Behauptung der Eindeutigkeit einer Vorschrift im Sinne einer Anwendung der „acte-clair"-Doctrin (unten Rz. 13/78) zu einer Umgehung der Vorlagepflicht und letzten Endes zu einer Aushöhlung des Unionsrechts führen. In derselben Frage ist auch eine wiederholte Anrufung möglich (EuGH, 5.3.1986, Rs. 69/85, „Wünsche").

74 Nach Art. 267 AEUV obliegt dem EuGH nur die **Auslegung** des Unionsrechts, nicht aber dessen **Anwendung auf den konkreten Einzelfall.** Das Vorabentscheidungsverfahren beruht auf einer **Aufgabenverteilung** zwischen den nationalen Gerichten und dem EuGH bei der Anwendung des Unionsrechts (EuGH, 6.10.1983, verb. Rs. 2/82 u. a., „Delhaize Frères"). Der Gerichtshof arbeitet einen bestimmten, abstrakten Obersatz heraus, allerdings unter Berücksichtigung der Merkmale des Vorlagefalles. Insbesondere kann er (in diesem Verfahren) wie erwähnt nicht die Vereinbarkeit einer konkreten nationalen Regelung mit dem Unionsrecht beurteilen. Das ist Aufgabe der nationalen Gerichte, die diese Aufgabenverteilung bereits bei der Formulierung der Vorlagefrage in Rechnung zu stellen haben. Bei falsch oder unvollständig gestellter Frage weist der EuGH das Ersuchen aber nicht als unzulässig zurück, sondern **„schält"** soweit möglich die Fragen **„heraus"**, welche die Auslegung des Vertrages betreffen (EuGH, 15.10.1980, Rs. 4/79, „Providence Agricole"; st. Rspr.).

c) „Entscheidungserheblichkeit" der europäischen Norm

75 Voraussetzung für die Stellung eines Ersuchens um Vorabentscheidung ist die **Erheblichkeit** der europäischen Norm für die Entscheidung des konkreten Falles. Dies zu beurteilen obliegt grundsätzlich dem vorlegenden Gericht (EuGH, 3.2.1977, Rs. 52/76, „Benedetti"; st. Rspr.). Eine Zurückweisung des Ersuchens erfolgt nur im Falle einer „offensichtlich irrtümlichen" Heranziehung der auszulegenden Vorschrift (EuGH, 16.5.1994, Rs. C-428/93, „Monin Automobiles") oder in Missbrauchsfällen („konstruierte Vorlagen"), in denen der EuGH hypothetische Fragen beantworten soll (EuGH, 16.7.1992, Rs. C-83/91, „Meilicke"). Unzulässig ist eine Vorlage auch, wenn das vorlegende nationale Gericht dem EuGH nicht die nötigen tatsächlichen und rechtlichen Informationen und Unterlagen liefert (EuGH, 21.12.1995, Rs. C-307/95, „Max Mara").

3. Vorlagepflichten

a) Vorlagepflicht letztinstanzlicher Gerichte

76 Bei **unterinstanzlichen Gerichten** steht die Entscheidung über eine eventuelle Vorlage im Grundsatz im **Ermessen** des jeweiligen Spruchkörpers. Demgegenüber sind gemäß Art. 267 Abs. 3 AEUV **letztinstanzliche Gerichte,** also solche, deren Entscheidungen nicht mehr mit Rechtsmitteln angefochten werden können, grundsätzlich zur Anrufung des Gerichtshofes **verpflichtet,** wenn sie über eine im Rechtsstreit erhebliche unionsrechtliche Frage zu entscheiden haben. Die Verfassungsbeschwerde stellt kein ordentliches Rechtsmittel in diesem Sinne dar.

Letztinstanzliche Gerichte sind im Sinne der inzwischen vorherrschenden **„konkreten Theorie"** (vgl. EuGH, 25.7.2009, Rs. C-14/08, „Roda Golf") nicht nur die „abstrakt" in jedem Falle letzten Instanzen (in Deutschland die obersten Bundesgerichte), sondern jedes Gericht, dessen Entscheidung im konkreten Rechtsstreit nicht mehr mit Rechtsmitteln angegriffen werden kann. Nur so kann der Sinn des Vorabentscheidungsverfahrens erreicht werden, so weit wie möglich europaweit eine einheitliche und gleichmäßige Anwendung des Unionsrechts zu gewährleisten. Für Deutschland hat diese Frage allerdings kaum Bedeutung, da ein Rechtsweg bis zum zuständigen obersten Bundesgericht zumeist jedenfalls dann eröffnet ist, wenn die Rechtssache grundsätzliche Bedeutung hat; dies aber ist gerade bei einer vorlagebedürftigen Frage der Fall (BVerwG, 22.10.1986, 3 B 43/86). 77

Auch das **deutsche BVerfG unterliegt der Vorlagepflicht** (BVerfGE 126, 286, „Honeywell" (2010)). Vorlagen gab es nur zu EZB-Beschlüssen (BVerfGE 134, 366, „OMT (2014) und 146, 216, „PSPP" (2017)). Zudem kontrolliert das BVerfG die Einhaltung der Vorlagepflicht durch andere Gerichte (Rz. 13/84).

b) Ausnahmen von dieser Vorlagepflicht

Eine Ausnahme von der dargestellten Vorlagepflicht besteht zunächst, wenn die relevante Frage bereits vom EuGH **entschieden** wurde („acte éclairé") oder wenn kein Auslegungsbedarf besteht, weil die betreffende Rechtsfrage **eindeutig** zu beantworten ist („acte clair"; EuGH, 6.10.1982, Rs. 283/81, „CILFIT"; zu dieser aus Frankreich stammenden Doktrin *Steindorff*, ZHR 1992, 4; vgl. auch noch Rz. 13/85). Soweit nicht bereits in etwa einschlägige EuGH-Judikatur vorliegt, kann ein acte clair nur in extremen Fällen angenommen werden. Voraussetzung ist nämlich die Annahme, dass im Grundsatz alle Gerichte in der Union die Frage in gleicher Weise beantworten würden. Allerdings steht rein formal eine anderweitige instanzgerichtliche Entscheidung der Annahme eines acte clair nicht entgegen (EuGH, 9.9.2015, verb. Rs. C-72/14 u. a., „Inspecteur van Rijksbelastingdienst"). Tendenziell aber werden actes clairs eher zu großzügig angenommen. So gibt es denn auch Fälle, in denen eine Frage nach Auffassung des BVerwG „offensichtlich" in einem Sinne zu beantworten war, während der EuGH sie später anders entschied (z. B. zur Anwendbarkeit der heutigen Art. 49 AEUV und 56 AEUV auf Prostituierte BVerwGE 60, 284 [1980, verneinend] und später EuGH, 20.11.2001, Rs. C-268/99, „Jany" [bejahend]). 78

Eine Ausnahme von der Vorlagepflicht besteht auch in Verfahren des **vorläufigen Rechtsschutzes** (EuGH, 24.5.1977, Rs. 107/76, „Hoffmann La Roche"). Grund hierfür ist die Vorläufigkeit der Entscheidung. Diese Ausnahme kommt aber nicht zum Tragen, wenn die Entscheidung darauf gestützt wird, dass – auch vorläufig – ein Unionsrechtsakt wegen Zweifeln an seiner Gültigkeit nicht angewendet wird (Rz. 13/79).

c) Vorlagepflicht aller Gerichte bei Gültigkeitsfragen

Aus der Zuständigkeitsverteilung zwischen nationalen und europäischen Gerichten hat der EuGH rechtsfortbildend eine **Vorlagepflicht aller Gerichte,** also auch der Untergerichte abgeleitet, wenn diese in einem Rechtsstreit einen **Rechtsakt der Union** nicht anwenden wollen, weil sie ihn für **ungültig** halten (EuGH, 22.10.1987, Rs. 314/85, „Foto Frost"; siehe schon Rz. 13/12). Diese Verpflichtung gilt insbesondere auch in Verfahren des einstweiligen Rechtsschutzes (EuGH, 21.2.1991, verb. Rs. C-143/88 u. a., „Süderdithmarschen"; dazu noch Rz. 33/12). 79

d) Vorlagepflicht aller Gerichte von Verfassungs wegen

Nach einer früheren Entscheidung des BVerfG fordert das deutsche Verfassungsrecht ggf. eine Vorlage, wenn Gesetze zur **Umsetzung unionsrechtlicher Vorgaben** als mit dem **Grundgesetz unvereinbar** erscheinen. Grund: Grundrechtseingriffe wurden früher im Grundsatz nur insoweit vom BVerfG überprüft, wie sie auch inhaltlich auf Entscheidungen nationaler Stellen zurückzuführen sind, nicht aber, soweit sie zwingende Konsequenz von Vorgaben des Unionsrechts sind (Rz. 10/24). Mit der Interpretation des Unionsrechts verband sich daher in solchen Fällen auch die Entscheidung über die Reichweite der verfassungsgerichtlichen Kontrolle. Dementsprechend seien die Fach- 80 gerichte zu einer Vorlage an den EuGH verpflichtet, wenn „unklar ist, ob und inwieweit das Unionsrecht den MSen einen Umsetzungsspielraum belässt, sofern Anlass zur Vorlage des nationalen Umsetzungsrechts wegen Unvereinbarkeit mit dem Grundgesetz nach Art. 100 Abs. 1 Satz 1 GG besteht." (BVerfGE 129, 186, „EFS" (2011)). Ob diese Judikatur nach der Veränderung der Prüfungsmaßstäbe des BVerfG (Recht auf Vergessen, Rz. 17/45) aufrecht halten bleibt, ist offen.

e) Rechtsfolgen der Missachtung der Vorlagepflicht

81 Die in der Missachtung der Vorlagepflicht liegende Verletzung des Unionsrechts kann Gegenstand eines Vertragsverletzungsverfahrens bilden (erstmalig EuGH, 4.10.2018, Rs. C- 416/17, „KOM/Frankreich", Rz. 13/33). Im Übrigen ist sie nicht unmittelbar durch die Unionsorgane sanktionierbar. Allerdings kann diese Frage ggf. im Zusammenhang mit der Frage einer **mitgliedstaatlichen Haftung** für die (Fehl-)Entscheidung eines nationalen Richters Bedeutung erlangen (Rz. 14/17). Auf nationaler Ebene sanktioniert das BVerfG Verstöße ggf. unter Hinweis auf Art. 101 oder auch Art. 19 Abs. 4 GG (unten Rz. 13/84).

4. Verfahren und Folgen der Vorabentscheidung

a) Verfahrensrechtliche Aspekte

82 Das Verfahren der Vorabentscheidung ist nicht als Streitverfahren, sondern als **objektives prozessuales Zwischenverfahren** ausgestaltet. Das nationale Gericht setzt den Prozess durch Beschluss aus und übermittelt die Vorlagefrage dem EuGH, zusammen mit einer Schilderung des Faktenhintergrundes, der relevanten nationalen Vorschriften und Rspr. sowie ggf. einer Darstellung der Gründe, aus denen sich die Zweifel bezüglich der Auslegung oder Gültigkeit ergeben (Art. 94 VerfO; siehe zu Gültigkeitsfragen EuGH, 4.5.2016, Rs. C-547/14, „Philip Morris Brands"; siehe auch die Empfehlungen des EuGH, ABl. 2016, C 439/1).

Vor dem **EuGH** ist die prozessuale Stellung der **Parteien** des Ausgangsverfahrens – aufgrund des objektiven Charakters des Vorabentscheidungsverfahrens – **relativ schwach.** Sie besitzen weder Initiativrechte noch können sie die Vorlagefrage inhaltlich ändern oder für gegenstandslos erklären lassen (EuGH, 15.6.1972, Rs. 5/72, „Grassi"). Sie haben lediglich das Recht auf Einreichung schriftlicher Erklärungen und eine einmalige mündlichen Äußerung. Ferner wird allen MSen, der KOM und u. U. dem Rat durch Übersendung des Vorlageersuchens die Möglichkeit gegeben, innerhalb von zwei Monaten Stellung zu nehmen (Art. 23 Satzung iVm Art. 96ff. VerfO).

Für eilige Fälle ist ein **beschleunigtes Verfahren** vorgesehen (Art. 23a Satzung und Art. 105ff. VerfO). Weiterhin entscheidet nach Art. 267 Abs. 4 AEUV der Gerichtshof in kürzester Frist, wenn das nationale Gerichtsverfahren eine inhaftierte Person betrifft. Für diese wie für sonstige Fragen aus dem Bereich des RFSR (dazu Rz. 33/66ff., 36/35ff. und 37/1ff.) ist die Möglichkeit eines **Eilvorabentscheidungsverfahrens** vorgesehen (Art. 23a der Satzung sowie Art. 107ff. VerfO). So sieht Art. 11 Abs. 3 der „Brüssel IIa-VO" 2201/2003, ABl. L 338/1 (Rz. 36/43) für familienrechtliche Streitigkeiten eine Frist von sechs Wochen vor.

b) Urteil

83 Der Gerichtshof entscheidet grundsätzlich **aufgrund mündlicher Verhandlung durch Urteil,** wobei die Kostenentscheidung, zusammen mit dem Ausspruch über die konkreten Rechtsfolgen, den nationalen Gerichten überlassen bleibt. Das Vorlageverfahren selbst ist gebührenfrei. Bei der Überprüfung der Gültigkeit von Rechtsakten kennt die Intensität der Kontrolldichte Grenzen (Rz. 13/52). Die Konkretheit von Urteilen zur Auslegung des Unionsrechts ist unterschiedlich. Zum Teil wird faktisch der Fall durchentschieden (etwa: EuGH, 26.10.1999, Rs. C-294/97, „Eurowings"), zum Teil wird der Rechtsrahmen nur in sehr groben Zügen umrissen (etwa: EuGH, 8.3.2001, Rs. C-405/98, „Gourmet International Products"). Bei Generalklauseln und ähnlich allgemeinen Normen überlässt der EuGH die Konkretisierung der Norm vielfach den nationalen Gerichten, gibt ihnen aber ggf. sachdienliche Hinweise (siehe etwa zum Prinzip der Verhältnismäßigkeit EuGH, 19.3.2002, Rs. C-476/99, „Lommers"; vgl. auch zu „missbräuchlichen Klauseln" im Vertragsrecht EuGH, 1.4.2004, Rs. C-237/02, „Freiburger Kommunalbauten"). Insgesamt aber sind klare Kriterien bislang nicht erkennbar.

Bindungswirkung entfaltet die Entscheidung des EuGH nach Art. 267 AEUV im betreffenden Verfahren, also für das vorlegende Gericht sowie für alle anderen mit derselben Streitsache befassten Gerichte (vgl. auch Rz. 13/72). Wird ein Rechtsakt für nichtig erklärt, wirkt dies erga omnes. Auch bei der Auslegung und Rechtmäßigkeitsprüfung **normativer Akte** der Union im Übrigen entfaltet ein Urteil eine faktische Bindung für die Unionsorgane und die MSen (EuGH, 13.5.1981, Rs. 66/80, „International Chemical Corporation").

5. Durchsetzung der Vorlagepflicht durch BVerfG und EGMR

Literatur: *Betz,* Die verfassungsrechtliche Absicherung der Vorlagepflicht, 2013; *Calliess,* Der EuGH als gesetzlicher Richter im Sinne des Grundgesetzes, NJW 2013, 1905; *Lohse,* Die „Entscheidungserheblichkeit" gemäß Art. 267 Abs. 1 AEUV als Instrument des Bundesverfassungsgerichts zur Steuerung der Vorabentscheidungsersuchen, Der Staat 2014, 633; *Krommendijk,* „Open sesame!": Improving Access to the ECJ by Requiring National Courts to Reason their Refusals to Refer, ELRev 2017, 46.

Das deutsche Grundgesetz verlangt, dass ein Rechtsstreit vom jeweils nach den einschlägigen Vorschriften dazu berufenen Richter entschieden wird (Art. 101 Abs. 1 GG). Hierzu zählen auch die unionsrechtlichen Bestimmungen über die Vorlagepflicht. Dementsprechend hat das BVerfG deren Verletzung zugleich auch als Verstoß gegen den Grundsatz des **gesetzlichen Richters** qualifiziert. Wie bei der Überwachung nationaler Zuständigkeitsvorschriften rügt es aber nur **willkürliche** Verstöße. 84

Im Anwendungsbereich von Art. 267 Abs. 3 AEUV liegt unstreitig Willkür vor, wenn ein Gericht eine **Vorlage** trotz der – seiner Auffassung nach bestehenden – Entscheidungserheblichkeit einer unionsrechtlichen Frage überhaupt **nicht in Erwägung** zieht, obwohl es selbst Zweifel an der Richtigkeit seiner Antwort hegt, oder wenn es **bewusst** von der Rspr. des **EuGH** zu einer solchen Frage **abweicht.** Ist eine solche Frage unionsrechtlich noch nicht eindeutig geklärt, muss sich das Gericht soweit vorhanden an der einschlägigen Judikatur des EuGH orientieren und auf dieser Grundlage die **vertretbare** und **nachvollziehbare Überzeugung** bilden, dass die in Rz. 13/78 genannten Voraussetzungen für das Unterlassen einer Vorlage erfüllt sind (BVerfGE 135, 155, „Filmförderung" (2014)). 85

Ähnlich wie das BVerfG nimmt der **EGMR** an, dass die willkürliche Ablehnung eines Antrags auf Vorlage nach Art. 267 Abs. 3 AEUV gegen das **Recht auf ein faires Verfahren** nach Art. 6 EMRK (Rz. 17/85) verstoßen kann (EGMR, 8.12.2009, 54193/07, „Herma/D" mwN.). Allerdings prüft er nur nach, ob der nationale Richter sich überhaupt mit dem Problem auseinandergesetzt und eine Nichtvorlage begründet hat; die Stichhaltigkeit der Begründung wird nicht überprüft (EGMR, 20.9.2011, 3989/07 u. a., „Ullens de Schooten/B"). Allerdings hat schon diese begrenzte Überprüfung zu Verurteilungen geführt (8.4.2014, 17120/09, „Dhahbi/I"; 21.7.2015, 38369/09, „Schipani/I"). Zudem greift die Vermutung, dass die EU die EMRK beachtet habe (Rz. 17/96), bei Missachtung der Vorlagepflicht nicht. 86

VII. Gewährleistung einstweiligen Rechtsschutzes

Literatur: *Sladič,* Einstweiliger Rechtsschutz im Gemeinschaftsprozessrecht, 2008; *Ottaviano,* Der Anspruch auf rechtzeitigen Rechtsschutz im Gemeinschaftsprozessrecht, 2009; *Richter,* Einstweiliger Rechtsschutz vor dem Europäischen Gerichtshof, 2012; *Glawe,* Der Eilrechtsschutz im Europarecht – ein Überblick, JA 2013, 63; *Jaeger,* Eilverfahren vor dem Gericht der Europäischen Union, EuR 2013, 3; *Richter,* Der Maßstab der Dringlichkeit im Verfahren des einstweiligen Rechtsschutzes, EuZW 2014, 416; *Martin,* Le large pouvoir d'appréciation du juge des référés au service de l'efficacité du droit de l'Union européenne, CDE 2018, 495.

Das europäische Rechtsschutzsystem kennt wie die nationalen Rechtsordnungen **vorläufigen Rechtsschutz,** um die Rechte der Parteien bis zur abschließenden Entscheidung zu wahren (zur Beschleunigung des Hauptsacheverfahrens siehe Rz. 13/22). Der AEUV sieht drei Formen vor. Bei Rechtsschutz gegen **belastende Rechtsakte** – Kla- 87 gen haben als solche keine aufschiebende Wirkung – kann deren **Durchführung** nach Art. 278 AEUV **ausgesetzt** werden, wenn das Gericht es den Umständen nach für nötig hält. Nach Art. 299 Abs. 4 AEUV kann der Gerichtshof die Zwangsvollstreckung aus seinen Urteilen (z. B. bei einer Leistungsanordnung) aussetzen. Im Übrigen können **„die erforderlichen einstweiligen Anordnungen"** getroffen werden (Art. 279 AEUV). Diese allgemeine Regelung deckt alle Bedürfnisse vorläufigen Rechtsschutzes ab, die nicht durch die Spezialregelungen erfasst sind. Die Voraussetzungen sind von der Rspr. für alle drei Konstellationen **parallel** ausgeformt worden. Zum einen muss das entsprechende **Hauptsacheverfahren hinreichende Erfolgsaussichten** aufweisen, zum anderen muss die Dringlichkeit durch Hinweis auf einen **drohenden** schweren und nicht wiedergutzumachenden **Schaden** belegt werden, was insbesondere bei rein finanziellen Schäden nur selten der Fall ist. Ggf. sind auch die **Interessen Dritter** in die danach erforderliche Abwägung einzubeziehen (EuGH, 31. 1. 1991, Rs. C-345/90 P-R, „Hanning"; zur Praxis des EuG *Jaeger,* EuR 2013, 3). Hinsichtlich der Rechtsfolgen steht dem Richter ein weites Ermessen zu; er darf sogar ein Zwangsgeld androhen (EuGH, 20. 11. 2017, Rs. C-441/17, „KOM/Polen").

Ein Antrag setzt eine **Klage in der Hauptsache** voraus, kann also nicht vorher gestellt werden. Entschieden wird in der Regel in einem abgekürzten Verfahren vom Präsidenten des jeweils zuständigen Gerichts durch Beschluss (Art. 39 Satzung). Beschlüsse des EuGH über einstweilige Anordnungen sind unanfechtbar, gegen diejenigen des EuG gibt es ein auf Rechtsfragen beschränktes Rechtsmittel zum EuGH (Art. 57 Abs. 2 Satzung). Insgesamt ist die Praxis recht restriktiv.

VIII. Ausblick

88 Sachgerechter Rechtsschutz kann nur durch überzeugendes **Zusammenwirken** von europäischen und nationalen Gerichten gewährleistet werden. Dem EuGH ist es gelungen, im Spannungsfeld zwischen dem auch für die europäische Gerichtsbarkeit geltenden Grundsatz der begrenzten Einzelermächtigung und dem auf umfassende Gewährleistung abzielenden Grundsatz effektiven Rechtsschutzes insgesamt **überzeugende Lösungen** zu finden. Es ist zu hoffen, dass trotz der Kapazitätsprobleme (im genuinen Bereich der Rspr. wie der Übersetzungsleistungen) der bisherige Qualitätsstandard in der Rechtsschutzgewährleistung auch künftig aufrecht erhalten werden kann.

§ 14. Haftung der Europäischen Union und ihrer Mitgliedstaaten

Literatur: Ausführliche Literaturlisten bei *v. Jacob/Kottmann,* in: Grabitz/Hilf/Nettesheim (Hrsg.), Recht der EU, 55. EL 2015, vor Art. 340 AEUV.

Weitere Titel: *Bitterlich,* Elements of an Autonomous Concept of Causation in European Community Law Concerning Liability, ZVglRWiss 2007, 12; *Römermann,* Aufopferungshaftung in Europa, 2007; *Thies,* The Impact of General Principles of EC Law on its Liability Regime Towards Retaliation Victims after FIAMM, ELRev 2009, 889; *Oskierski,* Schadensersatz im europäischen Recht, 2010; *Dörr* (Hrsg.), Staatshaftung in Europa: nationales und Unionsrecht, 2014; *Scheel,* Unionsrechtlicher Schadensersatzanspruch bei unangemessener Verfahrensdauer, EuZW 2014, 138; *Steiner,* Die außervertragliche Haftung der Europäischen Union nach Art. 340 Abs. 2 AEUV für rechtswidriges Verhalten, 2014; *Weitenberg,* Der Begriff der Kausalität in der haftungsrechtlichen Rechtsprechung der Unionsgerichte, 2014; *Zampini,* Le recours en indemnité, remède adéquat en cas de non-respect d'un délai de jugement raisonnable par le juge de l'Union européenne, RTDE 2014, 291; *Eder,* Die Verschuldensfrage in der außervertraglichen Haftung auf Grund von Verletzungen des Unionsrechts, EuZW 2015, 501; *Steiner,* Die außervertragliche Haftung der Europäischen Union nach Art. 340 Abs. 2 AEUV für rechtswidriges Verhalten, 2015; *Fink,* EU Liability for contributions to member states breaches of EU Law, CMLRev 2019, 1227; *Böhm,* Haftung, in: Schulze u. a. (Hrsg.), Europarecht, 4. Aufl. 2020, § 12; *Thiele,* Europäisches Haftungsrecht, in: Terhechte (Hrsg.), Verwaltungsrecht der Europäischen Union, 2. Aufl. 2021, § 40.

Eine wichtige Konsequenz aus der **Rechtspersönlichkeit** der Union ist ihre **Haftung** 1 für Fehlverhalten. Für die völkerrechtliche Haftung der EU gegenüber anderen Völkerrechtssubjekten (Drittstaaten, Internationalen Organisationen) gelten die allgemeinen völkerrechtlichen Grundsätze. Davon zu unterscheiden ist die vertragliche und die außervertragliche Haftung, der die Union gegenüber den Rechtssubjekten der nationalen Rechtsordnungen als Folge der unmittelbaren Anwendbarkeit und Wirksamkeit des Unionsrechts unterliegt. Seit den 1990er Jahren hat der Gerichtshof schließlich auch die EU-MSen als Glieder der Union für die Verletzung unionsrechtlicher Pflichten haftbar gemacht („Francovich"-Rspr.).

I. Haftung der EU im Inneren

1. Vertragliche Haftung der EU

Die **vertragliche Haftung von EU und EAG** bestimmt sich nach dem **nationalen Recht,** das auf den be- 2 treffenden Vertrag anzuwenden ist (Art. 340 Abs. 1 AEUV). Dies betrifft die Fülle der (privat- oder öffentlich-rechtlichen) Verträge, mit denen EU und EAG bewegliches und unbewegliches Vermögen erwerben, Mietverträge abschließen usw. (EuGH, 23.1.1986, Rs. 251/84, „CMA"; vgl. auch Rz. 9/133). Derlei Streitigkeiten fallen regelmäßig in die Zuständigkeit der nationalen Gerichte (Art. 268 verweist nur auf Art. 340 Abs. 2 und 3 AEUV; dazu auch EuGH, 18.4.2013, Rs. C-103/11 P, „Systran"), doch kann vertraglich eine Zuständigkeit der europäischen Gerichtsbarkeit nach Art. 273 AEUV begründet werden.

Das auf die Vertragshaftung anzuwendende Recht bestimmt sich im Fall privatrechtlicher Verträge nach den **Regeln des Internationalen Privatrechts,** heute also i. d. R. nach Art. 3 f. der Rom I-VO (Rz. 36/40). Danach kommt es bei den im Vordergrund stehenden schuldrechtlichen Verträgen auf den (ausdrücklich oder stillschweigend) erklärten Parteiwillen an. Bei immobilienbezogenen Schuldverträgen läuft der Parteiwille i. d. R. auf das Recht der belegenen Sache (lex rei sitae) hinaus. Weil dies überwiegend zur Maßgeblichkeit des am Sitz der EU-Organe (Rz. 5/7) geltende nationalen Recht führt, spielt das **belgisch-luxemburgische Recht** hier eine besondere Rolle. Zur Abgrenzung vertraglicher und außervertraglicher Haftung siehe EuG, 18.11.2015, Rs. T-106/13, „Synergy Hellas Anonymi Emporiki Etaireia Parochis Ypiresion Pliroforikis".

2. Außervertragliche Haftung der EU (Art. 340 Abs. 2 AEUV)

Unmittelbar nach **Unionsrecht** bestimmen sich die **außervertraglichen Ansprüche** 3 **gegen EU und EAG.** Da es keine dritte Kategorie neben vertraglicher und außervertraglicher Haftung gibt (EuGH, 29.7.2010, Rs. C-377/09, „Hanssens-Ensch", auch zur Abgrenzung), gilt Gleiches auch für Ansprüche aus ungerechtfertigter Bereicherung gegenüber der Union (EuGH, 16.12.2008, Rs. C-47/07 P, „Masdar"; *Müller-Graff,* Ungerechtfertigte Bereicherung im Unionsrecht, FS Hommelhoff, 2012, 815). Grundlage sind Art. 340 Abs. 2 AEUV, 188 EAGV und – sachlich übereinstimmend, nur dort als Anspruch des Einzelnen formuliert – Art. 41 Abs. 3 GRC. Danach wird der durch die Organe oder Bediensteten der Union in Ausübung ihrer Amtstätigkeit verursachte Schaden nach den **„allgemeinen Rechtsgrundsätzen, die den Rechtsordnungen der MSen gemeinsam sind",** ersetzt. Die Verankerung der Haftung ist Ausdruck des Charakters der Union als Rechtsgemeinschaft und trägt zum Individualrechtsschutz bei.

Der Vertrag bietet so nur eine Rahmenregelung. Der EuGH ist durch Art. 340 Abs. 2 AEUV aufgerufen, die Lösungen zu finden. Im Interesse einer sinnvollen und allseits akzeptablen Unionshaftung kann das weder die Übernahme des minimalen noch des maximalen nationalen Haftungsstandards bedeuten. Nötig ist vielmehr eine **„wertende Rechtsvergleichung“**, bei der die nationalen Lösungen unter Berücksichtigung der spezifischen Unionsbedürfnisse geprüft werden, wie sie in den Vertragszielen und in den Besonderheiten der Struktur der Union sichtbar sind (vgl. GA Roemer in EuGH, 13.10.1971, Rs. 5/71, „Schöppenstedt“; vgl. auch allgemein Rz. 9/33). So muss neben dem erwähnten angemessenen Individualschutz auch die Handlungsfähigkeit der Organe gewährleistet sein. Diese Aufgabe hat der EuGH durch Richterrecht erfüllt. Im Ergebnis ist allerdings die Mehrzahl der Schadensersatzklagen **erfolglos** geblieben. Zur Durchsetzung eines Haftungsanspruches ist eine eigene Klageart vorgesehen (Art. 268 AEUV), die selbständig neben der ggf. gegen den haftungsauslösenden Rechtsakt zu erhebenden Nichtigkeitsklage steht (Rz. 13/67).

4 Im Einzelnen setzt die Haftung einen **Verstoß** eines Unionsorgans gegen eine Rechtsnorm voraus, die dem Geschädigten **Rechte** verleiht. Dieser Verstoß muss, geht es wie meist um Ermessensentscheidungen, **hinreichend qualifiziert** sein. Schließlich ist ein **Schaden** gefordert, der durch das den Organen oder Bediensteten zur Last gelegte Verhalten **verursacht** wurde (EuGH, 28.4.1971, Rs. 4/69, „Lütticke“; st. Rspr.; vgl. auch EuGH, 4.7.2000, Rs. C-352/98 P, „Laboratoires pharmaceutiques“).

a) Haftbare Stellen und Haftung auslösendes Handeln

5 Haftbar sind alle Organe der EU (Art. 340 Abs. 2 AEUV) einschließlich der EZB (dazu speziell Art. 340 Abs. 3 AEUV), aber auch alle sonstigen Stellen der EU (zur EIB EuGH, 2.12.1992, Rs. C-370/89, „Société Générale“; zum Bürgerbeauftragten EuG, 10.4.2002, Rs. T-209/00, „Lamberts“). **Bedienstete** sind die Beamten und sonstigen Bediensteten im Sinne des EU-Beamtenstatuts bzw. der BSB (vgl. näher Rz. 7/2 und 18). Der Schaden muss **„in Ausübung“** (nicht nur „gelegentlich“) der **Amtstätigkeit** verursacht worden sein. Die „Amtstätigkeit“ wird z. T. unter Rückgriff auf den französischen „faute de service“ weiter als im deutschen Recht (Art. 34 GG: „Ausübung eines öffentlichen Amtes“) verstanden. Voraussetzung ist nicht, dass die Organe auf der Grundlage der Verträge gehandelt haben; auch Maßnahmen etwa im Rahmen des außerhalb der institutionellen Struktur der EU stehenden ESM können eine Haftung begründen (EuGH, 20.9.2016, verb. Rs C-8/15 P u. a., „Ledra Advertising“).

Auf die Art des Handelns kommt es nicht an. Daher wird insbesondere auch – anders als in Deutschland – generell für **„legislatives (normatives) Unrecht“** gehaftet, etwa beim Erlass rechtswidriger VOen oder bei vertragswidriger legislativer Untätigkeit. Dem in Deutschland gegen eine solche Haftung angeführten Entscheidungsspielraum normsetzender Organe wird durch das Erfordernis einer besonderen Qualifikation des Rechtsverstoßes (vgl. Rz. 14/7) Rechnung getragen. Eine Haftung der **Justiz** kommt vor allem bei Verletzung des Anspruchs auf Entscheidung innerhalb einer **angemessenen Frist** (Rz. 7/86; 13/21) in Betracht. Der Anspruch ist in einem gesonderten Verfahren geltend zu machen (EuGH, 26.11.2013, Rs. C-58/12 P, „Groupe Gascogne“), nicht im Wege eines Rechtsbehelfs im betroffenen Gerichtsverfahren (EuGH, 12.11.2014, Rs. C-580/12 P, „Guardian Industries“). Auch **faktisches Handeln** kann eine Haftung begründen (EuGH, 4.4.2017, verb. Rs. C-337/15 P u. a., „Claire Staelen“); in diesem Fall wird dem insoweit durch eine Nichtigkeitsklage nicht zu erfüllenden Anspruch auf effektiven Rechtsschutz (Rz. 13/44) Rechnung getragen.

In der Praxis wird vielfach das jeweilige Organ für haftbar erklärt (EuGH, 19.6.2014, Rs. C-531/12, „Millau“; st. Rspr.; vgl. aber auch EuGH, 13.12.2018, verb. Rs. C-174/17 P u. a., „Plásticos Españoles

SA (ASPLA)", wo als Klagegegner die „Europäische Union, vertreten durch den EuGH" aufgetretenen ist). Haben sowohl EU als auch **MS** gehandelt, etwa im Rahmen des indirekten Vollzugs von Unionsrecht, besteht eine Haftung, soweit der Rechtsverstoß der Union anzulasten ist; insoweit scheidet eine Haftung des MS aus (EuGH, 27.9.1988, verb. Rs. 106/87 u. a., „Asteris"). Kann der Geschädigte über den nationalen Rechtsweg Ersatz erhalten, ist dieser Weg vorrangig zu beschreiten. Über eine ggf. erforderliche Vorlage nach Art. 267 AEUV an den EuGH kann allerdings kein Schadensersatz erlangt werden (EuGH, 19.5.1992, verb. Rs. C-104/89 u. a., „Mulder").

b) Verletzung Rechte Einzelner

Voraussetzung für einen Schadensersatz ist, dass eine **Rechtsnorm verletzt** wurde, die **den Schutz der Interessen des Geschädigten** bezweckt (EuGH, 14.7.1961, verb. Rs. 9/60 u. a., „Vloeberghs"; st. Rspr.). Doch wird dieses Merkmal großzügig interpretiert; der Schutz allgemeiner Interessen schließt den gleichzeitigen individuellen Interessenschutz nicht aus. Eine Verletzung von Rechtsnormen, die nicht unmittelbar in der Unionsrechtsordnung anwendbar sind wie etwa solche der WTO, begründet demgegenüber als solche keine Haftung. 6

Eine Haftung für **legale Rechtsakte erkennt** der EuGH – nach entgegengesetzten Andeutungen in EuGH, 15.7.2000, Rs. C-237/98 P, „Dorsch Consult" und trotz entsprechender Vorbilder in nationalen Rechtsordnungen wie Frankreich, aber auch Deutschland (mit der Haftung für Aufopferung und enteignende Eingriffe) – bisher **nicht an.** Eine solche Haftung scheidet jedenfalls aus, wenn der Schaden eine **Folge ausländischer Handelssanktionen** darstellt, die sich auf einen Spruch des Streitschlichtungsgremiums der WTO stützen, der seinerseits die Verletzung von WTO-Recht durch die EU zur Grundlage hat (EuGH, 9.9.2008, verb. Rs. C-120/06 P u. a., „FIAMM" u. a.). Dieser Schaden wird vielmehr der Risikosphäre des Außenhandel betreibenden Unternehmens zugewiesen. Allerdings hat der EuGH auch ausgeführt, dass sich ein Berufsausübung oder Eigentum beeinträchtigender Rechtsakt – etwa im Bereich der Agrarrechtsetzung – ggf. nur deswegen als verhältnismäßig erweisen könnte, weil er einen finanziellen Ausgleich vorsehe. Nicht entschieden wurden damit Fälle der „enteignenden Eingriffe" nach deutschem Recht, in denen rechtmäßiges faktisches Verwaltungshandeln ausgleichspflichtige „Nebenwirkungen" verursacht, doch ist angesichts der begrenzten Verwaltungskompetenzen der Union zweifelhaft, ob entsprechende Fälle überhaupt vorkommen.

c) Qualifikation des Rechtsverstoßes

Kommt der handelnden Stelle ein **Beurteilungs- oder Entscheidungsspielraum** zu, wie er vor allem bei der Normsetzung besteht, aber auch bei Vollzugstätigkeiten gegeben sein kann, tritt die Haftung nur ein, wenn der Rechtsverstoß einen qualifizierten Charakter aufweist. Entscheidend sind insoweit neben einem ausdrücklich vorgesehenen Ermessensspielraum etwa die Klarheit der anzuwendenden Vorschriften, die Schwierigkeiten bei ihrer Anwendung und die Komplexität des Sachverhalts. Qualifiziert ist der Verstoß, wenn der Fehler **„offenkundigen und erheblichen" Charakter** aufweist (EuGH, 25.5.1978, verb. Rs. 83/76 u. a., „Magermilchpulver"; 19.4.2007, Rs. C-282/05 P, „Holcim"; st. Rspr.), Klarheit und Genauigkeit der Vorschriften, auch das Maß des Verschuldens (Vorsatz oder Fahrlässigkeit) sind hier von Bedeutung. Damit wird dem Umstand Rechnung getragen, dass rechtliche Beurteilungen selten eindeutig sind, die richterliche Kontrolle hoheitlichen Handelns aber erst ex post stattfindet. Zugleich stellt diese Anforderung das funktionale Äquivalent für das hier anders als nach anderen Haftungsregimen nicht geforderte Verschulden dar. 7

d) Schaden

Es muss ein **Schaden an geschützten Rechtsgütern** (einschließlich Vermögensschaden) eingetreten sein (EuGH, 27.3.1990, Rs. C-308/87, „Grifoni"). Obwohl Natural- 8 herstellung denkbar bleibt, steht **Schadensersatz in Geld** im Vordergrund. Substantiiert dargelegter entgangener Gewinn gehört zum Schaden (EuGH, 14.7.1967, verb. Rs. 5/66 u. a., „Kampffmeyer"). Auch immaterieller Schaden wird – großzügiger als im deutschen Recht – ersetzt (EuGH, 9.8.1994, Rs. C-412/92 P, „Meskens"; st. Rspr.; *Cornides,* ÖJZ 2002, 821 ff.). Mitwirkendes Verschulden des Geschädigten ist zu berücksichtigen; diesem kommt auch eine Schadensabwendungs- und -minderungspflicht zu. Die **Höhe der Entschädigung** ist nach den allgemeinen Rechtsgrundsätzen im Recht der MSen zu bestimmen (EuGH, 6.10.1982, Rs. 261/78, „Quellmehl"), sie umfasst grundsätzlich auch die Zinsen. Das EuG geht von 2% über dem Refinanzierungszinssatz des Betroffenen aus (EuG, 9.10.2002, Rs. T-134/01, „Fuchs").

e) Kausalzusammenhang von Schaden und Rechtsverstoß

9 Schließlich muss ein Kausalzusammenhang zwischen Schaden und Organverhalten bestehen. Der EuGH geht ähnlich wie die deutschen Gerichte von der Adäquanztheorie aus; ersetzt wird der nach der Lebenserfahrung „normalerweise" eintretende Schaden. Der Kausalzusammenhang muss unmittelbar sein (EuGH, 4.10.1979, verb. Rs. 64/76 u. a., „Dumortier frères" u. a.; st. Rspr.). Abgelehnt wurde dieser bei überlanger gerichtlicher Verfahrensdauer, soweit es um die (erhöhten) Kosten für Bankbürgschaften ging, die anstelle zu zahlender Geldbußen gestellt wurden (EuGH, 13.12.2018, verb. Rs. C-174/17 P u. a., „Plásticos Españoles SA (ASPLA)"; kritisch dazu *Verbruggen/Kryla-Cudna,* CMLRev 2020, 191.

f) Persönliche Haftung der EU-Bediensteten

10 Die **Bediensteten der Union,** die einen Amtsfehler begangen haben, haften dem **Geschädigten** neben der Union nicht auch persönlich. Dies ergibt sich im Umkehrschluss aus Art. 340 Abs. 4 AEUV iVm Art. 12 Protokoll über die Vorrechte und Befreiungen v. 8.4.1965 (Rz. 7/14; EuGH, 11.7.1968, Rs. 5/68, „Sayag"), wonach sich eine persönliche Haftung der Bediensteten der Union **nur im Verhältnis zur EU** nach den Vorschriften des BSt ergibt. Für entsprechende Regressklagen ist das EuG zuständig. Insoweit erlaubt Art. 22 BSt den Rückgriff bei „schwerwiegendem Verschulden" des EU-Bediensteten. Dagegen haften die **Bediensteten der EU** persönlich gegenüber dem Betroffenen für Schäden, die sie nur „gelegentlich" oder unabhängig von der Amtstätigkeit verursachen (EuGH, aaO), und zwar nach nationalem Recht, z. B. bei Privatfahrten der Bediensteten nach dem am Ort des Schadenseintritts geltenden Recht (Art. 4 VO 864/2007, ABl. L 199/40 – Rom II, Rz. 36/40).

II. Haftung der Mitgliedstaaten bei Verletzungen des Unionsrechts

Literatur: *Granger,* National Applications of Francovich and the Construction of a European Administrative Jus Commune, ELRev 2007, 157; *Nassimpiam,* ... And We Keep on Meeting: (De-)fragmenting State Liability, ELRev 2007, 819; *Koenig,* Staatshaftung für „hinreichend qualifizierte" Gemeinschaftsrechtsverstöße im nicht oder nur teilharmonisierten Bereich und die Vorlage nach Art. 234 Abs. 3 EG, EWS 2009, 249; *Tietjen,* Das System des gemeinschaftsrechtlichen Staatshaftungsrechts, 2010; *Shirvani,* Haftungsprobleme im Europäischen Verwaltungsverbund, EuR 2011, 619; *C. Dörr,* Der unionsrechtliche Staatshaftungsanspruch in Deutschland zwanzig Jahre nach Francovich, EuZW 2012, 86; *O. Dörr,* Staatshaftung in Europa. Nationales und Unionsrecht, 2012; *Lock,* Is private enforcement of EU law through State liability a myth?, CMLRev 2012, 1675; *Varga,* National remedies in the case of violation of EU Law by member states, CMLRev 2017, 51; *Havu,* Full, Adequate and Commensurate Compensation for Damages under EU Law, ELRev 2018, 24; *Thiele,* Europäisches Haftungsrecht, in: Terhechte (Hrsg.), Verwaltungsrecht der Europäischen Union, 2. Aufl. 2021, § 39.

1. Grundsatzfragen

Während die Haftung der Union in Art. 340 AEUV ausdrücklich normiert ist, fehlt es an einer entsprechenden Regelung bei Verstößen gegen das Unionsrecht durch die **MSen.** Im Grundsatz ist in diesen Fällen Schadensersatz nach dem **nationalen Staatshaftungsrecht** zu leisten (vgl. auch EuGH, 16.12.1960, Rs. 6/60, „Humblet"). Dieses hat aber offenbar **kaum Wirkung** gezeigt. So gab es immer wieder Fälle, in denen selbst nach Feststellung einer Vertragsverletzung durch den EuGH diese nicht beseitigt wurde. Dies dürfte daran liegen, dass die meisten auf nationaler Ebene nicht behobenen Verstöße gegen Unionsrecht dem Gesetzgeber oder der Justiz zuzurechnen sind, für die das nationale Recht wegen der besonderen demokratischen Legitimation bzw. wegen der besonderen Unabhängigkeit vielfach keine Haftung vorsieht. 11

Daher verwunderte es nicht, dass der EuGH die durch die Grenzen des nationalen Haftungsrechts entstandene Lücke 1991 richterrechtlich geschlossen hat. Aus dem „Wesen der mit dem EWGV geschaffenen Rechtsordnung", aber auch der heute in Art. 4 Abs. 3 EUV verankerten Verpflichtung der MSen zur Erfüllung ihrer Verpflichtungen aus dem Vertrag, hat er einen **ungeschriebenen unionsrechtlichen Schadensersatzanspruch gegen die MSen** entwickelt. Dabei bestand zumindest zeitlich ein Zusammenhang mit der Einführung der Möglichkeit der Verhängung von Sanktionen bei Nichtumsetzung eines EuGH-Urteils in einem Vertragsverletzungsverfahren (Rz. 13/38) durch den Vertrag von Maastricht 1992. So gingen das Bemühen um effektive(re) Durchsetzung des (damaligen) Gemeinschaftsrechts und die rechtsstaatlich gebotene Sicherung der Rechte des Einzelnen im Ergebnis überzeugend Hand in Hand.

Im Ausgangsfall „Francovich" (EuGH, 19.11.1991, verb. Rs. C-6/90 u. a.) hatten die Kläger einen Schaden erlitten, weil der italienische Gesetzgeber trotz Verurteilung durch den EuGH die RL 80/987/EWG (ABl. L 283/23; heute: RL 2008/94, ABl. L 283/36) zum Schutz der Arbeitnehmer bei Zahlungsunfähigkeit des Arbeitgebers nicht umgesetzt hatte. Die häufig wegen Zweifeln an der Kompetenz des EuGH zur Entwicklung eines solchen Systems geübte **Kritik** am knapp begründeten Urteil (*Ossenbühl*, DVBl 1992, 993) greift nicht durch: auch aus Sicht der nationalen Rechtsordnungen stellt die Existenz eines Haftungsregimes für staatliches Unrecht ein Kernelement der Rechtsstaatlichkeit dar. Wegen der vielfach zu beobachtenden Zurückhaltung der nationalen Gesetzgeber bei der Regelung des Haftungsrechts ist dieses auch national häufig maßgeblich richterrechtlich geprägt. In Folgeurteilen hat der EuGH seine Judikatur systematisch weiterentwickelt, sie auf alle Verletzungen des Unionsrechts ausgeweitet und ihr **klare Konturen** gegeben (EuGH, 5.3.1996, verb. Rs. C-46/93 u. a., „Brasserie du Pêcheur" u. a.). Die unzureichende Umsetzung von RLen bildet aber immer noch einen wichtigen Anwendungsfall. Vor allem kann die Staatshaftung dort ausgleichend wirken, wo eine unmittelbare Wirkung nicht umgesetzter RLen ausscheidet, etwa im Horizontalverhältnis (dazu Rz. 9/111). In der Praxis kommt dem Anspruch nur eine begrenzte Bedeutung zu. 12

Umstritten ist die normative **Grundlage** für diesen **Anspruch.** Der EuGH formuliert, dass der Anspruch seine Grundlage im Unionsrecht finde und in seinen Einzelheiten durch das nationale Recht ausgeformt werde (EuGH, 24.3.2009, Rs. C-445/06, „Danske Slagterier"). Nicht eindeutig beantwortet ist damit, wo die konkrete Anspruchsgrundlage zu finden ist. Der BGH sieht diese im Unionsrecht (BGHZ 134, 30 (1996); st. Rspr.). Da der EuGH aber nicht nur für die Mechanismen zur Durchsetzung dieses Anspruches, sondern auch für dessen Inhalt (und eventuelle Einreden) auf das nationale Recht verweist (Rz. 14/22), erscheint dies zweifelhaft. Konsistenter ist der Rückgriff auf die Anspruchsgrundlage des nationalen Rechts, es sei denn, dass dieses nicht unionsrechtskonform ausgelegt werden kann. Konkret verlangt das Unionsrecht – entsprechend den allgemeinen Grundsätzen zu dessen Vollzug mittels nationalem Recht (Rz. 12/36f.) –, dass die Durchsetzung des Haftungsanspruchs weder unangemessen beeinträchtigt noch dieser Anspruch im Vergleich zu Staatshaftungsansprüchen nach rein nationalem Recht diskriminiert wird. Da die Tatbestandsmerkmale der in Deutschland einschlägigen Bestimmungen (§ 839 BGB iVm 13

Art. 34 GG) hinreichend offen formuliert sind, kann der Anspruch auf diese (in Verbindung mit den entsprechenden Grundsätzen des Unionsrechts) gestützt werden.

2. Die einzelnen Anspruchsvoraussetzungen

14 Die Voraussetzungen des Haftungsanspruches sind bewusst **parallel** zu denen ausgebildet, die für die **Haftung der Union** gelten (dazu Rz. 14/5ff.). Danach muss (1) eine mitgliedstaatliche Stelle (2) gegen eine Norm des Unionsrechts verstoßen haben, die einem Einzelnen – in hinreichend bestimmter Form – Rechte verleihen soll. Dieser Verstoß muss zudem (3) ggf. qualifizierten Charakter aufweisen. Schließlich ist (4) ein Schaden gefordert, der (5) durch das dieser Stelle zur Last gelegte Verhalten verursacht wurde. Ein Verschulden wird wie auf Unionsebene nicht verlangt (dazu bereits Rz. 14/7).

a) Haftbare Stellen

Literatur: *Schulze,* Gemeinschaftsrechtliche Staatshaftung bei fehlerhafter Richtlinienumsetzung oder -anwendung, GPR 2008, 71; *Beutler,* State liability for breaches of Community law by national courts, CMLRev 2009, 773; *Frenz/Götzkes,* Staatshaftung für Gerichtsentscheidungen bei auslegungsbedürftigem Recht, EuR 2009, 622; *Siegerist,* Die Neujustierung des Kooperationsverhältnisses zwischen dem Europäischen Gerichtshof und den mitgliedstaatlichen Gerichten: unter besonderer Berücksichtigung einer gemeinschaftsrechtlichen Staatshaftung für Judikativunrecht, 2010; *Breuer,* Staatshaftung für judikatives Unrecht, 2011; *Burger,* Zur Passivlegitimation im europäischen Staatshaftungsrecht – Unter besonderer Berücksichtigung der Anwendung unionsrechtswidriger Normen, DVBl 2012, 297; *Schütter,* Gemeinschaftsrechtliche Staatshaftung wegen judikativen Unrechts in Deutschland und dem Vereinigten Königreich, 2012.

15 Staatshaftung kann durch das **Handeln aller Staatsorgane** ausgelöst werden, insbesondere auch durch solches des Gesetzgebers oder eines Richters. Eingeschlossen ist dabei das pflichtwidrige Unterlassen, wie es vor allem im Fall der unterlassenen Umsetzung einer RL vorkommen kann (dazu EuGH, 8.10.1996, verb. Rs. C-178/94 u. a., „Dillenkofer"). Beschränken sich die Behörden eines MS auf die Durchführung von Unionsrecht, haftet aber allein die Union (Rz. 14/5).

16 Mit der Einbeziehung des **Gesetzgebers** wurde nicht nur aus deutscher Sicht ein Novum geschaffen, doch ist die sachliche Berechtigung dieser Ausnahme auch auf nationaler Ebene zweifelhaft geworden. Die Annahme, dass Gesetzgebung nur am Gemeinwohl ausgerichtet sei und vielfältiger, nicht durch Schadensersatzdrohungen einzuschränkender Spielräume bedürfe, ist im Kern zutreffend, angesichts der verfassungsrechtlichen, vor allem grundrechtlichen Einbindung der Gesetzgebung in der Konsequenz aber zu pauschal. Mit dem Erfordernis einer besonderen **Qualifikation** des Rechtsverstoßes (Rz. 14/7) wird zudem der für die Normsetzung notwendige **Entscheidungsspielraum** gewahrt.

17 Grundsätzlich sind auch **Gerichte** haftbar (EuGH, 30.9.2003, Rs. C-224/01, „Köbler"). Das Spruchrichterprivileg nach § 839 Abs. 2 BGB kommt daher nicht zum Tragen (vgl. auch EuGH, 13.6.2006, Rs. C-173/03, „Traghetti del Mediterraneo"); die besondere Stellung des Richters wird bei der Beurteilung der Qualifikation des Verstoßes (Rz. 14/20) berücksichtigt. Mit Blick auf deren Verhältnis zur **Rechtskraft** des haftungsbegründenden Urteils verweist der Gerichtshof (formal zutreffend) darauf, dass die Beteiligten eines entsprechenden Rechtsstreits andere sind als die des Ausgangsprozesses. Damit wird aber **übergangen,** dass in der Sache die Richtigkeit des „Fehlurteils" im Ausgangsprozess im Schadensersatzprozess eine Vorfrage darstellt, die eben eigentlich durch das angegriffene Urteil rechtskräftig geklärt wurde (*Classen,* CMLRev 2004, 813). Letztlich werden so der Wirkung der Rechtskraft bei qualifizierten Verstößen gegen Unionsrecht (besondere) Grenzen gezogen. Immerhin ist auch im Bereich der Haftung der Union die Aufhebung eines rechtswidrigen Aktes nicht Voraussetzung für die Geltendmachung eines durch ihn ausgelösten Schadens (vgl. Rz. 13/67). Die Haftung beschränkt sich jedoch auf **letztinstanzlich urteilende Gerichte** (EuGH, 28.7.2016, Rs. C-168/15, „Tomašáová". Der Geschädigte kann nämlich Fehlentscheidungen durch Inanspruchnahme des Instanzenzuges korrigieren lassen (vgl. auch für D noch in

Rz. 14/22); umgekehrt unterliegen grundsätzlich nur letztinstanzlich urteilende Gerichte einer Vorlagepflicht in unionsrechtlichen Fragen (Art. 267 Abs. 3 AEUV; dazu Rz. 13/76 und 81). Eine Haftung setzt also regelmäßig eine Missachtung der Vorlagepflicht voraus.

Anspruchsgegner ist der Träger der staatlichen Stelle, die für die Rechtsverletzung 18
verantwortlich ist, in jedem Fall zudem, ggf. subsidiär, der jeweilige Gesamtstaat (EuGH, 4.7.2000, Rs. C-424/97, „Haim"). Wird die Rechtsverletzung durch einen positiven Akt ausgelöst, ist dies im Grundsatz einfach zu bestimmen. Sind mehrere Ebenen verantwortlich (wird etwa eine unionsrechtswidrige Entscheidung des Gerichts eines Landes durch ein Bundesgericht bestätigt), wird man in Anwendung von § 840 BGB im Außenverhältnis eine Gesamtschuldnerschaft aller verantwortlichen Träger anzunehmen haben; im Innenverhältnis ist für die Verteilung der Lasten Art. 104a Abs. 6 GG iVm dem diese Norm ausführenden Lastentragungsgesetz maßgeblich.

b) Verletzung Rechte Einzelner

Die **verletzte Norm des Unionsrechts** muss den **Schutz der Interessen des Geschä-** 19
digten bezweckt haben (vgl. auch schon Rz. 14/6), ihm also entweder – im Fall unmittelbarer Wirkung – selbst Rechte verschafft haben (Beispiel: Grundfreiheiten; dazu EuGH, 5.3.1996, verb. Rs. C-46/93 u. a., „Brasserie du Pêcheur") oder – im Fall von umsetzungsbedürftigen Rechtsakten, vor allem von RLen – darauf angelegt sein, dass dem Geschädigten Rechte verschafft werden (EuGH, 8.10.1996, verb. Rs. C-178/94 u. a., „Dillenkofer" u. a.; zur Kombination beider Konstellationen EuGH, 24.3.2009, Rs. C-445/06, „Danske Slagterier"). Zugleich muss die Norm so **hinreichend bestimmt** sein, dass der Inhalt eines Schadensersatzanspruches bestimmt werden kann; insbesondere dürfen keine Ausnahmen möglich sein. Dies betrifft zunächst den Anspruchsinhaber, aber ebenso den Inhalt des Schadensersatzanspruchs (Rz. 14/21). Wer nach dem Unionsrecht Anspruchsgegner ist oder sein soll, ist hingegen ohne Bedeutung – der Haftungsanspruch richtet sich immer gegen den Staat (bzw. den Träger der verantwortlichen staatlichen Stelle, Rz. 14/18). Bei unmittelbar wirkendem Unionsrecht kann der Schaden aber vielfach durch Inanspruchnahme nationaler Rechtsbehelfe zumindest verringert werden (Rz. 14/22).

c) Qualifikation des Rechtsverstoßes

Die Haftung setzt ferner (vgl. schon Rz. 14/7) voraus, dass in den Fällen, in denen der 20
nationalen Stelle (nach Unionsrecht) ein Beurteilungs- oder Ermessensspielraum zukommt, der **Rechtsverstoß qualifizierten Charakter** aufweist. Eine Haftung besteht also nur, wenn die handelnde Stelle den ihr zustehenden Entscheidungsspielraum „offenkundig und erheblich" (zusammenfassend EuGH, 25.1.2007, Rs. C-278/05, „Carol Marilyn Robins") missachtet hat. Daher löst etwa die **gesetzgeberische** Umsetzung mehrdeutiger Richtlinienbestimmungen keine Haftung aus, deren Inhalt vom EuGH erst später und dann abweichend vom Verständnis des nationalen Normgebers geklärt wird (EuGH, 26.3.1996, Rs. C-392/93, „British Telecom"). Gehaftet wird hingegen, wenn ein Gesetzgeber etwa zur Umsetzung einer RL innerhalb der Frist überhaupt nichts unternimmt, obwohl es keine hinreichenden Anhaltspunkte dafür gibt, dass bereits das bestehende nationale Recht die Beachtung der durch die Richtlinienbestimmungen vorgegebenen Ergebnisse (EuGH, 8.10.1996, verb. Rs. C-178/94 u. a., „Dillenkofer" u. a.). Gleiches gilt für die Missachtung eines einschlägigen EuGH-Urteils.

Mit dieser Qualifikation wird vor allem dem notwendigen **Entscheidungsspielraum** des **Gesetzgebers** und ggf. der Verwaltung sowie der **Unabhängigkeit** der **Richter** Rechnung getragen. Zugleich handelt es sich um ein funktionales Äquivalent für das nach deutschem Recht vorausgesetzte, nach Unionsrecht aber nicht verlangte Verschulden (vgl. schon Rz. 14/7). Es ist nämlich sachgerecht, bei staatlichem Handeln stärker als bei der Haftung von Privatpersonen auf einen objektiven, vom persönlichen Verhalten des Amtswalters abgekoppelten Maßstab abzustellen. Gesetzgeberische Restriktionen dieser Anspruchsvoraussetzungen sind unzulässig (EuGH, 24.11.2011, Rs. C-379/10, „KOM/Italien").

d) Schaden

21 Schließlich muss ein **Schaden** – adäquat (vgl. schon Rz. 14/6) – kausal durch den Verstoß gegen das Unionsrecht **verursacht** worden sein. Dessen Höhe ergibt sich im Grundsatz aus dem verletzten, die Haftung auslösenden Rechtssatz: Der Geschädigte muss so gestellt werden, wie er stünde, wenn das fragliche Recht nicht verletzt worden wäre; es muss ein angemessener Ausgleich gewährt werden. Auch insoweit ist also Bestimmbarkeit Voraussetzung der Haftung. Ausnahmetatbestände in einer nicht umgesetzten RL etwa mindern ggf. den Schaden oder schließen ihn ganz aus. Für dessen **Berechnung** im Einzelnen ist nach Auffassung des EuGH grundsätzlich auf das **nationale Recht** zurückzugreifen. Voraussetzung ist allerdings, dass dieses keine Diskriminierung des unionsrechtlichen Haftungsanspruches beinhaltet und auch dessen Effektivität in ausreichendem Maße zu sichern vermag (EuGH, 17.4.2007, Rs. C-470/03, „A.G.M.-COS.MET"). Nicht ausgeschlossen ist jedoch, dass der EuGH in bestimmten Konstellationen spezifische nationale Besonderheiten aus unionsrechtlicher Sicht als problematisch einstuft und dann unmittelbar auf unionsrechtliche Lösungsansätze zurückgreift. Denkbar ist dies etwa im Zusammenhang mit dem im deutschen Recht nur sehr begrenzt vorgesehenen Ersatz von Nichtvermögensschäden (§ 253 BGB).

22 Auch die Einzelheiten des Anspruchs richten sich grundsätzlich nach nationalem Recht (**Einwendungen** und **Einreden** wie Verjährung oder Mitverschulden des Schädigers; EuGH, 24.3.2009, Rs. C-445/06, „Danske Slagterier", und dazu BGHZ 181, 199 (2009)). Dass zur Verfügung stehende Rechtsmittel nicht ergriffen worden sind, mit denen der entsprechende Schaden hätte vermieden oder zumindest verringert werden können (§ 839 Abs. 3 BGB), ist ohnehin unionsrechtlich beachtlich (Rz. 14/17). Allerdings muss das Ergreifen des Rechtsmittels auch zumutbar sein (EuGH, 8.3.2001, verb. Rs. C-397/98 u. a., „Metallgesellschaft" u. a.). Das nationale Recht regelt auch die verfahrensrechtliche **Durchsetzung** des Anspruchs. In Deutschland sind damit erstinstanzlich die Landgerichte zur Entscheidung berufen (Art. 34 GG, § 71 Abs. 2 Nr. 2 GVG).

3. Ergänzende Haftung bei Vertrauensschutz?

23 **Verstößt** der nationale **Gesetzgeber** gegen **Unionsrecht,** müssen die Gerichte ggf. letzteres unmittelbar anwenden und enttäuschen so denjenigen, der auf den nationalen **Gesetzgeber vertraut** hat. Das BVerfG hat angedeutet, dass in solchen Fällen über einen (auf nationales Recht gegründeten) Schadensersatzanspruch nachgedacht werden müsse (BVerfGE 126, 286, „Honeywell" (2010)). Plausibel wäre das allerdings allenfalls, wenn Vergleichbares auch bei Verfassungsverstößen des Gesetzgebers gelten würde; zudem sind Konflikte mit dem Beihilferecht (Art. 107 AEUV, Rz. 21/6ff.) vorprogrammiert (dazu *Giegerich,* EuR 2012, 373).

III. Ausblick

24 Insgesamt ist es dem EuGH gelungen, die **rechtsstaatliche Elementarfrage** der Haftung für hoheitliches Unrecht auf einer normativ mit Blick auf die europäischen Or-

gane nur marginal und mit Blick auf nationale Stellen gar nicht ausgearbeiteten Grundlage einer im Wesentlichen in sich **stimmigen Lösung** zuzuführen. Diese könnte auch für das nationale Haftungsrecht wichtige Impulse liefern, die dort jedoch bislang nicht aufgegriffen wurden.

4. Teil. Die Europäische Union und ihre Bürger

§ 15. Rechtsstaatliche Demokratie in der EU

Literatur: *Weiler,* The Constitution of Europe, 1999; *Nettesheim,* Europäische Integration und Europäisierung der Demokratietheorie, FS Randelzhofer, 2004, 55; *Kohler-Koch/Rittberger* (Hrsg.), Debating the Democratic Legitimacy of the EU, 2007; *von Komorowski,* Demokratieprinzip und Europäische Union, 2010; *Klein,* Europäische Integration und demokratische Legitimation, FS Böckenförde, 2011, 47; *Eriksen/Fossum* (Hrsg.), Rethinking Democracy and the EU, 2012; *Franzius/Preuß,* Die Zukunft der Europäischen Demokratie, 2012; *Nettesheim,* An den Grenzen der Legitimität, FS Vitzthum, 2012, 177; *Franzius,* Demokratisierung der Europäischen Union, EuR 2013, 655; *von Achenbach,* Demokratische Gesetzgebung in der Europäischen Union, 2014; *Triantafyllou,* Die asymmetrische Demokratie, EuR 2014, 458; *Hoffmann/Tappert,* Ohne Hürden? Europawahlen 2014, NVwZ 2014, 630; *Huber,* Verfassungsstaat und Finanzkrise, 2014; *Scharpf,* Das Dilemma der supranationalen Demokratie, Leviathan 2015, 11; *Hatje,* Demokratie in der EU, EuR Beiheft (2)2015, 39; *Bellamy/Kröger,* Representation and Democracy in the EU, 2015; *Schorkopf,* Wertesicherung in der Europäischen Union, EuR 2016, 147; *Grimm,* Europa ja – aber welches?, 2016; *Gundel,* Möglichkeiten und Grenzen der Europäischen Bürgerinitiative, DÖV 2018, 585; *Kadelbach* (Hrsg.), Verfassungskrisen in der Europäischen Union, 2018; *Möllers/Schneider,* Demokratiesicherung in der EU, 2018; *Czauderna,* Zivilgesellschaftliche Partizipation und Demokratie, 2019; *Dirk,* Die Größe der Demokratie, 2019; *Wiesner,* Inventing the EU as a democratic polity, 2019; *Knauff,* Die Europäische Bürgerinitiative im Wandel, DVBl 2020, 404.

I. Legitimität der EU in Zeiten der Krise

1 Die EU ist Ausdruck und Ergebnis eines **historisch einzigartigen föderalen Integrationsprozesses,** der bislang nicht abgeschlossen ist. Sie ist ein politisches Projekt, das vom Glauben daran getragen wird, dass sich Europa in einer historisch-politischen Situation befindet, in der die **Schaffung eines föderalen Verbunds** von supranationaler Hoheitsgewalt und souveränen Mitgliedstaaten gemeinwohldienlich ist. Kooperationsmodus soll das Recht sein, nicht Hegemonie, Macht und Gewalt. Zu Recht begreift sich die EU daher als **„Rechtsgemeinschaft"** (Rz. 4/26f.); sie sollte auf diesen Anspruch nicht unüberlegt verzichten. Die politischen Träger der Integrationsbewegung gingen und gehen überwiegend davon aus, dass der Integrationsprozess auf **„Mehr Europa"** hinauslaufe und über kurz oder lang in quasi-bundesstaatliche Strukturen münden müsse, die sich auf eine liberal-pluralistische Ideenwelt stützen. Der Brexit hat diese Gewissheit erschüttert, und die illiberalen Tendenzen in einigen MSen machen deutlich, dass die politische Vision nicht überall geteilt wird. Während manche EU-Organe weiterhin auf einen Ausbau der institutionellen und materiellen Kapazitäten der EU drängen (z. B. Schaffung eines EU-Finanzministers oder eines Eurozonen-Haushalts), verstärken sich andernorts die Legitimationszweifel (*Hellwig,* EuZW 2018, 222). Die EU ist in eine „Poly-Krise" geraten.

2 Repräsentative (Zwangs-)Herrschaft ist den Menschen nur deshalb zumutbar, wenn und soweit sie in ihrem Interesse ist („Output"-Legitimation). Grundlegende Legitimitätsbedingung auch der EU-Herrschaft ist, dass sich die Tätigkeit ihrer Organe als (altmodisch gesprochen) gemeinwohlförderlich erweist. Wenn die EU nicht vermitteln kann, dass sie in effektiver und allseitig befriedigender Weise gemeinwohlförderliche Politik betreibt, wird der Zweck der Mitgliedschaft in Frage gestellt werden (Rz. 15/15f., 20). Über die Jahrzehnte haben die EGen und die EU einzigartige Leistungen erbracht (freiheitlicher Binnenmarkt, Förderung der Kohäsion etc.). Die zeit-

weilig sehr hohen Zustimmungsquoten zur Integration sind hierauf zurückzuführen. Die Errichtung und Verwaltung von **instabilen Teilprojekten** (Währungsunion, Schengen-Raum und Asylpolitik etc.) hat diese Bilanz zuletzt getrübt. Auch eine Krisenbewältigungspolitik, die sich nach Auffassung vieler, einschließlich hochrangiger Politiker, außerhalb des vertraglichen Rahmens bewegte und damit rechtsstaatliche Zweifel wecken musste, erschüttert Legitimität. Der teilweise unbekümmert-freizügige Umgang mit den EU-Kompetenzen wirft die Frage auf, wie gemeinwohldienliche „good governance" erfolgen soll, wenn es am Respekt vor den vertraglichen Handlungsgrenzen mangelt. Die Hauptschwierigkeit der EU-Organe ist es heute, ein kohärentes und konsensfähiges Gemeinwohlkonzept zu formulieren: Während einige der EU eine staatsgleiche Verantwortung für alle größeren Probleme zuschreiben, die irgendwo in der EU auftauchen (Wirtschaft, Soziales, Umwelt, Klima, Digitales etc.), sehen andere die EU weiterhin nur als Zweckverband, der die Rolle der hauptsächlich zuständigen Mitgliedstaaten komplementiert. Was der EU abverlangt wird, um von „Output"-Legitimation sprechen zu können, ist heute politisch so diffus wie nie zuvor, insbesondere im föderalen Gegenüber zu den Mitgliedstaaten.

In der **konstitutionellen Demokratie** wird die Verwirklichung des Gemeinwohls in 3
einer Weise institutionalisiert und prozeduralisiert, die Pluralität und Offenheit, Mitwirkung und Beteiligung, Kontrolle und Responsitivität gewährleisten. Dem freiheitlich-pluralistischen Gemeinwesen ist die Vorstellung fremd, dass einmal ins Amt gekommene Amtswalter aus eigener (höherer) Einsicht wissen können, was gut für die Menschen ist, und dann danach handeln. Ebenso begnügt man sich nicht nur mit Idealkonstruktionen einer Zustimmung (Gesellschaftsvertrag etc.). Kognitiver Skeptizismus rät dazu, der individuellen Selbstbestimmung der Einzelnen in dem Gemeinwohlkonzept eine überragende Bedeutung einzuräumen: Was gut für einen ist, kann man selbst am besten entscheiden. Gemeinwohldienliches Regieren besteht danach nicht zuletzt in der Sicherung der Rechte Einzelner. Geschichte und Verfassungsvergleich zeigen, dass es innerhalb des Typus der konstitutionellen Demokratie unzählige Konzeptionen gibt, wie **„good governance"** verwirklicht werden kann. Das französische Regierungssystem unterscheidet sich vom deutschen, dieses wiederum vom italienischen, ohne dass man abstrakt sagen könnte, dass das eine besser als das andere wäre. Die Beurteilung hängt von Traditionen und Erfahrungen, von den sozio-ökonomischen Rahmenbedingungen, nicht zuletzt auch davon ab, wie von einer Konzeption tatsächlich Gebrauch gemacht wird. Jede **„Theorie guten Regierens"** geht heute davon aus, dass es einer den jeweiligen Verhältnissen, Zielsetzungen und Wertvorstellungen entsprechenden Verbindung mehrerer „Bausteine" bedarf, um sicherzustellen, dass Hoheitsgewalt legitim ausgeübt wird, darunter von Elementen der Mitwirkung und Kontrolle („Input"-Legitimation (vgl. *Möllers,* CMLRev 2006, 313), dazu auch Rz. 16/1 ff.).

Der Maßstab, dem **EU-Governance** normativ zu entsprechen hat, ist damit nicht sta- 4
tisch. Aufgrund der Einzigartigkeit der EU kann er auch nicht einfach aus anderen Erfahrungskontexten übernommen werden – wenngleich diese Kontexte natürlich in die Suche nach einem angemessenen Maßstab hineinspielen. So erklärt es sich, dass sich die EG-Gründerstaaten in den Verträgen von Paris und Rom zunächst am **Modell der internationalen Organisation** orientiert haben, zugleich dann aber auch Elemente staatlicher Provenienz eingebaut haben (KOM als starke Exekutive, Versammlung als quasi-parlamentarisches Gremium, verbindliche Gerichtsbarkeit, unmittel-

bare Geltung der Verordnungen). Mit dem Ausbau der EU-Aufgaben war klar, dass sich die **(demokratische) Rückbindung intensivieren** muss. Seit 1976 (Direktwahlbeschluss) arbeitet man daran, das parlamentarische Element im System der EU-Governance zu stärken. Seit „Lissabon" wird sogar versucht, die mitgliedstaatlich-gubernative Entscheidungsmacht durch verstärkte Einbindung nationaler Parlamente einzufangen (Art. 12 EUV).

5 Die Bewertung des Erreichten fällt weiterhin unterschiedlich aus. Wer als Leitmaßstab das Modell überkommener parlamentarischer Regierungssysteme wählt, wird die EU schon grundsätzlich als (noch) defizitär ansehen. Wer die besonderen Rahmenbedingungen von EU-Governance in Rechnung stellt, wird im Grundsatz keine Probleme darin sehen, dass sich in der EU eine eigenständige Form von Governance realisiert. Anhänger einer **formal-institutionalistischen Sichtweise** scheinen sich damit zu begnügen, dass das Primärrecht der EU demokratische Legitimität attestiert (Art. 10 Abs. 1 EUV) und dass eine unmittelbare (Art. 10 Abs. 2 UAbs. 1 EUV: Wahl zum europäischen Parlament) bzw. mittelbare (Art. 10 Abs. 2 UAbs. 2 EUV: demokratische Rückbindung der mitgliedstaatlichen Ratsvertreter) Mitsprachemöglichkeit der EU-Bürger besteht. Anderen genügt dies nicht. Sie glauben zu erkennen, dass in dem EU-Regierungssystem (Art. 10–12 EUV) die Vielfalt von Meinungen, Positionen und Werten nicht richtig abgebildet wird. Sie bezweifeln die Effektivität der Einwirkungs- und Kontrollmöglichkeiten europäischer Bürger und rufen zudem die politisch-sozialen Grundlagenbedingungen demokratischer Herrschaftsausübung in Erinnerung: die Existenz einer **politischen Gemeinschaft der europäischen Bürger,** die sich als Einheit und politisches Handlungssubjekt begreift, und die Existenz politischer Kommunikationsräume, in denen sich die Mitglieder dieser Gemeinschaft politisch verständigen. Einfache Antworten auf die Frage nach „good governance" in der EU gibt es jedenfalls nicht. Es reicht nicht aus, zu postulieren, dass der „Volkswille" über Legitimationsketten zur Geltung gebracht werden müsse. Um mehr als ein **Deutungsangebot** und eine **Selbstverpflichtung** handelt es sich bei der Beschreibung in Art. 9-12 EUV nicht. Nur wenn die Verpflichtung auch substanziell eingelöst wird, werden die Bestimmungen mehr als ein **leerer Versuch der Selbstlegitimierung** sein (hierzu noch Rz. 15/17ff.).

6 Seit einigen Jahren ist zu beobachten, dass sich die **soziopolitischen Tiefenstrukturen der Gesellschaften einiger MSen** zu verändern scheinen (Manifestation von Nationalismus, Illiberalismus, nativistischer Fremdenfeindlichkeit). Populistische Regierungen verdanken dem ihr Amt, und sie bedienen wiederum diese politischen Kräfte. Der politische Grundkonsens, der die Integrationsbewegung seit den 1950er Jahren getragen hat, scheint gefährdet. Der EUV beschreibt die EU als Verbund, in dem sich demokratische Staaten auf rechtsstaatlicher Basis zusammengeschlossen haben (Art. 2 EUV). Das Aufkommen **illiberaler politischer Strömungen** und das Auftreten nationalistischer oder gar autoritärer Regierungen greift die EU quasi von innen an. Die EU-Organe betonen in politischen Reden seither beständig die Bedeutung der „europäischen Werte" oder des „europäischen Wertefundaments". Die Bewertung dieses Versuchs der Ausgrenzung fällt zwiespältig aus. Gesellschaftliche Integration lässt sich über Werteschau und Wertebekenntnisse heute sicherlich nicht mehr betreiben. Rechtlich bedeutsam ist die Frage, mit welchen Maßnahmen die EU auf diese Veränderungen reagieren soll (hierzu *Möllers/Schneider,* Demokratiesicherung in der EU, 2018). Auch wenn dies regelmäßig verschwiegen wird, handelt es sich hierbei zunächst um eine **Frage föderaler Machtverteilung** (Rz. 15/45).

II. Demokratische Legitimität der EU

1. Die Legitimationskonstruktion der frühen Jahre: Output-Orientierung und Einstimmigkeitserfordernis im Rat

In den ersten Jahrzehnten der Integration wurde über die demokratische Legitimität von EGKS, EWG und EAG nicht ernstlich diskutiert. Die Mitgliedstaaten hatten als „Herren der Verträge“ und als dominierende Macht im innergemeinschaftlichen Legitimationsprozess eine Stellung, gegen deren Willen auf überstaatlicher Ebene keine Entscheidung gefällt werden konnte **(Einstimmigkeitserfordernis).** Zudem ließen sich die – für die Bürger zunehmend fühlbaren – Entscheidungen unter Verweis auf deren strikte **Rechtsförmigkeit** und **Gemeinwohlzuträglichkeit** output-orientiert rechtfertigen. 7

Die EU beanspruchte jedenfalls seit den 1970er Jahren immer, bei der Ausübung ihrer Hoheitsgewalt rechtsstaatlichen Prinzipien (Gewaltenteilung, Rechtsbindung, Grundrechtsbindung, Verhältnismäßigkeit) verpflichtet zu sein. Sie begriff das Etikett der „Rechtsgemeinschaft“ als Ehrenzeichen (*Mayer,* in: Schuppert u. a. (Hrsg.), Europawissenschaft, 2005, 429). Die Wahrung des Rechts bei der Auslegung und Anwendung der Verträge ist über die im mitgliedstaatlichen Vergleich bemerkenswert **starken Kompetenzen des Gerichtshofes** gewährleistet (Art. 19 Abs. 1 EUV; dazu Rz. 13/12, 70). Die Konfliktregelungsmechanismen der Verträge sind abschließend gemeint und lassen die einseitige Aktion des einzelnen Mitgliedes nicht mehr zu (insbes. Art. 344 AEUV). In einer ganzen Reihe von Einzelregelungen wie z. B. bei der internen Haftung für am Unionsbürger begangenes Unrecht (Rz. 14/6) prägt sich die Verpflichtung auf das **materielle Rechtsstaatsprinzip** aus. In dem rechtsstaatlichen Schutz ihrer staatlichen und individuellen Mitglieder vor öffentlicher Willkür braucht die EU den Vergleich mit der Rechtsstaatlichkeit der MS nicht zu scheuen. 8

Zur gleichen Zeit wurde regelmäßig der Gewinn an Freiheit, Wohlstand und Sicherheit der Einzelnen hervorgehoben, der sich mit dem Wirken der EU-Institutionen verbindet. Über lange Jahre stand die sog. **„Output-Legitimation“ des Wirkens der EU** ganz im Zentrum der Integration. Es ging um die Realisierung vorgegebener und letztlich durch Expertise und Sachverstand umzusetzender Zielsetzungen: Die Errichtung des Gemeinsamen Marktes, die Aufhebung von beschränkenden Hindernissen, die damit erzielten Wohlfahrtsgewinne und die Herstellung von Frieden in Europa sollten durch die Umsetzung und Verwirklichung eines Programms sichergestellt werden, das in den Gründungsverträgen angelegt und vorskizziert war. Natürlich kam es immer wieder zu politischen Konflikten darüber, wie dieses Programm realisiert werden sollte. Die grundsätzliche Richtung war allerdings vorgezeichnet. Die zentrale Rolle, die die Vertragsgeber der KOM im Rechtsetzungsverfahren (Rz. 11/50 ff.) einräumen, ist ein Ausdruck dieser Sichtweise. Je später Kompetenzen neu in den EUV aufgenommen wurden, desto geringer war jedoch im Regelfall die Direktionskraft der vertraglichen Vorgaben. Außerdem beschäftigte sich die EU mehr und mehr mit **„hochpolitischen“ Sachbereichen,** in denen die **bisherige Integrationslogik** nicht mehr funktionierte. Vor allem sind Verteilungskonflikte (Bewältigung der Schuldenlasten, Bewältigung der Flüchtlingskrise) in den Vordergrund gerückt, die so in der Vergangenheit nicht zu beobachten waren. Hier geht es nicht mehr um „win-win“-Situationen. Der in den letzten Jahren zu beobachtende Bedeutungsgewinn des EuRats (Rz. 5/159) lässt sich als Folge der Akzentverschiebung hin zu hochpolitischen Fragen begreifen. Zugleich belegt der Ausbau unabhängiger Verwaltungsbehörden (Rz. 6/26 ff.), welcher Stellenwert unabhängiger und sachverständiger Expertise bei der Verwaltung vieler Bereiche zugewiesen wird. Vielfach sucht man nach einer neuen Narration für die Rechtfertigung des „outputs“ der EU – etwa die Sicherung einer europäischen Stimme im internationalen „Konzert“ und als Großmacht; es bleibt abzusehen, inwieweit sich derartige Legitimierungsversuche durchsetzen werden. 9

2. Die Suche nach angemessenen Legitimationsmustern

Spätestens seit Ende der achtziger Jahre des 20. Jahrhunderts erwies sich das **überkommene Legitimationsmodell als brüchig.** Die Integration hat heute eine Breite gewonnen, die staatsähnliche Qualität hat. Das Primärrecht gibt der Integration zwar 10 einen Rahmen vor, enthält aber kein so eindeutig vorgezeichnetes „Integrationsprogramm“ mehr, dass die mitgliedstaatliche Zustimmung zum Vertrag wirklich eine Steuerung des weiteren Verlaufs ermöglichte. Zudem haben die supranationalen Entscheidungsprozesse (nicht zuletzt durch die Anwendung des Mehrheitsprinzips beim Beschluss von Rechtsakten, die alle Staaten binden) eine **Eigenständigkeit** gewonnen, die die Annahme, jeder Mitgliedstaat könne sich der Einwirkung unliebsamer Entscheidungen entziehen, hinfällig macht. Über unmittelbare Anwendbarkeit und Vorrang wirken die Entscheidungen der EU zudem tief in den innerstaatlichen Rechtskreis ein. Der Umstand, dass heute über die **demokratische und rechtsstaatliche Legitimität der EU** diskutiert wird, ist insofern ein Ausdruck des enormen Erfolgs, den die Integrationsbewegung in den letzten Jahrzehnten hatte.

11 Über die **Notwendigkeit verstärkter demokratischer Rückbindung** der EU ist man sich einig. Über den Weg wird gestritten. Ein Ansatz besteht darin, die EU weiterhin als Verbund souveräner kooperierender Staaten zu rekonstruieren und (vor allem) über die Stellung der MSen zu legitimieren (BVerfGE 123, 267 „Lissabon“ (2009)). Aus dieser Warte erweist sich die Legitimationsstiftung über mitgliedstaatliche Parlamente („Integrationsverantwortung“) von zentraler Bedeutung – mit der Folge, dass nationale parlamentarische Einwirkungs- und Kontrollrechte zu schaffen sind („haushaltspolitische Gesamtverantwortung“). Vor allem aber kämpft das BVerfG um den Schutz mitgliedstaatlicher Zuständigkeitsphären, durch Entwicklung der Doktrin von der Unantastbarkeit der deutschen Verfassungsidentität (Art. 79 Abs. 3 GG, vgl. auch Art. 4 Abs. 2 EUV), durch den Kampf gegen kompetenzüberschreitende Maßnahmen der EU und, damit verbunden, die Inanspruchnahme einer Letztentscheidungsbefugnis in der Frage, ob eine Maßnahme der EU vom deutschen Zustimmungsgesetz nach Art. 23 Abs. 1 GG getragen wird. Dieser **Kampf** wird mit **zunehmender Intensität** austragen (*Nettesheim,* JZ 2014, 585). Seit 2016 sieht das BVerfG die Bunderegierung und den Bundestag als verpflichtet an, aktive Maßnahmen zu ergreifen, wenn eine Kompetenzüberschreitung der EU zu beobachten ist (BVerfGE 142, 123 „OMT-Urteil“ (2016)). Und am 5. Mai 2020 erklärte es erstmalig eine Entscheidung von EU-Organen für „ultra vires“ und in Deutschland unanwendbar (BVerfG, 5.5.2020, 2 BvR 859/15 u. a., „PSPP“; *Nettesheim,* NJW 2020, 1631). Das BVerfG bedient sich damit heute einer integrationspolitischen Konstruktion, die nicht aus demokratischen, wohl aber aus etatistischen Gründen einem weiteren Kompetenzausbau der EU und einer weiteren Politisierung der Entscheidungsprozesse auf EU-Ebene Grenzen zieht (*Schönberger,* Der Staat 2009, 535).

12 Ein anderer Ansatz besteht darin, föderale Vorstellungen zum Tragen zu bringen und die **Legitimation der EU in einer politischen Gemeinschaft** der Europäer zu suchen. Die EU weiterhin nur als *internationale Kooperation souveräner Staaten* zu begreifen, erweist sich danach ebenso als unbefriedigend wie der Versuch, sie allein oder vorwiegend über die Einwirkungsmöglichkeiten der MSen zu steuern. In der Maastricht-Entscheidung zeigte das BVerfG sich für dieses Verständnis offen (BVerfGE 89, 155 „Maastricht“ (1993); kritisch *Classen,* AöR 1994, 238). Der Ansatz läuft auf eine Stärkung des EP, zudem auf gesamtunionale Mechanismen demokratischer Kontrolle (wie etwa die Europäische Bürgerinitiative) hinaus.

13 Spuren einer Diskussion um die **„Demokratisierung der EU“** lassen sich bis in die Anfangsjahre der Integration zurückverfolgen. Man würde dies allerdings missverstehen, wenn man nicht den damals vollständig anderen Kontext berücksichtigte. Schon bei der Aushandlung des EGKS-Vertrags 1951 waren vor al-

lem in der deutschen Verhandlungsdelegation Stimmen zu vernehmen, die sich um eine hinreichende Kontrolle der mit supranationaler Entscheidungsgewalt ausgestatteten Hohen Behörde sorgten. Französischer Widerstand und Indifferenz auf Seiten der Benelux-Staaten ließen es damals nicht zu, der „Versammlung" genuine Kompetenzen zu übertragen. Nach Inkrafttreten der EG-Gründungsverträge verstummte die Diskussion über die demokratische Absicherung des Integrationsverbands nicht. Auch in der Folgezeit erhob sich die **Forderung nach hinreichender parlamentarischer Mitsprache,** etwa, als im Jahre 1970 die Gemeinsame Agrarpolitik mit erheblichen budgetären Mitteln ausgestattet wurde. Allerdings richteten sich Forderungen, die auf eine „Demokratisierung" der EU abzielten, vor allem auf eine Steigerung der Integrationstiefe. Es ging nicht um nachträgliche Absicherung des erreichten Legitimationsstands, sondern um die politische Vertiefung parallel zu der – oder gar im Vorgriff auf die – Gewährung von Sachkompetenzen. Mit dem Einbau „demokratischer Institutionen" in das Entscheidungsgefüge der damaligen EWG sollte der Integrationsprozess auf dem Weg zum „Europäischen Bundesstaat" institutionell vorangetrieben werden (*Grabitz,* Direktwahl und Demokratisierung, 1988). Vor diesem Hintergrund konnte beispielsweise die Einführung des Direktwahlrechts 1976 als großer Integrationserfolg betrachtet werden. Eingedenk einer weiterhin beschränkten Kompetenzausstattung und der faktischen Geltung des Vetorechts der MSen ließ sich ein genuines Defizit demokratischer Kontrolle damals noch nicht erkennen (*Oeter,* ZaöRV 1995, 659).

In den geltenden Verträgen werden **beide Ansätze nebeneinander** gestellt (Art. 10 Abs. 2 EUV). Politische Auffassungsunterschiede lassen gegenwärtig keine Priorisierung zu. Das darf nicht darüber hinwegtäuschen, dass Mehr nicht immer Besser ist: Je mehr verschiedene Akteure Mitspracherechte und Vetopositionen haben, desto unbeweglicher wird der Entscheidungsprozess, und desto mehr Kompromisse müssen gemacht werden. Normativ richtig ist es, **verschiedene EU-Entscheidungssphären** zu unterschieden. Während die Rückbindung des EU-Entscheidungsgeschehens im Bereich der konstitutionellen Grundlagen und hochpolitisch-souveränitätsnaher Felder weiterhin über die MSen erfolgen muss, können andere Entscheidungen heute unproblematisch über das EP aus der EU-Gesamtbürgerschaft heraus legitimiert werden. In den konstitutionellen Tiefenschichten ist die EU danach ein **„Club" demokratischer Staaten;** hier muss sie demokratietheoretisch als „Demoi-kratie" gedeutet werden (*Nicolaidis,* Crit Rev Int Soc Polit Philos 1/2004, 76); in anderen Sphären hat sie inzwischen legitimatorischen Eigenstand erreicht. 14

Eine andere – und ebenfalls kontrovers diskutierte – Frage ist, wie man repräsentativ-amtliches Entscheiden und bürgerschaftliche Mitwirkung miteinander so verzahnt, dass **Effektivität und Gemeinwohldienlichkeit** gesichert sind. Zwischen der Suche nach normativen Standards einer hinreichenden Rückbindung unionaler Hoheitsgewalt, der Suche nach Standards europäischer „good governance" (vgl. Europäische Kommission, Das Weißbuch „Europäisches Regieren", KOM(2001) 428 endg.) und der Diskussion um die Konstitutionalisierung der EU gibt es diesbezüglich Überschneidungen. Inhaltlich war die Diskussion bis weit in die neunziger Jahre hinein von Positionen geprägt, die ein – je nach Standpunkt ausgewähltes – Modell nationalstaatlicher Demokratie an die EU anlegten und hieraus normative Forderungen ableiteten. Der langwierige und mäandernde Prozess der Beschäftigung mit der Frage, welches demokratietheoretische Modell für die EU überhaupt „passt", setzte erst später ein. Inzwischen sind die Überlegungen zur demokratischen Legitimität der EU nicht mehr nur **philosophischer oder politikwissenschaftlicher Natur.** Art. 2 S. 1 und Art. 9 ff. EUV legen der EU die rechtliche (allerdings bislang nicht richterlich konkretisierte) Pflicht auf, die Grundsätze der Demokratie zu beachten. In der Rechtsprechung finden sich in – allerdings untergeordneten – Fragen des Parlamentsrechts Bezugnahmen auf das demokratische Prinzip (vgl. EuGH, 29.10.1980, Rs. 138/79, 15

„Roquette/Rat" zur Parlamentsbeteiligung; EuG, 10.4.2003, Rs. T-353/00, „Pen/Parlament"). Eine geschlossene Konzeption hat der EuGH bislang nicht entwickelt.

16 Demokratische Herrschaft ist Herrschaft, die für die Beherrschten ausgeübt wird, zugleich aber auch als Ausdruck der Selbstbestimmung der Regierten begriffen werden kann. *A. Lincoln* hat diese Komplexität mit der Formel des „government of the people, by the people, and for the people" zum Ausdruck gebracht. Institutionen und Formen, in denen sich diese Selbstbestimmung („Volkssouveränität") realisiert, sind zeitgebunden und hängen nicht zuletzt von der **Größe des Gemeinwesens,** von den **gesellschaftlichen Rahmenbedingungen** und von **normativen Anschauungen über das Ziel gerechten und effizienten Regierens** ab (Rz. 15/3). Die Geschichte der Demokratietheorie war und ist vor allem die Geschichte der Suche nach Institutionen, die die Gewähr dafür bieten, dass Herrschaft den Anspruch und die Verpflichtung, als Ausdruck der Selbstbestimmung der Beherrschten begriffen werden zu können, tatsächlich auch einlöst. In der klassischen Demokratie Athens – gekennzeichnet durch kleinräumige Verhältnisse und überschaubare Größe der Polis – stand das Modell tatsächlicher Selbstregierung im Vordergrund. In den sich im achtzehnten Jahrhundert herausbildenden großräumigen Flächenstaaten entwickelte man die **Idee demokratischer Repräsentation.**

17 Viele Meinungsverschiedenheiten in **der diffusen und vielschichtigen Debatte** um die „Demokratisierung" der EU (gute Überblicke bei: *Follesdal,* JPP 2006, 441; *Kohler-Koch/Rittberger,* in: dies. (Hrsg.), Debating the Democratic Legitimacy of the EU, 2007, 1; *Wimmel,* Integration. 2008, 48; *Abels u. a.,* BIS, 2010, 256) lassen sich auf die Differenzen in der demokratietheoretischen Grundorientierung zurückführen. Wer der repräsentativ-outputbezogenen Leistungsfähigkeit von Governance-Institutionen wesentliche Bedeutung zuschreibt, wird in der starken Stellung, die **Gubernativinstitutionen im europäischen Regierungssystem** zukommt, kein Problem sehen, ebensowenig im expertokratischen Grundmodus des EP. Derartige Formen erweisen sich dann als gelungene Umsetzung der Erkenntnis, dass effizient und gemeinwohlorientiert heute nur noch dann regiert werden kann, wenn die Bewältigung der Probleme und die Verwirklichung der Integrationsziele technokratischem Sachverstand überlassen bleibt (so *Majone,* WEP 1999, 1). Die Bedeutung, die **technokratischer Sachverstand in der KOM und in den ihr unterstellten unabhängigen Behörden** hat, ist dann (jedenfalls prima facie) kein Problem. Europäische „governance" erweist sich nicht schon deshalb als prekär, weil sie nicht auf einem dichten Diskurs einer (sich als solidarische Einheit begreifenden) EU-Bürgerschaft aufsetzen kann. Den formalen Anforderungen an eine funktionierende Demokratie wird schon dadurch entsprochen, dass die EU-Amtswalter von den Bürgerinnen und Bürgern unmittelbar oder mittelbar autorisiert werden.

18 Für Anhänger dieses Verständnisses erweist sich die EU vor allem dort legitimiert, wo sie **individuelle Freiheit und individuelle Rechte** stärkt – sei es durch Schaffung, Öffnung und Sicherung von Märkten, sei es durch Gewährung sonstiger (Grund-) Rechte. Je mehr sich die EU-Amtsträger gestalterischen und verteilungspolitischen Anliegen verschreiben, desto eher geraten sie in die Gefahr, Zumutungen zu begründen, die ihre Legitimation überspannen. Die **Konzentration auf eine Mindestharmonisierung und das Prinzip der gegenseitigen Anerkennung im Binnenmarktbereich** ist insofern klug. Die „Vollharmonisierung", die in der Schaffung einer

Währungsunion liegt, erweist sich heute als nicht unproblematisch, gerade weil ihre Wirkungen und Folgezwänge tief in Räume demokratischer Selbstgestaltung hineinreichen, die bislang den MSen obliegen.

Selbst aus dieser Sicht muss aber problematisch sein, dass der Einfluss der EU-Bürgerinnen und Bürger auf die **Auswahl der Amtsträger** verschwindend gering ist; ebenso wenig verfügen diese über **effektive Sanktionsmechanismen,** mit denen sie die individuelle Amtsführung bewerten könnten. Echte Alternativen sind in einem System, das vor allem von konsensualen Strukturen getragen und dem Prinzip der „ever closer union" vorangetrieben wird, nicht zu erkennen. Die Architektur setzt zu wenig auf (im Übrigen nur schwach entwickelte) interne Kontrollmechanismen und bietet stattdessen nur die **„Exit"-Option** (Art. 50 EUV, für die GASP auch die qualifizierte Enthaltung, Art. 31 Abs. 2 EUV). Die Fundamentalopposition, die in letzten Jahren Zuspruch gefunden hat, ist Ausdruck dieses Strukturmangels. Hierauf mit Aus- und Abgrenzung, mit dem Vorwurf fehlenden europäischen Bewusstseins und mit einem Rückzug in die „Brüsseler Burg" reagieren zu wollen, wäre kontraproduktiv. 19

Anhänger einer „substanziellen" Anschauung denken hingegen vom **demokratischen Subjekt** her. Sie werden genuine demokratische Selbstbestimmung nur dort erkennen können, wo die Voraussetzungen dafür gegeben sind, dass es zu einer Verständigung der Bürgerinnen und Bürger über die **substanziellen Inhalte eines europäischen Gemeinwohls** kommt. Die diesbezüglichen Voraussetzungen liegen schwerlich vor. Nicht nur fehlt es an einer hinreichenden **solidarischen Verbundenheit,** ohne die sich die für moderne Staatlichkeit kennzeichnende Verteilungspolitik nicht vorstellen lässt. Ebenso fehlt es an **Kommunikationsstrukturen,** die die Erwartung rechtfertigen könnten, dass es zu einem Verständigungsprozess über ein genuin europäisches Gemeinwohl kommt. Institutionelle Prozesse wie die Wahl zum EP und die Beratungen seiner Mitglieder kann danach nur ein eingeschränkter Wert demokratischer Selbstbestimmung zugeschrieben werden. Auch plebiszitären Elementen auf Unionsebene, etwa die Europäische Bürgerinitiative nach Art. 11 Abs. 4 EUV, kommt nur ein geringer Wert in diesem Kommunikationsprozess zu, Rz. 15/30. EU-Politiker, die sich einer „substanziellen" Sichtweise bedienen, plädieren für Maßnahmen zur Stärkung europäischer Identität, um so Europäer zu formen (Stichworte: „Europäisches Jahr der Bürgerinnen und Bürger 2013"; „Civil Society Observatory", „Europäische Bürgerdialoge", „Konferenz zur Zukunft Europas 2020"; vgl. *Wiesner,* Inventing the EU as a Democratic Polity, 2019). Kritisch wird von „panem et circensis" gesprochen. 20

Die Auflösung der demokratietheoretischen Herausforderungen supranationaler „governance" lässt sich damit aus mindestens zwei Blickrichtungen betreiben. Zwingend ist keine. In der **öffentlichen Diskussion** dürfte die letztgenannte Sichtweise inzwischen vorherrschend sein: bei den Brüsseler Amtsträgern mit sehnsüchtigem Unterton und der Hoffnung, den Schritt zu einer „dichten" Demokratie schnell zu vollziehen, in anderen Kreisen als Prüfstein, mit dem die fortbestehenden Defizite der EU belegt und die wichtige Rolle der Nationalstaaten dargetan werden können. Es ist nicht ohne Ironie, dass sich beide Seiten an einem Entwicklungspfad abarbeiten, der die EU auch in demokratietheoretischer Hinsicht in den **Bereich der Staatlichkeit** führen würde. 21

3. Die Architektur unionaler Demokratie

22 Die **Idee demokratischer Selbstbestimmung** ist als Bewertungsmaßstab für Governance-Modelle weiterhin alternativlos. Sie ist auch anpassungsfähig genug, um im Kontext einer sich föderal ausdifferenzierenden „europäischen" Ordnung Anwendung zu finden. Es gilt, die normativen Errungenschaften der Moderne in dem Kontext, in dem Hoheitsgewalt im 21. Jahrhundert zur Anwendung kommt, neu zu entfalten. In einem demokratischen Regierungssystem wird eine Vielzahl von Teilelementen zu der Gesamtarchitektur zusammengeführt, mit der sich das Versprechen legitimen Regierens verbindet. Nicht immer lässt sich die Frage, wie sich ein Teilbaustein im demokratischen Gesamtregierungssystem auswirkt, leicht beantworten. Dies gilt etwa mit Blick auf die Einführung plebiszitärer Mitspracherechte (erste Tendenzen in Art. 11 Abs. 4 EUV), die sich je nach Kontext als Vetopositionen gesellschaftlicher Minderheiten oder aber eben auch als effektives Mittel mehrheitlicher Kontrolle auswirken können. Vor diesem Hintergrund ist beispielsweise wenig erreicht, wenn man schlicht fordert, Demokratie auf europäischer Ebene durch Adoption bestimmter institutioneller Teilelemente zu realisieren.

23 Als „Bausteine", mit denen sich das **repräsentative Regieren** als Ausdruck der Idee der Selbstregierung begreifen lässt, sind in der Architektur der EU insbesondere die nachfolgend behandelten Institutionen und Mechanismen von Bedeutung. Sie formen ein Gemeinwesen aus, das in der **konstitutionellen Tiefenschicht** weiterhin wesentlich von einer **„Club-Struktur"** geprägt ist. Trotz des Übergangs auf Mehrheitsentscheidungen werden die Rechte von Minderheitsgruppen besonders geschützt (besondere Entscheidungsquoren, konkordanzdemokratische Entscheidungsprozesse, Zurückhaltung in der Majorisierung von Staaten oder Staatengruppen, Verwendung von Elementen degressiver Proportionalität). Der Entscheidungsmechanismus stößt an seine Grenzen, wenn in **sensiblen Bereichen** Mehrheitsentscheidungen getroffen werden (so im Falle des Beschlusses des Rats über die Verteilung von Flüchtlingsquoten gegen die Stimmen Ungarns, der Slowakei, Tschechiens und Rumäniens, vgl. Beschlüsse (EU) 2015/1523, ABl. L 239/146; (EU) 2015/1601, ABl. L 248/80; Entscheidungen hierzu EuGH, 6.7.2017, C 643/17 u. a.; EuGH, 2.4.2020, C-715/17 u. a.).

a) Gemeinwohldienliches Regieren („Output") als Ausdruck von „Input", Verfahren und Kontrolle

24 In einem System repräsentativer Herrschaft lässt sich das Ziel gemeinwohldienlichen, Selbstbestimmung im Kollektiv ermöglichenden und responsiven Regierens („Output") nur dadurch verwirklichen, dass **„Input", Amts- und Verfahrenslegitimität sowie Kontrolle** in ein angemessenes, der Funktionserwartungen und den jeweiligen Rahmenbedingungen gerecht werdendes Verhältnis gestellt werden. Repräsentative Demokratie setzt Verfahren voraus, vermittels derer Ämter nach gleichen Prinzipien zugänglich gemacht werden. Sie setzt auch Mechanismen zur Einwirkung auf die Entscheidungen der Regierenden und zur Geltendmachung von Interessen voraus, beschränkt sich aber nicht darauf (*Scharpf,* Demokratietheorie zwischen Utopie und Anpassung, 1970; in der Anwendung auf die EU: *Scharpf,* Regieren in Europa. Effektiv und demokratisch?, 1999). **Wahl und Mehrheitsentscheidung sind unverzichtbare, nicht aber hinreichende Elemente der repräsentativen Demokratie.** Verfahrenslegitimität und die sanktionierende Kontrolle haben eine Bedeutung, die ihnen eine

vor allem auf die Hervorbringung eines einheitlichen Willens abstellende Sichtweise nicht zukommen lässt. Beides setzt ein hohes Maß an Transparenz voraus. Der Zugang zu Informationen, die Durchsichtigkeit von Entscheidungsprozessen und – nicht zuletzt – der Gesichtspunkt klarer Verantwortungsträgerschaft stellen insofern wichtige Vorkehrungen zur Sicherung demokratischer Legitimation dar.

Entscheidungsinstanzen, die diesen Mechanismen nur beschränkt unterliegen, sind damit nicht *per se* bedenklich, bedürfen aber einer besonderen Rechtfertigung. So lässt sich etwa die Tätigkeit der **unabhängigen EZB** unter Verweis auf ihre vertragliche Absicherung zudem durch funktionale Gründe rechtfertigen. Eine weite, über den Bereich der vertraglich eingeräumten Befugnisse hinausgehende Handhabung des Mandats würde Probleme aufwerfen (BVerfGE 134, 366, „OMT-Beschluss" (2014); BVerfG, 5.5.2020, 2 BvR 859/15 u. a., „PSPP; im Grundansatz ähnlich, wenn auch ohne Rekurs auf das Demokratieprinzip EuGH, 16.6.2015, Rs. C-62/14, „Gauweiler"; dazu: *Mayer,* NJW 2015, 1999). Zuletzt hat das BVerfG für die **Tätigkeit der EZB** umfassende **Begründungspflichten** abgeleitet, um ein hinreichendes Maß an Transparenz für die gerichtliche und öffentliche Kontrolle herzustellen (BVerfG, Beschl. v. 5.5.2020, 2 BvR 859/15 u. a., „PSPP"). Die Entstehung von vertraglich nicht vorgesehenen und in ihrem Entscheidungsprozess kaum einsehbaren **Ausschüssen** im Prozess der Vorbereitung unionaler Rechtsetzung (siehe Rz. 5/113) muss danach Bedenken erwecken. Besondere Probleme werfen die **EU-Agenturen** auf (*Groß,* Die Legitimation der polyzentralen EU-Verwaltung, 2015). Art. 15 AEUV wirkt dem entgegen, in dem ein Recht auf Zugang zu Dokumenten von EU-Organen (VO 2001/1049, ABl. L 145/43, hierzu: *Pesch,* EuZW 2012, 51, Rz. 12/18ff.) begründet wird. Dies dient der Verwirklichung wesentlicher Bedingungen demokratischer Responsitivität (vgl. Art. 10 Abs. 3 EUV). Gelegentlich wird das Zugangsrecht eng verstanden (EuG, 29.11.2012, Rs. T-590/10, „Thesing u. a./EZB"); in anderen Fällen erweist sich die Rechtsprechung als freizügig (EuGH, 16.7.2015, Rs. C-615/13 P, „ClientEarth u. a./EFSA"; näher Rz. 12/18ff.). 25

Der Vertrag von Lissabon hat eine **„Input"- und Kontrollstruktur** eingerichtet, die sich auf drei Säulen stützt. In dem Mehrebenensystem der EU treten inzwischen Legitimationsstränge über unionsunmittelbare Kanäle, über mitgliedstaatliche Beteiligungsrechte im EU-Entscheidungsprozess oder über direkte Mitspracherechte der EU-Bürger nebeneinander (Art. 10 Abs. 2 EUV) (vgl. *Franzius/Preuß,* Blätter für dt. int. Pol. 11/2012, 77): 26

Vor allem ist der langandauernde Prozess der **Parlamentarisierung des EU-Regierungssystems** inzwischen weit entwickelt. Über die **Direktwahl der Abgeordneten** des EP werden Mitsprache- und Kontrollrechte gewährt. Der Idee nach erfolgt über die Auswahl und Sanktionierung der Mandatsträger die inhaltliche Steuerung (*Bleckmann,* JZ 2001, 53). Noch immer entsprechen die Rechte des EP nicht vollständig denjenigen typischer staatlicher Parlamente (Rz. 5/42ff.). Der Grad horizontalen Machtgewinns des EP im Verhältnis zu den anderen (internationalen) Institutionen ist allerdings bemerkenswert; die Parlamentarisierung (zum Begriff: *Brenner,* in: Isensee/Kirchhof (Hrsg.), HBStR III, 3. Aufl. 2005, § 44) ist weit fortgeschritten. Die Tendenz vieler EP-Abgeordneten, sich zu einer großen Koalition der Vertiefungsbefürworter zusammenzuschließen, unterläuft die im Wahlrecht liegende Entscheidungsmöglichkeit. Erhebliche Schwächen bestehen weiterhin im vertikalen Verhältnis einer Rückbindung des EP zur europäischen Bürgerschaft. Weder das Petitionsrecht (Art. 227 AEUV) noch die Institution des Bürgerbeauftragten (Art. 228 AEUV) haben diesbezüglich Wesentliches geändert. Für Anhänger eines föderalen Ausbaus der EU muss es darum gehen, die Entscheidungsstrukturen parlamentarischer Demokratie auf EU-Ebene weiter auszubauen und den dortigen Prozess (etwa über **eine stärkere Bürgerbeteiligung**) responsiver zu machen (Europäische Kommission, Das Weißbuch „Europäisches Regieren", KOM (2001) 428 endg.; Konferenz zur Zukunft Europas, COM(2020) 27 final). Maßnahmen, die dem Entscheidungsprozess auf EU-Ebene zu (demokratischem) Selbststand verhelfen, unterlaufen allerdings die beherrschende Stellung der MSen und stoßen damit auf Einwände (im Einzelnen: *Nettesheim,* EuR-Beiheft 1/2010, 101). Das BVerfG verortete in seiner „Maastricht-Entscheidung" (BVerfGE 89, 155 „Maastricht" (1993)) die demokratische Legitimation der EU noch „zuvörderst" in der Rückkopplung des Handelns europäischer Organe an den nationalen politischen Prozess. Es erkannte allerdings die Möglichkeit an, dass die Legitimation unionalen Regierens **„schritthaltend mit der Integration ausgebaut wird".** Inzwischen ist es skeptischer geworden (BVerfGE 123, 267, „Lissabon" (2009)). Der 27

Übergang in ein vollentwickeltes parlamentarisches Regierungssystem soll der EU erst nach Verfassungsneugebung in Deutschland möglich sein.

28 Wenn demokratische Herrschaft dadurch gekennzeichnet ist, dass sie sich als Ausdruck der Selbstbestimmung der Regierten begreift, dann muss sie den **Willen** *aller* **Beherrschten** *in gleicher Weise* **berücksichtigen.** Dieses Prinzip gilt es prinzipiell durchgängig zu realisieren. Dies bedeutet etwa, dass es *prima facie* gute Gründe gibt, bei den Wahlen zum EP die Realisierung des Grundsatzes der Stimmengleichheit der Menschen in den Mitgliedstaaten zu fordern (hierzu Rz. 5/25 ff.). Föderale Theorie und demokratische Norm bedürfen allerdings eines Ausgleichs (zu einseitig BVerfGE 123, 267, „Lissabon" (2009)). In föderalen Gebilden – die Erfahrung in den USA oder in Deutschland zeigt das – kann dies zu einer Lösung führen, in der die Grundsätze von Personengleichheit und Staatengleichheit miteinander ausgeglichen werden. Dies kommt in der „degressiven Proportionalität" der Repräsentation der Einzelnen im Europäischen Parlament zum Ausdruck (Rz. 5/25 ff.).

29 Die zweite Legitimationskette ist in den **Mechanismen demokratischer Mitsprache in den MSen** der EU angelegt. Der Idee nach kontrollieren die Bürger den Auftritt ihrer Vertreter im EuRat und Rat (Art. 10 Abs. 2 UAbs. 2 EUV). Sie steuern so sowohl die Besetzung wichtiger EU-Ämter als auch Sachentscheidungsprozesse. Offenkundig sind die so vermittelten Partizipations- und Sanktionsmöglichkeiten aber schon wegen der Vielzahl der Vermittlungsschritte gering. Der EUV zielt auf eine **Stärkung der Rolle der nationalen Parlamente** im Entscheidungsprozess ab (Art. 12 EUV). Damit werden nationale und europäische Ebenen stärker verschränkt (*Abels/Eppler* (Hrsg.), Auf dem Weg zum Mehrebenenparlamentarismus?, 2011; *Rossi,* GS Brandner 2011, 47 mwN.). Wer die EU als Verbund der Kooperation souveräner Staaten betrachtet, wird darin einen demokratischen Gewinn erblicken. Das BVerfG hat sich in den Entscheidungen zum Lissabon-Vertrag (BVerfGE 123, 267 „Lissabon" (2009)) dieser Sichtweise verschrieben. In den Entscheidungen zur „Euro-Rettung" (BVerfGE 129, 124, „EFSF" (2011); BVerfGE 132, 195, „ESM/Fiskalpakt" (2012); BVerfG, Beschl. v. 5.5.2020, 2 BvR 859/15 u. a., „PSPP"; siehe auch *Haltern* NVwZ 2020, 817) hat es entschieden, dass auch intergouvernementale Institutionen, deren Entscheidungen die Verfassungsidentität (z. B. die Budgetverantwortung) wesentlich berühren können, eng und dauerhaft parlamentarisch rückgebunden sein müssen. In der Folge hat der Bundestag im Rahmen von EFSF und ESM weitreichende Mitspracherechte erhalten („Exekutivparlamentarismus"). Ungeklärt bleibt, inwieweit das Parlament hier wirklich autonom entscheiden kann (hierzu: *Nettesheim,* NJW 2012, 1409). Immerhin bietet es ein **Forum für die entsprechende politische Auseinandersetzung vor den Augen der Öffentlichkeit** und damit für die Sicherung der notwendigen Responsivität europäischen Handelns. Zudem wird der Legitimitätsgewinn einer verstärkten Einbeziehung nationaler Parlamente dadurch in Frage gestellt, dass die Zuordnung und Kontrolle von Entscheidungen zusätzlich erschwert werden. Es ist keinesfalls klar, ob ein Mehr an Mitsprache immer auch ein Mehr an demokratischer Legitimität bedeutet (vgl. *Benz/Auel,* in: Kohler-Koch/Rittberger (Hrsg.), Debating the Democratic Legitimacy of the EU, 2007, 57; *Maurer,* in: Kadelbach (Hrsg.), Europäische Integration und parlamentarische Demokratie, 2009, 19). Zunehmend rücken auch die Länder – und deren Parlamente (vgl. etwa Art. 34a LV Bad.-Württ.) – in den Blick (*Puttler,* in: Isensee/Kirchhof (Hrsg.), HBStR VI, 3. Aufl. 2008, § 142).

30 Drittens schließlich werden **direkt-demokratische Elemente** eingeführt (Art. 11 Abs. 4 EUV). Dem liegt die zutreffende Annahme zugrunde, dass die Einführung plebiszitärer Elemente auf übernationaler Ebene bei richtiger Ausgestaltung die Responsitivität repräsentativer Herrschaftsausübung erhöhen wird. Die Vertragsgeber wollen die EU-Bürgerschaft in die Position versetzen, auf den Sachentscheidungsprozess einzuwirken. Bisher sind über 70 Initiativen angeregt, darunter vier erfolgreich durchgeführt worden (zB „right2water" 2014, Verbot von Glyphosat und Schutz von Menschen und Umwelt vor giftigen Pesitziden 2017). Dies belegt die Funktionalität dieses Ansatzes trotz dessen anspruchsvoller Voraussetzungen. Einzelheiten regelt die AusführungsVO zur **Europäischen Bürgerinitiative (EBI)** (VO 2011/211, ABl. L 65/1; dazu *Maurer/Vogel,* SWP-Studien 2009; *Guckelberger,* DÖV 2010, 745; vgl. aber auch *Kohler-Koch/Quittkat,* Die Entzauberung partizipativer Demokratie, 2011). Vorgesehen ist ein zweistufiges Verfahren vergleichbar den Bürgerinitiativen auf nationaler Ebene: Zunächst ist eine geplante Initiative bei der KOM zu registrieren; dieser kommt dabei ein Prüfungsrecht allein hinsichtlich der formellen Voraussetzungen zu (EuGH, 7.3.2019, C 420/16 P „Izsák und Dabis"). Hiernach folgt das eigentliche Sammeln der Unterstützungsbeurkundungen (notwendiges Quorum: 1 Mio., zusätzlich Einbezug von Elementen der degressiven Proportionalität). Gleichwohl ist die Wirkungskraft dieses plebiszitären Instruments bisher schwach ausgestaltet. War die Frage der Verbindlichkeit und Einklagbarkeit (Art. 265 AEUV) einer solch erfolgreichen Bürgerinitiative in der Literatur umstritten, hat der EuGH 2019 festgestellt, dass die KOM –

vorbehaltlich offensichtlicher Beurteilungsfehler – frei bliebe, ob und mit welchem Ziel und Inhalt sie einen Rechtssetzungsvorschlag unterbreitet (EuGH, 19.12.2019, C-418/18 P, „Puppinck"). Begründet wird dies damit, dass nach den Verträgen allein der KOM das Initiativrecht zukomme und ihr dabei ein weites Ermessen zustehe. 2019 wurde die VO reformiert (VO 2019/788, ABl. L 130/55; *Gundel,* DÖV 2018, 585; *Pilniok,* EuGRZ 2018, 126; *Knauff,* DVBl 2020, 404); gleichwohl sind die Rechtsfolgen und Bindungswirkung der Bürgerinitiative unverändert geblieben (*Binder/Vegh,* EuR 2019, 302). Als Instrument politischer Einflussnahme ist die EBI dagegen durchaus von einigem Gewicht.

Vermittels dieser Mechanismen wird den (oben skizzierten) architektonischen Anfor- 31
derungen an eine „dünne" Demokratie genügt. Rechtspositivistisch wird inzwischen häufig unter Verweis auf Art. 10 Abs. 2 EUV behauptet, demokratische Defizite seien inzwischen geheilt. In der Tat ist die Responsivität des Systems inzwischen **größer als noch vor einigen Jahren.** Man sollte sich aber nichts vormachen: In einem System, in dem über eine Gruppe von 381 Mio. Bürgerinnen und Bürger regiert wird, können den Einzelnen jedenfalls im Durchschnitt nur geringgewichtige Mitsprachemöglichkeiten eingeräumt werden.

Die beschriebenen Partizipations- und Sanktionsmöglichkeiten wären wenig wert, 32
wenn sie nicht von **Transparenzanforderungen** (Art. 16 Abs. 8 EUV), **Informationszugangsrechten** (z. B. VO 1049/2001, ABl. L 145/43) und **Rechenschaftslegungspflichten** (z. B. Art. 233 AEUV) begleitet wären. In der Tat erweist sich die EU diesbezüglich als vorbildlich. So veröffentlichen die EU-Kommissare etwa seit Dezember 2014 alle Kontakte mit Interessenvertretern und Lobbyisten. Art. 11 Abs. 1 und 2 EUV sieht darüber hinaus einen intensiven Austausch zwischen den EU-Organen und Bürgerinnen und Bürgern bzw. repräsentativen Verbänden und einen umfassenden zivilgesellschaftlichen Dialog vor. Die KOM führt Anhörungen der Betroffenen durch (Art. 11 Abs. 3 EUV). Einklagbare Rechtspflichten lassen sich hieraus nicht ableiten, auch sind Form und Umfang rechtlich nicht vorgegeben. Jedoch haben sich die EU-Organe erkennbar bemüht, Strukturen und Konzepte für einen effektiven Dialog mit den Bürgerinnen und Bürgern zu eröffnen (vgl. etwa die von der KOM 2020 geplante „Konferenz zur Zukunft Europas", COM(2020) 27 final). Mit Art. 11 EUV wird zugleich der Lobbyismus auf EU-Ebene abgesichert; hier arbeitet man an einer Steigerung von Transparenz.

b) Gemeinwohlrealisierung durch repräsentative Amtsführung

Demokratische Herrschaft ist, wie ausgeführt, dadurch gekennzeichnet, dass sie sich 33
als Ausdruck der **Selbstbestimmung der Beherrschten** begreifen lässt (*Heller,* in: Müller (Hrsg.), Gesammelte Schriften, 2. Aufl. 1992, Bd. 2, 96, 98). Ein System repräsentativer Herrschaft schöpft seine uneinholbare normative Überlegenheit gegenüber jedem anderen bekannten Herrschaftskonzept daraus, dass es sich als dem Willen der Herrschaftsunterworfenen verpflichtet begreift. In der Demokratie haben die Amtswalter die von ihnen ausgeübten Herrschaftsbefugnisse als treuhänderisch übertragene Befugnisse wahrzunehmen, die sie *für die Beherrschten* innehaben. Demokratische Herrschaftsausübung dient nicht der Verwirklichung einer Ideologie, eines Heilsversprechens oder auch des „Volkswillens". Sie sieht ihr Ziel schon gar nicht darin, eine zukünftige bessere Welt – ggf. auch gegen den Willen der Betroffenen – anzustreben. Auch für eine **materiale „EU-Integrationsideologie"** ist danach kein Platz. Demokratische Herrschaft wird nur dann auf die Akzeptanz der Beherrschten stoßen, wenn diese sich in ihrer Vielfalt und Pluralität in den Entscheidungen der Amtsträger

wiederfinden können. Nicht immer scheint man das in den EU-Institutionen hinreichend zu berücksichtigen.

34 Demokratie setzt **Distanz und Uneigennützigkeit** voraus. Ohne die Distanz, die in der Institution des Amts zum Ausdruck kommt, gelänge es nicht, die verschiedenen Interessen, Werte und Anschauungen zum Ausgleich zu bringen. Eine mathematische Verrechnung wäre, wie die Rational-Choice-Theorie belegt, häufig inadäquat. Sachverstand, Klugheit und Urteilsvermögen politischer Führungspersönlichkeiten können nur dann zur Geltung kommen, wenn Entscheidungsspielräume bestehen. Den Risiken eines Fehlgebrauchs der damit verbundenen Freiräume ist aber entgegenzuwirken. Eine Ausgestaltung des Amts in einer Weise, dass hinreichende Anreize bestehen, sich für das **Gemeinwohl** einzusetzen, zugleich aber hinreichende **Sanktionsmöglichkeiten** gegen einen Missbrauch existieren, ist dafür essentiell. Nach dem schnellen Wachstum der europäischen Bürokratie bestanden hier teilweise erhebliche Lücken – in kontinuierlicher Abfolge ließen sich Amtsmissbräuche von der höchsten Spitze (vgl. EuGH, 11.7.2006, Rs. C-432/04, „KOM/Cresson") bis hin in die unteren Ebenen der Beamtenschaft beobachten. Dies führte zur Einrichtung der Behörde OLAF und 2017 zur Etablierung der Europäischen Staatsanwaltschaft (Rz. 5/112). Hier macht sich bemerkbar, dass die Herausbildung einer rechtsstaatlichen Führungs- und Entscheidungskultur – und die dadurch bewirkte Sozialisation von Amtsträgern – ein langwieriger Prozess ist. Die **zersetzende Wirkung** von amtlicher Korruption wird inzwischen ernst genommen.

35 Repräsentative Herrschaft wird den normativen Erwartungen nur entsprechen, wenn sie sich auf Entscheidungen beschränkt, auf die sich die Sachkunde der Amtswalter erstreckt. Danach muss es ein Anliegen sein, die Entscheidungen in möglichst bürgernaher Weise zu treffen. Dem *Prinzip föderaler Gliederung* und der *Idee der Subsidiarität* kommen daher unmittelbare demokratische Wertigkeit zu. Die **Idee des Föderalismus** zielt darauf ab, die Existenz und Selbstständigkeit einer Mehrheit politischer Einheiten zu gewährleisten, zugleich aber diese in einem höheren Ganzen einzubinden. Erfolgt die Kompetenzverteilung unter den verschiedenen Ebenen und deren Wahrnehmung nach dem **Prinzip der Subsidiarität,** lässt sich die Idee demokratischer Selbstregierung optimieren. Die EU-Organe untergraben ihre Legitimität, wenn sie die Idee der Subsidiarität nicht wertschätzen, sondern sich in Überschätzung ihres Steuerungswissens in Fragen einmischen, die eigentlich auf niedriger Ebene entschieden werden sollten. Ein Quantum Demut wäre sicherlich nicht fehl am Platze.

36 Zu den Leitprinzipien der Gemeinschaft gehört seit dem Inkrafttreten des EUV 1993 das **Subsidiaritätsprinzip** (Präambel EUV Abs. 13, Art. 5 Abs. 3 EUV, näher Rz. 11/23ff.). Hiernach darf die Union in den Bereichen, die nicht in ihre ausschließliche Zuständigkeit fallen, nur dann tätig werden, wenn die dortigen Ziele durch Maßnahmen auf Gemeinschaftsebene „besser" erreicht werden können. Die Unwilligkeit der EU-Institutionen, dem Subsidiaritätsprinzip politische Leitbedeutung zuzuschreiben, hat insofern auch eine demokratietheoretische Bedeutung. Bislang keine erkennbare Bedeutung hat das Gebot erlangt, die „Bürgernähe" der innerhalb der Union zu treffenden Entscheidungen zu gewährleisten (Art. 1 Abs. 2 EUV).

37 Eine zentrale demokratietheoretische Funktion hat insofern auch das Gebot der **Achtung staatlicher und substaatlicher Identitäten.** Der Vertragsgeber hat hierauf mit der Schaffung von Art. 4 Abs. 2 S. 1 Var. 2 EUV reagiert. Die Bestimmung weist paradoxe Züge auf. Sie verdankt ihre Existenz der Sorge der vertragsgebenden EU-Mitgliedstaaten (Art. 48 EUV), dass die EU in Kernbereiche staatlicher Selbstorganisation vorstoßen und dort die gesellschaftlich-politische Selbstgestaltungsfähigkeit beeinträchtigen könnte, die sie für die Europäische Integration nicht öffnen wollen. Dieser Schutz soll nun aber durch eine Bestimmung

des EU-Rechts bewirkt werden; und die Interpretation dieser Bestimmung wird einem EU-Organ übertragen, das gar nicht anders kann, als die Welt durch seine institutionellen Augen zu betrachten, zudem, aus der Warte der Interessen der EU zu judizieren. Diese Paradoxie lässt sich durch eine umsichtige und geschickte Interpretation des Art. 4 Abs. 2 S. 1 EUV nicht auflösen. Es ist nicht verwunderlich, dass der EuGH die Bestimmung ggf. hinter andere Ziele der EU zurücktreten lässt (zu Sprachregimen: EuGH, 16.4.2013, Rs. C-202/11, „Las"; EuGH, 15.10.2015, Rs. C-216/14, „Covaci"; EuGH, 21.6.2016, Rs. C-15/15, „New Valmar"; zur regionalen und lokalen Selbstverwaltung: EuGH, 12.6.2014, Rs. C-156/13, „Digibet"; EuGH, 21.12.2016, Rs. C-51/15, „Remondis"). Es ist ebensowenig überraschend, dass sich das BVerfG nicht auf eine Diskussion von Art. 4 Abs. 2 EUV einläßt, sondern die staatliche Verfassungsidentität über Art. 20 i.V. m. Art. 79 Abs. 3 GG verteidigt. Die Legitimität der Form überstaatlichen Regierens, wie sie sich in der EU wiederfindet, hängt wesentlich davon ab, dass sich die in einer Föderation verbundene **EU und ihre MSen als freie und gleiche Partner** begreifen, die in gegenseitigem Respekt die jeweiligen Zuständigkeits- und Aufgabensphären anerkennen.

Nicht nur bei der Kompetenzzuordnung, sondern auch bei der Kompetenzwahrnehmung ist ferner zu berücksichtigen, wie „dicht" die politische Identität in dem jeweiligen Sektor ist: Je weiter die Herausbildung einer europäischen Identität fortgeschritten ist, desto größer können die **Zumutungen** sein, die den Bürgern abverlangt werden. Sicherzustellen ist allerdings immer, dass Minderheiten nicht permanent oder unverhältnismäßig majorisiert werden; gegebenenfalls sind daher Vetorechte zu gewähren. 38

Wenn Demokratie nicht als Ausdruck der Verwirklichung eines „Volkswillens" verstanden wird, sondern als Form von „governance", die die Mitglieder der politischen Gemeinschaft als **„Selbstregierung"** begreifen können, dann kommt der **Sicherung von Freiräumen für die individuelle Entscheidung** der Person ein genuin demokratischer Wert zu. Die Sicherung von Autonomie und Freiheit ist dann nicht, wie es gelegentlich nahegelegt wird, ein *Gegenprinzip* zum demokratischen Prinzip. Die Regierung eines „Volkes" lässt sich nicht *gegen* die Selbstbestimmung des Einzelnen stellen. Eine wichtige Teilaufgabe demokratischer Theorie ist vielmehr die Auflösung von Konflikten zwischen Mehrheit und Minderheit. Effektiver Grundrechtsschutz, der mit der Pluralisierung gesellschaftlicher Lebensstile an Bedeutung gewinnt, rundet insofern das Ordnungsprinzip des demokratischen Föderalismus ebenso „nach unten" ab (Rz. 4/25) wie die Gewähr, dass der Einzelne nur mit Hoheitsgewalt konfrontiert ist, die ihn **fair und angemessen** belastet (zum Grundrechtsschutz Rz. 17/1 ff.). 39

c) Vor-institutionelle Voraussetzungen europäischer Demokratie

Lange Zeit drehte sich die Diskussion um europäische Demokratie beinahe ausschließlich um das „institutionelle Design der EU". Inzwischen hat sich allerdings das Bewusstsein dafür herausgebildet, dass Demokratie mehr bedeutet als Institution, Kompetenz und Verfahren (einen wichtigen Anstoß gab: *Grimm,* JZ 1995, 581). Rechtliche Institutionen und vor-institutionelle Gegebenheiten stehen in einem **unauflösbaren Wirkzusammenhang** – ohne dass man diesen allerdings als statisch begreifen dürfte. 40

Demokratie kann als Selbstbestimmung im Kollektiv nur dann funktionieren, wenn es zwischen den beteiligten Bürgern einen **Konsens** darüber gibt, dass bestimmte materielle Werte und bestimmte Verfahrensregeln unverfügbar sind. Der Konsens definiert den sog. „unkontroversen Sektor". Dieser wird wesentlich durch **Solidarität** und **Vertrauen** geprägt (*Follesdal,* LP 2001, 313; *Depenheuer,* in: Buchstab u. a. 41

(Hrsg.), Nationale Identität im vereinten Europa, 2006, 55). Von den Inhalten kollektiver Identität hängt ab, welche Entscheidungen von repräsentativen Organen – ggf. mit Mehrheitsentscheidung – getroffen werden können und welche diesen entzogen sind. Nicht die Suche nach absoluten Standards kollektiver Identität ist sinnvoll, sondern die Fragen nach Relationen, die für ein stabiles Gegenüber von kollektiver Identität und repräsentativer Herrschaftsstruktur gegeben sein müssen. Die Finanzkrise ab 2008 ebenso wie die Flüchtlingskrise 2015 haben deutlich gemacht, dass die **bestehende Identität noch nicht so tragfähig ist, weitreichende verteilungspolitische Entscheidungen** zu stützen. Die Diskussionen um eine Ausweitung der Transferzahlungen in der Folge der Finanzkrise und eine solidarische Verteilung von Flüchtlingen zeigen die weiterhin begrenzte Tragfähigkeit dieses Fundaments. Eine europäische Solidarität, verstanden als freiwilliges Füreinandereinstehenwollen, ist bislang nur in Ansätzen entwickelt – alle politischen Appelle ändern hieran nichts. Umso wichtiger sind Maßnahmen, mit denen die kollektive Verbundenheit gestärkt werden kann, etwa durch das **Finanzierungsinstrument „Next Generation Europe"**.

42 Repräsentative Demokratie auch auf EU-Ebene setzt zudem die **Existenz eines zivilgesellschaftlichen Raums** voraus, dessen Akteure – Gruppen, Vereinigungen, politische Parteien – als Stimme und Vertreter von Interessen agieren (*Walzer,* Toward a Global Civil Society, 1997; *Archibugi/Held,* Cosmopolitan Democracy, 1995). Ohne die **Kanalisierungs-, Koordinations- und Vertretungsmacht derartiger zivilgesellschaftlicher Akteure** würde der Meinungsaustausch im Kommunikationsraum beliebig bleiben; ohne sie wäre dem Einzelnen keine hinreichende Möglichkeit der Durchsetzung von Interessen sowie der Einforderung von Verantwortlichkeit gegeben. Die Bedeutung dieser Ebene wird inzwischen in Art. 11 Abs. 1, 2 EUV hervorgehoben. Man ist sich einig, dass auf europäischer Ebene derartige Akteure bereits agieren. Allerdings sind die einzelnen Interessen dort noch sehr unterschiedlich vertreten. Insbesondere im genuin politischen Bereich der **politischen Parteien** bestehen noch erhebliche Defizite (Art. 10 Abs. 4 EUV, Art. 224 AEUV): Die persönliche und inhaltliche Rückkopplung an die Unionsbürger gestaltet sich schwierig; der Wahlkampf ist noch immer stark mitgliedstaatlich geprägt. Die praktische Bedeutung der Parteien im Willensbildungsprozess der EU und in der tatsächlichen Politikgestaltung wird daher als eher gering betrachtet. Die EU unternahm verschiedene Versuche, die Rolle der Parteien zu stärken, etwa durch finanzielle und sonstige Fördermaßnahmen (VO 2003/2004 über die Regelungen für die politischen Parteien auf europäischer Ebene und ihre Finanzierung, ABl. L 297/1). Im Ergebnis sind diese Maßnahmen noch nicht von durchschlagendem Erfolg gekrönt, auch die Wahlbeteiligung zum EP ist in den letzten Jahrzehnten eher gering, wenngleich sie 2019 wieder etwas höher ausgefallen ist (50,7 %).

43 In der Relation von institutioneller (repräsentativer) Herrschaft und kollektiver Identität kann es **Phasen der Asynchronität** geben: Europäische „governance" kann in der Erwartung ausgebaut werden, dass die Entwicklung einer Identität nachziehen wird. Identitäten sind Ausdruck kultureller Praxis; sie formen sich wesentlich im Angesichte guter und schlechter Erfahrungen. Das Scheitern des „Verfassungsvertrags" belegt allerdings, dass die Auseinanderentwicklung nicht übergroß werden darf; andernfalls sind Entfremdung und Widerstand zu befürchten. Die in den vergangenen Jahren immer wieder diskutierten Pläne, eine „Europäische Wirtschaftsregierung" mit erheblichen Eingriffs- und Verteilungsbefugnissen einzuführen (vgl. dazu auch *Cremer,* EuR 2016, 256), könnten insofern auf Grenzen stoßen.

III. Rechtsstaats- und Demokratiesicherung im Verbund

Literatur: *Nettesheim,* „Gegründet auf Werten ...“: Das Narrativ der Wertegemeinschaft und der Sanktionsmechanismus des Art. 7 EUV, in: *Franzius u. a.* (Hrsg.), die Neuerfindung Europas, 2019, 91; *Von Bogdandy,* Tyrannei der Werte? Herausforderungen und Grundlagen einer europäischen Dogmatik systemischer Defizite, ZaöRV 2019, 503; *Voßkuhle,* Rechtsstaat und Demokratie, NJW 2018, 3154; *Ágh,* Declining democracy in East-Central Europe, 2019; *Giegerich,* Die Unabhängigkeit der Gerichte als Strukturvorgabe der Unionsverfassung und ihr effektiver Schutz vor autoritären Versuchungen in den Mitgliedstaaten, ZEuS 2019, 61; Timmermann (Hrsg.), Subsidiarität und Föderalismus in der Europäischen Union, 2019; *Blockmans/Russack,* Deliberative democracy in the EU, 2020; *von Bogdandy/Spieker,* Reverse Solange 2.0: Die Durchsetzung europäischer Werte und die unions- und strafrechtliche Verantwortung nationaler Richter, EuR 2020, 301; *Kulick,* Rechtsstaatlichkeitskrise und gegenseitiges Vertrauen im institutionellen Gefüge der EU, JZ 2020, 223.

Nach Art. 2, Art. 7 EUV begreift sich die EU als **Zusammenschluss parlamentarisch-rechtsstaatlicher Demokratien** (z. T. präsidialen Typus). In den Leitprinzipien ihres institutionellen Aufbaues spiegelt sich die Erwartung wider, dass ihre Mitgliedstaaten die in Art. 2, 3 und 6 Abs. 1 EUV feierlich benannten **Ziele, Werte und „allgemeinen Grundsätze der Union“** (Freiheit, Demokratie, Menschenrechte, Rechtsstaatlichkeit) teilen. Art. 2 EUV macht deutlich, dass die EU auf demokratischen Staaten aufbaut. Teilweise meint man, dass die demokratische Legitimation der EU davon abhänge, dass ihr nur demokratische Staaten zugehören. Maßgeblich ist, dass Art. 7 EUV eine bewusste, aber kontingente politische Entscheidung darüber zugrunde liegt, wer Clubmitglied sein soll und wer nicht. 44

Die Entwicklungen, die insbesondere in Ungarn, Polen und zuletzt auch Rumänien (illiberale Demokratie) zu beobachten sind, haben zu erhitzten politischen Diskussionen über das weitere Vorgehen geführt. Angesichts der **hochgradigen Vagheit und Unbestimmtheit der Vorgaben des Art. 7 EUV** geht es im Kern um eine **föderale Machtfrage:** Manche europäische Föderalisten verankern die Definitionsgewalt darüber, in welchem konstitutionellen Rahmen sich die MSen (nur) noch bewegen können, inzwischen auf supranationaler Ebene. Sie schreiben den EU-Organen die Aufgabe und Befugnis zu, festzulegen, welche Form demokratischer Selbstbestimmung (und welcher Grad richterlicher Unabhängigkeit) integrationsverträglich ist. Wer die EU als Verbund kooperierender Staaten ansieht (BVerfGE 123, 267, „Lissabon“ (2009)), wird die Definitionsgewalt darüber, welchen demokratischen Weg ein Staat einschlagen will, prima facie beim MS selbst ansiedeln. Art. 7 EUV kann dann nur bei **offensichtlichen und eindeutigen Grenzüberschreitungen** zur Anwendung kommen. Die rechtlichen und politischen Hürden bei der Anwendung von Art. 7 EUV ist dann kein Defizit, sondern Ausdruck eines bestimmten Stands föderaler Entwicklung. Mit der Entwicklung des **„EU-Rechtsstaatsmechanismus“** (Mitteilung vom 11.3.2014, „Ein neuer EU-Rahmen zur Stärkung des Rechtsstaatsprinzips“, COM(2014) 158 final) wird der Versuch unternommen, eine neue föderale Balance herzustellen. Der Anspruch einer Institution wie der KOM, die für die MSen verbindlichen materialen Standards der Rechtsstaatlichkeit festzulegen, stößt institutionell auf Bedenken. Dies gilt ungeachtet des Umstands, dass die KOM die Zusammenarbeit mit „anerkannten Institutionen“ suchen will (*Müller,* Wo Europa endet, 2013; *Klamt,* Die Europäische Union als streitbare Demokratie, 2012; *Schorkopf,* EuR 2016, 147; *Möllers/Schneider,* Demokratiesicherung in der EU, 2018). In zwei Positionspapieren von 2019 hat die KOM ergänzende Maßnahmen vorgestellt, mit deren Hilfe das 45

Rechtsstaatsverfahren ausgebaut und verbessert werden soll (Mitteilung vom 3.4.2019 COM(2019) 163 final; Mitteilung vom 17.7.2019, COM(2019) 343final).

46 Der EuGH hat sein Verständnis unionsrechtlicher Vorgaben für das mitgliedstaatliche Rechts- bzw. Gerichtssystem in verschiedenen Verfahren näher ausgeformt. Da staatliche Gerichte aufgrund der unmittelbaren Anwendbarkeit und des Vorrangs des Unionsrechts sowie der Kooperation mit dem EuGH (Art. 267 AEUV) Teil eines unionalen Gerichtssystems sind, müssen sie sich an rechtsstaatliche Grundsätze nach Verständnis der EU halten. Die Unabhängigkeit der Justiz wird dabei besonders hervorgehoben und zum Grundsatz des Unionsrechts erklärt. Neben Art. 47 GRC dient Art. 19 Abs. 1 UAbs. 2 EUV als normative Aufhängung. Während die Kürzung von Bezügen nationaler Richter nicht als Bedrohung der Unabhängigkeit der Justiz betrachtet wird, solange diese noch der Bedeutung der Tätigkeit entsprechen (EuGH, 27.2.2018, Rs. C-64/16 „Associação Sindical dos Juízes Portugueses"; EuGH, 7.2.2019, Rs. C-49/18, „Vindel"), sieht der EuGH unmittelbare exekutivische Zugriffe auf das Richteramt strenger, wie die Absenkung des Rentenalters bei gleichzeitiger freier Entscheidung der Exekutive über Ausnahmen (EuGH, 24.06.2019, Rs. C-619/18; EuGH, 5.11.2019, Rs. C-192/18) oder die Kontrolle richterlicher Tätigkeit durch eine exekutivisch besetzte Disziplinarkammer (EuGH, 19.11.2019, Rs. C-585/18 u. a. „A.K."; 8.4.2020, Rs. C-791/19 R (Eilverfahren)). In den genannten Fällen nahm der EuGH zusätzlich eine Gesamtbewertung vor und kam zu dem Ergebnis, dass die Maßnahmen unter Anbetracht aller Umstände auf eine unzulässige politische Einflussnahme der Exekutive hindeuteten.

47 In **Kooperationsmechanismen wie dem Europäischen Haftbefehl** müssen die nationalen Gerichte im Dialog mit dem Gericht des antragstellenden MS klären, ob allgemeine und systematische Mängel des Justizsystems vorliegen und diese auch im konkreten Fall an einem fairen Verfahren im Auslieferungsstaat zweifeln lassen (etwa EuGH, 25.7.2018, C-216/18 PPU „LM"; *Kulick,* JZ 2020, 223). Darüber hinaus steht der EuGH nationalen Gerichten, die selbst an der Unabhängigkeit der Justiz im eigenen Staat zweifeln, über das Vorabentscheidungsverfahren als Verbündeter zur Seite (Vorlage Oberstes Gericht Polen EuGH, 19.11.2019, C-585/18 u. a., „A.K.", hierzu *Karpenstein/Sangi* EuZW 2020, 140; vgl. auch EuGH, 26.3.2020, C-558/18 u. C-563/18;). Der EuGH hat hier teilweise den Ball zurück zu den MSen gespielt und es dem jeweiligen nationalen Gericht überlassen, über die Unabhängigkeit des eigenen Justizsystems zu entscheiden.

48 Diskussionen gibt es auch um die **Justizverfassung in Deutschland,** konkret die Weisungsunterworfenheit der Staatsanwaltschaften unter das Justizministerium. Der EuGH hat ihnen die notwendige Unabhängigkeit abgesprochen, um einen Europäischen Haftbefehl ausstellen zu können (EuGH, 27.5.2019, C-508/18 u. a. PPU „OG und PI"); anders zu bewerten sind dagegen die litauischen, französischen, schwedischen oder belgischen Staatsanwaltschaften, bei denen nur ein allgemeines exekutives Weisungsrecht vorgesehen ist (EuGH, 27.5.2019, C-509/18 „PF"; EuGH, 12.12.2019, C-566/19 u. a. „JR"; EuGH, 12.12.2019, C-625/19 PPU „XD"; EuGH, 12.12.2019, C-627/19 PPU „ZB"). Nur wenn die Haftbefehle im Vor- oder Nachhinein durch einen unabhängigen Richter überprüft werden, können sie vollstreckt werden (etwa EuGH, 9.10.2019, C-489/19 „NJ"). Da nach deutschem Recht

Haftbefehle ohnehin grundsätzlich nur durch einen Richter ausgestellt werden können, wirft die angesprochene Diskussion aber keine Grundsatzfrage auf.

Das Verfahren nach Art. 7 EUV wurde im Anschluss an die FPÖ-Regierungsbeteiligung in Österreich im Jahre 2000 geschaffen, seine Anwendung wurde 2009 gegen Frankreich im Zuge der Ausweisung von Sinti und Roma und gegen Rumänien 2012 aufgrund innerpolitischer Spannungen zwischen Traian Băsescu und Victor Ponta angeregt, letztlich jedoch nicht fortgeführt. Derzeit stehen insbesondere Entwicklungen in Ungarn und Polen in der Kritik, die an der Unabhängigkeit der Justiz zweifeln lassen. Im Dezember 2017 leitete die KOM ein Rechtsstaatsverfahren gegen Polen nach Art. 7 EUV ein. Das Verfahren kam jedoch alsbald ins Stocken. Der Gang vor den EuGH erwies sich als ein effektiverer Weg. Hierin kann man eine sinnvolle Ergänzung, aber auch eine Umgehung von Art. 7 EUV sehen. 49

In der Sache geht es letztlich um einen Streit darum, inwieweit die **institutionellen Arrangements** „guten Regierens", die sich in Westeuropa in der zweiten Hälfte des 20. Jahrhunderts durchgesetzt haben, zur **konstitutionellen DNA der EU** gemacht werden können. Dies gilt insbesondere für die Stellung einer Verfassungsgerichtsbarkeit. Der Vertragsgeber hat, wie die Unbestimmtheit des Art. 2 EUV deutlich macht, hier keine eindeutige Entscheidung getroffen. Werte sind nicht Pflichten. Begriff und Idee der rechtsstaatlichen Demokratie umfassen vielfältige und durchaus unterschiedliche Modelle. Sicher war die Unabhängigkeit der Justiz bereits in den 1950er Jahren eine Funktionsbedingung der Integration und zudem auch menschenrechtlich konsentiert (Art. 6 EMRK). Offen waren die konkreten Standards. Insoweit einem MS ein „Defizit" vorzuwerfen, fällt schwer, wenn entsprechende Arrangements (z. B. das Fehlen einer Verfassungsgerichtsbarkeit, Politisierung der Richterwahl) auch in „untadeligen" Staaten bestehen und das negative Urteil letztlich auf einer Gesamtwürdigung beruht. Auch der Begriff des „systematischen Defizits" bleibt letztlich unklar und kann allein auf der Basis einer „Werteschau" nicht juridisch rational konkretisiert werden (*von. Bogdandy* ZaöRV 2019, 503 (517 ff.)). Letztlich geht es um die hochgradig wertgebundene Beurteilung von Gesamtbildern (*Closa/Kochenov/Weiler,* Reinforcing Rule of Law Oversight, EUI Working Paper, RSCAS 2014/25). 50

Europapolitik und Europarechtswissenschaft stehen vor der Herausforderung, ein konsensuales **Verständnis** darüber, **was „gutes Regieren" bedeutet,** zu entwickeln und in der EU durchsetzen. Hinreichender Raum für mitgliedstaatliche Eigenarten muss bestehen bleiben. Die zentralistische Durchsetzung eines bestimmten (partikularen) Verständnisses von Demokratie bzw. Rechtsstaatlichkeit von oben herab würde der Textur der EU Schaden zufügen. Repressionsinstrumente (vgl. etwa COM(2018) 324 final, Entzug von Haushaltsmitteln) müssen mit Vorsicht verwandt werden. Mindestens ebenso wichtig ist es, mit informellen Methoden auf die Vorstellung von Rechtsstaat und Demokratie in den nationalen Zivilgesellschaften einzuwirken (COM(2019) 343 final). KOM und EuGH kommen an die Grenzen ihrer Legitimität und ihres politischen Kapitals, wenn sie mit supranationalem Sanktionszwang auf (illiberale, aber von demokratisch gewählten Akteuren ins Werk gesetzte) grundsätzliche Politikverschiebungen in den MSen reagieren. Der Versuch, illiberale Kräfte in den Mitgliedstaaten unter **Anwendung europäischen Beugezwangs oder eines europäischen Erziehungsauftrages** bekämpfen zu wollen, wird letztlich auf Grenzen stoßen und die Gefahr einer Delegitimation der EU-Organe mit sich bringen. Institutionell überzeugender sind Vorschläge, die die Definition der rechtlichen Anforderungen an eine Clubmitgliedschaft als richterliche Aufgabe ansehen; vorzugswürdig wäre es im Übrigen, MSen, die sich an die Vorgaben nicht halten, auszuschließen oder zumindest 51 einen Austritt nach Art. 50 EUV nahezulegen (*Nettesheim,* in: Franzius ua. (Hrsg.), Die Neuerfindung Europas, 2019, 91). Der EuGH sollte dies auch dann, wenn er mittelbar befasst wird (EuGH, 25.7.2018, Rs. C-216/18 PPU, „LM") berücksichtigen.

IV. Perspektiven der Legitimationssuche

52 Im Lichte der vorstehenden Überlegungen erweist sich auf der einen Seite, dass ein einfacher und gedankenloser Vergleich zwischen der nationalstaatlichen Institutionenstruktur und dem EU-Regierungssystem noch keine Aussage darüber zulässt, ob in der EU ein **„demokratisches Defizit"** besteht. Engherzige Vergleiche zwischen den MSen und der EU müssen vermieden werden. Es ist nicht zu erwarten, dass sich auf überstaatlicher Ebene im 21. Jahrhundert ein Demokratiemodell verwirklicht, das so etwa im staatlichen Kontext im 19. Jahrhundert entwickelt wurde (*Nettesheim,* BerkJIL 2005, 358). Die Frage, inwieweit sich die auf EU-Ebene ausgeübte Hoheitsgewalt demokratisch rückbinden lässt, lässt sich nur unter Berücksichtigung der besonderen Strukturgegebenheiten überstaatlicher Herrschaft beantworten.

53 Die langjährige Sorge um das **„demokratische Defizit" der EU** (*Kluth,* Die demokratische Legitimation der EU, 1995) ist trotz der unbestreitbaren Fortschritte, die sich durch eine Stärkung der legitimationsstiftenden Strukturen und Institutionen ergeben haben, weiterhin berechtigt. Die Konferenzen von Maastricht 1992, Amsterdam 1997, Nizza 2001 und Lissabon 2007 haben die Rechte des EP erweitert und die demokratischen Grundlagen der Union im horizontalen Verhältnis auf überstaatlicher Ebene gestärkt. Die Rechte des EP wurden so ausgebaut, dass man heute zwar noch nicht von einem parlamentarischen Regierungssystem sprechen kann. Wohl aber ist die **Gubernativlastigkeit der Entscheidungsprozesse** deutlich verringert worden. Erhebliche Defizite bestehen aber weiterhin in der (vertikalen) Rückbindung dessen, was in Brüssel, Luxemburg und Straßburg passiert, in die europäische Bürgerschaft hinein. Bislang ist nicht absehbar, ob die nunmehr vorgesehenen Instrumente (etwa die Einführung einer europäischen Bürgerinitiative (Art. 11 Abs. 4 EUV)) hieran etwas ändern. Auch die Wirkung der Wertesemantik der Verträge (Art. 2f. EUV) ist nur schwer abzusehen. Die „Autorität" des EU-Rechts hat in den letzten Jahren gelitten, und das liegt auch an dem Aufgaben- und Amtsverständnis mancher der EU-Repräsentanten.

54 Zu Recht bleibt die **Skepsis in der Bürgerschaft** daher weiterhin nicht unerheblich. Der Versuch, im Prozess der „Verfassungsgebung" 2002–2004 ein „konstitutionelles Moment" zu erzeugen und einen wesentlichen Sprung zu machen, erschien vielen als hohles Pathos: Denn inhaltlich hätte sich nicht so viel geändert, dass die Verwendung der entsprechenden Symbolik gerechtfertigt gewesen wäre. Anderen ging gerade die Verwendung dieser Symbolik viel zu weit (Rz. 3/9ff.). Auch der Vertrag von Lissabon bringt zwar mit Blick auf die Parlamentarisierung des Regierungssystems manchen Gewinn (Rz. 5/157ff.). Das Gesamtbild stimmt allerdings nicht hoffnungsfroh. Die Lücke, die zwischen der (weiter ansteigenden) Kompetenzausstattung der EU sowie der Effektivität der EU-Hoheitsgewalt auf der einen Seite und der geringen demokratischen Responsitivität des Gebildes auf der anderen Seite klafft, öffnet sich durch diesen Vertrag eher, als dass sie geschlossen wird. Die Einbindung der Bürger bleibt weiterhin hinter den Erwartungen zurück. Eine effektive Rückbindung der Entschei-

dungen erfolgt noch am ehesten über die – allerdings diffusen – Möglichkeiten demokratischer Partizipation und Kontrolle in den Mitgliedstaaten. Eine **unmittelbare Responsivität** ist den Entscheidungsprozessen im EP demgegenüber nicht eingeschrieben.

Hält man sich vor Augen, in welchem Umfang der überstaatlichen Ebene inzwischen Kompetenzen angewachsen sind, ist die Annahme nicht ganz fernliegend, dass sich das „demokratische Defizit" **vertieft** hat (sehr kritisch etwa *v. Arnim,* Das Europa-Komplott, 2006). Die Regelungstechnik des Lissabon-Vertrags, die eine überaus wortreiche Programmatik mit doch eher zurückhaltenden Verbesserungen der tatsächlichen Stellung der Einzelnen gegenüber den EU-Organen (Steigerung der „Responsivität") verbindet, weckt Skepsis. Der **politische Wille zur tatsächlichen Stärkung der Stellung der Bürger** scheint im Kreis der Unionsorgane noch nicht in hinreichendem Maße entwickelt zu sein. Weiterhin wird europäische Politik wesentlich durch die Annahme bestimmt, dass jeder Vertiefungsschritt für die Integration per se gut ist. Dies belegt die Diskussion um die Weiterentwicklung der EU in der Folge der Finanzkrise oder des Brexit-Referendums deutlich. Die Frage, wofür Europa eigentlich nach dem Willen seiner Bürger stehen soll, wird viel zu wenig diskutiert; die eigentlich durchgängige Erwartung, dass es um den Schutz von Vielfalt und Pluralität gehen sollte, findet in einem auf Angleichung und Regulierung drängenden politischen Prozess kaum Niederschlag. 55

§ 16. Unionsbürgerschaft

Literatur: *Schönberger,* Unionsbürger, 2005; *Nettesheim,* Der „Kernbereich" der Unionsbürgerschaft – vom Schutz der Mobilität zur Gewährung eines Lebensumfelds, JZ 2011, 1030; *Thym,* Die Entwicklung der Union zu einem „sozialen Europa", 2013; *Hailbronner,* EU-Freizügigkeit für nicht erwerbstätige Unionsbürger?, JZ 2014, 869; *Hilpold,* Die Unionsbürgerschaft – Entwicklung und Probleme, EuR 2015, 133; *Kingreen,* In Love with the Single Market?, NVwZ 2015, 1503; *Schmahl/Jung,* Die Unionsbürgerschaft: Ein komplexes Rechtsinstitut mit weitreichenden Folgen, Jura 2016, 1272; *Greiner/Kock,* Sozialleistungsansprüche für Unionsbürger im Spannungsfeld von Missbrauchsprävention und Arbeitnehmerfreizügigkeit, NZS 2017, 201; *Thym,* Die Unionsbürgerschaft als Spiegel der EU-Verfassungsentwicklung, in: ders. u. a. (Hrsg.), Unionsbürgerschaft und Migration im aktuellen Europarecht, 2017, 69; *Shaw,* Citizenship: Contrasting Dynamics at the Interface of Integration and Constitutionalism, EUI-WP RSCAS 2020/33; *Wollenschläger* (Hrsg.), Europäischer Freizügigkeitsraum – Unionsbürgerschaft und Migrationsrecht, EnzEuR X, 2020.

I. Die Herausbildung eines Bürgerstatus

Die EWG war eine Zweckgründung der MSen, die jedenfalls als solche zunächst nicht auf eine politische Vergemeinschaftung abzielte, auch wenn sie durchaus dem Wohl der Bürger dienen sollte. Bereits früh wurde deutlich, dass die Einzelnen – in diesen Grenzen – als Rechtssubjekte des Unionsrechts anzusehen seien („Van Gend & Loos" – unten Rz. 10/8). Dementsprechend führte das primäre und sekundäre Gemeinschaftsrecht zu einer Fülle **unmittelbarer Rechtsbeziehungen** zwischen der EU und den natürlichen und juristischen Personen in den MSen, die in ihrer Summe als ein – allerdings primär von Überlegungen der Marktlogik geprägter – **„europäischer Status"** begriffen werden können. In diesem Sinne sprechen die Verträge die Einzelpersonen verschiedentlich direkt als Träger von Rechten und Pflichten innerhalb der supranationalen Rechtsordnung an. 1

2 Dies bedeutete aber nicht, dass die Einzelnen auch zu **Trägern des europäischen Integrationsprozesses** gemacht wurden. Dieser Prozess blieb bis in die achtziger Jahre hinein ein Prozess *zwischen* den MSen. Über sie legitimierte sich die EU; die mitgliedstaatliche Zustimmung sicherte die demokratische Legitimation ab (hierzu Rz. 15/7 ff.). Die Bürger ließen die Entwicklung in passiver Akzeptanz über sich ergehen; eine aktive Rolle genossen sie als Profiteure der Entwicklung, nicht aber als deren Gestalter. Insofern ließ sich die Integration als Zusammenschluss der „Völker Europas" begreifen. Die Bedeutung, die dieser Konstruktion zukam, wirkt bis in die Lissabon-Entscheidung des BVerfG nach (BVerfGE 123, 267, „Lissabon" (2009)). Die Bürger galten als „Marktbürger", nicht aber als „EU-Bürger" (perspektivisch *Grabitz,* Europäisches Bürgerrecht zwischen Marktbürgerschaft und Staatsbürgerschaft, 1970).

3 Politisch befasste man sich allerdings bereits früh mit der Rolle der Bürger. Aufgrund des Pariser Gipfeltreffens 1974 wurde eine Arbeitsgruppe eingesetzt, die prüfen sollte, welche **„besonderen Rechte als Angehörige der Gemeinschaft"** allen Bürgern der MSen zuerkannt werden sollten (Kommunalwahlrecht, Zugang zu öffentlichen Ämtern, Versammlungs- und Vereinigungsfreiheit, Passunion u. a.). Diese Bestrebungen setzten sich in den 1970er und 1980er Jahren fort (**Ad-hoc-Ausschuss „Europa der Bürger"** = Adonnino-Ausschuss 1984). 1990/93 wurden **drei Aufenthaltsrichtlinien** verabschiedet, die das Aufenthaltsrecht für alle EG-Bürger verwirklichten. Ebenso gehören die 1981/82 unternommenen Schritte zu einer **Passunion** und zum allmählichen Abbau der Grenzkontrollen (**„Schengen"-Abkommen** seit 1985; dazu Rz. 33/66 ff.) in diesen Zusammenhang. Im Vertrag fand dies aber zunächst keinen Niederschlag. Noch die Einheitliche Europäische Akte war 1986 praktisch ausschließlich vom zwischenstaatlichen Integrationsparadigma gekennzeichnet.

4 Mit dem Anwachsen der Aufgaben und Kompetenzen der EG erwies sich die vertragliche Ausrichtung als zunehmend prekär. Der Verband schwebte über den Bürgern, war aber nicht unmittelbar an sie rückgebunden. Ende der achtziger Jahre verstärkte sich die Diskussion um die demokratische Legitimation der EG deutlich (oben Rz. 15/7 ff.). Schon vor den Verhandlungen über den Maastricht-Vertrag, in dem es um einen weiteren Integrationsschub ging, tauchte die Idee auf, eine **„Unionsbürgerschaft"** zu etablieren, über die die Einzelnen einen Status erlangen, der ihnen eine politische Stellung im Integrationsverband verschafft. In dem Begriff „Bürgerschaft" schwingt aufgrund seiner ideengeschichtlichen und verfassungsrechtlichen Stellung ein enormes Potential politischer Integration mit. Er kann als Projektionsfläche für allerlei Imaginationen dienen. Der in Maastricht neugeschaffene Status des „Unionsbürgers" stieß zunächst auf **Skepsis,** teilweise sogar auf Spott. Man meinte, dass es sich um bloße Kosmetik handele. Viele erahnten nicht, welche Dynamik der EuGH der Bestimmung des heutigen Art. 9 S. 2–3 EUV, Art. 20 AEUV verleihen würde. Inzwischen sind das Potential und die Sprengkraft der Bestimmung klar erkennbar. Der EuGH entwickelte unter Rückgriff auf diese Bestimmung eine **weitreichende Integrationsteleologie** „jenseits des Binnenmarktes" (hierzu *Nettesheim,* JZ 2011, 1030). Der EuGH spricht seit längerem davon, dass die Unionsbürgerschaft den grundlegenden Status der Bürger in der EU darstelle (st. Rspr. seit EuGH, 20.9.2001, Rs. C-184/99, „Grzelczyk", Rn. 31). Dieser „Grundstatus" der Unionsbürger ist dabei, an die Stelle der Marktstellung der Bürger zu treten (EuGH, 8.3.2011, Rs. C-34/09, „Ruiz Zambrano") (zum Stand: KOM, Bericht zur Unionsbürgerschaft 2017, COM(2017) 32 final; der Folgebericht erscheint Ende 2020). Im Bereich der sozialrechtlichen Integration sind zuletzt deutliche Rechtsprechungsänderungen zu beobachten gewesen (unten Rz. 16/30).

Wesentliche Rechte der Unionsbürger (unionsweite Freizügigkeit und Aufenthaltsrecht, Kommunalwahlrecht und Wahlrecht zum EP im Wohnsitz-MS, diplomatisch-konsularischer Schutz in Drittstaaten durch alle MSen, Petitionsrecht beim EP) **sind in Art. 20–25 AEUV niedergelegt** (näher Rz. 16/13ff.). Auf der Grundlage von Berichten der KOM kann der Rat diese Unionsbürgerrechte auf Vorschlag der KOM und mit Zustimmung des EP durch einstimmigen Beschluss ergänzen und den MSen zur Ratifikation empfehlen (**Evolutivklausel** (Art. 25 Abs. 2 AEUV)). Als Bestandteil des AEUV unterliegen die Rechte und Pflichten der Unionsbürger der Kontrolle des EuGH. 5

Die Rechte und Pflichten der Unionsbürger erschöpfen sich allerdings nicht in den Art. 20–25 AEUV. Sie verfügen über **alle in den Verträgen vorgesehenen Rechte und Pflichten (Art. 20 Abs. 2 AEUV).** Diese können auch in sekundärem Unionsrecht niedergelegt sein. Die Verträge definieren öfters als Normadressaten die **„natürlichen Personen, die Angehörige der MSen sind"**, ferner „die nach den Rechtsvorschriften eines MS gegründeten **Gesellschaften**" oder die **„Unternehmen und Unternehmensvereinigungen"** (z. B. Art. 45 Abs. 2, 54 Abs. 1, 263 Abs. 4 AEUV). Die Union bemüht sich, mittels mancherlei „Äußerlichkeiten" wie der **Angleichung der Passformulare** („Europapass") oder einheitlicher **europäischer Führerscheine** und **europäischer Kfz-Nummernschilder** die gemeinsame Unionsbürgerschaft sichtbar zu machen. Die EU fördert durch Aktionsprogramme eine **aktive europäische Bürgerschaft** (VO 390/2014, ABl. L 115/3). Die Bedingungen, unter denen unionsbürgerschaftliche Rechte für britische Staatsangehörige in der Union sowie Unionsbürger im UK auch nach dessen Austritt mit Wirkung zum 1.2.2020 fortgelten, sind in Art. 9-39 des Austrittabkommens geregelt (ABl. 2020, L 29/7). Die betroffenen Personen sowie ihre Familienangehörigen genießen weiterhin ein Recht auf Aufenthalt (Art. 13) und können nach Art. 15 ein Recht auf Daueraufenthalt erwerben. Diskriminierungen aus Gründen der Staatsangehörigkeit sind gem. Art. 12 grds. verboten. Gemäß Art. 39 gelten diese Rechte auch nach dem Ende des vorgesehen Übergangszeitraums (31.12.2020) fort (im Einzelnen *Spaventa,* ELRev 2020, 193). 6

II. Die Einwirkung der Unionsbürgerschaft auf das mitgliedstaatliche Staatsangehörigkeitsrecht

Die Vertragsgeber geben in Art. 9 S. 2–3 EUV zu erkennen, dass ihrer Vorstellung nach die Unionsbürgerschaft keine „EU-Staatsangehörigkeit" ist. Unionsbürger soll sein, wer die Staatsangehörigkeit eines MS besitzt; die Unionsbürgerschaft soll danach akzessorisch und derivativ gewährt werden. Wer natürliche oder juristische Person und damit Unionsbürger i.w.S. ist, bestimmt sich grundsätzlich nach dem nationalen Recht (EuGH, 20.2.2001, Rs. C-192/99, „Kaur"; EuGH, 19.10.2004, Rs. C-200/02, „Zhu"; insbesondere zur Bestimmung der Wahlberechtigung zum EP unter Rz. 5/28). Inzwischen ist der EuGH allerdings dabei, dieses Verhältnis **grundlegend neu zu konzipieren.** In der – viel zu wenig beachteten – Entscheidung „Rottmann" geht der EuGH davon aus, dass den MSen die Freiheit zum Entzug ihrer (!) Staatsangehörigkeit nur noch dann zukommt, wenn sie dabei verhältnismäßig vorgehen (EuGH, 2.3.2010, Rs. C-135/08, „Rottmann"). Auch in Fällen eines Verlusts der Staatsangehörigkeit kraft Gesetzes müssen die zuständigen mitgliedstaatlichen Stellen dazu befugt sein, die Folgen des Verlusts des Unionsbürgerstatus im Einzelfall – insb. im Hinblick auf die Gewährleistungen der GRC – zu berücksichtigen und ggf. die Staatsangehörigkeit wiederherzustellen (EuGH, 12.3.2019, Rs. C-221/17, „Tjebbes", Rn. 41f.; *Weber,* JZ 2019, 449; *Swider,* CMLRev 2020, 1163). Die MSen regeln damit ihr Staatsangehörigkeitsrecht in Abhängigkeit von der EU und unter Aufsicht des EuGH. Es erscheint denkbar, dass der EuGH diesen Grundsatz eines Tages auch auf den Erwerb der Staatsangehörigkeit erstreckt (hierzu *Kochenov,* CMLRev 2010, 1831). Vor diesem Hintergrund wird auch diskutiert, ob die zum 20.12.2014 in Kraft getretene Neuregelung des deutschen Staatsangehörigkeitsgesetzes (BGBl. I 1714) mit unionsrechtlichen Vorgaben vereinbar ist (vgl. *Grzeszick,* ZRP 2015, 42). 7

8 Bislang ist der EuGH bei der Konkretisierung der **Vorgaben für das mitgliedstaatliche Staatsangehörigkeitsrecht** noch inhaltlich zurückhaltend. Der EuGH verlangt bei der Entscheidung über den Entzug einer rechtswidrig erlangten Staatsbürgerschaft nicht mehr, als dass die Folgen der Rücknahme berücksichtigt werden (vgl. z. B. VG Wiesbaden, 15.6.2015, Rs. 6 K 168/15). Im Fall „Rottmann" mündete dies in die Staatenlosigkeit – ein Ergebnis, das mit Blick auf die Menschenrechtsgewährleistungen des EUV und des internationalen Rechts teils scharf kritisiert wird. In dem Prüfungsvorbehalt des EuGH deutet sich jedenfalls die Möglichkeit einer weitergehenden europarechtlichen Kontrolle staatsangehörigkeitsrechtlicher Entscheidungen der MSen an. Noch übt die Union keine personelle Souveränität über die Unionsbürger aus. Zwischen der Union und ihren Bürgern **bestehen unmittelbare, aber enumerativ im AEUV begrenzte Rechts- und Pflichtenbeziehungen.** Ein Wandel ist aber vorstellbar; er ließe die europäische Föderation noch näher zusammenwachsen. Es ist spannend zu beobachten, ob dies nicht die vom BVerfG postulierte „Verfassungsidentität" (BVerfGE 123, 267, „Lissabon" (2009)) berührt.

III. Inhaltliche Dimensionen des „Grundstatus" der Unionsbürgerschaft

9 Bislang hat der EuGH keine allgemeinen und abstrahierenden Aussagen zur verfassungstheoretischen Konzeption und der dogmatischen Gestalt des Grundstatus nach Art. 20 AEUV gemacht. Die vorsichtige, nur schrittweise entwickelte Rechtsprechung lässt bislang kein Gesamtbild und keine langfristige Perspektive erkennen. Insofern bleibt offen, in welche Richtung sich dieser Status künftig entwickeln wird. Eine Analyse der Rechtsprechung macht deutlich, dass es gegenwärtig vor allem darum geht, die **Unionsbürgerschaft als Hebel** einzusetzen, um die **Rechte der Unionsbürger im jeweiligen Aufenthaltsstaat** auszubauen; dem steht nicht entgegen, dass sich der EuGH gegenwärtig zurückhält. Bislang nicht erkennbar ist, dass die Inhalte der Unionsbürgerschaft die Bürger rechtlich in eine **wesentlich engere Rechtsbeziehung zur EU** bringen und so die demokratische Rückbindung der EU (Rz. 16/1 ff.) stärken könnten (vgl. *Weber,* in: Wollenschläger (Hrsg.), Europäischer Freizügigkeitsraum – Unionsbürgerschaft und Migrationsrecht, EnzEuR X, 2020, § 3).

10 Bislang lag die wesentliche Bedeutung der Unionsbürgerschaft – ihr sachlicher Bedeutungsgehalt – in der Begründung von Freizügigkeitsrechten und Gleichstellungsansprüchen für **mobile Bürger** jenseits des von spezifischen Grundfreiheiten (Art. 34, 45, 49, 56, 63 AEUV) begründeten Bereichs (unten Rz. 16/13 ff.). Der EuGH schützt nicht nur die Freiheit, den MS ohne Nachteile verlassen zu können, sondern vor allem den behinderungsfreien Zugang zum und diskriminierungsfreien Aufenthalt im Aufnahmestaat. Dabei geht es sowohl um die Abwehr **unverhältnismäßiger Beschränkungen** als auch um die Bekämpfung von **Benachteiligungen.** Selbst mittelbare Benachteiligungen (Schlechterstellung aufgrund der Ausreise der Ehefrau: EuGH, 12.7.2005, Rs. C-403/03, „Schempp") werden erfasst. Der EuGH gewährt punktuell auch Ansprüche auf Besserstellung (Wahl eines ausländischen Namensrechts: EuGH, 2.10.2003, Rs. C-148/02, „Garcia Avello"). Diese mobilitätsbezogene Rechtsprechung hat dazu veranlasst, Art. 21 AEUV als „Grundfreiheit ohne Markt" (*Wollenschläger,* 2007) zu bezeichnen.

In neueren Entscheidungen zeichnet sich eine Bedeutungsverschiebung ab (EuGH, 8.3.2011, Rs. C-34/09, „Ruiz Zambrano"; EuGH, 15.11.2011, Rs. C-256/11, „Dereci"; EuGH, 8.5.2013, Rs. C-87/12, „Ymeraga"). In diesen Fällen ging es darum, inwieweit sich Unionsbürger auf die Rechte aus Art. 20 AEUV berufen können, die nie von ihrer Freizügigkeit Gebrauch gemacht haben (*Graf Vitzthum,* EuR 2011, 550). Das Unionsrecht steht danach mitgliedstaatlichen Maßnahmen entgegen, die zur Folge haben, dass Unionsbürgern „der **Kernbestand** der durch den Unionsbürgerstatus verliehenen Rechte verwehrt oder die Ausübung seines Rechts, sich im Hoheitsgebiet der Mitgliedstaaten frei zu bewegen und aufzuhalten" erschwert wird. Damit wird deutlich, dass die Freizügigkeit (Art. 21 AEUV) nur ein Teilaspekt des weitergehenden Status aus Art. 20 AEUV bildet. Während der Kernbereich teilweise weit verstanden und auf zentrale persönlichkeitskonstituierende Gegebenheiten erstreckt wird (*Nettesheim,* JZ 2011, 1030), reduzieren andere den Kernbereich auf die Freiheit zum Aufenthalt in der EU (*Hailbronner/Thym,* NJW 2011, 2008; *Thym,* NVwZ 2012, 97; vgl. auch *Wiesbrock,* GermanLJ 2011, 2077; *Hong,* ZJS 2012, 249). Die mitgliedstaatlichen Maßnahmen, die den Kernbestand beeinträchtigen, würden nicht als „rein innerstaatlicher Sachverhalt" anzusehen sein (ähnlich mit Blick auf die Freizügigkeit: EuGH, 5.5.2011, Rs. C-434/09, „McCarthy", Rn. 46f.). 11

Trotz dieser Entwicklung bleibt die Unionsbürgerschaft weiterhin im **prä-politischen Bereich** stehen. Politische Vergemeinschaftung setzt mehr voraus als Rechtsträgerschaft; und sie setzt ein umfassendes **Verhältnis besonderer Verbundenheit** zum Gemeinwesen und dem von diesem eingesetzten Hoheitsträger voraus (EuGH, 26.5.1982, 149/79, „KOM/Belgien"). Die Verstärkung der Rechtstellung von EU-Bürgern in den Mitgliedstaaten bewirkt dies noch nicht. Eine wirkliche EU-Angehörigkeit würde eine Herausbildung politischer Gemeinschaftsvorstellungen im Kreis der EU-Bürger voraussetzen, die bislang noch nicht absehbar ist. Trotz der Etablierung der allgemeinen Personenfreizügigkeit ist ein **gemeinsames europäisches „Wir-Gefühl"** der Unionsbürger erst in Ansätzen vorhanden. Die Verteilungsstreitigkeiten im Zuge der Bewältigung der Finanzkrise machen dies überdeutlich. Primärer rechtlicher und tatsächlicher Anknüpfungspunkt bleibt der Nationalstaat. Gleichwohl unterscheidet sich die EU von Internationalen Organisationen wesentlich dadurch, dass zwischen ihr und den Bürgern in erheblichem Umfang **unmittelbare personelle Beziehungen** bestehen. Der Unionsbürger kann inzwischen als **unmittelbarer (Mit-) Träger der Union** angesprochen werden (im Einzelnen *Kadelbach,* Unionsbürgerschaft, in: von Bogdandy/Bast (Hrsg.), Europäisches Verfassungsrecht, 2. Aufl. 2009, 611). 12

IV. Freizügigkeit: Schutz der positiven und der negativen Freiheit

Im Zentrum der Unionsbürgerschaft steht das **Freizügigkeitsrecht nach Art. 21 AEUV.** Die Bestimmung ist unmittelbar anwendbar (EuGH, 17.9.2002, Rs. C-413/99, „Baumbast"). Sie gewährt den Einzelnen auch gegenüber den nationalen Stellen ein subjektives Recht (*Stewen,* Die Entwicklung des allgemeinen Freizügigkeitsrechts der Unionsbürger und seiner sozialen Begleitrechte, 2011). Das Freizügigkeitsrecht der EU-Bürger hat einen hohen wirtschaftlichen Wert. Zu beobachten ist ein „Handel mit Staatsangehörigkeiten", über die Drittstaatsangehörige Zugang zur Gesamt-EU erhalten. 13

1. Persönlicher Anwendungsbereich

14 Das Freizügigkeitsrecht steht allen Unionsbürgern zu – ohne dass es, wie bei den Grundfreiheiten, darauf ankommt, dass sie sich grenzüberschreitend **wirtschaftlich betätigen.** Im Anwendungsbereich von Art. 21 AEUV liegt daher z. B. auch die Freizügigkeit von Rentnern (EuGH, 9.11.2006, Rs. C-520/04, „Turpeinen", Rn. 16f.). Staatsoberhäupter, Minister und ähnliche Personen können sich nur im Rahmen des Völkerrechts auf Art. 21 AEUV berufen (EuGH, 16.10.2012, Rs. C 364/10, „Ungarn/Slowakei", Rn. 43ff.). Die Personenfreizügigkeit ist über den Binnenmarktgedanken hinaus zum politischen Merkmal der EU geworden.

15 Auf Art. 21 AEUV können sich Unionsbürger nicht nur gegenüber dem **Aufenthaltsstaat,** sondern auch gegenüber ihrem **Herkunftsland** berufen, wenn und soweit sie das Land verlassen wollen (EuGH, 10.7.2008, Rs. C-33/07, „Jipa", Rn. 18; EuGH, 17.11.2011, Rs. C-430/10, „Gaydarov", Rn. 25) oder zurückkehren wollen (EuGH, 26.10.2006, Rs. C-192/05, „Tas-Hagen", Rn. 24f.; EuGH, 18.7.2006, Rs. C-406/04, „De Cuyper", Rn. 39). In Einklang mit der bisherigen Rspr. des EuGH zu den Markfreiheiten beansprucht auch das Diskriminierungsverbot nach Art. 18 AEUV Anwendung auf privatrechtliche Vereinigungen, denen eine gewisse Regelungsautonomie zugestanden wird (EuGH, 13.6.2019, Rs. C-22/18, „TopFit", Rn. 36ff. zum Ausschluss von der Teilnahme an einer nationalen Meisterschaft im Amateursportbereich aus Gründen der Staatsangehörigkeit; Rz. 34/33). Eine Bindung von Drittstaaten besteht ebenso wenig wie (bislang) eine solche der EU.

16 **Drittstaatsangehörige,** die nicht im EU-Aufenthaltsstaat von ihrem – über eine Unionsbürgerschaft verfügendem – Kind und dem anderen Elternteil leben, können sich nicht auf die Unionsbürgerschaft stützen (EuGH, 8.11.2012, Rs. C-40/11, „Iida"). Eine Vorbestrafung des drittstaatsangehörigen Elternteils, der im EU-Aufenthaltsstaat seines minderjährigen Kindes mit Unionsbürgerschaft lebt, genügt allein für eine Ausweisung nicht, wenn diese zwangsläufig dazu führt, dass ein Kind mit Unionsbürgerschaft das Unionsgebiet verlassen muss (EuGH, 13.9.2016, Rs. C-165/14, „Marín"; EuGH, 13.9.2016, Rs. C-304/14, „CS"). Die Wendung hat auch zur Folge, dass die Unionsbürgerschaft künftig gegen Inländerdiskriminierungen gerichtet werden könnte.

2. Sachlicher Anwendungsbereich

a) Schutz der Freiheit zur grenzüberschreitenden Mobilität

17 Nach Art. 21 Abs. 1 AEUV hat jeder Unionsbürger das Recht, sich im Hoheitsgebiet der MSen vorbehaltlich primär- und sekundärrechtlicher Beschränkungen frei zu bewegen und **aufzuhalten** (Beispielsfälle: EuGH, 23.10.2007, verb. Rs. C-11/06 u. a., „Morgan"; EuGH, 22.5.2008, Rs. C-499/06, „Nerkowska"). Geschützt wird auch die Mobilität zum Zwecke der Bildung (vgl. auch Art. 165f. AEUV; Rz. 34/19f.). Der Nachweis eines konkreten Aufenthaltszwecks wird unionsrechtlich aber nicht verlangt. Art. 21 AEUV schützt das freie Belieben, sich in einen anderen MS zu begeben und sich dort aufzuhalten. Einreiseverbote sind zu begründen (EuGH, 4.6.2013, Rs. C-300/11, „ZZ").

18 Der Aufenthaltsstatus der Unionsbürger wird nunmehr in RL 2004/38 (ABl. L 158/77; hierzu *Carrera,* ELJ 2005, 699; *Schönberger,* ZAR 2006, 226) kodifiziert und konkretisiert (hierzu auch unten

Rz. 27/58ff.). Diese hat maßgeblich auch den **Schutz von drittstaatsangehörigen Familienmitgliedern** gestärkt (vgl. EuGH, 18.12.2014, Rs. C-202/13, „McCarthy"; EuGH, 12.3.2014, Rs. C-456/12, „O."). Der Begriff des „Ehegatten" in Art. 2 Nr. 2 lit. a RL 2004/38 umfasst ggf. auch Personen des gleichen Geschlechts wie der betreffende Unionsbürger, sodass es den MSen untersagt ist, mit Verweis auf ihre eigenen familienrechtlichen Vorschriften den Aufenthalt zu verweigern (EuGH, 5.6.2018, Rs. C-673/16, „Coman", Rn. 35). Zugleich enthält die Richtlinie Verbesserungen des Ausweisungsschutzes. Es ist davon auszugehen, dass die Bestimmungen der Richtlinie im Hinblick auf das Freizügigkeitsrecht Art. 21 AEUV abschließend konkretisieren und daher nicht unter Berufung auf Primärrecht überspielt werden können (anders im Bereich der Gleichheit, unten Rz. 16/26). Die Umsetzung der Richtlinie erfolgte in Deutschland durch das Freizügigkeitsgesetz/EU (*Huber*, NVwZ 2007, 977). Drittstaatsangehörige können sich auch dann nicht unmittelbar auf Art. 21 AEUV berufen, wenn sie eine familiäre Beziehung zu einem Unionsbürger haben. Die in RL 2004/38 enthaltenen Rechte gewähren diesem Personenkreis nach st. Rspr. des EuGH keine eigenständigen Rechte, sondern leiten sich daraus ab, dass ein Unionsbürger sein Recht auf Freizügigkeit ausgeübt hat (bspw. EuGH, 16.7.2015, Rs. C-218/14, „Singh", Rn. 50).

Ein Rückgriff auf die allgemeine Freizügigkeitsregel des Art. 21 AEUV scheidet aus, 19
soweit das Verhalten eines Unionsbürgers in den **Anwendungsbereich spezieller Freizügigkeitsregelungen** (vgl. Art. 45, 49, 56 AEUV) fällt (z. B. EuGH, 11.9.2007, Rs. C-76/05, „Schwarz", Rn. 35).

b) Schutz des Rechts zum Bleiben

Darüber hinaus schützen Art. 20f. AEUV aber auch das Recht, in einem MS bleiben zu 20
dürfen. Mitgliedstaatliche Maßnahmen dürfen einen Unionsbürger – vorbehaltlich einer Rechtfertigung – **nicht zur Ausreise zwingen.** Damit ergeben sich aus Art. 18, 20f. AEUV Vorgaben für die Auslieferung von EU-Bürgern an Drittstaaten (EuGH, 6.9.2016, Rs. C-182/15, „Petruhhin"; EuGH, 10.4.2018, Rs. C-191/16, „Pisciotti"). Unionsbürger sind auch gegenüber ihrem eigenen MS geschützt (*Nettesheim*, JZ 2011, 1030). In der schon erwähnten Entscheidung „Ruiz Zambrano" (EuGH, 8.3.2011, Rs. C-34/09) geht der EuGH darüber hinaus davon aus, dass eine unionsrechtswidrige Beeinträchtigung des Bürgerstatus (konkret: Zwang zum Wegzug) auch dadurch ausgeübt werden kann, dass dritten Personen der Aufenthalt verweigert wird, auf die der Unionsbürger angewiesen ist (Kind-Eltern-Beziehung). Eine biologische Beziehung zwischen dem unionsbürgerlichen Kind und dem Drittstaatsangehörigen ist zwar nicht zwingend erforderlich (EuGH, 6.12.2012, verb. Rs. C-356/11 u. a. „O."). Trotzdem sah der EuGH in diesem Fall keinen faktischen Ausreisezwang für das unionsbürgerliche Kind, wenn dem drittstaatsangehörigen Stiefvater kein Aufenthaltsrecht gewährt wird, da keine so weitgehende Abhängigkeit des Kindes bestand. Ungeklärt sind die Schranken, die in einem solchen Fall doch aufenthaltsbeendende Maßnahmen zulassen (EuGH, 10.5.2017, Rs. C-133/15, „Chavez-Vilchez"; EuG H, 8.5.2018, Rs. C-82/16, „K.A."). Art. 20f. AEUV begründen jedenfalls **kein allgemeines Recht auf Ehegatten- oder Familiennachzug** (EuGH, 5.5.2011, Rs. C-434/09, „McCarthy"; keine Relevanz von wirtschaftlichen Gründen: EuGH, 15.11.2011, Rs. C-256/11, „Dereci"). Der EuGH baut diese Rechtsprechung aus (EuGH, 13.9.2016, Rs. C-165/14, „Marín").

3. Beeinträchtigung

Der Begriff der Beeinträchtigung des Freizügigkeitsrechts wird vom EuGH umfassend 21
verstanden. Als Beeinträchtigung wird nicht nur das konkrete Aufenthaltsverbot angesehen. Auch mitgliedstaatliche Maßnahmen, die sich lediglich mittelbar nachteilig auswirken, fallen in den Anwendungsbereich von Art. 21 AEUV. Eine Beeinträch-

tigung liegt bereits vor, wenn **persönliche Unannehmlichkeiten, persönliche Kosten oder Verzögerungen die Inanspruchnahme der Freizügigkeit unwahrscheinlicher machen** (EuGH, 23.10.2007, verb. Rs. C-11/06 u. a., „Morgan", Rn. 30). So hat der EuGH etwa entschieden, dass eine benachteiligende Besteuerung für Mobilitätswillige eine Beeinträchtigung des Rechts aus Art. 21 AEUV bewirken kann (EuGH, 29.4.2004, Rs. C-224/02, „Pusa"). Auch die Weigerung eines Mitgliedstaats, die nach dem Recht eines anderen Mitgliedstaats erfolgte Namensgebung anzuerkennen, wird als Beeinträchtigung verstanden (EuGH, 14.10.2008, Rs. C-353/06, „Grunkin"). Allerdings besteht keine generelle Pflicht, einen im Ausland im Rahmen einer Adoption fehlerhaft zuerkannten Namen, der nach inländischem Recht nicht geführt werden darf, anzuerkennen (EuGH, 22.12.2010, Rs. C-208/09, „Sayn-Wittgenstein"). Ein Nachname, der mehrere Adelsbestandteile enthält und von einem Unionsbürger in einem anderen Mitgliedstaat, dessen Angehörigkeit der Betroffene ebenfalls besitzt, frei gewählt wurde, muss in einem anderen Mitgliedstaat nicht zwingend anerkannt werden (EuGH, 2.6.2016, Rs. C-438/14, „Bogendorff von Wolffersdorff").

22 Hinsichtlich des Erfordernisses eines ständigen Wohnsitzes, wie es in § 5 Abs. 2 BAföG vorgesehen ist, sah der EuGH auch eine Beschränkung des Art. 21 AEUV an, obwohl es unterschiedslos für deutsche Staatsangehörige und für andere Unionsbürger gilt (EuGH, 24.10.2013, Rs. C-220/12, „Thiele Meneses"). Teilweise prüft der EuGH, ob eine Angelegenheit in den sachlichen Anwendungsbereich des EU-Rechts fällt (EuGH, 4.10.2012, Rs. C-75/11, „KOM/Österreich" (Fahrpreisermäßigung für Studierende)); in anderen Fällen geht der EuGH hierauf nicht ein (EuGH, 26.10.2006, Rs. C-192/05, „Tas-Hagen", Rn. 20: Entschädigung ziviler Kriegsopfer). Der EuGH interpretiert die Reichweite des EU-Rechts in diesen Fällen sehr weit; über die Konkretisierung der Vorgaben der Unionsbürgerschaft weitet der EuGH den „Anwendungsbereich des Vertrags" aus.

4. Schranken

23 Art. 21 AEUV stellt das Freizügigkeitsrecht unter den Vorbehalt der „in diesem Vertrag und in den Durchführungsbestimmungen vorgesehenen Beschränkungen und Bedingungen". Der EuGH geht davon aus, dass es dem europäischen Gesetzgeber grundsätzlich freisteht, die Voraussetzungen festzulegen, unter denen die Freizügigkeit wahrgenommen werden kann. Konkret sind die Rechte in der RL 2004/38 (ABl. L 158/77) verankert (hierzu auch unten Rz. 27/58 ff.). Inzwischen hat der EuGH sich vielfach mit der Frage befasst, wann die **Ausweisung von Unionsbürgern** zulässig ist (z. B. EuGH, 17.4.2018, Rs. C-316/16, „B"). Er geht immer davon aus, dass aufenthaltsbeendende Maßnahmen nur dann zulässig sind, wenn sie sich in einer Abwägung von mitgliedstaatlichem und Individualinteresse als angemessen darstellen (vgl. EuGH, 23.11.2010, Rs. C-145/09, „Tsakouridis"). Im Falle schwerer Straftaten sind derartige Maßnahmen weiterhin zulässig (EuGH, 22.5.2012, Rs. C-348/09, „I."; vgl. *Kießling*, EuR 2015, 641).

24 Weitere Erleichterungen können nach Art. 21 Abs. 2 AEUV vom Gesetzgeber beschlossen werden. Im besonderen Gesetzgebungsverfahren müssen Maßnahmen erlassen werden, die die soziale Sicherheit und den sozialen Schutz betreffen (Abs. 3).

V. Das Recht auf Gleichbehandlung (Art. 21 iVm Art. 18 AEUV)

Der EuGH hat schon früh begonnen, in dem Kontext der Unionsbürgerschaft auch einen **Anspruch auf Gleichberechtigung** zu entwickeln (Art. 18 AEUV). In der Frühzeit der Rechtsprechung war unklar, ob dieser Anspruch die Wahrnehmung des Freizügigkeitsrechts absichern sollte (Gleichbehandlung als Voraussetzung von Freizügigkeit) oder Folge der grenzüberschreitenden Mobilität sein sollte (Gleichbehandlung als Folge der Freizügigkeit). Im erstgenannten Fall wäre für die Anwendung des Art. 18 AEUV erforderlich, dass die begehrte Gleichstellung einen „grenzüberschreitenden Bezug" (vgl. EuGH, 2.10.2003, Rs. C-148/02, „Garcia Avello") aufweist, also den grenzüberschreitenden Wechsel ermöglicht oder doch jedenfalls erleichtert. Im letztgenannten Fall reicht es demgegenüber aus, dass überhaupt von dem Freizügigkeitsrecht Gebrauch gemacht wurde. Der EuGH hat sich inzwischen deutlich für die letztgenannte Sichtweise entschieden: Wer von seinem Recht aus Art. 21 AEUV einmal Gebrauch gemacht hat, genießt einen grundsätzlich **umfassenden Anspruch auf Gleichbehandlung** (vgl. *Epiney,* ELJ 2007, 611; *Spaventa,* CMLRev 2008, 13). 25

Der Anwendungsbereich des Art. 18 AEUV wird auf die gesamten Lebensumstände erstreckt, nicht zuletzt auch auf die steuerliche Gleichbehandlung. Sehr umstritten ist die Frage, inwieweit auch **Sozialleistungen** erfasst werden. Unproblematisch können Personen sozialrechtliche Gleichbehandlung verlangen, die dem Arbeitsmarkt im Aufnahmestaat zur Verfügung stehen. Der Kreis der Sozialleistungen, die dem Gleichbehandlungsanspruch unterfallen, ist nicht auf die in der VO 1971/1408 (ABl. L 149/2) erwähnten Leistungen beschränkt (EuGH, 22.5.2008, Rs. C-499/06, „Nerkowska"). Demgegenüber geht der EuGH in der jüngeren Rechtsprechung davon aus, dass Personen, die, ohne dem Arbeitsmarkt zur Verfügung zu stehen, sozialrechtlich bedürftig sind, kein unionales Aufenthaltsrecht in Anspruch nehmen können und daher auch keinen Gleichbehandlungsanspruch genießen (EuGH, 11.11.2014, Rs. C-333/13, „Dano"). Insbesondere ist bei sozialer Bedürftigkeit ein Aufenthaltsrecht nach Art. 7 Abs. 1 lit. b RL 2004/38 (ABl. L 158/77) regelmäßig ausgeschlossen. In der Entscheidung „Alimanovic" ging der EuGH dann davon aus, dass einer Person, die ihr unionales Aufenthaltsrecht allein aus dem Tatbestand der Arbeitssuche ableitet, dauerhaft „Sozialhilfeleistungen" nach Art. 24 Abs. 2 RL 2004/38 verweigert werden dürfen (EuGH, 15.9.2015, Rs. C-67/14; dazu: *Kingreen,* NVwZ 2015, 1503). Die Entscheidung reduziert die Unionsbürgerschaft nicht zu einer „Marktbürgerschaft". Sie macht allerdings deutlich, dass sich über Art. 20 AEUV keine genuine „Sozialunion" herstellen lässt. In der Tat handelt es sich hierbei um ein politisches Projekt, das nur vom EU-Gesetzgeber beschlossen werden kann. Die jüngere Rechtsprechung korrigiert frühere Entscheidungen (EuGH, 7.9.2004, Rs. C-456/02, „Trojani"), denen zufolge Gleichbehandlungsansprüche auf Aufenthaltstitel der MSen aufsetzen. 26

Dieser Anspruch umfasst zudem den gleichberechtigten **Zugang zu Studieneinrichtungen** (EuGH, 13.4.2010, Rs. C-73/08, „Bressol"; Rz. 34/19). Studierende, die auf Sozialleistungen angewiesen sind, können diese grundsätzlich beanspruchen (EuGH, 11.7.2002, Rs. C-224/98, „D'Hoop"; vgl. auch Rz. 34/20). Auch das Steuerrecht (EuGH, 23.4.2009, Rs. C-544/07, „Rüffler") und das Prozessrecht (EuGH, 24.11.1998, Rs. C-274/96, „Bickel" im Strafprozess; im Zivilprozess: EuGH, 27

27.3.2014, Rs. C-322/13, „Grauel Rüffer") werden erfasst. Eine Gleichstellung mit Drittstaatsangehörigen – etwa Asylbewerbern – ist demgegenüber nicht zwingend geboten (EuGH, 4.6.2009, verb. Rs. C-22/08 u. a. „Vatsouras", Rn. 52).

28 Eine Ungleichbehandlung vergleichbarer Sachverhalte liegt nicht nur vor, wenn ein Mitgliedstaat einem Unionsbürger bestimmte Leistungen nur deshalb verweigert, weil es sich um einen EU-Ausländer handelt (so der Fall EuGH, 12.5.1998, Rs. C-85/96, „Martinez Sala"). Die heute wichtigere Fallgruppe umfasst Fälle, in denen jemand deshalb **benachteiligt wird, weil vom Freizügigkeitsrecht Gebrauch gemacht wurde** – sei es durch Wechsel ins Ausland (BAföG-Fälle, vgl. EuGH, 23.10.2007, verb. Rs. C-11/06 u. a., „Morgan"; EuGH, 26.2.2015, Rs. C-359/13, „Martens" (Finanzierung des Auslandstudiums); EuGH, 24.10.2013, Rs. C-220/12, „Thiele Meneses" (Wohnsitzerfordernis im Inland für die Gewährung von Auslands-BAföG)), sei es durch Wechsel in den Aufnahmestaat (EuGH, 11.7.2002, Rs. C-224/98, „D'Hoop"; EuGH, 15.3.2005, Rs. C-209/03, „Bidar"; hierzu *Wollenschläger,* NVwZ 2005, 1023 sowie Rz. 34/20). Der EuGH stufte außerdem eine Regelung, wonach in bestimmten Gemeinden Liegenschaften nur an solche Personen übertragen oder vermietet werden durften, die eine „ausreichende Bindung" zu diesen Gemeinden aufweisen, als mit Art. 21 AEUV unvereinbar ein (EuGH, 8.5.2013, verb. Rs. C-197/11 u. a., „Libert").

29 Der EuGH lässt es zu, dass ein Mitgliedstaat verhältnismäßige Differenzierungen vornimmt. Sie können durch „objektive, von der Staatsangehörigkeit der Betroffenen unabhängige Erwägungen des **Allgemeininteresses** …, die in angemessenem Verhältnis zu dem mit dem nationalen Recht legitimerweise verfolgten Zweck stehen", gerechtfertigt sein (EuGH, 23.10.2007, verb. Rs. C-11/06 u. a., „Morgan", Rn. 33). Bei der Prüfung der Verhältnismäßigkeit soll der jeweilige MS etwa darlegen, ob die Gewährung der fraglichen Leistung eine unangemessene Belastung des Sozialhilfesystems bedeutet (EuGH, 19.9.2013, C-140/12, „Brey"). In der bereits angesprochenen Entscheidung „Bidar" (EuGH, 15.3.2005, Rs. C-209/03) hat der EuGH festgestellt, dass es den Mitgliedstaaten durchaus frei steht, ein **bestimmtes Maß an „Integration"** im Aufnahmemitgliedstaat zu verlangen, bevor sie die Sozialverantwortung übernehmen. Während der EuGH zunächst eine Mindestfrist von fünf Jahren als verhältnismäßig angesehen hat (so EuGH, 18.11.2008, Rs. C-158/07, „Förster"; *Jesse,* ELJ 2011, 172), hat er später eine Einzelfallbetrachtung – in Abhängigkeit von der jeweiligen Vergünstigung – verlangt (EuGH, 4.10.2012, Rs. C-75/11, „KOM/Österreich").

30 Bis heute ist das Verhältnis von Art. 18ff. AEUV und dem konkretisierenden Sekundärrecht unklar (vgl. schon zu Art. 21 AEUV Rz. 16/17). Lange Zeit ging der EuGH bei der Konkretisierung des Gleichbehandlungsanspruchs vielfach von einem **Vorrang von Art. 18 AEUV gegenüber Sekundärrecht** aus (*Schönberger,* ZAR 2006, 226 (230f.)). Die Entscheidungen zur Frage, ab wann ein Unionsbürger im Aufenthaltsstaat Unterstützungsleistungen verlangen kann (siehe EuGH, 15.3.2005, Rs. C-209/03, „Bidar"; EuGH, 18.11.2008, Rs. C-158/07, „Förster") machen deutlich, dass es dem EuGH nicht an der notwendigen Sensibilität dafür mangelt, einen Ausgleich zwischen dem Ziel einer Gewährleistung wirtschaftlicher Integration und dem Anliegen des Schutzes mitgliedsstaatlicher Sozialsysteme herzustellen. Sie belegen aber auch, dass der EuGH sich bei dieser Konkretisierung des Vertragsrechts in keiner

Weise an die Vorgaben des Sekundärrechts gebunden fühlt. In der jüngeren sozialrechtlichen Rechtsprechung orientiert sich der EuGH demgegenüber ausschließlich an den Regelungen des Sekundärrechts, ohne diese primärrechtlich zu interpretieren oder gar durch unmittelbaren Rückgriff auf Art. 20 AEUV zu überspielen (EuGH, 11.11.2014, Rs. C-333/13, „Dano"; EuGH, 15.9.2015, Rs. C-67/14, „Alimanovic"; EuGH, 14.6.2016, Rs. C-308/14, „KOM/UK). In der Sache nimmt der EuGH sich hier stark zurück (zur Kritik: *Thym,* NJW 2015, 130; *Kingreen,* NVwZ 2015, 1503; *Ascher,* Sozialleistungen für Unionsbürger, 2017).

Die Verbindung des Freizügigkeitsrechts mit dem Diskriminierungsverbot im Konzept der Unionsbürgerschaft begründet so nicht nur ein Recht „auf" Aufenthalt, sondern vermittelt auch **weitreichende Rechte „im" Aufenthalt.** Die Regelungen, die der AEUV ausdrücklich begründet, werden (je nach Sichtweise) ergänzt oder überspielt. Ein unmittelbarer Zusammenhang zur „Ermöglichung" von Freizügigkeit geht verloren. Stattdessen legt der EuGH ein von ihm entwickeltes Konzept persönlicher Integration zugrunde. Diese Kombination kann dazu führen, dass den Unionsbürgern Wahlrechte eingeräumt werden, die der Idee von Gleichheit eigentlich zuwiderlaufen: Im Fall „Garcia Avello" (Rz. 16/10) hat der EuGH den Eltern faktisch ein Wahlrecht zwischen belgischem und spanischem Namensrecht zugestanden. Dogmatische Bedenken bestehen zudem, weil dieses Verständnis der Unionsbürgerschaft den in Art. 18 AEUV enthaltenen Vorbehalt zugunsten des Anwendungsbereiches des Unionsrechts faktisch bedeutungslos macht (zur Bewertung: *Nettesheim,* EuR 2009, 24). 31

VI. Die politische Dimension der Unionsbürgerschaft

Die politische Rechtstellung der Unionsbürger als Bürger der EU ist noch unterentwickelt (vgl. anschaulich: *Shaw,* Citizenship: Contrasting Dynamics at the Interface of Integration and Constitutionalism, EUI-WP RSCAS 2020/33). 32

1. Wahlrecht bei Kommunalwahlen und zum Europäischen Parlament

Ein politisches Kernstück der Unionsbürgerschaft ist gemäß Art. 22 AEUV das gleichberechtigte Wahlrecht bei Kommunalwahlen in einem „fremden" MS, in dem der Unionsbürger seinen Wohnsitz hat (z. B. Italiener in Deutschland). Gleiches gilt für das gleichberechtigte aktive und passive Wahlrecht zum Europäischen Parlament (z. B. des Spaniers in Frankreich). Für das EP ergibt sich der Sinn der Regelung aus der Natur der Sache. Die Berechtigung zur Teilnahme an den Kommunalwahlen für die ca. **14 Millionen außerhalb ihrer Heimat in der EU lebenden Unionsbürger** liegt in ihrer örtlichen Verwurzelung. Die nähere Durchführung erfolgt über Sekundärrecht. 33

Die Zuerkennung des **aktiven und passiven Wahlrechts zum EP** wird durch die MSen genauer konkretisiert (EuGH, 12.9.2006, Rs. C-300/04, „Eman"). Im engen Rahmen ist aus besonderen Gründen dabei auch eine Erweiterung der Wahlberechtigung auf Nicht-Unionsbürger möglich (EuGH, 12.9.2006, Rs. C-145/04, „Spanien/UK", Rn. 80: Einwohner von Gibraltar). 34

Das **„Ausländerkommunalwahlrecht"** wurde u. a. in Deutschland längere Zeit **kontrovers erörtert.** Das BVerfG lehnte seine Einführung in der Bundesrepublik mit der Begründung ab, Art. 20 Abs. 2 GG beschränke die Ausübung von Staatsgewalt auf das „deutsche Volk" (BVerfGE 83, 37 (1990)). Eine Änderung des Art. 28 Abs. 1 GG ermöglichte die Einführung des Kommunalwahlrechts zugunsten der Unions- 35 bürger gemäß der **RL 94/80** (ABl. L 368/38). Aufgrund der Wesentlichkeit der Entscheidung hatte dieser Richtlinie eine Vertragsänderung (Einführung des Art. 22 AEUV) vorauszugehen. Die Umsetzung erfolgt in Deutschland durch Landesgesetzgebung. Die Kandidatur zu kommunalen Exekutivämtern **(Bürgermeister, Landräte)** kann nationalen Staatsangehörigen vorbehalten bleiben (Art. 5 Abs. 3 RL 94/80).

36 Die **„Europäisierung der Europawahlen"** wurde in der RL 93/109 (ABl. L 329/34) näher geregelt. Kandidaturen zum EP sind nur in einem MS möglich. Allerdings müssen die Angehörigen eines MS nicht im eigenen MS kandidieren. Gewisse Ausnahmemöglichkeiten bestehen bei einem hohen (ab 20%) Anteil „fremder" Unionsbürger (Luxemburg). Faktisch ist das Wahlinteresse der Begünstigten bisher gering (in Deutschland wählten 2019 nur ca. 5% der berechtigten nichtdeutschen Unionsbürger).

2. Diplomatischer und konsularischer Schutz

37 Jeder Unionsbürger, dessen Heimatstaat in einem Drittstaat nicht diplomatisch oder konsularisch vertreten ist, genießt nach Art. 23 Abs. 1 AEUV dort **gleichberechtigten Schutz jedes anderen EU-MS** („Europäisierung des diplomatischen Schutzes"). Einzelheiten sind in der am 1.5.2018 in Kraft getretenen RL 2015/637 geregelt (ABl. L 106/1; hierzu: *Moraru,* CMLRev 2019, 417). In diesen Kontext fällt auch die RL 2019/997 zur Festlegung eines EU-Rückkehrausweises (ABl. L 136/1). Art. 46 GRC nimmt den Gedanken des Art. 23 AEUV auf (im Einzelnen *Storost,* ZEuS 2010, 241; *Tichy-Fisslberger,* EuR-Beiheft 2/2012, 217).

Der europäisierte diplomatisch/konsularische Schutz umfasst Hilfen bei Todesfällen, Unfällen, Krankheit, Festnahmen, Gewaltverbrechen oder bei sonstigen Notfällen von Unionsbürgern.

3. Petitions- und sprachliche Rechte

38 Jeder Unionsbürger besitzt nach Art. 24 AEUV das **Petitionsrecht beim Europäischen Parlament** und kann sich an den **Bürgerbeauftragten** wenden (Art. 227 f. AEUV, oben Rz. 5/38). Von diesen Möglichkeiten wird zunehmend Gebrauch gemacht (oben Rz. 15/30). Außerdem verfügt der Unionsbürger über das Recht, in einer der EU-Amtssprachen (d. h. praktisch in seiner **Heimatsprache**) an die Organe und Einrichtungen der EU zu schreiben und von dort eine Antwort in derselben Sprache zu erhalten (Art. 24 Abs. 4 AEUV). Es handelt sich um ein **wichtiges Recht** im Rahmen des EU-Sprachenregimes (oben Rz. 5/8), das die Distanz zwischen dem Unionsbürger und dem „fernen Brüssel" verkürzt. Die Rechte des Art. 24 AEUV werden in Art. 41, 43 und 44 GRC aufgenommen.

VII. Ausblick

39 Die europäische Unionsbürgerschaft hat das Potential, zur Grundlage und zum Bezugspunkt einer **politischen Gemeinschaft** zu werden, welche die für ein demokratisches Gefüge notwendige Identifizierung des Individuums mit dem Gemeinwesen zu fördern vermag (*Nettesheim,* FS Häberle 2004, 193). Die ursprüngliche Wirtschaftsgemeinschaft verändert sich danach in ihrer Finalität und Struktur. Die Entwicklung der Unionsbürgerschaft gelangt – insbesondere unter dem Blickwinkel „europäische Identität" – verstärkt in den Fokus des integrationspolitischen und -wissenschaftlichen Interesses. Teilweise meint man, einen ersten Schritt zur *politischen* Gemeinschaft in der Entwicklung einer **Sozialbürgerschaft** zu erblicken (*Schönberger,* ZAR 2006, 226).

40 Skepsis ist allerdings angezeigt: Mehr als eine auf Art. 18 AEUV gestützte horizontale Öffnung der sozialen Sicherungssysteme der Mitgliedstaaten für die dem Arbeitsmarkt

zur Verfügung stehenden Personen ist bislang nicht zu beobachten (vgl. *Hailbronner,* JZ 2005, 1138; *Giubboni,* ELJ 2007, 360). Die Behandlung anderer Personen kann vom liberalen Gedanken der Eigenverantwortung getragen werden. Ungeachtet dieser Differenzierungen werden die Mitgliedstaaten gezwungen, ihre staatlichen Rechtsordnungen den neuen Gegebenheiten eines offenen Raums anzupassen. Nationalstaatliche Blickverengungen werden durch die Ausweitung des Kreises der Berechtigten beseitigt (krit. zur rechtspolitischen Prägung der Entscheidungen *Hailbronner,* NJW 2004, 2185). Der EuGH fordert „Solidarität" ein, ohne das Bewusstsein dafür zu verlieren, dass die Zuordnung der jeweiligen Verantwortlichkeiten der Mitgliedstaaten in einem sich öffnenden Raum teilweise schwierige Abgrenzungsfragen aufwirft. Eine (gar materielle) Solidarität der EU gegenüber ihren Bürgern, die sich etwa in einer Unterstützung notleidender Bürger durch die EU selbst manifestiert, ist aber weiterhin nicht zu beobachten. Der EuGH erkennt dies in seiner jüngeren Rechtsprechung an; der Versuch, Solidarität richterrechtlich zu erzwingen, würde erhebliche Legitimations- und Akzeptanzprobleme erzeugen.

Die Unionsbürgerschaft stellt einen wichtigen Schritt auf dem Wege der EU zu einer 41 dauerhaften, staatsähnlichen Integrationsgemeinschaft dar. Die Integration der in der Union vereinten Völker und Personen ist ein **langfristiger Prozess.** Die Entwicklung vom Marktbürger zum Unionsbürger ist nur eine erste Etappe. Die „Nähe" der Unionsbürger zueinander mag mit dem Fortschreiten des Einigungsprozesses mittels mancher Integrationssymbole wie des EURO weiter zunehmen. Dennoch bleiben Unterschiede. **„Schmelztiegellösungen"** wie in den USA sind zwischen den alten Nationen der EU-Staaten mit ihrer **ethnischen, geschichtlichen, kulturellen und sprachlichen Vielfalt** nicht zu erwarten. Die große Erweiterung der EU 2004 und 2007 brachte neue Herausforderungen für das personelle Zusammenwachsen mit sich. Das Konzept der Unionsbürgerschaft nach Art. 20 AEUV als Ergänzung (und nicht als Ersatz) der nationalen Staatsangehörigkeit dürfte längerfristigen Wert haben. Primärer Anknüpfungspunkt der Lebensverhältnisse des Unionsbürgers bleibt weiterhin die Staatsangehörigkeit des Heimatstaates. Bei günstiger Entwicklung mag der Staatenverbund Europa für ihn allmählich zur „zweiten Heimat" werden (*Oppermann,* FS Doehring 1989, 713).

§ 17. Europäische Grundrechte

Literatur: *Rideau* (Hrsg.), Les droits fondamentaux dans l'Union européenne, 2009; *Terhechte,* Konstitutionalisierung und Normativität der europäischen Grundrechte, 2011; *Weiß* (Hrsg.), Die Bedeutung von Menschenrechten für die EU, 2011; *Schmitt,* Rechtsnatur und Verpflichtungsdichte der Europäischen Grundrechte, 2012; *Hufeld/Rathke,* Der Grundrechtsschutz nach Lissabon, in: Müller-Graff/Schwarze (Hrsg.), XXV. FIDE-Kongress, 2013, 7; *Weiß,* Grundrechtsschutz durch den EuGH: Tendenzen seit Lissabon, EuZW 2013, 287; *Fabrini,* Fundamental Rights in Europe, 2014; *Kingreen,* Die Unionsgrundrechte, JURA 2014, 295; *Pabel/Raschauer* (Hrsg.), Die Organisation des Grundrechtsschutzes, 2014; *Ehlers* (Hrsg.), Europäische Grundrechte und Grundfreiheiten, 4. Aufl. 2015; *Masing* u. a. (Hrsg.), Strukturfragen des Grundrechtsschutzes in Europa, 2015; *Huber,* Grundrechtsschutz in Europa: Vermehrung, Verunsicherung, Kohärenz, FS Thürer, 2015, 305; *Greer/Gerards/Slowe,* Human Rights in the Council of Europe and the European Union, 2018; *Spaventa,* Should we „harmonize" fundamental rights in the EU?, CMLRev 2018, 997; *Jarass/Kment,* Die EU-Grundrechte, 2. Aufl. 2019; *Heselhaus/Nowak* (Hrsg.), Handbuch der Europäischen Grundrechte, 2. Aufl. 2020.

I. Die Herausbildung der EU-Grundrechte

1 EGKSV, EWGV und EAGV enthielten **zunächst keine Bestimmungen** über den Grundrechtsschutz. Dass die im Vertrag angelegte supranationale Rechtsetzung (vgl. Art. 288 AEUV zur VO) diesen erfordern würde, war zunächst nicht gesehen worden. Auch auf nationaler Ebene stand der Grundrechtsschutz erst in den Anfängen: In Deutschland und Italien wurde er erst langsam entfaltet, in anderen Staaten gab es ihn damals noch gar nicht.

2 Die Notwendigkeit von Grundrechtsschutz geriet erst Ende der 1960er Jahre in das Blickfeld, nachdem die EWG in etlichen Politikbereichen hatte die EWG begonnen hatte, durch interventionistische Regulierungen die individuelle Handlungsfreiheit der Wirtschaftsteilnehmer zu beschränken. Der EuGH, von nationalen Gerichten im Verfahren nach Art. 267 AEUV angerufen, zögerte nicht, den notwendigen **Grundrechtsschutz rechtsfortbildend** (zu dieser Befugnis Rz. 5/152ff. sowie 13/1) zu **gewähren.** Er beanspruchte damit auch, die EWG in den verfassungstheoretischen Kontext zu stellen, der heute staatliche Hoheitsgewalt im freiheitlichen Gemeinwesen kennzeichnet. 1969 wies er darauf hin, dass ihm auch die Aufgabe obliege, „die in den allgemeinen Grundsätzen der Gemeinschaftsrechtsordnung, deren Wahrung der Gerichtshof zu sichern hat, enthaltenen Grundrechte“ durchzusetzen (EuGH, 12.11.1969, Rs. 29/69, „Stauder“). Und in der Entscheidung „Internationale Handelsgesellschaft“ (EuGH, 17.12.1970, Rs. 11/70) stellte er fest, dass „die Beachtung der Grundrechte ... zu den allgemeinen Rechtsgrundsätzen [gehört], deren Wahrung der Gerichtshof zu sichern hat“.

3 In der Folge hat der EuGH eine ausgedehnte und dichte **grundrechtliche Schutzordnung entwickelt.** Die Methode der Gewinnung allgemeiner Rechtsgrundsätze in diesem Bereich (allgemein dazu Rz. 9/33ff.) ist im Urteil „Nold“ (EuGH, 14.5.1974, Rs. 4/73) dargestellt: Der EuGH orientierte sich an den von den Verfassungen der MSen anerkannten und geschützten Grundrechten sowie an den internationalen Verträgen über den Schutz der Menschenrechte, an deren Abschluss die MSen beteiligt waren oder denen sie beigetreten sind. Dabei spielte vor allem die EMRK, die kurz zuvor von Frankreich als letztem EWG-MS ratifiziert worden war, eine zentrale Rolle.

4 Mit dem Vertrag von Maastricht wurde dieses Vorgehen normativ ausdrücklich verankert (vgl. den heutigen Art. 6 Abs. 3 EUV). Wie alle ARG standen diese Grundrechte im **Rang** zwischen dem Primärrecht und dem Sekundärrecht (oben Rz. 10/37). Ein Angriff auf Bestimmungen der Verträge einschließlich Beitrittsabkommen war unter Rückgriff auf die EU-Grundrechte nicht möglich. Demgegenüber mussten und müssen bei allen Handlungen der EU-Organe, einschließlich des Abschlusses völkerrechtlicher Abkommen, die Grundrechte beachtet werden.

5 Diese Ordnung schützt in erster Linie die **liberale Freiheit** der dem Unionsrecht unterworfenen Bürger. Darüber hinaus hat der EuGH den Grundrechten allerdings auch **weitere Funktionen** entnommen (Rz. 17/30f.). Es wurde und wird allerdings immer wieder kritisiert, dass die Schutzwirkung der EU-Grundrechte im Ergebnis oft eher gering ist: So freizügig der EuGH auch bei der Entwicklung neuer Grundrechte war und ist, so großzügig ist er zumindest häufig auch bei der Anerkennung hoheitlicher Eingriffsmöglichkeiten auf der Schrankenseite (Rz. 17/22ff.). In den Teilbereichen des Diskriminierungs- (Rz. 17/70ff.) und des Datenschutzes (Rz. 17/50) wiederum

weist er den entsprechenden Grundrechten im Konflikt mit anderen Rechtsgütern ein überaus großes Gewicht zu.

Unabhängig davon erwies sich die Rechtsprechung des EuGH **als schwer zugänglich** und für den nicht europarechtlich ausgebildeten Bürger **kaum greifbar.** Weniger inhaltliche und mehr sozial-psychologische Gründe bewegten die MSen dazu, einen Konvent mit der Ausarbeitung einer „Charta der Grundrechte" (GRC) zu beauftragen. Dieser, geleitet vom ehemaligen deutschen Bundespräsidenten Roman Herzog, legte seine Ergebnisse im Oktober 2000 vor; im Dezember 2000 wurde die Charta vom Europäischen Rat feierlich gebilligt. Formelle Rechtsverbindlichkeit erlangte sie jedoch zunächst nicht. Am 12.12.2007 haben Europäisches Parlament, Rat und KOM einen leicht angepassten Text in Straßburg erneut „feierlich proklamiert" (Text in: ABl. 2007, C 303/1). Mit Inkrafttreten des Lissabon-Vertrags ist die Charta dann gemäß dem neugefassten Art. 6 Abs. 1 EUV, heute die Zentralnorm des Grundrechtsschutzes der EU, zum rechtlich bindenden Bestandteil des Primärrechts geworden – wenngleich sie aus politischen Gründen nicht in den Text des EUV aufgenommen wurde. 6

Heute besteht der Korpus des Grundrechtsschutzes im Kern aus **drei Elementen:** Die Grundrechtecharta bildet unmittelbar bindendes Primärrecht (Art. 6 Abs. 1 EUV). Darüber hinaus wird die EU auch weiterhin durch die allgemeinen Rechtsgrundsätze verpflichtet, die der EuGH im Rahmen wertender Rechtsvergleichung aus EMRK und nationalen Verfassungsüberlieferungen entwickelt (Art. 6 Abs. 3 EUV; dazu bereits Rz. 17/3). Ferner ist der EU ein Beitritt zur EMRK aufgegeben, die dann die EU rechtlich auch unmittelbar verpflichten würde (Art. 6 Abs. 2 EUV; Rz. 17/39 f.). Zudem enthalten die Verträge vereinzelt weitere grundrechtlich relevante Bestimmungen, vor allem zur Gleichstellungspolitik (Rz. 17/70), aber auch zum Datenschutz (Rz. 17/50). Schließlich gehören Menschenwürde, Freiheit und Gleichheit zu den **Werten der Union** (Art. 2 EUV). Anders als die Grundrechte der Union müssen die MSen diese Werte generell und nicht nur bei der „Durchführung" des Unionsrechts (Rz. 17/13 ff.) achten. Konkrete Konsequenzen hat der EuGH au Art. 2 EUV bislang aber nur insofern gezogen, als er den Grundsatz des gegenseitigen Vertrauens auf die Gemeinsamkeit der Werte der MSen gemäß dieser Norm stützt (Rz. 32/40). 7

II. Grundlagen der EU-Grundrechtecharta

1. Allgemeines

Literatur: Gesamtdarstellungen: *Di Federico* (Hrsg.), The EU Charter of Fundamental Rights, 2011; *Peers u. a.* (Hrsg.), The EU Charter of Fundamental Rights, 2014; *Jarass,* Charta der Grundrechte der EU, 3. Aufl. 2016; *Stern/Sachs* (Hrsg.), Kölner Gemeinschaftskommentar zur Grundrechte-Charta, 2. Aufl. 2016; *Biad/Parisot* (Hrsg.), La Charte européenne des droits fondamentaux, 2018; *Meyer/Hölscheidt* (Hrsg.), Charta der Grundrechte der EU, 5. Aufl. 2019.

Weitere Grundsatzliteratur: *Sagmeister,* Die Grundsatznormen in der Europäischen Grundrechtecharta, 2010; *Lenaerts,* Die EU-Grundrechtecharta: Anwendung und Auslegung, EuR 2012, 3; *Kahl/Raschauer* (Hrsg.), Grundsatzfragen der europäischen Grundrechtecharta, 2013; *Ritleng,* De l'articulation des systèmes de protection des droits fondamentaux dans l'Union, RTDE 2013, 267; *Schmidt,* Grund- und Menschenrechte in Europa, 2013; *Stern,* Die Charta der Grundrechte der Europäische Union vor und nach Lissabon, FS E. Klein, 2013, 669; *Holoubek/Lienbacher* (Hrsg.), Charta der Grundrechte der Europäischen Union, 2014; *Krommendijk,* Principled Silence or Mere Silence on Principles? The Role of the EU Charter's Principles in the Case Law of the Court of Justice, ECLR 2015, 321; *Lenaerts,* In Vielfalt geeint/

Grundrechte als Basis des europäischen Integrationsprozesses, EuGRZ 2015, 353; *Masing,* Einheit und Vielfalt des Europäischen Grundrechtsschutzes, JZ 2015, 477; *Classen,* Schwierigkeiten eines harmonischen Miteinanders von nationalem und europäischem Grundrechtsschutz, EuR 2017, 347; *Lock,* Rights and principles in the EU Charter of fundamental rights, CMLRev 2019, 1201.

8 Die 1999/2000 erarbeitete und mit dem Vertrag von Lissabon verbindlich gewordene Grundrechtecharta (Rz. 17/6) bildet heute den **zentralen Grundrechtskatalog der Union** (Rz. 17/41). In insgesamt **54 Artikeln** enthält die Charta den **heutigen Stand europäischen Grundrechtsverständnisses,** oftmals in Anlehnung an die EMRK (zum Inhalt Rz. 17/46ff.). Dies schließt die klassischen Freiheits- und Gleichheitsrechte ebenso ein wie wirtschaftliche und soziale Rechte und moderne Herausforderungen. Nach der Präambel werden in 6 Kapiteln (Art. 1–50) die **materiellen Grund- und Menschenrechte** benannt. Die abschließenden Artikel 51–53 regeln „hinter der Klammer" den Anwendungsbereich der GRC, die – einheitlichen – **Grundrechtsschranken** und das Verhältnis der Charta zu den anderen Grundrechtsgewährleistungen, insbesondere in der EMRK.

9 In den Kapiteln I und II (Art. 1–19) werden auf dem Fundament der Menschenwürde (Art. 1) zahlreiche **klassische Freiheitsrechte** benannt (Rz. 17/46ff.). Im Gleichheitskapitel III (Art. 20–26) verbindet sich **klassischer Menschenrechtsbestand** (Rz. 17/66ff.) mit **modernen Forderungen** wie der Garantie der Vielfalt der Kulturen/Religionen/Sprachen (Art. 22), „positiver" Diskriminierung (Art. 23 Abs. 2) sowie Rechten von Kindern/Älteren/Behinderten (Art. 24–26). Das wortreiche Kapitel IV Solidarität (Art. 27–38) vollendet den Dreiklang „Freiheit-Gleichheit-Brüderlichkeit". Es trägt oft **unscharfe und kompromisshafte Züge.** Im Vordergrund stehen Arbeitsleben und Soziales. Im Kapitel V Bürgerrechte (Art. 39–46) wird der **europäische Status der Unionsbürger** zusammengefasst. Ausführlich sind die justiziellen Rechte formuliert (Art. 47–50). Sie nehmen im Wesentlichen **bereits in der EMRK enthaltene Verbürgungen** auf. Die Charta enthält keine besondere Grundrechtsbeschwerde.

10 Die amtlichen **Erläuterungen** zur Charta stellen die Textquellen (Menschenrechtsdokumente, Judikatur des Gerichtshofes etc.) zusammen, die der Konvent bei der Ausarbeitung der Charta für maßgeblich erachtet hat. Sie sind nach ausdrücklicher Vorgabe (Art. 6 Abs. 1 UAbs. 3 EUV, Art. 52 Abs. 7 GRC) von den Gerichten bei der Auslegung der Charta „gebührend zu berücksichtigen". Protokoll Nr. 30 sieht für die Anwendung der Charta in Polen Eingrenzungen in der Wirkungskraft vor, die der EuGH allerdings minimalistisch interpretiert (EuGH, 21.12.2011, Rs. C-411/10 und C-493/10, „N.S."). Zudem hat Polen zur Charta eine besondere Erklärung abgegeben (Nr. 62).

11 Die Grundrechtecharta hat kontroverse Reaktionen ausgelöst. Teilweise erblickte man in ihr einen „großen Wurf", mit dem sich die EU in beispielhafter Weise rechtsstaatlichen Grundsätzen verpflichte. Die Charta übernehme in nicht unerheblichem Umfang bereits vorhandene Gewährleistungen und mache sie damit besser sichtbar. Die stärker ins öffentliche Bewusstsein getretene Bedeutsamkeit europäischer Grundrechte würde, so die Annahme, den **rechtsstaatlich-demokratischen Charakter** der EU unterstreichen. Häufig wurde in diesem Zusammenhang die „Modernität" der Charta erwähnt, die auch neuartige Grundrechte enthalte (z. B. Art. 41: Recht auf eine gute Verwaltung). Auch die (allerdings nur scheinbare) Gleichgewichtigkeit von liberalen Freiheitsrechten, Gleichbehandlungsansprüchen, Rechten auf „Solidarität" und Bür-

gerrechten wurde häufig gelobt. Teilweise fiel das Urteil auch zurückhaltender aus. Grund waren nicht nur die weitgehenden Regelungsvorbehalte, die sich in vielen Grundrechtsbestimmungen finden (z. B. Art. 16: Gewährleistung der unternehmerischen Freiheit nur „nach dem Unionsrecht und den einzelstaatlichen Rechtsvorschriften"). Auch der undifferenzierte Schrankenvorbehalt des Art. 52 stieß auf Kritik, ebenso wie die Aufnahme von Verbotsnormen in eine Grundrechtecharta (Art. 3 Abs. 2).

2. Berechtigte und Verpflichtete

a) Adressaten

Literatur: *Geiß,* Europäischer Grundrechtsschutz ohne Grenzen?, DÖV 2014, 265; *Herresthal,* Grundrechtecharta und Privatrecht, ZEuP 2014, 238; *Heuer,* Art. 51 Abs. 1 Satz 1 GRC: die Bindung der Mitgliedstaaten an die Unionsgrundrechte, 2014; *Lange,* Verschiebungen im europäischen Grundrechtssystem, NVwZ 2014, 169; *Ludwigs,* Kooperativer Grundrechtsschutz zwischen EuGH, BVerfG und EGMR, EuGRZ 2014, 273; *Maier,* Grundrechtsschutz bei der Durchführung von Richtlinien, 2014; *Stotz,* Die Beachtung der Grundrechte bei der Durchführung des Unionsrechts in den Mitgliedstaaten, FS Dauses, 2014, 409; *Streinz,* Streit um den Grundrechtsschutz?, FS Dauses, 2014, 429; *Thym,* Blaupausenfallen bei der Abgrenzung von Grundgesetz und Grundrechtecharta, DÖV 2014, 941; *Classen,* Für ein sachgerechtes Miteinander von europäischem und nationalem Grundrechtsschutz, FS Müller-Graff, 2015, 1378; *Britz,* Grundrechtsschutz durch das Bundesverfassungsgericht und den Europäischen Gerichtshof, EuGRZ 2015, 275; *Dougan,* Judicial Review of Member State action under the general principles and the Charter, CMLRev 2015, 1201; *Mager,* Geltung der Charta der Grundrechte der Europäischen Union nach Maßgabe des Vorrangprinzips, FS Müller-Graff, 2015, 1358; *Bucher,* Die Bindung der Mitgliedstaaten an die EU-Grundrechtecharta bei Ermessensspielräumen, ZEuS 2016, 153; *Classen,* Zu wenig, zu fundamentalistisch – zur grundrechtlichen Kontrolle „unionsrechtlich determinierter" nationaler Hoheitsakte, EuR 2016, 304; *Heiderhoff* u. a. (Hrsg.), EU-Grundrechte und Privatrecht, 2016; *Teetzmann,* Grundrechtsbindung des Unionsgesetzgebers und Umsetzungsspielräume, EuR 2016, 90; *Jarass,* Die Bedeutung der Unionsgrundrechte unter Privaten, ZEuP 2017, 310; *v. Papp,* A Federal Question Doctrine of EU Fundamental Rights Law, ELRev 2018, 511; *Frantziou,* The Horizontal Effect of Fundamental Rights in the European Union, 2019; *Mögele,* Grundrechtswahrung im EU-Normsetzungsprozess, EuR 2020, 3.

Den Bindungen der GRC ist die **gesamte Hoheitsgewalt,** die im Rahmen von EUV, 12 AEUV und EAGV ausgeübt wird, unterworfen. Dies gilt auch für Maßnahmen, die die EU zur **Durchführung von Beschlüssen des UN-Sicherheitsrats** ergreift (EuGH, 3.9.2008, Rs. C-402/05 P u. a., „Kadi"; EuG, 30.9.2010, Rs. T-85/09, „Kadi"; zur Problematik: *Haltern,* JZ 2007, 537; *von Arnauld,* AVR 2006, 201; *Kotzur,* EuGRZ 2006, 19; *K. Schmalenbach,* JZ 2006, 349; *Möllers,* EuR 2006, 426; *Nettesheim,* CMLRev 2007, 567). Die Grundrechtsbindung der Union erstreckt sich auch auf die GASP, soweit sich diese auf Individualrechtsgüter auswirkt (*Nettesheim,* EuR 2009, 24). Rechtsschutzlücken wurden vom EuGH in einer „grundrechtsfreundlichen" Rechtsprechung jedenfalls teilweise geschlossen (EuGH, 27.2.2007, Rs. C-355/04, „Segi", Rz. 17/53; siehe jetzt auch Art. 275 Abs. 2 AEUV). Selbst Handeln der Organe außerhalb der Verträge, etwa im Rahmen des ESM, unterfällt der GRC (EuGH, 20.9.2016, Rs. C-8/15 P, „Ledra"). Die Frage nach der Bindung extraterritorialen Handelns (zur EMRK siehe Rz. 17/34) hat sich bisher noch nicht gestellt, wäre aber im Grundsatz positiv zu beantworten. Soweit die EU RLen erlässt, die aus Sicht des EuGH die Grundrechte unzureichend schützen, verlangt der EuGH von der EU selbst, die Defizite zu beheben; das ist diskutabel (dazu Rz. 17/31).

Bei der Frage, inwieweit auch die **MSen** an die Grundrechte des EU-Rechts gebunden 13 sind, stellt Art. 51 Abs. 1 GRC auf die „Durchführung" des Unionsrechts ab. Vom

Wortlaut her kann man dies enger verstehen als die für die Anwendbarkeit der **allgemeinen Rechtsgrundsätze** anerkannten Grundsätze. Diese kommen nämlich nicht nur beim Vollzug von Verordnungen und bei der Umsetzung von Richtlinien zum Tragen, sondern auch bei sonstigen Maßnahmen im „Anwendungsbereich" des Unionsrechts (Rz. 9/48 ff.). In Übereinstimmung mit den amtlichen Erläuterungen der Charta (Rz. 17/10) zieht der EuGH diese Grundsätze jedoch auch bei der Interpretation von Art. 51 GRC heran. Bei der Konkretisierung dieses Grundrechtsschutzes ist dann aber zur Sicherung der notwendigen Vielfalt auch beim Grundrechtsschutz (dazu *Masing*, JZ 2015, 477) nicht nur wie vom EuGH ständig praktiziert (Rz. 17/25) die horizontale, sondern auch die vertikale Gewaltenteilung, also die Kompetenzverteilung im Verhältnis zu den MSen angemessen zu berücksichtigen. Zum für den nationalen Grundrechtsschutz verbleibenden Spielraum siehe unten Rz. 17/45.

14 Im Urteil „Åkerberg Fransson" (v. 26.2.2013, Rs. C-617/10) hat der EuGH die „Umsetzung von **Richtlinien**" weit verstanden und im Grundsatz überzeugend auch nicht als solche unionsrechtlich explizit geregelte Sanktionsvorschriften einbezogen; missverständlich und problematisch ist hingegen der (aber wohl nicht entscheidungserhebliche) Hinweis auf auch indirekte, finanzielle Auswirkungen. Das alles hat zahlreiche Kritik auf sich gezogen (vgl. etwa BVerfGE 133, 377 Rn. 91). Mittlerweile hat der Gerichtshof mehrfach klargestellt, dass der Grundrechtschutz der Union im Anwendungsbereich von Sekundärrechtsakten nur zum Tragen kommt, wenn diese für den Mitgliedstaat spezifische Verpflichtungen begründen (etwa EuGH, 6.3.2014, Rs. C-206/13, „Siragusa"; 2.6.2016, Rs. C-122/15, „C") oder sonst wie Einheit, Vorrang und Wirksamkeit des Unionsrechts gefährdet sind (EuGH, 10.7.2014, Rs. C-198/13, „Hernández"). Dementsprechend sind die Unionsgrundrechte nicht anwendbar auf eine Maßnahme, mit der ein MS mehr Schutz gewährt, als – im Fall einer unionsrechtlichen Mindestharmonisierung – unionsrechtlich vorgeschrieben (EuGH, 19.11.2019, verb. Rs. C-609/17 u. a., „Terveys- ja sosiaalialan neuvottelujärjestö (TSN) ry"). Auch im Kontext des erwähnten Steuerrechts verhält sich der EuGH mittlerweile zurückhaltend (etwa EuGH, 24.10.2019, verb. Rs. C-469/18 u. a., „IN").

15 Grundsätzlich auf Kritik stößt der EuGH, soweit er Grundrechte auch bei der Prüfung heranzieht, ob die **Beschränkung einer Grundfreiheit** gerechtfertigt ist (EuGH, 30.4.2014, Rs. C-390/12, „Pfleger"; so bereits EuGH, 18.6.1991, Rs. C-260/89, „ERT"; dazu Rz. 22/12). Zunächst war Ausgangspunkt der Judikatur wohl eine grundrechtskonforme Interpretation der Schranken der Grundfreiheiten. Mittlerweile aber geht der EuGH davon aus, dass auch in dieser Konstellation eine „Bindung" der MSen an die EU-Grundrechte besteht (EuGH, 18.6.2020, Rs. C-78/18, „KOM/Ungarn"; vgl. auch Rz. 9/51).

16 Materiell-rechtlich ist die praktische Bedeutung der Frage nach dem Anwendungsbereich der GRC eher gering, weil die Grundrechtsjudikatur von EuGH und EGMR weitgehend parallel verläuft (dazu Rz. 17/38, 17/44). Die zusätzlich in der Charta, insbesondere in Titel IV enthaltenen Garantien entfalten bislang kaum Rechtwirkungen. Funktional ist die Frage hingegen von erheblicher Bedeutung, weil sie über das Verhältnis von EuGH und BVerfG bestimmt.

Weitere **Grenzen** für die **Harmonisierung** des europäischen **Grundrechtsschutzes** ergeben sich aus dem Verfahrensrecht des EuGH. In Vorlageverfahren nach Art. 267 AEUV entscheidet der Gerichtshof nur über die Auslegung des Unionsrechts (Rz. 13/68), und so hat er in etlichen Fällen nur allgemein die grundrechtlichen (und sonstigen) Prinzipien entfaltet und den – rechtspraktisch zentralen – Ausgleich der gegenläufigen Interessen am Maßstab der Verhältnismäßigkeit den jeweiligen nationalen Gerichten überlassen (etwa EuGH, 20.5.2003, verb. Rs. C-465/00 u. a., „ORF" zur Anwendung der Datenschutz-RL der EU und dazu Rz. 33/79 oder EuGH, 11.12.2007, Rs. C-438/05, „The International Transport Workers' Federation/Viking Line" und EuGH, 18.12.2007, Rs. C-341/05, „Laval un Partneri" zum sensiblen Konflikt zwischen Grundfreiheiten und Arbeitskampfrecht [Rz. 28/31 bzw. 25/16 und 31]). Zudem können auch nationale Grundrechte die Beschränkung einer Grundfreiheit rechtfertigen (EuGH, 14.10.2004, Rs. C-36/02, „Omega Spielhallen").

17 Soweit der EuGH mit der Frage nach der **horizontalen Anwendung** der GRC (zulasten Privater) befasst war, hat er diese **angenommen,** sofern er die für die unmittelbare

Anwendung von Unionsrecht bestehenden Voraussetzungen der hinreichenden Bestimmtheit und Unbedingtheit (Rz. 9/15) als gegeben angesehen hat (etwa EuGH, 17.4.2018, Rs. C-414/16, „Egenberger" zu Art. 21 GRC, und dazu Rz. 17/79; 6.11.2018, verb. Rs. C-569/16 u. a., „Bauer" zum Urlaubsanspruch nach Art. 31 Abs. 2 GRC; aufgeschlossen auch 13.5.2014, Rs. C-131/12, „Google Spain", zu Art. 8 GRC; dazu Rz. 33/80 sowie *Streinz/Michl,* EuZW 2011, 384). Gegen diese Annahme lässt sich nicht nur Art. 51 GRC vorbringen, wo Private nicht ausdrücklich genannt sind. Materiell übergeht die damit angenommene Drittwirkung die Notwendigkeit eines Ausgleichs mit den Rechten der **Verpflichteten,** in deren **Rechte** so **eingegriffen** wird. Zwar gab es in allen bisher vom EuGH entschiedenen Fällen eine entsprechende sekundärrechtliche Regelung, doch zeigt das, dass es an sich, ohne diese, an den genannten Unbedingtheit fehlt. De facto nutzt der EuGH die Drittwirkung so als Instrument, um Umsetzungsdefizite einiger MSen in privatrechtlichen Beziehungen auszugleichen, in denen eine unmittelbare Wirkung von Richtlinien ausscheidet.

b) Berechtigte

Die EU-Grundrechte **berechtigen alle Personen des Privatrechts,** die der Hoheitsgewalt der EU unterfallen, und zwar unabhängig von ihrem Aufenthaltsort. Grundrechtsträger sind neben natürlichen Personen auch juristische Personen wie Unternehmen (z. B. EuGH, 26.6.1980, Rs. 136/79, „National Panasonic"; *Crones,* Grundrechtlicher Schutz von juristischen Personen im Europäischen Gemeinschaftsrecht, 2002), selbst wenn sie ausländisch sind (EuGH, 30.4.2019, Gutachten 1/17, Rn. 171). Es hängt vom jeweiligen Schutzbereich ab, inwieweit juristische Personen berechtigt werden; bei höchstpersönlichen Gütern etwa ist dies abzulehnen. An dieser Stelle hat sich der EuGH bisher tendenziell weniger großzügig gezeigt als der EGMR (Rz. 17/38). 18

Der Funktionslogik von Grundrechten entsprechend dürften sich demgegenüber **Hoheitsträger** von EU und Mitgliedstaaten als solche nicht auf die EU-Grundrechte berufen können, sondern müssten Konflikte in den Bahnen des jeweiligen Verfassungsrechts austragen. Zumindest die Rechtsschutzgarantien sollen aber auch einer einem Drittstaat zugeordneten und wirtschaftlich, nicht hoheitlich tätigen juristischen Person zugute kommen (EuGH, 21.4.2016, Rs. C-200/13 P, „Bank Saderat"). Auch soll sich ein Abgeordneter des EP bei Reden im Parlament auf Art. 10 GRC berufen können (EuG, 31.5.2018, Rs. T-352/17, „Korwin-Mikke", insoweit dem EGMR, 17.5.2016, 42461/13 und 44357/13, „Karácsony/H" folgend). 19

3. Inhalt der Grundrechte

a) Grundrechte als Abwehrrechte: Schutzbereich – Eingriff – Schranken

Literatur: *Cotella,* La restriction des droits fondamentaux dans l'Union européenne, 2019; *Riedel,* Die Grundrechtsprüfung durch den EuGH, 2020.

Im Zentrum der EU-Grundrechte stehen jene Rechte, die den Bürgern und Unternehmen liberale Freiheit gewähren. Sie stehen in der Tradition mitgliedstaatlicher Garantien, die personale Autonomie schützen und so ein Verhalten nach eigenen Anschauungen ermöglichen. Auch im EU-Recht unterscheidet die Dogmatik grundrechtlicher Abwehrrechte zwischen Schutzbereich, Eingriff und Schranken (vgl. z. B. 20

EuGH, 26.6.1997, Rs. C-368/95, „Familiapress"; EuGH, 20.5.2003, verb. Rs. C-465/00 u. a., „ORF"). Mit dem **Schutzbereich** wird beschrieben, welche Individualrechtsgüter den unionalen Schutz genießen. Hierbei kann es sich beispielsweise um unmittelbare Freiheit, ein Rechtsbündel (Eigentum), einen Zustand (Leben) oder auch eine soziale Beziehung (Familie) handeln.

21 Das Kriterium der **Beeinträchtigung** ermittelt, inwieweit von einem Akt eine nachteilige Wirkung für das geschützte Gut ausgeht. Ge- oder Verbote sind typische Akte, von denen eine Beeinträchtigung grundrechtlicher Freiheit ausgeht. Schwieriger ist zu beurteilen, inwieweit Nachteile, die sich indirekt auf den Gebrauch der Freiheit auswirken, als grundrechtlich prima facie verbotene Beeinträchtigung anzusehen sind. In der Rechtsprechung des EuGH finden sich hierzu bislang nur wenige Hinweise. In vielen Fällen verwendet der EuGH ein weites Beeinträchtigungskonzept. Danach sind auch mittelbare Auswirkungen eines Aktes an den Grundrechten zu messen, wenn sie sich „hinreichend und direkt" (EuGH, 23.9.2004, Rs. C-435/02, „Springer") auswirken (ähnlich EuGH, 5.10.1994, Rs. C-280/93, „Deutschland/Rat"; 30.7.1996, Rs. C-84/95, „Bosphorus").

22 Die Grundrechte des EU-Rechts stehen unter einem einheitlichen **Schranken-Vorbehalt** (Art. 52 GRC; *Fassbender,* NVwZ 2010, 1049). Einschränkungslos gewährleistete Grundrechte gibt es (bislang) nicht. Wegen des „Gesetzesvorbehalts" müssen Grundrechtseingriffe ihre Grundlage in einem allgemeinen Rechtsetzungsakt haben (EuGH, 1.7.2010, Rs. C-407/08 P, „Knauf Gips"). Zudem müssen – ähnlich wie auch vom EGMR für die EMRK gefordert (Rz. 17/36) – die Voraussetzungen eines Eingriffs **hinreichend präzise geregelt** sein (EuGH, 8.4.2014, verb. Rs. C-293/12 u. a. „Digital Rights"). Offen ist demgegenüber, wie sich der Gesetzesbegriff in Art. 52 GRC zu dem des Gesetzgebungsverfahrens im AEUV verhält, mit anderen Worten, ob – im Sinne einer zunehmenden Demokratisierung der EU – ähnlich wie auf nationaler Ebene die mit dem Gesetzesvorbehalt gleichfalls bezweckte Sicherung demokratisch-parlamentarischer (Vor-)Entscheidung über grundrechtlich relevante Maßnahmen nunmehr auch im EU-Kontext zur Geltung gebracht wird.

23 In Fortführung der einschlägigen EuGH-Judikatur enthält Art. 52 Abs. 1 GRC keine Ausdifferenzierungen bei den **Grundrechtsschranken.** Nur der gemäß Art. 52 Abs. 3 GRC notwendige Rückgriff auf die EMRK-Regelungen führt zu gewissen Unterscheidungen (siehe aber auch Rz. 17/43). Die einheitliche Schranke bildet der Verhältnismäßigkeitsgrundsatz, der als „übergreifendes Prinzip zur Begrenzung der Wirtschaftsgesetzgebung und -verwaltung in der Gemeinschaft" bezeichnet wird (*Schwarze,* EuVerwR II, 831; *Emmerich-Fritsche,* Der Grundsatz der Verhältnismäßigkeit als Direktive und Schranke der EG-Rechtsetzung, 2000, 272; *Calliess,* in: Calliess/Ruffert (Hrsg.), EUV/AEUV, 5. Aufl. 2016, Art. 5 EUV Rz. 45). Dabei bedarf es zunächst eines **legitimen Ziels,** um eine Maßnahme zu rechtfertigen. Außerdem muss diese **geeignet** und **erforderlich** sein. Ausdrücklich erwähnt wird auch das Gebot, den **Wesensgehalt** der Grundrechte zu achten. Es sei im Übrigen daran erinnert, dass das Handeln der EU auch über den Grundrechtsschutz hinaus einer „freistehenden" Verhältnismäßigkeitsprüfung zu unterwerfen ist (Art. 5 Abs. 4 EUV). Die **Prüfdichte** des EuGH ist hier aber gering.

24 Demgegenüber ist die beim EGMR (Rz. 17/36), aber auch in der Praxis des BVerfG zumeist im Mittelpunkt der Überlegungen stehende Garantie der **Angemessenheit** in Art. 52 GRC nicht ausdrücklich

verankert (und ebenso wenig in Art. 5 Abs. 4 EUV). Trotzdem wurde sie manchmal, aber lange Zeit nicht systematisch erörtert (dazu *Classen,* FS Stern, 2012, 651). Auch in anderen Zusammenhängen hat sich der EuGH zum Teil nur oberflächlich mit Grundrechtsfragen auseinandergesetzt (zur Kritik siehe *Nettesheim,* EuZW 1995, 106; *Everling,* CMLRev 1996, 401 (419); *Huber,* EuZW 1997, 517; *v. Danwitz,* EWS 2003, 393; beispielhaft für eine knappe Grundrechtsprüfung etwa EuGH, 5.10.1994, Rs. C-280/93, „Bananenmarkt").

All dies hängt mit dem häufig kursorischen Urteilsstil zusammen, gelegentlich auch damit, dass es im Falle 25
der Uneinigkeit im entscheidenden Spruchkörper zur Streichung kontroverser Passagen kommen kann. Zudem kann eine umfassende Abwägung den Richter an die Grenzen seiner Legitimation führen (*Classen,* FS Stern, 2012, 651). Dementsprechend bringt der EuGH zum Teil offen zum Ausdruck, dass er sich bei der Gewichtung und Wägung den **politisch handelnden Organen** unterwirft (EuGH, 5.10.1994, Rs. C-280/93, „Bananenmarkt", Rz. 17/94). In einer Europäischen Union von 27 Staaten kann aber auch keinesfalls erwartet werden, dass sich der EuGH bei seiner Grundrechtsrechtsprechung ausschließlich oder auch nur vorrangig am Grundrechtsstandard eines MS (etwa Deutschlands) orientiert. Der EuGH eröffnet dem politischen Entscheidungsprozess Spielräume, die etwa unter Zugrundelegung der Rechtsprechung des BVerfG durch grundrechtliche, letztlich damit aber richterrechtliche Anschauungen beschnitten wären (vgl. auch Rz. 17/36 zur EMRK sowie allgemein Rz. 13/19 und 52). Dies gilt vor allem im wirtschaftlichen Bereich (EuGH, 17.12.2015, C-157/14, „Neptune distribution"), während beim Datenschutz (Rz. 17/50; 21/53; 33/79) sowie beim Kampf gegen Diskriminierung (Rz. 17/70 ff.) beachtlicher Aktivismus zu erkennen ist.

Der **Kreis der Zielsetzungen,** die einen Grundrechtseingriff rechtfertigen können, ist 26
nicht geschlossen. Im Grundsatz steht es den Organen der EU frei zu definieren, welche Ziele sie politisch verfolgen wollen. Die Bestimmungen der Art. 2, 3 EUV sind insofern keinesfalls abschließend. Manche Ziele genießen eine bestimmte Dignität, sei es aufgrund ihrer besonderen Wertigkeit im EU-Kontext, sei es aufgrund ihrer Hervorhebung als Schranke in der EMRK. Im Gegenschluss lässt sich dem AEUV auch entnehmen, dass bestimmte Zielsetzungen, etwa eine mit Art. 21 und 23 GRC unvereinbare Politik der Unterscheidung, keinen legitimen Charakter aufweisen. Der EuGH zeigt in der Bewertung der Zielsetzungen der politisch handelnden Organe zu Recht weitgehende Zurückhaltung.

Auch bei der Beurteilung der Frage, inwieweit eine Maßnahme die vom handelnden 27
Organ **verfolgte Zielsetzung tatsächlich zu fördern** in der Lage ist, zeigt der EuGH weitgehende Zurückhaltung. Bei wirtschaftlich komplexen Regelungen (z. B. den Marktordnungen im Agrarbereich, dazu Rz. 24/19 ff., oder bei wettbewerbsrechtlichen Maßnahmen) gesteht er den handelnden Organen einen weiten Beurteilungsspielraum zu (EuGH, 10.12.2002, Rs. C-491/01, „British American Tobacco"; EuGH, 6.12.2005, verb. Rs. C-453/03 u. a., „ABNA"). Regelmäßig findet sich dabei die Feststellung, dass die angegriffene Maßnahme nicht offensichtlich ungeeignet ist (vgl. EuGH, 14.4.2005, Rs. C-385/03, „Käserei Champignon Hofmeister"). Damit wird zum Ausdruck gebracht, dass es sich bei der „Geeignetheit" um einen Maßstab handelt, der an dem **gradualisierbaren Merkmal** der Förderung eines Ziels ansetzt.

Bei der Anwendung der **Grundfreiheiten** spielt die Prüfung der **Erforderlichkeit** eine 28
überragend wichtige Rolle – der EuGH legt häufig dar, dass den MSen zur Verfolgung ihrer politischen Ziele ein milderes Mittel als die ergriffene Beschränkung zur Verfügung steht (Rz. 22/12). Demgegenüber prüft der EuGH die Erforderlichkeit der angegriffenen Maßnahme bei der Anwendung der **EU-Grundrechte** wesentlich zurückhaltender; eine sorgfältige Bewertung von Alternativmaßnahmen erfolgt sogar so gut wie nie. Diese Differenz ist zu bedauern.

29 In den letzten Jahren wurde schließlich, auch ohne normative Verankerung (Rz. 17/23), im Rahmen der Verhältnismäßigkeitsprüfung relativ systematisch auch die **Angemessenheit** der Maßnahme bewertet (*Trstenjak/Beysen,* EuR 2012, 265). Dabei sind Vor- und Nachteile der angegriffenen Maßnahme miteinander abzuwägen (EuGH, 11.7.1989, Rs. 265/87, „Schräder"). Gerade in jüngerer Zeit finden sich insoweit sehr ausführliche Urteile (etwa EuGH, 8.4.2014, verb. Rs. C-293/12 u. a., „Digital Rights").

Die Grenze der Abwägung bildet die **Wesensgehaltsgarantie,** wie sie sich auch in Art. 19 Abs. 2 GG findet (Art. 52 Abs. 1 GRC). Sie wird vom EuGH deutlich häufiger als vom BVerfG problematisiert. Ähnlich wie nach der auch in D vielfach vertretenen absoluten Theorie ist diese verletzt, wenn das Grundrecht vollständig in Frage gestellt wird (EuGH, 29.4.2015, Rs. C-528/13, „Léger").

b) Grundrechtliche Leistungs- und Schutzpflichten

30 Vor allem im deutschen Schrifttum wird vor dem Hintergrund einer einschlägigen nationalen Grundrechtsdogmatik (vgl. etwa *Jarass,* AöR 1985, 363; *Szczekalla,* Die sogenannten grundrechtlichen Schutzpflichten im deutschen und europäischen Recht, 2002) diskutiert, inwieweit sich die EU-Grundrechte nicht nur als Abwehrrechte verstehen lassen, sondern auch **Schutz-** und **Leistungspflichten** (und ggf. korrespondierende Ansprüche) enthalten. In der Judikatur des **EuGH** spielte dies verständlicherweise lange Zeit keine Rolle, sollte doch die GRC keine zusätzlichen Aufgaben und Kompetenzen für die EU begründen (Art. 6 Abs. 1 UAbs. 2 EUV, 51 Abs. 1 GRC; *Jaeckel,* Schutzpflichten im deutschen und europäischen Recht, 2001).

31 In jüngerer Zeit hat der EuGH – methodisch zweifelhaft (zur Kritik *Classen,* EuR 2017, 347 [350ff.]) – aber auch Handlungs- bzw. begleitende Schutzpflichten postuliert, so mit Blick auf den Grundsatz der Geschlechtergleichheit (EuGH, 1.3.2011, Rs. C-236/09, „Test-achat") sowie im Kontext von europäisch legitimierten Grundrechtseingriffen – konkret: in das Datenschutzgrundrecht – (EuGH, 8.4.2014, verb. Rs. C-293/12 u. a., „Digital Rights"). Zudem werden die **Gleichheitssätze als Teilhabeansprüche** verstanden, um Personengruppen den Zugang zu einer Begünstigung zu ermöglichen, die ihnen in gleichheitswidriger Weise vorenthalten worden war (EuGH, 19.10.1977, verb. Rs. 124/76 u. 20/77, „Moulins Pont-à-Mousson" zum allgemeinen Gleichheitssatz; auch Rz. 17/78 zu den Diskriminierungsverboten). **Mit Blick auf mitgliedstaatliche Maßnahmen** hat der EuGH zur Unionsbürgerschaft Grundsätze entwickelt, mit der er die MSen zu weitreichenden Modifikationen ihrer Rechtsordnung zwingt (Rz. 16/15ff.). Zudem werden die Grundfreiheiten vom EuGH schon seit längerem auch als Schutzpflichten verstanden (Rz. 22/49).

III. Die anderen Grundlagen des EU-Grundrechtsschutzes

1. Die EMRK

Literatur: Gesamtdarstellungen: *Peters/Altwicker,* Europäische Menschenrechtskonvention, 2. Aufl. 2012; *Dörr/Grote/Marauhn* (Hrsg.), EMRK/GG – Konkordanzkommentar, 2. Aufl. 2013; *Grabenwarter,* European Convention on Human Rights, 2014; *Karpenstein/Mayer* (Hrsg.), EMRK, 2. Aufl. 2015; *Meyer-Ladewig/Nettesheim/von Raumer* (Hrsg.), EMRK, 4. Aufl. 2017; *Grabenwarter/Pabel,* EMRK, 7. Aufl. 2021.

Weitere Grundsatzliteratur: *Nußberger,* Auf der Suche nach einem europäischen Konsens – zur Rechtsprechung des Europäischen Gerichtshofes für Menschenrechte, Rechtswissenschaft 2012, 197; *Tian,* Objektive Grundrechtsfunktionen im Vergleich: eine Untersuchung anhand des Grundgesetzes und der Europäischen Menschenrechtskonvention, 2012; *Zimmermann,* Grundrechtsschutz zwischen Karlsruhe und Straßburg, 2012; *Benavides,* Der Beurteilungsspielraum im internationalen gerichtlichen Menschenrechtsschutz, FS T. Stein, 2015, 943; *Dzehtsiarou,* European Consensus and the Legitimacy of the European Court of Human Rights, 2015; *Jung,* Upgrade für die margin of appreciation?, FS T. Stein, 2015, 976; *Polakiewicz,* Mobile, Counterpoint or Pyramid – The Interaction Between National and European Courts in Human Rights Protection, FS T. Stein, 2015, 1050; *Zimmermann,* 60 Jahre Europäische Menschenrechtskonvention, 2015; *Baade,* Der Europäische Gerichtshof für Menschenrechte als Diskurswächter, 2017; *Draghici,* The Strasbourg Court between European and Local Consensus: Anti-Democratic or Guardian of Democratic Process?, PL 2017, 11; *Le Bonniec,* La procéduralisation des droits substantiels par la Cour européenne des Droits de l'homme, 2017.

Rechtsprechungssammlungen: *Engel/Engel* (Hrsg.), Deutschsprachige Sammlung EGMR-E, 4 Bände, 2008–2010; *Sudre/Marguénaud* u. a., Les grands arrêts de la Cour européenne des droits de l'homme, 8. Aufl. 2017.

a) Grundlagen der EMRK

Die Europäische **Konvention zum Schutze der Menschenrechte und Grundfreiheiten** wurde 1949/1950 im Rahmen des Europarates (Rz. 1/16 ff.) ausgearbeitet und am 4. 11. 1950 unterschrieben (BGBl. 1952 II 686, 953). Sie bildet die bis heute zentrale Leistung dieser Organisation. Ihre besondere Wirkungsmacht verdankt sie vor allem der von Anfang an bestehenden und im Laufe der Jahre stetig ausgebauten eigenen Gerichtsbarkeit (Rz. 17/92 ff.). Die Konvention wird durch **Zusatzprotokolle (ZP)** ergänzt. Bisher wurden 16 ZPe ausgearbeitet, von denen die meisten mittlerweile auch in Kraft getreten sind – wenn auch nicht durchweg für alle Staaten. Die Konvention selbst ist heute von **allen MSen des Europarates** ratifiziert. 32

Die EMRK gewährt dem Einzelnen einen umfangreichen Katalog an Garantien, vor allem an **Freiheits-** und (im Vergleich zum Grundgesetz) umfangreichen **Verfahrensrechten.** Maßgeblich ist sie von der Allgemeinen Erklärung der Menschenrechte der UNO vom 10. Dezember 1948 (Resolution GA 217/III) inspiriert. Ähnliche Konventionen wurden in der Folge international von der UNO (Menschenrechtspakte vom 9. und vom 19. 12. 1966; BGBl. 1973 II 1570 und 1534) und regional von den Organisationen amerikanischer (1969, ILM 1970, 99) bzw. afrikanischer Staaten (1982, ILM 1982, 59) ausgearbeitet. In der Intensität ihres Rechtsschutzes bleibt die EMRK international unübertroffen. Als solche stellt sie allerdings nur einen völkerrechtlichen Vertrag zwischen den Vertragsstaaten dar, entfaltet also ihre Wirkung in der jeweiligen nationalen Rechtsordnung allein nach deren Maßgabe. In Deutschland ist sie von den innerstaatlichen Rechtsanwendern zu beachten (BVerfGE 111, 307, „Görgülü" – 2004) und wird vom BVerfG auch bei der Interpretation des Grundgesetzes herangezogen (BVerfGE 128, 326, „Sicherungsverwahrung" (2011)). Zur Bedeutung der Urteile Rz. 17/95. 33

b) Dogmatik der EMRK

Der EGMR hat in seiner Rechtsprechung eine Dogmatik entfaltet, die gewisse Ähnlichkeiten mit der Grundrechtsjudikatur des BVerfG aufweist. Geprüft wird die Anwendbarkeit der Rechte (= Schutzbereich) und das Vorliegen einer Beschränkung (= Eingriff). Diese muss dann nach den Maßgaben der Konvention gerechtfertigt sein (Rz. 17/36 f.). Juristische Personen können sich ebenfalls auf die in der EMRK ga- 34 rantierten Rechte berufen, soweit diese auf sie anwendbar sind (dazu Art. 34 EMRK). Ausgeschlossen sind der Staat und ihm zuzuordnende Einheiten, nicht aber einem Drittstaat zuzurechnende Unternehmen (EGMR, 13.12.2007, 40998/98, „Iran Shipping Lines/TR“, Rn. 79ff.). Staatsbedienstete können sich auch mit Blick auf ihre berufliche Tätigkeit auf Grundrechte berufen (zur Unvereinbarkeit von Versetzungen bzw. Entlassungen von Richtern mit Art. 6 sowie 8 EMRK EGMR (GK), 23.6.2016, 20261/12, „Baka/H“; (GK), 25.9.2018, 76639/11, „Denisov/UA“).

Geschützt werden durch die EMRK **alle der Hoheitsgewalt einer Vertragspartei unterstehenden Personen** (Art. 1 EMRK). Bei Handeln im Ausland ist dies nur der Fall, wenn der Staat im betreffenden Bereich Hoheitsgewalt ausübt (verneinend EGMR, 12.12.2001, 52207/99, „Bankovic/B u. a.“ zu den NATO-Luftangriffen auf Jugoslawien; bejahend EGMR, 29.3.2010, 3394/03, „Medvedyev u. a./F“ für Verhaftungen auf Hoher See sowie 7.7.2011, 27021/08, „Al-Jedda/GB“, zu einer gemeinsam mit den USA und irakischen Behörden fortgeführten Inhaftierung). Auch Maßnahmen der Grenzbehörden – einschließlich von Zurückweisungen an der Grenze – sind an der EMRK zu messen (EGMR (GK), 13.2.2020, 8675/15 u. a., „ND/E“; 23.7.2020, 40305/17 u. a., „ML/PL“; dazu *Lübbe,* EuR 2020, 450).

35 Konventionsrechte lassen sich wie im nationalen Grundrechtsbereich unterscheiden in Rechte aus dem **status negativus/libertatis** (Abwehr- oder Freiheitsrechte), dem **status positivus** (Leistungsrechte), dem **status activus** (staatsbürgerliche Rechte) und dem **status activus processualis** (Verfahrensgarantien). Dabei betont der EGMR seit langem, dass die Rechte der EMRK – auch über Art. 2, das Recht auf Leben, wo dies ausdrücklich so verankert ist, hinaus – **Schutzpflichten des Staates** begründen, wenn dies eine effektive Wahrnehmung der Rechte erfordert (EGMR, 13.6.1979, 6833/74, „Marckx/B“; 13.8.1981, 7601/76 u. a., „Young, James und Webster/GB“, Rn. 49). Gegebenenfalls können sich sogar Pönalisierungspflichten ergeben (EGMR, 26.3.1986, 8978/80 „X und Y/NL“ Rn. 27). Während sich der EGMR zur Begründung früher mit einem Hinweis auf die Verantwortung des Staates nicht zuletzt für seine Rechtsordnung begnügte (dazu *Classen,* JöR 1987, 29), unterscheidet er nunmehr Schutzpflicht und Eingriffsabwehr. Im Ergebnis ergeben sich daraus aber keine substantiellen Unterschiede (vgl. auch EGMR, 30.11.2004, 48939/99, Rn. 135 „Öneryildiz/TR“; 8.7.2003, 36022/97, „Hatton u. a./GB“, Rn. 98).

36 Zahlreiche Garantien der EMRK sehen ausdrücklich die Möglichkeit einer Einschränkung vor. Aber auch dort, wo dies nicht der Fall ist wie beim Recht auf Zugang zu einem Gericht (Art. 6 EMRK; dazu Rz. 17/84ff.), sind anerkanntermaßen Beschränkungen möglich. Regelmäßig wird eine **gesetzliche Grundlage** verlangt. Entscheidend sind Bestimmtheit und Vorhersehbarkeit (EGMR, 24.4.1990, 11105/84, „Huvig/F“, Rn. 33); die zugleich in kontinentaleuropäischer Tradition mit einem Gesetz verbundene besondere legitimatorische Qualität wird nicht gefordert. Auch Richterrecht kann daher ausreichen, was vor allem für die common-law-Staaten wichtig ist (EGMR, 26.4.1979, 6538/74, „Sunday Times/GB“, Rn. 46ff.). Soweit Unionsrecht anwendbar ist, muss dieses gleichfalls beachtet werden (EGMR, 17.1.2006, 51431/99, „Aristimuño Mendizabal/F“); so dient der Rechtsschutz nach der EMRK auch der Durchsetzung des Unionsrechts.

Inhaltlich müssen beschränkende Gesetze **„in einer demokratischen Gesellschaft notwendig“** („pressing social need“) sein und bestimmten öffentlichen Interessen dienen (etwa Art. 8–11 EMRK, jeweils Abs. 2). Hinzu kommt das vom EGMR häufig wenig strukturiert geprüfte und recht flexibel gehandhabte Gebot der **Verhältnismäßigkeit** (dazu 25.3.1992, 13590/88, „Campbell/GB“, Rn. 44; st. Rspr.). Dabei gesteht der EGMR den nationalen Stellen vielfach einen nicht unerheblichen Beurteilungsspielraum zu (**„margin of appreciation“:** EGMR, 7.12.1976, 5493/72, „Handyside/GB“, Rn. 47; 20.9.1994, 13470/87, „Preminger/A“ Rn. 50). Dieser ist eher eng, wenn es um für die Persönlichkeit elementare Rechte geht, und bei Berührung auch moralischer und ethischer Fragen eher größer (zu beidem EGMR, 16.12.2010, 25570/05, „A, B und C/IRL“). Die Praxis ist allerdings nicht sehr einheitlich. Nach dem noch nicht in Kraft getretenen 15. ZP soll dieser Spielraum explizit in der Präambel verankert werden.

Bei der **Auslegung der EMRK** zeigt sich der EGMR reserviert gegenüber historischer Interpretation und zieht eine objektive Betrachtung vor. Als **„living instrument“** soll die Konvention im Lichte aktueller Entwicklungen ausgelegt werden und auch vor neuartigen Grundrechtsverletzungen schützen (EGMR, 27.9.1990, 10843/84, „Cossey/GB“, Rn. 42). Ähnlich wie vom EuGH werden interpretationsbedürftige Begriffe zumeist nicht unter Rückgriff auf das jeweilige nationale Recht, sondern „autonom“ ausgelegt (EGMR, 21.2.1984, 8544/79, „Öztürk/D“). Wohl aber wird auf andere Normen des Völkerrechts zurückgegriffen (EGMR, 29.7.2003, 56673/00, „Iglesias Gil/ESP“), selbst dann, wenn etwa der konkret betroffene Vertragsstaat den fraglichen Vertrag gar nicht ratifiziert hat (EGMR, 12.11.2008, 34503/97, „Demir und Baykara/TR“). Zudem wird auch die Rechtsentwicklung in anderen Vertragsstaaten in die Betrachtung einbezogen und gefragt, ob ggf. ein europäischer Konsens besteht (EGMR, 10.4.2007, 6339/05, „Evans/GB“; 24.6.2010, 30141/04, „Schalk und Kopf/A“). Vor allem bei der Schrankenziehung wird dann aber wie erwähnt den nationalen Stellen ein Beurteilungsspielraum zuerkannt. 37

c) Die Bedeutung der EMRK für den Grundrechtsschutz der EU

Literatur: *Michl,* Die Überprüfung des Unionsrechts am Maßstab der EMRK, 2013; *Schiemann/Grabenwarter/Breitenmoser,* Grundfragen der Europäischen Union: Das Zusammenspiel der Grundrechtsordnungen (EMRK, Grundrechte-Charta, Allgemeine Rechtsgrundsätze) und ihre Interpreten, 2013; *Spiekermann,* Die Folgen des Beitritts der EU zur EMRK für das Verhältnis des EuGH zum EGMR und den damit einhergehenden Individualrechtsschutz, 2013; *Streinz,* EU und EMRK: Beitritt ermöglicht, aber nicht leicht gemacht, FS E. Klein, 2013, 687; *Gragl,* A giant leap for European Human Rights? The Final Agreement on the European Union's accession to the European Convention on Human Rights, CMLRev 2014, 13; *Michl,* Die Überprüfung des Unionsrechts am Maßstab der EMRK, 2014; *Brittain,* The Relationship Between the EU Charter of Fundamental Rights and the European Convention Rights, ECLR 2015, 482; *Engel,* Der Beitritt der Europäischen Union zur EMRK, 2016; *Lock,* The Influence of EU Law on Strasbourg Doctrine, ELRev 2016, 804; *Callewaert,* Do we still need Article 6 (2) TEU?, CMLRev 2018, 1685; *Uría Gavilán,* La Adhesión de la Unión Europea al Convenio Europeo de Derechos Humanos, 2018.

Solange die EU der EMRK nicht beigetreten ist, entfalten deren Garantien **keine unmittelbare Bindung** für die Union; sie binden aber das Handeln der MSen auch im Anwendungsbereich des Unionsrechts (Rz. 17/96). Demgegenüber lässt sich aus Art. 6 Abs. 3 EUV für das Verhältnis von EMRK und nationalem Recht nichts ableiten (EuGH, 24.4.2012, Rs. C-571/10, „Kamberaj“). Unabhängig davon kommt der EMRK und der Judikatur des EGMR für die Grundrechtsjudikatur des EuGH eine **zentrale Bedeutung** zu, die sich zunächst aus der Bedeutung der EMRK bei der Herausbildung allgemeiner Rechtsgrundsätze ergab (Rz. 17/3) und nunmehr aus deren Bedeutung für die Auslegung und Anwendung der GRC (Rz. 17/41) folgt. Die Rechtsprechung des EGMR hat daher für den EuGH seit langem eine maßgebliche Orientierungswirkung; die Rechtsprechung beider Gerichte ist in den Ergebnissen meist parallel (*Ress,* FS Hirsch, 2008, 155; *Oeter/Merli,* VVDStRL 66 (2007)). Dogmatisch bestehen allerdings Unterschiede bei der Durchführung der Verhältnismäßigkeitsprüfung (Rz. 17/36 zur EMRK, 23ff. zum EuGH Rz. 17/23). Daher verwundert es nicht, dass der EuGH bei der Bestimmung des Schutzbereichs von Grundrechten regel- 38 mäßig auf die EMRK Bezug nimmt, bei der Bestimmung der Schranken, also dann, wenn es den konkreten durch ein Grundrecht vermittelten Schutz zu bestimmen gilt, die Bezugnahmen auf den EGMR deutlich vager formuliert sind und zudem unter dem zweifelhaften Vorbehalt stehen, dass dadurch „die Eigenständigkeit des Unionsrechts nicht in Frage gestellt wird" (EuGH, 15.2.2016, Rs. C-601/15 PPU, „J.N."; 14.9.2017, Rs. C-18/16, „K."). Inhaltlich wird der vorgesehene **Beitritt** also **wesentliche Änderungen im Grundrechtsschutz nicht** bewirken (vgl. noch Rz. 17/44).

Fälle, in denen Divergenzen aufscheinen wie beim Schutz juristischer Personen (Schutz von Geschäftsräumen, Rz. 17/53, 20/46, und Anwendung des Selbstbelastungsverbots Rz. 117/88, 20/46), bei der nur vom EGMR vorgenommenen Qualifikation von Verwaltungsunrecht als Strafrecht (dazu auch in Rz. 17/83) oder auch beim Umgang mit Regelungen zur automatischen Anerkennung der Entscheidungen anderer EU-Staaten (Rz. 32/41), sind selten. Zudem bemüht sich der EuGH um Anpassung an den EGMR auch in solchen Konstellationen, hat allerdings diesem in seinen Gutachten zum geplanten Beitritt (Rz. 17/40) gerade im zuletzt genannten Punkt deutlich widersprochen. Für die Legitimation der EU wird es allerdings nicht ohne Wert sein, sich – ebenso wie die europäischen Staaten – auch einer äußeren Kontrolle zu unterwerfen.

39 Der Vertrag von Lissabon verschaffte der EU die zuvor fehlende (EuGH, Gutachten 2/94 v. 28.3.1996) Kompetenz zum **Beitritt zur EMRK** und verpflichtet sie sogar dazu (Art. 6 Abs. 2 EUV), aber ohne der Union im Übrigen zusätzliche Zuständigkeiten zu vermitteln. Die Bedingungen sollen in einem **Abkommen** geregelt werden (zu Einzelheiten siehe ein Zusatzprotokoll zum Vertrag von Lissabon). Nach einem Entwurf vom Oktober 2011 (abgedruckt in BT-Drs. 563/11) sollte bei Beschwerden gegen einen MS, der nationale Maßnahmen beim Vollzug des Unionsrechts ergreift, vor Anrufung des Straßburger Gerichtshofes (Rz. 17/94) eine Befassung des EuGH möglich sein. Ggf. konnten unter Kontrolle des EGMR EU und MS auch gemeinsam verklagt werden oder der eine sich an einem Verfahren gegen den anderen Beteiligen (dazu Art. 36 Abs. 4 nF EMRK). Schließlich erhielt die EU einige Mitwirkungsrechte in EGMR und Europarat: eigener EU-Richter; Vertretung in parlamentarischer Versammlung (vgl. Rz. 17/93) und Ministerkomitee (vgl. Rz. 17/95), soweit die EU betroffen ist.

40 Im Rahmen eines **Gutachtens** nach Art. 218 Abs. 11 EUV hat der **EuGH** dieses Abkommen wegen unzureichender Berücksichtigung der Besonderheiten der Union und ihrer Rechtsordnung aus zahlreichen, überwiegend nicht überzeugenden Gründen und im Grundsatz entgegen dem Votum von GAin Kokott für **vertragswidrig** erklärt (Gutachten v. 18.12.2014, 2/13; zur Kritik etwa Editorial Comment, CMLRev 2015, 1; *Tomuschat,* EuGRZ 2015, 133; *Breuer,* EuR 2015, 330). Insbesondere der sonst vom EuGH so hoch gehaltene „effet utile" unionsrechtlicher Normen (dazu Rz. 9/178) wird mit Blick auf die erwähnte ausdrücklich verankerte Beitrittsverpflichtung nicht ausreichend beachtet. Zumindest manche der von ihm formulierten Bedingungen dürften für die nicht der EU angehörenden EMRK-Vertragsstaaten auch kaum zu akzeptieren sein. Im Jahre 2020 wurden wieder Gespräche zwischen EU und Europarat mit dem Ziel der Erarbeitung eines neuen Beitrittsprotokolls aufgenommen. Deren Erfolg bleibt abzuwarten.

2. Das Verhältnis der in Art. 6 EUV genannten Rechtsquellen zueinander

Literatur: *Ludwig,* Zum Verhältnis zwischen Grundrechtecharta und allgemeinen Rechtsgrundsätzen, EuR 2011, 715; *Hentschel-Bednorz,* Derzeitige Rolle und zukünftige Perspektive des EuGH im Mehrebenensystem des Grundrechtsschutzes in Europa, 2012; *Landau/Trésoret,* Menschenrechtsschutz im Europäischen Mehrebenensystem, DVBl. 2012, 1329; *Matz-Lück/Hong* (Hrsg.), Grundrechte und Grundfreiheiten im Mehrebenensystem – Konkurrenzen und Interferenzen, 2012; *Polakiewicz,* Der Abkommensentwurf über den Beitritt der EU zur EMRK, EuGRZ 2013, 472; *Stern,* Mehrdimensionalität von Grundrechtsregimen in Europa, FS Schwarze, 2014, 244; *Thym,* Vereinigt die Grundrechte!, JZ 2015, 53; *Mihaescu Evans,* „Gaps" in Protection Stemming from the Coexistence of Fundamental Rights' Sources in the EU Legal Order, CDE 2016, 141; *Sever,* General Principles of Law and the Charter of Fundamental Rights, CDE 2016, 167; *Sikora/Ludwigs,* Grundrechtsschutz im Spannungsfeld von Grundgesetz, EMRK und Grundrechtecharta, JuS 2017, 385.

Der europäische Grundrechtsschutz besteht heute aus **drei Elementen** – der Charta (Rz. 17/8ff.), den ARG (Rz. 17/2ff.) sowie – nach dem einstweilen allerdings nicht zu erwartenden (Rz. 17/40) Beitritt – der EMRK. In der Rechtsprechung des EuGH spielt heute die **Charta** die **zentrale Rolle.** Deren Bestimmungen gehen allerdings vielfach auf andere Quellen zurück. Wichtige Garantien wurden praktisch wörtlich aus der **EMRK** übernommen. Dabei besitzen die Charta-Garantien nach Art. 52 Abs. 3 GRC „die gleiche Bedeutung und Tragweite, wie sie ihnen in der genannten Konvention verliehen wird" mit der Folge, dass die jeweiligen **Schrankenbestimmungen der EMRK** auch das Maß der Einschränkbarkeit der GRC-Garantien bestimmen (vgl. auch die Erläuterungen des Präsidiums des Grundrechtskonvents; Rz. 17/10). Man kann allerdings bezweifeln, dass der EuGH das konsequent so praktiziert (Rz. 17/38). In jedem Fall werden die Bestimmungen der EMRK nach Vollzug des Beitritts das Mindestniveau bilden, hinter das die EU nicht zurückfallen darf, wenn sie sich nicht des Vorwurfs des Vertragsverstoßes aussetzen und eine Verurteilung durch den EGMR riskieren will. Eine Verdichtung des Grundrechtsschutzes ist dort zu beobachten, wo die GRC Rechtspositionen begründet, die in der EMRK nicht ausdrücklich enthalten sind. Dass der EuGH auch nach Inkrafttreten der Grundrechtecharta betont, dass sich der Grundrechtsschutz der EU in die Strukturen und Ziele des Unionsrechts einfügen müsse (etwa im Gutachten v. 18.12.2014, 2/13 zum EMRK-Beitritt der EU, Rn. 170), überzeugt hingegen angesichts des gegenüber den früheren ARG veränderten Rangverhältnisses der Grundrechte nicht mehr ohne weiteres. 41

Die traditionell wichtigen **ARG** sind dagegen seit Inkrafttreten der Charta **kaum noch bedeutungsvoll.** Soweit die GRC ausdrücklich entsprechende Regelungen enthält, werden ARG meist nicht herangezogen; die GRC bildet den alleinigen Maßstab (EuGH, 6.11.2012, Rs. C-199/11, „Otis", st. Rspr.; offenbar für eine parallele Anwendung zur GRC jedoch EuGH, 18.7.2013, Rs. C-501/11, „Schindler"). Im Grundsatz haben die ARG allein eine Lücken füllende Funktion. Dabei ist die Rechtfertigungslast für die Entwicklung neuer Grundsätze nach dem Verbindlichwerden der GRC deutlich gewachsen. Außerdem gilt der soeben für die EMRK angesprochene Gleichlauf mit der GRC auch für die Garantien, die aus nationalen Verfassungsüberlieferungen abgeleitet sind (Art. 53 Abs. 4 GRC). 42

Art. 53 der Charta enthält einen **Vorbehalt zugunsten eines höheren Schutzniveaus von Menschenrechten und Grundfreiheiten,** die „im jeweiligen Anwendungsbereich" durch das EU-Recht, das Völkerrecht, durch internationale Abkommen (insbesondere die EMRK) und durch **die Verfassungen der MSen** anerkannt sind. Mit Blick auf die EMRK sichert die GRC hier das durch die EMRK bestimmte Mindestniveau (Rz. 17/41). Hinsichtlich der Verfassungstraditionen sollen richtig verstanden damit nicht sämtliche nationale Grundrechte auf Unionsebene wirksam werden, sondern lediglich klargestellt werden, dass nationale Grundrechte neben den europäischen Grundrechten anwendbar bleiben. Demgegenüber stellt Art. 53 GRC im Konfliktfall den Vorrang des Unionsrechts gegenüber nationalen Grundrechten nicht in Frage (EuGH, 26.2.2013, Rs. C-399/11, „Melloni"). Allerdings dürfte angesichts der von den Unionsgrundrechten vorgesehenen Spielräumen (Rz. 17/25; zur EMRK auch Rz. 17/36) vielfach hinreichend Freiraum für Besonderheiten des nationalen Grundrechtsschutzes bestehen. 43

Die bereits erwähnte weitgehende Parallelität der **Grundrechtsjudikatur** von **EGMR** und **EuGH** (Rz. 17/38) mag erstaunen, stellt doch die EMRK einen Mindeststandard 44 auf (Art. 53 EMRK), während die GRC eine grundrechtliche Vollrechtsordnung gewährleisten will. Der EuGH hat jedoch in der Vergangenheit deutlich gemacht, dass er in wichtigen, insbesondere in wirtschaftlichen Bereichen der politischen Gestaltung einen erheblichen Spielraum überlässt (Rz. 17/24ff.), der strukturell dem „margin of appreciation" der Staaten nach der Rechtsprechung des EGMR (Rz. 17/36) vergleichbar ist. Und umgekehrt nimmt der Straßburger Gerichtshof regelmäßig auch auf Bestimmungen der GRC Bezug, die ihr Vorbild nicht in der EMRK haben (etwa EGMR, 11.7.2002, 28957/95, „Goodwin/GB" zur in Art. 9 GRC fehlenden Bezugnahme auf Männer und Frauen; 6.7.2010, 41615/07, „Neulinger and Shuruk/CH" zu Art. 24 GRC; vgl. auch Rz. 17/37).). Die vom EGMR häufiger aufgeworfene Frage nach dem Konsens in den nationalen Rechtsordnungen ist strukturell der Methode der Erarbeitung von ARG vergleichbar, wie sie bis zum Inkrafttreten des Vertrages von Lissabon für den Grundrechtsschutz der EU bestimmend war (Rz. 17/3). Und soweit Konflikte zwischen mehreren Grundrechtsträgern zu bewältigen sind, muss der EuGH ohnehin im Grundsatz dem EGMR folgen, will er die EMRK einhalten.

IV. Europäischer und nationaler Grundrechtsschutz

Literatur: *Bäcker,* Das Grundgesetz als Implementationsgarant der Unionsgrundrechte, EuR 2015, 389; *Britz,* Grundrechtsschutz durch das Bundesverfassungsgericht und den Europäischen Gerichtshof, EuGRZ 2015, 275; *Thym,* Vereinigt die Grundrechte!, JZ 2015, 53; *Dubout,* La primauté du droit de l'Union el le passage au pluralisme constitutionnel, RTDE 2018, 563; *Bilz,* Margin of Appreciation der EU-Mitgliedstaaten, 2020; *Edenharter,* DÖV 2020, 349; *Wendel,* Das Bundesverfassungsgericht als Garant der Unionsgrundrechte, JZ 2020, 157.

45 In seinem Anwendungsbereich beansprucht der Grundrechtsschutz der EU keinen Monopolcharakter (Art. 53 GRC; Rz. 17/43). Wie der EuGH in seinem „Melloni"-Urteil vom 26.2.2013, Rs. C-399/11, betont hat, dürfen **nationale Schutzstandards angewandt** werden, „sofern durch diese Anwendung weder das Schutzniveau der Charta, wie sie vom Gerichtshof ausgelegt wird, noch der Vorrang, die Einheit und die Wirksamkeit des Unionsrechts beeinträchtigt werden" (Rn. 60). Damit können insbesondere prinzipiell auch im **vollharmonisierten Bereich** nationale Grundrechte angewendet werden insbesondere, wenn und soweit sie sich **inhaltlich mit europäischen Grundrechten decken.** Demgegenüber vertritt das **BVerfG** seit langem die Auffassung, dass, soweit nicht die verfassungsrechtlichen Integrationsschranken erreicht werden (dazu Rz. 17/97, 10/4ff.), nationale Grundrechte nur anzuwenden sind, soweit das Unionsrecht dem MSen Gestaltungsspielräume überlasst, also insbesondere im **vollharmonisierten Bereich nicht zum Tragen** kommen. Damit nimmt es den Geltungsanspruch des nationalen Verfassungsrechts über das unionsrechtliche gebotene Maß hinaus zurück. Um der damit verbundenen Konsequenz zu entgehen, dass im vollharmonisierten Bereich der Grundrechtsschutz allein Sache der Fachgerichte und des EuGH ist und das BVerfG keinen Kontrollzugriff besitzt, hat dieses daher am 6.11.2019, 1 BvR 276/17, Recht auf Vergessen II", beschlossen, in diesen Konstellationen die Unionsgrundrechte als Prüfungsmaßstab heranzuziehen. Das ist auf ein **geteiltes Echo** gestoßen (zustimmend *Wendel,* JZ 2020, 157ff.; abl. *Classen,* EuR 2021, Heft 1). Sachlich problematisch ist an diesem Ansatz vor allem, dass das BVerfG ggf. auch dann grundrechtlichen Positionen zum Durchbruch verhelfen müsste, in denen das Grundgesetz deutlich anders wertet. Das Problem des BVerfG, im Bereich vollharmonisierten Unionsrechts seine Funktion nicht zu verlie-

ren, lässt sich überzeugender wohl dadurch lösen, dass das Gericht den ihm vom EuGH gelassenen Spielraum zur Anwendung der nationalen Grundrechte voll ausschöpft, also sich insbesondere zu einer zu den Grundrechten des Unionsrechts parallelen Anwendung der nationalen Grundrechte entschließt, die aber naturgemäß dort ihre Grenzen an denen des nationalen Grundrechtsschutzes findet. Zum Verhältnis der EMRK-Garantien zu denen des Grundgesetzes siehe oben Rz. 17/43.

V. Einzelne Grundrechte

1. Fundamentalgarantien

Literatur: *Groh/Lange-Bertalot,* Der Schutz des Lebens Ungeborener nach der EMRK, NJW 2005, 713; *Voss,* Schutz der Grundrechte in Medizin und Biologie durch die Charta der Grundrechte der Europäischen Union, 2011; *Pösl,* Das Verbot der Folter in Art. 3 EMRK, 2015; *Ritter,* Art. 4 EMRK und das Verbot des Menschenhandels, 2015; *Blömacher,* Die Menschenwürde als Prinzip des deutschen und europäischen Rechts, 2016; *Dietz,* Die Menschenwürde im Diskurs zwischen BVerfG und EuGH, NVwZ 2016, 1383; *Schwichow,* Die Menschenwürde in der EMRK, 2016; *Bührer,* Das Menschenwürdekonzept der Europäischen Union, 2020.

a) Die Menschenwürde (Art. 1 GRC)

Im Anschluss an die Allgemeine Erklärung der Menschenrechte der UNO garantiert 46
Art. 1 GRC in sachlicher Übereinstimmung mit dem Grundgesetz die in der EMRK nicht ausdrücklich erwähnte Würde des Menschen. Praktische Bedeutung hat diese Garantie bislang vor allem im Kontext des Asylrechts erlangt, so als Grenze für die Beweiserhebung in Asylverfahren (EuGH, 2.12.2014, verb. Rs. C-148/13 u. a., „A, B und C") und für Sanktionen gegen Asylbewerber (EuGH, 12.11.2019, Rs. C-233/18, „Haqbin"; siehe auch Rz. 33/71). Gelegentlich wird auf sie auch in Begründungserwägungen zu Rechtsakten Bezug genommen (FreizügigkeitsVO 492/11, ABl. L 141/1, AsylrechtsqualifikationsRL 2011/95, ABl. L 337/9). Spezifischeren Gehalt weist allerdings der – Art. 3 EMRK nachgebildete – Art. 4 GRC auf, der dementsprechend häufiger in auch menschenwürderelevanten Kontexten thematisiert wird (Rz. 48).

b) Recht auf Leben (Art. 2 Abs. 1 GRC, Art. 2 EMRK) – Verbot der Todesstrafe (Art. 2 Abs. 2 GRC, Art. 1, 6. ZP und 13. ZP)

Die Art. 2–5 GRC, Art. 2–4 EMRK enthalten **grundlegende Gewährleistungen,** die die Voraussetzung 47
für eine menschenwürdige Existenz bilden (*Trechsel,* EuGRZ 1980, 514). Art. 2 GRC, Art. 2 EMRK schützen das **Recht auf Leben;** die EMRK postuliert sogar eine ausdrückliche staatliche Schutzpflicht. Daraus folgt jedoch kein „Recht auf Sterben" (EGMR, 29.4.2002, 2346/02, „Pretty/GB", Rn. 39 f.; zur Zulässigkeit der Sterbehilfe aber 5.6.2015, 46043/14, „Lambert/F"). Ob dieser Schutz das vorgeburtliche Leben umfasst, bleibt der Beurteilung der Staaten überlassen (EGMR, 8.7.2004, 53924/00, „Vo/F"). Jedenfalls kommt die (sicher nicht uneingeschränkt verbotene) Abtreibung in der Ausnahmebestimmung des Art. 2 Abs. 2 EMRK nicht vor (dazu auch der österreichische Verfassungsgerichtshof, EuGRZ 1975, 74; vgl. auch Rz. 17/50).

Die **Todesstrafe** ist nach Art. 1 des 6. ZP grundsätzlich (mit Ausnahmen in Kriegszeiten nach Art. 2) und nach dem 13. ZP sogar „vollständig" **abgeschafft** (ebenso Art. 2 Abs. 2 GRC). Die Charta erweitert diesen Schutz um das Recht auf körperliche Unversehrtheit und enthält zudem spezifische Garantien für den Bereich der Medizin und der Biologie.

c) Verbot von Folter und unmenschlicher Behandlung (Art. 4 GRC, Art. 3 EMRK) sowie von Sklaverei und Zwangsarbeit (Art. 5 GRC, Art. 4 EMRK)

48 Art. 4 GRC/Art. 3 EMRK verbieten **Folter, unmenschliche oder erniedrigende Strafe oder Behandlung.** Eine unmenschliche Behandlung liegt vor, wenn absichtlich angesichts der Schwere des Falles unangemessene, schwere psychische oder physische Leiden zugefügt werden, etwa durch besondere Verhörmethoden (EGMR, 13.3.1990, 12850/87, „Tomasi/F"). Folter ist eine unmenschliche Behandlung, die Leiden von besonderer Intensität und Grausamkeit verursacht (EGMR, 1.6.2010, 22978/05, „Gäfgen/D"). Demgegenüber liegt eine erniedrigende Behandlung bereits bei schwächeren Eingriffen vor, etwa bei besonderen Haftbedingungen oder Verhörmethoden (Beispiel: Die früher auch in D praktizierte Vergabe von Brechmitteln zur Durchsuchung eines Körpers nach Rauschgift, EGMR, 11.7.2006, 54810/00, „Jalloh/D"). Aus Art. 3 EMRK lässt sich im Grundsatz auch der Schutz der in Art. 1 GRC ausdrücklich garantierten **Menschenwürde** (Rz. 17/46) ableiten (*Meyer-Ladewig,* NJW 2004, 981). In den letzten Jahren wurde eine intensive Judikatur zur Minimalgroße von Gefängniszellen entfaltet (etwa EGMR, 10.1.2012, 42525/07 u. a., „Ananyew/RUS").

Art. 3 EMRK ist auch anwendbar im Falle von **Auslieferung** oder **Abschiebung,** wenn im anderen Land eine gegen Art. 3 EMRK verstoßende Behandlung droht (EGMR, 30.10.1991, 13163/87 u. a., „Vilvarajah u. a./GB", Rn. 103). Das gilt auch für Zurückweisungen an der Grenze (Rz. 17/34). Ausdrücklich ist dies in Art. 19 GRC verankert (Rz. 17/65; vgl. auch § 60 AufenthG). Art. 3 wird durch die Europäische Antifolterkonvention v. 26.11.1987 (BGBl. 1989 II 947) verfahrensmäßig ergänzt. Diese hat insbesondere ein spezifisches Überwachungskomitee" (CPT) geschaffen, das insbesondere nationale Hafteinrichtungen besuchen und darüber berichten darf. Insoweit enthält Art. 19 Abs. 2 GRC eine Spezialnorm (dazu Rz. 17/65). Nichtsdestoweniger zieht der EuGH, wenn es etwa um Abschiebungen im Rahmen des „Dublin-Systems" (Rz. 33/71) oder Auslieferungen zur Vollstreckung eines europäischen Haftbefehls (Rz. 37/9) geht, Art. 4 GRC heran. Materiell kommt die Norm aber nur bei extremer Not in Betracht (EuGH, 19.3.2019, Rs. C 163/17, „Jawo") und nicht, wenn die Lebenssituation eines Ausländers letztlich nicht schlechter ist als die der einheimischen Bevölkerung (EuGH, 19.3.2019, Rs. C-197/17, „Ibrahim").

49 Das in Art. 5 GRC/Art. 4 EMRK verankerte Verbot von **Sklaverei, Leibeigenschaft und Zwangsarbeit** hat bislang kaum praktische Bedeutung erlangt. Nicht verboten sind nämlich Arbeiten im Rahmen von Haft, Militärdienst, zivilem Ersatzdienst, Notstand und „üblichen Bürgerpflichten" (Abs. 3; zum zivilen Ersatzdienst EKMR, 14.10.1985, 10600/83, „Johansen/NOR").

2. Freiheitsrechte

Literatur: *Reichold,* Der Schutz des Berufsgeheimnisses im Recht der Europäischen Union, 2014; *Wunderlich,* Das Grundrecht der Berufsfreiheit gemäß Artikel 15 der Grundrechtecharta, FS Schwarze, 2014, 304; *Buchholtz,* Streiken im europäischen Grundrechtsgefüge, 2015; *Dörr,* Die Garantie der Medienfreiheit und ihrer Pluralität in Art. 11 Grundrechtecharta, FS Müller-Graff, 2015, 1402; *Jarass,* Berufs- und Unternehmensfreiheit im Unionsrecht, FS Müller-Graff, 2015, 1410; *Babayev,* Private autonomy at Union level, CMLRrv 2016, 979; *Buschmann,* EuGH und Eigentumsgarantie, 2016; *Gundel,* Der Schutz der unternehmerischen Freiheit durch die EU-Grundrechtecharta, ZHR 2016, 323; *Leuschner,* EuGH und Vorratsdatenspeicherung: Erfindet Europa ein Unionsgrundrecht auf Sicherheit?, EuR 2016, 431; *Pollin,* Das Streikverbot für beamtete Lehrer, 2016; *Czech,* Das Recht auf Familienzusammenführung nach Art. 8 EMRK in der Rechtsprechung des EGMR, EuGRZ 2017, 229; *Paefgen,* Der von Art. 8 EMRK gewährleistete Schutz vor staatlichen Eingriffen in die Persönlichkeitsrechte im Internet, 2017; *Rogalla,* Der Schutz von Ehe und Familie in der Europäischen Grundrechtecharta, 2017; *Fallon,* La proportionnalité des entraves aux libertés économiques, FS Wathelet, 2018, 399; *Ausloos,* The Right to Erasure in EU Data Protection Law, 2020; *Cloppenburg,* Erwerbsgrundrechte im Unionsrecht, 2020.

a) Recht auf Achtung der Privatsphäre (Art. 7 und 8 GRC, Art. 8 EMRK, Art. 16 AEUV)

50 Nach Art. 7 GRC/Art. 8 EMRK hat jedermann Anspruch auf **Achtung seines Privatlebens.** Geschützt ist die Sphäre, die ein Individuum zur Entwicklung und Erfüllung seiner Persönlichkeit benötigt, soweit es nicht in Kontakt mit der Öffentlichkeit oder

in Konflikt mit anderen geschützten Interessen kommt. Erfasst wird insbesondere der in Art. 8 GRC sowie Art. 16 AEUV explizit genannte **Datenschutz** (zu Art. 8 EMRK EGMR, 7.7.1989, 10454/83, Rn. 39 „Gaskin/GB"; 5.10.2010, 420/07, „Köpke/D"). Der EuGH (etwa 8.4.2014, verb. Rs. C-392/12 u. a., „Digital Rights") räumt diesem Recht ein **beachtliches Gewicht** ein (zur Vorratsdatenspeicherung Rz. 21/53; zur DGSVO Rz. 33/79 ff.). Erklärlich dürfte dies nicht zuletzt dadurch sein, dass die EU für den Schutz dieses Grundrechts eine eigene Kompetenz besitzt (Art. 16 AEUV), dieses also wie beim Diskriminierungsschutz (Rz. 17/70 ff.) und anders als sonstige Grundrechte die Unionsaktion nicht nur begrenzt, sondern zunächst einmal auch legitimiert. Der EGMR hält die Vorratsdatenspeicherung jedenfalls für zulässig, soweit sie in § 111 TKG verankert ist (EGMR, 13.1.2020, 50001/12, „Breyer/D").

Konflikte bestehen zwischen dem Schutz der Privatsphäre nach Art. 8 und der **Medienfreiheit** des Art. 10 EMRK bzw. Art. 7 f. und 11 GRC (Rz. 17/57). Geht es nicht um Personen des öffentlichen Lebens, räumen die europäischen Gerichte dem Persönlichkeitsschutz tendenziell Vorrang ein (zur Presseberichterstattung EGMR, 24.6.2004, 59320/00, „Caroline v. Hannover/D" gegen BVerfGE 101, 361, „Caroline v. Monaco" (1999), bzw. zum „Recht auf Vergessen", also dem Recht, dass der Zugang zu im Internet verfügbaren Informationen begrenzt wird, EuGH, 13.5.2014, Rs. C-131/12, „Google Spain"; 24.9.2019, Rs. C-136/17, „GC"; vgl. auch EGMR, 28.6.2918, 60798/10 u. a., „M.L. und W.W./D"). Das BVerfG gewichtet die Meinungsfreiheit stärker (zum zweitgenannten Recht BVerfG, 6.11.2019, 1 BvR 276/17 – Recht auf Vergessen II"). Die „Caroline"-Vorgaben des EGMR hat das BVerfG später aufgenommen (BVerfGE 120, 180, „Caroline v. Monaco II" (2008); dazu *Hoffmann-Riem,* NJW 2009, 20; vgl. auch Rz. 17/57); die deutsche Rechtsentwicklung beim Recht auf Vergessen bleibt abzuwarten.

Eine **Abtreibung** wird durch Art. 8 EMRK zwar nicht uneingeschränktes geschützt, doch sind Beschränkungen an dieser Norm zu messen (EGMR, 16.12.2010, 22579/05, „A, B und C/IRL"). Meldeverpflichtungen zur Ermöglichung unangekündigter Dopingkontrollen bei Sportlern sind zulässig (EGMR, 18.1.2018, 48151/11 u. a., „FNASS/F"). Geschützt wird auch ferner (in elementarem Umfang) vor Umweltgefahren (EGMR, 9.12.1994, 16798/90, „López Ostra/ESP", Rn. 51 = EuGRZ 1995, 530).

b) Schutz des Familienlebens und der Eheschließung (Art. 7 und 9 GRC, Art. 8 und 12 EMRK; vgl. auch Art. 24 GRC)

In Art. 7 GRC/Art. 8 EMRK wird ferner das **Familienleben** geschützt. In diesem Zu- 51
sammenhang garantiert Art. 9 GRC/Art. 12 EMRK explizit die Freiheit, gemäß den nationalen Gesetzen **zu heiraten und eine Familie zu gründen.** Der EGMR erstreckt diese Rechte auch auf Transsexuelle (EGMR, 11.7.2002, 28957/95, „Goodwin/GB", Rn. 100 ff.). Ein Recht auf Scheidung (und anschließende Wiederheirat) ergibt sich aus Art. 8 und 12 EMRK nicht. Die Gleichberechtigung der Ehepartner wird durch Art. 5 des 7. ZP geschützt. Familie im Sinne von Art. 8 EMRK sind Paare mit ihren Kindern, unabhängig von einer Eheschließung der Eltern (EGMR, 25.3.1992, 12963/87, „Andersson/SWE"), ebenso die „Großfamilie", wenn ein enger Kontakt vorhanden ist (EGMR, 13.6.1979, 6833/74, „Marckx/B", Rn. 45). Ein nichtehelicher Vater hat auch gegen den Willen der Mutter Rechte mit Blick auf sein Kind (EGMR, 11.10.2001, 31871/96, „Sommerfeld/D", mit krit. Anm. *Benda,* EuGRZ

2002, 1 zum Umgangsrecht; EGMR, 3.12 2009, 22028/04 „Zaunegger/D" zum Sorgerecht, und dem folgend BVerfGE 127, 132). Ordnet das Recht eines Drittstaates dort geborene Kinder von Leihmüttern den Bestelleltern zu, gebietet der Schutz der Kinder, dies zu akzeptieren (EGMR, 26.6.2014, 65192/11, „Mennesson/F"; siehe auch 10.4.2019, Gutachten P16-2018-001). In status- und vor allem besuchsrechtlichen Streitigkeiten kommt dem Verfahrensrecht besondere Bedeutung zu (EGMR, 26.5.2004, 74969/01, „Görgülü/D"). In Verbindung mit Art. 14 EMRK ergibt sich für ein nichteheliches Kind ein Anspruch auf Gleichbehandlung mit ehelichen Kindern („Marckx", a. a. O.). Ggf. dürfen auch Homosexuelle Kinder adoptieren (EGMR, 22.1.2008, 43546/02, „E.B./F").

Für die **Einschränkbarkeit** von Art. 8 EMRK gilt das oben (Rz. 17/36) Gesagte. Die Freiheit der Eltern wird insbesondere von Gesichtspunkten des Kindeswohls begrenzt (EGMR, 25.3.1992, 12963/87, „Andersson/SWE"). **Ausweisungen** von Ausländern sind beim Verbleib von Familienangehörigen im Inland an Art. 8 EMRK zu messen (EGMR, 26.3.1992, 12083/86, „Beldjoudi/F") und müssen verhältnismäßig sein (EGMR, 18.2.1991, 12313/86, „Moustaquim/B", Rn. 43ff.). Schwere Straftaten können eine Ausweisung trotzdem rechtfertigen. Ein Nachzugsrecht bei ausländischen Familien wird durch Art. 8 EMRK nicht gewährt (EGMR, 28.5.1985, 9474/81 u. a., „Abdulaziz u. a./GB", Rn. 68; dazu *Huber*, NJW 1985, 1247).

52 Art. 12 EMRK garantiert das Recht zur **Eheschließung** nur für Mann und Frau, während Art. 9 GRC insoweit offen ist und auf das einzelstaatliche Recht verweist. Obwohl damals erst 24 der 47 Europaratsmitglieder für **gleichgeschlechtliche Paare** zumindest irgendeinen rechtlichen Status vorsahen, fordert der EGMR 2015 aus Art. 8 – Schutz des Familienlebens; sehr weitgehend – einen solchen (21.7.2015, 18766/11 u. a., „Oliari/I"; zum Diskriminierungsschutz noch Rz. 17/73). Im Kontext des Freizügigkeitsrechts der EU (Rz. 16/15ff.) ist Ehegatte im Sinne von Art. 7 RL 2004/38 auch ein gleichgeschlechtlicher Ehepartner (EuGH, 5.6.2018, Rs. C-673/16, „Coman").

Das **Elternrecht** wird in Art. 2 S. 2 des 1. Zusatzprotokolls (ähnlich Art. 14 GRC) mit grundsätzlichem **Vorrang gegenüber dem Staat** anerkannt. Es ist auch mit Blick auf das staatliche Bildungswesen anwendbar (EGMR, 7.12.1976, 5926/72, „Kjeldsen/DK", Rn. 54ff.; zum Recht auf Bildung unten Rz. 17/81); das Recht zur Privatschulgründung reicht insoweit nicht. Auch darf im staatlichen Schulwesen keine Indoktrination erfolgen. Der Staat hat kein Recht der körperlichen Züchtigung, wenn die Eltern dies nicht wünschen (EGMR, 25.2.1982, 7743/76, „Campbell und Cosans/GB", Rn. 32ff.). Umgekehrt müssen die Eltern den Kindern eine angemessene Schulbildung zukommen lassen (ebd., Rn. 36). Die deutsche Schulpflicht ist konventionsgemäß (EGMR, 11.9.2006, 35504/03, „Konrad/D"). Die unionsrechtliche Garantie zugunsten der Rechte und des Wohls von Kindern (Art. 24 GRC) spielt vor allem im ausländerrechtlichen Kontext eine Rolle (zur Familienzusammenführung EuGH, 16.7.2020, verb. Rs. C-133/19 u. a., „B.M.M."; zu Sanktionen im Asylverfahren 12.11.2019, Rs. C-233/18, „Haqbin").

c) Schutz der Wohnung und Freiheit des Briefverkehrs (Art. 7 GRC, Art. 8 EMRK)

53 Weiterhin schützen Art. 7 GRC/Art. 8 EMRK die **Wohnung** sowie die **Freiheit der Kommunikation.** Ersteres schließt auch Geschäftsräume ein (EGMR, 16.12.1992, 13710/88, „Niemietz/D"; anders zuvor EuGH, 21.9.1989, Rs. 227/88, „Hoechst", doch folgt der EuGH mittlerweile dem EGMR (EuGH, 22.10.2002, Rs. C-94/00, „Roquette Frères"). Im Einzelnen verlangt Art. 8 EMRK keinen Richtervorbehalt für Beschränkungen wie für Wohnungsdurchsuchungen oder das Abhören von Telefonen, aber hinreichend präzise gesetzliche Grundlagen (EGMR, 24.4.1990, 11105/84, „Huvig/FR") sowie Vorkehrungen gegen Missbrauch (EGMR, 6.9.1978, 5029/71, „Klass u. a./D" zum Abhören von Telefongesprächen; speziell zur Gefängnispost EGMR, 25.3.1992, 13590/88, „Campbell/GB").

d) Gedanken-, Gewissens- und Religionsfreiheit (Art. 10 GRC, Art. 9 EMRK)

54 In Art. 10 GRC/Art. 9 EMRK werden die **Gedanken-, die Religions- und Gewissensfreiheit** geschützt. Ausdrücklich eingeschlossen ist das „Praktizieren von Gebräuchen" wie das Schächten (EGMR, 27.6.2000, 27417/95, „Cha'are Shalom Ve Tsedek/F") und das Tragen eines Schleiers (EGMR, 10.11.2005, 44774/98, „Leyla Şahin/TR"; vgl. zum EuGH auch Rz. 17/73). Außerdem beinhaltet die Religionsfreiheit ein generelles, vor allem für den Schulunterricht bedeutungsvolles Indoktrinationsverbot (EGMR, 7.12.1976, 5095/71 u. a., „Kjeldsen u. a./DK"; das Aufhängen von Kreuzen in Schulen wurde hingegen als Ausdruck nationaler Tradition als zulässig angesehen: EGMR, 18.3.2011, 30814/06, „Lautsi/I"). Garantiert wird auch die negative Glaubensfreiheit. Das Verbot einer in mehreren Konventionsstaaten bestehenden Staatskirche lässt sich aus Art. 9 EMRK nicht ableiten (EKMR, 8.3.1976, 7374/76, „X./DK"), doch muss die Mitgliedschaft freiwilligen Charakter aufweisen. Geschützt wird auch die Freiheit von Religionsgemeinschaften, sich selbst zu verfassen und Ämter frei zu vergeben (*Grabenwarter*, FS Rüfner, 2003, 147).

Die Ausübung dieser Rechte ist **nach Art. 9 Abs. 2** (Rz. 17/36) **einschränkbar,** der sich im Wortlaut weitgehend mit Art. 8 Abs. 2 EMRK deckt. Insbesondere gestattet der EGMR den Staaten recht großzügig, die Ausübung der Religionsfreiheit einzuschränken. So wurde das türkische Verbot des Schleiertragens für Studentinnen für zulässig erklärt („Leyla Şahin", a. a. O.), arbeitgeberseitige Kleidungsvorgaben, soweit sie als Grundlage für das Verbot des Tragens religiöser Symbole dienten, auf entsprechende funktionelle Notwendigkeiten begrenzt (EGMR, 15.1.2013, 48430/10 u. a., „Eweida u. a./GB"). Der EuGH hat dieses Problem unter diskriminierungsrechtlichen Aspekten behandelt und zeigt sich erkennbar arbeitgeberfreundlicher. Auch andere, sich mit der Religionsfreiheit verbindende Fragen werden unter dieser Überschrift abgehandelt (zu alledem Rz. 17/73). Bei der Intervention des Staates in die innere Struktur von Religionsgemeinschaften zieht der EGMR enge Grenzen (EGMR, 26.10.2000, 30985/96, „Hasan und Chaush/BG"). Kirchliche Arbeitgeber müssen bei ihren Personalentscheidungen auch die Belange ihrer Mitarbeiter berücksichtigen (EGMR, 23.9.2010, 425/03, „Obst/D" sowie 1620/03, „Schüth/D"; siehe auch zum Unionsrecht Rz. 17/73). „Neutrale" Pflichten, die jeden Staatsbürger treffen wie die Steuerpflicht, können grundsätzlich nicht unter Berufung auf die Gewissensfreiheit verweigert werden. Obwohl Art. 4 Abs. 3 lit. b EMRK die Wehrpflicht erwähnt, misst der EGMR Kriegsdienstverweigerung am Maßstab von Art. 9 EMRK (EGMR, 7.7.2011, 23459/03, „Bayatayn/ARM").

55 Insgesamt ist das **Verhältnis zwischen Staat und Religionsgemeinschaften** in den einzelnen MSen der EU ausgesprochen **unterschiedlich** geregelt. Staaten mit laizistischer Tradition (Frankreich) stehen Staaten mit staatskirchlichen Traditionen (England, Dänemark) gegenüber; das deutsche Modell einer sog. „hinkenden Trennung" steht dazwischen. Diese unterschiedlichen Einstellungen zur Religion in den verschiedenen MSen traten zum einen in Diskussionen um die **Wertorientierung** der Union deutlich hervor. Bei der **Präambel der Grundrechte-Charta** wurde in der deutschen Fassung (abweichend von den übrigen Sprachfassungen) der Hinweis auf das geistige Erbe Europas bewusst um einen Hinweis auf dessen religiöse Dimension erweitert. Bei der Diskussion um einen **Beitritt der Türkei** löst deren islamische Tradition manche Zweifel an der Integrationsfähigkeit dieses Staates aus.

56 Nicht unproblematisch ist auch der Einfluss des Unionsrechts auf die Tätigkeit von Religionsgemeinschaften vor allem in den Bereichen des Wirtschafts- und Arbeitsrechts, insbesondere beim Betrieb von wohltätigen Einrichtungen (Krankenhäusern etc.), insbesondere mit Blick auf das **Antidiskriminierungsrecht. Art. 17 AEUV** verpflichtet zwar die EU zur Achtung des Status von Kirchen und Religionsgemeinschaften

und enthält so eine – in der Reichweite allerdings hinter Art. 137 Abs. 3 WRV zurückbleibende – **negative Kompetenznorm;** außerdem wird dort ein Gebot zum Dialog begründet (*Schnabel,* Der Dialog nach Art. 17 III AEUV, 2014). Der EuGH (17.4.2018, Rs. C-414/16, „Egenberger") sieht in der Norm jedoch zu Unrecht nur eine begrenzt bedeutsame Abwägungsposition, die den Freiraum für gesellschaftliche Selbstorganisation nur in eingeschränkt schützt (dazu näher Rz. 17/73 und 79).

e) Meinungs- und Medienfreiheit (Art. 11 und 13 GRC, Art. 10 EMRK)

57 Die GRC und die EMRK enthalten darüber hinaus Freiheitsrechte, die besonders für die **politische Betätigung der Bürger** von Bedeutung sind. Hierzu gehört die **Meinungs- und Medienfreiheit** gemäß Art. 11 GRC/Art. 10 EMRK. Der EGMR hat sie in jahrzehntelanger Rspr. wegen ihrer herausragenden Bedeutung für ein demokratisches Gemeinwesen besonders zu schützen gesucht (EGMR, 23.4.1992, 11798/85, „Castells/SP"; *Kühling,* Kommunikationsfreiheit als europäisches Gemeinschaftsgrundrecht, 1999; *Hoffmeister,* EuGRZ 2000, 358; vgl. auch EuGH, 13.12.2001, Rs. C-340/00 P, „Cwik"). Die **Meinungsfreiheit** umfasst alle Arten von Äußerungen, einschließlich Werbung (dazu EuGH, 12.12.2006, Rs. C-380/03, „Deutschland/Parlament und Rat – Tabakwerbung", mit Betonung besonderer Gestaltungsfreiheit des Gesetzgebers für diesen Fall) und künstlerische Äußerungen (EGMR, 24.5.1988, 10737/84, „Müller/A"). So wurde die Entlassung einer deutschen DKP-Lehrerin aus dem Schuldienst als unverhältnismäßige Einschränkung des Art. 10 EMRK angesehen (EGMR, 26.9.1995, 17851/91, „Vogt/D"). Politiker müssen im Interesse öffentlicher Diskussion schärfere Angriffe hinnehmen als Privatpersonen (EGMR, 23.5.1991, 11662/85, „Oberschlick/A"). Art. 10 umfasst auch die **Freiheit von Presse, Rundfunk, Fernsehen und Film (Medienfreiheit** – *Holoubek,* AfP 2003, 193) sowie die Informationsfreiheit.

58 **Art. 10 Abs. 2** EMRK regelt die **Einschränkung der Meinungs- und Medienfreiheit** unter Betonung der Verantwortung und Pflichten, die mit ihrer Ausübung verbunden sind. Auch hier müssen die Beschränkungen hinreichend klar gesetzlich formuliert sein (EGMR (GK), 20.1.2020, 201/17, „Magyar Kétfarkú Kutya Pár/H"). Bei der Pressefreiheit wird das Informationsinteresse der Öffentlichkeit regelmäßig mit diesen Pflichten abgewogen (EGMR, 26.11.1991, 13585/88, „Observer and Guardian/GB"). Dabei wird auf die Formulierung von Art. 8 Abs. 2 EMRK zurückgegriffen (oben Rz. 17/36; dort auch zum Schutz der Privatsphäre von Prominenten). U. a. sind staatliche Maßnahmen zur Sicherung des **Meinungspluralismus** nach Art 10 Abs. 2 gerechtfertigt (EuGH, 25.7.1991, Rs. C-288/89, „Collectieve Antennevoorziening Gouda"); ein staatliches Rundfunkmonopol ist hingegen unzulässig (EGMR, 24.11.1993, 13914/88 u. a., „Informationsverein Lentia u. a./A"). Der Schutz territorialer Integrität kann grundsätzlich Einschränkungen der Meinungsfreiheit rechtfertigen (EGMR 1999-IV, Fälle gegen die Türkei). Gleiches gilt für Beleidigungen, den Schutz der Moral, Vertraulichkeit von Nachrichten oder die Unabhängigkeit der Rechtsprechung. Welche Maßnahme jeweils gerechtfertigt ist, entscheiden angesichts der unterschiedlichen nationalen Traditionen grundsätzlich die Behörden der Vertragsstaaten. Ihnen erkennt der EGMR im Allgemeinen einen weiten **Beurteilungsspielraum** zu (Rz. 17/36). Im Medienbereich nimmt der Gerichtshof dagegen oftmals eine besonders strenge Prüfung der Einschränkung vor („most careful scrutiny"). So wurde ein irisches Verbot der Verbreitung von Information über Abtreibungsmöglichkeiten im Ausland als Verstoß gegen Art. 10 bewertet (EGMR, 29.10.1992, 14234/88 u. a., „Open Door and Dublin Well Woman/IRL"; dazu *Langenfeld/Zimmermann,* EuGRZ 1992, 33). Zum Schutz von „whistleblowing" siehe EGMR, 21.7.2011, 28274/08, „Heinisch/D". – Die Kunstfreiheit des Art. 13 GRC wurde bislang nur im Kontext des Urheberrechts (zu dessen Harmonisierung Rz. 36/29) und dort nur mit begrenztem Gewicht fruchtbar gemacht (EuGH, 29.7.2019, Rs. C-476/17, „Pelham", zum sampling; großzügiger BVerfGE 142, 74, „Sampling" – 2016).

f) Versammlungs- und Vereinigungsfreiheit (Art. 12 GRC, Art. 11 EMRK)

59 Art. 12 GRC/Art. 11 EMRK schützen die **Freiheit, sich friedlich zu versammeln** – auch, wenn dies zu Einschränkungen der Grundfreiheiten des AEUV führt (EuGH, 12.6.2003, Rs. C-112/00, „Schmidberger"; Rz. 22/53). Weiterhin wird die **Vereinigungs- einschließlich der Koalitionsfreiheit** garantiert. Letztere beinhaltet nicht nur das Verbot staatlicher Zwangsgewerkschaften. Auch der Beitrittszwang zu privaten Gewerkschaften („closed shop") ist zumindest dann konventionswidrig, wenn keine effektive Wahlmöglichkeit besteht (EGMR, 13.8.1981, 7601/76 u. a., „Young, James, Webster/GB"). Besteht eine Gewerkschaft, so kann sie auch Tarifverhandlungen verlangen (EGMR, 12.11.2008, 34503/97, „Demir und Baykara/TR") und darf sogar **streiken** (EGMR, 21.4.2009, 68959/01, „Enerji Yapı-Yol Sen/TR"; zum Streikrecht als Grundrecht auch EuGH, 18.12.2007, Rs. C-341/05, „Laval un Partneri"). Für eine einschlägige europäische Normsetzung besteht allerdings keine Kompetenz (Art. 153 Abs. 5 AEUV).

Für **Einschränkungen** gilt nach Art. 11 Abs. 2 EMRK Ähnliches wie für Art. 8 EMRK. Zusätzlich wird ausdrücklich die Möglichkeit betont, die Rechte aus Art. 11 EMRK für Angehörige des öffentlichen Dienstes einzuschränken. Ein generelles Streikverbot für diesen ohnehin restriktiv zu definierenden Personenkreis ist damit jedoch nicht zu vereinbaren (EGMR, 21.4.2009, 68959/01, „Enerji Yapı-Yol Sen/TR"; noch deutlicher 21.5.2015, 45892/09, „Junta Rectora Del Erztainen Nazional Elkartasuna/ESP"). Da sich zudem der Begriff des öffentlichen Dienstes auf hoheitliche Tätigkeiten beschränkt, ist das generelle und damit etwa auch verbeamtete Lehrer erfassende Streikverbot für deutsche Beamte wohl konventionswidrig (so BVerwGE, 149, 117 – Beamtenstreik (2014); dazu *Ickenroth,* Das deutsche Beamtenstreikverbot im Lichte der Europäischen Menschenrechtskonvention, 2016; a. A. BVerfGE 148, 296, „Streikverbot für Beamte" – 2018).

60 Auch das **Verbot politischer Parteien** ist an Art. 11 EMRK zu messen. Der EGMR hat das Verbot der islamistischen türkischen Wohlfahrtspartei durch das türkische Verfassungsgericht mit Berufung auf Art. 11 Abs. 2 EMRK bestätigt (EGMR, 13.2.2003, 41340/98, „Refah Partisi [Wohlfahrtspartei] u. a./TR"; dazu *Kugelmann,* EuGRZ 2003, 533), da das Verbot der übergeordneten sozialen Notwendigkeit gedient habe, die demokratische Gesellschaft zu schützen.

g) Berufs- und Unternehmensfreiheit (Art. 15, 16 GRC)

61 **Berufs-** und **unternehmerische Freiheit** gehörten zu den frühesten Grundrechten, die der EuGH anerkannt hat (grundlegend dazu: EuGH, 14.5.1974, Rs. 4/73, „Nold"; EuGH, 13.12.1979, Rs. 44/79, „Hauer"; EuGH, 13.7.1989, Rs. 5/88, „Wachauf"; EuGH, 5.10.1994, Rs. C-280/93, „Bananenmarkt"). Heute sind Art. 15 (Berufsfreiheit) und 16 GRC (unternehmerische Freiheit) einschlägig. Tendenziell betrifft die erstgenannten Norm Fragen des Zugangs natürlicher Personen zu einem Beruf, letztere, leichter einschränkbar, die Betätigung von Unternehmen (SchlA GA Bobek v. 16.3.2016, denen der EuGH im Ergebnis gefolgt ist [30.6.2016, Rs. C-134/15 „Lidl"]; dazu auch *Drechsler,* EuR 2016, 691). Geschützt wird die **wirtschaftliche Betätigung** in all ihren Erscheinungsformen (EuGH, 19.9.1985, verb. Rs. 63/84 u. a., „Finsider"). Erfasst sind auch die erwerbsbezogene Vertragsfreiheit (EuGH, 18.7.2013, Rs. C-426/11 „Alemo-Herron") und die Wettbewerbsfreiheit (EuGH, 21.5.1987, verb. Rs. 133 u. a./85, „Rau"). Einschränkungen sind leichter möglich als bei anderen Grundrechten, allerdings auch hier an die Verhältnismäßigkeit gebunden

(EuGH, 22.1.2013, Rs. C-283/11, „Sky Österreich"). In der EMRK findet sich diesbezüglich keine explizite Entsprechung, doch interpretiert der EGMR zum Ausgleich die Eigentumsgarantie ausgesprochen weit (Rz. 17/63).

h) Schutz des Eigentums (Art. 17 GRC, Art. 1 des 1. ZP)

62 Art. 17 GRC gewährleistet das Recht der natürlichen und juristischen Personen auf Achtung ihres Eigentums (grundlegend auch hier: EuGH, 14.5.1974, Rs. 4/73, „Nold"; EuGH, 13.12.1979, Rs. 44/79, „Hauer"; EuGH, 13.7.1989, Rs. 5/88, „Wachauf"). Der **Schutzbereich** wird maßgeblich durch die **Normen** der MSen geprägt, welche entsprechend Art. 345 AEUV ihre eigene Eigentumsordnung selbständig bestimmen, aber auch die der Union. Geschützt sind das Sacheigentum sowie sonstige nicht körperliche Gegenstände, wie Forderungs- und geistige Eigentumsrechte (EuGH, 28.4.1998, Rs. C-200/96, „Metronome"). **Nicht** in den Schutzbereich fallen das **Vermögen als solches** (EuGH, 21.2.1991, verb. Rs. C-143/88 u. a., „Süderdithmarschen"), bloße Erwartungen, Gewinnaussichten, ein bestimmter Marktanteil (EuGH, 5.10.1994, Rs. C-280/93, „Bananenmarkt") oder Mindestpreisregelungen (EuGH, 18.3.1980, Rs. 154/78 u. a., „Valsabbia"). Geschützt sind aber die sogenannten „wohlerworbenen Rechte", sofern die Eigentümer auf den Fortbestand der geschaffenen Rechtslage vertrauen durften (*Calliess,* in: Ehlers (Hrsg.), Europäische Grundrechte und Grundfreiheiten, § 20 Rn. 21 mwN.). Ein Entzug des Eigentums ist nur gegen Entschädigung möglich.

63 Das **„Recht auf Achtung des Eigentums"** wird auch in Art. 1 des 1. Zusatzprotokolls zur EMRK anerkannt. Dieses umfasst alle vermögenswerten privaten Rechte, auch Forderungen und etwa – als gewisses Äquivalent für die nicht von der EMRK geschützte Berufsfreiheit – auch den **eingerichteten und ausgeübten Gewerbebetrieb** (EGMR, 26.6.1986, 8543/79 u. a., „van Marle u. a./NL"). Das Verständnis des EGMR von Eigentum geht also weiter als das des EuGH (Rz. 17/62), doch schützt das Unionsrecht daneben eben auch die Berufs- und die Unternehmensfreiheit (Art. 15f. GRC; Rz. 17/61). Geschützt ist nicht zuletzt die Verfügungsbefugnis über diese Rechte, auch von Todes wegen; dies schließt das Erbrecht ein (EGMR, 13.6.1979, 6833/74, „Marckx/B").

Großzügig ist der EGMR bei der Erstreckung des Eigentumsschutzes auf öffentlich-rechtliche Positionen, insbesondere Sozialversicherungsansprüche. Dabei stellt er nicht auf das Vorhandensein eigener Beiträge ab (EGMR, 12.4.2006, 65731/01 u. a., „Stec u. a./GB"); die Eigentumsgarantie wird so zu einem Anspruch auf Erhalt der jeweils vorgesehenen Leistungen. Unproblematisch ist die Anwendung von Art. 14 EMRK. Unklar ist dagegen, an welchen Maßstäben Restriktionen einmal bestehender Ansprüche zu messen sind. Bemerkenswerterweise wurden auch Forderungen als Eigentum angesehen, die im Verhältnis zum Staat aus einer **Richtlinie der EU** entstanden sind, die von diesem nicht umgesetzt wurde und deren **unmittelbare Wirkung** die nationalen Gerichte trotz Vorliegen der hierfür bestehenden Voraussetzungen (Rz. 9/103ff.) nicht anerkannten (EGMR, 16.4.2002, 36677/97, „S. A. Dangeville/F").

64 Hinsichtlich der **Einschränkungen des Eigentums** ist ähnlich wie im deutschen Verfassungsrecht die Beschränkung der **Nutzung** des Eigentums von seinem **Entzug** zu unterscheiden. Letzterer umfasst nicht nur formelle **Enteignungen,** sondern alle Eigentumsbeschränkungen, die den Eigentümer in vergleichbarer Weise in seinen Rechten beeinträchtigen (EGMR, 23.9.1982, 7157/75 u. a., „Sporrong & Lönnroth/S"). Ein solcher Eigentumsentzug nur im öffentlichen Interesse und nur unter den gesetzlich und nach Völkerrecht vorgesehenen Bedingungen erfolgen. Da sich auf das Völkerrecht allein Ausländer berufen können, kommt dessen Schutz, konkret die dort geltende Entschädigungspflicht, Inländern nicht zugute. Für letztere folgt eine solche Pflicht jedoch grundsätzlich aus der allgemeinen Eigentumsgarantie, da ein Eingriff ohne jede oder hinreichende Entschädigung regelmäßig unverhältnismäßig oder diskriminierend ist. Dabei besteht ein weites Ermessen der nationalen Behörden, insbesondere bei Nationalisierungen (EGMR, 8.7.1986, 9006/80 u. a., „Lithgow u. a./GB"); trotz zum Teil ähnlicher Formulierung geht das Ermessen der nationalen Behörden hier weiter als etwa bei Art. 8ff. EMRK (EGMR, 13.6.1979, 6833/74, „Marckx/B").

Bei der Beschränkung des Eigentums ist eine Abwägung zwischen den Interessen der Allgemeinheit und denen des Einzelnen vorzunehmen (EGMR, 21.2.1986, 8793/79, „James/GB"). Der Schutz des Eigentums beeinträchtigt nicht die Erhebung von Steuern, Geldstrafen und sonstigen Abgaben (Art. 1 Abs. 2). **Entschädigungshöhe** bei Enteignungen ist grundsätzlich der Verkehrswert, in bestimmten Fällen, z. B. bei Nationalisierungen, weniger (EGMR, 8.7.1986, 9006/80 u. a., „Lithgow u. a./GB").

i) Freizügigkeit, Asyl und Ausweisungsschutz (Art. 18f., 45 GRC, Art. 2–4, 4. ZP; Art. 1 des 7. ZP)

65 Die **Freizügigkeit** garantieren Art. 45 GRC und Art. 2 des 4. ZP allen legal in einem Staat lebenden Personen. Im Unionsrecht ist sie seit langem, wenn auch (nur) für Unionsbürger, im Vertragsrecht verankert (Art. 21 AEUV). Sie schließt die Ausreisefreiheit ein. Schutz vor Ausweisungen aus dem eigenen Land sowie die Einreisefreiheit in dieses werden von Art. 3 des 4. ZP gewährleistet.

Nach Art. 18 GRC wird das **Asylrecht** nach Maßgabe der Genfer Flüchtlingskonvention gewährt. Das ist missverständlich, weil diese Konvention ein solches Recht gar nicht kennt. Für politisch Verfolgte besteht allein Abschiebungsschutz (Art. 33 GFK), im Übrigen stehen nach dieser Konvention anerkannten Flüchtlingen bestimmte Rechte zu. Ausländer werden zudem durch Art. 19 Abs. 1 GRC sowie Art. 4 des 4. ZP vor **Kollektivausweisungen** bewahrt. Dies schließt insbesondere auch Pauschalabschiebungen von Flüchtlingsgruppen aus, etwa die Rückführung von in einem Boot ankommenden Flüchtlingen ohne Einzelfallprüfung (EGMR, 23.2.2012, 27765/09, „Hirsi Jamaa u. a./IT"; zu den Anforderungen an eine solche Prüfung 15.12.2016, 16483/12, „Khlaifia"). Weitergehender **Schutz vor Ausweisungen, Abschiebungen** und **Auslieferungen** kann sich aus Art. 1, 7. ZP sowie aus Art. 8 EMRK (Rz. 17/51) ergeben, daneben aus Art. 3 EMRK, dessen Vorgaben bereichsspezifisch in Art. 19 Abs. 2 GRC kodifiziert sind (zum Inhalt Rz. 17/48). Die Verweigerung eines Einreisevisum durch ein Konsulat ist nicht an den Grundrechten zu messen (zur Unanwendbarkeit der ERMK nach deren Art. 1 EGMR (GK), 3.1.2020, 3599/18, „M.N. u. a./B"; zu Unionsrecht Rz. 33/71).

3. Ansprüche auf Gleichbehandlung

a) Allgemeiner Gleichheitssatz

Literatur: *Fuchs,* Das Gleichbehandlungsverbot im Unionsrecht, 2015.

66 Das Unionsrecht enthält weitreichende Ansprüche auf Gleichbehandlung. Seit langem bildet der **allgemeine Gleichheitssatz** ein Grundprinzip des EU-Rechts (EuGH, 19.10.1977, Rs. 117/76 u. 16/77, „Ruckdeschel"; 25.10.1978, Rs. 125/77, „Isoglukose"; 25.11.1986, Rs. 201 und 202/85, „Marthe Klensch"; *Kischel,* EuGRZ 1997, 1). Heute ist er in Art. 9 EUV sowie Art. 20 GRC verankert. Der **Anspruch auf Gleichbehandlung** kommt dann zum Tragen, wenn ein Hoheitsträger der EU – oder ein mitgliedstaatliches Organ bei der Anwendung des EU-Rechts – einen vergleichbaren Sachverhalt ungleich oder unvergleichbare Sachverhalte gleich behandelt. Dies setzt einen wertenden Vergleich zweier Sachverhaltskonstellationen voraus. Nur wenn es sich mit Blick auf die jeweils maßgebenden Faktoren um prima facie gleich zu behandelnde Sachverhalte handelt, ist der Anspruch auf Gleichbehandlung einschlägig (EuGH, 16.12.2008, Rs. C-127/07, „Arcelor").

67 Die **Ungleichbehandlung** vergleichbarer Sachverhalte ist – im Einzelfall – ebenso wie die Gleichbehandlung ungleicher Sachverhalte **gerechtfertigt,** wenn und soweit sich

hierfür legitime Zwecke finden lassen und die Maßnahme verhältnismäßig ist. Dabei kommen die bereits oben behandelten Stufen der Verhältnismäßigkeitsprüfung zur Anwendung. Der EuGH lässt den handelnden EU-Organen vor allem bei wirtschaftlichen Regelungen einen **weiten Beurteilungsspielraum,** soweit es um die Frage der Erforderlichkeit und Angemessenheit einer Ungleichbehandlung geht. Wichtig ist etwa die Herstellung von Wettbewerbsgleichheit zwischen zwei oder mehreren Wettbewerbsteilnehmern (EuGH, 10.3.1998, verb. Rs. C-365/95 u. a., „T. Port").

68 Im Grundsatz beinhaltet der Anspruch auf Gleichbehandlung nicht das Recht, vom handelnden EU-Hoheitsträger **ein bestimmtes Verhalten verlangen zu können.** Nimmt der EuGH eine Verletzung des Gleichbehandlungsanspruchs an, stellt er dies fest und lässt dem handelnden Organ die Freiheit zu entscheiden, ob es den Kreis der Adressaten so ausdehnen oder einengen will, dass dem Gleichheitssatz entsprochen wird.

69 Differenzen aus Handlungen **unterschiedlicher Hoheitsträger** können demgegenüber nicht unter dem Gleichheitssatz thematisiert werden. Denn dieser beinhaltet keinen Anspruch darauf, dass ein Hoheitsträger sein Verhalten am Verhalten eines anderen Hoheitsträgers ausrichtet.

In der EMRK ist der Anspruch auf Gleichbehandlung demgegenüber deutlich schwächer, nämlich nur akzessorisch, also im Anwendungsbereich der anderen Rechte, gewährleistet (Art. 14 EMRK; *Barth,* BB 1994, 1474). Die zulässigen **Einschränkungen der Konventionsrechte** (oben Rz. 17/36) müssen den Anforderungen von Art. 14 EMRK genügen (EGMR, 23.7.1968, 1474/62 u. a., „Belgischer Sprachenfall"). Im Ergebnis wird auf Grund des umfassenden Kataloges von Freiheitsrechten in der EMRK ein weites, aber eben nicht selbständiges **allgemeines Diskriminierungsverbot** erreicht (*Matscher,* FS Klecatsky, 1980, 627; zur Gleichheit der **Geschlechter** etwa EGMR, 18.7.1994, 13580/88, „Schmidt/D" und dazu *Wittinger,* EuGRZ 2001, 272). Ausdrücklich enthält einen allgemeinen Gleichheitssatz allein das 2005 – aber noch nicht für Deutschland – in Kraft getretene 12. ZP. Wie in den meisten nationalen Rechtsordnungen verlangt ein Diskriminierungsverbot keine schematische Gleichbehandlung aller Fälle; vielmehr ist nur Gleiches gleich zu behandeln. Ungleiche Situationen dürfen oder müssen ihrer Ungleichheit entsprechend ungleich geregelt werden. Werden bestimmten Gruppen Konventionsrechte vorenthalten, ist zum Vergleich auf die allgemeine Situation in den verschiedenen Staaten zurückzugreifen (EGMR, 28.11.1984, 8777/79, „Rasmussen/DK"). Die politische Betätigung von Ausländern darf allerdings Beschränkungen unterworfen werden (Art. 16 EMRK).

b) Besondere Gleichheitssätze und Gleichstellungspolitik der EU

Literatur: *Ellis/Watson,* EU Anti-Discrimination Law, 2. Aufl. 2014; *Schmidt,* Von „Mangold" bis „Maruko": Die Judikatur des EuGH zur Gleichbehandlungsrahmenrichtlinie und ihr Einfluss auf die deutsche Rechtsordnung, 2014; *Schnabel,* Diskriminierungsschutz ohne Grenzen, Reichweite und Grenzen des persönlichen und sachlichen Schutzbereichs des Diskriminierungsrechts am Beispiel der Entscheidungen Coleman (C-303/06) und Feryn (C-54/07) des EuGH, 2014; *v. Diest,* Änderungen im Diskriminierungsschutz durch die Europäische Grundrechtecharta: Anwendungsbereich und inhaltliche Reichweite des Art. 21 Abs. 1 GRC, 2016; *Kainer,* Privatrecht zwischen Richtlinien und Grundrechten, GPR 2016, 262; *Sagan,* Unionaler Diskriminierungsschutz gegen Kopftuchverbote am Arbeitsplatz, EuZW 2017, 457; *Sponholz,* Die unionsrechtlichen Vorgaben zu den Rechtsfolgen von Diskriminierungen im Privatrechtsverkehr, 2017; *Muir,* EU Equality Law, 2018.

70 Im Bereich der besonderen Gleichheitssätze hat sich das Unionsrecht besonders dynamisch entwickelt. Der ursprüngliche EWGV enthielt nur das für die Integration in der Gemeinschaft zentrale **Verbot von Diskriminierungen** aus Gründen der **Staatsangehörigkeit** nach Art. 18 AEUV sowie den ursprünglich allein auf Wettbewerbsgleichheit abzielenden, heute in Art. 157 Abs. 1 AEUV verankerten Grundsatz glei-

chen Entgelts für **Männer und Frauen** bei gleicher Arbeit. Vom EuGH wurde letzterer bereits 1976 als Grundrecht mit **horizontaler Wirkung** verstanden (EuGH, 8.4.1976, Rs. 43/75, „Defrenne II"; dazu noch Rz. 17/79). 1999 kam die Kompetenz hinzu, **umfassend Diskriminierungen** aus Gründen des Geschlechts, der Rasse, der ethnischen Herkunft, der Religion oder Weltanschauung, der Behinderung, des Alters oder der sexuellen Ausrichtung zu bekämpfen (heute Art. 19 AEUV). Daran anknüpfend untersagt aus den gleichen Gründen materiell-rechtlich Art. 21 GRC eine Diskriminierung; die parallele Norm des Art. 14 EMRK kennt weit weniger Kriterien. Damit wirken wie beim Datenschutz (vgl. Rz. 17/50) die Grundrechte auch in diesem Bereich für die Unionsaktion nicht nur begrenzend, sondern zunächst einmal legitimierend. Besondere Bestimmungen schützen speziell die Frauen (Art. 23 GRC), die Kinder (Art. 24 GRC; Rz. 17/51), ältere Menschen (Art. 25 GRC) und Behinderte (Art. 26 GRC). Schließlich soll nach den Querschnittklauseln der Art. 8, 10 AEUV die EU bei allen Tätigkeiten darauf hinwirken, die dort genannten Ungleichheiten zu bekämpfen (vgl. auch Art. 3 Abs. 3 EUV).

Nach der Rechtsprechung des EuGH erfasst das Diskriminierungsverbot sowohl 71 **unmittelbare** als auch **mittelbare** Differenzierungen (zu letzteren etwa EuGH, 7.2.1991, Rs. C-184/89, „Nimz"). Das BVerfG hat dieses Konzept für Art. 3 Abs. 2 GG übernommen (BVerfGE 97, 35, „Hamburger Ruhegeldgesetz", 27.11.1997). Unmittelbare Differenzierungen knüpfen tatbestandlich an ein Kriterium an, das nicht zum Gegenstand einer Ungleichbehandlung gemacht werden darf (z. B. Staatsangehörigkeit [Art. 18 AEUV]). Mittelbare Differenzierungen knüpfen demgegenüber tatbestandlich an ein als solches rechtlich unbedenkliches Kriterium an (z. B. Wohnsitz im Ausland), das aber ganz überwiegend oder typischerweise mit einem Merkmal korreliert, das nicht zu einer Unterscheidung herangezogen werden darf (hier: Staatsangehörigkeit). Auch hier muss ein gewisser Sachzusammenhang zwischen der Regelung und dem diskriminierenden Merkmal bestehen (EuGH, 7.6.2012, Rs. C-132/11, „Tyrolean Airways"). Eine Rechtfertigung ist hier unter erleichterten Voraussetzungen möglich (Rz. 17/78; vgl. auch Rz. 22/4; zu ausdrücklichen Definitionen siehe etwa jeweils Art. 2 der RLen 2000/43 und 2000/78 [Rz. 17/73]).

Konkretisiert werden die primärrechtlichen Differenzierungsverbote nach der Kon- 72 zeption von Art. 157 Abs. 3 sowie Art. 19 AEUV durch Sekundärrecht (EuGH, 19.4.2016, Rs. C-441/14, „Dansk Industrie"). Die RL 76/207 (ABl. L 39/40; kodifizierte Fassung: 2006/54/EG, ABl. L 204/23) hat die **Gleichbehandlung von Männern und Frauen im Arbeitsleben** über das traditionelle Lohngleichheitsgebot des heutigen Art. 157 Abs. 1 AEUV hinaus ausgeweitet (näher Rz. 29/8). Ferner erließ die EU die „Unisex-RL" 2004/113 (ABl. L 337/37) gegen geschlechtsspezifische Ungleichbehandlung beim Zugang zu Gütern und Dienstleistungen (hierzu etwa EuGH, 1.3.2011, Rs. C-236/09 „Test Achats": Verbot geschlechtsdifferenzierender Versicherungstarife).

Die RL 2000/78 (ABl. L 303/16) untersagt die Diskriminierung aufgrund der **Re-** 73 **ligion** oder der **Weltanschauung,** einer **Behinderung,** des **Alters** (dazu Rz. 29/8) und der **sexuellen Ausrichtung** (zum Verbot der Diskriminierung gleichgeschlechtlicher, rechtlich miteinander verbundener Paare im Vergleich zu Ehepartnern etwa EuGH, 12.12.2013, Rs. C-267/12, „Hay"; BVerfGE 124, 199; zur menschenrechtlichen Pflicht zur Schaffung eines entsprechenden Status siehe Rz. 17/52) in Beschäftigung und Beruf.

Den Schutz der **Religion** gewichtet der EuGH in diesem Kontext vielfach eher gering. So soll eine allgemeine Neutralitätsvorgabe des Arbeitgebers nur eine – zu rechtfertigende – mittelbare Diskriminierung von Kopftuch tragenden Arbeitnehmerinnen darstellen (EuGH, 14.3.2017, Rs. C-157/14, „G4S Secure Resolutions"); Kundenwünsche allein rechtfertigen ein Kopftuchverbot hingegen nicht (EuGH, 14.3.2017, Rs. C-188/15, „Bougnaoui und ADDH"; zur vielfach geäußerten Kritik etwa *Classen,* EuR 2017, 347; *S. Robin-Olivier,* RTDE 2017, 229 [233]; *Adam,* RAE 2018, 279)); vgl. auch zur EMRK Rz. 17/54). Ob nationaler Grundrechtsschutz, was an sich naheliegt (vgl. auch Art. 8 RL 2000/78) weiter gehen darf, ist Gegenstand eines laufenden Vorlageverfahrens (Rs. C-341/19). Art. 4 Abs. 2RL 78/2000 gesteht **religiösen Arbeitgebern** zwar zu, bei der Besetzung von Arbeitsplätzen auch religiöse Gesichtspunkte zu berücksichtigen. Dieser Freiraum ist großzügiger als bei anderen Diskriminierungsgründen, doch setzen ihm EGMR (Rz. 17/56) und EuGH (17.4.2018, Rs. C-414/16, „Egenberger"; 11.9.2018, Rs. C-68/17, „IR") durchaus Grenzen, weil sie eine Differenzierung nach der Verkündungsnähe der Tätigkeit und zudem eine effektive Kontrolle durch die staatlichen Gerichte fordern. Dies stößt sich mit dem Leitbild der „christlichen Dienstgemeinschaft" aller Arbeitnehmer eines religiösen Arbeitgebers, wie es von den Kirchen mit Billigung durch das BVerfG (BVerfGE 137, 273, Düsseldorfer Chefarzt", 22.10.2014) in Deutschland beansprucht und dementsprechend – mit Hinweis auch auf Art. 17 AEUV– bei der Umsetzung der RL in das deutsche Recht durch das AGG dort verankert wurde (§ 9). Art. 17 AEUV versteht der EuGH jedoch nur als begrenzt bedeutsame Abwägungsposition. Das stößt auf vielfältige Kritik (*Classen,* EuR 2018, 752); nicht wenige nehmen sogar – zu Unrecht – einen ultra vires-Akt an (*Thüsing/Mathy,* BB 2018, 2805; *Unruh,* ZevKR 2019, 188).

Die RL 2000/43 v. 29.6.2000 (ABl. L 180/22; dazu *Nickel,* NJW 2001, 2668) verbietet alle Formen von Diskriminierung aufgrund der **Rasse** oder **der ethnischen Herkunft** nicht nur in Beschäftigung und Beruf, sondern auch mit Blick auf die Versorgung mit öffentlich zur Verfügung stehenden Gütern und Dienstleistungen.

74 Das Gleichstellungsrecht der EU hat seine **Wurzeln in der U.S.-amerikanischen Politik der Integration von Minderheiten.** Dort griff man zum Instrument von Rechten, um den von Ausgrenzung betroffenen Personen die Möglichkeit zu geben, sich im horizontalen Verhältnis gegenüber Dritten wehren zu können. Es handelt sich um eine Lösung, die vor dem Hintergrund des spezifischen amerikanischen Staatsverständnisses gut erklärbar ist: Es ist nicht der Staat, der durch Maßnahmen der Integration und Einbindung dafür sorgt, dass sich Verhältnisse der Anerkennung herausbilden; vielmehr überlässt man dies dem – allerdings durch Rechte gesteuerten – Markt. Dem politischen Denken in manchen MSen ist dies fremd. Daher sorgt die EU-Gleichstellungspolitik in einigen der mitgliedstaatlichen Rechtskreise für **Unruhe und Reibung.** Vor allem in Kontinentaleuropa schreibt man dem Staat die Aufgabe zu, für Bedingungen zu sorgen, die eine Ausgrenzung und Marginalisierung von Minderheiten verhindern. Besondere Hoffnung wird dabei in die wohlfahrtsstaatlichen Instrumente gesetzt; auch weiche Steuerungsmittel wie Absprachen und Zielvereinbarungen zwischen Staat und Privaten spielen dabei eine Rolle. Eine über den notwendigen Schutz von Persönlichkeitsrechten hinausgehende Kultur der „Nichtdiskriminierung" erweist sich insofern als überflüssig und fehlgeleitet; der Staat hat seine Integrationsaufgabe zu erfüllen, ohne in private (liberale) Freiheit einzugreifen. Es dürfte allerdings inzwischen fraglich sein, ob sich mit diesem Ansatz wirklich eine hinreichende Eingliederung von Personengruppen erreichen lässt, die gegenwärtig Benachteiligungen erfahren.

75 Zur Durchführung haben die MSen Antidiskriminierungsgesetze erlassen. Diese gehen z. T. noch über die Richtlinien hinaus (kritisch *Picker,* JZ 2003, 540). Seit langem wird über einen Richtlinienentwurf verhandelt, in dem der Diskriminierungsschutz jenseits des Bereichs der Beschäftigung und des Berufs ausgebaut werden soll (KOM(2008)426 vom 2.7.2008). Auch wird eine Frauenquote für Aufsichtsräte großer Unternehmen angestrebt. Begleitet werden diese Maßnahmen von Programmen (etwa: ABl. 2006, L 315/1) und Beschlüssen (z. B. Rahmenbeschluss zur Bekämpfung von Rassismus und Fremdenfeindlichkeit, Rz. 37/5).

76 Der EuGH interpretiert die Bestimmungen der **Richtlinien weit** und wendet eine **zielbezogene Auslegungsmethode** an. So kann den Schutz vor Diskriminierungen aus der RL 2000/78/EG nicht nur derjenige beanspruchen, der selbst behindert ist (EuGH, 17.7.2008, Rs. C-303/06, „Coleman"). Auch Dritte sind danach vom perso-

nellen Anwendungsbereich der RL erfasst. In der Rechtssache „Feryn" (EuGH, 10.7.2008, Rs. C-54/07) wurde entschieden, dass eine Benachteiligung wegen der ethnischen Herkunft auch im Fall allein einer öffentlichen Erklärung zur Nichteinstellung von Arbeitnehmern bestimmter Herkunft vorliegen soll, die lediglich eine gleichstellungsfeindliche Haltung zum Ausdruck bringt. Man kann hierin den Versuch sehen, ein bestimmtes „Meinungsklima" zu bekämpfen; man kann aber auch von „Gesinnungssanktionierung" sprechen. Kundenerwartungen rechtfertigen aber auch hier eine derartige Diskriminierung nicht (Rz. 17/73).

Die Gleichstellungspolitik hat auch in anderen Bereichen weitreichende Bedeutung. So hat der EuGH (11.1.2000, Rs. C-285/98, „Tanja Kreil") das grundsätzliche Verbot des **Zugangs von Frauen zum Dienst mit der Waffe** zum Militär als mit der RL 76/207 für unvereinbar erklärt. Dies führte zu einer Änderung von Art. 12a Abs. 4 S. 2 des deutschen Grundgesetzes. Die Beschränkung der **Wehrpflicht auf Männer** steht nationalem Recht frei (EuGH, 11.3.2003, Rs. C-186/01, „Dory"; *Dietrich,* DÖV 2003, 883). 77

Inhaltlich werden die Diskriminierungsverbote vom EuGH ebenfalls häufig strikt gehandhabt. **Unmittelbare Diskriminierungen** werden nur insoweit einer **Rechtfertigungsprüfung** unterzogen, wie diese **ausdrücklich vorgesehen** ist; für die Lohngleichheit (Art. 157 AEUV; Rz. 29/7) wird daher gar keine Ausnahme zugelassen. Beim Verbot der **mittelbaren Diskriminierung** (Rz. 17/71) kommt einer regelmäßig möglichen **Rechtfertigung** nicht nur die **Funktion** zu, die grundsätzlich untersagte Anknüpfung an das inkriminierte Merkmal ausnahmsweise zu gestatten; vielmehr dient sie – anders als bei der unmittelbaren Diskriminierung – zunächst einmal auch der Feststellung, ob überhaupt eine Diskriminierung wegen eines verbotenen Merkmals vorliegt. So sieht die RL 2000/78 in Art. 4 und 6 Ausnahmen vor; zusätzlich definiert Art. 2 den Begriff der mittelbaren Diskriminierung (anders als den der unmittelbaren Diskriminierung) unter Hinweis auf das Fehlen einer Rechtfertigung. Und auch auf der **Rechtsfolgenseite** ist der EuGH streng: Bis zu einer Neuregelung hat die jeweils **diskriminierte Person** Anspruch darauf, **so gestellt** zu werden **wie die bevorzugte Person** (EuGH, 7.2.1991, Rs. C-184/89, „Nimz"). 78

Die entscheidende Besonderheit des EU-Gleichstellungsrechts liegt in seiner Anwendbarkeit nicht nur im Verhältnis zwischen öffentlicher Gewalt und Privaten, sondern **auch zwischen** Privaten (kritisch dazu *Nettesheim,* EuZW 2013, 48). Dies gilt nicht nur für das Sekundärrecht. Art. 21 und 23 GRC entfalten unmittelbare Drittwirkung (explizit etwa EuGH, 17.4.2018, Rs. C-414/16, „Egenberger"). Hier geht es nicht mehr um den Schutz von Autonomie und anderen Gütern vor hoheitlicher Beeinträchtigung, sondern um die gesellschaftliche Integration von Bürgern, die durch Gleichbehandlungsgebote – nicht zuletzt im Privatrechtsverhältnis – sichergestellt werden soll (siehe auch Rz. 27/32). Wegen des Persönlichkeitsrechts der Betroffenen ist das im Ausgangspunkt nachvollziehbar. Bei der Frage nach der Reichweite der mit Diskriminierungsverboten verbundenen **Eingriffe in private Freiheit** orientiert sich der EuGH am Sekundärrecht, greift aber bei unzureichender Umsetzung auf die GRC zurück (EuGH, 17.4.2018, Rs. C-414/16, „Egenberger"). Das ist, soweit das Diskriminierungsverbot nicht strikten Charakter hat (wie Art. 45 Abs. 2 und Art. 157 AEUV), schon grundsätzlich normhierarchisch problematisch. Das oberste dänische Gericht bewertet diese Judikatur als ultra-vires-Akt (Urt. v. 6.12.2016, entgegen EuGH, 19.4.2016, Rs. C-441/14, „Dansk Industrie"). Erst recht überzeugt der Ansatz nicht, soweit wie bei Art. 4 Abs. 2 RL 2000/78 das Sekundärrecht den MSen in 79

Abhängigkeit von ihren Traditionen unterschiedliche Spielräume belässt, weil dann die Voraussetzungen für eine unmittelbare Wirkung des Unionsrecht nicht erfüllt sind (zur Kritik *Classen,* EuR 2018, 752ff.).

4. Soziale Rechte

Literatur: *Everling,* Zur Europäischen Grundrechte-Charta und ihren sozialen Rechten, GS Heinze, 2005, 157; *Nußberger,* Sozialstandards in der Charta der Grundrechte der EU, in: Stern (Hrsg.), Die Europäische Grundrechte-Charta, 2005, 323; *Iliopoulos-Strangas* (Hrsg.), Soziale Grundrechte in Europa nach Lissabon, 2010; *Langenfeld,* Soziale Grundrechte, HBGrR 6/1, 2010, 1117; *Frohwerk,* Soziale Not in der Rechtsprechung des EGMR, 2012; *Schlachter,* Stärkung sozialer Rechte durch Grundrechtsschutz im europäischen Mehr-Ebenen-System?, EuR 2016, 478; *He,* Les droits sociaux fondamentaux et le droit de l'Union européenne, RTDE 2018, 25; *Iliopoulos-Strangas* (Hrsg.), Soziale Grundrechte in den „neuen" Mitgliedstaaten der Europäischen Union, 2019.

80 In der GRC ist dem unionalen Normgeber vielfach die Verwirklichung bestimmter (etwa: sozialer) **Zielzustände** aufgegeben. Im Vordergrund steht das Arbeitsleben mit Garantien zur Unterrichtung der Arbeitnehmer (Art. 27), Kollektivverhandlungen (Art. 28), Schutz bei Entlassungen und gerechte Arbeitsbedingungen (Art. 30–31), Kinderarbeitsverbot und Familienschutz (Art. 32–33) und soziale Sicherheit (Art. 34). Daneben stehen Gesundheits-, Umwelt- und Verbraucherschutz (Art. 35, 37–38) und der Zugang zu Dienstleistungen von allgemeinem wirtschaftlichen Interesse (Art. 36). Teilweise begründen die entsprechenden Normen eindeutig kein subjektives Recht (z. B. Art. 37, 38 GRC). Sie beinhalten objektive Pflichten für die EU-Organe, soweit die Union über entsprechende Kompetenzen verfügt, die ihr von der Charta nicht vermittelt werden (Art. 51 Abs. 2 GRC). Allerdings besteht bei der Konkretisierung des Geforderten regelmäßig ein weiter Beurteilungsspielraum; die Kontrolldichte des EuGH ist überwiegend eher gering. Eng begrenzt können den Bestimmungen auch subjektive Leistungsansprüche entnommen werden (z. B. 29, 31, 35 GRC). Zum Teil spricht der EuGH den arbeitsrechtlichen Garantien sogar eine unmittelbare Wirkung gegenüber dem Arbeitgeber zu (zu Art. 31 Abs. 2 GRC zum Urlaubsanspruch EuGH, 6.11.2018, verb. Rs. C-569/16 u. a., „Bauer"; zur Begrenzung der Arbeitszeit EuGH, 14.5.2019, Rs. C-55/18, „CCOO"; anders zum Anspruch auf Unterrichtung und Anhörung nach Art. 27 GRC EuGH, 15.1.2014, Rs. C-176/12, „Association de médiation sociale").

81 Die EMRK und ihre Zusatzprotokolle enthalten im Grundsatz **keine sozialen Grundrechte.** Diese sind in der vom Europarat 1961 verabschiedeten Europäischen Sozialcharta (vom 18.10.1961, BGBl. 1964 II 1262) verankert. Ein eigenständiges Teilhabegrundrecht ist aber das **Recht auf Bildung** (Art. 2 des 1. ZP; ähnlich Art. 14 GRC). Dieses Recht gebietet aber nur, staatliche Bildungseinrichtungen bei Vorliegen der entsprechenden Voraussetzungen – Qualifikationen und Kapazitäten – besuchen zu können; man darf also nicht aus unsachlichen Gründen abgewiesen werden (*Nørgaard,* EuGRZ 1981, 633). Hieraus lässt sich grundsätzlich nicht ein Recht auf Schaffung bestimmter Einrichtungen ableiten (EGMR, 23.7.1968, 1474/62 u. a., „Belgischer Sprachenfall"). Es handelt sich also um ein abgeleitetes Recht. Doch besteht die grundsätzliche Pflicht des Staates, ein leistungsfähiges und weltanschaulich plurales Bildungswesen zu schaffen (EGMR, 7.12.1976, 5095/71 u. a., „Kjeldsen u. a./DK"). Dies kann das Recht auf Betreiben einer Privatschule einschließen (EKMR, 6.3.1987, 11533/85, „Jordebo/S"). Minderheiten dürfen auch durch die Schulpolitik nicht diskriminiert werden (EGMR, 13.11.2007, 57325/00, „D.A./CZ").

5. Justizgarantien

a) Recht auf ein faires Verfahren (Art. 47 GRC, Art. 6, 13 EMRK, Art. 2–4 des 7. ZP)

Literatur: *Brett,* Verfahrensdauer bei Verfassungsbeschwerdeverfahren im Horizont der Rechtsprechung des Europäischen Gerichtshofs für Menschenrechte zu Art. 6 Abs. 1 S. 1 EMRK, 2009, *Wildhaber,* Verwaltungsstrafen, Art. 6 EMRK und „Heilung" von Verfahrensmängeln, FS Jäger, 2011, 823; *Reinel,* Der „nemo tenetur"-Grundsatz als Grenze steuerlicher Informationshilfe in der Europäischen Union, 2013; *Müller,* Richterliche Unabhängigkeit und Unparteilichkeit nach Art. 6 EMRK, 2014; *Killinger,* Staatshaftung für rechtswidrige Untersuchungshaft in Deutschland und Österreich im Lichte von Art. 5 Abs. 5 EMRK, 2015; *Ahlbrecht,* Unschuldig schuldig – zur Unschuldsvermutung in der EU, StV 2016, 257; *Schünemann,* Mindestbedingungen einer effektiven Verteidigung in transnationalen europäischen Strafverfahren, StV 2016, 178.

Besondere Bedeutung innerhalb der GRC und der EMRK haben angesichts ihrer Ausführlichkeit die **grundlegenden rechtsstaatlichen Verfahrensgarantien** („status activus processualis"). In fast der Hälfte der Urteile des EGMR geht es um Art. 6 EMRK. Die allmähliche Etablierung eines **gemeineuropäischen Standards des „Fair Trial"**, der fortlaufend weiterentwickelt wird, muss als eine besondere Leistung der EMRK-Überwachungsorgane bei der Anwendung der EMRK angesehen werden. 82

Im Einzelnen enthält Art. 6 EMRK für **„zivilrechtliche Ansprüche und Verpflichtungen"** („civil rights") sowie für **Strafverfahren** (speziell dazu Rz. 17/88) ein **Recht auf ein faires Verfahren** (*Pache,* EuGRZ 2000, 601). Art. 47 f. GRC garantieren sogar im Rahmen des Vollzugs des Unionsrechts (Art. 51 GRC) umfassendes Recht auf **effektiven Rechtsschutz** (siehe auch Rz. 13/1), soweit der Betroffene geltend macht, in einem durch das Recht der Union garantierten Recht verletzt zu sein (EuGH, 19.3.2015, Rs. C-510/13, „E.ON Földgáz"; 6.10.2020, verb. Rs. C-245/19 u. a., Luxemburg/B"). Dieses ist auch der Fall, wenn das anwendbare Sekundärrecht etwa eine Verbandsklage vorsieht (EuGH, 20.12.2017, Rs. C-664/15, „Protect Natur-, Arten- und Landschaftsschutz Umweltorganisation") oder als solches zwar keine subjektiven Rechte begründet, die angegriffene Maßnahme aber unverhältnismäßig oder willkürlich ist (EuGH, 16.5.2017, Rs. C-682/15, „Berlioz Investment Fund"; zum Einfluss auf das nationale Recht siehe auch Rz. 33/8 und 36/35). Alle vorgenannten Begriffe sind autonom nach europäischen Maßstäben auszulegen. Art. 6 EMRK gilt auch für solche Verfahren, die eine direkte Auswirkung auf zivilrechtliche Verpflichtungen besitzen. Dies wurde etwa für die Untersagung der Fortsetzung geschäftlicher Tätigkeiten durch eine Behörde bejaht (EGMR, 27.10.1987, 10426/83, „Pudas/S"), für die Erteilung einer Anwaltszulassung (EGMR, 30.11.1987, 8950/80, „H/B") und für die Amtshaftung (EGMR, 29.3.1989, 11213/84, „Neves e Silva/P"). Auch sozialversicherungsrechtliche Ansprüche unterfallen Art. 6 EMRK (EGMR, 29.5.1986, 9384/81, „Deumeland/D"). Die Verfahrensgarantien des Art. 6 EMRK gelten auch bei **Verfassungsgerichten** (EGMR, 1.7.1997, 20950/92, „Probstmeier/D"). 83

aa) Recht auf Zugang zu einem Gericht

Sind Art. 47 GRC/Art. 6 EMRK anwendbar, so besteht zunächst einmal ein Recht auf **Zugang zu einem Gericht** (EGMR, 21.2.1975, 4451/70, „Golder/GB"), nicht dagegen auf einen Instanzenzug (EGMR, 17.1.1970, 2689/65, „Delcourt/B"). Dieser Zugang darf nicht nur auf dem Papier bestehen, sondern muss insbesondere auch wirtschaftlich schwachen Personen offen stehen, denen durch Gewährung von Prozesskostenhilfe zur Bestellung eines Anwalts oder entsprechend einfacher Gestaltung des Verfahrens geholfen werden muss (EGMR, 9.10.1979, 6289/73, „Airey/IRL"). Das Gericht muss auf gesetzlicher Grundlage bestehen (zur Beachtung des innerstaatlichen Rechts EGMR, 12.3.2019, 26374/18, Guð- 84 mundur Andri Ástráðsson/ISL) und **unabhängig** sein. Dies erfordert Garantien gegen äußere Beeinflussung, insbesondere im Hinblick auf Ernennung, Amtsdauer und Unabsetzbarkeit (EGMR, 26.5.1988, 10208/82, „Pauwels/B"; st. Rspr.; EuGH, 27.2.2018, Rs. C-46/16, „Associação Sindical dos Juízes Portugueses"; zum Schutz von Richtern durch Art. 6 EMRK bereits Rz. 17/34). Weiterhin muss das Gericht unparteiisch sein. Daher sind insbesondere befangene Richter von einem Verfahren ausgeschlossen, etwa wenn sie im gleichen Verfahren als Staatsanwalt (wenn auch nur indirekt) mit dem Fall befasst waren (EGMR, 1.10.1982, 8692/79, „Piersack/B").

Als eine Art „Vorstufe" zum Gerichtszugang garantiert Art. 13 EMRK das **Recht auf wirksame Beschwerde** bei einer innerstaatlichen Instanz, wenn eine Person in ihren Rechten aus der EMRK verletzt worden ist; dies gilt auch für den Fall der Verletzung des Rechts auf zügiges Verfahren (EGMR, 26.10.2000, 30210/96, „Kudła/PL", dazu *Gundel,* DVBl. 2004, 17).

Das Recht auf Zugang zu einem Gericht bedarf staatlicher Regelung und ist schon aus diesem Grund immanenten Beschränkungen unterworfen. Diese müssen jedoch einem legitimen Ziel dienen, und die Einschränkung muss verhältnismäßig sein (siehe etwa EGMR, 21.11.2001, 35763/97, „Al-Adsani/GB" = EuGRZ 2002, 403 zur Staatenimmunität).

bb) Fairness des Verfahrens

85 Neben der Öffentlichkeit, die ähnlich wie im deutschen Recht eingeschränkt werden kann, verlangen Art. 47 GRC/Art. 6 EMRK insbesondere **Fairness für das gerichtliche Verfahren.** Dies setzt eine korrekte Ladung, die Gelegenheit zu ausreichender Stellungnahme sowie insbesondere Waffengleichheit zwischen den Parteien voraus (EGMR, 6.5.1985, 8658/79 „Bönisch/A"; EGMR, 17.1.1970, 2689/65, „Delcourt/B"; siehe auch EuGH, 2.12.2009, Rs. C-89/08 P, „KOM/Irland" zum Recht auf ein „kontradiktorisches Verfahren"). Informationen anonymer Gewährsleute dürfen nur verwertet werden, wenn diese die Verurteilung nicht alleine stützen und die Informationen anders nicht zu bekommen sind (EGMR, 15.6.1992, 12433/86, „Lüdi/CH").

cc) Verfahrenseffektivität und Entscheidung in angemessener Frist

86 Ferner gewähren Art. 47 GRC/Art. 6 EMRK einen **Anspruch auf Verfahrenseffektivität** (allgemein: *Kokott/Dervisoloulos/Henze,* EuGRZ 2008, 10). Damit sind zunächst hinreichende Kontroll- und Entscheidungsbefugnisse einschließlich einer hinreichenden Kontrolldichte gemeint. Der EuGH hat diesen Grundsatz in zahlreichen Rechtsgebieten in Anschlag gebracht, so im Asyl- und Flüchtlingsrecht (EuGH, 14.5.2020, verb. Rs. C-924/19 PPU u. a., FMS), im Steuerrecht (EuGH, 16.10.2919, Rs. C-189/18, „Glencore Agriculture Hungary Kft.") und im Umweltrecht (EuGH, 3.9.2019, Rs. 197/18, „Wasserleitungsverband Nördliches Burgenland,"; 26.6.2019, Rs. C-723/17, „Craeynest"). Auch beim Verbraucherschutz spielt effektiver Rechtschutz eine wichtige Rolle (Rz. 36/18f.).

87 Effektiver Rechtsschutz bedeutet weiterhin eine **Entscheidung in angemessener Frist.** Diese beginnt in Zivilsachen mit der Klageerhebung, in Strafsachen durch die Eröffnung der Ermittlungen, wird dort durch Art. 5 Abs. 3 EMRK ergänzt (dazu unten Rz. 17/91), und endet mit dem letztinstanzlichen Urteil. Hinsichtlich der Angemessenheit der Länge sind keine generellen Aussagen möglich. Entscheidend sind der Umfang und die Schwierigkeit des jeweiligen Falles, die Behandlung durch die befassten Behörden sowie das Verhalten des Beschwerdeführers. Für **Zivilstreitigkeiten** besteht die Pflicht der Parteien zur Verfahrensbeschleunigung. Der EGMR sah verschiedentlich **verwaltungsgerichtliche Verfahren** und **Strafverfahren** als mit Art. 6 EMRK nicht mehr vereinbar an, die 10 Jahre und länger dauerten (EGMR, 28.6.1978, 6232/73, „König/D"; EGMR, 27.8.1992, 12850/87, „Tomasi/F"). Gelegentlich erfolgt eine Verurteilung auch wegen **verfassungsgerichtlicher Verfahren** (etwa EGMR, 1.7.1997, 20950/92, „Probstmeier/D", zum BVerfG, bei einer Verfahrensdauer von mehr als sieben Jahren). Zu den haftungsrechtlichen Folgen eines Verstoßes durch die Unionsgerichtsbarkeit siehe Rz. 14/5. Aus Art. 13 EMRK folgt schließlich das Recht, sich auch gegen gerichtliche Untätigkeit beschweren zu können (EGMR, 26.10.2000, 7530210/96 „Kudła/PL"; zu D 8.6.2006, 75529/01, „Sürmeli/D"). Im Regelfall reicht die Möglichkeit, Schadensersatz zu verlangen (dazu in D §§ 198ff. GVG). Bei familienrechtlichen Umgangssachen muss aber auch Rechtsschutz unmittelbar gegen die Untätigkeit möglich sein (EGMR, 15.1.2015, 62198/11, „Kuppinger/D"). Schon früher wurden rechtswidrige Verfahrensverzögerungen auf eine Strafe angerechnet („Vollstreckungslösung", BGH, JZ 2008, 416 und dazu *Brett,* Die Verfahrensdauer bei Verfassungsbeschwerden im Horizont der Rechtsprechung des EGMR zu Art. 6 Abs. 1 S. 1 EMRK, 2009).

b) Speziell strafrechtsbezogene Garantien

Literatur: *Satzger,* Der Einfluss der EMRK auf das deutsche Straf- und Strafprozessrecht, JURA 2009, 759; *Jarass,* Strafrechtliche Grundrechte im Unionsrecht, NStZ 2012, 611; *Hochmayr* (Hrsg.), „Ne bis in idem" in Europa, 2015; *Fanciullo,* The Principle of Presumption of Innocence in the European Union Law, CDE 2016, 385; *Luchtman,* The ECJ's recent case law on *ne bis in idem,* CMLRev 2018, 1717.

aa) Garantien betreffend das Strafverfahren (Art. 47 f. GRC, Art. 6 und Art. 2 ZP 7 EMRK)

Der in der EMRK in verschiedenen materiell- und verfahrensrechtlichen Zusammenhängen verwendete **Begriff** des **Strafrechts** ist nicht durch Verweis auf das nationale Strafrecht, sondern autonom auszulegen. Dabei spielen insbesondere Art und Schwere der Zuwiderhandlung und der Sanktion eine Rolle. Disziplinarmaßnahmen fallen grundsätzlich nicht unter Art. 6 EMRK (EGMR, 8.6.1976, 5100/71 u. a., „Engel"), wohl aber Ordnungswidrigkeiten (EGMR, 21.2.1984, 8544/79, „Öztürk/D"). 88

Konkret fordert Art. 6 EMRK für **Strafverfahren** die vorgängige Entscheidung eines Gerichts. Im Bereich dessen, was auf nationaler Ebene vielfach als Ordnungswidrigkeiten oder ähnliches qualifiziert wird darf jedoch eine Sanktion zunächst von der Verwaltung verhängt werden, wenn anschließend vor einem Gericht dagegen geklagt werden kann. Administrativsanktionen sind also nicht prinzipiell unzulässig (EGMR, 27.9.2011, 43509/08, „Menarini/I"; siehe auch Rz. 20/47). Eine zweite Instanz fordert Art. 2 des 7. ZP.

Als Ausprägung des fairen Verfahrens (Rz. 17/85) darf kein Angeklagter zur **Aussage gegen sich** selbst gezwungen werden (EGMR, 5.11.2002, 48539/99 „Allan/GB"). Der EuGH berücksichtigt diese Garantie bisher allerdings nicht (in Kartellverfahren) auch zugunsten von juristischen Personen (EuGH, 22.3.1990, Rs. 347/87, „Orkem/KOM", zum Wettbewerbsrecht; anders hingegen EGMR, 25.2.1993, 10828/84, „Funke/F"). Immerhin muss der Verstoß selbst nicht zugegeben werden (EuGH, 15.10.2002, verb. Rs. C-238/99 P u. a., „PVC II").

Die **Unschuldsvermutung für den Angeklagten** (Art. 48 GRC/Art. 6 Abs. 2 EMRK) gilt auch für Kostenentscheidungen in Strafverfahren (EGMR, 25.8.1987, 10282/83, „Englert/D") und für Presseveröffentlichungen (EKMR, 8.7.1978, 7572/76 u. a., „Ensslin u. a./D"). Schuldvermutungen sind aber nicht prinzipiell unzulässig, sie müssen nur widerleglich sein (EGMR, 19.10.2004, 66273/01, „Falk/NL", zu straßenverkehrsrechtlichen Sanktionen gegen einen Fahrzeughalter). **Art. 6 Abs. 3 EMRK,** pauschal auch Art. 48 Abs. 2 GRC gewähren einem Angeklagten zusätzliche Rechte im Interesse vor allem einer effizienten Verteidigung. Die dort genannte Information über die Anklage schließt eine Belehrung über andere mögliche Verurteilungen ein. Die Vorbereitung der Verteidigung setzt die Möglichkeit von Kontakt mit einem Anwalt voraus (*Spaniol,* Das Recht auf Verteidigerbeistand, 1990), sowie sprachliche Verständigungsmöglichkeiten. Auch Zeugnisverweigerungsrechte gehören zum „fair trial" (*Weiss,* NJW 1999, 2236). Darüber hinaus erfordert ein faires Strafverfahren grundsätzlich die Präsenz des Angeklagten (EGMR, 12.2.1985, 9024/80, „Colozza/I" und 9317/81, „Rubinat/I"). Schließlich ist eine Entscheidung, gegen die ein Rechtsmittel gegeben ist, zu begründen. – Der EGMR hat u. a. bei „politischen" Strafprozessen verschiedentlich Verstöße gegen die Fairness des Verfahrens festgestellt (EGMR, 25.7.2002, 54210/00, „Papon/F (Nr. 2)"; 12.5.2005, 46221/99, „Öcalan/TR").

bb) Garantien betreffend das materielle Strafrecht („Nulla poena sine lege", „Ne bis in idem" – Art. 49 f. GRC, Art. 7 EMRK und Art. 1 des 4. ZP)

89 Art. 49 GRC/Art. 7 EMRK verbieten eine Bestrafung, wenn die Strafbarkeit zum Zeitpunkt der Tat noch nicht bestimmt war (**nulla poena sine lege** – EGMR, 22. 3. 2001, 34044/96 u. a., „Streletz, Kessler u. Krenz/D". Rn. 49 ff.; dazu *Miller,* KJ 2001, 255). Dies schließt das Gebot der Anwendung nachträglicher Strafmilderungen ein (EGMR, 3. 12. 2019, 22429/07, „Pamak u. a./TR"). Ungeschriebenes „common law" reicht als „Recht" aus, doch müssen Tatbestand und Strafmaß durch die Rechtsprechung hinreichend klar bestimmt sein (vgl. auch Rz. 17/36). Verwaltungsunrecht, also etwa **Ordnungswidrigkeiten** werden erfasst (Rz. 17/83), nicht hingegen Disziplinarmaßnahmen.

Die alte rechtsstaatliche Garantie, dass eine Person wegen derselben Straftat nach einem abgeschlossenen Strafverfahren nicht zum zweiten Mal verfolgt werden darf, ist in Art. 50 GRC/Art. 4, 7. ZP verankert. Dies kommt nicht zur Anwendung, wenn unterschiedliche Sanktionen natürliche und juristische Personen betreffen, auch wenn erstere gesetzliche Vertreter von letzteren sind (EuGH, 5. 4. 2017, verb. Rs. C-217/15 u. a., „Massimo Orsi"). Reguläre Wiederaufnahmeverfahren sind nicht ausgeschlossen. Ein Verstoß liegt ebenfalls nicht vor, wenn straf- und verwaltungsrechtliche Sanktionen zusammenkommen, beide nicht nur identische Zwecke verfolgen und eine Koordination vorgesehen ist (EuGH, 20. 3. 2018, Rs. C-524/15, „Luca Menci"; im Kern ebenso EGMR (GK), 15. 11. 2016, 24130/11 u. a., „A und B/N"). Die Bestimmung hat eine zunehmende Bedeutung bei der Anwendung der Normen der Union im Raum der Freiheit, der Sicherheit und des Rechts (Rz. 37/7) und wirft zugleich Fragen mit Blick auf die parallele Anwendung nationalen und europäischen Kartellrechts auf (Rz. 20/44).

c) Recht auf Freiheit und Sicherheit (Art. 6 GRC, Art. 5 EMRK)

Literatur: *Unfried,* Die Freiheits- und Sicherheitsrechte nach Art. 5 EMRK, 2006; *Satzger,* Der Einfluss der EMRK auf das deutsche Straf- und Strafprozessrecht, JURA 2009, 759; *Jarass,* Strafrechtliche Grundrechte im Unionsrecht, NStZ 2012, 611; *Fanciullo,* The Principle of Presumption of Innocence in the European Union Law, CDE 2016, 385; *Kottek,* Zum Strafklageverbrauch innerhalb der Europäischen Union insbesondere infolge einer Verfahrenseinstellung durch die Staatsanwaltschaft, wistra 2016, 355; *De Coninck,* Rétention de demandeurs d'asile dans l'Union européenne et instruments parallèles des droits fondamentaux, CDE 2017, 83.

90 Der in der EMRK-Praxis wichtige Art. 5 EMRK (= Art. 6 GRC) schützt, wie sich aus den Ausnahmebestimmungen ergibt, die **körperliche Bewegungsfreiheit.** Dabei wird nur vor Freiheitsentziehung geschützt (EGMR, 6. 11. 1980, 7367/76, „Guzzardi/I", Rn. 92). Ein besonderer Problembereich ist die Überweisung von **Geisteskranken** in Heilanstalten. Im Übrigen ist die Garantie der Freizügigkeit (Art. 2 Abs. 1 des 4. ZP, oben Rz. 17/65) einschlägig. Der weiterhin in Art. 5 EMRK genannten **Sicherheit** kommt, da sie als „sûreté" nur als Schutz vor staatlicher Willkür, als Recht auf Rechtssicherheit verstanden wird, keine eigenständige Bedeutung zu, denn auch die Freiheit darf nur in der gesetzlich vorgesehenen Weise eingeschränkt werden.

In allen Fällen der **Inhaftierung** muss eine entsprechende Rechtsgrundlage im nationalen Recht bestehen sowie ein besonderer Haftgrund vorliegen. Die entsprechende Regelung des nationalen Rechts muss hinreichend bestimmt und für den Einzelnen erkennbar sein. Dies bedeutet nicht, dass jede fehlerhafte Anwendung nationalen Rechts zugleich einen Konventionsverstoß darstellt. Es geht um die Möglichkeit der

Missbrauchskontrolle (EGMR, 24.10.1979, 6301/73, „Winterwerp/NL"). Gegebenenfalls liegt aber eine Konventionsverletzung bereits dann vor, wenn allein das nationale Recht missachtet wurde, eine spezifische Garantie der EMRK also nicht verletzt wurde. Die einzelnen **Haftgründe** sind in Art. 5 Abs. 1 lit. a bis f aufgeführt. In Ergänzung zur in lit. b erwähnten Erzwingungshaft zur Durchsetzung von gerichtlich festgesetzten oder gesetzlichen Pflichten verbietet Art. 1 des 4. ZP die Inhaftierung allein aus dem Grunde der mangelhaften Vertragserfüllung, d. h. den „Schuldturm". Außerdem muss dem Verhafteten effektiver Rechtsschutz zur Verfügung stehen (Abs. 4; zu Verteidigerrechten in diesem Zusammenhang EGMR, 9.7.2009, 11364/03, „Mooren/D"). Die Anwendung von Art. 5 (und 7) EMRK auf die Sicherungsverwahrung in Deutschland (EGMR, 17.12.2009, 19359/04, „M/D"; dazu auch BVerfGE 128, 326, „Sicherheitsverwahrung" (2011)) war Anlass, die einschlägigen Regeln zu ändern. Diese sind nunmehr konventionskonform (EGMR, 7.1.2016, 23279/14, „Bergmann/D"). Präventivhaft zur Verhinderung etwa von Gewalt bei Fußballspielen ist ggf. nach Art. 5 lit. c, 2. Alt. zulässig (EGMR, 22.10.2018, 35553/12 u. a., „S, V und A/DK"). Im Rahmen der Durchführung des Unionsrechts sind die spezifischen Tatbestände von Art. 5 EMRK über Art. 52 Abs. 3 GRC auch bei der Einschränkung von Art. 6 GRC zu beachten (dazu EuGH, 15.2.2016, Rs. C-601/15 PPU, „J.N.").

Zudem besteht ein Recht des Inhaftierten auf **Information** (Abs. 2) über den **Haftgrund** und über ggf. 91
erhobene **Beschuldigungen.** Beides dient einer besseren Haftkontrolle sowie einer wirksamen Verteidigung, vor allem bei einer **Untersuchungshaft** (*Kühne/Esser,* StV 2002, 383). Weiterhin hat der Inhaftierte das Recht auf unverzügliche gerichtliche Kontrolle in formeller und materieller Hinsicht (Abs. 4), im Falle der Untersuchungshaft auf unverzügliche Vorführung vor einen Richter (Abs. 3; 4 Tage sind zu viel, EGMR, 29.11.1988, 11209/84 u. a., „Brogan/GB") sowie auf Aburteilung in einer angemessenen Frist. Hierbei sind – ohne Verstoß gegen die Unschuldsvermutung – die zu erwartende Dauer der Strafe und die Frage, ob der Haftgrund, insbesondere die Fluchtgefahr noch fortbesteht, sowie die **bisherige Dauer der Haft** zu berücksichtigen (EGMR, 27.6.1968, 1936/63, „Neumeister/A"; dazu auch Art. 6 Abs. 1 EMRK). Die Frist beginnt mit der Festnahme und endet mit der erstinstanzlichen Verurteilung (EGMR, 27.6.1968, 2122/64, „Wemhoff/D"). Für die Angemessenheit stellt der Gerichtshof auf ähnliche Kriterien wie bei Art. 6 EMRK ab (d. h. Einzelfallprüfung: EGMR. 27.2.1992, 13319/87, „Birou/F": 5 Jahre U-Haft sind Verstoß, EGMR, 26.1.1993, 14379/88, „W./Schweiz": 4 Jahre U-Haft sind mit Art. 5 EMRK vereinbar). Art. 5 EMRK sieht die Freilassung gegen eine Kaution vor. Von dieser Möglichkeit muss Gebrauch gemacht werden, wenn nur Fluchtgefahr den Haftgrund bildet und diese durch die Kaution ausgeschlossen werden kann.

VI. Die äußere Überwachung: EGMR und nationale Verfassungsgerichte

1. Schutz durch den Europäischen Gerichtshof für Menschenrechte (EGMR)

Literatur: *Binder/Lachmayer* (Hrsg.) The European Court of Human Rights and public international law: fragmentation or unity?, 2014; *Hummer,* „Judicial dialogue" zwischen EGMR und nationalen Höchstgerichten – Die neue Gutachtenkompetenz des EGMR im Entwurf des Protokolls Nr. 16 zur EMRK, FS Dauses, 2014, 167; *Schürer,* Der Europäische Gerichtshof für Menschenrechte als Tatsacheninstanz, EuGRZ 2014, 512; *Seibert-Fohr/Villiger* (Hrsg.), Judgements of the European Court of Human Rights – Effects and Implementation, 2014; *Gundel,* Erfolgsmodell Vorabentscheidungsverfahren? Die neue Vorlage zum EGMR nach dem 16. Protokoll zur EMRK und ihr Verhältnis zum EU-Rechtsschutzsystem, EuR 2015, 609; *Jacob,* Der Europäische Gerichtshof für Menschenrechte – Eine aktuelle Bestandsaufnahme von Organisation, Arbeitsweise und Entscheidungsfindung, DVBl. 2015, 61; *Cammareri,* Die Bedeutung der EMRK und der Urteile des EGMR für die nationalen Gerichte, JuS 2016, 791; *Marguénaud,* La Cour européenne des droits de l'homme, 7. Aufl. 2016; *Baade,* Der Europäische Gerichtshof für Menschenrechte als Diskurswächter, 2017; *Zastrow,* Die Rolle des Ministerkomitees bei der Umsetzung der Urteile des Europäischen Gerichtshofs für Menschenrechte, 2018; *Giannopoulos,* L'autorité de la chose interprétée des arrêts de la Cour européenne des Droits de l'homme, 2019; *Hembach,* Die Beschwerde beim EGMR, 2020.

Seit dem 1.11.1998 ist der Menschenrechtsschutz im Sinne der EMRK dem refor- 92
mierten **Europäischen Gerichtshof für Menschenrechte** in Straßburg anvertraut. Die Regelungen über den EGMR finden sich in Art. 19–51 EMRK, die durch das

11. ZP zur EMRK v. 11.5.1994 (BGBl. 1995 II 579) eingefügt wurden. Ergänzend ist das Übereinkommen v. 6.5.1969 über die **Beteiligten** an den EMRK-Verfahren (BGBl. 1977 II 1445) hervorzuheben. Der Gerichtshof hat sich eine **Verfahrensordnung** gegeben (vom 4.11.1998, BGBl. 2002 II 1081).

Vor 1998 musste zunächst die gerichtsähnliche **Europäische Kommission für Menschenrechte** mit den Beschwerden befasst werden. Stellte diese eine Konventionsverletzung fest, konnte sie den Fall dem früheren **Gerichtshof** unterbreiten oder das **Ministerkomitee** entscheiden lassen. Seit den fünfziger Jahren hatte die Kommission Tausende von Entscheidungen erlassen und der Gerichtshof über 500 Urteile gefällt. Die Kommissionsentscheidungen wurden in der Sammlung „Décisions et Rapports" (DR) veröffentlicht, die Urteile des Gerichtshofes in den „Publications de la Cour Européenne des Droits de l'homme/ Série A (= EGMRE).

Seit 1998 hat der neue EGMR eine rege Rechtsprechungstätigkeit entfaltet. Im Jahre 2000 ergingen 695, seit dem Jahre 2005 jährlich meist zwischen 1000 und 2000 Urteile. Jährlich gehen über 60 000 neue Beschwerden ein, von denen jedoch der ganz überwiegende Teil nach Art. 35 Abs. 3 EMRK als unzulässig angesehen wird und von denen auch im Übrigen viele in einem vereinfachten Verfahren durch Beschluss erledigt werden. Die Arbeitsfähigkeit des Gerichtshofes ist durch diese Belastung nachhaltig bedroht. Der „EMRK-Raum" umfasst mittlerweile 800 Millionen Bürger.

a) Organisation des Gerichtshofes

93 Der Europäische Gerichtshof für Menschenrechte (näher *Keller,* DRiZ 2000, 336) ist ein ständiger Gerichtshof (Art. 19 EMRK). Die Zahl der **hauptamtlichen Richter** entspricht derjenigen der EMRK-Staaten (derzeit 47). Sie werden von der Parlamentarischen Versammlung des Europarates auf 9 Jahre auf der Grundlage von Dreier-Vorschlägen der MSen gewählt (Art. 22 EMRK); eine Wiederwahl ist seit 2010 nicht mehr zulässig. Das Plenum des Gerichtshofes wählt den **Präsidenten** (z. Zt. der Isländer *Robert Spano*), die Vizepräsidenten und weitere Leitungsorgane (Art. 25 EMRK). Ein **Kanzler** mit Kanzlei und Mitarbeitern unterstützt den EGMR (Art. 24 EMRK). Das knappe Budget des EGMR ist immer wieder Anlass für Diskussionen mit den MSen (*Engel,* EuGRZ 2006, 328), doch bemüht sich der Europarat um Besserung.

Der Gerichtshof entscheidet regelmäßig in **Kammern** mit 7 Richtern; eindeutige Fälle werden von Ausschüssen mit 3 Richtern entschieden, offensichtlich unzulässige Fälle von einem Einzelrichter abgewiesen. Die **Große Kammer,** mit 17 Richtern besetzt (Art. 26 Abs. 1 EMRK), soll die Einheitlichkeit der Rspr. des Gerichts sichern (Art. 30 EMRK, Art. 24 VerfO). Sie entscheidet in schwerwiegenden Auslegungsfragen über Sachen, die von einer Kammer vor ihrer Entscheidung an sie abgegeben worden sind („Grundsatzvorlage", Art. 72 VerfO). Die Große Kammer ist ferner eine Art **„Zweite Ersatz-Instanz"** innerhalb des einstufigen Gerichtshofes. Hier entscheidet sie über Sachen, die **nach** einem Urteil der Kammer in bestimmten Fällen auf Antrag einer Partei an sie verwiesen werden („Ersatz-Rechtsmittel", Art. 73 VerfO).

b) Zuständigkeiten und Verfahren

94 In der Praxis ausgesprochen seltene (vgl. auch zum EuGH Rz. 13/29) **Staatenbeschwerden** (Art. 33 EMRK, Art. 51, 55ff. VerfO) werden von einer Vertragspartei wegen behaupteter Verletzung der EMRK einschließlich ihrer Protokolle durch eine andere Vertragspartei erhoben. **Individualbeschwerden** (Art. 34f. EMRK, Art. 52ff. VerfO) können von natürlichen Personen sowie nichtstaatlichen Organisationen oder Personengruppen erhoben werden, die behaupten, in den von der EMRK anerkannten Rechten verletzt zu sein; sie sind erst nach Erschöpfung aller innerstaatlichen Rechtsmittel innerhalb von 6 Monaten zulässig; das 15. ZP wird diese Frist auf 4 Monate verkürzen. Bestehen in einem Fall strukturelle Mängel in der Rechtsordnung des beklagten Staates mit der Folge, dass ein Problem viele Personen betrifft, werden – recht weitgehend – auch strukturell wirkende Umsetzungsmaßnahmen gefordert („Piloturteilsverfahren"; EGMR, 22.6.2004, 31443/96, „Broniowski/PL"; dazu *Baumann,* Das Piloturteilsverfahren als Reaktion auf massenhafte Parallelverfahren, 2016). Ferner erstattet der Gerichtshof auf Antrag

des Ministerkomitees **Gutachten** über bestimmte Rechtsfragen der Auslegung der EMRK (Art. 47f. EMRK, Art. 82ff. VerfO). Das von Deutschland bisher nicht ratifizierte, aber für verschiedene andere Vertragsstaaten am 1.8.2018 in Kraft getretene 16. Zusatzprotokoll spricht das Antragsrecht auch nationalen Höchstgerichten zu. Das **Verfahren** vor dem EGMR und seine Arbeitsweise ist im Wesentlichen in den Art. 35ff. EMRK und im Einzelnen in den Art. 19–23 und Art. 31–102 VerfO geregelt.

c) Urteile des EGMR und ihre Folgen

Für die Bedeutung der **Urteile** des EGMR kann an die Ausführungen zum Rechtscharakter der EMRK angeknüpft werden (Rz. 17/33). Völkerrechtlich sind sie für die Vertragsparteien bindend (Art. 42, 44, 46 EMRK, Art. 74ff. VerfO). Im Fall einer Verurteilung ist der Staat daher verpflichtet, das Urteil zu befolgen (zur deutschen Rechtslage BVerfGE 111, 307, „Görgülü" – 2004). Deren Durchführung wird vom Ministerkomitee des Europarates überwacht (Art. 46 Abs. 2 EMRK; dazu etwa EGMR, 6.7.2010, 5980/07, „Öcalan/TR").Eine unmittelbare Wirkung im nationalen Recht entfaltet ein Urteil nicht, doch macht der EGMR manchmal konkrete Vorgaben zu dessen Umsetzung. Die Frage, ob das vorangegangene nationale Gerichtsverfahren (Rz. 17/94) wieder aufzunehmen ist, richtet sich nach nationalem Recht (etwa § 359 Nr. 6 StPO). 95

Gewährt das nationale Recht bei einer Verletzung der EMRK nur unvollkommene Wiedergutmachung, kann der Gerichtshof der verletzten Partei eine **gerechte Entschädigung** zusprechen (Art. 41 EMRK, Art. 75 VerfO) und zwar nicht nur wegen materieller Schäden. Dies wird gleichfalls vom Ministerkomitee überwacht. Spezialfälle regeln Art. 5 Abs. 5 (bei unrechtmäßiger Haft) und Art. 3, 7. ZP (bei Aufhebung eines Strafurteils). Im erstgenannten Fall kann Anspruch auf Schadensersatz auch dann bestehen, wenn das nationale Recht weiterreichende Garantien als die EMRK enthält, da Art. 5 eben auch die strikte Beachtung des (nationalen) Rechts verlangt (BGH, JZ 2006, 1064, mit Anm. *Dörr*). Bei den Entschädigungen handelt es sich oftmals um erhebliche Geldbeträge (z. B. EGMR, 27.9.1999, 33985/96, „Smith and Grady/GB", zum Ausschluss Homosexueller aus der britischen Armee).

d) Die Kontrolle von Unionsrecht durch den EGMR

Literatur: *Schäfer,* Verletzungen der Europäischen *Menschenrechtskonvention* durch Europäisches Gemeinschaftsrecht und dessen Vollzug, 2006; *F. Kirchhof,* Grundrechtsschutz durch europäische und nationale Gerichte, NJW 2011, 3681; *Mittel,* Réflexions sur la notion de protection équivalente des droits fondamentaux, RFDA 2012, 307; *Ryngaert,* Oscillating between Embracing and Avoiding Bosphorus, ELR 2014, 176.

Da an die EMRK nur deren Vertragsstaaten gebunden sind, ist – bis zu einem Beitritt (Rz. 17/38ff.) – die **EU als solche nicht** an die EMRK **gebunden.** Regelungen des EU-Vertragsrechts sind allerdings als Akte der Staaten der Kontrolle durch den EGMR unterworfen (EGMR, 18.2.1999, 24833/94, „Matthews/GB", zum früheren EG-Vertrag). Außerdem müssen die EMRK-**Vertragsstaaten,** wenn sie internationalen Organisationen **Hoheitsrechte übertragen,** dafür sorgen, dass gegenüber Rechtsakten der Organisation ein der EMRK **vergleichbarer,** also nicht zwingend identischer **Grundrechtsschutz** besteht (EGMR, 18.2.1999, 26083/94, „Waite und Kennedy/D"; zur vergleichbaren Position des BVerfG Rz. 10/19ff.). Mit Blick auf die EU vermutet der EGMR, dass diese in verfahrensrechtlicher und materieller Sicht einen der EMRK grundsätzlich gleichwertigen Grundrechtsschutz gewährleistet (EGMR, 30.6.2005, 45036/98, „Bosphorus/IRL). Eine gegen alle MSen gerichtete, 96 auf eine angebliche Menschenrechtsverletzung der EU gestützte Beschwerde ist daher regelmäßig unzulässig. Anderes gilt nur, wenn im Einzelfall dargelegt wird, dass der Grundrechtsschutz der EU offensichtlich unzulänglich („manifestly deficient"/„entachée d'une insuffisance manifeste") ist (weiterführend etwa: *Bröhmer,* EuZW 2006, 71; *Schohe,* EuZW 2006, 33; *Heer-Reissmann,* NJW 2006, 192). Zudem ist bei Missachtung der Vorlagepflicht nach Art. 267 Abs. 3 AEUV die Vermutung in Frage gestellt, doch kontrolliert der EGMR nur, ob die Nichtvorlage überhaupt begründet worden ist (EGMR, 6.2.2013, 12323/11, „Michaud/F"; dazu *Vondung,* EuR 2013, 688; *Indlekofer/Engel,* ZEuS 2015, 75; *Krommendijk,* ELRev 2017, 46).

2. Schutz durch die nationale Verfassungsgerichtsbarkeit

Literatur: *Kischel,* Der unabdingbare grundrechtliche Mindeststandard in der Europäischen Union: Zur Auslegung des Art. 23 Abs. 1 S. 1 GG, Der Staat 2000, 523; *Peters,* The Bananas Decision (2000) of the German Federal Constitutional Court: Towards Reconciliation with the European Court of Justice as Regards Fundamental Rights Protection in Europe, GYBIL 2000, 276; *Hoffmann-Riem,* Kohärenz der Anwendung europäischer und nationaler Grundrechte, EuGRZ 2002, 473; *v. Danwitz,* Grundfragen einer Verfassungsbindung der EU, JZ 2003, 1125; *Nettesheim,* EU-Recht und nationales Verfassungsrecht, EuR-Beiheft 1/2004, 7; *Scholz,* Nationale und europäische Grundrechte – unter besonderer Berücksichtigung der Europäischen Grundrechtecharta, in: Merten/Papier (Hrsg.), Handbuch der Grundrechte in Deutschland und Europa, Bd. 6/2, 2009, 63; *Classen,* Zu wenig, zu fundamentalistisch – zur grundrechtlichen Kontrolle „unionsrechtlich determinierter" nationaler Hoheitsakte, EuR 2016, 304; *Karaosmanoğlu/Ebert,* Einzelfallbezogener Grundrechtsschutz gegen EU-Akte – Abkehr von der Solange-Rechtsprechung?, DVBl 2016, 875; *Klein,* Friedensgrüße aus Luxemburg: Neue Entwicklungen im europäischen Grundrechteverbund, DÖV 2018, 605.

97 Der Schutz der Grundrechte stand lange Zeit – nicht nur in Deutschland – im Mittelpunkt der Auseinandersetzungen um das Verhältnis von nationalem Verfassungsrecht und europäischem Recht. Mittlerweile hat sich allerdings zumeist durchgesetzt, dass nationale Grundrechte allenfalls bei elementarer Gefährdung gegen Unionsrecht in Stellung gebracht werden können. In D ist Maßstab als Teil der Verfassungsidentität die Menschenwürde (näher Rz. 10/4 ff.). Zudem wird gelegentlich die Sorge artikuliert, dass durch einen zu weit ausgreifenden europäischen Grundrechtsschutz die Anwendung des nationalen Grundrechtsschutzes unzulässig beeinträchtigt werden könnte (vgl. Rz. 17/14 f.).

VII. Ausblick

98 Die inzwischen in den Verträgen verankerten, im Übrigen durch die Rechtsprechung des Gerichtshofes aus den gemeinsamen Verfassungsüberlieferungen der MSen und der EMRK entwickelten Unionsgrundrechte sind zu einem **wesentlichen Bestandteil des primären EU-Rechts** geworden. Sie sind eine der großen Errungenschaften der europäischen Integration – und zugleich ein unverzichtbarer Bestandteil. Ein Hoheitsträger der Art, wie es heute die EU ist, wäre schlichtweg illegitim, wenn nicht ein angemessener Grundrechtsschutz gewährleistet würde. Man darf allerdings nicht erwarten, dass die Determinationsdichte, die von den Unionsgrundrechten ausgeht, jenem Grad der Überlagerung und Beeinflussung des politischen Prozesses entspricht, den man in Deutschland beobachten kann. Man sollte sich auch davor hüten, die grundrechtlichen Erwartungen, die an die EU herangetragen werden, einfach eins zu eins aus einer staatlichen Rechtsordnung zu entnehmen. Der EuGH kommt nicht umhin, einen Weg zu gehen, der der Gesamtheit der Erwartungen und Rechtstraditionen von

nunmehr 27 MSen gerecht wird. Insofern ist die vor allem in Deutschland immer wieder zu beobachtende **Enttäuschung und Ungeduld mit vermeintlichen „Defiziten" in der Grundrechtsrechtsprechung des EuGH nicht gerechtfertigt.** Es ist immer auch zu berücksichtigen, dass es ein Gewinn für den politischen Prozess – und damit für die demokratischen Formen der Entscheidung – ist, wenn ein Gericht nicht unter Berufung auf die Grundrechte Korrekturen hoheitlicher Entscheidungen vornimmt.

Zugleich ist in dem Dreieck von EuGH, EGMR und nationalen Verfassungsgerichten **99**
eine deutliche Verdichtung des Austausches, der Interaktion und der gegenseitigen Befruchtung zu beobachten. Die europäischen Gerichte bewegen sich heute in einem rechtskulturellen Umfeld, in dem sich in der **Wechselwirkung der verschiedenen Rechtsordnungen** (von der EMRK bis zu den nationalen Verfassungsordnungen) ein „gemeineuropäischer" Grundrechtsstandard abzeichnet. Der kommunikative Austausch zwischen Richtern der einzelnen Ordnungen sorgt ebenso für eine Verdichtung dieses Umfelds wie der sich verstärkende akademische Austausch. Es erwachsen gegenwärtig „gemeineuropäische" Anschauungen darüber, in welchem **Umfang individuelle Autonomie und individuelle Rechtsgüter** vor Beeinträchtigungen durch hoheitliche Gewalt zu schützen sind. Auch wenn man im Grundsatz davon ausgeht, dass das Nebeneinander verschiedener Regelungsansätze, Wertanschauungen und Lösungswege ein schützenswertes Anliegen („legal pluralism"; vgl. z. B. *McCormick,* MLR 1993 1; *Maduro,* in: Weiler/Wind (Hrsg.), European Constitutionalism Beyond the State, 2003, 74, 97) und mit Blick auf den Prüfungsauftrag von Verfassungsgerichten auch funktional gerechtfertigt ist (*Nettesheim,* FS Isensee, 2007, 733), ist doch gerade im Grundrechtsbereich eine bemerkenswerte Befruchtung und ein erstaunliches **Zusammenwachsen der Rechtskulturen** zu beobachten. Das kulturelle Selbstverständnis ist nicht Grenze des Rechts, wohl aber ein hervorragendes Datum in dessen Operationslogik (*Volkmann,* in: Dreier/Hilgendorf (Hrsg.), Kulturelle Identität, 2008, 245). Dabei handelt es sich um Wechselwirkungen, die in gleicher Weise von den staatlichen Ordnungen ausgehen wie von der EU-Ordnung. So hat die seit den fünfziger Jahren immer weiter fortentwickelte und verfeinerte Rechtsprechung inzwischen Ansätze eines **gesamteuropäischen Menschenrechtsstandards** etabliert.

5. Teil. Wirtschaftsordnung der Europäischen Union

§ 18. Wirtschaftsverfassung und Wirtschaftspolitik

Literatur: *Mestmäcker,* Wirtschaft und Verfassung in der EU, 2. Aufl. 2006; *Müller-Graff,* Das wirtschaftsverfassungsrechtliche Profil der EU nach Lissabon, in: Fastenrath/Nowak (Hrsg.), Der Lissabonner Reformvertrag, 2009, 173; *Potacs/Kersten,* Herstellung von Wettbewerb als Verwaltungsaufgabe, VVDStRL 2010, 254/288; *Mestmäcker,* Die Wirtschaftsverfassung der EU im globalen Systemwettbewerb, 2011; *Säcker,* Die Konvergenz von unionsrechtlicher und mitgliedstaatlicher Verfassung der Wirtschaft gemäß der Zielvorgabe in Art. 3 Abs. 3 EUV, FS Roth, 2011, 671; *Kaupa,* The Pluralist Character of the European Economic Constitution, 2016; *Behrens,* Europäisches Marktöffnungs- und Wettbewerbsrecht, 2017; *Beukers* u. a. (Hrsg.), Constitutional Change through Euro-Crisis Law, 2017; *Amtenbrink/Herrmann* (Hrsg.), EU Law of Economic & Monetary Union, 2020; *Müller-Graff* (Hrsg.), Europäisches Binnenmarkt- und Wirtschaftsordnungsrecht, EnzEuR IV, 2. Aufl. 2021.

I. Die Diskussion um die Wirtschaftsverfassung der EU

1 Der Vertrag von Lissabon hat die Zielhierarchie der europäischen Integration umgestellt. Vor seinem Inkrafttreten stand im Zielkatalog der Art. 2, 3 EGV die **wirtschaftliche Integration im Vordergrund.** Die Integrationsziele (u. a. „harmonische, ausgewogene und nachhaltige Entwicklung des Wirtschaftslebens, hohes Beschäftigungsniveau, hohes Maß an sozialem Schutz") sollten an vorderster Stelle durch die Errichtung eines Gemeinsamen Marktes und durch eine Wirtschafts- und Währungsunion verwirklicht werden. Der Vertrag gab der EU so eine **recht eindeutige Integrationsteleologie** vor. Inhaltlich war man sich einig, dass die Ziele vor allem durch Marktöffnung und Liberalisierung verfolgt werden sollten. Der Lissabon-Vertrag hat diesen Regelungsansatz in doppelter Weise relativiert. Die Tiefendimension der Integration wird inzwischen durch (deontologische) Wertsetzungen (Art. 2 EUV) gebildet; der Weg der Integration wird so vertraglich geöffnet und **politischer Entscheidung** überantwortet. Ferner benennt Art. 3 Abs. 2 EUV als erstes konkretes Ziel heute die Errichtung des offenen Raums der Freiheit, der Sicherheit und des Rechts. Der Binnenmarkt wird erst in Art. 3 Abs. 3 EUV erwähnt – in Verbindung mit einer Vielzahl weiterer Ziele. Die bislang prominent in Art. 4 EGV ausgesprochene Verpflichtung auf den Grundsatz einer „offenen Marktwirtschaft mit freiem Wettbewerb" ist in den Tiefen des Vertrags (Art. 119, 120 AEUV) und einem Protokoll versteckt worden. Politisch sind schließlich interventionistisch-protektionistische Positionen im Vordringen – gerade vor dem Hintergrund des Aufkommens Chinas als einem strategischen Rivalen. Vielfach wird heute die „strategische Autonomie" der EU eingefordert – ein unklares und ambivalentes Konzept, das von dirigistischen Positionen gekapert werden kann. Diese Umstellungen haben viele Gründe. Gelegentlich macht sich politisches Bemühen bemerkbar, von der vermeintlich kalten und unsozialen Betonung des Ökonomischen wegzukommen und so den Zuspruch der Bürger für die Integration zu steigern. Vielfach wird die EU heute als staatsähnliches Gebilde angesehen, das für die in ihr lebenden Menschen und Unternehmen eine Gesamtverantwortung trage. Vermehrt wird schließlich der EU die Aufgabe zugewiesen, als „global player" Interessen nach außen zu entwickeln und zu vertreten. Die Gefahr besteht allerdings, dass übermäßiger Dirigismus mehr Schaden als Nutzen anrichtet.

Aus rechtlicher Perspektive sind die beschriebenen vertraglichen Umstellungen allerdings von geringer Bedeutung. Die **normative Direktionskraft der Zielbestimmungen** war immer schon vernachlässigbar – auch wenn sie vielfach rechtswissenschaftlich untersucht und in ihrer Tragweite gedeutet wurden (*Reimer,* EuR 2003, 992; *Kotzur,* DÖV 2005, 313; *Plecher-Hochstraßer,* Zielbestimmungen im Mehrebenensystem, 2006). Umstellungen und Neuformulierungen haben im politischen Prozess oder in der Rechtsprechung des EuGH nur geringe Spuren hinterlassen. 2

Angesichts der Bedeutung, die die markt- und wirtschaftsbezogenen Kompetenzen haben, kann es nicht verwundern, dass die in der deutschen (ordnungs-)politischen Diskussion so wichtige Frage nach der **Charakterisierung der „Wirtschaftsverfassung"** auch im (vorwiegend deutschen) europarechtlichen Schrifttum eine hervorgehobene Rolle spielt. Dabei sind **drei Ebenen der Diskussion** zu unterscheiden: 3

Die Diskussion dreht sich auf einer ersten Ebene um die Beschreibung der Inhalte, die den politisch handelnden Organen in ordnungspolitischer Hinsicht vom Vertrag vorgegeben werden. Aus dieser **deskriptiv-analytischen Perspektive** ist nicht nur zu betonen, dass sich im Text der Verträge in einem erstaunlichen, so im nationalen Verfassungsrecht unbekannten Umfang Bekenntnisse zu offenen Märkten (vgl. Art. 26 AEUV), zum freien Wettbewerb und zum ökonomischen Nutzen der Marktwirtschaft finden. Im Vertrag ist zudem eine Vielzahl von Kompetenzen und Regelungen enthalten, die der Verwirklichung dieser Ziele dienen. Zu denken ist etwa an die Binnenmarktkompetenz (Art. 114 AEUV, Rz. 32/8 ff.), an die wettbewerbsrechtlichen Zuständigkeiten der Kommission (Rz. 12/9, 20/45 ff., 21/27 ff.), aber auch an die vom EuGH auf der Grundlage der Grundfreiheiten vorangetriebene Liberalisierung (Rz. 22/1). Die Analyse ergibt zugleich, dass sich das Vertragsrecht durch ein auffälliges und eigentümliches Zusammenspiel von Politikbereichen auszeichnet, in denen es um die Marktöffnung geht, von Bereichen, in denen die EU aus sozial-, umwelt- oder industriepolitischen Gründen interveniert, und von Bereichen, in denen marktferne Strukturen errichtet worden sind. Das Vertragsrecht ist insofern fragmentiert; es lässt klar erkennen, dass sich im Kreis der Mitgliedstaaten kein Konsens findet, dass die Idee von offenen Märkten und freiem Wettbewerb als allgemeines und durchgängiges Leitbild des europäischen Integrationsprozesses dienen soll. Die Wirtschaftsverfassung der EU weist eine Mischung aus **marktwirtschaftlich/freiheitlichen** („liberalen") und **interventionistischen** („dirigistischen") Elementen auf. Besonders greifbar ist der Dirigismus in der Agrarpolitik (Rz. 24/19 ff.). 4

Die Diskussion dreht sich auf einer zweiten Ebene um die Frage, inwieweit sich im EU-Recht **ordnungspolitische Vorstellungen – im Sinne einer politischen Klugheitslehre** – niedergeschlagen haben. Mit Blick auf die Sicherung von individueller Autonomie und allgemeiner Wohlfahrt gibt es gute Gründe, dem politischen Prozess ordnungsökonomische Fesseln anzulegen. Diese Fesseln verhindern, dass sich im politischen Prozess partikuläre Interessen durchsetzen, die auf Entscheidungen abzielen, die nicht im Gesamtinteresse liegen. Im EU-Recht finden sich eine **Vielzahl** der **Regelungsideen, die eine marktwirtschaftliche Wirtschaftsverfassung** kennzeichnen (Privatautonomie, Handlungsfreiheit, Eigentum, Tauschmechanismen etc.) und die für die Realisierung einer liberalen Ordnung erforderlich sind. In den Verträgen drückt sich ein gehöriges Maß an ordnungspolitischer Vernunft aus – sei es, indem das Vertragsrecht unmittelbare subjektive Rechte gewährt, sei es, indem Eingriffe in den 5

Marktmechanismus seitens des Staats (z. B. Art. 107 AEUV) oder seitens der Unternehmen (z. B. Art. 101 f. AEUV) verhindert oder jedenfalls auf ihre Verhältnismäßigkeit überprüft werden, sei es, indem mit einer stabilen Währung ein Instrument zur „Wertspeicherung" geschaffen wird. Die **Eigentumsordnung,** neuralgischer Punkt jeder Wirtschaftsverfassung, verbleibt grundsätzlich in nationaler Verantwortung (Art. 345 AEUV). Wer sich dieser Perspektive genauer widmet, wird allerdings nicht umhinkommen festzustellen, dass sich derartige Klugheitserwägungen im Vertrag nicht ungebrochen und unmittelbar niederschlagen. Es findet sich eine ähnliche Mischung aus liberalen Anschauungen, Interventionismus und Protektionismus wie in den meisten staatlichen Ordnungen.

6 Die Diskussion um die Wirtschaftsverfassung der EU dreht sich – auf einer dritten Ebene – um die Frage, inwieweit sich aus den ordnungspolitischen Überlegungen Aussagen für die **Interpretation des konkreten Primärrechts** gewinnen lassen. Der Rechtsprechung des EuGH lässt sich entnehmen, dass derartigen Aussagen keinesfalls entscheidende Bedeutung zukommt. In einem grundlegenden Urteil vom 3.10.2000 stellte er fest, dass die Artikel, „die sich auf die Wirtschaftspolitik beziehen, die im Einklang mit dem Grundsatz einer offenen Marktwirtschaft mit freiem Wettbewerb stehen muß, ... keine Bestimmungen [enthalten], die den Mitgliedstaaten klare und unbedingte Verpflichtungen auferlegen, auf die sich die Einzelnen vor den nationalen Gerichten berufen können. Es handelt sich dabei nämlich um einen allgemeinen Grundsatz, dessen Anwendung komplexe wirtschaftliche Beurteilungen erfordert, die in die Zuständigkeit des Gesetzgebers oder der nationalen Verwaltung fallen." (EuGH, Rs. C-9/99, „Échirolles", Rn. 25). Der EuGH gibt damit klar zu erkennen, dass sich den diesbezüglichen Aussagen (man wird sie auf andere Zielsetzungen mit ordnungspolitischer Programmatik übertragen können) **jedenfalls keine subjektiven Rechte** entnehmen lassen. Über die „objektive" Verpflichtungswirkung, die etwa in einem Normenkontrollverfahren nach Art. 263 Abs. 1 AEUV eingefordert werden könnte, ist damit zunächst noch nichts gesagt. Die Betonung des EuGH, dass es sich lediglich um einen „Grundsatz" handele, lässt es allerdings wenig wahrscheinlich erscheinen, dass der EuGH sich unter Berufung auf derartige Aussagen im Vertrag dazu entschließen könnte, einen Akt der EU-Organe aufzuheben. Man muss dies so deutlich hervorheben, weil sich in vielen Äußerungen zur „Wirtschaftsverfassung" der EU die Tendenz äußert, politische Klugheit eins zu eins zum Ergebnis rechtlicher Interpretation zu machen und hieraus dann *rechtlich zwingende* Grenzen (*Mestmäcker,* FS Willgerodt, 1994, 263) abzuleiten.

II. Die Fragmentiertheit der Wirtschaftsordnung

7 Vor diesem Hintergrund ergibt der Versuch einer Beschreibung der EU-Wirtschaftsverfassung ein **ambivalentes Bild. Liberalität und Marktorientierung der Unionsgewalt** sind in den verschiedenen Wirtschaftsbereichen sehr unterschiedlich ausgeprägt. Dies wird deutlich, wenn man die verschiedenen Aktionsfelder einander gegenüberstellt. Dabei ergeben sich nicht nur erhebliche Unterschiede zwischen jenen Bereichen, in denen die EU die Wirtschaftsordnung der MSen reguliert, und den Maßstäben und Handlungsdirektiven, an denen sie sich bei eigenen Maßnahmen der Wirtschaftspolitik orientiert. Ebenso lassen sich **erhebliche Differenzen** zwischen den Bereichen einer umfassenden Unionsaktion (z. B. Gemeinsame Agrar-, Wettbewerbs-

und Handelspolitik) und solchen Bereichen aufzeigen, in denen die EU begrenzte und z. T. nicht voll ausgenutzte Befugnisse hat (z. B. Steuerpolitik, Energiepolitik, Verkehrsbereich).

1. Die Verfassung des Binnenmarktes

Ein Grundziel der Verträge ist **die Herstellung eines „Binnenmarktes".** Dabei handelt es sich um einen im Kern freien und nach innen offenen europäischen Wirtschaftsraum (Art. 3 Abs. 3 EUV) (*Grabitz,* FS Steindorff, 1990, 1229; *Nowak,* EuR-Beiheft 1/2009, 129). Die EU-Politik ist damit im Anwendungsbereich der Verpflichtung des Ziels von Art. 26 AEUV grundsätzlich liberal ausgerichtet (so auch Protokoll Nr. 27 zum Lissabon-Vertrag). Das vertragliche „Programm" zielt insofern primär auf die Herstellung und Bewahrung einer grundsätzlich freien, dem **„Wettbewerbsprinzip"** verpflichteten Ordnung (Art. 119 Abs. 1 AEUV). Den EU-Organen ist die Aufgabe gestellt, einen pan-europäischen Markt zu errichten und zu ordnen. Insofern ruht die EU-Wirtschaftsverfassung, wie auch der EuGH bestätigt hat (EuGH, 17.12.1970, Rs. 11/70, „Internationale Handelsgesellschaft"), auf marktwirtschaftlichen Grundlagen. Dies drückt sich im Einzelnen dann dadurch aus, dass die Verträge in wichtigen Sektoren von der Vorstellung der **„Liberalisierung"** im Sinne eines vom Grundsatz des redlichen Wettbewerbs (Präambel AEUV) beherrschten Wirtschaftsaustausches ausgehen. Man muss sich allerdings immer vor Augen halten, dass mit diesen Vorschriften gerade nicht eine umfassende *Gesamtentscheidung* zugunsten einer marktwirtschaftlichen Wirtschaftsordnung verbunden ist. Die EU kann einen Markt nicht errichten, ohne ihn zu regulieren – die Grenze zwischen Freisetzung und Ordnung ist fließend. Den Mitgliedstaaten sind weitreichende Gegen-Rechte eingeräumt, vermittels derer sie Beschränkungen der Freiheiten aus politischen Gründen rechtfertigen können (Rz. 22/11 f.). Der EU-Normgeber zielt immer wieder auf regulatorische Beschränkungen ab (z. B. Entsenderecht, Recht der ausländischen Direktinvestitionen). 8

2. Gestaltende Politik der EU – zwischen Liberalität und Interventionismus

Schon der Binnenmarktauftrag ist damit nicht libertären Charakters. Zwar soll die Grundkompetenz zur Rechtsangleichung im Binnenmarkt (Art. 114 AEUV) zur Verwirklichung der Ziele des Art. 26 AEUV dienen. In der **Praxis** verwendet die EU diese Kompetenz allerdings nicht ausschließlich dazu, um liberalisierende („negative") Integration voranzutreiben. Gewiss gibt es diese Bereiche – etwa im Bereich der Öffnung der staatlichen Beschaffungsmärkte. Vielfach wird die Kompetenz aber auch für marktschließende Maßnahmen verwandt (krit. *Classen,* EuZW 2015, 854; vgl. auch Rz. 32/9). Die sekundärrechtlichen Maßnahmen, die die EU zur Verwirklichung des Binnenmarktes ergreift, enthalten insofern **keinesfalls immer das Liberalisierungsoptimum** (z. B. Dienstleistungsrichtlinie, Rz. 25/23; *Klamert,* EuZW 2015, 265). Teilweise sind sie, wie etwa im Tabakwerberecht, sogar aus gesundheitspolitischen Gründen explizit paternalistisch. Während der EuGH auf der einen Seite betont hat, dass die Binnenmarktkompetenz nach Art. 114 AEUV keine Maßnahmen trägt, die nicht der liberalisierenden Rechtsvereinheitlichung dienen (EuGH, 5.10.2000, Rs. C-376/98, „Deutschland/EP und Rat"; hier ging es um ein generalklauselartiges Verbot), hat er wenige Jahre später den Erlass einer Richtlinie, die den Markt für Werbedienstleistungen aus Gesundheitsgründen erheblich einschränkt, gebilligt (EuGH, 12.12.2006, Rs. C-380/03, „Deutschland/EP und Rat"; siehe auch Rz. 32/9f. und 9

33/65). Ähnliche Beobachtungen lassen sich auch auf anderen **politischen Gebieten** (etwa des Umweltschutzes, dem Sicherheitsrecht etc.) machen.

10 Neben dem Binnenmarkt existieren viele Felder, in denen sich die EU-Politik als deutlich weniger liberal, ja schon im Grundansatz als interventionistisch darstellt. Ein lenkender Anspruch steht etwa hinter den Maßnahmen der EU-Forschungs- und Technologiepolitik, Industrie- und Regionalpolitik (Art. 179, 173, 174 AEUV): Hier greifen die EU-Organe zwar mit einer eigenen Agenda in die Ordnungsstrukturen ein, die die Mitgliedstaaten in den einzelnen Bereichen errichtet haben, ersetzen und verdrängen diese aber nicht. Ebenso ist die – allerdings weithin den MSen verbleibende – Sozialpolitik legitimer Gegenstand der Unionsbetätigung (Art. 151 AEUV; unten Rz. 29/1 ff.). Die in Amsterdam 1997 eingeführte Beschäftigungspolitik (Art. 145 AEUV, Rz. 29/20) überlagert ebenfalls einen marktwirtschaftlichen Ansatz. Auch hier gibt es nicht „den" Typ politischer Herangehensweise; vielmehr kommt es aufgrund kollidierender Zielsetzungen und Vorstellungen der beteiligten gesellschaftlichen Kreise und mitgliedstaatlichen Akteure häufig zu **Kompromissen,** die mal eher in die eine, mal eher in die andere Richtung tendieren. Beispielsweise wird in der Anwendung des Wettbewerbsrechts inzwischen auf das Funktionieren öffentlicher Dienstleistungen Rücksicht genommen (Art. 14, 106 Abs. 2 AEUV: Daseinsvorsorge). Es ergibt sich so das Gesamtbild einer „gemischten" Ordnung (*Steindorff,* ZHR 2000, 223).

11 Schließlich finden sich deutlich interventionistische Regime in jenen Bereichen, in denen die EU selbst Ordnungsstrukturen, Fonds oder sonstige Verwaltungen errichtet – etwa im Bereich der Kernenergie, der Landwirtschaft oder der Fonds, teilweise auch des Außenwirtschaftsrechts (Art. 38, 174, 206 AEUV). Hier enthalten die Verträge nähere Zielsetzungen für die als selbstverständlich vorausgesetzte **öffentliche Intervention;** im übrigen werden die Politikziele der Intervention von den EU-Organen festgelegt. Ein Beispiel, in dem sich der Hang zu ordnungspolitisch kaum zu rechtfertigender, aus politischer Sicht aber leicht erklärbarer Interventions- und Subventionspolitik zeigt, bildet auch der **Europäische Fonds für die Anpassung an die Globalisierung** (VO 1309/2013, ABl. L 347/855; vgl. auch Rz. 29/22). Der im Rahmen von **„Next Generation Europe"** geplante „Covid-19"-Aufbau- und Resilienzfazilität (COM(2020) 408 final) wird Geld nur für konkret bewertete Vorhaben zur Verfügung stellen: Auch hier finden sich Elemente europäischer Intervention – zu Recht, denn es geht um europäische Gelder. Inzwischen zeichnet sich auch eine **Politisierung der Währungsunion** ab. Zwar sind die institutionellen Strukturen und die Rolle der EZB bewusst so ausgestaltet, dass eine politische Einflussnahme in möglichst weitgehendem Umfang ausgeschaltet werden soll. Die jüngeren Programme zum Ankauf von mitgliedstaatlichen Staatsanleihen sind aber offensichtlich steuernder Natur, auch wenn sie sich nach Auffassung des EuGH noch im Rahmen des Mandats der EZB bewegen (EuGH, 16.6.2015, Rs. C-62/14, „Gauweiler"; EuGH, 11.12.2018, Rs. C-493/17, „Weiss"; anders BVerfG, 5.5.2020, 2 BvR 859/15, „PSPP"). Inzwischen wird allgemein über ein „greening" der EZB-Politiken nachgedacht. Auch in der allgemeinen Wirtschaftspolitik (insbes. Konjunkturpolitik, mittelfristige Wirtschaftspolitik, Währungspolitik), in der die EU-Organe mit den MSen zusammenarbeiten, zeigt sich der Grundansatz **staatlicher Globalsteuerung des Wirtschaftsgeschehens** (Art. 120 ff., 127 AEUV) (näher unten Rz. 18/17).

Häufig findet sich die Einschätzung, die Wirtschaftsverfassung der EU sei zwar nicht als offen oder „neutral" im Sinne eines rechtlichen Rahmens für beliebige Wirtschaftssysteme zu umschreiben. Gleichwohl sei in beinahe allen Vertragsbereichen in der einen oder anderen Form die Möglichkeit des Eingriffes der Unionsgewalt gegeben. 12

III. Allgemeine Wirtschaftspolitik der EU

Literatur: *Wohlgemuth,* Europäische Ordnungspolitik, FDO 2008/5; *Frenz/Ehlenz,* Europäische Wirtschaftspolitik nach Lissabon, GewArch. 2010, 329; *McCann,* The Political Economy of the EU, 2010; *Ribhegge,* Europäische Wirtschafts- und Sozialpolitik, 2. Aufl. 2011; *Adams* u. a. (Hrsg.), The Constitutionalization of European Budgetary Constraints, 2014; *Brunkhorst* u. a. (Hrsg.), Europe at a Crossroad – From Currency Union to Political and Economic Governance?, 2015; *Ziekow,* Öffentliches Wirtschaftsrecht, 5. Aufl. 2020; *Becker,* Eine europäische Wirtschaftspolitik im Werden, SWP-Studie 16/2020; *Calliess/Dross,* Umwelt- und Klimaschutz als integraler Bestandteil der Wirtschaftspolitik, ZUR 2020, 456.

Zu den Zielen der EU gehört seit dem Maastrichter EUV 1992 die **Errichtung einer Wirtschafts- und Währungsunion** auf der Grundlage des Binnenmarktes und der Verfolgung der einzelnen gemeinsamen Politiken und Maßnahmen (Art. 119 AEUV). Der AEUV umreißt die Teilbereiche der Wirtschaftspolitik, für die die EU zuständig ist. Von Bedeutung sind *sektorspezifisch* etwa die Währungspolitik, die Strukturpolitik (Regionalpolitik) mit Verteilungspolitik (Kohäsionspolitik), zudem Politikbereiche wie die Agrar-, Beschäftigungs-, Energie-, Verkehrs-, Industrie-, Bildungs- und Forschungs- und Technologiepolitik. Die sektorübergreifende (allgemeine) Wirtschaftspolitik ist nicht vergemeinschaftet worden. Art. 121 Abs. 1 AEUV spricht davon, dass die MSen ihre Wirtschaftspolitik als Angelegenheit von gemeinsamem Interesse ansehen und im Rat koordinieren. Dabei ging es im letzten Jahrzehnt des vergangenen Jahrtausends vor allem um Fragen der Konvergenz. Der 1999 erfolgte Übergang zur Europäischen Währungsunion (EWU) sollte von einem **„hohen Grad an dauerhafter Konvergenz"** der nationalen Wirtschafts- und Haushaltspolitiken begleitet werden (Art. 121 Abs. 1 EGV iVm dem Protokoll über die Konvergenzkriterien). Die diesbezüglichen Erwartungen sind zunächst enttäuscht worden: Die Wettbewerbsfähigkeit der Mitgliedstaaten entwickelte sich auseinander, an der fiskalpolitischen Nachhaltigkeit der Politik mangelte es in beinahe allen MSen. Unter dem Einfluss der „Lissabon-Strategie 2010" und nach dem Eintritt in die 3. Stufe der Währungsunion wandte sich die Aufmerksamkeit ab 2000 dem Ziel der Wachstums- und Effizienzsteigerung zu, ohne dass allerdings durchschlagende Erfolge erzielt werden konnten. Mit dem Ausbruch der Staatsschuldenkrise 2010 rückten **Fragen der Konvergenz und haushaltspolitischen Stabilität** in den Vordergrund. Dabei kam es zu einem starken Ausbau der unionspolitischen Steuerung. Der Wortlaut von Art. 121 Abs. 1 AEUV gibt das Bild heute unvollständig wieder. Inzwischen betrachtet die EU die Koordinierung der (allgemeinen) Wirtschaftspolitik als **ihre supranationale Angelegenheit.** Der **diskretionäre Spielraum** wächst dabei an. 13

Die EU hat ihre wirtschaftspolitischen Verantwortlichkeiten vor einem Hintergrund zu formulieren, der sich durch große und eher zunehmende Heterogenität auszeichnet. In einer Reihe von Mitgliedstaaten herrschen schon seit längerem **strukturelle Faktoren,** die wachstumsbremsende Wirkung haben, zu den teilweise erheblichen Differenzen zwischen den MSen beitragen und im globalen Zusammenhang Sorgen bereiten. Hierfür sind etwa Wettbewerbsdefizite auf Güter-, Dienstleistungs- und Arbeitsmärkten, Verkrustungen der Lohn- und Preismechanismen, eine übermäßige Belastung durch soziale Sicherungssysteme, öffentliche Verwaltung und Steuern verantwortlich. Die Einführung einer einheitlichen Währung hat den Anpassungsspielraum der betroffenen MSen beschnitten: Die **Vergemeinschaftung der Wäh-** 14

rungspolitik wirkt für die MSen wie ein „Goldstandard", der ihnen eine eigenständige Zins- und Wechselkurspolitik unmöglich macht. Manche wollen die Wachstumsschwäche vor allem dadurch angehen, dass in den betroffenen MSen Strukturreformen ergriffen werden und Liberalisierung erfolgt. Andere sehen die Notwendigkeit, durch punktuelle Transfers Wachstumsimpulse zu setzen. Wieder andere fordern auf der Grundlage der Idee der Solidarität dauerhafte Transfers („Finanzausgleich") (zur aktuellen Reform: Rz. 8/4, 8/53). Erforderlich ist es jedenfalls, die Regelungen des Stabilitäts- und Wachstumspakts (unten Rz. 18/21) wachstumsangemessen anzuwenden und durch eine geeignete Geldpolitik der EZB (unten Rz. 19/25ff.) zu flankieren.

1. Die Koordinierung der Wirtschaftspolitik der Mitgliedstaaten

15 Als **allgemeine Wirtschaftspolitik** kann die Gesamtheit der unspezifischen Maßnahmen zur Steuerung von Wirtschaftsprozess, Wirtschaftsstruktur und Wirtschaftsordnung verstanden werden. Die diesbezügliche Zuständigkeit liegt nach der Vertragskonzeption im Wesentlichen bei den **Mitgliedstaaten** (Art. 3 EUV, Art. 121 AEUV). Der AEUV räumt den EU-Organen Koordinierungsmöglichkeiten ein, in denen die mitgliedstaatliche Politik abgestimmt werden soll (Art. 121 Abs. 3 AEUV). Art. 120ff. AEUV enthalten eine umfängliche Prozedur, wie mittels einer „multilateralen Überwachung" durch die Union die dauerhafte Konvergenz der mitgliedstaatlichen Wirtschaftspolitiken erreicht werden soll. Dabei spielen unionsrechtliche Gebote und Verbote eine besondere Rolle, welche **„gesunde öffentliche Finanzen"** (Art. 119 Abs. 3 AEUV) gewährleisten sollen. Die Steuerungs- und Koordinationsdichte hat sich im Zuge der Finanzkrise deutlich erhöht. Die beteiligten Institutionen agieren in einem Rahmen, in dem vor allem das Ziel der Herstellung und Bewahrung des **Binnenmarktes** und der Durchführung der **Währungsunion** Zwänge in Richtung stärkerer Vergemeinschaftung der nationalen Wirtschaftspolitik („Konvergenz" durch Koordinierung) ausüben. Dabei geht es vor allem um die Haushaltspolitik und das Wachstum.

16 Art. 119 AEUV umschreibt wortreich dieses Doppelziel einer harmonischen und ausgewogenen Entwicklung des Wirtschaftslebens innerhalb der Union sowie der Einführung einer einheitlichen Währung. Dabei wird das Leitbild einer **„offenen Marktwirtschaft mit freiem Wettbewerb"** definiert und es werden hierfür **„richtungweisende Grundsätze"** aufgestellt (stabile Preise, gesunde öffentliche Finanzen und monetäre Rahmenbedingungen sowie eine tragfähige Zahlungsbilanz). Zur Durchführung der gemeinschaftlichen Wirtschaftspolitik wird in Art. 121 AEUV ein – in seiner Reichweite und Wirksamkeit allerdings begrenztes – **Instrumentarium** bereitgestellt. Eine weitergehende fiskal- und haushaltspolitische Koordinierung erfolgt in den Art. 122ff. AEUV. Im Gegensatz zu der vollständigen Vergemeinschaftung der Währungspolitik sieht der AEUV **für die Wirtschaftspolitik nur einen vergleichsweise niedrigen Grad der Vergemeinschaftung vor** und belässt sie vorläufig weithin unter der nationalen Verantwortung der MSen.

17 Die Koordinierung der Wirtschaftspolitik erfolgt nach dem AEUV durch eine **„multilaterale Überwachung"** (Art. 121 Abs. 3 AEUV). Der AEUV bleibt hinsichtlich der Form unspezifisch. Rechtliche Bindung ist nicht vorgesehen, wohl aber politischer Druck („peer pressure"). Den heutigen Hintergrund bildet noch immer die Wachstumsstrategie „Europa 2020" (KOM(2010) 2020 endg.). An die Seite von Leitlinien mit mehrjähriger Geltung (vgl. Empfehlung 2015/1184 des Rates über die Grundzüge der Wirtschaftspolitik der MSen und der Union, ABl. L 192/27) treten länderspezifische Empfehlungen mit kurzer Laufzeit. Ferner ergehen Beschlüsse über Leitlinien für beschäftigungspolitische Maßnahmen der Mitgliedstaaten (Ratsbeschl.

2020/1512, ABl. L 344/22 Rz. 29/21). Seit 2010 erfolgt die Überwachung im Rahmen des „Europäischen Semesters". Sie ist darauf angelegt, in integrierter Form eine umfassende und übergreifende Analyse der verschiedenen Politikfelder vorzunehmen. Die im Vertrag getroffenen Vorgaben werden inzwischen **sekundärrechtlich** deutlich präzisiert. Der inhaltliche Rahmen der Koordinierung erfuhr eine deutliche Ausweitung und erstreckt sich inzwischen auch auf die **Erfassung makroökonomischer Ungleichgewichte** (VO 1176/2011 über die Vermeidung und Korrektur makroökonomischer Ungleichgewichte, ABl. L 306/25; VO 1174/2011 über Durchsetzungsmaßnahmen zur Korrektur übermäßiger makroökonomischer Ungleichgewichte im Euro-Währungsgebiet, ABl. L 306/8). Die Maßnahmen zielen u. a. auf eine Konsolidierung der öffentlichen Finanzen, die Beseitigung makroökonomischer Ungleichgewichte, die Optimierung von Forschung, Entwicklung und Innovation und die Verbesserung der Ressourcenallokation ab. Sie sind weiterhin eher unbestimmt und unspezifisch gehalten, so dass konkrete Schlussfolgerungen nicht gezogen werden können. Bei der Entwicklung dieser Strategien spielt der EuRat eine zentrale Rolle. Dies macht die hochpolitische Natur unionaler Steuerung der mitgliedstaatlichen Wirtschaftspolitik deutlich. Das Verfahren der europäischen Koordinierung der mitgliedstaatlichen **Wirtschaftspolitiken** gemäß Art. 121 AEUV ist im Wesentlichen **„weich" ausgestaltet,** d. h. unter Schonung der nationalen Zuständigkeiten. Das Ansinnen der EU-Organe, sich stärker einzumischen, stößt in den MSen teils auf erheblichen Widerstand.

Die **Überwachung der wirtschaftspolitischen Entwicklung** in den MSen erfolgt 18
durch den Rat, wiederum auf der Grundlage von Berichten der KOM. Der Rat verabschiedet mit Blick auf die MSen spezifische Politikempfehlungen (Art. 121 Abs. 4 AEUV). Er formuliert Fristen, innerhalb derer die MSen **Korrekturmaßnahmenpläne (CAP)** einreichen müssen. Der Rat reagiert mit einer missbilligenden Empfehlung, wenn der eingereichte Plan als unzureichend erachtet wird, und setzt eine neue Frist. MSen, die nicht Mitglied der Eurozone sind, können nicht sanktioniert werden. Demgegenüber können gegen EURO-MSen Geldbußen verhängt werden, wenn sie wiederholt unzureichende Korrekturmaßnahmenpläne einreichen oder die ergriffenen Korrekturmaßnahmen nicht ausreichen. Der Rat kann von einem MS verlangen, eine **verzinsliche Einlage** zu hinterlegen. Werden dann immer noch keine Korrekturmaßnahmen ergriffen, kann die Einlage in eine **Geldstrafe** umgewandelt werden. Die verzinsliche Einlage oder Geldstrafe beläuft sich auf bis zu 0,1 % des BIP des MS.

Der Vertrag macht den MSen unmittelbare **wirtschaftspolitische Vorgaben** in Art. 123–126 AEUV. Die 19
Verbote definieren den Rahmen, innerhalb dessen die Mitgliedstaaten ihre allgemeine Wirtschaftspolitik durchführen müssen. Es handelt sich um justiziable Vorgaben, die mit einem Vertragsverletzungsverfahren (Art. 258 AEUV) durchgesetzt werden können: Verbot der monetären Finanzierung (Finanzierung von Haushaltsdefiziten über die Banknotenpresse); Verbot eines bevorrechtigten Zugangs zu den Finanzinstituten (EU und MSen müssen sich als „normale Schuldner" ohne Vorrechte gerieren); Ausschluss der Haftungsübernahme der EU oder anderer MSen für einen MS in Schwierigkeiten; Verbot übermäßiger öffentlicher Defizite (Haushaltsdisziplin).

2. Die Stärkung der fiskal- und haushaltspolitischen Disziplin

Literatur: *Hentschelmann,* Der Stabilitäts- und Wachstumspakt, 2009; *Häde,* Die Wirtschafts- und Währungsunion im Vertrag von Lissabon, EuR 2009, 200; *Häde,* Haushaltsdisziplin und Solidarität im Zeichen der Finanzkrise, EuZW 2009, 399; *Pilz/Dittmann,* Perspektiven des Stabilitäts- und Wachstumspakts, ZEuS 2012, 53; *Obwexer,* Das System der „Europäischen Wirtschaftsregierung" und die Rechtsnatur ihrer Teile, ZöR 2012, 209; *Rödl/Bast,* Jenseits der Koordinierung?, EuGRZ 2012, 269; *Schäfer,* Der Fiskalvertrag – ein Ausdruck deutscher Hegemonie in der EU?, integr. 2013, 107; *Amtenbrink,* New Economic Governance in the EU, FS Micklitz, 2014, 207; *Kadelbach* (Hrsg.), Die Europäische Union am Scheideweg: Mehr oder Weniger Europa?, 2015; *Cremer,* Auf dem Weg zu einer Europäischen Wirtschaftsregierung?, EuR 2016, 256; *Gilles,* Die Konditionalität der Finanzhilfen für Eurostaaten, 2019; *Rehn,* Economic Governance in a Changing Union: Fiscal Rules and Market Discipline in the Euro Area, FS Rosas, 2019, 83.

20 Schon in den 1990er Jahren stellten sich Zweifel ein, ob die im EGV enthaltenen Koordinierungsmechanismen ausreichen würden, um die für das Gelingen der WWU erforderliche stabile Nachhaltigkeit mitgliedstaatlicher Politik zu gewährleisten. Eine Diskussion über die Fortentwicklung des Stabilitätsregimes wird schon seit Jahren geführt (*Strauch/Dahl/Lauer,* Die Neuausrichtung des Europäischen Stabilitätsmechanismus als Herzstück der Eurozonenreform, in: Ludwigs/Schmahl (Hrsg.), Die EU zwischen Niedergang und Neugründung, 2020, 195). Neben der KOM (z. B. Mitteilung vom 6.12.2017, COM(2017) 821 final) haben inzwischen einzelne MSen ihre Position formuliert (z. B. Frankreich). Während einige eine weitere Stärkung der Regelorientierung (und eine Stärkung der Überwachungszuständigkeiten der EU) wünschen, zielen andere auf mehr Transfers ab (im Einzelnen: *Nettesheim,* in: Kube/Reimer (Hrsg.), Europäisches Finanzrecht, 2017, 37). Die „Covid-19"-Krise hatte zur Folge, dass diese Diskussionen in den Hintergrund gerückt sind.

a) Der Stabilitäts- und Wachstumspakt

21 Den Ansatzpunkt der Stabilisierungsbemühungen bildet das – in Art. 126 Abs. 1 AEUV formulierte – Ziel der Vermeidung übermäßiger öffentlicher Defizite. Der AEUV enthält in Art. 126 AEUV ein Verfahren, mit dem die **nationalen Haushaltspolitiken** überwacht und zur Stabilitätsorientierung gezwungen werden sollen. Hier vereinen sich Wirtschafts- und Währungspolitik mit den Zielen der harmonischen Entwicklung der Wirtschaft und der durch gesunde öffentliche Finanzen zu sichernden Preis- und Währungsstabilität. Im Kontext der Vorbereitung der Währungsunion schloss man 1997 einen **„Stabilitäts- und Wachstumspakt" (SWP),** in dem die im AEUV selbst nicht enthaltenen Referenzwerte (3 % des BIP für das jährliche Haushaltsdefizit und 60 % für die Staatsverschuldung) enthalten sind. Damit sollte die für einen dauerhaften Erfolg der Währungsunion erforderliche Disziplin hergestellt werden (*Bark,* Das gemeinschaftsrechtliche Defizitverfahren, 2004). 2005 kam es zu einer Reform und Aufweichung des **Stabilitäts- und Wachstumspakts** (Schlussfolgerungen des Europäischen Rats vom 22. und 23.3.2005, 7619/1/05 REV 1; Änderungen der VO 1466/97, ABl. L 209/1 und der VO 1467/97, ABl. L 209/6), die sich als kurzsichtig erwies. Die Überschreitung der beiden Referenzwerte kann danach **„ausnahmsweise und vorübergehend"** aus bestimmten Gründen toleriert werden (u. a. bei Ausgaben für Strukturreformen und Wirtschaftswachstum oder für Forschung und bei „Sonderbelastungen" wie die Finanzierung der deutschen Einheit). In Zeiten günstigen Wirtschaftswachstums soll stärker gespart werden („präventive Komponente"). Die Reaktion auf diese Veränderungen war – absehbar – gespalten. Während die Reformer von einer „intelligenten" Anwendung des Paktes sprechen, haben Kritiker ihn praktisch für „tot" erklärt.

22 Grundsätzlich sind alle MSen der EU den Stabilitätsregelungen des Vertrags unterworfen; für MSen außerhalb der Eurozone (gegenwärtig 8 von 27 MSen) gelten allerdings verminderte Anforderungen (Art. 139 Abs. 2 AEUV).

b) Der Ausbau des Stabilisierungsregimes

23 Im Zuge der Finanzkrise (ab 2008) stellte sich heraus, dass den Regelungen des AEUV die Schärfe gefehlt hatte, um die MSen zu einer nachhaltigen Politik zu zwingen. Auch die Finanzmärkte hatten die Entwicklung sorglos verkannt. Im Herbst 2009 entwickelte sich dann Misstrauen in die Finanzlage einiger Südstaaten; im Frühjahr 2010 geriet Griechenland in die Gefahr eines ungeordneten Bankrotts. Die MSen entschlossen sich zur Einrichtung von Hilfsinstrumenten (unten Rz. 18/38). Zugleich bestan-

den sie darauf, dass die hilfebedürftigen Staaten einem Rechtsregime unterworfen werden, das sie zu einer nachhaltigen Politik verpflichtet. Diesbezügliche Bedingungen werden in den jeweiligen Hilfspaketen formuliert (**„Konditionalität der Hilfe"**); zudem haben sich die Mitgliedstaaten zur Einrichtung allgemeiner Instrumente entschlossen. Für die hilfeleistenden Mitgliedstaaten ist es „conditio sine qua non", dass die Unterstützung eines MS von dessen Willen und **aktiver Bereitschaft** abhängig gemacht wird, Schritte zu einer wirtschaftlichen Gesundung zu unternehmen; andernfalls, so die Befürchtung, würde sich die Hilfe zu einem „Fass ohne Boden" entwickeln. In den hilfebedürftigen Staaten betrachtet man vielfach den Zwang als „hegemoniale" und undemokratische Einmischung, zudem die Unwilligkeit, unkonditional Hilfe zu leisten, als Ausdruck fehlender Solidarität (zur Entwicklung: *Hilpold/Steinmair,* (Hrsg.), Neue europäische Finanzarchitektur, 2014; *Messina,* ELRev 2014, 404).

Im Zentrum der neuen Aufsicht stehen das sog. „Sixpack" (fünf RL, eine VO (2011)), das „Two-Pack" (2013) sowie der Vertrag über Stabilität, Koordinierung und Steuerung (2012). Ihre Anwendung und Durchführung erfolgen im sog. **„Europäischen Semester"**, einem Politikkalender, in dem geregelt ist, wie die Überwachung über das Jahr abläuft. Im November jeden Jahres legt die KOM ihren Jahreswachstumsbericht vor, in dem sie die allgemeinen wirtschaftlichen Prioritäten der EU für das kommende Jahr bestimmt; zudem legt sie einen Warnmechanismus-Bericht vor, in dem sie die MSen auflistet, in denen Ungleichgewichte zu erwarten sind. Nach einer Erörterung durch EP und Rat (Februar) bestimmt der EuRat seine Prioritäten (März). Im April haben alle MSen ihre Stabilitäts-/Konvergenzprogramme, die MSen der Eurozone auch ihre nationalen Reformprogramme vorzulegen. Zugleich veröffentlicht die KOM die Ergebnisse ihrer Überprüfung der Stabilität der MSen. Die länderspezifischen Empfehlungen werden vom EuRat und den Ratsformationen im Juni erörtert; der ECOFIN-Rat gibt im Juli Empfehlungen ab. Bis zum 15. Oktober müssen die MSen der Euro-Zone ihren Haushaltsentwurf für das jeweils nächste Jahr der KOM übermitteln; er muss bis zum 31. Dez. verabschiedet sein. 24

In der Sache zielen die Bestimmungen zunächst auf die **präventive Verhinderung von Fehlentwicklungen** ab. Diesem Zweck dient ein Frühwarnsystem, mit dem übermäßige makroökonomische Ungleichgewichte aufgedeckt und bekämpft werden sollen. Das EU-Recht sieht vor, dass sog. „Scoreboards" eingerichtet werden, in denen insgesamt 11 wirtschaftliche Indikatoren (wie z. B. Auslands- und Privatverschuldung, Wettbewerbsfähigkeit, etc.) abgebildet werden und zur Grundlage von Empfehlungen gemacht werden können. Die öffentlichen Ausgaben eines MS dürfen – wenn nicht die Einnahmen entsprechend steigen – nicht schneller als das mittelfristige Potenzialwachstum des BIP steigen. Der Prävention dienen zudem Regelungen, die vorsehen, dass ein MS verzinsliche Einlagen von bis zu 0,1 % des BIP leisten muss, wenn er auf Empfehlungen des ECOFIN-Rats nicht reagiert. Bei fortdauernder Resistenz kann die Einlage in eine unverzinsliche umgewandelt werden. Ändert ein MS sein Verhalten weiterhin nicht, so kann eine Geldbuße verhängt werden. 25

Darüber hinaus erfolgt eine Stärkung der **reaktiven Komponente** der unionalen „governance". Die Mitgliedstaaten mit einem Schuldenstand von über 60 % des BIP werden dazu verpflichtet, ihren Schuldenüberhang im Durchschnitt (jeweils über drei Jahre) um mindestens 5 % jährlich zurückzuführen. Dies gilt auch dann, wenn ihr jährliches Defizit unter 3 % des BIP liegt. Kommt es zu Verstößen, findet ein verschärftes Abstimmungsverfahren Anwendung. Während die Einleitung eines Verfahrens weiterhin vom Rat mit qualifizierter Mehrheit beschlossen werden muss, kann es danach vom Rat nur noch mit qualifizierter Mehrheit („umgekehrte Mehrheit") gestoppt werden (*Häde,* JZ 2011, 333). Man kann von einem Quasi-Automatismus der Sanktionierung sprechen. 26

Der **Transparenz** dienen Regelungen, die die volkswirtschaftlichen Gesamtrechnungen, die Statistiken und die Prognosepraxis der MSen einem einheitlichen EU-Standard unterwerfen. Dies soll Manipulationen verhindern. Meldet ein MS falsche Daten, kann eine Geldbuße gegen ihn verhängt werden. 27

Zudem haben mittlerweile alle 27 MSen den sog. **„Vertrag über Stabilität, Koordinierung und Steuerung"** (Fiskalpakt) unterzeichnet und ratifiziert. Der Vertrag trat am 1. 1. 2013 in Kraft. Nach den Bestimmungen des Vertrags müssen die mittelfristigen Haushaltsziele ab Januar 2014 vorzugsweise im nationalen 28

Verfassungsrecht verankert sein („Schuldenbremse"). Die Beachtung dieser Pflicht kann vor dem EuGH eingeklagt werden. Für das strukturelle Defizit gilt eine Obergrenze von 0,5% des BIP; sie kann unter außergewöhnlichen Umständen auf 1% angehoben werden. Bei Überschreitungen wird automatisch ein **Korrekturmechanismus** ausgelöst, durch den die MSen zur Entscheidung verpflichtet werden, wie und wann sie ihr Defizit in künftigen Haushalten zurückführen werden. Der Vertrag ist ein („intergouvernementales") Regime außerhalb der EU, wenngleich enge Wechselbeziehungen bestehen. Man ging diesen Weg, weil eine Vertragsänderung jedenfalls viele Jahre gedauert hätte, vielleicht sogar unmöglich gewesen wäre. Die Bestimmungen dieses Vertrags sind vom BVerfG im einstweiligen Rechtsschutzverfahren für grundgesetzkonform angesehen worden (BVerfGE 132, 195, „ESM/Fiskalpakt" (2012)). Auch in der Hauptsache blieben die Verfahren gegen ESM und Fiskalpakt erfolglos (BVerfGE 135, 317, „ESM/Fiskalpakt" (2014); vgl. auch BVerfGE 142, 123, „OMT" (2016)).

29 Schließlich haben die Euro-Staaten und weitere Nicht-Euro-MSen (z. B. Dänemark, Polen, Bulgarien, Rumänien) den sog. **„Euro-Plus-Pakt"** abgeschlossen. Sie verpflichten sich in diesem Vertrag, ihre Wirtschafts- und Sozialsysteme wettbewerbsfähiger zu machen und sie einer jährlichen Evaluierung zu unterziehen. Unmittelbar anwendbare Bestimmungen enthält der „Pakt" nicht, seine Bestimmungen bleiben vage.

30 Über den Wert des Stabilitätsregimes ist von Anfang an **grundsätzlich gestritten** worden. Vielfach sieht man das mittelfristige Ziel eines ausgeglichenen Haushalts als wichtige Voraussetzung für das Funktionieren der Währungsunion an. Ohne die Disziplinierungsfunktion supranationaler Aufsicht lässt sich danach eine unverantwortliche Verschuldungspolitik und die dadurch bewirkte Belastung der über die Währungsunion miteinander verspannten anderen Mitgliedstaaten nicht verhindern. Ohne die Einhaltung der Verschuldungsgrenzen werden übermäßige Defizite auflaufen, die jedenfalls langfristig die Inflation in der Eurozone nach oben treiben oder zu Zinserhöhungen führen können. In jedem Fall wären die anderen MSen beeinträchtigt. Die Aufgabe der Europäischen Zentralbank, mittels ihrer Geldpolitik (Rz. 19/25ff.) die Stabilität des EURO aufrecht zu erhalten, wird gefährdet. Insofern geht es um eine Selbstbindung der nationalen Politik vor den Verlockungen einer Schuldenpolitik.

31 Gegner wenden allerdings ein, dass dies gerade in wirtschaftlichen Schwierigkeiten zu einer übermäßigen, unflexiblen und schädigenden Einschränkung mitgliedstaatlicher Reaktionsmöglichkeiten führe (z. B. *Blyth,* Austerity: The History of a Dangerous Idea, 2013). Die Mitgliedstaaten würden zu einem Verhalten gezwungen, das eine Krise noch verstärken könne. Zudem würden die Auswirkungen staatlicher Fiskalpolitik auf die anderen Staaten des Euroraums überschätzt.

32 Bislang ist unklar, inwieweit sich die „reformierten" Strukturen der wirtschaftlichen „governance" als **effektiv** erweisen. Die Erfahrungen der Vergangenheit müssen skeptisch stimmen. Schon beim Eintritt in die WWU hatte man die Regeln des SWP nicht durchgesetzt. Und in Zeiten, in denen er seine Wirkung entfalten sollte, kam es zu Umgehungs- und Aushebelungsversuchen (EuGH, 13.7.2004, Rs. C-27/04, „KOM/Rat"; *Palm,* EuZW 2004, 71; *Häde,* EuR 2004, 738 (750ff.)). Im Zuge der „Covid-19"-Pandemie wurden die Regeln außer Kraft gesetzt (Mitteilung der KOM vom 20.3.2020, COM(2020) 123 final). Der politische Wille vieler Mitgliedstaaten, sich der disziplinierenden Wirkung eines eher mechanischen europäischen Regelwerks zu unterwerfen, ist weiterhin (nicht ganz verwunderlich) eher gering. Gegen den Willen der Regierungen – vor allem eines großen MS – werden sich die Regeln nicht durchsetzen lassen. Man darf die Wirkung (politischen) Rechts in einem äußerst souveränitätssensiblen Bereich nicht überschätzen. Der zutiefst politischen Natur wirtschaftspolitischer Entscheidungen kann durch formalistische Regeln nur begrenzt begegnet

werden. Es widerspricht Grundkategorien politischen Denkens, eine überstaatliche Steuerung der staatlichen Wirtschafts- und Haushaltspolitik durch „automatisierte Sanktionsmechanismen" vorzunehmen (vgl. auch *Blaurock,* JZ 2012, 226).

c) Auf dem Weg zu einer „Europäischen Wirtschaftsregierung"?

Auch die Neufassung des SWP ändert an der Grundstruktur der WWU nichts. Weiterhin besteht zwischen der vollintegrierten Währungsunion und der lose koordinierten Wirtschaftspolitik eine Asymmetrie (*Nettesheim,* in: Kadelbach (Hrsg.), Nach der Finanzkrise, 2012, 31; *Calliess/Schorkopf,* Finanzkrisen als Herausforderungen der internationalen, europäischen und nationalen Rechtsetzung, VVDStRL 2012, 113/183; *Di Fabio,* Die Zukunft einer stabilen Wirtschafts- und Währungsunion, 2013; *Nettesheim,* in: Kube/Reimer (Hrsg.), Europäisches Finanzrecht, 2017, 37 mwN.). 33

Hier setzen europäische „Neo-Föderalisten" an, die die Krise zum Anlass nehmen wollen, den Schritt in die (wirtschaftspolitische) EU-Bundesstaatlichkeit durch Einsetzung einer Europäischen Wirtschaftsregierung zu beschreiten. Getragen wird dies teils von **Zentralisierungswünschen,** denen zufolge eine Verlagerung von Zuständigkeiten „nach oben" („Mehr Europa") zu angemesseneren Entscheidungen führe. Teils stehen auch **verteilungspolitische Erwartungen** im Vordergrund: Man geht davon aus, dass sich Transfersysteme zwischen den MSen in einem supranationalen Entscheidungsrahmen leichter einführen lassen als in einem von Veto-Positionen gekennzeichneten intergouvernementalen Rahmen. Den Versuch, eine Vision dieses Wegs zu beschreiben, hat im Jahr 2012 eine Gruppe um EuRatspräsident *van Rompuy* unternommen („Auf dem Weg zu einer echten Wirtschafts- und Währungsunion", Bericht v. 26.6.2012, EUCO 120/12). Dort wird – neben der Integration der Finanzmärkte – eine weitgehende Integration der mitgliedstaatlichen Haushalts- und Wirtschaftspolitiken gefordert. Eher versteckt ist von verteilungspolitischen Schritten die Rede. 34

Im Juni 2015 haben fünf Präsidenten (KOM, EuRat, Euro-Zone, EZB und EP) einen Bericht vorgelegt, der einen Dreistufenplan vorsieht („Die Wirtschafts- und Währungsunion vollenden", 2015). In einer ersten Phase sollen (unter Ausnützung der bestehenden Kompetenzen) die Wettbewerbsfähigkeit gesteigert, die fiskalische Aufsicht gestärkt und die Banken- bzw. Finanzunion vertieft werden. In der zweiten Phase sollen dann ein **Euro-Zonenhaushalt** eingeführt und ein **EU-Finanzminister** mit weitreichenden Eingriffsbefugnissen in die Haushalte der MSen bestellt werden. Dies soll bis 2025 zu einer Stabilisierung führen. Keine befriedigende Antwort findet sich auf die Frage, wie sich ein derartig weitgehender Eingriff in die mitgliedstaatliche Autonomie legitimieren soll. Der Verweis auf das EP bleibt unbefriedigend. Mit dem Grundgesetz wäre die Realisierung dieser Pläne jedenfalls in der zweiten Stufe wohl unvereinbar (impliziert in BVerfGE 123, 267, „Lissabon" (2009); *Nettesheim,* Der Staat 2012, 313). Die Entscheidung, der EU die schuldenfinanzierte Aufgabenerledigung zu ermöglichen („Next Generation Europe", oben Rz. 8/4), hat die Forderung nach Einführung eines Euro-Zonenhaushalts gegenwärtig bedeutungslos werden lassen. 35

Andernorts ist schon seit langem davon die Rede, dass eine **„Europäische Wirtschaftsregierung"** eingeführt werden soll (*Seidel,* FS Scheuing, 2011, 717). Allerdings besteht schon darüber, was mit dem Begriff gemeint ist, wenig Einigkeit (*Buti/Giudice/Leandro* (Hrsg.), Strengthening the Institutional Architecture of the Economic and Monetary Union, 2020). Zwei Grundverständnisse konkurrieren in der diffusen öffentlichen Diskussion. Anhänger einer regelorientierten WWU haben eine Institution vor Augen, die sich der **Durchsetzung der stabilitätsorientierten Bestimmungen** über Haushaltsdisziplin und fiskalpolitische Nachhaltigkeit widmet. Die Befugnis einer solchen Institution könnte bis hin zu verpflichtender Steuerung der Haushaltspolitik reichen. Vielfach ist allerdings die politische Bereitschaft, sich harte Einschnitte verordnen zu lassen, gering. Die Legitimationslast einer Institution, die nur bestehende Regeln durchsetzt, ist gering. Dem diametral gegenübergesetzten Verständnis zufolge soll die „Wirtschaftsregierung" **genuine Gestaltungsaufgaben** haben, bis hin zur Verwaltung eines eigenen Haushalts und zu der **Vergemeinschaftung der Schulden** („Fiskalunion" (Emission gemeinsamer Schuldtitel, Begebung von „Euro-Bonds")) (*Rebhahn,* Solidarität in der Wirtschafts- und Währungsunion, 2015; *Hilpold,* EuR 2016, 373). 36

Die „COVID-19"-Pandemie hat diese Pläne in den Hintergrund treten lassen. In einem kühnen Akt politischer Integrationsbereitschaft haben sich KOM und EuRat darauf verständigt, dass die EU einen Betrag 37 von 750 Mrd. Euro auf den Kapitalmärkten aufnehmen soll und als Zuschüsse bzw. Darlehen an die MSen über verschiedene Fonds bzw. Fazilitäten weitergeben soll. Eine Rückzahlung ist in den Jahren 2028–2058 über den EU-Haushalt vorgesehen (im einzelnen: Rz. 8/4).

3. Die „Rettungsmechanismen"

Literatur: *Häde,* Euro-Rettung zwischen Exekutivprimat und Parlamentsvorbehalt, 2012; *Degenhart,* Euro-Rettung und Verfassungsrecht, BayVBl. 2012, 517; *Kube,* Rechtsfragen der völkervertraglichen Euro-Rettung, WM 2012, 245; *Huber,* Das Verständnis des BVerfG vom Kompetenzgefüge zwischen der EU und den MSen, in: Möllers/Zeitler (Hrsg.), Europa als Rechtsgemeinschaft, 2013, 229; *Starbatty,* Tatort Euro, 2. Aufl. 2013; *Oppermann,* „Euro-Rettung" und europäisches Recht, NJW 2013, 6; *Adam/Mena-Parras,* The ESM through the Legal Meanderings of the Union's Constitutionalism, ELRev 2013, 848; *Schwarz,* A Memorandum of Misunderstanding, CMLRev 2014, 389; *Piketty,* Die Schlacht um den Euro, 2015; *Piecha,* Die Rettungsmaßnahmen zugunsten zahlungsunfähiger EU-Mitgliedstaaten – Eine unions- und verfassungsrechtliche Analyse, 2016; *Strauch,* Reform der Wirtschafts- und Währungsunion: Vom ESM zum Europäischen Währungsfonds, EuR-Beiheft 2/2019, 43.

38 In der Folge der Finanzkrise, die in den Jahren ab 2008 ausbrach, erwies sich die Situation einiger MSen als unhaltbar. Infolge einer verfehlten Fiskal-, Haushalts- und Wirtschaftspolitik rückten sie an den Rand der Insolvenz. Umstritten ist, inwieweit sie dabei von den Finanzmärkten (z. B. durch großzügige Kreditangebote und niedrige Zinsen) „verführt" wurden. Nach dem Ausbruch der Finanzkrise ging die Bereitschaft der Kreditgeber, Kapital an Staaten mit überhöhter Gesamtverschuldung und schwacher Wachstumsperspektive zu verleihen, rapide zurück; die Entwicklungs- und Liquiditätsperspektive dieser Staaten wurde neu – und negativ – eingeschätzt. Auch Staaten, in denen Immobilienmarktblasen geplatzt waren (Spanien, Irland, Slowenien), wurde Vertrauen entzogen (*Häde,* EuZW 2009, 399; *Herrmann,* EuZW 2010, 413; *Thym,* EuZW 2011, 167; *Nettesheim,* in: Kadelbach (Hrsg.), Nach der Finanzkrise, 2012, 31).

39 In **Griechenland** eskalierte die Entwicklung im April 2010. Am 2.5.2010 einigte man sich auf ein Stabilisierungsprogramm im Umfang von insgesamt 110 Mrd. Euro (Beitrag aus der EU: 80 Mrd. Euro; IWF 30 Mrd. Euro). Es handelte sich um **„horizontale" Hilfszusagen** in Form koordinierter bilateraler Kredite. Die **Aufteilung der Last** erfolgte am Maßstab des relativen Gewichts, das den unterstützenden Staaten (ohne Griechenland) mit Blick auf die Kapitalanteile der EZB zukommt (D: 27,92%). Die Kommission, der IWF und Griechenland fixierten die Bedingungen, unter denen Kredithilfe gewährt werden kann, in einem **„Memorandum of Understanding"** (MoU). Schon bald wurde deutlich, dass die Erwartungen an die Wiedergenesung Griechenlands viel zu optimistisch formuliert waren. Im Oktober 2011 wurde durch die „Europäische Finanzstabilisierungsfazilität" (EFSF) ein **zweites Hilfsprogramm** aufgelegt, verbunden mit einem „freiwilligen" Schuldenschnitt im Umfang von ca. 107 Mrd. Euro. Auch damit konnte der Anstieg der Schuldenlast nicht gebremst werden. Im November 2012 entschloss man sich daher, Griechenland **vergünstigte Finanzierungsbedingungen** anzubieten, verbunden mit einem zusätzlichen Kredit, der für einen Schuldenrückkauf verwandt wurde. Im Sommer 2015 einigte man sich nach hochkontroversen Diskussionen, politisch heftigem Streit und der Drohung, dass Griechenland vorübergehend den Euro verlassen müsse, auf ein **drittes Hilfspaket.** Das war Monate vorher noch ausgeschlossen worden. Das Programm verschaffte Griechenland bis 2018 eine Summe von bis zu 86 Mrd. Euro verschaffen. Es lief im August 2018 aus.

40 Mit dem Ausbruch der Griechenland-Krise wurde deutlich, dass auch andere MSen in den Sog gerissen werden könnten. In einer aufsehenerregenden Aktion einigten sich die Staats- und Regierungschefs der Eurozone am 7.–9.5.2010 daher auf die Schaffung eines „Europäischen Finanzierungsmechanismus" („Euro-Rettungsschirm"), der aus insgesamt drei Teilelementen bestand und zunächst ein Gesamtvolumen von 750 Mrd. Euro umfasste (Europäische Finanzstabilisierungsfazilität (ESFS: 440 Mrd. Euro), Europäischer Finanzstabilisierungsmechanismus (EFSM: 60 Mrd. Euro); Hilfszusagen des IWF (250 Mrd. Euro)). Die Zweckgesellschaft **„Europäische Finanzmarkt Stabilisierungsfazilität"** (EFSF), eine private

Gesellschaft luxemburgischen Rechts, wird von den Vertragspartnern zur Aufnahme von Mitteln auf dem Kapitalmarkt ermächtigt. Die Gesamtsumme der Garantien umfasst 440 Mrd. Euro. Die EFSF hat ein Rating, das es ihr ermöglicht, Anleihen zu Konditionen auszugeben, die die schwächeren Mitgliedstaaten der Euro-Zone nicht realisieren könnten. Sie war zunächst als vorübergehendes Instrument konzipiert; ihre Kreditaufnahme war daher bis 30.6.2013 begrenzt. Im Juni 2011 beschlossen die Finanzminister, die Mittel der EFSF auf 780 Mrd. Euro aufzustocken; Deutschland übernahm damit Garantien in Höhe von 211 Mrd. Euro. Im November 2010 nahm **Irland** die Hilfe des Mechanismus in Anspruch, im Mai 2011 dann **Portugal.** Das zweite Griechenlandpaket ist ebenfalls von der EFSF finanziert worden.

Im Jahr 2011 wurde deutlich, dass sich die Restabilisierung der Euro-Zone nicht bis 2013 würde realisieren lassen. Als „permanenter" Rettungsmechanismus wurde die Schaffung des **Europäischen Stabilitätsmechanismus** (ESM) beschlossen, einer internationalen Organisation mit Sitz in Luxemburg. Der ESM nahm seine Arbeit am 8.10.2012 auf. Seine Tätigkeit wird durch Art. 136 Abs. 3 AEUV abgesichert. Diese Vertragsbestimmung ist im vereinfachten Vertragsänderungsverfahren (Art. 48 EUV) eingefügt worden, um europa- und verfassungsrechtliche Zweifel an der Vereinbarung einer solchen Institution mit der Konstruktion der WWU nach „Maastricht" (insb. Art. 122, 125 AEUV) zu beseitigen. Sie ist zum 1.1.2013 in Kraft getreten. Das **Finanzierungsvolumen des ESM** beträgt gegenwärtig ca. 705 Mrd. Euro. Es kann vertraglich erhöht werden. Der ESM verfügt über Barmittel in Höhe von 80 Mrd. Euro. Die Belastung von Deutschland umfasst – entsprechend der Beteiligung an der EZB – eine Einzahlung von 21,7 Mrd. Euro und Gewährleistungen in Höhe von 168,2 Mrd. Euro. Die Beschlüsse werden einstimmig gefasst; die Hilfen müssen unter **Bedingungen und Auflagen (konditional)** gewährt werden. Der ESM verfügt über ein Spektrum von **Handlungsinstrumenten;** auch eine direkte Stützung mitgliedstaatlicher Banken soll ihm möglich sein. Hilfe unter dem ESM kann ein MS nur dann beanspruchen, wenn er den Fiskalvertrag unterzeichnet hat. Die Tätigkeit des ESM wird in Deutschland eng vom Deutschen Bundestag begleitet (ESM-Finanzierungsgesetz vom 13.9.2012, BGBl. II 1918). Über die Möglichkeit, dass sich der ESM bei der EZB refinanziert, wird diskutiert (*Kube,* WM 2013, 57). Man ist sich einig, dass die Stabilisierungsmechanismen ihren Zweck nur erfüllen können, wenn zur gleichen Zeit die vom Finanzsektor ausgehenden Risiken über die Stärkung der „Banken- und Finanzunion" eingedämmt werden (hierzu etwa: *Ohler,* Bankenaufsicht und Geldpolitik in der Währungsunion, 2015). 41

Das **BVerfG** hat die Zustimmung zu Art. 136 Abs. 3 AEUV, die Ratifizierung des ESM-Zustimmungsgesetzes und des begleitenden ESM-Finanzierungsgesetzes im einstweiligen Rechtsschutzverfahren nicht aufgehalten. Es hat dem Gesetzgeber das Recht zur Umgestaltung der Währungsunion eingeräumt, solange die Stabilitätserwartung des GG nicht verletzt wird und dem Bundestag ein hinreichendes Mitspracherecht eingeräumt ist (BVerfGE 132, 195, „ESM/Fiskalpakt" (2012); hierzu *Wieland,* ZSE 2012, 303; *von Kielmansegg,* EuR 2012, 654). Nach einer gemeinsamen Auslegungserklärung der Vertragsparteien des ESMV vom 27.9.2012 (BGBl. II 1086) und einer gleichlautenden einseitigen Erklärung der Bundesrepublik Deutschland (BGBl. II 1087) konnte die Ratifizierung erfolgen. Inzwischen hat das BVerfG am 18.3.2014 die Verfassungskonformität der Beteiligung Deutschlands am ESM und am Fiskalpakt festgestellt (BVerfGE 135, 317, „ESM/Fiskalpakt" (2014)). 42

Auch der **EuGH** (27.11.2012, Rs. C-370/12, „Pringle"; dazu *Nettesheim,* NJW 2013, 14) hatte gegen die Schaffung des ESM (als völkerrechtliche Einrichtung an der Seite der EU) keine Einwände: Er ordnete die Tätigkeit als wirtschaftspolitische Tätigkeit ein, die mit der ausschließlichen Kompetenz der EU im Währungsbereich nicht kollidiere. Ein Verstoß gegen Art. 125 AEUV konnte der EuGH nicht erkennen. Auch einer Absicherung durch Art. 136 Abs. 3 AEUV, der erst nach dem ESMV in Kraft trat, hätte es nicht bedurft (*Selmayr,* ZöR 2013, 259; *Wienbracke,* ZEuS 2013, 1). Anders als das BVerfG erkennt der EuGH damit keinen Umbau der WWU. 43

4. Die EU auf dem Weg in die Schulden- und Transferunion?

44 Inzwischen ist deutlich geworden, dass die Schuldenkrise die Mitgliedstaaten zu einem „Umbau" der Währungsunion zwingt. Eine Rückkehr zum ursprünglichen Konzept des Maastricht-Vertrags ist ausgeschlossen. Man spricht davon, dass es um die Errichtung von „Maastricht 2.0" gehen müsse. Bis in jüngste Zeit war der dabei zu beschreitende Weg allerdings hochumstritten; dies führte zur Blockade. Die MSen waren zwar zur **vorübergehenden Unterstützung** von wirtschaftlich insolventen hilfsbedürftigen MSen bereit. Kein politischer Wille bestand allerdings in wichtigen MSen, eine offene Ausweitung der Unterstützungs- bzw. Transferzahlungen vorzunehmen (**„Transferunion"**). Mit der Schaffung von **„Next Generation Europe"** hat sich das geändert (oben Rz. 8/4, 8/53). Politisch ist zwar weiter davon die Rede, dass es sich um **einmalige und außergewöhnliche Transfers** handeln soll. Wer die Geschichte der europäischen Integration kennt, weiß jedoch, dass das Rad nicht mehr zurückgedreht werden wird. Die Aufnahme von EU-Schulden und die Einrichtung größerer Transfersysteme wird zum Regelfall werden. Die offene Frage ist allein, in welchem Umfang von diesen Instrumenten Gebrauch gemacht wird, ob die Mittel ökonomisch sinnvoll eingesetzt werden und wie EU-Verschuldung und fortbestehende mitgliedstaatliche Verschuldung miteinander koordiniert werden.

IV. Wirtschaftspolitik durch Kreditvergabe: Die Europäische Investitionsbank (EIB)

Literatur: *EIB* (Hrsg.), Die Finanzinstitution der EU, 2000; *Föcking,* Die Darlehenspolitik der Europäischen Investitionsbank, 2000; *Robinson,* The European Investment Bank – The EU's Neglected Institution, JCMS 2009, 651; *Marchegiani,* The European Investment Bank after the Treaty of Lisbon, ELRev 2012, 70; *Hachez/Wouters,* A Responsible Lender? The European Investment Bank's Environmental, Social and Human Rights Accountability, CMLRev 2012, 47; *Kramer,* Die Europäische Investitionsbank, 2015; *Mertens/Thiemann,* Building a Hidden Investment State? The European Investment Bank, National Development Banks and European Economic Governance, JEPP 2019, 23.

1. Gründung und Entwicklung der Europäischen Investitionsbank

45 Die **Bedeutung der Kreditvergabe als Mittel der Wirtschaftspolitik** stand den Gründungsmitgliedern der EWG vor Augen. Man beschloss daher, mit der EWG auch eine Europäische Investitionsbank (EIB) zu gründen (heute Art. 308f. AEUV). Seit 1958 steht diese Bank als finanzielle Sondereinrichtung neben den Organen. Ihre seit der Gründungszeit allmählich erweiterte Aufgabe ist es, mit eigenen und **Kapitalmarktmitteln** „zu einer ausgewogenen und reibungslosen Entwicklung des Gemeinsamen Marktes im Interesse der Union beizutragen" (heute Art. 309 Abs. 1 AEUV). Die EIB ist nach der Weltbank die zweitgrößte öffentliche Kreditinstitution. Die Bank kann Anleihen begeben, die die EU aufgrund ihrer Haushaltsbestimmungen selbst nicht begeben könnte. Sie ist auch außerhalb der EU tätig. Eigentliche Rechtsgrundlage für ihre Tätigkeit ist das Protokoll Nr. 5 zum Lissabon-Vertrag über die Satzung der EIB (ABl. 2016, C 202/251). 2000 kam es zur Gründung der EIB-Gruppe. Sie besteht aus der EIB und dem Europäischen Investitionsfonds (EIF), der besonders kleine und mittlere Unternehmen (KMU) fördert. Eine von Italien und Spanien geforderte EU-Mittelmeerbank wurde nicht errichtet. Sitz der EIB ist heute Luxemburg. Sie hat 51 Regionalbüros, davon 28 außerhalb Europas. Sie beschäftigt heute über 3450 Mitarbeiter.

2. Status der Europäischen Investitionsbank

Als eine mit besonderen Aufgaben betraute Bank ist die EIB **mit eigener Rechtspersönlichkeit** ausgestattet (Art. 308 Abs. 1 AEUV). Die EIB ist kein Organ der EU (vgl. Art. 13 EUV; EuGH, 10.7.2003, Rs. C-15/00, „KOM/EIB"); ihre Entscheidungsorgane und die Verwaltung sind von den allgemeinen Unionsinstitutionen getrennt. Sie genießt institutionelle Autonomie. Man wird sie vielmehr als **Glied** ansehen müssen, das in den Verband der EU eingeordnet ist. Aufgrund dessen ist die EIB in vielen Zusammenhängen, z. B. bei Rechtsstreitigkeiten mit ihren Bediensteten, als eine „vom Vertrag vorgesehene und mit Rechtspersönlichkeit ausgestattete Einrichtung" den vertraglichen Institutionen **gleichgestellt** (EuGH, 17.11.1976, Rs. 110/75, „Mills/EIB"). Ihre Autonomie reicht nur so weit, wie dies für die Aufgabenbewältigung erforderlich ist. Satzungsänderungen sind inzwischen per besonderem Gesetzgebungsverfahren möglich (Art. 308 Abs. 3 S. 2 AEUV); dadurch wird die Satzung in den Rang von Sekundärrecht überführt. 46

Die **interne Rechtsfähigkeit der EIB** in den Mitgliedstaaten ist in der Satzung ausdrücklich klargestellt (Art. 26 Satzung EIB). Darüber hinaus ist es der EIB im Rahmen ihrer Tätigkeit gelungen, die in Art. 308 Abs. 1 AEUV mitschwingende **externe Völkerrechtssubjektivität gegenüber Drittstaaten** zur Geltung zu bringen (u. a. völkerrechtliche Anerkennung der EIB durch die Schweiz in Art. 1 der Vereinbarung v. 24.3.1972 zwischen der Schweiz und der EIB über deren rechtliche Stellung in der Schweiz). Art. 21 des Protokolls Nr. 7 über die Vorrechte und Befreiungen der EU (ABl. 2012, C 326/266) erstreckt dessen Geltung auf die EIB und ihr Personal. Im Falle rechtswidrigen Handelns haftet die EIB nach Art. 340 AEUV. Der Rechnungshof prüft nur eingeschränkt (Art. 287 Abs. 3 UAbs. 3 AEUV); das Amt für Betrugsbekämpfung (OLAF) ist demgegenüber umfassend zuständig (zum EuGH: Art. 271 AEUV). 47

Mitglieder der Bank sind die 27 MSen der EU. Ein (isolierter) Austritt ist nicht möglich (Zu den Konsequenzen des Austritts des Vereinigten Königreichs für die innere Organisation sowie das Kapitalaufkommen der EIB: Beschl. des Rates 2019/654, ABl. L 110/56). Leitendes Organ der EIB ist der **Rat der Gouverneure,** der aus den (Finanz-)Ministern der Mitgliedstaaten besteht (Art. 6–8 Satzung EIB). Der Rat trifft die für die Bank **grundlegenden Entscheidungen** in sachlicher und personeller Hinsicht. So erlässt er die allgemeinen Richtlinien für die Kreditpolitik der Bank und entscheidet über Kapitalerhöhungen. Ferner ernennt er die Mitglieder der übrigen Bankorgane (Verwaltungsrat, Direktorium, Prüfungsausschuss). Der Rat entscheidet teils mit Mehrheit, teils mit einer spezifischen qualifizierten Mehrheit (Art. 8 Satzung EIB). Den die EIB besonders tragenden Mitgliedstaaten ist so ein angemessener Einfluss gesichert. 48

Der **Verwaltungsrat** umfasst nach Art. 9 Satzung EIB 28 ordentliche und 31 stellvertretende Mitglieder. Jeder MS sowie die KOM stellt ein ordentliches Mitglied. Bei den stellvertretenden Mitgliedern wird zugunsten der größeren MSen gewichtet. Es handelt sich meist um hohe Beamte der nationalen Finanz- und Wirtschaftsministerien. Der Verwaltungsrat fällt die **wesentlichen finanziellen Einzelentscheidungen** im Rahmen der Bank (Gewährung von Darlehen und Bürgschaften, Aufnahme von Anleihen und die Festsetzung der Zinssätze der Bank). Er entscheidet grundsätzlich mit einer Mehrheit von 1/3 der Stimmen, die 50% des gezeichneten Kapitals umfassen müssen (Art. 10 Satzung EIB). Hierdurch wird ein angemessener Einfluss von Deutschland, Frankreich und Italien hergestellt, die zusammen ca. 56% des Kapitals der EIB halten (Art. 4 Satzung EIB). 49

50 Das sachlich unabhängige **Direktorium** der EIB nimmt gemäß Art. 11 Satzung EIB die laufenden Geschäfte der Bank unter der Kontrolle des Verwaltungsrates wahr. Es besteht aus dem **Präsidenten der EIB** und acht Vizepräsidenten, die vom Rat der Gouverneure auf Vorschlag des Verwaltungsrates für sechs Jahre bestellt werden. Die laufenden Geschäfte umfassen insbesondere die Ausarbeitung von Empfehlungen für die Entscheidungen des Verwaltungsrates und die anschließende Durchführung dieser Entscheidungen. Beim Direktorium als „Triebfeder" der EIB konzentriert sich die eigentliche Banktätigkeit.

51 Die EIB verfügt nach Art. 4 Satzung EIB über ein **von den Mitgliedstaaten gezeichnetes Kapital** von inzwischen ca. 249 Mrd. Euro (zuletzt geändert durch Beschl. des Rates 2019/1255, ABl. L 196/1). Erhöhungen erfolgen in Abständen. Den größten Teil ihrer Mittel (satzungsmäßige Obergrenze der EIB-Darlehen: das 2,5-fache des gezeichneten Kapitals) beschafft sich die EIB über **Anleihen auf den Kapitalmärkten.** Dies ist möglich, da die EIB nach strikten Bankgrundsätzen geführt wird und ein erstklassiges Kreditrating (sog. „AAA-Standing") genießt. Die EIB erbringt damit ein jährliches Finanzierungsvolumen von gegenwärtig mehr als 63,3 Mrd. Euro. In seinen Schlussfolgerungen zur Tagung vom 17.-21.7.2020 regt der EuRat eine Aufstockung des Kapitals der EIB an, um an der Umsetzung der Instrumente des MFR und des NGEU mitwirken zu können (EUCO 10/20, dort Nr. 4).

3. Aufgaben der EIB

52 Nach Art. 309 AEUV fördert die EIB im Rahmen ihrer Grundaufgabe, der **Entwicklung zurückgebliebener Gebiete** innerhalb der EU, Erschließungsvorhaben, Umstellungs- und Modernisierungsprojekte oder auch größere Unionsvorhaben mehrerer Mitgliedstaaten. Ferner hilft die EIB bei der Finanzierung von Investitionsprogrammen der Strukturfonds der Union.

53 Im Vordergrund steht die **Förderung der Regionalentwicklung wirtschaftsschwacher EU-Gebiete.** Weiter fallen die Förderung kleiner und mittlerer Unternehmen, die Entwicklung fortgeschrittener Technologien, der Ausbau von Infrastrukturanlagen wie der transeuropäischen Netze (unten Rz. 26/33) und Umweltschutzvorhaben in den Tätigkeitsbereich der EIB.

54 Bei vielen Projekten arbeitet die EIB mit anderen Finanzeinrichtungen der EU wie den EU-Strukturfonds und den Finanzeinrichtungen der EAG zusammen. 1994 wurde der **Europäische Investment Fonds** (EIF) als eine „Public-Private Partnership" von EIB, EU und Finanzeinrichtungen der MSen gegründet (Art. 28 Satzung EIB). Der EIF soll Privatkapital für Projekte der Transeuropäischen Netze gewinnen und kleinen und mittleren Unternehmen (KMU) günstige Investitionsmittel erschließen. Zur Bewältigung der Covid-19-Krise hat die EIB-Gruppe (bestehend aus EIB und EIF) einen Paneuropäischen Garantiefonds eingerichtet.

55 Seit 1963 beteiligt sich die Bank an **Projekten außerhalb des EU-Raumes** in Mittelmeerländern, in den überseeischen Ländern und Gebieten sowie in den überseeischen Staaten Afrikas, der Karibik und des Pazifiks („AKP-Staaten"), die der EU nach Maßgabe verschiedener Assoziations- und Kooperationsabkommen verbunden sind. Auch in Asien und Lateinamerika ist die EIB auf Grund von Abkommen tätig. Die Bank spielt eine bedeutende Rolle in der Entwicklungspolitik der EU.

V. Sektorale Wirtschaftspolitiken der EU: Das Beispiel der Regional- und Strukturpolitik

Literatur: *Freise,* Abschied von der Gießkanne? Europäische Kohäsionspolitik nach dem Vertrag von Lissabon, integr. 2013, 34; *Engl,* Zusammenhalt und Vielfalt in Europas Grenzregionen, 2014; *Baun/Marek,* Cohesion Policy in the EU, 2014; *Nettesheim,* EU-Fondsverwaltung im Verwaltungsverbund, EurUP 2014, 24; *McCann,* Regional and Urban Policy of the EU, 2015; *Mögele,* Die Durchführung der EU-Förderpolitiken durch die Mitgliedstaaten im Spannungsfeld europäischen Verwaltungs- und Haushaltsrechts – ein Werkstattbericht aus der Praxis der europäischen Mehrebenenverwaltung, EuR 2016, 490; *Frenz,* Die gemeinsame Verwaltung der Gelder der Union am Beispiel der Strukturfonds, EWS 2016, 308; *Bachtler* u. a. (Hrsg.), EU Cohesion Policy – Reassessing Performance and Direction, 2016; *Dörr,* Die europäische Kohäsionspolitik: Eine ordnungsökonomische Perspektive, 2017; *Parashu,* Die EU und die Herausforderung der Migration: EU-Regionalpolitik als Lösungsansatz von Problemen?, EuR 2019, 324; *Becker,* Von einer Politik der Solidarität zum europäischen Konjunkturimpuls: der funktionale Wandel der EU-Strukturfonds, in: EZFF (Hrsg.), Jahrbuch des Föderalismus 2020, 403.

Die in Art. 119 AEUV formulierten „Tätigkeiten“ dienen der **globalen** Beeinflussung 56
der Wirtschaftspolitik. **Währungs- und Wettbewerbspolitik** gehören in denselben Zusammenhang. Darüber hinaus wirken die **sektoralen Politiken** auf die allgemeine Wirtschaftspolitik ein (z. B. Handels-, Landwirtschafts-, Verkehrs-, Sozial-, Umweltpolitik). Die Industriepolitik (Art. 173 AEUV) hat bisher kaum Profil gewonnen, wird allerdings zuletzt (insbesondere mit Blick auf die internationale Konkurrenz) wieder verstärkt betrieben (vgl. allerdings COM(2020) 102 final). Seit den achtziger Jahren ist vor allem die **Regional(Struktur)politik** ausgebaut worden. Sie soll hier näher betrachtet werden.

1. Entwicklung

Das Ziel der EU-Regional- und Strukturpolitik liegt in der **gezielten Förderung der** 57
Wirtschaft in zurückgebliebenen Regionen der Union. Im Rahmen der sog. „Kohäsionspolitik“ wird unter Abwendung von der Idee einer marktwirtschaftlich inspirierten Wirtschaftspolitik interventionistische und umverteilende Politik betrieben. Die EU kann sich dabei auf den Vertrag stützen: Dieser sieht es als Aufgabe der EU an, zur Verringerung des Abstandes zwischen einzelnen Gebieten und des Rückstandes weniger begünstigter Gebiete beizutragen (Art. 3 Abs. 3 EUV, Präambel des AEUV). Es ist Ausdruck der mitgliedstaatlichen Solidarität und ein wesentlicher Teilaspekt der Integration, dass sich die EU um eine Verringerung der wirtschaftlichen, sozialen und territorialen Disparitäten bemüht, die sich insbesondere in den Mitgliedstaaten und Regionen mit Entwicklungsrückstand ergeben. Unterstützung verdienen auch Regionen, die einen Prozess der wirtschaftlichen und sozialen Umstrukturierung durchlaufen. Zu den relativ neuen Aspekten der Kohäsionspolitik gehört die Bewältigung der Alterung der Bevölkerung. Der AEUV formuliert in Art. 174 Abs. 1 das „Kohäsionsziel“; in Abs. 2 wird das „Konvergenzziel“ als wichtiges Teilziel benannt.

Die Anfänge einer EG-Strukturpolitik reichen in die sechziger Jahre zurück. Zunächst war Italien die trei- 58
bende Kraft. Großbritannien und Irland erreichten bei ihrem Beitritt 1973 den eigentlichen Durchbruch (Schaffung des **Europäischen Regionalfonds 1975**). In den achtziger Jahren waren zunächst die „Kohäsionsländer“ Griechenland, Irland, Portugal und Spanien, seit 1990 auch Ostdeutschland und seit 2004 die acht mittelosteuropäischen Beitrittsstaaten die Hauptnutznießer der Strukturpolitik. In der EEA 1986 und im EUV 1992 wurde das **Prinzip des wirtschaftlichen und sozialen Zusammenhalts (Kohäsion)** in das Primärrecht aufgenommen. Die **Reform der Strukturfonds 1988/93** stellte das finanzielle Instrumentarium der Regional- und Strukturpolitik auf eine feste Rechtsgrundlage. Die Strukturpolitik wird – eingepasst in die gesamte Finanzplanung der Union – in siebenjährigen Perioden geplant (derzeit:

2021–2027; zur Entwicklung *Rossi,* in: Niedobitek (Hrsg.), Europarecht – Grundlagen und Politiken der Union, 2. Aufl. 2020, § 16 Rn. 4ff.).

59 Vertragliches Ziel der Kohäsionspolitik ist die Förderung einer **harmonischen Entwicklung der Union als Ganzes (Art. 174 AEUV).** Sie wird durch eine Politik zur Stärkung ihres **wirtschaftlichen und sozialen Zusammenhalts** entwickelt; die Vertragsbestimmung hat programmatische Natur (EuGH, 23.11.1999, Rs. C-149/96, „Portugal/Rat"). In der Kohäsionspolitik stand lange Zeit das Ziel im Vordergrund, die **sozialen und wirtschaftlichen Unterschiede innerhalb der EU** zu verringern; inzwischen ist das Ziel des **territorialen Zusammenhalts** hinzugetreten. Besondere Aufmerksamkeit galt dem Rückstand der am stärksten benachteiligten Gebiete oder Inseln, wozu auch Gebiete in äußerster Randlage gehören (z. B. die Azoren). Nur zu häufig blieben die Maßnahmen, die im Rahmen der Politik gefördert wurden, wirkungslos; es kam zu Mitnahmeeffekten, Verschwendung und Missbrauch. Man entschloss sich daher zu einer Neuorientierung, die eine stärkere Ausrichtung der Förderung auf Wissen, Forschung, Innovation, Humankapital zuletzt auch Ökologie und Digitalisierung bezweckt. Zudem wird eine Verknüpfung mit rechtsstaatlichen Erwartungen gesucht (COM(2018) 324 final).

2. Ziele und Instrumente

60 Die Strukturpolitik der Europäischen Union verwirklicht sich durch finanzielle Unterstützung, die in einem wenig kohärenten und unübersichtlichen Nebeneinander von „Fonds" gewährt wird. Eine erste Weichenstellung erfolgt durch die **Festlegung des mehrjährigen Finanzrahmens** (MFR), in welchem für die einzelnen Ausgabenkategorien Jahresobergrenzen gesetzt werden. Die hier thematisierten Fonds fallen überwiegend unter die Teilrubrik „wirtschaftlicher, sozialer und territorialer Zusammenhalt" (für die Jahre 2014–2020: Anlage I zu VO 1311/2013, ABl. L 347/884). Die Zuweisung der Gelder zu den einzelnen Fonds erfolgt durch den jeweiligen **Jahreshaushaltsplan** unter Einhaltung der Vorgaben des MFR (Art. 312 Abs. 1 UAbs. 3 AEUV). Sekundärrechtlich werden die unterschiedlichen Fonds durch fondsspezifische VOen ausgestaltet. Im Zentrum der Politik stehen der **Europäische Fonds für regionale Entwicklung (EFRE)** (VO 1301/2013, ABl. L 347/289), der **Europäische Sozialfonds (ESF)** (VO 1304/2013, ABl. L 347/470) und der **Kohäsionsfonds (KF)** (VO 1300/2013, ABl. L 347/281), deren Ziele sich teilweise überschneiden. Im Sinne einer Vereinfachung der Regelungswerke sollen EFRE und KF für den Zeitraum 2021–2027 in einer einzigen VO zusammengefasst werden (COM(2018) 372 final). Dasselbe Anliegen verfolgt eine **fondsübergreifende VO,** welche gemeinsame Bestimmungen für die hier genannten sowie weitere Struktur- und Investitionsfonds vorsieht (zuletzt VO 1303/2013, ABl. L 347/320). Darüber hinaus gibt es eine Reihe von weiteren Förderinstrumenten, so etwa die Agrarfonds (Europäischer Garantiefonds für die Landwirtschaft, Europäischer Landwirtschaftsfonds für die Entwicklung des ländlichen Raums sowie Fischereifonds und diverse Politiken der EIB (oben Rz. 18/45)). In der Praxis der EU ist diese Politik (einschließlich ihres agrarischen Teiles) zur finanziell aufwendigsten Aktion geworden. Die Fonds haben keine Rechtspersönlichkeit; sie sind unselbständige Einheiten der EU.

61 Für den Zeitraum 2021–2027 soll eine neue „Dachverordnung" an die Stelle der bisherigen allgemeinen VO 1303/2013 treten (VO-Vorschlag COM(2018) 375 final).

Diese schließt in ihrem Anwendungsbereich nunmehr sieben Fonds mit ein. Neben EFRE, ESF (nunmehr „ESF+") und KF werden der Europäische Meeres- und Fischereifonds (EMFF), der Asyl- und Migrationsfonds (AMIF), der Fonds für die innere Sicherheit (ISF) und das Instrument für Grenzmanagement und Visa (BMVI) erfasst. Geregelt sind übergreifende Bestimmungen u. a. über die zu unterstützenden politischen Ziele, die Programmplanung und -überwachung, die unterschiedlichen Formen der finanziellen Unterstützung sowie allgemeine Regeln zu Verwaltung und Kontrolle. Bereits in Art. 23 VO 1303/2013 wurde die Vergabe von Geldern im Rahmen der Strukturpolitiken verknüpft mit den Koordinierung- und Steuerungsinstrumenten der allgemeinen Wirtschaftspolitik (siehe dazu auch *Becker,* SWP-Studie 16/2020, 21 f.). Diese Konditionalität sowie die Einbeziehung in das Europäische Semester wird in Art. 15 des VO-Vorschlags beibehalten.

Üblicherweise werden von den EU-Organen allgemeine strategischen Leitlinien fest- **62** gelegt, die für die Verwendung der Mittel maßgeblich sein sollen. (z. B. Entsch. des Rates, 2006/702, ABl. L 291/11). Für die Periode 2021–2017 sieht die KOM folgende politische Ziele vor:

(a) ein intelligenteres Europa durch die Förderung eines innovativen und intelligenten wirtschaftlichen Wandels;

(b) ein grüneres, CO2-armes Europa durch Förderung von sauberen Energien und einer fairen Energiewende, von grünen und blauen Investitionen, der Kreislaufwirtschaft, der Anpassung an den Klimawandel, der Risikoprävention und des Risikomanagements;

(c) ein stärker vernetztes Europa durch die Steigerung der Mobilität und der regionalen IKT-Konnektivität;

(d) ein sozialeres Europa, im dem die europäische Säule sozialer Rechte umgesetzt wird;

(e) ein bürgernäheres Europa durch die Förderung einer nachhaltigen und integrierten Entwicklung von städtischen, ländlichen und Küstengebieten und lokaler Initiativen.

Die generellen Investitionsziele der ESI-Fonds ergeben sich aus Art. 9 der VO **63** 1303/2013 (Art. 4 der zukünftigen Dachverordnung, COM(2018) 375 final). Diese Ziele werden in den fondsspezifischen VOen jeweils ausdifferenziert (Art. 5 VO 1301/2013 zum EFRE, Art. 4 VO 1304/2013 zum KF, Art. 3 VO 1300/2013 zum ESF; nunmehr: Art. 2 der gemeinsamen VO zu EFRE und KF, COM(2018) 372 final, Art. 4 VO zum ESF+, COM(2018)382 final). Mit ihren geänderten Vorschlägen zur EFRE-KF-VO vom 28. 5. 2020 möchte die KOM den Auswirkungen der Pandemie begegnen, indem in Art. 2 nun auch die Schaffung von Arbeitsplätzen in KMU, die Resilienz des Fern- und Onlineunterrichts und die Stärkung von Kultur und Tourismus aufgenommen wurden (COM(2020) 452 final). Es wird auch explizit festgelegt, welche Programme nicht unterstützungswürdig sind. Zusätzlich zu den bisherigen Förderausschlüssen hinsichtlich bspw. Kernkraft, Tabakerzeugnissen, Abfallentsorgung in Mülldeponien sollen nun auch Investitionen im Zusammenhang mit der Produktion, Verarbeitung, Verteilung, Speicherung oder Verbrennung fossiler Brennstoffe ausgeschlossen werden (Art. 6 Abs. 1 lit. h VO zu EFRE und KF, COM (2018) 372 final).

64 Die finanzielle Förderung durch die Strukturfonds beruht auf den Grundsätzen der **„Komplementarität und Partnerschaft“.** Die Fonds ergänzen staatliche Maßnahmen und integrieren so in diese Maßnahmen die Prioritäten der Union. Die Mittelverteilung auf die einzelnen Investitionsprioritäten erfolgt je nach Fonds unterschiedlich und ist in der jeweiligen Verordnung geregelt.

65 Die Durchführung der Mittelvergabe erfolgt im Rahmen einer zwischen der Kommission und den Mitgliedstaaten „geteilten Mittelverwaltung“ (Art. 63 VO 2018/1046 über die Haushaltsordnung für den Gesamthaushaltsplan der Union, ABl. L 193/1). Kommission und Mitgliedstaaten wirken insofern Seite an Seite in einer besonderen Form des Verwaltungsverbunds (*Nettesheim,* EurUP 2014, 24). Um eine ordnungsgemäße Mittelvergabe sicherzustellen und Missbräuche zu verhindern, ist Voraussetzung nicht nur die Existenz funktionierender Verwaltungsstrukturen in den MSen, sondern auch eine funktionierende Aufsicht. Der Betrug zu Lasten des EU-Haushalts ist strafbar (§ 264 StGB) (Art. 325 AEUV; vgl. Bericht der Kommission über die Betrugsbekämpfung, COM(2020) 363 final).

VI. Ausblick

66 Es ist ein Ausdruck des inzwischen erreichten Grades europäischer Integration, dass sich Maßnahmen allgemeiner und sektoraler Wirtschaftspolitik inzwischen über alle Bereiche des wirtschaftlichen Geschehens in den Mitgliedstaaten erstrecken. Es ist ein Ausdruck der „Politisierung“ der EU, dass sich ein klares wirtschaftsverfassungsrechtliches Profil heute weniger denn je erkennen lässt. Während es einem Zweckverband mit vertraglich festgelegtem Integrationsauftrag möglich sein kann, eine eindeutige – etwa liberale – ordnungspolitische Handschrift aufzuweisen, muss sich ein politischer Integrationsverband der Vielfalt **konkurrierender Ordnungsvorstellungen und wirtschaftlicher Interessen** stellen, sie aufnehmen und zu Kompromissen umformen. Die Fragmentiertheit der wirtschaftsverfassungsrechtlichen Strukturen ist insofern unvermeidlich.

67 Aufmerksam zu verfolgen ist allerdings, wie sich die weitere Politik der EU entwickelt. Es erscheint nicht ganz ausgeschlossen, dass sich unter dem Druck von Empfängerinteressen und auf dem Hintergrund eines institutionellen Eigeninteresses der EU-Institutionen **eine Politik der Intervention** durchsetzt, durch welche die herausragenden Errungenschaften der Liberalisierung im Binnenmarkt verspielt werden. Die Entscheidungsstrukturen der EU machen es allerdings Spezialinteressen leichter als im staatlichen Kontext, ihre Wünsche durchzusetzen. Nicht jeder EU-Amtsträger scheint vor der Versuchung gefeit zu sein, durch „soziale“ Umverteilungsmaßnahmen Popularität und Zustimmung zu erkaufen und so Zustimmung für die Integration zu erwerben. In den Organen der EU finden sich allerdings genügend Beamte, die sich der Freiheits- und Wohlstandseffekte eines liberalen Umfeldes bewusst sind. Es besteht Anlass zur kritischen Aufmerksamkeit, ob sich nicht das bisherige Verhältnis von Markt und Intervention in der Zukunft verschiebt.

§ 19. Währungsunion

Literatur: *Zilioli/Selmayr,* The Law of the ECB, 2001; *Häde,* Die Europäische Währungsunion in der internationalen Finanzkrise, EuR 2010, 854; *Oppermann,* Euro-Stabilisierung durch EU-Notrecht, FS Möschel, 2011, 909; *James,* Making the European Monetary Union, 2012; *Siekmann* (Hrsg.), Kommentar zur Europäischen Währungsunion, 2013; *Schwarzer,* Die Europäische Währungsunion – Geschichte, Krise und Reform, 2015; *Ohler,* Bankenaufsicht und Geldpolitik in der Währungsunion, 2015; *Nettesheim,* It's about legitimacy: Stärkung der EU-Governance in der europäischen Währungsunion, in: Kube/Reimer (Hrsg.), Europäisches Finanzrecht, 2017, 37; *Ohler,* Integration durch Recht und ihre Grenzen: das Beispiel der Währungsunion, FS Siekmann, 2019, 3; *De Grauwe,* Economics of Monetary Union, 13. Aufl. 2020; *Amtenbrink/Hermann* (Hrsg.), EU Law of Economic & Monetary Union, 2020; *Hufeld/Ohler* (Hrsg.), Europäische Wirtschafts- und Währungsunion, EnzEuR IX, 2021.

I. Chancen und Risiken einer Währungsunion

Es war ohne Zweifel ein Quantensprung im Prozess der europäischen Einigung, als die Europäische Währungsunion am 1.1.1999 in Kraft trat und am 1.1.2002 mit der Ausgabe der Banknoten und Münzen in EURO-Denomination abgeschlossen wurde. Bis vor nicht allzu langer Zeit gingen viele Beobachter davon aus, dass sich die Einführung einer gemeinsamen Währung notwendig mit dem Prozess der Staatswerdung Europas verbinde – so sehr war die Vorstellung von Staatlichkeit mit der Existenz der Währungshoheit verknüpft. In einem **kühnen Schritt** entschlossen sich die Vertragsgeber von Maastricht gleichwohl zu einer Vertragsänderung, die die EU-Mitgliedstaaten in einer zuvor nie gekannten Weise miteinander verband. Im Vertrag von Maastricht war es zunächst nur ein Programm, das auf die Einführung des EURO abzielte. Am 3.5.1998 hat der Rat (in der Zusammensetzung der Staats- und Regierungschefs) dann elf Mitgliedstaaten (Belgien, Deutschland, Finnland, Frankreich, Irland, Italien, Luxemburg, Niederlande, Österreich, Portugal, Spanien) als Mitglieder der Europäischen Währungsunion (EWU) zugelassen. 2001 trat Griechenland als 12. Mitglied hinzu. Später wurde der Kreis der Euroländer um Slowenien (2007), Malta und Zypern (2008), die Slowakei (2009), Estland (2011), Lettland (2014) und Litauen (2015) auf nunmehr **19 Mitglieder** erweitert. 1

Der **Geltungsbereich der Währungsunion („Eurozone")** umfasst damit inzwischen mehr als 342 der über 447 Millionen Unionsbürger. Die Europäische Währungsunion (EWU) umfasst eine Staatengruppe, die mehr als 85% des Bruttoinlandsprodukts (BIP) der EU-27 ausmacht. In der EWU treten vier große Länder hervor (Deutschland, Frankreich, Italien und Spanien); sie erwirtschaften ca. 75% des BIP der EWU. Die Eurozone ist neben dem Dollarraum eines der beiden wirtschaftsstärksten Währungsgebiete der Erde. Der EURO hat sich – neben dem aufkommenden Yuan – inzwischen zu einer der wichtigsten Währungen der Welt entwickelt. 2

Kaum einer der anderen Schritte, mit denen die EU den Versuch der (Selbst-)Vergegenwärtigung im Bewusstsein ihrer Bürger unternahm, hat ähnlich **weitreichende und zugleich schwerwiegende Folgen.** Für die Unionsbürger und die in der EU wirtschaftenden Unternehmen bringt der EURO unzählige Vorteile mit sich. Aus unternehmerischer Sicht verspricht man sich von einem gemeinsamen Währungsraum vielfältige positive Aspekte für die Nachfrageentwicklung und den Außenhandel. Die Kosten für den **Umtausch von Währungen** entfallen (Reduzierung der Transaktionskosten). Die Aktivitäten sind mangels Wechselkursschwankungen weniger risiko- 3 behaftet (Risikoreduktion). Die Preistransparenz steigt; dies fördert den Wettbewerb und steigert den effizienten Einsatz von Ressourcen (Effizienzsteigerung). Zugleich gehen den MSen der Euro-Zone wirtschaftspolitische Handlungsspielräume verloren. Die Abwertung einer (nationalen) Währung ist ihnen nicht mehr möglich, um einen Verlust an internationaler Wettbewerbsfähigkeit aufzufangen; der Wettbewerbsdruck wirkt sich in einer Währungsunion mit großer Fühlbarkeit aus. Die Zentralisierung der Währungspolitik (Art. 3 AEUV: ausschließliche Kompetenz der EU) wirkt sich aus wie die Einführung einer Goldwährung, über die die Staaten nicht politisch verfügen können. Sie diszipliniert in einem Umfang, der sich mit dem demokratischen Selbstbestimmungsanspruch des modernen Gestaltungs- und Interventionsstaats reibt. Die Anliegen 1) einer Öffnung der Kapitalmärkte, 2) der Vergemeinschaftung der Währungspolitik und 3) der Erhaltung freier (wirtschafts-)politischer Gestaltungsspielräume lassen sich nicht spannungsfrei miteinander in Einklang bringen; hier besteht ein **Trilemma.**

4 Dem AEUV liegt eine **asymmetrische Architektur** zugrunde, in der die Vergemeinschaftung der Währungspolitik mit weitgehenden mitgliedstaatlichen Handlungsspielräumen wirtschaftspolitischer Art (oben Rz. 18/1 ff.) verbunden ist. Hierin wurde schon früh ein Risiko gesehen. In der **Finanz- und Wirtschaftskrise ab 2008** hat sich dieses Risiko realisiert. In der ersten Dekade des 21. Jhd. entwickelten sich die Volkswirtschaften der Eurozone deutlich auseinander. Hinreichend effektive wirtschaftspolitische Steuerungsinstrumente und Transfersysteme, die dies hätten auffangen können, gab es nicht. Ebenso wenig verfügten die MSen der EWU noch über monetäre Anpassungsmechanismen, die in einem rein staatlichen Kontext Umstellungsprozesse erleichtern und abfedern können. In einer Währungsunion wird die **Autonomie der Zinspolitik** aufgegeben; es ist die EZB, die die Leitzinsen für das gesamte Währungsgebiet ohne Möglichkeit der individuellen Rücksichtnahme auf die realwirtschaftlichen Entwicklungen in den einzelnen MSen festlegt. Zudem können **Wechselkursanpassungen** keinen Ausgleich mehr zwischen unterschiedlichen wirtschaftlichen Entwicklungen im Kreis der EWU-Staaten bewirken. Sog. „asymmetrische Schocks", die in einer Währungsunion nur einzelne der beteiligten Staaten treffen, können in diese erhebliche Spannungen tragen. Ergeben sich in der realwirtschaftlichen Entwicklung, nicht zuletzt der Arbeitsproduktivität, zu große Unterschiede, so verlieren „schwache" Mitgliedstaaten ihre Wettbewerbsfähigkeit, ohne dies (wie früher) durch eine Abwertung ihrer Währung ausgleichen zu können. Dies kann zu einer schwerwiegenden Gefährdung der Wirtschaft eines Landes führen und letztlich dessen Mitgliedschaft in der EWU in Frage stellen. Unsicher ist allerdings, inwieweit eine hoheitliche Gegensteuerung effizient ist; zudem bedarf es erheblicher Mittel.

5 Die **Theorie des „optimalen Währungsraums"** stellt Kriterien zur Verfügung, mit denen beurteilt werden kann, inwieweit sich die damit verbundenen Kosten für ein Land gleichwohl lohnen. Man geht davon aus, dass sich die durch derartige „Schocks" bewirkten Spannungen umso eher ausgleichen lassen, je größer die Preis- und Lohnflexibilität in den einzelnen Mitgliedstaaten und je größer die Faktormobilität (insbesondere der Arbeitskräfte) ist. Diese Form der Flexibilität ermöglicht die wirtschaftliche Anpassung an eine neue Lage, in dem sie zu Preisanpassungen führt und Wanderungen bewirkt. Die Bewältigung derartiger „Schocks" wird ferner durch eine Diversifikation der Produktion eines Staats erleichtert, zudem von wirtschaftlicher Offenheit und starker Präsenz auf Auslandsmärkten. Diese Gegebenheiten federn die

Wirkung von Spannungen ab. Nationalökonomen verweisen zudem regelmäßig darauf, dass es für das Gelingen einer Währungsunion auch auf den Grad des politischen Willens ankomme, die Kosten der durch den Verlust von Anpassungsmechanismen entstandenen Lage zu tragen. Ein System von Transferzahlungen zum Ausgleich der Lasten könne in diesem Fall helfen.

Die **Entwicklung seit 2010** hat schmerzlich vor Augen geführt, dass diese Zusam- 6
menhänge in den Jahren nach 1998 nicht hinreichend beachtet wurden. Vielerorts nutzte man das günstige – und EU-weit einheitlich niedrige – Zinsniveau, das sich nach der Gründung der EWU einstellte, um den Konsum zu steigern. Lohnerhöhungen schwächten die Wettbewerbsfähigkeit. Auch fiskalpolitisch war nicht in allen MSen der politische Wille vorhanden, die funktionalen Notwendigkeiten zu respektieren, die sich aus einer Währungsunion ergeben. Den Herausforderungen eines hohen Wettbewerbsdrucks, die der Binnenmarkt und die EWU für relativ wettbewerbsschwache Volkswirtschaften begründen, stellte man sich nicht. Zugleich wiesen die vertraglichen Regelungen, mit denen eine **stabilitätsorientierte Wirtschafts- und Haushaltspolitik** erzwungen werden sollte, eher geringe Wirkkraft auf. Diese Entwicklungen mündeten in eine Situation, in der die Gefahr eines Auseinanderbrechens der EWU nicht mehr jenseits aller Phantasie liegt.

Inzwischen ist aber auch deutlich geworden, dass die MSen (und die EU-Organe) vom 7
unbedingten politischen Willen zur Fortführung und Erhaltung der EWU beseelt sind. Vereinzelte Forderungen nach einem Ausschluss einzelner MSen oder der Aufspaltung der EWU in verschiedene Teilzonen sind weiterhin unrealistisch. Die Entwicklung der letzten Jahre belegt vielmehr, dass die MSen zum Schutz der EWU erhebliche Garantieleistungen aufzubringen bereit sind (*Heise,* Emerging from the Euro Debt Crisis, 2013). Es geht politisch um die Rettung, nicht um die Beendigung der Währungsunion. Ein Misserfolg der Währungsunion würde den europäischen Einigungsprozess schwerwiegend zurückwerfen. Die Wirtschaftskraft der beteiligten Staaten ist groß genug, die gegenwärtige Krise zu überwinden. Wie mit den in der Architektur der EWU angelegten und seit 2010 in Erscheinung getretenen Spannungen umgegangen wird, ist letztlich eine nur **politisch zu beantwortende Frage.** Sie ist unionsrechtlich nicht abschließend (auch nicht in Art. 122, 125 AEUV) beantwortet (zu dieser Diskussion: *Frenz/Ehlenz,* EWS 2010, 65; *Häde,* EuZW 2009, 399; *Herrmann,* EuZW 2010, 413; *Nettesheim,* EuR 2011, 765). Auch das deutsche Grundgesetz bestimmt nicht, dass solidarische Garantien und Transferleistungen zugunsten eines Mitglieds der Eurozone unzulässig wären (BVerfGE 132, 195, „ESM/Fiskalpakt" (2012)). Die politische Qualität der zu treffenden Entscheidungen machte sich schon früh dadurch bemerkbar, dass die stabilitätsorientierten Vertragsregelungen schon beim Eintritt in die EWU locker angewandt und danach immer wieder „gebogen" wurden. Es ist ein Verlust an Normativität eingetreten, der bei der heutigen Beurteilung des Rechtsrahmens zu berücksichtigen ist und nicht durch eine „Jetzt-erst-recht"-Haltung überspielt werden kann.

Weiterhin ist die EWU von Vertrags wegen als **Stabilitätsgemeinschaft** konzipiert 8
(Art. 127 AEUV). Art. 136 Abs. 3 AEUV ermöglicht eine krisenbedingte Fortentwicklung (oben Rz. 18/41). Für Deutschland ist nur die Mitgliedschaft in einer Stabilitätsgemeinschaft verfassungskonform (BVerfGE 89, 155, „Maastricht" (1993); BVerfGE 97, 350, „EURO" (1998); BVerfGE 132, 195, „ESM/Fiskalpakt" (2012)).

Zur Bekämpfung der **Gefahren, die durch mitgliedstaatliche Fiskal- und Haushaltspolitiken** bewirkt werden, wurde der Stabilitäts- und Wachstumspakt geschaffen und zusätzliche „Governance"-Instrumente eingerichtet (oben Rz. 18/23ff.). Ungeachtet dessen kennt die EWU weiterhin keine wirklich schlagkräftige institutionalisierte Antwort auf die Gefahren, die sich durch eine Auseinanderentwicklung der realwirtschaftlichen Gegebenheiten in der Euro-Zone ergeben. Seit sich die **EZB** der **Stabilisierung der Euro-Zone** angenommen hat, gehen auch von ihrer Politik Gefahren für die Entwicklung dieser aus (Inflationsgefahr, „Blasen"-Risiko).

9 Verschiedene Gründe haben dazu geführt, dass die **EZB** ihr **Rollenverständnis** über die in den 1990er Jahren entwickelte Konzeption hinaus weiterentwickelt hat. Diese Veränderungen werden von den Regierungen der MSen akzeptiert, stoßen aber in **Teilen von Wissenschaft und Bevölkerung auf Ablehnung.** Das BVerfG hat im vergangenen Jahrzehnt diesen Positionen eine wichtige Stimme verliehen – bis hin zu der spektakulären Entscheidung vom 5.5.2020, in der es das Selbstverständnis der EZB als vertragswidrig anprangerte (BVerfG, 5.5.2020, 2 BvR 859/15, „PSPP"). Eine Änderung der EZB-Politik wird es dadurch nicht erreichen (unten Rz. 19/27).

Es ist europarechtlich umstritten, ob ein nachträgliches **Ausscheiden eines Teilnehmerstaates** aus der „unumkehrbaren" EWU (Protokoll über den Übergang zur dritten Stufe 1992, ABl. C 191/87) zulässig wäre (*Meyer,* Orientierungen 1/2002, 18). Die Frage ist zu bejahen: Ein Vertrag, mit dem sich die EU-Staaten darauf einigten, einen Staat zu entlassen, würde nicht mit EU-Recht kollidieren. Der Weg über Art. 50 EUV muss hierfür nicht beschritten werden. Auch eine einseitige Austrittserklärung oder ein faktisches Ausscheiden durch Einführung einer eigenen Währung wären keine Rechtsverstöße. Man würde die Struktur der EU und ihres Rechts überschätzen, wenn man den MSen diese Befugnisse abstreiten wollte. Ein Ausschluss gegen den Willen des betroffenen MS wäre demgegenüber unzulässig. In der praktischen Durchführung bestünden in jedem Fall große Schwierigkeiten.

II. Die Europäische Währungsunion (EWU)

1. Europäische Zentralbank (EZB)

Literatur: *Heine/Herr,* Die Europäische Zentralbank – Eine kritische Einführung in die Strategie und Politik der EZB und die Probleme in der EWU, 3. Aufl. 2008; *Quaglia,* Central Banking Governance in the European Union – a Comparative Analysis, 2008; *Manger-Nestler,* Par(s) inter pares? – Die Bundesbank als nationale Zentralbank im Europäischen System der Zentralbanken, 2008; *Thiele,* Das Mandat der EZB und die Krise des Euro, 2013; *Görgens* u. a., Europäische Geldpolitik, 6. Aufl. 2013; *Grabowski,* Die EZB als Aufsichtsbehörde: Stellung und Funktion der EZB im ESFS und SSM, 2016; *Reichlin,* The European Central Bank, in: Amato u. a. (Hrsg.), The History of the European Union – Constructing Utopia, 2019, 321; *Thiele,* Die Europäische Zentralbank – Von technokratischer Behörde zu politischem Akteur?, 2019.

10 Institutionell verkörpert sich die Währungsunion in dem **Europäischen System der Zentralbanken (ESZB)** und der **Europäischen Zentralbank (EZB)** (Art. 282 AEUV). Das ESZB setzt sich aus der EZB und den nationalen Zentralbanken (auch der MSen außerhalb der Eurozone) zusammen. Es ist kein Glied der EU, weil es keine Rechtspersönlichkeit besitzt; Art. 13 Abs. 1 EUV zählt es auch nicht zu den Organen der EU. Allerdings sind seine Entscheidungen der EU (und nicht der EZB) zuzuordnen. Demgegenüber handelt es sich bei der EZB um eine Einrichtung mit Sitz in Frankfurt a. M., die heute als Organ der EU bezeichnet wird, wenngleich sie aufgrund ihrer Rechtsfähigkeit im eigenen Namen agiert und rechtlich deshalb als Glied zu bezeichnen wäre (Art. 13 Abs. 1 EUV, Art. 282ff. AEUV). Die Beschlussorgane der EZB

leiten das ESZB. Die Regelungen über das ESZB und die EZB sind **kompliziert und wenig übersichtlich** (einerseits Art. 127ff. AEUV, andererseits Art. 282ff. AEUV). Die wesentlichen Regelungen über die **Organisation, Befugnisse und Aufgaben** wurden bereits im Maastrichter Unionsvertrag 1992 getroffen (Art. 105–110, 112–113, 123 EGV iVm der Satzung des ESZB und der EZB, Prot. z. EGV, ABl. C 191/68; GeschO EZB, Beschl. 2004/257, ABl. L 80/33) und seither fortentwickelt (vgl. Prot. z. AEUV, ABl. C 2016, C 202/230; Beschl. 2016/1717, ABl. L 258/17).

a) Die Institution der EZB

Die EZB ist eine der EU **eingegliederte unabhängige Sondereinrichtung** mit spezifischen Befugnissen. Ihre Aufwertung in Art. 13 EUV hat programmatische Bedeutung (hierzu *Häde,* EuR 2009, 200). Die EZB hat **Rechtspersönlichkeit** und leitet das ESZB. Noch schärfer als bei der Deutschen Bundesbank wird in Art. 130 AEUV die **Unabhängigkeit der EZB** und auch der nationalen Zentralbanken in ESZB-Angelegenheiten **von den MSen und der EU** postuliert. Die Pflicht zur loyalen Zusammenarbeit (Art. 13 Abs. 2 EUV) darf nicht zur Beeinträchtigung der Unabhängigkeit führen. 11

aa) Rat, Direktorium und Präsident

Hauptorgan ist der Rat der EZB (**„EZB-Rat"**) mit 25 Mitgliedern (19 Präsidenten der nationalen Zentralbanken der Eurozone; 6 Mitglieder des Direktoriums, Art. 283 AEUV). Die ständige Exekutive der EZB ist das **Direktorium** mit 6 Mitgliedern (Präsident/Vizepräsident und vier weitere Mitglieder). Sie werden vom EuRat auf Empfehlung des Rates und nach Anhörung des EP und des EZB-Rats auf 8 Jahre (ohne Wiederwahl) aus anerkannten und erfahrenen Persönlichkeiten des Währungs- und Bankwesens einvernehmlich ausgewählt und ernannt. Die Direktoriumsmitglieder genießen Diplomatenstatus (BGBl. 1998 II 2995 (Sitzungsabkommen D/EZB)). **Präsidenten der EZB** wurden bisher *Wim Duisenberg* (Niederlande, 1998–2003), *Jean-Claude Trichet* (Frankreich, 2003–2011) und *Mario Draghi* (Italien, 2011–2019). Seit 2019 hat *Christine Lagarde* (Frankreich) das Amt inne. 12

Der EZB-Rat wird von der Präsidentin der EZB geleitet; sie erlässt die **Leitlinien und Entscheidungen** zur Erfüllung der dem Eurosystem übertragenen Aufgaben, insbesondere der **EURO-Geldpolitik.** Das Direktorium führt diese Politik im Rahmen der Leitlinien und Entscheidungen des Rats durch. Es hat eine starke Stellung bei der Vorbereitung der Ratsbeschlüsse.

Die EZB verfügt über **eigenes Personal** (*C. Schmid,* Das Personalrecht der EZB, 2002).

bb) Stimmrechte in der EZB

Unter europapolitischen Gesichtspunkten **ist die Stimmrechtsverteilung in der EZB ein besonders wichtiger Gesichtspunkt.** Bis Ende 2014 galt das Prinzip „ein Mitglied – eine Stimme". Zum 1.1.2015 haben sich die Regeln wesentlich geändert. Mit einem **Rotationssystem** soll die Handlungsfähigkeit des Rats gesichert werden, die durch das Wachstum der Mitgliederzahl bedroht wird. Seither werden die MSen der Euro-Zone entsprechend der Wirtschaftskraft und der Größe des Finanzsektors in zwei Gruppen eingeteilt. Die Notenbankpräsidenten der MSen, die die Ränge 1–5 belegen, teilen sich vier Stimmrechte (Deutschland, Frankreich, Italien, Spanien und Niederlande). Die übrigen Präsidenten teilen sich 11 Stimmrechte (14 MSen). Mit dem Beitritt eines 22. MS zur Eurozone würden drei Gruppen gebildet. Das Stimmrecht der Zentralbankpräsidenten rotiert im monatlichen Turnus. Sowohl der **EZB-Rat** (Art. 10.2 Satzung) als auch das **Direktorium** (Art. 11.5 Satzung) beschließen grundsätzlich **mit einfacher Mehrheit.** Bei Stimmengleichheit gibt die Stimme des Präsidenten den Ausschlag. Beschlüsse über das Kapital und die Währungsreserven der EZB und einige andere werden mit einer nach den nationalen Kapitalanteilen berechneten Stimmenwägung (Art. 10.3 Satzung) oder auch mit qualifizierter Mehrheit getroffen. Auf diese Weise ergab sich ein **entscheidender Souveränitätstransfer der MSen an die EU.** 13

cc) Die nationalen Zentralbanken

14 Nach Art. 131 AEUV müssen alle am ESZB beteiligten **nationalen Zentralbanken** eine der EZB vergleichbare **unabhängige Organisationsstruktur** aufweisen. Sie werden nicht in die EZB eingegliedert, sondern bestehen als Institutionen des nationalen Rechts fort (*Seiler*, EuR 2004, 52). In einem **bemerkenswerten Prozess europäischer Rechtsangleichung** haben bisher regierungsabhängige Zentralbanken wie z. B. die Banque de France oder die spanische Zentralbank diesen Vorgaben Rechnung getragen. Eine eigenständige Währungspolitik können die nationalen Zentralbanken nicht mehr verfolgen. Die Leitlinien und Weisungen der EZB haben für die Zentralbanken der MSen der Eurozone Bindungswirkung. Art. 271 lit. d AEUV sieht eine Klagemöglichkeit zur Durchsetzung dieser Pflicht vor. Zudem kann die EZB Tätigkeiten, die den nationalen Zentralbanken zugewiesen werden, an sich ziehen.

b) Die Unabhängigkeit der EZB

15 Die EZB ist eine eingegliederte, als Organ bezeichnete Institution der EU, deren **Unabhängigkeit** besonders garantiert ist (Art. 130, 282 Abs. 3 AEUV). Bei der Wahrnehmung der Aufgaben des Eurosystems dürfen die EZB und die nationalen Zentralbanken keinerlei Weisungen von dritter Seite einholen oder entgegennehmen. Einflussnahmen der EU oder der MSen auf die EZB sind untersagt. Die Unabhängigkeit umfasst die Institution (Weisungsfreiheit, eigener Haushalt, Verbot der Kreditgewährung) und das operative Geschäft. Auch die persönliche Unabhängigkeit der Amtswalter ist sichergestellt. Da die EZB bei aller Unabhängigkeit ein Bestandteil der EU ist, bedürfen ihre **Beziehungen zu den anderen Unionseinrichtungen** einer Regelung.

16 Die Beziehungen der EZB zu den anderen EU-Organen sind z. T. in Art. 284 AEUV ausdrücklich geregelt. Andererseits haben die MSen über die **wirtschaftspolitische Koordination** im Rat mit Blick auf den EURO informelle Vereinbarungen getroffen. Dabei darf die Unabhängigkeit der EZB nicht angetastet werden.

17 Der **Ratspräsident** und ein **Mitglied der Kommission** können ohne Stimmrecht an den Sitzungen des EZB-Rats teilnehmen. Ersterer kann auch Anträge zur Beratung vorlegen. Umgekehrt wird der Präsident der EZB bei währungspolitischen Fragen zu den Ratssitzungen eingeladen. Außerdem steht die EZB auf der Grundlage eines Jahresberichtes über ihre Tätigkeit **mit dem Rat, dem Europäischen Rat, dem Europäischen Parlament und der Kommission** in einem **ständigen Dialog.**

18 Hauptgesprächspartner der EZB ist der **Rat der Wirtschafts- und Finanzminister („Ecofin-Rat").** Ihm obliegt nach Art. 121 AEUV die Koordinierung der Wirtschaftspolitik der MSen und der EU einschließlich ihrer Finanz- und Haushaltspolitik. Im Besonderen geht es dabei um die Durchführung des 1997 beschlossenen **Stabilitäts- und Wachstumspaktes,** der die Nachhaltigkeit der 1998/99 erreichten wirtschaftspolitischen Konvergenz der „EURO-Staaten" sichern soll (oben Rz. 18/21). Der Erfolg dieser Politik ist von wesentlicher Bedeutung für die Geldpolitik der EZB. Die Rolle, die die EZB inzwischen bei der Stabilisierung der Euro-Zone übernommen hat, lässt Zweifel aufkommen, wie groß die Unabhängigkeit der Geldpolitik angesichts mannigfaltiger Zwänge wirklich noch ist.

19 Der **Ecofin-Rat** stellt im Sinne des AEUV das **zentrale Beschlussorgan** für die Wirtschaftskoordinierung dar. Im Verhältnis zur EZB bleibt er vertragsgemäß Dialogpartner. Die EURO-Staaten erörtern besondere Fragen im Zusammenhang mit der gemeinsamen Währungspolitik in einem **informellen Koordinierungsgremium** vor den Ecofin-Tagungen **(„EURO-Gruppe").** Hierzu können Kommission und EZB eingeladen werden. „Fragen von gemeinsamem Interesse" werden von den Ministern aller 27 MSen behandelt. Eine Beschlussfassung ist nur im Econfin-Rat gemäß dem AEUV möglich.

c) Kapital und Währungsreserven der EZB

Die EZB verfügt seit Ende 2010 über ein ursprüngliches eigenes Kapital von 10,825 Mrd. Euro und eine Ausstattung mit Währungsreserven der nationalen Zentralbanken in Höhe von bis zu 57 Mrd. Euro (gegenwärtig ca. 73 Mrd. Euro). Der Anteil der hieran beteiligten nationalen Notenbanken berechnet sich nach einem Schlüssel, der zu je 50 % auf den Bevölkerungsanteil und auf das Bruttoinlandsprodukt der MSen innerhalb der Gemeinschaft abstellt (Art. 28.2 iVm 29 Satzung und Beschl. der EZB 2020/137, ABl. LI 27/4). Die Bundesbank trägt ca. 21,4 %. Kapitalerhöhungen regeln sich nach der VO 1009/2000 (ABl. L 115/1). 20

Die Gewinne, die die EZB erwirtschaftet, werden jährlich an die Anteilseigner, also die nationalen Zentralbanken, entsprechend den Anteilen ausgeschüttet. Bis zu 20 % fließen allerdings in einen Reservefonds (Art. 33 Satzung). Verluste der EZB werden hieraus gedeckt, im Übrigen werden sie aus Einkünften der nationalen Zentralbanken ausgeglichen. Ggf. müssen die MSen Kapital nachschießen.

2. Aufgaben und Ziele des Eurosystems

Die Aufgaben des ESZB mit der Europäischen Zentralbank (EZB) als Zentrum sind in Art. 127 AEUV niedergelegt. Vorrangiges Ziel ist die **Gewährleistung der Preisstabilität** (*Palm,* Preisstabilität in der EWWU, 2000). Nur soweit dies ohne Beeinträchtigung der Preisstabilität möglich ist, unterstützt das ESZB die **allgemeine Wirtschaftspolitik** in der EU, um zur Verwirklichung der allgemeinen EU-Ziele im Sinne des Art. 3 EUV beizutragen. Dabei handelt das Eurosystem im Einklang mit dem Grundsatz einer offenen Marktwirtschaft mit freiem Wettbewerb. 21

Zur Durchführung ihrer Aufgaben verfügt die EZB über eine **eigene Rechtsetzungsbefugnis** (EZB-Verordnungen, Leitlinien u. a., oben Rz. 19/12), sowie über das **Banknotenregal** (Art. 128 AEUV). Sie wird zum Erlass nationaler und europäischer Rechtsakte gehört (Art. 127 Abs. 4 AEUV) und ist in die Aufsicht über die Kreditinstitute eingeschaltet (Art. 127 Abs. 5 AEUV). Die EZB kann gegen Unternehmen **Sanktionen** verhängen (VO 2157/99, ABl. L 264/21 iVm VO 2532/98, ABl. L 318/4). 22

Art. 127 Abs. 2 AEUV legt fest, dass die EZB vier grundlegende Aufgaben hat: a) die Festlegung und Durchführung der Geldpolitik des Euro-Währungsgebiets; b) die Durchführung von Devisengeschäften; c) die Verwaltung der offiziellen Währungsreserven der Mitgliedstaaten (Portfoliomanagement); schließlich d) die Unterstützung des reibungslosen Funktionierens der Zahlungssysteme. 23

Banknotenregal. Unter den Befugnissen der EZB ist das ausschließliche Recht hervorzuheben, **die Ausgabe von Banknoten innerhalb der EU zu genehmigen** (Art. 128 AEUV, Art. 16 Satzung). Seit 2002 ist der EURO alleiniges gesetzliches Zahlungsmittel der Eurozone. Darüber hinaus haben einige Drittstaaten den EURO als Zahlungsmittel übernommen oder ihre Währungen an ihn gebunden. 24

Geldpolitik für die Eurozone. Zu den Aufgaben des Eurosystems gehört es, die **Geldpolitik des EURO-Währungsgebietes** festzulegen und auszuführen. Vorrangig ist hierbei die **Preisstabilität** zu gewährleisten. Soweit dieses Ziel nicht beeinträchtigt wird, unterstützt das Eurosystem die allgemeine Wirtschaftspolitik in der EU (Art. 127 AEUV, Art. 2f. Satzung). Für die Inflationsbekämpfung hat die EZB eine 25

„Zwei-Säulen-Strategie" entwickelt. Für ihre Entscheidungen über Zinsschritte analysiert sie einerseits die Entwicklung der Geldmenge, andererseits eine Reihe nichtmonetärer Faktoren wie Wirtschaftswachstum, Arbeitslosigkeit, Lohnabschlüsse und insbesondere die staatlichen Haushaltsdefizite.

26 Eine einheitliche Europäische Geldpolitik bedarf der **Vereinheitlichung der einzelnen geldpolitischen Instrumente und Verfahren im Eurosystem.** Die EZB hat dies mit umfänglichen und regelmäßig fortgeschriebenen Leitlinien vollzogen (vgl. etwa 2019/1032, ABl. L 167/64). Im Vordergrund stehen dabei Offenmarktgeschäfte, Ständige Fazilitäten (u. a. zum finanziellen Beistand zur Stützung der Zahlungsbilanzen der Mitgliedstaaten), Mindestreserven u. a. m. (zur EZB-Rechtsetzung im Rahmen der Geldpolitik Fundstellennachweis des geltenden Unionsrechts 10.20).

27 In der Folge der Finanzkrise hat sich die EZB der **Stabilisierung der Euro-Zone** angenommen. Sie begründet dies damit, dass die Unsicherheiten über das Fortbestehen und die Zukunft der Euro-Zone die geldpolitische Lage vieler Peripheriestaaten in sachlich nicht gerechtfertigter Weise verschlechtert hätten. Zugleich sei die „Transmission" ihrer Geldpolitik gestört. Dies veranlasste die EZB am 6.9.2012 zur Ankündigung, unter bestimmten Voraussetzungen Staatsanleihen aufkaufen zu wollen **(Outright Monetary Program).** Sie formuliert dabei Voraussetzungen (Erfordernis der Antragstellung eines hilfsbedürftigen Staats beim ESM oder der EFSF). Der EuGH hat keine rechtlichen Bedenken gegen die Kompetenzkonformität gehabt. Auch das Verbot der monetären Staatsfinanzierung sei nicht verletzt (EuGH, 16.6.2015, Rs. C-62/14, „Gauweiler"). Das BVerfG ist dem 2016 gefolgt (BVerfGE 142, 123, „OMT" (2016); *Mayer,* EuR 2014, 473; *Müller-Franken,* NVwZ 2014, 514; *Heun,* JZ 2014, 331). Schon 2015 hat die EZB ein „asset-backed securities purchase program" aufgelegt, das monatliche Anleihekäufe ursprünglich im Umfang von ca. 60 Mrd. Euro vorsieht (Beschl. der EZB 2015/5, ABl. L 1/4). Auch dieses Programm wurde Gegenstand rechtlicher Angriffe (BVerfGE 146, 216, „PSPP-Vorlagebeschluss" (2017); EuGH, 11.12.2018, Rs. C-493/17, „Weiss"; BVerfG, 5.5.2020, 2 BvR 859/15, „PSPP"). In der „Covid-19"-Pandemie hat die EZB dann ein weiteres Ankaufprogramm beschlossen („Pandemic Emergency Purchase Program" (PEPP)), das insgesamt 1350 Mrd. Euro umfassen soll. Inzwischen liegt ein erheblicher Anteil der Staatsanleihen der MSen bei der EZB; die Vereinbarkeit mit Art. 123 AEUV erweist sich als prekär. Man kann hierin eine Umgehung des Verbots des Art. 123 AEUV erblicken; man kann die Ankaufpolitik der EZB aber auch als Reaktion auf Entwicklungen in der EURO-Zone verteidigen, die ohne diese Ankäufe auseinanderbrechen würde. Unmittelbare Angriffe auf Programme der EZB sind Individualklägern nicht möglich, weil es an einer Antragsbefugnis im Sinne von Art. 263 Abs. 4 AEUV fehlt (EuG, 10.12.2013, Rs. T-492/12, „von Storch").

28 *Außenvertretung der Eurozone.* Während die EZB auf diese Weise im Wesentlichen für die „Innenseite" der EU-Geldpolitik verantwortlich ist, sind ihre Befugnisse bei der **„Außenpolitik des Eurosystems"** eingeschränkt. Dem Rat kommt nach Art. 138 AEUV die Befugnis zu, gemeinsame Standpunkte zur Sicherung der Stellung des EURO im internationalen Währungssystem zu erlassen. Auch für die **Währungs- und Wechselkurspolitik gegenüber Drittländern** ist nach Art. 219 AEUV letztlich **der Rat zuständig** (*Oppermann,* FS K. Vogel, 2000, 529). Er kann Vereinbarungen treffen und „allgemeine Orientierungen" für die Wechselkurspolitik gegenüber dritten Währungen aufstellen. Hieran sind Kommission und EZB nur empfehlend beteiligt. Der Rat ist auf das vorrangige Ziel des ESZB verpflichtet, die Preisstabilität zu gewähr-

leisten. Die EZB hat allerdings auch in der Außenvertretung wichtige Funktionen. So führt sie die **laufenden Devisengeschäfte** durch (Art. 127 Abs. 2 AEUV). Sie kann damit u. a. das laufende Wechselkursverhältnis EURO/USD beeinflussen.

Unterstützung des Zahlungsverkehrs. Die EZB organisiert den Zahlungsverkehr zwi- 29
schen den MSen. Besondere Bedeutung hat dabei das „TARGET 2"-System erlangt, in dem sich mangels regelmäßigen Ausgleichs handelsbedingte Ungleichgewichte zwischen den MSen abbilden. Im Falle eines Zusammenbruchs der Euro-Zone wären die Positivsalden abzuschreiben (zur Kritik: *Sinn,* Die Target-Falle, 2. Aufl. 2012).

Eine wichtige Aufsichtsfunktion nimmt die EZB im **Rahmen der Bankenunion** ein. 30
Im Rahmen des sog. „single supervisory mechanism" übt die EZB die Aufsicht über ca. 120 Banken aus (unten Rz. 31/6).

In der Funktionsstruktur des Eurosystems wird dem **Grundsatz dezentraler Aufgabenerledigung** Rech- 31
nung getragen (anders bei der Bankenunion). Die operationalen Aufgaben werden beinahe ausschließlich von den nationalen Zentralbanken (NZBen) ausgeführt. Sie stehen dabei in der Pflicht, die Entscheidungen des EZB-Rats durchzuführen. Beispiele für die Zuständigkeit der nationalen Zentralbanken sind etwa: die Ausführung geldpolitischer Transaktionen, wie die Versorgung der Geschäftsbanken mit Zentralbankgeld; die Anlage der Währungsreserven der EZB; der Betrieb und die Überwachung der Zahlungssysteme und Wertpapierabwicklungssysteme oder auch die Beauftragung der Herstellung von Banknoten, deren Ausgabe und deren Bestandsüberwachung.

III. Ausblick

Das Eurosystem hat seit 1999 die Aufgabe der Wahrung der Preisstabilität im Euro- 32
Raum konsequent verfolgt. Der Amtsführung des ersten EZB-Präsidenten *Wim Duisenberg* 1998–2003 wird gelungene Aufbauarbeit zugeschrieben; die Tätigkeit des nachfolgend amtierenden Präsidenten *Jean-Claude Trichet* war eine Zeit der ersten Konsolidierung; man erkannte allerdings nicht die schwerwiegenden Risiken, die die Konstruktion der Euro-Zone und die Politik der MSen bewirkten. Als 2008 in den USA schon die Finanzkrise ausgebrochen war, feierte man in der EU noch einen 10jährigen guten Geburtstag des EURO. Präsident *Draghi* wird allgemein zugeschrieben, dass er durch beherztes Handeln 2012 die Integrität der Euro-Zone gerettet und das Ausscheiden einzelner Mitgliedstaaten verhindert hat. Der EURO ist als internationale Handels- und Anlagewährung weiterhin gefragt.

Allerdings ist die Euro-Zone **gewaltigen Herausforderungen** ausgesetzt. Es ist unklar, 33
ob die asymmetrische Architektur (Vergemeinschaftung der Währung, relative wirtschaftspolitische Autonomie der MSen) so beibehalten werden kann. Einige der MSen verfolgen **Fiskal- und Haushaltspolitiken,** die für die EZB-Stabilitätspolitik eine Gefährdung darstellen. Die bisherigen Erfahrungen mit der Anwendung des Stabilitätspaktes sind problematisch (oben Rz. 18/30ff.). Die EZB sah sich gezwungen, an die Grenzen ihres Mandats (und nach dem Vorwurf mancher auch über diese hinaus) zu gehen. Der **Ankauf von Staatsanleihen** auf dem Sekundärmarkt verursacht ein Inflationsrisiko; die Verfolgung einer **Niedrigzinspolitik** kann (Immobilien- und andere) „Blasen" erzeugen und vernichtet erspartes Kapital. Bislang ist nicht absehbar, ob die EZB die damit verbundenen Gefahren im Griff hat. Ein Rückzug der EZB würde allerdings Schwachstellen aufdecken, die gegenwärtig niemand wirklich sehen will.

§ 20. Wettbewerbsrecht und Unternehmen

Literatur: Gesamtdarstellungen mit weiteren Literaturangaben: *Mestmäcker/Schweitzer,* Europäisches Wettbewerbsrecht, 3. Aufl. 2014; *Schröter/Jakob/Klotz/Mederer* (Hrsg.), Europäisches Wettbewerbsrecht, 2. Aufl. 2014; *Bellamy/Child,* Materials on European Union Law of Competition, 8. Aufl. 2018; *Ezrachi,* EU Competition Law, 6. Aufl. 2018; *Langen/Bunte* (Hrsg.), Komm. zum deutschen und europäischen Kartellrecht, 13. Aufl. 2018; *Jones/Sufrin/Dunne,* EU Competition Law, 7. Aufl. 2019; *Körber/Schweitzer* u. a. (Hrsg.), Wettbewerbsrecht I, 6. Aufl. 2019; *Malaurie-Vignal,* Droit de la concurrence interne et européen, 8. Aufl. 2019; *Mäger,* in: Schulze u. a. (Hrsg.), Europarecht, 4. Aufl. 2020, § 17; *Loewenheim* u. a. (Hrsg.), Kartellrecht, 4. Aufl. 2020; *Weiß,* Europäisches Wettbewerbsverwaltungsrecht, in: Terhechte (Hrsg.), Verwaltungsrecht der EU, 2. Aufl. 2021, § 18.

Grundsätzliches: *Schmidtchen* u. a. (Hrsg.), The more economic approach to European competition law, 2007; *Künzler,* Effizienz oder Wettbewerbsfreiheit?, 2009; *Hertfelder,* Die consumer welfare im europäischen Wettbewerbsrecht: eine Analyse der Rechtspraxis der Kommission und der europäischen Gerichte, 2010; *McGowan,* The Anti-Trust Revolution in Europe, 2010; *Basedow/Wurmnest* (Hrsg.), Structure and Effects in EU Competition Law, 2011; *Behrens,* Abschied vom more economic approach?, FS Möschel, 2011, 115; *Nowak,* Wettbewerb und soziale Marktwirtschaft in den Regeln des Lissabonner Vertrages, in: Schwarze/Müller-Graff (Hrsg.), Neues Europäisches Wirtschafts- und Wettbewerbsrecht, 2011, 21; *Thomas,* Der Schutz des Wettbewerbs in Europa, JZ 2011, 485; *Brinker,* Der Effektivitätsgrundsatz und seine Grenzen – dargestellt am Beispiel des europäischen Wettbewerbsrechts, FS Schwarze, 2014, 536; *Müller,* Wettbewerb und Unionsverfassung, 2014; *Klement,* Wettbewerbsfreiheit, 2015; *Wolters,* Die rechtsstaatlichen Grenzen des ‚more economic approach' im Lichte der europäischen Rechtsprechung, 2015; *Ibáñez Colomo,* Beyond the „more economics based approach", CMLRev 2016, 709; *Behrens,* Europäisches Marktöffnungs- und Wettbewerbsrecht, 2017; *Caro de Sousa,* EU and national approaches to passing on and causation in competition cases, CMLRev 2018, 1751.

I. Grundlagen

1. Wettbewerb als Element des Binnenmarktes

1 In der Vergangenheit stellte die „offene Marktwirtschaft mit freiem Wettbewerb" (Art. 4 EGV-Nizza) eine zentrale, ausdrückliche Festlegung des Unionsrechts dar. Nunmehr findet sich das Wettbewerbsziel auf französisches Drängen hin nur noch in einem Zusatzprotokoll, wo es aber – zu Recht – als Teil des in Art. 3 EUV verankerten Binnenmarktes definiert wird (vgl. auch Rz. 22/1). Zugleich hebt Art. 3 EUV das Ziel der früher nicht so qualifizierten „wettbewerbsfähigen **sozialen Marktwirtschaft**" hervor (dazu *Müller-Graff,* FS Scheuing, 2011, 600 ff.), das zudem durch eine sozialpolitische Querschnittsklausel (Art. 9 AEUV; Rz. 29/10) flankiert wird. An versteckten Stellen, in Art. 119 f. AEUV sowie ähnlich in Art. 173 AEUV, ist zudem noch – in gewisser Gegenläufigkeit dazu – die frühere Festlegung auf eine **offene Marktwirtschaft mit freiem Wettbewerb** zu finden.

2 Konkret hat die EU zwecks Sicherung des freien Handelsverkehrs im Binnenmarkt darüber zu wachen, dass die zwischen den MSen, vor allem durch die Grundfreiheiten (§§ 22, 25, 27, 28 und 30) abgebauten Grenzen nicht durch private Vereinbarungen auf andere Weise wieder errichtet werden (EuGH, 13.7.1966, verb. Rs. 56/64 u. a., „Consten und Grundig") und der **Wettbewerb im Handel zwischen den MSen verfälscht** wird (EuGH, 21.9.1989, verb. Rs. 46/87 u. a., „Hoechst"). Dafür müssen Maßnahmen gegenüber Unternehmen getroffen werden können (Art. 101 ff. AEUV). Aber auch mit Blick auf die MSen reicht die Marktöffnung allein nicht aus zur Sicherung eines fairen Wettbewerbs. Im Vertrag selbst sind Regeln zur Kontrolle staatlicher Subventionen für Unternehmen, die den Wettbewerb beeinträchtigen kön-

nen (Art. 107ff. AEUV; Rz. 21/6ff.), sowie zur Stellung öffentlicher Unternehmen (Art. 14, 106 AEUV, Rz. 21/40ff.) enthalten. Daneben ist die Rechtsangleichung in den Bereichen gefordert, in denen der Staat den Wettbewerb trotz Marktöffnung faktisch verhindern kann. Wichtigstes Beispiel ist das Recht der öffentlichen Aufträge (Rz. 21/57ff.).

In seiner Grundlinie folgt das EU-Wettbewerbsrecht ähnlich wie entsprechende nationale Regelungen einer **liberalen wirtschaftspolitischen Philosophie.** Ihm liegt der Gedanke zugrunde, dass jeder Wirtschaftsteilnehmer sein Verhalten im Binnenmarkt selbständig bestimmen können soll (EuGH, 4.6.2009, Rs. C-8/08, „T-Mobile Netherlands"). Danach ist der Wirtschaft einschließlich des Verbrauchers mit einem „unverfälschten", d. h. von privaten und öffentlichen Einschränkungen und Vermachtungen möglichst befreiten Wettbewerb am besten gedient (klassisch *Böhm,* Wettbewerb und Monopolkampf, 1933). Die notwendige Rolle des Staates bei der Sicherung dieser Freiheit (im ordoliberalen Sinne) wird damit aber nicht in Frage gestellt. Die Gewährleistungen von individueller und **unternehmerischer Freiheit** sowie – für die heutige Konzeption des Wettbewerbsrechts von größerer und vor allem zunehmender Bedeutung – institutionelle Gesichtspunkte wie die **Sicherung ökonomischer Effizienz** im Sinne bestmöglicher Ressourcenallokation einerseits und die Erkenntnis andererseits, dass das für die Steuerung von Wirtschaftsprozessen erforderliche Wissen kaum zentral vorgehalten werden kann (*v. Hayek,* Die Anmaßung von Wissen, 1974, auch mit Kritik an Vorstellungen einer vor allem in den USA diskutierten „workable competition"), gehen so eine sachgerechte Verbindung ein. Dabei werden bestimmte Formen wirtschaftlicher Kooperation zwischen Unternehmen, die der Förderung des technischen oder wirtschaftlichen Fortschrittes dienen (Art. 101 Abs. 3 AEUV), als legitim erachtet. 3

Seit etlichen Jahren haben ökonomische Gesichtspunkte im Sinne eines **„more economic approach"** (dazu *Schmidtchen* u. a. (Hrsg.), The more economic approach to European Competition Law, 2008; *Körber/Schweitzer/Zimmer,* in: Immenga/Mestmäcker, Wettbewerbsrecht, 6. Aufl., Band 1, 2019, Abschn. I C) ein stärkeres Gewicht erhalten. Mit Hilfe von Modellüberlegungen und Simulationen sollen die Instrumente des Wettbewerbsrechts zielgenauer eingesetzt werden. Dabei gewinnt **funktional** die Frage danach Gewicht, was den **technischen Fortschritt** oder die **Verbraucherwohlfahrt** befördert. **Kritisiert** wird dieser Ansatz, weil damit die freiheitssichernde Aufgabe einer Wettbewerbsordnung in ihrer Bedeutung hinter bestimmten (in der Wissenschaft ggf. durchaus umstrittenen) Vorstellungen von der Funktion des Wettbewerbs zur Sicherung bestimmter Allgemeinwohlbelange zurücktrete. Allerdings stellt das Wettbewerbsrecht seinerseits eine Einschränkung der Freiheit dar, und sein Einsatz ist kaum zu rechtfertigen, wenn ökonomischer Fortschritt damit behindert wird. Der Kritik ist jedoch zuzugeben, dass die dargestellten funktionalen Überlegungen nicht die notwendige Offenheit des Wettbewerbs verdrängen dürfen, zumal die entsprechenden Prognosen vielfach nicht mit der notwendigen Sicherheit möglich sind. Auch verlieren die tatbestandlichen Voraussetzungen hoheitlicher Intervention an Bestimmtheit. So steht denn auch der EuGH funktionalen Gesichtspunkten eher zurückhaltend gegenüber (EuGH, 4.6.2009, Rs. C-8/08, „T-Mobile Netherlands"). Konkret werden diese Überlegungen vor allem bei Beantwortung der Frage nach der **Freistellung vom Kartellverbot** nach Art. 101 Abs. 3 AEUV (Rz. 20/19), nach dem Vorliegen eines **Missbrauchs** im Sinne von Art. 102 4

AEUV (Rz. 20/29) sowie bei der Entscheidung über eine **Fusion** (Rz. 20/37) angestellt. Zur Praxis in den verschiedenen Wirtschaftsbereichen siehe die jährlichen Berichte der GD Wettbewerb der KOM „Bericht über die Wettbewerbspolitik der EU".

5 Unabhängig von diesen inneren Gegenläufigkeiten hat sich das ordnungspolitische Wettbewerbskonzept im Einzelnen nur begrenzt und unter Eingehung von **vielerlei Kompromissen** durchgesetzt. So wurden vor allem für „besondere" Bereiche (z. B. die Landwirtschaft, § 24) Ausnahmen vorgesehen. Allerdings wurden in den letzten Jahrzehnten in immer stärkerem Maße auch traditionell **staatliche Dienstleistungsmonopole** (z. B. im Bereich der Telekommunikation) wettbewerblichen Strukturen unterworfen (Rz. 21/51 ff.). Insbesondere seit dem Maastrichter Vertrag 1992 haben neben der **Wettbewerbspolitik** andere Gesichtspunkte wie die Industrie-, Forschungs- und Regionalpolitik (Rz. 18/59 ff.; 34/1 ff.), die Sozialpolitik (unten § 29) sowie die Sicherung öffentlicher Daseinsvorsorge (Rz. 21/46 ff.) und, zum Teil auch mit bestimmten protektionistischen Tendenzen, die Handelspolitik (Rz. 40/58) an Bedeutung gewonnen und damit das traditionell besonders bedeutsame Vertragsziel der Schaffung und Bewahrung marktwirtschaftlicher Strukturen relativiert.

6 Im Einzelnen enthält das Unionsrecht als maßgebliche Instrumente zum Schutz des Wettbewerbs vor Beeinträchtigung durch Unternehmen das **Kartellverbot** (Art. 101 AEUV, unten Rz. 20/14 ff.), das **Verbot** eines Missbrauchs einer **marktbeherrschenden Stellung** (Art. 102 AEUV, unten Rz. 20/27 ff.) und die durch Sekundärrecht geschaffene **Fusionskontrolle** (unten Rz. 20/33 ff.). Allerdings gestatten diese Instrumente eine Reaktion auf Wettbewerbsverstöße zumeist erst im Nachhinein; präventiv wirkt allein die Fusionskontrolle. Art. 103 ff. AEUV enthalten die entsprechenden Kompetenzen für **einschlägige sekundärrechtliche Normsetzung.**

Das besondere Wettbewerbsregime der **Montanunion** ist mit dem Ende des EGKSV 2002 außer Kraft getreten; es gilt insoweit der AEUV. Der EAGV enthält keine Wettbewerbsregeln. Sein Grundsystem unterscheidet sich deutlich vom AEUV (insbesondere Versorgung mit Grundstoffen durch die Agentur nach Art. 52 ff. EAGV, starke Unternehmenskooperation in der Kernenergiewirtschaft u. a.). Unter Berücksichtigung dieser Besonderheiten sind die EU-Wettbewerbsregeln als subsidiäre lex generalis **auf den EURATOM-Bereich anzuwenden** – ähnlich wie dies Art. 106 a EAGV ausdrücklich für das institutionelle Recht vorsieht. Art. 53 ff. EWR übernehmen die Art. 101 ff. AEUV weitgehend für den **Europäischen Wirtschaftsraum.**

2. Zur Entwicklung des europäischen Wettbewerbsrechts

Literatur: *Gerbler,* The European Competition Law Story: Some German Roles, FS Fikentscher, 1998, 666; *Gith,* Die Entstehung des europäischen Kartellrechts, 2003; *Hambloch,* Europäische Integration und Wettbewerbspolitik: die Frühphase der EWG, 2009; *Möschel* (Hrsg.), 50 Jahre Wettbewerbsgesetz in Deutschland und in Europa, 2010; *Patel/Schweitzer* (Hrsg.), The historical foundations of EU competition law, 2013.

7 **Entstehungsgeschichtlich** war die Schaffung des europäischen Wettbewerbsregimes in den 1950er Jahren bemerkenswert. Eine entsprechende gemeineuropäische Tradition bestand nicht. Das detaillierte und „scharfe" Wettbewerbsrecht der **Montanunion** 1951/52 (Art. 65–67 EGKSV) war noch eine Folge der von den Alliierten vorgenommenen Dekartellierung der deutschen Wirtschaft nach dem Ende des Zweiten Weltkriegs. Dieses zeitgebundene Motiv bestand bei der Ausarbeitung des EWG-Vertrages nicht mehr. Die damalige Konzipierung der **EWG-Wettbewerbspolitik** war ein historischer Beitrag der deutschen Verhandlungsdelegation zu den Römischen Verträgen *(Ludwig Erhard/Alfred Müller-Armack).* Zeitlich parallel war – auch gegen Widerstände – in **Deutschland** unter dem Einfluss der „Freiburger Schule" *(Walter Eucken/Franz Böhm/Wilhelm Röpke)* das Gesetz gegen Wettbewerbsbeschränkungen (GWB) entwickelt

worden, das an demselben 1. Januar 1958 in Kraft trat wie die Art. 85ff. EWGV. Bemerkenswerterweise akzeptierten auch die anderen fünf EWG-Mitbegründer dieses Regime, obwohl keiner national ein ähnlich prononciertes Antikartellrecht kannte.

Der (zunächst umstrittene) **rechtlich bindende Charakter** der EWG-Wettbewerbsordnung wurde vom **Gerichtshof klargestellt** (EuGH, 6.4.1962, Rs. 13/61, „De Geus/Bosch"). Heute hat die Idee staatlichen Schutzes des Wettbewerbs dank der europäischen Erfahrungen **auch in den anderen EU-MSen Wurzeln geschlagen.**

In der Folgezeit haben Rat und KOM ihre Rechtsetzungskompetenzen nach Art. 103 AEUV in bemerkenswertem Umfang ausgenutzt (Fundstellenverzeichnis des geltenden EU-Rechts 08.10). Zeitlich parallel zur Schaffung des europäischen Agrarmarktes (vgl. Rz. 24/2) wurde 1962 die „Kartell-Verordnung Nr. 17" verabschiedet. Am 1.5.2004 wurde sie mit wesentlichen Änderungen durch die **neue „Kartell-Verordnung" 1/2003 (ABl. L 1/1)** abgelöst (Rz. 20/14, 45ff.). 1989 wurde mit der FusionskontrollVO (VO 4064/89, Rz. 20/33) zudem ein neues Instrument geschaffen, das parallel zur neuen Kartell-VO durch einen Nachfolger ersetzt wurde (VO 139/2004, ABl. L 24/1). Außerdem erlässt die KOM – gestützt insbesondere auf den heutigen Art. 105 AEUV – jährlich eine Vielzahl von **Einzelentscheidungen** gegenüber Unternehmen (Rz. 20/45; Gesamtüberblick des geltenden EU-Wettbewerbsrechts in: Fundstellenverzeichnis des geltenden EU-Rechts 08.10 – 08.90). In vielen Punkten war und ist freilich angesichts der **unterschiedlichen „Wirtschaftsphilosophien"** in den MSen eine **wettbewerbliche „Realpolitik"** der EU im Sinne eines pragmatischen Herangehens unvermeidlich. Trotz ihrer Kompromisshaftigkeit hat die EU-Wettbewerbspolitik durch ihre Anstrengungen, übermäßige private und auch öffentliche Wirtschaftsmacht im Interesse der Marktbürger und des Florierens der europäischen Wirtschaft zu bändigen, **wesentlich zum ökonomischen Erfolg der EU beigetragen.** In jüngerer Zeit hat sich die **europäische Wettbewerbsphilosophie** etwas von ihren traditionellen Wurzeln gelöst und neigt zu einer flexiblen, wie erwähnt eher wirtschaftlichen als juristischen Betrachtungsweise (u. a. Übergang vom Verbots- zum Legalausnahmesystem mit der neuen Kartell-VO 1/2003, Rz. 20/20; neue Maßstäbe zur Fusionskontrolle mit der VO 139/2004, Rz. 20/33ff.). Zudem werden verstärkt bestimmte Schwerpunkte, etwa mit Blick auf die **Liberalisierung öffentlich regulierter Märkte** (Telekommunikation, Post, Verkehr, Energie u. a.), gesetzt. 8

3. Grundbegriffe des europäischen Wettbewerbsrechts

Literatur: *Frenz/Ehlenz,* Die Verhältnismäßigkeit im Wettbewerbsrecht – „Alrosa", EWS 2010, 305; *Krispenz,* Das Merkmal der wirtschaftlichen Tätigkeit im Unternehmensbegriff des Europäischen Kartellrechts, 2010; *Heinichen,* Unternehmensbegriff und Haftungsnachfolge im Europäischen Kartellrecht, 2011; *de Bronett,* „Unternehmen" als „wirtschaftliche Einheiten" – Das neue EU-Kartellrecht nach der Rechtsprechung des EuGH in der Rs. C-97/08 P – „Akzo Nobel", EWS 2012, 113; *Weiß,* Der Unternehmensbegriff im europäischen und deutschen Kartellrecht, 2012; *Kalinitiri,* Revisiting Parental Liability in EU Competition Law, ELRev 2018, 145; *Behrends,* Das Unionsmodell der wirtschaftlichen Einheit im Kartelldeliktsrecht, 2019; *Hoffmann,* Art. 101 und 102 AEUV im Überblick, in: Dauses/Ludwigs (Hrsg.) HB EU-WirtschR, H I § 1, 2019; *Schildgen,* Rechtsfähigkeit des Unternehmens im Unionswettbewerbsrecht, 2020; *Seitz,* Common Ownership im Wettbewerbsrecht, 2020.

a) Adressaten des Wettbewerbsrechts

Adressaten der Art. 101ff. AEUV sind vor allem **Unternehmen und Unternehmensvereinigungen.** Der unionsrechtliche Unternehmensbegriff ist funktional und im Ergebnis eher weit zu verstehen: Er erfasst „jede eine **wirtschaftliche Tätigkeit** ausübende **Einheit,** unabhängig von ihrer Rechtsform und der Art ihrer Finanzierung" (EuGH, 17.2.1993, verb. Rs. C-159/91 u. a., „Poucet"). Gemeint ist damit grundsätzlich jede gegen Entgelt vorgenommene Tätigkeit; eine Absicht der Gewinnerzielung wird nicht verlangt. Nur im unionsrechtlichen Sinne als hoheitlich zu qualifizierende Tätigkeiten bleiben ausgeklammert (EuGH, 19.1.1994, Rs. C-364/92, „SAT Fluggesellschaft"). Im Ergebnis werden etwa auch Tätigkeiten des Staates wie die Arbeitsvermittlung (EuGH, 23.4.1991, Rs. C-41/90, „Höfner und Elser") oder auch ge- 9 meinnützige Unternehmen (EuGH, 21.9.1999, Rs. C-67/96, „Albany") vom Wettbewerbsrecht erfasst, ebenso eine gesetzlich vorgeschriebene Fortbildung (EuGH, 28.2.2013, Rs. C-1/12, „Ordem dos Técnicos Oficiais de Contas"). Bei der Frage, ob eine **Einheit** vorliegt, kommt es nicht auf die Rechtsform an. Daher sind auch Tochterunternehmen und Muttergesellschaft als solche Einheit anzusehen, wenn erstere ihr Marktverhalten nicht autonom bestimmen können. Dies wird bei Eignerschaft zu 100% vermutet (EuGH, 10.9.2009, Rs. 97/08 P, „Akzo Nobel"; zur – seltenen – Widerlegung der Vermutung siehe EuGH, 5.12.2013, Rs. C-446/11 P, „KOM/Edison"; zu verschiedenen Konsequenzen dieser Zurechung im einzelnen 17.9.2015, Rs. C-597/13 P, „Toral"; 27.4.2017, Rs. C-516/15 P, „Akzo Nobel"). Unternehmensvereinigungen sind Zusammenschlüsse wirtschaftlich selbständiger Unternehmen, also insbesondere potentieller Konkurrenten. Auch hier kommt es auf die Rechtsform oder -grundlage nicht an. Haftbar gemacht werden für den durch ein Kartell entstandenen Schaden können sogar Unternehmen, die über den vollständigen Erwerb der Anteile eines Unternehmens dessen Tätigkeit nach dessen Auflösung fortgesetzt haben (EuGH, 14.3.2019, Rs. C-724/17, „Skanska"; dazu *Lettl*, WM 2019, 1285).

Art. 101 f. AEUV gelten auch für öffentliche Unternehmen unmittelbar (zu Art. 102 AEUV EuGH, 8.6.2000, Rs. C-258/98, „Carra u. a."), doch ist die Sondervorschrift des Art. 106 AEUV zu beachten (Rz. 21/40 ff.). Einrichtungen, die wirtschaftliche Güter – auch in großem Umfang – erwerben, aber nur zu nicht-wirtschaftlichen Zwecken nutzen, stellen dagegen keine Unternehmen dar (EuGH, 11.7.2006, Rs. C-205/03 P, „FENIN"), erst recht nicht der **private Endverbraucher.**

Besondere kartellrechtliche Fragen ergeben sich bei aus mehreren Unternehmen bestehenden **Konzernen** oder bei Gemeinschaftsunternehmen i. S. eines von zwei oder mehr Unternehmen gemeinsam kontrollierten Unternehmens. Im Regelfall besteht zwischen diesen kein Wettbewerb, so dass dieser auch nicht beschränkt werden kann (vgl. noch Rz. 20/17).

Im Rahmen der völkerrechtlich gezogenen Grenzen können die Unionsorgane auch gegen Unternehmen vorgehen, deren Sitz sich in einem Drittstaat befindet, wenn sich die Wirkungen der Vereinbarungen etc. im Geltungsbereich des EUV bemerkbar machen (Rz. 20/40 ff.).

10 Die **MSen** sind nach Art. 101 f. AEUV iVm Art. 4 Abs. 2 EUV verpflichtet, keine die Entstehung eines Kartells (oder einer missbräuchlich zu nutzenden beherrschenden Stellung) begünstigenden Maßnahmen zu ergreifen (EuGH, 1.10.1987, Rs. 311/85, „Vlaamse Reisbureaus"). Entsprechendes gilt für **private Verbände,** die über bereichsspezifische Regulierungsmacht verfügen. Erlassen MSen oder private Verbände im Rahmen ihrer Zuständigkeit allgemeine Regelungen, sind diese aber, ohne dass das Unionsrecht deswegen eine generelle, über Art. 101 Abs. 3 AEUV hinausgehende „rule of reason" kennt, mit dem Unionsrecht vereinbar, wenn sie ein legitimes Allgemeininteresse verfolgen und insoweit auch verhältnismäßig sind (EuGH, 19.2.2002, Rs. C-309/99, „Wouters"; siehe etwa auch Rz. 34/34 zu Sportverbänden).

b) Relevanter Markt

11 Das Wettbewerbsrecht ist nur anwendbar, wenn der Wettbewerb auf einem bestimmten Markt beeinträchtigt ist (oder beeinträchtigt zu werden droht). Unternehmen stehen nicht abstrakt, sondern auf einem bestimmten, **konkreten Markt** (zur Marktphilosophie bereits oben Rz. 18/8) in Konkurrenz. Ein solcher ist dadurch gekennzeichnet, dass im tatsächlichen Marktgeschehen verschiedene handelbare **Produkte**

(Waren, Dienstleistungen) in ihren Eigenschaften, ihrem Preis und ihrem Verwendungszweck als **gleichartig** oder **funktional äquivalent** angesehen werden, sodass sie untereinander austauschbar sind („Bedarfsmarktkonzept"). Entsprechend der Weite des Unternehmensbegriffs (Rz. 20/9) kommt auch hier der gesamte Wirtschaftsverkehr in Betracht (EuGH, 22.1.1987, Rs. 45/85, „Verband der Sachversicherer").

Dieses Konzept wird in jüngerer Zeit zunehmend nuanciert mit dem Argument, dass primär zu fragen sei, inwieweit **ein Unternehmen** auf **andere Rücksicht** nehmen muss; das Bedarfsmarktkonzept erfülle insoweit nur eine Hilfsfunktion. Dementsprechend ist bei der Kartellaufsicht zu fragen, welche Konsequenzen sich für andere Unternehmen ergeben, während bei der Missbrauchsaufsicht und der Fusionskontrolle zu prüfen ist, ob die fraglichen Unternehmen selbst noch hinreichendem Wettbewerbsdruck ausgesetzt sind. Praktische Relevanz entfaltet dieser Punkt vor allem bei der Prüfung der Spürbarkeit einer Wettbewerbsbeeinträchtigung (Rz. 20/18).

Märkte bestehen dabei nicht nur für Anbieter, sondern auch für Abnehmer. Auch unterschiedliche Vertriebsstufen (Groß-, Einzelhandel) konstituieren verschiedene Märkte. Einen Test bildet die Frage, ob Preiserhöhungen in einem Bereich auf den anderen durchschlagen. Insgesamt neigt die Rechtsprechung zu einer eher kleinteiligen Betrachtung (etwa EuGH, 14.2.1978, Rs. 27/76, „United Brands" – Bananen bilden einen eigenen Markt – oder EuGH, 13.2.1979, Rs. 85/76, „Hoffmann-La Roche" – jede Vitamingruppe bildet einen eigenen Markt; näher: Bekanntmachung der KOM über die Definition des relevanten Marktes im Sinne des Wettbewerbsrechts der Gemeinschaft, ABl. 1997, C 372/5).

Räumlich muss der Wettbewerb in der **Union** insgesamt, zumindest aber in **wesentlichen Teilen** eingeschränkt werden (= Betätigung in einem oder mehreren MSen oder in einzelnen großen Regionen oder wichtigen Häfen der Union, vgl. EuGH, 27.3.1974, Rs. 127/73, „BRT-II"; KOM, ABl. 1994, L 15/8: „Sea Containers"). Geht der relevante Markt über das Gebiet der Union hinaus, dürfte regelmäßig auch der Wettbewerb in der Union betroffen sein.

c) Zwischenstaatsklausel

Kartelle wie die Ausnutzung einer beherrschenden Stellung sind schließlich nach 12
Art. 101 f. AEUV nur verboten, wenn sie geeignet sind, den **Handel zwischen MSen** zu beschränken. Allein national oder nur im Verhältnis zu Drittstaaten wirkende Maßnahmen werden daher nach nationalem Wettbewerbsrecht behandelt. Dabei setzt Art. 101 AEUV nicht zwingend voraus, dass die Beteiligten in mehreren MSen ansässig sind. Der Gerichtshof stellt nämlich bei der Beurteilung der Auswirkung innerhalb der Union besonders darauf ab, ob Nachteile für die Verwirklichung der Ziele eines einheitlichen Marktes zu erwarten sind (EuGH, 9.7.1969, Rs. 5/69, „Völk/Vervaecke"). Daher bezieht seine Rechtsprechung z. B. auch national „weit verbreitete" gleichartige Vereinbarungen (Bsp. Bier-Alleinbezugsverträge) ein (EuGH, 12.12.1967, Rs. 23/67, „Brasserie de Haecht"). Nach der einschlägigen Leitlinie der KOM (ABl. 2004, C 101/81) ist dieses Kriterium nur dann nicht gegeben, wenn der gesamte Marktanteil der Beteiligten 5% und deren Jahresumsatz mit den betroffenen Produkten 40 Mio. Euro nicht überschreitet.

d) Bereichsspezifische Regeln

Für **öffentliche Unternehmen** enthält Art. 106 Abs. 2 AEUV Sonderregeln. Daneben 13
ist auf die Ausnahmebestimmung zur **Landwirtschaft** (Art. 42 AEUV, Rz. 24/14) hin-

zuweisen. Die spezifischen Auswirkungen der Art. 101 f. AEUV auf das Recht des **geistigen Eigentums** werden im dortigen Zusammenhang erläutert (Rz. 36/22 f.). Siehe ferner zum Gesundheitswesen Rz. 33/53 und zum Medienrecht Rz. 34/34.

II. Das Kartellverbot und seine Ausnahmen (Art. 101 AEUV)

Literatur: *Breuer,* Das EU-Kartellrecht im Kraftfeld der Unionsziele, 2013; *van Cleyenbreugel,* Article 101 TFEU and the EU Courts, CMLRev 2014, 1381; *Bornkamm/Montag/Säcker* (Hrsg.), Münchener Kommentar: Europäisches und Deutsches Wettbewerbsrecht I, 2. Aufl. 2015; *Frenz,* Zusagen in der Fusionskontrolle, EWS 2015, 79; *Schweitzer,* Das binnenmarktliche Kartellverbot und Freistellungsrecht, in: Müller-Graff (Hrsg.), EnzEuR IV, 2015, § 8; *Ibáñez Colomo,* Restrictions on Innovation in EU Competition Law, ELRev 2016, 201; *Kaeding,* Ungeschriebene Ausnahmen vom Verbot wettbewerbsbeschränkender Verhaltenskoordinierungen?, 2017; *Meyring/Gerard/Merola* (Hrsg.), The Notion of Restriction of Competition, 2017; *Witt,* The enforcement of Article 101 TFEU, CMLRev 2018, 417; *Brook,* Struggling with Article 101 (3), CMLRev 2019, 121; *Hoffmann,* Art. 101 AEUV – Kartellverbot, in: Dauses/Ludwigs (Hrsg.), HB EU-WirtschR, H I § 2, 2020; *Immenga/Mestmäcker,* Wettbewerbsrecht, Band 1, 6. Aufl. 2019; *Bechtold,* EU-Kartellrecht, 4. Aufl. 2020.

1. Grundstruktur

14 Art. 101 Abs. 1 AEUV beinhaltet ein **grundsätzliches Verbot** bestimmter Vereinbarungen, Beschlüsse und aufeinander abgestimmter Verhaltensweisen zwischen Unternehmen bzw. Unternehmensvereinigungen **(„Kartellverbot“).** Im Einzelnen werden dort unter lit. a)–e) **wichtige Typen** solcher verbotener Vereinbarungen (z. B. Preisabsprachen, Marktaufteilungen) näher benannt. Da das Kartellverbot **unmittelbar gilt,** sind dagegen verstoßende Vereinbarungen u. s. w. **nichtig** (Art. 101 Abs. 2 AEUV und EuGH, 6.4.1962, Rs. 13/61, „De Geus/Bosch“; st. Rspr.; Rz. 20/22), soweit nicht eine Ausnahme eingreift. Das Kartellverbot wird durch die gemäß Art. 103 AEUV erlassene **VO Nr. 1/2003** (ABl. L 1/1) und weitere Vorschriften näher ausgeführt und verfahrensmäßig geregelt.

15 Im Einzelnen setzt ein Kartell eine Vereinbarung etc. (Rz. 20/16) zwischen Unternehmen oder Unternehmensverbänden (Rz. 20/9) voraus, die auf dem relevanten Markt (Rz. 20/11) den Wettbewerb beschränken (Rz. 20/17) und so den Handel zwischen den MSen (Rz. 20/12) – spürbar (Rz. 20/18) – beeinträchtigen. Zu diesen Tatbestandsmerkmalen von Art. 101 AEUV hat sich in der jahrzehntelangen Praxis eine **detaillierte Rechtsdogmatik** entwickelt, die hier nur in wenigen grundsätzlichen Punkten dargestellt werden kann.

a) Kartellbegriff

16 Im Sinne eines möglichst effektiven Wettbewerbsschutzes werden die Vereinbarungen, Beschlüsse und aufeinander abgestimmten Verhaltensweisen in einem eher wirtschaftlichen als streng juristischen Sinne **weit verstanden.** Neben förmlichen Verträgen fällt auch ein – leichter nachweisbares – faktisches Verhalten, „moralisches“ gentlemen's agreement oder eine aufeinander abgestimmte Verhaltensweise („meeting of the minds“) in den Anwendungsbereich der Norm (hierzu etwa EuG, 10.3.1992, Rs. T-13/89, „Polypropylen“). Schwer ist die Abgrenzung zum bloßen (durch den Markt erzwungenen) **Parallelverhalten,** insbesondere auf oligopolistischen Märkten (vgl. etwa EuGH, 14.6.1972, Rs. 49/69 „BASF“; 31.3.1993, verb. Rs. C-89/85 u. a. „Ahlström“; näher zum Kartellbegriff *Dörr/Haus,* JuS 2001, 313). Als „Todsünden“ gegen das Kartellverbot gelten die **„Hardcore-Kartelle“,** nämlich Absprachen über

Preise, Mengen und Gebiete (dazu *Terhechte,* ZaöRV 2008, 689). Auch der Austausch zwischen Unternehmen von Informationen über wettbewerbsrelevantes Verhalten ist regelmäßig verboten (EuGH, 4.6.2009, Rs. C-8/08, „T-Mobile Netherlands"). Zu Einzelheiten von horizontalen und vertikalen Vereinbarungen siehe Rz. 20/23ff., zu geistigen Eigentumsrechten Rz. 36/22f.

b) Wettbewerbsbeschränkung

Vereinbarungen u. s.w. sind nur verboten, wenn sie eine Verhinderung oder Beschränkung, also eine Verfälschung des Wettbewerbs (vgl. dazu schon Rz. 20/2) in der Union auf dem relevanten Markt (Rz. 20/11) **„bezwecken oder bewirken".** Die Absicht der Wettbewerbsverfälschung u. s. w. führt also unabhängig von der Wirkung zu einem Verbot, aber ebenso das absichtslose objektive „Bewirken" (näher EuGH, 20.11.2008, Rs. C-209/07, „Beef Industry Development Society"). Allerdings ist eine ausführliche Analyse des betroffenen Marktes nur beim Bewirken erforderlich (EuGH, 11.9.2014, Rs. C-67/13, „Groupement Carte Bancaire"). Die objektive Eignung der Maßnahme reicht insoweit; die Wettbewerbsbeschränkung muss nicht eintreten (EuGH, 23.11.2006, Rs. C-238/05, „Asnef-Equifax"). Der Vertragstext zählt nicht abschließende Beispiele auf. Der Wettbewerb wird umfassend geschützt, sowohl gegen subjektive wie gegen effektive Gefährdungen. Dabei liegt eine Wettbewerbsbeschränkung bereits dann vor, wenn die Entscheidungsfreiheit einzelner Wirtschaftsteilnehmer beeinträchtigt wird; die eingangs erwähnten funktionalen Erwägungen (Rz. 20/3) kommen erst bei der Anwendung von Abs. 3 zum Tragen. Nur Verhaltensweisen, die ökonomisch notwendig sind, um einen bestimmten Markt überhaupt erst zu schaffen oder Unternehmen den Zugang zu diesem zu eröffnen, werden bereits von Abs. 1 nicht erfasst. Auch eine konzerninterne Regelung stellt zumeist mangels Wettbewerbs keine Beschränkung dar (Rz. 20/9). 17

c) Spürbarkeitsklausel

Anerkanntermaßen ist eine Wettbewerbsbeeinträchtigung nur unzulässig, wenn sie auch **„spürbar"** ist (EuGH, 9.7.1969, Rs. 5/69, „Völk/Vervaecke"; st. Rspr.). **„Bagatellkartelle"** fallen nicht unter das Verbot. Die KOM hat die „Spürbarkeitsgrenze" ab einem Marktanteil der beteiligten Parteien von 10% im Binnenmarkt bei horizontalen und von 15% bei vertikalen Vereinbarungen festgelegt (Bekanntmachung über Vereinbarungen von geringer Bedeutung, ABl. 2014, C 291/1, sog. „De-minimis-Bekanntmachung"). Diese gilt allerdings nicht, soweit die Wettbewerbsbeeinträchtigung bezweckt wird. Zudem ist diese Bekanntmachung für nationale Stellen – auch bei der Anwendung europäischen Rechts – nicht verbindlich (zu beidem EuGH, 13.12.2012, Rs. C-226/11, „Expedia"). 18

d) Ausnahme nach Abs. 3

Eine Ausnahme vom Kartellverbot enthält Art. 101 Abs. 3 AEUV. Ökonomisch betrachtet (vgl. Rz. 20/3f.) können nämlich etliche Formen der Zusammenarbeit von Unternehmen durchaus nützlich sein. Vereinbarungen u. s.w., die an sich unter das Verbot des Abs. 1 fallen, sind nach Abs. 3 von diesem freigestellt, wenn sie zum technischen oder wirtschaftlichen Fortschritt beitragen, etwa im Bereich des Umweltschutzes, und so der Verbesserung von Forschung, Produktion oder Vertrieb dienen. Die **Vorteile** müssen – grundsätzlich auf dem betreffenden Markt – **kumulativ** den **Unternehmen** wie dem **Verbraucher** zugutekommen (EuGH, 13.7.1966, verb. 19

Rs. 56/64 u. a., „Consten und Grundig"). Außerdem muss die Verhältnismäßigkeit gewahrt bleiben: Der Wettbewerb darf nur soweit eingeschränkt werden, wie dies unbedingt erforderlich ist, und er muss in wesentlichen Teilen erhalten bleiben (EuGH, 23. 1. 2006, Rs. C-238/05, „Asnef-Equifax"); die Wettbewerbseinschränkung muss sich auch gesamtwirtschaftlich als vorteilhaft erweisen (vgl. auch Rz. 20/3).

20 Bis 2003 setzte die Ausnahme eine entsprechende – vorherige – **Entscheidung der KOM** voraus, die die Freistellung entweder im Einzelfall oder für Gruppen von Vereinbarungen („Gruppenfreistellung") erteilen konnte. Seither stellt Art. 101 Abs. 3 AEUV gemäß Art. 1 Abs. 2 VO 1/2003 eine **direkt anwendbare Legalausnahme** vom Verbot des Abs. 1 dar. Vereinbarungen, die unter Abs. 3 fallen, sind auch ohne ausdrückliche Entscheidung erlaubt. Eine Kontrolle erfolgt nur noch ex post – durch die KOM oder die nationalen Behörden oder Gerichte (Rz. 20/45 ff.). Zur Abmilderung der damit verbundenen Rechtsunsicherheit hat die KOM eine Leitlinie erlassen (ABl. 2004, C 101/97). Daneben kann die KOM aber auch weiterhin durch Rechtsakt (mit Bindungswirkung auch gegenüber den nationalen Behörden und den Gerichten, insoweit unter Vorbehalt gerichtlicher Aufhebung durch den EuGH nach Art. 267 AEUV, siehe Art. 16 VO 1/2003 und Rz. 20/50) für bestimmte Konstellationen eine Freistellung aussprechen. Diese Gruppenfreistellungen (GVOen, dazu Rz. 20/21) sind im Sinne von Art. 1 Abs. 2 VO 1/2003 (deklaratorische) Klarstellungen der Nichtanwendbarkeit des Kartellverbots.

Der mit der VO 1/2003 vollzogene **Systemwechsel** war aus Kapazitätsgründen im Vorfeld der Beitrittsrunde 2004 wohl unvermeidlich, wurde aber insbesondere von deutscher Seite mit Hinweis auf den Wortlaut von Art. 101 Abs. 3 AEUV sowie wegen vermuteter Verringerung der Effizienz der europäischen Kartellkontrolle trotzdem kritisiert (*Koenigs*, DB 2003, 755; *Möschel*, FS K. Nörr, 2003, 609; *K. Schmidt*, BB 2003, 1237). Der EuGH aber hat den Wechsel implizit als rechtmäßig angesehen (EuGH, 23. 11. 2006, Rs. C-238/05, „Asnef-Equifax").

21 Wesentliche Rechtsgrundlage für die GVOen sind die **VOen 19/65** (ABl. 1965, S. 533) und **2821/71** (ABl. 1971, L 285/46). Sie **ermächtigen die KOM** zum Erlass branchenspezifischer GVOen und verschaffen ihr damit eine starke Position in diesem Bereich. Zu nennen sind Freistellungen zugunsten von **Forschung und Entwicklung** (VO 1217/2010, ABl. L 335/36), zu **Spezialisierungsvereinbarungen** (VO 1218/2010, ABl. L 335/43) sowie zum **Technologietransfer** (VO 316/2014, ABl. L 93/17). Auch der **Umweltschutz** kann ein Freistellungsgrund sein. Ferner bestehen eine Reihe von branchenspezifischen Freistellungsregelungen. Siehe ferner Rz. 20/23 f. zu horizontalen und vertikalen Vertriebsbeschränkungen. Einzelfreistellungen gibt es seit der Reform aus dem Jahre 2003 nicht mehr.

Eine weitergehende Ausnahme vom Kartellverbot im Sinne einer offenen **„rule of reason"** im Sinne des US-amerikanischen Kartellrechts, etwa zugunsten von legitimen Allgemeinwohlzwecken, gibt es grundsätzlich nicht, auch wenn die Praxis zum Teil dahin tendiert (vgl. Rz. 20/24 a. E.). Maßnahmen des Staates oder von Verbänden können allerdings zulässig sein, wenn sie im Interesse der Allgemeinheit gerechtfertigt sind (Rz. 20/10).

e) Rechtsfolgen des Kartellverbots

22 Unter Art. 101 Abs. 1 AEUV fallende und nicht nach Abs. 3 zulässige Vereinbarungen sind gemäß Abs. 2 ipso iure nichtig. **Zivilrechtlich** können Konkurrenten Unterlassung verlangen und Schadensersatz geltend machen (Rz. 20/51). **Öffentlich-rechtlich** kann das Verbot zu **verwaltungsrechtlichen Sanktionen** seitens der KOM (Abstellungsanordnung, Zwangsgeld, Bußgeld, Rz. 20/45 ff.) oder der nationalen Behörden (Rz. 20/48) führen.

2. Einzelheiten zu horizontalen und vertikalen Vereinbarungen

Literatur: *Deselaers/Seeliger*, Die Leitlinien der Kommission zur Bewertung nicht-horizontaler Zusammenschlüsse, EWS 2008, 57; *Lianos*, Collusion in vertical relations under Article 81 EC, CMLRev 2008,

1027; *Sosnitza/Hoffmann,* Die Zukunft der vertikalen Preisbindung im Europäischen Kartellrecht, AG 2008, 107; *Simon,* Die neue Kartellrechtsverordnung (EU) Nr. 330/2010 für Vertriebs- und Lieferverträge, EWS 2010, 497; *Wish/Bailey,* Regulation 330/2010: The Commission's new block exemption for vertical agreements, CMLRev 2010, 1757; *Gheur/Petit* (Hrsg.), Vertical Restraints and Distribution Agreements under EU Competition Law, 2011; *Schultze/Pautke/Wagener,* Die Gruppenfreistellungsverordnung für vertikale Vereinbarungen, 3. Aufl. 2011; *Burgstaller/Lettner* (Hrsg.), EU-Kartellrecht: Die Gruppenfreistellungsverordnungen, 2014.

Beim Kartellverbot nach Art. 101 AEUV unterscheidet man **„horizontale"** Absprachen zwischen tatsächlichen oder potentiellen Wettbewerbern von **„vertikalen"** Absprachen zwischen Unternehmen auf verschiedenen Stufen des Vertriebs von Produkten. Bei letzteren spielt in der Praxis der Komplex der **Alleinvertriebs- und selektiven Vertriebssysteme** eine besondere Rolle. 23

a) Horizontale Vereinbarungen

Hierunter versteht man wettbewerbliche Vereinbarungen u. s. w. zwischen Unternehmen der **gleichen Produktions- oder Handelsstufe.** Praktische Beispiele bilden (vielfach kombinierte) Absprachen über **Preise** und **Mengen** (siehe etwa zu Absprachen bei PVC EuGH, 15.10.2002, Rs. 238/99 P, „Limburgse Vinyl Maatschappij", zu Lysin EuGH, 18.5.2006, Rs. C-397/03 P, „Acher Daniels Midland", und zu Vitaminen EuG, 15.3.2006, Rs. T-15/02, „BASF"). Ebenso gehören hierher Vereinbarungen über die **Aufteilung** eines **Marktes** nach regionalen Kriterien (dazu EuGH, 7.1.2004, verb. Rs. C-204/00 P u. a., „Aalborg Portland" zum Zementbereich). Diese stellen zwar insbesondere dann eine spezifische Gefahr für den Binnenmarkt dar, wenn sie an die nationalen Grenzen der MSen anknüpfen. Die Aufteilung von Märkten anhand anderer Kriterien ist gleichfalls grundsätzlich unzulässig (EuG, Urt. v. 6.12.2005, Rs. T-48/02, „Brouwerij Haacht" zur Abgrenzung nach Kundenstämmen; EuG, 18.7.2005, Rs. T-241/01, „Scandinavian Airlines System" zu Flugstrecken). Weitere Beispiele bilden Gruppenboykotte, Absprachen über Diskriminierungen, gemeinsame Koppelungsverträge oder auch Submissionsabsprachen (im Vorfeld der Vergabe öffentlicher Aufträge; zu diesen Rz. 21/57 ff.). Demgegenüber kann etwa eine Zusammenarbeit im Bereich der Forschung über Art. 101 Abs. 3 AEUV gerechtfertigt sein. 24

Die KOM hat **Leitlinien** zur Anwendbarkeit von Art. 101 AEUV auf Vereinbarungen über horizontale Zusammenarbeit erlassen (derzeit ABl. 2011, C 11/1). Sie stellen formal unverbindliche, aber praktisch wichtige **Orientierungen** für die Praxis der KOM dar, von denen nicht ohne Grund abgewichen werden darf. Ihr Grundgedanke ist, Absprachen dann nicht als unzulässig anzusehen, wenn sie sich bei wirtschaftlicher Betrachtung rechtfertigen lassen.

b) Vertikale Vereinbarungen

Vertikale Wettbewerbsvereinbarungen sind solche zwischen Unternehmen auf **verschiedenen Stufen des Wirtschaftsprozesses.** Oftmals handelt es sich um Absprachen zwischen produzierenden Unternehmen und ihren Abnehmern auf der Handelsstufe. Auch diese Abreden werden prinzipiell von Art. 101 AEUV erfasst (EuGH, 13.7.1966, verb. Rs. 56/64 u. a., „Consten und Grundig"). Sie stellen insbesondere dann eine **schwere Beeinträchtigung** des **Wettbewerbs** im Binnenmarkt dar, wenn sie das Gebiet ganzer MSen gegen parallele Einfuhren aus anderen MSen abschotten sollen. 25

26 In der Sache geht es bei den vertikalen Vereinbarungen meist um den **Alleinvertrieb** oder den **Alleinbezug** bestimmter Waren zwischen Unternehmen unterschiedlicher Wirtschaftsstufen, ferner um **Alleinbelieferungsverpflichtungen. „Selektive Vertriebssysteme"**, bei denen die Auswahl der Wiederverkäufer einheitlich und diskriminierungsfrei anhand objektiver Gesichtspunkte qualitativer Art erfolgt und die Eigenschaften des Erzeugnisses dies erfordern (EuGH, 6.12.2017, Rs. C-230/16, „Coty"; 22.10.1986, Rs. 75/84, „Metro"). **Franchise-Vertriebssysteme,** bei denen ein Unternehmen unabhängigen Händlern gegen Vergütung die Verwendung seines Namens und seiner Geschäftsmethoden gestattet, sind in Grenzen zulässig (EuGH, 28.1.1986, Rs. 161/84, „Pronuptia"). Bekämpft wird in der EU-Wettbewerbspraxis vor allem die erwähnte Verhinderung von Paralleleinfuhren über Gebietsschutz (etwa EuGH, 14.12.1983, Rs. 319/82, „Kerpen u. Kerpen"). Problematisch können auch Bierbezugsverträge sein (EuGH, 21.2.1991, Rs. C-234/89, „Delimitis"; *Jehle,* EuZW 1991, 372).

Allgemein lockert die sog. **„Schirm-GVO"** 330/2010 (ABl. L 102/1) i.V.m. den entsprechenden Leitlinien der KOM (ABl. 2010, C 130/1) das Verbot vertikaler Vereinbarungen auf („Erlaubt ist, was nicht ausdrücklich verboten ist") und stellt allgemeine Regeln auf; danach setzt ein Verbot einen Marktanteil der Lieferanten von mehr als 30% voraus. Die traditionell im **Kraftfahrzeugbereich** bestehenden Sonderregelungen, die zahlreiche exklusive Verbindungen zwischen Herstellern und Händlern ermöglicht hatten, wurden 2010 vor allem für den Handel mit Ersatzteilen und die Werkstätten deutlich eingeschränkt (VO 461/2010, ABl. L 129/52; dazu *Wegner,* BB 2010, 1803, 1867). Unzulässig sind auch „Knebelverträge" u.ä., mit denen der **Reimport** von Kraftfahrzeugen in das Herstellerland verhindert werden soll (EuGH, 18.9.2003, Rs. C-338/00 P, „Volkswagen"; *Vogel,* GPR 2004, 40).

III. Der Missbrauch einer marktbeherrschenden Stellung (Art. 102 AEUV)

Literatur: *Kirchner,* Das Missbrauchsverbot des Art. 102 AEUV: Sinnfälligkeit eines stärker ökonomischen Ansatzes?, in: Schwarze/Müller-Graff (Hrsg.), Neues Europäisches Wirtschafts- und Wettbewerbsrecht, 2011, 103; *Pace,* European Competition Law, 2011; *König,* Vertrauensschutz in der europäischen Fusionskontrolle, 2012; *Krah,* Missbrauch einer marktbeherrschenden Stellung: Kampfpreise – selektive Preissenkungen – Quersubventionen, EuZW 2012, 207; *Temple Lang,* How Can the Problems of Exclusionary Abuses under Article 102 TFEU be Resolved?, ELRev 2012, 136; *Wurmnest,* Marktmacht und Verdrängungsmissbrauch, 2. Aufl. 2012; *Emmerich,* Art. 102 AEUV – Missbrauchsverbot, in: Dauses/Ludwigs (Hrsg.) HB EU-WirtschR, H I § 3, 2014; *Ibáñez Colomo,* Exclusionary discrimination under Article 102, CMLRev 2014, 141; *Eilmannsberger,* Das binnenmarktliche Verbot des Missbrauchs marktbeherrschender Stellungen, in: Müller-Graff (Hrsg.), EnzEuR IV, 2015, § 9; *Lehnhardt-Busche,* Preisbezogene Behinderungsmissbräuche nach Art. 102 AEUV, 2019.

27 Neben dem Kartellverbot des Art. 101 AEUV stellt das unmittelbar wirkende Verbot der **missbräuchlichen Ausnutzung einer beherrschenden Stellung** auf dem Binnenmarkt oder auf einem wesentlichen Teil desselben durch Unternehmen gemäß Art. 102 AEUV die „zweite tragende Säule des Europäischen Wettbewerbsrechts" dar. Auch dieses Verbot kommt nur zur Anwendung, wenn der Missbrauch dazu führen kann („Eignung", keine „Spürbarkeit", EuGH, 23.4.1991, Rs. C-41/90, „Höfner und Elser"), den **Handel zwischen MSen zu beeinträchtigen** (zu dieser „Zwischenstaatsklausel" Rz. 20/12). Art. 102 AEUV bezweckt den Schutz des Wettbewerbs innerhalb des Binnenmarktes, und zwar im Sinne einer **Bekämpfung von Machtmissbrauch durch Monopole und Oligopole.** Art. 101 und 102 AEUV sind je nach Situation kumulativ oder alternativ anwendbar (EuGH, 14.7.1972, Rs. 48/69 „Imperial Chemical Industries"; EuGH, 16.7.1975, verb. Rs. 40/73 u.a., „Suiker").

1. Marktbeherrschende Stellung

28 Das zentrale objektive Merkmal des Art. 102 AEUV liegt in der **beherrschenden Stellung eines** oder mehrerer **Unternehmen** (Monopol bzw. Oligopol) **auf dem Binnen-**

markt oder auf einem wesentlichen Teil desselben". Die Begriffe „Unternehmen" (Rz. 20/9) und „Markt" (Rz. 20/11) werden im Grundsatz wie bei Art. 101 AEUV verstanden – letzterer wie dort dargestellt mit gewissen Akzentunterschieden im Detail. Eine **„Beherrschung"** nimmt der Gerichtshof insbesondere an, wenn das oder die Unternehmen objektiv in der Lage sind, einen wirksamen Wettbewerb auf dem Markt für die betreffenden Erzeugnisse zu verhindern. Dabei reicht die latente Möglichkeit aus, in diesem Sinne wettbewerbshindernd vorzugehen (EuGH, 9.7.1971, Rs. 78/70, „Deutsche Grammophon/Metro"; EuGH, 18.4.1973, Rs. 6/72, „Continental Can"; EuGH, 5.10.1988, Rs. 247/86, „Alsatel"; st. Rspr.). Entscheidend ist letztlich die Fähigkeit eines Unternehmens, sich **unabhängig von Wettbewerbern** zu verhalten (EuGH, 9.11.1983, Rs. 322/81, „Michelin"). Ein **Marktanteil** eines Unternehmens von über 50% liefert, „von außergewöhnlichen Umständen abgesehen, ohne weiteres den Beweis für das Vorliegen einer beherrschenden Stellung" (EuGH, 3.7.1991, Rs. C-62/86, „AKZO"). Im Übrigen müssen je nach Situation weitere Elemente hinzukommen. Daher geht es vielfach um eine komplexe Feststellung, die i. d. R. von einem Gesamturteil abhängt, bei dem eine Reihe von Umständen Berücksichtigung finden (Marktabgrenzung, Marktanteil, Zahl der Wettbewerber, Marktverhalten u. a.).

2. Missbräuchliche Ausnutzung einer marktbeherrschenden Stellung

Das bloße Innehaben einer beherrschenden Stellung führt noch nicht zum Verbot 29
im Sinne des Art. 102 AEUV. Hinzutreten muss die **„missbräuchliche Ausnutzung"** dieser Stellung. Dabei geht es nicht um eine moralische Missbilligung des Marktverhaltens. Art. 102 AEUV normiert keine unerlaubte Handlung und setzt auch nicht Verschulden voraus. Erfolgreicher Wettbewerb auf Grund höherer unternehmerischer Effizienz, der notwendigerweise zur Stärkung von Machtpositionen führt, soll nicht unterbunden werden (EuGH, 6.9.2017, Rs. C-413/14 P, „Intel). Problematisch ist allein die mit einer marktbeherrschenden Stellung ggf. einhergehende „Marktverschließungs-" oder auch „Verdrängungsmacht", soweit es um Unternehmen geht, die nach ökonomischer Analyse ebenso effizient arbeiten wie das anvisierte Unternehmen (EuGH, 27.3.2012, Rs. C-209/10, „Post Danmark"; vgl. auch Rz. 20/3 f.).

Art. 102 S. 2 lit. a)–d) AEUV definiert einige **wichtige Missbrauchsfälle** wie die Er- 30
zwingung unangemessener Preise, Erzeugungseinschränkungen zum Schaden der Verbraucher, Treuerabatte, Koppelungsgeschäfte u. a. Die Aufzählung ist aber nicht abschließend (zum geistigen Eigentum Rz. 36/22). Für eine Benachteiligung im Wettbewerb iSv lit. c reicht die Eignung zur Verschlechterung der Position eines Handelspartners aus; der Nachweis der Verschlechterung ist nicht erforderlich (EuGH, 19.4.2018, Rs. C-525/16, „MEO – Serviços de Comunicações e Multimédia SA). Eine Freistellung vom Verbot des Art. 102 AEUV scheidet aus, da bereits der Tatbestand nur erfüllt ist, wenn ein Missbrauch vorliegt; eine Freistellung nach Art. 101 Abs. 3 AEUV bezieht sich nicht zugleich auf Art. 102 AEUV (EuG, 10.7.1990, Rs. T-51/89, „Tetra Pak"). Ein Missbrauch liegt nicht vor, wenn die für den Wettbewerb nachteilige Verdrängungswirkung durch Effizienzvorteile ausgeglichen oder sogar übertroffen wird, die auch dem Verbraucher zugutekommen (EuGH, 15.3.2007, Rs. C-95/04 P, „British Airways"). Damit können die Wertungen von Art. 101 Abs. 3 AEUV im Einzelfall auch im Kontext von Art. 102 AEUV

Bedeutung erlangen. In einer Mitteilung aus dem Jahre 2009 hat die KOM ihre Grundsätze und Prioritäten bei der Anwendung von Art. 102 AEUV bekanntgegeben (ABl. C 45/7).

Eine besondere Spürbarkeit der Behinderung muss nicht festgestellt werden, da diese bei Beherrschung eines Marktes durchweg gegeben ist. Wie schon erwähnt (Rz. 20/27), muss die missbräuchliche Ausnutzung zudem geeignet sein, sich auf den **zwischenstaatlichen Handel** (Rz. 20/12) auszuwirken.

31 Im Einzelnen werden **Ausbeutungsmissbrauch** (z. B. bei Preisen oder Konditionen) und **Behinderungsmissbrauch** (z. B. durch extreme Kampfpreise, dazu EuGH, 3.7.1991, Rs. C-62/86, „Akzo"; durch Lieferungsverweigerungen, Ausschließlichkeitsbindungen oder durch gezielt behindernden Einsatz von gewerblichen Schutzrechten) unterschieden; der Marktstrukturmissbrauch wird mittlerweile vielfach durch die Fusionskontroll-VO (Rz. 20/33ff.) erfasst. Ein Unternehmen, welches **„essential facilities"** (für die Lieferung von Waren bzw. Erbringung von Dienstleistungen auf einem anderen Markt wesentliche Einrichtungen, z. B. ein landesweites Zeitungszustellungssystem) beherrscht, darf konkurrierenden Unternehmen den Zugang zu diesen Einrichtungen nicht ohne sachlichen Grund verweigern. Die Essential Facilities-Doktrin ist jedoch restriktiv zu verstehen, d. h. ein Missbrauch wird nur angenommen, wenn kein potenzieller Ersatz für das System besteht (EuGH, 26.11.1998, Rs. C-7/97, „Bronner"; *Scheuffele,* Die Essential-Facilities-Doktrin, 2003). Besondere Bedeutung hat dieser Gedanke im Bereich des geistigen Eigentums (Rz. 36/22f.). Insgesamt sind in der Praxis von KOM und Gerichtshof eine **große Zahl verschiedenster Verhaltensweisen** des marktbeherrschenden Unternehmens als Missbrauchsfälle angesehen worden (ungerechtfertigte Lieferungsverweigerungen wie etwa die Weigerung der Belieferung von Großhändlern, die Parallelausfuhren tätigen [dazu EuGH, 16.9.2008, verb. Rs. C-468/06 u. a., „Sot. Lélos kai Sia" u. a.], die Auferlegung überhöhter und ungleicher Preise, die unsachliche Koppelung von Leistungen und Bedingungen, die exzessive Ausnutzung eines Urheberrechts u. a. m.; vgl. zur Entscheidungspraxis das Fundstellenverzeichnis des geltenden EU-Rechts 08.30).

3. Folgen eines Missbrauchs einer marktbeherrschenden Stellung

32 Art. 102 AEUV enthält wie Art. 101 AEUV ein **unmittelbar wirkendes Verbot** (vgl. auch Art. 1 Abs. 3 VO 1/2003). Untersagungsverfügungen der KOM haben daher deklaratorischen Charakter. Die KOM kann auch positive Anweisungen geben, z. B. die Verpflichtung begründen, zu üblichen Konditionen zu liefern. Bei **schuldhaften Verstößen** gegen Art. 102 AEUV können die KOM und nationale Behörden **Geldbußen** verhängen, die in diesen Fällen oft hoch sind (Rz. 20/47f.). Daneben kommt **zivilrechtlich Schadensersatz** in Betracht (Rz. 20/51).

IV. Die Fusionskontrolle (FusK)

Literatur: Ausführliche Literaturlisten bei *Körber,* in: Immenga/Mestmäcker, Wettbewerbsrecht, Band 3, 6. Aufl. 2020; *Wilson,* Fusionskontrolle, in: Dauses/Ludwigs (Hrsg.), HB EU-WirtschR, H I § 4, 2019.

Weitere Titel: *Witt,* From *Airtours* to *Ryanair:* Is the more economic approach to EU merger law really about more economics?, CMLRev 2012, 217; *Kokkoris,* EU Merger Control, 2013; *Pitsos,* Die erhebliche Behinderung des wirksamen Wettbewerbs (SIEC-Test) im Fusionskontrollrecht, 2013; *Vorster,* Oligopole in der Fusionskontrolle, 2013; *Frenz,* Prognosesicherung in der Fusionskontrolle, EWS 2014, 16; *Holterhus,* Beweisführung in der europäischen Fusionskontrolle, 2014; *Berg,* 10 Jahre SEIC-Test in der FKVO, FS Müller-Graff, 2015, 595; *Fuchs,* Perspektiven für die Fortentwicklung der europäischen Fusionskontrolle, FS Müller-Graff, 2015, 604; *Kuoppamäki/Torstila,* Is there a Future for an Efficiency Defence in EU Merger Control?, ELRev 2016, 687; *Kühn,* Nicht kontrollierende Minderheitsbeteiligungen in der EU-Fusionskontrolle, 2017; *Vallindas,* Droit européen des concentrations, 2017.

Ein weiteres wettbewerbsrechtlich wichtiges Instrument (vgl. z. B. in Deutschland §§ 35 ff. GWB) ist die **Fusions- (= Zusammenschluss)kontrolle.** Sie beruht auf der Überlegung, dass Zusammenschlüsse vorher selbständiger Unternehmen zwar einerseits rationalisierenden Charakter haben und wettbewerbsdienlich sein können, aber auch die Gefahr besteht, dass sich **Monopole, Oligopole** oder anderweitig marktbeherrschende Strukturen bilden, die den Wettbewerb außer Kraft setzen. 33

1. Entstehung und Entwicklung der europäischen Fusionskontrolle

Im EWGV war die Fusionskontrolle **nicht ausdrücklich geregelt;** die Fusionskontrolle im Montanbereich gemäß Art. 66 EGKSV fand mit diesem Vertrag Mitte 2002 ihr Ende. Da aber Art. 3 EWGV ein System verlangte, das den Wettbewerb insgesamt vor Verfälschung schützt, mahnte der Gerichtshof (EuGH, 21.2.1973, Rs. 6/72, „Continental Can"; EuGH, 17.11.1987, verb. Rs. 142/84, „Philip Morris") den Einsatz der damaligen Art. 85 f. EWGV (= Art. 101 f. AEUV) im Zusammenhang mit einer Zusammenschlusskontrolle an, die eine **vorbeugende Fusionskontrolle** (über geplante Zusammenschlüsse) grundsätzlich nicht abdeckten. Jahrelang wurde dann erörtert, ob diese Kontrolle im Kern allein auf die Sicherung des Wettbewerbs ausgerichtet sein sollte oder ob auch industriepolitische Gesichtspunkte zu berücksichtigen seien, also eine hoheitliche Steuerung des Marktgeschehens ermöglicht werden sollte. 1989 wurde dann auf der Grundlage von Art. 87, 235 EWGV (heute Art. 103, 352 AEUV) die VO 4064/89 über die Kontrolle von Unternehmenszusammenschlüssen erlassen. Nachdem EuG und EuGH wichtige Fusionsverbote der KOM (Airtours/Tetra, Laval/Schneider-Legrand, MCI/Sprint) wegen mangelnder Tatsachenermittlung, unzureichender Beweiswürdigung und voreiliger Schlussfolgerungen aufgehoben hatten, wurde parallel zur Novellierung des Kartellrechts (Rz. 20/20) auch die **Fusionskontrollverordnung neu gefasst (VO 139/2004 = FusK-VO,** ABl. L 24/1 = Sart. II Ziff. 170; *Staebe/Denzel,* EWS 2004, 194). Sie ist wie die VO 1/2003 am 1.5.2004 in Kraft getreten und wird von der DurchführungsVO 802/2004 (ABl. L 133/1) ergänzt.

Infolge der Konzentrationstendenzen in der europäischen und internationalen Wirtschaft ist die vorbeugende Fusionskontrolle zu einem **wichtigen Instrument des EU-Wettbewerbsrechts** geworden (zu den Vereinbarkeits- bzw. Unvereinbarkeitsentscheidungen der KOM siehe Fundstellenverzeichnis des geltenden EU-Rechts 08.40). Öfters sind **wirtschaftspolitisch bedeutsame Großfusionen** zu beurteilen. Insgesamt hat die Fusionskontrolle seit 1990 immer mehr an Gewicht gewonnen. Neben der Anwendung der VO 1/2003 ist sie ein **zweiter Schwerpunkt** der europäischen Wettbewerbspolitik gegenüber Unternehmen geworden. 34

2. Gegenstand der Fusionskontrolle: Zusammenschlüsse von unionsweiter Bedeutung (Art. 1, 3 FusK-VO)

Eine Fusionskontrolle findet bei **Unternehmenszusammenschlüssen von unionsweiter Bedeutung** statt. Ein „Zusammenschluss" liegt bei einer Fusion oder der Erlangung der Kontrolle über ein Unternehmen vor, wobei mindestens ein Unternehmen seine Selbständigkeit verliert (näher Art. 3 FusK-VO; vgl. auch EuGH, 31.5.2018, Rs. C-633/18, „Ernst & Young P/S" zum Begriff des „Vollzuges" einer Fusion nach Art. 7 FusK-VO). Der Zusammenschluss hat unionsweite Bedeutung, wenn alternativ eine von zwei Gruppen von Umsatzschwellen überschritten werden, ohne dass die beteiligten Unternehmen mehr als zwei Drittel ihres unionsweiten Umsatzes in einem MS machen: 35

- **Erste Gruppe** (Art. 1 Abs. 2 FusK-VO): der **weltweite** Gesamtumsatz der beteiligten Unternehmen liegt über 5 Mrd. Euro („Gesamtumsatzklausel") und der **unionsweite** Gesamtumsatz bei mindestens zwei der Unternehmen über je 250 Mio. Euro („Bagatellklausel").
- **Zweite Gruppe** (Art. 1 Abs. 3 FusK-VO): der **weltweite** Gesamtumsatz der beteiligten Unternehmen liegt über 2,5 Mrd. Euro sowie in mindestens drei MSen über 100 Mio. Euro; außerdem müssen bestimmte weitere Kriterien für den **unionsweiten** Umsatz erfüllt sein.

Zur Ermittlung des Umsatzes siehe die entsprechende Mitteilung der KOM (ABl. 1998, C 66/25).

3. Voraussetzungen des Verbots eines Zusammenschlusses (Art. 2 FusK-VO)

36 Unvereinbar mit dem Binnenmarkt und **verboten** sind Zusammenschlüsse, durch die ein **wirksamer Wettbewerb** im Binnenmarkt oder in einem erheblichen Teil desselben **erheblich behindert würde,** insbesondere durch Begründung oder Verstärkung einer beherrschenden Stellung (Art. 2 Abs. 3 FusK-VO: „Significant impediment of effective competition", SIEC-Test).

Die VO 139/2004 ist mit diesem „materiellen Test" über die Kriterien der Vorgänger-VO 4064/89 hinausgegangen, die primär allein auf das Vorhandensein einer „beherrschenden Stellung" abstellte. Die neue Regelung ähnelt dem US-amerikanischen **„SLC-Test"** („Significant lessening of competition"; *Böge,* WuW 2004, 138; *Roth,* ZHR 2008, 670).

37 Das Vorliegen der wettbewerbsbehindernden Wirkung wird nach bestimmten, an die Rspr. des EuGH zu Art. 102 AEUV (oben Rz. 20/28) angelehnten und im Einzelnen in Art. 2 Abs. 1 FusK-VO verankerten Kriterien prognostisch in einer **wirtschaftlichen Gesamtbetrachtung** festgestellt. Dabei kann auch eine **oligopolistische („kollektive") Marktbeherrschung** relevant sein (EuG, 6.7.2002, Rs. T-342/99, „Airtours"; *Bartosch,* EuZW 2002, 645). Ähnlich wie bei Art. 102 AEUV stellt auch hier nicht eine marktbeherrschende Stellung als solche, sondern nur ihr (erwartbarer) Missbrauch das Problem dar; zudem kann eine unzulässige Marktbehinderung auch ohne Marktbeherrschung entstehen. Letztlich ist daher nicht der Zusammenschluss und die damit erreichte Marktstellung als solche ausschlaggebend; entscheidend ist vielmehr die Frage, wie sich prognostisch betrachtet der Wettbewerb im relevanten Markt nach der Fusion entwickeln wird. Daher kommt gerade in diesem Bereich dem „more economic approach" (Rz. 20/4) eine wichtige Funktion zu. Auch werden – ähnlich Art. 101 Abs. 3 AEUV – die Perspektiven technisch/wirtschaftlichen Fortschritts im Interesse des Verbrauchers, die durch die Fusion entstehen, in die Entscheidungsfindung einbezogen (vgl. auch Rz. 20/19, 34). Die KOM verfügt bei der Prüfung über einen Beurteilungsspielraum; ihre Prognosen müssen aber schlüssig begründet sein (EuGH, 15.2.2005, Rs. C-12/03 P, „Tetra Laval"). Die KOM hat auf der Grundlage der FusK-VO **Leitlinien zur Bewertung horizontaler** (ABl. 2004, C 31/5) und **nichthorizontaler** (ABl. 2008, C 265/6) **Zusammenschlüsse** verabschiedet. Diese enthalten die Prüfungsmaßstäbe auf Grund der bisherigen Praxis und der Rspr. der europäischen Gerichtsbarkeit. Sind die Verbotskriterien nicht erfüllt, ist der Zusammenschluss **erlaubt.** Die KOM stellt dies in einer Vereinbarkeitsentscheidung fest. Anderenfalls ergeht eine **Unvereinbarkeitsentscheidung** (Art. 8 FusK-VO).

Komplexe Fragen treten bei sog. „konglomeraten Zusammenschlüssen", also solchen von stark heterogen strukturierten Unternehmen auf. Hier müssen im Grundsatz einschlägige Untersuchungen für alle betroffenen Märkte angestellt werden (EuG, 14.12.2005, Rs. T-210/01, „General Electric"; *Weidenbach/Leupold,* EWS 2006, 158).

4. Fusionskontrollverfahren (Art. 4ff. FusK-VO iVm VO 802/2004) und Rechtsschutz

38 Zusammenschlüsse von unionsweiter Bedeutung müssen vor ihrem Vollzug (dazu *Bosch/Marquier,* EWS 2010, 113) bei der KOM angemeldet werden (Art. 4 Abs. 1 FusK-VO; zu Einzelheiten: VO 802/2004, ABl. L 133/1); bis zur Vereinbarkeitserklärung darf die Fusion grundsätzlich nicht vollzogen werden (Art. 7 Abs. 1 FusK-VO, wobei eine Missachtung zwar sanktioniert wird, aber keinen Einfluss auf die Geneh-

migungsentscheidung hat: EuG, 13.9.2010, Rs. T-279/04, bestätigt durch EuGH, 6.11.2012, Rs. C-551/10, „Éditions Odile Jacob"). Das Verfahren der Fusionskontrolle durchläuft **mehrere Phasen;** ein Überschreiten der genannten Fristen führt zur Fiktion der Genehmigung (Art. 10 Abs. 6 FusK-VO):

- **Vorprüfung (Art. 6 FusK-VO):** Die KOM entscheidet (grundsätzlich innerhalb von 25 Arbeitstagen), ob die Anmeldung unter die FusK-VO fällt bzw. ob Anlass zu ernsthaften Bedenken wegen der Vereinbarkeit mit dem Binnenmarkt besteht (Art. 6, 10 FusK-VO). In dieser Phase werden in der Praxis bereits die meisten Anmeldungen genehmigt, z. T. unter **Zusagen** der Unternehmen.
- **Hauptprüfung (Art. 8, 10 FusK-VO):** Bei ernsthaften Bedenken vergewissert sich die KOM in bestimmten Fristen (Art. 10 FusK-VO), ob die Voraussetzungen für ein Verbot des Zusammenschlusses gegeben sind. Bei dieser (innerhalb von 90 Arbeitstagen durchzuführenden) Prüfung holt die KOM weitere Auskünfte ein und stellt Nachforschungen an. Den beteiligten Unternehmen wird rechtliches Gehör gewährt. Ein Beratender Ausschuss der MSen wird angehört (Art. 19 FusK-VO).
- **Entscheidung:** Anschließend ergeht nach Art. 8 FusK-VO eine **Vereinbarkeits- bzw. Unvereinbarkeits-, also Verbotsentscheidung** der KOM. Letztere führt u. U. zu Rückabwicklungspflichten (Art. 8 Abs. 4 FusK-VO). Trifft die KOM innerhalb der Frist keine Entscheidung, gilt der Zusammenschluss als genehmigt (Art. 10 Abs. 6 FusK-VO). Bei ihrer Entscheidung muss die KOM die Verteidigungsrechte (Rz. 20/46) achten (EuGH, 16.1.2019, Rs. C-265/17, „UPS").
- In der Praxis ist bisher die große Mehrzahl der Anmeldungen genehmigt worden, die in die Hauptprüfung gelangten. Häufig werden sie jedoch mit **Auflagen** verbunden.
- **Rechtsschutz:** Gegen den B der KOM (einschließlich eines fiktiven B) kann beim **EuG** eine Nichtigkeitsklage mit Berufungsmöglichkeit zum EuGH erhoben werden (zur Kontrolldichte Rz. 20/37).

Unmittelbare Wettbewerber werden ggf. im Sinne von Art. 263 Abs. 4 AEUV als unmittelbar und individuell betroffen angesehen (dazu Rz. 13/61; siehe EuG, 3.4.2003, Rs. T-114/02, „BaBlyss"). Soll nach einer ergebnislosen Beschwerde eine entsprechende Untätigkeitsklage erhoben werden, muss dies zeitnah geschehen (EuGH, 25.9.2003, Rs. C-170/02 P, „Schlüsselverlag J.S. Moser").

Die KOM kann einen angemeldeten Zusammenschluss unter bestimmten Voraussetzungen an die nationale Kartellbehörde (in Deutschland: Bundeskartellamt) **verweisen** (Art. 9 FusK-VO). Die umgekehrte Verweisung an die KOM ist ebenfalls möglich (Art. 22 FusK-VO; zu entsprechenden Antragsmöglichkeiten der Unternehmen siehe Art. 4 Abs. 4 und 5 FusK-VO). Da Zusammenschlüsse von unionsweiter Bedeutung oftmals weltweite Auswirkungen haben, kooperiert die KOM international, insbesondere mit den USA (Abkommen EU-USA über die Anwendung ihrer Wettbewerbsregeln, ABl. 1995, L 95/4) und innerhalb des „Internationalen Wettbewerbsnetzes" (ICN; Rz. 20/42). 39

V. Nationales, europäisches und internationales Wettbewerbsrecht

1. Extraterritoriale Wirkungen europäischen Wettbewerbsrechts

Literatur: *Schwarze* (Hrsg.), Europäisches Wettbewerbsrecht im Zeichen der Globalisierung, 2002; *Höder,* Die kollisionsrechtliche Behandlung unteilbarer Multistate-Verstöße, 2004; *I. Meyer,* Die extraterritoriale Anwendbarkeit der EG-Fusionskontrollverordnung, 2004; *Meessen,* Schadensersatz bei weltweiten Kartellen, WuW 2005, 599; *Hilbig,* Das gemeinschaftsrechtliche Kartellverbot im internationalen Handelsschiedsverfahren, 2006; *Terhechte* (Hrsg.), Internationales Kartell- und Fusionskontrollverfahrensrecht, 2008; *Behrens,* Der extraterritoriale Schutz des Systems unverfälschten Wettbewerbs, FS Müller-Graff, 2015, 542; *Cardon,* „Intel missa est!", RTDE 2018, 115; *Rehbinder/Völcker,* in: Immenga/Mestmäcker, Wettbewerbsrecht, 6. Aufl., Band 1, 2019, Abschn. II.

40 Angesichts der heutigen **weltweiten Wirtschaftsverflechtungen** haben wettbewerbspolitische Maßnahmen vielfach **extraterritoriale Wirkung.** Hinsichtlich des räumlichen Anwendungsbereiches unterliegt das europäische Recht den Vorgaben des allgemeinen Völkerrechts (Rz. 9/152 ff.; EuGH, 12.12.1972, verb. Rs. 21/72 u. a., „Fruit Company" – zur Bindung der EU an das Völkerrecht). Wettbewerbsrechtliche Maßnahmen sind danach auch gegenüber Unternehmen aus Drittstaaten zulässig, wenn sich ein verbotenes Verhalten in qualifizierter Form auch auf den Binnenmarkt auswirkt (**„Wirkungsprinzip"**; EuGH, 6.9.2017, Rs. C-413/14 P, „Intel"; das frühere Abstellen auf die „Durchführung" eines Kartells (auch) im Binnenmarkt [EuGH, 25.12.1971, Rs. 22/71, „Béguelin"; st. Rspr.] war missverständlich). Daher werden auch Fusionen von Unternehmen mit Sitz in Drittstaaten durch die KOM kontrolliert (z. B. Verbot der Übernahme von Honeywell durch General Electric im Jahre 2001; dazu EuG, 14.12.2005, Rs. T-210/01, „General Electric"). Dieses Wirkungsprinzip ist mit dem Völkerrecht vereinbar, weil die Hoheitsakte der EU nur an Handeln im Ausland anknüpfen, die EU aber nicht einseitig hoheitliche Akte (z. B. Vollstreckung eines Bußgelds) im Gebiet dritter Staaten vornimmt.

41 Noch geringere Probleme treten auf, wenn das Verhalten von **in der EU ansässigen Tochtergesellschaften** der im Drittstaat befindlichen Muttergesellschaft zugerechnet werden kann, weil diese ihre Tochter beherrscht (EuGH, 14.7.1972, Rs. 48/69, „Imperial Chemical").

Schwierige Fragen der räumlichen Geltung des EU-Wettbewerbsrechts ergeben sich aus **„Strategischen Allianzen"** von Luftverkehrsgesellschaften aus EU-MSen mit US-Airlines (*Fiebig,* Strategische Allianzen und ihre Herausforderungen an das Wettbewerbsrecht der EU, 1996).

Wenngleich diese Grundsätze in der Praxis inzwischen ziemlich unangefochten sind, ergeben sich für die extraterritoriale Anwendung des europäischen Wettbewerbsrechts im Einzelnen (Anknüpfungsprinzipien, Unternehmenseinheit, Verfahren bei drittlandsbezogenen Verstößen u. a.) schwierige Anwendungsfragen.

42 Da die dargestellte Anwendung des europäischen Wettbewerbsrechts in Fällen mit extraterritorialem Bezug zu Konflikten mit ausländischen Behörden führen kann, arbeitet die KOM bi- und multilateral mit ausländischen Wettbewerbsbehörden und internationalen Gremien zusammen.

Bilateral steht die Zusammenarbeit mit den US-amerikanischen Wettbewerbsbehörden auf der Grundlage des **Abkommens EU-USA über die gegenseitige Anwendung ihrer Wettbewerbsrechte von 1991** (ABl. 1995, L 95/45; *Pallek,* AVR 2000, 169) und des Abkommens von 1998 über entgegenkommendes Verhalten („Positive Comity", ABl. 1998, L 173/28) im Vordergrund (u. a. Vereinbarungen über gegenseitige Notifizierungen von Maßnahmen der Wettbewerbsaufsicht und Unterstützung beim „enforcement" solcher Maßnahmen). Dies schließt gelegentliche Interessengegensätze nicht aus. Ein ähnliches Abkommen besteht seit 1999 mit **Kanada** (ABl. 1999, L 175/1). Regelmäßige Konsultationen finden mit **Japan** und anderen OECD-Ländern statt, seit 2004 ferner mit **China** (*Font Galarza,* Competition Policy Newsletter 2/2004, 27).

Multilateral arbeitet die KOM in der **WTO**-Arbeitsgruppe für Handel und Umwelt sowie im Wettbewerbsausschuss der **OECD** mit und beteiligt sich an der weltweiten Schaffung eines **Internationalen Wettbewerbsnetzes** von Kartellbehörden (ICN) (*Roebling,* Competition Policy Newsletter 2/2004, 28).

2. Europäisches und nationales Wettbewerbsrecht

Literatur: *Streinz,* „Ne bis in idem" bei Sanktionen nach deutschem und europäischem Kartellrecht, Jura 2009, 412; *Brammer,* Ne bis in idem im europäischen Kartellrecht, EuZW 2013, 617; *Raffaelli* (Hrsg.), Antitrust between EU law and national law, 2013; *Frenz,* Ne bis in idem im Kartellrecht, EWS 2014, 129; *Schröter,* Nationale Fusionskontrolle in der Europäischen Union, FS T. Stein, 2015, 856; *Raffaelli* (Hrsg.), Antitrust between EU Law and National Law, 2017.

Da neben dem europäischen Wettbewerbsrecht des AEUV **nationales Wettbewerbsrecht** besteht (in Deutschland das GWB), stellt sich die Frage nach dem **Verhältnis** der beiden Regelwerke zueinander, insbesondere dann, wenn auf denselben Sachverhalt nationale und europäische Normen anwendbar sind. Dabei ist zu berücksichtigen, dass sich das Unionsrecht nur auf den **zwischenstaatlichen Handel** bezieht („Zwischenstaatsklausel", oben Rz. 20/12), während das nationale Recht den **innerstaatlichen Handel** regelt, je nach Geltungsanspruch aber u. U. auch zwischenstaatliche Sachverhalte einbeziehen kann. In Art. 3 Abs. 1 lit. b) AEUV wird die Festlegung der Wettbewerbsregeln als ausschließlich europäische Kompetenz bezeichnet; dabei ist aber umstritten, ob dies mehr umfasst als die Rechtsetzungskompetenzen nach Art. 103, 106 Abs. 3 und 109 AEUV, deren Ausnutzung schon nach der bisherigen Rechtsprechung nationales Recht sperrt (Rz. 20/44). In der Praxis werden viele Probleme allerdings dadurch vermieden, dass sich – auch in D – das nationale Recht inhaltlich mit dem Unionsrecht zumindest weitgehend deckt. 43

Gemäß der Rechtsprechung des Gerichtshofs (EuGH, 13.2.1969, Rs. 14/68, „Walt Wilhelm"; EuGH, 13.1.1994, Rs. C-376/92, „Metro/Cartier"; st. Rspr.) ist die Rangfrage im Wettbewerbsrecht ein **Unterfall des allgemeinen Verhältnisses** zwischen Unionsrecht und nationalem Recht (oben Rz. 10/4ff.). Demgemäß muss der unbedingte **Vorrang des Unionsrechts** auch in diesem Bereich sichergestellt werden. Anderenfalls wäre die gleichmäßige Geltung des europäischen Wettbewerbsrechtes in allen MSen durch unterschiedliche nationale Wettbewerbsnormen in rechtlich und wirtschaftlich abträglicher Weise in Frage gestellt. **Art. 3 VO 1/2003** hat die entsprechenden Grundsätze mittlerweile ausdrücklich **kodifiziert.** Danach dürfen nach Art. 101 Abs. 3 AEUV zulässige Vereinbarungen etc. zwischen Unternehmen etc. (Rz. 20/9ff., 14ff.) auch nach nationalem Recht nicht unterbunden werden, selbst wenn sie den Handel zwischen den MSen beeinträchtigen. Demgegenüber dürfen die MSen in ihrem Hoheitsgebiet gegen einseitige Handlungen von Unternehmen oder zur Fusionskontrolle strengere innerstaatliche Vorschriften erlassen oder anwenden (*Koenigs,* DB 2003, 755). – Das deutsche Kartellrecht wurde zwecks Vermeidung von Kollisionen mit dem europäischen Recht weitgehend an dieses angeglichen. 44

Soweit ein **Verstoß gegen nationales und europäisches Recht** vorliegt, schließt nach der traditionellen Rspr. die eine Sanktion die andere nicht aus; aus Gründen der Billigkeit wird aber eine Anrechnung verlangt (EuGH, 13.2.1969, Rs. 14/68, „Walt Wilhelm"). Dies kontrastiert mit einem deutlich weiteren Verständnis des „ne bis in idem"-Grundsatzes (Art. 50 GrCh, Art. 4, 7. ZP zur EMRK) im Rahmen des SDÜ (Rz. 37/7). Die Annahme, dass durch europäisches und nationales Recht unterschiedliche Rechtsgüter geschützt werden, überzeugt gerade im Lichte der vorgenannten Garantien nicht. Ob ein Urteil des EuGH vom 17.2.2012 (Rs. C-17/10, „Toshiba u. a.") dies anders bewertet, weil dort eine parallele Sanktionierung durch nationale und europäische Behörden (nur?) deshalb für zulässig erklärt wurde, weil sie sich auf unterschiedliche Zeiträume bezog – vor und nach dem Beitritt des betreffenden Staates zur EU –, ist offen. Eine gleichzeitige Sanktion europäischen und nationalen Rechts durch eine nationale Behörde soll jedenfalls zulässig sein, wenn insgesamt die Sanktion nicht unangemessen wird (EuGH, 3.4.2019, Rs. C-617/17, „Powszechny Zakład Ubezpieczeń na Życie S. A.").

VI. Die Durchsetzung des Wettbewerbsrechts

Literatur: *Sauter,* Verfahren in Kartellsachen, in: Dauses/Ludwigs (Hrsg.), HB EU-WirtschR, H I § 5, 2012; *Nascimbene,* Fair Trial and the Rights of the Defence in Antitrust Proceedings, ELRev 2013, 573; *Seifert,* Die einheitliche und fortgesetzte Zuwiderhandlung: komplexe Kartelle im europäischen Kartellrecht, 2013; *Vilsmeier,* Tatsachenkontrolle und Beweisführung im EU-Kartellrecht auf dem Prüfstand der

EMRK, 2013; *Galokho,* Preuves indirectes de l'existence d'une entente et sécurité juridique en droit européen de la concurrence, RTDE 2014, 727; *Heltemes,* Settlements im europäischen und deutschen Kartellbußenverfahren, 2014; *Kellerbauer,* Limits on EU antitrust investigative measures under recent case-law, EuZW 2014, 407; *Sauter,* Die Kronzeugenregelung auf dem Prüfstand, FS Dauses, 2014, 351; *Widmer,* Verwaltungsermessen im Recht der Europäischen Union – veranschaulicht anhand des europäischen Kartell- und Gemeinschaftsmarkenrechts, 2014; *Kallmeyer,* Die Bindungswirkungen von Kommissionsmitteilungen im EU-Wettbewerbsrecht, FS T. Stein, 2015, 662; *Köster,* Das Kartellvergleichsverfahren der Europäischen Kommission, EuZW 2015, 575; *Schwartz,* Kartellgehilfen im europäischen Kartellrecht, 2015; *Thanos,* Die Reichweite der Grundrechte im EU-Kartellverfahrensrecht, 2015; *Hartlieb,* Verpflichtungszusagen im europäischen Kartellrecht und der Grundsatz der Verhältnismäßigkeit, 2019; *Kalinitiri,* Evidence Standards in EU Competition Enforcement, 2019; *Kreifels,* Die Prioritätensetzung der Europäischen Kommission beim Aufgreifen kartellrechtlicher Fälle, 2019; *Salemme,* Enforcing European Competition Law through Lenency Programmes in the Fundamental Rights, 2019; *Scholz/Bogdanov,* Die Kommissionspraxis zur Zusammenarbeit in Nicht-Kartellverfahren, EWS 2019, 256; *Rousseva,* EU Antitrust Procedure, 2020; *Fink,* Wirksamer Schutz der Verteidigungsrechte im EU-Kartellverfahren, 2021.

1. Administrative Durchführung des Wettbewerbsrechts

a) Verwaltungsbefugnisse der Kommission

45 Das Wettbewerbsrecht stellt einen der wenigen Bereiche des Unionsrechts dar, in denen die KOM unmittelbar Unionsrecht ausführt. Ungeachtet der gewachsenen Mitwirkungsbefugnisse der nationalen Behörden und Gerichte in Wettbewerbssachen nach der VO 1/2003 liegen auch weiterhin wesentliche Verwaltungsbefugnisse bei der KOM, konkret bei deren **Generaldirektion Wettbewerb.** Diese erläutert regelmäßig ihr Vorgehen in einschlägigen Publikationen.

Seit der Qualifikation von Art. 101 Abs. 3 AEUV als Legalausnahme durch die VO 1/2003 (Rz. 20/20) liegt das Schwergewicht der Tätigkeit der KOM bei der **nachträglichen Kontrolle** wettbewerbsbeschränkender Verhaltensweisen. Instrumente bei Zuwiderhandlungen sind deren Feststellung und die Anordnung, diese abzustellen (unter Einschluss von Zwangsgeldern, Art. 24 VO 1/2003), einstweilige Maßnahmen sowie Feststellungen der Nichtanwendbarkeit des Art. 101 AEUV auf bestimmte Vereinbarungen (Art. 7 ff. VO 1/2003). Zu diesem Zweck verfügt die **KOM** über eine Reihe von **Ermittlungsbefugnissen** (siehe Art. 17 ff. VO 1/2003: u. a. Recht auf Auskunft; zur gebotenen Präzision der erbetenen Auskünfte EuGH, 18.3.2016, Rs. C-247/14 P, „HeidelbergCement AG" und zur Durchsuchung von Privaträumen, sowie VO 773/2004, ABl. L 123/18).

Ein wichtiges Instrument der KOM ist auch die Verbindlicherklärung von **Verpflichtungszusagen** (Art. 9 VO 1/2003), mit denen sich Unternehmen freiwillig zu einem bestimmten Verhalten verpflichten, in dessen Folge ein zunächst wettbewerbsrechtlich zu beanstandendes Vorhaben so verändert wird, dass es als zulässig angesehen werden kann (Beispiel: die Trennung von bestimmten Tochterunternehmen zur Vermeidung einer marktbeherrschenden Stellung; zur begrenzten gerichtlichen Kontrolle EuGH, 29.6.2010, Rs. C-441/07 P, „Alrosa"; kritisch zu den hohen Anforderungen der KOM *Frenz,* EWS 2015, 79). Eine solche Erklärung der KOM stellt aber nicht verbindlich die wettbewerbsrechtliche Unbedenklichkeit einer Absprache fest, hindert also insbesondere nicht nationale Gerichte daran, eine solche für wettbewerbswidrig zu erachten (EuGH, 23.11.2017, Rs. C-547/16, „Gasorba u. a.").

46 Nachdem der EuGH in langjähriger Rechtsprechung allgemeine Rechtsgrundsätze zu den **Verteidigungsrechten** der Unternehmen entwickelt hatte (*Weiß,* Die Verteidigungsrechte im EG-Kartellverfahren, 1996; vgl. auch Rz. 9/37 ff.), sind diese nunmehr in Art. 27 f. VO 1/2003 und ergänzend in der Verfahrens-VO 773/2004 (ABl. L 123/18 ff.) normiert. Zu nennen sind insbesondere die Rechte auf Anhörung (nach ge-

nauer Information über die Beschwerdepunkte: EuGH, 9.7.2009, Rs. C-511/06 P, „Archer Midlands"), Akteneinsicht und Wahrung der Geschäftsgeheimnisse, aber auch die Unschuldsvermutung sowie – im Anschluss an den EGMR (EGMR, 16.12.1992, 13710/88, „Niemietz") – der Schutz von Geschäftsräumen (EuGH, 22.10.2002, Rs. C-94/00, „Roquette Frères"; anders früher 21.9.1989, verb. Rs. 46/87 u. a., „Hoechst"; vgl. Rz. 17/53); ein Richtervorbehalt für Durchsuchungen besteht jedoch nicht generell (EuGH, 18.6.2015, Rs. C-583/13 P, „Deutsche Bahn", auch mit Hinweis auf die begrenzten Zwangsbefugnisse der KOM in diesem Verfahren). Die vom EGMR (EGMR, 5.11.2002, 48539/99, „Allan", Rz. 17/88) aus Art. 6 EMRK abgeleiteten Grenzen der Pflicht zur Selbstbezichtigung führen zwar nicht zu einem generellen Aussageverweigerungsrecht, doch darf nicht verlangt werden, dass der Verstoß selbst zugegeben wird (EuG, 29.2.2004, verb. Rs. T-236/01 u. a., „Tokai"; vgl. auch Rz. 17/88). Und obwohl der EuGH dem Datenschutz grundsätzlich sehr hohes Gewicht beimisst (Rz. 33/80), hält er bei Dokumenten, die nationale Behörden an die KOM weitergeben, die Verwendung auch dann generell für zulässig, wenn die Informationen zunächst zu anderen Zwecken erlangt wurden (EuGH, 17.4.2017, Rs. C-468/15 P, „FSL Holdings NV u. a."). Zunehmend bemüht sich die KOM darum, mit von Wettbewerbsverfahren betroffenen Unternehmen einvernehmliche Lösungen zu finden („settlements", auch bei der Verhängung von Bußgeldern; für den Bereich des Kartellrechts siehe die Mitteilung der KOM, ABl. 2008 C 167/1).

b) Sanktionsbefugnisse der Kommission

Literatur: *Möschel,* Geldbußen im europäischen Kartellrecht, DB 2010, 2377; *Yomere,* Die Problematik der Mehrfachsanktionierung von Unternehmen im EG-Kartellrecht, 2010; *Henn,* Strafrechtliche Verfahrensgarantien im europäischen Kartellrecht, 2018; *Knapowski,* Das Kartellbußgeldrecht unter ökonomischer Perspektive, 2019.

Bei schuldhaften Verstößen kann die KOM **Sanktionen** in Form von Geldbußen in beträchtlicher Höhe verhängen (Art. 23 VO 1/2003). Nach Art. 23 Abs. 2 VO 1/2003 liegt die Obergrenze bei materiellen Verstößen bei 10 % des Jahresumsatzes des betroffenen Unternehmens, bei Verstößen gegen verfahrensrechtliche Pflichten (Art. 23 Abs. 1 VO 1/2003) bei 1 % (dazu beispielhaft: EuGH, 22.11.2012, Rs. C-89/11 P, „E.ON" wegen Siegelbruchs). 47

Die Bußen werden seit 1998 nach **Leitlinien** berechnet, welche die KOM zur Orientierung der Unternehmen erlassen hat, aber auch eine Selbstbindung der KOM bewirken (Neufassung 2006, ABl. C 210/2). Dabei wird in Abhängigkeit vor allem vom einschlägigen Umsatz ein Grundwert gebildet, bezogen auf den in Abhängigkeit der Umstände wie der Art der Zuwiderhandlung, deren Auswirkungen auf den Markt und deren (volumenmäßigem und räumlichem) Umfang ein bestimmter Prozentsatz festgesetzt wird. Erschwerende Umstände können zu einer Erhöhung, mildernde Umstände zu einer Verringerung der sich daraus ergebenden Buße führen (zur Berechnung etwa EuGH, 8.12.2011, Rs. C-389/10 P, „KME"; 7.9.2016, Rs. C-101/15 P, „Pilkington").

Die KOM ermäßigt oder erlässt Geldbußen, wenn Unternehmen bei der Aufklärung mit ihr zusammenarbeiten. Die Literatur kritisiert zum Teil die rechtsförmige Unbestimmtheit dieser Leitlinien und verlangt präzisere normative Vorgaben. Die **„Kronzeugenregelung"** („Leniency Rules") wurde 2006 noch großzügiger ausgestaltet (ABl. 2006, C 298/17). Daneben wurde durch Änderung der VO 773/2004 der Abschluss eines Vergleichs vorgesehen (Art. 10a; dazu auch Bekanntmachung der KOM, ABl. 2008, C 167/1, die für diesen Fall eine Reduktion der vorgesehenen Buße um 10 % vorsieht, sowie EuG, 20.5.2015, Rs. T-456/10, „Timab Industries"). Zur (etwa für die Berechnung der erwähnten Bußgeldobergrenze oder für die Verjährung nach Art. 25 Abs. 2 VO 1/2003) wichtigen Frage, was eine „Tat" darstellt, siehe etwa EuG, 12.12.2007, verb. Rs. T-101/05 u. a., „BASF und UCB".

Rechtsstaatlich motivierte **Kritik** finden vielfach die Unbestimmtheit der Vorgaben der VO 1/2003 sowie die Doppelrolle der KOM als Verwaltungs- und Sanktionsbehörde. Der EGMR hat jedoch bezogen auf das italienische Recht die Verhängung einer kartellrechtlichen Sanktion durch eine Verwaltungsbehörde unter der – auch im europäischen Recht erfüllten (Rz. 20/49) – Voraussetzung für mit Art. 6 EMRK vereinbar erklärt, dass eine uneingeschränkte gerichtliche Nachprüfung stattfindet (27.9.2011, 43509/08, „Menarini"; dem für das Unionsrecht folgend EuGH, 28.7.2013, Rs. C-501/11 P, „Schindler Holding"; dazu *Bueren,* EWS 2012, 363; *Abenhaim,* RTDE 2012, 117; vgl. auch Rz. 17/84).

c) Aufgaben und Befugnisse der nationalen Behörden

48 Die in der VO 1/2003 vorgesehene unmittelbare Anwendbarkeit auch von Art. 101 Abs. 3 AEUV (Rz. 20/20) hat die Rolle der nationalen Wettbewerbsbehörden gestärkt. Diese haben Art. 101 und 102 AEUV in **nationalen Verfahren** vollständig **anzuwenden** (Art. 5 VO 1/2003) und können die dort im Einzelnen vorgesehenen Entscheidungen treffen, insbesondere die Voraussetzungen einer **Freistellung** nach Art. 101 Abs. 3 AEUV feststellen und bei Verstößen **Sanktionen** aussprechen (näher *Kallfaß,* EuR 2018, 175). Eine klare Abgrenzung der Zuständigkeiten von KOM und den verschiedenen nationalen Behörden besteht nicht; vielmehr können mehrere Stellen prinzipiell auch parallel tätig werden. Allerdings können nationale Stellen, wenn sie ein Verhalten als zulässig ansehen, insoweit nur entscheiden, nicht tätig zu werden; eine Befugnis zu verbindlicher Entscheidung steht nur der KOM zu (EuGH, 3.5.2011, Rs. C-375/09, „Tele 2 Polska"). Wird eine nationale Stelle tätig, kann eine andere nationale Stelle unter Hinweis auf dieses Verfahren ein eigenes Tätigwerden ablehnen (Art. 13 VO 1/2003). Über Entscheidungen der KOM dürfen sich nationale Stellen aber nicht hinwegsetzen. Mit der RL 2019/1 (ABl. L 11/3) wurden Stellung, Befugnisse und Verfahren der nationalen Behörden umfassend geregelt. Eine unionsweit effektive und einheitliche Rechtsanwendung sichern ausführliche Regeln zur **Zusammenarbeit** der KOM mit **nationalen Behörden** (Art. 11–13 VO 1/2003) sowie das European Competition Network (ECN). Dem gemischt national/europäisch zusammengesetzten Beratenden Ausschuss für Kartell- und Monopolfragen (Art. 14 VO 1/2003) kommt im dezentralen System besondere Bedeutung zu.

Bei Verstößen haben die nationalen Behörden regelmäßig angemessene Sanktionen auszusprechen (EuGH, 18.6.2013, Rs. C-681/11, „Schenker"). Dabei schließt der Grundsatz des **„ne bis in idem"** (Art. 4 des 7. ZP zur EMRK und dazu Rz. 17/89 sowie im Anschluss daran Art. 50 GRC) eine Sanktionierung durch eine andere nationale Behörde oder auch die KOM (wie umgekehrt) aus, da er nach st. Rspr. des EGMR auch auf Ordnungswidrigkeiten anwendbar ist (*Böse,* EWS 2007, 202); zum Verhältnis von Sanktionen bei Verstößen gegen nationale und europäische Normen siehe Rz. 20/44.

2. Rechtsschutz im Wettbewerbsrecht

Literatur: *Vogel,* Kollektiver Rechtsschutz im Kartellrecht, 2010; *Gerard,* Breaking the EU Antitrust Enforcement Deadlock: Re-empowering the Courts?, ELRev 2011, 457; *Saam,* Kollektive Rechtsbehelfe zur Durchsetzung von Schadensersatzansprüchen im europäischen Wettbewerbs- und Verbraucherrecht, 2011; *de Bronett,* Die Unwirksamkeit der Befugnis des Gerichtshofs der EU zu unbeschränkter Nachprüfung von Geldbußenbeschlüssen der Kommission in Kartellsachen, EWS 2013, 449 und 2014, 5; *Hjelmeng,* Competition law remedies: Striving for coherence or finding new ways?, CMLRev 2013, 1007; *Divivier,* Die Reichweite der Befugnis mitgliedstaatlicher Gerichte und Wettbewerbsbehörden zur Anwendung des EU-Kartellrechts, 2014; *Gärditz,* Die gerichtliche Kontrolle behördlicher Tatsachenermittlung im europäischen Wettbewerbsrecht zwischen Untersuchungsmaxime und Effektivitätsgebot, AöR 2014, 329; *Seitz,* Der Grundsatz des effektiven gerichtlichen Rechtsschutzes und die Nachprüfungsbefugnis im System der gerichtlichen Kontrolle, EuZW 2014, 774; *Marquis/Cisotta,* Litigation and Arbitration in EU

Competition Law, 2015; *Nazzini,* Judicial Review after KME, ELRev 2015, 490; *Bernardeau/Thomas,* Principes généraux du droit et contrôle juridictionnel en droit de la concurrence, CDE 2016, 365.

a) Rechtsschutz vor den europäischen Gerichten

Entscheidungen der **KOM** im Kartellverfahren können die Unternehmen nach den allgemeinen Regeln des Art. 263 AEUV anfechten. In erster Instanz ist das **EuG** für solche Anfechtungs-(und entsprechende Untätigkeits-)klagen zuständig (Art. 263, 265 AEUV), mit der Möglichkeit eines auf Rechtsfragen beschränkten Rechtsmittels zum EuGH (*Weitbrecht,* EuR Beih. 1/2003, 115). Angesichts der Komplexität der wettbewerblichen Sachverhalte ist die gerichtliche Kontrolle als – wenn auch in den letzten Jahren zunehmend dichter gewordene – **Rechtskontrolle** ausgelegt. Danach ist es nicht Sache des Gerichtshofes, „seine eigene wirtschaftliche Beurteilung an die Stelle derjenigen der KOM zu setzen, die dafür die institutionelle Zuständigkeit hat". Allerdings aber müsse „der Unionsrichter nicht nur die sachliche Richtigkeit der angeführten Beweise, ihre Zuverlässigkeit und ihre Kohärenz prüfen ..., sondern auch ... kontrollieren ..., ob diese Beweise alle relevanten Daten darstellen, die bei der Beurteilung einer komplexen Situation heranzuziehen waren, und ob sie die aus ihnen gezogenen Schlüsse zu stützen vermögen." (EuGH, 10.7.2008, Rs. C-413/06, „Bertelsmann und Sony"). Bei der Fusionskontrolle kommt es maßgeblich auch auf die Validität der entsprechenden Prognosen (Rz. 20/37) an (EuGH, 20.5.2005, Rs. C-12/03 P, „Tetra Laval"). 49

Beschlüsse der KOM zur Festsetzung einer Geldbuße oder eines Zwangsgeldes können (und müssen, Rz. 20/47) gemäß Art. 261 AEUV, Art. 31 VO 1/2003 **unbeschränkt** nachgeprüft werden (zur Pflicht des Gerichts, eigenständige Überlegungen anzustellen, EuGH, 30.4.2014, Rs. C-238/12 P, „FLSmidth & Co. A/S"; siehe auch *Frenz,* Grundrechtlich geprägte Kontrolldichte im EU-Wettbewerbsrecht, EWS 2013, 123). Die Geldbußen werden ggf. herabgesetzt, gelegentlich auch erhöht (dazu EuG, 12.12.2007, verb. Rs. T-101/05 u. a., „BASF und UCB"). Bei qualifiziert rechtswidrigen Entscheidungen kommt auch eine Haftung der Union (Rz. 14/3 ff.) in Betracht (EuG, 11.7.2007, Rs. T-351/03, „Schneider Electric"; das konkrete Urteil wurde allerdings aufgehoben, weil die kausale Verursachung des Schadens nicht nachgewiesen sei; siehe EuGH, 16.7.2009, Rs. C-440/07 P, „Schneider Electric").

b) Rechtsschutz gegen nationale Verwaltungsentscheidungen

Nationale Verwaltungsentscheidungen müssen schon wegen des europäischen Rechtsschutzgebotes (Rz. 13/1) vor **nationalen Gerichten** angefochten werden können. Die nationalen Gerichte sind durch die VO 1/2003 ebenfalls zur Zusammenarbeit mit der KOM verpflichtet, und zwar, indem sie ihr ihre entsprechenden Entscheidungen übermitteln (Art. 15). Da sich auch nationale Gerichte nicht über einen bereits ergangenen einschlägigen B der KOM hinwegsetzen dürfen (allgemein Rz. 13/79), sind sie, wenn sie diesen für ungültig halten, zu einer entsprechenden **Vorlage** an den **EuGH** nach Art. 267 AEUV verpflichtet. Bei laufenden Verfahren vor der KOM ist ein nationales Gerichtsverfahren auszusetzen (Art. 16 VO 1/2003). Da damit alles letztlich unter Kontrolle der europäischen Gerichtsbarkeit steht, bestehen insoweit auch keine rechtsstaatlichen Bedenken. 50

c) Private Rechtsdurchsetzung vor nationalen Gerichten

Literatur: *Böni,* Europäische Richtlinie zur privaten Kartellrechtsdurchsetzung – Maß aller Dinge für Privatgeschädigte?, EWS 2014, 324; *Haus/Serafimova,* Neues Schadensersatzrecht für Kartellverstöße, BB 2014, 2883; *Becker/Berg/Bulst,* Die privatrechtliche Durchsetzung des binnenmarktlichen Kartellrechts, in: Müller-Graff (Hrsg.), EnzEuR IV, § 10, 2015; *Makatsch/Mir,* Die neue EU-Richtlinie zu Kartellschadensersatzklagen, EuZW 2015, 7; *Roth,* Privatrechtliche Kartellrechtsdurchsetzung, ZHR 2015, 668; *Weitbrecht,* Entwicklungslinien der europäischen Integration im Kartellprivatrecht, FS Müller-Graff, 2015, 511; *Brinker,* Private Rechtsdurchsetzung und kollektiver Rechtsschutz im europäischen Wettbewerbsrecht, in: Hatje/Müller-Graff (Hrsg.), XXVII. FIDE-Kongress, 2017, 39; *Motyka-Mojkowski,* Das Verhältnis zwischen privater und behördlicher Durchsetzung des EU-Kartellrechts, 2017; *Oster,* Privatrechtliche Schadensersatzansprüche zur Durchsetzung des Unionsrechts am Beispiel der Schadensersatzrichtlinie 2014/104EU, EuR 2019, 578; *Strand/Venegas/Iacovides* (Hrsg.), EU Competition Litigation, 2019; *Nowag/Tarkkila,* How much effectiveness for the EU Damages Directive, CMLRev 2020, 433.

51 Nationale **Gerichte** sind auch berufen, **Konkurrenten** von Unternehmen, die gegen das europäische Wettbewerbsrecht verstoßen, Rechtsschutz zu gewährleisten und dabei das europäische **Wettbewerbsrecht unmittelbar anzuwenden** (Art. 6 VO 1/2003), etwa wenn sie mit Klagen befasst sind, die auf mit Art. 101 AEUV unvereinbare Verträge gestützt sind. Die Konkurrenten können Unterlassung verlangen, die Geschädigten Schadensersatz geltend machen (EuGH, 22.9.2001, Rs. C-453/99, „Courage“; vgl. auch § 33a GWB), und zwar auch von solchen Unternehmen, die ohne Beteiligung am Kartell dieses bei ihrer Preisgestaltung ausgenutzt haben (EuGH, 5.6.2014, Rs. C-557/12, „Kone“; dazu *Schwarze,* FS Müller-Graff, 2015, 567). Ersteres kann auch von entsprechenden Verbänden verlangt werden. Zudem kann der erlangte Vorteil – durch die Behörden oder auf Verlangen eines Konkurrenten – abgeschöpft werden (§§ 34, 34a GWB). Auch indirekt Geschädigte haben einen Anspruch (zu einem Fall EuGH, 12.12.2019, Rs. C-435/18, „Otis“ u. a.). Erweisen sich Grenzen des Schadensersatzanspruchs unter Effektivitätsgesichtspunkten (Rz. 12/36) als problematisch wie etwa die Ausgestaltung von Verjährungsvorschriften, sind diese nicht anzuwenden (EuGH, 28.3.2019, Rs. C-637/17, „Comego“). Schließlich kann, wer mit einem an einem Kartell beteiligten Unternehmen einen Vertrag abschließt, diesen nach Auffassung des BGH u. U. anfechten (dazu *Palzer/Preisendanz,* EWS 2010, 215). So können auch **Private** das europäische Wettbewerbsrecht **durchsetzen.**

Der Schutz anderer legitimer Interessen kann Schadensersatzverlangen aber auch – nur im Rahmen der Verhältnismäßigkeit – **begrenzen** (zum Versuch eines Geschädigten, von nationalen Behörden Informationen zu einem Kronzeugen zu erlangen, EuGH, 14.7.2011, Rs. C-360/09, „Pfleiderer“; zum tendenziellen Vorrang der spezifischen Regeln der VO 1/2003 und 774/2004 gegenüber der TransparenzVO 1049/2001 [ABl. L 145/43, Rz. 12/18f.] siehe EuGH, 27.2.2014, Rs. C-365/12 P, „EnBW“; dazu *Palzer,* EuZW 2015, 416; siehe auch im Kontext des Beihilferechts Rz. 21/32). Manche Fragen, vor allem des **gerichtlichen Verfahrens,** regelt eine **einschlägige RL** (2014/104, ABl. L 349/1; dazu *Schweitzer,* Schadensersatz im Europäischen Kartellrecht, 2013). Mehrere an einem Kartell beteiligte Unternehmen können im Grundsatz vor jedem für eines von ihnen zuständigen Gericht verklagt werden (Art. 8 EuGVVO; EuGH, 21.5.2015, Rs. C-352/13, „Cartel Damage Claims“; dazu *Stadler,* JZ 2015, 1138). Nach Art. 7 Nr. 2 VO 1215/2012 (Rz. 36/36) kann die Klage dort erhoben werden, wo die Marktpreise nachteilig beeinflusst wurden (EuGH, 29.7.2019, Rs. C-451/18, „Tibor-Trans Fuvarozó és Kereskedelmi Kft.“). Trotz dieser prozessualen Erleichterungen sind aber die Schwierigkeiten bei der Realisierung entsprechender Ansprüche, vor allem bei der Berechnung der Schadenshöhe, nicht zu übersehen.

VII. Ausblick: Erfolge und Zukunft der europäischen Wettbewerbspolitik

Die europäische Wettbewerbspolitik war in den 1950er Jahren ein ungeachtet vieler Unvollkommenheiten **kühnes und zukunftsweisendes Experiment.** Diese „European antitrust experience", mittels derer durch eine übernationale Ebene etlichen MSen erstmals ernsthafte Anstrengungen ordnungspolitisch geprägter Marktwirtschaft abgenötigt wurden, ist in ihrer Dimension nur mit der amerikanischen Antitrustpolitik vergleichbar (*Amato,* EurZÖffR 1998, 1067). Der Rat (und mittlerweile auch das Parlament) als wettbewerbsrechtlicher Gesetzgeber, die KOM als EU-Kartellbehörde und EuGH und EuG in der Wächterfunktion haben die Wettbewerbsregeln der Unionsverträge über das Sekundärrecht und die Entscheidungspraxis wirksam entfaltet. Dem kommt eine umso größere Bedeutung zu, weil es sich hier um ein **Kernstück der EU-Wirtschaftsverfassung** im Sinne des Grundsatzes einer offenen Marktwirtschaft mit freiem Wettbewerb handelt, wie sie auch weiterhin in Art. 119 AEUV garantiert ist. 52

Die Verbannung des Wettbewerbs aus den zentralen Bestimmungen des EUV in ein Zusatzprotokoll durch den Vertrag von Lissabon zeigt allerdings, dass dieses Ziel weiterhin nicht uneingeschränkt akzeptiert ist. Zudem war und ist **wettbewerbliche „Realpolitik"** der EU angesichts der **unterschiedlichen „Wirtschaftsphilosophien"** in den MSen unvermeidlich, die bei der nationalen Politik gegenüber Kartellen, im Verhältnis des privaten zum öffentlichen Sektor der Wirtschaft, bei der Behandlung öffentlicher Unternehmen oder in der Subventionspolitik markante Unterschiede aufweisen. Ebenso haben **wirtschaftspolitische Entwicklungen** wie die Einführung einer EU-Industrie-, Regional- und Technologiepolitik oder Bereichsausnahmen wie bei der Landwirtschaft viel dazu beigetragen, die „reine Lehre" neoliberaler Ordnungspolitik in der Praxis zu einem buntgewirkten Regel-Ausnahme-Verhältnis abzuschleifen (*Ehlermann,* EuZW 1994, 647). Trotz all dieser problematischen Einflüsse hat die EU-Wettbewerbspolitik insgesamt durch ihre Anstrengungen, übermäßige private und auch öffentliche Wirtschaftsmacht im Interesse der Marktbürger und des Florierens der europäischen Wirtschaft zu bändigen, **wesentlich zum ökonomischen Erfolg der EU beigetragen.** 53

§ 21. Wettbewerbsrecht und der Staat: Beihilfen, Daseinsvorsorge und öffentliche Aufträge

I. Grundlagen: Das wirtschaftliche Engagement des Staates im Binnenmarkt

Der Wettbewerb im Binnenmarkt (Rz. 20/1 ff.) kann durch verschiedene Maßnahmen behindert werden. Neben unternehmerischen Kartellen und wirtschaftlicher Machtkonzentration (dazu § 20) sowie protektionistisch wirkenden staatlichen Handelsregelungen (§§ 22, 25) steht das staatliche Engagement in der Wirtschaft als dritte Kategorie. Dabei kann der Staat insbesondere den Unternehmen unentgeltlich geldwerte Vorteile zukommen lassen. Insoweit geht es um die – nachfolgend behandelte – Ver- 1 hinderung **wettbewerbsverzerrender Beihilfen (Subventionen) der öffentlichen Hand an einzelne,** in der Praxis vor allem: einheimische **Unternehmen (Art. 107ff. AEUV;** Rz. 21/6ff). Daneben kann der Staat aber auch durch **öffentliche Aufträge** Unternehmen wettbewerbswidrig begünstigen. Insoweit hat der Unionsgesetzgeber durch Sekundärrecht – primärrechtlich vor allem im Kontext der Grundfreiheiten stehende – einschlägige Regelungen erlassen, mit denen allen Unternehmen im Binnenmarkt ein transparenter und diskriminierungsfreier Zugang zu öffentlichen Aufträgen und Dienstleistungskonzessionen gesichert werden soll (RL 2014/24, ABl. L 94/65; RL 2014/25, ABl. L 94/243, sowie RL 2014/23, ABl. L 94/1; dazu Rz. 21/57ff.). Schließlich kann er sich auch selbst wirtschaftlich betätigen und in diesem Zusammenhang den Wettbewerb beeinflussen. Nicht selten geschieht das in der Absicht, Dienstleistungen von allgemeinem wirtschaftlichen Interesse sicherzustellen. Insoweit sollen verschiedene Sondervorschriften des AEUV (Art. 14, 106 sowie ein entsprechendes Protokoll) ein adäquates Rechtsregime sicherstellen (Rz. 21/40ff.).

II. Das Verbot nationaler Beihilfen und seine Ausnahmen

Literatur: Ausführliche Literaturlisten bei *Götz/Thiele/Ludwigs,* in: Dauses/Ludwigs (Hrsg.), HB EU-WirtschR, H III, Stand 2017.

Weitere Titel: *Siebert,* More Economic Approach in der Europäischen Beihilfenaufsicht, 2012; *v. Carnap-Bornheim,* Einführung in das Europäische Behilfenrecht, JuS 2013, 215; *Nicolaides,* State Aid Uncovered, 2015; *Weck/Reinhold,* Europäische Beihilfenpolitik und völkerrechtliche Verträge, EuZW 2015, 376; *Gundel,* Der prozessuale Status der Beihilferichtlinien, EuZW 2016, 606; *Säcker/Montag* (Hrsg.), European State Aid Law, 2. Aufl. 2016; *Säcker* (Hrsg.), Münchener Kommentar zum Wettbewerbsrecht, Band 5: Beihilfenrecht, 2. Aufl. 2018; *Goller,* Die Rolle des Europäischen Beihilferechts im globalen Standortwettbewerb, 2019; *Bartosch,* EU-Beihilfenrecht, 3. Aufl. 2020; *Beljin,* in: Schulze u. a. (Hrsg.), Europarecht, 4. Aufl. 2020, § 29; *Frenz,* Beihilfeverbot und Grundfreiheiten, EWS 2020, 76; *Bungenberg,* Europäisches Subventionsverwaltungsrecht, in: Terhechte (Hrsg.), Verwaltungsrecht der Europäischen Union, 2. Aufl. 2021, § 19.

1. Grundlagen: Subventionen im europäischen Binnenmarkt

2 Will man einen funktionsfähigen Wettbewerb, müssen **Subventionen** vermieden oder zumindest **kontrolliert** werden, soweit sie den zwischenstaatlichen Handel im Binnenmarkt beeinträchtigen. Diese Gefahr droht von nationalen Unterstützungsmaßnahmen, die den einheimischen Unternehmen wirtschaftliche Vorteile zum Nachteil der Konkurrenz aus anderen MSen verschaffen. Allerdings können nationale Beihilfen auch **legitime** Bestandteile der allgemeinen **Wirtschafts- und Sozialpolitik von MSen** bilden oder sonstige aus europäischer Sicht legitime Ziele verfolgen, etwa die Wettbewerbsfähigkeit europäischer Industrien im Weltmarkt oder auch die wirtschaftliche Entwicklung in bestimmten ärmeren Regionen der EU fördern. Der AEUV folgt nicht neoliberaler Strenge, die Subventionen per se unter ordnungspolitischen Verdacht stellt (*Möschel,* FS Oppermann, 2001, 583). In Deutschland war beispielsweise der wirtschaftliche Wiederaufbau Ostdeutschlands nach der Wiedervereinigung 1990 über viele Jahre hinweg Anlass zur Vergabe von Beihilfen in jährlich zumeist dreistelliger DM/EURO-Milliardenhöhe. Derzeit nimmt Deutschland bei der Höhe der gewährten Beihilfen in Relation zum BIP den dritten Platz unter den EU-Staaten ein. Hier bleibt die Kontrolle der Union auf den **Wettbewerbsschutz im Binnenmarkt** beschränkt (EuGH, 24.2.1987, Rs. 304/85, „Falck").

Neben den MSen gewährt auch die EU Subventionen. Diese werden dem Anspruch nach aus einer gesamteuropäischen Perspektive heraus in Bindung an die Ziel- und Aufgabenregelungen der Verträge vergeben. Insbesondere soll etwa die Industriepolitik nach Art. 173 AEUV (Rz. 18/9) dem Wettbewerbsprinzip genügen, darf also keine Grundlage für wettbewerbsverzerrende Maßnahmen bilden. Daher sind solche Maßnahmen aus der Perspektive der mit ihnen verbundenen Gefahren für die europäische Integration prinzipiell anders zu bewerten als nationale Beihilfen. Dementsprechend fallen Subventionen, die von der **Union selbst** (und damit nicht aus staatlichen Mitteln, Rz. 21/7) gewährt werden, nicht in den Anwendungsbereich des EU-Beihilfenregimes. Gleiches gilt für obligatorische nationale Kofinanzierungen europäischer Maßnahmen. Art. 107 f. AEUV sind dagegen anwendbar auf europäische Finanzhilfen, bei deren Vergabe dem Staat Entscheidungsspielräume verbleiben. Beispiele bilden freiwillige Kofinanzierungen oder Maßnahmen im Rahmen der Förderung durch die Strukturfonds, soweit die Förderprogramme zwar von der KOM gebilligt, die einzelnen Projekte letztlich aber von den MSen ausgewählt werden (vgl. VO 1828/2006, ABl. L 371/1). Aber auch insoweit stellt sich das **Problem eines ausreichenden Schutzes für Konkurrenten** und vor allgemeiner Wettbewerbsverfälschung (*Cichy,* Wettbewerbsverfälschung durch Gemeinschaftsbeihilfen, 2002). Dementsprechend können etwa europäische Mittel zurückgefordert werden, wenn bei der entsprechenden Auftragsvergabe das einschlägige Unionsrecht (Rz. 21/57 ff.) nicht beachtet wurde (EuGH, 21.12.2011, Rs. C-465/10, „Ministre de l'intérieur"). 3

Die Subventionierung von Unternehmen **unmittelbar durch die Union** ist die Ausnahme. Schwerpunkte der **mittelbaren** (durch die MSen vollzogenen) Subventionierungen liegen im Agrar-, Forschungs- und Regionalbereich durch das Wirken der entsprechenden EU-Fonds. Unterstützungsmaßnahmen werden meist über die „Strukturfonds" (Art. 175 ff. AEUV: Agrar-, Sozial-, Regional-, Kohäsionsfonds, EIB) abgewickelt, wobei die Unionsbeihilfen grundsätzlich auf Zuschüsse zu nationalen Förderungsmaßnahmen beschränkt sind (Rz. 18/67).

Vorbehaltlich spezieller Regelungen (Rz. 21/24) regelt Art. 107 AEUV die materiellen Bedingungen für die eventuelle Zulässigkeit nationaler Beihilfen. Abs. 1 erklärt **wettbewerbsverfälschende Beihilfen für in der Regel unvereinbar mit dem Binnenmarkt,** doch sehen die beiden folgenden Absätzen zahlreiche Ausnahmemöglichkeiten vor. Diese gestatten, nationale Subventionen am **Maßstab des Unionsinteresses zu prüfen, zu koordinieren und zu begrenzen.** Abs. 2 enthält einige **Legalausnahmen** vom Beihilfeverbot; nach Abs. 3 können weitere Arten von Beihilfen als vereinbar mit dem Binnenmarkt angesehen werden (zum Verfahren Rz. 21/27 ff.). Wegen dieser Offenheit genügt die Norm **nicht** den Anforderungen der Absolutheit und Unbedingtheit, die Voraussetzungen für die Erzeugung **unmittelbarer Wirkungen** und die Begründung individueller Rechte sind (EuGH, 22.3.1977, Rs. 78/76, „Steinike"). Art. 107 Abs. 1 AEUV entfaltet daher erst nach Konkretisierung in Durchführungsverordnungen oder Einzelfallentscheidungen seine rechtliche Wirkung in den Rechtsordnungen der MSen (EuGH, 19.6.1973, Rs. 77/72, „Capolongo"; st. Rspr.). 4

Zuständig für solche konkreten Entscheidungen über die Zulässigkeit ist im Wesentlichen die KOM. Bei ihr liegt daher die Beweislast für das Vorliegen der Voraussetzungen von Art. 107 Abs. 1 AEUV (EuGH, 7.5.2020, Rs. C-148/19, „BTB"). Art. 108 AEUV sieht zu diesem Zweck ein durch die „VerfahrensVO" **2015/1589** (Rz. 21/27 ff.) näher ausgestaltetes **Beihilfenaufsichtsregime** vor. Es handelt sich um 5 eines der **aufwändigsten Arbeitsfelder** der KOM. Dementsprechend gibt es ein umfangreiches Sekundärrecht, vor allem informelle **„Unionsrahmen"** oder **„Leitlinien"** (Fundstellenverzeichnis des geltenden EU-Rechts 08.60). **Unmittelbare Wirkung** entfaltet dabei das in **Art. 108 Abs. 3 S. 3 AEUV** enthaltene Verbot der Einführung nationaler Subventionen vor einer Genehmigung der KOM. Damit ist insbesondere grundsätzlich eine **„Konkurrentenklage"** benachteiligter Dritter vor nationalen Gerichten oder der europäischen Gerichtsbarkeit möglich (Rz. 21/38).

2. Die Unvereinbarkeitsklausel des Art. 107 Abs. 1 AEUV

Literatur: *Koenig/Hellstern,* Das materielle binnenmarktliche Beihilfenaufsichtsrecht, in: Müller-Graff (Hrsg.), EnzEuR IV, 2015, § 14; *Micheau,* Tax Selectivity in European State Aid, ELRev 2015, 323; *Schroeder,* EU-Beihilfenverbot und Staatlichkeit der Mittel, EuZW 2015, 207; *Gayger,* Infrastrukturförderung zwischen EU-Behilferecht und mitgliedstaatlicher Wirtschaftspolitik, 2016; *Richelle/Schön/Traversa* (Hrsg.), State aid law and business taxation, 2016; *Bartosch,* (Neu-)Entwicklungen in der materiellen Selektivität, EuZW 2017, 756; *Lowe,* The Commission's Power to Enforce the Law, ELRev 2017, 909; *Balbinot,* Beihilfeverbot und Rechtsformneutralität, 2018; *Papadamaki,* Les aides d'État de nature fiscale en droit de l'Union européenne, 2018; *Buriak/Lazarov,* Between State aid and the fundamental freedoms: the arm's length principle and EU law, CMLRev 2019, 905; *Lovdahl Gormsen,* European State Aid and Tax Rulings, 2019; *Schön,* Selektivität schlägt Souveränität, ZHR 2019, 393; *Licht,* Beihilferecht und Unternehmensbesteuerung, 2020.

a) Gewähren eines wirtschaftlichen Vorteils („Begünstigung")

6 Der Begriff der „Beihilfe jeglicher Art" wird in Art. 107 Abs. 1 AEUV **vorausgesetzt.** Begrifflich wird eine Beihilfe angenommen, wenn ein Unternehmen (vgl. noch Rz. 21/9) einen **wirtschaftlichen Vorteil** erhält, den es unter normalen Marktbedingungen nicht erlangt hätte (EuGH, 29.4.1999, Rs. C-342/96, „Spanien/KOM"), also, wenn diesem Vorteil keine **angemessene marktgerechte Gegenleistung** gegenübersteht. Verboten sind geldwerte Zuwendungen im weitesten Sinne (klassisch: Geld und Sachleistungen, aber auch z. B. Steuerbefreiungen, Bürgschaften, Garantien, Haftungsverpflichtungen, Unternehmensbeteiligungen, soweit sie nicht zu marktgerechten Konditionen erfolgen). Dabei kann die Zuwendung individuell erfolgen oder auch systematisch an einen in bestimmter Weise definierten Kreis von Begünstigten („Beihilfesystem"; vgl. noch Rz. 21/10). Geht es nicht um genuin hoheitliches Verhalten des Staates, ist zentral die Frage, ob sich ein hypothetischer Privater vergleichbar wie die öffentliche Hand verhalten hätte („private investor-Test"). Das gilt insbesondere für den Fall einer staatlichen **Beteiligung** an einem Unternehmen, bei dem sich dementsprechend der Staat **marktgerecht** verhalten muss (EuGH, 21.3.1991, Rs. C-305/89, „Italien/KOM – Alfa Romeo"), kann aber etwa auch im Fall eines Forderungserlasses wie etwa bei einer Steuerniederschlagung oder ähnlichem relevant sein (dazu EuGH, 20.9.2017, Rs. C-300/16 P, „Frucona Košice"). Zur Bewertung staatlicher Zuschüsse für die Erfüllung gemeinwirtschaftlicher Verpflichtungen siehe Rz. 21/49f. 2016 hat die KOM, insbesondere auf der Grundlage der Judikatur der Unionsgerichte, eine Bekanntmachung zum Begriff der Beihilfe im Sinne von Art. 107 AEUV veröffentlicht (ABl. C 262/1; dazu *Stöbener de Mora,* EuZW 2016, 685).

Privatisierungen müssen regelmäßig zum höchsten sinnvollerweise erzielbaren Preis erfolgen (EuG, 28.2.2012, verb. Rs. T-268/08 u. a., „Burgenland" u. a., gebilligt von EuGH, 24.10.2013, verb. Rs. C-214/12 P u. a., mit im konkreten Fall jedoch zweifelhafter Subsumtion), und umgekehrt darf beim Ankauf von Unternehmen kein überhöhter Preis an das verkaufende Unternehmen gezahlt werden. Dieser Grundsatz findet Grenzen, soweit – etwa im Interesse der Landwirtschaft – sichergestellt werden soll, dass der Preis möglichst nah im Marktwert des Kaufobjekts liegt (EuGH, 16.7.2015, Rs. C-39/15, „BVVG)". Ggf. muss wie sonst der wirtschaftliche Vorteil beim Begünstigten abgeschöpft werden.

Rückerstattungen von rechtsgrundlos gezahlten Gebühren sind keine Beihilfen (EuGH, 27.3.1980, Rs. 61/79, „Amministrazione delle Finanze").

b) Gewährung staatlicherseits

Art. 107 Abs. 1 AEUV verbietet nur **„staatliche** oder **aus staatlichen Mitteln** gewährte Beihilfen". Daher muss die Entscheidung über die Begünstigung materiell dem **Staat zurechenbar** sein. Die Beihilfe muss im Grundsatz vom Staat finanziert werden, mit der Zuwendung also eine entsprechende Belastung eines öffentlichen Haushalts korrespondieren. Unter öffentlich in diesem Sinne sind alle Einrichtungen zu verstehen, die vom Staat benannt oder errichtet worden sind (EuGH, 7.3.1998, verb. Rs. C-52/97 u. a., „Viscido"; *Kruse,* ZHR 2001, 576). Auch Leistungen aus einer von parafiskalischen Abgaben gespeisten öffentlichen Stelle fallen unter Art. 107 AEUV (EuGH, 19.12.2013, Rs. C-262/12, „Vent de Colère!"). Demgegenüber stellen staatliche Preis- oder sonstige Finanzierungsregelungen keine Beihilfe dar, etwa wenn Elektrizitätsunternehmen verpflichtet werden, „Öko-Strom" zu bestimmten Mindestpreisen abzunehmen, da die Kosten hier von Privaten zu tragen sind (EuGH, 13.3.2001, Rs. C-379/98, „Preußen-Elektra"; zur aktuellen EEG-Umlage Rz. 23/10) oder wenn – alle – Rundfunkveranstalter einen Teil ihrer Betriebseinnahmen für die Vorfinanzierung europäischer Spiel- und Fernsehfilme verwenden müssen (EuGH, 5.3.2009, Rs. C-222/07, „UTECA"). Im Einzelnen ist die Judikatur aber nicht immer eindeutig (zur Kritik etwa *Frenz,* EWS 2014, 247; *Nettesheim,* NJW 2014, 1847). 7

Bei den von Teilnehmern zu zahlenden **Rundfunkgebühren** bzw. -beiträgen sprechen die hoheitliche Festsetzung und Beitreibung durch eine staatliche Stelle für den Beihilfecharakter (EuG, 22.10.2008, verb. Rs. T-309/04 u. a., „TV 2"; EuGH, 13.12.2007, Rs. C-337/06, „Bayerischer Rundfunk"). Außerdem fällt diese Gebühr nicht mit dem Empfang von entsprechenden Sendungen, sondern bereits mit Bereithalten eines entsprechenden Empfangsgeräts an; beim jetzigen Haushaltsbeitrag fehlt der unmittelbare Gegenleistungscharakter erst recht (vgl. noch Rz. 34/56).

Maßnahmen wie etwa Steuervergünstigungen, die aus der Umsetzung unionsrechtlicher Vorgaben resultieren, erfüllen den Beihilfetatbestand nicht (EuG, 5.4.2006, Rs. T-351/02, „Deutsche Bahn"). Diese Voraussetzung ist jedoch nicht schon dann gegeben, wenn nationale Maßnahmen nur vom Rat nach Maßgabe sekundärrechtlicher Vorschriften gebilligt wurden (EuGH, 10.12.2013, Rs. C-272/12 P, „KOM/Irland u. a.").

Bei **öffentlichen Unternehmen** können Beihilfen insbesondere auch durch Art. 106 Abs. 2 AEUV **gerechtfertigt** werden (dazu Rz. 21/46ff.). Gewähren Unternehmen, denen nach dieser Norm besondere Rechte verliehen wurden, aus damit erzielten Gewinnen Zuschüsse an eine marktwirtschaftlich operierende Tochter, stellt dies gleichfalls eine Beihilfe dar, so dass insbesondere auch **„Quersubventionen"** erfasst sind (EuGH, 11.7.1996, Rs. C-39/94, „SFEI"; vgl. auch Rz. 21/48). Hier soll die Transparenz-RL (2006/111, ABl. L 318/17; Rz. 21/40) für Klarheit sorgen. Im Übrigen unterfällt eine durch ein öffentliches Unternehmen gewährte Beihilfe nur dann Art. 107 Abs. 1 AEUV, wenn der Staat als solcher auf die Entscheidung Einfluss nimmt (EuGH, 17.9.2014, Rs. C-242/13, „Commerz Nederland"). 8

c) Begünstigte: Unternehmen

Eine Beihilfe unterfällt nur dann Art. 107 AEUV, wenn sie einem (oder mehreren) **Unternehmen** zugutekommt. Der Begriff „Unternehmen" ist wie sonst im Wettbewerbsrecht zu definieren (Rz. 20/9). Entscheidend ist daher die wirtschaftliche Aktivität. Dementsprechend können auch Leistungen an staatliche Stellen, etwa für eine kommerziell betriebene Verkehrsinfrastruktur (Rz. 26/10), eine Subvention darstellen. 9

Die Begünstigung muss nicht unmittelbar dem Unternehmen gegenüber erfolgen. Wie sich aus Art. 107 Abs. 2 lit. a) AEUV (Rz. 21/15) ergibt, unterfallen auch Zuschüsse an Kunden eines Unternehmens dem Beihilferegime, wenn die sonstigen Voraussetzungen erfüllt sind (EuGH, 28.7.2011, Rs. C-403/10 P, „Mediaset SpA").

d) Selektivität der Zuwendung

10 Eine Beihilfe im Sinne von Art. 107 AEUV liegt nur vor, wenn **bestimmte Unternehmen** oder abgegrenzte Unternehmensgruppen begünstigt werden („Selektivität" der Zuwendung, EuGH, 8.11.2001, Rs. C-143/99, „Adria-Wien Pipeline u. a."). Keine Beihilfen stellen daher Maßnahmen etwa **steuerlicher** Art dar, welche unterschiedslos allen auf dem gleichen Markt operierenden Unternehmen zugutekommen (z. B. allgemeine Senkung der Körperschaftssteuer; EuGH, 29.7.1999, Rs. C-256/97, „DMT"; st. Rspr.). **Differenzierende** Regelungen sind grundsätzlich selektiv, es sei denn, dass die eingeführte Unterscheidung zwischen Unternehmen bei Vorteilen oder Belastungen in der Natur oder im Aufbau des geltenden allgemeinen Systems angelegt ist (EuGH, 15.11.2011, verb. Rs. C-106/09 P u. a., „KOM und Spanien/Gibraltar und Vereinigtes Königreich"; 28.6.2018, Rs. C-203/16 P, „Andres"). Mit der Beihilfenkontrolle sollen Verfälschungen des Wettbewerbs zwischen Unternehmen bekämpft werden; Art. 107 AEUV liefert demgegenüber keinen Maßstab für eine generelle Aufsicht über nationale Konjunktur- oder Steuer- und Abgabenpolitik – die innere Konsistenz dieser Politik vorausgesetzt. Bei bewusst differenzierend ausgestalteten Lenkungssteuern ist nach dem diskriminierenden Charakter der Regelung zu fragen (EuGH, 21.12.2016, Rs. C-20/15 P, „World Duty Free Group"), doch kann sich hier die Selektivitätsprüfung als Quadratur des Kreises erweisen (*Soltész,* EuZW 2018, 305; zur Bestimmung des Referenzsystems etwa EuGH, 28.6.2018, Rs. C-219/16, „Lowell Financiel Systems GmbH"). Zu Recht hat GAin *Kokott* daher jüngst für Zurückhaltung bei der Anwendung von Art. 107 AEUV plädiert, soweit es um abstrakt formulierte Steuergesetze geht (15.10.2020, Rs. C-569/19 P, „KOM/Ungarn").

Demgegenüber ist zu Recht die Steuerpolitik einiger MSen in letzter Zeit in das Visier der KOM geraten, soweit diese nicht nur generell eine Niedrigsteuerpolitik betrieben haben, sondern gezielt bestimmten Unternehmen spezifische Steuervorteile zugesichert haben sollen. Voraussetzung ist jedoch ein ausreichender Nachweis individueller Steuervergünstigung, der nach Auffassung des EuG der KOM in Sachen Fiat Chrysler gelungen (24.9.2019, verb. Rs. T-755/15 u. ä., „Luxemburg/KOM"; siehe aber das laufende Verfahren vor dem EuGH, verb. Rs. C-885/19 u. a.), in Sachen Apple hingegen nicht gelungen war (EuG, 15.7.2020, verb. Rs. T-778/16 u. a., „Irland/KOM").

Regional begrenzte Steuererleichterungen sind in diesem Sinne selektiv, unterfallen also dem Beihilfebegriff, wenn sie von einer Zentralinstanz beschlossen werden oder von einer Regionalinstanz, die Abweichungen von allgemein festgesetzten Steuersätzen beschließen darf, ohne die entsprechenden Lasten tragen zu müssen (etwa weil Steuerausfälle wegen eines Systems des Finanzausgleichs keine Wirkung entfalten; näher EuGH, 6.9.2006, Rs. C-88/03, „Portugal/KOM"; *Arhold,* EuZW 2006, 717). Institutionell, prozedural und wirtschaftlich-finanziell eigenverantwortliche Regionen hingegen können ungehindert ihre eigene Steuerpolitik betreiben (EuGH, 11.9.2008, verb. Rs. C-428/06 u. a., „UGT-Rioja"). Siehe ferner noch Rz. 21/25.

e) Wettbewerbsverfälschung

11 Die Beihilfe muss geeignet sein, in den Wettbewerb zwischen Unternehmen einzugreifen und die **Wettbewerbslage** zugunsten des subventionierten Unternehmens zu **verändern** (und damit zu „verfälschen", EuGH, 17.9.1980, Rs. 730/79, „Philip Morris"). Maßstab ist die Lage vor der staatlichen Maßnahme. Im Ergebnis liegt damit

zwar nahe, dass jede Beihilfe den Wettbewerb verfälscht, doch macht dies entsprechende, bei „Neubeihilfen“ (Rz. 21/30) notwendigerweise prognostische (dazu EuGH, 29.4.2004, Rs. C-298/00 P, „Italien/KOM“) Feststellungen (insbesondere auch zum betroffenen Markt, vgl. dazu Rz. 20/11; zurückhaltend insoweit jedoch EuG, 8.7.2004, Rs. T-198/01, „Technische Glaswerke Ilmenau“) nicht entbehrlich (EuGH, 13.3.1985, verb. Rs. 296/82 u. a., „Leeuwarder Papierwarenfabriek“). Dass eine Beihilfe unterschiedliche Kostenfaktoren wie die mit einer geographischen Lage verbundenen Nachteile ausgleichen will, lässt den Beihilfetatbestand nicht entfallen, sondern kann allenfalls zur Zulässigkeit nach Abs. 3 führen („Regionalbeihilfe“, Rz. 21/22). Schließlich reicht die **objektiv** wettbewerbsverzerrende Auswirkung der Beihilfe, sie braucht vom Beihilfegeber nicht beabsichtigt worden zu sein (EuGH, 8.9.2011, Rs. C-279/08 P, „KOM/Niederlande“).

Wird der Wettbewerb zwischen Unternehmen „verfälscht“, kommt es auf eine besondere **„Spürbarkeit“** nicht an. Für die Erfüllung des Beihilfetatbestands ist die Höhe der Beihilfe rechtlich grundsätzlich unerheblich (zur Zulässigkeit der Untersagung einer geringfügigen Beihilfe EuGH, 17.9.1980, Rs. 730/79, „Philip Morris“). Aus Gründen der Praktikabilität unterstellt die KOM jedoch regelmäßig, dass geringfügige Beihilfen den zwischenstaatlichen Handel nicht beeinträchtigen (Rz. 21/12, 20).

f) Beeinträchtigung des Handels zwischen Mitgliedstaaten

Die Wettbewerbsbeeinträchtigung muss außerdem **geeignet** sein, sich auf den Handel 12
im Binnenmarkt auszuwirken (vgl. auch Rz. 20/12). Hier ist gleichfalls (vgl. schon Rz. 21/11) ggf. eine Prognose anzustellen. Eine solche Beeinträchtigung ist nicht nur bei exportorientierten Unternehmen vorstellbar. Die Stärkung der Marktposition durch die Beihilfe kann auch durch ihre Auswirkungen auf das Verhältnis zu konkurrierenden Importeuren oder ausländischen Leistungsanbietern erfolgen (EuGH, 24.7.2003, Rs. C-280/00, „Altmark Trans“; zur jüngeren Praxis *Soltész/Pflock,* EuZW 2017, 207). Eine gegebene Wettbewerbsverfälschung beeinflusst in der Regel in der einen oder anderen Weise den zwischenstaatlichen Handel.

Bei Beihilfen in (vergleichsweise) geringfügiger Höhe geht die Praxis davon aus, dass schon der Wettbewerb nicht verfälscht, zumindest aber der zwischenstaatliche Handel nicht beeinträchtigt wird. Dementsprechend hat die KOM durch Verordnung (dazu allgemein Rz. 21/20) sog. **„De-minimis-Beihilfen“** unterhalb eines Gesamtbetrages von grundsätzlich 200 000 Euro (mit bereichsspezifischen Ausnahmen, etwa für Ausfuhrbeihilfen, die den Warenhandel in der Union betreffen und damit mit Art. 35 AEUV unvereinbar wären; dazu EuGH, 28.2.2018, Rs. C-518/16, „‚ZPD‘ AT“) innerhalb dreier Jahre vom Genehmigungserfordernis nach Art. 108 AEUV freigestellt („Freistellungs-VO“ 1407/2013, ABl. L 352/1; zur Situation bei mehreren Beihilfen EuGH, 28.10.2020, Rs. C-608/19, „INAIL“).

3. Legalausnahmen und Ausnahmen nach Ermessen

Literatur: *Darinke,* Der neue Gemeinschaftsrahmen für Forschungs-, Entwicklungs- und Innovationsbeihilfen, 2010; *Vischer-Wagner,* Die Rechtmäßigkeit der Allgemeinen Gruppenfreistellungsverordnung im Beihilfenrecht (VO (EG) Nr. 800/2008), 2014; *Peiffert,* L'application du droit des aides d'État aux mesures de protection de l'environnement, 2015; *Kühling/Geilmann/Weck,* Enigma Art. 106 Abs. 2 AEUV – Welchen Spielraum habe die Mitgliedstaaten?, ZHR 2018, 539; *Klafki,* Der Befristete Rahmen für staatliche Behilfen zur Stützung der Wirtschaft angesichts des derzeitigen Ausbruchs von COVID 19, EWS 2020, 121; *Reiter,* Beihilfen zugunsten von Produktionszweigen, EuZW 2020, 312.

Staatliche Beihilfen sind nach Art. 107 Abs. 1 AEUV nur insoweit mit dem Binnen- 13
markt unvereinbar, als im Vertrag „nicht etwas anderes bestimmt ist“. Der Vertrag enthält etliche **Ausnahmetatbestände.** Er trägt damit den wirtschaftspolitischen Kompetenzen der MSen Rechnung. Im Einzelnen sind nach der Systematik des Vertrages

Legalausnahmen, die in bestimmten Fällen automatisch eine Abweichung rechtfertigen (Abs. 2), und **fakultative Ausnahmetatbestände** (Abs. 3) zu unterscheiden, die unter Vorgabe gewisser Richtlinien die Entscheidung über die Vereinbarkeit einzelner Beihilfen mit dem Binnenmarkt in das Ermessen der Unionsorgane stellen. Weitere Ausnahmetatbestände ergeben sich aus anderen Vertragsbestimmungen (Rz. 21/24f.).

Die Unterscheidung zwischen den Legalausnahmen und den fakultativen Ausnahmetatbeständen ist für das **Ausmaß** der in beiden Fällen bestehenden **Prüfungsbefugnisse der KOM** nach Art. 108 AEUV bedeutsam. Ist bei einer **Legalausnahme** ein Tatbestand gemäß Art. 107 Abs. 2 gegeben (z. B. Schäden durch Naturkatastrophen), **muss** die KOM eine **Genehmigung** erteilen. Bei der **fakultativen Ausnahme vom Beihilfeverbot** im Rahmen der Tatbestände des Art. 107 Abs. 3 verfügt die KOM dagegen über ein **weites Ermessen,** dem wirtschafts-, sozial- oder kulturpolitische Erwägungen zugrunde liegen können (Rz. 21/18).

a) Legalausnahmen (Art. 107 Abs. 2 AEUV)

14 Art. 107 Abs. 2 AEUV enthält mehrere Tatbestände, bei denen die Voraussetzungen von Abs. 1 formal erfüllt sind, aber bei materieller Wertung keine wirklich wettbewerbsverzerrende Wirkung zu besorgen ist. Deswegen sind sie per se vom Beihilfeverbot freigestellt. In der Praxis spielen sie kaum (noch) eine Rolle.

15 Im Einzelnen sind nach lit. a) **Sozialbeihilfen** an Verbraucher zulässig, soweit nicht nach der Herkunft der Waren diskriminiert wird. Hier ist eine Auswirkung auf den Wettbewerb im Binnenmarkt regelmäßig allenfalls marginal.

Nach lit. b) sind zulässig Beihilfen zur Beseitigung von Schäden aus **Naturkatastrophen** (z. B. Hilfe für Erdbebengebiete) oder bei sonstigen **außergewöhnlichen Ereignissen** (z. B. Krieg oder Terroranschläge, nicht eine wirtschaftliche Rezession). Dieser Tatbestand ist beschränkt auf solche Hilfen, die die unmittelbaren Schäden ausgleichen sollen (EuGH, 28.4.1993, Rs. C-364/90, „Italien/KOM“) und damit einen Ausgleich für außergewöhnliche wettbewerbsexterne Ereignisse beinhalten (siehe auch Art. 50 VO 651/2014, ABl. L 187/1).

16 Die in lit. c) enthaltene Teilungsklausel bezog sich 1958 vor allem auf das sog. **„Zonenrandgebiet“** der Bundesrepublik, erfasste aber auch die Integration des Saarlandes. Nach Wiederherstellung der deutschen Einheit galt sie nur für **Gebiete beiderseits der früheren innerdeutschen Grenze** (EuGH, 30.9.2003, verb. Rs. C-57/00 P u. a., „Freistaat Sachsen“; kritisch *Oppermann,* FS Götz, 2005, 211). So wurde eine beihilferechtliche Sonderbehandlung Ostdeutschlands im Vergleich mit anderen „Problemregionen“ der Union vermieden. Heute spielt die Bestimmung kaum noch eine Rolle. Nach dem Vertrag von Lissabon kann sie durch Ratsbeschluss aufgehoben werden (Art. 107 Abs. 2 lit. c) letzter Satz AEUV). Im Übrigen kann die Förderung der wirtschaftlichen Entwicklung Ostdeutschlands (nur) nach den für Regionalbeihilfen allgemein geltenden Grundsätzen erfolgen (dazu Rz. 21/22).

b) Ausnahmen nach Ermessen (Art. 107 Abs. 3 AEUV)

aa) Allgemeines

17 Von besonderer Bedeutung für das Beihilfesystem des AEUV ist die Möglichkeit der **Befreiung vom grundsätzlichen Beihilfeverbot** des Art. 107 Abs. 1 AEUV gemäß Abs. 3. Danach „können“ nationale Beihilfen unter den dort angegebenen Voraussetzungen als mit dem Binnenmarkt für vereinbar erklärt werden. Konkret geht es um

lit. a): Beihilfen zur Förderung der wirtschaftlichen Entwicklung von Gebieten **(„Regionalbeihilfen“),** in denen die Lebenshaltungskosten **außergewöhnlich niedrig** sind oder eine **erhebliche Unterbeschäftigung** herrscht. Maßstab ist hier die gesamte Union (EuGH, 14.10.1987, Rs. 248/84, „Deutschland/KOM“). In der Praxis werden hierzu in Übereinstimmung mit den Kriterien der europäischen Regionalpolitik nur Gebiete gerechnet, deren BIP unter 75% des EU-Durchschnitts liegt. Mit dieser

Ausnahme soll es ermöglicht werden, das wirtschaftliche Ungleichgewicht innerhalb der Union auszugleichen und gleichartige Wettbewerbsvoraussetzungen zu schaffen, um so „den Abstand zwischen einzelnen Gebieten und den Rückstand weniger begünstigter Gebiete (zu) verringern" (Präambel AEUV);

lit. b): Beihilfen zur Förderung **wichtiger Vorhaben** gemeinsamen europäischen Interesses oder zur Behebung einer **beträchtlichen Störung** im Wirtschaftsleben eines MS;

lit. c): Beihilfen zur Förderung gewisser Wirtschaftszweige **(„Sektoralbeihilfen")** oder Wirtschaftsgebiete **(„Regionalbeihilfen"),** soweit sie nicht dem gemeinsamen Interesse an den Handelsbedingungen innerhalb der Union zuwiderlaufen. Während in den anderen Teilen der Norm bereits auf europäischer Ebene die Legitimation für die Beihilfe ausdrücklich erkennbar wird, wird hier nur negativ vorgegeben, dass die Integration nicht beeinträchtigt werden darf. Diese Variante ist also ausgesprochen offen formuliert. Sie kommt insbesondere auch in Betracht, wenn es um die Förderung von Regionen geht, denen es nur im Vergleich mit anderen Teilen des betreffenden MS eher schlecht geht;

lit. d): Kulturbeihilfen, die dem gemeinsamen Interesse nicht zuwiderlaufen;

lit. e): sonstige Arten von Beihilfen, die durch Ratsentscheidung mit qualifizierter Mehrheit auf Vorschlag der KOM bestimmt werden.

In der Praxis stehen die lit. a) und c) deutlich im Vordergrund. Entscheidend ist letztlich, dass eine Beihilfe einen auch **aus Unionsperspektive sinnvollen Zweck** erfüllt, konkret also nicht nur den Wettbewerb zulasten bestimmter Unternehmen in anderen MSen beeinflusst, sondern zugleich etwa einen wichtigen Beitrag zur Entwicklung einer Region oder ähnliches leistet. Die KOM überprüft Beihilfen insbesondere auf ihre ökonomische Zielgenauigkeit hin (KOM [2005] 107 endg.; vgl. auch Rz. 20/4) und verfügt so über erhebliche Einwirkungsmöglichkeiten auf die Wirtschafts-, Sozial- und Kulturpolitik der MSen. Ihr Ermessen überprüft der Gerichtshof nur in Grenzen, nämlich auf „offensichtliche Beurteilungsfehler" hin (EuGH, 21.3.1991, Rs. C-303/88, „Italien/KOM"; st. Rspr.). Ein solcher liegt insbesondere vor, wenn entscheidungserhebliche Gesichtspunkte nicht in die Abwägung einbezogen wurden (EuGH, 22.12.2008, Rs. C-333/07, „Regie Networks"). 18

Im Interesse der Rechtssicherheit und der Kontrollierbarkeit ihres Handelns hat die KOM **Grundsätze** für ihr Vorgehen im Beihilfebereich entwickelt (u. a. Berücksichtigung der Position des Unternehmens in seinem Umfeld, Prüfung der Erforderlichkeit der Beihilfe, Vermeidung unbefristeter Beihilfen u. a.). Seit längerem wurden Verwaltungsvorschriften in Gestalt von **„Leitlinien", „Gemeinschafts-/Unionsrahmen", „Mitteilungen"** u. ä. erlassen. Diese bilden **allgemeine Ermessensrichtlinien,** keine Rechtsvorschriften mit Außenwirkung (daher die Publikation in Teil C des ABl.). Sie **binden jedoch faktisch** die KOM mit Blick auf das Vertrauen der Adressaten. Diese muss daher ihre Entscheidungspraxis daran ausrichten und darf die Leitlinien nicht stillschweigend durch spätere Einzelentscheidungen ändern (EuGH, 24.3.1993, Rs. C-313/90, „CIRFS"). 19

In Fortentwicklung einer sekundärrechtlich entwickelten Praxis hat der Vertrag von Lissabon primärrechtlich eine Befugnis der KOM geschaffen, im Rahmen von Rats- 20 vorgaben GVOen zu erlassen (Art. 108 Abs. 4 AEUV). Zu nennen sind die bereits erwähnten VOen 651/2014 (Rz. 21/15) sowie 1407/2013 zu den De-minimis-Beihilfen (Rz. 21/12).

bb) Kategorisierung der Beihilfen im Rahmen von Art. 107 Abs. 3 AEUV

21 Auf der Grundlage der lit. a)–c) von Art. 107 Abs. 3 AEUV haben sich in der Praxis **verschiedene Beihilfekategorien** entwickelt, auf die sich regelmäßig auch die in Rz. 21/19 erwähnten Regelwerke beziehen.

(1) Horizontalbeihilfen

Dies sind Beihilfen, die auf spezifische Situationen zugeschnitten sind, die in **allen** Wirtschaftssektoren oder Regionen auftreten können. Hier geht es insbesondere um Beihilfen im Bereich der **Ausbildung** (Art. 31 ff. allgemeine GVO), für **Forschung und Entwicklung** (Art. 25 ff. allgemeine GVO), um öffentliche Haftungsverpflichtungen und Bürgschaften (zu letzteren EuGH, 5.10.2000, Rs. C-288/96, „Deutschland/KOM" und *Fischer,* WM 2001, 217), um Risikokapital (Mitteilung: ABl. 2001, C 235/3; dazu *Koenig,* ZIP 2001, 629), um Rettung und Umstrukturierung (ABl. 2004, C 244/2; *Kilb,* EWS 2004, 55), um den Verkauf von öffentlichen Grundstücken (*Koenig/Kühling,* NZBau 2001, 409) sowie um direkte Einkommensbesteuerung (*Götz,* FS Vogel, 2000, 579). Ebenfalls können kleine und mittlere Unternehmen (KMU) besonders gefördert werden (Art. 17 ff. allgemeine GVO). Ferner sind die verschiedenen Querschnittsklauseln hier zu berücksichtigen. Dementsprechend enthält die allgemeine GVO auch Bestimmungen zum **Umweltschutz** nach Art. 11 AEUV (Art. 36 ff.; siehe auch die Leitlinien der KOM, ABl. 2008, C 82/1), bei dem das kostenintensive Verursacherprinzip eine besondere Rolle spielt (*Rydelski,* EuZW 2001, 458). Im Rahmen der Finanzkrise 2008/09 wurde ein mittlerweile ausgelaufener „vorübergehender Gemeinschaftsrahmen" beschlossen (ABl. 2009, C 83/1), der Hilfen in etwas großzügigerem Rahmen gestattete.

(2) Regionalbeihilfen

22 Sie dienen vor allem der Förderung der wirtschaftlich-sozialen Entwicklung **bestimmter Gebiete** und sind mittlerweile vor allem in Art. 13 ff. allgemeine GVO geregelt. Recht frei ist eine Förderung in Gebieten, die Art. 107 Abs. 3 lit. a) AEUV unterfallen. Vor der EU-Beitrittsrunde 2004 gehörte Ostdeutschland insgesamt hierher, seither nur noch ein Teil. Eine Förderung weiterer Gebiete ist nur auf Grundlage von lit. c) möglich und muss sich dementsprechend auf **Teile eines MS** beschränken, die nach bestimmten Kriterien von den MSen ausgewählt werden können. Die Beihilfen sollen sich grundsätzlich auf die Förderung rentabler Erstinvestitionen beschränken; Betriebsbeihilfen sind grundsätzlich unzulässig. Die KOM hat eine ausführliche Leitlinie für Regionalbeihilfen beschlossen (ABl. 2013, C 209/1).

(3) Sektorale Beihilfen

23 Hier handelt es sich um die Subventionen für die große Zahl sog. **„sensibler Sektoren"**, für die aus unterschiedlichen strukturellen oder konjunkturellen Gründen häufig Unterstützungsbedarf anerkannt wird: Kohle (dazu Ratsbeschluss 2010/787, ABl. L 336/24), sonstige Energie, Stahl, Verkehr (z. B. bestimmte Formen von Maut auf Autobahnen), Textilindustrie, Landwirtschaft, Fischerei und Aquakultur u. a. m. Ferner hat die KOM im Zusammenhang mit der Finanzkrise 2008/09 mehrfach besondere Mitteilungen über Beihilfen an Finanzinstitute im Zusammenhang mit der globalen Finanzkrise beschlossen (etwa ABl. 2013, C 216/1; dazu EuGH, 19.7.2016, Rs. C-526/14, „Kotnik u. a.").

(4) Kulturbeihilfen

Auf Art. 107 Abs. 3 lit. d) AEUV – **Kultur** – gestützte Beihilfen sind nach Maßgabe von Art. 53 f. VO 651/2014 (ABl. L 187/1) zulässig. Vorgesehen sind dort Maßnahmen zum Erhalt des kulturellen Erbes sowie zur Filmförderung. Siehe ferner zum Büchermarkt EuG, 28.2.2002, Rs. T-155/98, „SIDE"; *Koenig/Kühling,* EuZW 2000, 197.

4. Verhältnis zu anderen Regelungen des Unionsrechts

a) Verhältnis des Beihilferechts zu anderen Vertragsregelungen

Für verschiedene Politikbereiche bestehen Sonderregeln, so im Bereich der Energie (Rz. 23/17), der Landwirtschaft (Rz. 24/14 und 20) und des Verkehrs (Rz. 26/10). Im Übrigen wirft die Weite des Tatbestands von Art. 107 AEUV die Frage seiner **Abgrenzung vom Verbot der Maßnahmen gleicher Wirkung** (Art. 34ff. AEUV) sowie von den **steuer- und zollrechtlichen Vorschriften** des Vertrages (Art. 110, 28, 30 AEUV) auf. Grundsätzlich wird der für **Beihilfen typische Zuwendungszweck** allein von den Bestimmungen der Art. 107ff. AEUV erfasst; das gilt auch für Steuersubventionen (Rz. 21/10). Einzelne Modalitäten einer Beihilfe, die zur Erreichung des Beihilfezwecks oder zu ihrem Funktionieren nicht erforderlich sind, können jedoch für sich gesondert unter die **speziellen Verbotsnormen** des Vertrages subsumiert werden (EuGH, 20.3.1990, Rs. C-21/88, „Du Pont de Nemours" zu Art. 34 AEUV; vgl. auch EuGH, 13.3.1979, Rs. 91/78, „Handen" zu Art. 37 AEUV als Sondervorschrift). Insbesondere muss bei der Koppelung einer Subventionsregelung zugunsten einheimischer Unternehmen mit einer allgemeinen Abgabenregelung das der Subventionsfinanzierung dienende Abgabensystem nicht nur am Maßstab der Art. 107ff. AEUV geprüft, sondern auch an den steuerlichen Diskriminierungsverboten gemessen werden (EuGH, 25.6.1970, Rs. 47/69, „Französische Textilabgabe"; st. Rspr.). 24

Ausschließlich einheimischen Unternehmen gewährte Steuervorteile verstoßen schon wegen ihrer diskriminierenden Wirkung gegen das zwingende Verbot des Art. 110 AEUV. Sie können auch nicht durch beihilferechtliche Ausnahme- oder Befreiungsvorschriften gerechtfertigt werden (EuGH, 27.5.1981, verb. Rs. 142/80 u. a., „Amministrazione delle Finanze"). Hieraus folgt ein gewisser **Anwendungsvorrang** der unmittelbar wirkenden **Diskriminierungsverbote.** Eine Beihilferegelung, die das allgemeine **Diskriminierungsverbot des Art. 18 AEUV** verletzen würde, kann nicht genehmigt werden (KOM-Entscheidung ABl. 1989, L 208/38 „Filmbeihilfen"). Wenn eine Regelung sowohl eine Beihilfe als auch eine **Absprache im Sinne von Art. 101 AEUV** darstellt, ist eine parallele Prüfung nach beiden Normen denkbar (EuGH, 15.3.1993, Rs. C-225/91, „Matra"). 25

b) Beihilferegime und Drittländer

Territorial gilt das europäische Beihilfenregime nur für Subventionen, die im Geltungsbereich des EUV vergeben werden. Beihilfen für die **Ausfuhr in Drittländer** (EuGH, 14.7.1988, Rs. 188/85, „Fediol") sind nach den Regeln der Gemeinsamen Handelspolitik (Art. 207 AEUV) zu beurteilen. Grenzen ergeben sich aus den internationalen Vereinbarungen (GATT-WTO/OECD; *Rydelski,* EG- und WTO-Antisubventionsrecht, 2001). Wirkt sich jedoch eine Exportförderung auch auf den Binnenmarkt aus, sind Art. 107f. AEUV anwendbar (EuGH, 30.4.2009, Rs. C-494/06 P, „KOM/Italien"). 26

Die EFTA-Aufsichtsbehörde kontrolliert gemäß den materiell mit dem Unionsrecht identischen Bestimmungen **Beihilfen** in den **EFTA-Staaten,** die dem **EWR** angehören (Island, Liechtenstein, Norwegen). Als Mitglied von **GATT/WTO** (Rz. 40/34ff.) kann die EU gemäß dem Antisubventionsrecht der Welthandelsorganisation auf **Drittstaatsbeihilfen** einwirken oder diese einseitig über **handelspolitische Maßnahmen** bekämpfen.

5. Europäisches Beihilfeverfahren

Literatur: *Plappert,* Die neue Beihilfeverfahrensordnung unter besonderer Beachtung der Auskunftsersuchen an Marktteilnehmer, EuZW 2014, 216; *Soltész,* Das neue europäische Beihilfeverfahren, NJW 2014, 3128; *ders.,* Das prozedurale binnenmarktliche Beihilfenaufsichtsrecht, in: Müller-Graff (Hrsg.),

EnzEuR IV, 2015, § 15; *van der Hout,* Die Stellung des Beihilfenempfängers im europäischen Beihilfeprüfverfahren, FS T. Stein, 2015, 645; *Kerkmann/Proelß,* Der Schutz von Geschäftsgeheimnissen im Beihilferecht, VA 2017, 52; *Giesberts/Gayger,* Kein Akteneinsichtsrecht des Beihilfenempfängers?, EuZW 2019, 669; *Ollinger,* Nachvollziehende Verfahrenskontrolle im EU-Beihilfenrecht, 2019.

Literatur zur **Rückforderung** unionsrechtswidriger Beihilfen unten bei e), zum **Rechtsschutz** im Beihilfeverfahren bei 6.

a) Grundlagen

27 Die europäische Beihilfenkontrolle stellt ähnlich wie die Kartellverfahren (oben Rz. 20/45 ff.) einen der **aufwändigsten Tätigkeitsbereiche** dar, in dem die EU in Gestalt der KOM in unmittelbarem Kontakt sowohl mit den MSen und ihren Untergliederungen als Beihilfegebern, als auch mit den Unternehmen als Beihilfeempfängern bzw. deren Wettbewerbern als potentiell Betroffenen steht und entscheidet. Die KOM ist bestrebt, die aus dem weiten Beihilfebegriff resultierende „Anmeldeflut" einzudämmen und sich auf unionsweit besonders relevante Fälle zu konzentrieren. Der AEUV regelt in **Art. 108** lediglich einige Grundstrukturen des Beihilfeverfahrens. Zentral ist die Pflicht zur Anmeldung einer Beihilfe vor deren Durchführung (Art. 107 Abs. 3 S. 1, Rz. 21/30). Nachdem die Einzelheiten über lange Zeit durch die Praxis der KOM und die Rspr. des Gerichtshofes entwickelt worden waren, wurden diese Maßstäbe erstmalig 1999 kodifiziert. Mittlerweile gilt **VO 2015/1589** (ABl. L 248/9; dazu *Gambaro/Mazzocchi,* CMLRev 2016, 385).

Die **DurchführungsVO 794/2004** (ABl. L 140/1) regelt nähere Einzelheiten des Verfahrens (Anmeldeformulare, Übermittlung der Anmeldungen, Jahresberichte der MSen über ihre Beihilferegelungen, Verzinsung zurückzufordernder rechtswidriger Beihilfen u. a. m.). Insgesamt bemüht sich die KOM darum, die Rechtsanwendung stärker zu rationalisieren (vgl. schon Rz. 21/20 a. E.) und die durch die weite Interpretation des Beihilfenbegriffs entstandene Arbeitslast durch stärkere Konzentration auf Fälle mit größeren Auswirkungen auf den Binnenmarkt zu verringern, indem durch Sekundärrecht weniger bedeutsame Beihilfen von der Pflicht zur vorherigen Anmeldung befreit werden. Eine ex-post-Kontrolle bleibt aber möglich (EuGH, 9.7.2019, Rs. C-654/17 P, „BMW").

28 Auf europäischer Ebene kommt dem **Rat** im Beihilferecht im Wesentlichen die Befugnis zur Rechtsetzung zu (Art. 109 AEUV), während die Beihilfekontrolle im Einzelnen im Grundsatz der **KOM,** unter der Obhut der **europäischen Gerichtsbarkeit,** obliegt. Vor dem Erlass von Durchführungsvorschriften konsultiert die KOM einen **Beratenden Ausschuss** aus Vertretern der MSen (Art. 7 f. VO 2015/1588, ABl. 248/1). Die KOM verfügt zur Durchführung ihrer Kontrolle über **Überwachungsrechte** (Art. 26 ff. VO 2015/1589). Sie kann Grund und Gebäude von Unternehmen betreten, Geschäftsunterlagen einsehen u. ä. („Nachprüfung vor Ort", Art. 27 VO 2015/1589; zur Reichweite der Befugnisse EuGH, 16.7.2020, Rs. C-606/18 P, „Nexans").

Beteiligte des Beihilfeverfahrens sind die MSen einschl. ihrer Untergliederungen (z. B. deutsche Bundesländer) als Beihilfegeber, ferner die Beihilfeempfänger und ggf. ihre Wettbewerber und betroffene Unternehmensvereinigungen, natürliche Personen und Berufsverbände (Art. 1 lit. h) VO 2015/1589).

In Ausnahmefällen kann auch der Rat einstimmig eine Beihilfe genehmigen (Art. 108 Abs. 2 UAbs. 3 AEUV). Wird er befasst, wird solange und für maximal drei Monate das Kommissionsverfahren ausgesetzt. Zu den Grenzen dieser Befugnis, insbesondere zum Verbot, bereits getroffene Entscheidungen der KOM zu unterlaufen, siehe EuGH, 4.12.2013, Rs. C-111/10, „KOM/Rat".

b) Kontrolle bestehender Beihilfen („repressive" Kontrolle)

Bei den **bestehenden Beihilfen** (Art. 108 Abs. 1 AEUV = vor Inkrafttreten des EWGV 1958 bzw. vor Beitritten eingeführte sowie später von der KOM genehmigte Beihilfen, Art. 1 lit. b) VO 2015/1589; zur Abgrenzung zu neuen Beihilfen nach Art. 1 lit. c) VO 2015/1589 EuGH, 25.10.2017, Rs. C-467/15 P, „KOM/Italien") nimmt die KOM in Zusammenarbeit mit den MSen eine **nachträgliche Bestandsaufnahme und regelmäßige Prüfung** daraufhin vor (Art. 108 Abs. 1–2 AEUV, Art. 21 ff. VO 2015/1589), ob sie weiterhin vertragskonform sind, also keine für den Binnenmarkt schädlichen Wirkungen entfalten. Ergebnis ist ein Vorschlag „zweckdienlicher Maßnahmen". Entweder werden (mit Wirkung für die Zukunft) Änderungen vorgeschlagen, oder es bleibt beim Status quo. Nötigenfalls kann die KOM ein Hauptprüfungsverfahren (Rz. 21/32) durchführen und ggf. den Gerichtshof anrufen (Art. 108 Abs. 2 AEUV). 29

c) Kontrolle neuer Beihilfen (präventive Kontrolle)

Die MSen sind nach Art. 108 Abs. 3 AEUV, Art. 2 VO 2015/1589 zur **Anmeldung (Notifikation)** der Einführung **neuer** (= aller nicht unter Art. 108 Abs. 1 AEUV fallenden Beihilfen; Art. 1 lit. c) VO 2015/1589) oder der Umgestaltung bestehender Beihilfen verpflichtet, soweit nicht eine Gruppenfreistellung (oben Rz. 21/20) vorliegt. Vor der abschließenden Entscheidung der KOM darf der MS die beabsichtigte Maßnahme nicht durchführen (Art. 108 Abs. 3 S. 3 AEUV, Art. 3 VO 2015/1589: **„Sperrwirkung"**). In der Sache ist hinsichtlich der schädlichen Wirkungen für den Binnenmarkt eine Prognose anzustellen (Rz. 21/11). 30

Unterlässt der MS die Anmeldung oder führt er die Beihilfe vor Genehmigung durch die KOM durch, findet ein besonderes Verfahren über solche **„nicht-notifizierten" Beihilfen** statt (unten Rz. 21/33).

aa) Vorprüfungsverfahren

Kontrolliert die KOM eine Beihilfe, tritt sie zunächst in das **Vorprüfungsverfahren** ein (Art. 4 VO 2015/1589). Binnen zweier Monate (Art. 4 Abs. 5 VO 2015/1589; Verlängerungsmöglichkeit; zu den Grenzen EuGH, 15.2.2001, Rs. C-99/98, „Österreich/KOM") genehmigt sie das Vorhaben mit publizierter Entscheidung, wenn nach ihrer Auffassung ersichtlich keine Beihilfe im Sinne von Art. 107 Abs. 1 AEUV oder ein Ausnahmefall nach Art. 107 Abs. 2 oder 3 AEUV vorliegt. In Zweifelsfällen muss aber das Hauptprüfungsverfahren eingeleitet werden (EuG, 20.6.2019, Rs. T-578/17, „a&o hostel"). Nach ergebnislosem Fristablauf gilt die Genehmigung als erteilt (Art. 4 Abs. 6 VO 2015/1589), was aber eine Überprüfung nach Art. 108 Abs. 1 AEUV (Rz. 21/29) nicht ausschließt. 31

bb) Hauptprüfungsverfahren

Stellt die KOM im Vorprüfungsverfahren fest, „dass die angemeldete Maßnahme Anlass zu Bedenken hinsichtlich ihrer Vereinbarkeit mit dem Binnenmarkt gibt" (Art. 4 Abs. 4 VO 2015/1589, Art. 108 Abs. 2 AEUV), eröffnet sie durch Beschluss das **Hauptprüfungsverfahren („förmliches Prüfverfahren",** Art. 6 VO 2015/1589). Dabei führt sie ein Anhörungsverfahren mit dem beihilfegebenden MS (zu dessen Auskunftspflichten Art. 5 VO 2015/1589) sowie „anderen Beteiligten", insbesondere konkurrierenden Unternehmen (Rz. 21/38; Art. 7 VO 2015/1589), durch. Die dort vorgesehenen Beteiligungsmöglichkeiten können zwar auch eingeklagt werden (vgl. 32

auch Rz. 21/38). Beteiligungsrechte im Sinne der „droits de la défense" (Rz. 9/40) oder nunmehr Art. 41 GRC, die über die allgemeine Begründungspflicht (Art. 296 AEUV) hinausgehen, verbinden sich selbst für die von der Beihilfe begünstigten Unternehmen damit jedoch nicht. Das Ziel des Verfahrens liegt nämlich in der Gewinnung von Informationen für die KOM, nicht in der Vermeidung einer die Konkurrenten unzulässig benachteiligenden Entscheidung (EuG, 8.7.2004, Rs. T-198/01, „Technische Glaswerke Ilmenau"; 13.12.2018, Rs. T-165/16, „Ryanair DAC"; dazu das laufende EuGH-Verfahren Rs. C-205/19). Das Hauptprüfungsverfahren wird seinerseits mit einem weiteren Beschluss abgeschlossen (Art. 9 VO 2015/1589). Hier kann die KOM feststellen, dass die angemeldete Maßnahme **keine Beihilfe darstellt** (selten), dass sie – gegebenenfalls unter Bedingungen und Auflagen (häufig) – mit dem Binnenmarkt vereinbar ist **(„Positiventscheidung")** oder dass sie mit dem Binnenmarkt unvereinbar ist **(„Negativentscheidung").**

Die Entscheidungen der KOM werden im Amtsblatt veröffentlicht (Art. 32 VO 2015/1589). Einsicht in die Akten dieses Verfahrens kann Konkurrenten trotz der TransparenzVO (1049/2001, ABl. L 145/43, Rz. 12/18f.) gemäß deren Art. 4 Abs. 2 verweigert werden (EuGH, 29.6.2010, Rs. C-139/07 P, „Technische Glaswerke Ilmenau"). Der MS kann gegebenenfalls gegen den Beschluss **Klage** bei der europäischen Gerichtsbarkeit erheben (unten Rz. 21/37). Kommt umgekehrt der MS dem Beschluss der KOM in gesetzter Frist nicht nach, kann diese den Gerichtshof unmittelbar (ohne Vorverfahren) anrufen (Art. 108 Abs. 2 UAbs. 2 AEUV).

d) Rechtswidrige Beihilfen und ihre Kontrolle

33 Beihilfen, die ohne Anmeldung (Notifikation) gemäß Art. 108 Abs. 3 AEUV geleistet oder zugesagt wurden, sind formell **rechtswidrig** (Art. 1 lit. f) VO 2015/1589). Gleiches gilt für solche, die nach Notifikation, aber vor dem B der KOM durchgeführt wurden. Entsprechende Verträge wie etwa über Bürgschaften sind in Deutschland nichtig (§ 134 BGB; dazu BGH, 4.4.2003, V ZR 314/02). In einem solchen Fall kann die KOM ein **Auskunftsverfahren** gegen den MS durchführen, nötigenfalls eine „Anordnung zur Auskunftserteilung" mit Beschlusscharakter erlassen. In diesem Rahmen kann sie vom MS die **Aussetzung** der Beihilfen oder ihre **einstweilige Rückforderung** verbindlich verlangen und falls erforderlich den Gerichtshof anrufen (Art. 13f. VO 2015/1589). Ist die KOM hinreichend informiert, kann sie wie bei notifizierten Beihilfen entweder keine Einwände erheben oder das **Hauptprüfverfahren** eröffnen (zu alledem Art. 12f. VO 2015/1589). Die Maßstäbe für die Überprüfung sind aber die gleichen wie die, die für angemeldete Beihilfen gelten (EuGH, 14.2.1990, Rs. C-301/87, „Frankreich/KOM"). Ergeht eine Negativentscheidung, ordnet die KOM in ihr an, dass der MS geleistete Beihilfen vom Empfänger zurückzufordern hat (**„Rückforderungsentscheidung";** Rz. 21/34). Ist die Beihilfe hingegen von der KOM als grundsätzlich mit dem Vertrag vereinbar eingestuft worden, muss trotzdem der in der vorzeitigen Auszahlung liegende Zinsgewinn zurückgefordert werden (EuGH, 12.2.2008, Rs. C-199/06, „CELF").

e) Rückforderung rechtswidriger Beihilfen

Literatur: *Hermann/Kruis,* Die Rückforderung vertraglich gewährter gemeinschaftsrechtswidriger Beihilfen unter Beachtung des Gesetzesvorbehalts, EuR 2007, 141; *Beysen,* Theorie und Praxis der Rückforderung vertraglicher Finanzhilfen durch die Europäische Kommission, EWS 2008, 120; *Gundel,* Die Rückabwicklung von nicht notifizierten, aber schließlich genehmigten Beihilfen vor den nationalen Gerichten, EWS 2008, 161; *Eckhardt,* Die Rückforderung unionsrechtswidriger Beihilfen in der Insolvenz, FS Schröder, 2012, 181; *Micheau,* Récupération des aides d'États illégales et incompatibles sous forme fiscale, RTDE 2014, 343; *Rosenu,* Unionsrechtswidrige Beihilfen und zivilrechtliche Konsequenzen, Jura 2019, 1127.

Die Rückforderung rechtswidriger Beihilfen ist grundsätzlich die **logische Folge** der Rechtswidrigkeit der Beihilfe (EuGH, 14.1.1997, Rs. C-169/95, „Spanien/KOM"). Der entsprechende B der KOM (Art. 16ff. VO 2015/1589) richtet sich an den MS, der die Beihilfe von den begünstigten Unternehmen zurückfordern muss. Dies geschieht im Grundsatz nach Maßgabe des jeweiligen nationalen Rechts, doch darf dadurch die Rückforderung nicht „praktisch unmöglich" gemacht werden (EuGH, 27.6.2000, Rs. C-404/97, „KOM/Portugal"; allgemein dazu oben Rz. 12/36). Ausnahmsweise entfällt die Rückforderung, wenn sie gegen einen **allgemeinen Grundsatz des Unionsrechts** (oben Rz. 9/37ff.) verstoßen würde (Art. 16 Abs. 1 VO 2015/1589). Der **Vertrauensschutz** kommt aber nur selten zum Tragen. Der Empfänger einer Beihilfe hat nämlich nach st. Rspr. des EuGH die Obliegenheit, sich über die erfolgte Anmeldung der Beihilfe bei der KOM zu vergewissern (EuGH, 20.3.1997, Rs. C-24/95, „Alcan"). Dies gilt auch, wenn es sich um eine lange praktizierte, auch kleinen Unternehmen zugutegekommene Maßnahme handelt. Nur wenn die KOM (nach Kenntniserlangung von der Beihilfe) ungebührlich lange wartet, kommt Vertrauensschutz in Betracht (EuGH, 29.4.2004, Rs. C-298/00 P, „Italien/KOM"). 34

Bei Veräußerung des begünstigten Unternehmens ist der Erwerber (als solcher) nur in der Pflicht, wenn sich die Beihilfe auf den Kaufpreis ausgewirkt hat (EuGH, 29.4.2004, Rs. C-277/00, „Deutschland/KOM"). Bei Bürgschaften (vgl. schon Rz. 21/33) ist im Einzelnen zu prüfen, ob neben dem abgesicherten Unternehmen auch die bürgende Stelle einen (ggf. zurückzufordernden) Vorteil erlangt hat (dazu EuGH, 8.12.2011, Rs. C-275/10, „Residex"). Eine „absolute rechtliche Unmöglichkeit der Rückforderung" steht dieser entgegen (dazu *Zellhofer/Solek,* EuZW 2015, 622), doch ist der EuGH streng; nicht einmal eine – nicht seltene – **Insolvenz des Beihilfeempfängers** führt zu einer solchen Lage (dazu *Koenig,* BB 2000, 573). Die Regelung zur Verjährung der Rückforderung nach 10 Jahren ab der Gewährung der Beihilfe (Art. 17 VO 2015/1589) gilt zwar formal nur im Verhältnis von KOM und MS, doch darf das nationale Recht keine kürzere Frist vorsehen (vgl. EuGH, 30.4.2020, Rs. C-627/18, „Nelson Antunes da Cunha Lda"). In den Zusammenhang der Kontrolle rechtswidriger Beihilfen gehört auch das ähnliche Verfahren bei **missbräuchlicher Anwendung von Beihilfen** (Art. 20 VO 2015/1589). Die KOM hat ihre Grundsätze 2019 neu bekanntgemacht (ABl. C 247/1). 35

Verschiedentlich lösen Rückforderungen **Friktionen mit nationalem Recht** aus, so wenn damit die in § 48 Abs. 4 VwVfG vorgesehene Jahresfrist überschritten wird (dazu EuGH, 20.3.1997, Rs. C-24/95 „Alcan", mit zum Teil kritischer Anmerkung von *Classen,* JZ 1997, 724), wenn privatrechtlich gewährte Beihilfen durch Verwaltungsakt, für den es keine gesetzliche Grundlage gibt, zurückgefordert werden sollen (so OVG Brandenburg, NVwZ 2006, 104; kritisch dazu *Uwer/Wodarz,* DÖV 2007, 989), oder wenn die Beihilfe mit Hinweis auf ein nationales, rechtskräftiges Gerichtsurteil gewährt wird (EuGH, 18.7.2007, Rs. C-119/05, „Lucchini"; vgl. auch Rz. 33/12). Der in allen Fällen vom EuGH vorgenommene Vorrang des Rückforderungsgebots ist vor allem dem Umstand geschuldet, dass anderenfalls nationale Stellen recht leicht zulasten der **im Wettbewerb konkurrierenden Unternehmen** aus anderen EU-Staaten das Unionsrecht unterlaufen könnten.

6. Rechtsschutz

Literatur: *Gundel,* Der Schutz des Wettbewerbers im EU-Beihilfenrecht, WiVerw 2011, 242; *Koenig/Hellstern,* Der EU-beihilferechtliche Effektivitätsgrundsatz im nationalen Prozessrecht, EuZW 2011, 702; *Martin-Ehlers,* Drittschutz im Beihilferecht, EuZW 2011, 583; *Rennert,* Beihilferechtliche Konkurrentenklagen vor deutschen Verwaltungsgerichten, EuZW 2011, 576; *Schwendinger,* Rechtsschutz für begünstigte Unternehmen im Zusammenhang mit rechtswidrigen multisektoralen Beihilferegelungen, EuZW 2011, 746; *Becker,* Die parallele Prüfung beihilferechtlicher Sachverhalte durch Kommission und nationale Gerichte, EuZW 2012, 725; *Soltész,* Ryanair und Tierkörperbeseitigung – Wendepunkt für beihilferechtliche Konkurrentenklagen, EuR 2012, 60; *Fronczak,* 50 Jahre gerichtliche Durchsetzung des Beihilfenrechts, EuR 2014, 576; *Schroeder/Sild,* Kontrolldichte im EU-Beihilferecht, EuZW 2014, 12; *Weiß,* Rechtsschutz von Unternehmen im EU-Beihilfenrecht, ZHR 2016, 80.

a) Rechtsschutz für den Beihilfeempfänger

36 **Beihilfeempfänger** sind von **negativen** einschließlich bedingten **Entscheidungen der KOM** unmittelbar und individuell betroffen, obwohl die Entscheidung gegenüber dem MS ergeht und können daher nach Art. 263 Abs. 4 AEUV beim **EuG** klagen. Dies gilt bei individuell gewährten Beihilfen wie bei Beihilfesystemen (Rz. 21/6; EuGH, 9.6.2011, verb. Rs. C-71/09 P u. a., „Comitato Venezia vuole vivere" u. a.). Entscheidungen der KOM im Vorprüfungsverfahren enthalten normalerweise für den Beihilfegeber oder -empfänger noch keine Beschwer, da diese Verfahren entweder mit einer Einstellung enden oder in ein Hauptprüfungsverfahren übergehen. Gegen eine (auf Betreiben der KOM ergangene, Rz. 21/34) **nationale Rückforderungsentscheidung** müssen die **nationalen Gerichte** Rechtsschutz gewähren. In diesem Rahmen kann die Kommissionsentscheidung im Wege des Vorlageverfahrens nach Art. 267 AEUV auf ihre Gültigkeit überprüft werden. Das geht jedoch wegen der eingetretenen Bestandskraft nicht, wenn der Beihilfeempfänger eine ihm bekannte und damit vor dem EuG anfechtbare Entscheidung nicht angegriffen hat, denn diese kann nicht über die Vorlage eines nationalen Gerichts an den EuGH nach Art. 267 AEUV in Frage gestellt werden (EuGH, 9.3.1994, Rs. C-188/92, „TWD"; vgl. auch Rz. 13/44). Beim einstweiligen Rechtsschutz sind die einschlägigen unionsrechtlichen Grenzen (Rz. 33/12) zu beachten (EuGH, 11.9.2014, Rs. C-527/12, „KOM/Deutschland").

b) Rechtsschutz für Mitgliedstaat und Kommission

37 Will ein **MS** gegen die **Untersagung** einer beabsichtigten **Beihilfe** klagen, ist das EuG nach Art. 263 Abs. 2 AEUV zuständig. Beihilfegebende Untergliederungen von MSen (z. B. **deutsche Bundesländer**) können als juristische Personen im Sinne von Art. 263 Abs. 4 AEUV beschwert und klageberechtigt sein (EuG, 15.12.1999, verb. Rs. T-132/96 u. a., „Freistaat Sachsen"; vgl. auch Rz. 13/56).

Die **KOM** kann wie erwähnt (Rz. 21/32) einen MS beim EuGH verklagen, wenn dieser ihrem Beschluss nicht rechtzeitig nachkommt (Art. 108 Abs. 2 UAbs. 2 AEUV).

c) Rechtsschutz für die Konkurrenten

38 **Konkurrenten** von Beihilfeempfängern sind unmittelbar und individuell im Sinne von Art. 263 Abs. 4 AEUV betroffen und können daher vor dem **EuG** klagen, wenn die KOM das Vorliegen einer Beihilfe verneint hat oder diese für mit dem Binnenmarkt vereinbar hält und die Marktstellung der Kläger durch die Beihilfegewährung spürbar beeinträchtigt wird (EuGH, 13.12.2005, Rs. C-78/03 P, „Aktionsgemeinschaft Recht und Eigentum"; vgl. Rz. 13/61; zur geforderten Dichte der Kontrolle

EuG, 7.11.2012, Rs. T-137/10, „Coordination bruxelloise d'institutions sociales et de santé"). Bei Beihilfesystemen (Rz. 21/6) kommt einer Genehmigung der KOM „allgemeine Wirkung" im Sinne von Art. 263 Abs. 4 AEUV zu (EuGH, 6.11.2018, verb. Rs. C-622/16 u. a., „Scuola Elementare Maria Montessori Srl"). Großzügiger ist die Rechtsprechung bei der Zulassung von Klagen nach Art. 263 Abs. 4 AEUV, soweit andere Unternehmen die Verletzung von Verfahrensgarantien durch die KOM rügen (EuGH, 24.3.1993, Rs. C-313/90, „CIRFS"), also auch von solchen Unternehmen, die keine unmittelbaren Konkurrenten des Beihilfeempfängers sind (EuGH, 11.9.2008, verb. Rs. C-75/05 P u. a., „Glunz" und Rz. 13/60). Reagiert die KOM gar nicht auf (hinreichend konkrete) Beschwerden über nationale Beihilfen, kann Untätigkeitsklage erhoben werden (EuG, 29.9.2011, Rs. T-442/07, „Ryanair").

Vor allem aber besteht **nationaler Rechtsschutz** für die **Konkurrenten** eines Unternehmens, das unter Verstoß gegen das **Durchführungsverbot** des Art. 108 Abs. 3 S. 3 AEUV eine Beihilfe erhalten hat. Sie müssen vor einem nationalen Gericht direkt gegen die Gewährung der Beihilfe klagen (EuGH, 21.11.1991, Rs. C-354/90, „FNCE") und auch einstweiligen Rechtsschutz erlangen können (EuGH, 11.3.2010, Rs. C-1/09, „CELF"). Der Verstoß gegen die Anmeldepflicht wird nämlich auch im Fall einer (späteren) positiven Entscheidung der KOM nicht rückwirkend geheilt (Rz. 21/33; EuGH, 5.10.2006, Rs. C-368/04, „Transalpine Ölleitung"). Dementsprechend begründet Art. 108 Abs. 3 S. 3 AEUV subjektive Rechte der Konkurrenten im Sinne der VwGO für eine Klage gegen die die Subvention vergebende Stelle (BVerwGE 138, 322). Zugleich stellt die Norm ein Schutzgesetz im Sinne von § 823 Abs. 2 BGB und § 4 Nr. 11 UWG dar (BGHZ, 188, 326). Wurde die Beihilfe bereits ausgezahlt, können Konkurrenten daher die – verzinste (Rz. 21/33) – Rückzahlung der Beihilfe verlangen (dazu auch *Arhold,* EWS 2011, 209; *Fiebelkorn/Petzold,* EuZW 2011, 447). Ist umstritten, ob das angegriffene Verhalten eine Beihilfe darstellt, muss das nationale Gericht – ggf. nach Vorlage an den EuGH nach Art. 267 Abs. 3 AEUV – entscheiden. Liegt hingegen bereits eine entsprechende Entscheidung der KOM vor, entfaltet diese – vorbehaltlich einer Überprüfung der Gültigkeit im erwähnten Vorlageverfahren – für die nationalen Gerichte Bindungswirkung. Das gilt auch für die vorläufige Entscheidung am Ende eines Vorprüfungsverfahrens (Rz. 21/32, dazu EuGH, 21.11.2013, Rs. C-284/12, „Deutsche Lufthansa"), da anderenfalls dessen Unterlaufen droht (dazu *Sonder,* ZEuS 2014, 377; kritisch *Rennert,* DVBl. 2014, 669; *Traupel/Jennert,* EWS 2014, 1). 39

III. Öffentliche Unternehmen, Daseinsvorsorge und Wettbewerbsordnung

Literatur: Ausführliche Literaturlisten bei *Wernicke,* in: Grabitz/Hilf/Nettesheim (Hrsg.), Das Recht der EU, 58. EL 2016, Art. 106 AEUV.

Weitere Literatur: *Martin-Ehlers,* Konvergenzen von Kartell- und Beihilferecht, EuZW 2010, 287; *Cremona* (Hrsg.), Market Integration and Public Services in the EU, 2011; *Krajewski,* Grundstrukturen des Rechts öffentlicher Dienstleistungen, 2011; *Szyszak/Davies/Andenas/Bekkedal* (Hrsg.), Developments in Services of General Interest, 2011; *Weiß,* Das Verhältnis von Wettbewerb und Daseinsvorsorge nach Lissabon, in: Schwarze/Müller-Graff (Hrsg.), Neues Europäisches Wirtschafts- und Wettbewerbsrecht, 2011, 47; *Fiedzuk,* Putting services of general interest up for tender, CMLRev 2013, 87; *Meng,* Die „Dienste von allgemeinem wirtschaftlichen Interesse" – ein Problem der Normenklarheit im EU-Recht, FS E. Klein, 2013, 569; *Weiß,* Öffentliche Daseinsvorsorge und soziale Dienstleistungen: Europarechtliche Perspektiven, EuR 2013, 669; *Kling,* Staatliches Handeln, Daseinsvorsorge und Kartellrecht, 2014; *Schnabel,* Öffentliche Unternehmen in der Europäischen Union, 2014; *v. Komorowski,* Der allgemeine Daseinsvorsorgevorbehalt des Art. 106 Abs. 2 AEUV, EuR 2015, 310; *Slautsky,* Financement du service universel des communications électroniques et autonomie nationale, CDE 2016, 881; *Burgi,* Die Handlungsformkategorie des Betrauungsaktes im EU-Beihilferecht, EuZW 2017, 90; *Badenhausen-Fähle,* Die Betrauung, 2017; *Loozen,* Strict competition enforcement and welfare, CMLRev 2019, 1265.

1. Das Grundproblem

40 Die Rolle des Staates in der Wirtschaft, insbesondere im Bereich der Daseinsvorsorge spielen soll, ist auf europäischer Ebene in den letzten Jahren immer wieder Gegenstand politischer Auseinandersetzungen gewesen. Im Grundsatz gelten nach Art. 106 AEUV die Verträge, insbesondere auch die Wettbewerbsvorschriften der Art. 101–109 AEUV, d. h. die Vorschriften für Unternehmen und die Beihilfevorschriften, sowie das Diskriminierungsverbot des Art. 18 AEUV auch für **öffentliche Unternehmen** und für solche Unternehmen, denen die MSen **besondere oder ausschließliche Rechte gewähren.** Art. 106 AEUV **ist unmittelbar anwendbar** (EuGH, 30.4.1974, Rs. 155/73, „Sacchi"). Zugleich verfügt die KOM über **Richtlinien- und Entscheidungsbefugnisse** gegenüber den MSen (Art. 106 Abs. 3 AEUV). Die KOM kann auch im Rahmen des allgemeinen Kartellverfahrens (Rz. 20/45 ff.) ein sich wettbewerbswidrig verhaltendes öffentliches Unternehmen unmittelbar ansprechen.

Zur Wahrnehmung ihrer Befugnisse aus Art. 106 AEUV hat die KOM 1980 eine Richtlinie über die Transparenz der finanziellen Beziehungen zwischen den MSen und den öffentlichen Unternehmen erlassen (heute RL 2006/111, ABl. L 318/17 – **„Transparenzrichtlinie"**). Sie ermöglicht der KOM die Gewinnung von Informationen über die Kapitalzuweisungen und sonstigen Finanzverbindungen zwischen den MSen und „ihren" Unternehmen. Die Unternehmen haben im Interesse der Beihilfenprüfung (Rz. 21/27 ff.) getrennte Bücher über erbrachte Dienstleistungen von allgemeinem wirtschaftlichen Interesse im Sinne der „Altmark"-Rechtsprechung (Rz. 21/49) oder nach Art. 106 Abs. 2 AEUV und über marktorientierte Tätigkeiten zu führen.

41 Vor diesem Hintergrund hat die EU in den Bereichen, in denen die Daseinsvorsorge traditionell in praktisch allen MSen durch staatliche oder staatsnahe Unternehmen gewährleistet wurde (Bahn, Post, Telekommunikation, Energie usw.), etliche **Liberalisierungsmaßnahmen** mit dem Ziel der Schaffung wettbewerblicher Strukturen ergriffen. Das hat **Gegendruck** von Seiten **einiger MSen** ausgelöst. Eine besondere Rolle spielte dabei **Frankreich,** wo auf nationaler Ebene der „service public", die staatliche Daseinsvorsorge (zur Begrifflichkeit *Bullinger,* JZ 2003, 597), traditionsgemäß eine große Rolle spielt. Dort kam lange Zeit dem Konflikt über die marktwirtschaftliche Ausrichtung der europäischen Politik eine ähnliche Bedeutung zu (vgl. *Flauss,* in: Schwarze (Hrsg.), Das Verwaltungsrecht unter europäischem Einfluss, 1996, 31, 56 ff.) wie in Deutschland der Diskussion um den „im wesentlichen vergleichbaren Grundrechtsschutz" der EU (dazu Art. 23 GG und Rz. 10/23 ff.); mittlerweile sind die Probleme weitgehend gelöst.

42 **Konkrete Konsequenzen** zeitigten diese Bemühungen im Vertrag von Amsterdam, der die Rolle von Diensten von allgemeinem wirtschaftlichen Interesse (Rz. 21/46) durch die – letztlich allerdings zunächst eher symbolhafte – Einfügung von Art. 16 EGV (heute Art. 14 AEUV) hervorhob, sowie in Art. 36 GRC. Vor allem enthält der Vertrag von Lissabon neben der bereits erwähnten „Verbannung" des Wettbewerbs aus dem zentralen Zielkatalog der Verträge in Art. 119 AEUV sowie ein Zusatzprotokoll (Rz. 20/1) Bestimmungen, die der öffentlichen Daseinsvorsorge erstmalig – unionsrechtlich – einen positiven Wert vermitteln: Zum einen werden im Zusatzprotokoll Nr. 26 zum im Vertrag von Lissabon modifizierten heutigen Art. 14 AEUV insbesondere „die wichtige Rolle und der **weite Ermessensspielraum** der nationalen,

regionalen und lokalen Behörden" betont. Zum anderen hebt Art. 14 AEUV selbst nunmehr ausdrücklich **die Zuständigkeit der MSen** hervor, entsprechende Dienste im Einklang mit den Verträgen zur Verfügung zu stellen, in Auftrag zu geben und zu finanzieren. Diese zuletzt genannte Aussage steht zwar im Kontext einer neu formulierten Kompetenz der Union, im ordentlichen Gesetzgebungsverfahren Art. 14 AEUV zu konkretisieren, doch wird damit eben zumindest faktisch zugleich die bestehende, allein der KOM zustehende Überwachungsbefugnis nach Art. 106 Abs. 3 AEUV eingeschränkt.

Heute geht es der KOM vor diesem Hintergrund nicht mehr darum, den Staat und seine Unternehmen aus den traditionellen Bereichen der Daseinsvorsorge hinauszudrängen und Märkte zu erzeugen, auf denen nur Private agieren. Es geht vielmehr vor allem um Transparenz und Wettbewerbsgleichheit: Die wahren Kosten staatlicher Daseinsvorsorgeerbringung sollen nachvollziehbar sein; die staatliche Förderung darf nicht höher ausfallen als notwendig, um das besondere daseinspolitische Ziel einer bestimmten Dienstleistung zu verwirklichen. Die Frage, ob eine staatliche Leistung wirklich besser als eine private Versorgung ist, wird von der EU nur in Ansätzen aufgeworfen.

2. Grundsätze

a) Wettbewerbliche Gleichbehandlung öffentlicher und privater Unternehmen

Art. 106 Abs. 1 AEUV postuliert die Selbstverständlichkeit (EuGH, 27.3.2019, Rs. C-545/17, „Pawlak"), 43
dass der öffentliche Charakter eines Unternehmens als solcher dessen unionsrechtliche Stellung nicht beeinflusst. Die grundsätzliche **wettbewerb(srecht)liche Gleichbehandlung** öffentlicher und privater Unternehmen ist nicht zuletzt Konsequenz von Art. 345 AEUV, wonach die **Eigentumsordnung** nationale Angelegenheit bleibt. Die MSen dürfen ihren besonderen Einfluss auf öffentliche Unternehmen nicht dazu benutzen, um zu erreichen, dass sich diese wettbewerbswidrig verhalten (z. B. finanzielle Vorteilsgewährung; vgl. noch Rz. 21/49). Dabei ist der Staat nach Unionsrecht frei, ob und wann er öffentliche Unternehmen schafft – sie müssen sich nur marktgerecht verhalten. Soweit allerdings nationale Rechtsordnungen öffentliche Unternehmen gerade nur zur Verfolgung besonderer Zwecke zulassen (siehe zu Deutschland etwa § 65 BHO), besteht ein gewisser Grundsatzkonflikt.

Der Unternehmensbegriff ist hier wie bei Art. 101 AEUV zu verstehen (Rz. 20/9). Für den öffentlichen 44
Charakter entscheidend ist nicht die Rechtsform, sondern der **tatsächliche Einfluss des Staates auf das Unternehmen.** Zu beachten sind auch die Grenzen, die die Kapitalverkehrsfreiheit einer Sonderrolle des Staates in Unternehmen setzt (Rz. 30/8, 14). Im Ergebnis sind sowohl Unternehmen des öffentlichen Rechts (in Deutschland: Eigenbetriebe, Sondervermögen, Körperschaften, Anstalten und Stiftungen des öffentlichen Rechts, z. B. Landesbanken oder Rundfunkanstalten) als auch privatrechtliche Unternehmen unter beherrschendem öffentlichen Einfluss wie z. B. die Deutsche Bahn AG öffentliche Unternehmen i. S. von Art. 106 AEUV. Wie bei Art. 101 AEUV liegt ein (öffentliches) Unternehmen nur vor, wenn es am **Wirtschaftsverkehr teilnimmt** (EuGH, 16.6.1987, Rs. 118/85, „KOM/Italien").

Diese funktional begründete Ausweitung des Begriffs „öffentliche Unternehmen" umfasst gemäß der Rspr. 45
(EuGH, 19.3.1991, Rs. C-202/88, „Endgeräte"; st. Rspr.) auch Unternehmen mit echten Monopolrechten (**„ausschließliche Rechte"**, z. B. für die Organisation von Hafenarbeiten) oder solche, die kraft Hoheitsgewalt bzw. unter besonderem staatlichen Einfluss über eine Vorzugsstellung im Wettbewerb verfügen. Diese mit **„besonderen Rechten"** ausgestattete Gruppe ist weitgehend identisch mit den Unternehmen im Sinne von Art. 106 Abs. 2 AEUV (Rz. 21/46).

b) Dienstleistungen von allgemeinem wirtschaftlichen Interesse (Daseinsvorsorge/service public)

Während die formale Eigentumsstruktur eines Unternehmens als solche keine Son- 46
derstellung im Binnenmarkt rechtfertigt, gilt dies für **Unternehmen, die mit Dienstleistungen von allgemeinem wirtschaftlichen Interesse betraut sind** oder den Charakter eines **Finanzmonopols** haben, nach Maßgabe von Art. 106 Abs. 2 und Art. 14

AEUV nur eingeschränkt. Diese **funktional bedingte Ausnahme** ist **unmittelbar anwendbar** (EuG, 18.11.1992, Rs. T-16/91, „Rendo"). Tatbestandlich sind unter den Dienstleistungen nach Art. 106 Abs. 2 und Art. 14 AEUV **„marktbezogene Tätigkeiten, die im Interesse der Allgemeinheit erbracht und daher von den MSen mit besonderen Gemeinwohlverpflichtungen verbunden werden"**, zu verstehen (Mitteilung der KOM zu „Leistungen der Daseinsvorsorge in Europa", ABl. 2001, C 17/4). Bei der Frage, was als entsprechende Dienstleistung anzusehen ist, kommt den MSen zwar ein gewisser Spielraum zu, doch unterfällt nicht alles, was in Deutschland unter „Daseinsvorsorge" (EuGH, 18.2.2016, Rs. C-446/14 P, „D/KOM") und in Frankreich unter „service public" verstanden wird, automatisch der Norm. Wettbewerbliche Dienstleistungen können eingeschlossen sein, wenn nur sie es ermöglichen, wegen der engen Verbindung den betreffenden Dienst überhaupt wirtschaftlich zu erbringen (EuGH, 25.10.2001, Rs. C-475/99, „Glöckner"). Unternehmen, die mit Dienstleistungen nicht wirtschaftlicher Art betraut sind, unterfallen der Norm als solcher nicht, werfen aber auch mit Blick auf den Binnenmarkt kein Problem auf, unterfallen also keiner Norm, von der eine Ausnahme gemacht werden muss.

47 Zu den **Diensten im europäischen Sinne** gehören u. a. Bahn, Post, Telekommunikation, Elektrizitäts-, Gas- und Wasserversorgung. Ebenso sind Rundfunkanstalten und -sender im Gegensatz zu rein kulturellen Dienstleistungen wegen ihrer **wirtschaftlichen Komponente** Dienste im Sinne von Art. 106 AEUV (dazu Rz. 34/55). Eine wichtige Rolle spielen die implizit in Art. 14 AEUV mit dem Hinweis auf den sozialen und territorialen Zusammenhalt in der Union angesprochenen sog. **„Universaldienste"**. Hierbei handelt es sich um das Mindestangebot an Diensten einer bestimmten Qualität (z. B. bei Post und Telekommunikation, aber z. B. auch bei Bankdienstleistungen), das allen Kunden erschwinglich zur Verfügung stehen muss (z. B. muss die privatisierte Post in D in Orten Briefkästen so vorhalten, dass Kunden es in der Regel nicht weiter als 1 km haben). Die Unternehmen müssen von der öffentlichen Hand ausdrücklich mit der Dienstleistung **„betraut"** worden sein. Dies setzt eine vom Staat durch Hoheitsakt einseitig oder vertraglich auferlegte **Verpflichtung** zur Erbringung einer hinreichend klar definierten Leistung voraus. Gleichfalls unter Art. 106 Abs. 2 AEUV fallen schließlich Finanzmonopole. Dabei handelt es sich um solche öffentlichen Unternehmen, die durch die Monopolübertragung **Einnahmen für den Staatshaushalt** erzielen sollen (z. B. Tabak-, Branntwein-, Salz-, Zündwarenmonopole).

48 Sind diese Tatbestandsvoraussetzungen erfüllt, kommt das Wettbewerbsrecht nur zur Anwendung, soweit es nicht **die Erfüllung der Aufgabe,** mit der das Unternehmen betraut ist, tatsächlich oder rechtlich **verhindert;** eine Behinderung reicht nicht aus. Außerdem muss der Grundsatz der Verhältnismäßigkeit gewahrt werden; ein MS darf **keine „Überkompensation"** gewähren. Bei der Beurteilung kommt es auf die konkrete Dienstleistung an. Private Konkurrenten von öffentlichen Unternehmen, die aus Gründen des Allgemeinwohls („Universaldienste") unrentable Leistungen erbringen müssen (z. B. Bahn/Post), dürfen nicht ungehindert nur im rentablen Bereich tätig sein (**Verbot des „Rosinenpickens"**, EuGH, 19.5.1993, Rs. C-320/91, „Corbeau"; EuGH, 17.5.2001, Rs. C-340/99, „TNT Traco"; vgl. auch Rz. 21/8). Dabei löst eine staatliche Maßnahme nicht erst dann einen Rechtfertigungsbedarf aus, wenn die dadurch entstandene marktbeherrschende Stellung im Sinne von Art. 102 AEUV missbraucht wird. Vielmehr kann die praktische Wirksamkeit der Norm schon durch eine potenziell oder tatsächlich wettbewerbswidrige Wirkung der Maßnahme unzulässig in Frage gestellt sein (EuGH, 17.7.2014, Rs. C-553/12 P, „KOM/Griechenland"). Die KOM hat einen Qualitätsrahmen für Dienstleistungen von allgemeinem Interesse in Europa beschlossen (KOM [2011] 900 endg.). Für einzelne Bereiche bestehen Sonderregelungen, etwa zu Paketen die VO 2018/644, ABl. L 112/19).

c) Insbesondere: Beihilferechtliche Fragen

Literatur: *Berger,* Die staatliche Finanzierung der kirchlichen Wohlfahrtspflege und das europäische Beihilfeverbot, 2007; *Boysen/Neukirchen,* Europäisches Beihilferecht und mitgliedstaatliche Daseinsvorsorge, 2007; *Frenz,* Grenzen der Quersubventionierung durch Gemeinschaftsrecht, EWS 2007, 211; *Bauer,* Die mitgliedstaatliche Finanzierung von Aufgaben der Daseinsvorsorge und das Beihilfeverbot des EG-Vertrages, 2008; *Koenig/Vorbeck,* Europäische Beihilfenkontrolle in der Daseinsvorsorge, ZEuS 2008, 207;

Kreutz, Soziale Dienstleistungen durch gemeinnützige Einrichtungen der freien Wohlfahrtspflege, 2010; *Pauly/Jedlitschka,* Die Reform der EU-Beihilferegeln für Dienstleistungen von allgemeinem wirtschaftlichen Interesse und ihre Auswirkungen auf die kommunale Praxis, DVBl. 2012, 1269.

Komplexe Fragen wirft die Einordnung von finanziellen Leistungen auf, die der Staat Unternehmen als Ausgleich für die **Erfüllung gemeinwirtschaftlicher Verpflichtungen,** insbesondere **für Dienstleistungen von allgemeinem wirtschaftlichen Interesse** im Sinne von Art. 14 und 106 Abs. 2 AEUV gewährt und die seit dem Vertrag von Lissabon (vgl. auch Rz. 21/42) in der erstgenannten Norm auch ausdrücklich angesprochen werden. Dabei finden die Art. 107ff. AEUV Anwendung (zur Anwendung des „private investor-Tests" (Rz. 21/6) bei hoheitlich angeordneten Maßnahmen EuGH, 5.6.2012, Rs. C-124/10 P, „EDF" und dazu *Melcher,* EuZW 2012, 576). Mangels Zuwendungscharakters (Rz. 21/6) unterfällt eine staatliche Unterstützung allerdings bereits nicht dem Tatbestand von Art. 107 Abs. 1 AEUV, soweit sie erforderlich ist zur Sicherstellung der genannten Leistungen, so dass sich die Frage nach der Anwendbarkeit von Art. 106 Abs. 2 AEUV nicht stellt. 49

Zur Feststellung, ob sich die staatliche Unterstützung auf den insoweit **erforderlichen Betrag** beschränkt, hat der EuGH **vier Kriterien** entwickelt (EuGH, 24.7.2003, Rs. C-280/00, „Altmark Trans"):

(1) Betrauung des Zuwendungsempfängers mit klar definierten gemeinwirtschaftlichen Verpflichtungen,

(2) transparente und objektive Parameter für die Berechnung der Ausgleichszahlungen **vor** der Auftragsvergabe/Ausschreibung,

(3) Beschränkung des Ausgleichs auf die tatsächlichen Kosten abzüglich der bei der Erfüllung des Auftrags erzielten Einnahmen,

(4) Auswahl des Leistungserbringers durch ein Ausschreibungsverfahren oder hilfsweise Festsetzung des Ausgleichs im Sinne der Kosten eines „gut geführten Unternehmens", welches den öffentlichen Auftrag erfüllen könnte.

Bei der Anwendung dieser Kriterien kommt den MSen ein gewisser Beurteilungsspielraum zu (EuG, 12.2.2008, Rs. T-289/03, „BUPA").

Beispiele für derartige gemeinwohlorientierte Zuwendungen sind Zuschüsse für den Nahverkehr (dazu noch Rz. 26/21) sowie zum Betrieb kommunaler Krankenhäuser oder Schwimmbäder. Auch der zur Erfüllung des Grundversorgungsauftrages des deutschen öffentlich-rechtlichen Rundfunks erhobene Rundfunkbeitrag lässt sich unter bestimmten Voraussetzungen in diesen Kontext einordnen (näher Rz. 34/55), ferner zum Teil die (früheren) Regelungen über Anstaltslast und Gewährträgerhaftung bei öffentlich-rechtlichen Banken, insbesondere Sparkassen.

Staatliche Zuschüsse, die nicht alle der vorstehend genannten Kriterien erfüllen und daher eine Beihilfe darstellen, können darüber hinaus nach **Art. 106 Abs. 2 AEUV** (dazu allgemein Rz. 21/46ff.) **gerechtfertigt** werden (EuG, 11.3.2009, Rs. T-354/05, „TF 1"), doch stellt auch diese Norm auf die vorstehend unter (1) und (3) genannten Kriterien ab. Zur Umsetzung dieser Vorgaben hat die KOM gestützt auf Art. 106 Abs. 3 AEUV mehrfach Regelwerke beschlossen; heute gilt das „Almunia-Paket" (KOM-B 2012/21, ABl. L 7/3 sowie Mitteilungen in ABl. 2012, C 8/4 und 15). Diese stellen insbesondere Zuwendungen frei (allgemein dazu Rz. 21/20), wenn nur die ersten drei „Altmark"-Kriterien erfüllt sind (zur begrenzten Tauglichkeit des vierten Kriteriums in bestimmten Konstellationen – hier eines staatlichen Risikostrukturausgleichs zwischen privaten Krankenkassen – siehe auch EuG, 12.2.2008, Rs. T-289/03, „BUPA"). Außerdem besteht eine auf Ende 2020 befristete spezifische de-minimis-Regelung (VO 360/2012, ABl. L 114/8; dazu allgemein Rz. 21/12): Unternehmen, die Dienstleistungen im Sinne des Art. 106 Abs. 2 AEUV erbringen, dürfen über 3 Jahre insgesamt 500 000 Euro zugewendet werden. Im Übrigen ist bei Unternehmen, die auch nicht von Art. 106 Abs. 2 AEUV erfasste Aktivitäten entfalten, für 50 eine Rechtfertigung nach Art. 106 Abs. 2 AEUV eine buchhalterisch klar erkennbare **Trennung** von beiden **Geschäftsfeldern** erforderlich (zur Transparenz-RL siehe bereits Rz. 21/40); Quersubventionierungen (Rz. 21/8, 48) sind unzulässig (EuGH, 3.7.2003, Rs. C-83/01 P, „Ufex").

3. Praxis der europäischen Liberalisierung bei den Diensten von allgemeinem wirtschaftlichen Interesse

Literatur: *Dietrich,* Dienstleistungen von allgemeinem wirtschaftlichen Interesse, 2012; *Fatur,* EU Competition Law and the Information and Communication Technology Network Industries, 2012; *Görisch,* Netzneutralität – ein Grundsatz des europäischen Regulierungsrechts?, EuZW 2012, 494; *Lagunda da Paz,* What to keep and what to change in European electronic communications policy?, CMLRev 2012, 1951; *Oster/Wagner,* Kommunikation und Medien, in: Dauses/Ludwigs (Hrsg.) HB EU-WirtschR, E V., 2012; *Sluijs,* Network neutrality and internal market fragmentation, CMLRev 2012, 1647; *Buendia Sierra,* State Intervention and EU Competition Law, 2. Aufl. 2014; *Eufinger,* Das sparkassenrechtliche Regionalprinzip aus europarechtlicher Sicht, EWS 2014, 253; *Bien/Ludwigs* (Hrsg.), Das europäische Kartell- und Regulierungsrecht der Netzindustrien, 2015; *Kühling,* Regulierungsrecht im Binnenmarkt, in: Müller-Graff (Hrsg.), EnzEuR IV, 2015, § 18; *Melcher,* Dienstleistungen von allgemeinem wirtschaftlichem Interesse im europäischen Privatrecht, 2016; *Osing,* Die Netzneutralität im Binnenmarkt, 2017; *Rößner,* Zur Unionsrechtswidrigkeit der Vorratsdatenspeicherung in Deutschland, K&R 2017, 560; *Savin,* EU Telekommunications Law, 2018; *Scherer,* Kommunikationsrecht, in: Schulze u. a. (Hrsg.), Europarecht, 4. Aufl. 2020, § 37; *Broemel,* Europäisches Telekommunikationsverwaltungsrecht, in: Terhechte (Hrsg.), Verwaltungsrecht der Europäischen Union, 2. Aufl. 2021, § 21.

51 In der Praxis hat sich Art. 106 AEUV zu einer **Norm mit zunehmender unionsweiter Liberalisierungskraft** entwickelt (Fundstellenverzeichnis des geltenden EU-Rechts 08.50). Die Unionsorgane nutzen ihre Befugnisse nach Art. 106 Abs. 3 iVm Art. 101 sowie nach Art. 114 AEUV zur Verstärkung des unionsweiten Wettbewerbs auf den verschiedenen Märkten, die in den MSen von öffentlichen Unternehmen beherrscht werden. Sie treffen dabei auf den Widerstand etablierter Einrichtungen der Daseinsvorsorge in den MSen (vgl. schon Rz. 21/41). Die Unterscheidung zwischen wettbewerbsfeindlichem, subventioniertem Protektionismus und berechtigtem gemeinwohlorientierten Auftrag ist oftmals schwierig. Der Liberalisierungsfortschritt auf den einzelnen Märkten ist entsprechend unterschiedlich (zur Energieversorgung siehe Rz. 23/6, 9f., zum Verkehr Rz. 26/21).

a) Telekommunikation (TK)

52 Ziel der EU-Telekommunikationspolitik ist die möglichst weitgehende Verwirklichung eines **unionsweiten Wettbewerbs** durch **Liberalisierung, Deregulierung und Privatisierung** der elektronischen Telekommunikation. Nach einem ersten Liberalisierungsschub 1990 wurde 2002 (gestützt auf den heutigen Art. 114 AEUV) ein **„Richtlinienpaket"** beschlossen (ABl. 2002, L 108/7ff.), das 2018 durch eine einheitliche RL (2018/1972, ABl. L 321/36; hinzu kommt die auf Art. 106 Abs. 3 AEUV gestützte RL 2002/77, ABl. L 249/21) ersetzt wurde. Damit hat die EU die entsprechende unternehmerische Tätigkeit liberalisiert (u. a. Öffnung der Telefon- und Fernsehkabelnetze) und von den hoheitlichen Befugnissen (u. a. Zulassung und Überwachung von Geräten) im Sinne von Art. 106 AEUV zu trennen gesucht.

Im Kern sollen die **Netze** für Dritte nach den Kriterien der **Gleichbehandlung** und **Transparenz geöffnet** werden, um so einen wirksamen Wettbewerb zu schaffen; dies setzt auch gewisse Standardisierungsvorgaben voraus. Zu diesem Zweck waren unabhängige nationale Regulierungsbehörden zu schaffen (zu deren Koordination siehe VO 2018/1971, ABl. L 321/1). Diese haben die Aufgabe, die jeweiligen Märkte zu definieren, zu analysieren und bei entsprechendem Bedarf „in jedem Einzelfall" (unter Beteiligung der KOM und der entsprechenden Behörden der anderen MSen) zu regulieren und zu sichern (zur Sicherung der Befugnisse der Regulierungsbehörde gegenüber dem Gesetzgeber EuGH, 3.12.2009, Rs. C-424/07, „KOM/Deutschland"). Konkret sind die erforderlichen Abhilfemaßnahmen zu ergreifen, wenn bei einem Markt strukturell oder rechtlich bedingte, nachhaltige Marktzutrittsschranken bestehen, die mit den allgemeinen Instrumenten des Wettbewerbsrechts nicht beseitigt werden können. Außerdem sind Entgelte zu regulieren und ggf. knappe Ressourcen zu bewirtschaften. Da die RLen allen betroffenen Unternehmen Rechte zuweisen, ist diesen auch gerichtlicher Rechtsschutz zu gewähren (EuGH, 21.2.2008, Rs. C-426/05, „Tele 2 Telekommunikation").

Besondere Regelungen betreffen die Sicherung telekommunikativer Grundversorgung (**„Universaldienste":** RL 2002/22, ABl. L 108/51, und dazu etwa EuGH, 19.6.2008, Rs. C-220/07, „KOM/Frankreich") und die Angleichung der nationalen Kommunikationsordnungen durch einen gemeinsamen Rechtsrahmen. Für die **Nutzer** der Telekommunikationsinfrastruktur ergaben sich aus der Liberalisierung bemerkenswerte **Vorteile.** Zur Verhinderung überhöhter Preise im grenzüberschreitenden Mobilfunk wurde 2007 eine besondere Verordnung beschlossen (zunächst VO 717/2007, ABl. 171/32; zur Gültigkeit EuGH, 8.6.2010, Rs. C-58/08, „Vodafone u. a."; nunmehr abgelöst durch VO 531/2012, ABl. L 172/10). Seit Juni 2017 bestehen im Binnenmarkt durchgängig einheitliche Tarife (VO 2015/2120, ABl. L 310/1).

Angesichts sich zunehmend häufender Angriffe auf Telekommunikationsinfrastrukturen hat sich die EU schließlich der **Sicherheit im Netz** zugewandt (RL 2016/1148, ABl. L 194/1).

Flankiert wurden die vorgenannten Maßnahmen durch zwei ebenfalls auf Art. 114 AEUV gestützte spezifi- 53
sche Richtlinien zum **Datenschutz** (RL 2002/58, ABl. L 201/37) und zur **Vorratsdatenspeicherung** (RL 2006/24, ABl. L 105/54; zur Kompetenz Rz. 32/10). Letztere wurde allerdings vom EuGH wegen unzureichender datenschutzrechtlicher Garantien für nichtig erklärt (EuGH, 8.4.2014, verb. Rs. C-293/12 u. a., „Digital Rights"; dazu *Bäcker,* Jura 2014, 1263; *Classen,* EuR 2014, 441; *Lynskey,* CMLRev 2014, 1789; zu den verfassungsrechtlichen Grenzen BVerfGE 125, 260, „Vorratsdatenspeicherung" (2010)). Später hat der EuGH auch eine **national** angeordnete pauschale **Vorratsdatenspeicherung** für mit der RL 2002/58 **unvereinbar** erklärt (21.12.2016, verb. Rs. C-203/15 u. a., „Tele2 Sverige"; dazu *Priebe,* EuZW 2017, 136; *Roßnagel,* NJW 2017, 696). Auch nach mehreren kritischen Vorlagebeschlüssen des Conseil d'État, des belgischen Verfassungsgerichts sowie eines englischen Gerichts hat er an dieser Linie grundsätzlich festgehalten und diese nur in sehr spezifischen Situationen für zulässig erachtet (u. a. EuGH, 6.10.2020, verb. Rs. C-511/18 u. a., „La Quadrature du Net"). Konsequenterweise hält das OVG Münster daher auch die – seither ausgesetzte – deutsche Regelung (§ 113b TKG) für unionsrechtswidrig (22.6.2017, 13 B 238/17); das BVerwG hat dem EuGH entsprechende Fragen vorgelegt (laufende Rs. C-793/19). In der Sache ist die Anwendung einer auf Art. 114 AEUV gestützten RL wegen der durch die Vorratsdatenspeicherung begründeten, den Wettbewerb ggf. spürbar beeinträchtigenden Pflichten für Unternehmen nicht prinzipiell zu beanstanden, doch widerspricht eine so intensive Regelung an sich nationaler Gestaltung zugewiesenen Fragen dem Grundsatz der Verhältnismäßigkeit (Rz. 32/10). Der EGMR hat im Übrigen die schwedische Regelung für menschenrechtskonform erachtet (EGMR, 19.6.2018, 35252/08, „Rättvisa/S"), ein Urteil, das der EuGH nicht einmal zitiert.

b) Post

Ausschließliche oder besondere Rechte nationaler Postdienste endeten grundsätzlich am 31.12.2010 (RL 54
97/67, ABl. 1998, L 15/14, für Pakete ergänzt durch VO 2018/644, ABl. L 112/19). Aber auch seither kann ein Staat die Erfüllung besonderer Universaldienstpflichten (in Grenzen) finanziell honorieren. Private Konkurrenten der mächtigen nationalen Postdienste haben es schwer, Fuß zu fassen. Beim **„Remailing"** (körperliche oder elektronische Versendung von Post in Deutschland stationierter Unternehmen über portogünstigere EU-Staaten) hat der EuGH (EuGH, 10.2.2000, verb. Rs. C-147/97 u. a., „Deutsche Post AG") den universaldienstrechtlichen Verpflichtungen der Deutschen Post AG gemäß Art. 106 AEUV gegenüber den Wettbewerbsgeboten und der Dienstleistungsfreiheit des AEUV Vorrang eingeräumt (kritisch *Bartosch,* CMLRev 2001, 195). Das Verbot von Quersubventionen aus dem Universaldienstsektor der Post in die wettbewerbsoffenen Bereiche (Rz. 21/8, 48) wurde durchgesetzt.

c) Sparkassen und Landesbanken

Wegen **Anstaltslast** und öffentlicher **Gewährträgerhaftung** waren Sparkassen und Landesbanken lange 55
umstritten (dazu etwa EuG, 6.3.2003, Rs. T-228/99 und 233/99, „WLB"; *Quardt,* EuZW 2002, 424). Nach einem Kompromiss zwischen KOM und Bundesregierung aus dem Jahr 2002 sind Fördermaßnahmen im öffentlichen Interesse seitens der Landesbanken im Rahmen des Beihilferechts zulässig. Dagegen gehören marktmäßige Betätigungen nicht zu ihren Aufgaben nach Art. 106 Abs. 2 AEUV und müssen gegebenenfalls durch selbständige Unternehmen ohne staatliche Unterstützung durchgeführt werden. Prak-

tisch erfolgte die Umsetzung durch die durchgängige Beseitigung von Gewährträgerhaftung und Anstaltslast. Wegen deren regionaler Ausrichtung wurde das Problem mit Blick auf die **Sparkassen** traditionell weniger intensiv diskutiert (*Oebbecke,* VerwArch 2002, 278), wobei deren Bilanzvolumina diese Zurückhaltung nicht immer gerechtfertigt haben. Bisher nicht grundsätzlich gelöst sind Konflikte, die ausgehend von der Kapitalverkehrsfreiheit die KOM zur Kritik an der bisherigen Bindung der Bezeichnung „Sparkasse" an deren öffentlich-rechtlichen Status veranlasst haben.

d) Weitere Bereiche

56 Bestrebungen der KOM richteten sich auch auf die Liberalisierung und Wettbewerbskontrolle der **öffentlichen Wasserversorger** (Rz. 21/61). Das **Vermittlungsmonopol für Führungskräfte** der deutschen Bundesanstalt für Arbeit war als übermäßige Wettbewerbsbeschränkung mit Art. 102, 106 Abs. 2 AEUV unvereinbar (EuGH, 23.4.1991, Rs. C-41/90, „Höfner und Elser"; *Basedow,* WiD 1992, 180).

IV. Öffentliche Aufträge (Vergabewesen)

Literatur: Ausführliche Literaturlisten bei *Bungenberg,* Das primäre Binnenmarktrecht der öffentlichen Auftragsvergabe, in: Müller-Graff (Hrsg.), EnzEuR IV, 2014, § 16.

Weitere Titel: *Braun/Müller/Wankmüller,* Das neue Vergaberecht, 2014; *Burgi,* Ein Rechtsgebiet wird erwachsen: Zur Umsetzung der neuen EU-Vergaberichtlinien, ZHR 2014, 2; *Neun/Otting,* Die EU-Vergaberechtsreform 2014, EuZW 2014, 446; *Caranta,* The changes to the public contract directives and the story they tell about how EU law works, CMLRev 2015, 391; *Dörr,* Gemeinwohlsicherung durch Vergaberecht, FS Müller-Graff, 2015, 630; *Oberndörfer/Lehmann,* Die neuen EU-Vergaberichtlinien, BB 2015, 2017; *Gabriel* u. a., Handbuch Vergaberecht, 2. Aufl. 2017; *Hölzer,* Vergaberecht im Verteidigungs- und Sicherheitsbereich der Europäischen Union, 2017; *de la Rosa,* Droit européen de la commande publique, 2017; *Frenz,* Vergaberecht EU und national, 2018; *Säcker* (Hrsg.), Münchener Kommentar zum Wettbewerbsrecht, Vergaberecht, 2. Aufl. 2018; *Kreuzer,* Die Vergaberechtsreform 2016, 2019; *Steinicke/Vesterdorf* (Hrsg.), Brussels Commentary on EU Public Procurement Law, 2018; *Noch,* Öffentliches Auftragsrecht, in: Schulze u. a. (Hrsg.), Europarecht, 4. Aufl. 2020, § 30; *Wollenschläger,* Europäisches Vergabeverwaltungsrecht, in: Terhechte (Hrsg.), Verwaltungsrecht der EU, 2. Aufl. 2021.

1. Grundlagen

57 Klaren Regeln bei der **Vergabe öffentlicher Aufträge,** also der Beschaffung von Waren und der Erbringung von Dienstleistungen für den Staat, kommt im EU-Binnenmarkt **erstrangige wirtschaftliche Bedeutung** zu. Das Volumen öffentlicher Aufträge macht ungefähr 16% des Bruttoinlandsproduktes in der EU aus. Die tatsächliche Öffnung des öffentlichen Auftragswesens war ein wichtiger Schritt bei der **Vollendung des Binnenmarktes bis 1992.** Das Vergaberecht erfüllt dabei einen doppelten Zweck: Es dient der Marktöffnung wie der Marktordnung. In vielen Märkten ist Unternehmertum ohne Zugang zu öffentlichen Aufträgen überhaupt nicht möglich (Tiefbau, Brückenbau etc.). Zudem kann eine gezielte Vergabe öffentlicher Aufträge an einheimische Unternehmen ähnlich **wettbewerbsverzerrende Wirkung** entfalten wie eine direkte Subventionierung von Unternehmen.

Anders als bei Subventionen steht bei der Vergabe öffentlicher Aufträge allerdings die Bedarfsdeckung des Staates und damit ein Eigenzweck im Vordergrund. Soweit in der Vergangenheit daneben jeweils auch die regionale Wirtschaft gefördert wurde, konnte dies immer nur Nebenzweck sein. Das Unionsrecht will insoweit **Transparenz** und **Diskriminierungsfreiheit** sichernde Regeln schaffen: Die Förderung der heimischen Wirtschaft soll allein im Rahmen von Art. 107 AEUV erfolgen, die Vergabe öffentlicher Aufträge hingegen nach objektiven Kriterien (niedrigster Preis bzw. wirtschaftlich günstigstes Angebot) nach Maßgabe besonderer unionsrechtlicher Vorschriften, die insoweit jede Wettbewerbsverzerrung ausschließen sollen (Rz. 21/67ff.). 2014 wurden auch die früher nur vom Primärrecht erfassten Dienstleistungskonzessionen sekundärrechtlich geregelt.

Primärrechtlicher Hintergrund der unionsrechtlichen Regeln über die Vergabe öffentlicher Aufträge und Konzessionen sind zunächst die **Grundfreiheiten.** Gewährleistet werden soll eine **Marktöffnung:** Im Gegensatz zu traditionellen Praktiken sollen ausländische Waren (vgl. Art. 34 AEUV), Dienstleistungen und deren Erbringer (vgl. Art. 56 AEUV) eine faire Chance erhalten. Dementsprechend findet das einschlägige Sekundärrecht seine Grundlage in den heutigen Art. 53 (iVm Art. 62) sowie 114 AEUV. Praktisch hat die **Marktordnung** an Bedeutung gewonnen: Das Vergaberecht verhindert eine einseitige Privilegierung einzelner, von öffentlichen Vergabestellen begünstigter Unternehmen. Dementsprechend ist das Vergaberecht nicht allein darauf ausgerichtet, grenzüberschreitend für angemessenen Wettbewerb zu sorgen. Dies wäre auch technisch kaum möglich, denn das einschlägige Instrumentarium – insbesondere die Verpflichtung zur öffentlichen Ausschreibung unter Zugrundelegung transparenter Kriterien – soll maßgeblich präventiv, im Vorfeld der Vergabeentscheidung wirken und damit zu einem Zeitpunkt, zu dem nicht klar ist, wer den Auftrag erhält. So profitieren **auch inländische Unternehmen** von den jeweiligen Regelungen. Damit geht es nicht nur um eine Verbesserung grenzüberschreitender Erbringung von Dienstleistungen (oder Lieferung von Waren). Vielmehr soll die Regelung zugleich einen entsprechenden **Wettbewerb in der EU** insgesamt gewährleisten. Allerdings greift das Sekundärrecht erst ab bestimmten Schwellenwerten. Hintergrund der mit dem WTO-Recht deckungsgleichen Werte (Rz. 21/60) ist einerseits die – nicht uneingeschränkt zutreffende (Rz. 21/73) – Vorstellung, dass unterhalb dieser Werte die einschlägige Konkurrenz im Wesentlichen allein im Inland zu finden und damit der Binnenmarkt nicht gefährdet ist. Andererseits soll der mit einer unionsweiten Ausschreibung von Aufträgen und Konzessionen verbundene Aufwand begrenzt werden. Die Werte werden alle 2 Jahre überprüft. 58

Die vorgenannten Zielsetzungen gelten in gleicher Weise für nationale wie für europäische Aufträge. Aus diesem Grund gibt es im Gegensatz zu den Beihilfen hier keine Rechtfertigung für eine prinzipiell unterschiedliche Behandlung. Das nachfolgend dargestellte Sekundärrecht gilt also zwar formal nur für nationale Aufträge. Die im Haushaltsrecht der Union (dazu allgemein Rz. 8/9) geregelte Vergabe von **Aufträgen durch europäische Stellen** (Art. 160ff. VO 2018/1046, ABl. L 193/1, sowie Art. 121ff. VO 1268/2012, ABl. L 362/1; speziell zur EZB deren Beschluss 2016/245, ABl. L 45/15) ist aber inhaltlich durch die gleichen Grundsätze geprägt: Transparenz, Verhältnismäßigkeit, Gleichbehandlung, Nichtdiskriminierung (Art. 102 VO 966/2012). Insbesondere ist daher bei Aufträgen über den Schwellenwerten das Gebot einer öffentlichen Ausschreibung zu beachten (zur Vorgängervorschrift etwa EuGH, 21.6.2011, Rs. C-252/10, „Evropaïki Dynamiki"). Bei der Auftragserteilung steht der europäischen Stelle allerdings ein nicht unerhebliches Ermessen zu (EuG, 10.12.2009, Rs. T-195/08, „Antwerpse Bouwwerken NV"). Der Rechtsschutz richtet sich nach allgemeinem Unionsrecht (zum Gebot des effektiven Rechtsschutzes gerade in diesem Bereich EuG, 2.3.2010, Rs. T-70/05, „Evropaïki Dynamiki", vom EuGH im erwähnten Urteil im Ergebnis bestätigt; zu den Grenzen der gerichtlichen Kontrolle siehe EuG, a. a. O., „Antwerpse Bouwwerken NV"). 59

Das im Rahmen der WTO im GATS-Bereich abgeschlossene **Agreement on Government Procurement** (weitreichende Neufassung im Jahre 2012; siehe ABl. 2014, L 68/2) enthält Liberalisierungsverpflichtungen im Vergabewesen gegenüber **Anbietern aus Drittstaaten** (*Gramlich,* RIW 1995, 793), hat aber – etwa über die dort verankerten, mit dem europäischen Recht deckungsgleichen Schwellenwerte (vgl. Rz. 21/66) – auch Einfluss auf das europäische Vergaberecht. 60

2. Entwicklung des Sekundärrechts und deutsche Umsetzung

61 Die Harmonisierung der Bestimmungen über die Vergabe öffentlicher Aufträge begann in den 1970er Jahren. Die Auftraggeber in den Bereichen Energie, Wasser, Verkehr und Telekommunikation blieben jedoch zunächst ausgeklammert und wurden erst 1993 einer gesonderten Regelung unterworfen. In seinen ersten Entscheidungen betonte der Gerichtshof insbesondere die **Rechte** der einzelnen (potentiellen) **Auftragnehmer** (EuGH, 9.2.1988, Rs. 1/87, „Beentjes"; 22.6.1989, Rs. 103/88, „Fratelli Costanzo"). Bereits 1989 war zudem der Rechtsschutz einer expliziten Regelung zugeführt worden (RL 89/665, ABl. L 395/33; zu den Sektoren siehe RL 92/13, ABl. L 76/14). Mit dem Ziel der Vereinfachung und der Verarbeitung zwischenzeitlich ergangener Rechtsprechung des EuGH wurden dann die für das materielle Vergaberecht geltenden **RLen** mehrfach **neu gefasst,** zuletzt 2014. Dementsprechend gelten heute die Richtlinie für die Vergabe von Bau-, Liefer- und Dienstleistungsaufträgen durch die öffentliche Hand einerseits (RL 2014/24, ABl. L 94/65) sowie die sog. „Sektoren-RL" (2014/25, ABl. L 94/243) für die Vergabe von Aufträgen durch Unternehmen bestimmter Wirtschaftszweige andererseits; 2009 wurde der Bereich Verteidigung und Sicherheit gesondert geregelt (RL 2009/81, ABl. L 216/76; dazu *Höfler/Petersen,* EuZW 2011, 336). Schließlich sind 2014 die **Bau- und Dienstleistungskonzessionen** hinzugekommen (RL 2014/23, ABl. L 94/1; zum vorherigen Rechtsregime Rz. 21/73). Bei diesen wird der Unternehmer vom Auftraggeber damit betraut, auf eigenes Risiko Leistungen zu erbringen, die als solche unmittelbar nicht dem Auftraggeber, sondern anderen zugutekommen. Der dargestellte primärrechtliche Hintergrund (Rz. 21/58) ist hingegen der Gleiche. Jüngst hat die Kommission weitere Überlegungen für vielfach nicht förmliche Maßnahmen zur Verbesserung der Auftragsvergabe vorgelegt (COM [2017]572 final).

62 In Deutschland bildete das Recht der öffentlichen Aufträge traditionell allein durch keine subjektiven Rechte von Konkurrenten begründendes Verwaltungsbinnenrecht mit der alleinigen Zielsetzung sparsamer Verwendung von Haushaltsmitteln. Nach mehreren Anläufen wurde schließlich ein außenwirksames, justiziables Recht geschaffen und **gerichtlicher Rechtsschutz** bereitgestellt. Die deutschen Vorschriften zur Umsetzung finden sich heute in den §§ 97ff. GWB, in zwei Vergabeverordnungen sowie in den als Verwaltungsvorschrift erlassenen Vergabe- und Vertragsordnungen VOB/A, VOL/A und VOF; zum Rechtsschutz sind spezielle Vergabesenate bei den OLGen berufen. Trotz mancher Kritik gelten die Vorschriften des GWB und der Vergabeverordnungen nur für Aufträge oberhalb der unionsrechtlichen Schwellenwerte (zu diesen Rz. 21/66). Auftragsvergaben unterhalb dieser Werte sind also weiterhin allein durch Verwaltungsvorschriften geregelt (zur Verfassungsmäßigkeit BVerfGE 116, 135 – 2006).

3. Anwendungsbereich

Literatur: *Schleissing,* Möglichkeiten und Grenzen vergaberechtlicher In-House-Geschäfte, 2012; *Mertens,* Horizontale Zusammenarbeit und Anwendbarkeit des Vergaberechts im Lichte der Rechtsprechung des Europäischen Gerichtshofes, FS Dauses, 2014, 239; *Sonder,* Neuere EuGH-Rechtsprechung zum Verhältnis von interkommunaler Zusammenarbeit und Vergaberecht, LKV 2014, 207; *Dreher/Hoffmann/Kling,* Das sekundäre Binnenmarktrecht der öffentlichen Auftragsvergabe, in: Müller-Graff (Hrsg.), EnzEuR IV, 2015, § 17; *Frenz,* In-House-Geschäfte und interkommunale Zusammenarbeit nach der Vergaberechtsreform, DVBl. 2017, 740; *Kitsos,* Defining Concessions in EU Public Procurement Law, ELRev 2018, 549.

63 Der Begriff des **öffentlichen Auftraggebers** ist nicht institutionell, sondern **funktionell** zu verstehen (vgl. auch § 98 GWB). Er erfasst neben dem Staat und den ihm zuzurechnenden Körperschaften auch überwiegend staatlich finanzierte oder kontrollierte Einrichtungen, die im Allgemeininteresse liegende Aufgaben nicht gewerblicher Art erfüllen (Art. 2 Abs. 1 Nr. 4 RL 2014/24). Dass daneben auch am wirtschaftlichen Wettbewerb teilgenommen werden muss, ändert daran nicht per se etwas (näher zur Vorgänger-RL EuGH, 5.10.2017, Rs. C-567/15, „LitspecMet' UAB"). Auch durch hoheitlich erhobene Beiträge finanzierte Einrichtungen können darunterfallen (EuGH, 13.12.2007, Rs. C-337/06, „Bayerischer Rundfunk" zu öffentlich-rechtlichen Rundfunkanstalten; EuGH, 11.6.2009, Rs. C-300/07, „Hans & Christo-

phorus Oymanns" zu gesetzlichen Krankenkassen; dazu *Roth,* SGb 2009, 639; ablehnend hingegen zu Ärztekammern EuGH, 12.9.2013, Rs. C-526/11, „IVD"). Die Sektoren-RL erfasst Unternehmen im Bereich der **Wasser-, Energie-** und **Verkehrsversorgung** und der **Post,** die entweder öffentlichen Charakter haben oder denen besondere Rechte im Sinne von Art. 106 Abs. 2 AEUV zuerkannt sind (Art. 4, 18ff. RL 2014/25). Die dort sowie in der Konzessions-RL 2014/23 verankerten Grundsätze sind im Kern denen ähnlich, die nach der RL 2014/24 gelten, und werden daher hier nicht im Einzelnen dargestellt.

Von den Richtlinien werden nur Aufträge erfasst, die **an Dritte** vergeben werden. 64
Aufträge an vom Auftraggeber wie eine eigene Dienststelle kontrollierte Tochterunternehmen, die im Wesentlichen nur für ihren Träger tätig werden, fallen daher nicht in den Anwendungsbereich der Norm (EuGH, 10.9.2009, Rs. C-573/07, „Sea") – sog. **„in-house-Geschäfte".** Mit dieser, jetzt in Art. 12 RL 2014/24 kodifizierten Judikatur wird die nationale Verwaltungsorganisation vor unionsrechtlichem Zugriff bewahrt.

Im Einzelnen liegt eine solche in-house-Vergabe nach Art. 12 Abs. 1 vor, wenn der Auftraggeber über den Auftragnehmer eine **ähnliche Kontrolle** ausübt **wie über** seine **eigenen Dienststellen** und mehr als 80% der Tätigkeiten des Auftragnehmers der Ausführung der Aufgaben dienen, mit denen er von dem Auftraggeber betraut wurde. Außerdem darf **kein Dritter am Kapital des Auftragnehmers** beteiligt sein. Eine Ausnahme gilt, wenn der Dritte keinerlei Einfluss, nicht einmal im Sinne einer Sperrminorität, ausüben kann. Zuvor war der EuGH noch restriktiver und ließ selbst bei kleinsten Beteiligungen Dritter den Tatbestand eines öffentlichen Auftraggebers entfallen (EuGH, 11.1.2005, Rs. C-26/03, „Stadt Halle"). Nach Art. 12 Abs. 3 kann der Auftragnehmer auch gemeinsam mit anderen öffentlichen Auftraggebern betrieben werden (dazu zuvor auch EuGH, 29.11.2012, verb. Rs. C-182/11 u.a., „Econord"; siehe aber auch EuGH, 4.6.2020, Rs. C-429/19, „Remondis"). Eine Vergabe im Rahmen einer Verwaltungskooperation verlangt, dass der Auftrag in der Erfüllung einer den beteiligten Stellen gemeinsam obliegenden öffentlichen Aufgabe besteht und daher allein durch Erfordernisse und Überlegungen bestimmt wird, die mit der Verfolgung von im öffentlichen Interesse liegenden Zielen zusammenhängen (näher Art. 12 Abs. 4; zuvor dazu EuGH, 9.6.2009, Rs. C-480/06, „KOM/Deutschland"; 21.12.2016, Rs. C-51/15, „Remondis"). Wird hingegen eine Verwaltungsstelle für eine andere wirtschaftlich tätig, liegt ein öffentlicher Auftrag vor (EuGH, 13.6.2013, Rs. C-386/11, „Piepenbrock Dienstleistungen"). Keinen Einfluss auf die Qualifikation hat der Umstand, dass ein Auftrag in Erfüllung der Arbeitgeberfunktion des Auftraggebers erteilt wird (EuGH, 15.7.2010, Rs. C-271/08, „KOM/Deutschland").

Erfasst werden nur wirtschaftliche Aufträge. Maßnahmen, die **hoheitliche Gewalt** im 65
Sinne von Art. 51 AEUV darstellen (Rz. 25/7 und 28/27), werden daher **nicht erfasst,** doch ist diese Regel eng auszulegen (EuGH, 29.4.2010, Rs. C-160/08, „KOM/Deutschland"). Der Umstand, dass ein Auftrag im allgemeinen wirtschaftlichen Interesse i.S.v. Art. 106 Abs. 2 AEUV erteilt wird, kann zwar Besonderheiten bei Ausschreibung und Auftragserteilung rechtfertigen, stellt aber nicht per se vom Vergaberecht frei (vgl. auch EuGH, 29.4.2010, Rs. C-160/08, „KOM/Deutschland). Bei Verträgen mit gemischtem Inhalt, der nur teilweise in den Anwendungsbereich der Richtlinien fällt, kommt es auf den Schwerpunkt des Inhalts an (dazu EuGH, 29.10.2009, Rs. C-536/07, „KOM/Deutschland"). Wird ein Auftrag nachträglich erheblich erweitert oder sonst geändert, ist hierin ggf. die Erteilung eines neuen Auftrags zu sehen (EuGH, 19.6.2008, Rs. C-454/06, „Pressetext Nachrichtenagentur").

In den Anwendungsbereich der Richtlinien fallen nur Aufträge oberhalb bestimmter 66
Schwellenwerte (siehe schon Rz. 21/58; zu RL 2014/24 siehe dort Art. 4: 144000 Euro bei bestimmten von zentralen, 221000 Euro bei von dezentralen

Stellen vergebenen Aufträgen, 750 000 Euro bei sozialen Dienstleistungsaufträgen, 5 548 000 Euro bei Bauaufträgen; dieser Wert gilt auch für alle Dienstleistungskonzessionen, Art. 8 RL 2014/23; zu den Werten bei den Sektoren siehe Art. 15 RL 2014/25); zum Hintergrund Rz. 31/58 und 21/60. Auf Aufträge unterhalb eines Schwellenwertes finden allerdings nichtsdestoweniger ggf. die primärrechtlichen Vorgaben Anwendung (Rz. 21/73). Durch eine Aufteilung von Aufträgen in einzelne Lose dürfen diese nicht dem Anwendungsbereich des Unionsrechts entzogen werden (EuGH, 15.3.2012, Rs. C-574/10, „KOM/Deutschland“).

4. Kriterien und Verfahren der Auftragsvergabe

Literatur: *Ölcüm,* Die Berücksichtigung sozialer Belange im öffentlichen Auftragswesen, 2009; *Schneider,* Umweltschutz im Vergaberecht, NVwZ 2009, 1057; *Treumer/Lichère* (Hrsg.), Enforcement of the EU Public Procurement Rules, 2011; *Aspey,* Labor Considerations in EU Procurement, ELRev 2012, 294; *Barton,* Social Services of General Interest: The Case for Greater Harmonization of the Competition and Public Procurement Rules, ELRev 2012, 584; *Krämer,* Die Koordinierung zwischen Umweltschutz und Freihandel im Mehrebenenrechtsverbund am Beispiel des Vergaberechts, 2013; *Glaser,* Zwingende soziale Mindeststandards bei der Vergabe öffentlicher Aufträge, 2015; *Ziekow,* Soziale Aspekte in der Vergabe, DÖV 2015, 897; *Trybus,* The Division of Public Contracts into Lots under Directive 2014/24, ELRev 2018, 313.

67 Zentrale Grundsätze des Vergabeverfahrens bilden die Prinzipien der Nichtdiskriminierung und der Transparenz. Um diese zu sichern, sind die vorgenannten Aufträge regelmäßig unter Einschluss einer klaren Leistungsbeschreibung und ggf. sonstiger für die Vergabe relevanter Kriterien (vgl. noch Rz. 21/69 f.) **europaweit** im Amtsblatt, Gem. Ausgabe S und elektronisch, in englischer oder französischer Sprache, **öffentlich auszuschreiben** (siehe dazu auch die standardisierenden Vorgaben in den VOen 2195/2002, ABl. L 340/1, und 2015/1986, ABl. L 296/1). Alternativ ist auch eine **beschränkte Ausschreibung** möglich („nicht offenes Verfahren“; Art. 28 RL 2014/24). In besonderen Ausnahmefällen (vgl. EuGH, 15.10.2009, Rs. C-275/08, „KOM/Deutschland“) können stattdessen das Verhandlungsverfahren oder das Verfahren des wettbewerblichen Dialoges gewählt werden (Art. 26 Abs. 3, Art. 29 f. RL 2014/24). Allerdings ist auch dann im Regelfall eine entsprechende vorherige Bekanntmachung erforderlich, und die dort enthaltenen Festsetzungen dürfen im Rahmen der Verhandlungen nicht mehr in Frage gestellt werden (EuGH, 5.12.2013, Rs. C-561/12, „Nordecon“). Schließlich kann eine zu langfristige Vergabe wettbewerbsbehindernde Auswirkungen haben und wäre dann unzulässig (EuGH 10.4.2003, verb. Rs. C-20/01 u. a., „KOM/Deutschland“).

68 Bei der Entscheidung sind zunächst ungeeignete Bieter auszuscheiden (Art. 57 ff. RL 2014/24; dazu EuGH, 16.12.2008, Rs. C-213/07, „Michaniki“; wegen Straftaten verurteilte Wirtschaftsteilnehmer müssen sich aber rehabilitieren können: EuGH, 11.6.2020, Rs. C-472/19, „Vert Marine SAS“). Der Zuschlag ist dem Bieter mit dem **wirtschaftlich günstigsten oder kostengünstigsten** Angebot zu erteilen. Die dabei zu berücksichtigenden Zuschlagskriterien (Art. 67 f. RL 2014/24) sind nicht abschließend, doch müssen die eingesetzten Zuschlagskriterien der Ermittlung des wirtschaftlich günstigsten Angebots dienen (EuGH, 24.1.2008, Rs. C-532/06, „Lianakis“). Welches dies ist, ist „aus Sicht des öffentlichen Auftraggebers“ zu beurteilen (Art. 67 Abs. 2 RL 2014/24), dem damit auch ein gewisser Beurteilungsspielraum zukommt (EuGH, 26.3.2015, Rs. C-601/13, „Ambisig“). Die Leistungsbeschreibung muss insbesondere grundsätzlich produkt- bzw. leistungsneutral ausgestaltet sein.

Allerdings dürfen bei der Vergabeentscheidung auch Kriterien herangezogen werden, 69 die die vorgenannte Voraussetzung nicht erfüllen, aber den Prozess der Herstellung bzw. Bereitstellung des Produkts betreffen (leicht zu missbrauchende, sog. **„vergabefremde Kriterien"**, vor allem sozialer (dazu auch Rz. 25/31) und ökologischer Art; dazu früher etwa EuGH, 17.9.2002, Rs. C-513/99, „Concordia Bus"). Zum Teil sind sie besonders vorgeschrieben (etwa RL 2009/33, ABl. L 120/5 zu Emissionsanforderungen bei anzuschaffenden Kraftfahrzeugen). Im Übrigen erweist sich gerade insoweit die Neuregelung des Jahres 2014 als vergleichsweise großzügig.

Im Einzelnen darf insbesondere eine **Lebenszyklusrechnung** (Art. 2 Abs. 1 Nr. 20 RL 2014/24) berücksichtigt werden. Danach dürfen nicht nur Kriterien wie Nutzungs-, Wartungs- und Recyclingkosten herangezogen werden, sondern auch externe negative Umwelteffekte; allerdings muss dann die entsprechende Berechnungsmethode in der Ausschreibung enthalten sein (Art. 68). Auch stehen Zuschlagskriterien mit dem Auftragsgegenstand selbst dann in Verbindung, wenn sie sich auf die Herstellung oder die Bereitstellung der Auftragsleistung beziehen, auch wenn sie sich nicht auf die materiellen Eigenschaften des Auftragsgegenstandes auswirken (Art. 67 Abs. 3). Ferner dürfen in Grenzen Behindertenwerkstätten und ähnliche Einrichtungen bevorzugt werden (Art. 20). Ihre Legitimation finden solche Überlegungen in den jeweiligen Querschnittsklauseln des Unionsrechts.

Sind verschiedene **Kriterien** zu gewichten, wird also nicht nur nach Preis ent- 70 schieden, müssen die entsprechenden **Gewichtungen** möglichst **vorab mitgeteilt** werden (Art. 67 Abs. 5 RL 2014/24). In jedem Fall darf eine Gewichtung nach Kenntnis der auf die Ausschreibung eingegangenen Unterlagen nicht mehr geändert werden (EuGH, 4.12.2003, Rs. C-448/01, „EVN und Wienstrom"). Bestimmte nationale **Gütezeichen** als solche dürfen nicht verlangt werden (EuGH, 10.3.2012, Rs. C-368/10, „KOM/Niederlande"), wohl aber europäische Gütezeichen (Art. 69 RL 2014/24). **Arbeitnehmerschutz** ist nur, aber immerhin im Rahmen der Entsende-RL (96/71; Rz. 25/31) zulässig. Nationale Tariftreueregelungen sind daher regelmäßig unzulässig (Rz. 25/31). Bei ungewöhnlich niedrigen Angeboten dürfen Erläuterungen vom Anbieter verlangt und das Angebot einer besonderen Prüfung unterzogen werden (Art. 69 RL 2014/24). Nachverhandlungen (EuGH, 29.3.2012, Rs. C-599/10, „SAG ELV Slovensko a.s.") oder auch nachträgliche wesentliche Änderungen (EuGH, 7.9.2016, Rs. C-549/14, „Finn Frogne A/S") sind unzulässig. Die getroffene Entscheidung ist schließlich den beteiligten Bietern mitzuteilen (Art. 55 RL 2014/24). Ein Abbruch des Verfahrens vor endgültiger Auftragsvergabe ist möglich (EuGH, 11.12.2014, Rs. C-440/13, „Croce Amica One Italia"). Zur elektronischen Rechnungsstellung bei öffentlichen Aufträgen gibt es die gesonderte RL 2014/55 (ABl. L 133/1).

5. Rechtsschutz

Literatur: *Kaléda,* Claims for damages in EU Procurement and Effective Protection of Individual Rights, ELRev 2014, 193;; *Caranta,* Remedies in EU public procurement law, REALaw 2015, 75; *Püstow/Meiners,* Vorrang des Unionsrechts bei vergaberechtswidrigen Verträgen, EuZW 2016, 325; *Schebesta,* Damages in EU Public Procurement Law, 2016.

Ergänzt werden beide RLen durch entsprechende **„Rechtsmittel-RLen"** (RL 89/665, 71 ABl. L 395/33; ferner „Sektoren-Rechtsmittel-RL" 92/13, ABl. 1992, L 76/14, jeweils 2007 grundlegend geändert; *Seidel,* EWS 2007, 529). Diese verpflichten die MSen zur Schaffung von **effektiven gerichtlichen Rechtschutzverfahren** vor Erteilung des Zuschlags, der aus diesem Grund grundsätzlich erst nach einer Wartefrist von 10 bis

15 Tagen erteilt werden darf. Ein unter Verstoß gegen Vergabevorschriften erteilter Auftrag ist grundsätzlich nichtig (Art. 2d RL 89/665). Zur Sicherung des Vertrauensschutzes des Auftragnehmers tritt diese Rechtsfolge allerdings nach Abs. 4 nicht ein, wenn der Auftraggeber die Absicht des Vertragsschlusses im Amtsblatt bekannt macht und mit diesem noch 10 Tage abwartet (dazu EuGH, 11.9.2014, Rs. C-19/13, „Fastweb SpA"). In jedem Fall aber besteht bei Verstößen gegen Unionsrecht eine **Schadensersatzpflicht,** bei der jedoch unklar ist, ob diese an ein Verschulden geknüpft werden kann (verneinend EuGH, 30.9.2010, Rs. C-314/09, „Stadt Graz"; mit dem Hinweis bejahend, dass dadurch nur der allgemeine unionsrechtliche Staatshaftungsanspruch konkretisiert werde, EuGH, 9.12.2010, Rs. C-568/08, „Combinatie Spijker Infrabouw"; kritisch dazu *Eder,* EuZW 2015, 501).

Wird eine vergaberelevante Entscheidung korrigiert, beginnen die **Rechtsschutzfristen** erneut zu laufen (EuGH, 8.5.2014, Rs. C-161/13, „Idrodinamica Spurgo Velox"). Zudem dürfen solche Fristen nicht ohne weiteres unabhängig von der Kenntnis der Beteiligten laufen (EuGH, 26.11.2015, Rs. C-166/14, „MedEval"). Auch besteht Rechtsschutz nicht nur, wenn eine öffentliche Ausschreibung erfolgt ist, etwa, weil nur dann ein Kläger mitbieten kann, sondern gerade auch dann, wenn die Vergabe anderweitig erfolgt ist. Dies gilt unabhängig vom jeweils erreichten Verfahrensstadium. Der **Rechtsschutz** muss **jedem** offenstehen, der ein Interesse an dem fraglichen Auftrag hat bzw. hatte und dem durch den behaupteten Rechtsverstoß ein Schaden entstanden ist bzw. zu entstehen droht (EuGH, 11.1.2005, Rs. C-26/03, „Stadt Halle"). Grenzen für die Dichte der Kontrolle durch nationale Gerichte bestehen – hier wie im Regelfall generell – nicht; das nationale Recht darf auch die Zweckmäßigkeit einer Entscheidung einer gerichtlichen Überprüfung zuführen (EuGH, 11.12.2014, Rs. C-440/13, „Croce Amica One Italia Srl").

72 Die in den RLen vorgesehenen fristgebundenen gerichtlichen Rechtsschutzverfahren der Konkurrenten haben keinen exklusiven Charakter. Vielmehr kann auch die KOM – wie schon mehrfach, auch gegen Deutschland, geschehen – im Wege eines **Vertragsverletzungsverfahrens** Verstöße gegen das Vergaberecht auch im Fall einer Auftragsvergabe rügen. Das Urteil verpflichtet dann die zuständige nationale Stelle, den Vertrag zu beenden (EuGH, 18.7.2007, Rs. C-503/04, „KOM/Deutschland"). Mittlerweile müssen die MSen für diese wie für bestimmte andere Verstöße gegen das unionsrechtliche Vergaberecht eine Kündigungsmöglichkeit vorsehen (Art. 73 RL 2014/24). – Insgesamt Fundstellenverzeichnis des geltenden EU-Rechts 06.30.

6. Vergabeentscheidungen jenseits des Anwendungsbereichs der Richtlinien

73 Für die Vergabe von Aufträgen und Konzessionen außerhalb des Anwendungsbereichs der dargestellten Richtlinien gilt nur das Primärrecht, also bei Lieferaufträgen die Warenverkehrsfreiheit (§ 23), bei Dienstleistungen die DLF (§ 25). Die bereits angesprochenen primärrechtlichen Vorgaben (Rz. 21/58) gelten demgegenüber auch in diesen Fällen. Daher hat der EuGH auch insoweit eine Pflicht zum Schutz vor Diskriminierung und daraus dann **Transparenz- und Rechtsschutzverpflichtungen** abgeleitet (EuGH, 21.7.2005, Rs. C-231/03, „Coname" zu Aufträgen **unterhalb der Schwellenwerte;** EuGH, 13.10.2005, Rs. C-458/03, „Parking Brixen" zu den von den RLen über die Vergabe von Aufträgen nicht erfassten **Dienstleistungskonzessionen,** zu denen es mittlerweile eine eigene Richtlinie gibt (Rz. 21/61). So darf etwa ein den Anforderungen der Vergabebekanntmachung entsprechendes Angebot nicht mit Hin-

weis auf Gründe abgelehnt werden, die in dieser Bekanntmachung nicht vorgesehen sind (EuGH, 16.4.2015, Rs. C-278/14, „SC Enterprise Focused Solutions"). Voraussetzung ist aber in allen Fällen, dass der konkrete Auftrag auch für ausländische Auftragnehmer von Interesse ist (EuGH, 23.12.2009, Rs. C-376/08, „Serrantoni Srl").

V. Ausblick

Für Rat und KOM ist es **schwierig,** eine kohärente Beihilfenaufsicht zu praktizieren. 74
Es geht nicht um die Erzwingung eines strikten Beihilfeverbots, sondern um die immer wieder neu zu findende **Unterscheidung zwischen unionsrechtlich erlaubter oder untersagter staatlicher Beeinflussung des Wirtschaftsgeschehens.** Ein Grundproblem besteht darin, dass die Aufgabe der KOM in der Wahrung des Wettbewerbs innerhalb der Union besteht, während die Beihilfepolitik als Bestandteil der allgemeinen Wirtschafts- und Sozialpolitik grundsätzlich den MSen zusteht. Da Beihilfen vielfach zumindest potentiell den Wettbewerb beeinträchtigen, entstehen **Zielkonflikte** zwischen der EU und ihren MSen. Bei mehreren hundert Beihilfefällen jährlich ist die GD Wettbewerb der KOM stark belastet. Daher müssen die Bemühungen, die KOM von kleineren Fällen zu entlasten, um sich auf die Kontrolle der kostspieligen Subventionierung von Großunternehmen sowie strukturell wirkenden Beihilfen zu konzentrieren, weiter verstärkt werden. Insgesamt bleibt eine effektive europäische Beihilfenkontrolle für einen Binnenmarkt mit unverfälschtem Wettbewerb eine unverzichtbare Daueraufgabe.

Strukturell einfacher ist die Verankerung des **Wettbewerbsgedankens** im Bereich der **öffentlichen Aufträge.** Hier stellt sich vor allem die Frage, wie der mit den ggf. zu beachtenden Verfahrensvorschriften verbundene Aufwand, aber auch der Verlust an Flexibilität auf ein sachgerechtes Maß begrenzt werden können.

6. Teil. Binnenmarkt I: Warenverkehr und Dienstleistungen

§ 22. Binnenmarkt – Freier Warenverkehr

I. Grundlage: Der Binnenmarkt

Literatur: *Frenz,* Hdb. Europarecht, Bd. 1, Europäische Grundfreiheiten, 2. Aufl. 2012; *Wolfram,* Die mitgliedstaatsgerichteten Verbotstatbestände der Binnenmarktfreiheiten, 2012; *Lippert,* Der grenzüberschreitende Sachverhalt im Unionsrecht, 2013; *Valta,* Grundfreiheiten im Kompetenzkonflikt, 2013; *Jansson/Kalimo, De minimis* meets „market access", CMLRev 2014, 523; *Kirschner,* Grundfreiheiten und nationale Gestaltungsspielräume: eine Analyse der Rechtsprechung des EuGH, 2014; *Weiss/Kaupa,* European Union Internal Market Law, 2014; *Cremer,* Die Grundfreiheiten des Europäischen Unionsrechts, JURA 2015, 39; *Ehlers,* Europäische Grundrechte und Grundfreiheiten, 4. Aufl. 2015; *Leible/T. Streinz,* Das Marktzugangskriterium in der Dogmatik der Grundfreiheiten, EuR 2015, 50; *Nowak,* Unionsgrundrechtliche Rechtfertigungsmöglichkeiten für Grundfreiheitseingriffe durch Private, FS Müller-Graff, 2015, 475; *Philipp,* Systemgerechtigkeit bei den Marktfreiheiten der Europäischen Union, 2016; *Rosenfeldt/Würdemann,* Schöpfer des Binnenmarktes im Käfig der Verträge, EuR 2016, 453; *Behrens,* Europäisches Marktöffnungs- und Wettbewerbsrecht, 2017; *Brigola,* Der Grundsatz der Verhältnismäßigkeit im Gefüge der EU-Grundfreiheiten, EuZW 2017, 406; *Unseld,* Zur Bedeutung der Horizontalwirkung der Grundfreiheiten, 2018; *Barnard,* The Substantive Law of the EU. The Four Freedoms, 6. Aufl. 2019; *Drexel,* Der Beweis in der jüngeren EuGH-Judikatur zu den Grundfreiheiten, EuZW 2019, 533; *Klenk,* Die Grenzen der Grundfreiheiten, 2019; *Weller/Wendland* (Hrsg.), Digital Single Market, 2019.

1 Unter den in Art. 3 EUV genannten wirtschaftlichen Zielen der Union nimmt der Binnenmarkt den zentralen Platz ein. Definiert wird der Begriff in Art. 26 Abs. 2 AEUV durch Hinweis auf die im AEUV näher entfalteten **Grundfreiheiten** als ein „Raum ohne Binnengrenzen, in dem der **freie Verkehr von Waren, Personen, Dienstleistungen und Kapital** gewährleistet ist." Durch die frühe Annahme der unmittelbaren Wirkung der Grundfreiheiten (EuGH, 5. 2. 1963, Rs. 26/62, „van Gend & Loos"; dazu Rz. 2/4 und 9/15) und ihrer damit verbundenen Anerkennung als subjektive Rechte von Bürgern und Unternehmen wurde von Beginn der Integration an deren Effektivität gesichert und so viel zur europäischen Integration insgesamt beigetragen. Über die mit den Grundfreiheiten verbundene **Liberalisierung** hinaus verbinden sich mit dem Binnenmarktkonzept aber auch faire **Wettbewerbsbedingungen** (§§ 20 und 21), wie der EuGH bereits 1991 im Zusammenhang mit der Rechtsangleichung nach dem heutigen Art. 114 AEUV entschieden hat (Rz. 32/9) und wie sich nunmehr aus einem besonderen Protokoll ergibt (Rz. 20/1).

Der Begriff „Binnenmarkt" geht zurück auf die Einheitliche Europäische Akte 1986/87. Mit ihm wurde der zentrale Auftrag der 1958 gegründeten Europäischen Wirtschaftsgemeinschaft zur Errichtung eines **Gemeinsamen Marktes** für einen Teilbereich präzisiert, doch gehörten zum Gemeinsamen Markt neben den Grundfreiheiten auch die europäische Wettbewerbspolitik und weitere flankierende Politiken. Nachdem der Begriff mit zunehmender Ausweitung der Gemeinschaftsaktion auch über den wirtschaftlichen Bereich hinaus immer mehr seine Konturen verloren hatte, hat der **Vertrag von Lissabon** ihn durchweg durch den des Binnenmarktes ersetzt.

1. Sinn und Zweck der Grundfreiheiten

2 Die Grundfreiheiten sollen nach ihrer Zielstellung (nur) einen **freien Verkehr** von Waren und Dienstleistungen, Personen und Kapital **über die Grenzen** zwischen den MSen hinweg sicherstellen; wirtschaftliche Freiheit im Inneren der einzelnen MSen zu gewährleisten ist nicht ihr Ziel. Dementsprechend schützen sie im Kern vor **nationa-**

len Vorschriften, die diesen grenzüberschreitenden Wirtschaftsverkehr behindern. Diese sollen allerdings vielfach weniger den Wirtschaftsaustausch mit dem Ausland behindern als **legitime Allgemeininteressen** sichern. Deswegen ist es nicht immer einfach zu bestimmen, wann eine Maßnahme tatsächlich an den Grundfreiheiten zu messen ist und wann sie mit ihnen vereinbar ist. Konsequent wäre es außerdem, wenn sie zudem nur zur Anwendung kämen, wenn das Wirtschaftsgut – die Ware, die Dienstleistung etc. – bereits im Herkunftsland legal gehandelt werden kann, doch hat der EuGH dies bisher nur zum Warenverkehr anerkannt (Rz. 22/18), nicht jedoch für die DLF (Rz. 25/5).

Im Einzelnen ist allerdings unklar, wann im dargestellten Sinne eine Behinderung gerade des grenzüberschreitenden Wirtschaftens vorliegt, technisch gesprochen: wann eine **„Beschränkung"** einer Grundfreiheit vorliegt. Dies ist sicherlich der Fall, wenn eine nationale Maßnahme zwischen ausländischen und inländischen Sachverhalten unterscheidet. Dies schließt den Fall ein, dass formal auf andere Kriterien abgestellt wird, aber faktisch primär ausländische Sachverhalte getroffen werden („mittelbare Diskriminierung"; vgl. Rz. 22/4). Bedingt durch die Unterschiede zwischen den nationalen Rechtssystemen können zudem auch Regelungen, die **In- und Ausländer gleich behandeln,** rein faktisch eine **Beschränkung** des grenzüberschreitenden Wirtschaftens bewirken. Sie werden deswegen seit langem vom EuGH ebenfalls an den Grundfreiheiten gemessen, auch bei der Niederlassungs- und der Dienstleistungsfreiheit, wo der Wortlaut eher gegen ein solches Verständnis spricht (Rz. 28/34, 25/14). Wenig klar ist nach der Rechtsprechung des EuGH, wann wirklich eine Beschränkung vorliegt, weil nicht jede Regelung etwa des Vertriebs oder gar der Nutzung einer Ware oder jede im Kontext der Erbringung einer Dienstleistung bestehende Anforderung tatsächlich den grenzüberschreitenden Wirtschaftsverkehr behindert. Zunehmend setzt sich der Gedanke durch, dass es insoweit auf die allerdings auch nicht immer einfach zu beantwortende Frage des **Marktzugangs** ankommt (näher zum Problem Rz. 22/32ff. sowie 25/17, 27/41ff., 28/34ff. und 30/15). Rein **innerstaatliche** Sachverhalte jedenfalls fallen unstreitig **nicht in den Anwendungsbereich** der Grundfreiheiten (EuGH, 8.12.1987, Rs. 20/87, „Gauchard"). 3

Als zweites Problem, faktisch eng mit dem ersten verbunden, tritt die Frage auf, wann nationale Vorschriften letztlich zulässig sind. Unter bestimmten Voraussetzungen können nämlich Beschränkungen der Grundfreiheiten gerechtfertigt werden. Soweit diese zwischen **In- und Ausländern unterscheiden,** wirft dies besondere Zweifel an der Legitimität des betreffenden staatlichen Regelungsziels auf; solche Maßnahmen sind daher regelmäßig nur in den vom AEUV ausdrücklich vorgesehenen Fällen zulässig (Rz. 22/36ff.; 25/18; 28/35). Bei **nicht diskriminierenden** Maßnahmen kann demgegenüber prinzipiell dem nationalen Regelungsinteresse jedenfalls solange die **Legitimität** nur schwer abgesprochen werden, wie noch keine europäische Harmonisierung erfolgt ist (Rz. 22/42; 25/19; 27/52; 28/36ff.; 30/22). Jede Beschränkung muss aber außerdem **verhältnismäßig** sein (EuGH, 30.11.1995, Rs. C-55/94, „Gebhard"; st. Rspr.). 4

Für die „Rechtfertigung" **mittelbar diskriminierender Maßnahmen** (Rz. 22/3) ist zu beachten, dass faktische Zusammenhänge für sich allein noch keine Diskriminierung zu begründen vermögen. Daher kommt einer Rechtfertigung hier nicht nur die Funktion einer echten Ausnahme von einem Diskriminierungsverbot zu. Vielmehr dient sie der Überprüfung, ob mit der fraglichen Regelung wirklich legitime Ziele verfolgt werden. Ist die Maßnahme insoweit erforderlich, liegt eben doch keine unzulässige Diskriminierung vor. Im Ergebnis bestehen damit die gleichen (eher großzügigen) Anforderungen an die Rechtfertigung wie bei nicht diskriminierenden Maßnahmen (vgl. auch Rz. 17/71, 78).

5 Bei dem dargelegten weiten Verständnis von „Beschränkungen" sind Friktionen der Grundfreiheiten mit **nationalen Kompetenzen** vorprogrammiert. So fallen bestimmte Materien „beim derzeitigen Stand des Unionsrechts" zwar nicht in den Anwendungsbereich der Verträge, doch müssen die MSen ihre entsprechenden Befugnisse in Übereinstimmung mit den Grundfreiheiten wahrnehmen (EuGH, 14.2.1995, Rs. C-279/93, „Schumacker"; st. Rspr.). Besonders deutlich ist die Problematik im **Steuerrecht** geworden. Dieses unterscheidet traditionell in vielen Tatbeständen zwischen in- und ausländischen Sachverhalten. Zugleich fällt die Rechtfertigung konkreter Steuertatbestände schwer, weil der Hinweis auf die Legitimität von Steuern im Allgemeinen insoweit nicht ausreicht (Rz. 35/57ff.).

6 Mit Blick auf nationale Maßnahmen vermögen die Grundfreiheiten nur einen weitmaschigen Prüfungsmaßstab abzugeben. Wesentlich präzisere und engere Schranken für nationale Regelungen ergeben sich aus den vielfältigen Rechtsakten der **europäischen Rechtsangleichung** (Rz. 22/50ff.). Soweit diese eine Harmonisierung herbeiführen, kommt ein Rückgriff auf die **Grundfreiheiten** im Ergebnis **nicht mehr in Betracht.** Dies stellt keine Verkehrung der Normenhierarchie dar, sondern ergibt sich aus dem jeweiligen Regelungsgehalt der Normen: Die Rechtsangleichungsakte begrenzen die nationalen Handlungsspielräume vielfach stärker als die Grundfreiheiten und dürfen jedenfalls in ihrem Regelungsgehalt nicht hinter diesen zurückbleiben. Wegen des Vorrangs des gesamten Unionsrechts gegenüber nationalem Recht kann ein Verstoß gegen Sekundärrecht aber nicht damit gerechtfertigt werden, dass das Primärrecht kein entsprechendes Verbot bereithält. Vielmehr stellt es eine Voraussetzung für die Rechtfertigung der Beschränkung einer Grundfreiheit dar, dass es an einer entsprechenden Harmonisierung auf europäischer Ebene fehlt (Rz. 22/27; 25/11; 27/12; 28/9).

In den Einzelheiten divergiert die Rspr. Teilweise werden die Grundfreiheiten im Fall einer Harmonisierung bereits als gar **nicht anwendbar** angesehen (so zum Warenverkehr deutlich EuGH, 6.12.2018, Rs. C-305/17, „FENS spol. s r. o."), teilweise wird – dogmatisch überzeugender – nur eine **Rechtfertigung** einer Beschränkung **ausgeschlossen** (so etwa gleichfalls zum Warenverkehr EuGH, 15.11.2007, Rs. C-319/05, „KOM/Deutschland"). Zum Teil werden auch Bestimmungen über eine solche Rechtfertigung im Lichte der RL ausgelegt (so – dogmatisch wenig überzeugend – zur Dienstleistungsfreiheit EuGH, 3.4.2008, Rs. C-346/06, „Rüffert"). Im Kontext des Staatshaftungsrechts hat der EuGH zu Recht die Grundfreiheiten neben dem Sekundärrecht als anwendbar angesehen (EuGH, 24.3.2009, Rs. C-445/06, „Danske Slagterier", vgl. Rz. 14/19).

2. Adressaten der Grundfreiheiten

7 Im Lichte der soeben dargestellten Zielsetzung der Grundfreiheiten erweisen sich die **MSen** als deren primäre Adressaten. Daneben richten sich die Grundfreiheiten auch an die **europäischen Organe.** Allerdings kommen sie hier (grundsätzlich) nur in den seltenen Fällen zum Tragen, in denen durch europäische Rechtsakte eine (faktisch bestehende) Segmentierung der nationalen Märkte im Binnenmarkt verstärkt oder der (grenzüberschreitende) Wirtschaftsverkehr anderweitig behindert wird. Harmonisierungsmaßnahmen, die den grenzüberschreitenden Handel ordnen sollen, sind dagegen nicht an den Grundfreiheiten zu messen, selbst wenn im Einzelfall (im Zuge der Harmonisierung) bestimmte zusätzliche Restriktionen eingeführt werden. Nach der wenig überzeugenden Auffassung des EuGH sind die Grundfreiheiten allerdings auch dann anwendbar, wenn bestimmte Produkte völlig verboten werden (EuGH, 12.7.2005, Rs. C-154/04, „Alliance for Natural Health"). Vielmehr fehlt es dann an den Voraussetzungen der (auf Art. 114 AEUV zu stützenden) Harmonisierung (vgl. Rz. 32/9).

Private Rechtssubjekte sieht der EuGH vielfach ebenfalls als gebunden an, soweit von diesen zu verantwortende Regelwerke zu beurteilen sind **(Drittwirkung der Grundfreiheiten).** Dies gilt insbesondere für die **Arbeitnehmerfreizügigkeit** (EuGH, 15.12.1995, Rs. C-415/93, „Bosman"; EuGH, 6.6.2000, Rs. C-281/98, „Angonese"; EuGH, 11.12.2007, Rs. C-438/05, „Viking Line/ITF"). Dabei geht es um die Begrenzung der Macht von Verbänden, aber auch der einzelnen Arbeitgeber (Rz. 27/32). Nur im Bereich des **Warenverkehrs** sowie der Kapitalverkehrsfreiheit müssen die Beschränkungen zwingend **hoheitlichen** Charakter aufweisen (zu Zurechnungsfragen Rz. 22/30). Zugleich geht der EuGH insoweit von einer entsprechenden Schutzpflicht des Staates aus (zum Warenverkehr Rz. 22/49). 8

Da die Rahmenbedingungen der Tätigkeit eines Arbeitnehmers im Wesentlichen vom Arbeitgeber geschaffen werden, ist dieser Ansatz für die Freizügigkeit der Arbeitnehmer (Art. 45 AEUV; Rz. 27/32) durchaus plausibel. Im Übrigen ist es hingegen schwierig, die Grenzlinie zwischen wünschenswerter Effektuierung der Grundfreiheiten im Privatbereich und der damit verbundenen, gerade im Sinne des Marktprinzips problematischen Einschränkung der **Wirtschafts- und Privatautonomie** überzeugend zu ziehen. Die Sicherung wettbewerblicher Freiheit jedenfalls erfolgt in erster Linie durch das **EU-Wettbewerbsregime** (Rz. 20/1).

3. Struktur der Prüfung der Grundfreiheiten

Für die Prüfung der Grundfreiheiten hat der EuGH mittlerweile eine im Kern einheitliche (vgl. schon Rz. 22/3) Struktur entwickelt: Anwendungsbereich, Beschränkung und Rechtfertigung. Insoweit weisen sie eine deutliche Ähnlichkeit mit Grundrechten auf. Grundfreiheiten und (europäische) Grundrechte unterscheiden sich jedoch insofern, als erstere nur Verhaltensweisen mit grenzüberschreitendem Bezug erfassen, dafür aber **unabhängig** davon anwendbar sind, ob die relevante Sachmaterie in den **Anwendungsbereich** der europäischen **Verträge** fällt oder nicht, während letztere zwar unabhängig davon anwendbar sind, ob es um grenzüberschreitende oder rein innerstaatliche Sachverhalte geht, aber immer voraussetzen, dass der Sachverhalt auch unabhängig von der grundrechtlichen Problematik in den Anwendungsbereich des Unionsrechts fällt (Rz. 17/13 ff.). 9

Im Einzelnen ist grundsätzlich zunächst nach dem Vorliegen einer **geschützten Gutes** bzw. einer geschützten **Tätigkeit** sowie nach einem **grenzüberschreitenden Bezug** zu fragen; ggf. sind Bereichsausnahmen (vor allem zugunsten der öffentlichen Gewalt wie nach Art. 45 Abs. 4 AEUV) zu beachten. Ggf. ist auch der persönliche Anwendungsbereich zu erörtern. Sodann wird das Vorliegen einer **Beschränkung** geprüft. Hier geht der EuGH grundsätzlich von einem weiten Verständnis im Sinne eines umfassenden Beschränkungsverbotes aus (Dassonville- bzw. Gebhard-Formel, siehe Rz. 22/4 sowie 30, ferner 25/14, 27/40, 28/34 und 30/14; zu den Adressaten Rz. 22/7). In jüngerer Zeit hat der EuGH, zunächst beim Warenverkehr und mittlerweile auch bei den anderen Grundfreiheiten, regelmäßig nach einer Behinderung des Marktzugangs gefragt und Maßnahmen, die keine solche darstellen, ausgeklammert (Keck-Formel und Folgerechtsprechung, Rz. 22/32 ff., 25/17). 10

Beschränkungen von Grundfreiheiten können – zur Wahrung eines angemessenen Ausgleichs mit nationalen Regelungsansprüchen – vielfach **gerechtfertigt** werden. Hierfür müssen vier Voraussetzungen erfüllt sein (EuGH, 30.11.1995, Rs. C-55/94, 11

„Gebhard"; st. Rspr.): Die Einschränkung muss erstens, soweit sie nicht vom Vertrag vorgesehen ist, **nichtdiskriminierenden Charakter** aufweisen. Sie muss zweitens aus **„zwingenden Gründen des Allgemeininteresses"** (bzw. bei Beschränkungen seitens Privater durch deren legitime Interessen) gerechtfertigt sein. Drittens müssen die Einschränkungen **geeignet** sein, diese Allgemeinwohlziele zu verwirklichen. Viertens müssen die Einschränkungen sich auf das beschränken, was zur Verwirklichung der Ziele **erforderlich** ist. Gelegentlich nimmt der EuGH auch eine Güterabwägung vor (EuGH, 20.3.2014, Rs. C-639/11, „KOM/Polen").

12 In der Sache ist ein sachgerechter **Ausgleich** zwischen europäischer **Marktfreiheit** und **nationalen Gestaltungskompetenzen** (bzw., bei privaten Beschränkungen, den Interessen dieser Privaten) zu finden. Deswegen akzeptiert der EuGH großzügig mitgliedstaatlich definierte Allgemeininteressen, solange diese keinen wirtschaftlichen Charakter aufweisen, und gesteht den MSen grundsätzlich auch das Recht zu, das entsprechende Schutzniveau zu bestimmen. Demgegenüber werden die **Eignung** und vor allem die **Erforderlichkeit** nationaler Maßnahmen vom EuGH regelmäßig besonders **kritisch geprüft.** Diese müssen objektiven, nichtdiskriminierenden Charakter aufweisen und, soweit es um Ermessensentscheidungen geht, in einem transparenten Verfahren ergehen (EuGH, 13.12.2007, Rs. C-250/06, „United Pan-Europe"; vgl. auch Rz. 21/73). Zunehmend wird auch problematisiert, ob die nationale Zielsetzung einigermaßen kohärent, also widerspruchsfrei verfolgt wird (EuGH, 6.11.2003, Rs. C-243/01, „Gambelli"). Mit Blick auf die Erforderlichkeit wird vor allem gefragt, ob nicht statt eines Verbotes ein – für den mündigen Verbraucher (vgl. Rz. 36/6) verständlicher – Warnhinweis ausreicht (etwa EuGH, 12.3.1987, Rs. 178/84, „KOM/Deutschland – Reinheitsgebot für Bier"). Auch werden Kontrollen, die in äquivalenter Form bereits im Herkunftsstaat durchgeführt wurden, regelmäßig als unverhältnismäßig qualifiziert (EuGH, 22.10.1998, Rs. C-184/96, „KOM/Frankreich"). Demgegenüber lässt sich wegen der grundsätzlich nationalen Zuständigkeit zur Bestimmung von Art und Niveau des Schutzes eine Unverhältnismäßigkeit nicht automatisch bereits daraus ableiten, dass in anderen MSen großzügigere Regeln gelten (EuGH, 1.2.2001, Rs. C-108/96, „Mac Quen"). Bestehen solche jedoch in einer großen Mehrheit der MSen, fällt dies bei der Abwägung ins Gewicht (EuGH, 20.3.2014, Rs. C-639/11, „KOM/Polen"). Schließlich **scheidet** eine **Rechtfertigung aus,** wenn sich die Beschränkung als **unvereinbar** mit den europäischen **Grundrechten** erweist (EuGH, 18.6.1991, Rs. C-260/89, „ERT", oben Rz. 17/15). Im Übrigen findet eine echte Verhältnismäßigkeitsprüfung im Sinne einer Güterabwägung nur selten statt; als erforderlich eingestufte nationale Maßnahmen werden grundsätzlich auch als zulässig angesehen.

4. Zur Inländerdiskriminierung

13 Die Beschränkung der Grundfreiheiten auf grenzüberschreitende Sachverhalte kann zu unterschiedlichen Rechtsregimen für rein inländische und auslandsbezogene Sachverhalte führen. Insbesondere das mit den Grundfreiheiten verbundene „Herkunftslandprinzip" (Rz. 22/31, 25/14) kann bewirken, dass für **Import**waren bzw. -leistungen **niedrigere Standards** bestehen als für heimische Produkte. Vergleichbares ist im Bereich der Personenfreiheiten denkbar, etwa mit Blick auf Ausbildungsstandards. Unionsrechtlich ist dies eine Folge des auf grenzüberschreitende Sachverhalte beschränkten Anwendungsbereiches der Grundfreiheiten. Es ist auch in der Sache kon-

sequent, sollen die Grundfreiheiten nicht zu einer systematischen Angleichung aller nationalen Schutzvorschriften nach unten führen. Der Ansatz, auf die damit verbundene Inländerdiskriminierung (dazu *Gundel,* DVBl. 2007, 269; *Bösch,* Jura 2009, 91) auf **nationaler Ebene** eine Antwort im Gleichheitssatz zu finden (so etwa VfGH Österreich, EuGRZ 1997, 362; Conseil d'État Frankreich, RFDA 2009, 142), überzeugt nicht, da dieser nur jeweils einen Normgeber bindet, hier aber unterschiedliche Stellen für die Standardsetzung zuständig sind. Die Regelung rein innerstaatlicher Sachverhalte ist Sache des nationalen Gesetzgebers; bei Sachverhalten mit grenzüberschreitendem Bezug sind die vom jeweiligen ausländischen Gesetzgeber erlassenen Standards maßgeblich. Soweit sich nationale Regelungen nicht gegen die Grundfreiheiten durchsetzen können und damit ausländische Produkte etc. mit inländischen konkurrieren, können die inländischen Vorschriften aber – deswegen oder zugleich – einen **unverhältnismäßigen Eingriff in nationale Freiheitsrechte,** etwa in Deutschland in die Berufsfreiheit (Art. 12 Abs. 1 GG), darstellen.

Letztlich ist dies eine Frage des **Einzelfalls.** So hat das – Importbieren nicht entgegenzuhaltende (EuGH, 12.3.1987, Rs. 178/84, „KOM/Deutschland") – Reinheitsgebot deutsches Bier nicht in seiner Konkurrenzfähigkeit beeinträchtigt. Demgegenüber muss der – nur Inländer treffende – Meisterzwang großzügig gehandhabt werden (BVerfG [K], JZ 2007, 354). Im Übrigen können sich – angesichts der bei Grundrechtseingriffen wie bei Beschränkungen der Grundfreiheiten erforderlichen Prüfung am Maßstab der Verhältnismäßigkeit (Rz. 22/11) auch nicht verwunderlich – nationale Regelungen, die europäischen Maßstäben nicht genügen, auch unabhängig vom Problem der Inländerkonkurrenz als unzulässige Freiheitseingriffe erweisen (siehe etwa zur Dienstleistungsfreiheit EuGH, 25.7.1991, Rs. C-76/90, „Säger" und später BVerfGE 97, 12 (1997). 14

5. Negative und positive Integration

Wird eine Grundfreiheit unzulässig beschränkt, darf die entsprechende **nationale Vorschrift** gegenüber ausländischen Waren, Dienstleistungen, Personen und Kapital **nicht** mehr **angewendet** werden. Stattdessen kommen die jeweiligen Vorschriften des anderen MS zum Tragen. Diese stellen, auch wenn sie vielleicht in anderen Punkten strenger sind, zumindest mit Blick auf die konkrete Situation regelmäßig niedrigere Anforderungen, denn anderenfalls gäbe es keinen Konflikt mit den Vorschriften des erstgenannten Staates. Daher besteht die Gefahr, dass nur noch die niedrigsten Standards zum Tragen kommen. Die Rechtsprechung kann also die Anwendung bestimmter Normen untersagen, aber keine neuen Vorgaben entwickeln **(„negative Integration").** Daraus folgt die Notwendigkeit einer **Harmonisierung** zumindest der für den grenzüberschreitenden Wirtschaftsverkehr relevanten Vorschriften **durch Unionsrechtsakte** (**„positive Integration"**; dazu Rz. 32/2). 15

6. Erfolge und Probleme der Marktintegration

Beim Aufbau des freien Binnenmarktes konnte die Gemeinschaft **große Erfolge** verzeichnen. Unter der *Hallstein*-KOM wurde der **Gemeinsame Markt 1958–1968** in zentralen Bereichen (Zollunion, Landwirtschaft, Personenfreizügigkeit, Handelspolitik u. a.) beschleunigt hergestellt. Nach schwierigen Jahren („Eurosklerose") brachte das Programm der *Delors*-KOM 1985–1992 neuen Schwung in die Marktintegration. Der Gemeinsame Markt wurde als **Binnenmarkt („Raum ohne Binnengrenzen",** heute Art. 26 AEUV: Rz. 22/1) neu definiert. Dieser „Binnenmarktprozess" verlief ähnlich erfolgreich wie der Beginn der EWG nach 1958. Von annähernd 300 Liberalisierungsvorschlägen der KOM wurden fast alle verabschiedet. Bestimmte Bereiche sollten nicht harmonisiert, sondern einem **„Wettbewerb der Systeme"** ausgesetzt werden. Die Einführung der **Währungsunion 1999** bedeutete einen besonders wichtigen Schritt zur Erleichterung der Binnenmarkttransaktionen. Bis heute stellt die Verwirklichung des Binnenmarkts eine große Herausforderung dar (dazu COM(2018)722 final). 16

II. Die Warenverkehrsfreiheit als Kernelement des Binnenmarktes

17 Bei aller Bedeutsamkeit der übrigen Grundfreiheiten bildet die **Warenverkehrsfreiheit** den Kern des Binnenmarktes. Daher verwundert es nicht, dass viele der erwähnten Probleme der allgemeinen Dogmatik der Grundfreiheiten vom EuGH zunächst paradigmatisch am Beispiel der Warenverkehrsfreiheit entfaltet und die gefundenen Lösungen erst später auf die anderen Grundfreiheiten übertragen wurden.

1. Ware

18 **Ware** im Sinne des AEUV sind im weitesten Sinne alle körperlichen Gegenstände (einschl. landwirtschaftlicher Produkte), die Gegenstand rechtmäßiger Handelsgeschäfte sein können, mit Ausnahme gesetzlicher Zahlungsmittel, Ausweispapiere u. ä. (EuGH, 23.2.1995, verb. Rs. C-358/93 u. a., „Bordessa"). Auch verwertbarer Abfall ist Ware (EuGH, 9.7.1992, Rs. C-2/90, „KOM/Belgien"; vgl. noch Rz. 33/38), ebenso Energien wie **Gas** und **Elektrizität** (vgl. noch Rz. 23/7). Bei Abgrenzungsproblemen mit anderen Grundfreiheiten, vor allem der **Dienstleistungsfreiheit,** ist zu fragen, ob der Gegenstand um seiner selbst willen eingeführt wird – dann Warenverkehrsfreiheit – oder nur eine Hilfsfunktion für einen anderen Vorgang, etwa eine zu erbringende Leistung erfüllt (EuGH, 24.3.1994, Rs. C-275/92, „Schindler" zu einem der DLF unterliegenden Lotterieschein).

Geld und Wertpapiere unterfallen den Vorschriften über den freien Kapitalverkehr (Art. 63 ff. AEUV; Rz. 30/8). Auf die **dem EAGV unterliegenden Waren** finden ggf. dessen Sondervorschriften Anwendung (insbesondere Art. 92 ff.). Für die **Landwirtschaft** gelten die Regelungen über den freien Warenverkehr nach Art. 38 Abs. 2 AEUV nur vorbehaltlich der Art. 39–44 AEUV. – Der **Handel mit Waffen, Munition und Kriegsmaterial** kann gemäß Art. 346 Abs. 1 lit. b), Abs. 2 AEUV von den MSen unter Berufung auf wesentliche Sicherheitsinteressen beschränkt werden.

2. Unionswaren und Freiverkehrswaren

19 Die Vorschriften über den freien Warenverkehr erfassen nach Art. 28 Abs. 2 AEUV einerseits die **aus den MSen stammenden** Waren, andererseits diejenigen Waren aus dritten Ländern, die in einen MS legal eingeführt wurden und sich dementsprechend **im freien Verkehr** befinden (Art. 29 AEUV; dazu EuGH, 10.12.1968, Rs. 7/68, „KOM/Italien").

Die **„Unionsware"** charakterisiert sich wesentlich durch die vollständige oder mindestens überwiegende Herstellung in einem MS (vgl. auch Art. 4 sowie 23 f. Zollkodex, Rz. 40/8) sowie die in diesem Staat bestehende Handelbarkeit. – In den **Freiverkehr innerhalb der EU** ist eine Ware nach Art. 29 AEUV eingetreten, wenn in einem MS die Einfuhr-Förmlichkeiten erfüllt sowie die vorgeschriebenen Zölle und Abgaben erhoben und nicht rückvergütet worden sind. Zur verfahrensmäßigen Feststellung der Qualität einer Ware als Unionsware dienen seit dem Wegfall der Kontrollen an den Binnengrenzen der EU bestimmte Papiere und Förmlichkeiten gemäß dem sekundären EU-Zollrecht (siehe zu Spezialregelungen in diesem Zusammenhang den Fundstellennachweis des geltenden EU-Rechts 02.20 ff.).

3. Inhalt der Warenverkehrsfreiheit

20 Klassischen Regeln des internationalen Wirtschaftsrechts, insbesondere dem 1947 verabschiedeten GATT folgend unterscheidet der AEUV zwischen finanziellen („tarifären") Hürden für den Warenverkehr und allen sonstigen, also „nichttarifären" Hürden. Erstere regelt insbesondere das Verbot von Binnenzöllen und zollgleichen Abgaben (Art. 28 ff. AEUV). Letztere umfassen **mengenmäßige Beschränkungen** und alle Maßnahmen gleicher Wirkung **(MgW),** unter Einschluss des Verbots von

Diskriminierungen zwischen den Angehörigen der MSen durch nationale staatliche **Handelsmonopole** (Art. 34–37 AEUV). Die Ausgestaltung der Wirtschaftsbeziehungen zu **Drittstaaten** ist demgegenüber Aufgabe der **Gemeinsamen Handelspolitik** nach Art. 206f. AEUV (EuGH, 15.12.1971, verb. Rs. 51/71 u. a., „International Fruit Company"; unten Rz. 40/19ff.). Zu ihr gehören die zur Vermeidung von Umgehungen des Verbots von Binnenzöllen notwendige Aufstellung eines **Gemeinsamen Zolltarifs (GZT/TARIC)** („Außenzoll") sowie die Umformung mengenmäßiger Beschränkungen der MSen und MgW gegenüber Drittländern.

4. Die Entwicklung des freien Warenverkehrs seit 1958

Der Aufbau des Gemeinsamen Marktes 1958–1968 erfolgte in **Beschleunigung des ursprünglichen Zeitplanes für die Zollunion.** Am 1.7.1968 (statt 1.1.1970) waren die Binnenzölle innerhalb der Gemeinschaft abgeschafft, und der GZT wurde für die gewerblichen Waren eingeführt. Mannigfache Hemmnisse für einen vollständig freien Warenverkehr bestanden jedoch fort, u. a. durch die „Steuergrenzen" (Rz. 35/42) und durch die unterschiedlichen nationalen Regelungen der Produktion und Vermarktung der Waren. Hier setzte 1985 das bereits erwähnte (Rz. 22/16) Projekt der schrittweisen Verwirklichung des **Binnenmarktes** bis Ende 1992 an. Die **neu beitretenden EU-Staaten** mussten bzw. müssen jeweils die Zollunion innerhalb bestimmter Übergangsfristen „nachholen". 21

III. Marktliberalisierung I: Die Zollunion

1. Abschaffung der Binnenzölle (Art. 28ff. AEUV)

Zur **Herstellung der Zollunion nach innen** gehörte die vollständige Beseitigung aller Zölle zwischen den EU-MSen sowie der Abgaben gleicher Wirkung wie Zölle. Mit dem Beginn des Binnenmarktes 1993 **endeten die Warenkontrollen an vielen EU-Binnengrenzen** gemäß den „Schengen"-Abkommen (unten Rz. 32/21). Schwerpunkte der Zollkontrollen sind seither die Flughäfen und die Grenzübergänge zu Drittstaaten einschließlich der Seehäfen. Stichprobenartige Kontrollen an den Binnengrenzen sowie mobile Fahndungen und Kontrollen innerhalb der MSen bestehen aber fort, da insbesondere die Steuergrenzen zwischen ihnen noch nicht voll beseitigt sind (Rz. 35/48ff., 55ff.). Das Zollgebiet deckt sich im Grundsatz mit dem Geltungsbereich der Verträge nach Art. 52 EUV (mit Ausnahmen gemäß Art. 349 AEUV; Rz. 40/6). 22

Das Grundgebot der inneren Seite der Zollunion besteht nach Art. 28, 30 AEUV im **Verbot** der Erhebung von **Binnenzöllen** auf die **Ein- und Ausfuhr** von **Waren** (Rz. 22/18), die sich im **Freiverkehr** der Union (Rz. 22/19) befinden (EuGH, 20.4.1978, verb. Rs. 80/77 u. a., „Commissionnaires Réunis"). Dieses wurde vom Gerichtshof als eine der **grundlegenden, unmittelbare Wirkungen erzeugenden** und individuelle Rechte begründenden Regelungen des Vertrages verstanden (EuGH, 5.2.1963, Rs. 26/62, „Van Gend & Loos"; st. Rspr.). Personell gibt es keine Anwendungsvoraussetzungen. Konsequenz der Zollunion ist auch das Verbot, an innerstaatlichen Grenzen Zölle zu erheben (EuGH, 9.8.1994, verb. Rs. C-363/93 u. a., „Lancry"). Die Zollunion schließt auch die **Durchfuhrfreiheit** ein (EuGH, 16.3.1983, Rs. 266/81, „SIOT") und verbietet damit die Erhebung von Zöllen auf Transitwaren. 23

2. Abschaffung der Abgaben zollgleicher Wirkung

Zur Sicherung eines freien, von finanziellen Belastungen unbehinderten Warenverkehrs im Binnenmarkt und zum Schutz vor Umgehungen des Zollverbots enthalten Art. 28, 30 AEUV mit unmittelbarer Wirkung auch das Verbot aller **Abgaben zollgleicher Wirkung** (AzW; EuGH, 10.7.1980, Rs. 811/79, „Ariete"; *Wiebe,* Das Ver- 24 bot der Erhebung von Abgaben zollgleicher Wirkung in Abgrenzung zu anderen Regelungen des EG-Vertrages, 1999; vgl. auch Art. 93 EAGV). Die AzW charakterisiert sich als eine **einseitige staatliche Abgabe,** die auf eine **Ware** (Rz. 22/18) aus Anlass eines **Grenzübertritts** erhoben wird und aus anderen MSen kommende bzw. dorthin versandte Waren **teurer als einheimische Waren** macht. Es genügt, wenn die Abgaben geeignet sind, restriktive Wirkungen auf den EU-Freiverkehr auszuüben. Beispiele sind die Erhebung von Gebühren für bestimmte Genehmigungen oder Untersuchungen z. B. sanitärer Art oder auch nur die Erteilung einer Bescheinigung. Auf die Bezeichnung der Abgabe kommt es nicht an. Kostendeckende Gebühren für durch Unionsrechtsakte vorgeschriebene Maßnahmen werden nicht erfasst.

25 **Abzugrenzen** sind die AzW von den **Abgaben steuerlicher Art,** die im Rahmen eines inländischen Abgabensystems erhoben werden und ausschließlich an Art. 110 AEUV (dazu Rz. 35/17 ff.) zu messen sind (EuGH, 8.7.1965, Rs. 10/65, „Deutschmann"). Konkret betreffen **AzW ausschließlich grenzüberschreitende Warenbewegungen,** während Art. 110 AEUV Vorgaben für das allgemeine inländische Abgabensystem macht, das importierte wie inländische Produkte erfasst (zur Abgrenzung etwa EuGH, 6.12.2018, Rs. C-305/17, „FENS spol. s r. o."). Die Abgrenzung ist schwierig, wenn faktisch nur Importwaren betroffen sind (vgl. etwa EuGH, 9.3.1995, Rs. C-345/93, „Kfz-Steuer").

26 **Keine ungleiche finanzielle Belastung** und damit auch keine unrechtmäßige Verteuerung von Im- und Exporten tritt ein, wenn die Ein- und Ausfuhrabgabe **als Entgelt für eine besondere Verwaltungsleistung** erhoben und somit die Belastung durch ein **wirtschaftliches Äquivalent** aufgehoben wird. Es muss sich aber um einen tatsächlich gewährten Vorteil handeln, der **speziell dem Im- oder Exporteur** im Sinne von Wettbewerbsvorteilen, erhöhten Absatzchancen u. ä. zugute kommt (EuGH, 1.7.1969, verb. Rs. 2/69 u. a., „Sociaal Fonds Diamantarbeiders"). Verwaltungsleistungen, die ausschließlich oder vorwiegend im **Interesse des Staates** oder des gesamten Handels liegen wie etwa Gesundheitskontrollen u. ä. müssen auch von der Gesamtheit der Steuerpflichtigen finanziert werden (EuGH, 11.10.1973, Rs. 39/73, „Rewe Zentralfinanz"). Im Ergebnis ähnlich fallen **parafiskalische Abgaben,** die auf alle Waren erhoben werden, unter das Verbot der Art. 23, 25 AEUV, wenn von dem mit diesen Abgaben verbundenen **Vorteil ausschließlich inländische Unternehmen** profitieren. Ist dies teilweise der Fall, sind sie an Art. 110 AEUV zu messen; zulässig sind sie nur, wenn sie allen, also nationalen wie ausländischen Waren (auch faktisch) in gleicher Weise zugute kommen (EuGH, 27.10.1993, Rs. C-72/92, „Scharbatke").

IV. Marktliberalisierung II: Verbot mengenmäßiger Beschränkungen und Maßnahmen gleicher Wirkung (Art. 34 ff. AEUV)

Literatur: Ausführliche Literaturlisten bei *Becker,* in: Schwarze (Hrsg.), EU-Kommentar, Art. 34 AEUV, 4. Aufl. 2018; *Leible/T. Streinz,* in: Grabitz/Hilf/Nettesheim (Hrsg.), Das Recht der EU, 71. EL 2020, Art. 34 AEUV.

Weitere Titel: *Spaventa,* Leaving *Keck* behind? The Free Movement of Goods after the Rulings in *Commission v Italy* and *Mickelsson and Roos,* ELRev 2009, 914; *Snell,* The notion of market access: A concept or a slogan?, CMLRev 2010, 437; *Salgado,* How to SOLVIT? Ein Erfahrungsbericht über die Warenverkehrsfreiheit, EuZW 2011, 422; *Krenn,* A missing piece in the horizontal effect „jigsaw": Horizontal direct effect and the free movement of goods, CMLRev 2012, 177; *Lippert,* Der grenzüberschreitende Sachverhalt im Unionsrecht, 2013; *Brigola*, Eine Erfolgsgeschichte in sieben Jahrzehnten – das dogmatische Gebäude des freien Warenverkehrs auf dem Fundament seiner Leading Cases, FS Dauses, 2014, 17; *Jansson/Kalimo, De minimis* meets „market access", CMLRev 2014, 523; *Kellerhals*, Das binnenmarktliche Recht der Warenverkehrsfreiheit, in: Müller-Graff (Hrsg.), EnzEuR IV, 2015, § 6; *Lianos*, In Memoriam Keck, ELRev 2015, 225; *Oliver*, When, if Ever, Can Restrictions on Free Movement be Justified on Economic Grounds?, ELRev 2016, 147; *Schütze*, Of Types and Tests: Towards a Unitary Doctrinal Framework for Article 34 TFEU?, ELRev 2016, 826; *Brigola*, Art. 35 AEUV von Groenveld bis New Valmar, EuZW 2017, 5; *Holst*, Die Warenverkehrsfreiheit zwischen unbeschränktem Marktzugang und mitgliedstaatlicher Autonomie, 2017; *Reyes y Ráfales*, Die Warenausfuhrfreiheit – ein Beschränkungsverbot, 2017; *Holst*, Keine einheitliche Dogmatik des EuGH für die sachgerechte Begrenzung des Anwendungsbereichs der Warenverkehrsfreiheit, EuR 2018, 87; *Weatherill*, The Principle of Mutual Recognition: It Doesn't Work, Because It Doesn't Exist, ELRev 2018, 224.

1. Anwendungsbereich

Die Herstellung und Sicherung des freien Warenverkehrs innerhalb der Union erfordert nicht nur die Beseitigung der Zollschranken, sondern darüber hinaus die Abschaffung aller sonstigen Handelsbeschränkungen. Mit Blick auf die **Ein-** oder **Ausfuhr** von **Waren,** die sich im Freiverkehr innerhalb der Union befinden (Rz. 22/18f.), sind daher nach Art. 34 und 35 AEUV alle mengenmäßigen Beschränkungen und Maßnahmen gleicher Wirkung verboten. Beide Bestimmungen entfalten unmittelbare Wirkung und begründen damit **unmittelbare, notfalls gerichtlich durchsetzbare Rechte** (EuGH, 19.12.1969, Rs. 13/68, „Salgoil"). Die Normen schließen den Reimport ein, sofern dieser nicht allein zur Umgehung nationaler Vorschriften eingesetzt wird (EuGH, 10.1.1985, Rs. 229/83, „Leclerc"). Personelle Grenzen des Anwendungsbereiches der Norm bestehen nicht; es können sich also auch Drittstaatsangehörige auf Art. 34ff. AEUV berufen. – Ähnliche Verbote enthält Art. 93 EAGV. 27

Da die Art. 34f. AEUV im Kern die Funktion haben, den MSen Schranken zu setzen (Rz. 22/7), kommen sie **nicht** zur **Anwendung,** soweit die Probleme, die mit nationalen mengenmäßigen Beschränkungen bzw. Maßnahmen gleicher Wirkung bewältigt werden sollen, bereits abschließend **unionsrechtlich harmonisiert** wurden (Rz. 22/6; vgl. ferner zur Landwirtschaft Rz. 24/12, 25).

2. Verbot mengenmäßiger Beschränkungen

Mengenmäßige Beschränkungen sind **staatliche** Begrenzungen der Menge oder des Wertes von Ein- und Ausfuhren, die eine vollständige oder teilweise Untersagung ihrer Ein-, Aus- oder Durchfuhr zur Folge haben können (EuGH, 10.12.1968, Rs. 7/68, „KOM/Italien"; st. Rspr.). Meist handelt es sich dabei um bilaterale oder globale Kontingente oder entsprechende Verbote der Ein- oder Ausfuhr. Ausnahmen von diesem Verbot der Art. 34f. AEUV sind nur noch im Rahmen der „Ordre-Public-Klausel" des Art. 36 AEUV denkbar (unten Rz. 22/36ff.). 28

3. Verbot der Maßnahmen gleicher Wirkung wie mengenmäßige Beschränkungen (MgW)

Ähnlich wie Art. 28 und 30 AEUV neben das Verbot der Zölle das der zollgleichen Abgaben stellen, verbieten Art. 34 und 35 AEUV zur vollständigen Sicherung des freien Warenverkehrs neben den mengenmäßigen Beschränkungen auch die **Maßnahmen gleicher Wirkung (MgW).** Dieses Verbot erweist sich als für die Herstellung eines freien Binnenmarktes innerhalb der Union **von besonderer Bedeutung.** Während die Beseitigung von mengenmäßigen Beschränkungen im Grundsatz angesichts 29 der Struktur des Tatbestandes vergleichsweise einfach anzuordnen und zu kontrollieren ist, hat sich die Definition und Abgrenzung des Begriffes der MgW und damit im Zusammenhang die effektive Durchsetzung dieses Verbotes als ausgesprochen schwierig herausgestellt.

Wie generell bei den Grundfreiheiten (Rz. 22/5) gilt auch hier, dass sie unabhängig davon anwendbar sind, ob die EU auch für entsprechende Sachmaterie über eine Kompetenz verfügt. Dementsprechend hat der EuGH etwa Regelungen über die Abrechenbarkeit von im Ausland gekauften Medikamenten und Medizinprodukten bei Krankenkassen (Rz. 33/51) oder auch Regelungen über die Benutzung von Straßenfahrzeugen (Rz. 26/10, 13) am Maßstab von Art. 34 f. AEUV gemessen.

a) Definition der MgW für die Wareneinfuhr durch die „Dassonville"-Formel

30 Zur Frage, wann die Wareneinfuhr beschränkt wird, hat der Gerichtshof 1974 die weit gefasste sog. **„Dassonville-Formel"** (EuGH, 11.7.1974, Rs. 8/74, „Dassonville") entwickelt. Danach ist MgW „jede Handelsregelung der MSen, die **geeignet** ist, den gemeinschaftlichen Handelsverkehr **mittelbar** oder **unmittelbar, tatsächlich** oder **potentiell** zu behindern." Die fraglichen MgW müssen also zunächst dem **Staat zuzurechnen** sein (EuGH, 13.12.1983, Rs. 222/82, „Apple and Pear Development Council"). Private Regeln werden allerdings von Art. 34 AEUV erfasst, wenn sie von staatlichen Normen rezipiert werden (EuGH, 12.7.2012, Rs. C-171/11, „Fra.bo"). Im Übrigen unterfallen Behinderungen des Binnenhandels durch privates Handeln (Unternehmen) den Wettbewerbsvorschriften (Art. 101 f. AEUV). Zudem können sie auch eine „Schutzpflicht" des Staates auslösen (Rz. 22/49).

Vor allem aber wird mit dieser im Grundsatz (vgl. aber Rz. 22/32 ff.) bis heute verwendeten Formel (nur spricht der EuGH seit einigen Jahren, auch noch nach Inkrafttreten des VvL, von der Behinderung des „innergemeinschaftlichen Handels") klargestellt, dass die **Eignung** der Maßnahme zur Handelsbehinderung ausreicht und kein tatsächlicher Rückgang der Einfuhren nachgewiesen werden muss. Es bedarf auch **keiner Absicht** der Handelsbeschränkung. Früher hat der EuGH auch die Relevanz der **Spürbarkeit** verneint (EuGH, 18.5.1993, Rs. C-126/91, „Yves Rocher"), später allerdings den Warenimport nur marginal behindernde Maßnahmen nicht beanstandet (EuGH, 20.9.2007, Rs. C-297/05, „KOM/Niederlande").

Im Fall **„Dassonville"** ging es um die reguläre Einfuhr von Scotch Whisky aus Frankreich nach Belgien. Der belgische Importeur konnte nicht die nach belgischem Recht erforderliche britische Ursprungsbezeichnung vorlegen. Diese Regelung wurde vom EuGH als unzulässige MgW qualifiziert, da sie Direktimporte von Whisky aus anderen MSen als England unnötig erschwerten. Damit ging es letztlich um eine Maßnahme, die bestimmte importierte Whiskysorten gegenüber anderen Sorten faktisch benachteiligte.

31 Unter die vorgenannte Definition fallen insbesondere auch Maßnahmen, die **in gleicher Weise** für Import- und **einheimische Produkte** gelten, etwa technische Vorgaben. Unterscheiden sich diese in den 27 MSen, ist ein Hersteller nämlich gezwungen, für jeden nationalen Markt ein anderes Produkt auf den Markt zu bringen. Die damit verbundenen protektionistischen Wirkungen (dazu EuGH, 26.7.1980, Rs. 788/79, „Gilles und Andres") sind mit der Binnenmarktidee eines freien Warenverkehrs nicht vereinbar. Konsequenz ist insbesondere das sog. **„Herkunftsland-"** oder auch **„Vertrauensprinzip":** Vorbehaltlich von gerechtfertigten Einschränkungen (Rz. 22/36 ff., 42) ist jede Ware, die im Herkunftsstaat legal hergestellt (oder dort eingeführt, vgl. Art. 29 Abs. 2, 30 AEUV und dazu Rz. 22/19) wurde, in der gesamten Union verkehrsfähig (dazu ausdrücklich EuGH, 20.2.1979, Rs. 120/78, **„Cassis de Dijon";** dazu etwa *Schütz,* JuS 1998, 631, und Rz. 22/43). Zugleich aber wurde die Möglichkeit der Rechtfertigung von MgW durch die Anerkennung immanenter Schranken des heutigen Art. 34 AEUV ausgeweitet (Rz. 22/42). Damit wurde das **Prinzip gegenseitiger Anerkennung** der nationalen Herstellungs- und Vermarktungsregelungen aufgestellt (Rz. 22/53 sowie 32/39 f.) und die Notwendigkeit **materieller Harmonisierung** entsprechend verringert (hierzu die Mitteilung der KOM „Praktische Anwendung des Prinzips der

gegenseitigen Anerkennung", ABl. 2003, C 265/2). In Zweifelsfällen müssen die MSen daher ein Verfahren bereitstellen, dass eine solche Anerkennung ermöglicht (EuGH, 27.7.2017, Rs. C-672/15, „Noria Distribution SARL").

Zur Bindung der EU an Art. 34 AEUV siehe oben Rz. 22/7, zur Bedeutung für den privaten Rechtsverkehr auch unten Rz. 22/49.

b) Eingrenzungen durch spätere Formeln

Während bei nationalen Regelungen, die zwischen inländischen und ausländischen Waren **unterscheiden** oder sich sonst unmittelbar auf das **Produkt beziehen** (z. B. Regelungen zu Bezeichnung, Form, Abmessung, Gewicht, Zusammensetzung, aber auch Aufmachung, Etikettierung oder Verpackung einer Ware), die Einordnung als Beeinträchtigung auch speziell des zwischenstaatlichen Handels durchweg unproblematisch ist (Rz. 22/31), kann dies bei sonstigen Regelungen, die sich dementsprechend auf das In-Verkehr-Bringen eines Produkts nur indirekt auswirken, etwa nur den **Vertrieb** oder gar die **Nutzung** einer Ware betreffen, zweifelhaft sein. Im Jahre 1993 hat der Gerichtshof daher zunächst mit Blick auf Vertriebsanforderungen (Verkaufsmodalitäten wie Regelungen über Preise, Verkaufszeiten oder Verkaufsorte) postuliert, dass sie allein dann dem heutigen Art. 34 AEUV unterfallen, wenn sie eine unterschiedliche Behandlung inländischer und ausländischer Waren bezwecken oder auch nur bewirken (EuGH, 24.11.1993, verb. Rs. C-267/91 u. a., „Keck"). Allerdings warf die daraus resultierende Unterscheidung zwischen vertriebs- und produktbezogenen Regelungen zahlreiche Zweifelsfragen auf (kritisch zum ganzen Ansatz daher etwa *Wilsher,* ELRev 2008, 3), und andere Probleme wurden mit dieser Formel gar nicht bewältigt. 32

Nach einer längeren, nicht immer klaren und in der Literatur immer wieder diskutierten Entwicklung hat der EuGH im Frühjahr 2009 seine Position dahingehend zusammengefasst, dass Art. 34 AEUV auf andere als produktbezogene Maßnahmen nur, aber immerhin, anwendbar ist, wenn die nationale Maßnahme bezweckt oder bewirkt, dass **ausländische Waren weniger günstig** behandelt werden als inländische Waren, oder wenn anderweitig der **Marktzugang behindert** wird (EuGH, 10.2.2009, Rs. C-110/05, „KOM/Italien"). Mit dieser Hervorhebung des Marktzugangs griff er auf ein Kriterium zurück, das in der Literatur auch zuvor vielfach als eigentliche ratio von Art. 34 AEUV postuliert worden war.

Endgültige Klarheit ist aber auch mit diesem Ansatz kaum gewonnen. So hat der EuGH eine Benachteiligung von ausländischen Waren in diesem Sinne auch dann angenommen, wenn bestimmte Verbote für den **Vertrieb** von Waren zwar alle treffen, nationale Anbieter aber leichter auf andere als die verbotenen Mittel zurückgreifen können (siehe etwa zum Internethandel mit Medikamenten EuGH, 11.12.2003, Rs. C-322/01, „Doc Morris"; im Sinne eines Prüfauftrages an das nationale Gericht zum schwedischen Alkoholwerbeverbot auch EuGH, 8.3.2001, Rs. C-405/98, „Gourmet International Products"; vgl. ähnlich zu Art. 35 AEUV in Rz. 22/35). 33

Nationale Regelungen über die **Verwendung** von bestimmten Produkten fallen nach der Rechtsprechung zwar unproblematisch unter Art. 34 AEUV, wenn die Nutzung des Produkts vollständig **verboten** wird (z. B. EuGH, 10.4.2008, Rs. C-265/06, „KOM/Portugal"). Für sonstige Verwendungsregeln gilt dies hingegen nur, wenn sie die Nutzung **„stark behindern".** Dies kann jedoch wohl nur im Einzelfall festgestellt werden (dazu etwa EuGH, 4.6.2009, Rs. C-142/05, „Mickelsson"). Zum Teil wird hierzu kritisch angemerkt, dass dieses Verständnis von Art. 34 AEUV deutlich über die Grundidee der Warenverkehrsfreiheit hinausgehe, weil solche verwendungsbezogenen Regelungen inländischen Produkten keinen Wettbewerbsvorteil verschafften. Übergangen wird damit aber, dass ein Binnenmarkt die grundsätzliche Verkehrsfähigkeit aller in ihm hergestellten Produkte in der ganzen Union gebietet (Rz. 22/31) und diese in den entsprechenden Fällen faktisch durchaus beeinträchtigt wird. 34

c) MgW bei der Beschränkung der Warenausfuhr

35 Mit Blick auf Art. 35 AEUV verfolgt der EuGH in st. Rspr. einen engeren Ansatz als zu Art. 34 AEUV. Hier werden als MgW nur solche Maßnahmen des Staates angesehen, die „**spezifische Beschränkungen** der Ausfuhrströme **bezwecken** oder **bewirken** und unterschiedliche Bedingungen für den Binnenhandel innerhalb eines MS und seinen Außenhandel schaffen, so daß die nationale Produktion oder der Binnenmarkt des betroffenen Staates einen besonderen Vorteil erlangt" (EuGH, 8.11.1979, Rs. 15/79, „Groenveld"). Da eine entsprechende Wirkung ausreicht, werden ähnlich wie bei Einfuhrhindernissen (Rz. 22/30) aber auch hier Maßnahmen eingeschlossen, die für den nationalen Vertrieb wie den Export in gleicher Weise gelten, aber rein faktisch den Export besonders erschweren (zum Verbot von Anzahlungsverlangen vor Ablauf der Widerrufsfrist bei Fernabsatzgeschäften EuGH, 16.12.2008, Rs. C-205/07, „Gysbrechts"; zur Sprachvorgaben bei Rechnungen EuGH, 21.6.2016, Rs. C-15/15, „New Valmar").

Hintergrund ist die **unterschiedliche Wirkung,** die formal nicht nach der Herkunft bzw. der Bestimmung einer Ware differenzierende Maßnahmen mit Blick auf die Wareneinfuhr einerseits, die Warenausfuhr andererseits erzielen. Bei der Einfuhr wirken erstere binnenmarktfeindlich; das weite Verständnis von Art. 34 AEUV führt zum Herkunftslandprinzip (Rz. 22/31). Demgegenüber würde ein weites Verständnis bei der Warenausfuhr spiegelbildlich zu einem „Hinkunftslandprinzip" führen: alle Produkte, die im Exportstaat zulässig sind, müssen auch im Inland produziert und dann dorthin ausgeführt werden dürfen. Dieses aber befördert nicht den Binnenmarkt, da es nicht zur Verkehrsfähigkeit der betreffenden Produkte in der ganzen Union führt.

4. Mögliche Rechtfertigung von mengenmäßigen Beschränkungen und MgW

a) Ausnahmen vom Verbot von mengenmäßigen Beschränkungen und MgW nach Maßgabe von Art. 36 AEUV

36 Nach **Art. 36 AEUV** können mengenmäßige Beschränkungen sowie alle MgW, also sowohl unterschiedslos anwendbare als auch diskriminierende Regelungen, **gerechtfertigt** werden. Voraussetzung ist, dass ein bestimmtes, in der Norm ausdrücklich benanntes Rechtsgut geschützt werden soll. Mit dieser Regelung soll ein Ausgleich dafür geschaffen werden, dass in den fraglichen Bereichen noch keine europäische Harmonisierung stattgefunden hat (vgl. noch Rz. 22/42). Dementsprechend scheidet eine Rechtfertigung aus, soweit eine entsprechende abschließende Harmonisierung durch die Union erfolgt ist (vgl. schon Rz. 22/27), es sei denn, dass die entsprechende Beschränkung nach den insoweit bestehenden Maßstäben für „nationale Alleingänge" zulässig ist (Rz. 32/16). Sind Waren im Inland frei handelbar, kommt ein entsprechendes Importverbot regelmäßig nicht in Betracht (EuGH, 11.3.1986, Rs. 121/85, „Conegate").

37 Im Einzelnen geht es bei der **öffentlichen Sittlichkeit** um die aktuell in einem MSen geltenden **Moralvorstellungen,** z. B. im Falle eines Pornographieverbotes (EuGH, 14.12.1979, Rs. 34/79, „Henn und Darby").

Die Gründe der **öffentlichen Ordnung und Sicherheit** erfassen **wesentliche Interessen eines MS** im Bereich der äußeren und inneren Sicherheit (EuGH, 14.1.1997, Rs. C-124/95, „Centro-Com") und der Strafverfolgung (EuGH, 17.6.1987, Rs. 154/85, „KOM/Italien").

38 Der Schutz von **Gesundheit** und **Leben von Menschen** nimmt unter den Gütern des Art. 36 AEUV einen besonderen Rang ein; entsprechendes gilt beim **Tier- und Pflanzenschutz.** Die Notwendigkeit gesundheitsschützender Regelungen muss aber **eindeutig** dargetan sein (EuGH, 28.4.1998, Rs. C-120/95, „Decker").

Mit der Möglichkeit des Schutzes von **nationalem Kulturgut** von künstlerischem, geschichtlichem oder archäologischem Wert können vor allem die in zahlreichen MSen zum Schutz des jeweiligen nationalen Kulturguts bestehenden Ausfuhrbeschränkungen, öffentliche Vorkaufsrechte u. ä. gerechtfertigt werden. Damit wird zugleich Art. 167 Abs. 4 AEUV Genüge getan, wonach die EU kulturellen Aspekten Rechnung tragen soll (Rz. 34/43). 39

Der Bestand der **nationalen Rechte über gewerbliches und kommerzielles Eigentum** (Patente, Marken, Warenzeichen, Urheberrechte, Muster/Modelle und Sortenschutzrechte) wird auch nach Art. 345 AEUV als Bestandteil der nationalen Eigentumsordnung garantiert, doch unterliegt deren Ausgestaltung und Ausübung erheblichen Grenzen (näher Rz. 36/21 ff.). Nicht hierher gehören **Herkunftsangaben und Ursprungsbezeichnungen,** die aber ggf. als zwingende Erfordernisse im Sinne der Cassis-Rspr. (Rz. 22/42) mit Hinweis auf den Schutz von Verbrauchern und des lauteren Wettbewerbs zu rechtfertigen sind. 40

Im Einzelnen werden die genannten Tatbestände als **Ausnahmen** von Art. 34 und 35 AEUV und damit im Grundsatz **eng** verstanden. Im Lichte der erwähnten Zielsetzung der Wahrung der nationalen Kompetenzen (Rz. 22/36) ist allerdings bei der Bestimmung des zulässigen Schutzniveaus grundsätzlich von der **Einschätzungsprärogative** des betreffenden **MS** auszugehen (so insbesondere für öffentliche Sittlichkeit EuGH, 14.12.1979, Rs. 34/79, „Henn und Darby"; für den Gesundheitsschutz EuGH, 17.9.1998, Rs. C-400/96, „Harpegnies"). Hinsichtlich des Nachweises der Eignung und Erforderlichkeit der Maßnahme (dazu allgemein Rz. 22/11) stellt der EuGH hingegen in jüngerer Zeit zum Teil recht strenge Anforderungen (EuGH, 23.12.2015, Rs. C-333/14, „Scotch Whisky Association"; dazu *Purnhagen/Schebesta,* ELRev 2017, 420; EuGH, 19.9.2016, Rs. C-148/15, „Deutsche Parkinson-Vereinigung"; dazu *Rixen,* EuR 2017, 744; großzügiger hingegen im Kontext der NLF EuGH, 4.7.2019, Rs. C-377/17, „KOM/Deutschland"). Dies kontrastiert deutlich mit der zumeist vergleichsweise geringen Prüfdichte bei Grundrechtseingriffen der Unionsgerichte (Rz. 17/24f.). Weiterhin müssen die MgW **verhältnismäßig** sein; die Maßnahmen müssen also geeignet und erforderlich sein (ausführlich Rz. 22/11 f.). Sie müssen auch materiell vom Staat verantwortet werden; ein Verbot allein wegen fehlender „CE-Kennzeichnung" (Rz. 22/51) ohne inhaltliche Prüfung ist also unzulässig (EuGH, 18.10.2012, Rs. C-385/10, „Elenca"). Schließlich darf die Beschränkung des Freiverkehrs **kein Mittel zur willkürlichen Diskriminierung** oder eine **verschleierte Beschränkung des Binnenhandels** darstellen (Art. 36 S. 2 AEUV), doch führt die erwähnte Verhältnismäßigkeitsprüfung ohnehin regelmäßig zu einer „Entschleierung" der Maßnahme, so dass eine eigenständige Prüfung regelmäßig entbehrlich ist. 41

b) Die „Cassis-Doktrin": Rechtfertigung durch zwingende Erfordernisse des Handelsverkehrs

Da der EuGH im Interesse eines effektiven Binnenmarktes auch **„unterschiedslos" wirkende** nationale Maßnahmen als MgW qualifiziert hat (Rz. 22/31), konnte er bei der Frage nach der Rechtfertigung solcher Maßnahmen nicht beim Katalog des Art. 36 AEUV stehen bleiben, ohne in einen Konflikt mit der Kompetenzordnung der Union zu kommen. In vielen Bereichen gibt es nämlich keine europäische Harmonisierung, so dass sachlich notwendige Regelungen zum Schutz anderer als der in Art. 36 AEUV genannten Rechtsgüter von den MSen zu erlassen sind, etwa zum Schutz von Umwelt und Verbrauchern. Der EuGH hat daher seit der erwähnten Leitentscheidung EuGH, 20.2.1979, Rs. 120/78, **„Cassis de Dijon"** (Rz. 22/31, 43) immanente Schranken von Art. 34 AEUV anerkannt. Unter der Voraussetzung, dass sie sich auf Importwaren genauso auswirkt wie auf nationale Produkte (zu Ausnahmen davon siehe Rz. 22/43), 42 ist eine MgW auch dann gerechtfertigt, wenn sie (nicht in Art. 36 AEUV erwähnten) **zwingenden Erfordernissen des Handelsverkehrs** dient. Beispiele bilden wirksame steuerliche Kontrollen sowie der Schutz der Verbraucher (zum Leitbild eines informierten Verbrauchers Rz. 36/6), der Umwelt oder der Lauterkeit des Handelsverkehrs.

Auch **Grundrechte** können rechtfertigend wirken (zum europäischen Grundrechtsschutz EuGH, 12.6.2003, Rs. C-112/00, „Schmidberger", zum nationalen Grundrechtsschutz vgl. EuGH, 14.10.2004, Rs. C-36/02, „Omega"). Demgegenüber kommt eine Rechtfertigung nicht in Betracht, soweit die MgW gegen europäische Grundrechte verstößt (EuGH, 26.6.1997, Rs. C-368/95, „Familiapress"; dazu Rz. 17/15). Rein **wirtschaftliche Gesichtspunkte scheiden** ebenfalls **aus** (EuGH, 10.7.1984, Rs. 72/83, „Campus Oil"); insoweit besteht keine nationale Regelungskompetenz, die sich gegen die Grundfreiheiten durchzusetzen vermag. Gleichfalls muss sich die Maßnahme als verhältnismäßig erweisen (Rz. 22/11f., 41). Faktisch wirkt die Rechtsprechung damit wie eine (an das Fehlen einer Diskriminierung geknüpfte) Erweiterung des Kataloges von Art. 36 AEUV.

43 Im Falle der „Cassis"-Entscheidung des EuGH wurde die Einfuhr des „Cassis de Dijon"-Likörs von Frankreich nach Deutschland wegen eines zu geringen Weingeistgehaltes im Sinne des deutschen BranntweinmonopolG untersagt. Der Gerichtshof vermochte angesichts der Verkehrsfähigkeit des Getränkes in Frankreich keine hinreichenden Gemeinwohlinteressen – die Bundesrepublik berief sich auf den Gesundheitsschutz (!) – zu erkennen und stufte die deutsche Regelung als MgW ein.

Diskriminierende Maßnahmen können dagegen durch zwingende Erfordernisse grundsätzlich **nicht gerechtfertigt** werden (EuGH, 8.6.2017, Rs. C-296/15, „Medisanus d.o.o."). Abweichende Entscheidungen aus dem Umweltrecht (EuGH, 9.7.1992, Rs. C-2/90, „KOM/Belgien"; EuGH, 13.3.2001, Rs. C-379/98, „Preußen Elektra") lassen sich dadurch erklären, dass die Maßnahmen jeweils **zur Sicherung anderweitiger Vertragspflichten** erforderlich waren. Faktisch besteht zudem ein großzügigerer Maßstab auch bei mittelbaren Diskriminierungen, da eine solche wohl nicht schon dann angenommen werden kann, wenn Maßnahmen einheimische und importierte Produkte unterschiedlich treffen, sondern nur dann, wenn dieser Unterschied nicht durch anderweitige Ziele einer Regelung erklärlich ist (vgl. schon Rz. 22/4).

V. Nichtdiskriminierende Umformung staatlicher Handelsmonopole

44 Zu den nationalen Gegebenheiten, mit denen sich die Gemeinschaft und Union bei der Herstellung des freien Warenverkehrs im Sinne der Art. 34ff. AEUV auseinanderzusetzen hatten, gehörten in den meisten MSen **staatliche Handelsmonopole.** Als solche ausgestaltet sind bzw. waren z. B. in Deutschland das Branntwein- und ursprünglich auch das Zündwarenmonopol. Frankreich kennt Handelsmonopole u. a. für Alkohol, Erdöl und Tabak, Italien u. a. für Bananen, Erdöl und Salz, Griechenland und Spanien für Erdöl, Spanien auch für Tabak, Österreich für Alkohol und Tabak, Schweden für Alkohol. Wirtschaftlich bedeutsam sind besonders die Erdöl- und Tabakmonopole.

1. Umformungsgebot

45 Staatliche Handelsmonopole verfügen über vielfältige Einflussmöglichkeiten auf den Warenverkehr in ihrem jeweiligen Produktbereich. Soweit es sich um Produktionsmonopole handelt, ist ein natürliches Konkurrenzverhältnis zwischen den eigenen Waren und solchen aus anderen MSen gegeben, die der betreffende MS in sein eigenes Handelssystem aufnehmen soll. Art. 37 Abs. 1 AEUV statuiert daher ein **Umformungsgebot** für diese Handelsmonopole dergestalt, dass **jede Diskriminierung** in den Versorgungs- und Absatzbedingungen zwischen den Angehörigen der MSen **ausgeschlossen** sein muss. Dieser Bestimmung wurde die **unmittelbare Anwendbarkeit** zugesprochen (EuGH, 3.2.1976, Rs. 59/75, „Manghera"; st. Rspr.). Betroffen sind insbesondere ausschließliche Ein- und Ausfuhrrechte eines solchen Monopols, unterschiedliche Vermarktungsregelungen, Exklusivrechte u. ä. (EuGH, 13.3.1979, Rs. 91/78, „Hansen"; st. Rspr.). **Ziel der Umformung** ist es, den Handel mit Monopolwaren und den mit ihnen konkurrieren-

den Waren anderer MSen den Regeln des freien Warenverkehrs zu unterwerfen (EuGH, 23.10.1997, Rs. C-189/95, „Franzén"). Art. 37 Abs. 2 AEUV enthält außerdem eine **Stillhalteverpflichtung,** die neue, dem freien Warenverkehr abträgliche Regelungen im Rahmen dieser Monopole untersagt. Auch diese Bestimmung ist unmittelbar anwendbar (EuGH, 15.6.1964, Rs. 6/64, „Costa/ENEL").

Aus dem Umformungsgebot des Art. 37 Abs. 1 AEUV iVm dem Diskriminierungsverbot des Art. 106 Abs. 1 AEUV für öffentliche Unternehmen (oben Rz. 21/40) **eine allmähliche Auflösungspflicht** für die entsprechenden Handelsmonopole abzuleiten, hat der Gerichtshof zwar im Grundsatz **abgelehnt** (EuGH, 7.6.1983, Rs. 78/82, „KOM/Italien"). Voraussetzung für die Zulässigkeit solcher Monopole ist aber, dass die Einhaltung der Grundregeln des freien Warenverkehrs gewährleistet bleibt, insbesondere von **Art. 34 AEUV,** eine Pflicht, die von Art. 37 AEUV unberührt bleibt. So hat der EuGH das schwedische Alkoholmonopol am Maßstab von Art. 34 AEUV gemessen, weil die Einfuhr alkoholischer Getränke durch Private die Funktionsweise des Monopols nicht berühre, das sich allein auf den Einzelhandelsverkauf in Schweden bezog, und als – im konkreten Fall auch nicht zu rechtfertigende – Beschränkung des Warenverkehrs qualifiziert (EuGH, 5.6.2007, Rs. C-170/04, „Rosengren"). Damit ist die Aufrechterhaltung des Monopols faktisch kaum möglich, ohne seinen Sinn in Frage zu stellen. Fortdauernd legitime Monopolfunktionen (z. B. fiskalischer Natur bei Tabak und Alkohol) sind ggf. in unionsrechtlich unanfechtbare Formen umzuwandeln. 46

2. Handels- und Finanzmonopole

Der Charakter eines nationalen Monopols als **Finanzmonopol** im Sinne des Art. 106 Abs. 2 AEUV (oben Rz. 21/46f.) schließt seine Behandlung als **Handelsmonopol** im Sinne des Art. 37 Abs. 1 AEUV nicht aus. Die Herstellung des freien Warenverkehrs ist eine selbständige unionsrechtliche Verpflichtung, die unabhängig von der mehr oder weniger eingeschränkten Geltung der Wettbewerbsregeln nach Art. 106 Abs. 2 AEUV besteht (vgl. auch EuGH, 23.10.1997, Rs. C-157/94, „KOM/Niederlande"). – Dagegen fallen **Monopole im Dienstleistungshandel** nicht unter Art. 37 AEUV (EuGH, 4.5.1988, Rs. 30/87, „Bodson"). 47

VI. Maßnahmen zur praktischen Verwirklichung des freien Warenverkehrs

Mit dem Abbau von Handelsschranken tarifärer und nichttarifärer Art wird viel für die Herstellung des Binnenmarktes im Bereich des Warenverkehrs erreicht. Ein wirklicher Binnenmarkt aber ist damit noch nicht geschaffen. Gelegentlich ist es zu Aktionen Privater gekommen, die den Freiverkehr von Waren behindert haben (Rz. 22/49). Vor allem aber stellt das Recht der Staaten, nach Maßgabe der dargestellten Rechtfertigungsgründe (Rz. 22/36ff.) den Warenverkehr behindernde Regelungen zu erlassen, ein wichtiges Hindernis für den Binnenmarkt dar. Hier kann nur eine unionsrechtliche Harmonisierung etwas ändern (Rz. 22/50ff.). 48

1. Binnenmarktschädliche Aktionen Privater

Literatur: *Fischer,* Pflicht der Mitgliedstaaten zum Schutz des Warenverkehrs, JA 1998, 838; *Meurer,* Verpflichtung der Mitgliedstaaten zum Schutz des freien Warenverkehrs, EWS 1998, 196; *Szczekalla,* Grundfreiheitliche Schutzpflichten – eine „neue" Funktion der Grundfreiheiten des Gemeinschaftsrechts, DVBl. 1998, 219; *Burgi,* Mitgliedstaatliche Garantiepflichten statt unmittelbarer Wirkung der Grundfreiheiten, EWS 1999, 327; *Hauschild,* Das neue „Frühwarnsystem" für den freien Warenverkehr in der EG, EuZW 1999, 236; *Kühling,* Staatliche Handlungspflichten zur Sicherung der Grundfreiheiten, NJW 1999, 403; *Schorkopf,* Der neue Mechanismus zur Gewährleistung des freien Warenverkehrs, EWS 2000, 156; *Koch,* Die Gewährleistungspflicht der MSen zur Aufrechterhaltung des Binnenmarktes: Unter besonderer Berücksichtigung der Handelshemmnisse durch Private, 2003; *Stachel,* Schutzpflichten der Mitgliedstaaten für die Grundfreiheiten des EG-Vertrages, 2006.

Gelegentlich unternehmen **Private** Aktionen, die dem freien Binnenmarkt widersprechen und ihm schaden. So hielten beispielsweise **französische Landwirte** Transporte mit spanischem und italienischem Obst und Gemüse innerhalb Frankreichs an, ver- 49 nichteten die Ladung und griffen die Fahrer an. Die französischen Behörden griffen kaum ein. Auf der Brenner-Autobahn kam es in **Österreich** zu einer **Demonstration** mit umweltpolitischer Zielsetzung, die zu einer 30-stündigen vollständigen Verkehrsblockade zwischen Italien und Österreich führte. Die Versammlung war bei den österreichischen Behörden angemeldet und von ihnen geduldet worden.

Der Gerichtshof entschied in einem Vertragsverletzungsverfahren über die französischen Agrarfälle, dass die Warenverkehrsfreiheit (heute Art. 34 AEUV) in Verbindung mit dem Gebot der Unionstreue (heute Art. 4 Abs. 3 EUV) auch auf **Unterlassen staatlichen Handelns** in Fällen von Störungen des freien Warenverkehrs durch Private Anwendung findet. Die MSen unterliegen in solchen Fällen **Handlungspflichten** (EuGH, 9.12.1997, Rs. C-265/95, „KOM/Frankreich"; *Schwarze,* EuR 1998, 53). Die Berufung auf **Grundrechte** (Versammlungsfreiheit, aber auch Streikrecht) entbindet zwar nicht automatisch von der unionsrechtlichen Verpflichtung, die Freiheit des Warenverkehrs zu gewährleisten, kann aber ein **zwingendes Erfordernis des Allgemeininteresses** im Sinne der Cassis-Doktrin (oben Rz. 22/42) darstellen, dem in der Abwägung mit der Warenverkehrsfreiheit Vorrang zuerkannt werden kann (EuGH, 12.6.2003, Rs. C-112/00, „Schmidberger" – zu dem österreichischen Fall mit Blick auf die Versammlungsfreiheit; vgl. auch noch Rz. 25/16).

Unter dem Eindruck der o. g. Vorfälle in Frankreich wurde die **VO 2679/98,** ABl. L 337/8 über einen „neuen Mechanismus" zur Gewährleistung des freien Warenverkehrs erlassen. Sie ist von einer gleichzeitigen Ratsentschließung begleitet (ABl. 1998, L 337/10). Danach sollen die beteiligten MSen sich wechselseitig (unter Einschluss der KOM) unterrichten und – unter Beachtung der Grundrechte – das ggf. Erforderliche veranlassen. Die praktische Bedeutung dieser Regeln ist marginal.

2. Rechtsangleichung im Kontext der Warenverkehrsfreiheit

Literatur: *Sydow,* Verwaltungskooperation in der Europäischen Union, 2004; *Schumann,* Bauelemente des europäischen Produktsicherheitsrechts, 2006; *Micklitz,* Europäisches Produktsicherheitsrecht, 2007; *Winkelmüller/Müller,* Reform der EU-Normung, EuZW 2010, 681; *Klindt/Wende,* Behördliche Risikoentscheidung nach den RAPEX-Richtlinien, NVwZ 2011, 602; *Astier/Vion,* La normalisation européenne en matière de sécurité, RTDE 2013, 499; *Klindt,* Die produktsicherheitsrechtliche Risikobewertung nach den RAPEX-Leitlinien der Kommission, FS Dauses, 2014, 181; *Schucht,* Die neue Architektur im europäischen Produktsicherheitsrecht, EuZW 2014, 848; *Klindt,* Behördliche Rechtsfehler im Vollzug des europäischen RAPEX-Meldesystems, FS Ehlers, 2015, 401; *Schucht,* 30 Jahre New Approach im europäischen Produktsicherheitsrecht – prägendes Steuerungsmodell oder leere Hülle?, EuZW 2017, 46; *Droste,* Die neue EU-Verordnung über die gegenseitige Anerkennung von Waren, EWS 2019, 261; *Langner/Klindt/Schucht,* Technische Sicherheitsvorschriften und Normen, in: Dauses/Ludwigs (Hrsg.), HB EU-WirtschR C VI (2019).

50 **Gemeinsam anerkannte technische Standards der EU-Waren („Normen")** sind für den **Freiverkehr im Binnenmarkt** von herausragender Bedeutung. Nationale Unterschiede behindern regelmäßig den Warenverkehr und stellen insoweit MgW nach Art. 34 AEUV dar (Rz. 22/31), die wegen der Offenheit der „zwingenden Erfordernisse des Handelsverkehrs" vielfach zu rechtfertigen sind. Hier liegt ein breites Gebiet für Rechtsangleichung (Rz. 32/8 ff.). Weil bei Waren die notwendige Sicherheit nur durch Kontrollen vor deren Inverkehrbringen gewährleistet werden kann, dient die europäische Harmonisierung vielfach auch der Standardisierung und wechselseitigen Anerkennung der entsprechenden Kontrollverfahren. Entsprechend dem allgemeinen Wandel in der Philosophie der europäischen Rechtsharmonisierung (Rz. 32/39) wurden zunehmend neben spezifischen Regelungen für bestimmte Produkte allgemeine

Instrumente erlassen, um für alle Produkte – auch soweit sie keiner europäischen Harmonisierung unterliegen – die Verkehrsfähigkeit im Binnenmarkt zu sichern.

Einen allgemeinen Rahmen für die Gewährleistung der **Produktsicherheit** enthält die Produktsicherheits-RL 2001/95 (ABl. 2002, L 11/4; *Scheible,* Produktsicherheitsgesetz und europäisches Gemeinschaftsrecht, 2003). Die RL sieht auch ein Schnellinformationssystem zwischen den MSen und der KOM (RAPEX) für den Fall vor, dass sich ein bestimmtes Produkt als gefährlich erweist (dazu Durchführungsbeschluss der KOM-E 2019/417, ABl. L 73/121). Kompetenzgrundlage ist jeweils der heutige Art. 114 AEUV (Rz. 32/8 ff.). Den mit den einschlägigen Bestimmungen übereinstimmenden Produkten garantiert das **CE-Zeichen** die europaweite Verkehrsfähigkeit (zu den entsprechenden Konformitätsbewertungen Beschluss 768/2008, ABl. L 218/82). Dieses wird teils vom Hersteller, teils von besonderen – privaten – Stellen vergeben die aber ihrerseits staatlicher Aufsicht unterliegen (dazu auch VO 765/2008, ABl. L 218/30 zur Anerkennung von Akkreditierungsstellen). Zudem wurden, um spätere Auseinandersetzungen um die Zulässigkeit von MgW, aber auch die Entstehung ggf. daraus resultierender Handelshemmnisse zu vermeiden, die MSen verpflichtet, bei Einführung neuer technischer Normen, die sich als MgW erweisen könnten, die KOM vorab zu informieren (heute: RL 2015/1535, ABl. L 241/1). Geschieht dies nicht, kann die Norm später Dritten nicht entgegengehalten werden (EuGH, 8.9.2005, Rs. C-303/04, „Lidl Italia"). Eine Staatshaftung begründet eine Verletzung hingegen nicht, weil die RL nicht Einzelnen Rechte verleiht (EuGH, 11.6.2015, Rs. C-98/14, „Berlington Hungary u. a."). Ergänzend bestehen ausdrückliche Regelungen über die **gegenseitige Anerkennung** von in einem anderen MS in den Verkehr gebrachten Waren (VO 2019/515, ABl. L 91/1). 51

Weiterhin bestehen zahlreiche spezifische Vorschriften für bestimmte Produkte, z. B. für Kraftfahrzeuge, Mess- und elektrische Geräte. Wegen der technischen Entwicklung bedürfen die Normen **erleichterter Abänderbarkeit.** Insgesamt schützt die europäische **„Normenflut"** vor „Protektionismus durch nationale Normen" und erleichtert die faktische Durchsetzung europäischer Standards auch international (mit positiven Konsequenzen für Exportmöglichkeiten). Entwicklung und Änderung der Normen **(EN)** vollziehen sich im **Europäischen Normungsinstitut (CEN)** in Brüssel, einem Zusammenschluss der nationalen Normungsinstitute sowie weiterer Staaten. Dieses arbeitet eng mit den MSen und der letztlich entscheidenden KOM zusammen (dazu VO 2012/1025, ABl. L 316/12). Die dort erarbeiteten Normen gehören zum Unionsrecht; Auslegungsfragen können daher dem EuGH nach Art. 267 AEUV vorgelegt werden (EuGH, 27.10.2016, Rs. C-613/14, „James Elliott Construction"; dazu *Vlopato,* CMLRev 2017, 591). 52

Um die Verkehrsfähigkeit von Produkten im Binnenmarkt zu sichern, sehen zahlreiche Richtlinien für eine **nationale Zulassungsentscheidung** für ein Produkt eine **erleichterte Anerkennung** in den anderen MSen oder sogar **eine transnationale Wirkung** vor. Zur Sicherung der notwendigen Akzeptanz solcher nationalen Entscheidungen werden an den jeweiligen nationalen Verwaltungsverfahren auch die anderen MSen und im Konfliktfall sogar die KOM beteiligt (dazu *Sydow,* Verwaltungskooperation in der Europäischen Union, 2004; zur Fülle der Angleichungsvorschriften Fundstellenverzeichnis des geltenden EU-Rechts 13.30; siehe ferner zur Rechtsangleichung im Agrarrecht Rz. 24/25; zum Umweltrecht Rz. 33/43; zur Zulassung von Arzneimitteln etc. Rz. 33/61 f.; zum Lebensmittelrecht Rz. 33/60 f.; zum Kulturgüterschutz Rz. 34/47). Probleme im administrativen Vollzug des Binnenmarktrechts können über die SOLVIT-Datenbank bewältigt werden (Empfehlung 2001/893, ABl. L 331/79; dazu *Gundel,* Das SOLVIT-Netzwerk als Rechtsschutzalternative im europäischen Binnenmarkt, EuR 2013, 466). Zu den (im Kontext der Warenverkehrsfreiheit stehenden) **öffentlichen Lieferaufträgen** siehe Rz. 21/57 ff. 53

VII. Ausblick

54 Im Bereich des Warenverkehrs wurde zwar viel auf dem Weg zu einem **Binnenmarkt erreicht.** Er wird aber auf Dauer **unvollendet** bleiben (*Steindorff,* ZHR 1994, 149). Im Bereich der Zölle und zollgleichen Abgaben ist der Binnenmarkt zwar mittlerweile verwirklicht. Im verwandten Bereich der produktbezogenen Steuern (Rz. 35/48ff.) aber zeigen sich schon die Probleme auf dem Weg zu gemeinsamen Regelungen, wie sie eigentlich einen Binnenmarkt kennzeichnen. Erst recht gilt dies im Bereich der nichttarifären Handelshemmnisse. Hier müssen Politik (bei der Harmonisierung von technischen Regeln) wie Rechtsprechung (bei der Anwendung von Art. 34ff. AEUV) einen schwer zu findenden Weg suchen zwischen der Skylla eines durch vielfältige **divergierende nationale Regelungen** nachhaltig **behinderten freien Warenaustausches** und der Charybdis einer **europaweiten Standardisierung,** die keinen **Freiraum** mehr lässt für **nationale Traditionen und Eigenheiten.** Will die Rechtsangleichung letzteres vermeiden, muss sie allerdings entweder die unter Wettbewerbsgesichtspunkten nicht immer unproblematische Inländerdiskriminierung oder die Fortexistenz von Handelshemmnissen im Sinne von Art. 34 AEUV in Kauf nehmen. Die richtige Reaktion auf diese Probleme kann nur eine sensible Politik leisten. Zugleich zeigt sich, dass jedenfalls im Bereich der Binnenmarktharmonisierung der gerichtlichen **Kontrolle** des **Subsidiaritätsprinzips strukturelle Grenzen** gesetzt sind. Der Gerichtshof wiederum muss darauf achten, über Art. 34 AEUV nicht in zu weitgehendem Umfang nationale Normen einer Rechtfertigungskontrolle zu unterwerfen.

§ 23. Energie

Literatur: Ausführliche Literaturlisten bei *Ludwigs,* Energierecht, in: Ruffert (Hrsg.), EnzEuR V, 2. Aufl. 2020, § 5, sowie bei *Hermes,* Energierecht, in: Schulze u. a. (Hrsg.), Europarecht, 4. Aufl. 2020, § 35.

Weitere Titel: *Zenke/Schäfer,* Energiehandel in Europa, 2012; *Talus,* EU Energy Law and Policy, 2013; *Stuhlmacher/Horstmann* (Hrsg.), Praxishandbuch Europäisches Energierecht, 2014; *Dyson/Konstadinidis,* Enhancing Energy Security in the EU, ELRev 2016, 535; *Germelmann,* Die Energieunion, EuR 2016, 3; *Rodi/Behm,* Die Energieunion – rechtliche und politische Gehalte einer neuen europäischen Spezialunion, ZEuS 2016, 177; *Ringel/Knodt,* Governance der Energieunion, Integr. 2017, 125; *Zenke/Schäfer* (Hrsg.), Energiehandel in Europa, 4. Aufl. 2018; *Säcker/Ludwigs* (Hrsg.), Berliner Kommentar zum Energierecht, Band 3, 4. Aufl. 2018; *Gundel,* Energierecht, in: Dauses/Ludwigs (Hrsg.), HB EU-WirtschR, M, 2019; *Schüler,* Der institutionelle Regulierungsrahmen für die europäische Energiewirtschaft, 2019; *Gundel/Lange* (Hrsg.), Europäisches Energierecht zwischen Klimaschutz und Binnenmarkt, 2020; *Ludwigs,* Europäisches Energierecht, 2020; *Pollak,* Europas Energiesicherheit: zwischen Binnenmarkt, Interdependenz und strategischen Herausforderungen, Integr. 2020, 3; *Winkler/Ackermann/Baumgart,* Europäisches Energierecht, 2020; *Gundel,* Europäisches Energieverwaltungsrecht, in: Terhechte (Hrsg.), Verwaltungsrecht der Europäischen Union, 2. Aufl. 2021, § 20.

I. Grundlagen

1. Die Bedeutung der Energiepolitik für die europäische Integration

1 Energie ist ein **Basisprodukt** für die gesamte Wirtschaft. Eine ausreichende Versorgung zu tragbaren Preisen ist eine der wichtigsten Voraussetzungen für ihr Florieren. Deswegen kommt der Energiepolitik im Rahmen der Integration eine zentrale Rolle zu. Dennoch werden die verschiedenen Energieformen (**Primärenergien:** Kohle,

Erdöl, Erdgas, Kernenergie, ferner die **erneuerbaren Energien:** Wasserkraft, Windkraft, Sonnenenergie, Erdwärme – u. a. m.; **Sekundärenergien:** Elektrizität) in den Verträgen im Wesentlichen nur marginal behandelt. Dies hängt mit dem Wandel der jeweils bevorzugten Energiearten von der Kohle über Erdöl, Erdgas, Kernenergie bis zu den erneuerbaren Energien zusammen. Nach 1950 begann die europäische Integration aus allgemeinpolitischen und wirtschaftlichen Erwägungen mit der **Vergemeinschaftung der Kohle** (und des Stahls) in der EGKS. 1957 folgte als zweite europäische Option die **friedliche Nutzung der Kernenergie** in Gestalt von EURATOM. Für die sonstigen Primärenergien, also **Erdöl** und **Erdgas,** denen bei der Energieversorgung erst seit den sechziger Jahren und damit nach Schaffung der Römischen Verträge 1957 eine zentrale Rolle zukommt, gilt allein der **AEUV.** In Art. 194 enthält dieser Vertrag erst seit 2009 auch eine (allgemeine) Kompetenz für eine europäische Energiepolitik.

Die Energiepolitik verfolgte schon immer insbesondere vier, teils durchaus gegenläu- 2
fige und seit 2009 auch explizit vertraglich verankerte Ziele (Art. 194 Abs. 1 AEUV): Erstens stellt der **freie Verkehr von Energiestoffen** innerhalb des **Binnenmarktes** eine erstrangige Voraussetzung für die Wettbewerbsfähigkeit und Beschäftigungspolitik der europäischen Wirtschaft nach innen und außen dar. Dabei spielt ein **angemessenes Energiepreisniveau** innerhalb der EU eine wichtige Rolle. Die europäischen Energiepreise liegen im globalen Vergleich besonders hoch. Zweitens ist eine **stabile Energieversorgung** zu sichern. Da die wichtigen Energiequellen Erdöl und Erdgas innerhalb der Union nur in deutlich geringerem Umfang gefördert werden können als benötigt, ist diese auf verlässliche **Importe** angewiesen. Dies ist bei der Gestaltung der **Handelspolitik** zu berücksichtigen. Drittens stellt die Suche nach einem **sachgerechten Ausgleich** mit den Belangen **des Umwelt-, vor allem auch des Klimaschutzes** eine ständige Herausforderung dar. Daher muss die Union **Energieeffizienz und -einsparung** sowie die Entwicklung neuer und **erneuerbarer („intelligenter") Energien** fördern. Auch insoweit bedeuten national unterschiedliche Präferenzen bei der Wahl der Energiearten ein ernsthaftes Hindernis. Wichtige Energien (Strom und Gas) sind an Netze gebunden. Die vorgenannten Ziele, insbesondere die Herstellung des Binnenmarktes und die Sicherung der stabilen Versorgung, können daher nur erreicht werden, wenn viertens die verschiedenen **Netze** dieser Energien auch miteinander **verbunden** sind. Diese Ziele sollen (in Konkretisierung von Art. 2 EUV; vgl. auch Art. 122 und 222 AEUV) nach Maßgabe der in Abs. 2 (Rz. 23/7) enthaltenen Befugnisse im Geiste der Solidarität verfolgt werden. Die Erklärung der Regierungskonferenz Nr. 35 zu Art. 194 AEUV betont allerdings zugleich die Befugnis der MSen, gerade auch im Energiebereich von der Notstandsklausel des Art. 347 AEUV Gebrauch zu machen.

Eine **Grenze** für eine **effektive europäische Energiepolitik** stellt das den einzelnen 3
MSen vorbehaltene Recht dar, die Bedingungen für die Nutzung der Energieressourcen, die Wahl zwischen verschiedenen Energiequellen sowie die allgemeine Struktur der Energieversorgung zu bestimmen (Art. 194 Abs. 2 UAbs. 2 AEUV), das auch durch einen entsprechenden Vorbehalt zugunsten der Einstimmigkeit im Umweltkapitel (Art. 192 Abs. 2 lit. c AEUV) abgesichert wird; zu den Grenzen dieses Rechts EuGH, 21.6.2018, Rs. C-5/16, „Polen/KOM" zum Emissionshandel. Probleme für eine gemeinsame Energiepolitik resultieren vor allem daraus, dass die verschiedenen Energiearten nicht beliebig untereinander kombinierbar sind. So setzt eine intensive

Nutzung der erneuerbaren, aber in schwankendem Umfang bereit stehenden Energien Wind und Sonne eine im Übrigen flexible Energieversorgung oder weitreichende Speichermöglichkeiten voraus und ist daher mit der wenig flexiblen Kernkraft nur begrenzt kombinierbar. Daher bleibt abzuwarten, ob die bisherigen Hemmnisse für eine gemeinsame EU-Energiepolitik überwunden werden können, die aus den nationalen Interessen an der Energiepolitik und der unterschiedlichen Beurteilung bestimmter Energiearten herrühren. Das steigende Bewusstsein für die politischen Probleme einer starken Abhängigkeit von russischen Gasexporten dürfte hier fördernd wirken.

2. Die Entwicklung der europäischen Energiepolitik

Literatur: *Jerusalem,* Das Recht der Montanunion, 1954; *Armand/Etzel/Giordani,* Ziele und Aufgaben für EURATOM, 1957; *Krämer,* Die EG und die Ölkrise, 1974; *Brunner,* Europäische Energiepolitik unter weltwirtschaftlichen Aspekten, EA 1979, 583; *Weilemann,* Die Anfänge der EAG, 1983; *Gabel,* Die Energiewirtschaft in der EG – Zehn Jahre nach der ersten Krise, Glückauf 1984, 520; *Spierenburg/Poidevin,* Histoire de la Haute Autorité de la CECA, 1993; *Wolf,* Liberalisierung der europäischen Energiemärkte, BB 1998, 1433; *Mohr,* Auf neuen Wegen zum EU-Energiemarkt? Ein energiepolitischer Paradigmenwechsel und seine Folgen, Integration 2011, 148.

4 Bei der Gründung des gemeinsamen Kohlemarktes der EGKS **1952** war die **Kohle** der wichtigste (80%), aber auch ein knapper Energieträger. Bereits Ende 1957 aber erfolgte der Umschlag vom Mangel zum **Überfluss.** Die EGKS-Politik war seither durch **Schließung unrentabler Zechen** und ein **degressives Beihilfenregime** gekennzeichnet, mit dem EGKS-Kohle gegenüber billigerer Importkohle wettbewerbsfähig gehalten wurde. Der EGKS-Vertrag war bis zu seinem Auslaufen 2002 immer weniger zeitgemäß.

Die Gründung der Europäischem Atomgemeinschaft (EAG oder EURATOM) **1958** entsprach damaligem weltweitem Optimismus, über die friedliche **Nutzung der Kernenergie** eine praktisch **unerschöpfliche Energiequelle** schaffen und Europa zugleich energiepolitisch autark machen zu können. Es folgte ein **kräftiger Ausbau der Kernenergie.** Wachsende „Atomskepsis" politischer Kräfte bremste diese Entwicklung in einigen MSen und verdichtete sich mancherorts zu **Ausstiegskonzepten.** Für EURATOM bedeutete dies eine Schwerpunktverlagerung von der Förderung der Kernforschung und dem Ausbau des Gemeinsamen Marktes bei Kernbrennstoffen hin zu Reaktorsicherheit und Gesundheitsschutz.

5 In den **sechziger Jahren** begann der **Siegeszug** der **Erdöleinfuhren** aus Drittländern in die Gemeinschaft. Der Anteil des Öls am Energiegesamtverbrauch in der EU stieg von 1% im Jahre 1952 auf 58% im Jahre 1976. Vor allem die Ölkrisen 1973 und 1979 veranlassten Maßnahmen zur **Mineralölbevorratung.** Im Laufe der Zeit kam importiertes und eigenes **Erdgas** hinzu. Dieses wurde wie die gleichfalls leitungsgebundene sekundäre Energieform **Elektrizität** traditionell über staatliche oder staatsnahe, monopolartig strukturierte Unternehmen vertrieben. Mit der Errichtung des **Binnenmarktes** wurde auch die **Energiepolitik** stärker vergemeinschaftet (auf den heutigen Art. 114 AEUV gestützte RL-Pakete 1996, 2003 und 2009), vor allem mit Blick auf die leitungsgebundenen und monopolistisch vertriebenen Energieformen **Elektrizität und Gas.**

6 In den letzten Jahren spielte daneben auch der Umwelt-, insbesondere der Klimaschutz eine wichtige Rolle (Rz. 23/11 ff.). Art. 194 AEUV brachte daher nichts grundsätzlich Neues (Rz. 23/2). Er legitimiert aber explizit die bisherige gemeinsame Energiepolitik, betont deren Notwendigkeit und gestattet vor allem – anders als die zuvor anwendbaren Normen – keine nationalen Alleingänge mehr. Das **Auslaufen des EGKS-Vertrages 2002** bedeutete durch die damit verbundene Überführung von Kohle und Stahl in das allgemeine Regime (zunächst) des EG-Vertrages eine wesentliche Vereinheitlichung.

II. Primärrechtliche Grundlagen und sekundärrechtliche Ausformung der Energiepolitik (ohne Kernenergie)

Literatur: *Hobe,* Energiepolitik, in: Schwarze/Hatje (Hrsg.), Der Reformvertrag von Lissabon, 2009, 219; *Kahl,* Die Kompetenzen der EU in der Energiepolitik nach Lissabon, EuR 2009, 601; *Pielow* (Hrsg.), Wege zum „echten" Energiebinnenmarkt: Konsens im Ziel, Dissens über die Methoden, 2009; *Schulen-*

berg, Die Energiepolitik der Europäischen Union, 2009; *Massumi,* Die Energieversorgungsunternehmen zwischen Kartellrecht und Energiewirtschaftsrecht, 2010; *Schneider,* EU-Kompetenzen einer europäischen Energiepolitik, 2010; *Fischer,* Auf dem Weg zur gemeinsamen Energiepolitik, 2011; *Gundel,* Die energiepolitischen Kompetenzen der EU nach dem Vertrag von Lissabon, EWS 2011, 25; *Berg,* Energie, Umwelt, Wettbewerb in der Schnittmenge des Unionsrechts, in: Müller-Graff/Schwarze (Hrsg.), XXV. FIDE-Kongress, 2013, 53; *Boiteau* (Hrsg.), Énergies renouvelables et marché intérieur, 2014; *Burgi/Wolff,* Der Beihilfebegriff als fortbestehende Grenze einer EU-Energieumweltpolitik, EuZW 2014, 647; *Glinski,* Kein Zwang zur Öffnung nationaler Fördersysteme für erneuerbare Energien zugunsten ausländischer Hersteller, EuR 2014, 567.

1. Primärrechtliche Grundlagen der europäischen Energiepolitik

Energie, auch in leitungsgebundener Form, stellt eine **Ware** im Sinne von Art. 28 ff. AEUV dar. Für den Transport ist hingegen die DLF einschlägig. Einem eigenen Regime unterliegt die im EAGV geregelte Kernenergie. Im Übrigen gelten für die Energieversorgung die **Liberalisierungspflichten des Binnenmarktes** sowie die begleitenden Politiken (Wettbewerb, Verkehr, Umweltschutz usw.). Diese sind insbesondere auch bei nationalen Maßnahmen ökologischer Energiepolitik zu beachten. Grenzen setzen der freie Warenverkehr (Art. 28 AEUV), wobei der Umweltschutz ggf. Beschränkungen rechtfertigt (EUGH, 11.9.2014, verb. Rs. C-204/12 u. a., „Essent Belgium NV"), sowie das Beihilferecht (Art. 107 AEUV), sofern einschlägige Fördermaßnahmen eine „staatliche oder aus staatlichen Mitteln stammende" Beihilfe darstellen (dazu Rz. 21/7 und Rz. 23/12). Da sich der Energiesektor auf Grund zahlreicher Besonderheiten vielfach nicht so einfach liberalisieren lässt wie „typischer" Warenverkehr, ist seine Einbeziehung in den Binnenmarkt – abgesehen vom Kernenergieregime des EAGV und den „Nachwirkungen" des EGKSV – allerdings stark auf **Sekundärrecht** angewiesen, das seit 2009 auf **Art. 194 Abs. 2 AEUV** gestützt wird. Dieses weist in der Praxis gerade für die beiden insoweit besonders bedeutungsvollen leitungsgebundenen Energieformen Gas und Elektrizität wichtige Parallelen auf (Rz. 23/9 f.). Eine ggf. auch im Energiebereich nutzbare „Auffangkompetenz" für Krisenzeiten enthält Art. 122 AEUV. 7

2. Sekundärrechtliche Ausformungen für die einzelnen Energiearten

a) Bevorratungspolitik

Vor politischen und sonstigen Krisen schützt seit 1968 ein System der **Mineralölbevorratung** (heute RL 2009/119, ABl. L 265/9, gestützt auf Art. 122 AEUV; Fundstellennachweis des EU-Rechts 12.50). Mittlerweile ist ein Vorratszeitraum von 90 Tagen vorgeschrieben. Die Mineralölbevorratung wird durch entsprechende Verpflichtungen für **Gas und Kernbrennstoffe** ergänzt. 8

b) Die leitungsgebundenen Energieträger Erdgas und Elektrizität

Literatur: *Gundel/Germelmann,* Kein Schlussstein für die Liberalisierung der Energiemärkte: Das Dritte Binnenmarktpaket, EuZW 2009, 761; *Gundel/Lange* (Hrsg.), Die Umsetzung des 3. Energiebinnenmarktpakets, 2011; *Ludwigs,* Das veränderte Machtgefüge der Institutionen nach dem Dritten EU-Binnenmarktpaket, DVBl. 2011, 61; *Theobald/Gey-Kern,* Das dritte Energiebinnenmarktpaket der EU und die Reform des deutschen Energiewirtschaftsrechts 2011, EuZW 2011, 896; *Wegner,* Regulierungsfreistellungen für neue Elektrizitäts- und Erdgasinfrastrukturen, 2011; *Boute,* The Quest for Regulatory Stability in the EU Energy Market: An Analysis through the Prism of Legal Certainty, ELRev 2012, 675; *Hofmann,* Regulierung und Wettbewerb. Koordinationsmechanismen im europäischen Energiesektor, 2013; *Erbguth/Schubert,* Leitlinien für die europäische Energieinfrastruktur, EurUP 2014, 70; *Kahles,* Kooperative Mechanismen im Elektrizitätsbinnenmarkt, 2014; *Waloszyk,* Law and Policy of the European Gas Market, 2014; *König/Baumgart,* Der EU-Binnenmarkt und die einheitliche Stromgebotszone in Deutschland, EuZW 2018, 491.

9 Damit die sekundärrechtlich ausdrücklich garantierte Wahlfreiheit des Energielieferanten auch praktisch in Anspruch genommen werden kann, wurden seit 2003 Maßnahmen ergriffen, um mittels der Verbesserung der grenzüberschreitenden Verbindung der Netze die traditionellen Versorgungsmonopole aufzubrechen (derzeit die beiden RLen 2009/73 (ABl. L 211/94) zum **Erdgasbinnenmarkt** und 2019/944 (ABl. L 158/125) zum **Binnenmarkt für Elektrizität**). Den diskriminierungsfreien Zugang zu den Netzen soll eine entsprechende Marktregulierung durch unabhängige **Regulierungsbehörden** gewährleisten, die vor allem die Nutzungsentgelte kontrollieren. Bei der Neufassung der RLen 2009 wurde der Sicherung der Versorgungssicherheit ein stärkeres Gewicht zugesprochen als zuvor; dem dienen auch spezifische Vorschriften mit Blick auf den Erwerb von Netzen durch Unternehmen aus Drittstaaten (Art. 11 RL 2009/73 und Art. 53 RL 2019/944). Die Vorschriften werden jeweils ergänzt durch Verordnungen zum grenzüberschreitenden Netzzugang (zum Stromhandel VO 2019/943, ABl. L 158/54, zum Gashandel VO 715/2009, ABl. L 211/36), die jeweils die Gründung entsprechender Netzbetreiberverbünde vorsehen. Außerdem wurden eine Agentur für die Zusammenarbeit der Energieregulierungsbehörden in Ljubljana gegründet (VO 2019/942, ABl. L 158/54) sowie Maßnahmen zur Sicherung der **Versorgungssicherheit** (heute zum Gas VO 2017/1938, ABl. L 280/1, zur Elektrizität VO 2019/941, ABl. L 158/1) ergriffen. Zur Förderung **erneuerbarer Energien** für die Elektrizitätserzeugung unten Rz. 23/12f. – Für den Transport von Strom und Gas ist auch die Politik der Transeuropäischen Netze bedeutungsvoll (Rz. 26/33).

10 Ziel ist insbesondere die Versorgung **aller Kunden** mit Strom bzw. Gas zu **angemessenen, vergleichbaren und transparenten Preisen.** Von einem wirklichen „Markt" ist man aber wegen der faktisch überaus engen Verbindungen von Gasförderung und -import einerseits, Stromerzeugung und -vertrieb andererseits noch deutlich entfernt. Eine zwingende Erklärung dafür, warum das Regulierungskonzept hier (anders als etwa im Bereich der Telekommunikation, Rz. 21/52) nicht zur Entstehung eines wirklichen Marktes geführt hat, gibt es wohl nicht. Ursache könnte sein, dass es anders als bei der Telekommunikation nicht nur um die Benutzung der Leitungen geht, sondern zugleich um einen Energieträger, der nur mittels dieser Leitungen transportiert werden kann.

Daher wurde im Vorfeld des Vorschriftenpaketes 2009 intensiv über **mögliche Entflechtungen** der Versorgungsunternehmen diskutiert, die jedoch kompetenz- und grundrechtlich auf heftige Kritik stießen. Immerhin muss dort, wo zuvor beide Aufgaben in einer Hand lagen, ein vom bisherigen Unternehmen völlig „Unabhängiger Übertragungsnetzbetreiber" für den Betrieb des Netzes verantwortlich sein. Dem bisherigen Unternehmen verbleiben also nur die vom Betreiber zu zahlenden Entgelte. Es hat jedoch, überwacht von der Regulierungsbehörde, keinen Einfluss auf den Netzbetrieb (Art. 17 RL 2009/73 und Art. 46ff. RL 2019/943; dazu *Gundel/Germelmann,* EuZW 2009, 763). Unabhängig davon veranlasste die KOM einige Energieversorgungsunternehmen im Rahmen eines wettbewerbsrechtlichen Verfahrens nach Art. 102 AEUV über eine Verpflichtungszusage nach Art. 9 KartellVO 2003/1 (dazu Rz. 20/45) zum Verkauf ihrer Netze. Ergänzend soll die VO 1227/2011, ABl. L 326/1 über die Integrität und Transparenz des Energiegroßhandelsmarkts den Wettbewerb insbesondere auf dem Energiebeschaffungsmarkt sichern. – Soweit die nationale Regulierungsagentur Entscheidungen trifft, die nicht nur die Netzbetreiber, sondern auch die Netznutzer in ihren Rechten tangieren, muss diesen ebenfalls Rechtsschutz gewährleistet werden (EuGH, 19.3.2015, Rs. C-510/13, „E.ON Földgáz").

c) Ökologische Aspekte der Energiepolitik

Literatur: *Wüstemann,* Die Vorgaben der Europäischen Union im Bereich der Energieeffizienz, 2011; *Nordmann,* Integrierte Energie- und Klimapolitik: die Sicherstellung der Erdgasversorgung, 2012; *Brinktrine/Ludwigs/Seidel* (Hrsg.), Energieumweltrecht in Zeiten von Europäisierung und Energiewende, 2014; *Peeters/Schomerus,* Renewable Energy Law in the EU, 2014, § 23; *Weidermann,* Energieumweltrecht in Zeiten von Europäisierung und Energiewende, EWS 2014, 34; *Kröger,* Die Förderung erneuerbarer Energien im Europäischen Elektrizitätsbinnenmarkt, 2015; *Müller/Kahl* (Hrsg.), Erneuerbare Energien in Europa, 2015; *Säcker/Scholz/Sveen* (Hrsg.), Renewable energy law in Europe, 2015; *Frenz,* Energiewende zwischen Warenverkehrsfreiheit und Beihilfenverbot, JA 2016, 321; *Ide,* Grenzüberschreitende Förderung erneuerbarer Energien im europäischen Strombinnenmarkt, 2017; *Kreuter-Kirchhof,* Der künftige Ausbau der erneuerbaren Energien in der EU, EuZW 2017, 829.

Wegen der begrenzten Ausbeutbarkeit der traditionellen Energieträger Öl, Gas und Kohle bemüht sich die Union seit langem um eine **Verringerung** des **Energieverbrauchs.** Zudem unterstützt sie die Erschließung und den Ausbau alternativer, erneuerbarer Energiequellen, also Energien aus **„nicht-endlichen" natürlichen Quellen** (insbesondere Wasserkraft, Wind, Sonnenenergie, Erdwärme, Biomasse; vgl. auch Rz. 33/32 zu Konflikten mit anderen umweltpolitischen Vorgaben). In den letzten Jahren sind die anspruchsvollen Ziele der **Klimapolitik** hinzugekommen (dazu auch Rz. 33/34). Um das Ziel der Reduktion der Treibhausgasemissionen bis 2030 um 40% zu erreichen, wurden die MSen verpflichtet, im Rahmen ihrer nationalen Pläne (Rz. 33/34) auch die Energiepolitik entsprechend auszugestalten; Rückzug aus der Kohle, erneuerbare Energien und Energieeffizienz sind dabei zentrale Stichworte (VO 2018/1999, ABl. L 328/1; dazu *Schlacke/Knodt,* ZUR 2019, 404). 11

Dabei sollen erneuerbare Energiequellen bis 2030 einen **Anteil von 32%** am Gesamtenergieverbrauch ausmachen (RL 2018/2001, ABl. L 328/82; für den Verkehrsbereich 14%). Diese Ziele sollen durch nationale Aktionspläne erreicht werden. In Deutschland dient dem u. a. das Gesetz über die erneuerbaren Energien EEG, dessen Vereinbarkeit mit dem Beihilfeverbot letztlich vom EuGH bestätigt wurde, weil die Mittel nicht von einer staatlichen Stelle umverteilt würden (EuGH, 28.3.2019, Rs. C-405/16 P; dazu *Ludwigs,* NVwZ 2019, 909). Eine kostenlose Verteilung von „grünem Strom" ist mit den Binnenmarktregeln nicht vereinbar (EuGH, 29.9.2016, Rs. C-492/14, „Essent Belgium"; dazu *Penttinen,* ELRev 2018, 106). Auch auf europäischer Ebene werden erneuerbare Energien gefördert (Fundstellenverzeichnis des geltenden EU-Rechts 12.30 und 12.60). Der Emissionshandel funktioniert allerdings bisher nicht wirklich überzeugend (Rz. 33/34). 12

Daneben soll der der Energieverbrauch durch **Steuerregelungen** (spezifische CO_2- und Energiesteuern u. a.) sowie die Sicherung der **Energieeffizienz und des Energiesparens** wirksam gebremst werden (vor allem RL 2012/27, ABl. L 315/1, zu Endenergieeffizienz und Energiedienstleistungen, etwa der Kraft-Wärme-Kopplung, weiterhin RL 2010/31, ABl. L 153/13, zur Energieeffizienz von Gebäuden; siehe ferner die Ökodesign-RahmenRL 2009/125, ABl. L 285/10, auf deren Grundlage das allmähliche Verbot der herkömmlichen Glühbirne beschlossen wurde). Daneben stehen bestimmte Fördermaßnahmen. 13

Insgesamt ist jedoch nicht zu übersehen, dass sich die EU ausgesprochen schwertut, ihre hochgesteckten Klimaziele so durch Maßnahmen zu untersetzen, dass tatsächlich eine reale Chance besteht, diese auch zu erreichen.

d) Außenbeziehungen

Literatur: *Gundel,* Das Beispiel des Energiecharta-Vertrages, AVR 2004, 157; *Woltering,* Die europäische Energieaußenpolitik und ihre Rechtsgrundlagen, 2010; *Guckelberger,* Energieaußenpolitik der Union, FS T. Stein, 2015, 573; *Gemmer,* Die Energieaußenhandelspolitik der Europäischen Union, 2017.

Die EU hat einen Beobachterstatus bei der **Internationalen Energieagentur (IEA)** der OECD inne, die sich der Versorgungssicherheit Westeuropas bei Erdöl widmet, und ist an der **Europäischen Energiecharta** (ABl. 1998, L 69/1 – Sitz: Brüssel) beteiligt. Die Charta schafft über die Mitgliedschaft der meisten europäischen Staaten einschl. Russlands, sowie Kanadas und der USA einen Rahmen für die **weltweite Energiekooperation der Industriestaaten** (*Schütterle,* Der Energiecharta-Vertrag, 1997). Mit osteuro- 14 päischen Staaten wurde zudem eine „Energiegemeinschaft“ gegründet (ABl. 2006, L 198/18). Auch sonst pflegt die EU einen umfassenden „Energie-Dialog“ mit einer Reihe von Drittstaaten. Zur Vermeidung von Störungen des Energiebinnenmarktes durch Absprachen zwischen MSen und Drittstaaten im Bereich der Energieversorgung müssen erstere die KOM entsprechend informieren (Beschl. 2017/684, ABl. L 99/1).

III. Das Kernenergieregime von EURATOM

Literatur: *Scherf,* Europäisches Nuklearrecht, 2008; *Grunwald,* Neue Entwicklungen des Euratom-Rechts, ZEuS 2010, 407; *Winkler,* Atomausausstieg via Europa?, DÖV 2011, 804; *Michel,* Concilier l'inconciliable: les régimes internationaux et européens de contrôle du commerce nucléaire, 2012; *Odendahl* (Hrsg.), Internationales und europäisches Atomrecht, 2013; *Grunwald,* Europäische Atomgemeinschaft, in: Hatje/Müller-Graff (Hrsg.), EnzEuR I, 2014, § 16; *Raetzke* (Hrsg.), Nuclear law in the EU and beyond, 2014; *Grunwald,* Der Euratom-Vertrag nach Lissabon, FS T. Stein, 2015, 543; *Popov,* La Communauté Euratom: de la personnalité juridique distincte à la consécration d'un ordre juridique propre, CDE 2018, 363.

1. Entwicklung von EURATOM und der Nutzung der Kernenergie in der EU

15 Ende der 1950er Jahre erschien der Aufbau eines neuen forschungs- und investitionsaufwändigen Energiezweigs ohne Unterstützung durch die öffentliche Hand und planwirtschaftliche Elemente nicht möglich. Deshalb wurde ein komplexes Instrumentarium zur Bewältigung der der EAG gestellten Aufgaben (Art. 2 EAGV) geschaffen. Zu wesentlichen Vertragsänderungen ist es – jenseits der Anpassung an institutionelle Entwicklungen im Bereich der EU – seit 1958 nicht gekommen. Unter dem Eindruck stärker gewordener **Kritik und Skepsis an der Nutzung der Kernenergie** haben sich aber seit den achtziger Jahren die **Aufgaben gewandelt.** Anstelle der ursprünglich beabsichtigten Förderung der Kernenergie stehen inzwischen Gesundheitsschutz und kontrollierte nukleare Sicherheit im Vordergrund.

16 Inhaltlich haben der **Verzicht auf Kernenergie** und der allmähliche **„Atomausstieg“** innerhalb der EAG in den letzten Jahren an Zustimmung gewonnen. Gut die Hälfte der Staaten haben von Anfang an oder durch vollständige Stilllegung auf die Nutzung der Atomenergie verzichtet, einige haben längerfristig einen Atomausstieg beschlossen. Diskussionen um den Klimaschutz haben der Atomkraft wieder Auftrieb verschafft; daran hat außer in Deutschland auch das Atomunglück im japanischen Fukushima im Jahre 2011 nichts Grundlegendes geändert. Die Entscheidung über die **Nutzung der Kernenergie** oder auch einen Atomausstieg bleibt **nationale Angelegenheit** (Rz. 23/3). Die Regelungen des EAG-Vertrags allerdings gelten in **allen** MSen. Manche Bestimmungen wie z. B. über den Strahlenschutz sind auch für MSen von Bedeutung, die auf Kernkraft verzichten.

2. Grundstruktur des EAG-Vertrages

17 Nach **programmatischen Grundsätzen** (Art. 1–3 EAGV) sind zehn Kapiteln (Art. 4–106 EAGV) die einzelnen Sachgebiete geregelt, auf denen die Gemeinschaft tätig wird (Rz. 23/18 ff.). Von besonderer Bedeutung ist das **sechste Kapitel (Versorgung).** Über eine Überarbeitung (vgl. Art. 76 Abs. 2 EAGV) konnte bislang keine Einigung erzielt werden. **Art. 101–106 EAGV** ermöglichen der Gemeinschaft, nach außen als Einheit aufzutreten und mit **Drittstaaten und Internationalen Organisationen** (insbes. IAEA, NEA, CERN) **Abkommen zu schließen.** Im Übrigen hat der Vertrag von Lissabon die institutionellen Regelungen des EAGV aufgehoben und durch einen entsprechenden Verweis auf EUV und AEUV ersetzt (Art. 106a EAGV). Allein für den Finanzbereich blieben die **abweichenden Vorschriften** bestehen. Insgesamt bilden EU- und EAG-Recht ein **einheitliches Integrationsrecht.** Danach stellt der EAGV zwar eine lex specialis zu EUV und AEUV dar (Art. 106a Abs. 3 EAGV), doch finden letztere als lex generalis subsidiär auch im Bereich der EAG Anwendung (zum Verbot der Diskriminierung aus Gründen der Staatsangehörigkeit EuGH, 27.10.2009, Rs. C-115/08, „ČEZ“). So werden etwa die Beihilfevorschriften

(Art. 107ff. AEUV) im **Kernenergiebereich** unter Berücksichtigung des **Auftrages von Art. 1, 2 EAGV** angewendet, wonach EURATOM die für die Entwicklung der Kernindustrie erforderlichen Voraussetzungen zu schaffen hat. Dementsprechend sind hier die Ausnahmen vom Beihilfeverbot eher die Regel (näher *Cusack,* CMLRev 2003, 117; *Pechstein,* EuZW 2001, 307). Die **militärische Nutzung der Kernenergie** unterliegt nicht dem EAGV (EuGH, 12.4.2005, Rs. C-61/03, „KOM/Vereinigtes Königreich").

3. Aufgaben von EURATOM

a) Versorgung mit Brennstoffen

18 EURATOM hat gemäß Art. 2 lit. d) EAGV für die regelmäßige und gerechte Versorgung aller Benutzer mit Erzen und Kernbrennstoffen zu sorgen **(gemeinsame Versorgungspolitik, Art. 52–76 EAGV).** Diese – bislang weitgehend problemlos bewältigte – Verteilungsaufgabe nimmt eine finanziell autonome **Agentur mit eigener Rechtspersönlichkeit** (Art. 53–56 EAGV, Satzung ABl. 2008, L 41/15) unter der Aufsicht der KOM wahr. Alle besonderen spaltbaren Stoffe im Bereich der Gemeinschaft sind **deren Eigentum** (Art. 86 EAGV). MSen, Unternehmen und sonstige Benutzer erhalten im Rahmen der gemeinsamen Versorgungspolitik lediglich **Nutzungs- und Verbrauchsrechte** am spaltbaren Material (Art. 87 EAGV).

b) Gesundheitsschutz und nukleare Sicherheit

19 Zentrale Bedeutung kommt dem Gesundheitsschutz der Bevölkerung und der nuklearen Sicherheit zu (Art. 2 lit. b) EAGV). Auf der Grundlage von **Art. 30–39 EAGV** wurden zum **Schutz vor radioaktiver Strahlung** zahlreiche RLen **(„Grundnormen")** zum Schutz der Bevölkerung vor ionisierender Strahlung, zur Festlegung von Grenzwerten für Radioaktivität in Lebensmitteln, zur handelspolitischen Beschränkung kontaminierter Einfuhren aus Drittstaaten u. a. m. erlassen. Hierbei berühren sich Gesichtspunkte des Gesundheitsschutzes nach dem EAGV mit Umweltschutz und Gesundheitspolitik nach dem AEUV (insbesondere RL 2009/71, ABl. L 172/18, zur Sicherheit kerntechnischer Anlagen sowie RL 2013/59, ABl. 2014, L 13/1, zum Strahlenschutz). Insgesamt sollen die Mitgliedstaaten einander grundsätzlich hinsichtlich der Sicherheit von Kernkraftwerken vertrauen können (dazu EuGH, 27.10.2009, Rs. C-115/08, „ČEZ").

20 Für die **nuklearen Abfälle** sollten die Staaten bis 2015 verbindliche Endlagerkonzepte entwickeln (RL 2011/70, ABl. L 199/48), die aber trotzdem nicht überall bestehen. Zu **Nukleartransporten** sieht die RL 2006/117 (ABl. L 337/21) ein obligatorisches gemeinsames Notifizierungssystem und einen einheitlichen Begleitschein für den Transport radioaktiver Abfälle und abgebrannter Brennelemente vor. Damit Kernstoffe „nicht anderen als den vorgesehenen Zwecken zugeführt werden" (Art. 2 lit. e) EAGV), sehen Art. 73–85 EAGV ein **Überwachungssystem der KOM** vor, das einen Bestandteil der weltweiten Verifikationen der Internationalen Atomenergiebehörde zwecks Einhaltung des **Atomwaffensperrvertrages** bildet.

c) Weiterentwicklung der Kernenergie (Forschung/Gemeinsame Unternehmen)

21 Die **Kernforschung** (Art. 4ff. EAGV) ist mittlerweile eingebettet in die allgemeine EU-Forschungs- und Technologiepolitik (Rz. 34/6). Zentrum der EAG-Forschung (und weiterer Gemeinschaftsforschung) ist die **Gemeinsame Forschungsstelle (GFS)** mit ca. 2500 Mitarbeitern und Anstalten in Mol/Belgien, Ispra/Italien, Karlsruhe/Deutschland und Petten/Niederlande. Außerdem fördert und koordiniert die EAG Kernforschung in den MSen. Zusammen mit dritten Staaten soll ein **gemeinsames Kernfusionsprojekt „ITER"** verwirklicht werden (siehe etwa die Entsch. 2007/198 des Rats, ABl. L 90/58 zur Bildung eines entsprechenden gemeinsamen Unternehmens).

IV. Ausblick

22 Im Bereich der Energiepolitik sind die **Kompetenzen** der EU bislang **begrenzt.** Wegen der hohen Sensibilität, die der **Wahl** zwischen den **verschiedenen Energiequellen**

zukommt, wird sich daran auch kaum etwas ändern. So hat die EU primär zwei Aufgaben jenseits der unmittelbaren Versorgung mit Energie. Zum einen muss sie für die **Integration** der nationalen **Energiemärkte** und für **Wettbewerb** auf diesen sorgen. Gerade im Bereich der leitungsgebundenen Energien Strom und Gas ist hier noch viel zu tun. Zum anderen muss auch die Energiepolitik einen Beitrag zur **Klimaschutzpolitik** der EU leisten.

§ 24. Landwirtschaft und Fischerei

Literatur: *Blumann/Blanquet* u. a. (Hrsg.), Politique agricole commune et politique commune de la pêche, 3. Aufl. 2011; *Gerbrandy/de Vries,* Agricultural Policy and EU Competition Law, 2011; *Queisner,* Rahmenbedingungen für eine umweltverträgliche Landwirtschaft im Europarecht, 2013; *MacMahon/Cardwell* (Hrsg.), Research Handbook on EU Agricultural Law, 2015; *Busse,* Agrarrecht, in: Schulze u. a. (Hrsg.), Europarecht, 4. Aufl. 2020, § 26; *Härtel,* Agrarrecht, in: Ruffert (Hrsg.), EnzEuR V, 2. Aufl. 2020, § 7; *dies.,* in: Terhechte (Hrsg.), Verwaltungsrecht der Europäischen Union, 2. Aufl. 2021, § 37.

I. Landwirtschaft und Fischerei: Administrierter Teil des Binnenmarktes

1. Gemeinsame Agrarpolitik (GAP) und Binnenmarkt

1 **Der Binnenmarkt umfasst auch die Landwirtschaft und die Fischerei,** einschließlich des Handels mit landwirtschaftlichen Erzeugnissen (Art. 38 Abs. 1 AEUV). Die **Grundfreiheiten des Binnenmarktes** (oben Rz. 22/1 ff.) gelten daher grundsätzlich auch im Agrarbereich. Nur erfährt die Landwirtschaft aus vielerlei traditionellen und sachlichen Gründen nicht nur in Europa vielfältige öffentliche Intervention; dies war vor Gründung der EWG auf nationaler Ebene ebenfalls so. Im Rahmen der europäischen Integrationen gingen und gehen die Entwicklung und das Funktionieren des gemeinsamen Marktes für landwirtschaftliche Erzeugnisse Hand in Hand mit der Gestaltung einer dirigistisch geprägten **Gemeinsamen Agrarpolitik** (GAP; Art. 38 Abs. 4 AEUV). – Die Regelungen der GAP sind **leges speciales** im Verhältnis zu den allgemeinen Binnenmarktregelungen (Art. 38 Abs. 2 AEUV).

2. Entwicklung der Gemeinsamen Agrarpolitik

Literatur: *Müller-Armack,* Die Dauerkrise der europäischen Agrarpolitik, APUZ 17/1970, 19; *Priebe,* Die subventionierte Unvernunft, 1985; *Schmitt,* Landwirtschaft – ein Ausnahmebereich?, ORDO 1990, 219; *Anderson* u. a., Agricultural Policy for the 21st Century, 1994; *Koester,* Die europäische Agrarpolitik – Eine Reform ohne Ende?, APUZ B 33–34/1995, 25; *Wolffgang,* Die europäische Agrarpolitik zwischen Markt und Plan, FS Hoppe, 2000, 949; *Wendt/Elicker,* Die Reform der Gemeinsamen Agrarpolitik und ihre Umsetzung in der BRD, DVBl. 2004, 665; *Borchardt,* Die Reform der Gemeinsamen Agrarpolitik, FS Zuleeg, 2005, 473; *Patel,* Europäisierung wider Willen. Die Bundesrepublik Deutschland in der Agrarintegration der EWG 1955–1973, 2009; *Bianchi,* „Une longue réforme tranquille“, RMCUE 2011, 523; *Götz,* 50 Jahre Gemeinsame Agrarpolitik – ihr Beitrag zur Verfassung und Verwaltung der Europäischen Union, JZ 2012, 53; *Rutz* u. a. (Hrsg.), Synthesis and Assessment of the Public Debate on the Reform of the CAP after 2013, 2013; *Gabdin,* La C.J.C.E.–C.J.U. E. et le réformisme du législateur agricole, FS Blumann, 2015, 621.

2 Zeitgeschichtlich war die Einbeziehung der Landwirtschaft in den Gemeinsamen Markt und die Entwicklung der GAP nach 1958 die Einlösung eines **großen Kompromisses zwischen den Agrar- und Industrieinteressen** der EWG-Gründerstaaten, vor allem zwischen Deutschland und Frankreich; im französischen Selbstverständnis spielt die Agrarpolitik bis heute eine wichtige Rolle. Durch die rasche Entwicklung mittels sekundären Gemeinschaftsrechts (Marktordnungen mit gemeinsamer Finanzierung) in den sechziger Jahren, zeitlich parallel zur Durchsetzung des Wettbewerbsrechts (Rz. 20/8), wurde die

GAP zu einem **Eckpfeiler des integrierten Europas.** Dies spiegelt sich in der **„Agrarlastigkeit" des EU-Haushalts** und einer umfangreichen Brüsseler Agrarrechtssetzung in Form von ephemeren Durchführungsregelungen wider. 1968 begann – zunächst begrenzt – neben der Marktordnungspolitik die **Agrarstrukturpolitik** als „zweite Säule" der GAP. In den 1970er Jahren wurde das Marktordnungssystem auf **über 90% der landwirtschaftlichen Erzeugnisse** ausgedehnt. Der Beitritt der maritim ausgerichteten Staaten Dänemark, Großbritannien und Irland zur EWG 1973 markierte den Beginn einer **gemeinsamen Fischereipolitik.** 1976 nahm die Gemeinschaft im Zuge der internationalen Seerechtsentwicklung eine Wirtschafts(= Fischerei)zone von 200 sm ab Küste als **„EG-Meer"** in Anspruch. Der Beitritt Griechenlands, Portugals und Spaniens (mit der größten Fischereiflotte der EWG) 1981/86 und das Pochen Englands auf „historische Fischereirechte" schufen mannigfache Probleme. Seit 1983 besteht auf der Grundlage der gemeinsamen Fischereiordnung (Rz. 24/38ff.) eine **EU-weite gemeinsame Fischereizone.**

Die Preisgarantien für wesentliche Agrarprodukte sorgten für eine Verbesserung der landwirtschaftlichen 3
Einkommen, aber auch für hohe Verbraucherpreise. Bei vielen Erzeugnissen wurde der Selbstversorgungsgrad zunehmend deutlich überschritten; es gab **erhebliche Produktionsüberschüsse.** Die EU tritt seither neben den USA als der zweite große **Agrarexporteur im Welthandel** auf, zog sich aber auch durch die Abschottung ihres Binnenmarktes und durch ihre Exportsubventionen viel Kritik zu. Die starke Rolle der divergierenden nationalen Interessen verhinderte auch lange Zeit eine Einbeziehung des Parlaments in die Gestaltung der EU-Agrarpolitik. Erst mit dem **Vertrag von Lissabon** hat sich dies geändert (Art. 43 AEUV).

Seit Ende der 1980er Jahre wird die GAP daher langsam umgesteuert mit den Zielen einer **Stärkung der** 4
Agrarstrukturpolitik („Entwicklung des **ländlichen Raums**"), der mittlerweile weitgehend erfolgten Ersetzung von produktionsbezogenen durch **erzeugerbezogene Beihilfen** bei gleichzeitiger **Begrenzung und Kürzung der Garantiefinanzierungen** im Übrigen (Rz. 24/23f.). Die KOM will die Agrarpolitik weiterentwickeln und dabei vereinfachen (COM(2017)713 final). Bis heute ist der Agrarhaushalt einer der größten Posten im EU-Budget. Radikalere Einschnitte in die GAP scheiterten vor allem am Widerstand Frankreichs.

Mit dem Abschluss der **GATT-Uruguay-Runde 1994/95** wurde der Weltagrarhandel erstmals in das Re- 5
gelwerk von GATT/WTO einbezogen (**„Agreement on Agriculture"**, ABl. 1994, L 336/22). Der Verbesserung des Zugangs konkurrierender Agrarexportländer (USA, Cairns-Gruppe, viele Entwicklungsländer) zum europäischen Agrarmarkt dient die **„Tarifikation"** der zum Außenschutz des EU-Agrarmarktes ergriffenen Maßnahmen, konkret die Umwandlung der besonders protektionistischen, variablen Abschöpfungen auf die Agrareinfuhrprodukte in feste Zölle bei einem gleichzeitigen deutlichen Zollabbau.

II. Primärrechtliche Grundlagen der Gemeinsamen Agrarpolitik

1. Zum Begriff der Landwirtschaft

Landwirtschaftliche Erzeugnisse sind nach Art. 38 Abs. 1 AEUV die Erzeugnisse des Bodens, der Vieh- 6
zucht und der Fischerei (**„Urproduktion"**) sowie die mit diesen in unmittelbarem Zusammenhang stehenden Erzeugnisse der **ersten Verarbeitungsstufe** (z. B. Margarine). Diese Definition stellt jedoch nur eine Grundaussage dar. Entscheidend dafür, was als landwirtschaftliches Erzeugnis im Sinne des Art. 38 AEUV angesehen wird, ist nach dessen Abs. 3 die konstitutiv wirkende **„Positivliste" des Anhanges I zum AEUV.** Bei neuartigen landwirtschaftlich geprägten Verarbeitungserzeugnissen ist Art. 352 AEUV heranzuziehen. Praktisch gehören alle klassischen Agrarerzeugnisse wie Getreide, Fleisch, Obst, Gemüse, Tabak, Fisch etc. sowie die bekannten Verarbeitungserzeugnisse wie z. B. Butter, Mehl, Öl, Zucker, Wein, Alkohol usw. zum Anwendungsbereich der Art. 38ff. AEUV. Im Grundsatz ausgeklammert aus der GAP bleibt die Forstwirtschaft. Für sie gelten nur gewisse allgemeine Maßnahmen der GAP wie die Regelungen zur Entwicklung des ländlichen Raumes gemäß VO 1305/2013 (ABl. L 347/487), vgl. auch Fundstellenverzeichnis des geltenden EU-Rechts 03.30.60).

2. Inhaltliche Vorgaben für die Gemeinsame Agrarpolitik

a) Ziele der Agrarpolitik (Art. 39 AEUV)

Die **inhaltlichen Ziele der GAP** sind in Art. 39 AEUV verankert. Der dortige Katalog 7
enthält einen **Kompromiss** zwischen den Interessen der bäuerlichen Produzenten

(lit. a-c: Steigerung der Produktivität, angemessene Lebenshaltung der landwirtschaftlichen Bevölkerung, Stabilisierung der Märkte) und denen der Verbraucher (lit. d und e: Versorgungssicherheit, angemessene Preise), mit einer gewissen Akzentuierung zugunsten der Landwirte. Bei der Gewichtung der zum Teil gegenläufigen Ziele verfügen die EU-Organe über einen **erheblichen Ermessensspielraum** (EuGH, 13.3.1968, Rs. 5/67, „Beus"; st. Rspr.). Unter den Zielen besteht **keine Rangordnung.** Zwar muss die **Gesamtbalance** zwischen bäuerlichen und Verbraucherinteressen beachtet werden (EuGH, 17.12.1981, verb. Rs. 197/80 u. a., „Ludwigshafener Walzmühle Erling"; st. Rspr.), doch stehen in der Praxis erstere letztlich im Vordergrund.

b) Prinzipien der Gemeinsamen Agrarpolitik

8 In der Praxis haben sich die genannten Ziele im sekundären Unionsrecht – vor allem in den Marktordnungen – in verschiedenen **Prinzipien der GAP** niedergeschlagen, die ebenfalls das Gewicht der landwirtschaftlichen Interessen offenbaren.

Die GAP bekennt sich im Sinne der Unionsverträge zur **„Markteinheit"**, d. h. zum freien Agrarwarenverkehr im Binnenmarkt (Rz. 24/11) sowie einer gemeinsamen Agraraußenhandelspolitik. Gleichzeitig sollen Marktordnungen sicherstellen, dass die Bauern **aus dem Verkauf ihrer Produkte auf dem Markt** ein ausreichendes Einkommen erzielen. Dieser Grundsatz wird jedoch zunehmend in Frage gestellt (Rz. 24/23).

9 Nach dem aus der Markteinheit entwickelten Grundsatz der **Unionspräferenz** (EuGH, 13.3.1968, Rs. 5/67, „Beus"; st. Rspr.) wird der **Agrarbinnenmarkt** gegen Niedrigpreiseinfuhren und Weltmarktschwankungen **grundsätzlich** auch im Außenverhältnis durch eine gewisse Bevorzugung der EU-Agrarwaren **geschützt.** Dieser **„Grundsatz"** ist mit anderen Zielsetzungen wie der Wahrung der preislichen Verbraucherinteressen und der in Art. 207 AEUV vorgesehenen liberalen Handelspolitik der EU auszubalancieren.

10 **Finanzielle Solidarität** ist die Folge der Markteinheit und der Unionspräferenz. Dazu haben sich Gemeinschaft und MSen seit 1962 in Gestalt der Europäischen Agrarfonds verstanden, die inzwischen Bestandteil des europäischen Haushalts sind (Rz. 24/36). Kofinanzierungen und gelegentliche nationale Agrarfinanzierungen sind möglich, solange das Prinzip der Markteinheit nicht angetastet wird.

c) Gemeinsame Agrarpolitik und allgemeine Vertragsregelungen

11 Die **Vorschriften des Binnenmarktes** finden auf landwirtschaftliche Erzeugnisse **Anwendung,** soweit die Spezialvorschriften für die GAP (Art. 39–44 AEUV) nichts anderes bestimmen (Art. 38 Abs. 2 AEUV). Damit läge nahe, die Ausnahmevorschriften über die GAP eng auszulegen. In der Praxis wurde jedoch für **Agrarhandel und GAP** ein ausgebautes **Sonderregime** für die landwirtschaftlichen Erzeuger errichtet. Protektionistische Agrarregelungen genießen auf diese Weise oft Vorrang vor freiheitlichen Ausprägungen des Binnenmarktes und der Handelspolitik. Der Gerichtshof hat diese Tendenzen unter Verweis auf den weiten Ermessensspielraum der politischen Organe der Union zumeist gebilligt (EuGH, 15.7.1982, Rs. 245/81, „Edeka"; st. Rspr.).

12 Im Einzelnen dürfen die MSen weder Zölle/zollgleiche Abgaben auf Agrarwaren erheben noch insoweit mengenmäßige Beschränkungen/MgW verhängen (EuGH, 20.4.1978, verb. Rs. 80/77 u. a., „SLCR und Ramel"; st. Rspr.). Nationale Marktordnungen dürfen den freien Warenverkehr nicht behindern (EuGH, 10.12.1974, Rs. 48/74, „Charmasson"). Aber auch der **Agrargesetzgeber der Union** ist bei der Gestaltung der GAP nach Art. 39ff. AEUV, insbesondere in Gestalt der Europäischen Marktordnungen, an den Grundsatz des freien Warenverkehrs im Sinne einer **„Einheit des Marktes"** gebunden (EuGH aaO.). Allerdings werden **systembedingte Einschränkungen** des freien Warenverkehrs für zulässig angesehen, soweit sie den – weitgespannten – Zielen der GAP nach Art. 39 AEUV dienen.

13 Beim **Agrar-Außenhandel** sind die GAP-Kompetenz (Art. 43 AEUV) und die handelspolitische Zuständigkeit (Art. 207 AEUV) gegeneinander abzugrenzen. Die beiden Vorschriften sind unterschiedlichen

„Geistes". Dem Bekenntnis des Art. 206 AEUV zur **weltoffenen Handelspolitik** stehen die den **Schutz der europäischen Landwirtschaft** in den Vordergrund stellenden Agrarziele des Art. 39 AEUV gegenüber. Soweit sich Maßnahmen systematisch in Regelungen der GAP einfügen wie die frühere Ersetzung der Außenzölle des GZT in den Marktordnungen durch agrarspezifische „Abschöpfungen" (unten Rz. 24/28), findet Art. 43 AEUV Anwendung. Auch sonst werden agrarpolitische Ziele oftmals liberaler Außenhandelspolitik vorangestellt. Ein markantes Beispiel bildete die frühere EU-Bananenmarktordnung aus dem Jahre 1993 (VO 404/93, ABl. L 47/1), um die jahrelang innerhalb der EU (EuGH, 5.10.1994, Rs. C-280/93, „Bananenmarkt"; BVerfGE 102, 147 „Bananenmarkt (2000)) und in der WTO (Panel- und Appelate-Body-Entscheidungen 1997–2000 bei *Weiß/Herrmann,* Welthandelsrecht, 2003, 73) gestritten wurde (dazu *Cascante/Sander,* Der Streit um die EG-Bananenmarktordnung, 1999; *Breuss/Griller/Vranes* (Hrsg.), The Banana Dispute, 2003).

Nach Art. 42 AEUV finden die **allgemeinen Wettbewerbsregeln der Art. 101 ff. AEUV** nur Anwendung, soweit dies nach Art. 43 AEUV sekundärrechtlich vorgesehen ist. Agrarpolitik hat in ihrem Bereich zwar grundsätzlich **Vorrang** vor der Wettbewerbspolitik (EuGH, 29.10.1980, verb. Rs. 138/79 u. a., „Isoglucose"). Eine entsprechende Regelung wurde aber bereits 1962 erlassen (zunächst VO 26/1962, ABl. P 30/993; heute vor allem Art. 206 und 211 VO 1308/2013 über die einheitliche gemeinsame Organisation der Agrarmärkte, ABl. L 347/671, ferner VO 1184/2006, ABl. L 214/7). Auch in der Landwirtschaft gilt daher – im Regelfall – das Wettbewerbsprinzip (EuGH, 26.6.1979, Rs. 177/78, „Pigs and Bacon Commission"). Daher dürfen etwa auch Erzeugerorganisationen nicht die Mengen zu verkaufender Agrarprodukte abstimmen oder strategische Informationen austauschen (EuGH, 14.11.2017, Rs. C-671/15, „APVE u. a."). Ebenso dürfen nationale Beihilfen ein marktordnungsrechtliches Preissystem nicht beeinträchtigen (EuGH, 23.1.1975, Rs. 51/74, „van der Hulst's Zonen"; st. Rspr.). Allerdings bestehen – eng auszulegende (EuGH, 12.12.1995, Rs. C-399/93, „H. G. Oude Luttikhuis") – Ausnahmen. So besteht das Verbot der Durchführung nationaler Beihilfen vor Kommissionsentscheidung (Rz. 21/30) im Agrarbereich nicht (Art. 3 VO 1184/2006, ABl. L 214/7). Näher zu alledem *Schweizer,* in: Immenga/Mestmäcker (Hrsg.), Wettbewerbsrecht, Band 1, 6. Aufl. 2019, Abschn. VI. 14

Außerdem muss die GAP auf Grund von **Querschnittsklauseln des AEUV** die Ziele und Interessen weiterer Politiken berücksichtigen. Das gilt für die mit der Landwirtschaft eng verbundene **Umweltpolitik** (Art. 11 AEUV, unten Rz. 33/19; dazu etwa EuGH, 16.7.2009, Rs. C-428/07, „Horvath", sowie zum Beitrag der Bodennutzung zu den Klimazielen (Rz. 33/34) VO 2018/841, ABl. L 156/1), den **Tierschutz** (Art. 13 AEUV, Rz. 33/46, und dazu EuGH, 12.7.2001, Rs. C-189/01, „Jippes"), die **Verbraucherpolitik** (Art. 12 AEUV, unten Rz. 36/5 ff.), die **Regionalpolitik** (Art. 174 ff. AEUV, oben Rz. 18/59 ff.) und die **Zusammenarbeit mit Drittländern** (Art. 208 ff. AEUV, unten Rz. 40/52 ff.). 15

3. Die Rechtsgrundlagen der Gemeinsamen Agrarpolitik

Zur Verwirklichung der Ziele des Art. 39 AEUV sehen Art. 40–44 AEUV verschiedene Instrumente vor. Nach Art. 40 Abs. 1 AEUV besteht die grundsätzliche Verpflichtung zur Schaffung einer **gemeinsamen Organisation der Agrarmärkte** (Rz. 24/19 ff.). Daneben steht die Agrarstrukturpolitik als „zweite Säule" der Agrarpolitik (Rz. 24/30 ff.). 16

Von Beginn an verfügte die heutige EU über die Befugnis zu einer **umfassenden Agrarrechtssetzung** (heute Art. 43 Abs. 2 und 3 AEUV). Seit dem **Vertrag von Lissabon** kommt das **ordentliche Gesetzgebungsverfahren** im Grundsatz auch bei der Landwirtschaft zur Anwendung. In der Zuständigkeit des Rats verbleibt allerdings nach Abs. 3 die politisch besonders sensible Festsetzung von Preisen, Abschöpfungen, Beihilfen und mengenmäßigen Beschränkungen (zur Abgrenzung EuGH, 7.9.2016, Rs. C-113/14, „D/KOM und Rat"; vgl. auch Rz. 24/38). 17

Trotz weitreichender Rechtssetzung begründen die Agrarkompetenzen keine ausschließliche Zuständigkeit (Art. 4 Abs. 2 lit. d) AEUV). Eine Ausnahme gilt für die Erhaltung der biologischen Meeresschätze (Rz. 24/38). Damit ist das **Subsidiaritäts-** 18

prinzip des Art. 5 Abs. 3 EUV **anwendbar.** Prinzipiell hat sich die GAP daher auf das **zur Erreichung der Ziele des Art. 39 AEUV Erforderliche zu beschränken.** Faktisch enthalten allerdings die europäischen Marktordnungen in ihrem Anwendungsbereich zumeist abschließende und damit nationales Recht sperrende Regelungen. Insgesamt ist die Agrarrechtsetzungskompetenz in der Praxis die am stärksten in Anspruch genommene Zuständigkeit der Union (Fundstellenverzeichnis des geltenden EU-Rechts 03 = mehrere hundert Seiten).

III. Sekundärrechtliche Ausgestaltung der Landwirtschaftspolitik

Literatur: *Groteloh/Booth,* Europäisches Marktordnungs- und Beihilferecht, in: Dombert/Witt (Hrsg.), Agrarrecht, 2. Aufl. 2016; *Busse,* Agrarmarktrecht zwischen Liberalisierung und Steuerung – Die Krisenmaßnahmen im Milchmarktrecht 2014 – 2016, DVBl. 2017, 473; *Mittermüller,* Umweltschutz im Europäischen Agrarrecht, 2017; *Norer* (Hrsg.), CAP Reform: Market Organization and Rural Areas, 2017; *Busse/Haarstrich,* Agrarförderrecht einschließlich EU-Primärrecht, EU-Kartellrecht und EU-Gerichtsbarkeit, 2. Aufl. 2018; *Ferraris,* The Role of Principle of Environmental Integration (Article 11 TFUE) in Maximising the „Greening" of the Common Agricultural Policy, ELRev 2018, 410; *Jung,* Vergabe von Unionsbeihilfen, dargestellt am Beispiel der Landwirtschaftssubventionen der Europäischen Union, 2019.

1. Die Europäischen Marktordnungen im Bereich der Landwirtschaft

19 Von den vertraglich vorgesehenen **drei Organisationsformen** unterschiedlichen Integrationsgrades (gemeinsame Wettbewerbsregeln, eine bindende Koordinierung der einzelstaatlichen Marktordnungen oder eine Europäische Marktordnung) ist in der Praxis nur die zuletzt Genannte von Bedeutung (**„Gemeinsame Marktordnung"**, Art. 40 Abs. 2 lit. c) AEUV). Es handelt sich dabei um eine in der Form einer Verordnung beschlossene **Gesamtheit rechtlicher Regelungen** für ein bestimmtes Erzeugnis, dessen Produktion und Vermarktung umfassend „europäisch" geregelt werden (Preisregelungen, Abnahmegarantie, Beihilfensysteme, Regelung des Drittlandshandels u. a. m.; Definition bei EuGH, 10.12.1974, Rs. 48/74, „Charmasson"). Dabei untersagt Art. 40 Abs. 2 AEUV eine **Diskriminierung zwischen Erzeugern und Verbrauchern** innerhalb der Marktordnungen. Dieses Diskriminierungsverbot wird als ein spezifischer Ausdruck des umfassenden, vor allem in Art. 18 AEUV niedergelegten Gleichheitssatzes des Unionsrechts im Sinne des **Willkürverbotes** begriffen (EuGH, 19.10.1977, verb. Rs. 117/76 u. a., „Ruckdeschel"; vgl. auch Rz. 17/66, st. Rspr.).

20 Im Laufe der Zeit wurden für die meisten landwirtschaftlichen Erzeugnisse solche Marktordnungen geschaffen. Am weitesten in der Verfolgung von Unionspräferenz und Unionsfinanzierung gehen **Regelungen zur Marktsicherung,** bei denen die Binnensicherung durch garantierte Preise iVm staatlichem Aufkauf mit einer effektiven Außensicherung kombiniert werden. Für andere Produkte gibt es allein einen Außenschutz. Bei manchen Erzeugnissen bestehen lediglich Handelsregelungen. Daneben bestehen umfangreiche Direktzahlungen (Rz. 24/23).

21 Ursprünglich gab es für jedes Produkt eine eigene Marktordnung. Die Ähnlichkeit der allgemeinen Regelungsstrukturen war im Jahre **2007** Anlass, eine **einheitliche gemeinsame Marktordnung** für alle Produkte zu schaffen, für die überhaupt ein entsprechender Regelungsbedarf bestand (nunmehr VO 1308/2013, ABl. L 347/671). Die (jeweils unterschiedlichen) produktspezifischen Regelungen finden sich in entsprechenden Anhängen zu dieser VO, zum Teil auch in gesonderten VOen. Grundsätzliche inhaltliche Änderungen waren mit dieser Neuregelung nicht verbunden.

a) Finanzrelevante Regeln für den Agrarbinnenmarkt

22 Ist ein **Preissystem** vorgesehen, soll dieses zum Zuge kommen, wenn die realen Agrarpreise so niedrig sind, dass die Direktbeihilfen die „angemessene Lebenshaltung" der Landwirte (Art. 39 Abs. 1 lit. b)

AEUV) nicht ermöglichen. Ausgangspunkt ist der **Referenzpreis.** Er ist nach Art. 43 Abs. 3 AEUV weiterhin vom Rat festzusetzen (Rz. 24/17) und soll den zur Sicherung der Einkommen der Landwirte erforderlichen Marktpreis darstellen. **Unterschreitet** der reale Marktpreis den Orientierungspreis, kaufen staatliche Stellen (in Deutschland die Bundesanstalt für Landwirtschaft und Ernährung in Bonn, BLE; Rz. 24/35) zum ebenfalls „politisch" festgesetzten **Interventionspreis** Überschüsse auf (zu Einzelheiten VO 1370/2013, ABl. L 346/12). Die staatlich aufgekauften Bestände lassen sich meist nicht marktgerecht veräußern. Sie werden dann mit „künstlichen" Maßnahmen (verbilligten Sonderverkäufen einschl. Drittlandsausfuhren, Verarbeitung (z. B. Destillation) oder Vernichtung („Denaturierung")) „verramscht". Wegen intensiver Kritik wird das Interventionssystem in seinem Anwendungsbereich zunehmend eingeschränkt. Während vor 30 Jahren die Marktstützungsmaßnahmen noch etwa 90% der Mittel beanspruchten, sind es mittlerweile nur noch 5%.

Stattdessen sind Einkommensbeihilfen, sog. **Direktzahlungen** oder auch **Betriebsprämien,** das zentrale Instrument der Einkommenssicherung für die Landwirte geworden (nunmehr VO 1307/2013, ABl. L 347/608; DurchführungsVO 640/2014, ABl. L 181/48). Sie machen mittlerweile knapp drei Viertel der europäischen Agrarausgaben aus. Diese Zahlungen sind vom aktuellen Umfang der Produktion abgekoppelt; sie richten sich je nach Entscheidung des MS nach der bewirtschafteten Fläche – so auch in Deutschland – oder nach den früheren Zahlungen (mit zunehmend schwindender Legitimation). Dank der zunehmenden Einsicht, dass sich die Agrarpolitik auch an qualitativen Gesichtspunkten orientieren muss, ist Voraussetzung für den Erhalt von Direktzahlungen die Beachtung von festgelegten **„Grundanforderungen an die Betriebsführung",** die für die Bereiche Gesundheit von Mensch, Tier und Pflanzen, die Umwelt und den Tierschutz festgelegt werden (heute Art. 43ff., Art. 93ff. VO 1306/2013, ABl. L 347/549 „Cross compliance"). Der Landwirt ist damit entgegen dem (allerdings ohnehin nur begrenzt verwirklichten) Marktprinzip (oben Rz. 24/8) weitgehend zum **„Landschaftspfleger"** geworden. Die praktische Umsetzung dieser Vorgaben ließ aber offenbar zumindest in der Vergangenheit stark zu wünschen übrig (Sonderbericht 8/2008 des Europäischen Rechnungshofes). Die Missachtung der Vorgaben oder auch schlicht falsche Angaben rechtfertigen Kürzungen oder den Ausschluss von Hilfen, in der Regel in Höhe von 3% der Hilfen. Gekürzt werden kann auch, wenn für einen Fehler Dritte wie ein Pächter verantwortlich sind (EuGH, 13.12.2012, Rs. C-11/12, „Maatschap L.A."; 2.10.2014, Rs. C-525/13, „Gewest"). Eine strafrechtliche Kompetenz wird damit nicht in Anspruch genommen (EuGH, 5.6.2012, Rs. C-489/10, „Bonda"). 23

Ferner sollen die MSen sicherstellen, dass alle landwirtschaftlichen Flächen, auch wenn sie nicht mehr für die Erzeugung genutzt werden, „in gutem landwirtschaftlichen und ökologischen Zustand erhalten bleiben" (Art. 94 VO 1306/2013, ABl. L 347/549). Damit wird die Konsequenz aus zahlreichen Skandalen (zu BSE siehe Rz. 24/25) gezogen, aber auch dem Querschnittsgebot des Umweltschutzes (Art. 11 AEUV) Rechnung getragen. Künftig sollen nach Maßgabe „nationaler Strategiepläne" 20 bis 30% der Direktzahlungen unmittelbar an die Verfolgung ökologischer Zielsetzungen geknüpft werden; konkrete Entscheidungen stehen für 2021 an.

Außerdem wurden die Betriebsprämien in den letzten Jahren zunehmend degressiv proportional ausgestaltet, was Konsequenzen vor allem in Ostdeutschland zeitigt. Die frei werdenden Beträge werden für die Agrarstrukturpolitik (dazu Rz. 30ff.) verwendet („Modulation"; zur Zulässigkeit EuGH, 14.3.2013, Rs. C-545/11, „Agrargenossenschaft Neuzelle"). 24

b) Agrarrechtsangleichung

Zur Gewährleistung eines **freien Agrarbinnenhandels** waren vielfach **einheitliche Produktstandards** vorgesehen. Damit sollten nicht nur gesundheitspolitischen o. ä. Anliegen Rechnung getragen werden. Auch sind für die unionsweite Handelbarkeit vieler Produkte Handelsklassen und vergleichbare Qualitätsstandards wichtige Voraussetzung. Auch insoweit ist **Art. 43 AEUV** Rechtsgrundlage (EuGH, 6.11.1989, Rs. C-131/87, „KOM/Rat"; st. Rspr.; mit Ausnahme der Bereiche Veterinärwesen und Pflanzenschutz nach Art. 168 Abs. 4 lit. b) AEUV). Einige Bestimmungen fanden (in teilweiser Verkennung dieser Problematik) in der Öffentlichkeit allerdings vielfach Kritik und wurden daher abgeschafft (VO 1221/2008, ABl. L 336/1). Werden vorgeschriebene Standards und Kontrollen nicht eingehalten, können andere Mitgliedstaaten ggf. auch nationale Einfuhrverbote erklären, wie dies im Fall des zunächst (nach nachlässiger Handhabung europäischer Veterinärregeln) 1986 in Großbritannien ausgebrochenen **„Rinderwahnsinns"** (BSE = **b**ovine **s**pongiforme **E**nzephalopatie) mit Billigung durch KOM und Gerichtshof geschah (EuGH, 5.5.1998, Rs. C-157/96, „National Farmers Union" und Folge-Rspr.). 25

26 Im Einzelnen ergeben sich zugleich viele Zusammenhänge mit dem und Abgrenzungsfragen zum **Lebensmittelrecht** (Rz. 33/64f.). Gleiches gilt für die **Gesundheits- und Verbraucherschutzpolitik** (Art. 168f. AEUV), den Umweltschutz im Bereich Gentechnik (Rz. 33/42) sowie – z. B. im Bereich der Gentechnologie („Novel Food") – die **Industriepolitik und Forschung** und **technologischer Entwicklung** (Art. 173, 179 AEUV). Mittlerweile ist eine kaum noch überschaubare **Fülle an Agrarrechtsangleichungsakten** in Bezug auf Futtermittel, Pflanzenschutz (zum Streit um Glyphosat siehe EuGH, 1. 10. 2019, Rs. C-616/17, „Blaise" zur RL 1107/2009, ABl. L 309/1, ferner EuGH, 3. 9. 2020, Rs. C-784/18, „Mellifera"), Veterinärwesen, Tierzucht, Saat- und Pflanzgut, Farbstoffe, Konservierungsmittel, gentechnologisch veränderte Agrarerzeugnisse u. a. m. ergangen. Für etliche agrarnahe Lebensmittel wurden die Qualitätsstandards einschließlich der Ursprungsbezeichnungen vereinheitlicht (VO 1151/2012, ABl. L 343/1). Bei der schwierigen Wahl der jeweiligen Rechtsgrundlage ist wie generell das **Hauptziel des Rechtsaktes** maßgeblich (EuGH, 9. 10. 2001, Rs. C-377/98, „Niederlande/Rat"; vgl. auch Rz. 33/21).

c) Ergänzende Marktregelungen

27 Um das durch die Preisregelungen bewirkte Anwachsen der Agrarproduktion zu begrenzen, wurden für einige Produkte **Produktionsobergrenzen** („Milchquote") oder auch Programme zur **Flächenstilllegung** eingeführt, aber mittlerweile vor dem Hintergrund der zunehmenden Umstellung der Finanzierung auf Direktzahlungen (Rz. 24/23) wieder abgeschafft.

d) Regeln für den Agraraußenhandel

28 Das Außenregime der Marktordnungen sollte die **europäische Landwirtschaft** vor billigeren Drittlandserzeugnissen **schützen** und den **Export** von EU-Agrarüberschüssen in Drittländer **fördern.** Beide Prinzipien brachten die GAP in Konflikt mit der WTO (zu den Lösungsversuchen Rz. 24/5). Für manche Produkte bestehen **Schutzklauseln,** die bei „Störungen des Binnenmarktes" einfuhrhemmende Maßnahmen ermöglichen. Sie müssen WTO-konform ausgestaltet sein.

29 **Agrarexporte** aus der EU werden durch ein (im Rahmen der WTO umstrittenes) System von **„Ausfuhrerstattungen"** erleichtert. Diese Beihilfen aus dem Garantiefonds „schleusen" teurere Agrarprodukte auf den Weltmarktpreis „hinunter" (VO 612/2009, ABl. L 186/1). Das Erstattungssystem wird durch weitere Maßnahmen ergänzt. Bei bestimmten Agrarerzeugnissen wird die Einfuhr auch gefördert, u. a. durch Verträge der EU mit wichtigen Produzentenstaaten (z. B. Zucker).

2. Agrarstrukturpolitik („Entwicklung des ländlichen Raumes")

a) Aufgaben und Grundlagen der Agrarstrukturpolitik

30 Die **Agrarstrukturpolitik** ist neben der Marktpolitik die **zweite Säule der GAP.** Da die traditionellen Mechanismen der europäischen Marktorganisationen nicht ausreichen, um die Ziele des Art. 39 AEUV zu verwirklichen, wird zunehmend versucht, durch **Verbesserung der Strukturen der landwirtschaftlichen Betriebe** die Lage des ländlichen Raumes zu verbessern (Modernisierung von Betrieben, Einstellung unrentabler Tätigkeit, Niederlassungshilfen für Junglandwirte, Qualifizierung der Landwirte, umweltbewusste Landwirtschaft, Stilllegung von Anbauflächen, Verbesserung der Verarbeitung und Vermarktung u. a. m.). In den Verträgen ist die Agrarstrukturpolitik nur **schwach verankert** (Art. 39 lit. a), 41 und 42 AEUV), doch wird Art. 43 Abs. 2 AEUV inzwischen auch insoweit genutzt. Durch die Verknüpfung mit der allgemeinen Strukturpolitik (Rz. 18/59ff.) sind die Art. 174ff. AEUV auch im Bereich der Landwirtschaft anwendbar.

b) Entwicklung der Agrarstrukturpolitik

31 Die Strukturpolitik sollte bereits 1959 in einem ausgewogenen Verhältnis zur Marktpolitik stehen. Tatsächlich gab erst die **Einführung der allgemeinen Strukturpolitik** (wirtschaftlicher und sozialer Zusammenhalt, Rz. 18/59ff.) durch die EEA 1987 der Agrarstrukturpolitik die notwendigen Impulse; spätere

Reformen werteten sie weiter auf. Etliche Maßnahmen (u. a. Förderung umweltbewusster Landwirtschaft, Stilllegung von Anbauflächen) sollten die Expansion der Preisgarantiezahlungen eingrenzen und führten zu einer Verzahnung mit der **Umweltpolitik.** Die Agrarstrukturpolitik blieb stärker als die Marktpolitik **gemischt europäisch-national** geprägt (u. a. Prinzip der Kofinanzierung sowie nationaler Strategiepläne). Neben die allgemeine sind seit den neunziger Jahren **regionale** (z. B. für Berggebiete oder für Gebiete in äußerster Randlage der EU) und **sektorielle** Strukturpolitiken getreten (z. B. für die Fischerei, Rz. 24/45). Mit der **Agenda 2000** der GAP ist die Agrarstrukturpolitik vollends aus dem Schatten der Marktpolitik getreten. Das finanzielle Gesamtvolumen der Strukturmaßnahmen erhöhte sich beträchtlich.

c) Stand der Agrarstrukturpolitik

Seit 2014 ist die **VO 1305/2013** (ABl. L 347/487, mit weiteren Durchführungsrege- 32
lungen) über die Förderung der **Entwicklung des ländlichen Raumes** durch den Europäischen Landwirtschaftsfonds für die Entwicklung des ländlichen Raumes (ELER) das zentrale Instrument der Agrarstrukturpolitik. Mit ihr sollen Wettbewerbsfähigkeit von Land- und Forstwirtschaft durch Hilfen bei der Umstrukturierung, der Entwicklung und der Innovation gefördert, Umwelt und Landschaft durch Unterstützung der Landbewirtschaftung geschützt und Lebensqualität im ländlichen Raum gesteigert sowie die Wirtschaft diversifiziert werden. Die Grundlagen für die Entwicklung des ländlichen Raumes bilden von den Mitgliedstaaten erarbeitete und von der KOM zu genehmigende Programme (Art. 6ff.). Diese werden wiederum auf der Grundlage von europäischen Leitlinien für die **allgemeine EU-Strukturpolitik** (oben Rz. 18/59ff.) entwickelt (Art. 4 der allgemeinen FondsVO 1303/2013, ABl. L 347/320). Alle Maßnahmen müssen von den MSen **kofinanziert** werden. Weitere begleitende Agrarstrukturmaßnahmen betreffen Agrarstatistik, Agrarforschung und ein Informationsnetz landwirtschaftlicher Buchführungen (Fundstellenverzeichnis des geltenden EU-Rechts 03.30).

Insgesamt kann die Agrarstrukturpolitik seit der **Agenda 2000** nach der Vielfalt der 33
Maßnahmen und dem dahinter stehenden Finanzvolumen mit Recht als die **„zweite Säule" der GAP** neben der Marktpolitik bezeichnet werden. Der Ausbau der strukturellen Maßnahmen zu Lasten der Marktpolitik geht weiter. Damit wird dem Überschussproblem begegnet. Als Kehrseite der Entwicklung wandeln sich die Landwirte zunehmend von unternehmerischen Produzenten zu Subventionsempfängern („Landschaftsgärtner").

3. Verwaltung und Finanzierung der Marktordnungen

a) Agrarverwaltung

Den zentralen rechtlichen Rahmen für die Durchführung der Marktordnungen bildet 34
heute die VO 1306/2013 (ABl. L 347/549). Daneben bedarf es, um das Marktgeschehen bei den betreffenden Produkten im Sinne der Marktordnungsziele zu beeinflussen, zahlreicher **Einzelregelungen,** beispielsweise preislicher Art oder beim Außenschutz. Diese Durchführungsmaßnahmen werden meist in Gestalt von „Durchführungsverordnungen" gemäß Art. 291 Abs. 2 AEUV von der KOM beschlossen. Diese wird dabei von **Ausschüssen** nationaler Beamter für das betreffende Produkt (z. B. Verwaltungsausschuss für Getreide) unterstützt (dazu oben Rz. 11/38).

Die weitere verwaltungsmäßige Durchführung der Marktordnungen obliegt gemäß 35
den allgemeinen Regeln (oben Rz. 12/23ff.) den hierfür bestimmten **Behörden in den MSen.** In Deutschland sind dies die **Bundesanstalt für Landwirtschaft und Er-**

nährung (BLE) mit Sitz in Bonn, ferner für den Agrardrittlandshandel die Zollbehörden (Gesetz zur Durchführung der Gemeinsamen Marktorganisationen, neu bekannt gemacht durch G. v. 24.6.2006, BGBl. I 1847). Die MSen unterliegen bei der Anwendung des EU-Agrarrechts der Aufsicht durch die KOM nach Art. 17 EUV, 258 AEUV (*Gaster,* Die Überwachung der Anwendung des Agrargemeinschaftsrechts durch die MSen, 1990). Für Fehler bei der nationalen Ausführung des gemeinsamen Agrarrechts haften grundsätzlich die MSen (EuGH, 18.10.1984, Rs. 109/83, „Eurico").

b) Gemeinsame Agrarfinanzierung

36 Die Unionsfinanzierung (**„finanzielle Solidarität"**) ist ein tragendes Prinzip der GAP. Da die Agrarausgaben immer noch **rund 40% des EU-Haushalts** ausmachen, bedeutet dies ein erhebliches finanzielles Engagement vor allem der Nettozahler. Zur Abwicklung der Finanzierung wurde 1962 der Europäische Ausrichtungs- und Garantiefonds für die Landwirtschaft (EAGFL) in Verbindung mit den ersten Marktordnungen geschaffen (VO 25/1962, ABl. P 30, 991) und nach 1970 als **unselbständiger Teil** in den **EU-Haushalt** integriert. Mit Wirkung ab dem 1.1.2007 wurden die beiden Abteilungen Ausrichtung und Garantie getrennt in den **Europäischen Garantiefonds für die Landwirtschaft** (EGFL), der die produkt- und die produzentenbezogenen Leistungen verwaltet, und den **Europäischen Landwirtschaftsfonds für die Entwicklung des ländlichen Raumes** (ELER), der die Agrarstrukturpolitik finanziert (zu Einzelheiten siehe nunmehr VO 1305 und 1306/2013, ABl. L 347/487 und 549). Der Garantiefonds finanziert vor allem die **Interventionen** zur Regulierung der Agrarmärkte (Preissystem und Einkommensbeihilfen), die **Ausfuhrerstattungen** und einige sonstige Maßnahmen, u. a. im Sinne von Strukturpolitik auch Maßnahmen zur **Entwicklung des ländlichen Raums.** Seit den Reformen 1987/88 gelten für die Agrarausgaben feste Begrenzungen durch die **Agrarleitlinien** der EU-Haushaltsdisziplin (oben Rz. 24/4), deren Einhaltung insbesondere durch die interinstitutionelle Vereinbarung der EU-Organe vom 17.5.2006 (Rz. 8/9) gewährleistet werden soll. Die Ausgaben im Rahmen der Marktordnungspolitik werden im Grundsatz vollständig von der Union getragen. „Technisch" werden die Ausgaben zunächst national vorfinanziert und nach einem Rechnungsabschlussverfahren **zurückerstattet,** es sei denn, dass die Mittel ohne hinreichende Kontrolle oder materiell rechtswidrig eingesetzt wurden. Nicht selten führt dies zu Rechtsstreitigkeiten, sei es vor den nationalen Gerichten, sei es vor dem Gerichtshof (zu den damit verbundenen Problemen einander widersprechender Erwartungen EuGH, 30.1.2019, Rs. C-587/17 P, „Belgien/KOM"). In Deutschland werden nicht erstattete Beträge nach Art. 104a Abs. 6 GG der jeweils verantwortlichen politischen Ebene angelastet. Die strukturpolitischen Maßnahmen werden hingegen regelmäßig national kofinanziert.

37 Die Milliardenhaushalte der Agrarfonds sind ein bevorzugtes Objekt **betrügerischer Praktiken,** die von der Union und den MSen gemeinsam bekämpft werden (dazu Art. 325 AEUV). Daher sind regelmäßige Prüfungen nach definierten Standards vorgeschrieben (Art. 58ff. VO 1306/2013, ABl. L 347/549). Falsche Anträge können zu Kürzungen, ggf. auch zum vollständigen Verlust der Förderansprüche führen (Rz. 24/23). Der Verbesserung der Kontrollmöglichkeiten dient eine Datenbank (InVeKoS, Art. 67ff. VO 1306/2013). Die zunächst umfassend vorgesehene unternehmensbezogene Veröffentlichung der Höhe der Subventionen (VO 259/2008,

ABl. L 76/28) wurde vom EuGH mit Blick auf natürliche Personen aus Datenschutzgründen nicht akzeptiert (Rz. 33/81) und daher zunächst auf juristische Personen beschränkt (VO 410/2011, ABl. L 108/24). Nunmehr gilt eine schwellenwertbezogene Regelung (Art. 111 ff. VO 1306/2013, ABl. L 347/549).

IV. Gemeinsame Fischereipolitik

Literatur: *Wakefield,* Sustainability and Socio-Economic Need in the Common Fisheries Policy, ELRev 2010, 476; *Markus,* Wege zu einer nachhaltigen EU-Fischereiaußenhandelspolitik, EuR 2013, 697; *Cudennec/Guegen-Hallouet,* L'UE et la mer, 2019; *Wawerijn/Nieuwenhout,* Swimming in ECJ case law: the rocky journey to EU Law applicability in the continental shelf and exclusive economic zone, CMLRev 2019, 1623.

Die **Fischerei** zählt als „Urproduktion“ zur Landwirtschaft im weiteren Sinne. Seit 38
dem Vertrag von Lissabon kommt dies bereits in der Bezeichnung des Titels des AEUV zum Ausdruck. Die Fischerei ist nach Art. 38 AEUV Bestandteil des Binnenmarktes und als **Gemeinsame Fischereipolitik (GFP)** ein besonderes Regime im Rahmen der Gemeinsamen Agrarpolitik. Die GFP wurde durch die verschiedenen **Beitritte großer Seefahrernationen** (u. a. Großbritannien und Spanien) ausgebaut. Sie weist im Verhältnis zur GAP verschiedene Besonderheiten auf. Ein Teil der GFP, nämlich die **Erhaltung der biologischen Meeresschätze,** fällt in die ausschließliche Zuständigkeit der EU (Art. 3 Abs. 1 lit. b) AEUV; dazu EuGH, 20.11.2018, verb. Rs. C-626/15 u. a., „KOM/Rat“). Die für die Landwirtschaft dargestellten primärrechtlichen Grundsätze (Rz. 24/6 ff.) sind auch hier anwendbar. Zentrale Kompetenzgrundlage ist daher auch hier Art. 43 Abs. 2 AEUV, der auf das ordentliche Gesetzgebungsverfahren verweist; bestimmte technische Fragen wie die Festsetzung und Aufteilung der Fangquoten werden nach Art. 43 Abs. 3 AEUV vom Rat entschieden (zur Abgrenzung etwa EuGH, 26.11.2014, verb. Rs. C-103/12 u. a, „EP und KOM/ Rat“; 1.12.2015, verb. Rs. C-124/13 u. a., „EP und KOM/Rat“; vgl. auch Rz. 24/17).

1. Tatsächliche Besonderheiten der Gemeinsamen Fischereipolitik

Einige tatsächliche Besonderheiten erklären die Sonderstellung der GFP innerhalb der 39
allgemeinen Agrarpolitik. Die **Fischbestände** als ihr Wirtschaftsgut sind durch die modernen Fangmethoden ständig gefährdet **(„Überfischung“).** Anders als die GAP muss die GFP sich mit **Knappheit** und nicht mit Überfluss der Bestände auseinandersetzen. Die Marktregelungen müssen Fragen des **Bestandsschutzes** und der Verteilung von **Fangrechten** lösen, bevor die typischen Marktordnungsfragen (Preise, Vermarktung, Außenhandel) angegangen werden können. Außerdem ist der Fischer anders als der Bauer **nicht an einen Ort gebunden,** sondern kann sich grundsätzlich im gesamten Weltmeer betätigen. Zudem können Fischer oder Fischereiunternehmen ihre Schiffe unter **Flaggenwechsel** in einem anderen MS als ihrem Herkunftsstaat registrieren lassen.

2. Gemeinsame Fischereipolitik und internationales Seerecht

Bei der Gestaltung der GFP müssen gemäß den für die EU und die MSen verbind- 40
lichen Regeln des internationalen Seerechts, insbesondere des **UN-Seerechtsübereinkommens** v. 10.12.1982 (BGBl. 1994 II 1798 = ABl. 1998, L 179/1), verschiedene Meeresregime unterschieden werden, insbesondere:

- **Küstengewässer** (i. d. R. 12 sm) als Bestandteil des Hoheitsgebietes des Küstenstaates;
- **200-sm-Wirtschaftszone;** in ihr können Küstenstaaten u. a. die Fischereirechte für sich beanspruchen. Die EU nimmt die nationalen Wirtschaftszonen seit 1976 (Ratsresolution v. 3.11.1976) als **„EU-Meer"** in Atlantik, Nord- und Ostsee (nicht im Mittelmeer) für sich in Anspruch (vgl. schon Rz. 24/2);
- **Hohe See** (jenseits von 200 sm); hier darf vorbehaltlich völkerrechtlicher Schonregelungen frei gefischt werden.

EU-Fischfang kann sowohl innerhalb des EU-Meeres als auch auf Hoher See oder gemäß vertraglicher Abmachungen in den **Wirtschaftszonen dritter Staaten** (z. B. vor den USA, Kanada oder Westafrika) betrieben werden. Daneben ist die europäische Fischereipolitik in verschiedene Kooperationsabkommen eingebunden.

3. Entwicklung der Gemeinsamen Fischereipolitik

41 In der ursprünglichen Sechsergemeinschaft hatten sich die MSen 1970 im Sinne des heutigen Diskriminierungsverbotes nach Art. 18 AEUV den **gleichen Zugang ihrer Fischer** in die nationalen Hoheitsgewässer eingeräumt. Beim **britisch/dänisch/irischen** Beitritt 1973 erreichten diese Seefahrernationen eine **Einschränkung.** Die MSen durften ihre **12 sm-Küstengewässer** Fischereifahrzeugen vorbehalten, die traditionell von der angrenzenden Küste aus dort fischen. Neben den eigenen Fischern sind dies solche aus anderen MSen, die hier über „historische Fangrechte" verfügen. Diese Regelung (heute Art. 5 Abs. 2 VO 1380/2013, ABl. L 354/22) wird regelmäßig befristet fortgeschrieben – derzeit bis 2022. Praktisch betraf dies nicht zuletzt französische Fischer, die in britischen Gewässern fischten. Die Fortführung dieser Regelung stellte bei den Post-Brexit-Gesprächen einen wichtigen, aber schwierigen Punkt dar. Außerhalb der 12 sm-Zone gilt das **Prinzip des gleichen Zugangs zum EU-Meer** (EuGH, 16.2.1978, Rs. 61/77, „KOM/Irland"). Im Zuge des Brexit stellt sich die Frage, ob EU-Fischer weiter in britischen Gewässern fischen dürfen.

4. Stand der Gemeinsamen Fischereipolitik

42 Derzeit legt im Wesentlichen die **VO 1380/2013** (ABl. L 354/22) über die Gemeinsame Fischereipolitik den **Rahmen** der GFP fest. Stärker als die Vorgängernormen, aber immer noch begrenzt soll diese „langfristig zu ökologischer, wirtschaftlicher und sozialer **Nachhaltigkeit** beitragen". **Marktordnung** ist die VO 1379/2013, ABl. L 354/1 (Gemeinsame Marktorganisation für Erzeugnisse der Fischerei und der Aquakultur). Ergänzend bestehen zahlreiche **Durchführungsmaßnahmen** (Fundstellenverzeichnis des geltenden EU-Rechts 04.10.30). Maßnahmen, die der „Festsetzung und Aufteilung der **Fangmöglichkeiten**" dienen, werden dabei vom Rat nach Anhörung des Parlaments beschlossen (Art. 43 Abs. 3 AEUV; Rz. 24/38).

a) Erhaltung der Fischbestände

43 Art. 6ff. VO 1380/2013 (ABl. L 354/22) sehen eine ganze Reihe Maßnahmen vor, mit denen die von der Überfischung bedrohten Bestände erhalten werden sollen. Sie leisten auch einen Beitrag zum **maritimen Umweltschutz.** Zur Sicherung der **wissenschaftlichen Basis** des Fischereimanagements sind eine ausführliche Datenerhebung durch die MSen sowie die Beteiligung wissenschaftlicher Gremien vorgesehen (Art. 25ff. VO 1380/2013, ABl. L 354/22 sowie VO 2017/1004, ABl. L 157/1).

Konkret legt der Rat **Gesamtfangmengen („TAC"** = **T**otal **a**llowable **c**atches) fest (etwa VO 2015/104, ABl. L 22/1). Sie werden nach einem bestimmten Schlüssel („Prinzip der relativen Stabilität") als nationale **Fangquoten** auf die MSen aufgeteilt. Dabei bestehen Tauschmöglichkeiten. Die MSen teilen die Fangquoten auf ihre **Fischer** auf. Dabei entstehen mannigfache Probleme durch **„Quota-hopping"**, d. h. die Registrierung von Schiffen in anderen MSen als dem Herkunftsstaat, um dessen Quoten auszunutzen (zu dessen Grenzen EuGH, 14.12.1989, Rs. C-216/87, „Jaderow"). Werden Quoten überschritten, sind diese in den Folgejahren zu kürzen (Art. 105 VO 1224/2009, ABl. L 343/1; dazu EuG, 21.11.2012, Rs. T-76/11, „Spanien/KOM"). Erforderlichenfalls dürfen Quoten auch im laufenden Jahr gekürzt werden (dazu EuGH, 14.10.2014, Rs. C-611/12 P, „Giordano").

Ferner können bezogen auf bestimmte Fischarten oder -bestände Mehrjahrespläne beschlossen werden, die 44 spezifische Erhaltungsziele und -maßnahmen vorsehen (Art. 9f. VO 1380/2013, ABl. L 354/22). Auch können Bestandsauffüllungsgebiete eingerichtet werden (Art. 8 VO 1380/2013, ABl. L 354/22). Zudem wurde der Beifang begrenzt (VO 297/2013, ABl. L 90/10) und eine entsprechende Anlandepflicht begründet (VO 2015/812, ABl. L 133/1).

Neben den mengenmäßigen Begrenzungen des Fischfangs versucht die EU die Fischbestände durch ein 45 kompliziertes System von **auf das Schiff bezogenen Maßnahmen** (u. a. Grenzen für Zahl, Größe und Stärke von Fischereischiffen, Begrenzung der zulässigen Fischzeit auf See, sog. **Fischereiaufwandsbeschränkungen**) sowie mit **technischen Erhaltungsmaßnahmen** (z. B. Mindestmaschenöffnungen von Netzen zum Schutz der Jungfische) zu schützen. Wichtig ist auch die **gemeinsame Flotten- und Fischereistrukturpolitik** (Abbau der EU-Fischereiflotte bis zu einem Gleichgewicht zwischen Kapazität und zulässiger Fangmöglichkeit, kontrollierte Modernisierung der Flotte u. a.). Als Teil der Agrarstrukturpolitik (Rz. 24/30ff.) wird eine umweltgerechte Verbesserung der Verarbeitungs- und Vermarktungsbedingungen sowie der Aquakultur (dazu Art. 34ff. VO 1380/2013, ABl. L 354/22) angestrebt. Für die Finanzierung dieser vielfältigen Politiken wurde 2006 der Europäische Fischereifonds geschaffen, der mittlerweile zu einem **Europäischen Meeres- und Fischereifonds** (VO 508/2014, ABl. L 149/1) ausgebaut wurde.

Im Laufe der Zeit intensiviert wurden auch die Maßnahmen zur Kontrolle der Bestandserhaltung (aktuell 46 VO 1224/2009, ABl. L 343/1). Grundsätzlich ist es Aufgabe der **Behörden der MSen,** die Einhaltung der Bestandserhaltungsverpflichtungen durch die Fischer sicherzustellen und Fangergebnisse der KOM zu melden sowie Verstöße **straf- und verwaltungsrechtlich** zu sanktionieren (Art. 36 Abs. 3 VO 1380/2013; zu Einzelheiten siehe die mehrfach verschärfte VO 1005/2008, ABl. L 286/1). Die Kontroll- und Inspektionstätigkeiten der MSen werden von der Europäischen Fischereiaufsichtsagentur koordiniert (VO 2019/473, ABl. L 83/18). Die **KOM** überwacht die nationalen Kontrollstellen und darf unbegleitet und unangemeldet inspzieren. Außerdem darf sie bei ernsthaften Gefährdungen der Bestandserhaltung **kurzfristige Sofortmaßnahmen** beschließen (Art. 12 VO 1380/2013, ABl. L 354/22). Zu Quotenkürzungen siehe Rz. 43.

b) Gemeinsame Marktorganisation für Fischereierzeugnisse

Die **Gemeinsame Marktorganisation für Erzeugnisse der Fischerei und der Aquakultur** (VO 1379/2013, ABl. L 354/1) stellt neben den Bestandserhaltungsmaßnahmen die zweite Grundregelung der GFP dar. Die GMO Fischerei folgt dem Grundmuster der GAP-Marktordnungen, indem sie einen außengeschützten **freien Binnenmarkt für Fischereierzeugnisse** herstellt. Interventionistische Maßnahmen tragen den Interessen des Fischfangs und der Fischindustrie Rechnung. Dem Verbraucherschutz dienen Qualitäts- und Etikettierungsnormen. Die Preisregelung erfolgt über einen jährlich am Markt ausgerichteten **Orientierungspreis.** Über einen niedrigeren **Rücknahmepreis** können überschüssige Erzeugnisse aus dem Markt genommen werden. Die nötigen Beihilfen werden über die Agrarfonds finanziert. Dem **Außenschutz des Fischbinnenmarktes** dienen Zölle, Referenzpreise und nötigenfalls Ausgleichsabgaben, mit denen billigerer „Weltmarktfisch" auf das EU-Preisniveau „hinaufgeschleust" wird. 47

c) EU-Außenbeziehungen in der Fischereipolitik

Die EU verfügt **gemeinsam mit den MSen** über eine Außenzuständigkeit, die in der 48 Praxis seit der Schaffung des „EU-Meeres" 1976 stark an Bedeutung gewonnen hat (EuGH, 14.7.1976, verb. Rs. 3/76 u. a., „Kramer"; st. Rspr., str.; zur weltweiten Ausübung der Fischerei Art. 28ff. VO 1380/2013, ABl. L 354/22). Der spezielle Bereich der **Erhaltung der biologischen Meeresschätze** fällt in die **ausschließliche** Zuständigkeit der EU (Rz. 24/38). **Fischereiabkommen,** bei denen es meist um Fangrechte und nicht um Handelsaustausch geht, werden i. d. R. auf Art. 43 AEUV gestützt.

49 Die EU ist inzwischen Vollmitglied oder neben den MSen Beobachter in allen wichtigen **multilateralen Verträgen und Organisationen** (u. a. UN-Seerechtsübereinkommen 1982, Nordwest- und Nordostatlantische Fischereiorganisationen, Übereinkommen über die Erhaltung der lebenden Meeresschätze der Antarktis, Internationales Walfangabkommen, vgl. Fundstellenverzeichnis des geltenden EU-Rechts 04.20.10). Aus Beschlüssen dieser Organisationen können sich entsprechende Umsetzungsverpflichtungen ergeben (siehe etwa für den Nordatlantik VO 2019/833, ABl. L 141/1). Außerdem schließt die Union auf bilateraler Basis **Abkommen** mit Drittstaaten (z. B. Norwegen) zur beiderseitigen Einräumung von Fischereirechten. Der Leitidee nach sind sie auf **Nachhaltigkeit** und **Partnerschaft** ausgelegt (Art. 31 VO 1380/2013, ABl. L 354/22). Bisweilen geht es auch um **Vorteilsausgleich** (USA/Kanada: Eintausch von Fischereirechten gegen Zollzugeständnisse; Guinea-Bissau, Senegal, Madagaskar: Gewährung von Fangrechten gegen Entwicklungshilfe). Die bilateralen Abkommen sind zahlreich (Liste in Fundstellenverzeichnis des geltenden EU-Rechts 04.20.20).

V. Ausblick

50 Die Agrarpolitik hat in der Vergangenheit – verständlicherweise – viel dazu beigetragen, den Ruf der EU als übermäßig **bürokratische Organisation** zu bestätigen. Die in den letzten Jahren zu erkennenden deutlichen Veränderungen im Sinne einer **Senkung der Agrarausgaben** und einer Umorientierung weg von der individuellen Einkommenssicherung einzelner Bauern durch garantierte Preise und Produktionsmengen hin zu einer stärker an Kriterien **nachhaltiger Landwirtschaft** ausgerichteten Förderpolitik waren schon wegen der immer stärkeren Einbindung der europäischen Landwirtschaftspolitik in internationale Zusammenhänge kaum zu vermeiden. Die steigende Nachfrage nach Agrarprodukten spielt hier ebenso eine Rolle wie der von der WTO zunehmend ausgeübte Druck zu einer stärkeren Öffnung der Märkte. Dennoch wird die Landwirtschaft wohl noch auf lange Zeit zugleich ein Bereich besonders starker europäischer Intervention in das Marktgeschehen bleiben. Die Fischereipolitik steht insbesondere vor der Herausforderung, der Überfischung trotz allen Gegendrucks wirksame Grenzen zu ziehen.

§ 25. Freier Dienstleistungsverkehr

Literatur: Ausführliche Literaturlisten bei *Ludwigs,* in: Dauses/Ludwigs (Hrsg.), HB EU-WirtschR, E I, 2017.

Weitere Titel: *White,* Workers, Establishment and Services in the EU, 2004; *Freyer,* Dienstleistungserbringung ohne Grenzen, EuZW 2008, 459; *Dubos/Kauffmann* (Hrsg.), L'Europe des services, 2009; *Calliess/Korte,* Handbuch Dienstleistungsrecht in der EU, 2010; *Mathisen,* Consistency and coherence as conditions for justification of Member State measures restricting free movement, CMLRev 2010, 1021; *Kaddous/Grisel,* Libre circulation des personnes et des services, 2012; *Kuhn,* Die Verwirklichung des freien Dienstleistungsverkehrs im Spannungsfeld von wirtschaftlicher Handlungsfreiheit und Sozialgestaltung, 2013; *Pache,* Dienstleistungsfreiheit, in: Ehlers (Hrsg.), Europäische Grundrechte und Grundfreiheiten, 4. Aufl. 2015, § 11; *Reimer,* Europäisches Dienstleistungsverwaltungsrecht, in: Terhechte (Hrsg.), Verwaltungsrecht der Europäischen Union, 2. Aufl. 2021, § 16.

I. Grundlagen: Die Dienstleistungsfreiheit als Teil des Binnenmarktes

Wie die Freiheit des Warenverkehrs (oben § 22) ist die Freiheit des (grenzüberschreitenden) Dienstleistungsverkehrs (DLF; Art. 56ff. AEUV) unverzichtbarer Bestandteil eines wirklichen Binnenmarktes zwischen den MSen (Art. 26 Abs. 2 AEUV). Gekennzeichnet ist sie dadurch, dass die beiden beteiligten **Wirtschaftssubjekte** – Empfänger und Erbringer der DL – grundsätzlich in **unterschiedlichen MSen** ansässig sind und allein die (unkörperliche) **Dienstleistung** (dauerhaft) die **Grenze überquert.** Daher weist die DLF in der Sache wie in der dogmatischen Entwicklung nicht unerhebliche **Parallelen** mit der Freiheit des (auf körperliche Gegenstände bezogenen) **Warenverkehrs** auf. Bemerkenswert ist vor allem die starke Dynamik, die die DLF prägt. Stärker noch als bei den anderen Grundfreiheiten hat sich die Lebenswirklichkeit, in ihrer Folge aber auch die – stark von der Judikatur des Gerichtshofes geprägte – Rechtswirklichkeit über das ursprüngliche **Konzept des Vertrages** hinaus entwickelt. 1

Da DL von Personen zu erbringen sind, hatte der Vertrag zunächst den **personenbezogenen Aspekt** der DLF, die Reisemöglichkeit, in den Vordergrund gestellt und deswegen die DLF weitgehend parallel zur Niederlassungsfreiheit (NLF) ausgestaltet. Zugleich können sich wegen dieses Personenbezugs einschlägige rechtliche Regelungen nicht auf die DL als solche beschränken, sondern müssen den Erbringer, ggf. auch den Empfänger der DL einbeziehen. Dies unterscheidet die DLF vom freien Warenverkehr, wo sich Regelungen regelmäßig allein auf das Produkt und dessen In-Verkehr-Bringen beziehen. Zusätzlich wird jede rechtliche Regelung der DLF durch die – im Vergleich zum Warenverkehr – deutlich geringere Typisierung der DL erschwert. So weisen denn auch im internationalen Wirtschaftsrecht GATT (Warenverkehr) und GATS (Dienstleistungsverkehr) signifikante Unterschiede auf.

Im Rahmen der allgemeinen Wirtschaftsentwicklung kommt dem **Dienstleistungssektor** eine immer stärker zunehmende **Bedeutung** zu. Heute sind – mit steigender Tendenz – unionsweit rund 70% der Erwerbstätigen hier beschäftigt. Auch wenn sich der Dienstleistungsbegriff des AEUV und der ökonomische Begriff nicht decken, nimmt die DLF im Sinne der Verträge an dieser Entwicklung Anteil. Die Auseinandersetzung z. B. um das „Fernsehen ohne Grenzen" (Rz. 34/50ff.), die Entwicklungen bei den öffentlichen Aufträgen (Rz. 21/57ff.) oder im Versicherungswesen sind wichtige Beispiele für die dynamischen Ausweitungen bei der Realisierung der Art. 56ff. AEUV über die ursprünglichen Vorstellungen hinaus. 2

Ursprünglich hatte der EWGV als Leitbild die Selbständigen vor Augen, die „vorübergehend (ihre) Tätigkeit in dem MS ausüben, in dem die Leistung erbracht wird, und zwar unter den Voraussetzungen, welche dieser MS für seine eigenen Angehörigen vorschreibt" (Art. 57 Abs. 2 AEUV). Dementsprechend wurde die DLF als Annex zur NLF, der Freizügigkeit für Selbständige (Art. 49ff. AEUV), eingestuft und vergleichbaren Regelungen unterworfen. Die für die Inanspruchnahme dieser Freiheit erforderliche **Harmonisierung der rechtlichen Rahmenbedingungen** wurde als auf der Grundlage der entsprechenden Kompetenzen (heute Art. 59, 51–54 iVm 62 AEUV) wahrzunehmende **Aufgabe der Politik** angesehen. In diesem Sinne stellte der Rat Ende 1961 zwei allgemeine Programme zur Aufhebung der Beschränkungen der DLF (und der NLF) auf, die den Erlass zahlreicher RLen mit dem Ziel der Verwirklichung von NLF und DLF bis 1970, dem Ende der Übergangszeit, vorsahen (ABl. 1962, 32 und 36; *Oppermann,* BB 1964, 563). 3

Tatsächlich aber hat vor allem der Gerichtshof die Entwicklung bestimmt. Zunächst hat er (auch) **der DLF unmittelbare Wirkung** zuerkannt (EuGH, 3.12.1974, Rs. 33/74, „van Binsbergen"). Zudem wurden wichtige zum Warenverkehr entwickelte Grundsätze wie insbesondere das sog. „Herkunftslandprinzip" (oben Rz. 22/31) übernommen (Rz. 25/14f.). Schließlich wurde die DLF in Erweiterung der ursprünglichen Vorstellungen (Rz. 25/3) auch angewendet auf die **Erbringung nur von Dienstleistungen unmittelbar über die Grenze** hinweg (Rz. 25/10) sowie auf die Entgegennahme von DLen im Ausland (Rz. 25/9). 4

II. Marktliberalisierung im Bereich des Dienstleistungsverkehrs: Die Dienstleistungsfreiheit (Art. 56 ff. AEUV)

Literatur: *Rolshoven,* „Beschränkungen" des freien Dienstleistungsverkehrs, 2002; *Rosenboom,* Das Herkunftslandprinzip im europäischen Dienstleistungsrecht, 2003; *Lottes,* Das erweiterte Zeitmoment beim Begriff Dienstleistung, EuZW 2004, 112; *Korte,* Mitgliedstaatliche Verwaltungskooperation und private Eigenverantwortung beim Vollzug des europäischen Dienstleistungsrechts, NVwZ 2007, 501; *Sinz,* Nationale Regelungszuständigkeit im Bereich der Dienstleistungsfreiheit, 2008; *Wagner,* Einflüsse der Dienstleistungsfreiheit auf das nationale und internationale Arzthaftungsrecht, 2008; *Enchelmeier,* Always at Your Service (Within Limits): The ECJ's Case Law on Article 56 TFEU (2006–11), ELRev 2011, 615; *Koenig,* Revisionsrechtliche Maßstäbe der unionsrechtlichen Kohärenzkontrolle von Beschränkungen der Dienstleistungsfreiheit, EWS 2011, 508; *Hatzopoulos* (Hrsg.), Regulation Services in the European Union, 2012; *Fuchs,* Die Bereichsausnahmen in Art. 45 Abs. 4 AEUV und Art. 51 Abs. 1 AEUV, 2013; *Hatzopoulos,* The Court's approach to services, CMLRev 2013, 459; *Roth,* Deregulierung der lateinischen Notariatsverfassung durch Europäisierung?, EuZW 2015, 734; *de Witte,* The Constitutional Quality of the Free Movement Provisions, ELRev 2017, 313.

1. Anwendungsbereich der Dienstleistungsfreiheit

a) Dienstleistung

5 Art. 57 AEUV definiert den Begriff der DL durch zwei Merkmale: Es muss um eine (selbständig erbrachte) **Leistung** gehen, die in der Regel gegen **Entgelt** erbracht wird. Der Leistungsbegriff wird umfassend verstanden; die Aufzählung in Art. 57 AEUV hat nur beispielhaften Charakter. Des wirtschaftlichen Charakters des Binnenmarktkonzeptes wegen muss diese Leistung grundsätzlich entgeltlich erbracht werden. Dabei ist unerheblich, wer dieses Entgelt zu tragen hat. Daher stellt etwa der private Rundfunk eine DL auch gegenüber den Empfängern dar, selbst wenn die ihn finanzierende Werbung nur von Unternehmen bezahlt wird (näher zum Rundfunk Rz. 34/54). Demgegenüber fallen (weitgehend) kostenfrei erbrachte Ausbildungsleistungen des Staates nicht unter die DLF (EuGH, 13.2.1985, Rs. 293/83, „Gravier"; vgl. aber unten Rz. 34/21 zu Privatschulen). Wird eine Leistung ausnahmsweise gefälligkeitshalber erbracht, ändert dies nichts an der Zuordnung zur DLF. Die Logik der DLF, dass sie wie alle Grundfreiheiten nur grenzüberschreitende Sachverhalte erfasst (Rz. 25/14), müsste an sich ferner dazu führen, dass diese Grundfreiheit nur zur Anwendung kommt, wenn die zu erbringende Leistung im Herkunftsmitgliedstaat legal erbracht werden kann (vgl. allgemein Rz. 22/2), doch hat der EuGH eine solche Konsequenz ausdrücklich abgelehnt (EuGH, 10.5.1995, Rs. C-384/93, „Alpine Investments").

6 Nach Art. 57 Abs. 1 AEUV stellt die DLF gegenüber den anderen Grundfreiheiten einen **Auffangtatbestand** dar, ist ihnen gegenüber aber nicht im engeren Sinne subsidiär in dem Sinne, dass eine parallele Anwendung prinzipiell ausgeschlossen ist (EuGH, 3.10.2006, Rs. C-452/04, „Fidium Finanz"). Überschneidungen sind ohnehin kaum vorstellbar: Im Verhältnis zur Waren- und zur Kapitalverkehrsfreiheit ist die Abgrenzung durch den Gegenstand der Freiheit gewährleistet; der Handel mit Waren stellt allerdings auch eine DL dar (EuGH, 30.1.2018, verb. Rs. C-360/15 u. a., „College van Burgemeester en Wethouders van de gemeente Amersfoort"). In Grenzfällen entscheidet der Schwerpunkt (siehe auch Rz. 22/18; etwa zu den der DLF unterfallenden Glückspielen EuGH, 11.9.2003, Rs. C-6/01, „Anomar"). Im Verhältnis zur NLF erfolgt die Abgrenzung durch das Erfordernis grenzüberschreitender Tätigkeit (Rz. 25/8). Sonderregelungen gelten für den Verkehr; bei Banken und Versicherungen ist der Zusammenhang mit der Kapitalverkehrsfreiheit zu achten (Art. 58 Abs. 1 und 2 AEUV; Rz. 30/8). Der **EAG-Vertrag** enthält für die DLF Sondertatbestände (u. a. Art. 96, 97 EAGV).

b) Ausnahmetatbestand: Ausübung öffentlicher Gewalt

Entsprechend dem Charakter als Garantie freien (grenzüberschreitenden) Wirtschaftens sind nach Art. 51 iVm Art. 62 AEUV von der DLF (wie von der NLF; siehe dort Rz. 28/27f.) ausgenommen Tätigkeiten, die im betreffenden MS dauernd oder zeitweise mit der **Ausübung öffentlicher Gewalt** verbunden sind. Ähnlich ausgestaltet, aber nicht identisch ist auch die Bereichsausnahme für Beschäftigung in der öffentlichen Verwaltung im Kontext der Freizügigkeit (Art. 45 Abs. 4 AEUV, unten Rz. 27/26ff.). Art. 51 AEUV ist als Ausnahmetatbestand **eng** und **unionsrechtlich** auszulegen; er umfasst nur Zwangsbefugnisse und ähnliche, vom allgemeinen Recht abweichende Vorrechte (EuGH, 29.4.2010, Rs. C-160/08, „KOM/Deutschland") und beschränkt sich insoweit auf das zur Wahrung der entsprechenden nationalen Interessen **unbedingt Erforderliche** (EuGH, 15.3.1988, Rs. 147/86, „KOM/Griechenland"). Bei der Subsumtion kann auf die nationalen Rechtsstrukturen Rücksicht genommen werden („in einem MS", EuGH, 21.6.1974, Rs. 2/74, „Reyners"; st. Rspr.). **Rechtsanwälte** (EuGH, „Reyners", aaO), **Wirtschaftsprüfer** (EuGH, 13.7.1993, Rs. C-42/92, „Thijssen") und **Notare** (EuGH, 24.5.2011, Rs. C-54/08, „KOM/Deutschland"; dazu Rz. 25/30) unterfallen jedoch nicht dieser Ausnahmeklausel, wohl aber **Gerichtsvollzieher.** 7

c) Grenzüberschreitung der Dienstleistung

Wie die anderen Grundfreiheiten erfasst auch die DLF keine rein innerstaatlichen Sachverhalte. Im Grundsatz (vgl. aber Rz. 25/9 a. E.) setzt sie eine Grenzüberschreitung der DL voraus. Dabei lassen sich drei Konstellationen unterscheiden. 8

aa) Aktive Dienstleistungsfreiheit

In der vom Vertrag vorausgesetzten „Grundkonstellation" der DLF begibt sich der **Erbringer der DL vorübergehend** zum Zweck der Erbringung der DL in das **Land des Empfängers.** Für die Abgrenzung der DLF von der NLF ist dann entscheidend, dass im Bestimmungsland keine Infrastruktur in Anspruch genommen wird, die vom Erbringer nicht jeweils nur für eine bestimmte einzelne DL geschaffen, sondern darüber hinaus vorgehalten wird (näher EuGH, 13.2.2003, Rs. C-131/01, „KOM/Italien"; *Lottes,* EuZW 2004, 112). Rechtlich werden als Begleitrechte neben der Erbringung der DL auch Einreise und vorübergehender Aufenthalt gewährleistet (zum Sekundärrecht Rz. 25/32).

bb) Passive Dienstleistungsfreiheit

Seit EuGH, 31.1.1984, verb. Rs. 286/82 u. a., „Luisi und Carbone" ist anerkannt, dass auch die sog. **passive oder negative DLF** in den Anwendungsbereich der Art. 56ff. AEUV fällt (*Völker,* Die passive DLF im europäischen Gemeinschaftsrecht, 1990). Hier begibt sich der Dienstleistungs**empfänger vorübergehend in einen anderen MS** und nimmt dort die DL entgegen. Beispiele bilden die Inanspruchnahme einer medizinischen Behandlung (dazu speziell, vor allem zur Möglichkeit der Abrechnung bei Krankenkassen noch Rz. 33/62) oder einer anwaltlichen Konsultation im Ausland. Der Empfänger einer DL muss **Gebietsfremder** bleiben. Seine Teilnahme am Wirtschaftsleben des Aufnahmemitgliedsstaates darf nicht „stabil und kontinuierlich" werden. 9

Vom **allgemeinen Freizügigkeitsrecht** der Unionsbürger (oben Rz. 16/15ff.) unterscheidet sich die passive DLF heute vor allem dadurch, dass sie Hürden des Heimatstaats des DL-Erbringers bei der Entgegennahme von DLen im Ausland entgegensteht (etwa bei der erwähnten Krankenbehandlung bzw. ihrer Abrechnung zu Hause).

Ggf. können auch aktive und passive DLF zusammentreffen, etwa im Fall einer Pauschalreise. In diesem Fall können sogar Erbringer und Empfänger in demselben MS ansässig sein, da sich hier der Ort der Leistung in einem anderen MS befindet (Beispielhaft: EuGH, 26.2.1991, Rs. 180/89, „KOM/Italien" zu Fremdenführern).

cc) Korrespondenzdienstleistungsfreiheit

10 Eine dritte Konstellation der DLF liegt vor, wenn sowohl der Dienstleistungsempfänger als auch der Erbringer der DL ihren Aufenthaltsort beibehalten und nur die **Dienstleistung als solche die Grenze überschreitet.** Dann ist hierin der grenzüberschreitende Wirtschaftsvorgang zu sehen, der für die Anwendbarkeit der Art. 56ff. AEUV kennzeichnend ist. Diese „Grundform" der DLF kann deshalb **dauerhaft** erbracht werden. Unter die Korrespondenzdienstleistungsfreiheit fallen wichtige Gebiete wie **Bank- und Versicherungsdienstleistungen** (§ 30) sowie **Rundfunk** (Hörfunk und Fernsehen, Rz. 34/50ff.). Die KOM hat 1993 in einer **erläuternden Mitteilung** den Dienstleistungsbegriff im Sinne der Rspr. des Gerichtshofes näher dargestellt (ABl. C 334/3).

d) Keine Harmonisierung durch die Union

11 Im Grundsatz gilt wie bei anderen Grundfreiheiten auch hier, dass nationale Maßnahmen nicht an Art. 56 AEUV zu messen sind, soweit die entsprechende Frage bereits einer unionsrechtlichen Harmonisierung unterliegt (allgemein Rz. 22/6). Der EuGH prüft in solchen Fällen allerdings zum Teil Art. 56 AEUV, um dann jedoch eine Rechtfertigung nationaler Beschränkungen (dazu allgemein Rz. 25/18ff.) nach dieser Norm, „ausgelegt im Lichte" entsprechender RLen, im Ergebnis abzulehnen (siehe etwa EuGH, 3.4.2008, Rs. C-346/06, „Rüffert").

e) Personeller Anwendungsbereich

12 Berechtigt aus Art. 56 AEUV sind die **Unionsbürger,** wenn sie außerdem in einem MS ansässig sind. Staatsangehörige von Drittstaaten kommen, ähnlich wie bei der Freizügigkeit der Arbeitnehmer, nur nach Art. 3 RL 2004/38 als Familienangehörige eines Begünstigten in den Genuss von Reise- und Aufenthaltsrechten (dazu Rz. 16/19). Nach Art. 54 iVm Art. 62 AEUV können auch **Gesellschaften** die DLF in Anspruch nehmen (zu Einzelheiten des Gesellschaftsbegriffs siehe Rz. 28/13 im Kontext der NLF).

2. Das Verbot von Beschränkungen der Dienstleistungsfreiheit

13 Nach der ursprünglichen Konzeption der DLF bestand diese maßgeblich in der **Gewährleistung der Gleichbehandlung mit Inländern** (Rz. 25/3); diese bildet auch heute noch deren Kern (EuGH, 18.6.1985, Rs. 197/84, „Steinhauser"). Die von der DLF Begünstigten sollen unter den gleichen Voraussetzungen wie Inländer DLen erbringen dürfen (Art. 57 Abs. 3 AEUV). Die DLF ist mit anderen Worten insoweit eine Ausprägung des **Diskriminierungsverbots** im Sinne von Art. 18 AEUV (EuGH, 28.6.1977, Rs. 11/77, „Patrick"; st. Rspr.).

14 Mittlerweile hat die Judikatur den Begriff der Beschränkungen, vor denen Art. 56 AEUV schützt, aber deutlich ausgeweitet und auf alle Maßnahmen erstreckt, die „– selbst wenn sie unterschiedslos für inländische Dienstleistende wie für solche aus anderen Mitgliedstaaten gelten –, … geeignet sind, die Tätigkeit des Dienstleistenden, der in einem anderen Mitgliedstaat ansässig ist und dort rechtmäßig DLen erbringt, zu unterbinden, zu behindern oder weniger attraktiv zu machen" (EuGH, 25.7.1991,

Rs. C-76/90, „Säger/Dannemeyer"). Damit wurde die DLF wie alle anderen Grundfreiheiten zu einem **Beschränkungsverbot** weiterentwickelt (vgl. auch Rz. 22/3 und 30 ff.). In der Konsequenz dieser Rspr. wurde ähnlich wie für den freien Warenverkehr auch für die DLF ein **Herkunftslandprinzip** in dem Sinne anerkannt, dass DLen, die in einem MS rechtmäßig erbracht werden können, grundsätzlich in vergleichbarer Form auch in anderen angeboten werden dürfen (vgl. auch Rz. 22/31). Wegen der Unterschiedlichkeit des auf die Erbringung von DL jeweils anzuwendenden nationalen Rechts, etwa der Berufsregelungen, ist dessen gegenseitige Anerkennung im Sinne der **„Cassis de Dijon-Philosophie"** (oben Rz. 22/31) einer komplizierten und mit dem Subsidiaritätsprinzip kaum zu vereinbarenden Vollharmonisierung vorzuziehen („Prinzip des gegenseitigen Vertrauens"; allgemein auch Rz. 32/39 ff.).

Die Bedeutung dieser Ausweitung des Beschränkungsbegriffs zeigen insbesondere nationale Vorschriften, 15
die dem Erbringer einer DL eine **Residenzpflicht** auferlegen. Auch wenn sie für Inländer in gleicher Weise gelten, machen sie die Inanspruchnahme der DLF faktisch unmöglich und sind daher grundsätzlich nicht zu rechtfertigen (EuGH, 20. 5. 1992, Rs. C-106/91, „Ramrath" m. Anm. *Bach,* DZWiR 1992, 379). Weitreichende Ausschlusswirkung haben auch **personenbezogene Anforderungen** an die Ausbildung des DL-Erbringers (zum entsprechenden Sekundärrecht siehe Rz. 25/26 ff.), denn die wenigsten von ihnen verfügen über eine Ausbildung, die (unabhängig vom Unionsrecht) in anderen als dem eigenen MS anerkannt ist, oder gar über mehrere entsprechende Ausbildungen. Daneben behindern auch zwischen den MSen divergierende **leistungsbezogene** Vorgaben die Entwicklung des Binnenmarktes. Ähnlich wie beim Warenverkehr (Rz. 22/31) wird ein seine Leistungen in mehreren MSen anbietender DL-Erbringer nämlich ggf. gezwungen, unterschiedliche „Produkte" zu offerieren. Bei grenzüberschreitend erbrachten Leistungen (Korrespondenzdienstleistungen, oben Rz. 25/10) ist es ohnehin nur begrenzt möglich, unterschiedlichen Vorschriften des Herkunfts- wie des Empfangsstaates gleichzeitig Rechnung zu tragen. In Fortführung des aufenthaltsrechtlichen Begleitrechts (Rz. 25/8, 32) hat der EuGH einem Erbringer von DLen gestattet, seine eigenen Arbeitnehmer (auch aus Drittstaaten) mitzubringen (EuGH, 19. 1. 2006, Rs. C-244/04, „KOM/Deutschland"; st. Rspr.).

Art. 56 AEUV unterfallen neben Maßnahmen des Bestimmungslandes auch solche 16
des **Herkunftsstaates** (etwa EuGH, 10. 5. 1995, Rs. C-384/93, „Alpine Investment BV"). Gleiches kann ggf. für **private Regelwerke** gelten, einschließlich des Versuches, solche zu schaffen wie etwa die Bemühungen von Gewerkschaften um einen Tarifabschluss mit ausländischen Erbringern von DL. Arbeitskampfmaßnahmen sind danach nur in Grenzen zulässig (EuGH, 18. 12. 2007, Rs. C-341/05, „Laval un Partneri"; vgl. noch Rz. 25/31).

Auf die Frage, ob bestimmte Maßnahmen nicht als „Beschränkungen" anzusehen sind, weil sie den grenz- 17
überschreitenden Dienstleistungsverkehr nur zufällig betreffen, hat der EuGH lange Zeit wenig klare Antworten gegeben. Ausgeklammert wurden zwar Regelungen, deren Auswirkungen auf die DLF „zu ungewiss und zu mittelbar" seien, um sie am Maßstab von Art. 56 AEUV zu messen (EuGH, 21. 9. 1999, Rs. C-44/98, „BASF"). Grundsätzlich aber reichen auch **mittelbare Auswirkungen** aus (sehr weitgehend sogar EuGH, 11. 7. 2002, Rs. C-60/00, „Carpenter" mit berechtigter Kritik bei *Mager,* JZ 2003, 205). In der Sache wirft der Gedanke, analog zu Art. 34 AEUV etwa „vertriebsbezogene" Beschränkungen bei nichtdiskriminierender Wirkung aus dem Begriff der Beschränkung herausfallen zu lassen, das Problem auf, dass (anders als im Warenverkehr) der Vertrieb von DLen wegen deren Personenbezuges (Rz. 25/1) regelmäßig grenzüberschreitend erfolgt und damit in den Anwendungsbereich der DLF einbezogen werden muss; anderenfalls ist ohnehin die NLF einschlägig. In der jüngeren Rspr. stellt der EuGH in Anlehnung an die zum Warenverkehr entwickelten Formeln (Rz. 22/32 ff.) insbesondere auf die Frage des Marktzugangs ab. Da eine Maßnahme nicht schon deswegen, weil andere MSen günstigere Regelungen vorsehen, für sich genommen eine Beschränkung darstellt, kommt es danach entscheidend darauf an, ob der ausländische Dienstleisterbringer mit seinen inländischen Konkurrenten in einen „normalen und wirksamen Wettbewerb" eintreten kann (EuGH, 29. 3. 2011, Rs. C-565/08, „KOM/Italien").

3. Rechtfertigung für Beschränkungen der Dienstleistungsfreiheit

a) Grenzen der öffentlichen Ordnung, Sicherheit und Gesundheit (Art. 52 AEUV)

18 Art. 52 iVm Art. 62 AEUV enthält einen ausdrücklichen Vorbehalt zugunsten des nationalen **„Ordre Public"**. Entsprechend der ursprünglichen, personenbezogenen Konzeption der DLF (oben Rz. 25/3) gestattet er den MSen (nur) ausländerrechtliche Sonderregeln. Inhaltlich ähnelt er Art. 45 Abs. 3 AEUV bei der Freizügigkeit der Arbeitnehmer. Als Ausnahmebestimmung ist die Norm **eng** auszulegen (EuGH, 26.2.1975, Rs. 67/74, „Bonsignore"; *Forsthoff*, EWS 2001, 59). Die Begünstigten der DLF haben im Vergleich mit dem allgemeinen Ausländerrecht einen **gefestigteren Status.**

b) Immanente Grenzen der zwingenden Allgemeininteressen

19 Die dynamische Entwicklung des Verständnisses von „Beschränkungen" der DLF (oben Rz. 25/13) hat wie bei der Freiheit des Warenverkehrs (Rz. 22/42 f.) eine Ausweitung von Einschränkungsgründen, also der Möglichkeit der Rechtfertigung von Beschränkungen der DLF über den Wortlaut des Vertrages hinaus mit sich gebracht. Im Kern geht es auch hier um die Sicherung mitgliedstaatlicher Gestaltungsbefugnisse in nicht unmittelbar wirtschaftlichen Bereichen, in denen es bislang zu keiner unionsrechtlichen Harmonisierung gekommen ist. Nationale Regelungen müssen zunächst durch „**zwingende Gründe des Allgemeininteresses** gerechtfertigt" sein und rechtlich wie tatsächlich **diskriminierungsfrei** für alle im betreffenden Staat tätigen Personen und Unternehmen gelten. Werden für ausländische DL-Erbringer bestimmte Meldepflichten vorgesehen, um die Einhaltung nationaler Vorschriften kontrollieren zu können, die bei inländischen Anbietern so nicht bestehen, stellt dies aber nicht per se eine Diskriminierung dar, die dazu führt, dass nicht mehr jedes legitime Allgemeininteresse die Regelung rechtfertigen kann, weil inländische Dienstleister wegen der Dauerhaftigkeit ihrer Tätigkeit in einer prinzipiell anderen Lage seien, wohl aber eine wegen ihrer Pauschalität unzulässige sonstige Beschränkung (EuGH, 19.12.2012, Rs. C-577/10, „KOM/Belgien"). In jedem Fall müssen die Vorschriften sachlich geboten sein. Sie müssen also konsistent ausgestaltet sein und dürfen nicht über das zur Zielerreichung Erforderliche hinausgehen; dabei ist insbesondere auch zu berücksichtigen, inwieweit dem betreffenden Allgemeininteresse bereits durch Maßnahmen im Herkunftsstaat Rechnung getragen wurde. Damit wird wie bei der Warenverkehrsfreiheit auch hier die Verhältnismäßigkeit (einschließlich der sich aus der Struktur der Grundfreiheiten ergebenden Besonderheiten, Rz. 22/12) geprüft. In jedem Fall aber besteht keine Verpflichtung zur Anerkennung von Tätigkeiten durch einen anderen MS, die in ihrer Wirkung über das hinausgeht, was im fraglichen Herkunftsstaat als Wirkung vorgesehen ist (EuGH, 9.3.2017, Rs C-342/15, „Piringer").

20 In diesem Sinne wurde in der Rspr. des EuGH eine ganze Reihe von solchen Allgemeininteressen anerkannt. Eine wichtige Rolle spielt der **Arbeitnehmerschutz:** ein Staat darf soziale Schutzstandards (Mindestlöhne!) auf alle in seinem Hoheitsgebiet tätigen Arbeitnehmer anwenden (EuGH, 9.8.1994, Rs. C-43/93, „Vander Elst"; st. Rspr.; vgl. zum Arbeitnehmerschutz auch Rz. 25/31). Genannt seien weiterhin die **Lauterkeit des Handelsverkehrs** und der **Schutz der Verbraucher** (EuGH, 9.7.1997, verb. Rs. 34/95 u. a., „De Agostini") sowie das finanzielle **Gleichgewicht von Sozialsystemen** (EuGH, 13.5.2003, Rs. C-385/99, „Müller-Fauré"; vgl. noch Rz. 33/62). Auch nationale wie europäische **Grundrechte** können Schranken rechtfertigen (siehe etwa EuGH, 14.10.2004, Rs. C-36/02, „Omega" zur Simulation von Menschenerschießungen mit Laserpistolen als Verstoß gegen die Menschenwürdegarantie des nationalen Rechts), europäische Grundrechte außerdem die Zulässigkeit von Schranken begrenzen (etwa

EuGH, 11.7.2002, Rs. C-60/00, „Carpenter" zum Schutz des Familienlebens; siehe dazu schon in Rz. 25/17 sowie allgemein Rz. 17/51). Residenzpflichterfordernisse (zur Durchsetzung von Kontrollpflichten) sind regelmäßig unverhältnismäßig (Rz. 25/15). Wurden bestimmte Kontrollen im Herkunftsstaat durchgeführt, sind sie im Erbringerstaat regelmäßig nicht erforderlich (EuGH, 30.11.1995, Rs. C-55/94, „Gebhard"; vgl. auch allgemein Rz. 22/12). Im gesellschaftspolitisch sensiblen Bereich der Glücksspiele verlangt der EuGH vor allem eine in sich konsistente Regelung (EuGH, 8.9.2010, Rs. C-409/06, „Winner Wetten" sowie 8.9.2010, verb. Rs. C-316/07 u. a., „Markus Stoß"). Soweit bestimmte Fragen allerdings unionsrechtlich harmonisiert wurden, kommt ein Rückgriff auf diese allgemeinen Rechtfertigungsgründe nicht in Betracht (vgl. auch Rz. 22/6). Dies gilt insbesondere auch im weit gefassten Anwendungsbereich der DienstleistungsRL (Rz. 25/23).

III. Maßnahmen zur praktischen Verwirklichung des freien Dienstleistungsverkehrs

1. Grundlagen

Die Annahme einer **unmittelbaren Geltung** der DLF durch den Gerichtshof (Rz. 25/4) seit 1974 ermöglichte zwar formal allen Unionsbürgern die Inanspruchnahme der DLF. Dennoch besteht ein Bedürfnis nach **Harmonisierungsmaßnahmen,** denn bestehende (unterschiedliche und damit die Erbringung von DLen behindernde) nationale Regelungen sind über „zwingende Allgemeininteressen" zu rechtfertigen und entfalten faktisch – vor einem einschlägigen Urteil des EuGH – auch im Übrigen ihre Wirkung. Der AEUV stellt insoweit zwei spezielle **Kompetenzgrundlagen** zur Verfügung. Eine allgemeine Kompetenz zu Liberalisierungsmaßnahmen enthält Art. 59 AEUV. Ferner ist über Art. 62 auch Art. 53 AEUV anwendbar. In der Praxis werden einschlägige RLen zum Teil auch auf Art. 114 AEUV gestützt, vor allem, soweit sie den Binnenmarkt insgesamt betreffen (Rz. 32/8 ff.; siehe ferner Rz. 21/51 ff.). Wegen der nur dort, nicht aber im Rahmen der zuvor genannten Normen vorgesehenen Möglichkeit nationaler Alleingänge ist dies nicht unproblematisch. 21

Dem dargestellten Harmonisierungsbedürfnis wird zum Teil durch sehr spezifische, zunehmend aber auch durch eher allgemeine Rechtsakte Rechnung getragen. Letztere knüpfen an die vom Gerichtshof zunächst für den Warenverkehr entwickelte **„Cassis-de-Dijon-Philosophie"** an (Rz. 22/31) und setzen weniger auf eine vollständige Harmonisierung als auf die **gegenseitige Anerkennung der nationalen Regeln** („Prinzip des gegenseitigen Vertrauens"; vgl. auch Rz. 25/14 und Rz. 32/39 f.). So lässt sich die Bedeutung der einzelnen Harmonisierungsmaßnahmen vielfach nur im Lichte der einschlägigen EuGH-Rspr. zum Primärrecht vollständig erfassen. Neben Regelungen zu unmittelbar personen- (etwa Rz. 25/26 ff.) und leistungsbezogenen Fragen der Dienstleistungserbringung wird vielfach auch die Zuständigkeit zur (ggf. grenzüberschreitenden) Kontrolle von Dienstleistungserbringern bestimmt (zu Beispielen Rz. 31/5, 34/58). Häufig werden Fragen der DLF und der NLF in einem Rechtsakt geregelt. 22

Die im Kontext der Warenverkehrsfreiheit erörterte **Schutzpflicht** der MSen (Rz. 22/49) ist bislang im Bereich der DLF nicht praktisch relevant geworden – wohl nicht zuletzt, weil man sich der Erbringung von DLen durch Ausländer wegen der mangelnden Körperlichkeit der Dienstleitungen schwerer als ausländischen Waren in den Weg stellen kann. Wie der Fall von Streiks etc. gegen ausländische Dienstleistungserbringer zeigt (Rz. 25/31), ist solches aber durchaus denkbar; in diesem Fall ist auch hier eine entsprechende Schutzpflicht anzunehmen.

2. Dienstleistungsrichtlinie

Literatur: *Schlachter/Ohler,* Die Europäische Dienstleistungsrichtlinie, 2008; *Wachter/Burger* (Hrsg.), Die Dienstleistungsrichtlinie, 2008; *Ernst,* Die Einführung eines einheitlichen Ansprechpartners im Sinne der EU-Dienstleistungsrichtlinie, DVBl 2009, 953; *Hissnauer,* Auswirkungen der Dienstleistungsrichtlinie auf das deutsche Genehmigungsverfahrensrechts, 2009; *Lemor/Haake,* Ausgesuchte Rechtsfragen der Umsetzung der Dienstleistungsrichtlinie, EuZW 2009, 65; *Bauer* (Hrsg.), Die Europäische Dienstleistungsrichtlinie: Herausforderung für die Kommunen, 2010; *Ruge,* Dienstleistungsrichtlinie, 2010; *Ferrari-Breeur* (Hrsg.), La directive „services" en principe(s) et en pratique, 2011; *Grunow,* Die Europäische Dienstleistungsrichtlinie in der Umsetzung, 2012; *Schiff,* Sekundär- vor Primärrecht? Zur Anwendbarkeit der Dienstleistungsrichtlinie auf Inlandssachverhalte, EuZW 2016, 899.

23 Allgemeine Regeln zur Verwirklichung der DLF beinhaltet die **Dienstleistungsrichtlinie** (2006/123, ABl. L 376/36). Ausgangspunkt war die Einschätzung, dass trotz zahlreicher Liberalisierungsakte die Inanspruchnahme der DLF häufig an nationalen Vorschriften scheitert. Zunächst hatte die KOM eine grundsätzlich **umfassende Geltung des Herkunftslandprinzips** vorgesehen, was letztlich weit über eine Kodifikation der einschlägigen EuGH-Rspr. hinausgegangen wäre. Zahlreiche auch **öffentliche Diskussionen,** geprägt vor allem von der Sorge um die Wahrung hinreichender sozialer Standards, führten im Ergebnis – nicht zuletzt auf Druck des EP hin – zu zahlreichen Modifikationen.

24 In der schließlich verabschiedeten Fassung enthält die RL im Rahmen ihres – enger als zunächst vorgesehen definierten – Anwendungsbereiches vor allem drei Elemente. Zunächst werden die MSen verpflichtet, ihre jeweiligen nationalen Vorschriften auf Vereinfachungsmöglichkeiten hin zu überprüfen sowie einen **einheitlichen Ansprechpartner** zu benennen, über den ggf. erforderliche Zulassungsverfahren abgewickelt werden können (Art. 6); außerdem werden ausführliche Vorgaben zur Zusammenarbeit der nationalen Verwaltungen gemacht (Art. 28 ff.). Weiterhin werden Regelungen zur Erleichterung der NLF getroffen (Rz. 28/43).

25 Schließlich werden für die Erbringung von DLen – im Anwendungsbereich der RL – die Voraussetzungen eingrenzend **kodifiziert,** die der EuGH für die **Zulässigkeit von Beschränkungen** durch den MS, in dem die DL erbracht wird, entwickelt hat (Rz. 25/18 ff.). Diskriminierende Beschränkungen sind durchweg unzulässig, nichtdiskriminierende Beschränkungen dürfen nur der Sicherung der öffentlichen Ordnung, der öffentlichen Sicherheit, der öffentlichen Gesundheit sowie dem Umweltschutz dienen (Art. 16). Zulässig sind etwa Genehmigungsvorbehalte für Vermietungen über airbnb in Gegenden mit besonderer Wohnraumknappheit (EuGH, 22.9.2020, verb. Rs. C-724/18 u. a., „Cali Apartments SCI"). Für den Arbeitnehmerschutz gilt die EntsendeRL (Rz. 25/31). Eine Bedürfnisprüfung ist unzulässig (Art. 14 Nr. 5). Im Anwendungsbereich der DienstleistungsRL darf damit der Staat, in dem der Empfänger sitzt, auf die (weitergehenden) legitimen Allgemeininteressen (Rz. 25/19) nicht mehr zurückgreifen (dazu explizit EuGH, 16.6.2015, Rs. C-593/13, „Presidenza del Consiglio dei Ministri"). Auch wenn der so umstrittene Begriff aus dem Richtlinientext entfernt wurde, gilt damit doch in der Sache weiterhin das „Herkunftslandprinzip", allerdings nur in dem vom EuGH entfalteten Umfang (Rz. 25/14). Spezifische Vorschriften (etwa zur Anerkennung von Diplomen, Rz. 25/26 ff., zum Arbeitnehmerschutz, Rz. 25/31, und zur Fernsehtätigkeit, Rz. 34/58 ff.) haben Vorrang (Art. 3), soweit Kollisionen bestehen, auch die VO 2018/302 (ABl. L 60I/1; Rz. 36/1) zum Kampf gegen Geoblocking.

3. Berufsbezogene Regelungen

Literatur: Ausführliche Literaturlisten bei *Stumpf,* Freie Berufe und Handwerk, in: Dauses/Ludwigs (Hrsg.) HB EU-WirtschR, E II, 2016; *Storr,* Recht der freien Berufe, in: Ruffert (Hrsg.), EnzEuR V, 2. Aufl. 2020, § 2; *Ruthig,* Recht des Handwerks, ebd., § 3. – Zur Literatur zu **Banken, Börsen und Versicherungen** vor Rz. 32/1, zu **Rechtsanwälten und Notaren** unten vor Rz. 25/29.

Weitere Titel: *Vetter/Warnecke,* Anerkennung von Diplomen anderer MSen für Ausbildungszwecke, JuS 2005, 113; *Stork,* Die neue Rahmenrichtlinie über die Anerkennung von Berufsqualifikationen, WiVerw 2006, 152; *Haage,* Die Richtlinie 2005/36/EG über die Anerkennung von Berufsqualifikationen, MedR 2008, 70; *Kremalis,* Die Freizügigkeit von Ärzten innerhalb der EU, 2008; *Pertek,* Consolidation de l'acquis du système de reconnaissance des diplômes par la directive 2005/36, RMCUE 2008, 122; *Schulze-Werner,* Zur Umsetzung der EU-Richtlinie 2005/36/EG über die Anerkennung von Berufsqualifikationen in der Gewerbeordnung (§§ 11b, 13a GewO), GewArch 2009, 391; *Asemissen,* Berufsanerkennung und Dienstleistungen im europäischen Binnenmarkt, 2014; *Henssler/Schäfer,* Ziele, Einführung und Umsetzung des neuen Peer-Review-Verfahrens nach Art. 59 Berufsanerkennungsrichtlinie, EuZW 2015, 927; *Seyfarth,* Über die Auswirkungen neuester europäischer Einflüsse auf die Berufszugangsregulierung, EuZW 2019, 1005.

a) Anerkennung von Berufsqualifikationen

Damit die DLF in allen Bereichen selbständiger Erwerbstätigkeit natürlicher Personen und von Gesellschaften tatsächlich in Anspruch genommen werden kann, ist vor allem eine unionsweite Anerkennung der entsprechenden beruflichen Befähigungen erforderlich, soweit diese Voraussetzung für den Zugang zu einem Beruf sind. Nach einigen bereichsspezifischen und sehr konkreten Maßnahmen ging man Ende der 1980er/Anfang der 1990er Jahre zu recht allgemeinen RLen über (siehe zu den akademischen Berufen die „HochschuldiplomRL" 89/48, ABl. L 19/16, zu den weiteren beruflichen Befähigungsnachweisen die „ErgänzungsRL" 92/51, ABl. L 209/25, und 1999/42, ABl. L 201/77). 26

Alle zuvor bestehenden einschlägigen RLen wurden im Jahre 2005 zu einer umfassenden **„Richtlinie über die Anerkennung von Berufsqualifikationen"** zusammengefasst (RL 2005/36, ABl. L 255/22; jetzt ergänzt um die RL 2018/958, ABl. L 173/25). Im Grundsatz beruht sie auf dem mit dem Vertrauensprinzip (Rz. 25/14) verbundenen Grundsatz der gegenseitigen Anerkennung von Ausbildungen und Berufserfahrungen (zu letzteren EuGH, 5.4.2011, Rs. C-424/09, „Toki") bei Wahrung eines gewissen Mindeststandards. Bei größeren Differenzen zwischen den MSen kann die Anerkennung von Befähigungsnachweisen von **Anpassungslehrgängen** oder **Eignungsprüfungen** im Aufnahmeland abhängig gemacht werden. In bestimmten Bereichen kann diese durch eine einschlägige Berufserfahrung ersetzt werden. Nur im Bereich der ärztlichen, zahnärztlichen und pharmazeutischen Berufe enthält die RL eine weitgehende Vollharmonisierung, die im Prinzip an zuvor bestehende spezifische Harmonisierungs-RLen anknüpft. Grund ist die entsprechende primärrechtliche Vorgabe (Art. 53 Abs. 2 AEUV). 27

Im Einzelnen kommt es für die Anerkennung nur darauf an, dass das entsprechende Diplom im Ausstellungsstaat den **Zugang** zum fraglichem **Beruf** eröffnet; ob die Ausbildung auch in diesem oder in einem anderen MS absolviert wurde, ist unerheblich (EuGH, 29.4.2004, Rs. C-102/02, „Beuttenmüller"). Demgegenüber unterfällt die Entscheidung eines anderen Staates, Ausbildungen und Prüfungen, die nicht unter seiner Verantwortung, sondern woanders absolviert wurden, anzuerkennen, nicht dieser RL (EuGH, 29.1.2009, Rs. C-311/06, „Consiglio Nazionale degli Ingegneri"). 2013 wurde beschlossen, dass die MSen bis Anfang 2016 für alle national reglementierten Berufe die Notwendigkeit überprüfen, diese Reglementierung aufrechtzuerhalten (RL 2013/55, ABl. L 354/132).

Ergänzt wird dieses Richtlinienrecht durch eine auf die heutigen Art. 165f. AEUV (dazu Rz. 34/16f.) gestützte Empfehlung von Parlament und Rat zur „Einrichtung eines Europäischen Qualifikationsrahmens für lebenslanges Lernen" aus dem Jahre 2008 (Neufassung 2017: ABl. C 189/15). Danach sollen alle nationalen Berufsausbildungen acht abstrakt definierten Niveaustufen in den Bereichen Kenntnisse, Fertigkeiten und Kompetenzen zugeordnet werden (die letzten drei beziehen sich auf den Hochschulbereich). So soll die Herstellung der Vergleichbarkeit erleichtert werden. Ergänzend dazu gibt es einen Beschluss zur Schaffung eines „Europasses", in den in transparenter Weise die erworbenen Qualifikationen dargestellt werden sollen (zunächst aus dem Jahre 2004, jetzt Beschluss 2018/646, ABl. L 112/42).

28 Handwerker aus einem anderen MS müssen sich vor der Erbringung von DLen allenfalls formal und ohne Aufwand in die **Handwerksrolle** eintragen lassen (können; EuGH, 11.12.2003, Rs. C-215/01, „Schnitzer"); in der Konsequenz hat das BVerfG – zur Vermeidung einer Inländerdiskriminierung (dazu Rz. 22/13) – unter Hinweis auf Art. 12 GG eine zurückhaltende Handhabung des Meisterzwanges verlangt (BVerfG [K], 5.12.2005, 1 BvR 1730/02).

Die RLen gelten nur für abgeschlossene Ausbildungen für staatlich reglementierte Berufe. Der EuGH hat aber auch im Übrigen weitreichende Prüfungs- und Anerkennungspflichten mit Blick auf nationale Diplome postuliert, selbst wenn diese nur teilweise den im nationalen Recht bestehenden Anforderungen entsprechen (EuGH, 13.11.2003, Rs. C-313/01, „Morgenbesser" zu Ausbildungsteilen; 17.12.2009, Rs. C-586/08, „Rubino" zur Anerkennung von **Ausbildungen jenseits reglementierter Berufstätigkeit**).

b) Rechtsanwälte und Notare im Besonderen

Literatur: *Kohler,* Rechtsfragen der grenzüberschreitenden Tätigkeit von Rechtsanwälten, 2010; *Franz/Wübbenhorst,* Rechtsanwaltstätigkeit in anderen EU-Staaten, NJW 2011, 1262; *Pohl,* Dienstleistungs- und Niederlassungsfreiheit für Notare, EWS 2011, 353; *Schmid/Pinkel,* Grundfreiheitskonforme Reformierung der Notariatsverfassung, NJW 2011, 2928; *Gärditz,* Das lateinische Notariat als öffentliches Amt im Binnenmarkt, EWS 2012, 209; *Henssler/Kilian,* Das deutsche Notariat im Europarecht, NJW 2012, 481; *Spickhoff,* Das deutsche Notariat in Europa – Qualität versus Niederlassungsfreiheit?, JZ 2012, 333; *Asemissen,* Berufsanerkennung und Dienstleistungen im europäischen Binnenmarkt: die EU-Richtlinien aus der Perspektive der Methodik der Rechtsangleichung und des Wettbewerbs der Rechtsordnungen, 2014; *Twachtmann,* Die Gleichstellung ausländischer juristischer Universitätsdiplome nach § 112a DRiG – eine Praxisbewertung, EuR 2016, 325.

29 Die DLF gilt auch für **Rechtsanwälte.** Deren Freizügigkeitsrechte innerhalb der Gemeinschaft entwickelten sich schrittweise. Wichtige Fortschritte erzwang der Gerichtshof (u. a. EuGH, 12.7.1984, Rs. 107/83, „Klopp"; 7.5.1991, Rs. C-340/89, „Vlassopoulou"). Das Sekundärrecht (jetzt die RL 2005/36; Rz. 25/27) ermöglichte durch die Anerkennung des Prinzips des gegenseitigen Vertrauens bei der Anerkennung der Berufsabschlüsse einen Durchbruch. Daneben gestattet die RL 98/5 (ABl. L 77/36) die anwaltliche Tätigkeit unter der im **Herkunftsstaat** geführten **Berufsbezeichnung** (zum Verhältnis beider RLen zueinander EuGH, 3.2.2011, Rs. C-359/09, „Ebert"; zur Situation in D siehe §§ 25ff. iVm § 5 EuRAG); zu den dabei zu beachtenden Berufspflichten siehe § 27 EuRAG). Soweit in D Anwaltszwang besteht, dürfen solche Personen aber nur im Einvernehmen mit einem in Deutschland zugelassenen Anwalt tätig werden (§ 28 EuRAG).

30 Die Ausnahme nach Art. 45 Abs. 1 AEUV gilt **nicht** für **Notare,** weil sie **keine** echte (hoheitliche) **Zwangsgewalt** ausüben (Rz. 25/7). Allerdings wurde noch bei Erlass der RL 2005/36 (Rz. 25/27) allgemein das Gegenteil angenommen, weswegen der EuGH den betroffenen MSen insoweit zugebilligt hat, keine Vertragsverletzung begangen zu haben. Mittlerweile wurde die Ausklammerung der Notare ausdrücklich bestätigt (Art. 2 Abs. 4). Die DLF aber ist anwendbar, Beschränkungen der DLF ausländischer Notare müssen also gerechtfertigt werden. In der deutschen Praxis wird immerhin die Tätigkeit von im Ausland öffentlich bestellten Notaren als im Außenverhältnis wirksam angesehen und so zur Vermeidung eines Konflikts mit der DLF beigetragen; einschlägige explizite Regelungen wären allerdings sinnvoll.

4. Entsenderichtlinie

Literatur: *Eichenhofer,* Dienstleistungsfreiheit und Arbeitnehmerschutz, JZ 2007, 425; *Reich,* Gemeinschaftsrechtliche Verkehrsfreiheiten versus nationales Arbeitskampfrecht, EuZW 2007, 391; *Rodière,* Les arrêts Viking et Laval, le droit de grève et le droit de négociation collective, RTDE 2008, 47; *Junker,* Europa und das deutsche Tarifrecht, was bewirkt der EuGH?, ZfA 2009, 28; *Hofmann,* Die Zulässigkeit von Tariftreueverlangen nach europäischem Recht, 2010; *Hempel,* Die Tariftreueerklärung im Lichte des deutschen und europäischen Arbeitsrechts, 2011; *Raab,* Grundfreiheiten und nationales Arbeitsrecht, FS Schröder, 2012, 251; *Tscherner,* Arbeitsbeziehungen und Europäische Grundfreiheiten, 2012; *Krebber,* Die Arbeitnehmerentsendung im System der Grundfreiheiten, FS Müller-Graff, 2015, 365; *Germelmann,* Wirkungsgrenzen der Binnenmarktfreiheiten im Vergaberecht, EWS 2016, 69; *Wilde,* Arbeitnehmerüberlassung im Binnenmarkt, 2017; *Muller,* La révision des règles en matière de détachement, RTDE 2018, 75; *Klein,* Primärrechtskonformität der revidierten Entsende-Richtlinie, EuZW 2019, 673.

Als Rechtfertigungsgrund für Einschränkungen der DLF hat der EuGH insbesondere den Schutz der Arbeitnehmer anerkannt (Rz. 25/19). Die EntsendeRL 96/71 (ABl. 1997, L 18/1; ergänzend noch RL 2014/67, ABl. L 159/11) regelt, unter welchen Voraussetzungen ein MS bei der Erbringung von DLen durch ausländische Unternehmen von diesen die **Beachtung seiner eigenen arbeits- und sozialrechtlichen Standards** verlangen darf. 2018 wurden die Befugnisse der MSen im Bereich des Arbeitnehmerschutzes ausgeweitet (RL 2018/957, ABl. L 173/16; zur Gültigkeit siehe EuGH, 8.12.2020, Rs. C-620/18, „Ungarn/EP und Rat“). In Deutschland greift das Entsendegesetz (BGBl. 1996 I 227) für manche Branchen die mit der RL verbundenen Gestaltungsmöglichkeiten auf. Weil die entsprechende Kompetenzgrundlage (heute Art. 53 Abs. 2 AEUV) nur Liberalisierungsmaßnahmen vorsieht, aber keine Kompetenz für Maßnahmen des Sozialschutzes beinhaltet, hat der EuGH den Katalog von **Schutzmaßnahmen,** die in der RL **vorgesehen** sind, für **abschließend** und weitergehende Maßnahmen damit für unzulässig erklärt. Letzteres gilt etwa für die Verpflichtung zur Tariftreue von Unternehmen bei der Vergabe öffentlicher Aufträge (dazu Rz. 21/57ff.), soweit der Tarifvertrag nicht für allgemeinverbindlich erklärt wurde (EuGH, 3.4.2008, Rs. C-346/06, „Rüffert“; zu zulässigen Lohnvorgaben siehe EuGH, 17.11.2015, Rs. C-115/14, „RegioPost“). Auch darf nicht durch (grundsätzlich zulässige) Arbeitskampfmaßnahmen (zu deren Schutz Rz. 17/59) die Bindung eines DL-Erbringers an einen inländischen Tarifvertrag angestrebt werden, soweit dieser in seinem Schutz über das in der EntsendeRL gewährleistete Niveau hinausgeht (EuGH, 18.12.2007, Rs. C-341/05, „Laval un Partneri“). 31

5. Aufenthaltsrechtliche Begleitrechte

Eine grenzüberschreitende Erbringung von DLen verlangt zumeist das Recht zu einem **vorübergehenden Aufenthalt** in dem Staat, in dem die DL erbracht wird. Aus diesem Grund hat die EWG Mitte der siebziger Jahre etliche einschlägige RLen erlassen. Durch die Entwicklung des **allgemeinen Freizügigkeitsrechts der Unionsbürger** wurden diese weitestgehend überholt und wurden daher durch die FreizügigkeitsRL 2004/38 (Rz. 16/19) aufgehoben. Ferner hat der Gerichtshof unmittelbar aus dem heutigen Art. 56 AEUV das Recht des Arbeitgebers abgeleitet, auch Arbeitnehmer aus Drittstaaten, die über keine Aufenthalts- oder Arbeitserlaubnis für den Staat verfügen, in dem die DL erbracht werden soll, zu Zwecken der Erbringung dieser Leistung mitzubringen (EuGH, 9.8.1994, Rs. C-43/93, „Vander Elst“; st. Rspr.; vgl. auch Rz. 25/15). 32

IV. Ausblick

33 Die Anerkennung der unmittelbaren Wirkung der DLF durch den EuGH einerseits (Rz. 25/4), eine weitgehende Gewährleistung der Anerkennung von ausländischen Ausbildungen durch europäisches Sekundärrecht andererseits (Rz. 25/26) haben **vielfältige Möglichkeiten** zur **grenzüberschreitenden Erbringung von Dienstleistungen** geschaffen. Davon haben alle Volkswirtschaften der MSen deutlich profitiert; den Verbrauchern in allen MSen kommt die erheblich gestiegene Auswahl im Angebot von Dienstleitungen und ihren Erbringern zugute. Zumindest in wohlhabenderen MSen aber hat diese Entwicklung auch Sorgen um die Wahrung **sozialer Standards** ausgelöst; dies haben die Auseinandersetzungen um die DienstleistungsRL, aber auch um die Bedeutung von nationalen Tarifverträgen deutlich gemacht. Hier ist zu hoffen, aber auch zu erwarten, dass von dem mit der Steigerung des Dienstleistungsverkehrs verbundenen Zuwachs an Wohlstand letztlich alle Teile der Gesellschaft profitieren und sich so die sozialen Unterschiede in den verschiedenen Ländern des Binnenmarktes in einer sich (zumindest im Sinne des Vertrages von Lissabon) sozial verstehenden Marktwirtschaft zumindest verringern.

§ 26. Verkehr

Literatur: *Ehlotzky,* Grundfreiheiten im Spannungsfeld von Verkehr und Nachhaltigkeit, 2014; *Bieber/Maiani,* Europäisches Verkehrsrecht, 2015; *Jessen* (Hrsg.), EU Maritime Transport Law, 2015; *Kainer/Persch,* Der Verkehr im Binnenmarktrecht, EuR 2018, 33; *Hatzopoulos,* La première prise de position de la Cour en matière d'économie collaborative, RTDE 2018, 273; *Knauff,* Transportrecht, in: Ruffert (Hrsg.), EnzEuR V, 2. Aufl. 2020, § 6; *Sendmeyer,* Verkehrspolitik, in: Schulze u. a. (Hrsg.), Europarecht, 4. Aufl. 2020, § 35.

I. Die Verkehrspolitik im Binnenmarkt

1. Doppelfunktion des Verkehrs im Binnenmarkt

1 Dem Verkehr kommt für die Verwirklichung des Binnenmarktes eine doppelte Bedeutung zu als **Instrument und Gegenstand der Integration.** Ein freier Waren- und Personenverkehr wäre ohne Güter- und Personenbeförderung nicht denkbar. Gleichzeitig bildet die **Verkehrswirtschaft** mit ungefähr 10 Millionen Beschäftigten und ca. 5 % des EU-Bruttoinlandsprodukts einen beachtlichen Bestandteil der Gesamtwirtschaft. Ein hoher Anteil der öffentlichen Investitionen entfällt auf die **Verkehrsinfrastruktur** (Straßen, Schienen- und Wasserwege u. a.). Dementsprechend war der heutigen EU eine gemeinsame Politik auf dem Gebiet des Verkehrs (Art. 90 ff. AEUV) seit Beginn der Integration aufgegeben, 1992 ergänzt um die Schaffung transeuropäischer Netze (Art. 170 ff. AEUV).

2. Entwicklung der Gemeinsamen Verkehrspolitik seit 1958

Literatur: Umfassende Darstellung der Entwicklung der Gemeinsamen Verkehrspolitik bei *Epiney/Heuck/Schleiss,* Verkehrsrecht, in: Dauses/Ludwigs (Hrsg.), HB EU-WirtschR, 33. EL 2013, L, Rn. 226 ff.

Weitere Titel: *Müller-Hermann,* Die Grundlagen der Gemeinsamen Verkehrspolitik in der EWG, 1963; *Stabenow/van Huffel,* Gemeinsamer Markt und Verkehr, 1969; *Schaus,* Les transports dans le cadre de l'intégration européenne, 1977; *Basedow* (Hrsg.), Europäische Verkehrspolitik, 1987; *Slingerland,* La préparation du marché unique dans le domaine des transports, RMC 1990, 147; *Plehwe,* Transformation europäischer Governance im Bereich der Verkehrspolitik, integr. 2008, 290.

Bereits bei Aushandlung des EWGV 1956/57 zeigten sich deutliche Auffassungsunterschiede zwischen den MSen. Ursprünglich waren nur die **Niederlande** auf Grund ihrer geographischen Position (Rheinmündungshäfen) als „Fuhrleute Europas" an einem liberalisierten Verkehrsbinnenmarkt interessiert. Vor allem **Deutschland und Frankreich** favorisierten den jeweils auf nationaler Ebene durch vielfältige Reglementierung geprägten Status quo. Der Verkehrstitel (heute Art. 90ff. AEUV) ist daher kaum aussagekräftig. Die offen gefasste Kompetenznorm des heutigen Art. 91 AEUV wurde lange Zeit nur sehr punktuell genutzt. Grund war das von verschiedenen MSen aufgestellte **Junktim** zwischen der Liberalisierung der Verkehrsmärkte und der Harmonisierung der Wettbewerbsbedingungen – Forderungen, die sich gegenseitig blockierten. 2

Eine substantielle Verkehrspolitik entwickelte sich erst, nachdem der EuGH 1985 in einem „Untätigkeitsurteil" (EuGH, 22.5.1985, Rs. 13/83, „EP/Rat") eine grundsätzliche **Pflicht** der Union zur Gestaltung einer gemeinsamen Verkehrspolitik konstatiert hatte. Zugleich forderte die Entwicklung des Binnenmarktes (Rz. 22/1) **wichtige Liberalisierungsschritte.** In den weiteren Jahren galt ein besonderes Augenmerk der Liberalisierung im traditionell besonders staatsnahen Bereich der Bahnen sowie der Ausbildung einer **Verkehrsstrukturpolitik,** die u. a. auf eine Internalisierung der externen Verkehrskosten, auf faire Preise für die Infrastrukturnutzung (Mauterhebungen) sowie auf die Minderung der Schadstoffemissionen im Straßenverkehr, auf die Lösung von Umweltproblemen des LKW-Verkehrs und auf die Senkung des durchschnittlichen Kraftstoffverbrauchs abzielte. 3

II. Primärrechtliche Grundlagen der Gemeinsamen Verkehrspolitik

1. Inhaltliche Vorgaben für die gemeinsame Verkehrspolitik

Art. 90ff. AEUV sehen eine **gemeinsame Politik auf dem Gebiet des Verkehrs (GVP)** vor. Diese bezieht sich nach Art. 100 AEUV zunächst nur auf den gewerblichen und individuellen **Eisenbahn-, Straßen- und Binnenschifffahrtsverkehr,** einschließlich des sog. kombinierten Verkehrs („Landverkehr"). Nach Art. 100 Abs. 2 AEUV können aber – heute im ordentlichen Gesetzgebungsverfahren – auch für die eher weltweit als europäisch ausgerichteten Bereiche der **Seeschifffahrt** (UN-Seerechtsübereinkommen vom 10.12.1982, BGBl. 1994 II 1798 = ABl. 1998, L 179/1; Internationale Schifffahrtsorganisation [IMO]) und der **Luftfahrt** (Zivilluftfahrtsabkommen von Chicago 1944; Internationale Zivilluftfahrtsorganisation, ICAO) Vorschriften erlassen werden. Dabei zeigt Art. 58 AEUV, der von „DLen auf dem Gebiet des Verkehrs" spricht, dass zur Verkehrspolitik im Sinne des Vertrages nicht nur die Beförderung von Personen und Waren von einem Ort zum anderen als solchen gehört, sondern auch jede weitere DL, „die naturgemäß mit einer solchen Handlung verbunden ist" (EuGH, 15.10.2015, Rs. C-168/14, „Grupo Itevelesa SL" u. a.; zu Uber bejahend EuGH, 20.12.2017, Rs. C-434/15, „Asociación Profesional Elite Taxi"). Diese GVP ist nach Art. 91 Abs. 1 AEUV unter **„Berücksichtigung der Besonderheiten des Verkehrs"** zu gestalten. In diesem Sinne spricht Abs. 2 ausdrücklich den Lebensstandard und die Beschäftigungslage in bestimmten Regionen sowie den Betrieb von Verkehrseinrichtungen an. Andere Normen betonen die **gemeinwirtschaftliche Bedeutung** von Verkehrsleistungen (Art. 93, 96 AEUV). Bedeutung für den Verkehr haben auch die **Transeuropäischen Netze** (TEN) gemäß Art. 170–172 AEUV (Rz. 26/33ff.). 4

Nach der **Stillhalteverpflichtung** des Art. 92 AEUV dürfen die MSen bis zum Erlass von europäischem Sekundärrecht ihre Verkehrsunternehmen nicht zusätzlich begünstigen (dazu EuGH, 19.5.1992, Rs. C-195/90, „Deutsche Schwerverkehrsabgabe"). 5

Art. 95 AEUV enthält ein auch Drittwirkung entfaltendes (dazu auch VO Nr. 11, ABl. 1960, 52/1121) **Diskriminierungsverbot** für Beförderungsbedingungen. Art. 93 und 96 AEUV beinhalten Spezialregelungen zum allgemeinen Beihilfeverbot (oben Rz. 21/6ff.) zugunsten von „Besonderheiten" des Verkehrs; die zweitgenannte Norm ist daher nicht auf allgemeine, dem lokalen Verkehr auferlegte besondere Pflichten anwendbar (EuGH, 15.3.2017, Rs. C-253/16, „Fibtravel" zu Taxis). Die übrigen Regelungen des Titels (Art. 94, 97 und 98 AEUV) sind heute weitgehend obsolet.

6 Die vorstehend dargestellten Vorgaben sind als solche kaum operabel und überlassen die Gestaltung der GVP weithin dem **Sekundärrecht** (Fundstellenverzeichnis des geltenden EU-Rechts 07). Die Regelungen gliedern sich grundsätzlich nach den einzelnen **Verkehrsträgern** (Straßen-, Schienenverkehr usw.). Dies gilt auch für die autonomen Maßnahmen zum **internationalen Verkehr** nach Art. 91 Abs. 1 lit. a) AEUV und die **internationalen Verkehrsabkommen.**

2. Kompetenzgrundlagen der Gemeinsamen Verkehrspolitik

7 Zentrale **Kompetenzbestimmung** für den Verkehrsbereich ist Art. 91 Abs. 1 AEUV. Es besteht eine zwischen Union und MSen **geteilte Zuständigkeit** mit der Folge der Anwendbarkeit des Subsidiaritätsprinzips (Art. 5 EUV). Ausdrücklich genannt sind gemeinsame Regeln für den grenzüberschreitenden (einschließlich den internationalen) Verkehr (lit. a)), die Zulassung von nicht im betreffenden MS ansässigen Verkehrsunternehmen (lit. b)) und Maßnahmen zur Verbesserung der Verkehrssicherheit (lit. c)). Dank der „Auffangklausel" der lit. d) **(„alle sonstigen zweckdienlichen Vorschriften")** kann die Union aber umfassend für den Verkehr relevante Normen erlassen, einschließlich der Harmonisierung der Wettbewerbsbedingungen (EuGH, 9.9.2004, verb. Rs. C-184/02 u. a., „Spanien und Finnland/EP und Rat"). Für den See- und den Luftverkehr bildet Art. 100 Abs. 2 AEUV die maßgebliche Kompetenz.

8 Zur Außenkompetenz hat der Gerichtshof mit der Leitentscheidung EuGH, 31.3.1971, Rs. 22/70, **„AETR"** (st. Rspr., später etwa EuGH, 15.11.1994, Gutachten 1/94, **„WTO"**, Rz. 38/16) anhand eines Verkehrsfalles die Kompetenz der Gemeinschaft festgestellt, autonome Maßnahmen der GVP mit externer Wirkung zu treffen sowie **internationale Verträge** zu schließen, soweit das betreffende Sachgebiet **EU-intern** geregelt worden ist („Parallelität der Innen- und Außenkompetenz"). Diese Judikatur ist mittlerweile kodifiziert (Art. 216 AEUV). Ggf. kann auch die Außenhandelskompetenz nach Art. 207 AEUV zum Zuge kommen (etwa Beschl. 477/2009 des Rates, ABl. L 165/1, über die Bekanntmachung der konsolidierten Fassung des TIR-Übereinkommens über den internationalen Warentransport mit Straßenfahrzeugen).

3. Der Verkehr und die sonstigen Vertragsregeln

9 Die **Verträge** gelten grundsätzlich **umfassend** auch im **Verkehrsbereich** (EuGH, 4.4.1974, Rs. 167/73, „KOM/Frankreich"; für den **See- und Luftverkehr** EuGH, 12.10.1978, Rs. 156/77, „KOM/Belgien"). Nur die **Dienstleistungsfreiheit** wird allein nach Art. 90ff. AEUV verwirklicht (Art. 58 Abs. 1 AEUV). Die **Warenverkehrsfreiheit** (Art. 34 AEUV) kann verkehrsbehindernden Maßnahmen der MSen entgegenstehen (EuGH, 15.11.2005, Rs. C-320/03, „KOM/Österreich", zu LKW-Fahrverboten auf der Brennerautobahn aus Umweltschutzgründen; ähnlich EuGH, 21.12.2011, Rs. C-28/09, „KOM/Österreich"; siehe ferner Rz. 26/15). Auch können die MSen verpflichtet sein, verkehrsbehindernde Aktionen Privater zu unterbinden (Rz. 22/49). Kraft der **Niederlassungsfreiheit** (Art. 49 AEUV) dürfen ausländische Verkehrsunternehmen, die sich im Inland niederlassen, im Grundsatz Verkehrsdienstleistungen erbringen (EuGH, 22.12.2010, Rs. C-338/09, „Yellow Cab

Verkehrsbetriebs GmbH"). Und soweit keine spezielle Bestimmung im Verkehrskapitel einschlägig ist, ist auch das allgemeine Verbot der **Diskriminierung** aus Gründen der **Staatsangehörigkeit** (Art. 18 AEUV) anwendbar (etwa EuGH, 18.3.2014, Rs. C-628/11, „International Jet Management" zur Erteilung von Flugrechten; EuGH, 25.1.2011, Rs. C-382/08, „Neukirchinger" zu Ballonfahrten).

Ebenso finden die **Wettbewerbsregeln** im engeren Sinne (dazu EuGH, 4.4.1974, Rs. 167/73, „KOM/Frankreich") und mit besonderen Maßgaben (Art. 93, 96 AEUV) das **Beihilferecht** (vgl. auch Rz. 21/24 sowie unten Rz. 26/20) auf den Verkehr Anwendung. Dabei stellt sich etwa auch die Errichtung und Bereitstellung einer kommerziell zu nutzenden Infrastruktur als wirtschaftliche Tätigkeit dar (EuGH, 19.12.2012, Rs. C-288/11 P, „Mitteldeutsche Flughafen AG" u. a.). Die Art. 170ff. AEUV über die **Transeuropäischen Netze** sind Spezialbestimmungen u. a. im Verhältnis zum Titel Verkehr. Schließlich erleichtert die **Aufhebung der Grenzkontrollen** im Binnenbereich der EU (Rz. 33/67) auch den grenzüberschreitenden Verkehr. 10

III. Sekundärrechtliche Ausformung der Liberalisierung des Verkehrs

Im Verkehrsbereich ist aus zwei Gründen eine Vielzahl von Sekundärrechtsakten ergangen. Zum einen betreffen die meisten Rechtsakte nur jeweils **einen** der in Art. 100 AEUV erwähnten insgesamt fünf **Verkehrsträger** (Abs. 1: Eisenbahn, Straßen und Binnenschifffahrt; Abs. 2: Seeschifffahrt und Luftfahrt), bei denen die Herstellung eines Binnenmarktes auch in der Tat jeweils unterschiedliche Maßnahmen erfordert. So sind die großen nationalen Eisenbahnunternehmen (Deutsche Bahn AG, französische SNCF usw.) trotz eingeleiteter Privatisierungen und Deregulierungen (z. B. deutsche Bahnreformen auf der Grundlage von Art. 87e GG) immer noch mittelbar oder unmittelbar **vom Staat abhängig.** Privatbahnen entwickeln sich daneben nur allmählich. Ein flächendeckender öffentlicher Personenverkehr ist Teil der öffentlichen Daseinsvorsorge/Service public (Rz. 21/46). 11

Zum anderen verfolgen Maßnahmen im Bereich der Verkehrspolitik unterschiedliche Ziele. Hinsichtlich des in Art. 91 Abs. 1 lit. a) und b) AEUV implizit angesprochenen Binnenmarktes lassen sich grob **Marktöffnung** und Liberalisierung einerseits und Sicherung **fairer Wettbewerbsbedingungen** andererseits unterscheiden, auch wenn beide naturgemäß in einem Sachzusammenhang stehen. Daneben stehen sonstige Maßnahmen zur Rechtsangleichung, insbesondere bei der in Art. 91 Abs. 1 lit. c) AEUV genannten **Verkehrssicherheit,** die aber auch zur Liberalisierung und Wettbewerbsgleichheit beitragen. Jedes dieser Ziele gliedert sich wiederum in mehrere Unterziele. Außerdem müssen nach der Entsch. 357/2009 von EP und Rat (ABl. L 109/37) alle MSen nationale Rechtsakte im Bereich Eisenbahn-, Straßen- oder Binnenschiffsverkehr, die die gemeinsame Verkehrspolitik wesentlich berühren, vorab der KOM und den anderen MSen mitteilen.

1. Liberalisierung bei der Erbringung von Verkehrsdienstleistungen

Literatur: Zum **Straßenverkehr:** *Thum,* Der kombinierte Verkehr im Recht der EU, 1998; *Heinz/Seltenreich,* Freie Fahrt für die Dienstleistungsfreiheit im Personenbeförderungswesen, TR 1999, 221; zur **Binnenschifffahrt:** *S. Klein,* Die Kompetenz der EU in Anbetracht der Schiffahrt auf Rhein und Donau, 2004; zur **Seeschifffahrt:** *Milbradt,* Liberalisierung der Seekabotage unter völkerrechtlichen und europarechtlichen Aspekten, 1998; *Power,* EC Shipping Law, 2. Aufl. 1998; zum **Luftverkehr:** *Schladebach,*

Europäisches Luftverkehrsrecht: Entwicklungsstand und Perspektiven, EuR 2006, 773; *Bues,* Der „Single European Sky", 2012; *Simoncini,* Governing Air Traffic Management in the Single European Sky, ELRev 2013, 209; *Hüttel,* Rechtsfragen des einheitlichen europäischen Luftraums, 2014.

12 Die bei Gründung der EWG zumindest für kommerziell zu erbringende Verkehrsdienstleistungen fast überall bestehenden Beschränkungen wie Kontingentierungen, Preisregelungen, Kabotageverbot (Verkehr innerhalb eines oder zwischen zwei ausländischen Staaten; vgl. Art. 91 Abs. 1 lit. b) AEUV) wurden mittlerweile weitestgehend aufgehoben.

Im Einzelnen ist im Bereich des **Straßenverkehrs** auf die Regelungen zum internationalen Straßengüterverkehr (heute VO 1072/2009, ABl. L 300/72) und zum internationalen Omnibusverkehr (heute VO 1073/2009, ABl. L 300/88; siehe auch EuGH, 7.11.1991, Rs. C-17/90, „Pinaud Wieger") hinzuweisen.

Beim **Bahnverkehr** wurde die Liberalisierung in mehreren Schritten („Bahnpakete" aus den Jahren 2004, 2007, 2012 und 2016) liberalisiert; siehe heute vor allem die RL 2012/34 zur Schaffung eines einheitlichen Eisenbahnraumes (ABl. L 343/32).

Im Bereich der **Binnenschifffahrt** wurde die DLF bereits in der Mitte der neunziger Jahre hergestellt (zur Kabotagefreiheit die VO 3921/91, ABl. L 373/1; ferner VO 1356/96, ABl. L 175/7). Die **Rheinschifffahrt** ist ohnehin seit langem vom im Grundsatz liberalen Regime der Revidierten Rheinschifffahrtsakte v. 17.10.1868 – „Mannheimer Akte" – i. d. dt. Fassung v. 11.3.1969 (BGBl. 1969 II 597) geprägt, an der außer EU-MSen (B, D, F, NL) auch die Schweiz beteiligt ist und die im Grundsatz nach Art. 351 Abs. 1 AEUV (Rz. 38/12) von den Art. 90ff. AEUV unberührt bleibt.

Hinsichtlich der traditionell ohnehin liberal geprägten **Seeschifffahrt** wurde die DLF – auch im Verkehr mit Drittstaaten – bereits relativ früh hergestellt (VO 4055/86; ABl. L 378/1; speziell zur Kabotagefreiheit VO 3577/92, ABl. L 364/7 und dazu EuGH, 20.2.2001, Rs. C-205/99, „Analir"). Zur Abgrenzung der jeweiligen Kontrollbefugnisse und -verantwortlichkeiten bezüglich der Schiffe siehe zum Flaggenstaat RL 2009/21 (ABl. L 131/132) und zum Hafenstaat RL 2009/16 (ABl. L 131/57).

Im **Luftverkehr** erfolgte die Liberalisierung der DLen im Wesentlichen im Jahre 1992 (dazu heute VOen 549/2004, ABl. L 96/1, und 1008/2008, ABl. L 293/3; siehe auch EuGH, 6.2.2003, Rs. C-92/01, „Stylianakis"). Es bestehen weiterhin nicht unerhebliche Probleme bei der Schaffung eines einheitlichen Luftraums, dargestellt im Bericht der KOM(2015)663 endg.

2. Bereitstellung und Nutzung der Infrastruktur

Literatur: Zum **Straßenverkehr:** *Zeiss/Günther,* LKW-Maut und Europarecht, EuZW 2004, 103; *Heffinger,* Die Unionsrechtskonformität der Infrastrukturabgabe, DÖV 2019, 981; *Kainer/Fischinger-Corbo,* Inländergleichbehandlung und Stand still-Gebot: Neue Fragen durch das Maut-Urteil, EuZW 2019, 894; zum **Eisenbahnverkehr:** *Helmstädter,* Die Trennung von Netz und Betrieb im Eisenbahnsektor, 2011; *Epiney,* Zu den Vorgaben des Unionsrechts in Bezug auf die Trennung der Erbringung von Verkehrsdienstleistungen und des Betriebs der Infrastruktur, FS Dauses, 2014, 101; *Gersdorf,* Entgeltregulierung im Eisenbahnsektor, 2015; *Rapoport* (Hrsg.), L'espace ferroviaire unique européen, 2015; zur **Luftfahrt:** *Mößner,* Rechtliche Grenzen bei der Öffnung des Wettbewerbs im Bereich der Slot-Zuteilung im Luftverkehr, 2010; *Dwertmann,* Die Binnenorganisation der Seehäfen als Problem des Wettbewerbsrechts, 2011; *Rother,* Die Aufteilung von Luftverkehr in Flughafensystemen im Spannungsfeld zwischen deutschem und europäischem Recht, 2011; *Glemser,* Slotvergabe an deutschen und europäischen Flughäfen, 2012; *Fiedler,* Die Einführung eines europäischen Fluggastdatensystems, 2016.

13 Im Bereich des Straßenverkehrs und der Schifffahrt ist die Infrastruktur – Straßen, Seewege – als solche ohnehin im Wesentlichen frei nutzbar, allenfalls an die Zahlung von Gebühren etc. gekoppelt. Insoweit muss allerdings Diskriminierungsfreiheit gewährleistet sein (für Verkehrsunternehmen: Art. 92 AEUV, im Übrigen: Art. 18 AEUV). Man unterscheidet **„Mautgebühren"** für eine bestimmte Streckennutzung (z. B. französische Autobahngebühren oder deutsche LKW-Maut) und **„Benutzungs-**

gebühren" für die Nutzung während eines festen Zeitraums (z. B. österreichisches „Pickerl"). Bei letzteren ist durch zeitlich differenzierte Angebote sicherzustellen, dass ausländische Nutzer auch faktisch nicht diskriminiert werden. Die Gebührenerhebung im Schwerlastverkehr regelt die RL 1999/62, ABl. L 187/42 (zur Gebührenberechnung EuGH, 28.10.2020, Rs. C-321/19, „BY"). Für die Kfz-bezogenen Steuern werden gemeinsame Mindestsätze festgelegt. Die Wettbewerbsneutralität ist u. a. infolge der unterschiedlichen nationalen Verkehrswegefinanzierung und Steuersysteme schwer herzustellen. Die RL 2019/502 (ABl. L 91/45) schreibt für elektronische Mautsysteme eine gemeinsame Technik vor („Interoperabilität") und regelt zudem den Informationsaustausch über nicht bezahlte Mautbeiträge.

In **Deutschland** scheiterte 1990 die Einführung von Gebühren für bestimmte Straßennutzungen bei gleichzeitiger Entlastung inländischer Nutzer an der strikten Standstillverpflichtung des heutigen Art. 92 AEUV (EuGH, 19.5.1992, Rs. C-195/90, „KOM/Deutschland"). Das gleiche Schicksal war der 2017 beschlossenen PKW-Maut beschieden, weil sie überaus eng mit einer nur für Inländer geltenden Senkung der Kfz-Steuer verbunden war und deswegen insbesondere gegen Art. 18, aber auch Art. 34, 56 und 92 AEUV verstieß (EuGH, 18.6.2018, Rs. C-591/17, „Österreich/Deutschland"). 14

Besondere Probleme wirft auch der **alpenquerende Gütertransit** durch den MS **Österreich** (dazu in Rz. 26/9) und den Drittstaat Schweiz nach Italien auf. Letzterer bedarf vertraglicher Regelungen mit der EU. Im Rahmen von sieben sektoriellen Abkommen EU-Schweiz (Rz. 41/8) besteht seit dem 1.6.2002 ein Landverkehrsabkommen (ABl. L 114/94; *Sollberger,* Konvergenzen und Divergenzen im Landverkehrsrecht der EG und der Schweiz, 2003), welches frühere Regelungen ablöste. Ziel des Abkommens ist eine Entlastung des Verkehrs über den Brenner unter gleichzeitiger Verlagerung von Gütertransit durch die Schweiz auf die Schiene. 15

Bereits grundsätzlich anders ist die Lage bei Bahn- und Luftverkehr. Im Bereich des **Bahnverkehrs** gebietet daher eine wirksame Europäisierung des Schienenverkehrs u. a. die Kompatibilität des Zugmaterials und eine Abstimmung der Gleisverbindungen und Streckenzüge über die Grenzen hinweg („Interoperabilität"), ferner Maßnahmen zur Sicherung des Zugangs zum Bahnnetz (Regulierung; vgl. auch die Maßnahmen im Energiebereich, Rz. 23/9f.). Die verschiedenen Bahnpakete (Rz. 26/12) beinhalten jeweils einschlägige Maßnahmen, die insbesondere auf eine zunehmende, wenn auch noch nicht vollständige Trennung zwischen der Erbringung der Verkehrsdienstleistung sowie der Bereitstellung der Infrastruktur und einen diskriminierungsfreien Zugang zu dieser abzielen (RL 2012/34, ABl. L 343/32; zu Buchhaltungspflichten, Pflege und Nutzung der Infrastruktur durch ein Unternehmen EuGH, 28.6.2017, Rs. C-482/14, „KOM/Deutschland"); siehe ferner RL 2016/797 (ABl. L 138/44) zur Interoperabilität des Eisenbahnnetzes sowie VO 913/2010 (ABl. L 276/22) zum Güterverkehr. 16

Hinsichtlich des **Luftverkehrs** stellt sich vor allem die Frage nach Start- und Landemöglichkeiten (Zeitnischen – „Slots") auf den Flughäfen. Sie werden mittlerweile nach gemeinsamen Regeln vergeben (VO 95/93, ABl. L 14/1). Auch der Zugang zu den Bodenabfertigungsdiensten auf den Flughäfen ist liberalisiert (RL 96/67, ABl. L 272/36). Im Jahre 2004 wurden die Erbringung von Flugsicherungsdiensten, die Ordnung und Nutzung des EU-Luftraums und das Flugverkehrsmanagementnetz europäisiert (VOen 550 und 551/2004, ABl. L 96/10, 20; ferner VO 2018/1139, ABl. L 212/1). Zum Umgang mit Computerbuchungssystemen siehe VO 80/2009, ABl. L 35/47. Zur Verbesserung der polizeilichen Sicherheit wurden die Fluggesellschaften 2016 zur Übermittlung zentraler Passagierdaten („PNR-Daten") verpflichtet (RL

2016/681, ABl. L 119/132). Die Wirksamkeit dieser RL ist im Lichte der jüngsten EuGH-Judikatur zu PNR-Daten (Rz. 26/31) jedoch zweifelhaft.

Für den **Schiffsverkehr** wurde nach langen Jahren 2017 eine Regelung über die Hafendienste erreicht (VO 2017/352, ABl. L 57/1), so dass der zuvor notwendige Rückgriff auf das allgemeine Wettbewerbsrecht (Zugangsgewährungsansprüche nach der „essential facilities-Doktrin", Rz. 20/31) nicht mehr erforderlich ist.

3. Personenbezogene Regeln (Fahrerlaubnisse etc.)

Literatur: *Janker,* Das vorläufige Ende des Führerscheintourismus, DAR 2009, 181; *Brenner,* Führerscheintourismus in Europa: Noch kein Ende in Sicht, EuR 2010, 292.

17 Zur Marktliberalisierung im Bereich des **Straßenverkehrs** gehört insbesondere der Rechtsrahmen für einen **europäischen Führerschein** (heute RL 2006/126, ABl. L 403/18). Die Regelungen sollen zugleich die Personenfreizügigkeit ergänzen und sehen deswegen eine EU-weite Anerkennung der Fahrerlaubnisse sowie einen einheitlichen europäischen Führerschein vor. Danach darf nur der Staat eine Fahrerlaubnis ausstellen, in dem der Betreffende seinen Wohnsitz hat, und allein dieser Staat darf überprüfen, ob die Erteilungsvoraussetzungen gegeben waren. Eine Anerkennung darf nur verweigert werden, wenn sich die Unzuständigkeit des Ausstellungsstaates aus von diesem selbst herrührenden Informationen ergibt.

Ebenso darf einer **ausländischen Fahrerlaubnis** die **Wirkung im Inland aberkannt** werden, wenn nach Erteilung eingetretene Ereignisse im Inland den Entzug gerechtfertigt hätten, doch muss es dann ein Verfahren zu dessen Wiedererlangung geben (EuGH, 23.4.2015, Rs. C-260/13, „Sevda Aykul"). Nationale Sperrfristen gelten – während ihrer Laufzeit – auch gegenüber Fahrerlaubnissen aus anderen MSen (EuGH, 26.4.2012, Rs. C-419/10, „Hofmann"). Letztlich soll kein Anreiz für Täter von Verkehrsverstößen geschaffen werden, sich in einen anderen MS zu begeben, um den verwaltungs- oder strafrechtlichen Folgen dieser Zuwiderhandlungen, insbesondere einem vorübergehenden oder gänzlichen Entzug der Fahrerlaubnis zu entgehen, da dies letztendlich das Vertrauen zerstört, auf dem das System der gegenseitigen Anerkennung der Führerscheine beruht (dazu auch EuGH, 20.11.2008, Rs. C-1/07, „Weber"). Dem dient auch ein Austausch über begangene Verkehrsdelikte (RL 2015/413, ABl. L 68/9, und dazu auch Rz. 37/8). Insgesamt soll so die Freizügigkeit geschützt und zugleich der Fahrerlaubniserwerbstourismus begrenzt werden.

Die deutsche Verpflichtung, innerhalb des „Schengen-Raumes" von Verkehrsunternehmen die Kontrolle von Einreisepapieren zu verlangen, ist unionsrechtswidrig (Rz. 33/67).

18 Für die kommerzielle Beförderung von Personen und Gütern im **Straßenverkehr** bestehen für die in der EU niedergelassenen Bewerber bestimmte Zugangsvoraussetzungen (VO 1071/2009, ABl. L 300/51): eine in der gesamten EU gültige **Lizenz** nach der VO 1072/2009 (ABl. L 300/72) für den Güter- bzw. der VO 1073/2009 (ABl. L 300/88) für den Personenverkehr. Für den **Bahnverkehr** bestehen Regelungen für einen Internationalen Lokomotivführerschein (RL 2007/59, ABl. L 315/51). Bei der **Binnenschifffahrt** wurde der Zugang zum Beruf des Binnenschifffahrtsunternehmers im Rahmen der RL 87/540 (ABl. L 322/20) unionsweit angeglichen und ist grundsätzlich frei. Zur gegenseitigen Anerkennung der Schifferpatente siehe RL 91/672 (ABl. L 373/29), zur entsprechenden Harmonisierung RL 96/50 (ABl. L 235/31); für die **Seeleute** siehe RL 2008/106 (ABl. L 323/33) und RL 2019/1159, ABl L 188/94).

IV. Sekundärrechtliche Sicherung fairer Wettbewerbsbedingungen

1. Preisregelungen

Die national traditionell übliche Preisreglementierung wurden mittlerweile weitgehend untersagt bzw. einem einheitlichen europäischem Reglement unterworfen (zum Güterverkehr VO 4058/89 [ABl. L 390/1], zur Binnenschifffahrt RL 96/75 [ABl. L 304/12]; zu den Flughafenentgelten RL 2009/12 [ABl. L 70/11], und zu deren Gültigkeit EuGH, 12.5.2011, Rs. C-176/09, „Luxemburg/EP und Rat"). Zu Flughafenentgelten hat der EuGH entschieden, dass die danach durch eine unabhängige Behörde festzusetzenden Tarife auch für die Flughäfen verbindlich sind und Fluggesellschaften gegen eine behördliche Genehmigung klagen können (EuGH, 21.9.2019, Rs. C-379/18, „Deutsche Lufthansa"). 19

2. Beihilfenrecht

Literatur: Zum **ÖPNV:** *Linke,* Die Gewährleistung des Daseinsvorsorgeauftrages im öffentlichen Personennahverkehr, 2010; *Pünder,* Die Vergabe von Dienstleistungsaufträgen im Eisenbahnverkehr, EuR 2010, 774; *Pünder/Prieß* (Hrsg.), Brennpunkte des öffentlichen Personennahverkehrs vor dem Hintergrund der neuen EG-Personenverkehrsdiensteverordnung Nr. 1370/2007, 2010; *Vieu,* À propos de l'intégration de l'Europe des transports, RTDE 2010, 297; *Weyd,* Das Zusammenwirken von Vergabe- und Beihilfenrecht am Beispiel öffentlicher Personenverkehrsdienste, EWS 2010, 167; *Lehr,* Beihilfen zur Gewährleistung des öffentlichen Personennahverkehrs, 2011; *Schmitz/Winkelhüsener,* Der Öffentliche Personennahverkehr im Übergang zur VO 1370/2007, EuZW 2011, 52; zum **Bahnverkehr:** *Hafner,* Entflechtung und Wettbewerb im Eisenbahnwesen. Europarechtliche Vorgaben, nationale Umsetzung, tatsächliche Situation, 2011; zum **Seeverkehr:** *Schmidt,* Der Umbruch im Kartellrecht des Seeverkehrs, TR 1998, 447; *Bandtel,* Dumping in der Seeschiffahrt, 1999; *Zinsmeister/Lienemeyer,* Zur Entwicklung des Seekartellrechts, EuZW 2002, 649; zur **Luftfahrt:** *Deuster,* Ausgleichszahlungen für Dienstleistungen von allgemeinem wirtschaftlichem Interesse: das Verhältnis von Art. 87 Abs. 1 EG zu Art. 86 Abs. 2 EG nach der Altmark-Trans-Rspr. unter besonderer Berücksichtigung der öffentlichen Finanzierung des Luftverkehrs, 2007; *Frie,* Die wettbewerbsrechtliche Behandlung und Entwicklung von Luftverkehrsallianzen im Rahmen der Globalisierung und Liberalisierung des Luftverkehrs, 2009; *Soltész,* Regionalflughäfen und „Billigflieger" aus Sicht des Europäischen Beihilferechts, DVBl 2010, 277.

Im Grundsatz gilt das **Wettbewerbsrecht auch** im **Verkehrsbereich** (Rz. 26/19). Art. 93 AEUV enthält Ausnahmen für Beihilfen, die den Erfordernissen des Verkehrs oder der Abgeltung besonderer öffentlicher DLen dienen. Die zuletzt genannten Maßnahmen fallen nach der Rspr. des EuGH allerdings vielfach ohnehin nicht unter den Beihilfetatbestand (Rz. 21/49). 20

Spezielle Wettbewerbsregeln für den Schienen-, Straßen- und Schiffsverkehr enthält die VO 169/2009 (ABl. L 61/1); zu Beihilfen für Häfen und Flughäfen siehe VO 651/2014 (ABl. L 187/1) sowie die Leitlinien der KOM (ABl. 2014 C 99/3); nach letzteren müssen Betriebsbeihilfen für Flughäfen 2024 enden. Präzisierungen vor allem mit Blick auf die Erbringung von Verkehrsdienstleistungen von allgemeinem Interesse enthält die VO 1370/2007 (ABl. L 315/1) über **öffentliche Personenverkehrsdienste** auf Schiene und Straße. Danach kann jeder Staat die in seinem Verantwortungsbereich zu erbringenden Leistungen selbst definieren, doch werden die zum Ausgleich vom Staat zu erbringenden Leistungen strukturiert und eingegrenzt. Soweit das Vergabeverfahren nicht ohnehin den Regeln über die Vergabe öffentlicher Aufträge unterliegt (dazu Rz. 21/57 ff.; zur Abgrenzung EuGH, 21.3.2019, verb. Rs. C-266/17 u. a., „Rhein-Sieg-Kreis"), kommen insbesondere die Eigenerbringung, – bei kleineren Aufträgen – die Direktvergabe und ein wettbewerbliches Verfah- 21 ren in Betracht. Ein Markt muss also nicht hergestellt werden. Die Vorschriften sind im Ansatz an die für die Vergabe öffentlicher Aufträge angelehnt, belassen den MSen aber im Einzelnen mehr Spielraum (näher *Nettesheim,* NVwZ 2009, 1449). Für das deutsche Recht ist, wenn die Eigenerbringung ausscheidet, regelmäßig von einer Ausschreibungspflicht auszugehen (siehe zum Schienenverkehr BGHZ 188, 200).

22 Zur Begrenzung der **Überkapazität an Schiffsraum** für die Binnenschifffahrt sieht die VO 718/1999 (ABl. L 90/1, mit DVO 181/2008, ABl. L 56/8) kapazitätsbezogene Maßnahmen in Form einer Regulierung des Schiffsraumes vor; hinzu treten nationale Binnenschifffahrtsfonds in den MSen mit größerer Flotte. Im Bereich des Seeverkehrs sucht die VO 4057/86 (ABl. L 378/14) unlautere Preispraktiken zwischen EU-Reedereien abzustellen. Die VO 4058/86 (ABl. L 378/21) enthält ergänzend ein Verfahren für Retorsionsmaßnahmen gegen diskriminierende Drittstaaten. Zu weiteren Maßnahmen siehe Fundstellenverzeichnis des geltenden EU-Rechts 07.30.10–30.

3. Standards für Beschäftigte und Nutzer

Literatur: *Garben,* Sky-high controversy and high-fly claims?, CMLRev 2013, 15; *Le Bot,* La protection des passagers aériens dans l'union européenne, RTDE 2014, 753; *Politis,* Sturgeon und kein Ende, EuZW 2014, 8; *Bobek/Prassl,* Air Passenger Rights, 2016; *Krüger,* Die Passagierrechte im Flug-, Bahn-, Schiffs- und Busverkehr: Gemeinsamkeiten und Unterschiede der vier EG-Verordnungen und Vereinbarkeit der bei diesen enthaltenen Entschädigungszahlung mit dem Grundsatz der Gleichbehandlung nach Art. 20 GRC, 2016; *Staudinger/Keiler* (Hrsg.), Fluggastrechte-Verordnung, 2016.

a) Sozialstandards für Beschäftigte

23 Im Bereich des **Straßenverkehrs** ist zentral die 2020 grundlegend geänderte VO 561/2006 (ABl. L 102/1) über die Harmonisierung bestimmter Sozialvorschriften im Straßenverkehr. Sie regelt u. a. das Mindestalter von LKW-Fahrern, die Lenk- und Ruhezeiten im Straßengüter- und -personenverkehr (dazu EuGH, 18.1.2001, Rs. C-297/99, „Skills Motor Coaches"; 20.12.2017, Rs. C-102/16, „Vaditrans"), das Verbot bestimmter „leistungsbezogener" Entgelte sowie Sanktionen für Verstöße (dazu EuGH, 19.10.2016, Rs. C-501/14, „EL-WM-2001 Ltd"; zur Zulässigkeit von Sanktionen auch gegen ausländische Unternehmen EuGH, 26.9.2018, Rs. C-513/17, „Baumgartner"). Die VO wird durch verschiedene Regelungen ergänzt, u. a. die RL 2002/15 (ABl. L 80/35) zu den Arbeitszeiten der Personen, die Fahrtätigkeiten im Straßentransport ausüben. Trotz aller Normierungen und Kontrollen bestehen aber regelmäßig Probleme bei der Einhaltung der Verkehrs-Sozialstandards innerhalb der MSen. Für die **Seeleute** setzen die sozialpolitischen RLen 1999/63 (ABl. L 167/33) und 1999/95 (ABl. 2000, L 14/29) Mindeststandards für die Arbeitszeit fest; die RL 2015/1794 (ABl. L 263/1) erstreckt wichtige Arbeitnehmerschutzvorschriften auf die zuvor ausgeschlossenen Seeleute (ferner Fundstellenverzeichnis des geltenden EU-Rechts 070.30.40.20).

b) Verbraucherschutz (Fahrgastrechte etc.)

24 Bei den meisten Verkehrsmitteln werden Fahrgäste im Fall von Überbuchungen, großen Verspätungen und Ausfällen von Fahrten/Flügen etc. geschützt. Zu nennen sind für den **Bahnverkehr** die VO 1371/2007 (ABl. L 315/14), im Bereich des **Luftverkehrs** die VO 261/2004 (ABl. L 46/1; zur Gültigkeit EuGH, 10.1.2006, Rs. C-344/04, „IATA"), beim (Binnen- und See-)**Schiffsverkehr** die VO 1177/2010 (ABl. L 334/1) und beim **Busverkehr** die VO 181/2011 (ABl. L 55/1). Der EuGH hat mittlerweile eine detailreiche Judikatur entfaltet.

Unter einer Annullierung eines Fluges im Sinne der Vorschriften sind auch Verspätungen von mehr als 3 Stunden (EuGH, 19.11.2009, verb. Rs. C-402/07 u. a., „Sturgeon" u. a.) sowie substantielle Abweichungen vom Zielflughafen (EuGH, 13.10.2011, Rs. C-83/10, „Sousa Rodríguez") zu verstehen. Zu Rechten behinderter Fluggäste siehe VO 1107/2006, ABl. L 204/1. Die Vorschriften enthalten regelmäßig gewisse Ausnahmen von Ersatzansprüchen für außergewöhnliche, unvermeidbare Ereignisse; technische Mängel gehören aber nicht dazu (zu Flugzeugen EuGH, 22.12.2008, Rs. C-549/07, „Wallentin-Hermann"). Bei Bahnreisen darf auch die Haftung wegen höherer Gewalt nicht ausgeschlossen werden (EuGH, 26.9.2013, Rs. C-509/11, „ÖBB"), bei Fluggästen besteht in solchen Fällen immerhin eine Pflicht zur Unterbringung (Art. 5 iVm Art. 9 der VO 261/2004; siehe EuGH, 31.1.2013, Rs. C-12/11, „McDonagh"). Weiterhin wurden Regeln über die **Unfallhaftung** vereinheitlicht (zum Luftverkehr VO 2027/97, ABl. L 285/1; zum Seeverkehr VO 392/2009, ABl. L 131/24).

V. Weitere Maßnahmen

1. Verkehrssicherheit

Literatur: *Graf Vitzthum,* Schiffssicherheit: Die EG als potentieller Durchsetzungsdegen der IMO, ZaöRV 2002, 163; *Erling,* Die Einbeziehung des Luftverkehrs in den EU-Emissionshandel, UPR 2006, 5; *Herz,* Die Einbeziehung des internationalen Luftverkehrs in das Europäische Emissionshandelssystem, 2011; *Athen,* „Hinterm Horizont geht's weiter" – Einbeziehung des Luftverkehrs in den Handel mit Treibhausgasemissionszertifikaten, EuZW 2012, 337; *Denza,* International Aviation and the EU Carbon Trading Scheme, ELRev 2012, 314; *Plath,* Die Einbeziehung des Luftverkehrs in den EU-Emissionshandel, 2015; *Weinberg,* Das europäische Emissionshandelssystem in der dritten Handelsperiode unter Berücksichtigung des Luftverkehrs, 2015.

Verbesserungen der **Verkehrssicherheit** sind in der EU von besonderer Bedeutung. Art. 91 Abs. 1 lit. c) 25
AEUV enthält eine spezielle Zuständigkeit für Verkehrssicherheitsmaßnahmen. Die fahrzeugbezogenen Maßnahmen (dazu RL 2007/46, ABl. L 263/1) stehen auch in engem Zusammenhang mit der **Rechtsangleichung technischer Normen** und so mit der Herstellung der Warenverkehrsfreiheit (Rz. 22/50 ff.). Die Union hat eine **Fülle einschlägiger Vorschriften** erlassen (Fundstellenverzeichnis des geltenden EU-Rechts 13.30.10 ff.). Sie betreffen u. a. die Zulassung von KfZ und deren regelmäßige Kontrolle (RL 2014/45, ABl. L 127/51), Typengenehmigungen und Beschaffenheitsanforderungen (vgl. auch Rz. 33/35). EU-weit geregelt ist ferner die **Gurtanlegepflicht** in bestimmten Fahrzeugen (RL 91/671, ABl. L 373/26). Vergeblich blieben Bemühungen um **EU-weite Geschwindigkeitsbegrenzungen.** Die europaweite **Regelung der Sommerzeit** (RL 2000/84, ABl. 2001, L 31/21) wurde ebenfalls insbesondere verkehrspolitisch begründet, auch wenn sie auf den heutigen Art. 114 AEUV gestützt ist. Besondere Regelungen gelten für den Transport von **Gefahrgut** (z. B. chemische oder radioaktive Stoffe: RL 2008/68, ABl. L 260/13).

Maßnahmen zur Verbesserung der Verkehrssicherheit im Wege technischer Normierungen gibt es auch für 26
den **Eisenbahnverkehr** (RL 2016/798, ABl. L 138/102), die **Binnenschifffahrt** (RL 2016/1629, ABl. L 252/118), den **Seeverkehr** (insbesondere VO 336/2006, ABl. L 64/1) sowie die **Luftfahrt** (VO 2018/1139, ABl. L 212/1; ferner zur Sicherheit VO 300/2008, ABl. L 97/72, mit DurchführungsVO der KOM 2015/1998, ABl. L 299/1). Siehe ferner Fundstellenverzeichnis des geltenden EU-Rechts 07.30.30.

2. Umweltschutz

Etliche Maßnahmen der Rechtsangleichung dienen auch dem Umweltschutz, in letzter Zeit vor allem dem 27
Klimaschutz (Rz. 33/34). Im Bereich des **Straßenverkehrs** gilt dies etwa über die eben erwähnten umweltpolitisch ausgerichteten Zulassungsregeln hinaus für den obligatorischen Verkauf von bleifreiem Benzin sowie die Sicherung der Versorgung mit alternativen Kraftstoffen (dazu RL 2014/94, ABl. L 307/1). Beim **Güterverkehr** gewährt die EU Finanzhilfen zur Verbesserung der Umweltfreundlichkeit. Zum Schutz der **Meeresumwelt** bestehen Regelungen zur Entsorgung von Schiffsabfällen und Ladungsrückständen in Häfen sowie zur Zusammenarbeit bei der Bekämpfung unfallbedingter oder vorsätzlicher Meeresverschmutzung. Zu viel Streit führte die – daher vorübergehend ausgesetzte (Beschl. 377/2013 von EP und Rat, ABl. L 113/1) – Einbindung des **Luftverkehrs** in den Emissionshandel und zwar auch, soweit Strecken außerhalb der EU bedient werden (RL 2008/101, ABl. 2009, L 8/3; dazu EuGH, 21.12.2011, Rs. C-366/10, „Air Transport Association of America u. a."). Nachdem die ICAO (Rz. 26/32) für interna-

tionale Flüge im Oktober 2016 eine Regelung gefunden hat, muss die EU nun diese Frage neu regeln. Daneben spielt im Luftverkehr auch der Lärmschutz eine große Rolle (siehe zu durch Fluglärm legitimierten Betriebsbeschränkungen von Flughäfen u. a. VO 598/2014, ABl. L 173/65). Nationale Fluglärmregeln, die nicht zu Betriebsbeschränkungen führen, bleiben aber zulässig (EuGH, 8.9.2011, Rs. C-120/10, „European Air Transport SA").

3. Institutionelle Regelungen

28 Für die Mehrzahl der Verkehrsträger wurden Agenturen geschaffen, die die Sicherheit des Verkehrs, aber auch den Wettbewerb sichern und überwachen sollen: die **Europäische Eisenbahnagentur** in Lille/Valenciennes (mittlerweile VO 2016/796, ABl. L 138/1: Überwachung und Förderung von Interoperabilität, Wettbewerbsfähigkeit und Sicherheit des europäischen Eisenbahnsystems), die **Europäische Agentur für die Sicherheit des Seeverkehrs** (VO 1406/2002, ABl. L 208/1) mit Sitz in Lissabon sowie die in Köln ansässige **EU-Agentur für Flugsicherheit (EASA)** mit einer Beschwerdekammer (jetzt VO 216/2008, ABl. L 79/1: technische Kontrolle des Flugzeugbaus u. a.).

VI. Internationale Beziehungen in der Verkehrspolitik

1. Landverkehr und Binnenschifffahrt

29 Wie bei allen Verkehrsträgern bedürfen auch im Landverkehr und bei der Binnenschifffahrt Regelungen vielfach einer Erstreckung **über das Gebiet der Union hinaus,** wenn sie ihre volle Wirkung erzielen sollen. Dies erfordert eine Präsenz der EU in den internationalen Verkehrsorganisationen ebenso wie den Abschluss völkerrechtlicher Abkommen mit Drittstaaten. So nehmen KOM und Rat beratend an den Arbeiten der **UN-Wirtschaftskommission für Europa (ECE)** in Genf teil. Im Rahmen der ECE wurden eine Reihe internationaler Verkehrsabkommen geschlossen, u. a. das AETR-Abkommen, welches die EU für ihren Bereich übernommen hat. – In der **Europäischen Konferenz der Verkehrsminister (CEMT)** arbeitet die Union als Beobachter ebenso mit wie u. a. bei den Verkehrsaktivitäten der OECD, des Europarates oder in der **Zwischenstaatlichen Organisation für den internationalen Eisenbahnverkehr (COTIF;** Ratsbeschl. 2013/103, ABl. L 51/8) in Bern. Von spezieller Bedeutung sind weiterhin die Verträge mit der **Schweiz** beim Alpentransit (Rz. 26/15) und die **Mannheimer Rheinschifffahrtsakte** für die Binnenschifffahrt (Rz. 26/12). Mit den südosteuropäischen Staaten wurde 2017 ein umfangreiches Abkommen geschlossen (ABl. L 278/3).

2. Seeverkehr

30 Mit einigen Staaten bestehen Abkommen zum Seeverkehr. Daneben schützt die EU Schiffe der MSen durch **autonome Maßnahmen** gegen Diskriminierungen durch Drittstaaten (Fundstellenverzeichnis des geltenden EU-Rechts 07.30.50). Die KOM nimmt in den mit Fragen des Seeverkehrs befassten **internationalen Organisationen** (IMO, OECD, WTO, UNCTAD) die Unionsinteressen als Beobachter oder auch als Vertreter der EU wahr.

3. Luftverkehr

Literatur: *Gassner/Deichstetter,* Luftverkehrsabkommen als Gemeinschaftsaufgabe, EWS 2003, 265; *Balfour,* EC external aviation relations, CMLRev 2008, 443; *Maass,* Handelspolitische Schutzinstrumente im Luftverkehr, 2012; *Recker,* Die Reform des rechtlichen Rahmens für den internationalen Luftverkehr, 2014; *Fiedler,* Die Einführung eines europäischen Fluggastdatensystems: Konflikt zwischen Datenschutz und innerer Sicherheit, 2016; *Müller,* Single European Sky, 2019.

31 Da der Luftverkehr seinem Wesen nach weltweit ausgerichtet ist, kommt der **„Außenseite"** der Gemeinsamen Luftverkehrspolitik besondere Bedeutung zu. Alte multilaterale Abkommen wie das Chicagoabkommen 1944 gelten nach Art. 351 AEUV zwischen den Beteiligten weiter. Demgegenüber hat der EuGH in konsequenter Anwendung der (heute in Art. 216 AEUV kodifizierten) „AETR-Doktrin" aus dem heutigen Art. 100 Abs. 2 AEUV eine **EU-Außenkompetenz im Luftverkehr** abgeleitet,

die neue Abkommen möglich macht. Deswegen und wegen Verstoßes gegen die **Niederlassungsfreiheit** der Fluggesellschaften innerhalb der EU wurden bilaterale Abkommen von sieben EU-Staaten mit den USA für nichtig erklärt (u. a. EuGH, 5.11.2002, Rs. C-466/98, „KOM/Vereinigtes Königreich", und Rs. C-476/98, „KOM/Deutschland" – **„Open Skies"**; dazu Rz. 38/24). Mittlerweile wurde ein entsprechendes **gemischtes Abkommen** abgeschlossen (Beschl. 2007/339, ABl. L 134/1), dem mittlerweile auch Norwegen und Island beigetreten sind. Regelungen gibt es außerdem zur Zusammenarbeit bei der Gewährleistung der Sicherheit der Zivilluftfahrt (ABl. 2011, L 291/3). Mit der **Schweiz** schwelt seit längerem ein Streit betreffend Maßnahmen im deutschen Anfluggebiet des Flughafens Zürich. Auch international umstritten ist die Einbeziehung des Luftverkehrs in den EU-Emissionshandel (Rz. 26/27). Vgl. im Übrigen das Fundstellenverzeichnis des geltenden EU-Rechts 07.40.50.

Speziell mit Blick auf die **Übermittlung von Fluggastdaten** („PNR-Daten") an andere Staaten hat der EuGH ein erstes Abkommen mit den USA mangels Kompetenz der EU für nichtig erklärt (EuGH, 30.5.2006, verb. Rs. C-317/04 u. a., „EP/Rat und KOM"). Mittlerweile gibt es eine Folgeregelung (ABl. 2012, L 215/5). Dessen Wirksamkeit ist jedoch zweifelhaft geworden, nachdem der EuGH ein geplantes ähnliches Abkommen mit Kanada in einem Gutachten für in der vorliegenden Form datenschutzrechtlich unzulässig erklärt hat (EuGH, 26.7.2017, Gutachten 1/15, „PNR-Abkommen mit Kanada").

Abgeschlossen wurde ein gesamteuropäisches Übereinkommen über die Schaffung 32 eines **gemeinsamen europäischen Luftraumes (GELR-Übereinkommen).** Der Gerichtshof hat hierfür die Möglichkeiten einer Beteiligung der EU abgesteckt (EuGH, 18.4.2002, Gutachten 1/00). In den **internationalen Luftfahrtorganisationen** (insbes. ICAO) ist die Union durch die KOM als Beobachter neben den MSen vertreten; jüngst wurde eine Kooperationsvereinbarung abgeschlossen (Beschl. 2011/530, ABl. L 232/1). – Eine selbständige Organisation ist die 1960 gegründete Europäische Organisation für Flugsicherung (**Eurocontrol;** dazu *Hobe,* in: Hatje/Müller-Graff (Hrsg.), EnzEuR I, 2. Aufl. 2021, § 31), die sich u. a. der Weiterentwicklung der Flugsicherung widmet. Ihr gehören über die EU hinaus bis auf Russland/Weißrussland alle europäischen Staaten an; zur Kooperation mit der EU wurde jüngst ein entsprechendes Abkommen unterzeichnet (ABl. 2013, L 16/1).

VII. Transeuropäische Netze (TEN)

Literatur: *Köhler,* Gemeinschaftliche Infrastrukturverantwortung der Mitgliedstaaten im Rahmen des Wettbewerbs: zum Verhältnis der EG-Vertragstitel über transeuropäische Netze und staatliche Beihilfen, 2011; *Armbrecht,* Infrastrukturplanung auf europäischer Ebene – Entwurf einer Verordnung zu Leitlinien für die transeuropäische Energieinfrastruktur, DVBl 2013, 479; *Giesberts/Tiedge,* Die Verordnung zu Leitlinien für die transeuropäische Energieinfrastruktur, NVwZ 2013, 836; *dies.,* Vorhaben von gemeinsamem Interesse nach der TEN-E-Verordnung, EurUP 2013, 166; *Calliess/Lippert,* Transeuropäische Netze, in: Wegener (Hrsg.), EnzEuR VIII, 2014, § 2; *Guckelberger,* Transeuropäische Netze, NWVBl. 2020, 133.

1. Konzept der Transeuropäischen Netze

Der **Titel über die Transeuropäischen Netze** wurde 1992 geschaffen (heute 33 Art. 170–172 AEUV). Dabei geht es um die Verkehrs-, Telekommunikations- und Energieinfrastruktur (dazu Rz. 23/9). Mit ihrem Auf- und Ausbau durch die MSen zusammen mit der Union soll der **Verkehrsbinnenmarkt** und der **wirtschaftlich-soziale Zusammenhalt** im Interesse der Bürger, Wirtschaftsbeteiligten und der Gebietskörperschaften perfektioniert werden. Darüber hinaus wird im „transeuropäischen" Sinne die Zusammenarbeit mit **Drittstaaten** zur Förderung des Ausbaues der TEN angesprochen (Art. 171 Abs. 3 AEUV). In der Praxis eilt die **Konzipierung** der TEN allerdings ihrer **Verwirklichung** weit voraus; viele Projekte sind noch nicht ansatzweise verwirklicht.

2. System des Titels Transeuropäische Netze

a) Ziele

34 Art. 170 AEUV legt die **Ziele** der EU-Netzpolitik fest: Auf- und Ausbau der TEN durch **Förderung des Verbunds** und der **Interoperabilität** der nationalen Netze sowie des **Zugangs** zu diesen Netzen. Aus den nebeneinander stehenden nationalen Verkehrs-, Telekommunikations- und Energienetzen soll ein abgestimmter **gesamteuropäischer Verbund** entstehen. Kernpunkt der TEN-Politik ist die „Verkoppelung" der nationalen Netze **(„Interoperabilität")**. Ein spezielles Ziel ist die Einbeziehung von **Randgebieten** der Union. Der Begriff **„Förderung"** durch die EU weist darauf hin, dass die MSen und ggf. private Unternehmen die eigentlichen Träger der TEN-Maßnahmen sind, während die Union den Ausbau übergreifend („europäisch") planend und finanziell unterstützt. Die TEN-Politik fällt in den Bereich der zwischen EU und MSen geteilten Zuständigkeiten (Art. 4 Abs. 2 lit. h) AEUV) und unterliegt daher dem **Subsidiaritätsprinzip** (Art. 5 EUV).

b) Instrumentarium

35 Die EU verwirklicht die TEN-Politik in erster Linie durch **Leitlinien** (Art. 171 AEUV), die regelmäßig in VO-Form beschlossen werden. Spezifisch betroffene MSen müssen die Maßnahmen billigen (Art. 172 Abs. 2 AEUV). Die Leitlinien können durch **Aktionen** und **„übrige Maßnahmen"** konkretisiert werden. Damit steht das gesamte Instrumentarium der Rechtsakte (VO, RL, Beschl.) zur Verfügung. Konkret können **Vorhaben von gemeinsamem Interesse ausgewiesen werden,** welche Union und MSen gleichermaßen unterstützen. Gemeint sind vor allem grenzüberschreitende Großvorhaben der Verkehrsinfrastruktur (z. B. der Brenner-Basis-Tunnel, die Rhein-Rhône-Kanalverbindung oder Anschlussstücke zwischen den nationalen Hochgeschwindigkeitsstrecken der Bahn). Prozedural sollen sich die MSen bei der Verwirklichung der Vorhaben zusammen mit der KOM **koordinieren** (Art. 172 Abs. 2 AEUV).

c) Finanzierung

36 Die Unterstützung der Vorhaben von gemeinsamem Interesse schließt eine **finanzielle Mithilfe** der Union ein. Im Sinne der Grundkonzeption der TEN-Politik ist sie **subsidiär**, d. h. es handelt sich lediglich um eine Unterstützung der grundsätzlich von den MSen zu tragenden Maßnahmen (**Prinzip der Mitfinanzierung** mit im Einzelnen differenziert festgelegten Obergrenzen von vielfach 10 oder 20 und nie mehr als 50%). Der **Kohäsionsfonds** (Rz. 18/63) und andere Strukturfonds können herangezogen werden (Art. 171 Abs. 1 AEUV). Die Grundregeln für die Gewährung von Zuschüssen sind in der VO 1316/2013 (ABl. L 348/129: 33 Mrd. EUR für den Zeitraum 2014–2020) festgehalten. Die **Europäische Investitionsbank** beteiligt sich an der Finanzierung. 2007 wurde eine mittlerweile zur Exekutivagentur für Innovation und Netze fortentwickelte Agentur geschaffen (heute Durchführungsbeschl. 2013/801, ABl. L 352/65).

d) Verhältnis der TEN-Politik zu den Sachpolitiken des AEUV

37 Art. 170ff. AEUV begründen eine Art **Querschnittkompetenz** zu den einschlägigen Sachpolitiken (insbesondere Verkehrs-, Energie- und Telekommunikationspolitik). Ihre Einfügung in den Vertrag 1992 bezweckte, die hier benannten Infrastrukturbereiche mit Blick auf den Binnenmarkt und die Kohäsionspolitik besonders hervorzuheben. Sie bilden daher **Spezialvorschriften** zu den Sachpolitiken, die vorrangig

eingreifen, haben jedoch keinen exklusiven, sondern **ergänzenden Charakter** zur Verkehrspolitik usf., d. h. sie sollen sich soweit wie möglich als ein besonderer Bestandteil in die Sachpolitiken einfügen.

3. Zur Praxis der TEN-Politik seit 1993

a) Verkehr

In den 1980er Jahren kam es zu ersten Gemeinschaftsfinanzierungen europäisch relevanter Infrastrukturmaßnahmen. Aktuell definiert die **VO 1315/2013** (ABl. L 348/1) die (auf mitgliedstaatlichen Anmeldungen beruhenden) Leitlinien für den Verkehrsbereich im Sinne eines **umfassenden transeuropäischen Verkehrsnetzes** mit Ausblick bis 2050. Die Leitlinien wurden durch weitere Regelungen spezifiziert, u. a. durch die RL 2004/54 (ABl. L 167/39) über die Sicherheitsanforderungen bei Straßentunneln. Die Verwirklichung der Projekte vollzieht sich aus verschiedenen Gründen bisher schleppend. 38

b) Telekommunikation

Mit den Leitlinien für die **transeuropäische Telekommunikationsinfrastruktur** durch die **VO 283/2014** (ABl. L 86/14; zur Finanzierung VO 1316/2013, ABl. L 348/129) soll eine möglichst weitgehende **digitale Vernetzung der EU** erreicht werden, insbesondere auch die Sicherung der Interoperabilität der Netze. Vision ist eine **„europäische Informationsgesellschaft“**, deren Bürger sowohl in der Massenkommunikation (Rundfunk/Fernsehen) als auch in der Individualkommunikation transeuropäisch vernetzt sind. Auch die VO über den Betrieb des europäischen Satellitennavigationssystems Galileo durch die EU (1285/2013, ABl. L 347/1; dazu Rz. 34/12) wurde auf Art. 172 AEUV gestützt. 39

c) Energie

Hier benennt die VO 347/2013 (ABl. L 115/39) die maßgeblichen Vorhaben im Bereich der **Energieinfrastruktur** (Strom, Gas, Erdöl, CO_2; dazu *Giesberts/Tiedge,* NVwZ 2013, 836). Die TEN-Politik ist besonders eng mit der allgemeinen Energiepolitik verbunden (oben Rz. 23/9 ff.) und zielt auf die Förderung der grenzüberschreitenden Interoperabilität der Energienetze. 40

VIII. Ausblick: Perspektiven für den Verkehrsbinnenmarkt

Die **Liberalisierung der Verkehrsmärkte** ist im Zuge des allgemeinen Binnenmarktprozesses seit Mitte der 1980er Jahre im Großen und Ganzen erreicht worden. Nachholbedarf besteht vor allem noch im Schienenverkehr, der besonders stark auf eine spezifische Infrastruktur angewiesen ist, sowie im Bereich des gleichfalls ein festes Liniennetz erfordernden Personennahverkehrs. Durch den sachgerechten Einsatz vor allem der Beihilfenkontrolle muss gewährleistet werden, dass der **öffentliche Versorgungsauftrag** stärker mittels **marktkonformer Mechanismen** sichergestellt wird. 41

Zugleich hat der Binnenmarkt zu einem erheblichen Anwachsen des **Verkehrsaufkommens** geführt. Dessen Bewältigung bei gleichzeitiger Einbindung in die europäische **Klimaschutzpolitik** im Großen, aber auch der Beachtung sonstiger **umweltpolitischer Belange** – Alpentransit als prominentes Beispiel – stellt eine große Herausforderung für die Verkehrspolitik der nächsten Jahre dar. Die einschlägigen Instrumente wie Umweltregelungen, Zusatzfinanzierung über Wegegebühren („Road Pricing“), die Politik der „Wiederbelebung“ der Bahn (Fortsetzung der Liberalisierung, Förderung des kombinierten Verkehrs Straße/Schiene) sowie Anpassungen des Luftverkehrs an das steigende Passagier- und Güteraufkommen müssen insgesamt stärker aufeinander abgestimmt werden.

Zusätzlich wird das **Außenprofil der EU** in den internationalen Verkehrsbeziehungen durch Beitritt der Union zu den internationalen Verkehrsorganisationen (ZKR, Eurocontrol, IMO, ICAO, COTIF) gestärkt.

7. Teil. Binnenmarkt II: Personen, Unternehmen und Soziales

§ 27. Freizügigkeit der Arbeitnehmer

Literatur: *Rönnmar* (Hrsg.), Labour Law, Fundamental Rights and Social Europe, 2011; *Wienbracke,* „Innerhalb der Union ist die Freizügigkeit der Arbeitnehmer gewährleistet", EuR 2012, 483; *Bast/Rödl,* Wohlfahrtsstaatlichkeit und „Soziales Europa" im Kontext der Euro-Krise, EuR-Beiheft 1/2013; *Becker,* Arbeitnehmerfreizügigkeit, in: Ehlers (Hrsg.), Europäische Grundrechte und Grundfreiheiten, 4. Aufl. 2014, § 9; *Schubert/Jerchel,* Die aktuelle Entwicklung des europäischen Arbeitsrechts, EuZW 2015, 340; *Fuchs,* Wohin steuert das europäische Arbeitsrecht?, ZESAR 2016, 7; *Hailbronner,* Freizügigkeit – Grundregeln, in: Dauses/Ludwigs (Hrsg.), HB EU-WirtschR, D. I. (Stand: 2018); *Krebber,* Die arbeitsrechtliche Bedeutung der Arbeitnehmerfreizügigkeit des Unionsrechts, EuZA 2019, 62; *Krieger/Rudnik,* Arbeitsrechtliche Fragen nach dem Brexit, EuZW-Sonderausgabe 1/2020, 20; *Krebber,* Das Binnenmarktrecht der Arbeitnehmerfreizügigkeit, in: Müller-Graff (Hrsg.), Europäisches Binnenmarkt- und Wirtschaftsordnungsrecht, EnzEuR IV, 2. Aufl. 2021, § 2.

I. Die Bedeutung der Arbeitnehmerfreizügigkeit im Binnenmarkt

1 Die in Art. 45–48 AEUV geregelte **Freizügigkeit der Arbeitnehmer** gehört – zusammen mit der Niederlassungsfreiheit der Selbständigen (Art. 49–55 AEUV) – zu den Grundelementen des in Art. 26 Abs. 2 AEUV beschriebenen Binnenmarkts. Die Personenfreiheiten treten an die Seite der Produktfreiheiten (Waren und Dienstleistungen) sowie der Kapitalverkehrsfreiheit. Die Arbeitnehmerfreizügigkeit soll es Arbeitnehmern ermöglichen, sich in jenen Mitgliedstaat zu begeben, in dem die Nachfrage nach ihrer jeweiligen individuellen Qualifikation am größten ist. Die Freiheit des Personenverkehrs soll damit den wirtschaftlich tätigen Marktbürgern die freie, d. h. von der Staatsangehörigkeit unabhängige und nicht durch unverhältnismäßige Behinderungen beeinträchtigte Standortwahl für die Ausübung ihrer Tätigkeit ermöglichen. Die Bestimmungen der Art. 45 ff. AEUV ermöglichen so – aus ökonomischer Perspektive – die Mobilität des Produktionsfaktors Arbeit und weisen insofern eine enge Beziehung zu dem die Mobilität des Produktionsfaktors Kapital gewährleistenden Art. 63 AEUV auf.

2 Für das effiziente Funktionieren des Binnenmarktes (und die damit verbundenen Wohlstandseffekte) ist die Arbeitnehmerfreizügigkeit von zentraler Bedeutung. Mehr noch als bei anderen Grundfreiheiten hat diese Grundfreiheit allerdings auch eine zutiefst individuell-persönliche Dimension: Es sind Menschen, denen die grenzüberschreitende Mobilität ermöglicht werden soll. Art. 45 AEUV begründet daher individuelle Freiheit. Diese Dimension erfordert umfassende Schutzvorkehrungen und begleitende Gewährleistungen, ohne die das in Art. 45 AEUV gewährleistete Recht nicht wirklich effektiv ausgeübt werden könnte. Viele Wanderarbeitnehmer holen ihre Familien nach und kehren nicht mehr in ihr Heimatland zurück, sondern bleiben auf Dauer in Ausnutzung ihres Verbleiberechts (Art. 45 Abs. 3 lit. d AEUV – unten Rz. 27/59) im aufnehmenden MS. Die Frage nach der **langfristigen sozialen und politischen Eingliederung** dieser Arbeitnehmer spielt in der EU-Freizügigkeitspolitik eine wichtige Rolle. Keine der anderen Grundfreiheiten hat eine derartig zentrale soziale Dimension, die auch und gerade in Zeiten einer Rückkehr zu stabilitätsorientierter und nachhaltiger Finanzpolitik erheblich an Bedeutung gewinnt (unten Rz. 29/6 ff.). Diese Dimension der Arbeitnehmerfreizügigkeit ändert allerdings nichts

daran, dass Art. 45 AEUV ein **funktionales Verständnis** der Rolle der Bürger als Teilnehmer am Wirtschaftsgeschehen zugrunde liegt.

Durch die Einführung der Unionsbürgerschaft (Art. 18 ff. AEUV) und deren Ausbau durch die Rechtsprechung des EuGH (oben Rz. 16/1 ff.) haben sich über die Personenfreizügigkeit unionsrechtliche Gewährleistungen gelegt, denen diese funktional-ökonomische Perspektive nicht mehr innewohnt. Mit dem vor allem seit dem Maastrichter EUV 1992 vorangetriebenen Aufbau einer „politischen Union“ hat sich die Freizügigkeitspolitik der EU allmählich von ihrer wirtschaftlichen Anbindung gelöst. Zielvorstellung ist nunmehr ein allgemeinpolitisch begriffenes **„Europa der Bürger“**, in dessen Zentrum der Unionsbürger steht. Sein Grundstatus ist nicht mehr funktional-wirtschaftlich konzipiert (unten Rz. 27/22). Dies führt zwar nicht zu einem vollständigen Bedeutungsverlust der Bestimmungen über die Arbeitnehmerfreizügigkeit. Noch immer finden sich in Art. 45 AEUV und in dem begleitenden Sekundärrecht Ansprüche von Arbeitnehmern und ihren Angehörigen, die sonstige freizügigkeitsberechtigte Unionsbürger nicht haben. Insofern ist die Stellung als Arbeitnehmer weiterhin „stärker“ als jene des Unionsbürgers unter Art. 18 AEUV. Aber der Abstand zwischen grundfreiheitsberechtigten Personen und (bloßen) Unionsbürgern schwindet. 3

Die Möglichkeit für die Arbeitnehmer der MSen, sich unionsweit um eine Beschäftigung zu bemühen und diese auszuüben, ist inzwischen weitgehend verwirklicht worden. Allerdings ist die **tatsächliche Mobilität** der Arbeitskräfte innerhalb der EU weiterhin **begrenzt.** Insbesondere ist es entgegen vieler Befürchtungen nach Beitritten (wie denjenigen Spaniens und Portugals 1986 oder der Osterweiterung 2004/2007/2013) nicht zu einer Überlastung der Arbeitsmärkte anderer MSen gekommen. Vielfach sind gleichwohl **Übergangsregelungen** getroffen worden, die es einzelnen „Alt-MSen“ ermöglichten, die Freizügigkeit gegenüber den Neumitgliedern in ihren Arbeitsmärkten unter bestimmten Voraussetzungen bis zu sieben Jahre hinauszuschieben (unten Rz. 27/75). Mitgliedstaaten, die hiervon Gebrauch machten, konnten zwar ihren Arbeitsmarkt – vorübergehend – schützen, mussten aber in Kauf nehmen, dass die besonders aktiven und jungen Arbeitsuchenden aus den neuen MSen stattdessen in liberalisierungsfreundlichere MSen zogen. Offenheit zahlte sich regelmäßig ökonomisch aus. Gleichwohl kann es, wie sich etwa anhand der Diskussion im UK über den „Brexit“ bemerkbar machte, auch zu Ressentiments kommen. 4

Die Bestimmung des Art. 45 AEUV legt den MSen eine eindeutige Verpflichtung auf, „die zu ihrer Wirksamkeit keiner weiteren Maßnahme der Gemeinschaftsorgane oder der MSen bedarf und letzteren bei der Durchführung keinen Ermessensspielraum überlässt“ (EuGH, 4.12.1974, Rs. 41/74, „van Duyn“; EuGH, 4.4.1974, Rs. 167/73, „KOM/Frankreich“; zur horizontalen Wirkung unten Rz. 27/32). 5

Die Bestimmungen über die Arbeitnehmerfreizügigkeit müssen auch im Lichte der Rechte aus der **Grundrechte-Charta interpretiert** werden. Nach Art. 15 Abs. 1 GRC hat jede Person das Recht, zu arbeiten und einen frei gewählten oder angenommenen Beruf auszuüben. Einen Anspruch gegen die EU oder einen MS auf Bereitstellung von Arbeit ergibt sich hieraus allerdings nicht. Art. 15 Abs. 2 GRC schützt das Recht der grenzüberschreitenden Freizügigkeit der Arbeitnehmer. Die Grundrechte fließen in die Interpretation des Art. 45 AEUV ein. 6

II. Marktliberalisierung: Die Gewährleistung der Arbeitnehmerfreizügigkeit

Literatur: *Rebhahn,* Die Arbeitnehmerbegriffe des Unionsrechts in der neueren Judikatur des EuGH, EuZA 2012, 3; *Hekimler,* Arbeitnehmerfreizügigkeit nach dem Assoziierungsabkommen und türkisches Recht, ZESAR 2013, 61; *Junker,* Die Einflüsse des europäischen Rechts auf die personelle Reichweite des Arbeitnehmerschutzes – Der Arbeitnehmerbegriff in der Rechtsprechung des Europäischen Gerichtshofs, EuZA 2016, 184; *Sagan,* Der Begriff des Arbeitnehmers im Unionsrecht, ZESAR 2020, 3.

7 Das Freizügigkeitsrecht der Arbeitnehmer ist im AEUV **in den Art. 45–48 AEUV verankert.** Art. 45 AEUV gewährt ein subjektives Recht, mit dem die grenzüberschreitende Freizügigkeit der Unionsbürger für alle Arbeitnehmertätigkeiten gewährleistet wird. Der Vertrag skizziert im Einzelnen, welche konkreten Gewährleistungen das Freizügigkeitsrecht der Arbeitnehmer enthält, ohne dabei abschließend zu sein. Vorrangig beinhaltet die Freizügigkeitsregelung des Art. 45 AEUV in Abs. 2 „die Abschaffung jeder auf der Staatsangehörigkeit beruhenden unterschiedlichen Behandlung der Arbeitnehmer der MSen in Bezug auf Beschäftigung, Entlohnung und sonstige Arbeitsbedingungen". Diese Forderung nach **Inländerbehandlung** konkretisiert das in Art. 18 AEUV niedergelegte allgemeine Diskriminierungsverbot. Heute wird Art. 45 AEUV auch als **Beeinträchtigungsverbot** verstanden. Art. 45 Abs. 3 AEUV statuiert **Begleitrechte des Arbeitnehmers,** die seiner Gleichbehandlung bezüglich der Arbeitsbedingungen vorangehen müssen.

8 Man hat sich aus politischen Gründen bereits früh dazu entschlossen, zur Verdeutlichung des Regelungsgehalts von Art. 45 AEUV und „zur fortschreitenden Herstellung des Freizügigkeitsrechts" **Akte des Sekundärrechts** zu erlassen (unten Rz. 27/55). Unklarheiten in der Frage, welche Tragweite Art. 45 AEUV konkret hat, konnten so ausgeschlossen werden; insbesondere mit Blick auf das Aufenthaltsrecht und die Rechte von Familienangehörigen sind diese Akte von Bedeutung. Die erlassenen Vorschriften des Sekundärrechts enthalten allerdings keine verbindliche Interpretation der Reichweite des Art. 45 AEUV; es ist jederzeit möglich und in der Integrationsgeschichte immer wieder vorgekommen, dass der EuGH der Vertragsbestimmung Rechtspositionen entnommen hat, die im Sekundärrecht so nicht enthalten sind.

1. Abgrenzung zu anderen Grundfreiheiten

9 Art. 45 AEUV schützt die Freizügigkeit der Arbeitnehmer. Bedeutsam ist insbesondere die Abgrenzung des Art. 45 AEUV von dem Anwendungsbereich des Art. 49 AEUV (Niederlassungsfreiheit). Der Begriff des Arbeitnehmers stellt maßgeblich darauf ab, dass eine Person für einen anderen **nach dessen Weisung** Leistungen erbringt, für die er als Gegenleistung eine **Vergütung** erhält. Demgegenüber übt der Unternehmer eine Tätigkeit aus, die er nicht im Rahmen eines Unterordnungsverhältnisses ausführt, sondern als selbständige Erwerbstätigkeit (EuGH, 20.11.2001, Rs. C-268/99, „Jany"). Für Art. 45 AEUV spielt es keine Rolle, ob das einzelne Einkommen zur Deckung des Lebensbedarfes ausreicht oder unter dem vom Aufenthaltsstaat festgelegten Mindesteinkommen liegt (EuGH, 23.3.1982, Rs. 53/81, „Levin").

10 Wann eine solche **Weisungsgebundenheit** besteht, ist durch die Rechtsprechung des EuGH in verschiedenen Entscheidungen fallbezogen geklärt worden. Nach EuGH, 10.12.1991, Rs. C-179/90, „Merci", ist die Weisungsgebundenheit nicht dadurch ausgeschlossen, dass die Arbeitnehmer eines Unternehmens zugleich Gesellschafter desselben sind, wenn sie im Übrigen hinsichtlich der Ausführung ihrer Arbeit in einem Weisungsverhältnis zum Arbeitgeber stehen.

Demgegenüber ergeben sich zu den Produktfreiheiten (Art. 34, 56 AEUV) und zur Kapitalverkehrsfreiheit regelmäßig keine Abgrenzungsprobleme. 11

2. Vorrangiges Sekundärrecht

Nach den allgemeinen Regeln der Dogmatik der Grundfreiheiten (oben Rz. 22/6) ist eine Berufung auf die Grundfreiheit auch dort ausgeschlossen, wo der Normgeber des Sekundärrechts eine Frage abschließend geregelt hat. Allerdings gibt die Rechtsprechung des EuGH im Bereich der Freizügigkeit der Unionsbürger zu erkennen, dass sich der EuGH nicht immer an das Primat sekundärrechtlicher Harmonisierung gebunden fühlt (vgl. *Hailbronner,* NJW 2004, 2185). Es erscheint nicht ausgeschlossen, dass sich der EuGH auch im Bereich der Arbeitnehmerfreizügigkeit dazu berechtigt fühlt, bei der Verwirklichung von Freiheit über die (häufig kompromisshaften) Entscheidungen der politisch handelnden Normgebungsorgane hinwegzugehen. Die Verwirklichung der Arbeitnehmerfreizügigkeit durch Akte des Sekundärrechts wird unter III. geschildert (unten Rz. 27/55). 12

3. Gewährleistungsbereich

a) Berechtigte der Arbeitnehmerfreizügigkeit

aa) Unionsbürger

Persönlich ist die Anwendung der Freizügigkeitsregelung grundsätzlich auf Arbeitnehmer **aus MSen der EU** beschränkt (Art. 45 Abs. 2 AEUV). Die Auslegung des **Begriffes „Arbeitnehmer“** ist nach Unionsrecht und nicht nach den nationalen Rechtsordnungen vorzunehmen (EuGH, 19.3.1964, Rs. 75/63, „Unger“; EuGH, 23.3.1982, Rs. 53/81, „Levin“). Grundsätzlich ist der Arbeitnehmerbegriff weit und großzügig auszulegen, weil mit ihm der sachliche Anwendungsbereich einer Freiheit bestimmt wird, die zu den „Grundlagen der Gemeinschaft“ gehört (EuGH, 3.6.1986, Rs. 139/85, „Kempf“). 13

Den Schutz des Art. 45 AEUV genießen alle Personen, die eine **„Tätigkeit im Lohn- oder Gehaltsverhältnis“** (Art. 1 Abs. 1 VO 492/2011, ABl. L 141/1) ausüben (Art. 45 Abs. 3 lit. c AEUV), sich zu Bewerbungszwecken im Hoheitsgebiet der Mitgliedstaaten bewegen (Art. 45 Abs. 3 lit. a, b AEUV) oder nach Beendigung einer solchen Beschäftigung im Hoheitsgebiet eines MS verbleiben (Art. 45 Abs. 3 lit. d AEUV). Die Freizügigkeitsvorschriften erfassen alle unselbständig Tätigen, während die Regeln über die Niederlassungs- und Dienstleistungsfreiheit für die selbständigen Erwerbstätigen gelten (hierzu oben Rz. 25/3; unten 28/1). Vorbehaltlich des Art. 45 Abs. 4 AEUV (unten Rz. 27/26) können auch öffentliche Bedienstete (einschl. Beamte) Arbeitnehmer im Sinne des Art. 45 Abs. 1 AEUV sein. Der Arbeitnehmerbegriff des Sekundärrechts (vgl. Art. 1 Abs. 1 VO 492/2011; Art. 7 Abs. 1 lit. a, Abs. 3 lit. b, c RL 2004/38, ABl. L 158/77) bindet den EuGH allerdings nicht: In der Rs. C-138/02 (EuGH, 23.3.2004, „Collins“) räumt der Gerichtshof einem irischen Arbeits*suchenden* die Möglichkeit der Berufung auf Art. 45 AEUV ein, um so ein Recht auf diskriminierungsfreien Zugang zu Sozialleistungen (zur Eingliederung in den Arbeitsmarkt) zu gewährleisten (ähnlich EuGH, 15.9.2005, Rs. C-258/04, „Ioannidis“). 14

Unter den europarechtlichen Arbeitnehmerbegriff fallen daher etwa Rechtsreferendare (EuGH, 17.3.2005, Rs. C-109/04, „Kranemann“; *Pechstein,* JZ 2005, 943), ggf. Doktorandenstipendiaten (EuGH, 17.7.2008, Rs. C-94/07, „Raccanelli“; *Repasi,* EuZW 2008, 532) und Sportler bei entgeltlich erbrachten Arbeitsleistungen (EuGH, 18.7.2006, Rs. C-519/04 P, „Meca-Medina“; dazu noch unten Rz. 27/23). Eine kurzzeitige Tätigkeit kann ausreichen (EuGH, 6.11.2003, Rs. C-413/01, „Ninni-Orasche“), da auch in zeitlicher Komponente die Arbeitnehmereigenschaft eher weit ausgelegt wird. So behält eine Frau, die im Spätstadium ihrer Schwangerschaft aufhört zu arbeiten, ihre Tätigkeit aber innerhalb eines angemessenen Zeitraums nach der Geburt des Kindes wieder aufnimmt, in dieser Zeit ihre Eigenschaft als Arbeitnehmerin (EuGH, 19.6.2014, Rs. C-507/12, „Saint Prix“). 15

16 Auch **Arbeitgeber** können sich auf Art. 45 AEUV berufen, wenn sie an der Beschäftigung von EU-Bürgern gehindert werden (EuGH, 16.4.2013, Rs. C-202/11, „Las“; EuGH, 7.5.1998, Rs. C-350/96, „Clean Car Autoservice“). Der EuGH geht davon aus, dass sich **private Arbeitsvermittler** auf Art. 45 AEUV berufen können, sofern sie Arbeitssuchende bei der Vermittlung einer Arbeitsstelle unterstützen und dabei auf Nachteile bei der Vermittlung ins EU-Ausland stoßen (EuGH, 11.1.2007, Rs. C-208/05, „ITC“; *Mair*, ZESAR 2007, 292).

17 Der Anwendungsbereich des Art. 45 AEUV ist – unabhängig von seinem Wohnort und seiner Staatsangehörigkeit – für jeden Unionsangehörigen eröffnet, der grenzüberschreitend „mobil“ ist, also den Schritt zu einer abhängigen Beschäftigung in einem anderen MS macht bzw. gemacht hat (EuGH, 16.10.2008, Rs. C-527/06, „Renneberg“). Damit gibt es Fälle, in denen sich Unionsbürger gegenüber dem eigenen Staat auf Art. 45 AEUV berufen können (EuGH, 23.2.1994, Rs. C-419/92, „Scholz“; EuGH, 7.7.1992, Rs. C-370/90, „Singh“ [Rückkehr von einer Beschäftigung in einem anderen MS]; EuGH, 18.1.2007, Rs. C-104/06, „KOM/Schweden“ (Erwerbstätigkeit in einem anderen MS)).

bb) Türkische Arbeitnehmer

18 Einen besonderen Status genießen türkische Arbeitnehmer auf Grund des **Assoziierungsabkommens EWG-Türkei** von 1963 (64/733, ABl. P 217/3687) und seiner Folgeregelungen (*Eisele/van der Mei*, ELRev 2012, 204; *Hekimler*, ZESAR 2013, 61; *Schnitzer*, Assoziationsbürger, 2016). Nach Art. 12 des Abkommens sollten sich die Partner von der EWG-Freizügigkeit „leiten“ lassen. Art. 36 des Zusatzprotokolls zum Abkommen v. 23.11.1970 (ABl. 1972, L 293/3) legte fest, dass die Freizügigkeit der Arbeitnehmer im Assoziationsverhältnis **bis zum 1.12.1986 schrittweise hergestellt werden sollte.** Art. 36 hatte jedoch lediglich **Programmcharakter** und musste vom Assoziationsrat einstimmig konkretisiert werden (EuGH, 30.9.1987, Rs. 12/86, „Demirel“; BVerwGE 78, 192 (1987)). Dazu ist es nicht gekommen.

19 Andererseits legte der **Assoziationsratsbeschluss 1/80 vom 19.9.1980** (ANBA 1981, 2; *Karger*, ZAR 2008, 228) fest, dass türkische Arbeitnehmer in einem MS nach **vier Jahren ordnungsgemäßer Beschäftigung** freien Zugang zu jeder anderen Beschäftigung in diesem MS besitzen. Der EuGH hat anschließend das Assoziationsrecht als Teil des EU-Rechts begriffen und **dem Beschluss 1/80 unmittelbare Wirkung zugesprochen** (EuGH, 20.9.1990, Rs. C-192/89, „Sevince“; EuGH, 5.10.1994, Rs. C-355/93, „Eroglu“). Aus den beschäftigungsrechtlichen Ansprüchen der türkischen Arbeitnehmer wurden in einer außerordentlich großzügigen Rspr. **Aufenthaltsrechte** abgeleitet und diese auf **Familienangehörige** erstreckt (vgl. etwa EuGH, 25.9.2008, Rs. C-453/07, „Er“). Selbst eine Regelung, die bei einem Familienangehörigennachzug einen Nachweis von einfachen Sprachkenntnissen erfordert, ist laut der Rechtsprechung des EuGH mit diesen Vorgaben unvereinbar (EuGH, 10.7.2014, Rs. C-138/13, „Dogan“). Diese Rspr. wurde u. a. auf Ausbildungsverhältnisse erstreckt. Ausweisungen dürfen nur noch bei konkreten Gefahren im Einzelfall erfolgen (vgl. hierzu EuGH, 4.10.2007, Rs. C-349/06, „Polat“). Eine Scheidung nach einem mehr als fünfjährigen rechtmäßigen Aufenthalt führt nicht zum Verlust des über den Partner vermittelten Aufenthaltsrechts (EuGH, 22.12.2010, Rs. C-303/08, „Bozkurt“).

20 Grundsätzlich bleiben die Freizügigkeitsrechte der türkischen Arbeitnehmer jedoch begrenzt und umfassen nicht den vollen Status nach Art. 45 AEUV (vgl. EuGH, 29.3.2017, Rs. C-652/15, „Tekdemir“). Insbesondere beschränkt sich die Freizügigkeit jeweils auf **einen bestimmten MS** und gilt nicht unionsweit (EuGH, 23.1.1997, Rs. C-171/95, „Tetik“). Entsprechend den Ausführungen in der Rs. C-465/01 (EuGH, 16.9.2004, „KOM/Österreich“) ist das im Assoziationsabkommen mit Drittstaaten enthaltene Diskriminierungsverbot aus Gründen der Staatsangehörigkeit im Bereich der Arbeitsbedingungen genauso auszulegen wie das entsprechende Verbot des AEUV. Als unzulässige Diskriminierung gilt etwa die Anwendung einer von einem Sportverband eines MS aufgestellten Regel, nach der die Vereine bei nationalen Wettkämpfen nur eine begrenzte Anzahl von Spielern aus Drittstaaten einsetzen dürfen (vgl. EuGH, 25.7.2008, Rs. C-152/08, „Kahveci“). Der Freizügigkeitsstatus türkischer Arbeitnehmer ist vor allem für **Deutschland** relevant, wo sich mit über 1,3 Millionen ca. 80 % der in der EU lebenden Türken aufhalten.

cc) Drittstaatsangehörige

Arbeitnehmer aus Drittstaaten, aber auch Staatenlose und Flüchtlinge fallen nicht unter den von Art. 45 AEUV geschützten Personenkreis. Die beiden letztgenannten Gruppen sind allerdings in den Geltungsbereich der VO zur Koordinierung der Systeme der sozialen Sicherheit einbezogen (Art. 2 VO 883/2004, ABl. L 166/1). Abgeleitete Rechte – als Angehörige eines Arbeitnehmers – begründet die Arbeitnehmerfreizügigkeit auch für Drittstaatsangehörige (Art. 10 VO 492/2011, ABl. L 141/1) (im Einzelnen *de Vries*, ELRev 2013, 248). **Familienangehörige eines Unionsbürgers,** die sich regelmäßig als Arbeitnehmer in einen anderen Mitgliedstaat begeben, können ein Aufenthaltsrecht auch für den Staat ableiten, dessen Staatsangehörigkeit der Unionsbürger besitzt. Dies gilt aber nur dann, wenn der Unionsbürger andernfalls von der Ausübung seiner Rechte aus Art. 45 AEUV abgeschreckt werden könnte (EuGH, 12.3.2014, Rs. C-456/12, „O.", Rn. 44). Ob eine Abschreckungswirkung besteht, hat das nationale Gericht zu prüfen. 21

b) Sachlicher Anwendungsbereich

Der sachliche Anwendungsbereich der Freizügigkeitsvorschriften erstreckt sich über den **gesamten Anwendungsbereich wirtschaftlicher Betätigung.** Im Sinne des **„Europas der Bürger"** wird daher der sachliche Anwendungsbereich der Personenfreiheit weit verstanden. So entschied der EuGH zu Gunsten der Arbeitnehmereigenschaft einer Geschäftsführerin (EuGH, 11.11.2010, Rs. C-232/09, „Danosa") und des Fremdgeschäftsführers einer GmbH (EuGH, 9.7.2015, Rs. C-229/14, „Balkaya"). Wenn es sich um eine unselbständig ausgeübte Beschäftigung handelt, die für einen Auftraggeber nach dessen Weisungen gegen Entgelt ausgeübt wird, greift Art. 45 AEUV ein, auch wenn die Tätigkeit nicht ausschließlich wirtschaftlicher Art ist, sondern durch Eigenarten **künstlerischer, sportlicher, sozialer etc. Art** geprägt wird. 22

Damit fällt die Ausübung des **Sports** insoweit unter die Freizügigkeit im Sinne des Art. 45 AEUV, als sie zum Wirtschaftsleben im Sinne des Vertrages gehört („Profibereich") (EuGH, 12.12.1974, Rs. 36/74, „Walrave"; EuGH, 15.12.1995, Rs. C-415/93, „Bosman"; EuGH, 11.4.2000, verb. Rs. u. a., „Deliège"; vgl. unten Rz. 34/33). Dies gilt u. a. für **Fußballprofis oder -halbprofis,** die eine unselbständige Tätigkeit ausüben (*Tettinger* (Hrsg.), Sport im Schnittfeld von europäischem Gemeinschaftsrecht und nationalem Recht, 2001). Art. 45 AEUV untersagt danach etwa eine übermäßige Behinderung des grenzüberschreitenden Vereinswechsels durch sog. Ablösesummen nach Vertragsablauf. Ebenso handelt es sich um (diskriminierende) Beeinträchtigungen, wenn die Regeln eines Sportverbands Inländer und EU-Ausländer nicht gleichbehandeln (zum Amateursportbereich: Rz. 16/15). Dagegen ist es legitim, wenn die Regelung eines Sportverbands vorsieht, dass ein Spieler in verhältnismäßigem Umfang Ausbildungskosten erstattet, wenn er nach Abschluss seiner Ausbildung den ersten Profivertrag bei einem anderen Verein abschließt (EuGH, 16.3.2010, Rs. C-325/08, „Olympique Lyonnais"). Zudem können Nationalmannschaften auf Staatsangehörige des betr. MS begrenzt werden, da insoweit der nichtwirtschaftliche Charakter überwiegt (insgesamt: Weißbuch Sport, KOM(2007) 391 endg.). Die „Bosman-Grundsätze" gelten auch für Freizügigkeitsgarantien in Assoziierungs- und Partnerschaftsverträgen (EuGH, 8.5.2003, Rs. C-438/00, „Deutscher Handballbund"; EuGH, 12.4.2005, Rs. C-265/03, „Simutenkov"). 23

Den typischen Anwendungsfall von Art. 45 AEUV bildet ein Arbeitnehmer, der sich entschließt, in einem anderen MS Arbeit zu suchen. Geschützt wird aber auch der zurückkehrende Arbeitnehmer. Der EuGH wendet Art. 45 AEUV auch auf Personen an, die ihren Wohnsitz unter **Beibehaltung ihres Arbeitsverhältnisses in diesem Mit-** 24

gliedstaat in einen anderen Mitgliedstaat verlegt haben und seitdem ihren Beruf als Grenzgänger ausüben (EuGH, 18.7.2007, Rs. C-212/05, „Hartmann"). Zudem hat der EuGH entschieden, dass Art. 45 AEUV auch dann Anwendung findet, wenn sich der Arbeitnehmer auf ein in einem anderen MS erworbenes Diplom gegenüber dem Mitgliedstaat, in dem er wohnt und arbeitet und dessen Staatsangehörigkeit er besitzt, bei seiner Anmeldung zu einem Auswahlverfahren beruft (EuGH, 6.10.2015, Rs. C-298/14, „Brouillard").

25 Ein Arbeitnehmer, der niemals in einem anderen MS gewohnt oder gearbeitet hat und dies auch nicht beabsichtigt, kann sich gegenüber dem **eigenen Mitgliedstaat** allerdings nicht auf die Freizügigkeitsvorschriften berufen, „um sich der Anwendung der Rechtsvorschriften seines eigenen Landes zu widersetzen" (EuGH, 28.6.1984, Rs. 180/83, „Moser"; ebenso etwa EuGH, 27.10.1982, verb. Rs. 35/82 u. a., „Morson"). Art. 45 AEUV ist nicht auf Sachverhalte anwendbar, die einen MS rein intern betreffen, d. h. denen jeglicher Bezug zu einem grenzüberschreitenden Sachverhalt fehlt (EuGH, 28.3.1979, Rs. 175/78, „Saunders"; EuGH, 6.10.2015, Rs. C-298/14, „Brouillard", Rn. 26). Das Diskriminierungsverbot des Art. 45 Abs. 2 AEUV verbietet damit nicht eine Schlechterstellung von Inländern gegenüber EU-Ausländern („umgekehrte Diskriminierung" – discrimination à rebours). Allerdings können die nationalen Grundrechte dem entgegenstehen (vgl. BVerfG (K), 5.12.2005, 1 BvR 1730/02 [Schlechterstellung deutscher Handwerker]; vgl. auch oben Rz. 22/13).

c) Bereichsausnahme nach Art. 45 Abs. 4 AEUV

Literatur: *Jakobs,* Europäische Arbeitnehmerfreizügigkeit und nationaler Ämterzugang, FS Isensee, 2002, 507; *Böhm,* Lehrerstatus heute: Rahmenbedingungen und Reformperspektiven, DÖV 2006, 665; *Kolok,* „Zur Rechtsstellung der Lehrer – heute", DÖV 2012, 886; *Payrhuber,* Denationalisierung der öffentlichen Verwaltung: Europäisierung und Internationalisierung der öffentlichen Verwaltung im Vergleich, DÖV 2017, 501.

26 Die Vorschriften über die Beschränkung der Arbeitnehmerfreizügigkeit sind gemäß Art. 45 Abs. 4 AEUV nicht auf die **Beschäftigung in der öffentlichen Verwaltung** anwendbar. Auf diese Weise will man diejenigen Stellen eigenen Staatsangehörigen vorbehalten, „die eine unmittelbare oder mittelbare Teilnahme an der Ausübung hoheitlicher Befugnisse und an der Wahrung solcher Aufgaben mit sich bringen, die auf die Wahrung der allgemeinen Belange des Staates oder anderer öffentlicher Körperschaften gerichtet sind" (EuGH, 26.5.1982, Rs. 149/79, „KOM/Belgien"; EuGH, 2.7.1996, Rs. C-473/93, „KOM/Luxemburg"). Daher greift Art. 45 Abs. 4 AEUV nicht, wenn sich der eigene Staatsangehörige um eine Stelle in der öffentlichen Verwaltung bewirbt, auch wenn er das dafür erforderliche Diplom in einem anderen MS erworben hat (EuGH, 6.10.2015, Rs. C-298/14, „Brouillard", Rn. 33). Die Formulierung macht deutlich, dass nicht jede Beschäftigung in der „öffentlichen Verwaltung" oder durch eine juristische Person des öffentlichen Rechts von der Ausnahmeklausel erfasst wird. Nicht das Beschäftigungsverhältnis oder die organisatorische Stellung des Beschäftigten (in der öffentlichen Verwaltung) ist entscheidend, sondern die konkrete Aufgabenstellung. Es muss um die **Wahrnehmung von Hoheitsgewalt** gehen. Die Wahrnehmung dieser Funktion setzt eine **besondere Verbundenheit des Stelleninhabers mit dem Staat** voraus (verneinend für die Aufgaben des Präsidenten einer Hafenbehörde, der gleichwohl unter den Begriff des Arbeitnehmers fiel: EuGH, 10.9.2014, Rs. C-270/13, „Haralambidis").

Dementsprechend kann das Grundprinzip der Freizügigkeit von den MSen nicht einfach dadurch eingeschränkt werden, dass Personen **in ein Beamtenverhältnis berufen werden** (EuGH, 3.7.1986, Rs. 66/85, „Lawrie-Blum" (Referendare)). Die hoheitlichen Befugnisse müssen tatsächlich ausgeübt werden und dürfen nicht nur gering sein (EuGH, 30.9.2003, Rs. C-405/01, „Marina Mercante Española"). Diese Rechtsprechung zu Art. 45 Abs. 4 AEUV wird als wichtiger Beitrag zur Lehre von den „eigentlichen Staatsaufgaben" gedeutet (*Everling*, DVBl 1990, 225). Wird ein EU-Bürger dennoch zu einer Beschäftigung in der öffentlichen Verwaltung zugelassen, so gilt das Diskriminierungsverbot (hierzu unter Rz. 27/34) uneingeschränkt (EuGH, 30.11.2000, Rs. C-195/98, „Österreichischer Gewerkschaftsbund", Rn. 37). Der EuGH geht davon aus, dass in den Fällen, in denen derartige Befugnisse nicht regelmäßig ausgeübt werden und nur einen sehr geringen Teil der Tätigkeit der jeweiligen Personen ausmachen, eine Berufung auf Art. 45 Abs. 4 AEUV nicht möglich ist (EuGH, 30.9.2003, Rs. C-47/02, „Anker"). Es würde eine weitgehende Einschränkung der Freizügigkeitsgrundsätze bedeuten, wenn derartige Ämter vollständig unter den Vorbehalt des Art. 45 Abs. 4 AEUV fielen. In derartigen Konstellationen ist der Zugang zu jenen Teilbereichen des Amts zu ermöglichen, die nicht genuine Hoheitsgewalt zum Gegenstand haben. 27

Die Bemühungen der Kommission und eine ausgedehnte Rspr. des Gerichtshofes haben inzwischen weitgehend geklärt, welche Bereiche des öffentlichen Dienstes nicht unter Art. 45 Abs. 4 AEUV fallen und der Freizügigkeit geöffnet werden müssen. Es geht um weite Teile der schlichten Hoheitsverwaltung wie die **Lehrberufe** (hierzu *Böhm*, DÖV 2006, 665) sowie die Gesundheits-, Post-, Verkehrs- und Sozialverwaltung. Hier fallen nur **Leitungs- und Kontrollfunktionen** noch unter Art. 45 Abs. 4 AEUV. In Deutschland ist das Beamtenverhältnis grundsätzlich für Unionsbürger geöffnet worden (*Schotten*, DVBl 1994, 567; vgl. aber § 7 Abs. 2 BeamtStG). 28

d) Räumlicher Geltungsbereich

Die Freizügigkeitsvorschriften sind auf sämtliche Rechtsbeziehungen anwendbar, „die auf Grund des Ortes, an dem sie entstanden sind oder an dem sie ihre Wirkungen entfalten, einen räumlichen Bezug zum Gebiet der Gemeinschaft aufweisen" (EuGH, 12.12.1974, Rs. 36/74, „Walrave"; EuGH, 12.7.1984, Rs. 237/83, „Prodest"). Tätigkeiten, die außerhalb des Territoriums der EU erbracht werden, können damit unter Art. 45 AEUV fallen, wenn es um ein Beschäftigungsverhältnis in der EU geht. Art. 24 des Austrittsabkommens EU-UK (ABl. 2020, L 29/7) sieht vor, dass die Rechte aus Art. 45 AEUV und VO 492/2011 fortgelten; nach Art. 39 des Austrittabkommens sollen sie auch über den Übergangszeitraum hinaus Anwendung findet. 29

e) Adressaten der Arbeitnehmerfreizügigkeit

Die Arbeitnehmerfreizügigkeit nach Art. 45 AEUV gewährt Schutz vor beeinträchtigenden Maßnahmen der **Mitgliedstaaten.** Die Vorschrift richtet sich auch gegen Glieder der Mitgliedstaaten, also Länder und sonstige Körperschaften, Anstalten und Stiftungen des öffentlichen Rechts. 30

Art. 45 AEUV richtet sich auch gegen Maßnahmen, die von privat organisierten Berufs- und Wirtschaftsverbänden mit Ordnungsmacht über einen Wirtschaftssektor getroffen werden (hierzu unten Rz. 28/31). Dem Gebot der Inländerbehandlung und dem Verbot unverhältnismäßiger Beschränkung unterliegen damit auch „sonstige Maßnahmen, die eine **kollektive Regelung im Arbeits- und Dienstleistungsbereich** enthalten" (zunächst EuGH, 12.12.1974, Rs. 36/74, „Walrave"; EuGH, 15.12.1995, Rs. C-415/93, „Bosman" (Erweiterung auf nicht-diskriminierende Beschränkungsfälle)). Auch Regelungen von **Sportverbänden** unterliegen der Grundfreiheit. Privatrechtliche Vereinigungen oder Einrichtungen sollen daran gehindert werden, kraft ihrer rechtlichen Autonomie die den Staaten untersagten Beschränkungen beizubehalten oder herzustellen. Würde Art. 45 AEUV auf die Regelung der Arbeitsbedingungen 31 nicht Anwendung finden, entstünden im Übrigen in den MSen, in denen derartige Festsetzungen nicht durch einen Rechtsakt des Staates, sondern durch eine Vereinbarung der Tarifparteien erfolgt, erhebliche Schutzlücken. Dies bedeutet, dass die Grundfreiheit jedenfalls insoweit **unmittelbare Drittwirkung** entfaltet.

Dementsprechend regelt Art. 7 Abs. 4 der VO 492/2011 (ABl. L 141/1) die Nichtigkeit aller gegen den Gleichbehandlungsgrundsatz verstoßenden Bestimmungen in Tarif- oder Einzelarbeitsverträgen oder sonstigen Kollektivvereinbarungen.

32 Inzwischen ist der EuGH dazu übergegangen, Art. 45 AEUV auch im horizontalen Verhältnis auf die individuelle Rechtsbeziehung zwischen einem arbeitssuchenden Unionsbürger und einer privaten Bank anzuwenden (EuGH, 6.6.2000, Rs. C-281/98, „Angonese", *Körber,* EuR 2000, 932; *Michaelis,* NJW 2001, 1841; EuGH, 17.7.2008, Rs. C-94/07, „Raccanelli", Rn. 41 ff. mit kritischer Anmerkung *Birkemeyer,* EuR 2010, 662). Für diese Handhabung der Arbeitnehmerfreizügigkeit spricht die Bedeutung, die der Gleichbehandlung von Arbeitskräften in der privaten Wirtschaft zukommt. Art. 45 Abs. 2 AEUV erfasst vorwiegend Fragen, die vom (auch privaten) Arbeitgeber geregelt werden. Zweifelhaft ist, wie weit sich diese Rechtsprechung generalisieren lässt. Die richterrechtliche Steuerung unternehmerischen Verhaltens über Art. 45 AEUV verdrängt politisch-demokratische Entscheidungsfindung und hat deshalb einen Preis. Umstritten ist auch, ob man den Weg über eine horizontale Wirkung von Grundfreiheiten und Grundrechten weiter gehen sollte (so etwa EuGH, 17.4.2018, Rs. C-414/16, „Egenberger") oder im horizontalen Verhältnis allein das sekundärrechtliche Gleichbehandlungsrecht (Art. 19 AEUV) anwenden sollte.

4. Gewährleistungsumfang

33 Das Recht auf Arbeitnehmerfreizügigkeit umfasst den freien Zugang zu den Arbeitsmärkten der Mitgliedstaaten – also die Suche nach einer abhängigen Beschäftigung, deren Aufnahme und deren Ausübung. Abgesichert wird diese Freiheit über das Einreise- und Aufenthaltsrecht zum Zwecke der Arbeitssuche, das Recht auf Gleichbehandlung bei der Stellenbewerbung und im Rahmen des Arbeitsverhältnisses sowie das Verbleiberecht nach Beendigung des Arbeitsverhältnisses (Art. 45 Abs. 3 AEUV).

a) Diskriminierungsverbot (Art. 45 Abs. 2 AEUV)

34 Art. 45 Abs. 2 AEUV verbietet in diesen Bereichen jede auf der Staatsangehörigkeit beruhende unterschiedliche Behandlung der Arbeitnehmer der MSen in Bezug auf Beschäftigung, Entlohnung und sonstige Arbeitsbedingungen. Ähnlich wie die diesbezüglichen Verbote in Art. 49 AEUV und Art. 56 AEUV handelt es sich um ein **spezifisches Diskriminierungsverbot,** welches das allgemeine, in Art. 18 AEUV aufgestellte Verbot konkretisiert (EuGH, 14.7.1976, Rs. 13/76, „Donà").

35 Es sichert dessen Verwirklichung im besonderen Bereich der Arbeitsbedingungen, indem es dort jede Unterscheidung nach der Staatsangehörigkeit untersagt. Soweit Art. 45 Abs. 2 AEUV eingreift, ist für eine gesonderte Anwendung des Art. 18 AEUV kein Raum (EuGH, 13.2.1985, Rs. 293/83, „Gravier"). Er dient aber in einem solchen Falle als **Auslegungshilfe** für die jeweilige besondere Bestimmung und wird deshalb gelegentlich neben dieser genannt (EuGH, 28.3.1979, Rs. 175/78, „Saunders").

36 Art. 45 Abs. 2 AEUV erfasst neben offenen bzw. direkten Diskriminierungen auf Grund der Staatsangehörigkeit auch **faktische, versteckte bzw. indirekte Ungleichbehandlungen** (EuGH, 2.8.1993, Rs. C-259/91, „Allué"). Damit sind Ungleich-

behandlungen angesprochen, die nicht unmittelbar an der Staatsangehörigkeit anknüpfen, aber tatsächlich zu dem Ergebnis führen, dass es zu einer Ungleichbehandlung von Inländern und mobilitätswilligen EU-Bürgern kommt (vgl. z. B. Art. 3 Abs. 1 lit. b VO 492/2011, ABl. L 141/1). Zu versteckten Ungleichbehandlungen kann es z. B. bei Anknüpfungen an den Wohnort, die Sprache oder sonstige für die Herkunft spezifische Eigenschaften kommen (EuGH, 12.2.1974, Rs. 152/73, „Sotgiu"; EuGH, 14.2.1995, Rs. C-279/93, „Schumacker"; zu Sprachkonflikten in Belgien: EuGH, 16.4.2013, Rs. C-202/11, „Las" [Arbeitsvertrag nur auf Niederländisch]; EuGH, 5.2.2015, C-317/14, „KOM/Belgien" (Sprachnachweis für den Zugang zu lokalen Dienststellen)). Ein „realistisches Risiko" der Benachteiligung des Wanderarbeitnehmers durch die Regelung reicht aus (EuGH, 15.6.2000, Rs. C-302/98, „Sehrer"). Im Fall „Kranemann" (EuGH, 17.3.2005, Rs. C-109/04) hat der EuGH eine Verletzung des Art. 45 AEUV darin gesehen, dass einem Rechtsreferendar nicht die Kosten einer Auslandsreise zum Antritt einer ausländischen Wahlstation erstattet wurden. Art. 45 AEUV wird berührt, wenn ein Beamter, der aus dem deutschen Beamtenverhältnis ausscheidet, um eine Stelle in einem anderen MS anzunehmen, über die rentenversicherungsrechtliche Nachversicherung wesentlich schlechter gestellt wird als bei einem Wechsel im Inland (EuGH, 13.7.2016, Rs. C-187/15, „Pöpperl"). Auch Grenzgänger dürfen nicht benachteiligt werden (EuGH, 2.4.2020, Rs. C-830/18, „PF", zur Beschränkung der Übernahme der Schülerbeförderungskosten auf Personen mit Wohnsitz im Bundesland; EuGH, 2.4.2020, Rs. C-802/18, „Caisse pour l'avenir des enfants" zur Zahlung von Kindergeld für das Kind des Ehepartners eines Grenzgängers, das zu diesem in keinem Abstammungsverhältnis steht). Die Studienförderung der Kinder von Wanderarbeitnehmern darf nicht davon abhängig gemacht werden, dass der Grenzgänger bereits fünf Jahre im Inland gearbeitet hat (EuGH, 14.12.2016, Rs. C-238/15, „Verruga"). Allerdings muss nicht jeder Nachteil, der Folge der Wanderarbeitnehmerschaft bzw. des Grenzgängertums ist, beseitigt werden (EuGH, 2.3.2017, Rs. C-496/15, „Eschenbrenner" [Insolvenzgeld]). In vielen Fällen, in denen es in der Sache um die Schlechterstellung von Sachverhalten mit grenzüberschreitenden Bezug geht, wendet der EuGH im übrigen eine **Dogmatik** unzulässiger Beschränkung an.

Das Diskriminierungsverbot des Art. 45 AEUV bezieht insbesondere auch alle Maß- 37
nahmen ein, die den **Zugang zum Arbeitsmarkt** zum Gegenstand haben, worunter neben finanziellen Leistungen auch Hilfestellungen bei der beruflichen Eingliederung, Weiterbildungsangebote oder Beschäftigungsprogramme fallen können (zu Unterhaltsvorschüssen: EuGH, 5.2.2002, Rs. C-255/99, „Humer").

Eine Diskriminierung liegt daher auch vor, wenn ein MS den eigenen Angehörigen bei der Nutzung der 38
Angebote anderer MSen benachteiligt (vgl. z. B. die Europarechtswidrigkeit des § 10 Abs. 1 Nr. 9 EStG, welcher Schulgeldzahlungen für den Besuch von Schulen in anderen Mitgliedstaaten generell von dem vorgesehenen Sonderausgabenabzug ausschließt (EuGH, 11.9.2007, Rs. C-318/05, „KOM/Deutschland"; unten Rz. 34/21)). Eine Dienstalterszulage für Professoren an Universitäten muss auch im Ausland zurückgelegte Dienstzeiten berücksichtigen (EuGH, 30.9.2003, Rs. C-224/01, „Köbler"; vgl. auch EuGH, 5.12.2013, Rs. C-514/12, „Salzburger Landeskliniken"). In EuGH, 23.4.2020, Rs. C-710/18, „Land Niedersachsen" erklärte der EuGH eine nationale Regelung für unionsrechtswidrig, die für die Ermittlung der Höhe des Entgelts eines bei einer Gebietskörperschaft als Lehrer beschäftigten Arbeitnehmers vorsah, dass die einschlägigen Vordienstzeiten, die von diesem Arbeitnehmer bei einem in einem anderen Mitgliedstaat ansässigen früheren Arbeitgeber geleistet wurden, nur im Umfang von insgesamt bis zu drei Jahren angerechnet werden.

39 Nach Art. 45 Abs. 2 AEUV iVm Art. 7 Abs. 1–3 der VO 492/2011 (ABl. L 141/1) hat der Wanderarbeitnehmer ganz allgemein Anspruch auf inländergleiche Beschäftigungs- und Arbeitsbedingungen. Dies bezieht sich auf **alle Vergünstigungen, die mit dem Arbeitsverhältnis in Verbindung stehen,** unabhängig, ob sie gesetzlich/vertraglicher oder freiwillig gewährter Natur sind (EuGH, 12.2.1974, Rs. 152/73, „Sotgiu"). Damit erstreckt sich der Schutzbereich auch auf die Lebensverhältnisse des Freizügigkeitsberechtigten. Ein Wohnsitzerfordernis für die Gewährung einer Entschuldung nach schwedischem Recht ist für europarechtswidrig angesehen worden (EuGH, 8.11.2012, Rs. C-461/11, „Radziejewski"). Es ist unverhältnismäßig, die Gewährung von Überbrückungsgeld an eine mindestens sechsjährige höhere Schulausbildung zu knüpfen (EuGH, 25.10.2012, Rs. C-367/11, „Prete"). Auch die **steuerliche Gleichbehandlung** ist inzwischen zum Thema unter Art. 45 AEUV geworden (etwa EuGH, 21.2.2006, Rs. C-152/03, „Ritter-Coulais"; EuGH, 25.1.2007, Rs. C-329/05, „Meindl"; unten Rz. 27/52). Vielfach finden sich im Steuerrecht Regelungen, die zwischen inländischen und grenzüberschreitenden Sachverhalten unterscheiden (vgl. EuGH, 18.7.2007, Rs. C-182/06, „Lakebrink"). Traditionelle Differenzierungen des Steuerrechts müssen insofern überprüft werden. Die territoriale Verankerung der Steuersysteme lässt sich über Art. 45 AEUV aber nicht grundsätzlich überwinden (vgl. EuGH, 22.6.2017, Rs. C-20/16, „Bechtel") (vgl. unten Rz. 35/16ff.).

b) Beschränkungsverbot

40 Die Rechtsprechung hat Art. 45 Abs. 2 AEUV über das Diskriminierungsverbot hinaus ein **„Behinderungsverbot"** in dem Sinne entnommen, dass Regelungen eines MS den Staatsangehörigen eines anderen oder des eigenen MS nicht daran hindern dürfen, sein Herkunftsland zu verlassen und von der Freizügigkeit anderwärts Gebrauch zu machen (EuGH, 15.12.1995, Rs. C-415/93, „Bosman", hierzu *Nettesheim,* NVwZ 1996, 342; EuGH, 9.11.2006, Rs. C-520/04, „Turpeinen").

41 Es liegt auf der Hand, dass **nicht jede unterschiedslos wirkende Maßnahme** der Mitgliedstaaten, die sich irgendwie nachteilig auf einen mobilitätswilligen Arbeitnehmer auswirkt, an den Vorgaben des Art. 45 AEUV gemessen werden kann. Wäre dem so, müsste der EuGH das gesamte mitgliedstaatliche Arbeits-, Wirtschafts- und Steuerrecht an Art. 45 AEUV messen. Bislang ist man allerdings bei der Eingrenzung der Maßnahmen, die als Beeinträchtigung der Arbeitnehmerfreizügigkeit zu werten sind, noch nicht zu echter Klarheit gekommen. Inzwischen zeichnet sich in der Rechtsprechung die Tendenz ab, danach zu fragen, ob die Maßnahme den grenzüberschreitenden **Zugang zum Arbeitsmarkt unmittelbar beeinflusst** (so der Fall „Bosman", oben Rz. 27/23) oder ob lediglich eine (letztlich von dem Arbeitnehmer beeinflussbare) Regelung über die Stellung auf dem Arbeitsmarkt vorliegt (*Deckert/Schroeder,* JZ 2001, 88; *Dietz/Streinz,* EuR 2015, 50 mwN.). Der Forderung, dass für letztere nur das Diskriminierungsverbot gelten solle (GA *Fennelly,* 16.9.1999, Rs. C-190/98, „Graf"), hat sich der EuGH zwar nicht angeschlossen. Es ist aber deutlich, dass der EuGH bei Maßnahmen mit Behinderungswirkung „jenseits des Zugangs" nach der Spürbarkeit fragt. Maßnahmen, die sich „zu ungewiss und indirekt" auf die Wahrnehmung der Freiheit auswirken, bewirken danach keine angreifbare Beschränkung (z. B. EuGH, 27.1.2000, Rs. C-190/98, „Graf", Rn. 25; EuGH, 13.3.2019, Rs. C-437/17, „Gemeinsamer Betriebsrat", Rn. 40: zusätzliche Urlaubswoche bei 20 jähriger Be-

triebszugehörigkeit). Eine Übertragung der „Keck"-Dogmatik auf Art. 45 AEUV scheidet aus, weil der Schutzbereich von Art. 45 AEUV deutlich weiter ist als jener des Art. 34 AEUV.

In der Rspr. des EuGH werden damit auch **Maßnahmen „hinter der Grenze"** einer Verhältnismäßigkeitsprüfung unterzogen (vgl. *Schulte Westenberg,* Zur Bedeutung der Keck-Rechtsprechung für die Arbeitnehmerfreizügigkeit, 2009). So verwehrt es der EuGH den Behörden eines Mitgliedstaats, den Inhaber eines in einem anderen Mitgliedstaat erworbenen rechtswissenschaftlichen Diploms nur deshalb nicht für den juristischen Vorbereitungsdienst zuzulassen, weil es sich nicht um ein von einer Universität des erstgenannten Staates verliehenes, bestätigtes oder als gleichwertig anerkanntes Diplom der Rechtswissenschaft handelt (EuGH, 13.11.2003, Rs. C-313/01, „Morgenbesser"; *Vetter/Warneke,* JuS 2005, 113; so auch für eigene Staatsangehörige mit ausländischen Diplomen: EuGH, 6.10.2015, Rs. C-298/14, „Brouillard"). Zwar ist die **gegenseitige Anerkennung** von Prüfungszeugnissen, Hochschuldiplomen u. ä. heute weitgehend in der RL 2005/36 (ABl. L 255/22) über die Anerkennung von Berufsqualifikationen geregelt (oben Rz. 25/27). Gleichwohl versucht der EuGH hier, mit Verhältnismäßigkeitserwägungen übermäßige Zugangsschranken zu bekämpfen (zur „begrenzten Anerkennung" EuGH, 19.1.2006, Rs. C-330/03, „Colegio"; *Lippert,* EuR 2007, 631). Der EuGH verlangt in diesem Zusammenhang, dass die im Heimatstaat erworbenen Diplome, Ausbildungszeugnisse oder sonstige Befähigungsnachweise einer **materiellen Gleichwertigkeitsprüfung** zu unterziehen sind. Es bedarf einer Gesamtbeurteilung, ob die vom Arbeitnehmer vorgelegten Diplome den für die Zulassung zur Tätigkeit geforderten innerstaatlichen Vorschriften entsprechen. Im Falle einer Gleichwertigkeit besteht eine Pflicht zur Anerkennung. 42

Bislang lassen sich dem EU-Recht keine vertiefenden Regelungen entnehmen, wie das diesbezügliche Verfahren der **Überprüfung ausländischer Diplome, Zeugnisse etc.** auszusehen hat (vgl. aber Art. 56ff. RL 2005/36). Jedenfalls gilt im Lichte der sog. „Milchkontor-Rechtsprechung" (EuGH, 21.9.1983, verb. Rs. 205/82 u. a., „Deutsche Milchkontor"), dass die Grundsätze der Effektivität und der Äquivalenz beachtet werden müssen. Darüber hinaus muss das Verfahren den Behörden ermöglichen, die Gleichheit oder zumindest Gleichwertigkeit des ausländischen Nachweises objektiv festzustellen; die Entscheidung ist zu begründen (vgl. etwa EuGH, 7.5.1991, Rs. C-340/89, „Vlassopoulou", Rn. 17; EuGH, 15.10.1987, Rs. 222/86, „Heylens", Rn. 13). 43

In jüngeren Entscheidungen hat der EuGH deutlich gemacht, dass **nicht jeder Nachteil, den ein AN anlässlich eines grenzüberschreitenden Wechsels erleidet,** an Art. 45 AEUV zu messen ist (EuGH, 13.7.2016, Rs. C-187/15, „Pöpperl", Rn. 24). Dass ein deutscher Arbeitnehmer beim Wechsel in die ausländische Tochtergesellschaft das Recht verliert, an der Unternehmensmitbestimmung mitzuwirken, wird nicht als „Behinderung" der Freizügigkeit angesehen (EuGH, 18.7.2017, Rs. C-566/15, „Erzberger", Rn. 39ff.). Dem Wanderarbeitnehmer darf nicht die Pflicht auferlegt werden, ein vorwiegend im Heimatstaat genütztes KFZ im Arbeitsstaat zuzulassen (EuGH, 31.5.2017, Rs. C-420/15, „U"). 44

5. Rechtfertigung

a) Öffentliche Ordnung, Sicherheit und Gesundheit

Literatur: *Lyon-Caen,* La réserve d'ordre public en matière de liberté d'établissement et de libre circulation, RTDE 1966, 693; *Bongen,* Schranken der Freizügigkeit aus Gründen der öffentlichen Ordnung und Sicherheit im Recht der EWG, 1975; *Hubeau,* L'exception d'ordre public et la libre circulation des personnes en droit communautaire, CDE 1981, 207; *Cristofanelli,* La clausola limitativa dell'ordine pubblico nella libera circolazione intracomunitaria, AffSocInt 1987, 77; *Frey/Pfeifer,* Der ordre public – die öffentliche Ordnung: derselbe Begriff, verschiedene Funktionen – ein Rechtsprinzip?, EuR 2015, 721.

45 Das Freizügigkeitsrecht der Arbeitnehmer steht unter einem **Ordre-Public-Vorbehalt.** Die Freizügigkeit kann Beschränkungen unterliegen, die aus Gründen der öffentlichen Ordnung, Sicherheit und Gesundheit gerechtfertigt sind. Nach Art. 45 Abs. 3 AEUV erfasst dieser Vorbehalt aber nur die in diesem Absatz enthaltenen Aufenthaltsrechte, nicht den in Art. 45 Abs. 2 AEUV niedergelegten Gleichbehandlungsgrundsatz.

46 Bei den Begriffen der **öffentlichen Ordnung, Sicherheit und Gesundheit** handelt es sich um **unionsrechtliche Begriffe,** die als Ausnahmen vom Grundsatz der Arbeitnehmerfreizügigkeit **eng auszulegen** sind. Ihre Tragweite darf nicht von jedem MS einseitig ohne Nachprüfung durch die Organe der EU bestimmt werden (EuGH, 4.12.1974, Rs. 41/74, „van Duyn"). Diese Begriffe sind vielmehr im Lichte der Ziele der EU auszulegen. Die Rechtfertigung kann nur dann geltend gemacht werden, wenn eine „tatsächliche und hinreichend schwere Gefährdung vorliegt, die ein Grundinteresse der Gesellschaft berührt" (EuGH, 28.10.1975, Rs. 36/75, „Rutili"; EuGH, 14.3.2000, Rs. C-54/99, „Scientology"; EuGH, 26.11.2002, Rs. C-100/01, „Olazabal"). Sog. „wirtschaftliche Gründe", die protektionistische Hintergründe haben, reichen für die Rechtfertigung nie aus. Im Bereich moralisch anstößiger Tätigkeiten räumt der EuGH den Mitgliedstaaten einen gewissen Spielraum bei der Beurteilung ein, ob und inwieweit sie ihren Markt öffnen wollen.

47 Eine Konkretisierung der Begriffe der öffentlichen Ordnung, Sicherheit und Gesundheit findet sich in Kap. 6 der RL 2004/38 (ABl. L 158/77), welche die weitgehend zur Vorgängerrichtlinie 64/221 (ABl. P 56/850) ergangene Rechtsprechung kodifiziert. Zwar steht danach jedem MS ein gewisser Beurteilungsspielraum zu, inwieweit er von den erlassenen nationalen Rechtsvorschriften zur Aufrechterhaltung der öffentlichen Ordnung und Sicherheit Gebrauch macht. Diese Entscheidung wird dann aber strikt kontrolliert. Eine Beschränkung der Freizügigkeit ist nur **„gerechtfertigt",** wenn im Verhalten des EU-Angehörigen außer der Störung der öffentlichen Ordnung, die jede Gesetzesverletzung darstellt, „eine tatsächliche, gegenwärtige und erhebliche Gefahr" liegt, die ein **„Grundinteresse der Gesellschaft"** berührt (Art. 27 Abs. 2 S. 3 RL 2004/38). Dieses kann auch in einer organisierten politischen Betätigung von Ausländern liegen, die vom MS für unerträglich erachtet wird (EuGH, 4.12.1974, Rs. 41/74, „van Duyn"). Heute sind dabei EU-Grundrechte zu beachten. Der Ordre-Public-Vorbehalt darf nicht für wirtschaftliche Zwecke geltend gemacht werden (Art. 27 Abs. 1 S. 2 RL 2004/38).

48 Auszugehen ist stets vom **persönlichen Verhalten der betreffenden Personen.** Deshalb ist z. B. eine Ausweisung aus Gründen der Generalprävention unzulässig (Art. 27 Abs. 2 S. 4 RL 2004/38). Die Ausweisung von EU-Bürgern, die wegen einer Straftat verurteilt werden, ist daher in der Regel unzulässig, wenn die Strafe zur Bewährung ausgesetzt wurde (BVerwGE 57, 61 (1978)). Nach Art. 27 Abs. 2 S. 2 RL 2004/38 können strafrechtliche Verurteilungen „allein" eine Ausweisung nicht begründen (zur Parallelproblematik eines Unionsbürgers: EuGH, 17.4.2018, verb. Rs. C-316/16 u. a., „B"); in der Praxis wird hiervon teilweise abgewichen.

Allein der **Verstoß gegen ausländerrechtliche Meldevorschriften** ist kein ausreichender Grund, einen EU-Ausländer auszuweisen, da für ihn eine Aufenthaltsberechtigung bereits nach den Freizügigkeitsregeln besteht und daher die Anmeldung nach den nationalen Vorschriften rein deklaratorisch ist (EuGH, 8.4.1976, Rs. 48/75, „Royer"; EuGH, 3.7.1980, Rs. 157/79, „Pieck").

49 Soweit die Voraussetzungen des Ordre-Public-Vorbehalts vorliegen, sind aufenthaltsbegrenzende Maßnahmen bis zur **Ausweisung** möglich. Das Aufenthaltsrecht kann auf einen Teil des Staatsgebietes beschränkt werden (EuGH, 26.11.2002, Rs. C-100/01, „Olazabal").

Art. 30 RL 2004/38 enthält **Rechtsschutzgarantien** für den Betroffenen. Sie werden in Deutschland durch das Verwaltungsverfahrens- und Verwaltungsprozessrecht erfüllt.

b) Zwingende Gründe des Allgemeininteresses

50 Beschränkungen der Freizügigkeit können auch durch (sonstige) zwingende Gründe des Allgemeininteresses gerechtfertigt werden, wenn die Beschränkung **nicht diskriminierend** ausfällt (EuGH, 15.12.1995, Rs. C-415/93, „Bosman").

51 Nach der Rspr. des EuGH können nationale Maßnahmen, die geeignet sind, die Ausübung der durch den Vertrag garantierten Grundfreiheiten zu behindern oder weniger attraktiv zu machen, zugelassen werden, wenn mit ihnen ein im Allgemeininteresse liegendes vertragskonformes Ziel verfolgt wird, wenn sie geeignet sind, dessen Erreichung zu gewährleisten, und wenn sie nicht über das hinausgehen, was zur Erreichung des verfolgten Ziels erforderlich ist (EuGH, 11.1.2007, Rs. C-208/05, „ITC"; EuGH, 5.11.2014, Rs. C-103/13, „Somova", Rn. 46).

52 Inzwischen hat der EuGH eine Vielzahl dieser Erfordernisse anerkannt: Schutz des geistigen Eigentums, Schutz der Arbeitnehmer, Schutz der Verbraucher, die Erhaltung des nationalen historischen und künstlerischen Erbes, die Aufwertung der archäologischen, historischen und künstlerischen Reichtümer sowie die bestmögliche Verbreitung von Kenntnissen über das künstlerische und kulturelle Erbe eines Landes (EuGH, 25.7.1991, Rs. C-288/89, „Stichting", Rn. 14). In anderen Entscheidungen wurde etwa der Schutz der geordneten Rechtspflege (EuGH, 12.12.1996, Rs. C-3/95, „Reisebüro Broede"), das Erfordernis der Möglichkeit einer sprachlichen Kommunikation in der Landessprache (EuGH, 4.7.2000, Rs. C-424/97, „Haim II"), die Kohärenz des Steuersystems (EuGH, 28.1.1992, Rs. C-204/90, „Bachmann"), die Bekämpfung der organisierten Bandenkriminalität (EuGH, 23.11.2010, Rs. C-145/09, „Tsakouridis") oder die besondere Beratungsbedürftigkeit in Steuersachen (EuGH, 30.3.2006, Rs. C-451/03, „Calafiori") grundsätzlich anerkannt. Der EuGH hat zudem festgestellt, dass ein MS die Vergabe von medizinischen Ausbildungsstipendien davon abhängig machen darf, dass der Begünstigte dann eine bestimmte Zeit im Inland arbeitet: Dies diene der öffentlichen Gesundheit (EuGH, 20.12.2017, Rs. C-419/16, „Federspiel"). Diese Liste ist nicht abschließend.

53 Immer muss sich die konkrete Maßnahme als verhältnismäßig erweisen. Unverhältnismäßig sind danach etwa bestimmte Wohnsitzpflichten für den Geschäftsführer einer Gesellschaft (EuGH, 7.5.1998, Rs. C-350/96, „Clean Car Autoservice").

III. Verwirklichung der Arbeitnehmerfreizügigkeit

1. Staatliche Schutzpflichten

54 Die MSen sind verpflichtet, alle erforderlichen und geeigneten Maßnahmen zu ergreifen, um Beeinträchtigungen der Grundfreiheiten zu unterbinden (EuGH, 9.12.1997, Rs. C-265/95, „KOM/Frankreich" (Französische Bauern)). Gerade die Arbeitnehmerfreizügigkeit bedarf wegen der unterlegenen Stellung der Arbeitnehmer gegenüber dem Arbeitgeber in besonderem Maße staatlichen Schutzes vor Störungen durch Private (*Frenz,* Handbuch Europarecht I, 2. Aufl. 2012, Rn. 1394ff.). Eine gesicherte Rechtsprechung gibt es hierzu aber noch nicht.

2. Sekundärrechtliche Herstellung der Freizügigkeit

55 Die Sekundärrechtsakte, die die normgebenden Organe zur Verwirklichung der Arbeitnehmerfreizügigkeit erlassen haben, sind von zentraler Bedeutung. Art. 46 AEUV dient nicht nur als **zentrale Ermächtigungsgrundlage für Freizügigkeitsrechtsakte,** sondern zählt beispielhaft einzelne Maßnahmen zur fortschreitenden Herstellung der Freizügigkeit auf, wie die Zusammenarbeit der Arbeitsverwaltungen und die Abschaffung diskriminierender Verwaltungsverfahren und -praktiken. Bspw. wurde auf Grundlage des Art. 46 AEUV ein Europäisches Netz der Arbeitsvermittlungen eingeführt (VO 2016/589, ABl. L 107/1) und eine Europäische Arbeitsbehörde errichtet (VO 2019/1149, ABl. L 186/21). Der mittelbaren Stärkung der Freizügigkeit dient Art. 47 AEUV, der die **Förderung des Austausches junger Arbeitskräfte** durch die MSen im Rahmen eines gemeinsamen Programms vorsieht. Hierdurch soll allgemein das Gefühl der Zugehörigkeit geweckt werden, aber auch die Bereitschaft, später in einem anderen MS zu arbeiten. Inzwischen sind mehrere Austauschprogramme im Sinne des Art. 47 AEUV beschlossen worden, die von der Kommission finanziell unterstützt werden. Zur Erleichterung von Bewerbungen hat die KOM eine Empfehlung für ein Muster für Lebensläufe (2002/236, ABl. L 79/66) entworfen.

a) Die Freizügigkeit der Arbeitnehmer

56 Die in Art. 45 AEUV gewährte Grundfreiheit wird teils durch unmittelbar wirksames VO-Recht, teils auch durch in das nationale Aufenthaltsrecht umzusetzendes RL-Recht ausgefüllt.

57 Zu den **zentralen Akten dieses Sekundärrechts** gehören die **zwei „großen" Freizügigkeitsverordnungen,** nämlich die **VO 492/2011** (ABl. L 141/1; zuvor: VO 1612/68, ABl. L 257/2) für die Herstellung der Freizügigkeit und die **VO 883/2004** (ABl. L 166/1) zur Koordinierung der Systeme der sozialen Sicherheit. Die VO 492/2011 verwirklicht zusammen mit der **Freizügigkeits-RL 2004/38** (ABl. L 158/77) die Freizügigkeit des Berechtigten und der Familienangehörigen.

58 Einzelheiten über das **Reise- und Aufenthaltsrecht der Unionsbürger** enthält die RL 2004/38. Art. 7 Abs. 1 lit. a, Abs. 2 RL 2004/38 gewährt dem einreisenden Arbeitnehmer und seinen Familienangehörigen das Recht zum unbefristeten Aufenthalt. Nach ununterbrochenem fünfjährigem Aufenthalt in dem Aufnahmemitgliedstaat entsteht nach Art. 16 Abs. 1, 2 RL 2004/38 ein Daueraufenthaltsrecht für den Arbeitnehmer und seine Familienangehörigen. Im Falle schwerster Straftaten kann auch eine Ausweisung langjährig freizügigkeitsberechtigter Personen verhältnismäßig sein (EuGH, 22.5.2012, Rs. C-348/09, „P.I."). Ein Ausreiseverbot kann ggf. unverhältnismäßig

sein (EuGH, 4.10.2012, Rs. C-249/11, „Byankov" (im Fall offener ungesicherter Schulden)). Personen, die unter Art. 45 AEUV fallen, genießen unmittelbar einen Diskriminierungsschutz (Art. 24 RL 2004/38).

Die Voraussetzungen, unter denen der Freizügigkeitsberechtigte von seinem Verbleiberecht nach Art. 45 Abs. 3 lit. d AEUV Gebrauch machen kann, sind in Art. 17 der RL 2004/38 festgelegt. Den Inhabern des Verbleiberechts wird dort ein privilegierter Status, nämlich das Recht auf Daueraufenthalt im MS, eingeräumt. 59

b) Die Freizügigkeit der Familienangehörigen

Art. 45 AEUV ist im Hinblick auf das Grundrecht auf Achtung des Familienlebens gemäß Art. 8 EMRK, Art. 9 und 33 GRC weit auszulegen. Sein Schutz erstreckt sich daher auch auf die Familienangehörigen des EU-Arbeitnehmers. Im Einzelnen ergibt sich das von der Stellung des Freizügigkeitsberechtigten **abgeleitete Recht auf Freizügigkeit** aus der VO 492/2011 und der RL 2004/38. In diesen Regelungen zeigt sich der nicht ausschließlich wirtschaftliche, sondern zugleich soziale und in Richtung eines „Europas der Bürger" tendierende Sinn der EU-Freizügigkeit. 60

Art. 7 Abs. 1 lit. a, Abs. 2 RL 2004/38 gewährt den Familienangehörigen des Arbeitnehmers (hierzu EuGH, 5.9.2012, Rs. C-83/11, „Rahman") – unabhängig von ihrer Staatsangehörigkeit – das Recht auf unbefristeten Aufenthalt (zur Beschränkung auf Personen mit Wohnsitz im Inland etwa: EuGH, 11.9.2007, Rs. C-287/05, „Hendrix"). Der EuGH geht davon aus, dass diese Begünstigung auch dann gilt, wenn das Familienmitglied sich nicht vorher mit dem Arbeitnehmer im Herkunftsstaat aufgehalten hat (EuGH, 9.1.2007, Rs. C-1/05, „Jia"). Die Begünstigung greift auch bei der Rückkehr eines Arbeitnehmers in seinen Herkunftsstaat (EuGH, 11.12.2007, Rs. C-291/05, „Eind"). Art. 23 RL 2004/38 ermöglicht auch Familienangehörigen die Ausübung einer Tätigkeit im Lohn- oder Gehaltsverhältnis. 61

Nach Art. 10 VO 492/2011 haben die Kinder des Arbeitnehmers das Recht, am allgemeinen Unterricht sowie an der Lehrlings- und Berufsausbildung unter den Bedingungen teilzunehmen, die auch für die Angehörigen des Gastlands gelten. Das Recht des Kindes zur Teilnahme am Unterricht wird von der fortdauernden Erwerbstätigkeit des Elternteils unabhängig (EuGH, 17.9.2002, Rs. C-413/99, „Baumbast", Rn. 47ff.). Das Ausbildungsrecht des Kindes zieht wiederum das Aufenthaltsrecht des sorgeberechtigten Elternteils auch nach Beendigung seines Arbeitnehmerstatus nach sich (EuGH, a. a. O., Rn. 68ff.; u. U. selbst bei volljährigen Kindern: EuGH, 8.5.2013, Rs. C-529/11, „Alarape und Tijani"). Diese Rechte der Familienangehörigen gewinnen nach der Rechtsprechung des EuGH Eigendynamik. Über die Rechte der Kinder begründet der EuGH wiederum soziale Ansprüche eines Erziehungsberechtigten (EuGH, 23.2.2010, Rs. C-310/08, „Ibrahim" und EuGH, 23.2.2010, Rs. C-480/08, „Teixeira"). 62

3. Gleichstellung im Aufenthaltsstaat

Das Unionsrecht gewährleistet aber nicht nur die Freizügigkeit der Arbeitnehmer und der Familienangehörigen, sondern auch die Gleichstellung im Aufenthaltsstaat. 63

a) Überblick

Kapitel I der VO 492/2011 (**„Die Beschäftigung, die Gleichbehandlung und die Familienangehörigen der Arbeitnehmer"**) gestaltet die in Art. 45 Abs. 2 und 3 AEUV enthaltenen Rechte des Arbeitnehmers auf Inländerbehandlung und auf Zugang zur Beschäftigung näher aus. Dort werden auch den Familienangehörigen gewisse Rechte eingeräumt, soweit nicht RL 2004/38 Anwendung findet. Abschnitt 2 des ersten Kapitels der VO 492/2011 (**„Ausübung der Beschäftigung und Gleichbehandlung"**) regelt die technische Seite der Verwirklichung der Freizügigkeitsrechte. In ihrem Kapitel III („Organe zur **Herbeiführung einer engen Zusammenarbeit** zwischen den MSen auf dem Gebiet der Freizügigkeit und der Beschäftigung der Arbeitnehmer") wird hierfür der erforderliche institutionelle Rahmen geschaffen. In Art. 7–9 der VO 492/2011 wird das Gleichbehandlungsgebot des Art. 45 Abs. 2 AEUV dahingehend konkretisiert, dass es neben den Beschäftigungs- und Arbeitsbedingungen, wozu die berufliche Wiedereingliederung oder Wiedereinstellung (Art. 7 Abs. 1) gezählt werden, auch den Genuss gleicher sozialer und 64 steuerlicher Vergünstigungen (Art. 7 Abs. 2) einschließlich der **Inanspruchnahme von Berufsschulen und Umschulungszentren** (Art. 7 Abs. 3) erfasst. Dabei ist für die Anwendbarkeit des Art. 7 Abs. 2 die Anknüpfung an Vergünstigungen aus einem Arbeitsvertrag nicht erforderlich. Es genügt vielmehr, dass die fragliche Vergünstigung hauptsächlich wegen der Arbeitnehmereigenschaft oder wegen eines Wohnsitzes im Inland gewährt wird (EuGH, 30.9.1975, Rs. 32/75, „Cristini"). Art. 8 bestimmt die **gewerkschaftliche Gleichstellung** des EU-Freizügigkeitsberechtigten. Sie gilt auch bei Berufskammern (EuGH, 18.5.1994, Rs. C-118/92, „KOM/Luxemburg"). Art. 9 dehnt das Diskriminierungsverbot auf den **privaten Bereich der Miete, des Erwerbs und der Suche nach einer Wohnung** aus.

65 Die allgemeine arbeitsrechtliche Gleichstellung erfolgt vor allem über die Antidiskriminierungsrichtlinie 2000/78 (ABl. L 303/16; vgl. etwa EuGH, 14.3.2017, Rs. C-157/15, „Achbita" [Verbot des Tragens eines Kopftuchs]; EuGH, 14.3.2017, Rs. C-188/15, „Bougnaoui"). Der EuGH hat insbesondere eine umfassende Rechtsprechung zum Verbot der Alterdiskriminierung entwickelt (vgl. etwa EuGH, 5.7.2017, Rs. C-190/16, „Fries" [Altersgrenze bei Berufspiloten]; näher *Nettesheim,* EuZW 2013, 48) (im Einzelnen: Rz. 17/73, 29/8).

b) Soziale Begleitrechte

66 Das Freizügigkeitsrecht wäre wenig wert, wenn mobilitätswillige Arbeitnehmer befürchten müssen, im Falle eines Arbeitsplatzverlusts oder eines Schicksalsschlags ohne Absicherung und Hilfe in Not zu geraten. Dem beugen im Ansatz die Bestimmungen der VO 492/2011 vor, die eine Gleichbehandlung bei der sozialen Absicherung gebieten. Darüber hinaus legt Art. 48 AEUV die Grundlagen dafür, dass Arbeitnehmer Ansprüche der **sozialen Absicherung exportieren** können und so mobil sind. Die Durchführung findet sich heute vor allem in den Bestimmungen der VO 883/2004 (dazu Rz. 27/71 ff.).

67 Der EuGH ging zunächst davon aus, dass die Arbeitnehmerfreizügigkeit keinen allgemeinen Zugang zu den mitgliedstaatlichen Sicherungssystemen eröffnet (EuGH, 18.6.1987, Rs. 316/85, „Lebon"). Inzwischen legt der EuGH allerdings – zur Vermeidung von Schutzlücken – Art. 45 Abs. 2 AEUV im Lichte des Art. 18 AEUV aus (EuGH, 23.3.2004, Rs. C-138/02, „Collins"; *Oosterom-Staples,* CMLRev 2005, 205; *Epiney,* NVwZ 2006, 407). Art. 45 Abs. 2 AEUV verbietet daher in umfassender Weise eine sozialrechtliche Diskriminierung der Arbeitnehmer und ihrer Familienangehörigen. Vom Gewährleistungsumfang sind zumindest solche finanziellen Leistungen der MSen erfasst, die den Zugang zum Arbeitsmarkt erleichtern (vgl. Anhang zur VO 883/2004). Nicht darunter fallen jedoch beitragsunabhängige Leistungen, die lediglich ein menschenwürdiges Dasein und damit ein Existenzminimum absichern sollen. Diese fallen unter den Begriff der „Sozialhilfe" iSv Art. 24 Abs. 2 der RL 2004/38 (ABl. L 158/77; EuGH, 15.9.2015, Rs. C-67/14, „Alimanovic"). Verweigert werden können sie dem Angehörigen eines anderen MS allenfalls, wenn er mit dem Arbeitsmarkt des MS noch nicht hinreichend eng verbunden ist (EuGH, 15.9.2005, Rs. C-258/04, „Ioannidis"). Um „Sozialtourismus" zu verhindern, kann sie etwa an das Erfordernis eines inländischen Wohnsitzes bzw. eines Aufenthaltsrechts gebunden sein (EuGH, 23.3.2004, Rs. C-138/02, „Collins", Rn. 57 ff.). Ein Arbeitnehmer kann die Gleichstellung im Bereich des Kindergelds auch verlangen, wenn seine Kinder im Herkunftsstaat leben (EuGH, 12.6.2012, Rs. C-611/10, „Hudzinski"). Dies wird teilweise kritisiert.

68 Entsprechend der Rechtssachen „Geven" (EuGH, 18.7.2007, Rs. C-213/05) und „Hartmann" (EuGH, 18.7.2007, Rs. C-212/05) kann ein Anspruch auf Familienleistungen eines MS auch bei Beschäftigung in diesem MS bestehen, wenn kein inländi-

scher Wohnsitz besteht und daher der Anwendungsbereich der VO nicht eröffnet ist. Eine – ggf. nach nationalem Recht erforderliche – hinreichende Bindung zur nationalen Gesellschaft ist dann über die Art der Erwerbstätigkeit nachzuweisen.

Jenseits dieser primärrechtlich gewährten Rechte erfolgt die Einbindung der Arbeit- 69 nehmer in die nationalen Sozialleistungssysteme über die VO 883/2004 zur Koordinierung der Systeme der sozialen Sicherheit (unten Rz. 27/71 ff.).

c) Der Zugang zur Bildung

Im Rahmen der Gleichstellung hinsichtlich der sozialen Rechte spielt der **Bildungs- 70 zugang** eine wichtige Rolle. Art. 7 Abs. 3 und Art. 10 der VO 492/2011 gewährleisten die Teilnahme des Arbeitnehmers und seiner Kinder am **allgemeinen Unterricht sowie an der Lehrlings- und Berufsausbildung** (oben Rz. 27/62). Dieses Recht besteht fort, wenn die Eltern den Aufnahmestaat verlassen (EuGH, 15.3.1989, verb. Rs. C-389/87 u. a., „Echternach") oder ihren Status als Freizügigkeitsberechtigte verlieren (EuGH, 17.9.2002, Rs. C-413/99, „Baumbast"). Art. 10 zielt dabei nicht nur auf die Zulassungsbedingungen, sondern auch auf die allgemeinen Maßnahmen, welche die Teilnahme am Unterricht erleichtern sollen (z. B. **Ausbildungsförderung** EuGH, 3.7.1974, Rs. 9/74, „Casagrande") (zur **allgemeinen EU-Bildungspolitik** unten Rz. 34/14).

4. Koordinierung der Systeme der sozialen Sicherheit

Literatur: Schulte (Hrsg.), Die Reform des europäischen koordinierenden Sozialrechts, 2007, 25; *Fuchs,* Was bringt die neue VO (EG) Nr. 883/2004?, SGb 2008, 201; *Eichenhofer,* 50 Jahre nach dem Anfang – neue Regeln über die Koordination sozialer Sicherheit, ZESAR 2008, 339; *Ganßmann,* Soziale Sicherheit durch die EU?, in: Eigmüller/Mau (Hrsg.), Gesellschaftstheorie und Europapolitik, 2010, 329; *Mückenberger,* Eine europäische Sozialverfassung?, EuR 2014, 369; *Greiner/Kock,* Sozialleistungsansprüche für Unionsbürger im Spannungsfeld von Missbrauchsprävention und Arbeitnehmerfreizügigkeit, NZS 2017, 201; *Ascher,* Sozialleistungen für Unionsbürger, 2017; *Paju,* The European Union and Social Security Law, 2017.

Um eine ungehinderte Ausübung des Freizügigkeitsrechts der Freizügigkeitsberechtig- 71 ten zu ermöglichen, ist es notwendig, ihre **soziale Gleichstellung mit den inländischen Arbeitnehmern** umfassend zu verwirklichen. Die Arbeitnehmerfreizügigkeit bliebe nämlich Stückwerk, wenn ein Unionsbürger durch den Wechsel in einen anderen MS die Ansprüche auf Berücksichtigung seiner Beschäftigungszeiten verlöre oder wegen der Unterschiedlichkeit der nationalen Sozialversicherungssysteme keine oder nur beschränkte Leistungen erhielte und dadurch in eine ungünstigere Lage käme, als wenn er seine gesamte berufliche Laufbahn in einem einzigen MS zurückgelegt hätte (EuGH, 5.11.2014, Rs. C-103/13, „Somova" (Erwerb fehlender Versicherungszeiten)). Dies zu verhindern, soll mit Art. 48 AEUV und den auf seiner Grundlage ergangenen Normen erreicht werden (EuGH, 10.3.1983, Rs. 232/82, „Baccini"). Auch eine durchgreifende Anwendung des aus Art. 45 Abs. 2 AEUV erwachsenden Gleichbehandlungsgrundsatzes würde eine Integration der Sozialversicherungssysteme nicht erreichen. Art. 48 AEUV bildet insofern die Grundlage für die Herstellung eines Systems zur **EU-weiten gegenseitigen Anrechnung der Sozialversicherungsansprüche.** Ziel des herzustellenden Systems der Sicherstellung der sozialversicherungsrechtlichen Ansprüche und Leistungen ist somit die Realisierung der Freizügigkeit und nicht die Schaffung einer perfekten „Sozialunion" (EuGH, 5.11.2014, Rs. C-103/13, „Somova", Rn. 33). Es geht um die **Koordinierung der weiterhin nationalen Versiche-**

rungssysteme und nicht um ihre Harmonisierung (EuGH, 15.1.1986, Rs. 41/84, „Pinna").

72 Das einzurichtende **„europäische Sozialversicherungsverrechnungssystem"** erfüllt zwei Grundbedingungen, nämlich die Gewährleistung der Zusammenrechnung sämtlicher Beschäftigungs- und sonstiger Anrechnungszeiten und die Sicherstellung der Zahlungen, auch wenn die Personen in einem anderen als dem leistungspflichtigen MS wohnen. Auf der Grundlage von Art. 48 AEUV wurden zunächst die VOen Nr. 3 (ABl. P 30/561) und 4/1958 (ABl. P 30/597) und die VO 1408/71 (ABl. L 149/2) erlassen. Letztere bleibt in Kraft, wurde aber 2010 von der VO 883/2004 zur Koordinierung der Systeme der sozialen Sicherheit überlagert (ABl. L 166/1). Grundgedanke des hochdifferenzierten Systems der VO 883/2004 ist die grundsätzliche Gleichbehandlung der Leistungsempfänger (Art. 4 der VO) durch die Koordinierung der nationalen Rechte und Pflichten. Der sachliche Geltungsbereich umfasst alle wesentlichen Zweige der sozialen Sicherheit (Art. 3 VO 883/2004: insbes. Krankheit, Invalidität, Alter, Hinterbliebene, Arbeitsunfälle, Arbeitslosigkeit, Vorruhestand, Familienleistungen). Die **kumulierten Leistungsansprüche** beruhen niemals ausschließlich auf EU-Recht, sondern ergeben sich aus dem Zusammenspiel mit den nationalen Rechten. Den Berechtigten wird kein einheitlicher Leistungsanspruch zugesprochen, sondern er erhält durch EU-Recht zusammengerechnete und in der Auszahlung vereinheitlichte selbständige Leistungsansprüche gegen die nationalen Versicherungsträger (EuGH, 5.7.1967, Rs. 9/67, „Colditz"). Auch wenn der Arbeitnehmer im Ausgangsstaat weiterhin Anspruch auf bestimmte Leistungen (bspw. Kindergeld) hat, entsteht doch für die Zeit des Aufenthalts im Zielstaat ein Anspruch zumindest auf Aufstockung dieser Leistung auf das Niveau des Zielstaates (EuGH, 12.6.2012, verb. Rs. C-611/10 u. a., „Hudzinski").

73 In der Praxis des Systems ergeben sich **zahllose Probleme.** Hierzu hat sich eine ausgedehnte **Rspr. der europäischen Gerichtsbarkeit** entwickelt (über 550 Urteile). Umstritten ist z. B., ob Freizügigkeitsberechtigte durch die Kumulierungen **günstiger gestellt werden dürfen** als Arbeitnehmer, die in „ihrem" MS verbleiben. EuGH, 21.10.1975, Rs. 24/75, „Petroni", bejahte dies, worauf einige MSen innerstaatliche Kürzungsklauseln einführten.

74 Eine bei der Kommission eingesetzte **Verwaltungskommission für die soziale Sicherheit der Wanderarbeitnehmer** sowie ein Beratender Ausschuss behandeln laufende Fragen aus der Anwendung der VO 883/2004 (Art. 71). Das System der VO 883/2004 hat die **Freizügigkeit der EG- bzw. EU-Arbeitnehmer** im Sinne der Art. 45ff. AEUV durch die Gewährleistung ihrer sozialen Sicherheit im gesamten EU-Raum **entscheidend gestärkt.**

IV. Ausblick

75 Die Freizügigkeit der Arbeitnehmer ist seit längerem zu einem **wesentlichen Bestandteil des freien Personenverkehrs im Binnenmarkt** geworden (Art. 26 Abs. 2 AEUV). Sie wurde mit den Beitritten zur EWG bzw. zur EU in den Jahren nach 1973 fortschreitend ausgebaut. Die Erweiterung der EU 2004 um acht mittelosteuropäische Staaten mit einem großen Arbeitskräftepotential wurde von vielen als eine besondere Herausforderung angesehen. Es bestand in manchen Kreisen die Besorgnis vor einer „Überschwemmung durch billige Arbeitskräfte". Derartige Befürchtungen haben sich

nicht bewahrheitet. Vielmehr haben die Staaten, die ihren Arbeitskräftemarkt geöffnet haben (Bericht der Kommission über die Anwendung der im Beitrittsvertrag 2003 festgelegten Übergangsregelungen vom 8.2.2006 (KOM(2006) 48 endg.), davon ökonomisch profitiert. Gleichwohl gibt es weiterhin **Widerstände gegen die Idee einer Öffnung.** Den 2007 beigetretenen Staaten Bulgarien und Rumänien (Art. 23 iVm den Anhängen VI und VII der Beitrittsakte; ABl. 2005, L 157/203, 277, 278) begegnete man ebenso wie dem 2013 beigetretenen Kroatien mit einer zeitlichen Staffelung der Öffnung der Arbeitsmärkte der anderen MSen. Diese Form des Protektionismus ist zu bedauern. Einer Studie der Kommission zufolge ist die Sorge vor der „Überschwemmung" übertrieben (*Dietz,* APuZ 5–6/2004, 41). Der „Sozialtourist", der sich allein auf den Weg macht, um von den guten Sozialleistungen eines anderen MS zu profitieren, ist bislang trotz der derzeit geführten Diskussion um die Zuwanderung insbesondere bulgarischer und rumänischer Staatsbürger („Exodus aus Bulgarien" [FAZ 18.2.2013]) die seltene Ausnahme. Großbritannien und Irland halten ihren Arbeitsmarkt daher schon seit 2004 für die Beitrittsstaaten offen und haben davon wirtschaftlich profitiert. Bisher ist noch nicht absehbar, welche Folgen der Austritt Großbritanniens („Brexit") für den europäischen Arbeitsmarkt nach sich ziehen wird.

§ 28. Niederlassungsfreiheit

Literatur: *Ruffert,* Die Grundfreiheiten im Recht der Europäischen Union, JuS 2009, 97; *Streinz,* Arbeitnehmerfreizügigkeit und Niederlassungsfreiheit, in: Merten/Papier (Hrsg.), HGR VI/1, 2010, § 155; *Tscherner,* Europäische Dienstleistungs- und Niederlassungsfreiheit und das Grundrecht auf Arbeitskampf, in: Grimm/Ladler (Hrsg.), EU-Recht im Spannungsverhältnis zu den Herausforderungen im Internationalen Wirtschaftsrecht, 2012, 221; *Tietje,* Niederlassungsfreiheit, in: Ehlers (Hrsg.), Europäische Grundrechte und Grundfreiheiten, 4. Aufl. 2014, § 10; *Ludwigs,* Niederlassungs- und Dienstleistungsfreiheit – Grundregeln, in: Dauses/Ludwigs (Hrsg.), HB EU-WirtschR, E. I. (Stand: 2017); *Brehm/Schümmer,* Grenzüberschreitende Umwandlungen nach der neuen Richtlinie über grenzüberschreitende Umwandlungen, Verschmelzungen und Spaltungen, NZG, 2020, 538.

I. Die Bedeutung der Niederlassungsfreiheit im Binnenmarkt

Die **Niederlassungsfreiheit (NLF) – die Freizügigkeit der selbständigen Unternehmer** – gehört ebenso wie die Freizügigkeit der Arbeitnehmer (oben § 27), die Freiheit des Produktverkehrs (oben § 22) und des Kapitalverkehrs (unten § 30) zu den unverzichtbaren Bestandteilen eines wirklichen Binnenmarktes. Während die Art. 45–48 AEUV die Stellung von Arbeitnehmern aus EU-Staaten im aufnehmenden MS regeln, gewähren die Art. 49–55 AEUV den selbständig erwerbstätigen EU-Angehörigen und den in den MSen gegründeten Gesellschaften das Recht auf freie Mobilität. 1

Die NLF zielt wie die Freizügigkeit der Arbeitnehmer nicht nur auf eine **Gleichstellung der Unionsbürger aus anderen MSen mit den Inländern, sondern auch auf eine Marktöffnung.** Die Verwirklichung der Niederlassungsfreiheit begegnet jedoch im Vergleich mit den Arbeitnehmern größeren **rechtlichen und praktischen Schwierigkeiten.** Das nationale Recht der selbständigen Berufe vom Handwerk bis zu den freien Berufen in der Ausbildung und bei den Berufszulassungsvoraussetzungen weist einen hohen personalen Bezug auf; die Unterschiede zwischen den MSen im Bereich der Ausbildungsgänge, Prüfungen, Befähigungsnachweise, Hochschuldiplome u. ä. sind groß. Die Marktöffnung verlangt die (Mindest-)Angleichung von Regelungs- 2 strukturen, die häufig als „politisch sensibel" angesehen werden. Ähnlich wie beim freien Warenverkehr (oben Rz. 22/31) wird eine Vollharmonisierung häufig politisch nicht möglich und regelungstechnisch nicht sinnvoll sein. Erforderlich sind dann eine Mindestanpassung und die Durchsetzung der Pflicht zur gegenseitigen Anerkennung. Selbst dort, wo die Niederlassungsfreiheit unionsrechtlich geregelt ist, ergeben sich bei der Inanspruchnahme in der Praxis **mannigfache bürokratische Hindernisse.**

3 Die Möglichkeit der Standortverlegung innerhalb des Binnenmarktes sowie diejenige der freien Gründung von Filialen, Tochtergesellschaften u. ä. ist von großer Bedeutung für die Unternehmen und das Florieren des Marktes überhaupt. Mit der **Vollendung des Binnenmarktes** und dem damit verbundenen Abbau von innergemeinschaftlichen Hindernissen ist die praktische Bedeutung der NLF weiter gewachsen.

4 Die Bestimmungen über die Niederlassungsfreiheit müssen heute im Lichte der Rechte aus der **EU-Grundrechte-Charta interpretiert** werden. So bekräftigt Art. 15 GRC die Freiheit der Ergreifung eines (selbständigen) Berufs noch einmal grundrechtlich. Art. 16 GRC erkennt die unternehmerische Freiheit im Rahmen der Gesetze an (vgl. hierzu: *Cloppenburg*, Erwerbsgrundrechte im Unionsrecht, 2020).

II. Marktliberalisierung: Die Gewährleistung grenzüberschreitender Mobilität

Literatur: *Nettesheim*, Unternehmensübernahmen durch Staatsfonds, ZHR 2008, 729; *Roth*, Europäische Niederlassungsfreiheit und nationaler Risikoschutz, FS Koziol, 2010, 1095; *Krebs*, Grenzüberschreitender Formwechsel nach Deutschland – Einordnung, Voraussetzungen und Praxisfolgen, GWR 2014, 144; *Kindler*, Insolvenzrecht als Tätigkeitsausübungsregel – Die sachliche Reichweite der Niederlassungsfreiheit nach dem Kornhaas-Urteil des EuGH, EuZW 2016, 136; *Hornberger*, Rechtsformwahrende Sitzverlegung, Verschmelzungen und Formwechsel von Personengesellschaften innerhalb der EU, 2020.

5 Die Vorschriften des Vertrags über die Niederlassungsfreiheit – im Verbund mit jenen der Dienstleistungsfreiheit – enthalten ein **umfassendes Konzept,** mittels dessen die Freizügigkeit der Selbständigen innerhalb der EU hergestellt werden sollte. Das damit formulierte Programm der Marktöffnung ist inzwischen weitgehend, aber noch nicht abschließend verwirklicht worden. Art. 49 AEUV ist unmittelbar wirksam und gewährt Selbständigen und Unternehmen subjektive Rechte (vgl. etwa *Ehlers,* in: ders. (Hrsg.), Europäische Grundrechte und Grundfreiheiten, 4. Aufl. 2014, § 7; *Ruffert,* JuS 2009, 97).

6 Außerhalb des AEUV bemühen sich das im Rahmen des Europarats abgeschlossene **Europäische Niederlassungsabkommen v. 13.12.1955** (BGBl. 1959 II 997) sowie die klassischen bilateralen Handels-, Schifffahrts- und Freundschaftsverträge um die Erweiterung der NLF. Soweit sich hier EU-MSen und Drittstaaten vertraglich die **Meistbegünstigung für die Ausübung selbständiger Erwerbstätigkeit** einräumen, bedeutet das wegen des Charakters der EU als umfassende Wirtschaftsunion nicht die Verpflichtung zur Weitergabe aller EU-Rechte an Drittstaatsangehörige.

1. Abgrenzung zu anderen Grundfreiheiten

7 Die NLF schützt die selbständige unternehmerische Tätigkeit. Im Einzelfall können sich hierbei **Abgrenzungsfragen zu anderen Grundfreiheiten** ergeben. Von der Arbeitnehmerfreizügigkeit wird die Niederlassungsfreiheit mittels des Kriteriums der „Selbständigkeit" der Tätigkeit abgegrenzt (oben Rz. 27/9). Die NLF setzt die mehr als vorübergehende, auf unbestimmte Zeit beabsichtigte unternehmerische Tätigkeit in einem anderen Mitgliedstaat voraus. Demgegenüber schützt die Dienstleistungsfreiheit Fälle, in denen sich ein Unternehmer zur Erbringung einer Dienstleistung vor-

übergehend in einem anderen Mitgliedstaat aufhält. Mit Hilfe des Merkmals „auf unbestimmte Zeit" lässt sich so eine Abgrenzung vornehmen, die allerdings nicht immer ganz einfach ist. Entscheidend ist, dass der Aufenthalt nicht schon vorab durch eine Leistungsvereinbarung begrenzt wird. Die NLF und die Kapitalverkehrsfreiheit können (z. B. hinsichtlich der grundfreiheitlichen Erfassung von sog. Direktinvestitionen) ähnliche Regelungsprobleme erfassen (*Nettesheim,* ZHR 2008, 729; *Germelmann,* EuZW 2008, 596). In der Rechtssache „SEGRO" (EuGH, 6.3.2018, verb. Rs. C-52/16 u. a., Rn. 55) geht der EuGH davon aus, dass nur die Kapitalverkehrsfreiheit zu prüfen sei, wenn die Beschränkung der Niederlassungsfreiheit eine unvermeidliche Folge der Beschränkung des Kapitalverkehrs darstelle.

2. Vorrangiges Primär- und Sekundärrecht

Wie auch die anderen Grundfreiheiten kommt Art. 49 AEUV nur dann zur Anwendung, wenn **nicht speziellere Regelungen des AEUV** vorgehen. Anders als im Bereich des Waren- und Dienstleistungsverkehrs gibt es im Vertrag allerdings keine Regelungen, die die unternehmerische Mobilität in bestimmten Sektoren oder mit Blick auf bestimmte staatliche Maßnahmen einem Spezialregime unterstellten. 8

Die Berufung auf Art. 49 AEUV ist nur dort möglich, wo nicht der in Frage stehende Aspekt einer bestimmten unternehmerischen Tätigkeit durch Sekundärrecht abschließend geregelt wurde. In dem Umfang, in dem etwa die **RL 2005/36 über die Anerkennung von Berufsqualifikationen** (ABl. L 255/22) (unten Rz. 28/44) Voraussetzungen darüber festlegt, welche Anforderungen die MSen an einen niederlassungswilligen Unternehmer stellen dürfen, ist die Einforderung weitergehender Freiheit unter Berufung auf Art. 49 AEUV damit ausgeschlossen. Damit wird die politische Freiheit des Harmonisierungsgesetzgebers geschützt. Spezielle Vorschriften über die Niederlassungsfreiheit der Dienstleistungserbringer finden sich in Kapitel III der sog. Dienstleistungsrichtlinie (RL 2006/123, ABl. L 376/36). 9

3. Gewährleistungsbereich

Die NLF enthält für die selbständig Erwerbstätigen ähnliche Gewährleistungen wie Art. 45 ff. AEUV für die Arbeitnehmer. Garantiert wird vor allem die **diskriminierungsfreie und ungehinderte Mobilität innerhalb der EU,** um unternehmerisch dort tätig zu werden, wo sich für die jeweilige Tätigkeit die besten wirtschaftlichen Rahmenbedingungen finden. Gewährleistet wird die tatsächliche Ausübung einer wirtschaftlichen Tätigkeit mittels einer festen Einrichtung im Aufnahmemitgliedstaat auf unbestimmte Zeit. Demgegenüber dient Art. 49 AEUV nicht dazu, die Mitgliedstaaten zur Änderung jenes (offenen und nichtdiskriminierenden) Rahmens zu zwingen, den sie Unternehmen zur Verfügung stellen. Die Bestimmung dient nicht der allgemeinen Harmonisierung des Wirtschafts- oder Unternehmensrechts. Hohe Löhne oder hohe Sozialabgaben sind damit ebenso wenig eine „Beeinträchtigung" der NLF wie hohe Steuersätze. Diese Freiheit verlangt nur, dass der Wegzug und der Marktzugang jeweils offen und frei möglich sein müssen und mobilitätswillige Unternehmer im Zielstaat nicht schlechter als einheimische Unternehmen behandelt werden (zur Idee der Zugangsfreiheit: *Nettesheim,* NVwZ 1996, 342). 10

a) Berechtigte der Niederlassungsfreiheit

aa) Natürliche Personen

11 Begünstigte der Art. 49–55 AEUV sind die **„Staatsangehörigen eines Mitgliedstaates"**. Nach Art. 49 Abs. 1 S. 1 AEUV sind die Beschränkungen der freien Niederlassung gegenüber allen mobilitätswilligen Staatsangehörigen der MSen verboten, unabhängig davon, ob sie ihren Wohnsitz innerhalb oder außerhalb der EU haben. Die Begünstigung gilt auch gegenüber dem Staat, deren Staatsangehörigkeit ein Unternehmer hat – sei es, dass er von seinem Staat am Wegzug gehindert wird, sei es, dass er nach einer selbständigen Tätigkeit zurückkehren will (EuGH, 7.7.1992, Rs. C-370/90, „Singh"). Staatsangehörige von Drittstaaten kommen, ähnlich wie bei der Freizügigkeit der Arbeitnehmer, nur mittelbar als Familienangehörige eines Begünstigten in den Genuss von Reise- und Aufenthaltsrechten nach der RL 2004/38 (ABl. L 158/77). Nach Art. 49 Abs. 1 S. 2 AEUV ist das Recht zur Gründung von Agenturen und Zweigniederlassungen (sog. sekundäre NLF) auf EU-Angehörige begrenzt, die in einem anderen MS **ansässig** sind.

bb) Gesellschaften

Literatur: *Wöhlert/Degen,* Die neue Mobilität von Gesellschaften in Europa nach „Vale" und „National Grid Indus", GWR 2012, 432; *Schön,* Das System der gesellschaftsrechtlichen Niederlassungsfreiheit nach VALE, ZGR 2013, 333; *Teichmann,* Europäische Harmonisierung des GmbH-Rechts, NJW 2014, 3561; *Forsthoff,* Die Bedeutung der Rechtsprechung des EuGH zur Mobilität von Gesellschaften über das Gesellschaftsrecht hinaus, EuZW 2015, 248; *Franz,* Grenzüberschreitende Sitzverlegung und Niederlassungsfreiheit – eine systematische Betrachtung offener und geklärter Fragen, EuZW 2016, 930; *Habersack/Verse,* Europäisches Gesellschaftsrecht, 5. Aufl. 2019; *Teichmann/Knaier,* Auswirkungen des Brexit auf das Gesellschaftsrecht, EuZW-Sonderausgabe 1/2020, 14.

12 Die NLF gilt auch für **Gesellschaften** (Art. 49 iVm Art. 54 AEUV). Dies ist wirtschaftlich von besonderer Bedeutung. Die Regelungen sind kompliziert und gewinnen erst allmählich durch die **Rechtsangleichung des Gesellschafts-(Unternehmens) rechts** in Verbindung mit der fortschreitenden **Rspr. des Gerichtshofes** Konturen. Die Mobilitätsfreiheit im Binnenmarkt kommt allen Gesellschaften zu, die als EU-zugehörig anzusehen sind.

13 Der Begriff der „Gesellschaft" ist ein **europarechtlicher Begriff,** der nicht durch die gesellschaftsrechtlichen Anschauungen eines Mitgliedstaats determiniert wird. Allerdings knüpft der unionale Begriff am Gesellschaftsrecht der MSen an (EuGH, 29.11.2011, Rs. C-371/10, „National Grid Indus", Rn. 31f.). Dem EU-Recht liegt ein weiter Begriff der Gesellschaft zugrunde. In den Genuss der NLF kommen damit sämtliche Gesellschaften des mitgliedstaatlichen Rechts, die einen wirtschaftlichen Zweck verfolgen. Art. 54 Abs. 2 AEUV umfasst auch nichtrechtsfähige Gesellschaften. Es kommt damit nicht darauf an, dass sie nach dem Recht des Gründungsmitgliedstaates juristische Rechtspersönlichkeit aufweisen. Keine Berechtigung genießen Gesellschaften, die keinen Erwerbszweck verfolgen (z. B. philanthropische u. ä. Zwecke, EuGH, 29.6.1999, Rs. C-172/98, „KOM/Belgien"). Eine Gewinnerzielungsabsicht ist allerdings nicht erforderlich. Juristische Personen des öffentlichen Rechts, die Hoheitsgewalt ausüben, fallen nicht unter Art. 54 AEUV.

14 Die Gesellschaften müssen nach den **Rechtsvorschriften eines MS gegründet** worden sein und entweder ihren satzungsmäßigen **Sitz,** ihre **Hauptverwaltung oder**

Hauptniederlassung innerhalb der EU haben (Art. 54 Abs. 1 AEUV). Der Vertrag stellt entscheidend auf **Gründung und Sitz** der Gesellschaft für ihre EU-Zugehörigkeit ab; es kommt auf die **Staatsangehörigkeit der Gesellschafter bzw. Kapitaleigner** nicht an (EuGH, 25.7.1991, Rs. C-221/89, „Factortame"). Auf diese Weise können auch **Drittstaatler** an der NLF teilhaben. Die Feststellung, *ob* eine Gesellschaft nach dem Recht eines Mitgliedstaates im Sinne von Art. 54 Abs. 1 AEUV gegründet wurde, kann Schwierigkeiten bereiten: Gesellschaften haben jenseits der nationalen Rechtsordnung, die ihre Gründung und Existenz regelt, regelmäßig keine rechtliche Existenz.

b) Sachlicher Anwendungsbereich der Niederlassungsfreiheit

Nach Art. 49 Abs. 2 AEUV umfasst die NLF die **Aufnahme und Ausübung selbständiger Erwerbstätigkeit** sowie die Gründung und Leitung von Unternehmen nach den Bestimmungen des Aufnahmestaates für seine eigenen Angehörigen. Dazu zählt auch die sog. **sekundäre NLF,** nämlich die Gründung von Agenturen, Zweigniederlassungen oder Tochtergesellschaften (EuGH, 12.7.1984, Rs. 107/83, „Klopp"). 15

aa) Begriff der Niederlassung

Unter dem **weit auszulegenden Begriff der Niederlassung** versteht man die tatsächliche Ausübung einer selbständigen, wirtschaftlichen Tätigkeit mittels fester Einrichtung in einem anderen Mitgliedstaat auf unbestimmte Zeit (EuGH, 25.7.1991, Rs. C-221/89, „Factortame"). Eine „Niederlassung" gründet, wer sich in dauerhafter Weise so in einem Mitgliedstaat etabliert, dass er an dem gewählten Standort Produkte herstellen oder anbieten kann. In Fällen, in denen ein Unternehmen lediglich eine *sekundäre* (Zweig-)Niederlassung gründet, also seine Präsenz in einem anderen Mitgliedsstaat unter Beibehaltung der primären Hauptniederlassung im Heimatstaat gründet, bedarf es der Abgrenzung zwischen dem Vorliegen einer „Niederlassung" und der bloß vorübergehenden Anwesenheit zur Erbringung von Dienstleistungen (Art. 56 AEUV); dabei kommt es auf alle Umstände des Einzelfalles, insbesondere den **Grad der Etablierung,** die **Dauer** und den **Schwerpunkt** der Tätigkeit an. Eine Niederlassung liegt insbesondere vor, wenn vor Ort und unabhängig von konkreten Leistungen ein Betrieb aufrechterhalten wird. 16

Das Merkmal der **Selbständigkeit** setzt voraus, dass diese nicht weisungsabhängig ausgeübt wird und auf eigene Rechnung erfolgt. Mit dem Begriff der „Wirtschaftlichkeit" können Tätigkeiten bezeichnet werden, die einem Erwerbszweck dienen. Sofern Leistungen entgeltlich erbracht werden, können daher auch Bildungseinrichtungen eine Niederlassung darstellen (EuGH, 6.10.2020, Rs. C-66/18, „KOM/Ungarn", Rn. 163). Tätigkeiten, die lediglich politisch, sozial, kirchlich etc. motiviert sind, fallen damit nicht unter Art. 49 AEUV. Da die NLF nach Art. 49 AEUV für **alle** selbständigen Tätigkeiten garantiert ist, ist der Kreis der eingeschlossenen Tätigkeiten **entwicklungsoffen.** Auch die unternehmerische Betätigung im Bereich von **Lotterien,** Glücksspielen und Wetten zum Zwecke von Einnahmeerzielung fällt damit unter die NLF (bzw. die DLF) und darf nur aus zwingenden Gründen des Allgemeininteresses eingeschränkt werden (EuGH, 6.11.2003, Rs. C-243/01, „Gambelli"; EuGH, 24.1.2013, verb. Rs. C-186/11 u. a., „Stanleybet Int."; *Brüning,* NVwZ 2013, 23). Der AEUV enthält sich einer moralistischen Bewertung unternehmerischer Tätigkeiten. 17

18 Die Niederlassungsfreiheit umfasst die selbständige Tätigkeit umfassend, also sowohl den **Zuzug** in einen MS als auch den **Wegzug** (EuGH, 11.3.2004, Rs. C-9/02, „Saillant") (zu juristischen Personen unten Rz. 28/20 ff.). Wegzugsbeschränkungen werden etwa durch die „Exit"-Besteuerung bewirkt (EuGH, 22.3.2018, Rs. C-327/16, „Jacob"). Auch die **Vorbereitung eines Umzugs** wird erfasst. Geschützt werden etwa der Kauf oder die Anmietung, Einrichtung und Unterhaltung der Produktionsanlagen ebenso wie die Erzeugung und der Vertrieb der Produkte.

19 Die NLF gilt nicht für Sachverhalte, die sich ausschließlich **innerhalb eines MS** abspielen (EuGH, 20.4.1988, Rs. 204/87, „Bekaert"; ähnlich BGHZ 108, 342 (1989)). Das Diskriminierungsverbot des Art. 49 AEUV gilt nur für grenzüberschreitende Sachverhalte. Dies bedeutet auch, dass Fälle einer sog. „Inländerdiskriminierung", also der Schlechterstellung von Inländern gegenüber mobilitätswilligen Unionsbürgern, nicht unter Berufung auf Art. 49 AEUV bekämpft werden können. Das Erfordernis eines grenzüberschreitenden Sachverhalts besteht allerdings nicht für die Vorschriften über die Niederlassungsfreiheit der Dienstleistungserbringer nach Kapitel III der RL 2006/123 (ABl. L 376/36) (EuGH, 30.1.2018, verb. Rs. C-360/15 u. a., „X", Rn. 98 ff.; EuGH, 4.7.2019, Rs. C-377/17, „KOM/Deutschland", Rn. 58). Der Anwendungsbereich der sekundärrechtlichen Bestimmungen reicht somit weiter als derjenige der Art. 49, 54 AEUV.

bb) Formen der Niederlassung durch Gesellschaften

20 Die NLF gilt nach dem Gesagten auch für Gesellschaften. Der Begriff der juristischen Person ist unionsrechtlich zu verstehen; er ist weiter als jener des dt. Rechts. Geschützt werden nur Personen, die der Rechtsordnung eines MS zuzuordnen sind; Drittstaatspersonen werden nicht geschützt. Es ist wichtig, **zwei Ebenen** zu unterscheiden:

21 Auf der einen Seite gewähren diese Bestimmungen das Recht, **eine vollständige oder partielle grenzüberschreitende Verlagerung unternehmerischer Tätigkeit** vorzunehmen. Dies kann etwa dadurch geschehen, dass ein Unternehmen in einen anderen Mitgliedstaat in der Weise „umzieht", dass der Produktions- oder Erzeugungsstandort verlagert wird. Es ist aber auch denkbar, dass im Zielstaat lediglich ein zusätzlicher unternehmerischer Standort (zur Erzeugung, möglicherweise aber auch zum Vertrieb) gegründet wird. Die NLF umfasst auch derartige Formen der sekundären Niederlassung, etwa durch die Gründung von **Agenturen, Zweigniederlassungen oder Tochtergesellschaften** durch eine in der EU ansässige Gesellschaft (Art. 49 Abs. 1 S. 2 AEUV). Bei der Vornahme von Direktinvestitionen (Erwerb von Anteilen an einer Gesellschaft) kann es Überschneidungen mit der Kapitalverkehrsfreiheit geben.

22 Eine Gesellschaft kann zum anderen aber auch das Interesse haben, selbst „umzuziehen". Sie kann das Anliegen haben, sich einer bestimmten Rechtsordnung zu bedienen, zugleich aber ihren Standort in einem anderen Staat zu begründen. Dies führt zu einem Wettbewerb der Rechtsordnungen; Unternehmensrecht wird zu einem „Produkt" (*Eidenmüller*, ZIP 2002, 2233). Der EuGH war bei der Anwendung der NLF auf derartige Fälle zunächst ablehnend (EuGH, 27.9.1988, Rs. 81/87, „Daily Mail"). Die Entscheidung des EuGH, einer mobilitätswilligen Gesellschaft die Berufung auf die Niederlassungsfreiheit zu gestatten, führte dann nicht nur zu allseitiger Überraschung, sondern wirkte sich auf das **„internationale Gesellschaftsrecht"** jener Mitgliedstaaten, die beim Zuzug von Unternehmen eine Neugründung und beim

Wegzug eine Auflösung vorsahen, tiefgreifend aus. In den Leitentscheidungen EuGH, 9.3.1999, Rs. C-212/97, „Centros"; EuGH, 5.11.2002, Rs. C-208/00, „Überseering"; EuGH, 30.9.2003, Rs. C-167/01, „Inspire Art" (*Horn,* NJW 2004, 893) erklärte der EuGH Regeln des nationalen Gesellschaftsrechts, die einer zuziehenden Gesellschaft die Anerkennung versagte, für unvereinbar mit der Niederlassungsfreiheit. In der Entscheidung „National Grid Indus" (EuGH, 29.11.2011, Rs. C-371/10) ging der EuGH davon aus, dass ein aufnehmender Mitgliedstaat die Gesellschaften, die nach dem Recht eines anderen Mitgliedstaats gegründet worden und nach dessen Recht weiterhin als rechtsfähig anzusehen sind, grundsätzlich weder im Falle der tatsächlichen **Verlegung des Hauptverwaltungssitzes** noch im Falle der **Hineinverschmelzung** behindern darf. Das läuft auf eine aus Art. 49 AEUV abgeleitete „Rechtswahlfreiheit" hinaus: Gesellschaften dürfen im Wege der Umwandlung den satzungsmäßigen Sitz ins EU-Ausland verlegen, ohne zugleich den Verwaltungssitz verlegen zu müssen (EuGH, 25.10.2017, Rs. C-106/16, „Polbud"; hierzu etwa *Feldhaus,* BB 2017, 2819). Im Jahr 2019 hat der EU-Gesetzgeber die Rechte der Unternehmer kodifiziert (RL 2019/2121, ABl. L 321/1; hierzu *Schmidt,* ZEuP 2020, 565; *Brehm/Schümmer,* NZG 2020, 538).

Nicht abschließend geklärt ist, ob Art. 49 AEUV auch in Fällen greift, in denen schon bei der Gründung Verwaltungssitz und Gründungsstatut auseinanderfallen („Briefkastengesellschaft") (EuGH, 12.9.2006, Rs. C-196/04, „Cadbury"). Eine „Scheinauslandsgesellschaft" besteht in D nur noch als „Restgesellschaft" fort; sie ist weder parteinoch prozessfähig (BGH, 19.1.2017, VII ZR 112/14). 23

Allerdings – insofern ist vorgreifend schon auf die Schranken hinzuweisen – kann der aufnehmende Mitgliedstaat **zwingende Gründe des Allgemeininteresses** geltend machen, um verhältnismäßige Einschränkungen im Einzelfall zu rechtfertigen. Zudem hat der EuGH in der Entscheidung „VALE" (EuGH, 12.7.2012, Rs. C-378/10) festgestellt, dass ein Mitgliedstaat die Umwandlung einer „fremden" Gesellschaft in eine solche des staatlichen Rechts ermöglichen muss, dabei aber in den Grenzen des Effektivitäts- und Äquivalenzgrundsatzes die jeweiligen Voraussetzungen festlegen kann. Im Einzelnen ist die Reichweite dieser Beschränkungsmöglichkeiten (etwa mit Blick auf Eigenkapitalanforderungen, mit Blick auf die Vertretung der Arbeitnehmerinteressen [Mitbestimmung] oder mit Blick auf die Qualifikation der Geschäftsführung) noch nicht abschließend geklärt und hoch umstritten. Anerkannt ist allerdings, dass der Zwang zu einem Statutenwechsel gegen den Willen der Gesellschaft unzulässig ist. Die Sitztheorie lässt sich damit nicht mehr in der überkommenen Form anwenden. Im Ergebnis steht inzwischen außer Frage, dass die grundsätzliche Freiheit der Mobilität im Binnenmarkt auch für Gesellschaften existiert. 24

Im Verfahren „Cartesio" hat der EuGH (16.12.2008, Rs. C-210/06) entschieden, dass das EU-Recht keinen Anspruch gegen den Gründungsstaat enthält, **rechtsformwahrend in einen anderen Mitgliedstaat zu wechseln** (*Mörsdorf,* EuZW 2009, 97; *Zimmer/Naendrup,* NJW 2009, 545). Allerdings gewährt Art. 49 AEUV das Recht einer Gesellschaft, sich dadurch in einen anderen Mitgliedstaat identitätswahrend zu verlagern, dass sie sich in eine Gesellschaftsform des Rechts dieses Staates umwandelt, ohne dass es im Zuge der Umwandlung zur Auflösung und Abwicklung kommen darf (dazu *Grohmann/Gruschinske,* EuZW 2008, 463). Auch ein isolierter Formwechsel (unter Beibehaltung des Verwaltungssitzes) muss wohl möglich sein. 25

26 Die Frage, inwieweit die nach nationalem Recht gegründeten Gesellschaften Mobilität im Binnenmarkt beanspruchen können, ist von der Frage nach der Verfügbarkeit europäischer Gesellschaftsformen zu unterscheiden. Die Rechtsformen einer **europäischen juristischen Person** (Europäische wirtschaftliche Interessenvereinigung (EWIV), Europäische (Aktien)gesellschaft (SE), Europäische Genossenschaft (SCE); zu allen Rz. 36/34) sind unionsweit anzuerkennen.

c) Bereichsausnahmen bei Tätigkeiten in Ausübung öffentlicher Gewalt

27 Tätigkeiten, die in einem MS dauernd oder zeitweise mit der **Ausübung öffentlicher Gewalt** verbunden sind, werden nach Art. 51 AEUV von der NLF ausgeschlossen (hierzu auch oben Rz. 25/7). Die Vorschrift ähnelt der Bereichsausnahme für Beschäftigung in der öffentlichen Verwaltung (Art. 45 Abs. 4 AEUV, oben Rz. 27/25 ff.), ist aber nicht identisch. Von der Vorschrift erfasst wird nicht ein „ganzer" Beruf, sondern lediglich eine konkrete Tätigkeit; erforderlich ist, dass es sich um eine Tätigkeit handelt, die für sich genommen eine **unmittelbare und spezifische Teilnahme an der Ausübung hoheitlicher Befugnisse umfasst.**

28 Ein Fall der Ausübung öffentlicher Gewalt im unionsrechtlichen Sinn kann nur dann vorliegen, wenn für die Wahrnehmung wichtiger öffentlicher Interessen ein besonderes **Vertrauensverhältnis** zum Staat Voraussetzung ist, das nur durch die Staatsangehörigkeit garantiert werden kann. Art. 51 AEUV ist als Ausnahme von der Freizügigkeit **eng** auszulegen. Er umfasst nur das zur Wahrung der entsprechenden nationalen Interessen **unbedingt Erforderliche** (EuGH, 15.3.1988, Rs. 147/86, „KOM/Griech."). Dabei kann auf die nationalen Verfassungsstrukturen Rücksicht genommen werden („in einem MS") (EuGH, 21.6.1974, Rs. 2/74, „Reyners"). Die Durchführung von Krankentransporten fällt ebenso wenig unter Art. 51 AEUV wie (private) Sicherheitsdienste (EuGH, 29.4.2010, Rs. C-160/08, „KOM/Deutschland", Rn. 82) oder Notare (EuGH, 24.5.2011, Rs. C-47/08, „KOM/Belgien"; EuGH, 24.5.2011, Rs. C-54/08, „KOM/Deutschland"; vgl. auch für die DLF Rz. 25/7).

d) Räumlicher Geltungsbereich

29 Die Niederlassungsfreiheit findet auf die unternehmerische Tätigkeit in der EU Anwendung. Der **räumliche Anwendungsbereich** entspricht damit dem allgemeinen räumlichen Geltungsbereich des EU-Rechts (Art. 52 EUV, Art. 355 AEUV). Die unternehmerische Tätigkeit in Drittstaaten wird durch Art. 49 AEUV nicht geschützt; es ist davon auszugehen, dass auch der Wegzug aus der EU nicht von der Grundfreiheit erfasst wird. Die Rechtsbeziehungen einer EU-Gesellschaft zu einer außerhalb der EU angesiedelten Gesellschaft fallen nicht unter Art. 49 AEUV, wenn beide von einer Gesellschaft kontrolliert werden, die außerhalb der EU angesiedelt ist (EuGH, 13.3.2007, Rs. C-524/04, „Thin Cap Group Litigation"). Gleiches gilt für den Bezug von Dividenden aus einem Drittstaat (EuGH, 24.5.2007, Rs. C-157/05, „Holböck"). Unionsbürger im Vereinigten Königreich und britische Staatsangehörige in der Union, die ihr Recht auf Niederlassungsfreiheit bisher wahrgenommen hatten (Art. 10), können nach Art. 25 des Austrittabkommens (ABl. 2020, L 29/7) ihre Rechte auch weiterhin wahrnehmen. Dieses Recht besteht gemäß Art. 39 des Abkommens auch über den Übergangszeitraum hinaus. Die Niederlassungsfreiheit der Gesellschaften endet folglich mit Ablauf des Übergangszeitraums (Art. 126, 127 des Abkommens).

e) Adressaten der Niederlassungsfreiheit

30 Die Niederlassungsfreiheit nach Art. 49 AEUV gewährt vor allem **Schutz vor beeinträchtigenden Maßnahmen der Mitgliedstaaten.** Die Vorschrift richtet sich auch gegen Glieder der Mitgliedstaaten, also Länder und sonstige Körperschaften, Anstalten und Stiftungen des öffentlichen Rechts. Bedeutsam ist dies, weil sich Art. 49 AEUV damit auch gegen Regelungen und Maßnahmen der Träger funktionaler Selbstverwaltung, wie der Handwerkskammern oder der ärztlichen Kassenvereinigungen, richten kann. Es kommt dabei nicht auf die Handlungsform an, mit denen eine Beeinträchtigung der Freiheit bewirkt wird – diese kann sowohl durch Gesetz als auch durch untergesetzlichen Rechtsakt, ja auch durch Realakt erfolgen.

31 Es ist heute geklärt, dass sich Art. 49 AEUV auch gegen Maßnahmen richten kann, die von **privat organisierten Berufs- und Wirtschaftsverbänden** mit Ordnungsmacht über einen Wirtschaftssektor getroffen werden. Daher darf etwa der Zugang zu einer privaten Berufsorganisation nicht ungerechtfertigt versperrt werden; derartige Organisationen dürfen auch keine anderweitig diskriminierenden Maßnahmen treffen. Der EuGH hat zudem festgestellt, dass derartige Organisationen (wie etwa Gewerkschaften) die Niederlassungsfreiheit auch nicht durch kollektive Maßnahmen ungerechtfertigt behindern dürfen (EuGH, 11.12.2007, Rs. C-438/05, „The International Transport Workers' Federation").

Der EuGH stellte fest, dass **kollektive Arbeitskampfmaßnahmen** wie ein angedrohter Streik eine Einschränkung der Niederlassungsfreiheit darstellen können. Er räumte allerdings ein, dass diese Beeinträchtigungen gerechtfertigt sein können, wenn mit ihnen ein legitimer Zweck (z. B. die Sicherung von Arbeitsplätzen und Arbeitsbedingungen) angestrebt werde und außerdem alle anderen Möglichkeiten zur Konfliktlösung ausgeschöpft seien. Es sei erforderlich, dass Arbeitsplätze bzw. Arbeitsbedingungen tatsächlich gefährdet oder ernsthaft gefährdet sind und die **Verhältnismäßigkeit** der kollektiven Maßnahme zur Zweckerreichung erwiesen ist. Teilweise sieht man in der Entscheidung einen „Angriff" auf die Tarifautonomie.

Eine Entscheidung des EuGH, die die allgemeine Verbindlichkeit von Art. 49 AEUV im horizontalen Verhältnis zwischen zwei Privaten anerkannt hätte, existiert (anders als im Bereich von Art. 45 AEUV, oben Rz. 27/31 f.) bislang nicht.

32 Weiterhin nicht wirklich geklärt ist die Frage, inwieweit sich Art. 49 AEUV auch gegen Maßnahmen der EU selbst richtet (vgl. etwa GA *Sanchez-Bordona,* 28.5.2020, Rs. C-620/18, „Ungarn/EP und Rat", Rn. 104 ff.). Auch wenn dies im Grundsatz zu bejahen ist, bleibt die konkrete Reichweite des diesbezüglichen Schutzes gänzlich offen.

4. Beschränkung der Niederlassungsfreiheit

33 Bei der Entwicklung der Rechtsprechung des EuGH zu Art. 49 AEUV stand zunächst die Durchsetzung der Pflicht zur **Inländerbehandlung** im Vordergrund. Hierbei handelt es sich um eine der Grundvoraussetzungen für die Mobilität unternehmerischer Tätigkeit im Binnenmarkt (EuGH, 18.6.1985, Rs. 197/84, „Steinhauser"). Die von der NLF Begünstigten sollen unter den gleichen Voraussetzungen wie Inländer ihr Recht auf freie Niederlassung ausüben dürfen (Art. 49 Abs. 2 AEUV). Die NLF ist mit anderen Worten eine Ausprägung des **Diskriminierungsverbots** im Sinne von Art. 18 AEUV (EuGH, 28.6.1977, Rs. 11/77, „Patrick"; EuGH, 12.7.2012, Rs. C-378/10, „VALE").

34 Nach anfänglichen Unklarheiten steht heute fest, dass die Niederlassungsfreiheit auch ein **Verbot ungerechtfertigter Beschränkungen der unternehmerischen Mobilität begründet** (EuGH, 30.11.1995, Rs. C-55/94, „Gebhard"; EuGH, 15.5.1997, Rs. C-250/95, „Futura"; *Everling*, GS Knobbe-Keuk, 1997, 607). Im Grundsatz können damit auch mitgliedstaatliche Beschränkungen „hinter der Grenze", die geeignet sind, die Ausübung der Niederlassungsfreiheit als solche zu behindern oder weniger attraktiv zu machen, einer Überprüfung am Maßstab der Verhältnismäßigkeit unterzogen werden. Hierzu gehören beispielsweise

- **Zulassungserfordernisse** (EuGH, 28.4.1977, Rs. 71/76, „Thieffry"; EuGH, 7.5.1991, Rs. C-340/89, „Vlassopoulou") oder **Nachteile beim Wegzug** (EuGH, 29.11.2011, Rs. C-371/10, „National Grid Indus"; EuGH, 21.12.2016, Rs. C-503/14, „KOM/Portugal" (Wegzugsbesteuerung));
- **Verpflichtung zum Verbleib** des Sitzes und der tatsächlichen Leitung in einem Mitgliedstaat im Zuge einer Privatisierung (EuGH, 27.2.2019, Rs. C-563/17, „Associação Peço a Palavra", Rn. 62);
- automatische **Verlängerung von Konzessionen** als Nachteil für Konkurrenten (EuGH, 14.7.2016, Rs. C-458/14, „Promoimpresa"); Pflicht zur Überlassung von Einrichtungen nach Ablauf der Konzession (EuGH, 18.1.2016, Rs. C-375/14, „Laezza");
- das Verlangen nach **Berufserfahrung** (EuGH, 12.5.2005, Rs. C-278/03, „KOM/Italien");
- **Qualifikations- und Spracherfordernisse** (vgl. EuGH, 30.3.2006, Rs. C-451/03, „Calafiori"; EuGH, 19.9.2006, Rs. C-506/04, „Wilson") bzw. demographische und geographische Beschränkungen (EuGH, 1.6.2010, Rs. C-570/07, „Pérez");
- die **Verleihung ausschließlicher Rechte** (EuGH, 30.3.2006, Rs. C-451/03, „Calafiori"; EuGH, 6.3.2007, verb. Rs. C-338/04 u. a., „Placanica"; EuGH, 19.12.2018, Rs. C-375/17, „Stanley International Betting");
- **Vorkaufsrecht** zugunsten der Beschäftigten [kommunale Apotheken] (EuGH, 19.12.2019, Rs. C-465/18, „Comune di Bernareggio", Rn. 43), bzw. Einführung eines **staatlichen Monopols** [mobiles Zahlungssystem für diverse Verkehrsbereiche] (EuGH, 7.11.2018, Rs. C-171/17, „KOM/Ungarn");
- Einschränkungen der **unternehmerischen Entscheidungsfreiheit** (EuGH, 5.12.2006, verb. Rs. C-94/04 u. a., „Cipolla" [Mindesthonorare]); EuGH, 4.7.2019, Rs. C-377/17, „KOM/Deutschland" [HOAI]; EuGH, 21.12.2016, Rs. C-201/15, „AGET" [Beschränkungen der Entlassung von Arbeitskräften]);
- Beschränkungen bei der **Führung eines akademischen Grads** (EuGH, 31.3.1993, Rs. C-19/92, „Kraus") (vgl. im Übrigen oben Rz. 27/42);
- **gesetzliche Mindestgebühren für Zertifizierungsdienste** (EuGH, 12.12.2013, Rs. C-327/12, „SOA Nazionale Costruttori"), wo im Ergebnis der MS über die Erforderlichkeit dieser Regelung zu entscheiden hatte;
- **Auflagen für Erwerber von in bestimmten Gemeinden belegenen Liegenschaften** (EuGH, 8.5.2013, verb. Rs. C-197/11 u. a., „Libert");
- **demografische Kriterien** (EuGH, 13.2.2014, Rs. C-367/12, „Sokoll-Seebacher") und;
- **Ansässigkeitserfordernisse** (EuGH, 16.6.2015, Rs. C-593/13, „Rina").

Wie auch im Bereich der Warenverkehrsfreiheit (oben Rz. 22/27 ff.) gibt es bei der NLF Fälle, in denen der EuGH Regelungen **„tief hinter der Grenze" als Beschränkung** angesehen hat (z. B. EuGH, 11.3.2010, Rs. C-384/08, „Attanasio Group" [Dichte des Tankstellennetzes]; EuGH, 5.10.2004, Rs. C-442/02, „CaixaBank" [Geschäftspolitik einer Bank]; EuGH, 28.4.2009, Rs. C-518/06, „KOM/Italien"

[Kfz-Haftpflichtversicherung, Kontrahierungszwang und Prämienhöhe]). Schon seit längerem wird darüber nachgedacht, mit welcher dogmatischen Formel sich der Bereich berechtigter Überprüfung **mitgliedstaatlicher Maßnahmen „hinter der Grenze"** von jenem Bereich unterscheiden lässt, in dem die Mitgliedstaaten als Organisatoren eines Marktes ihre Freiheit bewahren sollen (Arbeitskosten, Steuern etc.) (hierzu *Nettesheim,* NVwZ 1996, 342; *Everling,* GS Knobbe-Keuk, 1997, 607 (621)). Der EuGH geht zu Recht davon aus, dass sich die „Keck"-Formel nicht einfach auf die Niederlassungsfreiheit übertragen lässt. Auf der anderen Seite steht außer Frage, dass es einer Einschränkung bedarf, um zu verhindern, dass der EuGH über Art. 49 AEUV zum harmonisierenden und nivellierenden „Generalkontrolleur" des mitgliedstaatlichen Wirtschafts- und Steuerrechts wird. Der EuGH hat diese Frage bei Art. 63 AEUV explizit angesprochen (EuGH, 13.5.2003, Rs. C-463/00, „KOM/Spanien"). Gegenwärtig hilft sich der EuGH häufig damit, Maßnahmen der MSen jenseits der Regelung des Marktzugangs deswegen nicht als „Beschränkung" anzusehen, weil ihnen die **hinreichende „Spürbarkeit" oder eine „abschreckende Wirkung"** fehle (EuGH, 21.10.2010, Rs. C-81/09, „Idryma Typou"; EuGH, 1.4.2008, Rs. C-212/06, „Flämische Pflegeversicherung"). Die Regelungen des deutschen Unternehmensmitbestimmungsrechts sind damit unionsrechtskonform (EuGH, 18.7.2017, Rs. C-566/15, „Erzberger"). Der EuGH spricht auch davon, dass die Beeinträchtigungswirkung „zu ungewiss und indirekt" sei. Das ist aber ein eher unscharfes Kriterium. In der Entscheidung vom 7.3.2013, Rs. C-577/11, „DKV", spricht der EuGH explizit das Kriterium des Marktzugangs an. Setzt sich ein EU-Unternehmer über unionsrechtswidrige Vorgaben hinweg, darf er nicht bestraft werden (so zu Art. 56 AEUV: EuGH, 4.2.2016, Rs. C-336/14, „Ince").

Hat der EU-Normgeber Regelungen über die Ausgestaltung der unternehmerischen Tätigkeit getroffen, gehen diese jedenfalls grds. Art. 49 AEUV vor und bestimmen den Umfang unionsrechtlich erlaubter Tätigkeit (vgl. etwa EuGH, 29.11.2017, Rs. C-265/16, „VCAST" [Sicherung der Kopie urheberrechtlich geschützter Werke in der Cloud]); EuGH, 8.11.2016, Rs. C-41/15, „Dowling" [Rekapitalisierung einer Bank durch gerichtliche Anordnung]).

5. Schranken der Niederlassungsfreiheit

a) Art. 52 Abs. 1 AEUV: Grenzen der öffentlichen Ordnung, Sicherheit und Gesundheit

Der **„Ordre-Public-Vorbehalt"** des Art. 52 AEUV entspricht Art. 45 Abs. 3 AEUV 35
bei der Freizügigkeit der Arbeitnehmer. Als Ausnahme von der Grundfreiheit der Freizügigkeit ist er **eng** auszulegen (EuGH, 26.2.1975, Rs. 67/74, „Bonsignore"; *Forsthoff,* EWS 2001, 59). Bei den Begriffen der öffentlichen Ordnung, Sicherheit und Gesundheit handelt es sich nach ständiger Rechtsprechung des EuGH um unionsrechtliche Begriffe, die eine autonome Auslegung erfahren müssen. Das Ziel der Erhaltung einer qualitativ hochwertigen und ausgewogenen klinischen Versorgung rechtfertigt eine Steuerung der Niederlassung (EuGH, 10.3.2009, Rs. C-169/07, „Hartlauer"; vgl. auch EuGH, 13.2.2014, Rs. C-367/12, „Sokoll-Seebacher"; EuGH, 5.12.2013, Rs. C-159/12, „Venturini" [zum Verkauf von verschreibungspflichtigen Medikamenten in einer pharmazeutischen Verkaufsstelle]). Die Schranken werden durch die Richtlinie 2004/38 (ABl. L 158/77) näher konkretisiert. Das Verhältnismäßigkeitsprinzip verlangt eine strikte Bewertung, ob die Maßnahme eines der

drei legitimen Ziele verfolgt sowie geeignet, erforderlich, und angemessen ist. Die Begünstigten der NLF haben so im Vergleich mit dem allgemeinen Ausländerrecht einen deutlich **gefestigteren Status.**

b) Ungeschriebene Rechtfertigungsgründe

36 Während diskriminierende Beschränkungen der NLF nur nach Art. 52 Abs. 1 AEUV gerechtfertigt werden könnten, gibt das Unionsrecht den Mitgliedstaaten im Hinblick auf rechtlich und faktisch unterschiedslos anwendbare Maßnahmen weitergehende Rechtfertigungsmöglichkeiten. Sie können derartige Maßnahmen auch unter Berufung auf sog. **zwingende Gründe des Allgemeininteresses** rechtfertigen (vgl. EuGH, 30.11.1995, Rs. C-55/94, „Gebhard"). Nationale beschränkende Maßnahmen müssen jedoch zur Verwirklichung eines unionsrechtlich legitimen Zieles geeignet und zur Erreichung des Zieles verhältnismäßig sein. Die Grenze zwischen versteckten Diskriminierungen und unterschiedslos anwendbaren Maßnahmen ist im Einzelfall schwierig zu ziehen. Gelegentlich hat der EuGH die Formel von zwingenden Gründen des Allgemeininteresses auch auf diskriminierende Maßnahmen angewandt (EuGH, 14.11.1995, Rs. C-484/93, „Svensson").

So wendet der EuGH diese ungeschriebenen Rechtfertigungsgründe in Fällen an, die eine Benachteiligung mobilitätswilliger Unternehmen bewirken (EuGH, 13.12.2005, Rs. C-446/03, „Marks & Spencer" und die Folgeentscheidung EuGH, 3.2.2015, Rs. C-172/13, „KOM/Vereinigtes Königreich"; EuGH, 15.5.2008, Rs. C-414/06, „Lidl Belgium"; EuGH, 17.7.2014, Rs. C-48/13, „Nordea Bank" [jeweils zum Steuerrecht]). Als Rechtfertigungsgründe erkennt der EuGH hier die gerechte Aufteilung der Besteuerungsbefugnis unter den betroffenen Mitgliedstaaten an, zudem die Notwendigkeit, eine doppelte Berücksichtigung von Verlusten zu verhindern und gegen Steuerflucht vorgehen zu können (EuGH, 18.7.2007, Rs. C-231/05, „Oy AA"; EuGH, 12.6.2014, verb. Rs. C-39/13 u. a., „SCA Group Holding", Rn. 42; EuGH, 3.2.2015, Rs. C-172/13, „KOM/Vereinigtes Königreich"). Auch die Sicherung von Standesregeln von Journalisten wurde als legitimes Beschränkungsziel zugelassen (EuGH, 21.10.2010, Rs. C-81/09, „Idryma Typou"). Der EuGH sah auch in dem Recht auf Information und breiten Zugang der Öffentlichkeit zur Fernsehberichterstattung über Ereignisse von erheblicher Bedeutung ein Allgemeininteresse an. Im konkreten Fall war es gerechtfertigt, Endrundenspiele der Fußball-Europameisterschaft frei im Fernsehen auszustrahlen, obwohl der damit verbundene Ausschluss von Exklusivübertragung in die NLF eingreift (EuGH, 18.7.2013, Rs. C-201/11 P, „UEFA", Rn. 20). Dabei überließ es der EuGH auf Grund „beträchtlicher sozialer und kultureller Unterschiede" den MSen, festzulegen, welches Ereignis von erheblicher Bedeutung ist (zu den Rechtfertigungsmöglichkeiten im Gesellschaftsrecht: *Schollmeyer,* ZGR 2018, 186).

37 Es kommt regelmäßig ein vierstufiger Prüfungsaufbau zur Anwendung. Der EuGH prüft strikt, inwieweit die vom Mitgliedstaat verteidigte Beschränkung wirklich „zwingend" ist – Traditionen, bestimmte Berufsbilder und gar Konkurrentenschutz reichen hier nicht aus. Im Bereich der freien Berufe ist die Rspr. uneinheitlich. Für **Apotheken** hat sich der EuGH nicht dazu entschließen können, die traditionellen Beschränkungen einer „Filialisierung" der Vertriebsstätte zu kippen (EuGH, 19.5.2009, verb. Rs. C-171/07 u. a., „DocMorris II"; kritisch dazu *Classen,* JURA 2010, 56ff.); er akzeptierte das Argument, dass eine sichere und qualitativ hochwertige Versorgung in Betrieben, deren Eigentümer als Nichtapotheker nur am Gewinn interessiert seien, gefährdet sei (vgl. auch EuGH, 21.6.2012, Rs. C-84/11, „Susisalo"). Im Bereich des **Glücksspielrechts** wird den MSen jedenfalls eine kohärente Regelung abverlangt (zuletzt EuGH, 22.1.2015, Rs. C-463/13, „Stanley Int. Betting"; EuGH, 24.1.2013, verb. Rs. C-186/11 u. a., „Stanleybet Int."). Bei der Einschätzung, in welchem Umfang Glücksspiele auf Grund der von ihnen ausgehenden Gefahren eingeschränkt

oder verboten werden sollten, gewährt der EuGH den MSen in den Grenzen der Äquivalenz und der Effektivität einen weiten Ermessensspielraum (EuGH, 22.1.2015, Rs. C-463/13, „Stanley Int. Betting“, Rn. 52). Neben der staatlichen Konzession können die MSen auch polizeiliche Genehmigungen verlangen und sind zur Akzeptanz von in anderen MSen erteilten Konzessionen nicht verpflichtet (EuGH, 12.9.2013, verb. Rs. C-660/11 u. a., „Biasci“).

Der EuGH wendet auch im Bereich der NLF die sog. „Cassis-de-Dijon-Philosophie“ 38
an. Er fragt, ob der Niederlassungswillige nicht bereits in einem Herkunftsstaat Vorschriften zu erfüllen oder Nachweise zu erbringen hatte, die sicherstellen, dass den Schutzanliegen des Aufnahmestaats Rechnung getragen wird **(Herkunftslandprinzip).** Dies setzt voraus, dass ein Mitgliedstaat sich nicht automatisch und ohne weiteres auf die Position zurückziehen darf, dass ein Niederlassungswilliger die im Aufnahmestaat erforderlichen Diplome oder Zeugnisse nicht abgelegt hat. Er muss in Bereichen, in denen noch keine Harmonisierung existiert, genau prüfen, ob ein ausländisches Zeugnis mit den inländischen Anforderungen gleichwertig ist. Gegebenenfalls kann ein Mitgliedstaat auch gehalten sein, eine Eignungsprüfung durchzuführen.

Danach ist das Verlangen eines Mitgliedstaats, die für die Berufsausübung von Selb- 39
ständigen oftmals erforderlichen **Befähigungsnachweise, Prüfungen, Diplome** zu fordern, grundsätzlich zulässig; das Erfordernis darf allerdings nicht in einer Weise angewandt werden, dass es zu einer nicht erforderlichen oder unangemessenen Beschränkung der unternehmerischen Freiheit führt (z. B. EuGH, 4.7.2000, Rs. C-424/97, „Haim“). Mitgliedstaatliche Regelungen, die etwa einen „großen Befähigungsnachweis“ (Meisterprüfung) vorsehen, können danach niederlassungswilligen Unternehmen grundsätzlich bei Verhältnismäßigkeit entgegengehalten werden (EuGH, 3.10.2000, Rs. C-58/98, „Corsten“). Die Niederlassungsfreiheit lässt hier Anforderungen zu, die grenzüberschreitend tätigen Dienstleistungserbringern nicht entgegengehalten werden dürften. In weiten Bereichen bedarf es daher der sekundärrechtlichen Regelung, um den Markt für unternehmerische Mobilität zu öffnen. Dem trägt der AEUV Rechnung. Art. 50 AEUV sieht den Erlass von Richtlinien zur **Verwirklichung** der Niederlassungsfreiheit vor.

III. Begleitrechte der Niederlassungsfreiheit

Wie bei der Freizügigkeit der Arbeitnehmer bedarf es zur Verwirklichung der Nieder- 40
lassungsfreiheit bestimmter **Begleitrechte.** Dies gilt insbesondere für Einreise, Aufenthalt und Verbleib der Selbständigen. Wegen der Gleichartigkeit der Probleme wird vielfach auf die Lösungen bei der Freizügigkeit für Arbeitnehmer zurückgegriffen (oben Rz. 27/33) (allgemein *Welte,* InfAuslR 2005, 8; *Frenz/Kühl,* ZESAR 2007, 315).

Grundsätzlich gehört zur unmittelbar geltenden NLF (oben Rz. 28/1 ff.) das flankie- 41
rende Recht, zu diesem Zweck **einzureisen** und **Aufenthalt zu nehmen.** Eine Aufenthaltserlaubnis hat lediglich deklaratorischen Charakter. Im Näheren regeln sich Einreise, Aufenthalt, Ausreise und Verbleib nach Maßgabe der RL 2004/38 (ABl. L 158/77). Selbständige werden durch diese RL geschützt (vgl. EuGH, 20.12.2017, Rs. C-442/16, „Gusa“). Sie sind in das System der sozialen Sicherheit nach VO 883/2004 (ABl. L 166/1) einbezogen.

IV. Verwirklichung der Niederlassungsfreiheit

Literatur: *Bengel,* Das deutsche Notariat im Lichte der Berufsqualifikationsrichtlinie, DNotZ 2012, 26; *Igl/Ludwig,* Präzisierung der unionsrechtlichen Anforderungen an Heilberufe, MedR 2014, 214; *Weißenborn,* Europäische Initiativen und deren Auswirkungen auf das Berufsrecht, DStR 2014, 612; *Leisner,* Der „Meister" und sein Richter – Die handwerksrechtliche Berufs(de)regulierung der Meisterpflicht im Lichte der Rechtsprechung von EuGH und BVerfG, WiVerw 2014, 229; *Roth,* Deregulierung der lateinischen Notariatsverfassung durch Europäisierung? – Eine Bilanz, EuZW 2015, 734; *Dölling,* Berufsausübung mit ausländischen juristischen Abschlüssen in Deutschland, ZAR 2016, 139; *Twachtmann,* Die Gleichstellung ausländischer juristischer Universitätsdiplome nach § 112a Abs. 1 DRiG – eine Praxisbewertung, EuR 2016, 325.

42 Der EWG-Vertrag sah 1958 zur Verwirklichung der Freizügigkeit der Selbständigen ursprünglich ein **zweistufiges Verfahren** vor (Art. 52ff. EWGV) (*Everling,* Das Niederlassungsrecht im Gemeinsamen Markt, 1963). Die verbindlichen Richtlinien sollten auf der Grundlage allgemeiner Programme fortschreitend erlassen werden. Die Rspr. des Gerichtshofes stellte jedoch ab 1970 klar, dass die gemeinschaftsweite freie Niederlassung **unmittelbar durch Art. 49 AEUV** gewährleistet ist. Beschränkungen „sind verboten". Damit war der Erlass besonderer **Liberalisierungsrichtlinien** überflüssig geworden. Einer sekundärrechtlichen Angleichung bedarf es damit nur noch dort, wo Hindernisse dadurch entstehen, dass die NLF tatbestandlich nicht zur Anwendung kommt oder sich die Mitgliedstaaten auf Schranken der NLF berufen können. Die Verwirklichung der NLF konzentriert sich seitdem auf die **gegenseitige Anerkennung der Diplome,** Prüfungszeugnisse und sonstiger Befähigungsnachweise sowie auf die **Koordinierung (Angleichung) der nationalen Vorschriften über die Aufnahme und Ausübung selbständiger Tätigkeiten** (Art. 50 iVm Art. 53 AEUV) als praktische Voraussetzung für effektive Freizügigkeit. Diese umfangreiche und schwierige Aufgabe ist erheblich vorangetrieben worden, aber noch nicht vollendet. Die Beitritte zur EU, zuletzt die Osterweiterungen 2004 und 2007 und der Beitritt Kroatiens 2013, bedeuten jeweils neue Herausforderungen für die Erweiterung der NLF.

43 Die EU bemühte sich ab den 1960er Jahren, die berufsrechtlichen Schranken durch entsprechende Maßnahmen für die einzelnen Tätigkeiten (z. B. Ärzte) zu beseitigen. Trotz gewisser Erfolge zeigte sich jedoch bald, dass die Harmonisierung der national über lange Zeiten entstandenen Rechtstraditionen eine Herkulesaufgabe darstellte, deren Erfolg selbst bei Kompromissbereitschaft lange Zeit erfordert hätte. Bei den Apothekern bedurfte es 18 Jahre bis zu einer ersten Einigung. Daher setzte sich in den achtziger Jahren die Überzeugung durch, wie bei der **„Cassis-de-Dijon-Rspr."** im freien Warenverkehr (oben Rz. 22/31) auch hier soweit als möglich auf die **gegenseitige Anerkennung der nationalen Berufsrechte** überzugehen („Prinzip des gegenseitigen Vertrauens"; vgl. auch Rz. 28/38).

Wichtige Regelungen über die Niederlassungsfreiheit finden sich auch in der Richtlinie 2006/123 über Dienstleistungen im Binnenmarkt (ABl. L 376/36). Dort finden sich allgemeine Regelungen darüber, welche Anforderungen die Mitgliedstaaten einem niederlassungswilligen Unternehmer, der in einem MS Dienstleistungen erbringen will, abverlangen können (hierzu oben Rz. 25/23ff.).

44 Im Jahr 2005 wurde eine Vielzahl bestehender Anerkennungsrichtlinien in der **RL 2005/36 über die Anerkennung von Berufsqualifikationen** (ABl. L 255/22) zusammengeführt. Die Richtlinie statuiert erstmals **Sektor übergreifend** die Anerkennung

von Berufsqualifikationen nach dem Herkunftslandprinzip. Sie findet grundsätzlich auf alle reglementierten Berufe Anwendung; vereinzelte Ausnahmen treffen etwa den Beruf von Rechtsanwälten und Notaren. Nur solche Personen können sich für die Niederlassung auf Rechte aus der RL 2005/36 stützen, deren Beruf (auch) im Herkunftsmitgliedstaat reglementiert ist bzw. für den ein Befähigungs- oder Ausbildungsnachweis erforderlich ist (Art. 13). Grundsätzlich kann die Ausübung einer selbständigen Tätigkeit an den Nachweis einer bestimmten Qualifikation gebunden werden (Art. 4 Abs. 1 RL 2005/36). Für alle Berufe, die nicht von speziellen Anerkennungsregelungen erfasst werden, gilt nunmehr – als Auffangtatbestand – eine **allgemeine Anerkennungspflicht** (Art. 10ff. RL 2005/36). Art. 11 RL 2005/36 sieht vor, dass zwischen verschiedenen Berufsqualifikationsniveaus zu unterscheiden ist, um eine Vergleichbarkeit der Regelungen in den Mitgliedstaaten zu ermöglichen. Sie reichen vom einfachen Befähigungsnachweis bis zum mindestens vierjährigen Hochschulstudium (*Kluth/Rieger*, EuZW 2005, 486). Die Richtlinie sieht ferner vor, dass die MSen oder Berufsverbände zur Vereinfachung der Anerkennung Plattformen bilden können, in deren **Rahmen objektive Kriterien** zu der Frage ausgearbeitet werden, wie wesentliche Unterschiede zwischen den mitgliedstaatlichen Ausbildungsanforderungen ausgeglichen werden können. Eine niederlassungswillige Person, die diese Kriterien erfüllt, soll eine automatische Berufsanerkennung beanspruchen können. Die Richtlinie 2005/36 wurde am 20.11.2013 durch die Richtlinie 2013/55 geändert (ABl. L 354/132). Ziel der Anpassung ist es, die bisher verhältnismäßig geringe Mobilität von qualifizierten Berufsträgern zu erhöhen.

Für **Rechtsanwälte** gilt die RL 98/5 (ABl. L 77/36). Anwälte können sich danach unionsweit in einem anderen Mitgliedstaat niederlassen, wenn sie dabei die Berufsbezeichnung ihres Heimatstaats in dessen Sprache führen. Gemäß Art. 3 RL 98/5 können Anwälte die Berufsbezeichnung auch in einem anderen MS erwerben. Es stellt nach der Rspr. des EuGH auch keine missbräuchliche Praktik dar, wenn ein Angehöriger eines Mitgliedstaats die Qualifikation für den Rechtsanwaltsberuf in einem anderen MS erwirbt und danach in den MS, dem er angehört, zurückkehrt, um dort den Rechtsanwaltsberuf auszuüben. Der Rechtsanwalt darf jedoch nur unter der ursprünglichen Berufsbezeichnung und nicht unter dem Titel des Aufnahmestaates auftreten, damit der Rechtssuchende erkennen kann, in welchem MS der Anwalt seine Berufsqualifikation erworben hat (EuGH, 17.7.2014, verb. Rs. C-58/13 u. a., „Torresi"). MSen können verlangen, dass für den Fall des Auftretens vor Gericht ein zugelassener Anwalt eingeschaltet wird. Die Ablegung der in der Hochschuldiplom-RL vorgesehenen Eignungsprüfung ist jederzeit möglich; sie führt zur vollständigen Eingliederung. Anwälte, die bereits eine dreijährige Tätigkeit im Aufnahmestaat nachweisen können, können sich hiervon freistellen lassen. Darüber hinaus findet RL 2005/36 Anwendung (zum Verhältnis beider RL EuGH, 3.2.2011, Rs. C-359/09, „Ebert"). 45

V. Ausblick

In gewissem Sinne sind die Mobilität und die grenzüberschreitende Integration der Unternehmer und Unternehmen in Industrie, Handwerk und Handel, von Banken und Versicherungen, Ingenieuren und Angehörigen freier Berufe **von besonderer Bedeutung für das europäische Einigungswerk.** Zwar steht die Niederlassungsfreiheit angesichts der geringeren Zahlen der „Wandernden" nicht so im Vordergrund des po- 46 litischen Interesses wie die Millionenbewegung der Arbeitnehmer. Auch ist transnationale Mobilität für diese „Eliten" oft ein traditioneller Aspekt ihrer beruflichen Tätigkeit, zu der sie nicht erst der Garantien der Römischen Verträge bedurften. Gleichwohl ist die **Verbreiterung des Freizügigkeitsrechts** auf die Gesamtheit der Selbständigen und seine unbedingte Gewährleistung durch die Verträge ein wichtiger Faktor für die Verankerung der EU im öffentlichen Bewusstsein. Neben den Funktionsträgern der öffentlichen Dienste der MSen, die sich in den Institutionen der EU fortlaufend begegnen oder als „Europabeamte" in den Dienst der EU unmittelbar integriert sind, stellen die Selbständigen eine **zweite große Gruppierung** dar, die kraft ihres Leistungspotentials entscheidenden Einfluss auf das politisch-gesellschaftliche Leben innerhalb der EU ausübt. Ihre **„Europäisierung" durch die Wahrnehmung der Freizügigkeit** bedeutet eine Art tägliches Plebiszit zugunsten der EU. Die Politische Theorie hat seit *Ernest Renan* hierin eine wesentliche Voraussetzung für die Entstehung eines dauerhaften Sozialverbundes gesehen.

§ 29. Sozialpolitik und Beschäftigungspolitik

Literatur: Ausführliche Literaturlisten bei *Borchardt,* in: Dauses/Ludwigs (Hrsg.), HB EU-WirtschR, D II, 2013; *Beneke,* in: Grabitz/Hilf/Nettesheim (Hrsg.), Das Recht der EU, 56. EL (2013), bei Art. 151 AEUV.

Weitere Titel: *Eichenhofer*, Sozialrecht der Europäischen Union, 5. Aufl. 2013; *Fuchs* (Hrsg.), Europäisches Sozialrecht, 6. Aufl. 2013; *Eichenhofer,* Soziales Europa, VSSR 2014, 29; *Mückenberger,* Eine europäische Sozialverfassung?, EuR 2014, 369; *Watson,* EU Social and Employment Law, 2. Aufl. 2014; *Barbier/Rogowski/Colomb* (Hrsg.) The Sustainability of the European Social Model, 2015; *Stumpf,* Das Recht der sozialen Marktwirtschaft im Binnenmarkt, in: Müller-Graff (Hrsg.), EnzEuR IV, 2015, § 21; *Schmidt,* Europäische und nationale Sozialpolitik, FS Hesse, 2016, 201; *Ales* u. a. (Hrsg.), International and European Labour Law, 2018; *Pochet,* À la recherche de l'Europe sociale, 2019; *Pataut,* Un salaire minimum européen?, RTDE 2020, 3; *Schlachter/Heinig* (Hrsg.), Europäisches Arbeits- und Sozialrecht, EnzEuR VII, 2. Aufl. 2021.

1 Die Sozialpolitik als Summe der Bemühungen, die **Arbeits- und Lebensbedingungen der Bürger durch** öffentliche Maßnahmen zu verbessern, bildet ein wichtiges Element des Binnenmarktes und gehört darüber hinaus zur allgemeinpolitischen Ausrichtung der Europäischen Union. Dabei muss die europäische Sozialpolitik den Unterschieden zwischen den Sozialordnungen der MSen Rechnung tragen, die nicht durch europäische Harmonisierung des nationalen Sozialrechts aufgehoben werden können. Trotz wichtiger Integrationsfortschritte ist eine umfassende „Sozialunion" weder absehbar noch wünschenswert.

I. Grundlagen: Das „Europäische Sozialmodell"

Literatur: *Aubin,* À la recherche du modèle social européen, Droit social 2008, 484; *Azoulai,* The Court of Justice and the social market economy, CMLRev 2008, 1335; *Golinowska/Hengstenberg/Zukowski* (Hrsg.), Diversity and Commonality in European Social Models: The Forging of a European Social Model, 2009; *Becker,* Der Sozialstaat in der Europäischen Union, in: ders./Hockerts/Tenfelde (Hrsg.), Sozialstaat Deutschland, 2010, 313; *Iliopoulos-Strangas* (Hrsg.), Soziale Grundrechte in Europa nach Lissabon, 2010; *Hacker,* Wettbewerbsfaktor Wohlfahrtsstaat: eine Annäherung an das vorherrschende Europäische Sozialmodell, integr. 2011, 63; *Iliopoulos-Strangas,* Die Rechtsfigur des sogenannten sozialen Besitzstandes im europäischen Grundrechtsschutzsystem, FS Scheuing, 2011, 555; *Bast/Rödl* (Hrsg.), Wohlfahrtsstaatlichkeit und soziale Demokratie in der Europäischen Union, 2013; *He,* Les droits sociaux fondamentaux et le droit de l'Union européenne, RTDE 2018, 25; *Rodière,* Le dévissement de l'Europe sociale, RTDE 2018, 45; *Pataut,* Introduction générale: Tours et détours de l'Europe sociale, RTDE 2018, 9; *Becker,* Grundrechte der Arbeit in Europa, EuR 2019, 469; *Dorssement/Lörcher/Clauwaert/Schmitt,* The Charter of Fundamental Rights and the Employment Relation, 2019.

1. Zur Wechselbeziehung von Sozial- und Wirtschaftspolitik

Die EU-Verträge gehen von einer **engen Wechselbeziehung zwischen Wirtschafts- und Sozialpolitik** aus. So soll die Integration den wirtschaftlichen und sozialen Fortschritt sichern (Präambel EUV, 9. Absatz). Der mit dem Vertrag von Lissabon neu gefasste Art. 3 Abs. 3 UAbs. 1 S. 2 EUV qualifiziert die europäische Marktwirtschaft erstmalig als sozial (vgl. auch Rz. 20/1) und weist ihr die Ziele der Vollbeschäftigung und des sozialen Fortschritts zu. Grundlage dieser Politik ist die zumindest in den meisten MSen vorherrschende Vorstellung, dass ein gewisser Schutz vor den Wechselfällen des Lebens gewährleistet sein muss **(„Europäisches Sozialmodell")**. Zudem bekämpft die Union „soziale Ausgrenzung und Diskriminierung und fördert soziale Gerechtigkeit und sozialen Schutz, die Gleichstellung von Frauen und Männern, die Solidarität zwischen den Generationen und den Schutz der Rechte des Kindes" (Art. 3 Abs. 3 UAbs. 2 EUV). 2

Diese Ziele stehen in einen unmittelbaren Zusammenhang mit den **wirtschaftspolitischen Zielen** der Union. Diese Union „wirkt auf die nachhaltige Entwicklung Europas auf der Grundlage eines ausgewogenen Wirtschaftswachstums und von Preisstabilität, eine in hohem Maße wettbewerbsfähige soziale Marktwirtschaft … hin." (Art. 3 Abs. 3 UAbs. 1 S. 2 EUV).

Ein Vergleich mit den Vorgängerbestimmungen, insbesondere Art. 2 EGV, offenbart den Kontrast zwischen dieser 2007/2009 neu formulierten sozialen Dimension des Vertrages und der Herabstufung der marktwirtschaftlichen Elemente in den Zielsetzungen (Rz. 20/1). Zudem enthalten der AEUV eine sozialpolitische **Querschnittsklausel** (Art. 9; dazu etwa EuGH, 8.12.2020, Rs. C-620/18, „Ungarn/EP und Rat") und die nunmehr verbindliche **Grundrechtecharta** einen umfangreichen Katalog an **sozialen Rechten** (Art. 27 ff.; dazu Rz. 17/9, 17/80 und nachf. Rz. 29/9). Die europäische Integration soll das „europäische Sozialmodell" nicht gefährden.

Dieses Nebeneinander wirtschaftlicher und sozialer Ziele erfordert in der Praxis **vielerlei Kompromisse.** Einige politische Kräfte wollen die Befugnisse in der Sozial- und Beschäftigungspolitik parallel und gleichrangig zu den Freiheiten des Binnenmarktes und der Ausrichtung der Wirtschaftspolitik ausbauen, andere sehen in der Sozialpolitik lediglich eine soziale „Abfederung" des Binnenmarktes. Letztlich beinhalten allerdings die Verträge auch in der Fassung von Lissabon sozialpolitisch nur begrenzte Befugnisse. So kann man zwar von einer **Europäischen Sozialpolitik** sprechen. Der Schwerpunkt der Kompetenzen in diesem Bereich liegt aber bei den MSen. So ist die Integration der Wirtschaft deutlich enger als die Integration der Sozialsysteme. Allerdings vermögen **sozialpolitische Maßnahmen der MSen,** deren einschlägige Befugnisse partiell durch den Vertrag sogar gestärkt werden (Rz. 21/42), die **Wirkungen der Marktintegration zu begrenzen.** 3

2. Entwicklung der Europäischen Sozialpolitik seit 1958

Die heutigen sozialpolitischen Regelungen des Vertrages (Rz. 29/5 ff.) sind Ergebnis einer **längeren Entwicklung.** Bei der Gründung der EWG 1958 wurde auf französischen Wunsch ein Kapitel Sozialpolitik geschaffen. Gemäß deutscher Sicht sollte jedoch die allmähliche Angleichung der Sozialkosten primär „na- 4 türlich" aus dem **Wirken des Gemeinsamen Marktes** resultieren und nicht so sehr aus einer „künstlichen" Harmonisierung „nach oben" mittels europäischer Regulierung. Im Kern gilt dieses Prinzip weiterhin (Art. 151 Abs. 3 AEUV). Allerdings wurden seit den 1970er Jahren (Aktionsprogramm des Rates 1974) zahlreiche **sozialpolitische Maßnahmen** institutioneller (u. a. Europäisches Zentrum für Berufsbildung 1975) und materieller Art (Erlass sozialpolitischer Richtlinien) ergriffen. Das lohnpolitische Gebot der **Gleichstellung von Mann und Frau** (Art. 157 AEUV) wurde durch den Gerichtshof entschlossen zu einem wirkungsvollen Grundrecht ausgebaut (Rz. 17/70 ff.). 1989 erfuhr das europäische Sozialmodell in der **Gemeinschaftscharta der sozialen Grundrechte** eine umfassende Ausformulierung (unten Rz. 29/6). Die Verträge von **Maastricht, Amsterdam und Nizza** stärkten 1991–2001 die vertraglichen Grundlagen der EU-Sozialpolitik. Im Jahre 2000 hat der Europäische Rat umfassende Leitlinien für die Sozialpolitik festgelegt (**„Europäische Sozialagenda"**, ABl. 2001, C 157/4). Vor allem durch die Erweiterungen 2004 und 2007 haben sich die Wohlstandsdifferenzen weiter verstärkt und sind Anlass zur Forderung nach einer Ausweitung von Transferzahlungen. Ende 2017 hat der Europäische Rat von Gotheburg die „Europäische Säule sozialer Rechte" proklamiert, 20 Grundsätze zur Verbesserung von Arbeitsmärkten und Sozialsystemen, die von den Unionsorganen, den MSen und den Sozialpartnern verwirklicht werden sollen. Am 14.1.2020 hat die KOM ein Papier zur Stärkung des sozialen Europas (Ein starkes soziales Europa für einen gerechten Übergang, COM (2020) 14 final) vorgelegt.

3. Primärrechtliche Vorgaben im Bereich der Sozialpolitik

5 Heute ruht die genuine Sozialpolitik der EU auf drei Pfeilern: dem spezifisch auf diesen Politikbereich bezogenen Titel zu den **Sozialvorschriften** (Art. 151 ff. AEUV), der vor allem dem Arbeitsrecht gewidmet ist, der Beschäftigungspolitik (Art. 145 ff. AEUV) und dem Europäischen Sozialfonds (Art. 162 ff. AEUV). Daneben kommen im **allgemeinen** Kontext stehende **Bestimmungen,** insbesondere über die Rechtsangleichung (Art. 115 AEUV), die sozialrechtliche Koordination im Rahmen der Arbeitnehmerfreizügigkeit (Art. 48 AEUV, Rz. 27/71 ff.) sowie die Regelungen zur Unionsbürgerschaft (Rz. 16/28) zum Tragen, die unter bestimmten Voraussetzungen insbesondere zur Erbringung von Sozialleistungen an ausländische Unionsbürger und deren Familienangehörige verpflichten.

6 **Materiellrechtliche Vorgaben** im Bereich der Sozialpolitik kennt der Vertrag **kaum.** Zu nennen sind im Wesentlichen die Grundrechte und Grundfreiheiten einerseits, andererseits die Befugnis der MSen, die Geltung des Marktprinzips durch Beschränkung von Grundfreiheiten und Wettbewerb zu begrenzen. Im Schwerpunkt besteht das europäische Sozialrecht aus Sekundärrechtsakten.

a) Soziale Grundrechte und soziale Aspekte der Grundfreiheiten

Die EU-Sozialpolitik wurde zunächst in einem weiterem Zusammenhang durch die **Europäische Sozialcharta 1961** des Europarates und die **Gemeinschaftscharta der sozialen Grundrechte der Arbeitnehmer 1989** (KOM [89] 248 endg.; *Cova*, RMC 1990, 108) grundrechtlich fundiert (Art. 151 Abs. 1 AEUV). Beide Texte enthalten in auch inhaltlich ähnlicher Ausgestaltung in Form einer nicht rechtsverbindlichen „Feierlichen Erklärung" Zielvorgaben für so gut wie alle sozialen Grundrechte.

7 Arbeitsrechtliche Bedeutung haben vor allem die verschiedenen **Diskriminierungsverbote.** Besondere Tradition besitzt das heute in Art. 157 Abs. 1 AEUV verankerte Gebot der Lohngleichheit von Männern und Frauen, das im Laufe der Jahre durch das auf Abs. 3 der Norm gestützte Sekundärrecht zur Geschlechtergleichheit im Arbeitsrecht maßgeblich fortentwickelt wurde (Rz. 17/72). Zahlreiche weitere Diskriminierungsverbote wurden zunächst durch auf Art. 19 AEUV gestützte Antidiskriminierungsrichtlinien (Rz. 17/73) entfaltet, die nunmehr ausdrücklich durch Art. 21 und 23 GRC primärrechtliche Anerkennung gefunden haben. Das Verbot der Diskrimi-

nierung aus Gründen der Staatsangehörigkeit (Art. 18 AEUV) hat der EuGH in Verbindung mit der Freizügigkeit der Unionsbürger (Art. 21 AEUV) sozialrechtlich „aufgeladen" (EuGH, 12.5.1998, Rs. C-85/96, „Sala/Freistaat Bayern"; Rz. 16/26). Im Zusammenhang mit den Grundfreiheiten wird grenzüberschreitend die **soziale Sicherheit von Wanderarbeitnehmern und Selbständigen** gesichert (Rz. 27/71 ff.). Kraft der Dienstleistungsfreiheit können **grenzüberschreitend** in Anspruch genommene **medizinische Leistungen** bei den Sozialleistungsträgern abgerechnet werden (Rz. 33/61).

Breitenwirkung entfaltet vor allem die Rechtsprechung des EuGH zum Verbot der **Geschlechterdiskriminierung.** Erst auf dessen Druck wurde etwa die Benachteiligung eines Geschlechts bei der Einstellung auch mit wirksamen Schadensersatzansprüchen belegt (EuGH, 22.4.1997, Rs. C-180/95, „Draehmpaehl"; dazu *Steindorff,* CMLRev 1997, 1059). Zahlreiche Benachteiligungen von Teilzeitarbeit wurden als mittelbare Diskriminierung von Frauen und damit als unzulässig qualifiziert (etwa EuGH, 13.7.1989, Rs. 171/88, „Rinner-Kühn" zur Beschränkung der Lohnfortzahlung im Krankheitsfall; EuGH, 2.10.1997, Rs. C-1/95, „Gerster" zu verzögerten Beförderungen; EuGH, 6.12.2007, Rs. C-300/06, „Ursula Voß" zur Vergütung von Überstunden). Da Schwangerschaften nur bei Frauen auftreten können, wertet der EuGH daran anknüpfende Benachteiligungen sogar als nicht zu rechtfertigende unmittelbare Diskriminierung (EuGH, 8.11.1990, Rs. C-177/88, „Dekker"). Besonderes Aufsehen hat die Begrenzung der Möglichkeit gefunden, Geschlechterquoten (im öffentlichen Dienst) vorzusehen (ablehnend EuGH, 17.10.1995, Rs. C-450/93, „Kalanke"; offener EuGH, 11.11.1997, Rs. C-409/95, „Marschall"). Die Forderung nach Gleichberechtigung der Geschlechter gilt im Grundsatz auch für das Rentenrecht (beispielhaft EuGH, 12.12.2019, Rs. C-450/18, „WA"). 8

Das Verbot der Diskriminierung aus **Altersgründen** wirft – nicht zuletzt angesichts der vom EuGH angenommenen Horizontalwirkung (EuGH, 19.1.2010, Rs. C-555/07, „Kücükdeveci", Rz. 17/79) – noch viele offene Fragen auf (*Groß,* Die Rechtfertigung einer Altersdiskriminierung auf der Grundlage der Richtlinie 2000/78/EG, 2010; *Stenslik,* Diskriminierende Arbeitgeberkündigungen und die europäischen Diskriminierungsverbote, 2010; kritisch zur bisherigen Dogmatik *Nettesheim,* EuZW 2013, 48). Immerhin sind feste **Altersgrenzen** für den Ruhestand damit grundsätzlich vereinbar (EuGH, 12.10.2010, Rs. C-45/09, „Rosenbladt"). Ebenso darf der Arbeitgeber für eine adäquate Altersstruktur der Belegschaft sorgen (EuGH, 21.7.2011, I-6919, verb. Rs. C-159/10 u. a., „Fuchs"). Allein an das Lebensalter geknüpfte Gehaltszulagen sind dagegen unzulässig (EuGH, 8.9.2011, verb. Rs. C-297/10 u. a., „Hennigs"; zu Übergangsregelungen 9.5.2016, Rs. C-20/13, „Unland").

Schließlich wirft das Diskriminierungsverbot aus Gründen der **Religion** (RL 2000/78, ABl. L 303/16) Konflikte mit dem deutschen Recht auf (Rz. 17/73). Mit Blick auf Österreich wurde ein dortiger persönlicher Feiertag von Protestanten für unzulässig angesehen, weil das Rechtsregime nicht nur wie in Deutschland die Teilnahme an religiösen Zeremonien gestattete, sondern völlige Freiheit über die Gestaltung und sogar besondere Zuschläge für eine dennoch erfolgte Arbeit vermittelte und deswegen als unverhältnismäßig angesehen wurde (EuGH, 22.1.2019, Rs. C-193/17, „Cresco").

Die Durchsetzung des Diskriminierungsschutzes wird deutlich erschwert dadurch, dass keine Pflicht zur Begründung arbeitsrechtlicher Entscheidungen besteht (EuGH, 19.4.2012, Rs. C-415/10, „Meister").

Auf besondere Kritik ist in Deutschland gestoßen, dass Lohnfortzahlung im Krankheitsfall auch dann zu leisten ist, wenn ein ausländischer Arzt (faktisch ohne Kontrollmöglichkeit) die Krankheit eines Arbeitnehmers bescheinigt (etwa wenn sich dieser im Heimaturlaub befindet; EuGH, 3.6.1992, Rs. C-45/90 sowie eingrenzend 2.5.1996, Rs. C-206/94 – beide zum Fall „Paletta").

Darüber hinaus haben die arbeitsrechtlichen Garantien im **Titel IV** („Solidarität") der **Grundrechtecharta** (Art. 27–32; Rz. 17/9 und 80f.) in den letzten Jahren erheblich an Bedeutung gewonnen. Der EuGH hat einige Bestimmungen für auch gegenüber einem privaten Arbeitgeber unmittelbar anwendbar angesehen (Rz. 17/80, zu Art. 31 Abs. 2 GRC). Er nutzt so die GRC vor allem zur Kompensation mitgliedstaatlicher Umsetzungsdefizite bei arbeitsrechtlichen RLen. 9

b) Soziale „Grenzen" des Wettbewerbs im Binnenmarkt

10 Das Sozialprinzip begrenzt auch den Wettbewerb im Binnenmarkt. Mehrfach sind die **Dienste von allgemeinem wirtschaftlichem Interesse** verankert (Art. 14 und 106 Abs. 2 AEUV sowie Art. 36 GRC; näher Rz. 21/46ff.). Zudem stellt der **Arbeitnehmerschutz** ein legitimes Allgemeininteresse dar, das **Einschränkungen der Dienstleistungsfreiheit** rechtfertigen kann (Rz. 25/20; zur Entsenderichtlinie ebd., Rz. 25/31). Da gewerkschaftliche Aktionen die Niederlassungs- und die Dienstleistungsfreiheit beeinträchtigen können, ist ein angemessener Ausgleich nach dem Grundsatz der Verhältnismäßigkeit zu finden, der auch Beschränkungen durch das Streikrecht einschließt (Rz. 25/31). Schließlich gebietet Art. 9 AEUV im Sinne einer **Querschnittsklausel** eine Berücksichtigung sozialer Gesichtspunkte bei allen Maßnahmen der Union.

II. Sozialpolitische Kompetenzen der EU und ihre Handhabung

1. Arbeitsrechtliche Harmonisierung (Art. 153 Abs. 1 lit. a)–i) AEUV)

Literatur: Gesamtdarstellungen: *Greif,* Der Europäische Betriebsrat, 2013; *Rebhahn,* Europäisches Arbeitsrecht, in: Riesenhuber (Hrsg.), Europäische Methodenlehre, 3. Aufl. 2015, § 18; *Reimann,* Universal labor law for Europe, 2015; *Schlachter,* Die europäische Dimension betrieblicher Arbeitnehmerbeteiligung, EuZA 2015, 149; *Thüsing/Pötters,* Altersdiskriminierung in Besoldungs- und Vergütungssystemen, EuZW 2015, 935; *Greif,* Unanwendbarkeit richtlinienwidriger deutscher Arbeitsgesetze, 2016; *Pavlou,* Domestic Work in EU Law, ELRev 2016, 379; *Servais,* Droit social de l'Union européenne, 3. Aufl. 2017; *Schiek,* Europäisches Arbeitsrecht, 4. Aufl. 2016; *Blanke,* Europäisches Betriebsrätegesetz, 3. Aufl. 2017; *Ales/Bell/Deinert/Robin-Oliver,* International and European Labor Law, 2018; *Hantel,* Europäisches Arbeitsrecht, 2. Aufl. 2019; *Benker,* Die Gestaltung der Mitbestimmung in der Europäischen Aktiengesellschaft (SE), 2019; *Preis/Sagen* (Hrsg.), Europäisches Arbeitsrecht, 2. Aufl. 2019; *Teyssie,* Droit européen du travail, 2019; *Seifert,* in: Schulze u. a. (Hrsg.), Europarecht, 4. Aufl. 2020, § 40; *Kocher,* Europäisches Arbeitsrecht, 2. Aufl. 2020.

a) Allgemeines

11 Die zahlreichen Sozialziele der Union ändern nichts daran, dass echte **Harmonisierungskompetenzen** nur für Teilbereiche des **Arbeitsrechts,** teilweise auch des Sozialrechts bestehen (Art. 153 Abs. 1 lit. a)–i) AEUV). Dabei ist der Begriff der Arbeitnehmer autonom zu bestimmen und kann so etwa auch Vorstandsmitglieder einer Kapitalgesellschaft erfassen (EuGH, 11.11.2010, Rs. C-232/09, „Danosa"). Die allein möglichen **Richtlinien** beinhalten nur **Mindestvorschriften** (Abs. 2 lit. b)) und sind zudem nur „schrittweise" anzuwenden; konkret sind längere Umsetzungsfristen als sonst üblich geboten. Außerdem sollen sie kleine und mittlere Unternehmen nicht übermäßig belasten. Daneben können für alle in Abs. 1 genannten Bereiche Maßnahmen zur Verbesserung der **Zusammenarbeit** zwischen den MSen beschlossen werden. Schutzklauseln zugunsten nationaler Kompetenzen enthalten Abs. 4 (zugunsten der Systeme der sozialen Sicherheit) und Abs. 5 (zugunsten von Arbeitsentgelt, Koalitions-, Streik- und Aussperrungsrecht); zugleich betont Abs. 4 die Befugnis der MSen zum Erlass strengerer Schutzmaßnahmen. Die Rechtsakte werden in den in lit. c), d), f) und g) genannten Bereichen vom Rat einstimmig beschlossen, im Übrigen im ordentlichen Gesetzgebungsverfahren.

12 Zur Sicherung der **Tarifautonomie** gestattet Art. 153 Abs. 3 AEUV den MSen, den **Sozialpartnern** auf deren gemeinsamen Antrag hin die Durchführung der beschlosse-

nen Maßnahmen zu **übertragen.** Letztlich wird die Richtlinie damit durch Tarifvertrag umgesetzt. Dieser muss dann aber alle Arbeitnehmer schützen (EuGH, 11.2.2010, Rs. C-405/08, „Ingeniørforeningen i Danmark"). Dabei kommt dem **MS** eine entsprechende **Überwachungs- und Garantiefunktion** zu. Damit kommt in Deutschland diese Möglichkeit nur in Betracht, wenn der Tarifvertrag für allgemeinverbindlich erklärt wird.

Im Übrigen könnten im Rahmen ihres jeweiligen Anwendungsbereiches auch andere Kompetenzen zur Anwendung kommen, etwa die Befugnis zur Rechtsangleichung nach Art. 115 AEUV, soweit es im Schwerpunkt um die Funktionsfähigkeit des Binnenmarktes geht (vgl. dazu Rz. 32/17), oder – für entsprechende bereichsspezifische Maßnahmen als lex specialis vorrangig – im Bereich des Verkehrs Art. 91 Abs. 1 lit. d) AEUV; siehe etwa Rz. 26/7.

b) Arbeitsschutz („Gesundheit und Sicherheit der Arbeitnehmer" – Art. 153 Abs. 1 lit. a) AEUV) sowie Chancengleichheit der Geschlechter – Art. 153 Abs. 1 lit. i)

Von besonderer Bedeutung ist hier die **Rahmenrichtlinie 89/391** (ABl. L 183/1) über 13
die Durchführung von Maßnahmen zur Verbesserung der Sicherheit und des Gesundheitsschutzes am Arbeitsplatz **(„Grundgesetz des Europäischen Arbeitsschutzes").** Auf ihrer Grundlage wurden eine Reihe von Einzel-RLen u. a. zur Arbeitszeit (heute RL 2003/88, ABl. L 299/9; Rz. 29/14), zum Jugendarbeitsschutz (RL 94/33, ABl. L 216/12), zum Mutterschutz (RL 92/85, ABl. L 348/1) und zum Elternurlaub (RL 2010/18, ABl. L 68/13, zurückgehend auf eine Rahmenvereinbarung der Sozialpartner [dazu Rz. 29/19]; zu deren Nichtanwendbarkeit auf eine Mutter, die ein Kind von einer Leihmutter bekommt, EuGH, 18.3.2014, Rs. C-167/12, „C.D.") erlassen. Die RL 2010/18 wird 2022 durch eine umfassende, auch die sonstige Pflege von Angehörigen umfassende RL ersetzt (RL 2019/1158, ABl. L 188/78). Siehe weiterhin das Fundstellenverzeichnis des geltenden EU-Rechts 05.20.20 und 05.20.30.

Die RL über die **Arbeitszeit** (Rz. 29/13) legt für einen Großteil der Beschäftigten eine zulässige Höchst- 14
arbeitszeit von **ca. 48 Stunden wöchentlich** fest. Das muss wirksam kontrolliert werden (dazu EuGH, 14.5.2019, Rs. C-55/18, „CCOO"). Da die RL grundsätzlich nur zwischen Arbeitszeit und Freizeit differenziert und Ausnahmen allein für bestimmte Bereiche vorsieht, ist es konsequent, dass der EuGH Bereitschaftsdienste, etwa in Kliniken (EuGH, 9.9.2003, Rs. C-151/02, „Jaeger"), als Arbeitszeit ansieht. Bemühungen, die RL insoweit zu ändern, sind bisher mangels Einigung über eine Alternative gescheitert. Aussagen zur Entlohnung enthält die RL in jedem Fall nicht (EuGH, 1.12.2005, Rs. C-14/04, „Dellas"), sodass insoweit Differenzierungen etwa mit Blick auf Bereitschaftsdienste durchaus zulässig sind. Eine Überschreitung der Arbeitszeit begründet Haftungsansprüche (EuGH, 25.11.2010, Rs. C-429/09, „Fuß"). Der Versuch der EU, einen besonderen Sonntagsschutz einzuführen, wurde zu Recht vom EuGH aus Kompetenzgründen für nichtig erklärt (EuGH, 12.11.1996, Rs. C-84/94, „Vereinigtes Königreich/Rat": Der Arbeitnehmerschutz legitimiert nur, dass überhaupt ein wöchentlicher Tag arbeitsfrei bleibt, nicht aber speziell den Sonntag). – Der in derselben RL vorgesehene Jahresmindesturlaub von vier Wochen muss grundsätzlich als solcher gegeben, darf also nicht durch Geldzahlungen ersetzt werden (EuGH, 6.4.2006, Rs. C-124/05, „FNV"). Fristen, nach deren Ablauf der Urlaub verfällt, sind – begrenzt – zulässig (EuGH, 22.11.2011, Rs. C-214/10, „KHS/Schulte"; dazu *Gehlhaar,* NJW 2012, 271).

c) Individuelles Arbeitsvertragsrecht (Art. 153 Abs. 1 lit. b) und d) AEUV)

Im Bereich des individuellen Arbeitsvertragsrechts ist vor allem auf Richtlinien zu fol- 15
genden Problemkreisen hinzuweisen:

- **Nachweis von Arbeitsbedingungen** (RL 91/533, ABl. L 288/32, ab 1.8.2022 RL 2019/1152, ABl. L 186/105);
- **Befristung von Arbeitsverträgen** (RL 99/70, ABl. L 175/43), in Umsetzung einer Rahmenvereinbarung der Sozialpartner; die RL soll vor allem Kettenarbeitsverträge verhindern (zu den Grenzen des Schutzes EuGH, 26.1.2012, Rs. C-586/10, „Kücük") und befristet Beschäftigte vor Diskriminierung schützen, enthält als solche aber keine spezifische Sanktion (doch muss das nationale Recht eine solche vorsehen);
- **Teilzeitbeschäftigung** (RL 97/81, ABl. L 14/9), in Umsetzung einer Rahmenvereinbarung der Sozialpartner;
- **Massenentlassungen** (RL 98/59; ABl. L 225/16; zur jüngeren Judikatur *van der Mei,* Collective Redundancies: Judicial Fine-Tuning of a Classical Concept of Labour Law, ELRev 2017, 82; zur Anwendung der RL in Konzernen siehe EuGH, 10.9.2009, Rs. C-44/08, „Akavan Erityisalojen Keskusliitto AEK u. a.");
- Schutz der Arbeitnehmer bei **Zahlungsunfähigkeit des Arbeitgebers** (heute RL 2008/94, ABl. L 283/36; zur Vorgänger-RL 80/987, ABl. L 283/23, etwa EuGH, 25.1.2007, Rs. C-278/05, „Robins"); die fehlende Umsetzung der Vorgänger-RL durch Italien führte zur Begründung der Rechtsprechung zur Staatshaftung (Rz. 14/12 – Fall „Francovich");
- Wahrung der Arbeitnehmeransprüche beim **Übergang von Betrieben** (RL 2001/23, ABl. L 82/16); der EuGH hat dabei (zur Vorgänger-RL 77/187, ABl. L 61/26) ein recht weites Verständnis von Betriebsübertragung entwickelt, das maßgeblich auf eine „funktionelle Verknüpfung zwischen den übertragenen Produktionsfaktoren" abstellt (dazu etwa EuGH, 12.2.2009, Rs. C-466/07, „Klarenberg");
- Schutz von **Leiharbeitnehmern** (RL 2008/104, ABl. L 327/9), die in Grenzen eine Gleichstellung von Leiharbeitnehmern mit Arbeitnehmern des entleihenden Unternehmens vorsieht;
- Sicherung der **betrieblichen Altersversorgung** (RL 2016/2341, ABl. L 354/37);
- Siehe weiterhin das Fundstellenverzeichnis des geltenden EU-Rechts 05.20.20 und 05.20.30.20.

Materiell ist in diesem Zusammenhang auch die nach langen Diskussionen verabschiedete RL 2019/1937 (ABl. L 305/17; dazu *Garden/Hiéramente,* BB 2019, 963) zum Schutz des **„whistleblowing"** zu nennen, auch wenn diese sich nur auf Verstöße gegen das Unionsrecht bezieht und zwar auf eine ganze Reihe von Kompetenzbestimmungen, aber nicht Art. 153 AEUV stützt.

d) Kollektives Arbeitsrecht (Art. 153 Abs. 1 lit. d), e), f) AEUV)

16 Beim kollektiven Arbeitsrecht ist eine Harmonisierung besonders schwierig, weil die Vorstellungen über das sachgerechte Mit- bzw. Gegeneinander von **Gewerkschaften und Arbeitgeberverbänden** in den einzelnen **MSen stark differieren.** In besonderem Maße gilt dies für die betriebliche oder gar unternehmerische Mitbestimmung von Arbeitnehmervertretern. Auch die Gewerkschaften scheuen zum Teil eine entsprechende Übernahme von Mitverantwortung (*Sandmann,* FS Jurist. Fakultät Augsburg, 2003, 251). Immerhin beeinträchtigen nationale Regelungen nicht die Arbeitnehmerfreizügigkeit (EuGH, 18.7.2017, Rs. C-566/17, „Erzberger").

17 Die RL 2009/38 (ABl. L 122/28) über die Einsetzung eines **Europäischen Betriebsrates** soll die Unterrichtungs- und Anhörungsrechte der Arbeitnehmer auch bei grenzüberschreitenden Unternehmen sichern. Vorrangig setzt die RL auf durch Verhandlungen zwischen den Beteiligten erreichte Lösungen. Befindet sich die Leitung des betroffenen Unternehmens außerhalb der EU, sind Ersatzlösungen vorgesehen (zu deren Effektivierung EuGH, 13.1.2004, Rs. C-440/00, „Kühne & Nagel"). Die RL 2002/14 (ABl. L 80/29; *Shahatit,* BArbBl. 4/2002, 18) regelt einen allgemeinen Rahmen für die **Unterrichtung und Anhörung der Arbeitnehmer,** soweit auf nationaler Ebene entsprechende Beteiligungsrechte bestehen (*D. Schäfer,* Der europäische Rahmen für Arbeitnehmermitwirkung, 2005).

Die Verabschiedung des Statuts der **Europäischen Aktiengesellschaft (SE)** war 2001 nur möglich dank der parallelen Verabschiedung einer Mitbestimmungsregelung (RL 2001/86, ABl. L 294/22; dazu *Bezzenberger,* JURA 2003, 229; ausführlich *B. Gaul/D. Ludwig/G. Forst,* Europäisches Mitbestimmungsrecht, 2015; *Benkert,* Die Gestaltung der Mitbestimmung in der Europäischen Aktiengesellschaft, 2019). Diese setzt gleichfalls auf Verhandlungslösungen und wahrt im Übrigen weithin die nationale Prärogative.

Für die **grenzüberschreitende Verschmelzung von Kapitalgesellschaften** wurde vorbehaltlich abweichender Vereinbarungen und der Beachtung von bestimmten, an den Status quo der betroffenen Arbeitnehmer anknüpfender Sonderregelungen das Recht des neuen Sitzes für maßgeblich erklärt (Art. 133 RL 2017/1132, ABl. L 169/46; dazu Rz. 36/33). In Ausnahmefällen wird auf die für die SE geltenden Regeln zurückgegriffen. Bei der europäischen Privatgesellschaft (Rz. 36/34) stellen sich die gleichen Probleme (dazu *Hommelhoff,* ZEuP 2011, 7).

Ausdrücklich ausgeschlossen ist eine **Harmonisierung** in den Bereichen **Löhne** und **Arbeitskampfrecht,** doch schließt dies weder Maßnahmen aus, die Maßgaben für die Lohnzahlung betreffen (wie Diskriminierungsverbote), noch wird damit das Arbeitskampfrecht generell dem Anwendungsbereich der Verträge entzogen (zu Konflikten mit den Grundfreiheiten Rz. 25/31). Allerdings fallen Tarifverhandlungen als solche nicht in den Anwendungsbereich der Verträge. Daher ist die Rspr. des EGMR zur Bedeutung der Koalitionsfreiheit (Rz. 17/59) für das Unionsrecht ohne Bedeutung.

2. Maßnahmen der offenen Koordinierung

In allen in Art. 153 AEUV genannten Bereichen können auch Maßnahmen der offenen Koordinierung 18
ergriffen werden. Ferner verfügt die KOM über eine Förderkompetenz nach Art. 156 AEUV. Die Union hat verschiedene **Programme** zur Förderung verschiedener Maßnahmen aufgelegt. Zur Sicherung der Altersvorsorge hat die KOM ein entsprechendes Weißbuch vorgelegt (KOM [2012] 55 endg. vom 16. 2. 2012). Siehe ferner das Fundstellenverzeichnis des geltenden EU-Rechts (05.20.05 und 05.20.20).

3. Sozialer Dialog

Art. 152, 154f. AEUV verankern den **Dialog zwischen den Sozialpartnern.** Die 19
KOM hört die Sozialpartner vor Verkündung sozialpolitischer Vorschläge an. Auch können die **Sozialpartner** auf **europäischer Ebene Vereinbarungen beschließen** (Art. 155 AEUV). Deren **Umsetzung** erfolgt entweder auf **nationaler Ebene,** also letztlich ohne Beteiligung von Unionsorganen, oder, in den Bereichen, in denen die Union über eine entsprechende Zuständigkeit verfügt, durch **Ratsbeschluss,** der je nach Materie mit qualifizierter Mehrheit oder einstimmig erfolgen muss. Im Unterschied zur regulären Rechtsetzung nach Art. 153 Abs. 3 AEUV wird das Parlament nur unterrichtet, dessen Mitwirkungsbefugnis praktisch durch die der Sozialpartner ersetzt wird. Aus diesem Grund ist ein solches Verfahren nur zulässig, wenn die beteiligten Sozialpartner einen hinreichend repräsentativen Charakter aufweisen (EuG, 17. 6. 1998, Rs. T-135/96, „UEAPME", mit nicht unproblematischem Hinweis auf das Demokratieprinzip und die notwendige Repräsentation der Völker durch die Sozialverbände).

III. Europäische Beschäftigungspolitik

Literatur: *Mentgen,* Beschäftigungsförderung und Stabilitätsverpflichtung in der Europäischen Wirtschafts- und Währungsunion, 2004; *Wolfswinkler,* Die Europäisierung der Arbeitsmarktpolitik, 2006; *Stephan,* Die Beschäftigungspolitik der EU, 2008; *Höch,* Beschäftigungspolitik im Gemeinsamen Markt, 2009; *Kerchen/Omarjee,* La stratégie européenne pour l'emploi, Droit social 2010, 223.

20 Das in Art. 3 Abs. 3 EUV verankerte Ziel der Vollbeschäftigung soll durch die gemäß Art. 146 AEUV unter den MSen abzustimmende Beschäftigungspolitik, vor allem aber durch jährlich mit qualifizierter Mehrheit vom Rat festzulegende **Leitlinien** (B 2010/707, ABl. L 308/46, fortgeschrieben etwa durch B 2014/322, ABl. L 165/49), gefördert werden. Hierbei handelt es sich um **Rechtsakte** besonderer Art, die von den MSen zu **berücksichtigen** sind. Ihre Grundlage sind **Schlussfolgerungen** des **Europäischen Rates,** die dieser jährlich nach Prüfung der Beschäftigungslage in der Union auf der Grundlage eines **Jahresberichts** des Rates und der KOM annimmt (Art. 148 AEUV).

21 Weiterhin kann der Rat **Empfehlungen** an die MSen richten (etwa Empfehlung 2008/399, ABl. L 139/57) und im ordentlichen Gesetzgebungsverfahren verbindliche **Anreizmaßnahmen** (unter Ausschluss jeglicher Harmonisierung) zur Förderung der beschäftigungspolitischen Zusammenarbeit zwischen den MSen beschließen (Art. 149 AEUV, siehe etwa die **Programme „EaSI"** [für Beschäftigung und soziale Innovation, VO 1296/2013, ABl. L 347/238] und **„Progress"** [B 283/2010, ABl. L 87/1], aus denen nationale Maßnahmen in den Bereichen Beschäftigung, Sozialschutz, Verbesserung der Arbeitsbedingungen und Nichtdiskriminierung von der Union kofinanziert werden, oder das auch im Kontext der Arbeitnehmerfreizügigkeit zu sehende, 2014 geschaffene Netzwerk zwischen den öffentlichen Arbeitsverwaltungen [B 573/2014, ABl. L 159/32]). Ob eine solche unmittelbare Beschäftigungspolitik ihre Ziele erreichen kann, oder ob hinreichende Beschäftigungsmöglichkeiten eher durch wachstumsorientierte Wirtschaftspolitik zu schaffen sind, bleibt umstritten.

IV. Europäischer Sozialfonds (ESF)

1. Entstehung und Entwicklung des Europäischen Sozialfonds

22 Der ESF wurde bei der Gründung der EWG 1958 mit dem Ziel der Unterstützung der **Entwicklung Süditaliens** geschaffen. Seit 1986 wurde er in das neue Konzept des **wirtschaftlichen und sozialen Zusammenhalts** einbezogen (heute Art. 174ff. AEUV; oben Rz. 18/61). Ergänzend ist auf den Globalisierungsfonds (VO 1309/2013, ABl. L 347/855; Rz. 18/11; auf Art. 175 Abs. 3 AEUV gestützt) hinzuweisen mit Aufgaben im Bereich des Arbeitnehmerschutzes, die mit denen des ESF verwandt sind. Die Aufnahme der **Beschäftigungspolitik** in den EGV 1997 (Rz. 29/20f.) bedeutete für den ESF eine Verstärkung seiner **arbeitsmarktpolitischen Aufgaben.**

2. Tätigkeit des ESF

23 Die Grundaufgabe des **ESF** (Art. 162–164 AEUV) besteht in der **Verbesserung der Beschäftigungsmöglichkeiten** im Binnenmarkt. Nach der heute maßgeblichen VO 1304/2013 (ABl. L 347/470) soll der ESF fünf Ziele verfolgen: Steigerung der Anpassungsfähigkeit von Arbeitnehmern und Unternehmen an den wirtschaftlichen Wandel, Verbesserung des Zugangs von Arbeitssuchenden zum Arbeitsmarkt, Verbesserung der sozialen Eingliederung von benachteiligten Personen, Stärkung des sog. „Humankapitals" und Förderung einschlägiger Partnerschaften. Der ESF ist **unselbständiger Teil des EU-Haushalts** und wird aus ihm finanziert. Seine Verwaltung obliegt der **KOM** (Art. 163 Abs. 1 AEUV). Die KOM wird hierbei von einem **dreigliedrigen Ausschuss** (aus Regierungsvertretern und Sozialpartnern) unterstützt (ebd., Abs. 2).

24 Die KOM genehmigt die Vergabe der Fondsmittel im Grundsatz auf der Grundlage von Förderkonzepten, die auf Entwicklungsplänen der MSen basieren. Die Förderentscheidungen im Einzelnen werden von den MSen getroffen. Nur im Rahmen der Kontrolle der Mittelverwendung kann es zu direkten Rechtsbeziehungen zwischen der KOM und den nationalen Projekten kommen; anderes gilt nur für bestimmte Großprojekte. Die Maßnahmen sind Bestandteil der **europäischen Beschäftigungsstrategien** im Sinne der jährlichen Leitlinien (Rz. 29/21). Auch ist die Arbeit des ESF

abgestimmt mit derjenigen der anderen Strukturfonds (Regional- und Kohäsionsfonds, Rz. 18/61) und denselben allgemeinen, nunmehr in der Strukturfondsverordnung 1303/2013 (ABl. L 347/320) verankerten Regeln unterworfen.

Die **Mittel des ESF** sind im Laufe der Zeit erheblich **gesteigert worden.** Dies entsprach der erweiterten Aufgabenstellung und dem mehrfachen Beitritt sozialpolitisch entwicklungsbedürftiger MSen. In der Praxis erfährt das bürokratisierte System des ESF allerdings auch **viel Kritik.** Zum Teil werden die Fördergelder nicht für Innovation, sondern für die Finanzierung ohnehin geplanter Vorhaben oder zum Stopfen von Haushaltslöchern benutzt. – Der ESF stellt zusammen mit den anderen Strukturfonds eine Art vorbundesstaatlichen sozialpolitischen Finanzausgleichs zwischen den EU-Staaten dar. **Hauptempfänger** waren früher die südlichen MSen, England/Nordirland, Irland sowie seit 1990 Ostdeutschland. Seit 2004 sind die neu beigetretenen mittel- und osteuropäischen MSen stärker in den Vordergrund getreten. 25

V. Ausblick: Soziale Dimension des Binnenmarktes oder Sozialunion?

Sozialpolitik bleibt im Kern **nationale Angelegenheit.** Bis heute differieren Löhne und Beschäftigungsbedingungen in der Union stark. Gleiches gilt für das Verhältnis der Sozialpartner untereinander. Abgesehen von einigen Maßnahmen der Rechtsangleichung im Bereich des Arbeitsrechts sind es vor allem die Wettbewerbspolitik, die Grundfreiheiten und die Unionsbürgerschaft, die die insoweit primär verantwortliche nationale Sozialpolitik beeinflussen und in ihren Möglichkeiten begrenzen. Die EU selbst betreibt darüber hinaus Sozialpolitik vor allem über den Einsatz ihrer Fonds. Im Übrigen bleibt die – vielfach realisierte – Hoffnung, dass die mit der europäischen Integration verbundene Marktöffnung insgesamt zu einer deutlichen Steigerung des Lebensniveaus führt. So wird sich der soziale Aspekt der von Art. 3 Abs. 3 EUV in der Fassung von Lissabon proklamierten „sozialen Marktwirtschaft“ eher über soziale Elemente des Binnenmarktes als über eine europäische Sozialunion entfalten. 26

8. Teil. Binnenmarkt III: Finanzverkehr

§ 30. Kapital- und Zahlungsverkehr

Literatur: *Nettesheim,* Unternehmensübernahmen durch Staatsfonds: Europarechtliche Vorgaben und Schranken, ZHR 2008, 729; *Hindelang,* The Free Movement of Capital and Foreign Direct Investment, 2009; *Clostermeyer,* Staatliche Übernahmeabwehr und die Kapitalverkehrsfreiheit zu Drittstaaten, 2011; *Stefánsson,* Die Kapitalverkehrsfreiheit in der Europäischen Union und im Europäischen Wirtschaftsraum, EuR 2016, 706; *Hütten,* Gesetzliche und satzungsmäßige Investitions- und Übernahmehindernisse: Zum Einwirkungspotential der Kapitalverkehrs- und Niederlassungsfreiheit auf die Organisationsverfassung der Aktiengesellschaft, 2016; *Hölscher,* Unternehmenskauf und Investitionskontrolle, EWS 2017, 251; *Hindelang/Hagemeyer,* Enemy at the Gates?, EuZW 2017, 882; *Schuelken,* Der Schutz kritischer Infrastrukturen vor ausländischen Direktinvestitionen in der Europäischen Union, EuR 2018, 577; *Schladebach/Becker,* Die Verschärfung der Investitionskontrolle im deutschen und europäischen Außenwirtschaftsrecht, NVwZ 2019, 1076; *Walter,* Neuerungen bei Überprüfung von Unternehmenserwerben und der Kontrolle ausländischer Direktinvestitionen, RiW 2019, 473.

I. Grundlagen

1 Der in den Art. 63–66 AEUV geregelte **freie Kapital- und Zahlungsverkehr zwischen den MSen und zwischen den MSen und Drittstaaten** ist von zentraler Bedeutung. Er dient der Herstellung und Aufrechterhaltung des EU-Binnenmarktes und den damit verbundenen positiven wirtschaftlichen Effekten; zugleich ist er für das Funktionieren der Wirtschafts- und Währungsunion wesentlich. Die Waren-, Personen- und Dienstleistungsverkehrsfreiheiten können nur mit Hilfe der Liberalisierung des Kapital- und Zahlungsverkehrs voll verwirklicht werden. Grenzüberschreitende Investitionen dienen zudem der unternehmerischen Verflechtung mitgliedstaatlicher Wirtschaften. Dieser Bedeutung Rechnung tragend, erklärt Art. 26 Abs. 2 AEUV die Gewährleistung des freien Kapital- und Zahlungsverkehrs zu einem zentralen Bestandteil des Binnenmarktes. Der Gerichtshof hat diesen Gedanken – beginnend mit EuGH, 11.11.1981, Rs. 203/80, „Casati", Rn. 8 (hier für die Kapitalverkehrsfreiheit) – in seiner Rechtsprechung aufgegriffen und fortentwickelt.

2 Der **freie Kapitalverkehr** hat finanzielle Transaktionen zwischen MSen oder MSen und Drittstaaten zum Gegenstand. Sachlich geht es vor allem um die Anlage oder die Investition von Kapital (EuGH, 31.1.1984, verb. Rs. 286/82 und 26/83, „Luisi und Carbone", Rn. 21). Er umfasst insbesondere Direktinvestitionen in Unternehmen, Portfolioinvestitionen in Wertpapiere, Immobilien etc.; das Verständnis des EuGH geht darüber aber hinaus (unten Rz. 30/7). Er stellt seinerseits eine essentielle Vorbedingung des Binnenmarktes dar. Eine ungehinderte Standortverteilung der Produktion im Sinne einer möglichst effizienten Kapitalallokation kann nur mit Hilfe freien Kapitalverkehrs erfolgen. Zwischen der freien Niederlassung von Unternehmen (oben Rz. 28/1) und liberalisiertem Kapitalverkehr bestehen enge Zusammenhänge (zur Abgrenzung der Grundfreiheiten untereinander unten Rz. 30/8).

3 Art. 63 AEUV, der den Geist der weltweiten Freiheit des Kapital- und Zahlungsverkehrs atmet, trägt der bestehenden **Interdependenz zwischen europäischer und internationaler Kapital- und Zahlungsverkehrsfreiheit** Rechnung, indem er auch alle Beschränkungen zwischen MSen und dritten Ländern grundsätzlich verbietet. Die Er-

weiterung des Anwendungsbereichs auf Drittstaatensachverhalte weist der Kapital- und Zahlungsverkehrsfreiheit ein Alleinstellungsmerkmal unter den Grundfreiheiten zu (*Kemmerer,* Kapitalverkehrsfreiheit und Drittstaaten, 2010).

Der **Zusammenhang zwischen Binnenmarkt und freiem Zahlungsverkehr,** d. h. 4
Kapitalübertragungen, die sich unmittelbar auf den Warenaustausch oder auf Leistungen im Personenverkehr und auf die Erbringung von Dienstleistungen beziehen und somit zur Bezahlung einer Leistung erfolgen, ist besonders offensichtlich. Wäre es nicht möglich, die finanzielle Gegenleistung für eine Ware oder Dienstleistung frei zu transferieren, würde der Wirtschaftsaustausch (sowohl in der EU als auch mit Drittstaaten) unmöglich. Dies erklärt den weiten Anwendungsbereich von Art. 63 Abs. 2 AEUV. Die Kapitalverkehrsfreiheit wird insofern auch als **Annexfreiheit** bezeichnet. Darüber hinaus sollte die Öffnung des EU-Kapitalmarkts im Drittstaatsaustausch Vorbildfunktion für die Schaffung globaler Investitions- und Kapitalverkehrsfreiheit entfalten. Zu beachten ist, dass die Zahlungsverkehrsfreiheit nicht nur auf solche Gegenleistungen für Waren, Dienstleistungen, Arbeitskraft oder Kapital beschränkt ist, die selbst wieder unter eine der Grundfreiheiten fallen, sondern dass die Zahlungsfreiheit vielmehr für jede grenzüberschreitende Zahlung gilt, womit folglich auch Zahlungen mit Drittstaatenbezug vom Anwendungsbereich umfasst sind.

Die **Wirtschafts- und Währungsunion** und der Kapital- und Zahlungsverkehr ste- 5
hen in einer **symbiotischen Beziehung** zueinander. Die umfassende Liberalisierung des Kapital- und Zahlungsverkehrs sowohl innergemeinschaftlich als auch in Bezug auf Drittstaaten stellt die entscheidende Voraussetzung für die Einführung einer gemeinsamen europäischen Währung dar, die neben dem US-Dollar zur internationalen Handels-, Investitions- und Reservewährung aufsteigen soll. Eine stabile Währung bildet wiederum einen gewichtigen Wettbewerbsvorteil für einen **liberalisierten europäischen Kapitalmarkt** (Rz. 31/11). Vor Vollendung der Wirtschafts- und Währungsunion 1999 unterlag die Liberalisierung des Kapital- und Zahlungsverkehrs gewissen Gefährdungen. Die nationale Währungs- und Devisenpolitik konnte trotz der Harmonisierungsverpflichtungen (EWS 1978 – oben Rz. 19/11) zu Schwankungen im Werte der Währungen führen, was gelegentlich zu (wenig wirksamen) protektionistischen Reflexen auf Seiten der MSen führte. Die Gefahren von Wechselkursschwankungen innerhalb der EU sind bis heute nicht völlig gebannt, da bisher nur 19 der 27 MSen der Währungsunion angehören (zuletzt hat Litauen den Euro zum 1. Januar 2015 als offizielle Währung übernommen). Inzwischen ist es im Zuge der Eurorettungsmaßnahmen zum Wiederaufleben von Kapitalverkehrsbeschränkungen gekommen (Zypern April 2013, vgl. hierzu auch *Dopsch/Wutscher,* EuZW 2014, 729; Griechenland Juni 2015). Dies greift eine zentrale Säule der EU an, ist aber unvermeidlich, um eine faire Verteilung der Rettungskosten durchzusetzen. Ein wichtiges Feld bildet heute die Anwendung der Kapitalverkehrsfreiheit auf steuerliche Regelungen der MSen, die grenzüberschreitende Kapitalanlagen vielfach benachteiligen oder doch jedenfalls beeinträchtigen.

II. Die primärrechtlichen Regelungen des Kapital- und Zahlungsverkehrs

Literatur: *Hindelang,* Direktinvestitionen und die Europäische Kapitalverkehrsfreiheit im Drittstaatenverhältnis, JZ 2009, 829; *Kemmerer,* Kapitalverkehrsfreiheit und Drittstaaten, 2010; *Watrin/Eberhardt,* Anwendung der Kapitelverkehrsfreiheit im Bereich der internationalen Dividendenbesteuerung, BB 2014,

2967; *Gosch/Schönfeld,* Kapitalverkehrsfreiheit und Drittstaaten – Ein (vorläufiger) Zwischenstand, IStR 2015, 755; *Forchhammer,* Ist die Dividendenbesteuerung ausländischer Pensionsfonds unionrechtskonform?, ISR 2017, 117; *Weber,* Verstößt die Hinzurechnungsbesteuerung bei Drittstaatensachverhalten gegen die europarechtlich verbürgte Kapitalverkehrsfreiheit?, DStR 2017, 1302.

1. Liberalisierung des Kapitalmarktes

6 Erst der Maastricht-Vertrag stellte die unmittelbare Wirkung der Kapitalverkehrsfreiheit her. Seither schreiben die Art. 63 ff. AEUV die (zunächst 1988 durch eine Richtlinie verwirklichte) Freiheit des Zahlungs- und Kapitalverkehrs auf der Ebene des Primärrechts fest. Dabei steht bislang ganz die liberale Dimension der Marktöffnung im Vordergrund. Es geht darum, auf unterschiedlicher Ebene **Beschränkungen des freien Flusses von (Investitions-)Kapital** zu bekämpfen. Dies hat eine zutiefst politische Qualität: Investitionen können – je nach unternehmerischer Absicht – tief in das Wirtschaftsgeschehen eines Staates eingreifen. Die Öffnung des Marktes für Investitionen bedeutet damit, wie etwa die Diskussion um die Rolle sog. „Staatsfonds“ zeigt, eine erhebliche Reduzierung staatlicher Einwirkungsmöglichkeiten. Auf internationaler Ebene sind Bemühungen um eine **umfassende Liberalisierung** des Marktzugangs für Investoren im Jahre 1998 spektakulär gescheitert (*Nieuwenhuys,* Multilateral Regulation of Investment, 2001). Bilaterale Investitionsschutzverträge (BITs) stellen vor allem auf den Schutz bestehender Investitionen ab, gewähren aber regelmäßig kein Recht auf Marktzutritt. Und im WTO-Kontext verhindert das „Agreement on Trade-Related Investment Measures“ (TRIMS) zwar solche Handelsbeschränkungen, die aus investitionspolitischer Absicht ergriffen werden, auch dort gibt es aber keine umfassende Liberalisierungspflicht. Auf diesem Hintergrund erweist sich Art. 63 AEUV als ein in dieser Form bislang unbekanntes Instrument zur Öffnung des Kapitalmarktes.

7 Die Bedeutung der Bestimmung wird dadurch akzentuiert, dass sie in der **Rechtsprechung des EuGH extrem weit ausgelegt** wird: Sie findet nicht nur Anwendung auf unmittelbare außenwirtschaftsrechtliche Beschränkungen, sondern auch auf gesellschafts- und steuerrechtliche Regelungen, die sich auf eine grenzüberschreitende Investition beeinträchtigend auswirken – insbesondere dadurch, dass sie sie schlechter als eine innerstaatliche Investition stellen. Dabei geht der EuGH eher pauschalisierend von einer Beeinträchtigungswirkung aus, wenn gesellschafts- und steuerrechtliche Regelungen eines Staats ein benachteiligendes Sonderregime errichten, ohne dass dies spezifisch gegen grenzüberschreitende Investitionen gerichtet sein muss. In dieser Handhabung greift Art. 63 AEUV tief in das mitgliedstaatliche Wirtschafts- und Steuerrecht ein. Es wird zwar darüber diskutiert, ob sich zwischen der Reichweite der Freiheit innerhalb der Union und im Verkehr mit Drittstaaten Unterschiede machen lassen. Bislang sind derartige Abstufungen rechtspraktisch und dogmatisch aber nur in Ansätzen zu erkennen (unten Rz. 30/9 ff.).

a) Verhältnis zu den anderen Grundfreiheiten

8 Zu den **anderen Grundfreiheiten** des Binnenmarktes ergeben sich häufig Abgrenzungsprobleme (*Germelmann,* EuZW 2008, 596). Insbesondere hinsichtlich der Niederlassungsfreiheit gewann diese Frage an Aktualität und war Gegenstand mehrerer nicht unumstrittener Entscheidungen des Gerichtshofs (vgl. EuGH, 3.10.2006, Rs. C-452/04, „Fidium Finanz“; EuGH, 13.3.2007, Rs. C-524/04, „Thin Cap Group“; EuGH, 13.11.2012, C-35/11, „Test Claimants in the FII Group Litigation II“). Bislang hat die Rechtsprechung des EuGH noch keine Klarheit geschaffen.

Teilweise geht man davon aus, dass einzelne Transaktionen dem Anwendungsbereich mehrerer Freiheiten unterfallen können. Danach werden die Kapitalverkehrsfreiheit und die anderen Freiheiten als kumulativ anwendbar konzipiert. Einige Entscheidungen des EuGH lassen sich so deuten, dass dies jedenfalls bei staatlichen Sonderrechten gesellschaftsrechtlicher Natur gilt. Nach abweichender Ansicht, der sich der EuGH angeschlossen zu haben scheint, sind mitgliedstaatliche Maßnahmen, die die kontrollierende Stellung eines Anteilseigners zum Gegenstand haben („Golden Shares" etc.), selbst dann nur an Art. 49 AEUV zu messen, wenn sie sich auf den grenzüberschreitenden Kapitalfluss auswirken (so EuGH, 11.9.2014, Rs. C-47/12, „Kronos"; s. auch EuGH, 26.3.2009, Rs. C-326/07, „KOM/Ital."). Dagegen unterfallen Maßnahmen, die nicht auf die Verwaltung und Kontrolle abzielen, allein Art. 63 AEUV. Bei Maßnahmen jenseits der Unternehmensverfassung (außenwirtschaftsrechtliche Restriktionen, Steuerrecht etc.) wird nach allg. Ansicht unterschieden: sie sind an Art. 49 AEUV zu messen, wenn sie die Übernahme eines bestimmenden Einflusses verhindern. Soweit sie Portfolio-Investitionen unterhalb der Schwelle bestimmenden Einflusses verhindern, ist Art. 63 AEUV einschlägig. Maßnahmen dieses Typs können also in der Tat kumulativ von zwei Freiheiten erfasst werden (*Nettesheim,* ZHR 2008, 729 mwN.; EuGH, 11.11.2010, Rs. C-543/08, „KOM/Port. III", Rn. 57; EuGH, 13.11.2012, Rs. C-35/11, „Test Claimants in the FII Group Litigation II"; *Kraft/Mengel,* IStR 2014, 309). Unklar ist in diesem Zusammenhang, welche Schwelle für die Annahme eines „sicheren Einflusses" eines Anteilseigners gilt (hierzu die gen. Rs. C-35/11 und EuGH, 19.7.2012, Rs. C-31/11, „Scheunemann"; vgl. *Gosch/Schönfeld,* IStR 2015, 755, 758).

Nach den gleichen Grds. ist in den Fällen zu verfahren, in denen die Dienstleistungs- und Arbeitnehmerfreizügigkeit zusätzlich zur Kapitalverkehrsfreiheit zur Anwendung berufen sind. Für Bankdarlehen wendet der EuGH etwa vorrangig die Dienstleistungsfreiheit an (vgl. EuGH, 17.5.1995, Rs. C-484/93 „Svensson and Gustavsson"). Das Verhältnis der Kapitalverkehrsfreiheit zur Waren- und Zahlungsverkehrsfreiheit ist exklusiver Natur. Dem **Warenverkehr** unterfällt der Austausch nicht mehr gültiger Zahlungsmittel oder Wertpapiere.

b) Anwendungsbereich der Kapitalverkehrsfreiheit

aa) Liberalisierung im Binnenmarkt und im Drittstaatsverhältnis

Liberalisierungsgegenstand des Art. 63 Abs. 1 AEUV ist der Kapitalverkehr. Um den Begriff bewusst zukunftsoffen zu halten, fehlt eine Definition im AEUV. Die häufig zu findende Beschreibung als **einseitige, grenzüberschreitende Wertübertragung von Real- oder Geldkapital, die regelmäßig der Vermögensanlage dient,** ist lediglich als interpretativer Ausgangspunkt zu verstehen. Eine fest gefügte, abschließende Definition des Kapitalverkehrs kann ob der Vielfalt seiner Erscheinungsformen nicht recht gelingen. Der EuGH greift regelmäßig auf die Nomenklatur im Anhang I zur **RL 88/361** (ABl. L 178/5) zurück, die ihm als Auslegungshilfe dient. Als Kapitalverkehr anerkannt sind etwa der Erwerb von Immobilien, der Handel mit Aktien und Schuldverschreibungen, der Erwerb von Unternehmen, sei es durch den Erwerb der Vermögensgegenstände des Unternehmens oder durch den Erwerb von Gesellschaftsanteilen, die Einbringung von Kapital in eine Gesellschaft, die Aufnahme von Darlehen, die Forderungsabtretung, die Bestellung von Sicherheiten, also auch den Verkehr mit Banknoten und Münzen. Zum Kapitalverkehr gehören auch Erbschaften 9 und Schenkungen (EuGH, 31.3.2011, Rs. C-450/09, „Schröder"), Nießbrauchsrechte (EuGH, 6.3.2018, C-52/16 u. a., „SEGRO und Horváth"), zudem grenzüberschreitende Darlehen und die grenzüberschreitende Leihe (EuGH, 26.4.2012, Rs. C-578–580/10, „van Putten u. a." [Beschränkungen bei der Benutzung eines geliehenen KFZ]). Von der Freiheit umfasst sind grundsätzlich nicht nur die Transaktion selbst, sondern sämtliche Handlungen, die erforderlich sind, jene umfassend abzuwickeln.

10 Der freie Kapitalverkehr gilt **für alle MSen der Europäischen Union.** Einige MSen haben bei ihrem Beitritt Übergangsfristen und Ausnahmeregelungen vereinbart. Betroffen ist der Erwerb von Immobilien, landwirtschaftlichen Flächen und Wäldern.

11 Die Kapital- und Zahlungsverkehrsfreiheit ist in ihrem **persönlichen Anwendungsbereich** nicht auf die Staatsangehörigen der MSen beschränkt. Vielmehr kann sich grundsätzlich jede natürliche und juristische Person ohne Ansehung ihrer Staatsan- bzw. -zugehörigkeit auf sie berufen. Der räumliche Anwendungsbereich erstreckt sich ebenso über das Territorium der EU hinaus. Die Union hat einseitig Beschränkungen des Kapital- und Zahlungsverkehrs gegenüber Drittstaaten verboten.

bb) Liberalisierung im Drittlandsverhältnis

12 Die Freiheit des Kapitalverkehrs gilt nach Art. 63 Abs. 1 AEUV grundsätzlich gleichermaßen im Binnenmarkt sowie **zwischen den MSen und dritten Ländern** (näher *Hindelang,* The Free Movement of Capital and Foreign Direct Investment, 2009). Dies erklärt sich nicht nur daraus, dass eine einseitige Liberalisierung positive Wohlfahrtseffekte für den Europäischen Binnenmarkt generiert, sondern u. a. auch aus der Notwendigkeit für den Erfolg des Euros als eine internationale Handels-, Investitions- und Reservewährung, einen freien Kapitalverkehr über den eigentlichen Währungsraum hinaus zu garantieren. Inzwischen hat der starke Zuwachs von Fällen, in denen europäische Unternehmen durch chinesische Investoren übernommen werden, ein Umdenken herbeigeführt. Die EU befindet sich politisch in einem Abwehrmodus. Inzwischen sind erste Schritte unternommen werden, Investitionen aus Drittstaaten einem verstärkten Kontrollregime zu unterwerfen. Im März 2019 wurde eine VO zur Schaffung eines Rahmens für die Überprüfung ausländischer Direktinvestitionen erlassen (VO 2019/452, ABl. L 79 I/1; *Schuelken,* EuR 2018, 577). Die KOM hat in einem Weißbuch von 2020 weitere konkrete Instrumente gegen investitionsbedingte Verzerrungen des Binnenmarktes vorgestellt (COM(2020) 253 final). Die Abgrenzung zwischen dem Anwendungsbereich der Kapitelverkehrsfreiheit und anderen Grundfreiheiten hat vor allem insbesondere im Verhältnis zu Drittstaaten Bedeutung. (hierzu EuGH, 11.9.2014, Rs. C-47/12, „Kronos"; EuGH, 13.11.2012, Rs. C-35/11, „Test Claimants in the FII Group Litigation II"; *Gosch/Schönfeld,* IStR 2015, 755; *Watrin/Eberhardt,* BB 2014, 2976). Die Einschränkungsmöglichkeiten seitens der EU gehen mit Blick auf eine veränderte Ausgangsituation (grds. nur einseitige Liberalisierung) beim Drittlandsverkehr weiter als unionsintern (*Seidel,* GS Grabitz, 1995, 772).

c) Beschränkungen der Kapitalverkehrsfreiheit

13 Nach Art. 63 Abs. 1 AEUV sind **alle Beschränkungen des Kapitalverkehrs** zwischen den MSen und gegenüber dritten Ländern **primärrechtlich** verboten. Auch dieses Verbot gilt **unmittelbar;** sowohl im innerunionalen als auch im Drittstaatenverhältnis (EuGH, 14.12.1995, verb. Rs. C-163/94 u. a., „Sanz de Lera u. a.").

Der **Begriff der Beschränkung** in Art. 63 Abs. 1 AEUV umfasst sowohl diskriminierende staatliche Regelungen als auch solche Maßnahmen, die unterschiedslos für grenzüberschreitende wie innerstaatliche Transaktionen gelten. Vor allem im Steuerrecht spielt Art. 63 AEUV als Diskriminierungsverbot eine Rolle (z. B. EuGH, 16.6.2011, Rs. C-10/10, „KOM/Österreich": differenzierende steuerliche Abzugsfähigkeit von Zuwendungen an Einrichtungen mit Forschungs- und Lehraufgaben; EuGH, 31.3.2011, Rs. C-450/09, „Schröder": Differenzierung bei der Abzugsfähigkeit von Einkünften; EuGH, 30.4.2020, Rs. C-565/18, „Société Général": Einführung einer nationalen Finanztransaktionssteuer"). Demgegenüber wird Art. 63 AEUV als Beschränkungsverbot gegenwärtig vor allem gegen Investitionsbeschränkungen zur Anwendung gebracht (EuGH, 9.10.2014, C-326/12, „van Caster": „Beschränkungen des Kapitalverkehrs [sind] solche, die geeignet sind, Gebietsfremde von Investitionen in einem Mitgliedstaat oder die dort Ansässigen von Investitionen in anderen Staaten abzuhalten"; vgl. auch EuGH, 13.3.2014, C-375/12, „Bouanich"). Die Kapitalverkehrsfreiheit differenziert – anders als die Warenverkehrsfreiheit – nicht zwischen Kapitalimport und -export. Vielmehr unterfällt der Kapitalverkehr in beide Richtungen gleichen Regeln. Praktische Bedeutung hat die Kapitalverkehrsfreiheit nicht zuletzt als Maßstab für Sonderregelungen des nationalen Gesellschaftsrechtes, die der öffentlichen Gewalt besondere, so nicht jedem Anteilseigner zustehende Mitspracherechte gewähren und ihr so einen (möglicherweise protektionistischen) Einfluss auf grundlegende Unternehmensentscheidungen ermöglichen („Goldene Aktien", zusätzliche Stimmrechte o. Ä., EuGH, 23.10.2007, Rs. C-112/05 „KOM/D" [VW-Gesetz]; zur Interpretation: EuGH, 22.10.2013, Rs. C-95/12, „KOM/D"). 14

Weiterhin unklar ist, inwieweit die **Keck-Rechtsprechung** im Rahmen der Kapitalverkehrsfreiheit Anwendung finden kann. Jedenfalls sind Einschränkungen unterhalb der Fühlbarkeitsschwelle *(de minimis non curat praetor)* keine tatbestandlichen Beschränkungen (z. B. EuGH, 9.2.1995, Rs. C-412/93, „Leclerc-Siplec"). 15

Adressaten des Verbots in Art. 63 Abs. 1 AEUV sind vorrangig die MSen. Die Einbeziehung Privater in den Pflichtenkreis der Kapitalverkehrsfreiheit ist umstritten. Es ist davon auszugehen, dass auch „private Gewalten" oder Private mit Normgebungsbefugnis (oben Rz. 22/8) in den Anwendungsbereich der Kapitalverkehrsfreiheit einbezogen werden können. Eine beschränkte Bindung Privater ist insofern anzunehmen. 16

Praktische Bedeutung hat eine **Bindung Privater** etwa im Kontext der Satzungsgebung von privaten Kapitalgesellschaften, soweit diese in einer Weise wahrgenommen wird, die den grenzüberschreitenden Kapitalverkehr benachteiligt. 17

d) Rechtfertigung von Beschränkungen der Kapitalverkehrsfreiheit

Die Kapitalverkehrsfreiheit kann trotz des unmittelbaren Verbotes in Art. 63 Abs. 1 AEUV **nicht schrankenlos sein** (*Ohler*, WM 1996, 1801). **Ausdrückliche Schutzregelungen** enthält Art. 65 AEUV aus Gründen des Allgemeininteresses u. a. für nationale Ausnahmen aus Gründen **steuerrechtlicher Regelungen** und zur Respektierung der **innerstaatlichen Rechtsordnung und öffentlichen Sicherheit und Ordnung.** Diese Schranken unterliegen wie bei den anderen Grundfreiheiten selbst wieder Schranken-Schranken. So müssen staatliche Maßnahmen dem Verhältnismäßigkeitsgrundsatz genügen. 18

19 Art. 65 Abs. 1 lit. a AEUV besagt für **nationale Steuerregeln,** dass jene nach dem Wohnort und nach dem Ort der Kapitalanlage differenzieren dürfen. Diese ausdrückliche Erlaubnis hat jedoch nicht zur Folge, dass innerhalb der Kapitalverkehrsfreiheit ein erleichterter Standard für eine Rechtfertigung von diskriminierenden Steuerregeln gilt als im Rahmen der anderen Grundfreiheiten. Diskriminierende Steuern sind auch hier unzulässig, solange sie nicht sachlich gerechtfertigt sind. Dies schlussfolgert der EuGH unter anderem aus Art. 65 Abs. 3 AEUV, der den „Steuervorbehalt" des Art. 65 Abs. 1 lit. a AEUV selbst wieder einschränkt und bestimmt, dass willkürliche – sprich: sachlich nicht gerechtfertigte – Differenzierungen verboten sind (z. B. EuGH, 6.6.2000, Rs. C-35/98, „Verkooijen").

20 Art. 65 Abs. 1 lit. b AEUV erlaubt, **unerlässliche Maßnahmen** zu treffen, um die Zuwiderhandlung gegen innerstaatliche Rechts- und Verwaltungsvorschriften zu verhindern (1. Var.), Meldeverfahren für den Kapitalverkehr zwecks administrativer oder statistischer Informationen einzurichten (2. Var.) und solche Maßnahmen vorzunehmen, die aus Gründen der öffentlichen Ordnung und Sicherheit erforderlich sind (3. Var.). Typische Maßnahmen unter der 1. Var. sind etwa Auskunfts- und Einsichtsrechte in Geschäftsvorgänge, um z. B. Steuerhinterziehung zu verhindern. Var. 3 erfasst beispielsweise solche Maßnahmen, die auf die Sicherung der Energieversorgung im Ernstfall abzielen. Zum Begriff der öffentlichen Ordnung und Sicherheit kann auf das zur Warenverkehrsfreiheit bereits Gesagte verwiesen werden (oben Rz. 22/37). Maßnahmen zur Verfolgung allgemeiner finanzieller Interessen oder aufgrund rein wirtschaftlicher Schwierigkeiten scheiden in der Regel aus (vgl. EuGH, 14.3.2000, Rs. C-54/99, „Église de scientologie").

21 Art. 65 Abs. 2 AEUV enthält selbst keinen Rechtfertigungsgrund, sondern verweist vielmehr auf die Rechtfertigungsgründe im Abschnitt zur Niederlassungsfreiheit. Von großer praktischer Bedeutung ist die Verweisung vor dem Hintergrund einer zunehmend konvergierenden Interpretation der Grundfreiheiten und ihrer Rechtfertigungsgründe freilich nicht.

22 Neben ausdrücklich normierten Rechtfertigungsgründen gelten wie beim Warenverkehr („Cassis de Dijon-Doktrin", oben Rz. 22/42f.) und den anderen Grundfreiheiten **ungeschriebene** nationale Schranken. Die MSen können sie geltend machen, soweit sie **zwingenden Erfordernissen des Allgemeininteresses** entsprechen (z. B. Bekämpfung der Geldwäsche, Gewährleistung steuerlicher Kohärenz und Effizienz sowie Anlegerschutz) und **unerlässlich** sind (EuGH, 3.2.1993, Rs. C-148/91, „Veronica"; EuGH, 4.6.2002, Rs. C-367/98, „KOM/Portugal" [„Goldene Aktien"]). Mit Blick auf gesellschaftsrechtliche Sonderrechte des Staates kann zwar etwa die Sicherung der Energieversorgung in Krisenzeiten („Daseinsvorsorge") Sonderregeln rechtfertigen (dazu etwa EuGH, 4.6.2002, Rs. C-503/99, „KOM/Belgien"), pauschale Genehmigungspflichten ohne klare Kriterien für ihre Erteilung genügen aber nicht (EuGH, 13.5.2003, Rs. C-463/00, „KOM/Spanien"). Die Sonderregeln des VW-Gesetzes sah der EuGH als nicht durch Belange des (als solchen legitimen) Arbeitnehmerschutzes gerechtfertigt an (EuGH, 23.10.2007, Rs. C-112/05, „KOM/Deutschland"). Entgegen einer recht häufig anzutreffenden Ansicht finden jene ungeschriebenen Rechtfertigungsgründe nicht nur auf unterschiedslose, sondern auch auf diskriminierende Regelungen Anwendung.

23 Besonderheiten gelten für die Rechtfertigung von Beschränkungen des Kapitalverkehrs mit Drittstaaten. Art. 64, 66 AEUV ermöglichen **Schutzregelungen.** Befristete

(wirtschaftliche) Schutzmaßnahmen können getroffen werden, wenn Drittlands-Kapitalbewegungen das **Funktionieren der Wirtschafts- und Währungsunion** schwerwiegend stören. Außerdem sind Sofortmaßnahmen im Kapital- und Zahlungsverkehr als (politisches) **Instrument von Wirtschaftssanktionen** gegenüber Drittstaaten zulässig, welche die EU im Rahmen der GASP trifft (z. B. EG-Beteiligung an UN-Sanktionen gegenüber Haiti 1993/94; zur „GASP-Klausel" näher *Vaucher,* RTDE 1993, 39; siehe auch *Nettesheim,* CMLRev 2007, 567). Gemäß Art. 64 Abs. 1 AEUV können bestimmte mitgliedstaatliche oder gemeinschaftliche Drittlandsbeschränkungen des Kapitalverkehrs, die bereits vor 1994 eingeführt wurden, bestehen bleiben oder – soweit sie nicht über die bestehenden Restriktionen hinausgehen – auch neu geregelt werden (z. B. EuGH, 21.5.2015, Rs. C-560/13, „Wagner-Raith", s. auch *Goschl/ Schönfeld,* IStR 2015, 755, 759f.). Art. 64 Abs. 2 AEUV – die einzige Ermächtigungsgrundlage im Abschnitt zur Kapitalverkehrsfreiheit – ermöglicht es der EU, auf dem Gebiet des Drittstaatenverkehrs gesetzgeberisch tätig zu werden.

24 Insgesamt sind die verschiedenen Ausnahmen und Einschränkungen von der prinzipiellen Freiheit des Kapitalverkehrs **restriktiv und gemeinschaftsorientiert** gefasst. Der Binnenmarkt soll so wenig wie möglich berührt werden.

2. Gewährleistungspflichten

25 Bislang steht in der Rechtsprechung des EuGH die Liberalisierung ganz im Vordergrund. Eine Rechtsprechung zu Gewährleistungspflichten, wie sie sich bei anderen Grundfreiheiten inzwischen herausgebildet hat (siehe etwa zur Warenverkehrsfreiheit oben Rz. 22/49), existiert bislang nicht. Es ist jedenfalls gegenwärtig auch schwer vorstellbar, dass es zu Beeinträchtigungen des freien Kapitalflusses durch Private kommen kann, die eine unionsrechtliche Pflicht zum Eingreifen auslösen.

3. Freiheit des Zahlungsverkehrs

26 Der freie Zahlungsverkehr war als Voraussetzung für die Verwirklichung der anderen Grundfreiheiten (Waren- und Personenverkehr) schon vor 1994 weitgehend gewährleistet (oben Rz. 30/6). Nunmehr sind **alle Beschränkungen des Zahlungsverkehrs** zwischen den MSen und gegenüber dritten Ländern nach Art. 63 Abs. 2 AEUV **primärrechtlich verboten.** Die Zahlungsverkehrsfreiheit steht damit selbständig neben der Kapitalverkehrsfreiheit. Sie gilt **unmittelbar** (so schon vor 1994: EuGH, 31.1.1984, Rs. 286/82 und 26/83, „Luisi und Carbone").

27 Erfasst sind sowohl die Erfüllung geldlicher Verbindlichkeiten **(„Zahlungen")** als auch die grenzüberschreitende Verbringung von Geld und anderen körperlichen Zahlungsmitteln **(„Transfer").** Die Freiheit gilt für alle Überweisungsarten einschließlich des elektronischen Zahlungsverkehrs. Die **verbotenen Beschränkungen** sind ihrerseits wegen der Binnenmarktrelevanz weit zu verstehen.

Gewisse **Beschränkungsmöglichkeiten** des freien Zahlungsverkehrs sind unvermeidlich. Für Zahlungs- und Kapitalverkehr ermöglichen Art. 65, 75 AEUV zum Schutz des nationalen Steuerrechts und Ordre Public, wie auch aus außenpolitischen Gründen im Verhältnis zu Drittländern einschränkende Maßnahmen (oben Rz. 30/18ff.). Hierzu zählt die **Bekämpfung der Geldwäsche** (RL 2018/843, ABl. L 156/43).

28 Grundsätzlich ist auch der **freie Zahlungsverkehr zwischen den MSen und dritten Ländern** genauso wie im Binnenmarkt gewährleistet (Art. 63 Abs. 2 AEUV). Damit wird der heutigen Internationalisierung der Geldmärkte Rechnung getragen.

III. Ausblick

29 Der **große Entwicklungssprung,** den die Bestimmungen über die Kapitalverkehrsfreiheit im Vertrag von Maastricht vollzogen haben, ist bislang noch längst nicht bewältigt. Politische Praxis und europäische Gerichtsbarkeit sind gegenwärtig erst dabei, die Tragweite der Bestimmungen zu ertasten und gegenüber den MSen zur Anwendung zu bringen. Insbesondere die KOM hält sich bislang bei der Formulierung ihres Verständnisses zurück. Die potentielle Bedeutung der Bestimmung ist durch die jüngere Rechtsprechung des EuGH inzwischen überdeutlich hervorgetreten. Noch längst sind nicht alle mitgliedstaatlichen Maßnahmen, die das Potential haben, den freien Kapitalfluss in der EU zu behindern, an Art. 63 AEUV gemessen worden. Im Hinblick auf ausländische Investitionstätigkeit offenbart die EU gegenwärtig ein paradoxes Bild. Sie will einerseits Anreize für ausländische Investitionen schaffen, andererseits aber die „Abwanderung" von Technologien, Unternehmen und Arbeitsplätzen verhindern. Zwischen den MSen bestehen diesbezüglich Positionsunterschiede: Während einige schon seit langem eine aktive europäische Industriepolitik fordern, haben andere eine liberal-antiprotektionistische Grundhaltung. Auch dort denkt man aber über Schutzmechanismen nach.

§ 31. Finanzmärkte

Literatur: *Wilhelmi,* Entwicklungslinien des europäischen Kapitelmarktrechts, JZ 2014, 693; *Wojcik/Ceyssens,* Der einheitliche EU-Bankenabwicklungsmechanismus: Vollendung der Bankenunion, Schutz des Steuerzahlers, EuZW 2014, 893; *Berger,* Der einheitliche Aufsichtsmechanismus (SSM) – Bankenaufsicht im europäischen Verbund, WM 2015, 501; *Calliess/Schoenfleisch.,* Die Bankenunion, der ESM und die Rekapitalisierung von Banken, JZ 2015, 113; *Hopt,* Die Schaffung einer Kapitalmarktunion in Europa – langwierig und schwierig, aber notwendig, EuZW 2015, 289; *Graf-Schlicker,* Der Aktionsplan zur Schaffung einer Kapitalmarktunion, ZIP 2016, Beilage zu Heft 22, 21; *Heuer/Schütt,* Auf dem Weg zu einer europäischen Kapitalmarktunion, BKR 2016, 45; *Kaufhold,* Die Europäische Bankenunion – vollendet unvollendet? Eine Zwischenbilanz, ZG 2017,18; *Wellerdt,* Auf dem Weg zur Vollendung der Bankenunion – Vorschlag eines Legislativpakets zur Reform des Regulierungsrahmens für die Finanzmärkte, EuZW 2017, 172; *Busch/Avgouleas/Ferrarini* (Hrsg.), Capital Markets Union in Europe, 2018; *Gören,* Der einheitliche Aufsichtsmechanismus bei der Europäischen Zentralbank, 2019; *Ringe,* The politics of capital markets union, 2019; *Busch/Ferrarini* (Hrsg.), European Banking Union, 2. Aufl. 2020; *Singh,* European cross-border banking and banking supervision, 2020; *Wehmhörner,* Das BVerfG, der EuGH und die Europäische Bankenunion, NVwZ 2020, 342.

1 Ein **europäischer Finanzraum** bedarf – über die Liberalisierungen des Kapital- und Zahlungsverkehrs hinaus – einer Fülle rechtsangleichender Maßnahmen. Primäres Ziel muss es sein, die Hindernisse rechtlicher und verwaltungsmäßiger Natur zu beseitigen, die sich der freien unternehmerischen Tätigkeit von Finanzakteuren im Binnenmarkt entgegenstellen. Dies setzt eine koordinierte Öffnung staatlicher Regelungsstrukturen voraus. **Marktöffnung und Regulierung** müssen allerdings – das zeigt die Erfahrung – Hand in Hand gehen. Vielfach wird sich das Ziel aber nur dadurch verwirklichen lassen, dass an die Stelle von 27 Institutionen und Regelungsstrukturen eine – auf unionaler Ebene verankerte – einheitliche Ordnungsstruktur tritt. Die Finanzkrise in den vergangenen Jahren hat belegt, dass man in den ersten Jahren des neuen Jahrtausends zu sehr auf Liberalisierung und zu wenig auf Durchsetzung eines Ordnungsanspruchs gesetzt hat. Das politische Ziel, einen funktionierenden und zu-

gleich stabilen Finanzmarkt zu verwirklichen, lässt sich durch eine bloße Koordination mitgliedstaatlichen Nebeneinanders heterogener mitgliedstaatlicher Aufsichtssysteme nicht notwendig realisieren.

Das Ziel der **Verwirklichung eines integrierten europäischen Finanzmarktes** wird schon seit längerem verfolgt. Im Prozess des Bedeutungsgewinns der globalen Finanzmärkte hat es zusätzliches Gewicht erlangt. Auf der Grundlage eines *Financial Services Action Plan* (FSAP; KOM(1999) 232 endg.) wurden die Liberalisierung und Harmonisierung durch verschiedene Regelungen vorangetrieben (Richtlinie Finanzmarktinstrumente, Transparenzrichtlinie zu Informationspflichten von Wertpapieremittenten, Übernahmerichtlinie, Richtlinie über Märkte für Finanzdienstleistungen [MiFID]). Inzwischen spricht die EU von der **Banken- und Kapitalmarktunion (Aktionsplan zur Schaffung einer Kapitalmarktunion,** KOM(2015) 468 endg.). Die **Integration** der einzelnen Teilmärkte ist rechtlich und empirisch unterschiedlich weit vorangeschritten; seit dem Beginn der Finanzkrise sind Rückschritte zu beobachten. Auch der Austritt UKs, das bisher den größten Kapitalmarkt beheimatet hat, wirft Integrationsbestrebungen zurück. Die Integration ist im Bereich der Geld- und Aktienmärkte vergleichsweise hoch. Der Markt für Unternehmensfinanzierung ist demgegenüber weiterhin sehr zerklüftet. Auch Kredite und Produkte für Verbraucher werden im Wesentlichen national angeboten. Inzwischen ist die Bedeutung der EU als Finanzmarktplatz ähnlich groß wie jene der USA. Der EU-Anteil in den einzelnen Marktbereichen beträgt, bezogen auf den Weltmarkt, zwischen 20% und 40%, der Euro ist hinter dem US-Dollar zweite Leitwährung. Integrierte Finanzmärkte dienen der Durchführung von EZB-Politiken, bewirken finanzielle Stabilität, fördern den Wohlstand und stärken die Stellung der Verbraucher im Binnenmarkt. 2

Bislang ist es noch nicht abschließend gelungen, die **Kapital- und Zahlungsverkehrsfreiheit** zu einem zugleich freien und wohlgeordneten europäischen Binnen-Finanzraum auszubauen (siehe etwa Expertenbericht zur Vollendung der Kapitalmarkunion vom 10. Juni 2020, sowie Bericht der EZB, Financial Integration and Structure in the Euro Area, März 2020). Die sich schnell verändernden Marktbedingungen (es ändern sich nicht nur die Finanzprodukte, sondern auch das relative Gewicht der Akteure) erschweren die Aufgabe erheblich. Neue Akteure sind an die Seite der Banken und Versicherungen getreten. Neben den klassischen Handelsplätzen (Börsen) werfen neue und intransparente Räume, in denen teilweise große Umsätze getätigt werden, Regelungsfragen auf. Schließlich bedarf es auch einer angemessenen Verknüpfung von Chancen und Risiken („Too big to fail"-Problematik). Ein erster Schwerpunkt fortdauernder Rechtsangleichung ist die Herstellung der Niederlassungs- und Dienstleistungsfreiheit für **Banken,** zudem die Schaffung eines effektiven Aufsichtssystems, das gleiche Bedingungen ermöglicht. In der Folge der Finanzkrise gewann das Ziel einer Schaffung einer genuin europäischen Aufsicht **(„europäische Bankenunion")** Bedeutung. Die inzwischen weitgehend eingerichtete Bankenunion beruht auf drei Pfeilern: der einheitlichen Bankenaufsicht (*„Single Supervisory Mechanism"* [SSM]), dem Mechanismus zur Abwicklung von Banken (*„Single Resolution Mechanism"* [SRM]) und den nach einheitlichen Standards organisierten Einlagensicherungssystemen der MSen (Rz. 31/5 und Rz. 31/6). Ziel ist es, den Teufelskreis von Staatsschuldenproblematik und Bankenkrise zu durchbrechen. Weitere Tätigkeitsfelder waren der Binnenmarkt für **Versicherungen** sowie die Angleichung des nationalen **Börsen- und Wertpapierrechts.** Im Zuge der Krise übernimmt die EU in zunehmendem Umfang 3 regulatorische Aufgaben. In erster Linie geht es ihr um die **Schaffung adäquater Aufsichtsmechanismen.** Die schon alten Forderungen nach Europäisierung der Aufsicht fanden in der Folge der Finanzkrise Gehör, allerdings zunächst nur unzureichend. Jedenfalls im Bankensektor reichten die beschränkten Weisungsrechte gegenüber nationalen Aufsehern aber nicht aus, um für Stabilität zu sorgen. Seit Anfang 2011 operieren die **European Supervisory Authorities (ESA),** die sich aus der **Europäischen Bankenaufsichtsbehörde** (EBA; VO 1093/2010, ABl. L 331/12), der **Europäischen Aufsichtsbehörde für das Versicherungswesen und die betriebliche Altersversorgung** (EIOPA; VO 1094/2010, ABl. L 331/48) und **der Europäischen Wertpapierbehörde** (ESMA; VO 1095/2010, ABl. L 331/84) zusammensetzen. Sie werden durch den **Europäischen Ausschuss für Systemrisiken** (ESRB; VO 2019/2176, ABl. L 334/146) ergänzt. Die Befugnisse der ESA gehen weit über diejenigen der zuvor koordinierend wirkenden Ausschüsse (CEBS, CESR, CEIOPS) hinaus. Noch immer ist die Bankenunion **nicht vollendet;** die Ordnung der Finanzmärkte weist noch große Lücken auf. Ferner wurden die internationalen Rechnungslegungsstandards IFRS (bzw. IAS) für börsennotierte Unternehmen verbindlich gemacht. Ein einheitliches Zahlungssystem (SEPA) gab der Integration Rückhalt.

I. Liberalisierungs- und Harmonisierungsmaßnahmen zur Herstellung des Europäischen Finanzraums

4 Es ist das Ziel der europäischen Organe, einen **vollintegrierten EU-Finanzmarkt** zu schaffen. Dies setzt nicht nur den Abbau von staatlichen Marktzugangsbeschränkungen voraus, sondern erfordert ein koordiniertes Handeln der Regulierungs-, Aufsichts- und Wettbewerbsbehörden zur Schaffung eines offenen Markts, in dem die Akteure gleichbehandelt werden. **Freiheit und Wettbewerbsgleichheit** im Zugang zu und der Betätigung in den Märkten müssen ebenso gewährleistet werden wie ein **angemessenes Stabilitätsniveau.** Aus der Sicht der Steuerzahler muss dem Versuch von Finanzakteuren, Kosten zu externalisieren, entgegen gewirkt werden („Privatisierung von Gewinnen, Sozialisierung von Verlusten"). Zum Schutz der Verbraucher müssen wettbewerbswidrige Praktiken unterbunden und ein angemessenes Schutzniveau sichergestellt werden. Das Bild jahrzehntelanger Brüsseler Bemühungen ist gemischt. Trotz mancher Erfolge und weitgehender Liberalisierung in manchen Marktsegmenten, existieren weiterhin viele Hemmnisse. Der vielfältig segmentierte **Markt für Finanzdienstleistungen** ist trotz Anstrengungen noch alles andere als vollendet. Insbesondere der Markt für **Privatkunden-Finanzdienstleistungen** war lange stark fragmentiert (KOM(2007) 226 endg.). Noch immer halten unterschiedliche Regelungen des Verbraucher- und Anlegerschutzes, unterschiedliche Informationspflichten und unterschiedliche Vertragsregelungen (Widerruf, Abschluss, Kündigung etc.) Verbraucher und (kleine) Unternehmen davon ab, die EU als einheitlichen Finanzmarkt zu betrachten (s. auch COM(2015) 63 endg.). Politisch umstritten ist, inwieweit Investoren aus Drittstaaten (wie etwa China) ein freier Zugang gewährt werden soll. Art. 63 AEUV gilt auch über die Grenzen des Binnenmarktes hinaus. Die positive Wirkung von ausländischen Investitionen für den Binnenmarkt ist unbestritten, gleichwohl können diese zu Verzerrungen des Marktes führen (zur Verfolgung dieser diametralen Interessen siehe die Mitteilung der KOM COM(2017) 494 final). So hat sich die KOM einerseits zum Ziel gesetzt, Anreize für ausländische Direktinvestitionen zu schaffen. Über Investitionsschutzabkommen der EU sowie der MSen

(unionsrechtswidrig sind allein intra-unionale bilaterale Investitionsschutzabkommen, vgl. EuGH, 6.3.2018, Rs. C-284/16, „Achmea") und durch Harmonisierung von nationalen Regeln sollen ausländischen Investoren Anreize für ein Investment geboten werden. Zugleich sollen diese Investitionen nicht zu Wettbewerbsverzerrungen im Binnenmarkt führen. Im März 2019 wurde die VO 2019/452 (ABl. 79 I/1) zur Schaffung eines Rahmens für die Überprüfung ausländischer Direktinvestitionen in der Union erlassen (siehe auch *Brauneck,* EuZW 2018, 188; *Böni,* EWS 2020, 82). Im Nachklang der COVID-19-Pandemie und der Befürchtung einer ausländischen Übernahme europäischer Unternehmen hat die KOM zudem Leitlinien für den staatlichen Umgang mit ausländischen Direktinvestitionen herausgegeben (COM(2020) 1981 final).

II. Akteure und Finanzprodukte

Zu den Fundamenten des europäischen Finanzraumes gehören die **freie Niederlassung** und der **freie Dienstleistungsverkehr** der **Banken und Versicherungen.** Die hierzu notwendige Rechtsangleichung des materiellen Rechts ist bereits vorangeschritten. Zu den wichtigsten Rechtsakten gehört die RL 2013/36 (ABl. L 176/338) über Aufnahme und Ausübung der Tätigkeit der Kreditinstitute (Eigenkapitalrichtlinie, engl. Capital Requirements Directive (CRD); heute **„CRD V"**, geplant **„CRD VI";** deutsches Umsetzungsgesetz: **Europäisches Kreditwesengesetz**). Der besonders wichtige freie Dienstleistungsverkehr wird durch eine einheitliche Lizenz („Europapass") erleichtert. Zur Gewährleistung stabiler Banken wurden die **Eigenkapitalvorschriften für Banken** harmonisiert VO 575/2013 (ABl. L 176/1) (Kapitaladäquanzverordnung, engl. Capital Requirements Regulation (CRR), heute **„CRR II"**). Der Stabilisierung dient auch die **Richtlinie über Einlagensicherungssysteme** (RL 97/9, jetzt RL 2014/49, ABl. 2014, L 173/149). Dazu gehören auch Bestimmungen über die **Sanierung und Abwicklung von Banken** („Bankenabwicklungsrichtlinie"; RL 2014/59, ABl. L 173/190). Eine einheitliche Einlagensicherung, über die die Risiken transnationalisiert werden, ist bislang politisch nicht verwirklicht worden; die Sorge ist groß, dass damit Altlasten und Fehlentwicklungen „sozialisiert" werden. 5

Den **allgemeinen Rechtsrahmen der Finanzaufsicht im EU-Bankenbereich** bildet inzwischen ein einheitliches Regelwerk aller EU-MSen („single rule book"). Die Bestandteile wurden seit 2010 schrittweise ausgearbeitet; es geht um ca. 30 neue Regelungskomplexe. Die **„Europäische Bankenunion"** (hierzu *Wojcik/Ceyssens,* EuZW 2014, 893) umfasst die 19 MSen der Eurozone und steht den anderen offen. In Vorbereitung eines späteren Euro-Beitritts sind am 10.7.2020 Bulgarien und Kroatien der Bankenunion beigetreten; ab Oktober 2020 sollen sie der Überwachung durch die EZB unterstehen. Die Bankenunion zielt darauf ab, einen besonders effektiven institutionellen Rahmen zu schaffen, in dem die Bestimmungen des „single rule book" implementiert werden. Im Zentrum des gemeinschaftlichen Bankenaufsichtsmechanismus steht die EZB; sie hat ihre Tätigkeit zum 4.11.2014 aufgenommen (Single Supervisory Mechanism – **SSM,** VO 1024/2013, ABl. L 287/63). Die EZB überwacht seither die systemisch wichtigen ca. 120 Bankgruppen (in Zusammenarbeit mit den nationalen Aufsichtsbehörden (in D die BaFin) (VO 468/2014, ABl. L 141/1). Inzwischen hat die EZB mehrere tausend Aufsichtsbeschlüsse gefasst. Rechtsschutz wird vom sog. Administrativen Überprüfungsausschuss (Administrative Board of Review) 6 gewährt, ggf. dann auch vor den Gerichten (Art. 19 EUV). Besondere operative Bedeutung haben Vor-Ort-Prüfungen, etwa mit Blick auf das Eigenkapital. Die Bedenken, ob die SSM-VO mit Art. 127 Abs. 6 AEUV vereinbar ist, bestehen fort. Das BVerfG hat lediglich aus verfassungsrechtlicher Perspektive festgestellt, dass zumindest keine offensichtliche Kompetenzüberschreitungen vorliegen, da bei einer strikten, primärrechtskonformen Auslegung der Befugnisse den staatlichen Aufsichtsbehörden ein hinreichender Aktionsspielraum verbliebe. Eine Grenze sei dort erreicht, wo die Bankenaufsicht vollständig auf die EZB übergehe oder die Übertragung sich nicht auf das Notwendige beschränke (BVerfGE 151, 202 (2019) – Bankenunion; hierzu *Ruffert,* JuS 2019, 1033; *Wehmbörnder,* NVwZ 2020, 342). Die Unabhängigkeit und demokratische Legitimation der EZB als Bankenaufsichtsbehörde hielt das BVerfG mit Blick auf die Rechenschafts- und Berichtspflichten gegenüber EP, Rat und nationalen Parlamenten für gerade „noch hinnehmbar".

Daneben entstand ein Mechanismus zur Abwicklung von Banken (Single Resolution Mechanism – **SRM,** VO 806/2014, ABl. L 225/1) Auch hier ist jeweils die Kompetenzgrundlage in Art. 114 Abs. 1 AEUV zweifelhaft. Das BVerfG sah darin insoweit kein Handeln *ultra vires,* als die Aufgaben und Befugnisse in der SRM-VO hinreichend bestimmt und auf das Erforderliche beschränkt seien (BVerfGE 151, 202 „Bankenunion" (2019)). Durch die SRM-VO wurde ein Ausschuss für die einheitliche Abwicklung (Single Resolution Board – **SRB,** Einheitlicher Bankenabwicklungsmechanismus) geschaffen. Hierbei handelt es sich um eine EU-Agentur mit eigener Rechtspersönlichkeit (Sitz in Brüssel), die die zentralen Abwicklungsbefugnisse des SRM wahrnimmt. Hierzu war es nach der Meroni-Rechtsprechung des EuGH erforderlich, dass die SRM-VO die Ausführungsbefugnisse genau umgrenzte (vgl. EuGH, 13.6.1958, Rs. 9/56, „Meroni" (Rz. 12/10; fortgeführt durch EuGH, 22.1.2014, C-270/12, „Leerverkäufe")). Das BVerfG stellte klar, dass der Vollzug des Unionsrechts zuvorderst Aufgabe der MS sei. Der unmittelbare Vollzug durch die Union mittels einer Agentur sei jedoch dann nicht offensichtlich kompetenzwidrig, wenn andernfalls unvermeidliche und unzumutbare Divergenzen im Verwaltungsvollzug entstünden und die Kompetenzen der Agentur klar umrissen und hinreichend begrenzt sind. Es meldete jedoch Zweifel an, ob diese Agenturen ein hinreichendes Maß an demokratischer Legitimation aufwiesen (BVerfGE 151, 202 „Bankenunion" (2019)). Eine effektive Durchführung der SSM-Verfahren wird für den Erfolg des Mechanismus wesentlich sein (*Berger,* WM 2015, 501 (506)). Im Juni 2017 wurde gegen die *Banco Popular Español* das erste Verfahren durch den Single Resolution Board durchgeführt; es kam im März 2020 mit einer ablehnenden Entscheidung zum Abschluss.

7 Gleichzeitig wird beim **Single Resolution Board** ein **Abwicklungsfond** (Single Resolution Fund – **SRF**) eingerichtet, der die Inanspruchnahme von Steuerzahlern in solchen Fällen verhindern soll, in denen die Heranziehung der Eigentümer und Gläubiger für die Abwicklung von Banken nicht ausreichend ist. Der Fond wird durch Beiträge aller in den MSen niedergelassenen Kreditinstitute finanziert. Die Berechnung der zu erbringenden Einlagen erfolgt auf Grundlage eines delegierten Rechtsaktes der Kommission.

Noch immer wird über eine Europäisierung der Einlagensicherungssysteme diskutiert; dies stößt gerade in Deutschland auf heftigen Widerstand (*Kämmerer,* NVwZ 2013, 830 mwN.). Eine Stützung von Banken aus dem ESM wird nach vollständiger Verwirklichung der „Bankenunion" möglich sein. Die getroffenen Regeln dienen sowohl dem Funktionsschutz der Märkte als auch dem (indirekten) Individualschutz (vgl. EuGH, 12.10.2004, Rs. C-222/02, „Paul").

Die **Aufsicht über die anderen Institute** wird weiterhin von den jeweiligen Heimatbehörden wahrgenommen. Die Erfahrung (vor allem in Zypern) hat allerdings gezeigt, dass nicht alle MSen die politische Kraft haben, die Aufsicht effektiv auszuüben und Institute ggf. auch zu schließen. Die ESA ist für die nicht-systemrelevanten Banken und diejenigen Banken in den MSen, die nicht dem SSM angehören, zuständig; sie soll insoweit einheitliche Aufsichtsstandards entwickeln. 8

Die Schaffung eines gemeinsamen **europäischen Versicherungsmarktes** verzeichnet Fortschritte, bedarf aber erheblicher weiterer Anstrengungen. Faktisch besteht noch eine weitgehende Marktaufteilung. Seit den 1960er Jahren erfolgte eine Reihe begrenzter Liberalisierungsschritte in der **Rückversicherung, Direktversicherung** und **Lebensversicherung** (die verschiedenen RL wurden zusammengefasst in der sog. Solvency-II-Richtlinie RL 2009/138, ABl. L 335/1) und der Kfz-Haftpflichtversicherung (RL 2009/103, ABl. L 263/11). 1986 erleichterte die Rspr. des Gerichtshofes den Zugang zu den nationalen Versicherungsmärkten (EuGH, 28.1.1986, Rs. 270/83, „KOM/Frankreich", *Schwintowski,* NJW 1987, 521). So ist eine Niederlassungspflicht für Unternehmen, die Dienstleistungen in einem anderen MS erbringen wollen, mit Art. 49 AEUV nicht vereinbar. In der Solvklfzency-II-Richtlinie werden Eigenkapitalanforderungen für Versicherungsunternehmen definiert. Auch im Versicherungsbereich ist 2011 eine **europäische Aufsichtsbehörde** (EIOPA, VO 1094/2010, ABl. L 331/48) eingerichtet worden. 9

In den Jahren der Finanzkrise sind dann auch **andere Akteure** (Hedge-Fonds und „private equity") in den Blick genommen worden (RL 2011/61, ABl. L 174/1; VO 231/2013, ABl. L 83/1). Angesichts des dynamischen Wachstums, das diese Akteure in den letzten Jahren aufgewiesen haben, erweist sich dies als unverzichtbar. Der Kampf gegen die Geldwäsche beschäftigt die EU schon seit langem. Neben der Geldwäscherichtlinie (RL 2005/60; ersetzt durch RL 2015/849, ABl. L 141/73) und der Eigenkapitalrichtlinie (RL 2019/878, ABl. L 150/253) wurde 2018 etwa eine Richtlinie zur Überwachung von grenzüberschreitendem Barmittelaustausch (RL 2018/1672, ABl. L 284/6) sowie zum Schutz von Whistleblowern (RL 2019/1937, ABl. L 305/17) erlassen, die jeweils ab 2021 gelten sollen. Im Mai 2020 hat die KOM eine Aktionsplan zur Bekämpfung von Geldwäsche und Terrorfinanzierung vorgestellt (C(2020) 2800 final), der die effektive Umsetzung der bestehenden Instrumente anmahnt und Reformen in Aussicht stellt. 10

III. Europäisches Kapitalmarktrecht

Seit den 1970er Jahren ergingen im Börsen- und Wertpapierrecht verschiedene **Koordinierungs-Richtlinien** über die Art und Weise der Zulassung von Wertpapieren an Börsen und andere damit zusammenhängende Fragen (Insidergeschäfte). In den neunziger Jahren folgten verschiedene Rechtsakte über gemeinsame Anforderungen an **Wertpapierfirmen** und deren Dienstleistungsfreiheit sowie Maßnahmen zugunsten des **Anlegerschutzes.** Mit der **RL 2001/34** (ABl. L 184/1) über die börsenmäßige Wertpapierzulassung erging erstmals eine Art **„europäisches Börsengesetz"** (*Mülbert,* 11

WM 2001, 2085). 2002 wurde eine RL über Finanzsicherheiten (RL 2002/47, ABl. L 168/43,) und 2003 eine europäische Prospektrichtlinie (heute: Prospektverordnung, VO 2017/1129, ABl. L 168/12) verabschiedet.

12 Mit dem Erlass der RL 2004/39 (ABl. L 145/1; neugefasst durch RL 2014/65, ABl. L 173/349) über die **Märkte für Finanzinstrumente (MIFID I und II)** gelang es, einen umfassenden Rechtsrahmen für den Handel mit Wertpapieren in Börsen und durch Wertpapierfirmen zu schaffen. Wertpapierfirmen können danach einen „einheitlichen Pass" erhalten, der es ihnen ermöglicht, EU-weit Dienstleistungen zu erbringen. Vieles bleibt allerdings ungeklärt, insbesondere die Verzahnung mit dem Zivilrecht der MS (vgl. EuGH, 30.5.2013, Rs. C-604/11, „Genil"). In der VO 1606/2002 (ABl. L 243/1) werden die Finanzinformationen börsennotierter Gesellschaften durch Anwendung der internationalen Rechnungslegungsstandards vereinheitlicht, um die Transparenz und den Anlegerschutz zu verbessern. In der VO 600/2014 (ABl. L 173/84) finden sich die wesentlichen **Regelungen für Märkte für Finanzinstrumente (MiFIR).** Der europäische Investmentmarkt entwickelt sich stürmisch; die KOM sah schon frühzeitig Reformbedarf (vgl. KOM(2006) 686 endg.). 2009 wurde eine RL zur Koordinierung von Wertpapieranlagen erlassen, die Pflichtinformationen für Anleger vorsieht (sog. OGAW-Richtlinie, RL 2009/65, ABl. L 302/32). Seit Juni 2017 gilt eine neue **EU-Prospektverordnung** (VO 2017/1129, ABl. L 168/12). Einen wichtigen Stellenwert spielt der Kampf gegen den Marktmißbrauch (z. B. Insider-Handel; vgl. VO 596/2014, ABl. L 173/1). Die Regulierung greift zunehmend aus, etwa hinsichtlich der Geldmarktfonds, Europäische Wagniskapitalfonds und Europäische Fonds für soziales Unternehmertum. Damit soll die Verfügbarkeit von Wagniskapital in der EU (im Rahmen der Investitionsoffensive in der EU) erhöht werden. Ebenfalls hat sich die EU der Regulierung bestimmter Handelspraktiken zugewandt (VO 236/2012, ABl. L 86/1 über Leerverkäufe und bestimmte Aspekte von Credit Default Swaps; vgl. hierzu auch EuGH, 22.1.2014, C-270/12, „Leerverkäufe"). Es stehen weiterhin Regelungen über die Arbeitsweise der Derivatemärkte aus; hier geht es vor allem um Transparenz. Auch das „Crowdfunding" ist inzwischen in das Blickfeld der KOM gerückt und hat einen Vorschlag für eine Richtlinie vorgelegt (COM (2018) 113 final).

13 Besondere Aufmerksamkeit schenken die EU-Institutionen auch dem Marktumfeld. In der Folge der Finanzkrise konnte eine Verordnung zur **Regelung der Ratingagenturen** (VO 1060/2009, ABl. L 302/1) erlassen werden, die 2013 verschärft wurde (VO 462/2013, ABl. L 146, 1).

14 2015 hat die KOM ihre Absicht zur **Schaffung einer Kapitalmarktunion** durch Veröffentlichung eines Grünbuches kundgetan (COM(2015) 63 endg.). Im Gegensatz zur Bankenunion, die in erster Linie die Stabilität des Finanzmarktes garantieren soll und eine institutionenbezogene Regulierung vorsieht, zielt die Kapitalmarktunion auf die Schaffung eines vollendeten Kapitalmarktes. Hier ist die Regulierung marktorientiert. Dies führt zu Spannungen. Im Fokus des Grünbuchs stehen unter anderem der Kapitalmarkt und die Finanzierung kleinerer und mittlerer Unternehmen (sog. SME) (s. Bericht der KOM vom 19.5.2017, SWD(2017) 171 endg.). Aufgrund zahlreicher Unklarheiten waren die ersten Reaktionen gemischt (*Hopt*, EuZW 2015, 289). Am 30. September 2015 hat die Kommission einen **Aktionsplan zur Schaffung einer Kapitalmarktunion** verabschiedet (COM(2015) 468 final). Dieser beinhaltet ein

Maßnahmenprogramm, das bis 2019 das Fundament eines integrierten Kapitalmarkts in der EU bilden sollte. Darin werden sechs wesentliche Ziele definiert: Die Finanzierung von Innovationen, Start-ups und nicht börsennotierten Unternehmen, die Verbesserung des Zugangs zu Finanzmitteln für Unternehmen, die Förderung langfristiger und nachhaltiger Investitionen und Infrastrukturinvestitionen, Verbesserungen für Anlagetätigkeiten für Kleinanleger und institutionelle Anleger, die Erschließung von Bankenkapazität und Erleichterung von grenzüberschreitenden Investitionen aus der ganzen Welt. Insbesondere die Förderung kleinerer und mittlerer Unternehmen steht dabei im Fokus. Im November 2019 hat die KOM eine Expertengruppe mit der weiteren Ausarbeitung des Aktionsplans beauftragt, die ihren Abschlussbericht („A new vision for Europe's Capital Markets") im Juni 2020 vorgelegt hat. Diese hat 17 verschiedene Herausforderungen ausgemacht, darunter etwa fehlende Finanzierungsdiversität, Mangel an Langzeitinvestitionen oder fragmentierte und uneinheitliche Vorschriften zwischen den MSen.

IV. Rahmenbedingungen

Bei der **kapitalmarktbezogenen Steuerharmonisierung** sind die frühe Abschaffung der Wertpapiersteuer (RL 69/335, ABl. L 249/25; neugefasst in RL 2008/7, ABl. L 46/11) und der **„Zinsbesteuerungskompromiss"** von 2003 (RL 2003/48, ABl. L 157/38; seit 1.1.2016 nicht mehr in Kraft; Anwendung findet nunmehr der Mechanismus nach dem internationalen Common Reporting Standard) hervorzuheben. Daneben bestehen noch eine Reihe weiterer kapitalmarktbezogener Rechtsvorschriften u. a. hinsichtlich eines gemeinsamen Steuersystems für Mutter- und Tochtergesellschaften verschiedener MSen (RL 2011/96, ABl. L 345/8). In einem weiteren Sinne wirkt sich die allgemeine Steuerharmonisierung nach Art. 113 AEUV (unten Rz. 35/42) günstig auf die Kapitalverkehrsfreiheit aus. 15

Der grundsätzlich gesicherte freie Zahlungsverkehr kann seinerseits durch **Begleitmaßnahmen** in einem kundenfreundlichen Sinne verbessert werden. Die KOM hatte seit längerem durch Mitteilungen und Empfehlungen die Kartenzahlungssysteme und den elektronischen Zahlungsverkehr im Interesse der Benutzer zu harmonisieren versucht. – Die Bargeldeinführung des Euro 2002 bot die Gelegenheit, mit der VO 2560/2001 (ersetzt durch VO 924/2009, ABl. L 266/11; *Hoffmann,* EuZW 2002, 69) für **grenzüberschreitende Euro-Zahlungen** die **gleichen Gebühren** wie für Zahlungen innerhalb eines MS vorzuschreiben (vgl. auch Rz. 32/9). Seitens der Banken erfolgte Kritik an diesem Eingriff in die freie Preisbildung. Die Maßnahme war jedoch geeignet, dem Kunden den europäischen Binnenmarkt „fühlbar" zu machen. Der einheitliche EURO-Zahlungsraum mit dem europäischen Überweisungsverfahren „SEPA Credit Transfer" und dem **europäischen Lastschriftverfahren** „SEPA Direct Debit" (VO 924/2009, ABl. L 266/11 und VO 260/2012, ABl. L 94/22) führten zu erheblichen Veränderungen für die Verbraucher. Das SEPA-Verfahren wird im Geschäftsverkehr seit August 2014 generell verwendet. Seit 1.2.2016 sind nationale Zahlungen nur noch unter Verwendung der IBAN möglich. Weitere sekundärrechtliche Maßnahmen sollten für höhere Sicherheit und Verbraucherfreundlichkeit von Zahlungsdiensten führen (etwa Zahlungsdienstrichtlinie RL 2015/2366, ABl. L 337/35). 16

Insgesamt haben die rechtsangleichenden Begleitmaßnahmen **wesentliche Deregulierungen und Modernisierungen** im Kapitalmarktrecht mit sich gebracht und auf 17 diese Weise die Freiheit des Kapital- und Zahlungsverkehrs gefördert. Sie bedeuten wichtige Schritte auf dem Weg zum allmählichen Aufbau eines **europäischen Finanzraumes** als zentralen Bestandteil des Binnenmarktes. Die Finanzkrise hat allerdings deutlich gemacht, wie fragil die erzeugten Strukturen waren. Die Notwendigkeit, einen umfassenden „EU-Ordnungsrahmen für das Krisenmanagement im Finanzsektor" auszuarbeiten, wurde erkannt. Durch die nun teilweise erfolgte Verwirklichung der europäischen Bankenunion wurden weitreichende Befugnisse zur Bewältigung von Bankenkrisen, aber auch Sanierungs- und Finanzierungsmechanismen geschaffen (Rz. 31/7). Die Schaffung eines derartigen Rahmens bewirkt einen wesentlichen Zentralisierungsschub (s. aber Rz. 31/19); sie stößt damit auch auf kompetenzielle Probleme. Vor allem aber wurde über die verteilungspolitische Dimension – wer trägt die damit verbundenen Lasten? – gestritten. Durch die Schaffung des beim Single Resolution Board angesiedelten Abwicklungsfond stellt die SRM-VO sicher, dass die haushaltspolitischen Zuständigkeiten der MSen und deren Haushaltshoheit nicht beeinträchtigt werden (Art. 6 Abs. 6 SRM-VO).

V. Ausblick: Vollendung des Europäischen Finanzraums?

18 Die Neuregelung der heutigen Art. 63ff. AEUV durch den Maastricht-Vertrag 1992 hat das Tor zum **gemeinsamen europäischen Finanzraum** aufgestoßen. Seit den neunziger Jahren hat das Bemühen um rechtsangleichende Begleitmaßnahmen an Dynamik gewonnen. Die **Währungsunion** bedeutete seit 1999 einen wichtigen Schritt in diese Richtung; die Finanzkrise 2008 schuf die Basis für einen erneuten Integrationsschub.

19 **Zahlreiche nationale Differenzen und eine Rechtszersplitterung im Binnenmarkt** verbieten es allerdings weiterhin, den europäischen Finanzraum als vollendet anzusehen. Hieran hat auch die fortschreitende Vollendung der europäischen Bankenunion nichts geändert. So umfasst der SSM nur die 19 Euro-Staaten und die freiwillig beigetretenen EU-Staaten, was eine Zersplitterung des Finanzbinnenmarktes zur Folge haben kann (*Peters,* WM 2014, 396 (398)). Die Hemmnisse wurden wiederholt in Studien der Europäischen Kommission diagnostiziert (etwa für die wichtigste Sparte im europäischen Bankwesen, dem Geschäft mit Verbrauchern und kleinen und mittleren Unternehmen). Der Europäische Rat hat in Lissabon 2000 und Barcelona 2003 den Binnenmarkt für Finanzdienstleistungen angemahnt. Die Osterweiterung stellt seit 2004 eine zusätzliche Herausforderung auf diesem Wege dar. Die Schaffung einer Kapitalmarktunion (s. Grünbuch v. 18.2.2015, COM(2015) 63 endg.; Abschlussbericht der Expertengruppe vom 10. Juni 2020) würde die Regeln des „single rule book" im Bankenbereich um wichtige Bereiche ergänzen.

20 **Fortbestehende Hindernisse** liegen u. a. in Diskriminierungen des nationalen Steuer- und Sozialversicherungsrechts (insbesondere bei „Steueroasen" und in der Altersvorsorge), in Zersplitterungen des Aktienhandels, in abgeschotteten Versicherungsmärkten, in fortbestehenden nationalen Währungen (Dänemark, Schweden, mittel- und osteuropäische Staaten), in nationalen Besonderheiten im Konsumentenschutz und in der Banken- (Rz. 31/19) und Versicherungsaufsicht, in veralteten Definitionen von Finanzdienstleistungen sowie in nationalen Wettbewerbsprivilegien. Von besonderer Bedeutung ist ein **EU-Übernahmerecht,** welches europäische Unternehmensfusionen für den globalisierten Wettbewerb erleichtert.

Ein den USA vergleichbarer Finanzbinnenmarkt verlangt ferner nach wesentlichen Verbesserungen der innerhalb der EU vielerorts mangelhaften **„Corporate Governance“** (realitätsnahe europäische Bilanz- und Buchhaltungsstandards [IAS] unter Reform des Wirtschafts- und Rechnungsprüferberufes, Einhaltung gemeinsamer Standards der „Unternehmensethik“ u. a. m.). Die Vollendung eines perfekten europäischen Finanzraumes nach dem Vorbild der USA bedarf noch großer Anstrengungen. Immerhin wurde der übrige Binnenmarkt mit der Liberalisierung des Kapital- und Zahlungsverkehrs in den neunziger Jahren abgesichert. 21

9. Teil. Rechtsharmonisierung und Koordination

§ 32. Grundfragen der Rechtsangleichung und -harmonisierung

Literatur: Ausführliche Literaturlisten bei *Classen,* in: v. d. Groeben/Schwarze/Hatje (Hrsg.), Europäisches Unionsrecht, bei Art. 114, 2015; *Tietje,* in: Grabitz/Hilf/Nettesheim (Hrsg.), Das Recht der EU, 59. EL 2016, bei Art. 114 AEUV.

Weitere Titel: *Bellamo,* Europäische Rechtseinheit – Grundlagen und System des Ius Commune, 2005; *Töller,* Mythen und Methoden. Zur Messung der Europäisierung der Gesetzgebung des Deutschen Bundestages jenseits des 80-Prozent-Mythos, ZParl 2008, 3; *Andenas/Baasch Andersen* (Hrsg.), Theory and Practice of Harmonization, 2011; *Mangold,* Gemeinschaftsrecht und deutsches Recht, 2011; *Wunderlich/Pickartz,* Hat die Richtlinie ausgedient?, EuR 2014, 659; *Dawson,* Better regulation and the future of EU regulatory law and politics, CMLRev 2016, 1199; *Král,* On the choice of methodes of transposition of EU directives, ELRev 2016, 220; *Lohse,* Rechtsangleichungsprozesse in der Europäischen Union, 2017; *Basedow,* 60 Jahre Rechtsharmonisierung oder: Vom unaufhaltsamen Drang zur Verordnung, ZEuP 2018, 1; *v. Danwitz,* Rechtsetzung und Rechtsangleichung, in: Dauses/Ludwigs (Hrsg.), HB EU-WirtschR, B II, 2019.

I. Funktion und Entwicklung der Rechtsharmonisierung in der EU

1. Bedeutung und Probleme der Rechtsharmonisierung

1 Die Vereinheitlichung des Rechts wird in den EU-Verträgen an zahlreichen Stellen erwähnt, vielfach als „Rechtsangleichung", daneben aber auch als „Harmonisierung", „Koordinierung" oder „Vereinheitlichung" bezeichnet. Da sich – angesichts des rechtsstaatlichen Charakters der Union zwingend – gemeinsame Politik regelmäßig in gemeinsamem Recht niederschlägt, kommt dieser Aufgabe eine zentrale Rolle zu. Zugleich zeigt die Nichterwähnung der Rechtsharmonisierung im Zielkatalog des Art. 3 EUV, dass sie keinen Selbstzweck beinhaltet, sondern eine **dienende und integrationsbezogene Funktion** gegenüber den materiellen Vertragszielen aufweist (*Everling,* FS Steindorff, 1990, 1155). Sie kann im Rahmen aller Unionsziele erfolgen, soweit die Union nicht nach Art. 6 AEUV auf die Unterstützung, Koordination oder Ergänzung nationaler Maßnahmen beschränkt ist (Art. 2 Abs. 5 UAbs. 2 AEUV). So soll die Rechtsharmonisierung insbesondere eine verbesserte Ausübung der Grundfreiheiten des **Binnenmarktes** ermöglichen und Wettbewerbsverzerrungen durch Beseitigung legislativer Disparitäten vermeiden (Art. 114 ff. AEUV, Rz. 32/8 ff.; vgl. dazu schon EuGH, 13.7.1966, Rs. 32/65, „Italien/KOM"). Daneben kommt der Rechtsharmonisierung im Rahmen der Herstellung und Sicherung der Freizügigkeit der Unionsbürger und dem damit verbundenen Aufbau des **„Raumes der Freiheit, der Sicherheit und des Rechts"** (Art. 67 ff. AEUV, Rz. 32/20 ff.) steigende Bedeutung zu. Ferner spielt die Rechtsharmonisierung für die sonstigen **gemeinsamen Politiken** (Agrar-, Verkehrs-, Umweltpolitik usw.) eine bedeutsame Rolle und findet insoweit in den entsprechenden bereichsspezifischen Kompetenzen ihre Grundlage (Überblick bei Rz. 32/30). Ergänzend tritt Art. 352 AEUV hinzu (Rz. 32/31 f.). Ein Kooperationsnetz für die legislative Zusammenarbeit soll umfassend und unabhängig von der Existenz bestimmter Unionskompetenzen einen wechselseitigen Informationsaustausch gewährleisten (ABl. 2008, C 326/1; dazu *Payan,* RTDE 2009, 841). Die Abgrenzung der verschiedenen Kompetenztitel wirft nicht immer ganz einfach zu beantwortende Fragen auf (Rz. 11/5).

Im **EAG-Vertrag** spielt die Rechtsharmonisierung kaum eine Rolle. Nach dem Kernkraftunfall von Tschernobyl 1986 ist die Grundnormkompetenz der Art. 30ff. EAGV für die Harmonisierung zulässiger Strahlenwerte eingesetzt worden (EuGH, 1.10.1991, Rs. C-70/88, „Parlament/Rat"; *Grünewald,* EuR 1986, 3151).

Die EU-Rechtsharmonisierung findet Parallelen in **internationaler und globaler Rechtsangleichung,** wie sie etwa im Rahmen des Europarates (zu diesem Rz. 1/16ff.), der Haager IPR-Konferenz, dem UN-Ausschuss für Internationales Handelsrecht (UNCITRAL) oder der Internationalen Arbeitsorganisation (ILO) erfolgt. **Das Verfahren entspricht völkerrechtlichen Grundsätzen,** d. h. die Übereinkommen werden im Einvernehmen aller MSen von der jeweiligen Organisation ausgearbeitet und von diesen angenommen, ohne dass – wie in der EU – besondere Organe für die Beschlussfassung oder die spätere Auslegung des harmonisierten Rechts bestehen. Die MSen können sich auch im Rahmen solcher Organisationen an rechtsangleichenden Abkommen beteiligen, wobei sie den **grundsätzlichen Vorrang der EU** für rechtsangleichende Maßnahmen, soweit nach dem AEUV vorgesehen, zu beachten haben. Im Rahmen ihrer Außenkompetenz (Rz. 38/19) kann sich aber auch **die Union** selbst an solchen – ggf. weltweiten – Aktionen beteiligen.

Mit der Entwicklung der europäischen Integration hat die Rechtsharmonisierung eine immer **größere Bedeutung** erlangt. Wegen der Komplexität der Materie erarbeitet die KOM grundlegend neue Vorschläge häufig auf der Grundlage **rechtsvergleichender Vorarbeiten** mit Sachverständigen aus den MSen und unter Anhörung der betroffenen Interessenverbände. Dennoch hat die **Sorge** um die **nationalen Rechtsordnungen und -traditionen** Kritik an manchen Harmonisierungsprojekten hervorgerufen. 2

Durch die Erweiterung der Union von ursprünglich 6 auf aktuell 27 MSen – mit der Perspektive weiterer Beitritte – ist es immer schwieriger geworden, bei Harmonisierungsmaßnahmen den gemeinsamen Nenner der nationalen Rechtsordnungen zu finden. Man kann im Groben **vier Rechtskreise** unterscheiden: **den deutschen Raum,** den **romanischen Raum,** das **Common Law** und das **skandinavische Recht.** Uneinheitlich sind die **mittel- und osteuropäischen Traditionen.** Die Unterschiede reichen in die **Tiefen des Rechts- und Verwaltungsdenkens** (z. B. kontinentale Systematik und Abstraktion gegenüber „insularem" pragmatisch-konkretem Rechtsdenken, demokratisch legitimierter Voluntarismus gegen richterrechtliche Tradition, geschriebenes gegenüber ungeschriebenem Recht u. a. m.). Zugleich wird aber auch für die EU-Rechtsangleichung die Vision **gemeineuropäischen Rechtsdenkens** im Sinne einer Re-Europäisierung der verschiedenen Rechtskreise beschworen („von Bologna bis Brüssel"). Neben die Setzung des **Jus Communitatis** der EU tritt zudem zum Teil die freiwillige Angleichung in Gestalt eines gemeineuropäischen **Jus Commune** (*Grundmann,* FS Fikentscher, 1998, 671). Dies zeigt sich nicht zuletzt bei europäischen Nachbarstaaten, die wie etwa die Schweiz zunehmend europäische Harmonisierungsakte „autonom nachvollziehen". 3

Das auch für die Rechtsharmonisierung geltende vertragliche Prinzip der **begrenzten Einzelermächtigung** führt zum Teil dazu, dass entsprechende Rechtsakte recht kleinteilig bestimmte Probleme aufgreifen, ohne dass der Gesamtzusammenhang des betreffenden Sachproblems hinreichend mitbedacht wird bzw. werden kann. So fehlt es zum Teil an einer **hinreichenden Abstimmung verschiedener Einzelrichtlinien** (etwa im Bereich des Verbraucherschutzes, Rz. 36/12). So liegt eine wichtige Aufgabe darin, im Lichte des ausdrücklich in Art. 7 AEUV verankerten Gebotes der **Kohärenz** der verschiedenen EU-Aktivitäten den vorhandenen Rechtsbestand zu **konsolidieren.** Vor allem aber treffen Rechtsangleichungsmaßnahmen der EU immer wieder auf geschlossene nationale Kodifikationen oder zumindest Systeme, in denen sie sich schon wegen des Grundsatzes der begrenzten Einzelermächtigung unvermeidlich nur störend auswirken können (Rz. 33/5 und 36/1 f.). All dies wirft Probleme bei der Einpassung von Harmonisierungsvorgaben in das nationale Recht auf. 4

Außerdem bestehen ergänzend zu allen bereichsspezifischen Regelungen – zu einem Vertragstyp, einem Straftatbestand oder einem Gebiet des besonderen Verwaltungsrechts – auf nationaler Ebene allgemeine Bestimmungen. Diese betreffen etwa die Frage, wann Verträge zustande kommen, wer an einer Straftat beteiligt ist, oder unter welchen Voraussetzungen sich eine erteilte Genehmigung aufheben lässt. Solche Regelungen lassen sich nur mit Schwierigkeiten und dann nur mit bereichsspezifischer Wirkung harmonisieren. Soweit diese wie häufig nicht harmonisiert werden, sind weiterhin die nationalen Regeln anwendbar, so dass die Wirkung der Vereinheitlichung begrenzt bleibt (vgl. auch Rz. 32/35). Letzteres ist auch deshalb der Fall, weil die Rechtsanwendung in den Händen nationaler, ihren Rechtstraditionen verhafteter Institutionen verbleibt. Hier bestehen **strukturelle Grenzen der Rechtsharmonisierung.**

2. Entwicklung der europäischen Rechtsangleichung

5 Nach Anfängen in den 1960er und 1970er Jahren war vor allem die von KOM und Rat 1985–1992 betriebene **Vollendung des Binnenmarktes** ein großer Rechtsangleichungsprozess. Hierzu trug wesentlich die mit der EEA 1986 neben die seit 1958 bestehende allgemeine Kompetenz des heutigen Art. 115 AEUV gestellte Befugnis des heutigen Art. 114 AEUV zur **erleichterten Binnenmarkt-Rechtsangleichung** (Rz. 2/19f., 32/8ff.) bei. Mit den Verträgen von Maastricht und Amsterdam 1992/1997 wurde der „dritte Pfeiler" der EU als **„Raum der Freiheit, der Sicherheit und des Rechts"** geschaffen und diente gleichfalls als Grundlage für zahlreiche Angleichungsakte (Rz. 32/20ff.). Frühere Regelungen über eine Angleichung mittels völkerrechtlicher Verträge wurden mangels Bewährung aufgehoben; solche Verträge bedürfen einer Ratifikation in allen MSen. Einzelheiten der Rechtsharmonisierung werden im Kontext der jeweiligen Sachmaterien behandelt. Und während traditionell auf Angleichung des nationalen Rechts setzende Richtlinien dominierten, werden in den letzten Jahren zunehmend Verordnungen erlassen (Rz. 32/34).

6 Im Zuge des Aufbaues des Binnenmarktes seit den 1980er Jahren wurden die schon angedeuteten **Grenzen der Harmonisierung nationalen Rechts durch Rechtsangleichung** mehr und mehr sichtbar. Nachdem der Gerichtshof durch seine **„Cassis-Rechtsprechung"** (Rz. 22/31) die (allerdings durch die Schranken der Grundfreiheiten begrenzte) **gegenseitige Anerkennung** nationaler Produktstandards als eine **Alternative zur Harmonisierung** eröffnet hatte, wurde dies von der politischen Praxis dankbar aufgegriffen. So wird heute in vielen Bereichen nur noch eine Mindestharmonisierung vorgenommen, gekoppelt mit der Pflicht zur gegenseitigen Anerkennung der jeweiligen nationalen Standards bzw. Einzelentscheidungen (Rz. 32/39ff.). Zugleich erlässt die EU immer häufiger VOen und damit Einheitsrecht, anstatt mit RLen das nationale Recht zu harmonisieren (dazu Rz. 32/35).

7 Hinsichtlich des **Ausmaßes** der Harmonisierung ist es zu einer gewissen **Mythenbildung** gekommen. Eine vage Prognose des früheren Kommissionspräsidenten *Delors* aus dem Jahre 1988, dass in (wenigen) Bereichen 10 Jahre später 80% der nationalen Rechtsetzung europäischen Ursprungs sein könnten, wurde bald für eine Beschreibung des Status quo gehalten (vgl. BVerfGE 89, 155). Eine sorgfältige jüngere Untersuchung der Gesetzgebung des **Deutschen Bundestages** (*Töller,* ZParl 2008, 3) wies demgegenüber für fast alle Rechtsgebiete Werte von **deutlich unter 50%** für die damals aktuelle Gesetzgebung aus; die zitierte Größenordnung wurde nur in den Bereichen Landwirtschaft und Umwelt erreicht. Daran hat sich bis heute nicht viel geändert. Auf **Landesebene** dürfte der Prozentsatz deutlich **niedriger** sein. Gleiches gilt, wenn man nicht allein die neue Gesetzgebung, sondern das aktuell geltende Recht insgesamt betrachtet. Zudem muss eine Bewertung auch qualitative Gesichtspunkten einbeziehen, betrifft doch die europäische Rechtsharmonisierung vielfach ausgesprochen technische Problemfelder.

II. Rechtsangleichung im Binnenmarkt (Art. 114ff. AEUV)

Literatur: *Kieninger,* Wettbewerb der Privatrechtsordnungen im Europäischen Binnenmarkt, 2002; *Möstl,* Grenzen der Rechtsangleichung im europäischen Binnenmarkt, EuR 2002, 318; *Selmayr/Kamann/Ahlers,* Die Binnenmarktkompetenz der EG, EWS 2003, 49; *Hillgruber,* Die Verwirklichung des Binnenmarktes durch Rechtsangleichung – Gemeinschaftsziel und -kompetenz ohne Grenzen?, GS Blomeyer, 2004, 597; *Ludwigs,* Rechtsangleichung nach Art. 94, 95 EG-Vertrag, 2004; *Richter,* „Nationale Alleingänge" – Förderung hoher Regelungsstandards oder Behinderung eines einheitlichen Binnenmarktes, 2007; *Roth,* Rechtsetzungskompetenzen für das Privatrecht in der Europäischen Union, EWS 2008, 401; *Müller-Graff,* Der Begriff der Rechtsangleichung in Art. 114 AEUV im Lichte eines gemeinsamen europäischen Kaufrechts, FS Jürgen Schwarze, 2014, 611; *Friesen,* Rechtszersplitterung im Binnenmarkt, EuZW 2015, 381; *Schmidt-Kessel,* Binnenmarkt im Gleichgewicht – Folgen der Akzentverschiebung für den Verbraucherschutz, FS Müller-Graff, 2015, 163; *Dunne,* Liberalisation and the Pursuit of the International Market, ELRev 2018, 803. *Remien,* Rechtsangleichung im Binnenmarkt, in: Schulze u. a. (Hrsg.), Europarecht, 4. Aufl. 2020, § 20.

1. Die zentrale Rechtsangleichungsnorm des Art. 114 AEUV

a) Voraussetzungen der Rechtsangleichung

Die „klassische", seit 1958 bestehende Rechtsangleichungsbefugnis war der heutige Art. 115 AEUV. Mit der EEA wurde 1987 als **Spezialbestimmung** zu dieser Norm der heutige Art. 114 AEUV geschaffen. Die erstgenannte Norm bezog sich auf den Gemeinsamen Markt, die zweitgenannte auf den Binnenmarkt (zu diesem Rz. 22/1). In der Praxis hat letztere dann die deutlich größere Bedeutung entfaltet, da allein sie eine Mehrheitsentscheidung vorsieht. Der Vertrag von Lissabon hat diese – im Kern unverändert gebliebene – Norm auch offiziell zur **„Grundnorm"** der Rechtsangleichung gemacht. Im Kontext des Binnenmarktes kommt der Rechtsangleichung vor allem wegen des **weiten Verständnisses der Grundfreiheiten** in der Rechtsprechung des EuGH große Bedeutung zu. Da diese durch zahlreiche nationale Vorschriften – ggf. unzulässig – beschränkt werden (Rz. 22/3), zugleich aber die Integration nicht auf diesen „negativen" Aspekt beschränkt bleiben, sondern positiv bestimmte Standards etwa beim Gesundheits-, Umwelt- oder Verbraucherschutz gewährleisten sollte, ist eine Rechtsangleichung ebenso notwendig wie zur Vermeidung einer „Inländerdiskriminierung" (Rz. 22/13). Dieser Harmonisierungsdruck betrifft – wie etwa mit dem Gesundheitsschutz – auch solche Bereiche, für die die EU unmittelbar gar keine Regelungszuständigkeit besitzt, deren Normierung auf nationaler Ebene aber ggf. für den grenzüberschreitenden Wirtschaftsverkehr Handelsschranken oder Wettbewerbsverzerrungen bewirkt und so die Voraussetzungen für eine Angleichungskompetenz auf europäischer Ebene begründet (Rz. 32/10). 8

aa) Regelungsziel: Errichtung und Funktionieren des Binnenmarktes

Rechtsakte nach Art. 114 AEUV müssen für die Verwirklichung des in Art. 26 AEUV definierten Zieles, also zunächst für die Errichtung und dann für die Sicherung des Funktionierens des **Binnenmarktes, erforderlich** sein (dazu EuGH, 5.10.2000, Rs. C-376/98, „Tabakwerbung I"). Hierzu gehören zunächst Rechtsakte, die sich auf die Verwirklichung der **Grundfreiheiten** beziehen, also entsprechende Hindernisse beseitigen. Alles, was sich als deren Beschränkung erweist oder sonst zur Erleichterung von deren Inanspruchnahme beiträgt, unterliegt der Angleichung; zu diesem Zweck können in Grenzen auch Verbote vorgesehen werden, weil eine Harmonisierung zwingend mit bestimmten Restriktionen einhergeht (vgl. auch nachf. Rz.). Eine Angleichung bei Maßnahmen, die den grenzüberschreitenden Handel nicht besonders betreffen wie bei „Verkaufsmodalitäten" im Sinne der „Keck"-Rechtsprechung zu Art. 34 AEUV (Rz. 22/32) fällt demgegenüber im Regelfall nicht unter Art. 114 AEUV. An sich nicht anwendbar ist Art. 114 AEUV, wenn ein Produkt völlig verboten bzw. vom Markt verdrängt werden soll (EuGH, 5.10.2000, Rs. C-376/98, „Tabakwerbung I"). In der Praxis wird dies aber nur in Grenzen beachtet (*Classen,* EuZW 2015, 854; *Nettesheim,* EuZW 2016, 578). 9

Art. 114 AEUV beschränkt sich jedoch nicht auf die Beseitigung von Beschränkungen der Grundfreiheiten. Zu einem funktionierenden Binnenmarkt gehört nämlich, wie die Entstehungsgeschichte belegt, der EuGH später überzeugend entschieden hat und nunmehr sogar, wenn auch vor anderem Hintergrund, ausdrücklich in einem Zusatzprotokoll verankert ist (Rz. 20/1), auch die Gewährleistung **fairer Wettbewerbsbedingungen** auf europäischer Ebene (siehe etwa EuGH, 8.6.2010, Rs. C-58/08,

„Vodafone u. a." zur Fixierung der Roaming-Gebühren; dazu Rz. 21/53). Allerdings müssen die durch das nationale Recht bedingten Wettbewerbsbeeinträchtigungen **„spürbaren"** Charakter aufweisen. Dementsprechend werden nicht nur Regelungen zur Angleichung von produktbezogenen Regelungen, sondern ggf. auch die Harmonisierung von Produktionsbedingungen von Art. 114 AEUV erfasst (EuGH, 11.6.1991, Rs. C-300/89, „Titandioxyd").

Manche Rechtsakte lassen sich auch schlicht durch die Notwendigkeit der Sicherung der **Einheitlichkeit des Wirtschaftsraums** rechtfertigen. Beispiele liefert der Überweisungsverkehr mit der Unterbindung besonderer Gebühren für Auslandsüberweisungen (VO 924/2009, ABl. L 266/11) sowie den Regelungen zu innereuropäischen Banküberweisungen (SEPA, VO 260/2012, ABl. VO (EU) 260/2012, ABl. L 94/22; dazu EuGH, 5.9.2019, Rs. C-28/18, „Verein für Konsumenteninformation"). Auch die zunehmende elektronische Kommunikation mit den Regelungen zum elektronischen Geschäftsverkehr (RL 2000/31, ABl. L 178/1), zum Roaming (Rz. 21/53), zu portablen Online-Diensten mit der Gewährleistung der Möglichkeit, Online-Angebote bei vorübergehendem Auslandsaufenthalt im gesamten Binnenmarkt, nicht nur im Heimatland, nutzen zu können (VO 2017/1128, ABl. L 168/1; vgl. auch Rz. 36/29), sowie zum Kampf gegen **„Geoblocking"**, also die bewusste Beschränkung von (vor allem internetbasierten) Angeboten auf bestimmte Teilgebiete des Binnenmarktes (VO 2018/302, ABl. L 60I/1; dazu *Bernhard,* NJW 2019, 472) sind hier zu nennen.

Schließlich reicht es aus, wenn MSen den Erlass von den Binnenmarkt beeinträchtigenden Vorschriften planen und damit **Störungen drohen;** letztere müssen nicht schon eingetreten sein (EuGH, 12.12.2006, Rs. C-380/03, „Deutschland/Parlament und Rat – Tabakwerbung II").

10 Das weite Verständnis des EuGH von „Beschränkungen" der Grundfreiheiten (Rz. 22/3) sowie der nicht näher eingegrenzte Bezug der Kompetenz zum Binnenmarkt bedeuten, dass es nur auf die **Wirkung,** nicht auf den Inhalt der **nationalen Vorschriften** ankommt. Eine binnenmarktbehindernde Wirkung kann aber in nahezu allen Lebensbereichen eintreten, und soweit das der Fall ist, vermittelt Art. 114 AEUV der Union auch dann einen Zugriff, wenn die zu harmonisierende Frage als solche nicht der Kompetenz der Union unterliegt. Insoweit verfügt die Union dann auch über **eigene Gestaltungsbefugnisse** (*Möstl,* EuR 2002, 318). Art. 114 Abs. 3 AEUV **verpflichtet** sie sogar, in diesem Sinne in den Bereichen **Gesundheit, Sicherheit, Umwelt** und **Verbraucher** ein hohes Schutzniveau zu sichern, obwohl gerade beim Gesundheitsschutz die Union nur über sehr begrenzte Kompetenzen verfügt (Rz. 33/54ff.). Deswegen durfte die Tabakwerbung in Werbemedien, die im Binnenmarkt handelbar sind, ebenso harmonisiert werden (RL 2003/33, ABl. L 152/16; dazu EuGH, 12.12.2006, Rs. C-380/03, „Deutschland/Parlament und Rat – Tabakwerbung II") wie die Fristen der für die Unternehmen mit erheblichen Kosten verbundenen Vorratsdatenspeicherung (RL 2006/24, ABl. L 105/54), während die Nutzung der Daten nicht geregelt wurde (und auch kompetenzrechtlich nicht hätte geregelt werden dürfen; EuGH, 10.2.2009, Rs. C-301/06, „Irland/Parlament und Rat"; zur späteren Nichtigerklärung der RL aus Gründen des materiellen Rechts Rz. 21/53). Ein aktuelles Beispiel bilden Beschränkungen des Waffenhandels (RL 2017/853, ABl. L 137/22; dazu EuGH, 3.12.2019, Rs. C-482/17, „Tschechien/EP und Rat"). Der damit verbundenen Nutzung von Gestaltungsbefugnissen, die an sich nicht der Unionskompetenz unterliegen, ist durch das Verhältnismäßigkeitsprinzip zu begrenzen (GA *Poiares Maduro,* EuGH, 1.10.2009, Rs. C-58/08, „Vodafone u. a."); der EuGH hat das bislang aber nicht aufgegriffen.

Nach Auffassung des EuGH muss der Anwendungsbereich der Harmonisierungsakte nicht so gestaltet werden, dass der Binnenmarkt in jedem Einzelfall beeinträchtigt wäre (EuGH, 20.5.2003, verb. Rs. C-465/00 u. a., „ORF", mit Kritik bei *Classen,* CMLRev 2004, 1377). Auch damit wird Angleichungsmaßnahmen eine problematische Reichweite zuerkannt. Insgesamt eröffnet Art. 114 AEUV einen weiten, gerichtlich nur begrenzt überprüfbaren **Ermessensspielraum** für die Rechtsangleichung.

Ausgenommen von Art. 114 AEUV sind nach dessen Abs. 2 die Bereiche **Steuern, Freizügigkeit** sowie Rechte und Interessen der **Arbeitnehmer.** Wie die in Abs. 4 und 5 enthaltenen Ausnahmebestimmungen zugunsten der Arbeitsumwelt deutlich machen, wird der Arbeitsschutz aber von Art. 114 AEUV erfasst. Für die indirekten Steuern kommt Art. 113 AEUV (Rz. 35/42) zur Anwendung, für die Freizügigkeit je nach Sachzusammenhang Art. 21 Abs. 2 und 3, Art. 46, Art. 48 und Art. 77 AEUV sowie für die Arbeitnehmerbelange Art. 153 AEUV und im Übrigen, also insbesondere für die direkten Steuern, Art. 115 AEUV (Rz. 32/17, 35/56). Etliche dieser Bestimmungen sehen einstimmige Entscheidungen im Rat vor oder enthalten sonstige Restriktionen. Art. 114 AEUV tritt zudem hinter Spezialbestimmungen zurück, wie sie etwa zur Niederlassungs- und zur Dienstleistungsfreiheit (Art. 50, 53, ggf. iVm Art. 62, sowie Art. 59 AEUV) bestehen. 11

bb) Regelungsgegenstand: Maßnahmen zur Angleichung der Rechts- und Verwaltungsvorschriften

Inhaltlich kann sich die Rechtsangleichung auf alle **nationalen Rechts- und Verwaltungsvorschriften** beziehen (Gesetze, VOen, Gewohnheitsrecht, interne Verwaltungsvorschriften und Verwaltungspraktiken, Kollektivverträge sowie ständige Rechtsprechung). Bereichsbezogene Ausnahmen, die an das gewählte Regelungsinstrument anknüpfen, etwa zugunsten des Verfahrensrechts, sind hier wie auch generell nicht anzuerkennen. Anderes gilt nur für das in Art. 114 Abs. 2 AEUV ausgeklammerte Steuerrecht sowie das speziell in Art. 82 AEUV geregelte Strafrecht. 12

Nicht anwendbar ist Art. 114 AEUV daher, wenn europäisches Recht neben das unverändert anwendbare, nicht harmonisierte nationale Recht treten soll und für die Betroffenen damit eine Rechtswahl besteht (EuGH, 2.5.2006, Rs. C-436/03, „Parlament/KOM und Rat", zur VO 1435/2003, ABl. L 207/1, über das Statut der Europäischen Genossenschaft; dazu Rz. 36/34). Von einem strikten Verständnis von „Rechtsangleichung" wird auch die Setzung von Einheitsrecht nicht erfasst, so dass der an sich vorgesehene Rückgriff auf VOen weitgehend ausscheidet (vgl. noch Rz. 32/34). Die Praxis zeigt sich jedoch insoweit großzügig. 13

Soweit – insbesondere angesichts unterschiedlicher Rechts- und Verwaltungskulturen – zur Sicherung der Effektivität von Harmonisierungsmaßnahmen **administrative Begleitmaßnahmen** erforderlich sind (Rz. 32/40), können auch diese auf Art. 114 AEUV gestützt werden (EuGH, 2.5.2006, Rs. C-217/04, „Vereinigtes Königreich/Parlament und Rat"). Soweit in diesem Kontext der KOM Befugnisse übertragen werden sollen, besteht seit 2009 in Art. 291 AEUV eine ausdrückliche Kompetenz, so dass der Rückgriff auf Art. 114 AEUV nicht mehr erforderlich ist.

cc) Subsidiarität und Verhältnismäßigkeit

Art. 114 AEUV begründet keine ausschließliche, sondern eine **konkurrierende Zuständigkeit** (Art. 4 Abs. 2 lit. a AEUV). Zwar kann die Rechtsangleichung als solche nur von den europäischen Organen vorgenommen werden; die Befugnis zur Regelung der jeweiligen Sachmaterien aber liegt konkurrierend bei den MSen. Die EU muss daher die Prinzipien der Subsidiarität und der Verhältnismäßigkeit beachten (Art. 5 EUV; EuGH, 9.10.2001, Rs. C-377/98, „Niederlande/Parlament und Rat"). Neben dem bereits zum Tatbestand von Art. 114 AEUV gehörenden Merkmal der Erforderlichkeit (Rz. 32/9) haben diese Prinzipien allerdings kaum Bedeutung. Zudem lässt sich der entsprechende Beurteilungsspielraum der politischen Organe rechtlich kaum kontrollieren (EuGH, 8.6.2010, Rs. C-58/08, „Vodafone"). Und schließlich ist zu be- 14 achten: einheitliche europäische Standards können auch international ausstrahlen, nationale Standards hingegen werden kaum von anderen großen Wirtschaftsnationen wie USA und China ernst genommen.

b) Rechtsfolgen der Rechtsangleichung – nationale Alleingänge

15 Grundsätzlich müssen die MSen ihre Rechtsordnungen entsprechend den Vorgaben des jeweiligen Rechtsaktes anpassen, bei RLen also innerhalb der vorgesehenen Umsetzungsfrist. Zugleich scheidet damit im Grundsatz die Möglichkeit der MSen aus, nationales Recht, das die Ausübung von Grundfreiheiten beschränkt, im Rahmen von deren Schranken, etwa aus „zwingenden Interessen des Allgemeinwohls" (vgl. Rz. 22/42, 25/19f.) zu rechtfertigen. Spielräume der MSen bestehen jedoch, soweit diese in dem Harmonisierungsakt vorgesehen sind, etwa weil dieser keine (abschließende) Vollharmonisierung, sondern nur eine Mindestharmonisierung vorsieht (dazu Rz. 32/35). Damit MSen mit einem hohen nationalen Schutzniveau möglichst wenig Verschlechterungen erleiden (Gefahr des „race to the bottom"), verpflichtet Art. 114 Abs. 3 AEUV die Organe der Union bei **Gesundheit, (technischer) Sicherheit, Umweltschutz und Verbraucherschutz** auf ein **hohes Schutzniveau** unter Berücksichtigung neuer wissenschaftlicher Ergebnisse. Eine Absenkung des Niveaus im Rahmen einer Novellierung des europäischen Rechts ist damit aber nicht prinzipiell ausgeschlossen.

16 Nach dem Erlass von Rechtsakten der Binnenmarkt-Rechtsangleichung dürfen MSen allerdings gemäß Abs. 4 zu diesem Zeitpunkt bestehende **nationale Bestimmungen** weiter **anwenden,** die durch die in **Art. 36 AEUV** genannten Rechtsgüter oder zum Schutz der **Arbeitsumwelt** oder des **Umweltschutzes** gerechtfertigt sind (zu Beweisfragen in diesem Kontext EuGH, 9.7.2015, Rs. C-360/14 P, „Kommission/Deutschland"). Dieser erkennbar vor allem mit Blick auf die Warenverkehrsfreiheit formulierte Katalog – im Bereich von Niederlassungs- und Dienstleistungsfreiheit ist Art. 114 AEUV wegen insoweit bestehender Spezialkompetenzen ohnehin vielfach nicht anwendbar (Rz. 32/11) – ist abschließend. Nicht in Betracht kommt daher die Rechtfertigung einer nationalen Maßnahme unter Hinweis auf sonstige zwingende Erfordernisse oder legitime Allgemeinwohlbelange, wie sie im Kontext der Grundfreiheiten anerkannt sind (Rz. 22/42, 25/19f., 27/50ff., 28/36). **Neue nationale Maßnahmen** sind nach Abs. 5 sogar allein zulässig, wenn sie auf neue wissenschaftliche Erkenntnisse gestützt sind, aber nur, soweit damit einem spezifischen Problem eines MS in den Bereichen der Umwelt oder der Arbeitsumwelt Rechnung getragen werden soll („Nationaler Alleingang"; *Epiney,* FS Rengeling, 2008, 215). Die nationalen Maßnahmen gemäß Abs. 4 und 5 müssen von der KOM genehmigt werden, die auch deren Anpassungen vorschlagen kann, und unterliegen zudem einer erleichterten Missbrauchskontrolle durch den EuGH (Abs. 6–9; siehe etwa EuGH, 20.3.2003, Rs. C-3/00, „Dänemark/KOM" zu Abs. 4 und EuG, 5.10.2005, verb. Rs. T-366/03 u. a., „Land Oberösterreich/KOM" zu Abs. 5; zur Berechnung der 6-Monatsfrist, die der KOM zur Verfügung steht, siehe EuG, 9.12.2010, Rs. T-69/08, „Polen/KOM"). Rechtsakte der Binnenmarkt-Rechtsangleichung können außerdem **Schutzklauseln** enthalten, welche die MSen zu vorläufigen Maßnahmen unter Unionskontrolle ermächtigen (Art. 114 Abs. 10 AEUV).

2. Weitere Kompetenzen im Kontext des Binnenmarktes

a) Rechtsangleichung nach Art. 115 AEUV

Ursprünglich war der heutige Art. 115 AEUV die alleinige allgemeine Kompetenz zur Rechtsangleichung (Rz. 32/8). Seit der Ersetzung des früheren Bezugspunkts Gemeinsamer Markt durch den Binnenmarkt mit dem Vertrag von Lissabon gilt die Norm nur noch für die durch Art. 114 Abs. 2 AEUV **ausgeklammerten Bereiche,** für die es auch sonst keine Spezialkompetenz gibt (vgl. schon Rz. 32/11). Hier muss der Binnenmarktbezug „unmittelbaren" Charakter aufweisen: Die nationalen Normen müssen sich **in spürbarer (intensiver) Weise negativ** auf den Binnenmarkt auswirken. Als mögliche Maßnahme ist nur der Erlass von RLen vorgesehen; die Entscheidung im Rat erfolgt einstimmig nach Anhörung des EP. 17

b) Behandlung von Wettbewerbsverzerrungen (Art. 116, 117 AEUV)

Art. 116f. AEUV enthalten ein besonderes Instrumentarium zur Beseitigung divergierender nationaler Normen, welche die Wettbewerbsbedingungen derart verfälschen, dass eine **„Verzerrung"** (besonders intensive Verfälschung) hervorgerufen wird. Wegen der praktischen Schwierigkeiten bei der Bestimmung einer „Verzerrung" sind diese Kompetenzen **tote Buchstaben** geblieben; es wurde seit 1958 keine einzige RL erlassen. 18

c) Rechtstitel zum Schutz geistigen Eigentums (Art. 118 AEUV)

Nach Art. 118 AEUV können einheitliche Rechtstitel im Bereich des geistigen Eigentums geschaffen werden; dazu näher in Rz. 36/25. 19

III. Rechtsharmonisierung im Raum der Freiheit, der Sicherheit und des Rechts (RFSR; Art. 67ff. AEUV)

Literatur: Ausführliche Literaturlisten bei *Röben,* in: Grabitz/Hilf/Nettesheim (Hrsg.), Das Recht der EU, 69. EL 2020, bei Art. 67 AEUV; *Heid,* Raum der Freiheit, der Sicherheit und des Rechts, in: Dauses/Ludwigs (Hrsg.), HB EU-WirtschR, S, 2016.

Weitere Titel: *Bendel/Ette/Parkes* (Hrsg.), The Europeanization of Control. Venues and Outcomes of EU Justice and Home Affairs Cooperation, 2011; *Frenz,* Raum der Freiheit, der Sicherheit und des Rechts, Jura 2012, 701; *Joerden,* Ein „Raum der Freiheit, der Sicherheit und des Rechts" – eine Illusion?, in: Kaufmann/Renzikowski (Hrsg.), Freiheit als Rechtsbegriff, 2016; *Labayle/Bergé,* Les principes de l'Espace de liberté, de sécurité et de justice, RTDE 2016, 589; *Fletcher/Herlin-Karnell/Matera,* The European Union as an Area of Freedom, Security and Justice, 2017; *Herlin-Karnell,* The Constitutional Structure of Euope's Area of 'Freedom, Security and Justice' and the Right to Justification, 2019.

1. Grundlagen des RFSR

Die mit dem Binnenmarktprozess der achtziger Jahre verbundene Öffnung der Grenzen legte eine Ersetzung der traditionell mit diesen verbundenen Sicherungen durch andere Instrumente nahe. Nach ersten Regelungen im „Schengener Übereinkommen" von 1985 (Rz. 32/21) wurde mit dem Vertrag von Amsterdam 1997 die **Erhaltung und Weiterentwicklung der Union als „Raum der Freiheit, der Sicherheit und des Rechts"** zum Ziel der EU erklärt. Heute wird dieses sogar im EUV vor dem Binnenmarkt aufgeführt (Art. 3 Abs. 2 und 3). Inhaltliche Kernelemente dieses Konzepts bilden Kompetenzen in den Bereichen **Grenzkontrollen, Asyl und Einwanderung** sowie der **polizeilichen Zusammenarbeit** (heute Art. 76ff. AEUV, Rz. 33/67ff.), die **„Justizielle Zusammenarbeit in Zivilsachen"** (heute Art. 81ff., Rz. 36/35ff.) sowie die **„Justizielle Zusammenarbeit in Strafsachen"** (heute Art. 82ff. AEUV, Rz. 37/1ff.). Verbindendes Element dieser Bereiche (vgl. noch Rz. 32/23ff.) ist vor allem die Nähe zu klassischen Kernaufgaben des Staates. Daher betont Art. 67 Abs. 1 20

AEUV im vorliegenden Kontext besonders die Bedeutung der Grundrechte einerseits, die Notwendigkeit der Achtung vor den verschiedenen Rechtsordnungen und -traditionen der MSen andererseits. Letzteres spiegelt sich auch im besonderen Hinweis auf das Subsidiaritätsprinzip (Art. 69 AEUV), dem Vorbehalt zugunsten der Zuständigkeiten der MSen bei der Sicherung der öffentlichen Ordnung und dem Schutz der inneren Sicherheit (Art. 72 AEUV) sowie in einigen Verfahrensvorschriften (Rz. 32/27) wider. Die Kompetenzen des RFSR bilden Spezialkompetenzen zu den Art. 114 f. AEUV. Nach Maßgabe von Art. 216 AEUV (Rz. 38/16) bestehen ggf. auch hier entsprechende Außenzuständigkeiten (vgl. auch EuGH, 7.2.2006, Gutachten 1/2003, „Übereinkommen von Lugano").

21 Der Verzicht auf Personenkontrollen an den EU-Binnengrenzen und die gleichzeitige Verlagerung an die Außengrenzen des „Schengen-Raumes" bzw. der EU-Außengrenzen begann mit dem „Übereinkommen betr. den schrittweisen Abbau der Kontrollen an den gemeinsamen Grenzen", das von fünf der sechs EG-Gründerstaaten (Deutschland, Frankreich, Benelux) 1985 im luxemburgischen Grenzort **Schengen** abgeschlossen wurde (GMBl. 1986, 79). 1990 folgte das maßgebliche **Durchführungsabkommen „Schengen II"** (SDÜ, BGBl. 1993 II 1013). Mit dem **Amsterdamer Protokoll** zur Einbeziehung des Schengen-Besitzstandes in die EU und Titel IV (Art. 61 ff.) EGV über den RFSR wurde die Schengen-Regelung in Amsterdam 1997 in das (damalige) EG-Recht eingebunden.

22 Als solcher wurde der RFSR mit dem **Vertrag von Amsterdam** geschaffen. Dabei verblieben einige Zuständigkeiten in intergouvernementalem Rahmen (Art. 29 EUV a. F.), andere gingen mit Sonderregelungen in die Zuständigkeit der Gemeinschaft über. Im EUV wurde als neuer möglicher Rechtsakt der der RL nachgebildete Rahmenbeschluss geschaffen, jedoch unter Ausschluss einer unmittelbaren Wirkung (Art. 34 EUV a. F.). Demgegenüber galt das Gebot unionsrechtskonformer Auslegung des nationalen Rechts auch hier (EuGH, 16.6.2005, Rs. C-105/03, „Pupino"). Schließlich wurde dem Vereinigten Königreich, Irland und Dänemark im RFSR ein Sonderstatus zugestanden (Rz. 32/28). Mit dem Vertrag von Lissabon wurde dieser Komplex dann, von wenigen Sonderregelungen abgesehen, in die allgemeinen Unionsstrukturen überführt.

2. Inhaltliche Elemente des RFSR

23 Die Vorstellung eines „**Raumes der Freiheit,** ... in dem in Verbindung mit geeigneten Maßnahmen ... der freie Personenverkehr gewährleistet ist" (Art. 3 Abs. 2 EUV), lehnt sich an die Definition des europäischen Binnenmarktes (Art. 26 Abs. 2 AEUV) an. Die – im Vergleich zum Binnenmarktziel – bemerkenswerte Offenheit des Konzepts lässt sich am ehesten über den in Art. 3 EUV aber erst später erwähnten Binnenmarkt konkretisieren. So sollen nach Art. 67 Abs. 2, 77 Abs. 1 AEUV Personenkontrollen an den Grenzen unabhängig von der Staatsangehörigkeit nicht stattfinden; **Drittstaatsangehörige** sind prinzipiell eingeschlossen (Rz. 33/67). Über den freien Personenverkehr hinaus bedeutet „Raum der Freiheit" zugleich die **Anerkennung der persönlichen Grundrechte,** den Schutz der Privatsphäre und die Schaffung eines Rechtsraumes, in dem die öffentliche Gewalt die Freiheit gegen ihre Gegner schützt.

24 Damit wird die Brücke zum **Raum der Sicherheit** geschlagen: die Personenfreizügigkeit innerhalb der EU muss von **sicherheitsrechtlichen Maßnahmen** begleitet werden, um dem Missbrauch der Freiheit entgegenzuwirken. Instrumente sind u. a. Kontrollen der Außengrenzen, Visapolitik sowie Regelungen zu Asyl und Einwanderung und zur Kriminalitäts- und Terrorismusbekämpfung (Rz. 33/66 ff.). Grundsätzlich soll die sensible Wahrung der öffentlichen Ordnung und Sicherheit in der Zuständigkeit der MSen verbleiben. Der RFSR bedarf jedoch eines festen institutionellen Rahmens, in dem sich eine intensive **Polizeikooperation** der MSen abspielt.

25 Mit dem **Raum des Rechts** wird nicht die gesamte Rechtsordnung angesprochen, sondern die **justizielle Zusammenarbeit** der MSen **in Zivil- und Handelssachen** sowie in **Strafsachen.** Im Bereich des Zivil- und Handelsrechts soll innerhalb des Binnenmarktes **unkompliziert Rechtssicherheit** und gleicher Zugang zum Recht erreicht werden (leichte Feststellung des zuständigen Gerichts und des anwendbaren Rechts, zügige Verfahren und eine wirksame Vollstreckung in „freiem Urteilsverkehr", näher Rz. 36/35ff.). Bei der Zusammenarbeit in Strafsachen geht es in Fortsetzung der Polizeikooperation um **vergleichbare Konzepte der Strafjustiz** im Umgang mit kriminellen Verhaltensweisen (u. a. vergleichbares Verfolgungsniveau bei bestimmten Straftaten mit grenzüberschreitender Dimension wie organisierte Kriminalität, Umwelt- und High-Tech-Kriminalität, Korruption oder Geldwäsche), aber auch um die systematische wechselseitige Urteilsanerkennung (Rz. 37/1ff.). Ein wichtiges, in den Art. 81, 82 und 83 AEUV auch explizit angesprochenes Instrument stellt das Prinzip der **gegenseitigen Anerkennung** nationaler Regelungen und Entscheidungen dar (Rz. 32/39f.). Daher besteht eine Grundprämisse des RFSR im gegenseitigen Vertrauen der MSen in die Leistungsfähigkeit des Rechts- und Gerichtssystems; dazu Rz. 32/39f.

26 Im Einzelnen wird die Tätigkeit im Bereich des RFSR regelmäßig durch entsprechende vom Europäischen Rat zu beschließende Programme vorbereitet (Art. 68 AEUV; für den Beschluss vom Juni 2014, ABl. C 240/13) wurde noch keine Nachfolgeregelung beschlossen).

3. Sonderregelungen im Bereich des RFSR

a) Verfahrensmäßige Sonderregeln

27 Auch nach der Integration des RFSR in das allgemeine Unionsrecht bestehen einzelne Sonderregeln. Neben den für Einzelaspekte des RFSR relevanten Punkten (Rz. 33/76, 36/35, 37/2) sind bereichsübergreifend die Befugnis des Europäischen Rates zur Festlegung der **Strategischen Leitlinien** der Politik im RFSR (Art. 68 AEUV) sowie – für die Bereiche Strafrecht und Polizeikooperation – das **Initiativrecht** auch für ein Viertel der MSen (Art. 76 AEUV) vorgegeben. Besonders betont wird die Rolle der nationalen Parlamente bei der Kontrolle der Einhaltung des Subsidiaritätsprinzips (Art. 69 AEUV). Außerdem können besondere Kontrollmaßnahmen hinsichtlich der Beachtung des für den RFSR zentralen Grundsatzes der **gegenseitigen Anerkennung** (von Urteilen) vorgesehen werden (Art. 70 AEUV). Eine explizite Kompetenz betrifft die **Verwaltungszusammenarbeit** (Art. 74 AEUV; vgl. auch zu freiwilliger Kooperation Art. 73 AEUV). Im Übrigen bleiben die auf der Grundlage des bisherigen Unionsrechts beschlossenen Rechtsakte (als solche) in Kraft. Die für diese geltenden Sonderregelungen sind jedoch ausgelaufen.

b) Sonderstatus von Irland und Dänemark

28 Für Irland bestehen in Zusatzprotokollen verankerte Sonderregeln: Dank eines Systems von **„opt in"**- bzw. „opt out"-Klauseln muss es sich nicht an Maßnahmen des RSFR beteiligen. Auch Dänemark muss sich nicht an RFSR-Rechtsakten beteiligen, hat aber später zusammen mit Island und Norwegen den Schengen-Besitzstand bei sich auf völkerrechtlicher Grundlage in Kraft gesetzt und ist an anderen Rechtsakten über völkerrechtliche Verträge beteiligt (zu alledem *Tekin,* integr. 2012, 237). Soweit ein Staat in einem Bereich nicht mitwirkt, ist er auch nicht an der Beschlussfassung über entsprechende Sekundärrechtsakte beteiligt (EuGH, 18.12.2007, verb. Rs. C-77/05 u. a., „Vereinigtes Königreich und Irland/Rat").

IV. Sonstige Kompetenzen im Bereich der Rechtsharmonisierung

1. Bereichsspezifische Kompetenzen

29 Neben den Zentralnormen der Art. 114ff. AEUV und den Bestimmungen des RFSR enthält der Vertrag **eine größere Zahl bereichsspezifischer Kompetenzen** für Maßnahmen der **Rechtsharmonisierung** (Überblick sogleich), deren Anwendbarkeit ne-

ben oder an Stelle der vorgenannten Normen von Fall zu Fall bestimmt werden muss. Soweit es sich dabei um leges speciales handelt, etwa weil sie spezifische Aspekte des Binnenmarktes betreffen wie bei der Kompetenz zur Diplomanerkennung nach Art. 53 AEUV (dazu Rz. 25/21), haben sie Vorrang vor den Art. 114ff. AEUV. Geht es dagegen um andere Politikbereiche – genannt seien etwa der Schutz von Umwelt (Art. 192 AEUV) oder Gesundheit (Art. 168 AEUV), kommt es für die Abgrenzung auf den **Schwerpunkt** der Maßnahme an (EuGH, 10.12.2002, Rs. C-491/01, „BAT"). Die Binnenmarktkompetenz ist **alleinige Rechtsgrundlage,** wenn bei dem zu erlassenden Rechtsakt das Funktionieren des Binnenmarktes im Vordergrund steht und dieses **tatsächlich verbessert wird („positiver Binnenmarkteffekt",** Rz. 32/9). Dabei ist zu berücksichtigen, dass Art. 114 Abs. 3 AEUV ausdrücklich von einem hohen Schutzniveau der Harmonisierungsregelungen bei **Gesundheit, Sicherheit, Umweltschutz und Verbraucherschutz** ausgeht (Rz. 32/15). Ist eine „tatsächliche Verbesserung" des Funktionierens des Binnenmarktes nicht nachweisbar, sind demgegenüber die bereichsspezifischen Zuständigkeiten anwendbar.

30 – Mit Blick auf die **Freizügigkeit der Unionsbürger** ermächtigt Art. 21 AEUV zum Erlass von Vorschriften zur Erleichterung der Ausübung der Aufenthaltsrechte. Art. 115 AEUV ist daneben nicht anwendbar.
– Für rechtsharmonisierende Maßnahmen im Bereich der **Landwirtschaft,** etwa der Angleichung von Agrarproduktions- und Vermarktungsnormen, ist Art. 43 AEUV einschlägig (EuGH, 23.2.1988, Rs. 68/86, „Vereinigtes Königreich/Rat"; st. Rspr.; dazu Rz. 24/25); damit ist Art. 114 AEUV insoweit subsidiär (EuGH, 16.11.1989, Rs. C-131/87, „KOM/Rat"). Zu Einzelheiten siehe Rz. 24/25f.
– Im Bereich der **Freizügigkeit der Arbeitnehmer** ermächtigt Art. 46 AEUV zum Erlass von Vorschriften im Bereich aufenthaltsrechtlicher Rechtsharmonisierung. Die Befugnis nach Art. 48 AEUV zu ergänzenden Rechtsakten im Bereich der sozialen Absicherung trägt keine Rechtsangleichung im eigentlichen Sinne, sondern nur Maßnahmen, die die Kompatibilität der Systeme sicherstellen sollen (Rz. 27/71 ff.). Im Übrigen ist Art. 115 AEUV anwendbar.
– Art. 50, 52f., 59, 62 AEUV betreffen Harmonisierungsmaßnahmen **zur Verwirklichung der Niederlassungs- und Dienstleistungsfreiheit** (zur Praxis Rz. 28/42 ff. und 25/21 ff.). Sie sind spezieller als Art. 114f. AEUV, die dementsprechend daneben nicht anwendbar sind. In der Praxis werden Abgrenzungsprobleme vielfach durch eine Doppelabstützung der jeweiligen Rechtsakte vermieden. Bei der Entscheidung über die Zulässigkeit von allein in Art. 114 AEUV vorgesehenen nationalen Alleingängen (Rz. 32/16) aber kann die Frage nicht offen bleiben, sondern ist – soweit möglich – bereichsspezifisch und im Übrigen abhängig von Sinn und Zweck der jeweiligen Harmonisierungsmaßnahme zu beantworten.
– Art. 79, 100 Abs. 2 AEUV ermöglichen mit weit gefassten Kompetenzen zur **gemeinsamen Verkehrspolitik** rechtsharmonisierende Akte (zur Praxis Rz. 26/11 ff.) und stellen insoweit wegen des binnenmarktbezogenen Charakters der Verkehrspolitik (Rz. 26/1) leges speciales dar.
– Art. 113 AEUV regelt als lex specialis die **Harmonisierung der indirekten Steuern;** direkte Steuern könnten nach Art. 115 AEUV angeglichen werden. Die Steuerrechtsangleichung ist an sich für die Schaffung gleichartiger Wettbewerbsbedingungen im Wirtschaftsgefüge der EU und für die effektive Verwirklichung der Grundfreiheiten von besonderer Bedeutung, kommt aber wegen der erforderlichen Einstimmigkeit nur sehr langsam voran (Rz. 35/42ff.).

- Art. 153 AEUV ermöglicht im **Bereich der Sozialpolitik** den Erlass von Mindestvorschriften (Rz. 29/11). Daneben sind Maßnahmen nach Art. 115 AEUV möglich, soweit die Wettbewerbsgleichheit der Unternehmen im Binnenmarkt gesichert werden soll.
- Art. 168 Abs. 4 AEUV enthält die Kompetenz zu bestimmten **gesundheitsbezogenen** Harmonisierungsmaßnahmen; diese Kompetenz geht als lex specialis Art. 114 AEUV vor (vgl. auch Rz. 33/58). Daneben macht Art. 114 Abs. 3 AEUV deutlich, dass auch im Übrigen Harmonisierungsmaßnahmen mit gesundheitspolitischem Impetus zulässig sind (EuGH, 12.12.2006, Rs. C-380/03, „Deutschland/Parlament und Rat – Tabakwerbung II"; vgl. auch Rz. 33/58).
- Art. 192 AEUV enthält die Kompetenz zu **Umweltschutzmaßnahmen,** doch zeigt Art. 114 Abs. 3 AEUV, dass auch die Binnenmarktkompetenz zu Umweltschutzzwecken eingesetzt werden kann. Die Abgrenzung erfolgt nach **Inhalt, Ziel** und **Schwerpunkt** der Maßnahme (EuGH, 11.6.1991, Rs. C-300/89, „Titanoxyd"; näher Rz. 33/21).
- Art. 194 AEUV enthält eine spezifische Kompetenz in Sachen **Energiepolitik,** die sich auch auf die „Sicherstellung des Funktionierens des Energiemarktes" bezieht, so dass die Norm als lex specialis zu Art. 114 AEUV anzusehen ist (vgl. auch Rz. 23/7).
- Für die **Gemeinsame Handelspolitik** enthält Art. 207 AEUV die Möglichkeit zur Ausbildung eines weitgehend einheitlichen Außenwirtschaftsrechts (unten Rz. 40/11 ff.).

2. Ergänzende Rechtsharmonisierung nach Art. 352 AEUV

Ist keine der bereichsspezifische Regelungszuständigkeiten einschlägig, kann **Art. 352 AEUV** (allgemein dazu Rz. 11/8 ff.) zur **Rechtsharmonisierung** herangezogen werden. Dies gilt jedoch **nicht** für Maßnahmen mit **„verfassungsrechtlicher Relevanz";** diese bedürfen einer Vertragsänderung (EuGH, 28.3.1996, Gutachten 2/94, „EMRK-Beitritt I"; Rz. 11/8). Einer großzügigen Nutzung dieser Norm steht faktisch vor allem das Entscheidungsverfahren entgegen: entsprechende Rechtsakte müssen vom Ministerrat **einstimmig** und mit Zustimmung des Parlaments beschlossen werden. Ferner muss auch hier jeweils die Beachtung des **Subsidiaritätsprinzips** (Art. 5 EUV) geprüft werden. Als Handlungsformen stehen VO und RL zur Verfügung. Ausdrücklich ausgeschlossen wird aber der Rückgriff auf diese Norm, soweit Spezialbestimmungen (wie etwa Art. 165 Abs. 4 AEUV) eine Rechtsharmonisierung ausschließen (Art. 352 Abs. 3 AEUV). 31

Rechtsangleichung über den heutigen Art. 352 AEUV begann in der **Praxis** Ende der sechziger Jahre. 32 Nicht selten wurden dann später wie im Sozial- und im Umweltrecht einschlägige spezifische Kompetenzbestimmungen geschaffen; der Kompetenzergänzungsnorm kam so der Charakter einer „Experimentierklausel" zu. **Heute** hat die Norm vor allem dort Bedeutung, wo wie im **Gesellschaftsrecht** neben die nationalen Rechtsformen tretende europäische Rechtsformen (u. a. Europäische Wirtschaftliche Interessenvereinigung, Europäische Aktiengesellschaft; Rz. 36/34) geschaffen werden sollen. Werden nicht nationale Rechtsinstitute harmonisiert, sondern neue, europäische Institute neben die bestehen bleibenden Institute des nationalen Rechts gesetzt, sind Art. 114 f. AEUV nämlich nicht anwendbar (Rz. 32/13).

V. Instrumente der Rechtsharmonisierung

1. Richtlinien und intensivere Formen der Rechtsharmonisierung

33 Das traditionell zentrale Element der Rechtsangleichung sind **Richtlinien.** Diese schaffen kein einheitliches, unmittelbar anwendbares Recht, sondern verpflichten die MSen zur Anpassung ihrer Rechtsordnungen (Art. 288 Abs. 3 AEUV). Das durch RLen bedingte zweistufige Rechtsetzungsverfahren schränkt die Kompetenz der MSen zur autonomen Rechtsetzung zwar ein, belässt ihnen jedoch in gewissem Umfang die Wahl der Formen und Mittel zur Umsetzung der RL. Auf diese Weise kann jeder MS bei der Umsetzung nationale Traditionen berücksichtigen. Angestrebt wird kein Unitarismus, sondern eine bloße Rechts„angleichung" im Wortsinne. **Das angeglichene Recht bleibt „europäisch geprägtes" nationales Recht** und unterliegt weiterhin der Auslegung durch die nationalen Gerichte (*Lutter,* JZ 1992, 593). Über deren Richtlinienkonformität entscheidet der Gerichtshof gemäß Art. 267 AEUV.

34 **Verordnungen** stellen im Bereich der Rechtsangleichung eigentlich einen gewissen „Systembruch" (*Everling,* FS Steindorff, 1990, 1166) dar. Sie führen nicht zur Angleichung des nationalen Rechts, sondern setzen einheitliches europäisches Recht. Dies ist bei Kompetenzen wie Art. 352 AEUV unproblematisch, die allgemein zu „Maßnahmen" o. ä. ermächtigen, ohne explizit auf Rechtsangleichung beschränkt zu sein. Ist dagegen speziell eine „Rechtsangleichung" vorgesehen, die aber mit allen Instrumenten vorgenommen werden darf wie nach Art. 113 AEUV (Steuern) und Art. 114 AEUV (Binnenmarktrechtsangleichung, dazu Rz. 32/8 ff.), müssten VOen im Grundsatz auf RLen **ergänzende Regelungen** begrenzt bleiben. Die **Praxis** ist insoweit jedoch **zunehmend großzügig** (vgl. schon Rz. 32/13) und will so Wettbewerbsgleichheit sichern. Übergangen wird damit, dass dieses Ziel ohnehin nur begrenzt erreicht werden kann: Die aus den Grenzen des Anwendungsbereichs jedes Rechtsetzungsaktes resultierenden strukturellen Grenzen jeder Rechtsharmonisierung (dazu bereits Rz. 32/4) sowie das dennoch zumeist bestehende Erfordernis einer nationalen Ausführungsgesetzgebung auch bei Verordnungen (Beispiel: Art. 5 der SeilbahnVO 2016/424, ABl. L 81/1) bleiben ja von der Wahl des Rechtsinstruments Verordnung unberührt, und die Frage, wann und inwieweit die europäischen Regeln die nationalen Regeln verdrängen, beantwortet dann nicht der umsetzende nationale Gesetzgeber, sondern der Rechtsanwender.

2. Intensität der Harmonisierung

35 Im Einzelnen kann man verschiedene Arten von Harmonisierung unterscheiden. Die **Vollharmonisierung** zielt auf eine umfassende Angleichung ab; dem MS verbleibt vorbehaltlich primärrechtlicher Sonderregeln (vgl. etwa Rz. 32/16 und Rz. 33/24) kein eigener Gestaltungsspielraum. Diese Harmonisierung erfolgt allerdings nur im Rahmen des Anwendungsbereichs des betreffenden Rechtsaktes. Das wirft die zum Teil schwer zu beantwortende Frage auf, welche Punkte von dem Akt tatsächlich geregelt sind. Zudem wirft die geschilderte Einpassung der Harmonisierungsvorgaben in das nationale Rechtssystem (Rz. 32/4) hier besondere Probleme auf. Die **Mindestharmonisierung** setzt nur bestimmte Mindeststandards, gestattet den MSen also, höhere Standards zu setzen. Für den Schutz nichtwirtschaftlicher Güter ist dies vorzugswürdig, doch wird die angestrebte Chancengleichheit im Wettbewerb auf dem Binnenmarkt damit nur in Grenzen erreicht. Ggf. wird die Mindestharmoni-

sierung um **Freiverkehrsklauseln** ergänzt. Danach müssen Waren und Dienstleistungen aus anderen MSen, die einem Harmonisierungsakt entsprechen, trotz der im Inland geltenden höheren Standards zugelassen werden. Damit verknüpft sich das Prinzip der **gegenseitigen Anerkennung** von Standards, das im Kern auf die Cassis de Dijon-Judikatur des EuGH zurückgeht. Diese wechselseitige Anerkennung (näher Rz. 32/39 ff.) – formal keine Rechtsangleichung, aber als Minus zu dieser von der Kompetenz abgedeckt –, die zum Teil auch auf den administrativen Bereich erstreckt wird, bedarf vielfach **ergänzender Regelungen,** mit denen das wechselseitige Vertrauen der MSen gewährleistet wird (vgl. auch Rz. 32/13).

Bei der **optionalen Angleichung** werden Standards für den grenzüberschreitenden Verkehr festgelegt, während rein nationale Fälle völlig dem nationalen Recht überlassen bleiben. Evtl. kann den Rechtsunterworfenen die **Wahl** zwischen dem europäischen und ihrem nationalen Standard eröffnet werden (**fakultative Angleichung,** z. B. bei der Europäischen Aktiengesellschaft). Bei diesen europarechtlich möglichen Optionen (EuGH, 16.2.1995, verb. Rs. C-29/94 u. a., „Aubertin") können sich Probleme der **Inländerdiskriminierung** ergeben (vgl. zu dieser auch Rz. 22/13). Schließlich können MSen auch zum **Beitritt zu einem internationalen Abkommen** verpflichtet werden, welches weltweite Standards einführt. 36

3. Zur Fortentwicklung harmonisierten Rechts

Die **„Gesetzgebungshoheit"** der MSen wird mit dem Fortschreiten der europäischen Rechtsangleichung zunehmend **eingeengt.** Nationale Vorschriften, die in Einklang mit einer RL stehen, dürfen nicht mehr in Widerspruch zu dieser abgeändert werden. Diese **Sperrwirkung der Rechtsharmonisierung** führt zur **Starrheit** des angeglichenen Rechtes. Änderungen sind nur noch über die europäische Ebene möglich. Daher kann bei der Inanspruchnahme der Kompetenz für Änderungsmaßnahmen nicht nach der nunmehrigen Angleichungsnotwendigkeit gefragt werden; Ausgangspunkt bildet die vor der Angleichung bestehende Lage. Dies ist ein typisches Problem jeder Rechtsharmonisierung. Besondere verfahrensmäßige Hürden für Maßnahmen der Rechtsharmonisierung wie etwa die Einstimmigkeit bei Art. 115 und 352 AEUV, die an sich nationale Souveränität schützen sollen, wirken sich hier kontraproduktiv aus. Die anerkannten **europäischen technischen Normen (CE) sind** wegen des ständigen Wandels in einem besonderen Verfahren unter **erleichterten Voraussetzungen abänderbar** (Rz. 22/52). 37

4. Richterrechtliche Rechtsangleichung

Neben der vertraglich vorgesehenen gesetzgeberischen Rechtsangleichung führt die **Rechtsprechung des EuGH** nicht selten mittelbar oder unmittelbar zu einer fallbezogenen **„richterrechtlichen Rechtsangleichung"** (*Everling,* ZEuP 1997, 796; *Schwab,* ZGR 2000, 446). Dies geschieht nicht nur durch die Auslegung von Rechtsangleichungsakten selbst (z. B. EuGH, 15.7.1982, Rs. 270/81, „Rickmers-Linie"), sondern auch durch die Auslegung von Vertragsbestimmungen, die nach der Rechtsprechung in den MSen unmittelbar gelten (beispielsweise das Diskriminierungsverbot des Art. 18 AEUV), mit der Folge, dass entgegenstehendes nationales Recht, auch soweit es bisher keiner Angleichung unterlag, keine Anwendung mehr finden kann (zum Zugang von Unionsbürgern zu Bildungseinrichtungen in einem anderen MS EuGH, 13.2.1985, Rs. 293/83, „Gravier", sowie Rz. 34/15). Auch die Konkretisierung allgemeiner Grundsätze für den Vollzug des Unionsrechts durch nationale Stellen (wie im Bereich des einstweiligen Rechtsschutzes beim Vollzug von EU-VOen; dazu EuGH, 21.2.1991, verb. Rs. C-143/88 u. a., „Zuckerfabrik Süderdithmarschen" so- 38 wie Rz. 33/12), insbesondere das Gebot der effektiven Durchsetzung des Unionsrechts (Rz. 12/36), wirkt vielfach angleichend. Diese Methoden sind angesichts des gelegentlichen integrationspolitischen Impetus des Gerichtshofes zum Teil heftiger, nicht immer unberechtigter Kritik ausgesetzt (zum ersten Beispiel etwa *Oppermann,* Von der EG-Freizügigkeit zur Gemeinsamen Europäischen Ausbildungspolitik?, 1988 sowie Rz. 34/15, zum zweiten *Schoch,* Die Europäisierung des verwaltungsgerichtlichen Rechtsschutzes, 2000, sowie Rz. 33/12).

VI. Gegenseitige Anerkennung in Ergänzung und als Alternative zur Rechtsharmonisierung

Literatur: *Haguenau-Moizard,* Les bienfaits de la défiance mutuelle dans l'espace de liberté, de sécurité et de justice, Liber amicorum Vlad Constantinesco, 2015, 223; *Hartmann,* Europäisierung und Verbundvertrauen, 2015; *Anagnostaras,* Mutual confidence is not blind trust, CMLRev 2016, 1675; *Bribosia/Weyembergh,* Confiance mutuelle et droits fondamentaux, CDE 2016, 469; *Eisele,* Grundrechtliche Grenzen des Grundsatzes der gegenseitigen Anerkennung, ebd., 221; *Fartunova,* La Coopération loyale vue sous le prisme de la reconnaissance mutuelle, CDE 2016, 193; *Schwarz,* Grundlinien der Anerkennung im Raum der Freiheit, der Sicherheit und des Rechts, 2016; *Vermeulen,* The EU's mutual trust and recognition bubble, GS Vogel, 2016, 181; *Lenaerts,* La vie après l'avis: Exploring the principle of mutual (yet not blind) trust, CMLRev 2017, 805; *Kohler,* Grenzen des gegenseitigen Vertrauens im Europäischen Justizraum, IPrax 2017, 333; *Meyer,* Der Grundsatz gegenseitigen Vertrauens, EuR 2017, 163; *Paillier,* Le respect de la charte des droits fondamentaux de l'Union européenne dans l'espace judiciaire européen en matière civile et commerciale, 2017; *Nettesheim,* Überdehnt der EuGH den Grundsatz gegenseitigen Vertrauens?, EUZ 2018, 4; *Xantthopoulou,* Mutual trust and rights in EU criminal and asylum law, CMLRev 2018, 489; *Eßlinger,* Gegenseitiges Vertrauen, 2019; *L. v. Danwitz,* Der Grundsatz des gegenseitigen Vertrauens zwischen den Mitgliedstaaten der EU, EuR 2020, 61; *Maiani/Migliorini,* One principle to rule the mall?, CMLRev 2020, 7; *Xanthopoulou,* Fundamental Rights and Mutual Trust in the Area of Freedom, Security and Justice, 2020.

39 Ausgelöst durch den Ansatz der EuGH-Judikatur in Sachen „Cassis de Dijon" (dazu Rz. 22/31) hat der Gedanke, die Kompatibilität der verschiedenen nationalen Rechtsordnungen anstatt durch Rechtsangleichung durch gegenseitige Anerkennung der jeweiligen nationalen Standards bzw. Entscheidungen zu sichern, im Unionsrecht eine große Bedeutung erlangt. Seit 1985 wird vielfach ein **kumulativer Ansatz („Neue Strategie")** praktiziert. Danach wird die harmonisierende Rechtsangleichung auf die allgemeinen Fragen beschränkt, die einer Problemkategorie gemeinsam sind („horizontale Harmonisierung"); ggf. werden zusätzlich bestimmte Mindeststandards gesetzt. Im Übrigen soll das **Prinzip gegenseitiger Anerkennung** die Verkehrsfähigkeit von Produkten und Dienstleistungen sowie die Freizügigkeit von Personen sicherstellen (näher *Wagner,* Das Konzept der Mindestharmonisierung, 2001; Rz. 22/53 und 25/22). Im Bereich der justiziellen Zusammenarbeit ist dieses Prinzip sogar explizit in die Kompetenzbestimmungen aufgenommen (Art. 81–83 AEUV, Rz. 32/25; Einzelheiten bei Rz. 36/37 und 37/7). Ähnlich reicht etwa im Sozialrecht die sachgerechte Koordination entsprechender nationaler Vorschriften zur Sicherung grenzüberschreitender Personenfreizügigkeit aus (Rz. 27/71 ff.). Diese Strategie, wie sie etwa auch im Zusammenhang mit der Regelung über die Anerkennung der Hochschuldiplome eingeschlagen wurde (Rz. 25/26), entspricht dem **Subsidiaritätsprinzip** des Art. 5 EUV. Von wirtschaftswissenschaftlicher Seite wird ein solcher (partieller) **„Wettbewerb der Systeme"** öfters als das überlegene Modell im Vergleich zur europaweiten Harmonisierung empfohlen.

Diese gegenseitige Anerkennung setzt **gegenseitiges Vertrauen** voraus. Normativ hat der EuGH dieses zu einem Grundprinzip der Unionsrechtsordnung erklärt (18.12.2014, Gutachten 2/2013, „EMRK-Beitritt II"). Danach müssen sich die Mitgliedstaaten wechselseitig das Vertrauen entgegenbringen, dass sie das Unionsrecht ordnungsgemäß anwenden und dabei auch die Grundrechte und sonstige grundlegende rechtsstaatliche Prinzipien achten. Real aber muss dieses Vertrauen häufig erst wachsen und kennt aktuell auch **Grenzen.** Aus diesem Grund wird es im Bereich des Verwaltungsvollzuges zumeist durch **administrative Begleitmaßnahmen** im Rahmen der europäischen Verwaltungskooperation ergänzt (vgl. auch Rz. 32/13). Bei der justiziellen Zusammenarbeit sind solche Maßnahmen aus prozessrechtlichen Gründen schwieriger zu verwirklichen. Hier helfen nur zunehmend häufiger beschlossene Mindeststandards. Im Übrigen ist ggf. nach – **grundrechtlichen – Grenzen** einer gegenseitigen Anerkennung zu fragen. Beim Kollisionsrecht enthalten immerhin etliche Rechtsakte „ordre public"-Vorbehalte (Rz. 36/40); beim ohnehin sehr grundrechtssensiblen Strafrecht (vgl. auch Rz. 37/2) enthalten die Anerkennungen vorsehenden Rechtsakte fast durchweg grundrechtliche Vorbehalte (Rz. 37/8). Die Anforderungen des EuGH an die Kontrollpflichten des nationalen Gerichts, wenn es solche Vorbehalte aktivieren will, sind allerdings sehr hoch (EuGH, 25.7.2018, Rs. C-216/18 PPU, „LM"; dazu *Wendel,* EuR 2019, 111). Besondere Probleme entstehen auch, soweit der die Anerkennung vorgebende Unionsrechtsakt nicht einmal minimale inhaltliche Standards aufstellt, weil dann nach der Judikatur des EuGH auch der Anwendungsbereich der Unionsgrundrechte gemäß Art. 51 GRC nicht eröffnet sein soll (Beispiel: EuGH, 5.10.2010, Rs. C-400/10 PPU, „McB."). 40

In jedem Fall unberührt bleibt die **Verantwortlichkeit der Staaten** mit Blick auf die – sich weitgehend mit der GRC deckende (Rz. 17/38, 44) – **EMRK.** Einerseits kann eine **Kooperation** von Staaten sogar menschenrechtlich **gefordert** sein, etwa von Art. 2 EMRK im Rahmen der Strafverfolgung, die Ablehnung der Ausstellung eines Europäischen Haftbefehls also menschenrechtswidrig sein (EGMR, 9.7.2019, 8351/17, „Castano/B"). Zugleich aber ist es konsequent, dass der EGMR – auch unter Geltung der Vermutung menschenrechtskonformen Handelns der EU und anderer EU-Mitgliedstaaten (30.6.2005, 45036/98, „Bosphorus"; dazu Rz. 17/96) automatischen Anerkennungen gewisse menschenrechtliche Grenzen gesetzt hat (EGMR, 18.6.2013, 3890/11, „Povse/A", dazu auch Rz. 36/43; 23.5.2016, 17502/07, „Avotiņš/LV" und dazu *Ait-Ouyahia,* CDE 2016, 957). Der **EuGH** nimmt insoweit eine ambivalente Haltung ein: Einerseits gesteht er der Bindung an die EMRK bei der Begründung des gegenseitigen Vertrauens zwischen den MSen eine wichtige Rolle zu (30.5.2013, Rs. C-168/13 PPU, „Jeremy F."). Andererseits sieht er menschenrechtliche Grenzen einer automatischen Anerkennung als eine Hürde für einen Beitritt der EU zur EMRK an (18.12.2014, Gutachten 2/2013). Im Kontext des besonders sensiblen europäischen Haftbefehls hat er immerhin elementare Nachkontrollrechte akzeptiert (Rz. 37/9). 41

VII. Ausblick: Rechtsangleichung – eine „unendliche Geschichte"

Die Rechtsangleichung ist **der umfassendste Aspekt der Unionsaktion.** Nicht so spektakulär und unmittelbar wirkend wie manch anderes Handeln der EU werden über die langsame Harmonisierung der nationalen Rechtsgrundlagen in den verschie- 42 denen Vertragsbereichen zu einem **„Europäischen Rechtsraum"** bleibende Fundamente der Union gelegt. Mit einer stabilen, angeglichenen Rechtsordnung wird ein wichtiger Beitrag zur Herstellung eines Marktes ohne Binnengrenzen geleistet und die harmonische Entwicklung des Wirtschaftslebens in der EU insgesamt gefördert.

43 Darüber hinaus lässt sich an den Fortschritten der EU-Rechtsangleichung ablesen, wie weit der zunächst wirtschaftlich gemeinte Weg zur europäischen Integration kraft immer weitergehenden Sachzusammenhanges in die **„Europäisierung" immer neuer Rechtsbereiche** mündet. In der Rechtsangleichung spiegelt sich die auch sonst zu beobachtende Ausdehnung der gemeinsamen Aktion auf dem Wege vom Gemeinsamen Markt zur Europäischen Union wider. Zugleich ist darauf zu achten, dass mit der Harmonisierung des europäischen Rechts trotz des Prinzips der begrenzten Einzelermächtigung und der damit verbundenen Kompetenzgrenzen in sich schlüssige, kohärente und die gesellschaftlichen Konflikte umfassend in den Blick nehmende Regelungen gefunden werden. Eine wichtige Aufgabe in den nächsten Jahren wird daher auch darin liegen, den bisher geschaffenen Stand an Harmonisierungsmaßnahmen angemessen zu konsolidieren.

§ 33. Umwelt, Gesundheit, Polizei und Ausländer, Datenschutz: Zur Europäisierung des öffentlichen Rechts

I. Grundfragen

Literatur: *Wahl,* Die zweite Phase des Öffentlichen Rechts in Deutschland: Die Europäisierung des Öffentlichen Rechts, Staat 1999, 495; *v. Bogdandy,* Zweierlei Verfassungsrecht. Europäisierung als Gefährdung des gesellschaftlichen Grundkonsenses?, Staat 2000, 163; *Beaumont* u. a., Convergence and Divergence in European Public Law, 2002; *Schwarze* (Hrsg.), Zukunftsaussichten für das Europäische Öffentliche Recht, 2010; *Siegel,* Europäisierung des Öffentlichen Rechts, 2012.

1. Verfassungsrecht

1 Die europäische Integration hat naturgemäß das öffentliche Recht der Mitgliedstaaten nicht unberührt gelassen. Im Bereich des **Verfassungsrechts** sind dabei zwar vielfältige Einwirkungen zu verzeichnen. Eine europäische **Harmonisierung** desselben als solchem hingegen **scheidet** offenkundig **aus.** Vielmehr betont Art. 4 Abs. 2 EUV ausdrücklich den Respekt der EU vor den nationalen Verfassungsordnungen. Europäisch veranlasste Veränderungen sind damit jedoch nicht ausgeschlossen. Sie kommen nur, aber immerhin insoweit in Betracht, wie bestimmte Einzelfragen in einem Mitgliedstaat auf verfassungsrechtlicher Ebene normiert sind. Ein Beispiel bildet das Kommunalwahlrecht für Unionsbürger (Rz. 16/32), das in einigen Mitgliedstaaten Verfassungsänderungen veranlasst hat.

2 Vor allem aber begrenzt das Unionsrecht die normative Wirkung der nationalen Verfassung. Für die **Grundrechte** sind aus deutscher Perspektive drei Punkte anzuführen: Die **Zurücknahme** der **Grundrechtsbindung** der deutschen Staatsgewalt, soweit zwingende Vorgaben des Unionsrechts umzusetzen sind (Rz. 10/23; 17/45), die Notwendigkeit, im Anwendungsbereich des Unionsrechts zur Vermeidung einer unzulässigen Diskriminierung aus Gründen der Staatsangehörigkeit (Art. 18 AEUV) den Gehalt von **Deutschengrundrechten,** insbesondere der Berufsfreiheit und des Schutzes juristischer Personen, auch den **sonstigen Unionsbürgern** zuzugestehen (BVerfGE

129, 78), und die – nicht zwingende – inhaltliche Rezeption europäischer Vorgaben auch über den Anwendungsbereich des Unionsrechts hinaus, etwa bei der **Übernahme europäischer Entwicklungslinien** bei der Interpretation der Gleichheitssätze (Rz. 17/70ff.).

Bei der **Staatsorganisation** führt das Unionsrecht vor allem zu einer Ersetzung von 3
Gestaltungsrechten auf nationaler durch **Mitwirkungsrechte** auf europäischer Ebene, die zudem nicht immer den gleichen Organen zugutekommen. Konkret stärkt die Integration die Stellung der nationalen Regierungen zu Lasten der nationalen Parlamente und ggf., in gegliederten Staaten, der jeweiligen Untereinheiten (Länder, Regionen etc.). Daran ändert auch der kontinuierliche Ausbau der Mitwirkungsrechte von Parlamenten und Regionen an der Unionspolitik auf Unions- wie auf nationaler Ebene kaum etwas. Weitere Einwirkungsfelder für das Unionsrecht bestehen etwa im Bereich des öffentlichen Dienstrechts durch die Freizügigkeit (Rz. 27/28) und im Bereich des Haushaltsrechts durch den Stabilitäts- und Fiskalpakt (Rz. 19/21ff.).

Im Zuge verwaltungsrechtlicher Rechtsangleichung (dazu sogleich) wird aus unterschiedlichen Gründen 4
zunehmend die Schaffung **unabhängiger Behörden** vorgegeben (zur Regulierung Rz. 21/52 und 23/9, zum Datenschutz Rz. 33/79). Damit wird ein Instrument genutzt, das im Spannungsfeld einer demokratisch inspirierten starken Betonung der Möglichkeit parlamentarischer Kontrolle der Verwaltung und deren traditionell intensiver gerichtlicher Kontrolle in Deutschland klassisch kein „Hausrecht" besitzt. Hier ist es zu in den genannten Bereichen zu Konflikten mit dem deutschen Recht gekommen (siehe jeweils dort). Eine Lösung ist über eine direkte, nicht über die Ministerialbürokratie vermittelte parlamentarische Kontrolle dieser Behörden zu finden (*Classen,* FS Scheuing, 2011, 293).

2. Verwaltungsrecht

Literatur: *Schmidt-Aßmann/Hoffmann-Riem* (Hrsg.), Strukturen des europäischen Verwaltungsrechts, 1999; *Schwarze* (Hrsg.), Europäisches Verwaltungsrecht, 2. Aufl. 2005; *Sydow,* Europäisierte Verwaltungsverfahren, JuS 2005, 202; *Craig,* EU Administrative Law, 2006; *Kment,* Die Stellung nationaler Unbeachtlichkeits-, Heilungs- und Präklusionsvorschriften im europäischen Recht, EuR 2006, 201; *v. Danwitz,* Europäisches Verwaltungsrecht, 2008; *Schwarze* (Hrsg.), Bestand und Perspektiven des Europäischen Verwaltungsrechts, 2008; *Schneider/Caballero* (Hrsg.), Strukturen des Europäischen Verwaltungsverbundes, 2009; *Axer/Grzeszick/Kahl/Mager/Reimer* (Hrsg.), Das Europäische Verwaltungsrecht in der Konsolidierungsphase, 2010; *Hatje,* Deutschland in der Europäischen Union: Innovationen durch europäisches Verwaltungsrecht, FS Scheuing, 2011, 323; *Kahl,* Der Europäische Verwaltungsverbund, Staat 2011, 329; *Saurer,* Der Einzelne im europäischen Verwaltungsrecht, 2014; *Terhechte* (Hrsg.), Verwaltungsrecht der Europäischen Union, 2. Aufl. 2021.

a) Grundsatzfragen

Im Bereich des **Verwaltungsrechts** wirkt das Unionsrecht seit langem bereichsspezi- 5
fisch auf das nationale Recht ein, und zwar in zunehmend konkreter Form. Die dabei eingesetzten Rechtsinstrumente und -begriffe decken sich naturgemäß nicht immer mit den aus dem deutschen allgemeinen Verwaltungsrecht bekannten Grundkategorien. Über punktuelle Regelungen wird auch auf die allgemeinen **Grundlagen des nationalen Verwaltungsrechts** zugegriffen und damit dessen systematische Einheit in Frage gestellt. Dabei sind mehrere – miteinander in engem Zusammenhang stehende – Problemfelder zu benennen: das Verständnis des subjektiven Rechts (Rz. 33/8), die final statt konditional orientierte Rechtsetzung (Rz. 33/9), die starke Rolle des Verfahrensrechts (Rz. 33/10) und die Rolle unabhängiger Behörden (Rz. 33/4). Konkret zeigen sich die damit verbundenen Herausforderungen vor allem im Umweltrecht (Rz. 33/45) und in Teilen des Wirtschaftsverwaltungsrechts (Rz. 21/52, 23/9). Zwei

Umstände dürften für die Konflikte ursächlich sein: Die unterschiedlichen Traditionen im öffentlichen Recht und in den Verwaltungskulturen der MSen sowie die Notwendigkeit, besonders komplexe, die klassische Dimension des subjektiven Rechts übersteigende Situationen zu bewältigen. Gerade der zweite Punkt zeigt: Teilweise verdeutlicht das Unionsrecht nur **Herausforderungen,** die sich aus gewandelten Anforderungen an das Recht insgesamt ergeben, die ihre tiefere Ursache aber in Veränderungen in der Lebenswirklichkeit finden. So ist etwa ein umfassend angelegter Umweltschutz auf der Basis einer Rechtsordnung, die maßgeblich von der Fixierung auf Rechte Einzelner geprägt ist, kaum zu verwirklichen. Diese Besonderheit des Umweltrechts aber bleibt bereichsspezifisch beschränkt; für eine flächendeckende Beeinflussung des deutschen Verwaltungsrechts gibt es bislang keinen Anhaltspunkt.

6 Außerdem hat die Judikatur des EuGH durch die Entwicklung allgemeiner Rechtsgrundsätze ein Instrument ausgebildet, das das Verwaltungsrecht im gesamten Anwendungsbereich des Unionsrechts dessen Einfluss aussetzt. Neben aus dem deutschen Recht bekannten Vorgaben wie dem Recht auf Anhörung und der Pflicht zur Begründung (Rz. 9/40) sowie zur Gewährung effektiven Rechtsschutzes (Rz. 13/3ff.), werden systematisch das Recht der Staatshaftung (Rz. 14/11ff.) und die Gewährung einstweiligen Rechtsschutzes (Rz. 33/12) modifiziert. Weiterhin wirken sich die vom EuGH formulierten Grundsätze aus, dass erstens das **Unionsrecht nicht** im Vergleich zum nationalen Recht **benachteiligt werden darf** und dass zweitens das nationale Recht das Unionsrecht **hinreichend wirksam durchsetzen** muss (Rz. 12/36).

Im Einzelnen ist die Judikatur von einer umfangreichen **Kasuistik** geprägt (vgl. auch Rz. 12/36). Vor dem Hintergrund, dass die jeweils zu lösenden Konflikte etwa zwischen effektivem Rechtsschutz und effektiver Rechtsdurchsetzung auf nationaler und europäischer Ebene vergleichbar sind, steht die Frage nach einer unzureichend wirksamen Durchsetzung des Unionsrechts vor allem dann im Raum, wenn die jeweilige nationale Lösung deutlich abweicht von dem, was sonst auf europäischer und nationaler Ebene üblich ist, oder wenn Unionsinteressen in spezifischer Weise vernachlässigt werden, weil das nationale Verwaltungsrecht auf eine bipolare Konstellation (Staat – Bürger) ausgerichtet ist, während hier drei Akteure (Union, Staat, Bürger) eine Rolle spielen, etwa Wettbewerbsverzerrungen drohen. Für beides liefert jüngere Rspr. zu Grenzen der Rechtskraft Beispiele (Rz. 33/12).

7 Demgegenüber gibt es anders als zum Privatrecht (Rz. 36/2) im Verwaltungsrecht **keine** Diskussion um eine **umfassende europäische Vereinheitlichung.** Zu eng sind dessen Verbindungen mit den gerade insoweit stärker als im Privatrecht unterschiedlichen nationalen Traditionen und den jeweiligen nationalen Verfassungsrechtsordnungen. Zu wenig ist auch der in einer umfassenden Harmonisierung liegende Vorteil zu erkennen, da die spezifischen Rechtssubjekte des öffentlichen Rechts, die Staaten, regelmäßig nicht in vergleichbarer Weise grenzüberschreitende Rechtsbeziehungen untereinander eingehen oder im Wettbewerb miteinander stehen wie die Privatrechtssubjekte. Soweit einheitliche administrative Standards – etwa zur Sicherung des Binnenmarktes – erforderlich sind, werden vielmehr zunehmend Mechanismen der **Verwaltungskooperation** geschaffen (transnational wirkende Verwaltungsakte, Beteiligung von anderen MSen und der KOM an nationalen Verwaltungsverfahren, Befugnis zu grenzüberschreitender Verwaltungstätigkeit etc.; vgl. Rz. 12/29, 22/52, 34/58). Kodifikationsüberlegungen gibt es nur für das Eigenverwaltungsrecht der Union (Rz. 12/17).

b) Bereichsübergreifende Herausforderungen für das allgemeine Verwaltungsrecht

Für das deutsche Recht erweist sich zunächst die spezifische Zuordnung von Hoheitsgewalt und Individuum als Herausforderung. Nach dem deutschen Verständnis beschränken sich Mitwirkungs- und Kontrollansprüche des Bürgers gegenüber der Verwaltung auf den Bereich seiner **subjektiv-öffentlichen Rechte.** Wegen deren begrenzter Reichweite bleiben große Bereiche des Verwaltungshandelns außerhalb der Reichweite des Bürgers. Im Unionsrecht hat der Begriff des subjektiven Rechts kein Hausrecht. Der EuGH fragt, ob ein Rechtsakt „Rechte" bestimmter Personen vorsieht (EuGH, 19.3.2015, Rs. C-510/13, „E.ON Földgáz"). Er wählt damit immerhin ähnlich wie das deutsche Recht den Ausgangspunkt im materiellen Recht. Bei der konkreten Entscheidung aber lässt der EuGH bei der Ableitung von Mitwirkungs- und Kontrollansprüchen der Bürger (vielfach) – aus deutscher Perspektive, im Ausland geht man zum Teil noch deutlich weiter – eher großzügige Maßstäbe erkennen (ausführlich: *Nettesheim,* AöR 2007, 333 mwN.; zum Regulierungsrecht Rz. 21/52, 23/10 und 26/19, zum Umweltschutz Rz. 33/45, zum Privatrecht Rz. 36/38 und allgemein Rz. 13/1). Dabei spielt auch eine Rolle, dass die klassische Funktion des subjektiven Rechts – den Bürger auf eine Stufe mit der Verwaltung zu stellen – heute in ihren praktischen Konsequenzen vielfach überlagert wird von einer eher Rechtsschutzmöglichkeiten beschränkenden Wirkung. 8

Letztlich aber lassen sich die bislang vom EuGH entschiedenen Fälle entgegen manchen Stimmen der Literatur regelmäßig auch auf der **Grundlage** der – wenn auch zum Teil großzügig ausgelegten – **Schutznormtheorie** verstehen. Für die Annahme, dass es darüber hinausgehend dem EuGH auch darum gehe, den Bürger für die Durchsetzung des Unionsrechts zu mobilisieren (so *Masing,* Die Mobilisierung des Bürgers für die Durchsetzung des Rechts, 1997), findet sich in der Judikatur bislang kein Beleg. Bereichsspezifisch verschafft allerdings der europäische Normgeber dem Einzelnen bewusst Rechte, die über seine unmittelbare persönliche Lebenssphäre hinausgehen, so insbesondere im Umweltrecht (zum Informationszugang und zur Verbandsklage Rz. 33/28).

Bedingt durch die finale Kompetenzstruktur des Unionsrechts sind etliche Sekundärrechtsakte auch im normativen Inhalt stark von bestimmten **Zielsetzungen** geprägt. In Teilbereichen müssen dem die nationalen Umsetzungsakte folgen mit der Konsequenz, dass sich diese entsprechend ihrer finalen Ausrichtung nicht immer reibungslos in die klassisch konditional formulierten deutschen Gesetze einfügen lassen. Dies gilt etwa im Wirtschaftsverwaltungsrecht für die Regulierung traditionell staatlicher Gestaltungsmacht unterworfener Märkte (siehe etwa zur Telekommunikation Rz. 21/52) und im Umweltrecht für die Bemühungen der Union um „integrierten" Umweltschutz (Rz. 26f.). Konsequenz ist nicht zuletzt eine **Begrenzung gerichtlicher Kontrolle,** da finale Vorgaben wegen ihrer Abwägungsoffenheit Spielräume für die Verwaltung begründen, die deutlich größer sind, als sie üblicherweise mit konditionalen Rechtsregeln verbunden sind. 9

Außerdem erweist sich das europäische Recht – Beispiel Umweltverträglichkeitsprüfung (Rz. 33/27) – zum Teil als weitaus stärker **verfahrensorientiert** als das deutsche Recht. Letzteres ist vor allem von materiell-rechtlichen Vorgaben geprägt und weist dem Verfahren einen dienenden Charakter zu. Daher sind Verfahrensfehler häufig unerheblich (z. B. §§ 46 VwVfG und 214 BauGB) oder können zumindest geheilt werden. Die Anwendung dieses normalen deutschen Fehlerfolgenregimes vermag damit nicht immer die **hinreichende praktische Wirksamkeit** der einschlägigen unionsrechtlichen Vorgaben (allgemein dazu Rz. 12/36) **zu gewährleisten** (*Gurlit/Fehling,* VVDStRL 2011, 227 und 278; siehe noch zum Umweltrecht Rz. 33/45). 10

Weiterhin begrenzt das Unionsrecht die **Bestandskraft von Verwaltungsakten.** Sofern das nationale Verwaltungsrecht deren Überprüfung gestattet, verpflichtet die Unionstreue (Art. 4 Abs. 3 EUV; Rz. 4/28) hierzu, um einer mittlerweile vom Gerichtshof vorgenommenen Auslegung der einschlägigen Bestimmung Rechnung zu tragen (EuGH, 13.1.2004, Rs. C-453/00, „Kühne & Heitz"; 19.9.2006, verb. Rs. C-392/04 u. a., „I-21 Germany"; *Lindner,* BayVBl. 2004, 590; *Ruffert,* JZ 2007, 407). Allerdings muss die Entscheidung gerichtlich angefochten und der Fall bis zur letzten Instanz gebracht worden sein; auch muss sich der Betroffene unmittelbar nach Kenntnis von der berichtigenden Entscheidung des Gerichtshofs an die Verwaltungsbehörde gewandt haben. Diese Rechtsprechung hat in Deutschland insbesondere für die Auslegung und Anwendung der **§§ 48, 49 und 51 VwVfG** Bedeutung (*Lenze,* VerwArch 2006, 46).

Der Verbesserung der elektronischen Kommunikation zwischen den Verwaltungen der MSen dient das auf die TEN-Kompetenz (dazu Rz. 26/33ff.) gestützte ISA-Programm zur Verbesserung der Interoperabilität der entsprechenden Kommunikationsnetze (Beschl. 2015/2240 des EP und des Rates, ABl. L 318/1).

c) Bereichsübergreifende Herausforderungen für das Verwaltungsprozessrecht

Literatur: *Götze,* Vorläufiger Rechtsschutz im deutschen Verwaltungsprozess im Wirkfeld von EG-Richtlinien, 2009; *Juntunen,* Die Einwirkungen des Gemeinschaftsrechts auf die Bestandskraft von Verwaltungsakten und die Rechtskraft von Gerichtsurteilen, 2010; *Arnull,* The Principle of Effective Judicial Protection in EU Law: An Unruly Horse?, ELRev 2011, 51; *Kornezow,* Res Judicata of national judgements incompatible with EU law: Time for a major rethink?, CMLRev 2014, 809; *Wagner,* Unionsrechtliche Rechtskraftdurchbrechung?, ZEuS 2014, 211; *Mangold/Wahl,* Das europäisierte deutsche Rechtsschutzkonzept, Verw 2015, 1; *Rennert,* Funktionswandel der Verwaltungsgerichtsbarkeit?, DVBl. 2015, 793; *Classen,* Unionsrechtlicher Einfluss auf die Funktion der deutschen Verwaltungsgerichtsbarkeit, NJW 2016, 2621; *Gärditz,* Funktionswandel der Verwaltungsgerichtsbarkeit unter dem Einfluss des Unionsrechts?, 2016; *Schenke/Suerbaum* (Hrsg.), Die Europäisierung der Verwaltungsgerichtsbarkeit, 2016; *Wegener,* Nein, nein, nein!? – Kein Funktionswandel der Verwaltungsgerichtsbarkeit unter dem Einfluss des Unionsrechts?, JZ 2016, 829; *Guckelberger,* Deutsches Verwaltungsprozessrecht unter unionsrechtlichem Anpassungsdruck, 2017.

11 Das nationale Verwaltungsprozessrecht muss im Anwendungsbereich des Unionsrechts insbesondere **effektiven Rechtsschutz** gewährleisten (Rz. 13/3). Dies wirft kein grundsätzliches Problem auf. Das großzügigere Verständnis bei der Definition von subjektiven Rechten (Rz. 33/8) bewirkt für sich genommen noch keine Systemveränderung. Im Einzelfall bestehende Lücken etwa bei Rechtsschutz gegenüber unmittelbar anwendbaren unionsrechtlichen Normen können ggf. mittels der Feststellungsklage geschlossen werden (Rz. 13/65). Komplex ist die Lage vor allem im Bereich von Verwaltungsverfahren, die kooperativ von Mitgliedstaaten und der Union durchgeführt werden, wie sie etwa im Bereich der Grundfreiheiten (etwa Rz. 22/52), aber auch des Umweltrechts (Rz. 33/29) zu finden sind (dazu *Classen,* JZ 2006, 157).

12 Auswirkungen hat die Judikatur des EuGH in Deutschland vor allem für die Gewährleistung **einstweiligen Rechtsschutzes.** Als Ausfluss des Rechts auf effektiven Rechtsschutz muss dieser zwar gewährleistet sein (EuGH, 19.6.1990, Rs. C-213/89, „Factortame"), darf aber nicht wettbewerbswidrig die effektive Durchsetzung des Unionsrechts beeinträchtigen. Dementsprechend darf einstweiliger Rechtsschutz mit Hinweis auf eine vorgebliche Unwirksamkeit des Unionsrechts nur unter den Bedingungen eingeräumt werden, die auch auf Unionsebene für die Gewähr von einstweiligem Rechtsschutz erfüllt sein müssen (dazu Rz. 13/87). Zudem muss die entsprechende Frage dem EuGH vorgelegt werden (EuGH, 21.2.1991, verb. Rs. C-143/88 u. a., „Zuckerfabrik Süderdithmarschen"). In Deutschland muss daher im Regelfall nach § 80 Abs. 2 Nr. 4 VwGO Sofortvollzug angeordnet werden.

Nicht nur im Verwaltungsprozessrecht können **Grenzen** der – grundsätzlich selbstverständlich akzeptierten (dazu EuGH, 16.3.2006, Rs. C-234/04, „Kapferer") – **Rechtskraft** bestehen (siehe auch zur Bestandskraft Rz. 33/10; zum Zivilprozess Rz. 36/38 und zum Strafprozess Rz. 37/7). Das ist insbesondere bei Verwaltungsentscheidungen mit Dauerwirkung denkbar (zum Steuerrecht EuGH, 3.9.2009, Rs. C-2/08, „Fallimento Olimpiclub" und dazu *Poelzig,* EuZW 2009, 741; EuGH, 16.7.2020, Rs. C-424/19, „UR"; zum Aufenthaltsrecht EuGH, 4.10.2012, Rs. C-249/11, „Byankov"). Auch wettbewerbsverzerrende Auswirkungen hat er unterbunden (EuGH, 18.7.2007, Rs. C-119/05, „Lucchini" zum Beihilferecht; vgl. auch Rz. 21/35).

Die Möglichkeit der Vollstreckung gerichtlicher Urteile wird begrenzt durch die Grundrechte; das gilt auch, wenn die Vollstreckungsregeln dann nur begrenzte Effektivität entfalten (EuGH, 19.12.2019, Rs. C-752/18, „Deutsche Umwelthilfe", zur Unzulässigkeit einer Zwangshaft gemäß § 172 VwGO).

II. Umwelt

Literatur: Gesamtdarstellungen mit weiteren Literaturangaben: *Meßerschmidt,* Europäisches Umweltrecht, 2010; *Krämer,* Droit de l'environnement de l'Union européenne, 2011; *Jans/Vedder,* European Environmental Law, 4. Aufl. 2012; *Weinberger,* EU-Umwelt-Recht, 2012; *Truilhé-Marengo,* Droit de l'environnement de l'Union européenne, 2015; *Calliess,* EU-Umweltrecht, in: Rehbinder/Schink (Hrsg.), Umweltrecht, 5. Aufl. 2018; *Epiney,* Europäisches Umweltrecht, 4. Aufl. 2019; *Krämer/Winter,* Umweltrecht, in: Schulze u. a., Europarecht, § 27, 2020; *Wegener,* Europäisches Umweltverwaltungsrecht, in: Terhechte (Hrsg.), Verwaltungsrecht der Europäischen Union, 2. Aufl. 2021, § 36.

1. Die Herausbildung einer europäischen Umweltpolitik

Literatur: *Toulemon,* La problématique d'une politique européenne de l'environnement, RMC 1974, 229; *Riegel,* Die Kompetenz der EG im Umweltschutz, BayVBl. 1979, 97; *Montag,* Umweltschutz, freier Warenverkehr und die Einheitliche Europäische Akte, RIW 1987, 935; *Scheuing,* Umweltschutz auf der Grundlage der Einheitlichen Europäischen Akte, EuR 1989, 151; *Beyer,* Gemeinschaftsrecht und Umweltschutz nach der EEA, JuS 1990, 962; *Pernice,* Auswirkungen des europäischen Binnenmarktes auf das Umweltrecht, NVwZ 1990, 201; *Nowak* (Hrsg.), Konsolidierung und Entwicklungsperspektiven des Europäischen Umweltrechts, 2015.

Bei Gründung der europäischen Gemeinschaften in den **fünfziger Jahren** spielte das 13
Thema Umwelt keine Rolle. Dementsprechend enthielten die Verträge zunächst **keine spezifischen Regelungen** – weder im Zusammenhang mit entsprechenden Kompetenzen der EWG noch etwa als Rechtfertigungsgrund für nationale Beschränkungen der Grundfreiheiten. Nach Aufkommen des Umweltschutzes in den 1970er Jahren wurden die **Bezüge zu vielen anderen Politikbereichen der Gemeinschaft** (Warenverkehr, Landwirtschaft usw.) deutlich. Einen weiteren Anstoß zur Entwicklung einer europäischen Umweltpolitik lieferte die Erkenntnis, dass die Umweltprobleme ihrem Wesen nach transnational sind („Ecology knows no boundaries").

Die Geburtsstunde der **EWG-Umweltpolitik** schlug auf der Gipfelkonferenz der Staats- und Regierungschefs der EWG in Paris 1972, inspiriert durch die erste **UN-Umweltkonferenz in Stockholm** im gleichen Jahre. Rechtliche Grundlage bildeten (1) eine sinngemäße Auslegung des damaligen **EWGV,** wonach der **Umweltschutz** in der „stetigen Besserung der Lebensbedingungen" und der „harmonischen Entwicklung des Wirtschaftslebens" als Ziel der Gemeinschaft mit enthalten sei; (2) die **Rechtsangleichungszuständigkeit** des Art. 100 EWGV; (3) die großzügige Auslegung der **„Arrondierungskompetenz"** des Art. 235 EWGV gemäß der Empfehlung der Gipfelkonferenz 1972 mit Blick auf den Umweltbereich.

Die EEA schuf 1986 einen eigenständigen **Umwelttitel** (heute Art. 191 ff. AEUV) und zugleich eine – später mehrfach modifizierte – **Querschnittsklausel** (heute Art. 11 AEUV), nach der die Belange der Umwelt auch bei dem sonstigen Handeln der Union zu beachten sind. Mittlerweile ist der Umweltschutz auch bei den zentralen Unionszielen (Art. 3 EUV) verankert. In den letzten Jahren hat vor allem der – seit dem Vertrag von Lissabon auch ausdrücklich in Art. 191 AEUV verankerte – Klimaschutz eine besondere Bedeutung erlangt. Heute wird die **europäische Ebene** in der öffentlichen Wahrnehmung als **bestgeeignete Handlungsebene** für die **Umwelt** (im Gegensatz zu anderen Politikfeldern) angesehen und akzeptiert. Dementsprechend ist der Anteil der europäisch induzierten nationalen Rechtsetzung mit am höchsten und erreicht tatsächlich die vielfach zu Unrecht behaupteten 80% (vgl. Rz. 32/7). 14

2. Primärrechtliche Grundlagen der EU-Umweltpolitik

Literatur: *Heyvaert,* Facing the Consequences of the Precautionary Principle in European Community Law, ELRev 2006, 185; *Orth,* Ein Grundrecht auf Umweltschutz in Europa, 2007; *Arndt,* Das Vorsorgeprinzip im EU-Recht, 2009; *Frenz,* Perspektiven für den Umwelt- und Klimaschutz, in: Schwarze/Hatje (Hrsg.), Der Reformvertrag von Lissabon, 2009, 232; *Salzborn,* Das umweltrechtliche Kooperationsprinzip auf unionaler Ebene, 2011; *Pfeiffert,* La contribution de la Cour de justice de l'union européenne à la définition du principe du pollueur-payeur, RTDE 2012, 53; *Sikora,* The Principle of a High Level of Environmental Protection as a Source of Enforcable Acts, CDE 2016, 399; *Fromont,* La protection de l'environnement à la suite du traité de Lisbon, CDE 2017, 467; *Fines/Deizangles* (Hrsg.), La conditionnalité environnementale dans les politiques de l'Union européenne, 2019.

a) Spezifische Vorgaben für die Umweltpolitik (Art. 191 ff. AEUV)

15 Seit 1987 enthalten die Verträge einen **besonderen Titel** zur EU-Umweltpolitik (heute Art. 191–193 AEUV). Damit wird heute die in Art. 3 EUV vorgegebene Zielstellung eines **„hohen Maßes an Umweltschutz und Verbesserung der Umweltqualität"** umgesetzt. Der **Umweltbegriff** des Vertrages ist **weit und entwicklungsoffen.** Er schließt über die natürliche Umwelt hinaus das sozio-ökonomische Umfeld des Menschen ein.

16 Die europäische Umweltpolitik dient nach Art. 191 Abs. 1 AEUV **vier grundlegenden umweltpolitischen Zielen:**

- der Erhaltung und dem Schutz der Umwelt sowie der Verbesserung ihrer Qualität,
- dem Schutz der menschlichen Gesundheit,
- der umsichtigen und rationellen Verwendung der natürlichen Ressourcen,
- der Förderung von Maßnahmen auf internationaler Ebene zur Bewältigung regionaler oder globaler Umweltprobleme und insbesondere zur Bekämpfung des Klimawandels.

17 Prinzipiell zielt die Umweltpolitik der Union unter Berücksichtigung regionaler Gegebenheiten auf ein **hohes Schutzniveau.** Sie folgt dabei verschiedenen verpflichtenden **Handlungsgrundsätzen** u. ä. (Art. 191 Abs. 2 AEUV):

- **Vorsorge und Vorbeugung:** Das einheitlich zu sehende (EuGH, 22.6.2000, Rs. C-318/98, „Fornasar"; st. Rspr.) **Prinzip** mahnt bei allen öffentlichen Planungen die rechtzeitige Einbeziehung der Umweltfolgen an und gestattet insbesondere restriktive Maßnahmen auch dann, wenn die sie rechtfertigende tatsächliche Lage ungewiss ist, ein Risiko aber nicht ausgeschlossen ist (EuGH, 17.12.2015, Rs. C-157/14, „Neptune Distribution"; ausführlich EuG, 17.5.2018, verb. Rs. T-429/13 u. a., „Bayer CropScience").
- **Ursprungsprinzip:** Umweltbeeinträchtigungen sind vorrangig an ihrer **Quelle** zu bekämpfen. Damit sollen Gefahren frühestmöglich ausgeschaltet oder minimiert werden.
- **Verursacherprinzip:** Auch wenn bis heute viele Umweltkosten der Allgemeinheit zur Last fallen **(Gemeinlastprinzip),** sollen an sich die **Kosten** des Umweltschutzes vom **Verursacher** getragen werden (Empfehlung des Rates, ABl. 1975, L 194/1). Zur Vermeidung, Beseitigung und zum Ausgleich von Umweltschäden anfallende Kosten treffen grundsätzlich denjenigen, der sie verursacht hat. Die Durchsetzung dieses Prinzips stößt immer wieder auf praktische Grenzen, vor allem, weil Konsequenzen einen nicht immer leicht zu erbringenden Nachweis der Verursachung fordern (dazu EuGH, 9.3.2010, Rs. C-378/08, „ERG u. a.").

18 Die EU muss bei ihrer Umweltpolitik auch **bestimmte tatsächliche Gegebenheiten berücksichtigen** (Art. 191 Abs. 3 AEUV):

- die verfügbaren wissenschaftlichen und technischen Daten,
- die Umweltbedingungen in den einzelnen Regionen der Union,
- die Vorteile und die Belastung auf Grund des Tatigwerdens bzw. eines Nichttätigwerdens,
- die wirtschaftlich-soziale Entwicklung der Union insgesamt sowie die ausgewogene Entwicklung ihrer Regionen.

Die Berücksichtigung dieser tatsächlichen Faktoren ist Folge der **Selbstverständlichkeit,** dass auch Umweltpolitik **verhältnismäßig** sein muss (Art. 5 Abs. 3 EUV, oben Rz. 11/33). Bei der dabei vorzunehmenden Abwägung sind allerdings die finanziellen Aspekte nicht alleine entscheidend. Art. 191 Abs. 3 AEUV spiegelt unterschiedliche **Bedenken** verschiedener MSen (u. a. Vereinigtes Königreich, Italien, Griechenland) sowie der Industrie gegen eine „Umwelteuphorie" wider, die allzu sehr zu Lasten der wirtschaftlichen Entwicklung ginge und auch jener „nachhaltigen Entwicklung" schaden würde, die Art. 11 AEUV einfordert.

b) Die Bedeutung der Umweltpolitik für die sonstige Unionspolitik (Art. 11 und 114 Abs. 3 AEUV)

Der Umweltschutz spielt auch in anderen Politikfeldern eine Rolle. Nach der **Querschnittsklausel des Art. 11 AEUV** (siehe auch Art. 37 GRC) muss er daher auch bei 19
allen sonstigen Politiken durch die Unionsorgane mitbedacht werden. Daher können Kompetenztitel aus anderen Politikbereichen auch zur Verfolgung umweltpolitischer Ziele genutzt werden, etwa die Agrarkompetenzen (Rn. 33/15). Speziell für den Bereich der Binnenmarktharmonisierung gibt Art. 114 Abs. 3 AEUV ein hohes Niveau u. a. im Bereich des Umweltschutzes vor. Ebenso vermag der Umweltschutz als **zwingender Grund** im Sinne der „Cassis de Dijon-Philosophie" (oben Rz. 22/42) Beschränkungen des freien Waren- oder Dienstleistungsverkehrs zu rechtfertigen (zu Art. 34 AEUV EuGH, 20.9.1988, Rs. 302/86, „Dänische Pfandflaschen"). Bei aller Bedeutsamkeit des Umweltschutzes handelt es sich aber um **ein Vertragsziel unter mehreren** mit grundsätzlich gleichrangigem Gewicht.

c) Der Tierschutz in der Unionspolitik (Art. 13 AEUV)

Seit dem Vertrag von Amsterdam kennt das Unionsrecht auch eine **Querschnittsklausel** zum Tierschutz (heute Art. 13 AEUV"), die dessen Berücksichtigung insbesondere bei Binnenmarktpolitiken wie Landwirtschaft, Verkehr und Forschung (etwa: RL 2010/63, ABl. L 276/33 zu Tierversuchen) fordert. Vorbehalte werden insbesondere zugunsten religiöser Riten, kultureller Traditionen der MSen und des regionalen Erbes gemacht. Zum Sekundärrecht siehe Rz. 33/31 sowie Fundstellenverzeichnis des geltenden EU-Rechts 15.40.

3. Zuständigkeiten im Bereich der EU-Umweltpolitik

Literatur: *Jarass,* Verstärkter Umweltschutz der MSen nach Art. 176 EG, NVwZ 2000, 529; *Fassbender,* Die Umsetzung von Umweltstandards der EG, 2001; *Frenz,* Außenkompetenzen der EGen und der MSen im Umweltbereich, 2001; *Heselhaus,* Abgabenhoheit der EG in der Umweltpolitik, 2001; *Marr/Beier* u. a., EG-Kompetenzen bei völkerrechtlichen Verträgen im Umweltbereich, 2004; *Eisenberg,* Kompetenzausübung und Subsidiaritätskontrolle im europäischen Umweltrecht, 2006; *Thieme,* Außenbeziehungen der Europäischen Gemeinschaft im Umweltbereich, 2006; *Wennerås,* Towards an ever greener Union? Competences in the field of the environment and beyond, CMLRev 2008, 1645; *Seiler,* Kompetenz- und verfahrensrechtliche Maßstäbe europäischer Umweltabgaben, EuR 2010, 67.

a) Rechtsetzungskompetenz im Umweltbereich (Art. 192 Abs. 1–3 AEUV)

20 Art. 191 Abs. 1 AEUV stellt die zentrale Kompetenznorm für die europäische Umweltpolitik dar. Im Grundsatz ist das ordentliche Gesetzgebungsverfahren anzuwenden. Allerdings unterliegen nach Abs. 2 die wichtigen Bereiche

- Vorschriften überwiegend steuerlicher Art,
- Raumordnung,
- mengenmäßige Bewirtschaftung der Wasserressourcen,
- Bodennutzung mit Ausnahme der Abfallbewirtschaftung,
- Wahl der MSen zwischen verschiedenen Energiequellen sowie allgemeine Struktur der nationalen Energieversorgung (dazu auch Rz. 23/3)

„unbeschadet des Art. 114" AEUV **einstimmiger** Beschlussfassung im Rat auf Vorschlag der KOM. Das Parlament wird lediglich angehört. Zur Sicherung der Kohärenz der Umweltpolitik werden die vorrangigen Ziele der EU-Umweltpolitik für einen bestimmten Zeitraum in einem **„allgemeinen Aktionsprogramm"** festgelegt (Art. 192 Abs. 3 AEUV). Das **7. Umweltaktionsprogramm** (Beschl. 2013/1386, ABl. L 354/171 des EP und des Rates) legt die wichtigsten Prioritäten, Strategien und Ziele der Union bis 2020 fest. Derzeit wird über das Folgeprogramm diskutiert. Inwieweit der von der KOM vorgeschlagene, weit über die genuine Umweltpolitik hinausgreifende, auf eine umweltbezogene Neuakzentuierung vieler Bereiche der Unionspolitik abzielende „green deal" (COM(2019)640 final) trotz der Corona-Belastungen realisiert werden wird, bleibt abzuwarten.

21 Umweltrelevante Rechtsakte können auch auf Grundlage anderer Kompetenznormen verabschiedet werden. Von Bedeutung ist insoweit vor allem die Befugnis zur **Rechtsangleichung** im **Binnenmarkt** nach Art. 114 AEUV. Die Abgrenzung richtet sich nach **Inhalt, Ziel** und **Schwerpunkt** der Maßnahme. Dient sie der Entwicklung des **Binnenmarktes,** ist Art. 114 AEUV einschlägig, anderenfalls, beim **„eigentlichen Umweltschutz",** Art. 192 AEUV (EuGH, 6. 12. 2001, Gutachten 2/00, „Protokoll von Cartagena"). Daher sind **allgemeine Umweltstandards** oder **Schutzmaßnahmen** etwa zugunsten des Wassers oder der Wälder, nach Art. 192 AEUV zu behandeln (EuGH, 25. 2. 1999, verb. Rs. C-164/97 u. a., „EP/Rat"). **Produktnormen** (z. B. Regelung des Bleigehalts des Benzins) fallen als binnenmarktrelevant unter Art. 114 AEUV, wenn der Handel mit ihnen erleichtert werden soll. Soll das Produkt dagegen möglichst zurückgedrängt werden, ist Art. 192 AEUV einschlägig. Schwierige Grenzfälle ergeben sich auch bei **Produktionsnormen,** welche die Ausgestaltung des Produktionsprozesses von Unternehmen zum Gegenstand haben (z. B. Behandlung der Abfälle der Titanoxydindustrie). Geht es um die Gewährleistung unverfälschten Wettbewerbs im Binnenmarkt, zieht der EuGH (11. 6. 1991, Rs. C-300/89, „Titanoxyd") zu Recht Art. 114 AEUV heran (Rz. 32/9). Im Bereich der Landwirtschaft sind Maßnahmen auf Art. 43 AEUV zu stützen; für die strafrechtliche Durchsetzung des Umweltschutzes ist Art. 83 Abs. 2 AEUV einschlägig (zum Hintergrund Rz. 37/1, 6).

22 Die **Durchführung** und **Finanzierung** der europäischen Umweltpolitik obliegt unbeschadet bestimmter unionsrechtlicher Regelungen **den MSen** (Art. 192 Abs. 4 AEUV). Dies entspricht dem Subsidiaritätsprinzip und zugleich der Sorge einiger MSen, bei einer allgemeinen Finanzierung der Umweltpolitik der Union übermäßige

Kosten tragen zu müssen. Der nationale Vollzug der europäischen Umweltpolitik folgt der allgemeinen Regelung des Vollzuges von Unionsrecht (Rz. 12/23ff.). Daneben stellt die **Union** selbst **Finanzmittel** bereit.

Das **Finanzierungsinstrument für die Umwelt (LIFE,** VO 1293/2013, ABl. L 347/185) ermöglicht die Förderung bestimmter prioritärer Umweltprojekte. LIFE verfügt für 2014–2020 über einen Finanzrahmen von 3,5 Mrd. Euro. Ferner übernehmen die **Strukturfonds** (insbesondere der Regionalfonds, oben Rz. 19/66) die Mitfinanzierung von Umweltinfrastrukturprojekten. Bedeuten EU-Umweltmaßnahmen unverhältnismäßig hohe Kosten für bestimmte MSen, können diese Staaten vom **Kohäsionsfonds** (Rz. 18/60) finanziell unterstützt werden. In diesem Fall kann auch eine Ausnahmeregelung getroffen werden (Art. 192 Abs. 5 AEUV).

b) Die Umweltaußenkompetenz der EU (Art. 191 Abs. 4 AEUV)

Art. 191 Abs. 4 AEUV enthält eine **spezielle Umweltaußenkompetenz** der Union. 23
EU und MSen arbeiten hier „im Rahmen ihrer jeweiligen Befugnisse“ zusammen. Ggf. kann ergänzend auf Art. 216 AEUV (dazu unten Rz. 38/16) zurückgegriffen werden. Auch im Umweltbereich folgt damit aus der Wahrnehmung einer Innenkompetenz durch die Union ihre Außenkompetenz. Die MSen dürfen dann keine abweichenden völkerrechtlichen Bindungen mehr eingehen (EuGH, 5.11.2002, Rs. C-476/98, „KOM/Deutschland“). Die Einzelheiten der Zusammenarbeit können zu **Abkommen** der EU mit Drittstaaten und internationalen Organisationen gemäß dem allgemeinen Vertragsschließungsverfahren der Union nach Art. 218 AEUV (unten Rz. 38/43ff.) führen. Ggf. werden **gemischte Verträge** unter Beteiligung von EU und MSen abgeschlossen. Daneben können andere Kompetenzen einschlägig sein, etwa der heutige Art. 207 AEUV bei umweltrelevanten Handelsabkommen (EuGH, 12.12.2002, Rs. C-281/01, „KOM/Rat“).

c) Nationale Regelungsspielräume (Art. 193 AEUV)

Wenn die EU Umweltschutzmaßnahmen nach Art. 192 AEUV beschlossen hat, blei- 24
ben die MSen befugt, **verstärkte Schutzmaßnahmen** beizubehalten oder zu ergreifen (Art. 193 AEUV). Damit wird dem **unterschiedlichen Gewicht** des Umweltschutzes in den einzelnen MSen Rechnung getragen. MSen mit besonders strenger Umweltpolitik sollen nicht auf das häufig eher mittlere Level der EU-Umweltmaßnahmen „herabgezogen“ werden. Im Lichte der Ziele des Unionsrechts sind strengere Standards regelmäßig nicht nur nicht schädlich, sondern vielfach sogar nützlich. Die nationalen Verstärkungsmaßnahmen sind der KOM zu notifizieren.

Allerdings müssen solche nationalen Maßnahmen immer auch die **anderen Bestimmungen der Verträge** 25
beachten (Art. 193 S. 2 AEUV), etwa umweltpolitisch begründete LKW-Verkehrsverbote ggf. die Warenverkehrsfreiheit (Rz. 22/27ff.) und nationale Finanzhilfen das auch für Umweltsubventionen geltende Beihilferegime der Art. 107f. AEUV (Rz. 21/6ff.). Diese Verpflichtung gilt auch, soweit UmweltRLen den MSen gewisse Gestaltungsspielräume belassen und damit insoweit keine Harmonisierung bewirken (EuGH, 14.12.2004, Rs. C-463/01, „KOM/Deutschland“ zu Art. 34 AEUV und der deutschen Verpackungsverordnung). Wird ein Rechtsakt parallel auf Art. 192 AEUV und eine andere, eine vergleichbare Regelung nicht kennende Kompetenz (etwa Art. 207 AEUV; dazu konkret etwa EuGH, 5.12.2006, Rs. C-94/03, „KOM/Rat“) gestützt, kommt Art. 193 S. 1 AEUV wegen seines S. 2 regelmäßig nicht zum Tragen, soweit die Maßnahmen auch die andere Kompetenz betreffen (a. A. *Epiney,* NVwZ 2007, 1012).

4. Die sekundärrechtliche Ausformung des allgemeinen Umweltrechts

Literatur: *Latour,* Die integrierte Umweltverwaltung in der Europäischen Union, 2013; *de Sadeleer/Poncelet,* Contestation des actes des institutions de l'UE susceptibles de porter atteinte à l'environnement et à la santé humaine, RTDE 2013, 7; *Stüer/Buchsteiner,* Umweltschutz und GG – Umsetzung der Industrieemissionsrichtlinie, DVBl. 2013, 92; *Guckelberger,* Umweltinformationen unter europäischem Einfluss, VerwArch 2014, 411; *Klinger,* Das Rechtsschutzgebot des Art. 9 Abs. 3 der Aarhus-Konvention, EurUP 2014, 177; *Bachl,* Die (betroffene) Öffentlichkeit im UVP-Verfahren, 2015; *Guckelberger/Gard,* 15 Jahre SUP-Richtlinie, EurUP 2016, 168; *Epiney,* Rechte Einzelner im EU-Umweltrecht, EurUP 2017, 223; *Epiney/Diezig/Pirker/Reitemeyer,* Aarhus-Konvention, 2018; *Peters/Balla/Hesselbarth,* Gesetz über die Umweltverträglichkeitsprüfung, 4. Aufl. 2019; *Schlacke/Schrader/Bunge,* Informationsrechte, Beteiligung und Rechtsschutz im Umweltrecht, 2. Aufl. 2019; *Grundhewer,* Torhüter zur Verwaltungsgerichtsbarkeit. Rechtsschutz im Eigenverwaltungsrecht der Europäischen Union unter dem Einfluss der Århus-Konvention, 2020.

26 Zahlreiche Rechtsakte der EU betreffen den **Umweltschutz insgesamt.** Eine zentrale Bedeutung kommt **verfahrensrechtlichen** Instrumenten zu, wie sie in vielen anderen MSen in stärkerem Maße als traditionell in Deutschland üblich sind. Mit ihnen soll komplexen Situationen Rechnung getragen werden. Insbesondere können allein sie die Wechselwirkungen der verschiedenen Umweltbeeinträchtigungen angemessen erfassen, die bei einer Fixierung auf den Schutz nur jeweils bestimmter Umweltmedien leicht zu kurz kommen **(„integrierter Umweltschutz“).** Diese starke Betonung des Verfahrensrechts wirft aber gerade für Deutschland auch Probleme auf (Rz. 33/45). Außerdem sehen mehrere Rechtsakte Instrumente vor, mit denen der Vollzug des Umweltrechts gesichert werden soll, wie Beteiligung der Öffentlichkeit und Klagerechte für Verbände sowie Einzelne jenseits deren unmittelbaren Lebensumfelds. Der traditionelle Nachbarschutz hat sich insoweit als unzureichend erwiesen. Hier hat insbesondere die Aarhus-Konvention (Rz. 33/44) wichtige Impulse gesetzt (Rz. 33/28).

27 Verfahrensrechtlich bedeutsam ist insbesondere die RL über die **Umweltverträglichkeitsprüfung** (UVP) (aktuell RL 2011/92, ABl. L 26/1). Sie schreibt für bestimmte umweltrelevante öffentliche und private Vorhaben, aber auch Bebauungspläne zwingend vor Beginn der Durchführung (dazu, auch zum Verbot einer Nachholung, EuGH, 3.7.2008, Rs. C-215/06, „KOM/Irland“) eine im Einzelnen näher ausgeformte entsprechende Prüfung unter Einbeziehung der Öffentlichkeit vor. Deren Ergebnis muss in die Entscheidung über die Zulässigkeit des Vorhabens einfließen (EuGH, 3.3.2011, Rs. C-50/09, „KOM/Irland“). Regelungen der UVP-RL begründen ggf. auch **Rechte Einzelner** (EuGH, 7.1.2004, Rs. C-201/02, „Wells“; dazu *Schlacke,* ZUR 2006, 360). Die UVP-RL wird durch die RL 2001/42 (ABl. L 197/30) über die Prüfung der Umweltauswirkungen bestimmter Pläne und Programme ergänzt (**„Strategische Umweltprüfung“,** SUP). Auf die Bekämpfung bestimmter industrieller Schadensquellen zielt die zuletzt 2010 in kodifizierter Form und unter Integration weiterer RLen neu beschlossene RL 2010/75 (ABl. L 334/17) über die **integrierte Vermeidung und Verminderung von Umweltverschmutzung** (IVU).

28 Die Möglichkeit gemeinwohlorientierter Sorge um die Umwelt durch die Öffentlichkeit wird zunächst durch den Ausbau des **Umweltinformationsrechts** (Neufassung durch RL 2003/4, ABl. L 41/26; für die Unionsorgane siehe VO 1367/2006, ABl. L 264/13) **geschaffen,** das **jedermann** ein Zugangsrecht zu behördlichen Umweltinformationen auf nationaler und Unionsebene vermittelt. Die Menschen werden dadurch zu aktiven Bürgern, die in die rechtliche Situation versetzt werden, mehr als ihre persönlichen Rechtsgüter zu verteidigen. Ausnahmetatbestände sind daher eng auszulegen (EuGH, 18.7.2013, Rs. C-515/11, „Deutsche Umwelthilfe“; zu den Kosten einer Auskunft EuGH, 6.10.2015, Rs. C-71/14, „East Sussex County Council“). Zwecks Umsetzung der Aarhus-Konvention sehen die in Rz. 33/27 erwähnten RLen eine **Beteiligung der Öffentlichkeit** und **Verbandsklagerechte** vor (Art. 6 Abs. 1 und 11 UVP-RL, Art. 15 und 16 IVU-RL; siehe zur Aarhus-Konvention auch Rz. 33/44). Aus Art. 9 Abs. 3 der Konvention folgt auch für sonstige, im Anwendungsbereich des Unionsrechts liegende, aber nicht unter die erwähnten RLen fallende umweltrechtliche Streitigkeiten eine unionsrechtliche Pflicht, grundsätzlich eine Verbandsklage vorzusehen (EuGH, 8.3.2011, Rs. C-240/09, „Lesoochranárske zoskupenie VLK“ mit gegenteiligem SchlA von GA Sharpston; 20.12.2017, Rs. C-664/15, „Protect Natur-, Arten- und Landschaftsschutz Umweltorganisation“). Angesichts der hohen Bedeutung der Verbandsklage gerade im Umweltrecht hat der EuGH zu Recht die erwähnte Konventionsbestimmung dem Anwendungsbereich des Unionsrechts zugeordnet. Und in der Sache überzeugt die Annahme, dass die dort verankerten, „im nationalen Recht vor-

gesehenen Kriterien" nicht dazu führen dürften, dass es praktisch überhaupt keine solche Klage gibt. Völkerrechtlich besteht eine entsprechende Verpflichtung sogar generell für das nationale Umweltrecht, also auch außerhalb des Anwendungsbereichs des Unionsrechts. Durchweg entfaltet diese Pflicht allerdings keine unmittelbare Wirkung (s. a. Rz. 33/45). Daher kann auch das im unionsrechtlichen Rechtsschutzsystem bestehende Defizit nicht durch Hinweis auf die Konvention beseitigt werden (EuGH, 13.1.2015, verb. Rs. C-404/12 P u. a., „Stichting Natuur en Milieu"; dazu *Ekardt,* NVwZ 2015, 772).

Ein weiteres Instrument stellt etwa das **Gemeinschaftssystem für das Umweltmanagement** und die Umweltbetriebsprüfung **(EMAS)** dar (VO 1221/2009, ABl. L 342/1), das darauf abzielt, Organisationen wie Unternehmen, Behörden u. ä. zu veranlassen, freiwillig ihre **innere Organisation umweltorientiert einzurichten.** Dies geschieht mittels Umweltprogrammen und Managementsystemen, die durch unabhängige Prüfer evaluiert werden. Gleichzeitig erfolgt eine Unterrichtung der Öffentlichkeit über die Umweltleistung der Organisation (*Benecke,* Europarechtliche Aspekte des Umweltaudits, 2001). Ein Schutz vor **Industrieunfällen** wird seit 1996 vorgegeben (mittlerweile RL 2012/18, ABl. L 197, 1). Die **Umwelthaftungsrichtlinie 2004/35** (ABl. L 143/56) zieht aus dem Grundsatz, dass der **Verursacher** von Umweltschäden für deren Beseitigung verantwortlich ist, die Konsequenz einer entsprechenden zivilrechtlichen Haftung für Umweltschäden. Daneben soll jeweils auf nationaler Ebene eine **öffentlich-rechtliche Haftung** für „reine" Umweltschäden eingerichtet werden. Bei „gefährlichen Tätigkeiten" ist sie verschuldensunabhängig ausgestaltet (zum Nachweis der Verursachung EuGH, 9.3.2010, verb. Rs. C-378/08 u. a., „ERG u. a."). Institutionell hat die **Europäische Umweltagentur** zur Aufgabe, alle umweltrelevanten Informationen aus den MSen zu sammeln, zu bewerten und ggf. die MSen bei der Wahrnehmung ihrer umweltpolitischen Aufgaben zu unterstützen (VO 401/2009, ABl. L 126/13). 29

5. Die sekundärrechtliche Ausformung des besonderen Umweltrechts

Der besondere Umweltschutz ist kompetenzmäßig regelmäßig auf den heutigen Art. 192 AEUV gestützt; nur ausnahmsweise kommt Art. 114 AEUV zum Tragen. Die EU hat Regelungen erlassen zum Schutz bestimmter Umweltmedien, zum Schutz vor bestimmten gefährlichen Stoffen und zur Regelung bestimmter Tätigkeiten sowie produktbezogene Regelungen. 30

a) Natur- und Artenschutz

Literatur: *Gellermann,* Natura 2000. Europäisches Habitatschutzrecht und seine Durchführung in der BRD, 2. Aufl. 2001; *Czybulka* (Hrsg.), Aktuelle Entwicklungen im europäischen Naturschutzrecht, 2007; *Günes,* Das Schutzregime der FFH-Richtlinie und seine Umsetzung in nationales Recht, 2007; *Stüer,* Europäischer Gebiets- und Artenschutz in ruhigen Gefilden, DVBl. 2008, 1; *Epiney/Gammenthaler* (Hrsg.), Das Rechtsregime der Natura-2000-Schutzgebiete: ein Beitrag zur Auslegung des Art. 6 RL 92/43 und seiner Umsetzung in ausgewählten Mitgliedstaaten, 2009; *Guretzki,* Der Schutz von Tieren im Zusammenhang des EU-Binnen- & Außenhandels, 2018; *Marchadier,* La protection du bien-être de l'animal par l'Union européenne, RTDE 2018, 251.

Naturschutz als Schutz der Fauna und Flora natürlicher Lebensräume ist heute ein wesentlicher Bestandteil des EU-Umweltschutzes (Fundstellenverzeichnis des geltenden EU-Rechts 15.10.30.20). Die **„Fauna-Flora-Habitat-Richtlinie" 1992/43** (ABl. L 206/7) soll zu Erhalt und Wiederherstellung natürlicher Lebensräume in ihrer Artenvielfalt beitragen. Zu diesem Zweck werden in einem speziellen mehrstufigen Verfahren besondere Schutzgebiete ausgewählt und ausgewiesen, das MSen und KOM kooperativ durchführen. Entsprechend den allgemein für die Umsetzung von RLen geltenden Prinzipien müssen die damit verbundenen Rechtsfolgen förmlich im nationalen Recht ausgewiesen sein (EuGH, 13.2.2003, Rs. C-75/01, „KOM/Luxemburg"); Rechtsschutz gegen die Ausweisung bestimmter Gebiete ist daher vor den nationalen Gerichten zu suchen (EuGH, 23.4.2009, Rs. C-362/06 P, „Sahlstedt"). Ziel ist ein **europäisches ökologisches Netz** „Natura 2000". Die Auswahl der Gebiete 31 erfolgt dabei allein nach naturschutzfachlichen Gesichtspunkten (vgl. EuGH, 14.1.2010, Rs. C-226/08, „Stadt Papenburg").

Rechtsfolge der Ausweisung eines entsprechenden Gebietes sind die Pflichten, Erhaltungsmaßnahmen festzulegen sowie Verschlechterungen der Habitate und Störungen der Arten zu vermeiden. Bei Störungen gilt dies jedoch nur, sofern erhebliche Auswirkungen zu befürchten sind. Ist ein Projekt trotzdem aus zwingenden (auch sozialen und wirtschaftlichen) Gründen geboten, muss ein Ausgleich erfolgen, der die globale Kohärenz von „Natura 2000" erhält.

Andere Maßnahmen in Sachen Tierschutz betreffen u. a. den **Vogelschutz** (RL 2009/147, ABl. 2010 L 20/7), die **Einfuhr von Erzeugnissen** von **Walen** (VO 348/1981, ABl. L 39/1) und **Robben** (VO 1007/2009, ABl. L 286/36), das Verbot von **Tellereisen** und der **Einfuhr bestimmter Pelze** (VO 3254/1991, ABl. L 308/1). Rituelle Schlachtungen dürfen erlaubt werden (EuGH, 29.5.2018, Rs.-426/16, „Liga van Moskeeën en Islamitische Organisaties Provincie Antwerpen VZW" zur VO 1099/2009, ABl. L 303/1). International beteiligt sich die EU am Übereinkommen über die **biologische Vielfalt** v. 22.5.1992 (ABl. L 309/1). Zur Gewährleistung der Biodiversität wurden Regelungen zum Schutz vor invasiven gebietsfremden Arten erlassen (VO 1143/2014, ABl. L 317/35).

b) Gewässerschutz

Literatur: *Rossmann,* Die Wasserrahmenrichtlinie der EU, 2003; *Blöch,* European Water Policy and the Water Framework Directive, JEEPL 2004, 170; *Proelß,* Meeresschutz im Völker- und Europarecht, 2004; *Unnerstall,* Das Prinzip der Kostendeckung in der EU-Wasserrahmenrichtlinie, EurUP 2006, 29; *Port,* Die Umweltziele der Wasserrahmenrichtlinie: Anforderungen an die Bewirtschaftung der Oberflächengewässer aus der Sicht des Rechts der Europäischen Union, 2011; *Faßbender,* Zur aktuellen Diskussion um das Verschlechterungsverbot der Wasserrechtsrahmenrichtlinie, EurUP 2013, 70; *Kern,* Neue Anforderungen und Instrumente für die europäische Gewässerqualität, NVwZ 2014, 256; *Albrecht,* Die ökologische Neuausrichtung des Wasserrechts durch die Wasserrechtsrahmenrichtlinie, EurUP 2015, 96; *Faßbender,* Die Umweltziele der Wasserrahmenrichtlinie, EurUP 2015, 178; *Hofmann,* Wasserrecht in Europa, 2015.

32 Mit der **„Wasserrahmenrichtlinie"** 2000/60, ABl. L 327/1, hat die Union einen Ordnungsrahmen für Maßnahmen im Bereich der Wasserpolitik (Binnenoberflächengewässer, Übergangsgewässer, Küstengewässer und Grundwasser) geschaffen (*Caspar,* DÖV 2001, 529). Ziel ist eine **gute ökologische und chemische Qualität dieser Gewässer** (zur Verbindlichkeit des grundsätzlichen Verschlechterungsverbotes siehe EuGH, 1.7.2015, Rs. C-461/13, „Bund für Umwelt und Naturschutz Deutschland"; Ausnahmen, etwa zwecks Baus eines Wasserkraftwerks, um erneuerbare Energien voranzubringen, sind jedoch zulässig; EuGH, 4.5.2016, Rs. C-346/14, „KOM/A") und ihr Vorhandensein in ausreichender Quantität. Daneben stehen vielfältige Einzelregelungen (Fundstellenverzeichnis des geltenden EU-Rechts 15.10.20.20). Diese beinhalten etwa Qualitätsnormen für Gewässer (z. B. RL 2008/105, ABl. L 348/84; zur Ausweisung von Badegewässern RL 2006/7, ABl. L 64/37), die Ableitung gefährlicher Stoffe, Emissionsnormen und Produktstandards oder spezifische schutzbezogene Regelungen (z. B. Behandlung kommunaler Abwässer, Bekämpfung von Asbest- und Nitratverschmutzung). RL 1998/83, ABl. L 330/32 regelt die Qualität von Wasser für den **menschlichen Gebrauch,** die derzeit neu gefasst wird.

Viele dieser Maßnahmen dienen der „menschlichen Gesundheit", was den EuGH zur Schlussfolgerung veranlasst, dass die entsprechenden Vorgaben von betroffenen Einzelnen vor Gericht eingefordert werden können müssen (EuGH, 17.10.1991, Rs. C-58/89, „KOM/Deutschland"; 28.5.2020, Rs. C-535/18, „IL"; vgl. auch Rz. 33/45).

33 Ein wichtiger Teil des Gewässerschutzes ist die **Vorsorge gegen Meeresverschmutzung.** Besondere Herausforderungen ergeben sich durch die großen Tankerunfälle oder durch vorsätzliche Verschmutzungen

des Meeres („Verklappen"; Verpflichtung zu Doppelhüllen für Tankschiffe; siehe nunmehr VO 530/2012, ABl. L 172/3; Entsch. 2850/2000, ABl. L 332/1 des EP und des Rats über einen Rahmen für die Zusammenarbeit bei unfallbedingter oder vorsätzlicher Meeresverschmutzung; dazu *Proelß,* Meeresschutz im Völker- und Europarecht, 2004). Die EU beteiligt sich an verschiedenen **internationalen Abkommen** zum Schutz der Meere (z. B. Barcelona-Abkommen zum Schutz des Mittelmeeres, ABl. 1977, L 240/1) und ebenso zum Schutz der Binnengewässer (z. B. Berner Rheinschutzkonvention, ABl. 1977, L 240/5).

c) Luftreinhaltung und Klimaschutz

Literatur: *Fonk,* Europäische Luftqualitätsziele und nationale Erfüllungsverantwortung, 2009; *Schulze-Fielitz/Müller* (Hrsg.), Europäisches Klimaschutzrecht, 2009; *Ates,* Der Handel mit Emissionszertifikaten, 2011; *Greb,* Der Emissionshandel ab 2013, 2011; *Hartmann,* Globaler Klimawandel und Europäischer Rechtspluralismus, EuR 2011, 636; *Kerth,* Klimaschutz als europäische Querschnittsaufgabe, FS Scheuing, 2011, 340; *Lay,* Maßnahmen zum Ausgleich der Kosten des europäischen Emissionszertifikatehandels, 2012; *Heselhaus,* Differenzierungen im Klima- und Energierecht vor den europäischen Gerichten, FS Dauses, 2014, 137; *Zeissler,* Quellenunabhängiges EU-Luftqualitätsrecht und die Genehmigung und Überwachung des Betriebes von Anlagen im Sinne des Bundes-Immissionsschutzgesetzes, 2014; *Woerdman/Roggenkampf/Holwerda* (Hrsg.), Essential EU Climate Law, 2015.

Die **Erdatmosphäre** ist von der Union als Umweltschutzgut anerkannt (VO 34 1005/2009, ABl. L 286/1 über Stoffe, die zum Abbau der Ozonschicht führen). Vor allem beansprucht die Union im **Klimaschutz** international eine Vorreiterrolle. Bis 2030 sollen Treibhausgasemissionen um mindestens 30% im Vergleich zu 2005 reduziert werden (VO 2018/842, ABl. L 156/26). Der Wert soll aber noch deutlich erhöht werden; zu den energiepolitischen Zielen s. Rz. 23/12. So hat die EU die Verpflichtungen zunächst gemäß dem Kyoto-Protokoll (Entsch. 2002/358, ABl. L 130/1 des Rates) und dem Folgeabkommen von Paris (Beschl. 2016/1841, ABl. L 282/1 ff. des Rats) übernommen (zu nationalen Klimazielen VO 2018/842, ABl. L 156/26). Mit dem unionsweiten **Handel mit Verschmutzungsrechten** („Emissionshandel") gemäß RL 2003/87 (ABl. L 275/32) sollen Unternehmen Anreize zur Verbesserung der Luftreinhaltung auf Unternehmensebene erhalten. Zu diesem Zweck müssen die MSen nationale Verteilungspläne aufstellen, denen die KOM ggf. widersprechen kann (zu den den MSen verbleibenden Gestaltungsspielräumen EuGH, 29.3.2012, Rs. C-504/09 P, „Polen/KOM" sowie Rs. C-505/09 P, „Estland/KOM", aber auch EuG, 7.3.2013, Rs. T-370/11, „Polen/KOM"; dazu Rz. 23/3). Mehrfach wurden die Anforderungen für die Erlangung solcher Zertifikate erhöht (RL 2009/29, ABl. L 140/63; RL 2018/410, ABl. L 76/3). Bislang aber hat sich das System insgesamt nur als begrenzt effektiv erwiesen. Besonderen Streit hat die Einbindung des Luftverkehrs in dieses System ausgelöst (Rz. 26/27). 2018 wurde die Landnutzung einbezogen (VO 2018/841, ABl. L 156/1). Weiterhin sind eine Reihe weiterer Maßnahmen zum Klimaschutz erlassen worden (zu den **Waldschutzmaßnahmen,** die als Naturschutz gelten können, oben Rz. 33/31).

Zur Sicherung der **Luftqualität** hat die EU etliche RLen über zulässige Immissionen 35 und Emissionen erlassen. Zum Schutz vor Beeinträchtigungen durch Schwefeldioxyd, Stickstoffdioxyd, Feinstaubpartikel, Blei, Benzol, Kohlenmonoxyd usw. hat die EU in Konsolidierung zahlreicher älterer RLen im Jahre 2008 eine Gesamtregelung erlassen (RL 2008/50, ABl. L 152/1). Diese beinhaltet im Grundsatz eine rein ergebnisbezogene Verpflichtung, die zwar nicht schon bei einmaliger, wohl aber bei regelmäßiger Überschreitung der Grenzwerte missachtet wird, also unabhängig davon, ob und wenn ja welche Maßnahmen der Staat zu deren Verhinderung ergriffen hat (EuGH, 5.4.2017, Rs. C-488/15, „KOM/Bulgarien"; zur notwendigen gerichtlichen Kontrolle EuGH, 26.6.2019, Rs. C-723/17, „Craeynest"). Eine weitere, ggf. später gleichfalls in die allgemeine RL zu integrierende RL (2004/107, ABl. 2005, L 23/3) regelt die Luftbelastung durch Arsen, Kadmium, Quecksilber, Nickel und polyzentrische aromatische Kohlenwasserstoffe. Nationale Emissionshöchstmengen werden durch die RL 2016/2284 (ABl. L 344/1) vorgegeben. Auch im Bereich der Sicherung der Luftqualität (siehe schon Rz. 33/8 und 33/31 sowie noch Rz. 33/45) postuliert der EuGH, dass Einzelne die vorgesehenen Ergebnisse bzw. Maßnahmen ggf. auch gerichtlich durchsetzen können müssen (etwa EuGH, 17.10.1991, Rs. C-361/88, „KOM/Deutschland" zur RL 1980/779, ABl. L 229/30 (Schwefeldioxyd); EuGH, 25.7.2008, Rs. C-237/07, „Janecek" zu Aktionsplänen zum Schutz vor Feinstaub).

36 Ein besonderer Schwerpunkt der Luftreinhaltung bezieht sich auf den **Kraftfahrzeugverkehr.** Eine Vielzahl von Maßnahmen sucht die Luftbelastung durch **Qualitätsanforderungen an Kraftstoffe** (Schwefelgehalt, Blei) zu verbessern. Seit 2000 ist verbleites Benzin grundsätzlich verboten. Eine andere Gruppe von Regelungen bekämpft die Verunreinigung der Luft durch **Abgase von Kraftfahrzeugmotoren** (Festlegung von Euro-Grenzwerten, die den Einbau bestimmter Katalysatoren vorschreiben u. a. m.). Überschreitet der Schadstoffausstoß von Kfz-Flotten festgelegte Grenzen, soll dies finanzielle Sanktionen nach sich ziehen.

Die RL 2010/75 (ABl. L 334/17) begrenzt die Luftverschmutzung durch **ortsfeste Industrieanlagen.** Weitere Regelungen bestehen für die Abfallverbrennung (vgl. auch Rz. 33/38), Altölbeseitigung und die Verschmutzung durch Abfälle der Titandioxydindustrie.

d) Lärmschutz

Literatur: *Clair,* La lutte contre le bruit en droit communautaire, 1997; *Van Calster,* EC noise legislation and policy, EurEnvLawRev 1997, 181; *Schulte/Schröder,* Europäisches Lärmschutzrecht, DVBl. 2000, 1085.

37 Seit den 1970er Jahren sucht die EU durch die Entwicklung **zulässiger Höchstwerte** die Geräuschemissionen von Produkten wie Kraftfahrzeugen, Baumaschinen, Rasenmähern, Haushaltsgeräten und auch Fluglärm einzudämmen (Fundstellenverzeichnis des geltenden EU-Rechts 15.10.20.40; *Schulte/Schröder,* DVBl. 2000, 1085). Diese Lärmschutzmaßnahmen stehen in engem Zusammenhang mit der Beseitigung technischer Handelshemmnisse im Interesse des freien Warenverkehrs (oben Rz. 22/50) und sind daher auf Art. 114 AEUV gestützt.

e) Abfall

Literatur: *Schleich,* Die Zulassung der Abfallverwertung und Abfallbeseitigung im europäischen und bundesdeutschen Recht, 2001; *Frank,* Nähe und Autarkie in der Abfallentsorgung, 2003; *te Heesen,* Abfallverbringung ohne Grenzen, 2003; *Lenz/Ebsen,* Die Abfallwirtschaft in der Rspr. des Gerichtshofes der EGen, EWS 2003, 345; *Petersen,* Neue Strukturen im Abfallrecht. Folgerungen aus der EuGH-Judikatur, NVwZ 2004, 34; *Stuttmann,* Der Rechtsbegriff „Abfall", NVwZ 2006, 401; *Oexle/Epiney/Breuer* (Hrsg.), EG-Abfallverbringungsverordnung, 2010; *Oexle,* Zur Entwicklung des Abfallverbringungsrechts, EurUP 2014, 32.

38 Abfall stellt zwar im Sinne des Vertrages grundsätzlich eine **Ware** dar. Der Freiverkehr mit Abfall kann jedoch aus übergeordneten Umweltgesichtspunkten (z. B. „Prinzip der Ursprungsbekämpfung", Rz. 33/17) im Sinne der Doktrin der „zwingenden Erfordernisse" bei Art. 34 AEUV eingeschränkt werden, nach Auffassung des EuGH sogar durch nach der Herkunft unterscheidende, also diskriminierende Maßnahmen (EuGH, 9.7.1992, Rs. C-2/90, „KOM/Belgien"; dazu Rz. 22/43). In mehreren Etappen wurde das Abfallrecht durch (auf den heutigen Art. 192 AEUV gestütztes) Sekundärrecht immer stärker an den in Art. 191 AEUV enthaltenen Grundprinzipien aus-

gerichtet (heute RL 2008/98 über Abfälle, ABl. L 312/3; 2018 mit dem Ziel der Verbesserung der Nachhaltigkeit der Materialwirtschaft grundlegend geändert). Zentral ist die **Hierarchie im Umgang mit Abfällen** (Art. 4): Vermeidung, Vorbereitung zur Wiederverwendung, Recycling, sonstige Verwertung (etwa energetischer Art) und Beseitigung; zur Umsetzung dieser Prioritäten werden verschiedene Einzelregelungen getroffen; zugleich müssen die MSen eine illegale Abfallentsorgung verhindern (dazu EuGH, 16.7.2015, Rs. C-140/14, „KOM/Slowakei").

Verwertung liegt vor, wenn Hauptzweck der Maßnahme der Einsatz des Abfalls für einen sinnvollen Zweck ist (z. B. Recycling oder der Einsatz zur Energieerzeugung, EuGH, 13.2.2003, Rs. C-228/00, „KOM/Deutschland"). Spezifische Regelungen bestehen für die (nur in engen Grenzen zulässige) **Beseitigung** von Abfall (zur **Verbrennung** von Abfällen Art. 42ff. RL 2010/75, ABl. L 334/17). Die RL 1999/31 (ABl. L 182/1) regelt die Anforderungen an die **Deponierung** „normaler" Abfälle. Ferner bestehen Spezialregelungen für die Beseitigung von bestimmten Abfallarten (PCB/PCT, Titandioxydabfälle, bestimmte Batterien und Akkumulatoren, Elektroschrott und Altautos). 39

Die VO 1013/2006 (ABl. L 190/1) normiert die Überwachung und Kontrolle der grenzüberschreitenden **Verbringung von Abfällen.** Die MSen können die Verbringung von Abfällen auch innerhalb der Union verbieten (siehe zuvor bereits EuGH, 10.5.1995, Rs. C-422/92, „KOM/Deutschland" mit Hinweis auf das „Ursprungsbekämpfungsprinzip", Rz. 33/17). Die EU hat ferner das **Verbot** des Baseler Abkommens von 1989 übernommen (aktuell VO 1013/2006, ABl. L 190/1), gefährliche Abfälle in **Nicht-OECD-Länder zu exportieren.** Insgesamt wird eine **„Entsorgungsautarkie"** der Union mit möglichster Vermeidung eines „Abfalltourismus" innerhalb der EU oder in dritte Länder angestrebt.

Nach den **Verpackungsregelungen** (RL 1994/62, ABl. L 365/10, 2018 mit dem Ziel der Verbesserung des Recycling grundlegend geändert) sollen Verpackungsabfälle in erster Linie **vermieden** werden. Im Übrigen sollen diese Abfälle dank Verwertung, Wiederverwendung und Recycling **möglichst umweltgerecht** behandelt werden können. Zu weiteren Einzelheiten siehe das Fundstellenverzeichnis des geltenden EU-Rechts 15.10.30.30. Nationale Regelungen (wie das deutsche **„Dosenpfand"**) dürfen Hersteller aus anderen EU-Staaten nicht diskriminieren (EuGH, 14.12.2004, Rs. C-309/02, „Radlberger"). Ein Pfand- und Rücknahmesystem muss daher flächendeckend arbeiten, damit keine Handelshemmnisse für Anbieter aus anderen MSen bestehen. 40

f) Gefährliche Stoffe, insbesondere Chemikalien

Literatur: *Fluck/Fischer/v. Hahn* (Hrsg.), REACH + Stoffrecht. Lsblslg.; *Kuhn,* REACH – das neue europäische Regulierungssystem für Chemikalien, 2010; *Schulze-Rickmann,* Das Recht auf Zugang zu Informationen und auf ihre Verwertung nach der europäischen REACH-Verordnung, 2010; *Fleurke/Somsen,* Precautionary regulation of chemical risk, CMLRev 2011, 357; *Führ* (Hrsg.), Praxishandbuch REACH, 2011; *Raupach,* Der sachliche Anwendungsbereich der REACH-Verordnung, 2011; *Weinberger,* EU-Chemikalienrecht, 2011; *Bergkamp* (Hrsg.), The European Union REACH Regulation for Chemicals, 2013; *Drohmann/Townsend* (Hrsg.), REACH: best practice guide to regulation (EC) No 1907/2006, 2013; *Ruciretto,* Nanomaterialien im Europäischen Stoffrecht, 2013; *Ammerich,* Das Registrierungsverfahren nach der REACH-VO im Lichte des europäischen Eigenverwaltungsrechts, 2014; *Kamptmann,* REACH compliance, 2014; *Stockhaus,* Regulierte Selbstregulierung im europäischen Chemikalienrecht, 2015; *Vaughan,* EU Chemical Regulation, 2015.

Nach langen Diskussionen wurde im Jahre 2006 eine auf den heutigen Art. 114 AEUV gestützte Verordnung zur **Registrierung, Bewertung, Zulassung und Beschränkung chemischer Stoffe („REACH",** VO 1907/2006, ABl. L 396/1) verabschiedet. Die Regelung schreibt die Registrierung und Bewertung aller in der EU in den Verkehr gebrachten chemischen Stoffe mit Blick auf ihre Umweltverträglichkeit und entsprechende Informationen vor (zu den Ermittlungspflichten von Produzenten und Importeuren EuGH, 10.9.2015, Rs. C-106/14, „FCD"; zur Aufgabenverteilung zwischen europäischen und nationalen Stellen das laufende Verfahren Rs. C-471/18, 41

„Esso“). Wichtige Überwachungsaufgaben werden von der Agentur für chemische Stoffe in Helsinki wahrgenommen.

Das vorgenannte Regelwerk wird ergänzt durch die VO 1272/2008 (ABl. L 353/1) betreffend die **Einstufung, Verpackung und Kennzeichnung** gefährlicher Stoffe und die VO 649/2012 (ABl. L 201/60) über die **Ausfuhr und Einfuhr** bestimmter gefährlicher Chemikalien. Weitere Spezialvorschriften betreffen u. a. Lösemittel, Anstrichmittel, Schädlingsbekämpfungsmittel, Detergentien, Düngemittel, ozonschichtschädigende Stoffe und Pflanzenschutzmittel. Am 26.6.2020 hat der Rat eine neue Strategie zum Umgang mit Chemikalien beschlossen, die letztlich auf besseren Gesundheitsschutz durch bessere Vorsorge setzt (Ratsdok. 10713/19). Zu weiteren Einzelheiten siehe Fundstellenverzeichnis des geltenden EU-Rechts 15.10.20.50.

g) Biotechnologie und Gentechnik

Literatur: *Palme/Schlee/Schumacher,* Das neue Recht der Grünen Gentechnik, EurUP 2004, 170; *Calliess/Korte,* Das neue Recht der Grünen Gentechnik im europäischen Verwaltungsverbund, DÖV 2006, 10; *Escajedo San Epifanio,* Biotechnologie, santé et environnement dans l'Union européenne, RMCUE 2008, 255; *Kranz,* Biomedizinrecht in der EU: Kompetenzen des europäischen Gesetzgebers im Spannungsfeld nationaler Regelungsdivergenzen, Ethisierung des Rechts und Kommerzialisierung des Menschen, 2008; *Schmidt,* Das EU-Bio-Recht, 2014; *Karimi-Schmidt,* Grüne Gentechnik in Europa, 2019.

42 Über **Biotechnologie** und **Gentechnik** gehen in den MSen die Auffassungen auseinander. Nicht nur in Deutschland überwiegen die Besorgnisse. Die europäische Rechtsetzung im Biotechnologie-/Gentechnikbereich ist umfangreich (Fundstellenverzeichnis des geltenden EU-Rechts 15.10.20.50). Die umweltbezogene RL 2009/41 (ABl. L 125/75) regelt die Risiken der Gentechnik in geschlossenen Systemen. Binnenmarktbezug weist demgegenüber die RL 2001/18 (ABl. L 106/1) zu besonderen Genehmigungsverfahren für das **Inverkehrbringen genetisch veränderter Produkte** auf. Genetische Veränderungen in diesem Sinne können auch durch Mutagenese bewirkt werden (EuGH, 15.7.2018, Rs. C-528/16, Confédération paysanne“; dazu *Seitz,* EuZW 2018, 757); zu Publizitätsanforderungen siehe EuGH, 17.2.2009, Rs. C-552/07, „Azelvandre“. Mit diesen Rechtsakten sollte ein Kompromiss zwischen den grundsätzlich gleichrangigen Zielen der Handelsfreiheit und des Umwelt- und Gesundheitsschutzes im Sinne verstärkter Gesundheitskontrolle erreicht werden. Für Lebens- und Futtermittel gibt es Spezialregelungen (VO 1829/2003, ABl. L 268/1), die unter der Verfahrensherrschaft der Europäischen Behörde für Lebensmittelsicherheit (Rz. 33/65) stehen und – auch den MSen – nur in Grenzen Verbote gestatten (zu Sofortmaßnahmen EuGH, 13.9.2017, Rs. C-111/16, „Fidenato“ u. a.). Diesen Regeln unterfallen auch solche Produkte wie Honig, in denen Pollen genetisch veränderter Pflanzen zu finden sind (EuGH, 6.9.2011, Rs. C-442/09, „Bablock“). Faktisch wird damit die Freisetzung von genetisch veränderten Organismen deutlich erschwert. Die VO 1946/2003 (ABl. L 287/1) enthält Maßstäbe für die **grenzüberschreitende Verbringung genetisch veränderter Organismen.**

h) Produktbezogene Regelungen

43 Insbesondere im Kontext der Herstellung des Binnenmarktes stehen etliche produktbezogene Regelungen, die aber auch für den Umweltschutz von Bedeutung sind (zur produktbezogenen Rechtsangleichung allgemein siehe Rz. 22/50ff.). Der Sicherung der in Art. 114 Abs. 3 AEUV vorgegebenen Ausrichtung der Binnenmarktharmonisierung dient die Ökodesign-RL 2009/125 (ABl. L 285, 10), die den Erlass von Vorschriften über die umweltgerechte Gestaltung energieverbrauchsrelevanter Produkte

gestattet. Auf der Grundlage der Vorgängervorschrift wurde etwa das Verbot der herkömmlichen Glühbirne beschlossen (VO 244/2009, ABl. L 76/3), sowie die RL 2010/30, ABl. L 153/1 zu Verbrauchsangaben. Außerdem können umweltfreundliche Produkte besonders **gekennzeichnet** werden (dazu nunmehr VO 66/2010, ABl. L 27/1). Jüngst wurde ein Regelwerk zur Begrenzung der Verwendung von Plastik beschlossen (RL 2019/904, ABl. L 155/1; dazu *Ludwig/Gawel,* DVBl. 2020, 91).

6. Die Beteiligung der EU am internationalen Umweltschutz

Literatur: *Rodenhoff,* Die EG und ihre Mitgliedstaaten als völkerrechtliche Einheit bei umweltvölkerrechtlichen Abkommen, 2008; *Morgera,* The External Environmental Policy of the European Union, 2012; *Solf,* Europäisches Meeresumweltrecht im Internationalen Mehrebenensystem, 2017; *Auvret-Finck* (Hrsg.), La dimension environnementale de l'action extérieure de l'Union européenne, 2018.

Auf der Grundlage der Umweltaußenkompetenz des Art. 191 Abs. 4 AEUV hat sich eine **umfangreiche Praxis internationaler Abkommen** der Union in allen Bereichen des Umweltschutzes entwickelt, die regelmäßig als **gemischte Verträge** unter Beteiligung von EU und MSen abgeschlossen werden (Fundstellenverzeichnis des geltenden EU-Rechts 15.10.40). Hervorzuheben sind u. a.: 44

- im Bereich des **allgemeinen Umweltrechts** (Rz. 26ff.) die Aarhus-Konvention (ABl. 2005, L 124/4), die Fragen des Zugangs zu Umweltinformationen, der Öffentlichkeitsbeteiligung und Rechtsschutzfragen – auf nationaler wie auf Unionsebene – regelt (dazu *Pernice-Warnke,* EuR 2008, 410 sowie Rz. 33/28). Zur Umsetzung siehe für den mitgliedstaatlichen Bereich RL 2003/35 (ABl. L 156/17) mit Änderungen anderer RL sowie – völkerrechtlich unzureichend (Rz. 33/28) – für die Verwaltung der Union selbst VO 1367/2006 (ABl. L 264/13). Aus deutscher Perspektive ist insbesondere die Regelung zur Verbandsklage (Art. 9 Abs. 2 iVm Art. 2 Nr. 5 der Richtlinie) von praktischer Bedeutung;
- im Bereich des **Naturschutzes** (Rz. 33/31) verschiedene Abkommen zur Erhaltung wild lebender Tierarten und Pflanzen, insbesondere die Übereinkommen 1992/2002 über biologische Vielfalt und Sicherheit („Rio/Cartagena", ABl. 1993, L 309/1 bzw. ABl. 2002, L 201/50) sowie das CITES-Abkommen zum Handel mit gefährdeten Arten freilebender Tiere und Pflanzen (dazu VO 338/97, ABl. L 61/1 sowie oben Rz. 33/31);
- im Bereich des **Gewässerschutzes** (Rz. 33/32f.) zum Süßwasserschutz verschiedene Übereinkommen zum Schutz von Rhein, Elbe, Donau und Oder, ferner seit 1976 zum Meeresschutz verschiedene Abkommen zum Schutz des Mittelmeers, der Nordsee und des Nordostatlantiks sowie Abkommen gegen spezifische Meeresverschmutzungsgefahren (Bunkerölverschmutzung, Erhaltung lebender Meeresschätze u. a.); auch dem UN-Seerechtsübereinkommen ist die EU beigetreten (ABl. 1998, L 179/1);
- im Bereich der **Luftreinhaltung** und des **Klimaschutzes** (Rz. 33/34ff.): Genfer Übereinkommen 1979 gegen grenzüberschreitende Luftverunreinigung; Wiener und Montrealer Übereinkommen 1985/87 über den Schutz der Ozonschicht; UN-Rahmenübereinkommen über Klimaänderungen und dazugehöriges **Kyoto-Protokoll** (ABl. 1993, L 33/11 bzw. ABl. 2002, L 130/1);
- zum **Abfallrecht** siehe bereits oben Rz. 33/39.

7. Konsequenzen für das deutsche Recht

Literatur: *Breuer,* Konditionale und finale Rechtsetzung, AöR 2002, 523; *G. Kirchhof,* Der rechtliche Schutz vor Feinstaub – subjektive öffentliche Rechte zu Lasten Vierter?, AöR 2010, 29; *Schwerdtfeger,* Der deutsche Verwaltungsrechtsschutz unter dem Einfluss der Aarhus-Konvention, 2010; *Pernice,* Umweltvölker- und europarechtliche Vorgaben zum Verbandsklagerecht und das System des deutschen Verwaltungsrechtsschutzes, JZ 2015, 967; *Berkemann,* Querelle d'Allemand, DVBl. 2016, 205; *Kment/Lorenz,* Eckpfeiler des deutschen Verwaltungsrechts auf dem europäischen Prüfstand, EurUP 2016, 47; *Gärditz,* Die verwaltungsprozessualen „Begleitregelungen" des UmwRG, EurUP 2018, 158; *Schlacke,* Die jüngste Novellierung des UmwRG, EurUP 2018, 127; *Kment,* Rechtsbehelfe von Umweltvereinigungen,

NVwZ 2018, 921; *Held,* Umfang der Klage- und Rügebefugnis von Individualklägern nach dem Umwelt-Rechtsbehelfsgesetz, DÖV 2019, 121; *Ruffert,* Umweltschutz ohne methodische Grundlage?, DVBl. 2019, 1033; *Weiß/Feder,* Immissionsschutznovelle zur Verhältnismäßigkeit von Dieselfahrverboten, EWS 2019, 14; *Will,* Die Vollstreckung verwaltungsgerichtlicher Allgemeiner Leistungsurteile auf Aufstellung bzw. Fortschreibung von Luftreinhalteplänen, VerwArch 2019, 280; *Kment,* Der Einfluss des Europäischen Gerichtshofs auf das Umwelt- und Infrastrukturrecht, 2020.

45 Im Umweltrecht zeigt sich wohl am deutlichsten die Beeinflussung der eingangs dargestellten Grundstrukturen des deutschen öffentlichen Rechts, da sich insbesondere hier Einflüsse auf das subjektive Recht sowie die Verfahrens- und Finalorientierung (Rz. 33/5 ff.) erkennen lassen. Neben unterschiedlichen Traditionen in den MSen spielt hier vor allem die **Komplexität des Umweltrechts** eine Rolle, der ein traditionelles Verständnis deutscher Dogmatik nicht immer ausreichend Rechnung tragen kann. So trägt es zur Verwirklichung der **flächendeckend geforderten Maßnahmen** zur Feinstaubbekämpfung (Rz. 33/35) nicht bei, wenn der Einzelne nur die Möglichkeit hat, den geforderten Schutz vor seiner Haustür einzufordern (instruktiv *G. Kirchhof,* AöR 2010, 29). Die Notwendigkeit, im Rahmen eines Konzepts integrierten Umweltschutzes auch den jeweiligen **Wechselwirkungen** der verschiedenen Umweltbeeinträchtigungen Beachtung zu schenken, macht wegen deren Komplexität klare materielle, konditional formulierte Standards unmöglich und führt damit unvermeidlich zur Notwendigkeit einer stärker **verfahrensrechtlichen Ausrichtung** des Rechts. Da aber das Verfahren auch inhaltlich gesteuert sein muss, ist ergänzend eine eher finale Ausrichtung erforderlich.

46 Der deutsche Gesetzgeber hat dem nunmehr bereichsspezifisch insbesondere dadurch Rechnung getragen, dass Verfahrensfehlern eine größere Relevanz als traditionell üblich zuerkannt wurde (§ 4 UmwRG; vgl. auch aus europäischer Sicht zum Verbot einer nachträglichen Legalisierung eines Vorhabens Rz. 33/27); diese Norm war zunächst im Lichte des Unionsrechts zu restriktiv gefasst (EuGH, Urt. v. 7.11.2013, Rs. C-72/12, „Gemeinde Altrip"; siehe ferner EuGH, 15.10.2015, Rs. C-137/14, „KOM/D"). Die explizit vorgegebene **Verbandsklage** (Rz. 33/28) darf nicht auf solche Normen beschränkt bleiben, die Einzelnen subjektive Rechte zuerkennen, sondern muss eine umfassende Kontrolle ermöglichen (EuGH, 12.5.2011, Rs. C-115/09, „Trianel Kohlekraftwerk Lühnen"). Für die Fälle, in denen sie jenseits konkreter Vorgaben des Unionsrechts vorgeschrieben ist (vgl. Rz. 33/28), hat das BVerwG (NVwZ 2014, 64) sie insoweit zugelassen, wie der Verband materiell individualschützende Rechtsgüter verfolgt. Verbänden im Bereich des Natur- und Artenschutzes steht damit unionsrechtswidrig dieses Instrument nicht zur Verfügung. Hier ist der Gesetzgeber gefordert (dazu *Gärditz,* EurUP 2014, 39), der sich mit dieser Pflicht jedoch ersichtlich schwer tut. Immerhin lassen die vorgenannten Besonderheiten des Umweltrechts nicht erwarten, dass sich die dargestellten Europäisierungstendenzen im deutschen Recht flächendeckend auswirken werden. Zur Sicherung der Luftqualität (Rn. 33/35) gestattet eine RL-konforme Auslegung von § 40 BImSchG auch die Verhängung von Fahrverboten für bestimmte Fahrzeugkategorien, etwa Dieselfahrzeuge (BVerwGE, 161, 201 (2018)).

III. Gesundheit

Literatur: Ausführliche Literaturlisten bei *Schmidt am Busch,* in: Grabitz/Hilf/Nettesheim (Hrsg.), Recht der EU, 60. EL 2016, bei Art. 168.

Weitere Literatur: *Schmidt am Busch,* Gesundheitssicherung im Mehrebenensystem, 2007; *Frenz/Götzkes,* Europäische Gesundheitspolitik nach Lissabon, MedR 2010, 613; *v.d. Gronden/Szyszczak/Neergaal/Krajewski,* Health Care and EU Law, 2011; *J. Müller-Graff,* Der Parallelhandel mit Arzneimitteln im europäischen Binnenmarktrecht, 2014; *Vorderwülbecke,* Steuerung von Arzneimittelversorgung als Governance-Problem, FS Schwarze, 2014, 641; *Wallrabenstein,* Gesundheitspolitik, in: Wegener (Hrsg.), EnzEuR VIII, 2014, § 8; *De Grove-Valdeyron,* Du droit européen de la santé au droit européen des patients, le *spill over* continue, FS Blumann, 2015, 585; *Heise,* Krankenhausfinanzierung und Beihilferecht, EuZW 2015, 739; *Maas/Schmidt,* Die Entwicklung des EU-Gesundheitsrechts seit 2014, EuZW 2015, 85; *Van Leeuwen,* The Doctor, the Patient and EU Law, ELRev 2016, 638; *Kröll,* Entwicklung des Europäischen Arzneimittelrechts, 2017; *De Grove-Valdeyron,* Droit de la santé européen 2. Aufl. 2018; *Flear,* Governing Public Health, EU Law, Regulation and Biopolitics, 2018; *De Ruijter,* EU Health Law & Policy, 2019; *Vilotti,* Die Verwirklichung des Binnenmarktes im Bereich der Komplementärmedizin, EuR 2019, 5 ff.; *Münkler,* Europäisches Gesundheitsverwaltungsrecht, in: Terhechte (Hrsg.), Verwaltungsrecht der Europäischen Union, 2. Aufl. 2021, § 32.

1. Grundlagen und Entwicklung der europäischen Gesundheitspolitik

Die unterschiedlich organisierten und finanzierten, vielfach unter starkem staatlichen Einfluss stehenden **nationalen Gesundheits- und Sozialsysteme** (insbesondere die gesetzlichen Krankenversicherungen) stehen auf eine nicht absehbare Zeit einer vollen Integration des europäischen Gesundheitswesens entgegen. Die Union bleibt daher im Wesentlichen auf einen unterstützenden Beitrag zur Gesundheitspolitik der MSen beschränkt (Art. 6 AEUV). Dementsprechend enthält die einschlägige Bestimmung des Art. 168 AEUV **spezifische,** wenn auch eng begrenzte Vorgaben für eine **europäische Gesundheitspolitik,** die die Aktion der EU im Wesentlichen auf **unterstützende, koordinierende und ergänzende** Maßnahmen beschränkt. 47

Am Anfang standen gesundheitspolitische programmatische Aktionen von Rat und KOM. Dabei bestand eine enge Verzahnung mit der umwelt- und verbraucherpolitischen Entwicklung. Der Reaktorunfall in **Tschernobyl 1986** schärfte den Blick für übernationale gesundheitliche Konsequenzen derartiger Notfälle und führte zu ersten Rechtsakten auf der Grundlage des EAGV, u. a. einer RL von 1989 zur Unterrichtung der Bevölkerung über die bei radiologischem Notstand zu ergreifenden Gesundheitsschutzmaßnahmen. Zusammen mit dem Verbraucherschutz wurde das Gesundheitswesen in Maastricht 1992 als begrenzte Aufgabe im EG-Vertrag verankert und in Amsterdam 1997 ausgebaut. Die Corona-Krise hat dann wiederum die bis heute bestehenden Grenzen europäischer Aktion deutlich gemacht (Rz. 3/25). 48

Darüber hinaus ist die Gesundheit auch im Kontext vieler anderer EU-Politiken bedeutsam. So haben die Grundfreiheiten über später in einer Richtlinie ausgeformte Standards der grenzüberschreitenden medizinischen Versorgung wichtige Liberalisierungsimpulse gegeben (Rz. 33/62). Daneben spielt das Wettbewerbsrecht eine wichtige Rolle. Dementsprechend stellt die Sicherung **eines hohen Gesundheitsschutzniveaus** eine Querschnittsaufgabe vergleichbar etwa dem Umweltschutz (dazu Art. 11 AEUV, Rz. 33/19) dar, die auch bei allen Aktivitäten der Union zu beachten ist (Art. 168 Abs. 1 AEUV). Für die Rechtsangleichung im Binnenmarkt wird dies in Art. 114 Abs. 3 und 8 AEUV noch einmal gesondert betont. Die in Art. 168 Abs. 7 AEUV ausdrücklich hervorgehobene **Verantwortung der MSen für das Gesundheitswesen** wird damit partiell eingeschränkt. 49

2. Primärrechtliche Grundlagen der europäischen Gesundheitspolitik

a) Allgemeines

Im Vertrag wird der **Begriff der Gesundheit** seit dem Vertrag von Lissabon im Ansatz durch den Hinweis auf körperliche und geistige Gesundheit spezifiziert (Art. 168 Abs. 1 UAbs. 2 AEUV). Im Vergleich zur früher vom EuGH herangezogenen weiten Definition der Satzung der WHO („Zustand des vollständigen körperlichen, geistigen und sozialen Wohlbefindens und nicht nur Freisein von Krankheiten und Gebrechen"; siehe EuGH, 12.11.1996, Rs. C-84/94, „Vereinigtes Königreich/Rat") wird der Bereich des Sozialen zu Recht ausgeklammert. Die Zielstellung der Aktion der EU ist ohnehin wesentlich enger gefasst. Es geht nach Art. 168 Abs. 1 AEUV um die **Gesundheit der Bevölkerung** („Öffentliche Gesundheit" – „Public health") und dabei um **vorbeugenden Gesundheitsschutz** (Prävention). Maßnahmen zur Wiederherstellung der Gesundheit, insbesondere die Behandlung von Krankheiten usf. werden davon im Grundsatz nicht erfasst; nur für die Versorgung in Grenzgebieten wird eine „Komplementarität" angestrebt (Abs. 2 UAbs. 1 a. E.). Die weit zu verstehende Prävention schließt die Vorbeugung gegen Unfälle, Verletzungen und Gewalt ein. In 50 jedem Fall nicht unter die einschlägigen Normen fallen Tier- und Pflanzenschutz, da es nur um die **menschliche** Gesundheit geht. Nach Art. 35 GRC hat jede Person ein Recht auf Zugang zur Gesundheitsvorsorge und auf ärztliche Versorgung, wenn auch nur nach Maßgabe der einzelstaatlichen Rechtsvorschriften und Gepflogenheiten.

b) Apotheken, Krankenhäuser, Krankenkassen und das allgemeine Wirtschaftsrecht

aa) Apotheken

51 Das deutsche **Apothekenrecht** wird unionsrechtlich vor allem von den Grundfreiheiten beeinflusst. Das Verbot des Internetvertriebs wurde vom EuGH als MgW im Sinne von Art. 34 AEUV angesehen, das nur bei verschreibungspflichtigen Medikamenten aus Gründen des Gesundheitsschutzes gerechtfertigt sei (EuGH, 11.12.2003, Rs. C-322/01, „Doc Morris"). Ebenso wurde – wenig überzeugend – die deutsche Preisbindung für Arzneimittel als Verstoß gegen Art. 34 AEUV eingestuft (EuGH, 19.10.2016, Rs. C-148/15, „Deutsche Parkinson-Vereinigung"). Demgegenüber wurde das (nicht nur in Deutschland bekannte) Fremdbesitzerverbot für Apotheken – diese müssen einem ausgebildeten Pharmazeuten gehören – als zulässige Einschränkung der Niederlassungsfreiheit angesehen (EuGH, 19.5.2009, verb. Rs. C-171/07 u. a., „Deutscher Apothekerverband" sowie 19.5.2009, Rs. C-531/06, „KOM/Italien"; kritisch dazu wegen unzureichender Prüfung der Konsistenz der Regelungen *Classen,* Jura 2010, 56). Im nationalen Recht vorgesehene Bedürfnisprüfungen sind nur mit der NLF (Art. 49 AEUV) vereinbar, wenn sie mit angemessener Flexibilität gehandhabt werden (EuGH, 13.2.2014, Rs. C-367/12, „Sokoll-Seebacher"). Regelmäßig muss der EuGH zudem die Grundsätze, die von ihm zum Verhältnis von Patentrecht und Warenverkehrsfreiheit im Zusammenhang mit Parallelimporten entwickelt wurden (Rz. 36/23), gerade mit Blick auf Arzneimittel durchsetzen (zu wettbewerbsrechtlichen Aspekten in diesem Kontext EuGH, 6.10.2009, verb. Rs. C-501/06 P u. a., „GlaxoSmithKline").

bb) Krankenhäuser und Krankenkassen

Literatur: *Kluckert,* Gesetzliche Krankenkassen als Normadressaten des europäischen Wettbewerbsrechts, 2009; *Leupold,* Krankenhausmärkte in Europa – aus der Perspektive des europäischen Beihilfenrechts, 2009; *Böge,* Kassenärztliche Vereinigungen und Ärztekammern im europäischen Kartellrecht: die ärztlichen Selbstverwaltungskörperschaften als verbotene Kartelle auf dem Markt für ambulante ärztliche Leistungen?, 2011; *Blanc,* La planification des services de santé et le droit de l'Union européenne, RTDE 2013, 217; *Hancher/Sauter,* EU Competition and Internal Market Law in the Health Care Sector, 2013; *Heise,* Defizitfinanzierung zu Gunsten öffentlicher Krankenhäuser auf dem beihilferechtlichen Prüfstand, EuZW 2013, 769; *Sauter,* The Impact of EU Competition Law on National Healthcare Systems, ELRev 2013, 457; *Hennion/Kaufmann* (Hrsg.), Unionsbürgerschaft und Patientenfreizügigkeit, 2014.

52 **Krankenhäuser** sind **Unternehmen,** so dass für sie die NLF gilt und entsprechende Beschränkungen zu rechtfertigen sind (EuGH, 10.3.2009, Rs. C-169/07, „Hartlauer"). Bei deren Besuch können sich ausländische Patienten auf die DLF berufen (näher Rz. 33/62). Ferner sind diese dem Wettbewerbsrecht, also ggf. den Vorschriften über die Fusionskontrolle (Rz. 20/33), im Fall von Zuschüssen aber vor allem dem **Beihilfenrecht** (Art. 107f. AEUV, Rz. 21/6ff.) unterworfen. Danach ist ein finanzieller Zuschuss durch den Staat im Grundsatz nur im Rahmen der „Altmark Trans"-Kriterien möglich oder, soweit eine Rechtfertigung nach Art. 106 Abs. 2 AEUV in Betracht kommt (dazu Rz. 21/49f.).

Krankenkassen, deren Tätigkeit vorwiegend vom **Solidarprinzip** geprägt wird, sind **keine Unternehmen** (EuGH, 16.3.2004, verb. Rs. C-264/01 u. a., „AOK"; 11.6.2020, verb. Rs. C-262/18 P u. a., „Dôvera zdravotná poisťovňa a.s."; vgl. auch Rz. 20/9), so dass die Art. 101 ff. AEUV nicht anwendbar sind. Daran ändert auch die Zunahme wettbewerblicher Elemente im Kassensystem nichts. Anderes gilt jedoch mit Blick auf freiwillig versicherte Personen und insgesamt für die private Krankenversicherung (vgl. auch EuG, 21.2.2008, Rs. T-289/03, „BUPA" zur Anwendbarkeit des Beihilferechts auf einen staatlichen Risikostrukturausgleich zwischen privaten Krankenkassen, und dazu Rz. 21/50). Allerdings stellt die Tätigkeit von Krankenversicherungen eine Dienstleistung im Sinne von Art. 56 AEUV dar mit der Folge, dass Pflichtmitgliedschaften nur zulässig sind, soweit sie zur „Gewährleistung des finanziellen Gleichgewichts eines Zweigs der sozialen Sicherheit erforderlich" sind (EuGH, 5.3.2009, Rs. C-350/07, „Kattner Stahlbau"). Außerdem unterliegen die öffentlichen Krankenkassen dem Recht der öffentlichen Auftragsvergabe (Rz. 21/63). 53

c) Kompetenzen im Bereich der europäischen Gesundheitspolitik nach Art. 168 AEUV

Verbindliche Rechtsakte, auch Harmonisierungsmaßnahmen, kann die Union nach Art. 168 Abs. 4 AEUV nur in wenigen Bereichen erlassen, nämlich zur Festlegung hoher Qualitäts- und Sicherheitsstandards für **menschliche Organe und Substanzen** sowie für **Blut und Blutderivate,** zum Schutz der Gesundheit der Bevölkerung im **Veterinärwesen** und beim **Pflanzenschutz** sowie zur Festlegung hoher Qualitäts- und Sicherheitsstandards für **Arzneimittel** und **Medizinprodukte.** 54

Im Übrigen **fördert** die Union die Zusammenarbeit zwischen den MSen im Bereich des Art. 168 AEUV und **unterstützt** erforderlichenfalls die nationale Tätigkeit. Ferner **koordinieren** die MSen im Benehmen mit der – initiativberechtigten – KOM ihre gesundheitspolitischen Politiken und Programme in diesem Bereich (Art. 168 Abs. 2 AEUV). Praktisch beschränkt sich die KOM auf Sammeln von Daten, Informationsaustausch, Zahlung von Zuschüssen u. ä. (etwa VO 282/2014 über ein drittes Aktionsprogramm im Bereich Gesundheit 2014–2020, ABl. L 86/1). Eine eigenständig wahrzunehmende Kompetenz der EU besteht mit Blick auf die Bekämpfung schwerer grenzüberschreitender Krankheiten und Gesundheitsgefahren sowie den Schutz der Gesundheit der Bevölkerung vor Tabakkonsum und Alkoholmissbrauch, allerdings unter Ausschluss jeglicher Rechtsharmonisierung (etwa Beschl. 1082/2013, ABl. L 293/1 des EP und des Rats). Einschlägige Maßnahmen werden nach Art. 168 Abs. 5 AEUV im ordentlichen Gesetzgebungsverfahren beschlossen. 55

Weiterhin streben EU und MSen eine Zusammenarbeit mit **dritten Ländern** und **internationalen Gesundheitsorganisationen** an, insbesondere mit der WHO (Art. 168 Abs. 3 AEUV). Die EU erhält damit eine Gesundheits-Außenkompetenz, welche im Sinne von Art. 216 AEUV (Rz. 38/19) den **Abschluss völkerrechtlicher Verträge** einschließt. Die Union hat hiervon bereits ausgiebig Gebrauch gemacht (Fundstellenverzeichnis des geltenden EU-Rechts 15.30). 56

d) Sonstige gesundheitsrelevante Zuständigkeiten der EU

Die **Binnenmarkt-Rechtsangleichung** nach Art. 114 AEUV (Rz. 32/8 ff.) stellt die **wichtigste** Kompetenz der EU für den Gesundheitsbereich außerhalb des Art. 168 AEUV dar. Die Forderung des Art. 114 Abs. 3 AEUV nach einem **hohen Gesundheitsschutzniveau** belegt die Möglichkeit von Rechtsangleichung in diesem Bereich. Wegen des weitgehenden Ausschlusses von Harmonisierungsmaßnahmen im Rahmen von Art. 168 AEUV kommt dieser Norm (und ihren Grenzen) besondere Bedeutung zu (Rz. 32/10). 57

58 Die Zuständigkeiten im Bereich der **Gesundheitspolitik** nach Art. 168 Abs. 4 lit. b) AEUV gehen den **Agrarzuständigkeiten** nach Art. 43 AEUV kraft ihres Wortlautes vor. Ebenso bilden sie eine grundsätzlich vorrangige Spezialregelung im Verhältnis zum **Verbraucherschutz** nach Art. 169 AEUV. Regelungen beider Bereiche sind öfters kaum trennbar miteinander verzahnt. Neben Art. 168 AEUV stehen eine ganze Reihe weitere Zuständigkeitsnormen. Zu nennen sind insbesondere die Kompetenzen im Zusammenhang mit der **Freizügigkeit bei medizinischen Berufen** (Art. 48, 50, 53 AEUV), der **Gesundheit und Sicherheit von Arbeitnehmern** (Art. 153ff. AEUV), der **Förderung medizinischer Forschung** (Art. 179ff. AEUV) und dem **Umweltschutz zugunsten der menschlichen Gesundheit** (Art. 191 ff. AEUV). Bei der Wahrnehmung all dieser Befugnisse ist die erwähnte **Querschnittsklausel** des Art. 168 Abs. 1 AEUV (Rz. 33/50) zu beachten.

3. Die sekundärrechtliche Ausformung des europäischen Gesundheitsrechts

a) Harmonisierung des Arzneimittel- und Medizinprodukterechts sowie Regelung der Organtransplantation

Literatur: *Winter,* Die Verwirklichung des Binnenmarktes für Arzneimittel, 2004; *Geiger,* Deutsche Arzneimittelhaftung und EG-Produkthaftung, 2006; *Lieck,* Der Parallelhandel mit Arzneimitteln innerhalb der Europäischen Union unter arzneimittel-, marken- und patentrechtlichen Aspekten, 2008; *Faeh,* Die Rechte des Verbrauchers im Arzneimittelmarkt der Europäischen Union, 2011; *Janda,* Arzneimittelrecht, in: Ruffert (Hrsg.), EnzEuR V, 2. Aufl. 2020, § 9.

59 Das **Arzneimittelrecht** steht im Spannungsfeld von Warenverkehrsfreiheit und Verbraucherschutz einschließlich Gesundheitspolitik. Einerseits soll u. a. aus Gründen der Kostensenkung der **grenzüberschreitende Handel mit Medikamenten** gefördert werden, andererseits bedarf es aus **medizinischen Gründen** hinreichender Kontrollen der Arzneimittel mit Blick auf therapeutische Wirkungen und Unschädlichkeit.

60 Im Einzelnen beinhaltet der **Gemeinschaftskodex für Humanarzneimittel** (RL 2001/83, ABl. L 311/67) die **Verpflichtung der MSen** zur Durchführung eines **Genehmigungsverfahrens** für die Zulassung von Arzneimitteln anhand bestimmter Maßstäbe. An diesem Verfahren sind auch die anderen MSen, im Streitfall auch die KOM beteiligt. Im Fall einer Zulassung können die anderen MSen die Zulassung nur in engen Grenzen verweigern. Produkte, die nicht unter die Arzneimitteldefinition der RL fallen, dürfen auch von den MSen nicht ohne Verstoß gegen Art. 34 AEUV als solche behandelt werden (EuGH, 5.11.2007, Rs. C-319/05, „KOM/Deutschland"). Für bestimmte Arzneimittel sieht VO 726/2004 (ABl. L 136/1) ein **europäisches Zulassungsverfahren** vor der Europäischen Arzneimittelagentur vor. Diese berät zudem KOM und MSen auch im Übrigen im Bereich der Arzneimittelsicherheit, nicht zuletzt mit Blick auf zugelassene Arzneimittel. Zu weiteren Einzelheiten siehe Fundstellenverzeichnis des geltenden EU-Rechts 15.30.

Allein dem Gesundheitsschutz, nicht dem Binnenmarkt verpflichtet ist die RL 2010/45 (ABl. L 207/14) über die **Organtransplantation** (dazu *Wollenschläger,* FS Scheuing, 2011, 447).

b) Die Sicherung der grenzüberschreitenden medizinischen Versorgung

Literatur: *de La Rosa,* The Directive on cross-border healthcare or the art of codyfing complex case law, CMLRev 2012, 15; *Rixen,* Die Patientenrechte-Richtlinie als „Dienstleistungsrichtlinie des Gesundheitswesens", GPR 2012, 45; *Wollenschläger,* Patientenmobilität in der Europäischen Union, EuR 2012, 149; *Pütz,* Die grenzüberschreitende Patientenmobilität im Binnenmarkt, 2014; *Udsching,* Die Finanzierung grenzüberschreitender medizinischer Dienstleistungen in Europa, MedR 2014, 719; *Assenmacher,* Grenzüberschreitende Inanspruchnahme von Gesundheitsleistungen in der EU, 2015; *den Exter/Santuari/Sokol,* One Year after the EU Patient Mobility Directive, ELRev 2015, 279.

Bei der Inanspruchnahme medizinischer Leistungen im Ausland stellt sich häufig die Frage, ob und inwieweit diese auch von dem jeweils zuständigen Träger (Krankenkasse etc.) erstattet werden. Bereits seit langem gibt es einschlägige Regeln für Personen, die sich unabhängig von der Inanspruchnahme dieser Leistungen im Rahmen der **Personenfreizügigkeit** (Art. 45, 49 AEUV) im Ausland aufhalten (heute insbesondere **VO 883/2004,** ABl. L 166/1; Rz. 27/72). Die Inanspruchnahme einer Behandlung im Ausland darf unter Genehmigungsvorbehalt gestellt werden, muss aber möglich sein, wenn im Inland keine rechtzeitige Behandlung bzw. Genehmigung zu erlangen sind (EuGH, 23.9.2020, Rs. C-777/18, „Vas Megyei Kormányhivatal"). Ggf. erfolgt eine Kostenerstattung durch den zuständigen Träger (Krankenkasse etc.; Art. 17ff.). Danach erfolgt eine Leistungsaushilfe durch den Träger des Wohnsitz- bzw. Aufenthaltsstaates nach dessen Vorschriften, aber zu Lasten des zuständigen Trägers. 61

Im Übrigen hat der EuGH im Sinne seiner allgemeinen Rspr. zu den **Grundfreiheiten** (siehe auch Rz. 22/5) klargestellt, dass die nationalen Zuständigkeiten im Gesundheitswesen nicht von der Beachtung der Grundfreiheiten entbinden, sondern allenfalls Rechtfertigungsmöglichkeiten begründen (so zum Warenverkehr für den Erwerb von Medizinprodukten EuGH, 28.4.1998, Rs. C-120/95, „Decker", vor allem aber zur DLF für die Abrechnung ärztlicher Leistungen, beginnend mit EuGH, 28.4.1998, Rs. C-158/96, „Kohll"). Bei der Frage nach der **Rechtfertigung entsprechender Beschränkungen,** die sich in der Begrenzung der Kostenerstattung für Behandlungen äußern, hat der EuGH grundsätzlich die Notwendigkeit der Planung einer medizinischen Infrastruktur und der Sicherung des finanziellen Gleichgewichts der Sozialsysteme akzeptiert. 62

Die vom Gerichtshof entwickelten Grundsätze wurden in der **Richtlinie 2011/24** (ABl. L 88/45) **kodifiziert.** Danach darf eine **Kostenerstattung nur verweigert** werden, soweit auf nationaler Ebene entsprechender Planungsbedarf bestand, also bei Krankenhausaufenthalten und sonstiger Behandlung mit Großgeräten (Art. 8 Abs. 2 lit. a) der RL im Anschluss an EuGH, 13.5.2003, Rs. C-385/99, „Müller-Fauré" und EuGH, 5.10.2010, Rs. C-512/08, „KOM/Frankreich"), nicht aber bei der Behandlung durch einen niedergelassenen Arzt. In jedem Fall müssen Behandlungskosten erstattet werden, wenn das eigene System nicht in der Lage ist, die medizinisch gebotene Leistung innerhalb angemessener Zeit anzubieten (Art. 8 Abs. 5 der RL im Anschluss an EuGH, 12.7.2001, Rs. C-157/99, „Smits und Peerbooms" und zu staatlichen Gesundheitssystemen EuGH, 16.5.2006, Rs. C-372/04, „Watts"). Kosten werden zwar nur nach Heimattarif erstattet (Art. 7 Abs. 4 der RL). Im Fall staatlicher Gesundheitssysteme stellt dies jedoch eine kaum adäquate Grenze dar, weil auf nationaler Ebene individuelle Behandlungskosten gar nicht berechnet werden. Die DienstleistungsRL (Rz. 26/23ff.) spielt mangels Anwendbarkeit auf „soziale Dienstleistungen" nach Art. 2 Abs. 2 lit. f), zu denen auch Gesundheitsdienstleistungen gehören (zur Abgrenzung EuGH, 11.7.2013, Rs. C-57/12, „Fermabel"), keine Rolle.

c) Gesundheitsprogrammatische Aktionen der Unionsorgane

Die KOM gibt regelmäßig größere **Studien, Grünbücher** u. ä. über den Gesundheitszustand in der EU heraus. Der Rat bringt durch eine große Zahl von **Entschließungen, Schlussfolgerungen, Erklärungen, Empfehlungen** u. ä. wichtige Aspekte des Gesundheitswesens (u. a. Kampf gegen Krebs und Aids, Bekämpfung des Dopings im Sport, Suchtprävention, Drogenmissbrauch, Ernährung und Gesundheit) zu unionsweitem Konsens (Fundstellenverzeichnis des geltenden EU-Rechts 15.30). Diese Äußerungen münden in allgemeine **Aktionsprogramme** (derzeit: 3. Aktionsprogramm im Bereich Gesundheit 2014–2020, VO 282/2014, ABl. L 86/1). 63

4. Die sekundärrechtliche Ausformung des Lebensmittelrechts

Literatur: *León Ramírez,* Der Schutz von geographischen Angaben und Ursprungsbezeichnungen für Agrarerzeugnisse und Lebensmittel nach der Verordnung (EG) Nr. 510/2006, 2007; *Hagenmeyer,* Food information regulation: commentary on regulation (EU) No. 1169/2011 on the provision of food information to consumers, 2012; *Hagenmeyer/Teufer,* Lebensmittelrecht, in: Dauses/Ludwigs (Hrsg.), HB EU-WirtschR, C IV. (2014); *Oertel,* Die neue Europäische Lebensmittelinformationsverordnung, 2014; *Teufer/Hagenmeyer,* Vom kräftigen Motor zum stillen Begleiter – der Einfluss des EuGH auf das Lebensmittelrecht, FS Dauses, 2014, 445; *Leufkens,* Der europäische Schutz geografischer Herkunftsangaben, 2015; *Gundel,* Verbindliche Herkunftsbezeichnungen im EU-Binnenmarkt für Lebensmittel, GewArch 2016, 176; *Möstl* (Hrsg.), Europäisierung des Lebensmittelrechts – Verrechtlichung der Lebensmittelwirtschaft, 2017; *Petitin,* Precaution and Equivalence, The Critical Interplay in EU Biotech Foods, ELRev 2017, 831; *Riemer,* Die EU-Kontrollverordnung 2017/625, 2019; *Gundel,* Lebensmittelrecht, in: Ruffert (Hrsg.), EnzEuR V, 2. Aufl. 2020, § 8; *Streinz,* Lebensmittel- und Arzneimittelrecht, in: Schulze u. a. (Hrsg.), Europarecht, 4. Aufl. 2020, § 25.

64 Das Lebensmittelrecht stellt eine **Querschnittsaufgabe** dar, bei der die Kompetenzen zur Rechtsangleichung im Binnenmarkt nach Art. 114 AEUV und die Agrarkompetenz nach Art. 43 AEUV im Mittelpunkt stehen, aber unter Beachtung der Querschnittsaufgabe „Gesundheitsschutz" wahrgenommen werden müssen (Art. 168 Abs. 1 AEUV; Rz. 33/50). Ggf. kommen auch Art. 168 Abs. 4 AEUV (Rz. 33/54f.) bzw. die Außenhandelskompetenz des Art. 207 AEUV zum Tragen. Das Lebensmittelrecht ist nämlich stark **international geprägt.** Der gemeinsam von WHO und FAO eingesetzte **„Codex Alimentarius"** beschließt vielfältige Standards, von denen nach WTO-Recht (SPS-Abkommen; vgl. Rz. 38/38ff.) nur in Grenzen abgewichen werden darf.

65 Im Einzelnen sind die grundlegenden Anforderungen an das Lebensmittelrecht in der **„Basisverordnung"** 178/2002 (ABl. L 31/1) verankert. Danach dürfen gesundheitsschädliche oder zum Verzehr ungeeignete Lebensmittel nicht in Verkehr gebracht werden (Art. 14 Abs. 1); später als gefährlich erkannte Produkte sind wieder vom Markt zu nehmen (Art. 19). Zugleich darf aber im Grundsatz jedes Lebensmittel, das in einem MS rechtmäßig in den Verkehr gebracht wurde, in Kodifizierung der Cassis-Rspr. des EuGH (Rz. 22/31) frei in der EU vertrieben werden (vgl. Art. 4 Abs. 2 sowie 14 Abs. 7 sowie Art. 50ff. zum Schnellwarnsystem; siehe auch in Deutschland § 54 LFGB). Harmonisiert sind auch **Kennzeichnung** und Bewerbung von Lebensmitteln (VO 1169/2011, ABl. L 304/18; zu den Anforderungen siehe etwa EuGH, 4.6.2015, Rs. C-195/14, „Teekanne"). Ergänzend bestehen Regelungen auf agrarrechtlicher Grundlage (Rz. 24/25f.) sowie eine Vielzahl von **produktspezifischen Regelungen,** etwa zur Zulassung und Kennzeichnung gentechnisch veränderter Produkte („Novel Food"; VO 1830/2003, ABl. L 268/24).

Weiterhin bestehen Vorschriften zur Lebensmittelüberwachung (insbesondere VO 2017/625, ABl. L 95/1). Institutionell sind das Europäische Lebensmittel- und Veterinäramt in Dublin (Aufgaben vor allem im Bereich der Lebensmittelüberwachung) und die Europäische Behörde für Lebensmittelsicherheit in Parma (VO 178/2002, ABl. L 31/1; Aufgaben vor allem im Bereich der Risikobewertung) zu erwähnen. Bei den **Genussmitteln** sind Regelungen zu Tabakerzeugnissen von Bedeutung, so die strikt auf grenzüberschreitende Werbung begrenzte RL 2003/33 (ABl. L 152/16) sowie die „Produkt-RL" (heute 2014/40, ABl. L 127/1; dazu kritisch *Uwer/Rademacher,* The new EU Tobacco Products Directive and EU Fundamental Rights, ELRev 2015, 35), mit der **Herstellung, Aufmachung** und **Verkauf** von Tabakerzeugnissen rechtsangleichend stärker inkriminiert werden („Rauchen kann tödlich sein"). In beiden Fällen sieht der EuGH Art. 114 AEUV als geeignete Rechtsgrundlage an (zur ProduktRL EuGH, 4.7.2016, Rs. C-547/14, „Philip Morris Brands" mit Kritik bei *Nettesheim,* EuZW 2016, 578; EuGH, 12.12.2006, Rs. C-380/03, „Deutschland/Parlament und Rat – Tabakwerbung II" zur Werberichtlinie; dazu Rz. 32/10).

IV. Polizei- und Ausländerrecht („Schengen")

Literatur: *Trennt,* Die (Un)Vereinbarkeit der Ermächtigungsgrundlagen zur Schleierfahndung mit dem Schengener Grenzkodex, DÖV 2012, 216; *Breitenmoser/Gless/Lagodny* (Hrsg.), Rechtsschutz bei Schengen und Dublin, 2013; *Mrozek,* Grenzschutz als supranationale Aufgabe, 2013; *Cornelisse,* What's wrong with Schengen? Border disputes and the nature of integration in the area without internal borders, CMLRev 2014, 741; *Lehnert,* Frontex und operative Maßnahmen an den europäischen Außengrenzen, 2014; *Neumann,* Die Europäische Grenzschutzagentur Frontex: integrierter Außengrenzschutz und humanitäre Standards, 2014; *Priebe,* Innere Sicherheit – eine europäische Aufgabe, FS Schwarze, 2014, 394; *Breitenmoser/Gless/Lagodny* (Hrsg.), Schengen und Dublin in der Praxis, 2015; *Kau,* Rechtsharmonisierung, 2016; *Barner-Gaedicke,* FRONTEX – Ohne Kontrolle zur europäischen Grenzschutztruppe?, 2017; *De Bruycker,* Le corps européen des gardes-frontières, RFDA 2017, 922; *Labayle,* La crise des politiques européennes d'asile et d'immigration, regard critique, RFDA 2017, 893; *Ritleng,* La nouvelle Frontex: évolution plutôt que révolution, RTDE 2017, 437; *Schöndorf-Haubold,* Europäisches Sicherheitsverwaltungsrecht, in: Terhechte (Hrsg.), Verwaltungsrecht der Europäischen Union, 2. Aufl. 2021, § 35; *Wollenschläger* (Hrsg.), Europäischer Freizügigkeitsraum, EnzEuR X, 2. Aufl. 2021.

Der Abbau aller Personenkontrollen an den Binnengrenzen der Union (Rz. 33/67; zur Vorgeschichte Rz. 32/21), zentrales Element des RFSR, konnte nicht ohne gleichzeitige Ausgleichsmaßnahmen verwirklicht werden. Drei Gesichtspunkte stehen dabei im Vordergrund: ein **wirksames Kontrollsystem an der gemeinsamen EU-Außengrenze,** eine einheitliche Politik gegenüber **Drittstaatsangehörigen,** die auch das **Asylrecht** einschließt, und schließlich die **Ermöglichung grenzüberschreitender Kooperation polizeilicher Aktivitäten.** Zu gewissen **Sonderregeln** siehe Rz. 32/27. 66

1. Abbau der Personenkontrollen an den EU-Binnengrenzen und Sicherung der Außengrenzen

Nach Art. 67 Abs. 2 AEUV sollen die **Binnengrenzen** von jedermann **ohne Personenkontrollen** überschritten werden können. Die Norm entfaltet keine unmittelbare Wirkung, sondern richtet sich an die Union (EuGH, 22.6.2010, verb. Rs. C-188/10 u. a., „Melki"). Umgesetzt wird diese Pflicht durch den 2016 neu gefassten EU-Grenzkodex (VO 2016/399, ABl. L 77/1), der zwar im Kontext der Flüchtlings- sowie der Coronakrise häufig genutzte, aber letztlich nur befristet mögliche Ausnahmen kennt. Kontrollen im Landesinneren der MSen sind durchaus möglich, doch muss gewährleistet sein, dass diese nicht faktisch Grenzkontrollen gleichkommen (EuGH, 21.7.2017, Rs. C-9/16, „A", auch zu Grenzen der deutschen Schleierfahndung). Reiseunternehmen darf daher keine systematische Kontrolle der Reisenden abverlangt werden (EuGH, 13.12.2018, verb. Rs. C-412/17 u. a., „Touring Tours und Travel GmbH"); siehe ergänzend auch VO 1100/2008, ABl. L 304/63 zur Durchführung von Kontrollen im Rahmen des Straßen- und Binnenschiffsverkehrs. Ergänzend kann der Rat einstimmig Regelungen über Ausweispapiere und vergleichbare Dokumente beschließen (Art. 77 Abs. 3 AEUV; siehe etwa VO 2252/2004, ABl. L 385/1 zu Sicherheitsmerkmalen und biometrischen Daten in nationalen Pässen und dazu noch Rz. 33/81). Siehe weiterhin Fundstellenverzeichnis des geltenden EU-Rechts 19.10.10. 67

Derzeit haben **22 EU-MSen** „Schengen" (Rz. 32/21) und seinen Besitzstand übernommen. Ferner sind Island, Liechtenstein, Norwegen sowie die Schweiz beigetreten. Faktisch sind auch Andorra, San Marino und Monaco einbezogen. Im Verhältnis zum völkerrechtlich geprägten „Schengen-Recht" kommt dem **Unionsrecht** nach Art. 134 DA „Schengen II" der **Vorrang** zu (näher *Schauer,* Schengen/Maastricht/Amsterdam, 2000).

Die **EU-Außengrenzen** sollen nach **vereinheitlichten Kontrollgrundsätzen** grundsätzlich nur an bestimmten **Grenzübergangsstellen** überschritten werden (Art. 3 ff. DA „Schengen II"). Besondere Regelungen bestehen für Flug- und Seehäfen (Fundstellenverzeichnis des geltenden EU-Rechts 19.10.20. zur Regelung der Visafragen (Rz. 33/70). Ein Schwerpunkt ist die **Bekämpfung der illegalen Einwanderung.** Die Kontrolle der Außengrenzen ist trotz aller Bemühungen lückenhaft. Dies zeigen insbesondere die vielen Flüchtlinge, die mittels einer gefährlichen Fahrt über das Mittelmeer die europäische Südküste zu erreichen suchen. Die dabei regelmäßig auftretenden Unfälle führen zu Kritik an der europäischen Flüchtlingspolitik (zu dieser 68

Rz. 33/70f.). Eine systematische Wegweisung von Flüchtlingen an der Grenze wäre aber auch aus Rechtsgründen schwierig (vgl. Rz. 17/65 sowie 33/70), bei (auch mutwillig herbeigeführter) Seenot unzulässig.

69 Zur Effektuierung der notwendigen Kontrollen bei der Einreise sowie im Binnenbereich der MSen haben die Schengen-Staaten besondere technische und Verwaltungseinrichtungen geschaffen. Hervorzuheben ist das **Schengener Informationssystem (SIS),** eine Vernetzung nationaler Datenbanken zur Fahndungsinformation mit einer zentralen Stelle in Straßburg (VO 2018/1861, ABl. L 312/14; siehe ferner VOen 2018/1860, ABl. L 312/1, sowie 2018/1862, ABl. L 312/56). Mit SIS können konkrete polizeilich/strafrechtlich relevante Tatbestände gespeichert und abgefragt werden. Zugleich dienst SIS der Terrorismusbekämpfung. Die Informationsübermittlung durch SIS wird von nationalen **„SIRENE-Büros"** („Supplementary Information Request at the National Entry"; siehe ABl. 2003, C 38/1) verwaltet. Dabei entstehen zugleich **Datenschutzprobleme** (Rz. 33/81). Die Europäische Agentur für die Grenz- und Küstenwache **Frontex** in Warschau (VO 2019/1896, ABl. L 295/1) übernimmt Koordinierungsaufgaben und unterstützt die MSen bei der Sicherung der Außengrenzen, nicht zuletzt durch einen Pool von Grenzschutzbeamten, der aber den Weisungen des einsetzenden MS untersteht. Ist das Funktionieren des Schengen-Raumes gefährdet, kann der Rat auch anordnen, dass die Agentur – wenn möglich in Zusammenarbeit mit dem MS – eigenständig Grenzschutzaufgaben übernimmt (Art. 42). Damit wird der EU erstmalig gestattet, in unmittelbar physischer Form Hoheitsgewalt auszuüben.

2. Asyl- und Flüchtlingsrecht

Literatur: *Bungenberg/Giegerich/Stein* (Hrsg.), Asyl und Migration in Europa – rechtliche Herausforderungen und Perspektiven, 2016; *Dörig/Langenfeld,* Vollharmonisierung des Flüchtlingsrechts in Europa, NJW 2016, 1; *Fröhlich,* Zuständigkeitsallokation im Gemeinsamen Europäischen Asylsystem, ZG 2016, 215; *Ritgen,* Völker-, unions- und verfassungsrechtliche Möglichkeiten einer Begrenzung der Zuwanderung von Flüchtlingen und Asylsuchenden, DVBl. 2016, 471; *Schmahl,* Reformoptionen und Zielkonflikte in der Asyl- und Flüchtlingspolitik der Europäischen Union, integr. 2018, 293; *Thym,* Die Flüchtlingskrise vor Gericht – Zum Umgang des EuGH mit der Dublin III-Verordnung, DVBl. 2018, 276; *Bethke/Hocks* (Hrsg.), Dublin III-Verordnung, 2019; *Kau,* Die vorgeschlagene „Asylverfahrensordnung" auf dem Prüfstand des Unionsrechts und des deutschen Verfassungsrechts, BayVBl. 2019, 469; *Progin-Theuerkauf/Egbuna-Joss,* Europäisches Asylrecht, 2019; *Schorkopf,* Die Dublin III-Verordnung als Sinnbild dysfunktionaler EU-Gesetzgebung, ZG 2019, 1; *Thym,* Deutsches, europäisches und internationales Flüchtlingsrecht: aus der Zeit gefallen?, 2019; siehe auch die Nachweise vor Rz. 3/17 und vor Rz. 33/72).

70 Für das **Asyl- und Flüchtlingsrecht** sieht Art. 78 Abs. 1 AEUV eine gemeinsame Politik vor. Für diese gibt die in diesem Kontext zentrale **Genfer Flüchtlingskonvention** 1951 (einschließlich des Protokolls von New York 1967; vgl. auch Art. 18 GRC) vor „jedem Drittstaatsangehörigen, der internationalen Schutz benötigt, einen angemessenen Status" anzubieten und politisch Verfolgte nicht an den Grenzen zurückzuweisen (zur Bindung der EU an die Konvention EuGH, 15.5.2019, verb. Rs. C-391/16 u. a., „M"). Allerdings kann der Schutz differenziert ausfallen: der Vertrag nennt Asyl, subsidiären und vorübergehenden Schutz.

71 Art. 78 Abs. 2 AEUV enthält einen ausdifferenzierten, in der Summe aber umfassenden Katalog von Kompetenzen für das gesamte Asylrecht einschließlich des Verfahrensrechts und der Zusammenarbeit mit Drittstaaten. Ziel der Union ist die Errichtung eines gemeinsamen Europäischen Asylsystems. Herzstück des europäischen Asylrechts ist unverändert das bereits seit langem bestehende System der **Zuständigkeiten für Asylverfahren** nach bestimmten Kriterien (nunmehr VO 604/2013, ABl. L 180/31 „Dublin III" sowie DVO 1560/2003, ABl. L 222/3). Zentral ist die Frage, wo der Betreffende eingereist ist. Allerdings ist kein Staat an der Durchführung eines eigenen Asylverfahrens gehindert (Art. 17). Gewährleistet ein Staat strukturell kein rechtsstaatliches Asylverfahren, darf ein Asylbewerber in ihn jedoch nicht überstellt werden (EuGH, 21.12.2011, verb. Rs. C-411/10 u. a., „N.S."; 19.3.2019, Rs. C-163/17, „Jawo"; zuvor bereits EGMR, 21.1.2011, 30696/09, „M.S.S./B und GR"; BVerfG (K), 8.9.2009, 2 BvQ 56/09, jeweils konkret zu Griechenland). Zudem ist eine Überstellung eines Asylbewerbers nur mit ausdrücklicher oder stillschweigender Zustimmung des anderen MS (EuGH, 31.5.2018, Rs. C-647/16, „Hassan") und nur innerhalb bestimmter Fristen möglich; werden diese versäumt, ist der andere MS zuständig. Darauf soll

sich auch der Betreffende berufen können (EuGH, 25.10.2017, Rs. C-201/16, „Shiri"). Dies überrascht, weil zugleich die im Jahre 2015 von der EU beschlossene Umsiedlung von Flüchtlingen für rechtmäßig erachtet wurde (dazu im übernächsten Absatz). Das kann der Beschleunigung der Verfahren dienen, doch wird bei kooperationsunwilligen Staaten die Einhaltung der Frist schwierig. Damit niemand mehrfach Asylanträge stellt, werden die Fingerabdrücke der Asylbewerber zentral erfasst (Eurodac; dazu nunmehr VO 603/2013, ABl. L 180/1). Ein Anspruch auf Erteilung eines Visums nach Art. 25 des Visakodex (Rz. 33/75) zwecks Durchführung eines Asylverfahrens besteht nicht, weil der Visakodex nur kurzfristige Aufenthalte regelt (EuGH, 7.3.2017, Rs. C-638/16 PPU, „X und Y"; zur EGMR-Judikatur Rz. 17/65). Zur Sicherung einer gerechten Lastenverteilung zwischen den MSen wurde ein **Europäischer Flüchtlingsfonds** geschaffen (aktuell VO 516/2014, ABl. L 150/168).

Weiterhin bestehen Regelungen zum **materiellen Asylrecht** („QualifikationsRL" 2011/95, ABl. L 337/9; dazu etwa EuGH, 5.9.2012, verb. Rs. C-71/11 u. a., „Y"). Über die Genfer Flüchtlingskonvention hinausgehend hat die EU in der QualifikationsRL einen Status für sonstige besonders gefährdete Personen („subsidiärer Schutzstatus") geschaffen. Daneben sind das **Asylverfahren** (jetzt RL 2013/32, ABl. L 180/60; zum Grundrechtsschutz bei der Beweiserhebung EuGH, 2.12.2014, verb. Rs. C-148/13 u. a., „A, B und C") und die **Behandlung von Asylbewerbern** (RL 2013/33, ABl. L 180/96) geregelt. Die erstgenannte RL gestattet unter definierten Voraussetzungen auch einen Verweis auf Drittstaaten. Nicht frei zu verlassende Transitzonen werden wie eine Haft angesehen, weswegen Flüchtlinge maximal 4 Wochen dort festgehalten werden dürfen (zu beiden Punkten EuGH, 14.5.2020, verb. Rs. C-924/19 PPU u. a., „FMS", zur Zulässigkeit von Transitzonen nach der EMRK EGMR (GK), 21.11.2019, 47287/15, „Ilias u. a./H"). Sanktionen gegen Asylbewerber sind nicht zuletzt aus grundrechtlichen Gründen nur in Grenzen zulässig (EuGH, 12.11.2019, Rs. C-233/18, „Haqbin"). Zu Einzelheiten siehe Fundstellenverzeichnis des geltenden EU-Rechts 19.10.30.20.

Die verstärkt 2015/2016 eingetretene **Belastung einiger Staaten** mit dem aus tatsächlichen, aber auch rechtlichen Gründen kaum kontrollierbaren **Zustrom von Flüchtlingen** (Rz. 33/68; ferner 3/20ff. sowie 17/65) hat dieses „Dublin"-System zunächst vor große Schwierigkeiten gestellt und schließlich faktisch zusammenbrechen lassen. Versuche der europäischen Organe, gemeinsame Lösungen zu finden (KOM(2016)197 endg.; dazu *Henkel,* DVBl. 2017, 269), haben bisher zu keinem Erfolg geführt. Ein (mehrheitlicher) Innenministerbeschluss über die Verteilung von lediglich insgesamt 160.000 Asylbewerbern (Beschl. 2015/1523, ABl. L 239/146 sowie 2015/1601, ABl. L 248/80; gebilligt von EuGH, 7.9.2017, Rs. C-643/15, „Slowakei/Rat" und Rs. C-647/15, „Ungarn/Rat"; dazu *Brauneck,* EuR 2018, 62) wurde kaum umgesetzt (zu den erfolgreichen Klagen gegen Polen, Tschechien und Ungarn EuGH, 2.4.2020, verb. Rs. C-715/17 u. a., Polen/KOM"). Für die europäische Wertegemeinschaft stellt diese Entwicklung nicht nur hinsichtlich der Offenheit der Grenzen, sondern schon hinsichtlich elementarster Grundsätze wie der Menschenwürde eine Herausforderung dar, die zu bewältigen sie vor größte Schwierigkeiten stellt.

3. Einwanderungspolitik im Übrigen

Literatur: *Wendel,* Aufenthalt als Mittel zum Zweck: zu Grund und Grenzen derivativer Aufenthaltsrechte Drittstaatsangehöriger, DÖV 2014, 133; *Rumpf,* Migrationsrecht EU, 2015; *Bungenberg/Giegerich/Stein* (Hrsg.), Asyl und Migration in Europa – rechtliche Herausforderungen und Perspektiven, 2016; *Hailbronner/Thym* (Hrsg.), EU Immigration and Asylum Law, 2. Aufl. 2016; *Peers,* EU justice and home affairs law, Band 1, 4. Aufl. 2016; *Aubin,* L'européanisation de la politique des visas, RFDA 2017, 914; *Diekmann,* Menschenrechtliche Grenzen des Rückführungsverfahrens in Europa, 2017; *Posse-Ousmane,* Les conditions d'admission et de séjour des travailleurs hautement qualifiés dans l'UE: une analyse de la Directive Carte Bleue, 2017; *Thym/Klarmann* (Hrsg.), Unionsbürgerschaft und Migration im aktuellen Europarecht, 2017; *Azoulai,* Le droit européen de l'immigration, une analyse existentielle, RTDE 2018, 519; *Wallrabenstein,* Einwanderungs- und Asylrecht, in: Schulze u. a. (Hrsg.), Europarecht, 4. Aufl. 2020, § 42; *Tohidipur,* Europäisches Migrationsverwaltungsrecht, in: Terhechte (Hrsg.), Verwaltungsrecht der Europäischen Union, 2. Aufl. 2021, § 33.

72 Art. 79 AEUV enthält die Kompetenz für eine **gemeinsame Einwanderungspolitik** der Union. Deren Ziele sind eine wirksame Steuerung der **Migrationsströme,** eine angemessene Behandlung von **Drittstaatsangehörigen,** die sich **rechtmäßig** in der EU aufhalten, sowie die Verhütung und **Bekämpfung von illegaler Einwanderung und Menschenhandel.** Die Regelung des Zugangs zum jeweiligen Arbeitsmarkt bleibt allerdings den einzelnen MSen überlassen (Art. 79 Abs. 5 AEUV); im Kern gilt gleiches für die Integrationspolitik (Art. 79 Abs. 4 AEUV). – Sonderregelungen gelten für die Familienangehörigen von Unionsbürgern, denen sie sekundärrechtlich weitestgehend gleichgestellt sind (Rz. 16/19).

73 Im Einzelnen zeichnete sich in den bisherigen EU-Regelungen (Fundstellenverzeichnis des geltenden EU-Rechts 19.10.40) als Generallinie eine **restriktive Einwanderungspolitik** ab. Bei Beschäftigungssuchenden gilt vorbehaltlich von Sonderregelungen ein genereller **Zuwanderungsstopp** (Ratsentschließung 1994, ABl. 1996, C 274/3). Allerdings kann hochqualifizierten Fachkräften aus Drittstaaten unter erleichterten Voraussetzungen eine Arbeitsaufnahme in einem MS von diesem gestattet werden („Blue Card“: RL 2009/50, ABl. L 155/17). Für bereits rechtmäßig in die EU eingewanderte Drittstaatsangehörige hat die VO 1030/2002 (ABl. L 157/1) einen **einheitlich gestalteten Aufenthaltstitel** geschaffen. Der Status **langfristig** aufenthaltsberechtigter Drittstaatsangehöriger wird durch die **RL 2003/109** (ABl. L 16/44) festgelegt. Er setzt regelmäßige Einkünfte und polizeiliche Unbescholtenheit voraus. Mit der langfristigen Aufenthaltsberechtigung wird im Wesentlichen ein Recht auf Gleichbehandlung mit Inländern und ein merklicher Ausweisungsschutz erworben (zu diesem im Fall von Straftaten etwa EuGH, 11.6.2020, Rs. C-448/19, „WT“). Dies kann auf einen Aufenthalt in weiteren MSen erstreckt werden. Auf Integration abzielenden Verpflichtungen steht die RL nicht grundsätzlich entgegen (EuGH, 4.6.2015, Rs. C-579/13, „P und S“; dazu *Jesse,* CMLRev 2016, 1065).

Sonderregeln bestehen ferner für Forscher (RL 801/2016, ABl. L 132/21) und Schüler, Studenten etc. (RL 2016/801, ABl. L 132/21; zum abschließenden Charakter der in der RL genannten Aufnahmebedingungen EuGH, 10.9.2014, Rs. C-491/13, „Mohamed Ali Ben Alaya“; zum großen Einschätzungsspielraum der MS bei Sicherheitsbedenken EuGH, 4.4.2017, Rs. C-544/15, „Fahimian“) aus Drittstaaten. Maßstäbe für die **Familienzusammenführung** wurden durch die RL 2003/86 (ABl. L 251/12) festgelegt. Wegen des grundrechtlichen Hintergrundes (Art. 8 EMRK, 7 GRC) sind Ausnahmen eng auszulegen (dazu und zum nach Art. 7 der RL zulässigen Einkunftsnachweis EuGH, 4.3.2010, Rs. C-578/08, „Chakroun“ sowie EuGH, 9.7.2015, Rs. C-153/14, „K und A“ zu Integrationskursen). Ferner wurde eine Sonderregelung für Saisonarbeiter beschlossen (RL 2014/36, ABl. L 94/375).

74 Im Übrigen bemüht sich die EU um die **Rückführung illegaler Einwanderer** (dazu RL 2008/115, ABl. L 348/98; zu einem einheitlichen Reisedokument zwecks Erleichterung der Abschiebung ausreisepflichtiger Personen VO 2016/1953, ABl. L 311/13). Dabei führen insbesondere die rechtsstaatlichen Grenzen zu Streit. Dies gilt vor allem für die Haftregeln (zur Abschiebehaft EuGH, 30.11.2009, Rs. C-357/09 PPU, „Kadzoev“; zum Verbot einer gemeinsamen Unterbringung mit Strafgefangenen EuGH, 17.7.2014, Rs. C-474/13, „Pham“, zur Unzulässigkeit einer Bestrafung allein wegen der Nichterfüllung der Ausreisepflicht EuGH, 28.4.2011, Rs. C-61/11 PPU, „El Dridi“; zu den Konsequenzen für das deutsche Recht *Hörich/Bergmann,* NJW 2012, 3339). Bei schweren Erkrankungen sind Abschiebungen ggf. aufzuschieben (EuGH, 18.12.2014, Rs. C-562/13, „Abdida“, auch zum effektiven Rechtsschutz); zur Abweisung an der Grenze Rz. 33/68.

75 Auf der Grundlage von Art. 77 Abs. 2 AEUV wurde der **Visakodex** (VO 810/2009, ABl. L 243/1; vgl. auch Rz. 33/71) beschlossen. Danach kann jeder MS verlangen, an den Verfahren eines anderen MS beteiligt zu werden Die Ablehnung eines Visumsantrages muss gerichtlicher Kontrolle unterliegen (EuGH, 13.12.2017, Rs. C-403/16, „El Hassani“). Die visumpflichtigen und visumfreien Länder sind in verbindlichen Positiv- und Negativlisten verankert (VO 2018/1806, ABl. L 303/39). Mit der E 2004/512 (ABl. L 213/5) des Rates wurde zum Austausch von Visa-Daten zwischen den MSen ein **Visa-Informationssystem (VIS)** eingeführt, dessen rechtlicher Rahmen 2008 durch eine VO näher ausgestaltet wurde (VO 767/2008, ABl. L 218/60). Schreibt ein Staat Personen (über das SIS, Rz. 33/69) zur Einreiseverweigerung aus, entbindet dies einen anderen Staat, bei dem der Betreffende einreisen will, aber nicht von der Notwendigkeit der Prüfung der Rechtslage (zur Einreise von Familienangehörigen von Unionsbürgern siehe

EuGH, 31.1.2006, Rs. C-503/03, „KOM/Spanien“). Schließlich wurde jüngst ein Asyl-, Migrations- und Integrationsfonds geschaffen (VOen 514/2014 und 516/2014, ABl. L 150/112 und 168).

3. Polizeikooperation

Literatur: *Üller/Schneider* (Hrsg.), Die Europäische Union im Kampf gegen den Terrorismus, 2006; *Weber,* Europäische Terrorismusbekämpfung, 2008; *De Moor/Vermeulen,* The Europol Council Decision: Transforming Europol into an agency of the European Union, CMLRev 2010, 1089; *Mutschler,* Der Prümer Vertrag, 2010; *Schoppa,* Europol im Verbund der Europäischen Sicherheitsagenturen, 2013; *Hansen,* Europäisierung des Gewaltmonopols: die Staatsfundamentalaufgaben Sicherheit und Freiheit und die Implikationen ihrer Denationalisierung im Raum der Freiheit, der Sicherheit und des Rechts, 2014; *Aden* (Hrsg.), Police Cooperation in the European Union under the Treaty of Lisbon, 2015; *Schober,* Europäische Polizeizusammenarbeit zwischen TREVI und Prüm, 2017; *Kugelmann,* Europäische Polizeiliche Kooperation, in: Böse (Hrsg.), EnzEuR IX, 2. Aufl. 2021, § 17.

Die Wahrung der öffentlichen Ordnung und nationalen Sicherheit fällt zwar im Grundsatz auch weiterhin 76
in die nationale Zuständigkeit (Art. 4 Abs. 2 EUV). Und auch wenn daher die unionsrechtlichen Kompetenzen die Wahrnehmung der entsprechenden nationalen Zuständigkeiten nicht berührt (Art. 72 AEUV), führt dies nicht zu einer generellen Unanwendbarkeit des Unionsrechts in diesem Bereich (EuGH, 4.6.2013, Rs. C-300/11, „ZZ“ zur Wahrung der Rechtsschutzgarantie) oder begründet auch nur eine Abweichungsbefugnis der Mitgliedstaaten von unionsrechtlichen Vorgaben. Vielmehr wird hier allein eine Grenze der Kompetenz der Union begründet. Art. 87 ff. AEUV bilden die Grundlage für Maßnahmen im Bereich der Polizeikooperation. Ausdrücklich genannt werden die operative **Zusammenarbeit** bei der **Verhütung und Aufdeckung von Straftaten** sowie der **Datenaustausch.** Zum letzteren gibt es mehrere Rechtsakte: den auf einen 2005 in Prüm abgeschlossenen Vertrag zurückgehenden Ratsbeschluss 2008/615 (ABl. L 210/1) nach Art. 30 ff. EUV a. F., insbesondere zum automatisierten Austausch von DNA-Daten sowie von Informationen im Bereich der Terrorismusbekämpfung, ferner den RB 2006/960 (ABl. L 386/89) sowie die auf Art. 87 Abs. 2 AEUV gestützte RL 2011/82 zum Informationsaustausch bei Verkehrsdelikten (ABl. L 288/1) sowie zur Sicherung der Interoperabilität von Informationssystemen die VOen 2019/817 (ABl. L 135/27) und 2019/818 (ABl. L 135/85).

Datenschutz in Bereich der Straftatenverhütung und -bekämpfung gewährleistet die RL 2016/680 (ABl. L 119/89; zum Schutz im Verhältnis zu den USA gibt es ein Abkommen, ABl. 2016, L 336/3; dazu auch die Erklärung der KOM (ABl. 2017, L 25/2). Auch das erwähnte Schengener Informationssystem (Rz. 33/69) kann in diesem Kontext eingesetzt werden (Beschl. 2007/533, ABl. L 205/63 des Rats). Den Datenschutz in diesem Bereich regelt die RL 2016/680, Rz. 33/79). Ergänzend enthält auch hier das **SDÜ** wichtige Regeln. So sind etwa in einem grenznahen Korridor auch **grenzüberschreitende Polizeimaßnahmen** (Nacheile u. a.) gestattet. Art. 89 AEUV enthält für diesen souveränitätsnahen Komplex eine einschlägige, allerdings nur nach einstimmiger Ratsentscheidung und Anhörung des Parlaments zu nutzende Regelungskompetenz zugunsten der Union. Im gleichen Verfahren sind Fragen der operativen Zusammenarbeit von Polizeibehörden zu regeln (Art. 87 Abs. 3 AEUV). Zum Datenschutz im Allgemeinen siehe Rz. 33/79.

Institutionell kommt dem **Europäischen Polizeiamt Europol** in Den Haag (dazu *Ruthig,* Europol, in: 77
Böse (Hrsg.), EnzEuR IX, 2. Aufl. 2021, § 20) eine zentrale Rolle zu. Es wurde 1995 durch ein Übereinkommen der MSen (BGBl. 1997 II 2150) gegründet und hat 1999 seine Tätigkeit mit inzwischen über 250 Mitarbeitern voll aufgenommen. Mit dem Vertrag von Lissabon wurde es auch formell in die Union integriert (Art. 88 AEUV); mittlerweile besteht eine unionsrechtliche Grundlage (VO 2016/794, ABl. L 135/53; dazu *Priebe,* EuZW 2016, 894). Es ist eine selbständige Einrichtung mit Rechtspersönlichkeit. Europol **fördert die polizeiliche Zusammenarbeit,** insbesondere durch Erhebung, Speicherung, Verarbeitung, Analyse und Austausch von Informationen. Es verfügt jedoch nicht über eigene operative Ermittlungsbefugnisse, sondern kann nur die MSen bei ihrer polizeilichen Arbeit unterstützen. Seit 2002 kann Europol mit nationalen Beamten **gemeinsame Ermittlungsteams** bilden (Art. 5 Abs. 5 VO 2016/794). Im Jahre 2000 wurde zur Schulung polizeilicher Führungskräfte und zur Vernetzung der nationalen Ausbildungsstätten eine **Europäische Polizeiakademie** (EPA) gegründet (ABl. 2000, L 336/1).

4. Maßnahmen gegen die Finanzierung von Terrorismus

78 Systematisch etwas unglücklich im allgemeinen Teil des Titels über den RFSR ist die Befugnis platziert, im Rahmen der Terrorismusbekämpfung, für die im Übrigen die allgemeinen Vorschriften als Rechtsgrundlage heranzuziehen sind (Rz. 69, 76, 37/5), einen Rahmen für „Verwaltungsmaßnahmen in Bezug auf Kapitalbewegungen und Zahlungen" (**Einfrieren von Geldern** etc.) zu beschließen (Art. 75 AEUV; zur Abgrenzung zu Art. 215 AEUV EuGH, 19.7.2012, Rs. C-130/10, „EP/Rat"). Außerdem wird ausdrücklich die früher schon vom EuGH anerkannte Notwendigkeit hervorgehoben, in die einschlägigen Rechtsakte Bestimmungen über den erforderlichen Rechtsschutz aufzunehmen (dazu früher EuGH, 3.9.2008, Rs. C-402/05 P, „Kadi"). Soweit die Maßnahmen UN-Entscheidungen umsetzen, kann man sich kaum vorstellen, wie dieser gewährt werden kann, ohne dass damit inzident auch die internationalen Entscheidungen in Frage gestellt werden.

V. Datenschutzrecht

Literatur: *Guckelberger,* Veröffentlichung der Leistungsempfänger von EU-Subventionen und unionsrechtlicher Grundrechtsschutz, EuZW 2011, 126; *Jacqué,* Protection des données personnelles, internet et conflits entre droits fondamentaux, RTDE 2014, 283; *Erdos,* Data Protection Confronts Freedom of Expression on the „New Media" Internet, ELRev 2015, 531 *Sydow,* Kohärenz des datenschutzrechtlichen Rechtsschutzes auf nationaler und europäischer Ebene, ZG 2016, 237; *Ehmann/Selymayr* (Hrsg.), Europäische Datenschutz-Grundverordnung, 2017; *v. Lewinski,* Datenschutzaufsicht in Europa als Netzwerk, NVwZ 2017, 1483; *Sydow* (Hrsg.), Europäische Datenschutz-Grundverordnung, 2017; *Crespi,* The Applicability of Schrems Principles to the Member States, ELRev 2018, 669; *Brauneck Marsch,* Das europäische Datenschutzgrundrecht, 2018; *Rücker/Kugler* (Hsrg.), New European General Data Protection Regulation, 2018; Marktordnungsprinzip der DGSVO: Weltgeltung für EU-Datenschutz?, EuZW 2019, 494; *Custers,* EU Personal Data Protection in Policy and Practice, 2019; *Simitis* u. a. (Hrsg.), Datenschutzrecht, 2019; *Epiney* (Hrsg.), Datenschutzgrundverordnung, 2020; *Eßer* u. a., DGSVO, 7. Aufl. 2020; *Holznagel/Felber,* in: Schulze u. a. (Hrsg.), Europarecht, 4. Aufl. 2020, § 38; *Kühling/Buchner* (Hrsg.), Datenschutz-Grundverordnung, 3. Aufl. 2020; *Kuner* u. a. (Hrsg.), The EU General Data Protection Regulation, 2020; *Thon,* Transnationaler Datenschutz: Das Internationale Datenprivatrecht der DS-GVO, RabelsZ 2020, 24; *Kibler,* Datenschutzaufsicht im europäischen Verbund, 2021; *Spieker gen. Döhmann,* Europäisches Datenschutzverwaltungsrecht, in: Terhechte (Hrsg.), Verwaltungsrecht der Europäischen Union, 2. Aufl. 2021, § 23.

79 Das Datenschutzrecht ist in den letzten Jahren zunehmend in den Fokus des europäischen Rechts gerückt. Einer allgemeinen Sensibilisierung in den 1980er und 1990er Jahren entsprechend wurde im Zuge der Herstellung des **Binnenmarktes** 1995 auch eine RL zum Schutz von persönlichen Daten beschlossen (RL 1995/46, ABl. L 281/31). Diese griff die zentralen Grundsätze gemeineuropäischer Datenschutzstandards auf (Zweckbindung bei Datenerhebung, -speicherung und -weitergabe) und garantierte zugleich eine Überwachung durch bewusst **unabhängig** gestellte **Behörden** (dazu EuGH, 9.3.2010, Rs. C-518/07, „KOM/Deutschland", auch zur Frage der demokratischen Legitimation; dazu Rz. 33/4). 2016 wurde die RL durch eine auf Art. 16 AEUV gestützte VO (**Datenschutz-Grundverordnung** 2016/679, ABl. L 119/1) ersetzt. Wie die RL 95/46 ist auch die VO 2016/679 auf den **Anwendungsbereich** des Unionsrechts beschränkt, doch versteht der EuGH diesen eher **weit** und hat in ihn etwa auch Regelungen über Transparenzanforderungen des nationalen Rechts mit Blick auf das Gehalt von aus öffentlichen Kassen bezahlten Funktionsträgern (EuGH, 20.5.2003, verb. Rs. C-465/00 u. a., „ORF") einbezogen; zur Einsicht in eigene Prüfungsakten EuGH, 20.12.2017, Rs. C-434/16, „Nowak". Im Bereich des Strafrechts gilt die RL 2016/680, ABl. L 119/89).

80 Obwohl das Unionsrecht selbst zu Recht zunehmende Anforderungen an die Transparenz öffentlicher Verwaltung stellt (Rz. 12/18 ff.; vgl. aber auch Rz. 33/82), gesteht der Gerichtshof hier wie in anderen Fällen dem **Datenschutz** bei Abwägungen ein ganz **erhebliches,** wenn nicht zum Teil zu weitgehendes **Gewicht** zu. Beispielhaft seien erwähnt zur Videoüberwachung privaten Eigentums bei Mitüberwachung des öffentlichen Raums EuGH, 11.12.2014, Rs. C-212/13, „František Ryneš", zur **Vorratsdatenspeicherung** Rz. 17/50 sowie Rz. 21/53, zu Fluggastdaten Rz. 26/31 und zum Konflikt mit einem markenrechtlichen Auskunftsanspruch Rz. 36/30. Den gleichen Ansatz verfolgt der EuGH mit der Postulation eines **„Rechts auf Vergessen"** (Rz. 17/50). Auf Handelsregister wird diese Judikatur vom EuGH aber nicht übertragen (9.3.2017, Rs. C-398/15, „Camera di Commercio, Industria, Artigianato e Agricoltura di Lecce"). Besonders umstritten war die zur Sicherung der Wettbewerbsgleichheit von Telekommunikationsunternehmen erlassene, später vom EuGH für nichtig erklärte RL zur Vorratsdatenspeicherung (Rz. 21/53; zur Kompetenz Rz. 32/10).

81 Für die **internationale Anwendung** entscheidend ist das „Marktortprinzip" – wer in oder mit der EU tätig werden will, muss das europäische Recht beachten (nunmehr Art. 3 DSGVO). Das Recht auf Vergessen kann jedoch nur mit Blick auf europäische Webseiten geltend gemacht werden (EuGH, 24.9.2019, Rs. C-507/17, „Google LLC"; vgl. aber auch 3.10.2019, Rs. C-18/18, „Glawischnig-Piesczek"). Internationaler Datenaustausch, etwa im Rahmen von in den USA ansässigen sozialen Netzwerken wie Facebook, setzt vor Ort angemessenen Datenschutz voraus. Zwei mit Blick auf die USA von der KOM gestützte Feststellungen wurden jedoch vom EuGH jeweils für ungültig erklärt (6.10.2015, Rs. C-362/14, „Schrems"; 16.7.2020, Rs. C-311/18, „Data Protection Commissioner"). Vielfältig bestehen bereichsspezifische Datenschutzregelungen, insbesondere im Kontext des Telekommunikationsrechts (Rz. 21/53) sowie der polizeilichen und justiziellen Zusammenarbeit (Rz. 33/76 sowie 37/8, auch zum internationalen Datenaustausch).

82 Für die **europäischen Stellen** ist die der DGSVO nachgebildete VO 2018/1725, ABl. L 295/39) bedeutsam. Praktische Relevanz gewinnen Datenschutzprobleme nicht zuletzt bei der Verwaltungskooperation. In deren Rahmen wurden nämlich – sachlich in Zusammenhang mit der Herstellung des Binnenmarktes (Rz. 22/52) und mit der Verbesserung der Zusammenarbeit im Polizei- und Ausländerrecht (Rz. 33/69) stehend – eine ganze Reihe von **Informationssystemen** und **Datenbanken** auf europäischer oder nationaler Ebene, letztere z. T. mit europaweitem Zugriff der nationalen Behörden, geschaffen. Dabei werden vielfach Informationsansprüche für die Betroffenen begründet, teils nur gegenüber dem Staat, der für die Speicherung verantwortlich ist, teils gegenüber dem jeweiligen Heimatstaat, im zuletzt genannten Fall unter verfahrensmäßiger Beteiligung des verantwortlichen Staates. Zum Teil bestehen zudem entsprechende Haftungsregeln.

Auch die **unionsrechtlichen Transparenzregeln** (Rz. 12/18 ff.) stoßen bei personenbezogenen Daten auf Grenzen (dazu etwa EuGH, 29.6.2010, Rs. C-28/08 P, „Bavarian Lager"; zur Unzulässigkeit einer undifferenzierten unionsrechtlichen Pflicht zur Veröffentlichung der Höhe empfangener Agrarbeihilfen bei natürlichen Personen EuGH, 9.11.2010, verb. Rs. C-92/09 u. a., „Volker und Markus Schecke"). Beide Urteile liegen damit auf einer Linie mit der sonstigen Judikatur des EuGH, die dem Datenschutz ein bemerkenswertes Gewicht zumisst (Rz. 33/80). Grenzen des Datenschutzes zeigen die Urteile des EuGH zu biometrischen Daten in Reisepässen gemäß Art. 1 Abs. 2 VO 2252/2004 (ABl. L 385/1, Rz. 33/67) (17.10.2013, Rs. C-291/12, „Schwarz") und zur Herausgabe von Informationen über für EU-Stellen tätige Sachverständige (16.7.2015, Rs. C-615/13 P, „CleanEarth u. a.") auf.

VI. Ausblick

83 Im öffentlichen Recht hat die Einwirkung des Unionsrechts immer im Ansatz ihren **bereichsspezifischen Charakter** behalten. Jenseits der konkreten Einwirkungen des europäischen auf das nationale Recht, die im Grundsatz selbstverständlich sind, stellt

sich aber zunehmend heraus, dass auch gewisse **Grundstrukturen** des deutschen Verwaltungsrechts in Frage gestellt werden. Ursache sind divergierende Rechtstraditionen und Verwaltungskulturen in anderen MSen. Das deutsche, stark vom Zivilrecht geprägte Modell eines gleichberechtigten Gegenübers von Einzelnem und staatlicher Verwaltung wird zum Teil – mit guten Gründen – ersetzt durch Vorstellungen, die stärker die auf die Verwirklichung des Allgemeinwohls ausgerichtete Rolle der Verwaltung in den Vordergrund rücken (und dabei aber nicht zuletzt auch dem Einzelnen breitere Rechtsschutzmöglichkeiten eröffnen). Daneben spielt eine Rolle, dass das klassische Verwaltungsrecht bipolar auf das Verhältnis Staat – Bürger ausgerichtet ist, während im Kontext des Unionsrechts häufig eine tripolare Konstellation (unter Einschluss der EU) zu bewältigen ist. Bereichsspezifisch war vor allem die Bewegungsfreiheit in Europa unter dem Eindruck des gewaltigen Zustroms an Flüchtlingen und später der Corona-Krise besonderen Fragen ausgesetzt. Beim Umgang mit Flüchtlingen zeigen sich zudem grundlegende Unterschiede zwischen den MSen, die eine Harmonisierung kaum möglich machen.

§ 34. Forschung, Bildung und Sport, Kultur und Rundfunk: Zur Europäisierung des Kulturverwaltungsrechts

I. Forschung und Technologische Entwicklung

Literatur: Ausführliche Literaturlisten bei *Eikenberg,* in: Grabitz/Hilf/Nettesheim (Hrsg.), Recht der EU, 55. EL 2015, bei Art. 179 AEUV.

Weitere Titel: *Funk/Gärditz/König* (Hrsg.), Auf dem Weg zu einem europäischen Wissenschaftsrecht? 2016; *Kotzur,* Bildung und Kultur, Forschung, in: Schulze u. a. (Hrsg.), Europarecht, 4. Aufl. 2020, § 3; *Pilniok,* Europäisches Wissenschaftsverwaltungsrecht, in: Terhechte (Hrsg.), Verwaltungsrecht der Europäischen Union, 2. Aufl. 2021, § 38.

1. Primärrechtliche Grundlagen der europäischen Forschungs- und Technologiepolitik

1 Zur Sicherung der Wettbewerbsfähigkeit der Wirtschaft (Art. 3 Abs. 3 EUV) ist die EU auf wissenschaftlichen und technischen Fortschritt angewiesen. Forschungspolitische Tätigkeiten waren jedoch ursprünglich **zwischen den drei Verträgen zersplittert.** EGKS- und EWG-Vertrag enthielten nur kleinere Ansätze, während bei **EURATOM** die Forschung schon immer eine wichtige Rolle gespielt hat. Seit den 1970er Jahren wurden dann zunehmend auch im Übrigen Forschung und technologische Entwicklung gefördert. Mit der EEA wurden dann explizite Kompetenzen geschaffen (heute Art. 179ff. AEUV). Ausgelöst durch den Wettbewerb mit **anderen großen Wirtschaftsräumen** wie den USA und Japan, die ihrerseits Forschung und Technologie in großem Stil fördern, stand dabei zunächst die **angewandte Forschung** in Unternehmen und damit die **Industriepolitik** im Vordergrund (Art. 173 AEUV, oben Rz. 18/59).

2 Demgegenüber hat der Vertrag von Lissabon die **Stärkung der wissenschaftlichen und technologischen Grundlagen** der Union in den Vordergrund gestellt, die nicht mehr wie bisher allein auf die Industrie fixiert sind (Art. 179 Abs. 1 AEUV). Im Einzelnen soll dieses Ziel erreicht werden durch die:

- Schaffung eines europäischen Raumes der Forschung (mit Freizügigkeit der Forscher und freiem Austausch wissenschaftlicher Erkenntnisse und Technologien); mit diesem 2009 neu verankerten Ziel verfügt die Union über die Befugnis zum Engagement auch für die **Grundlagenforschung;**

– Entwicklung der Wettbewerbsfähigkeit der Union einschließlich der Industrie;
– Unterstützung der sonstigen EU-Forschungsmaßnahmen.

Zentrales **Instrument** der Union sind finanzrelevante **Programme** (Art. 180 lit. a), 3
182 ff. AEUV). Im Vordergrund steht das jeweilige **mehrjährige Rahmenprogramm,** in dem die zentralen Aktionen der Union zusammengefasst werden, und das dann durch **spezifische Programme** ausgefüllt oder auch ergänzt wird. Daneben besteht ein **allgemeines Initiativrecht** der **KOM** (Art. 181 AEUV). Insgesamt dürfen die grundsätzlich weiterhin nationalen Zuständigkeiten im Forschungsbereich nicht beeinträchtigt werden (vgl. auch Art. 2 Abs. 6 sowie Art. 6 AEUV). Im Lichte des **Subsidiaritätsprinzips** (Art. 5 EUV) müssen EU-Initiativen daher einen **„europäischen Mehrwert"** zeitigen. Deswegen beschränkt sich europäische Forschungsförderung vielfach auf grenzüberschreitende Kooperationsprojekte. **Adressaten** der Forschungs- und Technologiepolitik sind nach Art. 179 Abs. 2 AEUV Unternehmen (einschließlich KMU) sowie Hochschulen und Forschungszentren. In Forschung und Technologie entstehen **direkte Beziehungen** zwischen der Union und nationalen privaten und öffentlichen Einrichtungen. Art. 13 GRC garantiert die Forschungsfreiheit. Die Freizügigkeit der Forscher ist problemlos, soweit sie die Unionsangehörigkeit besitzen (Rz. 16/15); im Übrigen bestehen Sonderregelungen (Rz. 33/74).

Daneben steht die **Förderung der Forschungszusammenarbeit** mit Drittstaaten und internationalen Or- 4
ganisationen (OECD, ESA, CERN u. a.), die **Verbreitung und Auswertung der Ergebnisse** und die Förderung der **Ausbildung und Mobilität** der Forscher aus der EU (Art. 180 lit. b)–d), Art. 186 f. AEUV).

Die KOM unterbreitet Parlament und Rat einen jährlichen **Bericht** über die bisherigen Tätigkeiten im Be- 5
reich der Forschungs- und Technologiepolitik sowie zum laufenden Arbeitsprogramm. Fortlaufend bewertet sie in diesem Zusammenhang die Forschungsprojekte (Art. 190 AEUV).

2. Sekundärrechtliche Ausformung der Europäischen Forschungs- und Technologiepolitik

Literatur: *Grunwald,* Neuere Entwicklungen des EU-Forschungsrechts, ZEuS 2011, 607; *Lorz/Payandeh,* Die Institutionalisierung des Europäischen Forschungsraums, 2012; *Pilniok,* Zwischen Wissenschaft, Politik und Verwaltung: Die Gemeinsame Forschungsstelle der Europäischen Kommission als Element der europäischen Wissensinfrastruktur, DÖV 2012, 662.

Grundsätzlichen Charakter weist die von der KOM als Empfehlung verabschiedete Charta für Forscher auf 6
(2005/251, ABl. L 75/67). Eigene Forschung der Union erfolgt vor allem im Rahmen der **Gemeinsamen Forschungsstelle (GFS)** mit ihren angeschlossenen Anstalten (Rz. 23/21), die seit Ende der achtziger Jahre sowohl für die EU als auch für EURATOM tätig ist. Die GFS wird mittlerweile in die EU-Rahmenprogramme (Rz. 34/3) eingebunden. Ihre Forschung konzentriert sich insbesondere auf **Themenbereiche** wie Lebensmittelsicherheit, Chemikalien und Gesundheit, Umwelt und Nachhaltigkeit sowie für den EAG-Bereich nukleare Sicherheit. Im **EAG-Bereich** wird Gemeinschaftsforschung auch durch die dortigen gemeinsamen Unternehmen nach Art. 45 ff. EAGV betrieben (Rz. 23/21).

Die im Rahmen von **Programmen** (Rz. 34/3) in grenzüberschreitender Zusammenarbeit durchzuführen- 7
den Forschungsvorhaben werden nach einer Ausschreibung und Begutachtung durch Experten ausgewählt. Letztlich entscheidet die **KOM** gemeinsam mit Programmausschüssen aus Vertretern der MSen. Bei der Grundlagenforschung trifft ein **„Europäischer Forschungsrat"** aus 22 unabhängigen Wissenschaftlern die Auswahlentscheidungen (Beschl. 2013/C 373/09 der KOM, ABl. C 373/23), unterstützt von einer ihm zugeordneten Agentur (Beschl. 2013/77, ABl. L 346/58).

Für die Zeit von **2014–2020** ist das Rahmenprogramm Forschung und Innovation **„Horizont 2020"** ein- 8
schlägig (VO 1291/2013, ABl. L 347/104, sowie Beschl. 2013/743 des Rates, ABl. L 347/965) mit einem Finanzvolumen von 77 Mrd. Euro. Grundlage ist neben Art. 182 auch Art. 173 AEUV. Begleitende Re-

geln, etwa über die Verpflichtung zur Veröffentlichung der Forschungsergebnisse im Interesse allgemeiner Verwertbarkeit, sind in der VO 1290/2013 (ABl. L 347/81) festgelegt.

Kompetenzrechtlich ausgesprochen zweifelhaft wurde eine RL zu **Tierversuchen** (RL 2010/63, ABl. L 276/33) auf Art. 114 AEUV (dazu Rz. 32/8) gestützt.

3. Exkurs: Europäische Forschungsförderung außerhalb der EU

9 Die **EUREKA-Aktion** stellt ein lockeres gemeinsames Vorgehen von inzwischen 40 europäischen Staaten und der KOM zur Entwicklung von **zivilen Produkten, Verfahren und Dienstleistungen** aus mindestens zwei europäischen Staaten in Ergänzung der EU-Programme dar. Die Abwicklung der Projekte erfolgt über ein **Sekretariat in Brüssel.** Die EU kann sich an den Projekten beteiligen (Ratsentschließung ABl. 1996, C 110/1). Ohne ein begrenzendes Programm kommen die Anstöße meist von den Unternehmen oder Forschungszentren („Bottom-up-approach"). Das jährliche Finanzvolumen liegt bei 2–3 Mrd. Euro.

10 **COST** („Coopération européenne dans le domaine de la recherche scientifique et technique") bildet den Rahmen für **Netzwerke nationaler Forschungsprojekte** unter Beteiligung von mittlerweile 36 europäischen Staaten und Israel in der Grundlagen- und der angewandten Forschung. Die Finanzierung erfolgt gemischt aus nationalen und EU-Mitteln. Europäische Forschungszusammenarbeit erfolgt auch über **CERN** (Europäische Kernforschungsorganisation), **EMBL** (Europäisches Laboratorium für Molekularbiologie), **ESO** (Astronomische Forschung) und über die **ESF** (Europäische Wissenschaftsstiftung).

4. Die Förderung der Raumfahrt

Literatur: *Hobe/Kunzmann/Reuter,* Rechtliche Rahmenbedingungen einer zukünftigen kohärenten Struktur der europäischen Raumfahrt, 2006; *Reuter,* Die ESA als Raumfahrtagentur der Europäischen Union, 2007; *Hesse,* Europäische Weltraumpolitik, 2012; *Reutzel,* Das Weltraumrecht in Europa, 2014.

11 Seit den 1990er Jahren bemüht sich die **EU** gemeinsam mit der Europäischen Weltraumagentur ESA (Rz. 34/13) um eine **europäische Strategie für die Raumfahrt.** Seit 2009 besteht eine spezifische Kompetenzgrundlage (Art. 189 AEUV). Danach arbeitet die Union eine europäische Raumfahrtpolitik aus, die aber auf fördernde, unterstützende und koordinierende Maßnahmen beschränkt bleibt (Art. 4 Abs. 3, 189 Abs. 1 AEUV); Harmonisierungsvorschriften sind unzulässig (Art. 189 Abs. 2 AEUV).

12 Unter der Bezeichnung **„Galileo"** wurde ein **Satellitennavigationsprogramm** entwickelt, um Europa vom „Global Positioning System" **(GPS)** der USA unabhängig zu machen; die ersten Satelliten sind 2011 gestartet. Nach dem Scheitern privaten Engagements hat die EU die Errichtung 2008 in eigene Verantwortung übernommen (VO 1285/2013, ABl. L 347/1, gestützt auf die TEN-Kompetenz nach Art. 172 AEUV; vgl. Rz. 26/39; siehe zur Nutzung auch das Copernicus-Programm über die Globale Umwelt- und Sicherheitsüberwachung, VO 377/2014, ABl. L 122/44). Mit den USA wurde ein Abkommen über die wechselseitige Nutzung von GALILEO und GPS-Daten geschlossen (Beschl. 2011/901 des Rates, ABl. L 348/1). Daneben soll mit dem EGNOS-System eine Verbesserung der Qualität von Weltraumsignalen gewährleistet werden (siehe auch dazu VO 1285/2013 sowie zur entsprechenden Agentur VO 912/2010, ABl. L 276/11).

13 1975 wurde außerhalb der institutionellen Struktur der EU die **Europäische Weltraumagentur ESA** („European Space Agency") in Paris mit dem Ziel der friedlichen Weltraumerforschung und -nutzung gegründet. Sie war die europäische Antwort auf die amerikanischen/sowjetischen Erfolge in der **Raumfahrt.** Die ESA kooperiert zunehmend mit der EU (Abkommen vom 25.11.2003, ABl. 2004, L 261/64; vgl. auch Art. 189 Abs. 3 AEUV). Im Rahmen der ESA-Langzeitprogramme werden **gemeinsame Aktionen** mit gemeinsamer Finanzierung durchgeführt (ARIANE-Raketen, Raumtransporter HERMES, bemannte Weltraumkabine COLUMBUS u. a.). Der Astronomie dient die **Europäische Südsternwarte (ESO)** in Chile.

II. Bildung und Sport

Literatur: Ausführliche Literaturlisten bei *Blanke,* in: Grabitz/Hilf/Nettesheim (Hrsg.), Recht der EU, 70. EL 2020, Art. 165 AEUV und *Classen,* in: v. d. Groeben/Schwarze/Hatje (Hrsg.), Europäisches Unionsrecht, 7. Aufl. 2015, Art. 165/166 AEUV.

Weitere Literatur: *Odendahl* (Hrsg.), Europäische (Bildungs-)union?, 2011; *Fraenkel-Haeberle,* Die Universität im Mehrebensystem, 2014; *Amann,* The EU Educational Policy in the Post-Lisbon Era, 2015; *Kotzur,* Bildung und Kultur, in: Schulze u. a. (Hrsg.), Europarecht, 4. Aufl. 2020, § 39.

1. Entwicklung der europäischen Bildungsaktivitäten

Literatur: *Oppermann,* Europäisches Gemeinschaftsrecht und deutsche Bildungsordnung, 1987; *Lenz,* Die Rechtsprechung des EuGH im Bereich des Bildungswesens, EA 1989, 125; *Classen,* Bildungspolitische Förderprogramme der EG, EuR 1990, 10; *Hochbaum,* Die europäische Bildungspolitik von Rom bis Maastricht, RdJB 1992, 505; *Blanke,* Europa auf dem Wege zu einer Bildungs- und Kulturgemeinschaft, 1994.

Ursprünglich sah Art. 128 EWGV den Beschluss allgemeiner Grundsätze für das Bildungswesen vor, 14
spielte jedoch in der Praxis kaum eine Rolle. Wichtiger waren und sind Regelungen zur Verwirklichung der **Grundfreiheiten** (diskriminierungsfreier Zugang zum jeweiligen Bildungssystem für die Kinder von Wanderarbeitnehmern [VO 492/2011, ABl. L 141/1; RL 77/486, ABl. L 199/32] sowie die **gegenseitige Anerkennung von Diplomen** etc. zur Herstellung von NLF und DLF [zur Praxis Rz. 25/26 ff.]).

1985 leitete der EuGH aus dem allgemeinen **Diskriminierungsverbot (heute Art. 18 AEUV)** in Verbin- 15
dung mit dem genannten Art. 128 EWGV ein Recht auf diskriminierungsfreien Zugang zu Bildungseinrichtungen einschließlich der Hochschulen (EuGH, 13.2.1985, Rs. 293/83, „Gravier") ab. Dieses Urteil sowie die im Zuge des Binnenmarktprogramms entwickelte Idee des „Europas der Bürger" (Rz. 16/3) gaben den Impetus für eine vielfältige, auf Austausch ausgerichtete Förderung der **Mobilität im Hochschulbereich** („Studenten-RL" aus dem Jahre 1993, heute RL 2004/38, ABl. L 158/77; Aktionsprogramme für allgemeine und berufliche Bildung und Jugendaustausch).

2. Primärrechtliche Grundlagen der Europäisierung der Bildungspolitik

Literatur: *Porr,* Bildungsrechtliche Kompetenzen der EG im Widerstreit mit Länderkompetenzen, 2004; *Bode,* Europarechtliche Gleichbehandlungsansprüche Studierender und ihre Auswirkungen in den Mitgliedstaaten, 2005; *Hilpold,* Unterhaltsstipendien für Unionsbürger, EuZW 2009, 40; *Jørgensen,* The right to cross border education in the European Union, CMLRev 2009, 156; *O'Leary,* Equal Treatment and EU Citizens: A New Chapter on Cross-Border Educational Mobility, ELRev 2009, 612.

a) Spezifische Kompetenzen für die Bildungspolitik

Der Maastrichter Unionsvertrag 1992 machte die Bildungspolitik erstmals zu einem 16
ausdrücklichen Gegenstand der EU-Politik (heute Art. 165 f. AEUV). Inhaltlich wurde insbesondere die vorherige Praxis (Rz. 34/23 ff.) kodifiziert. Im Einzelnen unterscheidet der AEUV zwischen **allgemeiner** Bildung (Art. 165 AEUV) und **beruflicher** Bildung (Art. 166 AEUV). Mit Blick auf Hochschulen kommen in Abhängigkeit von Inhalt und Zweck der jeweiligen Maßnahme beide Normen in Betracht.

Die europäische Zuständigkeit beschränkt sich auf unterstützende, koordinierende und ergänzende Maß- 17
nahmen zugunsten bestimmter, näher benannter **Ziele.** Zugleich wird die „strikte Verantwortung der MSen" für Inhalt und Gestaltung des nationalen Bildungssystems betont (jeweils Abs. 1). Zusätzlich ist das **Subsidiaritätsprinzip** des Art. 5 Abs. 3 EUV zu beachten. Das Recht auf Bildung (Art. 14 GRC; Art. 2 des 1. ZP zur EMRK; Rz. 17/81) bleibt daher mangels Zuständigkeiten der Union weitgehend „lettre morte".

Entsprechend dem traditionellen wirtschaftlichen Schwerpunkt der Union ist die Zuständigkeit in der **be-** 18
ruflichen Bildung etwas stärker ausgeprägt. Diese Bildung umfasst im Sinne der weiten Auslegung durch den Gerichtshof auch den **tertiären Bereich.** Die Norm stellt eine ergänzende lex generalis zu den entspre-

chenden Kompetenzen im Rahmen der Personenfreizügigkeit, in der Beschäftigungspolitik und beim Europäischen Sozialfonds dar (Rz. 27/62, 29/22ff.). Die Union unterstützt und ergänzt mit einer **Politik der beruflichen Bildung** die Maßnahmen der MSen mit Blick auf bestimmte Ziele (Art. 166 Abs. 2 AEUV), aber wiederum unter strikter Beachtung der Verantwortung der MSen für Inhalt und Gestaltung der beruflichen Bildung.

b) Allgemeines Diskriminierungsverbot (Art. 18 AEUV) und Freizügigkeitsrecht (Art. 21 AEUV)

19 Bildung gehört zum Anwendungsbereich des Vertrages im Sinne des Art. 18 AEUV; die einschlägigen Institutionen unterliegen damit dem **Verbot der Diskriminierung** aus Gründen der Staatsangehörigkeit mit der Folge, dass alle für EU-Ausländer geltenden Erschwerungen bei der Nutzung von Bildungseinrichtungen – vom Kindergarten bis zur Hochschule – unionsrechtlichen Zweifeln unterliegen (Rz. 16/25; 34/14). Bis heute umstritten sind vor allem Beschränkungen beim Medizinstudium zwecks Sicherung der Versorgung mit Ärzten (dazu EuGH, 7.7.2005, Rs. C-147/03, „KOM/Österreich", aber auch 13.4.2010, Rs. C-73/08, „Bressol" zu einer belgischen Quotenregelung).

20 Ebenfalls wurde – wie die Gewährung von Sozialleistungen an Unionsbürger insgesamt (Rz. 16/25ff.) – die Gewähr von **Ausbildungsförderung** dem Diskriminierungsverbot unterstellt. Ein Studium im Ausland muss wie eines im Inland gefördert werden (EuGH, 23.10.2007, verb. Rs. C-11/06 u. a., „Morgan"). Umgekehrt müssen Unionsbürger grundsätzlich die gleichen Leistungen wie Inländer erhalten. Der Staat darf aber in beiden Fällen eingrenzende Voraussetzungen für seine Verantwortlichkeit vorsehen, so für die Leistungsgewähr an Ausländer eine hinreichende Integration in Form eines vorherigen fünfjährigen Aufenthalts im betreffenden Staat (EuGH, 18.11.2008, Rs. C-158/07, „Förster"; vgl. auch Art. 24 Abs. 2 iVm Art. 16 Abs. 1 RL 2004/38, ABl. L 158/77; ähnlich für die Vergabe von Stipendien EuGH, 14.12.2016, Rs. C-238/15, „Verruga"). Übermäßige Belastungen des Staates im Gesamtsystem der Ausbildungsförderung könne diese Pflichten begrenzen (EuGH, 15.3.2005, Rs. C-209/03, „Bidar").

c) Dienstleistungs- und Niederlassungsfreiheit (Art. 56, 49 AEUV)

21 Bildungsrelevante Regelungen wurden auch zur Sicherung der Personenfreizügigkeit erlassen (Rz. 25/26ff., 27/62). Private Bildungsangebote unterfallen der DLF und damit auch der RL 2006/123 (dazu Rz. 25/23ff.), so dass eine Beschränkung der steuerlichen Absetzbarkeit von privaten Schulkosten auf inländische Schulen gegen Art. 56 AEUV verstößt (EuGH, 11.9.2007, Rs. C-76/05, „Schwarz"). Die NLF (Art. 49 AEUV) schützt auch das zunehmend in Anspruch genommene Recht von Hochschulen, im Ausland Zweigstellen zu errichten. Solange der Herkunftsstaat die notwendigen Qualitätsstandards sichert und Diplome nur nach dessen Recht verliehen werden, sind Beschränkungen nur schwer zu rechtfertigen. Die Anerkennung eines solchen Diploms nach den unionsrechtlichen Regeln (Rz. 25/26ff.) kann insbesondere nicht mit Hinweis darauf verweigert werden, dass sich die Zweigstelle im Inland befindet (EuGH, 4.12.2008, Rs. C-151/07, „Chatzithanasis"; a. A. *Geis,* Ordnung der Wissenschaft 2014, 55; zu NLF, DLF und RL 2006/123 umfassend auch EuGH, 6.10.2020, Rs. C-66/18, „KOM/Ungarn").

d) Bereichsspezifische bildungsrelevante Regelungen

22 Im Rahmen der **Beschäftigungspolitik** der EU weist Art. 145 AEUV der Förderung der Qualifizierung und Ausbildung der Arbeitnehmer eine wichtige Rolle zu. Art. 153 und 156 AEUV sprechen **sozialpolitische** Maßnahmen zur Verbesserung des Wissensstandes und zur beruflichen Ausbildung und Fortbildung an (Rz. 29/21). Da sich diese Regelungen mit der allgemeinen EU-Berufsbildungszuständigkeit des Art. 166 AEUV überlappen, treten sie in der Praxis zurück. Der **Europäische Sozialfonds** (Rz. 29/22ff.)

erleichtert nach Art. 162 AEUV durch finanzielle Förderung berufliche Bildung und Umschulung im Interesse besserer beruflicher Verwertbarkeit und Mobilität. Art. 41 AEUV ermöglicht Koordinierungsmaßnahmen bei **landwirtschaftlicher Berufsausbildung** im Rahmen der Gemeinsamen Agrarpolitik. Gemäß Art. 4, 9 EAGV führt die KOM **Ausbildungsprogramme** zur Förderung des Fortschritts in der Kernenergie durch und kann **Schulen** zur Ausbildung von Fachkräften gründen.

3. Die sekundärrechtliche Ausformung der europäischen Bildungspolitik

Literatur: *Schönherr,* Die Umsetzung von EU-Fördermaßnahmen gemäß Art. 149 EGV im Schulbereich. Eine Analyse der deutschen, spanischen und gemeinschaftlichen Kompetenzen unter Bezugnahme auf ein Comenius-Projekt als Praxisbeispiel, 2010; *Tille,* Der europäische Bildungsraum und das duale System der Berufsbildung in Deutschland: rechtliche Rahmenbedingungen zur zukünftigen Gestaltung des deutschen Berufsbildungssystems, 2010.

Kern der EU-Bildungspolitik bilden die jeweils zeitlich befristeten **Aktionsprogramme** (vgl. schon Rz. 34/15). Die EU fördert mit ihnen auf der Grundlage von Art. 165f. AEUV, gelegentlich ergänzt um Art. 352 AEUV, eine gewisse Europäisierung der nationalen Bildungssysteme, vor allem durch unionsweite Mobilität und die Entwicklung von aus europäischer Perspektive wesentlichen Qualifikationen wie das Erlernen von Fremdsprachen. Die EU tritt als Anreger, Rahmen setzender Organisator und vor allem als **Mitfinanzierer** auf. Die Umsetzung erfolgt über nationale Stellen (in Deutschland z. B. den DAAD). 23

Die Programme tragen jeweils einen oft aus einer sinnfälligen Abkürzung gebildeten **Titel** (z. B. ERASMUS = „European Community Action Scheme for the Mobility of University Students"). Seit längerem werden sie in einem größeren Gesamtprogramm zusammengefasst. Für den Zeitraum von 2014–2020 sieht dieses unter dem Namen „Erasmus+" ein Finanzvolumen von knapp 14,8 Mrd. Euro vor (VO 1288/2013, ABl. L 347/50) und enthält zahlreiche Teilprogramme (Comenius für die Schulbildung, Erasmus für die Hochschulbildung, Erasmus Mundus für den internationalen Hochschulaustausch, Leonardo da Vinci für die berufliche Bildung, Grundtvig für die Erwachsenenbildung, Jean Monnet für die Hochschullehre und -forschung zur europäischen Integration, „Jugend in Aktion" für den Austausch von Jugendlichen). Voraussetzung ist bei allen Fördermaßnahmen die Existenz eines im Einzelnen näher definierten europäischen „Mehrwerts". 24

Darüber hinaus hat der **Rat** Empfehlungen über die Qualitätssicherung in der Hochschulbildung (98/561, ABl. L 270/56) und zur Bewertung der Qualität der Schulbildung (2001/166, ABl. L 60/51) erlassen. Im Rahmen der **„Lissabon-Strategie 2000"** (Rz. 18/17) haben die EU-Bildungsminister im Sinne der Methode der Offenen Koordinierung (Rz. 9/134) konkrete **Zielvorgaben für das Schul- und Hochschulwesen** festgelegt (z. B. detailliertes Arbeitsprogramm für die allgemeine und Berufsbildung [ABl. 2002, C 142/1; vgl. auch ABl. 2012, C 393/5]). Die **KOM** erstellt regelmäßig umfangreiche **programmatische Vorgaben** für europäische und nationale Rechtsetzung im Bildungswesen; siehe insgesamt Fundstellennachweis des EU-Rechts 16.10 und 16.30. 25

4. Europäische Bildungspolitik jenseits der Verträge

a) EU-externe Bildungseinrichtungen

Literatur: *Ruzie,* L'office franco-allemand pour la jeunesse, 1990; *Riegel,* Europäische Schulen, EuR 1995, 147; *St. Kaufmann,* Das Europäische Hochschulinstitut, 2003; *Gruber,* Europäische Schulen – ein in die EG integriertes Völkerrechtssubjekt, ZaöRV 2005, 1015; *Beckmann,* die Europäischen Schulen, RdJB 2019, 274.

„Am Rande der EU" bestehen meist auf **völkerrechtlicher** Grundlage geschaffene **Bildungseinrichtungen.** Seit den fünfziger Jahren wurden **Europäische Schulen** zur Erziehung der Kinder von EU-Bediensteten errichtet. 1976 wurde das **Europäische Hochschulinstitut (EHI)** in Florenz gegründet. Diese Einrichtungen sind eigenstän- 26 dig, arbeiten aber eng mit der Union zusammen und leiten aus ihr ihre Rechtfertigung ab.

27 Die **Europäischen Schulen** entstanden seit 1954 als „Schulsystem besonderer Art“ (Präambel Satzung). In ihnen werden Kinder des EU-Personals unterrichtet, aber nach Möglichkeit auch weitere Schüler aufgenommen. Rechtsgrundlage ist heute die zwischen den EGen und den MSen auf der Grundlage des heutigen Art. 352 AEUV geschlossene **Vereinbarung über die Satzung der Europäischen Schulen** (ABl. 1994, L 212/3). Die Schulen werden durch gemeinsame Organe (Art. 7 Satzung: insbesondere Oberster Rat und Generalsekretär) zu einem institutionell eigenständigen (dazu EuGH, 14.6.2011, Rs. C-196/09, „Miles“; zur Auslegungsbefugnis des EuGH als Abkommen der EU EuGH, 11.3.2015, Rs. C-464/13, „Oberto“; zum fehlenden nationalen Rechtsschutz BVerfGE 149, 293) **Gesamtsystem** mit internationaler Rechtspersönlichkeit zusammengeführt. Der Unterricht führt vom Kindergarten bis zum einheitlichen, in der ganzen EU anerkannten **europäischen Abitur.**

28 Das 1976 durch völkerrechtlichen Vertrag der MSen v. 16.4.1972 (Text u. a. ABl. 1976, C 29/1) in Florenz gegründete **Europäische Hochschulinstitut** ist eine **unabhängige Rechtsperson,** die gleichzeitig in vielfältiger Beziehung zur EU steht (näher *St. Kaufmann,* Das Europäische Hochschulinstitut, 2003). Die Union wirkt bei der Finanzierung des Instituts mit. Das EHI ist die abgewandelte Verwirklichung der in Art. 9 Abs. 2 EAGV vorgesehenen „Europäischen Universität“ und bietet europäisch geprägte **Postgraduiertenstudien und Forschung** in Geschichte, Politik-, Rechts-, Sozial- und Wirtschaftswissenschaften an. Das Institut öffnet sich weltweit, u. a. über eine angegliederte Akademie für Europäisches Recht und ein Forschungszentrum Robert Schuman. – In Florenz befindet sich seit 1985 ferner das **Historische Archiv der EU.**

29 Bereits 1949 wurde das **Europa-Kolleg in Brügge** als Stiftung belgischen Rechts gegründet. Es finanziert sich durch Belgien, die EU (Jean-Monnet-Programm, Rz. 34/24) und Teilnahmegebühren. Das anspruchsvolle **Postgraduiertenstudium in Jura, Politik- und Wirtschaftswissenschaft** galt lange als „Kaderschmiede“ für die EU-KOM. In Natolin/Polen besteht eine Filiale für die Ausbildung mittel- und osteuropäischer Kandidaten.

Das **Deutsch-Französische Jugendwerk** fördert seit 1963 den bilateralen Jugendaustausch. Seit den neunziger Jahren werden mittelosteuropäische Teilnehmer in den Austausch einbezogen (jährlich ca. 200 Programme und 7000 Treffen, an denen fast 200 000 Jugendliche teilnehmen). Die **Deutsch-Französische Hochschule (DFH)** fördert u. a. gemeinsam mit der Deutschen Forschungsgemeinschaft und dem französischen Bildungsministerium deutsch-französische Studiengänge.

b) Der Bologna-Prozess und die gegenseitige Anerkennung von Studienzeiten

Literatur: *Kilian,* Die Europäisierung des Hochschulraumes, JZ 2006, 209; *Busch/Kopetz* (Hrsg.), Rechtsfragen des Europäischen Hochschulraumes, 2008; *Busch/Unger* (Hrsg.), Rechtsfragen des europäischen Hochschulraumes: higher education integration in Europe, 2009; *Garben,* The Bologna Process: From a European Law Perspective, ELJ 2009, 186; *dies.,* EU Higher Education Law, The Bologna Process and the Harmonization by Stealth, 2011.

30 Über die EU hinausgehende Bedürfnisse nach einer international verständlichen **Studienstruktur mit vergleichbaren Abschlüssen** haben – mangels Zuständigkeiten der EU und anderer Organisationen – verschiedene Staaten zur Schaffung eines **„europäischen Hochschulraumes“** auf der Basis eines **freiwilligen Konsenses** veranlasst. Am 19.6.1999 einigten sich in **Bologna** die Bildungsminister aus allen damaligen EU-Staaten und zunächst 15 weiteren Ländern (heute: 47 Staaten) auf eine **gemeinsame Erklärung.** Sie zielt auf ein „Europa des Wissens“. In einer fortschreitenden Anstrengung **(„Bologna-Prozess“)** sollte ein vor allem durch gemeinsame Studienstrukturen mit vergleichbaren Abschlüssen gekennzeichneter Europäischer Hochschulraum (www.ehea.info) geschaffen werden (*J. Heß,* WissR 2003, 272). Die zuständigen Minister treffen sich zumeist alle zwei Jahre.

Kern des Prozesses ist die Schaffung eines Studiensystems, welches in Anlehnung an die angelsächsischen Verhältnisse das Studium in **zwei Hauptzyklen** teilt. Ein drei- bis vierjähriges Studium führt zum **Bachelor,** der bereits berufsqualifizierenden Charakter aufweisen soll. Nach insgesamt fünf Jahren können die Studierenden dann den **Master** erreichen. Beide Studienteile sollen durch ein System von **Leistungspunkten** (Credits) und durch eine **Modularisierung** des Studiums europaweit soweit vergleichbar gestaltet werden, dass die Mobilität der Studierenden mittels der allseitigen Anerkennung einzelner Studienleistungen und -teile gewährleistet ist. Zur Sicherung nicht zuletzt der Anerkennungsfähigkeit wird eine Überprüfung der Qualität der Studienprogramme oder der Qualitätssicherungsmaßnahmen der Hochschulen als solcher durch Akkreditierungsagenturen vorgegeben. Da mit dem Bologna-Prozess in D die zuvor für zahlreiche Studiengänge bestehenden Richtlinien der Kultusministerkonferenz aufgegeben wurden, wird allerdings im Gegensatz zur eigentlichen Intention auf nationaler Ebene das Wechseln einer Hochschule faktisch deutlich erschwert. 31

Die (vom Europarat ausgearbeitete) **Konvention von Lissabon** vom 11.4.1997 (BGBl. 2007 II 713) über die Anerkennung von Qualifikationen im Hochschulbereich in der europäischen Region enthält allgemeine Grundsätze über die Anerkennung von Hochschulzugangsberechtigungen, -abschlüssen und vor allem Studienzeiten. Letztere sind (einschließlich der zu erbringenden Prüfungsleistungen) anzuerkennen, wenn fachlich insgesamt keine wesentlichen Unterschiede bestehen – das Fehlen einzelner Prüfungsfächer schadet also nicht. 32

5. Europa und der Sport

Literatur: *Pijetlovic,* Another classic of EU sports jurisprudence: Legal implications of Olympique Lyonnais v Olivier Bernard and Newcastle, ELRev 2010, 857; *Gack,* Die kartellrechtliche Überprüfbarkeit vereinsrechtlicher Vorschriften im Sport: die europäische und amerikanische Situation im Vergleich, 2011; *Geulen,* Die Vereinbarkeit des deutschen Sportförderungsrechts mit dem Wettbewerbsrecht der EU, NVwZ 2012, 1517; *Parrish, Lex sportiva* and EU Sports Law, ELRev 2012, 716; *Schaefer,* Die Vereinbarkeit der ‚50+1-Regel' mit dem Europarecht, 2012; *Eichel,* Der Sport im Recht der Europäischen Union, 2013; *Downward/Perrish/Pearson/Semens,* An Assessment of the Compability of UEFA's Home Grown Player Rule with Article 45 TFEU, ELRev 2014, 493; *Florian,* Die europäische Dimension des Sports, 2014; *Hail,* Spitzensport im Lichte des europäischen Kartellrechts, 2014; *Bauer,* Das Transfersystem und die Verpflichtung von Jugendspielern im europäischen Clubfußball, 2016; *Horn,* Die Anwendung des europäischen Kartellrechts auf den Sport, 2016; *Miettinen,* What is Sport, ELRev 2018, 598; *Vanden Eynde,* Les activités sportives dans la jurisprudence européenne, 2018.

a) Der Sport und das europäische Wirtschaftsrecht

Der Sport wird erst seit 2009 ausdrücklich – im Zusammenhang mit der Jugend- und Bildungspolitik (Art. 165 AEUV, Rz. 34/16) – in den Verträgen erwähnt. Seit 1974 aber wurde Unionsrecht auf Sportler angewendet (zur Freizügigkeit (heute Art. 45 AEUV) von Profisportlern EuGH, 12.12.1974, Rs. 36/74, „Walrave und Koch"). Praktische Bedeutung entfaltete diese Judikatur vor allem dank ihrer Anwendung auf den **Transfer von Profi-Sportlern** von einem MS in einen anderen im Bosman-Urteil (EuGH, 15.12.1995, Rs. C-415/93; ferner zu Nachwuchsspielern EuGH, 16.3.2010, Rs. C-325/08, „Olympique Lyonnais"). Dabei wurden konsequenterweise auch **Regelungen von Fußballverbänden** Art. 45 AEUV unterworfen (Rz. 27/23). In der Folge wurden die Regeln über den Transfer von Fußballspielern einerseits, den Einsatz ausländischer Spieler andererseits in der EU, aber auch darüber hinaus grundlegend geändert. Zum Teil wird daher beim Mannschaftssport ein gewisser Anteil national ausgebildeter Spieler verlangt (etwa Art. L 131–16 des französischen Code du Sport und dazu Conseil d'État, 8.3.2012, 343273). Beschränkungen mit rein sportlichem Hintergrund wie Dopingsperren sind allerdings ggf. gerechtfertigt. Im Amateursport steht 33

Art. 18 AEUV dem Ausschluss von langjährig integrierten Unionsbürgern von nationalen Meisterschaften entgegen (EuGH, 13.6.2019, Rs. C-22/18, „TopFit e.V."; dazu *Kornbeck,* EuZW 2020, 603). Allgemeine, nicht an die Staatsangehörigkeit anknüpfende Regeln für die Teilnahme an Sportwettbewerben stellen hingegen keine Beschränkung einer Grundfreiheit dar. Daneben stellt vielfach die Durchführung von Sportveranstaltungen eine Dienstleistung dar (zu beidem EuGH, 11.4.2000, verb. Rs. C-51/96 u. a., „Deliège": Eintrittsgelder, Übertragungsrechte, Sponsorenleistungen).

34 Weiterhin ist der Sport dem **Wettbewerbsrecht** unterworfen. Sportvereine und -verbände sind im Sinne der Art. 101 f. AEUV ggf. als Unternehmen bzw. Unternehmensverbände anzusehen (EuGH, 18.7.2006, Rs. C-519/04 P, „Meca-Medina", zum IOC). Relevante Märkte sind je nachdem insbesondere die der Spieler, der Durchführung von **Sportveranstaltungen** und auch der entsprechenden **Vermarktungsrechte.** Auch hier sind jedoch rein sportlich motivierte Maßnahmen (wie der Kampf gegen Doping) zulässig (EuGH, aaO; vgl. auch Rz. 20/10). An diesen primärrechtlichen Vorgaben ändert der neue Art. 165 AEUV nichts. Unionsrechtlich umstritten ist die deutsche „50+1"-Regel, die das kapitalmäßige Engagement von Unternehmen bei Fußballvereinen faktisch ausschließt.

b) Sportpolitische Kompetenzen und Aktivitäten

35 Nach Art. 165 AEUV soll die EU die **europäische Dimension des Sports fördern.** Konkret werden die Fairness und Offenheit von Sportwettkämpfen und die Zusammenarbeit zwischen den Sportorganisationen, aber auch der Schutz der körperlichen und seelischen Unversehrtheit der Sportler genannt. Bei einschlägigen Aktivitäten sollen die auf freiwilligem Engagement beruhenden Strukturen des Sports berücksichtigt werden. 2014 wurde der Sport in das Erasmus-Programm (Rz. 34/24) integriert. Dieses erfasst verschiedene, auf den Breitensport bezogene Aktivitäten. Auch beteiligt sich die KOM an der internationalen Dopingbekämpfung.

III. Kultur

Literatur: Ausführliche Literaturliste bei *Ress/Ukrow,* in: Grabitz/Hilf/Nettesheim (Hrsg.), Das Recht der EU, 67. EL 2019, bei Art. 167 AEUV.

Weitere Titel: *Nettesheim,* Das Kulturverfassungsrecht der EU, JZ 2002, 157; *Wiesand* (Hrsg.), Handbook of Cultural Affairs in Europe, 3. Aufl. 2002; *R. C. Smith,* Culture and EU Law, 2004; *v. Danwitz,* Die Kultur in der Verfassungsordnung der EU, NJW 2005, 529; *Joas/Wiegandt* (Hrsg.), Die kulturellen Werte Europas, 2005; *Amiel,* Diversité culturelle et droit communautaire, RDP 2008, 247; *Holthoff,* Kulturraum Europa, 2008; *Jung,* Einheit in Vielheit?, Europas kulturelle Identität als Forschungsaufgabe, 2008; *Kotzur,* Europas Einheit in kultureller Vielfalt, FS Fiedler, 2011, 557; *Grzeszick,* Kultur- und Bildungspolitik als europäische Querschnittsaufgabe, in: Wegener (Hrsg.), EnzEuR VIII, 2014, § 9; *Lindemann/Ammer* (Hrsg.), Kultur und Identität: Konstruktionen der Identität im europäischen Kontext, 2016; *Kotzur,* Bildung und Kultur, in: Schulze u. a. (Hrsg.), Europarecht, 4. Aufl. 2020, § 39.

1. Grundlagen: Die Europäische Integration und die Kultur

a) „Kultur" im Zusammenhang der Unionsverträge

36 Die Kultur steht in einem **ambivalenten Verhältnis** zur europäischen Integration. Lange stand sie am Rande, konzentrierten sich die europäischen Institutionen doch zunächst auf die Wirtschaft. Erst seit dem Vertrag von Maastricht 1992 verfügt die EU über eine Kulturkompetenz (Art. 167 AEUV). Nichtsdestoweniger ist die Kultur für die Herausbildung einer gemeinsamen (europäischen) **Identität** von wichtiger Bedeutung.

Europäische Kulturpolitik steht damit vor großen Herausforderungen: Die Präambel des EUV erwähnt das kulturelle Erbe Europas, zugleich aber die Kulturen der verschiedenen Völker. Nach Art. 3 Abs. 3 UAbs. 4 EUV n. F. wahrt die Union „den Reichtum ihrer kulturellen und sprachlichen (dazu schon Rz. 5/8 ff.) Vielfalt" (vgl. auch Art. 22 GRC), sorgt sich aber auch um den „Schutz und die Entwicklung des kulturellen Erbes Europas". Ähnlich spricht Art. 167 AEUV von den **Kulturen der MSen** und deren nationaler und regionaler Vielfalt, zugleich aber vom **gemeinsamen kulturellen Erbe.** Im Wesentlichen vollzieht sich Kultur auf der regionalen und nationalen Ebene. Dem trägt Art. 167 AEUV Rechnung. Gleichzeitig ist die Existenz einer **übergreifenden europäischen Kultur** seit Jahrhunderten belegt. Davon zeugen gemeinsame europäische „Kulturepochen" von der griechisch-römischen Antike über Gotik und Renaissance bis zu Funktionalismus und Postmoderne. Es gibt nicht nur eine durch Nationalkulturen geprägte „nationale Identität" (Art. 4 Abs. 2 EUV), sondern auch eine **europäische Identität.** Die dauerhafte Assimilation der MSen in der Union ist nur auf der Grundlage ihrer gemeinsamen kulturellen Traditionen möglich. So ist die Kultur „stärkste Form der Politik und stärkste politische Kraft auf dem Wege zu einem Gesamteuropa" *(Richard v. Weizsäcker).* 37

b) Entwicklung des kulturellen Engagements der EU

Bereits seit den siebziger Jahren sollte die „Wirtschaftslastigkeit" des europäischen Einigungswerkes durch Einbeziehung der Kultur als geistiger Grundlage der Integration ausgeglichen werden; eine **„Bereichsausnahme Kultur"** (*Niedobitek,* Kultur und Europäisches Gemeinschaftsrecht, 1992) war dem Vertrag immer **fremd.** Die DLF gilt für grenzüberschreitende Rundfunktätigkeit (Rz. 34/50, 54). Bücher, Presseerzeugnisse, Filme unterfallen auch der Warenverkehrsfreiheit. RLen und Programme mit „kulturellen Sekundäreffekten" *(Hermann-Josef Blanke)* wurden auf die EU-Zuständigkeiten für **Rechtsangleichung** (Art. 114 AEUV), **Handelspolitik** (Art. 207 AEUV) oder auch auf die „Abrundungskompetenz" des **Art. 352 AEUV** gestützt. 38

Parlament und KOM entwickelten auf diesen Grundlagen in den siebziger Jahren eine zusammenhängende **Aktion der Gemeinschaft im kulturellen Bereich.** Die Staats- und Regierungschefs bekannten sich ihrerseits 1983 zum **Europäischen Kulturraum** und seinem Dialog mit der Welt (Stuttgarter Feierliche Deklaration, EA 1983, D 426). 39

2. Die primärrechtlichen Grundlagen der europäischen Kulturpolitik

Literatur: *Schmahl,* Die Kulturkompetenz in der EG, 1996; *Wemmer,* Die neuen Kulturklauseln des EGV, 1996; *D. Schmid,* Der Europäische Fernsehkulturkanal ARTE, 1998; *Schwarze,* Die Kompetenzen der EG auf dem Gebiet der Kultur, in: Schwarze/Becker (Hrsg.), Geistiges Eigentum und Kultur, 1998, 125; *Albrechtskirchinger,* Kulturförderung und Kulturpolitik in der EU, EuZW 1999, 193; *Blechschmidt,* Das Instrumentarium audiovisueller Politik der EG aus kompetenzrechtlicher Sicht, 2003; *Max,* Die auswärtige Kulturkompetenz der EG nach Art. 151 Abs. 3 EG, 2004; *Schröder,* Gedanken zur Vielfalt im Primärrecht der Europäischen Union, FS Hufen, 2015, 479.

a) Zum Kulturbegriff

Das „Kulturverfassungsrecht" der EU (*Nettesheim,* JZ 2002, 157) sieht in Art. 167 AEUV eine **allgemeine Zuständigkeit** der Union im Bereich der **Kultur** vor. Zudem weist das sonstige Recht der Union (Grundfreiheiten, Wettbewerbspolitik u. a. m.) zum Teil kulturelle Bezüge auf. Der den Verträgen zugrunde liegende Kulturbegriff ist dabei gegen die im AEUV eigenständig geregelten Bereiche der **Bildung** auf allen Stufen einschließlich der Hochschulen (Art. 165 f. AEUV, oben Rz. 34/14 ff.) sowie der **Forschung und technologischer Entwicklung** (Art. 179 ff. AEUV, oben Rz. 34/1 ff.) abzugrenzen. Man muss Kultur im Sinne des Vertrages als „pragmatischen Begriff" 40

(Frank Fechner) verstehen, der im Wesentlichen die **„Schönen Künste" und Angrenzendes** wie Literatur, Musik, bildende und darstellende Kunst, Museen, Bibliotheken, Denkmalpflege, Brauchtum oder auch Massen- und Alltagskultur umfasst. Beim künstlerischen und literarischen Schaffen bezieht Art. 167 AEUV ausdrücklich den „audiovisuellen Bereich" ein (zur EU-Medienordnung Rz. 34/50ff.). In diesen Grenzen muss Kultur, die den schöpferischen Menschen zum Ausgangspunkt hat, **offen** („dynamisch") verstanden werden und entzieht sich einer abschließenden Aufzählung.

b) Die spezifische Kulturkompetenz (Art. 167 AEUV)

41 Nach Art. 167 AEUV leistet die EU **„Beiträge"** zur Entfaltung der Kulturen der MSen. Die EU fördert die kulturelle Zusammenarbeit zwischen den MSen und unterstützt deren Tätigkeit. Sinn ist die **„Entfaltung"** der nationalen Kulturen und nicht Abgrenzung und Trennung zwischen europäischer und nationaler Sphäre (*Niedobitek,* EuR 1995, 349).

Zudem sieht Art. 167 AEUV eine **„Ergänzung"** der nationalen Kulturpolitiken durch die EU vor. Damit sind eigene Konzepte der Union möglich, soweit sie den nationalen Maßnahmen nicht widersprechen. Besonders beim Schutz des gemeinsamen kulturellen Erbes vermag die EU eigenständig zu handeln. Insgesamt aber verfügt die EU lediglich über eine „kulturelle Komplementärfunktion" (*Wemmer,* Die neuen Kulturklauseln des EGV, 1996), kann also keine umfassende Kulturpolitik entwickeln.

42 Ähnlich wie im Bildungsbereich (Rz. 34/23ff.) können im ordentlichen Gesetzgebungsverfahren (finanzielle) **Fördermaßnahmen** beschlossen werden; eine Harmonisierung der nationalen Rechts- und Verwaltungsvorschriften ist auch hier ausgeschlossen. Daneben kann der Rat auf Vorschlag der KOM **Empfehlungen** aussprechen. Schließlich fördern Union und MSen die Zusammenarbeit mit **Drittstaaten und internationalen Organisationen** kultureller Ausrichtung, insbesondere dem Europarat (Art. 167 Abs. 3 AEUV).

c) Die Kultur und das allgemeine Vertragsrecht

43 Neben Art. 167 AEUV können **andere Bestimmungen des Unionsrechts** auf Sachverhalte mit kultureller Relevanz Anwendung finden. Sekundärrecht kann gemäß der **Schwerpunkttheorie** (EuGH, 17.3.1993, Rs. C-155/91, „KOM/Rat"; st. Rspr.) erlassen werden, wenn der kulturelle Aspekt nicht im Mittelpunkt steht, sondern von sekundärer Bedeutung ist. Beispiele kulturrelevanter Bestimmungen und Zuständigkeiten der Union bilden:

- Die **Freiheit des Warenverkehrs** (Art. 34ff. AEUV), denn auch „Kulturgüter" (Bücher, Presseerzeugnisse, Filme usf.) sind Waren (EuGH, 10.1.1985, Rs. 229/83, „Leclerc"). Nach Art. 36 AEUV sind für **nationales Kulturgut** von künstlerischem, geschichtlichem oder archäologischem Wert nationale Beschränkungen möglich. Die EU hat jedoch den Kulturgüterschutz inzwischen geregelt (Rz. 34/47).
- Die **Freiheiten des Personenverkehrs** (Art. 45ff., 49ff. und 56ff. AEUV) gelten für **kulturelle Betätigungen** (z. B. Architekten, Filmwesen, künstlerisch-literarische Tätigkeit). Zum Rundfunk siehe unten Rz. 34/50ff.
- Beim **Wettbewerbsrecht** (Art. 101ff. AEUV) ist ggf. im Sinne der Querschnittklausel die Kulturrelevanz zu berücksichtigen (z. B. bei der deutschen **Buchpreisbindung,** unten Rz. 34/46). Beihilfen zur **Förderung der Kultur** und der **Erhaltung des kulturellen Erbes** können vom allgemeinen Beihilfeverbot ausgenommen werden (Art. 107 Abs. 3 lit. d) AEUV, oben Rz. 21/23).

- Maßnahmen der **Rechtsangleichung** (Art. 114 ff. AEUV) einschließlich der Steuerrechtsangleichung (Art. 113 AEUV) können kulturelle Aspekte berücksichtigen (z. B. bei der Regelung des Urheberrechts, bei der Harmonisierung der Mehrwertsteuer oder bei der Rückgabe von Kulturgut).
- Die **handelspolitische EU-Zuständigkeit** (Art. 207 AEUV) kann z. B. Regelungen über die Ausfuhr von Kulturgütern tragen; einstimmige Entscheidungen im Rat sind bei solchen Handelsabkommen gefordert, die u. a. den Handel mit kulturellen und audiovisuellen Dienstleistungen betreffen, wenn diese die kulturelle und sprachliche Vielfalt in der Union beeinträchtigen können.
- Die **industriepolitische EU-Kompetenz** (Art. 173 Abs. 3 AEUV) wurde als Grundlage eines Sprachenförderungsprogramms gewählt, da Hauptzweck in der Stärkung der Wettbewerbsfähigkeit der Union lag (EuGH, 23. 2. 1999, Rs. C-42/97, „Parlament/Rat“).

Als **Querschnittsklausel** verpflichtet Art. 167 Abs. 4 AEUV die EU, bei ihrer Tätigkeit auf Grund anderer Vertragsbestimmungen **den kulturellen Aspekten Rechnung** zu tragen, insbesondere zur Wahrung und Förderung der Vielfalt der Kulturen. Ausdrücklich wird dies nochmals beim Tierschutz betont (Art. 13 AEUV). Es handelt sich um ein bindendes Gebot, jederzeit „kulturverträglich“ zu handeln. Die Querschnittklausel belässt den europäischen Organen zwar einen weiten Beurteilungsspielraum, ist jedoch grundsätzlich **justiziabel** (EuGH, 12. 9. 2006, Rs. C-479/04, „Laserdisken“ zu Fragen des Urheberrechts). 44

3. Die sekundärrechtliche Ausformung der europäischen Kulturpolitik

Literatur: *R. C. Smith,* From Heritage Conservation to European Identity: Article 151 EC and the Multi-faced Nature of Community Cultural Policy, ELRev 2007, 48; *Weuster,* Die Neuregelung der Buchpreisbindung in Deutschland, 2007; *Hoch,* Die Kulturförderung der Europäischen Union, 2011; *Psychogiopoulou,* Cultural Mainstreaming: The European Union's Horizontal Cultural Agenda and its Evolution, ELRev 2014, 626.

a) Spezifisch kulturpolitisch ausgerichtete Akte

Bereits seit 1985 erklärt der Rat auf Grund einer ursprünglichen Initiative *Melina Merkouris* in jährlichem Turnus zwischen den MSen eine Stadt zur **„Kulturhauptstadt Europas“** (dazu für die Zeit von 2007 bis 2019 Beschl. 1622/2006, ABl. L 304/1, für die Zeit von 2020 bis 2033 Beschl. 445/2014, ABl. L 132/1). Die Benennung der Städte erfolgt durch die MSen und wird von einer Jury beurteilt. Ein erfolgreicher Kandidat ist mit Unterstützung der EU zur Durchführung eines ganzjährigen Kulturprogramms verpflichtet. Zudem werden auf der Grundlage des heutigen Art. 167 Abs. 5 AEUV Förderprogramme beschlossen (Rz. 34/48). Durch eine Kulturagenda (vgl. ABl. 2007, C 287/1, vgl. auch ABl. 2012, C 393/8) sowie Arbeitspläne für Kultur (2019–2022: ABl. 2018, C 460/12) werden sie konzeptionell ergänzt. 2011 wurde ein europäisches Kulturerbesiegel geschaffen (Beschl. 1194/2011 des EP und des Rates, ABl. L 303/1). Das Jahr 2018 wurde zum Jahr des Europäischen Kulturerbes ausgerufen (Beschl. 2017/864 des Parlaments und des Rates, ABl. L 131/1). Die EU hat die UNESCO-Konvention zum Schutz und zur Förderung der Vielfalt kultureller Ausdrucksformen ratifiziert (Beschl. 2006/515 des Rates, ABl. L 201/15). Siehe insgesamt Fundstellennachweis des EU-Rechts 16.40. 45

b) Maßnahmen zur Sicherung der Besonderheiten der Kultur im Wirtschaftsleben

Im Sinne der **Querschnittklausel** des Art. 167 Abs. 4 AEUV (Rz. 34/44) hat die EU auf primär wirtschaftsrechtliche Kompetenztitel der Verträge gestützte Rechtsakte erlassen, die den Besonderheiten kultureller Güter Rechnung tragen sollen und so als eher **indirekt kulturfördernde Maßnahmen** die allgemeine EU-Kulturpolitik ergänzen. 46

Die mit nationalen **Preisbindungen für Bücher** verbundenen Restriktionen des **freien Warenverkehrs** werden durch Art. 36 AEUV legitimiert (EuGH, 25. 2. 1987, Rs. 168/86, „Procureur général“; st. Rspr.;

Everling, Buchpreisbindung im deutschen Sprachraum und Europäisches Gemeinschaftsrecht, 1997; *Engelmann,* Die Zukunft der Buchpreisbindung im Europäischen Binnenmarkt, 2002). Voraussetzung ist eine gesetzliche Regelung auf nationaler Ebene (zu Deutschland BGBl. 2002 I 3448). Unzulässig ist demgegenüber die Bindung an einen im Ausland vom Verleger festgesetzten oder empfohlenen Preis (EuGH, 30.4.2009, Rs. C-531/07, „LIBRO").

47 Der **Schutz nationaler Kulturgüter** läuft Gefahr, in einem Binnenmarkt mit freiem Warenverkehr in den Hintergrund zu treten, zumal jeder Staat nur sein eigenes Kulturgut schützen kann; der heutige Art. 36 AEUV erwies sich so als unzureichend. Dies betrifft besonders MSen mit reichem archäologischem Kulturgut wie Griechenland und Italien. Als Akt „kultureller Rechtsangleichung" regelt die **Rückgaberichtlinie** 2014/60 (ABl. L 159/1, in Ablösung einer aus dem Jahre 1993 stammenden RL) die Rückgabe von Kulturgütern, die nach dem 1.1.1993 unrechtmäßig aus einem MS in einen anderen verbracht wurden. Gleichzeitig macht die handelspolitisch gestützte **Verordnung über die Ausfuhr von Kulturgütern** 116/2009 (ABl. L 39/1) den Export von Kulturgütern in Drittstaaten von einer näher geregelten Ausfuhrgenehmigung des Herkunftsmitgliedstaates abhängig. 2019 schließlich wurde umgekehrt, gestützt ebenfalls auf Art. 207 AEUV, eine auf Begrenzung des entsprechenden Handels angelegte VO zum Schutz von Kulturgütern von Drittstaaten beschlossen (VO 2019/880, ABL. L 151/1).

48 In der Medienpolitik wird Kulturförderung durch die EU-Mediendienste-RL (mehrheitliches Angebot „europäischer Werke", Rz. 34/59) wettbewerblich toleriert. Zudem sucht die Union die europäische audiovisuelle Industrie zu stärken. Das auf einer Kombination von kultur- und industriepolitischen Kompetenzen (Art. 166 Abs. 4 und 173 Abs. 3 AEUV) beruhende Programm **„Kreatives Europa"** (VO 1295/2013, ABl. L 347/221) fördert Projekte des „Kultur- und Kreativsektors" in Europa, etwa audiovisuelle Produktionsprojekte innerhalb der EU. Hierfür stehen 1,5 Mrd. Euro zur Verfügung. Mit diesem einheitlichen Finanzierungs- und Planungsinstrument sollen besonders die **gemeinsamen kulturellen Werte und Wurzeln Europas** („gemeinsamer Kulturraum der Europäer") hervorgehoben werden. Daher müssen die Projekte einen im Einzelnen näher definierten „europäischen Mehrwert" (Art. 5 Abs. 2 der VO) aufweisen. Das Programm fasst die bisherigen Programme „Kultur" (Förderung spezieller kultureller Veranstaltungen mit europäischer/internationaler Ausstrahlung) mit dem Filmförderprogramm „Media" zusammen. Ein besonderer Akzent liegt auf der **Stärkung des europäischen Films** bei Fernsehprogrammen in der Konkurrenz mit US-Produkten. Die Möglichkeit der Genehmigung von **Kulturbeihilfen** (Rz. 21/23) wird von der KOM z. B. im Rahmen der **Filmförderung** genutzt (*Koenig/Kühling,* EuZW 2000, 197).

4. Europäische Kulturpolitik außerhalb der EU-Verträge

49 Die kulturelle Aktion der Union wird ähnlich wie im Bildungsbereich (Europäische Schulen usw., oben Rz. 34/27 ff.) über die Tätigkeit **privater und völkerrechtlicher Kultureinrichtungen** „am Rande des AEUV" mit europäischer Zielsetzung ergänzt. Die Union arbeitet mit diesen Einrichtungen zusammen. Zu nennen ist etwa der 1990 von Deutschland und Frankreich durch völkerrechtlichen Vertrag gegründete **Europäische Fernsehkulturkanal ARTE** in Straßburg (Rz. 34/52).

IV. EU-Rundfunkordnung

Literatur: *Helwig,* Die Kompetenz der Europäischen Gemeinschaft zur Schaffung eines europäischen Medienkonzentrationsrechts, 2009; *Ferrari,* Rundfunkfinanzierung – EU-Beihilferecht im Lichte aktueller Unionsrechtsprechung und Kommissionspraxis, KuR 2011, 298; *Schladebach/Simantiras,* Grundstrukturen des unionalen Rundfunkrechts, EuR 2011, 784; *Weberling/Dörrenbächer* (Hrsg.), Medienfreiheit in Europa – auf dem Rückzug?, 2011; *Heyer,* Die Anwendung des EU-Wirtschaftsrechts auf audiovisuelle Mediendienste, 2012; *Lutzhöft,* Eine objektiv-rechtliche Gewährleistung der Rundfunkfreiheit in der Europäischen Union?, 2012; *Kühling,* Medien, in: Wegener (Hrsg.), EnzEuR VIII, 2014, § 7; *Hamacher,* Der Rundfunkbegriff im Wandel des deutschen und europäischen Rechts, 2015.

1. Entwicklung der europäischen Rundfunkordnung

50 Die EU-Verträge enthalten **keine Kompetenz für eine umfassende Regelung** einer europäischen Rundfunkordnung. Bereits 1974 aber hat der EuGH (grenzüberschreitenden) Rundfunk als **Dienstleistung** im Sinne des heutigen Art. 56 AEUV anerkannt (Rz. 34/54). Das Aufkommen privater Rundfunkveranstalter

erleichterte die Nutzung wirtschaftlich ausgerichteter EWG-Zuständigkeiten für den Rundfunkbereich. Die KOM legte mit dem Grünbuch **„Fernsehen ohne Grenzen"** (KOM(84)300 endg.) 1984 erste Umrisse eines größeren EWG-Rundfunkkonzeptes vor. 1989 erließ die EWG auf der Grundlage des heutigen Art. 53 Abs. 2 iVm Art. 62 AEUV eine inzwischen mehrfach novellierte **Fernseh-Richtlinie** (Rz. 34/58ff.). Das **Amsterdamer Protokoll zum öffentlich-rechtlichen Rundfunk** enthält Regelungen zur Rundfunkfinanzierung (unten Rz. 34/55).

Zur europäischen Rundfunk- und Medienordnung i.w.S. gehören die entsprechenden Aktivitäten im Rahmen des **Europarates und der EMRK.** 1989 wurde im Europarat in Konkurrenz zur EG-Fernseh-RL das **Europäische Übereinkommen über das grenzüberschreitende Fernsehen** geschlossen (BGBl. 1994 II 638). Der **EGMR** hat in eingehender Rspr. zur **Rundfunkfreiheit des Art. 10 EMRK** die Liberalität der europäischen Rundfunkordnung wesentlich beeinflusst (Rz. 17/57f.). 51

Der von Deutschland und Frankreich errichtete **Europäische Fernsehkulturkanal ARTE** („Association Relative à la Télévision Européenne"; dazu *Oppermann,* GS Grabitz, 1995, 483; *Clergerie/Douniès,* Arte, une réussite franco-allemande: le défi juridique, 2016) gehört im weiteren Sinne zur europäischen Rundfunkordnung. Der in Straßburg ansässige binationale Fernsehsender wurde durch Vertrag zwischen Frankreich und den deutschen Bundesländern v. 2.10.1990 (u. a. bad.-württ. GBl. 1991, 745) und gesellschaftsrechtlich als Europäische Wirtschaftliche Interessenvereinigung (EWIV, unten Rz. 36/34) gegründet. 52

Neben den hier dargestellten – auf die Sendeinhalte bezogenen – Vorgaben stehen (ähnlich wie in Deutschland) die mit dem Begriff **Telekommunikation** verbundenen Regelwerke, die sich den technischen Aspekten widmen (dazu Rz. 21/52f.). 53

International muss die EU-Telekommunikationspolitik den liberalen Maßstäben der Welthandelsorganisation WTO **(GATS-Spezialabkommen über den Dienstleistungshandel)** entsprechen: u. a. freier Marktzugang und Nichtdiskriminierung. Für die Telekommunikation sind jedoch sektorspezifische Besonderheiten („kulturelle Ausnahmen") bedeutsam (*König,* ZUM 2002, 271 und unten Rz. 40/41).

2. Primärrechtliche Grundlagen der europäischen Rundfunkordnung

a) Grundfreiheiten

Grenzüberschreitende Rundfunkübertragung (Hörfunk und Fernsehen) ist eine **Korrespondenzdienstleistung** (Rz. 25/10) im Sinne von Art. 56ff. AEUV ohne Ortswechsel von Leistungserbringer und -empfänger (EuGH, 30.4.1974, Rs. 155/73, „Sacchi"; st. Rspr.). Die MSen dürfen allerdings die DLF in nichtdiskriminierender Weise aus **zwingenden Gründen des Allgemeininteresses** einschränken, solange und soweit das nationale Rundfunkrecht nicht europäisch harmonisiert ist (Rz. 26/10). Als einschlägige Gründe wurden u. a. anerkannt **nationale Urheberrechte** (EuGH, 18.3.1980, Rs. 62/79, „Coditel I"; dazu auch Rz. 36/23) sowie **nationale gesellschaftlich-kulturpolitische Zielsetzungen,** z. B. zugunsten eines pluralistisch-nichtkommerziellen Rundfunksystems (EuGH, 3.2.1993, Rs. C-148/91, „Veronica"; st. Rspr.). Anders als der EGMR bei Art. 10 EMRK (Rz. 17/57) hat der EuGH (18.6.1991, Rs. C-260/89, „ERT") das **griechische öffentliche Fernsehmonopol** aus solchen Erwägungen mit dem (damaligen) EGV für vereinbar erklärt; Kultur bildet einen wichtigen Bestandteil gerade der öffentlich-rechtlichen Rundfunkprogramme. – Die Verbringung von Trägermedien von Rundfunksendungen (z. B. DVDs) richtet sich nach der **Warenverkehrsfreiheit** (Art. 34 AEUV). 54

b) Wettbewerbsrecht

Wegen des auch wirtschaftlichen Charakters von Rundfunk ist dieser den **Wettbewerbsregeln für Unternehmen** (Art. 101ff. AEUV) unterworfen. Hier hat EuGH-Judikatur zur über den Einzelfall hinaus bedeutsamen Übertragung von Fernsehaufnahmen von Sportveranstaltungen liberalisierend gewirkt (Rz. 36/23). Daneben ist das **Beihilferecht** (Art. 107ff. AEUV) zu beachten. Mit Blick auf private Rundfunkunternehmen ergeben sich insoweit keine besonderen Probleme. Zu den Sendungen **gemeinwohlorientierter öffentlich-rechtlicher Rundfunkanstalten** wie in Deutschland stellt das Amsterdamer Protokoll über den öffentlich-rechtlichen Rundfunk 1997 fest, „dass der öffentlich-rechtliche Rundfunk in den MSen unmittelbar mit den demokratischen, sozialen und kulturellen Bedürfnissen der Gesellschaft verknüpft ist". Dessen staatliche Finanzierung kann daher als Gegenleistung für die Erfüllung des Grundversorgungsauftrages im Bereich der politisch-kulturellen Aufgaben durch die Rundfunkanstalten, einer 55

gemeinwirtschaftlichen Verpflichtung im Sinne von Art. 106 Abs. 2 AEUV, gerechtfertigt werden (EuGH, 8.3.2017, Rs. C-660/15 P, „Visat Broadcasting“, sowie allgemein Rz. 21/49f.).

56 Konkret ist auch Gebühren- bzw. **Beitragsfinanzierung des deutschen öffentlich-rechtlichen** Rundfunks durch die KOM trotz Annahme eines Beihilfecharakters zulässig (KOM(2007)1761; dazu *Meyer*, EWS 2007, 341); daran hat sich auch mit der Umstellung des Gebühren- auf das Beitragssystem nichts geändert (EuGH, 13.12.2018, Rs. C-662/17, „Südwestrundfunk“). Voraussetzung ist die hinreichende Spezifikation des öffentlichen Auftrages im Sinne der demokratischen, sozialen und kulturellen Bedürfnisse der Gesellschaft. Daher muss das Angebot in diesem Sinne qualitativ den publizistischen Wettbewerb verbessern, die Mittel entsprechend begrenzt und Quersubventionierung anderer Aufgaben ausgeschlossen sein. Dies betrifft vor allem Aktivitäten jenseits des klassischen Rundfunks wie etwa im Online-Bereich. Mit Blick auf mögliche Quersubventionierungen ist insbesondere die **Transparenzrichtlinie 2006/111** (oben Rz. 21/40) zu beachten.

c) Grundrechte

57 Die **Rundfunkfreiheit** ist auf europäischer Ebene **grundrechtlich** abgesichert. Von rundfunkrechtlicher Bedeutung ist vor allem die **Meinungsfreiheit. Art. 11 GRC** garantiert im Anschluss an **Art. 10 EMRK** diese nicht nur allgemein, sondern hebt in **Abs. 2** die **Freiheit der Medien und ihre Pluralität** ausdrücklich hervor (Rz. 17/57). Der EGMR (24.11.1993, 13914/88, „Informationsverein Lentia u. a./Österreich“) hat mit Blick auf Art. 10 ein staatliches Rundfunkmonopol verworfen. Art 10 Abs. 2 EMRK legitimiert aber bestimmte Einschränkungen der Medienfreiheit, insbesondere auch solche zur Sicherung eines freien und vielfältigen Programmangebotes.

3. Europäische Harmonisierung des Rechts der audiovisuellen Medien

Literatur: *Leitgeb*, Revision der Fernsehrichtlinie, ZUM 2006, 837; *Mückl*, Paradigmenwechsel im europäischen Medienrecht: Von der Fernsehrichtlinie zur Richtlinie über audiovisuelle Mediendienste, DVBl 2006, 1201; *Burri-Nenova*, The new Audiovisual Media Services Directive, CMLRev 2007, 1689; *Baumann*, Zweikampf zwischen EuGH und BVerfG? – der Fußball spaltet die Gerichte bei der Frage nach der Entgeltlichkeit des Kurzberichterstattungsrechts, ZUM 2014, 938; *Wagner*, Das Recht der Fernsehkurzberichterstattung im grundrechtlichen Spannungsfeld, FS Dauses, 2014, 475; *Cole/Metzdorf* (Hrsg.), EU Audiovisual Media Services Directive, 2016.

58 Maßgeblich ist heute die 2018 grundlegend geänderte RL 2010/13 über **audiovisuelle Mediendienste** (ABl. L 95/1). Diese enthält gewisse Angleichungen des nationalen Rundfunk- und sonstigen Mediendiensterechts im Interesse des Abbaus von Schranken der Dienstleistungsfreiheit (Rz. 25/19). Die Zulässigkeit des Programms richtet sich grundsätzlich nach dem Recht des **Sitzstaats des Veranstalters,** so dass der unionsweite **Empfang dieser Dienste** gewährleistet wird (vgl. auch EuGH, 25.7.1991, Rs. C-288/89, „Stichting Collectieve Antennevoorziening Gouda u. a.“). Nur in Ausnahmefällen kann der Empfangsstaat zusätzliche Vorgaben machen. Zugleich harmonisiert die RL in Grenzen Fernsehwerbung (zur Abgrenzung EuGH, 24.11.2011, Rs. C-281/09, „KOM/Spanien“), Sponsoring, Jugendschutz und Gegendarstellung.

59 Umstritten ist die Vorgabe, dass zur Förderung **„europäischer Werke“** (Art. 16ff.) die Programme einen europäischen „Hauptanteil“ aufweisen sollen. Dies gilt nur „im Rahmen des praktisch Durchführbaren“ und bleibt auf „angemessene Mittel“ beschränkt. Diese flexible Formulierung lässt die Rechtsfrage offen, ob eine stringente Quotenregelung unzulässig in die Programmhoheit der MSen und Rundfunkveranstalter eingreift (so BVerfGE 92, 203), handelspolitisch (WTO-Konformität) fragwürdig ist oder als Kulturförderung nach Art. 167 AEUV zulässig wäre (*Gundel*, ZUM 1998, 1002). Die Produktion von Fernsehsendungen als solche fällt nicht in den Anwendungsbereich der RL (EuGH, 22.9.2011, verb. Rs. C-244/10 u. a., „Mesopotamian Broadcast“).

60 Nach Art. 4 RL 2010/13 „können“ die MSen unter Kontrolle der KOM Listen von **Ereignissen** mit erheblicher **gesellschaftlicher Bedeutung** erstellen (z. B. große Sportereignisse; zum Endspiel der Fußball-

Europameisterschaft EuGH, 18.7.2013, Rs. C-201/11 P, „UEFA/KOM"), die nach nationalem Recht im frei empfangbaren Fernsehen („Free TV") gezeigt werden müssen und nicht exklusiv dem Zahlfernsehen (Pay TV) überlassen bleiben dürfen (*Dittl*, AfP 2001, 98). Durch die fakultative Formulierung („kann") bleibt offen, ob eine aus zwingenden Gründen des Allgemeininteresses zulässige Beschränkung der DLF vorliegt oder ein unzulässiger Eingriff in die nationale Programmhoheit. Die sachlich allgemein begrüßte Regelung ist in Deutschland in § 4 Rundfunkstaatsvertrag (künftig § 14 Medienstaatsvertrag) verankert.

Von Bedeutung für den Rundfunk sind ferner allgemeine Maßnahmen der EU-Rechtsharmonisierung, insbesondere im Bereich des Urheberrechts (Rz. 36/29). Den zuletzt genannten Bereich regelt das Unionsrecht so weitgehend, dass für Schutzrechte von Sendeunternehmen gemäß Art. 3 Abs. 2, 3. Alt. AEUV eine ausschließliche Außenkompetenz der EU besteht (EuGH, 4.9.2014, Rs. C-114/12, „KOM/Rat").

V. Ausblick

Im Bereich des kulturell geprägten Rechts verfügt die Union insgesamt nur über begrenzte Zuständigkeiten. Sieht man einmal vom Bereich der Medien ab, beschränkt sich die Unionsaktion zumeist auf finanzielle Förderung in den Bereichen Forschung, Bildung und Kultur. Dabei ist eine zunehmende Ausweitung der Aktion auch auf nicht wirtschaftlich geprägte Bereiche zu beobachten. Besonders deutlich zeigt sich dies bei der Neuausrichtung der europäischen Forschungspolitik von der bisherigen Fixierung auf allein ökonomisch interessante Fragestellungen hin zu einer Wissenschaftspolitik um ihrer selbst willen. Bei den **kulturellen Aktivitäten** hat die EU – zu Recht – ihre Aufgabe gefunden, Zusammenarbeit der MSen zu fördern und Ausstrahlungen **gemeinsamer europäischer Kultur** sichtbar zu machen, ohne den Primat der MSen in Frage zu stellen. Beim Rundfunk geht es um die Sicherung der sachgerechten Balance zwischen kulturellen und ökonomischen Prinzipien in einem sich grundlegend wandelnden Medienmarkt. 61

§ 35. Steuern

Literatur: *Terra/Wattèl*, European Tax Law, 7. Aufl. 2019; *Waldhoff*, Steuerhoheit für die Europäische Union?, 2012; *Mitschke*, Direktes Europäisches Steuerrecht auf Schlingerkurs?, IStR 2014, 37; *Jochum*, Faires Steuerrecht für Europa, ZRP 2015, 115; *Wittenstein*, Eine aktuelle Momentaufnahme zur Steuergestaltung mit hybriden Finanzinstrumenten, IStR 2015, 160; *Ohlendorf*, Grundrechte als Maßstab des Steuerrechts in der EU, 2015; *Lang/Pistone/Schuch/Staringer*, Introduction to European Tax Law on Direct Taxation, 2016; *Lang-Horgan*, The Beginning of an End: Erste legislative Ansätze zur Umsetzung des Brexits mit Auswirkungen auf das Umsatzsteuerrecht, MwStR 2017, 488; *Philipp*, Gemeinsames Körperschaftsteuerrecht, EuZW 2018, 307; *Schlund*, Vorschläge der Europäischen Kommission für eine faire Besteuerung der digitalen Wirtschaft, DStR 2018, 937; *Schaumburg/Englisch*, Europäisches Steuerrecht, 2. Auflage 2020; *Fehling*, Schwerpunkte der deutschen EU-Ratspräsidentschaft bei den direkten Steuern, IStR 2020, 438; *Marquart*, Ertragsbesteuerung digitalisierter Geschäftstätigkeiten (Teil I), IStR 2020, 292, (Teil II), IStR 2020, 332; *Panayi/Haslehner/Traversa*, Research Handbook on European Union Taxation Law, 2020; *Klein/Ludwig/Spengel*, Besteuerung digitaler Unternehmen, integr. 2020, 169.

I. Grundlagen

Die **Steuergewalt** zählt als einer der wichtigsten Bestandteile der Finanzhoheit zu den Kernbereichen mitgliedstaatlicher Souveränität (EuGH, 27.2.1985, Rs. 55/83, „Italien/KOM"). Das **Budgetrecht** war und ist eines der vornehmsten Befugnisse der nationalen Parlamente. Beide Befugnisse werden als solche durch die europäische Integration nicht angetastet. Das EU-Recht begrenzt die diesbezügliche Entscheidungs- 1 freiheit der MSen allerdings erheblich. Das Nebeneinander verschiedener Steuersysteme bewirkt schon per se Beeinträchtigungen für den freien Wirtschaftsverkehr im Binnenmarkt. Es liegt auf der Hand, dass eine diskriminierende Besteuerung einheimischer und eingeführter Produkte den freien und gleichen Wettbewerb im Binnenmarkt erheblich beeinträchtigen würde. Diese Beeinträchtigungen potenzieren sich, wenn und soweit die mitgliedstaatliche Steuerpolitik zu politischen Lenkungszwecken verwandt wird. Mit dem Instrument der Steuer werden heute in vielfältiger Weise **nicht-fiskalische Zwecke** verfolgt. So kann etwa ein MS sein Steuersystem derart gestalten, dass Investitionen angelockt werden; man kann den Verbrauch von Gütern lenken. Hieraus können sich Spannungen und Verwerfungen im Binnenmarkt ergeben. Unterschiede in den mitgliedstaatlichen Steuersystemen können zudem von Unternehmen ausgenutzt werden, um Gewinne zu maximieren (Steuerplanung bzw. Steuervermeidung). Im Zentrum der gegenwärtigen EU-Steuerpolitik stehen die **Bemühungen um einen Abbau fortbestehender Hindernisse,** die von der Parallelität mitgliedstaatlicher Steuersysteme ausgeht, die **Sicherung einer fairen Erfassung unternehmerischer Aktivitäten,** der Kampf gegen **Steuerhinterziehung und -betrug,** schließlich auch die **Stärkung der transnationalen Kooperation.** Dabei konzentriert sich die EU vor allem auf den Bereich der indirekten (Verbrauchs-)Steuern und die direkte Unternehmensbesteuerung. Die direkte Besteuerung Privater ist bislang vor allem unter den Grundfreiheiten thematisiert worden.

2 Ein „Raum ohne Binnengrenzen" (Art. 26 Abs. 2 AEUV) setzt nicht eine Beseitigung der mitgliedstaatlichen Besteuerungsgewalt voraus (hierzu etwa EuGH, 19.9.2012, C-540/11, „Levy und Sebbag"). Erforderlich sind allerdings Begrenzungen. Der AEUV verbietet besonders schädliche Formen der Steuerpolitik unmittelbar (**Verbot der Steuerdiskriminierung,** Art. 110 AEUV). Im Rahmen des Binnenmarktes (Art. 26 Abs. 2 AEUV) verbieten die Grundfreiheiten ungerechtfertigte Schlechterstellungen grenzüberschreitend aktiver Personen. Im Übrigen gibt der AEUV den EU-Organen die Mittel an die Hand, durch eine **Harmonisierung der nationalen Steuervorschriften** im Bereich der indirekten Steuern (Art. 113 AEUV) sowie der direkten Steuern (Art. 115 AEUV) Verzerrungen zu bekämpfen. Eine derartige Angleichung ist vor allem im Bereich der indirekten Steuern (nachfolgend Rz. 6, 48 ff.) zur Sicherung einer fairen und gleichen Belastung der im Binnenmarkt konkurrierenden Unternehmen notwendig. Im Bereich der direkten Steuern wird von ökonomischer Seite oftmals der **Wettbewerb der Steuersysteme** zur Vermeidung übermäßiger Besteuerung empfohlen. Unter Effizienzgesichtspunkten und mit Blick auf das Subsidiaritätsprinzip lassen sich insofern gewichtige Einwände gegen eine zu weitgehende Steuerharmonisierung anführen. Hiergegen wird auch geltend gemacht, dass das Interesse der Sozialstaatlichkeit und die Gewährleistung solider Staatsfinanzen einen „ruinösen Steuerwettbewerb" nicht zulassen (*Seiler,* „Wettbewerb" der Steuerrechtsordnungen, in: Blanke/Scherzberg/Wehner (Hrsg.), Dimensionen des Wettbewerbs, 2010, 393).

3 Trotz der begrenzten Zielsetzung des Vertrags ist die praktische Bedeutung der steuerlichen EU-Vorschriften für den innerunionalen Wirtschaftsverkehr nicht zu unterschätzen. Inzwischen verfügt die EU über die Kompetenz, selbst Steuern zu erheben (Art. 311 AEUV), im Übrigen kommen ihr Harmonisierungskompetenzen zu (Art. 113, 115 AEUV). Auch nach Inkrafttreten des Lissabon-Vertrags bedarf es im Steuerbereich der einstimmigen Beschlussfassung des Rats (Art. 311, 113, 115 AEUV). Dies hat in der Vergangenheit zur Blockade einiger Initiativen im Steuer-

bereich geführt. Die KOM hat daher 15. 1. 2019 einen Fahrplan vorgeschlagen, wie im Anwendungsbereich des Art. 113, 115 AEUV schrittweise zum ordentlichen Gesetzgebungsverfahren und damit auch zur Beschlussfassung mit qualifizierter Mehrheit im Rat übergegangen werden soll (COM(2019)8 final). Eine Umsetzung dieses Vorschlags soll über die Überleitungsklauseln des Art. 48 Abs. 7 EUV (ggf. auch des Art. 192 Abs. 2 AEUV) bis 2023 bzw. 2025 erfolgen. Nachdem die KOM auf Schwierigkeiten gestoßen ist, im Wege der Beihilfenaufsicht nach Art. 107 AEUV gegen MSen vorzugehen, die Unternehmensansiedlungspolitik über ihr Steuersystem betreiben (EuG, 15.7.2020, Rs. T-778/16 und T-892/16, „Irland/KOM", Rechtsmittel anhängig; Rz. 21/10), will sie nunmehr über Art. 116 AEUV gegen unfairen Steuerwettbewerb vorgehen.

1. Verbot der Steuerdiskriminierung und Kompetenzen zur Steuerharmonisierung

Literatur: *Cordewener,* Europäische Grundfreiheiten und nationales Steuerrecht, 2002; *Kreibohm,* Der Begriff der Steuer im Europäischen Gemeinschaftsrecht, 2004; *Traub,* Einkommenssteuerhoheit für die EU?, 2005; *Panayi,* Double Taxation, Tax Treaties, Treaty Shopping and the EC, 2007; *Thömmes,* Beschränkungen der Grundfreiheiten des EG-Vertrages durch das Steuerverfahrensrecht, in: Herlinghaus/Hirte/Hüttemann/Heidel (Hrsg.), FS Meilicke, 2010, 753; *Seitz,* Steuerharmonisierung versus nationale Interessen in der EU, FS Rödler, 2010, 867; *Lang,* Der Anwendungsvorrang der Grundfreiheiten auf dem Gebiet des Steuerrechts, FS Lang, 2011, 1003; *Baßler,* Steuerliche Gewinnabgrenzung im europäischen Binnenmarkt, 2011; *Kokott/Ost,* Europäische Grundfreiheiten und nationales Steuerrecht, EuZW 2011, 496; *Hörner,* Die negative Integration einzelstaatlicher Steuerrechtsordnungen, 2014; *Lehner,* Die Bedeutung der Grundrechte-Charta der Europäischen Union für das Internationale Steuerrecht der Mitgliedstaaten, IStR 2016, 265; *Philipp,* Gemeinsames Körperschaftssteuerrecht, EuZW 2018, 307.

a) Begrenzte Aufgaben der EU im Steuerbereich

Der Sensibilität der Materie ist es geschuldet, dass die MSen den Fiskalbereich bislang nur sehr begrenzt der Integration unterworfen haben. Allerdings berühren die Verträge den Steuerbereich nicht nur in dem Umfang, in dem dies für das Funktionieren des Binnenmarkts erforderlich ist. Auch in den Politikbereichen jenseits des Binnenmarkts sind die Wirkungen steuerlicher Politiken inzwischen zu einem europäischen Thema geworden. In Art. 3 EUV wird die Beseitigung steuerlicher Diskriminierungen oder die Steuerharmonisierung allerdings **nicht als selbstständiges Ziel genannt.** 4

Die Grundsatzbestimmungen und die einschlägigen steuerrechtlichen Vorschriften (Art. 110ff. AEUV) beziehen steuerpolitische Maßnahmen nur insoweit in das vom AEUV formulierte Tätigkeitsfeld ein, als diese ein Mittel für die Beseitigung von Hindernissen für die vertraglichen Grundfreiheiten und für die Aufrechterhaltung eines Systems des freien Wettbewerbs darstellen. Den steuerpolitischen Maßnahmen kommt im Rahmen der EU vor allem eine **Hilfs- und Ergänzungsfunktion** für die Verwirklichung der übrigen Vertragspolitiken zu, vor allem des Prinzips des freien Warenverkehrs (EuGH, 14.12.1962, verb. Rs. 2 u. 3/62, „KOM/Luxemburg u. Belgien" [Sonderabgaben bei der Ausstellung von Einfuhrlizenzen für Lebkuchen]; EuGH, 27.2.1980, Rs. 168/78, „KOM/Frankreich" [Besteuerung von Branntwein]). Dieser im Vertrag festgelegte Rahmen begrenzt Inhalt und Ausmaß aller steuerlichen Regelungen (*Schön,* EuR 2001, 216 u. 341). Undeutlich ist bisher geblieben, inwieweit die zwischen nunmehr 19 MSen bestehende **Währungsunion** durch die damit verbundene stärkere Transparenz des monetären Geschehens den Druck auf steuerliche Angleichungen innerhalb der EU verstärkt. 5

b) Harmonisierung indirekter Steuern als Schwerpunktbereich

6 Im Vertragskapitel über „Steuerliche Vorschriften“ (Art. 110ff. AEUV), das in **Diskriminierungsverbote** und **Handlungsermächtigungen für den Erlass von Rechtsangleichungsmaßnahmen** unterteilt ist, finden sich fast ausschließlich Bestimmungen über die **indirekten Steuern.**

7 Bei indirekten (produktbezogenen bzw. leistungsbezogenen) Steuern sind Steuerschuldner (der gesetzlich Verpflichtete) und Steuerträger (der mit der Steuer wirtschaftlich Belastete) nicht notwendig personenidentisch. Ein Beispiel für eine solche Steuer ist die Umsatzsteuer (USt.), die über den Kaufpreis den Käufer einer Ware wirtschaftlich belastet, jedoch vom Verkäufer als Steuerschuldner an den Staat abzuführen ist. Die Errichtung der Zollunion (Rz. 40/4ff.) ließ die Existenz der z. T. erheblich divergierenden einzelstaatlichen Steuersysteme unberührt. Die Beseitigung der Zollgrenzen in der EU machte die Verwerfungen, die durch steuerliche Ausgleichsmechanismen und die dadurch entstehenden „Steuergrenzen“ bestanden, umso deutlicher bemerkbar. Die steuerlichen Verzerrungen können nur im Wege einer weitgehenden, durch Art. 113 AEUV vorgezeichneten **Harmonisierung der wichtigsten indirekten Steuern** aufgehoben werden (*Hagen,* Die Harmonisierung der indirekten Steuern in Europa, 2000). Im Übrigen versuchen die **abgabenrechtlichen Diskriminierungsverbote der Art. 110–112 AEUV,** diskriminierende und protektionistische Elemente inländischer Abgabensysteme in Bezug auf den Handel im Binnenmarkt zu unterbinden.

c) Harmonisierung direkter Steuern vs. Systemwettbewerb

8 Die **direkten Steuern** – hier sind grundsätzlich Steuerschuldner und Steuerträger personenidentisch –, die als **faktorbezogene Abgaben** nicht ohne weiteres auf die Preise abgewälzt werden können, schienen unter den Aspekten steuerlicher Wettbewerbsneutralität weniger bedeutsam zu sein. Sie werden ausdrücklich nur in dem bislang nicht zur Anwendung gekommenen Art. 111 AEUV (Genehmigungsvorbehalt für Steuerrückvergütungen bei der Ausfuhr und für die Erhebung von Ausgleichsabgaben bei der Einfuhr) angesprochen. Die in Art. 293 EGV enthaltene Aufforderung zur **Beseitigung der Doppelbesteuerung** ist im AEUV nicht mehr enthalten. Im Grundsatz ist es nach der Wertung des AEUV eine Entscheidung der MSen, wie sie die in ihrem Hoheitsbereich operierenden Unternehmen steuerlich belasten. Die Grundfreiheiten ermöglichen es dann einem Unternehmen, das jeweils günstigste steuerliche Umfeld für die Sitzentscheidung zu wählen und von dort unter Wahrnehmung der Waren- bzw. Dienstleistungsfreiheit unionsweit zu operieren (Art. 49 AEUV). Einige MSen haben durch eine geschickte Steuerpolitik einen enormen (gelegentlich auch blasenartigen) wirtschaftlichen Aufschwung bewirkt; als Anreiz für die Ansiedelung sind weiterhin niedrige Körperschaftssteuersätze in vielen MSen ein wichtiges Mittel. Hiergegen wird (gelegentlich zu Unrecht) der Vorwurf unfairen Verhaltens erhoben. Soweit hiervon benachteiligte MSen durch entsprechende Steuergesetze Unternehmen (auch) im eigenen Land besteuern, verstoßen sie gegen die Grundfreiheiten (EuGH, 3.3.2020, Rs. C-482/18, „Google Ireland“). Die KOM hat erstmalig 2011 einen Vorschlag unterbreitet, wonach Unternehmensgruppen, die in mehreren MSen tätig sind, als Einheit erfasst werden sollen (COM(2011) 121 final: sog. „Gemeinsame Konsolidierte Körperschaftsteuer-Bemessungsgrundlage“ – „GKKB“). Einheitliche **Regeln für die Berechnung steuerpflichtiger Gewinne** sollen sicherstellen, dass Gewinne

tatsächlich dort versteuert werden, wo sie wirtschaftlich anfallen. Der Vorschlag wurde als **Einstieg in die umfassende Harmonisierung der direkten Besteuerung von Unternehmen** angesehen und vor allem von Irland und Ungarn abgelehnt. Die KOM hat im Jahr 2016 ein überarbeitetes Konzept vorgelegt und den Vorschlag auf zwei RL aufgeteilt, nämlich die Vereinheitlichung der Bemessungsgrundlage (COM(2016) 685 final, sog. „Gemeinsame Körperschaftsteuer-Bemessungsgrundlage – GKB") und die Konsolidierung der steuerlichen Ergebnisse ((COM(2016) 683 final – GKKB, hierzu *Philipp* EuZW 2018, 307). Eine Einigung im Rat ist jedoch bisher (Stand: Herbst 2020) nicht erzielt worden. Die KOM hat sich inzwischen dazu entschlossen, über Art. 116 AEUV gegen „unfaire" Besteuerungspraxis vorgehen zu wollen.

In Urteilen mit enormer finanzpolitischer Bedeutung hat der EuGH mit Hinweis auf Art. 49 AEUV mehrfach MSen zu einer **nichtdiskriminierenden Ausgestaltung des Systems ihrer direkten Steuern** gezwungen: Die Besteuerung von Personen oder Unternehmen, die von ihrer Freiheit zur Mobilität im Binnenmarkt Gebrauch gemacht haben, darf danach nicht ungerechtfertigt nachteiliger sein als jene von Personen oder Unternehmen, die allein im Heimatstaat tätig sind. Der für viele Steuerregelungen konstituierende Unterschied zwischen „innen" und „außen" wird damit hinfällig (vgl. z. B. EuGH, 6.6.2000, Rs. C-35/98, „Verkooijen"; EuGH, 7.9.2004, Rs. C-319/02, „Manninen"; EuGH, 6.3.2007, Rs. C-292/04, „Meilicke"). Es liegt auf der Hand, dass die Mobilitätsfreiheit der Gesellschaften (EuGH, 30.9.2003, Rs. C-167/01, „Inspire Art" u. a.) nicht durch steuerliche Regelungen unterminiert werden darf. Der EuGH lehnt es regelmäßig ab, die Wirkungen der Entscheidungen auf die Zukunft zu begrenzen (*Osterloh,* FS Hassemer, 2010, 173). 9

Auch Art. 18 AEUV ist steuerlich von Bedeutung. Der steuerpflichtige Unionsbürger soll in „fremden" MSen der Willkür des Fiskus nicht schutzlos ausgeliefert sein. Die Rspr. hat seit längerem Art. 18 AEUV in solchen Zusammenhängen angewendet (EuGH, 8.5.1990, Rs. C-175/88, „Biehl"). Dies betrifft u. a. die Anwendung der Einkommens-, Körperschafts- und Vermögenssteuern. Auch sind – umgekehrt – gezielte nationale Steuervergünstigung mit Art. 18 AEUV unvereinbar, da sie zu einer Besserstellung nationaler Sachverhalte führen können und damit eine mittelbare Diskriminierung aufgrund der Staatsangehörigkeit darstellen (EuGH, 18.6.2019, Rs. C-591/17 „PKW-Maut"; Rz. 26/14). In jüngerer Zeit setzt die KOM zudem das Beihilfeverbot für den Kampf gegen gezielte Steuersubventionen ein. Damit verbinden sich schwierige Abgrenzungsfragen (Rz. 21/10). 10

Durch die richterrechtliche Beseitigung von Diskriminierungen müssen sich die nationalen Steuersysteme für die Idee des Binnenmarktes öffnen. Eine Angleichung bewirken die Urteile des EuGH als solche aber nicht. Als rechtliche Grundlagen für die **Harmonisierung gewisser direkter Steuern** kommen die allgemeinen Rechtsangleichungsvorschriften des Vertrags, insbesondere Art. 115 AEUV, in Betracht. Der Rückgriff auf die Vertragsabrundungszuständigkeit des Art. 352 AEUV (oben Rz. 11/8ff.) erscheint möglich, wenn die Durchführung von Vertragspolitiken (z. B. Verkehrspolitik, Harmonisierung des Gesellschaftsrechts zur Herstellung der Niederlassungsfreiheit) die Berücksichtigung steuerrechtlicher Bezüge sachlogisch erfordert. Andererseits beansprucht das **Subsidiaritätsprinzip** (oben Rz. 11/23ff.) auch im Steuerbereich Geltung. 11

2. Unionssteuern

Die Frage, ob und inwieweit die EU zur Deckung ihres allgemeinen Finanzbedarfs **eigene Steuern von den Unionsbürgern erheben darf,** gehört in den Zusammenhang 12 der EU-Finanzordnung (oben § 8; vgl. *Waldhoff*, Steuerhoheit für die EU?, 2012). Die staatsnahe Union finanziert sich in Ausnutzung des Art. 311 Abs. 2 AEUV seit 1980 vollständig aus eigenen Einnahmen. **Zu den eigenen Mitteln können auch Unionssteuern gehören.** Es bedarf zu ihrer Einführung jeweils eines einstimmigen Ratsbeschlusses gemäß Art. 311 Abs. 3 AEUV, der nach den verfassungsrechtlichen Vorschriften der MSen angenommen werden muss, also der **Ratifikation (i. d. R. unter Zustimmung durch die nationalen Parlamente)** bedarf. Bisher hat die EU von dieser Möglichkeit nur in einem Fall (Rz. 35/13) Gebrauch gemacht und sich auf die Eigenfinanzierung aus Zöllen und Abschöpfungen, den EU-Anteil am Mehrwertsteueraufkommen der MSen und auf die BSP-Mittel beschränkt (Rz. 8/24). Wird von der Einführung von Steuern auf EU-Ebene bzw. „europäischen Steuern" gesprochen, ist bislang die unionsweite Harmonisierung nationaler Steuern gemeint, deren Ertrag ganz oder teilweise an die EU abgeführt werden soll (Rz. 35/42 ff.). Dies gilt auch für die im Juli 2020 beschlossene Steuer auf unverwertete Kunststoffabfälle. Der Gebrauch einer originären EU-Steuergewalt steht (jenseits der Besteuerung des EU-Personals (Rz. 35/13) bislang aus.

13 Seit 1968 wird nach der VO 260/68 (ABl. L 56/8) eine **Gemeinschaftssteuer auf die Bezüge des EU-Personals** erhoben. Hierfür bestand eine besondere Ermächtigung in Art. 13 des Protokolls über die Vorrechte und Befreiungen der EG von 1965. Die steuerähnliche EGKS-Umlage auf die Montanunternehmen ist mit dem EGKSV am 23.7.2002 ausgelaufen. Gelegentlich wurden andere EU-Steuern erörtert (z. B. eine Energiesteuer oder eine Steuer auf Kapitalbewegungen); die diesbezüglichen Vorschläge der Kommission stoßen bislang im Rat nicht auf Zustimmung.

14 Die KOM hat sich seit den neunziger Jahren verschiedentlich zugunsten von EU-Steuern geäußert (näher *Wilms*, EuR 2007, 707 (732)). Die Frage der Ablösung des geltenden Eigenmittelsystems der EU durch ein **EU-Steuersystem** dürfte längerfristig auf der Tagesordnung der Europapolitik bleiben, auch wenn die gescheiterte **EU-Verfassung 2004 bzw. der Vertrag von Lissabon** am bisherigen System festhalten (oben Rz. 35/3).

15 Solange der EU-Haushalt zum größeren Teil ein Subventionshaushalt zugunsten der Landwirtschaft und der Strukturpolitik bleibt, ist nach allen finanzpolitischen Erfahrungen eine sparsame Haushaltsführung durch die direkte Verbindung zwischen den nationalen Haushalten und dem EU-Budget über das Gewicht des Rats besser gewährleistet als durch eine Stärkung der „Ausgabeninteressenten" Europäisches Parlament und Kommission (*Heinemann*, EU-Magazin 5/2003, 34).

II. Verbot der Steuerdiskriminierung (Art. 110 AEUV)

Literatur: *Gerken*, Ursprungslandprinzip, Wettbewerb der Staaten und Freiheit, Ordo 50 (1999), 405; *Meussen* (Hrsg.), The Principle of Equality in European Taxation, 1999; *Schön*, Der freie Warenverkehr, die Steuerhoheit der Mitgliedstaaten und der Systemgedanke im europäischen Steuerrecht, EuR 2001, 216 und 341; *Lange*, Der Anspruch auf Erstattung gemeinschaftsrechtswidrig erhobener Steuern, 2008.

16 Um steuerliche Wettbewerbsverzerrungen beim innerunionalen Handel so weit wie möglich auszuschalten, **sehen die Art. 110–112 AEUV Diskriminierungsverbote vor.** Der Vertrag spricht generell von „Abgaben". Im Wesentlichen geht es um die Steuerbelastung von Produkten bei der Aus- und Einfuhr. Ergänzt wird dies durch die Grundfreiheiten, insbesondere der Kapitalmarktfreiheit (ausführlich Rz. 30/1 ff.),

sowie einen grundrechtlich fundierten Gleichheitssatz, der sich auf 20 GRCh stützt. Dieser ist anwendbar, wenn die MS ausschließlich Unionsrecht durchführen, was der EuGH bereits dann angenommen hat, wenn eine Fallkonstellation Fragen des Mehrwertsteuerrechts aufwirft (Rz. 17/14).

1. Die Bedeutung des Diskriminierungsverbots nach Art. 110 AEUV

a) Sicherung der Wettbewerbsneutralität

Es liegt auf der Hand, dass sich die Ausgestaltung der mitgliedstaatlichen Steuersysteme erheblich auf die Wettbewerbschancen im Binnenmarkt auswirken kann. Für den Fall einer offen benachteiligenden Besteuerung ausländischer Produkte ist dies offensichtlich. Es gilt aber auch für Gestaltungen, die in versteckter Weise inländische Hersteller besserstellen. Im Übrigen kann eine Benachteiligung grenzüberschreitender Bewegungen auch durch Ausgleichsregelungen erfolgen, die Folgen des Umstandes sind, dass die einzelstaatlichen Abgabensysteme differieren, vor allem durch unterschiedliche Steuersätze. Die speziellen abgabenrechtlichen Diskriminierungsverbote des AEUV setzen einem Grenzausgleich bei der Ein- und Ausfuhr von Waren jedoch enge Schranken. Sie haben die **Funktion,** im Interesse eines freien gemeinschaftlichen Binnenhandels **die Wettbewerbsneutralität der inländischen Abgabensysteme sicherzustellen** (EuGH, 29.6.1978, Rs. 142/77, „Statens Kontrol"; EuGH, 27.2.1980, Rs. 168/78, „KOM/Frankreich" [Besteuerung von Branntwein]). 17

Als spezielle Ausprägung des in Art. 18 AEUV niedergelegten allgemeinen Diskriminierungsverbots stellt Art. 110 AEUV auf dem Gebiet der produktbezogenen Abgaben eine **„unerlässliche Grundlage des Gemeinsamen Markts"** dar (EuGH, 16.6.1966, Rs. 57/65, „Lütticke"). Während der Fortgang der Steuerrechtsangleichung nach Art. 113, 115 AEUV (Rz. 35/42ff.) vom politischen Willen der MSen abhängt, entfalten die Diskriminierungsverbote unabhängig davon ihre volle Wirkung. **Sie sind unmittelbar anwendbar** und machen entgegenstehende nationale Vorschriften unanwendbar. Sie begründen **individuelle Rechte,** so dass sich jeder einzelne Unionsbürger gegenüber den nationalen Behörden und Gerichten auf sie berufen kann (grundlegend EuGH, 16.6.1966, Rs. 57/65, „Lütticke" zu Art. 110 Abs. 1 AEUV; EuGH, 4.4.1968, Rs. 27/67, „Fink-Frucht" zu Art. 110 Abs. 2 AEUV). Europarechtswidrig erhobene Steuern werden nach nationalem Recht erstattet (EuGH, 24.3.1988, Rs. 104/86, „KOM/Italien"); das Erstattungsverfahren muss so ausgestaltet sein, dass es die Verwirklichung des unionalen Anliegens nicht praktisch unmöglich macht (Gebot der Effizienz); es darf nicht belastender sein als vergleichbare Verfahren rein nationaler Natur (Äquivalenzgebot) (Rz. 12/36). 18

b) Bestimmungslandprinzip und Diskriminierungsverbot

Die steuerlichen Vorschriften des Vertrags basieren auf dem sog. (fakultativen) **Bestimmungslandprinzip,** das sich als steuerliches Ordnungsprinzip, welches die Wettbewerbsneutralität im grenzüberschreitenden Warenverkehr garantiert, weltweit durchgesetzt hat (vgl. Art. III GATT 1994). Hiernach sollen Importwaren grundsätzlich **im Land ihrer Bestimmung (= Importland) nach dessen Steuersystem belastet werden,** während es dem Exportland freisteht, die ausgeführten Waren von seinen indirekten Steuern zu entlasten. In der Praxis erfolgt der an den Steuergrenzen vorzunehmende Belastungsausgleich im Wege der Steuerrückerstattung bei der Ausfuhr und der **Erhebung von Einfuhrausgleichsabgaben bei der Einfuhr von Waren.** Mit dem Wegfall der Grenzkontrollen im Binnenmarkt (oben Rz. 33/67) kann das Bestimmungslandprinzip mangels Einfuhrtatbestands auf Dauer nicht aufrechterhalten werden. Ursprünglich sollte es bis Ende 1996 durch das **Ursprungslandprinzip** ersetzt werden (RL 91/680, ABl. 1991, L 376/1). Der Termin konnte jedoch nicht eingehalten werden. Es ist unklar, wann und ob überhaupt der 19

Systemwechsel erfolgt (Rz. 35/48-49.). Das Ursprungslandprinzip gilt für Touristeneinkäufe im „EU-Ausland“ und bei privaten Geschenksendungen (unten Rz. 35/55). Beim Ursprungslandprinzip ist die „Anschaffung“ der Ware durch den importierenden Abnehmer maßgeblich, der die Umsatzsteuer des Ursprungslands schuldet (*Hilpold,* EWS 1992, 337).

20 In Ausführung und Erweiterung des fakultativen Bestimmungslandprinzips legt Art. 110 AEUV **die Obergrenzen für die Erhebung von indirekten Abgaben auf Einfuhren aus anderen MSen** und – in entsprechender Anwendung – auf Ausfuhren in andere MSen (EuGH, 29.6.1978, Rs. 142/77, „Statens Kontrol“) fest, indem er die Höhe der Abgabenbelastung dieser Waren auf das Niveau der auf entsprechende einheimische Erzeugnisse erhobenen Abgaben begrenzt. Er stellt somit ein **Schlechterstellungsverbot** dar, fordert jedoch nicht die absolute steuerliche Gleichbehandlung von einheimischen und ein- bzw. ausgeführten Produkten (*Schön,* EuR 2001, 341 (344)). Eine – in der Praxis wohl seltene – steuerliche Privilegierung von Importwaren wird folglich durch den AEUV nicht verboten (EuGH, 13.3.1979, Rs. 86/78, „Grandes Distilleries Peureux“). Dies kann – zumindest theoretisch – dazu führen, dass eine solche Ware völlig steuerfrei bleibt, denn Art. 110 AEUV lässt entsprechend den Regeln des Bestimmungslandprinzips die vollständige steuerliche Entlastung von Exportwaren im Ausfuhrland zu.

21 Art. 111 AEUV verbietet allerdings **Subventionen in Form überhöhter Rückerstattungen** (EuGH, 19.11.1969, Rs. 45/64, „KOM/Italien“: Rückvergütung für Exportgüter der Maschinenindustrie). Da der AEUV keine Pflicht der Exportstaaten zur Erstattung der von ihnen erhobenen indirekten Abgaben begründet, ist andererseits nicht ausgeschlossen, dass exportierte Waren doppelt, nämlich sowohl im Einfuhrland als auch – etwa aus wirtschaftspolitischen Gründen – im Ausfuhrland, nach den jeweiligen Abgabensystemen besteuert werden (EuGH, 22.10.1974, Rs. 27/74, „Demag/FA Duisburg-Süd“). Solche unerwünschten Doppelbesteuerungseffekte können nur durch zwischenstaatliche Absprachen oder durch unionsrechtliche Regelungen im Zuge der Steuerrechtsharmonisierung beseitigt werden.

c) Besteuerung „hinter der Grenze“ und Diskriminierungsverbot

22 Darüber hinaus entfaltet Art. 110 AEUV zunehmende Bedeutung bei der Bekämpfung wettbewerbsverzerrender Steuerregelungen „hinter der Grenze“. Eine steuerliche Diskriminierung kann von Regelungen ausgehen, die die Zulassung oder Verwendung einer Ware so belasten, dass eingeführte Produkte benachteiligt werden. In der Rechtsprechung des EuGH ging es etwa um Alkoholsteuern (EuGH, 8.4.2008, Rs. C-167/05, „KOM/Schweden“), um die Besteuerung gebrauchter Kfz (EuGH, 3.6.2010, Rs. C-2/09, „Kalinchev“), um die Belastung eingeführter Kraftfahrzeuge mit einer Umweltsteuer (EuGH, 13.7.2011, Rs. C-438/10, „Druţu“; EuGH, 7.4.2011, Rs. C-402/09, „Tatu“) oder um die Besteuerung von Energie aus unterschiedlichen Quellen (EuGH, 2.4.1998, Rs. C-213/96, „Outokumpu“).

2. Abgrenzung zu anderen Regelungen des Vertrags

23 Art. 110 AEUV erfasst lediglich die steuerliche Behandlung von Waren. Im Einzelfall kann es zu Abgrenzungsschwierigkeiten mit anderen Vorschriften kommen. Art. 110 AEUV ist in seinem Anwendungsbereich *lex specialis* zum allgemeinen Diskriminierungsverbot des Art. 18 AEUV.

a) Zollgleiche Abgaben und parafiskalische Abgaben

24 „Inländische Abgaben“ nach Art. 110 AEUV können **zollgleichen Abgaben** im Sinne von Art. 30 AEUV ähneln, wenn sie im Zusammenhang mit der Einfuhr von EU-Importware erhoben werden. Beide Abgabenarten müssen jedoch unterschieden werden: Art. 110 AEUV sieht nur ein **Diskriminierungsverbot** vor, während zollgleiche Abgaben nach Art. 30 AEUV schlechthin verboten werden (Rz. 35/22). Inländische Abgaben nach Art. 110 AEUV und zollgleiche Abgaben im Sinne von Art. 30 AEUV regeln verschiedene Sachverhalte. Ihre Tatbestände **schließen sich gegenseitig aus**

(EuGH, 16.6.1966, Rs. 57/65, „Lütticke"). Dies bedeutet etwa, dass eine **Gebühr,** die nur bei der Grenzüberschreitung von Waren (z. B. für gesundheitspolizeiliche Kontrollen) erhoben wird, an Art. 30 AEUV zu messen ist; eine Gebühr, die unterschiedslos für alle auf den Markt kommenden Produkte erhoben wird, ist an Art. 110 AEUV zu messen.

In der EU-Praxis hat sich hierzu eine umfangreiche Kasuistik entwickelt (*Schön,* EuR 2001, 216 (223)). Entscheidend ist, dass die **„inländischen Abgaben" unterschiedslos importierte bzw. exportierte Waren und auf dem inländischen Markt vertriebene Heimaterzeugnisse** erfassen, während **zollgleiche Abgaben ausschließlich grenzüberschreitende Warenbewegungen** wirtschaftlich belasten (EuGH, 8.7.1965, Rs. 10/65, „Deutschmann"). 25

In der Entscheidung „Scharbatke" (EuGH, 27.10.1993, Rs. C-72/92, „Scharbatke") hat der EuGH entschieden, dass eine **parafiskalische Abgabe,** die nach denselben Erhebungsmodalitäten auf einheimische und eingeführte Erzeugnisse erhoben wird, deren Aufkommen dann aber ausschließlich zugunsten der einheimischen Erzeugnisse so verwendet wird, dass die sich daraus ergebenden Vorteile die diese Erzeugnisse treffende Belastung vollständig ausgleichen, von Art. 30 AEUV erfasst wird (Rz. 22/26). Demgegenüber handelt es sich um einen Fall diskriminierender Besteuerung, wenn diese Vorteile nur jenen Teil der Belastung ausgleichen, die die einheimischen Erzeugnisse trifft. 26

Der EuGH geht in ständiger Rechtsprechung davon aus, dass Art. 110 AEUV im Verhältnis zu Art. 34 AEUV eine *lex specialis* ist: Eine inländische Abgabe im Sinne von Art. 110 AEUV wird nur an dieser Vorschrift, nicht aber auch an Art. 34 AEUV gemessen (EuGH, 3.3.1988, Rs. 252/86, „Bergandi"). 27

b) Maßnahmen im Sinne von Art. 37 AEUV – Handelsmonopole

Für **staatliche Handelsmonopole** enthält Art. 37 AEUV (allgemein dazu Rz. 22/44ff.) ein spezielles Diskriminierungsverbot. Es geht dann Art. 110 AEUV vor, wenn die fragliche Steuerregelung ihrem Wesen nach mit der Ausübung der spezifischen Funktion des Monopols verknüpft ist (EuGH, 11.3.1992, Rs. C-78/90, „Compagnie commerciale de l'Ouest"). 28

c) Beihilfen

Grundsätzlich sind die Beihilferegeln der Art. 107ff. AEUV (zu deren Bedeutung für das Steuerrecht auch Rz. 21/10 sowie 21/24f.) und Art. 110 AEUV **nebeneinander anwendbar,** da sie sich gleichermaßen gegen wettbewerbsverfälschende Eingriffe richten. Die Kommission kann gegen die Übertragung von unzulässigen inländischen Abgaben im Sinne des Art. 110 AEUV auf ein inländisches Unternehmen sowohl nach Steuer- als auch nach Beihilferecht vorgehen (EuGH, 21.5.1980, Rs. 73/79, „KOM/Italien" [„Sovraprezzo"]). Dabei finden allerdings unterschiedliche Verfahren Anwendung. 29

3. Anwendungsvoraussetzungen des Art 110 Abs. 1 AEUV

Die in Art. 110 AEUV normierten Diskriminierungsverbote haben **unterschiedliche Anwendungsbereiche.** 30

Art. 110 Abs. 1 AEUV, der den Kern der steuerlichen Diskriminierungsverbote bildet, regelt den Normalfall der Konkurrenz von Importwaren aus anderen MSen **mit** 31

gleichartigen Waren inländischer Produktion (vgl. Art. III § 2 des GATT). Er untersagt allen Trägern mitgliedstaatlicher Gewalt, Waren aus anderen MSen unmittelbar oder mittelbar mit höheren inländischen Abgaben gleich welcher Art zu belasten, als sie gleichartige inländische Waren unmittelbar oder mittelbar zu tragen haben. Ziel ist die **Wettbewerbsneutralität der Besteuerung** im Verhältnis von einheimischen und eingeführten Erzeugnissen (EuGH, 9.7.1987, Rs. 356/85, „KOM/Belgien").

a) Abgaben im Sinne von Art. 110 AEUV

32 Der Abgabenbegriff des Art. 110 AEUV ist **weit** zu verstehen. Er erfasst grundsätzlich **alle indirekten inländischen Abgaben auf Waren.** Auch elektrischer Strom ist Ware (EuGH, 2.4.1998, Rs. C-213/96, „Outokumpu"). Neben den **indirekten Steuern** unterfallen Art. 110 AEUV andere **produktbezogene Beiträge** (z. B. parafiskalische Abgaben, EuGH, 22.3.1977, Rs. 78/76, „Steinike und Weinlig": Absatzfonds der deutschen Agrarwirtschaft; *Götz,* FS Friauf, 1996, 37]). Auch bestimmte **Gebühren** gehören hierher (z. B. für generell durchgeführte gesundheitspolizeiliche Untersuchungen, EuGH, 25.1.1977, Rs. 46/76, „Bauhuis").

b) Gleichartigkeit der Waren

33 Die **„Gleichartigkeit"** der Ware im Sinne des Art. 110 AEUV wird ebenfalls **weit** verstanden. Ursprüngliche Versuche der Rspr., an objektive Maßstäbe wie steuer- oder zollrechtliche Einstufungen anzuknüpfen, wurden aufgegeben. Maßgeblich sind teleologische Gesichtspunkte, also die Frage der gleichen oder vergleichbaren Verwendung der Ware. Dabei ist sowohl auf die objektiven Eigenschaften einer Ware als auch auf die subjektiven Anschauungen der Verwender abzustellen. In diesem Zusammenhang sind zunächst **vergleichbare physikalische Eigenschaften** der Waren zu ermitteln (z. B. Alkohol- oder Wassergehalt, Ausgangsstoffe, aber auch Herstellungsverfahren, EuGH, 11.8.1995, verb. Rs. C-367/93, „Roders"). Waren sind auch gleichartig, wenn sie auf der gleichen Produktions- oder Vertriebsstufe **in den Augen des Verbrauchers** gleiche Eigenschaften haben und denselben Bedürfnissen (z. B. Löschen des Dursts) dienen (EuGH, 17.2.1976, Rs. 45/75, „REWE-Zentrale"). Je größer die Substituierbarkeit, desto eher ist von Gleichartigkeit auszugehen. Wenn nach diesen Kriterien keine Gleichartigkeit feststellbar ist, kann es sich um Waren handeln, die nach Art. 110 Abs. 2 AEUV zu beurteilen sind (z. B. Wettbewerb zwischen Bananen und anderem Obst, unten Rz. 35/38).

c) Vorliegen einer Schlechterstellung

34 Art. 110 Abs. 1 AEUV verbietet die Schlechterstellung von Waren aus anderen MSen. Ob eingeführte Waren **höher** als entsprechende Erzeugnisse auf dem einheimischen Markt besteuert werden, lässt sich im Regelfall ohne weiteres nach formalen Kriterien durch einen **rechnerischen Vergleich** der auf beiden Seiten lastenden Abgaben feststellen. Dabei ist ein geeigneter Vergleichsmaßstab zu wählen: Bei der Alkoholbesteuerung ist etwa nicht auf das Gesamtvolumen des Getränks, sondern auf den Alkoholanteil abzustellen. Es spielt keine Rolle, ob sich eine Höherbelastung im Endpreis der Ware niederschlägt (EuGH, 17.2.1976, Rs. 45/75, „REWE-Zentrale").

35 Die MSen behalten das Recht, gleichartige Waren nach objektiven Kriterien **differenzierend zu besteuern.** Dies setzt die Verfolgung unionsrechtlich **legitimer wirtschafts-, fiskal- oder sozialpolitischer Ziele** voraus (z. B. Aufrechterhaltung inländischer Betriebe oder Umweltschutz). Es muss aber jede allein auf den Schutz der inländischen Produktion zielende Diskriminierung der Einfuhr aus anderen MSen ausgeschlossen sein (EuGH, 17.7.1997, Rs. C-90/94, „Haahr Petroleum" [Abgabe für Verkehrshäfen]; EuGH, 2.4.1998, Rs. C-213/96, „Outokumpu" [ökologische Besteuerung von Energie]; EuGH, 20.9.2007, Rs. C-74/06, „KOM/Griechenland" [Besteuerung eingeführter Gebrauchtwagen]; EuGH, 8.11.2007, Rs. C-221/06, „Stadtgemeinde Frohnleiten" [Belastung abgelagerter Abfälle]).

Eine Rechtfertigungsmöglichkeit sieht Art. 110 Abs. 1 AEUV nicht vor. 36

4. Anwendungsvoraussetzungen des Art. 110 Abs. 2 AEUV

Der von Art. 110 Abs. 1 AEUV geforderte bewertende Vergleich zwischen der Steuerbelastung eingeführter und einheimischer Ware setzt voraus, dass zwischen eingeführter und **inländischer Ware hinreichende Gleichartigkeit** besteht. Ist das nicht der Fall, darf die Einfuhrware gleichwohl nicht beliebig besteuert werden. Die Importware könnte nämlich mit **„ähnlichen" (substituierbaren) Inlandserzeugnissen** konkurrieren (z. B. Wein und Bier in England [EuGH, 12.7.1983, Rs. 170/78, „KOM/Vereinigtes Königreich"] oder Ouzo und Whisky in Griechenland [EuGH, 18.4.1991, Rs. C-230/89, „KOM/Griechenland"]). 37

Im Interesse des Binnenmarkts verbietet Art. 110 Abs. 2 AEUV daher allgemein Abgabenbelastungen bei EU-Importware, soweit sie geeignet sind, **unmittelbar** (zugunsten konkurrierender Inlandsware) oder **mittelbar** (zugunsten von Tätigkeiten, die zur Herstellung der Importware nicht gedient haben) **protektionistische Wirkungen zu entfalten** (EuGH, 4.4.1968, Rs. 27/67, „Fink-Frucht"). Art. 110 Abs. 2 AEUV ist auf diese Weise ein **Auffangtatbestand** für die Fälle, in denen sich eine „Gleichartigkeit" der Waren (oben Rz. 35/33) nicht dartun lässt (EuGH, 27.2.1980, Rs. 169/78, „KOM/Italien"). 38

Die **Abgrenzung** zwischen gleichen/gleichartigen und nur konkurrierenden/substituierbaren Erzeugnissen ist in der Praxis nicht einfach. Für die Annahme eines noch hinreichenden Substitutionswettbewerbs ist aus **Sicht des Verbrauchers** maßgeblich, ob er trotz größerer Unterschiede die eine Ware statt der anderen kaufen würde (z. B. Rum statt Wein und Trester [EuGH, 11.7.1989, Rs. 323/87, „KOM/Italien"]), wenn sich Preisdifferenzen auftun **(Kreuzpreiselastizität).** 39

Ferner ist bei der Anwendung von Art. 110 Abs. 2 AEUV festzustellen, ob eine Abgabe geeignet ist, eine **verbotene Schutzwirkung** zugunsten der einheimischen Produktion auszuüben. Hierfür sind alle Umstände des Einzelfalls einschließlich legitimer wirtschaftspolitischer Erwägungen maßgeblich. 40

Auch Art. 110 Abs. 2 AEUV sieht keine Rechtfertigungsmöglichkeit vor.

Wenn der EU-Importware weder eine gleichartige noch eine substituierbare Inlandsware gegenübersteht (sog. **„exotische Waren"**), kann Art. 110 AEUV nicht eingreifen. Dennoch ist auch insoweit die nationale Steuerhoheit mit Blick auf die **Grundfreiheiten des Binnenmarktes** beschränkt, insbesondere die Warenverkehrsfreiheit (oben Rz. 22/5). Sie **verbieten eine Abschottung der nationalen Märkte** durch eine über den „allgemeinen Rahmen des nationalen Abgabensystems" hinausgehende Einfuhrbesteuerung (**„Systemkonsequenz"**, EuGH, 3.10.1985, Rs. 249/84, „Profant"; vgl. *Schön*, EuR 2001, 341). Schließlich ist auch das allgemeine Diskriminierungsverbot des Art. 18 AEUV zu beachten. 41

III. Die Harmonisierung der mitgliedstaatlichen Steuersysteme

Literatur: *Fuest*, Steuerharmonisierung und Steuerwettbewerb, 2006; *Geibel*, Unternehmenssteuerrecht im europäischen Binnenmarkt: Grundstrukturen und Entwicklungstendenzen, JZ 2007, 277; *Triantafyllou*, Auf dem Wege zur Koordinierung der direkten Steuern in der EG?, EuR 2007, 671; *Lang/Pistone/Schuch/Staringer*, Introduction to European Tax Law on Direct Taxation, 4. Aufl. 2016; *Jochimsen/Zinowsky*, Konkretisierung der europäischen Richtlinie zur Bekämpfung von Steuervermeidungspraktiken, ISR 2016, 318; *Prusko*, Steuerliche Missbrauchsvermeidung im Europäischen Binnenmarkt, 2019; *Musil/Weber-Grellet*, Europäisches Steuerrecht – Kommentar, 2019; *Schaumburg/Englisch*, Europäisches Steuerrecht, 2. Aufl., 2020.

1. Sinn und Grenzen der EU-Steuerharmonisierung

42 Ein Binnenmarkt als „Raum ohne Binnengrenzen" (Art. 26 Abs. 2 AEUV) setzt den **Abbau der Steuergrenzen** innerhalb der Union voraus. Andererseits bleibt die Fiskalhoheit der MSen in der EU grundsätzlich unberührt. Von diesem Ansatz her überträgt Art. 113 AEUV der EU die Befugnis zur **Harmonisierung der Rechtsvorschriften** über die Umsatzsteuer, die Verbrauchsabgaben und **sonstige indirekte Steuern.** Diese Kompetenz ist allerdings begrenzt. Sie umfasst die Harmonisierung als einen Spezialfall der allgemeinen EU-Rechtsangleichung (Rz. 35/48). Eine Vereinheitlichung der nationalen Steuersätze war politisch zunächst sicherlich nicht im Blick, ist aber nach dem Wortlaut und Sinn der Kompetenzvorschrift nicht ausgeschlossen. Im Sinne des **Subsidiaritäts- und Verhältnismäßigkeitsprinzips** (Art. 5 Abs. 3 EUV, Rz. 11/23ff.) ist die Harmonisierung auf das **Notwendige** zur Errichtung und zum Funktionieren des Binnenmarkts beschränkt (Art. 113 a. E. AEUV). Im Interesse der Sicherung der nationalen Fiskalhoheit sieht Art. 113 AEUV eine **einstimmige** Beschlussfassung im Rat vor. Dies gilt auch, wenn steuerliche Maßnahmen im Kontext der Umwelt- (Art. 192 Abs. 2 lit. a AEUV) oder der Energiepolitik (Art. 194 Abs. 3 AEUV) beschlossen werden.

43 Maßnahmen zur Angleichung **direkter Steuern** für Unternehmen und Private können grundsätzlich und vorbehaltlich von Art. 5 EUV über die allgemeinen Rechtsangleichungsbestimmungen getroffen werden (Art. 115 AEUV). Auch hier verbleibt es bei **Einstimmigkeit.** Die allgemeinen Grenzen der Unionskompetenz sind ebenso zu beachten, zumal die Harmonisierung der direkten Steuern unter Binnenmarktgesichtspunkten weniger dringlich ist als diejenige der indirekten Steuern.

44 Die Steuerharmonisierung ist mit einer **Vielzahl komplexer Probleme** konfrontiert. Sie resultieren aus den Unterschieden der nationalen Haushalts-, Fiskal-, Wirtschafts- und Sozialpolitiken, ferner aus der Verschiedenheit der nationalen Steuersysteme und aus Ungleichheiten der Verteilung der Steuereinnahmen auf die einzelnen Steuerarten.

45 Vor allem in den südlichen EU-Staaten tragen die **indirekten Steuern** (insb. Umsatzsteuer) erheblich mehr zum Gesamtsteueraufkommen bei als in Deutschland und in den nördlichen MSen. Ebenso ist die **nationale Gesamtsteuerbelastung** mit einer „Schere" von ca. 25–50% zwischen Staaten mit einer mehr liberalen oder stärker wohlfahrtstaatlichen Wirtschaftsordnung innerhalb der EU deutlich verschieden.

46 Aus diesen Gründen lassen sich Fortschritte in der EU-Steuerharmonisierung **nur langsam erreichen.** Die von der *Delors*-Kommission mit dem Weißbuch von 1985 angestrebte rasche Angleichung ließ sich nicht verwirklichen. Die Steuerharmonisierung ist u. a. abhängig von Ergebnissen bei der Koordinierung der allgemeinen Wirtschaftspolitik der EU-Staaten (Rz. 18/13ff.). Sie wird begünstigt durch die mit der **Währungsunion** geschaffene stärkere finanzielle Transparenz innerhalb der Eurozone. Die KOM konzentriert sich heute darauf, steuerliche Hindernisse bei grenzüberschreitender Wirtschaftstätigkeit zu bekämpfen, gegen „schädlichen Steuerwettbewerb" anzugehen (hier gehen die Sichtweisen auseinander) sowie Steuerbetrug (u. a. durch verstärkte Koordination der mitgliedstaatlichen Behörden) zu verhindern. Ziel ist es zudem, die steuerlichen Grundlagen für kluges und effektives Wachstum zu schaffen (z. B. im Bereich der Energiebesteuerung). Die EU-Politik ist eng in Aktionen der G20/OECD eingebunden.

Die EU-Steuerharmonisierung sollte nicht zu einer vollständigen Gleichheit führen. Es muss um die Bekämpfung von Hinterziehungs-, Umgehungs- und Fluchttatbeständen gehen, zudem um die Festlegung von Mindestvorgaben **(Steuerkoordination).** Im Übrigen sollte ein **Wettbewerb der Steuersysteme** ermöglicht werden, um eine übermäßige Besteuerung im Interesse des Florierens der Wirtschaft hintanzuhalten (*Genschel,* Steuerharmonisierung und Steuerwettbewerb in der EU, 2002). Die Kommission hat ihre steuerpolitische Strategie in einer Mitteilung vom 23.5.2001 (KOM(2001) 260 endg., ABl. C 284/6) dargelegt, die nun durch die „Europa 2020 Strategie" fortgeschrieben wurde. Danach besteht grundsätzlich **kein Bedürfnis für eine allgemeine Harmonisierung** der mitgliedstaatlichen Steuersysteme. Vielmehr wird die Freiheit der MSen anerkannt, das System zu wählen, das am besten ihren Präferenzen entspricht, sofern sie die EU-Regeln respektieren. Allerdings erkennt die KOM an, dass eine Vollendung des Binnenmarkts gewisse Harmonisierungen erfordert (Aktionsplan für eine faire und einfache Besteuerung zur Unterstützung der Aufbaustrategie COM(2020) 312 final). 47

2. EU-Recht und indirekte Steuern

Literatur: *Mellinghoff,* Deutsches Umsatzsteuerrecht unter unions- und verfassungsrechtlichem Einfluss, UR 2013, 5; *Wernsmann/Zirkl,* Die Regelungskompetenz der EU für eine Finanztransaktionssteuer, EuZW 2014, 167; *Jochum,* Faires Steuerrecht für Europa, ZRP 2015, 115; *Sikorski,* Umsatzsteuer im Binnenmarkt, 10. Aufl. 2018; *Weymüller,* Der neue Unionszollkodex und seine Auswirkungen auf die Umsatzsteuer, MwStR 2016, 487; *Scheller,* Brexit und die Folgen für das Zollrecht und die indirekten Steuern, DStR 2016, 2196; *Winterfeld/Rümker,* Finanzmarktstabilisierungsgesetze, in: Schimansky/Bunte/Lwowski (Hrsg.), Bankrechtshandbuch, 5. Aufl. 2017, § 124a; *Berger/Toifl/Wakouing,* Mehrwertsteuersystemrichtlinie – Praxiskommentar, 2018; *Mellinghoff,* Das Umsatzsteuerrecht im Spannungsfeld zwischen Bundesfinanzhof, Bundesverfassungsgericht und Gerichtshof der Europäischen Union, in: UmsatzsteuerForum (BMinF), 100 Jahre Umsatzsteuer in Deutschland, 2018, 165; *Cloppenburg,* Eine Finanztransaktionsteuer im „kleinen Kreis", 2018; *Kokott,* Herausforderungen einer Digitalsteuer, IStR 2019, 123; *Terra/Kajus,* A guide to the European VAT directives, 2019.

Langfristiges Ziel der Harmonisierung indirekter Steuern innerhalb der Union nach Art. 113 AEUV ist, neben die Zollunion einen **steuerlichen Binnenmarkt** zu stellen, der die steuerliche Entlastung von Ausfuhren, die Erhebung von Grenzausgleichsabgaben und steuerliche Kontrollen an den EU-Binnengrenzen überflüssig macht (*Hagen,* Die Harmonisierung der indirekten Steuern in Europa, 2000). Hierfür müsste unionsweit ein **ungefähr gleiches Niveau** der indirekten Abgaben geschaffen werden, ebenso auch ein Mechanismus für den zwischenstaatlichen Ausgleich verlagerter Steuereinnahmen. Damit wäre es möglich, vom geltenden **Bestimmungslandprinzip** auf eine Besteuerung in demjenigen MS überzugehen, in dem die Leistung tatsächlich erbracht wird (**Ursprungslandprinzip,** siehe Rz. 35/19). Angesichts politischer Schwierigkeiten konnte und kann dieses Ziel nur schrittweise angesteuert werden. Seit 2000 hat sich die KOM vom ursprünglichen Ziel der Vollharmonisierung zugunsten des Wettbewerbs der Steuersysteme gelöst. 48

Am weitesten fortgeschritten ist die Rechtsangleichung im Bereich der **Umsatzsteuer, der für die Masse der Handelsgeschäfte wichtigsten Steuerart.** Der Umsatzsteuer unterliegen prinzipiell alle Lieferungen von Gegenständen, alle Dienstleistungen, die ein Steuerpflichtiger im Inland gegen Entgelt ausführt, sowie die Einfuhr von Gegenständen. Die grundsätzliche Vereinheitlichung des Systems der allgemeinen Umsatzsteuer in Gestalt der Mehrwertsteuer stellte nicht nur einen notwendigen ersten 49

Schritt in Richtung auf die Beseitigung der Steuergrenzen dar. Sie bildete zugleich eine **Grundvoraussetzung für die Ersetzung der Finanzbeiträge der MSen durch eigene Einnahmen der EU** (oben Rz. 8/32ff.). Mit den ersten Harmonisierungsrichtlinien führte die EWG 1967 bis 1973 das in Frankreich bewährte **System der Mehrwertsteuer** (Nettoallphasensteuer) ein, das u. a. in Deutschland die Bruttoallphasensteuer ablöste. Beitrittsstaaten müssen dieses System als Teil des Acquis communautaire übernehmen. Bedeutsam war die 6. MwSt.-Richtlinie 77/388 (ABl. 1977, L 145/1, aufgehoben). Sie schuf eine weitgehende Angleichung der steuerlichen Bemessungsgrundlagen. Mittlerweile wurden die zahlreichen Änderungen in der Richtlinie über das gemeinsame Mehrwertsteuersystem – **Mehrwertsteuersystemrichtlinie** – („MwStSystRL") (RL 2006/112, ABl. L 347/1) konsolidiert (*Hundt-Eßwein,* UStB 2007, 224). Hierzu sind eine umfassende Durchführungs-VO (zuletzt VO 282/2011, ABl. L 77/1; vgl. *Lamensch,* EC Tax Review 2011, 162; *Korn/Robisch,* DStR-Beih 2011, 29) sowie eine Verordnung zur Zusammenarbeit der Verwaltungsbehörden ergangen (VO 904/2010, ABl. L 268/1). Zur Harmonisierung der Umsatzsteuersätze wurde durch die Steuersatz-Richtlinie (RL 2010/88, ABl. L 326/1) ein Normaltarif mit einem **Mindestsatz von 15%** festgelegt, der alle zwei Jahre überprüft werden soll. Er galt zunächst befristet bis 31.12.2015, wurde fortlaufend jeweils um zwei weitere Jahre verlängert und im Jahr 2018 schließlich dauerhaft eingeführt (RL 2018/912, ABl. L 162/1). Die MwStSystRL erlaubt zahlreiche Ausnahmen und die Anwendung ermäßigter Steuersätze.

Die KOM hat 2017 eine umfassende Reform des Mehrwertsteuersystems vorgestellt, die schrittweise bis 2022 umgesetzt werden soll (COM(2017) 567, 568 und 569). Erklärtes Ziel ist die Schaffung eines endgültigen und einheitlichen europäischen Mehrwertsteuerraums (Aktionsplan von 2016, COM(2016) 148 final). Im Zentrum steht die Besteuerung innergemeinschaftlicher Lieferungen. Statt des ursprünglich geplanten Ursprungslandprinzips wird darin das Bestimmungslandprinzip festgelegt: Die Mehrwertsteuer soll allein in dem MS anfallen, in dem die Ware verbraucht wird, und auch an diesen MS abgeführt werden. Es gilt der in diesem MS festgelegte Steuersatz. Auf diese Weise soll es nur noch eine „Lieferung innerhalb der Union" geben, der Verkauf von Waren in ein anderes EU-Land soll auf die gleiche Weise besteuert werden wie der Verkauf innerhalb eines MSes. Koordiniert werden soll dies durch zentrale Anlaufstellen in den MS (sog. „One Stop Shops"). Bis 2022 sollen auch Dienstleistungen in dieses System aufgenommen werden.

Große Bedeutung hat das 2003 eingeführte **EMCS („Excise Movement and Control System",** Beschl. 2003/1152, ABl. L 162/5; neugefasst mit Beschl. 2020/263, ABl. L 58/43). Mit diesem IT-gestützten System wird die Beförderung verbrauchssteuerpflichtiger Waren kontrolliert. Ab 1.4.2010 sind an die Stelle von Papierformularen, die bis dahin die Beförderungen begleiteten, elektronische Mitteilungen des Versenders an den Empfänger über die Verwaltungen der MSen getreten. Darüber hinaus widmet sich die EU etwa der Bekämpfung des Steuerbetrugs. Es bedarf noch erheblicher Anstrengungen, um den Abbau der Umsatzsteuergrenzen im Binnenmarkt zu vollenden.

50 Neben der Umsatzsteuer als der vom Steueraufkommen und von der Zahl der erfassten besteuerten Geschäfte bedeutendsten Verbrauchssteuer gab es in den MSen **eine Vielzahl sonstiger Verbrauchs- und Verkehrssteuern.** Sie trafen zwar jeweils nur bestimmte Teilmärkte. Ihre Wirkung auf den grenzüberschreitenden Warenverkehr und auf die Wettbewerbsposition der Unternehmen war gleichwohl nicht zu unterschätzen. Andererseits sind diese Steuern in manchen MSen von großer fiskalischer Bedeutung. Aus den Gesichtspunkten des Binnenmarkts bedürfen insbesondere **die Kfz-**

Steuern, die Versicherungsvertrags- und Kapitalverkehrssteuern sowie die Verbrauchsteuern auf Tabakwaren, auf Alkohol, Wein und Bier sowie auf Mineralölerzeugnisse der Harmonisierung. Lokal begrenzte Steuern (z. B. Vergnügungssteuer) können dagegen unter Unionsgesichtspunkten vernachlässigt werden; in vielen MSen bestehen Bagatellsteuern fort (z. B. Salz-, Essig-, Kaffeesteuern), deren Beseitigung politisch angestrebt werden sollte.

Nachdem die Harmonisierung der Verbrauchs- und Verkehrssteuern infolge der in 51 den MSen sehr unterschiedlichen Rechtslagen lange stagniert hatte, brachte der Beginn des Binnenmarkts am 1.1.1993 Fortschritte. Die „System-RL" 92/12 (ABl. L 76/1; ersetzt durch RL 2008/118, ABl. 2009, L 9/12; neugefasst durch RL 2020/262, ABl. 58/4, die bis Ende 2021 umzusetzen und ab dem 13.02.2013 anzuwenden ist) ermöglichte eine Einigung auf ein „Konzept der Flexibilität" (Mindeststeuersätze und Bandbreiten sowie einheitliches Beförderungs- und Kontrollsystem). Eine Reihe von Steuersatz- und Struktur-RLen brachten Kompromisse bei den einzelnen Steuern (*Sievert,* ZfZ 1992, 98). Eine erste Angleichung durch die o. g. RLen erfolgte bei den Verbrauchsteuern auf **Tabakwaren** (*Scheuer,* ZfZ 2006, 2), **Alkohol,** alkoholische Getränke und **Mineralöl.** Andere, weniger „grenzübertrittrelevante" Steuern wie in Deutschland die Kaffee- und Erdgassteuer blieben im Gegensatz zu Bagatellsteuern erhalten. Die sehr ausdifferenzierten Einzelregelungen führten bisher zu einer recht begrenzten Harmonisierung. Bei den Steuersätzen bleiben zahlreiche Unterschiede zwischen den MSen bestehen. Im Bereich der **Verkehrssteuern** versucht die EU vor allem, Diskriminierungen und Doppelbesteuerungen im Bereich des Gesellschafts- und Kapitalmarktrechts zu bekämpfen (RL 2008/7, ABl. L 46/11). Dies führt etwa dazu, dass „Gebühren" für Handelsregistereintragungen und Tätigkeiten beamteter Notare als indirekte Steuern qualifiziert und nur aufwandsbezogen anerkannt werden (EuGH, 21.3.2002, Rs. C-264/00, „Gründerzentrum" [bad.-württ. Amtsnotare]; *Sandweg,* NJW 2008, 410). Die Angleichung bei den **Versicherungssteuern** und **Kfz-Steuern** steht noch in den Anfängen.

Seit 2011 wird von der KOM die Einführung einer **Finanztransaktionssteuer** voran- 52 getrieben (erster Vorschlag KOM(2011) 594 endg.). Aufgrund von Meinungsverschiedenheiten zwischen den MSen konnte die KOM ihren Vorschlag nicht realisieren. Stattdessen stellten elf MSen, darunter Deutschland und Frankreich, einen Antrag auf Verstärkte Zusammenarbeit (*Lappas/Ruckes,* IStR 2013, 117 (120) und 255). Daraufhin erließ die KOM einen Vorschlag für die Richtlinie des Rats über die Umsetzung einer Verstärkten Zusammenarbeit im Bereich der Finanztransaktionssteuer (COM(2013) 71). Der Vorschlag beschränkte das Steuergebiet für die Finanztransaktionssteuer auf die teilnehmenden Staaten. Eine hiergegen erhobene Klage des Vereinigten Königreichs, das eine mittelbare Bindung an die RL fürchtete, wies der EuGH als unzulässig zurück (EuGH, 30.4.2014, C-209/13, „Finanztransaktionssteuer"). Der Vorschlag erwies sich aber nicht als politisch konsensfähig (siehe *Wernsmann/Zirkl,* EuZW 2014, 167). In der Zwischenzeit haben sowohl Frankreich (zum 1.8.2012) als auch Italien (zum 1.1.2013) nationale Finanztransaktionssteuern eingeführt, in anderen MS wurde eine Börsenumsatzsteuer eingeführt (etwa in Belgien, Finnland und Griechenland). Gegenwärtig wird weiterhin unter zehn MSen über die Einführung der Steuer diskutiert (Stand: Herbst 2020); sie soll nunmehr allein Käufe und Verkäufe von Aktien betreffen; die Höhe ist weiterhin offen.

53 Im Gespräch sind auch andere neue Steuern. So wird über die Einführung einer unionsweiten **Digitalsteuer** diskutiert, die auf Arbeiten der OECD aufbauen soll. Einen ersten Vorschlag hat die KOM 2018 unterbreitet (COM(2018) 148 final; *Kokott,* IStR 2019, 123; *Philipp,* WuZW 2019, 139)); sie hat ein Steueraufkommen von etwa fünf Milliarden Euro in Aussicht gestellt. Im von KOM und Rat vorgestellten Wiederaufbaufond im Zuge der Krisenbewältigung der COVID-19-Pandemie ist nunmehr eine Einführung der Digitalsteuer bis 1.1.2023 vorgesehen (COM (2020) 456 final, Rat EUCO 10/20). Ein Aktionsplan für eine faire und einfache Besteuerung der KOM vom Juli 2020 stellt erste Überlegungen an (COM(2020) 312 final). Frankreich hat 2018 eine Digitalsteuer eingeführt, diese jedoch bis Jahresende 2020 ausgesetzt. In Österreich trat eine solche 2020 in Kraft. Auch über die Reform der **Körperschaftssteuer** für Unternehmen, die besonders vom EU-Binnenmarkt profitieren, wird diskutiert (siehe auch Rz 35/61).

54 Neue Antriebe für EU-Steuerharmonisierungen können sich auch aus der EU-Umweltpolitik (oben Rz. 33/13 ff.) ergeben. In Aufnahme der Diskussion um die Verringerung von Emissionen, die für den global schädlichen „Treibhauseffekt" verantwortlich sind, schlug die KOM erstmals 1992 eine **Steuer auf Kohlendioxyd-Emissionen (CO_2) und Energie** vor. Nach umfangreichen Änderungen wurde schließlich eine Richtlinie zur Erweiterung des Anwendungsbereichs des vorhandenen gemeinschaftlichen Verbrauchssteuersystems über die Mineralöle hinaus auf alle Energieerzeugnisse, z. B. Kohle, Erdgas und elektrischer Strom, sowie zur Anhebung der betreffenden gemeinschaftlichen Mindeststeuersätze erlassen (RL 2003/96, ABl., L 283/51). Im April 2011 hat die Kommission den Vorschlag für eine Überarbeitung des Systems vorgelegt (KOM(2011) 169 endg.); nach dem Vorschlag sollen in Zukunft sowohl die CO_2-Emissionen als auch der Energiegehalt der erfassten Erzeugnisse Berücksichtigung finden. Im Vorschlag der KOM zur Bewältigung der sozioökonomischen Folgen der COVID-19-Pandemie ist eine Abgabe auf **nicht recycelte Verpackungen** vorgesehen, die bereits ab 1.1.2021 gelten soll. Ein **CO_2-Grenzsteuersystem** soll bis spätestens 1.1.2023 eingeführt werden (COM (2020) 456 final).

55 Schon vor dem Binnenmarkt 1993 gab es besondere Steuerbefreiungstatbestände für sog. „nichtkommerzielle Einfuhren" (Touristeneinkäufe, private Geschenksendungen). Die Unionsbürger sollten „Europa" bei ihren privaten Besuchsreisen erleben. Seit dem Beginn des Binnenmarkts und dem grundsätzlichen Wegfall der Grenzkontrollen gilt für den innerunionalen nichtkommerziellen Reiseverkehr und für private Geschenksendungen bereits das **Ursprungslandprinzip.** Der Privatmann kann Waren in anderen MSen für seinen persönlichen Gebrauch grundsätzlich ohne wert- und mengenmäßige Beschränkung erwerben und in einen anderen MS verbringen. Es findet für ihn andererseits keine Steuerentlastung mehr statt (zu gewissen Sonderregelungen: *Europäische Kommission,* Unterwegs in Europa, 2008).

3. EU-Recht und direkte Steuern

Literatur: *Helmke,* Die Finanzkompetenzen der Europäischen Gemeinschaft, 2009; *Lampert,* Perspektiven der Rechtsangleichung auf dem Gebiet der direkten Steuern in der Europäischen Union, EuZW 2013, 493; *Lang,* Direkte Steuern und EU-Steuerpolitik – Wo bleiben die Visionen?, IStR 2013, 365; *Mitschke,* Direktes Europäisches Steuerrecht auf Schlingerkurs?, IStR 2014, 37; *Wittenstein,* Eine aktuelle Momentaufnahme zur Steuergestaltung mit hybriden Finanzinstrumenten, IStR 2015, 160; *Binder,* Rechtsangleichung in der EU im Bereich der direkten Steuern: Analyse der Handlungsformen unter besonderer Berücksichtigung des Soft Law, 2017; *Haase,* Internationales und Europäisches Steuerrecht, 6. Aufl. 2020.

a) Kompetenzen

56 Direkte Steuern, die von den wirtschaftlich Betroffenen unmittelbar erhoben werden, wirken sich nicht in der gleichen Weise unmittelbar auf den innerunionalen Wirt-

schaftsverkehr aus wie indirekte Steuern. Eine Angleichung gebietet sich – ungeachtet des Umstands, dass die Art und Höhe der **direkten Unternehmensbesteuerung** binnenmarktrelevant ist – *prima facie* nicht. Gleichwohl beschäftigen sich die Unionsorgane, nicht zuletzt auf Druck von Hochsteuerländern, schon seit langem mit den Möglichkeiten einer überstaatlichen Angleichungspolitik („Neumark Bericht" 1962, „Van den Tempel Bericht" 1970; Vorschlag für eine Angleichung der Steuersätze 1975). Direkte Steuern können **Lenkungsmittel** der nationalen Haushalts-, Konjunktur- und Sozialpolitiken sein. Als faktorbezogene Steuern beeinflussen sie ganz wesentlich **Standortwahl und Investitionsverhalten der Unternehmen** (Rz. 35/8).

Die direkten Steuern sind nicht in die Harmonisierungskompetenz des Art. 113 AEUV einbezogen. Es findet die **allgemeine Rechtsangleichungskompetenz** nach Art. 115 AEUV (Rz. 32/17) auf sie Anwendung. Ferner kann die **Vertragsabrundungskompetenz** nach Art. 352 AEUV (Rz. 32/31) herangezogen werden. Die „Binnenmarktrechtsangleichung" nach Art. 114 AEUV ist im Steuerbereich ausgeschlossen (Art. 114 Abs. 2 AEUV). Der Rat entscheidet stets **einstimmig** (Art. 115, 352 Abs. 1 AEUV). Die EU-Organe greifen teilweise auf das **Instrument weicher Steuerung** zurück (z. B. „Verhaltenskodex für die Unternehmensbesteuerung" 1998). 57

Der Gerichtshof hat in einer umfangreichen Rspr. (*Cordewener,* Europäische Grundfreiheiten und nationales Steuerrecht, 2002; zum Drittstaatenverhältnis: *Lang/Pistone* (Hrsg.), The EU and Third Countries: Direct Taxation, 2007) klargestellt, dass die MSen ihre nationale Steuerhoheit unter Achtung des **allgemeinen Diskriminierungsverbots (Art. 18 AEUV) und der vier Grundfreiheiten des Vertrags** ausüben müssen. Grundsätzliches Ziel ist eine hinreichende Angleichung, um im Binnenmarkt auf Dauer die in Art. 26 Abs. 2 AEUV skizzierten Verhältnisse herzustellen (*De Weerth,* RIW 2003, 131; Rz. 35/9). Der EuGH versucht einem diskriminierenden Verhalten der MSen durch eine breite Anwendung der Grundfreiheiten entgegenzuwirken. Diese Rechtsprechung stößt aufgrund des darin liegenden nicht unerheblichen Eingriffs in die mitgliedstaatliche Besteuerungshoheit teilweise auf erhebliche Kritik (*Graetz/Warren,* CMLRev 2007, 1577). Dieser Konflikt verschärft sich noch einmal, wenn es um die steuerliche Behandlung von Einkünften aus Nicht-EU-Staaten geht, die grundsätzlich ebenso vom Schutzbereich der Kapitalverkehrsfreiheit umfasst werden (*O'Brien,* BTR 2008, 628). 58

Die KOM sieht vor allem Koordinierungsbedarf (COM(2020) 312 final). Darüber hinaus sieht sie es als besonders wichtig an, steuerliche Hindernisse zu beseitigen, auf die Bürger und Unternehmen bei der grenzüberschreitenden Wirtschaftstätigkeit stoßen. In begrenztem Umfang widmet sie sich auch der Bekämpfung „schädlichen Steuerwettbewerbs", jüngst auch über eine geplante Anwendung von Art. 116 AEUV. 59

b) Die Besteuerung der Einkünfte natürlicher Personen

Die **Steuern auf Einkünfte natürlicher Personen** (insbesondere die Einkommens-, Lohn-, Vermögenssteuern) sind kaum binnenmarktrelevant. Ihre Anpassung ist aus sozialpolitischen Gründen nur insoweit erforderlich, als durch grenzübergreifende Anknüpfungspunkte bestimmter Steuerregelungen z. B. **Wanderarbeitnehmer und Grenzgänger** im Vergleich zu anderen steuerpflichtigen Arbeitnehmern benachteiligt werden. Hier sucht der Gerichtshof mit seiner o. g. Rspr. zum allgemeinen Diskriminierungsverbot und zu den Grundfreiheiten Abhilfe zu schaffen (z. B. EuGH, 60

25.1.2007, Rs. C-329/05, „Meindl"; oben Rz. 35/9). Die Beseitigung der sich bei grenzübergreifenden Anknüpfungspunkten ergebenden Hindernisse, bspw. Doppelbesteuerung, komplizierte Rückerstattungsverfahren in den einzelnen MSen und Schwierigkeiten bei der Informationsbeschaffung über die Steuersysteme der jeweiligen MSen (Intransparenz), steht im Mittelpunkt der im Dezember 2010 veröffentlichten Strategie der KOM für einfache, faire und effiziente Steuersysteme der MSen (KOM(2010) 769).

c) Unternehmensbesteuerung

61 Ungeachtet der Bedeutsamkeit für den Binnenmarkt ist die Harmonisierung direkter Unternehmenssteuern bislang noch kaum vorangekommen. Mannigfache Widerstände aus den MSen verhinderten bisher die von der KOM unternommenen Anläufe (u. a. Rahmenprogramm 1967, *Delors*-Weißbuch 1985, Vorschläge des *Ruding*-Ausschusses 1992). Ein „Maßnahmenpaket zur Bekämpfung des schädlichen Steuerwettbewerbs", das der Rat am 1.12.1997 verabschiedet hatte (ABl. 1998, C 2/1), mündete 1998 in einen **Verhaltenskodex für die Unternehmensbesteuerung** (ABl. 1998, C 2/2). Er stellt eine politische Vereinbarung dar, mit der die MSen Steuerdumping zu Lasten anderer MSen verhindern wollen. Der Kodex wird flankiert von einer Mitteilung der KOM über **staatliche Beihilfen auf steuerlichem Gebiet** (ABl. 1998, C 384/3). 2017 wurde ein Verhaltenskodex zur Quellensteuer vorgestellt (Ref. Ares (2017) 5654449). Darüber hinaus verfolgte die KOM Pläne, zunächst wie bei der Umsatzsteuer die **Bemessungsgrundlagen für die Unternehmenssteuern** zu harmonisieren (oben Rz. 35/8). Bei der Harmonisierung der Unternehmens(Körperschafts)steuern muss die Vermeidung von **Doppelbesteuerungseffekten** mitbedacht werden (*Heydt,* EuZW 2000, 33; *Kofler,* Doppelbesteuerungsabkommen und Europäisches Gemeinschaftsrecht, 2007). Manche MSen haben aufgrund des Stockens der Harmonisierungsbemühungen den Weg bilateraler Kooperation beschritten; so Deutschland und Frankreich auf dem Gebiet der Unternehmensbesteuerung (s. Grünbuch der Deutsch-Französischen Zusammenarbeit – Konvergenzpunkte bei der Unternehmensbesteuerung v. 1.2.2012; zur Zulässigkeit bilateraler Kooperation im Bereich der direkten Steuern s. *Lampert,* EuZW 2013, 493). Mit der Digitalisierung haben sich weltweit hochprofitable und multinationale Unternehmen gebildet. Dies wirft neue Fragen der Unternehmensbesteuerung auf, über die inzwischen auch innerhalb der OECD und der G20 in einem speziell eingerichteten Forum (**Base Erosion and Profit Shifting** – BEPS Inclusive Forum) debattiert wird. Nach einem von diesem Forum präsentierten Vorschlags von 2019 muss es darum gehen, Unternehmen dort besteuert werden, wo sie tatsächlich ihren Umsatz erzielen – unabhängig von der physischen Präsenz. Der Vorschlag wir derzeit einem öffentlichen Konsultationsverfahren unterzogen. Ein aktualisierter Aktionsplan der KOM zur Unternehmenssteuerreform, der sich auf die Vorschläge des Forum stützen soll, ist für Ende 2020 geplant (COM(2020) 312 final).

4. Zusammenarbeit der Finanzverwaltungen

Literatur: *Schön,* Gestaltungsmissbrauch im europäischen Steuerrecht, 1996; *Saß,* Verhältnis der steuerrechtlichen Antiumgehungsvorschriften zu den EU-Grundfreiheiten, DB 1997, 2250; *Gibhardt,* Hinterziehung von Umsatzsteuern im europäischen Binnenmarkt, 2001; *Benz/Böhm,* Aktueller Stand der steuerpolitischen Vorhaben der EU, DB 2015, 1679; *Heintzen,* Europäisierung des Steuerverfahrensrechts?, DStZ 2015, 264.

Die Angleichung des materiellen Steuerrechts der MSen bedingt eine **gewisse Harmonisierung des Steuerverwaltungsrechts** (vgl. *Heintzen,* DStZ 2015, 264). Nur die einheitliche Anwendung der Steuervorschriften und die regelmäßige Durchführung steuerlicher Kontrollen, etwa im Rahmen von Betriebsprüfungen, gewährleisten eine gleiche steuerliche Effektivbelastung der Steuerpflichtigen. Bestimmungen über das Steuerverfahren sind in den gemeinschaftsrechtlichen Harmonisierungsrichtlinien allerdings nur sehr vereinzelt enthalten. 62

Das Hauptaugenmerk der EU galt bisher noch nicht dem Aufbau einer steuerlichen „Binnenverwaltung", sondern vielmehr der Förderung der **Zusammenarbeit zwischen den Finanz(Steuer)verwaltungen** der MSen. Mit Hilfe eines umfassenden Informations- und Erfahrungsaustausches und der raschen Gewährung von Amtshilfe bei der Vollstreckung von Steuerschulden („Eurofisc") soll, nicht zuletzt auch im Interesse der Steuergleichheit und der Sicherung der Eigeneinnahmen der EU, der internationalen Steuerflucht und Steuerumgehung ein Riegel vorgeschoben werden. Am 6.12.2012 hat die KOM ihren Aktionsplan zur Bekämpfung von Steuerbetrug und -hinterziehung vorgelegt (COM(2012) 722 endg.; hierzu *Lang,* IStR 2013, 365). Die Umsetzung der darin enthaltenen Maßnahmen ist noch nicht abgeschlossen, zeigt aber erste Erfolge (*Benz/Böhmer,* DB 2015, 1679). Bemühungen gelten über die illegale Steuerhinterziehung hinaus der Entwicklung eines **allgemeinen Verbots der Steuerumgehung** als Grundsatz des Unionrechts (*Schön,* Gestaltungsmissbrauch im europäischen Steuerrecht, 1996). Zur Erreichung gesteigerter Transparenz in Steuerangelegenheiten legte die KOM am 18.3.2015 ein Maßnahmenpaket vor (COM (2015) 136 endg.), dessen Kernpunkte unter anderem eine Verbesserung des Informationsaustausches sowie vorgeschlagene Änderungen der EU-Amtshilferichtlinie sind (hierzu COM(2015) 135 endg.). Ebenfalls im März 2015 hat die KOM ein Steuerabkommen mit der Schweiz unterzeichnet (es handelt sich um die von der OECD entwickelte Mehrseitige Vereinbarung über den Automatischen Informationsaustausch MCAA, die globale Standards zum automatischen Informationsaustausch in Steuersachen (CRS) zusammenfasst und der auch andere (Dritt)Staaten angehören); seit 1.1.2017 tauschen die MSen und die Schweiz automatisch Kontodaten aus, um so Steuerhinterziehung zu bekämpfen. Im Februar 2016 folgte ein Steuerabkommen zwischen der EU und Andorra, welches ebenfalls zum automatischen Informationsaustausch über Finanzkonten verpflichtet. 63

Wesentliche Rechtsgrundlagen sind die **Amtshilfe-Richtlinie** 77/799 (ABl., L 336/15, Änderungen; zum 1.1.2013 ersetzt durch RL 2011/16, ABl. L 64/1), die VO 389/2012 vom 2.5.2012 über die Zusammenarbeit der Verwaltungsbehörden (ABl. L 121/1) und die VO 904/2010 über die Zusammenarbeit der Verwaltungsbehörden und die Betrugsbekämpfung auf dem Gebiet der Mehrwertsteuer (ABl. L 268/1). Dieses sieht etwa ein Mehrwertsteuerinformationsaustauschsystem (MIAS) vor. Im Rahmen des als Frühwarnsystem angelegten Netzwerks **Eurofisc** zur Bekämpfung des Mehrwertsteuerbetrugs tauschen MS seit 2011 gezielt Informationen zum grenzüberschreitenden Umsatzsteuerbetrug aus. Die zwischenstaatliche Zusammenarbeit wird fortlaufend ausgebaut. 64

IV. Ausblick

Insgesamt befindet sich die Unionsaktion im steuerlichen Bereich **in einem unvollendeten Stadium mit ungewissen Zukunftsaussichten.** Vergleichsweise weit fortgeschritten ist man im Bereich der Umsatzsteuer. Dort sind die MSen an die umfangreichen Vorgaben der MwStSystRL gebunden. In Deutschland wird die MwStSystRL 65 als „Grundgesetz des Umsatzsteuerrechts" bezeichnet und die Umsatzsteuer als eine „europäische Steuer" angesehen (*Mellinghoff,* UR 2013, 5, 15). Bis heute ist die Vollendung des Binnenmarkts und der **allmähliche Abbau und Wegfall der Steuergrenzen** aber noch nicht abgeschlossen. Zugleich hat die verstärkte Betonung des Subsidiaritätsprinzips seit den neunziger Jahren vielerorts die Neigung verstärkt, mehr auf den **Wettbewerb der EU-Steuersysteme** als auf eine vollumfängliche Steuerharmonisierung zu setzen. Dies gilt vor allem für die direkten Steuern. Obwohl die KOM in ihren „Strategiepapieren" 2001/2002 und 2005 über die künftige EU-Steuerpolitik früheren Ehrgeiz zurückgenommen hatte, legte die KOM in verschiedenen Aktionsplänen ab 2010 dar, wie steuerliche Hindernisse beseitigt werden können, die EU Bürger in grenzübergreifenden Situationen davon abhalten, vom Binnenmarkt zu profitieren. Hierzu gehören insbesondere Doppelbesteuerung, komplizierte Rückerstattungsverfahren und Intransparenz hinsichtlich der einzelnen Steuersysteme der MSen (s. KOM(2010) 769 endg.; SEC(2010) 1574; KOM (2009) 201 endg.). Diese Strategie ist Teil der „Europa 2020 Strategie" mit der ein nachhaltiges Wachstum und ein tiefergreifender Binnenmarkt in der EU verfolgt werden. In den jüngeren Aktionsplänen wird auch die Bekämpfung von Steuerbetrug, Steuervermeidung und Steuerhinterziehung in den Fokus gerückt. Ein Ausbau der Koordinierung der Steuerpolitik in den MSen würde dieses Ziel unterstützen. Soweit es die Unternehmensbesteuerung betrifft, konzentriert sich die KOM darauf, Unternehmen, die im Binnenmarkt agieren, eine gemeinsame Steuerbemessungsgrundlage zur Verfügung zu stellen. Dies kommt insbesondere in dem im Jahr 2015 angenommenen Aktionsplan für eine faire und effiziente Unternehmensbesteuerung in der EU zum Ausdruck (COM(2015) 302 endg.). Der Binnenmarkt wird nicht funktionieren, wenn die MSen ihre steuerpolitischen Befugnisse als unfaires Anreizmittel zur Förderung ihrer Investitionspolitik nutzen. Als neue Herausforderung steht eine Reform des Unternehmenssteuerrechts, das der aktuellen Architektur digitaler Großunternehmen gerecht wird, am Horizont.

§ 36. Verbraucherschutz, geistiges Eigentum, Gesellschaftsrecht, Kollisions- und Prozessrecht: Zur Europäisierung des Privatrechts

I. Grundsatzfragen

Literatur: *Suhr,* Richtlinienkonforme Ausgestaltung im Privatrecht und nationale Auslegungsmethodik, 2012; *v. Bar,* Privatrecht europäisch denken!, JZ 2014, 473; *Kohler/Puffer-Mariette,* EuGH und Privatrecht, ZEuP 2014, 696; *Lippstreu,* Wege der Rechtsangleichung im Vertragsrecht, 2014; *Kötz,* Europäisches Vertragsrecht, 2. Aufl. 2015; *Schmidt-Kessel,* Europäisches Vertragsrecht, in: Riesenhuber (Hrsg.), Europäische Methodenlehre, 3. Aufl. 2015, § 17; *Gebauer/Teichmann* (Hrsg.), Europäisches Privat- und Unternehmensrecht, EnzEuR VI, 2015; *Heiderhoff,* Europäisches Privatrecht, 4. Aufl. 2016; *Heinze,* Schadensersatz im Unionsprivatrecht, 2016; *Stempel,* Treu und Glauben im Unionsprivatrecht, 2016; *Langenbucher* (Hrsg.), Europäisches Privat- und Wirtschaftsrecht, 4. Aufl. 2017; *Schulze/Zoll,* Europäisches Vertragsrecht, 2. Aufl. 2017; *Lüttringhaus,* Vertragsfreiheit und ihre Materialisierung im Europäischen Binnenmarkt, 2018; *Ackermann,* Sektorielles Recht und Privatrechtssystem, ZEuP 2018, 741; *Basedow,* Sektorielle Politiken und Privatrechtssystematik, ZEuP 2018, 782; *Wagner,* Zwingendes Vertragsrecht, ZEuP 2018, 821; *d'Avout,* Das erstaunliche Projekt eines europäischen Wirtschaftsgesetzbuches, ZEuP 2019, 653; *Fauvarque-Cosson* u. a., Droit européen des contrats, 2019.

1. Grundprobleme der Privatrechtsharmonisierung

Während die Regelungen über den Raum der Freiheit, der Sicherheit und des Rechts 1 (RFSR) für eine Harmonisierung oder zumindest Koordinierung im Prozess- und Kollisionsrecht eine klare Kompetenzgrundlage enthalten (Art. 81 AEUV, Rz. 36/35 ff.), stellt die Angleichung des materiellen Privatrechts ein **komplexes Unterfangen** dar. Die im öffentlichen Recht praktikable gegenseitige Anerkennung hoheitlicher Akte ist hier wegen der zentralen Bedeutung privatautonom geschlossener Verträge nur zum Teil vielversprechend. Es bleibt die **Harmonisierung.** Eine umfassende Kompetenz besteht hierfür nicht; es können nur verschiedene Einzelkompetenzen genutzt werden. Im Vordergrund steht Art. 114 AEUV (Rz. 32/8 ff.).

In der Konsequenz ist die Praxis von einem punktuellen Herangehen geprägt; es 2 dominieren RLen zu **einzelnen Komplexen,** bei denen der **Verbraucherschutz** (Rz. 36/5 ff.) und **Einzelbereiche des Wirtschaftsrechts** (Rz. 36/21 ff.) im Vordergrund stehen. Die damit verbundenen Eingriffe in die vielfach von systematischen Kodifikationen geprägten, **traditionsreichen nationalen Zivilrechtsordnungen** werfen Probleme auf – auch soweit diese nationalen Ordnungen in ihren Grundorientierungen auf das römische Recht und damit gewissermaßen auf eine einheitliche Quelle zurückgehen. Zudem ist es schwierig, für die europäische Ebene zu allgemein akzeptierten Definitionen und Abgrenzungen zu gelangen. Ferner sind die verschiedenen EU-Kompetenzen jeweils von bestimmten inhaltlichen Zielsetzungen geprägt, die nicht ohne Einfluss auf die jeweiligen Rechtsakte geblieben sind. Dies aber kollidiert mit dem traditionellen (wenn auch nicht immer zutreffenden) Selbstverständnis des Privatrechts als wertneutraler, vorrangig von der Privatautonomie geprägter und zudem systematisch kodifizierter Ordnung (*v. Danwitz,* ZEuP 2010, 463).

Diesen Problemen würde man Rechnung tragen und zugleich ein für den Bürger erfahrbares Werk europäischer Rechtseinheit schaffen, realisierte man eine umfassende, aber ohne eine entsprechende neue Kompetenz nicht zu realisierende Privatrechtsangleichung in Form eines **Europäischen Zivilgesetzbuches** („European Civil Code", *Lando,* RIW 2003, 1).

2. Bemühungen um eine umfassendere Kodifikation

Literatur: *Eidenmüller* u. a., Der Gemeinsame Referenzrahmen für das Europäische Privatrecht, JZ 2008, 529; *v. Bar* u. a. (Hrsg.), Der akademische Entwurf für einen Gemeinsamen Referenzrahmen: Kontroversen und Perspektiven, 2009; *Mance,* The Common Frame of Reference, ZEuP 2010, 457; *Storme/Terryn* (Hrsg.), The Common Frame of Reference, 2012; *van Erp* (Hrsg.), The future of European property law, 2012; *Fleischer,* Optionales europäisches Privatrecht („28. Modell"), RabelsZ 2012, 235; *Schmidt-Kessel* (Hrsg.), Ein einheitliches europäisches Kaufrecht?: Eine Analyse des Vorschlags der Kommission, 2012; *Schulze* (Hrsg.), Common European Sales Law, 2012; *Ganuza/Gomez,* Optional law for firms and consumers, CMLRev 2013, 11; *Ghazan/Arndt,* Das Gemeinsame Europäische Kaufrecht, 2014; *Pinkel/Schmid/Falke* (Hrsg.), Funktionalität und Legitimität des Gemeinsamen Europäischen Kaufrechts, 2014; *Wulf,* Institutional competition between optional codes in European contract law: a theoretical and empirical analysis, 2014.

Seit Ende der 1980er Jahre wurde das ehrgeizige Projekt einer großen Kodifikation des europäischen Pri- 3 vatrechts erörtert. Mittels einer Analyse der nationalen Rspr. und Wissenschaft wurde zunächst ein **„gemeinsamer europäischer Rechtsbestand"** („Principles of European Contract Law" – PECL) herausgearbeitet. Anschließend wurde (auf der Grundlage eines im Rahmen der europäischen Forschungsförderung finanzierten Vorhabens) ein von Wissenschaftlern erarbeiteter Entwurf für einen Gemeinsamen Referenzrahmen („Draft Common Frame of Reference" – DCFR) vorgelegt. Eine von der KOM eingesetzte Expertengruppe sollte einen **Gemeinsamen Referenzrahmen** („Common Frame of Reference") erarbeiten (Beschl. 2010/233, ABl. L 105/109). Ziel war ein „nicht verbindliches Paket von Grundprinzipien, Begriffsbestimmungen und Mustervorschriften ..., das von den Gesetzgebern auf Unionsebene herangezogen werden soll, um mehr Kohärenz und Qualität im Gesetzgebungsprozess zu gewährleisten." Da vor allem die Tätigkeit der Unternehmen im Binnenmarkt erleichtert werden sollte, konzentrierten sich die Überlegungen auf das Schuldrecht und den Allgemeinen Teil des Privatrechts, während Sachen-, vor allem aber Familien- und Erbrecht weitgehend ausgespart blieben.

4 Wesentlich bescheidener war der im Herbst 2011 vorgelegte Entwurf für ein **optionales Kaufrecht** (KOM (2011)635 endg.). Dieses sollte optional zur Verfügung stehen, also **neben die nationalen Rechte** treten, diese nicht verdrängen. Der Entwurf war – zu Unrecht – auf Art. 114 AEUV gestützt (vgl. auch Rz. 32/13). Wegen vielfältigen Widerstands wurde er wieder zurückgezogen. Derzeit konzentrieren sich die Harmonisierungsbemühungen daher auf eine Fortentwicklung des Status quo (Rz. 36/14).

II. Verbraucherschutz

Literatur: Zusammenstellungen der Literatur zum EU-Verbraucherschutz bei *Micklitz/Rott,* Verbraucherschutz, in: Dauses/Ludwigs (Hrsg.), HB EU-WirtschR, H V, 2013.

Weitere Titel: *Schulte-Nölke/Lubos* (Hrsg.), Perspectives for European Consumer Law, 2009; *Grigoleit,* Der Verbraucheracquis und die Entwicklung des Europäischen Privatrechts, AcP 2010, 354; *Devenney/Kenny,* European Consumer Protection Law, 2011; *Baumgartner/Brünner/Trüten* (Hrsg.), Verbraucherrecht der Europäischen Union, 2017; *Schulte-Nöltke,* Verbraucherrecht, in: Schulze u. a. (Hrsg.), Europarecht, 4. Aufl. 2020, § 24.

1. Grundlagen und Entwicklung der europäischen Verbraucherschutzpolitik

5 In der modernen Industrie- und Informationsgesellschaft stellt die Vielfalt des Angebotes und der damit verknüpften Bedingungen für den Verbraucher ohne entsprechende Informationen und sonstige Hilfe oft eine besondere Herausforderung dar. Damit wird vielfach eine besondere **Schutzbedürftigkeit des Verbrauchers** begründet mit der Folge, dass es in den MSen seit langem ein ausgefeiltes **Verbraucherrecht** gibt. Mit dem Aufbau des Binnenmarkts (vgl. auch Rz. 22/42) musste die EG Verbraucherschutz als **europäische Querschnittsaufgabe** begreifen, wie sie nunmehr in Art. 12 AEUV ausdrücklich verankert ist. Allerdings können einem weitreichenden Verbraucherschutz auch paternalistische Tendenzen innewohnen.

6 Die ersten einschlägigen Rechtsakte ergingen ohne gesicherte Rechtsgrundlage. Der Rat verabschiedete 1975 ein **erstes Verbraucherschutzprogramm** (ABl. 1975, C 92/1). In ihm wurden **fünf grundlegende Verbraucherrechte** („Kennedy-Rechte") postuliert, die bis heute maßgeblich sind: 1. auf Gesundheitsschutz und Sicherheit, 2. auf Schutz der wirtschaftlichen Interessen, 3. auf Schadenswiedergutmachung, 4. auf Unterrichtung und Bildung, 5. auf kollektive Interessenvertretung. Mit dem **Maastrichter Vertrag 1992** wurde der Verbraucherschutz als **ausdrückliche Aufgabe der EU** im Vertrag verankert. Besonderen Impetus verlieh der Etablierung des Verbraucherschutzes die Zusammenfassung der zuständigen Dienststellen der KOM in einer eigenen **Generaldirektion** 1995.

2. Grundfragen der europäischen Verbraucherschutzpolitik

Literatur: *Unberath/Johnston,* The double-headed approach of the ECJ concerning consumer protection, CMLRev 2007, 1237; *Arnold,* Vollharmonisierung im europäischen Verbraucherrecht, RIW 2009, 679; *Sonntag,* Das BGB unter europäischem Einfluss: eine Analyse der Mindest- und Vollharmonisierung von Richtlinien im Verbraucherprivatrecht, 2009; *Schwab/Verlage,* Optimaler Verbraucherschutz in Europa, EuZW 2010, 925; *Herresthal,* Die Ablehnung einer primärrechtlichen Perpetuierung des sekundärrechtlichen Verbraucherschutzniveaus, EuZW 2011, 328; *Benöhr,* EU Consumer Law and Human Rights, 2013; *Friant-Perrot,* Le consommateur vulnérable à la lumière du droit de la consommation de l'union européenne, RTDE 2013, 483; *Leczynskiewic/Weatherill,* The Images of the Consumer in EU Law, 2015;

Lurger, Die Dominanz zwingenden Rechts – die vermeintlichen und tatsächlichen Schattenseiten des EU-Verbraucherschutzrechts, ZEuP 2018, 788; *Schmitt,* Das unionsrechtliche Verbraucherleitbild, 2018.

a) Aufgaben des Verbraucherschutzes

Der Begriff des **Verbrauchers** ist nicht im AEUV definiert. Der EuGH versteht unter 7
ihm die **natürlichen Personen, die zu privaten Zwecken am Marktgeschehen teilnehmen** (EuGH, 3.7.1997, Rs. C-269/95, „Benincasa"; st. Rspr.). Für Art und Umfang des Verbraucherschutzes spielt das **Verbraucherleitbild** eine wichtige Rolle. Traditionell geht der Gerichtshof in st. Rspr. (z. B. EuGH, 3.7.1997, Rs. C-220/98, „Estée Lauder"; *Seibt,* GRUR 2002, 265) vom „aufgeklärten", d. h. vom **durchschnittlich informierten, aufmerksamen und verständigen Bürger** aus („Informationsmodell"). Er knüpft damit an englische und italienische Rechtstraditionen an, die der Erkenntnisfähigkeit des Verbrauchers mehr zutrauen als die traditionelle deutsche Auffassung mit ihrem Leitbild des „flüchtigen Verbrauchers". So wurde z. B. unzulässige Werbung in Deutschland bereits dann angenommen, wenn „nicht völlig unerhebliche Verkehrskreise" (ungefähr ab 10% der maßgeblichen Verbraucher) in die Irre geführt werden könnten. Konsequenz des europäischen Leitbildes ist der Vorrang hinreichender **Verbraucherinformation** gegenüber zwingenden Normen und Eingriffen als Instrument des Verbraucherschutzes. Der Gerichtshof spricht von einem **„Grundrecht"** des Verbrauchers auf angemessene Unterrichtung (EuGH, 7.3.1990, Rs. C-362/88, „GB-INNO-BM"). Bei der Auslegung des sekundärrechtlichen Verbraucherschutzrechts betont der EuGH allerdings regelmäßig die besondere Schutzbedürftigkeit des Verbrauches.

In Lichte dieses Verständnisses definiert Art. 169 Abs. 1 AEUV als **Aufgabe des Ver-** 8
braucherschutzes in Anlehnung an die „Kennedy-Rechte" von 1975 (Rz. 36/6) die Förderung der **Verbraucherinteressen** und Gewährleistung eines hohen Verbraucherschutzniveaus durch Schutz der **Gesundheit,** der Sicherheit und der **wirtschaftlichen Interessen** der Verbraucher sowie die Förderung ihrer Rechte auf Information, Erziehung und Bildung von Interessenvereinigungen. Ähnlich **gebietet Art. 38 GRC** ein hohes Verbraucherschutzniveau der Politiken der Union. Im Rahmen des **Lauterkeitsrechts** (Rz. 36/20) werden zudem über den Kreis der Verbraucher hinaus auch **Konkurrenten** vor unfairen Handelspraktiken geschützt.

b) Rechtsetzungskompetenzen im Bereich des Verbraucherschutzes (Art. 169 Abs. 2 und 3 AEUV)

Für die Rechtsetzung verweist Art. 169 Abs. 2 lit. a) AEUV auf die Befugnis zur 9
Rechtsangleichung im Binnenmarkt nach Art. 114 AEUV (oben Rz. 32/8 ff.). Die Verpflichtung auf ein hohes Schutzniveau gerade in diesem Bereich wird dort in Abs. 3 noch einmal ausdrücklich bekräftigt. Durch ein einheitliches Verbraucherschutzniveau soll die Bereitschaft gestärkt werden, grenzüberschreitend Waren zu erwerben und Dienstleistungen in Anspruch zu nehmen. Die Befugnis zum nationalen Alleingang nach Art. 114 Abs. 4–5 AEUV (Rz. 32/15 f.) kommt hingegen regelmäßig nicht zum Zuge, da mit Ausnahme des Gesundheitsschutzes die einschlägigen Rechtsgüter für den Verbraucherschutz ohne Bedeutung sind. Rechtsangleichung bedeutet hier also, soweit der jeweilige Rechtsakt nicht selbst anderes vorsieht, regelmäßig Vollharmonisierung (EuGH, 23.4.2009, verb. Rs. C-261/07 u. a., „VTB-VAB"). Daneben können **spezifische EU-Verbraucherschutzmaßnahmen** zur **Unterstützung, Ergänzung und Überwachung der Politik der MSen** beschlossen werden (Art. 169

Abs. 2 lit. b), Abs. 3 AEUV). Insoweit dürfen die MSen nach Abs. 4 auch vertragskonforme **strengere Verbraucherschutzmaßnahmen** beibehalten oder ergreifen. Die KOM ist zu unterrichten.

c) Sonstige vertragliche Regelungen zum Verbraucherschutz

10 Weiterhin ist der Verbraucherschutz Bestandteil anderer Unionspolitiken. Zu den Zielen der **Gemeinsamen Agrarpolitik** gehört nach Art. 39 Abs. 1 lit. e) AEUV die Belieferung der Verbraucher zu angemessenen Preisen (Rz. 24/7). Nach Art. 101 Abs. 3 AEUV sind im Rahmen des Wettbewerbsrechts der EU Kartelle zulässig, wenn sie u. a. eine angemessene Verbraucherförderung bewirken (Rz. 20/19; *European Commission,* EU competition policy and the consumer, 2004). Schließlich gehört zu den nationale Beschränkungen der Grundfreiheiten legitimierenden **„zwingenden Erfordernissen"** im Sinne der „Cassis de Dijon"-Rspr. zum Warenverkehr (Rz. 22/42) und vergleichbar zum Dienstleistungsverkehr (Rz. 25/19f.) auch der Verbraucherschutz einschließlich der Lauterkeit des Handelsverkehrs (EuGH, 9.7.1997, verb. Rs. C-34/95 u. a., „Konsumentenombudsman"; st. Rspr.).

3. Die sekundärrechtliche Ausformung der europäischen Verbraucherschutzpolitik

Literatur: *Weatherill,* The Consumer Rights Directive: How and why a request for „coherence" has (largely) failed, CMLRev 2012, 1279; *Koch,* Rechte des Unternehmers und Pflichten des Verbrauchers nach Umsetzung der Richtlinie über die Rechte der Verbraucher, JZ 2014, 758; *Mäller,* Die Umsetzung der Verbraucherrechterichtlinie im deutschen Recht, BB 2014, 1411; *Wagner,* Der Verbrauchsgüterkauf in den Händen des EuGH: Überzogener Verbraucherschutz oder ökonomische Rationalität?, ZEuP 2016, 87; *Trüten/Baumgartner* (Hrsg.), Verbrauchervertragsrecht der Europäischen Union, 2017; *Ahrends,* Das europäisierte Urlaubsrecht, 2019; *Augenhofer,* Die Reform des Verbraucherrechts durch den „New Deal", EuZW 2019, 5; *Bach,* Neue Richtlinien zum Verbrauchsgüterkauf und zu Verbraucherverträgen über digitale Inhalte, NJW 2019, 1705; *Schulze,* Die Digitale-Inhalte-Richtlinie, ZEuP 2019, 695; *Stabentheiner* u. a. (Hrsg.), Das neue europäische Gewährleistungsrecht, 2019; *Staudenmayer,* Die Richtlinien zu den digitalen Verträgen, ZEuP 2019, 664.

11 Die Setzung von Schwerpunkten des EU-Verbraucherschutzes durch **sekundäres Unionsrecht** orientiert sich an den fünf grundlegenden Verbraucherrechten (Rz. 36/6) und sucht den Schutz dabei auf hohem Niveau zu etablieren. Dabei ergeben sich immer wieder Konflikte zwischen sozial gemeinten Verbraucherschutzinteressen und den Binnenmarktfreiheiten. Die KOM bemüht sich derzeit, die früheren, vielfach nicht aufeinander abgestimmten Einzelrichtlinien im Sinne eines kohärenten Ganzen zu überarbeiten. Und während die bisherigen Vorschriften zumeist nur Mindestvorgaben enthielten, wird nunmehr häufiger zum Instrument der Vollharmonisierung gegriffen.

12 Werden wie vielfach RLen erlassen und erweist sich deren **Umsetzung als defizitär** (zu Beispielen Rz. 36/14), ist die Rechtsprechung gefordert, soweit möglich auch unter Einsatz der **Rechtsfortbildung** dies auszugleichen (beispielhaft BGHZ 179, 27 (2008) im Anschluss an EuGH, 17.4.2008, Rs. C-404/06, „Quelle"; dazu etwa zustimmend *Pfeiffer,* NJW 2009, 427; kritisch *Grosche/Höft,* NJW 2009, 2416). Das Verbot unmittelbarer Horizontalwirkung von RLen (Rz. 9/112) wird so in seiner Wirkung stark begrenzt. Immerhin gibt es anders als im Arbeitsrecht bislang keine Beispiele dafür, dass Grundrechte eingesetzt werden, um die fehlende Horizontalwirkung von RLen zu kompensieren.

a) Schutz der Gesundheit und Sicherheit der Verbraucher

Der Schutz der Gesundheit und der Sicherheit der Verbraucher ist ein besonders wichtiger Bestandteil der EU-Verbraucherpolitik. Güter und Dienstleistungen müssen so beschaffen sein, dass sie grundsätzlich beim Gebrauch **keine gesundheitlichen oder sonstigen Gefahren** verursachen. Hier ist zu verweisen auf die Regelungen zur **Angleichung technischer Normen im Binnenmarkt** (Rz. 22/50), insbesondere zum Lebensmittel- und zum Arzneimittelrecht (Rz. 33/59 ff.), und zur **Agrar-Rechtsangleichung** (Rz. 24/25). 13

b) Schutz der Wirtschaftsinteressen

Mit einer Vielzahl von Regelungen sucht die EU die **wirtschaftlichen Interessen der Verbraucher** zu schützen (Fundstellennachweis des EU-Rechts 15.20.40). Besonders wichtig sind Regelungen zum **Vertragsrecht.** 14

Anlass für eine grundlegende Umgestaltung des deutschen Schuldrechts war die mittlerweile ersetzte RL über den **Verbrauchsgüterkauf** (RL 1999/44, ABl. L 171/12; dazu etwa *Honsell*, JZ 2001, 278). Die **deutsche Umsetzung** dieser RL erwies sich in mehrfacher Hinsicht als **defizitär,** insbesondere mit Blick auf die Rechte des Verbrauchers nach Lieferung einer mangelhaften Sache. Erst mehrere EuGH-Urteile (zur Unzulässigkeit von Nutzungsentgelten beim Austausch mangelhafter Ware 17.4.2008, Rs. C-404/06, „Quelle" und zu im Rahmen von Austauschmaßnahmen erforderlichen Umbaumaßnehmen 16.6.2011, verb. Rs. C-65/09 u. a., „Gebr. Weber"; dazu *Lorenz*, NJW 2011, 2241) schufen hier Klarheit. Schließlich war die Beweislast im deutschen Recht falsch ausgestaltet (vgl. EuGH, 4.6.2015, Rs. C-197/13, „Faber"; dazu *Rott*, EuZW 2015, 560).

Aktuell sind zentral die beiden als Restbestände des gescheiterten optionalen Kaufrechts (Rz. 34/4) 2019 verabschiedeten RLen zum **Warenkauf** (RL 2019/771, ABl. L 136/28) sowie zur Inanspruchnahme **digitaler Leistungen** (RL 2019/770, ABl. L 136/1). Beide RLen regeln in der Systematik und den grundlegenden Wertungen parallel ausgestaltet vor allem die Rechte des Verbrauchers bei **Mängeln** der Ware bzw. Leistung. Inhaltlich wird vielfach die zur Vorgänger-RL ergangene Judikatur des EuGH aufgegriffen.

Daneben gibt es RLen zu eher spezifischen Problemen. Genannt seien etwa die 2008 neu kodifizierte RL über den **Verbraucherkredit** (Verbraucherschutz gegen Überschuldung bei allen Konsumentenkrediten: RL 2008/48, ABl. L 133/66), die RL 2015/2302 (ABl. L 326/1) über **Pauschalreisen** (dazu *Tonner*, EuZW 2016, 95; *Führich*, NJW 2016, 1204) und die RL 93/13 (ABl. L 95/29) über **missbräuchliche Klauseln** (die bei Unvereinbarkeit mit den europäischen Vorgaben nichtig sind und daher nicht geltungserhaltend reduziert werden dürfen; EuGH, 14.6.2012, Rs. C-618/10, „Banco Español de Crédito"). Frühere Regelungen zu Haustürgeschäften und zum Fernabsatz sind in der **Verbraucherrechte**-RL 2011/83 (ABl. L 304/64) aufgegangen, die im Gegensatz zu den nur Mindeststandards enthaltenden VorgängerRLen eine Vollharmonisierung beinhaltet. 15

Das **Vorfeld von Vertragsabschlüssen** betrifft die RL 2006/114 (ABl. L 376/21) mit dem Schutz vor **irreführender Werbung** und der Harmonisierung der Bestimmungen über **vergleichende Werbung;** zur Werbung bei Lebensmitteln siehe Rz. 33/65. Unter Verbraucherschutzgesichtspunkten verbietet die RL 2005/29 (ABl. L 149/22) den Einsatz **unlauterer Geschäftspraktiken** (vgl. auch noch Rz. 36/20) durch eine Generalklausel, die dann um Sondertatbestände ergänzt wurde. Da es sich insoweit um einen Akt der Vollharmonisierung handelt (vgl. schon Rz. 36/9), müssen sich die spezifischen Tatbestände entsprechend den allgemeinen Regeln korrekter Richtlinienumsetzung (Rz. 9/95 ff.) regelmäßig auch als solche im nationalen Recht wiederfinden, sie dürfen also nicht nur durch eine pauschale Bestimmung umgesetzt werden (vgl. EuGH, 14.1.2010, Rs. C-304/08, „Plus Warenhandelsgesellschaft mhB"). Der **Information** der Verbraucher dienen Vorschriften über **Preise und einen objektiven Preisvergleich** (RL 98/6, ABl. L 80/27) sowie – vor allem im **Lebensmittelrecht** – zu Etikettierung und Aufmachung (Rz. 33/65; siehe ferner Fundstellenverzeichnis des geltenden EU-Rechts 15.20.20). 16

c) Wiedergutmachung von Schäden

17 Für Schäden aus der bestimmungsgemäßen Benutzung eines **fehlerhaften Produktes** haftet der Hersteller schuldunabhängig (RL 85/374, ABl. L 210/29). Infolge der BSE-Krise wurde die Produkthaftung auf **landwirtschaftliche Erzeugnisse** ausgedehnt (RL 1999/34, ABl. L 141/20). Im **Verkehrsbereich** gibt es für Nichtbeförderung oder Verspätung einen Ausgleich (Rz. 26/24).

d) Rechtsdurchsetzung

Literatur: *Roth,* Bedeutungsverluste der Zivilgerichtsbarkeit durch Verbrauchermediation, JZ 2013, 637; *Rühl,* Die Richtlinie über alternative Streitbeilegung und die Verordnung über Online-Streitbeilegung, RIW 2013, 737; *Conen/Gramlich,* Das geplante Gesetz zur außergerichtlichen Beilegung von Verbraucherstreitigkeiten, NJ 2014, 494; *Hess,* Prozessuale Mindestgarantien in der Verbraucherschlichtung, JZ 2015, 548; *Schmidt-Kessel/Strünk/Kramme* (Hrsg.), Im Namen der Verbraucher?: Kollektive Rechtsdurchsetzung in Europa, 2015; *Domej,* Die geplante EU-Verbandsklagerichtlinie, ZEuP 2019, 446; *Wrbka,* European Conumer Access to Justice Revisited, 2019.

18 Die EU fördert auch die kollektive Durchsetzung von Verbraucherinteressen (Art. 167 Abs. 1 AEUV; siehe noch Rz. 36/35). Die RL 2009/22 (ABl. L 110/30) gibt Verbraucherverbänden zum Schutz von Verbraucherinteressen die Möglichkeit, **Unterlassungsklagen** zu erheben. Im Sommer 2020 hat man sich auf eine Ausweitung dieser Klagemöglichkeiten verständigt (RL 2020/1828, ABl. 409,1). Auch außergerichtliche Streitbeilegung soll den Verbraucherschutz verbessern (dazu die RL 2013/11, ABl. L 165/63 sowie die VO 524/2013, ABl. L 165/1 zur elektronischen Streitbeilegung). Schließlich müssen die MSen **nationale Verbraucherschutzbehörden** schaffen, die die Beachtung der Verbraucherschutzvorschriften der Union **hoheitlich zu überwachen** haben und grenzüberschreitend und mit der KOM zusammenarbeiten müssen. 2017 wurde die entsprechende VO mit dem Ziel der Effektivierung der Arbeit dieser Behörden neu gefasst (VO 2017/2394, ABl. L 345/1).

19 In der Rspr. schlägt sich das Allgemeininteresse am Verbraucherschutz in der Form nieder, dass in zivilrechtlichen Verfahren die Gerichte Verbraucherschutzgesichtspunkte von Amts wegen berücksichtigen müssen (EuGH, 4.6.2009, Rs. C-243/08, „Pannon GSM"; speziell zu Versäumnisurteilen EuGH, 4.6.2020, Rs. C-495/19, „Kancelaria Medius SA") praktische Bedeutung hat dies allerdings nur für solche MSen, in denen anders als in Deutschland die Gerichte nicht ohnehin in rechtlicher Hinsicht zu einer umfassenden Prüfung verpflichtet sind. Bei Gerichtsstandsregeln ist das Recht auf effektiven Rechtsschutz zu beachten (EuGH, 3.4.2019, Rs. C-266/18, „Aqua Med sp. z o.o.").

e) Lauterkeitsrecht

Literatur: *Anagnostaras,* The Unfair Commercial Practices Directive in Context, CMLRev 2010, 147; *Holzmayr-Schrenk,* Die Richtlinie über unlautere Geschäftspraktiken: Analyse der RL 2005/29/EG und ihrer Konsequenzen für das UWG, 2010; *Stolze,* Harmonisierung des Lauterkeitsrechts in der EU: Unter besonderer Berücksichtigung der Sanktionssysteme, 2010; *Wunderle,* Verbraucherschutz im Europäischen Lauterkeitsrecht, 2010; *Jansen,* Anwendungskonflikte im europäischen Lauterkeits- und Immaterialgüterrecht, 2013; *Glöckner,* Europäisches Lauterkeitsrecht, in: Schulze/Zuleeg/Kadelbach (Hrsg.), Europarecht, 3. Aufl. 2015, § 17; *Ofner,* Das Schutzrecht der Verbraucher gegen unlautere Unternehmenspraktiken, in: Müller-Graff (Hrsg.), EnzEuR IV, 2015, § 13; *Stuyck,* The Court of Justice and the Unfair Commercial Practices Directive, CMLRev 2015, 721; *Weiler,* Das allgemeine Binnenmarktrecht gegen unlauteren Wettbewerb, in: Müller-Graff (Hrsg.), EnzEuR IV, 2015, § 12; *Glöckner,* Europäisches Lauterkeitsrecht, in: Schulze u. a. (Hrsg.), Europarecht, 4. Aufl. 2020, § 18

20 Ein Mixtum Compositum verschiedener Aspekte stellt das **„Europäische Lauterkeitsrecht"** dar. In Deutschland stellte das einschlägige **Recht des unlauteren Wettbewerbs,** insbesondere das UWG (1896/1909), vor allem den Schutz der **Wettbewerber** – als Einzelne und als Gruppe – in den Vordergrund. Anfang der neunziger Jahre trat daneben der Schutz der **Verbraucher** (*Beater,* JZ 1997, 916). Auf europäischer

Ebene hingegen steht der Schutz der Verbraucher von vorneherein im Vordergrund (zur RL über unlautere Geschäftspraktiken siehe Rz. 36/16). Viele Regelungen des europäischen Verbraucherschutzrechts beeinflussen aber zugleich den Wettbewerb zwischen den einzelnen Unternehmen, und das nationale Recht ist nicht gehindert, aus den europäischen Bestimmungen auf nationaler Ebene auch Schutz für die Konkurrenten abzuleiten.

III. Das geistige Eigentum im Binnenmarkt

Literatur: Die Literatur zum geistigen Eigentum teilt sich meist gemäß dessen Erscheinungsformen (unten jeweils vor 2.b) bis 2.e)).

Leistner (Hrsg.), Europäische Perspektiven des Geistigen Eigentums, 2010; *Derclaye/Leistner* (Hrsg.), Intellectual Property Overlaps. A European Perspective, 2011; *Kempel,* Die Anwendung von Art. 102 AEUV auf geistiges Eigentum und Sacheigentum, 2011; *Hilty,* Optionales europäisches Vertragsrecht („28. Modell"): „Geistiges Eigentum", RabelsZ 2012, 339; *Ohly* (Hrsg.), Common Principles of European Intellectual Property Law, 2012; *van Erp/Salomons/Akkermans* (Hrsg.), The Future of European Property Law, 2012; *Pila,* The Europeanisation of Intellectual Property Law, 2013; *Bonk,* Das Binnenmarktrecht des gewerblichen Rechtsschutzes, in: Müller-Graff (Hrsg.), EnzEuR IV, 2015, § 18; *Godt,* Überforderung des EuGHs im Recht des Geistigen Eigentums?, FS Bodewig, 2018, 193; *Hilty/Jaeger* (Hrsg.), Europäisches Immaterialgüterrecht, 2018; *Erthold* (Hrsg.), Droit de la propriété intellectuelle, 2019; *Pila/Torremans,* European Intellectual Property Law, 2. Aufl. 2019.

1. Geistiges Eigentum und die materiellen Regeln des Vertragsrechts

Literatur: *Keeling,* Intellectual Property Rights in EU Law. Vol. I. Free Movement and Competition Law, 2003; *v. Westernhagen,* Zugang zu geistigem Eigentum nach europäischem Kartellrecht, 2006; *Jorus,* Europäische Missbrauchsaufsicht über Immaterialgüterrechte, 2007; *Volkheimer,* Patents and the Free Movement of Goods, CJEL 2009, 495; *Petrovčič,* Patent hold-up and the limits of competition law, CMLRev 2013, 1363; *Bär-Bouyssière,* Patente und Wettbewerbspolitik, FS Schwarze, 2014, 494; *Janal,* Europäisches Zivilverfahrensrecht und gewerblicher Rechtsschutz, 2015; *Oliver/Stothers,* Intellectual property under the Charter, CMLRev 2017, 517; *Haedicke,* Recht des geistigen Eigentums, in: Schulze u. a. (Hrsg.), Europarecht, 4. Aufl. 2020, § 22.

Die mit nationalen Titeln des geistigen Eigentums verbundenen Rechte und Schutzwirkungen stellen im Binnenmarkt einerseits ein wichtiges Element zur Förderung von Innovation und Wettbewerb dar. Durch den rechtmäßigen Gewinn, den die Inhaber aus ihnen ziehen, setzen sie **Anreize für Innovationen und Investitionen.** Damit tragen sie zum Erfolg des Binnenmarktes und zur internationalen Wettbewerbsfähigkeit der EU bei. Als Bestandteil der nationalen Eigentumsordnung bleiben sie als solche von den Verträgen grundsätzlich unberührt (Art. 345 AEUV). Nach Art. 17 Abs. 2 GRC wird geistiges Eigentum **grundrechtlich** geschützt (dazu, bezogen auf den Schutz im Internet, EuGH, 15.9.2016, Rs. C-484/14, „Mc Fadden"). 21

Wegen ihrer territorialen Begrenzung stellen nationale geistige Eigentumsrechte andererseits MgW im Sinne von Art. 34 AEUV dar. Eine Rechtfertigung nach Art. 36 AEUV verlangt, dass sie zur Wahrung der Rechte, die den **spezifischen Gegenstand** des gewerblichen und kommerziellen Eigentums ausmachen, d. h. für den Schutz vor Konkurrenten, **notwendig** sind (EuGH, 17.10.1990, Rs. C-10/89, „Hag II"). Dabei unterscheidet der EuGH zwischen dem **„Bestand"** der Schutzrechte, also ihrem durch die nationale Gesetzgebung garantierten Vorhandensein, und ihrer **„Ausübung"**, d. h. der Wahrnehmung der aus ihnen fließenden Rechte. Daneben sind **die Wettbewerbsregeln der Art. 101 ff. AEUV** zu beachten. Art. 34/36 AEUV sind also nicht vorran- 22 gige leges speciales (EuGH, 13.7.1966, verb. Rs. 56/64 u. a., „Consten und Grundig"; st. Rspr.). Die Inanspruchnahme auch nach Art. 36 AEUV legitimen gewerblichen Eigentums findet danach ihre Grenze, wo es Gegenstand, Mittel oder Folge eines Kartells darstellt und zur **künstlichen Aufrechterhaltung getrennter nationaler Märkte** beiträgt (EuGH, 8.6.1982, Rs. 258/78, „Nungesser"; 14.9.1982, Rs. 144/81, „Keurkoop BV").

23 Im Einzelnen ist ein einmal mit Zustimmung des Rechteinhabers in den Verkehr gebrachtes Produkt im Binnenmarkt frei verkehrsfähig. Rechte aus dem geistigen Eigentum sind damit **erschöpft** (zu **Patenten** EuGH, 31.10.1974, Rs. 15/74, „Centrafarm"; st. Rspr.; zum **Urheberrecht** EuGH, 22.9.1998, Rs. C-61/97, „FDV"; st. Rspr.). Parallelimporte etc. dürfen daher nicht verhindert werden (EuGH, 24.1.1989, Rs. 341/87, „EMI Electrola"), auch nicht, wenn es um die Einfuhr einer Ware aus einem patentschutzfreien MS in den ursprünglichen MS mit Patentschutz geht (EuGH, 14.7.1981, Rs. 187/80, „Merck"). Mit Blick auf das Urheberrecht hat der EuGH diese Grundsätze auch auf Übertragungen von Fußballspielen über decoderpflichtige Fernsehsendungen angewendet, die eine vergleichsweise genaue Kontrolle der Verbreitung ermöglichen, und so eine entsprechende Marktabschottung für unzulässig erklärt (EuGH, 4.10.2011, verb. Rs. C-403/08 u. a., „Football Association Premier League"; dazu *Haberkamm/Przybilla,* EuZW 2011, 415; *Kreile,* ZUM 2012, 177). In jedem Fall darf der Inhaber von Rechten nicht durch Verträge (z. B. Lizenzvereinbarungen) eine nach Art. 101 f. AEUV unzulässige Marktaufteilung herbeiführen. Ferner kann es unter Art. 102 AEUV fallen, wenn ein Unternehmen einem anderen Unternehmen keinen Zugang zu bestimmten, durch Patent- oder Urheberrecht geschützten Informationen, Datensätzen etc. (**„essential facilities",** Rz. 20/31) gewährt, obwohl die Informationen für die Herstellung von völlig anderen Produkten unentbehrlich sind und damit zugleich auch insgesamt wirksamer Wettbewerb behindert wird (EuGH, 29.4.2004, Rs. C-418/01, „IMS Health") oder sich die Verweigerung sonst als unangemessen erweist (vgl. EuG, 17.9.2007, Rs. T-201/04, „Microsoft"). Zugang ist insbesondere zu gewähren, wenn eine Lizenz zu fairen, zumutbaren und diskriminierungsfreien Bedingungen angeboten wurde (EuGH, 16.7.2015, Rs. C-170/13, „Huawei Technologies").

24 **Warenzeichen** dürfen nicht gegenüber Inhabern identischer Zeichen genutzt werden (EuGH, 3.7.1974, Rs. 192/73, „HAG I"). Jedoch darf der Zeicheninhaber gegen Einfuhren von Waren mit verwechslungsfähigen Zeichen vorgehen sowie gegen die unerlaubte Verwendung des eigenen Zeichens oder gegen die Umfüllung in andere Packungen, bei denen das Warenzeichen ohne Erlaubnis verwendet wird (EuGH, 22.6.1976, Rs. 119/75, „Terrapin"; 23.5.1978, Rs. 102/77, „Hoffmann-La Roche"). Bei **Marken** ist außerdem die hier relevante Frage der Verwechslungsgefahr ggf. in verschiedenen MSen unterschiedlich zu beantworten (EuGH, 9.3.2006, Rs. C-421/04, „Matratzen Concord").

Seit 1984 wird der **Technologietransfer** zwischen Unternehmen teilweise durch eine entsprechende **Gruppenfreistellung** ermöglicht (heute VO 316/2014, ABl. L 93/17).

2. Die Schaffung eines europäischen Rechts des geistigen Eigentums

a) Kompetenzrechtliche Grundlagen

Solange die gewerblichen Schutzrechte national unterschiedlich geregelt sind, bleibt die Ausformung unionsrechtlicher Grenzen durch eine kasuistische Rspr. problembehaftet. Vorzugswürdig ist eine **unionsweite Harmonisierung der nationalen Schutzrechte** oder die Schaffung **einheitlicher europäischer Rechte.** Ersteres ist auf der Grundlage der allgemeinen Binnenmarktkompetenz (Art. 114 AEUV) möglich. Seit 2009 können zudem auf der Grundlage von Art. 118 AEUV einheitliche **europäische Rechtstitel** und entsprechende **zentralisierte Zulassungs-, Koordinierungs- und Kontrollverfahren** im ordentlichen Gesetzgebungsverfahren beschlossen werden. Die besonders sensiblen Sprachenregelungen müssen allerdings vom Rat einstimmig nach Anhörung des Parlaments festgelegt werden. Ergänzend kann nach Art. 262 AEUV die europäische Gerichtsbarkeit mit derartigen Streitigkeiten betraut werden. 25

b) Patentrecht

Literatur: *Jaeger,* System einer Europäischen Gerichtsbarkeit für Immaterialgüterrechte, 2013; *Broß,* Einheitspatent und Einheitliches Patentgericht im europäischen Integrationsprozess, ZGE 2014, 89; *Milbradt,* EU Patent Law, 2014; *Schulte* (Hrsg.), Patentgesetz mit Europäischen Patentübereinkommen, 9. Aufl. 2014; *Tilmann,* Das EU-Patent und das einheitliche Patentgericht, 2014; *Fritz* u. a., Schlüssel zum Europäischen Patentübereinkommen, 2015; *Müller/Mulder,* Proceedings before the European Patent Office, 2015; *Bulst/Heinze/Osterrieth* (Hrsg.), Europäisches Patentrecht, 2016; *Stammberger/Lippich,* Deutsches und europäisches Patentrecht, 4. Aufl. 2016; *Benkard,* Europäisches Patentübereinkommen, 3. Aufl. 2018; *Singer,* Europäisches Patentübereinkommen, 8. Aufl. 2019; *Ann,* Patentrecht, 8. Aufl. 2021; *Heinze* u. a., Einheitspatentrecht, 2021; *Wechsler,* Europäische Patentorganisation, in: Hatje/Müller-Graff (Hrsg.), EnzEuR I, 2. Aufl. 2021, § 41.

Bereits seit 1977 gibt es das **„Europapatent“,** das vom Europäischen Patentamt in München verwaltet wird. Das Übereinkommen („EPÜ“ v. 5.10.1973, BGBl. 1976 II 826; revidierte Fassung vom 29.11.2000, BGBl. 2007 II 1083) steht formal neben der EU; Partner sind die EU-MSen und weitere europäische Staaten. Dieses Patent ist eine Art „Bündel“ der nationalen Patente, die fortbestehen. Nach langen, vor allem wegen der Sprachenfrage schwierigen Diskussionen haben zudem alle EU-Staaten außer Italien und Spanien im Wege der verstärkten Zusammenarbeit im Rahmen des EPÜ ein EU-weit einheitliches **Unionspatent** beschlossen (VO 1257/2012, ABl. L 361/1; zur Sprachenfrage VO 1260/2012, ABl. L 361/89; zur Rechtmäßigkeit dieser VOen EuGH, 5.5.2015, Rs. C-146/13 „Spanien/Rat und EP“ sowie Rs. C-147/13, „Spanien/Rat“). Es hat auf Antrag in allen beteiligten Staaten die Wirkung, die es im Staat des betreffenden Patentinhabers hat (Art. 6 f. VO 1257/2012). Das Patent muss in Englisch, Deutsch oder Französisch eingereicht und mit einer Übersetzung in eine Amtssprache der EU, bei deutschen oder französischen Anträgen ins Englische, verbunden sein (Art. 6 VO 1260/2012). Im Streitfall muss der Patentinhaber ggf. die Kosten einer weiteren Übersetzung tragen (Art. 4 VO 1260/2012). 26

Ein gesonderter Vertrag sieht eine zweistufige europäische Patentgerichtsbarkeit vor. Eine erste Fassung wurde vom EuGH als mit den Unionsverträgen unvereinbar qualifiziert (EuGH, 8.3.2011, Gutachten 1/09). Die überarbeitete Fassung (ABl. 2013, C 175/1) wurde wie für das Inkrafttreten erforderlich von 13 Staaten ratifiziert, doch muss darunter auch Deutschland sein. Die deutsche Ratifikation aber hat das BVerfG für formell verfassungswidrig erklärt (13.2.2020, 2 BvR 739/17); ein erneutes Verfahren wurde mittlerweile eingeleitet.

Speziell den Schutz **biotechnologischer Erfindungen** regelt die RL 98/44 (ABl. L 213/13; zur Gültigkeit EuGH, 9.10.2001, Rs. C-377/98, „Niederlande/EP und Rat“). Vom Schutz ausgeklammert sind u. a. menschliche Embryonen, soweit sie zu industriellen oder kommerziellen Zwecken genutzt werden sollen (dazu EuGH, 18.10.2011, Rs. C-34/10, „Brüstle“ und dazu *Varju/Sándor,* CMLRev 2012, 1007).

c) Markenrecht

Literatur: *Haas,* Der Benutzungsbegriff im europäischen Markenrecht, 2015; *Huber,* Gemeinschaftsmarke und Gemeinschaftsgeschmacksmuster, 2015; *Büscher/Kochendörfer* (Hrsg.), Gemeinschaftsmarkenverordnung, 2016; *Eisenführ/Schennen,* Gemeinschaftsmarkenverordnung, 5. Aufl. 2017; *Hasselblatt/Gording,* European Trade Mark Regulation and Community Design Regulation, 2. Aufl. 2018; *Pohlmann,* Unionsmarke unter dem reformierten EU-Markenrecht, 2. Aufl. 2018; *Eckert,* Die Durchsetzung von Benutzungsverboten im Unionsdesign- und Unionsmarkenrecht, 2019; *Schütt,* Europäische Markenmissbrauchsverordnung und Individualschutz, 2019; *Bender,* Unionsmarke, 4. Aufl. 2020.

27 Im Markenrecht erfolgte die erste Harmonisierung 1989. Mittlerweile gilt die RL 2015/2436 (ABl. 336/1). 1994 wurde zudem eine Gemeinschaftsmarke, heue **Unionsmarke** mit EU-weiter Geltung geschaffen (heute VO 2017/1001, ABl. L 154/1, ergänzt durch VO 2018/625, ABl. L 104/1, sowie DVO 2018/626, ABl. L 104/37). Diese Marke steht neben den nationalen Marken. Die damit verbundenen Rechte erschöpfen sich mit der Nutzung **unionsweit** (EuGH, 16.7.1998, Rs. C-355/96, „Silhouette"), **aber nicht international** (EuGH, 20.11.2001, verb. Rs. C-414/99 u. a., „Davidoff"). Eingetragene und veröffentlichte Marken haben eine **Schutzdauer von 10 Jahren.** Eine unzulässige Verwechslungsgefahr von Marken ist schon dann anzunehmen, wenn diese Gefahr nur in einem Teil des Unionsgebietes besteht; das Verbot darf dann aber auch nur auf diesen Teil des Gebietes erstreckt werden (EuGH, 22.9.2016, Rs. C-223/15, „Combit software"). Zu Testsiegeln als Marke siehe EuGH, 11.4.2019, Rs. C-690/17, „Öko-Test".

Diese europäischen Marken sind bei dem **„Amt der Europäischen Union für geistiges Eigentum"** = EUIPO in Alicante/Spanien (bis 2016: Harmonisierungsamt für den Binnenmarkt HABM) anzumelden (zu Einzelheiten VO 2018/625, ABl. L 104/1). Das EUIPO ist eine EU-Einrichtung mit eigener Rechtspersönlichkeit unter der Aufsicht der KOM. Es finanziert sich aus den Gebühren und gibt ein eigenes Amtsblatt heraus (ABl. EUIPO). **Rechtsschutz** wird durch die unabhängigen Beschwerdekammern des Amtes und ggf. die europäischen Gerichte gewährleistet. Es liegt bereits eine umfangreiche Rspr. vor. Zur Verwendung von Markennamen im Rahmen der Suchmaschine Google siehe etwa EuGH, 23.3.2010, verb. Rs. C-236/08 u. a., „Google France"; zur Abgrenzung von Marke und Patent EuGH, 14.09.2010, Rs. C-48/09 P, „Lego Juris"; zur notwendigen Präzision der Anmeldungen EuGH, 19.6.2012, Rs. C-307/10, „Chartered Institute of Patent Attorneys".

d) Geschmacksmuster, Sorten u. ä.

Literatur: *Bulling/Langöhrig,* Geschacksmuster: Designschutz in Deutschland und Europa, 2014; *Stone,* European Union Design's Law, 2. Aufl. 2016; *Christof,* Der Schutzumfang von eingetragenem Design und Gemeinschaftsgeschmacksmuster, 2017; *Hasselblatt* (Hrsg.), Community Design Regulation, 2. Aufl. 2018.

28 Einen weiteren wichtigen Schritt zum gleichen Schutz geistiger Eigentumsrechte in der Union stellt die **VO 6/2002,** ABl. L 3/1 iVm DVO 2245/2002, ABl. L 341/28 mit der Schaffung eines einheitlichen **Geschmacksmusters** dar. Sie gewährt seit 2002 Geschmacksmustern **(„Design")** als äußerer Erscheinungsform eines Erzeugnisses EU-weiten einheitlichen Schutz. Die Verwaltung obliegt dem EUIPO in Alicante (Rz. 36/27), das die angemeldeten Designs registriert und ihnen **Schutz für fünf Jahre** (Verlängerungsmöglichkeit auf bis zu 25 Jahre) gewährt. Eine andere Maßnahme zugunsten europäischen Designschutzes stellt die RL 98/71, ABl. L 289/28 über den rechtlichen Schutz von **Mustern und Modellen** dar. Ferner gehört in diesen Zusammenhang die VO 2100/94, ABl. L 227/1 über den **Sortenschutz** der Union.

e) Urheberrecht

Literatur: *Fischer,* Perspektiven für ein Europäisches Urheberrecht, 2014; *Leistner,* Europe's copyright law decade: Recent case law of the European Court of Justice and policy perspectives, CMLRev 2014, 559; *Rupp,* Das Urheberrecht der Europäischen Union auf dem Prüfstand, AfP 2014, 31; *Bengenser,* Der Dreistufentest im internationalen, europäischen und deutschen Urheberrecht, 2015; *Loschelder,* Das Binnenmarktrecht des Urheberrechts, in: Müller-Graff (Hrsg.), EnzEuR IV, 2015, § 19; *Fischer,* Europäisches Urheberrecht, 2016; *Leistner,* Urheberrecht unter dem Einfluss der EuGH-Rechtsprechung, EuZW 2016, 166; *Roder,* Die Methodik des EuGH im Urheberrecht, 2016; *Jütte,* Reconstructing European Copyright Law for the Digital Single Market, 2017; *Karapapa,* The Requirement for a „New Public" in EU

Copyright Law, ELRev 2017, 63; *Metzger,* Rechtsangleichung durch den EuGH im Urheberrecht, ZEuP 2017, 836; *Rosati,* Copyright and the Court of Justice and the European Union, 2019; *Schulze,* Das Urhebervertragsrecht nach Erlass der EU-Richtlinie über das Urheberrecht im digitalen Binnenmarkt, GRUR 2019, 682.

Die **Europäisierung des Urheberrechts** soll wie bei Patenten oder Marken „abschottende Elemente" im Binnenmarkt verhindern (oben Rz. 36/22). Zugleich sind die technologischen Entwicklungen der EDV zu berücksichtigen **(„Urheberrecht in der Informationsgesellschaft").** Entscheidend für den Urheberrechtsschutz ist letztlich die **geistige Schöpfung,** die **Originalität** (EuGH, 1.3.2012, Rs. C-604/10, „Football Dataco"). Neben verschiedenen **Einzelregelungen** (Fundstellennachweis des EU-Rechts, 17.20) ist zentral die **RL 2001/29** (ABl. L 167/10) zur Harmonisierung insbesondere des Vervielfältigungsrechts, des Rechts der öffentlichen Wiedergabe einschließlich des Rechts der öffentlichen Zugänglichmachung und des Verbreitungsrecht (zu Bibliotheksangeboten EuGH, 11.9.2014, Rs. C-117/13, „TU Darmstadt"; zu den Konsequenzen für Internetdiensteanbieter siehe etwa EuGH, 27.3.2014, Rs. C-314/12, „UPC Telekabel Wien"; EuGH, 14.7.2017, Rs. C-610/15, „Stichting Brein"). Wer im Internet veröffentlicht, kann einer Weiterverbreitung in diesem Medium nichts entgegenhalten (EuGH, 21.10.2014, Rs. C-348/13, „BestWater"). Die RL 2001/84 (ABl. L 272/32) über das **Folgerecht des Urhebers des Originals eines Kunstwerks** bringt kulturelle Gesichtspunkte in das Urheberrecht ein (*Pfennig,* ZUM 2002, 194). Der Künstler verfügt hiernach über einen – degressiv ausgestalteten – **Anspruch,** am Weiterverkauf seiner Werke finanziell beteiligt zu werden. Vorteilhaft für die Künstler ist die unionsweite Geltung des Anspruchs. Den speziellen Problemen des **Urheberrechts im Internet** ist die heftig umstrittene RL 2019/790 (ABl. L 130/92) gewidmet. Unklar ist vor allem, ob der Schutz, den Diensteanbieter nach Art. 17 gegenüber einer unzulässigen Nutzung gewährleisten müssen, ohne die vielfach kritisierten upload-Filter möglich ist. Zur Nutzung portabler Online-Dienste bei vorübergehendem Grenzübertritt siehe Rz. 32/9. 29

Im **Konflikt mit anderen Rechtsgütern** weist der EuGH dem Schutz des Urheberrechts ein bemerkenswertes Gewicht zu, so im Verhältnis zum Familienschutz (Art. 7 GRC), wenn es um das Herausfinden illegaler Nutzungen geht (EuGH, 18.10.2018, Rs. C-149/17, „Bastei-Lübbe"), und im Grundsatz auch zur Kunstfreiheit (Art. 13 GRC), selbst wenn eine restriktive Interpretation der RL manche Konflikte vermieden hat (zum Sampling EuGH, 19.7.2019, Rs. C-476/17, „Pelham"). Insgesamt ist die Harmonisierung so umfassend, dass der EuGH mit Blick auf die Schutzrechte von Sendeunternehmen eine ausschließliche Außenkompetenz angenommen hat (Rz. 34/60).

f) Rechtsdurchsetzung

Literatur: *Jahnl,* Europäisches Zivilverfahrensrecht und Gewerblicher Rechtsschutz, 2015; *Torremans,* Jurisdiction for cross-border intellectual property infringement cases in Europe, CMLRev 2016, 1625; *Wilman,* A Decade of Private Enforcement of Intellectual Property Rights under IPR Enforcement Directive 2004/48, ELR 2017, 509.

Geistiges Eigentum ist besonders anfällig für Missachtung und bedarf daher besonderer Mechanismen der Sicherung. Zur **unionsweiten Rechtsdurchsetzung** wurden deswegen mit der RL 2004/48 (ABl. L 157/45; *Metzger/Wurmnest,* ZUM 2003, 922) besondere Vorgaben erlassen, wer wie welche Rechte vor Gericht durchsetzen können muss, einschließlich Regelungen zu den Rechtsfolgen (vor allem Schadensersatz) und verfahrensrechtlichen Fragen (Auskunft; zum schonenden Ausgleich mit dem Datenschutz EuGH, 16.7.2015, Rs. C-580/13, „Coty Germany"; ferner Beweis, einstweiliger Rechtsschutz). Ferner wurden dem **EUIPO** (Rz. 36/27) gewisse Aufgaben bei der Überwachung der Einhaltung der Regeln zum Schutz des geistigen Eigentums zugewiesen (VO 386/2012, ABl. L 129/1). Für das **Urheberrecht** gibt es spezifische Regeln zur **kollektiven Rechtsdurchsetzung** (RL 2014/26, ABl. L 84/72). Die besondere Kompetenz für die Schaffung einer europäischen Gerichtsbarkeit (Art. 262 AEUV) wurde bereits erwähnt; zur gerichtlichen Durchsetzung siehe auch *Schoberth,* Die Gerichtsbarkeit bei Gemeinschaftsimmaterialgütern, 2008. Außerdem wurde 2016 eine RL zum Schutz vertraulichen Know-hows und vertraulicher Geschäftsformationen beschlossen (RL 2016/94, ABl. L 157/1). 30

IV. Gesellschafts- und Unternehmensrecht

Literatur: Ausführliche Literaturliste bei *Habersack/Vierse,* Europäisches Gesellschaftsrecht, 5. Aufl. 2019.

Weitere Titel: *Klöhn,* Supranationale Rechtsformen und vertikaler Wettbewerb der Gesetzgeber im europäischen Gesellschaftsrecht, RabelsZ 2012, 276; *Weller,* Zukunftsfragen des Europäischen Unternehmensrechts, ZEuP 2012, 681; *Hopt,* Europäisches Übernahmerecht, 2013; *Schäfer,* Systemwettbewerb in der Europäischen Union: eine Fallstudie im Gesellschaftsrecht, 2013; *Zimmermann/Zimmermann-Hübner* (Hrsg.), Handels- und Gesellschaftsrecht: europäisches Gesellschaftsrecht, 2013; *Berner,* Interdependenz von Primär- und Kollisionsrecht im europäischen Gesellschaftsrecht, 2015; *Krolop,* Europäisches Gesellschaftsrecht, in: Riesenhuber (Hrsg.), Europäische Methodenlehre, 3. Aufl. 2015, § 19; *Kalss,* Europäisches Gesellschaftsrecht, 2016; *Beckers,* The regulation of market communication and market behavior: Corporate social responsibilty and the Directives on Unfair Commercial Practices and Unfair Contract Terms, CMLRev 2017, 475; *Bungert/Wansleben,* Grenzüberschreitende Spaltungen nach dem Richtlinienentwurf der EU-Kommission, DB 2018, 2094; *Lutter/Bayer/Schmidt,* Europäisches Unternehmens- und Kapitalmarktrecht, 6. Aufl. 2018; *Jung/Krebs/Stiegler* (Hrsg.), Gesellschaftsrecht in Europa, 2019; *Böhm:* Bilanzrecht: Überarbeitung der Richtlinie zur nichtfinanziellen Berichterstattung (sog. CSR-Richtlinie), EuZW 2020, 212; *Möllers,* Gesellschafts- und Unternehmensrecht, in: Schulze u. a. (Hrsg.), Europarecht, 4. Aufl. 2020, § 19; *Petanidis,* De grenzüberschreitende Umstrukturierung von Gesellschaften, 2020.

1. Grundfragen

31 Der Angleichung des Gesellschaftsrechts kommt vor allem zur Sicherung der **Wettbewerbsfähigkeit** und der **Mobilität** der **Unternehmen** im Binnenmarkt eine wichtige Rolle zu. Dementsprechend enthält Art. 50 Abs. 2 lit. g) AEUV die Befugnis zur Angleichung „der Schutzbestimmungen, die in den Mitgliedstaaten ... im Interesse der Gesellschafter sowie Dritter vorgeschrieben sind", und zwar allein mittels RLen. Diese Bestimmung steht im Kontext der Niederlassungsfreiheit. Sie soll aber nicht nur die – nach der Judikatur des EuGH (Rz. 28/22ff.) schon kraft Primärrechts ohne Identitätswechsel mögliche – Niederlassung einer Gesellschaft in einem anderen MS, die grenzüberschreitende Verschmelzung von Gesellschaften oder die Gründung von Tochtergesellschaften in einem anderen MS erleichtern. Die Angleichung von Schutzvorschriften zugunsten von Dritten kann auch zur Vermeidung von Wettbewerbsverzerrungen beitragen. Diese waren bei grenzüberschreitender Betätigung von Unternehmen immer schon denkbar und sind nach der durch den EuGH eröffneten Möglichkeit des „Umzugs" einer Gesellschaft von einem MS in den anderen unter „Mitnahme" ihrer bisherigen Rechtsform auch bei Tätigkeit eines Unternehmens innerhalb eines MS möglich. Einer umfassenden Inanspruchnahme der erwähnten Angleichungskompetenz standen allerdings lange Zeit vor allem diametral **unterschiedliche Vorstellungen** in den MSen zur Ausgestaltung **einer Arbeitnehmermitbestimmung** entgegen, die erst in den letzten Jahren – durch komplexe Optionsmodelle – überwunden werden konnten (näher Rz. 29/17). Soweit auch der Kapitalmarkt betroffen ist, kommt auch Art. 114 AEUV als Rechtsgrundlage zur Anwendung.

Neben der Harmonisierung der nationalen Gesellschaftsformen stehen Bemühungen um **originäre europäische Rechtsformen,** die neben die bestehen bleibenden nationalen Rechtsformen treten (Rz. 36/34). Da es sich insoweit nicht um eine Harmonisierung der nationalen Rechtsordnungen handelt, bildet Art. 352 AEUV die Rechtsgrundlage (allgemein Rz. 32/31f.).

32 Letztlich stellt sich im Gesellschaftsrecht ähnlich wie in anderen Rechtsgebieten die Grundfrage, inwieweit der hindernisfreie Binnenmarkt durch **Angleichung** der nationalen Rechtsnormen oder durch ihre gegenseitige EU-weite **Anerkennung** erreicht werden sollte. Das vom EuGH unter Hinweis auf die Niederlassungsfreiheit der Gesellschaften durchgesetzte Anerkennungsprinzip hat zu einem **„Wettbewerb der Rechtsordnungen"** geführt, von dem man sich den Durchbruch der europäisch überlegenen Rechtsformen erhofft. So hat sich etwa die englische „limited" zunächst als einfach zu gründende Rechtsform in Deutschland sehr schnell neben der GmbH etabliert, damit aber auch Impulse zu deren Vereinfachung gegeben mit der Konsequenz, dass sich wegen der höheren Dauerkosten die „limited" in Deutschland wieder auf dem Rückzug befindet.

2. Gesellschaftsrechtliche Rechtsangleichung

33 Die RLen zur Angleichung des nationalen Gesellschaftsrechts betreffen vor allem folgende Bereiche (vgl. Fundstellenverzeichnis des geltenden EU-Rechts 17.10):

- das **Grundkapital,** die **Publizität** (Verpflichtung zur Offenlegung bestimmter gesellschaftsrechtlicher Verhältnisse, u. a. zu Zweigniederlassungen in einem anderen MS; zum Datenschutz Rz. 33/80), sowie die **Verschmelzung** einschließlich **Übernahme** und **Spaltung** von Gesellschaften (RL 2017/1132, ABl. L 169/46; zum Problem der Arbeitnehmermitbestimmung Rz. 29/17); für die mit einem „Umzug" einer Gesellschaft von einem MS in einen anderen (zum Primärrecht Rz. 28/22ff.) verbundenen Fragen hat die KOM einen RL-Vorschlag vorgelegt (COM[2018] 24a final);
- die **Ein-Mann-GmbH** (RL 2009/102, ABl. L 258/20);
- die **Rechnungslegung** von Gesellschaften (insbesondere RL 2013/34, ABl. L 182/19); seit 2014 müssen größere Unternehmen ergänzend zu den Themen Umwelt-, Sozial-, und Arbeitnehmerbelange, Achtung der Menschenrechte und Bekämpfung von Korruption und Bestechung berichten (Art. 19a der RL; dazu etwa *Eickenjäger,* Menschenrechtsberichterstattung durch Unternehmen, 2017); ergänzend gewährleistet die VO 1606/2002 (ABl. L 243/1) die Anwendbarkeit internationaler Bilanzstandards im europäischen Bereich (und ermächtigt die KOM zur Anpassung dieser Standards an aktuelle Entwicklungen);
- **Aktionärsrechte** in börsennotierten Gesellschaften (RL 2007/36, ABl. L 184/17).

Daneben erlässt die KOM verschiedentlich Empfehlungen mit Blick auf eine gute Unternehmensführung (**„Corporate Governance"**, etwa zur Vergütung von Vorstandsmitgliedern, ABl. 2004, L 385/55; *Maul/Laufermann,* BB 2004, 1861). Im Kontext vor allem des Kapitalmarkts steht die **Richtlinie 2004/25 betreffend Übernahmeangebote** (ABl. L 142/12; *Wiesner,* ZIP 2004, 343); weitere RLen regeln (auf der Grundlage des heutigen Art. 115 AEUV) die **Besteuerung** von Gesellschaften (RL 2009/133, ABl. L 310/34; RL 2011/96, ABl. L 345/8).

3. Europäische juristische Personen

Literatur: *Gröschel,* Die Societas Europaea (SE): eine Analyse der gesetzgeberischen Ziele, Vorgaben und Umsetzung, 2014; *Hommelhoff/Schubel,* Societas Privata Europaea, 2014; *Janott/Frodermann* (Hrsg.), Handbuch der Europäischen Aktiengesellschaft, 2. Aufl. 2014; *Schoenemann,* Die Organisationsverfassung der Societas Privata Europaea (SPE), 2014; *Tholen,* Europäisches Konzernrecht, 2014; *Gaul* (Hrsg.), Europäisches Mitbestimmungsrecht: SE, SCE, SPE und grenzüberschreitende Verschmelzung, 2015; *Herresthal,* Die Konstituierung des europäischen Gesellschaftsrechts, FS Müller-Graff, 2015, 233; *Hommelhoff,* Mehr Europa für die Europäische Aktiengesellschaft?, FS Müller-Graff, 2015, 252; *Kindler,* The single-member limited liability company, 2015; *Mülbert,* Auf dem Weg zu einem europäischen Konzernrecht, ZHR 2015, 645; *Sørensen,* The fight against letterbox companies in the internal market, CMLRev 2015, 85; *Weller/Bauer,* Europäisches Konzernrecht, ZEuP 2015, 6; *Habersack/Drinhausen,* SE-Recht, 2. Aufl. 2016; *Fleischer,* Europäisches Konzernrecht: eine akteurszentrierte Annäherung, ZGR 2017, 1; *Lutter/Bayer/Schmidt,* Europäisches Unternehmens- und Kapitalmarktrecht, 6. Aufl. 2018; *Hartmann,* Die Europäische Privatgesellschaft, 2019; *Manz/Mayer/Schröder* (Hrsg.), Europäische Aktiengesellschaft, 3. Aufl. 2019.

34 **Europäische juristische Personen** können, ohne dass sich die Frage nach nationalen Schutzvorschriften stellt, europaweit agieren. Ihre Rechtsgrundlage bildet jeweils eine VO, ggf. ergänzt um ein nationales Ausführungsgesetz. Sie stehen in Konkurrenz zu den jeweiligen nationalen Formen des Gesellschaftsrechts, die nach der Rspr. des EuGH faktisch auch grenzüberschreitend frei gewählt werden können (Rz. 28/22 ff.), gewinnen aber trotzdem zunehmend an Zuspruch. Rechtsgrundlage für die VOen ist jeweils der heutige Art. 352 AEUV (Rz. 36/31).

Die durch die VO 2137/85 (ABl. L 199/1) geschaffene **Europäische wirtschaftliche Interessenvereinigung (EWIV)** stellt eine Art **„Arbeitsgemeinschaft"** für Unternehmen und Personen aus mehreren MSen dar, die grenzüberschreitend tätig sind.

Die **Europäische Gesellschaft (SE)** wurde durch die VO 2157/2001 (ABl. L 294/1) geschaffen (ergänzend dazu in D SEEG, BGBl. 2004 I 3675). Die SE stellt eine Aktiengesellschaft dar. Mit Blick auf die Leitungsorgane stehen optional das (deutsche) dualistische System (Vorstand/Aufsichtsrat) und das (angelsächsisch inspirierte) einstufige Model („Verwaltungsrat") zur Verfügung. Aus deutscher Sicht ist sie nicht zuletzt wegen ihrer Flexibilität in Mitbestimmungsfragen attraktiv (dazu Rz. 29/17).

Die **Europäische Genossenschaft (SCE)** wurde durch die VO 1435/2003 (ABl. L 207/1) iVm der „Mitbestimmungs-RL" 2003/72 (ABl. L 207/25; *Mahi,* DB 2004, 967) geschaffen. Hiermit wird den rund 300 000 genossenschaftlich organisierten Unternehmen in der EU (z. B. im Agrarbereich) eine europäische Rechtsform angeboten.

Schließlich hatte die KOM einen – sehr offen formulierten – Vorschlag für eine **europäische Privatgesellschaft (SPE)** unterbreitet (KOM(2008)396 endg.). Damit sollte eine körperschaftlich verfasste, nicht kapitalmarktfähige Kapitalgesellschaft gegründet werden können. Mittlerweile wurde der Vorschlag aber wieder zurückgenommen (ABl. 2014, L 153/3).

V. Prozess- und Kollisionsrecht

Literatur: Ausführliche Literaturlisten bei *Rauscher* (Hrsg.), EuZPR/EuIPR, 5 Bände, 4. Aufl. 2015/2016.

Weitere Titel: *Roccati,* Le rôle du juge national dans l'espace judiciaire européen, 2013; *Jayme/Mansel/Pfeiffer* (Hrsg.), Rechtsvereinheitlichung im Zivil- und Kollisionsrecht, 2014; *Köck,* Die einheitliche Auslegung der Rom-I-, Rom-II- und Brüssel-I-Verordnung im europäischen internationalen Privat- und Verfahrensrecht, 2014; *v. Hein/Rühl* (Hrsg.), Kohärenz im Internationalen Privat- und Verfahrensrecht der Europäischen Union, 2016; *Wagner,* EU-Kompetenz in der justiziellen Zusammenarbeit, RabelsZ 2015, 521; *Staudinger,* Internationales Privat- und Zivilverfahrensrecht, in: Schulze u. a. (Hrsg.), Europarecht, 4. Aufl. 2020, § 23.

35 Elementarer Bestandteil eines funktionsfähigen Binnenmarkts ist die Möglichkeit, grenzüberschreitend wirksamen Rechtsschutz zu erlangen und entsprechende Titel vollstrecken zu können. Dementsprechend gehört zum **„Raum des Rechts"** innerhalb des RFSR „die justizielle Zusammenarbeit in Zivilsachen mit grenzüberschreitenden Bezügen" (Art. 81 AEUV). Im ordentlichen Gesetzgebungsverfahren können Maßnahmen vor allem in den Bereichen des **Verfahrens- und des Kollisionsrechts** mit im Einzelnen näher definierter, abschließend vorgegebener Zielsetzung beschlossen werden. Die einschlägige Kompetenz ermächtigt zur Rechtsangleichung und stellt daher eine lex specialis im Verhältnis zu Art. 114 AEUV dar (Rz. 32/20). Im Übrigen können **bereichsspezifische** prozess- oder kollisionsrechtliche **Regelungen** auch auf die **insoweit einschlägige Kompetenz** gestützt werden (zum Wettbewerbsrecht Rz. 20/51; zum Verbraucherschutz und damit zu Art. 114 AEUV Rz. 36/18 f.; zum geistigen Eigentum Rz. 36/30).

1. Verfahrensrecht

Literatur: Grundsätzliches: *Leible/Terhechte* (Hrsg.), Europäisches Rechtsschutz- und Verfahrensrecht, EnzEuR III, 2014, §§ 14–29; *Adolphsen,* Europäisches Zivilverfahrensrecht, 2. Aufl. 2015; *Grolimund,* Internationales Privat- und Zivilverfahrensrecht, 2. Aufl. 2015; *Schlosser/Hess,* EU-Zivilprozessrecht, 4. Aufl. 2015; *Weller/Althammer* (Hrsg.), Mindeststandards im europäischen Zivilprozessrecht, 2015; *Klöpfer,* Missbrauch im Europäischen Zivilverfahrensrecht, 2016; *Köhler,* Vertrauen und Kontrolle im europäischen Justizraum für Zivilsachen, ZEuS 2016, 135; *Geimer,* Europäisches Zivilverfahrensrecht, 4. Aufl. 2017; *Stadler,* Harmonisierung des Europäischen Zivilprozessrechts – Mindeststandards oder Modellregeln?, JZ 2017, 693; *Hess/Law/Ortolani,* Luxembourg Report on European Procedural Law, 2 Bände, 2019; *Voß,* Die Durchbrechung der Rechtskraft nationaler Zivilgerichtsurteil zu Gunsten des unionsrechtlichen ‚effet utile'?, 2019; *Hardung,* Die europäische Titelfreizügigkeit, 2020; *Inchausti/Hess,* The Future of the European Law of Civil Procedure, 2020.

Zur EuGVVO: *Alio,* Die Neufassung der Brüssel I-Verordnung, NJW 2014, 2395; *Domej,* Die Neufassung der EuGVVO, RabelsZ 2014, 508; *Hess,* Die Anerkennung im Internationalen Zivilprozessrecht – Europäisches Vollstreckungsrecht, 2014; *Pfeiffer,* Die Fortentwicklung des Europäischen Prozessrechts durch die neue EuGVO, ZZP 2014, 409; *Schmidt,* Rechtssicherheit im europäischen Zivilverfahrensrecht, 2015; *Magnus/Mankowski* (Hrsg.), Brussels Ibis Regulation, 2016; *Ulrici,* Anerkennung und Vollstreckung nach Brüssel Ia, JZ 2016, 127.

Zum Insolvenzrecht: *Reuß,* Europäisches Insolvenzrecht 3.0 oder doch nur Version 1.1?, EuZW 2013, 165; *Wyen,* Rechtswahlfreiheit im europäischen Insolvenzrecht, 2013; *Kindler/Nachmann* (Hrsg.), Handbuch Insolvenzrecht in Europa, Lsblslg., 2014; *Keay,* Security Rights, the European Insolvency Regulation and Concerns about the Non-application of Avoidance Rules, ELRev 2016, 72; *Bornemann/Brinkmann/Dahl,* European Insolvency Regulation, 2019; *Bornemann* u. a., European Insolvency Regulation, 2019; *Hess* (Hrsg.), Europäisches Insolvenzrecht, 2019; *Himmer,* Das europäische Konzerninsolvenzrecht nach der reformierten EuInsVO, 2019; *Paulus,* EuInsVO, 6. Aufl. 2020; *Schmidt* (Hrsg.), EuInsVO, 2020; *Vallender* (Hrsg,), EuInsO, 2. Aufl. 2020.

Die heutigen Regelungen gehen im Kern zurück auf das zunächst völkerrechtliche **Europäische Gerichtsstands- und Vollstreckungsübereinkommen** von 1968 (EuGVÜ). Ein Zusatzprotokoll sah die Befugnis zur Auslegung durch den EuGH auf Vorlage von nationalen Gerichten vor. Da es damals allein um die Sicherung des Wirtschaftsverkehrs im Gemeinsamen Markt ging, wurden zunächst insbesondere das (besonders stark von nationalen Traditionen geprägte) Familien- und das Erbrecht ausgenommen (vgl. aber heute Rz. 36/42). 36

Das EuGVÜ wurde im Jahre 2001 zunächst durch die VO 44/2001 (ABl. L 12/1) über die gerichtliche Zuständigkeit und die Anerkennung und Vollstreckung von Entscheidungen in Zivil- und Handelssachen – EuGVVO) und dann mit Wirkung ab 10.1.2015 durch eine Neufassung (VO 1215/2012, ABl. L 351/1) abgelöst; es wird ergänzt durch das deutsche AusführungsG. Die EuGVVO regelt im Rahmen ihres in Art. 1 definierten Anwendungsbereiches (Zivil- und Handelssachen, mit verschiedenen Ausnahmen) **Zuständigkeiten für gerichtliche Klagen,** die gegen eine Person, die ihren Wohnsitz in einem MS hat, in einem anderen MS erhoben werden (Art. 5). Außerdem werden bestimmte ausschließliche Gerichtsstände definiert (Art. 24). Ohne besonderes Verfahren werden die in einem MS ergangenen **Entscheidungen** in den anderen MSen **anerkannt** (Art. 36; zur Frage der damit verbundenen Reichweite der Rechtskraft siehe EuGH, 15.11.2012, Rs. C-456/11, „Gothaer Allgemeine Versicherung AG", und dazu *Bach,* EuZW 2013, 56) und sind dort **vollstreckbar** (Art. 39). Ein Vorbehalt besteht insoweit insbesondere zugunsten des jeweiligen nationalen ordre public (Art. 45 Abs. 1 lit. a)). Dessen Grenzen werden allerdings letztverbindlich vom EuGH definiert (EuGH, 28.3.2000, Rs. C-7/98, „Krombach" zur Notwendigkeit der Gewährung rechtlichen Gehörs). Ein (vermeintlicher) Verstoß gegen Unionsrecht missachtet nicht per se den ordre public (EuGH, 16.7.2015, Rs. C-681/13,

„Diageo Brands BV"; zu den Grenzen des ordre public bei Versäumnisverfahren EuGH, 6.9.2012, Rs. C-619/10, „Trade Agency"). Zuständigkeitsvorschriften sind aus dem Anwendungsbereich dieser Norm ausgenommen. Dies ist auch mit Blick auf die EMRK zu rechtfertigen, selbst wenn bei der Definition des ordre public Menschenrechte eine wichtige Rolle spielen, kann doch bereits das Ersturteil in Straßburg angegriffen werden.

Mit den EFTA-Staaten Island und Norwegen sowie der Schweiz, aber auch dem an der Justizkooperation nicht beteiligten Dänemark wurde ein im Kern identisches Abkommen geschlossen, das auch Drittstaaten offen steht (Lugano-Konvention vom 30.10.2007, ABl. 2009, L 147/5; zur Kompetenz Rz. 38/24), die so in den europäischen Urteilsverkehr einbezogen werden.

37 Weiterhin ist die 2015 neu gefasste VO 2015/848 über **Insolvenzverfahren** (ABl. L 141/19; vorher VO 1346/2000) hervorzuheben, die insbesondere die **internationale Zuständigkeit** für die Durchführung von Insolvenzverfahren (im Staat, in dem der Mittelpunkt der hauptsächlichen Interessen des Schuldners liegt, Art. 3) und das auf solche Verfahren anwendbare Recht (nämlich das an diesem Ort geltende Recht, Art. 7) regelt. Es enthält gleichfalls eine ordre public-Klausel (Art. 33). Die Neuregelung dient insbesondere dem Ziel einer besseren Sicherung der Existenz leistungsfähiger Unternehmen (Einbeziehung entsprechender Verfahren in den Anwendungsbereich der VO, Koordinierung vom Verfahren bei Unternehmensgruppen; zum Vorschlag der KOM *Thole/Swierczok,* ZIP 2013, 550).

Daneben bestehen zahlreiche RLen und VOen zu weiteren Einzelheiten grenzüberschreitender Prozessführung. Einige sollen den **Zugang zur Justiz** eines anderen Staates erleichtern (Art. 67 Abs. 4 AEUV; konkret VO 1393/2007, ABl. L 324/79, zu grenzüberschreitenden Zustellungen; das dort vorgesehene Instrumentarium muss, obwohl dies dort nicht ausdrücklich vorgesehen ist, immer genutzt werden, wenn der Beklagte weder im Inland wohnt noch dort einen Bevollmächtigten bestellt hat; dazu EuGH, 19.12.2012, Rs. C-325/11, „Alder" unter Hinweis auf Art. 47 GRC; siehe für D ergänzend §§ 1067ff. ZPO; RL 2003/8, ABl. L 26/41 zur Prozesskostenhilfe; siehe für D ergänzend §§ 1076ff. ZPO; RL 2008/52, ABl. L 136/3; RL 2013/11, ABl. L 165/63; sowie VO 524/2013, ABl. L 165/1, zu Mediationsverfahren; dazu *Eidenmüller/Prause,* NJW 2008, 2737; *Sujecki,* EuZW 2010, 7). Andere betreffen die Durchführung **grenzüberschreitender Prozesse** (zur Beweiserhebung VO 1206/2001, ABl. L 174/1; siehe ergänzend für D §§ 1072ff. ZPO; dazu *Müller,* Grenzüberschreitende Beweisaufnahme im Europäischen Justizraum, 2004; zu Mahnverfahren VO 1896/2006, ABl. L 399/1; dazu *Pernfuß,* Die Effizienz des europäischen Mahnverfahrens, 2009; *Fabian,* Die Europäische Mahnverfahrensordnung im Kontext der Europäisierung des Prozessrechts, 2010; zur Geltendmachung geringfügiger Forderungen [= maximal 2000 Euro] VO 861/2007, ABl. L 199/1; dazu *Jahn,* NJW 2007, 2890; *Saltern,* MDR 2009, 244) oder die **grenzüberschreitende Durchsetzung** entsprechender Entscheidungen (VO 805/2004, ABl. L 143/15 zum Vollstreckungstitel bei unbestrittenen Forderungen; siehe für D ergänzend §§ 1079ff. ZPO; dazu *Röthel/Sparmann,* WM 2006, 2285; *v. Bernstorff,* RIW 2008, 548); zu Einzelheiten siehe den Fundstellennachweis des EU-Rechts 19.20.

38 Bereichsspezifische prozessrechtliche Regeln (Rz. 36/35) sollen Private zur Durchsetzung ihrer Rechte motivieren und zugleich auch zur Durchsetzung des Unionsrechts insgesamt beitragen („private enforcement"; *Wilman,* CMLRev 2016, 887). Dementsprechend wird in den Bereichen Wettbewerbs- und Verbraucherrecht über **kollektive Mechanismen der Rechtsdurchsetzung** diskutiert (dazu etwa *Brömmelmeyer* (Hrsg.), Die EU-Sammelklage, 2013; *Bruns* und *Domej,* Kollektiver Rechtsschutz in Europa, ZZP 2012, 399 bzw. 421). Im Juli 2013 hat die KOM eine Empfehlung zu kollektiven Unterlassungs- und Schadensersatzverfahren bei Verletzung von unionsrechtlich garantierten Rechten beschlossen (2013/396; ABl. L 201/60; dazu *Eichler,* Kollektive Rechtsschutzinstrumente im Bereich der Massen- und Streuschäden, 2012; *Deutlmoser,* EuZW 2013, 652; vgl. auch Rz. 36/18).

Ferner können sich auch aus **allgemeinen Grundsätzen des Unionsrechts** Konsequenzen für das nationale Prozessrecht ergeben. Dies beginnt beim Recht auf effektiven Rechtsschutz (etwa EuGH, 16.7.2009, Rs. C-12/08, „Mono Car Styling"; siehe auch Rz. 17/83) und geht bis hin zu Grenzen der Rechtskraft. Diese ist zwar auch bei unionsrechtswidrigen Urteilen im Grundsatz zu achten (EuGH, 6.10.2015, Rs. C-69/14, „Drago Constantin Târia"; 4.3.2020, Rs. C-34/19, „Telekom Italia"). Gestattet das innerstaatliche Recht aber Änderungen, ist von dieser Möglichkeit Gebrauch zu machen (EuGH, 10.7.2014, Rs. C-213/13, „Impresa Pizzarotti", siehe auch zum Verwaltungsrecht Rz. 33/10 und 12 und Rz. 37/7 zum Strafprozess). Ergänzend ist das 2001 geschaffene „Europäische Justizielle Netz für Zivil- und Handelssachen" zu erwähnen, in dessen Rahmen anderweitig nicht geregelte Probleme bei Verfahren mit grenzüberschreitenden Bezügen informell bewältigt werden können (Entsch. 2001/470 des Rates, ABl. L 174/25). Maßnahmen zur Verbesserung der Funktionsfähigkeit des europäischen Rechtsraums können – auch im Bereich des Strafrechts – aus dem Programm „Justiz" (VO 1382/2013, ABl. L 354/73) finanziert werden.

2. Kollisionsrecht

Literatur: *G.-P. Calliess* (Hrsg.), Rome Regulations, 2011; *Huber* (Hrsg.), Rome II Regulation, 2011; *Mankowski,* Interessenpolitik und europäisches Kollisionsrecht, 2011; *Roth,* Europäische Kollisionsrechtsvereinheitlichung, EWS 2011, 314; *Hauser,* Eingriffsnormen in der Rom I-Verordnung, 2012; *Kieninger/Remien* (Hrsg.), Europäische Kollisionsrechtsvereinheitlichung, 2012; *Leible,* Kollisionsrecht und vertikaler Regulierungswettbewerb, RabelsZ 2012, 374; *Kroll-Ludwigs,* Die Rolle der Parteiautonomie im europäischen Kollisionsrecht, 2012; *Nehne,* Methodik und allgemeine Lehren des europäischen Internationalen Privatrechts, 2012; *Leible/Unberath* (Hrsg.), Brauchen wir eine Rom 0 Verordnung?, 2013; *Mansel/Thorn/Wagner,* Europäisches Kollisionsrecht 2013: Atempause im status quo, IPrax 2014, 1; *Martiny,* Europäisches Internationales Schuldrecht – Rom I- und Rom II-Verordnungen in der Bewährung, ZEuP 2015, 838; *Stone/Farah,* Research Handbook on EU Private International Law, 2015; *Dutta/Helms/Pintens* (Hrsg.), Ein Name in ganz Europa, 2016; *Arnold* (Hrsg.), Grundfragen des Europäischen Kollisionsrechts, 2016; *Weller* (Hrsg.), Europäisches Kollisionsrecht, 2016; *Mankowski/Magnus (Hrsg.),* CPIL: Rome II Regulation, 2019.

In vielen Bereichen des Privatrechts ist auf längere Sicht eine Harmonisierung des materiellen Rechts schwer zu erreichen und auch in der Sache zweifelhaft. Zugleich liegt es aber im Interesse der Betroffenen, aber auch der Rechtssicherheit insgesamt, dass gerichtliche Entscheidungen zu vergleichbaren Problemen auch vergleichbar ausfallen und so **hinkende Rechtsverhältnisse vermieden** werden. Hier bietet sich als Ausweg die Angleichung der nationalen Kollisionsrechte auf europäischer Ebene an. Hinzu kommt, dass auch die Grundfreiheiten des AEUV sowie die Unionsbürgerschaft (etwa EuGH, 14.10.2008, Rs. C-353/06, „Grunkin und Paul"; dazu Rz. 16/22) – in zum Teil nicht unproblematischer Weise – vom EuGH als kollisionsrechtliche Normen fruchtbar gemacht werden, aber eben diese Wirkung nur im Einzelfall entfalten können. Auch insoweit vermag eine Harmonisierung des Kollisionsrechts einen wichtigen Beitrag zur Rechtssicherheit zu leisten (Art. 81 Abs. 2 lit. c) AEUV). 39

Bei der inhaltlichen Ausgestaltung stehen seit langem die weltweit ausgerichteten Arbeiten der **Haager Konferenz für IPR** Pate, in der die EU mittlerweile Mitglied ist. Der 1980 zunächst gewählte völkervertragliche Ansatz (Übereinkommen über das auf **vertragliche Schuldverhältnisse** anwendbare Recht, **EVÜ** oder **„Rom I"**) wurde 2008 durch eine entsprechende VO abgelöst (VO 593/2008, ABl. L 177/6). Bereits 40 ein Jahr zuvor wurde eine VO für den Bereich der **außervertraglichen Schuldverhältnisse** verabschiedet (VO 864/2007, ABl. L 199/40, **„Rom II"**). Damit ist im Bereich des gesamten Schuldrechts das IPR harmonisiert. Beide Verordnungen enthalten einen ordre public-Vorbehalt. Schon zwischen den MSen kennt das wechselseitige Vertrauen noch Grenzen, und im Verhältnis zu Drittstaaten ist der Vorbehalt ohnehin unverzichtbar. Wie immer bei der Rechtsharmonisierung werfen schwierige Fragen die bisher allgemeinen Aspekte eines Rechtsgebiets auf, im Bereich des IPR also etwa die Probleme von Qualifikation und Renvoi. Diese sind nur teilweise harmonisiert, und für die insoweit erforderliche Auslegung stehen selten klare Kriterien bereit.

41 Zum Teil beteiligt sich die EU auch an einschlägigen **internationalen Abkommen** (siehe etwa Beschl. 2014/887 des Rates, ABl. L 353/5 zum Haager Übereinkommen zu Gerichtsstandsvereinbarungen). Ist dies nicht möglich, weil dies keine Beteiligung von Organisationen vorsieht, werden die MSen zur Ratifikation ermächtigt. Für den Abschluss von Verträgen mit Drittstaaten hat die EU mittlerweile spezifische Verfahren entwickelt (VO 662/2009, ABl. L 200/25 für den Anwendungsbereich der Rom I- und Rom II-VO).

3. Familien- und Erbrecht

Literatur: *Winkler-v. Mohrenfels,* Die Rom III-VO, ZEuP 2013, 699; *Raupach,* Ehescheidung mit Auslandsbezug in der Europäischen Union, 2014; *Rösler,* Rechtswahlfreiheit im Internationalen Scheidungsrecht der Rom III-Verordnung, RabelsZ 2014, 155; *Bergquist* u. a., Erbrechtsverordnung, 2015; *Deixler-Hübner/Schauer* (Hrsg.), EuErbVO, 2015; *Müller-Lukoschek,* Die neue EU-Erbrechtsverordnung, 2. Aufl. 2015; *Scherpe* (Hrsg.) European Family Law, 2016; *Dutta/Weber* (Hrsg.), Die europäischen Güterrechtsverordnungen, 2017; *Gierl/Köhler/Kroiß/Wilsch,* Internationales Erbrecht, 2. Aufl. 2017; *Pamboukis* (Hrsg.), EU Succession Regulation No 650/2012, 2017; *Bergquist* u. a., Commentaire des règlements européens sur la liquidation des régimes matrimoniaux et les partenariats enrégistrés, 2. Aufl. 2018; *Althammer* (Hrsg.), Brussels IIa – Rome III, 2019; *Bartolini,* In the name of the best interest of the child, CMLRev 2019, 91; *Dutta,* Europäische Güterrechtsverordnungen und deutsche Durchführungsgesetzgebung, FamRZ 2019, 1390; *Kemper,* Das neue Europäische Güterrecht, 2020; *Süß* (Hrsg.), Erbrecht in Europa, 4. Aufl. 2020; *Schulz,* Die Neufassung der Brüssel IIa-Verordnung, FamRZ 2020, 1141.

42 Traditionell war das besonders eng mit nationalen Traditionen verbundene Familien- und Erbrecht von den europäischen prozess- und kollisionsrechtlichen Regelwerken ausgenommen. Die zunehmende **Mobilität von Personen** hat insoweit zu einer Änderung geführt. Allerdings unterliegt das **Familienrecht** im Rat einstimmiger Entscheidung, und an der Inanspruchnahme der entsprechenden Brückenklausel zur Überleitung in das ordentliche Gesetzgebungsverfahren sind auch die nationalen Parlamente zu beteiligen (Art. 81 Abs. 3 AEUV). Das BVerfG rechnet zudem die grundsätzliche Gestaltungsbefugnis des deutschen Gesetzgebers in diesem Bereich zur verfassungsrechtlichen Identität Deutschlands (BVerfGE 123, 267 (363), „Lissabon (2009)). Die hier einschlägigen Rechtsakte verbinden zumeist Verfahrens- und Kollisionsrecht.

43 In inhaltlicher Anlehnung an die EuGVVO wurde eine VO für die gerichtliche Anerkennung und Vollstreckung von Entscheidungen in **Ehescheidungs- und bestimmten Familiensachen (elterliche Verantwortung)** verabschiedet („Brüssel IIa", VO 2201/2003, ABl. L 338/1; ab 1.8.2022 ersetzt durch VO 2019/1111, ABl. L 178/1). Die danach vorgesehene wechselseitige Anerkennung gerichtlicher Entscheidungen steht grundsätzlich unter einem ordre public-Vorbehalt (Art. 22f.). Anderes gilt nur bei Entscheidungen zu Umgangsrecht und Kindesrückführungen nach Entführungen (Art. 41ff.). Dies impliziert eine intensive Grundrechtsprüfung des Ausgangsgerichts (dazu EGMR, 12.7.2011, 14737/09, „Šneersone/I"). Die Annahme des EuGH, dass eine Anerkennung auch im Fall vorgeblicher Grundrechtsverletzungen verpflichtend sei, weil auch diese vom Ausgangsgericht geprüft würden (EuGH, 22.12.2010, Rs. C-491/10 PPU, „Aguirre Zaraga"), wird allerdings vom EGMR nicht ohne weiteres geteilt (vgl. (GK) 6.7.2010, 41615/07, „Neulinger/CH"; dazu auch Rz. 32/40). Zu **Unterhaltssachen** finden sich Regelungen zum Verfahrens- und zum Kollisionsrecht in der VO 4/2009 (ABl. L 7/1), die nur einen partiellen ordre public-Vorbehalt enthält.

44 Die Sensibilität der Materie zeigt sich an der Notwendigkeit, für weitere Bereiche Regeln im Wege einer verstärkten Zusammenarbeit nach Art. 326ff. AEUV zu erlassen. Dies gilt für das **Scheidungsrecht** mit

der Folge, dass scheidungswilligen Ehepartnern insbesondere die Option eröffnet wurde, in bestimmten Grenzen das Scheidungsstatut wählen zu können (VO 1259/2010, ABl. L 343/10, **„Rom III“**), sowie für das **Güterrecht** von Ehepartnern (VO 2016/1103, ABl. L 183/1) und von eingetragenen Lebenspartnerschaften (VO 2016/1104, ABl. L 183/30). Zu weiteren Einzelheiten siehe Fundstellennachweis des EU-Rechts 19.20.

Die 2012 (für Erbfälle ab 2015) beschlossene **ErbrechtsVO** 650/2012 (ABl. L 201/107) enthält gleichfalls kollisions- und verfahrensrechtliche Regelungen. Im ersten Punkt wird maßgeblich auf den **Wohnsitz** abgestellt. Verfahrensrechtlich sieht die VO insbesondere ein europäisches Nachlasszeugnis vor (Art. 62 ff.; einem Erbschein vergleichbar). 45

Zur Beteiligung der EU-MSen an **internationalen Übereinkommen** (vgl. Rz. 36/41) siehe etwa zum kindschaftsrechtlichen Haager Übereinkommen vom 19.10.1996 die Ratsbeschl. 2003/93, ABl. L 48/1 sowie 2008/431, ABl. L 151/36; zum Haager Abkommen vom 23.11.2007 zu Unterhaltsansprüchen den Ratsbeschl. 2011/220, ABl. L 93/9; zum Abschluss von Verträgen mit Drittstaaten siehe VO 664/2009 (ABl. L 200/46) für den Anwendungsbereich der genannten familienrechtlichen VOen. 46

VI. Ausblick

Dass es in einer Wirtschaftsunion **angeglichenes Wirtschaftsrecht** geben muss, wirft keine prinzipiellen Probleme auf. Gleiches gilt für die Sicherung des **grenzüberschreitenden Justizverkehrs** im Rahmen des Kollisions- und des Prozessrechts. Schwierigkeiten entstehen zum einen dort, wo **politisch sensible Bereiche** berührt werden wie im Kontext des Gesellschaftsrechts die Mitwirkungsrechte der Arbeitnehmer (Mitbestimmung) oder beim geistigen Eigentum die Sprachenfrage. Zum anderen treten besondere Probleme auf, soweit über das Verbraucherrecht jedermann und damit das allgemeine Zivilrecht angesprochen wird. Formal tritt hier die im Lichte des Grundsatzes der begrenzten **Einzelermächtigung** naheliegende stark ziel- und schutzorientierte, **bereichsspezifische Ansätze** verfolgende europäische Harmonisierung in einen gewissen **Gegensatz** zur klassischen Idee eines Interessen ausgleichenden und umfassend **systematisierten und kodifizierten Zivilrechts.** 47

§ 37. Zur Europäisierung des Strafrechts

Literatur: Ausführliche Literaturlisten bei *Vogel/Eisele,* in: Grabitz/Hilf/Nettesheim (Hrsg.), Das Recht der EU (Komm.), Art. 82 AEUV, 2015, und *Weißer,* Strafrecht, in: Schulze u. a. (Hrsg.), Europarecht, 4. Aufl. 2020, § 16.

Weitere Titel: *Flore,* Droit pénal européen, 2. Aufl. 2014; *Sieber* u. a. (Hrsg.), Europäisches Strafrecht, 2. Aufl. 2014; *Gazin/Haguenau-Moizard/Leblois-Happe* (Hrsg.), Les fondements du droit pénal de l'Union européenne, 2015; *Reinbacher,* Strafrecht im Mehrebenensystem, 2015; *Klip,* European Criminal Law, 3. Aufl. 2016; *Kloska,* Das Prinzip der gegenseitigen Anerkennung im europäischen Strafrecht, 2016; *Roger,* Grund und Grenzen transnationaler Strafrechtspflege, 2016; *Brière/Weyembergh* (Hrsg.), The Needed Balances in EU Criminal Law, 2017; *Coutts,* Supranational public wrongs: the limitations and possibilities of European Criminal Law and a European community, CMLRev 2017, 771; *Noltenius,* Die Europäische Idee der Freiheit und die Etablierung eines Europäischen Strafrechts, 2017; *Jähnke/Schramm,* Europäisches Strafrecht, 2017; *Böse,* Internationales und Europäisches Strafrecht, 2018; *Öberg,* The Legal Basis for EU Criminal Law Harmonization, ELRev 2018, 366; *Satzger,* Internationales und europäisches Strafrecht, 8. Aufl. 2018; *Burchard,* Die Konstitutionalisierung der gegenseitigen Anerkennung, 2019; *Mitsilegas* u. a. (Hrsg.), The Court of Justice and European Criminal Law, 2019; *Rung,* Grundrechtsschutz in der Europäischen Strafrechtskooperation, 2019; *Mitsilegas,* Autonomous concepts, diversity management and mutual trust in Europe's area of criminal justice, CMLRev 2020, 45; *Böse* (Hrsg.), Europäisches Strafrecht, EnzEuR XI, 2. Aufl. 2021.

I. Grundlagen der Europäisierung des Strafrechts

1 Das Strafrecht ist als **Kernelement staatlicher Souveränität** lange Zeit von der europäischen Integration unberührt geblieben, sieht man einmal von den Einwirkungen von Art. 5, 6 und 7 EMRK auf das Strafverfahren ab (Rz. 17/87 f.). Das BVerfG hat diesen Bereich mit (überdehntem) Hinweis auf das Demokratieprinzip sogar als im Grundsatz integrationsfest bezeichnet (BVerfGE 123, 267 (408 ff.), „Lissabon" (2009)). Tatsächlich aber wäre der RFSR sinnentleert, wenn die Strafverfolgung in jedem Staat nur den eigenen Verantwortungsbereich im Auge hätte und damit Straftäter ggf. in mehreren Staaten mit Verfolgung zu rechnen hätten oder an bestimmten Orten vor Verfolgung sicher wären.

Ausdrückliche strafrechtliche Kompetenzen wurden nach ersten Ansätzen im Vertrag von Maastricht mit dem Vertrag von Amsterdam geschaffen, einerseits zum **Schutz vor Betrügereien zu Lasten der Union** (heute Art. 325 AEUV), andererseits im Rahmen des **RFSR** in Art. 31 EUV a. F., also außerhalb des Gemeinschaftsrechts. Zudem schlossen auch **allgemeine Kompetenznormen** des EGV wie z. B. der heutige Art. 192 AEUV gewisse strafrechtliche Regelungsbefugnisse ein (EuGH, 13.9.2005, Rs. C-176/03, „KOM/Rat"; EuGH, 23.10.2007, Rs. C-440/05, „KOM/Rat").

2 Mit dem Vertrag von Lissabon wurden die Befugnisse der Union im Strafrecht **grundlegend neu geregelt** und als Teil der Bestimmungen zum RFSR (Rz. 32/20 ff.) im Grundsatz den allgemeinen Strukturen des Unionsrechts angepasst (Art. 82 ff. AEUV). Sieht allerdings ein MS „grundlegende Aspekte" seiner Strafrechtsordnung berührt, kann er eine Aussetzung des entsprechenden europäischen Gesetzgebungsverfahrens verlangen. Das BVerfG verlangt für Deutschland, dass von diesem sog. **„Notbremsemechanismus"** auf Verlangen des Bundestages Gebrauch gemacht wird (BVerfGE 123, 267 (414), „Lissabon" (2009) und § 9 IntVG). Wird in einem solchen Falle kein Einvernehmen im Europäischen Rat erzielt, können aber mindestens neun Staaten eine verstärkte Zusammenarbeit nach Art. 20 EUV und Art. 326 ff. AEUV (Rz. 11/18 ff.) begründen (Art. 82 und 83, jeweils Abs. 3 AEUV). Grundprämisse aller Regelungen ist wie beim Zivilrecht (Rz. 36/35) das wechselseitige Vertrauen der MSen in die Leistungsfähigkeit des jeweiligen Rechts- und Gerichtssystems (EuGH, 11.2.2003, verb. Rs. C-187/01 u. a., „Gözütok"; dazu Rz. 32/39 ff.). Ergänzend sind die Befugnisse zur Regelung der Zusammenarbeit im Bereich Kriminalprävention (Art. 84 AEUV) sowie der Polizeikooperation gerade auch bei Verhütung und Aufdeckung von Straftaten (Art. 87 ff. AEUV, Rz. 33/76 f.) zu erwähnen.

Verwaltungsunrecht, wie es sich auf europäischer Ebene im wettbewerblichen Bußgeldrecht (Rz. 20/47) entwickelt, führt zur Entwicklung einer gewissen **europäischen Sanktionsdogmatik** (zur Frage eines Verbotsirrtums etwa EuGH, 13.6.2013, Rs. C-681/11, „Schenker"), die das Fehlen einer Harmonisierung des Allgemeinen Teils des Strafrechts kompensieren kann. Formal allerdings qualifiziert der EuGH Verwaltungsunrecht nicht als Strafrecht (28.2.2013, Rs. C-617/10, „Åkerberg Fransson"). Angesichts entgegenstehender EGMR-Judikatur (Rz. 17/87) überzeugt dies jedoch nicht.

Zugleich gerät das Strafrecht in den Fokus des **Unionsrechts,** soweit es **aufgrund nationaler Entscheidung** dessen **Durchsetzung** dient und damit auch dessen Anforderungen mit Blick auf Grundrechtsschutz einerseits (EuGH, 26.2.2013, Rs. C-617/10, „Åkerberg Fransson"; dazu auch Rz. 17/14), Effektivität (dazu Rz. 12/36) andererseits (zu Verjährungsfragen EuGH, 8.9.2015, Rs. C-105/14, „Taricco") genügen muss. Die

Tatsache, dass bereits zwei nationale Verfassungsgerichte die nationale Verfassungsidentität (dazu allgemein Rz. 10/26 und 30) mobilisiert haben – das BVerfG im Kontext des europäischen Haftbefehls (Rz. 37/9), der italienische Verfassungsgerichtshof im Zusammenhang mit den soeben erwähnten Verjährungsregeln (16.1.2017, ord. n° 24, und dazu EuGH, 5.12.2017, Rs. C-42/17, „M.A.S., M.B.", und dazu *d'Ambrosio/Vozza*, RTDE 2018, 173) – belegt die besondere grundrechtliche Sensibilität der Europäisierung des Strafrechts (dazu auch Rz. 17/87ff.).

II. Die Angleichung des materiellen Strafrechts (Art. 83 AEUV)

Literatur: *Grünwald,* Zur Frage eines europäischen Allgemeinen Teils des Strafrechts, JZ 2011, 972; *Schaut,* Europäische Strafrechtsprinzipien, 2012; *Rönnau/Wegner,* Grund und Grenzen der Einwirkung des europäischen Rechts auf das nationale Strafrecht, GA 2013, 561; *Greco,* Analogieverbot und europarechtliches Strafgesetz, GA 2016, 138 und 195; *Petrus,* Europäisches Strafrecht, 2017; *Classen,* Der allgemeine Teil des Strafrechts im Zugriff des Unionsrechts, GS Joecks, 2018, 9.

Die **Justizielle Zusammenarbeit in Strafsachen** (Art. 82ff. AEUV), Bestandteil des RFSR (Rz. 32/20), stellt gleichermaßen einen Beitrag zum „Raum der Sicherheit" wie zum „Raum des Rechts" dar. Dabei ist das **materielle Strafrecht** nur eng **begrenzt angeglichen.** Neben der bereits erwähnten Befugnis zum Kampf gegen Betrügereien zulasten der Union (Rz. 8/44) enthält vor allem Art. 83 Abs. 1 AEUV nunmehr die Kompetenz, für Bereiche schwerer Kriminalität, die strukturell eine **grenzüberschreitende Dimension** aufweisen, durch RLen **Mindestvorschriften** für **Straftaten** und **Strafen** festzulegen. Ausdrücklich werden bestimmte Bereiche wie Terrorismus, Menschen- und Drogenhandel, Geldwäsche, Korruption, organisierte Kriminalität und Ähnliches genannt (Abs. 1 UAbs. 2). Der Rat kann einstimmig und mit Zustimmung des Parlaments diesen Katalog erweitern (Abs. 1 UAbs. 3). 3

Diese Kompetenzen betreffen unmittelbar nur die verschiedenen Straftatbestände. Dies schließt jedoch nicht aus, dass insoweit auch Regelungen getroffen werden, die in einem MS zum Allgemeinen Teil des Strafrechts gehören und dann insoweit Sondervorschriften beinhalten wie etwa zur Beteiligung, zur Strafbarkeit juristischer Personen o. ä. Zudem können sich aus allgemeinen Grundsätzen über den Vollzug des Unionsrechts Konsequenzen ergeben (Rz. 37/2). 4

Von seiner restriktiven Grundhaltung gegenüber Integrationsbemühungen im Bereich des Strafrechts aus (Rz. 37/1) postuliert das BVerfG eine **restriktive Interpretation** von Art. 83 Abs. 1 AEUV: Nur für die Bekämpfung grenzüberschreitender Kriminalität soll die EU zuständig sein. Diese Eingrenzung ist jedoch nicht durchzuhalten: Ohne Beeinträchtigung ihrer rechtsstaatlich geforderten Bestimmtheit können Straftatbestände schwer unterschiedlich je nachdem ausgestaltet werden, ob die Taten grenzüberschreitende Auswirkungen haben oder nicht.

Die Praxis wird bisher noch erheblich von den nach Art. 34 EUV a. F. (Rz. 32/22) erlassenen **Rahmenbeschlüssen** bestimmt. So wurden etwa Mindestvorschriften über die Tatbestandsmerkmale von Straftaten zur Bekämpfung der **Schlepperei** (RB 2002/946, ABl. L 328/1) und des **illegalen Drogenhandels** (RB 2004/757, ABl. L 335/8) beschlossen. Weitere Rahmenbeschlüsse betrafen die Bekämpfung von **Kreditkartenbetrug** etc. (RB 2001/413, ABl. L 149/1), den Schutz vor **Bestechung im privaten Sektor** (RB 2003/568, ABl. L 192/54) sowie die **Bekämpfung organisierter Kriminalität** (RB 2008/841, ABl. L 300/42). Kompetenzrechtlich ausgesprochen zweifelhaft ist der RB zum **Schutz vor Rassismus und Fremdenfeindlichkeit** (RB 2008/913, ABl. L 328/55). Mittlerweile gibt es auch die ersten Richtlinien, nämlich zur **sexuellen Ausbeutung von Kindern und der Kinderpornografie** (jetzt RL 2011/92, ABl. L 335/1), zum **Menschenhandel** (RL 2011/36, ABl. L 101/1), zur **Computerkriminalität** (RL 2013/40, ABl. L 218/8), zur **Geldfälschung** (RL 2014/62, ABl. L 151/1), zur **Geldwäsche** (RL 2015/849, ABl. L 141/73, und RL 2018/1673, ABl. L 284/22) sowie zum **Terrorismus** (RL 2017/541, ABl. L 88/6, mit Definitionen von Kategorien terroristischer Straftaten sowie terroristischer Vereinigungen). Im Grenz- 5 bereich von materiellem und Verfahrensrecht steht die RL 2014/42, ABl. L 127/39) zur **Sicherstellung** und Einziehung von **Tatwerkzeugen** und Erträgen aus Straftaten.

In begrenztem sachlichen Kontext mit dem Strafrecht steht die (auf den heutigen Art. 352 AEUV gestützte) RL 2004/80 (ABl. L 261/15) zur Entschädigung von Opfern von Straftaten, die durchweg eine schuldangemessene Höhe erreichen muss (EuGH; 16.7.2020, Rs. C-129/19, „Presidenza del Consiglio dei Ministri").

6 In Art. 83 Abs. 2 AEUV wurde die frühere Rspr. des EuGH zur **Strafrechtsangleichung** im Bereich **sonstiger Rechtsharmonisierung** (Rz. 37/1) aufgegriffen. Danach können **Mindestvorschriften** in Bereichen erlassen werden, die Gegenstand europäischer Rechtsangleichung sind. Allerdings müssen solche Sanktionen „unerlässlich" für die wirksame Durchführung der entsprechenden Politik sein (siehe etwa RL 2014/57, ABl. L 173/179 zum Marktmissbrauch durch Finanzmarktinstitute). Dabei gelten die in Rz. 37/2 erwähnten verfahrensrechtlichen Besonderheiten und verfassungsgerichtlichen Vorbehalte in gleicher Weise. Damit entfaltet Art. 83 Abs. 2 AEUV zugleich Sperrwirkung gegenüber den früher insoweit genutzten (Rz. 37/1) einschlägigen Sachkompetenzen, etwa Art. 192 AEUV im Bereich des Umweltrechts (konkret: RL 2008/99, ABl. L 328/28 zum **Umweltschutz,** ferner RL 2005/35, ABl. L 255/11, zu **Meeresverschmutzungen** durch Schiffe). Weiterhin können auf der Grundlage von Art. 325 Abs. 4 AEUV (zum Schutz der finanziellen Interessen der Union) auch strafrechtliche Normen beschlossen werden.

Bei der Wahrnehmung aller vorgenannten Harmonisierungskompetenzen nach Art. 83 AEUV ist Art. 49 GRC, die Garantie der **Gesetzmäßigkeit** und **Verhältnismäßigkeit** von Strafen, zu beachten.

III. Die Europäisierung des Strafverfahrensrechts

Literatur: *Zimmermann,* Strafgewaltkonflikte in der Europäischen Union, 2014; *Hochmayr* (Hrsg.), „Ne bis in idem" in Europa, 2015; *Hüttemann,* Das neue Vollstreckungshilferecht im Bereich der freiheitsentziehenden Sanktionen innerhalb der EU, StV 2016, 519; *Kloska,* Das Prinzip der gegenseitigen Anerkennung im europäischen Strafrecht, 2016; *Voulgaris,* Transnationales „ne bis in idem" zwischen staatlicher Schutz- und Achtungspflicht, 2016; *Gölly,* „Ne bis in idem": das unionsrechtliche Doppelverfolgungsverbot mit Schwerpunkt auf den Regelungen des Schengener Durchführungsübereinkommens, 2017; *Löber,* Die Ablehnung der Vollstreckung des Europäischen Haftbefehls, 2017; *Bot,* Existe-t-il aujourd'hui un droit penal de l'Union europeénne?, FS Wathelet, 2018, 229; *Mancano,* Judicial Harmonization through Autonomous Concepts in the European Union: The Exemple of the European Arrest Warrant Framework Decision, ELRev 2018, 69; *Michiels,* Le cumul de sanctions: le principe non bis in idem, FS Wathelet, 2018, 555; *Rafaraci/Belfiore* (Hrsg.), EU Criminal Justice, Fundamental Rights, Transnational Proceedings and the European Public Prosecutor's Office, 2018; *Raux,* Le droit à l'interprétation et à la traduction dans le procès pénal, CDE 2018, 251; *Schäfer,* Grundlagen des Europäischen Haftbefehls, JuS 2019, 856; *Bannehr,* Der europäische Pflichtverteidiger, 2020; *Billet/Turmo* (Hrsg.), Coopération opérationnelle en droit pénal de l'Union européenne, 2020.

1. Zum Strafverfahrensrecht i. e. S. (Art. 82 AEUV)

7 Im Bereich des Strafverfahrens sind europäische Regelungen vor allem zur Sicherung einer **grenzüberschreitenden Strafverfolgung** erforderlich. Allerdings gebietet diese nicht eine vollständige Harmonisierung; ggf. reichen Mindeststandards oder Ähnliches zur Sicherung der Kompatibilität der verschiedenen nationalen Verfahren. So erwähnt Art. 82 AEUV sogar den Grundsatz der gegenseitigen Anerkennung von Urteilen und sonstigen Entscheidungen noch vor der Harmonisierung der nationalen Rechtsvor-

schriften. In der Tat sind solche Regelungen zur Vermeidung von Kompetenzkonflikten in einem gemeinsamen Rechtsraum zentral. Soweit Regelungen erlassen werden, sind die einschlägigen grundrechtlichen Vorgaben (Art. 5 f. EMRK zum Schutz bei Verhaftung sowie im Strafverfahren; ferner Art. 47 GRC zum Recht auf ein faires Verfahren vor einem unabhängigen Gericht, Art. 48 GRC zu Unschuldsvermutung und Verteidigungsrechten und Art. 50 GRC zum – auch grenzüberschreitend geltenden – Grundsatz „ne bis in idem", zu alledem Rz. 17/88) zu beachten, zu denen es mittlerweile zum Teil sekundärrechtliche Ausformungen gibt. Schließlich weist auch die Polizeikooperation nach Art. 87 AEUV Bezüge zur Strafverfolgung auf (Rz. 33/76).

Daneben sind Regelungen des **SDÜ** (Rz. 32/21) zu beachten, vor allem die auch dort grenzüberschreitend anzuwendende **ne bis in idem-Regel** (Art. 54 SDÜ). Der insoweit zentrale Tatbegriff wird hier recht weit verstanden (EuGH, 28.9.2006, Rs. C-150/05, „van Straaten"), insbesondere weiter als nach traditionellem Verständnis im Kartellrecht (Rz. 20/44). Art. 54 SDÜ schließt alle Entscheidungen ein, die nach nationalem Recht (grundsätzlich) einen Strafklageverbrauch beinhalten. Hierzu gehören etwa auch Einstellungen gegen Geldauflagen nach § 153a StPO und vergleichbare Entscheidungen, selbst wenn sie von der Staatsanwaltschaft getroffen werden (EuGH, 11.2.2003, verb. Rs. C-187/01 u. a., „Gözütok"), nicht aber jederzeit korrigierbare polizeiliche Entscheidungen (EuGH, 22.12.2008, Rs. C-491/07, „Turansky"). Im Kontext des europäischen Haftbefehls (Rz. 37/9) hat der EuGH dagegen einen engeren Begriff akzeptiert (16.11.2010, Rs. C-261/09, „Mantello" zu Art. 3 Nr. 2 des entsprechenden RB). Nicht anwendbar ist der Grundsatz im Verhältnis zwischen juristischen Personen und den für sie handelnden natürlichen Personen (EuGH, 5.4.2017, verb. Rs. C-217/15 u. a., „Orsi"). Für den Fall eines festgestellten EMRK-Verstoßes bestehende Wiederaufnahmeklauseln des nationalen Rechts (etwa § 359 Nr. 6 StPO) müssen trotz Äquivalenzprinzip nicht auf Urteile angewendet werden, die (angeblich) gegen das Unionsrecht verstoßen (EuGH, 24.10.2018, Rs. C-234/17, „XC"; vgl. auch Rz. 33/10, 12 zum Verwaltungsrecht und Rz. 36/38 zum Zivilprozess).

Im Einzelnen verfolgen die Rechtsakte unterschiedliche Ziele. Eine nicht zuletzt Kompetenzkonflikte vermeidende **Anerkennung ausländischer** Entscheidungen (Art. 82 Abs. 1 AEUV) ist vorgesehen für Geldstrafen und Geldbußen (RB 2005/214, ABl. L 76/16). Dabei stehen widerlegliche Vermutungen einer Anerkennung von (im konkreten Fall: straßenverkehrsrechtlichen) Sanktionen nicht entgegen (EuGH, 5.12.2019, Rs. C-671/18, „CJIB"; vgl. auch zur menschenrechtlichen Bewertung Rz. 17/88). Anerkannt werden zudem Sicherstellungs- und Einziehungsentscheidungen (VO 2018/1805, ABl. L 303/1, zu solchen Entscheidungen bei bestimmten, durch Unionsrecht definierten Straftaten siehe noch RB 2005/212, ABl. L 68/49; zum Schutz der Rechte Dritter das laufende EuGH-Verfahren Rs. C-393/19), Freiheitsstrafen (RB 2008/909, ABl. L 327/27), Bewährungsentscheidungen (und deren Überwachung; RB 2008/947, ABl. L 337/102), der Einleitung strafrechtlicher Ermittlungen (Ermittlungsanordnung, RL 2014/41, ABl. L 130/1; dazu *Ronsfeld,* Rechtshilfe, Anerkennung und Vertrauen – Die Europäische Ermittlungsanordnung, 2015), vor allem aber im RB zum Europäischen Haftbefehl (Rz. 37/9). Von definierten Straftaten abgesehen ist aber jeweils wechselseitige Strafbarkeit Voraussetzung sowie die Beachtung bestimmter Mindestgarantien. Außerdem enthalten die RBe durchweg einen Vorbehalt zugunsten des Grundrechtsschutzes (dazu auch Rz. 32/41). Eine Ausnahme bildet nur der älteste RB (zum Haftbefehl), doch hat die Judikatur auch hier Grenzen gezogen (Rz. 37/9). 8

Einen reinen **Informationsaustausch** sieht der RB 2009/948 (ABl. L 328/42) zur Vermeidung von Kompetenzkonflikten vor. Im Übrigen gibt es zahlreiche Regelungen zum Informationsaustausch zwecks Verbesserung der Strafverfolgung im Rahmen der polizeilichen Zusammenarbeit, aber auch zum einschlägigen Datenschutz (Rz. 33/76). Nach Auffassung des EuGH sind bereichsspezifische Regelungen zum Austausch von Informationen über begangene Delikte allerdings auf die insoweit einschlägige Sachkompetenz zu stützen (6.5.2014, Rs. C-43/12, „KOM/EP und Rat" zu Verkehrsdelikten; siehe jetzt RL 2015/413, ABl. L 68/9). Eine diskriminierungsfreie **Berücksichtigung** ausländischer Verurteilungen wegen anderer Taten bei inländischen Verfahren verlangt der RB 2008/675 (ABl. L 220/32). Schließlich wurden zwischen der EU und den USA Abkommen über **Auslieferung und Rechtshilfe in Strafsachen** (ABl. 2003, L 181/25) sowie den Austausch von Information bezüglich Strafverfahren (ABl. 2016, L 336/1) abgeschlossen. Schließlich sind etliche RLen mit **Mindeststandards** für Strafverfahren (Art. 82 Abs. 2 AEUV) beschlossen worden. Zu weiteren Einzelheiten siehe Fundstellenverzeichnis des geltenden EU-Rechts 19.30.20.

9 Besondere Aufmerksamkeit hat der **Europäische Haftbefehl** gefunden. Er wurde nach schwierigen Vorarbeiten durch RB des Rates vom 13.6.2002 (2002/584, ABl. L 190/1) geschaffen (zur Gültigkeit EuGH, 3.5.2007, Rs. C-303/05, „Advocaten voor de Wereld"). Er basiert auf dem Prinzip der **gegenseitigen Anerkennung** der nationalen Instrumente: Die Entscheidung einer „Justizbehörde" eines MS über die strafrechtliche Festnahme einer Person zwecks Strafverfolgung und -vollstreckung wird in einem anderen MS vollstreckt. Diese darf keinen Einzelweisungen unterliegen, weswegen deutsche Staatsanwaltschaften nicht dazu gehören (EuGH, 27.5.2019, verb. Rs. C-508/18 PPU u. a., „OG"). Der Haftbefehl kommt bei bestimmten schwereren Delikten in jedem Fall zum Tragen; im Übrigen kann jeder MS eine Ausführung davon abhängig machen, dass die Tat auch bei ihm selbst strafbar wäre. Das Gegenseitigkeitsprinzip findet nur begrenzt Anwendung. Allerdings kann jeder Staat Vorbehalte anmelden, soweit es um inländische Taten geht. Zudem findet der Spezialitätsgrundsatz Anwendung; der Betroffene kann also grundsätzlich nur für solche Taten verfolgt werden, die Grundlage der Auslieferung waren (zum Tatbegriff in diesem Zusammenhang EuGH, 1.12.2008, Rs. C-388/08 PPU, „Leymann und Pustovarov").

Verweigert werden darf eine Auslieferung grundsätzlich nur in den ausdrücklich vorgesehenen Fällen (EuGH, 26.2.2013, Rs. C-399/11, „Melloni"). Nachdem das BVerfG für Fälle schwerwiegenden Unrechts eine **Letztkontrolle nationaler Gerichte** eingefordert hat (BVerfGE 140, 317, „Europäischer Haftbefehl" (2015)), hat der EuGH diese mit Hinweis auf die im Rechtsakt ausdrücklich vorgesehene Pflicht zur Beachtung von Grundrechten für drohende Verstöße gegen Art. 4 GRC akzeptiert (5.4.2016, verb. Rs. C-404/15 PPU u. a., „Aranyosi"; zu Einzelheiten des Prüfprogramms etwa EuGH, 25.7.2018, Rs. C-220/18 PPU, „ML"; dazu auch Rz. 10/22 sowie 32/40; siehe auch zur Kontrolle durch den EGMR, 4.5.2010, 56588/07, „Stapleton/IRL", die jedoch im konkreten Fall keinen Verstoß zutage förderte). Divergenzen im Minderjährigenschutz gestatten eine Ablehnung nur bei formalen Altersgrenzen (EuGH, 23.1.2018, Rs. C-367/16, „Piotrowski"; krit. dazu *Gazin/Haguenau-Moizard,* RTDE 2019, 351). Unter bestimmten Voraussetzungen kann ein Staat statt Festnahme und Auslieferung auch eine Strafe selbst vollstrecken (dazu EuGH, 17.7.2008, Rs. C-66/08, „Kozlowski"); er darf dies aber nicht allein für eigene Staatsangehörige vorsehen (Art. 18 AEUV und dazu EuGH, 5.9.2012, Rs. C-42/11, „Lopes Da Silva Jorge"). Beantragt ein Drittstaat die Auslieferung eines sich nicht in seinem Heimatstaat aufhaltenden Unionsbürgers, muss der Heimatstaat verständigt werden und eine Auslieferung ggf. an diesen erfolgen (näher EuGH, 6.9.2016, Rs. C-182/15, „Petruhhin"; dazu *Böse,* CMLRev 2017, 1781). Zu menschenrechtlichen Fragen siehe auch Rz. 32/41.

2. Eurojust und Europäische Staatsanwaltschaft (Art. 86 AEUV)

Literatur: *Zwiers,* The European Public Prosecutor's Office, 2011; *Böse,* Ein europäischer Ermittlungsrichter, Rechtswissenschaft 2012, 172; *Demmelbauer,* Europol, Eurojust und das Europäische Justizielle Netz, 2012; *Ligeti,* Toward a Prosecutor for the European Union, 2012; *Rheinbay,* Die Errichtung einer Europäischen Staatsanwaltschaft, 2014; *Schramm,* Auf dem Weg zur Europäischen Staatsanwaltschaft, JZ 2014, 749; *Berger,* Le Parquet européen, FS Skouris, 2015, 89; *Bachmeier/Winter* (Hrsg.), The European Public Prosecuter's Office, 2018; *Brodowski,* European Public Prosecutor's Offices, 2019; *Zöller,* Eurojust, EJN und Europäische Staatsanwaltschaft, in: Böse (Hrsg.), EnzEuR XI, 2. Aufl. 2021, § 21.

10 **Institutionell** wird die strafrechtliche Zusammenarbeit durch die 2002 auf der Grundlage von Art. 31 EUV a. F. gegründete Europäische Stelle für justizielle Zusammenarbeit **(Eurojust)** in den Haag gefördert (heute VO 2018/1727, ABl. L 295/138). Eurojust verfügt über Rechtspersönlichkeit und setzt sich aus je einem nationalen Mitglied der EU-Staaten zusammen, das Staatsanwalt, Richter oder gleichwertiger Polizeibeamter sein muss. Es befasst sich als Kollegium mit der **Bekämpfung der schweren Kriminalität** (*Esser/Herbold,* NJW 2004, 2421). Ergänzt wird dessen Arbeit durch das seit 1998 bestehende Europäische Justizielle Netz (jetzt Beschl. 2008/976 des Rates, ABl. L 348/130) aus nationalen Kontaktzellen im Bereich der Bekämpfung schwerer Kriminalität. Darüber hinaus kann nach Art. 86 AEUV einstimmig eine **Europäische Staatsanwaltschaft** errichtet werden, deren Kompetenzen allerdings auf die Verfolgung von Straftaten zum Nachteil der finanziellen Interessen der Union nach Art. 325 AEUV (dazu Rz. 37/1) und deren Anklage vor den zuständigen nationalen Gerichten beschränkt bleiben. Mangels Einigung aller MSen gibt es insoweit eine verstärkte Zusammenarbeit von 20 MSen, auch Deutschlands (VO 2017/1939, ABl. L 283/1). Ergänzend ist das 2001 geschaffene Europäische Netz für Kriminalprävention, zusammengesetzt aus Vertretern der MSen, zu erwähnen (jetzt Beschl. 2009/902 des Rates, ABl. L 321/44).

IV. Ausblick

Mit dem Strafrecht wird sicherlich ein politisch besonders **sensibler Bereich** europäischem Einfluss unterworfen. Im Bereich des Prozessrechts geht es allerdings vielfach nur um die in einem einheitlichen Rechtsraum selbstverständliche Sicherung **grenzüberschreitender Verfolgungsmöglichkeit.** Zudem sind gemeineuropäische Standards seit langem menschenrechtlich durch die **EMRK** vorgegeben. Aber auch im Bereich des materiellen Strafrechts ist nicht zu sehen, warum in einer **Wertegemeinschaft,** wie sie die EU gerade seit dem Vertrag von Lissabon darstellt, nicht elementare Vorgaben auch für strafrechtliche Sicherungen des „ethischen Minimums" geschaffen werden sollen, vor allem, wenn und soweit schon das materielle Recht als solches einer Harmonisierung unterliegt. 11

10. Teil. Außendimension der Europäischen Union

§ 38. Gemeinsame Außenpolitik: Kompetenzen, Instrumente, Institutionen

Literatur: *Eeckhout,* EU External Relations Law, 2. Auflage 2011; *Jaag,* Demokratische Legitimation der EU-Außenpolitik nach Lissabon, EuR 2012, 309; *Repasi,* Völkervertragliche Freiräume für EU-Mitgliedsstaaten, EuR 2013, 45; *Smith,* European Union Foreign Policy in a Changing World, 3. Aufl. 2014; *von Arnauld* (Hrsg.), Europäische Außenbeziehungen, EnzEuR, Bd. 10, 2014; *Müller-Brandeck-Bocquet/Rüger,* Die Außenpolitik der EU, 2015; *Kuijper,* The Law of EU External Relations, 2. Auflage 2015; *Barrón,* Der Europäische Verwaltungsverbund und die Außenbeziehungen der Europäischen Union, 2016; *Hill/Smith/Vanhoonacker* (Hrsg.), International Relations and the European Union, 3. Auflage 2017; *Giegerich,* What Kind of Global Actor will the Member States Permit the EU to Be?, ZEuS 2017, 397; *Aust,* Eine völkerrechtsfreundliche Union? Grund und Grenze der Öffnung des Europarechts zum Völkerrecht, EuR 2017, 106; *Krotz/Patel/Romero,* Europe's cold war relations, 2020; *Westlake,* The European Union's New Foreign Policy, 2020.

I. Die Außenbeziehungen der EU zwischen Integration und Intergouvernementalismus

1 Die EU verfügt über **auswärtige Gewalt** (zum Begriff: *Nettesheim,* in: Maunz/Dürig (Hrsg.), Grundgesetz, 2020, Art. 32 Rn. 8 ff.) und nimmt – an der Seite der MSen – mit zunehmendem Gewicht als **eigenständiger Akteur** am internationalen Leben teil (*Brok,* Int.Pol 2003, 56). Als aktives **Mitglied der internationalen Gemeinschaft** ist die EU rege und vielgestaltig tätig. Sie hat eine unüberschaubare Vielfalt von Verträgen abgeschlossen und unterhält zu den meisten Staaten und internationalen Organisationen offizielle Beziehungen. Das Gewicht ihres Auftretens auf der internationalen Ebene ist vor allem in den Weltwirtschaftsbeziehungen und bei Einsatz ihrer Wirtschaftskraft groß; es fällt an anderen Bereichen demgegenüber ab, und auf hochpolitischen Bereichen fällt die Formulierung einer eigenen Position weiterhin schwer.

2 Die auswärtige Gewalt der EU unterscheidet sich wesentlich von derjenigen eines Nationalstaats. Noch immer verfügt die EU bei Weitem nicht über jene politische Stellung, die einem staatlichen **Akteur ihrer Größe und Wirtschaftsmacht** zustehen würde. Dies liegt an rechtlichen, aber auch an politischen Gegebenheiten. In den Differenzierungen, die die auswärtige Gewalt der EU mit Blick auf institutionelles Arrangement, Instrumente und Verfahren erfährt, drückt sich die bereichsspezifisch unterschiedliche Bereitschaft der vertragsgebenden Mitgliedstaaten zur Vergemeinschaftung auswärtiger Angelegenheiten aus. Der gegenwärtige **Rechtszustand** ist **fragmentiert;** dies schwächt die EU. In der institutionellen Ausgestaltung, der Reichweite und der Durchschlagskraft der auswärtigen Gewalt der EU bestehen zwischen den einzelnen Politikbereichen zudem erhebliche Unterschiede; die rechtliche Integrationstiefe stellt sich uneinheitlich dar. Dies gilt ungeachtet der **Effektivierungen,** die der Vertrag von Lissabon herbeigeführt hat. Einerseits sind durch diesen Vertrag die verschiedenen Zweige der Außenpolitik unter einen **einheitlichen „chapeau"** gestellt worden (Art. 21 f. EUV, Art. 205 AEUV). Die Spaltung in Säulen ist aufgegeben worden. Andererseits machen sich schon in der äußeren Trennung von GASP- und AEUV-Bereichen weiterhin Differenzierungen bemerkbar. Auch inhaltlich ist noch längst nicht überall eine supranationale Wirkstruktur oder eine umfassend vergemein-

schaftete Entscheidungsstruktur eingeführt worden. Eine vollständige oder jedenfalls weitgehende Integration der Außenbeziehungen erfolgt insbesondere in der **Gemeinsamen Handels- und Entwicklungspolitik (einschl. Zollpolitik)** und in einzelnen anderen Bereichen (z. B. **Währungspolitik** des EURO). Im Außenwirtschaftsbereich steht nicht nur ein effektives Instrumentarium zur Verfolgung wirtschaftlicher Interessen zur Verfügung, hier spricht die EU regelmäßig auch mit einer Stimme. Ebenso ist die EU-Entwicklungspolitik in den letzten Jahren sowohl aufgewertet als auch politisiert worden (*Pernice/Thym,* EFA-Rev 2002, 369; EuGH, 23.10.2007, Rs. C-403/05, „EP/KOM"). Demgegenüber sind die Möglichkeiten auswärtsgerichteten Handelns in anderen Bereichen des AEUV – etwa der Assoziierungspolitik oder in der Sicherheitspolitik – beschränkter. Noch diffuser wird das äußere Auftreten in anderen, vorwiegend auf das innere Handeln ausgerichteten Kompetenzbereichen. Wechselwirkungen sind häufig zu beobachten – so können binnenmarktbezogene Maßnahmen Implikationen auf das auswärtige Auftreten der EU haben (zur Kennzeichnungspflicht von Waren aus israelischen Siedlungsgebieten im Westjordanland: EuGH, 12.11.2019, C-363/18 „Organisation juive européenne und Vignoble Psagot").

Die **Außendimension der intern supranationalen Bereiche** liegt ganz wesentlich in 3
den Händen der EU-Organe (insb. Marktzugang). Demgegenüber spielen die MSen in Bereichen, in denen der Grad der Vergemeinschaftung noch gering ist, weiterhin eine prägende Rolle. Dies gilt vor allem für die **Gemeinsame Außen- und Sicherheitspolitik (GASP),** die in Maastricht 1992 in den EU-Vertrag aufgenommen wurde. Hier ist in den letzten Jahren die gemeinsame Aktion gestärkt worden (Art. 23–46 EUV; zur Frühzeit: *Gütt,* Die GASP und ihre Bedeutung für die EU, 2003). „Brüssel" hat inzwischen auf diesem Feld einen noch vor zwanzig Jahren undenkbaren Einfluss gewonnen – bleibt allerdings hinter weitergehenden und vielleicht zu hochgesteckten Erwartungen zurück. Schon die Stellung der GASP im EUV – und nicht im AEUV – macht deutlich, dass der EU in diesem Bereich **nicht jene Handlungseffektivität supranationalen Wirkens** zukommen soll, die ihr Tätigwerden im AEUV – nunmehr auch im Bereich des Raums der Freiheit, der Sicherheit und des Rechts – kennzeichnet. Weiterhin liegt die Politik entscheidend in den Händen des Rats (Art. 24 EUV). Zudem ist grundsätzlich auch Einstimmigkeit erforderlich – eine Voraussetzung, die in einem Europa der 27 jedenfalls dann, wenn es um einschneidende Maßnahmen geht, häufig schwer zu erreichen ist. Im Bereich der Gemeinsamen Sicherheits- und Verteidigungspolitik (GSVP) gilt weitergehend das Freiwilligkeitsprinzip: Niemand muss an Aktionen teilnehmen. Die fortbestehende außenpolitische Zuständigkeit der MSen wird in der **14. Erklärung zum Vertrag** noch besonders betont. Die Rolle von KOM und EP wird bewusst klein gehalten (Art. 24 Abs. 1 EUV: „besondere Verfahren"). Die Möglichkeit der Einführung von Mehrheitsentscheidungen („Passerelle") ist vorgesehen, wird aber voraussichtlich keine Bedeutung gewinnen (Art. 31 Abs. 3, 48 Abs. 7 EUV). Schon kleine Schritte gelten daher als Fortschritt, so etwa die Gründung der **PESCO** (Permanent Structured Cooperation) auf Grundlage des Art. 46 EUV im November 2017 (ausführlich Rz. 39/28); *Scheffel,* NVwZ 2018, 1347).

Der Lissabon-Vertrag zielt auf eine Stärkung der **institutionellen Effektivität** ab, 4
durch die dem Auftreten der EU in der Welt mehr Schlagkraft – man kann auch von Mächtigkeit sprechen – verliehen werden soll. Zugleich soll die **Sichtbarkeit** der EU verstärkt werden. Die **personelle Kontinuität** im Amt soll verbessert werden. Und

schließlich war ein Anliegen, die GASP besser **mit der Außendimension anderer Politikbereiche** zu **verzahnen.** Die Vertragsgeber haben Wesentliches zur Verwirklichung dieser Ziele geleistet, wenngleich nicht zu übersehen ist, dass es bis zur Verwirklichung einer kohärenten, geschlossenen und in supranationale Qualität überführten Außenpolitik noch ein weiter Weg ist. Für personelle Sichtbarkeit soll insbesondere das Amt des **Hohen Vertreters der EU für die Außen- und Sicherheitspolitik** sorgen, das die bisherigen Befugnisse des Repräsentanten für die GASP und des Kommissionsmitglieds für Außenbeziehungen vereint. Der „EU-Außenminister" trägt einen „Doppelhut", weil er zugleich den **Rat für Auswärtige Angelegenheiten** leitet und **Mitglied der Kommission** ist. Der protokollarische Rang des Amts ist unterhalb desjenigen von EuRats-Präsident und Kommissionspräsidentin angesiedelt. Zudem hat auch der EuRats-Präsident eine starke außenpolitische Stimme. Inzwischen hat auch der **Europäische Auswärtige Dienst (EAD)** Arbeitsfähigkeit und Schlagkraft (*Lieb/Kremer,* Integration 2010, 195) gewonnen. Der Abstand zum Supranationalismus ist gleichwohl weiterhin groß: Die Entscheidungsfindung liegt ganz überwiegend in der Hand des (Europäischen) Rats, ohne oder gar gegen ihn ist eine unionale Aktion nicht möglich. Die KOM wird an der Entscheidungsfindung zwar beteiligt (Art. 27 EUV) – aber nicht mehr; das EP ist auf informale Einflussnahme beschränkt und der EuGH bleibt – mit der Ausnahme der Kontrolle von Sanktionsbeschlüssen – unzuständig (Art. 24 EUV, Art. 275 AEUV). Die „Unionsmethode" – als Gegenbegriff zur „Gemeinschaftsmethode" – findet hier ihren reifsten Ausdruck.

5 Heute ist es gleichwohl möglich, von einer **Außen*politik* der EU** zu sprechen; die EU hat das Feld rein technisch-gubernativer Zusammenarbeit in ihren Außenbeziehungen verlassen (*Hoffmeister,* ZEuS 2017, 451). Sie erweist sich als vielschichtig und differenziert, ohne dass die starren Grenzziehungen zwischen „Säulen" aus der Zeit vor Lissabon noch vorhanden wären (vgl. Art. 40 EUV). Noch immer ist die EU-Außengewalt allerdings durch eine Formensprache der „soft power" geprägt, die sich deutlich etwa vom Ansatz der USA abhebt (*Kagan,* Paradise and Power, 2003). Die seit 2019 im Amt befindliche KOM will dies ändern und die EU zu einer „geopolitisch sichtbaren Macht" machen. Die Handlungsmöglichkeiten sind allerdings begrenzt. Über ein wirkmächtiges, rechts- und regelorientierte Instrumentarium verfügt die EU vor allem in der Gemeinsamen Handelspolitik (GHP). In anderen Bereichen stehen ihr weiche Formen der Verhandlung, Absprache und Verhaltensabstimmung zur Verfügung. Die Rolle des Rechts ist hier vergleichweise gering: Die Formensprache internationaler Beziehungsgestaltung unterscheidet sich von dem Instrumentarium, mit dem sich etwa nationale Rechtsordnungen binnenmarktkonform ausrichten lassen. Es geht nicht um rechtliche Steuerung, sondern um die **strategische Durchsetzung von Interessen und Werten.** Im Vertrag spiegelt sich dies aber nur unvollständig. Weiterhin soll sich Außenpolitik – auch in der GASP – durch Annahme von Rechtsakten vollziehen, auch wenn in der politischen Praxis längst andere Formen der Koordination prägend geworden sind. Immerhin machen Art. 21 f. EUV deutlich, dass sich der **Zielhorizont** geöffnet hat. Die normative Orientierung, die der Politik hier gegeben wird, ist trotz ihres Wortreichtums gering. Der Übergang zu einer echten Außenpolitik („high politics") ist im Vertrag angelegt, bislang aber aufgrund mannigfaltiger Gegebenheiten nur unvollkommen vollzogen worden (*Westlake,* The European Union's New Foreign Policy, 2020). Immerhin: Die Perspektive der Akteure ändert sich – der Blick nach „Brüssel" wird zum Normalfall. Die Suche nach Antworten auf die Migrationskrise

macht das deutlich. Institutionelle und organisatorische Strukturen konstituieren sich neu – in der EU, aber auch in den mitgliedstaatlichen Ministerien. Die soziale Konstruktion europäischer Außenpolitik eilt in mancherlei Hinsicht den tatsächlichen Gegebenheiten voraus (vgl. *Diez,* Millenium – JIntStud 2005, 613 [„normative power"]).

Die **Effektivität des äußeren Auftretens** wird dadurch geschmälert, dass es den EU-Staaten weiterhin politisch nur ansatzweise möglich ist, einheitlich zu handeln. Noch immer gelingt es, vor allem im Bereich der allgemeinen Außen- und Sicherheitspolitik, nur unvollkommen, der EU zu einem starken und harmonischen Auftreten zu verhelfen: Die außenpolitischen Grundunterschiede sind im Laufe der Zeit eher größer als kleiner geworden. Nur zu häufig wird die EU übertönt von den weiterhin weit tragenden Stimmen, insbesondere der großen Mitgliedstaaten. Besonders sichtbar wurde dies im Irakkrieg 2003, als die EU in zwei Lager der „Koalition der Willigen" („Brief der Acht", u. a. England, Italien, Polen, Spanien) und einer sich von der US-Politik distanzierenden Gruppe (u. a. Deutschland und Frankreich) zerfiel. Ähnliches war bei der Anerkennung des Interimspräsidenten Guaidó in Venezuela 2019 zu beobachten; allein das EP fand – anders als Ministerrat und Hohe Vertreterin – eine einheitliche Stimme. Auf dem Feld der – inzwischen bedeutsamen – Gemeinsamen Sicherheits- und Verteidigungspolitik (GSVP) treten diese Schwierigkeiten akzentuiert ans Licht. Auch weiterhin ist nicht absehbar, dass die **Fragmentierungen der auswärtigen Gewalt der EU** überwunden werden können. Auf dem Weg zu einer vollen Integration der Außen- und Sicherheitspolitik, der die EU einen wesentlichen Schritt auf dem Weg in den **Europäischen Bundesstaat** weiterführen könnte, ist noch ein weiter Weg zu gehen. Hierzu sind die MSen bisher nicht bereit – und vielleicht auch rechtlich nicht befugt (so wohl BVerfGE 123, 267, „Lissabon"). Die Verhandlungen über den Verfassungsvertrag belegten deutlich, dass die Einsicht in die Notwendigkeit der Stärkung eines gemeinsamen äußeren Auftretens nicht vom Willen begleitet war, den EU-Institutionen verstärkte Entscheidungsmacht zulasten der MSen zu geben. 6

II. Grundlagen der auswärtigen Gewalt der EU

Literatur: *Dashwood,* Law and Practice of EU External Relations, 2. Aufl. 2011; *Martenczuk,* Der Europäische Auswärtige Dienst, EuR-Beil. 2012,189; *Mayr-Singer/Villotti,* Die Stellung der Europäischen Union bei den Vereinten Nationen, EuR-Beil. 2012, 91; *Holzhauer/Kaltenborn,* Der Europäische Auswärtige Dienst und die neuen Kompetenzzuordnungen im Rahmen der europäischen Entwicklungszusammenarbeit, EuR 2012, 100; *Cremona/Thies,* The European Court of Justice and External Relations Law, 2014; *Nowak/Masuhr,* „EU only": Die ausschließlichen impliziten Außenkompetenzen der Europäischen Union, EuR 2015, 189; *Gatti,* European External Action Service, 2016; *Jorgensen* u. a. (Hrsg.), Routlegde Handbook on the EU and International Institutions, 2018; *Morgenstern-Pomorski,* The Contested Diplomacy of the European External Action Service, 2018; *Bindi,* Foreign Policy of the EU, 2020.

Die Rechtsgrundlagen des außenwärtigen Handelns der EU ergeben sich aus den beiden **Unionsverträgen (EUV/AEUV).** Auch im Außenbereich gilt das Prinzip der begrenzten Einzelermächtigung. Die Wahrnehmung der Kompetenzen hat unter Beachtung der Vorgaben des Völkerrechts zu erfolgen, das eine Vielzahl von Bestimmungen enthält, die der auswärtigen Gewalt der EU einen Rahmen setzen und sie ausrichten. Primärrechtlich finden sich in den jeweiligen Sachbereichen Vorschriften über Akteure, Verfahren und Instrumente. Der **Ausbau und die Stärkung der Außenzuständigkeiten** gehörte zu den großen Anliegen des Verfassungskonvents (vgl. Erklärung von Laeken); die Ergebnisse, die der Konvent in mehreren Arbeitsgruppen erarbeitete, 7 wurden weitgehend übernommen, allerdings in EUV und AEUV aufgespalten. Zudem hat man den staatsnahen Begriff „Außenminister“ fallen lassen.

1. Völkerrechtsfähigkeit

8 Auswärtige Gewalt setzt nicht voraus, dass ein Hoheitsträger Völkerrechtssubjektivität in Anspruch nehmen kann. Die Begründung von *Rechtsbeziehungen unter dem Völkerrecht* ist allerdings nur möglich, wenn und soweit einem Hoheitsträger auch Rechtssubjektivität eingeräumt worden ist. Die **Völkerrechtssubjektivität** der EU steht heute außer Frage (Art. 47 EUV; zum Rechtszustand bis 2009: 4. Aufl., Rz. 38/7 ff.). Sie erstreckt sich über den Gesamtbereich ihrer Kompetenzen und ist damit **nicht allumfassend.** Sie ist – wie bei anderen Internationalen Organisationen – nicht originär, sondern abgeleitet durch Zuschreibung begründet. Und sie wirkt nur gegenüber jenen anderen Völkerrechtssubjekten, die sie explizit oder implizit anerkannt haben; dies ist heute aber in quasi-universellem Umfang der Fall. Die Rechtspersönlichkeit der EU beinhaltet die Völkerrechtsfähigkeit nach außen und die Rechtsfähigkeit in den MSen („internationale juristische Person“, Art. 47 EUV). Die Bestimmung ist keine Kompetenzvorschrift und begründet damit selbst keine Befugnisse zu auswärtigem Handeln.

9 Aufgrund der Völkerrechtsfähigkeit kann die EU **laufende Beziehungen** zu Drittstaaten und Internationalen Organisationen aufnehmen und unterhalten. Art. 220 AEUV verpflichtet sie im Besonderen zu zweckdienlichen Beziehungen zu den **Vereinten Nationen,** zum **Europarat** und zur **OECD.** Die Anerkennung der EU als Völkerrechtssubjekt liegt nicht nur in der Eröffnung des diplomatischen Verkehrs mit einer Mehrzahl der gut 190 Mitglieder der internationalen Staatengemeinschaft. Sie ist auch darin zu sehen, dass die EU inzwischen eine Vielzahl von Verträgen im Sachbereich des EU-Vertrags abschlossen hat. Zudem hat sie sich an internationalen Missionen beteiligt, die sich ebenfalls im Kompetenz- und Sachbereich des EU-Vertrags ansiedelten.

2. Grundlegende Rechtsstellung

10 Als Völkerrechtssubjekt nimmt die EU grundsätzlich jene Rechtsstellung ein, die das Völkerrecht seinen Rechtssubjekten zubilligt. Allerdings gibt es für überstaatliche Verbände Besonderheiten. Die EU stellt als **Staatenverbund** (Union) mehr als eine Internationale Organisation im überkommenen völkerrechtlichen Sinn dar, nämlich eine staatsnahe, intensive Integrationsgemeinschaft besonderer Art. Es bedarf insofern jeweils der Klärung im Einzelfall, inwieweit die EU Träger einer Rechtsstellung sein kann, die Staaten zukommt. Die besonders in **Art. 2 UN-Charta** niedergelegten staatlichen **Grundrechte und Grundsätze** gelten für die EU jedenfalls nicht unmittelbar. Die Union bekennt sich in Art. 3 Abs. 5 EUV im Sinne einer Selbstverpflichtung zu Zielen und Werten, die im Bereich des auswärtigen Handelns verwirklicht werden müssen. Dabei hat sich die EU auch an der Weiterentwicklung des Völkerrechts zu beteiligen, **„insbesondere zur Wahrung der Grundsätze der Charta der Vereinten Nationen“.**

11 Im Näheren können verschiedene „Grundrechte“ des allgemeinen Völkerrechts für die EU relevant werden. Die EU und ihre Amtsträger genießen die **äußere Immunität vor Behörden und Gerichten in Drittstaaten** (*Ress*, ZaöRVR 1980, 217). Ähnliches gilt inzwischen für das aktive und passive **Gesandtschaftsrecht** (unten Rz. 39/10). Sie hat **Anspruch auf Achtung und Ehre** im internationalen Verkehr, auf **Nichteinmischung in die inneren Unionsangelegenheiten** u. a. m. Für die **völkerrechtlichen Grundpflichten** gilt Entsprechendes. Sie sind oft nur die Kehrseite der entsprechenden Rechte (Interven-

tionsverbot als Konsequenz der Nichteinmischung in die inneren Angelegenheiten). Die Zuständigkeitsverteilung zwischen der EU und ihren MSen entscheidet wiederum darüber, inwieweit Grundpflichten auf die Union übergegangen und von ihr zu respektieren sind. Die Pflicht zur **Achtung der Souveränität von Drittstaaten** ist etwa bei der extraterritorialen Wirkung des Wettbewerbsrechts (oben Rz. 21/65) mit zu bedenken. Sie hängt eng mit dem allgemeinen **Interventionsverbot** des Art. 2 Ziff. 4 UNCh zusammen, das darüber hinaus einen Satz des universalen Völkergewohnheitsrechts darstellt (IGH, ICJ Reports 1986, 14 Rn. 205; *Oppermann,* EPIL II, 1995, 1436). Es steht heute außer Frage, dass die EU der **völkerrechtlichen Haftung** für Delikte ihrer Organe unterliegt. Im Falle eines „gemischten Abkommens" kann die EU auch für das Handeln der MSen zur Verantwortung gezogen werden. Zugleich ist davon auszugehen, dass auch die MSen weiterhin für das Handeln der EU einzustehen haben (*Pitschas,* Die völkerrechtliche Verantwortlichkeit der EG und ihrer MSen, 2001; oben Rz. 14/11). Der Eintritt in **vertragliche Bindungen** der MSen auf Grund späterer EU-Kompetenz (Art. 351 AEUV) entspringt ebenso der Grundpflicht zur Vertragstreue (zur Staatennachfolge in völkerrechtliche Verträge EuGH, 18.11.2003, Rs. C-216/01, „Budweiser"; *Zimmermann,* FS Ress, 2005, 357). Teilweise nimmt sich die EU auch freiwillig der Erfüllung von Verpflichtungen der MSen an (Durchführung von Beschlüssen des UN-Sicherheitsrats: EuGH, 3.9.2008, verb. Rs. C-402/05 P, „Kadi" u. a.).

Die **Völkerrechtsfähigkeit der MSen** wird durch Art. 47 EUV weder berührt noch angetastet. Die MSen sind weiterhin befähigt, über die gesamte Breite ihrer Befugnisse international aufzutreten. Allerdings begehen sie einen Rechtsverstoß, wenn sie dabei ihre Bindungen aus EU-Recht nicht beachten. Art. 351 Abs. 2 AEUV zwingt sie zur **Anpassung von „Altverträgen"**; dies kann die Pflicht zur Kündigung umfassen. Jedenfalls überlagert das EU-Recht die von den MS geschlossenen Verträge (vgl. EuGH, 6.3.2018, Rs. C-284/16, „Achmea"). Die EU kann die MSen grundsätzlich zu einem Verhalten zwingen, das in Widerspruch zu deren völkerrechtlichen Bindungen steht, allerdings ist dann die Loyalitätspflicht zu beachten. Im Bereich ausschließlicher Zuständigkeit der EU dürfen sie keine neuen Bindungen eingehen, andernfalls nur unter Beachtung von Vorrang und **Loyalitätspflicht** (Art. 4 EUV; *Kort,* JZ 1997, 640; *Pache/Bielitz,* EuR 2006, 316). Dies gilt auch und insbesondere beim Auftreten im Rahmen eines „gemischten Abkommens", in dem sich Teile finden, die in die EU-Kompetenz fallen, und Teile, die von den MSen verantwortet werden (EuGH, 20.4.2010, Rs. C-246/07, „KOM/Schweden"; zum Begriff Rz. 38/26). Für einige Bereiche sah der nunmehr gestrichene Art. 293 EGV explizit vor, dass die MSen untereinander Verträge schließen; inzwischen gelten hier die allgemeinen Regeln. Im Übrigen sind Verträge zwischen den MSen deshalb problematisch, weil sie das EU-Recht und die Unionsaktion auszuhöhlen geeignet sind. Sie können dort geschlossen werden, wo die EU keine Kompetenz hat (wie etwa im Bereich der Doppelbesteuerungsabkommen; vgl. *Scherer,* IStR 2016, 741, im Hinblick auf „treaty override"). Sie dürfen jedenfalls nicht die Funktionsbedingungen der Integration antasten (EuGH, 8.3.2011, Gutachten 1/11, „Europäisches Patentgericht"; *Heesen,* Interne Abkommen, 2015). Die MSen können dem EU-Recht nach dem Inkrafttreten des EWGV abgeschlossene Verträge nicht entgegenhalten (EuGH, 5.11.2002, Rs. C-466/98, „Open Skies"). 12

III. Rechtsgrundlagen der EU-Außenbeziehungen

1. Kompetenzen

Der Grundsatz der **begrenzten Einzelermächtigung** gilt auch für das auswärtige Handeln. Ohne Befugnis dürfen die EU-Organe im Außenverhältnis weder rechtliche Absprachen treffen noch „weichere" Handlungen der Diplomatie vornehmen. Aller- 13 dings: Das Primärrecht enthält (ebenso wenig wie das Grundgesetz) **keine geschlossene und systematische Ordnung der auswärtigen Gewalt.** Die diesbezüglichen Vorschriften sind vielmehr über das Primärrecht verstreut. Die Rechtslage ist damit unübersichtlich. Im AEUV wird die Ausgestaltung wichtiger Teilsphären auswärtigen Handelns (GHP, Entwicklungszusammenarbeit, wirtschaftliche und technische Zusammenarbeit mit Drittstaaten, humanitäre Hilfe, Sanktionen) in den Art. 205 ff. geregelt. Dort finden sich auch die Grundbestimmungen über die Beziehungen zu Internationalen Organisationen. Im EUV finden sich – im Anschluss an wortreiche allgemeine Bestimmungen (Art. 21 f. AEUV) – dann die Regelungen über die GASP und die GSVP. Die Solidaritätsklausel des Art. 222 AEUV erstreckt sich auch, aber nicht nur auf das Feld der Außenbeziehungen. Die Union verfügt nicht über eine allgemeine „Treaty Making Power". Die **„Außensouveränität"** ist bei den MSen verblieben.

14 Bei der Klärung der Reichweite äußerer EU-Kompetenzen ist rechtsdogmatisch jeweils zu fragen, inwieweit der Integrationsverband überhaupt die Befugnis hat, außengerichtet zu handeln. In jenen Bereichen, in denen eine Kompetenz besteht, ist deren Verhältnis zu mitgliedstaatlichen Zuständigkeiten zu klären. Für den Abschluss internationaler Übereinkünfte versucht Art. 216 AEUV inzwischen eine Grundlegung. Die Norm gilt als missglückt, weil sie zwischen dem Ob und dem Wie der Kompetenz nicht hinreichend unterscheidet.

a) Explizite und implizite Zuständigkeiten

15 Auswärtige Kompetenzen können der EU zum einen **ausdrücklich zugewiesen** sein (Art. 216 Abs. 1 1. Alt., Art. 217 AEUV; *Fassbender,* AVR 2004, 26; *Nettesheim,* in: Streinz (Hrsg.), EUV/AEUV, 3. Aufl. 2018, Art. 206 Rn. 1 ff.). Im AEUV findet man diesbezüglich inzwischen 17 Vorschriften. Für die Außendarstellung der EU überragend wichtige Bedeutung haben die Zuständigkeiten, die im Bereich der **Zollpolitik** (Art. 28 ff. AEUV) und der **Gemeinsamen Handelspolitik** (Art. 206 ff. AEUV) bestehen. Nach Auffassung des EuGH ist die handelspolitische Kompetenz dynamisch auszulegen und den sich verändernden Gegebenheiten im internationalen Wirtschaftsverkehr anzupassen (EuGH, 15. 11. 1994, Gutachten 1/94, „WTO"; zu neueren Entwicklungen: *Nettesheim,* Umfassende Freihandelsabkommen und Grundgesetz, 2017, 47 ff.). Auf dem Gebiet der Entwicklungszusammenarbeit hat die EU inzwischen ein vielfältiges und dichtes Geflecht von Abkommen geknüpft (Art. 208 ff. AEUV). Die Assoziierung ermöglicht die Begründung breiterer – und regelmäßig auch tiefergehender – Bande (Art. 217 AEUV). Eine allgemeine Zusammenarbeit ermöglicht Art. 212 Abs. 3 AEUV. Auch für die Rückführung (Art. 79 Abs. 2 AEUV) und im Bereich der humanitären Hilfe (Art. 214 Abs. 4 AEUV) gibt es ausdrückliche Kompetenzen. Nach Art. 6 Abs. 2 EUV kann ein Übereinkommen zum Beitritt zur EMRK geschlossen werden; der inzwischen ausgehandelte Entwurf eines Beitrittsabkommens ist nach dem Gutachten 2/13 des EuGH vom 18. 12. 2014 mit dem Primärrecht unvereinbar (oben Rz. 17/39 f.). Darüber hinaus ist es der KOM möglich, Verträge über die Arbeitsbeziehungen zu internationalen Organisationen zu schließen (Art. 220 f. AEUV). Auch die Zuständigkeiten im Bereich der GASP sind hier zu nennen (Art. 37 EUV). Die GASP-Zuständigkeiten werden auch zur Durchführung von **Wirtschaftssanktionen** (Embargos), auch solchen gegen Privatpersonen (smart sanctions), verwendet. Die Verknüpfungsnorm, über die die Durchführung erfolgt, bildet

Art. 215 AEUV, der eine Verkoppelung der Politikbereiche von EUV und AEUV bewirkt (zu Abgrenzung von Art. 215 Abs. 1 und 2 AEUV vgl. *Tamblé*, EuR 2016, 666).

Darüber hinaus verfügt die EU über **implizite Außenkompetenzen** („implied powers"). 16
Sie bestehen insbesondere dort, wo dies zur Verwirklichung eines Vertragszieles erforderlich ist (Art. 216 Abs. 1 Alt. 2 AEUV).

Damit greift der Vertrag dogmatische Aussagen der Rechtsprechung des EuGH auf. In den 1970er Jahren entwickelte der EuGH zunächst den Grundsatz, dass die EU (über die ausdrücklichen Außenzuständigkeiten hinaus) dort über **implizite Außenkompetenzen** verfügt, wo es die sinnvolle Ausübung einer Binnenkompetenz nahelegt, dass die Union als solche nach außen auftreten sollte (EuGH, 31.3.1971, Rs. 22/70, „AETR"). In der Entscheidung „Kramer" (EuGH, 14.7.1976, verb. Rs. 3, 4 und 6/76) stellte der EuGH fest, dass die auswärtige Gewalt so weit geht, wie dies jeweils zur Verwirklichung der intern zugewiesenen Aufgaben **erforderlich** ist. Innen- und Außenkompetenzen laufen damit parallel. In der Entscheidung „Stilllegungsfonds" betonte der EuGH dann, dass eine implizite Außenkompetenz auch dann bestehen könne, wenn die internen Maßnahmen erst anlässlich des Abschlusses und der Durchführung eines Vertrags erfolgen (EuGH, 26.4.1977, Gutachten 1/76). In dem „WTO"-Gutachten (EuGH, 15.11.1994, Gutachten 1/94) schränkte der EuGH diesen Grundsatz dahingehend ein, dass vom Bestehen einer Außenkompetenz grundsätzlich erst dann ausgegangen werden könne, wenn in dem entsprechenden Bereich bereits nach innen gehandelt worden sei. Nur wenn vertragliches Handeln erforderlich sei, um von der Innenkompetenz überhaupt sinnvoll Gebrauch machen zu können, sei auf diese einschränkende Voraussetzung zu verzichten (EuGH, 15.11.2002, Rs. C-476/98, „Open Skies"). Dies sei immer dann der Fall, wenn die interne Zuständigkeit *wirksam* nur zugleich mit der Außenkompetenz ausgeübt werden könne. Die Begründung einer vertraglichen Verpflichtung müsse erforderlich sein, „um Ziele des Vertrages zu verwirklichen, die sich durch die Aufstellung autonomer Regeln nicht erreichen lassen" (Rz. 83). Art. 216 AEUV sieht nunmehr eine Rückkehr zum ursprünglichen Verständnis („AETR"/„Kramer"/„Stilllegungsfonds") vor. Die Anforderungen an die Darlegung der Erforderlichkeit sind niedrig.

Der AEUV sieht ferner vor, dass sich die EU in einem Sekundärrechtsakt zum Ab- 17
schluss internationaler Abkommen ermächtigen kann (Art. 216 Abs. 1 Alt. 3 AEUV). Auch hierbei ist das Prinzip der begrenzten Einzelermächtigung zu beachten. Die EU kann sich also nicht durch einen Sekundärrechtsakt selbst eine Kompetenz schaffen. Gemeint ist vielmehr, dass ein im Primärrecht vorgesehener Kompetenztitel für den Abschluss eines völkerrechtlichen Abkommens durch eine sekundärrechtliche Bestimmung konkretisiert werden kann.

Sprachlich missglückt ist die Formulierung der vierten Alternative des Art. 216 18
Abs. 1 AEUV. Es geht hier um Fälle, in denen ein Vertragsschluss durch einen oder mehrere MSen den Bestand unionalen Rechts beeinträchtigen oder dessen rechtlichen Anwendungsbereich ändern würde. Die EU kann in diesem Fall selbst Verträge abschließen und so eine Gefährdung der einheitlichen Wirkung ihres Rechts ausschließen.

Mit dieser Begründung von ungeschriebenen Außenkompetenzen wird ein **weitgehender Gleichklang** 19
zwischen Binnen- und Außenkompetenz hergestellt (zur Frage der Ausschließlichkeit einer Kompetenz unten Rz. 38/22). Voraussetzung ist allerdings immer, dass es um die Realisierung oder den Schutz vorhandener Binnenkompetenzen geht. In Bereichen, in denen die EU intern nicht harmonisierend auftreten darf, kann sie auch keine Verpflichtungen eingehen, deren Umsetzung dies verlangt (vgl. Art. 207 Abs. 6 AEUV). Die EU-Außenkompetenzen können über Art. 216 AEUV hinaus nicht mit Hilfe von **Art. 352 AEUV** erweitert werden (EuGH, 28.3.1996, Gutachten 2/94, „Beitritt zur EMRK"). Dies würde dem Prinzip der begrenzten Einzelermächtigung widersprechen.

b) Ausschließliche Zuständigkeiten

20 Völkerrechtliche Verträge, die in den ausschließlichen Zuständigkeitsbereich der EU fallen, werden als **EU-only Abkommen** bezeichnet. Ob eine Zuständigkeit **ausschließlich** ist, musste lange unter Rückgriff auf Sinn und Zweck des Vertrags beantwortet werden. Inzwischen findet sich in Art. 3 AEUV eine Antwort des Vertragsgebers.

21 Schon seit Langem sind als ausschließliche Kompetenz anerkannt die Bereiche der **Zollpolitik** (Art. 3 Abs. 1 lit. a) AEUV) und der **Gemeinsamen Handelspolitik** (Art. 3 Abs. 1 lit. e), Art. 206–207 AEUV). Ausschließliche Qualität haben ferner die Zuständigkeiten der EU, die im Rahmen der gemeinsamen Fischereipolitik der Erhaltung der biologischen Meeresschätze dienen (Art. 3 Abs. 1 lit. d) AEUV). Demgegenüber ist der Bereich der gemeinsamen Agrar- und Fischereipolitik entgegen dem bisherigen Verständnis zu Recht als geteilte Zuständigkeit eingeordnet worden. Wichtige Befugnisse ausschließlicher Art finden sich ferner im Bereich der Währungspolitik (Art. 3 Abs. 1 lit. c); Art. 127 ff. AEUV). Nach Art. 3 Abs. 1 lit. c) AEUV gehört nunmehr auch die Festlegung der für das Funktionieren des Binnenmarktes erforderlichen Wettbewerbsregeln zu den ausschließlichen Kompetenzen; die MSen bedürfen damit in diesem Bereich einer Rücküberweisung, um selbst regelnd tätig werden zu können (hierzu *Nettesheim/Thomas,* Entflechtung im deutschen Wettbewerbsrecht, 2011).

22 In der Vergangenheit war der EuGH davon ausgegangen, dass sich die Qualität einer **Kompetenz** von einer solchen **geteilter** zu einer solchen **ausschließlicher Natur** wandeln kann (EuGH, 19.3.1993, Gutachten 2/91, „IAO"; EuGH, 15.11.1994, Gutachten 1/94, „WTO"; *Hilf,* EuZW 1995, 7). Dem liegt die Vorstellung zugrunde, dass sich eine *innere* EU-Politik so sehr verfestigt haben kann, dass durch entsprechende Interpretation zu verhindern ist, dass die MSen durch Begründung völkerrechtlicher Pflichten Beeinträchtigungen bewirken. In seinen Entscheidungen zu den „Open Sky"-Verträgen (EuGH Urt. v. 5.11.2002, Rs. C-476/98; dazu auch Rz. 26/36) hat der EuGH die Position bezogen, dass eine ausschließliche Außenkompetenz immer dann vorliege, wenn ein möglicher mitgliedstaatlicher Vertragsschluss in den Anwendungsbereich einer sekundärrechtlichen Norm fällt oder „jedenfalls ein Gebiet [erfasst], das bereits weitgehend von solchen Rechtsnormen erfasst ist" (Rn. 108). In jüngeren Entscheidungen hat der EuGH diese Sichtweise bestätigt (EuGH, 7.2.2006, Gutachten 1/03, „Lugano-Konvention"; dazu auch Rz. 36/36). Die Ausschließlichkeit der Kompetenz schließe in einem solchen Fall auch aus, dass ein MS Verpflichtungen eingeht, die sich im Einklang mit dem Unionsrecht befinden. Implizite Außenkompetenzen können insofern „nachträglich" ausschließliche Qualität erlangen, wenn die EU die Binnenkompetenz wahrgenommen hat (ähnlich schon EuGH, 24.3.1995, Gutachten 2/92, „OECD") (zum Verhältnis zwischen EU-Recht und WTO-Recht noch unten Rz. 40/44 f.).

23 In Art. 3 Abs. 2 AEUV wird nunmehr der (verunglückte) **Versuch der Kodifizierung** dieser Judikatur unternommen, die auch nach dem Lissabon-Vertrag fortgesetzt wird (EuGH, 13.6.2013, Rs. C-144/12, „Goldbet Sportwetten"). Danach ist den MSen die Möglichkeit des Vertragsschlusses mit Drittstaaten bzw. Internationalen Organisationen dann versperrt, wenn ein Gesetzgebungsakt der EU ein Abkommen vorsieht: Mit dem Erlass dieses Aktes tritt damit Sperrwirkung ein. Zugleich begründet der Vertrag zu Lasten der MSen schon dann eine Sperrwirkung, wenn die Schaffung eines Abkommens notwendig ist, um intern sinnvoll handeln zu können. Schließlich ergibt sich – insoweit eine Ausprägung der Loyalitätspflicht – eine Sperrwirkung in Fällen, in denen ein mitgliedstaatlicher Vertragsschluss zu einer Beeinträchtigung oder Verfälschung von EU-Recht führen könnte.

24 Wenn eine EU-Außenkompetenz als ausschließlich begründet ist, kann grundsätzlich **nur noch die EU** völkerrechtliche Verträge mit Drittstaaten schließen. Die EU kann jedoch MSen ermächtigen, ihre Befugnis vorläufig für sie auszuüben (EuGH, 15.12.1976, Rs. 41/76, „Donkerwolke"; st. Rspr.). Den MSen ist es somit versagt, im Bereich ausschließlicher EU-Zuständigkeiten überhaupt noch eigenständig, also ohne allgemeine Rücküberweisung oder konkrete Ermächtigung durch die EU, zu handeln.

c) Geteilte und parallele Außenzuständigkeiten

25 In einer Vielzahl weiterer Sachbereiche bestehen **geteilte** oder **parallele Außenzuständigkeiten** von EU und MSen. **Geteilte Zuständigkeiten** liegen vor, wenn EU

und MSen handlungsbefugt sind; ein Handeln der EU führt dann zur Sperrwirkung durch das EU-Recht (Art. 2 Abs. 2 S. 1 AEUV). Der EuGH geht etwa davon aus, dass im Bereich des Investitionsschutzes für Portfolio-Investitionen eine derartige geteilte Zuständigkeit vorliege (EuGH, 16.5.2017, Gutachten 2/15, „EUSFTA", Rz. 285ff.; EuGH, 5.12.2017, Rs. C-600/14, „OTIF", Rn. 66f.); diese Sichtweise verträgt sich allerdings nicht mit Art. 207 EUV.

Bei **parallelen Außenzuständigkeiten** bleiben die MSen **auf Dauer** neben der EU zum Vertragsabschluss befugt. Dies gilt z. B. bei humanitärer Hilfe zugunsten eines Drittstaates (Art. 214 Abs. 4 AEUV; EuGH, 30.6.1993, Rs. C-181/91, „Parlament/Rat"). Allerdings haben die MSen den Vorrang des EU-Rechts zu beachten; dies begrenzt in vielen Fällen ihre Handlungsfreiheit. Gleichwohl kann die Parallelität des Auftretens Spannungen und Konflikte mit sich bringen. Nach Art. 4 EUV besteht zwar die Pflicht zur gegenseitigen Koordination des jeweiligen Verhaltens (Rz. 4/23), das heißt inhaltlich besteht eine Pflicht zur Rücksichtnahme. Diese Pflicht ist allerdings regelmäßig zu unbestimmt und zu schwach, als dass sie zu einem konkreten Verhalten zwingen könnte (*Kort,* JZ 1997, 640).

EU-Abkommen können gleichzeitig **mehrere Sachbereiche** berühren (z. B. Handels- 26
und Umweltpolitik). In solchen Fällen ist nach Ziel und Inhalt des Rechtsaktes zu bestimmen, welche Rechtsgrundlagen einschlägig sind (EuGH, 12.12.2002, Rs. C-281/01, „Energy Star"; *Herrmann,* NVwZ 2002, 1168). Die Frage, inwieweit ein Abkommen von einer – oder mehreren – Kompetenznormen getragen wird, kann im Einzelfall schwierig zu beantworten sein; der Vertrag sieht hierfür die Möglichkeit vor, ein Gutachten beim EuGH einzuholen (Art. 218 Abs. 11 AEUV). Je nach Breite eines Abkommens kann auch die Heranziehung mehrerer Kompetenzen – auch in Verbindung von EUV und AEUV (vgl. EuGH, 20.5.2008, Rs. C-91/05, „ECOWAS"; EuGH, 16.5.2017, Gutachten 2/15, „EUSFTA") – erforderlich sein. Grundsätzlich ist ein Abkommen auf alle einschlägigen Kompetenznormen (kumulativ) zu stützen. Eine Schwerpunktbetrachtung ist nur möglich, wenn es um marginale Berührungen mit weiteren Kompetenzen geht.

Ein internationales Abkommen, das Gegenstände einschließt, die nicht in den EU-Kompetenzbereich fallen, kann nur als **„gemischtes Abkommen"** geschlossen werden. Diese Abkommen schließen die EU und die MSen als gemeinsame Vertragsparteien. Der EuGH geht davon aus, dass die MSen nicht zu beteiligen sind, wenn nicht mehr als ganz marginale Teile des Abkommens außerhalb der EU-Kompetenzen liegen (kritisch: *Nettesheim,* Umfassende Freihandelsabkommen und Grundgesetz, 2017, 74). Über eine „Schwerpunktbetrachtung" dürfen die begrenzten EU-Kompetenzen nicht erweitert werden. Im Falle des Abschlusses eines gemischten Abkommens sind EU und MS im Außenverhältnis gegenüber dem Drittstaat vollumfänglich gebunden (EuGH, 2.3.1994, Rs. C-316/91, „EP/Rat") – es sei denn, dass im Vertrag die Abgrenzung geregelt ist. Die Durchführung eines gemischten Abkommens richtet sich nach der internen Kompetenzaufteilung. In dem den MSen zugeordneten Bereich entscheiden diese über die Wirkung eines Abkommens (EuGH, 14.12.2000, Rs. C-392/98, „Parfums Dior"). Die Auslegungsbefugnis des EuGH ist dort beschränkt (EuGH, 16.6.1998, Rs. C-53/96, „Hermes"): Die Zuständigkeit des EuGH zur Gültigkeitsfeststellung bzw. Auslegung erstreckt sich grundsätzlich nur auf diejenigen Bestimmungen, die nicht in die ausschließliche Zuständigkeit der MSen fallen.

Allerdings beansprucht der EuGH, derartige Regelungen insoweit auszulegen, als es um die Feststellung geht, ob sie in die ausschließliche Kompetenz der Mitgliedstaaten fallen (EuGH, 30.5.2006, C-459/03, „Kommission/Irland (MOX-Plant)"; EuGH, 11.9.2007, Rs. C-431/05, „Merck Genéricos – Produtos Farmacêuticos"; EuGH, 16.5.2017, Gutachten 2/15, „EUSTFA"). Die MSen sind nach Art. 216 Abs. 2 AEUV auch an die Vertragsbestimmungen gebunden, die im Kompetenzbereich der EU liegen. Sind die Kompetenzbereiche nicht trennbar, können Konfliktszenarien über die Loyalitätspflichten des Art. 4 Abs. 3 EUV gelöst werden. Das Verfahren zum Abschluss gemischter Abkommen gestaltet sich für den in die Kompetenz der MSen fallenden Teil nach deren nationalen Vorgaben, für den unionalen Teil nach denen des AEUV (siehe unten Rz. 38/28 ff.).

27 Wichtige Beispiele gemischter Abkommen sind die **„Lomé/Cotonou"-Verträge** der EU mit den AKP-Staaten über eine Entwicklungspartnerschaft und deren Nachfolgeverträge (unten Rz. 40/56) oder die 1994 erfolgte Umwandlung des GATT in die neue **Welthandelsorganisation WTO** (unten Rz. 40/36 f.). Auch dem Seerechtsübereinkommen der Vereinten Nationen, unterzeichnet in Montego Bay am 10. Dezember 1982, sind die EU und die MSen gemeinsam beigetreten. **Kooperations-** und **Rohstoffabkommen** der EU mit Drittstaaten werden oft in dieser Form abgeschlossen. Im EAG-Bereich sind gemischte Abkommen in Art. 102 f. EAGV ausdrücklich erwähnt und geregelt. Der EuGH geht davon aus, dass das Freihandelsabkommen EU-Singapur nur als gemischtes Abkommen abgeschlossen werden konnte (EuGH, 16.5.2017, Gutachten 2/15, „EUSFTA"). Die Einordnung der Freihandelsabkommen mit den USA **(TTIP)** und Kanada **(CETA)** als gemischte Abkommen ist umstritten (Nachweise bei: *Nettesheim,* Umfassende Freihandelsabkommen und Grundgesetz, 2017).

2. Vertragsschließungsverfahren des AEUV (Art. 218 AEUV)

Literatur: *Klabbers,* Treaty Conflict and the EU, 2008; *Hillion/Koutrakos,* Mixed Agreements Revisited, 2010; *Thomas,* Making EU Foreign Policy, 2011; *Scherer,* Treaty Override und Unionsrecht – ein Versuch, IStR 2016, 741; *Bäumler,* Vom Vertragstext zum Inkrafttreten: Das Vertragsschlussverfahren im Mehrebenensystem am Beispiel CETA, EuR 2016, 607; *Holterhus,* Die Rolle des Deutschen Bundestags in der auswärtigen Handelspolitik der Europäischen Union, EuR 2017, 234; *Weiß,* Umsetzung von CETA in der EU: Herausforderungen für Demokratie und institutionelles Gleichgewicht, EuR 2020, 407.

a) Allgemeines

28 **Der Abschluss völkerrechtlicher Verträge** mit Drittstaaten und Internationalen Organisationen gehört zu den wichtigsten Formen der Ausübung auswärtiger EU-Gewalt. Er richtet sich nach Art. 218 AEUV. Die Bestimmung erfasst in umfassender Weise jede Form bindender völkerrechtlicher Vereinbarung, nicht aber einseitige Akte oder Handeln unterhalb der Schwelle rechtlicher Gestaltung. **Die allgemeine Verfahrensnorm** findet Anwendung, **soweit** der Vertrag keine Spezialvorschriften über den Abschluss von Abkommen zwischen der EU und Drittstaaten oder Internationalen Organisationen vorsieht. Für die **GASP** enthält Art. 37 EUV eine Spezialregelung (unten Rz. 39/21). Für den Bereich der GHP sieht Art. 207 Abs. 3 ff. AEUV Besonderheiten vor, für die Festlegung des Euro-Wechselkurses Art. 219 AEUV. Das Austrittsabkommen mit einem austretenden MS wird nach Art. 50 Abs. 2 S. 3 EUV nach Maßgabe des Art. 218 Abs. 3 AEUV geschlossen. Art. 218 AEUV begründet selbst keine Außenkompetenz, sondern setzt sie anderwärts voraus.

29 Das wortreiche Verfahren des Art. 218 AEUV beruht auf einer komplizierten Verteilung der Befugnisse zwischen Rat und KOM. Die entscheidenden Schritte **(Aufnahme von Verhandlungen, Unterzeichnung, Abschluss)** werden vom **Rat** beherrscht. Die **KOM** verfügt über wichtige **Initiativrechte** und kann als **Verhandlungsführerin** we-

sentlichen Einfluss nehmen. Das **EP** verfügt inzwischen über gewichtige, wenngleich aber immer noch nicht gleichwertige Rechte. Der **Gerichtshof** kann ein Gutachten über die Vereinbarkeit eines geplanten Abkommens mit dem Vertrag erstatten.

b) Die Phasen des Vertragsschlusses

Im Verfahren des Art. 218 AEUV sind **folgende Phasen** zu unterscheiden:

Die **Aufnahme von Verhandlungen** bedarf der Ermächtigung durch den Rat (Art. 218 Abs. 2 AEUV); diese wird auf der Grundlage einer Empfehlung der KOM bzw. des Hohen Vertreters erteilt. Die **Entscheidung über die Verhandlungsführung** richtet sich nach dem Inhalt des beabsichtigten Übereinkommens. Grundsätzlich ist die KOM, für den Bereich der GASP der Hohe Vertreter zuständig. Es ist nicht ausgeschlossen, dass ein zu schließendes Abkommen sich auf GASP und AEUV erstreckt und säulenübergreifende Natur hat; in diesem Fall wäre die Verhandlungsführerschaft KOM und Hohem Vertreter gemeinsam zu erteilen. Der Rat erteilt die Ermächtigung zur Aufnahme der Verhandlungen gemäß einem von ihm erteilten **„Mandat"**. Der Verhandlungsführer agiert in der Praxis im Benehmen mit einem **besonderen Ausschuss des Rates** (Art. 218 Abs. 4 AEUV). Der Rat kann für die Verhandlung auch begleitende **Richtlinien** erteilen. Trotz dieser Vorhand der Ratsseite kann sich der Verhandlungsführer mit Verhandlungsgeschick eine starke Position verschaffen. Die Verhandlungsphase wird normalerweise mit der **Paraphierung** des Abkommens abgeschlossen (Textfeststellung ohne weiteres Engagement). In seltenen Fällen hat der Verhandlungsführer eine Unterzeichnungs- und Abschlusskompetenz (Art. 220 Abs. 2 AEUV; Art. 7 des Protokolls über Vorrechte und Befreiungen); der Rat kann eine entsprechende Ermächtigung erteilen (EuGH, 9. 8. 1994, Rs. C-327/91, „Frankreich/KOM"). Das EP ist in dieser Phase zu unterrichten; dabei ist darauf zu achten, dass die Verhandlungsposition nicht geschwächt wird. 30

Der Rat beschließt die **Unterzeichnung und den Abschluss des ausgehandelten Abkommens** (Abs. 5). Die Unterzeichnung bestätigt auf beiden Seiten den Abkommenstext endgültig. Ferner enthält sie das Engagement der Partner, intern das ihnen Mögliche zum Inkrafttreten (Abschluss) zu tun. Die Unterzeichnung wird u. U. mit einem Beschluss über die vorläufige Anwendbarkeit verbunden. Der Rat beschließt hier, wie zumeist in Art. 218 AEUV, mit qualifizierter Mehrheit (Abs. 8), so auch beim Austrittsabkommen (Art. 50 Abs. 2 S. 4 EUV). Einstimmigkeit ist erforderlich, wenn das Abkommen einen Bereich betrifft, in dem intern Einstimmigkeit erforderlich ist, bei Assoziierungsabkommen im Sinne von Art. 217 AEUV, bei einem Übereinkommen nach Art. 212 AEUV oder beim Beitritt der EU zur EMRK (Abs. 8 UAbs. 2). Dem EP ist inzwischen in fünf Fällen ein Zustimmungsrecht eingeräumt (Abs. 6 lit. a). Auch Art. 50 Abs. 2 S. 4 EUV sieht eine Zustimmung des EP vor. Im Übrigen ist es anzuhören. Im Bereich der GHP sieht Art. 207 Abs. 4 AEUV eine Spezialregelung vor. Keinerlei Parlamentsbeteiligung ist weiterhin für den Bereich der GASP vorgesehen (das EP ist allerdings in allen Phasen unverzüglich und umfassend zu unterrichten, EuGH, 24. 6. 2014, Rs. C-658/11, „Parlament/Rat"). Der Abschluss-Beschluss des Rates ist seitens der EU der **völkerrechtliche Ratifikationsakt**. Das Abkommen tritt gemäß den vereinbarten Fristen in Kraft, sonst mit dem Austausch der Ratifikationsurkunden. 31

Auch **gemischte Abkommen** werden unionsseitig nach Art. 218 AEUV behandelt, im Übrigen richtet sich der Abschluss für den in den Kompetenzbereich der MS fallenden Teil nach den nationalen Bestimmungen der MS. Der Rat beschließt in der Praxis erst, wenn die MSen die Ratifizierung abgeschlossen haben.

EP, Rat, KOM oder ein MS können vor Abschluss ein **Gutachten des Gerichtshofes** über die Vereinbarkeit eines geplanten Abkommens mit dem EU-Recht einholen. Das Verfahren kann alle Abkommen zum Gegenstand haben, die die EU abschließen kann. Dies gilt trotz Art. 275 AEUV auch für GASP-Abkommen (vgl. EuGH, 24. 6. 2014, Rs. C-658/11, „Mauritius-Abkommen"). Ein Antrag auf Begutachtung kann ab dem Moment gestellt werden, ab dem die EU-Organe den Abschluss eines Abkommens erwägen und dessen maßgebliche Inhalte hinreichend erkennbar sind. Ein fixierter Vertragstext muss noch nicht vorliegen. Diese Gutachtenpraxis hat ständig zugenommen (z. B. EuGH, 15. 12. 1994, Gutachten 1/94, „WTO"; EuGH, 18. 12. 2014, Gutachten 2/13, „EMRK-Beitritt II"). Ist das Gutachten ablehnend, muss das Abkommen oder der Vertrag vor dem Abschluss des Abkommens (Art. 218 Abs. 5 AEUV) nach Art. 48 EUV geändert werden. Bei **gemischten Abkommen** kann nur der unionale Teil zur Auslegung vorgelegt werden; gleichwohl behält sich der EuGH vor, über Fragen der ausschließlichen Zuständigkeit der EU 32 bzw. der MS umfassend zu entscheiden (EuGH, 30.5.2006, C-459/03, „Kommission/Irland (MOX-Plant)"; EuGH, 11.9.2007, Rs. C-431/05, „Merck Genéricos – Produtos Farmacêuticos"; EuGH, 16.5.2017, Gutachten 2/15, „EUSTFA"). Von der EU **abgeschlossene internationale Abkommen** werden Bestandteil der unionalen Rechtsordnung. Als solche sind sie hinsichtlich ihrer Gültigkeit und Auslegung umfassend vom EuGH in den üblichen Verfahren (etwa Art. 267 AEUV) überprüfbar. Prüfungsgegenstand ist der Rechtsakt, mit dem die EU das Abkommen geschlossen hat, Prüfungsmaßstab ist das Primärrecht sowie das gesamte Völkerrecht (EuGH, 27.2.2018, Rs. C-266/16, „Western Sahara Campaign UK").

Der Abschluss-Ratsbeschluss kann darüber hinaus als Handlung des Rates gemäß Art. 263 AEUV **beim EuGH angefochten** werden (oben Rz. 13/44). Als Kläger kommen insbesondere MSen in Betracht (z. B. EuGH, Urt. v. 23.11.1999, Rs. C-149/96, „Portugal/Rat"; anders [und wohl unrichtig] EuGH, 5.10.1994, Rs. C-280/93, „Deutschland/Rat" [zur Frage der Überprüfung von EU-Recht am WTO-Recht noch Rz. 40/49]). Inhaltlich ging es häufig um die **Wahrung der Zuständigkeiten** zwischen EU und MSen oder zwischen Unionsorganen. Mehrfach stellte sich aber auch die Frage, ob die Autonomie und das Funktionieren der EU-Rechtsordnung durch das geplante Abkommen beeinträchtigt werden könnte (z. B. EuGH, 18.12.2014, Gutachten 2/13, „EMRK-Beitritt II"; EuGH, 6.3.2018, Rs. C-284/16, „Achmea"; EuGH, 30.4.2019, Gutachten 1/17, „CETA"), doch auch Verstöße gegen die GRCh wurden bereits vorgelegt (EGH, 26.7.2017, Gutachten 1/15, „PNR-Abkommen EU-Kandada"; EuGH, 30.4.2019, Gutachten 1/17, „CETA"). Völkerrechtliche Bindungen der EU können freilich gerichtlich nicht ohne Weiteres rückgängig gemacht werden. Der Gerichtshof prüft auch gemischte Abkommen in umfassender Weise auf ihre Völkerrechtskonformität (EuGH, 16.6.1998, Rs. C-53/96, „Hermès").

c) Bindungswirkung der Abkommen (Art. 216 Abs. 2 AEUV)

33 Die nach Art. 216, 218 AEUV abgeschlossenen Abkommen sind **für die Organe der Union** und die **Mitgliedstaaten verbindlich.** Völkerrechtlich ist diese Feststellung deklaratorisch, da sich die Bindung bereits aus dem allgemeinen Völkerrechtssatz **„pacta sunt servanda"** (auch Art. 26 WVRK) herleitet. Das Völkerrecht überlässt es seinen Rechtssubjekten, über die Wirkung eines Vertrags im internen Recht selbst zu entscheiden; dies umfasst insbesondere das Recht, über den Rang und die Frage der unmittelbaren Wirkung zu entscheiden.

34 Der EuGH geht davon aus, dass die EU grundsätzlich frei bestimmen kann, welche Wirkungen ein von ihr geschlossenes Abkommen im Unionsrecht hat (EuGH, 21.12.2011, Rs. C-366/10, „Emissionszertifikate auf Luftverkehr", Rn. 49). Damit ist die Feststellung, dass ein gültiges Abkommen zu einem **„integrierenden Bestandteil der Gemeinschaftsrechtsordnung"** werde (EuGH, 30.4.1974, Rs. 181/73, „Haegeman"), überholt. Vielmehr bekennt sich der EuGH heute offen zu einem „dualistischen" Verständnis des Verhältnisses von Völkerrecht und EU-Recht. Dies schließt die Bindung von EU-Organen an VR-Normen nicht aus. Allerdings folgt dies aus einem konkreten EU-rechtlichen Normanwendungsbefehl (z. B. Art. 216 Abs. 2 AEUV (Vollzugsbefehl für die erfassten Abkommen)).

Abkommen haben im Umfang ihrer Vollziehbarkeit vor Sekundärrecht **Vorrang.** Allerdings wird der EuGH einen sekundärrechtlichen Akt auch auf Klage eines MS nur dann an einem für die EU verpflichtenden völkerrechtlichen Vertrag messen, wenn dessen Bestimmungen inhaltlich unbedingt und hinreichend genau sind und dessen Art und Struktur dies zulassen (EuGH, 3.6.2008, Rs. C-308/06, „Intertanko u. a."). Dies verneint der EuGH etwa für das **WTO-Recht.** In dieser Durchbrechung von Art. 218 AEUV drückt sich das Bemühen des EuGH aus, der EU außenpolitischen Handlungsspielraum zu verschaffen. Für die Idee einer Einheit des überstaatlichen Rechts hat der EuGH insofern keinen Sinn. Hierin drückt sich ein Verständnis aus, das die EU als staatsähnlichen Akteur im Geflecht der internationalen Beziehungen begreift, dessen Verhältnis zu den Bestimmungen des Völkerrechts zunächst als politische Frage begriffen wird.

Nach Art. 216 Abs. 2 AEUV sind auch die MSen – unionsrechtlich, nicht aber völkerrechtlich – an die von der EU geschlossenen Abkommen gebunden. Die MSen dürfen sich nicht in einer Weise verhalten, die zu einer Verletzung der im Abkommen enthaltenen Verpflichtungen führt. Dies kann im Vertragsverletzungsverfahren festgestellt werden (EuGH, 19.3.2002, Rs. C-13/00, „KOM/Irland").

35 Internationale Verpflichtungen der EU stehen im Rang (hierzu etwa *Nettesheim,* EuR 2006, 737) zwischen dem Primär- und dem Sekundärrecht (EuGH, 10.9.1996, Rs. C-61/94, „Kommission/Deutschland";

EuGH, 1.4.2004, Rs. C-286/02, „Bellio F.lli"). Sie binden die Organe und Institutionen der EU, müssen sich aber ihrerseits am Primärrecht messen lassen. Dies ergibt sich aus Art. 218 Abs. 11 AEUV, wonach primärrechtswidrige Abkommen eine Änderung des völkerrechtlichen Vertrags oder des Primärrechts voraussetzen. Alle Abkommen haben den gleichen Rang; in einem Konfliktfall muss nach Regeln der lex specialis bzw. lex posterior entschieden werden. Dies gilt auch für Konflikte zwischen GASP- und AEUV-Abkommen.

Die Abkommen können **unmittelbare Wirkungen zugunsten interessierter Privatpersonen** entfalten. Der Einzelne kann sich auf eine Abkommensbestimmung berufen, wenn diese Norm eine klare und eindeutige Verpflichtung enthält, deren Durchführung nicht von weiteren Maßnahmen abhängig ist. Der EuGH bestimmt dies im Wege der Auslegung des Abkommens; dabei werden auch die Struktur des Abkommens selbst und der politische Hintergrund berücksichtigt. Der EuGH verneint dies grundsätzlich für die Bestimmungen der WTO-Ordnung (z. B. EuGH, 12.12.1972, Rs. 21–24/72, „GATT"; EuGH, 23.11.1999, Rs. C-149/96, „Portugal/Rat"; EuGH, 30.9.2003, Rs. C-93/02, „Biret/Rat"; EuGH, 1.3.2005, Rs. C-377/02, „Van Parys"). Demgegenüber nimmt der EuGH dies für Assoziationsabkommen häufig an (EuGH, 5.2.1976, Rs. 87/75, „Assoziierungsabkommen"; EuGH, 30.9.1987, Rs. 12/86, „Demirel" [Freizügigkeit]; EuGH, 12.4.2005, Rs. C-265/03, „Simutenkov" [Partnerschaftsabkommen]). **Schadensersatzansprüche** für den Fall, dass ein Unternehmen durch Sanktionen geschädigt wird, die ein Drittstaat wegen eines WTO-Verstoßes der EU verhängt, gewährt der EuGH regelmäßig nicht (EuGH, 9.9.2008, verb. Rs. C-120/06 P und C-121/06 P, „FIAMM"; vgl. auch Rz. 14/6).

Abkommen, **die die EU nicht unterzeichnet hat,** binden sie grundsätzlich nicht; derartige Abkommen können die Gültigkeit einer Rechtshandlung daher auch nicht in Frage stellen (EuGH, 9.10.2001, Rs. C-377/98, „Niederlande/Parlament und Rat"). Im Hinblick auf das GATT 1947 hatte der EuGH eine „Bindungsübernahme" angenommen, in deren Folge die EWG Rechte der MSen übernehmen konnte, zugleich aber auch (nach außen) in die Pflichtenstellung eingetreten ist (EuGH, 12.12.1972, Rs. 21–24/72, „International Fruit"). Bislang ist nicht geklärt, in welchem Umfang eine entsprechende Pflichtenübernahme der EU im Hinblick auf die **UN-Satzung** erfolgt ist (zu UN-Sicherheitsratsbeschlüssen EuGH, 3.9.2008, verb. Rs. C-402/05 P, „Kadi" u. a.). Das **Völkergewohnheitsrecht** hat die EU bei ihrem Handeln zu beachten (EuGH, 16.6.1998, Rs. C-162/96, „Racke"). Gestützt wird dies auf Art. 21 EUV. 36

IV. Ausblick

Bislang ist der „große Sprung" zugunsten einer **umfassenden und vollständig vergemeinschafteten auswärtigen Gewalt der EU** noch nicht vollzogen worden. Der Lissabon-Vertrag hat hier wesentliche Neuerungen gebracht, ohne allerdings die Sphärentrennung von EUV und AEUV ganz aufzuheben. Dies ist mit Blick auf das weltpolitische Gewicht der Union bedauerlich. Nach allen Meinungsumfragen befürworten schon seit einigen Jahren ungefähr **zwei Drittel der Unionsbürger** in allen MSen eine wirklich europäische Außenpolitik. Die Zustimmung zur gemeinsamen Verteidigung liegt sogar noch höher. Die Bürger sind bereits weiter als ihre Regierungen. 37

Das Zögern der nationalen Regierungen, die Außenpolitik vollständig zu vergemeinschaften, überrascht allerdings nicht. Die Integration ist im **Inneren** der EU mit Binnenmarkt, Währungsunion und wichtigen Teilen der rechtsprechenden Gewalt weit vorangeschritten. Wenn darüber hinaus essentielle Staatsfunktionen wie die **Obhut gegenüber der Außenwelt** mit den diplomatischen und militärischen Mitteln der Union anvertraut würden, bedeutete dies einen weiteren wesentlichen Schritt auf dem Weg zum **Europäischen Bundesstaat.** Hierzu fehlt nicht nur die Bereitschaft der Regierungen. Auch die Bürger, die *in abstracto* eine Stärkung der europäischen Außenpolitik befürworten, haben nicht das Vertrauen in die noch junge europäische 38

Hoheitsgewalt entwickelt, um derartige Schritte für sie akzeptabel zu machen. Weitere Intensivierungen des gemeinsamen Außenhandelns der EU in den fragmentierten Übergangsformen zwischen gemeinschaftlich-integriertem und intergouvernementalem Vorgehen erscheinen aber nicht ausgeschlossen und sind wünschenswert (*Hallstein-Institut* (Hrsg.), Die EU im globalen Kontext, 2004). Die Schaffung einer **auswärtigen Unionsgewalt** im föderalen Sinne dürfte dagegen für die vorhersehbare Zeit – nicht zuletzt aufgrund der Beschäftigung der EU mit innenpolitischer Herausforderungen wie der Bewältigung der Finanz- oder Migrationskrise – nicht auf der Tagesordnung der europäischen Politik stehen.

§ 39. Gemeinsame Außen-, Sicherheits- und Verteidigungspolitik

I. Die Gemeinsame Außen- und Sicherheitspolitik (GASP)

Literatur: *Schulz,* Die Außenpolitik der Europäischen Union im 21. Jahrhundert, Integr. 2013, 138; *Fröhlich,* Die Europäische Union als globaler Akteur, 2. Auflage 2014; *Engbrink,* Die Kohärenz des auswärtigen Handelns der EU, 2014; *Kottmann,* Introvertierte Rechtsgemeinschaft, 2014; *Smith,* The Diplomatic System of the EU, 2015; *Peters,* The European Union's Foreign Policy in Comparative Perspective, 2015; *Schlag,* Außenpolitik als Kultur, 2016; *Hill* u. a. (Hrsg.), International Relations and the EU, 3. Aufl. 2017; *Henze/Jahn,* Die GASP der EU unter der Kontrolle des EuGH, EuZW 2017, 506; *Blockmans/Koutrakos,* Research Handbook on the EU's Common Foreign and Security Policy, 2018; *Hillion,* A Stronger Common Foreign and Security Policy for a Self-Reliant Union, Common Market Law Review 55 (2018), 1675; *Koutrakos,* Judicial Review in the EU's Common Foreign and Security Policy, International & Comparative Law Quarterly 67 (2018), 1; *Luigi,* Common Foreign and Security Policy and the EU's External Action Objectives, European Constitutional Law Review 14 (2018), 584; *Butler,* Constitutional Law of the EU's Common Foreign and Security Policy, 2019; *Fritz,* Die Bindung an die Europäische Grundrechtecharta bei operativen Einsätzen im Rahmen der Gemeinsamen Außen- und Sicherheitspolitik und der Grenzschutzagentur Frontex, 2020.

1 Die **politische Außendimension der Integration** rückte erst schrittweise in den Blick. Mit dem Anwachsen der Gestaltungsmacht nach innen, dem Vordringen in immer neue Aufgabenbereiche und dem Anwachsen der Mitgliederzahl gewann die Frage nach der Rolle Europas in der Welt an Gewicht. Es waren nicht nur Stimmen in den MS, die dazu aufriefen, die Integration nach außen zu wenden und Europa eine **„Stimme zu verleihen“.** Vielleicht noch lauter waren die Stimmen außerhalb Europas, die danach fragten, wie sich der so wirtschaftsmächtige EU-Verbund seiner globalen Verantwortung stellen würde. Inzwischen hat sich die Idee, die Integration diene der Sicherung der Rolle Europas in einer sich verändernden Welt, zu einem Leitmotiv entwickelt (Art. 3 Abs. 5 EUV). Die GASP wurde zunächst von einem naiven Idealismus getragen, der sich auf die Erwartung stützte, dass die EU ihre Nachbarschaft durch Einsatz von „soft powers“ im Sinne westlich-liberaler Vorstellungen **„transformieren“ und eigenständig gestalten** würde. Man setzte auf die Vorbildfunktion der EU als „normativer Macht“, deren Strukturen und Werte Anziehungskraft ausübten. Manche sahen in der EU ein **(kosmopolitisches) „Imperium“** *(Münkler).* Inzwischen begnügt man sich bescheidener damit, auf die **„Resilienz“** des außenpolitischen Umfelds der EU abzuzielen und darauf hinzuwirken, dass die EU inneren und äußeren Bedrohungen widersteht. Ein sich veränderndes geopolitisches Umfeld stellt neue Herausforderungen (strategische Konkurrenz zu China, Neudefinition des Verhältnisses zur USA, Instabilitäten im Osten); zudem ist die EU von Krisenherden umringt

(Nordafrika, Naher Osten, Griechenland-Türkei-Konflikte etc.). Im Zentrum stehen die Friedenssicherung und Stabilisierung der Nachbarschaft. Die institutionellen Rahmenbedingungen werden allerdings weiterhin als ineffizient angesehen (*Webber,* EJIR 2014, 341); die Kohärenz des Handelns, die nur über einen gemeinsamen Zielhorizont und die Koordination durch den Hohen Vertreter sichergestellt werden kann, ist weiterhin gering. Der Politikbereich ist schließlich unterfinanziert (im MFR 2021–2027 sind für den auswärtigen Bereich, der die Nachbarschaft, die Entwicklungszusammenarbeit und die internationalen Zusammenarbeit zusammenfasst, insgesamt etwa 86 Mrd. Euro vorgesehen.).

Das ist der vorläufige Endpunkt eines langen Wegs. In den 1970er Jahren begannen die MSen mit einer **Europäischen Politischen Zusammenarbeit** (EPZ), die 1986 in Art. 30 der EEA verankert wurde. Mit der Überwindung des Ost-West-Konflikts musste Europa seine Stellung in der Welt neu definieren. Im Maastrichter Unionsvertrag 1992 trat als **„zweite Säule" der EU** die „Gemeinsame Außen- und Sicherheitspolitik" (GASP) ins Leben. Die GASP hat – ungeachtet gewisser Stärkungen in Amsterdam 1997, Nizza 2001 und im Lissabon-Vertrag – bislang einen geringen Grad eines weiteren Ausbaus rechtlicher Vergemeinschaftung erreicht. Supranationale Rechtsetzung erfolgt weiterhin nicht und der Entscheidungsmodus ist weiter vom Konsensprinzip beherrscht. Immerhin sieht Art. 42 Abs. 6, 46 EUV nunmehr eine Ständige Strukturierte Zusammenarbeit für den Bereich der Sicherheits- und Verteidigungspolitik vor, die jedoch in erheblichem Maße vom Prinzip der Freiwilligkeit getragen ist. Viele MSen sind zu dem „qualitativen Sprung" einer voll vergemeinschafteten europäischen Außenpolitik bisher nicht bereit. Erst recht ist der Ausbau der EU zu einer **umfassenden Politischen Union** weiterhin nicht absehbar. Die Zurückhaltung der MSen macht die 13. Erklärung zum Lissabon-Vertrag deutlich, in der sie ihre fortbestehende Funktion betonen.

Der Politikbereich der **GASP** wurde geschaffen, um der EU ein koordiniertes Auftreten nach außen auch in Bereichen zu ermöglichen, die jenseits der Integrationsfelder des damaligen EGV und heutigen AEUV liegen. Es geht in diesem Bereich um die Durchsetzung allgemeiner außenpolitischer Interessen, etwa des Interesses an Sicherheit, der Armutsbekämpfung, der Durchsetzung von Menschenrechten oder der Realisierung von Demokratie. Die EU zielt darauf ab, in der GASP das außenpolitische Gewicht einzusetzen, das Fläche, Bevölkerung und Wirtschaftskraft der in ihr vereinten Staaten aufweisen. Aufgrund der Größe und Wirtschaftskraft wird die EU heute als „Supermacht" eingeordnet (*Moravcsik,* Foreign Policy v. 13.4.2017). Nicht immer gelingt es allerdings, mit einheitlicher Stimme zu sprechen. Die vertraglichen Vorgaben für die Gestaltung der GASP sind zugleich wortreich und unbestimmt ausgefallen; inhaltliche Interessenkonflikte werden mit langatmigen politischen Bekenntnissen überspielt (Art. 21 f. EUV). In Art. 3 Abs. 5 EUV findet sich ein „wunschlistenartiges" Bekenntnis, das mehr auf Orientierungsschwierigkeiten als auf Prinzipienfestigkeit hindeutet. Die **normative Bindungswirkung** dieser Bestimmungen ist gering (EuGH, 27.2.2018, Rs. C-266/16, „Western Sahara Campaign"), eine gerichtliche Kontrolle ist ausgeschlossen (Art. 275 AEUV). 2

Der EuGH nimmt in Anspruch, die Kompetenzkonformität des GASP-Handelns prüfen zu können (EuGH, 28.3.2017, Rs. C-72/15, „Russland-Sanktionen"). Auch Zuständigkeits- und Verfahrensfragen fallen unter seine Rechtsprechungsgewalt (Art. 275 AEUV, Art. 40 EUV). Art. 275 Abs. 2 Alt. 2 AEUV schafft eine Entscheidungszuständigkeit des EuGH bei Individualklagen gegen smart bzw. targeted sanctions iSd Art. 215 Abs. 2 AEUV. Der EuGH beansprucht insoweit eine umfassende Kontrolle der Handlungen der EU-Organe im Hinblick auf die **Grundrechte,** die im Bereich der GASP uneingeschränkt gelten (EuGH, 19.12.2018, Rs. C-530/17 P, „Azarov"). Zur Umsetzung der vertraglichen Ziele steht ein Handlungsinstrumentarium zur Verfügung, das eine Koordination und ein gemeinsames Auftreten ermöglicht, ohne allerdings nach innen (supranationale) Bindungswirkung entfalten zu können (Art. 25 EUV).

Es ist effektiv genug, um der EU die inhaltliche Ausrichtung ihres auswärtigen Auftretens gegenüber Staaten und Regionen oder in einzelnen Tätigkeitsfeldern zu ermöglichen. Keine vertragliche Regelung haben „weiche" Formen der Koordination erfahren, also Absprachen und Abmachungen unterhalb der Schwelle förmlicher Rechtsinstrumente. Der Vertrag skizziert die Richtung, in die sich die EU entwickeln soll; vieles ist allerdings offen gelassen und bleibt einer späteren Ausgestaltung (Art. 26 Abs. 2, Art. 42 Abs. 2 EUV) oder der politischen Praxis überlassen. Die Bindung an das Völkerrecht – unter Einschluss des gewohnheitsrechtlich anerkannten Gewaltverbots – wird betont (Art. 21 EUV).

3 In ersten Darstellungen des Maastricht-Vertrags sprach man noch davon, dass es sich bei der im Rahmen der GASP begründeten Zusammenarbeit um eine (bloß) **intergouvernementale Kooperation** handele. Richtig ist, dass die GASP-Politik bislang nicht nach der „Gemeinschaftsmethode" formuliert wird. Dem EuRat kommt eine zentrale Funktion zu; die politischen Möglichkeiten der KOM sind (im Vergleich zu anderen Politikbereichen des AEUV) sehr beschränkt. Inzwischen ist deutlich hervorgetreten, dass in der GASP ein **integrierter Auftritt des EU-Verbands** erfolgt. Allerdings unterscheidet sich die entstehende Form überstaatlicher kollektiver Politikgestaltung (*Müller-Brandeck-Bocquet* (Hrsg.), Europäische Außenpolitik, 2002, 11) in der Institutionenstruktur, im Verfahren und in den Instrumenten von jener des AEUV. Zwischen der „allgemeinen" Außenpolitik der GASP und den tiefer vergemeinschafteten Außenbeziehungen im AEUV gibt es viele Schnittstellen (*Burkard,* Die GASP und ihre Berührungspunkte mit der EG, 2001). Beide Bereiche sind **heute mehr denn je miteinander verflochten;** eine „Säulenstruktur" ist nicht mehr zu erkennen. Dies gilt ungeachtet des Bemühens in Art. 40 EUV, trennende Grenzziehungen aufrechtzuerhalten (vgl. auch Erklärungen 13 und 14).

1. Die rechtlich/institutionelle Regelung der GASP im EU-Vertrag (Art. 23–41 EUV)

4 Die GASP erstreckt sich auf **alle Bereiche** der Außen- und Sicherheitspolitik (Art. 24 Abs. 1 EUV). Grundsätzlich gilt auch für die GASP das Prinzip der begrenzten Einzelermächtigung. Eine gerichtliche Kontrolle der Einhaltung etwaiger Kompetenzgrenzen erfolgt allerdings nicht (Art. 275 AEUV). Jedoch überprüft der EuGH, ob Maßnahmen, die im GASP-Bereich erlassen wurden, richtigerweise nicht auf AEUV-Bestimmungen hätten gestützt werden müssen; auf diese Weise soll ein Unterlaufen des AEUV verhindert werden (Rz. 39/15). Querschnittsartig werden den MSen in Art. 346 AEUV bestimmte Residualbereiche garantiert. So werden etwa **Waffenproduktion und Waffenhandel** im Zusammenhang mit der Wahrung der „wesentlichen Sicherheitsinteressen" der MSen aus dem AEUV ausgeklammert; insofern finden sich hier im nationalen Außenwirtschaftsrecht (etwa im deutschen Außenwirtschaftsgesetz) noch Regelungen.

5 Der Vertrag formuliert die im Rahmen der GASP zu verfolgenden **Grundsätze** und **Ziele** (Präambel, Art. 21 f. EUV). Die Zielsetzungen lassen sich als die gemeinsamen Kernelemente der demokratisch verfassten europäischen Staaten begreifen: Wahrung gemeinsamer **Werte,** Formulierung gemeinsamer strategischer Interessen, Unabhängigkeit und Unversehrtheit der EU im Einklang mit der UN-Charta, **Sicherheit** der Union, Wahrung des **Friedens** im Sinne der UN-Charta, der Schlussakte von Helsinki 1975 und der OSZE-Charta von Paris 1990, **internationale Zusammenarbeit und Förderung der nachhaltigen Entwicklung,** Stärkung von **Demokratie, Rechtsstaatlichkeit** und **Menschenrechten.** Die MSen sind aufgerufen, die GASP **loyal** („vor-

behaltlos") und **solidarisch** zu unterstützen (Art. 24 Abs. 3 EUV). In der außenpolitischen Praxis bestehen insoweit noch manche Defizite. Anerkannt wird die besondere Rolle bestimmter Mitgliedstaaten (Art. 42 EUV). Dabei geht es einerseits um die Neutralität einzelner MSen, andererseits um die besondere Rolle Frankreichs und – bis zu dessen Austritt – des UK im UN-Sicherheitsrat und auf dem Gebiet der nuklearen Verteidigung.

2. Institutionelle Struktur der GASP (Art. 26ff. EUV)

Die GASP weist institutionelle Besonderheiten auf, die sie von dem im AEUV zu be- 6
obachtenden Geschehen abheben (Art. 24 Abs. 1 UAbs. 2 EUV: „besondere Bestimmungen und Verfahren"). Im Wesentlichen treten jene **Institutionen** auf, die auch im AEUV-Bereich walten, an ihre Seite tritt mit hervorgehobener Bedeutung der Hohe Vertreter. Die Einrichtungen operieren in besonderen Verfahren und unter Verwendung der besonderen GASP-Rechtsinstrumente. Institutionell und instrumentell weist die GASP damit Züge der **Vergemeinschaftung** auf, wenngleich der politische Entscheidungsprozess aufgrund des Gewichts des EuRats und der Entscheidungsverfahren weiterhin deutlich durch die MS bestimmt wird. Die Regelung der Art. 26ff. EUV ist unübersichtlich und komplex. Nach den Institutionen geordnet ergibt sich folgendes Bild:

a) Der Europäische Rat (Art. 26 EUV)

Der EuRat ist in der GASP das wesentliche und maßgebende Organ der EU (unten Rz. 39/16). Er ist mit- 7
tels der Definition der strategischen Interessen, der Festlegung der Ziele und der Bestimmung der allgemeinen Leitlinien sowohl oberster außenpolitischer **Impulsgeber** als auch **Beschlussorgan** der GASP. In der Folge des Lissabon-Vertrags gewinnt die operative Funktion des EuRats an Bedeutung; der Präsident soll die EU auch nach außen sichtbar machen (Art. 15 Abs. 6 EUV). Der EuRat gibt dem Rat die Leitlinien der Politik vor; darüber hinaus erlässt er die erforderlichen Beschlüsse. Der EuRat entscheidet grundsätzlich einstimmig (Art. 31 EUV).

b) Der Rat (Art. 26 Abs. 2 EUV)

Der **Rat** (in der Formation „Auswärtige Angelegenheiten") ist dazu berufen, die GASP näher auszugestal- 8
ten und die für die Festlegung und Durchführung erforderlichen Beschlüsse zu fassen (Art. 26 Abs. 2 EUV). Auch operative Beschlüsse erlässt der Rat (Art. 28 EUV); allerdings obliegt die letztliche Durchführung dem HV und den MSen. Der Rat handelt im Rahmen der Vorgaben des EuRates. Im Eilfall ist ein schnelles Handeln möglich (Art. 30 Abs. 2 EUV).

Im Sinne des Schutzes nationaler Vetopositionen beschließt der Rat grundsätzlich **einstimmig** (Art. 31 EUV). Dissentierende MSen können sich enthalten; sie sind dann nicht gebunden, müssen sich aber loyal verhalten **(„konstruktive Enthaltung").** MS befürchten wohl aufgrund dieser Solidaritätspflichten eine Bindung durch die Hintertür („destruktive Enthaltung"). Einziger Anwendungsfall blieb bisher Zypern bei Annahme des Ratsbeschlusses „EULEX Kosovo". Im Juni 2017 beschloss der Rat daher, mehr von der Möglichkeit der konstruktiven Enthaltung Gebrauch zu machen. Der EUV sieht zwar Fälle vor, in denen eine Entscheidung mit qualifizierter Mehrheit ergehen kann (Art. 31 Abs. 2 AEUV), mit einer Ausnahme ist dies aber nur in Fällen möglich, in denen zuvor einstimmig entschieden wurde. Immerhin ist nach Art. 31 Abs. 3 EUV die Ausweitung des Bereichs von Mehrheitsentscheidungen möglich – allerdings wiederum nur einstimmig und unter Beachtung von Art. 48 Abs. 7 EUV. Außerdem haben die MSen ein Initiativrecht (Art. 30 Abs. 1 EUV). **Die MSen konsultieren sich im Rat** zu allen wichtigen außen- und sicherheitspolitischen Fragen (Art. 32 EUV). In der GASP-Praxis liegt es hiermit öfters im Argen.

An die Seite des Ausschusses der Ständigen Vertreter (oben Rz. 5/74) tritt im GASP-Bereich ein **Politisches und Sicherheitspolitisches Komitee (PSK)** (Art. 38 AEUV), das sich aus den Ständigen Vertretern (Botschaftern) der MSen in Brüssel und den Politischen Direktoren der Außenministerien zusammensetzt.

Es hat sich unterhalb des Rates und des HV zum **zentralen Führungsgremium** der GASP in zivilen und militärischen Fragen entwickelt (Beschl. des Rates 2001/78/GASP, ABl. 2001, L 49/1). Der Rat kann – begrenzt – Entscheidungskompetenzen an das PSK delegieren. Die Übertragung kann etwa das Recht zur Festlegung der strategischen Leitung einer Operation, der Festlegung oder Änderung der Einsatzregeln oder -pläne oder die Ernennung des Missionsleiters umfassen. Das PSK wird vom **EU-Militärausschuss (EUMC)** (Beschl. des Rates 2001/79/GASP, ABl. 2001, L 27/4) beratend unterstützt, der sich aus den Generalstabschefs der MS gebildet wird; sein Hauptsitz befindet sich in Brüssel. Das PSK verfolgt laufend die außenpolitische internationale Lage und nimmt unterhalb des Rates die politische Kontrolle und strategische Leitung der GASP-Krisenoperationen wahr. Für den Hohen Vertreter stellt das PSK das wichtigste Beratungsgremium dar. Es kann Stellungnahmen an den Rat richten und ist an der Überwachung der Durchführung der GASP-Politiken beteiligt; ggf. kann es auch selbst Beschlüsse fassen (Art. 38 Abs. 3 EUV). Wichtig ist seine strategische Leitung von Krisenbewältigungsoperationen (Art. 43 EUV). Die GASP hat mit dem PSK ihre zentrale und permanente Instanz in Brüssel gefunden.

c) Der Hohe Vertreter (Art. 27 EUV) und der Europäische Auswärtige Dienst

9 Dem Rat sitzt in der Formation der Außenminister der **Hohe Vertreter für Außen- und Sicherheitspolitik** (HV) vor, ohne allerdings ein Stimmrecht zu haben. Der HV leitet auch die entsprechende Ratsarbeitsgruppe. Das Amt ist jenem des „Außenministers" im Verfassungsvertrag nachempfunden; es ist kein Organ der EU, sondern zugleich Organteil der KOM (Vizepräsident) und des Rats (Vorsitzender). Man spricht daher auch vom **„kleinen Doppelhut".** Das Amt wurde von 2014–2019 von der Italienerin *Federica Mogherini* wahrgenommen, seit 2019 amtiert der Spanier *Josep Borrell.* Der HV hat der GASP **Impulse** zu geben, auch und gerade mit Blick auf den Abschluss von Abkommen (Art. 218 Abs. 2 AEUV). Dem HV kommt eine wichtige Koordinationsrolle zu, weil er im Schnittfeld der anderen GASP-Institutionen steht. Er kann aufgrund seiner Doppelfunktion Standpunkte der Kommission einbringen. Der Einfluss des HV hängt wesentlich vom politischen Geschick und der inhaltlichen Überzeugungskraft ab (ausf.: *Schusterschitz,* in: Eilmansberger/Griller/Obwexer (Hrsg.), Rechtsfragen der Implementierung des Vertrags von Lissabon, 2011, 269). Aufgrund der Unterordnung unter den Rat (Art. 18 Abs. 2 EUV) hat die Politik des HV in jene des Rates eingebunden zu sein.

10 Nach außen obliegt dem HV die **Vertretung der EU im GASP-Bereich** (Art. 27 Abs. 2 EUV); er soll das „Gesicht" der EU sein. Dies gilt auch für die Repräsentation in internationalen Organisationen und auf internationalen Konferenzen (Art. 27 Abs. 2 EUV); hierbei gibt es allerdings mit Blick auf die UN Besonderheiten (Art. 34 EUV). Die nach Art. 28 EUV gefassten Beschlüsse sehen vor, dass der HV (auf der Grundlage seiner Befugnisse aus Art. 18, 27 EUV) die Durchführung steuert (Beispiel: Stabilisierungsaktion in Mali). Zur Durchführung der GASP-Maßnahmen sind neben dem HV auch die Mitgliedstaaten berufen; je nach Situation können ihnen dabei Mittel der EU gewährt werden (Art. 26 Abs. 3 EUV). Militärische Missionen unterstehen der politischen Kontrolle und strategischen Leitung der PSK unter Verantwortung des Hohen Vertreters und des Rates (Art. 38 Abs. 2 EUV). Dem Rat und dem HV obliegt es, für Einheit und Kohärenz zu sorgen; die ersten Erfahrungen nach Inkrafttreten des Lissabon-Vertrags waren in diesem Punkt zwiespältig. Nicht jedem Ratspräsidenten fällt es leicht, die bisherige außenpolitische Zentralfunktion (Art. 18 EUV-Nizza) aufzugeben. Konflikte kann es auch mit dem Präsidenten des EuRats geben, dessen Amt ebenfalls eine Außendimension aufweist.

Der HV wird vom **Europäischen Auswärtigen Dienst (EAD)** unterstützt (Art. 27 Abs. 3 EUV, Art. 32 Abs. 3 EUV; *Morgenstern-Pmorski,* The Contested Diplomacy of the European External Action Service, 2018). Es handelt sich dabei um eine Behörde, die nicht die rechtliche Selbständigkeit einer Agentur aufweist, organisatorisch aber gegenüber einer „normalen" Kommissionsdienststelle eine **größere Unabhängigkeit** kennt. Sie untersteht dem HV und besteht aus der Zentrale sowie den ca. 140 EU-Delegationen. Ihre Zuständigkeit erstreckt sich nicht lediglich auf den Bereich der GASP, sondern umfasst auch die sonstigen Befugnisse des HV. Dem Beamtenapparat steht ein **„geschäftsführender Generalsekretär"** vor. An seiner Seite wirkt ein Generaldirektor für Haushalt und Verwaltung. Der EAD setzt sich aus EU-Bediensteten, nationalen Diplomaten und nationalen Experten zusammen. Mindestens 60 % des Personals soll sich aus EU-Bediensteten zusammensetzen, ein Drittel soll aus den MSen stammen. Die Ernennungsbefugnis und Dienstaufsicht steht dem HV zu. Im EAD herrscht die aus den MSen bekannte Rotation vor. In begrenztem Umfang übernehmen die Delegationen (Art. 221 AEUV) auch konsularische Funktionen. Der EAD wird im EU-Haushalt wie andere unabhängige Institutionen (wie der Ombudsmann oder der AdR) behandelt. Der Dienst umfasst gegenwärtig ca. 7600 Mitarbeiter (ca. 1600 in der Zentrale, ca. 2000 in den Delegationen, im übrigen Sondermissionen; hinzu kommen etwa 4000 Angestellte). Organisation und Arbeitsweise werden durch einen Beschluss des Rates festgelegt (Beschl. 2010/427, ABl. L 201/30). Das EP kann gewisse Kontroll- und Informationsrechte wahrnehmen (Rz. 39/12) und über sein Budgetrecht Einfluss auf den EAD nehmen.

Der HV ist berufen, den inzwischen reichhaltigen Außenbeziehungen der EU politischen Gehalt zu verleihen. Die diplomatischen Vertretungen der MS sowie der Union sollen zusammenarbeiten und ein gemeinsames Vorgehen ermöglichen (Art. 32 Abs. 3, 35 EUV). Die große Mehrzahl der über 190 Staaten der Weltgemeinschaft unterhält mit der EU diplomatische Beziehungen und hat in Brüssel Vertretungen eröffnet. Die Union ist damit heute praktisch **universal anerkannt.**

d) Die Kommission und das Europäische Parlament

Die **KOM** verfügt in der GASP nur über **geringe Handlungsmöglichkeiten.** Art. 27 EUV-Nizza sah immerhin noch vor, dass sie „in vollem Umfang" an der GASP zu beteiligen ist. Seit dem 1. 12. 2009 ist ihr diesbezüglicher Einfluss zurückgegangen. Die wesentlichen Entscheidungs- und Gestaltungsrechte hat nunmehr der HV und der ihm zugeordnete EAD übernommen. Es ist deutlich erkennbar, dass in der GASP nicht die „Gemeinschaftsmethode" zum Tragen kommt; die politische Machtverteilung entspricht nicht dem Grundmodell des AEUV (Initiativmonopol der KOM, Mitentscheidung des EP). Die KOM kann über den HV Initiativen anstoßen (Art. 30 EUV) und wirkt bei der Ausgestaltung des EAD mit. Im Übrigen ist der politische Einfluss der KOM über die Person des HV zu kanalisieren. Dies schließt politische Bemühungen um Einbeziehung der KOM nicht aus. Die GASP kann von einer guten Zusammenarbeit von EuRat, Rat und KOM nur profitieren. 11

Ähnlich wie in nationalen Verfassungen (zum Grundgesetz: *Nettesheim,* in: Maunz/Dürig, GG, 90. EL 2020, Art. 59) sind die **Mitwirkungsrechte des EP** an der GASP **beschränkt** (*Thym,* WHI-Paper 2/2005; *Jaag* EuR 2012, 309). Der HV ist verpflichtet, das Parlament zu den „wichtigsten Aspekten und grundlegenden Weichenstellungen" der GASP zu **hören** und seine Auffassungen gebührend zu berücksichtigen. Ebenfalls ist das EP zu **unterrichten** (Art. 36 Abs. 1 EUV). Das EP kann **Anfragen** oder **Empfehlungen** an den Rat oder den HV richten und führt zweimal jährlich eine **Aussprache** über die Fortschritte der GASP durch (Art- 36 Abs. 2 EUV). Das EP kann auf die GASP mit Hilfe seiner Entscheidungsrechte im **EU-Haushaltsverfahren Einfluss nehmen,** soweit GASP-Ausgaben hieraus finanziert werden. Die Einzelheiten sind in einer interinstitutionellen Vereinbarung zwischen Rat und EP geregelt (ABl. Nr. C 286/80 vom 22. 9. 1997). 12

e) Sonderbeauftragte (Art. 33 EUV)

Der Rat kann nach Bedarf – in der Regel befristet – **Sonderbeauftragte für besondere politische Fragen** ernennen. Sie üben ihr Mandat unter der Verantwortung des HV aus und werden in den EAD integriert. Der Sonderbeauftragte ist seit längerer Zeit ein beliebtes Instrument, um die Präsenz der GASP in Krisengebieten (z. B. Naher Osten, Jugoslawien, Afghanistan) zu stärken. 13

Im **Gesamtüberblick** erscheint die institutionelle Struktur der GASP in ihren Verästelungen und in der Konkurrenz zu den Dienststellen der KOM für die integrierten AEUV-Außenbeziehungen als **komplex,** aber im Lichte der strategischen und instrumentellen Gegebenheiten im Bereich des Äußeren als noch **angemessen.** Der vielschichtige organisatorische Unterbau soll Koordination und Koordination hin zu einem einheitlichen Vorgehen der MS ermöglichen. Kompetenzkonflikte sind an manchen Stellen vorprogrammiert. Die GASP hat seit den 1990er Jahren im Spannungsfeld von institutioneller Vergemeinschaftung und politischer Intergouvernementalität eine ansehnliche Gestalt gewonnen. Die richterliche Überwachung durch 14 den EuGH verdichtet sich (EuGH, 28.3.2017, Rs. C-72/15, „Russland-Sanktionen"; ähnlich schon EuGH, 18.7.2013, Rs. C-584/10 P, „Kadi II").

3. Rechtsinstrumente der GASP (Art. 25 EUV)

15 Das besondere Instrumentarium der GASP wird in Art. 25 EUV beschrieben. Die dort genannten Instrumente gehen deutlich **über eine zwischenstaatliche Kooperation hinaus,** haben aber noch nicht jenen Grad an Integration erreicht, der etwa im Bereich der Rechtsetzung im AEUV besteht. Der Lissabon-Vertrag zielt auf eine Entschlackung des Handlungsinstrumentariums ab, zugleich erfolgt eine **Annäherung an Art. 288 AEUV.** Der Erlass von Gesetzgebungsakten ist weiterhin verboten (doppelte Feststellung in Art. 24 Abs. 1 und Art. 31 Abs. 1 S. 2 EUV). Die in Art. 25 EUV genannten Formen sind nicht abschließend; die Bestimmung erwähnt die vielfältigen Formen „weicher" Steuerung unterhalb der Schwelle rechtsverbindlicher Akte nicht. Eine unmittelbare **Rechtskontrolle des Handelns** durch den EuGH erfolgt nicht (Art. 275 AEUV mit Ausnahmen in Abs. 2). Allerdings überprüfte der EuGH schon seit Längerem, ob Maßnahmen, die die politisch handelnden Organe unter den Bestimmungen der GASP erlassen, nicht richtigerweise auf Bestimmungen des AEUV hätten gestützt werden müssen (z. B. EuGH, 20.5.2008, Rs. C-91/05, „Kommission/Rat" [Bekämpfung der Verbreitung von Waffen]). Art. 275 Abs. 2 AEUV sieht einen Individualschutz gegen smart bzw. targeted sanctions iSd Art. 215 Abs. 3 AEUV (Verbots- oder Embargomaßnahmen) vor.

a) Allgemeine Leitlinien

16 Nach Art. 25 lit. a) EUV stehen der EU auf dem Gebiet der GASP **„allgemeine Leitlinien"** zur Verfügung. Diese Leitlinien ergehen in der Form des Beschlusses (Art. 26 Abs. 1 S. 2 EUV), selbst wenn dies so nicht ausdrücklich festgelegt ist. Mit diesem Instrument werden allgemeine Vorgaben formuliert, mit denen der **Europäische Rat** gemäß Art. 26 Abs. 1 EUV der GASP eine grundsätzliche Ausrichtung gibt. Derartige Leitlinien können auch verteidigungspolitische Bezüge aufweisen. Sie sind nicht nur in einem politischen Sinne maßgeblich, sondern haben auch die Qualität bindenden Rechts. Regelmäßig werden sie aber so unbestimmt und offen formuliert sein, dass schon strukturell keine konkreten Handlungspflichten begründet werden. Im EUV-Nizza war noch zwischen Leitlinien und gemeinsamen Strategien (z. B. Gemeinsame Strategie für die Mittelmeerregion, ABl. 2000, L 183/5) unterschieden worden.

b) Beschlüsse

17 Das praktisch wichtigste Instrument im GASP-Bereich ist der **Beschluss** (Art. 25 lit. b) EUV). Diese Handlungsform entspricht dem Beschluss nach Art. 288 Abs. 3 AEUV. In der Form des Beschlusses können **Aktionen** formuliert (lit. b) i) und **Standpunkte** eingenommen werden (lit. b) ii). Auch für die **Durchführung** derartiger Festlegungen steht der Beschluss zur Verfügung (lit. b) iii); hier gilt die Besonderheit, dass mit qualifizierter Mehrheit entschieden werden kann, wenn und soweit es nicht um Beschlüsse mit militärischen oder verteidigungspolitischen Bezügen geht (Art. 31 Abs. 3, 4 EUV). **Beschlüsse** sind **verbindlich:** Adressatenlose Beschlüsse verändern die Rechtslage allgemein; Beschlüsse, die einen Adressaten aufweisen, führen eine Veränderung des Rechtsstatus (Anspruch oder Pflicht) herbei. Allerdings gilt auch hier, dass der EuGH zur Durchsetzung nicht angerufen werden kann (Art. 275 AEUV). Als Adressat eines Beschlusses kommen nur die MS in Betracht. Ein Durchgriff auf Glieder in den MSen oder gar auf Individuen ist der EU versagt. Eine diesbezügliche Ermächtigung findet sich im EUV nicht; sie wäre unter rechtsstaatlichen Gesichtspunkten mit Blick auf die Rechtsschutzdefizite nicht hinnehmbar. Eine Supranationalisierung erfolgt nur indirekt über Art. 215 AEUV.

18 Im Wege des Beschlusses einigt sich die EU insbesondere auf die durchzuführenden **Aktionen** (vgl. Art. 25 lit b) i), 28 EUV). Sie waren schon unter dem EUV-Nizza (in Form „gemeinsamer Aktionen") das **Hauptinstrument der GASP** (*Münch,* EuR 1996, 415). Aktionen betreffen spezifische Situationen, in denen eine näher zu bezeichnende operative Vorgehensweise der EU für notwendig erachtet wird (z. B. Gemein-

same Aktion 2002/210 über die Polizeimission der EU in Bosnien-Herzegowina, ABl. L 70/1; aus neuerer Zeit: Beratende Mission der Europäischen Union für eine Reform des zivilen Sicherheitssektors in der Ukraine (EUAM Ukraine), ABl. 2017 L 331/24). Allerdings bleiben die operativen Fähigkeiten der EU selbst eher gering; die GASP wird auch auf der Grundlage des EUV-Lissabon im Wesentlichen durch die MSen realisiert. Die Steuerung des mitgliedstaatlichen Verhaltens löst keine völkerrechtsunmittelbare Haftung der EU aus; für die Folgen haften im Außenverhältnis zu Dritten die MSen.

Auch die Einnahme von **Standpunkten** erfolgt nach Art. 25 lit b) ii) EUV durch Beschluss. Standpunkte sind neben den Aktionen das **zweite Hauptinstrument** der GASP (Art. 29 EUV). In einem Standpunkt wird das Konzept der EU für eine bestimmte Frage geographischer oder thematischer Art bestimmt (z. B. Gemeinsamer Standpunkt 2000/55 zu Afghanistan, ABl. L 21/1 oder GStP 2003/444 zum Internationalen Strafgerichtshof, ABl. L 150/67). Standpunkte weisen insofern konzeptionelle, in die mittel- oder gar langfristige Zukunft gerichtete Qualität auf. Es handelt sich um eine Position, mit der ein übereinstimmendes Handeln der EU und der MSen erreicht werden soll, während die Aktion vor allem ein geschlossenes Auftreten der EU sicherstellen will. Standpunkte können sich auch nach außen richten und Drittstaaten ansprechen. Die MSen tragen Sorge, dass ihre nationale Politik mit den Standpunkten im Einklang steht. Standpunkte weisen **rechtliche Bindungskraft** auf; es hängt vom Inhalt ab, wie groß ihre Normativität ist. Häufig werden mit diesem Instrument keine konkreten Handlungsanweisungen formuliert. Es geht mehr um die politische Orientierung als um die Formulierung konkreter Schritte. Gleichwohl gilt auch hier für die MSen die Pflicht zu loyaler Unterstützung und Förderung. 19

Standpunkte haben in der Vergangenheit nicht zuletzt bei der **Festlegung restriktiver Maßnahmen** (Art. 215 AEUV) eine Rolle gespielt; sie dienten der Durchführung von Beschlüssen des UN-Sicherheitsrates (vgl. etwa EuGH, 3.9.2008, verb. Rs. C-402/05, „Kadi"; zum Rechtsschutz: EuGH, 28.5.2013, Rs. C-239/12 P, „Abdulbasit Abdulrahim"). Der EuGH geht zu Recht davon aus, dass die EU zur Durchführung von Beschlüssen des UN-Sicherheitsrats nur im Rahmen ihrer Grundrechtsordnung verpflichtet sein kann.

Sieht ein GASP-Beschluss die Aussetzung, Einschränkung oder Einstellung der Wirtschaftsbeziehungen zu Drittstaaten vor, so entscheidet der Rat über die erforderlichen supranationalen Maßnahmen (so bspw. bei den Sanktionen gegen Russland 2014 aufgrund der Ukraine-Krise [vgl. Beschl. des Rates 2014/872/GASP Änderung, ABl. L 349/59; VO 1290/2014 Änderung, ABl. L 349/20; hierzu *Schwendinger/Trennt*, EuZW 2015, 93]). Der GASP-Beschluss verpflichtet nicht zwingend dazu, im AEUV-Bereich Durchsetzungsmaßnahmen zu erlassen; die Kohärenz des Auftritts kann in diesem Fall leiden.

c) Ausbau der systematischen Zusammenarbeit

In Art. 25 lit. c) EUV wird zudem der Ausbau der **systematischen Zusammenarbeit** der MSen erwähnt. Der Vertrag ist unglücklich formuliert, weil dies keine eigenständige Handlungsform darstellt. Es geht um die Koordinierung des mitgliedstaatlichen Auftretens; hier spielt vor allem der HV eine herausgehobene Rolle (Art. 32 EUV). Die Koordination ist dem eigenen Rechtskreis des EU-Rechts zuzuordnen und hat damit keine völkerrechtliche Qualität. Die MSen haben zu erkennen gegeben, dass sie auf dieses Instrument künftig verstärkt zurückgreifen wollen. 20

Insbesondere koordinieren die MSen untereinander in **Internationalen Organisationen** und auf **internationalen Konferenzen** ihr Handeln und treten für die gemeinsamen GASP-Standpunkte (oben Rz. 39/19) ein. Dort nicht vertretene MSen werden laufend unterrichtet. Die **diplomatischen und konsularischen Vertretungen** der MSen und die Delegationen der KOM pflegen fortlaufend eine enge Zusammenarbeit (Art. 24 Abs. 3, 32 Abs. 3, 34, 35 EUV).

d) Abschluss von Übereinkünften mit Drittstaaten und Internationalen Organisationen (Art. 37 EUV)

Der EU-Vertrag enthält im Bereich der GASP mit Art. 37 EUV eine Vorschrift, die den **Abschluss von völkerrechtlichen Abkommen** ausdrücklich vorsieht (vgl. etwa Beschluss 2011/640/GASP über die Unterzeichnung eines Abkommens mit Mauritius zur Überstellung mutmaßlicher Seeräuber, Nichtigkeitserklärung: EuGH, 24.6.2014, Rs. C-658/11, „Parlament/Rat"). Art. 47 EUV macht deutlich, dass dies Abkommen der EU als Völkerrechtssubjekt sind (oben Rz. 38/8); hierüber bestand zuvor gewisse Unklarheit (vgl. *Regelsberger/Kugelmann*, in: Streinz (Hrsg.), EUV/AEUV, 3. Auflage 2018, Art. 37 Rn. 2 mwN.). 21

Der **Anwendungsbereich der Vorschrift** erstreckt sich über alle Bereiche der GASP. Ggf. muss durch Schwerpunktbewertung ermittelt werden, ob sich ein Abkommen im GASP-Bereich oder eher im Bereich des AEUV bewegt (vgl. Art. 218 Abs. 3 AEUV, siehe auch EuGH, 4.9.2018, C-244/17 „KOM/Rat"). Auch mit Blick auf Art. 40 EUV ist es nicht ausgeschlossen, ein Abkommen, das sich sowohl auf Materien der GASP als auch auf solche des AEUV erstreckt, doppelt abzustützen (anders zu Art. 47 EUV-Nizza: EuGH, 20.5.2008, Rs. C-91/05, „ECOWAS"; *Vranes,* EuR 2009, 44). Das Verfahren des Vertragsschlusses richtet sich inzwischen (anders Art. 24 EUV-Nizza) nach den allgemeinen Bestimmungen, wie sie sich im AEUV finden (Art. 216 Abs. 1 AEUV). Besonderheiten gelten nach Art. 218 Abs. 3 AEUV mit Blick auf die Initiativberechtigung des HV. Zudem ist das EP bei dem Erlass des Beschlusses über ein Abkommen nicht beteiligt (Art. 218 Abs. 6 AEUV). Außerdem muss der Rat grundsätzlich einstimmig entscheiden (Art. 218 Abs. 8 AEUV iVm Art. 31 EUV). Auch im GASP-Bereich binden Abkommen sowohl die EU als auch die MSen. Unklar ist, ob und ggf. inwieweit sich ein MS beim Abschluss eines Abkommens auf das Recht zur konstruktiven Enthaltung (Art. 31 Abs. 1 UAbs. 2 EUV) berufen kann; dies ist wohl anzunehmen. Inzwischen ist es zu einem zwar nicht regen, wohl aber doch regelmäßigen Gebrauch der GASP-Vertragsschlusskompetenz gekommen. Die GV der UN hat 2011 die EU in ihre Arbeitsstrukturen integriert (Resolution 65/276). Die Verleihung des Friedensnobelpreises 2012 an die EU ist Ausdruck der erbrachten Leistungen.

4. Finanzierung der GASP (Art. 41 EUV)

22 Die Finanzierung der GASP erfolgt über den **EU-Haushalt** im regulären EU-Haushaltsverfahren (*Griese,* EuR 1998, 462; oben Rz. 8/39), soweit es um die Verwaltungsausgaben geht. Die operativen Ausgaben werden grundsätzlich über den EU-Haushalt finanziert, wenn der Rat nicht – wie im Regelfall – einstimmig anders beschließt. Die Abgrenzung zwischen Ausgaben, die der GASP zuzuordnen sind, und Ausgaben im AEUV-Bereich fällt nicht immer leicht; mit Blick auf Art. 40 EUV sind „mischfinanzierte" Akte unzulässig. Weitere Haushaltstitel („Die EU als globaler Akteur"; Europäischer Entwicklungsfonds) sind von Relevanz. Militärische bzw. verteidigungspolitische Ausgaben werden von den MSen nach dem **BSP-Schlüssel der EU** bezahlt (allgemein: *Wilms,* EuR 2007, 707). MSen, die in diesem Zusammenhang „konstruktive Enthaltung" (Art. 31 Abs. 1 UAbs. 2 EUV) geübt haben, sind nicht zur Beitragszahlung verpflichtet. Eine **interinstitutionelle Vereinbarung** legt die Grundsätze der Finanzierung fest (ABl. 2013, C 373/1). Zur Verwaltung der Finanzierung der Kosten von Operationen mit militärischem oder verteidigungspolitischem Bezug ist die rechtsfähige Institution „ATHENA" gegründet worden (ABl. 2008, L 345/96). Der Vertrag sieht die Möglichkeit vor, Flexibilität durch einen sog. „Anschubfonds" zu gewinnen (Abs. 3 UAbs. 2).

5. Die zwiespältige Rechtsgestalt der GASP

23 Die komplizierten und unübersichtlichen Art. 23ff. EUV spiegeln das **Dilemma der GASP** wider. Die EU-Außenkompetenzen haben mit der GASP **umfassende Gestalt angenommen.** Die MSen bringen jedoch den politischen Willen zur Schaffung einer genuin **„europäischen auswärtigen Gewalt"** weiterhin nicht auf. Trotz der institutionellen Verselbständigung – etwa durch Schaffung des HV – bleibt dieser Politikbereich fest in den Händen mitgliedstaatlicher Vertreter. Die **MSen** sind insgesamt immer noch die entscheidenden Akteure in der allgemeinen Außenpolitik des EU-Raumes. Die EU ist von einem geschlossen handelnden weltpolitischen Akteur noch entfernt. Im Übrigen geht es eher um die Koordination auf informellem Wege, wie die vielschichtigen organisatorischen Verflechtungen von MS und Union, etwa im Bereich der Auslandsvertretungen, nahelegen. Gleichwohl sind die Errungenschaften anzuerkennen: Die **gemeinsame GASP-Politik** hat auch in ihrer noch nicht vollkommen

integrierten Form eine 1992 kaum für möglich gehaltene Gestalt gewonnen. Von der EU wird – überall auf der Welt – erwartet, dass sie zum weltpolitischen Akteur wird; sie ist auf dem richtigen Weg.

II. Europäisierung der Sicherheits- und Verteidigungspolitik

Literatur: *Kaldrack/Pöttering* (Hrsg.), Eine einsatzfähige Armee für Europa, 2011; *Böcker,* Demokratiedefizit in der ESVP?, 2012; *Jandl,* Die Neuerungen des Vertrags von Lissabon für die GSVP, FS Karl, 2012, 484; *Kuhn,* Die Europäische Sicherheits- und Verteidigungspolitik im Mehrebenensystem, 2012; *Ehrhart,* Die Sicherheits- und Verteidigungspolitik der Europäischen Union im Praxistest, Integr. 2013, 91; *Bendiek/Kaim,* Die neue Europäische Sicherheitsstrategie – der transatlantische Faktor, SWP-Aktuell 55, 1; *Solana/Saz-Carranza/García Casas/Estébanez Gómez,* Auf dem Weg zu einer Europäischen Verteidigungsunion, 2016; *Bartels/Kellner/Optenhögel,* Strategische Autonomie und die Verteidigung Europas: auf dem Weg zur Europäischen Armee?, 2017; *Wientzek,* Hoffnungsschimmer für die gemeinsame Sicherheits- und Verteidigungspolitik der EU, 2017; *Rehrl* u. a. (Hrsg.), Handbook on CSDP: The Common Security and Defense Policy of the EU, 3. Aufl. 2017; *Rinke,* Die ständige strukturierte Zusammenarbeit der Europäischen Union, Ethik und Militär 2018, 10; *Scheffel,* Auf dem Weg zu einer europäischen Verteidigungsunion, NVwZ 2018, 1347; *Moser,* Accountability in EU security and defence: The law and practice of peacebuilding, 2020.

1. Zwischenschritte auf einem mühsamen Weg

Eine Sicherheitspolitik und die Existenz militärischer Streitkräfte gehören zu den zentralen Bestandteilen der **staatlichen Aufgabe.** Der **Schutz nach außen** ist ein zentraler Daseinszweck des Staats, zudem Ausdruck von Souveränität. Es ist Anhaltspunkt für die Reife und Tiefe des Integrationsprozesses, dass der EU – einem Verband im Vorfeld der Staatlichkeit – heute die Entwicklung einer gemeinsamen Sicherheits- und Verteidigungspolitik aufgetragen ist. Die volle Übertragung der sicherheitspolitischen und militärischen Befugnisse auf die Union wäre ein wesentlicher Schritt auf dem Weg zu einer genuinen Staatswerdung Europas. Die meisten MSen sind hierzu bisher nicht bereit. Andererseits ist eine Gemeinsame Außenpolitik der Union ohne die Berücksichtigung sicherheits- und verteidigungspolitischer Belange praktisch nicht denkbar. „Resilienz" hat zunächst und vor allem eine **sicherheitspolitische Dimension.** Unter dem Gesichtspunkt einer funktional sinnvollen Aufgabenverteilung handelt es sich bei der Sicherheits- und Verteidigungspolitik um einen Bereich, der integriert und gemeinschaftlich gestaltet werden sollte. So bewegt sich der Integrationsprozess hier in einem Spannungsfeld divergierender Gesichtspunkte, Ziele und Werte. 24

Die Wurzeln einer europäischen Sicherheits- und Verteidigungspolitik lassen sich bis in die fünfziger Jahre des 20. Jahrhunderts zurückverfolgen. Das Gefühl der Bedrohung durch Stalins Sowjetunion war nach 1945 eine starke Antriebskraft für die (west)europäische Einigung (oben Rz. 1/15). Die Berliner Blockade 1948/49 und der Koreakrieg 1950 gaben den Anstoß, dem sowjetischen Expansionsdrang nach der Gründung der NATO 1949 zugleich durch **gemeinsame europäische Verteidigungsanstrengungen** zu widerstehen. Supranationale Integration schien wie bei der Gründung der EGKS 1950 der geeignete Weg zu sein. Auf diese Weise wurde die Wiederbewaffnung des ehemaligen Kriegsgegners Deutschland als tragbar empfunden. 25

Es dauerte dann allerdings mehrere Jahrzehnte, bis die Idee einer gemeinsamen Verfolgung **sicherheitspolitischer Ziele** im EG-Kontext thematisiert wurde (Art. 30 Ziff. 6a der Einheitlichen Europäischen Akte 1987; *Pöttering* (Hrsg.), Sicherheit in 26

Freiheit für Europa, 1988). Mit dem Maastricht-Vertrag 1992 kam es zu einem – allerdings vorsichtigen – Schritt der Einbeziehung von Sicherheitsaspekten in die **Gemeinsame Außen- und Sicherheitspolitik.** Sie wurde über die Verträge von Amsterdam 1997, Nizza 2001 und Lissabon 2009 zur **Gemeinsamen Sicherheits- und Verteidigungspolitik (GSVP)** ausgebaut (*von Kielmansegg,* Die Verteidigungspolitik der EU, 2005). Wesentlichen Anstoß gab eine Einigung, die beim britisch-französischen Gipfeltreffen in Saint-Malo 1998 erzielt werden konnte (*Howorth,* Security and Defence Policy in the European Union, 2. Auflage 2014). Im Jahr 2016 konnte sich die EU auf eine neue „Globale Strategie" einigen (European Union, Shared Vision. Common Action: A Stronger Europe, Juni 2016).

27 Die GSVP wird als integrierter Bestandteil (Art. 42 EUV spricht von „integral") der GASP bezeichnet. Es handelt sich damit nicht um einen eigenständigen Politikbereich, sondern um ein besonderes Handlungsfeld im Rahmen der GASP – unter dem gemeinsamen „Chapeau" der Art. 21 f. EUV. Die GASP wird als **evolutionäres Handlungsfeld** begriffen, dessen Entwicklungsbedürftigkeit der EUV ausdrücklich anerkennt: Es geht um die „schrittweise" Festlegung einer gemeinsamen Verteidigungspolitik. Den Abschluss soll die – einen besonderen Beschluss erfordernde – Einführung einer „Gemeinsamen Verteidigung" bilden. Bis dahin ist es aber noch ein langer Weg. Vielfältige Schwierigkeiten bei der Entwicklung der GSVP bestehen fort. Sie sind nicht zuletzt dadurch bedingt, dass zwischen den MSen weiterhin erhebliche Auffassungsunterschiede außen- und verteidigungspolitischer Art bestehen. Gewisse Schwierigkeiten bestehen zudem, weil sich die Mitgliedschaft in der EU und in der NATO nicht decken. Auch wenn sich die **neutralen EU-Staaten** zunehmend an der GSVP beteiligen, gibt es vereinzelt Spannungen (unten Rz. 39/42).

28 In den Bestimmungen über die GSVP spiegelt sich der Stand des politisch Machbaren wider: Einerseits werden institutionelle Strukturen errichtet, durch die die EU zur Formulierung sicherheitspolitischer Aktionen befähigt wird. Allerdings gilt das **Einstimmigkeitsprinzip** unbedingt (Art. 42 Abs. 4 EUV); zudem ist die Teilnahme **freiwillig.** Ferner ist die EU darauf angewiesen, auf **verteidigungspolitische Ressourcen der MSen** zurückzugreifen; über eigene Kräfte verfügt sie nicht. Schließlich sehen die Art. 42 Abs. 6, 46 EUV mit der **„Ständigen Strukturierten Zusammenarbeit"** (SSZ) die Möglichkeit eines flexiblen Voranschreitens kleiner Gruppen der MSen vor (Protokoll Nr. 10 über die ständige strukturierte Zusammenarbeit nach Art. 42 Lissabonner EUV).

Aus politischen Gründen zog sich die Gründung der SSZ hin: Erst mit Beschluss des Rates vom 11. Dezember 2017 ((GASP) 2017/2315, ABl. L 331/57) schlossen sich zunächst 25 MS zur Ständigen Strukturierten Zusammenarbeit zusammen. Ziel ist die Integration der gemeinsamen Verteidigungspolitik, was durch **grundsätzliche Richtungsentscheidungen bzw. koordinierte Selbstverpflichtungen** (etwa Aufstockung der Verteidigungshaushalte oder Vereinfachung grenzüberschreitender Militärtransporte) sowie gemeinsam durchgeführte Projekte erreicht werden soll. Die Souveränität über eigene Streitkräfte bleibt dabei erhalten, auch ist die Teilnahme an den jeweiligen Aktionen freiwillig (modularer Ansatz). Die **Kontrolle der SSZ-Projekte** erfolgt durch den Rat sowie den HV, eine Finanzierung erfolgt überwiegend über die MS. Derzeit (Stand: Herbst 2020) laufen 47 verschiedene Projekte im Rahmen der SSZ, wobei sich nicht alle MS an sämtlichen Projekten beteiligen. Es handelt sich um ein Instrument der abgestuften Integration. Viele Beobachter sehen hierin die Zukunft der GSVP. Über die Frage, ob nicht eine Ausdehnung der SSZ auf den Bereich ziviler Krisenbewältigung sinnvoll wäre, wird diskutiert. Die im Rahmen der SSZ durchgeführten Projekte weisen auch Elemente ziviler Krisenbewältigung auf (zB Einrichtung eines europäischen Sanitätskommandos).

In der SSZ geht die Idee der Schaffung einer **„Sicherheits- und Verteidigungsunion" (ESVU)** auf, die bereits 2003 vorgeschlagen und in jüngster Zeit wieder diskutiert wurde (KOM, Europäischer Verteidigungs-Aktionsplan, Nov. 2016). ESVU und SSZ werden daher allgemeinhin gleichgesetzt, wenngleich das Konzept der ESVU über das der SSZ hinausgehen dürfte. In nächster Zeit dürfte es um den Ausbau der SSZ, etwa durch den Einbezug weiterer MS und die Ausweitung der Projekte, gehen. Als problematisch wird nicht nur die Freiwilligkeit der Beteiligung an SSZ-Projekten gesehen, wenig integrativ wirken auch die bisher recht „weichen" Verpflichtungen der SSZ sowie das Fehlen eines Durchsetzungsmechanismus' (*Scheffel,* NVwZ 2018, 1347).

2. Institutionelle Strukturen der GSVP

Die GSVP stellt sich rechtlich als ein **in ständiger Entwicklung befindliches Konglomerat** aus den GASP-Regelungen des EU-Vertrages (Art. 23 ff. EUV), den spezifischen GSVP-Regelungen (Art. 42–46 EUV) und von sekundärem EU-Recht dar (Abkommen, Beschlüsse, Standpunkte, Aktionen u. ä.). Auch wenn die GSVP einen Teil der GASP bildet, bestehen doch erhebliche institutionelle Besonderheiten. 29

a) Übergreifende Strukturen

Die grundsätzliche **institutionelle Struktur** der GASP (Europäischer Rat, Rat, Hoher Vertreter, in zweiter Linie KOM und EP (oben Rz. 39/6 ff.)) kommt auch im Rahmen der GSVP zur Anwendung. Der Rat ist der eigentliche „Entscheidungsgeber", er erlässt Beschlüsse über Missionen der GSVP (Art. 43 EUV). Der Rat ist es auch, der nach Art. 44 EUV im Rahmen eines Missionsbeschlusses eine Gruppe von Mitgliedstaaten mit der Durchführung beauftragen kann („Kaderbildung"). Ihm ist die Kompetenz zur Einrichtung der Europäischen Verteidigungsagentur und die Aufsicht über sie übertragen (Art. 45 EUV). Auch die Durchführung einer „Ständigen Strukturierten Zusammenarbeit" beruht auf einem Ratsbeschluss (Art. 46 Abs. 2 EUV). Das Initiativrecht steht nicht nur dem HV zu, sondern auch den MSen. Unter der Aufsicht des Rats sorgen der HV und das **Politische und Sicherheitspolitische Komitee (PSK,** ABl. 2001, L 27/1; oben Rz. 39/8) für die Koordinierung der Durchführung derartiger Missionen. Das PSK hat sich seit 2001 zu einem wichtigen **Führungsgremium** in zivilen und militärischen Fragen unterhalb des Rates entwickelt; es tagt auf Botschafterebene. Die KOM wird nur am Rande (Art. 42 Abs. 4 S. 2 EUV) beteiligt, das EP ist nicht entscheidungsberechtigt. Große Bedeutung hat die EU-Nato-Zusammenarbeit, die im Rahmen eines Abkommens vom März 2003 (Berlin Plus Agreement) geregelt ist. 2016 kam es zu einer strategischen Neuorientierung und Intensivierung der Kooperation von EU und NATO (Gemeinsame Erklärung vom 8.7.2016), in der man sich auf neue Prioritäten der Zusammenarbeit einigte, darunter etwa Cybersicherheit oder die Bewältigung hybrider Bedrohungen. Dieser Erklärung folgte ein Beschluss zur Umsetzung dieser Ziele in 74 konkrete Maßnahmen. Auf dem NATO-Gipfel 2018 wurde diese reformierte Zusammenarbeit bestätigt und genauer ausgeformt (EU-NATO-Erklärung vom 10.7.2018). 30

b) Besondere GSVP-Einrichtungen

Die Intensivierung der GSVP seit 1999 hat zur Schaffung besonderer institutioneller GSVP-Gremien in Brüssel geführt. Ein **EU-Militärausschuss (EUMC)** (ABl. 2001, L 27/4; „EUMC") steht dem PSK beratend zur Seite. Dieser Ausschuss ist das höchste militärische Gremium in der GSVP; er tritt ggf. auch auf Generalstabsebene zusammen. Er berät das PSK in militärischen Fragen; zudem ist ihm die militärische Leitung aller militärischen Aktivitäten der EU übertragen. Der Rat ernennt den Vorsitzenden des EUMC auf drei Jahre. Diesem ist es möglich, an Tagungen des Rates teilzunehmen, wenn dort Beschlüsse mit ver- 31 teidigungspolitischen Bezügen beraten werden. Mitglieder des EUMC können gleichzeitig dem Militärausschuss der NATO angehören und so eine Verzahnung bewirken. Der gleichzeitig eingesetzte **EU-Militärstab (EUMS)** (ABl. 2001, L 27/7; „EUMS") setzt sich aus Führungsoffizieren der MSen zusammen, ist „Quelle für militärisches Fachwissen" und dient zur Frühwarnung, Lagebeurteilung und strategischen Planung. Innerhalb des Militärstabs ist eine zivil-militärische „Planungszelle" eingerichtet worden, um die verschiedenen Dimensionen der GSVP zusammenzuführen. 2017 ist zudem die Einrichtung einer **Militärischen Planungs- und Führungsfähigkeit (MPCC)** beschlossen worden: eine eigene Organisationseinheit innerhalb des EU-Militärstabes, die für die operationelle Planung und Führung von GSVP-Missionen ohne Exekutivmandat zuständig ist (zB Ausbildungsmission in Somalia oder Mali). Diese Einheit soll auch befähigt werden, ausführende Operationen mit der Truppenstärke einer Gefechtseinheit (etwa 2.500 Personen) durchzuführen (Beschluss des Rates vom 19.11.2018, Nr. 13978/18). Militärausschuss und Militärstab wurden den entsprechenden NATO-Strukturen nachgebildet.

Bislang verfügt die EU allerdings nicht über die integrierten Kommandostrukturen, die notwendig wären, um militärische Operationen zu planen und durchzuführen. Sie ist insofern auf einen Zugriff auf Kapazitäten der Mitgliedstaaten oder der NATO angewiesen („Berlin Plus-Vereinbarung") (siehe unten Rz. 39/39). Mit Wirkung vom 1.1.2007 stehen der EU insgesamt sechs „Operations Centre" bzw. Operationshauptquartiere (OHQ) zur Führung autonomer EU-Operationen zur Verfügung (Deutschland hat ein Operationshauptquartier in Potsdam zur Verfügung gestellt). Dabei werden die zuständigen OHQ für die jeweilige militärische Aktion im Einzelfall vom Rat bestimmt. Die EU ist damit nicht mehr notwendig auf die Bereitstellung entsprechender Kapazitäten durch die MSen angewiesen. Jedoch verfügt die EU nicht über eine ständige militärische Kommandostruktur; langfristig soll die MPCC zu einem permanenten Operationshauptquartier ausgebaut werden. Von der WEU hat die EU das wissenschaftliche **EU-Institut für Sicherheitsstudien** (ABl. 2001, L 200/1) in Paris und das **EU-Satellitenzentrum** in Torrejón/Spanien übernommen.

32 Seit 2000 besteht ein beratender **Ausschuss für die zivilen Aspekte der Krisenbewältigung** (ABl. 2000, L 127/1 „CIVCOM"). Dieser Ausschuss soll vor allem auf die Abstimmung von EU und MSen und die Koordination von Maßnahmen in der EU hinwirken. Darüber hinaus berät er das PSK im Bereich der zivilen Krisenbewältigung. Im Jahr 2007 wurde ein **Ziviler Planungs- und Durchführungsstab** („Civilian Planning and Conduct Capability" – CPCC) eingerichtet; er ist dem EAD zugeordnet und kooperiert eng mit dem MPCC. Die Mitarbeiter des CPCC werden aus der EU-Verwaltung und den MSen rekrutiert. Der Direktor der CPCC leitet die Operationen im Rahmen ziviler GSVP-Missionen. Die Aufsicht führen das PSK und der HV.

c) Umfeld der GSVP

33 Eine ernst zu nehmende gemeinsame Verteidigungspolitik steht und fällt mit **einsatzfähigen militärischen bzw. polizeilichen Verbänden.** Noch verfügt die EU allerdings nicht über eigene militärische Kapazitäten. Stattdessen greift die EU auf die Streitkräfte der MSen zurück. Diesen steht im Einzelfall die autonome Entscheidung über die Bereitstellung zu. In Deutschland ist hierfür eine Zustimmung des Bundestages erforderlich. Die EU bewegt sich dabei in einem Umfeld, das durch die verteidigungspolitische Kooperation der Mitgliedstaaten untereinander und das Zusammenwirken im Rahmen der NATO bestimmt wird. EU und NATO haben 2003 ein **Abkommen strategischer Partnerschaft („Berlin Plus")** abgeschlossen, nach dem die EU bei Einsätzen ihrer Streitkräfte auf die Planungs- und Kommandostäbe der NATO zurückgreifen kann. Die EU hat daraufhin 2003/2004 erstmals in Mazedonien und Bosnien-Herzegowina bisherige NATO-Militärmissionen abgelöst (Abkommen EU-Mazedonien, ABl. 2003, L 82/46). Die EU ist für ihre Operationen weithin auf die Mittel und Fähigkeiten („Assets and Capabilities") der NATO in den Kommandostrukturen und bei der Luftüberwachung angewiesen.

34 Die Achtung der **NATO-Verpflichtungen** im Rahmen der GSVP ist in Art. 42 Abs. 2, Abs. 7 EUV ausdrücklich festgehalten. Ihre Mitwirkung an der GSVP soll die MSen nicht aus der NATO hinausdrängen; auch eine Ersetzung ist jedenfalls gegenwärtig nicht vorgesehen. Die Achtung der **UN-Grundsätze** gehört

zu den Zielen der GASP (Art. 21 EUV). Gleiches gilt für die Ziele der **OSZE-Charta von Paris** (EA 1990, D 656).

3. Ziele und Aufgaben der GSVP

Art. 43 Abs. 1 EUV definiert die **sicherheits- und verteidigungspolitischen Aufgaben,** die im Rahmen der GSVP angegangen werden können. Allgemein ist von Krisenbewältigung (Art. 38 Abs. 2 EUV) die Rede. Die Definition der Aufgaben der GSVP orientiert sich an der Petersberger Erklärung der WEU 1992, die für die EU übernommen wurde **(„Petersberg-Aufgaben").** Dazu zählen etwa „humanitäre Aufgaben und Rettungseinsätze, **friedenserhaltende** Aufgaben sowie Kampfeinsätze bei der Krisenbewältigung einschließlich **friedenschaffender** Maßnahmen". Inzwischen wurden die Aufgaben mit Blick auf gemeinsame Abrüstungsmaßnahmen, Aufgaben der militärischen Beratung und Unterstützung, Aufgaben der Konfliktverhütung sowie Operationen zur Stabilisierung der Lage nach Konflikten erweitert. Der Anspruch, als „Transformationsmacht" in Erscheinung zu treten, ist zuletzt aber deutlich zurückgenommen worden. Es geht inzwischen vorwiegend um die **Wahrung der Sicherheit.** Auch der Kampf gegen den Terrorismus zählt dazu. Der Versuch, die GSVP gleichermaßen für die sicherheitspolitische Krisenprävention und -bewältigung („Peace keeping") als auch (nach gewaltsamem Ausbruch eines Konfliktes) für die Wiederherstellung des Friedens mit militärischer Gewalt („Peace making") zu verwenden, erscheint überambitioniert. 35

Eine **bedeutsame Weiterentwicklung** der GSVP bringt Art. 42 Abs. 7 EUV. Die dort begründete Beistandspflicht („Bündnisklausel") verpflichtet die MSen zur Gewährung der in ihrer Macht stehenden Unterstützung (*Kockel,* Die Beistandsklausel im Vertrag von Lissabon, 2012). Es handelt sich um eine **echte Rechtspflicht,** die immer dann greift, wenn das Gebiet eines MS **mit Waffengewalt** angegriffen wird. Die Unterstützung umfasst auch den Beistand mit militärischen Mitteln. Allerdings bleibt dem angerufenen MS eine **erhebliche Freiheit** in der Entscheidung, wie Beistand zu leisten ist. Würde sich ein MS der Pflicht ganz entziehen, beginge er einen Vertragsverstoß. Jedenfalls eine begründete Auseinandersetzung mit dem Hilfeersuchen und eine ernsthafte Klärung der eigenen Möglichkeiten sind gefordert. Den MSen ist es nach Art. 42 Abs. 7 UAbs. 1 S. 2 EUV möglich, sich auf ihre Neutralität zu berufen und sich so der Pflicht zu entziehen („Irische Klausel"). Zudem müssen die Vorgaben aus der Bündnisklausel im Einklang mit den Verpflichtungen der NATO-Mitgliedschaft entwickelt werden (zu den Zielen im Einzelnen: *Richter,* Die Friedenswarte 2009, 29). Die Bestimmung wurde erstmalig von Frankreich in der Folge der Attentate im November 2015 angewandt. 36

Art. 222 AEUV formuliert dagegen eine Solidaritätspflicht im Terror- oder Katastrophenfall, die – unter anderem – auch den Einsatz militärischer Mittel vorsieht. Die Abgrenzung zu Art. 42 Abs. 7 EUV ist nicht ganz trennscharf, die Vorschriften schließen sich zudem nicht gegenseitig aus. Als Faustformel dürfte gelten, dass Art. 222 AEUV als „kleine Beistandsklausel" Angriffe nicht-staatlicher Akteure erfasst, wohingegen Art. 47 Abs. 7 EUV sich auf zwischenstaatliche Verteidigung bezieht.

Jenseits der vagen Vorgaben der Art. 21f., Art. 43 EUV obliegt die konkrete Zielformulierung der Politik. Die EU entwickelte Ende 2003 nach verschiedenen Plänen und Kontroversen eine **„Europäische Sicherheitsstrategie" (ESS)** (*Cameron,* Int. Pol. 2004, 39; *Reiter,* APuZ 2004, 26). Die Union erklärt sich hierin unter dem Ein- 37 druck der Bedrohungen des internationalen Terrorismus nach dem 11.9.2001 für die **Sicherheit in der Welt** mitverantwortlich („erweiterter Sicherheitsbegriff"). Leitlinie ist eine möglichst frühe Konflikt-Prävention und Bedrohungsprävention. Die „robuste Intervention" mit militärischen Mitteln wird als Ultima Ratio nicht ausgeschlossen. Die europäische Strategie grenzt sich jedoch vom US-amerikanischen Unilateralismus mit der Behauptung eines „Rechts auf Präemption" durch ein Bekenntnis zum **internationalen Recht und der Charta der Vereinten Nationen** ab. Die Grundlinien der ESS wurden 2008 weiterentwickelt. Neue Impulse blieben jedoch aus. Nachdem sich das sicherheitspolitische Umfeld seit 2003 erheblich verändert hat, was nicht zuletzt etwa in der Ukrainekrise 2015 zum Ausdruck kam, soll die ESS weiterentwickelt werden (*Bendiek/Kaim,* SWP-Aktuell 55, 1; *Koenig,* JDIB Policy Paper No. 125, Februar 2015). Mit der Globalen Strategie 2016 (siehe auch Implementation Plan on Security and Defense" (IPSD) vom 14.11.2016, Nr. 14392/16) wurden erste konkrete Vorschläge zur Reform der GSVP unterbreitet. Des Weiteren wurde ein jährlicher Überprüfungsmechanismus (CARD) eingeführt, innerhalb dessen die MS eine umfassende Überprüfung der europäischen Fähigkeitslandschaft vorlegen sollen.

4. Mittel der GSVP

a) Militärische Kapazitäten

38 Die politische Kontrolle und die strategische Leitung von EU-Militäreinsätzen liegen in den Händen des Rates und des PSK. Allerdings verfügt die EU bislang nur über beschränkte eigene Planungs- und Durchführungskapazitäten. Insofern ist ein **Rückgriff auf Institutionen der MSen** unvermeidlich. Dies gilt sowohl für militärische als auch für nicht-militärische Mittel. Art. 42 Abs. 3 EUV scheint in diesem Zusammenhang anzudeuten, dass die MSen zur Bereitstellung von Mitteln **verpflichtet** sind. Aufgrund ihrer Unbestimmtheit und Offenheit geht der Gehalt dieser Klausel allerdings nicht über die allgemeine Loyalitätspflicht (Art. 4 Abs. 3 EUV) hinaus. Auch die in Art. 42 Abs. 3 UAbs. 2 EUV begründete „Pflicht" zur Verbesserung der militärischen Fähigkeiten enthält keinen Rechtsgehalt.

Es bleibt der politischen Vereinbarung überlassen, wie die zur Durchführung von EU-Missionen erforderlichen Mittel gewonnen werden; dabei kann die Europäische Verteidigungsagentur steuernd wirken. Der Europäische Rat beschloss 1999 als Planziel auf freiwilliger Basis den Aufbau einer **EU-Eingreiftruppe** von 50–60 000 Soldaten, die innerhalb von 60 Tagen für die sog. „Petersberg-Aufgaben" der EU einsatzbereit sind (*Varwick,* Int.Pol. 2001, 47). Diese Truppe ist nicht als integrierte Einheit konzipiert, sondern ein „Pool" aus staatlichen Kräften, die im Bedarfsfall unter Zustimmung der jeweiligen MSen zusammengerufen werden. Das ursprüngliche Ziel einer umfassenden Einsatzfähigkeit bis zum Jahr 2003 ließ sich nicht realisieren. 2004 wurde daraufhin das Headline Goal 2010 vereinbart. Im Rahmen der Eingreiftruppe existieren seit 2005 besonders mobile **EU-Kampfgruppen** („Battle Groups") mit einer Stärke von etwa 1500 Soldaten, die innerhalb von 10–15 Tagen in einem Radius von 6000 km um Brüssel für eine Dauer von bis zu vier Monaten zur Krisenbewältigung eingesetzt werden können. Diese EU-Verbände sollen erforderlichenfalls mit den entsprechenden NATO-Verbänden zusammengefügt werden (vgl. *von Kielmansegg,* Die Verteidigungspolitik der EU, 2005). Im Dezember 2008 legte der Rat fest, welche Operationen und Missionen die EU parallel planen und ausführen können muss: Dazu gehören etwa gleichzeitig zwei Stabilisierungs- und Wiederaufbauoperationen mit einer entsprechenden zivilen Komponente (Einsatzdauer zwei Jahre, bis zu 10000 Einsatzkräfte), zwei zeitlich befristete (Kampf-)Einsätze und ein Notfalleinsatz zur Evakuierung von Unionsbürgern. Nach Art. 42 Abs. 3 UAbs. 1 S. 2 EUV können auch multinationale Streitkräfte der MSen der GSVP zur Verfügung gestellt werden; hierbei ergeben sich allerdings Schwierigkeiten, wenn auch Drittstaaten beteiligt sind.

39 Weiterhin greift die EU zur Durchführung ihrer Missionen auch auf Institutionen der NATO zurück. **Die *Berlin Plus*-Vereinbarung** wurde 2002 zwischen der EU und der NATO getroffen (Erneuerung Dezember 2017). Sie bildet die Grundlage für das gemeinsame (militärische) Handeln beider Institutionen. Geregelt werden u. a.: Zugriff der EU auf NATO-Planungskapazitäten, Bereitstellung von NATO-Kommandos (z. B. des Eurokorps) für Missionen der EU, Austausch geheimer Informationen (NATO-EU-

Sicherheitsabkommen), rechtliche Abläufe für Freigabe, Überwachung, Rückgabe und Rückforderung der NATO-Kapazitäten, die Regeln für NATO-EU-Konsultation. Im Zuge der im Juli 2016 beschlossenen Intensivierung der Kooperation wurden 74 verschiedene Vorschläge einer neuen Zusammenarbeit unterbreitet (zB strukturierter Informationsaustausch, Erhöhung militärischer Mobilität), deren Umsetzung laufend überprüft wird. Im Rahmen dieser Vereinbarung hat die EU eine permanente Zelle im NATO-Hauptquartier SHAPE eingerichtet; die NATO unterhält ein Verbindungsbüro im EU-Militärstab (EUMS). In der Praxis ist vereinbart, dass der NATO in einem Krisenszenario das Recht der ersten Intervention zukommt. Nur wenn sich die NATO nicht auf ein Einschreiten einigt, kommt die EU zum Zuge. Die EU kann NATO-Kapazitäten nur anfordern, wenn nicht die NATO engagiert ist. Geleitet werden Missionen der EU, die durch NATO-Kapazitäten durchgeführt werden, vom (europäischen) Stellvertreter des **Supreme Allied Commander Europe (SACEUR),** dem Oberkommandierenden des NATO-Hauptquartiers Europa.

Erhebliche Rechtsunsicherheit besteht in der Frage der völkerrechtlichen Zurechnung des Handelns, wenn und soweit mitgliedstaatliche Einheiten im Rahmen einer EU-Mission wirken (*Schmalenbach,* Die Haftung internationaler Organisationen im Rahmen von Militäreinsätzen, 2004; EGMR (GK), 2.5.2007, 71412/01, „Behrami u. Saramati").

b) Rüstungspolitische Zusammenarbeit

Die gemeinsame Verteidigungspolitik wird durch eine **rüstungspolitische Zusammenarbeit** der MSen 40
unterstützt (Art. 45 EUV). Diese Kooperation wird von der **Europäischen Verteidigungsagentur** (EDA) koordiniert. Sie wurde 2004 in Brüssel gegründet (aktuelle Grundlage: B 2011/411/GASP, ABl. L 183/16), ihr gehören alle MS außer Dänemark an. Die Agentur wird von einem Lenkungsausschuss geleitet, in dem die Verteidigungsminister oder die für Rüstung und Forschung zuständigen Staatssekretäre vertreten sind. Der HV leitet den Lenkungsausschuss. Die Agentur besteht seit Januar 2019 aus drei Direktoraten (Research, Technology & Innovation Directorate, Capability, Armament & Planning Directorate, Industry Synergies & Enablers Directorate). Sie soll als eine Art Koordinationsstelle die europäische „industrielle und technische Verteidigungsbasis" (ITVB) stärken und durch verschiedene Aufgaben (u. a. Marktöffnung für Verteidigungsgüter und gemeinsame Beschaffung) einen „wettbewerbsfähigen europäischen Markt für Verteidigungsgüter" schaffen. Außerdem kooperiert sie mit verschiedenen Drittstaaten. Die Agentur hat 2006 eine „Langzeitvision" entwickelt, die für die Zeit 2020–2030 Maßnahmen zur Umsetzung von Zielsetzungen wie Interoperabilität sowie Durchhalte- und Einsatzfähigkeit formuliert. Als wichtige Schritte werden etwa die Zusammenlegung von militärischen Fähigkeiten sowie die Aufgabenteilung und Aufgabenspezialisierung diskutiert (*Eisenhut,* Europäische Rüstungskooperation, 2010). Im Mai 2017 beschlossen die MS eine Ausweitung des Mandats der EDA, sodass sich ihr Zuständigkeitsbereich auf alle EU-finanzierten Tätigkeiten im Verteidigungsbereich erstreckt. Auf Vorschlag der KOM wurde 2017 der **Europäischen Verteidigungsfonds** (EVF) etabliert, aus dem Forschung und Entwicklung von Verteidigungstechnologie gefördert werden. Er wird zu 20% aus EU-Mitteln, zu 80% von den teilnehmenden MS finanziert und erfasst für den Zeitraum 2019/20 ein Budget von 500 Mio Euro für die Entwicklung sowie weitere 90 Mio. Euro ab 2019 bzw. 500 Mio. Euro ab 2020 für die Forschung. Für den Zeitraum 2021–2027 hat die KOM insgesamt 8 Mrd. Euro in Aussicht gestellt.

c) Zivile Komponente der GSVP

Hohe politische und praktische Bedeutung hat der Anspruch der EU, sich im Rahmen der GSVP gleich- 41
gewichtig auch zivil zu engagieren. Der Europäische Rat beschloss in Feira (Juni 2000) und in Göteborg (Juni 2001) Maßnahmen zur Stärkung der zivilen Fähigkeiten der GSVP. In mehrjährigen Abständen werden seither neue zivile Planziele **(„Civilian Headline Goals")** festgelegt. Als prioritäre Bereiche, auf die sich die EU konzentrieren soll, wurden identifiziert: Polizei, Rechtsexperten, Zivilverwaltung und Katastrophenschutz (vgl. etwa Beratende Mission der Europäischen Union für eine Reform des zivilen Sicherheitssektors in der Ukraine (EUAM Ukraine), ABl. L 331/24). Zwischen den militärischen und den zivilen Formen der Krisenbewältigung bestehen vielfältige Schnittfelder (*Reinhardt,* Zivil-militärische Beziehungen im Rahmen der ESVP/GSVP, 2006). Man richtete den erwähnten Ausschuss für die zivilen Aspekte der Krisenbewältigung (CIVCOM) ein. Materiell geht es um zivile Handlungsfelder wie polizeiliche Sicherheit, Rechtsstaatlichkeit, Katastrophenschutz, Demobilisierung und Reform des Sicherheitssektors. Seit Juni 2005 existieren **„Civilian Response Teams"** und schnell verlegbare Polizeigruppen.

5. GSVP und MSen

42 Die MSen verlieren im Rahmen der GSVP weder ihre Souveränität, noch können sie gegen ihren Willen zu sicherheits- und verteidigungspolitischen Maßnahmen gezwungen werden. Dies zeigt sich im besonderen Maße in der Ständigen Strategischen Zusammenarbeit – PESCO. Der EUV lässt es weiter zu, dass sich die MSen zu einer engeren Zusammenarbeit auf zweiseitiger Ebene oder im Rahmen der NATO entschließen. Allerdings wird verlangt, dass derartige Kooperationsformen der GSVP nicht zuwiderlaufen und diese nicht behindert. Zur gleichen Zeit hebt der EUV hervor, dass die GSVP-Politik dazu gehalten ist, die jeweiligen Besonderheiten der Sicherheits- und Verteidigungspolitik der MSen zu berücksichtigen. Insgesamt sind die Strukturen der Gemeinsamen Sicherheits- und Verteidigungspolitik der EU **flexibel** genug, die Mitgliedschaft neutraler Staaten zu ermöglichen und auf ihre zunehmende Kooperation in Sicherheitsfragen zu setzen.

III. Ausblick

43 Die Union wird heute international nicht selten als **gemeinschaftlich handelnder Akteur** wahrgenommen. Die Erwartung, dass der wirtschaftliche „Koloss" EU auch für den Schutz von Frieden und Sicherheit eintritt, ist in vielen Kreisen der Welt hochgesteckt. Innerhalb der EU wurde dies häufig nicht gesehen; die bequeme Erwartung, die USA mögen die globale Verantwortung übernehmen, besteht fort. Angesichts des Regierungswechsels in den USA sollte diese Erwartung nicht aufrechterhalten werden und wurde auch teilweise revidiert. Das Auseinanderfallen der EU-Staaten im Irakkrieg 2003 sowie Meinungsverschiedenheiten im Umgang mit Libyen 2011 und Syrien 2013 haben Friktionen im Kreis der MSen schlaglichtartig deutlich gemacht. Die große Union der 27 Mitgliedstaaten gewährleistet heute über Binnenmarkt und Währungsunion nach innen Frieden und Wohlstand. Die Gemeinsame Sicherheits- und Verteidigungspolitik bleibt aufgerufen, die **europäische Friedensordnung** nach außen dauerhaft zu sichern.

44 Die EU hat ihre sicherheits- und verteidigungspolitischen Anstrengungen vor diesem Hintergrund mit den Verträgen von Maastricht, Amsterdam und Nizza 1992–2001 und noch einmal im Vertrag von Lissabon intensiviert. Der Vertrag von Lissabon sieht wortreich verschiedene **Stärkungen der GSVP** vor, ohne den immer noch geringen Grad der Vergemeinschaftung grundsätzlich zu ändern. Bisherige Entwicklungen der GSVP werden auf der Vertragsebene verankert, ohne dass allerdings der grundsätzliche Entscheidungsmodus geändert würde. Eine Vergemeinschaftung des Schutzes nach außen durch die bewaffnete Gewalt scheint auf den letzten Seiten des europäischen Integrationskalenders zu stehen. Der „Schritt über den Rubikon" in eine auswärtige Unionsgewalt, welche eine **vollständig gemeinsame Verteidigung** einschließt, steht weiterhin aus. Angesichts der politischen Haltung einer Reihe von EU-Staaten ist er auch mittelfristig nicht zu erwarten (*Diedrichs/Jopp/Sandawi,* Integr. 2004, 223). Die MSen bleiben nach wie vor die wesentlichen Akteure, wie nicht zuletzt in der Ukrainekrise zu beobachten war.

§ 40. Gemeinsame Handelspolitik und Entwicklungspolitik

Literatur: Handelspolitik: *Dimopoulos,* EU Foreign Investment Law, 2011; *Classen,* Der EuGH und die Schiedsgerichtsbarkeit in Investitionsschutzabkommen, EuR 2012, 611; *Wölker,* Die Stellung der Europäischen Union in den Organen der Welthandelsorganisation, EuR-Beiheft 2/2012, 123; *Ohler,* Die Bindung der Europäischen Union an das WTO-Recht, EuR-Beiheft 2/2012, 137; *Hoffmeister,* Der Beitrag der EU zur Entwicklung des besonderen Völkerrechts, EuR-Beiheft 2/2012, 247; *Stöckel,* Smart Sanctions in der EU, 2014; *Weiß,* Vertragliche Handelspolitik der EU in: Arnauld (Hrsg.), Europäische Außenbeziehungen, § 10, 2014, 515; *Burke/Ogonyants,* Die EU-Wirtschaftssanktionen gegen Russland und die russischen Gegensanktionen, IWRZ 2016, 264; *Herrmann/Müller-Ibold,* Die Entwicklung des europäischen Außenwirtschaftsrechts, EuZW 2016, 646; *Krajewski,* Normative Grundlagen der EU-Außenwirtschaftsbeziehungen, EuR 2016, 235; *Weiß,* Kompetenzverteilung bei gemischten Abkommen am Beispiel des TTIP, DÖV 2016, 537; *Herrmann,* Brexit, WTO und EU-Handelspolitik, EuZW 2017, 961; *Müller-Ibold/Hermann,* Die Entwicklung des europäischen Außenwirtschaftsrechts, EuZW 2018, 749; *Brauneck,* Kann ein neuer EU-Multilateralismus das WTO-Recht bestimmen?, EuZW 2019, 397; *Huck,* Die EU und die Globale Agenda 2030 der Vereinten Nationen, EuZW 2019, 581.

Entwicklungspolitik: *Broberg/Holdgaard,* EU External Action in the field of Development Cooperation Policy, 2014; *Müller,* Das Kohärenzgebot im Entwicklungsrecht der EU, 2015; *Sangmeister/Wagner,* Verändert die europäische Flüchtlingskrise die Entwicklungszusammenarbeit?, 2017; *Journo,* Die Beziehungen der Europäischen Union mit den sogenannten AKP-Staaten, 2017; *Beringer/Maier/Thiel,* EU development policies: between norms and geopolitics, 2019; *Leonhard,* Menschenrechts- und Demokratieklauseln in den Außenbeziehungen der Europäischen Union zu den AKP-Staaten, 2020.

I. Die Gemeinsame Handelspolitik als Kernstück der integrierten EU-Außenbeziehungen

1 Die EU bildet mit den USA und dem industrialisierten Ostasien (China, Japan, Taiwan, Südkorea, Hongkong, Singapur) einen der **drei großen Handelsräume** der Erde („Triade"). Schreibt man China einen Sonderstatus zu, kann man von der Quadriga der Handelsräume sprechen. Die EU gehört damit zu den Akteuren, die das weltwirtschaftliche Geschehen entscheidend beeinflussen. Sie nimmt ihre handelspolitische Rolle im Rahmen der Gemeinsamen Handelspolitik (GHP) wahr. Die GHP ist die Konsequenz aus der Errichtung des freien Binnenmarktes, insbesondere der **Zollunion** mit dem Gemeinsamen Zolltarif. Andere Unionspolitiken wie z. B. die Agrar- oder die Verkehrspolitik können, müssen aber nicht durch ein gemeinsames und einheitliches Außenregime ergänzt werden. Mit der Gründung einer Zollunion und der Schaffung eines liberalen Binnenmarkts muss auch eine *einheitliche* Entscheidung darüber getroffen werden, wie man sich handelspolitisch gegenüber Drittstaaten stellt. Die **Gemeinsame Handelspolitik** (Art. 206f. AEUV) hat sich mit dem Erlass einer **Fülle autonomen und vertraglichen Sekundärrechts** zum Kernstück der integrierten Außenbeziehungen der Union entwickelt. Die Gemeinsame Handelspolitik zielt nicht auf eine protektionistische „Festung Europa", sondern steht – auf deutsche Veranlassung bei den Vertragsverhandlungen 1956/57 – unter dem Gebot, zu einer **liberalen Entwicklung des Welthandels** beizutragen (Art. 206 AEUV).

2 Auch wenn die Öffnung von Märkten und die Liberalisierung des Austausches von Produkten, Personen und Kapital ordnungspolitisch sinnvoll sind, präjudiziert dies die politische Entscheidung nicht unmittelbar. Außenwirtschaftspolitik ist immer auch Politik und wird damit im **demokratischen Prozess** entworfen. Die Erfahrung zeigt, dass in diesem Prozess Entscheidungen zustande kommen, die unter wohlfahrts-

ökonomischen Gesichtspunkten suboptimal sind. Dies kann auf **Verzerrungen des politischen Prozesses** zurückzuführen sein. Es kann aber auch an den jeweiligen Präferenzstrukturen liegen. Insofern lässt sich gut erklären, warum sich die grundsätzlich liberalen Vorgaben des AEUV nicht notwendig in einer liberalen Handelspolitik niederschlagen. Von Rechts wegen lässt sich hiergegen nichts einwenden: Die programmatischen und teleologischen Vorgaben des AEUV haben so geringe rechtliche Bindungswirkung, dass sich ein Rechtsverstoß selbst dann kaum annehmen lässt, wenn sich die politisch entscheidenden Organe für ein eindeutig protektionistisches Vorgehen entscheiden. Zudem setzt der AEUV auch Gegenakzente, die einem Liberalisierungsverlangen entgegengehalten werden können (Ziel der „harmonischen Entwicklung des Welthandels" (Art. 206 AEUV)).

3 Mit der GHP ist die **EU-Entwicklungspolitik** (heute insbesondere die Entwicklungszusammenarbeit (EZ) nach Art. 208–211 AEUV) eng verbunden. Sie nahm 1958 mit der „Entwicklungsassoziierung" früherer Kolonien Frankreichs und anderer MSen ihren Anfang. Reste hiervon finden sich heute in der Assoziierung der **Überseeischen Länder und Hoheitsgebiete** (ÜLG – Art. 217 AEUV). Die frühere Assoziierung der Ex-Kolonien ist inzwischen im Wesentlichen in die vertragliche Entwicklungspartnerschaft **EU-AKP-Staaten** (**A**frika, **K**aribik, **P**azifik) übergegangen („Lomé/Cotonou-Politik", unten Rz. 40/56).

II. Die Außendimension der Zollunion

Literatur: *Gormley,* EU Law of Free Movement of Goods and Customs Union, 2009; *Lux/Sack,* Zollrecht, in: Dauses (Hrsg.), Hdb. EU-WirtschR, C II., 2012; *Looks/Dersch,* Reform des Zollrechts der Europäischen Union, DStR 2016, 1185; *Witte,* Zollkodex, 7. Aufl. 2018; *Witte/Wolffgang* (Hrsg.), Europäisches Zollrecht, 9. Aufl. 2018;; *Brauneck,* Rechtsfragen der Zollgrenzen nach dem Brexit, EuZW-Sonderausgabe 2020, 55; *Müller-Eiselt/Vonderbank,* EU-Zollrecht/Zollwert, Stand 2020; *Rüsken* (Hrsg.), Zollrecht Kommentar, Stand 2020.

4 Die Herstellung der Zollunion (oben Rz. 22/22 ff.) stellt ein unverzichtbares Element einer Gemeinsamen Außenwirtschaftspolitik dar. Die politische Steuerungswirkung der Zollpolitik ist durch die Einbindung, die inzwischen durch das WTO-Recht erfolgt ist, sowie durch ein Ausweichen auf andere Schutzinstrumente zurückgegangen, in einzelnen Bereichen aber weiterhin beträchtlich. Insbesondere werden Antidumping-Maßnahmen bei hohem politischem Druck weiterhin vielfach zu protektionistischen Zwecken verwandt (unten Rz 40/28 ff.).

1. Der Gemeinsame Zolltarif (GZT)

5 Nach Gründung der EWG gelang es schnell, mit der Herstellung der Zollunion einen Eckpfeiler des Gemeinsamen Marktes zu errichten (oben Rz. 22/21). Schon mit dem 1.7.1968 (statt dem 1.1.1970) wurden die Binnenzölle innerhalb der Gemeinschaft abgeschafft. Ab diesem Zeitpunkt galt der GZT für die gewerblichen Waren. Inzwischen sind die EU-Zollsätze durch den **Gemeinsamen Zolltarif (GZT)** einheitlich geregelt (VO 2658/87, ABl. 1987, L 256/1 mit Änderungen und jährlichem neuen Anhang, Fundstellenverzeichnis des geltenden EU-Rechts). Der GZT wird für die Zollpraxis laufend in Gestalt des sog. Gebrauchszolltarifs **(„Integrierter Tarif der EG" = TARIC)** aktualisiert. Der GZT umfasst ca. 3000 Tarifpositionen. Den MSen

stehen in diesem Bereich keine Rechtsetzungsbefugnisse mehr zu (Art. 3 Abs. 2 AEUV; EuGH, 18. 2. 1970, 8, Rs. 40/69, „Hauptzollamt Hamburg").

Das **Zollgebiet der Union** deckt sich dabei im Grundsatz mit dem räumlichen Geltungsbereich der Verträge nach Art. 349, 355 AEUV (*Rogmann,* ZfZ 1996, 194). Auf Grund historischer und geographischer Besonderheiten gibt es dabei im Detail einzelne Abweichungen. Art. 4 des Zollkodex sieht Sonderregelungen vor zu besonderen Gebieten wie u. a. Monaco, Büsingen, Helgoland, und überseeischen Gebieten. Besonderheiten des Zollgebiets im **Küstenbereich** ergeben sich aus seerechtlichen Entwicklungen (*Müller,* ZfZ 1985, 290). Mit dem Austritt schied das UK aus dem Zollgebiet der EU aus; das Austrittsabkommen enthält Bestimmungen, mit denen eine harte Zollgrenze zwischen Irland und Nordirland vermieden werden soll. 6

Seit Einführung des GZT sind seine Zollsätze sowohl **autonom** (Art. 31 AEUV) als auch völkerrechtlich durch **Abkommen mit Drittstaaten** (Art. 206; 218 AEUV) vielfach abgeändert worden. Die vertraglichen Änderungen erfolgten vor allem multilateral auf den Welthandelskonferenzen („Runden") von GATT/WTO, etwa in der Tokyo-Runde 1973–1979 und der Uruguay-Runde 1986–1993. In der Regel wurde auf diese Weise die Höhe des GZT spürbar gesenkt. Die EU gehört im gewerblichen Bereich zu den **Niedrigzollregionen der Welt.** Anders sieht es bei landwirtschaftlichen Produkten aus. 7

2. Zollrechtsangleichung, Zollkodex und Strategien für die Zollunion

Die Einführung eines gemeinsamen Außenzolltarifs bietet allein noch keine Gewähr dafür, dass dieser Tarif in allen MS einheitlich angewandt wird und dass die Zollabfertigung überall nach denselben oder zumindest vergleichbaren Kriterien erfolgt. Es handelt sich nur um die erste Stufe zollrechtlicher Harmonisierung. Um Verkehrsverlagerungen und Wettbewerbsverzerrungen zu vermeiden, waren deshalb der Erlass gemeinschaftsrechtlicher Durchführungsbestimmungen und eine **Angleichung der nationalen Zollrechts- und Verwaltungsvorschriften** notwendig. Zu diesem Zweck wurde 1992 erstmalig ein **Zollkodex der Gemeinschaften** verabschiedet, in den Jahren 2008 (VO 450/2008, ABl. L 145/1) und 2013 (VO 952/2013, ABl. L 269/1) jeweils eine modernisierte Fassung beschlossen. Die Fassung von 2013 entfaltet materiell-rechtliche Wirkungen seit Mai 2016. Dieser Zollkodex vereinheitlicht neben dem materiellen Zollrecht auch das Zollverfahrensrecht. Der Kodex enthält u. a. Regelungen über Warenursprung, Zollwert, Zollschuld, Versandverfahren, Zolllager, Freizonen und Veredelungsverkehr, aber auch Regelungen, die eine einheitliche Anwendung des Zolltarifs in der Union durch die nationalen Zollbehörden gewährleisten. Der Zollkodex wird von Durchführungsvorschriften seitens der KOM begleitet. Eine weitere **Zollrechtsangleichung** kann nach Art. 31 AEUV autonom oder nach Art. 207 AEUV im Rahmen von Handelsabkommen erfolgen. Der EU kommt insoweit eine ausschließliche Zuständigkeit zu (Art. 3 Abs. 2 AEUV); das Zollrecht ist mittlerweile abschließend auf EU-Ebene geregelt. 8

Die Anwendung des Zollrechts erfolgt grundsätzlich durch die nationalen Behörden. Insoweit wurde mit dem Amsterdamer Vertrag 1997 im Rahmen der Gemeinsamen Handelspolitik eine Kompetenz der Union zum Ausbau der **administrativen Zusammenarbeit im Zollwesen** geschaffen (Art. 33 AEUV; dazu VO 515/97, ABl. L 82/1). Dabei geht es sowohl um die horizontale Koordinierung zwischen den MSen als auch um die vertikale Abstimmung zwischen der KOM und den MSen. Hierzu besteht seit langem eine „Arbeitsgruppe Gegenseitige Amtshilfe 92". Die Zusammenarbeit ist für die Bekämpfung der 9

Wirtschaftskriminalität (Schmuggel, Nachahmung, Betrug u. a.) von besonderer Bedeutung. Ferner ist zwischen den nationalen Behörden Amtshilfe eingerichtet worden (Übereinkommen über Amtshilfe und Zusammenarbeit der Zollverwaltungen, ABl. 1998, C 24/1 und C 189/1). Mit zahlreichen Einzelmaßnahmen versuchen Rat und KOM eine **„Strategie für die Zollunion"** durchzusetzen (z. B. „Zoll 2020" vom 11.12.2013). Ein aktualisierter Aktionsplan, der unter anderem einen Legislativvorschlag für eine einzige EU-Anlaufstelle vorsieht, ist für 2020 vorgesehen. Mit Inkrafttreten des Lissabon-Vertrags kann sich die EU auch des Strafrechts bedienen, um zollrechtliche Kontrollen wirksamer auszugestalten (Art. 83 AEUV).

3. Zollgleiche Abgaben im Handel mit Drittstaaten

10 Bei der Einführung des Gemeinsamen Zolltarifs (oben Rz. 40/5) und in den Regelungen der Art. 131 ff. EGV für die **Gemeinsame Handelspolitik** (unten Rz. 40/11 ff.) war ein Verbot von Abgaben mit zollgleicher Wirkung im Drittstaatsverkehr nicht vorgesehen. Das Verbot der Erhebung zollgleicher Abgaben (Art. 30 AEUV) gilt nur innerunional. Dennoch hat der Gerichtshof in ständiger Rechtsprechung aus der grundsätzlichen Zielsetzung der Gemeinsamen Handelspolitik einschließlich der Handhabung des GZT geschlossen, dass die MSen **bei unmittelbaren Drittlandeinfuhren** nicht einseitig neue Abgaben einführen oder bestehende erhöhen dürften (**Stillhalteverpflichtung,** etwa EuGH, 16.3.1983, Rs. 290/81, „Singer und Geigy"). So sehen die Handelsabkommen der EU ebenso wie die Gemeinsamen Agrarmarktorganisationen regelmäßig ein Verbot der Erhebung zollgleicher Abgaben im Drittlandshandel vor. Jedoch können kostendeckende Gebühren für Verwaltungsleistungen u. ä. hier grundsätzlich erhoben werden (EuGH, 31.1.1984, Rs. C-1/83, „Interkontinentale Fleischhandelsgesellschaft").

III. Die Gemeinsame Handelspolitik

Literatur: *Bungenberg* (Hrsg.), Die Gemeinsame Handelspolitik der EU nach Lissabon, 2011; *Hindelang,* Member State BITs – There's Still (Some) Life in the Old Dog Yet, Yearbook International Investment Law & Policy 2010–2011, 217; *Werner,* Das neue Außenwirtschaftsrecht, StBW 2013, 996; *Bings,* Neuordnung der Außenhandelskompetenzen, 2014; *Altemöller,* Das Welthandelssystem nach der Ministerkonferenz in Bali: Eine Zukunft für den Mulitlateralismus?, EuZW 2015, 135; *Daiber,* Das Freihandelsabkommen zwischen der EU und Südkorea, EuR 2015, 542; *Bungenberg/Herrmann* (Hrsg.), Die gemeinsame Handelspolitik der Europäischen Union, 2016; *Gerhard,* Mehr Schutz vor ausländischen Direktinvestitionen?. Wirtschaftsdienst 98 (2018), 814; *Rösch,* Intraeuropäisches Investitionsrecht, 2017; *Philipp,* Handelspolitik: Bilanz und Forderungen für die gemeinsame Handelspolitik, EuZW 2018, 515; *Hermann,* Die gemeinsame Handelspolitik im Europäischen Verfassungsverbund, 2020.

1. Vertragliche Grundlagen

11 Die vertragliche Regelung der Gemeinsamen Handelspolitik (Art. 206 f. AEUV) erschließt sich nicht leicht. Der Vertragstext ist verschlungen und vielfach nur in Kenntnis der Rechtsprechung des Gerichtshofes und der Unionspraxis zu verstehen (*Taraschka,* Die Kompetenzen der EU im Bereich der Handelspolitik, 2001). Im geltenden EUV wird die **Gemeinsame Handelspolitik (GHP)** nicht mehr zu den grundlegenden Zielen gezählt (anders Art. 3 lit. b) EGV-Nizza). In der Präambel des AEUV (6. Absatz) findet sich allerdings weiterhin die Erklärung, dass die GHP zur fortschreitenden Beseitigung der Beschränkungen im zwischenstaatlichen Wirtschaftsverkehr beitragen soll. **Zentralnorm ist Art. 207 AEUV.** Er legt die Unionskompetenz zu autonomen und vertraglichen Regelungen fest und trifft eine Spezialregelung zum Abschluss von EU-Handelsabkommen (Art. 218 AEUV). Art. 215 AEUV enthält an der Schnittstelle zwischen Handelspolitik und GASP eine Kompetenz für **Wirtschaftssanktionen.**

a) Offenheit und Liberalität

Die EU hat sich inhaltlich auf eine weltoffene Handelspolitik und gegen eine „Festung Europa" festgelegt. Der Vertragsgeber zielt nach Art. 206 AEUV mit der Zollunion auf eine „harmonische Entwicklung des Welthandels" im Sinne der schrittweisen **Beseitigung der Beschränkungen im internationalen Handelsverkehr.** Diese Bekenntnisse zu einer weltoffenen Handelspolitik gehen auf Forderungen des großen Freihändlers *Ludwig Erhard* bei den Vertragsverhandlungen 1956/57 zurück. Sie entsprechen heute den Grundinteressen der industrialisierten EU an einem florierenden Welthandel. Art. 206 AEUV ist eine **Selbstverpflichtung** der EU und damit mehr als ein unverbindlicher Programmsatz (EuGH, 5.5.1981, Rs. 112/80, „Dürbeck"; EuGH, 15.7.1982, Rs. 245/81, „EDEKA"). Die EU soll „im Zweifel" handelspolitisch weltoffen agieren. Die Verpflichtung der EU besteht gegenüber den MSen und den Unionsbürgern, aber nicht gegenüber Drittstaaten. Art. 206 AEUV ist jedoch angesichts seiner weiten Formulierung **praktisch nicht einklagbar.** Heute wird der Glaube daran, dass eine liberale internationale Handelsordnung allseitigen Wohlstand bringt, nicht mehr überall geteilt; die EU ist damit einem Umfeld ausgesetzt, das sie zur Verteidigung ihrer konkreten Interessen zwingt. Handelspolitischer Schutz ist zum bestimmenden Thema geworden. 12

Art. 206 AEUV verbietet nicht handelspolitische **Schutzmaßnahmen der EU.** Schutzmaßnahmen müssen sich allerdings rechtfertigen. Sie können der Verwirklichung anderer Vertragsziele oder der Sicherung eines „fairen" Welthandels dienen; darüber hinaus gibt es auch Schutzinstrumente, die die Funktion eines „Sicherheitsventils" bei hochkochendem protektionistischem Druck spielen (*Nettesheim,* Ziele des Antidumping- und Antisubventionsrechts, 1994). Die Grenze zum fragwürdigen Protektionismus ist flüssig. Das **Agrar-Außenregime der EU** (oben Rz. 24/13) ist ein klassisches Beispiel für die „Grauzone" zwischen der Wahrung einer legitimen Unionspräferenz und darüber hinausgehendem Schutz der Landwirtschaft. Als Beispiel für exzessiven Protektionismus kann die Bananenmarktordnung 1993 dienen. Der Abbau des EU-Agraraußenschutzes und der Exportsubventionen bleibt ein Hauptthema der WTO-Runden, (*Hofmann/Tondl,* The European Union and the WTO Doha Round, 2007). Nach Scheitern der Doha-Runde zeichnet sich ein Trend hin zu bilateralen Freihandelsabkommen ab, innerhalb derer die jeweiligen Schutzvorstellungen durchgesetzt werden können. 13

b) Kompetenzumfang

Der AEUV enthält keine abstrakte Definition der Inhalte, die die vergemeinschaftete „Handelspolitik" zum Gegenstand haben soll. Die GHP umfasst in der Praxis **insbesondere** die Änderung von Zollsätzen, den Abschluss von Zoll- und Handelsabkommen, die Vereinheitlichung der Liberalisierungsmaßnahmen, die Ausfuhrpolitik und handelspolitische Schutzmaßnahmen wie zum Beispiel im Fall von Dumping und Subventionen (Art. 207 Abs. 1 AEUV). Die Vertragsentwicklung von Amsterdam 1997 über Nizza 2001 bis Lissabon 2009 brachte eine schrittweise Ausweitung der handelspolitischen Kompetenzen mit sich. Insbesondere „Lissabon" führte zu einem großen Entwicklungssprung. Die Befugnisse der EU decken sich inzwischen wieder weitgehend mit dem Handlungsfeld der WTO. Nicht nur wurde der EU die **Kompetenz** für den Abschluss von Abkommen über **Dienstleistungshandel** und **Handelsaspekte des geistigen Eigentums** (GATS/TRIPS) im Sinne des WTO-Übereinkommens eingeräumt (vgl. hierzu auch EuGH, 18.7.2013, Rs. C-414/11, „Dalichi"). Auch die **Regelung von Direktinvestitionen** unterfällt heute der GHP (Art. 207 Abs. 1 AEUV). Dabei ist bislang nicht klar, ob dieser Begriff auch auf Portfolio-Investitionen erstreckt werden sollte. Jedenfalls reine Portfolio-Investitionen dürften nicht 14 unter Art. 207 AEUV fallen. Für das Freihandelsabkommen mit Singapur hat der EuGH dies verneint und auch eine ausschließliche Kompetenz gestützt auf Art. 63, Art. 3 Abs. 2 AEUV abgelehnt (vgl. EuGH, 16.5.2017, Gutachten 2/15, „EUSFTA", Rz. 225ff., 235ff.; *Weiß* in: Grabitz/Hilf/Nettesheim, Das Recht der Europäischen Union, 63. EL 2017, Art. 207 AEUV, Rn. 46–47). Bilaterale Investitionsschutzabkommen müssen damit als gemischte Abkommen (unten Rz. 40/34) abgeschlossen werden, wenn sie beide Investitionsformen erfassen. Politisch hat man sich darauf verständigt, hierauf künftig zu verzichten, um den Ratifikationsprozess nicht zu gefährden. Der EuGH geht davon aus, dass die Autonomie des EU-Rechts beeinträchtigt wird, wenn MS untereinander bilaterale Investitionsschutzabkommen schließen, die ein Investor-Staat-Streitbeilegungsverfahren vor nicht-staatlichen Schiedsgerichten vorsehen (EuGH, 6.3.2018, Rs. C-284/16, „Achmea"; hierzu *Classen,* EuR 2017, 360; *Stöbener de Mora,* EuZW 2018, 363; *Miller,* EuZW 2018, 357).

15 Der seit Langem geführte **Streit,** wo die **begrifflichen Grenzen** der Handelspolitik im AEUV liegen, ist trotz verschiedener Klärungen durch die Rechtsprechung des Gerichtshofes und Ergänzungen des Art. 207 AEUV noch nicht abgeschlossen (*Nettesheim,* Umfassende Freihandelsabkommen und Grundgesetz, 2017). Die Frage, ob eine Maßnahme (final) darauf gerichtet sein muss, den grenzüberschreitenden Handelsverkehr zu beeinflussen, um unter Art. 207 AEUV zu fallen, oder ob (instrumentell) allein die Form der Maßnahme entscheidend ist, wird weiterhin diskutiert. Umstritten ist auch, inwieweit die Handelspolitik sich auf regulatorische Maßnahmen der MSen „hinter der Grenze" erstrecken darf. Der Gerichtshof hatte die GHP in verschiedenen Gutachten und Entscheidungen auf neue Bereiche erstreckt (z. B. Dienstleistungen), **jedenfalls zeitweilig** aber auch Grenzen einer dynamischen Handhabung formuliert. Darin kamen restriktive Tendenzen zum Ausdruck, durch die die Mitsprache der MSen geschützt wurde (EuGH, 15.11.1994, Gutachten 1/94, „WTO"; EuGH, 24.3.1995, Gutachten 2/92, „OECD"; EuGH, 12.12.2002, Rs. C-281/01, „Energy Star"). Manche sprachen von einer „statischen Rechtsprechung" (kritisch u. a. *Krenzler/da Fonseca-Wollheim,* EuR 1998, 223). Inzwischen treibt der EuGH die Kompetenzausweitung der EU wieder offensiv voran (EuGH, 16.5.2017, Gutachten 2/15, „EUSFTA"; EuGH, 5.12.2017, Rs. C-600/14, „Otif"). Grundsätzlich bleibt die EU-Handelspolitik im Sinne des „insbesondere" entwicklungsoffen. Die vertraglich bezeichneten Inhalte der GHP sind **nicht abschließend** gemeint. Sie sind mit Blick auf die **Gesamtheit der äußeren Wirtschaftspolitik** entwicklungsoffen (EuGH, 4.10.1979, Gutachten 1/78, „Naturkautschuk"). Im Einzelfall können sich auch schwierige Abgrenzungsfragen zu anderen Kompetenzen ergeben (z. B. mit Blick auf Regelungen des Zahlungsverkehrs oder der Wettbewerbspolitik).

Kommen zwei EU-Kompetenzen in Betracht, ist eine Schwerpunktbetrachtung vorzunehmen (EuGH, 22.10.2013, Rs. C-137/12, „KOM/Rat"). Die schrittweise Erweiterung des Wortlauts von Art. 207 Abs. 1 AEUV belegt deutlich, dass sich die EU nicht einfach unter Berufung auf Sachnotwendigkeiten oder wirtschaftliche Entwicklungen handelspolitische Befugnisse aneignen darf. Auch Art. 207 Abs. 6 AEUV macht dies deutlich.

c) Qualität der Kompetenzen

16 Die handelspolitischen Zuständigkeiten der EU sind **ausschließliche Kompetenzen** (Art. 3 Abs. 1 lit. e) AEUV; EuGH, 5.5.1981, Rs. 804/79, „Seefischerei-Erhaltungs-

maßnahmen"; EuGH, 4.9.2014, Rs. C-114/12, „KOM/Rat"). Die GHP ist die Außenseite des Binnenmarktes; ihr Kernstück bildet die Zollunion. Nationale Beschränkungen des Warenverkehrs müssten die Zollunion beschädigen. Die Exklusivität gilt damit vor allem für den Bereich des **Waren- und Dienstleistungsverkehrs** im Sinne von Art. 207 Abs. 1 AEUV (vgl. zur Differenzierung zwischen vertraglicher und autonomer GHP *von Bogdandy/Nettesheim,* EuZW 1993, 465). Die Befugnisse, die die MSen im Bereich des Dienstleistungshandels, insbesondere bei kulturellen, audiovisuellen, bildungsmäßigen Dienstleistungen, sowie bei den Handelsaspekten des geistigen Eigentums unter dem EGV-Nizza besaßen (*Krenzler/Pitschas,* EuR 2001, 442), sind inzwischen verlorengegangen. Die EU verfügt heute über eine **umfassende Regelungskompetenz** (insbesondere in allen welthandelsrechtlichen Modi der Dienstleistungsfreiheit); Besonderheiten gelten nur im Verkehrsbereich (Abs. 5), ohne dass allerdings klar ist, wie weit diese Befugnis in die „Tiefe" der mitgliedstaatlichen Regulierungsautonomie reicht. Die Wahrnehmung der EU-Kompetenzen ist Gegenstand erheblichen politischen Streits geworden, insbesondere im Hinblick auf das im Jahr 2017 beschlossene, jedoch noch nicht (Stand: Herbst 2020) durch alle MS ratifizierte CETA („Comprehensive Economic and Trade Agreement") mit Kanada und das inzwischen gescheiterte TTIP („Transatlantic Trade and Investment Partnership") mit den USA (*Mayer/Ermes,* ZRP 2014, 237; *Karpenstein/Kottmann,* EuZW 2015, 256; *Krajewski,* EuZW 2015, 301; *Mayr,* EuR 2015, 575). Nicht zur GHP gehört das Recht der Niederlassung und die Freizügigkeit der Personen, soweit es nicht um die Dienstleistungserbringung geht. Immer kann die EU MSen **ermächtigen,** handelspolitisch bis auf Weiteres tätig zu werden.

Im **Bereich ausschließlicher EU-Kompetenzen** ist den MSen ein Handeln gänzlich versperrt; dies gilt auch für den Abschluss von Verträgen mit Dritten (vgl. *Repasi,* EuR 2013, 45). Aufgrund der Aufnahme von Direktinvestitionen in Art. 207 Abs. 1 AEUV ist der Status der von den MSen geschlossenen **Bilateralen Investitionsschutzabkommen (BITs)** in Frage gestellt worden (*Terhechte,* EuR 2010, 517; *Schäfer/Gaffney,* SchiedsVZ 2013, 68). Die Zweifel sind durch die „Achmea"-Entscheidung nicht beseitigt, sondern eher verstärkt worden. Darin wurde festgestellt, dass die darin vorgesehenen Investor-Staat-Streitbeilegungsmechanismen zwischen EU-MSen die Autonomie des Unionsrechts beeinträchtigen (EuGH, 6.3.2017, Rs. C-284/16, „Achmea"; dazu auch Rz. 38/12). Im Mai 2020 haben daraufhin 23 MS ein Übereinkommen zur Beendigung innereuropäischer bilateraler Investitionsverträge geschlossen (ABl L 169/1) und die betreffenden Investitionsschutzabkommen gekündigt. Die KOM hat dieses Vorgehen begrüßt und auf politischen Druck hin Konsultationen für ein mögliches neues Schutzregime in Aussicht gestellt, die Ende 2020 abgeschlossen sein sollen. Dagegen hat der EuGH im Gutachten zu CETA für Investitionsschutzabkommen mit Drittstaaten keine Bedenken gegen die Streitbeilegungsmechanismen vorgebracht, da CETA – anders als intraunionale BITs –als völkerrechtlicher Vertrag außerhalb der Rechtsordnung der Union stehe und Unionsrecht gar nicht zur Anwendung kommt (EuGH, 30.4.2019, Gutachten 1/15, „CETA").

Die MSen betreiben in nicht unerheblichem Maße am Rande des Vertrages eine Art **„Neben-Außenhandelspolitik"** (*Hailbronner/Bierwagen,* NJW 1989, 1385). Teilweise ist sie genuin handelspolitisch motiviert und erfolgt über verschiedene Formen von **Selbstbeschränkungsabkommen** mit staatlicher Beteiligung oder in Gestalt von Industry-to-Industry-Arrangements. Bedeutsamer ist die **autonome Handelspolitik der Mitgliedstaaten,** soweit sie diesen aus Gründen ihrer Sicherheitspolitik vorbehalten bleibt (Art. 346 AEUV). Dazu gehören zum einen die Genehmigungskompetenzen für Waren mit doppeltem Verwendungszweck nach der VO 428/2009 (ABl. L 134/1 [„Dual-Use-Verordnung"]). Ferner gehören hierzu sicherheitspolitische Maßnahmen, die der EuGH in Konkretisierung des Art. 346 AEUV nach Art. 11 der allgemeinen Ausfuhrverordnung für zulässig erachtet hat (EuGH, 17.10.1995, Rs. C-70/94, „Werner"; EuGH, 17.10.1995, Rs. C-83/94, „Leifer"). Gleiches gilt, teils im engen Zusammenhang hierzu, für länderbezogene Handelsembargos der MS (EuGH, 14.1.1997, Rs. C-124/95, „Centro-Com"), die unter anderem deshalb bedeutsam sind, weil sie den begrenzten Bereich der unionsrechtlichen 17

Handelsembargos im Wege der Parallelverordnung zu ergänzen vermögen, um auf diese Weise die vollständige Umsetzung der von den Vereinten Nationen beschlossenen Embargomaßnahmen zu ermöglichen (*Ress*, Handelsembargo, 2000, 237). Schließlich kann auch mit Maßnahmen „hinter der Grenze" in erheblichem Umfang der Handelsverkehr mit Drittstaaten beeinflusst werden. In **Deutschland** finden sich diesbezügliche Regelungen etwa im Außenwirtschaftsgesetz (AWG [BGBl. 2013 I 1482, Änderungen]) und in der Außenwirtschaftsverordnung (AWV [BGBl. 2013 I 2865, Änderungen]) (hierzu *Werner*, StBW 2013, 996). Einer schärferen Kontrolle unterliegt naturgemäß der Handel mit Kriegswaffen durch das Kriegswaffenkontrollgesetz (KrWaffKontrG (BGBl. 1990 I 2506, Änderungen)).

Im Hinblick auf den Umfang ausschließlicher Kompetenzen der EU stellt sich inzwischen die Frage, inwieweit eine Mitwirkung der MSen bei der **Fortentwicklung der WTO** überhaupt noch notwendig ist. Politisch erscheint ein Ausscheiden allerdings undenkbar. Das BVerfG hat diesem Gedanken ebenfalls eine Absage erteilt und die Entscheidung über die Mitgliedschaft als Element der nationalen Souveränität unter die Ewigkeitsgarantie des Art. 79 Abs. 3 GG gestellt (BVerfGE 123, 267 – Lissabon (2009)).

d) Verfahren

18 Die autonomen Maßnahmen können heute im ordentlichen Gesetzgebungsverfahren – **unter Beteiligung des EP** – erlassen werden (Art. 207 Abs. 2 AEUV); damit hat sich das EP endlich eine Stimme auf diesem wichtigen Feld der EU-Aktion **erkämpft.** Für den Abschluss von Abkommen (Art. 218 AEUV) gelten allerdings weitere Besonderheiten, nicht nur, was die Stellung des EP angeht, sondern auch für das erforderliche Quorum eines Ratsbeschlusses (Einstimmigkeit nach Art. 207 Abs. 4 UAbs. 3).

2. Überblick über die autonome Handelspolitik

Literatur: *Leal-Arcas*, Theory and Practice of EC External Trade Law and Policy, 2007; *Kau*, Die EU-Wirtschaftssanktionen gegen Russland im Licht der WTO-Regeln, EuZW 2017, 293; *Giesemann*, Dual-Use-Güter: Neufassung der EU-Regelungen zur Exportkontrolle, GmbHR 2017, 106; *Herrmann/Glöckle*, Der drohende transatlantische „Handelskrieg" um Stahlerzeugnisse und das handelspolitische „Waffenarsenal" der EU, EuZW 2018, 477; *Schäper*, Kontrollen des grenzüberschreitenden Wirtschaftsverkehrs an den EU-Außengrenzen im Lichte des Brexit, EuR 2020, 165; *Tauschinsky/Weiß*, Unionsinteresse und Bürgernähe in der Handelspolitik, EuR 2018, 3.

19 Die EU betreibt ihre Gemeinsame Handelspolitik entweder einseitig **(autonom)** oder schließt **Verträge** mit den jeweiligen Partnern (unten Rz. 40/34). Rechtsgrundlage der autonomen GHP ist die allgemeine Zuständigkeit nach Art. 207 Abs. 2 AEUV, soweit nicht Spezialnormen einschlägig sind. Rechtsakte ergehen im Gesetzgebungsverfahren. In der Praxis hat das handelspolitische Sekundärrecht als Ausdruck der Kompetenzsituation und zur Sicherung einer unionsweiten einheitlichen Anwendung ganz überwiegend die Gestalt von Verordnungen. Handelspolitische Grundverordnungen ermächtigen die Kommission oft zu Durchführungsregelungen („handelspolitisches Tertiärrecht"; Art. 290 AEUV). Die autonomen Maßnahmen betreffen die **Ein- und Ausfuhr.** Es kann sich auch um die Umsetzung der EU-Abkommen handeln.

a) Einfuhrregime

20 Bei der Einfuhr kann es sich um **tarifäre** und **nichttarifäre** Maßnahmen handeln. Im Zentrum der **tarifären GHP** steht die Zollunion. Sie beinhaltet ein einheitliches Außenzollrecht. Bei der Festsetzung der Zölle sind handelspolitische Verpflichtungen (etwa: Art. II GATT) zu beachten. Im Übrigen bestimmt sie sich nach politischen Erwägungen. Zu den wichtigen handelspolitischen Entscheidungen gehören die Änderungen des Gemeinsamen Zolltarifs (GZT, oben Rz. 40/5). Autonome Zollsatzänderungen erfolgen grundsätzlich nach Art. 31 AEUV durch Entscheidung des Rates auf

Vorschlag der KOM. Soweit sie – wie im Regelfall – handelspolitisch motiviert sind, erfolgt die Entscheidung über Art. 207 AEUV. Häufig wird der GZT auf Grund von Abkommen mit Drittstaaten geändert, insbesondere über die GATT/WTO-Handelsrunden. Es ergeht fortlaufend eine **Fülle von Einzelentscheidungen zum GZT.**

Die EU ist bei der Gestaltung des **nichttarifären Einfuhrregimes** gegenüber Drittländern ebenso wie bei der Handhabung des GZT zwar in einem grundlegenden Sinne **frei.** Sie hat aber politisch die Selbstverpflichtung zu weltoffener Handelspolitik zu beachten (Art. 206 AEUV). Außerdem müssen vertragliche Verpflichtungen gegenüber Dritten befolgt werden, besonders im Rahmen der WTO. Maßgebliche Rechtsgrundlage für die EU-Einfuhren ist die VO 2015/478 (ABl. L 83/16). Kernstück ist der **Grundsatz der Einfuhrfreiheit** (Art. 1 Abs. 2). Er gilt für alle Einfuhren, für die keine Sonderregelungen bestehen. Die nationalen Kontingente gegenüber Drittstaaten wurden ersatzlos aufgehoben. Handelspolitische Schutzinstrumente der EU sind neben Zöllen nur noch **Unionskontingente.** Die Kontingente werden nach der VO 717/2008 (ABl. L 198/1) verwaltet; dabei sind gegenüber WTO-Mitgliedern die GATT-Beschränkungen zu beachten. Das EU-Recht muss sich im Rahmen der GATT/WTO-Verpflichtungen der EU zur Liberalisierung (Art. XI GATT 94) und zur Zulässigkeit von Schutzmaßnahmen (Art. XIX GATT 94 i.V.m. dem Übereinkommen über Schutzmaßnahmen, ABl. 1994, L 336/184) bewegen. 21

Spezielle Einfuhrregelungen bestehen für **Agrarwaren** in den Gemeinsamen Marktordnungen (oben Rz. 24/13). Hier besteht stärkerer Außenschutz. Das Allgemeine Präferenzsystem (APS) gegenüber Einfuhrländern (VO 978/2012; unten Rz. 40/57) ist eine zollrechtliche Einfuhrerleichterung; dieses hat vor allen entwicklungspolitische Zielsetzungen und erfasst nur bestimmte Drittländer und Waren. Der Außenschutz wird auch im sensiblen Textilsektor verstärkt (VO 2015/936); die VO lässt eine freie Einfuhr nur für Waren zu, die nicht in einem längeren Anhang aufgeführt sind. Eine Sonderregelung finden ferner Einfuhren aus Staatshandelsländern gemäß der VO 2015/755 (ABl. L 123/33). Auch hier sind Einfuhren inzwischen weitgehend erleichtert worden. Auch werden Einfuhrbeschränkungen zur Bekämpfung unlauterer Handelspraktiken durch Drittstaaten eingesetzt, etwa Antidumping- oder Antisubventionsmaßnahmen (unten Rz. 40/28ff.). Einfuhrregelungen aus Gründen des **Tier- oder Umweltschutzes** sowie zum Schutz von **Menschenrechten** werden überwiegend in Form bilateraler Handelsabkommen durchgesetzt. Auch andere steuernde Einfuhrbeschränkungen, wie etwa zum Schutz geistigen Eigentums, sind denkbar (VO 608/2013, ABl. L 181/15). 22

b) Ausfuhrregime

Die EU ist bei der Regelung der Ausfuhren in dritte Länder nach Art. 207 AEUV wie bei der Einfuhr **grundsätzlich „souverän".** Sie muss jedoch auch hier die Selbstverpflichtung des Art. 206 AEUV zur weltoffenen Handelspolitik und vertragliche Verpflichtungen besonders im Rahmen der WTO beachten. Die EU ist als große „Exportmacht" prinzipiell an günstigen Ausfuhrmöglichkeiten interessiert. Daher betreibt sie über die allgemeine Ausfuhrregelung hinaus **gezielte Ausfuhrförderungspolitik** („Ausfuhrpolitik"). *Ausfuhrbeschränkungen* sind nur in Ausnahmefällen vorgesehen. 23

Für Ausfuhren aus der EU in dritte Staaten gilt nach der VO 2015/479 (ABl. L 83/34) die **Ausfuhrfreiheit** für grundsätzlich alle Waren. Sie kennt **Ausnahmen.** Dies gilt 24

u. a. für Versorgungskrisen bei bestimmten Gütern (z. B. Rohöl) und bei nationalen Maßnahmen zum Schutz der öffentlichen Ordnung (Art. 10 der VO). Ausfuhrbeschränkungen sind soweit möglich, wie Art. 35 AEUV innergemeinschaftlich Beschränkungen des freien Warenverkehrs erlaubt (EuGH, 4.10.1991, Rs. C-367/89, „Richardt"). Dies betrifft u. a. die Ausfuhr von Kulturgütern (dazu Rz. 34/47), von Chemikalien oder von Abfall. Gelegentlich werden Ausfuhrbeschränkungen vertraglich aus handelspolitischen Gründen vereinbart (z. B. Stahlvereinbarungen EU/USA). Art. 207 AEUV kann Grundlage für „rein handelspolitische" Sanktionen gegenüber Drittstaaten sein (EuG, 28.4.1998, Rs. T-184/95, „Dorsch Consult"). Diese seltenen Fälle sind von den außenpolitisch motivierten Wirtschaftssanktionen nach Art. 215 AEUV zu unterscheiden (unten Rz. 40/32).

25 Die Ausfuhr und Exportkontrolle von **Militärgerät** einschl. Waffen bleibt in **nationaler Zuständigkeit** (Art. 346 AEUV) (oben Rz. 40/17). Die EU-Staaten haben 1998 einen nicht-bindenden Verhaltenskodex für die Waffenausfuhr der MSen als GASP-Entscheidung erlassen. Er setzt Standards für diese Ausfuhren. Der Drittlandshandel von Gütern mit doppeltem Verwendungszweck **(„Dual Use")** unterliegt der **Gemeinsamen Handelspolitik** (EuGH, 17.10.1995, Rs. C-70/94, „Werner"). Dies sind Waren, die sowohl militärischen als auch zivilen Zwecken dienen können (z. B. bestimmte Elektronik, Lasertechnik oder Chemieanlagen). Der Dual Use-Handel wird nach Vorgängerregelungen jetzt durch die auf Art. 207 AEUV gestützte VO 428/2009 (ABl. L 134/1) geregelt (zur Vorgängerregelung *Hohmann,* EWS 2000, 52). Diese Exporte sind entweder generell oder bei Vorliegen bestimmter Umstände **genehmigungspflichtig.** Es werden auch bestimmte Dienstleistungen einbezogen und die Nichtverbreitung nuklearen Materials geregelt. Politisch wird über eine Verschärfung der Standards diskutiert; bei der Prüfung der Erteilung von Ausfuhrgenehmigungen soll die Menschenrechtssituation verstärkt geprüft werden.

26 Die EU steht im Sinne ihrer Exportinteressen einer Ausfuhrförderung grundsätzlich **positiv** gegenüber. Andererseits sind Exportsubventionen durch den GATT-Subventionskodex (ABl. 1994, L 336/156) weitgehend untersagt (gewisse Ausnahmen: Landwirtschaft). Der Kodex bindet die EU und die MSen. Für grundsätzlich zulässige Exportkredite (in Deutschland: Hermesbürgschaften) haben die OECD-Staaten ein Arrangement getroffen. Die handelspolitische Zuständigkeit zur Ausfuhrpolitik ist eine *lex specialis* zum innergemeinschaftlichen Beihilfeverbot des Art. 107 AEUV (str., a. A. teilweise die Kommission). Die Realitäten des Welthandels sprechen für die grundsätzliche Zulässigkeit von EU-Exportförderung im Rahmen der internationalen Verpflichtungen. Das WTO-Agrarabkommen 1994 (ABl. 1994, L 336/22) versucht, gewisse völkerrechtliche Grenzen zu ziehen.

c) Handelspolitische Maßnahmen der EU

Literatur: *Herrmann,* Brexit, WTO und EU-Handelspolitik, EuZW 2017, 961; *ders.,* Die Gewährung des „Marktwirtschaftsstatus" gegenüber China im Antidumpingrecht, EuZW 2017, 500; *Loets,* Die neue Verzerrungsregelung im EU-Antidumpingzollrecht, EuZW 2018, 309; *Müller-Ibold,* Antidumping and competition law, in: Kokott/Pohlmann/Polley (Hrsg.), Europäisches, deutsches und internationales Kartellrecht, 2018, 541; *Van Bael/Bellis,* Anti-Dumping and other Trade Protection Laws of the EC, 6. Auflage. 2019; *Hipold,* Die EU im GATT/WTO-System, 4. Auflage, 2019; *Hook,* Was lange währt wird endlich gut? Die neuen Änderungsverordnungen im Bereich der handelspolitischen Schutzinstrumente, EuZW 2019, 188; *Karpenstein/Sangi,* Iran-Sanktionen am Scheideweg: Die EU-Blocking-Verordnung und INSTEX, EuZW 2019, 309.

Die EU ist grundsätzlich dem **weltweiten Freihandel** verpflichtet (Art. 206 AEUV). 27
Dieser setzt voraus, dass sich alle Beteiligten an faire Spielregeln halten. Das ist nicht immer der Fall. Und nicht immer besteht zwischen den in Wettbewerb tretenden Unternehmen ein „level playing field". Das Völkerrecht sieht (anders als der AEUV) kein grundsätzliches Verbot der Subventionierung von Unternehmen vor; auch ein internationales Wettbewerbsrecht besteht bislang nicht. Die Wirklichkeit des internationalen Außenwirtschaftsverkehrs rechtfertigt es daher, **handelspolitische Schutzmaßnahmen zur Abwehr unfairer Handelspraktiken** zu ergreifen. Art. 207 Abs. 1 AEUV setzt sie ausdrücklich voraus. Getroffene Schutzmaßnahmen verleiten allerdings leicht zum Abgleiten in Protektionismus. Sie sollten idR vorübergehend ausgestaltet sein. In einem im April 2020 vorgestellten Bericht wurden die derzeitigen handelspolitischen Schutzmaßnahmen der EU als positiv bewertet (COM(2020) 164 final).

Der **Anti-Dumping-Schutz** steht im Vordergrund der Schutzregelungen. Traditionell 28
geht man davon aus, dass **Anti-Dumping-Schutzmaßnahmen** (ebenso wie **Anti-Subventionsmaßnahmen**) der Bekämpfung unfairer Preispraktiken dienen. Im Lichte der neueren ökonomischen Diskussion steht heute allerdings außer Frage, dass Dumping grundsätzlich keine unfaire Handelspraktik ist, sondern auf der Ausnutzung von Strukturunterschieden zwischen zwei Märkten beruht, wie sie auch im innerstaatlichen Bereich bestehen können (*Nettesheim,* Ziele des Antidumping- und Antisubventionsrechts, 1994). Nur bestimmte Formen des wettbewerbswidrigen Dumpings („predatory dumping") können unbedingt als unfair angesehen werden. Das Antidumpingrecht muss in seiner heutigen Fassung als „protektionistisches Sicherheitsventil" angesehen werden, das der Ableitung von protektionistischem Druck dient. Preisunterschiede im Binnenmarkt werden daher auch nicht für „unfair" angesehen; der frühere Art. 91 EWGV wurde in Amsterdam 1997 aufgehoben. Demgegenüber erweist sich das Antisubventionsrecht zwar als ökonomisch wenig sinnvoll (die Einfuhr subventionierter Produkte dient dem einführenden Staat). Es erweist sich immerhin als handelsethisch legitimiert: Subventionen verändern das „level playing field" der Wettbewerber und können insofern als unfair angesehen werden.

Die Abwehr von Dumping durch Verhängung von **Anti-Dumping-Zöllen** ist in der 29
VO 2016/1036 (ABl. L 176/21) geregelt. Häufig wird das Dumping (zu Unrecht) mit unfair niedrigen „Kampfpreisen" eines Unternehmens gleichgesetzt. Schutz gegen **Drittlandssubventionen** kann gewährt werden, wenn der dadurch bewirkte Vorteil es einem Importeur ermöglicht, in der EU zu Preisen zu verkaufen, die einen EU-Wirtschaftszweig schädigen. Schutzmaßnahmen sind gerechtfertigt, wenn (1) **„Dumping"** vorliegt, das (2) zu einer **Schädigung** führt und (3) Schutzmaßnahmen **im Interesse der EU** liegen. Das Antidumpingrecht gilt für gewerbliche Waren und mit gewissen Modifikationen auch für den Agrarbereich. Die EU-Regelungen setzen im Wesentlichen die **GATT 1994** Antidumping- und Subventionskodices um, an welche die EU gebunden ist (ABl. 1994, L 336/103 und L 336/156). Das EU-Antidumpingrecht hat sich über eine umfangreiche Kommissionspraxis (Anti-Dumpingzölle) und EuGH-Rechtsprechung zu einem komplexen **„internationalen EU-Wettbewerbsrecht"** entwickelt. Die VO 2016/1036 enthält in Art. 13 ein Verbot zur Umgehung endgültig festgesetzter Anti-Dumping-Zölle, welches die praktische Wirksamkeit und Effizienz der Maßnahmen sicherstellen soll (hierzu EuGH, 6.6.2013, Rs. C-667/11, „Paltrade").

Bei marktwirtschaftlichen Ländern wird der **Dumpingvorwurf** erhoben, wenn der Verkaufspreis einer Ware in der EU – nach einer Reihe von Anpassungen – unterhalb des Preises im (Drittlands-)Heimatmarkt liegt (Vergleichsmethode). Für nicht-marktwirtschaftliche Länder wurde dieser Vergleichsverkaufspreis bislang anhand der Werte eines vergleichbaren Drittlandes mit Marktwirtschaft errechnet. Diese Berechnungsmethode wurde im Dezember 2017 reformiert. Dies war notwendig geworden, nachdem eine Sonderregelung bezüglich der Schutzmaßnahmen im WTO-Recht für die Volksrepublik China im November 2016 nach 15 Jahren ausgelaufen war (Art. 15 Beitragsprotokoll). Eine Sonderbehandlung Chinas hätte damit eine unzulässige Diskriminierung im Sinne des WTO-Rechts bedeutet. Die undifferenzierte Anwendung der Vergleichsmethode hätte dagegen dazu geführt, die Volksrepublik faktisch als Marktwirtschaft zu behandeln (Gewährung des „Marktwirtschaftsstatus". *Hermann* EuZW 2017, 500). Die EU fand eine pragmatische Lösung: Seit Dezember 2017 gilt für alle WTO-Mitglieder die Vergleichsmethode, Vergleichspreis ist der Preis im Ausfuhrland (VO 2018/825, ABl. L 143/1). Kommt es dagegen im Einzelfall zu Verzerrungen der freien Marktpreisbildung infolge erheblicher staatlicher Eingriffe auf die Preisgestaltung, findet die sogenannte Produktfaktorenmethode Anwendung (Art. 2 Abs. 6a VO 2016/1036). Dabei werden die einzelnen realistisch anfallenden Produktionskostenanteile addiert und als Vergleichswert herangezogen. Ob die Regelung mit WTO-Recht vereinbar ist, wird vielfach bezweifelt (*Brauneck* EWS 2018, 18; *Hook,* EuZW 2019, 188, *Loets,* EuZW 2018, 309). Die Reform beinhaltet weitere **Reformen der handelspolitischen Schutzinstrumente,** etwa eine Straffung und Modernisierung des Verfahrens oder Erleichterungen für kleinere und mittlere Unternehmen (*Hook,* EuZW 2019, 188).

30 Die Abwehr von Drittlandssubventionen auf eingeführte Waren durch **Ausgleichszölle** wird in der **VO 2016/1037** (ABl. L 176/55) geregelt. Die Maßnahmen lehnen sich an das Anti-Dumpingregime an (*Lukas,* EWS 2000, 203). Antisubventionsmaßnahmen sind gerechtfertigt, wenn (1) eine **„Subvention"** vorliegt, die (2) eine **Schädigung** verursacht und Schutzmaßnahmen (3) **im Interesse der EU** liegen. Es muss eine **Subvention** im Sinne der VO 2016/1037 vorliegen, die mittelbar oder unmittelbar für die Produktion, den Export oder für den Transport einer Ware gewährt wird, die in der EU eine Schädigung bewirkt. Der Begriff der Subvention ist in der VO mit gewissen Modifikationen dem **Beihilfebegriff** des Art. 107 AEUV und dessen Ausnahmen nachempfunden (oben Rz. 21/13). Es wird entsprechend zwischen anfechtbaren und nicht anfechtbaren Subventionen unterschieden. Die **Subventionsspanne** (Obergrenze des möglichen Ausgleichszolls) wird durch eine Umrechnung der Gesamtsubvention auf die Einheiten der importierten Ware bestimmt. Die **Schädigung** eines EU-Wirtschaftszweigs und die Feststellung eines **Unionsinteresses** an Abwehrmaßnahmen werden wie bei der Anti-Dumpingregelung festgestellt. Gleiches gilt für das **Antisubventionsverfahren** sowie für die evtl. Erhebung eines Ausgleichszolls durch eine **Verordnung** und für den **Rechtsschutz.**

31 Die EU hat sich schließlich mit der Handelshemmnis-VO 2015/1843 (ABl. L 272/1,) ein zusätzliches handelspolitisches Instrument geschaffen (sog. „Trade Barriers Regulation" – TBR). Die TBR ist ein verfahrensmäßiger Mechanismus, mittels dessen Wirtschaftszweige und Unternehmen die EU veranlassen können, ihre Rechte nach den internationalen Handelsregeln wahrzunehmen, insbesondere innerhalb der WTO, etwa durch Einleitung eines Streitbeilegungsverfahrens. Es handelt sich um eine europäische Reaktion auf das entsprechende US-Schutzsystem („Omnibus" Trade Act 1988 mit Sec. 301 und „Super 301"). EU-Wirtschaftszweige (über ihren Verband), einzelne Unternehmen oder MSen können ein TBR-Verfahren beantragen. Stoßrichtung ist vor allem der **Angriff gegen fragwürdige Handelshemmnisse** für die EU-Industrie auf Drittmärkten. Die Antragsteller fordern die Union (idR die KOM) auf, ihre völkerrechtlichen Handelsrechte gegenüber Drittstaaten oder Internationalen Organisationen auszuüben. Voraussetzung ist, dass sie die Verletzung bilateraler oder multi-

lateraler Verpflichtungen durch die Drittpartner geltend machen können. Es müssen, ähnlich wie im Anti-Dumping-Recht, Schädigungen glaubhaft gemacht werden. Die KOM prüft i. V. m. den MSen die Lage und legt binnen fünf Monaten einen Bericht vor. Das Verfahren wird auf seiner Grundlage eingestellt, wenn kein Unionsinteresse an einem Vorgehen besteht, ausgesetzt, falls der Drittpartner einlenkt oder mittels der Einleitung von Maßnahmen (Beantragung eines WTO-Streitschlichtungsverfahrens oder Erhebung von Ausgleichszöllen u. ä.) fortgesetzt. Für die Antragsteller besteht Rechtsschutz ähnlich wie bei der Anti-Dumping-Regelung (vgl. VO 182/2011, ABl. L 55/13).

Die EU ist seit Maastricht 1992 gemäß Art. 215 AEUV befugt, im Zusammenspiel mit der Gemeinsamen Außen- und Sicherheitspolitik (GASP) des EUV **Wirtschaftssanktionen** (Embargos) gegen Drittstaaten zu beschließen. Sie tut dies oft in Durchführung von Sanktionen, welche der UN-Sicherheitsrat beschlossen hat. Die Sanktionen sind völkerrechtlich im Rahmen der UN-Charta unterhalb des Interventionsverbotes zulässig (Art. 41 UNCh). Grundsätzlich geht die EU davon aus, an Beschlüsse des Sicherheitsrates gebunden zu sein (Art. 103 UNCh); allerdings betrachtet sie sich zur Durchführung nur im Rahmen ihrer Grundrechte verpflichtet (EuGH, 3. 9. 2008, Rs. C-402/05, „Kadi"; zum Problem *Nettesheim,* CMLR 2007, 567). Wirtschaftssanktionen werden nicht zum Schutz der eigenen Wirtschaft ergriffen, sondern sind vollständige oder teilweise **Handelsverbote** aus **legitimen außenpolitischen Erwägungen** gegenüber einem oder mehreren Drittstaaten. Auf diese Weise soll Druck ausgeübt werden, der Schädigungen einschließen kann (*Ress,* Das Handelsembargo, 2000). Art. 215 AEUV steht auf der **Schnittstelle** zwischen der GASP, den handelspolitischen EU-Kompetenzen und den nationalen sicherheitspolitischen Zuständigkeiten (Art. 346 AEUV). Bei den „Dringlichkeitsmaßnahmen" kann es sich etwa um ein Flugverbot (VO 1901/98, ABl. L 248/1: Jugoslawien) handeln. Meist wird die Form einer VO gewählt. Die Maßnahmen können die Aussetzung, Einschränkung oder vollständige Einstellung der Wirtschaftsbeziehungen zu Drittstaaten beinhalten Die weite Formulierung schließt Dienstleistungen ein. Zu unterscheiden sind diese von Maßnahmen, die sich gegen Unternehmen, Personengruppen oder Einzelpersonen richten (sog. smart sanctions). In seiner Rechtsprechung hat der EuGH die formellen und materiellen Voraussetzungen an die Rechtsmäßigkeit derartiger Sanktionen gegen Einzelpersonen genauer ausdifferenziert und stellt unter Einbezug menschenrechtlicher Mindeststandards mittlerweile hohe Anforderungen (*Tamblé,* EuR 2016, 666). Die Motivation des Rates kann rein außenpolitisch sein (z. B. Waffenembargo gegen China 1989 nach den Menschenrechtsverletzungen auf dem „Platz des himmlischen Friedens" in Peking, oder die immer noch andauernden Sanktionen 2014 gegen Russland im Zuge der Ukraine-Krise [2014/872/GASP Änderung,; hierzu *Schwendinger/Trennt,* EuZW 2015, 93; siehe zuletzt etwa Sanktionen gegen Venezuela, VO 2017/2063, ABl. L 295/21). Ziel kann jedoch auch sein, den internationalen Handel zu fördern (so etwa Gegensanktionen der EU in Folge der US-amerikanischen Sanktionen gegen Iran, um Anreize für Unternehmen zu einer Aufrechterhaltung der Handelsbeziehungen mit Iran zu setzen, vgl. *Karpenstein/Sangi,* EuZW 2019, 309). **Rechtsschutz** gegen Maßnahmen aus Art. 215 AEUV ist für die Betroffenen über Art. 263 Abs. 4 AEUV oder im Vorabentscheidungsverfahren des Art. 267 AEUV möglich. Art. 275 Abs. 2 AEUV sieht insoweit eine Ausnahme von der grundsätzlichen Unzuständigkeit des EuGH im Bereich der Außenpolitik vor. 32

33 Sanktionen greifen regelmäßig in bestehende Vertragsverhältnisse ein. Hieraus können sich **Entschädigungsfragen** zwischen den betroffenen Personen/Unternehmen und der EU bzw. ihren MSen aus Enteignungsgesichtspunkten ergeben (*Kadelbach,* JZ 1993, 1134). Der BGH hat solche Ansprüche mit Blick auf die EU-Zuständigkeit abgelehnt (BGH, NJW 1994, 858). Die Erfolgsaussichten auf europäischer Ebene sind ihrerseits gering. Das Gericht hat bei Sanktionen, die auf Beschlüssen des UN-Sicherheitsrates beruhen, die Verursachung durch die EU ebenso verneint wie der EuGH (EuG, 24.4.2002, Rs. T-220/96, „Elliniki"; EuGH, 9.9.2008, Rs. C-120/06 P, „FIAMM"; vgl. auch Rz. 14/6).

3. Die vertragliche Handelspolitik: Das Beispiel der WTO-Mitgliedschaft

34 Mit Blick auf die vertragliche Handlungspolitik ist zwischen **bilateralen** Handelsabkommen und der **multilateralen** EU-Handelspolitik zu unterscheiden. Im Rahmen der bilateralen Handelsbeziehungen ist ein enges und striktes Netz von vertraglichen Absprachen geknüpft worden; zu erinnern ist insbesondere an wichtige Freihandelsabkommen (z.B. mit Süd-Korea, Singapur, Mercosur, zuletzt Kanada). Auch mit dem UK ist nach Abschluss des Austrittsverfahrens ein umfassendes Freihandelsabkommen vorgesehen (*Brauneck,* EuZW 2020, 364; ausführlich Rz. 41/8). Die EU verfügt über Art. 207 AEUV (Handelsabkommen), Art. 209 Abs. 2 AEUV (Entwicklungsabkommen) und Art. 217 AEUV (Assoziierungsabkommen) über **breite Möglichkeiten,** bilateral und regional **vertragliche Handelspolitik in einem umfassenden Sinne** zu betreiben. Für das **Verfahren** gilt im Bereich der GHP Art. 207 AEUV, ansonsten Art. 218 AEUV. Handels- und entwicklungspolitische Aspekte sind bei manchen Abkommen kaum unterscheidbar. Assoziierungen enthalten über die handelspolitischen Elemente hinaus politische Ziele.

Nach **Scheitern der Doha-Runde** erscheint es politisch notwendig, das bestehende dichte Netz verschiedener bi- und multilateraler Abkommen auszubauen. Freihandelsabkommen neueren Typs sind umfassend angelegt, sie betreffen nicht nur tarifäre Fragen, sondern beinhalten auch Vereinbarungen zu Dienstleistungen, Abbau nicht-tarifärer Handelsbarrieren oder andere handelspolitische Aspekte wie Investitionsschutz, den Schutz geistigen Eigentums oder Wettbewerbsfragen (so etwa das Abkommen mit Kanada CETA). Kritik macht sich daran fest, dass diese eine Regulierung weit „hinter der Grenze" vornehmen (Umwelt, Soziales, Kultur); dies gilt vor allem, wenn die diesbezüglichen Standards von Vertragsausschüssen fortgeschrieben werden. Geht es um Freihandelsabkommen neueren Typs, die die Errichtung von Vertragsgremien mit Rechtssetzungskompetenz oder von privaten Investitionsschiedsgerichten vorsehen, müssen zudem grundrechtliche Anforderungen, wie etwa die Gewährleistung effektiven Rechtsschutzes nach Art. 47 AEUV, beachtet werden (EuGH, 30.4.2019, Gutachten 1/15, „CETA").

35 Die Vielfalt der vertraglichen Beziehungen kann hier schon aus Raumgründen nicht geschildert werden. Stattdessen soll die wohl wichtigste Mitgliedschaft der EU – jene in der WTO – näher behandelt werden (*Ohler,* EuR-Beiheft 2/2012, 137; *Wölker,* EuR-Beiheft 2/2012, 125).

a) Vom GATT 1947 zur WTO 1994

36 Die EWG war auf Grund ihrer handelspolitischen Zuständigkeit nach Art. 113 EWGV von Anfang an befugt, sich an Schritten zur rechtlichen Ordnung der **Weltwirtschaft** zu beteiligen. Diese erfolgten vor allem durch den unvollständigen und „provisorischen" Abschluss des internationalen Zollabkommens GATT 1947 mit Sitz in Genf (*Petersmann,* AVR 1980, 23). Die EWG übernahm – als Zollunion – die Bindungen, die sich aus den in mehrjährigen „Verhandlungsrunden" fortentwickelten Re-

geln des **GATT 1947** ergaben. Das war die Konsequenz des Anspruchs, im Zoll- und Handelsbereich zunehmend an die Stelle der MSen zu treten und dort ausschließliche Kompetenzen zu haben (EuGH, 12.12.1972, Rs. 21/72, „International Fruit Company"). Sie wurde seit den sechziger Jahren ein **de-facto-GATT-Mitglied** und nahm in vielfältiger Weise aktiv an der GATT-Tätigkeit teil. Die EU wurde gemeinsam mit den MSen WTO-Mitglied und damit einer der wichtigsten Akteure im globalen Welthandelssystem.

Die 1995 errichtete **Welthandelsorganisation (WTO)** mit Sitz in **Genf** hat die Auf- 37
gaben des Allgemeinen Zoll- und Handelsabkommens (GATT 1947) in erweiterter und institutionalisierter Form übernommen (*Beise,* Die Welthandelsorganisation, 2001). Sie ist eine Internationale Organisation. Die Ordnungskraft ihres Rechts erstreckt sich inzwischen über beinahe alle Bereiche des Welthandels (unter Einschluss der Dienstleistungen), geht darüber aber auch punktuell hinaus (Schutz des geistigen Eigentums). Supranationale Kompetenzen stehen den Organen der WTO aber nicht zu; man kann deshalb bislang auch nicht von einer „konstitutionalisierten" Welthandelsordnung sprechen (*Nettesheim,* FS Oppermann, 2001, 381; *Hilf/Benedek/Roth,* Berichte der DGV 2003, 257; *von Bogdandy,* KritJ 2001, 264, 425).

b) Überblick über das WTO-Recht

Zum WTO-Recht gehören ein Rahmen-Übereinkommen (ÜWTO v. 15.4.1994, ABl. 1994, L 336/3) 38
und eine größere Zahl von weiteren Übereinkommen und Protokollen (*Benedek* (Hrsg.) Die WTO – alle Texte, 1998). Unter ihnen sind das Allgemeine Zoll- und Handelsabkommen (GATT 1994, ABl. 1994, L 336/11 = weitgehende Übernahme des GATT 1947), die parallelen Abkommen über den Dienstleistungshandel (GATS, ABl. 1994, L 336/190) und über handelsbezogene Aspekte des geistigen Eigentums (TRIPS, ABl. 1994, L 336/213) besonders hervorzuheben, sowie die Vereinbarung zur Beilegung von Streitigkeiten (DSU, ABl. 1994, L 336/234). Im November 2014 wurde im Zuge der Ministerkonferenz in Bali zum weiteren Abbau von Handelshemmnissen, insbesondere auf dem Gebiet der Zölle, das Trade Facilitation Agreement verabschiedet (Agreement on Trade Facilitation, Ministerial Decision v. 7.12.2013, WTO Document WT/MIN (13)/36, WT/L/911 v. 11.12.2013, sowie das Protocol Amending the Marrakesh Agreement Establishing the World Trade Organization, General Council Decision v. 27.11.2014, WTO Document WT/L/940 v. 28.11.2014; hierzu *Altemöller,* EuZW 2015, 135). Weitere wichtige Spezialvereinbarungen betreffen u. a. die Landwirtschaft, Antidumping, den Subventionskodex und Schutzmaßnahmen. Es gilt das Prinzip des Einheitsabkommens („single undertaking approach"), wonach jedes Mitglied das gesamte WTO-Vertragswerk übernehmen muss. Daneben stehen „plurilaterale" Abkommen (z. B. über öffentliches Auftragswesen), an denen nicht alle WTO-Mitglieder beteiligt sind (insgesamt *Herrmann/Weiß/Ohler,* Welthandelsrecht). Die WTO ist mit 164 Mitgliedern eine quasi-universale Organisation. Zu den Gründungsmitgliedern gehören etwa die EU und ihre MSen, die USA, und Japan. Seit 2001 ist China, seit 2012 Russland und seit 2016 sind Libyen und Afghanistan Mitglieder. Hinzu kommen 24 Staat mit Beobachterstatus.

Organe der WTO (Art. IV-VI ÜWTO) sind die zweijährige Ministerkonferenz, der Allgemeine Rat (auf 39
Diplomatenebene) und das Sekretariat (ca. 630 Personen) mit dem WTO-Generaldirektor als Spitze (vom Rat grundsätzlich für 4 Jahre ernannt). Drei spezielle Räte (GATT-Rat, GATS-Rat, TRIPS-Rat) arbeiten unter der Leitung des Allgemeinen Rates. Es werden nachgeordnete Gremien (Ausschüsse, Arbeitsgruppen u. ä.) eingesetzt. Die Beschlussfassung orientiert sich am Konsensprinzip. Der Allgemeine Rat fungiert gemäß dem DSU-Abkommen als **Streitbeilegungsgremium** (Dispute Settlement Body-DSB). Er setzt unabhängige **Panels** aus drei Personen als Erstinstanz ein. Die Fälle können bei Rechtsfragen an das **Ständige Berufungsgremium** (Appelate Body-AB – 7 Personen mit „Spruchkammern" von 3 Personen) abgegeben werden. Der DSB entscheidet über die Berichte der Panels und des AB endgültig. Bei Annahme besteht eine **Rechtspflicht** zur Aufhebung vertragswidriger Maßnahmen (Art. 17:14, 21 DSU) (zum gegenwärtigen Stand: *Glöckle,* Die ungewisse Zukunft des WTO Appellate Body, EuZW 2020, 356). **Sanktionen** sind Entschädigungen (Kompensationen) und die Aussetzung vertraglicher Zugeständnisse (Art. 22 DSU). – Die WTO-Streitbeilegung wird inzwischen international intensiv genutzt, u. a. in den Handels-

beziehungen der EU (*Petersmann* (Hrsg.), The WTO Dispute Settlement System 1995–2003, 2004). Sie bedeutet erstmals eine Art **weltweiten Rechtsschutzes** im internationalen Handelsrecht. Der AB wird seit geraumer Zeit von den USA politisch angegriffen. Am 10. Dezember 2019 endete das Mandat zweier Mitglieder der Berufungsinstanz. Die USA verweigern seitdem eine Neubenennung und führten so eine bis heute andauernde Blockade des WTO-Systems herbei (*Göckle,* EuZW 2020, 356). Eine Reihe von Staaten haben sich in dieser Situation zum Abschluss eines multilateralen Schiedsabkommens entschlossen, in dem vereinbart ist, dass die WTO-Streitbeilegung zwischen ihnen angewandt wird. Einig ist man sich, dass das WTO-System einer Reform bedarf. Die EU hat sich für eine umfassende Modernisierung ausgesprochen (siehe etwa Entschließung EP v. 29.11.2018, 2018/2084(INI)).

40 **Ziele der WTO** sind insbesondere Erhöhung des Lebensstandards, Vollbeschäftigung und Ausweitung der Produktion des Handels mit Waren und Dienstleistungen (Präambel ÜWTO). Zu diesen „klassischen GATT-Zielen" treten „moderne Verpflichtungen" wie das Bekenntnis zu einer nachhaltigen Entwicklung der Ressourcen der Welt, der Schutz der Umwelt und die Förderung der Entwicklungsländer. Die Ziele der WTO werden im GATT-Bereich (Warenhandel) durch WTO-Prinzipien verfolgt (insgesamt *Cottier/Mavroidis* (Hrsg.)), Regulatory Barriers and the Principle of Non-Discrimination in World Trade Law, 2000): **Meistbegünstigung** bei Zöllen und anderen Einfuhr- und Ausfuhrbelastungen sowie Gegenseitigkeit (Präambel, Art. I ÜWTO), **Nichtdiskriminierung** (u. a. Art. III, XIII), Beseitigung mengenmäßiger Beschränkungen **(„Tariffs only")** und fortschreitender **Zollabbau** (Präambel, Art. XI, XXVIII bis), **Umweltschutz** (Praambel). Das GATT enthält allerdings in Art. XX eine wichtige Ausnahmeklausel. **Entwicklungsländern** können durch Teil IV des GATT Handelsvorteile ohne Gegenseitigkeit gewährt werden. Die umstrittene **Schutzklausel** (Art. XIX GATT i. V. m. Abkommen über Schutzmaßnahmen) ermöglicht Ausnahmeregelungen. Das **Trade Facilitation Agreement** beinhaltet Verpflichtungen zum Abbau von Handelshemmnissen verfahrensrechtlicher Natur. Die Prozedur des Grenzübertritts soll beschleunigt werden, indem die Vorschriften zum Warenaustausch an der Grenze modernisiert, vereinfacht und harmonisiert werden.

41 Das Übereinkommen über den **Dienstleistungshandel (GATS)** bezieht sich auf einen Handelsbereich, der ca. 25% des internationalen Wirtschaftsverkehrs umfasst, aber schnell wächst. Das GATS unterscheidet sich in seiner Struktur vom GATT. Einige der Verpflichtungen des GATT finden sich auch im GATS (sog. allgemeine Pflichten, z. B. Meistbegünstigung (Art. II), Transparenz (Art. III)). Zu den sog. „spezifischen Pflichten" gehören demgegenüber die Gewährung von Marktzugang und Inländerbehandlung. Diese Prinzipien müssen in den einzelnen Dienstleistungsbereichen (z. B. Banken/Versicherungen, Bauwirtschaft, Verkehr, Kommunikation, Beratungswesen, Computerprogramme, Tourismus) durch besondere Abkommen verbindlich gemacht werden. Die Verwirklichung freien Dienstleistungshandels ist ein **langwieriger Prozess.** Er wird durch Ausnahmewünsche belastet (z. B. der EU im audiovisuellen Bereich: „Kulturelle Ausnahme"). Erste Erfolge wurden seit 1995 im Finanz- und Telekommunikationsbereich und beim Handel mit Produkten der Informationstechnologie erzielt (insgesamt *Koehler,* Das Allgemeine Übereinkommen über den Handel mit Dienstleistungen, 1999).

42 Das Übereinkommen über **handelsbezogene Aspekte der Rechte des geistigen Eigentums (TRIPS)** verbessert und erweitert den geistigen Eigentumsschutz im Handelsbereich und versucht der „Produktpiraterie" entgegenzuwirken (*Staehelin,* Das TRIPS-Abkommen, 2. Aufl. 1999). Das TRIPS-Abkommen stellt in der WTO-Ordnung einen Fremdkörper dar: Es geht nicht wie bei der Liberalisierung von Märkten um eine „win-win"-Situation. Der Schutz von Rechtspositionen des geistigen Eigentums dient nur den jeweiligen Trägern. Die TRIPS-Mitglieder werden zusätzlich auf die Einhaltung der Pariser und Berner Konventionen zum gewerblichen Rechtsschutz und Urheberrecht verpflichtet. Hierfür arbeitet die WTO mit der Weltorganisation zum Schutz des geistigen Eigentums (WIPO) in Genf zusammen. Ziel des TRIPS-Abkommens ist die Einführung einer **weltweit vergleichbaren nationalen Schutzgesetzgebung.** Die EU ist neben den USA als Hüterin geistigen Eigentums in Europa (oben Rz. 36/21; *Tattay,* GRUR Int 2013, 1012) am Erfolg der TRIPS-Aktivitäten besonders interessiert. Konflikte bestehen mit Entwicklungs- und Schwellenländern, die an möglichst günstiger Verfügbarkeit geistigen Eigentums interessiert sind (z. B. Zwangslizenzen für medizinische Patente in Afrika).

c) EU-Mitgliedschaft in der WTO

Die **EU** ist Mitglied der WTO (Art. XI:1 ÜWTO; *Siebold,* Die Welthandelsorganisation und die EG, 2003). Daneben sind alle **MSen** WTO-Mitglieder. Diese **Doppelmitgliedschaft** war notwendig, weil die EU im Lichte der Beschränkungen des EGV-Nizza nicht über die gesamte Außenwirtschaftskompetenz verfügte. Die MSen behielten zunächst bestimmte Zuständigkeiten (z. B. in den Bereichen von GATS und TRIPS EuGH, 15.11.1994, Gutachten 1/94 „WTO"); mit dem Inkrafttreten des AEUV sind diese Kompetenzen weitgehend auf die EU übergegangen. Die EU verfügt in der WTO über so viele Stimmen, wie sie Mitglieder hat (Art. IX:1 Fn. 2 ÜWTO). In der **Streitbeilegung** ergeben sich gelegentlich Probleme, ob die EU oder einzelne ihrer MSen verklagt werden sollen. Insgesamt steht die EU-Mitgliedschaft in der WTO-Praxis ganz deutlich im Vordergrund (*Weiß* in: Grabitz/Hilf/Nettesheim, Das Recht der Europäischen Union, Stand 2020, Art. 207 AEUV Rn. 211–213). 43

Im Verhältnis zwischen **WTO-Recht und EU-Recht** sind mehrere Aspekte zu unterscheiden: 44

Das **WTO-Recht** selbst verhält sich weitgehend neutral zu der Frage der **unmittelbaren Anwendbarkeit** – insbesondere macht es insoweit keine eigenen Vorgaben. Im 11. Erwägungsgrund des Beschlusses des Rates zur Genehmigung der WTO-Übereinkommen findet sich die Festlegung, dass „das Übereinkommen zur Errichtung der Welthandelsorganisation einschließlich seiner Anhänge nicht so ausgelegt [werden darf], dass es unmittelbar vor den Rechtsprechungsorganen der Union und der Mitgliedstaaten angeführt werden kann" (Beschl. (EG) 94/800, ABl. L 336/1).

Vorrang des WTO-Rechts vor dem Unionsrecht: Das WTO-Vertragswerk ist ein völkerrechtlicher Vertrag, den die EU im Rahmen ihrer handelspolitischen Kompetenzen abgeschlossen hat. Das WTO-Recht ist damit für die Organe der EU und für die MSen verbindlich (Art. 216 Abs. 2 AEUV). Dies muss a fortiori gelten, soweit WTO-Recht durch Entscheidungen der WTO-Streitbeilegung abschließend ausgelegt worden ist. Der Gerichtshof verwandte für die Bindung der EU zunächst die Formel, das WTO-Recht (und bereits das „alte" GATT-Recht vor 1995) sei „integrierender Bestandteil der EG-Rechtsordnung" (EuGH, 12.12.1972, verb. Rs. 21–23/72 „International Fruit Company"); heute wird diese Formel allerdings nicht mehr benutzt. Das WTO-Recht steht im Rang zwischen dem primären und dem sekundären EU-Recht, wie dies allgemein für völkerrechtliche Verträge der EU gilt (siehe oben Rz. 38/33ff.). Die EU muss danach ihre sekundärrechtliche Handelspolitik **WTO-konform ausgestalten.** Aus **völkerrechtlicher Perspektive** hätte sie im unwahrscheinlichen Fall einer Kollision mit dem Primärrecht auch dieses entsprechend umzugestalten. 45

Soweit WTO-Recht in die nationale Kompetenz fällt, wird sein **Rang und Vorrang** nach der jeweiligen nationalen Rechtsordnung behandelt. Auch hier gilt der prinzipielle Vorrang des Völkerrechts. Der Gerichtshof hat betont, dass das ÜWTO von der EU und den MSen „ungeteilt" angenommen worden ist (EuGH, 16.6.1998, Rs. C-53/96, „Hermès"). Der EuGH beansprucht damit die Auslegungskompetenz über das gesamte WTO-Recht. 46

Unmittelbare Anwendbarkeit des WTO-Rechts? Der Gerichtshof hat (wie früher dem GATT 1947) auch dem „gehärteten" WTO-Recht in ständiger Rechtsprechung **grundsätzlich die unmittelbare Anwendbarkeit verweigert** (z. B. EuGH, 23.11.1999, Rs. C-149/96, „Portugal/Rat"). Er begründet dies u. a. mit Gesichtspunkten der Gegenseitigkeit. Die USA lehnen ihrerseits die unmittelbare Anwendbarkeit ab. Das WTO-Recht sei flexibel und auf Verhandlungen der Mitglieder angelegt. Der EuGH schützt das Gegenseitigkeitsprinzip und stellt auf den Schutz von Verhandlungsspielräumen – vielleicht sogar auf den Schutz der Freiheit zum Vertragsbruch – ab. Die Rspr. des Gerichtshofes unterliegt starker Kritik (z. B. *Griller,* JIEL 2000, 441): Ihr wird vorgehalten, dass sie den Gestaltwandel des Welthandelsrechts, der durch die Gründung der WTO zustande gekommen ist, verkennt und die Effektuierung des WTO-Rechts innerhalb der EU grundsätzlich ausschließt. Grundlage dieser Kritik ist die Auffassung, dass das WTO/GATT-Recht nur durch Individualwirksamkeit seine volle Effektivität und Legitimität entfalten könne (*Petersmann,* Constitutional Functions, 1983; *Tumlir,* ORDO 1983, 71). Andere lehnen eine unmittelbare Wirksamkeit von GATT/WTO-Vorschriften vor allem aus Gründen der demokratischen Legiti- 47 mation ab (*Sack,* EuZW 1997, 650; grundlegend *Jackson,* AJIL 1992, 310; *ders.,* in: Hilf/Petersmann, National Constitutions and International Economic Law, 569; vermittelnd: *van den Broek,* 4 JIEL 2001, 411; *Eeckhout,* 5 JIEL 2002, 91).

48 Auch mit Blick auf das **TRIPS** erkennt der EuGH unmittelbare Wirkungen vor den Unionsgerichten bis heute grundsätzlich nicht an (etwa EuGH, 25.10.2007, Rs. C-238/06 P, „Develey" Rn. 38). Allerdings fühlt sich der EuGH zur Auslegung des TRIPS berufen, sofern die zur Prüfung vorgelegten Maßnahmen in einen Bereich fallen, auf den das TRIPS-Übereinkommen **anwendbar** ist und in dem die Union **sekundäre Rechtsvorschriften erlassen** hat (EuGH, 18.7.2013, Rs. C-414/11, „Daiichi Sankyo"). Damit hat er einen weiteren Ausnahmefall entwickelt, der zunächst vor allem die Auslegung des Art. 50 Abs. 6 TRIPS betraf, eine Verfahrensvorschrift, die vorsieht, dass einstweilige Maßnahmen außer Kraft zu setzen sind, wenn nicht innerhalb bestimmter Fristen das Hauptsacheverfahren eingeleitet wird (EuGH, 16.6.1998, Rs. C-53/96, „Hermès"; EUGH, 14.12.2000, Rs. C-300/98 und C-392/98, „Dior"). Diese Rechtsprechung hat der EuGH inzwischen zu einer Vielzahl von Bestimmungen des TRIPS ausgebaut (z. B. EuGH, 14.6.2007, Rs. C-246/05, „Häupl"; EuGH, 15.3.2012, Rs. C-135/10, „SCF"). In Bereichen, in denen es bislang keine (oder auch keine nennenswerten (so EuGH, 11.9.2007, Rs. 431/05, „Merck", Rn. 29ff., 46) Vorschriften des Sekundärrechts gibt, bleiben die mitgliedstaatlichen Gerichte berufen, über die Geltung des TRIPS im nationalen Recht zu entscheiden. In Deutschland hat der BGH dem TRIPS-Abkommen unmittelbare Anwendbarkeit zugesprochen (BGH NJW 1999, 1958).

49 **EU-Rechtsschutz unter Berufung auf WTO-Recht:** Der EuGH hat im Sinne seiner Ablehnung der unmittelbaren Anwendbarkeit des WTO-Rechts im EU-Raum **Klagen abgewiesen,** die sekundäres EU-Recht am WTO-Recht messen wollten. Dies galt nicht nur für Individualpersonen mit Blick auf Art. 263 Abs. 4 AEUV, sondern auch für **Klagen von MSen** (EuGH, 5.10.1994, Rs. C-280/93, „Bananen"; st. Rspr.). Unter dem Eindruck verbreiteter juristischer und politischer Kritik an diesem Rechtsschutzausschluss (z. B. *Hörmann/Göttsche,* EuZW 2003, 449) lässt der Gerichtshof inzwischen **Ausnahmen** zu. Dies gilt, wenn die Betroffenen sich auf solche WTO-Bestimmungen berufen, auf die ein **EU-Rechtsakt ausdrücklich Bezug nimmt** (EuGH, 22.6.1989, Rs. C-70/87, „FEDIOL"), wenn die EU **WTO-Recht durch Unionsrecht umgesetzt** hat (EuGH, 9.1.2003, Rs. C-76/00, „Petrotub"). Die Unionsgerichte haben, wenn auch nur im Hinblick auf die Grenzen eines weiten Ermessens, vor allem etwa Antidumpingmaßnahmen (Rz. 40/28f.) am Maßstab des WTO-Rechts überprüft (etwa EuG, 27.1.2000, Rs. T-256/97, „BEUC/Kommission"; EuG, 29.11.2000, Rs. T-213/97, „Eurocoton/Rat"; EuG, 20.6.2001, Rs. T-188/99, „Euroalliages/KOM"; nicht hingegen EuGH, 27.9.2007, Rs. C-351/04, „Ikea"). Es ist hervorzuheben, dass diese Fälle Ausnahmen sind. Schutzmaßnahmen gegen erhöhte oder sonst schädigende Einfuhren werden vom EuGH in der Regel nicht am Maßstab des WTO-Rechts überprüft (EuGH, 22.11.2001, Rs. C-301/97, „Niederlande/Rat"). In Fällen, in denen die **WTO-Streitbeilegung die WTO-Widrigkeit von EU-Recht** endgültig festgestellt hat (EuGH, 30.9.2003, Rs. C-94/02, „Biret"; *Rapp-Lücke,* Das rechtliche Verhältnis zwischen dem Streitbeilegungsgremium der WTO und dem Gerichtshof der EGen, 2004), kommt es nicht notwendig zu einer Überprüfung (allgemein etwa: *Kuijper/Bronckers,* CMLR 2005, 1313; zurückhaltender *Weiß,* EuR 2005, 277; *Di Gianni,* JWT 2006, 777) (allgemein: *Nettesheim,* Subjektive Rechte im Unionsrecht, AöR 2007, 333, 350ff.).

50 Insgesamt ist die komplexe und manchmal widersprüchliche Praxis zum WTO-Recht innerhalb der EU noch nicht an ihr Ende gekommen. Der **Vorrang des übergreifenden WTO-Rechts** gegenüber dem EU-Recht wird sich materiell und in seinen prozessualen Konsequenzen aber nur schrittweise durchsetzen. Der Verweis des Gerichtshofes auf die **Gegenseitigkeit** bleibt wichtig. Es ist für die EU nicht sinnvoll, in bestimmten Fällen als eine Art „Musterknabe" dem WTO-Recht Qualitäten zuzuschreiben, die wichtige Welthandelspartner ihrerseits nicht anerkennen (ähnlich *Herrmann* ZEuS 2001, 453).

d) Handelspolitische Bedeutsamkeit der WTO für die EU

51 Die Welthandelsorganisation ist für die außenhandelsorientierte EU (etwa 15,5 % Anteil am Welthandel, Stand 2019) ungeachtet aller Differenzen im Einzelnen ein **wichtiger Verbündeter.** Sie steht für die weitere Liberalisierung der Weltwirtschaft unter gleichzeitiger Beachtung der Belange von Entwicklungsländern und des internationalen Umweltschutzes. Die Ziele der WTO und die Verpflichtungen der EU zu weltoffenem Handel und Entwicklungszusammenarbeit gehen weitgehend parallel. Die in

Doha 2001 eingesetzte **„Milleniums-Handelsrunde"** (*Charnovitz,* JIEL 2002, 207; *Hofmann* u. a., The EU and the WTO Doha Round, 2007) ist gescheitert. Die Präsidentschaft in den USA hatte zuletzt kein Interesse an einer Weiterentwicklung der WTO; in manchen Bereichen, wie der Besetzung der Berufungsinstitution der WTO, unterminiert sie die WTO aktiv. Die Zahl der Interessenkonflikte mit den WTO-Partnern und innerhalb der Union wird mit der Erweiterung des Kreises der Mitglieder nicht geringer (künftiger Außenschutz der Gemeinsamen Agrarpolitik, Standards des Internationalen Umweltschutzes, Schutzhöhe für geistiges Eigentum, Einstieg in ein internationales Wettbewerbsregime u. a. m.); die Entwicklungsländer haben inzwischen eine eigene Stimme gefunden. Es zeichnet sich ein zunehmender Gebrauch von bilateralen Freihandelsabkommen ab. Im **WTO-Streitbeilegungssystem** steht die EU ungefähr ebenso oft auf der Kläger- wie auf der Beklagtenseite (Stand 2020: 104 Verfahren als Klägerin, 87 als Beklagte, 208 als Drittpartei). Der Fortschritt in Richtung einer freien und sozial verantwortlichen Weltmarktwirtschaft erfolgt in Trippelschritten. Aspekte des Klimaschutzes kommen erst allmählich ins Bewusstsein und sind im Rahmen der WTO noch nicht merklich von Belang.

IV. EU-Entwicklungspolitik

1. Die Entwicklung der vertraglichen Grundlagen

Die Vertragsgrundlagen der EU-Entwicklungspolitik sind nicht nur unübersichtlich, 52
sondern auch komplex. Dies hängt vor allem mit der politischen Entwicklung seit 1958 zusammen. Ausgangspunkt der Entwicklungspolitik war 1958 die **Assoziierung der überseeischen Länder und Hoheitsgebiete (ÜLG)** nach Art. 131 EWGV. Vor allem Frankreich machte aus der „Entwicklungsassoziierung" seiner damaligen Kolonien eine Vorbedingung bei der Gründung der EWG. Aufgrund der ungefähr gleichzeitig einsetzenden allgemeinen **Dekolonialisierung** sind die Regelungen nur noch von geringer Bedeutung. Sie betreffen kleine Überseebesitzungen einiger MSen, meist Inseln (Art. 349 AEUV). Seit 1964 verfolgte die EWG dann mit den unabhängig gewordenen **„AKP-Staaten"** in Afrika, der Karibik und im Pazifik über eine Reihe sich fortsetzender Abkommen eine **vertragliche Entwicklungspartnerschaft** (siehe unten Rz. 40/56).

Die **Entwicklungszusammenarbeit (EZ)** der EWG mit den **sonstigen** Entwick- 53
lungsländern entwickelte sich ungefähr zeitlich parallel, zunächst auf der Grundlage des Art. 235 EWG (heute: Art. 352 AEUV). Erst mit dem Maastricht-Vertrag 1992 wurde ein **eigener Vertragstitel** für die EZ mit besonderen EGV-Zuständigkeiten geschaffen. Er erfuhr in Amsterdam 1997, Nizza 2001 und Lissabon teilweise erhebliche Modifikationen. Die in diesem Titel (Art. 208–211 AEUV) vorgesehenen Kooperationsformen treten an die Seite anderer Formen der Außenpolitik; zwischen den verschiedenen Kompetenzbereichen bestehen graduelle Übergänge. Die EZ verwirklicht sich sowohl über **autonomes EU-Recht** (u. a. Nahrungsmittel- und humanitäre Katastrophenhilfe) als auch vertraglich durch eine große Zahl von **Entwicklungs(Kooperations)abkommen** mit Drittstaaten. Eine große Rolle spielen auch Strategiepapiere und Aktionspläne.

2. Assoziierung der Überseeischen Länder und Hoheitsgebiete (ÜLG – Art. 198–204 AEUV)

54 Die **„konstitutionelle Assoziierung“** der ÜLG über Art. 198–204 AEUV ist seit 1958 vertraglich von den Änderungen und Entwicklungen der EU-Entwicklungspolitik im Wesentlichen unberührt geblieben. Ihr Anwendungsbereich ist allerdings nach der Unabhängigkeit der meisten Kolonien um 1960 stark geschrumpft. ÜLG sind gemäß dem **Anhang II des AEUV** 26 dänische, französische, niederländische und britische Überseegebiete „von Grönland bis Neukaledonien“ mit einer knappen Million Einwohner. Meist handelt es sich um Inseln. Die ÜLG sind von **„Gebieten in Randlage“** wie den französischen überseeischen Departements, den Azoren, Madeira und den Kanarischen Inseln zu unterscheiden, für welche der AEUV nach Art. 349 Abs. 2 AEUV gilt.

55 Art. 198 Abs. 1 AEUV **assoziiert** die ÜLG der Union. Sie unterstehen dem **Sonderregime** der Art. 198 ff. AEUV. Der Vertrag findet ansonsten keine Anwendung auf die ÜLG (EuGH, 12.2.1992, Rs. C-260/90, „Leplat“). Ziel der Assoziierung ist die Förderung der wirtschaftlichen und sozialen Entwicklung der ÜLG im Interesse ihrer Einwohner (Art. 199 AEUV). Zu diesem Zweck soll nach Art. 200 AEUV das EU-Handelsregime auf die ÜLG ausgedehnt und finanzielle Hilfe gewährt werden. Ausschreibungen und Lieferungen mit Bezug auf die ÜLG sind für alle Bürger und Unternehmen der EU-Staaten offen. Auch für die Freizügigkeit sollen die Beschränkungen entfallen. Dies ist nach dem Ratsbeschluss auf Grund von Art. 203 AEUV nur begrenzt erfolgt. Gleiches gilt für die Dienstleistungsfreiheit, während der freie Kapitalverkehr in beiden Richtungen gewährleistet wird. Der Rat legt die Einzelheiten und das Verfahren der Assoziation durch einstimmigen Ratsbeschluss fest (Art. 203 AEUV). Die ursprüngliche „Integrationsphilosophie“ für die ÜLG ist hierbei zunehmend durch eine „Entwicklungsphilosophie“ in Angleichung an die „Lomé/Cotonou-Politik“ der EU ersetzt worden. Die ÜLG werden dabei im Vergleich mit den AKP-Staaten etwas privilegiert. Der **Beschluss (EU) 2013/755** (ABl. L 344/1) sieht vor, die überseeischen Gebiete in einer „Partnerschaft“ zu assoziieren.

3. Entwicklungspartnerschaft der EU mit den AKP-Staaten („Lomé-Cotonou-Politik“)

56 Im Prozess der Dekolonialisierung wurde schnell deutlich, dass das Verhältnis zwischen den ab 1960 unabhängig gewordenen Staaten und der Gemeinschaft nicht auf der „konstitutionellen“ Assoziierung der heutigen Art. 198 ff. AEUV beruhen kann. Man schuf stattdessen ein eigenständiges, die Unabhängigkeit dieser Staaten respektierendes, zugleich aber auch deren Entwicklungsnotwendigkeit betonendes Regime. Es wurde ab 1964 auf der Grundlage von Art. 217 AEUV in zeitlichen Abschnitten jeweils neu vertraglich geregelt, insbesondere durch vier „Lomé-Verträge“ 1975–2000. Bis 28. Februar 2020 galt das auf 20 Jahre angelegte **Partnerschaftsabkommen von Cotonou** (ABl. 2000, L 317/3) zwischen der EU und 79 afrikanisch-karibisch-pazifischen (AKP)-Staaten (Zusammensetzung: Afrika: 48; Karibik: 16; Pazifik: 15). Seit Juni 2018 laufen Verhandlungen für ein Nachfolgeabkommen, das auch wesentliche Reformen und Neustrukturierungen der vertraglichen Beziehungen enthalten soll. In Planung ist ein gemeinsames Grundlagenabkommen auf EU-AKP-Ebene, das wesentliche Grundsätze und übergeordnete Ziele zusammenfasst, sowie drei spezielle

verstärkte Partnerschaften mit den Regionen Afrika, Karibik und Pazifik, das konkretere handlungsorientierte Aspekte enthalten soll. Vorgesehen sind auch Entwicklungshilfezahlungen. Das Abkommen soll eine Laufzeit von 20 Jahren haben. Die Anwendung des Cotonou-Abkommens von 2000 wurde bis Dezember 2020 verlängert. Ob ein Abschluss der Verhandlungen bis dahin möglich ist, ist fraglich. Im Juni 2020 hat die KOM mitgeteilt, dass die Vertragsverhandlungen bereits zu 95% abgeschlossen sind.

Die Zusammenarbeit basiert auf der Entwicklungszusammenarbeit, auf einer politischen Kooperation und einer Zusammenarbeit im Bereich Handel und Wirtschaft. Die Abgrenzung von der Gemeinsamen Handelspolitik bleibt undeutlich. Das EU-AKP-Verhältnis stellt eine **Sonderregelung** außerhalb der allgemeinen EU-Entwicklungszusammenarbeit dar.

4. EU-Entwicklungszusammenarbeit (Art. 208–211 AEUV)

Seit dem Maastricht-Vertrag 1992 verfügt die EU mit Art. 208–211 AEUV über eine 57
eigenständige Rechtsgrundlage für ihre **allgemeine Entwicklungszusammenarbeit (EZ)** (*Henze,* EuR 1995, 76). Die heutige EZ entwickelte sich seit den sechziger Jahren parallel zur Vertragspartnerschaft mit den AKP-Staaten. Art. 235 EWGV war zunächst die wesentliche Rechtsgrundlage. Der **Mittelmeerraum** wurde aus geographischen Gründen bevorzugtes Feld vertraglicher EU-Entwicklungspolitik; es kam vor allem zur Anwendung von Art. 113, 238 EWGV. Die EU beteiligte sich gleichzeitig an der **weltweiten Entwicklungspolitik** (Gründung der UNCTAD 1964, Teil IV des GATT 1966, Nord-Süd-Dialog der 1970er Jahre u. a. m., *Köhler,* EA 1987, 709). Seit 1971 gewährt die EU allen Entwicklungsländern **Zollpräferenzen** (Allgemeines Präferenzsystem (APS)). Die **humanitäre Hilfe** der Gemeinschaft, insbesondere als Nahrungsmittel- und Katastrophenhilfe, wurde ein weiterer Schwerpunkt (nunmehr Art. 214 AEUV).

V. Ausblick

Die Europäische Union stellt heute mit den USA und Japan einen der drei Partner der 58
„Triade" dar bzw. unter Einbezug Chinas der sog. „Quadriga", die wesentlichen Einfluss auf die **internationale Handelspolitik** ausübt, u. a. innerhalb der Welthandelsorganisation. Die weitere Betätigung der EU im Bereich des Investitionsschutzes bleibt abzuwarten, hier werden vor allem Freihandelsabkommen neueren Typs geschlossen. Angesichts der nur geringen Chancen einer Weiterentwicklung der WTO setzt (auch) die EU auf bilaterale Freihandelsabkommen, etwa mit Südkorea oder Singapur. Auf Ersuchen der KOM hat der EuGH festgestellt, dass das letztgenannte Abkommen nicht der ausschließlichen Zuständigkeit der EU unterfällt, sondern nur von der EU und den MSen gemeinsam geschlossen werden kann (EuGH, 16.5.2017, Gutachten 2/15, „Singapur"). CETA ist abgeschlossen und befindet sich im Ratifikationsprozess. Am 15. Februar 2017 hat das Europäische Parlament CETA zugestimmt. Die Ratifikation seitens der MSen steht bislang aus, bisher (Stand: Herbst 2020) haben nur 15 MS eine solche vorgenommen. Erst nach deren Vorliegen wird die EU das Abkommen in Kraft setzen; bislang ist es vorläufig anwendbar. Die Verhandlungen mit den USA über ein Freihandelsabkommen (TTIP) sind aufgrund der Veränderung der politischen Lage in den USA suspendiert. Der Versuch, im Rahmen von Freihan-

delsabkommen auch Regelungsbereiche tief im Binnenraum von EU und MSen zu erfassen, stößt auf politische und rechtliche Kritik. Auch wenn die Verhandlung von Freihandelsabkommen sich komplex und langwierig gestaltet, hält die EU weiterhin an dieser Strategie eines offenen Handels zur Stärkung der europäischen Wirtschaft fest.

59 Die EU ist gleichzeitig gemeinsam mit ihren MSen größter Geber im Rahmen der **internationalen Entwicklungszusammenarbeit.** Handelspolitische Weltoffenheit liegt im Eigeninteresse der Union als **größtem Welthandelspartner** (ca. 15%). Dies gilt in besonderem Maße für das besonders exportabhängige **Deutschland** (ca. 35% des EU-Exportvolumens). Der Welthandel gewinnt in den Zeiten der **Globalisierung** immer größere Bedeutung und dehnt sich über den klassischen Warenhandel hinaus in die Bereiche des Dienstleistungshandels und des Handels mit Rechten des geistigen Eigentums aus. Der Erfolg der WTO bei ihren Handelsrunden ist gleichzeitig ein Erfolg der EU. Sie steht gegenüber verbreiteter „Globalisierungskritik" in Erklärungspflicht. Die Union und ihre MSen sind wie alle Handelspartner vor den Versuchungen eines **Euro-Protektionismus** nicht gefeit (EU-Bananenmarktordnung, „kulturelle Ausnahme", Grauzonenmaßnahmen u. a. m.). Die Gemeinsame Agrarpolitik erweist sich immer wieder als großer Störfaktor in den Weltwirtschaftsbeziehungen. Manche EU-Maßnahmen erscheinen gerechtfertigt, wenn sie auf Reziprozität der Partner abzielen. Die **Entwicklungspolitik** der EU entspricht den Zeichen der Zeit. Sie ist aus postkolonialen Interessen einiger MSen, vor allem Frankreichs, entstanden und fühlt sich weiterhin dem **AKP- und ÜLG-Raum** besonders verpflichtet. Die EU-Entwicklungspolitik hat sich jedoch seit längerem und besonders über die Entwicklungszusammenarbeit **globalisiert** und fasst die Bedürfnisse aller Entwicklungsländer ins Auge. Besondere Anstrengungen gelten den am wenigsten entwickelten Staaten (LDCs).

§ 41. Europäische Assoziierung – Nachbarschaftspolitik

Literatur: *Groenendijk/Hoffmann/Luiten,* Das Assoziationsrecht EWG/Türkei, 2013; *Hummer,* Die Schweiz am integrationspolitischen Scheideweg: Neuer Bilateralismus, Rahmenabkommen, EWR II oder EU-Beitritt?, FS 50 Jahre ZfRV 2013, 71; *Tiede/Spiesberger/Bogedain,* Das Assoziierungsabkommen zwischen der EU und der Ukraine – Weichensteller auf dem Weg in die EU?, KritV 2014, 150; *Tiede/Spiesberger/Bogedain,* An der Schwelle zum Binnenmarkt: Wirtschaftlicher Teil des Assoziierungsabkommens zwischen der EU und der Ukraine, WiRO 2014, 321; *Gutmann,* Assoziationsrecht und deutsches Ausländerrecht, GS Rittstieg 2015, 282; *Böttger,* Die EU-Russland-Beziehungen, Integration 2015, 204; *Schnitzer,* Assoziationsbürger: Der Status türkischer Staatsangehöriger im Vergleich zur Unionsbürgerschaft, 2016; *Müller-Graff* (Hrsg.), EU-Nachbarschaftspolitik – Nordafrika und Nahost, 2017; *Blockmans* u. a., Assessing European Neighbourhood Policy, 2017; *Brauneck,* Assoziierungs- und Freihandelsabkommen – Die Neue Partnerschaft der EU mit dem Vereinigten Königreich, EuZW 2020, 354; *Kainer/Repasi,* Trade Relations after Brexit, 2019; *Priebe,* Die Assoziierung der Länder des westlichen Balkans mit der EU, EuZW 2020, 549; *Schade,* The EU in Association Agreement negotiations – Challenges to complex policy coordination, 2020.

I. Grundlagen

1 Auf der Grundlage von Art. 217 AEUV kann die EU völkerrechtliche Verträge schließen, mit denen sie im Rahmen der Gestaltung ihrer internationalen Beziehungen zu

ihren „Partnern" besondere und privilegierte Beziehungen eingeht. Der Begriff der **„Assoziierung"** steht für ein vertraglich begründetes Verhältnis mit gegenseitigen Rechten und Pflichten, gemeinsamem Vorgehen und besonderen Verfahren, das **„unterhalb des Beitrittes"**, aber umfassender und dauerhafter als ein Handels- bzw. Kooperationsabkommen nach Art. 207 AEUV ausfällt (oben Rz. 40/11 ff.). Die Unterschiede zwischen manch ehrgeizigem Kooperationsabkommen und einer Assoziierung verwischen gelegentlich in der Praxis. Nicht immer ist in den nach Art. 217 AEUV geschlossenen Verträgen von „Assoziierung" die Rede; der Begriff könnte die Gleichheit der Vertragspartner in Frage stellen.

Assoziierungen werden je nach Bedürfnis **vielgestaltig geregelt** („zwischen Handelsabkommen plus 1 % und Beitritt minus 1 %"). Sie können weltweit mit Staaten, aber auch Internationalen Organisationen geschlossen werden. Ein wichtiges außereuropäisches Beispiel ist die Entwicklungspartnerschaft zwischen der EU und den AKP-Staaten (oben Rz. 40/56). Daneben besteht seit den sechziger Jahren eine vielfältige Assoziationspraxis in **Europa.** Die Assoziierungen sind hier meist Instrumente der Heranführungsstrategie zu einem späteren Beitritt (**„Beitrittsassoziierung"**, z. B. Griechenland 1962–1981; Europaabkommen mit den mittel- und südosteuropäischen Staaten 1994–2004 bzw. –2007 und 2013). Seltener ist die **„Ersatzassoziierung"** anstelle eines vorläufig nicht gewünschten Beitritts (z. B. mit den EWR-Staaten). 2

Im letzten Jahrzehnt hat die EU ihr Gesicht wesentlich verändert. Die große „Osterweiterung" 2004 (dazu: *Merli/Huster* (Hrsg.), Die Verträge zur EU-Osterweiterung, 2008), die „Südosterweiterung" 2007 und die Aufnahme Kroatiens 2013 erweiterten die EU nach Ost- und Südosteuropa (unten Rz. 42/32 ff.). In der Folge stellt sich die Frage nach den **„Grenzen Europas"**, d. h. nach dem Verhältnis zu benachbarten Staaten wie z. B. der Ukraine und Russland oder den Anrainern des Mittelmeeres von Marokko bis Syrien mit verstärkter Dringlichkeit. Ihnen soll durch spezielle Abkommen gute Nachbarschaft ohne eine Beitrittsperspektive angeboten werden. Dies ist der Sinn der neuen, von der Kommission entwickelten **Europäischen Nachbarschaftspolitik (ENP).** Europäische Assoziierungen mit der EU treten durch die Beitrittsentwicklung mehr und mehr zurück. 3

II. Rechtsgrundlagen der Assoziierung

Geist und Regelungsgehalt des Art. 217 AEUV zielen auf **„besondere und privilegierte Beziehungen"** zwischen der EU und einem Drittstaat (EuGH, 30.9.1987, Rs. 12/86, „Demirel"). Der assoziierte Staat soll dauerhaft an das Unionssystem herangeführt und partiell eingebunden werden, ohne dass (vorläufig) eine Mitgliedschaft begründet würde. Die Aktionsfähigkeit der Union wird durch die Assoziation nicht berührt. Es handelt sich um ein intensives völkerrechtliches Vertragsverhältnis, das jedoch keine eigenständige internationale Organisation darstellt (*Fischer*, Das Assoziationsrecht der EG, 1994). Zwischen der EU und dem assoziierten Staat gilt das **Prinzip der Bilateralität und formalen Parität.** Kennzeichen der Assoziierung ist die Reziprozität; allerdings setzt Art. 217 AEUV nicht voraus, dass in einem strengen Sinne eine genaue Gleichgewichtigkeit von Rechten und Pflichten der beteiligten Partner besteht. Die Gewichte können zugunsten der Union verteilt sein. Zur Assoziation gehört ein **gemeinsames Vorgehen** der Partner. Eine Assoziation soll ein gewisses Maß ge- 4 meinsamer „politischer Substanz" enthalten. Die Partner bleiben zwar grundsätzlich in ihrer politischen Aktion gegenüber Dritten frei. Sie schulden sich aber gegenseitige Rücksichtnahme.

5 Art. 217 AEUV benennt einige besondere Assoziierungsmerkmale. Die Assoziierung begründet ein System **gegenseitiger Rechte und Pflichten.** Sie bedarf einer bestimmten Tiefe (EuGH, 31.1.1991, Rs. C-18/90, „Kziber"). Inhaltlich besteht ein weiter Gestaltungsspielraum (GA Colomer, EuGH, 14.12.2006, Rs. C-97/05, „Gatoussi"). Teilweise hat der EuGH davon gesprochen, dass die Assoziierung eine „teilweise Teilnahme am Gemeinschaftssystem" verlange. Um ein zwingendes Merkmal handelt es sich dabei aber nicht. So liegt im Falle des AKP-Abkommens von Cotonou, dessen Laufzeit bis Dezember 2020 gilt (Rz. 40/56), eine derartige Teilnahme nicht vor. Die Assoziation beruht auf **besonderen Verfahren.** Das Abkommen enthält die Bildung **gemeinsamer Assoziationsorgane** (Assoziationsräte, parlamentarische Versammlungen, gerichtliche Organe). Hieraus ergibt sich die Möglichkeit der Setzung von **Assoziationsrecht.** Der Gerichtshof hat dieses Assoziationsrecht (Grundabkommen und die auf seiner Grundlage ergangenen Rechtsakte) in bestimmten Fällen (z. B. Assoziierung der Türkei, hierzu: EuGH, 16.6.2011, C-484/07, „Pehlivan") als **integrierenden Teil der Unionsrechtsordnung** angesehen, ohne dass seine grundsätzlich dualistische Position (Rz. 9/158ff.) dadurch beeinflusst worden wäre (EuGH, 30.04.1974, Rs. 181/73, „Haegeman"). Regeln eines Assoziationsabkommens oder Beschlüsse von Assoziationsräten, die keiner weiteren Durchführungsakte bedürfen, können als **unmittelbar anwendbar** angesehen werden. Dies nimmt der EuGH insbesondere für die Freizügigkeit und die Niederlassungsfreiheit im Rahmen des Türkei-Assoziierungsabkommens an (EuGH, 30.9.1987, Rs. 12/86, „Demirel"; *Hailbronner,* ZAR 2011, 322). Damit wird die Rechtsstellung von Angehörigen assoziierter Staaten in vielerlei Hinsicht (Gleichbehandlung, Freizügigkeit) an jene der Unionsbürger angenähert. Fragen zur Auslegung sind danach als Vorlagen zum EuGH nach Art. 267 AEUV denkbar.

6 Die EU muss sich beim Abschluss eines Assoziierungsabkommens nach Art. 217 AEUV **im Rahmen ihrer sonstigen Kompetenzen** halten. Dies ergibt sich aus dem fundamentalen Grundsatz der begrenzten Einzelzuständigkeit der Union (oben Rz. 11/3). Art. 217 AEUV begründet selbst keine Sachkompetenz (str.). Über die EU-Kompetenzen hinausgehende Regelungen (z. B. gesonderte Finanzierungen) bedürfen der Mitwirkung der MSen in Gestalt eines **gemischten Abkommens.** Dem entspricht die politische Praxis. Die MSen sind im Allgemeinen schon aus **Prestigegründen** daran interessiert, ihre politisch und materiell wesentlichen Beiträge zum Zustandekommen eines Assoziationsabkommens durch vertragliche Mitbeteiligung zu dokumentieren.

7 Das Verfahren zum Abschluss eines Assoziierungsabkommens ist (anders als bei einem Beitritt [unten Rz. 42/14ff.]) als **„Unionsverfahren"** ausgestaltet (Art. 217f. AEUV). Es bedarf eines – in Art. 217 AEUV nicht ausdrücklich erwähnten – **Assoziierungsantrages** des interessierten Staates. Anschließend erfolgt die **unionsinterne Prüfung,** ob Verhandlungen aufgenommen werden sollen. In der Praxis kann die Initiative auch von der EU-Seite ausgehen (z. B. bei den Europaabkommen mit den mittel- und südosteuropäischen Staaten). Die **Verhandlungen** werden von der KOM oder dem HV auf der Grundlage eines Ratsmandates geführt (Art. 218 Abs. 2–3 AEUV). Bei ge-

mischten Abkommen sind nationale Vertreter beteiligt. Die **Unterzeichnung** erfolgt auf EU-Seite durch den Rat, bei gemischten Abkommen gemeinsam mit den Vertretern der MSen. Anschließend muss die **Zustimmung des Europäischen Parlaments** (mit der einfachen Mehrheit der anwesenden Mitglieder) eingeholt werden (Art. 218 Abs. 6 AEUV). Der Rat **beschließt** sodann das Abkommen (Art. 218 Abs. 5 AEUV), regelmäßig in Gestalt einer Verordnung, welcher das Abkommen beigefügt ist. Der Text tritt damit unionsintern in Kraft. **Völkerrechtliche Verbindlichkeit** erlangt das Abkommen mit dem Austausch bzw. der Hinterlegung der Ratifikationsurkunden. Die EU ratifiziert bei gemischten Assoziierungsverträgen üblicherweise erst, wenn die MSen ihre Verfahren abgeschlossen haben. Die privilegierten Assoziationsbeziehungen müssen sich vor der WTO als **Zollunion** oder **Freihandelszone** rechtfertigen (Art. XXIV GATT).

III. Praxis europäischer Assoziierung

Der Schwerpunkt der Assoziierungspraxis liegt inzwischen bei der Entwicklungspartnerschaft mit den AKP-Staaten (oben Rz. 40/56). Ein weiterer Fokus liegt zudem auf Zentralamerika. Am 29.6.2012 hat die EU ein Assoziierungsabkommen mit Zentralamerika (Costa Rica, El Salvador, Guatemala, Honduras, Nicaragua, Panama) abgeschlossen. In **Europa** ist der Höhepunkt überschritten. Viele Beitrittsassoziierungen (Griechenland, Malta, Zypern, mittel- und südosteuropäische Europa-Abkommen) haben ihr Ziel erreicht. Mit den Beitrittskandidaten **Albanien, Bosnien-Herzegowina, Nordmazedonien, Serbien und Montenegro** wurden „Stabilisierungs- und Assoziierungsabkommen" geschlossen, die auf die Einrichtung einer Freihandelszone, eine engere wirtschaftliche Verflechtung und einen erleichterten Zugang zum europäischen Arbeitsmarkt abzielen. 2016 wurde ein Stabilisierungs- und Assoziierungsabkommen mit dem **Kosovo** geschlossen, das die Fortschritte auf dem Weg in die EU weiter befördern soll. Das 2017 in Kraft getretene Assoziierungsabkommen zwischen der EU und der **Ukraine** eröffnet zwar keine Beitrittsperspektive, dient aber gleichwohl als Unterstützung zur Erfüllung der Beitrittskriterien und soll die wirtschaftliche und politische Zusammenarbeit zwischen der EU und der Ukraine durch Errichtung einer tiefgreifenden Freihandelszone vertiefen (*Tiede/Spiesberger/Bogedain,* KritV 2014, 150). Die Assoziierung der **Türkei** hat zu Beitrittsverhandlungen mit ungewissem Ausgang geführt (ausführlich Rz. 42/34). Die „EU-Heranführungsstrategie" mündete 2005 in der Aufnahme von formellen Beitrittsverhandlungen. Das EP und die EU-Außenminister forderten aufgrund der innenpolitischen Entwicklungen in der Türkei 2017 die Aussetzung der Beitrittsverhandlungen. Die Heranführungshilfen für die Türkei wurden im Haushalt 2020 deutlich gekürzt. Derzeit (Stand: Herbst 2020) ruhen die Beitrittsverhandlungen. 8

Die **Schweiz** wird mit bilateralen Einzelabkommen an die EU gebunden. In der **Schweiz** wurde 1992 der bereits unterzeichnete Vertrag über den Europäischen Wirtschaftsraum in einer Volksabstimmung abgelehnt. Danach wurden die Beziehungen EU-Schweiz in einem **Paket von bilateralen Verträgen geregelt** (**„Bilaterale Abkommen I":** Land- und Luftverkehr, Freizügigkeit, Forschung, Öffentliche Aufträge, technische Handelshemmnisse und Landwirtschaft (ABl. 2002, L 114/1; *Bilal,* EIPASCOPE 3/1999, 19), **„Bilaterale Abkommen II":** Beitritt der Schweiz zu den Abkommen von Dublin und Schengen bezüglich Sicherheit und Asyl; Ausweitung der Zusammenarbeit zur Aufklärung von Betrugsfällen; Vereinbarungen im Bereich Landwirtschaftsprodukte, Umwelt, Medien, Bildung, Altersversorgung, Statistik und Dienstleistungen; *Martinelli,* Les Accords bilatéraux II vus de Bruxelles in: Kaddous/Jaemitti (Hrsg.), Bilaterale Abkommen II Schweiz – EU und andere neue Abkommen, 2006, S. 15; *Thürer u. a.* (Hrsg.), Bilaterale Verträge I & II, 2007). Die Schweiz ist faktisch gezwungen, ihr Recht den EU-Standards in vielerlei Hinsicht anzupassen; ein automatischer Nachvollzug wird diskutiert, ist bislang aber noch nicht eingeführt worden. Ein Antrag der Schweizer Regierung zum EU-Beitritt liegt seit 1993 wegen der Ablehnung im Schweizer Volk „auf Eis". Inzwischen wird in der Schweiz, aber auch von Seiten der EU, über eine Neubestimmung des Verhältnisses zur EU diskutiert. Die EU hat 2014 ein **Rahmenabkommen** (auch als Institutionelles Abkommen bezeichnet) vorgeschlagen, in dem institutionelle Fragen einheitlich und allgemein geregelt werden. Als solches soll es den Abschluss künftiger Abkommen vereinfachen. Die EU hat den Abschluss neuer Marktzugangsabkommen vom Abschluss eines solchen Rahmenvertrages abhängig gemacht. Seit Ende 2018 liegt ein Vertragsentwurf vor; aufgrund Widerstandes in der Schweiz konnte dieser bislang (Stand: Herbst 2020) nicht ratifiziert werden.

Dagegen bleibt der EWR-Raum auf unbestimmte Zeit der EU assoziiert. Mit der Vollendung ihres Binnenmarktes bis 1993 versuchte die EG die EFTA-Staaten so weit als möglich in ihre Regelungen einzubeziehen. Auf diese Weise kam es 1994 zur Schaffung des Europäischen Wirtschaftsraumes (EWR) als **vertiefte Freihandelszone** zwischen EU und EFTA (ohne Schweiz). Der EWR löste zahlreiche frühere Freihandelsabkommen EWG/EFTA ab. Rechtsgrundlage sind das **EWR-Abkommen v. 2.5.1992** und die VO 2894/94, ABl. L 305/6ff. Der EWR trat am 1.1.1994 in Kraft. Mitglieder des EWR sind auf der EU-Seite die EU (ohne Euratom) und ihre Mitgliedstaaten, auf der EFTA-Seite die EFTA-Staaten (ohne Schweiz). Nach den Beitritten Finnlands, Österreichs und Schwedens zur EU 1995 sind dies nur noch **Island, Norwegen und Liechtenstein.** Im Sinne des Unionsrechts handelt es sich beim EWR um ein Assoziationsverhältnis. Mit dem EWR gelten wichtige Teile des Unionsrechts (die Grundfreiheiten des Binnenmarktes, Wettbewerbsrecht, Sozialpolitik, Verbraucherschutz, Umwelt) einschließlich des entsprechenden Sekundärrechts völkerrechtlich für die daran beteiligten Staaten; auch das von der EU neu beschlossene Sekundärrecht wird von diesen regelmäßig übernommen. Gerade das Abkommen mit der Türkei gewährt weitgehende Freizügigkeitsrechte (Überblick bei *Hailbronner,* ZAR 2011, 322).

Auch die **zukünftige Partnerschaft zwischen EU und UK soll auf einem Assoziationsabkommen beruhen** („Abkommen über die zukünftigen Beziehungen", „Future relationship agreement"). Ziel ist die Schaffung eines besonders engen, jedoch dauerhaft getrennten Verhältnisses (ausführlich Rz. 42/41); zu verschiedenen Optionen: *Wieduwilt* ZEuS 2015, 169 (183ff.)). In der das Austrittsabkommen begleitenden **Politische Erklärung vom Dezember 2019** (2019/C 384 I/02) haben EU und UK ein Programm „für eine ambitionierte, breite, vertiefte und flexible Partnerschaft" mit engen wirtschaftlichen Verflechtungen vorgestellt. Darin wird das Gleichgewicht der Rechte und Pflichten beider Parteien betont, die Integrität des Binnenmarktes, der Zollunion und der vier Grundfreiheiten einerseits, die Souveränität und unabhängige Handelspolitik des UK andererseits hervorgehoben. Es sieht ein Freihandelsabkommen sowie eine weiter gefasste sektorspezifische Zusammenarbeit in den bestimmten Fällen vor, wird gegenwärtig aufgrund der geplanten besonderen Nähebeziehung von EU und UK jedoch auf Art. 217 AEUV gestützt (Ermächtigungsmandat KOM vom 3. Februar 2020, COM(2020) 35 final, Ziffer 5 der Begründung). Die Erklärung fasst für die jeweiligen Bereiche (zB Warenverkehr. Digitales, Energie etc.) grundlegende Kernpunkte zusammen, gibt jedoch noch nicht konkrete Inhalte des späteren Abkommens vor. Es zeigt auf, wie komplex und vielschichtig der Aushandlungsprozess werden dürfte. Das Abkommen wird entscheidend die zukünftige nationale Handelspolitik des UK prägen. Der Einbezug vielschichtiger und teils widerstreitender Interessen(sgruppen) und die Unterschiedlichkeit der betroffenen Politikfelder machen eine einheitliche und klare Positionierung des UK in diesem Prozess besonders schwierig (*Kainer/Repasi,* Trade Relations after Brexit, 2019). In der Frage, welche Inhalte das Abkommen haben soll, besteht inzwischen (Herbst 2020) weitgehende politische Einigkeit; einzelne Streitpunkte (Fischereirechte in der Wirtschaftszone des UK; Anwendbarkeit des EU-Beihilfenaufsichtssystems im UK) verhindern bislang eine Einigung (*Brauneck,* EuZW 2020, 364; *Glöckle,* EuR 2020, 137).

Inzwischen entwickelt sich die **Europäische Nachbarschaftspolitik** (unten Rz. 41/9ff.) anstelle der Assoziierung zum geeigneten Instrument der dauerhaften Verbindung europäischer und anderer Nachbarstaaten mit der EU ohne Beitrittsperspektive.

IV. Europäische Nachbarschaftspolitik

Literatur: *Ratka/Spaiser,* Understanding European Neighbourhood Policies, 2012; *Lehne,* Time to Reset the EU Neighborhood Policy, 2014; *Bouris/Schumacher* (Hrsg.), The Revised European Neighbourhood Policy: Continuity and Change in EU Foreign Policy, 2017; *Müller-Graff,* EU-Nachbarschaftspolitik – Nordafrika und Nahost, 2017; *Schumacher/Marchetti/Demmelhuber* (Hrsg.), The Routledge handbook on the European Neighborhood Policy, 2018; *Wohlfeld* (Hrsg.), Regional Cooperation in the Western Balkans: Options for the Interplay of Neighborly relations and EU Accession up to 2025, 2019; *Bachmann,* Der Nachbarschaftsraum nach Art. 8 EUV, 2019; *Gstöhl/Phinnemore,* The Proliferation of Privileged Partnerships between the European Union and its Neighbors, 2020.

1. Grundlagen einer Europäischen Nachbarschaftspolitik

Die Frage nach den **„Grenzen der EU"** stellt sich immer dringlicher, nachdem die ursprüngliche Gemeinschaft 1958 von sechs Mitgliedern in die Union 2013 auf 28 EU-Staaten bzw. 2019 auf 27 MS übergegangen ist. Die Erweiterung auf 30 und mehr MSen ist durchaus denkbar (unten Rz. 42/32ff.). **Geographisch** steht die EU gemäß Art. 49 EUV nur für europäische Staaten offen – die Türkei ist insofern ein Grenzfall. Ein 1987 gestellter Beitrittsantrag **Marokkos** wurde nicht behandelt. Mit dem Größengewinn der EU, ihrer „Politisierung" und dem damit verbundenen Bedeutungsgewinn in den politischen Beziehungen wächst die Verantwortung der EU für eine aktive Gestaltung der Außenbeziehungen gerade im unmittelbaren Umfeld. Die Kommission hat, dem Rechnung tragend, in den Jahren 2003–2004 die Strategie einer **Europäischen Nachbarschaftspolitik (ENP)** entwickelt. Die ENP umfasst in **Osteuropa** die Ukraine, Weißrussland und die Republik Moldau, im südlichen Kaukasus Armenien, Aserbaidschan und Georgien, schließlich in der Mittelmeerregion Marokko, Algerien, Tunesien, Libyen, Ägypten, Israel, die Palästinensischen Autonomiegebiete, Jordanien, Libanon und Syrien. 9

Die ENP umfasst Staaten, die der EU räumlich und teilweise auch soziokulturell nahe stehen, denen jedoch aus verschiedenen Gründen keine Beitrittsperspektive eröffnet werden soll (vgl. KOM[2003] 104; KOM[2004] 373). Mit der **Ukraine** wurde am 21.04.2014 ein Assoziierungsabkommen geschlossen, das 2017 in Kraft getreten ist (ABl. L 161/3). Ob der Ukraine eine Beitrittsperspektive eröffnet wird, bleibt abzuwarten (Präambel und Art. 1 des Abkommens). Geographisch ist **Russland** ein Nachbar der EU. Gleichwohl werden die EU-Russland-Beziehungen auf einem eigenen Handlungsfeld („EU-Russia Common Spaces") behandelt. Allerdings erkennt das seit 2014 geltende neue **Europäischen Nachbarschaftsinstrument** (ENI) (VO 232/2014, ABl. L 77/27) die besondere Rolle Russlands als Nachbarland der EU sowie als strategischer Partner an (vgl. Erwägungsgrund Nr. 7 der VO 232/2014).

Im Rahmen der ENP haben sich die Beziehungen zwischen der EU und ihren Nachbarn wesentlich fortentwickelt. Die Handelsströme sind angewachsen, die politischen Kontakte haben an Bedeutung gewonnen. Die EU leistet im Rahmen der ENP **erhebliche Finanzhilfe.** Die Erscheinungen einer Destabilisierung, die in den Nachbarschaftsregionen um die EU herum zu beobachten sind, hat die ENP aber nicht verhindern können. Inzwischen bemüht sich die KOM, die Nachbarschaftspolitik grundsätzlich neu auszurichten. Im Zentrum sollen die Prinzipien der Differenzierung, der Flexibilität und der Eigenverantwortung stehen. Assoziierungsabkommen und vertiefte und umfassende Freihandelszonen (so etwa für die Ukraine – DCFTA) und andere maßgeschneiderte Partnerschaften sollen dabei gebildet werden (Globale Strategie der Europäischen Union, 28. Juni 2016) 10

Der Vertrag von Lissabon hat die ENP in **Art. 8 EUV** deutlich aufgewertet und eine **eigenständige Kompetenzgrundlage** geschaffen. Die Bestimmung begründet eine echte Sachkompetenz; sie steht an der Seite von Art. 217, 207, 212 AEUV. Art. 8 EUV und Art. 217 AEUV stehen damit nicht in einem Spezialitätenverhältnis, die Abgrenzung erfolgt nach politischen Beweggründen. So wurde das Ukraine-Abkommen auf Art. 217 AEUV und nicht auf Art. 8 EUV gestützt. Zu Art. 8 EUV ist die Erklärung Nr. 3 abgegeben worden, wonach die EU der besonderen Lage der Länder mit geringer territorialer Ausdehnung, die spezifische Nachbarschaftsbeziehungen zur Union unterhalten, Rechnung trägt. Es besteht die Hoffnung, dass die Effektivierung der EU-Außenpolitik – etwa durch das Amt des HV – auch die ENP stärken wird. Die 11

Ereignisse in den Ländern des südlichen Mittelmeerraums führten zu einer Neuausrichtung der ENP („Neue Antwort auf die Nachbarschaft im Wandel", KOM(2011) 303 vom 25.5.2011), die auf Solidarität im Kampf um Demokratie, Wohlstand und Schutz vor Verfolgung ausgerichtet ist. Das Streben der östlichen EU-Nachbarn nach engerer politischer Assoziierung (vgl. hierzu: Entschließung zu Handelsvereinbarungen zwischen der EU und Partnern in Osteuropa vom 3.4.2012, 2012/C 153/02, ABl. C 153/5) wurde miteinbezogen und die Umsetzung einer neuen Europäischen Nachbarschaftspolitik vom 15.5.2012 beschlossen (JOIN(2012)14), welche auf einem neuen Ansatz gegenseitiger Rechenschaftspflicht beruht [„Mehr für mehr"]). In den im Mai 2012 veröffentlichten ENP-Berichten (gemeinsame Mitteilung zu ENP und östlicher Partnerschaft, Arbeitspapier zur südlichen Nachbarschaft, Fortschrittsberichte zu 12 Ländern) haben die KOM und der EAD eine erste positive Bilanz der neuen ENP gezogen. Durch das neue ENI plant die EU, die Außenhilfe (gerade mit Blick auf die Förderung der demokratischen Transformationsprozesse der südlichen Mittelmeerländer) erheblich auszuweiten sowie die unter dem ENPI begonnen Programme fortzusetzen. 2015 haben die KOM und die HV die ENP einer umfassenden Prüfung unterzogen; in ihrem Bericht von 2017 mahnen sie einen sensibleren und differenzierten Ansatz im Hinblick auf die verschiedenen Partner, eine höhere Verantwortlichkeit sowie eine hinreichende Flexibilität der EU-Instrumente an (JOIN (2017) 18 final). Finanzielle Hilfsmittel sollen gezielter und effizienter eingesetzt werden.

12 Die ENP soll zur Sicherheit in der unmittelbaren Nachbarschaft der EU beitragen und dort Frieden, Stabilität und Wohlstand fördern. Ziel ist es, dass ein **„Ring verantwortungsvoll regierter Staaten"** entsteht, mit denen die EU enge, auf Zusammenarbeit gegründete Beziehungen pflegen kann (so bereits die Europäische Sicherheitsstrategie 2003). Zu diesem Zweck unterstützt die EU mittels der ENP u. a. Bemühungen zur **Bekämpfung von Kriminalität** (insb. Schmuggel, Menschenhandel), die **Stärkung der Menschenrechte** und den **Ausbau der staatlichen Infrastruktur.** Die wirtschaftliche Einbindung in die EU soll es den Nachbarländern erleichtern, ihre entsprechenden **Reformprogramme** und ihre Wirtschaftsförderungspolitik erfolgreicher umzusetzen. Besonderes Augenmerk legt das ENI nun auf die Bekämpfung der Folgen des Klimawandels, sowie dem nachhaltigen Umgang mit natürlichen Ressourcen (Erwägungsgründe Nr. 19 u. 20). Spezifische Anforderungen an die inneren Verhältnisse der an der ENP beteiligten Staaten stellt Art. 8 EUV nicht. Aus politischen Gründen nähert sich die EU allerdings Staaten mit totalitärem politischen System (Weißrussland; zeitweilig Libyen) nicht an. Inzwischen ist das Ziel des „Rings" in erhebliche Ferne gerückt. Im Bericht von 2017 werden **gute Regierungsführung, Demokratie, Rechtsstaatlichkeit** und **Menschenreche, wirtschaftliche und nachhaltige Entwicklung, Sicherheit** und **Migration** als Prioritäten genannt (JOIN(2017) 18 final).

2. Durchführung der ENP

13 Um die Ziele der ENP zu erreichen, sind mit den Partnern im Süden bis 2004 Assoziierungsabkommen geschlossen worden. Das an und für sich ausgehandelte Abkommen mit Syrien ist allerdings wegen der Probleme beim Menschenrechtsschutz nicht unterzeichnet worden. Die EU hat (bislang auf der Grundlage von Art. 217 AEUV) mit der **„Union für den Mittelmeerraum"** einen politischen Rahmen eingerichtet, in dem die bilateralen Beziehungen besser eingebunden werden können. Über die Be-

ziehungen legt sich auch die Partnerschaft EU-Afrika. Mit den osteuropäischen Partnern wurden zunächst in den 1990er Jahren Kooperationsabkommen geschlossen; sie sind inzwischen durch weitergehende Assoziierungsabkommen ersetzt worden. Im Jahre 2009 wurde eine **„Östliche Partnerschaft"** gegründet, in deren Rahmen der Zusammenarbeit eine multilaterale Einbindung verliehen werden soll (*Böttger*, Integration 2009, 372). Im Mai 2011 gründete das EP zusammen mit den östlichen Partnerländern die Parlamentarische Versammlung Euronest. Die Parlamentarische Versammlung der Union für den Mittelmeerraum findet sich einmal jährlich zur Plenarsitzung zusammen. Auf niedrigerer Ebene wurden sog. **ENP-Aktionspläne** ausgehandelt. In diesen wurden kurz- und mittelfristige Reformprioritäten für ein breites Spektrum von Themen festgelegt (Handelsfragen, Menschenrechte, Bildung, Justiz etc.). Zum Teil enthielten sie detaillierte **Maßnahmenkataloge.** Vorbereitet wurden die Aktionspläne durch **Länderberichte,** die von der KOM erarbeitet werden und einen länderspezifischen Zuschnitt der ENP-Maßnahmen gewährleisten sollen.

Die KOM sowie die **zu einzelnen Themen gebildeten Gremien** (Unterausschüsse) 14
erstatten regelmäßig Berichte über die erzielten Fortschritte (für die KOM etwa KOM(2008) 164). Den unionsinternen Rahmen der ENP bildete bisher die VO 1638/2006 (ABl. L 310/1). Das ENPI (Europäisches Nachbarschafts- und Partnerschaftsinstrument) wurde nach seinem Auslaufen 2013 durch das ENI (Europäisches Nachbarschaftsinstrument) ersetzt, welches die Maßnahmen der ENP fortschreibt, zugleich aber auch die Bekämpfung der Folgen des Klimawandels, sowie den nachhaltigen Umgang mit natürlichen Ressourcen adressiert (Erwägungsgründe Nr. 19 u. 20). Das ENI richtet sich an die bisherigen und nun im Anhang I zur VO aufgelisteten ENP-Partner. Die Durchführung des ENI wird ergänzend durch die VO 236/2014 (ABl. L 77/95) sowie die VO 231/2014 (ABl. L 77/11) geregelt. Die KOM wird zur Festlegung der weiteren Durchführungsvorschriften ermächtigt. Dabei geht es etwa um Fragen der Finanzierung (einschließlich des Ko-Finanzierungsanteils), der Ausarbeitung der gemeinsamen operationellen Programme, der Benennung und Aufgabenzuweisung an die gemeinsamen Verwaltungsstellen oder die Auswahl der gemeinsamen Projekte.

Finanziert wurde die ENP zunächst durch verschiedene Formen der finanziellen und 15
technischen Hilfe aus den EU-Fonds. Dazu gehörten auch Instrumente, die sich bei der Unterstützung der Reformprozesse in Mittel-, Ost- und Südosteuropa bewährt haben („TACIS" und „MEDA"; dazu unten Rz. 42/30). Seit Beginn der Haushaltsperiode 2007–2013 erfolgte die finanzielle Unterstützung der ENP und der ENP-Partner über ein einheitliches Instrument, das **Europäischc Nachbarschafts- und Partnerschaftsinstrument** (VO 1638/2006, ABl. L 310/1). Inzwischen ist es durch das Europäische Nachbarschaftsinstrument (ENI) ersetzt worden (VO 232/2014, ABl. L 77/27), welches für den Zeitraum 2014–2020 ein Budget von rund 15,5 Mrd. EUR bereithält. Das ENI sollte dabei politische Bereiche mit denen der Entwicklungshilfe verknüpfen. Im MFR 2021–2027 soll, so der Vorschlag der KOM, die ENI in ein neues globales, überregionales Instrument für Nachbarschaft, Entwicklung und Internationale Zusammenarbeit (NDICI) eingegliedert werden. Es umfasst Mittel in Höhe von 89, 2 Mrd. Euro.

V. Ausblick

16 Die EU ist inzwischen von Krisenherden umringt. Die **Destabilisierung der benachbarten Räume** wirkt sich unmittelbar auf die EU aus, nicht nur in sicherheitspolitischer Hinsicht. Es gehört zu den wichtigsten gegenwärtigen Anliegen der EU, auf eine Restabilisierung der benachbarten Staaten hinzuwirken. Nur so können die wirtschaftlichen Potentiale in den nachbarschaftlichen Beziehungen realisiert werden. Und nur so kann Migration gesteuert werden.

§ 42. Beitritt – Austritt

Literatur: *Lippert,* Die Erweiterungspolitik der EU, JbEuInt 2014, 486; *Dumont,* Geopolitique de l'Europe, 2015; *Closa,* Troubled Membership: Dealing with Secession, 2014; *Roth,* Die EU-Erweiterungspolitik, Integr. 2015, 195; *Oppermann,* Die Grenzen der EU, FS Müller-Graff, 2015, 1052; *Krastev,* Europadämmerung, 2017; *Armstrong,* Brexit Time: Leaving the EU – Why, How and When?, 2017; *Fabbrini* (Hrsg.), The Law & Politics of Brexit, 2017; EuZW, Schwerpunktheft Rechtsfragen des Brexit, 2017, 953ff.; *Kotzur/Waßmuth,* Do you „regrexit"? Die grundsätzliche Möglichkeit des (unilateralen) Widerrufs einer Austrittserklärung nach Art. 50 EUV, JZ 2017, 489; *Lippert,* Beitritt, Austritt und europäische Assoziierung in: Becker/Lippert (Hrsg.), Handbuch der Europäischen Union, 2018, 1; *Sekulić,* The European Union and the Paradox of Enlargement, 2020.

I. Die Europäische Union innerhalb Gesamteuropas

1 Die EU steht als europäische Organisation ihrem Wesen nach in besonderen Beziehungen zu den ihr (noch) nicht angehörenden Staaten Europas. Die Union ist von Anfang an darauf ausgerichtet gewesen, sich zu einer **gesamteuropäischen Organisation** zu entwickeln, soweit es ihre Nachbarn wünschen und fähig sind, die Grundsätze und Regeln der EU zu übernehmen (Präambel EUV: „Überwindung der Teilung des europäischen Kontinents" – Art. 1 EUV: „Verwirklichung einer immer engeren Union der Völker Europas").

2 Die EU steht prinzipiell allen Staaten Europas offen. Jeder europäische Staat kann nach erfolgreichen Verhandlungen der Union **beitreten** (Art. 49 EUV). Die EU hat sich auf diese Weise seit den siebziger Jahren in fünf großen Verhandlungsrunden (Nord-, Süd-, „EFTA"-, Ost- und Südosterweiterung) von 6 auf bisher 27 Mitglieder vergrößert. Manches geschah hier rückblickend überhastet; der Aufnahmewunsch war größer als die Sorge darum, dass die aufgenommenen Staaten zivilgesellschaftlich, rechtsstaatlich und wirtschaftlich hinreichend verfestigt waren. Teilweise hat die Union bestimmten Staaten (EWR-Raum, Schweiz, westlicher Balkan, Türkei) eine grundsätzliche Beitrittsperspektive eröffnet. Brüssel verfolgt dabei, soweit notwendig, eine **„Heranführungsstrategie"** mit Mitteln der **Assoziierung** (Art. 8 EUV, Art. 217 AEUV), um die betreffenden Staaten wirtschaftlich und politisch beitrittsfähig zu machen.

3 Bei allem ist immer noch unsicher, wo letztlich die **Grenzen der EU** liegen werden. Manche Staaten wie Norwegen oder die Schweiz haben sich bisher aus politischen Gründen nicht zu einem Beitritt bereit gefunden. Die EU hat ihrerseits Staaten wie Weißrussland, den Kaukasusstaaten oder auch Russland aus Gründen der Geographie, des Entwicklungsstandes oder der schieren Größe bislang keine Beitrittsperspektive eröffnet. Serbien, Bosnien und Herzegowina sowie der Kosovo werden dagegen als

potentielle Beitrittskandidaten betrachtet. Die Ukraine ist dabei, einen Beitrittshorizont zu entwickeln. Ein umstrittener Grenzfall ist der Beitrittskandidat Türkei. Manche Kreise in der EU versuchen, als Beitrittsalternative einen Typus assoziierungsähnlicher Spezialabkommen zu entwickeln, mit denen dauerhafte **„Beziehungen zu den Staaten in der Nachbarschaft“** begründet werden sollen (Art. 1 Ziff. 10 des Vertrags von Lissabon). Diese „europäische Nachbarschaftspolitik“ (ENP) kann über Europa hinaus den gesamten Mittelmeerraum einbeziehen. Sie will gleichzeitig „Good Governance“, demokratische und rechtsstaatliche Werte und die wirtschaftliche Entwicklung fördern (zur ENP oben Rz. 41/9 ff.). Dahinter steht die Vision von einer geographisch abschließend festgelegten EU, die von einem „Ring verantwortungsvoll regierter Staaten“ umgeben ist.

II. Beitrittskonzept des EU-Vertrages

Literatur: *Oppermann,* Die Grenzen der EU oder das Vierte Kopenhagener Kriterium, FS Zuleeg, 2005, 72; *Scorl,* Immanente Grenzen der Aufnahmefähigkeit der EU, FS Dittmann, 2005, 195; *Schimmelfennig,* EU Political Accession Conditionality after the 2004 Enlargement: Consistency and Effectiveness, in: Epstein (Hrsg.), International Influence beyond Conditionality, 2009, 123; *Rötting,* Das verfassungsrechtliche Beitrittsverfahren zur Europäischen Union, 2009; *Müller,* Wo Europa endet, 2013; *Geißler,* Rechtsstaatliche Probleme bei der EU-Erweiterung, ZRP 2013, 205; *Terhechte,* Elemente und Wandlungen der Mitgliedschaftsverfassung der EU, JZ 2019, 105.

1. Der Beitritt nach Art. 49 EUV

Jeder **europäische Staat,** der die in Art. 2 EUV genannten Werte achtet und sich für ihre Förderung einsetzt (insb. Freiheit, Demokratie, Achtung der Menschenrechte sowie der Rechtsstaatlichkeit), kann beantragen, **Mitglied der Union** zu werden (Art. 49 EUV). Durch die Regelung im EUV wird klargestellt, dass ein Beitritt nur zur **Union insgesamt** (EUV, AEUV, EAGV) möglich ist. Die Beschränkung auf **„europäische“** Staaten (Rz. 42/8) weist die EU als begrenzt offene Organisation aus. Art. 49 EUV konkretisiert den politischen Willen der **Präambeln** des EUV (Abs. 2) und des AEUV (Abs. 8), die Teilung des europäischen Kontinents zu überwinden, und verbindet dies mit der Aufforderung an die anderen Völker Europas, die sich zu der Wahrung von Frieden und Freiheit durch Zusammenschluss ihrer Wirtschaftskräfte bekennen, sich diesen Bestrebungen anzuschließen. Die grundsätzliche Offenheit der EU ist eingeschränkt. Zum einen besteht die geographische Begrenzung auf **Europa.** Ferner geht es um die Eingliederung in eine Union, die nicht nur Wirtschaftsgemeinschaft sein will, sondern sich auch auf gemeinsame Werte verpflichtet fühlt. Eine Erweiterung ist nur unter Wahrung der **grundlegenden Identität und Finalität** der EU möglich. Bestimmte **politisch-wirtschaftliche Beitrittsvoraussetzungen** sind aus diesen Gründen über den Wortlaut des Art. 49 EUV hinaus in der EU-Praxis aufgestellt worden. Sie wurden 1993 vom EuRat in Kopenhagen zusammengefasst (**„Kopenhagener Kriterien“,** Bull. BReg. 1993, 629, näher Rz. 42/9 ff.) und bestimmen seither die Beitrittspraxis. Die Anwendung der Kriterien ist häufig von politischen Überlegungen getragen; gerade die rechtsstaatlichen Defizite waren in manchen Aufnahmestaaten groß und stellten die EU zu einem späteren Zeitpunkt vor vielschichtige Herausforderungen. 4

Das Beitrittsverfahren ist in Art. 49 EUV nur fragmentarisch geregelt. Es ist **politisch geprägt** und bedarf zum Erfolg eines Beitritts des zweimaligen positiven Votums der 5

Kommission, zweier Ratsbeschlüsse, der Zustimmung des Europäischen Parlamentes und abschließend der erfolgreichen Ratifikation durch alle bisherigen MSen. Die abschließenden Akte bleiben auch bei Vorliegen der materiellen Voraussetzungen im Sinne der Kopenhagener Kriterien Ausdruck **politischen Ermessens.** Sie sollten im Geiste der Präambeln zum EU- und AEU-Vertrag (Rz. 42/1) getroffen werden.

6 Es besteht ohne Zweifel kein **„Recht auf Beitritt“:** Eine gerichtliche Instanz, vor der dieses Recht geltend gemacht werden könnte und die sich anheischig machen könnte, die Gesamtheit der Mitgliedstaaten zur Zustimmung zum Beitritt zu verurteilen, existiert nicht (vgl. *Zeh,* Recht auf Beitritt?, 2002). Im Ergebnis handelt es sich bei dem Beitritt um den Abschluss eines völkerrechtlichen Vertrags, an dem nicht die EU selbst, sondern die MSen und der aufzunehmende Staat beteiligt sind, der jedoch zugleich die Verträge der EU abändert. Hierin zeigt sich die „Club-Struktur“ der EU, in der die MSen die Verfügungsgewalt über die konstitutionellen Grundlagen weitgehend bewahrt haben. Die allgemeinen Regeln des Völkerrechts (Art. 31 ff. WVRK) sind verdrängt.

2. Beitrittsvoraussetzungen

7 Die materiellen Beitrittsvoraussetzungen sind teilweise in Art. 49 Abs. 1 EUV genannt. Die Kopenhagener Beitrittskriterien sind hieraus im Näheren entwickelt worden. Beitrittsregelungen sollen grundsätzlich **beitrittsfreundlich** ausgelegt und praktiziert werden (EuGH, 25.2.1988, verb. Rs. 194/85 und 241/85, „KOM/Griechenland“).

a) Begriff des europäischen Staats

8 Nach Art. 49 EUV kann **„jeder europäische Staat“** den Beitritt zur EU beantragen. Damit ist ein Beitritt Internationaler Organisationen ausgeschlossen (vgl. aber Art. 217 AEUV). „Europäischer Staat“ ist **geographisch** zu verstehen (*Dorau,* EuR 1999, 736). Dabei kommen allerdings politische Wertungen ins Spiel. Ein Beitrittsantrag Marokkos 1987 wurde nicht behandelt. Die EWG hat der Türkei 1963 im Assoziierungsabkommen (Präambel Abs. 4) in einer Art authentischer Interpretation eine Beitrittsperspektive eröffnet, obwohl nur **ein kleiner Teil** des türkischen Gebietes in Europa liegt. Inselstaaten in Randlage zu Europa wie Island, Malta und Zypern wurden als beitrittsfähig angesehen. Der Beitritt eines Staates wie Israel, welcher sozialökonomisch stark europäisch geprägt ist, aber geographisch nicht zu Europa gehört, ist damit nicht möglich (*Oppermann,* Tel Aviv Studies in Law 1997, 9).

Nach einer verfassungsrechtlichen Analyse (*Murswiek,* FS Ress, 2005, 657) umfasst auch der **Europa-Begriff des deutschen Grundgesetzes** („Vereintes Europa“: Präambel und Art. 23 GG) lediglich das geographische Europa. Der Beitritt außereuropäischer Staaten würde hiernach einer Verfassungsänderung bedürfen.

b) Kopenhagener Kriterien

9 Art. 49 EUV setzt voraus, dass der antragstellende Staat **die in Art. 2 EUV aufgeführten Werte** achtet. Damit sind insbesondere Freiheit, Demokratie, Achtung der Menschenrechte sowie die Rechtsstaatlichkeit angesprochen. Im Amsterdam-Vertrag wurde ein Verweis auf die Grundwerte aufgenommen (Art. 6 EGV); er bezieht sich auf die politische Seite der **Kopenhagener Kriterien** von 1993. Diese enthalten darüber hinaus wirtschaftliche Kriterien und weitere, aus der Mitgliedschaft erwachsende Verpflichtungen (Bull. BReg. 1993, 629).

Die Gemeinschaft der EU-Mitgliedstaaten ist eine **Gemeinschaft von Demokratien** 10
(Rz. 4/30). Der Beitrittsstaat muss sich zu denselben Leitprinzipien der parlamentarisch-rechtsstaatlichen Demokratie bekennen und sie praktizieren wie die MSen und die EU in ihrer eigenen Rechtsordnung (Rz. 15/44ff.). Art. 2 EUV formuliert Grundsätze bzw. Leitideen, die einen erheblichen Spielraum beinhalten (z. B. präsidialer Typus der Demokratie). **Freiheit** und **Demokratie** werden vor allem durch die Achtung der **Menschenrechte und Grundfreiheiten** einschließlich freier politischer Wahlen verbürgt. Auch der **Schutz von Minderheiten** gehört dazu. Der gemeinsame menschenrechtliche Standard verkörpert sich insbesondere in der Straßburger EMRK und in den EU-Grundrechteverbürgungen (EuGH-Rechtsprechung und Grundrechte-Charta, Rz. 17/8ff.; 17/13ff.; zum vorläufig gescheiterten Beitritt der EU zur EMRK Rz. 17/39f.). Zum **Rechtsstaat** gehört die **Gewaltenteilung** mit einer unabhängigen Justiz.

Die EU ist auf den Grundsatz einer **sozialen Marktwirtschaft verpflichtet, in der ein** 11
freier Wettbewerb herrscht (Art. 3 Abs. 3 EUV, Art. 119 AEUV). Der Beitrittsstaat muss eine vergleichbare Wirtschaftsordnung aufweisen, die ihn befähigt, Teil des Binnenmarktes zu werden, dessen Ordnungsstrukturen im nationalen Recht zu implementieren und dessen Wettbewerbsdruck standzuhalten. Die wirtschaftlichen Kriterien werden in der Beitrittspraxis allerdings mit Flexibilität gehandhabt, zumal sich die Wirtschaftsordnungen der MSen bis zu einem gewissen Grade unterscheiden. Beitrittsstaaten werden während der Verhandlungszeit durch eine **„Heranführungsstrategie"** der EU (assoziierende „Europa-Abkommen" mit Finanzhilfen) unterstützt. Nach dem Beitritt ermöglichen **Übergangsregelungen** die allmähliche Übernahme der vollen wirtschaftlich-sozialen Verpflichtungen. Die wirtschaftlichen Kriterien wurden zuletzt anlässlich der Osterweiterung 2004 sowie der Südosterweiterung 2007, aber auch beim Beitritt Kroatiens 2013 aus politischen Gründen großzügig gehandhabt.

Der Beitrittsstaat soll grundsätzlich über die **gleichen Rechte** wie die MSen verfügen, 12
aber auch **gleiche Pflichten** übernehmen. Hieraus folgen weitere Beitrittsverpflichtungen: Die Mitgliedschaft in der EU bedeutet nicht nur Teilnahme an einer Wirtschaftsgemeinschaft im Sinne des AEUV, sondern auch am **Raum der Freiheit, der Sicherheit und des Rechts** sowie an der **Gemeinsamen Außen- und Sicherheitspolitik.** Die Kandidaten treten einer Union mit feststehendem Rechtsbestand (Primär- und Sekundärrecht) bei. Dieser **„gemeinsame Besitzstand"** (*Acquis Communautaire, Schütz,* GS Jeand'Heur, 1999, 191) steht nach eindeutiger Beitrittspraxis seit 1973 nicht zur Disposition der Verhandlungen. Die Identität der Union muss unverändert bleiben. Allerdings enthält das EU-Recht nur unzureichende Vorkehrungen, um einen Rückfall eines einmal aufgenommenen Staats unter die Standards zu bekämpfen (Art. 7 EUV; Rz. 15/43ff.; vgl. *von Bogdandy* u. a., ZaöRV 2012, 46; *Müller,* Wo endet Europa, 2013).

Ein besonderes Kopenhagener Beitrittskriterium, welches sich an die EU selbst richtet, 13
ist **„die Fähigkeit der Union,** neue Mitglieder aufzunehmen, dabei jedoch die Stoßkraft der europäischen Integration zu erhalten". Es ist bei den großen Beitrittsrunden 1995, 2004 und 2007 stillschweigend bejaht worden; 2013 spielte es keine Rolle. Der evtl. Beitritt der Türkei rückt dieses Kriterium nach vorne (*Oppermann,* FS Zuleeg, 2005, 72). Gemeint ist die Fähigkeit der Union, ein Land besonderer demographi-

scher Größenordnung, eines bestimmten Entwicklungsstandes und eines anderen Kulturkreises (Islam) aufnehmen zu können, ohne die eigene Identität zu verlieren und einen Stillstand oder Rückschritt des europäischen Integrationsprozesses hervorzurufen. Diese „Ausdehnungsprobleme" betreffen u. a. die Zusammensetzung der Institutionen, die finanziellen Konsequenzen für die Gemeinsame Agrar- und Strukturpolitik und die künftige soziale Homogenität der Union (näher *Goulard,* Le Grand Turc et la République de Venise, 2004; Rz. 42/36).

3. Beitrittsverfahren

14 Das Beitrittsverfahren ist in Art. 49 EUV nur unvollkommen geregelt. Es hat sich seit dem ersten britischen Beitrittsantrag 1961 in der Praxis der verschiedenen „Beitrittsrunden" **fortlaufend entwickelt.** Ein Ratsbeschluss über das Beitrittsverfahren v. 9.6.1970 (EA 1970, D 350) enthält wichtige **Verfahrensgrundsätze.** Das komplexe Beitrittsverfahren teilt sich in eine Einleitungs-, Verhandlungs- und Abschlussphase.

a) Einleitungsphase

15 Der Bewerberstaat richtet seinen **Antrag auf Beitritt** an den Rat (Art. 49 Abs. 1 EUV). Der Antrag kann bis zur abschließenden Ratifikation zurückgenommen werden (Norwegen 1972 und 1994). Das EP und die nationalen Parlamente sind zu unterrichten. Die **KOM** erstattet nach gegebener – oft langer – Zeit eine **vorläufige Stellungnahme.** Sie urteilt darin, ob nach ihrer Prüfung die Beitrittsvoraussetzungen beim Bewerberstaat soweit gegeben sind, dass die Aufnahme von Verhandlungen empfohlen werden kann (**„recevabilité"** des Antrages).

16 Der **Rat** beschließt auf der Grundlage der Stellungnahme der KOM, aber ohne Bindung an sie, über die **Eröffnung von Verhandlungen.** Hiermit ist noch keine Entscheidung über den möglichen Beitritt gefallen. Die Verhandlungen sind notwendig „ergebnisoffen". Unklar ist bisher, ob der Eröffnungsbeschluss einstimmig gefasst werden muss. Wenn sich eine Mehrheit gegen Verhandlungen ausspricht, wird faktisch der nach Art. 49 Abs. 1 EUV einstimmig zu fassende Ratsbeschluss am Ende des Verhandlungsprozesses vorweggenommen, d. h. der Antrag ist zumindest vorläufig gescheitert.

b) Verhandlungsphase

17 Die Verhandlungen werden vom **Rat** unter maßgeblicher Beteiligung der KOM geführt. Politisch gesehen haben die **MSen** das entscheidende Wort. Es kann während den Verhandlungen zu einem Scheitern des Beitritts kommen (Verhandlungsabbruch gegenüber Großbritannien auf Veranlassung Frankreichs 1963; Suspension der Verhandlungen mit der Türkei 2017). Die **KOM** hat durch ihren Sachverstand eine starke Stellung. Sie prüft und macht Vorschläge zu allen relevanten Fragen (z. B. Prüfung des Acquis Communautaire bei den einzelnen Bewerberstaaten). Die Verhandlungen mit meist mehreren Kandidaten werden im Einzelnen ad hoc geregelt.

c) Abschlussphase

18 Der Rat holt am Ende der Verhandlungen eine **endgültige Stellungnahme der KOM** ein. Dies ist die Anhörung im Sinne von Art. 49 Abs. 1 EUV. Der Rat ist an das Ergebnis der Stellungnahme nicht gebunden. Der Rat muss nach Art. 49 Abs. 1 EUV weiterhin die **Zustimmung des EP** mit der Mehrheit seiner Mitglieder abwarten. Das EP

entscheidet seit der EEA 1987 über die Beitritte mit. Bei Ablehnung ist der Beitritt gescheitert.

Anschließend trifft der Rat den **einstimmigen Beschluss** über den Beitrittsantrag. 19 Gibt er dem Antrag statt, hat sich die EU endgültig festgelegt. Bei einstimmiger Ablehnung ist der Beitritt endgültig gescheitert. Erfolgt die Ablehnung nicht einstimmig, bleibt nach vorherrschender „beitrittsfreundlicher" Auffassung der Antrag wirksam, und die Verhandlungen können neu eröffnet werden.

Der Beitritt eines neuen Mitgliedes ist für die Gesamtstruktur der EU fundamental. Er 20 erfolgt über einen **völkerrechtlichen Beitrittsvertrag.** Die **MSen** sind daher nach Art. 49 Abs. 2 EUV in das Beitrittsverfahren eingeschaltet. Die Aufnahmebedingungen und Vertragsanpassungen werden im Beitrittsvertrag zwischen den MSen und dem Bewerberstaat geregelt, der von beiden Seiten nach nationalem Verfassungsrecht **ratifiziert** werden muss. Dies bedingt die Zustimmung der Parlamente und evtl. nationale Referenden.

Völkerrechtliche Beitrittsverträge sind keine Rechtsakte der EU. Bislang ist nicht abschließend geklärt, 21 ob sie in **Deutschland** den Mitwirkungsrechten von Bundestag und Bundesrat nach Art. 23 Abs. 2 ff. GG unterfallen (Rz. 5/70). Vorzugswürdig ist es wohl, diese Verträge nicht lediglich Art. 59 GG zu unterwerfen, sondern sie als Akte im Sinn von Art. 23 GG anzusehen. Es ist umstritten, ob dies mit **verfassungsändernder Mehrheit** geschehen muss, d. h. ob Beitrittsverträge das GG im Sinne von Art. 23 Abs. 1 S. 3 GG „seinem Inhalt nach ändern oder ergänzen" (bejahend u. a. *Geiger,* ZG 2003, 193; verneinend u. a. *Oschatz/Risse,* DÖV 1995, 437). Die Problematik ist bisher nicht praktisch geworden, da die bisherigen Beitritte in Bundestag und Bundesrat regelmäßig eine Zustimmung von über zwei Dritteln fanden.

Der Bewerberstaat wird nach erfolgreichem Abschluss der Ratifikationsprozeduren 22 **Mitglied der EU;** die Mitgliedschaft erstreckt sich auf die gesamte Breite des Primärrechts (insbesondere EUV, AEUV, EAGV). Eine Aufkündigung der Mitgliedschaft von Seiten der EU ist – gegenwärtig – nicht möglich, wenn ein einmal aufgenommener Staat hinter die Beitrittsvoraussetzungen zurückfällt. Es bleibt nur das wenig effiziente Verfahren des Art. 7 EUV (hierzu *Nettesheim,* „Gegründet auf Werten …": Das Narrativ der Wertegemeinschaft und der Sanktionsmechanismus des Art. 7 EUV, in: *Franzius* u. a. (Hrsg.), Die Neuerfindung Europas, 2018; *Möllers/Schneider,* Demokratiesicherung in der EU, 2018).

4. Wirkungen des Beitritts

Die beitretenden Staaten werden **Mitglieder der EU** und **Vertragsparteien** des EU-, 23 AEU- und EAG-Vertrags mit gleichen Rechten und Pflichten wie die Altmitglieder. Sie sind insbesondere grds. verpflichtet, das gesamte primäre und sekundäre Unionsrecht im weiten Sinne des **Acquis communautaire** (Rz. 42/12) **sofort zu übernehmen** (EuGH, 9. 12. 1982, Rs. 258/81, „Metallurgiki Halyps/Kommission": „Grundsatz der sofortigen vollständigen Anwendung des Gemeinschaftsrechts auf die neuen MSen"). Dies betrifft auch die Regelungen der Gemeinsamen Außen- und Sicherheitspolitik gemäß dem **EUV** sowie internationale Abkommen der EU. Es handelt sich um einen riesigen Normenkomplex, der empirisch kaum mehr beziffert werden kann. Zum gemeinsamen Besitzstand gehören das primäre und sekundäre Unionsrecht in der Auslegung durch die **Rechtsprechung der europäischen Gerichtsbarkeit,** einschließlich deren Rechtsfortbildung (*Ott,* EuZW 2000, 293). Der Beitrittsstaat muss über die nötige **Kapazität in Verwaltung und Justiz** zur tatsächlichen Einführung und Anwendung des Acquis verfügen. Dies stellt in der Praxis eine erhebliche Aufgabe dar (*Hellmann,* EU-Magazin 10/2002, 21).

24 Das „Übernahmeprinzip" wird lediglich durch **Übergangsregelungen** in den Beitrittsverträgen modifiziert, die den neuen Mitgliedern im Sinne zeitlich befristeter Ausnahmeregelungen die Übernahme von Rechtspflichten aus dem Acquis temporär erleichtern. Die Altmitglieder suspendieren gelegentlich ihrerseits die Gewährung von Vorteilen an die beitretenden Staaten. Solche Übergangszeiten betrugen bei den einzelnen Beitritten bisher zwischen vier und in Einzelfällen bis zu ca. 10 Jahren.

5. Wandlungen der EU durch die Beitritte

25 Die EU war in den verschiedenen Beitrittsrunden seit den siebziger Jahren immer bestrebt, **ihre Identität zu wahren.** Neue Mitglieder gestalten jedoch nach ihrem Beitritt die Politiken der EU einschließlich allfälliger Vertragsänderungen mit. Auf diese Weise findet eine allmähliche **innere Wandlung** statt. Die EU von 27 MSen trägt heute ein anderes Gesicht als die EWG der sechs Gründerstaaten 1958. Der Beitritt des weltweit engagierten Großbritanniens 1973 hat die Handels- und Entwicklungspolitik der EWG mitgeprägt; auch der Politikstil hat sich (bis hin zur sprachlichen Dominanz des Englischen) gewandelt. Die Süderweiterung in den achtziger Jahren gab wesentliche Anstöße für die EG-Regional- und Strukturpolitik. Die 2004, 2007 und 2013 beigetretenen hilfsbedürftigen mittel- und südosteuropäischen Staaten bedeuten neue Herausforderungen für alle finanzrelevanten EU-Aktivitäten. Das Fernziel eines Europäischen Bundesstaates hat sich mit zunehmender Mitgliederzahl immer mehr verflüchtigt. Inzwischen ist der Austritt des **Vereinigten Königreichs** aus der EU unumkehrbar. Wie sich das Verhältnis der EU zum Ex-MS darstellen wird, bleibt abzuwarten.

III. Beitrittspraxis

Literatur: *Puissochet,* L'élargissement des CE, 1974; *v. d. Groeben,* Die Erweiterung der EG durch die Länder Griechenland, Spanien, Portugal, 1979; *Glaesner,* Die Süderweiterung der EG, 1985; *Schumann,* Dänemark in der Gemeinschaft, 1985; *Wölker,* Rechtsprobleme nach dem Eintritt Spaniens und Portugals in die EG, JZ 1988, 140; *Keogh,* Ireland and the Challenge of European Integration, 1989; *Kreidler-Pleuss,* Der EG-Beitritt Portugals, 1990; *Skouris,* Die rechtliche Bewältigung von EG-Beitritt und EG-Mitgliedschaft: Das Beispiel Griechenlands, FS Schambeck, 1994, 1027; *Truyol y Serra,* Spanien in Europa, 1994; *Zila,* Die neuen Schutznormen der Beitrittsabkommen der Europäischen Union, 2008; *Neuss,* Kroatien in der EU, 2015.

26 Die Union hat in ihrer Beitrittspraxis im **Geiste der Präambeln des EWGV, des EGV und des EUV** gehandelt, wonach sie für das Hinzutreten neuer Mitglieder offen sein soll, wenn diese die Ziele der Integration bejahen und fähig sind, die sich hieraus ergebenden Pflichten zu übernehmen. In einer Reihe von großen **„Beitrittsrunden"** ist aus der EWG der sechs Gründerstaaten mit 190 Millionen Einwohnern eine EU mit 28 Mitgliedern und ca. 441,7 Millionen Unionsbürgern (Stand 2019), nach dem Austritt Großbritanniens eine EU mit 27 Mitgliedern und ca. 374,4 Millionen Unionsbürgern geworden.

27 Erste Beitrittsverhandlungen mit Großbritannien ab 1961 scheiterten 1963 an einem Veto Frankreichs, welches Staatspräsident *de Gaulle* aus außenpolitischen Gründen ausgesprochen hatte. 1970 wurde der

Weg für erfolgreiche Verhandlungen mit dem Vereinigten Königreich, Dänemark und Irland frei. Am 1.1.1973 erfolgte der Beitritt auf der Grundlage des **Beitrittsvertrages vom 22.1.1972** (ABl. L 73/1; *Puissochet,* L'élargissement des CE, 1974).

Griechenland war als „Wiege der europäischen Kultur" aus historischen Gründen ein natürliches EU-Mitglied. Infolge des anfänglichen Entwicklungsstandes durchlief Griechenland 1962–1981 zunächst eine **Assoziierungsphase,** die während der Militärdiktatur 1967–1974 „eingefroren" war. Die Regierung *Karamanlis* stellte 1975 den Beitrittsantrag. Der Beitrittsvertrag v. 28.5.1979 (ABl. L 291/1; *Zuleeg,* Hellenic Rev. of Int. Relations 1980/81, 357) machte Griechenland seit dem 1.1.1981 zum EG-Mitglied. **Portugal** und **Spanien** stellten ihren Beitrittsantrag 1977 nach der Wiederherstellung der Demokratie. Bei den Verhandlungen stand wie bei Griechenland der politische Aspekt im Vordergrund. Die wirtschaftlichen Kriterien wurden großzügig ausgelegt. Die Beitrittsverträge (ABl. 1985, L 302/1; *Gilsdorf/Poensgen,* Am Vorabend des Eintritts Spaniens und Portugals in die EG, 1986) führten erst nach schwierigen Verhandlungen zur Mitgliedschaft der beiden Staaten am 1.1.1986. Die **DDR** ging 1990 in der Bundesrepublik Deutschland auf und wurde damit ein Teil dieses Mitgliedstaates; es handelte sich damit nicht um einen Beitritt zur EG (*Renzsch* (Hrsg.), Perspektiven ostdeutscher Länder in der EU, 2007). 28

Die Beitrittsverträge mit **Finnland, Österreich** und **Schweden** (ABl. 1994, C 241; 1995 L 1/1) bewirkten die EU-Mitgliedschaft der drei Staaten zum 1.1.1995. Der „EFTA-Beitritt" folgte den Grundsätzen der früheren Beitrittsrunden. Die **allgemeine Übergangszeit** konnte auf 4 Jahre begrenzt werden. Der „EFTA-Beitritt" war der **wirtschaftlichen und politischen Festigung der EU** dienlich. Österreich und Schweden sind haushaltsmäßig „Netto-Zahler", Finnland beinahe (vgl. *Luif* (Hrsg.), Österreich, Schweden, Finnland – 10 Jahre Mitgliedschaft in der EU, 2007). 29

Der Zusammenbruch des kommunistischen „Ostblocks" 1989–1991 und die damit verbundene politisch-wirtschaftliche „Wende" in Mittelosteuropa brachten Beitrittsanträge einer größeren Zahl mittelosteuropäischer Staaten (MOES) mit sich. Die EU sah sie als „Länder, die den Übergang zur Marktwirtschaft anstreben". Die Union versuchte sie durch assoziationsmäßige **„Europaabkommen"** und sonstige Hilfen in Gestalt einer **„Heranführungsstrategie"** auf den Beitritt vorzubereiten. Die mit großen Problemen behafteten Verhandlungen mit schließlich 8 mittelosteuropäischen Kandidaten **(Estland, Lettland, Litauen, Polen, Slowakei, Slowenien, Tschechien, Ungarn)** sowie mit **Malta** und **Zypern** (Beitrittsanträge 1990) wurden nach mehrjährigen Vorgesprächen 1998 aufgenommen und 2003 mit der Unterzeichnung der Beitrittsverträge in Athen abgeschlossen. Die EU erweiterte sich am **1. Mai 2004** von 15 auf 25 MSen. Die wirkliche „Beitrittsreife" vieler MOES mochte Zweifeln unterliegen. Die Bereitschaft der „alten" EU zum erfolgreichen Abschluss basierte noch stärker als im Falle Griechenlands, Portugals und Spaniens auf moralischen Erwägungen („Wiedervereinigung des Kontinents") und außenpolitischen Überlegungen über die demokratische Stabilisierung Mittelosteuropas (*Lippert,* APUZ B 1–2/2003, 7). 30

Die Aufnahme **Bulgariens** und **Rumäniens** in die EU war unter den MSen politisch weitgehend unumstritten. Beide Länder gehören zum europäischen Kontinent, haben eine lange europäische Geschichte und sind sowohl politisch als auch kulturell sowie wirtschaftlich eng mit Europa verbunden. Treffend war öfters von einer **„Rückkehr in die EU"** die Rede. Bis zuletzt schien der anvisierte Beitritt im Jahr 2007 gefährdet (vgl. EP, Entschl. v. 24.2.2004 [A5–0103/2004]). Erst der im September 2006 vorgelegte Fortschrittsbericht bescheinigte beiden Ländern endgültig die Erfüllung der Kopenhagener Kriterien. Der Beitritt erfolgte dann zum **1. Januar 2007.** Die Aufnahme **Kroatiens** zum **1. Juli 2013** geschah in Anerkennung der Wandlungen, die der Staat nach dem Zusammenbruch Jugoslawiens und dem daraufhin ausgebrochenen Balkankrieg durchlaufen hatte. Der Beitrittsantrag wurde 2003 gestellt. Aufgrund von Unstimmigkeiten in Bezug auf die Kooperation der kroatischen Regierung mit der Anklagebehörde des Haager Jugoslawientribunals wurden die Beitrittsverhandlungen jedoch zunächst auf unbestimmte Zeit verschoben. Zu Verhandlungen kam es erst, nachdem Kroatien ernsthaft kooperierte. Der beigetretene Staat leidet allerdings unter wirtschaftlichen Schwierigkeiten. Zudem machen die Erfahrungen mit Bulgarien und Rumänien, bei denen die Beitrittsbedingungen immer noch nicht zweifelsfrei eingehalten werden, skeptisch. Die Richtigkeit des Beitrittskonzepts wird inzwischen grundsätzlich diskutiert (hierzu *Geißler,* WiRO 2014, 33; *Pürner,* WiRO 2013, 193). In den genannten Staaten gibt es weiterhin erhebliche Rechtsstaatsdefizite. 31

IV. Weitere Beitrittsperspektiven

Literatur: *Rohe,* Die Türkei und die EU-Perspektive der Beitrittsverhandlungen, in: Mestmäcker/Möschel/Nettesheim (Hrsg.), Verfassung und Politik im Prozess der europäischen Integration, 2008, 255; *Müller-Graff/Kabaalioglu* (Hrsg.), Turkey and the European Union, 2012; *Tiede/Spiesberger/Bogedain,* Kosovo und Serbien auf dem Weg in die Europäische Union?, EuR 2014, 129; *Budak-Fero,* Die Türkei in der Identitätsfalle, 2015; *Brockhaus,* Antidiskriminierungsrecht in der Republik Serbien vor dem Hintergrund der EU-Beitrittsverhandlungen, WiRO 2016, 171; *Gordsy/Efendic,* (Hrsg.), Meaningful reform in the Western Balkans, 2019; *Priebe,* Die Assoziierung der Länder des westlichen Balkans mit der EU, EuZW 2020, 549.

1. Balkanerweiterung

32 Eine zusätzliche Erweiterung der EU um die ihr noch nicht angehörenden **Balkanstaaten** scheint nach den bisherigen „Fahrplänen" nur eine Frage der Zeit zu sein. Nach Bulgarien und Rumänien erhielten auch die **übrigen Balkanstaaten** auf einem EU/Balkan-Gipfeltreffen in Zagreb 2000 bei Erfüllung der Kopenhagener Kriterien eine Beitrittsperspektive zugesichert. 2013 trat Kroatien bei. Die Perspektive umfasst nunmehr noch die Länder Albanien, Bosnien und Herzegowina, Nordmazedonien, Montenegro, Serbien sowie den Kosovo i. S. d. Resolution 1244 des UN-Sicherheitsrates. Sie gelten im Rahmen einer Heranführungsstrategie (u. a. Stabilitätspakt für Südosteuropa 1999; „Agenda von Thessaloniki für die westlichen Balkanstaaten" von 2003) als **„Partnerländer"** (VO 53/2004, ABl. L 86/1).

33 **Nordmazedonien** hat 2004 einen Beitrittsantrag gestellt und gilt seit 2005 als Beitrittskandidat. Im Oktober 2009 sprach die KOM eine Empfehlung zur Aufnahme von Beitrittsverhandlungen aus, machte diese jedoch 2015 bzw. 2016 von der Umsetzung weiterer Reformen abhängig. Um eine Blockade der Beitrittsverhandlungen durch Griechenland im Zuge des andauernden Namensstreits mit der gleichnamigen griechischen Provinz aufzuheben, benannte sich die Republik im Februar 2019 in „Republik Nordmazedonien" um. Im Juni 2019 stellte der Rat die Eröffnung von Beitrittsverhandlungen in Aussicht, sobald Reformen in bestimmten Bereichen (etwa Justiz, Medien, öffentliche Verwaltung) erfolgreich durchgeführt worden seien. Im März 2020 wurde schließlich eine politische Einigung über die Aufnahme von Beitrittsverhandlungen im Rat sowie im EuRat erzielt.

Montenegro ist seit Dezember 2010 Beitrittskandidat. Am 29. Juni 2012 wurden die Beitrittsverhandlungen nach befürwortender Stellungnahme der KOM durch Beschluss des Rates aufgenommen; im Juni 2020 wurde das letzte Kapitel der EU-Beitrittsverhandlungen eröffnet.

Im November 2009 beantragte **Albanien** die Aufnahme. Seit Juni 2014 hat Albanien den Status des Beitrittskandidaten, im März 2020 beschloss der Rat, Beitrittsverhandlungen aufzunehmen; dem schloss sich auch der EuRat an.

Bosnien und Herzegowina hat ein Stabilisierungs- und Assoziierungsabkommen mit der EU geschlossen (Inkrafttreten 2015), bislang aber noch keinen Beitrittsantrag gestellt.

Auch **Kosovo** ist z. Zt. nur potentieller Beitrittskandidat, im April 2016 trat ein umfassendes Stabilisierungs- und Assoziierungsabkommen in Kraft. In dessen Mittelpunkt stehen die Implementierung demokratischer Grundsätze und Reformen im wirtschaftlichen Bereich.

Serbien ist seit März 2012 Beitrittskandidat. Offizielle Verhandlungen wurden im Januar 2014 aufgenommen; sie schreiten seither akzessorisch zu den Fortschritten im Normalisierungsprozess zwischen Serbien und Kosovo kontinuierlich voran (KOM (2013), 200 endg.).

2. Türkei

Der Türkei war 1963 in der Präambel Abs. 4 und in Art. 28 des **Assoziationsvertrages EWG/Türkei 1963** die Möglichkeit eines späteren Beitritts zur EWG in Aussicht gestellt worden. Sie war damit als „europäischer Staat" im Sinne von Art. 49 EUV offiziell anerkannt, obwohl der größte Teil der Türkei in Asien liegt. Seitdem hat sich das Assoziationsverhältnis fortlaufend vertieft (Endphase der **Zollunion EU/Türkei** 1996). Allerdings weigert sich die Türkei, die Regelungen über die Zollunion mit der EU auf alle EU-Länder anzuwenden; die Republik Zypern wird von ihr ausgelassen (vgl. *Ercan,* Zypern, die Türkei und die EU, 2012). Die Türkei ist Mitglied im Europarat und in der NATO. Die Türkei hat 1987 einen Beitrittsantrag an die EG gerichtet. Der EuRat hat in Kopenhagen 2002 der Türkei zusammen mit Bulgarien und Rumänien den vollen Status eines Beitrittskandidaten erteilt. 2003 wurde im Rahmen der Heranführungsstrategie eine Beitrittspartnerschaft begründet (ABl. 2003, L 145/40). Der EuRat beschloss 2004 nach einer – mit verschiedenen Vorbehalten versehenen – Stellungnahme der KOM die Aufnahme von Verhandlungen mit der Türkei. Sie wurde von verschiedenen Seiten als „ergebnisoffen" angesehen. Dabei behielten sich KOM und Rat von Anfang an vor, bei schwerwiegenden und nachhaltigen Verletzungen demokratischer Grundwerte, Menschenrechten oder Grundsätzen der Rechtsstaatlichkeit die Verhandlungen auszusetzen. Politische Entwicklungen innerhalb der Türkei, die erhebliche Defizite im Hinblick auf demokratische und rechtsstaatliche Grundsätze sowie Menschenrechte offenbarten, eine fehlende Bereitschaft zur Umsetzung von Reformen, aber auch der andauernde Konflikt mit Zypern erwiesen sich als Hemmschuh des Beitrittsprozesses. Nach den jüngeren politischen Entwicklungen in der Türkei, insbesondere im Hinblick auf den Putschversuch 2016 und den Ausgang des türkischen Referendums im April 2017, forderte das EP die Aussetzung der Beitrittsverhandlungen (siehe hierzu Rz. 41/8). Die EU-Außenminister stimmten in einer Erklärung im April 2017 für eine Suspendierung des Beitrittsprozesses. Die Inhaftierung von Menschenrechtsaktivisten sowie die Militäroffensive auf Kurdengebiete in Syrien 2018 verschlechterte die Beitrittsperspektive weiter (vgl. etwa den Länderbericht der KOM vom Juni 2019 SWD(2019) 220 final). Faktisch sind die Beitrittsverhandlungen derzeit (Stand: Herbst 2020) suspendiert, im Haushalt 2020 wurden die Heranführungshilfen für die Türkei deutlich gekürzt. Aus politischen Gründen dürfte man vor einem Abbruch der Beitrittsverhandlungen zurückschrecken und einen Schwebezustand bewahren. 34

Ein EU-Beitritt der Türkei wird trotz des positiven Votums des EuRates wie kein anderer im politischen Raum und innerhalb der Bevölkerung wichtiger EU-Staaten **kontrovers diskutiert.** Das Spektrum reicht von der „strategischen Rekonstruktion des Westens" *(Joschka Fischer)* bis zum „Ende der EU" *(Giscard d'Estaing).* Die **Befürworter** (z. B. *Irtemçelik,* RuP 2004, 78) stellen häufig den strategischen Gewinn in den Vordergrund, der mit der Einbindung eines großen und im Übergang von Europa und dem mittleren Osten gelegenen Staates zu erzielen ist. Sie weisen zudem darauf hin, dass die Integration einem gemäßigten Islamismus Entwicklungschancen geben 35 könnte, der innerhalb Europas im Kampf gegen den internationalen Terrorismus hohen Stellenwert hat. Weitere Argumente verweisen auf einen großen künftigen Markt, auf die Bereicherung durch ein multikulturelles Europa, schließlich auf den historischen Umstand, dass sich das Osmanische Reich als Teil des „europäischen Konzerts" seit dem 19. Jahrhundert darstellte. Eher euroskeptische Länder sehen die „Lockerung" der EU durch einen Türkeibeitritt nicht ungern.

36 Die **Gegner** (z. B. *H. A. Winkler,* Int.Pol 2003, 59) argumentieren historisch und geographisch (kein Bestandteil des geschichtlichen Europas; Problematik der Grenzen Europas zu Syrien, dem Irak und Iran), kulturell („Fremdheit" zwischen dem christlich/laizistischen Europa und den islamischen Verwurzelungen der Türkei), wirtschaftlich/sozial (ökonomische Rückständigkeit mit nicht tragbarer EU-Kostenbelastung sowie anatolischer Migrationsdruck nach Europa) und nicht zuletzt rechtlich/institutionell (Menschenrechtsprobleme, Verschiebung des inneren Gleichgewichts durch den Beitritt eines „Randstaates" mit inzwischen über 82 Millionen Einwohnern (Stand 2019), Überforderung der Aufnahmefähigkeit der EU sowie Stillstand und Rückschritt des Integrationsprozesses). Die Frage des EU-Beitritts der Türkei dürfte zu einer **Schicksalsfrage** des europäischen Einigungsprozesses werden. Gegenwärtig würde die Aufnahme der Türkei die EU zerreißen.

3. EWR-Raum und Schweiz

37 Die Staaten des EWR (**Island, Liechtenstein und Norwegen,** Rz. 41/8) sind politisch und wirtschaftlich beitrittsfähig. Sie haben lange Zeit aus unterschiedlichen Gründen eine Zugehörigkeit zur EU abgelehnt (Referenden in Norwegen 1972/1994, Verteidigungskooperation Island/USA). Island hat in der Folge der Finanzkrise am 17. Juli 2009 seinen Beitrittsantrag eingereicht; die Beitrittsverhandlungen sind am 27. Juli 2010 aufgenommen worden. Im Sommer 2013 erklärte die neu gewählte isländische Regierung einen Verhandlungsabbruch und zog den Beitrittsantrag im März 2015 zurück. In Liechtenstein war ein EU-Beitritt zu keiner Zeit vorgesehen.

38 Die **Schweiz** ist durch die Ablehnung des EWR 1992 und eines EU-Beitrittes 2001 durch das Schweizervolk in eine selbstgewählte Isolation geraten (zu den Nachteilen: EuGH, 7.3.2013, Rs. C-547/10 P, „Flughafen Zürich"). Sie betreibt mit der EU eine Politik bilateraler Verträge (Rz. 41/8). Seit 1993 liegt ein Beitrittsgesuch der Schweizer Regierung „tiefgefroren" in Brüssel. Es wird wegen der ablehnenden Haltung der Bevölkerung nicht aktualisiert. Eine Heranführung erfolgt über die „bilateralen Abkommen" (*Hummer,* FS 50 Jahre ZfRV 2013, 71). Ein Rahmenabkommen (institutionelles Abkommen), das wesentliche grundlegende Fragen zusammenfassen soll, ist seit 2013 im Gespräch. Dieses stößt in der Schweiz auf erheblichen Widerstand, die EU macht dagegen den Abschluss weiterer bilateraler Abkommen von dessen Ratifikation abhängig (ausführlich Rz. 41/8). Versuche, die Freizügigkeit der EU-Bürger in der Schweiz zu beenden, hat die Schweizer Stimmbürgerschaft im September 2020 eine Absage erteilt. Die Mehrheit der Bevölkerung trägt die bestehende vertragliche Integration von EU und Schweiz.

V. Austritt aus der Europäischen Union

Literatur: *Hanschel,* Der Rechtsrahmen für den Beitritt, Austritt und Ausschluss zu bzw. aus der Europäischen Union und Währungsunion, NVwZ 2012, 995; *Wieduwilt,* Article 50 TEU: The Legal Framework of Withdrawal, ZEuS 2015, 169; *Hillion,* Le retrait de l'Union européenne, RTDE 2016, 719; *Jacqué,* Brexit. Une analyse factuelle, RTDE 2016, 689; *Michl,* Die formellen Voraussetzungen für den Austritt des Vereinigten Königreichs aus der Europäischen Union, NVwZ 2016, 1365; *van Middelaar,* Sept thèses sur le *Brexit,* RTDE 2016, 705; *Thiele,* Der Austritt aus der EU – Hintergründe und rechtliche Rahmenbedingungen eines „Brexit", EuR 2016, 281; *Skouris,* Brexit: Rechtliche Vorgaben für den Austritt aus der EU, EuZW 2016, 806; *Heber,* Die Kompetenzverteilung im Rahmen der Austrittsverhandlungen nach Art. 50 EUV unter besonderer Berücksichtigung bestehenden Sekundärrechts, EuR 2017, 581; *Winkelmann/Griebel* (Hrsg.), Der Brexit und die Krise der europäischen Integration, 2018; *Voland,* Auswirkungen des Brexit auf die völkervertraglichen Beziehungen des Vereinigten Königreichs und der EU, ZaöRV 2019, 1; *Anderson/Baldus/Kramme/Schmidt-Kessel* (Hrsg.), Brexit, 2. Aufl. 2020; *Frau,* Das Brexit-Abkommen und Europarecht, 2020, 502; *Glöckle,* Das Vereinigte Königreich post-Brexit: die Erforderlichkeit einer Neuausrichtung des nationalen Prozesses zum Abschluss von künftigen UK-Freihandelsabkommen, EuR 2020, 137; *Larik,* Brexit, the EU-UK Withdrawal Agreement, and Global Treaty (Re-)Negotiations, American Journal of International Law, 114 (2020), 443; *Terhechte,* Strukturen und Probleme des Brexit-Abkommens, NJW 2020, 425.

Der Lissabon-Vertrag räumt einem MS ausdrücklich das Recht ein, **im Einklang mit seinen verfassungsrechtlichen Bestimmungen aus der EU auszutreten** (Art. 50 EUV). Er übernimmt damit die Regelung des Art. I-60 EVV (zur historischen Entwicklung *Thiele* EuR 2016, 281 (288f.)). Das Austrittsrecht ist an **keinerlei unionsrechtliche Voraussetzungen** geknüpft (dies wird teilweise in der Literatur bestritten, vgl. *Thiele* EuR 2016, 281 (295f.)). Der austrittswillige Staat teilt dem EuRat seine Absicht mit. Daraufhin handelt die Union mit diesem ein **Abkommen über die Einzelheiten** des Austritts aus (sog. **Austrittsabkommen**), wobei den künftigen Beziehungen dieses Staates zur EU Rechnung getragen werden soll (Art. 50 Abs. 2 EUV). Kommt dieses Abkommen nicht **innerhalb von zwei Jahren** zustande, endet die Bindung an die Verträge für den austretenden Staat automatisch *(„sunset-clause")*. Der EuRat kann im Einvernehmen mit dem betroffenen MS jedoch beschließen, diese Frist zu verlängern (Art. 50 Abs. 3 EUV). Durch diese Regelung sollen langwierige Verhandlungen über den Austritt verhindert werden. Andernfalls kommt zu einem sogenannten „harten Austritt": Sämtliche Verpflichtungen aus den Verträgen enden mit Ablauf der Frist, was zu erheblichen Rechtsunsicherheiten führt und sich äußerst nachteilig auf den Markt des austretenden MS auswirken dürfte (siehe die Darstellungen zu verschiedenen Rechtsbereichen bei *Niestedt,* IWRZ 2019, 99ff). 39

Daneben ist in Art. 50 EUV ein **Abkommen über die zukünftigen Beziehungen** zwischen EU und austretendem MS angedeutet. Ein solches ist nicht konstitutiv für den wirksamen Austritt, zeigt jedoch, dass die EU auch nach dem Austritt ein Interesse an einer engen vertraglichen Beziehung zu dem ehemaligen MS hat. Art. 50 EUV macht keine Vorgaben für den Inhalt dieses Abkommens. In Betracht kommen etwa ein Assoziierungsabkommen nach Art. 217 AEUV, ein Nachbarschaftsabkommen nach Art. 8 EUV oder ein Freihandelsabkommen nach Art. 207 AEUV (vgl. *Wieduwilt,* ZEuS 2015, 169 (187ff.)). Da der ehemalige MS dann schon Drittstaat ist, richtet sich das Verfahren nach Art. 218 AEUV sowie ergänzend nach Art. 217, 207 AEUV. Vor Mitteilung des Austrittswunsches an den EuRat nach Art. 50 Abs. 2 EUV ist ein **Widerruf der Austrittserklärung** jederzeit möglich. Problematischer gestaltet sich dies, wenn der Austrittsprozess bereits angelaufen ist. Während in der Literatur 40 diskutiert wurde, den Widerruf als erneuten Beitrittsantrag nach Art. 49 EUV zu behandeln und von der Zustimmung sämtlicher MSen abhängig zu machen, entschied der EuGH, dass die Rücknahme der Austrittserklärung einseitig und ohne Zustimmung der anderen MSen möglich ist. Ein MS dürfe nicht gegen seinen Willen zum Verlassen der EU gezwungen werden (EuGH, 10.12.2018, Rs. C-621/18 „Wightman u. a."; *Michl*, NVwZ 2016, 1365 (1368 f.)).

41 Mit Ratifikation des Austrittsabkommens von Seiten der EU und dem austretenden MS wird der Austritt wirksam, andernfalls mit Ablauf der Zweijahresfrist. Vorbehaltlich einer anderen Vereinbarung im Austrittsabkommen **enden mit Austritt sämtliche vertragliche Verpflichtungen des MS** aus den Verträgen sowie dem abgeleiteten Unionsrecht. Die Mitgliedschaften in den EU-Organen entfallen ebenso wie die Befugnisse der EU-Organe gegenüber dem ausgetretenen MS. Auch Zahlungsverpflichtungen bestehen nicht mehr. Im nationalen Recht bleiben die aufgrund unionsrechtlicher Vorgaben erlassenen nationalen Rechtsvorschriften bestehen, die nunmehr freilich durch den nationalen Gesetzgeber geändert werden können. Unmittelbar geltendes Unionsrecht dagegen entfällt ersatzlos. Bis zum wirksamen Austritt bleiben die Verpflichtungen aus den Verträgen erhalten. Der Austritt stellt keinen außergewöhnlichen Grund dar, der ein Vollzugshindernis darstellen könnte (EuGH, 19.9.2018, C-327/18 PPU, „RO").

Ist ein Staat aus der EU ausgetreten, kann er, wie jeder andere europäische Staat, **eine (erneute) Mitgliedschaft beantragen** (Art. 50 Abs. 5 EUV). Das Verfahren nach Art. 49 EUV wird dann in Gang gesetzt, der ausgetretene Staat wird dann wie jeder andere Drittstaat behandelt.

42 Vor Schaffung von Art. 50 durch den Vertrag von Lissabon wurde verschiedentlich postuliert, dass die durch die Verträge beschlossenen Verpflichtungsübernahmen unwiderruflich seien. Die Unantastbarkeit der Gemeinschaftskompetenzen sei **Voraussetzung für die Funktionsfähigkeit der EU** (EuGH, 5.5.1981, Rs. 804/79, „KOM/Vereinigtes Königreich"). Auf der anderen Seite postulierte das BVerfG in seiner **Maastricht-Entscheidung,** dass die MSen „die Zugehörigkeit (scil.: zur EU) **durch einen gegenläufigen Akt auch wieder aufheben könnten**" (BVerfGE 89, 155 [190]). Unklar ist, ob das BVerfG damit tatsächlich ein unilaterales Austrittsrecht begründen wollte oder lediglich feststellte, dass eine Mitgliedschaft der Bundesrepublik nach Art. 23 GG verfassungsrechtlich problematisch wäre, wenn es keine Austrittsmöglichkeit gäbe.

43 Im Januar 2020 ist mit dem „Brexit" des Vereinigten Königreichs **erstmalig ein MS aus der EU ausgetreten.** Im Juni 2016 entschied sich eine knappe Mehrheit der britischen Bevölkerung (51,9%) in einer Abstimmung gegen den Verbleib des Vereinigten Königreichs in der EU. Im März 2017 setzte die britische Regierung mit ihrem Austrittsantrag beim Europäischen Rat das Austrittsverfahren gem. Art. 50 Abs. 2 S. 1 EUV in Gang. Ein erster Entwurf eines Austrittsabkommens wurde im November 2018 von der KOM und der britischen Regierung vorgestellt. Im Aushandlungsprozess sorgte vor allem eine konsensfähige Regelung für die Binnengrenze zwischen der Republik Irland und Nordirland für Schwierigkeiten. Das Austrittsabkommen wurde vom britischen Unterhaus im Januar 2019 mehrfach abgelehnt, zugleich sprach sich das Unterhaus gegen einen Austritt ohne Abkommen aus („harter Brexit"). Ebenfalls lehnte man ein erneutes Referendum ab. Im April 2019 entschloss sich der EuRat zur Verlängerung der Austrittsfrist bis zum 31. Oktober 2019. Im Hebst 2020 erfolgte dann eine weitere Verlängerung der Austrittsfrist, nunmehr bis zum 31. Januar 2020. Im Dezember 2019 stimmte die Mehrheit des neu gewählten Unterhauses für den britischen Gesetzesvorschlag zum EU-Austritt, auch das Oberhaus billigte den Vorschlag. Im Januar 2020 wurde das Austrittsabkommen von der EU ratifiziert, nachdem auch das EP diesem zugestimmt hatte. Am **31. Januar 2020** wurde damit der Austritt Großbritanniens aus der EU wirksam.

44 Nach dem erfolgten Austritt verlieren alle Teile des Vereinigten Königreichs die Mitgliedschaft. Die schottische Regierung hatte zunächst angekündigt, erneut über die Unabhängigkeit vom Vereinigten

Königreich abzustimmen. In der Folge müsste sich Schottland nach einer Sezession um eine Wiederaufnahme in die EU bemühen (*Hofmeister,* EuR 2013, 711). Von einem erneuten Unabhängigkeitsreferendum hat die schottische Regierung nunmehr Abstand genommen. Im Austrittsabkommen wurde eine **Übergangszeit bis zum 31. Dezember 2020** mit gewissen Ausnahmen vereinbart, die einmalig um ein oder zwei Jahre verlängert werden kann (ausführlich *Terhechte* NJW 2020, 425). In dieser Zeit ist Großbritannien zwar nicht mehr Mitglied der EU und der Europäischen Atomgemeinschaft und ist weder an Beschlussfassungsprozessen der EU beteiligt noch in EU-Organen vertreten. Das gesamte EU-Recht gilt in dieser Zeit jedoch weiterhin, insbesondere die Bestimmungen zur EU-Zollunion und zum Binnenmarkt sowie zur GASP. Auch die EU-Organe verfügen während des Übergangszeitraums über sämtliche Befugnisse gegenüber Großbritannien und den natürlichen und juristischen Personen, die dort wohnhaft bzw. niedergelassen sind. Dies schließt Tätigkeiten von EuG und EuGH ein. Auch beteiligt sich Großbritannien an EU-Programmen und leistete seinen Beitrag für den Haushalt 2014 bis 2020. Viele **rechtliche Fragen sind bislang noch ungeklärt,** sowohl für das Unionsrecht selbst als auch mit Blick auf das nationale Recht der UK und dessen rechtliche Beziehung nach außen. Die Besetzung der Unionsorgane verkleinert sich. So sinkt etwa die Zahl der Sitze im EP von 751 auf 705, wobei die 73 Sitze Großbritanniens teilweise umverteilt (27 Sitze), teilweise für künftige Erweiterungen in Reserve gestellt werden (46 Sitze).

Ergänzend einigten sich EU und das Vereinigte Königreich im November 2019 auf eine **Politische Erklärung zur Festlegung eines Rahmens für die künftigen Beziehungen zwischen der EU und der UK** (2019/C 384 I/02, ABl. C 384 I/178). EU und UK betonen dabei ihre jeweiligen Positionen – die EU spricht sich für die Integrität des Binnenmarktes mit allen Grundfreiheiten und den Schutz der EU-Grundsätze aus, während Großbritannien die nationale Souveränität und Unabhängigkeit der eigenen Handelspolitik herausstellt. Wie dieses **Abkommen über die zukünftige Partnerschaft** (future relationship agreement) aussehen soll, ist noch unklar (siehe auch Rz. 41/8). Das Papier spricht von einer „ambitionierte(n), breite(n), vertiefte(n) und flexible(n) Partnerschaft" und nimmt zu sämtlichen Politikbereichen Stellung, geht jedoch über die Formulierung bloßer Programmsätze nicht hinaus. 45

Von dem einseitigen Austritt aus der EU zu unterscheiden ist das **einvernehmliche Ausscheiden eines MS.** Ein solches ist per Vertragsänderung ohne Weiteres möglich. 46

Diskutiert wird auch, ob ein MS **gegen seinen Willen aus der EU ausgeschlossen** werden kann. Die Verträge enthalten dazu keine ausdrücklichen Bestimmungen. Nach den allgemeinen Vorschriften des Völkerrechts wäre dies möglich. Als Kündigungsgrund kommen insbesondere die grundlegende Veränderung wesentlicher Umstände nach Vertragsschluss (Art. 62 WVRK, clausula rebus sic stantibus, auch gewohnheitsrechtlich anerkannt) oder erhebliche Vertragsverletzungen seitens eines MS (Art. 60 Abs. 2, 3 lit b) WVRK) in Betracht. Zwar sieht Art. 7 EUV ein spezielles Verfahren bei schwerwiegenden und anhaltenden Verletzungen der Werte des Art. 2 EUV vor (Rz. 15/44 ff.). Entgegen der wohl überwiegenden Auffassung, wonach Art. 7 EUV den Art. 60 WVRK verdrängt (Exklusivitätsthese), wird man davon ausgehen müssen, dass Art. 60 WVRK im vertraglichen Grundverhältnis zwischen den MSen anwendbar ist. Es ist schlechterdings undenkbar, dass ein MS der EU grundsätzlichste Mitgliedschaftsbedingungen verletzt, ohne dass als ultima ratio die Kündigung möglich wäre. Art. 60 WVRK ist zumindest dann anzuwenden. wenn das Rechtsstaatsverfahren nach Art. 7 EUV durchlaufen ist, kein Umdenken hat auslösen können und unerträgliche Zustände entstehen. Hinsichtlich aller übrigen Vertragsverletzungen außerhalb des Art. 2 EUV ist die Anwendung des Art. 60 WVRK dagegen uneingeschränkt möglich.

VI. Ausblick

47 Die Europäische Union steht in der Gefahr, Opfer ihres eigenen Erfolges zu werden. Die Römischen Verträge von 1957 schufen eine Gemeinschaft von 6 westeuropäischen Mitgliedstaaten mit ca. 190 Millionen Bürgern. Nach den verschiedenen Erweiterungsrunden und der Überwindung der politischen Teilung des Kontinents ist daraus 2013 eine **gesamteuropäische Union von 28 Mitgliedern** und einer Gesamtbevölkerung von über 441 Millionen Bürgern geworden. Nach dem Austritt des Vereinigten Königreichs sind es immer noch 27 Staaten mit über 374 Millionen Menschen. Die institutionellen Rahmenbedingungen passen hierfür nur unzureichend, und die Heterogenität ist so groß, dass die Suche nach gemeinsamen Lösungen immer mühseliger wird. Gleichwohl dürfte der Beitrittsprozess nicht an sein Ende gestoßen sein. Diese Entwicklung spiegelt eindrucksvoll die Anziehungskraft der „europäischen Idee" im Sinne von *Robert Schuman, Konrad Adenauer, Alcide de Gasperi* und anderer „Pioniere" der 1950er Jahre wider. Die damalige „Gründungsphilosophie" zielte auf einen Europäischen Bundesstaat oder wenigstens auf die **„Verwirklichung einer immer engeren Union der Völker Europas"** (Art. 1 EUV) hin. Wichtige Schritte in diese Richtung waren die Schaffung des Binnenmarktes und der Währungsunion.

48 Die Vertiefung des Einigungsprozesses musste andererseits trotz aller Beschwörungen **immer schwieriger werden,** je mehr die EU sich erweiterte. Dazu trug sowohl die Vermehrung der Mitglieder als solche bei als auch der Zutritt von Staaten wie Großbritannien, Dänemark und Schweden, die einer föderalen Integration nicht ohne Skepsis gegenüberstehen. In den Erweiterungsrunden 2004 und 2007 bzw. 2013 sind auch Staaten hinzugekommen, die Interesse an einer wirtschaftlichen Integration und an finanzieller Unterstützung haben, zugleich aber föderale Visionen nicht teilen und die Vision eines liberal-suprantionalen Konstitutionalismus in Frage stellen. Die Finanzkrise ab 2008 und die Flüchtlingskrise 2015 haben den Zusammenhalt in der EU erschüttert. Ein Beitritt der Türkei wird von vielen als endgültige „Überdehnung" der Aufnahmefähigkeit der Union und damit als „Ende der EU" im Sinne eines intensiven und homogenen Staatenverbundes befürchtet. Der Austritt der UK im Januar 2020 schien zeitweilig als Vorbote der Gefahr eines Scheiterns der EU und der europäischen Idee; inzwischen hat man aber Selbstbewusstsein zurückgewonnen. Eines scheint man gelernt zu haben: Verteilungspolitische Fragen lassen sich nicht mit Mehrheit entscheiden; und sie müssen inhaltlich so gelöst werden, dass die Interessen aller Seiten hinreichend berücksichtigt werden.

49 Die wohl schwierigste gegenwärtige Herausforderung für die EU bildet der Umgang mit integrationskritischen Bewegungen und Parteien, vor allem, seit diese Regierungsmehrheiten erlangt haben. Vielfach wird hierauf mit rhetorischen Mitteln reagiert und der Versuch der Ausgrenzung unternommen („Unvereinbarkeit mit dem europäischen Wertefundament"; „uneuropäische Wertorientierung"), nicht zuletzt von integrationspolitisch agierenden Wissenschaftlern. Weiterführend wäre es, insbesondere in Krisenfragen (z. B. Flüchtlingskrise) nach Lösungen zu suchen, die Divergenz anerkennen, auf eine Majorisierung einzelner verzichten und ein Geben-und-Nehmen institutionalisieren. Der technokratische Impetus, von oben herab Rechtszwang anzuwenden, führt nicht weiter.

50 Der EU stellt sich heute die Aufgabe, die 2009 in Kraft getretenen Bestimmungen des Lissabon-Vertrags so zum Leben zu erwecken, dass die „große Union" von heute hand-

lungsfähig und innerlich kohärent bleibt und zugleich nationalstaatliche Befindlichkeiten in sich aufnimmt. Die **Herausforderungen interner und externer Art** nehmen zu. Die Frage, inwieweit die EU zur Bewirkung von Transfers zwischen den MSen berufen ist, wird durch die Schwächen der Wirtschafts- und Währungsunion aufgeworfen; sie ist aber weiterhin unbeantwortet. Auch das neue Profil der EU im globalen Raum ist erst noch zu entwickeln. Es ist der natürliche Reflex vieler Integrationspolitiker und -beamter, sich diesen Herausforderungen in der Art zu stellen, wie sie bei der Errichtung des Binnenmarktes erfolgreich war: mit **technokratischem Ansatz** und mit einer die offene politische Diskussion scheuenden **instrumentellen Vernunft.** Man versucht, auch den großen Herausforderungen dadurch gerecht zu werden, dass die „Gesetzgebungsmaschine" am Laufen gehalten wird und in teilweise atemlosen Aktionismus immer neue „Projekte" und „Vorhaben" entwickelt werden. Es ist gerade die Differenz zwischen der Größe der politischen Herausforderung und dem typischen Mittel der Bewältigung – einer organisationspsychologisch leicht zu erklärenden, häufig sinnlosen Rechtsproduktion –, die im Kreis der mitgliedstaatlichen Bevölkerungen auf immer größere Ablehnung stößt. Die Sensibilität, dies zu erkennen und die richtigen Schlussfolgerungen zu ziehen, ist in Brüssel nicht immer ausreichend entwickelt (hierzu *Nettesheim,* EuZW 2013, 161).

Vertragsrechtliche Mechanismen vermögen in dieser Situation nicht mehr, als einen Rahmen zu setzen. 51 Die eigentliche Antriebskraft des europäischen Einigungsprozesses lag in der Nachkriegszeit in dem Verlangen, nach den bitteren Erfahrungen vorangegangener Jahrzehnte **Frieden und Wohlstand innerhalb Europas** durch solidarisches Handeln dauerhaft zu sichern. Ein wenig von diesem „europäischen Geist" muss in den immer vielfältiger gewordenen Interessenkonflikten des Brüsseler Basars lebendig bleiben, wenn die gesamteuropäische Union des 21. Jahrhunderts die Erfolgsgeschichte des ersten Halbjahrhunderts fortsetzen will. Die Finanzkrise und die Flüchtlingskrise, vor allem aber der Brexit, decken auf, dass der **Gemeinschaftswille in der EU gepflegt und weiterentwickelt** werden muss. Andernfalls würde die Integration Schaden nehmen.

Sachverzeichnis

Es wird auf die Randziffern der jeweiligen Paragraphen verwiesen, z. B. Agrarstrukturpolitik 24/30 = Randziffer 30 von § 24 Landwirtschaft und Fischerei. Wichtige Fundstellen sind **fett** markiert.